ACCESO GRATIS ***a la Lectura en la Nube***
+ Formularios online

Para visualizar el libro electrónico en la nube de lectura envíe junto a su nombre y apellidos una fotografía del código de barras situado en la contraportada del libro y otra del ticket de compra a la dirección:

ebooktirant@tirant.com

En un máximo de 72 horas laborables le enviaremos el código de acceso con sus instrucciones.

FORMULARIOS DE SOCIEDADES DE CAPITAL. LA SOCIEDAD DE RESPONSABILIDAD LIMITADA

Procedimiento de selección de originales, ver página web:
www.tirant.net/index.php/editorial/procedimiento-de-seleccion-de-originales

FORMULARIOS DE SOCIEDADES DE CAPITAL. LA SOCIEDAD DE RESPONSABILIDAD LIMITADA

4ª Edición

Directores

EDUARDO AZNAR GINER

Abogado

JOSÉ-MANUEL RODRIGO PARADELLS

Notario

Coordinadores

ÁLVARO AZNAR GINER

Abogado

JORGE LÓPEZ PARICIO

Abogado

tirant lo blanch

Valencia, 2025

EDITA: TIRANT LO BLANCH
C/ Artes Gráficas, 14 - 46010 - Valencia
TELFS.: 96/361 00 48 - 50
FAX: 96/369 41 51
Email:tlb@tirant.com
www.tirant.com
Librería virtual: www.tirant.es
DEPÓSITO LEGAL: V-514-2025
ISBN: 978-84-1095-723-7

Si tiene alguna queja o sugerencia, envíenos un mail a: *atencioncliente@tirant.com*. En caso de no ser atendida su sugerencia, por favor, lea en *www.tirant.net/index.php/empresa/politicas-de-empresa* nuestro procedimiento de quejas.

Responsabilidad Social Corporativa: http://www.tirant.net/Docs/RSCTirant.pdf

Listado de autores

Eduardo Aznar Giner
Abogado

José-Manuel Rodrigo Paradells
Notario

Álvaro Aznar Giner
Abogado

Jorge López Paricio
Abogado

Juana Micó Abeledo
Abogado

Raúl Monsalve Mora
Abogado

Ignacio Eguilior de Vicente
Abogado

Santos Mondéjar Ambou
Abogado

Julio César Giner Gómez
Abogado

Francisco Palomares Sánchez
Abogado

Jaime Santonja López
Economista y asesor fiscal

Juan Francisco Tejero Aldomar
Abogado

Salvador Company Peris
Economista

Salvador Ortí Camallonga
Finanzas Corporativas

Mikel Zubizarreta Riego
Economista y Auditor de Cuentas

Xabier Esteban Hernández
Economista y Auditor de Cuentas

ÍNDICE

II. UNIPERSONALIDAD

III. ESTATUTOS SOCIALES

IV. PARTICIPACIONES SOCIALES

V. JUNTA GENERAL

VI. ADMINISTRADORES

VII. CUENTAS ANUALES

VIII. MODIFICACIÓN DE ESTATUTOS

IX. SEPARACIÓN DE SOCIOS

X. EXCLUSIÓN DE SOCIOS

XI. DISOLUCIÓN

XII. LIQUIDACIÓN

XIII. ACTIVO ESENCIAL

XIV. MODIFICACIONES ESTRUCTURALES DE LAS SOCIEDADES MERCANTILES

XV. DERECHO DE SOCIEDADES Y CONTRATOS

XVI. CONCURSO DE ACREEDORES

I. PRESENTACIÓN

Mis compañeros han tenido a bien confiar en mí la presentación de este libro de formularios. Voy a ser breve. La obra que el lector tiene en sus manos parte con una simple pretensión: ser útil a los diversos operadores jurídicos que intervienen en el bonito, exigente, y muchas veces complicado campo del derecho sociedades de capital, esta vez, desde la perspectiva de la sociedad de responsabilidad limitada. A tal fin, al redactar los formularios, hemos tenido en cuenta tanto a los abogados como a los asesores fiscales, auditores, economistas, notarios, y demás intervinientes en el ámbito societario y corporativo, repito, desde la perspectiva de la sociedad limitada, procurando que los formularios ofrecidos sirviesen a todos ellos en su práctica diaria. Pero también hemos pretendido conseguir un segundo resultado: ofrecer una visión conjunta de la sociedad de responsabilidad limitada.

Voluntariamente hemos huido de la catalogación y definiciones doctrinales y científicas para acercarnos a lo que en el acervo práctico se conoce por derecho societario y corporativo, y concretamente de sociedades limitadas. Obviamente no son todos las situaciones societarias las que recogemos en el libro, pero sí una buena representación de ellas.

No hace falta decirlo, el contenido de este libro debe ser tomado como una herramienta de trabajo y reflexión, de carácter orientativo y no definitivo, en la práctica societaria y corporativa.

Finalmente, hemos optado por ofrecer una imagen amplia de tal materia, basada en nuestra experiencia, desde una doble perspectiva: por un lado, incluyendo formularios, cuyo contenido quizás sea simple y obvio para personas expertas en la materia, pero que dan respuestas a aquellos que se inician en el ámbito societario. Por otro, planteándonos supuestos discutidos o complejos y ofreciendo una solución al mismo.

De la conjunción de lo anterior, surge el presente libro que, esperamos, sea útil y del agrado del lector, agradeciendo la labor integradora del trabajo de los autores llevada a cabo por los también autores Jorge López Paricio, Álvaro Aznar Giner y José Manuel Rodrigo Paradells.

Eduardo Aznar Giner

II. DEDICATORIA

A Jaime Valero Muñoz. Grandísimo abogado y compañero, y aún mejor persona. Un hombre bueno que nos ha dejado. Como dijo Mauriac, la muerte no nos roba los seres amados. Al contrario, nos los guarda y nos los inmortaliza en el recuerdo. Descanse en paz.

A nuestros, hijos, sobrinos nietos .... A esos pequeños, en edad que no en bondad, siempre y a toda hora presentes en nuestras vidas, quienes en estos malditos, tristes y víricos tiempos, todos los días, nos dan lecciones de entereza, rigor, esperanza, vitalidad y, como no, sabiduría, a la hora de afrontar esta siniestra «normalidad» a la que, por un virus, se nos intenta arrastrar.

A la Judicatura, últimos y máximos garantes de nuestra libertad y la convivencia, cuyos miembros, ellos y nadie más, independientes, inamovibles y responsables, administran la Justicia, resuelven nuestras cuitas, y dimes y diretes, algunas nimias, otras de gran calado y complejidad, pero siempre sometidos, únicamente, al imperio de la Ley. Aunque parezca lo contrario, una sola sentencia de un Juez hace más por la defensa, el reconocimiento y la garantía de derechos y libertades de la personas, que un millón de bravuconadas, broncas, o algaradas callejeras. Porque por mucho que algo se proteste y se requiera a gritos, es preciso que un juez te lo reconozca y, a partir de ese momento, se podrá hacer valer ante quien sea. Eso es un Estado de Derecho. Y por mas que se grite y presione el Juez jamás dejará de lado su independencia y responsabilidad. Ni la Ley. En estos convulsos y preocupantes tiempos, no conviene olvidarlo.

A Guillermo Díaz Díaz y Carlos Díaz Castañeda, padre e hijo, perfectamente avenidos y dos excelentes personas. Creo que fue Hodding Carter II quién dijo que solo hay dos legados duraderos que podemos dejar a nuestros hijos. Uno de estos son raíces, el otro, alas. Doy fe que Guillermo ha cumplido con la citada doble obligación legataria. Y su hijo los ha recibido, con orgullo y entusiasmo.

A Arturo López Belenguer, por su innegociable rectitud y honestidad en su ejecutoria diaria.

III. PRESENTACIÓN Y DEDICATORIA 2ª EDICIÓN

No parece preciso que nos extendamos sobre la cuestión de la pretensión y objetivos perseguidos por este libro. En esta edición, se han revisado y adaptado los formularios y se ha ampliado el número de ellos. Como siempre, los presentes formularios deben ser tomados como una herramienta de trabajo y reflexión, de carácter orientativo y no definitivo, en la práctica societaria de las empresas, y más en concreto, de las sociedades de responsabilidad limitada.

En esta ocasión, se dedica el presente libro Julia Aznar Nebot, la niña de los ojos de su padre, Eduardo Aznar Giner, de la que está profundamente orgulloso.

IV. PRESENTACIÓN Y DEDICATORIA 3ª EDICIÓN

No parece preciso que nos extendamos sobre la cuestión de la pretensión y objetivos perseguidos por este libro. En esta edición, se han revisado y adaptado los formularios y se ha ampliado el número de ellos. Como siempre, los presentes formularios deben ser tomados como una herramienta de trabajo y reflexión, de carácter orientativo y no definitivo, en la práctica societaria de las empresas, y más en concreto, de las sociedades de responsabilidad limitada. Se han aumentado el número de formularios y se han adaptado a las últimas modificaciones societarias, en concreto aquellas operadas en virtud del Real Decreto 5/2023, de 28 de junio por el que se aprueba, entre otras cuestiones, la modificación de la Ley de Modificaciones Estructurales.

En esta ocasión, se dedica el presente libro a Álvaro Aznar Nebot, futuro físico y quién sabe si candidato al Nobel, hijo de Eduardo Aznar Giner, del que está profundamente orgulloso.

V. PRESENTACIÓN Y DEDICATORIA 4ª EDICIÓN

No parece preciso que nos extendamos sobre la cuestión de la pretensión y objetivos perseguidos por este libro. En esta edición, se han revisado y adaptado los formularios y se ha ampliado el número de ellos. Como siempre, los presentes formularios deben ser tomados como una herramienta de trabajo y reflexión, de carácter orientativo y no definitivo, en la práctica societaria de las empresas, y más en concreto, de las sociedades de responsabilidad limitada. Se han aumentado el número de formularios y se han adaptado a las últimas modificaciones legales.

Habitualmente, dedico mis libros a amigos y personas por mi queridas y respetadas. Siempre con un halo de positividad, pues la vida hay que disfrutarla y recibirla positivamente y con alegría. Desgraciadamente, en esta ocasión no va a ser así Tras los terribles y trágicos acontecimientos y pesares que hemos y estamos soportando en Valencia, y su área metropolitana, como consecuencia de la DANA, que nos han sobrecogido a todos y que nunca olvidaremos, nunca, este libro viene dedicado a todos aquellos que han resultado lastimados y perjudicados, y sufrido pérdidas humanas o económicas por la cita y horrenda DANA. Desde aquí mostramos nuestras condolencias y apoyo a todas estas personas, familias, y empresas que están sufriendo y, sin condiciones, nos unimos a su dolor.

Y en especial, como rayo de luz en esta tragedia, quiero poner en valor y dedicar este libro a los jóvenes, personificados en mis hijos, Julia, Álvaro y Jorge Aznar Nebot, pero extensible a todos y cada uno de los hijos de los autores de este libro.

Estos jóvenes, aun impactados por el horror de la DANA, se percataron de su trágico y letal alcance y, ejemplarmente, sin pedir ni esperar nada a cambio, han dado lo mejor de si, incansablemente, prestando de manera desinteresada su apoyo y ayuda a todo aquel que lo precisó.

Puede leerse en esa maravillosa canción que es "changes", genialmente interpretada por David Bowie, y que constituye una loa excelsa a la transformación personal y el paso de tiempo, "y esos niños a los que escupes mientras intentan cambiar sus mundos, son muy conscientes de lo que esta pasando". Una genial crítica a nuestra generación, la de los mayores, que me temo no les entendemos, y torpe e innecesariamente pretendemos cambiar sus mundos. Por mi parte, solo puedo decir que intentaré no escupirles jamás con prescindibles quejas y reproches sobre su vestimenta, sus terribles horarios o su endiablado desorden ordenado, les apremiare a que sin aceptar innecesarias interferencias, sigan cambiando sus mundos, y de paso los nuestros, y ruego a Dios que permanezcan inmunes a nuestros superfluos e innecesarios consejos, porque, desde luego, son conscientes de todo lo que pasa a su alrededor. Y bien (nos) lo han demostrado en Valencia, ganándose el derecho a ser acreedores de nuestro respeto.

Esperamos que el presente libro sea útil y del agrado del lector, y que aporte luz a los profesionales del ámbito societario y de la empresa.

Valencia a 25 de diciembre de 2024.

Eduardo Aznar Giner

VI. FORMULARIOS

I. CONSTITUCIÓN

SUMARIO: F001. ESCRITURA DE CONSTITUCIÓN. APORTACIÓN DINERARIA (I). CONSEJO DE ADMINISTRACIÓN. F002. ESCRITURA DE CONSTITUCIÓN. APORTACIÓN DINERARIA (II). F003. ESCRITURA DE CONSTITUCIÓN. APORTACIÓN NO DINERARIA (I). AUTOMÓVIL. F004. ESCRITURA DE CONSTITUCIÓN. APORTACIÓN NO DINERARIA (II). CAMIÓN. F005. ESCRITURA DE CONSTITUCIÓN. APORTACIÓN NO DINERARIA (III). MAQUINARIA. F006. ESCRITURA DE CONSTITUCIÓN. APORTACIÓN NO DINERARIA (IV). INMUEBLE. F007. ESCRITURA DE CONSTITUCIÓN. APORTACIÓN NO DINERARIA (V). MARCA. F008. ESCRITURA DE CONSTITUCIÓN. APORTACIÓN NO DINERARIA (VI). DERECHO DE CRÉDITO. F009. ESCRITURA DE CONSTITUCIÓN. APORTACIONES NO DINERARIAS (VII). ACCIONES Y PARTICIPACIONES SOCIALES. F010. ESCRITURA DE CONSTITUCIÓN. APORTACIÓN NO DINERARIA (VIII). EMPRESA Y KNOW HOW. F011. ESCRITURA DE CONSTITUCIÓN. APORTACIÓN MIXTA DINERARIA Y NO DINERARIA (IX). UTENSILIOS Y MERCANCÍA. PRESTACIONES ACCESORIAS. F012. ESCRITURA DE CONSTITUCIÓN. SOCIEDAD CON CAPITAL INFERIOR A 3.000 EUROS. F013. ESCRITURA DE AUMENTO DE CAPITAL, SIENDO EL PREEXISTENTE INFERIOR A 3.000 EUROS. F014. ACUERDO PARA LA PARTICIPACIÓN DE SOCIO EN LA NUEVA SOCIEDAD EN CONSTITUCIÓN. ACTA DE CONSEJO DE ADMINISTRACIÓN CONVOCADO. F015. ACUERDO PARA LA PARTICIPACIÓN DE SOCIO EN LA NUEVA SOCIEDAD EN CONSTITUCIÓN. ACTA DE CONSEJO DE ADMINISTRACIÓN UNIVERSAL. F016. ACUERDO PARA LA PARTICIPACIÓN COMO SOCIO EN LA NUEVA SOCIEDAD EN CONSTITUCIÓN. CERTIFICACIÓN CONSEJO DE ADMINISTRACIÓN CONVOCADO. F017. ACUERDO PARA LA PARTICIPACIÓN DE SOCIO EN LA NUEVA SOCIEDAD EN CONSTITUCIÓN. CERTIFICACIÓN DE CONSEJO DE ADMINISTRACIÓN UNIVERSAL (I). F018. ACUERDO PARA LA PARTICIPACIÓN DE SOCIO EN LA NUEVA SOCIEDAD EN CONSTITUCIÓN. CERTIFICACIÓN DE CONSEJO DE ADMINISTRACIÓN UNIVERSAL (II)

F001. ESCRITURA DE CONSTITUCIÓN. APORTACIÓN DINERARIA (I). CONSEJO DE ADMINISTRACIÓN

Normativa de Aplicación: *Arts. 19 y ss. Real Decreto Legislativo 1/2010, de 2 de julio, por el que se aprueba el texto refundido de la Ley de Sociedades de Capital.*

En ...., a ....

Ante mí, ..., Notario con residencia en .... y de su Ilustre Colegio,

COMPARECEN

DON ...., mayor de edad, de nacionalidad española, empresario, casado bajo el régimen de absoluta separación de bienes según escritura de capitulaciones matrimoniales otorgada el día ...., ante el notario de ...., inscritas en el Registro Civil de ...., al tomo ...., con fecha de .... con Doña ...., vecino de .... Con DNI/NIF ....

DON ...., mayor de edad, de nacionalidad española, empresario, soltero, vecino de .... Con DNI/NIF ....

DON ...., mayor de edad, de nacionalidad española, empresario, soltero, vecino de .... Con DNI/NIF ....

DON ...., mayor de edad, de nacionalidad española, empresario, soltero, vecino de .... Con DNI/NIF ....

Les identifico por medio de la documentación reseñada que me exhiben.

INTERVIENEN

Todos en su propio nombre y derecho.

Tienen a mi juicio la capacidad necesaria para esta escritura de CONSTITUCIÓN DE SOCIEDAD DE RESPONSABILIDAD LIMITADA y al efecto,

EXPONEN

I.– Que fundan y constituyen una entidad mercantil de responsabilidad limitada, conforme a las disposiciones de la Ley de Sociedades de Capital, con la denominación de « .... », que se regulará por las normas de dicha Ley y en particular por los Estatutos que me entregan, extendidos en .... folios de papel exclusivo para documentos notariales, serie y números el .... y los .... siguientes en orden, los cuales declaran conocer por haber leído, aprueban en mi presencia y firman en el último de dichos folios, dándose por reproducidos.

CERTIFICACIÓN DE NOMBRE: Me entregan y protocolizo con esta matriz certificado del Registro Mercantil Central acreditativo de no hallarse inscrita sociedad con igual denominación.

II.– La sociedad se constituye con un capital social de .... euros dividido en .... participaciones sociales, indivisibles y acumulables, de .... euros cada una de valor nominal, totalmente asumidas y desembolsadas y numeradas del uno al ...., ambos inclusive. La asunción y desembolso de las expresadas participaciones sociales se realiza en los siguientes términos:

A.– Doña ...., asume y desembolsa íntegramente .... PARTICIPACIONES SOCIALES, las número 1 al ...., ambas inclusive, de .... euros de valor nominal cada una de ellas, por su total importe conjunto de .... euros.

El íntegro desembolso del valor nominal de las referidas participaciones sociales asumidas por ...., es verificado mediante su ingreso en fecha .... y en la cuenta bancaria aperturada a nombre de la sociedad .... S.L. en constitución, entidad de crédito española .... (oficina ....) Identificación de la cuenta: .... La realidad de todo lo anterior, y, en especial, de la citada aportación, resulta del certificado bancario emitido en fecha ...., por el apoderado del banco ...., que me entrega el compareciente y que yo, notario, incorporo a esta escritura, por mí, autorizada.

B.– Don ...., asume y desembolsa íntegramente .... PARTICIPACIONES SOCIALES, las número .... al ...., ambas inclusive, de .... euros de valor nominal cada una de ellas, por su total importe conjunto de .... euros.

El íntegro desembolso del valor nominal de las referidas participaciones sociales asumidas por ...., es verificado mediante su ingreso en fecha .... y en la cuenta bancaria aperturada a nombre de la sociedad .... S.L. en constitución, entidad de crédito española .... (oficina ....) Identificación de la cuenta: .... La realidad de todo lo anterior, y, en especial, de la citada aportación, resulta del certificado bancario emitido en fecha ...., por el apoderado del banco ...., que me entrega el compareciente y que yo, notario, incorporo a esta escritura, por mí, autorizada.

C.– Don ...., asume y desembolsa íntegramente .... PARTICIPACIONES SOCIALES, las número .... al ...., ambas inclusive, de .... euros de valor nominal cada una de ellas, por su total importe conjunto de .... euros.

El íntegro desembolso del valor nominal de las referidas participaciones sociales asumidas por ...., es verificado mediante su ingreso en fecha .... y en la cuenta bancaria aperturada a nombre de la sociedad .... S.L. en constitución, entidad de crédito española .... (oficina ....) Identificación de la cuenta: .... La realidad de todo lo anterior, y, en especial, de la citada aportación, resulta del certificado bancario emitido en fecha ...., por el apoderado del banco ...., que me entrega el compareciente y que yo, notario, incorporo a esta escritura, por mí, autorizada.

D.– Y Don ...., asume y desembolsa íntegramente .... PARTICIPACIONES SOCIALES, las número .... al ...., ambas inclusive, de .... euros de valor nominal cada una de ellas, por su total importe conjunto de .... euros.

El íntegro desembolso del valor nominal de las referidas participaciones sociales asumidas por ...., es verificado mediante su ingreso en fecha .... y en la cuenta bancaria aperturada a nombre de la sociedad .... S.L. en constitución, entidad de crédito española .... (oficina ....) Identificación de la cuenta: .... La realidad de todo lo anterior, y, en especial, de la citada aportación, resulta del certificado bancario emitido en fecha ...., por el apoderado del banco ...., que me entrega el compareciente y que yo, notario, incorporo a esta escritura, por mí, autorizada.

De esta manera y en los términos aquí expuestos, queda el capital social de .... S.L. total e íntegramente asumido y desembolsado.

ALTERNATIVA EN CASO DE QUE NO SE ACREDITE LA REALIDAD DE LAS APORTACIONES DINERARIAS: «Los comparecientes, con arreglo a lo dispuesto en el artículo 62.2 de la Ley de Sociedades de Capital, no me acreditan la realidad de sus aportaciones dinerarias, por lo cual manifiestan que responderán solidariamente frente a la sociedad y frente a los acreedores sociales de la realidad de las mismas».

III.– Los comparecientes, dando a este acto el carácter de Junta General Universal de socios, acuerdan por unanimidad:

Primero.– Estructura y nombramiento del primer órgano de administración.– Quedan establecidas por esta escritura fundacional las siguientes determinaciones:

A.– El nombramiento del Órgano de Administración se realiza como condición del contrato social.

B.– El órgano de administración de esta sociedad será el de Consejo de Administración.

C.– Se fija en cuatro el número de miembros y se nombran Consejeros a ....

D.– Su nombramiento se hace por plazo INDEFINIDO.

E.– Los designados ACEPTAN SU CARGO, se comprometen a su fiel desempeño, toman posesión del mismo y manifiestan no hallarse incursos en causa alguna de incapacidad, incompatibilidad o prohibición para ejercerlo. Hacen constar que sus circunstancias personales son las consignadas en la comparecencia de esta escritura.

Segundo.– Los Consejeros designados dando a este acto el carácter de primera reunión del Consejo de Administración realizan los siguientes nombramientos:

PRESIDENTE DEL CONSEJO: ....

VICEPRESIDENTE DEL CONSEJO.– ....

SECRETARIO DEL CONSEJO: ....

VOCAL.– ....

CONSEJEROS DELEGADOS SOLIDARIOS.– ....

El poder de representación de la sociedad, en los términos establecidos por la Ley y art. .... de los Estatutos corresponde al propio Consejo que actuará colegiadamente.

Se delegan solidariamente en los Consejeros Delegados nombrados todas y cada una de las facultades que estatutariamente corresponden al Consejo de Administración y constan en el artículo .... de los Estatutos sociales, a saber: ....

Se hace constar que se ha celebrado entre el consejero delegado designado y la propia sociedad el contrato previsto en el artículo 249 de la Ley de Sociedades de Capital, que ha sido aprobado previamente por el consejo de administración, con el voto favorable de .... (al menos dos terceras partes de los miembros) absteniéndose de asistir a la deliberación y de votar el consejero delegado nombrado, en los términos y condiciones que se reflejan en dicho precepto.

IV.– Hacen constar los comparecientes, que esta sociedad será dada de alta con el CNAE nº ....

V.– Los comparecientes me instan EXPRESAMENTE a mí, el Notario, para que no remita al RM copia autorizada Telemática del presente instrumento, optando los comparecientes por la tramitación mediante el procedimiento manual.

También los comparecientes se confieren entre sí poder especial para que cualquiera de ellos, de forma indistinta y ante una eventual calificación verbal o escrita del Registro Mercantil del presente documento, pueda rectificar, complementar o subsanar el mismo. Ello a efectos de lograr la inscripción de esta escritura en el referido Registro.

Se solicita por los comparecientes la inscripción parcial de esta escritura que yo, notario, autorizo, en los supuestos y términos del art. 63 RRM.

Se solicita por los comparecientes la exención fiscal a que se refiere el art. 45.1.b.11 TRITPAJD.

VI.– Yo, el notario, he informado a los comparecientes acerca de las ventajas de emplear los Puntos de Atención al Emprendedor (PAE) y el Centro de Información y Red de Creación de Empresas (CIRCE), para la constitución de sociedades y la realización de cualesquiera otros trámites ligados al inicio de su actividad, en los términos previstos en el artículo 3 de la Ley 18/22, de 28 de septiembre, de creación y crecimiento de empresas

Protección de datos.– Con relación a los datos de carácter personal que en la presente constan, referidos a los comparecientes, quedan estos enterados de que los mismos se incorporan a mis ficheros automatizados, lo que aceptan, así como del derecho de oposición, acceso a ellos, rectificación o cancelación de los mismos.

Hechas las reservas y advertencias legales, en especial de orden fiscal —plazo de presentación de .... (según normativa autonómica), responsabilidades y afecciones—, así como las relativas a la inscripción en el Registro Mercantil, les leo esta escritura, previa advertencia y renuncia de su derecho a leer por sí, la aprueban y firman.

De identificarles por el documento de identidad reseñado, de la legitimación de los intervinientes, de que los actos contenido de este otorgamiento se adecuan a la legalidad y a su voluntad debidamente informada, y de todo lo contenido en este instrumento público, extendido en .... folios de papel exclusivo para documentos notariales, serie y números el presente y los anteriores en orden, yo, el Notario, doy fe.

F002. ESCRITURA DE CONSTITUCIÓN. APORTACIÓN DINERARIA (II)

Normativa de Aplicación: *Arts. 19 y ss. Real Decreto Legislativo 1/2010, de 2 de julio, por el que se aprueba el texto refundido de la Ley de Sociedades de Capital.*

En ...., a ....

Ante mí, ..., Notario con residencia en .... y de su Ilustre Colegio,

COMPARECEN

DON ...., mayor de edad, de nacionalidad española, empresario, casado bajo el régimen de absoluta separación de bienes según escritura de capitulaciones matrimoniales otorgada el día ...., ante el notario de ...., inscritas en el Registro Civil de ...., al tomo ...., con fecha de .... con Doña ...., vecino de .... Con DNI/NIF ....

DON ...., mayor de edad, de nacionalidad española, empresario, soltero, vecino de .... Con DNI/NIF ....

DON ...., de nacionalidad española, empresario, soltero, vecino de .... Con DNI/NIF ....

DON ...., mayor de edad, de nacionalidad española, empresario, soltero, vecino de .... Con DNI/NIF ....

Les identifico por medio de la documentación reseñada que me exhiben.

INTERVIENEN

Todos en su propio nombre y derecho.

Tienen a mi juicio la capacidad necesaria para esta escritura de CONSTITUCIÓN DE SOCIEDAD DE RESPONSABILIDAD LIMITADA y al efecto,

EXPONEN

I.– Que fundan y constituyen una entidad mercantil de responsabilidad limitada, conforme a las disposiciones de la Ley de Sociedades de Capital, con la denominación de « .... », que se regulará por las normas de dicha Ley y en particular por los Estatutos que me entregan, extendidos en .... folios de papel exclusivo para documentos notariales, serie y números el .... y los .... siguientes en orden, los cuales declaran conocer por haber leído, aprueban en mi presencia y firman en el último de dichos folios, dándose por reproducidos.

CERTIFICACIÓN DE NOMBRE: Me entregan y protocolizo con esta matriz certificado del Registro Mercantil Central acreditativo de no hallarse inscrita sociedad con igual denominación.

II.– La sociedad se constituye con un capital social de .... euros dividido en .... participaciones sociales, indivisibles y acumulables, de .... euros cada una de valor nominal, totalmente asumidas y desembolsadas y numeradas del uno al ...., ambos inclusive. La asunción y desembolso de las expresadas participaciones sociales se realiza en los siguientes términos:

A.– Doña ...., asume y desembolsa íntegramente .... PARTICIPACIONES SOCIALES, las número 1 al ...., ambas inclusive, de .... euros de valor nominal cada una de ellas, por su total importe conjunto de .... euros.

B.– Don ...., asume y desembolsa íntegramente .... PARTICIPACIONES SOCIALES, las número .... al ...., ambas inclusive, de .... euros de valor nominal cada una de ellas, por su total importe conjunto de .... euros.

C.– Don ...., asume y desembolsa íntegramente .... PARTICIPACIONES SOCIALES, las número .... al ...., ambas inclusive, de .... euros de valor nominal cada una de ellas, por su total importe conjunto de .... euros.

D.– Y Don ...., asume y desembolsa íntegramente .... PARTICIPACIONES SOCIALES, las número .... al ...., ambas inclusive, de .... euros de valor nominal cada una de ellas, por su total importe conjunto de .... euros.

Los comparecientes me hacen entrega a mi, el notario, del referido importe conjunto de .... euros (Don .... euros, Don .... euros, Don .... euros y Doña .... Euros, respectivamente) y me solicitan que constituya deposito por tal importe a nombre de la sociedad aquí constituida. Acepto la solicitud que me formulan los comparecientes, que llevare a cabo tan pronto me lo permitan las necesidades de servicio y siempre dentro del plazo de cinco días hábiles reseñado en el art. 189 RRM.

ALTERNATIVA EN CASO DE QUE NO SE ACREDITE LA REALIDAD DE LAS APORTACIONES DINERARIAS: «Los comparecientes, con arreglo a lo dispuesto en el artículo 62.2 de la Ley de Sociedades de Capital, no me acreditan la realidad de sus aportaciones dinerarias, por lo cual manifiestan que responderán solidariamente frente a la sociedad y frente a los acreedores sociales de la realidad de las mismas».

De esta manera y en los términos aquí expuestos, queda el capital social de .... S.L. total e íntegramente asumido y desembolsado.

III.– Los comparecientes, dando a este acto el carácter de Junta General Universal de socios, acuerdan por unanimidad:

Primero.– Estructura y nombramiento del primer órgano de administración.– Quedan establecidas por esta escritura fundacional las siguientes determinaciones:

A.– El nombramiento del Órgano de Administración se realiza como condición del contrato social.

B.– El órgano de administración de esta sociedad será el de Consejo de Administración.

C.– Se fija en cuatro el número de miembros y se nombran Consejeros a ....

D.– Su nombramiento se hace por plazo INDEFINIDO.

E.– Los designados ACEPTAN SU CARGO, se comprometen a su fiel desempeño, toman posesión del mismo y manifiestan no hallarse incursos en causa alguna de incapacidad, incompatibilidad o prohibición para ejercerlo. Hacen constar que sus circunstancias personales son las consignadas en la comparecencia de esta escritura.

Segundo.– Los Consejeros designados dando a este acto el carácter de primera reunión del Consejo de Administración realizan los siguientes nombramientos:

PRESIDENTE DEL CONSEJO: ....

VICEPRESIDENTE DEL CONSEJO.– ....

SECRETARIO DEL CONSEJO: ....

VOCAL.– ....

CONSEJEROS DELEGADOS SOLIDARIOS.– ....

El poder de representación de la sociedad, en los términos establecidos por la Ley y art. .... de los Estatutos corresponde al propio Consejo que actuará colegiadamente.

Se delegan solidariamente en los Consejeros Delegados nombrados todas y cada una de las facultades que estatutariamente corresponden al Consejo de Administración y constan en el artículo .... de los Estatutos sociales, a saber: ....

Se hace constar que se ha celebrado entre el consejero delegado designado y la propia sociedad el contrato previsto en el artículo 249 de la Ley de Sociedades de Capital, que ha sido aprobado previamente por el consejo de administración, con el voto favorable de .... (al menos dos terceras partes de los miembros) absteniéndose de asistir a la deliberación y de votar el consejero delegado nombrado, en los términos y condiciones que se reflejan en dicho precepto.

IV.– Hacen constar los comparecientes, que esta sociedad será dada de alta con el CNAE nº ....

V.– Los comparecientes me instan EXPRESAMENTE a mí, el Notario, para que no remita al RM copia autorizada Telemática del presente instrumento, optando los comparecientes por la tramitación mediante el procedimiento manual.

También los comparecientes se confieren entre sí poder especial para que cualquiera de ellos, de forma indistinta y ante una eventual calificación verbal o escrita del Registro Mercantil del presente documento, pueda rectificar, complementar o subsanar el mismo. Ello a efectos de lograr la inscripción de esta escritura en el referido Registro.

Se solicita por los comparecientes la inscripción parcial de esta escritura que yo, notario, autorizo, en los supuestos y términos del art. 63 RRM.

Se solicita por los comparecientes la exención fiscal a que se refiere el art. 45.1.b.11 TRITPAJD.

VI.– Yo, el notario, he informado a los comparecientes acerca de las ventajas de emplear los Puntos de Atención al Emprendedor (PAE) y el Centro de Información y Red de Creación de Empresas (CIRCE), para la constitución de sociedades y la realización de cualesquiera otros trámites ligados al inicio de su actividad, en los términos previstos en el artículo 3 de la Ley 18/22, de 28 de septiembre, de creación y crecimiento de empresas.

Protección de datos.– Con relación a los datos de carácter personal que en la presente constan, referidos a los comparecientes, quedan estos enterados de que los mismos se incorporan a mis ficheros automatizados, lo que aceptan, así como del derecho de oposición, acceso a ellos, rectificación o cancelación de los mismos.

Hechas las reservas y advertencias legales, en especial de orden fiscal —plazo de presentación de .... (según normativa autonómica), responsabilidades y afecciones—, así como las relativas a la inscripción en el Registro Mercantil, les leo esta escritura, previa advertencia y renuncia de su derecho a leer por sí, la aprueban y firman.

De identificarles por el documento de identidad reseñado, de la legitimación de los intervinientes, de que los actos contenido de este otorgamiento se adecuan a la legalidad y a su voluntad debidamente informada, y de todo lo contenido en este instrumento público, extendido en .... folios de papel exclusivo para documentos notariales, serie y números el presente y los anteriores en orden, yo, el Notario, doy fe.

DILIGENCIA Que pongo yo el notario para hacer constar que el día ...., a las horas ...., me persone en la oficina de la entidad de crédito ...., sita en ...., y constituí el deposito a que hace referencia la escritura inicial.

F003. ESCRITURA DE CONSTITUCIÓN. APORTACIÓN NO DINERARIA (I). AUTOMÓVIL

Normativa de Aplicación: *Arts. 19 y ss. Real Decreto Legislativo 1/2010, de 2 de julio, por el que se aprueba el texto refundido de la Ley de Sociedades de Capital.*

En ...., a ....

Ante mí, ..., Notario con residencia en .... y de su Ilustre Colegio,

COMPARECEN

DON ...., de nacionalidad española, mayor de edad, empresario, soltero, vecino de .... Con DNI/NIF ....

DOÑA ...., de mayor de edad, de nacionalidad española, soltera, vecina de .... Con DNI/NIF ....

Les identifico por medio de la documentación reseñada que me exhiben.

INTERVIENEN

Todos en su propio nombre y derecho.

Tienen a mi juicio la capacidad necesaria para esta escritura de CONSTITUCIÓN DE SOCIEDAD DE RESPONSABILIDAD LIMITADA y al efecto,

EXPONEN

I.– Que fundan y constituyen una entidad mercantil de responsabilidad limitada, conforme a las disposiciones de la Ley de Sociedades de Capital, con la denominación de « .... », que se regulará por las normas de dicha Ley y en particular por los Estatutos que me entregan, extendidos en .... folios de papel exclusivo para documentos notariales, serie y números el .... y los .... siguientes en orden, los cuales declaran conocer por haber leído, aprueban en mi presencia y firman en el último de dichos folios, dándose por reproducidos.

CERTIFICACIÓN DE NOMBRE: Me entregan y protocolizo con esta matriz certificado del Registro Mercantil Central acreditativo de no hallarse inscrita sociedad con igual denominación.

II.– La sociedad se constituye con un capital social de .... euros dividido en .... participaciones sociales, indivisibles y acumulables, de .... euros cada una, totalmente asumidas y desembolsadas y numeradas del uno al ...., ambos inclusive. La asunción y desembolso del referido capital social se realiza en la siguiente forma:

A) Don .... asume y desembolsa íntegramente .... PARTICIPACIONES SOCIALES, las número 1 al ...., ambas inclusive, de .... euros, por su valor nominal cada una de ellas de .... euros, esto es, un valor en conjunto de .... euros, que desembolsa mediante la aportación que efectúa a la sociedad, en pleno dominio, del siguiente automóvil de la marca alemana ...., modelo ...., núm. .... de matrícula ...., y de bastidor ...., siendo sus principales características las siguientes: ....

El citado vehículo automóvil fue adquirido por Don ...., de la mercantil .... S.L. en virtud de contrato de compraventa suscrito en fecha ...., debidamente inscrito, tanto la compraventa como el vehículo en cuestión, en la Jefatura Superior de Trafico de ...., numero inscripción .... Esta dotado del oportuno premiso de circulación, vigente en la actualidad, obtenido el día .... de .... de .... ante ...., y asegurado por la compañía aseguradora ...., póliza de seguro ...., numero .... concertada el día .... con la expresada aseguradora y que se halla vigente hasta el día ....

El citado vehículo, según manifiesta ...., se halla libre de cargas, gravámenes, así como de cualquier tipo de arrendamiento o limitación posesoria o del poder de disposición del aportante del mismo.

Corresponde a esta aportación, que se valora a estos efectos en la suma de .... euros, ... participaciones sociales de la sociedad que ahora se constituye, concretamente, las números .... ambos inclusive.

B) Doña .... asume y desembolsa íntegramente .... PARTICIPACIONES SOCIALES, las número .... al ...., ambas inclusive, de .... euros, por su valor nominal cada una de ellas de .... euros, esto es, un valor en conjunto de .... euros, que desembolsa mediante la aportación que efectúa a la sociedad, en pleno dominio, del siguiente automóvil de la marca alemana ...., modelo ...., núm. .... de matrícula ...., y de bastidor ...., siendo sus principales características las siguientes: ....

El citado vehículo automóvil fue adquirido por Don ...., de la mercantil .... S.L. en virtud de contrato de compraventa suscrito en fecha ...., debidamente inscrito, tanto la compraventa como el vehículo en cuestión, en la Jefatura Superior de Trafico de ...., numero inscripción .... Está dotado del oportuno premiso de circulación, vigente en la actualidad, obtenido el día .... de .... de .... ante ...., y asegurado por la compañía aseguradora ...., póliza de seguro ...., numero .... concertada el día .... con la expresada aseguradora y que se halla vigente hasta el día ....

El vehículo, según manifiesta ...., se halla libre de cargas, gravámenes, así como de cualquier tipo de arrendamiento o limitación posesoria o del poder de disposición del aportante del mismo.

Corresponde a esta aportación, que se valora a estos efectos en la suma de .... euros, ... participaciones sociales de la sociedad que ahora se constituye, concretamente, las números .... ambos inclusive.

Expresamente se hace constar:

A.– Que las aportaciones que aquí realizan los socios comparecientes, se efectúan a titulo de propiedad, con todos sus derechos y cuanto le sea anexo o inherente, libre de cualesquiera tipo de carga, gravamen, así como de cualquier tipo de arrendamiento o limitación posesoria o del poder de disposición de los aportantes sobre los bienes objeto de aportación.

B.– Que los aportantes quedan obligados a la entrega y saneamiento de la cosa objeto de aportación en los términos establecidos por el CC para el contrato de compraventa, aplicándose las reglas del Código de Comercio sobre el mismo contrato en materia de transmisión de riesgos.

C.– Que se halla al corriente en el pago de impuestos, gastos, arbitrios y cualesquiera otra obligación de pago que le fuera imputable a los bienes objeto de aportación.

D.– Dado que las aportaciones no dinerarias referidas en la presente escritura, por mi, el notario, autorizada, no son objeto del informe a que se refiere el art. 67 LSC, advierto a los comparecientes que los aquí socios fundadores responden solidariamente frente a la sociedad y los acreedores sociales de la realidad de las referidas aportaciones y del valor atribuido en esta escritura. Ello en los términos y con el alcance previstos en los arts. 73 y ss. de la vigente LSC.

ALTERNATIVA. Por los aquí comparecientes se me hace entrega de informe a que se refiere el art. 67 LSC, emitido en fecha .... de .... de .... por Don ...., experto independiente, de profesión ...., que fue designado al efecto el día .... de .... de .... por el Sr. Registrador Mercantil de la provincia de ...., el correspondiente al domicilio social de ...., (expediente designatario ....), informe este que incorporo como anexo a esta escritura que yo autorizo, dándose en cualquier caso por reproducido su contenido en aras a una mayor brevedad. Del referido informe, resulta que la valoración por el referido experto de los bienes aquí aportados corresponde con la atribuida en esta escritura. También su valoración es coincidente con el valor de las participaciones sociales emitidas en contrapartida de la expresada aportación no dineraria. Por tal razón, los aquí socios fundadores quedan excluidos de la responsabilidad solidaria a que se refiere el art. 73 y ss. LSC.

De esta manera y en los términos aquí expuestos, queda el capital social de .... S.L. total e íntegramente asumido y desembolsado.

III.– Los comparecientes, dando a este acto el carácter de Junta general universal de socios, acuerdan por unanimidad:

Estructura y nombramiento del primer órgano de administración.– Quedan establecidas por esta escritura fundacional las siguientes determinaciones:

A.– El nombramiento del Órgano de Administración se realiza como condición del contrato social.

B.– El órgano de administración de esta sociedad será el de UN (1) ADMINISTRADOR ÚNICO.

C.– Se nombra Administrador único a ....

D.– Su nombramiento se hace por plazo INDEFINIDO.

E.– El designado ACEPTA SU CARGO, se compromete a su fiel desempeño, toma posesión del mismo y manifiesta no hallarse incurso en causa alguna de incapacidad, incompatibilidad o prohibición para ejercerlo. Hace constar que sus circunstancias personales son las consignadas en la comparecencia de esta escritura.

IV.– Hacen constar los comparecientes, que esta sociedad será dada de alta con el CNAE n° ....

V.– Los comparecientes me instan EXPRESAMENTE a mí, el Notario, para que no remita al RM copia autorizada Telemática del presente instrumento, optando los comparecientes por la tramitación mediante el procedimiento manual.

También los comparecientes se confieren entre sí poder especial para que cualquiera de ellos, de forma indistinta y ante una eventual calificación verbal o escrita del Registro Mercantil del presente documento, pueda rectificar, complementar o subsanar el mismo. Ello a efectos de lograr la inscripción de esta escritura en el referido Registro.

Se solicita por los comparecientes la inscripción parcial de esta escritura que yo, notario, autorizo, en los supuestos y términos del art. 63 RRM.

Se solicita por los comparecientes la exención fiscal a que se refiere el art. 45.1.b.11 TRITPAJD.

VI.– Yo, el notario, he informado a los comparecientes acerca de las ventajas de emplear los Puntos de Atención al Emprendedor (PAE) y el Centro de Información y Red de Creación de Empresas (CIRCE), para la constitución de sociedades y la realización de cualesquiera otros trámites ligados al inicio de su actividad, en los términos previstos en el artículo 3 de la Ley 18/22, de 28 de septiembre, de creación y crecimiento de empresas.

Protección de datos.– Con relación a los datos de carácter personal que en la presente constan, referidos a los comparecientes, quedan estos enterados de que los mismos se incorporan a mis ficheros automatizados, lo que aceptan, así como del derecho de oposición, acceso a ellos, rectificación o cancelación de los mismos.

Hechas las reservas y advertencias legales, en especial de orden fiscal —plazo de presentación de .... (según normativa autonómica), responsabilidades y afecciones—, así como las relativas a la inscripción en el Registro Mercantil, les leo esta escritura, previa advertencia y renuncia de su derecho a leer por sí, la aprueban y firman.

De identificarles por el documento de identidad reseñado, de la legitimación de los intervinientes, de que los actos contenido de este otorgamiento se adecuan a la legalidad y a su voluntad debidamente informada, y de todo lo contenido en este instrumento público, extendido en .... folios de papel exclusivo para documentos notariales, serie y números el presente y los anteriores en orden, yo, el Notario, doy fe.

F004. ESCRITURA DE CONSTITUCIÓN. APORTACIÓN NO DINERARIA (II). CAMIÓN

En ...., a ....

Ante mí, ..., Notario con residencia en .... y de su Ilustre Colegio,

COMPARECEN

DON ...., de nacionalidad española, mayor de edad, empresario, soltero, vecino de .... Con DNI/NIF ....

DOÑA ...., de mayor de edad, de nacionalidad española, soltera, vecina de .... Con DNI/NIF ....

Les identifico por medio de la documentación reseñada que me exhiben.

INTERVIENEN

Todos en su propio nombre y derecho.

Tienen a mi juicio la capacidad necesaria para esta escritura de CONSTITUCIÓN DE SOCIEDAD DE RESPONSABILIDAD LIMITADA y al efecto,

EXPONEN

I.– Que fundan y constituyen una entidad mercantil de responsabilidad limitada, conforme a las disposiciones de la Ley de Sociedades de Capital, con la denominación de « .... », que se regulará por las normas de dicha Ley y en particular por los Estatutos que me entregan, extendidos en .... folios de papel exclusivo para documentos notariales, serie y números el .... y los .... siguientes en orden, los cuales declaran conocer por haber leído, aprueban en mi presencia y firman en el último de dichos folios, dándose por reproducidos.

CERTIFICACIÓN DE NOMBRE: Me entregan y protocolizo con esta matriz certificado del Registro Mercantil Central acreditativo de no hallarse inscrita sociedad con igual denominación.

II.– La sociedad se constituye con un capital social de .... euros dividido en .... participaciones sociales, indivisibles y acumulables, de .... euros cada una, totalmente asumidas y desembolsadas y numeradas del uno al ...., ambos inclusive. La asunción y desembolso del referido capital social se realiza en la siguiente forma:

A) Don .... asume y desembolsa íntegramente .... PARTICIPACIONES SOCIALES, las número 1 al ...., ambas inclusive, de .... euros, por su valor nominal de .... euros, esto es, un valor en conjunto de .... euros, que desembolsa mediante la aportación que efectúa a la sociedad, en pleno dominio, del siguiente camión de la marca alemana ...., modelo ...., núm. .... de matrícula ...., y de bastidor ...., siendo sus principales características las siguientes: ....

El citado camión fue adquirido por Don ...., de la mercantil .... S.L. en virtud de contrato de compraventa suscrito en fecha ...., debidamente inscrito, tanto la compraventa como el vehículo en cuestión, en la Jefatura Superior de Trafico de ...., numero inscripción .... Esta dotado del oportuno premiso de circulación, vigente en la actualidad, obtenido el día .... de .... de .... ante ...., y asegurado por la compañía aseguradora ...., póliza de seguro ...., numero .... concertada el día .... con la expresada aseguradora y que se halla vigente hasta el día .... Tarjeta de transporte ...., con número ...., expedida el ...., por ...., vigente hasta el día ....

El citado vehículo, según manifiesta ...., se halla libre de cargas, gravámenes, así como de embargos y cualquier tipo de arrendamiento o limitación posesoria o del poder de disposición del aportante del mismo.

Corresponde a esta aportación, que se valora a estos efectos en la suma de .... euros, ... participaciones sociales de la sociedad que ahora se constituye, concretamente, las números .... ambos inclusive.

B) Doña .... asume y desembolsa íntegramente las restantes .... PARTICIPACIONES SOCIALES, número .... al ...., ambas inclusive, de .... euros, por su valor nominal de .... euros, esto es, un valor en conjunto de .... euros, que desembolsa mediante la aportación que efectúa a la sociedad, en pleno dominio, del siguiente camión de la marca alemana ...., modelo ...., núm. .... de matrícula ...., y de bastidor ...., siendo sus principales características las siguientes: ....

El citado camión, que se valora a los presentes efectos en la suma .... de euros, fue adquirido por Don ...., de la mercantil .... S.L. en virtud de contrato de compraventa suscrito en fecha ...., debidamente inscrito, tanto la compraventa como el vehículo en cuestión, en la Jefatura Superior de Trafico de ...., numero inscripción .... Está dotado del oportuno premiso de circulación, vigente en la actualidad, obtenido el día .... de .... de .... ante ...., y asegurado por la compañía aseguradora ...., póliza de seguro ...., numero .... concertada el día .... con la expresada aseguradora y que se halla vigente hasta el día .... Tarjeta de transporte ...., con número ...., expedida el ...., por ...., vigente hasta el día ....

El citado vehículo, según manifiesta ...., se halla libre de cargas, gravámenes, así como de embargos y cualquier tipo de arrendamiento o limitación posesoria o del poder de disposición del aportante del mismo.

Corresponde a esta aportación, que se valora a estos efectos en la suma de .... euros, ... participaciones sociales de la sociedad que ahora se constituye, concretamente, las números .... ambos inclusive.

Expresamente se hace constar:

A.– Que las aportaciones que aquí realizan los socios comparecientes, se efectúan a título de propiedad, con todos sus derechos y cuanto le sea anexo o inherente, libre de cualesquiera tipo de carga, gravamen, o embargo así como de cualquier tipo de arrendamiento o limitación posesoria o del poder de disposición de los aportantes sobre los bienes objeto de aportación.

B.– Que los aportantes quedan obligados a la entrega y saneamiento de la cosa objeto de aportación en los términos establecidos por el CC para el contrato de compraventa, aplicándose las reglas del Código de Comercio sobre el mismo contrato en materia de transmisión de riesgos.

C.– Que se halla al corriente en el pago de impuestos, gastos, arbitrios, tasas y cualesquiera otra obligación de pago que le fuera imputable a los bienes objeto de aportación.

D.– Dado que las aportaciones no dinerarias referidas en la presente escritura, por mi, el notario, autorizada, no son objeto del informe a que se refiere el art. 67 LSC, advierto a los comparecientes que los aquí socios fundadores responden solidariamente frente a la sociedad y los acreedores sociales de la realidad de las referidas aportaciones y del valor atribuido en esta escritura. Ello en los términos y con el alcance previstos en los arts. 73 y ss. de la vigente LSC.

ALTERNATIVA. Por los aquí comparecientes se me hace entrega de informe a que se refiere el art. 67 LSC, emitido en fecha .... de .... de .... por Don ...., experto independiente, de profesión ...., que fue designado al efecto el día .... de .... de .... por el Sr. Registrador Mercantil de la provincia de ...., el correspondiente al domicilio social de ...., (expediente designatario ....), informe este que incorporo como anexo a esta escritura que yo autorizo, dándose en cualquier caso por reproducido su contenido en aras a una mayor brevedad. Del referido informe, resulta que la valoración por el referido experto de los bienes aquí aportados corresponde con la atribuida en esta escritura. También su valoración es coincidente con el valor de las participaciones sociales emitidas en contrapartida de la expresada aportación no dineraria. Por tal razón, los aquí socios fundadores quedan excluidos de la responsabilidad solidaria a que se refiere el art. 73 y ss. LSC.

De esta manera y en los términos aquí expuestos, queda el capital social de .... S.L. total e íntegramente asumido y desembolsado.

III.– Los comparecientes, dando a este acto el carácter de Junta general universal de socios, acuerdan por unanimidad:

Estructura y nombramiento del primer órgano de administración.– Quedan establecidas por esta escritura fundacional las siguientes determinaciones:

A.– El nombramiento del Órgano de Administración se realiza como condición del contrato social.

B.– El órgano de administración de esta sociedad será el de UN (1) ADMINISTRADOR ÚNICO.

C.– Se nombra Administrador único a ....

D.– Su nombramiento se hace por plazo INDEFINIDO.

E.– El designado ACEPTA SU CARGO, se compromete a su fiel desempeño, toma posesión del mismo y manifiesta no hallarse incurso en causa alguna de incapacidad, incompatibilidad o prohibición para ejercerlo. Hace constar que sus circunstancias personales son las consignadas en la comparecencia de esta escritura.

IV.– Hacen constar los comparecientes, que esta sociedad será dada de alta con el CNAE n° ....

V.– Los comparecientes me instan EXPRESAMENTE a mí, el Notario, para que no remita al RM copia autorizada Telemática del presente instrumento, optando los comparecientes por la tramitación mediante el procedimiento manual.

También los comparecientes se confieren entre sí poder especial para que cualquiera de ellos, de forma indistinta y ante una eventual calificación verbal o escrita del Registro Mercantil del presente documento, pueda rectificar, complementar o subsanar el mismo. Ello a efectos de lograr la inscripción de esta escritura en el referido Registro.

Se solicita por los comparecientes la inscripción parcial de esta escritura que yo, notario, autorizo, en los supuestos y términos del art. 63 RRM.

Se solicita por los comparecientes la exención fiscal a que se refiere el art. 45.1.b.11 TRITPAJD.

Protección de datos.– Con relación a los datos de carácter personal que en la presente constan, referidos a los comparecientes, quedan estos enterados de que los mismos se incorporan a mis ficheros automatizados, lo que aceptan, así como del derecho de oposición, acceso a ellos, rectificación o cancelación de los mismos.

Hechas las reservas y advertencias legales, en especial de orden fiscal —plazo de presentación de .... (según normativa autonómica), responsabilidades y afecciones—, así como las relativas a la inscripción en el Registro Mercantil, les leo esta escritura, previa advertencia y renuncia de su derecho a leer por sí, la aprueban y firman.

De identificarles por el documento de identidad reseñado, de la legitimación de los intervinientes, de que los actos contenido de este otorgamiento se adecuan a la legalidad y a su voluntad debidamente informada, y de todo lo contenido en este instrumento público, extendido en .... folios de papel exclusivo para documentos notariales, serie y números el presente y los anteriores en orden, yo, el Notario, doy fe.

F005. ESCRITURA DE CONSTITUCIÓN. APORTACIÓN NO DINERARIA (III). MAQUINARIA

Normativa de Aplicación: *Arts. 19 y ss. Real Decreto Legislativo 1/2010, de 2 de julio, por el que se aprueba el texto refundido de la Ley de Sociedades de Capital.*

En ...., a ....

Ante mí, ..., Notario con residencia en .... y de su Ilustre Colegio,

COMPARECEN

DON ...., de nacionalidad española, mayor de edad, empresario, soltero, vecino de .... Con DNI/NIF ....

DOÑA ...., de mayor de edad, de nacionalidad española, soltera, vecina de .... Con DNI/NIF ....

Les identifico por medio de la documentación reseñada que me exhiben.

INTERVIENEN

Todos en su propio nombre y derecho.

Tienen a mi juicio la capacidad necesaria para esta escritura de CONSTITUCIÓN DE SOCIEDAD DE RESPONSABILIDAD LIMITADA y al efecto,

EXPONEN

I.– Que fundan y constituyen una entidad mercantil de responsabilidad limitada, conforme a las disposiciones de la Ley de Sociedades de Capital, con la denominación de « .... », que se regulará por las normas de dicha Ley y en particular por los Estatutos que me entregan, extendidos en .... folios de papel exclusivo para documentos notariales, serie y números el .... y los .... siguientes en orden, los cuales declaran conocer por haber leído, aprueban en mi presencia y firman en el último de dichos folios, dándose por reproducidos.

CERTIFICACIÓN DE NOMBRE: Me entregan y protocolizo con esta matriz certificado del Registro Mercantil Central acreditativo de no hallarse inscrita sociedad con igual denominación.

II.– La sociedad se constituye con un capital social de .... euros dividido en .... participaciones sociales, indivisibles y acumulables, de .... euros cada una, totalmente asumidas y desembolsadas y numeradas del uno al ...., ambos inclusive. La asunción y desembolso del referido capital social se realiza en la siguiente forma:

A) Don .... asume y desembolsa íntegramente .... PARTICIPACIONES SOCIALES, las número 1 al ...., ambas inclusive, por su valor nominal de .... euros, esto es, un valor en conjunto de .... euros, que desembolsa mediante la aportación que efectúa a la sociedad en pleno dominio de la siguiente MAQUINARIA ...., modelo ...., núm. identificativo ...., núm. fabricación ...., registrada en la Consejería de .... de la Comunidad Autónoma de .... (datos ....), siendo sus principales características las siguientes: ....

La citada maquinaria, que se valora a los presentes efectos en la suma .... de euros, fue adquirido por Don ...., de la mercantil .... S.L. en virtud de escritura de compraventa autorizada en fecha .... por el notario de ...., Don ...., y asegurada por la compañía de seguros y reaseguros ...., póliza de seguro ...., numero .... concertada el día .... con la expresada aseguradora y que se halla vigente hasta el día ....

Corresponde a esta aportación, que se valora a estos efectos en la suma de .... euros, ... participaciones sociales de la sociedad que ahora se constituye, concretamente, las números .... ambos inclusive.

B) Doña .... asume y desembolsa íntegramente .... PARTICIPACIONES SOCIALES, las número .... al ...., ambas inclusive, de .... euros, por su valor nominal de .... euros, esto es, un valor en conjunto de .... euros, que desembolsa mediante la aportación que efectúa a la sociedad en pleno dominio de la siguiente MAQUINARIA ...., modelo ...., núm. identificativo ...., núm. fabricación ...., registrada en la Consejería de .... de la Comunidad Autónoma de .... (datos ....), siendo sus principales características las siguientes: ....

La citada maquinaria, que se valora a los presentes efectos en la suma .... de euros, fue adquirido por Doña ...., de la mercantil .... S.L. en virtud de escritura de compraventa autorizada en fecha .... por el notario de ...., Don ...., y asegurada por la compañía de seguros y reaseguros ...., póliza de seguro ...., numero .... concertada el día .... con la expresada aseguradora y que se halla vigente hasta el día ....

Corresponde a esta aportación, que se valora a estos efectos en la suma de .... euros, ... participaciones sociales de la sociedad que ahora se constituye, concretamente, las números .... ambos inclusive.

Expresamente se hace constar:

A.– Que las aportaciones que aquí realizan los socios comparecientes, se efectúan a titulo de propiedad, con todos sus derechos y cuanto le sea anexo o inherente, libre de cualesquiera tipo de carga, gravamen, o embargo así como de cualquier tipo de arrendamiento o limitación posesoria o del poder de disposición de los aportantes sobre los bienes objeto de aportación.

B.– Que los aportantes quedan obligados a la entrega y saneamiento de la cosa objeto de aportación en los términos establecidos por el CC para el contrato de compraventa, aplicándose las reglas del Código de Comercio sobre el mismo contrato en materia de transmisión de riesgos.

C.– Que se halla al corriente en el pago de impuestos, gastos, arbitrios, tasas y cualesquiera otra obligación de pago que le fuera imputable a los bienes objeto de aportación.

D.– Dado que las aportaciones no dinerarias referidas en la presente escritura, por mí, el notario, autorizada, no son objeto del informe a que se refiere el art. 67 LSC, advierto a los comparecientes que los aquí socios fundadores responden solidariamente frente a la sociedad y los acreedores sociales de la realidad de las referidas aportaciones y del valor atribuido en esta escritura. Ello en los términos y con el alcance previstos en los arts. 73 y ss. de la vigente LSC.

ALTERNATIVA. Por los aquí comparecientes se me hace entrega de informa a que se refiere el art. 67 LSC, emitido en fecha .... de .... de .... por Don ...., experto independiente, de profesión ...., que fue designado al efecto el día .... de .... de .... por el Sr. Registrador Mercantil de la provincia de ...., el correspondiente al domicilio social de ...., (expediente designatario ....), informe este que incorporo como anexo a esta escritura que yo autorizo, dándose en cualquier caso por reproducido su contenido en aras a una mayor brevedad. Del referido informe, resulta que la valoración por el referido experto de los bienes aquí aportados corresponde con la atribuida en esta escritura. También su valoración es coincidente con el valor de las participaciones sociales emitidas en contrapartida de la expresada aportación no dineraria. Por tal razón, los aquí socios fundadores quedan excluidos de la responsabilidad solidaria a que se refiere el art. 73 y ss. LSC.

De esta manera y en los términos aquí expuestos, queda el capital social de .... S.L. total e íntegramente asumido y desembolsado.

III.– Los comparecientes, dando a este acto el carácter de Junta general universal de socios, acuerdan por unanimidad:

Estructura y nombramiento del primer órgano de administración.– Quedan establecidas por esta escritura fundacional las siguientes determinaciones:

A.– El nombramiento del Órgano de Administración se realiza como condición del contrato social.

B.– El órgano de administración de esta sociedad será el de UN (1) ADMINISTRADOR ÚNICO.

C.– Se nombra Administrador único a ....

D.– Su nombramiento se hace por plazo INDEFINIDO.

E.– El designado ACEPTA SU CARGO, se compromete a su fiel desempeño, toma posesión del mismo y manifiesta no hallarse incurso en causa alguna de incapacidad, incompatibilidad o prohibición para ejercerlo. Hace constar que sus circunstancias personales son las consignadas en la comparecencia de esta escritura.

IV.– Hacen constar los comparecientes, que esta sociedad será dada de alta con el CNAE nº ....

V.– Los comparecientes me instan EXPRESAMENTE a mí, el Notario, para que no remita al RM copia autorizada Telemática del presente instrumento, optando los comparecientes por la tramitación mediante el procedimiento manual.

También los comparecientes se confieren entre sí poder especial para que cualquiera de ellos, de forma indistinta y ante una eventual calificación verbal o escrita del Registro Mercantil del presente documento, pueda rectificar, complementar o subsanar el mismo. Ello a efectos de lograr la inscripción de esta escritura en el referido Registro.

Se solicita por los comparecientes la inscripción parcial de esta escritura que yo, notario, autorizo, en los supuestos y términos del art. 63 RRM.

Se solicita por los comparecientes la exención fiscal a que se refiere el art. 45.1.b.11 TRITPAJD.

VI.– Yo, el notario, he informado a los comparecientes acerca de las ventajas de emplear los Puntos de Atención al Emprendedor (PAE) y el Centro de Información y Red de Creación de Empresas (CIRCE), para la constitución de sociedades y la realización de cualesquiera otros trámites ligados al inicio de su actividad, en los términos previstos en el artículo 3 de la Ley 18/22, de 28 de septiembre, de creación y crecimiento de empresas.

Protección de datos.– Con relación a los datos de carácter personal que en la presente constan, referidos a los comparecientes, quedan estos enterados de que los mismos se incorporan a mis ficheros automatizados, lo que aceptan, así como del derecho de oposición, acceso a ellos, rectificación o cancelación de los mismos.

Hechas las reservas y advertencias legales, en especial de orden fiscal —plazo de presentación de .... (según normativa autonómica), responsabilidades y afecciones—, así como las relativas a la inscripción en el Registro Mercantil, les leo esta escritura, previa advertencia y renuncia de su derecho a leer por sí, la aprueban y firman.

De identificarles por el documento de identidad reseñado, de la legitimación de los intervinientes, de que los actos contenido de este otorgamiento se adecuan a la legalidad y a su voluntad debidamente informada, y de todo lo contenido en este instrumento público, extendido en .... folios de papel exclusivo para documentos notariales, serie y números el presente y los anteriores en orden, yo, el Notario, doy fe.

F006. ESCRITURA DE CONSTITUCIÓN. APORTACIÓN NO DINERARIA (IV). INMUEBLE

Normativa de Aplicación: *Arts. 19 y ss. Real Decreto Legislativo 1/2010, de 2 de julio, por el que se aprueba el texto refundido de la Ley de Sociedades de Capital.*

En ...., a ....

Ante mí, ..., Notario con residencia en .... y de su Ilustre Colegio,

COMPARECEN

DON ...., de nacionalidad española, mayor de edad, empresario, soltero, vecino de .... Con DNI/NIF ....

DOÑA ...., de mayor de edad, de nacionalidad española, soltera, vecina de .... Con DNI/NIF ....

Les identifico por medio de la documentación reseñada que me exhiben.

INTERVIENEN

Todos en su propio nombre y derecho.

Tienen a mi juicio la capacidad necesaria para esta escritura de CONSTITUCIÓN DE SOCIEDAD DE RESPONSABILIDAD LIMITADA y al efecto,

EXPONEN

I.– Que fundan y constituyen una entidad mercantil de responsabilidad limitada, conforme a las disposiciones de la Ley de Sociedades de Capital, con la denominación de « .... », que se regulará por las normas de dicha Ley y en particular por los Estatutos que me entregan, extendidos en .... folios de papel exclusivo para documentos notariales, serie y números el .... y los .... siguientes en orden, los cuales declaran conocer por haber leído, aprueban en mi presencia y firman en el último de dichos folios, dándose por reproducidos.

CERTIFICACIÓN DE NOMBRE: Me entregan y protocolizo con esta matriz certificado del Registro Mercantil Central acreditativo de no hallarse inscrita sociedad con igual denominación.

II.– La sociedad se constituye con un capital social de .... euros dividido en .... participaciones sociales, indivisibles y acumulables, de .... euros cada una, totalmente asumidas y desembolsadas y numeradas del uno al ...., ambos inclusive. La asunción y desembolso del referido capital social se realiza en la siguiente forma:

A.– Don .... asume y desembolsa íntegramente .... PARTICIPACIONES SOCIALES, las número 1 al ...., ambas inclusive, por su valor nominal cada una de ellas de .... euros, esto es, un valor en conjunto de .... euros, que desembolsa mediante la aportación que efectúa a la sociedad en pleno dominio del SOLAR sito en ....

DESCRIPCIÓN: ....;

INSCRIPCIÓN REGISTRAL: Registro de la Propiedad de ...., tomo ...., libro .... de ...., folio ...., inscripción ....

TÍTULO.– Le pertenece a Don ...., con carácter privativo y pleno dominio, en virtud de escritura autorizada el día .... de .... de .... por el notario que fue de ...., Don .... Copia del citado titulo la tengo a la vista.

REFERENCIA CATASTRAL: ....

Cumpliendo lo previsto en el art. 170 RN dejo unida a esta matriz, certificación catastral descriptiva y gráfica, obtenida por mi, notario, mediante procedimientos telemáticos seguros habilitados y de conformidad con lo dispuesto en la Resolución de 28 de abril de 2003 de la Dirección General del Catastro. De dicha certificación resulta la titularidad del inmueble, su superficie, y ubicación del mismo.

Los comparecientes, según intervienen, me solicitan en este acto formal y expresamente la comunicación telemática del contenido de esta escritura por mi autorizada a que se refiere el RD Legislativo 1/2004, de 5 de marzo, a través del Sistema de información central del Consejo General del Notariado. Todo lo cual procederé a llevar a cabo inmediatamente, tan pronto me lo permitan las necesidades del servicio, lo que haré constar mediante la oportuna diligencia.

Igualmente, y a los efectos de lo dispuesto en el artículo 18.2 del mismo texto legal, (i) manifiestan los comparecientes que la descripción catastral coincide con la realidad física del inmueble.

O (ii) Manifiestan los comparecientes que existen discrepancias entre la descripción catastral del inmueble y la realidad física, lo cual me acreditan a través de las pruebas oportunas. Yo, el Notario, iniciaré el procedimiento previsto legalmente a efectos de obtener la correspondiente rectificación catastral, lo cual diligenciaré en la presente.

O (iii) Manifiestan los comparecientes que existen discrepancias entre la descripción catastral del inmueble y la realidad física, oponiéndose a que desde esta Notaría se lleve a cabo el procedimiento de rectificación catastral legalmente previsto (o sin que me lo acrediten debidamente), de lo cual dejo constancia, y sin perjuicio de que yo, el Notario, lleve a cabo las comunicaciones telemáticas que procedan.

CARGAS Y GRAVÁMENES. Ante la imposibilidad de acceso directo al folio registral de la finca objeto de esta escritura con arreglo a lo previsto en la normativa vigente, yo, el notario, he accedido, inmediatamente antes de este otorgamiento, a la información registral continuada suministrada a través de la página web registradores.org, y trasladado a papel el resultado de dicha consulta, para su incorporación a la presente. De la misma resulta que la titularidad de la finca es la consignada en la presente escritura; asimismo de dicha nota resulta la finca descrita estar libre de cargas y gravámenes vigentes.

Según manifiesta la parte transmitente, la finca descrita está libre de cualesquiera otras cargas y gravámenes. Advierto de la conveniencia de comprobar el estado de cargas, bien mediante certificación del Registro de la Propiedad, bien mediante examen directo de los libros registrales.

Advierto asimismo a los comparecientes de que, sobre la información registral recibida y sobre la manifestación del exponente, prevalecerá, en todo caso, la situación registral de la finca que exista con anterioridad a la presentación de la copia de la presente escritura en el Registro de la Propiedad.

ARRENDAMIENTOS Y OCUPANTES: Manifiestan que la finca descrita se encuentra libre de arrendatarios, precaristas y cualquier tipo de ocupante.

IMPUESTO SOBRE BIENES INMUEBLES: Al corriente en el pago del Impuesto sobre Bienes Inmuebles según manifiesta el aportante, Don ...., advirtiendo el notario a las partes sobre la afección del referido inmueble al pago del meritado Impuesto en los términos de la normativa tributaria, de lo que se dan por enterados los aquí comparecientes.

Se incorpora a la presente escritura, información del IBI expedida a través del sistema de consulta instantánea de deudas de IBI de fincas correspondientes a los ayuntamientos pertenecientes a ...., obtenida telemáticamente y a través de la aplicación del Servicio de Intranet del Consejo General del Notariado del que resulta que la finca en cuestión se halla al corriente en el pago del IBI, información que fue solicitada por mí, el notario el pasado ...., y recibida el ...., de la que resulta los citados extremos.

ACTIVIDADES CONTAMINANTES. La parte transmitente manifiesta en este acto, de conformidad con el artículo 98, apartado 3 de la Ley 7/2022, de 8 de abril, de Residuos y Suelos contaminados para una economía circular, que no le consta que sobre la finca transmitida se haya realizado ninguna actividad potencialmente contaminante del suelo.

Corresponde a esta aportación, que se valora a estos efectos en la suma de .... euros, ... participaciones sociales de la sociedad que ahora se constituye, concretamente, las números .... ambos inclusive.

B) Doña .... asume y desembolsa íntegramente .... PARTICIPACIONES SOCIALES, las número .... al ...., ambas inclusive, por su valor nominal cada una de ellas de .... euros, esto es, un valor en conjunto de .... euros, que desembolsa mediante la aportación que efectúa a la sociedad en pleno dominio del SOLAR sito en ....

DESCRIPCIÓN: ....;

INSCRIPCIÓN REGISTRAL: Registro de la Propiedad de ...., tomo ...., libro .... de ...., folio ...., inscripción ....

TÍTULO.– Le pertenece a Doña ...., con carácter privativo y pleno dominio, en virtud de escritura autorizada el día .... de .... de .... por el notario que fue de ...., Don .... Copia del citado titulo lo tengo a la vista.

REFERENCIA CATASTRAL: ....

Cumpliendo lo previsto en el art. 170 RN dejo unida a esta matriz, certificación catastral descriptiva y gráfica, obtenida por mi, notario, mediante procedimientos telemáticos seguros habilitados y de conformidad con lo dispuesto en la Resolución de 28 de abril de 2003 de la Dirección General del Catastro. De dicha certificación resulta la titularidad del inmueble, su superficie, y ubicación del mismo.

Los comparecientes, según intervienen, me solicitan en este acto formal y expresamente la comunicación telemática del contenido de esta escritura por mi autorizada a que se refiere el RD Legislativo 1/2004, de 5 de marzo, a través del Sistema de información central del Consejo General del Notariado. Todo lo cual procederé a llevar a cabo inmediatamente, tan pronto me lo permitan las necesidades del servicio, lo que haré constar mediante la oportuna diligencia.

Igualmente, y a los efectos de lo dispuesto en el artículo 18.2 del mismo texto legal, (i) manifiestan los comparecientes que la descripción catastral coincide con la realidad física del inmueble.

O (ii) Manifiestan los comparecientes que existen discrepancias entre la descripción catastral del inmueble y la realidad física, lo cual me acreditan a través de las pruebas oportunas. Yo, el Notario, iniciaré el procedimiento previsto legalmente a efectos de obtener la correspondiente rectificación catastral, lo cual diligenciaré en la presente.

O (iii) Manifiestan los comparecientes que existen discrepancias entre la descripción catastral del inmueble y la realidad física, oponiéndose a que desde esta Notaría se lleve a cabo el procedimiento de rectificación catastral legalmente previsto (o sin que me lo acrediten debidamente), de lo cual dejo constancia, y sin perjuicio de que yo, el Notario, lleve a cabo las comunicaciones telemáticas que procedan.

CARGAS Y GRAVÁMENES. Ante la imposibilidad de acceso directo al folio registral de la finca objeto de esta escritura con arreglo a lo previsto en la normativa vigente, yo, el notario, he accedido, inmediatamente antes de este otorgamiento, a la información registral continuada suministrada a través de la página web registradores.org, y trasladado a papel el resultado de dicha consulta, para su incorporación a la presente. De la misma resulta que la titularidad de la finca es la consignada en la presente escritura; asimismo de dicha nota resulta la finca descrita estar libre de cargas y gravámenes vigentes.

Según manifiesta la parte transmitente, la finca descrita está libre de cualesquiera otras cargas y gravámenes. Advierto de la conveniencia de comprobar el estado de cargas, bien mediante certificación del Registro de la Propiedad, bien mediante examen directo de los libros registrales.

Advierto asimismo a los comparecientes de que, sobre la información registral recibida y sobre la manifestación del exponente, prevalecerá, en todo caso, la situación registral de la finca que exista con anterioridad a la presentación de la copia de la presente escritura en el Registro de la Propiedad.

ARRENDAMIENTOS Y OCUPANTES: Manifiestan que la finca descrita se encuentra libre de arrendatarios, precaristas y cualquier tipo de ocupante.

IMPUESTO SOBRE BIENES INMUEBLES: Al corriente en el pago del Impuesto sobre Bienes Inmuebles según manifiesta el aportante, Doña ...., advirtiendo el notario a las partes sobre la afección del referido inmueble al pago del meritado Impuesto en los términos de la normativa tributaria, de lo que se dan por enterados los aquí comparecientes.

Se incorpora a la presente escritura, información del IBI expedida a través del sistema de consulta instantánea de deudas de IBI de fincas correspondientes a los ayuntamientos pertenecientes a ...., obtenida telemáticamente y a través de la aplicación del Servicio de Intranet del Consejo General del Notariado del que resulta que la finca en cuestión se halla al corriente en el pago del IBI, información que fue solicitada por mí, el notario el pasado ...., y recibida el ...., de la que resulta los citados extremos.

ACTIVIDADES CONTAMINANTES. La parte transmitente manifiesta en este acto, de conformidad con el artículo 98, apartado 3 de la Ley 7/2022, de 8 de abril, de Residuos y Suelos contaminados para una economía circular, que no le consta que sobre la finca transmitida se haya realizado ninguna actividad potencialmente contaminante del suelo. Corresponde a esta aportación, que se valora a estos efectos en la suma de .... euros, ... participaciones sociales de la sociedad que ahora se constituye, concretamente, las números .... ambos inclusive.

Corresponde a esta aportación, que se valora a estos efectos en la suma de .... euros, ... participaciones sociales de la sociedad que ahora se constituye, concretamente, las números .... ambos inclusive.

Expresamente se hace constar:

A.– Que las aportaciones que aquí realizan los socios comparecientes, se efectúan a titulo de propiedad, con todos sus derechos y cuanto le sea anexo o inherente, libre de cualesquiera tipo de carga, gravamen, o embargo salvo las que resultan de la nota incorporada así como de cualquier tipo de arrendamiento o limitación posesoria o del poder de disposición de los aportantes sobre los bienes objeto de aportación.

B.– Que los aportantes quedan obligados a la entrega y saneamiento de la cosa objeto de aportación en los términos establecidos por el CC para el contrato de compraventa, aplicándose las reglas del Código de Comercio sobre el mismo contrato en materia de transmisión de riesgos.

C.– Que se halla al corriente en el pago de impuestos, gastos, arbitrios, tasas y cualesquiera otra obligación de pago que le fuera imputable a los bienes objeto de aportación.

D.– Dado que las aportaciones no dinerarias referidas en la presente escritura, por mi, el notario, autorizada, no son objeto del informe a que se refiere el art. 67 LSC, advierto a los comparecientes que los aquí socios fundadores responden solidariamente frente a la sociedad y los acreedores sociales de la realidad de las referidas aportaciones y del valor atribuido en esta escritura. Ello en los términos y con el alcance previstos en los arts. 73 y ss. de la vigente LSC.

ALTERNATIVA. Por los aquí comparecientes se me hace entrega de informe a que se refiere el art. 67 LSC, emitido en fecha .... de .... de .... por Don ...., experto independiente, de profesión ...., que fue designado al efecto el día .... de .... de .... por el Sr. Registrador Mercantil de la provincia de ...., el correspondiente al domicilio social de ...., (expediente designatario ....), informe este que incorporo como anexo a esta escritura que yo autorizo, dándose en cualquier caso por reproducido su contenido en aras a una mayor brevedad. Del referido informe, resulta que la valoración por el referido experto de los bienes aquí aportados corresponde con la atribuida en esta escritura. También su valoración es coincidente con el valor de las participaciones sociales emitidas en contrapartida de la expresada aportación no dineraria. Por tal razón, los aquí socios fundadores quedan excluidos de la responsabilidad solidaria a que se refiere el art. 73 y ss. LSC.

De esta manera y en los términos aquí expuestos, queda el capital social de .... S.L. total e íntegramente asumido y desembolsado.

III.– Los comparecientes, dando a este acto el carácter de Junta general universal de socios, acuerdan por unanimidad:

Estructura y nombramiento del primer órgano de administración.– Quedan establecidas por esta escritura fundacional las siguientes determinaciones:

A.– El nombramiento del Órgano de Administración se realiza como condición del contrato social.

B.– El órgano de administración de esta sociedad será el de UN (1) ADMINISTRADOR ÚNICO.

C.– Se nombra Administrador único a ....

D.– Su nombramiento se hace por plazo INDEFINIDO.

E.– El designado ACEPTA SU CARGO, se compromete a su fiel desempeño, toma posesión del mismo y manifiesta no hallarse incurso en causa alguna de incapacidad, incompatibilidad o prohibición para ejercerlo. Hace constar que sus circunstancias personales son las consignadas en la comparecencia de esta escritura.

IV.– Hacen constar los comparecientes, que esta sociedad será dada de alta con el CNAE n° ....

V.–Yo, el notario, llevaré a cabo, con arreglo a lo previsto en el Reglamento Notarial, la presentación telemática de esta escritura en el Registro Mercantil y demás Registros e la Propiedad competentes.

O (ii) Los comparecientes me dispensan a mí, el notario, con arreglo a lo previsto en el Reglamento Notarial, de llevar a cabo la presentación telemática de esta escritura en el Registro Mercantil y Registros de la Propiedad competentes.

También los comparecientes se confieren entre sí poder especial para que cualquiera de ellos, de forma indistinta y ante una eventual calificación verbal o escrita del Registro Mercantil del presente documento, pueda rectificar, complementar o subsanar el mismo. Ello a efectos de lograr la inscripción de esta escritura en el referido Registro.

Se solicita por los comparecientes la inscripción parcial de esta escritura que yo, notario, autorizo, en los supuestos y términos del art. 63 RRM.

Se solicita por los comparecientes la exención fiscal a que se refiere el art. 45.1.b.11 TRITPAJD.

VI.– A efectos del Impuesto Municipal sobre el incremento de Valor de los Terrenos de Naturaleza Urbana, los otorgantes me autorizan para la entrega o remisión al ayuntamiento de copia simple de esta escritura, les hago la advertencia que no procederá la inscripción registral de esta escritura sin que se acredite la previa presentación a autoliquidación por tal figura impositiva, o en su caso, la declaración del Impuesto o la comunicación del art. 110.6.b) TRLHL, lo cual expresamente se me requiere, incorporando posteriormente y por testimonio el correspondiente resguardo y haciendo constar mediante diligencia el resultado de mi actuación que llevare a cabo en los plazos establecidos al efecto, tan pronto me lo permitan las necesidades de servicio.

VII.– Yo, el notario, he informado a los comparecientes acerca de las ventajas de emplear los Puntos de Atención al Emprendedor (PAE) y el Centro de Información y Red de Creación de Empresas (CIRCE), para la constitución de sociedades y la realización de cualesquiera otros trámites ligados al inicio de su actividad, en los términos previstos en el artículo 3 de la Ley 18/22, de 28 de septiembre, de creación y crecimiento de empresas.

Protección de datos.– Con relación a los datos de carácter personal que en la presente constan, referidos a los comparecientes, quedan estos enterados de que los mismos se incorporan a mis ficheros automatizados, lo que aceptan, así como del derecho de oposición, acceso a ellos, rectificación o cancelación de los mismos.

Hechas las reservas y advertencias legales, en especial de orden fiscal —plazo de presentación de .... (según normativa autonómica), responsabilidades y afecciones, incluida las relativas impuesto sobre el incremento de valor de los terrenos de naturaleza urbana—, así como las relativas a la inscripción en el Registro Mercantil y en el de Propiedad, les leo esta escritura, previa advertencia y renuncia de su derecho a leer por sí, la aprueban y firman.

De identificarles por el documento de identidad reseñado, de la legitimación de los intervinientes, de que los actos contenido de este otorgamiento se adecuan a la legalidad y a su voluntad debidamente informada, y de todo lo contenido en este instrumento público, extendido en .... folios de papel exclusivo para documentos notariales, serie y números el presente y los anteriores en orden, yo, el Notario, doy fe.

F007. ESCRITURA DE CONSTITUCIÓN. APORTACIÓN NO DINERARIA (V). MARCA

Normativa de Aplicación: *Arts. 19 y ss. Real Decreto Legislativo 1/2010, de 2 de julio, por el que se aprueba el texto refundido de la Ley de Sociedades de Capital.*

En ...., a ....

Ante mí, ..., Notario con residencia en .... y de su Ilustre Colegio,

COMPARECEN

DON ...., de nacionalidad española, mayor de edad, empresario, soltero, vecino de .... Con DNI/NIF ....

DOÑA ...., de mayor de edad, de nacionalidad española, mayor de edad, soltera, vecina de .... Con DNI/NIF ....

Les identifico por medio de la documentación reseñada que me exhiben.

INTERVIENEN

Todos en su propio nombre y derecho.

Tienen a mi juicio la capacidad necesaria para esta escritura de CONSTITUCIÓN DE SOCIEDAD DE RESPONSABILIDAD LIMITADA y al efecto,

EXPONEN

I.– Que fundan y constituyen una entidad mercantil de responsabilidad limitada, conforme a las disposiciones de la Ley de Sociedades de Capital, con la denominación de « .... », que se regulará por las normas de dicha Ley y en particular por los Estatutos que me entregan, extendidos en .... folios de papel exclusivo para documentos notariales, serie y números el .... y los .... siguientes en orden, los cuales declaran conocer por haber leído, aprueban en mi presencia y firman en el último de dichos folios, dándose por reproducidos.

CERTIFICACIÓN DE NOMBRE: Me entregan y protocolizo con esta matriz certificado del Registro Mercantil Central acreditativo de no hallarse inscrita sociedad con igual denominación.

II.– La sociedad se constituye con un capital social de .... euros, dividido en .... participaciones sociales, indivisibles y acumulables, de .... euros cada una, totalmente asumidas y desembolsadas y numeradas del uno al ...., ambos inclusive. La asunción y desembolso del referido capital social se realiza en la siguiente forma:

Don .... asume y desembolsa íntegramente .... PARTICIPACIONES SOCIALES, las número 1 al ...., ambas inclusive, de .... euros, por su valor nominal de .... euros, esto es, un valor en conjunto de .... euros, que desembolsa mediante la aportación que efectúa a la sociedad en pleno dominio de la siguiente marca figurativa ....,

Dicha marca fue registrada en la Oficina de Propiedad Intelectual de la Unión Europea a instancia de ...., en fecha .... (núm. expediente ....) y bajo el número de marca ...., para las siguientes categorías de productos y servicios. .... (clasificación de Niza). Referencia ....

La referida marca y su registro se hallan vigentes actualmente, siendo su vencimiento registral el .... de .... de ....

La citada marca fue adquirida por Don ...., de la mercantil .... S.L. en virtud de escritura de compraventa autorizada en fecha .... por el notario de ...., Don ....

Corresponde a esta aportación, que se valora a estos efectos en la suma de .... euros, ... participaciones sociales de la sociedad que ahora se constituye, concretamente, las números .... ambos inclusive.

B) Doña .... asume y desembolsa íntegramente .... PARTICIPACIONES SOCIALES, las número .... al ...., ambas inclusive, de .... euros, por su valor nominal de .... euros, esto es, un valor en conjunto de .... euros, que desembolsa mediante la aportación que efectúa a la sociedad en pleno dominio de la siguiente marca denominativa ....,

Dicha marca fue registrada en la Oficina de Propiedad Intelectual de la Unión Europea a instancia de ...., en fecha .... (núm. expediente ....) y bajo el número de marca ...., para las siguientes categorías de productos y servicios. .... (clasificación de Niza). Referencia ....

La referida marca y su registro se hallan vigentes actualmente, siendo su vencimiento registral el .... de .... de ....

Corresponde a esta aportación, que se valora a estos efectos en la suma de .... euros, ... participaciones sociales de la sociedad que ahora se constituye, concretamente, las números .... ambos inclusive.

Expresamente se hace constar:

A.– Que las aportaciones que aquí realizan los socios comparecientes, se efectúan a título de propiedad, con todos sus derechos y cuanto le sea anexo o inherente, libre de cualesquiera tipo de carga, gravamen, así como de cualquier tipo de arrendamiento o limitación posesoria, o del poder de disposición de los aportantes sobre los bienes objeto de aportación.

B.– Que se halla al corriente en el pago de impuestos, gastos, y cualesquiera otra obligación de pago que le fuera imputable a los bienes objeto de aportación.

C.– Dado que las aportaciones no dinerarias referidas en la presente escritura, por mçi, el notario, autorizada, no son objeto del informe a que se refiere el art. 67 LSC, advierto a los comparecientes que los aquí socios fundadores responden solidariamente frente a la sociedad y los acreedores sociales de la realidad de las referidas aportaciones y del valor atribuido en esta escritura. Ello en los términos y con el alcance previstos en los arts. 73 y ss. de la vigente LSC.

ALTERNATIVA. Por los aquí comparecientes se me hace entrega de informe a que se refiere el art. 67 LSC, emitido en fecha .... de .... de .... por Don ...., experto independiente, de profesión ...., que fue designado al efecto el día .... de .... de .... por el Sr. Registrador Mercantil de la provincia de ...., el correspondiente al domicilio social de ...., (expediente designatario ....), informe este que incorporo como anexo a esta escritura que yo autorizo, dándose en cualquier caso por reproducido su contenido en aras a una mayor brevedad. Del referido informe, resulta que la valoración por el referido experto de los bienes aquí aportados corresponde con la atribuida en esta escritura. También su valoración es coincidente con el valor de las participaciones sociales emitidas en contrapartida de la expresada aportación no dineraria. Por tal razón, los aquí socios fundadores quedan excluidos de la responsabilidad solidaria a que se refiere el art. 73 y ss. LSC.

De esta manera y en los términos aquí expuestos, queda el capital social de .... S.L. total e íntegramente asumido y desembolsado.

III.– Los comparecientes, dando a este acto el carácter de Junta general universal de socios, acuerdan por unanimidad:

Estructura y nombramiento del primer órgano de administración.– Quedan establecidas por esta escritura fundacional las siguientes determinaciones:

A.– El nombramiento del Órgano de Administración se realiza como condición del contrato social.

B.– El órgano de administración de esta sociedad será el de UN (1) ADMINISTRADOR ÚNICO.

C.– Se nombra Administrador único a ....

D.– Su nombramiento se hace por plazo INDEFINIDO.

E.– El designado ACEPTA SU CARGO, se compromete a su fiel desempeño, toma posesión del mismo y manifiesta no hallarse incurso en causa alguna de incapacidad, incompatibilidad o prohibición para ejercerlo. Hace constar que sus circunstancias personales son las consignadas en la comparecencia de esta escritura.

V.– Los comparecientes me instan EXPRESAMENTE a mí, el Notario, para que no remita al RM copia autorizada Telemática del presente instrumento, optando los comparecientes por la tramitación mediante el procedimiento manual.

También los comparecientes se confieren entre sí poder especial para que cualquiera de ellos, de forma indistinta y ante una eventual calificación verbal o escrita del Registro Mercantil del presente documento, pueda rectificar, complementar o subsanar el mismo. Ello a efectos de lograr la inscripción de esta escritura en el referido Registro.

Se solicita por los comparecientes la inscripción parcial de esta escritura que yo, notario, autorizo, en los supuestos y términos del art. 63 RRM.

Se solicita por los comparecientes la exención fiscal a que se refiere el art. 45.1.b.11 TRITPAJD.

VI.– Yo, el notario, he informado a los comparecientes acerca de las ventajas de emplear los Puntos de Atención al Emprendedor (PAE) y el Centro de Información y Red de Creación de Empresas (CIRCE), para la constitución de sociedades y la realización de cualesquiera otros trámites ligados al inicio de su actividad, en los términos previstos en el artículo 3 de la Ley 18/22, de 28 de septiembre, de creación y crecimiento de empresas.

Protección de datos.– Con relación a los datos de carácter personal que en la presente constan, referidos a los comparecientes, quedan estos enterados de que los mismos se incorporan a mis ficheros automatizados, lo que aceptan, así como del derecho de oposición, acceso a ellos, rectificación o cancelación de los mismos.

Hechas las reservas y advertencias legales, en especial de orden fiscal —plazo de presentación de .... (según normativa autonómica), responsabilidades y afecciones—, así como las relativas a la inscripción en el Registro Mercantil, les leo esta escritura, previa advertencia y renuncia de su derecho a leer por sí, la aprueban y firman.

De identificarles por el documento de identidad reseñado, de la legitimación de los intervinientes, de que los actos contenido de este otorgamiento se adecuan a la legalidad y a su voluntad debidamente informada, y de todo lo contenido en este instrumento público, extendido en .... folios de papel exclusivo para documentos notariales, serie y números el presente y los anteriores en orden, yo, el Notario, doy fe.

F008. ESCRITURA DE CONSTITUCIÓN. APORTACIÓN NO DINERARIA (VI). DERECHO DE CRÉDITO

Normativa de Aplicación: *Arts. 19 y ss. Real Decreto Legislativo 1/2010, de 2 de julio, por el que se aprueba el texto refundido de la Ley de Sociedades de Capital.*

En ...., a ....

Ante mí, ..., Notario con residencia en .... y de su Ilustre Colegio,

COMPARECEN

DON ...., de nacionalidad española, mayor de edad, empresario, soltero, vecino de .... Con DNI/NIF ....

DOÑA ...., de mayor de edad, de nacionalidad española, soltera, vecina de .... Con DNI/NIF ....

Les identifico por medio de la documentación reseñada que me exhiben.

INTERVIENEN

Todos en su propio nombre y derecho.

Tienen a mi juicio la capacidad necesaria para esta escritura de CONSTITUCIÓN DE SOCIEDAD DE RESPONSABILIDAD LIMITADA y al efecto,

EXPONEN

I.– Que fundan y constituyen una entidad mercantil de responsabilidad limitada, conforme a las disposiciones de la Ley de Sociedades de Capital, con la denominación de « .... », que se regulará por las normas de dicha Ley y en particular por los Estatutos que me entregan, extendidos en .... folios de papel exclusivo para documentos notariales, serie y números el .... y los .... siguientes en orden, los cuales declaran conocer por haber leído, aprueban en mi presencia y firman en el último de dichos folios, dándose por reproducidos.

CERTIFICACIÓN DE NOMBRE: Me entregan y protocolizo con esta matriz certificado del Registro Mercantil Central acreditativo de no hallarse inscrita sociedad con igual denominación.

II.– La sociedad se constituye con un capital social de .... euros dividido en .... participaciones sociales, indivisibles y acumulables, de .... euros cada una, totalmente asumidas y desembolsadas y numeradas del uno al ...., ambos inclusive. La asunción y desembolso del referido capital social se realiza en la siguiente forma:

A.– Don .... asume y desembolsa íntegramente .... PARTICIPACIONES SOCIALES, las número 1 al ...., ambas inclusive, por su valor nominal cada una de ellas de .... euros, esto es, un valor en conjunto de .... euros, que desembolsa mediante la aportación que efectúa a la sociedad en pleno dominio del siguiente derecho de crédito que, por importe de .... euros, ostenta contra la sociedad .... S.L.

El citado crédito es liquido, vencido y exigible y fue adquirido por el aportante de la compañía anónima ...., mediante escritura de cesión de créditos autorizada el día ...., por el notario de .... Don ....

Corresponde a esta aportación, que se valora a estos efectos en la suma de .... euros, ... participaciones sociales de la sociedad que ahora se constituye, concretamente, las números .... ambos inclusive.

Advierto expresamente acerca de la necesidad de notificar al deudor la existencia del nuevo acreedor, a los efectos de lo señalado en los artículos 1526 y siguientes del Código Civil. (Y si es hipotecario) Y especialmente, a efectos de lo dispuesto en los artículos 149 y ss. de la Ley Hipotecaria y 242 y ss. del Reglamento Hipotecario

B) Doña .... asume y desembolsa íntegramente .... PARTICIPACIONES SOCIALES, las número .... al ...., ambas inclusive, por su valor nominal cada una de ellas de .... euros, esto es, un valor en conjunto de .... euros, que desembolsa mediante la aportación que efectúa a la sociedad en pleno dominio, del siguiente derecho de crédito que, por importe de .... euros, ostenta contra la sociedad .... S.L.

El citado crédito es liquido, vencido y exigible y resulta del suministro efectuado en fecha .... por doña .... a la sociedad .... S.L. de una partida de ...., y se halla documentado en los albaranes .... y en .... facturas, números ...., fecha .... e importe ...., respectivamente. La citada deuda fue objeto de reconocimiento expreso por el deudor .... S.L. mediante escritura de reconocimiento de deuda autorizada el día ...., por el notario de .... Don ....

Corresponde a esta aportación, que se valora a estos efectos en la suma de .... euros, ... participaciones sociales de la sociedad que ahora se constituye, concretamente, las números .... ambos inclusive.

Advierto expresamente acerca de la necesidad de notificar al deudor la existencia del nuevo acreedor, a los efectos de lo señalado en los artículos 1526 y siguientes del Código Civil. (Y si es hipotecario) Y especialmente, a efectos de lo dispuesto en los artículos 149 y ss. de la Ley Hipotecaria y 242 y ss. del Reglamento Hipotecario

Expresamente se hace constar:

A.– Que las aportaciones que aquí realizan los socios comparecientes, se efectúan a titulo de propiedad, con todos sus derechos y cuanto le sea anexo o inherente, libre de cualesquiera tipo de carga, gravamen, así como de cualquier tipo de arrendamiento o limitación posesoria o del poder de disposición de los aportantes sobre los bienes objeto de aportación.

B.– Que se halla al corriente en el pago de impuestos, gastos y cualesquiera otra obligación de pago que le fuera imputable a los bienes objeto de aportación.

C.– Que los aportantes responden de la existencia de los créditos aportados y de la solvencia de los reseñados deudores.

D.– Dado que las aportaciones no dinerarias referidas en la presente escritura, por mi, el notario, autorizada, no son objeto del informe a que se refiere el art. 67 LSC, advierto a los comparecientes que los aquí socios fundadores responden solidariamente frente a la sociedad y los acreedores sociales de la realidad de las referidas aportaciones y del valor atribuido en esta escritura. Ello en los términos y con el alcance previstos en los arts. 73 y ss. de la vigente LSC.

ALTERNATIVA. Por los aquí comparecientes se me hace entrega de informe a que se refiere el art. 67 LSC, emitido en fecha .... de .... de .... por Don ...., experto independiente, de profesión ...., que fue designado al efecto el día .... de .... de .... por el Sr. Registrador Mercantil de la provincia de ...., el correspondiente al domicilio social de ...., (expediente designatario ....), informe este que incorporo como anexo a esta escritura que yo autorizo, dándose en cualquier caso por reproducido su contenido en aras a una mayor brevedad. Del referido informe, resulta que la valoración por el referido experto de los bienes aquí aportados corresponde con la atribuida en esta escritura. También su valoración es coincidente con el valor de las participaciones sociales emitidas en contrapartida de la expresada aportación no dineraria. Por tal razón, los aquí socios fundadores quedan excluidos de la responsabilidad solidaria a que se refiere el art. 73 y ss. LSC.

De esta manera y en los términos aquí expuestos, queda el capital social de .... S.L. total e íntegramente asumido y desembolsado.

III.– Los comparecientes, dando a este acto el carácter de Junta general universal de socios, acuerdan por unanimidad:

Estructura y nombramiento del primer órgano de administración.– Quedan establecidas por esta escritura fundacional las siguientes determinaciones:

A.– El nombramiento del Órgano de Administración se realiza como condición del contrato social.

B.– El órgano de administración de esta sociedad será el de UN (1) ADMINISTRADOR ÚNICO.

C.– Se nombra Administrador único a ....

D.– Su nombramiento se hace por plazo INDEFINIDO.

E.– El designado ACEPTA SU CARGO, se compromete a su fiel desempeño, toma posesión del mismo y manifiesta no hallarse incurso en causa alguna de incapacidad, incompatibilidad o prohibición para ejercerlo. Hace constar que sus circunstancias personales son las consignadas en la comparecencia de esta escritura.

IV.– Hacen constar los comparecientes, que esta sociedad será dada de alta con el CNAE n° ....

V.– Los comparecientes me instan EXPRESAMENTE a mí, el Notario, para que no remita al RM copia autorizada Telemática del presente instrumento, optando los comparecientes por la tramitación mediante el procedimiento manual.

También los comparecientes se confieren entre sí poder especial para que cualquiera de ellos, de forma indistinta y ante una eventual calificación verbal o escrita del Registro Mercantil del presente documento, pueda rectificar, complementar o subsanar el mismo. Ello a efectos de lograr la inscripción de esta escritura en el referido Registro.

Se solicita por los comparecientes la inscripción parcial de esta escritura que yo, notario, autorizo, en los supuestos y términos del art. 63 RRM.

Se solicita por los comparecientes la exención fiscal a que se refiere el art. 45.1.b.11 TRITPAJD.

VI.– Yo, el notario, he informado a los comparecientes acerca de las ventajas de emplear los Puntos de Atención al Emprendedor (PAE) y el Centro de Información y Red de Creación de Empresas (CIRCE), para la constitución de sociedades y la realización de cualesquiera otros trámites ligados al inicio de su actividad, en los términos previstos en el artículo 3 de la Ley 18/22, de 28 de septiembre, de creación y crecimiento de empresas.

Protección de datos.– Con relación a los datos de carácter personal que en la presente constan, referidos a los comparecientes, quedan estos enterados de que los mismos se incorporan a mis ficheros automatizados, lo que aceptan, así como del derecho de oposición, acceso a ellos, rectificación o cancelación de los mismos.

Hechas las reservas y advertencias legales, en especial de orden fiscal —plazo de presentación de .... (según normativa autonómica), responsabilidades y afecciones—, así como las relativas a la inscripción en el Registro Mercantil, les leo esta escritura, previa advertencia y renuncia de su derecho a leer por sí, la aprueban y firman.

De identificarles por el documento de identidad reseñado, de la legitimación de los intervinientes, de que los actos contenido de este otorgamiento se adecuan a la legalidad y a su voluntad debidamente informada, y de todo lo contenido en este instrumento público, extendido en .... folios de papel exclusivo para documentos notariales, serie y números el presente y los anteriores en orden, yo, el Notario, doy fe.

F009. ESCRITURA DE CONSTITUCIÓN. APORTACIONES NO DINERARIAS (VII). ACCIONES Y PARTICIPACIONES SOCIALES

Normativa de Aplicación: *Arts. 19 y ss. Real Decreto Legislativo 1/2010, de 2 de julio, por el que se aprueba el texto refundido de la Ley de Sociedades de Capital.*

En ...., a ....

Ante mí, ..., Notario con residencia en .... y de su Ilustre Colegio,

COMPARECEN

DON ...., empresario, casado bajo el régimen de ...., con Doña ...., vecino de .... Con DNI/NIF ....

DON ...., empresario, soltero, vecino de .... Con DNI/NIF ....

DON ...., empresario, soltero, vecino de .... Con DNI/NIF ....

Les identifico por medio de la documentación reseñada que me exhiben.

INTERVIENEN

Todos en su propio nombre y derecho.

Tienen a mi juicio la capacidad necesaria para esta escritura de CONSTITUCIÓN DE SOCIEDAD DE RESPONSABILIDAD LIMITADA y al efecto,

EXPONEN

I.– Que fundan y constituyen una entidad mercantil de responsabilidad limitada, conforme a las disposiciones de la Ley de Sociedades de Capital, con la denominación de « .... », que se regulará por las normas de dicha Ley y en particular por los Estatutos que me entregan, extendidos en .... folios de papel exclusivo para documentos notariales, serie y números el .... y los .... siguientes en orden, los cuales declaran conocer por haber leído, aprueban en mi presencia y firman en el último de dichos folios, dándose por reproducidos.

CERTIFICACIÓN DE NOMBRE: Me entregan y protocolizo con esta matriz certificado del Registro Mercantil Central acreditativo de no hallarse inscrita sociedad con igual denominación.

II.– La sociedad se constituye con un capital social de .... euros dividido en .... participaciones sociales, indivisibles y acumulables, de .... euros cada una, totalmente asumidas y desembolsadas y numeradas del uno al ...., ambos inclusive. La asunción y desembolso del referido capital social se realiza en la siguiente forma:

A) Don .... asume y desembolsa íntegramente .... PARTICIPACIONES SOCIALES, las número 1 al ...., ambas inclusive, de .... euros, por su valor nominal de .... euros, esto es, un valor en conjunto de .... euros, que desembolsa mediante la aportación que efectúa a la sociedad en pleno dominio de las siguientes acciones nominativas que le pertenecen:

.... acciones nominativas de la sociedad anónima española .... S.A., con domicilio en ...., calle .... Constituida en fecha ...., mediante escritura autorizada por el notario de .... Don .... Objeto social .... (CNAE ....). Su capital social está fijado en la suma .... de euros, dividido y representado por .... acciones nominativas, de .... euros de valor nominal cada una de ellas, numeradas correlativamente desde la unidad hasta el numero ...., ambos inclusive, todas ellas, y por ende el capital social, íntegramente suscritas y desembolsadas. Inscrita la compañía .... S.A. en el Registro Mercantil de la provincia de ...., al tomo ...., libro ...., hoja ...., inscripción .... CIF ....

Pertenecen a Don .... las expresadas acciones nominativas, que manifiesta se hallan libres de cargas y gravámenes así como de embargos, por compra a .... S.L., en virtud de escritura publica de compraventa otorgada el día ...., ante el notario de ...., Don .... Así resulta de las manifestaciones del aportante, del referido título que yo, notario, tengo a la vista y de la certificación del libro registro de acciones nominativas, fechada el ....; y debidamente suscrita por el administrador único de la referida sociedad, cuya firma legitimo por serme conocida, de la que resultan las circunstancias reseñadas en el presente párrafo.

Correspondiéndole a esta aportación, que se valora a estos efectos en la suma de .... euros, ... participaciones sociales de la sociedad que ahora se constituye, concretamente, las números .... ambos inclusive.

B).– DON ...., asume y desembolsa íntegramente .... participaciones sociales, números .... a ...., ambas inclusive, de .... euros, por su valor nominal de .... euros, esto es, un valor en conjunto de .... euros, que desembolsa mediante la aportación que efectúa a la sociedad en pleno dominio de las siguientes acciones nominativas que le pertenecen:

.... acciones nominativas de la sociedad anónima española .... S.A., con domicilio en ...., calle .... Constituida en fecha ...., mediante escritura autorizada por el notario de .... Don .... Objeto social .... (CNAE ....). Su capital social está fijado en la suma .... de euros, dividido y representado por .... acciones nominativas, de .... euros de valor nominal cada una de ellas, numeradas correlativamente desde la unidad hasta el numero ...., ambos inclusive, todas ellas, y por ende el capital social, íntegramente suscritas y desembolsadas. Inscrita la compañía .... S.A. en el Registro Mercantil de la provincia de ...., al tomo ...., libro ...., hoja ...., inscripción .... CIF ....

Pertenecen a Don .... las expresadas acciones nominativas, que manifiesta se hallan libres de cargas y gravámenes así como de embargos, por compra a .... S.L., en virtud de escritura publica de compraventa otorgada el día ...., ante el notario de ...., Don .... Así resulta de las manifestaciones del aportante, del referido título que yo, notario, tengo a la vista y de la certificación del libro registro de acciones nominativas, fechada el ...., y debidamente suscrita por el administrador único de la referida sociedad, cuya firma legitimo por serme conocida, de la que resultan las circunstancias reseñadas en el presente párrafo

Correspondiéndole a esta aportación, que se valora a estos efectos en la suma de .... euros, ... participaciones sociales de la sociedad que ahora se constituye, concretamente, las números .... ambos inclusive.

C.– Y DON ...., asume y desembolsa íntegramente .... participaciones sociales, números .... a ...., ambas inclusive, de .... euros, por su valor nominal de .... euros, esto es, un valor en conjunto de .... euros, que desembolsa mediante la aportación que efectúa a la sociedad en pleno dominio de las siguientes participaciones sociales que le pertenecen:

.... participaciones sociales de la sociedad limitada española .... S.L., con domicilio en ...., calle .... Constituida en fecha ...., mediante escritura autorizada por el notario de .... Don .... Objeto social .... (CNAE ....). Su capital social está fijado en la suma .... de euros, dividido en .... participaciones sociales, de .... euros de valor nominal cada una de ellas, numeradas correlativamente desde la unidad hasta el numero ...., ambos inclusive, todas ellas, y por ende el capital social, íntegramente asumidas y desembolsadas. Inscrita la citada sociedad en el Registro Mercantil de la provincia de ...., al tomo ...., libro ...., hoja ...., inscripción .... CIF ....

Pertenecen a Don .... las expresadas participaciones sociales, que manifiesta se hallan libres de cargas y gravámenes así como de embargos, por compra a .... S.L., en virtud de escritura publica de compraventa otorgada el día ...., ante el notario de ...., Don .... Así resulta de las manifestaciones del aportante, del referido título que yo, notario, tengo a la vista y de la certificación del libro registro de socios, fechada el ...., y debidamente suscrita por el órgano de administración de la referida sociedad, cuya firma legitimo por serme conocida, de la que resultan las circunstancias reseñadas en el presente párrafo.

Correspondiéndole a esta aportación, que se valora a estos efectos en la suma de .... euros, ... participaciones sociales de la sociedad que ahora se constituye, concretamente, las números .... ambos inclusive.

Acreditan la libertad para efectuar la aportación indicada mediante certificaciones de la Junta General de las anteriormente reseñadas compañías .... S.A., ... S.A. y .... S.L., de esta misma fecha, de las que resulta que las aportaciones verificadas en la presente escritura ha sido consentida por el resto de socios y, en su caso, autorizada por la respectiva Junta general, certificaciones éstas que me entregan los comparecientes debidamente suscritas por los respectivos administradores únicos de las mismas, cuya firma legitimo y que yo, el fedatario publico, incorporo a esta matriz, formando parte integrante de la misma.

Expresamente se hace constar:

A.– Que las aportaciones que aquí realizan los socios comparecientes, se efectúan a titulo de propiedad, con todos sus derechos y cuanto le sea anexo o inherente, libre de cualesquiera tipo de carga, gravamen o embargo, así como de cualquier tipo de limitación posesoria o del poder de disposición de los aportantes sobre los bienes objeto de aportación.

B.– Que los aportantes quedan obligados a la entrega y saneamiento de la cosa objeto de aportación en los términos establecidos por el CC para el contrato de compraventa, aplicándose las reglas del Código de Comercio sobre el mismo contrato en materia de transmisión de riesgos.

C.– Que se hallan al corriente en el pago de impuestos, gastos, y cualesquiera otra obligación de pago que le fuera imputable a los bienes objeto de aportación. No existen dividendos pasivos pendientes de desembolso.

D.– Dado que las aportaciones no dinerarias referidas en la presente escritura, por mi, el notario, autorizada, no son objeto del informe a que se refiere el art. 67 LSC, advierto a los comparecientes que los aquí socios fundadores responden solidariamente frente a la sociedad y los acreedores sociales de la realidad de las referidas aportaciones y del valor atribuido en esta escritura. Ello en los términos y con el alcance previstos en los arts. 73 y ss. de la vigente LSC.

ALTERNATIVA. Por los aquí comparecientes se me hace entrega de informe a que se refiere el art. 67 LSC, emitido en fecha .... de .... de .... por Don ...., experto independiente, de profesión ...., que fue designado al efecto el día .... de .... de .... por el Sr. Registrador Mercantil de la provincia de ...., el correspondiente al domicilio social de ...., (expediente designatario ....), informe este que incorporo como anexo a esta escritura que yo autorizo, dándose en cualquier caso por reproducido su contenido en aras a una mayor brevedad. Del referido informe, resulta que la valoración por el referido experto de los bienes aquí aportados corresponde con la atribuida en esta escritura. También su valoración es coincidente con el valor de las participaciones sociales emitidas en contrapartida de la expresada aportación no dineraria. Por tal razón, los aquí socios fundadores quedan excluidos de la responsabilidad solidaria a que se refiere el art. 73 y ss. LSC.

De esta manera y en los términos aquí expuestos, queda el capital social de .... S.L. total e íntegramente asumido y desembolsado.

III.– Los comparecientes, dando a este acto el carácter de Junta general universal de socios, acuerdan por unanimidad:

Primero.– Estructura y nombramiento del primer órgano de administración.– Quedan establecidas por esta escritura fundacional las siguientes determinaciones:

A.– El nombramiento del Órgano de Administración se realiza como condición del contrato social.

B.– El órgano de administración de esta sociedad será el de Consejo de Administración.

C.– Se fija en cuatro el número de miembros y se nombran Consejeros a ....

D.– Su nombramiento se hace por plazo INDEFINIDO.

E.– Los designados ACEPTAN SU CARGO, se comprometen a su fiel desempeño, toman posesión del mismo y manifiestan no hallarse incursos en causa alguna de incapacidad, incompatibilidad o prohibición para ejercerlo. Hacen constar que sus circunstancias personales son las consignadas en la comparecencia de esta escritura.

Segundo.– Los Consejeros designados dando a este acto el carácter de primera reunión del Consejo de Administración realizan los siguientes nombramientos:

PRESIDENTE DEL CONSEJO: ....

VICEPRESIDENTE DEL CONSEJO.– ....

SECRETARIO DEL CONSEJO: ....

VOCAL.– ....

CONSEJEROS DELEGADOS SOLIDARIOS.– ....

El poder de representación de la sociedad, en los términos establecidos por la Ley y art. .... de los Estatutos corresponde al propio Consejo que actuará colegiadamente.

Se delegan solidariamente en los Consejeros Delegados nombrados todas y cada una de las facultades que estatutariamente corresponden al Consejo de Administración y constan en el artículo .... de los Estatutos sociales, a saber: ....

Se hace constar que se ha celebrado entre el consejero delegado designado y la propia sociedad el contrato previsto en el artículo 249 de la Ley de Sociedades de Capital, que ha sido aprobado previamente por el consejo de administración, con el voto favorable de .... (al menos dos terceras partes de los miembros) absteniéndose de asistir a la deliberación y de votar el consejero delegado nombrado, en los términos y condiciones que se reflejan en dicho precepto.

IV.– Hacen constar los comparecientes, que esta sociedad será dada de alta con el CNAE nº ....

V.– (En su caso). Aplicación del régimen fiscal especial previsto en el Capítulo VII del Título VII de la Ley 27/2014, de 27 de noviembre, por el que se aprueba la Ley del Impuesto sobre Sociedades.

Se acuerda por unanimidad de todos los socios acoger la aportación no dineraria al régimen tributario establecido en el Capítulo VII del Título VII de la Ley 27/2014, de 27 de noviembre, por el que se aprueba la Ley del Impuesto de Sociedades por cumplir todos los requisitos para ser considerado como una aportación no dineraria especial conforme a lo dispuesto en el apartado 1 del artículo 87 de la citada Ley.

Además, a tal efecto, y según lo previsto igualmente en el artículo 89 de la referida Ley, y lo dispuesto en el artículo 48 del Reglamento del Impuesto sobre Sociedades, la operación de aportación no dineraria especial será comunicada, dentro de los tres meses siguientes a la fecha de inscripción en el Registro Mercantil de la escritura de aumento de capital mediante aportación no dineraria, al Ministerio de Hacienda, mediante la presentación del correspondiente escrito ante la Delegación de la Agencia Estatal de la Administración Tributaria.

VI.– Los comparecientes me instan EXPRESAMENTE a mí, el Notario, para que no remita al RM copia autorizada Telemática del presente instrumento, optando los comparecientes por la tramitación mediante el procedimiento manual.

También los comparecientes se confieren entre sí poder especial para que cualquiera de ellos, de forma indistinta y ante una eventual calificación verbal o escrita del Registro Mercantil del presente documento, pueda rectificar, complementar o subsanar el mismo. Ello a efectos de lograr la inscripción de esta escritura en el referido Registro.

Se solicita por los comparecientes la inscripción parcial de esta escritura que yo, notario, autorizo, en los supuestos y términos del art. 63 RRM.

Se solicita por los comparecientes la exención fiscal a que se refiere el art. 45.1.b.11 TRITPAJD.

VII.– Yo, el notario, he informado a los comparecientes acerca de las ventajas de emplear los Puntos de Atención al Emprendedor (PAE) y el Centro de Información y Red de Creación de Empresas (CIRCE), para la constitución de sociedades y la realización de cualesquiera otros trámites ligados al inicio de su actividad, en los términos previstos en el artículo 3 de la Ley 18/22, de 28 de septiembre, de creación y crecimiento de empresas.

Protección de datos.– Con relación a los datos de carácter personal que en la presente constan, referidos a los comparecientes, quedan estos enterados de que los mismos se incorporan a mis ficheros automatizados, lo que aceptan, así como del derecho de oposición, acceso a ellos, rectificación o cancelación de los mismos.

Hechas las reservas y advertencias legales, en especial de orden fiscal —plazo de presentación de .... (según normativa autonómica), responsabilidades y afecciones—, así como las relativas a la inscripción en el Registro Mercantil, les leo esta escritura, previa advertencia y renuncia de su derecho a leer por sí, la aprueban y firman.

De identificarles por el documento de identidad reseñado, de la legitimación de los intervinientes, de que los actos contenido de este otorgamiento se adecuan a la legalidad y a su voluntad debidamente informada, y de todo lo contenido en este instrumento público, extendido en .... folios de papel exclusivo para documentos notariales, serie y números el presente y los anteriores en orden, yo, el Notario, doy fe.

F010. ESCRITURA DE CONSTITUCIÓN. APORTACIÓN NO DINERARIA (VIII). EMPRESA Y KNOW HOW

Normativa de Aplicación: *Arts. 19 y ss. Real Decreto Legislativo 1/2010, de 2 de julio, por el que se aprueba el texto refundido de la Ley de Sociedades de Capital.*

En ...., a ....

Ante mí, ..., Notario con residencia en .... y de su Ilustre Colegio,

COMPARECEN

DON ...., de nacionalidad española, mayor de edad, empresario, soltero, vecino de .... Con DNI/NIF ....

DOÑA ...., de mayor de edad, de nacionalidad española, soltera, vecina de .... Con DNI/NIF ....

Les identifico por medio de la documentación reseñada que me exhiben.

INTERVIENEN

Todos en su propio nombre y derecho.

Tienen a mi juicio la capacidad necesaria para esta escritura de CONSTITUCIÓN DE SOCIEDAD DE RESPONSABILIDAD LIMITADA y al efecto,

EXPONEN

I.– Que fundan y constituyen una entidad mercantil de responsabilidad limitada, conforme a las disposiciones de la Ley de Sociedades de Capital, con la denominación de « .... », que se regulará por las normas de dicha Ley y en particular por los Estatutos que me entregan, extendidos en .... folios de papel exclusivo para documentos notariales, serie y números el .... y los .... siguientes en orden, los cuales declaran conocer por haber leído, aprueban en mi presencia y firman en el último de dichos folios, dándose por reproducidos.

CERTIFICACIÓN DE NOMBRE: Me entregan y protocolizo con esta matriz certificado del Registro Mercantil Central acreditativo de no hallarse inscrita sociedad con igual denominación.

II.– La sociedad se constituye con un capital social de .... euros dividido en .... participaciones sociales, indivisibles y acumulables, de .... euros cada una, totalmente asumidas y desembolsadas y numeradas del uno al ...., ambos inclusive. La asunción y desembolso del referido capital social se realiza en los siguientes términos:

Don .... asume y desembolsa íntegramente .... PARTICIPACIONES SOCIALES, las número 1 al ...., ambas inclusive, por su valor nominal cada unas de ellas de .... euros, esto es, un valor en conjunto de .... euros, que desembolsa mediante la aportación que efectúa a la sociedad en pleno dominio de la siguiente EMPRESA:

Empresa denominada ...., con domicilio ...., cuya actividad consiste en .... Dotada de código de identificación fiscal ...., que se compone de bienes registrables y no registrables. Los últimos, constan en el inventario que debidamente suscrito en mi presencia por el compareciente Don ...., cuya firma legitimo, yo el notario, y previa su entrega y requerimiento al efecto, incorporo a esta escritura que yo autorizo. Y los bienes registrables se relacionan a continuación: ....

Corresponde a esta aportación, que se valora a estos efectos en la suma de .... euros, ... participaciones sociales de la sociedad que ahora se constituye, concretamente, las números .... ambos inclusive.

B) Doña .... asume y desembolsa íntegramente .... por su valor nominal cada unas de ellas de .... euros, esto es, un valor en conjunto de .... euros, que desembolsa mediante la aportación que efectúa a la sociedad en pleno dominio del siguiente know-how consistente en la información técnica necesaria para diseñar, fabricar, emplear, mantener o comercializar productos o sus elementos que permiten lograr el proyecto específico. Dicho saber se mantiene en secreto, al igual que el modelo de negocio necesario para la creación, desarrollo y comercialización de la sociedad aquí constituida, así como la totalidad de sus conocimientos, de su saber especializado y de la experiencia adquirida que se describe a continuación:

La aportación de know how se concreta en el conocimiento de la industria de servicios, marketing e investigación de mercado. Asimismo, su aportación se manifiesta en el conocimiento especializado en materia de emprendimiento, desarrollo empresarial, liderazgo y dirección de equipos, el cual es necesario para cumplir con los objetivos de la sociedad que aquí se constituye, puesto que ésta sociedad tiene como misión generar un alto impacto y participación en el mercado, para lo que es necesario los conocimientos aportados. Por su parte, Doña .... aporta un conocimiento amplio acerca del sector tecnológico e innovación.

La sociedad que aquí se funda tiene como objeto social, como resulta de los estatutos sociales que me han entregado los comparecientes y arriba han sido reseñados, el de una compañía tecnológica que .... (CNAE ....).

Corresponde a esta aportación, que se valora a estos efectos en la suma de .... euros, ... participaciones sociales de la sociedad que ahora se constituye, concretamente, las números .... ambos inclusive.

Con relación a las referidas aportaciones no dinerarias, expresamente se hace constar:

A.– Que las aportaciones que aquí realizan los socios comparecientes, se efectúan a título de propiedad, con todos sus derechos y cuanto le sea anexo o inherente, libre de cualesquiera tipo de carga, gravamen, así como de cualquier tipo de arrendamiento o limitación posesoria o del poder de disposición de los aportantes sobre los bienes objeto de aportación.

B.– Que los aportantes quedan obligados a la entrega y saneamiento de la cosa objeto de aportación en los términos establecidos por el CC para el contrato de compraventa, aplicándose las reglas del Código de Comercio sobre el mismo contrato en materia de transmisión de riesgos.

Especialmente respecto a la aportación de empresa aquí verificada, el aportante queda obligado al saneamiento den su conjunto si el vicio o la evicción afectasen a la totalidad o a alguno de sus elementos esenciales para su normal explotación, procediendo también el saneamiento individualizado de aquellos elementos de la empresa aportada que sean de importancia por su valor patrimonial.

C.– Que la aportación del referido know how cumple con todos los requisitos y condiciones apuntados por la Ley y la doctrina para poder ser aportado a las sociedades de capital mediante aportación no dineraria:

i) Tiene naturaleza patrimonial.

ii) Su aportación a la Sociedad va a incrementar sustancialmente las ganancias de la Sociedad.

iii) Es susceptible de ser inscrito en el balance.

iv) Puede ser valorado económicamente de acuerdo con criterios objetivos.

v) Puede ser enajenado o negociado.

vi) Puede ser objeto de un contrato de cambio.

vii) Es susceptible de apropiación y, en consecuencia, de ser convertido en dinero y apto para producir una ganancia.

viii) La aportación del know how a la sociedad aquí constituida es estrictamente necesaria e indispensable para el desarrollo de la actividad

D.– Que se halla al corriente en el pago de impuestos, gastos, cánones y cualesquiera otra obligación de pago que le fuera imputable a los bienes objeto de aportación.

E.– Dado que las aportaciones no dinerarias referidas en la presente escritura, por mí, el notario, autorizada, no son objeto del informe a que se refiere el art. 67 LSC, advierto a los comparecientes que los aquí socios fundadores responden solidariamente frente a la sociedad y los acreedores sociales de la realidad de las referidas aportaciones y del valor atribuido en esta escritura. Ello en los términos y con el alcance previstos en los arts. 73 y ss. de la vigente LSC.

ALTERNATIVA. Por los aquí comparecientes se me hace entrega de informe a que se refiere el art. 67 LSC, emitido en fecha .... de .... de .... por Don ...., experto independiente, de profesión ...., que fue designado al efecto el día .... de .... de .... por el Sr. Registrador Mercantil de la provincia de ...., el correspondiente al domicilio social de ...., (expediente designatario ....), informe este que incorporo como anexo a esta escritura que yo autorizo, dándose en cualquier caso por reproducido su contenido en aras a una mayor brevedad. Del referido informe, resulta que la valoración por el referido experto de los bienes aquí aportados corresponde con la atribuida en esta escritura. También su valoración es coincidente con el valor de las participaciones sociales emitidas en contrapartida de la expresada aportación no dineraria. Por tal razón, los queda excluida la responsabilidad solidaria a que se refiere el art. 73 y ss. LSC, en los términos de dichos preceptos.

De esta manera y en los términos aquí expuestos, queda el capital social de .... S.L. total e íntegramente asumido y desembolsado.

III.– Los comparecientes, dando a este acto el carácter de Junta general universal de socios, acuerdan por unanimidad:

Estructura y nombramiento del primer órgano de administración.– Quedan establecidas por esta escritura fundacional las siguientes determinaciones:

A.– El nombramiento del Órgano de Administración se realiza como condición del contrato social.

B.– El órgano de administración de esta sociedad será el de UN (1) ADMINISTRADOR ÚNICO.

C.– Se nombra Administrador único a ....

D.– Su nombramiento se hace por plazo INDEFINIDO.

E.– El designado ACEPTA SU CARGO, se compromete a su fiel desempeño, toma posesión del mismo y manifiesta no hallarse incurso en causa alguna de incapacidad, incompatibilidad o prohibición para ejercerlo. Hace constar que sus circunstancias personales son las consignadas en la comparecencia de esta escritura.

IV.– Hacen constar los comparecientes, que esta sociedad será dada de alta con el CNAE nº ....

V.– (En su caso). Aplicación del régimen fiscal especial previsto en el Capítulo VII del Título VII de la Ley 27/2014, de 27 de noviembre, por el que se aprueba la Ley del Impuesto sobre Sociedades.

Se acuerda por unanimidad de todos los socios acoger la aportación no dineraria al régimen tributario establecido en el Capítulo VII del Título VII de la Ley 27/2014, de 27 de noviembre, por el que se aprueba la Ley del Impuesto de Sociedades por cumplir todos los requisitos para ser considerado como una aportación no dineraria especial conforme a lo dispuesto en el apartado 1 del artículo 87 de la citada Ley.

Además, a tal efecto, y según lo previsto igualmente en el artículo 89 de la referida Ley, y lo dispuesto en el artículo 48 del Reglamento del Impuesto sobre Sociedades, la operación de aportación no dineraria especial será comunicada, dentro de los tres meses siguientes a la fecha de inscripción en el Registro Mercantil de la escritura de aumento de capital mediante aportación no dineraria, al Ministerio de Hacienda, mediante la presentación del correspondiente escrito ante la Delegación de la Agencia Estatal de la Administración Tributaria.

VI.– Los comparecientes me instan EXPRESAMENTE a mí, el Notario, para que no remita al RM copia autorizada Telemática del presente instrumento, optando los comparecientes por la tramitación mediante el procedimiento manual.

También los comparecientes se confieren entre sí poder especial para que cualquiera de ellos, de forma indistinta y ante una eventual calificación verbal o escrita del Registro Mercantil del presente documento, pueda rectificar, complementar o subsanar el mismo. Ello a efectos de lograr la inscripción de esta escritura en el referido Registro.

Se solicita por los comparecientes la inscripción parcial de esta escritura que yo, notario, autorizo, en los supuestos y términos del art. 63 RRM.

Se solicita por los comparecientes la exención fiscal a que se refiere el art. 45.1.b.11 TRITPAJD.

VII.– Yo, el notario, he informado a los comparecientes acerca de las ventajas de emplear los Puntos de Atención al Emprendedor (PAE) y el Centro de Información y Red de Creación de Empresas (CIRCE), para la constitución de sociedades y la realización de cualesquiera otros trámites ligados al inicio de su actividad, en los términos previstos en el artículo 3 de la Ley 18/22, de 28 de septiembre, de creación y crecimiento de empresas.

Protección de datos.– Con relación a los datos de carácter personal que en la presente constan, referidos a los comparecientes, quedan estos enterados de que los mismos se incorporan a mis ficheros automatizados, lo que aceptan, así como del derecho de oposición, acceso a ellos, rectificación o cancelación de los mismos.

Hechas las reservas y advertencias legales, en especial de orden fiscal —plazo de presentación de .... (según normativa autonómica), responsabilidades y afecciones—, así como las relativas a la inscripción en el Registro Mercantil, les leo esta escritura, previa advertencia y renuncia de su derecho a leer por sí, la aprueban y firman.

De identificarles por el documento de identidad reseñado, de la legitimación de los intervinientes, de que los actos contenido de este otorgamiento se adecuan a la legalidad y a su voluntad debidamente informada, y de todo lo contenido en este instrumento público, extendido en .... folios de papel exclusivo para documentos notariales, serie y números el presente y los anteriores en orden, yo, el Notario, doy fe.

F011. ESCRITURA DE CONSTITUCIÓN. APORTACIÓN MIXTA DINERARIA Y NO DINERARIA (IX). UTENSILIOS Y MERCANCÍA. PRESTACIONES ACCESORIAS

Normativa de Aplicación: *Arts. 19 y ss. Real Decreto Legislativo 1/2010, de 2 de julio, por el que se aprueba el texto refundido de la Ley de Sociedades de Capital.*

En ...., a ....

Ante mí, ..., Notario con residencia en .... y de su Ilustre Colegio,

COMPARECEN

DON ...., de nacionalidad española, mayor de edad, empresario, soltero, vecino de .... Con DNI/NIF ....

DON ...., de nacionalidad española, mayor de edad, empresario, soltero, vecino de .... Con DNI/NIF ....

DOÑA ...., de mayor de edad, de nacionalidad española, soltera, vecina de .... Con DNI/NIF ....

Les identifico por medio de la documentación reseñada que me exhiben.

INTERVIENEN

Todos en su propio nombre y derecho.

Tienen a mi juicio la capacidad necesaria para esta escritura de CONSTITUCIÓN DE SOCIEDAD DE RESPONSABILIDAD LIMITADA y al efecto,

I.– Que fundan y constituyen una entidad mercantil de responsabilidad limitada, conforme a las disposiciones de la Ley de Sociedades de Capital, con la denominación de « .... », que se regulará por las normas de dicha Ley y en particular por los Estatutos que me entregan, extendidos en .... folios de papel exclusivo para documentos notariales, serie y números el .... y los .... siguientes en orden, los cuales declaran conocer por haber leído, aprueban en mi presencia y firman en el último de dichos folios, dándose por reproducidos.

CERTIFICACIÓN DE NOMBRE: Me entregan y protocolizo con esta matriz certificado del Registro Mercantil Central acreditativo de no hallarse inscrita sociedad con igual denominación.

II.– La sociedad se constituye con un capital social de .... euros dividido en .... participaciones sociales, indivisibles y acumulables, de .... euros cada una, totalmente asumidas y desembolsadas y numeradas del uno al ...., ambos inclusive. La asunción y desembolso del referido capital social se realiza en la siguiente forma:

Don .... asume y desembolsa íntegramente .... PARTICIPACIONES SOCIALES, las número 1 al ...., ambas inclusive, de .... euros, por su valor nominal cada una de ellas de .... euros, esto es, un valor en conjunto de .... euros, que desembolsa mediante la aportación que efectúa a la sociedad, en pleno dominio, de la siguiente mercancía:

.... tableros de chapa de material ...., medidas ...., color ...., modelo ...., que se hallan en ....

.... tableros de madera de nogal ...., medidas ...., color ...., modelo ...., que se hallen en ....

.... listones de madera de alcornoque ...., medidas ...., color ...., modelo ...., que se hallen en ....

La citado mercancía fue adquirida por Don ...., de la mercantil .... S.L. en virtud de escritura de compraventa de activos autorizada en fecha .... por el notario de ...., Don ....

Corresponde a esta aportación, que se valora a estos efectos en la suma de .... euros, ... participaciones sociales de la sociedad que ahora se constituye, concretamente, las números .... ambos inclusive.

B) Doña .... asume y desembolsa íntegramente .... PARTICIPACIONES SOCIALES, las número .... al ...., ambas inclusive, de .... euros, por su valor nominal cada una de ellas de .... euros, esto es, un valor en conjunto de .... euros, que desembolsa mediante la aportación que efectúa a la sociedad, en pleno dominio, de:

pistola compresora de la marca ...., modelo ...., numero serie .... y numero de fabricación ...., cuyas características principales son: ....

sierra mecánica para madera de la marca ...., modelo ...., numero serie .... y numero de fabricación ...., cuyas características principales son: ....

Los citados utensilios fueron adquiridos por Doña .... de la mercantil .... S.L. en fecha ...., dando lugar a los albaranes .... y a las facturas ....

Corresponde a esta aportación, que se valora a estos efectos en la suma de .... euros, ... participaciones sociales de la sociedad que ahora se constituye, concretamente, las números .... ambos inclusive.

C) Don ...., asume y desembolsa íntegramente .... PARTICIPACIONES SOCIALES, las número .... al ...., ambas inclusive, de .... euros de valor nominal cada una de ellas, por su total importe de .... euros,

El íntegro desembolso del valor nominal de las referidas participaciones sociales asumidas por .... es verificado mediante su ingreso en la cuenta bancaria, aperturada a nombre de la sociedad .... S.L. en constitución, en la entidad de crédito española .... (oficina ....) Identificación de la cuenta: .... La realidad de todo lo anterior, y, en especial, de la citada aportación, resulta del certificado bancario emitido en fecha ...., por el apoderado del banco ...., que me entrega el compareciente y que yo, notario, incorporo a esta escritura, por mi, autorizada.

Con relación a las referidas aportaciones no dinerarias, expresamente se hace constar:

A.– Que las aportaciones que aquí realizan los socios comparecientes, se efectúan a titulo de propiedad, con todos sus derechos y cuanto le sea anexo o inherente, libre de cualesquiera tipo de carga, gravamen, así como de cualquier tipo de arrendamiento o limitación posesoria o del poder de disposición de los aportantes sobre los bienes objeto de aportación.

B.– Que los aportantes quedan obligados a la entrega y saneamiento de la cosa objeto de aportación en los términos establecidos por el CC para el contrato de compraventa, aplicándose las reglas del Código de Comercio sobre el mismo contrato en materia de transmisión de riesgos.

C.– Que se halla al corriente en el pago de impuestos, gastos, arbitrios y cualesquiera otra obligación de pago que le fuera imputable a los bienes objeto de aportación.

D.– Dado que las aportaciones no dinerarias referidas en la presente escritura, por mi, el notario, autorizada, no son objeto del informe a que se refiere el art. 67 LSC, advierto a los comparecientes que los aquí socios fundadores responden solidariamente frente a la sociedad y los acreedores sociales de la realidad de las referidas aportaciones y del valor atribuido en esta escritura. Ello en los términos y con el alcance previstos en los arts. 73 y ss. de la vigente LSC.

ALTERNATIVA. Por los aquí comparecientes se me hace entrega de informe a que se refiere el art. 67 LSC, emitido en fecha .... de .... de .... por Don ...., experto independiente, de profesión ...., que fue designado al efecto el día .... de .... de .... por el Sr. Registrador Mercantil de la provincia de ...., el correspondiente al domicilio social de ...., (expediente designatario ....), informe este que incorporo como anexo a esta escritura que yo autorizo, dándose en cualquier caso por reproducido su contenido en aras a una mayor brevedad. Del referido informe, resulta que la valoración por el referido experto de los bienes aquí aportados corresponde con la atribuida en esta escritura. También su valoración es coincidente con el valor de las participaciones sociales emitidas en contrapartida de la expresada aportación no dineraria. Por tal razón, queda excluida la responsabilidad solidaria a que se refiere el art. 73 y ss. LSC, en los términos de dichos preceptos.

De esta manera y en los términos aquí expuestos, queda el capital social de .... S.L. total e íntegramente asumido y desembolsado.

III.– Como resulta del art. .... de los Estatutos Sociales, quedan obligados la totalidad de los socios a realizar la prestación accesoria, distinta de la aportación al capital aquí verificada, que se recoge en dicho precepto estatutario y que, yo, notario, transcribo a continuación: ....

Los aquí comparecientes, asumen y aceptan de manera expresa la referida obligación, así como el régimen de las prestaciones accesorias establecido en los Estatutos Sociales de la compañía aquí constituida, del cual, en unión a la regulación legal de tal figura societaria, yo notario les informo y advierto.

IV.– Hacen constar los comparecientes, que esta sociedad será dada de alta con el CNAE nº ....

V.– Los comparecientes me instan EXPRESAMENTE a mí, el Notario, para que no remita al RM copia autorizada Telemática del presente instrumento, optando los comparecientes por la tramitación mediante el procedimiento manual.

También los comparecientes se confieren entre sí poder especial para que cualquiera de ellos, de forma indistinta y ante una eventual calificación verbal o escrita del Registro Mercantil del presente documento, pueda rectificar, complementar o subsanar el mismo. Ello a efectos de lograr la inscripción de esta escritura en el referido Registro.

Se solicita por los comparecientes la inscripción parcial de esta escritura que yo, notario, autorizo, en los supuestos y términos del art. 63 RRM.

Se solicita por los comparecientes la exención fiscal a que se refiere el art. 45.1.b.11 TRITPAJD.

VI.– Yo, el notario, he informado a los comparecientes acerca de las ventajas de emplear los Puntos de Atención al Emprendedor (PAE) y el Centro de Información y Red de Creación de Empresas (CIRCE), para la constitución de sociedades y la realización de cualesquiera otros trámites ligados al inicio de su actividad, en los términos previstos en el artículo 3 de la Ley 18/22, de 28 de septiembre, de creación y crecimiento de empresas.

Protección de datos.– Con relación a los datos de carácter personal que en la presente constan, referidos a los comparecientes, quedan estos enterados de que los mismos se incorporan a mis ficheros automatizados, lo que aceptan, así como del derecho de oposición, acceso a ellos, rectificación o cancelación de los mismos.

Hechas las reservas y advertencias legales, en especial de orden fiscal —plazo de presentación de .... (según normativa autonómica), responsabilidades y afecciones—, así como las relativas a la inscripción en el Registro Mercantil, les leo esta escritura, previa advertencia y renuncia de su derecho a leer por sí, la aprueban y firman.

De identificarles por el documento de identidad reseñado, de la legitimación de los intervinientes, de que los actos contenido de este otorgamiento se adecuan a la legalidad y a su voluntad debidamente informada, y de todo lo contenido en este instrumento público, extendido en .... folios de papel exclusivo para documentos notariales, serie y números el presente y los anteriores en orden, yo, el Notario, doy fe.

F012. ESCRITURA DE CONSTITUCIÓN. SOCIEDAD CON CAPITAL INFERIOR A 3.000 EUROS

Normativa de Aplicación: *Arts. 4 y 19 y ss. Real Decreto Legislativo 1/2010, de 2 de julio, por el que se aprueba el texto refundido de la Ley de Sociedades de Capital.*

En ...., a ....

Ante mí, ..., Notario con residencia en .... y de su Ilustre Colegio,

COMPARECEN

DON ...., mayor de edad, de nacionalidad española, empresario, casado bajo el régimen de absoluta separación de bienes según escritura de capitulaciones matrimoniales otorgada el día ...., ante el notario de ...., inscritas en el Registro Civil de ...., al tomo ...., con fecha de .... con Doña ...., vecino de .... Con DNI/NIF ....

DON ...., mayor de edad, de nacionalidad española, empresario, soltero, vecino de .... Con DNI/NIF ....

DON ...., de nacionalidad española, empresario, soltero, vecino de .... Con DNI/NIF ....

DON ...., mayor de edad, de nacionalidad española, empresario, soltero, vecino de .... Con DNI/NIF ....

Les identifico por medio de la documentación reseñada que me exhiben.

INTERVIENEN

Todos en su propio nombre y derecho.

Tienen a mi juicio la capacidad necesaria para esta escritura de CONSTITUCIÓN DE SOCIEDAD DE RESPONSABILIDAD LIMITADA y al efecto,

EXPONEN

I.– Que fundan y constituyen una entidad mercantil de responsabilidad limitada de capital inferior a 3.000 euros, con arreglo a lo dispuesto en el artículo 4, de la Ley de Sociedades de Capital, y demás norma aplicable, con la denominación de « .... », que se regulará por las normas de dicha Ley y en particular por los Estatutos que me entregan, extendidos en .... folios de papel exclusivo para documentos notariales, serie y números el .... y los .... siguientes en orden, los cuales declaran conocer por haber leído, aprueban en mi presencia y firman en el último de dichos folios, dándose por reproducidos.

CERTIFICACIÓN DE NOMBRE: Me entregan y protocolizo con esta matriz certificado del Registro Mercantil Central acreditativo de no hallarse inscrita sociedad con igual denominación.

II.– La sociedad se constituye con un capital social de .... euros dividido en .... participaciones sociales, indivisibles y acumulables, de .... euros cada una de valor nominal, totalmente asumidas y desembolsadas y numeradas del uno al ...., ambos inclusive.

ALTERNATIVA La asunción y desembolso de las expresadas participaciones sociales se realiza en los siguientes términos:

A.– Doña ...., asume y desembolsa íntegramente .... PARTICIPACIONES SOCIALES, las número 1 al ...., ambas inclusive, de .... euros de valor nominal cada una de ellas, por su total importe conjunto de .... euros.

El íntegro desembolso del valor nominal de las referidas participaciones sociales asumidas por ...., es verificado mediante su ingreso en fecha .... y en la cuenta bancaria aperturada a nombre de la sociedad .... S.L. en constitución, entidad de crédito española .... (oficina ....) Identificación de la cuenta: .... La realidad de todo lo anterior, y, en especial, de la citada aportación, resulta del certificado bancario emitido en fecha ...., por el apoderado del banco ...., que me entrega el compareciente y que yo, notario, incorporo a esta escritura, por mi, autorizada.

B.– Don ...., asume y desembolsa íntegramente .... PARTICIPACIONES SOCIALES, las número .... al ...., ambas inclusive, de .... euros de valor nominal cada una de ellas, por su total importe conjunto de .... euros.

El íntegro desembolso del valor nominal de las referidas participaciones sociales asumidas por ...., es verificado mediante su ingreso en fecha .... y en la cuenta bancaria aperturada a nombre de la sociedad .... S.L. en constitución, entidad de crédito española .... (oficina ....) Identificación de la cuenta: .... La realidad de todo lo anterior, y, en especial, de la citada aportación, resulta del certificado bancario emitido en fecha ...., por el apoderado del banco ...., que me entrega el compareciente y que yo, notario, incorporo a esta escritura, por mi, autorizada.

C.– Don ...., asume y desembolsa íntegramente .... PARTICIPACIONES SOCIALES, las número .... al ...., ambas inclusive, de .... euros de valor nominal cada una de ellas, por su total importe conjunto de .... euros.

El íntegro desembolso del valor nominal de las referidas participaciones sociales asumidas por ...., es verificado mediante su ingreso en fecha .... y en la cuenta bancaria aperturada a nombre de la sociedad .... S.L. en constitución, entidad de crédito española .... (oficina ....) Identificación de la cuenta: .... La realidad de todo lo anterior, y, en especial, de la citada aportación, resulta del certificado bancario emitido en fecha ...., por el apoderado del banco ...., que me entrega el compareciente y que yo, notario, incorporo a esta escritura, por mi, autorizada.

D.– Y Don ...., asume y desembolsa íntegramente .... PARTICIPACIONES SOCIALES, las número .... al ...., ambas inclusive, de .... euros de valor nominal cada una de ellas, por su total importe conjunto de .... euros.

El íntegro desembolso del valor nominal de las referidas participaciones sociales asumidas por ...., es verificado mediante su ingreso en fecha .... y en la cuenta bancaria aperturada a nombre de la sociedad .... S.L. en constitución, entidad de crédito española .... (oficina ....) Identificación de la cuenta: .... La realidad de todo lo anterior, y, en especial, de la citada aportación, resulta del certificado bancario emitido en fecha ...., por el apoderado del banco ...., que me entrega el compareciente y que yo, notario, incorporo a esta escritura, por mi, autorizada.

De esta manera y en los términos aquí expuestos, queda el capital social de .... S.L. total e íntegramente asumido y desembolsado.

ALTERNATIVA: La asunción y desembolso de las expresadas participaciones sociales se realiza en los siguientes términos:

A.– Doña ...., asume y desembolsa íntegramente .... PARTICIPACIONES SOCIALES, las número 1 al ...., ambas inclusive, de .... euros de valor nominal cada una de ellas, por su total importe conjunto de .... euros.

B.– Don ...., asume y desembolsa íntegramente .... PARTICIPACIONES SOCIALES, las número .... al ...., ambas inclusive, de .... euros de valor nominal cada una de ellas, por su total importe conjunto de .... euros.

C.– Don ...., asume y desembolsa íntegramente .... PARTICIPACIONES SOCIALES, las número .... al ...., ambas inclusive, de .... euros de valor nominal cada una de ellas, por su total importe conjunto de .... euros.

D.– Y Don ...., asume y desembolsa íntegramente .... PARTICIPACIONES SOCIALES, las número .... al ...., ambas inclusive, de .... euros de valor nominal cada una de ellas, por su total importe conjunto de .... euros.

Las citadas aportaciones dinerarias, han sido efectuadas en moneda nacional española e ingresadas en cuentas de la sociedad, según manifiestan los comparecientes, sin acreditarme la realidad de las referidas aportaciones, por lo que responden solidariamente frente a la sociedad y a los acreedores sociales de la realidad de las mismas.

De esta manera y en los términos aquí expuestos, queda el capital social de .... S.L. total e íntegramente asumido y desembolsado.

III.– Los comparecientes, dando a este acto el carácter de Junta General Universal de socios, acuerdan por unanimidad:

Primero.– Estructura y nombramiento del primer órgano de administración.– Quedan establecidas por esta escritura fundacional las siguientes determinaciones:

A.– El nombramiento del Órgano de Administración se realiza como condición del contrato social.

B.– El órgano de administración de esta sociedad será el de Consejo de Administración.

C.– Se fija en cuatro el número de miembros y se nombran Consejeros a ....

D.– Su nombramiento se hace por plazo INDEFINIDO.

E.– Los designados ACEPTAN SU CARGO, se comprometen a su fiel desempeño, toman posesión del mismo y manifiestan no hallarse incursos en causa alguna de incapacidad, incompatibilidad o prohibición para ejercerlo. Hacen constar que sus circunstancias personales son las consignadas en la comparecencia de esta escritura.

Segundo.– Los Consejeros designados dando a este acto el carácter de primera reunión del Consejo de Administración realizan los siguientes nombramientos:

PRESIDENTE DEL CONSEJO: ....

VICEPRESIDENTE DEL CONSEJO.– ....

SECRETARIO DEL CONSEJO: ....

VOCAL.– ....

CONSEJEROS DELEGADOS SOLIDARIOS.– ....

El poder de representación de la sociedad, en los términos establecidos por la Ley y art. .... de los Estatutos corresponde al propio Consejo que actuará colegiadamente.

Se delegan solidariamente en los Consejeros Delegados nombrados todas y cada una de las facultades que estatutariamente corresponden al Consejo de Administración y constan en el artículo .... de los Estatutos sociales, a saber: ....

Se hace constar que se ha celebrado entre el consejero delegado designado y la propia sociedad el contrato previsto en el artículo 249 de la Ley de Sociedades de Capital, que ha sido aprobado previamente por el consejo de administración, con el voto favorable de .... (al menos dos terceras partes de los miembros) absteniéndose de asistir a la deliberación y de votar el consejero delegado nombrado, en los términos y condiciones que se reflejan en dicho precepto.

IV.– Hacen constar los comparecientes, que esta sociedad será dada de alta con el CNAE nº ....

V.– Mientras el capital de las sociedades de responsabilidad limitada no alcance la cifra de tres mil euros, se aplicarán las siguientes reglas:

Deberá destinarse a la reserva legal una cifra al menos igual al 20 por ciento del beneficio hasta que dicha reserva junto con el capital social alcance el importe de tres mil euros.

En caso de liquidación, voluntaria o forzosa, si el patrimonio de la sociedad fuera insuficiente para atender el pago de las obligaciones sociales, los socios responderán solidariamente de la diferencia entre el importe de tres mil euros y la cifra del capital suscrito.

VI.– Los comparecientes me instan EXPRESAMENTE a mí, el Notario, para que no remita al RM copia autorizada Telemática del presente instrumento, optando los comparecientes por la tramitación mediante el procedimiento manual.

También los comparecientes se confieren entre sí poder especial para que cualquiera de ellos, de forma indistinta y ante una eventual calificación verbal o escrita del Registro Mercantil del presente documento, pueda rectificar, complementar o subsanar el mismo. Ello a efectos de lograr la inscripción de esta escritura en el referido Registro.

Se solicita por los comparecientes la inscripción parcial de esta escritura que yo, notario, autorizo, en los supuestos y términos del art. 63 RRM.

Se solicita por los comparecientes la exención fiscal a que se refiere el art. 45.1.b.11 TRITPAJD.

VII.– Yo, el notario, he informado a los comparecientes acerca de las ventajas de emplear los Puntos de Atención al Emprendedor (PAE) y el Centro de Información y Red de Creación de Empresas (CIRCE), para la constitución de sociedades y la realización de cualesquiera otros trámites ligados al inicio de su actividad, en los términos previstos en el artículo 3 de la Ley 18/22, de 28 de septiembre, de creación y crecimiento de empresas.

Protección de datos.– Con relación a los datos de carácter personal que en la presente constan, referidos a los comparecientes, quedan estos enterados de que los mismos se incorporan a mis ficheros automatizados, lo que aceptan, así como del derecho de oposición, acceso a ellos, rectificación o cancelación de los mismos.

Hechas las reservas y advertencias legales, en especial de orden fiscal —plazo de presentación de .... (según normativa autonómica), responsabilidades y afecciones—, así como las relativas a la inscripción en el Registro Mercantil, les leo esta escritura, previa advertencia y renuncia de su derecho a leer por sí, la aprueban y firman.

De identificarles por el documento de identidad reseñado, de la legitimación de los intervinientes, de que los actos contenido de este otorgamiento se adecuan a la legalidad y a su voluntad debidamente informada, y de todo lo contenido en este instrumento público, extendido en .... folios de papel exclusivo para documentos notariales, serie y números el presente y los anteriores en orden, yo, el Notario, doy fe.

F013. ESCRITURA DE AUMENTO DE CAPITAL, SIENDO EL PREEXISTENTE INFERIOR A 3.000 EUROS

Normativa de Aplicación: *Arts. 4 y 19 y ss. Real Decreto Legislativo 1/2010, de 2 de julio, por el que se aprueba el texto refundido de la Ley de Sociedades de Capital. Arts. 295 y ss. Real Decreto Legislativo 1/2010, de 2 de julio, por el que se aprueba el texto refundido de la Ley de Sociedades de Capital.*

En la Ciudad de ...., mi residencia, a .... de ....

Ante mí, ..., Notario de la Ciudad y del Ilustre Colegio de ....

COMPARECE

Don ...., mayor de edad, de nacionalidad española, casado, vecino de ...., con domicilio en ...., núm. ...., con DNI/NIF ....

Le identifico por el documento de identidad exhibido y reseñado.

INTERVIENE

Don .... interviene en su calidad de Administrador Único (o cargo que proceda) de la sociedad .... S.L., constituida por tiempo indefinido mediante escritura autorizada por el notario de ...., Don ...., con fecha .... de .... de dos mil ...., número de protocolo .... Domiciliada en ...., calle .... e inscrita en el Registro Mercantil de la provincia de ...., al tomo ...., general ...., folio ...., hoja ...., inscripción .... CIF ....

Está legitimado para este otorgamiento en virtud de su expresado cargo de administrador, que afirma vigente, resultando su nombramiento y aceptación de la escritura otorgada con fecha .... de .... de dos mil ...., ante el notario de ...., Doña ...., número de protocolo .... y por acuerdo de la Junta General Universal de socios celebrada el día .... de .... de dos mil ...., contenido en la certificación que me entrega e incorporo a la presente, expedida por el propio administrador compareciente, cuya firma por haber sido puesta en mi presencia.

Yo, el Notario, hago constar expresamente que he cumplido con la obligación que impone la ley 10/2010, de 28 de abril, cuyo resultado consta en acta autorizada por el Notario de ...., Don ...., el día ...., en cuanto a « .... S.L.», bajo nº .... de protocolo, manifestando no haberse modificado el contenido de la misma.

Tiene a mi juicio, capacidad y legitimación para otorgar esta escritura de AUMENTO DE CAPITAL, y, al efecto, según interviene

EXPONE

Primero.– Que la sociedad que representa se creó en virtud de escritura de constitución de sociedad con capital inferior a 3.000 euros, autorizada por el notario de ...., en fecha de .... de .... de .... y número .... de protocolo, en la que el capital social que se desembolsaba ascendía al importe de .... EUROS [superior a UN EURO (1 €)]

Segundo.– Que en la referida escritura de constitución, los socios fundadores manifestaron su voluntad de realizar un aumento de capital social de la entidad hasta alcanzar la cifra de ....

Tercero.– El señor compareciente, en la condición en la que interviene, eleva a público a todos los efectos los acuerdos contenidos en la certificación que me entrega, que dejo unida a esta matriz y se da por reproducida, expedida por él mismo en su condición de administrador, cuya firma conozco y considero legítima, y en virtud de los cuales se aumenta el capital social que hasta ahora era de ...., totalmente suscrito y desembolsado.

El aumento es de ...., mediante creación de .... nuevas participaciones sociales, numeradas correlativamente del número .... inclusive, por un valor nominal cada una de ....; dichas participaciones fueron totalmente suscritas, en los términos que resultan de la certificación que se incorpora, que se dan por reproducidos.

Como consecuencia del aumento de capital efectuado, el artículo .... de los Estatutos sociales se modifica y en adelante quedará con la nueva redacción que figura en la certificación incorporada, dándose aquí por íntegramente reproducida.

Segundo.– El desembolso de las participaciones suscritas, ha sido realizado por los socios en efectivo metálico, acreditando la realidad del desembolso mediante certificación de su ingreso en cuenta de la Sociedad, expedido por la entidad ...., que me entrega e incorporo a la presente.

Tercero.– El compareciente, en función de su cargo, declara que las nuevas participaciones sociales han sido adjudicadas a los socios en la forma que resulta de la certificación unida; que la identidad y numeración de las participaciones asignadas, constan en la propia certificación; así como que dicha titularidad se ha hecho constar en el Libro Registro de socios.

Que el aumento de capital acordado ha sido íntegramente desembolsado en los términos previstos mediante nuevas aportaciones y que, en consecuencia, queda totalmente desembolsado el capital social.

Como consecuencia de este aumento de capital, la sociedad deja de estar sujeta al régimen especial previsto en el artículo 4.1 de la Ley de Sociedades de Capital.

SUPUESTO DE INSCRIPCIÓN PARCIAL.– Para el supuesto y a los efectos del artículo 63 del RRM, se solicita la inscripción parcial de esta escritura, en especial de las actividades integrantes del objeto social, si no fuera posible su inscripción total, y la extensión de la nota, con expresión de las razones de denegación respecto de los extremos no inscritos.

Hago la advertencia de la obligatoriedad de inscripción de esta escritura en el Registro Mercantil.

Protección de datos.– Con relación a los datos de carácter personal que en la presente constan, referidos al compareciente, queda este enterado de que los mismos se incorporan a mis ficheros automatizados, lo que acepta, así como del derecho de oposición, acceso a ellos, rectificación o cancelación de los mismos.

OTORGAMIENTO Y AUTORIZACIÓN

Advierto al compareciente de su derecho a leer por si este instrumento al que renuncia. Yo, el notario, además la leo al compareciente, quien la encuentra conforme, otorga y firma conmigo, el notario, que doy fe en cuanto sea procedente de todo lo consignado en este instrumento público, extendido en .... folios de papel exclusivo para documentos notariales, serie, y números el del presente y anteriores en orden.

F014. ACUERDO PARA LA PARTICIPACIÓN DE SOCIO EN LA NUEVA SOCIEDAD EN CONSTITUCIÓN. ACTA DE CONSEJO DE ADMINISTRACIÓN CONVOCADO

Normativa de Aplicación: *Arts. 19 y ss. Real Decreto Legislativo 1/2010, de 2 de julio, por el que se aprueba el texto refundido de la Ley de Sociedades de Capital.*

En..........., siendo las........... horas del día........... de........... de..........., y en el domicilio social, sito en..........., calle........... núm..........., se celebra reunión del Consejo de Administración de la sociedad........... S.L.

La presente reunión del Consejo de Administración fue convocada en fecha........... de........... de........... mediante telegrama remitido a los Sres. Consejeros en legal forma y plazo con el siguiente tenor literal «Por el presente, se le convoca a la reunión del Consejo de Administración a celebrar, en el domicilio social, el próximo día........... de........... de..........., a las........... horas, para deliberar y, en su caso, adoptar acuerdos con relación al siguiente orden del día: Constitución de la sociedad .... S.L. Fdo. Don .... Presidente del Consejo de Administración de ....»

Asisten a la presente reunión, personalmente, la totalidad de los miembros del consejo de administración de la sociedad, esto es:

Presidente: Don...........

Secretario: Don...........

Vocal: Doña...........

Vocal: Doña...........

Vocal: Doña...........

Actúan como Presidente y Secretario de la presente reunión del Consejo de Administración, Don........... y Don..........., respectivamente.

El Sr. presidente declara válidamente constituida la presente reunión del Consejo de Administración y se entra en el debate de los distintos puntos del orden del día. Previa deliberación y sin que ninguno de los asistentes haga uso del derecho de que conste en el acta el contenido de su intervención, se adoptan los siguientes acuerdos por UNANIMIDAD que son proclamados por el Sr. Presidente:

PRIMERO.– Participar como socio en una sociedad de responsabilidad limitada, bajo la denominación de ....

SEGUNDO.– Facultar a Don .... para que, en nombre y representación de ...., pueda:

a) Comparecer ante Notario y otorgar la pertinente escritura de constitución en los términos que estime oportuno Don .... bajo la denominación de ...., con el capital social, estatutos y demás menciones que tenga por conveniente el Sr. ....

b) Asumir .... participaciones sociales de la proyectada sociedad..........., desembolsando íntegramente el valor nominal de las mismas, esto es, la suma conjunta de .... euros, mediante aportaciones dinerarias.

c) Aprobar los correspondientes Estatutos Sociales con las determinaciones que acuerde el Sr. ....; designar de conformidad con los demás socios constituyentes las personas que inicialmente deberán ostentar la administración y representación de la nueva sociedad, confiriéndoles las facultades que estime convenientes para la fase anterior a la inscripción de la sociedad; y conferir apoderamientos en el acto de constitución, así cuanto demás menciones tenga por conveniente

Todo ello aun cuando Don ...., que a su vez va a participar en la sociedad en constitución .... a título individual, pudiese incurrir en las figuras de la autocontratación y/o la del conflicto de interés, de las cuales expresamente se le dispensa en este acto.

Y para que así conste se extiende la presente acta que, leída, es aprobada por todos los consejeros por unanimidad, en........... hoy día de........... de...........

F015. ACUERDO PARA LA PARTICIPACIÓN DE SOCIO EN LA NUEVA SOCIEDAD EN CONSTITUCIÓN. ACTA DE CONSEJO DE ADMINISTRACIÓN UNIVERSAL

Normativa de Aplicación: *Arts. 19 y ss. Real Decreto Legislativo 1/2010, de 2 de julio, por el que se aprueba el texto refundido de la Ley de Sociedades de Capital.*

En .... siendo las .... horas del día .... de .... de ...., se hallan presentes en el domicilio social sito en ...., la totalidad de los miembros del consejo de administración de la sociedad .... S.L, esto es los señores ....

Los expresados consejeros deciden celebrar y constituirse en reunión del Consejo de Administración, para deliberar y, en su caso, adoptar acuerdos con relación al siguiente orden del día: ....

1.- PARTICIPACIÓN COMO SOCIO DE LA COMPAÑÍA DE NUEVA CREACIÓN.........

....

2.- FACULTAR AL ÓRGANO DE ADMINISTRACIÓN PARA LA EJECUCIÓN DE LOS ACUERDOS ADOPTADOS

En señal de conformidad con lo anterior, firman seguidamente la presente acta cada uno de los consejeros, Don ...., Don..........., cuyo respectivo nombre va seguido de la correspondiente firma.

....

Actúan como Presidente y Secretario de la presente reunión los titulares de tales cargos en el Consejo de Administración, esto es, Don .... (Presidente) y Don .... (Secretario).

El Sr. presidente declara válidamente constituida la presente reunión del Consejo de Administración y se entra en el debate de los distintos puntos del orden del día. Previa deliberación y sin que ninguno de los asistentes haga uso del derecho de que conste en el acta el contenido de su intervención, se adoptan los siguientes acuerdos por UNANIMIDAD que son proclamados por el Sr. Presidente y que se transcriben literalmente a continuación:

1.- PARTICIPACIÓN COMO SOCIO DE LA COMPAÑÍA DE NUEVA CREACIÓN..........

....

2.- FACULTAR AL ÓRGANO DE ADMINISTRACIÓN PARA LA EJECUCIÓN DE LOS ACUERDOS ADOPTADOS

Y para que así conste se extiende la presente acta, que, leída, es aprobada en la propia reunión por todos los consejeros y por unanimidad, en ...., a ....

F016. ACUERDO PARA LA PARTICIPACIÓN COMO SOCIO EN LA NUEVA SOCIEDAD EN CONSTITUCIÓN. CERTIFICACIÓN CONSEJO DE ADMINISTRACIÓN CONVOCADO

Normativa de Aplicación: *Arts. 19 y ss. Real Decreto Legislativo 1/2010, de 2 de julio, por el que se aprueba el texto refundido de la Ley de Sociedades de Capital.*

.... Secretario del Consejo de Administración de la sociedad .... S.L. domiciliada en ...., calle .... núm. ...., e inscrita en el Registro Mercantil de la provincia de ...., al tomo ...., folio ...., hoja ...., y CIF ....

CERTIFICO según resulta del libro de actas de la sociedad:

Que en ...., a las .... horas del día .... de .... de ...., y en el domicilio social, sito en ...., calle .... núm. ...., se celebró reunión del Consejo de Administración de la sociedad .... S.L.

Que la presente reunión del Consejo de Administración fue convocada por el Presidente del Consejo de Administración, Don ...., en fecha .... mediante burofax con acuse de recibo y certificado de contenido remitido ese mismo día a los Sres. Consejeros en legal forma y plazo con el siguiente tenor literal «Por el presente, se le convoca a la reunión del Consejo de Administración a celebrar, en el domicilio social, el próximo día .... de .... de ...., a las .... horas, para deliberar y, en su caso, adoptar acuerdos con relación al siguiente orden del día: PRIMERO.– Participar como SOCIO en una sociedad de responsabilidad limitada, bajo la denominación de ....; En ...., hoy día .... de .... de .... Don ...., Presidente del Consejo de Administración de .... S.L.»

Que asistieron a la reunión, personalmente .... miembros del consejo de administración de la sociedad, esto es, los Sres. .... Y representado un consejero, esto es, Don ...., representado por la consejera Doña .... En conjunto asistieron personalmente o representados .... consejeros.

Que actuaron como Presidente y Secretario de la reunión del Consejo de Administración cuyos acuerdos aquí se certifican, Don .... y Don ...., respectivamente, quienes ocupan tales cargos en el seno de este Consejo.

Que el Sr. presidente declaró válidamente constituida la referida reunión del Consejo de Administración y se entró en el debate de los distintos puntos del orden del día. Previa deliberación y sin que ninguno de los asistentes hiciera uso del derecho de que constase en el acta el contenido de su intervención, se adoptaron los siguientes acuerdos por UNANIMIDAD, que fueron proclamados por el Sr. Presidente y que se transcriben literalmente a continuación:

PRIMERO.– Participar como socio en una sociedad de responsabilidad limitada, bajo la denominación de ....

SEGUNDO.– Facultar a Don .... para que, en nombre y representación de ...., pueda:

a) Comparecer ante Notario y otorgar la pertinente escritura de constitución en los términos que estime oportuno Don .... bajo la denominación de ...., con el capital social, estatutos y demás menciones que tenga por conveniente el Sr. ....

b) Asumir .... participaciones sociales de la proyectada sociedad ...., desembolsando íntegramente el valor nominal de las mismas, esto es, la suma conjunta de .... euros, mediante aportaciones dinerarias.

c) Aprobar los correspondientes Estatutos Sociales con las determinaciones que acuerde el Sr. ....; designar de conformidad con los demás socios constituyentes las personas que inicialmente deberán ostentar la administración y representación de la nueva sociedad, confiriéndoles las facultades que estime convenientes para la fase anterior a la inscripción de la sociedad; y conferir apoderamientos en el acto de constitución, así cuanto demás menciones tenga por conveniente

Todo ello aun cuando Don ...., que a su vez va a participar en la sociedad en constitución .... a título individual, pudiese incurrir en las figuras de la autocontratación y/o la del conflicto de interés, de las cuales expresamente se le dispensa en este acto.

Y para que conste libro la presente certificación, con el Visto Bueno del Presidente, haciendo constar que el acta de la reunión en que se adoptaron los acuerdos que se certifican, fue aprobada por unanimidad al final de la misma, en ...., a ....

F017. ACUERDO PARA LA PARTICIPACIÓN DE SOCIO EN LA NUEVA SOCIEDAD EN CONSTITUCIÓN. CERTIFICACIÓN DE CONSEJO DE ADMINISTRACIÓN UNIVERSAL (I)

Normativa de Aplicación: *Arts. 19 y ss. Real Decreto Legislativo 1/2010, de 2 de julio, por el que se aprueba el texto refundido de la Ley de Sociedades de Capital.*

.... Secretario del Consejo de Administración de la sociedad........... S.L. domiciliada en..........., calle........... núm..........., e inscrita en el Registro Mercantil de la provincia de..........., al tomo..........., folio..........., hoja..........., y CIF...........

CERTIFICO: Que según resulta del libro de actas de la sociedad, en la reunión del Consejo de Administración de..........., S.L. reunida en el domicilio social, sito en..........., el día........... de........... de..........., encontrándose presentes la totalidad de los consejeros, esto es,..........., Don..........., Don..........., Don........... y Doña........... y figurando en el acta el nombre y la firma de los asistentes, actuando como presidente de la misma Don........... y como secretario,........... y aceptaron celebrar dicha reunión del Consejo de Administración con el fin de deliberar y, en su caso, adoptar acuerdos sobre: ...., se adoptaron por UNANIMIDAD los siguientes ACUERDOS que fueron proclamados por el Sr. Presidente:

PRIMERO.– Participar como socio en una sociedad de responsabilidad limitada, bajo la denominación de ....

SEGUNDO.– Facultar a Don .... para que, en nombre y representación de ...., pueda:

a) Comparecer ante Notario y otorgar la pertinente escritura de constitución en los términos que estime oportuno Don .... bajo la denominación de ...., con el capital social, estatutos y demás menciones que tenga por conveniente el Sr. ....

b) Asumir .... participaciones sociales de la proyectada sociedad..........., desembolsando íntegramente el valor nominal de las mismas, esto es, la suma conjunta de .... euros, mediante aportaciones dinerarias.

c) Aprobar los correspondientes Estatutos Sociales con las determinaciones que acuerde el Sr. ....; designar de conformidad con los demás socios constituyentes las personas que inicialmente deberán ostentar la administración y representación de la nueva sociedad, confiriéndoles las facultades que estime convenientes para la fase anterior a la inscripción de la sociedad; y conferir apoderamientos en el acto de constitución, así cuanto demás menciones tenga por conveniente

Todo ello aun cuando Don ...., que a su vez va a participar en la sociedad en constitución .... a título individual, pudiese incurrir en las figuras de la autocontratación y/o la del conflicto de interés, de las cuales expresamente se le dispensa en este acto.

Y para que conste libro la presente certificación, con el Visto Bueno del Presidente, haciendo constar que el acta de la reunión en que se adoptaron los acuerdos que se certifican, fue aprobada por unanimidad al final de la misma, en..........., a...........

V. B. PRESIDENTE SECRETARIO

F018. ACUERDO PARA LA PARTICIPACIÓN DE SOCIO EN LA NUEVA SOCIEDAD EN CONSTITUCIÓN. CERTIFICACIÓN DE CONSEJO DE ADMINISTRACIÓN UNIVERSAL (II)

Normativa de Aplicación: *Arts. 19 y ss. Real Decreto Legislativo 1/2010, de 2 de julio, por el que se aprueba el texto refundido de la Ley de Sociedades de Capital.*

DON, SECRETARIO DEL CONSEJO DE ADMINISTRACIÓN de la Compañía Mercantil " .... SOCIEDAD LIMITADA" con c. I, F. B-...........

CERTIFICO:

Que en la Junta General celebrada con carácter de Universal, el día de hoy, en el domicilio social, con asistencia personal de todos los socios de la Compañía —tal y como se desprende de la Lista de asistentes que todos ellos firmaron—, acordaron los asistentes por unanimidad como acto previo, la aprobación del Orden del Día que es el que resulta del propio acuerdo, adoptado también por unanimidad, y que es el que literalmente se traslada del acta correspondiente:

Participar en la constitución de la nueva Sociedad .... S.L facultando expresa, especial y suficientemente al Presidente del Consejo de Administración DON .... decidir la totalidad de participaciones sociales, desembolsando totalmente su importe en efectivo metálico, fijando y aprobando pactos, condiciones y cláusulas estatutarias que la rijan, determinando el capital social, domicilio, objeto, y demás circunstancias esenciales; y muy especialmente se le faculta para poder acordar la estructura y funcionamiento de los órganos de administración, representación y gestión del patrimonio de la sociedad, determinando sus facultades, y designando los Administradores, ratificando o realizando valoraciones y comprobaciones de las aportaciones no dinerarias, caso de que las hubiere. En general, queda facultado para convenir, formalizar, y otorgar cuantos pactos, cláusulas o convenios estatutarios o extraestatutarios, se con tengan en la escritura fundacional.

Las presentes facultades se le confieren, aunque DON .... incurra en la figura jurídica de la AUTOCONTRATACIÓN *o* CONFLICTO DE INTERESES,

Por último se le faculta especialmente para subsanar, adicionar, aclarar, o completar las escrituras formalizadas en ejecución de este acuerdo, solicitando y tramitando su inscripción en cualesquiera Registros de la Propiedad, Mercantiles o administrativos, pudiendo a tales efectos, presentar escritos, instancias, recursos, recibir notificaciones o requerimientos, seguir correspondencia y requerir la intervención notarial o de cual quier otro funcionario estatal o local, firmando cuantos documentos públicos o privados considere pertinentes.

Asimismo certifico que el acta de la Junta General a que se ha hecho referencia, fue redactada a continuación de su celebración, leída y aprobada por todos los asistentes, que además firmaron a continuación del Presidente y Secretario, en prueba de conformidad.

Y para que conste y surta los efectos pertinentes, libro la presente certificación, extendida en la ciudad de a .... de ....de

II. UNIPERSONALIDAD

SUMARIO: F019. SOCIEDAD UNIPERSONAL. ESCRITURA DE CONSTITUCIÓN CON APORTACIÓN DINERARIA. F020. SOCIEDAD UNIPERSONAL. ESCRITURA DE CONSTITUCIÓN. APORTACIÓN NO DINERARIA (I). ACCIONES Y PARTICIPACIONES SOCIALES. F021. SOCIEDAD UNIPERSONAL. ESCRITURA DE CONSTITUCIÓN. SOCIEDAD UNIPERSONAL. APORTACIÓN NO DINERARIA (II) INMUEBLE. F022. SOCIEDAD UNIPERSONAL. ESCRITURA DE DECLARACIÓN DE SITUACIÓN UNIPERSONAL. F023. SOCIEDAD UNIPERSONAL. ESCRITURA DE CAMBIO DE SOCIO ÚNICO. F024. SOCIEDAD UNIPERSONAL. ESCRITURA DECLARANDO LA PÉRDIDA DE LA SITUACIÓN DE UNIPERSONALIDAD. F025. SOCIEDAD UNIPERSONAL. CERTIFICACIÓN DEL LIBRO REGISTRO DE SOCIOS A EFECTOS DE DECLARACIÓN DE SITUACIÓN UNIPERSONALIDAD. F026. SOCIEDAD UNIPERSONAL. CERTIFICACIÓN DEL LIBRO REGISTRO DE SOCIOS A EFECTOS DE DECLARACIÓN DE CAMBIO DE SOCIO ÚNICO. F027. SOCIEDAD UNIPERSONAL. CERTIFICACIÓN DEL LIBRO REGISTRO DE SOCIOS A EFECTOS DE DECLARACIÓN DE PERDIDA DE LA SITUACIÓN DE UNIPERSONALIDAD. F028. SOCIEDAD UNIPERSONAL. ESCRITURA DE PÉRDIDA DE LA CONDICIÓN DE UNIPERSONALIDAD. F029. SOCIEDADES UNIPERSONALES. CERTIFICACIÓN ACTA DE DECISIONES DEL SOCIO ÚNICO SOBRE CAMBIO DE ADMINISTRADOR TRAS LA COMPRA DE LA SOCIEDAD.

F019. SOCIEDAD UNIPERSONAL. ESCRITURA DE CONSTITUCIÓN CON APORTACIÓN DINERARIA

Normativa de Aplicación: *Arts. 19 y ss. Real Decreto Legislativo 1/2010, de 2 de julio, por el que se aprueba el texto refundido de la Ley de Sociedades de Capital. Arts. 12 y ss. Real Decreto Legislativo 1/2010, de 2 de julio, por el que se aprueba el texto refundido de la Ley de Sociedades de Capital.*

En ...., a ....

Ante mí, ..., Notario con residencia en .... y de su Ilustre Colegio,

COMPARECE

DON ...., de nacionalidad española, mayor de edad, empresario, soltero, vecino de .... Con DNI/NIF ....

Le identifico por medio de la documentación reseñada que me exhibe.

INTERVIENE

En su propio nombre y derecho.

Tiene a mi juicio la capacidad necesaria para esta escritura de CONSTITUCIÓN DE SOCIEDAD LIMITADA UNIPERSONAL y al efecto,

EXPONE

I.– Que con la condición de socio único y según interviene, funda y constituye una entidad mercantil de responsabilidad limitada, conforme a las disposiciones de la Ley de Sociedades de Capital, con la denominación de «........... Unipersonal», que se regulará por las normas de dicha Ley y en particular por los Estatutos que me entrega, extendidos en .... folios de papel exclusivo para documentos notariales, serie y números el .... y los .... siguientes en orden, los cuales declara conocer por haber leído, aprueba en mi presencia y firma en el último de dichos folios, dándose por reproducidos. Y haciendo constar la condición de unipersonal mientras subsista.

CERTIFICACIÓN DE NOMBRE: Me entrega y protocolizo con esta matriz certificado del Registro Mercantil Central acreditativo de no hallarse inscrita sociedad con igual denominación.

II.– La sociedad se constituye con un capital social de .... euros dividido en .... participaciones sociales, indivisibles y acumulables, de .... euros cada una de ellas, totalmente asumidas y desembolsadas y numeradas del uno al ...., ambos inclusive, que son todas asumidas por el socio único Don .... e íntegramente desembolsadas mediante su ingreso en la cuenta bancaria, aperturada a nombre de la sociedad .... S.L. en constitución, en la entidad de crédito española .... (oficina ....) Identificación de la cuenta: .... La realidad de todo lo anterior, y, en especial, de la citada aportación, resulta del certificado bancario emitido en fecha ...., por el apoderado del banco ...., que me entrega el compareciente y que yo, notario, incorporo a esta escritura, por mi, autorizada.

De esta manera y en los términos aquí expuestos, queda el capital social de .... S.L. total e íntegramente asumido y desembolsado.

III.– El compareciente, dando a este acto el carácter de Junta general universal de socios, decide:

Estructura y nombramiento del primer órgano de administración.– Quedan establecidas por esta escritura fundacional las siguientes determinaciones:

A.– El nombramiento del Órgano de Administración se realiza como condición del contrato social.

B.– El órgano de administración de esta sociedad será el de UN (1) ADMINISTRADOR ÚNICO.

C.– El socio único se designa a si mismo como Administrador único.

D.– Su nombramiento se hace por plazo INDEFINIDO.

E.– El designado ACEPTA SU CARGO, se compromete a su fiel desempeño, toma posesión del mismo y manifiesta no hallarse incurso en causa alguna de incapacidad, incompatibilidad o prohibición para ejercerlo. Hace constar que sus circunstancias personales son las consignadas en la comparecencia de esta escritura.

IV.– Hace constar el compareciente, que esta sociedad será dada de alta con el CNAE nº ....

V.– El compareciente me insta EXPRESAMENTE a mí, el Notario, para que no remita al RM copia autorizada telemática del presente instrumento, optando los comparecientes por la tramitación mediante el procedimiento manual.

Se solicita por el compareciente la inscripción parcial de esta escritura que yo, el notario, autorizo, en los supuestos y términos del art. 63 RRM.

Se solicita por los comparecientes la exención fiscal a que se refiere el art. 45.1.b.11 TRITPAJD.

VI.– Yo, el notario, he informado al compareciente acerca de las ventajas de emplear los Puntos de Atención al Emprendedor (PAE) y el Centro de Información y Red de Creación de Empresas (CIRCE), para la constitución de sociedades y la realización de cualesquiera otros trámites ligados al inicio de su actividad, en los términos previstos en el artículo 3 de la Ley 18/22, de 28 de septiembre, de creación y crecimiento de empresas.

Protección de datos.– Con relación a los datos de carácter personal que en la presente constan, referidos a los comparecientes, quedan estos enterados de que los mismos se incorporan a mis ficheros automatizados, lo que aceptan, así como del derecho de oposición, acceso a ellos, rectificación o cancelación de los mismos.

Hechas las reservas y advertencias legales, en especial de orden fiscal —plazo de presentación de .... (según normativa autonómica), responsabilidades y afecciones—, así como las relativas a la inscripción en el Registro Mercantil, también de la obligación de hacer constar la condición de unipersonal mientras esta situación subsista así como, en su caso y en su momento, comunicar al Registro Mercantil correspondiente la perdida de la misma, les leo esta escritura, previa advertencia y renuncia de su derecho a leer por sí, la aprueban y firman.

De identificarles por el documento de identidad reseñado, de la legitimación de los intervinientes, de que los actos contenido de este otorgamiento se adecuan a la legalidad y a su voluntad debidamente informada, y de todo lo contenido en este instrumento público, extendido en .... folios de papel exclusivo para documentos notariales, serie y números el presente y los anteriores en orden, yo, el Notario, doy fe.

F020. SOCIEDAD UNIPERSONAL. ESCRITURA DE CONSTITUCIÓN. APORTACIÓN NO DINERARIA (I). ACCIONES Y PARTICIPACIONES SOCIALES

Normativa de Aplicación: *Arts. 19 y ss. Real Decreto Legislativo 1/2010, de 2 de julio, por el que se aprueba el texto refundido de la Ley de Sociedades de Capital. Arts. 12 y ss. Real Decreto Legislativo 1/2010, de 2 de julio, por el que se aprueba el texto refundido de la Ley de Sociedades de Capital.*

En ...., a ....

Ante mí, ..., Notario con residencia en .... y de su Ilustre Colegio,

COMPARECE

DON ...., de nacionalidad española, mayor de edad, empresario, soltero, vecino de .... Con DNI/NIF ....

Le identifico por medio de la documentación reseñada que me exhibe.

INTERVIENE

En su propio nombre y derecho.

Tiene a mi juicio la capacidad necesaria para esta escritura de CONSTITUCIÓN DE SOCIEDAD DE RESPONSABILIDAD LIMITADA UNIPERSONAL y al efecto,

EXPONE

I.– Que con la condición de socio único y según interviene, funda y constituye una entidad mercantil de responsabilidad limitada, conforme a las disposiciones de la Ley de Sociedades de Capital, con la denominación de «........... Unipersonal», que se regulará por las normas de dicha Ley y en particular por los Estatutos que me entrega, extendidos en .... folios de papel exclusivo para documentos notariales, serie y números el .... y los .... siguientes en orden, los cuales declara conocer por haber leído, aprueba en mi presencia y firma en el último de dichos folios, dándose por reproducidos. Y haciendo constar la condición de unipersonal mientras subsista.

CERTIFICACIÓN DE NOMBRE: Me entrega y protocolizo con esta matriz certificado del Registro Mercantil Central acreditativo de no hallarse inscrita sociedad con igual denominación.

II.– La sociedad se constituye con un capital social de .... euros dividido en .... participaciones sociales, indivisibles y acumulables, de .... euros cada una ellas, totalmente asumidas y desembolsadas y numeradas del uno al ...., ambos inclusive, que son todas asumidas por el socio único Don .... e íntegramente desembolsadas mediante la aportación que, efectúa a la sociedad, en pleno dominio, de las siguientes acciones y participaciones sociales:

A.– .... acciones nominativas de la sociedad anónima española .... S.A., con domicilio en ...., calle .... Constituida en fecha ...., mediante escritura autorizada por el notario de .... Don .... Objeto social .... (CNAE ....). Su capital social está fijado en la suma .... de euros, dividido y representado por .... acciones nominativas, de .... euros de valor nominal cada una de ellas, numeradas correlativamente desde la unidad hasta el numero ...., ambos inclusive, todas ellas, y por ende el capital social, íntegramente suscritas y desembolsadas. Inscrita la compañía .... S.A. en el Registro Mercantil de la provincia de ...., al tomo ...., libro ...., hoja ...., inscripción .... CIF ....

Correspondiéndole a esta aportación, que se valora a estos efectos en la suma de .... euros, ... participaciones sociales de la sociedad que ahora se constituye, concretamente, las números .... ambos inclusive.

B.– .... participaciones sociales de la sociedad de responsabilidad española .... S.L., con domicilio en ...., calle .... Constituida en fecha ...., mediante escritura autorizada por el notario de .... Don .... Objeto social .... (CNAE ....).

Su capital social está fijado en la suma .... de euros, dividido en .... participaciones sociales, de .... euros de valor nominal cada una de ellas, numeradas correlativamente desde la unidad hasta el numero ...., ambos inclusive, todas ellas, y por ende el capital social, íntegramente asumidas y desembolsadas. Inscrita la citada sociedad en el Registro Mercantil de la provincia de ...., al tomo ...., libro ...., hoja ...., inscripción .... CIF ....

Correspondiéndole a esta aportación, que se valora a estos efectos en la suma de .... euros, ... participaciones sociales de la sociedad que ahora se constituye, concretamente, las números .... ambos inclusive.

Pertenecen a Don .... las expresadas acciones y participaciones sociales, que manifiesta se hallan libres de cargas y gravámenes así como de embargos, por compra a .... S.L., en virtud de escritura pública de compraventa otorgada el día ...., ante el notario de ...., Don .... Así resulta de las manifestaciones del aportante, del referido título que yo, notario, tengo a la vista y de sendas certificaciones, una del libro registro de acciones nominativas de la compañía .... S.A. y otra del libro registro de socios de .... S.L., fechadas ambas el ...., y debidamente suscrita por el respectivo administrador único de ambas sociedades, esto es y respectivamente, Don .... y Doña ...., cuyas firmas legitimo por serme conocidas, de la que resultan las circunstancias reseñadas en el presente párrafo y que el compareciente me entrega para su incorporación a la presente matriz, formando parte de la misma.

Acredita la libertad para efectuar la aportación indicada mediante sendas certificaciones de la Junta General de las anteriormente reseñadas compañías .... S.A., y .... S.L., ambas de fecha ...., de las que resulta que las aportaciones verificadas en la presente escritura ha sido consentida por el resto de socios y, en su caso, autorizada por la respectiva Junta general, certificaciones éstas que me entrega el compareciente debidamente suscrita por los respectivos administradores únicos de las mismas, cuya firma legitimo y que yo, el fedatario publico, incorporo a esta matriz, formando parte integrante de la misma.

Expresamente se hace constar:

A.– Que las aportaciones que aquí realiza el compareciente, se efectúan a título de propiedad, con todos sus derechos y cuanto le sea anexo o inherente, libre de cualesquiera tipo de carga, gravamen, así como de cualquier tipo de arrendamiento o limitación posesoria o del poder de disposición de Don .... sobre los bienes objeto de aportación.

B.– Que el aportante queda obligado a la entrega y saneamiento de la cosa objeto de aportación en los términos establecidos por el CC para el contrato de compraventa, aplicándose las reglas del Código de Comercio sobre el mismo contrato en materia de transmisión de riesgos.

C.– Que se halla al corriente en el pago de impuestos, gastos, y cualesquiera otra obligación de pago que le fuera imputable al bien objeto de aportación. No existen dividendos pasivos pendientes de desembolso.

D.– Dado que las aportaciones no dinerarias referidas en la presente escritura, por mi, el notario, autorizada, no son objeto del informe a que se refiere el art. 67 LSC, advierto a los comparecientes que los socios fundadores responden solidariamente frente a la sociedad y los acreedores sociales de la realidad de las referidas aportaciones y del valor atribuido en esta escritura. Ello en los términos y con el alcance previstos en los arts. 73 y ss. de la vigente LSC.

ALTERNATIVA. Por el aquí compareciente se me hace entrega de informe a que se refiere el art. 67 LSC, emitido en fecha .... de .... de .... por Don ...., experto independiente, de profesión ...., que fue designado al efecto el día .... de .... de .... por el Sr. Registrador Mercantil de la provincia de ...., el correspondiente al domicilio social de ...., (expediente designatario ....), informe este que incorporo como anexo a esta escritura que yo autorizo, dándose en cualquier caso por reproducido su contenido en aras a una mayor brevedad. Del referido informe, resulta que la valoración por el referido experto de los bienes aquí aportados corresponde con la atribuida en esta escritura. También su valoración es coincidente con el valor de las participaciones sociales emitidas en contrapartida de la expresada aportación no dineraria. Por tal razón, los aquí socios fundadores quedan excluidos de la responsabilidad solidaria a que se refiere el art. 73 y ss. LSC.

De esta manera y en los términos aquí expuestos, queda el capital social de .... S.L. Unipersonal total e íntegramente asumido y desembolsado.

III.– El compareciente, dando a este acto el carácter de Junta general universal de socios, decide:

Estructura y nombramiento del primer órgano de administración.– Quedan establecidas por esta escritura fundacional las siguientes determinaciones:

A.– El nombramiento del Órgano de Administración se realiza como condición del contrato social.

B.– El órgano de administración de esta sociedad será el de UN (1) ADMINISTRADOR ÚNICO.

C.– El socio único se designa a si mismo como Administrador único.

D.– Su nombramiento se hace por plazo INDEFINIDO.

E.– El designado ACEPTA SU CARGO, se compromete a su fiel desempeño, toma posesión del mismo y manifiesta no hallarse incurso en causa alguna de incapacidad, incompatibilidad o prohibición para ejercerlo. Hace constar que sus circunstancias personales son las consignadas en la comparecencia de esta escritura.

IV.– Hace constar el compareciente, que esta sociedad será dada de alta con el CNAE nº ....

V.– El compareciente me insta EXPRESAMENTE a mí, el Notario, para que no remita al RM copia autorizada Telemática del presente instrumento, optando los comparecientes por la tramitación mediante el procedimiento manual.

Se solicita por el compareciente la inscripción parcial de esta escritura que yo, el notario, autorizo, en los supuestos y términos del art. 63 RRM.

Se solicita por los comparecientes la exención fiscal a que se refiere el art. 45.1.b.11 TRITPAJD.

VI.– (En su caso). Aplicación del régimen fiscal especial previsto en el Capítulo VII del Título VII de la Ley 27/2014, de 27 de noviembre, por el que se aprueba la Ley del Impuesto sobre Sociedades.

Se decide por el socio acoger la aportación no dineraria al régimen tributario establecido en el Capítulo VII del Título VII de la Ley 27/2014, de 27 de noviembre, por el que se aprueba la Ley del Impuesto de Sociedades por cumplir todos los requisitos para ser considerado como una aportación no dineraria especial conforme a lo dispuesto en el apartado 1 del artículo 87 de la citada Ley.

Además, a tal efecto, y según lo previsto igualmente en el artículo 89 de la referida Ley, y lo dispuesto en el artículo 48 del Reglamento del Impuesto sobre Sociedades, la operación de aportación no dineraria especial será comunicada, dentro de los tres meses siguientes a la fecha de inscripción en el Registro Mercantil de la escritura de aumento de capital mediante aportación no dineraria, al Ministerio de Hacienda, mediante la presentación del correspondiente escrito ante la Delegación de la Agencia Estatal de la Administración Tributaria.

VII.– Yo, el notario, he informado al compareciente acerca de las ventajas de emplear los Puntos de Atención al Emprendedor (PAE) y el Centro de Información y Red de Creación de Empresas (CIRCE), para la constitución de sociedades y la realización de cualesquiera otros trámites ligados al inicio de su actividad, en los términos previstos en el artículo 3 de la Ley 18/22, de 28 de septiembre, de creación y crecimiento de empresas.

Protección de datos.– Con relación a los datos de carácter personal que en la presente constan, referidos al compareciente, queda este enterado de que los mismos se incorporan a mis ficheros automatizados, lo que aceptan, así como del derecho de oposición, acceso a ellos, rectificación o cancelación de los mismos.

Hechas las reservas y advertencias legales, en especial de orden fiscal —plazo de presentación de .... (según normativa autonómica), responsabilidades y afecciones, incluida las relativas impuesto sobre el incremento de valor de los terrenos de naturaleza urbana—, así como las relativas a la inscripción en el Registro Mercantil y en el de Propiedad, también de la obligación de hacer constar la condición de unipersonal mientras esta situación subsista así como, en su caso y en su momento, comunicar al Registro Mercantil correspondiente la perdida de la misma, le leo esta escritura, previa advertencia y renuncia de su derecho a leer por sí, la aprueba y firma.

De identificarle por el documento de identidad reseñado, de la legitimación del interviniente, de que los actos contenido de este otorgamiento se adecuan a la legalidad y a su voluntad debidamente informada, y de todo lo contenido en este instrumento público, extendido en .... folios de papel exclusivo para documentos notariales, serie y números el presente y los anteriores en orden, yo, el Notario, doy fe.

F021. SOCIEDAD UNIPERSONAL. ESCRITURA DE CONSTITUCIÓN. SOCIEDAD UNIPERSONAL. APORTACIÓN NO DINERARIA (II) INMUEBLE

Normativa de Aplicación: *Arts. 19 y ss. Real Decreto Legislativo 1/2010, de 2 de julio, por el que se aprueba el texto refundido de la Ley de Sociedades de Capital. Arts. 12 y ss. Real Decreto*

Legislativo 1/2010, de 2 de julio, por el que se aprueba el texto refundido de la Ley de Sociedades de Capital.

En ...., a ....

Ante mí, ..., Notario con residencia en .... y de su Ilustre Colegio,

COMPARECE

DON ...., de nacionalidad española, mayor de edad, empresario, soltero, vecino de .... Con DNI/NIF ....

Le identifico por medio de la documentación reseñada que me exhiben.

INTERVIENE

En su propio nombre y derecho.

Tiene a mi juicio la capacidad necesaria para esta escritura de CONSTITUCIÓN DE SOCIEDAD DE RESPONSABILIDAD LIMITADA UNIPERSONAL y al efecto,

EXPONE

I.– Que con la condición de socio único y según interviene, funda y constituye una entidad mercantil de responsabilidad limitada, conforme a las disposiciones de la Ley de Sociedades de Capital, con la denominación de «........... Unipersonal», que se regulará por las normas de dicha Ley y en particular por los Estatutos que me entrega, extendidos en .... folios de papel exclusivo para documentos notariales, serie y números el .... y los .... siguientes en orden, los cuales declara conocer por haber leído, aprueba en mi presencia y firma en el último de dichos folios, dándose por reproducidos. Y haciendo constar la condición de unipersonal mientras subsista.

CERTIFICACIÓN DE NOMBRE: Me entrega y protocolizo con esta matriz certificado del Registro Mercantil Central acreditativo de no hallarse inscrita sociedad con igual denominación.

II.– La sociedad se constituye con un capital social de .... euros dividido en .... participaciones sociales de .... euros de valor nominal cada una de ellas, totalmente asumidas y desembolsadas y numeradas del uno al ...., ambos inclusive., que son todas asumidas por el socio único Don .... e íntegramente desembolsadas mediante la aportación que efectúa a la sociedad, en pleno dominio, del SOLAR sito en ....

DESCRIPCIÓN: ....;

INSCRIPCIÓN REGISTRAL: Registro de la Propiedad de ...., tomo ...., libro .... de ...., folio ...., inscripción ....

TÍTULO.– Le pertenece a Don ...., con carácter privativo y pleno dominio, en virtud de escritura autorizada el día .... de .... de .... por el notario que fue de ...., Don .... Copia del citado título la tengo a la vista.

REFERENCIA CATASTRAL: ....

Cumpliendo lo previsto en el art. 170 RN dejo unida a esta matriz, certificación catastral descriptiva y gráfica, obtenida por mi, notario, mediante procedimientos telemáticos seguros habilitados y de conformidad con lo dispuesto en la Resolución de 28 de abril de 2003 de la Dirección General del Catastro. De dicha certificación resulta la titularidad del inmueble, su superficie, y ubicación del mismo.

El compareciente, según interviene, me solicita en este acto formal y expresamente la comunicación telemática del contenido de esta escritura por mi autorizada a que se refiere el RD Legislativo 1/2004, de 5 de marzo, a través del Sistema de información central del Consejo General del Notariado. Todo lo cual procederé a llevar a cabo inmediatamente, tan pronto me lo permitan las necesidades del servicio, lo que haré constar mediante la oportuna diligencia.

Igualmente, y a los efectos de lo dispuesto en el artículo 18.2 del mismo texto legal, (i) manifiesta el compareciente que la descripción catastral coincide con la realidad física del inmueble.

O (ii) Manifiesta el compareciente que existen discrepancias entre la descripción catastral del inmueble y la realidad física, lo cual me acreditan a través de las pruebas oportunas. Yo, el Notario, iniciaré el procedimiento previsto legalmente a efectos de obtener la correspondiente rectificación catastral, lo cual diligenciaré en la presente.

O (iii) Manifiesta el compareciente que existen discrepancias entre la descripción catastral del inmueble y la realidad física, oponiéndose a que desde esta Notaría se lleve a cabo el procedimiento de rectificación catastral legalmente previsto (o sin que me lo acrediten debidamente), de lo cual dejo constancia, y sin perjuicio de que yo, el Notario, lleve a cabo las comunicaciones telemáticas que procedan.

CARGAS Y GRAVÁMENES. Ante la imposibilidad de acceso directo al folio registral de la finca objeto de esta escritura con arreglo a lo previsto en la normativa vigente, yo, el notario, he accedido, inmediatamente antes de este otorgamiento, a la información registral continuada suministrada a través de la página web registradores.org, y trasladado a papel el resultado de dicha consulta, para su incorporación a la presente. De la misma resulta que la titularidad de la finca es la consignada en la presente escritura; asimismo de dicha nota resulta la finca descrita estar libre de cargas y gravámenes vigentes.

Según manifiesta la parte transmitente, la finca descrita está libre de cualesquiera otras cargas y gravámenes. Advierto de la conveniencia de comprobar el estado de cargas, bien mediante certificación del Registro de la Propiedad, bien mediante examen directo de los libros registrales.

Advierto asimismo a los comparecientes de que, sobre la información registral recibida y sobre la manifestación del exponente, prevalecerá, en todo caso, la situación registral de la finca que exista con anterioridad a la presentación de la copia de la presente escritura en el Registro de la Propiedad.

ARRENDAMIENTOS Y OCUPANTES: Manifiesta que la finca descrita se encuentra libre de arrendatarios, precaristas y cualquier tipo de ocupante.

IMPUESTO SOBRE BIENES INMUEBLES: Al corriente en el pago del Impuesto sobre Bienes Inmuebles según manifiesta el aportante, Don ...., advirtiendo el notario sobre la afección del referido inmueble al pago del meritado Impuesto en los términos de la normativa tributaria, de lo que se da por enterado el aquí compareciente.

Se incorpora a la presente escritura, información del IBI expedida a través del sistema de consulta instantánea de deudas de IBI de fincas correspondientes a los ayuntamientos pertenecientes a ...., obtenida telemáticamente y a través de la aplicación del Servicio de Intranet del Consejo General del Notariado del que resulta que la finca en cuestión se halla al corriente en el pago del IBI, información que fue solicitada por mí, el notario el pasado ...., y recibida el ...., de la que resulta los citados extremos.

INFORMACIÓN REGISTRAL: La descripción del inmueble, su titularidad y situación de cargas y gravámenes, resulta de las manifestaciones de Don ...., del título de propiedad exhibido y de la nota simple informativa por mi solicitada en fecha .... y remitida por el registro de la Propiedad de .... Mediante telefax en fecha ...., de conformidad con lo establecido en el art. 175 RN y demás normativa aplicable al no haber podido acceder telemáticamente a los asientos registrales de la referida finca.

Yo, el Notario, hago la advertencia expresa al otorgante de que prevalece sobre la manifestación de la parte compareciente en el concepto por el cual interviene, la situación registral existente con anterioridad a la presentación en el Registro de la Propiedad de la copia autorizada o telemática de esta escritura.

ACTIVIDADES CONTAMINANTES. La parte transmitente manifiesta en este acto, de conformidad con el artículo 98, apartado 3 de la Ley 7/2022, de 8 de abril, de Residuos y Suelos contaminados para una economía circular, que no le consta que sobre la finca transmitida se haya realizado ninguna actividad potencialmente contaminante del suelo. Correspondiéndole a esta aportación, que se valora a estos efectos en la suma de .... euros, ... participaciones sociales de la sociedad que ahora se constituye, concretamente, las números .... ambos inclusive.

Expresamente se hace constar:

A.– Que las aportaciones que aquí realiza el compareciente, se efectúan a título de propiedad, con todos sus derechos y cuanto le sea anexo o inherente, libre de cualesquiera tipo de carga, gravamen, así como de cualquier tipo de arrendamiento o limitación posesoria o del poder de disposición de Don .... sobre los bienes objeto de aportación.

B.– Que el aportante queda obligado a la entrega y saneamiento de la cosa objeto de aportación en los términos establecidos por el CC para el contrato de compraventa, aplicándose las reglas del Código de Comercio sobre el mismo contrato en materia de transmisión de riesgos.

C.– Que se halla al corriente en el pago de impuestos, gastos, arbitrios y cualesquiera otra obligación de pago que le fuera imputable al bien objeto de aportación.

D.– Dado que las aportaciones no dinerarias referidas en la presente escritura, por mi, el notario, autorizada, no son objeto del informe a que se refiere el art. 67 LSC, advierto a los comparecientes que los socios fundadores responden solidariamente frente a la sociedad y los acreedores sociales de la realidad de las referidas aportaciones y del valor atribuido en esta escritura. Ello en los términos y con el alcance previstos en los arts. 73 y ss. de la vigente LSC.

ALTERNATIVA. Por el aquí compareciente se me hace entrega de informe a que se refiere el art. 67 LSC, emitido en fecha .... de .... de .... por Don ...., experto independiente, de profesión ...., que fue designado al efecto el día .... de .... de .... por el Sr. Registrador Mercantil de la provincia de ...., el correspondiente al domicilio social de ...., (expediente designatario ....), informe este que incorporo como anexo a esta escritura que yo autorizo, dándose en cualquier caso por reproducido su contenido en aras a una mayor brevedad. Del referido informe, resulta que la valoración por el referido experto de los bienes aquí aportados corresponde con la atribuida en esta escritura. También su valoración es coincidente con el valor de las participaciones sociales emitidas en contrapartida de la expresada aportación no dineraria. Por tal razón, los aquí socios fundadores quedan excluidos de la responsabilidad solidaria a que se refiere el art. 73 y ss. LSC.

De esta manera y en los términos aquí expuestos, queda el capital social de .... S.L. total e íntegramente asumido y desembolsado.

III.– El compareciente, dando a este acto el carácter de Junta general universal de socios, decide:

Estructura y nombramiento del primer órgano de administración.– Quedan establecidas por esta escritura fundacional las siguientes determinaciones:

A.– El nombramiento del Órgano de Administración se realiza como condición del contrato social.

B.– El órgano de administración de esta sociedad será el de UN (1) ADMINISTRADOR ÚNICO.

C.– El socio único se designa a si mismo como Administrador único.

D.– Su nombramiento se hace por plazo INDEFINIDO.

E.– El designado ACEPTA SU CARGO, se compromete a su fiel desempeño, toma posesión del mismo y manifiesta no hallarse incurso en causa alguna de incapacidad, incompatibilidad o prohibición para ejercerlo. Hace constar que sus circunstancias personales son las consignadas en la comparecencia de esta escritura.

IV.– Hace constar el compareciente, que esta sociedad será dada de alta con el CNAE nº ....

V.– Yo, el notario, llevaré a cabo, con arreglo a lo previsto en el Reglamento Notarial, la presentación telemática de esta escritura en el Registro Mercantil y demás Registros e la Propiedad competentes.

O (ii) Los comparecientes me dispensan a mí, el notario, con arreglo a lo previsto en el Reglamento Notarial, de llevar a cabo la presentación telemática de esta escritura en el Registro Mercantil y Registros de la Propiedad competentes

Se solicita por el compareciente la inscripción parcial de esta escritura que yo, el notario, autorizo, en los supuestos y términos del art. 63 RRM.

Se solicita por los comparecientes la exención fiscal a que se refiere el art. 45.1.b.11 TRITPAJD.

VI.– (En su caso). Aplicación del régimen fiscal especial previsto en el Capítulo VII del Título VII de la Ley 27/2014, de 27 de noviembre, por el que se aprueba la Ley del Impuesto sobre Sociedades.

Se decide por el socio acoger la aportación no dineraria al régimen tributario establecido en el Capítulo VII del Título VII de la Ley 27/2014, de 27 de noviembre, por el que se aprueba la Ley del Impuesto de Sociedades por cumplir todos los requisitos para ser considerado como una aportación no dineraria especial conforme a lo dispuesto en el apartado 1 del artículo 87 de la citada Ley.

Además, a tal efecto, y según lo previsto igualmente en el artículo 89 de la referida Ley, y lo dispuesto en el artículo 48 del Reglamento del Impuesto sobre Sociedades, la operación de aportación no dineraria especial será comunicada, dentro de los tres meses siguientes a la fecha de inscripción en el Registro Mercantil de la escritura de aumento de capital mediante aportación no dineraria, al Ministerio de Hacienda, mediante la presentación del correspondiente escrito ante la Delegación de la Agencia Estatal de la Administración Tributaria.

VII.– A efectos del Impuesto Municipal sobre el incremento de Valor de los Terrenos de Naturaleza Urbana, el otorgan me autoriza para la entrega o remisión al ayuntamiento de copia simple de esta escritura, le hago la advertencia que no procederá la inscripción registral de esta escritura sin que se acredite la previa presentación a autoliquidación por tal figura impositiva, o en su caso, la declaración del Impuesto o la comunicación del art. 110.6.b) TRLHL, lo cual expresamente se me requiere, incorporando posteriormente y por testimonio el correspondiente resguardo y haciendo constar mediante diligencia el resultado de mi actuación que llevare a cabo en los plazos establecidos al efecto, tan pronto me lo permitan las necesidades de servicio.

VIII.– Yo, el notario, he informado al compareciente acerca de las ventajas de emplear los Puntos de Atención al Emprendedor (PAE) y el Centro de Información y Red de Creación de Empresas (CIRCE), para la constitución de sociedades y la realización de cualesquiera otros trámites ligados al inicio de su actividad, en los términos previstos en el artículo 3 de la Ley 18/22, de 28 de septiembre, de creación y crecimiento de empresas.

Protección de datos.– Con relación a los datos de carácter personal que en la presente constan, referidos al compareciente, queda este enterado de que los mismos se incorporan a mis ficheros automatizados, lo que aceptan, así como del derecho de oposición, acceso a ellos, rectificación o cancelación de los mismos.

Hechas las reservas y advertencias legales, en especial de orden fiscal —plazo de presentación de ...., responsabilidades y afecciones, incluida las relativas impuesto sobre el incremento de valor de los terrenos de naturaleza urbana—, así como las relativas a la inscripción en el Registro Mercantil y en el de Propiedad, también de la obligación de hacer constar la condición de unipersonal mientras esta situación subsista así como, en su caso y en su momento, comunicar al Registro Mercantil correspondiente la perdida de la misma, le leo esta escritura, previa advertencia y renuncia de su derecho a leer por sí, la aprueba y firma.

De identificarle por el documento de identidad reseñado, de la legitimación del interviniente, de que los actos contenido de este otorgamiento se adecuan a la legalidad y a su voluntad debidamente informada, y de todo lo contenido en este instrumento público, extendido en .... folios de papel exclusivo para documentos notariales, serie y números el presente y los anteriores en orden, yo, el Notario, doy fe.

F022. SOCIEDAD UNIPERSONAL. ESCRITURA DE DECLARACIÓN DE SITUACIÓN UNIPERSONAL

Normativa de Aplicación: *Arts. 12 y ss. Real Decreto Legislativo 1/2010, de 2 de julio, por el que se aprueba el texto refundido de la Ley de Sociedades de Capital.*

En ...., a .... de .... de ....

Ante mí, ..., Notario de .... y de su Ilustre Colegio.

COMPARECENCIA

DON ...., mayor de edad, de nacionalidad española, casado, empresario, vecino de ...., calle ...., n° ...., pta ...., con DNI/NIF. ....

Le identifico por medio de la documentación reseñada que me exhibe, haciendo constar yo, notario, además, que sus circunstancias personales anteriormente reseñadas resultan del citado documento identificatorio y de sus propias manifestaciones.

INTERVENCIÓN

El Sr. .... INTERVIENE en su condición de Administrador Único, en nombre y representación de la entidad mercantil .... S.L. Unipersonal, sociedad con domicilio en ...., calle .... número ...., consistiendo su objeto social en .... (CNAE ....). Fue constituida por tiempo indefinido mediante escritura autorizada por el Notario de ...., Don ...., en fecha .... de .... de .... Inscrita en el Registro Mercantil de la provincia de .... al tomo .... general .... de la Sección General del Libro de Sociedades, folio ...., hoja número ...., inscripción .... CIF .... Constituye su objeto social...........

Su legitimación para este otorgamiento resulta de su referida condición de Administrador Único, cargo que tiene aceptado y que el compareciente, bajo su responsabilidad, manifiesta que se halla en vigor, y para el que fue designado, por plazo indefinido, según resulta del acuerdo adoptado por dicha sociedad, en Junta General Universal celebrada el día .... de .... de ...., y su aceptación del cargo, todo ello elevado a público en escritura autorizada por el Notario de ...., Don ...., el día .... de .... de ...., número .... de protocolo, cuya copia auténtica, debidamente inscrita en el Registro Mercantil, tengo a la vista, examino y devuelvo.

Me asegura, bajo su responsabilidad, la plena vigencia de su meritado cargo, así como que no ha variado la capacidad jurídica de la sociedad que representa.

Hago constar que he comprobado la denominación, forma jurídica y domicilio de dicha entidad, por examen en los documentos antes reseñados, cuya copia auténtica se me exhibe, aseverando quien comparece representando a la misma que dichos datos de identificación de la persona jurídica y, especialmente, el domicilio, no han variado respecto de los consignados en el documento fehaciente presentado y que el objeto de la misma consiste en ....

De conformidad con lo dispuesto en la Ley 10/2010, de 28 de abril, hago constar que los titulares reales de la sociedad .... S.L. Unipersonal, son los que resultan de la presente escritura.

Tiene, por lo tanto, a mi juicio y bajo mi responsabilidad, capacidad y facultades suficientes para otorgar la presente escritura y, así:

OTORGAMIENTO

El compareciente, en virtud de la representación que ostenta de la sociedad .... S.L. Unipersonal, y según interviene, DECLARA la situación de unipersonalidad de la citada compañía por haber pasado la misma a tener un solo socio, y manifiesta:

a) Que desde el día .... de .... de ...., el único socio de .... S.L. Unipersonal, es Doña ...., mayor de edad, divorciada, con domicilio y vecindad en la ciudad de ...., calle ...., s/n. DNI/NIF ....

b) Que la situación de unipersonalidad se ha originado en fecha .... de .... de dos mil .... y en virtud de escritura pública autorizada en la referida fecha por el notario de ...., Don ...., por la cual, Doña .... adquirió por título de compraventa de Don .... y Don ...., la totalidad de las participaciones sociales en que se divide el capital social de .... S.L.

A efectos de este otorgamiento, me es exhibida y entregada por Don ...., la oportuna certificación del libro registro de socios, fechada el día .... de .... de .... y debidamente firmada por el compareciente, cuya firma legitimo por serme conocida e incorporo a esta matriz. De dicha certificación resultan las circunstancias reseñadas en este otorgamiento, en especial, la situación de unipersonalidad sobrevenida de .... S.L. Unipersonal.

ALTERNATIVA: A efectos de este otorgamiento, me es exhibido por Don ...., testimonio notarial del libro registro de socios, fechado el día .... de .... de ...., del que resulta las circunstancias anteriormente reseñadas y, en especial, la situación de unipersonalidad sobrevenida de .... S.L. Unipersonal, de todo lo cual doy fe.

ALTERNATIVA: A efectos de este otorgamiento, me es exhibido por Don ...., el original del libro registro de socios, del que resulta las circunstancias anteriormente reseñadas y, en especial, la situación de unipersonalidad sobrevenida de .... S.L. Unipersonal, de todo lo cual doy fe.

Se solicita por el compareciente la inscripción parcial de esta escritura en los supuestos y términos del art. 63 RRM.

Protección de datos.– Informo y advierto al compareciente respecto a la normativa de protección de datos, especialmente, con relación a los datos de carácter personal que en el presente instrumento constan y son referidos al compareciente, de lo que queda éste enterado y acepta. También informo y advierto de que los mismos se incorporan a mis ficheros automatizados, que se conservarán en mi Notaria con carácter de confidencial, sin perjuicio de las remisiones de obligado cumplimiento, siendo responsable el Notario autorizante en su domicilio profesional, así como del derecho de oposición, acceso a ellos, rectificación o cancelación de los mismos, de todo lo que, nuevamente, se da por enterado y acepta.

Hechas las reservas y advertencias legales, en especial de orden fiscal —plazo de presentación, responsabilidades y afecciones—, así como las relativas a la inscripción en el Registro Mercantil, (solicitándome el otorgante a mí, el Notario, que remita al expresado Registro, para su presentación telemática, copia autorizada electrónica de esta escritura, lo cual verificaré sin demora alguna tan pronto me lo permitan las necesidades del servicio), le leo esta escritura, previa advertencia y renuncia de su derecho a leer por sí, la aprueba y firma.

De identificarle por el documento de identidad reseñado, de la legitimación del interviniente, de que los actos contenido de este otorgamiento se adecuan a la legalidad y a su voluntad debidamente informada, y de todo lo contenido en este instrumento público, extendido en .... folios de papel exclusivo para documentos notariales, serie y números el presente y los anteriores en orden, yo, el Notario, doy fe.

F023. SOCIEDAD UNIPERSONAL. ESCRITURA DE CAMBIO DE SOCIO ÚNICO

Normativa de Aplicación: *Arts. 12 y ss. Real Decreto Legislativo 1/2010, de 2 de julio, por el que se aprueba el texto refundido de la Ley de Sociedades de Capital.*

En ...., a .... de .... de ....

Ante mí, ..., Notario de .... y de su Ilustre Colegio.

COMPARECENCIA

DON ...., mayor de edad, de nacionalidad española casado, empresario, vecino de ...., calle ...., nº ...., pta ...., con DNI/NIF. ....

Le identifico por medio de la documentación reseñada que me exhibe, haciendo constar además, yo, notario, que sus circunstancias personales anteriormente reseñadas resultan del citado documento identificatorio y de sus propias manifestaciones.

INTERVENCIÓN

El Sr. .... INTERVIENE en su condición de Administrador Único, en nombre y representación de la entidad mercantil .... S.L. Unipersonal, sociedad con domicilio en ...., calle .... número ...., consistiendo su objeto social en .... (CNAE ....). Fue constituida por tiempo indefinido mediante escritura autorizada por el Notario de ...., Don ...., en fecha .... de .... de .... Inscrita en el Registro Mercantil de la provincia de .... al tomo .... general .... de la Sección General del Libro de Sociedades, folio ...., hoja número ...., inscripción .... CIF .... Constituye su objeto social...........

Su legitimación para este otorgamiento resulta de su referida condición de Administrador Único, cargo que tiene aceptado y que el compareciente, bajo su responsabilidad, manifiesta que se halla en vigor, y para el que fue designado, por plazo indefinido, según resulta del acuerdo adoptado por dicha Sociedad, en Junta General Universal celebrada el día .... de .... de ...., y su aceptación del cargo, todo ello elevado a público en escritura autorizada por el Notario de ...., Don ...., el día .... de .... de ...., número .... de protocolo, cuya copia auténtica, debidamente inscrita en el Registro Mercantil, tengo a la vista, examino y devuelvo.

Me asegura la plena vigencia de su meritado cargo, así como que no ha variado la capacidad jurídica de la sociedad que representa.

Hago constar que he comprobado la denominación, forma jurídica y domicilio de dicha entidad, por examen en los documentos antes reseñados, cuya copia auténtica se me exhibe, aseverando quien comparece representando a la misma, bajo su responsabilidad, que dichos datos de identificación de la persona jurídica y, especialmente, el domicilio, no han variado respecto de los consignados en el documento fehaciente presentado y que el objeto de la misma consiste en ....

De conformidad con lo dispuesto en la Ley 10/2010, de 28 de abril, hago constar que los titulares reales de la sociedad .... S.L. Unipersonal, son los que resultan de la presente escritura.

Tiene, por lo tanto, a mi juicio y bajo mi responsabilidad, capacidad y facultades suficientes para otorgar la presente escritura y, así:

OTORGAMIENTO

El compareciente, en virtud de la representación que ostenta de la sociedad .... S.L., y según interviene, declara el cambio de socio único de la compañía .... S.L. y manifiesta:

a) Que en fecha .... de .... de .... se ha producido una cambio de socio único en la compañía, siendo, desde tal momento y en la actualidad, el único socio de .... S.L. Unipersonal, Doña ...., mayor de edad, divorciada, con vecindad y domicilio en la ciudad de ...., calle ...., s/n. DNI/NIF ....

b) Que el cambio de socio único se ha producido el .... de .... de .... y en virtud de escritura pública autorizada en la referida fecha por el notario de Don ...., por la cual Doña .... adquirió de Don ...., por título de compraventa, la totalidad de las participaciones sociales en que se divide el capital social de .... S.L. Unipersonal.

A efectos de este otorgamiento, me es exhibida y entregada por Don ...., la oportuna certificación del libro registro de socios, fechada el día .... de .... de .... y debidamente firmada por el compareciente, cuya firma legitimo por serme conocida e incorporo a esta matriz. De dicha certificación resulta las circunstancias reseñadas en este otorgamiento, en especial, el cambio de socio único de .... S.L. Unipersonal.

ALTERNATIVA: A efectos de este otorgamiento, me es exhibido por Don ...., testimonio notarial del libro registro de socios, fechado el día .... de .... de ...., del que resultan las circunstancias anteriormente reseñadas y, en especial, el cambio de socio único de .... S.L. Unipersonal, de todo lo cual doy fe.

ALTERNATIVA: A efectos de este otorgamiento, me es exhibido por Don ...., el original del libro registro de socios, del que resultan las circunstancias anteriormente reseñadas y, en especial, el cambio de socio único de .... S.L. Unipersonal, de todo lo cual doy fe.

Se solicita por el compareciente la inscripción parcial de esta escritura en los supuestos y términos del art. 63 RRM.

Protección de datos.– Informo y advierto al compareciente respecto a la normativa de protección de datos, especialmente, con relación a los datos de carácter personal que en el presente instrumento constan y son referidos al compareciente, de lo que queda éste enterado y acepta. También informo y advierto de que los mismos se incorporan a mis ficheros automatizados, que se conservarán en mi Notaria con carácter de confidencial, sin perjuicio de las remisiones de obligado cumplimiento, siendo responsable el Notario autorizante en su domicilio profesional, así como del derecho de oposición, acceso a ellos, rectificación o cancelación de los mismos, de todo lo que, nuevamente, se da por enterado y acepta.

Hechas las reservas y advertencias legales, en especial de orden fiscal —plazo de presentación, responsabilidades y afecciones—, así como las relativas a la inscripción en el Registro Mercantil, (solicitándome el otorgante a mí, el Notario, que remita al expresado Registro, para su presentación telemática, copia autorizada electrónica de esta escritura, lo cual verificaré sin demora alguna tan pronto me lo permitan las necesidades del servicio), le leo esta escritura, previa advertencia y renuncia de su derecho a leer por sí, la aprueba y firma.

De identificarle por el documento de identidad reseñado, de la legitimación del interviniente, de que los actos contenido de este otorgamiento se adecuan a la legalidad y a su voluntad debidamente informada, y de todo lo contenido en este instrumento público, extendido en .... folios de papel exclusivo para documentos notariales, serie y números el presente y los anteriores en orden, yo, el Notario, doy fe.

F024. SOCIEDAD UNIPERSONAL. ESCRITURA DECLARANDO LA PÉRDIDA DE LA SITUACIÓN DE UNIPERSONALIDAD

Normativa de Aplicación: *Arts. 12 y ss. Real Decreto Legislativo 1/2010, de 2 de julio, por el que se aprueba el texto refundido de la Ley de Sociedades de Capital.*

En ...., a .... de .... de ....

Ante mí, ..., Notario de .... y de su Ilustre Colegio.

COMPARECENCIA

DON ...., mayor de edad, de nacionalidad española casado, empresario, vecino de ...., calle ...., n° ...., pta ...., con DNI/NIF. ....

Le identifico por medio de la documentación reseñada que me exhibe, haciendo constar yo, notario, además, que sus circunstancias personales anteriormente reseñadas resultan del citado documento identificatorio y de sus propias manifestaciones.

INTERVENCIÓN

El Sr. .... INTERVIENE en su condición de Administrador Único, en nombre y representación de la entidad mercantil .... S.L., sociedad con domicilio en ...., calle .... número ...., consistiendo su objeto social en .... (CNAE ....). Fue constituida por tiempo indefinido mediante escritura autorizada por el Notario de ...., Don ...., en fecha .... de .... de .... Inscrita en el Registro Mercantil de la provincia de .... al tomo .... general .... de la Sección General del Libro de Sociedades, folio ...., hoja número ...., inscripción .... CIF ....

Su legitimación para este otorgamiento resulta de su referida condición de Administrador Único, cargo que tiene aceptado y que el compareciente, bajo su responsabilidad, manifiesta que se halla en vigor, y para el que fue designado, por plazo indefinido, según resulta del acuerdo adoptado por dicha Sociedad, en Junta General Universal celebrada el día .... de .... de ...., y su aceptación del cargo, todo ello elevado a público en escritura autorizada por el Notario de ...., Don ...., el día .... de .... de ...., número .... de protocolo, cuya copia auténtica, debidamente inscrita en el Registro Mercantil, tengo a la vista, examino y devuelvo.

Me asegura, bajo su responsabilidad, la plena vigencia de su meritado cargo, así como que no ha variado la capacidad jurídica de la sociedad que representa.

Hago constar que he comprobado la denominación, forma jurídica y domicilio de dicha entidad, por examen en los documentos antes reseñados, cuya copia auténtica se me exhibe, aseverando quien comparece representando a la misma que dichos datos de identificación de la persona jurídica y, especialmente, el domicilio, no han variado respecto de los consignados en el documento fehaciente presentado y que el objeto de la misma consiste en ....

De conformidad con lo dispuesto en la Ley 10/2010, de 28 de abril, hago constar que los titulares reales de la sociedad .... S.L., son los que resultan de la presente escritura.

Tiene, por lo tanto, a mi juicio y bajo mi responsabilidad, capacidad y facultades suficientes para otorgar la presente escritura y, así:

OTORGAMIENTO

El compareciente, en virtud de la representación que ostenta de la sociedad .... S.L., y según interviene, declara la perdida de la situación de unipersonalidad de la referida compañía y manifiesta:

a) Que desde el día .... y en la actualidad son socios de la sociedad .... S.L.: 1) Doña ...., mayor de edad, divorciada, con domicilio y vecindad en la ciudad de ...., calle ...., s/n. DNI/NIF ...., titular de .... participaciones sociales, numero 1 a ...., ambos inclusive, que suponen el .... por ciento del capital social y 2) Doña ...., mayor de edad, soltera, con domicilio y vecindad en la ciudad de ...., Avenida ...., núm. .... DNI/NIF ...., titular de las restantes .... participaciones sociales, numero .... a ...., ambos inclusive, que suponen el .... por ciento del capital social.

b) Que la pérdida de la situación de unipersonalidad se ha originado el día .... de .... de .... de ...., y en virtud de escritura pública autorizada en la referida fecha por el notario de Don ...., por la cual Doña .... adquirió de Doña ...., por título de compraventa, ... las meritadas .... participaciones sociales, numero .... a ...., ambos inclusive, que suponen el .... por ciento del capital social .... S.L.

A efectos de este otorgamiento, me es exhibida y entregada por Don ...., la oportuna certificación del libro registro de socios, fechada el día .... de .... de .... y debidamente firmada por el compareciente, cuya firma legitimo por serme conocida e incorporo a esta matriz. De dicha certificación resulta las circunstancias reseñadas en este otorgamiento, en especial, la perdida de la situación de unipersonalidad de .... S.L.

ALTERNATIVA: A efectos de este otorgamiento, me es exhibido por Don ...., testimonio notarial del libro registro de socios, fechado el día .... de .... de ...., del que resulta las circunstancias anteriormente reseñadas y, en especial, la perdida de la situación de unipersonalidad de .... S.L., de todo lo cual doy fe.

ALTERNATIVA: A efectos de este otorgamiento, me es exhibida por Don ...., el original del libro registro de socios, del que resulta las circunstancias anteriormente reseñadas y, en especial, la perdida de la situación de unipersonalidad de .... S.L., de todo lo cual doy fe.

Se solicita por el compareciente la inscripción parcial de esta escritura en los supuestos y términos del art. 63 RRM.

Protección de datos.– Informo y advierto al compareciente respecto a la normativa de protección de datos, especialmente, con relación a los datos de carácter personal que en el presente instrumento constan y son referidos al compareciente, de lo que queda éste enterado y acepta. También informo y advierto de que los mismos se incorporan a mis ficheros automatizados, que se conservarán en mi Notaria con carácter de confidencial, sin perjuicio de las remisiones de obligado cumplimiento, siendo responsable el Notario autorizante en su domicilio profesional, así como del derecho de oposición, acceso a ellos, rectificación o cancelación de los mismos, de todo lo que, nuevamente, se da por enterado y acepta.

Hechas las reservas y advertencias legales, en especial de orden fiscal —plazo de presentación, responsabilidades y afecciones—, así como las relativas a la inscripción en el Registro Mercantil, (solicitándome el otorgante a mí, el Notario, que remita al expresado Registro, para su presentación telemática, copia autorizada electrónica de esta escritura, lo cual verificaré sin demora alguna tan pronto me lo permitan las necesidades del servicio), le leo esta escritura, previa advertencia y renuncia de su derecho a leer por sí, la aprueba y firma.

De identificarle por el documento de identidad reseñado, de la legitimación del interviniente, de que los actos contenido de este otorgamiento se adecuan a la legalidad y a su voluntad debidamente informada, y de todo lo contenido en este instrumento público, extendido en .... folios de papel exclusivo para documentos notariales, serie y números el presente y los anteriores en orden, yo, el Notario, doy fe.

F025. SOCIEDAD UNIPERSONAL. CERTIFICACIÓN DEL LIBRO REGISTRO DE SOCIOS A EFECTOS DE DECLARACIÓN DE SITUACIÓN UNIPERSONALIDAD

Normativa de Aplicación: *Arts. 12 y ss. Real Decreto Legislativo 1/2010, de 2 de julio, por el que se aprueba el texto refundido de la Ley de Sociedades de Capital.*

DON ...., Administrador único de la compañía .... S.L. UNIPERSONAL, con domicilio en ...., C/ .... y CIF .... Inscrita en el Registro Mercantil de la Provincia de ....

CERTIFICO, según resulta y a la vista del contenido del LIBRO REGISTRO DE SOCIOS de la compañía:

a) Que el día .... de .... de dos mil ...., la compañía .... S.L. devinó en situación de UNIPERSONALIDAD. Tal situación se mantiene a la fecha de la presente certificación.

b) Que el socio único de .... S.L. Unipersonal es Doña ...., mayor de edad, divorciada, con vecindad y domicilio en la ciudad de ...., calle ...., s/n, DNI/NIF ...., titular, por lo tanto, de la totalidad de las .... participaciones sociales, indivisibles y acumulables, en que se divide el capital social de la citada compañía, numeradas desde la unidad hasta la ...., de .... euros de valor nominal cada una de ellas.

c) Que la situación de unipersonalidad se ha originado el .... de .... de .... y en virtud de escritura pública autorizada en la antedicha fecha por el notario de ...., Don ...., por la cual, Doña .... adquirió, en pleno dominio y por título de compraventa de Don .... y Don ...., la totalidad de las referidas participaciones sociales en que se divide el capital social de .... S.L.

Y para que conste libro la presente certificación a los efectos legales oportunos, y en especial, a los efectos previstos en el art. 13 LSC y en el RRM, en ...., a .... de .... de ....

F026. SOCIEDAD UNIPERSONAL. CERTIFICACIÓN DEL LIBRO REGISTRO DE SOCIOS A EFECTOS DE DECLARACIÓN DE CAMBIO DE SOCIO ÚNICO

Normativa de Aplicación: *Arts. 12 y ss. Real Decreto Legislativo 1/2010, de 2 de julio, por el que se aprueba el texto refundido de la Ley de Sociedades de Capital.*

DON ...., Administrador único de la compañía .... S.L. UNIPERSONAL, con domicilio en ...., C/ .... y CIF .... Inscrita en el Registro Mercantil de la Provincia de ....

CERTIFICO, según resulta y a la vista del contenido del LIBRO REGISTRO DE SOCIOS de la compañía:

a) Que en fecha .... de .... de dos mil ...., se ha producido una cambio de socio único en la compañía .... S.L.

b) Que desde tal fecha y, en la actualidad, el socio único de .... S.L. Unipersonal es Doña ...., mayor de edad, divorciada, con vecindad y domicilio en la ciudad de ...., calle ...., s/n. DNI/NIF ...., titular, por lo tanto, de la totalidad de las .... participaciones sociales, indivisibles y acumulables, en que se divide el capital social de la citada compañía, numeradas desde la unidad hasta la ...., de .... euros de valor nominal cada una de ellas.

c) Que el cambio de socio único se ha producido en fecha reseñada en la letra a) precedente, en virtud de escritura pública autorizada dicho día .... de .... de ...., por el notario de .... Don ...., por la cual Doña .... adquirió de Don ...., por título de compraventa y en pleno dominio, la totalidad de las referidas participaciones sociales en que se divide el capital social de .... S.L.

Y para que conste libro la presente certificación a los efectos legales oportunos, y en especial, a los efectos previstos en el art. 13 LSC y en el RRM, en ...., a .... de .... de ....

F027. SOCIEDAD UNIPERSONAL. CERTIFICACIÓN DEL LIBRO REGISTRO DE SOCIOS A EFECTOS DE DECLARACIÓN DE PERDIDA DE LA SITUACIÓN DE UNIPERSONALIDAD

Normativa de Aplicación: *Arts. 12 y ss. Real Decreto Legislativo 1/2010, de 2 de julio, por el que se aprueba el texto refundido de la Ley de Sociedades de Capital.*

DON ...., Administrador único de la compañía .... S.L., con domicilio en ...., C/ .... y CIF .... Inscrita en el Registro Mercantil de la Provincia de ....

CERTIFICO, según resulta y a la vista del contenido del LIBRO REGISTRO DE SOCIOS de la compañía:

a) Que en fecha .... de .... de dos mil ...., se ha producido la pérdida de la situación de unipersonalidad en la compañía .... S.L., pérdida que se mantiene al tiempo de expedir la presente certificación.

b) Que en la actualidad y desde tal fecha, son socios de la compañía .... S.L. 1) Doña ...., mayor de edad, divorciada, con vecindad y domicilio en la ciudad de ...., calle ...., s/n, DNI/NIF ...., titular de .... participaciones sociales, numero 1 a ...., ambos inclusive, que suponen el .... por ciento del capital social y 2) Doña ...., mayor de edad, soltera, con vecindad y domicilio en la ciudad de ...., Avenida ...., núm. ...., DNI/NIF ...., titular de las restantes .... participaciones sociales, numero .... a ...., ambos inclusive, que suponen el .... por ciento del capital social.

c) Que la pérdida de la situación de unipersonalidad se originó el .... de .... de ...., y en virtud de escritura pública autorizada en la referida fecha por el notario de Don ...., por la cual Doña .... adquirió de Doña ...., por título de compraventa, ... las meritadas .... participaciones sociales, numero .... a ...., ambos inclusive, que suponen el .... por ciento del capital social .... S.L.

Y para que conste libro la presente certificación a los efectos legales oportunos, y en especial, a los efectos previstos en el art. 13 LSC y en el RRM, en ...., a .... de .... de ....

F028. SOCIEDAD UNIPERSONAL. ESCRITURA DE PÉRDIDA DE LA CONDICIÓN DE UNIPERSONALIDAD

Normativa de Aplicación: *Arts. 12 y ss. Real Decreto Legislativo 1/2010, de 2 de julio, por el que se aprueba el texto refundido de la Ley de Sociedades de Capital.*

NÚMERO

EN LA CIUDAD DE ...., a ....

Ante mí, ..., Notario del Ilustre Colegio de ...., con residencia en ....,

COMPARECE

DON ...., mayor de edad, casado, empresario y vecino de ...., domiciliado en .... con DNI/NIF, ...

INTERVIENE en nombre y representación, como administrador único de la mercantil de responsabilidad limitada denominada .... S.L., antes denominada .... S.L.U., domiciliada en ...., cuyo objeto social lo constituye la ....; constituida en escritura autorizada por mi, el ...., número .... de mi protocolo, subsanada por otra autorizada por mi, el ...., número .... de mi protocolo, inscrita en el Registro Mercantil de ...., al tomo ....; cambiada su denominación social y modificados sus estatutos sociales, en escritura autorizada por mi ...., número .... de mi protocolo, inscrita en el Registro Mercantil de ...., al tomo ....

Su CIF es el ....

Está legitimado para este otorgamiento en virtud de su expresado cargo de Administrador único que afirma vigente y para el que fue nombrado, por decisión del socio único, don ...., adoptada el ...., y aceptó, por TIEMPO INDEFINIDO, formalizada en la escritura fundacional antes referida, cuya primera copia inscrita tengo a la vista y de lo que doy fe.

Me asegura el señor ...., que continúa con plena capacidad jurídica la entidad por él representada, así como que los datos de identificación de la mercantil y en especial el objeto social que representa no han variado respecto de los consignados en la copia auténtica que me exhibe; que continúa en el pleno ejercicio de su cargo de administrador único, manifestando que no le han sido restringida ninguna de las facultades que estatutariamente le corresponde en función de su cargo, manifestando la vigencia del mismo, y que bajo mi responsabilidad considero suficiente para el otorgamiento de la presente acta.

Le identifico por su reseñado DNI y le juzgo con interés y legitimación para instar esta DECLARACIÓN DE CESE DE UNIPERSONALIDAD, y al efecto,

EXPONE

I.– Declara el señor compareciente, que la sociedad «..........., S.L.» ha perdido el carácter de UNIPERSONALIDAD, por suscripción de .... participaciones, números ...., ambos inclusive, la mercantil ...., domiciliada en ...., cuyo objeto social lo constituye la ...., constituida por tiempo indefinido en escritura autorizada por mí, el ...., número .... de mi protocolo, inscrita en el Registro Mercantil de ...., al tomo ....; de .... participaciones sociales, número ...., ambos inclusive, por ...., mayor de edad, soltero, vecino de ...., domiciliado en ...., con DNI/NIF, ...; de .... participaciones sociales, números ...., ambos inclusive, por DON ...., mayor de edad, casado, empresario y vecino de ...., domiciliado en ....; en escritura de aumento de capital social y modificación de estatutos sociales autorizada por mí, el día de hoy, número anterior de mi protocolo.

II.– Que los únicos socios de la sociedad mercantil de responsabilidad limitada .... son DON ...., la mercantil ...., ..., DON .... Y ....

Así resulta del libro de Registro de socios, según manifiesta el señor compareciente, lo que me acredita con certificado del mismo que me exhibe en este acto, expedido el día ...., por el compareciente, de lo que doy fe.

III.– El compareciente, según interviene, me requiere en este acto de modo formal y expreso para que comunique por vía telemática el contenido de la presente escritura, a través del Sistema de información central del Consejo General del Notariado, debidamente conectado con el Sistema de Información corporativo del Colegio de Registradores de la Propiedad y Mercantiles de España.

APROBACIÓN Y AUTORIZACIÓN

Yo, el Notario, hago constar expresamente que he cumplido con la obligación que impone la Ley 10/2010, de 28 de abril, cuyo resultado consta en el acta autorizada por mi, el día de hoy, manifestando no haberse modificado el contenido de la misma.

Le hago las reservas y advertencias legales al señor compareciente, entre ellas las de carácter registral.

De acuerdo con lo establecido en la normativa vigente de protección de datos, el compareciente queda informado y acepta la incorporación de sus datos a los ficheros automatizados existentes en la Notaría, que se conservarán en la misma con carácter confidencial, sin perjuicio de las remisiones de obligado cumplimiento a las Administraciones Públicas que estipula la Ley y, en su caso, al Notario que suceda al actual en la plaza. El responsable del fichero es el Notario autorizante del presente documento, con domicilio, a estos efectos, en .... Su finalidad es realizar la formalización de la presente escritura, su facturación y seguimiento posterior y las funciones propias e la actividad notarial.

Previa la advertencia al compareciente del derecho a de hacerlo por si, al que renuncia, le leo, por su elección, la presente escritura en su integridad y, enterado, la ratifica y firma conmigo el Notario, que doy fe de que el consentimiento ha sido libremente prestado, que este otorgamiento se adecua a la voluntad debidamente informada del otorgante, quien presta su conformidad a la lectura realizada, y en general, del contenido íntegro de este documento público, que va extendido en cuatro folios de papel exclusivo para documentos notariales de la serie ...., números .... yo el Notario, doy fe.

F029. SOCIEDADES UNIPERSONALES. CERTIFICACIÓN ACTA DE DECISIONES DEL SOCIO ÚNICO SOBRE CAMBIO DE ADMINISTRADOR TRAS LA COMPRA DE LA SOCIEDAD

CERTIFICACIÓN DEL ACTA DE DECISIONES DEL SOCIO ÚNICO DE............., S.L.

D. .... como nuevo administrador único de la sociedad............., S.L. (en adelante, la "Sociedad") con domicilio en Calle............., provista de NIF .... (en adelante, la Sociedad),

(i) CERTIFICO

I. Que obra a mi cargo, debidamente aprobada, el acta de consignación de decisiones del socio único de la Sociedad, realizada en............, el............

II. Que, como se desprende de la referida acta, estaba debidamente representada la totalidad del capital social en la persona del Socio Único de la Sociedad (esto es,............), quien firmó, a través de su representante, el acta de la sesión y, al amparo de lo establecido en el artículo 15 de la Ley de Sociedades de Capital, el socio único adoptó en el ejercicio de las competencias de la Junta General, las siguientes decisiones que se transcriben a continuación:

*"**1°.- Aceptación de la dimisión de la administradora única y nombramiento de nuevo administrador único.***

El socio único acepta la dimisión de la administradora única, Dª..........., cuyos datos constan en la hoja registral de la Sociedad, agradeciéndole los servicios prestados.

A continuación, el socio único decide nombrar para el cargo de administrador único de la Sociedad, por plazo indefinido, a:

– D............, mayor de edad, de nacionalidad ...., con domicilio en............, con N.I.E número ...., en vigor.

El recién elegido como administrador único acepta su nombramiento y declara no hallarse incurso en ninguna de las incompatibilidades estatutarias y legales aplicables."

Y para que conste a los efectos oportunos, expido esta certificación en............., a...........

ADMINISTRADOR ÚNICO

....

.... A los efectos de lo dispuesto en el artículo 111 del Reglamento del Registro Mercantil, la administradora saliente

....

....

III. ESTATUTOS SOCIALES

SUMARIO: 1. ESTATUTOS SOCIALES. MODELO (I). F030. ESTATUTOS SOCIALES. MODELO (I). F031. ESTATUTOS SOCIALES. MODELO (II). 2. ESTATUTOS SOCIALES. ARTÍCULOS ESPECÍFICOS. 2.1. OBJETO SOCIAL. F032. OBJETO SOCIAL. DESARROLLO A TRAVÉS DE SOCIEDADES. F033. OBJETO SOCIAL. OPERACIONES INMOBILIARIAS. F034. OBJETO SOCIAL. DETERMINACIÓN TERRITORIAL DE CIERTAS ACTIVIDADES. F035. OBJETO SOCIAL. ACTIVIDADES SUJETAS A AUTORIZACIÓN ADMINISTRATIVA PREVIA. F036. OBJETO SOCIAL. SOCIEDAD HOLDING. F037. OBJETO SOCIAL. INTERMEDIACIÓN FINANCIERA. F038. OBJETO SOCIAL. COMERCIO ELECTRÓNICO. 2.2. PARTICIPACIONES SOCIALES. F039. PARTICIPACIONES SOCIALES. DERECHO AL DIVIDENDO Y CUENTAS ANUALES. F040. PARTICIPACIONES SOCIALES. PRESTACIONES ACCESORIAS A LAS QUE SE ENCUENTRAN OBLIGADOS DETERMINADOS SOCIOS. F041. PARTICIPACIONES SOCIALES. CLÁUSULA PRESTACIONES ACCESORIAS CONSISTENTES EN EL CUMPLIMIENTO DE PACTOS PARASOCIALES. F042. PARTICIPACIONES SOCIALES. PRESTACIONES ACCESORIAS A CARGO DE DETERMINADAS PARTICIPACIONES SOCIALES. F043. PARTICIPACIONES SOCIALES. USUFRUCTO DE PARTICIPACIONES SOCIALES. EJERCICIO DE LOS DERECHOS DE SOCIO POR EL USUFRUCTUARIO. F044. PARTICIPACIONES SOCIALES. USUFRUCTO DE PARTICIPACIONES SOCIALES. EJERCICIO DE LOS DERECHOS DE SOCIO POR EL NUDO PROPIETARIO. 2.3. ADMINISTRADORES. F045. ADMINISTRADORES. DURACIÓN DEL CARGO. F046. ADMINISTRADORES. DURACIÓN DEL CARGO Y POSIBILIDAD DE DESIGNACIÓN DE ADMINISTRADORES SUPLENTES. F047. ADMINISTRADORES. DURACIÓN DEL CARGO Y PROHIBICIÓN DESIGNACIÓN DE ADMINISTRADORES SUPLENTES. F048. ADMINISTRADORES. CARÁCTER GRATUITO DEL CARGO. F049. ADMINISTRADORES. RETRIBUCIÓN MEDIANTE UNA ASIGNACIÓN FIJA. F050. ADMINISTRADORES. RETRIBUCIÓN MEDIANTE ASIGNACIÓN MENSUAL FIJA Y OTROS CONCEPTOS. F051. ADMINISTRADORES. LIMITACIÓN INTERNA DE FACULTADES. F052. ADMINISTRADORES SOLIDARIOS. REPARTO INTERNO DE FACULTADES. F053. CONSEJO DE ADMINISTRACIÓN. ADOPCIÓN DE ACUERDOS. F054. CONSEJO DE ADMINISTRACIÓN. ADOPCIÓN DE ACUERDOS. MAYORÍA REFORZADA Y VOTO DIRIMENTE DEL PRESIDENTE. 2.4. DERECHO DE SEPARACIÓN DE SOCIOS. F055. DERECHO DE SEPARACIÓN DE SOCIOS. CAUSA ESTATUTARIA DE SEPARACIÓN DE LOS SOCIOS. F056. DERECHO DE SEPARACIÓN DE SOCIOS. EXCLUSIÓN DEL DERECHO EN PRESTACIONES ACCESORIAS.

1. ESTATUTOS SOCIALES. MODELO (I)

F030. ESTATUTOS SOCIALES. MODELO (I)

Normativa de Aplicación: *Art. 23 Real Decreto Legislativo 1/2010, de 2 de julio, por el que se aprueba el texto refundido de la Ley de Sociedades de Capital.*

ARTÍCULO 1°.- DENOMINACIÓN. La sociedad se denominará "............, SOCIEDAD LIMITADA".

ARTÍCULO 2°.- OBJETO SOCIAL. Tendrá por objeto:

La Sociedad tiene por objeto ....

El CNAE de la actividad principal es ....

Si las disposiciones legales exigieran para el ejercicio de algunas de las actividades comprendidas en el objeto social algún título profesional, o autorización administrativa o inscripción en Registro Público, tales actividades deberán realizarse por medio de persona que ostente la titulación referida, y en su caso, no podrán iniciarse antes de que se hayan cumplido los requisitos administrativos exigidos. En los casos en que incida la actividad en el ámbito de aplicación de la normativa de sociedades profesionales, dichas actividades se realizarán como sociedad de intermediación.

Las actividades integrantes del objeto social, podrán ser desarrolladas, total o parcialmente, de modo indirecto, mediante la titularidad de acciones o de participaciones en sociedades con objeto idéntico o análogo, exceptuadas aquellas a las que se refiere el artículo 134 y 135 del Real Decreto Ley 1/2010 de 2 de Julio.

ARTÍCULO 3°.- DURACIÓN. La Sociedad se constituye por tiempo indefinido y da comienzo a sus operaciones sociales en la fecha del otorgamiento de la escritura fundacional.

ARTÍCULO 4°.- NACIONALIDAD Y DOMICILIO. Tendrá nacionalidad española y su domicilio se fija en Valencia, en calle .... número ...., puerta ...., C.P. ...., con referencia catastral ....

El órgano de administración, podrá, por sí solo, acordar el traslado del domicilio social dentro del territorio nacional, así como decidir acerca de la creación, traslado o supresión de sucursales dentro de territorio español.

ARTÍCULO 5°.- CAPITAL SOCIAL Y PARTICIPACIONES. El capital social es de .... euros, dividido en .... participaciones sociales, números 1 al .... ambos inclusive, de .... de valor nominal cada una, acumulables e indivisibles, que no podrán incorporarse a títulos negociables ni denominarse acciones. El capital social está íntegramente suscrito y desembolsado.

ARTÍCULO 6º.- PERIODICIDAD, CONVOCATORIA, ASISTENCIA Y LUGAR DE CELEBRACIÓN DE LA JUNTA GENERAL. La junta general será convocada por el órgano de administración.

La convocatoria se comunicará a los socios a través de procedimientos telemáticos, mediante el uso de firma electrónica, siempre que la remisión este dotada de algún sistema técnico que permita confirmar su recepción por el destinatario. En caso de no ser posible se hará mediante cualquier otro procedimiento de comunicación, individual y escrito que asegure la recepción por todos los socios en el lugar designado al efecto o en el que conste en el libro registro de socios. En relación con otros aspectos relativos a la convocatoria, periodicidad, lugar de celebración y mayorías para adoptar acuerdos de la junta general se aplicarán las normas previstas en la Ley de Sociedades de Capital aprobada por el Real Decreto Legislativo 1/2010, de 2 de julio, y demás disposiciones legales vigentes.

La asistencia a la junta podrá tener lugar por medios telemáticos, que garanticen debidamente la identidad del socio, con arreglo a lo previsto en la Ley de Sociedades de Capital.

Igualmente, el órgano de administración podrá convocar la junta para ser celebrada sin asistencia física de los socios o sus representantes, con arreglo a lo dispuesto en el artículo 182 bis de la Ley de Sociedades de Capital.

ARTÍCULO 7º. COMUNICACIONES DE LA SOCIEDAD A LOS SOCIOS.

Las comunicaciones que deba realizar la sociedad a los socios, en cumplimiento de lo dispuesto en la Ley de Sociedades de Capital aprobada por el Real Decreto Legislativo 1/2010, de 2 de julio, se realizarán a través de procedimientos telemáticos, mediante el uso de firma electrónica, siempre que dichas comunicaciones hubieran sido aceptadas por el socio. En caso de no ser posible se hará mediante cualquier otro procedimiento de comunicación, individual y escrito que asegure la recepción por todos los socios en el lugar designado al efecto o en el que conste en el libro registro de socios.

ARTÍCULO 8º. MESA DE LA JUNTA. DELIBERACIONES Y VOTACIÓN. El presidente y secretario de la junta general serán los designados por los socios concurrentes al comienzo de la reunión. Corresponde al presidente formar la lista de asistentes, declarar constituida la junta, dar el uso de la palabra por orden de petición, dirigir las deliberaciones y fijar el momento y forma de la votación. Antes de dar por terminada la sesión, dará cuenta de los acuerdos adoptados, con indicación del resultado de la votación y de las manifestaciones relativas a los mismos cuya constancia en acta se hubiese solicitado.

ARTÍCULO 9º.- La Sociedad será regida por la Junta General, sin posibilidad de adoptar acuerdos por correspondencia fuera de la Junta, y administrada por un Órgano de Administración que adoptará alguna de las formas siguientes, correspondiendo a la Junta General la facultad de optar alternativamente por cualquiera de dichos modelos, sin necesidad de modificación estatutaria, mediante acuerdo que se consignará en escritura pública y se inscribirá en el Registro Mercantil:

a) UN ADMINISTRADOR ÚNICO, a quien corresponde el poder de representación de la sociedad.

b) VARIOS ADMINISTRADORES SOLIDARIOS, con un mínimo de dos y un máximo de cinco, que actuarán individualmente, correspondiendo a cada uno de ellos el poder de representación de la sociedad.

c) VARIOS ADMINISTRADORES QUE ACTUARAN CONJUNTAMENTE, con un mínimo de dos y un máximo de cinco. En este caso, el poder de representación se ejercerá mancomunadamente firmando dos cualesquiera de ellos.

d) UN CONSEJO DE ADMINISTRACIÓN integrado por un mínimo de tres miembros y un máximo de doce, al que corresponde el poder de representación actuando colegiadamente.

ARTÍCULO 10°. NOMBRAMIENTO, DURACIÓN Y PROHIBICIÓN DE COMPETENCIA.

Podrán nombrarse Administradores a personas que no ostenten la cualidad de socios. El desempeño del cargo de administrador será por tiempo indefinido.

Respecto de los demás requisitos de nombramiento, incompatibilidades y prohibiciones para ser administrador, se aplicará lo dispuesto en la Ley de sociedades de capital.

El cargo de miembro del órgano de administración será gratuito...........retribuido..........., mediante asignación dineraria mensual/anual..........., en concepto de sueldo, el cual se acordará cada año por acuerdo de la Junta General. Y sin perjuicio de las retribuciones que pueda percibir por la prestación a la sociedad de servicios profesionales o laborales ajenos al ejercicio de facultades inherentes al cargo de administrador, y que sean aprobadas por la Junta General.

ARTÍCULO 11°. ÁMBITO DE REPRESENTACIÓN Y FACULTADES DEL ÓRGANO DE ADMINISTRACIÓN.

La representación que corresponde al órgano de administración se extiende a todos los actos comprendidos en el objeto social delimitado en estos estatutos, de modo que cualquier limitación de las facultades representativas de los administradores, aunque estuviera inscrita en el Registro Mercantil, será ineficaz frente a terceros.

ARTÍCULO 12°.- CONSEJO DE ADMINISTRACIÓN. Si el modelo de órgano de administración elegido por la Junta fuera el de consejo de Administración, éste estará compuesto de un mínimo de tres Consejeros y un máximo de doce, y le serán de aplicación las reglas establecidas en los artículos siguientes, y supletoriamente las disposiciones legales vigentes.

El Consejo de Administración podrá regular su propio funcionamiento y organización interna. Pero, como mínimo, designará de entre sus miembros a un Presidente, y elegirá a quien deba desempeñar las funciones de Secretario, cargo éste que podrá ejercer incluso quien no sea consejero ni socio. Podrá designar asimismo uno o varios vicepresidentes, quienes sustituirán al Presidente, según el orden prelativo en que hayan sido designados.

El Consejo se reunirá en los plazos legales y siempre que lo convoque su Presidente, el que haga sus veces o por quien esté legitimado conforme a la ley.

La convocatoria deberá realizarse con cinco días al menos de antelación por medio de carta certificada individual con acuse de recibo o por medio de acta notarial al domicilio designado al efecto o al que se reseñó en su nombramiento. El plazo de cinco días se computará a partir de la fecha en que hubiere sido remitido el anuncio al último de los miembros del Consejo de Administración Las convocatorias, además de la fecha y hora de la reunión expresarán someramente el orden del día previsto.

Quedará válidamente constituido el Consejo cuando concurran presentes o representados la mayoría de sus miembros, y también sin necesidad de previa convocatoria cuando todos sus componentes, hallándose reunidos, decidan por unanimidad constituirse en Consejo. La votación por escrito y sin sesión solo se admitirá cuando ningún consejero se oponga a este procedimiento.

Se admitirá la asistencia al Consejo de Administración por vía telemática, en los términos previstos para la Junta General, así como la convocatoria del mismo para ser celebrado de igual forma.

La representación para asistir a las reuniones del Consejo sólo podrá conferirse en favor de otro consejero y deberá ser expresa para cada sesión.

Quien represente al Presidente, presidirá la reunión sólo en defecto del Vicepresidente, y no gozará del voto de calidad de aquel.

Las deliberaciones del Consejo serán presididas y dirigidas por el Presidente del mismo, o el que haga sus funciones, quien dará turnos de palabra por el orden de petición, admitirá los turnos de réplica, podrá fijar la duración de las intervenciones, y el número de intervenciones que podrá hacer cada miembro del Consejo por los distintos asuntos del orden del día, en el que no estarán incluidos los turnos de réplica que por el propio Presidente se concedan, negarlas cuando las considere ajenas al objeto del debate, y dar por concluida la deliberación, cuando todos los turnos de palabra hayan sido atendidos.

Cada consejero presente o representado tendrá derecho a un voto. Los acuerdos se tomarán por mayoría absoluta, no relativa, de los asistentes a la reunión, decidiendo el voto del Presidente en caso de empate, sin perjuicio de lo dispuesto en el Artículo 249.3 de la Ley.

Los acuerdos adoptados por el Consejo en cada sesión se llevarán a un libro de actas, que serán firmadas por el Presidente y el Secretario.

ARTÍCULO 13°.- CONSEJERO-DELEGADO. El Consejo de Administración podrá nombrar uno o más Consejeros-Delegados en la forma y con las facultades que estime procedentes, con excepción de las facultades legalmente indelegables.

ARTÍCULO 14°. NOTIFICACIONES A LA SOCIEDAD.

Las notificaciones a la sociedad podrán dirigirse a cualquiera de los administradores en el domicilio de la sociedad.

ARTÍCULO 15°. SOCIEDAD DE RESPONSABILIDAD LIMITADA UNIPERSONAL.

A la sociedad de responsabilidad limitada unipersonal se aplicará las especialidades de régimen previstas en la Ley de sociedades de capital aprobada por el Real Decreto Legislativo 1/2010, de 2 de julio.

F031. ESTATUTOS SOCIALES. MODELO (II)

TÍTULO I. DENOMINACIÓN, OBJETO, DURACIÓN Y DOMICILIO DE LA SOCIEDAD.

Artículo 1°.– Con el nombre de «...........» se constituye una compañía mercantil de responsabilidad limitada y nacionalidad española que se regirá por los presente Estatutos y en lo no previsto o modificado por éstos por la Ley de Sociedades de Capital y demás preceptos sobre dichas entidades que en cada momento se hallen vigentes.

Artículo 2°.– La sociedad tendrá por objeto:

– ....

– La enumeración de las actividades sociales especificadas no presupone el inmediato desenvolvimiento de todas ellas ni la simultaneidad de las mismas, sino la posibilidad de su ejercicio, condicionado a las circunstancias libremente apreciadas por la Administración social en su caso, que podrá iniciar o no dichas actividades, así como suspenderlas y reemprenderlas cuando a su juicio lo requiera el interés social.

– Las actividades enumeradas podrán también ser desarrolladas por la Sociedad, total o parcialmente, de modo indirecto, mediante la participación en otras sociedades con objeto análogo.

Si las disposiciones legales exigiesen para el ejercicio de alguna de las actividades comprendidas en el objeto social, algún título profesional o autorización administrativa, o inscripción en registros públicos, dichas actividades deberán realizarse por medio de persona que ostente la requerida titulación no siendo de aplicación en ningún caso la Ley 2/2007 de 15 de marzo de Sociedades Profesionales, al ser tal o tales prestaciones de mera intermediación con los profesionales actuantes.

Artículo 3°.– La duración de la sociedad será por tiempo indefinido y dará comienzo a sus operaciones el día del otorgamiento de la escritura de constitución.

Artículo 4°.– El domicilio social se fija en ...., no obstante, con exclusión de la competencia atribuida al órgano de administración por el artículo 285-2 de la Ley de Sociedades de Capital, previo acuerdo de la Junta General de Socios, podrá ser cambiado a cualquier otro lugar dentro del territorio español, con observancia de los requisitos legales al respecto.

El órgano de administración de la entidad, con cumplimiento de los preceptos legales, podrá establecer Sucursales, Agencias y Delegaciones en cualquier lugar de España o del extranjero, así como suprimirlas.

TÍTULO II. CAPITAL SOCIAL, PARTICIPACIONES Y SU TRANSMISIÓN Y RÉGIMEN.

Artículo 5°.– El capital social se fija en la cantidad de .... EUROS dividido en .... participaciones sociales de .... EUROS de valor nominal cada una de ellas, iguales, acumulables e indivisibles y totalmente suscrito y desembolsado, cuyas participaciones estarán numeradas correlativamente a partir de la unidad.

Artículo 6°.– Cada participación confiere a su legítimo titular la condición de socio y, como tal, le corresponden los siguientes derechos:

a) Participar en el reparto de los beneficios sociales y en el resultado de la liquidación de la sociedad en la proporción directa a sus participaciones sociales.

b) El derecho de tanteo para la adquisición preferente de participaciones sociales en el caso de que se pongan a la venta las de otros socios, y el de suscripción preferente en las ampliaciones de capital.

c) El derecho de asistir a las Juntas de Socios y emitir su voto en las mismas, correspondiéndole un voto por cada participación social de que sea titular.

Artículo 7°.– Será libre la transmisión voluntaria de participaciones por acto inter vivos, a título oneroso o lucrativo, cuando el adquirente sea ya socio de la entidad o cuando sea ascendiente o descendiente de un socio aunque éste no sea el transmitente, o cuando el adquirente sea una sociedad del mismo grupo que la transmitente, remitiéndose al Artículo 42 del Código de Comercio para la fijación de tal concepto.

En los demás casos regirán:

a) Para la transmisión voluntaria, el artículo 107-2 y concordantes de la Ley de Sociedades de Capital.

b) Para la transmisión forzosa el artículo 109 de dicha ley.

c) Para la transmisión mortis causa, el artículo 110-1 de la ley indicada...........

Artículo 8°.– Siempre que una participación social pertenezca proindiviso a varias personas, éstas habrán de designar la que haya de ejercer los derechos inherentes a esta participación. Esto no obstante, del incumplimiento de las obligaciones del socio con la sociedad, responderán solidariamente todos los comuneros.

Artículo 9°.– En el caso de usufructo de participaciones sociales, la cualidad de socio residirá en el nudo propietario. Él usufructuario tendrá derecho a participar en los dividendos acordados por la sociedad durante el período del usufructo y a ejercitar los demás derechos del socio.

TÍTULO III. GOBIERNO DE LA SOCIEDAD

Artículo 10°.– La administración, gobierno y representación de la sociedad, corresponde:

a) A la voluntad de los socios, expresada en Junta General.

b) Al Órgano de Administración.

Artículo 11°.– La voluntad de los socios, expresada por mayoría, regirá la vida de la Sociedad. Los acuerdos de los socios se adoptarán en Junta General.

La Junta General será convocada por el Órgano de Administración de la entidad, el cual deberá hacerlo para ser celebrada dentro de los seis primeros meses de cada ejercicio con el fin de censurar la gestión social, aprobar en su caso las cuentas del ejercicio anterior y resolver sobre la aplicación del resultado. Deberán también convocarlas cuando lo soliciten uno o varios socios que representen al menos el cinco por ciento del capital social, expresando en la solicitud los asuntos a tratar en la Junta, dándose cumplimiento en tal caso a las previsiones legales para la materia, incluyendo necesariamente en el Orden del Día los asuntos que hubiesen sido objeto de solicitud.

Podrá también convocarse la Junta a instancia de cualquier persona legitimada para ello por disposición legal o reglamentaria, así como por cualquier medio establecido por dichas disposiciones.

El Órgano de Administración convocará la Junta mediante carta certificada con acuse de recibo remitida con una antelación mínima de quince días entre la remisión del anuncio al último de ellos y la celebración, salvo los supuestos en los que la Ley exija un plazo superior o forma, que deberán ser observados, expresando el nombre de la sociedad, fecha, hora y lugar de celebración, en el término municipal donde la sociedad tenga su domicilio, y Orden del Día en que figuren los asuntos a tratar, así como las demás menciones legal o reglamentariamente exigidas y el cargo de la persona o personas que realizan la convocatoria.

El domicilio de remisión de la convocatoria será el que figure en el Libro Registro de Socios, salvo que en forma fehaciente un socio haya designado uno diferente.

La Junta podrá también constituirse con carácter de universal sin necesidad de previa convocatoria y para tratar cualquier asunto siempre que este presente o representada la totalidad del capital social y los concurrentes acepten por unanimidad la celebración de la reunión y su Orden del Día.

Se regirán por las normas legales y reglamentarias que resulten de aplicación la competencia de la Junta General, sus quorums y régimen de mayorías, ordinarios o reforzados, así como la adopción de acuerdos, su constancia en Acta y la forma de certificar aquéllos.

Actuaran como Presidente y Secretario los asistentes que designen los concurrentes al comienzo de la reunión y el Presidente concederá la palabra a quien la solicite, declarando cerrado el debate sobre cada punto del Orden del Día cuando lo juzgue pertinente y procediéndose a las votaciones mediante expresión oral del voto, salvo que alguno de los concurrentes solicite votación escrita y secreta.

Artículo 12°.– Del órgano de administración.

La administración y representación de la sociedad, estará a cargo de, alternativamente:

a) Un Administrador único.

b) De dos a siete Administradores solidarios

c) De dos a siete Administradores mancomunados que ejercerán el poder de representación mediante la actuación conjunta de dos de ellos.

d) Un Consejo de Administración compuesto de tres a once miembros, designados por la Junta, quienes elegirán un Presidente y un Secretario. Dicho órgano podrá delegar sus facultades legalmente delegables en algún o algunos de los consejeros.

Corresponde al Presidente del Consejo dirigir la deliberación de éste sobre los puntos del día, procediéndose a continuación a la votación a mano alzada entre los Consejeros presentes, adoptándose los acuerdos por mayoría de los asistentes salvo que la Ley exija una mayoría superior.

Las reuniones del Consejo serán convocadas por el presidente mediante carta certificada con cinco días de antelación, indicando día, lugar, hora y Orden del día; sin perjuicio de poderse constituir con carácter de universal si concurren todos sus miembros y acuerdan por unanimidad su celebración.

El Consejo de Administración se entenderá válidamente constituido cuando concurran la mitad más uno de sus miembros.

El órgano de administración ejercerá su cargo por tiempo indefinido sin perjuicio de la facultad de separación que con arreglo a la Ley corresponde a la Junta General, con el régimen de mayorías legalmente establecido al respecto.

Para pertenecer al órgano de administración no será necesario ser socio de la sociedad.

Artículo 13°.– No podrán ocupar dicho cargo las personas incursas en ninguna prohibición o incompatibilidad legal en especial las comprendidas en el artículo 213 del Texto Refundido de la Ley de Sociedades de Capital.

Artículo 14°.– El órgano de administración asumirá todos los asuntos relativos al giro, tráfico mercantil y a la vida general de la misma, obligándola con sus actos y contratos, estándole atribuidas todas cuantas facultades no se hallen expresamente encomendadas a la Junta de Socios por estos estatutos o por la Ley. A título enunciativo y no limitativo corresponderán al órgano de administración, las siguientes facultades especiales:

a) El uso de la firma social, la dirección del giro y tráfico mercantil de la empresa y su administración.

b) Adquirir, enajenar, comprar, vender inmuebles y bienes muebles, incluso constituir sobre los mismos cualquier gravamen y toda clase de derechos reales y la modificación, cancelación y liberación de los mismos, pudiendo también concertar préstamos con cualquier entidad de crédito privada y oficial, concertar leasings o arrendamientos financieros en calidad de arrendatarios.

c) Celebrar y firmar cuantos contratos se precisen y convengan, con el Estado, Provincia, Municipio, entes autonómicos y cualesquiera otros organismos públicos, así como particulares; concurrir a toda clase de subastas, concursos o suministros, oficiales o particulares, pudiendo por tanto redactar, suscribir, presentar, y en su caso, mejorar en licitación verbal las ofertas o proposiciones pertinentes, así como realizar si fuere preciso las aclaraciones necesarias para la mejor apreciación de su propuesta, y en general, actuar en todas las incidencias y actos propios de la subasta, percibir y cobrar, en todo o en parte, las cantidades, efectos o valores que se les entreguen o adjudiquen en pago de ventas o suministros realizados, ya sea por particulares, ya por Organismos, Entidades, Dependencias, Oficinas, funcionarios públicos, suscribiendo el oportuno recibo o carta de pago, en incluso, si procediere, el correspondiente documento de adjudicación definitiva; constituir en dinero, efectos o valores los depósitos o fianzas provisionales o definitivas que se exijan en toda clase de subastas, concursos o suministros a que la sociedad acuda, así como sustituir y cancelar unas y otras, retirando y cobrando los fondos que las constituyan.

d) Solicitar de los poderes públicos, autoridades, centros y oficinas, la obtención de toda clase de privilegios, concesiones, subvenciones, etc. y retirar de Organismos del Estado, Provincia y Municipio, y Entes Autonómicos, así como de los privados, cualesquiera cantidades que a la sociedad se le adeuden por el concepto que fuere.

e) Nombrar y separar todo el personal administrativo y laboral de la sociedad, organizar y reglamentar sus servicios y contratar y resolver toda clase de seguros relacionados con el objeto social.

f) Decidir y realizar el ejercicio de las acciones que correspondan a la sociedad, personándose ante cualquier Autoridad o Tribunal, ordinario, especial, etc. pudiendo interponer toda clase de reclamaciones o recursos judiciales, administrativos, económico-administrativos, contencioso-administrativos, gubernativos, laborales o sindicales, así como desistir de las acciones interpuestas; y otorgar consiguientemente poderes a favor de Letrados, Procuradores de los Tribunales y Graduados Sociales, con las facultades que se crean necesarias, incluidas las de sustituir y subapoderar.

g) Transigir y componer el juicio de arbitraje.

h) Otorgar poderes con el alcance que se estime conveniente y revocarlos. En tales poderes podrá conceder a los apoderados facultades de subapoderamiento y sustitución y ello con carácter sucesivo, de forma que los subapoderados puedan a su vez, en sucesión indefinida, volver a subapoderar.

i) Otorgar y firmar en nombre de la sociedad las escrituras, contratos y documentos públicos y privados, civiles y mercantiles o de cualquier otro orden, que a la sociedad interesen.

j) Autorizar con su firma la correspondencia.

k) Pagar, librar, girar, aceptar, endosar, cobrar y protestar, por falta de aceptación y de pago letras de cambio, y documentos análogos; abrir cuentas corrientes y de crédito en toda clase de bancos, incluso en el de España, y establecimientos de crédito, cancelar y retirar fondos de las mismas, cobrar créditos y pagar deudas; constituir y retirar fianzas, percibir sus intereses y cancelarlas y renovarlas, y, en general, llevar a efecto cuantas gestiones sean precisas para el tráfico mercantil de la sociedad.

l) Ejecutar los acuerdos sociales.

TÍTULO IV. EJERCICIOS SOCIALES. BALANCE.

Artículo 15°.– Los ejercicios sociales comienzan en primero de enero y terminan en treinta y uno de diciembre de cada año. Por excepción, el ejercicio social correspondiente al año en que la sociedad se constituye, comenzará en la fecha en que inicie sus operaciones. Al cierre de cada ejercicio social, se deberán formular las cuentas anuales de la empresa, que comprenderán el balance, la cuenta de pérdidas y ganancias, un estado que refleje los cambios en el patrimonio neto del ejercicio, un estado de flujos de efectivo y la memoria. Estos documentos forman una unidad. El estado de flujos de efectivo no será obligatorio cuando así lo establezca una disposición legal. Los socios tendrán derecho al conocimiento y examen de las cuentas anuales y sus antecedentes en el plazo y en la forma que legal o reglamentariamente se halla regulada.

TÍTULO V. DISOLUCIÓN Y LIQUIDACIÓN

Artículo 16°.– La sociedad se disolverá por las causas previstas en la Ley de Sociedades de Capital y demás legislación aplicable.

Artículo 17°.– Disuelta la sociedad, se procederá conforme a lo dispuesto en la Ley de Sociedades de Capital.

TÍTULO VI. DISPOSICIONES FINALES.

Artículo 18°.– Cualquier duda o diferencia que surja entre los socios a causa de la interpretación de estos Estatutos o en el ejercicio de los derechos y obligaciones dimanantes de este contrato de sociedad, se someterá al laudo arbitral de la forma que se expresa en la Legislación vigente, salvo los casos en que por la Ley se establezca procedimientos especiales por carácter imperativo.

RETRIBUCIÓN DE LOS ADMINISTRADORES.

Artículo 19°.– Los miembros del Órgano de Administración ejercerán su cargo con carácter retribuido mediante el sistema de salario y dietas en la cuantía establecida por la Junta General para cada ejercicio.

TÍTULO VII.– RÉGIMEN ESPECIAL DE UNIPERSONALIDAD. ....

Mientras la sociedad tenga el carácter de unipersonal, por pertenecer todo el capital social a un socio único, la vida societaria se ajustará a las previsiones legales y reglamentarias, ejerciéndose las competencias de la Junta general a las previsiones de la Ley de Sociedades de Capital.

2. ESTATUTOS SOCIALES. ARTÍCULOS ESPECÍFICOS

2.1. OBJETO SOCIAL

F032. OBJETO SOCIAL. DESARROLLO A TRAVÉS DE SOCIEDADES

Normativa de Aplicación: *Art. 23 Real Decreto Legislativo 1/2010, de 2 de julio, por el que se aprueba el texto refundido de la Ley de Sociedades de Capital.*

ARTÍCULO .... – OBJETO. La sociedad tiene por objeto: ....

Las actividades que integran el objeto social podrán ser desarrolladas, total o parcialmente, de modo indirecto, mediante la titularidad de acciones o de participaciones en sociedades con objeto idéntico o análogo.

Las actividades enumeradas podrán también ser desarrolladas por la Sociedad, total o parcialmente, de modo indirecto, mediante la participación en otras sociedades con objeto análogo. Si las disposiciones legales exigiesen para el ejercicio de alguna de las actividades comprendidas en el objeto social, algún título profesional o autorización administrativa, o inscripción en registros públicos, dichas actividades deberán realizarse por medio de persona que ostente la requerida titulación no siendo de aplicación en ningún caso la Ley 2/2007 de 15 de marzo de Sociedades Profesionales, al ser tal o tales prestaciones de mera intermediación con los profesionales actuantes. Código CNAE de la actividad principal de la sociedad: ....

F033. OBJETO SOCIAL. OPERACIONES INMOBILIARIAS

Normativa de Aplicación: *Art. 23 Real Decreto Legislativo 1/2010, de 2 de julio, por el que se aprueba el texto refundido de la Ley de Sociedades de Capital.*

ARTÍCULO .... – OBJETO. La sociedad tiene por objeto la construcción, promoción y arrendamiento de toda clase de edificaciones, así como la adquisición, tenencia, explotación, enajenación de toda clase de fincas, rústicas o urbanas, así como el proyecto, realización, comercialización y conservación de urbanizaciones y proyectos urbanísticos en general.

Las actividades enumeradas podrán también ser desarrolladas por la Sociedad, total o parcialmente, de modo indirecto, mediante la participación en otras sociedades con objeto análogo. Si las disposiciones legales exigiesen para el ejercicio de alguna de las actividades comprendidas en el objeto social, algún título profesional o autorización administrativa, o inscripción en registros públicos, dichas actividades deberán realizarse por medio de persona que ostente la requerida titulación no siendo de aplicación en ningún caso la Ley 2/2007 de 15 de marzo de Sociedades Profesionales, al ser tal o tales prestaciones de mera intermediación con los profesionales actuantes. Código CNAE de la actividad principal de la sociedad: ....

F034. OBJETO SOCIAL. DETERMINACIÓN TERRITORIAL DE CIERTAS ACTIVIDADES

Normativa de Aplicación: *Art. 23 Real Decreto Legislativo 1/2010, de 2 de julio, por el que se aprueba el texto refundido de la Ley de Sociedades de Capital.*

ARTÍCULO .... – OBJETO. La sociedad tiene por objeto: ....

No obstante lo anterior, y para el desarrollo de su actividad en la Comunidad Autónoma de ...., el objeto social único de la compañía será el siguiente: ....

Las actividades enumeradas podrán también ser desarrolladas por la Sociedad, total o parcialmente, de modo indirecto, mediante la participación en otras sociedades con objeto análogo. Si las disposiciones legales exigiesen para el ejercicio de alguna de las actividades comprendidas en el objeto social, algún título profesional o autorización administrativa, o inscripción en registros públicos, dichas actividades deberán realizarse por medio de persona que ostente la requerida titulación no siendo de aplicación en ningún caso la Ley 2/2007 de 15 de marzo de Sociedades Profesionales, al ser tal o tales prestaciones de mera intermediación con los profesionales actuantes. Código CNAE de la actividad principal de la sociedad: ....

F035. OBJETO SOCIAL. ACTIVIDADES SUJETAS A AUTORIZACIÓN ADMINISTRATIVA PREVIA

Normativa de Aplicación: *Art. 23 Real Decreto Legislativo 1/2010, de 2 de julio, por el que se aprueba el texto refundido de la Ley de Sociedades de Capital.*

ARTÍCULO .... – OBJETO. La sociedad tiene por objeto ...., con sujeción a lo dispuesto en la Ley ...., su Reglamento de ejecución aprobado mediante Real Decreto .... y a la autorización concedida mediante Resolución de .... de fecha .... A dicha actividad le corresponde el código CNAE ....

F036. OBJETO SOCIAL. SOCIEDAD HOLDING

Normativa de Aplicación: *Art. 23 Real Decreto Legislativo 1/2010, de 2 de julio, por el que se aprueba el texto refundido de la Ley de Sociedades de Capital.*

ARTÍCULO ....°.- OBJETO SOCIAL. Tendrá por objeto:

– la adquisición de participación mayoritaria o no, en sociedades y su control y gestión, así como la dirección de aquellas filiales en las que se posea su control efectivo. Se exceptúan las actividades expresamente reservadas por la Ley a las Instituciones de Inversión Colectiva, así como lo expresamente reservado por la Ley del Mercado de Valores a las Agencias y/o Sociedades de Valores y Bolsa.

– la prestación de servicios de administración y apoyo a la gestión de las participadas con la finalidad de mejorar el desarrollo de sus fines societarios, mediante la oportuna organización de los medios materiales y humanos que resulten necesarios.

El CNAE de la actividad principal es 6420.

F037. OBJETO SOCIAL. INTERMEDIACIÓN FINANCIERA

Normativa de Aplicación: *Art. 23 Real Decreto Legislativo 1/2010, de 2 de julio, por el que se aprueba el texto refundido de la Ley de Sociedades de Capital.*

Artículo 2. OBJETO SOCIAL.- La Sociedad tiene por objeto el desarrollo de las actividades correspondientes a los siguientes códigos y descripciones de Clasificación Nacional de Actividades Económicas:

CNAE actividad principal. 64.92 Otras actividades crediticias.

– Intermediarios de crédito inmobiliario. Intermediación entre personas físicas prestatarias con los prestamistas.

– Presentar u ofrecer a los prestatarios contratos de préstamo.

– Asistencia a los prestatarios realizando los trámites previos u otra gestión en la fase precontractual, respecto de dichos contratos de préstamo.

– Celebrar los contratos de préstamo con un prestatario en nombre del prestamista.

– Otras actividades de consultoría de gestión empresarial.

– Actividades de las sociedades de Holding.

Quedan excluidas del objeto social todas aquellas actividades para cuyo ejercicio la Ley exija requisitos especiales que no queden cumplidos por esta Sociedad, en concreto a la Ley 6/2023, de 17 de marzo, de los Mercados de Valores y de los Servicios de

Inversión, Ley 101/2014 de 26 de Junio, de ordenación supervisión y solvencia de entidades de crédito; Ley 5/2015 de 27 de abril de la financiación empresarial; RD Legislativo 692/1996, sobre régimen jurídico de los establecimientos de crédito; RD Legislativo 19/2018, de 23 de noviembre, sobre servicios de pago; RD 217/2008 de 15 de febrero de servicios de inversión y Ley 16/2009 de 13 de noviembre, sobre servicios de pago y artículo 42 de la Ley 5/2019, reguladora de los contratos de crédito inmobiliario. Así mismo queda excluida la aplicación de la Ley 2/2007 de 15 de Marzo de sociedades profesionales, al ser la presente sociedad de mera intermediación con los profesionales actuantes. Si las disposiciones legales exigiesen para el ejercicio de alguna de las actividades comprendidas en el objeto social algún título profesional o autorización administrativa, o inscripción en Registros Públicos, dichas actividades deberán realizarse por medio de persona que ostente dicha titulación profesional, y, en su caso, no podrán iniciarse antes de que se hayan cumplido los requisitos administrativos exigidos. Las actividades integrantes del objeto social, podrán ser desarrolladas, total o parcialmente, de modo indirecto, mediante la titularidad de acciones o de participaciones en sociedades con objeto idéntico o análogo, exceptuadas aquellas a que se refiere el artículo 39.1. de la Ley.

F038. OBJETO SOCIAL. COMERCIO ELECTRÓNICO

Normativa de Aplicación: *Art. 23 Real Decreto Legislativo 1/2010, de 2 de julio, por el que se aprueba el texto refundido de la Ley de Sociedades de Capital.*

ARTÍCULO ....°.- OBJETO SOCIAL. La Sociedad tiene por objeto: a) La venta, al por menor, de cualquier tipo de producto, con exclusión de aquellas actividades y productos sujetos a legislación especial, todo ello comercializado mediante comercio electrónico, fundamentalmente a través de página web. b) La fabricación, compraventa, montaje y mantenimiento de maquinaria industrial.

El CNAE de la actividad principal es 4791.

2.2. PARTICIPACIONES SOCIALES

F039. PARTICIPACIONES SOCIALES. DERECHO AL DIVIDENDO Y CUENTAS ANUALES

Normativa de Aplicación: *Art. 23 Real Decreto Legislativo 1/2010, de 2 de julio, por el que se aprueba el texto refundido de la Ley de Sociedades de Capital. Arts. 90 y ss. Real Decreto Legisla-*

tivo 1/2010, de 2 de julio, por el que se aprueba el texto refundido de la Ley de Sociedades de Capital.

ARTÍCULO .... – PARTICIPACIONES SOCIALES. El capital social está dividido en .... participaciones sociales de .... euros cada una de ellas, numeradas correlativamente a partir de la unidad, indivisibles y acumulables, todas asumidas y desembolsadas por los socios y su titularidad lleva de pleno derecho la obligación de someterse a las prescripciones de los Estatutos y a los acuerdos válidamente adoptados.

Las participaciones sociales atribuyen a sus titulares los mismos derechos a excepción del derecho a dividendo, derecho cuya cuantía será la siguiente para cada participación:

Participaciones sociales número 1 a ....: ....

Participaciones sociales número .... a ....: ....

ARTÍCULO .... – CUENTAS ANUALES.

La distribución de dividendos a los socios, se realizará en los términos expuestos en el artículo .... de los Estatutos Sociales.

En lo no previsto en este artículo, será de aplicación lo dispuesto en el Texto Refundido de la Ley de Sociedades de Capital y demás normativa aplicable.

F040. PARTICIPACIONES SOCIALES. PRESTACIONES ACCESORIAS A LAS QUE SE ENCUENTRAN OBLIGADOS DETERMINADOS SOCIOS

Normativa de Aplicación: *Art. 23 Real Decreto Legislativo 1/2010, de 2 de julio, por el que se aprueba el texto refundido de la Ley de Sociedades de Capital. Arts. 86 y ss. Real Decreto Legislativo 1/2010, de 2 de julio, por el que se aprueba el texto refundido de la Ley de Sociedades de Capital.*

DE LAS PARTICIPACIONES SOCIALES

ARTÍCULO .... PARTICIPACIONES SOCIALES Y CONSTITUCIÓN DE PRESTACIONES ACCESORIAS. El capital social está dividido en .... participaciones sociales de .... euros cada una de ellas, numeradas correlativamente a partir de la unidad hasta la ...., ambos inclusive, indivisibles y acumulables, todas asumidas y desembolsadas por los socios y su titularidad lleva de pleno derecho la obligación de someterse a las prescripciones de los Estatutos y a los acuerdos válidamente adoptados. Las participaciones atribuyen a los socios los mismos derechos.

No obstante, el socio Don .... se encuentra personalmente obligado frente a la sociedad y realizará en favor de la misma, durante tiempo indefinido, sin perjuicio de la denuncia unilateral mediante la regular transmisión de las participaciones sociales o el ejercicio del derecho de separación, la prestación accesoria consistente en ....

La prestación tiene carácter retribuido, determinándose su cuantía, que no podrá exceder en ningún caso del valor que corresponda a la misma, por lo que acuerde el socio con la sociedad y, a falta de tal acuerdo, por lo que determinen tres peritos ...., los cuales serán designados, uno por la sociedad y otro por el socio, siéndolo el tercero por acuerdo de los dos peritos previamente designados.

El incumplimiento de la obligación de realizar la prestación accesoria asumida personalmente por el socio, aún cuando fuere involuntario o a él no imputable, dará lugar a su exclusión de la sociedad, sin perjuicio de que si el incumplimiento fuese imputable al socio, éste satisfaga a la compañía, en concepto de pena convencional, una suma de .... euros.

ARTÍCULO .... TRANSMISIÓN DE PARTICIPACIONES SOCIALES.

1. La transmisión voluntaria de participaciones por actos «inter vivos» entre socios, así como la realizada en favor del cónyuge, ascendiente o descendiente del socio o en favor de sociedades pertenecientes al mismo grupo que la transmitente no está sujeta a ninguna limitación estatutaria.

2. Fuera del supuesto del número anterior, la transmisión voluntaria de participaciones sociales por actos «inter vivos» se regirá por las siguientes reglas:

a) El socio que se proponga transmitir su participación o participaciones deberá comunicarlo por escrito a los administradores, haciendo constar el número y características de las participaciones que pretende transmitir, la identidad del adquirente, el precio y demás condiciones de la transmisión.

b) La transmisión quedará sometida al consentimiento de la sociedad, que se expresará mediante acuerdo de la Junta General, previa inclusión del asunto en el orden del día, adoptado por la mayoría ordinaria establecida por la Ley.

c) La sociedad sólo podrá denegar el consentimiento si comunica al transmitente, por conducto notarial, la identidad de uno o varios socios o terceros que adquieran la totalidad de las participaciones. No será necesaria ninguna comunicación al transmitente si concurrió a la Junta General donde se adoptaron dichos acuerdos. Los socios concurrentes a la Junta General tendrán preferencia para la adquisición. Si son varios los socios concurrentes interesados en adquirir, se distribuirán las participaciones entre todos ellos a prorrata de su participación en el capital social.

d) El precio de las participaciones, la forma de pago y las demás condiciones de la operación, serán las convenidas y comunicadas a la sociedad por el socio transmitente. Si el pago de la totalidad o de parte del precio estuviera aplazado en el proyecto de transmisión, para la adquisición de las participaciones será requisito previo que una entidad de crédito garantice el pago del precio aplazado.

En los casos en que la transmisión proyectada fuera a título oneroso distinto de la compraventa o a título gratuito, el precio de adquisición será el fijado con arreglo al procedimiento previsto en el artículo 107.2. d) TRLSC.

e) El documento público de transmisión deberá otorgarse en el plazo de un mes a contar desde la comunicación por la sociedad de la identidad del adquirente o adquirentes.

f) El socio podrá transmitir las participaciones en las condiciones comunicadas a la sociedad, cuando hayan transcurrido tres meses desde que hubiera puesto en conocimiento de ésta su propósito de transmitir sin que la sociedad le hubiera comunicado la identidad del adquirente o adquirentes.

3. Los socios sobrevivientes tendrán derecho de adquisición de las participaciones del socio fallecido, si el heredero o legatario no fueren socio de la compañía, o cónyuge, descendiente, o ascendiente del socio fallecido. El ejercicio de este derecho se ajustará a lo dispuesto en el Art. 110.2 TRLSC.

4. En caso de transmisión forzosa de participaciones sociales los socios de la misma clase y, en su defecto, la sociedad —que deberá cumplir lo exigido por la Ley para el supuesto de transmisión derivativa de las propias participaciones— podrán ejercitar el derecho de adquisición preferente de tales participaciones en los términos previstos en el artículo 109 TRLSC.

5.- No obstante lo establecido en los apartados precedentes, serán de aplicación a la transmisión de participaciones sociales por socios obligados a realizar prestaciones accesorias a favor de la sociedad, las siguientes reglas:

a) Será necesaria la autorización de la sociedad para la transmisión voluntaria por actos inter vivos de cualquier participación perteneciente a un socio personalmente obligado a realizar prestaciones accesorias. La autorización será competencia del órgano de administración. Al socio que le fuera denegada la autorización, le asistirá el derecho de separación.

Los socios que tengan a su cargo la obligación de efectuar prestaciones accesorias a favor de la sociedad, conceden un derecho de adquisición preferente al resto de los socios que no tengan a su cargo efectuar prestaciones accesorias, que si estos ejercitan, les obliga a transmitir las participaciones sociales de las que sean titulares, a los demás socios que no tuvieran a su cargo obligaciones de aquel genero, al cumplir sesenta y cinco años de edad. La obligación de transmitir las participaciones sociales y el derecho de preferente adquisición que se reconoce a favor de los socios que no tuvieran a su cargo la obligación de efectuar prestaciones accesorias, se ajustará a las siguientes reglas:

a.1 El socio obligado a efectuar prestaciones accesorias deberá comunicar a los administradores el hecho previsto en este apartado, que determina su obligación de transmitir las participaciones sociales de las que fuera titular.

a.2 Comunicado este hecho a los administradores, o con anterioridad a tal comunicación, los administradores informarán a los socios que no tuvieran a su cargo el deber de realizar prestaciones accesorias, quienes dentro de los noventa días siguientes podrán ejercitar el derecho de adquisición preferente, a prorrata si fueren varios. Si ninguno ejercitara tal derecho, el socio a quien se ha impuesto la obligación de transmitir las participaciones sociales compelerá a todos los socios a quienes se reconoce el derecho de preferente adquisición, para que las adquieran a prorrata.

a.3 Las participaciones sociales se valorarán conforme a las normas previstas en el artículo .... de los Estatutos Sociales y deberá satisfacerse su importe, en el plazo máximo de un año a contar de la fecha del acto de formalización de la transmisión de las participaciones sociales, que deberá efectuarse dentro de los sesenta días siguientes a la fecha de la comunicación prevista en el párrafo primero de este artículo. El transmitente podrá exigir la pignoración de las participaciones sociales en garantía del pago del precio.

No obstante, los socios a quienes se reconoce en este artículo el derecho de adquisición de las participaciones sociales, no podrán ejercitarlo si la sociedad, dentro del plazo de noventa días previsto en la precedente regla a.2, acuerda la reducción del capital social, adquiriendo las participaciones sociales para su inmediata amortización.

b) En el caso de transmisión forzosa de participaciones sociales pertenecientes a un socio obligado a realizar prestaciones accesorias a favor de la sociedad, se reconoce el derecho de adquisición preferente a favor de los socios que no se encuentren obligados a realizar prestaciones accesorias y de la propia sociedad, quienes se subrogarán en la forma prevista en el art. 109.3 TRLSC, a prorrata si fueran varios los socios quienes ejercitan el derecho.

c) En el supuesto de fallecimiento del socio obligado a realizar prestaciones accesorias a favor de la sociedad, los socios que no tengan a su cargo obligaciones de tal genero, tendrán un derecho de adquisición de las participaciones del socio fallecido, siendo de aplicación las normas sobre valoración y ejercicio del derecho previstas en el art. 110 TRLSC.

No obstante, en los supuestos contemplados en los dos últimos párrafos b y c, la sociedad tendrá la facultad preferente de decidir la adquisición de las participaciones sociales, previo acuerdo de reducción del capital social, para su inmediata amortización.

6. El régimen de la transmisión de las participaciones sociales será el vigente en la fecha en que el socio hubiera comunicado a la sociedad el propósito de transmitir o, en su caso, en la fecha de fallecimiento del socio o en la de la adjudicación judicial o administrativa.

DEL DERECHO DE SEPARACIÓN Y DE LA EXCLUSIÓN DE SOCIOS

ARTÍCULO .... DERECHO DE SEPARACIÓN. Los socios que no hubieran votado a favor del correspondiente acuerdo tendrán derecho a separarse en los supuestos previstos en el TRLSC, así como en la Ley de Modificaciones Estructurales.

El ejercicio del derecho de separación en los supuestos relacionados en las letras a) ...... a ...... e), se ajustará a lo previsto en los arts. 348 y 349 TRLSC.

También asistirá el derecho de separación al socio personalmente obligado a realizar prestaciones accesorias, a quien la sociedad le hubiere denegado la autorización para transmitir sus participaciones sociales, siempre que ejercite este derecho dentro del plazo de un mes a contar de la fecha en que le hubiera sido notificada la denegación de la autorización. En tal caso y de modo fehaciente, el socio deberá comunicar a la sociedad que ejercita tal derecho dentro del plazo indicado y tendrá derecho a recuperar el valor razonable de las participaciones sociales.

ARTÍCULO .... EXCLUSIÓN. La sociedad podrá excluir al socio en los supuestos previstos en el TRLSC y especialmente, al socio que incumpla la obligación de realizar prestaciones accesorias, aun cuando tal incumplimiento fuere involuntario o a él no imputable.

La exclusión requerirá acuerdo de la Junta General. En el acta de la reunión se hará constar la identidad de los socios que hayan votado a favor del acuerdo.

Salvo en el caso de condena del socio administrador a indemnizar a la sociedad en los términos del artículo 350 TRLSC, la exclusión de un socio con participación igual o superior al veinticinco por ciento en el capital social requerirá, además del acuerdo de la Junta General, resolución judicial firme, siempre que el socio no se conforme con la exclusión acordada. Cualquier socio que hubiera votado a favor del acuerdo estará legitimado para ejercitar la acción de exclusión en nombre de la sociedad, cuando ésta no lo hubiera hecho en el plazo de un mes a contar desde la fecha de adopción del acuerdo de exclusión.

F041. PARTICIPACIONES SOCIALES. CLÁUSULA PRESTACIONES ACCESORIAS CONSISTENTES EN EL CUMPLIMIENTO DE PACTOS PARASOCIALES

Normativa de Aplicación: *Art. 23 Real Decreto Legislativo 1/2010, de 2 de julio, por el que se aprueba el texto refundido de la Ley de Sociedades de Capital. Arts. 86 y ss. Real Decreto Legislativo 1/2010, de 2 de julio, por el que se aprueba el texto refundido de la Ley de Sociedades de Capital.*

ARTÍCULO .... – Prestaciones accesorias. Todos los socios, personas físicas o jurídicas, asumen la obligación de cumplir la prestación accesoria no retribuida consistente en la suscripción, cumplimiento y observancia de las disposiciones pactadas por los socios en el contrato de socios que consta en escritura pública autorizada el día .... de .... de ...., por el Notario de ...., don ...., con el número .... de su protocolo y sus modificaciones realizadas de acuerdo con lo previsto en el mismo.

El incumplimiento de esta prestación accesoria, incluso por causas no imputables al socio, será causa de exclusión que se tramitará de acuerdo con lo previsto en el artículo 352 y siguientes de la Ley de Sociedades de Capital.

Será necesaria la autorización de la sociedad para la transmisión voluntaria por actos inter vivos de cualquier participación perteneciente a un socio personalmente obligado a realizar prestaciones accesorias y para la transmisión de aquellas concretas participaciones sociales que lleven vinculada la referida obligación.

F042. PARTICIPACIONES SOCIALES. PRESTACIONES ACCESORIAS A CARGO DE DETERMINADAS PARTICIPACIONES SOCIALES

Normativa de Aplicación: *Art. 23 Real Decreto Legislativo 1/2010, de 2 de julio, por el que se aprueba el texto refundido de la Ley de Sociedades de Capital. Arts. 90 y ss. Real Decreto Legislativo 1/2010, de 2 de julio, por el que se aprueba el texto refundido de la Ley de Sociedades de Capital. Arts. 346 y ss. Real Decreto Legislativo 1/2010, de 2 de julio, por el que se aprueba el texto refundido de la Ley de Sociedades de Capital.*

DE LAS PARTICIPACIONES SOCIALES

ARTÍCULO .... PARTICIPACIONES SOCIALES Y DEL ESTATUTO DEL SOCIO. El capital social está dividido en .... participaciones sociales de .... euros cada una de ellas, numeradas correlativamente a partir de la unidad hasta el ...., ambos inclusive, indivisibles y acumulables, todas asumidas y desembolsadas por los socios y su titularidad lleva de pleno derecho la obligación de someterse a las prescripciones de los Estatutos y a los acuerdos válidamente adoptados. Las participaciones atribuyen a los socios los mismos derechos.

No obstante se vincula a las participaciones sociales número .... a ...., ambos inclusive, la obligación de realizar por el titular o titulares de las mismas, durante un plazo de .... años, la prestación accesoria consistente en suministrar a la sociedad las partidas de .... que necesite para la fabricación de ...., actividad ésta que constituye su objeto social.

La obligación de suministro, en si misma, tiene carácter gratuito, sin perjuicio del precio de las concretas entregas que se realicen en virtud de los singulares pedidos que realice la sociedad. Al contrato de suministro se le aplicarán las normas generales por las que se rige este tipo contractual. A las singulares entregas de mercancías se les aplicará el régimen previsto en el Código de comercio para el contrato de compraventa y, de modo especial y preferente, las siguientes normas: el precio será de .... euros/tonelada y corresponderá a la entrega de la mercancía en el establecimiento fabril de la sociedad, según el término comercial .... (Incoterms 2000). El precio se revisará, a instancia de la sociedad o del socio, con el fin de adaptarlo a las variaciones que experimente en cada momento el precio de la materia prima .... en el mercado de .... o los costes salariales del sector, ponderando cada uno de estos factores, respectivamente, el 75 y el 25 por 100 del precio.

La falta de cumplimiento por el socio titular de las participaciones sociales vinculadas a la realización de prestaciones accesorias, dará lugar a su exclusión de la sociedad, aun cuando no hubiera incurrido en culpa o negligencia. Si se tratara de incumplimiento de las obligaciones, por mediar culpa o negligencia, el socio deberá indemnizar a la sociedad, en concepto de pena convencional, una suma de .... euros.

ARTÍCULO .... TRANSMISIÓN DE PARTICIPACIONES SOCIALES.

1. La transmisión voluntaria de participaciones por actos «inter vivos» entre socios, así como la realizada en favor del cónyuge, ascendiente o descendiente del socio o en favor de sociedades pertenecientes al mismo grupo que la transmitente no está sujeta a ninguna limitación estatutaria.

2. Fuera del supuesto del número anterior, la transmisión voluntaria de participaciones sociales por actos «inter vivos» se regirá por las siguientes reglas:

a) El socio que se proponga transmitir su participación o participaciones deberá comunicarlo por escrito a los administradores, haciendo constar el número y características de las participaciones que pretende transmitir, la identidad del adquirente, el precio y demás condiciones de la transmisión.

b) La transmisión quedará sometida al consentimiento de la sociedad, que se expresará mediante acuerdo de la Junta General, previa inclusión del asunto en el orden del día, adoptado por la mayoría ordinaria establecida por la Ley.

c) La sociedad sólo podrá denegar el consentimiento si comunica al transmitente, por conducto notarial, la identidad de uno o varios socios o terceros que adquieran la totalidad de las participaciones. No será necesaria ninguna comunicación al transmitente si concurrió a la Junta General donde se adoptaron dichos acuerdos. Los socios concurrentes a la Junta General tendrán preferencia para la adquisición. Si son varios los socios concurrentes interesados en adquirir, se distribuirán las participaciones entre todos ellos a prorrata de su participación en el capital social.

d) El precio de las participaciones, la forma de pago y las demás condiciones de la operación, serán las convenidas y comunicadas a la sociedad por el socio transmitente. Si el pago de la totalidad o de parte del precio estuviera aplazado en el proyecto de transmisión, para la adquisición de las participaciones será requisito previo que una entidad de crédito garantice el pago del precio aplazado.

En los casos en que la transmisión proyectada fuera a título oneroso distinto de la compraventa o a título gratuito, el precio de adquisición será el fijado con arreglo al procedimiento previsto en el artículo 107 d) TRLSC.

e) El documento público de transmisión deberá otorgarse en el plazo de un mes a contar desde la comunicación por la sociedad de la identidad del adquirente o adquirentes.

f) El socio podrá transmitir las participaciones en las condiciones comunicadas a la sociedad, cuando hayan transcurrido tres meses desde que hubiera puesto en conocimiento de ésta su propósito de transmitir sin que la sociedad le hubiera comunicado la identidad del adquirente o adquirentes.

3. Los socios sobrevivientes tendrán derecho de adquisición de las participaciones del socio fallecido, si el heredero o legatario no fueren socio de la compañía, o cónyuge, descendiente, o ascendiente del socio fallecido. El ejercicio de este derecho se ajustará a lo dispuesto en el Art. 110.2 TRLSC.

4. En caso de transmisión forzosa de participaciones sociales los socios de la misma clase y, en su defecto, la sociedad —que deberá cumplir lo exigido por la Ley para el supuesto de transmisión derivativa de las propias participaciones— podrán ejercitar el

derecho de adquisición preferente de tales participaciones en los términos previstos en el artículo 109 TRLSC.

5.– No obstante lo establecido en el apartado precedente, se aplicarán a la transmisión de participaciones sociales que lleven vinculada la obligación de realizar prestaciones accesorias a favor de la sociedad, las siguientes reglas:

a) Será necesaria la autorización de la sociedad para la transmisión voluntaria por actos inter vivos de cualquier participación que lleve vinculada la obligación de realizar prestaciones accesorias. La autorización será competencia de la Junta General de la sociedad. Al socio que le fuera denegada la autorización únicamente podrá separarse de la sociedad si hubiere transcurrido el plazo durante el cual la titularidad de las participaciones le obligan a realizar las prestaciones accesorias, o el plazo de cinco años, cualquiera de los dos que primero suceda.

b) En el caso de transmisión forzosa de participaciones sociales que lleven vinculada la obligación de realizar prestaciones accesorias a favor de la sociedad; así como en el supuesto de fallecimiento del socio titular de participaciones sociales que lleven vinculada la obligación de realizar prestaciones accesorias a favor de la sociedad, la sociedad tendrá la facultad preferente de decidir la adquisición de las participaciones sociales, previo acuerdo de reducción del capital social, para su inmediata amortización.

6. El régimen de la transmisión de las participaciones sociales será el vigente en la fecha en que el socio hubiera comunicado a la sociedad el propósito de transmitir o, en su caso, en la fecha de fallecimiento del socio o en la de la adjudicación judicial o administrativa.

ARTÍCULO .... ADQUISICIÓN DE LAS PROPIAS PARTICIPACIONES.

1. Adquisición originaria.

En ningún caso podrá la sociedad asumir participaciones propias, ni acciones o participaciones emitidas por su sociedad dominante.

En el caso de que la asunción haya sido realizada por persona interpuesta, los fundadores y, en su caso, los administradores responderán solidariamente del reembolso de las participaciones asumidas.

En los supuestos contemplados en el apartado anterior, quedarán exentos de responsabilidad quienes demuestren no haber incurrido en culpa.

2. Adquisición derivativa.

La sociedad sólo podrá adquirir sus propias participaciones, o acciones o participaciones de su sociedad dominante en los casos previstos en el Art. 140 siguientes y concordantes TRLSC, y los presentes Estatutos, y en tales supuestos, deberá proceder con arreglo a los previsto en dichos artículos.

DEL DERECHO DE SEPARACIÓN Y DE LA EXCLUSIÓN DE SOCIOS

ARTÍCULO .... – DERECHO DE SEPARACIÓN.

Los socios que no hubieran votado a favor del correspondiente acuerdo tendrán derecho a separarse de la sociedad, única y exclusivamente, en los siguientes casos:

Sustitución del objeto social.

Traslado del domicilio social al extranjero, cuando exista un Convenio internacional vigente en España que lo permita con mantenimiento de la misma personalidad jurídica de la sociedad.

Modificación del régimen de transmisión de las participaciones sociales.

Prórroga o reactivación de la sociedad.

Transformación en sociedad anónima, sociedad civil, cooperativa, colectiva o comanditaria, simple o por acciones, así como en agrupación de interés económico.

Creación, modificación o extinción anticipada de la obligación de realizar prestaciones accesorias.

El ejercicio del derecho de separación en los supuestos relacionados en las letras a) ...... a ...... e) se ajustará a lo previsto en los arts. 348 yes TRLSC.

También asistirá el derecho de separación, al socio titular de participaciones sociales que lleven vinculadas la obligación de realizar prestaciones accesorias, a quien la sociedad le hubiere denegado la autorización para transmitir sus participaciones sociales, siempre que ejercite este derecho dentro del plazo de un mes a contar de la fecha en que le hubiera sido notificada la denegación de la autorización, siempre que se hubieran cumplido las condiciones previstas en el artículo .... de estos estatutos. En tal caso y de modo fehaciente, el socio deberá comunicar a la sociedad que ejercita tal derecho dentro del plazo indicado y tendrá derecho a recuperar el valor razonable de las participaciones sociales conforme al los arts. 353, 354 y 355 TRLSC.

ARTÍCULO .... – EXCLUSIÓN DEL SOCIO.

La sociedad podrá excluir al socio en los supuestos previstos en la Ley de Sociedades de Responsabilidad Limitada y especialmente al socio titular de participaciones sociales que lleven vinculadas la obligación de realizar prestaciones accesorias:

a) Que no cumpla con la realización de las mismas, aun cuando el incumplimiento sea involuntario o a él no imputable.

b) Cuando haya transcurrido el plazo de vigencia de las prestaciones accesorias expresado en el artículo .... de los estatutos sociales.

c) Cuando hubiera sido declarado en quiebra o hubiere solicitado su declaración en suspensión de pagos.

En cuanto al procedimiento de exclusión, se estará a lo previsto en el art. 352 TRLSC.

La exclusión requerirá acuerdo de la Junta General. En el acta de la reunión se hará constar la identidad de los socios que hayan votado a favor del acuerdo.

Salvo en el caso de condena del socio administrador a indemnizar a la sociedad en los términos del artículo 350 TRLSC, la exclusión de un socio con participación igual o superior al veinticinco por ciento en el capital social requerirá, además del acuerdo de la Junta General, resolución judicial firme, siempre que el socio no se conforme con la exclusión acordada. Cualquier socio que hubiera votado a favor del acuerdo estará legitimado para ejercitar la acción de exclusión en nombre de la sociedad, cuando ésta no lo hubiera hecho en el plazo de un mes a contar desde la fecha de adopción del acuerdo de exclusión.

F043. PARTICIPACIONES SOCIALES. USUFRUCTO DE PARTICIPACIONES SOCIALES. EJERCICIO DE LOS DERECHOS DE SOCIO POR EL USUFRUCTUARIO

Normativa de Aplicación: *Art. 23 Real Decreto Legislativo 1/2010, de 2 de julio, por el que se aprueba el texto refundido de la Ley de Sociedades de Capital. Art. 127 y ss. Real Decreto Legislativo 1/2010, de 2 de julio, por el que se aprueba el texto refundido de la Ley de Sociedades de Capital.*

ARTÍCULO.– .... USUFRUCTO DE PARTICIPACIONES SOCIALES. En caso de usufructo de participaciones la cualidad de socio reside en el nudo propietario, pero el usufructuario tendrá derecho en todo caso a los dividendos acordados por la sociedad durante el usufructo y al ejercicio de los demás derechos del socio.

En las relaciones entre el usufructuario y el nudo propietario regirá lo que determine el título constitutivo del usufructo y, en su defecto, lo dispuesto en la legislación civil aplicable.

Salvo que el título constitutivo del usufructo disponga otra cosa, será de aplicación lo dispuesto en los artículos 128 y 129 TRLSC a la liquidación del usufructo y al ejercicio del derecho de asunción de nuevas participaciones. En este último caso, las cantidades que hayan de pagarse por el nudo propietario al usufructuario, se abonarán en dinero.

F044. PARTICIPACIONES SOCIALES. USUFRUCTO DE PARTICIPACIONES SOCIALES. EJERCICIO DE LOS DERECHOS DE SOCIO POR EL NUDO PROPIETARIO

Normativa de Aplicación: *Art. 23 Real Decreto Legislativo 1/2010, de 2 de julio, por el que se aprueba el texto refundido de la Ley de Sociedades de Capital. Art. 127 y ss. Real Decreto Legislativo 1/2010, de 2 de julio, por el que se aprueba el texto refundido de la Ley de Sociedades de Capital.*

ARTÍCULO.– .... USUFRUCTO DE PARTICIPACIONES SOCIALES. En caso de usufructo de participaciones la cualidad de socio reside en el nudo propietario, pero el usufructuario tendrá derecho en todo caso a los dividendos acordados por la sociedad durante el usufructo. El ejercicio de los demás derechos de socio corresponderá al nudo propietario.

En las relaciones entre el usufructuario y el nudo propietario regirá lo que determine el título constitutivo del usufructo y, en su defecto, lo dispuesto en la legislación civil aplicable.

Salvo que el título constitutivo del usufructo disponga otra cosa, será de aplicación lo dispuesto en los artículos 128 y 129 TRLSC a la liquidación del usufructo y al ejercicio del derecho de asunción de nuevas participaciones. En este último caso, las cantidades que hayan de pagarse por el nudo propietario al usufructuario, se abonarán en dinero.

2.3. ADMINISTRADORES

F045. ADMINISTRADORES. DURACIÓN DEL CARGO

Normativa de Aplicación: *Art. 23 Real Decreto Legislativo 1/2010, de 2 de julio, por el que se aprueba el texto refundido de la Ley de Sociedades de Capital. Art. 209 y ss. Real Decreto Legislativo 1/2010, de 2 de julio, por el que se aprueba el texto refundido de la Ley de Sociedades de Capital.*

ARTÍCULO .... – DURACIÓN DEL CARGO. Los Administradores ejercerán su cargo durante el plazo de .... años, pudiendo ser reelegidos, una o más veces, por periodos de igual duración. Vencido el plazo, el nombramiento caducará cuando se haya celebrado la siguiente Junta General o haya transcurrido el término legal para la celebración de la Junta General.

F046. ADMINISTRADORES. DURACIÓN DEL CARGO Y POSIBILIDAD DE DESIGNACIÓN DE ADMINISTRADORES SUPLENTES

Normativa de Aplicación: *Art. 23 Real Decreto Legislativo 1/2010, de 2 de julio, por el que se aprueba el texto refundido de la Ley de Sociedades de Capital. Art. 209 y ss. Real Decreto Legislativo 1/2010, de 2 de julio, por el que se aprueba el texto refundido de la Ley de Sociedades de Capital.*

ARTÍCULO .... – DURACIÓN DEL CARGO. Los Administradores ejercerán su cargo durante el plazo de .... años, pudiendo ser reelegidos, un o más veces, por periodos de igual duración. Vencido el plazo, el nombramiento caducará cuando se haya celebrado la siguiente Junta General o haya transcurrido el término legal para la celebración de la Junta General.

Podrán ser nombrados suplentes de los administradores para el caso de que cesen por cualquier causa uno o varios de ellos. Los suplentes habrán de reunir en el momento de su designación los requisitos previstos en la Ley y los presentes Estatutos para ser nombrado administrador. El nombramiento del administrador suplente se entenderá efectuado por el período pendiente de cumplir por la persona cuya vacante se cubra.

F047. ADMINISTRADORES. DURACIÓN DEL CARGO Y PROHIBICIÓN DESIGNACIÓN DE ADMINISTRADORES SUPLENTES

Normativa de Aplicación: *Art. 23 Real Decreto Legislativo 1/2010, de 2 de julio, por el que se aprueba el texto refundido de la Ley de Sociedades de Capital. Art. 209 y ss. Real Decreto Legislativo 1/2010, de 2 de julio, por el que se aprueba el texto refundido de la Ley de Sociedades de Capital.*

ARTÍCULO .... – DURACIÓN DEL CARGO. Los Administradores ejercerán su cargo durante el plazo de .... años, pudiendo ser reelegidos, un o más veces, por periodos de igual duración. Vencido el plazo, el nombramiento caducará cuando se haya celebrado la siguiente Junta General o haya transcurrido el término legal para la celebración de la Junta General.

La Junta General no podrá nombrar suplentes de los administradores para el caso de que cesen por cualquier causa uno o varios de ellos.

F048. ADMINISTRADORES. CARÁCTER GRATUITO DEL CARGO

Normativa de Aplicación: *Art. 23 Real Decreto Legislativo 1/2010, de 2 de julio, por el que se aprueba el texto refundido de la Ley de Sociedades de Capital. Art. 209 y ss. Real Decreto Legislativo 1/2010, de 2 de julio, por el que se aprueba el texto refundido de la Ley de Sociedades de Capital.*

ARTÍCULO .... – CARÁCTER GRATUITO DEL CARGO DE ADMINISTRADOR.

El cargo de administrador no será retribuido.

F049. ADMINISTRADORES. RETRIBUCIÓN MEDIANTE UNA ASIGNACIÓN FIJA

Normativa de Aplicación: *Art. 23 Real Decreto Legislativo 1/2010, de 2 de julio, por el que se aprueba el texto refundido de la Ley de Sociedades de Capital. Art. 209 y ss. Real Decreto Legislativo 1/2010, de 2 de julio, por el que se aprueba el texto refundido de la Ley de Sociedades de Capital.*

ARTÍCULO.– ………… El cargo de administrador tiene carácter retribuido.

La retribución de los administradores consistirá en una asignación mensual fija y determinada y será en concepto de sueldo. El importe de las retribuciones que puede satisfacer la sociedad al conjunto de sus administradores será el que, a tal efecto, determine la Junta General de la sociedad, el cual permanecerá vigente hasta tanto ésta no acuerde su modificación. La fijación de la cantidad exacta a abonar dentro de ese límite corresponde a la Junta General, y su distribución entre los distintos administradores, salvo que la junta general determine otra cosa, se establecerá por acuerdo de éstos, debiéndose tenerse en cuenta, en todo caso, lo previsto en los números 3 y 4 del art. 217 de la Ley de Sociedades de Capital.

F050. ADMINISTRADORES. RETRIBUCIÓN MEDIANTE ASIGNACIÓN MENSUAL FIJA Y OTROS CONCEPTOS

Normativa de Aplicación: *Art. 23 Real Decreto Legislativo 1/2010, de 2 de julio, por el que se aprueba el texto refundido de la Ley de Sociedades de Capital. Art. 209 y ss. Real Decreto Legislativo 1/2010, de 2 de julio, por el que se aprueba el texto refundido de la Ley de Sociedades de Capital.*

ARTÍCULO.– ………… El cargo de administrador tiene carácter retribuido.

La retribución de los administradores consistirá en una asignación mensual fija y determinada y será en concepto de sueldo. El importe de las retribuciones que puede satisfacer la sociedad al conjunto de sus administradores será el que, a tal efecto, determine la Junta General de la sociedad, el cual permanecerá vigente hasta tanto ésta no acuerde su modificación. La fijación de la cantidad exacta a abonar dentro de ese límite corresponde a la Junta General, y su distribución entre los distintos administradores, salvo que la junta general determine otra cosa, se establecerá por acuerdo de éstos.

Adicionalmente, el administrador podrá percibir retribuciones por la realización de trabajos o prestación de servicios distintos de los inherentes a su condición de administrador.

La sociedad podrá contratar un seguro de responsabilidad civil para sus administradores.

Todo ello, sin perjuicio del derecho a ser reintegrado de los gastos, dietas y suplidos incurridos por el administrador por cuenta de la compañía en el desempeño de su cargo.

F051. ADMINISTRADORES. LIMITACIÓN INTERNA DE FACULTADES

Normativa de Aplicación: *Art. 23 Real Decreto Legislativo 1/2010, de 2 de julio, por el que se aprueba el texto refundido de la Ley de Sociedades de Capital. Art. 209 y ss. Real Decreto Legislativo 1/2010, de 2 de julio, por el que se aprueba el texto refundido de la Ley de Sociedades de Capital.*

ARTÍCULO.– .... REPRESENTACIÓN Y FACULTADES.

La representación de la sociedad, en juicio o fuera de él, corresponde a los administradores en la forma establecida en los presentes Estatutos sociales y se extenderá a todos los actos comprendidos en el objeto social.

Sin perjuicio de lo establecido en el párrafo precedente y con un alcance meramente interno y, por tanto, ineficaz frente a terceros, los administradores precisarán acuerdo previo de la Junta General en las siguientes materias:

F052. ADMINISTRADORES SOLIDARIOS. REPARTO INTERNO DE FACULTADES

Normativa de Aplicación: *Art. 23 Real Decreto Legislativo 1/2010, de 2 de julio, por el que se aprueba el texto refundido de la Ley de Sociedades de Capital. Art. 209 y ss. Real Decreto Legislativo 1/2010, de 2 de julio, por el que se aprueba el texto refundido de la Ley de Sociedades de Capital.*

ARTÍCULO.– .... REPRESENTACIÓN Y FACULTADES.

La representación de la sociedad, en juicio o fuera de él, corresponde a los administradores solidarios en la forma establecida en los presentes Estatutos sociales y se extenderá a todos los actos comprendidos en el objeto social delimitado en los Estatutos sociales.

Sin perjuicio de lo establecido en el párrafo precedente y con un alcance meramente interno y, por tanto, ineficaz frente a terceros, se efectúa entre los administradores solidarios la siguiente distribución de facultades.

Corresponde al Administrador Don ....: ....

Corresponde al Administrador Don ....: ....

F053. CONSEJO DE ADMINISTRACIÓN. ADOPCIÓN DE ACUERDOS

Normativa de Aplicación: *Art. 23 Real Decreto Legislativo 1/2010, de 2 de julio, por el que se aprueba el texto refundido de la Ley de Sociedades de Capital. Art. 209 y ss. Real Decreto Legislativo 1/2010, de 2 de julio, por el que se aprueba el texto refundido de la Ley de Sociedades de Capital.*

ARTÍCULO .... ADOPCIÓN Y EJECUCIÓN DE ACUERDOS.

Los acuerdos, se adoptarán por mayoría absoluta de los Consejeros concurrentes a la sesión. La votación por escrito y sin sesión sólo será admitida cuando ningún Consejero se oponga a este procedimiento.

La ejecución de los acuerdos del Consejo corresponde a Consejero expresamente facultado para ello en la misma reunión y, en su defecto, al Presidente del Consejo y al Consejero o cualquiera de los Consejeros Delegados, indistintamente.

F054. CONSEJO DE ADMINISTRACIÓN. ADOPCIÓN DE ACUERDOS. MAYORÍA REFORZADA Y VOTO DIRIMENTE DEL PRESIDENTE

Normativa de Aplicación: *Art. 23 Real Decreto Legislativo 1/2010, de 2 de julio, por el que se aprueba el texto refundido de la Ley de Sociedades de Capital. Art. 209 y ss. Real Decreto Legislativo 1/2010, de 2 de julio, por el que se aprueba el texto refundido de la Ley de Sociedades de Capital.*

ARTÍCULO .... ADOPCIÓN Y EJECUCIÓN DE ACUERDOS.

Los acuerdos, se adoptarán por mayoría absoluta de los Consejeros concurrentes a la sesión, con la excepción de ...., que requerirá el voto favorable del .... por ciento de los miembros que componen el Consejo de Administración.

Caso de empate, el voto del Presidente será dirimente.

La votación por escrito y sin sesión sólo será admitida cuando ningún Consejero se oponga a este procedimiento.

La ejecución de los acuerdos del Consejo corresponde a Consejero expresamente facultado para ello en la misma reunión y, en su defecto, al Presidente del Consejo y al Consejero o cualquiera de los Consejeros Delegados, indistintamente.

2.4. DERECHO DE SEPARACIÓN DE SOCIOS

F055. DERECHO DE SEPARACIÓN DE SOCIOS. CAUSA ESTATUTARIA DE SEPARACIÓN DE LOS SOCIOS

Normativa de Aplicación: *Art. 23 Real Decreto Legislativo 1/2010, de 2 de julio, por el que se aprueba el texto refundido de la Ley de Sociedades de Capital. Art. 346 y ss. Real Decreto Legislativo 1/2010, de 2 de julio, por el que se aprueba el texto refundido de la Ley de Sociedades de Capital.*

ARTÍCULO .... DERECHO DE SEPARACIÓN. Los socios que no hubieran votado a favor del correspondiente acuerdo tendrán derecho a separarse de la sociedad en los supuestos establecidos en el TRLSC y en la Ley de Modificaciones Estructurales, así como cuando ...., lo cual se acreditará mediante ....

Los acuerdos que den lugar al derecho de separación se publicarán en el «Boletín Oficial del Registro Mercantil». El órgano de administración podrá sustituir dicha publicación por una comunicación escrita a cada uno de los socios que no hayan votado a favor del acuerdo.

El derecho de separación podrá ejercitarse en tanto no transcurra un mes contado desde la publicación del acuerdo o desde la recepción de la comunicación, en la forma prevista en los arts. 348 y ss. TRLSC.

No obstante lo anterior, y en el supuesto de la causa de separación prevista en la letra h) precedente, el derecho de separación podrá ejercitarse en tanto no transcurra .... dos meses contados desde la publicación del acuerdo, de la siguiente forma: ....

F056. DERECHO DE SEPARACIÓN DE SOCIOS. EXCLUSIÓN DEL DERECHO EN PRESTACIONES ACCESORIAS

Normativa de Aplicación: *Art. 23 Real Decreto Legislativo 1/2010, de 2 de julio, por el que se aprueba el texto refundido de la Ley de Sociedades de Capital. Art. 346 y ss. Real Decreto Legislativo 1/2010, de 2 de julio, por el que se aprueba el texto refundido de la Ley de Sociedades de Capital.*

ARTÍCULO .... DERECHO DE SEPARACIÓN. Los socios que no hubieran votado a favor del correspondiente acuerdo tendrán derecho a separarse en los supuestos establecidos en el TRLSC y la Ley de Modificaciones Estructurales, aun cuando la creación, modificación o extinción anticipada de la obligación de realizar prestaciones accesorias, no dará lugar al derecho de separación de la sociedad.

Los acuerdos que den lugar al derecho de separación se publicarán en el «Boletín Oficial del Registro Mercantil». El órgano de administración podrá sustituir dicha publicación por una comunicación escrita a cada uno de los socios que no hayan votado a favor del acuerdo.

El derecho de separación podrá ejercitarse en tanto no transcurra un mes contado desde la publicación del acuerdo o desde la recepción de la comunicación.

En lo no previsto en este artículo, la separación de socios se regirá por lo dispuesto en la Ley Especial.

IV. PARTICIPACIONES SOCIALES

SUMARIO: 1. TRANSMISIÓN DE PARTICIPACIONES SOCIALES. F057. PARTICIPACIONES SOCIALES. AUTORIZACIÓN DE TRANSMISIÓN DE PARTES ALÍCUOTA SOBRE PARTICIPACIONES SOCIALES Y RENUNCIA DE DERECHO DE ADQUISICIÓN PREFERENTE. ACTA DE ACUERDO DE JUNTA GENERAL EXTRAORDINARIA CONVOCADA. F058. PARTICIPACIONES SOCIALES. AUTORIZACIÓN DE TRANSMISIÓN DE PARTES ALÍCUOTA SOBRE PARTICIPACIONES SOCIALES Y RENUNCIA DE DERECHO DE ADQUISICIÓN PREFERENTE. ACTA DE ACUERDO DE JUNTA GENERAL EXTRAORDINARIA UNIVERSAL. F059. PARTICIPACIONES SOCIALES. AUTORIZACIÓN DE TRANSMISIÓN DE PARTICIPACIONES SOCIALES Y RENUNCIA INDIVIDUAL DE TODOS LOS SOCIOS DE LOS DERECHOS DE ADQUISICIÓN PREFERENTE. ACTA DE ACUERDO DE JUNTA GENERAL EXTRAORDINARIA CONVOCADA. F060. PARTICIPACIONES SOCIALES. AUTORIZACIÓN DE TRANSMISIÓN DE PARTICIPACIONES SOCIALES Y RENUNCIA INDIVIDUAL DE TODOS LOS SOCIOS DE LOS DERECHOS DE ADQUISICIÓN PREFERENTE. ACTA DE ACUERDO DE JUNTA GENERAL EXTRAORDINARIA UNIVERSAL. F061. PARTICIPACIONES SOCIALES. AUTORIZACIÓN DE TRANSMISIÓN DE PARTICIPACIONES PARA AUMENTO DE CAPITAL POSTERIOR. ACTA DE ACUERDO DE JUNTA GENERAL EXTRAORDINARIA UNIVERSAL. F062. PARTICIPACIONES SOCIALES. DENEGACIÓN DE LA AUTORIZACIÓN DE TRANSMISIÓN DE PARTICIPACIONES SOCIALES. ACTA DE ACUERDO DE JUNTA GENERAL EXTRAORDINARIA CONVOCADA. F063. PARTICIPACIONES SOCIALES. DENEGACIÓN DE LA AUTORIZACIÓN DE TRANSMISIÓN DE PARTICIPACIONES SOCIALES. ACTA DE ACUERDO DE JUNTA GENERAL EXTRAORDINARIA UNIVERSAL. F064. PARTICIPACIONES SOCIALES. AUTORIZACIÓN DE TRANSMISIÓN DE PARTES ALÍCUOTA SOBRE PARTICIPACIONES SOCIALES Y RENUNCIA DE DERECHO DE ADQUISICIÓN PREFERENTE. CERTIFICACIÓN DE ACUERDO DE JUNTA GENERAL EXTRAORDINARIA CONVOCADA. F065. PARTICIPACIONES SOCIALES. AUTORIZACIÓN DE TRANSMISIÓN DE PARTES ALÍCUOTA SOBRE PARTICIPACIONES SOCIALES Y RENUNCIA DE DERECHO DE ADQUISICIÓN PREFERENTE. CERTIFICACIÓN DE ACUERDO DE JUNTA GENERAL EXTRAORDINARIA UNIVERSAL. F066. PARTICIPACIONES SOCIALES. TRANSMISIÓN DE PARTICIPACIONES POR TÍTULO DE COMPRAVENTA. CERTIFICACIÓN DE ACUERDO DE JUNTA GENERAL EXTRAORDINARIA UNIVERSAL. F067. PARTICIPACIONES SOCIALES. AUTORIZACIÓN DE TRANSMISIÓN DE PARTICIPACIONES SOCIALES. CERTIFICACIÓN DE ACUERDO DE JUNTA GENERAL EXTRAORDINARIA UNIVERSAL. F068. PARTICIPACIONES SOCIALES. AUTORIZACIÓN DE TRANSMISIÓN DE PARTICIPACIONES SOCIALES Y RENUNCIA INDIVIDUAL DE TODOS LOS SOCIOS DE LOS DERECHOS DE ADQUISICIÓN PREFERENTE. CERTIFICACIÓN DE ACUERDO DE JUNTA GENERAL EXTRAORDINARIA CONVOCADA. F069. PARTICIPACIONES SOCIALES. AUTORIZACIÓN DE TRANSMISIÓN DE PARTICIPACIONES SOCIALES Y RENUNCIA INDIVIDUAL DE TODOS LOS SOCIOS DE LOS DERECHOS DE ADQUISICIÓN PREFERENTE. CERTIFICACIÓN DE ACUERDO DE JUNTA GENERAL EXTRAORDINARIA UNIVERSAL. F070. PARTICIPACIONES SOCIALES. ESCRITURA DE DESISTIMIENTO DEL DERECHO DE ADQUISICIÓN PREFERENTE EN UNA TRANSMISIÓN DE PARTICIPACIONES SOCIALES. F071. PARTICIPACIONES SOCIALES. DENEGACIÓN DE LA AUTORIZACIÓN DE TRANSMISIÓN DE PARTICIPA-

CIONES SOCIALES. CERTIFICACIÓN DE ACUERDO DE JUNTA GENERAL EXTRAORDINARIA CONVOCADA. F072. PARTICIPACIONES SOCIALES. DENEGACIÓN DE LA AUTORIZACIÓN DE TRANSMISIÓN DE PARTICIPACIONES SOCIALES. CERTIFICACIÓN DE ACUERDO DE JUNTA GENERAL EXTRAORDINARIA UNIVERSAL. F073. PARTICIPACIONES SOCIALES. TRANSMISIÓN DE PARTICIPACIONES SOCIALES. ESCRITURA DE COMPRAVENTA. F074. TRANSMISIÓN DE PARTICIPACIONES SOCIALES. ACTA INSTADA POR HEREDERO COMUNICANDO LA ADQUISICIÓN MORTIS CAUSA DE PARTICIPACIONES SOCIALES. F075. PARTICIPACIONES SOCIALES. TRANSMISIÓN DE PARTICIPACIONES SOCIALES. CONTRATO INTERVENIDO POR NOTARIO. F076. PARTICIPACIONES SOCIALES. ESCRITURA DE CESIÓN DE PARTICIPACIONES SOCIALES DE COMPAÑÍA MERCANTIL. 2. COPROPIEDAD SOBRE LAS PARTICIPACIONES SOCIALES. F077. COPROPIEDAD DE PARTICIPACIONES SOCIALES. ESCRITURA DE TRANSMISIÓN DE PARTES ALÍCUOTAS DE PARTICIPACIONES SOCIALES Y CONSTITUCIÓN DE COMUNIDAD SOBRE LAS MISMAS. 3. USUFRUCTO DE PARTICIPACIONES SOCIALES. F078. PARTICIPACIONES SOCIALES. USUFRUCTO DE PARTICIPACIONES SOCIALES: ESCRITURA DE COMPRAVENTA DE PARTICIPACIONES SOCIALES CON RESERVA DE USUFRUCTO. 4. PARTICIPACIONES SOCIALES PROPIAS. F079. PARTICIPACIONES SOCIALES. ADQUISICIÓN DERIVATIVA DE PARTICIPACIONES PROPIAS, REDUCCIÓN DE CAPITAL Y DEVOLUCIÓN DE APORTACIONES. ACTA DE ACUERDO DE JUNTA GENERAL EXTRAORDINARIA CONVOCADA. F080. PARTICIPACIONES SOCIALES. ADQUISICIÓN DERIVATIVA DE PARTICIPACIONES PROPIAS, REDUCCIÓN DE CAPITAL Y DEVOLUCIÓN DE APORTACIONES. ACTA DE ACUERDO DE JUNTA GENERAL EXTRAORDINARIA UNIVERSAL. F081. PARTICIPACIONES SOCIALES. ADQUISICIÓN DERIVATIVA DE PARTICIPACIONES PROPIAS, REDUCCIÓN DE CAPITAL Y DEVOLUCIÓN DE APORTACIONES. ACTA DE ACUERDO DEL CONSEJO DE ADMINISTRACIÓN. F082. PARTICIPACIONES SOCIALES. ADQUISICIÓN DERIVATIVA DE PARTICIPACIONES PROPIAS, REDUCCIÓN DE CAPITAL Y DEVOLUCIÓN DE APORTACIONES. CERTIFICACIÓN DE ACUERDO DE JUNTA GENERAL EXTRAORDINARIA CONVOCADA. F083. PARTICIPACIONES SOCIALES. ADQUISICIÓN DERIVATIVA DE PARTICIPACIONES PROPIAS, REDUCCIÓN DE CAPITAL Y DEVOLUCIÓN DE APORTACIONES. CERTIFICACIÓN DE ACUERDO DE JUNTA GENERAL EXTRAORDINARIA UNIVERSAL. F084. PARTICIPACIONES SOCIALES. ADQUISICIÓN DERIVATIVA DE PARTICIPACIONES PROPIAS, REDUCCIÓN DE CAPITAL Y DEVOLUCIÓN DE APORTACIONES. CERTIFICACIÓN DE ACUERDO DE CONSEJO DE ADMINISTRACIÓN. F085. ADQUISICIÓN DERIVATIVA DE PARTICIPACIONES SOCIALES PROPIAS EN EJECUCIÓN DE REDUCCIÓN DE CAPITAL CON LA FINALIDAD DE DEVOLVER APORTACIONES. ESCRITURA DE COMPRAVENTA DE LAS PARTICIPACIONES SOCIALES PROPIAS. F086. PARTICIPACIONES SOCIALES. ADQUISICIÓN DERIVATIVA DE PARTICIPACIONES SOCIALES PROPIAS EN EJECUCIÓN DE REDUCCIÓN DE CAPITAL CON LA FINALIDAD DE DEVOLVER APORTACIONES: ESCRITURA DE REDUCCIÓN DE CAPITAL. 5. PRENDA DE PARTICIPACIONES SOCIALES. F087. PARTICIPACIONES SOCIALES. PRENDA. ESCRITURA DE CONSTITUCIÓN DE PRENDA SOBRE PARTICIPACIONES SOCIALES. 6. VARIOS. F088. LIBRO REGISTRO DE SOCIOS. ACTA DE REQUERIMIENTO DE SOCIO AL ÓRGANO DE ADMINISTRACIÓN SOLICITANDO CERTIFICACIÓN DEL LIBRO REGISTRO DE SOCIOS. F089. PARTICIPACIONES SOCIALES. CERTIFICACIÓN DEL LIBRO REGISTRO DE SOCIOS.

1. TRANSMISIÓN DE PARTICIPACIONES SOCIALES

F057. PARTICIPACIONES SOCIALES. AUTORIZACIÓN DE TRANSMISIÓN DE PARTES ALÍCUOTA SOBRE PARTICIPACIONES SOCIALES Y RENUNCIA DE DERECHO DE ADQUISICIÓN PREFERENTE. ACTA DE ACUERDO DE JUNTA GENERAL EXTRAORDINARIA CONVOCADA

Normativa de Aplicación: *Arts. 106 y ss. Real Decreto Legislativo 1/2010, de 2 de julio, por el que se aprueba el texto refundido de la Ley de Sociedades de Capital.*

Que hoy día .... de .... de ...., a las .... horas, y en el domicilio social, sito en la localidad de ...., calle .... s/n, se celebra JUNTA GENERAL EXTRAORDINARIA de socios de la sociedad .... S.L.

La convocatoria de la presente Junta General Extraordinaria de socios, ha sido acordada por el administrador único, Don ....

La convocatoria de la presente Junta General, se ha realizado, de conformidad con lo establecido en la Ley y el art .... de los Estatutos Sociales, mediante burofax con acuse de recibo y certificado de contenido, de fecha ...., dirigido ese mismo día a cada uno de los socios al domicilio designado al efecto por cada uno de ellos.

El tenor literal de la convocatoria se transcribe a continuación: «Por medio del presente se convoca a los señores socios a la celebración de Junta General Extraordinaria de la sociedad .... S.L., que se celebrará, el día .... de .... de ...., a las .... horas, en el domicilio social sito en ...., a efectos de deliberar y, en su caso, adoptar acuerdos con relación al siguiente orden del día: 1.– Autorización para la transmisión de partes alícuotas sobre participaciones sociales. En ...., hoy día .... de .... de .... el Administrador único de .... S.L. Don ....»

Asisten a la presente Junta General Extraordinaria, personalmente o representados, los siguientes socios:

I.– Socios presentes:

Don ...., titular de .... participaciones sociales núm. .... a ...., incluidos, con un valor nominal cada una de ellas de .... euros (en su conjunto .... euros), que suponen el .... por ciento del capital social.

Don ...., titular de .... participaciones sociales núm. .... a ...., incluidos, con un valor nominal cada una de ellas de .... euros (en su conjunto .... euros), que suponen el .... por ciento del capital social.

Doña ...., titular de .... participaciones sociales núm. .... a ...., incluidos, con un valor nominal cada una de ellas de .... euros (en su conjunto .... euros), que suponen el .... por ciento del capital social.

Por lo tanto, asisten de forma personal .... socios, titulares, en conjunto, de .... participaciones sociales que suponen el .... por ciento del capital social.

II.– Socios representados:

Don ...., titular de .... participaciones sociales núm. .... a ...., incluidos, con un valor nominal cada una de ellas de .... euros (en su conjunto .... euros), que suponen el .... por ciento del capital social. Asiste el expresado socio representado por Doña ....

Don ...., titular de .... participaciones sociales núm. .... a ...., incluidos, con un valor nominal cada una de ellas de .... euros (en su conjunto .... euros), que suponen el .... por ciento del capital social. Asiste el expresado socio representado por Don ....

Asisten representados, ... socios, que titularizan .... participaciones que suponen el .... por ciento del capital social asumido.

En conjunto, asisten, personalmente o representados, ... socios, titulares de .... participaciones que suponen el .... por ciento del capital social suscrito.

Asiste el órgano de administración de la sociedad.

Son presidente y secretario de la presente Junta General, Don .... y Don ...., respectivamente. Ello de conformidad con lo establecido en la Ley y los Estatutos Sociales y ser los citados señores los socios designados por los concurrentes al comienzo de la reunión.

Abierta la sesión por el Sr. Presidente, sin que nadie se oponga a la válida constitución y celebración de la presente Junta General, se entra en el debate y deliberación de los diversos puntos del orden del día sin que ninguno de los presentes haga uso de su derecho a que conste en el acta el contenido de su intervención.

Tras todo lo anterior, se propone por el Sr. presidente la adopción de los siguientes acuerdos, propuesta que se transcribe literalmente a continuación:

PRIMERO.– Autorizar a Don .... a transmitir a Doña ...., ... avas partes de la propiedad de las participaciones sociales de la compañía, número .... a ...., por él titularizadas, por el precio y en las condiciones que estime conveniente, así como hacen constar todos los socios, individualmente, su renuncia al derecho de adquisición preferente que les asiste conforme a los estatutos sociales.

Previa la oportuna votación, la citada propuesta de acuerdos sociales es aprobada por UNANIMIDAD, con el voto favorable de todos los asistentes (........... por ciento de los votos correspondientes a las participaciones sociales en que se divide el capital social), en términos idénticos a los anteriormente transcritos.

Y no habiendo más asuntos que tratar, se procede a la redacción de la presente acta que es aprobada de forma unánime por los asistentes, y finaliza la presente Junta General Extraordinaria, levantándose la reunión en ...., a las .... horas del día .... de .... de ....

F058. PARTICIPACIONES SOCIALES. AUTORIZACIÓN DE TRANSMISIÓN DE PARTES ALÍCUOTA SOBRE PARTICIPACIONES SOCIALES Y RENUNCIA DE DERECHO DE ADQUISICIÓN PREFERENTE. ACTA DE ACUERDO DE JUNTA GENERAL EXTRAORDINARIA UNIVERSAL

Normativa de Aplicación: *Arts. 106 y ss. Real Decreto Legislativo 1/2010, de 2 de julio, por el que se aprueba el texto refundido de la Ley de Sociedades de Capital.*

Que hoy día .... de .... de ...., a las .... horas, y en el domicilio social, sito en la localidad de ...., calle ...., se celebra JUNTA GENERAL EXTRAORDINARIA de socios de la sociedad .... S.L.

Se encuentran presentes, en el referido lugar, y, por lo tanto, concurren la totalidad de socios de la compañía, decidiendo y dando su conformidad los asistentes a constituirse, con el carácter de universal, en Junta General Extraordinaria de socios de la compañía, para deliberar y, en su caso, adoptar acuerdos con relación al siguiente orden del día: 1.– Autorización para la transmisión de partes alícuotas sobre participaciones sociales.

En señal de conformidad firman seguidamente todos los asistentes, a continuación de su nombre y apellidos.

....

Asiste el órgano de administración de la sociedad.

Son presidente y secretario de la presente Junta General, Don .... y Don ...., respectivamente. Ello de conformidad con lo establecido en la Ley y los Estatutos Sociales y ser los citados señores los socios designados por los concurrentes al comienzo de la reunión.

Abierta la sesión por el Sr. Presidente, sin que nadie se oponga a la válida constitución y celebración de la presente Junta General, se entra en el debate y deliberación de los diversos puntos del orden del día, sin que ninguno de los presentes haga uso de su derecho a que conste en el acta el contenido de su intervención.

Tras lo anterior, se propone por el Sr. presidente la adopción de los siguientes acuerdos, que se transcriben de forma literal a continuación:

PRIMERO.– Autorizar a Don .... a transmitir a Doña ...., ... avas partes de la propiedad de las participaciones sociales de la compañía, número .... a ...., por él titularizadas, por el precio y en las condiciones que estime conveniente, así como hacen constar todos los socios, individualmente, su renuncia al derecho de adquisición preferente que les asiste conforme a los estatutos sociales.

Previa la oportuna votación, la citada propuesta de acuerdos sociales es aprobada por UNANIMIDAD, con el voto favorable de todos los asistentes (........... por ciento de los votos correspondientes a las participaciones sociales en que se divide el capital social), en términos idénticos a los anteriormente transcritos.

Y no habiendo más asuntos que tratar, se procede a la redacción de la presente acta que es aprobada de forma unánime por los asistentes, y finaliza la presente Junta General Extraordinaria, levantándose la reunión en ...., a las .... horas del día .... de .... de ....

F059. PARTICIPACIONES SOCIALES. AUTORIZACIÓN DE TRANSMISIÓN DE PARTICIPACIONES SOCIALES Y RENUNCIA INDIVIDUAL DE TODOS LOS SOCIOS DE LOS DERECHOS DE ADQUISICIÓN PREFERENTE. ACTA DE ACUERDO DE JUNTA GENERAL EXTRAORDINARIA CONVOCADA

Normativa de Aplicación: *Arts. 106 y ss. Real Decreto Legislativo 1/2010, de 2 de julio, por el que se aprueba el texto refundido de la Ley de Sociedades de Capital.*

Que hoy día .... de .... de ...., a las .... horas, y en el domicilio social, sito en la localidad de ...., calle .... s/n, se celebra JUNTA GENERAL EXTRAORDINARIA de socios de la sociedad .... S.L.

La convocatoria de la presente Junta General Extraordinaria de socios, ha sido acordada por el administrador único, Don ....

La convocatoria de la presente Junta General, se ha realizado, de conformidad con lo establecido en la Ley y el art .... de los Estatutos Sociales, mediante burofax con acuse de recibo y certificado de contenido, de fecha ...., dirigido ese mismo día a cada uno de los socios al domicilio designado al efecto por cada uno de ellos.

El tenor literal de la convocatoria se transcribe a continuación: «Por medio del presente se convoca a los señores socios a la celebración de Junta General Extraordinaria de la sociedad .... S.L., que se celebrará, el día .... de .... de ...., a las .... horas, en el domicilio social sito en ...., a efectos de deliberar y, en su caso, adoptar acuerdos con relación al siguiente orden del día: 1.– Transmisión de participaciones sociales y hacer constar individualmente la voluntad de los socios de renuncia del derecho de adquisición preferente sobre las participaciones sociales que Don .... pretende transmitir a doña .... En ...., hoy día .... de .... de .... el Administrador único de .... S.L. Don ....»

Asiste a la presente Junta General Extraordinaria, personalmente o representados, los siguientes socios:

I.– Socios presentes:

Don ...., titular de .... participaciones sociales núm. .... a ...., incluidos, con un valor nominal cada una de ellas de .... euros (en su conjunto .... euros), que suponen el .... por ciento del capital social.

Don ...., titular de .... participaciones sociales núm. .... a ...., incluidos, con un valor nominal cada una de ellas de .... euros (en su conjunto .... euros), que suponen el .... por ciento del capital social.

Doña ...., titular de .... participaciones sociales núm. .... a ...., incluidos, con un valor nominal cada una de ellas de .... euros (en su conjunto .... euros), que suponen el .... por ciento del capital social.

Por lo tanto, asisten de forma personal .... socios, titulares, en conjunto, de .... participaciones sociales que suponen el .... por ciento del capital social.

II.– Socios representados:

Don ...., titular de .... participaciones sociales núm. .... a ...., incluidos, con un valor nominal cada una de ellas de .... euros (en su conjunto .... euros), que suponen el .... por ciento del capital social. Asiste el expresado socio representado por Doña ....

Don ...., titular de .... participaciones sociales núm. .... a ...., incluidos, con un valor nominal cada una de ellas de .... euros (en su conjunto .... euros), que suponen el .... por ciento del capital social. Asiste el expresado socio representado por Don ....

Asiste representados, ... socios, que titularizan .... participaciones que suponen el .... por ciento del capital social asumido.

En conjunto, asisten, personalmente o representados, ... socios, titulares de .... participaciones que suponen el .... por ciento del capital social suscrito.

Asiste el órgano de administración de la sociedad.

Son presidente y secretario de la presente Junta General, Don .... y Don ...., respectivamente. Ello de conformidad con lo establecido en la Ley y los Estatutos Sociales y ser los citados señores los socios designados por los concurrentes al comienzo de la reunión.

Abierta la sesión por el Sr. Presidente, sin que nadie se oponga a la válida constitución y celebración de la presente Junta General, se entra en el debate y deliberación de los diversos puntos del orden del día sin que ninguno de los presentes haga uso de su derecho a que conste en el acta el contenido de su intervención.

Tras todo lo anterior, se propone por el Sr. presidente la adopción de los siguientes acuerdos, propuesta que se transcribe literalmente a continuación:

PRIMERO.– Autorizar a Don .... a transmitir a Doña .... las .... participaciones sociales, número .... a ...., por el precio y en las condiciones que estime conveniente, así como hicieron constar todos los socios individualmente su renuncia al derecho de adquisición preferente que les asiste conforme a los estatutos sociales.

Previa la oportuna votación, la citada propuesta de acuerdos sociales es aprobada por UNANIMIDAD, con el voto favorable de todos los asistentes (........... por ciento de los votos correspondientes a las participaciones sociales en que se divide el capital social), en términos idénticos a los anteriormente transcritos.

Y no habiendo más asuntos que tratar, se procede a la redacción de la presente acta que es aprobada de forma unánime por los asistentes, y finaliza la presente Junta General Extraordinaria, levantándose la reunión en ...., a las .... horas del día .... de .... de ....

F060. PARTICIPACIONES SOCIALES. AUTORIZACIÓN DE TRANSMISIÓN DE PARTICIPACIONES SOCIALES Y RENUNCIA INDIVIDUAL DE TODOS LOS SOCIOS DE LOS DERECHOS DE ADQUISICIÓN PREFERENTE. ACTA DE ACUERDO DE JUNTA GENERAL EXTRAORDINARIA UNIVERSAL

Normativa de Aplicación: *Arts. 106 y ss. Real Decreto Legislativo 1/2010, de 2 de julio, por el que se aprueba el texto refundido de la Ley de Sociedades de Capital.*

Que hoy día .... de .... de ...., a las .... horas, y en el domicilio social, sito en la localidad de ...., calle ...., se celebra JUNTA GENERAL EXTRAORDINARIA de socios de la sociedad .... S.L.

Se encuentran presentes, en el referido lugar, y, por lo tanto, concurren la totalidad de socios de la compañía, decidiendo y dando su conformidad los asistentes a constituirse, con el carácter de universal, en Junta General Extraordinaria de socios de la compañía, para deliberar y, en su caso, adoptar acuerdos con relación al siguiente orden del día: 1.– Transmisión de participaciones sociales y hacer constar individualmente la voluntad de los socios de renuncia del derecho de adquisición preferente sobre las participaciones sociales que Don .... pretende transmitir a doña ....

En señal de conformidad firman seguidamente todos los asistentes, a continuación de su nombre y apellidos.

....

Asiste el órgano de administración de la sociedad.

Son presidente y secretario de la presente Junta General, Don .... y Don ...., respectivamente. Ello de conformidad con lo establecido en la Ley y los Estatutos Sociales y ser los citados señores los socios designados por los concurrentes al comienzo de la reunión.

Abierta la sesión por el Sr. Presidente, sin que nadie se oponga a la válida constitución y celebración de la presente Junta General, se entra en el debate y deliberación de los diversos puntos del orden del día, sin que ninguno de los presentes haga uso de su derecho a que conste en el acta el contenido de su intervención.

Tras lo anterior, se propone por el Sr. presidente la adopción de los siguientes acuerdos, que se transcriben de forma literal a continuación:

PRIMERO.– Autorizar a Don .... a transmitir a Doña .... las .... participaciones sociales, número .... a ...., por el precio y en las condiciones que estime conveniente, así como hicieron constar todos los socios individualmente su renuncia al derecho de adquisición preferente que les asiste conforme a los estatutos sociales.

Previa la oportuna votación, la citada propuesta de acuerdos sociales es aprobada por UNANIMIDAD, con el voto favorable de todos los asistentes (........... por ciento de los votos correspondientes a las participaciones sociales en que se divide el capital social), en términos idénticos a los anteriormente transcritos.

Y no habiendo más asuntos que tratar, se procede a la redacción de la presente acta que es aprobada de forma unánime por los asistentes, y finaliza la presente Junta General Extraordinaria, levantándose la reunión en ...., a las .... horas del día .... de .... de ....

F061. PARTICIPACIONES SOCIALES. AUTORIZACIÓN DE TRANSMISIÓN DE PARTICIPACIONES PARA AUMENTO DE CAPITAL POSTERIOR. ACTA DE ACUERDO DE JUNTA GENERAL EXTRAORDINARIA UNIVERSAL

Normativa de Aplicación: *Arts. 106 y ss. Real Decreto Legislativo 1/2010, de 2 de julio, por el que se aprueba el texto refundido de la Ley de Sociedades de Capital.*

Que hoy día .... de .... de ...., a las .... horas, y en el domicilio social, sito en la localidad de ...., calle ...., se celebra JUNTA GENERAL Extraordinaria de socios de la sociedad .... S.L.

Se encuentran presentes, en el referido lugar, y, por lo tanto, concurren la totalidad de socios de la compañía, decidiendo y dando su conformidad los asistentes a constituirse, con el carácter de universal, en Junta General Extraordinaria de socios de la compañía, para deliberar y, en su caso, adoptar acuerdos con relación al siguiente orden del día: 1.–Autorizar la transmisión por parte del socio .... a favor de la entidad ...., las .... participaciones de la que es titular en la entidad ....

En señal de conformidad firman seguidamente todos los asistentes, a continuación de su nombre y apellidos.

....

Asiste el órgano de administración de la sociedad.

Son presidente y secretario de la presente Junta General, Don .... y Don ...., respectivamente. Ello de conformidad con lo establecido en la Ley y los Estatutos Sociales y ser los citados señores los socios designados por los concurrentes al comienzo de la reunión.

Abierta la sesión por el Sr. Presidente, sin que nadie se oponga a la válida constitución y celebración de la presente Junta General, se entra en el debate y deliberación de los diversos puntos del orden del día, sin que ninguno de los presentes haga uso de su derecho a que conste en el acta el contenido de su intervención.

Tras lo anterior, se propone por el Sr. presidente la adopción de los siguientes acuerdos, que se transcriben de forma literal a continuación:

ÚNICO.– En cuanto fuera menester, se autoriza la transmisión de todas las participaciones de las que es titular Don .... de la entidad ...., en concreto .... participaciones, números .... al ...., todos inclusive, a la entidad ...., con CIF ...., como aportación no dineraria a la ampliación de capital de esta última citada sociedad.

Dicha aportación no dineraria se acogerá al régimen tributario establecido en el Capítulo VII del Título VII de la Ley 27/2014, de 27 de noviembre, por el que se aprueba la Ley del Impuesto de Sociedades por cumplir todos los requisitos para ser considerado como una aportación no dineraria especial conforme a lo dispuesto en el apartado 1 del artículo 87 de la citada Ley.

Además, a tal efecto, y según lo previsto igualmente en el artículo 89 de la referida Ley, y lo dispuesto en el artículo 48 del Reglamento del Impuesto sobre Sociedades, la operación de aportación no dineraria especial será comunicada, dentro de los tres meses siguientes a la fecha de inscripción en el Registro Mercantil de la escritura de aumento de capital mediante aportación no dineraria, al Ministerio de Hacienda, mediante la presentación del correspondiente escrito ante la Delegación de la Agencia Estatal de la Administración Tributaria.

Previa la oportuna votación, la citada propuesta de acuerdos sociales es aprobada por UNANIMIDAD, con el voto favorable de todos los asistentes (........... por ciento de los votos correspondientes a las participaciones sociales en que se divide el capital social), en términos idénticos a los anteriormente transcritos.

Y no habiendo más asuntos que tratar, se procede a la redacción de la presente acta que es aprobada de forma unánime por los asistentes, y finaliza la presente Junta General Ordinaria, levantándose la reunión en ...., a las .... horas del día .... de .... de ....

F062. PARTICIPACIONES SOCIALES. DENEGACIÓN DE LA AUTORIZACIÓN DE TRANSMISIÓN DE PARTICIPACIONES SOCIALES. ACTA DE ACUERDO DE JUNTA GENERAL EXTRAORDINARIA CONVOCADA

Normativa de Aplicación: *Arts. 106 y ss. Real Decreto Legislativo 1/2010, de 2 de julio, por el que se aprueba el texto refundido de la Ley de Sociedades de Capital.*

Que hoy día .... de .... de ...., a las .... horas, y en el domicilio social, sito en la localidad de ...., calle .... s/n, se celebra JUNTA GENERAL EXTRAORDINARIA de socios de la sociedad .... S.L.

La convocatoria de la presente Junta General Extraordinaria de socios, ha sido acordada por el administrador único, Don ....

La convocatoria de la presente Junta General, se ha realizado, de conformidad con lo establecido en la Ley y el art .... de los Estatutos Sociales, mediante burofax con acuse de recibo y certificado de contenido, de fecha ...., dirigido ese mismo día a cada uno de los socios al domicilio designado al efecto por cada uno de ellos.

El tenor literal de la convocatoria se transcribe a continuación: «Por medio del presente se convoca a los señores socios a la celebración de Junta General Extraordinaria de la sociedad .... S.L., que se celebrará, el día .... de .... de ...., a las .... horas, en el domicilio social sito en ...., a efectos de deliberar y, en su caso, adoptar acuerdos con relación al siguiente orden del día: 1.– Autorización a la transmisión de participaciones sociales de la compañía que Don .... pretende transmitir a doña .... En ...., hoy día .... de .... de .... el Administrador único de .... S.L. Don ....»

Asisten a la presente Junta General Extraordinaria, personalmente o representados, los siguientes socios:

I.– Socios presentes:

Don ...., titular de .... participaciones sociales núm. .... a ...., incluidos, con un valor nominal cada una de ellas de .... euros (en su conjunto .... euros), que suponen el .... por ciento del capital social.

Don ...., titular de .... participaciones sociales núm. .... a ...., incluidos, con un valor nominal cada una de ellas de .... euros (en su conjunto .... euros), que suponen el .... por ciento del capital social.

Doña ...., titular de .... participaciones sociales núm. .... a ...., incluidos, con un valor nominal cada una de ellas de .... euros (en su conjunto .... euros), que suponen el .... por ciento del capital social.

Por lo tanto, asisten de forma personal .... socios, titulares, en conjunto, de .... participaciones sociales que suponen el .... por ciento del capital social.

II.– Socios representados:

Don ...., titular de .... participaciones sociales núm. .... a ...., incluidos, con un valor nominal cada una de ellas de .... euros (en su conjunto .... euros), que suponen el .... por ciento del capital social. Asiste el expresado socio representado por Doña ....

Don ...., titular de .... participaciones sociales núm. .... a ...., incluidos, con un valor nominal cada una de ellas de .... euros (en su conjunto .... euros), que suponen el .... por ciento del capital social. Asiste el expresado socio representado por Don ....

Asisten representados, ... socios, que titularizan .... participaciones que suponen el .... por ciento del capital social asumido.

En conjunto, asisten, personalmente o representados, ... socios, titulares de .... participaciones que suponen el .... por ciento del capital social suscrito.

Asiste el órgano de administración de la sociedad.

Son presidente y secretario de la presente Junta General, Don .... y Don ...., respectivamente. Ello de conformidad con lo establecido en la Ley y los Estatutos Sociales y ser los citados señores los socios designados por los concurrentes al comienzo de la reunión.

Abierta la sesión por el Sr. Presidente, sin que nadie se oponga a la válida constitución y celebración de la presente Junta General, se entra en el debate y deliberación de los diversos puntos del orden del día sin que ninguno de los presentes haga uso de su derecho a que conste en el acta el contenido de su intervención.

Tras todo lo anterior, se propone por el Sr. presidente la adopción de los siguientes acuerdos, propuesta que se transcribe literalmente a continuación:

PRIMERO.– Denegar la autorización a Don .... para transmitir a Doña .... las .... participaciones sociales, número .... a ...., de esta sociedad.

SEGUNDO.– Manifestando expresamente los restantes socios que no tienen interés en adquirir las participaciones sociales que Don .... proyecta transmitir, quienes igualmente hacen constar individualmente y de forma expresa su renuncia al derecho de adquisición preferente que sobre tales participaciones sociales les corresponde conforme a lo establecido en el art. .... de los Estatutos sociales, y no pudiendo comunicar la identidad de terceros adquirentes de las mismas, se acuerda la adquisición por la propia sociedad, en los términos y conforme a lo establecido en el art. 140 y siguientes y concordantes TRLSC, de la totalidad de las participaciones sociales que Don .... proyectaba transmitir a Doña ...., por el precio, forma de pago y demás condiciones convenidas entre estos últimos y que fue notificada al órgano de administración de la compañía mediante carta de fecha .... de .... de dos mil ....

TERCERO.– Autorizar al administrador único para formalizar la precitada compraventa de participaciones sociales, en los términos arriba expuestos, compareciendo ante notario a afectos de otorgar la correspondiente escritura pública, así como suscribiendo cuantos documentos fueren necesarios a tal fin,

Estando presente el socio Don ...., se da por notificado en este acto de la denegación a la transmisión proyectada y la adquisición de las participaciones sociales por la propia sociedad, en ambos casos, acordada por esta Junta General.

Previa la oportuna votación, la citada propuesta de acuerdos sociales es aprobada por UNANIMIDAD, con el voto favorable de todos los asistentes (........... por ciento de los votos correspondientes a las participaciones sociales en que se divide el capital social), en términos idénticos a los anteriormente transcritos.

Y no habiendo más asuntos que tratar, se procede a la redacción de la presente acta que es aprobada de forma unánime por los asistentes, y finaliza la presente Junta General Extraordinaria, levantándose la reunión en ...., a las .... horas del día .... de .... de ....

F063. PARTICIPACIONES SOCIALES. DENEGACIÓN DE LA AUTORIZACIÓN DE TRANSMISIÓN DE PARTICIPACIONES SOCIALES. ACTA DE ACUERDO DE JUNTA GENERAL EXTRAORDINARIA UNIVERSAL

Normativa de Aplicación: *Arts. 106 y ss. Real Decreto Legislativo 1/2010, de 2 de julio, por el que se aprueba el texto refundido de la Ley de Sociedades de Capital.*

Que hoy día .... de .... de ...., a las .... horas, y en el domicilio social, sito en la localidad de ...., calle ...., se celebra JUNTA GENERAL EXTRAORDINARIA de socios de la sociedad .... S.L.

Se encuentran presentes, en el referido lugar, y, por lo tanto, concurren la totalidad de socios de la compañía, decidiendo y dando su conformidad los asistentes a constituirse, con el carácter de universal, en Junta General Extraordinaria de socios de la compañía, para deliberar y, en su caso, adoptar acuerdos con relación al siguiente orden del día: 1.– Autorización a la transmisión de participaciones sociales de la compañía que Don .... pretende transmitir a doña ....

En señal de conformidad firman seguidamente todos los asistentes, a continuación de su nombre y apellidos.

....

Asiste el órgano de administración de la sociedad.

Son presidente y secretario de la presente Junta General, Don .... y Don ...., respectivamente. Ello de conformidad con lo establecido en la Ley y los Estatutos Sociales y ser los citados señores los socios designados por los concurrentes al comienzo de la reunión.

Abierta la sesión por el Sr. Presidente, sin que nadie se oponga a la válida constitución y celebración de la presente Junta General, se entra en el debate y deliberación de los diversos puntos del orden del día, sin que ninguno de los presentes haga uso de su derecho a que conste en el acta el contenido de su intervención.

Tras lo anterior, se propone por el Sr. presidente la adopción de los siguientes acuerdos, que se transcriben de forma literal a continuación:

PRIMERO.– Denegar la autorización a Don .... para transmitir a Doña .... las .... participaciones sociales, número .... a ...., de esta sociedad.

SEGUNDO.– Manifestando expresamente los restantes socios que no tienen interés en adquirir las participaciones sociales que Don .... proyecta transmitir, quienes igualmente hacen constar individualmente y de forma expresa su renuncia al derecho de adquisición preferente que sobre tales participaciones sociales les corresponde conforme a lo establecido en el art. .... de los Estatutos sociales, y no pudiendo comunicar la identidad de terceros adquirentes de las mismas, se acuerda la adquisición por la propia sociedad, en los términos y conforme a lo establecido en el art. 140 y siguientes y concordantes TRLSC, de la totalidad de las participaciones sociales que Don .... proyectaba transmitir a Doña ...., por el precio, forma de pago y demás condiciones convenidas entre estos últimos y que fue notificada al órgano de administración de la compañía mediante carta de fecha .... de .... de dos mil ....

TERCERO.– Autorizar al administrador único para formalizar la precitada compraventa de participaciones sociales, en los términos arriba expuestos, compareciendo ante notario a afectos de otorgar la correspondiente escritura pública, así como suscribiendo cuantos documentos fueren necesarios a tal fin.

Estando presente el socio Don ...., se da por notificado en este acto de la denegación a la transmisión proyectada y la adquisición de las participaciones sociales por la propia sociedad, en ambos casos, acordada por esta Junta General.

Previa la oportuna votación, la citada propuesta de acuerdos sociales es aprobada por UNANIMIDAD, con el voto favorable de todos los asistentes (........... por ciento de los votos correspondientes a las participaciones sociales en que se divide el capital social), en términos idénticos a los anteriormente transcritos.

Y no habiendo más asuntos que tratar, se procede a la redacción de la presente acta que es aprobada de forma unánime por los asistentes, y finaliza la presente Junta General Extraordinaria, levantándose la reunión en ...., a las .... horas del día .... de .... de ....

F064. PARTICIPACIONES SOCIALES. AUTORIZACIÓN DE TRANSMISIÓN DE PARTES ALÍCUOTA SOBRE PARTICIPACIONES SOCIALES Y RENUNCIA DE DERECHO DE ADQUISICIÓN PREFERENTE. CERTIFICACIÓN DE ACUERDO DE JUNTA GENERAL EXTRAORDINARIA CONVOCADA

Normativa de Aplicación: *Arts. 106 y ss. Real Decreto Legislativo 1/2010, de 2 de julio, por el que se aprueba el texto refundido de la Ley de Sociedades de Capital.*

..........., Administrador Único de la compañía .... S.L., con domicilio en ...., Avenida ...., CIF .... Inscrita en el Registro Mercantil de la Provincia de .... al ....

CERTIFICO según resulta del libro de actas de la sociedad:

Que el día .... de .... de ...., a las .... horas, y en el domicilio social, se celebró en la Junta General Extraordinaria de Socios de la compañía .... S.L.

La convocatoria de la referida Junta General Extraordinaria de socios, fue acordada en fecha .... por el administrador único, Don ....

Que la convocatoria de la presente Junta General, se realizó por el órgano de administración de la sociedad, de conformidad con lo establecido en la Ley y el art .... de los Estatutos Sociales, mediante burofax con acuse de recibo y certificado de contenido, de fecha ...., dirigido ese mismo día a cada uno de los socios al domicilio designado al efecto igualmente por cada uno de ellos.

Que el tenor literal de la convocatoria se transcribe a continuación: «Por medio del presente se convoca a los señores socios a la celebración de Junta General Extraordinaria de la sociedad .... S.L., que se celebrará, el día .... de .... de ...., a las .... horas, en el domicilio social sito en ...., a efectos de deliberar y, en su caso, adoptar acuerdos con relación al siguiente orden del día: 1.– Autorización para la transmisión de partes alícuotas sobre participaciones sociales. En ...., hoy día .... de .... de .... el Administrador único de .... S.L. Don ....»

Que se confeccionó la pertinente lista de asistentes y, en conjunto, asistieron, personalmente o representados, ... socios, titulares de .... participaciones sociales que suponen el .... por ciento del capital social suscrito y .... de los derechos de voto.

Que asistió el órgano de administración de la sociedad.

Que actuaron como presidente y secretario de la citada Junta General, Don .... y Don ...., respectivamente. Ello de conformidad con lo establecido en la Ley y los Estatutos Sociales y ser los citados señores los socios designados por los concurrentes al comienzo de la reunión.

Que abierta la sesión por el Sr. Presidente, sin que nadie se opusiera a la válida constitución y celebración de la citada Junta General, se entró en el debate y deliberación de los diversos puntos del orden del día sin que ninguno de los presentes hiciera uso de su derecho a que constase en el acta el contenido de su intervención. Tras lo anterior, se adoptaron por unanimidad de los asistentes (........... por ciento de los votos en que se divide el capital social), los siguientes ACUERDOS, que son aquí trascritos literalmente:

PRIMERO.– Autorizar a Don .... a transmitir a Doña ...., ... a las partes de la propiedad de las participaciones sociales de la compañía, número .... a ...., por él titularizadas, por el precio y en las condiciones que estime conveniente, así como hacen constar todos los socios, individualmente, su renuncia al derecho de adquisición preferente que les asiste conforme a los estatutos sociales.

Y para que conste y surta los efectos oportunos, libro la presente certificación, haciendo constar que el acta de la reunión donde se adoptaron los acuerdos que se certifican fue aprobada por unanimidad en la propia sesión, y firmada por el presidente y secretario. En ...., a .... de .... de ....

F065. PARTICIPACIONES SOCIALES. AUTORIZACIÓN DE TRANSMISIÓN DE PARTES ALÍCUOTA SOBRE PARTICIPACIONES SOCIALES Y RENUNCIA DE DERECHO DE ADQUISICIÓN PREFERENTE. CERTIFICACIÓN DE ACUERDO DE JUNTA GENERAL EXTRAORDINARIA UNIVERSAL

Normativa de Aplicación: *Arts. 106 y ss. Real Decreto Legislativo 1/2010, de 2 de julio, por el que se aprueba el texto refundido de la Ley de Sociedades de Capital.*

..........., Administrador único de la compañía .... S.L., con domicilio en ...., C/ .... y CIF .... Inscrita en el Registro Mercantil de la Provincia de ....

CERTIFICO, según resulta del libro de actas de la sociedad:

Que el día .... de .... de .... de .... y en ...., calle ...., se celebró Junta General Extraordinaria de Socios de la compañía .... S.L., reunida con carácter universal.

Que se encontraban presentes la totalidad de los socios, figurando su nombre en el acta.

Que la totalidad de los socios aceptaron constituirse y celebrar dicha Junta General, con el carácter de universal, para deliberar y, en su caso, adoptar acuerdos con relación al siguiente orden del día: 1.– Autorización para la transmisión de partes alícuotas sobre participaciones sociales.

Que en señal de conformidad con lo reseñado anteriormente, la totalidad de los socios de la compañía, seguido de su respectivo nombre, firmaron al inicio del acta cuyos acuerdos aquí se certifican.

Que de conformidad con lo previsto en la Ley y Los Estatutos Sociales fueron designados y actuaron como presidente de la misma Doña .... y como secretario Don ....

Que abierta la sesión sin que nadie se opusiera a ello, se adoptaron por unanimidad, (........... por ciento de los votos correspondientes a las participaciones sociales en que se divida el capital social), los siguientes ACUERDOS que se transcriben de forma literal a continuación:

PRIMERO.– Autorizar a Don .... a transmitir a Doña ...., ... a las partes de la propiedad de las participaciones sociales de la compañía, número .... a ...., por él titularizadas, por el precio y en las condiciones que estime conveniente, así como hacen constar todos los socios, individualmente, su renuncia al derecho de adquisición preferente que les asiste conforme a los estatutos sociales.

Y para que conste libro la presente certificación, haciendo constar que el acta de la reunión donde se adoptaron los acuerdos que se certifican fue aprobada por unanimidad en la propia sesión, y firmada por el presidente y secretario, en ...., a .... de .... de ....

F066. PARTICIPACIONES SOCIALES. TRANSMISIÓN DE PARTICIPACIONES POR TÍTULO DE COMPRAVENTA. CERTIFICACIÓN DE ACUERDO DE JUNTA GENERAL EXTRAORDINARIA UNIVERSAL

Normativa de Aplicación: *Arts. 106 y ss. Real Decreto Legislativo 1/2010, de 2 de julio, por el que se aprueba el texto refundido de la Ley de Sociedades de Capital.*

DON ...., Administrador único de la compañía .... S.L., con domicilio en ...., C/ .... y CIF .... Inscrita en el Registro Mercantil de la Provincia de ....

CERTIFICO, según resulta del libro de actas de la sociedad:

Que el día .... de .... de .... de .... y en ...., calle ...., se celebró Junta General Extraordinaria de Socios de la compañía .... S.L., reunida con carácter universal.

Que se encontraban presentes la totalidad de los socios, figurando su nombre en el acta.

Que la totalidad de los socios aceptaron constituirse y celebrar dicha Junta General, con el carácter de universal, para deliberar y, en su caso, adoptar acuerdos con relación al siguiente orden del día:

1.- Trasmisión de .... participaciones nominativas de la mercantil .... titularidad de ...., a DON ....

2.- Delegación de facultades para elevación a público.

Que en señal de conformidad con lo reseñado anteriormente, la totalidad de los socios de la compañía, seguido de su respectivo nombre, firmaron al inicio del acta cuyos acuerdos aquí se certifican.

Que de conformidad con lo previsto en la Ley y Los Estatutos Sociales fueron designados y actuaron como presidente de la misma Doña .... y como secretario Don ....

Que abierta la sesión sin que nadie se opusiera a ello, se adoptaron por unanimidad, (........... por ciento de los votos correspondientes a las participaciones sociales en que se divida el capital social), los siguientes ACUERDOS que se transcriben de forma literal a continuación:

PRIMERO.- Transmitir por título de compraventa .... participaciones de la entidad ...., de las que es titular ...., en concreto las números ...., ambos inclusive, a ...., mayor de edad, con DNI/NIF ...., siendo el precio total de la compraventa de .... euros, y siendo satisfechos los gastos e impuestos que se deriven de la operación conforme a ley.

SEGUNDO.– Facultar al Administrador Único para ejecutar y elevar a público los anteriores acuerdos adoptados por los socios, y todo ello, aunque incida en la figura jurídica de autocontratación o exista conflicto de intereses.

Y para que conste libro la presente certificación, haciendo constar que el acta de la reunión donde se adoptaron los acuerdos que se certifican fue aprobada por unanimidad en la propia sesión, y firmada por el presidente y sescretario, en ...., a .... de .... de ....

F067. PARTICIPACIONES SOCIALES. AUTORIZACIÓN DE TRANSMISIÓN DE PARTICIPACIONES SOCIALES. CERTIFICACIÓN DE ACUERDO DE JUNTA GENERAL EXTRAORDINARIA UNIVERSAL

Normativa de Aplicación: *Arts. 106 y ss. Real Decreto Legislativo 1/2010, de 2 de julio, por el que se aprueba el texto refundido de la Ley de Sociedades de Capital.*

DON ...., Administrador único de la compañía .... S.L., con domicilio en ...., C/ .... y CIF .... Inscrita en el Registro Mercantil de la Provincia de ....

CERTIFICO, según resulta del libro de actas de la sociedad:

Que el día .... de .... de .... de .... y en ...., calle ...., se celebró Junta General Extraordinaria de Socios de la compañía .... S.L., reunida con carácter universal.

Que se encontraban presentes la totalidad de los socios, figurando su nombre en el acta.

Que la totalidad de los socios aceptaron constituirse y celebrar dicha Junta General, con el carácter de universal, para deliberar y, en su caso, adoptar acuerdos con relación al siguiente orden del día: 1.–Autorizar la transmisión por parte del socio .... a favor de DON ...., de .... participaciones sociales de la que es titular en la entidad .... Que en señal de conformidad con lo reseñado anteriormente, la totalidad de los socios de la compañía, seguido de su respectivo nombre, firmaron al inicio del acta cuyos acuerdos aquí se certifican.

Que de conformidad con lo previsto en la Ley y Los Estatutos Sociales fueron designados y actuaron como presidente de la misma Doña .... y como secretario Don ....

Que abierta la sesión sin que nadie se opusiera a ello, se adoptaron por unanimidad, (........... por ciento de los votos correspondientes a las participaciones sociales en que se divida el capital social), los siguientes ACUERDOS que se transcriben de forma literal a continuación:

ÚNICO.– Se autoriza la transmisión por título de compraventa de .... participaciones nominativas de la entidad ...., de las que es titular ...., en concreto las números ...., ambos inclusive, a Don ...., mayor de edad, casado, vecino de .... y con DNI/NIF.– ...., siendo el precio total de la compraventa de .... EUROS, y siendo satisfechos los gastos e impuestos que se deriven de la operación conforme a ley.

Y para que conste libro la presente certificación, haciendo constar que el acta de la reunión donde se adoptaron los acuerdos que se certifican fue aprobada por unanimidad en la propia sesión, y firmada por el presidente y secretario, en ...., a .... de .... de ....

F068. PARTICIPACIONES SOCIALES. AUTORIZACIÓN DE TRANSMISIÓN DE PARTICIPACIONES SOCIALES Y RENUNCIA INDIVIDUAL DE TODOS LOS SOCIOS DE LOS DERECHOS DE ADQUISICIÓN PREFERENTE. CERTIFICACIÓN DE ACUERDO DE JUNTA GENERAL EXTRAORDINARIA CONVOCADA

Normativa de Aplicación: *Arts. 106 y ss. Real Decreto Legislativo 1/2010, de 2 de julio, por el que se aprueba el texto refundido de la Ley de Sociedades de Capital.*

..........., Administrador Único de la compañía .... S.L., con domicilio en ...., Avenida ...., CIF .... Inscrita en el Registro Mercantil de la Provincia de .... al ....

CERTIFICO según resulta del libro de actas de la sociedad:

Que el día .... de .... de ...., a las .... horas, y en el domicilio social, se celebró en la Junta General Extraordinaria de Socios de la compañía .... S.L.

La convocatoria de la referida Junta General Extraordinaria de socios, fue acordada en fecha .... por el administrador único, Don ....

Que la convocatoria de la presente Junta General, se realizó por el órgano de administración de la sociedad, de conformidad con lo establecido en la Ley y el art .... de los Estatutos Sociales, mediante burofax con acuse de recibo y certificado de contenido, de fecha ...., dirigido ese mismo día a cada uno de los socios al domicilio designado al efecto igualmente por cada uno de ellos.

Que el tenor literal de la convocatoria se transcribe a continuación: «Por medio del presente se convoca a los señores socios a la celebración de Junta General Extraordinaria de la sociedad .... S.L., que se celebrará, el día .... de .... de ...., a las .... horas, en el domicilio social sito en ...., a efectos de deliberar y, en su caso, adoptar acuerdos con relación al siguiente orden del día: 1.– Transmisión de participaciones sociales y hacer constar individualmente la voluntad de los socios de renuncia del derecho de adquisición preferente sobre las participaciones sociales que Don .... pretende transmitir a doña .... En ...., hoy día .... de .... de .... el Administrador único de .... S.L. Don ....»

Que se confeccionó la pertinente lista de asistentes y, en conjunto, asistieron, personalmente o representados, ... socios, titulares de .... participaciones sociales que suponen el .... por ciento del capital social suscrito y .... de los derechos de voto.

Que asistió el órgano de administración de la sociedad.

Que actuaron como presidente y secretario de la citada Junta General, Don .... y Don ...., respectivamente. Ello de conformidad con lo establecido en la Ley y los Estatutos Sociales y ser los citados señores los socios designados por los concurrentes al comienzo de la reunión.

Que abierta la sesión por el Sr. Presidente, sin que nadie se opusiera a la válida constitución y celebración de la citada Junta General, se entró en el debate y deliberación de los diversos puntos del orden del día sin que ninguno de los presentes hiciera uso de su derecho a que constase en el acta el contenido de su intervención. Tras lo anterior, se adoptaron por unanimidad de los asistentes (...........) por ciento de los votos en que se divide el capital social), los siguientes ACUERDOS, que son aquí trascritos literalmente:

PRIMERO.– Autorizar a Don .... a transmitir a Doña .... las .... participaciones sociales, número .... a ...., por el precio y en las condiciones que estime conveniente, así como hicieron constar todos los socios individualmente su renuncia al derecho de adquisición preferente que les asiste conforme a los estatutos sociales.

Y para que conste y surta los efectos oportunos, libro la presente certificación, haciendo constar que el acta de la reunión donde se adoptaron los acuerdos que se certifican fue aprobada por unanimidad en la propia sesión, y firmada por el presidente y secretario. En ...., a .... de .... de ....

F069. PARTICIPACIONES SOCIALES. AUTORIZACIÓN DE TRANSMISIÓN DE PARTICIPACIONES SOCIALES Y RENUNCIA INDIVIDUAL DE TODOS LOS SOCIOS DE LOS DERECHOS DE ADQUISICIÓN PREFERENTE. CERTIFICACIÓN DE ACUERDO DE JUNTA GENERAL EXTRAORDINARIA UNIVERSAL

Normativa de Aplicación: *Arts. 106 y ss. Real Decreto Legislativo 1/2010, de 2 de julio, por el que se aprueba el texto refundido de la Ley de Sociedades de Capital.*

..........., Administrador único de la compañía .... S.L., con domicilio en ...., C/ .... y CIF .... Inscrita en el Registro Mercantil de la Provincia de ....

CERTIFICO, según resulta del libro de actas de la sociedad:

Que el día .... de .... de .... de .... y en ...., calle ...., se celebró Junta General Extraordinaria de Socios de la compañía .... S.L., reunida con carácter universal.

Que se encontraban presentes la totalidad de los socios, figurando su nombre en el acta.

Que la totalidad de los socios aceptaron constituirse y celebrar dicha Junta General, con el carácter de universal, para deliberar y, en su caso, adoptar acuerdos con relación al siguiente orden del día: 1.– Transmisión de participaciones sociales y hacer constar individualmente la voluntad de los socios de renuncia del derecho de adquisición preferente sobre las participaciones sociales que Don .... pretende transmitir a doña ....

Que en señal de conformidad con lo reseñado anteriormente, la totalidad de los socios de la compañía, seguido de su respectivo nombre, firmaron al inicio del acta cuyos acuerdos aquí se certifican.

Que de conformidad con lo previsto en la Ley y Los Estatutos Sociales fueron designados y actuaron como presidente de la misma Doña .... y como secretario Don ....

Que abierta la sesión sin que nadie se opusiera a ello, se adoptaron por unanimidad, (........... por ciento de los votos correspondientes a las participaciones sociales en que se divida el capital social), los siguientes ACUERDOS que se transcriben de forma literal a continuación:

PRIMERO.– Autorizar a Don .... a transmitir a Doña .... las .... participaciones sociales, número .... a ...., por el precio y en las condiciones que estime conveniente, así como hicieron constar todos los socios individualmente su renuncia al derecho de adquisición preferente que les asiste conforme a los estatutos sociales.

Y para que conste libro la presente certificación, haciendo constar que el acta de la reunión donde se adoptaron los acuerdos que se certifican fue aprobada por unanimidad en la propia sesión, y firmada por el presidente y secretario, en ...., a .... de .... de ....

F070. PARTICIPACIONES SOCIALES. ESCRITURA DE DESISTIMIENTO DEL DERECHO DE ADQUISICIÓN PREFERENTE EN UNA TRANSMISIÓN DE PARTICIPACIONES SOCIALES

Normativa de Aplicación: *Art. 106 y ss. Real Decreto Legislativo 1/2010, de 2 de julio, por el que se aprueba el texto refundido de la Ley de Sociedades de Capital.*

ESCRITURA DE DESISTIMIENTO DE DERECHOS

En ...., mi residencia, a Fecha autorización.

Ante mí, ..., Notario del Ilustre Colegio Notarial de ....,

COMPARECEN

DON ...., de profesión ...., vecino de (...........), con domicilio en ...., número ....° con Documento Nacional de Identidad y Número de Identificación Fiscal número ....

DON ...., ..., de profesión ...., vecino de ....), con domicilio en .... con Documento Nacional de Identidad y Número de Identificación Fiscal número

INTERVIENEN

1) DON .... en nombre y representación de:

A) La entidad .... S.L., sociedad constituida por tiempo indefinido, y de nacionalidad española.

DOMICILIO SOCIAL. Con domicilio social en ...., Calle ...., número ....

CONSTITUCIÓN. Constituida en escritura autorizada por el Notario de ...., don ...., con fecha de .... de .... de ...., con el número .... de su protocolo.

INSCRIPCIÓN.- Inscrita en el Registro Mercantil de ...., al tomo ...., libro ...., folio ...., hoja número ....

C.I.F. número .... Yo, el Notario, compruebo a través de la plataforma SIGNO que el anterior C.I.F. no ha sido revocado. Incorporo a la presente traslado a papel, directamente obtenido por mí, de dicha consulta.

OBJETO SOCIAL. Tiene por objeto social ....

Esta sociedad fue declarada en concurso voluntario de acreedores mediante auto dictado por el Juzgado de lo Mercantil número .... de ...., el día .... de .... de .... En dicho auto, se declaró la intervención de las facultades de administración, y se nombró administrador concursal a don ....

Posteriormente, mediante auto dictado por el mismo juzgado, de fecha 1 de febrero de 2024, se declaró conclusión de la fase común del concurso, la apertura de la fase de liquidación y suspensión de las facultades de administración, y la apertura de la fase de liquidación de la sociedad.

Y mediante auto emitido por el mismo juzgado, de .... de .... de .... se aprobaron las reglas de liquidación de la entidad .... S.L, propuestas por el administrador concursal en su informe de fecha de .... de .... de .... En dichas reglas se establecía, para las participaciones sociales, el sistema de venta directa inicialmente, y en defecto de éste, el de subasta extrajudicial a través de entidad especializada.

Incorporo a la presente los documentos judiciales reseñados, para su reproducción en las copias que de la misma se expidan.

TITULARIDAD REAL.- Yo, el Notario, hago constar expresamente que he cumplido con la obligación de identificación del titular real que impone el artículo 4 de la Ley 10/2.010, de 28 de abril, cuyo resultado consta en acta autorizada por el notario de ...., don ...., el día .... de .... de ...., con el número .... de su protocolo; asimismo manifiesta que desde la fecha del acta dicha titularidad real no ha sufrido modificación alguna, y que no es persona con responsabilidad pública, ni tampoco sus parientes o allegados.

Asevera el compareciente que los datos de identificación de su representada —especialmente, el objeto y el domicilio— no han variado respecto de los consignados en el documento presentado, que continúa en el ejercicio de sus facultades, y que éstas no le han sido limitadas, suspendidas ni revocadas y que permanece invariable la personalidad jurídica de la entidad que representa.

JUICIO DE SUFICIENCIA: Y de la documentación reseñada resulta que ostenta, a mi juicio, facultades suficientes para el otorgamiento de la presente escritura de desistimiento de derechos, de lo cual doy fe.

B) La entidad ...., S.L. sociedad constituida por tiempo indefinido, y de nacionalidad española.

DOMICILIO SOCIAL. Con domicilio social en ....

CONSTITUCIÓN. Constituida en escritura autorizada por el Notario de ...., don ...., con fecha de .... de .... de ...., con el número .... de su protocolo.

INSCRIPCIÓN.- Inscrita en el Registro Mercantil de ...., al tomo ...., libro ...., folio ...., hoja número ....

C.I.F. número .... Yo, el Notario, compruebo a través de la plataforma SIGNO que el anterior C.I.F. no ha sido revocado. Incorporo a la presente traslado a papel, directamente obtenido por mí, de dicha consulta.

OBJETO SOCIAL. Tiene por objeto social ....

Esta sociedad fue declarada en concurso voluntario de acreedores mediante auto dictado por el Juzgado de lo Mercantil número X de ...., el día .... de .... de .... En dicho auto, se declaró la intervención de las facultades de administración, y se nombró administrador concursal a don ....

Posteriormente, mediante auto dictado por el mismo juzgado, de fecha .... de .... de ...., se declaró conclusión de la fase común del concurso, la apertura de la fase de liquidación y suspensión de las facultades de administración.

Y mediante auto emitido por el mismo juzgado, de .... de .... de .... se aprobaron las reglas de liquidación de la entidad .... S.L propuestas por el administrador concursal en su informe de fecha de .... de .... de .... En dichas reglas se establecía, para las participaciones sociales, el sistema de venta directa inicialmente, y en defecto de éste, el de subasta extrajudicial a través de entidad especializada.

Incorporo a la presente los documentos judiciales reseñados, para su reproducción en las copias que de la misma se expidan.

TITULARIDAD REAL.- Yo, el Notario, hago constar expresamente que he cumplido con la obligación de identificación del titular real que impone el artículo 4 de la Ley 10/2.010, de 28 de abril, cuyo resultado consta en acta autorizada por el notario de ...., don ...., el día .... de .... de ...., con el número .... de su protocolo; asimismo manifiesta que desde la fecha del acta dicha titularidad real no ha sufrido modificación alguna, y que no es persona con responsabilidad pública, ni tampoco sus parientes o allegados.

Asevera el compareciente que los datos de identificación de su representada —especialmente, el objeto y el domicilio— no han variado respecto de los consignados en el documento presentado, que continúa en el ejercicio de sus facultades, y que éstas no le han sido limitadas, suspendidas ni revocadas y que permanece invariable la personalidad jurídica de la entidad que representa.

JUICIO DE SUFICIENCIA: Y de la documentación reseñada resulta que ostenta, a mi juicio, facultades suficientes para el otorgamiento de la presente escritura de desistimiento de derechos, de lo cual doy fe.

2) DON .... en nombre y representación de ...., sociedad constituida por tiempo indefinido, y de nacionalidad española.

DOMICILIO SOCIAL. .... (...........), Calle ...., número ....

CONSTITUCIÓN. Constituida en escritura autorizada por el Notario de ...., don ...., con fecha de .... de .... de ...., con el número .... de su protocolo.

INSCRIPCIÓN.- Inscrita en el Registro Mercantil de .... al tomo ...., folio ...., hoja número ....

C.I.F. número .... Yo, el Notario, compruebo a través de la plataforma SIGNO que el anterior C.I.F. no ha sido revocado. Incorporo a la presente traslado a papel, directamente obtenido por mí, de dicha consulta.

OBJETO SOCIAL. Tiene por objeto social ....

LEGITIMACIÓN. ....El nombramiento y sus facultades para este acto resultan de su condición de ....administrador único, cargo para el que fue designado mediante escritura autorizada por el notario de ...., don ...., el día ...., con el número .... de protocolo, que causó la inscripción .... en el Registro Mercantil.

...........El nombramiento y sus facultades para este acto resultan de su condición de persona física designada para que actúe por la sociedad administrador único, que es "..........., SOCIEDAD LIMITADA", de nacionalidad española; con domicilio en .... (), Calle ...., número ....; constituida en escritura autorizada por mí,DON ...., notario de ...., con fecha de .... de .... de .... y número .... de protocolo; inscrita en el Registro Mercantil de ...., al tomo .... Folio ...., Hoja V-...........; y con CIF número ....

Fue designado para dicho cargo en virtud de escritura autorizada por el notario de ...., don ...., el día .... de .... de ...., con el número .... de mi protocolo, que causó la inscripción .... en el Registro Mercantil.

TITULARIDAD REAL.- Yo, el Notario, hago constar expresamente que he cumplido con la obligación de identificación del titular real que impone el artículo 4 de la Ley 10/2.010, de 28 de abril, cuyo resultado consta en acta autorizada por el notario de ...., don ...., el día .... de .... de ...., con el número .... de su protocolo; asimismo manifiesta que desde la fecha del acta dicha titularidad real no ha sufrido modificación alguna, y que no es persona con responsabilidad pública, ni tampoco sus parientes o allegados.

Asevera el compareciente que los datos de identificación de su representada —especialmente, el objeto y el domicilio— no han variado respecto de los consignados en el documento presentado, que continúa en el ejercicio de sus facultades, y que éstas no le han sido limitadas, suspendidas ni revocadas y que permanece invariable la personalidad jurídica de la entidad que representa.

JUICIO DE SUFICIENCIA: Y de la documentación reseñada resulta que ostenta, a mi juicio, facultades suficientes para el otorgamiento de la presente escritura de desistimiento de derechos, de lo cual doy fe.

Identifico a los comparecientes por sus reseñados documentos de identidad. Constan sus circunstancias personales por sus manifestaciones. Y tienen, a mi juicio, facultades suficientes para el otorgamiento de esta escritura de desistimiento de derechos, a cuyos efectos,

EXPONEN

I.- Que con fecha de .... de .... de ...., en el marco de los procesos concursales reseñados en la intervención de esta escritura, la entidad .... S.L presentó oferta de adquisición por las participaciones titularidad de las mercantiles .... S.L y .... en la entidad ...., S.L., en los términos que son de ver en los documentos de oferta que se incorporan a la presente, y que se dan por reproducidos.

II.- Que ambas ofertas fueron las de mayor cuantía de entre las que recibió la administración concursal respecto de cada una de las sociedades concursadas, dentro del plazo establecido para ello en las reglas de liquidación aprobadas judicialmente.

III.- Y expuesto lo anterior,

OTORGAN

PRIMERO. .... S.L desiste de las ofertas presentadas, reconociendo que no tiene interés en adquirir las participaciones que titulan las dos sociedades concursadas aquí representadas en .... S.L., y renunciando por tanto a los derechos que le corresponden, derivados de las dos ofertas a que se ha hecho referencia en el expositivo II de esta escritura. Esta renuncia es irrevocable, dejando de ser de interés de ...., S.L. la adquisición de las participaciones, debido principalmente a los estados financieros de la mercantil .... S.L., y en particular a su alto endeudamiento.

SEGUNDO. Y por tanto, el administrador concursal podrá aceptar siguientes ofertas recibidas para la adquisición de las antedichas participaciones sociales de la entidad ............S.L., en la medida que lo estime pertinente.

CLÁUSULA DE INFORMACIÓN DE DATOS

De acuerdo con lo previsto en el Reglamento (UE) 2016/679 del Parlamento Europeo y del Consejo, de 27 de abril de 2016, relativo a la protección de las personas físicas en lo que respecta al tratamiento de datos personales y a la libre circulación de estos datos, informo a los comparecientes de que los datos personales resultantes de esta Escritura serán incorporados al Fichero de Protocolos y Documentación y al Fichero de Administración y Organización de esta Notaría, de que las finalidades del tratamiento son el estricto desempeño de la función pública notarial, la facturación y el seguimiento posterior de la presente, y de que dichos datos se conservarán en la Notaría con carácter confidencial y amparados por el secreto de protocolo, sin perjuicio de las remisiones impuestas por Ley a las Administraciones Públicas y, en su caso al Notario sucesor en la actual plaza.

Asimismo, en caso de que alguno de los interesados encargue la gestión del presente documento a la propia notaría, manifiesta expresamente el consentimiento a que ésta pueda ceder los datos de dicho interesado y copias de la presente a la gestoría que la notaría elija para llevar a cabo dicha gestión; y en caso de que alguno de los interesados encargue la gestión a una gestoría concreta, el interesado consiente expresamente la cesión de datos y de copias se hará a la misma con dicha finalidad.

Si se facilitaran datos de personas distintas a el/los interviniente/s, este/os deberá/n haberle/s informado previamente de lo contenido en el artículo 14 del citado Reglamento.

El responsable del Fichero es el Notario autorizante, con domicilio a estos efectos en esta Oficina, ante quien podrá ejercer el interesado sus derechos de acceso, rectificación, cancelación y oposición en los términos previstos por el citado Reglamento y por la legislación notarial específica vigente.

Frente a cualquier eventual vulneración de dichos derechos, los interesados pueden presentar la pertinente reclamación ante la Agencia Española de Protección de Datos.

Se ha dado cumplimiento a las prevenciones de la Ley 10/2010, de 28 de abril.

OTORGAMIENTO Y AUTORIZACIÓN

Hago las reservas y advertencias legales, en especial las pertinentes fiscales, y leo esta escritura a los comparecientes, previa advertencia y renuncia de su derecho a hacerlo por sí, la encuentran conforme, otorgan y firman conmigo, el Notario, que DOY FE de que el consentimiento ha sido prestado libremente, de que este otorgamiento se adecua a la legalidad y a la voluntad debidamente informada de los otorgantes y de todo lo demás contenido en este instrumento público extendido en Composición papel timbrado, yo el Notario, DOY FE.

F071. PARTICIPACIONES SOCIALES. DENEGACIÓN DE LA AUTORIZACIÓN DE TRANSMISIÓN DE PARTICIPACIONES SOCIALES. CERTIFICACIÓN DE ACUERDO DE JUNTA GENERAL EXTRAORDINARIA UNIVERSAL

Normativa de Aplicación: *Arts. 106 y ss. Real Decreto Legislativo 1/2010, de 2 de julio, por el que se aprueba el texto refundido de la Ley de Sociedades de Capital.*

..........., Administrador único de la compañía .... S.L., con domicilio en ...., C/ .... y CIF .... Inscrita en el Registro Mercantil de la Provincia de ....

CERTIFICO, según resulta del libro de actas de la sociedad:

Que el día .... de .... de .... de .... y en ...., calle ...., se celebró Junta General Extraordinaria de Socios de la compañía .... S.L., reunida con carácter universal.

Que se encontraban presentes la totalidad de los socios, figurando su nombre en el acta.

Que la totalidad de los socios aceptaron constituirse y celebrar dicha Junta General, con el carácter de universal, para deliberar y, en su caso, adoptar acuerdos con relación al siguiente orden del día:

1.– Autorización a la transmisión de participaciones sociales de la compañía que Don .... pretende transmitir a doña ....

Que en señal de conformidad con lo reseñado anteriormente, la totalidad de los socios de la compañía, seguido de su respectivo nombre, firmaron al inicio del acta cuyos acuerdos aquí se certifican.

Que de conformidad con lo previsto en la Ley y Los Estatutos Sociales fueron designados y actuaron como presidente de la misma Doña .... y como secretario Don ....

Que abierta la sesión sin que nadie se opusiera a ello, se adoptaron por unanimidad, (...........) por ciento de los votos correspondientes a las participaciones sociales en que se divida el capital social), los siguientes ACUERDOS que se transcriben de forma literal a continuación:

PRIMERO.– Denegar la autorización a Don .... para transmitir a Doña .... las .... participaciones sociales, número .... a ...., de esta sociedad.

SEGUNDO.– Manifestando expresamente los restantes socios que no tienen interés en adquirir las participaciones sociales que Don .... proyecta transmitir, quienes igualmente hacen constar individualmente y de forma expresa su renuncia al derecho de adquisición preferente que sobre tales participaciones sociales les corresponde conforme a lo establecido en el art. .... de los Estatutos sociales, y no pudiendo comunicar la identidad de terceros adquirentes de las mismas, se acuerda la adquisición por la propia sociedad, en los términos y conforme a lo establecido en el art. 140 y siguientes y concordantes TRLSC, de la totalidad de las participaciones sociales que Don .... proyectaba transmitir a Doña ...., por el precio, forma de pago y demás condiciones convenidas entre estos últimos y que fue notificada al órgano de administración de la compañía mediante carta de fecha .... de .... de dos mil ....

TERCERO.– Autorizar al administrador único para formalizar la precitada compraventa de participaciones sociales, en los términos arriba expuestos, compareciendo ante notario a afectos de otorgar la correspondiente escritura pública, así como suscribiendo cuantos documentos fueren necesarios a tal fin,

Estando presente el socio Don ...., se da por notificado en este acto de la denegación a la transmisión proyectada y la adquisición de las participaciones sociales por la propia sociedad, en ambos casos, acordada por esta Junta General.

Y para que conste libro la presente certificación, haciendo constar que el acta de la reunión donde se adoptaron los acuerdos que se certifican fue aprobada por unanimidad en la propia sesión, y firmada por el presidente y secretario, en ...., a .... de .... de ....

F072. PARTICIPACIONES SOCIALES. DENEGACIÓN DE LA AUTORIZACIÓN DE TRANSMISIÓN DE PARTICIPACIONES SOCIALES. CERTIFICACIÓN DE ACUERDO DE JUNTA GENERAL EXTRAORDINARIA CONVOCADA

Normativa de Aplicación: *Arts. 106 y ss. Real Decreto Legislativo 1/2010, de 2 de julio, por el que se aprueba el texto refundido de la Ley de Sociedades de Capital.*

..........., Administrador Único de la compañía .... S.L., con domicilio en ...., Avenida ...., CIF .... Inscrita en el Registro Mercantil de la Provincia de .... al ....

CERTIFICO según resulta del libro de actas de la sociedad:

Que el día .... de .... de ...., a las .... horas, y en el domicilio social, se celebró en la Junta General Extraordinaria de Socios de la compañía .... S.L.

La convocatoria de la referida Junta General Extraordinaria de socios, fue acordada en fecha .... por el administrador único, Don ....

Que la convocatoria de la presente Junta General, se realizó por el órgano de administración de la sociedad, de conformidad con lo establecido en la Ley y el art .... de los Estatutos Sociales, mediante burofax con acuse de recibo y certificado de contenido, de fecha ...., dirigido ese mismo día a cada uno de los socios al domicilio designado al efecto igualmente por cada uno de ellos.

Que el tenor literal de la convocatoria se transcribe a continuación: «Por medio del presente se convoca a los señores socios a la celebración de Junta General Extraordinaria de la sociedad .... S.L., que se celebrará, el día .... de .... de ...., a las .... horas, en el domicilio social sito en ...., a efectos de deliberar y, en su caso, adoptar acuerdos con relación al siguiente orden del día: 1.– Autorización a la transmisión de participaciones sociales de la compañía que Don .... pretende transmitir a doña ....

En ...., hoy día .... de .... de .... el Administrador único de .... S.L. Don ....»

Que se confeccionó la pertinente lista de asistentes y, en conjunto, asistieron, personalmente o representados, ... socios, titulares de .... participaciones sociales que suponen el .... por ciento del capital social suscrito y .... de los derechos de voto.

Que asistió el órgano de administración de la sociedad.

Que actuaron como presidente y secretario de la citada Junta General, Don .... y Don ...., respectivamente. Ello de conformidad con lo establecido en la Ley y los Estatutos Sociales y ser los citados señores los socios designados por los concurrentes al comienzo de la reunión.

Que abierta la sesión por el Sr. Presidente, sin que nadie se opusiera a la válida constitución y celebración de la citada Junta General, se entró en el debate y deliberación de los diversos puntos del orden del día sin que ninguno de los presentes hiciera uso de su derecho a que constase en el acta el contenido de su intervención. Tras lo anterior, se adoptaron por unanimidad de los asistentes (........... por ciento de los votos en que se divide el capital social), los siguientes ACUERDOS, que son aquí trascritos literalmente:

PRIMERO.– Denegar la autorización a Don .... para transmitir a Doña .... las .... participaciones sociales, número .... a ...., de esta sociedad.

SEGUNDO.– Manifestando expresamente los restantes socios que no tienen interés en adquirir las participaciones sociales que Don .... proyecta transmitir, quienes igualmente hacen constar individualmente y de forma expresa su renuncia al derecho de adquisición preferente que sobre tales participaciones sociales les corresponde conforme a lo establecido en el art. .... de los Estatutos sociales, y no pudiendo comunicar la identidad de terceros adquirentes de las mismas, se acuerda la adquisición por la propia sociedad, en los términos y conforme a lo establecido en el art. 140 y siguientes y concordantes TRLSC, de la totalidad de las participaciones sociales que Don .... proyectaba transmitir a Doña ...., por el precio, forma de pago y demás condiciones convenidas entre estos últimos y que fue notificada al órgano de administración de la compañía mediante carta de fecha .... de .... de dos mil ....

TERCERO.– Autorizar al administrador único para formalizar la precitada compraventa de participaciones sociales, en los términos arriba expuestos, compareciendo ante notario a afectos de otorgar la correspondiente escritura pública, así como suscribiendo cuantos documentos fueren necesarios a tal fin,

Estando presente el socio Don ...., se da por notificado en este acto de la denegación a la transmisión proyectada y la adquisición de las participaciones sociales por la propia sociedad, en ambos casos, acordada por esta Junta General.

Y para que conste y surta los efectos oportunos, libro la presente certificación, haciendo constar que el acta de la reunión donde se adoptaron los acuerdos que se certifican fue aprobada por unanimidad en la propia sesión, y firmada por el presidente y secretario. En ...., a .... de .... de ....

F073. PARTICIPACIONES SOCIALES. TRANSMISIÓN DE PARTICIPACIONES SOCIALES. ESCRITURA DE COMPRAVENTA

Normativa de Aplicación: *Arts. 106 y ss. Real Decreto Legislativo 1/2010, de 2 de julio, por el que se aprueba el texto refundido de la Ley de Sociedades de Capital.*

En la Ciudad de ...., mi residencia, a .... de ....

Ante mí, ..., Notario de la Ciudad y del Ilustre Colegio de ....

COMPARECEN

Don ...., mayor de edad, de nacionalidad española, casado con Doña ...., bajo el régimen de absoluta separación de bienes en virtud de escritura de capitulaciones matrimoniales otorgada con fecha .... ante el notario de ...., Don .... (núm. de protocolo ....), vecino de ...., con domicilio en ...., núm. .... DNI/NIF ....

Doña ...., mayor de edad, de nacionalidad española, soltera, vecina de ...., con domicilio en ...., núm. .... DNI/NIF ....

Les identifico por los documentos de identidad exhibidos y reseñados.

INTERVIENEN

Don .... y Doña .... intervienen en su propio nombre y derecho. Tienen a mi juicio, según intervienen, la capacidad legal necesaria para el otorgamiento de la presente escritura de COMPRAVENTA DE PARTICIPACIONES SOCIALES y a tal efecto

EXPONEN

I.– Don .... es titular, en pleno dominio y con carácter privativo, de .... participaciones sociales de .... euros cada una de ellas, número .... a ...., de la compañía ...., sociedad constituida mediante escritura pública de fecha ...., autorizada por el Notario del Ilustre Colegio de ...., Don .... (núm. protocolo ....) e inscrita en el Registro Mercantil de la provincia de .... al tomo ...., libro ...., folio ...., hoja número .... CIF .... El capital social de la citada compañía es de .... euros y está dividido en .... participaciones sociales de .... euros cada una de ellas, numeradas correlativamente a partir de la unidad hasta la ....

TÍTULO: Las .... participaciones sociales de la .... S.L., número .... a ...., ambos inclusive, antes reseñadas, pertenecen a Don ...., por asunción y desembolso de las mismas en la propia escritura fundacional de la compañía, otorgada el día .... ante el notario de ...., Don .... obrante en su protocolo bajo el número ....

CARGAS.– Libres de cargas, embargos u otros gravámenes, según manifiesta su titular.

Así resulta de las manifestaciones de la vendedora y de la certificación del libro registro de socios, expedida el día .... de .... de dos mil ...., por el administrador único de la compañía, Don ...., que los comparecientes me exhiben y de la que resultan las anteriores circunstancias.

II.– Que los comparecientes tienen convenida la compraventa de participaciones sociales, que formalizan a tenor de las siguientes

ESTIPULACIONES

PRIMERA.– Don .... vende y trasmite .... participaciones sociales, número .... a ...., ambos inclusive, que es titular en la sociedad .... S.L., con todos sus derechos inherentes, libres de trabas, embargos u otros gravámenes, a Doña ...., quien acepta la transmisión verificada a su favor y las compra y adquiere.

El precio conjunto de esta compraventa (a razón de .... euros por participación social), es de .... euros, que el vendedor confiesa haber recibido del comprador, dándole carta de pago.

MEDIOS DE PAGO: el pago se hace efectivo con fecha de .... mediante la entrega de ... cheques bancarios (o el medio que proceda: efectivo, transferencia....). Incorporo a la presente fotocopia con valor de testimonio de dicho cheque/justificante de transferencia que los comparecientes me exhiben.

En caso de cheque bancario: La cuenta de cargo contra la que se emite dicho cheque es, según manifestación de la parte compradora, la siguiente: ....

En caso de cheque personal: la cuenta de cargo contra la que se emite dicho cheque es la que figura en el mismo.

En caso de transferencia bancaria: las cuentas de cargo y abono son las que figuran en el propio justificante.

SEGUNDA.– Por las partes se hace constar:

1.– Que la presente compraventa no esta sujeta a limitación legal o estatutaria alguna, al haber renunciado los socios de la compañía previamente a esta compraventa, al derecho que les asistía de adquisición preferente de las participaciones sociales objeto de transmisión, en el seno de la Junta General Extraordinaria y Universal constituida a este exclusivo fin el pasado .... de .... de dos mil ...., según resulta de la certificación suscrita por el Administrador único de la sociedad y librada con esta misma fecha, cuya firma por serme conocida (hay que poner el medio de legitimación) e incorporo a esta escritura.

TAMBIÉN SE PUEDE INCLUIR: Estando presentes en este acto la totalidad de los socios, y constituidos en este momento en Junta Extraordinaria Universal, acuerdan autorizar la transmisión que se instrumenta en esta escritura, en los términos reflejados en la misma.

TAMBIÉN SE PUEDE INCLUIR: La presente transmisión no está sujeta a limitación estatutaria o legal, por estar expresamente comprendida dentro de los supuestos previstos en el artículo 107.1 de la Ley de Sociedades de Capital, por ser el adquirente (parentesco con el transmitente, o socio de la sociedad).

TERCERA.– Todos los gastos y tributos que origine la presente compraventa serán satisfechos por las partes con arreglo a Ley.

CUARTA.– Los comparecientes me requieren a mí, el notario, para que notifique la cesión de participaciones sociales instrumentalizada a través de la presente escritura por mi autorizada, al órgano de administración de la sociedad .... S.L., cuyo domicilio social se halla en ...., calle .... núm. ...., a efectos de su inscripción en el oportuno libro registro de socios de dicha compañía.

ALTERNATIVA: Yo el notario hago a los comparecientes la advertencia de que la cesión de participaciones sociales contenidas en este instrumento debe ser recogida en el correspondiente libro registro de socios de la compañía ....

QUINTA.– Por las partes se hace constar que la transmisión de participaciones sociales formalizada en esta escritura está exenta del Impuesto sobre el Valor Añadido así como del Impuesto de Transmisiones Patrimoniales y Actos Jurídicos Documentados, al amparo de lo dispuesto en el artículo 338 de la Ley 6/2023, de 17 de marzo, de los Mercados de Valores y de los Servicios de Inversión, habida cuenta de que no incurre en ninguna de las excepciones que contempla dicho precepto legal.

ALTERNATIVA: Por las partes se hace constar que la transmisión de participaciones sociales formalizada en esta escritura está SUJETA y no exenta al Impuesto sobre el Valor Añadido así como del Impuesto de Transmisiones Patrimoniales y Actos Jurídicos Documentados, al amparo de lo dispuesto en el artículo 338 de la Ley 6/2023, de 17 de marzo, de los Mercados de Valores y de los Servicios de Inversión, habida cuenta de que incurre en la/s excepción/es que contempla dicho precepto legal, apartado 2 letra a) y/o b) y/o c)).

Protección de datos.– Con relación a los datos de carácter personal que en la presente constan, referidos a los comparecientes, quedan estos enterados de que los mismos se incorporan a mis ficheros automatizados, lo que aceptan, así como del derecho de oposición, acceso a ellos, rectificación o cancelación de los mismos.

Hechas las reservas y advertencias legales, en especial de orden fiscal —plazo de presentación, responsabilidades y afecciones—, así como las relativas a la inscripción en el Registro Mercantil, les leo esta escritura, previa advertencia y renuncia de su derecho a leer por sí, la aprueban y firman.

De identificarles por el documento de identidad reseñado, de la legitimación de los intervinientes, de que los actos contenido de este otorgamiento se adecuan a la legalidad y a su voluntad debidamente informada, y de todo lo contenido en este instrumento público, extendido en .... folios de papel exclusivo para documentos notariales, serie y números el presente y los anteriores en orden, yo, el Notario, doy fe.

DILIGENCIA

Que pongo yo, el notario, para la debida constancia que el día ...., a las .... horas, me constituyo en la calle ...., número ...., de esta ciudad, encontrándome a un señor que se identifica como Don ...., a quien le comunico e informo de mi condición de notario y del objeto notificatorio de mi visita, tras lo cual, procedo a hacerle entrega de cédula comprensiva de copia literal de la escritura inicial. Además, le advierto del derecho a contestar la misma, si fuera de su interés, en el plazo de dos días hábiles recogido en la legislación notarial. El Sr. ...., se da por enterado de todo lo anterior, recibe la meritada cédula, dándose por notificado de su contenido, y manifiesta su decisión de proceder a la practica de la inscripción de la transmisión objeto de la referida escritura inicial (ALTERNATIVA: y no efectúa manifestación alguna) (ALTERNATIVA y manifiesta que ....).

Doy fe del contenido de esta diligencia, redactada en mi notaria tras la practica del requerimiento y que va extendida en este folio, número ...., que forma parte de la escritura inicial.

F074. TRANSMISIÓN DE PARTICIPACIONES SOCIALES. ACTA INSTADA POR HEREDERO COMUNICANDO LA ADQUISICIÓN MORTIS CAUSA DE PARTICIPACIONES SOCIALES

Normativa de Aplicación: *Arts. 106 y ss. Real Decreto Legislativo 1/2010, de 2 de julio, por el que se aprueba el texto refundido de la Ley de Sociedades de Capital.*

En la Ciudad de ...., mi residencia, a .... de ....

Ante mí, ..., Notario de la Ciudad y del Ilustre Colegio de ....

COMPARECE

Don ...., mayor de edad, de nacionalidad española, casado, vecino de ...., con domicilio en ...., número .... y DNI/NIF ....

Le identifico por el documento de identidad exhibido y reseñado.

INTERVIENE

Don .... interviene en su propio nombre y derecho. Tiene a mi juicio capacidad legal e interés para el otorgamiento de la presente ACTA DE REMISIÓN DE CARTA y a tal efecto,

REQUERIMIENTO

Me requiere a mí, el notario, para que remita por correo certificado con acuse de recibo la carta que me entrega dirigida al órgano de administración de la compañía .... S.L., en el domicilio social de la expresada compañía, sito en ...., calle .... número ....

Una copia de dicha carta, debidamente cotejada con su original, uno a la presente.

Acepto el requerimiento que practicaré por ulterior diligencia cuando las necesidades del servicio me lo permitan.

Advierto al compareciente de su derecho a leer por sí este instrumento al que renuncia. Yo, el notario, además la leo al requirente, quien la encuentra conforme, otorga y firma conmigo, el notario, que doy fe en cuanto sea procedente de todo lo consignado en este instrumento público, extendido en .... folios de papel exclusivo para documentos notariales, series y números, el del presente y anteriores en orden.

DILIGENCIA DE ENVÍO que yo, el notario, extiendo para hacer constar que en el día de hoy, envío la carta testimoniada a la dirección indicada, en un sobre cerrado con mi membrete, por correo certificado con aviso de recibo, bajo impreso-justificante que, testimoniado en su anverso, dice así .... En ...., a .... de .... de dos mil ....

DILIGENCIA DE RECIBO que yo, el notario, extiendo para hacer constar que me ha sido devuelto el justificante de aviso de recibo en el que consta que la carta llegó a su destino, según tarjeta que, testimoniada en su anverso y reverso, dice así .... En ...., a .... de .... de dos mil ....

Doy fe de lo pertinente y que considero cumplimentado el requerimiento, cierro el acta que queda extendida en .... folios de papel exclusivo para documentos notariales, series y números el del presente y anteriores en orden.

CARTA DIRIGIDA AL ÓRGANO DE ADMINISTRACIÓN DE LA SOCIEDAD.

Muy Sres. míos:

Por la presente, y como heredero del difunto Don ...., pongo en conocimiento de este Órgano de Administración, la adquisición por quien suscribe la presente, de las .... participaciones sociales de la compañía .... S.L., numero .... a ...., y un valor nominal de .... euros, en su conjunto .... euros, titularizadas por Don ....

Todo lo cual se pone de manifiesto a esta sociedad de conformidad y a los efectos de lo dispuesto en el artículo .... de los Estatutos Sociales, rogando a este órgano de administración comunique tal adquisición a los socios sobrevivientes por si fuera de su interés ejercitar, durante el plazo máximo de .... meses y en los términos del citado art. .... de los Estatutos Sociales y el art. 110 TRLSC, el derecho de adquisición que les asiste sobre tales participaciones sociales, apreciadas en el valor razonable que tenían el día del fallecimiento de Don ...., y que estimo y fijo en la suma de .... euros, precio ésta que se pagará al contado.

Para el supuesto que discrepen sobre el valor razonable reseñado considero que la valoración de las mismas debería corresponder a .... y el procedimiento a seguir para su valoración el de ....

Atentamente,

Don ....

F075. PARTICIPACIONES SOCIALES. TRANSMISIÓN DE PARTICIPACIONES SOCIALES. CONTRATO INTERVENIDO POR NOTARIO

Normativa de Aplicación: *Arts. 106 y ss. Real Decreto Legislativo 1/2010, de 2 de julio, por el que se aprueba el texto refundido de la Ley de Sociedades de Capital.*

En ...., a .... de .... de dos mil ....

Con intervención de Don ...., notario del Ilustre Colegio de ...., con residencia en ....

REUNIDOS

Don ...., mayor de edad, de nacionalidad española, soltero, vecino de ...., con domicilio en .... y DNI/NIF ....

Don ...., mayor de edad, de nacionalidad española, casado, vecino de ...., con domicilio en ...., núm. ...., con DNI/NIF ....

Don ...., mayor de edad, de nacionalidad española, casado, vecino de ...., con domicilio en .... Dotado de DNI/NIF ....

Doña ...., mayor de edad, de nacionalidad española, soltera, vecina de ...., con domicilio en .... y DNI/NIF ....

INTERVENCIÓN

Don .... y Doña .... comparecen e intervienen en su propio nombre y representación y por si.

Don .... y Don .... intervienen en este acto en nombre y representación, como administradores conjuntos, de la sociedad .... S.L., sociedad de nacionalidad española constituida por tiempo indefinido mediante escritura autorizada el día .... por el Notario de ...., Don ...., obrante en su protocolo bajo el número ....Con domicilio en .... Inscrita en el Registro Mercantil de la provincia de ...., al tomo ...., libro .... de la sección ...., folio ...., hoja número .... CIF .... Constituye su objeto social.........

Yo, el Notario, hago constar expresamente que se han cumplido con las obligaciones que impone la Ley 10/2010, de 28 de abril, cuyo resultado consta en acta autorizada por el Notario de ...., don ...., con fecha de ...., con el número .... de su protocolo. Manifiesta el compareciente que se mantiene, a día de hoy, la situación reflejada en la misma.

Tienen, a mi juicio, capacidad y legitimación suficientes para otorgar esta escritura de transmisión de participaciones sociales, y al efecto, según intervienen,

MANIFIESTAN

Que Don .... y Doña .... son los únicos socios de la compañía .... S.L., sociedad constituida mediante escritura pública de fecha ...., otorgada ante el Notario del Ilustre Colegio de ...., Don .... (núm. protocolo ....), con domicilio social en .... e inscrita en el Registro Mercantil de la provincia de .... al tomo ...., libro ...., folio ...., hoja número .... CIF ....

El capital social de la citada mercantil es de .... euros, y está dividido en .... participaciones sociales iguales acumulables e indivisibles, con un valor nominal cada una de ellas de .... euros, numeradas correlativamente desde la unidad hasta el número ....

Que Don .... es titular de .... participaciones sociales de la compañía mencionada en el expositivo que precede, numeradas correlativamente a partir de la unidad hasta el ...., que importan en su conjunto un nominal de .... euros.

Y Doña .... es titular de .... participaciones sociales, número .... a ...., ambos inclusive, que importan en su conjunto un nominal de .... euros.

Las referidas participaciones sociales les pertenecen por asunción y desembolso de las mismas en la propia escritura fundacional de la compañía y se hallan libres de cargas, embargos u otros gravámenes.

Que Don .... y la mercantil ...., S.L., representada en este acto por Don .... y Don .... tienen convenida la transmisión de las participaciones sociales de la sociedad ...., S.L. de las que es titular el primero, consintiendo Doña .... dicha transmisión y renunciando al derecho de adquisición preferente que le corresponde, y a tal efecto los primeros convienen y la última acepta dicho convenio, el cual se regirá por sus normas naturales y de modo especial y preferente por las siguientes:

ESTIPULACIONES

PRIMERO.– OBJETO DEL CONTRATO: TRANSMISIÓN DE PARTICIPACIONES SOCIALES A TÍTULO DE PROPIEDAD.

Don .... transmite y cede a la compañía .... S.L., que acepta la transmisión por medio de sus representantes Don .... y Don ...., a cambio de la contraprestación que después se dirá, ... participaciones sociales número .... a ...., ambos inclusive, de la sociedad .... S.L., que importan en su total un nominal de .... euros.

SEGUNDO.– CONTRAPRESTACIONES EN FAVOR DEL TRANSMITENTE.–

Las participaciones sociales reseñadas en la estipulación primera, se transmiten por Don .... a la sociedad .... S.L. por un precio conjunto de .... euros, cantidad ésta que se ha hecho efectiva por la parte compradora a la vendedora con anterioridad al momento de la firma de este contrato, sirviendo el mismo de su más eficaz carta de pago.

MEDIOS DE PAGO: el pago se hace efectivo con fecha de .... mediante la entrega de .... cheques bancarios (o el medio que proceda: efectivo, transferencia ....). Incorporo a la presente fotocopia con valor de testimonio de dicho cheque/justificante de transferencia que los comparecientes me exhiben.

En caso de cheque bancario: La cuenta de cargo contra la que se emite dicho cheque es, según manifestación de la parte compradora, la siguiente: ......

En caso de cheque personal: la cuenta de cargo contra la que se emite dicho cheque es la que figura en el mismo.

En caso de transferencia bancaria: las cuentas de cargo y abono son las que figuran en el propio justificante.

TERCERO.– GASTOS Y TRIBUTOS

Los gastos y tributos que se deriven del presente contrato, serán soportados por cada una de las partes con arreglo a ley.

CUARTO.– CONSENTIMIENTO Y RENUNCIA.

Doña .... consiente la transmisión de las participaciones sociales que se produce como consecuencia de este contrato, renunciando expresamente a los derechos de adquisición preferente que por ley y los estatutos sociales le asisten.

Y estando las partes conformes en un todo con lo anteriormente expuesto, una vez leído, se ratifican en el mismo, y lo suscriben en .... ejemplares, a un solo efecto junto al notario que interviene, Don ...., en el lugar y fecha del encabezamiento.

F076. PARTICIPACIONES SOCIALES. ESCRITURA DE CESIÓN DE PARTICIPACIONES SOCIALES DE COMPAÑÍA MERCANTIL

Normativa de Aplicación: *Arts. 106 y ss. Real Decreto Legislativo 1/2010, de 2 de julio, por el que se aprueba el texto refundido de la Ley de Sociedades de Capital.*

CESIÓN DE PARTICIPACIONES SOCIALES DE LA MERCANTIL «............».

Otorgantes:

Vende: La mercantil «............».

Compran: Las mercantiles «............» y «............».

NÚMERO:

En la Ciudad de Valencia, mi residencia, a .... de noviembre de ....

Ante mí, ..., Notario de la Ciudad y del Ilustre Colegio de ....,

COMPARECEN

De una parte, como representantes de la parte vende-dora:

DON ...., mayor de edad, Economista, con domicilio profesional en ....; con DNI y NIF número ....

Y DON ...., mayor de edad, Abogado, con domicilio profesional en ....; con DNI y NIF número ....

Y de otra parte, como representante de la parte compradora:

DON ...., mayor de edad, ... Con DNI/NIF número ....

Les identifico por el DNI exhibido y reseñado.

INTERVIENEN

a) Los dos primeros, en nombre y representación, como Administradores Concursales de la entidad mercantil .... en situación de liquidación concursal, sociedad de nacionalidad española constituida por tiempo indefinido mediante escritura autorizada el día .... por el Notario de ...., Don ...., obrante en su protocolo bajo el número ....Con domicilio en .... Inscrita en el Registro Mercantil de la provincia de ...., al tomo ...., libro .... de la sección ...., folio ...., hoja número .... CIF .... Constituye su objeto social......La sociedad se encuentra en situación de Concurso de Acreedores, declarado en virtud de Auto de fecha ...., conocido por el Juzgado de lo Mercantil número ....; habiéndose decretado por Auto de fecha .... de dicho Órgano Jurisdiccional la apertura de la fase de liquidación y la suspensión de las facultades del órgano de administración, pasando a ser liquidador de la misma la Administración Concursal; y aprobadas definitivamente las reglas especiales de liquidación de la entidad y el procedimiento de enajenación de sus activos por otro Auto de fecha ...., testimonio de los cuales con expresión de su firmeza me exhiben, y si necesario fuere testimonio del mismo acompañarán a la de la presente.

Los comparecientes fueron designados para el cargo de Administradores Concursales por el citado auto de declaración de Concurso, habiendo aceptado y jurado el cargo, y me exhibe testimonios del acta de aceptación y de sus credenciales judiciales, acreditativas de su cargo, expedida por dicho Juzgado, fotocopia de las cuales obtenida por mí dejo protocolizada. Constando inscrito su cargo en la hoja registrar de la entidad, donde causó la inscripción A. Resultando de lo expuesto y de los documentos exhibidos, que los comparecientes tienen, a mi juicio, facultades representativas suficientes para el otorgamiento de la presente escritura de COMPRAVENTA DE PARTICIPACIONES SOCIALES, y todos los pactos contenidos en la misma.

Cumplimiento de la Ley 10/2010.– Yo, el Notario, hago constar expresamente que he cumplido con la obligación de identificación del titular real que impone la Ley 10/2010, de 28 de abril, manifestando los comparecientes, en su condición de Administradores Concursales, que no les consta la existencia de personas físicas titulares reales, siendo los comparecientes como consecuencia de su nombramiento judicial quienes ostentan el control efectivo de la sociedad. Consultada la base de datos ....

b).– Y Don ...., interviene en nombre y representación, según asegura de las siguientes mercantiles:

«...........», resultado de la absorción por .... de .... e ...., sociedad de nacionalidad española constituida por tiempo indefinido mediante escritura autorizada el día .... por el Notario de ...., Don ...., obrante en su protocolo bajo el número ....Con domicilio en .... Inscrita en el Registro Mercantil de la provincia de ...., al tomo ...., libro .... de la sección ...., folio ...., hoja número .... CIF .... Constituye su objeto social......Se hace constar que se han cumplido las obligaciones de identificación del titular real de la Ley 10/2010, de 28 de abril, por acta autorizada por el Notario de ...., Don ...., bajo número .... de protocolo, sin que, desde entonces según asegura el compareciente, se haya producido alteración alguna en la titularidad real o las personas que detentan el control de la entidad. Consultada la base de datos coincide con lo expuesto.

«...........», resultado de la absorción por .... de .... e ...., sociedad de nacionalidad española constituida por tiempo indefinido mediante escritura autorizada el día .... por el Notario de ...., Don ...., obrante en su protocolo bajo el número ....Con domicilio en .... Inscrita en el Registro Mercantil de la provincia de ...., al tomo ...., libro .... de la sección ...., folio ...., hoja número .... CIF .... Constituye su objeto social......Se hace constar que se han cumplido las obligaciones de identificación del titular real de la Ley 10/2010, de 28 de abril, por acta autorizada por el Notario de ...., Don ...., bajo número .... de protocolo, sin que, desde entonces según asegura el compareciente, se haya producido alteración alguna en la titularidad real o las personas que detentan el control de la entidad. Consultada la base de datos coincide con lo expuesto.

A los efectos previsto en el Artículo 160, letra f) de la Ley de Sociedades de Capital, la representación de las sociedades intervinientes HACEN CONSTAR que el bien objeto de compraventa NO tiene la consideración de activo esencial ni de la transmitente ni de las adquirentes, y respecto de estos últimos, y en cualquier caso, por hallarse aperturada al fase de liquidación, y especialmente que lo transmitido no supera el veinticinco por ciento del valor de los activos.

Tienen a mi juicio, según intervienen, capacidad necesaria para otorgar la presente escritura de CESIÓN DE PARTICIPACIONES SOCIALES, y al efecto,

EXPONEN

I.– Que las mercantil ...., es titular-propietaria, de .... participaciones sociales (concretamente las números ...., todas inclusive, de la Compañía Mercantil ...., de nacionalidad española, constituida por tiempo indefinido en virtud de escritura autorizada por el Notario de .... el día .... Domiciliada en .... Inscrita en el Registro Mercantil de ....

Su CIF es el número ....

Capital Social: El capital social es .... representado por .... participaciones sociales de .... EURO de valor nominal, numeradas del ...., ambas inclusive.

TÍTULOS.–

a) En cuanto a .... participaciones (números ...., ambas inclusive, por compra a la mercantil .... mediante escritura autorizada por el Notario de ...., de fecha ....

b) En cuanto a .... participaciones (números ...., ambas inclusive, por compra a la mercantil .... mediante escritura autorizada por el Notario de ...., de fecha ....

CARGAS.– Libres de cargas, gravámenes y afecciones.

DISPONEN

I.– COMPRAVENTA.

Primero.– Que mercantil .... vende y transmite sus .... participaciones de la compañía mercantil .... a las mercantiles .... y .... que las compra y adquiere por mitad y en proindiviso.

Segundo.– El precio de esta venta es el de .... que la vendedora recibe en este acto del representante de las compradoras mediante DOS CHEQUES BANCARIOS NOMINATIVOS de .... euros, cada uno de ellos, cuya fotocopia con valor de testimonio incorporo a esta matriz.

Los cheques han sido emitidos con cargo a las cuentas números ....y .... de las que son titulares los respectivas mercantiles compradoras.

Del total precio otorga carga de pago la parte vendedora, salvo buen fin de dichos cheques.

Tercero.– Las participaciones sociales se transmiten libres de toda especie de carga, gravamen o afección.

Cuarto.– Que según resulta de acuerdo adoptado en Junta General de la mercantil .... el ...., tanto los socios de la misma como la propia sociedad, han renunciado a su derecho de preferente adquisición de las expresadas participaciones sociales, certificación de dicha Junta, al efecto librada por los Administradores Mancomunados de la misma, ..., me hacen entrega y previa legitimación de su firma por serme conocida dejo incorporada a la presente.

Quinto.– Todos los gastos e impuestos ocasionados por el otorgamiento de la presente escritura se pagarán, por mitad entre las mercantiles compradoras.

II.– RÉGIMEN FISCAL.–

La transmisión de participaciones sociales formalizada en esta escritura está exenta del Impuesto de Transmisiones Patrimoniales y Actos Jurídicos Documentados, al amparo de lo dispuesto en el artículo 338 a Ley 6/2023, de 17 de marzo, de los Mercados de Valores y de los Servicios de Inversión., habida cuenta de que no incurre en ninguna de las excepciones que contempla dicho precepto legal.

Hago las reservas legales oportunas, en especial las relativas a la normativa en materia de protección de datos de carácter personal.

OTORGAMIENTO Y AUTORIZACIÓN

Así lo dicen y otorgan.

Hago las reservas y advertencias legales; en particular y a efectos fiscales advierto de las obligaciones y responsabilidades tributarias que incumben a las partes en su aspecto material, formal y sancionador, y de las consecuencias de toda índole que se derivarían de la inexactitud de sus declaraciones.

Leo esta escritura a los comparecientes, quienes renuncian a su derecho de hacerlo por sí, y que la encuentran conforme en todo, instruyéndoles, no obstante, sobre su contenido, efectos y consecuencias de sus pactos, ratificándola todos ellos y firmando conmigo en prueba de conformidad, dándose por satisfactoriamente atendidos e informados por mí.

De todo lo cual y en especial de que este otorgamiento se adecua a la legalidad y a la voluntad debidamente informada de los otorgantes, y en general del contenido de este instrumento público extendido en seis folios de papel exclusivo para documentos notariales, números el del presente y los anteriores en orden y el del presente, yo, el Notario, doy fe.

2. COPROPIEDAD SOBRE LAS PARTICIPACIONES SOCIALES

F077. COPROPIEDAD DE PARTICIPACIONES SOCIALES. ESCRITURA DE TRANSMISIÓN DE PARTES ALÍCUOTAS DE PARTICIPACIONES SOCIALES Y CONSTITUCIÓN DE COMUNIDAD SOBRE LAS MISMAS

Normativa de Aplicación: *Arts. 106 y ss. Real Decreto Legislativo 1/2010, de 2 de julio, por el que se aprueba el texto refundido de la Ley de Sociedades de Capital. Art. 126 Real Decreto Legislativo 1/2010, de 2 de julio, por el que se aprueba el texto refundido de la Ley de Sociedades de Capital.*

En la Ciudad de ...., mi residencia, a .... de ....

Ante mí, ..., Notario de la Ciudad y del Ilustre Colegio de ....

COMPARECEN

Don ...., mayor de edad, de nacionalidad española, casado con Doña ...., bajo el régimen de absoluta separación de bienes en virtud de escritura de capitulaciones matrimoniales otorgada con fecha .... ante el Notario de ...., Don .... inscritas en el Registro Civil de ...., al tomo ...., con fecha de .... vecino de ...., con domicilio en ...., núm. ...., con DNI/NIF ....

Doña ...., mayor de edad, de nacionalidad española, soltera, vecina de ...., con domicilio en ...., núm. ...., con DNI/NIF ....

Les identifico por los documentos de identidad exhibidos y reseñados.

INTERVIENEN

Don .... y Doña .... intervienen en su propio nombre y derecho. Tienen a mi juicio, según intervienen, la capacidad legal necesaria para el otorgamiento de la presente escritura de TRANSMISIÓN DE PARTES ALÍCUOTAS DE PARTICIPACIONES SOCIALES y a tal efecto.

EXPONEN

I.– Don .... es titular, en pleno dominio y con carácter privativo, de .... participaciones sociales de .... euros cada una de ellas, número .... a ...., de la compañía .... S.L., sociedad constituida mediante escritura pública de fecha ...., autorizada por el Notario del Ilustre Colegio de ...., Don .... (núm. protocolo ....) e inscrita en el Registro Mercantil de la provincia de .... al tomo

..........., libro ...., folio ...., hoja número .... CIF .... El capital social de la citada compañía es de .... euros y está dividido en .... participaciones sociales de .... euros cada una de ellas, numeradas correlativamente a partir de la unidad hasta la ....

De la expresada compañía, también son socios Don .... y Doña ...., quienes como únicos socios, junto a Don ...., han manifestado su consentimiento al presente otorgamiento en Junta General de socios, según se hará constar en la presente escritura.

TÍTULO: Las .... participaciones sociales de la .... S.L., número .... a ...., ambos inclusive, antes reseñadas, pertenecen a Don ...., por asunción y desembolso de las mismas en la propia escritura fundacional de la compañía.

CARGAS.– Libres de cargas, embargos u otros gravámenes.

Así resulta de las manifestaciones de Don .... y de la certificación del libro registro de socios que me exhibe y entrega el compareciente y de la que yo, notario, deduzco testimonio que incorporo a la presente.

II.– Don .... tiene la voluntad de constituir con Doña .... una comunidad de bienes sobre determinadas participaciones sociales, asignándose cuotas de participación a cada uno de los comuneros.

III.– Quienes intervienen, de común acuerdo, consienten en la transmisión de partes alícuotas de las participaciones sociales que luego se dirán; en constituir una comunidad de bienes sobre las mismas y establecer su régimen, todo lo cual se regirá por sus normas naturales, pero de modo especial y preferente, por las siguientes

ESTIPULACIONES

PRIMERA.– TRANSMISIÓN DE CUOTAS INDIVISAS Y CONSTITUCIÓN DE LA COMUNIDAD. Don .... cede y transmite a Doña ...., quien acepta la transmisión hecha a su favor, ... a las partes de la propiedad de las participaciones sociales de la compañía .... S.L., número .... a ...., de un nominal de .... euros cada una de ellas, constituyéndose una comunidad de bienes sobre cada una de dichas participaciones sociales, que formarán una unidad indivisible, asignándose cuotas de participación a cada uno de los comuneros en la proporción de una .... a la parte de la misma.

El precio de esta transmisión es de .... euros, que el transmitente confiesa haber recibido del adquirente con anterioridad a este acto, dándole carta de pago.

MEDIOS DE PAGO: el pago se hace efectivo con fecha de .... mediante la entrega de .... cheques bancarios (o el medio que proceda: efectivo, transferencia ....). Incorporo a la presente fotocopia con valor de testimonio de dicho cheque/justificante de transferencia que los comparecientes me exhiben.

En caso de cheque bancario: La cuenta de cargo contra la que se emite dicho cheque es, según manifestación de la parte compradora, la siguiente: ....

En caso de cheque personal: la cuenta de cargo contra la que se emite dicho cheque es la que figura en el mismo.

En caso de transferencia bancaria: las cuentas de cargo y abono son las que figuran en el propio justificante.

SEGUNDA.– INDIVISIBILIDAD DEL OBJETO DE LA COMUNIDAD. Cada una de las participaciones sociales números .... a ...., de la sociedad .... S.L., sobre la que recae la cotitularidad, es indivisible.

TERCERA.– TRANSMISIÓN DE LAS CUOTAS DE PARTICIPACIÓN. La transmisión de las cuotas, salvo lo previsto en la estipulación que sigue, se someterá al siguiente régimen:

a) Transmisión entre vivos. El comunero que pretenda transmitir su cuota de participación, sea a favor de otro copropietario o de un tercero, deberá ofrecerla a los demás comuneros para que estos las adquieran en proporción a la cuota que ostenten en dicho momento. A estos efectos deberá comunicarlo a cada uno de ellos de modo fehaciente y éstos tendrán el derecho de preferente adquisición que deberán ejercitarlo dentro del mes siguiente a aquella notificación, manifestando que ejercitan el derecho de adquisición preferente por el precio que resulte del valor real de las mismas, el cual, a falta de acuerdo, será determinado por un auditor independiente. Si ningún comunero ejercitara su derecho de preferente adquisición, podrá hacerlo la sociedad .... S.L. mediante la pertinente y apropiada reducción del capital social o presentando un tercero que adquiera las participaciones por el valor real determinado del modo expuesto. La sociedad .... S.L. deberá ejercitar este derecho dentro del mes siguiente a la expiración del plazo que tienen los comuneros para ejercitar el derecho de preferente adquisición.

b) Transmisión mortis causa. Los sucesores deberán comunicar a los copropietarios el fallecimiento del causante y dentro del mes siguiente a tal comunicación (efectuada del modo previsto en la letra que precede), asistirá a los demás copropietarios el derecho a adquirir la cuota heredada o legada, por el precio y procedimiento previsto en la letra que precede. Igualmente asistirá a .... S.L. el derecho previsto en la letra que precede, dentro del plazo allí previsto.

c) Transmisión forzosa. En el caso de embargo judicial o administrativo de la cuota perteneciente a un copropietario, éste vendrá obligado a ponerlo en conocimiento de los demás copropietarios y de la autoridad que hubiera acordado el embargo, exhibiendo copia de este documento. Los demás comuneros tendrán el derecho de adquisición preferente previsto en la letra a), y cuando ello no fuera posible, asistirá el derecho de los demás copropietarios a adquirir del adjudicatario la cuota por su valor real, así como el derecho reconocido a .... S.L. en las condiciones y plazos previstos en las letras que preceden.

CUARTA.– ACCIÓN DE DIVISIÓN DE LA COSA COMÚN. El objeto sobre el que recae la copropiedad es esencialmente indivisible. El ejercicio de la acción de la división de la cosa común requerirá que el copropietario que pretenda ejercitarla, ofrezca previamente la venta de su participación en la forma prevista en la estipulación que precede. El comunero que prescinda de tal requisito, deberá indemnizar a los demás comuneros con una suma equivalente al .... por ciento del valor real de su cuota de participación en la comunidad.

QUINTA.– ADOPCIÓN DE ACUERDOS.

La regla general es la mayoría de cuota, entendiendo por tal la formada por el .... por ciento del total de la comunidad, salvo que otro quórum se haya previsto en este contrato. Los acuerdos se adoptarán en reunión, convocada por carta certificada, salvo que estando todos presentes decidan celebrar reunión. Serán nulos los acuerdos sin reunión.

La representación únicamente es admisible a favor de otro comunero, salvo que existiera una situación de conflicto de interés entre ambos copropietarios, de forma que el voto de los mismos no vaya a ser igual, en cuyo supuesto podrá el comunero hacerse representar por un familiar. La representación se conferirá por escrito.

SEXTA.– PARTICIPACIÓN EN LOS FRUTOS Y EN LAS CARGAS Y GASTOS. Todo copropietario participará en la proporción que le corresponda en los frutos de la cosa común, sin que en ningún caso pueda llevar a cabo un aprovechamiento o uso individual.

La participación se presume proporcional a la cuota que ostenta cada comunero, salvo que por una mayoría cualificada del .... por ciento de las cuotas, se decida una participación distinta, especialmente atendiendo a un baremo de actividades que beneficien, directa o indirectamente, a la comunidad.

La representación de la comunidad ante la sociedad .... S.L., la ostentará Don .... y, en su defecto, Doña .... La comunidad podrá impartir instrucciones a su representante respecto al sentido de su voto en los asuntos del orden del día de .... S.L.

SÉPTIMA.– La presente transmisión no esta sujeta a limitación legal o estatutaria alguna, al haber renunciado previamente los socios, al derecho que les asistía de adquisición preferente de las partes alícuotas objeto de transmisión, en el seno de la Junta General Universal constituida a este exclusivo fin el pasado ...., según resulta de la certificación suscrita por el Administrador único de la sociedad y librada con esta misma fecha, cuya firma por serme conocida e incorporo a esta escritura.

El activo de la sociedad no se halla constituido al menos en un 50 por ciento, por inmuebles situados en territorio nacional y que las participaciones sociales objeto de la presente transmisión, no fueron recibidas por el transmitente como consecuencia de la aportación de bienes inmuebles realizadas con ocasión de la constitución de la sociedad o la ampliación de su capital social, por lo que la presente transmisión no se encuentra sujeta al Impuesto sobre transmisiones patrimoniales, de conformidad con lo previsto en la vigente Ley de Mercado de Valores.

OCTAVA.– Los comparecientes me requieren a mí, el notario, para que notifique la cesión de participaciones sociales instrumentalizada a través de la presente escritura por mi autorizada, al órgano de administración de la sociedad .... S.L., cuyo domicilio social se halla en ...., calle .... núm. ...., a efectos de su inscripción en el oportuno libro registro de socios de dicha compañía.

ALTERNATIVA: Yo el notario hago a los comparecientes la advertencia de que la cesión de participaciones sociales contenidas en este instrumento debe ser recogida en el correspondiente libro registro de socios de la compañía ....

Protección de datos.– Con relación a los datos de carácter personal que en la presente constan, referidos a los comparecientes, quedan estos enterados de que los mismos se incorporan a mis ficheros automatizados, lo que aceptan, así como del derecho de oposición, acceso a ellos, rectificación o cancelación de los mismos.

Hechas las reservas y advertencias legales, en especial de orden fiscal —plazo de presentación, responsabilidades y afecciones—, así como las relativas a la inscripción en el Registro Mercantil, les leo esta escritura, previa advertencia y renuncia de su derecho a leer por sí, la aprueban y firman.

De identificarles por el documento de identidad reseñado, de la legitimación de los intervinientes, de que los actos contenido de este otorgamiento se adecuan a la legalidad y a su voluntad debidamente informada, y de todo lo contenido en este instrumento público, extendido en .... folios de papel exclusivo para documentos notariales, serie y números el presente y los anteriores en orden, yo, el Notario, doy fe.

DILIGENCIA:

El día .... y siendo las .... horas y .... minutos, yo, el notario, me constituyo en el lugar indicado en el domicilio social señalado por el requirente, donde encuentro a quien dice ser Don ...., le informo de mi condición de notario, del objeto de mi visita, le hago entrega de cédula comprensiva de copia literal de la escritura inicial, advirtiéndole del derecho que le asiste a contestar la misma en el plazo de dos días hábiles, quien enterado la recibe y contesta manifestando que se procederá a la inscripción de la transmisión resultante de la escritura inicial, en el libro-registro de socios de la compañía, dándose por enterado del contenido de la misma y de la designación efectuada por los comparecientes.

Doy fe del contenido de esta diligencia, redactada en mi estudio según las notas tomadas en el lugar de práctica del requerimiento, que va extendida en este folio, número ...., que forma parte de la escritura inicial.

3. USUFRUCTO DE PARTICIPACIONES SOCIALES

F078. PARTICIPACIONES SOCIALES. USUFRUCTO DE PARTICIPACIONES SOCIALES: ESCRITURA DE COMPRAVENTA DE PARTICIPACIONES SOCIALES CON RESERVA DE USUFRUCTO

Normativa de Aplicación: *Arts. 106 y ss. Real Decreto Legislativo 1/2010, de 2 de julio, por el que se aprueba el texto refundido de la Ley de Sociedades de Capital. Art. 127 Real Decreto Legislativo 1/2010, de 2 de julio, por el que se aprueba el texto refundido de la Ley de Sociedades de Capital.*

En la Ciudad de ...., mi residencia, a .... de ....

Ante mí, ..., Notario de la Ciudad y del Ilustre Colegio de ....

COMPARECEN

Los consortes Don .... y Doña ...., de nacionalidad española, nacidos el .... de .... de .... y el .... de .... de .... respectivamente, vecinos de ...., con domicilio en ...., núm. .... DNI/NIF ...., respectivamente.

El régimen económico del matrimonio es el de absoluta separación de bienes en virtud de escritura de capitulaciones matrimoniales otorgada con fecha .... ante el Notario de ...., Don .... (núm. de protocolo ....), inscritas en el Registro Civil de ...., al tomo ...., con fecha de ....

Doña ...., mayor de edad, de nacionalidad española, soltera, vecina de ...., con domicilio en ...., núm. .... DNI/NIF ....

Les identifico por los documentos de identidad exhibidos y reseñados.

INTERVIENEN

Don ...., Doña .... y Doña .... intervienen en su propio nombre y derecho. Tienen a mi juicio, según intervienen, la capacidad legal necesaria para el otorgamiento de la presente escritura de COMPRAVENTA DE PARTICIPACIONES SOCIALES Y RESERVA DE USUFRUCTO y a tal efecto

EXPONEN

I.– Don .... es titular, en pleno dominio y con carácter privativo, de .... participaciones sociales de .... euros cada una de ellas, número .... a ...., de la compañía ...., sociedad constituida mediante escritura pública de fecha ...., autorizada por el Notario del Ilustre Colegio de ...., Don .... (núm. protocolo ....) e inscrita en el Registro Mercantil de la provincia de .... al tomo ...., libro ...., folio ...., hoja número .... CIF ....

El capital social de la citada compañía es de .... euros y está dividido en .... participaciones sociales de .... euros cada una de ellas, numeradas correlativamente a partir de la unidad hasta la ...., siendo los únicos socios de la compañía Don .... y Doña ....

TÍTULO: Las .... participaciones sociales de .... S.L., número .... a ...., ambos inclusive, antes reseñadas, pertenecen a Don ...., por asunción y desembolso de las mismas en la propia escritura fundacional de la compañía.

CARGAS.– Libres de cargas, embargos u otros gravámenes, según manifiesta su titular y resulta de la certificación del libro registro de socios que me exhibe y entrega el compareciente y de la que yo, notario, deduzco testimonio que incorporo a la presente.

II.– Que Don .... pretende transmitir la nuda propiedad de las participaciones sociales reseñada en el expositivo precedente a Doña ...., reservándose para sí y su mujer, Doña ...., el usufructo de las mismas, todo cual formalizan a tenor de las siguientes

ESTIPULACIONES

PRIMERA.– Don .... vende y trasmite la nuda propiedad de las .... participaciones sociales, número .... a ...., ambos inclusive, que es titular en la sociedad .... S.L., con todos sus derechos inherentes conforme lo establecido en el artículo 127 y siguientes TRLSC y el artículo .... de los Estatutos Sociales, libres de cargas, embargos u otros gravámenes, a Doña .... quien acepta la transmisión verificada a su favor y la compra y adquiere.

El precio conjunto de esta compraventa es de .... euros, que el vendedor confiesa haber recibido del comprador, dándole carta de pago.

MEDIOS DE PAGO: el pago se hace efectivo con fecha de .... mediante la entrega de .... cheques bancarios (o el medio que proceda: efectivo, transferencia ....). Incorporo a la presente fotocopia con valor de testimonio de dicho cheque/justificante de transferencia que los comparecientes me exhiben.

En caso de cheque bancario: La cuenta de cargo contra la que se emite dicho cheque es, según manifestación de la parte compradora, la siguiente: ....

En caso de cheque personal: la cuenta de cargo contra la que se emite dicho cheque es la que figura en el mismo.

En caso de transferencia bancaria: las cuentas de cargo y abono son las que figuran en el propio justificante.

SEGUNDA.– RESERVA DE USUFRUCTO.

Don .... se reserva el usufructo de las participaciones sociales transmitidas, para sí y para su cónyuge Doña ...., que acepta, conjunto y sucesivo, de manera que a la muerte de uno acrezca al otro y no se extinga hasta el fallecimiento de ambos.

TERCERA.– Todos los gastos y tributos que origine la presente compraventa serán satisfechos por las partes con arreglo a Ley.

CUARTA.– Los comparecientes me requieren a mi, el notario, para que notifique la cesión de participaciones sociales instrumentalizada a través de la presente escritura por mi autorizada, al órgano de administración de la sociedad .... S.L., cuyo domicilio social se halla en ...., calle .... núm. ...., a efectos de su inscripción en el oportuno libro registro de socios de dicha compañía.

ALTERNATIVA: Yo el notario hago a los comparecientes la advertencia de que la cesión de participaciones sociales contenidas en este instrumento debe ser recogida en el correspondiente libro registro de socios de la compañía ....

QUINTA.– Por las partes se hace constar que la transmisión de participaciones sociales formalizada en esta escritura está exenta del Impuesto sobre el Valor Añadido así como del Impuesto de Transmisiones Patrimoniales y Actos Jurídicos Documentados, al amparo de lo dispuesto en el artículo 338 de la Ley 6/2023, de 17 de marzo, de los Mercados de Valores y de los Servicios de Inversión, habida cuenta de que no incurre en ninguna de las excepciones que contempla dicho precepto legal.

ALTERNATIVA: Por las partes se hace constar que la transmisión de participaciones sociales formalizada en esta escritura está SUJETA y no exenta al Impuesto sobre el Valor Añadido así como del Impuesto de Transmisiones Patrimoniales y Actos Jurídicos Documentados, al amparo de lo dispuesto en el artículo 338 de la Ley 6/2023, de 17 de marzo, de los Mercados de Valores y de los Servicios de Inversión, habida cuenta de que incurre en la/s excepción/es que contempla dicho precepto legal, apartado 2 letra a) y/o b) y/o c)).

Protección de datos.– Con relación a los datos de carácter personal que en la presente constan, referidos a los comparecientes, quedan estos enterados de que los mismos se incorporan a mis ficheros automatizados, lo que aceptan, así como del derecho de oposición, acceso a ellos, rectificación o cancelación de los mismos.

Hechas las reservas y advertencias legales, en especial de orden fiscal —plazo de presentación, responsabilidades y afecciones—, así como las relativas a la inscripción en el Registro Mercantil, les leo esta escritura, previa advertencia y renuncia de su derecho a leer por sí, la aprueban y firman.

De identificarles por el documento de identidad reseñado, de la legitimación de los intervinientes, de que los actos contenido de este otorgamiento se adecuan a la legalidad y a su voluntad debidamente informada, y de todo lo contenido en este instrumento público, extendido en .... folios de papel exclusivo para documentos notariales, serie y números el presente y los anteriores en orden, yo, el Notario, doy fe.

DILIGENCIA

Que pongo yo, el notario, para la debida constancia que el día ...., a las .... horas, me constituyo en la calle ...., número ...., de esta ciudad, encontrándome a un señor que se identifica como Don ...., a quien le comunico e informo de mi condición de notario y del objeto notificatorio de mi visita, tras lo cual, procedo a hacerle entrega de cédula comprensiva de copia literal de la escritura inicial. Además, le advierto del derecho a contestar la misma, si fuera de su interés, en el plazo de dos días hábiles recogido en la legislación notarial. El Sr. ...., se da por enterado de todo lo anterior, recibe la meritada cédula, dándose por notificado de su contenido, y manifiesta su decisión de proceder a la practica de la inscripción de la transmisión objeto de la referida escritura inicial (ALTERNATIVA: y no efectúa manifestación alguna) (ALTERNATIVA y manifiesta que ....).

Doy fe del contenido de esta diligencia, redactada en mi notaria tras la practica del requerimiento y que va extendida en este folio, número ...., que forma parte de la escritura inicial.

4. PARTICIPACIONES SOCIALES PROPIAS

F079. PARTICIPACIONES SOCIALES. ADQUISICIÓN DERIVATIVA DE PARTICIPACIONES PROPIAS, REDUCCIÓN DE CAPITAL Y DEVOLUCIÓN DE APORTACIONES. ACTA DE ACUERDO DE JUNTA GENERAL EXTRAORDINARIA CONVOCADA

Normativa de Aplicación: *Arts. 134 y ss. Real Decreto Legislativo 1/2010, de 2 de julio, por el que se aprueba el texto refundido de la Ley de Sociedades de Capital. Arts. 317 y ss. Real Decreto Legislativo 1/2010, de 2 de julio, por el que se aprueba el texto refundido de la Ley de Sociedades de Capital.*

Que hoy día .... de .... de ...., a las .... horas, y en el domicilio social, sito en la localidad de ...., calle .... s/n, se celebra JUNTA GENERAL EXTRAORDINARIA de socios de la sociedad .... S.L.

La convocatoria de la presente Junta General Extraordinaria de socios, ha sido acordada por el administrador único, Don ....

La convocatoria de la presente Junta General, se ha realizado, de conformidad con lo establecido en la Ley y el art .... de los Estatutos Sociales, mediante burofax con acuse de recibo y certificado de contenido, de fecha ...., dirigido ese mismo día a cada uno de los socios al domicilio designado al efecto por cada uno de ellos.

El tenor literal de la convocatoria se transcribe a continuación: «Por medio del presente se convoca a los señores socios a la celebración de Junta General Extraordinaria de la sociedad .... S.L., que se celebrará, el día .... de .... de ...., a las .... horas, en el domicilio social sito en ...., a efectos de deliberar y, en su caso, adoptar acuerdos con relación al siguiente orden del día: Reducción del capital social en la suma de .... euros, por adquisición de participaciones sociales propias y con la finalidad de restituir aportaciones a los socios. Modificación del art. .... de los estatutos sociales En ...., hoy día .... de .... de .... el Administrador único de .... S.L. Don ....»

Asisten a la presente Junta General Extraordinaria, personalmente o representados, los siguientes socios:

I.– Socios presentes:

Don ...., titular de .... participaciones sociales núm. .... a ...., incluidos, con un valor nominal cada una de ellas de .... euros (en su conjunto .... euros), que suponen el .... por ciento del capital social.

Don ...., titular de .... participaciones sociales núm. .... a ...., incluidos, con un valor nominal cada una de ellas de .... euros (en su conjunto .... euros), que suponen el .... por ciento del capital social.

Doña ...., titular de .... participaciones sociales núm. .... a ...., incluidos, con un valor nominal cada una de ellas de .... euros (en su conjunto .... euros), que suponen el .... por ciento del capital social.

Por lo tanto, asisten de forma personal .... socios, titulares, en conjunto, de .... participaciones sociales que suponen el .... por ciento del capital social.

II.– Socios representados:

Don ...., titular de .... participaciones sociales núm. .... a ...., incluidos, con un valor nominal cada una de ellas de .... euros (en su conjunto .... euros), que suponen el .... por ciento del capital social. Asiste el expresado socio representado por Doña ....

Don ...., titular de .... participaciones sociales núm. .... a ...., incluidos, con un valor nominal cada una de ellas de .... euros (en su conjunto .... euros), que suponen el .... por ciento del capital social. Asiste el expresado socio representado por Don ....

Asisten representados, ... socios, que titularizan .... participaciones que suponen el .... por ciento del capital social asumido.

En conjunto, asisten, personalmente o representados, ... socios, titulares de .... participaciones que suponen el .... por ciento del capital social suscrito.

Asiste el órgano de administración de la sociedad.

Son presidente y secretario de la presente Junta General, Don .... y Don ...., respectivamente. Ello de conformidad con lo establecido en la Ley y los Estatutos Sociales y ser los citados señores los socios designados por los concurrentes al comienzo de la reunión.

Abierta la sesión por el Sr. Presidente, sin que nadie se oponga a la válida constitución y celebración de la presente Junta General, se entra en el debate y deliberación de los diversos puntos del orden del día sin que ninguno de los presentes haga uso de su derecho a que conste en el acta el contenido de su intervención.

Tras todo lo anterior, se propone por el Sr. presidente la adopción de los siguientes acuerdos, propuesta que se transcribe literalmente a continuación:

PRIMERO.– Reducir el capital social en la cantidad de .... euros, con la finalidad de restituir aportaciones a los socios, mediante la adquisición, para su posterior amortización y en ejecución del presente acuerdo, de .... participaciones sociales de esta compañía. Todo ello al amparo de lo dispuesto en el art. 140.1.b) del Texto Refundido de la Ley de Sociedades de Capital, para lo cual prestan todos los socios individualmente su consentimiento.

La adquisición de las participaciones sociales propias, que se ofrece a todos los socios, se regirá por las siguiente oferta de adquisición:

1.– Participaciones sociales objeto de la oferta de compra: .... participaciones sociales de .... S.L., de un valor nominal unitario de .... euros. Las participaciones sociales deberán estar libres de cargas y gravámenes.

2.– Condiciones de la oferta y adquisición: La oferta se efectúa con el carácter de transmisión onerosa a título de compraventa, siendo el precio de la misma a razón de .... euros por acción. La oferta se dirige a todos los socios de la compañía.

La oferta de compra tiene carácter irrevocable.

No obstante lo anterior, si las participaciones sociales ofrecidas por los socios en compraventa excedieran del expresado numero de .... participaciones sociales fijado por la sociedad, se reducirán las ofrecidas por cada socio en proporción al numero de participaciones sociales cuya titularidad ostente.

3.– Gastos y Tributos: Serán soportados por las partes de la compraventa con arreglo a Ley.

4.– Plazo de aceptación de la oferta: La oferta de compra deberá ser aceptada por los socios en el plazo de .... a contar desde el envío de la comunicación de la misma, mediante escrito dirigido a la sociedad en el que se exprese el número de participaciones sociales titularizadas por el socio objeto de la transmisión. La declaración de aceptación de la oferta por el socio será irrevocable.

Estando presentes la totalidad de los socios de la compañía, muestran su conformidad y aceptación a la oferta de adquisición de participaciones sociales cursada por la sociedad, ofreciendo transmitir a la compañía las siguientes participaciones sociales, que, en su conjunto, totalizan las .... participaciones sociales objeto de la oferta de compra, con el siguiente desglose:

Por don ...., de nacionalidad española, mayor de edad, soltero, vecino de ...., con domicilio en la calle ...., número .... y DNI/NIF, se ofrecen para su compra por la sociedad .... participaciones sociales, números .... a ...., inclusive, por un precio de .... euros.

Por don ...., de nacionalidad española, mayor de edad, soltero, vecino de ...., con domicilio en la calle ...., número .... y DNI/NIF, se ofrecen para su compra por la sociedad .... participaciones sociales, números .... a ...., inclusive, por un precio de .... euros.

Por don ...., de nacionalidad española, mayor de edad, soltero, vecino de ...., con domicilio en la calle ...., número .... y DNI/NIF, se ofrecen para su compra por la sociedad .... participaciones sociales, números .... a ...., inclusive, por un precio de .... euros.

SEGUNDO.– Con el fin de que no haya lugar a la responsabilidad de los socios a quien se restituyen sus aportaciones, proceder a dotar una reserva con cargo a las reservas libres, por importe de .... euros, indisponible hasta que transcurran cinco años a contar desde la publicación de la reducción en el Boletín Oficial del Registro Mercantil, salvo que antes del vencimiento de dicho plazo hubieren sido satisfechas todas las deudas sociales contraídas con anterioridad a la fecha en que la reducción fuera oponible a terceros.

TERCERO.– Delegar en el Administrador Único las facultades necesarias para que dentro del plazo de seis meses a contar desde esta fecha, ejecute los acuerdos adoptados en esta reunión, procediendo a adquirir las participaciones sociales arriba reseñadas en los términos igualmente expresados, quedando facultado para comparecer ante notario al efecto de otorgar la correspondiente escritura pública y suscribir cuantos documentos fueren necesarios a tal fin, y para proceder a la correspondiente amortización, tras su adquisición por la sociedad, de las participaciones sociales número ...., todos inclusive, efectuándose la correspondiente anotación en el libro registro de socios. También para efectuar los correspondientes registros y operaciones contables a los efectos de la dotación de la reserva arriba expresada.

Igualmente, en ejecución de lo acordado por esta Junta, se delega en el Administrador Único las facultades necesarias para dar nueva redacción al artículo .... de los estatutos sociales, que quedará redactado según el siguiente tenor literal:

«ARTÍCULO .... CAPITAL SOCIAL. El Capital Social se fija en la cantidad de .... EUROS. Está dividido y representado por .... participaciones sociales de .... EUROS de valor nominal cada una, numeradas correlativamente de la 1 a la ...., todas asumidas y desembolsadas por los socios, y su titularidad lleva de pleno derecho la obligación de someterse a las prescripciones de los estatutos y a los acuerdos válidamente adoptados».

Previa la oportuna votación, la citada propuesta de acuerdos sociales es aprobada por UNANIMIDAD, con el voto favorable de todos los asistentes (........... por ciento de los votos correspondientes a las participaciones sociales en que se divide el capital social), en términos idénticos a los anteriormente transcritos.

Y no habiendo más asuntos que tratar, se procede a la redacción de la presente acta que es aprobada de forma unánime por los asistentes, y finaliza la presente Junta General Extraordinaria levantándose la reunión en ...., a las .... horas del día .... de .... de ....

F080. PARTICIPACIONES SOCIALES. ADQUISICIÓN DERIVATIVA DE PARTICIPACIONES PROPIAS, REDUCCIÓN DE CAPITAL Y DEVOLUCIÓN DE APORTACIONES. ACTA DE ACUERDO DE JUNTA GENERAL EXTRAORDINARIA UNIVERSAL

Normativa de Aplicación: *Arts. 134 y ss. Real Decreto Legislativo 1/2010, de 2 de julio, por el que se aprueba el texto refundido de la Ley de Sociedades de Capital. Arts. 317 y ss. Real Decreto Legislativo 1/2010, de 2 de julio, por el que se aprueba el texto refundido de la Ley de Sociedades de Capital.*

Que hoy día .... de .... de ...., a las .... horas, y en el domicilio social, sito en la localidad de ...., calle ...., se celebra JUNTA GENERAL EXTRAORDINARIA de socios de la sociedad .... S.L.

Se encuentran presentes, en el referido lugar, y, por lo tanto, concurren la totalidad de socios de la compañía, decidiendo y dando su conformidad los asistentes a constituirse, con el carácter de universal, en Junta General Extraordinaria de socios de la compañía, para deliberar y, en su caso, adoptar acuerdos con relación al siguiente orden del día: Reducción del capital social en la suma de .... euros, por adquisición de participaciones sociales propias y con la finalidad de restituir aportaciones a los socios. Modificación del art. .... de los estatutos sociales.

En señal de conformidad firman seguidamente todos los asistentes, a continuación de su nombre y apellidos.

....

Asiste el órgano de administración de la sociedad.

Son presidente y secretario de la presente Junta General, Don .... y Don ...., respectivamente. Ello de conformidad con lo establecido en la Ley y los Estatutos Sociales y ser los citados señores los socios designados por los concurrentes al comienzo de la reunión.

Abierta la sesión por el Sr. Presidente, sin que nadie se oponga a la válida constitución y celebración de la presente Junta General, se entra en el debate y deliberación de los diversos puntos del orden del día, sin que ninguno de los presentes haga uso de su derecho a que conste en el acta el contenido de su intervención.

Tras lo anterior, se propone por el Sr. presidente la adopción de los siguientes acuerdos, que se transcriben de forma literal a continuación:

PRIMERO.– Reducir el capital social en la cantidad de .... euros, con la finalidad de restituir aportaciones a los socios, mediante la adquisición, para su posterior amortización y en ejecución del presente acuerdo, de .... participaciones sociales de esta compañía. Todo ello al amparo de lo dispuesto en el art. 140.1.b) del Texto Refundido de la Ley de Sociedades de Capital, para lo cual prestan todos los socios individualmente su consentimiento.

La adquisición de las participaciones sociales propias, que se ofrece a todos los socios, se regirá por las siguiente oferta de adquisición:

1.– Participaciones sociales objeto de la oferta de compra: .... participaciones sociales de .... S.L., de un valor nominal unitario de .... euros. Las participaciones sociales deberán estar libres de cargas y gravámenes.

2.– Condiciones de la oferta y adquisición: La oferta se efectúa con el carácter de transmisión onerosa a título de compraventa, siendo el precio de la misma a razón de .... euros por acción. La oferta se dirige a todos los socios de la compañía.

La oferta de compra tiene carácter irrevocable.

No obstante lo anterior, si las participaciones sociales ofrecidas por los socios en compraventa excedieran del expresado numero de .... participaciones sociales fijado por la sociedad, se reducirán las ofrecidas por cada socio en proporción al numero de participaciones sociales cuya titularidad ostente.

3.– Gastos y Tributos: Serán soportados por las partes de la compraventa con arreglo a Ley.

4.– Plazo de aceptación de la oferta: La oferta de compra deberá ser aceptada por los socios en el plazo de .... a contar desde el envío de la comunicación de la misma, mediante escrito dirigido a la sociedad en el que se exprese el número de participaciones sociales titularizadas por el socio objeto de la transmisión. La declaración de aceptación de la oferta por el socio será irrevocable.

Estando presentes la totalidad de los socios de la compañía, muestran su conformidad y aceptación a la oferta de adquisición de participaciones sociales cursada por la sociedad, ofreciendo transmitir a la compañía las siguientes participaciones sociales, que, en su conjunto, totalizan las .... participaciones sociales objeto de la oferta de compra, con el siguiente desglose:

Por don ...., de nacionalidad española, mayor de edad, soltero, vecino de ...., con domicilio en la calle ...., número .... y DNI/NIF, se ofrecen para su compra por la sociedad .... participaciones sociales, números .... a ...., inclusive, por un precio de .... euros.

Por don ...., de nacionalidad española, mayor de edad, soltero, vecino de ...., con domicilio en la calle ...., número .... y DNI/NIF, se ofrecen para su compra por la sociedad .... participaciones sociales, números .... a ...., inclusive, por un precio de .... euros.

Por don ...., de nacionalidad española, mayor de edad, soltero, vecino de ...., con domicilio en la calle ...., número .... y DNI/NIF, se ofrecen para su compra por la sociedad .... participaciones sociales, números .... a ...., inclusive, por un precio de .... euros.

SEGUNDO.– Con el fin de que no haya lugar a la responsabilidad de los socios a quien se restituyen sus aportaciones, proceder a dotar una reserva con cargo a las reservas libres, por importe de .... euros, indisponible hasta que transcurran cinco años a contar desde la publicación de la reducción en el Boletín Oficial del Registro Mercantil, salvo que antes del vencimiento de dicho plazo hubieren sido satisfechas todas las deudas sociales contraídas con anterioridad a la fecha en que la reducción fuera oponible a terceros.

TERCERO.– Delegar en el Administrador Único las facultades necesarias para que dentro del plazo de seis meses a contar desde esta fecha, ejecute los acuerdos adoptados en esta reunión, procediendo a adquirir las participaciones sociales arriba reseñadas en los términos igualmente expresados, quedando facultado para comparecer ante notario al efecto de otorgar la correspondiente escritura pública y suscribir cuantos documentos fueren necesarios a tal fin, y para proceder a la correspondiente amortización, tras su adquisición por la sociedad, de las participaciones sociales número ...., todos inclusive, efectuándose la correspondiente anotación en el libro registro de socios. También para efectuar los correspondientes registros y operaciones contables a los efectos de la dotación de la reserva arriba expresada.

Igualmente, en ejecución de lo acordado por esta Junta, se delega en el Administrador Único las facultades necesarias para dar nueva redacción al artículo .... de los estatutos sociales, que quedará redactado según el siguiente tenor literal:

«ARTÍCULO .... CAPITAL SOCIAL. El Capital Social se fija en la cantidad de .... EUROS. Está dividido y representado por .... participaciones sociales de .... EUROS de valor nominal cada una, numeradas correlativamente de la 1 a la ...., todas asumidas y desembolsadas por los socios, y su titularidad lleva de pleno derecho la obligación de someterse a las prescripciones de los estatutos y a los acuerdos válidamente adoptados».

Previa la oportuna votación, la citada propuesta de acuerdos sociales es aprobada por UNANIMIDAD, con el voto favorable de todos los asistentes (........... por ciento de los votos correspondientes a las participaciones sociales en que se divide el capital social), en términos idénticos a los anteriormente transcritos.

Y no habiendo más asuntos que tratar, se procede a la redacción de la presente acta que es aprobada de forma unánime por los asistentes, y finaliza la presente Junta General Extraordinaria, levantándose la reunión en ...., a las .... horas del día .... de .... de ....

F081. PARTICIPACIONES SOCIALES. ADQUISICIÓN DERIVATIVA DE PARTICIPACIONES PROPIAS, REDUCCIÓN DE CAPITAL Y DEVOLUCIÓN DE APORTACIONES. ACTA DE ACUERDO DEL CONSEJO DE ADMINISTRACIÓN

Normativa de Aplicación: *Arts. 134 y ss. Real Decreto Legislativo 1/2010, de 2 de julio, por el que se aprueba el texto refundido de la Ley de Sociedades de Capital. Arts. 317 y ss. Real Decreto Legislativo 1/2010, de 2 de julio, por el que se aprueba el texto refundido de la Ley de Sociedades de Capital.*

En ...., siendo las .... horas del día .... de .... de ...., y en el domicilio social, sito en ...., calle .... núm. ...., se celebra reunión del Consejo de Administración de la sociedad .... S.L.

La presente reunión del Consejo de Administración fue convocada en fecha .... de .... de .... por Don ...., Presidente del Consejo de Administración, mediante burofax con acuse de recibo y certificado de contenido remitido a los Sres. Consejeros en la misma fecha y en legal forma y plazo con el siguiente tenor literal «Por el presente, se le convoca a la reunión del Consejo de Administración de la compañía a celebrar, en el domicilio social, el próximo día .... de .... de ...., a las .... horas, para deliberar y, en su caso, adoptar acuerdos con relación al siguiente orden del día: 1.– Ejecución del acuerdo de reducción del capital social adoptado por la Junta General de la compañía, en su reunión del pasado día .... de .... de dos mil .... 2.– Redacción del art. .... de los Estatutos Sociales. En ...., hoy día .... de .... de .... Don ...., Presidente del Consejo de Administración de .... S.L.»

Asisten a la presente reunión, todos ellos personalmente, ... miembros del consejo de administración de la sociedad (........... por ciento del total), esto es:

Presidente: Don ....

Secretario: Don ....

Vocal: Doña ....

Vocal: Doña ....

Vocal: Doña ....

No asisten consejeros representados.

Actúan como Presidente y Secretario de la presente reunión del Consejo de Administración, respectivamente, Don .... y Don ...., quienes ocupan tales cargos en el seno de este Consejo.

El Sr. presidente declara válidamente constituida la presente reunión del Consejo de Administración y se entra en el debate de los distintos puntos del orden del día. Previa deliberación y sin que ninguno de los asistentes haga uso del derecho a que conste en el acta el contenido de su intervención, se adoptan los siguientes acuerdos por UNANIMIDAD de los asistentes, que son proclamados por el Sr. Presidente y que se transcriben literalmente a continuación:

PRIMERO.– Declarar ejecutados los acuerdos adoptados por la Junta General Extraordinaria de socios en su reunión de fecha .... de .... de dos mil .... y reducido el capital social en la cuantía y términos acordados por la expresada Junta General. También amortizadas las participaciones que se reseñan en el acta de dicha Junta General, esto es, ... participaciones sociales, número .... a ...., que fueron adquiridas por la sociedad en los mismos términos y en ejecución del acuerdo de reducción de capital adoptado por la Junta General de fecha .... de .... de dos mil ....

Se hace constar que se ha efectuado la correspondiente anotación en el libro registro de socios.

Expresamente se declara haber sido constituida la reserva indisponible acordada en la expresada Junta General a que se refiere el art. 332 TRLSC.

Como consecuencia de lo anterior, queda redactado el art. .... de los Estatutos Sociales del modo expresado en el acta de la Junta General de fecha .... de .... de dos mil ....:

«ARTÍCULO ....: El Capital Social se fija en la cantidad de .... EUROS. Está dividido y representado por .... participaciones sociales de .... EUROS de valor nominal cada una, numeradas correlativamente de la 1 a la ...., todas asumidas y desembolsadas por los socios, y su titularidad lleva aparejada de pleno derecho la obligación de someterse a las prescripciones de los estatutos y a los acuerdos válidamente adoptados».

SEGUNDO.– Facultar a los consejeros para que cualquiera de ellos, indistintamente, puedan comparecer ante notario a fin de elevar a publico los acuerdos anteriormente transcritos e instar la inscripción de los mismos en el Registro Mercantil.

Y para que así conste se extiende la presente acta que, leída, es aprobada por todos los consejeros al finalizar la sesión y por unanimidad, en .... hoy día de .... de ....

F082. PARTICIPACIONES SOCIALES. ADQUISICIÓN DERIVATIVA DE PARTICIPACIONES PROPIAS, REDUCCIÓN DE CAPITAL Y DEVOLUCIÓN DE APORTACIONES. CERTIFICACIÓN DE ACUERDO DE JUNTA GENERAL EXTRAORDINARIA CONVOCADA

Normativa de Aplicación: *Arts. 134 y ss. Real Decreto Legislativo 1/2010, de 2 de julio, por el que se aprueba el texto refundido de la Ley de Sociedades de Capital. Arts. 317 y ss. Real Decreto Legislativo 1/2010, de 2 de julio, por el que se aprueba el texto refundido de la Ley de Sociedades de Capital.*

..........., Administrador Único de la compañía .... S.L., con domicilio en ...., Avenida ...., CIF .... Inscrita en el Registro Mercantil de la Provincia de .... al ....

CERTIFICO según resulta del libro de actas de la sociedad:

Que el día .... de .... de ...., a las .... horas, y en el domicilio social, se celebró en la Junta General Extraordinaria de Socios de la compañía .... S.L.

La convocatoria de la referida Junta General Extraordinaria de socios, fue acordada en fecha .... por el administrador único, Don ....

Que la convocatoria de la presente Junta General, se realizó por el órgano de administración de la sociedad, de conformidad con lo establecido en la Ley y el art .... de los Estatutos Sociales, mediante burofax con acuse de recibo y certificado de contenido, de fecha ...., dirigido ese mismo día a cada uno de los socios al domicilio designado al efecto igualmente por cada uno de ellos.

Que el tenor literal de la convocatoria se transcribe a continuación: «Por medio del presente se convoca a los señores socios a la celebración de Junta General Extraordinaria de la sociedad .... S.L., que se celebrará, el día .... de .... de ...., a las .... horas, en el domicilio social sito en ...., a efectos de deliberar y, en su caso, adoptar acuerdos con relación al siguiente orden del día: Reducción del capital social en la suma de .... euros, por adquisición de participaciones sociales propias y con la finalidad de restituir aportaciones a los socios. Modificación del art. ....

de los estatutos sociales. En .... , hoy día .... de .... de .... el Administrador único de .... S.L. Don ....»

Que se confeccionó la pertinente lista de asistentes y, en conjunto, asistieron, personalmente o representados, ... socios, titulares de .... participaciones sociales que suponen el .... por ciento del capital social suscrito y .... de los derechos de voto.

Que asistió el órgano de administración de la sociedad.

Que actuaron como presidente y secretario de la citada Junta General, Don .... y Don ...., respectivamente. Ello de conformidad con lo establecido en la Ley y los Estatutos Sociales y ser los citados señores los socios designados por los concurrentes al comienzo de la reunión.

Que abierta la sesión por el Sr. Presidente, sin que nadie se opusiera a la válida constitución y celebración de la citada Junta General, se entró en el debate y deliberación de los diversos puntos del orden del día sin que ninguno de los presentes hiciera uso de su derecho a que constase en el acta el contenido de su intervención. Tras lo anterior, se adoptaron por unanimidad de los asistentes (........... por ciento de los votos en que se divide el capital social), los siguientes ACUERDOS, que son aquí trascritos literalmente:

PRIMERO.– Reducir el capital social en la cantidad de .... euros, con la finalidad de restituir aportaciones a los socios, mediante la adquisición, para su posterior amortización y en ejecución del presente acuerdo, de .... participaciones sociales de esta compañía. Todo ello al amparo de lo dispuesto en el art. 140.1.b) del Texto Refundido de la Ley de Sociedades de Capital, para lo cual prestan todos los socios individualmente su consentimiento.

La adquisición de las participaciones sociales propias, que se ofrece a todos los socios, se regirá por la siguiente oferta de adquisición:

1.– Participaciones sociales objeto de la oferta de compra: .... participaciones sociales de .... S.L., de un valor nominal unitario de .... euros. Las participaciones sociales deberán estar libres de cargas y gravámenes.

2.– Condiciones de la oferta y adquisición: La oferta se efectúa con el carácter de transmisión onerosa a título de compraventa, siendo el precio de la misma a razón de .... euros por acción. La oferta se dirige a todos los socios de la compañía.

La oferta de compra tiene carácter irrevocable.

No obstante lo anterior, si las participaciones sociales ofrecidas por los socios en compraventa excedieran del expresado numero de .... participaciones sociales fijado por la sociedad, se reducirán las ofrecidas por cada socio en proporción al numero de participaciones sociales cuya titularidad ostente.

3.– Gastos y Tributos: Serán soportados por las partes de la compraventa con arreglo a Ley.

4.– Plazo de aceptación de la oferta: La oferta de compra deberá ser aceptada por los socios en el plazo de .... a contar desde el envío de la comunicación de la misma, mediante escrito dirigido a la sociedad en el que se exprese el número de participaciones sociales titularizadas por el socio objeto de la transmisión. La declaración de aceptación de la oferta por el socio será irrevocable.

Estando presentes la totalidad de los socios de la compañía, muestran su conformidad y aceptación a la oferta de adquisición de participaciones sociales cursada por la sociedad, ofreciendo transmitir a la compañía las siguientes participaciones sociales, que, en su conjunto, totalizan las .... participaciones sociales objeto de la oferta de compra, con el siguiente desglose:

Por don ...., de nacionalidad española, mayor de edad, soltero, vecino de ...., con domicilio en la calle ...., número .... y DNI/NIF, se ofrecen para su compra por la sociedad .... participaciones sociales, números .... a ...., inclusive, por un precio de .... euros.

Por don ...., de nacionalidad española, mayor de edad, soltero, vecino de ...., con domicilio en la calle ...., número .... y DNI/NIF, se ofrecen para su compra por la sociedad .... participaciones sociales, números .... a ...., inclusive, por un precio de .... euros.

Por don ...., de nacionalidad española, mayor de edad, soltero, vecino de ...., con domicilio en la calle ...., número .... y DNI/NIF, se ofrecen para su compra por la sociedad .... participaciones sociales, números .... a ...., inclusive, por un precio de .... euros.

SEGUNDO.– Con el fin de que no haya lugar a la responsabilidad de los socios a quien se restituyen sus aportaciones, proceder a dotar una reserva con cargo a las reservas libres, por importe de .... euros, indisponible hasta que transcurran cinco años a contar desde la publicación de la reducción en el Boletín Oficial del Registro Mercantil, salvo que antes del vencimiento de dicho plazo hubieren sido satisfechas todas las deudas sociales contraídas con anterioridad a la fecha en que la reducción fuera oponible a terceros.

TERCERO.– Delegar en el Administrador Único las facultades necesarias para que dentro del plazo de seis meses a contar desde esta fecha, ejecute los acuerdos adoptados en esta reunión, procediendo a adquirir las participaciones sociales arriba reseñadas en los términos igualmente expresados, quedando facultado para comparecer ante notario al efecto de otorgar la correspondiente escritura pública y suscribir cuantos documentos fueren necesarios a tal fin, y para proceder a la correspondiente amortización, tras su adquisición por la sociedad, de las participaciones sociales número ...., todos inclusive, efectuándose la correspondiente anotación en el libro registro de socios. También para efectuar los correspondientes registros y operaciones contables a los efectos de la dotación de la reserva arriba expresada.

Igualmente, en ejecución de lo acordado por esta Junta, se delega en el Administrador Único las facultades necesarias para dar nueva redacción al artículo .... de los estatutos sociales, que quedará redactado según el siguiente tenor literal:

«ARTÍCULO .... CAPITAL SOCIAL. El Capital Social se fija en la cantidad de .... EUROS. Está dividido y representado por .... participaciones sociales de

.... EUROS de valor nominal cada una, numeradas correlativamente de la 1 a la ...., todas asumidas y desembolsadas por los socios, y su titularidad lleva de pleno derecho la obligación de someterse a las prescripciones de los estatutos y a los acuerdos válidamente adoptados».

Y para que conste y surta los efectos oportunos, libro la presente certificación, haciendo constar que el acta de la reunión donde se adoptaron los acuerdos que se certifican fue aprobada por unanimidad en la propia sesión, y firmada por el presidente y secretario. En ...., a .... de .... de ....

F083. PARTICIPACIONES SOCIALES. ADQUISICIÓN DERIVATIVA DE PARTICIPACIONES PROPIAS, REDUCCIÓN DE CAPITAL Y DEVOLUCIÓN DE APORTACIONES. CERTIFICACIÓN DE ACUERDO DE JUNTA GENERAL EXTRAORDINARIA UNIVERSAL

Normativa de Aplicación: *Arts. 134 y ss. Real Decreto Legislativo 1/2010, de 2 de julio, por el que se aprueba el texto refundido de la Ley de Sociedades de Capital. Arts. 317 y ss. Real Decreto Legislativo 1/2010, de 2 de julio, por el que se aprueba el texto refundido de la Ley de Sociedades de Capital.*

............, Administrador único de la compañía .... S.L., con domicilio en ...., C/ .... y CIF .... Inscrita en el Registro Mercantil de la Provincia de ....

CERTIFICO, según resulta del libro de actas de la sociedad:

Que el día .... de .... de .... de .... y en ...., calle ...., se celebró Junta General Extraordinaria de Socios de la compañía .... S.L., reunida con carácter universal.

Que se encontraban presentes la totalidad de los socios, figurando su nombre en el acta.

Que la totalidad de los socios aceptaron constituirse y celebrar dicha Junta General, con el carácter de universal, para deliberar y, en su caso, adoptar acuerdos con relación al siguiente orden del día: Reducción del capital social en la suma de .... euros, por adquisición de participaciones sociales propias y con la finalidad de restituir aportaciones a los socios. Modificación del art. .... de los estatutos sociales.

Que en señal de conformidad con lo reseñado anteriormente, la totalidad de los socios de la compañía, seguido de su respectivo nombre, firmaron al inicio del acta cuyos acuerdos aquí se certifican.

Que de conformidad con lo previsto en la Ley y Los Estatutos Sociales fueron designados y actuaron como presidente de la misma Doña .... y como secretario Don ....

Que abierta la sesión sin que nadie se opusiera a ello, se adoptaron por unanimidad, (........... por ciento de los votos correspondientes a las participaciones sociales en que se divida el capital social), los siguientes ACUERDOS que se transcriben de forma literal a continuación:

PRIMERO.– Reducir el capital social en la cantidad de .... euros, con la finalidad de restituir aportaciones a los socios, mediante la adquisición, para su posterior amortización y en ejecución del presente acuerdo, de .... participaciones sociales de esta compañía. Todo ello al amparo de lo dispuesto en el art. 140.1.b) del Texto Refundido de la Ley de Sociedades de Capital, para lo cual prestan todos los socios individualmente su consentimiento.

La adquisición de las participaciones sociales propias, que se ofrece a todos los socios, se regirá por las siguiente oferta de adquisición:

1.– Participaciones sociales objeto de la oferta de compra: .... participaciones sociales de .... S.L., de un valor nominal unitario de .... euros. Las participaciones sociales deberán estar libres de cargas y gravámenes.

2.– Condiciones de la oferta y adquisición: La oferta se efectúa con el carácter de transmisión onerosa a título de compraventa, siendo el precio de la misma a razón de .... euros por acción. La oferta se dirige a todos los socios de la compañía.

La oferta de compra tiene carácter irrevocable.

No obstante lo anterior, si las participaciones sociales ofrecidas por los socios en compraventa excedieran del expresado numero de .... participaciones sociales fijado por la sociedad, se reducirán las ofrecidas por cada socio en proporción al numero de participaciones sociales cuya titularidad ostente.

3.– Gastos y Tributos: Serán soportados por las partes de la compraventa con arreglo a Ley.

4.– Plazo de aceptación de la oferta: La oferta de compra deberá ser aceptada por los socios en el plazo de .... a contar desde el envío de la comunicación de la misma, mediante escrito dirigido a la sociedad en el que se exprese el número de participaciones sociales titularizadas por el socio objeto de la transmisión. La declaración de aceptación de la oferta por el socio será irrevocable.

Estando presentes la totalidad de los socios de la compañía, muestran su conformidad y aceptación a la oferta de adquisición de participaciones sociales cursada por la sociedad, ofreciendo transmitir a la compañía las siguientes participaciones sociales, que, en su conjunto, totalizan las .... participaciones sociales objeto de la oferta de compra, con el siguiente desglose:

Por don ...., de nacionalidad española, mayor de edad, soltero, vecino de ...., con domicilio en la calle ...., número .... y DNI/NIF, se ofrecen para su compra por la sociedad .... participaciones sociales, números .... a ...., inclusive, por un precio de .... euros.

Por don ...., de nacionalidad española, mayor de edad, soltero, vecino de ...., con domicilio en la calle ...., número .... y DNI/NIF, se ofrecen para su compra por la sociedad .... participaciones sociales, números .... a ...., inclusive, por un precio de .... euros.

Por don ...., de nacionalidad española, mayor de edad, soltero, vecino de ...., con domicilio en la calle ...., número .... y DNI/NIF, se ofrecen para su compra por la sociedad .... participaciones sociales, números .... a ...., inclusive, por un precio de .... euros.

SEGUNDO.– Con el fin de que no haya lugar a la responsabilidad de los socios a quien se restituyen sus aportaciones, proceder a dotar una reserva con cargo a las reservas libres, por importe de .... euros, indisponible hasta que transcurran cinco años a contar desde la publicación de la reducción en el Boletín Oficial del Registro Mercantil, salvo que antes del vencimiento de dicho plazo hubieren sido satisfechas todas las deudas sociales contraídas con anterioridad a la fecha en que la reducción fuera oponible a terceros.

TERCERO.– Delegar en el Administrador Único las facultades necesarias para que dentro del plazo de seis meses a contar desde esta fecha, ejecute los acuerdos adoptados en esta reunión, procediendo a adquirir las participaciones sociales arriba reseñadas en los términos igualmente expresados, quedando facultado para comparecer ante notario al efecto de otorgar la correspondiente escritura pública y suscribir cuantos documentos fueren necesarios a tal fin, y para proceder a la correspondiente amortización, tras su adquisición por la sociedad, de las participaciones sociales número ...., todos inclusive, efectuándose la correspondiente anotación en el libro registro de socios. También para efectuar los correspondientes registros y operaciones contables a los efectos de la dotación de la reserva arriba expresada.

Igualmente, en ejecución de lo acordado por esta Junta, se delega en el Administrador Único las facultades necesarias para dar nueva redacción al artículo .... de los estatutos sociales, que quedará redactado según el siguiente tenor literal:

«ARTÍCULO .... CAPITAL SOCIAL. El Capital Social se fija en la cantidad de .... EUROS. Está dividido y representado por .... participaciones sociales de .... EUROS de valor nominal cada una, numeradas correlativamente de la 1 a la ...., todas asumidas y desembolsadas por los socios, y su titularidad lleva de pleno derecho la obligación de someterse a las prescripciones de los estatutos y a los acuerdos válidamente adoptados».

Y para que conste libro la presente certificación, haciendo constar que el acta de la reunión donde se adoptaron los acuerdos que se certifican fue aprobada por unanimidad en la propia sesión, y firmada por el presidente y secretario, en ...., a .... de .... de ....

F084. PARTICIPACIONES SOCIALES. ADQUISICIÓN DERIVATIVA DE PARTICIPACIONES PROPIAS, REDUCCIÓN DE CAPITAL Y DEVOLUCIÓN DE APORTACIONES. CERTIFICACIÓN DE ACUERDO DE CONSEJO DE ADMINISTRACIÓN

Normativa de Aplicación: *Arts. 134 y ss. Real Decreto Legislativo 1/2010, de 2 de julio, por el que se aprueba el texto refundido de la Ley de Sociedades de Capital. Arts. 317 y ss. Real Decreto Legislativo 1/2010, de 2 de julio, por el que se aprueba el texto refundido de la Ley de Sociedades de Capital.*

.... Secretario del Consejo de Administración de la sociedad .... S.L. domiciliada en ...., calle .... núm. ...., e inscrita en el Registro Mercantil de la provincia de ...., al tomo ...., folio ...., hoja ...., y CIF ....

CERTIFICO según resulta del libro de actas de la sociedad:

Que en ...., a las .... horas del día .... de .... de ...., y en el domicilio social, sito en ...., calle .... núm. ...., se celebró reunión del Consejo de Administración de la sociedad .... S.L.

Que la presente reunión del Consejo de Administración fue convocada por el Presidente del Consejo de Administración, Don ...., en fecha .... mediante burofax con acuse de recibo y certificado de contenido remitido ese mismo día a los Sres. Consejeros en legal forma y plazo con el siguiente tenor literal «Por el presente, se le convoca a la reunión del Consejo de Administración a celebrar, en el domicilio social, el próximo día .... de .... de ...., a las .... horas, para deliberar y, en su caso, adoptar acuerdos con relación al siguiente orden del día: 1.– Ejecución del acuerdo de reducción del capital social adoptado por la Junta General de la compañía, en su reunión del pasado día .... de .... de dos mil .... Redacción art. .... de los Estatutos Sociales. En ...., hoy día .... de .... de .... Don ...., Presidente del Consejo de Administración de .... S.L.»

Que asistieron a la reunión, personalmente .... miembros del consejo de administración de la sociedad, esto es, los Sres. .... Y representado un consejero, esto es, Don ...., representado por la consejera Doña .... En conjunto asistieron personalmente o representados .... consejeros.

Que actuaron como Presidente y Secretario de la reunión del Consejo de Administración cuyos acuerdos aquí se certifican, Don .... y Don ...., respectivamente, quienes ocupan tales cargos en el seno de este Consejo.

Que el Sr. presidente declaró válidamente constituida la referida reunión del Consejo de Administración y se entró en el debate de los distintos puntos del orden del día. Previa deliberación y sin que ninguno de los asistentes hiciera uso del derecho de que constase en el acta el contenido de su intervención, se adoptaron los siguientes acuerdos por UNANIMIDAD, que fueron proclamados por el Sr. Presidente y que se transcriben literalmente a continuación:

PRIMERO.– Declarar ejecutados los acuerdos adoptados por la Junta General Extraordinaria de socios en su reunión de fecha .... de .... de dos mil .... y reducido el capital social en la cuantía y términos acordados por la expresada Junta General. También amortizadas las participaciones que se reseñan en el acta de dicha Junta General, esto es, ... participaciones sociales, número .... a ...., que fueron adquiridas por la sociedad en los mismos términos y en ejecución del acuerdo de reducción de capital adoptado por la Junta General de fecha .... de .... de dos mil ....

Se hace constar que se ha efectuado la correspondiente anotación en el libro registro de socios.

Expresamente se declara haber sido constituida la reserva indisponible acordada en la expresada Junta General a que se refiere el art. 332 TRLSC.

Como consecuencia de lo anterior, queda redactado el art. .... de los Estatutos Sociales del modo expresado en el acta de la Junta General de fecha .... de .... de dos mil ....:

«ARTÍCULO ....: El Capital Social se fija en la cantidad de .... EUROS. Está dividido y representado por .... participaciones sociales de .... EUROS de valor nominal cada una, numeradas correlativamente de la 1 a la ...., todas asumidas y desembolsadas por los socios, y su titularidad lleva aparejada de pleno derecho la obligación de someterse a las prescripciones de los estatutos y a los acuerdos válidamente adoptados».

SEGUNDO.– Facultar a los consejeros para que cualquiera de ellos, indistintamente, puedan comparecer ante notario a fin de elevar a publico los acuerdos anteriormente transcritos e instar la inscripción de los mismos en el Registro Mercantil.

Y para que conste libro la presente certificación, con el Visto Bueno del Presidente, haciendo constar que el acta de la reunión en que se adoptaron los acuerdos que se certifican, fue aprobada por unanimidad al final de la misma, en ...., a ....

V. B. PRESIDENTE SECRETARIO

F085. ADQUISICIÓN DERIVATIVA DE PARTICIPACIONES SOCIALES PROPIAS EN EJECUCIÓN DE REDUCCIÓN DE CAPITAL CON LA FINALIDAD DE DEVOLVER APORTACIONES. ESCRITURA DE COMPRAVENTA DE LAS PARTICIPACIONES SOCIALES PROPIAS

Normativa de Aplicación: *Arts. 134 y ss. Real Decreto Legislativo 1/2010, de 2 de julio, por el que se aprueba el texto refundido de la Ley de Sociedades de Capital. Arts. 317 y ss. Real Decreto Legislativo 1/2010, de 2 de julio, por el que se aprueba el texto refundido de la Ley de Sociedades de Capital.*

En la Ciudad de ...., mi residencia, a .... de ....

Ante mí, ..., Notario de la Ciudad y del Ilustre Colegio de ....

COMPARECEN

Don ...., mayor de edad, de nacionalidad española, soltero, vecino de ...., con domicilio en ...., núm. .... DNI/NIF ....

Don ...., mayor de edad, de nacionalidad española, soltero, vecino de ...., con domicilio en ...., núm. .... DNI/NIF ....

Don ...., mayor de edad, de nacionalidad española, soltero, vecino de ...., con domicilio en ...., núm. .... DNI/NIF ....

Doña ...., mayor de edad, de nacionalidad española, soltera, vecina de ...., con domicilio en ...., núm. .... DNI/NIF ....

Les identifico por los documentos de identidad exhibidos y reseñados.

INTERVIENEN

Don ...., Don .... y Don .... intervienen en su propio nombre y derecho.

Doña .... interviene en su condición de Administradora Única de la sociedad de responsabilidad limitada ...., sociedad de nacionalidad española constituida por tiempo indefinido mediante escritura autorizada el día .... por el Notario de ...., Don ...., obrante en su protocolo bajo el número ....Con domicilio en .... Inscrita en el Registro Mercantil de la provincia de ...., al tomo ...., libro .... de la sección ...., folio ...., hoja número .... CIF .... Constituye su objeto social...... El capital social de la citada compañía es de .... euros y está dividido en .... participaciones sociales de .... euros cada una de ellas, íntegramente asumidas y desembolsadas, numeradas correlativamente a partir de la unidad hasta la .... Inscrita en el Registro Mercantil de la provincia de ...., al tomo ...., general ...., folio ...., hoja ...., inscripción .... CIF ....

Está legitimada para este otorgamiento en virtud de su expresado cargo de Administrador Único, que afirma vigente, resultando su nombramiento y aceptación de la escritura otorgada con fecha .... de .... de dos mil ...., ante el notario de ...., Doña ...., número de protocolo .... y por acuerdo de la Junta General Universal de socios celebrada el día .... de .... de dos mil ...., contenido en la certificación que me entrega e incorporo a la presente, expedida por el propio compareciente, cuya firma legitimo por serme conocida.

Tienen a mi juicio, según intervienen, la capacidad legal necesaria para el otorgamiento de la presente escritura de COMPRAVENTA DE PARTICIPACIONES SOCIALES y a tal efecto

EXPONEN

I.– Que don .... es titular en pleno dominio, de .... participaciones sociales de .... euros cada una de ellas, número .... a ...., de la compañía .... S.L.

TÍTULO: Las expresadas .... participaciones sociales de .... S.L., número .... a ...., ambos inclusive, antes reseñadas, pertenecen a Don ...., por compra a don ...., en virtud de escritura de compraventa otorgada el día .... ante el notario de ...., Don ...., obrante en su protocolo bajo el número ....

CARGAS.– Libres de cargas, embargos u otros gravámenes, según manifiesta su titular.

II.– Que Don .... es titular en pleno dominio, de .... participaciones sociales de .... euros cada una de ellas, número .... a ...., de la compañía .... S.L.

TÍTULO: Las expresadas .... participaciones sociales de .... S.L., número .... a ...., pertenecen a Don ...., por asunción y desembolso de las mismas en la escritura fundacional de la compañía, otorgada el día .... de .... de ...., ante el notario de ...., Don ....

CARGAS.– Libres de cargas, embargos u otros gravámenes, según manifiesta su titular.

III.– Que don .... es titular en pleno dominio, de .... participaciones sociales de .... euros cada una de ellas, número .... a ...., de la compañía .... S.L.

TÍTULO: Las expresadas .... participaciones sociales de .... S.L., número .... a ...., ambos inclusive, antes reseñadas, pertenecen a Don ...., por compra a don ...., en virtud de escritura de compraventa otorgada el día .... de .... de .... ante el notario de ...., Don ...., obrante en su protocolo bajo el número ....

CARGAS.– Libres de cargas, embargos u otros gravámenes, según manifiesta su titular.

La titularidad de las reseñadas participaciones sociales por Don ...., Don .... y Don ...., en los términos arriba transcritos, resulta de las respectivas manifestaciones de los citados señores y de las certificaciones del libro registro de socios, expedidas el día .... de .... de dos mil ...., por el administrador único de la compañía, Don ...., que los comparecientes respectivamente me exhiben y entregan para su testimonio e incorporación a la presente escritura, de la que resultan las anteriores circunstancias.

Yo, el Notario, hago constar expresamente que he cumplido con la obligación que impone la ley 10/2010, de 28 de abril, cuyo resultado consta en acta autorizada por el Notario de ...., Don ...., el día ...., en cuanto a «........... S.L.», bajo n° .... de protocolo; manifestando no haberse modificado el contenido de la misma.

II.– Que dando conformidad y cumplimiento al acuerdo adoptado en la Junta General de la compañía celebrada el .... de .... de dos mil, de reducir el capital social en la cantidad de .... euros con la finalidad de restituir aportaciones a los socios, mediante la adquisición, para su posterior amortización y en ejecución del acuerdo, de .... participaciones sociales de esta compañía, se elevan a público los acuerdos adoptados por la expresada Junta General de fecha .... de .... de dos mil y se formaliza la compraventa de participaciones sociales acordada y a tal efecto, según intervienen:

OTORGAN

PRIMERO.– ELEVACIÓN A PUBLICO DE ACUERDOS.

Que Don .... eleva a público los acuerdos adoptados por la Junta General Universal de la sociedad, en su reunión del día .... de .... de dos mil ...., y el Consejo de Administración de la compañía, en su reunión del pasado día .... de .... de dos mil ...., en los términos que resultan de la certificación incorporada a esta matriz y que se dan por íntegramente reproducida en este lugar para evitar repeticiones.

SEGUNDO.– COMPRAVENTA DE PARTICIPACIONES SOCIALES.

I.– Que don .... vende y trasmite .... participaciones sociales, número .... a ...., ambos inclusive, que es titular en la sociedad .... S.L., con todos sus derechos inherentes, libres de trabas, embargos u otros gravámenes, a la expresada sociedad .... S.L., quien acepta la transmisión verificada a su favor y las compra y adquiere en los términos y en ejecución del acuerdo adoptado en la Junta General de fecha .... de .... de dos mil ....

El precio conjunto de esta compraventa (a razón de .... euros por participación social), es de .... euros, que el vendedor confiesa haber recibido del comprador, dándole carta de pago.

II.– Que igualmente don .... vende y trasmite .... participaciones sociales, número .... a ...., ambos inclusive, que es titular en la sociedad .... S.L., con todos sus derechos inherentes, libres de trabas, embargos u otros gravámenes, a la expresada sociedad ...., quien acepta la transmisión verificada a su favor y las compra y adquiere en los términos y en ejecución del acuerdo adoptado en la expresada Junta General de fecha .... de .... de dos mil ....

El precio conjunto de esta compraventa (a razón de .... euros por participación social), es de .... euros, que el vendedor confiesa haber recibido del comprador, dándole carta de pago.

MEDIOS DE PAGO: el pago se hace efectivo con fecha de .... mediante la entrega de .... cheques bancarios (o el medio que proceda: efectivo, transferencia ....). Incorporo a la presente fotocopia con valor de testimonio de dicho cheque/justificante de transferencia que los comparecientes me exhiben.

En caso de cheque bancario: La cuenta de cargo contra la que se emite dicho cheque es, según manifestación de la parte compradora, la siguiente: ....

En caso de cheque personal: la cuenta de cargo contra la que se emite dicho cheque es la que figura en el mismo.

En caso de transferencia bancaria: las cuentas de cargo y abono son las que figuran en el propio justificante.

III.– Finalmente, Don .... vende y trasmite .... participaciones sociales, número .... a ...., ambos inclusive, de que es titular en la sociedad .... S.L., con todos sus derechos inherentes, libres de trabas, embargos u otros gravámenes, a la expresada sociedad ...., quien acepta la transmisión verificada a su favor y las compra y adquiere en los términos y en ejecución del acuerdo adoptado en la Junta General de fecha .... de .... de dos mil ....

El precio conjunto de esta compraventa (a razón de .... euros por participación social), es de .... euros, que el vendedor confiesa haber recibido del comprador, dándole carta de pago.

MEDIOS DE PAGO: el pago se hace efectivo con fecha de .... mediante la entrega de .... cheques bancarios (o el medio que proceda: efectivo, transferencia ....). Incorporo a la presente fotocopia con valor de testimonio de dicho cheque/ justificante de transferencia que los comparecientes me exhiben.

En caso de cheque bancario: La cuenta de cargo contra la que se emite dicho cheque es, según manifestación de la parte compradora, la siguiente: ....

En caso de cheque personal: la cuenta de cargo contra la que se emite dicho cheque es la que figura en el mismo.

En caso de transferencia bancaria: las cuentas de cargo y abono son las que figuran en el propio justificante.

TERCERO.– MANIFESTACIONES.

Por las partes se hace constar que la presente compraventa no esta sujeta a limitación legal o estatutaria alguna, según resulta de la certificación suscrita por el Administrador único de la sociedad y librada con esta misma fecha, cuya firma legitimo e incorporo a esta escritura.

CUARTO.– GASTOS Y TRIBUTOS DE LA COMPRAVENTA.

Todos los gastos y tributo que origine la presente compraventa serán satisfechos por las partes con arreglo a Ley.

QUINTO.– Los comparecientes me requieren a mí, el notario, para que notifique la cesión de participaciones sociales instrumentalizada a través de la presente escritura por mi autorizada, al órgano de administración de la sociedad .... S.L., cuyo domicilio social se halla en ...., calle .... núm. ...., a efectos de su inscripción en el oportuno libro registro de socios de dicha compañía.

ALTERNATIVA: Yo el notario hago a los comparecientes la advertencia de que la cesión de participaciones sociales contenidas en este instrumento debe ser recogida en el correspondiente libro registro de socios de la compañía ....

SEXTO.– Por las partes se hace constar que la transmisión de participaciones sociales formalizada en esta escritura está exenta del Impuesto sobre el Valor Añadido así como del Impuesto de Transmisiones Patrimoniales y Actos Jurídicos Documentados, al amparo de lo dispuesto en el artículo 338 de la Ley 6/2023, de 17 de marzo, de los Mercados de Valores y de los Servicios de Inversión, habida cuenta de que no incurre en ninguna de las excepciones que contempla dicho precepto legal.

ALTERNATIVA: Por las partes se hace constar que la transmisión de participaciones sociales formalizada en esta escritura está SUJETA y no exenta al Impuesto sobre el Valor Añadido así como del Impuesto de Transmisiones Patrimoniales y Actos Jurídicos Documentados, al amparo de lo dispuesto en el artículo 338 de la Ley 6/2023, de 17 de marzo, de los Mercados de Valores y de los Servicios de Inversión., habida cuenta de que incurre en la/s excepción/es que contempla dicho precepto legal, apartado 2 letra a) y/o b) y/o c)).

Protección de datos.– Con relación a los datos de carácter personal que en la presente constan, referidos a los comparecientes, quedan estos enterados de que los mismos se incorporan a mis ficheros automatizados, lo que aceptan, así como del derecho de oposición, acceso a ellos, rectificación o cancelación de los mismos.

Hechas las reservas y advertencias legales, en especial de orden fiscal —plazo de presentación, responsabilidades y afecciones—, así como las relativas a la inscripción en el Registro Mercantil, les leo esta escritura, previa advertencia y renuncia de su derecho a leer por sí, la aprueban y firman.

De identificarles por el documento de identidad reseñado, de la legitimación de los intervinientes, de que los actos contenido de este otorgamiento se adecuan a la legalidad y a su voluntad debidamente informada, y de todo lo contenido en este instrumento público, extendido en ………… folios de papel exclusivo para documentos notariales, serie y números el presente y los anteriores en orden, yo, el Notario, doy fe.

DILIGENCIA

Que pongo yo, el notario, para la debida constancia que el día …………, a las ………… horas, me constituyo en la calle …………, número …………, de esta ciudad, encontrándome a un señor que se identifica como Don …………, a quien le comunico e informo de mi condición de notario y del objeto notificatorio de mi visita, tras lo cual, procedo a hacerle entrega de cédula comprensiva de copia literal de la escritura inicial. Además, le advierto del derecho a contestar la misma, si fuera de su interés, en el plazo de dos días hábiles recogido en la legislación notarial. El Sr. …………, se da por enterado de todo lo anterior, recibe la meritada cédula, dándose por notificado de su contenido, y manifiesta su decisión de proceder a la practica de la inscripción de la transmisión objeto de la referida escritura inicial (ALTERNATIVA: y no efectúa manifestación alguna) (ALTERNATIVA y manifiesta que …………).

Doy fe del contenido de esta diligencia, redactada en mi notaria tras la practica del requerimiento y que va extendida en este folio, número ...., que forma parte de la escritura inicial.

F086. PARTICIPACIONES SOCIALES. ADQUISICIÓN DERIVATIVA DE PARTICIPACIONES SOCIALES PROPIAS EN EJECUCIÓN DE REDUCCIÓN DE CAPITAL CON LA FINALIDAD DE DEVOLVER APORTACIONES: ESCRITURA DE REDUCCIÓN DE CAPITAL

Normativa de Aplicación: *Arts. 134 y ss. Real Decreto Legislativo 1/2010, de 2 de julio, por el que se aprueba el texto refundido de la Ley de Sociedades de Capital. Arts. 317 y ss. Real Decreto Legislativo 1/2010, de 2 de julio, por el que se aprueba el texto refundido de la Ley de Sociedades de Capital.*

En la ciudad de ...., a .... de .... dos mil ....

Ante mí, ..., notario de la ciudad de .... y de su Ilustre Colegio.

COMPARECE

Don ...., mayor de edad, de nacionalidad española, casado, vecino de ...., con domicilio en ...., núm. ...., con DNI/NIF ....

Le identifico por el documento de identidad exhibido y reseñado.

INTERVIENE

Don ...., interviene en su condición de Secretario del Consejo de Administración de la sociedad de responsabilidad limitada ...., sociedad de nacionalidad española constituida por tiempo indefinido mediante escritura autorizada el día .... por el Notario de ...., Don ...., obrante en su protocolo bajo el número .... Con domicilio en .... Inscrita en el Registro Mercantil de la provincia de ...., al tomo ...., libro .... de la sección ...., folio ...., hoja número .... CIF .... Constituye su objeto social......Está legitimado para este otorgamiento en virtud de su expresado cargo de Secretario del Consejo de Administración de .... S.L., resultando su nombramiento y aceptación de la escritura otorgada con fecha .... de .... de dos mil ...., ante el notario de ...., Doña ...., número de protocolo ...., así como por acuerdo del Consejo de Administración de la compañía, en su reunión del día .... de .... de dos mil ...., según resulta de la certificación que el compareciente me entrega, por él expedida con el Visto Bueno del Presidente, cuyas firmas legitimo por serme conocida y que yo notario, incorporo a la presente.

Me asegura la plena vigencia de su meritado cargo, así como que no ha variado la capacidad jurídica de la sociedad que representa. De la documentación reseñada resulta que tiene a mi juicio, capacidad y legitimación para otorgar esta escritura.

Hago constar que he comprobado la denominación, forma jurídica y domicilio de dicha entidad, por examen en los documentos antes reseñados, cuya copia auténtica se me exhibe, aseverando quien comparece representando a la misma, bajo su responsabilidad, que dichos datos de identificación de la persona jurídica y, especialmente, el domicilio, no han variado respecto de los consignados en el documento fehaciente presentado y que el objeto de la misma consiste en ....

Yo, el Notario, hago constar expresamente que he cumplido con la obligación que impone la ley 10/2010, de 28 de abril, cuyo resultado consta en acta autorizada por el Notario de ...., Don ...., el día ...., en cuanto a «........... S.L.», bajo nº .... de protocolo; manifestando no haberse modificado el contenido de la misma.

Tiene a mi juicio, capacidad y legitimación para otorgar esta escritura de EJECUCIÓN DE REDUCCIÓN DE CAPITAL y, al efecto, según interviene

OTORGA

PRIMERO.– Que Don .... eleva a público los acuerdos adoptados por el Consejo de Administración de la compañía .... S.L., en su reunión del pasado día .... de .... de dos mil ...., en los términos que resultan de la certificación que me entrega, expedida por el propio compareciente con el Visto Bueno del Presidente, cuyas firmas legitimo y que yo notario, incorporo a la presente, certificación cuyo contenido se da por íntegramente reproducida en este lugar para evitar innecesarias repeticiones.

SEGUNDO.– Que conforme al art. 332 TRLSC y el art. 201.3.2° RRM, el otorgante declara y manifiesta que, con el fin de que no haya lugar a la responsabilidad de los socios a quienes se han restituido sus aportaciones, al acordarse la reducción de capital, se dotó y constituyó una reserva con cargo a las reservas de libre disposición, por importe de .... euros, indisponible hasta que transcurran cinco años a contar desde la publicación de la reducción en el Boletín Oficial del Registro Mercantil, salvo que antes del vencimiento de dicho plazo hubieren sido satisfechas todas las deudas sociales contraídas con anterioridad a la fecha en que la reducción fuera oponible a terceros.

TERCERO.– Para el supuesto y a los efectos del art. 63 RRM, se solicita la inscripción parcial de esta escritura si no fuera posible la inscripción total de la misma y la extensión de nota, con expresión de las razones de denegación respecto a los extremos no inscritos.

Hago la advertencia de la obligatoriedad de inscripción de esta escritura en el Registro Mercantil.

Protección de datos.– Con relación a los datos de carácter personal que en la presente constan, referidos a los comparecientes, quedan estos enterados de que los mismos se incorporan a mis ficheros automatizados, lo que aceptan, así como del derecho de oposición, acceso a ellos, rectificación o cancelación de los mismos.

Hechas las reservas y advertencias legales, en especial de orden fiscal —plazo de presentación, responsabilidades y afecciones—, así como las relativas a la inscripción en el Registro Mercantil, les leo esta escritura, previa advertencia y renuncia de su derecho a leer por sí, la aprueba y firma.

De identificarle por el documento de identidad reseñado, de la legitimación del interviniente, de que los actos contenido de este otorgamiento se adecuan a la legalidad y a su voluntad debidamente informada, y de todo lo contenido en este instrumento público, extendido en .... folios de papel exclusivo para documentos notariales, serie y números el presente y los anteriores en orden, yo, el Notario, doy fe.

5. PRENDA DE PARTICIPACIONES SOCIALES

F087. PARTICIPACIONES SOCIALES. PRENDA. ESCRITURA DE CONSTITUCIÓN DE PRENDA SOBRE PARTICIPACIONES SOCIALES

Normativa de Aplicación: *Art. 132 Real Decreto Legislativo 1/2010, de 2 de julio, por el que se aprueba el texto refundido de la Ley de Sociedades de Capital.*

En la Ciudad de ...., mi residencia, a .... de ....

Ante mí, ..., Notario de la Ciudad y del Ilustre Colegio de ....

COMPARECEN

Don ...., mayor de edad, de nacionalidad española, casado con Doña ...., bajo el régimen de absoluta separación de bienes en virtud de escritura de capitulaciones matrimoniales otorgada con fecha .... ante el notario de ...., Don .... (núm. de protocolo ....), inscritas en el Registro Civil de ...., al tomo ...., con fecha de .... vecino de ...., con domicilio en ...., núm. ...., con DNI/NIF ....

Doña ...., mayor de edad, de nacionalidad española, soltera, vecina de ...., con domicilio en ...., núm. ...., con DNI/NIF ....

Les identifico por los documentos de identidad exhibidos y reseñados.

INTERVIENEN

Don .... y Doña .... intervienen en su propio nombre y derecho. Tienen a mi juicio, según intervienen, la capacidad legal necesaria para el otorgamiento de la presente escritura de CONSTITUCIÓN DE PRENDA SOBRE PARTICIPACIONES SOCIALES y a tal efecto

EXPONEN

I.- Que con fecha .... y mediante escritura otorgada .... ante el notario de ...., Don ...., obrante en su protocolo bajo el número ...., Don .... prestó a Doña .... la cantidad de .... euros, por un plazo de .... años, a un interés del .... por ciento anual, amortizándose el capital y los interés devengados en .... cuotas anuales según el siguiente cuadro de amortización ....

II.- Que Doña .... es titular, en pleno dominio y con carácter privativo, de .... participaciones sociales de .... euros cada una de ellas, número ....

a ...., de la compañía .... S.L., sociedad constituida mediante escritura pública de fecha ...., autorizada por el notario del Ilustre Colegio de ...., Don .... (núm. protocolo ....) e inscrita en el Registro Mercantil de la provincia de .... al tomo ...., libro ...., folio ...., hoja número .... CIF ....

TÍTULO: Las .... participaciones sociales de .... S.L., número .... a ...., ambos inclusive, antes reseñadas, pertenecen a Don ...., por asunción y desembolso de las mismas en la propia escritura fundacional de la compañía.

CARGAS.– Libres de cargas, embargos u otros gravámenes.

Así resulta de las manifestaciones de Don .... y de la certificación del libro registro de socios que me exhibe y entrega el compareciente y de la que yo, notario, deduzco testimonio que incorporo a la presente.

III.– Que las partes han acordado la constitución de un derecho real de prenda sobre las participaciones sociales reseñadas en el expositivo II de la presente escritura, en garantía de la total restitución de las cantidades adeudadas por Doña .... a Don ...., según se establece en el expositivo I, por lo que formalizan la presente escritura pública de constitución de prenda, que se regirá por sus normas naturales y de modo especial y preferente por las siguientes:

ESTIPULACIONES

PRIMERA.– CONSTITUCIÓN DE PRENDA.

En garantía del total pago y restitución de la cantidad prestada por Don .... a Doña ...., junto a sus intereses, en virtud del contrato de préstamo reseñado en el expositivo I, se constituye por Doña .... a favor del Don ...., prenda sobre .... participaciones sociales de la compañía .... S.L., número .... a ...., y .... euros cada una de ellas de nominal, a que se refiere el expositivo II de la presente escritura por mí, el notario, autorizada.

SEGUNDA.– VENCIMIENTO Y FALTA DE PAGO DE LA DEUDA.

Vencida y no pagada la deuda antes expresada por Doña ...., el acreedor Don .... podrá hacer efectiva la prenda, enajenando las participaciones sociales sobre las que se constituye la misma, con sujeción y en cualquiera de las formas previstas en el Código Civil y demás normas de aplicación.

A tal efecto y respecto a la expresada enajenación, que se realizará en pública subasta:

La citación al deudor-pignorante se realizará en el domicilio consignado en la comparecencia de esta escritura.

La subasta se anunciará en ....

Se fija por las partes como tipo para la subasta de las participaciones sociales pignoradas, la cantidad de .... euros, señalándose así mismo para costas y gastos la cantidad alzada de .... euros.

La subasta se celebrará, con arreglo a lo dispuesto en los artículos 72 y siguientes de la Ley del Notariado, en la Notaría de Don .... o quien le sustituya en el protocolo.

Lo obtenido tras la enajenación se destinara a liquidar la deuda principal, intereses, gastos e impuestos, quedando el resto del efectivo obtenido a disposición del pignorante.

En cualquier caso, si se procede a la ejecución de la prenda serán de aplicación las reglas previstas en el art. 109 TRLSC.

TERCERA.– GASTOS Y TRIBUTOS.

Todos los gastos e impuestos derivados de la formalización, cumplimiento o extinción de la prenda, serán por cuenta de la parte pignorante.

CUARTA.– NOTIFICACIÓN.

Los comparecientes me requieren a mí, el notario, para que, constituyéndome en el domicilio social de la compañía .... S.L., sito en ...., notifique al administrador único de la misma, Don ...., el otorgamiento y contenido de esta escritura, a los efectos de la inscripción de la prenda instrumentalizada a través de la presente escritura por mi autorizada, en el libro registro de socios de la compañía.

Acepto el requerimiento, que practicaré tan pronto me permitan las necesidades de servicio y que redacto conforme a la minuta que me ha sido facilitada por los comparecientes.

OTORGAMIENTO Y AUTORIZACIÓN

Advierto a los comparecientes de su derecho a leer por sí este instrumento al que renuncian. Yo, el notario, además la leo a los comparecientes, quienes la encuentran conforme, otorgan y firman conmigo, el notario, que doy fe en cuanto sea procedente de todo lo consignado en este instrumento público, extendido en .... folios de papel exclusivo para documentos notariales, serie, y números el del presente y anteriores en orden. Siguen las firmas de los comparecientes

DILIGENCIA

El día .... y siendo las .... horas y .... minutos, yo, el notario, me constituyo en el lugar indicado en el domicilio social señalado por el requirente, donde encuentro a quien dice ser Don ...., le informo de mi condición de notario, del objeto de mi visita, le hago entrega de cédula comprensiva de copia literal de la escritura inicial, advirtiéndole del derecho que le asiste a contestar la misma en el plazo de dos días hábiles, quien enterado la recibe y contesta manifestando que procederá a la inscripción de la prenda instrumentalizada a través de la escritura inicial en el libro registro de socios de la compañía.

Doy fe del contenido de esta diligencia, redactada en mi estudio según las notas tomadas en el lugar de práctica del requerimiento, que va extendida en este folio, número …………, que forma parte de la escritura inicial.

6. VARIOS

F088. LIBRO REGISTRO DE SOCIOS. ACTA DE REQUERIMIENTO DE SOCIO AL ÓRGANO DE ADMINISTRACIÓN SOLICITANDO CERTIFICACIÓN DEL LIBRO REGISTRO DE SOCIOS

Normativa de Aplicación: *Art. 104 Real Decreto Legislativo 1/2010, de 2 de julio, por el que se aprueba el texto refundido de la Ley de Sociedades de Capital.*

En la Ciudad de ...., mi residencia, a .... de ....

Ante mí, ..., Notario de la Ciudad y del Ilustre Colegio de ....

COMPARECE

Don ...., mayor de edad, de nacionalidad española, casado vecino de ...., ... de profesión, con domicilio en ...., núm. ...., con DNI/ NIF ....

Le identifico por el documento de identidad exhibido y reseñado.

INTERVIENE

Don .... interviene en su propio nombre y derecho. Tiene a mi juicio, según interviene, la capacidad legal y el interés legitimo para el otorgamiento de la presente ACTA DE REQUERIMIENTO y a tal efecto

EXPONE

I.– Que Don .... es socio de la compañía .... S.L., domiciliada en ...., calle .... Constituida por tiempo indefinido mediante escritura autorizada por el Notario de ...., Don ...., el día ...., obrante en su protocolo bajo el núm. .... del mismo.

Adaptados sus Estatutos Sociales a la anterior Ley de Sociedades de Responsabilidad Limitada mediante escritura otorgada ante el Notario de ...., Don ...., el día .... (núm. .... de su protocolo). Inscrita en el Registro Mercantil de la provincia de .... al tomo ...., libro ...., de la Sección ...., folio ...., hoja ...., número ...., inscripción .... CIF ....

II. Don .... es titular, en pleno dominio y con carácter privativo, de .... participaciones sociales, número .... a ...., ambos inclusive, de .... euros de nominal, en su conjunto .... euros, que suponen el .... por ciento del capital social.

II.– Que en tal condición y al amparo de lo dispuesto en el artículo 105.2 TRLSC, pretende obtener certificación de las participaciones sociales registradas a su nombre en el Libro Registro de Socios de la compañía.

REQUERIMIENTO

Me requiere a mí, el notario, para que, constituyéndome en el domicilio social de la compañía .... S.L., sito en ...., C/ ...., notifique y requiera al administrador único de la misma, Don ...., en los siguientes términos:

Para que de conformidad con lo dispuesto en el número 2 del artículo 105 del Texto Refundido de la Ley de Sociedades de Capital, en su condición de administrador único de la sociedad .... S.L., y a la vista del libro registro de socios de la expresada compañía, se sirva expedir para su entrega al requirente, a través de este notario autorizante de la presente acta, certificación de las participaciones sociales de la compañía registradas en el mencionado libro registro a nombre del compareciente, Don ....

Acepto el requerimiento, que redacto conforme a la minuta que me ha sido facilitada por el compareciente.

Advierto al compareciente de su derecho a leer por si este instrumento al que renuncia. Yo, el notario, además la leo al requirente, quien la encuentra conforme, otorga y firma conmigo, el notario, que doy fe en cuanto sea procedente de todo lo consignado en este instrumento público, extendido en .... folios de papel exclusivo para documentos notariales, serie, y números el del presente y anteriores en orden.

PRIMERA DILIGENCIA: El día .... y siendo las .... horas y .... minutos, yo, el notario, me constituyo en el lugar indicado en el requerimiento inicial, donde encuentro a quien dice ser Don ...., le informo de mi condición de notario, del objeto de mi visita, le hago entrega de cédula comprensiva de copia literal del acta inicial, advirtiéndole del derecho que le asiste a contestar en el plazo de dos días hábiles, quien enterado la recibe.

Doy fe del contenido de esta diligencia, redactada en mi estudio según las notas tomadas en el lugar de práctica del requerimiento, que va extendida en este folio, número ...., que forma parte del acta inicial.

SEGUNDA DILIGENCIA. Al segundo día hábil después de la notificación del presente requerimiento, comparece en mi estudio Don .... mayor de edad, de nacionalidad española, soltero, de profesión ...., vecino de ...., con domicilio en ...., núm. .... DNI/NIF ....

Interviene en nombre y representación, en su condición de administrador único, de la compañía .... S.L., cuyas circunstancias constan reseñadas en el acta inicial.

Y me requiere a mi, el notario, para recoger en esta diligencia la contestación al requerimiento que antecede conforme al artículo 204 del Reglamento Notarial y que es la que aparece en la certificación que me entrega extendida en un folio de papel común, firmada por el compareciente para su entrega al mismo, testimonio de la cual dejo unida a esta matriz para su inserción en las copias.

Leída esta diligencia y la certificación unida al compareciente, por su elección, previa advertencia y renuncia a su derecho a hacerlo por sí y enterado de su contenido la aprueba.

F089. PARTICIPACIONES SOCIALES. CERTIFICACIÓN DEL LIBRO REGISTRO DE SOCIOS

Normativa de Aplicación: *Art. 104 Real Decreto Legislativo 1/2010, de 2 de julio, por el que se aprueba el texto refundido de la Ley de Sociedades de Capital.*

..........., administrador único de la sociedad .... S.L., domiciliada en ...., inscrita en el Registro Mercantil de la Provincia de .... al tomo ...., libro ...., folio ...., sección ...., hoja .... CIF...........

CERTIFICO: Que en el libro registro de socios de la compañía, aparecen registradas y titularizadas a nombre de Don ...., en pleno dominio y con carácter privativo, ... participaciones sociales de sociedad, número .... a ...., ambos inclusive, de .... euros de nominal cada una de ellas.

Según resulta igualmente del expresado libro registro de socios las participaciones sociales antes reseñadas pertenecen a Don .... por compra a Don .... mediante escritura autorizada por el Notario de ...., Don ...., el día ...., número de protocolo .... y se hallan libres de embargos, cargas u otros gravámenes (ALTERNATIVA: y sobre las mismas pesan los embargos, cargas o gravámenes que a continuación se reseñan: ....».

Para que así conste, libro la presente certificación, a requerimiento de Don .... en ...., a .... de .... de dos mil .... El administrador único. Don ....

V. JUNTA GENERAL

SUMARIO: 1. ACTAS. F090. JUNTA GENERAL CONVOCADA. ACTA DE ACUERDO ADOPTADO POR MAYORÍA CON OPOSICIÓN DE SOCIOS. F091. JUNTA GENERAL UNIVERSAL. ACTA DE ACUERDO ADOPTADO POR MAYORÍA CON OPOSICIÓN DE SOCIOS. F092. JUNTA GENERAL CONVOCADA. ACTA DE ACUERDO ADOPTADO POR UNANIMIDAD. F093. JUNTA GENERAL UNIVERSAL. ACTA DE ACUERDO ADOPTADO POR UNANIMIDAD. 2. CERTIFICACIONES. F094. JUNTA GENERAL CONVOCADA. CERTIFICACIÓN DE LOS ACUERDOS ADOPTADOS. F095. JUNTA GENERAL UNIVERSAL. CERTIFICACIÓN DE ACUERDOS ADOPTADOS. 3. DOCUMENTOS PRIVADOS. F096. JUNTA GENERAL. CONVOCATORIA DE JUNTA GENERAL EXTRAORDINARIA POR ADMINISTRADOR MEDIANTE ANUNCIOS. F097. JUNTA GENERAL. CONVOCATORIA DE JUNTA GENERAL ORDINARIA POR CONSEJO DE ADMINISTRACIÓN MEDIANTE ANUNCIOS. F098. JUNTA GENERAL. CONVOCATORIA DE JUNTA GENERAL EXTRAORDINARIA POR EL SECRETARIO DEL CONSEJO DE ADMINISTRACIÓN MEDIANTE NOTIFICACIÓN PERSONAL POR BUROFAX CERTIFICADO CON ACUSE DE RECIBO Y CERTIFICADO DE CONTENIDO. 4. DOCUMENTOS JUDICIALES. F099. JUNTA GENERAL. EDICTO PARA LA CONVOCATORIA DE JUNTA GENERAL. F100. JUNTA GENERAL. DILIGENCIA DE ADMISIÓN SOLICITUD CONVOCATORIA JUNTA GENERAL SOCIEDAD DE RESPONSABILIDAD LIMITADA. F101. JUNTA GENERAL. ACTA JUDICIAL AUDIENCIA AL ADMINISTRADOR SOBRE SOLICITUD CONVOCATORIA JUDICIAL DE JUNTA GENERAL. 5. DOCUMENTOS NOTARIALES. F102. JUNTA GENERAL. ACTA DE REQUERIMIENTO DE SOCIO EJERCITANDO DERECHO DE INFORMACIÓN Y SOLICITANDO PRESENCIA DE NOTARIO EN LA JUNTA GENERAL. F103. JUNTA GENERAL. ACTA NOTARIAL DE JUNTA GENERAL. F104. JUNTA GENERAL. OPOSICIÓN DE LA JUNTA A LA INTERVENCIÓN NOTARIAL EN LA JUNTA. F105. JUNTA GENERAL. REPRESENTACIÓN PARA ASISTENCIA A JUNTA GENERAL CONFERIDA EN DOCUMENTO PUBLICO. F106. JUNTA GENERAL. ACTA DE REQUERIMIENTO INSTADO POR SOCIO PARA LA CONVOCATORIA DE LA JUNTA GENERAL. F107. ACTA DE REQUERIMIENTO INSTADO POR SOCIO PARA CELEBRACIÓN DE JUNTA GENERAL UNIVERSAL, Y EN SU DEFECTO CONVOQUE JUNTA GENERAL. F108. JUNTA GENERAL. ACTA DE REQUERIMIENTO DE SOLICITUD DE INFORMACIÓN Y ASISTENCIA EN LA JUNTA GENERAL. F109. JUNTA GENERAL. ACTA DE REQUERIMIENTO PARA LA PROTOCOLIZACIÓN Y ENVÍO DE CONVOCATORIAS DE JUNTA GENERAL. 6. IMPUGNACIÓN DE ACUERDOS SOCIALES. F110. ALEGACIONES RELATIVAS A LA OPOSICIÓN A LA VÁLIDA CELEBRACIÓN DE JUNTA GENERAL. F111. ESCRITO DE DEMANDA DE IMPUGNACIÓN DE ACUERDOS SOCIALES. F112. ESCRITO DE CONTESTACIÓN A LA DEMANDA DE IMPUGNACIÓN DE ACUERDOS SOCIALES.

1. ACTAS

F090. JUNTA GENERAL CONVOCADA. ACTA DE ACUERDO ADOPTADO POR MAYORÍA CON OPOSICIÓN DE SOCIOS

Normativa de Aplicación: *Arts. 159 y ss. Real Decreto Legislativo 1/2010, de 2 de julio, por el que se aprueba el texto refundido de la Ley de Sociedades de Capital.*

Que hoy día .... de .... de ...., a las .... horas, y en el domicilio social, sito en la localidad de ...., calle .... s/n, se celebra JUNTA GENERAL ORDINARIA/EXTRAORDINARIA de socios de la sociedad .... S.L.

La convocatoria de la presente Junta General ordinaria/extraordinaria de socios, ha sido acordada por el administrador único, Don ....

La convocatoria de la presente Junta General, se ha realizado, de conformidad con lo establecido en la Ley y el art .... de los Estatutos Sociales, mediante burofax con acuse de recibo y certificado de contenido, de fecha ...., dirigido ese mismo día a cada uno de los socios al domicilio designado al efecto por cada uno de ellos.

El tenor literal de la convocatoria se transcribe a continuación: «Por medio del presente se convoca a los señores socios a la celebración de Junta General Ordinaria/Extraordinaria de la sociedad .... S.L., que se celebrará, el día .... de .... de ...., a las .... horas, en el domicilio social sito en ...., a efectos de deliberar y, en su caso, adoptar acuerdos con relación al siguiente orden del día: .... En ...., hoy día .... de .... de .... el Administrador único de .... S.L. Don ....»

Asisten a la presente Junta General Ordinaria/Extraordinaria, personalmente o representados, los siguientes socios:

I.– Socios presentes:

Don ...., titular de .... participaciones sociales núm. .... a ...., incluidos, con un valor nominal cada una de ellas de .... euros (en su conjunto .... euros), que suponen el .... por ciento del capital social.

Don ...., titular de .... participaciones sociales núm. .... a ...., incluidos, con un valor nominal cada una de ellas de .... euros (en su conjunto .... euros), que suponen el .... por ciento del capital social.

Doña ...., titular de .... participaciones sociales núm. .... a ...., incluidos, con un valor nominal cada una de ellas de .... euros (en su conjunto .... euros), que suponen el .... por ciento del capital social.

Por lo tanto, asisten de forma personal .... socios, titulares, en conjunto, de .... participaciones sociales que suponen el .... por ciento del capital social.

II.– Socios representados:

Don ...., titular de .... participaciones sociales núm. .... a ...., incluidos, con un valor nominal cada una de ellas de .... euros (en su conjunto .... euros), que suponen el .... por ciento del capital social. Asiste el expresado socio representado por Doña ....

Don ...., titular de .... participaciones sociales núm. .... a ...., incluidos, con un valor nominal cada una de ellas de .... euros (en su conjunto .... euros), que suponen el .... por ciento del capital social. Asiste el expresado socio representado por Don ....

Asisten representados, ... socios, que titularizan .... participaciones que suponen el .... por ciento del capital social asumido.

En conjunto, asisten, personalmente o representados, ... socios, titulares de .... participaciones que suponen el .... por ciento del capital social suscrito.

Asiste el órgano de administración de la sociedad.

Son presidente y secretario de la presente Junta General, Don .... y Don ...., respectivamente. Ello de conformidad con lo establecido en la Ley y los Estatutos Sociales y ser los citados señores los socios designados por los concurrentes al comienzo de la reunión.

Abierta la sesión por el Sr. Presidente, sin que nadie se oponga a la válida constitución y celebración de la presente Junta General, se entra en el debate y deliberación de los diversos puntos del orden del día sin que ninguno de los presentes haga uso de su derecho a que conste en el acta el contenido de su intervención.

Tras todo lo anterior, se propone por el Sr. presidente la adopción de los siguientes acuerdos, propuesta que se transcribe literalmente a continuación:

....

Se pasa a continuación a la votación de la propuesta. Votan a favor Don .... Don ...., Doña .... y Doña .... (........... por ciento de los votos correspondientes a las participaciones sociales en que se divide el capital social) y en contra lo hace Don .... (........... por ciento de los votos correspondientes a las participaciones sociales en que se divide el capital social), quien manifiesta que ...., oponiéndose al acuerdo, con expresa reserva de acciones legales que le asistan. El Presidente proclama el acuerdo adoptado por mayoría.

Y no habiendo más asuntos que tratar, se procede a la redacción de la presente acta que es aprobada de forma unánime por los asistentes, y finaliza la presente Junta General Extraordinaria/Ordinaria, levantándose la reunión en ...., a las .... horas del día .... de .... de ....

F091. JUNTA GENERAL UNIVERSAL. ACTA DE ACUERDO ADOPTADO POR MAYORÍA CON OPOSICIÓN DE SOCIOS

Normativa de Aplicación: *Arts. 159 y ss. Real Decreto Legislativo 1/2010, de 2 de julio, por el que se aprueba el texto refundido de la Ley de Sociedades de Capital.*

Que hoy día .... de .... de ...., a las .... horas, y en el domicilio social, sito en la localidad de ...., calle ...., se celebra JUNTA GENERAL EXTRAORDINARIA/ORDINARIA de socios de la sociedad .... S.L.

Se encuentran presentes, en el referido lugar, y, por lo tanto, concurren la totalidad de socios de la compañía, decidiendo y dando su conformidad los asistentes a constituirse, con el carácter de universal, en Junta General Extraordinaria/Ordinaria de socios de la compañía, para deliberar y, en su caso, adoptar acuerdos con relación al siguiente orden del día: ....

En señal de conformidad firman seguidamente todos los asistentes, a continuación de su nombre y apellidos.

....

Asiste el órgano de administración de la sociedad.

Son presidente y secretario de la presente Junta General, Don .... y Don ...., respectivamente. Ello de conformidad con lo establecido en la Ley y los Estatutos Sociales y ser los citados señores los socios designados por los concurrentes al comienzo de la reunión.

Abierta la sesión por el Sr. Presidente, sin que nadie se oponga a la válida constitución y celebración de la presente Junta General, se entra en el debate y deliberación de los diversos puntos del orden del día, sin que ninguno de los presentes haga uso de su derecho a que conste en el acta el contenido de su intervención.

Tras lo anterior, se propone por el Sr. presidente la adopción de los siguientes acuerdos, que se transcriben de forma literal a continuación:

....

Se pasa a continuación a la votación de la propuesta. Votan a favor Don .... Don ...., Doña .... y Doña .... (........... por ciento de los votos correspondientes a las participaciones sociales en que se divide el capital social) y en contra lo hace Don .... (........... por ciento de los votos correspondientes a las participaciones sociales en que se divide el capital social), quien manifiesta que ...., oponiéndose al acuerdo, con expresa reserva de acciones legales que le asistan. El Presidente proclama el acuerdo adoptado por mayoría.

Y no habiendo más asuntos que tratar, se procede a la redacción de la presente acta que es aprobada de forma unánime por los asistentes, y finaliza la presente Junta General Ordinaria/Extraordinaria, levantándose la reunión en ...., a las .... horas del día .... de .... de ....

F092. JUNTA GENERAL CONVOCADA. ACTA DE ACUERDO ADOPTADO POR UNANIMIDAD

Normativa de Aplicación: *Arts. 159 y ss. Real Decreto Legislativo 1/2010, de 2 de julio, por el que se aprueba el texto refundido de la Ley de Sociedades de Capital.*

Que hoy día .... de .... de ...., a las .... horas, y en el domicilio social, sito en la localidad de ...., calle .... s/n, se celebra JUNTA GENERAL ORDINARIA/EXTRAORDINARIA de socios de la sociedad .... S.L.

La convocatoria de la presente Junta General Ordinaria/Extraordinaria de socios, ha sido acordada por el administrador único, Don ....

La convocatoria de la presente Junta General, se ha realizado, de conformidad con lo establecido en la Ley y el art .... de los Estatutos Sociales, mediante burofax con acuse de recibo y certificado de contenido, de fecha ...., dirigido ese mismo día a cada uno de los socios al domicilio designado al efecto por cada uno de ellos.

El tenor literal de la convocatoria se transcribe a continuación: «Por medio del presente se convoca a los señores socios a la celebración de Junta General Ordinaria/Extraordinaria de la sociedad .... S.L., que se celebrará, el día .... de .... de ...., a las .... horas, en el domicilio social sito en ...., a efectos de deliberar y, en su caso, adoptar acuerdos con relación al siguiente orden del día: .... En ...., hoy día .... de .... de .... el Administrador único de .... S.L. Don ....»

Asisten a la presente Junta General Ordinaria/Extraordinaria, personalmente o representados, los siguientes socios:

I.– Socios presentes:

Don ...., titular de .... participaciones sociales núm. .... a ...., incluidos, con un valor nominal cada una de ellas de .... euros (en su conjunto .... euros), que suponen el .... por ciento del capital social.

Don ...., titular de .... participaciones sociales núm. .... a ...., incluidos, con un valor nominal cada una de ellas de .... euros (en su conjunto .... euros), que suponen el .... por ciento del capital social.

Doña ...., titular de .... participaciones sociales núm. .... a ...., incluidos, con un valor nominal cada una de ellas de .... euros (en su conjunto .... euros), que suponen el .... por ciento del capital social.

Por lo tanto, asisten de forma personal .... socios, titulares, en conjunto, de .... participaciones sociales que suponen el .... por ciento del capital social.

II.– Socios representados:

Don ...., titular de .... participaciones sociales núm. .... a ...., incluidos, con un valor nominal cada una de ellas de .... euros (en su conjunto

.... euros), que suponen el .... por ciento del capital social. Asiste el expresado socio representado por Doña ....

Don ...., titular de .... participaciones sociales núm. .... a ...., incluidos, con un valor nominal cada una de ellas de .... euros (en su conjunto .... euros), que suponen el .... por ciento del capital social. Asiste el expresado socio representado por Don ....

Asisten representados, ... socios, que titularizan .... participaciones que suponen el .... por ciento del capital social asumido.

En conjunto, asisten, personalmente o representados, ... socios, titulares de .... participaciones que suponen el .... por ciento del capital social suscrito.

Asiste el órgano de administración de la sociedad.

Son presidente y secretario de la presente Junta General, Don .... y Don ...., respectivamente. Ello de conformidad con lo establecido en la Ley y los Estatutos Sociales y ser los citados señores los socios designados por los concurrentes al comienzo de la reunión.

Abierta la sesión por el Sr. Presidente, sin que nadie se oponga a la válida constitución y celebración de la presente Junta General, se entra en el debate y deliberación de los diversos puntos del orden del día sin que ninguno de los presentes haga uso de su derecho a que conste en el acta el contenido de su intervención.

Tras todo lo anterior, se propone por el Sr. presidente la adopción de los siguientes acuerdos, propuesta que se transcribe literalmente a continuación:

....

Previa la oportuna votación, la citada propuesta de acuerdos sociales es aprobada por UNANIMIDAD, con el voto favorable de todos los asistentes (........... por ciento de los votos correspondientes a las participaciones sociales en que se divide el capital social), en términos idénticos a los anteriormente transcritos.

Y no habiendo más asuntos que tratar, se procede a la redacción de la presente acta que es aprobada de forma unánime por los asistentes, y finaliza la presente Junta General Extraordinaria/Ordinaria, levantándose la reunión en ...., a las .... horas del día .... de .... de ....

F093. JUNTA GENERAL UNIVERSAL. ACTA DE ACUERDO ADOPTADO POR UNANIMIDAD

Normativa de Aplicación: *Arts. 159 y ss. Real Decreto Legislativo 1/2010, de 2 de julio, por el que se aprueba el texto refundido de la Ley de Sociedades de Capital.*

Que hoy día .... de .... de ...., a las .... horas, y en el domicilio social, sito en la localidad de ...., calle ...., se celebra JUNTA GENERAL EXTRAORDINARIA/ORDINARIA de socios de la sociedad .... S.L.

Se encuentran presentes, en el referido lugar, y, por lo tanto, concurren la totalidad de socios de la compañía, decidiendo y dando su conformidad los asistentes a constituirse, con el carácter de universal, en Junta General Extraordinaria/Ordinaria de socios de la compañía, para deliberar y, en su caso, adoptar acuerdos con relación al siguiente orden del día: ....

En señal de conformidad firman seguidamente todos los asistentes, a continuación de su nombre y apellidos.

....

Asiste el órgano de administración de la sociedad.

Son presidente y secretario de la presente Junta General, Don .... y Don ...., respectivamente. Ello de conformidad con lo establecido en la Ley y los Estatutos Sociales y ser los citados señores los socios designados por los concurrentes al comienzo de la reunión.

Abierta la sesión por el Sr. Presidente, sin que nadie se oponga a la válida constitución y celebración de la presente Junta General, se entra en el debate y deliberación de los diversos puntos del orden del día, sin que ninguno de los presentes haga uso de su derecho a que conste en el acta el contenido de su intervención.

Tras lo anterior, se propone por el Sr. presidente la adopción de los siguientes acuerdos, que se transcriben de forma literal a continuación:

....

Previa la oportuna votación, la citada propuesta de acuerdos sociales es aprobada por UNANIMIDAD, con el voto favorable de todos los asistentes (........... por ciento de los votos correspondientes a las participaciones sociales en que se divide el capital social), en términos idénticos a los anteriormente transcritos.

Y no habiendo más asuntos que tratar, se procede a la redacción de la presente acta que es aprobada de forma unánime por los asistentes, y finaliza la presente Junta General Ordinaria/Extraordinaria, levantándose la reunión en ...., a las .... horas del día .... de .... de ....

2. CERTIFICACIONES

F094. JUNTA GENERAL CONVOCADA. CERTIFICACIÓN DE LOS ACUERDOS ADOPTADOS

Normativa de Aplicación: *Art. 109 Real Decreto 1784/1996, de 19 de julio, por el que se aprueba el Reglamento del Registro Mercantil.*

..........., Administrador Único de la compañía .... S.L., con domicilio en ...., Avenida ...., CIF .... Inscrita en el Registro Mercantil de la Provincia de .... al ....

CERTIFICO según resulta del libro de actas de la sociedad:

Que el día .... de .... de ...., a las .... horas, y en el domicilio social, se celebró en la Junta General Ordinaria/Extraordinaria de Socios de la compañía .... S.L.

La convocatoria de la referida Junta General Ordinaria/Extraordinaria de socios, fue acordada en fecha .... por el administrador único, Don ....

Que la convocatoria de la presente Junta General, se realizó por el órgano de administración de la sociedad, de conformidad con lo establecido en la Ley y el art .... de los Estatutos Sociales, mediante burofax con acuse de recibo y certificado de contenido, de fecha ...., dirigido ese mismo día a cada uno de los socios al domicilio designado al efecto igualmente por cada uno de ellos.

Que el tenor literal de la convocatoria se transcribe a continuación: «Por medio del presente se convoca a los señores socios a la celebración de Junta General Ordinaria/Extraordinaria de la sociedad .... S.L., que se celebrará, el día .... de .... de ...., a las .... horas, en el domicilio social sito en ...., a efectos de deliberar y, en su caso, adoptar acuerdos con relación al siguiente orden del día: .... En ...., hoy día .... de .... de .... el Administrador único de .... S.L. Don ....»

Que se confeccionó la pertinente lista de asistentes y, en conjunto, asistieron, personalmente o representados, ... socios, titulares de .... participaciones sociales que suponen el .... por ciento del capital social suscrito y .... de los derechos de voto.

Que asistió el órgano de administración de la sociedad.

Que actuaron como presidente y secretario de la citada Junta General, Don .... y Don ...., respectivamente. Ello de conformidad con lo establecido en la Ley y los Estatutos Sociales y ser los citados señores los socios designados por los concurrentes al comienzo de la reunión.

Que abierta la sesión por el Sr. Presidente, sin que nadie se opusiera a la válida constitución y celebración de la citada Junta General, se entró en el debate y deliberación de los diversos puntos del orden del día sin que ninguno de los presentes hiciera uso de su derecho a que constase en el acta el contenido de su intervención. Tras lo anterior, se adoptaron por unanimidad de los asistentes (........... por ciento de los votos en que se divide el capital social), los siguientes ACUERDOS, que son aquí trascritos literalmente: ....

Y para que conste y surta los efectos oportunos, libro la presente certificación, haciendo constar que el acta de la reunión donde se adoptaron los acuerdos que se certifican fue aprobada por unanimidad en la propia sesión, y firmada por el presidente y secretario. En ...., a .... de .... de ....

F095. JUNTA GENERAL UNIVERSAL. CERTIFICACIÓN DE ACUERDOS ADOPTADOS

Normativa de Aplicación: *Art. 109 Real Decreto 1784/1996, de 19 de julio, por el que se aprueba el Reglamento del Registro Mercantil.*

..........., Administrador único de la compañía .... S.L., con domicilio en ...., C/ .... y CIF .... Inscrita en el Registro Mercantil de la Provincia de ....

CERTIFICO, según resulta del libro de actas de la sociedad:

Que el día .... de .... de .... de .... y en ...., calle ...., se celebró Junta General Ordinaria/Extraordinaria de Socios de la compañía .... S.L., reunida con carácter universal.

Que se encontraban presentes la totalidad de los socios, figurando su nombre en el acta.

Que la totalidad de los socios aceptaron constituirse y celebrar dicha Junta General, con el carácter de universal, para deliberar y, en su caso, adoptar acuerdos con relación al siguiente orden del día: ....

Que en señal de conformidad con lo reseñado anteriormente, la totalidad de los socios de la compañía, seguido de su respectivo nombre, firmaron al inicio del acta cuyos acuerdos aquí se certifican.

Que de conformidad con lo previsto en la Ley y Los Estatutos Sociales fueron designados y actuaron como presidente de la misma Doña .... y como secretario Don ....

Que abierta la sesión sin que nadie se opusiera a ello, se adoptaron por unanimidad, (........... por ciento de los votos correspondientes a las participaciones sociales en que se divida el capital social), los siguientes ACUERDOS que se transcriben de forma literal a continuación:

....

Y para que conste libro la presente certificación, haciendo constar que el acta de la reunión donde se adoptaron los acuerdos que se certifican fue aprobada por unanimidad en la propia sesión, y firmada por el presidente y secretario, en ...., a .... de .... de ....

3. DOCUMENTOS PRIVADOS

F096. JUNTA GENERAL. CONVOCATORIA DE JUNTA GENERAL EXTRAORDINARIA POR ADMINISTRADOR MEDIANTE ANUNCIOS

Normativa de Aplicación: *Arts. 159 y ss. Real Decreto Legislativo 1/2010, de 2 de julio, por el que se aprueba el texto refundido de la Ley de Sociedades de Capital.*

Se convoca a los Sres. socios a la celebración de Junta General Extraordinaria de la sociedad .... S.L., que se celebrará, el día .... de .... de ...., a las .... horas, en el domicilio social sito en ...., a efectos de deliberar y, en su caso, adoptar acuerdos con relación al siguiente orden del día: ....

En ...., hoy día .... de .... de ....

Fdo. El administrador único/solidario o los administradores mancomunados: ....

NOTA: En su caso, y tras la transcripción del orden del día, debe reseñarse el derecho de información y obtención de documento y otras reseñas previstas en la Ley de Sociedades de Capital para diversos asuntos.

F097. JUNTA GENERAL. CONVOCATORIA DE JUNTA GENERAL ORDINARIA POR CONSEJO DE ADMINISTRACIÓN MEDIANTE ANUNCIOS

Normativa de Aplicación: *Arts. 159 y ss. Real Decreto Legislativo 1/2010, de 2 de julio, por el que se aprueba el texto refundido de la Ley de Sociedades de Capital.*

El Consejo de Administración de .... S.L., en su reunión de fecha .... de .... de dos mil ...., ha acordado convocar a los Sres. socios a la celebración de Junta General Ordinaria de la sociedad .... S.L., que se celebrará, el día .... de .... de ...., a las .... horas, en el domicilio social sito en ...., a efectos de deliberar y, en su caso, adoptar acuerdos con relación al siguiente orden del día:

1. Censura de la gestión social, aprobación, en su caso, de las cuentas anuales del ejercicio cerrado el ....

2. Aplicación del resultado.

A partir de este momento, cualquier socio tendrá derecho a obtener de la sociedad, de forma inmediata y gratuita, los documentos que han de ser sometidos a la aprobación de la misma.

Igualmente a partir de esta convocatoria, el socio o socios que representen al menos el cinco por ciento del capital social, podrán examinar en el domicilio social, por sí o en unión de experto contable, los documentos que sirven de soporte y de antecedente a las cuentas anuales que se someten a la aprobación de la Junta aquí convocada.

En ...., a .... de .... de .... El Secretario del Consejo de Administración. Don ....

NOTA: En su caso, y tras la transcripción del orden del día, debe reseñarse el derecho de información y obtención de documento y otras reseñas previstas en la Ley de Sociedades de Capital para diversos asuntos.

F098. JUNTA GENERAL. CONVOCATORIA DE JUNTA GENERAL EXTRAORDINARIA POR EL SECRETARIO DEL CONSEJO DE ADMINISTRACIÓN MEDIANTE NOTIFICACIÓN PERSONAL POR BUROFAX CERTIFICADO CON ACUSE DE RECIBO Y CERTIFICADO DE CONTENIDO

Normativa de Aplicación: *Arts. 159 y ss. Real Decreto Legislativo 1/2010, de 2 de julio, por el que se aprueba el texto refundido de la Ley de Sociedades de Capital.*

El Consejo de Administración de .... S.L., en su reunión de fecha .... de .... de dos mil ...., ha acordado convocar a los Sres. socios a la celebración de Junta General Extraordinaria de la sociedad .... S.L., que se celebrará, el día .... de .... de ...., a las .... horas, en el domicilio social sito en ...., a efectos de deliberar y, en su caso, adoptar acuerdos con relación al siguiente orden del día: ....

En ...., a .... de .... de .... El Secretario del Consejo de Administración. Don ....

NOTA: En su caso, y tras la transcripción del orden del día, debe reseñarse el derecho de información y obtención de documento y otras reseñas previstas en la Ley de Sociedades de Capital para diversos asuntos.

NOTA: El burofax se dirige ese mismo día a cada uno de los socios al domicilio designado al efecto igualmente por cada uno de ellos

4. DOCUMENTOS JUDICIALES

F099. JUNTA GENERAL. EDICTO PARA LA CONVOCATORIA DE JUNTA GENERAL

Normativa de Aplicación: *Arts. 169 y ss. Real Decreto Legislativo 1/2010, de 2 de julio, por el que se aprueba el texto refundido de la Ley de Sociedades de Capital.*

JUZGADO DE LO MERCANTIL NÚMERO .... DE ....

EDICTO

Don ...., Letrado de la Administración de Justicia del Juzgado de lo Mercantil núm. .... de dos mil ....

HAGO SABER: Que en este Juzgado se siguen autos de jurisdicción voluntaria con el número .... / ...., a instancia del Procurador Don ...., en nombre y representación de Don ...., sobre convocatoria de Junta General de la sociedad .... S.L., en los que con fecha .... de .... de dos mil ...., se ha dictado auto cuya parte dispositiva es del tenor que sigue:

DISPONGO: Convocar Junta General de la sociedad .... S.L., a celebrar con las formalidades previstas en el Texto Refundido de la Ley de Sociedades de Capital, en el domicilio social sito en ...., C/ ...., señalándose para su celebración el próximo día .... de .... de dos mil ...., a las .... horas, bajo la presidencia de Don .... y actuando como secretario Don ...., con el fin de deliberar y, en su caso, adoptar acuerdos sobre los siguientes puntos del orden del día: ....

Líbrense los oportunos edictos, que serán publicados, a la vista de lo previsto en la Ley y a falta de disposición estatutaria al efecto, en el diario ...., así como en el Boletín Oficial del Registro Mercantil, con quince días de antelación a la fecha señalada para la celebración de la Junta; entréguense los edictos a la representación procesal de la instante de este expediente para que cuide de su curso y gestión; notifíquese a los designados para ejercer los cargos de Presidente y Secretario de la Junta sus respectivos nombramientos para su aceptación.

Y para que sirva de notificación y convocatoria a la expresada Junta General a los señores socios de .... S.L., en legal forma, expido la presente en ...., a .... de .... de dos mil ....

F100. JUNTA GENERAL. DILIGENCIA DE ADMISIÓN SOLICITUD CONVOCATORIA JUNTA GENERAL SOCIEDAD DE RESPONSABILIDAD LIMITADA

Normativa de Aplicación: *Arts. 169 y ss. Real Decreto Legislativo 1/2010, de 2 de julio, por el que se aprueba el texto refundido de la Ley de Sociedades de Capital.*

Procedimiento: Jurisdicción voluntaria núm. .... / ....

Juzgado de lo Mercantil núm. .... de ....

DILIGENCIA.– En ...., a .... de .... de dos mil .... Para hacer constar que proveniente del Ilmo. Decanato y por turno de reparto, ha correspondido conocer a este Juzgado de la anterior demanda y copias presentadas; doy fe.

DECRETO DEL LETRADO DE LA ADMINISTRACIÓN DE JUSTICIA, SR. ....

En ...., a .... de .... de dos mil ....

Por presentada la anterior solicitud por el Procurador ...., se tiene por comparecido y parte a dicho Procurador, en virtud de la escritura de poder que acompaña y que le será devuelta, en la representación que acredita de Don ...., debiendo entenderse con el referido procurador la presente y sucesivas diligencias que recaigan en estos autos.

Se admite a trámite la mencionada demanda, incoándose procedimiento para la convocatoria de Junta General de socios de la compañía .... S.L. Óigase al órgano de administración de la compañía sobre la solicitud formulada, haciéndole entrega de las copias presentadas, previa notificación de la presente, fijándose para tal audiencia la fecha del .... de ...., a las .... horas, en la Sala Audiencia de este Juzgado.

EL LETRADO DE LA ADMINISTRACIÓN DE JUSTICIA

F101. JUNTA GENERAL. ACTA JUDICIAL AUDIENCIA AL ADMINISTRADOR SOBRE SOLICITUD CONVOCATORIA JUDICIAL DE JUNTA GENERAL

Normativa de Aplicación: *Arts. 169 y ss. Real Decreto Legislativo 1/2010, de 2 de julio, por el que se aprueba el texto refundido de la Ley de Sociedades de Capital.*

Procedimiento: Jurisdicción Voluntaria núm. .... / ....

Juzgado de lo Mercantil núm. .... de ....

ACTA-COMPARECENCIA. En ...., a .... de .... de dos mil ....

Siendo la hora señalada para este acto y estando constituida en audiencia pública Su Señoría, se da comienzo al mismo, dándose cuenta de su objeto.

Comparece Don ...., mayor de edad, soltero, vecino de ...., con domicilio en ...., dotado de DNI/NIF ...., en su condición de administrador único de .... S.L., según acredita con la escritura de elevación de acuerdos de la sociedad .... S.L. otorgada ante el Notario de ...., Don ...., en fecha .... de .... de ...., de la que resulta su nombramiento y la vigencia de tal cargo.

También comparece el Procurador de los Tribunales Doña ...., en nombre y representación de la parte instante de este expediente, asistida del letrado Don. ....

Abierto el acto y concedida la palabra a Don ...., manifiesta que ....

Concedida la palabra a la representación procesal del instante del expediente, se expone que ....

Su señoría, teniendo por hechas las anteriores manifestaciones, da por finalizada la presente audiencia, quedando las actuaciones en su mesa para resolver lo procedente.

Después de leída y hallada conforme, es firmada la presente acta por todos los comparecientes después de Su Señoría, doy fe.

5. DOCUMENTOS NOTARIALES

F102. JUNTA GENERAL. ACTA DE REQUERIMIENTO DE SOCIO EJERCITANDO DERECHO DE INFORMACIÓN Y SOLICITANDO PRESENCIA DE NOTARIO EN LA JUNTA GENERAL

Normativa de Aplicación: *Art. 203 Real Decreto Legislativo 1/2010, de 2 de julio, por el que se aprueba el texto refundido de la Ley de Sociedades de Capital. Arts. 101 y ss. Real Decreto 1784/1996, de 19 de julio, por el que se aprueba el Reglamento del Registro Mercantil.*

En la Ciudad de ...., mi residencia, a .... de ....

Ante mí, ..., Notario de la Ciudad y del Ilustre Colegio de ....

COMPARECE

Don ...., mayor de edad, de nacionalidad española, casado vecino de ...., con domicilio en ...., número ...., con DNI/NIF .... Le identifico por el documento de identidad exhibido y reseñado

INTERVIENE

Don .... interviene en su propio nombre y derecho. Tiene a mi juicio, según interviene, la capacidad legal y el interés legitimo para el otorgamiento de la presente ACTA DE REQUERIMIENTO y a tal efecto

EXPONE

I.– Que Don .... es socio de la compañía .... S.L., titular de .... participaciones sociales, número .... a ...., de .... euros de nominal, en su conjunto .... euros, que suponen el .... por ciento del capital social ....

II.– Que el compareciente ha tenido conocimiento a través de anuncio publicado en el Boletín Oficial del Registro Mercantil del día .... de .... de .... (núm. ....), así como en el diario .... en su edición del día .... de .... de ...., que el Consejo de Administración de la sociedad .... S.L., en su reunión de fecha .... de .... de ...., ha acordado convocar a los Sres. socios para celebración de Junta General de la compañía, señalándose a tal efecto el día .... del próximo mes de .... de ...., a las .... horas, en el domicilio social sito en ...., calle ...., con el fin de deliberar y, en su caso, adoptar acuerdos sobre los siguientes puntos del orden del día: 1. Censura de la gestión social, aprobación, en su caso, de las cuentas del ejercicio cerrado el .... Informe de Gestión. 2. Aplicación del resultado ....

III.– Que en tal condición y al amparo de lo dispuesto en los artículos 196, 203 y 272, TRLSC, pretende ejercitar el derecho de información que le asiste con relación a la citada Junta, así como solicitar la presencia de Notario que levante acta de la misma ....

En relación a todo ello,

REQUERIMIENTO

Me requiere a mí, el notario, para que, constituyéndome en el domicilio social de la compañía .... S.L., sito en ...., calle ...., notifique y requiera al órgano de administración de la compañía en la persona del Presidente del Consejo de Administración, Don ...., en los siguientes términos:

I.– Para que de conformidad con lo dispuesto en el artículo 272 TRLSC, se sirva entregar al requirente a través del notario autorizante de la presente acta, los documentos que han de ser sometidos a la aprobación de la Junta General convocada, así como el informe de gestión y el de los auditores de la compañía ....

II.– Para que conforme con lo prevenido en el artículo 196 TRLSC, se sirva informar al requirente sobre los siguientes extremos relativos al orden del día de la Junta reseñada en el expositivo II: ....

III.– Finalmente, al amparo de lo dispuesto en el art. 203 TRLSC y 101 y ss. y concordantes del Reglamento del Registro Mercantil, se solicita la presencia de Notario que levante acta de la expresada Junta General ....

Acepto el requerimiento, que redacto conforme a la minuta que me ha sido facilitada por el compareciente .... Advierto al compareciente de su derecho a leer por sí este instrumento al que renuncia. Yo, el notario, además la leo al requirente, quien la encuentra conforme, otorga y firma conmigo, el notario, que doy fe en cuanto sea procedente de todo lo consignado en este instrumento público, extendido en .... folios de papel exclusivo para documentos notariales, serie, y números el del presente y anteriores en orden. Sigue la firma del compareciente.

Protección de datos.– Con relación a los datos de carácter personal que en la presente constan, referidos al compareciente, queda este enterado de que los mismos se incorporan a mis ficheros automatizados, lo que acepta, así como del derecho de oposición, acceso a ellos, rectificación o cancelación de los mismos.

PRIMERA DILIGENCIA: El día .... y siendo las .... horas y .... minutos, yo, el notario, me constituyo en el lugar indicado en el requerimiento inicial, donde encuentro a quien dice ser Don ...., le informo de mi condición de notario, del objeto de mi visita, le hago entrega de cédula comprensiva de copia literal del acta inicial, advirtiéndole del derecho que le asiste a contestar en el plazo de dos días hábiles, quien, enterado, la recibe.

Doy fe del contenido de esta diligencia, que redacto en mi estudio a la vista de las notas tomadas en el lugar de práctica del requerimiento, que va extendida en este folio, número ...., que forma parte del acta inicial.

SEGUNDA DILIGENCIA. Al segundo día hábil después de la notificación del presente requerimiento, comparece en mi estudio Don ...., mayor de edad, de nacionalidad española, soltero, de profesión ...., vecino de ...., con domicilio en .... núm. .... DNI/NIF .... Interviene en nombre y representación, en su condición de apoderado de la compañía .... S.L., cuyas circunstancias constan reseñadas en el acta inicial. Y me requiere a mí, el notario, para recoger en esta diligencia la contestación al requerimiento que antecede conforme al artículo 204 del Reglamento Notarial y que es la que aparece en la minuta que me entrega extendida en un folio de papel común, firmada por el compareciente, junto a fotocopia de documentación, según manifiesta, que ha de ser sometidos a la aprobación de la Junta General convocada, así como el informe de gestión y el de los auditores de la compañía y los documentos que incorporo y dejo unidos a esta matriz para su inserción en las copias .... Leída esta diligencia y la certificación unida al compareciente, por su elección, previa advertencia y renuncia a su derecho a hacerlo por sí y enterado de su contenido la aprueba.

Doy fe del contenido de esta diligencia que va extendida en este folio, número ...., que forma parte del acta inicial.

F103. JUNTA GENERAL. ACTA NOTARIAL DE JUNTA GENERAL

Normativa de Aplicación: *Art. 203 Real Decreto Legislativo 1/2010, de 2 de julio, por el que se aprueba el texto refundido de la Ley de Sociedades de Capital. Arts. 101 y ss. Real Decreto 1784/1996, de 19 de julio, por el que se aprueba el Reglamento del Registro Mercantil.*

En la Ciudad de ...., mi residencia, a .... de ....

Ante mí, ..., Notario de la Ciudad y del Ilustre Colegio de ....

COMPARECE

Don ...., de nacionalidad española, mayor de edad, casado, vecino de ...., con domicilio en la calle ...., DNI/NIF ....

Interviene en su calidad de administrador único de la sociedad .... S.L., sociedad de nacionalidad española constituida por tiempo indefinido mediante escritura autorizada el día .... por el Notario de ...., Don ...., obrante en su protocolo bajo el número ....Con domicilio en .... Inscrita en el Registro Mercantil de la provincia de ...., al tomo ...., libro .... de la sección ...., folio ...., hoja número .... CIF .... Constituye su objeto social......Dicha representación resulta de su expresado cargo de administrador único, que manifiesta vigente, así como que existe y no ha variado la capacidad de su representada, cargo para el que fue designado por la Junta General de la sociedad celebrada el pasado día ...., elevado a público mediante escritura autorizada en .... por el notario Don .... con fecha .... de .... de dos mil .... y con el número de protocolo ...., e inscrita en el Registro Mercantil de la provincia de ...., sección ...., hoja ...., tomo ...., del libro ...., folio ....

Me aseguro de su identidad por su reseñado documento. Le juzgo con capacidad legal e interés legítimo para instar esta acta y al efecto

ME REQUIERE

A mí el notario, para que asista a la celebración de la Junta General de la sociedad .... S.L. fijada para el próximo .... de .... de dos mil ...., a las .... horas, en ...., calle ...., número ...., manifestando que lo hace en cumplimiento del derecho que asiste a las minorías de conformidad con lo prevenido en el art. 203 TRLSC y que ha sido ejercitado mediante acta de requerimiento verificada por el Notario de ...., Don ...., con fecha .... de .... de .... (número .... de su protocolo), por el socio Don ...., titular de un total de .... participaciones sociales, que representan un total de .... euros de valor nominal, equivalentes al .... por ciento del capital social, y levante acta de dicha reunión de conformidad con el ya citado artículo 203 TRLSC y concordantes con el Reglamento del Registro Mercantil.

Yo el notario, acepto el requerimiento y su cumplimentación por diligencia posterior, después de haber verificado por la documentación exhibida que la Junta General ha sido convocada y publicados sendos anuncios en el Boletín Oficial del Registro Mercantil y en el periódico «...........», en su edición del .... día .... (núm. ....) y ...., respectivamente; tengo a la vista los originales de ambas publicaciones de las que deduzco fotocopias, que concuerdan exactamente con sus respectivos originales, de lo que doy fe, quedando así cumplidos los requisitos legales y estatutarios, incorporando a la presente las referidas fotocopias.

Protección de datos.– Con relación a los datos de carácter personal que en la presente constan, referidos al compareciente, queda este enterado de que los mismos se incorporan a mis ficheros automatizados, lo que acepta, así como del derecho de oposición, acceso a ellos, rectificación o cancelación de los mismos.

Yo, el Notario, hago constar expresamente que he cumplido con la obligación que impone la ley 10/2010, de 28 de abril, cuyo resultado consta en acta autorizada por el Notario de ...., Don ...., el día ...., en cuanto a «........... S.L.», bajo nº .... de protocolo; manifestando no haberse modificado el contenido de la misma.

Le permito la lectura de este acta, por su elección, después de advertido de la opción del artículo 193 del Reglamento Notarial. Hace constar su consentimiento y la firma conmigo, el Notario, que de su contenido extiendo en .... folios de papel exclusivo para documentos notariales, serie ...., números .... y el presente yo, el notario, doy fe.

DILIGENCIA DE PRESENCIA REFERIDA AL ACTA NÚMERO .... DE MI PROTOCOLO.

En ...., a .... de .... de dos mil ....

La pongo yo, el Notario, para hacer constar, conforme a lo establecido en los arts. 101 y 102 del Reglamento del Registro Mercantil y concordantes de la Ley aplicable a la sociedad y del Reglamento Notarial:

PRIMERO.– Que siendo las .... del día .... de .... de dos mil ...., me he personado en el departamento puerta número ...., del edificio señalado con el número de policía ...., sito en la calle .... de esta ciudad, lugar de celebración de la Junta a que se refiere el acta inicial.

SEGUNDO.– Que la Junta General ha sido convocada conforme a los requisitos legales y estatutarios, tal y como resulta del requerimiento inicial, mediante sendos anuncios, publicados en el Boletín Oficial del Registro Mercantil y en el periódico «...........», en sus ediciones del día .... de .... de dos mil .... (núm. ....) y .... de .... de dos mil ...., respectivamente.

La capacidad del requirente resulta igualmente del propio requerimiento inicial.

TERCERO.– Que el texto íntegro de la convocatoria es el siguiente: ....

CUARTO.– Que conforme al artículo .... de los Estatutos Sociales se dispone a actuar como Presidente, el propio requirente y como secretario Don ...., mayor de edad, casado, vecino de ...., con domicilio en ...., DNI/NIF ...., elegidos al efecto por unanimidad de todos los asistentes.

Me aseguro de su identidad por medio de sus reseñados documentos nacionales de identidad, que me exhiben.

QUINTO.– Que tras hacer los recuentos y comprobaciones oportunas, entre las que se incluyeron el examen del libro registro de socios de la compañía y los documentos de los que resulta la titularidad de las participaciones sociales por los señores socios presentes, el Sr. Presidente declara que la Junta esta válidamente constituida y que concurren a ella, personalmente, ... socios y representados .... socios, que, en su conjunto representan el .... por ciento (........... %) del capital social con derecho a voto. Dichos socios son:

Don .... (........... % del capital social con derecho a voto)

Don .... (........... % del capital social con derecho a voto)

Y representada por Doña ...., Doña .... (........... % del capital social con derecho a voto). Resulta su representación de escrito suscrito por la propia Doña .... que, aceptado por todos los presentes, dejo incorporado a la presente.

Se encuentra presente el administrador único de la compañía, Don .... y Don ...., en su calidad de asesor contable de la sociedad, cuya presencia autoriza el

Presidente, a fin de contestar a las preguntas que a lo largo de la celebración de la Junta se formulen, efectuando las aclaraciones que los señores socios precisen.

SEXTO.– Que pregunto a la Asamblea si existen protestas o reservas sobre las anteriores manifestaciones del Presidente relativas a la constitución de la Junta, al número de socios concurrentes y al capital presente o representado, realizándose éstas:

1.– En cuanto a la válida constitución de la Junta:

....

2.– Y en cuanto al número de socios concurrentes presentes o representados y al capital presente o representado:

....

SEXTO.– Que por el Presidente, se pasó al punto primero del orden del día:

Por parte de Don .... se manifiesta que .... por lo que propone ....

Por Doña se discrepa y presentó escrito para su constancia literal en acta, que queda incorporado a la presente.

Terminado el debate acerca del primer punto del orden del día por el Presidente se sometió a votación la siguiente propuesta de acuerdo:

....

Se pasó a continuación a la votación de la propuesta. Votan a favor Don .... y Doña .... y en contra lo hace Don ...., quien manifestó, solicitando su inclusión literal en el acta que «...........», oponiéndose al acuerdo. El Presidente proclamó el acuerdo adoptado por mayoría.

OCTAVO.– Que finaliza esta diligencia siendo las .... horas y redacto su contenido en mi Estudio, según notas tomadas sobre el lugar, tal como autoriza el art. 197 del vigente Reglamento Notarial y el art. 103 del Reglamento del Registro Mercantil, haciendo constar yo, el notario, los siguientes extremos:

Que salvo aquellos puntos en los que se indica la solicitud de constancia literal en acta, o en que por mí, el notario, se ha empleado tal palabra, la transcripción de las intervenciones es fruto de las notas tomadas por mí, de mi puño y letra en el acto de la Junta y aunque desde luego recogen el sentido general de las mismas, pueden existir distorsiones respecto del tenor literal de las mismas.

La utilización de los entrecomillados no debe, en consecuencia, entenderse, sino en los casos indicados, como signo de total literalidad.

Advierto finalmente del contenido del art. 82 del Reglamento del Registro Mercantil.

Del total contenido de la misma, extendida en .... folios de papel exclusivo para documentos notariales, serie ...., números .... y siguientes en orden correlativo hasta el presente, número ...., yo, el notario, doy fe.

F104. JUNTA GENERAL. OPOSICIÓN DE LA JUNTA A LA INTERVENCIÓN NOTARIAL EN LA JUNTA

Normativa de Aplicación: *Art. 203 Real Decreto Legislativo 1/2010, de 2 de julio, por el que se aprueba el texto refundido de la Ley de Sociedades de Capital. Arts. 101 y ss. Real Decreto 1784/1996, de 19 de julio, por el que se aprueba el Reglamento del Registro Mercantil.*

En la Ciudad de ...., mi residencia, a .... de ....

Ante mí, ..., Notario de la Ciudad y del Ilustre Colegio de ....

COMPARECE

Don ...., mayor de edad, de nacionalidad española, casado, vecino de ...., con domicilio en ...., núm. ...., con DNI/NIF ....

Le identifico por el documento de identidad exhibido y reseñado.

INTERVIENE

Don .... interviene en su calidad de administrador único de la sociedad .... S.L., sociedad de nacionalidad española constituida por tiempo indefinido mediante escritura autorizada el día .... por el Notario de ...., Don ...., obrante en su protocolo bajo el número ....Con domicilio en .... Inscrita en el Registro Mercantil de la provincia de ...., al tomo ...., libro .... de la sección ...., folio ...., hoja número .... CIF .... Constituye su objeto social......

Está legitimado para este otorgamiento en virtud de su expresado cargo de administrador único, que afirma vigente, resultando su nombramiento y aceptación de la escritura otorgada con fecha .... de .... de dos mil ...., ante el notario de ...., Doña ...., número de protocolo ...., que causó la inscripción .... en el Registro Mercantil.

Yo, el Notario, hago constar expresamente que he cumplido con la obligación que impone la ley 10/2010, de 28 de abril, cuyo resultado consta en acta autorizada por el Notario de ...., Don ...., el día ...., en cuanto a «........... S.L.», bajo nº .... de protocolo, manifestando no haberse modificado el contenido de la misma.

Tiene a mi juicio, capacidad y legitimación para otorgar esta escritura de ACTA DE OPOSICIÓN A LA INTERVENCIÓN NOTARIAL EN LA JUNTA DE LA SOCIEDAD, y, al efecto, según interviene

EXPONE

Que se opone a la solicitud formulada por don ...., de intervención notarial en la junta convocada para el día ...., porque la titularidad de las participaciones del requirente no figura inscrita como vigente en el libro de socios ni la sociedad ha tenido conocimiento de su adquisición (o no figura inscrita como vigente, porque consta la transmisión que realizó de las mismas en favor de don ...., o no se ha practicado el requerimiento con la antelación de 5 días prevista por el artículo 203 de la Ley de Sociedades de Capital).

Protección de datos.– Con relación a los datos de carácter personal que en la presente constan, referidos al compareciente, queda este enterado de que los mismos se incorporan a mis ficheros automatizados, lo que acepta, así como del derecho de oposición, acceso a ellos, rectificación o cancelación de los mismos.

OTORGAMIENTO Y AUTORIZACIÓN

Advierto al compareciente de su derecho a leer por si este instrumento al que renuncia. Yo, el notario, además la leo al compareciente, quien la encuentra conforme, otorga y firma conmigo, el notario, que doy fe en cuanto sea procedente de todo lo consignado en este instrumento público, extendido en .... folios de papel exclusivo para documentos notariales, serie, y números el del presente y anteriores en orden.

F105. JUNTA GENERAL. REPRESENTACIÓN PARA ASISTENCIA A JUNTA GENERAL CONFERIDA EN DOCUMENTO PUBLICO

Normativa de Aplicación: *Arts. 179 y ss. Real Decreto Legislativo 1/2010, de 2 de julio, por el que se aprueba el texto refundido de la Ley de Sociedades de Capital.*

En la Ciudad de ...., mi residencia, a .... de ....

Ante mí, ..., Notario de la Ciudad y del Ilustre Colegio de ....

COMPARECE

Don ...., mayor de edad, de nacionalidad española, casado vecino de ...., con domicilio en la calle ...., número ...., con DNI/NIF ....

Le identifico por el documento de identidad exhibido y reseñado.

INTERVIENE

Don .... interviene en su propio nombre y derecho. Tiene a mi juicio, según interviene, la capacidad legal y el interés legítimo para el otorgamiento de la presente escritura y

EXPONE

I.– Que Don .... es socio de la compañía .... S.L. Constituida por tiempo indefinido mediante escritura autorizada por el notario de ...., Don ...., el día .... Su domicilio social se halla en .... Inscrita en el Registro Mercantil de la provincia de .... al tomo ...., libro ...., de la sección ...., folio ...., hoja ...., número .... Inscripción .... CIF. ....

Que el compareciente es titular de .... participaciones sociales, número .... a ...., ambos inclusive, de .... euros de nominal, en su conjunto .... euros.

II.– Que en tal condición y al amparo de lo dispuesto en el art. 183 TRLSC, otorga la presente escritura de apoderamiento y al efecto

DICE

Que confiere poder a favor de Don ...., mayor de edad, casado, vecino de ...., con domicilio en .... DNI /NIF .... y Don ...., mayor de edad, soltero, vecino de ...., con domicilio en ...., DNI /NIF ...., para que, cualquiera de ellos, solidaria e indistintamente, pueda ejercitar sin limitación alguna, las siguientes facultades: ....

Asistir, en nombre y representación del compareciente, con voz y voto, a las Juntas Generales de la compañía .... S.L., que sean convocadas, pudiendo, en el seno de tales Juntas, intervenir en las deliberaciones, formalizar propuestas, participar en las votaciones, adoptar u oponerse a acuerdos, así como ejercitar cualquier facultad o derecho que asista o derive de la condición de socio del aquí compareciente.

OTORGAMIENTO Y AUTORIZACIÓN

Protección de datos.– Con relación a los datos de carácter personal que en la presente constan, referidos al compareciente, queda este enterado de que los mismos se incorporan a mis ficheros automatizados, lo que acepta, así como del derecho de oposición, acceso a ellos, rectificación o cancelación de los mismos.

Así lo otorga. Advierto al compareciente de su derecho a leer por si este instrumento al que renuncia. Yo, el notario, además la leo al compareciente, quien la encuentra conforme, y firma conmigo, el notario, que doy fe en cuanto sea procedente de todo lo consignado en este instrumento público, extendido en .... folios de papel exclusivo para documentos notariales, serie, y números el del presente y anteriores en orden.

F106. JUNTA GENERAL. ACTA DE REQUERIMIENTO INSTADO POR SOCIO PARA LA CONVOCATORIA DE LA JUNTA GENERAL

Normativa de Aplicación: *Arts. 166 y ss. Real Decreto Legislativo 1/2010, de 2 de julio, por el que se aprueba el texto refundido de la Ley de Sociedades de Capital.*

En la Ciudad de ...., mi residencia, a .... de ....

Ante mí, ..., Notario de la Ciudad y del Ilustre Colegio de ....

COMPARECE

Don ...., mayor de edad, de nacionalidad española, casado vecino de ...., con domicilio en la calle ...., núm. ...., con DNI/NIF ....

Le identifico por el documento de identidad exhibido y reseñado.

INTERVIENE

Don .... interviene en su propio nombre y derecho. Tiene a mi juicio, según interviene, la capacidad legal y el interés legitimo para el otorgamiento de la presente ACTA DE REQUERIMIENTO y a tal efecto

EXPONE

I.– Que Don .... es socio de la compañía .... S.L., constituida por tiempo indefinido mediante escritura autorizada ante el notario de ...., Don ...., el día .... de .... de ...., núm. .... de su protocolo. Su domicilio social se halla sito en ...., calle ...., número ....

Adaptados sus Estatutos Sociales a la vigente Ley de Sociedades de Responsabilidad Limitada mediante escritura autorizada ante el notario de ...., Don ...., el día .... de .... de .... (núm. .... de su protocolo). Inscrita en el Registro Mercantil de la provincia de ...., al tomo ...., libro ...., de la sección ...., folio ...., hoja ...., número ...., inscripción .... CIF ....

II.– Don .... es titular de .... participaciones sociales, número .... a ...., ambos inclusive, de .... euros de nominal, en su conjunto .... euros, que suponen el .... por ciento del capital social.

El compareciente me exhibe certificación del libro registro de socios de la compañía .... S.L., expedida y firmada en fecha .... de .... de .... por su administrador único, Don ...., copia de la cual testimonio e incorporo a la presente acta

III.– Que en tal condición y al amparo de lo dispuesto en el artículo 168 TRLSC pretende solicitar la convocatoria de Junta General de socios de la compañía .... S.L.

En relación a todo ello,

REQUERIMIENTO

Me requiere a mí, el Notario, para que, constituyéndome en el domicilio social de la compañía .... S.L., sito en ...., calle ...., núm. ...., notifique y requiera al administrador único de la misma, Don ...., en los siguientes términos:

Para que de conformidad con lo dispuesto en el artículo 168 TRLSC y en su condición de administrador único de la sociedad .... S.L., se sirva convocar Junta General de la predicha sociedad, que deberá ser convocada para celebrarse dentro de los dos meses siguientes a la fecha de este requerimiento, con el siguiente orden del día:

....

Acepto el requerimiento, que redacto conforme a la minuta que me ha sido facilitada por el compareciente.

Protección de datos.– Con relación a los datos de carácter personal que en la presente constan, referidos al compareciente, queda este enterado de que los mismos se incorporan a mis ficheros automatizados, lo que acepta, así como del derecho de oposición, acceso a ellos, rectificación o cancelación de los mismos.

Advierto al compareciente de su derecho a leer por sí este instrumento al que renuncia. Yo, el notario, además la leo al compareciente, quien la encuentra conforme, otorga y firma conmigo, el notario, que doy fe en cuanto sea procedente de todo lo consignado en este instrumento público, extendido en .... folios de papel exclusivo para documentos notariales, serie, y números el del presente y anteriores en orden.

PRIMERA DILIGENCIA:

El día .... de .... de .... y siendo las .... horas y .... minutos, yo, el notario, me constituyo en el lugar indicado en el requerimiento inicial, donde encuentro a quien dice ser Don ...., le informo de mi condición de notario, del objeto de mi visita, le hago entrega de cédula comprensiva de copia literal del acta inicial, advirtiéndole del derecho que le asiste a contestar en el plazo de dos días hábiles, quien enterado la recibe.

Doy fe del contenido de esta diligencia, redactada en mi estudio sobre las notas tomadas en el lugar de práctica del requerimiento y que va extendida en este folio, número ...., que forma parte del acta inicial.

SEGUNDA DILIGENCIA:

Para hacer constar que ha transcurrido el plazo de dos días hábiles conferido a Don .... para contestar el acta inicial, sin que haya ejercitado tal derecho.

Doy fe del contenido de esta diligencia, que va extendida en este folio, número ...., que forma parte del acta inicial.

F107. ACTA DE REQUERIMIENTO INSTADO POR SOCIO PARA CELEBRACIÓN DE JUNTA GENERAL UNIVERSAL, Y EN SU DEFECTO CONVOQUE JUNTA GENERAL

Normativa de Aplicación: *Arts. 166 y ss. Real Decreto Legislativo 1/2010, de 2 de julio, por el que se aprueba el texto refundido de la Ley de Sociedades de Capital.*

ACTA DE REQUERIMIENTO

En ...., mi residencia, a

Ante mí, ..., Notario del Ilustre Colegio de ....,

COMPARECE

DOÑA ...., mayor de edad, vecina de .... Con DNI y NIF ....

INTERVIENE

En su propio nombre y derecho.

FE DE CONOCIMIENTO

La identifico con el documento reseñado, que compruebo tienen la fotografía y firma coincidentes con las de su titular.

Sus datos resultan de la documentación que me exhiben.

JUICIO DE CAPACIDAD

Tiene a mi juicio capacidad e interés legítimo para instar la presente ACTA DE REQUERIMIENTO, y en consecuencia:

EXPONE

I.– Que es titular de .... participaciones sociales, de la número ...., ambas inclusive, que suponen, en su conjunto, un nominal de ...., es decir, el 50 por ciento del capital social de la entidad mercantil, de nacionalidad española, denominada ...., S.L., con domicilio ...., constituida en escritura autorizada por el Notario de Valencia, Don ...., el día ...., bajo el número .... de su protocolo. Consta inscrita el Registro Mercantil de ...., al tomo ...., folio .... de la Sección ...., hoja ...., inscripción ....

Con CIF número ....

Constituye su objeto social: ....

Dichas participaciones le pertenecen por suscripción en el momento fundacional.

II.– Que por la misma escritura constitucional, la requirente y Doña .... fueron nombradas por tiempo indefinido, administradoras mancomunadas, y que a día de hoy dicho cargo se halla vigente, aun cuando existen divergencias en la gestión de la entidad llevada a cabo por la otra administradora.

III.– Que siendo que la otra persona designada como administradora mancomunada, Doña ...., pese a ser requerida en multitud de ocasiones, no accede a la celebración de una Junta general de Socios,

– .... ME REQUIERE ....

Para que, en su nombre y en su condición de socia de la entidad siendo titular de participaciones sociales que representan el 50% del capital social, me constituya en el actual lugar donde se desarrolla la actividad de la compañía «........... S.L.», sito en ...., calle ...., ante doña ...., y:

A.– Requiera a la Sra. ...., para que acepte, de conformidad con el art. .... de los Estatutos Sociales de la entidad, constituirse en Junta General Extraordinaria de carácter universal, que tendría lugar el ...., en la notaria de Don ...., sita en ...., para tratar, entre otros estos puntos del orden del día:

PRIMERO.– Análisis de la situación en la que se encuentra la sociedad .... S.L. Enfoque comercial/artístico y desarrollo de la empresa. Medidas a tomar.

SEGUNDO.– Solicitud de información y aclaración por parte de la socia Doña .... sobre determinadas actuaciones no conocidas y no consentidas por el conjunto del órgano de administración y el resto del capital social. Propuesta de acuerdos y acciones a emprender contra la citada socia.

TERCERO.– Cese del órgano de administración y designación, en su caso, de nuevo órgano de administración ante la situación de la entidad.

CUARTO.– Dada la situación de bloqueo de la entidad, examen de los acuerdos a adoptar, entre ellos, acuerdo de disolución de la sociedad en virtud del artículo 368 de la Ley de Sociedades de Capital, así como el nombramiento de liquidador.

QUINTO.– Delegación de facultades en las administradoras de la sociedad para la ejecución de los acuerdos adoptados, en su caso.

SEXTO.– Redacción, lectura y en su caso, aprobación del Acta de la Junta.

B.– En el caso de no acceder a la celebración de Junta General Extraordinaria de carácter universal en los términos expuestos en el punto anterior, para que requiera a la Sra. .... a que, conforme establece el art. 168 TRLSC, y en los términos de dicho precepto legal, convoque, junto con la requirente, Junta General Extraordinaria para deliberar y adoptar acuerdos con relación al siguiente orden del día:

PRIMERO.– Análisis de la situación en la que se encuentra la sociedad .... S.L. Enfoque comercial/artístico y desarrollo de la empresa. Medidas a tomar.

SEGUNDO.– Solicitud de información y aclaración por parte de la socia Doña .... sobre determinadas actuaciones no conocidas y no consentidas por el conjunto del órgano de administración y el resto del capital social. Propuesta de acuerdos y acciones a emprender contra la citada socia.

TERCERO.– Cese del órgano de administración y designación, en su caso, de nuevo órgano de administración ante la situación de la entidad.

CUARTO.– Dada la situación de bloqueo de la entidad, examen de los acuerdos a adoptar, entre ellos, acuerdo de disolución de la sociedad en virtud del artículo 368 de la Ley de Sociedades de Capital, así como el nombramiento de liquidador.

QUINTO.– Delegación de facultades en las administradoras de la sociedad para la ejecución de los acuerdos adoptados, en su caso.

SEXTO.– Redacción, lectura y en su caso, aprobación del Acta de la Junta.

A tal efecto, y dentro de los plazos establecidos a contar desde el presente requerimiento, la requirente acudirá ante el notario actuante para la firma de la convocatoria conjunta una vez sea requerida por la Sra. ...., y todo ello, a los efectos oportunos.

C.– Comunique a la Sra. ...., que se le recuerda el derecho que tienen los socios a asistir a Juntas Generales de Socios y ejercitar sus derechos en el seno de las mismas, y el deber de los administradores sociales de facilitar tal derecho, con las consecuencias legales y/o judiciales derivadas de tal incumplimiento.

D.–Así mismo, el requirente, de conformidad con el art. 203 del Texto Refundido de la Ley de Sociedades de Capital y siendo titular de más del 5% del Capital Social, requiere que la celebración de cualquiera de las juntas aquí solicitadas, tenga la condición de notarial, y sea celebrada en el domicilio del notario designado.

ACEPTO el requerimiento, cuyo resultado hará constar por diligencia a continuación.

De todo lo cual, extiendo la presente acta, redactada que ha sido conforme a minuta presentada.

– CLÁUSULA DE PROTECCIÓN DE DATOS:

Identifico a la señora compareciente por su documento de identidad antes consignado, constando sus circunstancias personales según resulta de sus manifestaciones, quedando los comparecientes informados de lo siguiente:

Sus datos personales serán objeto de tratamiento en esta Notaría, los cuales son necesarios para el cumplimiento de las obligaciones legales del ejercicio de la función pública notarial, conforme a lo previsto en la normativa prevista en la legislación notarial, de prevención del blanqueo de capitales, tributaria y, en su caso, sustantiva que resulte aplicable al acto o negocio jurídico documentado. La comunicación de los datos personales es un requisito legal, encontrándose el otorgante obligado a facilitar los datos personales, y estando informado de que la consecuencia de no facilitar tales datos es que no sería posible autorizar o intervenir el presente documento público. Sus datos se conservarán con carácter confidencial.

La finalidad del tratamiento de los datos es cumplir la normativa para autorizar/intervenir el presente documento, su facturación, seguimiento posterior y las funciones propias de la actividad notarial de obligado cumplimiento, de las que pueden derivarse la existencia de decisiones automatizadas, autorizadas por la Ley, adoptadas por las Administraciones Públicas y entidades cesionarias autorizadas por Ley, incluida la elaboración de perfiles precisos para la prevención e investigación por las autoridades competentes del blanqueo de capitales y la financiación del terrorismo.

El notario realizará las cesiones de dichos datos que sean de obligado cumplimiento a las Administraciones Públicas, a las entidades y sujetos que estipule la Ley y, en su caso, al Notario que suceda o sustituya al actual en esta notaría.

Los datos proporcionados se conservarán durante los años necesarios para cumplir con las obligaciones legales del Notario o quien le sustituya o suceda.

Puede ejercitar sus derechos de acceso, rectificación, supresión, limitación, portabilidad y oposición al tratamiento por correo postal ante la Notaría autorizante, sita en .... Asimismo, tiene el derecho a presentar una reclamación ante una autoridad de control.

Los datos serán tratados y protegidos según la Legislación Notarial, la Ley Orgánica de Protección de Datos Personales y Garantía de los Derechos Digitales, y normativa complementaria.

– OTORGAMIENTO

Así lo dice y otorga la compareciente, según interviene.

Hago las reservas y advertencias legales oportunas, en especial, advierto de las consecuencias de toda índole que se derivarían de la inexactitud de sus declaraciones. Y las relativas a la Ley 8/1989, de 13 de Abril, de Tasas y Precios Públicos, en relación con cuya Disposición Adicional Tercera queda reflejada en esta matriz la liquidación de derechos arancelarios correspondientes a la misma.

– AUTORIZACIÓN

Leída por mí la presente acta por renunciar la compareciente al derecho que les advertí tenía a leerla por sí, se ratifica en su contenido y firma conmigo, Notario, que doy fe de la identidad de la otorgante, de que a mi juicio tiene capacidad y legitimación para este otorgamiento, de que el consentimiento ha sido libremente prestado y de que el otorgamiento se adecua a la legalidad y a la voluntad debidamente informada de la compareciente, y de estar extendido este instrumento en folios de papel exclusivo para documentos notariales, de esta serie y números el del presente y los anteriores en orden correlativo.

F108. JUNTA GENERAL. ACTA DE REQUERIMIENTO DE SOLICITUD DE INFORMACIÓN Y ASISTENCIA EN LA JUNTA GENERAL

Normativa de Aplicación: *Art. 196 Real Decreto Legislativo 1/2010, de 2 de julio, por el que se aprueba el texto refundido de la Ley de Sociedades de Capital.*

NÚMERO:

ACTA DE REQUERIMIENTO

EN LA CIUDAD DE ...., mi residencia, a

Ante mi, ..., Notario del Ilustre Colegio de ....,

COMPARECE

DOÑA ...., mayor de edad, de profesión empresaria, casada, vecina de .... con DNI y NIF ....

INTERVIENE en su propio nombre.

Tiene a mi juicio interés legítimo y la capacidad legal necesaria para otorgar la presente acta de requerimiento y,

EXPONE

I.– Que Doña .... es socia de la compañía .... y titular de .... participaciones, que suponen, el .... % por ciento del capital social

II.– Que la compareciente ha tenido conocimiento de la convocatoria realizada por el Presidente del Consejo de Administración de la misma D. ...., de Junta General Ordinaria de socios de la compañía .... que se celebrará en el domicilio social de la misma el ...., a las .... horas, con el orden del día que figura en dicha comunicación.

III.– Que en tal condición y al amparo de lo dispuesto en los artículos 196 y 203 de la Ley de Sociedades de Capital, pretende ejercitar el derecho de información con relación a la citada Junta, así como solicitar la presencia de Notario que levante acta de la misma.

En relación a todo ello,

REQUERIMIENTO

Me requiere a mí, el notario, para que, constituyéndome en el domicilio social de la compañía, ... sito en .... notifique y requiera al administrador convocante Don .... en los siguientes términos:

PRIMERO.– SOLICITUD DE INFORMACIÓN.

I.– Para que de conformidad con lo dispuesto en el artículo 196 de la Ley de Sociedades de Capital, se sirva informar a la requirente, con relación a las siguientes cuestiones:

A.– Información detallada de las causas y desarrollo del procedimiento inspector a que alude la nota .... de la memoria de las cuentas anuales de ...., incluido el contenido de dicha acta.

B.– Detalle y desglose de la cuenta «servicios de profesionales independientes», de las cuentas anuales correspondientes al ejercicio ...., con indicación de los perceptores y la cuantía y causa o motivo de tal gasto.

C.– Detalle pormenorizado de las relaciones comerciales, laborales, profesionales, de asesoramiento o de cualquier otra índole entre .... y Don .... Ello, además, con expresión de su contenido, cuantías abonadas por la sociedad al citado Sr. ...., o viceversa, y referido a los últimos cinco años. Igualmente con expresa indicación de si continua vigente dicha relación en la actualidad.

D.– Detalle pormenorizado de las relaciones comerciales, profesionales, de asesoramiento o de cualquier otra índole entre .... y la mercantil .... S.L. Ello, además, con expresión de su contenido, cuantías abonadas por .... a la citada sociedad, o viceversa, y referido a los últimos cinco años. Igualmente con expresa indicación de si continua vigente dicha relación en la actualidad.

E.– Detalle pormenorizado de las relaciones comerciales, profesionales, de asesoramiento o de cualquier otra índole entre .... y la mercantil .... Ello, además, con expresión de su contenido, cuantías abonadas por .... a la citada sociedad, o viceversa, y referido a los últimos cinco años. Igualmente con expresa indicación de si continua vigente dicha relación en la actualidad.

F.– Relaciones o vínculos laborales, profesionales, familiares o de cualquier otra índole entre los socios y/o administradores de .... y los socios y/o administradores de ....

G.– Relaciones o vínculos laborales, profesionales, familiares o de cualquier otra índole entre los socios y/o administradores de .... y los socios y/o administradores de ....

H.– Detalle y descripción de los procedimientos judiciales o administrativos que afecten o se dirijan contra administradores de la compañía .... que actualmente se hallen en curso.

II.– Expresamente se hace constar que el presente requerimiento y el ejercicio del derecho de información reseñado en él no suponen aceptación por la requirente de la convocatoria reseñada en el exponen I de este acta y menos aun la convalidación o subsanación de los defectos o vicios en que se hubiere incurrido con ocasión de tal convocatoria.

SEGUNDO.– PRESENCIA DE NOTARIO EN LA JUNTA GENERAL.

Para que, al amparo de lo dispuesto en el art. 203 de la Ley de Sociedades de Capital y 101 y ss. y concordantes del Reglamento del Registro Mercantil, se solicita la presencia de Notario que levante acta de la expresada Junta General Ordinaria.

Acepto el requerimiento, que redacto conforme a la minuta que me ha sido facilitada por el compareciente y cuyo resultado hará constar por diligencia a continuación.

Los documentos incorporados a la presente escritura son testimonio de los que me han exhibido.

De acuerdo con la normativa vigente en materia de protección de datos, los comparecientes aceptan la incorporación de sus datos (y la copia de su documento de identidad, en los casos previstos en la Ley) al protocolo notarial y a los ficheros de la Notaría. Se conservarán con carácter confidencial, sin perjuicio de las comunicaciones a las Administraciones Públicas que estipula la Ley y, en su caso, al Notario que suceda al actual en la plaza. La finalidad del tratamiento es formalizar la presente escritura, realizar su facturación y seguimiento posterior y las funciones propias de la actividad notarial. Puede ejercitar sus derechos de acceso, rectificación cancelación y oposición en la Notaría autorizante.

La identidad y dirección del responsable es la dirección de Notario autorizante, cuya página actualizada se puede encontrar en las siguientes webs: www .... notariado .... org y www .... colegionotarialdevalencia .... org.

Leída íntegramente por mí, el Notario, por su elección, a los otorgantes, esta escritura, se ratifican y firman.

De la identidad de los otorgantes, de que a mi juicio tienen capacidad y legitimación, de que el consentimiento ha sido libremente prestado, de que el otorgamiento se adecua a la legalidad y a la voluntad debidamente informada de los otorgantes o intervinientes.

Y yo, el Notario autorizante cuyo nombre y residencia figuran al principio del presente documento, del contenido de este instrumento público notarial, el cual ha quedado redactado, en el lugar y en la fecha que se han hecho constar al principio del mismo, en tres folios de papel exclusivo, el presente y los dos anteriores en orden inverso, doy fe.

F109. JUNTA GENERAL. ACTA DE REQUERIMIENTO PARA LA PROTOCOLIZACIÓN Y ENVÍO DE CONVOCATORIAS DE JUNTA GENERAL

Normativa de Aplicación: *Arts. 166 y ss. Real Decreto Legislativo 1/2010, de 2 de julio, por el que se aprueba el texto refundido de la Ley de Sociedades de Capital.*

ACTA.– «............».

NÚMERO

EN LA CIUDAD DE ...., a ....

Ante mí, ..., Notario del Ilustre Colegio de ...., con residencia en ....,

COMPARECE

DON ...., mayor de edad, empresario, casado, vecino de ...., con DNI/NIF, ...

INTERVIENE en nombre y representación, como Presidente del Consejo de Administración, de la mercantil denominada ...., de nacionalidad española, domiciliada en ...., dedicada a ...., de duración indefinida, constituida bajo la denominación de .... en escritura autorizada por el Notario de ...., don ...., el ...., inscrita en el Registro Mercantil de ....; redenominadas y ajustadas sus cifras y capital social al euro y modificados sus estatutos en escritura autorizada por mí, el ...., inscrita en el Registro mercantil de ....; cambiado su domicilio social al actual y modificados sus estatutos sociales en escritura autorizada por mi, el ...., número .... de mi protocolo, inscrita en el Registro Mercantil de .... Su objeto social es ....

Su CIF ....

Está legitimado para este otorgamiento en virtud de su expresado cargo de Presidente del Consejo de Administración que afirma vigente, para el que fue nombrado Consejero, por tiempo INDEFINIDO, y aceptó, en la Junta General, celebrada con carácter universal, el ....; y el propio Consejo, en sesión de la misma fecha, le eligió para el cargo de Presidente según resulta de la escritura de elevación a público de acuerdos sociales, penúltima de las antes referidas, cuya primera copia inscrita tengo a la vista, de lo que doy fe.

Me asegura el señor .... que continúa con plena capacidad jurídica la entidad por él representada, así como que los datos de identificación de la mercantil y en especial el objeto social que representan no han variado respecto de los consignados en la copia auténtica que me exhibe; que continúa en el pleno ejercicio de su cargo de Presidente del Consejo de Administración, manifestando que no le han sido restringidas ningunas de las facultades que estatutariamente le corresponden en función de su cargo, manifestando la vigencia del mismo, y que bajo mi responsabilidad considero suficiente para el otorgamiento de la presente escritura.

Le identifico por su reseñado DNI y le juzgo con interés y legitimación para instar esta ACTA DE REQUERIMIENTO, y al efecto,

EXPONE

I.– Que según resulta de los estatutos sociales la convocatoria de la Junta General de la sociedad ...., deberá hacerse mediante comunicación individual y escrita remitida por carta certificada con aviso de recibo por conducto notarial. La remisión habrá de hacerse con .... días, al menos, de antelación a la fecha de celebración de la Junta, computándose dicho plazo a partir de la fecha en que se hubiese remitido el anuncio al último de los socios.

II.– Que los únicos socios de la sociedad .... son: DON ...., DON ...., DON ...., DON ....

III.– Que se va a celebrar Junta General Extraordinaria de la mercantil ...., el día ...., en el domicilio social, sito en ....

IV.– Que por todo lo expuesto, y según interviene,

ME REQUIERE

A mi, el Notario, a los fines siguientes:

a) Para que me haga cargo de .... cartas que me entrega, escritas, cada una de ellas, a máquina por una sola de sus caras, en folio de papel común, fechadas en ...., a ...., dirigidas cada una de ellas a: DON ...., vecino de ....; DON ...., vecino de ...., DON ...., vecino de ...., DON ...., vecino de ....

Me entrega igualmente una fotocopia exacta de dichas cartas, firmadas por don ....

b) Para que protocolice mediante esta acta las expresadas fotocopias.

c) Y para que remita por correo certificado con acuse de recibo por conducto notarial, a sus destinatarios las cartas antes referidas, las cuales introduzco en cinco sobres de mi notaría en cuyos anversos figura «DON .... vecino de ...., domiciliado en ....»; «DON .... vecino de ...., domiciliado en ....»; «DON .... vecino de ...., domiciliado en ....»; «DON .... vecino de ...., domiciliado en ....».

ACEPTO el requerimiento; incorporo y dejo unidas a esta matriz las fotocopias referenciadas, y cumplimentaré la remisión por correo del original de aquella, mediante diligencia posterior.

AUTORIZACIÓN

Yo, el Notario, hago constar expresamente que he cumplido con la obligación que impone la Ley 10/2010, de 28 de abril, cuyo resultado consta en el acta autorizada por mi, el ...., número .... de mi protocolo, manifestando no haberse modificado el contenido de la misma.

De acuerdo con lo establecido en la normativa vigente en materia de protección de datos, el señor compareciente, según interviene, queda informado y acepta la incorporación de sus datos a los ficheros automatizados existentes en la Notaría, que se conservarán en la misma con carácter confidencial, sin perjuicio de las remisiones de obligado cumplimiento a las Administraciones Públicas que estipula la Ley y, en su caso, al Notario que suceda al actual en la plaza. Su finalidad es realizar la formalización de la presente escritura, su facturación y seguimiento posterior y las funciones propias e la actividad notarial.

Leo esta acta, previa advertencia y no uso de su derecho, al señor compareciente, quien la encuentra conforme, asiente y la firma conmigo, el Notario, que doy fe de su contenido, extendido en cuatro folios de papel de uso exclusivo para documentos notariales, serie 6S, números ....

6. IMPUGNACIÓN DE ACUERDOS SOCIALES

F110. ALEGACIONES RELATIVAS A LA OPOSICIÓN A LA VÁLIDA CELEBRACIÓN DE JUNTA GENERAL

OPOSICIÓN A LA VÁLIDA CELEBRACIÓN DE LA JUNTA POR RAZÓN DEL LUGAR DE CELEBRACIÓN Y POR VULNERACIÓN DEL DERECHO DE INFORMACIÓN

I.- Con fecha .... de noviembre de 20..........., este socio, requirió a la sociedad, al amparo de lo dispuesto en el artículo 203 del TRLSC y artículo 101 y concordantes del Reglamento del Registro Mercantil, la presencia de Notario que levante acta de la Junta General de aprobación de cuentas de la compañía ...., S.L., a celebrar este mismo día .... de .... de 20...........

Que el domicilio de la mercantil ...., S.L., se encuentra situado en ....), en la calle ...., nº ...., según consta en el artículo .... de los Estatutos de esta compañía.

Que el artículo 175 del TRLSC dispone que la Junta General se celebrará en el término municipal donde la sociedad tenga su domicilio.

Que no obstante lo anterior, se me ha convocado mediante comunicación de fecha .... de noviembre de 20..........., para la celebración de la presente Junta en la localidad de ...., Avenida ...., nº ...., en esta misma Notaría en la que nos encontramos.

Que de conformidad con reiterada jurisprudencia, por todas SAP Valencia de 13 de octubre de 2021, se declara la ilegalidad de la celebración de la Junta en un lugar distinto del domicilio social de manera que la oposición de un socio, determina la imposibilidad de su celebración y la nulidad de los acuerdos adoptados en caso de celebración de la misma.

II.- Que adicionalmente, con fecha .... de noviembre de 20..........., remitimos un burofax a esta sociedad solicitando copia de las convocatorias de Junta General de aprobación de cuentas anuales de los ejercicios .... y ...., así como las actas de dichas juntas, habiendo transcurrido un mes, desde entonces, sin ninguna respuesta por la sociedad. Adjuntamos copia del burofax para su inclusión en el acta notarial.

Por todo ello y en virtud de lo anterior manifiesto mi expresa oposición a la celebración de esta Junta por vulneración del artículo 175 TRLSC, y vulneración del derecho de información a este socio, y en caso de celebrarse la misma, estará viciada de nulidad radical, así como todos los acuerdos que en su seno se adoptaren, salvando explícitamente mi voto y reservándome, en cualquier caso, la totalidad de las acciones que, de tales vulneraciones se derivaren a favor este socio, cuyo ejercicio se anuncia por la presente.

F111. ESCRITO DE DEMANDA DE IMPUGNACIÓN DE ACUERDOS SOCIALES

Normativa de Aplicación: *Arts. 204 y ss. Real Decreto Legislativo 1/2010, de 2 de julio, por el que se aprueba el texto refundido de la Ley de Sociedades de Capital.*

AL JUZGADO DE LO MERCANTIL DE...........

..........., Procurador de los Tribunales y de Don..........., con domicilio en..........., C/..........., núm..........., representación que acredito mediante la escritura de poder que acompaño con el ruego que una vez testimoniada en autos me sea devuelta por necesitarla para otros usos, ante el Juzgado comparezco bajo la dirección letrada de Don..........., abogado del Ilustre Colegio de........... (número de incorporación...........), y como mejor proceda en derecho DIGO:

Que por medio del presente escrito y en la representación que ostento, promuevo DEMANDA DE JUICIO ORDINARIO contra la sociedad........... S.L., con domicilio en..........., calle..........., número..........., en impugnación de los acuerdos sociales adoptados en la junta general ordinaria de la expresada sociedad celebrada el pasado........... de........... de dos mil..........., que se funda en los siguientes

HECHOS

PRIMERO.– DE LA SOCIEDAD........... S.L.

La sociedad........... S.L., es una sociedad limitada constituida el día........... de........... de..........., mediante escritura pública otorgada ante el Notario con residencia en..........., Don..........., obrante en su protocolo bajo el número...........

Inscrita en el Registro Mercantil de la provincia de........... al tomo..........., libro..........., de la sección..........., folio..........., hoja..........., número..........., inscripción........... CIF...........

El domicilio social de la expresada compañía está fijado en..........., C/..........., núm........... y su objeto social consiste en...........

En el mismo acto de constitución de la sociedad, fue designado por un plazo de cinco años como administrador único de la compañía Don..........., cuyo cargo continúa vigente en la actualidad.

Acreditando lo anterior, se acompañan al presente escrito como DOCUMENTO........... y..........., copia de la citada escritura de constitución y certificación del Registro Mercantil de la provincia de........... relativa a la sociedad........... S.L.

SEGUNDO.– DE LOS SOCIOS DE........... S.L.

El capital social de la compañía........... S.L., íntegramente asumido y desembolsado, asciende a la suma de........... euros y está dividido en........... participaciones sociales de........... euros, suscritas con el siguiente respectivo alcance:

Mi mandante, don..........., asumió........... participaciones sociales, número 1 al..........., ambos inclusive, por un nominal en su conjunto de........... euros, lo que supone un........... por ciento del capital social.

Don........... asumió........... participaciones sociales, número........... al..........., ambos inclusive, por un nominal en su conjunto........... de euros, lo que supone un........... por ciento del capital social.

Don........... asumió........... participaciones sociales, número........... al..........., ambos inclusive, por un nominal en su conjunto........... de euros, lo que supone un........... por ciento del capital social.

Tal hecho consta en la escritura de constitución de la sociedad, acompañada a este escrito como DOCUMENTO...........

Igualmente, la titularidad de las expresadas participaciones sociales por mi mandante, resulta de la certificación del libro registro de socios de la compañía que se acompaña como DOCUMENTO...........

Por lo tanto, mi mandante es titular de participaciones sociales que, en su conjunto, importan un total del........... por ciento del capital social.

TERCERO.– JUNTA CUYOS ACUERDOS SON OBJETO DE LA PRESENTE IMPUGNACIÓN.

Por mi mandante, se impugnan los acuerdos adoptados en la Junta General Ordinaria de........... S.L. celebrada en..........., calle..........., número..........., el pasado día........... de........... dos mil.

Como DOCUMENTO........... se acompaña acta notarial de la expresada reunión levantada por el notario de..........., Don..........., obrante en su protocolo bajo el número...........

CUARTO.– CONVOCATORIA DE LA JUNTA GENERAL ORDINARIA DE........... S.L. DEL PASADO DÍA........... DE........... DE DOS MIL...........

Con fecha........... de........... de dos mil..........., el administrador único de la compañía........... S.L., convocó a los Sres. socios de la expresada sociedad, entre los que se halla mi mandante, a la celebración de Junta General Ordinaria de la compañía, señalándose a tal efecto el pasado día........... de........... de dos mil..........., a las........... horas, en el domicilio social sito en..........., C/..........., con el fin de deliberar y, en su caso, adoptar acuerdos sobre los siguientes puntos del orden del día:

1. Censura de la gestión social, aprobación, en su caso, de las cuentas del ejercicio cerrado el........... Informe de Gestión.

2. Aplicación del resultado.

La convocatoria de la expresada Junta General Ordinaria se verificó a través de anuncio publicado en el Boletín Oficial del Registro Mercantil del día........... de........... de dos mil........... (núm...........), y en el diario........... en su edición del día...........

de........... de dos mil..........., incorporados al acta notarial de la Junta (Vid. DOCUMENTO...........).

En el anuncio de la expresada Junta General Ordinaria, se señalaba que, desde esa convocatoria, cualquier socio podría obtener de la sociedad, de forma inmediata y gratuita, los documentos que han de ser sometidos a la aprobación de la misma.

A la vista de lo expuesto y de conformidad con lo prevenido en el art. 272.2 TRLSC, mi principal, con fecha........... de........... de........... y por conducto notarial, requirió la entrega de la expresada documentación.

El citado requerimiento fue cursado ante el notario de..........., Don........... (acta.........../........... de su protocolo que se acompaña como DOCUMENTO...........), quien, aceptando tal requerimiento, se personó en el domicilio social de la compañía el día........... de........... de..........., y procedió a practicar el requerimiento formulado por mi mandante y notificar su contenido.

Por el órgano de administración de la compañía, no se procedió a contestar el expresado requerimiento ni, por tanto, a remitir la expresada documentación, vulnerando el derecho de información que asistía a mi mandante.

Se hace constar que la citada información es esencial para el ejercicio razonable por parte del socio medio del derecho de voto o de cualquiera de los derechos de participación.

QUINTO.- CONSTITUCIÓN DE LA JUNTA GENERAL ORDINARIA DE LA SOCIEDAD........... S.L.

Así las cosas, el día........... de........... de dos mil..........., se celebró Junta General Ordinaria de la compañía........... S.L., cuya acta, como dijimos, fue levantada por el Notario de..........., Don...........

Mi principal asistió personalmente a la expresada Asamblea. Igualmente, asistieron a la misma el resto de socios de la compañía, esto es, Don........... y Don..........., quienes actuaron como Presidente y Secretario de la Junta respectivamente.

El primer punto del orden del día consistía en la censura de la gestión social y la aprobación, en su caso, de las cuentas del ejercicio cerrado el........... Informe de Gestión.

No obstante lo anterior, en el momento de procederse a la constitución de la Junta General y antes de entrar en el orden del día de la misma, por mi mandante se manifestó y dejó constancia de la infracción del derecho de información que le asistía en los términos expuestos en el hecho anterior y que acarreaba la nulidad de los acuerdos que se adoptasen en la reunión. Máxime cuando la información solicitada era esencial para el ejercicio de derecho de voto.

Concretamente, mi principal expuso que...........

El Sr. Presidente se opuso a lo manifestando por mi principal e indicó, citamos literalmente, que..........., afirmación que carece del más mínimo sentido y que parecía pretender obviar el contenido del art. 272 TRLSC.

Pese a lo expuesto y afirmado por esta parte, el Presidente declaró válidamente constituida la reunión y abierta la misma, se iniciaron las deliberaciones sobre los diversos puntos del orden del día.

SEXTO.– NULIDAD DE LOS ACUERDOS ADOPTADOS BAJO EL PRIMER PUNTO DEL ORDEN DEL DÍA.

Como acabamos de exponer, el primer punto del orden del día consistía en la censura de la gestión social y la aprobación, en su caso, de las cuentas del ejercicio cerrado el............ Informe de Gestión............

Con relación a dichos extremos, y al amparo de lo prevenido en el art. 196 TRLSC, mi mandante formuló al Administrador Único de la compañía, Don............, una serie de preguntas.

Concretamente, solicitó le fueran aclarados los siguientes extremos:............:

A las anteriores preguntas, los administradores de la compañía se limitaron a señalar, nuevamente citamos literalmente, que............

Es decir, las cuestiones planteadas por mi principal, que estaban directamente relacionadas con el objeto de debate y eran esencial para el ejercicio del derecho de voto, no fueron respondidas por el administrador único, que se limitó, única y exclusivamente, a formular una respuesta genérica y evasiva a las cuestiones planteadas por mi principal.

Ello con una consecuencia, la nulidad de los acuerdos adoptados en la presente Junta General Ordinaria que nos ocupa, por haberse vulnerado el derecho de información del socio.

Pero es más, un simple examen de las cuentas anuales sometidas a la aprobación de la Junta General de la sociedad, basta para percatarse como, las mismas, presentan las siguientes irregularidades:

– No aplicación de principios contables............

– Irregular contabilización de determinadas partidas............

– Irregularidades respecto al destino dado por el órgano de administración a los bienes de la compañía............

– Ausencia de contabilización y pago de los Impuestos de la sociedad............

Acreditando todo lo anterior, se acompaña como DOCUMENTO............, informe efectuado por el Perito Don............ de los que resulta las anteriores irregularidades.

Igualmente se acompaña como DOCUMENTO............, acta de la Inspección de Hacienda de fecha............ de............ de dos mil............, instruida a la sociedad por el concepto impositivo............ y una cuota a ingresar de............ euros, no contemplada en las cuentas anuales que se sometían a la aprobación de los señores socios.

Pese a lo anterior, y con la expresa oposición de mi mandante, se adoptó por mayoría, con el voto favorable de Don............ y Don............, los acuerdos de:

I.– Aprobar las cuentas anuales correspondientes al ejercicio social cerrado el treinta y uno de diciembre de dos mil..........., que arrojan...........; así como el Informe de Gestión.

II.– Aprobar y ratificar la gestión social llevada a cabo por el Administrador Único de la sociedad durante el ejercicio social cerrado el treinta y uno de diciembre de dos mil...........

SÉPTIMO.– NULIDAD DE LOS ACUERDOS ADOPTADOS BAJO EL PUNTO SEGUNDO DEL ORDEN DEL DÍA.

Era objeto del segundo punto del orden del día la aplicación del resultado del ejercicio cerrado a fecha 31 de diciembre de...........

Con la expresa oposición de mi mandante, pese a lo anterior, y con la expresa oposición de mi mandante, se adoptó por mayoría, con el voto favorable de Don........... y Don..........., el acuerdo de aplicar el resultado en los siguientes términos: ....

El resultado del ejercicio social deriva de las cuentas anuales de la sociedad. Como hemos visto, las cuentas anuales del ejercicio cerrado a fecha 31 de diciembre de..........., así como los acuerdos aprobando las mismas y la gestión social llevada a cabo por el órgano de administración son nulas, por lo que, al traer causa en las mismas, es igualmente nulo el acuerdo aprobatorio de la aplicación del resultado.

A los anteriores hechos, se aducen los siguientes:

FUNDAMENTOS DE DERECHO

DE ORDEN PROCESAL

I.– Son competentes desde un punto de vista objetivo para conocer de este asunto, los JUZGADOS DE LO MERCANTIL, según resulta del art. 86 Ter LOPJ.

II.– Desde un punto de vista territorial, son competentes los Juzgados de Primera Instancia del lugar del domicilio social, esto es,........... Así resulta del artículo 52.10° de la Ley 1/2000, de 7 de enero, de Enjuiciamiento Civil.

III.– La presente demanda se sustanciará por los trámites previstos para los JUICIOS ORDINARIOS, de conformidad con lo establecido en el artículo 249.1° 3° de la Ley de Enjuiciamiento Civil.

FONDO DEL ASUNTO

I.– La legitimación activa de mi mandante, Don..........., para interponer la presente demanda resulta, artículo 206 TRLSC, de su condición de socio de........... S.L., incluso reconocida por la expresada mercantil, titular de más del .... % del capital social.

II.– La legitimación pasiva de........... S.L., resulta de lo dispuesto en el artículo 206 TRLSC, al establecer que las acciones de impugnación, deberán dirigirse contra la sociedad.

III.– Artículo 205 TRLSC, al señalar que la acción de impugnación de acuerdos caducará en el plazo de un año.

IV.– Artículo 204, TRLSC sobre impugnación de acuerdos sociales.

V.– Artículo 272.2 TRLSC, según el cual, a partir de la convocatoria de la Junta General, cualquier socio podrá obtener de la sociedad, de forma inmediata y gratuita, los documentos que han de ser sometidos a la aprobación de la misma, así como, en su caso, el informe de gestión y el informe de los auditores de cuentas.

VI.– Artículo 196 TRLSC sobre derecho de información en la sociedad de responsabilidad limitada.

VII.– Artículos 253 y siguientes y concordantes TRLSC sobre las cuentas anuales de la sociedad limitada.

COSTAS PROCESALES

Deben ser impuestas a la demandada por aplicación del artículo 394 de la Ley de Enjuiciamiento Civil.

En virtud de lo expuesto,

SUPLICO AL JUZGADO que tenga por presentado este escrito, junto a los documentos a él unidos, se sirva admitirlo y tener por promovido en nombre y representación de mi mandante, Don..........., DEMANDA DE JUICIO ORDINARIO en impugnación de los acuerdos sociales adoptados en la Junta General Ordinaria de........... S.L. del pasado día........... de........... de dos mil..........., contra la expresada sociedad, se sirva emplazar a la parte demandada y notificarle la presente para su contestación si fuera de su interés y, previos los oportunos trámites legales, incluido la cuestión incidental de previo pronunciamiento a que se refiere el art. 204.3 TRLSC y el recibimiento del pleito a prueba que desde este momento solicito, se sirva dictar sentencia por la que:

1.– Se declare la nulidad de todos los acuerdos adoptados por la Junta General Ordinaria de socios de la compañía........... S.L. celebrada en........... el pasado día........... de........... de dos mil..........., así como cualquier acuerdo o actuación que se derive o traiga causa en los mismos.

2.– Se ordene la inscripción de la sentencia en el Registro Mercantil de la provincia de..........., su publicación en extracto, así como la cancelación en el Registro Mercantil de la provincia de........... de cualquier asiento o depósito que se haya producido como consecuencia de los expresados acuerdos.

3.– Se imponga a la demandada las costas procesales.

En..........., hoy día........... de........... de dos mil...........

OTROSÍ DIGO: Que al amparo de lo dispuesto en los artículos 726 y 727.10 de la vigente Ley de Enjuiciamiento Civil y 157 y 388.22° del Reglamento del Registro Mercantil, siendo mi mandante titular de acciones que representan más del cinco por ciento del capital social de........... S.L., compañía que no ha emitido valores admitidos a negociación en mercado secundario oficial, interesa a esta parte la adopción de la medida cautelar consistente en la suspensión de todos los acuerdos aquí impugnados, así como la anotación preventiva de dicha suspensión en el Registro Mercantil de la provincia de..........., su comunicación al Registro Mercantil Central y su publicación en el Boletín Oficial del Registro Mercantil.

Igualmente, al amparo de lo señalado en 726 y 727.6° de la vigente Ley de Enjuiciamiento Civil y 155 y 388.21° del Reglamento del Registro Mercantil, se solicita la adopción de la medida cautelar consistente en la anotación preventiva de la presente demanda en el Registro Mercantil de la provincia de..........., su comunicación al Registro Mercantil Central y su publicación en el Boletín Oficial del Registro Mercantil.

De no adoptarse las medidas cautelares instadas, podrían producirse durante la pendencia del presente procedimiento, situaciones que impidieran o dificultasen la efectividad de la tutela que pudiese otorgarse a esta parte en una eventual sentencia estimatoria.

Ello por cuanto...........

Así resulta de...........

Por lo tanto, a la vista de lo expuesto y la documentación acompañada a este escrito, y sin que sea necesario entrar en el fondo del asunto, entendemos que existe un juicio provisional e indiciario favorable al fundamento de nuestra pretensión, por lo que debe estimarse la presente solicitud de medidas cautelares. No obstante, se ofrece la práctica de los siguientes medios de prueba para el acreditamiento de los presupuestos que autorizan la adopción de las medidas cautelares:...........

En su virtud,

SUPLICO AL JUZGADO que tenga por presentado este escrito, se sirva admitirlo, tener por hechas las anteriores manifestaciones a los efectos legales oportunos y por instada la medida cautelar arriba expresadas y, previos los oportunos trámites legales, se sirva acordar las medidas cautelares expuestas con anterioridad ofreciéndose desde este momento la prestación de la caución por un importe de........... euros en la forma..........., sin perjuicio de la que estime adecuada para la adopción de las mismas y que esta parte, desde ahora, se ofrece a constituir.

En..........., hoy día........... de........... de dos mil...........

F112. ESCRITO DE CONTESTACIÓN A LA DEMANDA DE IMPUGNACIÓN DE ACUERDOS SOCIALES

Normativa de Aplicación: *Arts. 204 y ss. Real Decreto Legislativo 1/2010, de 2 de julio, por el que se aprueba el texto refundido de la Ley de Sociedades de Capital.*

JUZGADO DE LO MERCANTIL NÚMERO .... DE ....

Procedimiento: ....

Demandante: ....

Procurador: ....

Demandado: ....

Procurador: ....

AL JUZGADO DE LO MERCANTIL

Nº .... DE ....

..........., Procuradora de los Tribunales, actuando en nombre y representación de la mercantil ...., con CIF .... y con domicilio en ...., según acredito mediante copia de escritura pública (DOCUMENTO Nº UNO) que solicito que, una vez testimoniada en autos, me sea devuelta por precisarla para otros usos, comparezco ante este Juzgado en ...., bajo la dirección letrada de ...., abogado del Iltre. Colegio de ...., número de colegiado ...., y D. ...., abogado del Iltre. Colegio de ...., número de colegiado ...., con despacho profesional, ambos, en ...., y como mejor proceda en Derecho DIGO:

Que, por la presente y siguiendo las expresas instrucciones de mi representado, y evacuando el traslado conferido, formulo CONTESTACIÓN A LA DEMANDA DE IMPUGNACIÓN DE ACUERDOS SOCIALES según los hechos y fundamentos de derecho que a continuación se expondrán,

HECHOS

A).– EXCEPCIONES DE FONDO QUE SE FORMULAN CON CARÁCTER PREVIO A LOS HECHOS CONSIGNADOS EN NUESTRO ESCRITO DE CONTESTACIÓN.

ÚNICA (DE FONDO): «CADUCIDAD DE LA ACCIÓN».

Antes de abordar los motivos de impugnación, que han sido esgrimidos por la actora, en su demanda, y dado el tiempo transcurrido entre la celebración de la Junta General Extraordinaria y Universal de fecha .... cuya nulidad se pretende, y la presentación de esta demanda, más de un año después, el ...., debemos tener presente, para la resolución del presente procedimiento, la aplicación del plazo de caducidad de un año, previsto para el ejercicio de la acción, que aparece recogido en el art. 205.1 LSC conforme al cual «la acción de impugnación de los acuerdos sociales caducará en el plazo de un año, salvo que tenga por objeto acuerdos que por sus circunstancias, causa o contenido resultaren contrarios al orden público, en cuyo caso la acción no caducará ni prescribirá».

Y tan importante como saber de qué plazo dispone quien quiere impugnar los acuerdos sociales lo es el conocer desde cuándo se debe empezar a contar dicho periodo de tiempo. Para ello la jurisprudencia distingue tres supuestos distintos según el contexto del asunto:

Si, como es nuestro caso, el impugnante es un socio que asistió a la reunión personalmente o por representación, en este caso, el plazo de caducidad se computará desde la fecha de adopción del acuerdo lo que, en nuestro caso, tuvo lugar el ....

Si el impugnante es un socio pero no asistió a la reunión, en este supuesto, el plazo empezaría a computar desde la fecha de recepción de la copia del acta para el caso que el acuerdo hubiera sido adoptado por escrito.

Y si la impugnación del acuerdo se lleva a cabo por quien no es socio pero la ley le reconoce tal posibilidad, como sería el caso de un tercero acreedor o titular de un derecho que se puede ver perjudicado por la adopción de dicho acuerdo, cuando el acuerdo se hubiera inscrito, el plazo de caducidad se computará desde la fecha de oponibilidad de la inscripción.

En definitiva, dado que el socio demandante puede impugnar el acuerdo desde que se adopta no hay razón para posponer el inicio del cómputo del plazo de caducidad a la publicación de la inscripción de ese acuerdo pues este plazo no está pensado para los socios. De hecho, no tiene sentido alguno otorgar un plazo diferente al socio solo porque en algunos casos el acuerdo no sea de obligatoria inscripción y en otros casos sí lo sea de forma que la publicidad registral solo afecta a terceros.

Así, en nuestro caso, nos encontramos que, el actor, está impugnando el acuerdo de reducción de capital y modificación de preceptos estatutarios que fue acordado en la Junta General Extraordinaria y Universal, celebrada el ...., en la que estuvo presente, y en la que votó a favor de dichos acuerdos, por lo que se dan las circunstancias de excepción de caducidad en la acción que harían inviable sus pretensiones al haber dejado transcurrir el tiempo de un año del que disponía para presentar la demanda de impugnación.

Con esta demanda, el actor lo que pretende, una vez pasado el plazo de un año de caducidad de la acción, es llevar a cabo la impugnación de unos acuerdos sociales, bajo el argumento interesado de que estamos ante la celebración de una junta simulada a la que no asistió, lo que es totalmente falso tal y como demostraremos en los expositivos siguientes.

Y ello por cuanto que, el actor a través de su demanda, nos presenta una relación sesgada, parcial y manipulada de la realidad, en abierta contradicción con los hechos realmente acontecidos, para con abuso del derecho, temeridad y mala fe, intentar manipular la voluntad del Juzgador tratando de confundir y alterar una situación que no es otra que la que a continuación pasamos a relatar:

B).– SOBRE LOS HECHOS EXPUESTOS EN EL ESCRITO DE DEMANDA.

PREVIO.– Nos oponemos a los hechos consignados en el escrito de demanda en cuanto que se opongan o contradigan lo contenido en el presente escrito.

1.– Respecto de la situación societaria y laboral del actor.

Nos dice el actor, con evidente desprecio a la verdad, que pertenece a una familia propietaria de varios negocios de ...., de éxito reconocido, que giran bajo una misma estructura social en la que su hermano, D. ...., es poco menos que el «listo» de la familia y el demandante el «pobre hermano» que no se entera de nada, lo que no es cierto tal y como demostraremos a lo largo de este procedimiento.

Así, en primer lugar, el actor «olvida», seguramente de forma intencionada, decirnos, en sus antecedentes, que, a la fecha de los hechos, los negocios y sociedades de la familia .... compuesta por los hermanos ...., ... y ...., estaban formadas por las siguientes sociedades:

+ La mercantil .... que explota el negocio de .... «...........».

+ La mercantil «...........», que explota el negocio de .... «...........».

+ Y la mercantil «...........», que es una empresa patrimonial que gestiona alquileres y propiedades de la familia.

Que dichas mercantiles estaban compuestas por los tres hermanos que ostentaban diversa participación social.

En concreto, en .... S.L., y .... S.L., ... era el titular del 50% del capital social, ... del .... % y el actor, ..., del restante 48%.

Y, en la mercantil ...., ... era el titular del .... % del capital social, ... del .... % y el actor, ..., del restante .... %.

En cuanto a su gestión, es cierto que, dichas mercantiles, han estado siempre asesoradas, fiscal y contablemente, por la sociedad profesional «...........», si bien, en cuanto a la toma de decisiones y al órgano de gestión, de dichas mercantiles, las mismas siempre han estado dirigidas y gestionadas, conjuntamente, por los tres hermanos que han participado activamente en la dirección y en la toma de decisiones, que se han llevado siempre de forma conjunta y por unanimidad lo que ha contribuido a hacer de sus negocios un referente actual en el marco empresarial.

Y ello, con independencia del hermano que estuviera, en esos momentos, como administrador de la mercantil en cuestión, pues la gestión siempre fue conjunta y consensuada entre los tres hermanos tal y como podrá observarse en los libros de actas que acompañaremos a este escrito en los que queda acreditado que todas las decisiones se han tomado siempre por unanimidad.

Además, si nos vamos a las notas Registrales de dichas mercantiles podemos observar que, si bien en las mercantiles .... S.L., y ...., S.L., aparecía .... como Administrador también figuraba el actor como APODERADO de las mismas.

Y que, en la mercantil .... S.L., era el actor, ..., el que ejercía como ADMINISTRADOR SOLIDARIO desde .... hasta el ...., fecha en la que accede a la edad de jubilación.

Con todo ello es totalmente incierto que, a nivel operativo, fuera únicamente .... el encargado de gestionar los papeles y cuentas de las empresas de la familia pues, el actor, contrariamente a lo afirmado en su demanda también tenía también voz y mando en la toma de todas las decisiones de las empresas familiares en las que ejercía tanto de apoderado como de administrador.

En prueba de lo anterior adjunto se acompaña, como DOCUMENTO Nº DOS, un informe completo de ejecutivo elaborado por la empresa e-informa en la que aparecen los cargos societarios de D. ...., como DOCUMENTOS Nº ...., las notas registrales de la mercantiles ...., como DOCUMENTO ...., una copia de la última junta de socios celebrada por la sociedad de ...., S.L., de fecha ...., en la que se acredita la condición de socio del actor en dicha mercantil.

De todo ello se hace evidente que, el actor, mediante el relato de su demanda y a través de sus antecedentes previos, lo que está pretendiendo, mediante la manipulación y el engaño, es ir diseñando el perfil de una persona vulnerable e incapaz de tomar decisiones, lo que no se corresponde con la verdadera personalidad del actor que, contrariamente a lo afirmado en la demanda, es una persona perfectamente capacitada para tomar decisiones y especialmente dotada para la manipulación y el engaño.

2.- Sobre la situación personal del actor.

Incierto el correlativo. El actor no tiene síndrome de asperger ni padece ningún problema de salud mental que lo incapacite para la toma de decisiones ni para ejercer una vida normal.

La realidad de todo ello es que, el actor, a finales de ...., cuando accede a la edad de jubilación se plantea, pues fue idea suya, el desvincularse de los negocios de la familia .... pues son los que más trabajo conllevan y llevar a cabo la capitalización de toda su inversión, en ambas sociedades, manteniendo su participación accionarial en la sociedad familiar .... S.L., por tratarse de una empresa patrimonial que gestiona algunos alquileres y no supone ningún trabajo.

Así, a finales de ...., ..., dejó de trabajar en .... y se jubiló.

Y, a continuación, lo primero que hizo, en ...., fue presentar una demanda de divorcio y extinción de la pensión alimenticia que venía pagando a su hija de .... mensuales.

Lo cierto y verdad es que, el actor, ya estaba separado de su esposa, Dña. ...., con la que, contrariamente a lo afirmado en su demanda, jamás volvió a retomar ninguna relación, siendo, la única finalidad de presentar la demanda de divorcio, el dejar de pagar la pensión alimenticia de su hija.

Así, la demanda de divorcio no la presentó su ex mujer, ni la tramitación de la misma, en la que solo se discutió la cuestión económica de la pensión, supuso ningún trauma ni ninguna cuestión emocional para el actor que al final se salió con la suya y consiguió que se dictara una sentencia en la que se reducía la pensión alimenticia de la hija a .... euros (así consta en la sentencia de divorcio que el actor acompaña en su demanda como documento ....).

Lo curioso de todo ello es que, en el procedimiento de divorcio, la ex mujer del actor trató, sin éxito, de convencer al juez de la incapacidad de su esposo, al que supuestamente tenía que cuidar, y para ello presentó una serie de documentos e informes médicos, de escaso valor probatorio, que son los que, ahora y en esta demanda, incorpora el actor para tratar de engañar a su señoría diciéndonos que tiene síndrome de asperger y trastornos mentales que supuestamente le impiden gobernarse y lo hacen especialmente vulnerable .... lo cual es totalmente incierto como expondremos a continuación.

Así sobre los documentos incorporados a la demanda, con los números .... los impugnamos expresamente, por tratarse de documentos ajenos a este procedimiento y que han sido extrapolados de un proceso de divorcio, y por los siguientes motivos:

1.– Documento .... de la demanda: Informe solicitado por el Juzgado de .... Motivo: Divorcio contencioso.

En dicho informe tan solo se dice que el actor acudió a consulta en el .... por un trastorno depresivo y por dependencia al alcohol. Y que a lo largo de los años ha seguido diversas pautas farmacológicas. De su evolución y estado actual nada se dice ....

2.– Documento .... de la demanda: Informe Médico D. ....

En dicho informe, de fecha más actual, sí que se dice, en relación al trastorno depresivo y dependencia al alcohol, que el actor presenta: «muy buena evolución y sin recaídas de ningún tipo, acude a sus controles y mantiene pautas de tratamiento».

3.– Documento .... de la demanda: Impresión Diagnostica.

Este informe es un auténtico despropósito. No es más que una impresión diagnostica o primera valoración realizada por la asociación asperger y ello en base, únicamente, a entrevistas realizadas a la madre e hija del actor (que evidentemente estaban condicionadas e interesadas en un resultado positivo para su demanda de divorcio) en las que se obtienen rasgos y puntuaciones altas, en las entrevistas realizadas a la madre e hija, y muy bajas en entrevista a ....

Afirmar, en base a dichos documentos, que el actor tiene síndrome de asperger es un auténtico disparate en la medida que no existe ningún diagnóstico e informe clínico de la Seguridad Social que lo sustente.

El único cuadro médico que presenta el actor, desde el año ...., es un trastorno depresivo asociado a la dependencia al alcohol por el que está tratado médicamente y del que presenta desde hace ya bastantes años una «muy buena evolución y sin recaídas de ningún tipo, acude a sus controles y mantiene pautas de tratamiento».

Y es evidente que ninguna patología tiene el actor que lo haga especialmente vulnerable ni que determine su incapacidad para gestionar sus negocios.

3.– Sobre el perfil del actor.

Incierto el correlativo. El actor no presenta el perfil de una persona especialmente vulnerable, ni tiene sus capacidades cognitivas limitadas ni presenta un estado de salud precario.

Es totalmente falso que el actor tenga síndrome de asperger ni que presentara, en la fecha de los hechos, ningún problema médico cognitivo o de ninguna otra índole.

De ser así bastaría aportar, con la demanda, los informes médicos y las visitas a la Seguridad social, así como los partes de bajas y de asistencia periódica a consulta psicológica o algún informe veraz sobre el estado de salud del actor y no, como se ha limitado a hacer, presentarlos informes que fueron aportados por su ex mujer en el procedimiento de divorcio y que fueron, todos ellos, rebatidos y negados por el propio actor en dicho procedimiento.

Y es también totalmente incierto y una falsedad el que la sola presencia del actor pudiera resultar incómoda para sus hermanos que, contrariamente a lo afirmado por el actor, están viviendo todo este asunto con total asombro e incredulidad pues los hermanos .... siempre han sido una familia muy unida que se han ayudado, entre ellos, en todo momento y que se han volcado, especialmente con su hermano ...., al que no solo han ayudado a superar sus problemas de alcoholismo, que ya tenía desde el año ...., sino que jamás le dieron la espalda o lo excluyeron de los negocios.

Sus problemas y adicciones no han servido nunca de excusa, a sus hermanos, para excluirlo en los negocios familiares en los que siempre ha participado, tanto en la toma de decisiones como en la gestión de los mismos, actuando como apoderado en la mercantiles ...., y como administrador en ....

Es totalmente incierto y es una falsedad indecente decir que .... y su mujer, asesorados por el Sr. ...., instrumentaran una operación societaria para excluir al actor de las sociedades familiares aprovechándose su situación personal.

Y ello por cuanto que fue el propio actor el que propuso a sus hermanos, a finales de ...., el desvincularse de los negocios de .... de la familia .... y mantener su participación en la sociedad familiar .... S.L., y seguir cobrando sus dividendos.

El actor ha sabido siempre, en todo momento, la marcha de los negocios familiares, en los que no solo ha trabajado sino que también los ha gestionado.

Así, fue el propio actor quien acordó jubilarse y dejar de trabajar en ....

Fue el actor, quien, tras jubilarse y dejar de trabajar, lo primero que hizo fue presentar, en ...., una demanda de divorcio y extinción de la pensión alimenticia.

Y a continuación y siguiendo con su plan, tras la jubilación, propuso y acordó con sus hermanos, su salida de las mercantiles ...., mediante un proceso de amortización de todas sus participaciones con devolución de sus aportaciones y deducción de capital social percibiendo por ello una nada despreciable cifra de dinero acordada por los siguientes importes:

– De ...., S.L., la suma de .... euros.

– De ...., S.L., la suma de .... euros.

Y fue el actor quien acordó completar esta operación con una donación a su favor de un usufructo temporal en participaciones sociales de su hermano .... y esposa en las sociedades ...., por los que el actor ha percibido, como reconoce, en la propia demanda, las siguientes cantidades:

....

A efectos probatorios hacemos nuestros los documentos de la demanda nº .... consistente en los extractos bancarios del actor.

Con todo ello la realidad de los hechos es que, el actor, no solo propuso su salida de las mercantiles ...., sino que preparó los acuerdos y compareció, personalmente como ha hecho siempre en las juntas universales, de fecha ...., de ambas mercantiles en las que se acordó la reducción de capital por amortización de todas sus participaciones, votó a favor del acuerdo que él mismo propuso (como no podía ser de otra forma), firmo las actas y con ello percibió el importe de sus participaciones.

Que las actas se elevaron a público y fueron inscritas en el Registro Mercantil y fueron, posteriormente, legalizadas y, como colofón de acordado entre las partes, un mes después, en ...., el propio actor, D. ...., acudió a la Notaría de D. .... y firmó las escrituras de donación a su favor del usufructo temporal de las participaciones sociales que su hermano .... y esposa tenían en las mercantiles ...., y ha estado, durante la duración de los usufructos, cobrando las cantidades derivadas de los mismos.

Por todo ello es evidente que no estamos ante ninguna maniobra del administrador de la sociedad .... diseñada para apartar al actor de los negocios familiares sino más bien todo lo contrario pues fue el propio actor quien propuso a sus hermanos salir del accionariado de .... y acordó con ellos y ejecutó de buen grado las operaciones societarias descritas anteriormente.

Lo curioso de todo ello no es solo que actor, tras percibir de buen grado una importante suma de dinero, y plasmar su firma y voluntad en todos cuanto acuerdos se llevaron a cabo, incluso ante Notario, nos plantee, más de un año después, la nulidad del acuerdo de reducción de capital social de ...., y no haga ninguna mención al mismo acuerdo de reducción que fue firmado en relación a la sociedad .... ¿Acaso en ...., no fue engañado y en ...., sí?

En cualquier caso y como prueba de lo anterior hacemos nuestros los documentos aportados con la demanda:

– Documento ....: Escritura de transformación de sociedad anónima en limitada de ....

– Documento ....: Escritura de reducción de capital y modificación de estatutos de ....

– Documento ....: Escritura de reducción de capital y modificación de estatutos de ....

– Documento ....: Escritura de donación de usufructo temporal de participaciones sociales de ....

– Documento ....: Escritura de donación de usufructo temporal de participaciones sociales de ....

Igualmente y completando los anteriores documentos adjunto se acompaña, como DOCUMENTO N° ...., copia del acta de la junta universal de reducción del capital y modificación de estatutos correspondiente a la mercantil ...., y su escritura de elevación a público.

PRIMERO.– Incierto el correlativo.

En efecto, en este expositivo, el actor, con abuso del derecho y mala fe procesal, impugna el acuerdo que fue adoptado en la Junta General Extraordinaria y Universal de ...., en fecha ...., bajo el argumento interesado de que se trató de una junta simulada a la que no asistió y que no firmó, lo que es totalmente falso.

El actor aprovecha que, en el libro de actas de ...., no figuran las actas originales, sino fotocopias de varias de ellas, incluida la que es objeto de impugnación, para afirmar sin rubor alguno que:

«........... desde que mi patrocinado accedió a la jubilación efectiva, esto es, en ...., no ha asistido ni mucho menos firmado las actas de las sucesivas juntas de socios supuestamente celebradas con carácter universal, puesto como afirma el propio administrador en el acta de exhibición, no constan las actas originales en el libro registro, únicamente fotocopias de las mismas.

Corolario de cuanto antecede, nos encontramos ante unas actas que contienen la firma falsificada de mi patrocinado y que no constan los originales de las mismas en el libro de actas de la sociedad».

Es evidente que estamos ante un montaje y que, el actor, necesita que, por el Juzgador, se estime que se habría producido, en este caso, una infracción de Orden Público pues, es el único modo de poder mantener viva su acción para impugnar, dado el espacio temporal transcurrido entre la adopción de los acuerdos de junta que trata de rebatir y el momento en que se presenta la demanda al haber dejado pasar más de un año desde su aprobación.

Es por ello que, el actor, sin rubor alguno y aprovechando que, en el libro de actas de .... tan solo aparece la fotocopia del acta de la junta general y universal celebrada el .... afirma, no solo, que no estuvo presente en la junta sino que la firma que contiene el acta es una falsificación.

Y es por ello que, frente a tan grave acusación, nos hemos visto en la obligación de solicitar una prueba pericial calígrafa a la experta Perito Calígrafo Judicial, Dña. ...., para que cotejara la firma de D. .... que aparece recogida en el acta de Junta, que es objeto de impugnación, con una firma indubitada del actor dando como resultado, como no podía ser de otra forma, que la firma que:

Las firmas cuestionadas del Acta Junta Extraordinaria y Universal de la mercantil .... celebrada en el domicilio social, a las .... horas del día ...., han sido manuscritas del puño y letra del Sr. .... (CONCLUSIONES. Pág. ....).

En prueba de lo anterior adjunto se acompaña, como DOCUMENTO N° .... el informe pericial calígrafo de la perito Dña. ....

Igualmente acompañamos, como DOCUMENTO N° ...., copia de los libros de actas de la mercantil ...., donde aparece la firma del actor en todas y cada una de las Juntas celebradas por la sociedad incluida el acta de la Junta impugnada de fecha ....

Y, a mayor abundamiento y a efectos de acreditar la veracidad de las actas manifestar que las mismas fueron, todas ellas, legalizadas por el Registro Mercantil de ...., al que le fueron remitidas todas las actas originales a efectos de su obligada legalización.

A estos efectos acompañamos, como DOCUMENTO Nº ...., el Certificado emitido por el Registro Mercantil de .... confirmando la autenticidad de las actas.

Con todo ello se hace evidente una cosa: la veracidad con respecto al acta de la Junta que es objeto de impugnación.

Ahora bien, llegado este punto y acreditada la veracidad del acta impugnada, no podemos pasar por alto que, el actor, al formular este motivo de impugnación no parece tener muy claro la verdadera naturaleza y funciones que tiene el acta de junta pues la misma no es más que un documento testimonial en el que se recoge por escrito la existencia de la junta y su válida formación, pero no es un acuerdo social, esto es, ni se identifica con los acuerdos mismos ni con su formación, simplemente los relata y describe, constituyendo, tan solo, un medio de prueba de los mismos.

Su carácter meramente testimonial hace que la propia existencia de la junta y su válida formación así como los acuerdos adoptados existan y sean válidos aunque no se levante acta o aunque existan irregularidades en su aprobación (v. doctrina registral y jurisprudencial que citaremos en los fundamentos jurídicos).

Dicho de otra forma, que, con respecto al acta de la junta, su constancia por medio de copia y no de original, no es motivo, que lleve a declarar la ineficacia de la misma, porque una cuestión son los acuerdos adoptados en una Junta, y, otra cuestión distinta, el acta en la que dichos acuerdos se documentan, teniendo el acta como única función determinar el contenido de dichos acuerdos, pero puede existir un acuerdo perfectamente válido aunque, indebidamente documentado, y un acuerdo perfectamente documentado que sin embargo sea ineficaz porque los acuerdos, pese a documentarse debidamente, pueden ser contrarios a derecho por cualquier motivo.

Y, es un hecho cierto, que puede probarse y que se probará por medio de testigos, que, el actor, compareció personalmente, como ha hecho siempre en todas las juntas universales, en la Junta universal de ...., celebrada el ...., en la que se acordó la reducción de capital por amortización de todas sus participaciones, y que voto a favor del acuerdo que él mismo propuso (como no podía ser de otra forma) y que firmó las actas.

A mayor abundamiento y prueba de lo anterior es que cobró la suma de .... euros, correspondiente a la amortización de sus participaciones en ...., que recibió y que aceptó una transferencia bancaria que no fue devuelta.

Y la pregunta que nos hacemos es evidente: ¿Por qué no ha devuelto el dinero, a la mercantil, si no estaba de acuerdo con la amortización de sus participaciones? ¿Acaso no acordó el actor, con sus hermanos y con el asesoramiento de profesionales, el importe del reintegro de sus participaciones en dicha mercantil? ¿Por qué ha tardado más de un año en impugnar el acuerdo? ....

Además, el acta de la junta fue posteriormente elevada a público e inscrita en el Registro Mercantil y los libros de actas, de ese año, fueron legalizados todos ellos, con el conocimiento y consentimiento del actor que, como colofón de acordado entre las partes, en ...., firmó en la Notaría de D. .... la escritura de donación a su favor del usufructo temporal de las participaciones sociales de su hermano .... y esposa en la mercantil ...., escritura en la que se recoge y por lo tanto se le informa, de nuevo, de la existencia del acuerdo de .... de reducción de capital (ver escritura de donación) en el que quedan redistribuidas las participaciones sociales de la mercantil.

Con todo esta batería de pruebas, el actor, puede alegar lo que quiera sobre la veracidad del acta pero lo que nunca podrá negar es el conocimiento que tenía del acuerdo de junta de reducción de capital social, por el que se le amortizaban sus participaciones y se hacía devolución monetaria de sus aportaciones, lo que contando con su aquiescencia, expresa o siquiera implícita, no puede justificar que pasado el tiempo, y con ello expirados los plazos para impugnación, invoque infracción del orden público para así eludir la caducidad de la acción de impugnación.

Lo que no resulta admisible ni amparado en derecho es que, habiendo tomado parte en una dinámica consentida tanto de aprobación como de ejecución de un acuerdo social, pretenda ahora impugnarlo.

SEGUNDO.– Incierto el correlativo.

En este expositivo, el actor, impugna el acuerdo que fue adoptado en la Junta General Extraordinaria y Universal de ...., en fecha ...., bajo dos argumentos distintos, en primer lugar, por lesión al interés social y, en segundo lugar, por fraude de ley y abuso del derecho.

En ambos casos debemos partir de la premisa de la caducidad en la acción, pues planteados dichos motivos como subsidiarios y, para el caso de no ser desestimada la nulidad, por vulneración del orden público, el planteamiento de los mismos debe decaer por haber caducado la acción.

- Caducidad en la acción.

En efecto, si se desestima el primer motivo de impugnación y se confirma la verdad, que no es otra que el actor sí estuvo presente en la Junta universal de ...., celebrada .... y que firmó el acta donde se aprobaron los acuerdos ahora impugnados, en este caso, el plazo de caducidad de un año debería computarse desde la fecha de adopción del acuerdo, en ...., por lo que, la impugnación esgrimida subsidiariamente, estaría fuera de plazo por haber caducado la acción al haberse presentado la demanda fuera de plazo, el ...., es decir, un año y un mes desde la adopción del acuerdo.

1.– Sobre la nulidad de los acuerdos por ser lesivos al interés social en beneficio de uno de los socios.

Incierto el correlativo.

Nos dice el actor, en este punto, que la reducción de capital social, con devolución de aportaciones a su patrocinado, constituye una lesión al interés social al no responder a una necesidad objetiva lo que es totalmente incierto tal y como a continuación expondremos.

Y ello es así por cuanto que estamos ante una operación societaria perfectamente válida, que no lesiona interés alguno de la sociedad, siendo que la misma aparece recogida en la LSC donde se reconoce, en su artículo 317 LSC, la existencia de diferentes modalidades de reducción de capital entre las que se encuentra, con una regulación específica en el artículo 329 y ss. LSC, la reducción de capital social por devolución de aportaciones.

En efecto, esta modalidad de reducción de capital, con devolución de aportaciones a todos o algunos socios, está expresamente reconocida por la ley y responde a dos finalidades, perfectamente lícitas: Por un lado, se puede buscar una reducción de recursos propios de la sociedad o bien, por otro lado, puede utilizarse esta medida para la separación de un socio que no quiere continuar en el proyecto empresarial.

Ambos supuestos, son perfectamente aplicables a nuestro caso, en el que nos encontramos con un exceso de capital, en ...., teniendo en cuenta la actividad que realiza (explotación de ....) y su limitada proyección prevista para el futuro, en el que no hay previsto ampliar el negocio, (y así se recoge en la propuesta de acuerdo y en el contenido del acta de la junta impugnada) y al mismo tiempo nos encontramos con la propuesta del actor de capitalizar su inversión en las sociedades ...., abandonando los negocios de .... familiares.

Con ello está claro que, la reducción de reducción de capital por devolución de aportaciones que es objeto de impugnación, sí respondía a una necesidad objetiva real de la sociedad y no generaba ningún perjuicio a la sociedad.

Así, basta con ver las cuentas anuales de los últimos años de .... aportadas por el actor para ver el patrimonio neto de la sociedad (que es un ....) y que supera ampliamente los .... euros.

A estos efectos y para una mejor comprensión del estado actual del negocio y del alto grado de capitalización de la empresa adjunto aportamos, como DOCUMENTO Nº ...., las cuentas anuales del año .... en las que se puede observar el patrimonio neto de ...., y, lo que es más importante, las reservas de la sociedad que constituyen la garantía frente a los posibles acreedores, únicos que pueden ser los realmente perjudicados por el acuerdo, y no el actor que ha percibido el importe íntegro de sus participaciones según lo acordado.

En efecto, lo realmente importante para ver si los acuerdos son lesivos al interés social, tratándose de una reducción de capital, no es el concepto contable de capital, ni los fondos propios, ni el patrimonio neto, sino que, lo realmente importante, a tener en cuenta es el concepto mercantil de recursos indisponibles, y los recursos indisponibles están compuestos por el capital social y por las reservas.

Con todo ello es evidente que dicho acuerdo no resulta lesivo la sociedad ni a ningún tercero y que, el mismo, no se ha adoptado con abuso de la mayoría de los socios, por cuanto responde a un acuerdo entre todos los socios —también el actor— para su salida de la sociedad.

En efecto, el actor, compareció en la junta y voto a favor del acuerdo y percibió el importe de sus participaciones por lo que ningún perjuicio se le irrogó.

Además, el acuerdo es respetuoso con el interés social y no supone un perjuicio para la sociedad, toda vez que la misma cuenta con recursos más que suficientes de solvencia y capitalización.

2.– Sobre la nulidad de los acuerdos por ser contrarios a la Ley por existir fraude de ley y abuso del derecho.

Incierto el correlativo.

Insiste el actor, en este punto que, la reducción de capital social con devolución de aportaciones, fue tomada, en contra de su voluntad, con la finalidad de apartarlo de la sociedad.

Dicha afirmación es radicalmente falsa y resulta del todo contraria a los hechos y pruebas aportadas con este escrito donde consta claramente que el actor compareció personalmente a la junta universal, de fecha ...., de ...., en las que se acordó la reducción de capital por amortización de todas sus participaciones, votó a favor del acuerdo que él mismo propuso, firmo las actas y con ello percibió el importe de sus participaciones en la cantidad que habían acordado.

Posteriormente las actas fueron elevadas a público e inscritas en el Registro Mercantil y finalmente legalizadas.

Y, en ...., el actor acudió a la Notaría de D. .... y firmó la escritura de donación a su favor del usufructo temporal de las participaciones sociales de su hermano .... y esposa de ...., y ha estado, durante toda la duración de los usufructos, cobrando las cantidades derivadas de los mismos.

Es evidente, pues, que no estamos ante ninguna maniobra, abuso del derecho o fraude de ley, del administrador de la sociedad ...., para apartar al actor de los negocios familiares.

El abuso de derecho al que el actor hace referencia solo podría plantearse si no hubiera votado a favor de este acuerdo en la junta. Y lo cierto es que el actor no solo concurrió a la misma sino que votó a favor de los acuerdos que, expresamente, y de buen gusto cumplió.

Y la única conclusión que se puede sacar de todo ello es que la acción de impugnación, planteada de contrario carece de fundamento alguno, toda vez que parte de una premisa falsa como es que el actor no concurrió a la Junta ni firmó el acuerdo de junta impugnado.

El actor lo que pretende es un enriquecimiento injusto. Quiere una nueva valoración de sus participaciones y que se le pague más dinero por las mismas. Solo eso.

Y para ello se tiene que «inventar» una demanda y faltar a la verdad diciendo que fue engañando y que no sabía nada.

Pero es evidente que el acuerdo de reducción de capital con devolución de aportaciones fue adoptado a propuesta y con el consentimiento del actor que ahora, pasado un año, considera que sus participaciones valen más dinero y pretende, de forma ilícita, forzar a la sociedad a que le dé más dinero. No se plantea restituir el dinero cobrado ni volver al accionariado de la sociedad (de ser así habría consignado el dinero en la cuenta de los juzgados y no lo ha hecho). Lo único que quiere más dinero ....

TERCERO.– Incierto el correlativo.

De todo lo expuesto se puede afirmar, sin ningún género de dudas que, el actor, lo que está pretendiendo al impugnar el acuerdo de ...., de reducción de capital de la mercantil ...., bajo el argumento inventado de que se trató de una junta simulada a la que no asistió, no es otra cosa que intentar un enriquecimiento injusto a costa de mi mandante lo que no puede ser amparado por el derecho.

A los anteriores hechos le son de aplicación los siguientes

FUNDAMENTOS DE DERECHO

PROCESALES

1.1. Conforme con los de jurisdicción, competencia y procedimiento. Disconforme con los demás invocados.

SUSTANTIVOS

1.1. La caducidad de la acción.

El art. 205 LSC determina el inicio del cómputo del plazo de un año desde la fecha de la adopción del acuerdo si éste hubiera sido adoptado en la junta general, añadiendo que si el acuerdo se hubiera inscrito el plazo computará desde la fecha de la oponibilidad de la inscripción.

Por tanto, la norma, apartándose de la legislación previgente y de la interpretación jurisprudencial, establece una regla general (cómputo desde la adopción del acuerdo) y una especial para los acuerdos sujetos a inscripción (cómputo desde la «oponibilidad» de la inscripción).

Esta última regla debe interpretarse con arreglo a lo dispuesto en el art. 21.1 del Código de Comercio, conforme a la cual los actos sujetos a inscripción sólo serán oponibles a terceros de buena fe desde su publicación en el Boletín Oficial del Registro Mercantil; por tanto, el plazo computa desde el momento de la inscripción si el demandante ha tenido conocimiento de ésta, y si es un tercero de buena fe que no ha tenido un conocimiento «extra tabular» entra en juego la regla de cómputo desde la fecha de la publicación en el Borme.

Y tan importante como saber de qué plazo dispone quien quiera impugnar acuerdos sociales lo es conocer desde cuándo se debe empezar a contar dicho periodo de tiempo. Para ello debemos distinguir tres supuestos distintos según el contexto del asunto:

- Si el impugnante es un socio y asistió a la reunión personalmente o por representación. En este caso, el plazo de caducidad se computará desde la fecha de adopción del acuerdo si hubiera sido adoptado en junta de socios o en reunión del consejo de administración.

- Si el impugnante es un socio pero no asistió a la reunión. En este supuesto, el plazo empezará a computar desde la fecha de recepción de la copia del acta si el acuerdo hubiera sido adoptado por escrito.

- Si la impugnación del acuerdo se lleva a cabo por quien no es socio pero la ley le reconoce tal posibilidad, como sería el caso de un tercero acreedor o titular de un derecho que se puede ver perjudicado por la adopción de dicho acuerdo, cuando el acuerdo se hubiera inscrito, el plazo de caducidad se computará desde la fecha de oponibilidad de la inscripción.

Así, dado que el socio puede impugnar el acuerdo desde que se adopta no hay razón para posponer el inicio del cómputo del plazo de caducidad a la publicación de la inscripción de ese acuerdo, por lo que este plazo no está pensado para los socios.

De hecho, no tiene sentido alguno otorgar un plazo diferente al socio solo porque en algunos casos el acuerdo no sea de obligatoria inscripción y en otros casos sí lo sea; más aún si consideramos que la publicidad registral solo afecta a terceros.

Así, la doctrina jurisprudencial ha confirmado que, en el caso de los socios, debe tenerse presente el momento en que estos han tenido efectivo conocimiento del acuerdo social que pretenden impugnar, siendo éste un dato a tener en cuenta en el inicio del cómputo del plazo de caducidad.

En efecto, la jurisprudencia contenida en las sentencias de la Sala 1ª del TS de 3 de abril de 2003 (RJ 2003, 2768), de 15 de julio de 2004 y de 29 de octubre de 2008 (RJ 2008, 7692), nos dice que, para el socio que es conocedor del acuerdo social rige como fecha inicial, para proceder a su impugnación, la del momento en el que adquirió tal conocimiento.

Cuando el socio hubiese conocido el contenido del acuerdo antes de su inscripción registral ya no hace falta esperar, incluso en el caso del que fuera inscribible, a que se produzca la inscripción o la subsiguiente publicación en el BORME de la misma para que empiece a correr el plazo de caducidad para impugnarlo, pues posponer el inicio de su cómputo hasta entonces solo tendría sentido con respecto a quien solo así habría tenido la oportunidad de conocerlo.

Y ello por cuanto que el que ya dispone, con anterioridad a esa formalidad registral, de noticia suficientemente completa de lo que en concreto ha aprobado la junta no tiene necesidad alguna de la publicidad registral para estar en condiciones de poder impugnar lo acordado en el seno de aquélla.

Y en el ámbito de las sociedades mercantiles, en el que las exigencias en materia de seguridad jurídica y de celeridad del tráfico mercantil son especialmente acuciantes, rige una normativa especial que sujeta el ejercicio de las acciones de impugnación de acuerdos sociales a un plazo de caducidad, de modo que una vez precluido el mismo, por el no ejercicio de aquellas en tiempo oportuno, la comisión por los órganos sociales de una eventual causa de nulidad queda convalidada porque el acuerdo social deviene inimpugnable.

1.2. Sobre la nulidad del acuerdo por ser contrario al orden público. Junta ficticia o simulada. La naturaleza jurídica y las funciones del acta como elemento probatorio de la celebración de la Junta.

Artículo 202. Acta de la junta 1. Todos los acuerdos sociales deberán constar en acta. 2. El acta deberá ser aprobada por la propia junta al final de la reunión o, en su defecto, y dentro del plazo de quince días, por el Presidente de la junta general y dos socios interventores, uno en representación de la mayoría y otro por la minoría. 3. Los acuerdos sociales podrán ejecutarse a partir de la fecha de la aprobación del acta en la que consten.

Antes de entrar a abordar el concepto de Junta ficticia y de nulidad de los acuerdos, por ser contrarios al orden público, creemos necesario hacer algunas consideraciones doctrinales y jurisprudenciales sobre el acta de junta y su función como elemento probatorio toda vez que el actor defiende la nulidad de los acuerdos de una junta que califica de ficticia por la existencia de un acta no original sino fotocopiada de su original.

En este sentido indicar que, el acta de la junta, no es más que un documento testimonial en el que se recoge por escrito la existencia de la junta y su válida formación, así como todo lo allí acontecido, especialmente los acuerdos adoptados y los requisitos a los que están sujetos la validez y la eficacia de estos.

Aunque se vote al final de la junta su aprobación, el acta no es un acuerdo social, esto es, ni se identifica con los acuerdos mismos ni con su formación, simplemente los relata y describe, constituyendo un medio de prueba de los mismos.

Como señala la doctrina, el acuerdo es «el acto» jurídico unitario de declaración conjunta de voluntades y «el acta» es el documento en el que se relatan los acuerdos (los actos) cuyo cometido natural no es influir en los hechos y actos descritos sino informar de los mismos y acreditarlos.

En este sentido el acta cumple una función de declaración de ciencia de lo sucedido en la reunión. La STS 5-I-2007 lo explica bien:

«Al fin, los acuerdos son la expresión de la voluntad mayoritaria obtenida mediante la suma de declaraciones individuales paralelas, emitidas en las condiciones y forma que establece la Ley. Mientras que el acta no es más que un instrumento de constancia, por elementales razones de seguridad y prueba, de la adopción anterior de unos acuerdos».

En la misma línea, la STS 5-II-2002 señala que «el acta de la junta no es elemento constitutivo del acuerdo, sino medio de prueba del mismo, de aquí que tenga un carácter "ad probationem" y no "ad solemnitatem"».

Y en el mismo sentido RRDGRN 5-I-1993 y 3-V-1993, RRDGRN 16-VI-1994 y 7-IV-2011.

Con el fin de que sea «fiel reflejo de su real existencia, valida formación y exacto contenido» (RDGRN 16-VI-1994), el legislador ha establecido la obligación consignar en acta todos los acuerdos sociales de las sociedades de capital (art. 202.1 LSC) y trasladarla al correspondiente Libro de actas debidamente legalizado (arts. 26 y 27 Cco).

No obstante el carácter imperativo de esta obligación, su carácter meramente testimonial hace que la propia existencia de la junta y su válida formación así como los acuerdos adoptados existan y sean válidos aunque no se levante acta o aunque existan irregularidades en su aprobación.

O, dicho de otra forma, que, con respecto al acta de la Junta, su constancia por medio copia y no del original, no es motivo, que lleve a declarar la ineficacia de la misma, porque una cuestión son los acuerdos adoptados en una Junta, y otra cuestión distinta el acta en la que dichos acuerdos se documentan, teniendo el acta como única función determinar el contenido de dichos acuerdos, pero puede existir un acuerdo perfectamente válido aunque, indebidamente documentado, y un acuerdo perfectamente documentado que sin embargo sea ineficaz porque los acuerdos, pese a documentarse debidamente, pueden ser contrarios a derecho por cualquier motivo.

Y así lo tiene declarado la jurisprudencia en sentencias de la Sala 1ª del TS nº 120/2015, de 16 de marzo:

«............se trata de actuaciones formalmente defectuosas, pero que si gozan de una aquiescencia, expresa o siquiera implícita, de todos los socios, no pueden justificar que pasado el tiempo, y con ello expirados los plazos para impugnación, se invoque la infracción del orden público para eludir la caducidad de la acción de impugnación».

Y la Audiencia Provincial de MADRID en sentencia de 12 de julio de 2019 que dice así:

«Ahora bien, merece un tratamiento distinto el caso en el que, aun habiendo cometido un defecto formal en la junta (como el considerarla universal, pese a no cumplir de modo estricto con todas las exigencias legales), hubiera estado mediando una voluntad concorde de los socios en el informal modo de celebración de esa clase de evento social, por ejemplo, aprovechando reuniones familiares, conformándose con que unos representen a otros sin sujetarse a especial formalidad o incluso prescindiendo del hecho material de la celebración del acto físico de la reunión, sirviéndose de conversaciones telefónicas o de las encomiendas recibidas al efecto, de modo que los que llevasen la gestión se limitasen a redactar un acta que luego firmasen los demás socios o incluso, prescindiendo de formalizar ésta, se contentasen con extender una mera certificación sobre el contenido de lo aprobado. Se trata de actuaciones formalmente defectuosas, pero que si gozan de una aquiescencia, expresa o siquiera implícita, de todos los socios, no pueden justificar que pasado el tiempo, para impugnación, se invoque la infracción del orden público para eludir la caducidad de la acción de impugnación (sentencia de la Sala 1ª del TS nº 120/2015, de 16 de marzo). Si un socio decide romper el estatus quo que se ha mantenido sobre una determinada dinámica de funcionamiento social invocando defectos formales, está en su derecho de hacerlo (porque ya no quiera consentir lo que hasta entonces admitía), pero siempre que reaccione en plazo e impugne dentro del tiempo que proceda.

Lo que no resulta admisible es que habiendo tomado parte en una dinámica consentida de aprobación de acuerdos sociales con defectos de forma pretenda revivir el plazo para impugnarlos, una vez que ya ha expirado, invocando como pretexto para ello la infracción del orden público por motivos formales, que no de fondo (pues en este último caso la respuesta podría ser distinta según cual fuera la índole de lo aprobado)».

1.3. Sobre la nulidad del acuerdo por ser lesivo al interés social.

Tanto la doctrina como la jurisprudencia coinciden en realizar una interpretación restrictiva de los supuestos de nulidad, así, con respecto a los actos que lesionen los intereses sociales, la cuestión será determinar el contenido del interés social que nunca puede equipararse o confundirse con el interés particular de uno o varios socios.

En este sentido, los requisitos que fija la jurisprudencia para estimar la infracción del interés social nos vienen resumidos en la Sentencia del Tribunal Supremo de 17 de enero de 2012, que los sintetiza a partir del tenor literal del precepto, es decir, si se establece que un acuerdo se puede impugnar por lesionar el interés social en beneficio de uno o varios socios o de tercero, los requisitos deben ser: la concurrencia de una lesión del interés social, el beneficio del tercero o de los socios y la relación entre la lesión y el beneficio.

En primer lugar, deberá concurrir una lesión del interés social, es decir, que dicho acuerdo no sigue el mandato que debe cumplir toda decisión dimanante de un órgano de la sociedad: cumplir con el interés de la sociedad.

El término de interés social constituye un concepto jurídico indeterminado que tiende a asimilarse con desproporción e innecesariedad del acuerdo.

Además del anterior problema, el concepto de interés social ha sido muy controvertido por cuanto, en ocasiones, se confunde con el interés de la minoría.

Al respecto, la Sentencia del Tribunal Supremo de 17 de enero de 2012 establece que los intereses que se tutelan por la norma son los intereses de la sociedad.

Por consiguiente, en el momento de ponderar los distintos intereses concurrentes que pueden conllevar la nulidad o no de un acuerdo social, no debe confundirse en una misma categoría los intereses de la minoría con los de la sociedad. Porque, de hacerse esta equiparación, se alcanzaría una posición que permitiría a la minoría social imponer su voluntad frente a la mayoría.

Por ello, la resolución distingue entre esos dos intereses, no sin resaltar que las decisiones de la mayoría social se hallan perfectamente adoptadas y respaldadas por el ordenamiento jurídico, salvo que rebasen el límite del interés social.

Asimismo, la Sentencia del Tribunal Supremo de 12 de abril de 2007 establece cuándo debe considerarse cumplido el requisito de la existencia de lesión.

Al respecto: la lesión del interés social se lleva a cabo cuando ésta puede ser potencial sin exigirse que sea efectiva y real.

Se ha visto cómo la lesión del interés social no se identifica con el interés de la minoría, aunque el artículo 204.1 de la Ley de Sociedades de Capital admite un supuesto de identificación, puesto que también deberá considerarse lesión del interés social la imposición abusiva de acuerdos por parte de la mayoría.

A lo ya expuesto, es necesario insistir en que la lesión del interés social debe ser real o potencial pero efectiva. Para ello, deben valorarse las circunstancias en que se adoptan los acuerdos sociales supuestamente lesivos.

En este sentido, es interesante la labor que realiza el Tribunal Supremo en su Sentencia del Tribunal Supremo de 29 de marzo de 2007, en que considera que establecer una retribución muy elevada para el administrador de la sociedad no lesiona los intereses de aquellas por cuanto en comparación con ejercicios previos supone un ahorro al sustituir un Consejo de Administración por Administrador único.

En segundo lugar, de forma correspectiva a la lesión, debe haber un beneficio a favor de uno o varios socios o terceros.

Finalmente, una vez establecido que el acuerdo es lesivo para los intereses de la sociedad y que alguien se beneficia, habrá que establecer de forma clara la relación de causalidad que une las dos circunstancias expuestas. Este requisito es de vital importancia para que la acción de impugnación pueda prosperar. De lo contrario, no se pueden admitir cumplidos los requisitos de impugnación por este motivo, ya que no se habría cumplido con la carga de la prueba.

En este sentido, la Sentencia de la Audiencia Provincial de Madrid de 18 de enero de 2007 desestima la lesión del interés social a causa del incumplimiento de la carga de la prueba. En este asunto, se discutía acerca de la ampliación de capital de una mercantil mediante la compensación de créditos y cómo este acuerdo beneficiaba a un socio, pero no se estima este motivo en la medida en que no se acredita lesión que pueda haber para la sociedad ni nexo causal con el supuesto beneficiario.

De todo lo anteriormente expuesto, se puede observar que este tipo de acuerdos impugnables constituyen un supuesto de hecho complejo y que, a la hora de llevarse a cabo, impone una serie de dificultades probatorias al actor si quiere ver prosperar su pretensión. Así, sobre la base de estas consideraciones jurisprudenciales, extensas, no consideramos que el acuerdo de reducción de capital resulte contrario a la ley, ni se opongan a los estatutos ni que lesione el interés social en beneficio de uno o varios socios, al menos la actora no ha sido capaz de fundamentarlo y acreditarlo adecuadamente.

Y ello por cuento que la referida modalidad de reducción de capital con devolución de aportaciones está expresamente reconocida por la ley y puede responder a dos finalidades perfectamente válidas y lícitas como son, por un lado, buscar una reducción de recursos propios de la sociedad y, por otro lado, puede utilizarse esta medida para la separación de un socio que no quiere continuar en el proyecto empresarial. En efecto, cualquiera que fuera la finalidad perseguida lo realmente importante al caso es que no se lesiona el interés de la sociedad ni de ningún tercero, con la adopción del acuerdo de reducción de capital, y en este sentido basta con ver las cuentas anuales de la mercantil .... del ejercicio .... para poder comprobar que el acuerdo es respetuoso con el interés social y no supone un perjuicio para la sociedad, toda vez que la misma cuenta con recursos más que suficientes de solvencia y capitalización.

1.4. Sobre la nulidad del acuerdo por ser contrarios a la ley por fraude de ley y abuso del derecho

En ente mismo orden de consideraciones generales, debemos recordar que, la buena fe ha de regir en toda relación contractual, así lo declaran los artículos 1.258 del Código Civil y 57 del Código de Comercio.

A estos efectos, es unánime la jurisprudencia al definir la buena fe. Así la Sentencia del TS de 1 de marzo de 2001:

«El ejercicio de los derechos conforme a las reglas o exigencias de la buena fe (art. 7.1 del Código Civil; y para procesal arts. 11.2 LOPJ y 247 de la Ley de Enjuiciamiento Civil 1/2000) equivale a sujetarse en su ejercicio a los imperativos éticos exigidos por la conciencia social y jurídica de un momento histórico determinado, imperativo inmanente en el ordenamiento positivo (Sentencias 4 marzo 1985, 5 julio 1989, 6 junio 1991).

Implica la necesidad de tomar en cuenta los valores éticos de la honradez y la lealtad (Sentencias 21 septiembre de 1987, 8 marzo 1991, 11 mayo 1992, 29 febrero 2000), es decir los imperativos éticos que la conciencia social exige (Sentencia 11 mayo 1988)».

O la Sentencia del TS de 479/2009, 15 de Junio de 2009 que dice así:

«La buena fe es un criterio objetivo, constituido por una serie de pautas coherentes con el comportamiento en las relaciones humanas y negociales, que en materia contractual no solo funciona como un canon hermenéutico de la voluntad reflejada en el consentimiento, sino también como una fuente de integración del contenido normativo del contrato, que actúa por vía dispositiva, a falta de pacto y abstracción hecha de la intención o de la voluntad de las partes, de tal forma que estas consecuencias que complementan el contrato hayan su fundamento vinculante no solo en el mismo, en sus indicaciones explicitas o implícitas, sino en la norma o principio general de la buena fe».

En cuanto al concepto de mala fe, en contraposición al de buena fe, se ha entendido como toda conducta de uno respecto de otro, con el que se halle en relación, que no se acomoda a los imperativos éticos que la conciencia social y jurídica exija en un momento histórico determinado.

En definitiva, supone un ataque frontal a los valores éticos de la honradez y lealtad, SSTS 11-5-88, 29-2-00 y 1-3-01, entre otras.

La doctrina clásica consagrada por los artículos 434 y concordantes del Código Civil, dispone que la buena fe se presume, de ahí que quien lo alega, ha de probar la mala fe.

Por lo que se refiere al abuso de derecho, cuyo fundamento se encuentra en los límites intrínsecos y extrínsecos del derecho, supone que el ejercicio de un determinado y concreto derecho, tiene una clara finalidad de dañar a otro o es utilizado en contradicción con sus fines económicos y sociales, en definitiva la idea que subyace es que la facultad del titular para ejercitarlo no es ilimitada, si se incurre en algunas de las conductas descrita, provocará la nulidad del acto concreto y la necesaria indemnización de los daños y perjuicios que se hayan acreditados, sin olvidar que se trata de un remedio extraordinario, al que puede acudir el titular del derecho afectado cuando ningún otro medio directo para restablecer su derecho.

Así la Sentencia del STS 2859/2018 de 20 de julio de 2018 nos dice:

«Así lo entiende en la actualidad la jurisprudencia de esta sala, como refiere la citada sentencia 159/2014, de 3 de abril: "como hemos declarado en otras ocasiones, 'la doctrina del abuso de derecho se sustenta en la existencia de unos límites de orden moral, teleológico y social que pesan sobre el ejercicio de los derechos, y como institución de equidad, exige para poder ser apreciada, una actuación aparentemente correcta que, no obstante, representa en realidad una extralimitación a la que la ley no concede protección alguna, generando efectos negativos (los más corrientes, daños y perjuicios), al resultar patente la circunstancia subjetiva de ausencia de finalidad seria y legítima, así como la objetiva de exceso en el ejercicio del derecho, exigiendo su apreciación una base fáctica que proclame las circunstancias objetivas (anormalidad en el ejercicio) y subjetivas (voluntad de perjudicar o ausencia de interés legítimo)' [Sentencia 567/2012, de 26 de septiembre, con cita las anteriores sentencias de 1 de febrero de 2006 y 383/2005, de 18 de mayo]"»

Y para juzgar sobre la correcta apreciación en cada caso del abuso de derecho, la jurisprudencia ha precisado cuáles son los requisitos que deben concurrir (en las sentencias 455/2001, de 16 de mayo; 722/2010, de 10 de noviembre; 690/2012, de 21 de noviembre; y 159/2014, de 3 de abril) que fijan los siguientes requisitos:

Por lo que se refiere a sus requisitos una reiterada y unánime doctrina jurisprudencial señala que es necesario:

a) el uso de un derecho objetiva y externamente legal;

b) el daño a un interés no protegido por una específica prerrogativa jurídica;

c) inmoralidad o antisocialidad de ese daño, manifestada en forma subjetiva o en forma objetiva;

Con respecto a este último requisito nuestro alto Tribunal tiene establecido que solo se producirá cuando «la actuación de su titular obedezca al deseo de producir un perjuicio a un tercero sin obtener beneficio propio (sentencias de 14 de febrero de 1944, 25 de noviembre de 1960, 10 de junio de 1963 y 12 de febrero de 1964), es decir, a un "animus nocendi" o intención dañosa que carezca del correspectivo de una compensación equivalente (sentencias de 17 de febrero de 1959, 22 de septiembre de 1959 y 4 de octubre de 1961), no deduciéndose tal resultado cuando sin traspasar los límites de la equidad y buena fe se pone en marcha el mecanismo judicial, con sus consecuencias ejecutivas, para hacer valer una atribución que el actor estima corresponderle (sentencias de 27 de febrero de 1958, 4 de marzo de 1959 y 7 de junio de 1960), por oponerse a ello la máxima "qui jure suo utitur nominem laedit" (sentencias de 17 de abril y 17 de noviembre de 1954 y 12 de febrero de 1966), salvo, claro está, que el Tribunal sentenciador hubiere declarado su culpabilidad, estimando la inexistencia de "justa causa litigantis" (sentencias de 4 de abril de 1932, 20 de abril de 1933 y 13 de junio de 1942)».

En definitiva como señala la Sentencia del TS de 21 de diciembre de 2000:

«con el abuso del derecho, mejor dicho con el principio que lo prohíbe, se trató de frustrar el éxito del ejercicio de derechos nominalmente reconocidos por el ordenamiento, lesionadores de intereses no cubiertos por una estricta legalidad, pero sí por normas éticas o principios sociales, como se viene a proclamar en el art. 7.2 del CC, al disponer que la Ley no ampara el abuso del derecho o el ejercicio antisocial del mismo, detectando como acto abusivo todo acto u omisión que por la intención de su autor, por su objeto o por las circunstancias en que se realice sobrepase manifiestamente los límites normales del ejercicio de un derecho, con daño para tercero (13-10-83)».

Con todo ello y sobre la base de estas consideraciones jurisprudenciales, extensas, no consideramos que el acuerdo de reducción de capital resulte un acuerdo adoptado en fraude de ley o con manifiesto abuso de derecho toda vez que, de las pruebas aportadas en este escrito, resulta acreditado que, el actor compareció personalmente a la junta universal, de ...., de ...., en las que se acordó la reducción de capital por amortización de todas sus participaciones, que voto a favor del acuerdo que él mismo propuso, que cobró, de buena gana, el importe fijado por sus participaciones en la sociedad.

Y que, posteriormente, en ...., acudió a la Notaría de D. .... y firmó la escritura de donación a su favor del usufructo temporal de las participaciones sociales de su hermano .... y esposa de .... y cobró las cantidades derivadas de los mismos.

Es evidente que no estamos ante ninguna maniobra, abuso del derecho o fraude de ley, del administrador de la sociedad ...., para apartar al actor de los negocios familiares.

El abuso de derecho al que el actor hace referencia solo podría plantearse si no hubiera votado a favor de este acuerdo en la junta. Y lo cierto es que el actor no solo concurrió a la misma sino que voto a favor de los acuerdos que, expresamente, y de buen gusto cumplió.

Y la única conclusión que se puede sacar de todo ello es que la acción de impugnación, planteada de contrario carece de fundamento alguno, toda vez que parte de una premisa falsa como es que el actor no concurrió a la Junta ni firmó el acuerdo de junta impugnado.

1.5. Sobre las Costas. Artículo 394.1 LEC, por la más que evidente mala fe del actor.

Por todo lo expuesto,

SUPLICO AL JUZGADO, Que teniéndome por personado en tiempo y forma y por presentado este escrito, con los documentos que se acompañan y sus copias, se tenga por contestada la demanda, y previos los trámites legales y el recibimiento a prueba que desde ahora, y para su momento procesal oportuno dejo interesado, se digne dictar sentencia, por la que se desestime íntegramente la demanda presentada por D. .... contra mi mandante imponiendo a la actora las costas de este procedimiento.

Todo ello es justicia que pido, en .... a .... de .... de ....

Fdo.	Fdo. ....
Abogado	Abogado

PRIMER OTROSÍ DIGO: Que siendo general para pleitos el Poder que acredita mi representación y por ser necesario para otros usos, es por lo que, SUPLICO AL JUZGADO, acuerde su desglose y devolución al compareciente.

SEGUNDO OTROSÍ DIGO: Que, conforme a lo dispuesto por el artículo 251.1 de la Ley de Enjuiciamiento Civil, en los juicios sobre reclamación de cantidad, la cuantía de la demanda será el importe de lo reclamado por lo que la cuantía de esta demanda es indeterminada, y es por lo que, SUPLICO AL JUZGADO, que tenga por hecha la anterior manifestación a los efectos legales oportunos.

TERCER OTROSÍ DIGO que de conformidad con el art. 231 de la LEC, esta parte manifiesta su voluntad de subsanar cualquier defecto procesal en que pudiera incurrir, cumpliendo los requisitos legales exigibles, SUPLICO AL JUZGADO, que se tengan por realizadas las anteriores manifestaciones procediéndose en consecuencia.

CUARTO OTROSÍ DIGO: Que interesa a esta parte el RECIBIMIENTO DEL PLEITO A PRUEBA para el momento procesal oportuno, por lo que, SUPLICO AL JUZGADO: Tenga por hecha la anterior manifestación a los efectos oportunos.

QUINTO OTROSÍ DIGO: Que habiéndose acompañado a la demanda INFORME PERICIAL CALIGRÁFICO elaborado por la perito calígrafa judicial DÑA. ...., se pone de manifiesto a este Juzgado que el perito autor del informe comparecerá en el preceptivo juicio oral al objeto de ratificar y explicar su dictamen, SUPLICO AL JUZGADO, que tenga por hecha la anterior manifestación a los efectos legales oportunos.

SEXTO OTROSÍ DIGO: Que a efectos probatorios se designan los archivos y registros correspondientes a todos aquellos organismos y entidades que han quedado reseñados en el presente escrito, así como que guarden relación con los documentos que se aportan con el mismo, por lo que, SUPLICO AL JUZGADO: tenga por efectuada la anterior designación de archivos a los efectos oportunos.

Todo ello es justicia que pido, en .... a ....

VI. ADMINISTRADORES

SUMARIO: 1. ACTAS. F113. ADMINISTRADORES. ACTA DEL CONSEJO DE ADMINISTRACIÓN CONVOCADO. F114. ADMINISTRADORES. ACTA DEL CONSEJO DE ADMINISTRACIÓN UNIVERSAL. F115. ADMINISTRADORES. CESE DE ADMINISTRADOR ÚNICO Y NOMBRAMIENTOS DE NUEVO ADMINISTRADOR ÚNICO Y DE ADMINISTRADOR SUPLENTE. ACTA DE ACUERDO DE JUNTA GENERAL EXTRAORDINARIA CONVOCADA. F116. ADMINISTRADORES. CESE DE ADMINISTRADOR ÚNICO Y NOMBRAMIENTOS DE NUEVO ADMINISTRADOR ÚNICO Y DE ADMINISTRADOR SUPLENTE. ACTA DE ACUERDO DE JUNTA GENERAL EXTRAORDINARIA UNIVERSAL. F117. ADMINISTRADORES. CESE DE ADMINISTRADOR ÚNICO Y NOMBRAMIENTO DE NUEVO ADMINISTRADOR ÚNICO. ACTA DE ACUERDO DE JUNTA GENERAL EXTRAORDINARIA CONVOCADA. F118. ADMINISTRADORES. CESE DE ADMINISTRADOR ÚNICO Y NOMBRAMIENTO DE NUEVO ADMINISTRADOR ÚNICO. ACTA DE ACUERDO DE JUNTA GENERAL EXTRAORDINARIA UNIVERSAL. F119. ADMINISTRADORES. CESE DE ADMINISTRADOR ÚNICO Y NOMBRAMIENTO DE ADMINISTRADORES SOLIDARIOS. ACTA DE ACUERDO DE JUNTA GENERAL EXTRAORDINARIA CONVOCADA. F120. ADMINISTRADORES. CESE DE ADMINISTRADOR ÚNICO Y NOMBRAMIENTO DE ADMINISTRADORES SOLIDARIOS. ACTA DE ACUERDO DE JUNTA GENERAL EXTRAORDINARIA UNIVERSAL. F121. ADMINISTRADORES. CESE DE ADMINISTRADOR ÚNICO Y NOMBRAMIENTO DE ADMINISTRADORES CONJUNTOS. ACTA DE ACUERDO DE JUNTA GENERAL EXTRAORDINARIA CONVOCADA. F122. ADMINISTRADORES. CESE DE ADMINISTRADOR ÚNICO Y NOMBRAMIENTO DE ADMINISTRADORES CONJUNTOS. ACTA DE ACUERDO DE JUNTA GENERAL EXTRAORDINARIA UNIVERSAL. F123. ADMINISTRADORES. AUTORIZACIÓN AL ADMINISTRADOR PARA EL EJERCICIO DE ACTIVIDADES EN CONFLICTO DE INTERESES. ACTA DE ACUERDO DE JUNTA GENERAL EXTRAORDINARIA CONVOCADA. F124. ADMINISTRADORES. AUTORIZACIÓN AL ADMINISTRADOR PARA EL EJERCICIO DE ACTIVIDADES EN CONFLICTO DE INTERESES. ACTA DE ACUERDO DE JUNTA GENERAL EXTRAORDINARIA UNIVERSAL. F125. ADMINISTRADORES. CONTRATACIÓN DE LA SOCIEDAD CON EL ADMINISTRADOR. ACTA DE ACUERDO DE JUNTA GENERAL EXTRAORDINARIA CONVOCADA. F126. ADMINISTRADORES. CONTRATACIÓN DE LA SOCIEDAD CON EL ADMINISTRADOR. ACTA DE ACUERDO DE JUNTA GENERAL EXTRAORDINARIA UNIVERSAL. F127. ADMINISTRADORES. EXTINCIÓN DE RELACIÓN DE PRESTACIÓN DE SERVICIOS ENTRE LA SOCIEDAD Y EL ADMINISTRADOR. ACTA DE ACUERDO DE JUNTA GENERAL EXTRAORDINARIA CONVOCADA. F128. ADMINISTRADORES. EXTINCIÓN DE RELACIÓN DE PRESTACIÓN DE SERVICIOS ENTRE LA SOCIEDAD Y EL ADMINISTRADOR. ACTA DE ACUERDO DE JUNTA GENERAL EXTRAORDINARIA UNIVERSAL. F129. ADMINISTRADORES. RETRIBUCIÓN DEL ADMINISTRADOR. MODIFICACIÓN DE ESTATUTOS. ACTA DE ACUERDO DE JUNTA GENERAL EXTRAORDINARIA CONVOCADA. F130. ADMINISTRADORES. RETRIBUCIÓN DEL ADMINISTRADOR. FIJACIÓN DE LA RETRIBUCIÓN. ACTA DE ACUERDO DE JUNTA GENERAL EXTRAORDINARIA CONVOCADA. F131. ADMINISTRADORES. RETRIBUCIÓN DEL CONSEJO DE ADMINISTRACIÓN. FIJACIÓN DE LA RETRIBUCIÓN. ACTA DE ACUERDO DE JUNTA GENERAL EXTRAORDINARIA CONVOCADA. F132. ADMINISTRADORES. RETRIBU-

CIÓN DEL ADMINISTRADOR. FIJACIÓN DE LA RETRIBUCIÓN. ACTA DE ACUERDO DE JUNTA GENERAL EXTRAORDINARIA UNIVERSAL. F133. ADMINISTRADORES. ACTA CONSEJO DE ADMINISTRACIÓN CONVOCADO ACORDANDO EL OTORGAMIENTO DE PODERES ESPECIALES. F134. ADMINISTRADORES. ACTA CONSEJO DE ADMINISTRACIÓN UNIVERSAL ACORDANDO EL OTORGAMIENTO DE PODERES ESPECIALES. F135. ADMINISTRADORES. ACTA DEL CONSEJO DE ADMINISTRACIÓN CONVOCADO NOMBRANDO CONSEJERO DELEGADO. F136. ADMINISTRADORES. ACTA DEL CONSEJO DE ADMINISTRACIÓN UNIVERSAL NOMBRANDO CONSEJERO DELEGADO. F137. ADMINISTRADORES. ACTA DEL CONSEJO DE ADMINISTRACIÓN CONVOCADO CESANDO CONSEJERO DELEGADO Y DESIGNANDO NUEVO CONSEJERO DELEGADO. F138. ADMINISTRADORES. ACTA DEL CONSEJO DE ADMINISTRACIÓN UNIVERSAL CESANDO CONSEJERO DELEGADO Y DESIGNANDO NUEVO CONSEJERO DELEGADO. 2. CERTIFICACIONES. F139. ADMINISTRADORES. CERTIFICACIÓN CONSEJO DE ADMINISTRACIÓN CONVOCADO. F140. ADMINISTRADORES. CERTIFICACIÓN DE ACTA DEL CONSEJO DE ADMINISTRACIÓN UNIVERSAL. F141. ADMINISTRADORES. CESE DE ADMINISTRADOR ÚNICO Y NOMBRAMIENTOS DE NUEVO ADMINISTRADOR ÚNICO Y DE ADMINISTRADOR SUPLENTE. CERTIFICACIÓN DE ACUERDO DE JUNTA GENERAL EXTRAORDINARIA CONVOCADA. F142. ADMINISTRADORES. CESE DE ADMINISTRADOR ÚNICO Y NOMBRAMIENTOS DE NUEVO ADMINISTRADOR ÚNICO Y DE ADMINISTRADOR SUPLENTE. CERTIFICACIÓN DE ACUERDO DE JUNTA GENERAL EXTRAORDINARIA UNIVERSAL. F143. ADMINISTRADORES. CESE DE ADMINISTRADOR ÚNICO Y NOMBRAMIENTO DE NUEVO ADMINISTRADOR ÚNICO. CERTIFICACIÓN DE ACUERDO DE JUNTA GENERAL EXTRAORDINARIA CONVOCADA. F144. ADMINISTRADORES. CESE DE ADMINISTRADOR ÚNICO Y NOMBRAMIENTO DE NUEVO ADMINISTRADOR ÚNICO. CERTIFICACIÓN DE ACUERDO DE JUNTA GENERAL EXTRAORDINARIA UNIVERSAL. F145. ADMINISTRADORES. CESE DE ADMINISTRADOR ÚNICO Y NOMBRAMIENTO DE ADMINISTRADORES SOLIDARIOS. CERTIFICACIÓN DE ACUERDO DE JUNTA GENERAL EXTRAORDINARIA CONVOCADA. F146. ADMINISTRADORES. CESE DE ADMINISTRADOR ÚNICO Y NOMBRAMIENTO DE ADMINISTRADORES SOLIDARIOS. CERTIFICACIÓN DE ACUERDO DE JUNTA GENERAL EXTRAORDINARIA UNIVERSAL. F147. ADMINISTRADORES. CESE DE ADMINISTRADOR ÚNICO Y NOMBRAMIENTO DE ADMINISTRADORES CONJUNTOS. CERTIFICACIÓN DE ACUERDO DE JUNTA GENERAL EXTRAORDINARIA CONVOCADA. F148. ADMINISTRADORES. CESE DE ADMINISTRADOR ÚNICO Y NOMBRAMIENTO DE ADMINISTRADORES CONJUNTOS. CERTIFICACIÓN DE ACUERDO DE JUNTA GENERAL EXTRAORDINARIA UNIVERSAL. F149. ADMINISTRADORES. CESE DE CONSEJEROS Y NOMBRAMIENTO DE NUEVOS ADMINISTRADORES QUE INTEGRARÁN EL CONSEJO DE ADMINISTRACIÓN. CERTIFICACIÓN DE ACUERDO DE JUNTA GENERAL EXTRAORDINARIA UNIVERSAL. F150. ADMINISTRADORES. CESE DE ADMINISTRADOR ÚNICO. MODIFICACIÓN DEL MODO DE ORGANIZAR LA ADMINISTRACIÓN DE LA SOCIEDAD. NOMBRAMIENTO DE LOS NUEVOS ADMINISTRADORES QUE SE ORGANIZARÁN MEDIANTE CONSEJO DE ADMINISTRACIÓN. CERTIFICACIÓN DE ACUERDO DE JUNTA GENERAL EXTRAORDINARIA UNIVERSAL. F151. ADMINISTRADORES. AUTORIZACIÓN AL ADMINISTRADOR PARA EL EJERCICIO DE ACTIVIDADES EN CONFLICTOS DE INTERÉS. CERTIFICACIÓN DE ACUERDO DE JUNTA GENERAL EXTRAORDINARIA CONVOCADA. F152. ADMINISTRADORES. AUTORIZACIÓN AL ADMINISTRADOR PARA EL EJERCICIO DE ACTIVIDADES EN CONFLICTOS DE INTERÉS. CERTIFICACIÓN DE ACUERDO DE JUNTA GENERAL EXTRAORDINARIA UNIVERSAL. F153. ADMINISTRADORES. CONTRATACIÓN DE LA SOCIEDAD CON EL ADMINISTRADOR. CERTIFICACIÓN DE ACUERDO DE JUNTA GENERAL EXTRAORDINARIA CONVOCADA. F154. ADMINISTRADORES. CONTRATACIÓN DE LA SOCIEDAD CON EL ADMINISTRADOR. CERTIFICACIÓN DE ACUERDO DE JUNTA GENERAL EXTRAORDINARIA UNIVERSAL. F155. ADMINISTRADORES. EXTINCIÓN

1. ACTAS

F113. ADMINISTRADORES. ACTA DEL CONSEJO DE ADMINISTRACIÓN CONVOCADO

Normativa de Aplicación: *Art. 250 Real Decreto Legislativo 1/2010, de 2 de julio, por el que se aprueba el texto refundido de la Ley de Sociedades de Capital.*

En..........., siendo las........... horas del día........... de........... de..........., y en el domicilio social, sito en..........., calle........... núm..........., se celebra reunión del Consejo de Administración de la sociedad........... S.L.

La presente reunión del Consejo de Administración fue convocada en fecha........... de........... de........... mediante telegrama remitido a los Sres. Consejeros en legal forma y plazo con el siguiente tenor literal «Por el presente, se le convoca a la reunión del Consejo de Administración a celebrar, en el domicilio social, el próximo día........... de........... de..........., a las........... horas, para deliberar y, en su caso, adoptar acuerdos con relación al siguiente orden del día: .... Fdo. Don .... Presidente del Consejo de Administración de ....»

Asisten a la presente reunión, personalmente, la totalidad de los miembros del consejo de administración de la sociedad, esto es:

Presidente: Don...........

Secretario: Don...........

Vocal: Doña...........

Vocal: Doña...........

Vocal: Doña...........

Actúan como Presidente y Secretario de la presente reunión del Consejo de Administración, Don........... y Don..........., respectivamente.

El Sr. presidente declara válidamente constituida la presente reunión del Consejo de Administración y se entra en el debate de los distintos puntos del orden del día. Previa deliberación y sin que ninguno de los asistentes hagan uso del derecho de que conste en el acta el contenido de su intervención, se adoptan los siguientes acuerdos por UNANIMIDAD que son proclamados por el Sr. Presidente:...........

Y para que así conste se extiende la presente acta que, leída, es aprobada por todos los consejeros por unanimidad, en........... hoy día de........... de...........

F114. ADMINISTRADORES. ACTA DEL CONSEJO DE ADMINISTRACIÓN UNIVERSAL

Normativa de Aplicación: *Art. 250 Real Decreto Legislativo 1/2010, de 2 de julio, por el que se aprueba el texto refundido de la Ley de Sociedades de Capital.*

En .... siendo las .... horas del día .... de .... de ...., se hallan presentes en el domicilio social sito en ...., la totalidad de los miembros del consejo de administración de la sociedad .... S.L, esto es los señores ....

Los expresados consejeros deciden celebrar y constituirse en reunión del Consejo de Administración, para deliberar y, en su caso, adoptar acuerdos con relación al siguiente orden del día: ....

En señal de conformidad con lo anterior, firman seguidamente la presente acta cada uno de los consejeros, Don ...., Don..........., cuyo respectivo nombre va seguido de la correspondiente firma.

....

Actúan como Presidente y Secretario de la presente reunión los titulares de tales cargos en el Consejo de Administración, esto es, Don .... (Presidente) y Don .... (Secretario).

El Sr. presidente declara válidamente constituida la presente reunión del Consejo de Administración y se entra en el debate de los distintos puntos del orden del día. Previa deliberación y sin que ninguno de los asistentes haga uso del derecho de que conste en el acta el contenido de su intervención, se adoptan los siguientes acuerdos por UNANIMIDAD que son proclamados por el Sr. Presidente y que se transcriben literalmente a continuación:

Y para que así conste se extiende la presente acta, que, leída, es aprobada en la propia reunión por todos los consejeros y por unanimidad, en ...., a ....

F115. ADMINISTRADORES. CESE DE ADMINISTRADOR ÚNICO Y NOMBRAMIENTOS DE NUEVO ADMINISTRADOR ÚNICO Y DE ADMINISTRADOR SUPLENTE. ACTA DE ACUERDO DE JUNTA GENERAL EXTRAORDINARIA CONVOCADA

Normativa de Aplicación: *Arts. 212 y ss. Real Decreto Legislativo 1/2010, de 2 de julio, por el que se aprueba el texto refundido de la Ley de Sociedades de Capital.*

Que hoy día .... de .... de ...., a las .... horas, y en el domicilio social, sito en la localidad de ...., calle .... s/n, se celebra JUNTA GENERAL EXTRAORDINARIA de socios de la sociedad .... S.L.

La convocatoria de la presente Junta General Extraordinaria de socios, ha sido acordada por el administrador único, Don ....

La convocatoria de la presente Junta General, se ha realizado, de conformidad con lo establecido en la Ley y el art .... de los Estatutos Sociales, mediante burofax con acuse de recibo y certificado de contenido, de fecha ...., dirigido ese mismo día a cada uno de los socios al domicilio designado al efecto por cada uno de ellos.

El tenor literal de la convocatoria se transcribe a continuación: «Por medio del presente se convoca a los señores socios a la celebración de Junta General Extraordinaria de la sociedad .... S.L., que se celebrará, el día .... de .... de ...., a las .... horas, en el domicilio social sito en ...., a efectos de deliberar y, en su caso, adoptar acuerdos con relación al siguiente orden del día: Cese y designación de administrador. Designación de administrador suplente. En ...., hoy día .... de .... de .... el Administrador único de .... S.L. Don ....»

Asisten a la presente Junta General Extraordinaria, personalmente o representados, los siguientes socios:

I.– Socios presentes:

Don ...., titular de .... participaciones sociales núm. .... a ...., incluidos, con un valor nominal cada una de ellas de .... euros (en su conjunto .... euros), que suponen el .... por ciento del capital social.

Don ...., titular de .... participaciones sociales núm. .... a ...., incluidos, con un valor nominal cada una de ellas de .... euros (en su conjunto .... euros), que suponen el .... por ciento del capital social.

Doña ...., titular de .... participaciones sociales núm. .... a ...., incluidos, con un valor nominal cada una de ellas de .... euros (en su conjunto .... euros), que suponen el .... por ciento del capital social.

Por lo tanto, asisten de forma personal .... socios, titulares, en conjunto, de .... participaciones sociales que suponen el .... por ciento del capital social.

II.– Socios representados:

Don ...., titular de .... participaciones sociales núm. .... a ...., incluidos, con un valor nominal cada una de ellas de .... euros (en su conjunto .... euros), que suponen el .... por ciento del capital social. Asiste el expresado socio representado por Doña ....

Don ...., titular de .... participaciones sociales núm. .... a ...., incluidos, con un valor nominal cada una de ellas de .... euros (en su conjunto .... euros), que suponen el .... por ciento del capital social. Asiste el expresado socio representado por Don ....

Asisten representados, ... socios, que titularizan .... participaciones que suponen el .... por ciento del capital social asumido.

En conjunto, asisten, personalmente o representados, ... socios, titulares de .... participaciones que suponen el .... por ciento del capital social suscrito.

Asiste el órgano de administración de la sociedad.

Son presidente y secretario de la presente Junta General, Don .... y Don ...., respectivamente. Ello de conformidad con lo establecido en la Ley y los Estatutos Sociales y ser los citados señores los socios designados por los concurrentes al comienzo de la reunión.

Abierta la sesión por el Sr. Presidente, sin que nadie se oponga a la válida constitución y celebración de la presente Junta General, se entra en el debate y deliberación de los diversos puntos del orden del día sin que ninguno de los presentes haga uso de su derecho a que conste en el acta el contenido de su intervención.

Tras todo lo anterior, se propone por el Sr. presidente la adopción de los siguientes acuerdos, propuesta que se transcribe literalmente a continuación:

PRIMERO.– Cesan a Don .... como administrador único de la compañía.

SEGUNDO.– Designan administrador único de la compañía por tiempo indefinido (o .... años), a Don ...., de nacionalidad española, mayor de edad, nacido el .... de .... de ...., casado, vecino de ...., con domicilio en C/ .... núm. .... DNI/NIF núm. ...., que estando presente en la Junta acepta el cargo de administrador único, prometiendo desempeñarlo bien y fielmente y manifestando no estar incurso en causa de incapacidad, inhabilitación o prohibición alguna para ejercer el cargo.

TERCERO.– Designan a Don ...., mayor de edad, de nacionalidad española, nacido el .... de .... de ...., soltero, vecino de ...., con domicilio en .... y DNI/NIF .... suplente del administrador único de la compañía para el caso de que éste cese por cualquier causa.

Que Don .... estando presente en la Junta acepta el nombramiento de suplente del administrador único, manifestando no estar incurso en causa de incapacidad, inhabilitación o prohibición alguna para ejercer el cargo de administrador, prometiendo llegado el caso desempeñarlo bien y fielmente.

Previa la oportuna votación, la citada propuesta de acuerdos sociales es aprobada por UNANIMIDAD, con el voto favorable de todos los asistentes (........... por ciento de los votos correspondientes a las participaciones sociales en que se divide el capital social), en términos idénticos a los anteriormente transcritos.

Y no habiendo más asuntos que tratar, se procede a la redacción de la presente acta que es aprobada de forma unánime por los asistentes, y finaliza la presente Junta General Extraordinaria levantándose la reunión en ...., a las .... horas del día .... de .... de ....

F116. ADMINISTRADORES. CESE DE ADMINISTRADOR ÚNICO Y NOMBRAMIENTOS DE NUEVO ADMINISTRADOR ÚNICO Y DE ADMINISTRADOR SUPLENTE. ACTA DE ACUERDO DE JUNTA GENERAL EXTRAORDINARIA UNIVERSAL

Normativa de Aplicación: *Arts. 212 y ss. Real Decreto Legislativo 1/2010, de 2 de julio, por el que se aprueba el texto refundido de la Ley de Sociedades de Capital.*

Que hoy día .... de .... de ...., a las .... horas, y en el domicilio social, sito en la localidad de ...., calle ...., se celebra JUNTA GENERAL EXTRAORDINARIA de socios de la sociedad .... S.L.

Se encuentran presentes, en el referido lugar, y, por lo tanto, concurren la totalidad de socios de la compañía, decidiendo y dando su conformidad los asistentes a constituirse, con el carácter de universal, en Junta General Extraordinaria de socios de la compañía, para deliberar y, en su caso, adoptar acuerdos con relación al siguiente orden del día: Cese y designación de administrador. Designación de administrador suplente.

En señal de conformidad firman seguidamente todos los asistentes, a continuación de su nombre y apellidos.

....

Asiste el órgano de administración de la sociedad.

Son presidente y secretario de la presente Junta General, Don .... y Don ...., respectivamente. Ello de conformidad con lo establecido en la Ley y los Estatutos Sociales y ser los citados señores los socios designados por los concurrentes al comienzo de la reunión.

Abierta la sesión por el Sr. Presidente, sin que nadie se oponga a la válida constitución y celebración de la presente Junta General, se entra en el debate y deliberación de los diversos puntos del orden del día, sin que ninguno de los presentes haga uso de su derecho a que conste en el acta el contenido de su intervención.

Tras lo anterior, se propone por el Sr. presidente la adopción de los siguientes acuerdos, que se transcriben de forma literal a continuación:

PRIMERO.– Cesan a Don .... como administrador único de la compañía.

SEGUNDO.– Designan administrador único de la compañía por tiempo indefinido (o .... años), a Don ...., de nacionalidad española, mayor de edad, nacido el .... de .... de ...., casado, vecino de ...., con domicilio en C/ .... núm. .... DNI/NIF núm. ...., que estando presente en la Junta acepta el cargo de administrador único, prometiendo desempeñarlo bien y fielmente y manifestando no estar incurso en causa de incapacidad, inhabilitación o prohibición alguna para ejercer el cargo.

TERCERO.– Designan a Don ...., mayor de edad, de nacionalidad española, nacido el .... de .... de ...., soltero, vecino de ...., con domicilio en .... y DNI/NIF .... suplente del administrador único de la compañía para el caso de que éste cese por cualquier causa.

Que Don .... estando presente en la Junta acepta el nombramiento de suplente del administrador único, manifestando no estar incurso en causa de incapacidad, inhabilitación o prohibición alguna para ejercer el cargo de administrador, prometiendo llegado el caso desempeñarlo bien y fielmente.

Previa la oportuna votación, la citada propuesta de acuerdos sociales es aprobada por UNANIMIDAD, con el voto favorable de todos los asistentes (........... por ciento de los votos correspondientes a las participaciones sociales en que se divide el capital social), en términos idénticos a los anteriormente transcritos.

Y no habiendo más asuntos que tratar, se procede a la redacción de la presente acta que es aprobada de forma unánime por los asistentes, y finaliza la presente Junta General Extraordinaria, levantándose la reunión en ...., a las .... horas del día .... de .... de ....

F117. ADMINISTRADORES. CESE DE ADMINISTRADOR ÚNICO Y NOMBRAMIENTO DE NUEVO ADMINISTRADOR ÚNICO. ACTA DE ACUERDO DE JUNTA GENERAL EXTRAORDINARIA CONVOCADA

Normativa de Aplicación: *Arts. 212 y ss. Real Decreto Legislativo 1/2010, de 2 de julio, por el que se aprueba el texto refundido de la Ley de Sociedades de Capital.*

Que hoy día .... de .... de ...., a las .... horas, y en el domicilio social, sito en la localidad de ...., calle .... s/n, se celebra JUNTA GENERAL EXTRAORDINARIA de socios de la sociedad .... S.L.

La convocatoria de la presente Junta General Extraordinaria de socios, ha sido acordada por el administrador único, Don ....

La convocatoria de la presente Junta General, se ha realizado, de conformidad con lo establecido en la Ley y el art .... de los Estatutos Sociales, mediante burofax con acuse de recibo y certificado de contenido, de fecha ...., dirigido ese mismo día a cada uno de los socios al domicilio designado al efecto por cada uno de ellos.

El tenor literal de la convocatoria se transcribe a continuación: «Por medio del presente se convoca a los señores socios a la celebración de Junta General Extraordinaria de la sociedad .... S.L., que se celebrará, el día .... de .... de ...., a las .... horas, en el domicilio social sito en ...., a efectos de deliberar y, en su caso, adoptar acuerdos con relación al siguiente orden del día: Cese y designación de administrador. En ...., hoy día .... de .... de .... el Administrador único de .... S.L. Don ....»

Asisten a la presente Junta General Extraordinaria, personalmente o representados, los siguientes socios:

I.– Socios presentes:

Don ...., titular de .... participaciones sociales núm. .... a ...., incluidos, con un valor nominal cada una de ellas de .... euros (en su conjunto .... euros), que suponen el .... por ciento del capital social.

Don ...., titular de .... participaciones sociales núm. .... a ...., incluidos, con un valor nominal cada una de ellas de .... euros (en su conjunto .... euros), que suponen el .... por ciento del capital social.

Doña ...., titular de .... participaciones sociales núm. .... a ...., incluidos, con un valor nominal cada una de ellas de .... euros (en su conjunto .... euros), que suponen el .... por ciento del capital social.

Por lo tanto, asisten de forma personal .... socios, titulares, en conjunto, de .... participaciones sociales que suponen el .... por ciento del capital social.

II.– Socios representados:

Don ...., titular de .... participaciones sociales núm. .... a ...., incluidos, con un valor nominal cada una de ellas de .... euros (en su conjunto .... euros), que suponen el .... por ciento del capital social. Asiste el expresado socio representado por Doña ....

Don ...., titular de .... participaciones sociales núm. .... a ...., incluidos, con un valor nominal cada una de ellas de .... euros (en su conjunto .... euros), que suponen el .... por ciento del capital social. Asiste el expresado socio representado por Don ....

Asisten representados, ... socios, que titularizan .... participaciones que suponen el .... por ciento del capital social asumido.

En conjunto, asisten, personalmente o representados, ... socios, titulares de .... participaciones que suponen el .... por ciento del capital social suscrito.

Asiste el órgano de administración de la sociedad.

Son presidente y secretario de la presente Junta General, Don .... y Don ...., respectivamente. Ello de conformidad con lo establecido en la Ley y los Estatutos Sociales y ser los citados señores los socios designados por los concurrentes al comienzo de la reunión.

Abierta la sesión por el Sr. Presidente, sin que nadie se oponga a la válida constitución y celebración de la presente Junta General, se entra en el debate y deliberación de los diversos puntos del orden del día sin que ninguno de los presentes haga uso de su derecho a que conste en el acta el contenido de su intervención.

Tras todo lo anterior, se propone por el Sr. presidente la adopción de los siguientes acuerdos, propuesta que se transcribe literalmente a continuación:

PRIMERO.– Cesan a Don .... como administrador único de la compañía.

SEGUNDO.– Designan administrador único de la compañía por tiempo indefinido (o .... años), a Don ...., de nacionalidad española, mayor de edad, nacido el .... de .... de ...., casado, vecino de ...., con domicilio en C/ .... núm. .... DNI/NIF núm. ...., que estando presente en la Junta acepta el cargo de administrador único, prometiendo desempeñarlo bien y fielmente y manifestando no estar incurso en causa de incapacidad, inhabilitación o prohibición alguna para ejercer el cargo.

Previa la oportuna votación, la citada propuesta de acuerdos sociales es aprobada por UNANIMIDAD, con el voto favorable de todos los asistentes (........... por ciento de los votos correspondientes a las participaciones sociales en que se divide el capital social), en términos idénticos a los anteriormente transcritos.

Y no habiendo más asuntos que tratar, se procede a la redacción de la presente acta que es aprobada de forma unánime por los asistentes, y finaliza la presente Junta General Extraordinaria, levantándose la reunión en ...., a las .... horas del día .... de .... de ....

F118. ADMINISTRADORES. CESE DE ADMINISTRADOR ÚNICO Y NOMBRAMIENTO DE NUEVO ADMINISTRADOR ÚNICO. ACTA DE ACUERDO DE JUNTA GENERAL EXTRAORDINARIA UNIVERSAL

Normativa de Aplicación: *Arts. 212 y ss. Real Decreto Legislativo 1/2010, de 2 de julio, por el que se aprueba el texto refundido de la Ley de Sociedades de Capital.*

Que hoy día .... de .... de ...., a las .... horas, y en el domicilio social, sito en la localidad de ...., calle ...., se celebra JUNTA GENERAL EXTRAORDINARIA de socios de la sociedad .... S.L.

Se encuentran presentes, en el referido lugar, y, por lo tanto, concurren la totalidad de socios de la compañía, decidiendo y dando su conformidad los asistentes a constituirse, con el carácter de universal, en Junta General Extraordinaria de socios de la compañía, para deliberar y, en su caso, adoptar acuerdos con relación al siguiente orden del día: Cese y designación de administrador.

En señal de conformidad firman seguidamente todos los asistentes, a continuación de su nombre y apellidos.

....

Asiste el órgano de administración de la sociedad.

Son presidente y secretario de la presente Junta General, Don .... y Don ...., respectivamente. Ello de conformidad con lo establecido en la Ley y los Estatutos Sociales y ser los citados señores los socios designados por los concurrentes al comienzo de la reunión.

Abierta la sesión por el Sr. Presidente, sin que nadie se oponga a la válida constitución y celebración de la presente Junta General, se entra en el debate y deliberación de los diversos puntos del orden del día, sin que ninguno de los presentes haga uso de su derecho a que conste en el acta el contenido de su intervención.

Tras lo anterior, se propone por el Sr. presidente la adopción de los siguientes acuerdos, que se transcriben de forma literal a continuación:

PRIMERO.– Cesan a Don .... como administrador único de la compañía.

SEGUNDO.– Designan administrador único de la compañía por tiempo indefinido (o .... años), a Don ...., de nacionalidad española, mayor de edad, nacido el .... de .... de ...., casado, vecino de ...., con domicilio en C/ .... núm. .... DNI/NIF núm. ...., que estando presente en la Junta acepta el cargo de administrador único, prometiendo desempeñarlo bien y fielmente y manifestando no estar incurso en causa de incapacidad, inhabilitación o prohibición alguna para ejercer el cargo.

Previa la oportuna votación, la citada propuesta de acuerdos sociales es aprobada por UNANIMIDAD, con el voto favorable de todos los asistentes (........... por ciento de los votos correspondientes a las participaciones sociales en que se divide el capital social), en términos idénticos a los anteriormente transcritos.

Y no habiendo más asuntos que tratar, se procede a la redacción de la presente acta que es aprobada de forma unánime por los asistentes, y finaliza la presente Junta General Extraordinaria, levantándose la reunión en ...., a las .... horas del día .... de .... de ....

F119. ADMINISTRADORES. CESE DE ADMINISTRADOR ÚNICO Y NOMBRAMIENTO DE ADMINISTRADORES SOLIDARIOS. ACTA DE ACUERDO DE JUNTA GENERAL EXTRAORDINARIA CONVOCADA

Normativa de Aplicación: *Arts. 212 y ss. Real Decreto Legislativo 1/2010, de 2 de julio, por el que se aprueba el texto refundido de la Ley de Sociedades de Capital.*

Que hoy día .... de .... de ...., a las .... horas, y en el domicilio social, sito en la localidad de ...., calle .... s/n, se celebra JUNTA GENERAL EXTRAORDINARIA de socios de la sociedad .... S.L.

La convocatoria de la presente Junta General Extraordinaria de socios, ha sido acordada por el administrador único, Don ....

La convocatoria de la presente Junta General, se ha realizado, de conformidad con lo establecido en la Ley y el art .... de los Estatutos Sociales, mediante burofax con

acuse de recibo y certificado de contenido, de fecha ...., dirigido ese mismo día a cada uno de los socios al domicilio designado al efecto por cada uno de ellos.

El tenor literal de la convocatoria se transcribe a continuación: «Por medio del presente se convoca a los señores socios a la celebración de Junta General Extraordinaria de la sociedad .... S.L., que se celebrará, el día .... de .... de ...., a las .... horas, en el domicilio social sito en ...., a efectos de deliberar y, en su caso, adoptar acuerdos con relación al siguiente orden del día: Cese y designación de administrador. En ...., hoy día .... de .... de .... el Administrador único de .... S.L. Don ....»

Asisten a la presente Junta General Extraordinaria, personalmente o representados, los siguientes socios:

I.– Socios presentes:

Don ...., titular de .... participaciones sociales núm. .... a ...., incluidos, con un valor nominal cada una de ellas de .... euros (en su conjunto .... euros), que suponen el .... por ciento del capital social.

Don ...., titular de .... participaciones sociales núm. .... a ...., incluidos, con un valor nominal cada una de ellas de .... euros (en su conjunto .... euros), que suponen el .... por ciento del capital social.

Doña ...., titular de .... participaciones sociales núm. .... a ...., incluidos, con un valor nominal cada una de ellas de .... euros (en su conjunto .... euros), que suponen el .... por ciento del capital social.

Por lo tanto, asisten de forma personal .... socios, titulares, en conjunto, de .... participaciones sociales que suponen el .... por ciento del capital social.

II.– Socios representados:

Don ...., titular de .... participaciones sociales núm. .... a ...., incluidos, con un valor nominal cada una de ellas de .... euros (en su conjunto .... euros), que suponen el .... por ciento del capital social. Asiste el expresado socio representado por Doña ....

Don ...., titular de .... participaciones sociales núm. .... a ...., incluidos, con un valor nominal cada una de ellas de .... euros (en su conjunto .... euros), que suponen el .... por ciento del capital social. Asiste el expresado socio representado por Don ....

Asisten representados, ... socios, que titularizan .... participaciones que suponen el .... por ciento del capital social asumido.

En conjunto, asisten, personalmente o representados, ... socios, titulares de .... participaciones que suponen el .... por ciento del capital social suscrito.

Asiste el órgano de administración de la sociedad.

Son presidente y secretario de la presente Junta General, Don .... y Don ...., respectivamente. Ello de conformidad con lo establecido en la Ley y los Estatutos

Sociales y ser los citados señores los socios designados por los concurrentes al comienzo de la reunión.

Abierta la sesión por el Sr. Presidente, sin que nadie se oponga a la válida constitución y celebración de la presente Junta General, se entra en el debate y deliberación de los diversos puntos del orden del día sin que ninguno de los presentes haga uso de su derecho a que conste en el acta el contenido de su intervención.

Tras todo lo anterior, se propone por el Sr. presidente la adopción de los siguientes acuerdos, propuesta que se transcribe literalmente a continuación:

PRIMERO.– Cesan al administrador único Don ....

SEGUNDO.– Optan por un órgano de administración pluripersonal, formado por dos administradores que actuarán de forma solidaria, como modo concreto de organizar la Administración de la sociedad, dentro del marco previsto en los estatutos sociales.

TERCERO.– Designan administradores de la compañía por tiempo indefinido a Don ...., de nacionalidad inglesa, mayor de edad, nacido el .... de .... de ...., esto es, de .... años de edad, casado, vecino de ...., con domicilio en .... y NIE ...., expedido en ...., el día .... de .... de ...., vigente en la actualidad y Doña ...., mayor de edad, nacida el .... de .... de ...., esto es, de .... años de edad, soltera, de nacionalidad española, vecina de ...., con domicilio en C/ ...., núm. .... y DNI/NIF núm. ....

Conforme a lo establecido en los Estatutos Sociales, la representación se ejercerá de forma solidaria por los designados.

Que DON .... Y DOÑA ...., estando presentes en la Junta, aceptan expresamente el cargo, prometiendo desempeñarlo bien y fielmente y manifestando no estar incursos en ninguna de las limitaciones, prohibiciones, incapacidades ni incompatibilidades establecidas en la normativa aplicable.

Previa la oportuna votación, la citada propuesta de acuerdos sociales es aprobada por UNANIMIDAD, con el voto favorable de todos los asistentes (........... por ciento de los votos correspondientes a las participaciones sociales en que se divide el capital social), en términos idénticos a los anteriormente transcritos.

Y no habiendo más asuntos que tratar, se procede a la redacción de la presente acta que es aprobada de forma unánime por los asistentes, y finaliza la presente Junta General Extraordinaria, levantándose la reunión en ...., a las .... horas del día .... de .... de ....

F120. ADMINISTRADORES. CESE DE ADMINISTRADOR ÚNICO Y NOMBRAMIENTO DE ADMINISTRADORES SOLIDARIOS. ACTA DE ACUERDO DE JUNTA GENERAL EXTRAORDINARIA UNIVERSAL

Normativa de Aplicación: *Arts. 212 y ss. Real Decreto Legislativo 1/2010, de 2 de julio, por el que se aprueba el texto refundido de la Ley de Sociedades de Capital.*

Que hoy día .... de .... de ...., a las .... horas, y en el domicilio social, sito en la localidad de ...., calle ...., se celebra JUNTA GENERAL EXTRAORDINARIA de socios de la sociedad .... S.L.

Se encuentran presentes, en el referido lugar, y, por lo tanto, concurren la totalidad de socios de la compañía, decidiendo y dando su conformidad los asistentes a constituirse, con el carácter de universal, en Junta General Extraordinaria de socios de la compañía, para deliberar y, en su caso, adoptar acuerdos con relación al siguiente orden del día: Cese y designación de administrador.

En señal de conformidad firman seguidamente todos los asistentes, a continuación de su nombre y apellidos.

....

Asiste el órgano de administración de la sociedad.

Son presidente y secretario de la presente Junta General, Don .... y Don ...., respectivamente. Ello de conformidad con lo establecido en la Ley y los Estatutos Sociales y ser los citados señores los socios designados por los concurrentes al comienzo de la reunión.

Abierta la sesión por el Sr. Presidente, sin que nadie se oponga a la válida constitución y celebración de la presente Junta General, se entra en el debate y deliberación de los diversos puntos del orden del día, sin que ninguno de los presentes haga uso de su derecho a que conste en el acta el contenido de su intervención.

Tras lo anterior, se propone por el Sr. presidente la adopción de los siguientes acuerdos, que se transcriben de forma literal a continuación:

PRIMERO.– Cesan al administrador único Don ....

SEGUNDO.– Optan por un órgano de administración pluripersonal, formado por dos administradores que actuarán de forma solidaria, como modo concreto de organizar la Administración de la sociedad, dentro del marco previsto en los estatutos sociales.

TERCERO.– Designan administradores de la compañía por tiempo indefinido a Don ...., de nacionalidad inglesa, mayor de edad, nacido el .... de .... de ...., esto es, de .... años de edad, casado, vecino de ...., con domicilio en .... y NIE ...., expedido en ...., el día .... de .... de ...., vigente en la actualidad y Doña ...., mayor de edad, nacida el .... de .... de ...., esto es, de .... años de edad, soltera, de nacionalidad española, vecina de ...., con domicilio en C/ ...., núm. .... y DNI/NIF núm. ....

Conforme a lo establecido en los Estatutos Sociales, la representación se ejercerá de forma solidaria por los designados.

Que DON .... Y DOÑA ...., estando presentes en la Junta, aceptan expresamente el cargo, prometiendo desempeñarlo bien y fielmente y manifestando no estar incursos en ninguna de las limitaciones, prohibiciones, incapacidades ni incompatibilidades establecidas en la normativa aplicable.

Previa la oportuna votación, la citada propuesta de acuerdos sociales es aprobada por UNANIMIDAD, con el voto favorable de todos los asistentes (........... por ciento de los votos correspondientes a las participaciones sociales en que se divide el capital social), en términos idénticos a los anteriormente transcritos.

Y no habiendo más asuntos que tratar, se procede a la redacción de la presente acta que es aprobada de forma unánime por los asistentes, y finaliza la presente Junta General Extraordinaria, levantándose la reunión en ...., a las .... horas del día .... de .... de ....

F121. ADMINISTRADORES. CESE DE ADMINISTRADOR ÚNICO Y NOMBRAMIENTO DE ADMINISTRADORES CONJUNTOS. ACTA DE ACUERDO DE JUNTA GENERAL EXTRAORDINARIA CONVOCADA

Normativa de Aplicación: *Arts. 212 y ss. Real Decreto Legislativo 1/2010, de 2 de julio, por el que se aprueba el texto refundido de la Ley de Sociedades de Capital.*

Que hoy día .... de .... de ...., a las .... horas, y en el domicilio social, sito en la localidad de ...., calle .... s/n, se celebra JUNTA GENERAL EXTRAORDINARIA de socios de la sociedad .... S.L.

La convocatoria de la presente Junta General Extraordinaria de socios, ha sido acordada por el administrador único, Don ....

La convocatoria de la presente Junta General, se ha realizado, de conformidad con lo establecido en la Ley y el art .... de los Estatutos Sociales, mediante burofax con acuse de recibo y certificado de contenido, de fecha ...., dirigido ese mismo día a cada uno de los socios al domicilio designado al efecto por cada uno de ellos.

El tenor literal de la convocatoria se transcribe a continuación: «Por medio del presente se convoca a los señores socios a la celebración de Junta General Extraordinaria de la sociedad .... S.L., que se celebrará, el día .... de .... de ...., a las .... horas, en el domicilio social sito en ...., a efectos de deliberar y, en su caso, adoptar acuerdos con relación al siguiente orden del día: Cese y designación de administradores. En ...., hoy día .... de .... de .... el Administrador único de .... S.L. Don ....»

Asisten a la presente Junta General Extraordinaria, personalmente o representados, los siguientes socios:

I.– Socios presentes:

Don ...., titular de .... participaciones sociales núm. .... a ...., incluidos, con un valor nominal cada una de ellas de .... euros (en su conjunto .... euros), que suponen el .... por ciento del capital social.

Don ...., titular de .... participaciones sociales núm. .... a ...., incluidos, con un valor nominal cada una de ellas de .... euros (en su conjunto .... euros), que suponen el .... por ciento del capital social.

Doña ...., titular de .... participaciones sociales núm. .... a ...., incluidos, con un valor nominal cada una de ellas de .... euros (en su conjunto .... euros), que suponen el .... por ciento del capital social.

Por lo tanto, asisten de forma personal .... socios, titulares, en conjunto, de .... participaciones sociales que suponen el .... por ciento del capital social.

II.– Socios representados:

Don ...., titular de .... participaciones sociales núm. .... a ...., incluidos, con un valor nominal cada una de ellas de .... euros (en su conjunto .... euros), que suponen el .... por ciento del capital social. Asiste el expresado socio representado por Doña ....

Don ...., titular de .... participaciones sociales núm. .... a ...., incluidos, con un valor nominal cada una de ellas de .... euros (en su conjunto .... euros), que suponen el .... por ciento del capital social. Asiste el expresado socio representado por Don ....

Asisten representados, ... socios, que titularizan .... participaciones que suponen el .... por ciento del capital social asumido.

En conjunto, asisten, personalmente o representados, ... socios, titulares de .... participaciones que suponen el .... por ciento del capital social suscrito.

Asiste el órgano de administración de la sociedad.

Son presidente y secretario de la presente Junta General, Don .... y Don ...., respectivamente. Ello de conformidad con lo establecido en la Ley y los Estatutos Sociales y ser los citados señores los socios designados por los concurrentes al comienzo de la reunión.

Abierta la sesión por el Sr. Presidente, sin que nadie se oponga a la válida constitución y celebración de la presente Junta General, se entra en el debate y deliberación de los diversos puntos del orden del día sin que ninguno de los presentes haga uso de su derecho a que conste en el acta el contenido de su intervención.

Tras todo lo anterior, se propone por el Sr. presidente la adopción de los siguientes acuerdos, propuesta que se transcribe literalmente a continuación:

PRIMERO.– Cesan al administrador único Don ....

SEGUNDO. De conformidad con lo dispuesto en el art. .... de los estatutos sociales, se modifica el modo de organización de la administración de la sociedad, optándose por confiar la misma a tres administradores que actuarán de manera conjunta.

TERCERO. Designan administradores por tiempo indefinido (o plazo de .... años), a Don ...., mayor de edad, nacido el .... de .... de ...., casado, de nacionalidad alemana, vecino de ...., con domicilio en ...., C/ .... y NIE .... expedido en .... con fecha ...., vigente en la actualidad; Doña ...., mayor de edad, nacida el .... de .... de ...., soltera, de nacionalidad española, vecina de ...., con domicilio en Avda. .... s/n, dotada de DNI/NIF núm. .... y Doña ...., mayor de edad, nacida el .... de .... de ...., soltera, de nacionalidad española, vecina de ...., con domicilio en C/ .... núm. ...., DNI/NIF núm. ....

Conforme a lo previsto en el art. 233.2.c) de la Ley de Sociedades de Capital, la representación de la sociedad se ejercerá mancomunadamente al menos por dos cualquiera de los administradores designados, en la forma determinada por los Estatutos.

Que DON ...., DOÑA .... Y DOÑA ...., estando presentes en la Junta, aceptan expresamente el cargo, prometiendo desempeñarlo bien y fielmente y manifestando no estar incursos en ninguna de las limitaciones, prohibiciones, incapacidades ni incompatibilidades establecidas en la normativa aplicable.

Previa la oportuna votación, la citada propuesta de acuerdos sociales es aprobada por UNANIMIDAD, con el voto favorable de todos los asistentes (........... por ciento de los votos correspondientes a las participaciones sociales en que se divide el capital social), en términos idénticos a los anteriormente transcritos.

Y no habiendo más asuntos que tratar, se procede a la redacción de la presente acta que es aprobada de forma unánime por los asistentes, y finaliza la presente Junta General Extraordinaria, levantándose la reunión en ...., a las .... horas del día .... de .... de ....

F122. ADMINISTRADORES. CESE DE ADMINISTRADOR ÚNICO Y NOMBRAMIENTO DE ADMINISTRADORES CONJUNTOS. ACTA DE ACUERDO DE JUNTA GENERAL EXTRAORDINARIA UNIVERSAL

Normativa de Aplicación: *Arts. 212 y ss. Real Decreto Legislativo 1/2010, de 2 de julio, por el que se aprueba el texto refundido de la Ley de Sociedades de Capital.*

Que hoy día .... de .... de ...., a las .... horas, y en el domicilio social, sito en la localidad de ...., calle ...., se celebra JUNTA GENERAL EXTRAORDINARIA de socios de la sociedad .... S.L.

Se encuentran presentes, en el referido lugar, y, por lo tanto, concurren la totalidad de socios de la compañía, decidiendo y dando su conformidad los asistentes a constituirse, con el carácter de universal, en Junta General Extraordinaria de socios de la compañía, para deliberar y, en su caso, adoptar acuerdos con relación al siguiente orden del día: Cese y designación de administradores.

En señal de conformidad firman seguidamente todos los asistentes, a continuación de su nombre y apellidos.

....

Asiste el órgano de administración de la sociedad.

Son presidente y secretario de la presente Junta General, Don .... y Don ...., respectivamente. Ello de conformidad con lo establecido en la Ley y los Estatutos Sociales y ser los citados señores los socios designados por los concurrentes al comienzo de la reunión.

Abierta la sesión por el Sr. Presidente, sin que nadie se oponga a la válida constitución y celebración de la presente Junta General, se entra en el debate y deliberación de los diversos puntos del orden del día, sin que ninguno de los presentes haga uso de su derecho a que conste en el acta el contenido de su intervención.

Tras lo anterior, se propone por el Sr. presidente la adopción de los siguientes acuerdos, que se transcriben de forma literal a continuación:

PRIMERO.– Cesan al administrador único Don ....

SEGUNDO. De conformidad con lo dispuesto en el art. .... de los estatutos sociales, se modifica el modo de organización de la administración de la sociedad, optándose por confiar la misma a tres administradores que actuarán de manera conjunta.

TERCERO. Designan administradores por tiempo indefinido (o plazo de .... años), a Don ...., mayor de edad, nacido el .... de .... de ...., casado, de nacionalidad alemana, vecino de ...., con domicilio en ...., C/ .... y NIE .... expedido en .... con fecha ...., vigente en la actualidad; Doña ...., mayor de edad, nacida el .... de .... de ...., soltera, de nacionalidad española, vecina de ...., con domicilio en Avda. .... s/n, dotada de DNI/NIF núm. .... y Doña ...., mayor de edad, nacida el .... de .... de ...., soltera, de nacionalidad española, vecina de ...., con domicilio en C/ .... núm. ...., DNI/NIF núm. ....

Conforme a lo previsto en el art. 233.2.c) de la Ley de Sociedades de Capital, la representación de la sociedad se ejercerá mancomunadamente al menos por dos cualquiera de los administradores designados, en la forma determinada por los Estatutos.

Que DON ...., DOÑA .... Y DOÑA ...., estando presentes en la Junta, aceptan expresamente el cargo, prometiendo desempeñarlo bien y fielmente y manifestando no estar incursos en ninguna de las limitaciones, prohibiciones, incapacidades ni incompatibilidades establecidas en la normativa aplicable.

Previa la oportuna votación, la citada propuesta de acuerdos sociales es aprobada por UNANIMIDAD, con el voto favorable de todos los asistentes (........... por ciento de los votos correspondientes a las participaciones sociales en que se divide el capital social), en términos idénticos a los anteriormente transcritos.

Y no habiendo más asuntos que tratar, se procede a la redacción de la presente acta que es aprobada de forma unánime por los asistentes, y finaliza la presente Junta General Extraordinaria, levantándose la reunión en ...., a las .... horas del día .... de .... de ....

F123. ADMINISTRADORES. AUTORIZACIÓN AL ADMINISTRADOR PARA EL EJERCICIO DE ACTIVIDADES EN CONFLICTO DE INTERESES. ACTA DE ACUERDO DE JUNTA GENERAL EXTRAORDINARIA CONVOCADA

Normativa de Aplicación: *Arts. 212 y ss. Real Decreto Legislativo 1/2010, de 2 de julio, por el que se aprueba el texto refundido de la Ley de Sociedades de Capital.*

Que hoy día .... de .... de ...., a las .... horas, y en el domicilio social, sito en la localidad de ...., calle .... s/n, se celebra JUNTA GENERAL EXTRAORDINARIA de socios de la sociedad .... S.L.

La convocatoria de la presente Junta General Extraordinaria de socios, ha sido acordada por el administrador único, Don ....

La convocatoria de la presente Junta General, se ha realizado, de conformidad con lo establecido en la Ley y el art .... de los Estatutos Sociales, mediante burofax con acuse de recibo y certificado de contenido, de fecha ...., dirigido ese mismo día a cada uno de los socios al domicilio designado al efecto por cada uno de ellos.

El tenor literal de la convocatoria se transcribe a continuación: «Por medio del presente se convoca a los señores socios a la celebración de Junta General Extraordinaria de la sociedad .... S.L., que se celebrará, el día .... de .... de ...., a las .... horas, en el domicilio social sito en ...., a efectos de deliberar y, en su caso, adoptar acuerdos con relación al siguiente orden del día: 1.– Autorización al Administrador único para ejercicio de la actividad de .... En ...., hoy día .... de .... de .... el Administrador único de .... S.L. Don ....»

Asisten a la presente Junta General Extraordinaria, personalmente o representados, los siguientes socios:

I.– Socios presentes:

Don ...., titular de .... participaciones sociales núm. .... a ...., incluidos, con un valor nominal cada una de ellas de .... euros (en su conjunto .... euros), que suponen el .... por ciento del capital social.

Don ...., titular de .... participaciones sociales núm. .... a ...., incluidos, con un valor nominal cada una de ellas de .... euros (en su conjunto .... euros), que suponen el .... por ciento del capital social.

Doña ...., titular de .... participaciones sociales núm. .... a ...., incluidos, con un valor nominal cada una de ellas de .... euros (en su conjunto .... euros), que suponen el .... por ciento del capital social.

Por lo tanto, asisten de forma personal .... socios, titulares, en conjunto, de .... participaciones sociales que suponen el .... por ciento del capital social.

II.– Socios representados:

Don ...., titular de .... participaciones sociales núm. .... a ...., incluidos, con un valor nominal cada una de ellas de .... euros (en su conjunto .... euros), que suponen el .... por ciento del capital social. Asiste el expresado socio representado por Doña ....

Don ...., titular de .... participaciones sociales núm. .... a ...., incluidos, con un valor nominal cada una de ellas de .... euros (en su conjunto .... euros), que suponen el .... por ciento del capital social. Asiste el expresado socio representado por Don ....

Asisten representados, ... socios, que titularizan .... participaciones que suponen el .... por ciento del capital social asumido.

En conjunto, asisten, personalmente o representados, ... socios, titulares de .... participaciones que suponen el .... por ciento del capital social suscrito.

Asiste el órgano de administración de la sociedad.

Son presidente y secretario de la presente Junta General, Don .... y Don ...., respectivamente. Ello de conformidad con lo establecido en la Ley y los Estatutos Sociales y ser los citados señores los socios designados por los concurrentes al comienzo de la reunión.

Abierta la sesión por el Sr. Presidente, sin que nadie se oponga a la válida constitución y celebración de la presente Junta General, se entra en el debate y deliberación de los diversos puntos del orden del día sin que ninguno de los presentes haga uso de su derecho a que conste en el acta el contenido de su intervención.

Tras todo lo anterior, se propone por el Sr. presidente la adopción de los siguientes acuerdos, propuesta que se transcribe literalmente a continuación:

PRIMERO.– Autorizan al administrador único de la compañía Don .... a realizar por cuenta de la sociedad ...., la actividad de ...., a pesar de que esta última, pueda entrañar una competencia efectiva, sea actual o potencial, con la sociedad o de cualquier otro modo le sitúen en un conflicto permanente con los interés de la sociedad.

Previa la oportuna votación, la citada propuesta de acuerdos sociales es aprobada por UNANIMIDAD, con el voto favorable de todos los asistentes (........... por ciento de los votos correspondientes a las participaciones sociales en que se divide el capital social), en términos idénticos a los anteriormente transcritos.

Y no habiendo más asuntos que tratar, se procede a la redacción de la presente acta que es aprobada de forma unánime por los asistentes, y finaliza la presente Junta General Extraordinaria levantándose la reunión en ...., a las .... horas del día .... de .... de ....

F124. ADMINISTRADORES. AUTORIZACIÓN AL ADMINISTRADOR PARA EL EJERCICIO DE ACTIVIDADES EN CONFLICTO DE INTERESES. ACTA DE ACUERDO DE JUNTA GENERAL EXTRAORDINARIA UNIVERSAL

Normativa de Aplicación: *Arts. 212 y ss. Real Decreto Legislativo 1/2010, de 2 de julio, por el que se aprueba el texto refundido de la Ley de Sociedades de Capital.*

Que hoy día .... de .... de ...., a las .... horas, y en el domicilio social, sito en la localidad de ...., calle ...., se celebra JUNTA GENERAL EXTRAORDINARIA de socios de la sociedad .... S.L.

Se encuentran presentes, en el referido lugar, y, por lo tanto, concurren la totalidad de socios de la compañía, decidiendo y dando su conformidad los asistentes a constituirse, con el carácter de universal, en Junta General Extraordinaria de socios de la compañía, para deliberar y, en su caso, adoptar acuerdos con relación al siguiente orden del día: 1.– Autorización al Administrador único para ejercicio de la actividad de ....

En señal de conformidad firman seguidamente todos los asistentes, a continuación de su nombre y apellidos.

....

Asiste el órgano de administración de la sociedad.

Son presidente y secretario de la presente Junta General, Don .... y Don ...., respectivamente. Ello de conformidad con lo establecido en la Ley y los Estatutos Sociales y ser los citados señores los socios designados por los concurrentes al comienzo de la reunión.

Abierta la sesión por el Sr. Presidente, sin que nadie se oponga a la válida constitución y celebración de la presente Junta General, se entra en el debate y deliberación de los diversos puntos del orden del día, sin que ninguno de los presentes haga uso de su derecho a que conste en el acta el contenido de su intervención.

Tras lo anterior, se propone por el Sr. presidente la adopción de los siguientes acuerdos, que se transcriben de forma literal a continuación:

PRIMERO.– Autorizan al administrador único de la compañía Don .... a realizar por cuenta de la sociedad ...., la actividad de ...., a pesar de que esta última, pueda entrañar una competencia efectiva, sea actual o potencial, con la sociedad o de cualquier otro modo le sitúen en un conflicto permanente con los interés de la sociedad.

Previa la oportuna votación, la citada propuesta de acuerdos sociales es aprobada por UNANIMIDAD, con el voto favorable de todos los asistentes (........... por ciento de los votos correspondientes a las participaciones sociales en que se divide el capital social), en términos idénticos a los anteriormente transcritos.

Y no habiendo más asuntos que tratar, se procede a la redacción de la presente acta que es aprobada de forma unánime por los asistentes, y finaliza la presente Junta General Extraordinaria, levantándose la reunión en ...., a las .... horas del día .... de .... de ....

F125. ADMINISTRADORES. CONTRATACIÓN DE LA SOCIEDAD CON EL ADMINISTRADOR. ACTA DE ACUERDO DE JUNTA GENERAL EXTRAORDINARIA CONVOCADA

Normativa de Aplicación: *Arts. 212 y ss. Real Decreto Legislativo 1/2010, de 2 de julio, por el que se aprueba el texto refundido de la Ley de Sociedades de Capital.*

Que hoy día .... de .... de ...., a las .... horas, y en el domicilio social, sito en la localidad de ...., calle .... s/n, se celebra JUNTA GENERAL EXTRAORDINARIA de socios de la sociedad .... S.L.

La convocatoria de la presente Junta General Extraordinaria de socios, ha sido acordada por el administrador único, Don ....

La convocatoria de la presente Junta General, se ha realizado, de conformidad con lo establecido en la Ley y el art .... de los Estatutos Sociales, mediante burofax con acuse de recibo y certificado de contenido, de fecha ...., dirigido ese mismo día a cada uno de los socios al domicilio designado al efecto por cada uno de ellos.

El tenor literal de la convocatoria se transcribe a continuación: «Por medio del presente se convoca a los señores socios a la celebración de Junta General Extraordinaria de la sociedad .... S.L., que se celebrará, el día .... de .... de ...., a las .... horas, en el domicilio social sito en ...., a efectos de deliberar y, en su caso, adoptar acuerdos con relación al siguiente orden del día: 1.– Establecimiento con el Administrador único de la sociedad una relación de obra o de servicios de .... En ...., hoy día .... de .... de .... el Administrador único de .... S.L. Don ....»

Asisten a la presente Junta General Extraordinaria, personalmente o representados, los siguientes socios:

I.– Socios presentes:

Don ...., titular de .... participaciones sociales núm. .... a ...., incluidos, con un valor nominal cada una de ellas de .... euros (en su conjunto .... euros), que suponen el .... por ciento del capital social.

Don ...., titular de .... participaciones sociales núm. .... a ...., incluidos, con un valor nominal cada una de ellas de .... euros (en su conjunto .... euros), que suponen el .... por ciento del capital social.

Doña ...., titular de .... participaciones sociales núm. .... a ...., incluidos, con un valor nominal cada una de ellas de .... euros (en su conjunto .... euros), que suponen el .... por ciento del capital social.

Por lo tanto, asisten de forma personal .... socios, titulares, en conjunto, de .... participaciones sociales que suponen el .... por ciento del capital social.

II.– Socios representados:

Don ...., titular de .... participaciones sociales núm. .... a ...., incluidos, con un valor nominal cada una de ellas de .... euros (en su conjunto .... euros), que suponen el .... por ciento del capital social. Asiste el expresado socio representado por Doña ....

Don ...., titular de .... participaciones sociales núm. .... a ...., incluidos, con un valor nominal cada una de ellas de .... euros (en su conjunto .... euros), que suponen el .... por ciento del capital social. Asiste el expresado socio representado por Don ....

Asisten representados, ... socios, que titularizan .... participaciones que suponen el .... por ciento del capital social asumido.

En conjunto, asisten, personalmente o representados, ... socios, titulares de .... participaciones que suponen el .... por ciento del capital social suscrito.

Asiste el órgano de administración de la sociedad.

Son presidente y secretario de la presente Junta General, Don .... y Don ...., respectivamente. Ello de conformidad con lo establecido en la Ley y los Estatutos Sociales y ser los citados señores los socios designados por los concurrentes al comienzo de la reunión.

Abierta la sesión por el Sr. Presidente, sin que nadie se oponga a la válida constitución y celebración de la presente Junta General, se entra en el debate y deliberación de los diversos puntos del orden del día sin que ninguno de los presentes haga uso de su derecho a que conste en el acta el contenido de su intervención.

Tras todo lo anterior, se propone por el Sr. presidente la adopción de los siguientes acuerdos, propuesta que se transcribe literalmente a continuación:

PRIMERO.– Establecer entre la sociedad y el administrador de la compañía Don ...., una relación de obra o de servicios consistentes en ...., que se regirá por los siguientes pactos: ....

Previa la oportuna votación, la citada propuesta de acuerdos sociales es aprobada por UNANIMIDAD, con el voto favorable de todos los asistentes (........... por ciento de los votos correspondientes a las participaciones sociales en que se divide el capital social), en términos idénticos a los anteriormente transcritos.

Y no habiendo más asuntos que tratar, se procede a la redacción de la presente acta que es aprobada de forma unánime por los asistentes, y finaliza la presente Junta General Extraordinaria, levantándose la reunión en ...., a las .... horas del día .... de .... de ....

F126. ADMINISTRADORES. CONTRATACIÓN DE LA SOCIEDAD CON EL ADMINISTRADOR. ACTA DE ACUERDO DE JUNTA GENERAL EXTRAORDINARIA UNIVERSAL

Normativa de Aplicación: *Arts. 212 y ss. Real Decreto Legislativo 1/2010, de 2 de julio, por el que se aprueba el texto refundido de la Ley de Sociedades de Capital.*

Que hoy día .... de .... de ...., a las .... horas, y en el domicilio social, sito en la localidad de ...., calle ...., se celebra JUNTA GENERAL EXTRAORDINARIA de socios de la sociedad .... S.L.

Se encuentran presentes, en el referido lugar, y, por lo tanto, concurren la totalidad de socios de la compañía, decidiendo y dando su conformidad los asistentes a constituirse, con el carácter de universal, en Junta General Extraordinaria de socios de la compañía, para deliberar y, en su caso, adoptar acuerdos con relación al siguiente orden del día: 1.– Establecimiento con el Administrador único de la sociedad una relación de obra o de servicios de ....

En señal de conformidad firman seguidamente todos los asistentes, a continuación de su nombre y apellidos.

....

Asiste el órgano de administración de la sociedad.

Son presidente y secretario de la presente Junta General, Don .... y Don ...., respectivamente. Ello de conformidad con lo establecido en la Ley y los Estatutos Sociales y ser los citados señores los socios designados por los concurrentes al comienzo de la reunión.

Abierta la sesión por el Sr. Presidente, sin que nadie se oponga a la válida constitución y celebración de la presente Junta General, se entra en el debate y deliberación de los diversos puntos del orden del día, sin que ninguno de los presentes haga uso de su derecho a que conste en el acta el contenido de su intervención.

Tras lo anterior, se propone por el Sr. presidente la adopción de los siguientes acuerdos, que se transcriben de forma literal a continuación:

PRIMERO.– Establecer entre la sociedad y el administrador de la compañía Don ...., una relación de obra o de servicios consistentes en ...., que se regirá por los siguientes pactos: ....

Previa la oportuna votación, la citada propuesta de acuerdos sociales es aprobada por UNANIMIDAD, con el voto favorable de todos los asistentes (........... por ciento de los votos correspondientes a las participaciones sociales en que se divide el capital social), en términos idénticos a los anteriormente transcritos.

Y no habiendo más asuntos que tratar, se procede a la redacción de la presente acta que es aprobada de forma unánime por los asistentes, y finaliza la presente Junta General Extraordinaria, levantándose la reunión en ...., a las .... horas del día .... de .... de ....

F127. ADMINISTRADORES. EXTINCIÓN DE RELACIÓN DE PRESTACIÓN DE SERVICIOS ENTRE LA SOCIEDAD Y EL ADMINISTRADOR. ACTA DE ACUERDO DE JUNTA GENERAL EXTRAORDINARIA CONVOCADA

Normativa de Aplicación: *Arts. 212 y ss. Real Decreto Legislativo 1/2010, de 2 de julio, por el que se aprueba el texto refundido de la Ley de Sociedades de Capital.*

Que hoy día .... de .... de ...., a las .... horas, y en el domicilio social, sito en la localidad de ...., calle .... s/n, se celebra JUNTA GENERAL EXTRAORDINARIA de socios de la sociedad .... S.L.

La convocatoria de la presente Junta General Extraordinaria de socios, ha sido acordada por el administrador único, Don ....

La convocatoria de la presente Junta General, se ha realizado, de conformidad con lo establecido en la Ley y el art .... de los Estatutos Sociales, mediante burofax con acuse de recibo y certificado de contenido, de fecha ...., dirigido ese mismo día a cada uno de los socios al domicilio designado al efecto por cada uno de ellos.

El tenor literal de la convocatoria se transcribe a continuación: «Por medio del presente se convoca a los señores socios a la celebración de Junta General Extraordinaria de la sociedad .... S.L., que se celebrará, el día .... de .... de ...., a las .... horas, en el domicilio social sito en ...., a efectos de deliberar y, en su caso, adoptar acuerdos con relación al siguiente orden del día: 1.– Extinción de la relación de obras o de servicios de ...., establecida entre el Administrador único y la sociedad. En ...., hoy día .... de .... de .... el Administrador único de .... S.L. Don ....»

Asisten a la presente Junta General Extraordinaria, personalmente o representados, los siguientes socios:

I.– Socios presentes:

Don ...., titular de .... participaciones sociales núm. .... a ...., incluidos, con un valor nominal cada una de ellas de .... euros (en su conjunto .... euros), que suponen el .... por ciento del capital social.

Don ...., titular de .... participaciones sociales núm. .... a ...., incluidos, con un valor nominal cada una de ellas de .... euros (en su conjunto .... euros), que suponen el .... por ciento del capital social.

Doña ...., titular de .... participaciones sociales núm. .... a ...., incluidos, con un valor nominal cada una de ellas de .... euros (en su conjunto .... euros), que suponen el .... por ciento del capital social.

Por lo tanto, asisten de forma personal .... socios, titulares, en conjunto, de .... participaciones sociales que suponen el .... por ciento del capital social.

II.– Socios representados:

Don ...., titular de .... participaciones sociales núm. .... a ...., incluidos, con un valor nominal cada una de ellas de .... euros (en su conjunto .... euros), que suponen el .... por ciento del capital social. Asiste el expresado socio representado por Doña ....

Don ...., titular de .... participaciones sociales núm. .... a ...., incluidos, con un valor nominal cada una de ellas de .... euros (en su conjunto .... euros), que suponen el .... por ciento del capital social. Asiste el expresado socio representado por Don ....

Asisten representados, ... socios, que titularizan .... participaciones que suponen el .... por ciento del capital social asumido.

En conjunto, asisten, personalmente o representados, ... socios, titulares de .... participaciones que suponen el .... por ciento del capital social suscrito.

Asiste el órgano de administración de la sociedad.

Son presidente y secretario de la presente Junta General, Don .... y Don ...., respectivamente. Ello de conformidad con lo establecido en la Ley y los Estatutos Sociales y ser los citados señores los socios designados por los concurrentes al comienzo de la reunión.

Abierta la sesión por el Sr. Presidente, sin que nadie se oponga a la válida constitución y celebración de la presente Junta General, se entra en el debate y deliberación de los diversos puntos del orden del día sin que ninguno de los presentes haga uso de su derecho a que conste en el acta el contenido de su intervención.

Tras todo lo anterior, se propone por el Sr. presidente la adopción de los siguientes acuerdos, propuesta que se transcribe literalmente a continuación:

PRIMERO.– Dar por extinguida y finalizada la relación de prestación de obra o servicios de .... establecida con el Administrador Don ...., que fue acordada por la Junta General de la compañía con fecha ....

Previa la oportuna votación, la citada propuesta de acuerdos sociales es aprobada por UNANIMIDAD, con el voto favorable de todos los asistentes (........... por ciento de los votos correspondientes a las participaciones sociales en que se divide el capital social), en términos idénticos a los anteriormente transcritos.

Y no habiendo más asuntos que tratar, se procede a la redacción de la presente acta que es aprobada de forma unánime por los asistentes, y finaliza la presente Junta General Extraordinaria, levantándose la reunión en ...., a las .... horas del día .... de .... de ....

F128. ADMINISTRADORES. EXTINCIÓN DE RELACIÓN DE PRESTACIÓN DE SERVICIOS ENTRE LA SOCIEDAD Y EL ADMINISTRADOR. ACTA DE ACUERDO DE JUNTA GENERAL EXTRAORDINARIA UNIVERSAL

Normativa de Aplicación: *Arts. 212 y ss. Real Decreto Legislativo 1/2010, de 2 de julio, por el que se aprueba el texto refundido de la Ley de Sociedades de Capital.*

Que hoy día .... de .... de ...., a las .... horas, y en el domicilio social, sito en la localidad de ...., calle ...., se celebra JUNTA GENERAL EXTRAORDINARIA de socios de la sociedad .... S.L.

Se encuentran presentes, en el referido lugar, y, por lo tanto, concurren la totalidad de socios de la compañía, decidiendo y dando su conformidad los asistentes a constituirse, con el carácter de universal, en Junta General Extraordinaria de socios de la compañía, para deliberar y, en su caso, adoptar acuerdos con relación al siguiente orden del día: 1.– Extinción de la relación de obras o de servicios de ...., establecida entre el Administrador único y la sociedad.

En señal de conformidad firman seguidamente todos los asistentes, a continuación de su nombre y apellidos.

....

Asiste el órgano de administración de la sociedad.

Son presidente y secretario de la presente Junta General, Don .... y Don ...., respectivamente. Ello de conformidad con lo establecido en la Ley y los Estatutos Sociales y ser los citados señores los socios designados por los concurrentes al comienzo de la reunión.

Abierta la sesión por el Sr. Presidente, sin que nadie se oponga a la válida constitución y celebración de la presente Junta General, se entra en el debate y deliberación de los di-

versos puntos del orden del día, sin que ninguno de los presentes haga uso de su derecho a que conste en el acta el contenido de su intervención.

Tras lo anterior, se propone por el Sr. presidente la adopción de los siguientes acuerdos, que se transcriben de forma literal a continuación:

PRIMERO.– Dar por extinguida y finalizada la relación de prestación de obra o servicios de .... establecida con el Administrador Don ...., que fue acordada por la Junta General de la compañía con fecha ....

Previa la oportuna votación, la citada propuesta de acuerdos sociales es aprobada por UNANIMIDAD, con el voto favorable de todos los asistentes (........... por ciento de los votos correspondientes a las participaciones sociales en que se divide el capital social), en términos idénticos a los anteriormente transcritos.

Y no habiendo más asuntos que tratar, se procede a la redacción de la presente acta que es aprobada de forma unánime por los asistentes, y finaliza la presente Junta General Extraordinaria, levantándose la reunión en ...., a las .... horas del día .... de .... de ....

F129. ADMINISTRADORES. RETRIBUCIÓN DEL ADMINISTRADOR. MODIFICACIÓN DE ESTATUTOS. ACTA DE ACUERDO DE JUNTA GENERAL EXTRAORDINARIA CONVOCADA

Normativa de Aplicación: *Arts. 212 y ss. Real Decreto Legislativo 1/2010, de 2 de julio, por el que se aprueba el texto refundido de la Ley de Sociedades de Capital.*

Que hoy día .... de .... de ...., a las .... horas, y en el domicilio social, sito en la localidad de ...., calle .... s/n, se celebra JUNTA GENERAL EXTRAORDINARIA de socios de la sociedad .... S.L.

La convocatoria de la presente Junta General Extraordinaria de socios, ha sido acordada por el administrador único, Don ....

La convocatoria de la presente Junta General, se ha realizado, de conformidad con lo establecido en la Ley y el art .... de los Estatutos Sociales, mediante burofax con acuse de recibo y certificado de contenido, de fecha ...., dirigido ese mismo día a cada uno de los socios al domicilio designado al efecto por cada uno de ellos.

El tenor literal de la convocatoria se transcribe a continuación: «Por medio del presente se convoca a los señores socios a la celebración de Junta General Extraordinaria de la sociedad .... S.L., que se celebrará, el día .... de .... de ...., a las .... horas, en el domicilio social sito en ...., a efectos de deliberar y, en su caso, adoptar acuerdos con relación al siguiente orden del día: 1.– Modificación del artículo .... de los Estatutos Sociales, relativo a la retribución del cargo de administrador. En ...., hoy día .... de .... de .... el Administrador único de .... S.L. Don ....»

Asisten a la presente Junta General Extraordinaria, personalmente o representados, los siguientes socios:

I.– Socios presentes:

Don ...., titular de .... participaciones sociales núm. .... a ...., incluidos, con un valor nominal cada una de ellas de .... euros (en su conjunto .... euros), que suponen el .... por ciento del capital social.

Don ...., titular de .... participaciones sociales núm. .... a ...., incluidos, con un valor nominal cada una de ellas de .... euros (en su conjunto .... euros), que suponen el .... por ciento del capital social.

Doña ...., titular de .... participaciones sociales núm. .... a ...., incluidos, con un valor nominal cada una de ellas de .... euros (en su conjunto .... euros), que suponen el .... por ciento del capital social.

Por lo tanto, asisten de forma personal .... socios, titulares, en conjunto, de .... participaciones sociales que suponen el .... por ciento del capital social.

II.– Socios representados:

Don ...., titular de .... participaciones sociales núm. .... a ...., incluidos, con un valor nominal cada una de ellas de .... euros (en su conjunto .... euros), que suponen el .... por ciento del capital social. Asiste el expresado socio representado por Doña ....

Don ...., titular de .... participaciones sociales núm. .... a ...., incluidos, con un valor nominal cada una de ellas de .... euros (en su conjunto .... euros), que suponen el .... por ciento del capital social. Asiste el expresado socio representado por Don ....

Asisten representados, ... socios, que titularizan .... participaciones sociales que suponen el .... por ciento del capital social asumido.

En conjunto, asisten, personalmente o representados, ... socios, titulares de .... participaciones sociales que suponen el .... por ciento del capital social suscrito.

Asiste el órgano de administración de la sociedad.

Son presidente y secretario de la presente Junta General, Don .... y Don ...., respectivamente. Ello de conformidad con lo establecido en la Ley y los Estatutos Sociales y ser los citados señores los socios designados por los concurrentes al comienzo de la reunión.

Abierta la sesión por el Sr. Presidente, sin que nadie se oponga a la válida constitución y celebración de la presente Junta General, se entra en el debate y deliberación de los diversos puntos del orden del día sin que ninguno de los presentes haga uso de su derecho a que conste en el acta el contenido de su intervención.

Tras todo lo anterior, se propone por el Sr. presidente la adopción de los siguientes acuerdos, propuesta que se transcribe literalmente a continuación:

PRIMERO. Modificar el artículo .... de los Estatutos Sociales relativo a la retribución del cargo de administrador, al objeto de prever una retribución de que pasa a tener la siguiente redacción:

Art. .... – Carácter retribuido del cargo. La retribución de los administradores consistirá en una asignación mensual fija y determinada y será en concepto de sueldo. El importe de las retribuciones que puede satisfacer la sociedad al conjunto de sus administradores será el que, a tal efecto, determine la Junta General de la sociedad, el cual permanecerá vigente hasta tanto ésta no acuerde su modificación. La fijación de la cantidad exacta a abonar dentro de ese límite corresponde a la Junta General, y su distribución entre los distintos administradores, salvo que la junta general determine otra cosa, se establecerá por acuerdo de éstos, debiéndose tenerse en cuenta, en todo caso, lo previsto en los números 3 y 4 del art. 217 de la Ley de Sociedades de Capital.

Adicionalmente, el administrador podrá percibir retribuciones por la realización de trabajos o prestación de servicios distintos de los inherentes a su condición de administrador.

Todo ello, sin perjuicio del derecho a ser reintegrado de los gastos, dietas y suplidos incurridos por el administrador por cuenta de la compañía en el desempeño de su cargo.

Previa la oportuna votación, la citada propuesta de acuerdos sociales es aprobada por UNANIMIDAD, con el voto favorable de todos los asistentes (........... por ciento de los votos correspondientes a las participaciones sociales en que se divide el capital social), en términos idénticos a los anteriormente transcritos.

Y no habiendo más asuntos que tratar, se procede a la redacción de la presente acta que es aprobada de forma unánime por los asistentes, y finaliza la presente Junta General Extraordinaria levantándose la reunión en ...., a las .... horas del día .... de .... de ....

F130. ADMINISTRADORES. RETRIBUCIÓN DEL ADMINISTRADOR. FIJACIÓN DE LA RETRIBUCIÓN. ACTA DE ACUERDO DE JUNTA GENERAL EXTRAORDINARIA CONVOCADA

Normativa de Aplicación: *Arts. 212 y ss. Real Decreto Legislativo 1/2010, de 2 de julio, por el que se aprueba el texto refundido de la Ley de Sociedades de Capital.*

Que hoy día .... de .... de ...., a las .... horas, y en el domicilio social, sito en la localidad de ...., calle .... s/n, se celebra JUNTA GENERAL EXTRAORDINARIA de socios de la sociedad .... S.L.

La convocatoria de la presente Junta General Extraordinaria de socios, ha sido acordada por el administrador único, Don ....

La convocatoria de la presente Junta General, se ha realizado, de conformidad con lo establecido en la Ley y el art .... de los Estatutos Sociales, mediante burofax con acuse de recibo y certificado de contenido, de fecha ...., dirigido ese mismo día a cada uno de los socios al domicilio designado al efecto por cada uno de ellos.

El tenor literal de la convocatoria se transcribe a continuación: «Por medio del presente se convoca a los señores socios a la celebración de Junta General Extraordinaria de la sociedad .... S.L., que se celebrará, el día .... de .... de ...., a las .... horas, en el domicilio social sito en ...., a efectos de deliberar y, en su caso, adoptar acuerdos con relación al siguiente orden del día: 1.– Fijación de la retribución del órgano de administración para el año .... En ...., hoy día .... de .... de .... el Administrador único de .... S.L. Don ....»

Asisten a la presente Junta General Extraordinaria, personalmente o representados, los siguientes socios:

I.– Socios presentes:

Don ...., titular de .... participaciones sociales núm. .... a ...., incluidos, con un valor nominal cada una de ellas de .... euros (en su conjunto .... euros), que suponen el .... por ciento del capital social.

Don ...., titular de .... participaciones sociales núm. .... a ...., incluidos, con un valor nominal cada una de ellas de .... euros (en su conjunto .... euros), que suponen el .... por ciento del capital social.

Doña ...., titular de .... participaciones sociales núm. .... a ...., incluidos, con un valor nominal cada una de ellas de .... euros (en su conjunto .... euros), que suponen el .... por ciento del capital social.

Por lo tanto, asisten de forma personal .... socios, titulares, en conjunto, de .... participaciones sociales que suponen el .... por ciento del capital social.

II.– Socios representados:

Don ...., titular de .... participaciones sociales núm. .... a ...., incluidos, con un valor nominal cada una de ellas de .... euros (en su conjunto .... euros), que suponen el .... por ciento del capital social. Asiste el expresado socio representado por Doña ....

Don ...., titular de .... participaciones sociales núm. .... a ...., incluidos, con un valor nominal cada una de ellas de .... euros (en su conjunto .... euros), que suponen el .... por ciento del capital social. Asiste el expresado socio representado por Don ....

Asisten representados, ... socios, que titularizan .... participaciones que suponen el .... por ciento del capital social asumido.

En conjunto, asisten, personalmente o representados, ... socios, titulares de .... participaciones sociales que suponen el .... por ciento del capital social suscrito.

Asiste el órgano de administración de la sociedad.

Son presidente y secretario de la presente Junta General, Don .... y Don ...., respectivamente. Ello de conformidad con lo establecido en la Ley y los Estatutos Sociales y ser los citados señores los socios designados por los concurrentes al comienzo de la reunión.

Abierta la sesión por el Sr. Presidente, sin que nadie se oponga a la válida constitución y celebración de la presente Junta General, se entra en el debate y deliberación de los diversos puntos del orden del día sin que ninguno de los presentes haga uso de su derecho a que conste en el acta el contenido de su intervención.

Tras todo lo anterior, se propone por el Sr. presidente la adopción de los siguientes acuerdos, propuesta que se transcribe literalmente a continuación:

PRIMERO.– A la vista de los Estatutos Sociales, fijar la retribución máxima anual del órgano de administración en la suma máxima de .... euros.

ALTERNATIVA: PRIMERO.– A la vista de los Estatutos Sociales, fijar la retribución anual del órgano de administración para el año .... por los conceptos que igualmente se señalan:

a.– su actuación como Administrador de la compañía queda retribuida en el ejercicio .... con el importe anual de .... €

b.– queda fijada su retribución o salario como empleado, concretamente como .... de la compañía en la retribución bruta conjunta de .... €, que resulta de sumar los siguientes conceptos, según resultan de su nómina elaborada por el asesor de la compañía para el presente ejercicio ...., en importes brutos:

– Salario base: .... €

– retribución en especie: cuota de autónomos: .... €

– ingreso a cuenta retribución en especie a cargo de entidad: .... €

Suma total: .... €

ALTERNATIVA: PRIMERO.– Consistiendo el sistema de restribución del órgano de administración, en una participación en los beneficios, y siendo el porcentaje máximo fijado en los estatutos sociales, del .... por ciento de los beneficios repartibles entre los socios, de conformidad con lo requerido en el art. 218.1 TRLSC, se fija el porcentaje aplicable de tal máximo en el .... por ciento de dichos beneficios repartibles.

Previa la oportuna votación, la citada propuesta de acuerdos sociales es aprobada por UNANIMIDAD, con el voto favorable de todos los asistentes (........... por ciento de los votos correspondientes a las participaciones sociales en que se divide el capital social), en términos idénticos a los anteriormente transcritos.

Y no habiendo más asuntos que tratar, se procede a la redacción de la presente acta que es aprobada de forma unánime por los asistentes, y finaliza la presente Junta General Extraordinaria levantándose la reunión en ...., a las .... horas del día .... de .... de ....

F131. ADMINISTRADORES. RETRIBUCIÓN DEL CONSEJO DE ADMINISTRACIÓN. FIJACIÓN DE LA RETRIBUCIÓN. ACTA DE ACUERDO DE JUNTA GENERAL EXTRAORDINARIA CONVOCADA

Normativa de Aplicación: *Arts. 212 y ss. Real Decreto Legislativo 1/2010, de 2 de julio, por el que se aprueba el texto refundido de la Ley de Sociedades de Capital.*

ACTA DE LA JUNTA GENERAL EXTRAORDINARIA DE ...., S.L.

En .... y en el domicilio social de la compañía, sito en .... (Valencia), Ctra. ...., a las 11.00 horas del día .... de .... de ...., se lleva a cabo la Junta General Extraordinaria de la sociedad ...., previamente convocada cumpliendo los requisitos legales y estatutarios, con el siguiente

ORDEN DEL DÍA

Primero.– Aprobación de la remuneración del Consejo de Administración de la Sociedad.

Segundo.– Autorización a determinados miembros del Consejo de Administración de la Sociedad para que puedan desarrollar actividades por cuenta propia o ajena que pudieran considerarse que suponen una competencia efectiva con la Sociedad.

Tercero.– Ruegos y Preguntas.

Actúa como Presidente de la sesión .... y como Secretario ....

Habiendo transcurrido el plazo legal previsto en el artículo 176 de la Ley de Sociedades de Capital y hallándose presente o debidamente representado el ....% del capital social con derecho a voto, el Presidente de la Junta la declara debidamente constituida la Junta.

Se han adoptado los siguientes

ACUERDOS:

Primero.– Se acuerda por unanimidad establecer para el órgano del Administración, una remuneración fija de .... EUROS para el ejercicio xxx.

De conformidad con el artículo xxx de los Estatutos Sociales de la Sociedad, la distribución entre los distintos Consejeros corresponde al Consejo de Administración, que tendrá en cuenta a tal efecto las funciones y responsabilidades atribuidas a cada Consejero.

Segundo.– A la vista de las peticiones formuladas por los consejeros Don .... y Don ...., consistente en poder desarrollar actividades análogas al objeto social de la compañía, y dado que supondría un evidente conflicto de intereses, pudiendo afectar a los intereses de la sociedad , no se autoriza a la petición formulado por los consejeros.

Tercero.– No se formulan ruegos y preguntas.

Y no habiendo otros asuntos que tratar, a continuación se suspende la sesión, al objeto de redactar el Acta, que es firmada por el Secretario con el visto bueno del Presidente, levantándose la sesión.

F132. ADMINISTRADORES. RETRIBUCIÓN DEL ADMINISTRADOR. FIJACIÓN DE LA RETRIBUCIÓN. ACTA DE ACUERDO DE JUNTA GENERAL EXTRAORDINARIA UNIVERSAL

Normativa de Aplicación: *Arts. 212 y ss. Real Decreto Legislativo 1/2010, de 2 de julio, por el que se aprueba el texto refundido de la Ley de Sociedades de Capital.*

Que hoy día .... de .... de ...., a las .... horas, y en el domicilio social, sito en la localidad de ...., calle ...., se celebra JUNTA GENERAL EXTRAORDINARIA de socios de la sociedad .... S.L.

Se encuentran presentes, en el referido lugar, y, por lo tanto, concurren la totalidad de socios de la compañía, decidiendo y dando su conformidad los asistentes a constituirse, con el carácter de universal, en Junta General Extraordinaria de socios de la compañía, para deliberar y, en su caso, adoptar acuerdos con relación al siguiente orden del día: 1.– retribución del cargo de administrador.

En señal de conformidad firman seguidamente todos los asistentes, a continuación de su nombre y apellidos.

....

Asiste el órgano de administración de la sociedad.

Son presidente y secretario de la presente Junta General, Don .... y Don ...., respectivamente. Ello de conformidad con lo establecido en la Ley y los Estatutos Sociales y ser los citados señores los socios designados por los concurrentes al comienzo de la reunión.

Abierta la sesión por el Sr. Presidente, sin que nadie se oponga a la válida constitución y celebración de la presente Junta General, se entra en el debate y deliberación de los di-

versos puntos del orden del día, sin que ninguno de los presentes haga uso de su derecho a que conste en el acta el contenido de su intervención.

Tras lo anterior, se propone por el Sr. presidente la adopción de los siguientes acuerdos, que se transcriben de forma literal a continuación:

PRIMERO.– A la vista de los Estatutos Sociales, fijar la retribución máxima anual del órgano de administración en la suma máxima de .... euros.

ALTERNATIVA: PRIMERO.– A la vista de los Estatutos Sociales, fijar la retribución anual del órgano de administración para el año .... por los conceptos que igualmente se señalan:

a.– su actuación como Administrador de la compañía queda retribuida en el ejercicio .... con el importe anual de .... €

b.– queda fijada su retribución o salario como empleado, concretamente como .... de la compañía en la retribución bruta conjunta de .... €, que resulta de sumar los siguientes conceptos, según resultan de su nómina elaborada por el asesor de la compañía para el presente ejercicio ...., en importes brutos:

– Salario base: .... €

– retribución en especie: cuota de autónomos: .... €

– ingreso a cuenta retribución en especie a cargo de entidad: .... €

Suma total: .... €

ALTERNATIVA: PRIMERO.– Consistiendo el sistema de restribución del órgano de administración, en una participación en los beneficios, y siendo el porcentaje máximo fijado en los estatutos sociales, del .... por ciento de los beneficios repartibles entre los socios, de conformidad con lo requerido en el art. 218.1 TRLSC, se fija el porcentaje aplicable de tal máximo en el .... por ciento de dichos beneficios repartibles.

Previa la oportuna votación, la citada propuesta de acuerdos sociales es aprobada por UNANIMIDAD, con el voto favorable de todos los asistentes (........... por ciento de los votos correspondientes a las participaciones sociales en que se divide el capital social), en términos idénticos a los anteriormente transcritos.

Y no habiendo más asuntos que tratar, se procede a la redacción de la presente acta que es aprobada de forma unánime por los asistentes, y finaliza la presente Junta General Extraordinaria, levantándose la reunión en ...., a las .... horas del día .... de .... de ....

F133. ADMINISTRADORES. ACTA CONSEJO DE ADMINISTRACIÓN CONVOCADO ACORDANDO EL OTORGAMIENTO DE PODERES ESPECIALES

Normativa de Aplicación: *Art. .... Real Decreto Legislativo 1/2010, de 2 de julio, por el que se aprueba el texto refundido de la Ley de Sociedades de Capital.*

En..........., siendo las........... horas del día........... de........... de..........., y en el domicilio social, sito en..........., calle........... núm..........., se celebra reunión del Consejo de Administración de la sociedad........... S.L.

La presente reunión del Consejo de Administración fue convocada en fecha........... de........... de........... mediante telegrama remitido a los Sres. Consejeros en legal forma y plazo con el siguiente tenor literal «Por el presente, se le convoca a la reunión del Consejo de Administración a celebrar, en el domicilio social, el próximo día........... de........... de..........., a las........... horas, para deliberar y, en su caso, adoptar acuerdos con relación al siguiente orden del día: 1) Otorgamiento de poder especial para solicitar, descargar, instalar, renovar, suspender, revocar y utilizar cualesquiera certificados de firma electrónica emitidos por la Fábrica Nacional de Moneda y Timbre-Real Casa de la Moneda o por otros prestadores de servicios de certificación; 2) Elevación a público de acuerdos. Fdo. Don .... Presidente del Consejo de Administración de ....»

Asisten a la presente reunión, personalmente, la totalidad de los miembros del consejo de administración de la sociedad, esto es:

Presidente: Don...........

Secretario: Don...........

Vocal: Doña...........

Vocal: Doña...........

Vocal: Doña...........

Actúan como Presidente y Secretario de la presente reunión del Consejo de Administración, Don........... y Don..........., respectivamente.

El Sr. presidente declara válidamente constituida la presente reunión del Consejo de Administración y se entra en el debate de los distintos puntos del orden del día. Previa deliberación y sin que ninguno de los asistentes hagan uso del derecho de que conste en el acta el contenido de su intervención, se adoptan los siguientes acuerdos por UNANIMIDAD que son proclamados por el Sr. Presidente:

PRIMERO.- Se confiere poder especial, tan amplio, como en derecho convenga, al presidente del Consejo de Administración, es decir, ..., para solicitar, descargar, instalar, renovar, suspender, revocar y utilizar cualesquiera certificados de firma electrónica emitidos por la Fábrica Nacional de Moneda y Timbre-Real Casa de la Moneda o por otros prestadores de servicios de certificación, tanto los certificados expresados en las leyes, como cualesquiera otros de los emitidos por la citada Fábrica Nacional y otros prestadores de servicios de certificación electrónica, incluidos, pero no limitados, a certificados de persona física, de representante de persona jurídica, de representante de entidad sin personalidad jurídica, de dispositivo móvil, de servidor, de componentes, de firma de código, de personal al servicio de las administraciones públicas, de sede electrónica, de sello electrónico para la actuación administrativa automatizada y cualesquiera otros certificados electrónicos que pudieran surgir con posterioridad de conformidad con el estado de la técnica. La solicitud del certificado de firma electrónica podrá realizarse ante las oficinas de registro de la Agencia Estatal de Administración Tributaria o ante otras oficinas de registro delegadas de órganos, organismos o entidades que ejerzan funciones públicas, así como ante las oficinas o registros que designen los prestadores de servicios de certificación. Las actividades comprendidas anteriormente a realizar por cuenta del poderdante comprenderá la utilización del certificado de firma electrónica ante: la Administración General del Estado, Comunidades Autónomas, Entidades Locales y sus Organismos Públicos, Sociedades, Mancomunidades, Consorcios o cualesquiera otros entes con o sin personalidad jurídica vinculados o dependientes de las anteriores, incluyendo la administración institucional, territorial o periférica y órganos reguladores; también realizar trámites ante Oficinas y Funcionarios Públicos de cualquier administración, Registros Públicos, Agencias Tributarias, Tribunales Económicos-Administrativos, de Competencia o de Cuentas, Notarías, Colegios Profesionales, Sindicatos, Autoridades Eclesiásticas, Organismos de la UE e internacionales, Órganos Jurisdiccionales, Fiscalías, Juntas y Jurados, Juntas Arbitrales, Cámaras de Comercio, Órganos Constitucionales y cualesquiera otros órganos, agencias, entes u organismos de cualquier administración y demás entidades creadas y por crear, en cualquiera de sus ramas, dependencias o servicios de cualesquiera administraciones nacionales, de la UE o internacionales; asimismo podrá actuar ante personas físicas, jurídicas, entidades, sociedades y comunidades con y sin personalidad jurídica, organismos, agrupaciones, asociaciones, fundaciones, ongs y demás entes de derecho privado previstos en el ordenamiento jurídico español, de la UE e internacionales, para la realización, vía electrónica mediante la utilización del certificado de firma electrónica del poderdante y por su cuenta, de las facultades incluidas en la correspondiente escritura de apoderamiento que se otorgue.

SEGUNDO.- Facultar a Don .... para comparecer ante notario a los efectos de elevar a público los anteriores acuerdos e instar su inscripción en el Registro Mercantil de la provincia de Alicante, así como efectuar cualesquiera manifestaciones y otorgar escrituras de subsanación, aclaración o rectificación que fueren precisas a la vista de la calificación del Sr. Registrador para que se practique la citada inscripción en el Registro Mercantil.

Y para que así conste se extiende la presente acta que, leída, es aprobada por todos los consejeros por unanimidad, en........... hoy día de........... de...........

F134. ADMINISTRADORES. ACTA CONSEJO DE ADMINISTRACIÓN UNIVERSAL ACORDANDO EL OTORGAMIENTO DE PODERES ESPECIALES

En.., siendo las .... horas del día.., se hallan presentes en el domicilio social sito en. .... la totalidad de los miembros del consejo de administración de la sociedad ...., Unipersonal, esto es los señores ....

Los expresados consejeros deciden celebrar y constituirse en reunión del Consejo de Administración, para deliberar y, en su caso, adoptar acuerdos con relación al siguiente orden del día: 1) Otorgamiento de poder especial para solicitar, descargar, instalar, renovar, suspender, revocar y utilizar cualesquiera certificados de firma electrónica emitidos por la Fábrica Nacional de Moneda y Timbre-Real Casa de la Moneda o por otros prestadores de servicios de certificación; 2) Elevación a público de acuerdos.

En señal de conformidad con lo anterior, firman seguidamente la presente acta cada uno de los consejeros, ..., cuyo respectivo nombre va seguido de la correspondiente firma.

Actúan como Presidente y Secretario de la presente reunión los titulares de tales cargos en el Consejo de Administración, esto es, Don.. (Presidente) y Don .... (Secretario).

El Sr. presidente declara válidamente constituida la presente reunión del Consejo de Administración y se entra en el debate de los distintos puntos del orden del día. Previa deliberación y sin que ninguno de los asistentes haga uso del derecho de que conste en el acta el contenido de su intervención, se adoptan los siguientes acuerdos por UNANIMIDAD que son proclamados por el Sr. Presidente y que se transcriben literalmente a continuación:

PRIMERO.- Se confiere poder especial, tan amplio, como en derecho convenga, al presidente del Consejo de Administración, es decir, ..., para solicitar, descargar, instalar, renovar, suspender, revocar y utilizar cualesquiera certificados de firma electrónica emitidos por la Fábrica Nacional de Moneda y Timbre-Real Casa de la Moneda o por otros prestadores de servicios de certificación, tanto los certificados expresados en las leyes, como cualesquiera otros de los emitidos por la citada Fábrica Nacional y otros prestadores de servicios de certificación electrónica, incluidos, pero no limitados, a certificados de persona física, de representante de persona jurídica, de representante de entidad sin personalidad jurídica, de dispositivo móvil, de servidor, de componentes, de firma de código, de personal al servicio de las administraciones públicas, de sede electrónica, de sello electrónico para la actuación administrativa automatizada y cualesquiera otros certificados electrónicos que pudieran surgir con posterioridad de conformidad con el estado de la técnica. La solicitud del certificado de firma electrónica podrá realizarse ante las oficinas de registro de la Agencia Estatal de Administración Tributaria o ante otras oficinas de registro delegadas de órganos, organismos o entidades que ejerzan funciones públicas, así como ante las oficinas o registros que designen los prestadores de servicios de certificación. Las actividades comprendidas anteriormente a realizar por cuenta del poderdante comprenderá la utilización del certificado de firma electrónica ante: la Administración General del Estado, Comunidades Autónomas, Entidades Locales y sus Organismos Públicos, Sociedades, Mancomunidades, Consorcios o cualesquiera otros entes con o sin personalidad jurídica vinculados o dependientes de las anteriores, incluyendo la administración institucional, territorial o periférica y órganos reguladores; también realizar trámites ante Oficinas y Funcionarios Públicos de cualquier administración, Registros Públicos, Agencias Tributarias, Tribunales Económicos-Administrativos, de Competencia o de Cuentas, Notarías, Colegios Profesionales, Sindicatos, Autoridades Eclesiásticas, Organismos de la UE e internacionales, Órganos Jurisdiccionales, Fiscalías, Juntas y Jurados, Juntas Arbitrales, Cámaras de Comercio, Órganos Constitucionales y cualesquiera otros órganos, agencias, entes u organismos de cualquier administración y demás entidades creadas y por crear, en cualquiera de sus ramas, dependencias o servicios de cualesquiera administraciones nacionales, de la UE o internacionales; asimismo podrá actuar ante personas físicas, jurídicas, entidades, sociedades y comunidades con y sin personalidad jurídica, organismos, agrupaciones, asociaciones, fundaciones, ongs y demás entes de derecho privado previstos en el ordenamiento jurídico español, de la UE e internacionales, para la realización, vía electrónica mediante la utilización del certificado de firma electrónica del poderdante y por su cuenta, de las facultades incluidas en la correspondiente escritura de apoderamiento que se otorgue.

SEGUNDO.- Facultar a Don .... para comparecer ante notario a los efectos de elevar a público los anteriores acuerdos e instar su inscripción en el Registro Mercantil de la provincia de Alicante, así como efectuar cualesquiera manifestaciones y otorgar escrituras de subsanación, aclaración o rectificación que fueren precisas a la vista de la calificación del Sr. Registrador para que se practique la citada inscripción en el Registro Mercantil.

Y para que así conste se extiende la presente acta, que, leída, es aprobada en la propia reunión por todos los consejeros y por unanimidad, en.. a ....

F135. ADMINISTRADORES. ACTA DEL CONSEJO DE ADMINISTRACIÓN CONVOCADO NOMBRANDO CONSEJERO DELEGADO

Normativa de Aplicación: *Art. 242 Real Decreto Legislativo 1/2010, de 2 de julio, por el que se aprueba el texto refundido de la Ley de Sociedades de Capital.*

En..........., siendo las........... horas del día........... de........... de..........., y en el domicilio social, sito en..........., calle........... núm..........., se celebra reunión del Consejo de Administración de la sociedad........... S.L.

La presente reunión del Consejo de Administración fue convocada en fecha........... de........... de........... mediante telegrama remitido a los Sres. Consejeros en legal forma y plazo con el siguiente tenor literal «Por el presente, se le convoca a la reunión del Consejo de Administración a celebrar, en el domicilio social, el próximo día........... de........... de..........., a las........... horas, para deliberar y, en su caso, adoptar acuerdos con relación al siguiente orden del día: Designación de Consejero Delegado. Fdo. Don .... Presidente del Consejo de Administración de ....»

Asisten a la presente reunión, personalmente, la totalidad de los miembros del consejo de administración de la sociedad, esto es:

Presidente: Don...........

Secretario: Don...........

Vocal: Doña...........

Vocal: Doña...........

Vocal: Doña...........

Actúan como Presidente y Secretario de la presente reunión del Consejo de Administración, Don............ y Don............, respectivamente.

El Sr. presidente declara válidamente constituida la presente reunión del Consejo de Administración y se entra en el debate de los distintos puntos del orden del día. Previa deliberación y sin que ninguno de los asistentes hagan uso del derecho de que conste en el acta el contenido de su intervención, se adoptan los siguientes acuerdos por UNANIMIDAD que son proclamados por el Sr. Presidente:

PRIMERO.– Designar Consejero Delegado, quien podrá ejercitar todas las facultades del Consejo de Administración que sean legal y estatutariamente delegables, (ALTERNATIVA: que sean legal y estatutariamente delegables salvo la/s siguiente/s.............) a don ...., de nacionalidad española, mayor de edad, de estado civil ...., vecino de ...., con domicilio en calle ...., número ....; provisto de Documento Nacional de Identidad ....

El Consejero Delegado designado acepta el cargo, y promete desempeñarlo bien y fielmente, manifestando no estar incursos en ninguna de las prohibiciones, incapacidades o incompatibilidades establecidas por la Ley o por otras disposiciones legales vigentes.

Se hace constar que se ha celebrado entre el consejero delegado designado y la propia sociedad el contrato previsto en el artículo 249 de la Ley de Sociedades de Capital, que ha sido aprobado previamente por el consejo de administración, con el voto favorable de .... (al menos dos terceras partes de los miembros) absteniéndose de asistir a la deliberación y de votar el consejero delegado nombrado, en los términos y condiciones que se reflejan en dicho precepto.

Y para que así conste se extiende la presente acta que, leída, es aprobada por todos los consejeros por unanimidad, en............ hoy día de............ de............

F136. ADMINISTRADORES. ACTA DEL CONSEJO DE ADMINISTRACIÓN UNIVERSAL NOMBRANDO CONSEJERO DELEGADO

Normativa de Aplicación: *Art. 242 Real Decreto Legislativo 1/2010, de 2 de julio, por el que se aprueba el texto refundido de la Ley de Sociedades de Capital.*

En .... siendo las .... horas del día .... de .... de ...., se hallan presentes en el domicilio social sito en ...., la totalidad de los miembros del consejo de administración de la sociedad .... S.L, esto es los señores ....

Los expresados consejeros deciden celebrar y constituirse en reunión del Consejo de Administración, para deliberar y, en su caso, adoptar acuerdos con relación al siguiente orden del día: Designación de consejero delegado

En señal de conformidad con lo anterior, firman seguidamente la presente acta cada uno de los consejeros, Don ...., Don............, cuyo respectivo nombre va seguido de la correspondiente firma.

....

Actúan como Presidente y Secretario de la presente reunión los titulares de tales cargos en el Consejo de Administración, esto es, Don .... (Presidente) y Don .... (Secretario).

El Sr. presidente declara válidamente constituida la presente reunión del Consejo de Administración y se entra en el debate de los distintos puntos del orden del día. Previa deliberación y sin que ninguno de los asistentes haga uso del derecho de que conste en el acta el contenido de su intervención, se adoptan los siguientes acuerdos por UNANIMIDAD que son proclamados por el Sr. Presidente y que se transcriben literalmente a continuación:

PRIMERO.– Designar Consejero Delegado, quien podrá ejercitar todas las facultades del Consejo de Administración que sean legal y estatutariamente delegables, (ALTERNATIVA: que sean legal y estatutariamente delegables salvo la/s siguiente/s.............) a don ...., de nacionalidad española, mayor de edad, de estado civil ...., vecino de ...., con domicilio en calle ...., número ....; provisto de Documento Nacional de Identidad ....

El Consejero Delegado designado acepta el cargo, y promete desempeñarlo bien y fielmente, manifestando no estar incursos en ninguna de las prohibiciones, incapacidades o incompatibilidades establecidas por la Ley o por otras disposiciones legales vigentes.

Se hace constar que se ha celebrado entre el consejero delegado designado y la propia sociedad el contrato previsto en el artículo 249 de la Ley de Sociedades de Capital, que ha sido aprobado previamente por el consejo de administración, con el voto favorable de .... (al menos dos terceras partes de los miembros) absteniéndose de asistir a la deliberación y de votar el consejero delegado nombrado, en los términos y condiciones que se reflejan en dicho precepto.

Y para que así conste se extiende la presente acta, que, leída, es aprobada en la propia reunión por todos los consejeros y por unanimidad, en ...., a ....

F137. ADMINISTRADORES. ACTA DEL CONSEJO DE ADMINISTRACIÓN CONVOCADO CESANDO CONSEJERO DELEGADO Y DESIGNANDO NUEVO CONSEJERO DELEGADO

Normativa de Aplicación: *Art. 242 Real Decreto Legislativo 1/2010, de 2 de julio, por el que se aprueba el texto refundido de la Ley de Sociedades de Capital.*

En..........., siendo las........... horas del día........... de........... de..........., y en el domicilio social, sito en..........., calle........... núm..........., se celebra reunión del Consejo de Administración de la sociedad........... S.L.

La presente reunión del Consejo de Administración fue convocada en fecha........... de........... de........... mediante telegrama remitido a los Sres. Consejeros en legal forma y plazo con el siguiente tenor literal «Por el presente, se le convoca a la reunión del Consejo de Administración a celebrar, en el domicilio social, el próximo día........... de........... de..........., a las........... horas, para deliberar y, en su caso, adoptar acuerdos con relación al siguiente orden del día: Cese y designación de Consejero Delegado. Fdo. Don .... Presidente del Consejo de Administración de ....»

Asisten a la presente reunión, personalmente, la totalidad de los miembros del consejo de administración de la sociedad, esto es:

Presidente: Don...........

Secretario: Don...........

Vocal: Doña...........

Vocal: Doña...........

Vocal: Doña...........

Actúan como Presidente y Secretario de la presente reunión del Consejo de Administración, Don........... y Don..........., respectivamente.

El Sr. presidente declara válidamente constituida la presente reunión del Consejo de Administración y se entra en el debate de los distintos puntos del orden del día. Previa deliberación y sin que ninguno de los asistentes hagan uso del derecho de que conste en el acta el contenido de su intervención, se adoptan los siguientes acuerdos por UNANIMIDAD que son proclamados por el Sr. Presidente:

PRIMERO.– Cesar al Consejero Delegado Don ...., a quien se le agradecen los servicios prestados a la sociedad.

SEGUNDO.- Designar Consejero Delegado, quien podrá ejercitar todas las facultades del Consejo de Administración que sean legal y estatutariamente delegables, (ALTERNATIVA: que sean legal y estatutariamente delegables salvo la/s siguiente/s...........) a don ...., de nacionalidad española, mayor de edad, de estado civil ...., vecino de ...., con domicilio en calle ...., número ....; provisto de Documento Nacional de Identidad ....

El Consejero Delegado designado acepta el cargo, y promete desempeñarlo bien y fielmente, manifestando no estar incursos en ninguna de las prohibiciones, incapacidades o incompatibilidades establecidas por la Ley o por otras disposiciones legales vigentes.

Se hace constar que se ha celebrado entre el consejero delegado designado y la propia sociedad el contrato previsto en el artículo 249 de la Ley de Sociedades de Capital, que ha sido aprobado previamente por el consejo de administración, con el voto favorable de .... (al menos dos terceras partes de los miembros) absteniéndose de asistir a la deliberación y de votar el consejero delegado nombrado, en los términos y condiciones que se reflejan en dicho precepto.

Y para que así conste se extiende la presente acta que, leída, es aprobada por todos los consejeros por unanimidad, en............ hoy día de............ de............

F138. ADMINISTRADORES. ACTA DEL CONSEJO DE ADMINISTRACIÓN UNIVERSAL CESANDO CONSEJERO DELEGADO Y DESIGNANDO NUEVO CONSEJERO DELEGADO

Normativa de Aplicación: *Art. 242 Real Decreto Legislativo 1/2010, de 2 de julio, por el que se aprueba el texto refundido de la Ley de Sociedades de Capital.*

En .... siendo las .... horas del día .... de .... de ...., se hallan presentes en el domicilio social sito en ...., la totalidad de los miembros del consejo de administración de la sociedad .... S.L, esto es los señores ....

Los expresados consejeros deciden celebrar y constituirse en reunión del Consejo de Administración, para deliberar y, en su caso, adoptar acuerdos con relación al siguiente orden del día: Cese y designación de consejero delegado

En señal de conformidad con lo anterior, firman seguidamente la presente acta cada uno de los consejeros, Don ...., Don............, cuyo respectivo nombre va seguido de la correspondiente firma.

....

Actúan como Presidente y Secretario de la presente reunión los titulares de tales cargos en el Consejo de Administración, esto es, Don .... (Presidente) y Don .... (Secretario).

El Sr. presidente declara válidamente constituida la presente reunión del Consejo de Administración y se entra en el debate de los distintos puntos del orden del día. Previa deliberación y sin que ninguno de los asistentes haga uso del derecho de que conste en el acta el contenido de su intervención, se adoptan los siguientes acuerdos por UNANIMIDAD que son proclamados por el Sr. Presidente y que se transcriben literalmente a continuación:

PRIMERO.– Cesar al Consejero Delegado Don ...., a quien se le agradecen los servicios prestados a la sociedad.

SEGUNDO.- Designar Consejero Delegado, quien podrá ejercitar todas las facultades del Consejo de Administración que sean legal y estatutariamente delegables, (ALTERNATIVA: que sean legal y estatutariamente delegables salvo ....) a don ...., de nacionalidad española, mayor de edad, de estado civil ...., vecino de ...., con domicilio en calle ...., número ....; provisto de Documento Nacional de Identidad ....

El Consejero Delegado designado acepta el cargo, y promete desempeñarlo bien y fielmente, manifestando no estar incursos en ninguna de las prohibiciones, incapacidades o incompatibilidades establecidas por la Ley o por otras disposiciones legales vigentes.

Se hace constar que se ha celebrado entre el consejero delegado designado y la propia sociedad el contrato previsto en el artículo 249 de la Ley de Sociedades de Capital, que ha sido aprobado previamente por el consejo de administración, con el voto favorable de .... (al menos dos terceras partes de los miembros) absteniéndose de asistir a la deliberación y de votar el consejero delegado nombrado, en los términos y condiciones que se reflejan en dicho precepto.

Y para que así conste se extiende la presente acta, que, leída, es aprobada en la propia reunión por todos los consejeros y por unanimidad, en ...., a ....

2. CERTIFICACIONES

F139. ADMINISTRADORES. CERTIFICACIÓN CONSEJO DE ADMINISTRACIÓN CONVOCADO

Normativa de Aplicación: *Arts. 242 y ss. Real Decreto Legislativo 1/2010, de 2 de julio, por el que se aprueba el texto refundido de la Ley de Sociedades de Capital. Art. 109 Real Decreto 1784/1996, de 19 de julio, por el que se aprueba el Reglamento del Registro Mercantil.*

.... Secretario del Consejo de Administración de la sociedad............ S.L. domiciliada en............, calle............ núm............, e inscrita en el Registro Mercantil de la provincia de............, al tomo............, folio............, hoja............, y CIF............

CERTIFICO según resulta del libro de actas de la sociedad:

Que en............, a las............ horas del día............ de............ de............, y en el domicilio social, sito en............, calle............ núm............, se celebró reunión del Consejo de Administración de la sociedad............ S.L.

Que la presente reunión del Consejo de Administración fue convocada por el Presidente del Consejo de Administración, Don ...., en fecha............ mediante telegrama remitido ese mismo día a los Sres. Consejeros en legal forma y plazo con el siguiente tenor literal «Por el presente, se le convoca a la reunión del Consejo de Administración a celebrar, en el domicilio social, el próximo día............ de............ de............, a las............ horas, para deliberar y, en su caso, adoptar acuerdos con relación al siguiente orden del día:............ En............, hoy día .... de .... de ....Don ...., Presidente del Consejo de Administración de .... S.L»

Que asistieron a la reunión, personalmente .... miembros del consejo de administración de la sociedad, esto es, los Sres............ Y representado un consejero, esto es, Don ...., representado por la consejera Doña .... En conjunto asistieron personalmente o representados .... consejeros.

Que actuaron como Presidente y Secretario de la reunión del Consejo de Administración cuyos acuerdos aquí se certifican, Don............ y Don............, respectivamente, quienes ocupan tales cargos en el seno de este Consejo.

Que el Sr. presidente declaró válidamente constituida la referida reunión del Consejo de Administración y se entró en el debate de los distintos puntos del orden del día. Previa deliberación y sin que ninguno de los asistentes hiciera uso del derecho de que constase en el acta el contenido de su intervención, se adoptaron los siguientes acuerdos por UNANIMIDAD, que fueron proclamados por el Sr. Presidente y que se transcriben literalmente a continuación:

....

Y para que conste libro la presente certificación, con el Visto Bueno del Presidente, haciendo constar que el acta de la reunión en que se adoptaron los acuerdos que se certifican, fue aprobada por unanimidad al final de la misma, en..........., a...........

V. B. PRESIDENTE SECRETARIO

F140. ADMINISTRADORES. CERTIFICACIÓN DE ACTA DEL CONSEJO DE ADMINISTRACIÓN UNIVERSAL

Normativa de Aplicación: *Arts. 242 y ss. Real Decreto Legislativo 1/2010, de 2 de julio, por el que se aprueba el texto refundido de la Ley de Sociedades de Capital. Art. 109 Real Decreto 1784/1996, de 19 de julio, por el que se aprueba el Reglamento del Registro Mercantil.*

.... Secretario del Consejo de Administración de la sociedad........... S.L. domiciliada en..........., calle........... núm..........., e inscrita en el Registro Mercantil de la provincia de..........., al tomo..........., folio..........., hoja..........., y CIF...........

CERTIFICO: Que según resulta del libro de actas de la sociedad, en la reunión del Consejo de Administración de..........., S.L. reunida en el domicilio social, sito en..........., el día........... de........... de..........., encontrándose presentes la totalidad de los consejeros, esto es,..........., Don..........., Don..........., Don........... y Doña........... y figurando en el acta el nombre y la firma de los asistentes, actuando como presidente de la misma Don........... y como secretario,........... y aceptaron celebrar dicha reunión del Consejo de Administración con el fin de deliberar y, en su caso, adoptar acuerdos sobre: ...., se adoptaron por UNANIMIDAD los siguientes ACUERDOS que fueron proclamados por el Sr. Presidente:...........

Y para que conste libro la presente certificación, con el Visto Bueno del Presidente, haciendo constar que el acta de la reunión en que se adoptaron los acuerdos que se certifican, fue aprobada por unanimidad al final de la misma, en..........., a...........

V. B. PRESIDENTE SECRETARIO

F141. ADMINISTRADORES. CESE DE ADMINISTRADOR ÚNICO Y NOMBRAMIENTOS DE NUEVO ADMINISTRADOR ÚNICO Y DE ADMINISTRADOR SUPLENTE. CERTIFICACIÓN DE ACUERDO DE JUNTA GENERAL EXTRAORDINARIA CONVOCADA

Normativa de Aplicación: *Arts. 212 y ss. Real Decreto Legislativo 1/2010, de 2 de julio, por el que se aprueba el texto refundido de la Ley de Sociedades de Capital. Art. 109 Real Decreto 1784/1996, de 19 de julio, por el que se aprueba el Reglamento del Registro Mercantil.*

..........., Administrador Único de la compañía .... S.L., con domicilio en ...., Avenida ...., CIF .... Inscrita en el Registro Mercantil de la Provincia de .... al ....

CERTIFICO según resulta del libro de actas de la sociedad:

Que el día .... de .... de ...., a las .... horas, y en el domicilio social, se celebró en la Junta General Extraordinaria de Socios de la compañía .... S.L.

La convocatoria de la referida Junta General Extraordinaria de socios, fue acordada en fecha .... por el administrador único, Don ....

Que la convocatoria de la presente Junta General, se realizó por el órgano de administración de la sociedad, de conformidad con lo establecido en la Ley y el art .... de los Estatutos Sociales, mediante burofax con acuse de recibo y certificado de contenido, de fecha ...., dirigido ese mismo día a cada uno de los socios al domicilio designado al efecto igualmente por cada uno de ellos.

Que el tenor literal de la convocatoria se transcribe a continuación: «Por medio del presente se convoca a los señores socios a la celebración de Junta General Extraordinaria de la sociedad .... S.L., que se celebrará, el día .... de .... de ...., a las .... horas, en el domicilio social sito en ...., a efectos de deliberar y, en su caso, adoptar acuerdos con relación al siguiente orden del día: Cese y designación de administrador. Designación de administrador suplente. En ...., hoy día .... de .... de .... el Administrador único de .... S.L. Don ....»

Que se confeccionó la pertinente lista de asistentes y, en conjunto, asistieron, personalmente o representados, ... socios, titulares de .... participaciones sociales que suponen el .... por ciento del capital social suscrito y .... de los derechos de voto.

Que asistió el órgano de administración de la sociedad.

Que actuaron como presidente y secretario de la citada Junta General, Don .... y Don ...., respectivamente. Ello de conformidad con lo establecido en la Ley y los Estatutos Sociales y ser los citados señores los socios designados por los concurrentes al comienzo de la reunión.

Que abierta la sesión por el Sr. Presidente, sin que nadie se opusiera a la válida constitución y celebración de la citada Junta General, se entró en el debate y deliberación de los diversos puntos del orden del día sin que ninguno de los presentes hiciera uso de su derecho a que constase en el acta el contenido de su intervención. Tras lo anterior, se adoptaron por unanimidad de los asistentes (........... por ciento de los votos en que se divide el capital social), los siguientes ACUERDOS, que son aquí trascritos literalmente:

PRIMERO.– Cesan a Don .... como administrador único de la compañía.

SEGUNDO.– Designan administrador único de la compañía por tiempo ...., a Don ...., de nacionalidad española, mayor de edad, nacido el .... de .... de ...., casado, vecino de ...., con domicilio en C/ .... núm. .... DNI/NIF núm. ...., que estando presente en la Junta acepta el cargo de administrador único, prometiendo desempeñarlo bien y fielmente y manifestando no estar incurso en causa de incapacidad, inhabilitación o prohibición alguna para ejercer el cargo.

TERCERO.– Designan a Don ...., mayor de edad, de nacionalidad española, nacido el .... de .... de ...., soltero, vecino de ...., con domicilio en .... y DNI/NIF .... suplente del administrador único de la compañía para el caso de que éste cese por cualquier causa.

Que Don .... estando presente en la Junta acepta el nombramiento de suplente del administrador único, manifestando no estar incurso en causa de incapacidad, inhabilitación o prohibición alguna para ejercer el cargo de administrador, prometiendo llegado el caso desempeñarlo bien y fielmente.

Y para que conste y surta los efectos oportunos, libro la presente certificación, haciendo constar que el acta de la reunión donde se adoptaron los acuerdos que se certifican fue aprobada por unanimidad en la propia sesión, y firmada por el presidente y secretario. En ...., a .... de .... de ....

En su caso, a los efectos del artículo 111 del Reglamento del Registro Mercantil firma también el administrador cesado.

F142. ADMINISTRADORES. CESE DE ADMINISTRADOR ÚNICO Y NOMBRAMIENTOS DE NUEVO ADMINISTRADOR ÚNICO Y DE ADMINISTRADOR SUPLENTE. CERTIFICACIÓN DE ACUERDO DE JUNTA GENERAL EXTRAORDINARIA UNIVERSAL

Normativa de Aplicación: *Arts. 212 y ss. Real Decreto Legislativo 1/2010, de 2 de julio, por el que se aprueba el texto refundido de la Ley de Sociedades de Capital. Art. 109 Real Decreto 1784/1996, de 19 de julio, por el que se aprueba el Reglamento del Registro Mercantil.*

..........., Administrador único de la compañía .... S.L., con domicilio en ...., C/ .... y CIF .... Inscrita en el Registro Mercantil de la Provincia de ....

CERTIFICO, según resulta del libro de actas de la sociedad:

Que el día .... de .... de .... de .... y en ...., calle ...., se celebró Junta General Extraordinaria de Socios de la compañía .... S.L., reunida con carácter universal.

Que se encontraban presentes la totalidad de los socios, figurando su nombre en el acta.

Que la totalidad de los socios aceptaron constituirse y celebrar dicha Junta General, con el carácter de universal, para deliberar y, en su caso, adoptar acuerdos con relación al siguiente orden del día: Cese y designación de administrador. Designación de administrador suplente.

Que en señal de conformidad con lo reseñado anteriormente, la totalidad de los socios de la compañía, seguido de su respectivo nombre, firmaron al inicio del acta cuyos acuerdos aquí se certifican.

Que de conformidad con lo previsto en la Ley y Los Estatutos Sociales fueron designados y actuaron como presidente de la misma Doña .... y como secretario Don ....

Que abierta la sesión sin que nadie se opusiera a ello, se adoptaron por unanimidad, (........... por ciento de los votos correspondientes a las participaciones sociales en que se divida el capital social), los siguientes ACUERDOS que se transcriben de forma literal a continuación:

PRIMERO.– Cesan a Don .... como administrador único de la compañía.

SEGUNDO.– Designan administrador único de la compañía por tiempo ...., a Don ...., de nacionalidad española, mayor de edad, nacido el .... de .... de ...., casado, vecino de ...., con domicilio en C/ .... núm. .... DNI/NIF núm. ...., que estando presente en la Junta acepta el cargo de administrador único, prometiendo desempeñarlo bien y fielmente y manifestando no estar incurso en causa de incapacidad, inhabilitación o prohibición alguna para ejercer el cargo.

TERCERO.– Designan a Don ...., mayor de edad, de nacionalidad española, nacido el .... de .... de ...., soltero, vecino de ...., con domicilio en .... y DNI/NIF .... suplente del administrador único de la compañía para el caso de que éste cese por cualquier causa.

Que Don .... estando presente en la Junta acepta el nombramiento de suplente del administrador único, manifestando no estar incurso en causa de incapacidad, inhabilitación o prohibición alguna para ejercer el cargo de administrador, prometiendo llegado el caso desempeñarlo bien y fielmente.

Y para que conste libro la presente certificación, haciendo constar que el acta de la reunión donde se adoptaron los acuerdos que se certifican fue aprobada por unanimidad en la propia sesión, y firmada por el presidente y secretario, en ...., a .... de .... de ....

(Debe firmar la certificación también el administrador saliente, con firma legitimada, a efectos del art. 111 del RRM).

F143. ADMINISTRADORES. CESE DE ADMINISTRADOR ÚNICO Y NOMBRAMIENTO DE NUEVO ADMINISTRADOR ÚNICO. CERTIFICACIÓN DE ACUERDO DE JUNTA GENERAL EXTRAORDINARIA CONVOCADA

Normativa de Aplicación: *Arts. 212 y ss. Real Decreto Legislativo 1/2010, de 2 de julio, por el que se aprueba el texto refundido de la Ley de Sociedades de Capital. Art. 109 Real Decreto 1784/1996, de 19 de julio, por el que se aprueba el Reglamento del Registro Mercantil.*

..........., Administrador Único de la compañía .... S.L., con domicilio en ...., Avenida ...., CIF .... Inscrita en el Registro Mercantil de la Provincia de .... al ....

CERTIFICO según resulta del libro de actas de la sociedad:

Que el día .... de .... de ...., a las .... horas, y en el domicilio social, se celebró en la Junta General Extraordinaria de Socios de la compañía .... S.L.

La convocatoria de la referida Junta General Extraordinaria de socios, fue acordada en fecha .... por el administrador único, Don ....

Que la convocatoria de la presente Junta General, se realizó por el órgano de administración de la sociedad, de conformidad con lo establecido en la Ley y el art .... de los Estatutos Sociales, mediante burofax con acuse de recibo y certificado de contenido, de fecha ...., dirigido ese mismo día a cada uno de los socios al domicilio designado al efecto igualmente por cada uno de ellos.

Que el tenor literal de la convocatoria se transcribe a continuación: «Por medio del presente se convoca a los señores socios a la celebración de Junta General Extraordinaria de la sociedad .... S.L., que se celebrará, el día .... de .... de ...., a las .... horas, en el domicilio social sito en ...., a efectos de deliberar y, en su caso, adoptar acuerdos con relación al siguiente orden del día: Cese y designación de administrador. En ...., hoy día .... de .... de .... el Administrador único de .... S.L. Don ....»

Que se confeccionó la pertinente lista de asistentes y, en conjunto, asistieron, personalmente o representados, ... socios, titulares de .... participaciones sociales que suponen el .... por ciento del capital social suscrito y .... de los derechos de voto.

Que asistió el órgano de administración de la sociedad.

Que actuaron como presidente y secretario de la citada Junta General, Don .... y Don ...., respectivamente. Ello de conformidad con lo establecido en la Ley y los Estatutos Sociales y ser los citados señores los socios designados por los concurrentes al comienzo de la reunión.

Que abierta la sesión por el Sr. Presidente, sin que nadie se opusiera a la válida constitución y celebración de la citada Junta General, se entró en el debate y deliberación de los diversos puntos del orden del día sin que ninguno de los presentes hiciera uso de su derecho a que constase en el acta el contenido de su intervención. Tras lo anterior, se adoptaron por unanimidad de los asistentes (........... por ciento de los votos en que se divide el capital social), los siguientes ACUERDOS, que son aquí trascritos literalmente:

PRIMERO.– Cesan a Don .... como administrador único de la compañía.

SEGUNDO.– Designan administrador único de la compañía por tiempo ...., a Don ...., de nacionalidad española, mayor de edad, nacido el .... de .... de ...., casado, vecino de ...., con domicilio en C/ .... núm. .... DNI/NIF núm. ...., que estando presente en la Junta acepta el cargo de administrador único, prometiendo desempeñarlo bien y fielmente y manifestando no estar incurso en causa de incapacidad, inhabilitación o prohibición alguna para ejercer el cargo.

Y para que conste libro la presente certificación, haciendo constar que el acta de la reunión donde se adoptaron los acuerdos que se certifican fue aprobada por unanimidad en la propia sesión, y firmada por el presidente y secretario, en ...., a .... de .... de ....

F144. ADMINISTRADORES. CESE DE ADMINISTRADOR ÚNICO Y NOMBRAMIENTO DE NUEVO ADMINISTRADOR ÚNICO. CERTIFICACIÓN DE ACUERDO DE JUNTA GENERAL EXTRAORDINARIA UNIVERSAL

Normativa de Aplicación: *Arts. 212 y ss. Real Decreto Legislativo 1/2010, de 2 de julio, por el que se aprueba el texto refundido de la Ley de Sociedades de Capital. Art. 109 Real Decreto 1784/1996, de 19 de julio, por el que se aprueba el Reglamento del Registro Mercantil.*

..........., Administrador único de la compañía .... S.L., con domicilio en ...., C/ .... y CIF .... Inscrita en el Registro Mercantil de la Provincia de ....

CERTIFICO, según resulta del libro de actas de la sociedad:

Que el día .... de .... de .... de .... y en ...., calle ...., se celebró Junta General Extraordinaria de Socios de la compañía .... S.L., reunida con carácter universal.

Que se encontraban presentes la totalidad de los socios, figurando su nombre en el acta.

Que la totalidad de los socios aceptaron constituirse y celebrar dicha Junta General, con el carácter de universal, para deliberar y, en su caso, adoptar acuerdos con relación al siguiente orden del día: Cese y designación de administrador.

Que en señal de conformidad con lo reseñado anteriormente, la totalidad de los socios de la compañía, seguido de su respectivo nombre, firmaron al inicio del acta cuyos acuerdos aquí se certifican.

Que de conformidad con lo previsto en la Ley y Los Estatutos Sociales fueron designados y actuaron como presidente de la misma Doña .... y como secretario Don ....

Que abierta la sesión sin que nadie se opusiera a ello, se adoptaron por unanimidad, (........... por ciento de los votos correspondientes a las participaciones sociales en que se divida el capital social), los siguientes ACUERDOS que se transcriben de forma literal a continuación:

PRIMERO.– Cesan a Don .... como administrador único de la compañía.

SEGUNDO.– Designan administrador único de la compañía por tiempo ...., a Don ...., de nacionalidad española, mayor de edad, nacido el .... de .... de ...., casado, vecino de ...., con domicilio en C/ .... núm. .... DNI/NIF núm. ...., que estando presente en la Junta acepta el cargo de administrador único, prometiendo desempeñarlo bien y fielmente y manifestando no estar incurso en causa de incapacidad, inhabilitación o prohibición alguna para ejercer el cargo.

Y para que conste libro la presente certificación, haciendo constar que el acta de la reunión donde se adoptaron los acuerdos que se certifican fue aprobada por unanimidad en la propia sesión, y firmada por el presidente y secretario, en ...., a .... de .... de ....

En su caso, a los efectos del artículo 111 del Reglamento del Registro Mercantil firma también el administrador cesado.

F145. ADMINISTRADORES. CESE DE ADMINISTRADOR ÚNICO Y NOMBRAMIENTO DE ADMINISTRADORES SOLIDARIOS. CERTIFICACIÓN DE ACUERDO DE JUNTA GENERAL EXTRAORDINARIA CONVOCADA

Normativa de Aplicación: *Arts. 212 y ss. Real Decreto Legislativo 1/2010, de 2 de julio, por el que se aprueba el texto refundido de la Ley de Sociedades de Capital. Art. 109 Real Decreto 1784/1996, de 19 de julio, por el que se aprueba el Reglamento del Registro Mercantil.*

..........., Administrador solidario de la compañía .... S.L., con domicilio en ...., Avenida ...., CIF .... Inscrita en el Registro Mercantil de la Provincia de .... al ....

CERTIFICO según resulta del libro de actas de la sociedad:

Que el día .... de .... de ...., a las .... horas, y en el domicilio social, se celebró en la Junta General Extraordinaria de Socios de la compañía .... S.L.

La convocatoria de la referida Junta General Extraordinaria de socios, fue acordada en fecha .... por el administrador único, Don ....

Que la convocatoria de la presente Junta General, se realizó por el órgano de administración de la sociedad, de conformidad con lo establecido en la Ley y el art .... de los Estatutos Sociales, mediante burofax con acuse de recibo y certificado de contenido, de fecha ...., dirigido ese mismo día a cada uno de los socios al domicilio designado al efecto igualmente por cada uno de ellos.

Que el tenor literal de la convocatoria se transcribe a continuación: «Por medio del presente se convoca a los señores socios a la celebración de Junta General Extraordinaria de la sociedad .... S.L., que se celebrará, el día .... de .... de ...., a las .... horas, en el domicilio social sito en ...., a efectos de deliberar y, en su caso, adoptar acuerdos con relación al siguiente orden del día: Cese y designación de administrador. En ...., hoy día .... de .... de .... el Administrador único de .... S.L. Don ....»

Que se confeccionó la pertinente lista de asistentes y, en conjunto, asistieron, personalmente o representados, ... socios, titulares de .... participaciones sociales que suponen el .... por ciento del capital social suscrito y .... de los derechos de voto.

Que asistió el órgano de administración de la sociedad.

Que actuaron como presidente y secretario de la citada Junta General, Don .... y Don ...., respectivamente. Ello de conformidad con lo establecido en la Ley y los Estatutos Sociales y ser los citados señores los socios designados por los concurrentes al comienzo de la reunión.

Que abierta la sesión por el Sr. Presidente, sin que nadie se opusiera a la válida constitución y celebración de la citada Junta General, se entró en el debate y deliberación de los diversos puntos del orden del día sin que ninguno de los presentes hiciera uso de su derecho a que constase en el acta el contenido de su intervención. Tras lo anterior, se adoptaron por unanimidad de los asistentes (........... por ciento de los votos en que se divide el capital social), los siguientes ACUERDOS, que son aquí trascritos literalmente:

PRIMERO.– Cesan al administrador único Don ....

SEGUNDO.– Optan por un órgano de administración pluripersonal, formado por dos administradores que actuarán de forma solidaria, como modo concreto de organizar la Administración de la sociedad, dentro del marco previsto en los estatutos sociales.

TERCERO.– Designan administradores de la compañía por tiempo indefinido a Don ...., de nacionalidad inglesa, mayor de edad, nacido el .... de .... de ...., esto es, de .... años de edad, casado, vecino de ...., con domicilio en .... y NIE ...., expedido en ...., el día .... de

.... de ...., vigente en la actualidad y Doña ...., mayor de edad, nacida el .... de .... de ...., esto es, de .... años de edad, soltera, de nacionalidad española, vecina de ...., con domicilio en C/ ...., núm. .... y DNI/NIF núm. ....

Conforme a lo establecido en los Estatutos Sociales, la representación se ejercerá de forma solidaria por los designados.

Que DON .... Y DOÑA ...., estando presentes en la Junta, aceptan expresamente el cargo, prometiendo desempeñarlo bien y fielmente y manifestando no estar incursos en ninguna de las limitaciones, prohibiciones, incapacidades ni incompatibilidades establecidas en la normativa aplicable.

Y para que conste libro la presente certificación, haciendo constar que el acta de la reunión donde se adoptaron los acuerdos que se certifican fue aprobada por unanimidad en la propia sesión, y firmada por el presidente y secretario, en ...., a .... de .... de ....

En su caso, a los efectos del artículo 111 del Reglamento del Registro Mercantil firma también el administrador cesado.

F146. ADMINISTRADORES. CESE DE ADMINISTRADOR ÚNICO Y NOMBRAMIENTO DE ADMINISTRADORES SOLIDARIOS. CERTIFICACIÓN DE ACUERDO DE JUNTA GENERAL EXTRAORDINARIA UNIVERSAL

Normativa de Aplicación: *Arts. 212 y ss. Real Decreto Legislativo 1/2010, de 2 de julio, por el que se aprueba el texto refundido de la Ley de Sociedades de Capital. Art. 109 Real Decreto 1784/1996, de 19 de julio, por el que se aprueba el Reglamento del Registro Mercantil.*

..........., Administrador solidario de la compañía .... S.L., con domicilio en ...., C/ .... y CIF .... Inscrita en el Registro Mercantil de la Provincia de ....

CERTIFICO, según resulta del libro de actas de la sociedad:

Que el día .... de .... de .... de .... y en ...., calle ...., se celebró Junta General Extraordinaria de Socios de la compañía .... S.L., reunida con carácter universal.

Que se encontraban presentes la totalidad de los socios, figurando su nombre en el acta.

Que la totalidad de los socios aceptaron constituirse y celebrar dicha Junta General, con el carácter de universal, para deliberar y, en su caso, adoptar acuerdos con relación al siguiente orden del día: Cese y designación de administrador.

Que en señal de conformidad con lo reseñado anteriormente, la totalidad de los socios de la compañía, seguido de su respectivo nombre, firmaron al inicio del acta cuyos acuerdos aquí se certifican.

Que de conformidad con lo previsto en la Ley y Los Estatutos Sociales fueron designados y actuaron como presidente de la misma Doña .... y como secretario Don ....

Que abierta la sesión sin que nadie se opusiera a ello, se adoptaron por unanimidad, (........... por ciento de los votos correspondientes a las participaciones sociales en que se divida el capital social), los siguientes ACUERDOS que se transcriben de forma literal a continuación:

PRIMERO.– Cesan al administrador único Don ....

SEGUNDO.– Optan por un órgano de administración pluripersonal, formado por dos administradores que actuarán de forma solidaria, como modo concreto de organizar la Administración de la sociedad, dentro del marco previsto en los estatutos sociales.

TERCERO.– Designan administradores de la compañía por tiempo indefinido a Don ...., de nacionalidad inglesa, mayor de edad, nacido el .... de .... de ...., esto es, de .... años de edad, casado, vecino de ...., con domicilio en .... y NIE ...., expedido en ...., el día .... de .... de ...., vigente en la actualidad y Doña ...., mayor de edad, nacida el .... de .... de ...., esto es, de .... años de edad, soltera, de nacionalidad española, vecina de ...., con domicilio en C/ ...., núm. .... y DNI/NIF núm. ....

Conforme a lo establecido en los Estatutos Sociales, la representación se ejercerá de forma solidaria por los designados.

Que DON .... Y DOÑA ...., estando presentes en la Junta, aceptan expresamente el cargo, prometiendo desempeñarlo bien y fielmente y manifestando no estar incursos en ninguna de las limitaciones, prohibiciones, incapacidades ni incompatibilidades establecidas en la normativa aplicable.

Y para que conste libro la presente certificación, haciendo constar que el acta de la reunión donde se adoptaron los acuerdos que se certifican fue aprobada por unanimidad en la propia sesión, y firmada por el presidente y secretario, en ...., a .... de .... de ....

En su caso, a los efectos del artículo 111 del Reglamento del Registro Mercantil firma también el administrador cesado.

F147. ADMINISTRADORES. CESE DE ADMINISTRADOR ÚNICO Y NOMBRAMIENTO DE ADMINISTRADORES CONJUNTOS. CERTIFICACIÓN DE ACUERDO DE JUNTA GENERAL EXTRAORDINARIA CONVOCADA

Normativa de Aplicación: *Arts. 212 y ss. Real Decreto Legislativo 1/2010, de 2 de julio, por el que se aprueba el texto refundido de la Ley de Sociedades de Capital. Art. 109 Real Decreto 1784/1996, de 19 de julio, por el que se aprueba el Reglamento del Registro Mercantil.*

.... y ...., Administradores mancomunados de la compañía .... S.L., con domicilio en ...., C/ .... y CIF .... Inscrita en el Registro Mercantil de la Provincia de ....

CERTIFICAMOS, según resulta del libro de actas de la sociedad:

Que el día .... de .... de ...., a las .... horas, y en el domicilio social, se celebró en la Junta General Extraordinaria de Socios de la compañía .... S.L.

La convocatoria de la referida Junta General Extraordinaria de socios, fue acordada en fecha .... por el administrador único, Don ....

Que la convocatoria de la presente Junta General, se realizó por el órgano de administración de la sociedad, de conformidad con lo establecido en la Ley y el art .... de los Estatutos Sociales, mediante burofax con acuse de recibo y certificado de contenido, de fecha ...., dirigido ese mismo día a cada uno de los socios al domicilio designado al efecto igualmente por cada uno de ellos.

Que el tenor literal de la convocatoria se transcribe a continuación: «Por medio del presente se convoca a los señores socios a la celebración de Junta General Extraordinaria de la sociedad .... S.L., que se celebrará, el día .... de .... de ...., a las .... horas, en el domicilio social sito en ...., a efectos de deliberar y, en su caso, adoptar acuerdos con relación al siguiente orden del día: Cese y designación de administradores. En ...., hoy día .... de .... de .... el Administrador único de .... S.L. Don ....»

Que se confeccionó la pertinente lista de asistentes y, en conjunto, asistieron, personalmente o representados, ... socios, titulares de .... participaciones sociales que suponen el .... por ciento del capital social suscrito y .... de los derechos de voto.

Que asistió el órgano de administración de la sociedad.

Que actuaron como presidente y secretario de la citada Junta General, Don .... y Don ...., respectivamente. Ello de conformidad con lo establecido en la Ley y los Estatutos Sociales y ser los citados señores los socios designados por los concurrentes al comienzo de la reunión.

Que abierta la sesión por el Sr. Presidente, sin que nadie se opusiera a la válida constitución y celebración de la citada Junta General, se entró en el debate y deliberación de los diversos puntos del orden del día sin que ninguno de los presentes hiciera uso de su derecho a que constase en el acta el contenido de su intervención. Tras lo anterior, se adoptaron por unanimidad de los asistentes (........... por ciento de los votos en que se divide el capital social), los siguientes ACUERDOS, que son aquí trascritos literalmente:

PRIMERO.– Cesan al administrador único Don ....

SEGUNDO. De conformidad con lo dispuesto en el art. .... de los estatutos sociales, se modifica el modo de organización de la administración de la sociedad, optándose por confiar la misma a tres administradores que actuarán de manera conjunta.

TERCERO. Designan administradores por plazo de ...., a Don ...., mayor de edad, nacido el .... de .... de ...., casado, de nacionalidad alemana, vecino de ...., con domicilio en ...., C/ .... y NIE .... expedido en .... con fecha ...., vigente en la actualidad; Doña ...., mayor de edad, nacida el .... de .... de ...., soltera, de nacionalidad española, vecina de ...., con domicilio en Avda. .... s/n, dotada de DNI/NIF núm. .... y Doña ...., mayor de edad, nacida el .... de .... de ...., soltera, de nacionalidad española, vecina de ...., con domicilio en C/ .... núm. ...., DNI/NIF núm. ....

Conforme a lo previsto en el art. 233.2.c) de la Ley de Sociedades de Capital, la representación de la sociedad se ejercerá mancomunadamente al menos por dos cualquiera de los administradores designados, en la forma determinada por los Estatutos.

Que DON ...., DOÑA .... Y DOÑA ...., estando presentes en la Junta, aceptan expresamente el cargo, prometiendo desempeñarlo bien y fielmente y manifestando no estar incursos en ninguna de las limitaciones, prohibiciones, incapacidades ni incompatibilidades establecidas en la normativa aplicable.

Y para que conste libro la presente certificación, haciendo constar que el acta de la reunión donde se adoptaron los acuerdos que se certifican fue aprobada por unanimidad en la propia sesión, y firmada por el presidente y secretario, en ...., a .... de .... de ....

En su caso, a los efectos del artículo 111 del Reglamento del Registro Mercantil firma también el administrador cesado.

F148. ADMINISTRADORES. CESE DE ADMINISTRADOR ÚNICO Y NOMBRAMIENTO DE ADMINISTRADORES CONJUNTOS. CERTIFICACIÓN DE ACUERDO DE JUNTA GENERAL EXTRAORDINARIA UNIVERSAL

Normativa de Aplicación: *Arts. 212 y ss. Real Decreto Legislativo 1/2010, de 2 de julio, por el que se aprueba el texto refundido de la Ley de Sociedades de Capital. Art. 109 Real Decreto 1784/1996, de 19 de julio, por el que se aprueba el Reglamento del Registro Mercantil.*

.... y ...., Administradores mancomunados de la compañía .... S.L., con domicilio en ...., C/ .... y CIF .... Inscrita en el Registro Mercantil de la Provincia de ....

CERTIFICAMOS, según resulta del libro de actas de la sociedad:

Que el día .... de .... de .... de .... y en ...., calle ...., se celebró Junta General Extraordinaria de Socios de la compañía .... S.L., reunida con carácter universal.

Que se encontraban presentes la totalidad de los socios, figurando su nombre en el acta.

Que la totalidad de los socios aceptaron constituirse y celebrar dicha Junta General, con el carácter de universal, para deliberar y, en su caso, adoptar acuerdos con relación al siguiente orden del día: Cese y designación de administradores.

Que en señal de conformidad con lo reseñado anteriormente, la totalidad de los socios de la compañía, seguido de su respectivo nombre, firmaron al inicio del acta cuyos acuerdos aquí se certifican.

Que de conformidad con lo previsto en la Ley y Los Estatutos Sociales fueron designados y actuaron como presidente de la misma Doña .... y como secretario Don ....

Que abierta la sesión sin que nadie se opusiera a ello, se adoptaron por unanimidad, (........... por ciento de los votos correspondientes a las participaciones sociales en que se divida el capital social), los siguientes ACUERDOS que se transcriben de forma literal a continuación:

PRIMERO.– Cesan al administrador único Don ....

SEGUNDO. De conformidad con lo dispuesto en el art. .... de los estatutos sociales, se modifica el modo de organización de la administración de la sociedad, optándose por confiar la misma a tres administradores que actuarán de manera conjunta.

TERCERO. Designan administradores por plazo de ...., a Don ...., mayor de edad, nacido el .... de .... de ...., casado, de nacionalidad alemana, vecino de ...., con domicilio en ...., C/ .... y NIE .... expedido en .... con fecha ...., vigente en la actualidad; Doña ...., mayor de edad, nacida el .... de .... de ...., soltera, de nacionalidad española, vecina de ...., con domicilio en Avda. .... s/n, dotada de DNI/NIF núm. .... y Doña ...., mayor de edad, nacida el .... de .... de ...., soltera, de nacionalidad española, vecina de ...., con domicilio en C/ .... núm. ...., DNI/NIF núm. ....

Conforme a lo previsto en el art. 233.2.c) de la Ley de Sociedades de Capital, la representación de la sociedad se ejercerá mancomunadamente al menos por dos cualquiera de los administradores designados, en la forma determinada por los Estatutos.

Que DON ...., DOÑA .... Y DOÑA ...., estando presentes en la Junta, aceptan expresamente el cargo, prometiendo desempeñarlo bien y fielmente y manifestando no estar incursos en ninguna de las limitaciones, prohibiciones, incapacidades ni incompatibilidades establecidas en la normativa aplicable.

Y para que conste libro la presente certificación, haciendo constar que el acta de la reunión donde se adoptaron los acuerdos que se certifican fue aprobada por unanimidad en la propia sesión, y firmada por el presidente y secretario, en ...., a .... de .... de ....

En su caso, a los efectos del artículo 111 del Reglamento del Registro Mercantil firma también el administrador cesado.

F149. ADMINISTRADORES. CESE DE CONSEJEROS Y NOMBRAMIENTO DE NUEVOS ADMINISTRADORES QUE INTEGRARÁN EL CONSEJO DE ADMINISTRACIÓN. CERTIFICACIÓN DE ACUERDO DE JUNTA GENERAL EXTRAORDINARIA UNIVERSAL

Normativa de Aplicación: *Arts. 212 y ss. Real Decreto Legislativo 1/2010, de 2 de julio, por el que se aprueba el texto refundido de la Ley de Sociedades de Capital. Art. 109 Real Decreto 1784/1996, de 19 de julio, por el que se aprueba el Reglamento del Registro Mercantil.*

DON ...., Secretario del Consejo de Administración de la compañía .... S.L., con domicilio en ...., C/ .... y CIF .... Inscrita en el Registro Mercantil de la Provincia de ....

CERTIFICO, según resulta del libro de actas de la sociedad:

Que el día .... de .... de .... de .... y en ...., calle ...., se celebró Junta General Extraordinaria de Socios de la compañía .... S.L., reunida con carácter universal.

Que se encontraban presentes la totalidad de los socios, figurando su nombre en el acta.

Que la totalidad de los socios aceptaron constituirse y celebrar dicha Junta General, con el carácter de universal, para deliberar y, en su caso, adoptar acuerdos con relación al siguiente orden del día: 1.– Cese y designación de administradores. 2.–Elevación a público de acuerdos.

Que en señal de conformidad con lo reseñado anteriormente, la totalidad de los socios de la compañía, seguido de su respectivo nombre, firmaron al inicio del acta cuyos acuerdos aquí se certifican.

Que de conformidad con lo previsto en la Ley y Los Estatutos Sociales fueron designados y actuaron como presidente de la misma Doña .... y como secretario Don ....

Que abierta la sesión sin que nadie se opusiera a ello, se adoptaron por unanimidad, (........... por ciento de los votos correspondientes a las participaciones sociales en que se divida el capital social), los siguientes ACUERDOS que se transcriben de forma literal a continuación:

PRIMERO.– Cesan a la totalidad de los integrantes del Consejo de Administración de la sociedad, esto es, Don ...., Don .... y Don ....

SEGUNDO.– Se designan administradores de la sociedad, por un periodo de cinco años, a Don ...., mayor de edad, nacido el ...., casado, de nacionalidad española, y vecino de ...., domiciliado en .... con DNI/NIF, ..., Don ...., mayor de edad, nacido el ...., casado, de nacionalidad española, y vecino de ...., domiciliado en .... con DNI/NIF, ..., Don ...., mayor de edad, nacido el ...., casado, de nacionalidad española, y vecino de ...., domiciliado en .... con DNI/NIF, ..., Don ...., mayor de edad, nacido el ...., casado, de nacionalidad española, y vecino de ...., domiciliado en .... con DNI/NIF, ...

Los designados, quienes formarán el Consejo de Administración, se encontraban presentes y aceptaron el cargo, prometiendo desempeñarlo bien y fielmente y manifestaron no estar incursos en causa de incapacidad, inhabilitación o prohibición alguna para ejercer el cargo.

TERCERO.– Facultar a los Consejeros para que cualquiera de ellos indistinta y solidariamente puedan comparecer ante notario a los efectos de elevar a público los anteriores acuerdos e instar su inscripción en el Registro Mercantil de la provincia de ...., así como efectuar cualesquiera manifestaciones y otorgar escrituras de subsanación, aclaración o rectificación que fueren precisas a la vista de la calificación del Sr. Registrador para que se practique la citada inscripción en el Registro Mercantil.

Y para que conste libro la presente certificación, haciendo constar que el acta de la reunión donde se adoptaron los acuerdos que se certifican fue aprobada por unanimidad en la propia sesión, y firmada por el presidente y el secretario, en ...., a .... de .... de ....

En su caso, a los efectos del artículo 111 del Reglamento del Registro Mercantil firman también los administradores cesados Don.........

F150. ADMINISTRADORES. CESE DE ADMINISTRADOR ÚNICO. MODIFICACIÓN DEL MODO DE ORGANIZAR LA ADMINISTRACIÓN DE LA SOCIEDAD. NOMBRAMIENTO DE LOS NUEVOS ADMINISTRADORES QUE SE ORGANIZARÁN MEDIANTE CONSEJO DE ADMINISTRACIÓN. CERTIFICACIÓN DE ACUERDO DE JUNTA GENERAL EXTRAORDINARIA UNIVERSAL

Normativa de Aplicación: *Arts. 242 y ss. Real Decreto Legislativo 1/2010, de 2 de julio, por el que se aprueba el texto refundido de la Ley de Sociedades de Capital. Art. 109 Real Decreto 1784/1996, de 19 de julio, por el que se aprueba el Reglamento del Registro Mercantil.*

DON ...., Secretario del Consejo de Administración de la compañía .... S.L., con domicilio en ...., C/ .... y CIF .... Inscrita en el Registro Mercantil de la Provincia de ....

CERTIFICO, según resulta del libro de actas de la sociedad:

Que el día .... de .... de .... de .... y en ...., calle ...., se celebró Junta General Extraordinaria de Socios de la compañía .... S.L., reunida con carácter universal.

Que se encontraban presentes la totalidad de los socios, figurando su nombre en el acta.

Que la totalidad de los socios aceptaron constituirse y celebrar dicha Junta General, con el carácter de universal, para deliberar y, en su caso, adoptar acuerdos con relación al siguiente orden del día: 1.– Cese del administrador único. 2.– Modificación del modo de organización de la administración de la sociedad, de conformidad con lo dispuesto en el art. .... de los estatutos sociales. 3. Designación de administradores. 4.– Elevación a público de acuerdos.

Que en señal de conformidad con lo reseñado anteriormente, la totalidad de los socios de la compañía, seguido de su respectivo nombre, firmaron al inicio del acta cuyos acuerdos aquí se certifican.

Que de conformidad con lo previsto en la Ley y Los Estatutos Sociales fueron designados y actuaron como presidente de la misma Doña .... y como secretario Don ....

Que abierta la sesión sin que nadie se opusiera a ello, se adoptaron por unanimidad, (........... por ciento de los votos correspondientes a las participaciones sociales en que se divida el capital social), los siguientes ACUERDOS que se transcriben de forma literal a continuación:

PRIMERO.– Cesar al administrador único de la sociedad, esto es a la mercantil ....

SEGUNDO.– De conformidad con lo dispuesto en el art. .... de los estatutos sociales, se modifica el modo de organización de la administración de la sociedad, optándose por confiar la misma a un Consejo de Administración.

TERCERO.– Se designan administradores de la sociedad, por un plazo indefinido, a Don ...., mayor de edad, nacido ...., casado, de nacionalidad española, y vecino de .... con DNI/NIF, ..., Don ...., mayor de edad, nacido ...., casado, de nacionalidad española, y vecino de .... con DNI/NIF, ..., Don ...., mayor de edad, nacido ...., casado, de nacionalidad española, y vecino de .... con DNI/NIF, ..., Don ...., mayor de edad, nacido ...., casado, de nacionalidad española, y vecino de .... con DNI/NIF, ..., y a la mercantil ...., con CIF ...., constituida por tiempo indefinido ....

La mercantil ...., designa como persona física representante a ...., mayor de edad, nacido el ...., casado, vecino de ...., con DNI/NIF ...., para el ejercer el cargo de administrador de ....

Los designados, es decir .... quienes formarán el Consejo de Administración, y el citado .... también personalmente, se encontraban presentes y aceptaron el cargo, prometiendo desempeñarlo bien y fielmente y manifestaron no estar incursos en causa de incapacidad, inhabilitación o prohibición alguna para ejercer el cargo.

CUARTO.– Facultar a los Consejeros para que cualquiera de ellos indistinta y solidariamente puedan comparecer ante notario a los efectos de elevar a público los anteriores acuerdos e instar su inscripción en el Registro Mercantil de la provincia de ...., así como efectuar cualesquiera manifestaciones y otorgar escrituras de subsanación, aclaración o rectificación que fueren precisas a la vista de la calificación del Sr. Registrador para que se practique la citada inscripción en el Registro Mercantil.

Y para que conste libro la presente certificación, haciendo constar que el acta de la reunión donde se adoptaron los acuerdos que se certifican fue aprobada por unanimidad en la propia sesión, y firmada por el presidente y el secretario, en ...., a .... de .... de ....

En su caso, a los efectos del artículo 111 del Reglamento del Registro Mercantil firma también el administrador cesado.

F151. ADMINISTRADORES. AUTORIZACIÓN AL ADMINISTRADOR PARA EL EJERCICIO DE ACTIVIDADES EN CONFLICTOS DE INTERÉS. CERTIFICACIÓN DE ACUERDO DE JUNTA GENERAL EXTRAORDINARIA CONVOCADA

Normativa de Aplicación: *Arts. 212 y ss. Real Decreto Legislativo 1/2010, de 2 de julio, por el que se aprueba el texto refundido de la Ley de Sociedades de Capital. Art. 109 Real Decreto 1784/1996, de 19 de julio, por el que se aprueba el Reglamento del Registro Mercantil.*

..........., Administrador Único de la compañía .... S.L., con domicilio en ...., Avenida ...., CIF .... Inscrita en el Registro Mercantil de la Provincia de .... al ....

CERTIFICO según resulta del libro de actas de la sociedad:

Que el día .... de .... de ...., a las .... horas, y en el domicilio social, se celebró en la Junta General Extraordinaria de Socios de la compañía .... S.L.

La convocatoria de la referida Junta General Extraordinaria de socios, fue acordada en fecha .... por el administrador único, Don ....

Que la convocatoria de la presente Junta General, se realizó por el órgano de administración de la sociedad, de conformidad con lo establecido en la Ley y el art .... de los Estatutos Sociales, mediante burofax con acuse de recibo y certificado de contenido, de fecha ...., dirigido ese mismo día a cada uno de los socios al domicilio designado al efecto igualmente por cada uno de ellos.

Que el tenor literal de la convocatoria se transcribe a continuación: «Por medio del presente se convoca a los señores socios a la celebración de Junta General Extraordinaria de la sociedad .... S.L., que se celebrará, el día .... de .... de ...., a las .... horas, en el domicilio social sito en ...., a efectos de deliberar y, en su caso, adoptar acuerdos con relación al siguiente orden del día: 1.– Autorización al Administrador único para ejercicio de la actividad de .... En ...., hoy día .... de .... de .... el Administrador único de .... S.L. Don ....»

Que se confeccionó la pertinente lista de asistentes y, en conjunto, asistieron, personalmente o representados, ... socios, titulares de .... participaciones sociales que suponen el .... por ciento del capital social suscrito y .... de los derechos de voto.

Que asistió el órgano de administración de la sociedad.

Que actuaron como presidente y secretario de la citada Junta General, Don .... y Don ...., respectivamente. Ello de conformidad con lo establecido en la Ley y los Estatutos Sociales y ser los citados señores los socios designados por los concurrentes al comienzo de la reunión.

Que abierta la sesión por el Sr. Presidente, sin que nadie se opusiera a la válida constitución y celebración de la citada Junta General, se entró en el debate y deliberación de los diversos puntos del orden del día sin que ninguno de los presentes hiciera uso de su derecho a que constase en el acta el contenido de su intervención. Tras lo anterior, se adoptaron por unanimidad de los asistentes (........... por ciento de los votos en que se divide el capital social), los siguientes ACUERDOS, que son aquí trascritos literalmente:

PRIMERO.– Autorizan al administrador único de la compañía Don .... a realizar por cuenta de la sociedad ...., la actividad de ...., a pesar de que esta última, pueda entrañar una competencia efectiva, sea actual o potencial, con la sociedad o de cualquier otro modo le sitúen en un conflicto permanente con los interés de la sociedad.

Y para que conste y surta los efectos oportunos, libro la presente certificación, haciendo constar que el acta de la reunión donde se adoptaron los acuerdos que se certifican fue aprobada por unanimidad en la propia sesión, y firmada por el presidente y el secretario. En ...., a .... de .... de ....

F152. ADMINISTRADORES. AUTORIZACIÓN AL ADMINISTRADOR PARA EL EJERCICIO DE ACTIVIDADES EN CONFLICTOS DE INTERÉS. CERTIFICACIÓN DE ACUERDO DE JUNTA GENERAL EXTRAORDINARIA UNIVERSAL

Normativa de Aplicación: *Arts. 212 y ss. Real Decreto Legislativo 1/2010, de 2 de julio, por el que se aprueba el texto refundido de la Ley de Sociedades de Capital. Art. 109 Real Decreto 1784/1996, de 19 de julio, por el que se aprueba el Reglamento del Registro Mercantil.*

..........., Administrador único de la compañía .... S.L., con domicilio en ...., C/ .... y CIF .... Inscrita en el Registro Mercantil de la Provincia de ....

CERTIFICO, según resulta del libro de actas de la sociedad:

Que el día .... de .... de .... de .... y en ...., calle ...., se celebró Junta General Extraordinaria de Socios de la compañía .... S.L., reunida con carácter universal.

Que se encontraban presentes la totalidad de los socios, figurando su nombre en el acta.

Que la totalidad de los socios aceptaron constituirse y celebrar dicha Junta General, con el carácter de universal, para deliberar y, en su caso, adoptar acuerdos con relación al siguiente orden del día: 1.– Autorización al Administrador único para ejercicio de la actividad de ....

Que en señal de conformidad con lo reseñado anteriormente, la totalidad de los socios de la compañía, seguido de su respectivo nombre, firmaron al inicio del acta cuyos acuerdos aquí se certifican.

Que de conformidad con lo previsto en la Ley y Los Estatutos Sociales fueron designados y actuaron como presidente de la misma Doña .... y como secretario Don ....

Que abierta la sesión sin que nadie se opusiera a ello, se adoptaron por unanimidad, (........... por ciento de los votos correspondientes a las participaciones sociales en que se divida el capital social), los siguientes ACUERDOS que se transcriben de forma literal a continuación:

PRIMERO.– Autorizan al administrador único de la compañía Don .... a realizar por cuenta de la sociedad ...., la actividad de ...., a pesar de que esta última, pueda entrañar una competencia efectiva, sea actual o potencial, con la sociedad o de cualquier otro modo le sitúen en un conflicto permanente con los interés de la sociedad.

Y para que conste libro la presente certificación, haciendo constar que el acta de la reunión donde se adoptaron los acuerdos que se certifican fue aprobada por unanimidad en la propia sesión, y firmada por el presidente y el secretario, en ...., a .... de .... de ....

F153. ADMINISTRADORES. CONTRATACIÓN DE LA SOCIEDAD CON EL ADMINISTRADOR. CERTIFICACIÓN DE ACUERDO DE JUNTA GENERAL EXTRAORDINARIA CONVOCADA

Normativa de Aplicación: *Arts. 212 y ss. Real Decreto Legislativo 1/2010, de 2 de julio, por el que se aprueba el texto refundido de la Ley de Sociedades de Capital. Art. 109 Real Decreto 1784/1996, de 19 de julio, por el que se aprueba el Reglamento del Registro Mercantil.*

..........., Administrador Único de la compañía .... S.L., con domicilio en ...., Avenida ...., CIF .... Inscrita en el Registro Mercantil de la Provincia de .... al ....

CERTIFICO según resulta del libro de actas de la sociedad:

Que el día .... de .... de ...., a las .... horas, y en el domicilio social, se celebró en la Junta General Extraordinaria de Socios de la compañía .... S.L.

La convocatoria de la referida Junta General Extraordinaria de socios, fue acordada en fecha .... por el administrador único, Don ....

Que la convocatoria de la presente Junta General, se realizó por el órgano de administración de la sociedad, de conformidad con lo establecido en la Ley y el art .... de los Estatutos Sociales, mediante burofax con acuse de recibo y certificado de contenido, de fecha ...., dirigido ese mismo día a cada uno de los socios al domicilio designado al efecto igualmente por cada uno de ellos.

Que el tenor literal de la convocatoria se transcribe a continuación: «Por medio del presente se convoca a los señores socios a la celebración de Junta General Extraordinaria de la sociedad .... S.L., que se celebrará, el día .... de .... de ...., a las .... horas, en el domicilio social sito en ...., a efectos de deliberar y, en su caso, adoptar acuerdos con relación al siguiente orden del día: 1.– Establecimiento con el Administrador único de la sociedad una relación de obra o de servicios de .... En ...., hoy día .... de .... de .... el Administrador único de .... S.L. Don ....»

Que se confeccionó la pertinente lista de asistentes y, en conjunto, asistieron, personalmente o representados, ... socios, titulares de .... participaciones sociales que suponen el .... por ciento del capital social suscrito y .... de los derechos de voto.

Que asistió el órgano de administración de la sociedad.

Que actuaron como presidente y secretario de la citada Junta General, Don .... y Don ...., respectivamente. Ello de conformidad con lo establecido en la Ley y los Estatutos Sociales y ser los citados señores los socios designados por los concurrentes al comienzo de la reunión.

Que abierta la sesión por el Sr. Presidente, sin que nadie se opusiera a la válida constitución y celebración de la citada Junta General, se entró en el debate y deliberación de los diversos puntos del orden del día sin que ninguno de los presentes hiciera uso de su derecho a que constase en el acta el contenido de su intervención. Tras lo anterior, se adoptaron por unanimidad de los asistentes (........... por ciento de los votos en que se divide el capital social), los siguientes ACUERDOS, que son aquí trascritos literalmente:

PRIMERO.– Establecer entre la sociedad y el administrador de la compañía Don ...., una relación de obra o de servicios consistentes en ...., que se regirá por los siguientes pactos: ....

Y para que conste y surta los efectos oportunos, libro la presente certificación, haciendo constar que el acta de la reunión donde se adoptaron los acuerdos que se certifican fue aprobada por unanimidad en la propia sesión, y firmada por el presidente y el secretario. En ...., a .... de .... de ....

F154. ADMINISTRADORES. CONTRATACIÓN DE LA SOCIEDAD CON EL ADMINISTRADOR. CERTIFICACIÓN DE ACUERDO DE JUNTA GENERAL EXTRAORDINARIA UNIVERSAL

Normativa de Aplicación: *Arts. 212 y ss. Real Decreto Legislativo 1/2010, de 2 de julio, por el que se aprueba el texto refundido de la Ley de Sociedades de Capital. Art. 109 Real Decreto 1784/1996, de 19 de julio, por el que se aprueba el Reglamento del Registro Mercantil.*

..........., Administrador único de la compañía .... S.L., con domicilio en ...., C/ .... y CIF .... Inscrita en el Registro Mercantil de la Provincia de ....

CERTIFICO, según resulta del libro de actas de la sociedad:

Que el día .... de .... de .... de .... y en ...., calle ...., se celebró Junta General Extraordinaria de Socios de la compañía .... S.L., reunida con carácter universal.

Que se encontraban presentes la totalidad de los socios, figurando su nombre en el acta.

Que la totalidad de los socios aceptaron constituirse y celebrar dicha Junta General, con el carácter de universal, para deliberar y, en su caso, adoptar acuerdos con relación al siguiente orden del día: 1.– Establecimiento con el Administrador único de la sociedad una relación de obra o de servicios de ....

Que en señal de conformidad con lo reseñado anteriormente, la totalidad de los socios de la compañía, seguido de su respectivo nombre, firmaron al inicio del acta cuyos acuerdos aquí se certifican.

Que de conformidad con lo previsto en la Ley y Los Estatutos Sociales fueron designados y actuaron como presidente de la misma Doña .... y como secretario Don ....

Que abierta la sesión sin que nadie se opusiera a ello, se adoptaron por unanimidad, (........... por ciento de los votos correspondientes a las participaciones sociales en que se divida el capital social), los siguientes ACUERDOS que se transcriben de forma literal a continuación:

PRIMERO.– Establecer entre la sociedad y el administrador de la compañía Don ...., una relación de obra o de servicios consistentes en ...., que se regirá por los siguientes pactos: ....

Y para que conste libro la presente certificación, haciendo constar que el acta de la reunión donde se adoptaron los acuerdos que se certifican fue aprobada por unanimidad en la propia sesión, y firmada por el presidente y el secretario, en ...., a .... de .... de ....

F155. ADMINISTRADORES. EXTINCIÓN DE RELACIÓN DE PRESTACIÓN DE SERVICIOS ENTRE LA SOCIEDAD Y EL ADMINISTRADOR. CERTIFICACIÓN DE ACUERDO DE JUNTA GENERAL EXTRAORDINARIA CONVOCADA

Normativa de Aplicación: *Arts. 212 y ss. Real Decreto Legislativo 1/2010, de 2 de julio, por el que se aprueba el texto refundido de la Ley de Sociedades de Capital. Art. 109 Real Decreto 1784/1996, de 19 de julio, por el que se aprueba el Reglamento del Registro Mercantil.*

..........., Administrador Único de la compañía .... S.L., con domicilio en ...., Avenida ...., CIF .... Inscrita en el Registro Mercantil de la Provincia de .... al ....

CERTIFICO según resulta del libro de actas de la sociedad:

Que el día .... de .... de ...., a las .... horas, y en el domicilio social, se celebró en la Junta General Extraordinaria de Socios de la compañía .... S.L.

La convocatoria de la referida Junta General Extraordinaria de socios, fue acordada en fecha .... por el administrador único, Don ....

Que la convocatoria de la presente Junta General, se realizó por el órgano de administración de la sociedad, de conformidad con lo establecido en la Ley y el art .... de los Estatutos Sociales, mediante burofax con acuse de recibo y certificado de contenido, de fecha ...., dirigido ese mismo día a cada uno de los socios al domicilio designado al efecto igualmente por cada uno de ellos.

Que el tenor literal de la convocatoria se transcribe a continuación: «Por medio del presente se convoca a los señores socios a la celebración de Junta General Extraordinaria de la sociedad .... S.L., que se celebrará, el día .... de .... de ...., a las .... horas, en el domicilio social sito en ...., a efectos de deliberar y, en su caso, adoptar acuerdos con relación al siguiente orden del día: 1.– Extinción de la relación de obras o de servicios de ...., establecida entre el Administrador único y la sociedad. En ...., hoy día .... de .... de .... el Administrador único de .... S.L. Don ....»

Que se confeccionó la pertinente lista de asistentes y, en conjunto, asistieron, personalmente o representados, ... socios, titulares de .... participaciones sociales que suponen el .... por ciento del capital social suscrito y .... de los derechos de voto.

Que asistió el órgano de administración de la sociedad.

Que actuaron como presidente y secretario de la citada Junta General, Don .... y Don ...., respectivamente. Ello de conformidad con lo establecido en la Ley y los Estatutos Sociales y ser los citados señores los socios designados por los concurrentes al comienzo de la reunión.

Que abierta la sesión por el Sr. Presidente, sin que nadie se opusiera a la válida constitución y celebración de la citada Junta General, se entró en el debate y deliberación de los diversos puntos del orden del día sin que ninguno de los presentes hiciera uso de su derecho a que constase en el acta el contenido de su intervención. Tras lo anterior, se adoptaron por unanimidad de los asistentes (........... por ciento de los votos en que se divide el capital social), los siguientes ACUERDOS, que son aquí trascritos literalmente:

PRIMERO.– Dar por extinguida y finalizada la relación de prestación de obra o servicios de .... establecida con el Administrador Don ...., que fue acordada por la Junta General de la compañía con fecha ....

Y para que conste y surta los efectos oportunos, libro la presente certificación, haciendo constar que el acta de la reunión donde se adoptaron los acuerdos que se certifican fue aprobada por unanimidad en la propia sesión, y firmada por el presidente y el secretario. En ...., a .... de .... de ....

F156. ADMINISTRADORES. EXTINCIÓN DE RELACIÓN DE PRESTACIÓN DE SERVICIOS ENTRE LA SOCIEDAD Y EL ADMINISTRADOR. CERTIFICACIÓN DE ACUERDO DE JUNTA GENERAL EXTRAORDINARIA UNIVERSAL

Normativa de Aplicación: *Arts. 212 y ss. Real Decreto Legislativo 1/2010, de 2 de julio, por el que se aprueba el texto refundido de la Ley de Sociedades de Capital. Art. 109 Real Decreto 1784/1996, de 19 de julio, por el que se aprueba el Reglamento del Registro Mercantil.*

..........., Administrador único de la compañía .... S.L., con domicilio en ...., C/ .... y CIF .... Inscrita en el Registro Mercantil de la Provincia de ....

CERTIFICO, según resulta del libro de actas de la sociedad:

Que el día .... de .... de .... de .... y en ...., calle ...., se celebró Junta General Extraordinaria de Socios de la compañía .... S.L., reunida con carácter universal.

Que se encontraban presentes la totalidad de los socios, figurando su nombre en el acta.

Que la totalidad de los socios aceptaron constituirse y celebrar dicha Junta General, con el carácter de universal, para deliberar y, en su caso, adoptar acuerdos con relación al siguiente orden del día: 1.– Extinción de la relación de obras o de servicios de ...., establecida entre el Administrador único y la sociedad.

Que en señal de conformidad con lo reseñado anteriormente, la totalidad de los socios de la compañía, seguido de su respectivo nombre, firmaron al inicio del acta cuyos acuerdos aquí se certifican.

Que de conformidad con lo previsto en la Ley y Los Estatutos Sociales fueron designados y actuaron como presidente de la misma Doña .... y como secretario Don ....

Que abierta la sesión sin que nadie se opusiera a ello, se adoptaron por unanimidad, (........... por ciento de los votos correspondientes a las participaciones sociales en que se divida el capital social), los siguientes ACUERDOS que se transcriben de forma literal a continuación:

PRIMERO.– Dar por extinguida y finalizada la relación de prestación de obra o servicios de .... establecida con el Administrador Don ...., que fue acordada por la Junta General de la compañía con fecha ....

Y para que conste libro la presente certificación, haciendo constar que el acta de la reunión donde se adoptaron los acuerdos que se certifican fue aprobada por unanimidad en la propia sesión, y firmada por el presidente y el secretario, en ...., a .... de .... de ....

F157. ADMINISTRADORES. RETRIBUCIÓN DEL ADMINISTRADOR. CERTIFICACIÓN DE ACUERDO DE JUNTA GENERAL EXTRAORDINARIA CONVOCADA

Normativa de Aplicación: *Arts. 212 y ss. Real Decreto Legislativo 1/2010, de 2 de julio, por el que se aprueba el texto refundido de la Ley de Sociedades de Capital. Art. 109 Real Decreto 1784/1996, de 19 de julio, por el que se aprueba el Reglamento del Registro Mercantil.*

..........., Administrador Único de la compañía .... S.L., con domicilio en ...., Avenida ...., CIF .... Inscrita en el Registro Mercantil de la Provincia de .... al ....

CERTIFICO según resulta del libro de actas de la sociedad:

Que el día .... de .... de ...., a las .... horas, y en el domicilio social, se celebró en la Junta General Extraordinaria de Socios de la compañía .... S.L.

La convocatoria de la referida Junta General Extraordinaria de socios, fue acordada en fecha .... por el administrador único, Don ....

Que la convocatoria de la presente Junta General, se realizó por el órgano de administración de la sociedad, de conformidad con lo establecido en la Ley y el art .... de los Estatutos Sociales, mediante burofax con acuse de recibo y certificado de contenido, de fecha ...., dirigido ese mismo día a cada uno de los socios al domicilio designado al efecto igualmente por cada uno de ellos.

Que el tenor literal de la convocatoria se transcribe a continuación: «Por medio del presente se convoca a los señores socios a la celebración de Junta General Extraordinaria de la sociedad .... S.L., que se celebrará, el día .... de .... de ...., a las .... horas, en el domicilio social sito en ...., a efectos de deliberar y, en su caso, adoptar acuerdos con relación al siguiente orden del día: 1.– Modificación del artículo .... de los Estatutos Sociales, relativo a la retribución del cargo de administrador. En ...., hoy día .... de .... de .... el Administrador único de .... S.L. Don ....»

Que se confeccionó la pertinente lista de asistentes y, en conjunto, asistieron, personalmente o representados, ... socios, titulares de .... participaciones sociales que suponen el .... por ciento del capital social suscrito y .... de los derechos de voto.

Que asistió el órgano de administración de la sociedad.

Que actuaron como presidente y secretario de la citada Junta General, Don .... y Don ...., respectivamente. Ello de conformidad con lo establecido en la Ley y los Estatutos Sociales y ser los citados señores los socios designados por los concurrentes al comienzo de la reunión.

Que abierta la sesión por el Sr. Presidente, sin que nadie se opusiera a la válida constitución y celebración de la citada Junta General, se entró en el debate y deliberación de los diversos puntos del orden del día sin que ninguno de los presentes hiciera uso de su derecho a que constase en el acta el contenido de su intervención. Tras lo anterior, se adoptaron por unanimidad de los asistentes (........... por ciento de los votos en que se divide el capital social), los siguientes ACUERDOS, que son aquí trascritos literalmente:

PRIMERO. Modificar el artículo .... de los Estatutos Sociales relativo a la retribución del cargo de administrador, al objeto de prever una retribución de que pasa a tener la siguiente redacción:

Art. .... – Carácter retribuido del cargo. La retribución de los administradores consistirá en una asignación mensual fija y determinada y será en concepto de sueldo. El importe de las retribuciones que puede satisfacer la sociedad al conjunto de sus administradores será el que, a tal efecto, determine la Junta General de la sociedad, el cual permanecerá vigente hasta tanto ésta no acuerde su modificación. La fijación de la cantidad exacta a abonar dentro de ese límite corresponde a la Junta General, y su distribución entre los distintos administradores, salvo que la junta general determine otra cosa, se establecerá por acuerdo de éstos, debiéndose tenerse en cuenta, en todo caso, lo previsto en los números 3 y 4 del art. 217 de la Ley de Sociedades de Capital.

Adicionalmente, el administrador podrá percibir retribuciones por la realización de trabajos o prestación de servicios distintos de los inherentes a su condición de administrador.

Todo ello, sin perjuicio del derecho a ser reintegrado de los gastos, dietas y suplidos incurridos por el administrador por cuenta de la compañía en el desempeño de su cargo.

Y para que conste y surta los efectos oportunos, libro la presente certificación, haciendo constar que el acta de la reunión donde se adoptaron los acuerdos que se certifican fue aprobada por unanimidad en la propia sesión, y firmada por el presidente y el secretario. En ...., a .... de .... de ....

F158. ADMINISTRADORES. RETRIBUCIÓN DEL ADMINISTRADOR. CERTIFICACIÓN DE ACUERDO DE JUNTA GENERAL EXTRAORDINARIA UNIVERSAL

Normativa de Aplicación: *Arts. 212 y ss. Real Decreto Legislativo 1/2010, de 2 de julio, por el que se aprueba el texto refundido de la Ley de Sociedades de Capital. Art. 109 Real Decreto 1784/1996, de 19 de julio, por el que se aprueba el Reglamento del Registro Mercantil.*

..........., Administrador único de la compañía .... S.L., con domicilio en ...., C/ .... y CIF .... Inscrita en el Registro Mercantil de la Provincia de ....

CERTIFICO, según resulta del libro de actas de la sociedad:

Que el día .... de .... de .... de .... y en ...., calle ...., se celebró Junta General Extraordinaria de Socios de la compañía .... S.L., reunida con carácter universal.

Que se encontraban presentes la totalidad de los socios, figurando su nombre en el acta.

Que la totalidad de los socios aceptaron constituirse y celebrar dicha Junta General, con el carácter de universal, para deliberar y, en su caso, adoptar acuerdos con relación al siguiente orden del día: 1.– Modificación del artículo .... de los Estatutos Sociales, relativo a la retribución del cargo de administrador.

Que en señal de conformidad con lo reseñado anteriormente, la totalidad de los socios de la compañía, seguido de su respectivo nombre, firmaron al inicio del acta cuyos acuerdos aquí se certifican.

Que de conformidad con lo previsto en la Ley y Los Estatutos Sociales fueron designados y actuaron como presidente de la misma Doña .... y como secretario Don ....

Que abierta la sesión sin que nadie se opusiera a ello, se adoptaron por unanimidad, (........... por ciento de los votos correspondientes a las participaciones sociales en que se divida el capital social), los siguientes ACUERDOS que se transcriben de forma literal a continuación:

PRIMERO. Modificar el artículo .... de los Estatutos Sociales relativo a la retribución del cargo de administrador, al objeto de prever una retribución de que pasa a tener la siguiente redacción:

Art. .... – Carácter retribuido del cargo. La retribución de los administradores consistirá en una asignación mensual fija y determinada y será en concepto de sueldo. El importe de las retribuciones que puede satisfacer la sociedad al conjunto de sus administradores será el que, a tal efecto, determine la Junta General de la sociedad, el cual permanecerá vigente hasta tanto ésta no acuerde su modificación. La fijación de la cantidad exacta a abonar dentro de ese límite corresponde a la Junta General, y su distribución entre los distintos administradores, salvo que la junta general determine otra cosa, se establecerá por acuerdo de éstos, debiéndose tenerse en cuenta, en todo caso, lo previsto en los números 3 y 4 del art. 217 de la Ley de Sociedades de Capital.

Adicionalmente, el administrador podrá percibir retribuciones por la realización de trabajos o prestación de servicios distintos de los inherentes a su condición de administrador.

Todo ello, sin perjuicio del derecho a ser reintegrado de los gastos, dietas y suplidos incurridos por el administrador por cuenta de la compañía en el desempeño de su cargo.

Y para que conste libro la presente certificación, haciendo constar que el acta de la reunión donde se adoptaron los acuerdos que se certifican fue aprobada por unanimidad en la propia sesión, y firmada por el presidente y el secretario, en ...., a .... de .... de ....

F159. ADMINISTRADORES. CERTIFICACIÓN DEL CONSEJO DE ADMINISTRACIÓN NOMBRANDO CONSEJERO DELEGADO. CERTIFICACIÓN DE REUNIÓN DEL CONSEJO DE ADMINISTRACIÓN CONVOCADO

Normativa de Aplicación: *Arts. 242 y ss. Real Decreto Legislativo 1/2010, de 2 de julio, por el que se aprueba el texto refundido de la Ley de Sociedades de Capital. Art. 109 Real Decreto 1784/1996, de 19 de julio, por el que se aprueba el Reglamento del Registro Mercantil.*

..........., Secretario del Consejo de Administración de la entidad «........... S.L.,», con CIF número ....

CERTIFICO:

Que en el libro de actas correspondiente figura la reunión del Consejo de Administración, celebrada el día .... de .... de ...., de la cual, literalmente en cuanto a los acuerdos adoptados, con arreglo al artículo 112 del Reglamento del Registro Mercantil, hago constar las particularidades siguientes:

– La reunión se celebró en el domicilio social, el día .... de .... de ....

– La reunión fue convocada con arreglo a las prescripciones legales y estatutarias, es decir, mediante (hacer constar la forma de convocatoria), con el orden del día que se corresponde con los asuntos que se transcriben después.

– La reunión quedó válidamente constituida con la concurrencia personal de la mayoría (o cantidad fijada estatutariamente) de los vocales del Consejo de Administración: (relacionar), presidida por don ...., y siendo secretario don ....

– Sin existir debate sobre los puntos aceptados como orden del día y sin que se solicitara constancia expresa de ninguna intervención, se adoptaron, también por unanimidad los ACUERDOS que se transcriben literalmente.

PRIMERO.– Se acuerda designar Consejero Delegado, quien podrá ejercitar todas las facultades del Consejo de Administración que sean legal y estatutariamente delegables, confiándole para el ejercicio el poder de representación, a don ...., de nacionalidad española, mayor de edad, de estado civil ...., vecino de ...., con domicilio en calle ...., número ....; provisto de Documento Nacional de Identidad ....

El Consejero Delegado designado acepta el cargo, y promete desempeñarlo bien y fielmente, manifestando no estar incursos en ninguna de las prohibiciones, incapacidades o incompatibilidades establecidas por la Ley o por otras disposiciones legales vigentes.

Se hace constar que se ha celebrado entre el consejero delegado designado y la propia sociedad el contrato previsto en el artículo 249 de la Ley de Sociedades de Capital, que ha sido aprobado previamente por el consejo de administración, con el voto favorable de .... (al menos dos terceras partes de los miembros) absteniéndose de asistir a la deliberación y de votar el consejero delegado nombrado, en los términos y condiciones que se reflejan en dicho precepto.

SEGUNDO.– Se faculta expresamente a todos y cada uno de los miembros del Consejo de Administración para que indistintamente puedan comparecer ante notario y elevar a público los presente acuerdos, otorgados las escrituras públicas que resulten procedentes (incluidas de rectificación, aclaración y subsanación), así como cuales actos resultaren procedentes para la plena eficacia de los acuerdos.

El acta de la reunión del consejo fue redactada al finalizar la reunión, leída por el secretario, aprobada por los asistentes y firmada por el secretario y el presidente.

Y para que así conste, libro la presente, en .... a .... de .... de ....

El Secretario El V° B° del Presidente

F160. ADMINISTRADORES. CERTIFICACIÓN DEL CONSEJO DE ADMINISTRACIÓN NOMBRANDO CONSEJERO DELEGADO. CERTIFICACIÓN DE REUNIÓN DEL CONSEJO DE ADMINISTRACIÓN UNIVERSAL

Normativa de Aplicación: *Arts. 242 y ss. Real Decreto Legislativo 1/2010, de 2 de julio, por el que se aprueba el texto refundido de la Ley de Sociedades de Capital. Art. 109 Real Decreto 1784/1996, de 19 de julio, por el que se aprueba el Reglamento del Registro Mercantil.*

..........., Secretario del Consejo de Administración de la entidad «........... S.L.,», con CIF número ....

CERTIFICO:

Que en el libro de actas correspondiente figura la reunión del Consejo de Administración, celebrada el día .... de .... de ...., de la cual, literalmente en cuanto a los acuerdos adoptados, con arreglo al artículo 112 del Reglamento del Registro Mercantil, hago constar las particularidades siguientes:

– La reunión se celebró en el domicilio social, el día .... de .... de ....

– Se formó el oportuno orden del día que fue aceptado por todos los asistentes con los acuerdos que se transcriben a continuación.

– La reunión tuvo lugar con la concurrencia personal y firma en el acta, en la lista de asistentes, de todos los miembros del Consejo de Administración, quienes aceptaron por unanimidad su celebración: D .... (relacionar todos).

– Sin existir debate sobre los puntos aceptados como orden del día y sin que se solicitara constancia expresa de ninguna intervención, se adoptaron, también por unanimidad los ACUERDOS que se transcriben literalmente.

PRIMERO.– Se acuerda designar Consejero Delegado, quien podrá ejercitar todas las facultades del Consejo de Administración que sean legal y estatutariamente delegables, confiándole para el ejercicio el poder de representación, a don ...., de nacionalidad española, mayor de edad, de estado civil ...., vecino de ...., con domicilio en calle ...., número ....; provisto de Documento Nacional de Identidad ....

El Consejero Delegado designado acepta el cargo, y promete desempeñarlo bien y fielmente, manifestando no estar incursos en ninguna de las prohibiciones, incapacidades o incompatibilidades establecidas por la Ley o por otras disposiciones legales vigentes.

Se hace constar que se ha celebrado entre el consejero delegado designado y la propia sociedad el contrato previsto en el artículo 249 de la Ley de Sociedades de Capital, que ha sido aprobado previamente por el consejo de administración, con el voto favorable de .... (al menos dos terceras partes de los miembros) absteniéndose de asistir a la deliberación y de votar el consejero delegado nombrado, en los términos y condiciones que se reflejan en dicho precepto.

SEGUNDO.– Se faculta expresamente a todos y cada uno de los miembros del Consejo de Administración para que indistintamente puedan comparecer ante notario y elevar a público los presente acuerdos, otorgados las escrituras públicas que resulten procedentes (incluidas de rectificación, aclaración y subsanación), así como cuales actos resultaren procedentes para la plena eficacia de los acuerdos.

El acta de la reunión del consejo fue redactada al finalizar la reunión, leída por el secretario, aprobada por los asistentes y firmada por el secretario y el presidente.

Y para que así conste, libro la presente, en .... a .... de .... de ....

El Secretario El V° B° del Presidente

3. DOCUMENTOS NOTARIALES

F161. ADMINISTRADORES. ACTA NOTARIAL DE RENUNCIA AL CARGO DE ADMINISTRADOR

Normativa de Aplicación: *Arts. 212 y ss. Real Decreto Legislativo 1/2010, de 2 de julio, por el que se aprueba el texto refundido de la Ley de Sociedades de Capital.*

En la Ciudad de ...., mi residencia, a .... de ....

Ante mí, ..., Notario de la Ciudad y del Ilustre Colegio de ....

COMPARECE

Doña ...., mayor de edad, de nacionalidad española, casada, vecina de ...., con domicilio en ...., núm. ...., con DNI/NIF ....

Le identifico por el documento de identidad exhibido y reseñado.

INTERVIENE

En su propio nombre y derecho.

Tiene a mi juicio, capacidad y legitimación para otorgar esta escritura de RENUNCIA AL CARGO DE ADMINISTRADOR MANCOMUNADO, y, al efecto, según interviene,

EXPONE

I.– Que por acuerdo tomado en .... y Universal de la Sociedad, de fecha .... de .... de 20 ...., elevada a público mediante escritura de misma fecha ante el notario de .... con número de protocolo ...., fue nombrada Administradora mancomunada de la mercantil por tiempo indefinido.

II.– Que a día de hoy dicho cargo se halla vigente, siendo que la compareciente desea renunciar a él, y ello por divergencias insalvables en la gestión unilateral de la entidad llevada a cabo por la otra administradora mancomunada, Doña ....

III.– Que por medio de la presente y en este acto, presenta su dimisión y renuncia de manera irrevocable al cargo de administradora mancomunada de .... S.L., rogando sean adoptadas cuantas medidas sean necesarias a fin de asegurar el funcionamiento del órgano de administración, incluida la designación de nuevo órgano de administración.

IV.– Que dando cumplimiento a lo dispuesto en el artículo 147 del Reglamento del Registro Mercantil, por este acto se notifica esta renuncia al órgano de administración compuesto por la que renuncia y la Sra. ....

V.– Así mismo, solicita que sea también notificada la misma renuncia a la otra socia de la entidad doña ...., mediante correo certificado en su domicilio, sito en esta población, en ...., y mediante la remisión de copia de la presente escritura.

VI.– Por último, ME REQUIERE a mí, el Notario, para que, en su nombre y en su condición de socio de la entidad siendo titular de participaciones sociales que representan el .... % del capital social, me constituya en el domicilio social de la compañía «...........», sito en .... ante doña ...., administradora mancomunada de dicha compañía, y:

1.– Conforme establece el art. 168 TRLSC, y en los términos de dicho precepto legal, requiera a la Sra. .... para que se convoque Junta General Extraordinaria para deliberar y adoptar acuerdos con relación al siguiente orden del día:

PRIMERO.– RENUNCIA DEL ADMINISTRADOR MANCOMUNADO DON .... Y NOMBRAMIENTO DE NUEVO ÓRGANO DE ADMINISTRACIÓN.

SEGUNDO.– ANÁLISIS DE LA SITUACIÓN EN QUE SE HALLA LA SOCIEDAD ....

TERCERO.– EXAMEN DE ACUERDOS A ADOPTAR INCLUYENDO EN SU CASO, LA DISOLUCIÓN DE LA SOCIEDAD Y EL NOMBRAMIENTO DE LIQUIDADOR.

La Junta General cuya convocatoria se requiere, deberá ser convocada para su celebración dentro de los dos meses siguiente a la fecha en que se hubiere requerido notarialmente para convocarla, de conformidad con el texto legal y el art. .... de los Estatutos Sociales de la entidad.

2.– Así mismo, el requirente, de conformidad con el art. 203 del Texto Refundido de la Ley de Sociedades de Capital y siendo titular de más del 5% del Capital Social, requiere que la celebración de la Junta General Extraordinaria aquí solicitada, tenga la condición de notarial, y sea celebrada en el domicilio del notario designado.

ACEPTO el requerimiento, cuyo resultado hará constar por diligencia a continuación.

De todo lo cual, extiendo la presente acta, redactada que ha sido conforme a minuta presentada.

De acuerdo con la normativa vigente en materia de protección de datos, la compareciente acepta la incorporación de sus datos (y la copia de su documento de identidad, en los casos previstos en la Ley) al protocolo notarial y a los ficheros de la Notaría. Se conservarán con carácter confidencial, sin perjuicio de las comunicaciones a las Administraciones Públicas que estipula la Ley y, en su caso, al Notario que suceda al actual en la plaza. La finalidad del tratamiento es formalizar la presente escritura, realizar su facturación y seguimiento posterior y las funciones propias de la actividad notarial. Puede ejercitar sus derechos de acceso, rectificación cancelación y oposición en la Notaría autorizante.

La identidad y dirección del responsable es la dirección de Notario autorizante, cuya página actualizada se puede encontrar en las siguientes webs: www .... notariado .... org.

Leída íntegramente por mí, el Notario, por su elección, a la otorgante, esta escritura, se ratifica y firma.

De la identidad de la otorgante, de que a mi juicio tiene capacidad y legitimación, de que el consentimiento ha sido libremente prestado, de que el otorgamiento se adecua a la legalidad y a la voluntad debidamente informada de la otorgante o interviniente.

Y yo, el Notario autorizante cuyo nombre y residencia figuran al principio del presente documento, del contenido de este instrumento público notarial, el cual ha quedado redactado, en el lugar y en la fecha que se han hecho constar al principio del mismo, en tres folios de papel exclusivo, el presente y los dos anteriores en orden inverso, doy fe.

F162. ADMINISTRADORES. ESCRITURA DE RENUNCIA AL CARGO DE ADMINISTRADOR ÚNICO Y CONVOCATORIA DE JUNTA GENERAL

Normativa de Aplicación: *Arts. 212 y ss. Real Decreto Legislativo 1/2010, de 2 de julio, por el que se aprueba el texto refundido de la Ley de Sociedades de Capital.*

En la Ciudad de ...., mi residencia, a .... de ....

Ante mí, ..., Notario de la Ciudad y del Ilustre Colegio de ....

COMPARECE

Don ...., mayor de edad, de nacionalidad española, casado, vecino de ...., con domicilio en ...., núm. ...., con DNI/NIF ....

Le identifico por el documento de identidad exhibido y reseñado.

INTERVIENE

Don .... en su propio nombre, y además en su calidad de administrador único de la sociedad .... S.L., de nacionalidad española, constituida por tiempo indefinido mediante escritura autorizada por el notario de ...., Don ...., con fecha .... de .... de dos mil ...., número de protocolo .... Domiciliada en ...., calle .... e inscrita en el Registro Mercantil de la provincia de ...., al tomo ...., general ...., folio ...., hoja ...., inscripción .... CIF .... Su objeto social es: ....

Está legitimado para este otorgamiento en virtud de su expresado cargo de administrador único, que afirma vigente, resultando su nombramiento y aceptación de la escritura otorgada con fecha .... de .... de dos mil ...., ante el notario de ...., Doña ...., número de protocolo ...., que causó la inscripción .... en el Registro Mercantil.

Yo, el Notario, hago constar expresamente que he cumplido con la obligación que impone la ley 10/2010, de 28 de abril, cuyo resultado consta en acta autorizada por el Notario de ...., Don ...., el día ...., en cuanto a «........... S.L.», bajo nº .... de protocolo, manifestando no haberse modificado el contenido de la misma.

Tiene a mi juicio, capacidad y legitimación para otorgar esta escritura de RENUNCIA AL CARGO DE ADMINISTRADOR Y CONVOCATORIA DE JUNTA, y, al efecto, según interviene

I.– Que por acuerdo tomado en .... y Universal de la Sociedad, de fecha .... de .... de 20 ...., elevada a público mediante escritura de misma fecha ante el notario de .... con número de protocolo ...., fue nombrado Administrador único de la mercantil aquí representada por tiempo indefinido.

II.– Que a día de hoy dicho cargo se halla vigente, siendo que el compareciente desea renunciar a él.

III.– Que por medio de la presente y en este acto, presenta su dimisión y renuncia de manera irrevocable al cargo de administradora único de .... S.L.

IV.– Que a efectos de evitar perjuicios a la sociedad .... S.L., manifiesta que ha llevado a cabo la convocatoria de la Junta General con fecha de ...., mediante remisión a cada socio de carta certificada con acuse de recibo (o en la forma que se prevea estatutariamente), en la que consta, como orden del día, el nombramiento de nuevo administrador. (en principio basta la manifestación del administrador, aunque es conveniente que se incorporen testimonios de las cartas de convocatoria).

Hago la advertencia de la obligatoriedad de inscripción de esta escritura en el Registro Mercantil.

Protección de datos.– Con relación a los datos de carácter personal que en la presente constan, referidos al compareciente, queda este enterado de que los mismos se incorporan a mis ficheros automatizados, lo que acepta, así como del derecho de oposición, acceso a ellos, rectificación o cancelación de los mismos.

OTORGAMIENTO Y AUTORIZACIÓN

Advierto al compareciente de su derecho a leer por si este instrumento al que renuncia. Yo, el notario, además la leo al compareciente, quien la encuentra conforme, otorga y firma conmigo, el notario, que doy fe en cuanto sea procedente de todo lo consignado en este instrumento público, extendido en .... folios de papel exclusivo para documentos notariales, serie, y números el del presente y anteriores en orden.

F163. ESCRITURA DE CAMBIO DE ADMINISTRADOR

En la Ciudad de ...., mi residencia, a .... de ....

Ante mí, ..., Notario de la Ciudad y del Ilustre Colegio de ....

COMPARECEN

Don A (administrador entrante), mayor de edad, de nacionalidad española, casado, vecino de ...., con domicilio en ...., núm. ...., con DNI/NIF ....

Le identifico por el documento de identidad exhibido y reseñado.

Don B (administrador saliente), mayor de edad, de nacionalidad española, casado, vecino de ...., con domicilio en ...., núm. ...., con DNI/NIF ....

Le identifico por el documento de identidad exhibido y reseñado.

INTERVIENEN

Don A interviene en nombre y representación de la sociedad .... S.L., de nacionalidad española, constituida por tiempo indefinido mediante escritura autorizada por el notario de ...., Don ...., con fecha .... de .... de dos mil ...., número de protocolo .... Domiciliada en ...., calle .... e inscrita en el Registro Mercantil de la provincia de ...., al tomo ...., general ...., folio ...., hoja ...., inscripción .... CIF .... Su objeto social es: ....

Está legitimado para este otorgamiento en virtud de su nombramiento como administrador .... (sistema de administración que corresponda), efectuado en virtud de acuerdo de la Junta Universal de fecha ...., que se eleva a publico mediante la presente.

Yo, el Notario, hago constar expresamente que he cumplido con la obligación que impone la ley 10/2010, de 28 de abril, cuyo resultado consta en acta autorizada por el Notario de ...., Don ...., el día ...., en cuanto a «........... S.L.», bajo el nº .... de protocolo, manifestando no haberse modificado el contenido de la misma.

Y DON B, en su propio nombre y derecho.

Tiene a mi juicio, capacidad y legitimación para otorgar esta escritura de CESE Y NOMBRAMIENTO DE ADMINISTRADOR, y, al efecto, según intervienen,

OTORGAN

PRIMERO. ELEVACIÓN A PÚBLICO. Don A, en la representación que ostenta, eleva a público los acuerdos de la Junta General de socios de .... celebrada el día

............, que constan en la certificación que me entrega, e incorporo a esta matriz, expedida por el propio compareciente en su calidad de administrador .... (sistema de administración que corresponda), cuya firma legitimo por haber sido puesta en mi presencia, y cuyos términos se dan por reproducidos para evitar repeticiones innecesarias.

SEGUNDO.- NOTIFICACIÓN. DON B, a efectos del artículo 111 del Reglamento del Registro Mercantil, se da por enterado de su cese en el cargo de administrador .... de la sociedad y del nuevo nombramiento recaído en DON A, sin que nada tenga que oponer y aceptando su inscripción en el Registro Mercantil.

TERCERO.- SOLICITUD DE INSCRIPCIÓN. Se solicita la inscripción en el Registro Mercantil del contenido de la presente escritura, incluso parcial, si a juicio del señor Registrador algún defecto impidiere la total.

PRESENTACIÓN TELEMÁTICA. Los comparecientes expresamente solicitan de mí, el notario, que presente (o que no presente) telemáticamente copia autorizada de esta escritura en el registro mercantil.

Protección de datos.– Con relación a los datos de carácter personal que en la presente constan, referidos al compareciente, queda este enterado de que los mismos se incorporan a mis ficheros automatizados, lo que acepta, así como del derecho de oposición, acceso a ellos, rectificación o cancelación de los mismos.

OTORGAMIENTO Y AUTORIZACIÓN

Advierto a los comparecientes de su derecho a leer por si este instrumento al que renuncian. Yo, el notario, además la leo a los comparecientes, quienes la encuentran conforme, otorgan y firman conmigo, el notario, que doy fe en cuanto sea procedente de todo lo consignado en este instrumento público, extendido en .... folios de papel exclusivo para documentos notariales, serie, y números el del presente y anteriores en orden.

F164. ESCRITURA DE CAMBIO DE ADMINISTRADOR ÚNICO INCLUYENDO CERTIFICACIÓN DE ACTA DE JUNTA GENERAL UNIVERSAL

En la Ciudad de ...., mi residencia, a .... de ....

Ante mí, ..., Notario de la Ciudad y del Ilustre Colegio de ....

COMPARECEN

Don A (administrador entrante), mayor de edad, de nacionalidad española, casado, vecino de ...., con domicilio en ...., núm. ...., con DNI/NIF ....

Le identifico por el documento de identidad exhibido y reseñado.

Don B (administrador saliente), mayor de edad, de nacionalidad española, casado, vecino de ...., con domicilio en ...., núm. ...., con DNI/NIF ....

Le identifico por el documento de identidad exhibido y reseñado.

INTERVIENEN

Don A interviene en nombre y representación de la sociedad .... S.L., de nacionalidad española, constituida por tiempo indefinido mediante escritura autorizada por el notario de ...., Don ...., con fecha .... de .... de dos mil ...., número de protocolo .... Domiciliada en ...., calle .... e inscrita en el Registro Mercantil de la provincia de ...., al tomo ...., general ...., folio ...., hoja ...., inscripción .... CIF .... Su objeto social es: ....

Está legitimado para este otorgamiento en virtud de su nombramiento como administrador .... (sistema de administración que corresponda), efectuado en virtud de acuerdo de la Junta Universal de fecha ...., que se eleva a publico mediante la presente.

Yo, el Notario, hago constar expresamente que he cumplido con la obligación que impone la ley 10/2010, de 28 de abril, cuyo resultado consta en acta autorizada por el Notario de ...., Don ...., el día ...., en cuanto a «........... S.L.», bajo el nº .... de protocolo, manifestando no haberse modificado el contenido de la misma.

Y DON B, en su propio nombre y derecho.

Tiene a mi juicio, capacidad y legitimación para otorgar esta escritura de CESE Y NOMBRAMIENTO DE ADMINISTRADOR, y, al efecto, según intervienen,

EXPONEN:

I.- DON A, en su calidad de Administrador .... (sistema de administración establecido) de ...., manifiesta que en el Libro de Actas de la sociedad, consta la de la Junta General de Socios celebrada el día ...., de la que resulta:

A) Que en el acta figuran el nombre y la firma de todos los socios asistentes a la reunión.

B) Que la reunión tuvo lugar en el domicilio social, con la concurrencia y firma en el acta de todos los socios, titulares del total capital social, quienes aceptaron su celebración por unanimidad.

C) Que se acordó, por unanimidad, nombrar Presidente y Secretario.

D) Que el orden del día aceptado fue el de cese y nombramiento de administrador .... (sistema de administración que corresponda).

E) Que el contenido de los acuerdos adoptados son literalmente los siguientes:

"Primero.- DON B, a petición propia, queda cesado del cargo que ha venido ostentando de administrador .... (sistema de administración que corresponda) de la sociedad con efectos desde este momento.

Se aprueba toda su gestión y se le agradecen los servicios prestados.

Segundo.- Se nombra nuevo Administrador .... de la sociedad, por tiempo indefinido a partir de hoy y con todas las facultades que la Ley y los Estatutos atribuyen al cargo, a DON A, (mayor de edad, ...(estado civil), vecino de ...., y con D.N.I número ....).

Presente en la Junta el nuevo Administrador designado, acepta el cargo y manifiesta que no está incurso en ninguna de las incapacidades, incompatibilidades o prohibiciones que establece la legislación vigente.

Tercero.- Se faculta al Administrador ....para que comparezca ante Notario y eleve a público los acuerdos adoptados, pudiendo otorgar cuantas escrituras públicas fuesen necesarias para lograr su inscripción en el Registro Mercantil correspondiente, incluso aclaratorias o complementarias".

F) Que los precedentes acuerdos se aprueban por unanimidad.

G) Que el Acta quedó redactada, aprobada y firmada al término de la reunión por todos los asistentes.

II.- Que expuesto lo que antecede, los comparecientes, según intervienen,

OTORGAN:

PRIMERO.- CERTIFICACIÓN Y ELEVACIÓN A PUBLICO. DON A, en calidad de Administrador ...., certifica el contenido del Acta de la Junta General Extraordinaria y Universal de Socios en los términos expresados en el Expositivo I, y eleva a público los acuerdos adoptados.

SEGUNDO.- NOTIFICACIÓN. DON B, a efectos del artículo 111 del Reglamento del Registro Mercantil, se da por enterado de su cese en el cargo de administrador .... de la sociedad y del nuevo nombramiento recaído en DON ...., sin que nada tenga que oponer y aceptando su inscripción en el Registro Mercantil.

TERCERO.- SOLICITUD DE INSCRIPCIÓN. Se solicita la inscripción en el Registro Mercantil del contenido de la presente escritura, incluso parcial, si a juicio del señor Registrador algún defecto impidiere la total.

PRESENTACIÓN TELEMÁTICA

Los comparecientes expresamente solicitan de mí, el Notario, que presente (o que no presente) telemáticamente copia autorizada de esta escritura en el Registro Mercantil.

Protección de datos.– Con relación a los datos de carácter personal que en la presente constan, referidos al compareciente, queda este enterado de que los mismos se incorporan

a mis ficheros automatizados, lo que acepta, así como del derecho de oposición, acceso a ellos, rectificación o cancelación de los mismos.

OTORGAMIENTO Y AUTORIZACIÓN

Advierto a los comparecientes de su derecho a leer por si este instrumento al que renuncian. Yo, el notario, además la leo a los comparecientes, quienes la encuentran conforme, otorgan y firman conmigo, el notario, que doy fe en cuanto sea procedente de todo lo consignado en este instrumento público, extendido en .... folios de papel exclusivo para documentos notariales, serie, y números el del presente y anteriores en orden.

F165. ADMINISTRADORES. ESCRITURA DE DESIGNACIÓN DE CONSEJERO DELEGADO

Normativa de Aplicación: *Arts. 212 y ss. Real Decreto Legislativo 1/2010, de 2 de julio, por el que se aprueba el texto refundido de la Ley de Sociedades de Capital.*

En la Ciudad de ...., mi residencia, a .... de ....

Ante mí, ..., Notario de la Ciudad y del Ilustre Colegio de ....

COMPARECE

Don ...., mayor de edad, de nacionalidad española, casado, vecino de ...., con domicilio en ...., núm. ...., con DNI/NIF ....

Le identifico por el documento de identidad exhibido y reseñado.

INTERVIENE

Don .... interviene en su calidad de miembro del Consejo de Administración y Consejero Delegado de la sociedad .... S.L., de nacionalidad española, constituida por tiempo indefinido mediante escritura autorizada por el notario de ...., Don ...., con fecha .... de .... de dos mil ...., número de protocolo .... Domiciliada en ...., calle .... e inscrita en el Registro Mercantil de la provincia de ...., al tomo ...., general ...., folio ...., hoja ...., inscripción .... CIF .... Su objeto social es: ....

Está legitimado para este otorgamiento en virtud de su expresado cargo de miembro del Consejo de Administración, que afirma vigente, resultando su nombramiento y aceptación de la escritura otorgada con fecha .... de .... de dos mil ...., ante el notario de ...., Doña ...., número de protocolo ...., que causó la inscripción .... en el Registro Mercantil y por acuerdo del Consejo de Administración celebrado el día .... de .... de dos mil ...., contenido en la certificación que me entrega e incorporo a la presente, expedida por el Secretario, con el Visto Bueno del Presidente cuyas firmas legitimo (conocimiento directo, haber sido puestas en mi presencia, cotejo con el protocolo).

Yo, el Notario, hago constar expresamente que he cumplido con la obligación que impone la ley 10/2010, de 28 de abril, cuyo resultado consta en acta autorizada por el Notario de ...., Don ...., el día ...., en cuanto a «........... S.L.», bajo n° .... de protocolo, manifestando no haberse modificado el contenido de la misma.

Tiene a mi juicio, capacidad y legitimación para otorgar esta escritura de DESIGNACIÓN DE CONSEJERO DELEGADO, y, al efecto, según interviene

EXPONE

PRIMERO.– El Consejo de Administración, en sesión celebrada el día .... de .... de ...., en los términos que resultan de la certificación unida, acordó el nombramiento de D .... como Consejero Delegado, atribuyéndole todas las facultades que legal y estatutariamente resultaran delegables.

El consejero nombrado, en el mismo acto, aceptó el cargo, (y si es el otorgante, ratificándose en la presente).

SEGUNDO.– El acuerdo del Consejo resulta de certificación que el compareciente me entrega, expedida por don ...., como Secretario del Consejo de Administración, con el Visto Bueno del Presidente, don ...., y cuyas firmas considero legítimas por (conocimiento directo, haber sido puestas en mi presencia, cotejo con el protocolo).

Se hace constar que se ha celebrado entre el consejero delegado designado y la propia sociedad el contrato previsto en el artículo 249 de la Ley de Sociedades de Capital, que ha sido aprobado previamente por el consejo de administración, con el voto favorable de .... (al menos dos terceras partes de los miembros) absteniéndose de asistir a la deliberación y de votar el consejero delegado nombrado, en los términos y condiciones que se reflejan en dicho precepto.

TERCERO.– El señor compareciente, en ejecución de los referidos acuerdos, hace constar el nombramiento y aceptación del designado, cuyos datos constan en la certificación que se incorpora, dándose por reproducidos, y con las facultades indicadas en la misma.

Hago la advertencia de la obligatoriedad de inscripción de esta escritura en el Registro Mercantil.

Protección de datos.– Con relación a los datos de carácter personal que en la presente constan, referidos al compareciente, queda este enterado de que los mismos se incorporan a mis ficheros automatizados, lo que acepta, así como del derecho de oposición, acceso a ellos, rectificación o cancelación de los mismos.

OTORGAMIENTO Y AUTORIZACIÓN

Advierto al compareciente de su derecho a leer por si este instrumento al que renuncia. Yo, el notario, además la leo al compareciente, quien la encuentra conforme, otorga y firma conmigo, el notario, que doy fe en cuanto sea procedente de todo lo consignado en este instrumento público, extendido en .... folios de papel exclusivo para documentos notariales, serie, y números el del presente y anteriores en orden.

F166. ADMINISTRADORES. ESCRITURA DE DESIGNACIÓN DE ADMINISTRADOR PERSONA JURÍDICA

Normativa de Aplicación: *Arts. 212 y ss. Real Decreto Legislativo 1/2010, de 2 de julio, por el que se aprueba el texto refundido de la Ley de Sociedades de Capital.*

En la Ciudad de ...., mi residencia, a .... de ....

Ante mí, ..., Notario de la Ciudad y del Ilustre Colegio de ....

COMPARECEN

Don (1) ...., mayor de edad, de nacionalidad española, casado, vecino de ...., con domicilio en ...., núm. ...., con DNI/NIF ....

Don (2) ...., mayor de edad, de nacionalidad española, casado, vecino de ...., con domicilio en ...., núm. ...., con DNI/NIF ....

Y Don (3) ...., mayor de edad, de nacionalidad española, casado, vecino de ...., con domicilio en ...., núm. ...., con DNI/NIF ....

Les identifico por el documento de identidad exhibido y reseñado.

INTERVIENEN

Don (1) .... interviene en su calidad de administrador único de la sociedad (A) .... S.L., de nacionalidad española, constituida por tiempo indefinido mediante escritura autorizada por el notario de ...., Don ...., con fecha .... de .... de dos mil ...., número de protocolo .... Domiciliada en ...., calle .... e inscrita en el Registro Mercantil de la provincia de ...., al tomo ...., general ...., folio ...., hoja ...., inscripción .... CIF .... Su objeto social es: ....

Está legitimado para este otorgamiento en virtud de su condición de persona física designada por la entidad (B) S.L., que a su vez fue designada administradora de (A) S.L. en virtud de acuerdo de la Junta Universal, de fecha ...., según resulta de certificación expedida por el propio compareciente, cuya firma considero legítima por haber sido puesta en mi presencia (o por serme conocida, o reconocida por el firmante, o por ser similar a otra del mismo señor que figura en mi protocolo, o coincidir con otra legitimada), que incorporo a la presente, y que se eleva a público en esta escritura.

Don (2) interviene en su calidad de administrador único de la sociedad (B) .... S.L., de nacionalidad española, constituida por tiempo indefinido mediante escritura autorizada por el notario de ...., Don ...., con fecha .... de .... de dos mil ...., número de protocolo .... Domiciliada en ...., calle .... e inscrita en el Registro Mercantil de la provincia de ...., al tomo ...., general ...., folio ...., hoja ...., inscripción .... CIF .... Su objeto social es: ....

Está legitimado para este otorgamiento en virtud de su expresado cargo de administrador único, que afirma vigente, resultando su nombramiento y aceptación de la escritura otorgada con fecha .... de .... de dos mil ...., ante el notario de ...., Doña ...., número de protocolo ...., que causó la inscripción .... en el Registro Mercantil.

Y don (3), en su propio nombre y derecho, a efectos de darse por notificado.

Yo, el Notario, respecto de la sociedad (A) S.L., hago constar expresamente que he cumplido con la obligación que impone la ley 10/2010, de 28 de abril, cuyo resultado consta en acta autorizada por el Notario de ...., Don ...., el día ...., en cuanto a «........... S.L.», bajo n° .... de protocolo, manifestando no haberse modificado el contenido de la misma.

Y respecto de la sociedad (B) S.L., hago constar expresamente que he cumplido con la obligación que impone la ley 10/2010, de 28 de abril, cuyo resultado consta en acta autorizada por el Notario de ...., Don ...., el día ...., en cuanto a «........... S.L.», bajo n° .... de protocolo, manifestando no haberse modificado el contenido de la misma.

Tienen a mi juicio, capacidad y legitimación para otorgar esta escritura de NOMBRAMIENTO DE ADMINISTRADOR y, al efecto, según intervienen

EXPONEN

PRIMERO.– Que la Junta General de la sociedad (A) S.L. designó, mediante acuerdo de fecha de ...., certificación del cual se incorpora a la presente, administradora única a la mercantil (B) S.L., por el plazo previsto estatutariamente.

SEGUNDO.– Que el señor (2), en la representación que ostenta, acepta el cargo de administrador de (A) S.L., manifestando que su representada no está incursa en causa de incompatibilidad, y con arreglo a lo dispuesto en el artículo 212 bis de la Ley de Sociedades de Capital, designa como persona física, para que ejerza el cargo de administrador de la sociedad (A) S.L., a don (1), cuyos datos son los que constan en la comparecencia (si el órgano de administración fuera un Consejo, haría falta certificado del mismo designando a la persona física).

TERCERO.– En consecuencia, el señor (1), en ejecución de los referidos acuerdos, hace constar el nombramiento, como administrador único de la sociedad (A) S.L., a la sociedad (B) S.L., por el plazo previsto estatutariamente, y su propia designación como persona física para el ejercicio del cargo.

CUARTO.– El señor (3), se da por notificado de su cese, a los efectos previstos en el artículo 111 del Reglamento del Registro Mercantil. (En caso de no comparecer el administrador saliente: el compareciente me requiere para que, a los efectos previstos en el artículo 111 del Reglamento del Registro Mercantil, notifique el otorgamiento y contenido de esta escritura al anterior administrador, don ...., en su domicilio sito en .... Acepto el requerimiento, que diligenciaré a la mayor brevedad posible).

Hago la advertencia de la obligatoriedad de inscripción de esta escritura en el Registro Mercantil.

Protección de datos.– Con relación a los datos de carácter personal que en la presente constan, referidos al compareciente, queda este enterado de que los mismos se incorporan a mis ficheros automatizados, lo que acepta, así como del derecho de oposición, acceso a ellos, rectificación o cancelación de los mismos.

OTORGAMIENTO Y AUTORIZACIÓN

Advierto al compareciente de su derecho a leer por si este instrumento al que renuncia. Yo, el notario, además la leo al compareciente, quien la encuentra conforme, otorga y firma conmigo, el notario, que doy fe en cuanto sea procedente de todo lo consignado en este instrumento público, extendido en .... folios de papel exclusivo para documentos notariales, serie, y números el del presente y anteriores en orden.

4. VARIOS

F167. ADMINISTRADORES. CARTA DE RENUNCIA AL CARGO DE ADMINISTRADOR. PERSONA NATURAL (I)

Normativa de Aplicación: *Arts. 212 y ss. Real Decreto Legislativo 1/2010, de 2 de julio, por el que se aprueba el texto refundido de la Ley de Sociedades de Capital. Art. 147 Real Decreto 1784/1996, de 19 de julio, por el que se aprueba el Reglamento del Registro Mercantil.*

.... a .... de .... de ....

DOÑA ...., mayor de edad, vecina de ...., con domicilio en .... Con DNI y NIF ...., ante la JUNTA GENERAL DE SOCIOS y ANTE LA OTRA ADMINISTRADORA MANCOMUNADA DE .... s.l., comparezco y DIGO:

I.– Que en la escritura constitucional de la entidad, esto es, la de .... ante el notario de .... Don ...., número de protocolo ...., se optó, por unanimidad del capital social, que la forma del órgano de administración sería la de administradoras mancomunadas, designándose a la ahora compareciente y a Doña .... para desempeñar, por tiempo indefinido, el cargo de manera mancomunada.

II.– Que a día de hoy dicho cargo se halla vigente, siendo que la compareciente desea renunciar a él por divergencias en la gestión unilateral —y sin consentimiento o conocimiento de la compareciente— llevada a cabo por la otra administradora mancomunada, Doña ....

III.– Que por medio de la presente y en este acto, de conformidad con el art. 147 del reglamento del Registro Mercantil, presento mi dimisión y renuncia de manera irrevocable al cargo de administradora mancomunada de .... S.L. al ser imposible la gestión del órgano de administración de forma mancomunada con la citada Sra. ...., llegando a un bloqueo del órgano y/o administración única de la Sra. ...., contraria a la voluntad manifestada por la junta de socios.

IV.– Que como consecuencia de la renuncia aquí formalizada, el órgano de administración de la compañía queda inoperante al ser esta una administración mancomunada formada por dos miembros y paralizándose, por tanto, la vida social. Así, con el fin de evitar daños a terceros, la que suscribe continuará en el ejercicio del cargo única y exclusivamente para evitar tal inoperancia, y ello hasta el día .... Transcurrido dicho término, la presente renuncia se entenderá definitiva y producidos los efectos y consecuencias derivadas de su formalización. Por ello, se solicita sean adoptadas cuantas medidas sean necesarias dada la situación que esta renuncia supone y en las circunstancias que nos encontramos societariamente, incluida la convocatoria de Junta General para designar nuevo administrador mancomunado que me sustituya.

Todo lo cual, se manifiesta en la presente junta general de socios, para que sea incorporada en acta a los efectos de lo dispuesto en el art. 147 del Reglamento del registro Mercantil, en la fecha y lugar señalado en el encabezamiento.

F168. ADMINISTRADORES. CARTA DE RENUNCIA AL CARGO DE ADMINISTRADOR. PERSONA NATURAL (II)

CARTA DE DIMISIÓN COMO ADMINISTRADORA ÚNICA DE LA SOCIEDAD

.... S.L.

En .... a ....

A la atención de:

............., S.L.

Calle ....

ASUNTO: DIMISIÓN COMO ADMINISTRADORA ÚNICA

Muy señores míos:

Mediante el presente escrito, yo, Doña............, mayor de edad, con DNI número............., les comunico mi dimisión en el cargo de Administradora Única de la Sociedad Mercantil ...., S.L., con domicilio en calle .... y número de NIF ...., e inscrita en el Registro Mercantil de ...., al tomo ...., Folio .... y hoja registral número .... cuyo desempeño he desarrollado de acuerdo a los deberes y obligaciones establecidos en la actual legislación mercantil.

Dicho nombramiento fue adoptado en virtud del acuerdo de Junta General de socios con fecha........... e inscrito en el Registro Mercantil.

Asimismo y a los efectos del artículo 111 del Reglamento del Registro Mercantil, manifiesto tomar conocimiento de que en el día de hoy ha sido nombrado como nuevo administrador único de la sociedad ...., S.L., Don ....

Sin otro particular,

Reciban un cordial saludo,

Doña ....

F169 ADMINISTRADORES. CARTA DE RENUNCIA AL CARGO DE ADMINISTRADOR PERSONA JURÍDICA

Normativa de Aplicación: *Arts. 212 y ss. Real Decreto Legislativo 1/2010, de 2 de julio, por el que se aprueba el texto refundido de la Ley de Sociedades de Capital. Art. 147 Real Decreto 1784/1996, de 19 de julio, por el que se aprueba el Reglamento del Registro Mercantil.*

............, S.L.

Calle ....

Polígono ....

....

............, el .... de .... de ....

Estimados Señores:

Yo, D. ...., mayor de edad, de nacionalidad española y con D.N.I. ...., en vigor, en representación de ...., con N.I.F. B-............ en su condición de consejera de la sociedad .... S.L, por la presente presento la dimisión de ...., S.L. como consejera de la sociedad .... S.L.., con efectos desde el día de hoy, y solicito que se realicen todos los trámites necesarios para la efectiva inscripción de la renuncia en el Registro Mercantil competente.

Asimismo, declaro que .... S.L. no me adeuda cantidad alguna y que no tengo ninguna reclamación pendiente, actual o futura, contra ....L. en relación con los servicios prestados a la misma como consejera.

Atentamente,

............, S.L.

D./............ en calidad de representante persona física ....

F170. DEMANDA DE RESPONSABILIDAD DE ADMINISTRADORES

Normativa de Aplicación: *Arts. 363 y ss. Real Decreto Legislativo 1/2010, de 2 de julio, por el que se aprueba el texto refundido de la Ley de Sociedades de Capital.*

AL JUZGADO DE LO MERCANTIL DE .... QUE
POR QUE POR TURNO CORRESPONDA

D. .... Procuradora de los Tribunales, en nombre y representación de la mercantil ...., provisto de CIF .... y con domicilio a efectos de notificaciones en Valencia, C/ .... según escritura de poder que se acompaña para su unión a los autos, y bajo la dirección letrada de ...., Letrado del Ilustre Colegio de Abogados de ...., ante el Juzgado comparece y como mejor en derecho proceda, DICE:

Que mediante el presente escrito interpongo demanda de JUICIO ORDINARIO, contra la mercantil .... provisto de CIF núm. .... y domicilio en ...., C/ ...., así como frente a su Administrador Social Don ...., provisto de CIF núm. .... y domicilio en ....

La cantidad reclamada es de .... euros, más los intereses y costas procesales, en virtud de los siguientes,

HECHOS

PRIMERO.– RELACIONES PROFESIONALES ENTRE ACTOR Y LAS DEMANDADAS

Mi representada es una sociedad cuya actividad es la .... En el ejercicio de su actividad ha venido suministrando diverso material a la mercantil ....

En cuanto al Sr. ...., su legitimación estriba en la figura de administrador único. Así y según consta en la nota simple obtenida por el Registro Mercantil de la Provincia de .... (se acompaña como documento n° ....) fue designado Administrador Único en mérito de la escritura otorgada ante el notario de .... el pasado día ....

SEGUNDO.– DE LA DEUDA

Como se exponía anteriormente, mi principal, durante el año .... suministró diversa material, procediendo de forma coetánea a la emisión de la correspondiente factura. A continuación se relacionan cada una de ellos.

2.1. Con fecha .... se procedió al suministro de ...., acreditando al entrega mediante el albarán n° .... A continuación se emitió la factura n° .... Por importe de .... Euros. A efectos probatorios se acompaña como documento n° .... Albarán de entrega, y como documento n° .... La factura emitida.

2.2. Con fecha .... se procedió al suministro de ...., acreditando al entrega mediante el albarán n° .... A continuación se emitió la factura n° .... Por importe de .... Euros. A efectos probatorios se acompaña como documento n° .... Albarán de entrega, y como documento n° .... La factura emitida.

2.3. Con fecha .... se procedió al suministro de ...., acreditando al entrega mediante el albarán n° .... A continuación se emitió la factura n° .... Por importe de .... Euros. A efectos probatorios se acompaña como documento n° .... Albarán de entrega, y como documento n° .... La factura emitida.

TERCERO.– DEL INCUMPLIMIENTO DE LAS OBLIGACIONES MERCANTILES POR PARTE DEL ADMINISTRADOR SOCIAL

Una vez entregada la mercancía y emitida factura, la demandada incumplió con su obligación de pago. A pesar de los múltiples requerimientos de pago formulados por mi principal, la demandada no procedió al pago de la cantidad adeudada.

Ante esta negativa al pago, mi representada solicitó del Registro Mercantil de la Provincia de .... las últimas cuentas anuales depositadas, que se acompañan a la presente demanda como documentos n° .... Del análisis de dichas cuentas se desprende de forma evidente que la sociedad se encuentra en causa de disolución. Así los fondos propios de la compañía son negativos ascendiendo a – .... euros Se expone la evolución de los fondos propios.

EJERCICIO	ACTIVO	PASIVO	FONDOS PROPIOS
....	....	....	....
....	....	....	....
....	....	....	....

Es mas que evidente que el Sr. ...., ha incumplido la obligación impuesta en el artículo 367 en relación con el 363 de la Ley de Sociedades de Capital. Así, y encontrándonos en el supuesto contemplado en el apartado 1e) del artículo 363, no procedió al aumento de capital o a la presentación del concurso de acreedores, ni procedió a convocar junta para disolver la sociedad, *por lo que procede la declaración de responsabilidad solidaria de la deudas sociales*, por mor de lo dispuesto en el artículo 367.

A los anteriores hechos son de aplicación los siguientes,

FUNDAMENTOS DE DERECHO

JURÍDICO-PROCESALES

Primero.– Capacidad procesal y Representación

Mi mandante, así como la parte demandada, conforme disponen los artículos 6.1.1° y 7.1 de la Ley de Enjuiciamiento, tienen capacidad, por sí, para ser parte en este proceso y para comparecer en juicio.

Segundo.– Postulación y Defensa

El actor se encuentra representado por procurador habilitado para actuar en la demarcación de este Partido Judicial, siendo redactada y firmada la misma por abogado ejerciente colegiado identificado en el encabezamiento de la presente, todo ello conforme disponen los artículos 23 y 31 de la Ley de Enjuiciamiento Civil.

Tercero.– Legitimación

Corresponde la legitimación activa a mi representado y la pasiva a la mercantil demandada de conformidad con lo establecido en el artículo 10 de la citada Ley de Enjuiciamiento Civil. Igualmente, y en cuanto al Sr. .... ostenta legitimación pasiva en función de su cargo de administrador de la sociedad demandada.

Cuarto.– Jurisdicción

Conforme dispone el artículo 9.2 de la Ley Orgánica del Poder Judicial, los Tribunales y Juzgados del orden civil conocerán, además de las materias que le son propias, de todas aquellas que no le estén atribuidas a otro orden jurisdiccional.

Quinto.– Competencia Objetiva

Corresponde a Juzgado de lo Mercantil en aplicación a lo dispuesto en el artículo 86 ter.2 a) LOPJ, resultando igualmente de aplicación la jurisprudencia del Tribunal Supremo, entre otras en la Sentencia de la Sala Primera, de lo Civil, de 23 de mayo de 2013, recurso 417/2010, en la cual el TS entiende que es viable la acumulación de la acción de reclamación de cantidad dirigida contra la sociedad por incumplimiento de contrato y de la acción de responsabilidad civil de los administradores. Así, el Tribunal Supremo ha declarado que ambas acciones pueden ser acumuladas para su tramitación y decisión en un mismo proceso por razones de eficacia del derecho a la tutela judicial efectiva.

Sexto.– Competencia Territorial

Es competente el Juzgado de lo Mercantil al que nos dirigimos por corresponder a la demarcación territorial donde se encuentra ubicado el domicilio del demandado según dispone el artículo 820 de la Ley de Enjuiciamiento Civil.

Séptimo.– Procedimiento

Respecto al procedimiento a seguir, la acción debe tramitarse conforme las normas del juicio declarativo ordinario pues según dispone el art. 249.2 del mismo texto legal, se decidirán por la vía del procedimiento ordinario todas las demandas cuya cuantía exceda de 6.000 euros (Real Decreto 1417/2001), como es el caso.

Octavo.– Cuantía

De conformidad con los Art. 251. 1 y 253 de la LEC la cuantía del procedimiento se fija en .... EUROS (........... €).

JURÍDICO-MATERIALES

Noveno.– Fondo del asunto

En cuanto al fondo del asunto, se reclama el pago del importe adeudado de .... €, deuda derivada de la mercancía suministrada a ....

Se ejercita acción de reclamación de cumplimiento del contrato, materializado en la solicitud del pago del precio pendiente de abono, siendo de aplicación lo dispuesto en los arts. 1.088, 1.089, 1.091 y 1.124 CC, donde se establece la obligación de los contratantes de cumplir con lo estipulado en el contrato, así como la facultad del perjudicado de exigir el cumplimiento y el abono de los intereses devengados.

Respecto al administrador único de la compañía, y encontrándonos ante el supuesto de causa de disolución, debió de convocar la junta general de la sociedad en el plazo de dos meses para que adoptara el acuerdo de disolución o, en caso haber solicitado el concurso de acreedores. Ello en los términos del artículo 365 TRLC.

Ante el incumplimiento de no convocar la junta general en el plazo de dos meses para adopte esas decisiones, el administrador debe responder solidariamente de las deudas de la sociedad.

El tenor literal del art. 367 de la LSC lo explica así:

1. Los administradores que incumplan la obligación de convocar la junta general en el plazo de dos meses a contar desde el acaecimiento de una causa legal o estatutaria de disolución o, en caso de nombramiento posterior, a contar desde la fecha de la aceptación del cargo, para que adopte, en su caso, el acuerdo de disolución o aquel o aquellos que

sean necesarios para la remoción de la causa, así como los que no soliciten la disolución judicial en el plazo de dos meses a contar desde la fecha prevista para la celebración de la junta, cuando esta no se haya constituido, o desde el día de la junta, cuando el acuerdo hubiera sido contrario a la disolución, responderán solidariamente de las obligaciones sociales posteriores al acaecimiento de la causa de disolución o, en caso de nombramiento en esa junta o después de ella, de las obligaciones sociales posteriores a la aceptación del nombramiento.

2. Salvo prueba en contrario, las obligaciones sociales cuyo cumplimiento sea reclamado judicialmente por acreedores legítimos se presumirán de fecha posterior al acaecimiento de la causa de disolución o a la aceptación del nombramiento por el administrador.

3. No obstante el previo acaecimiento de causa legal o estatutaria de disolución, los administradores de la sociedad no serán responsables de las deudas posteriores al acaecimiento de la causa de disolución o, en caso de nombramiento en esa junta o después de ella, de las obligaciones sociales posteriores a la aceptación del nombramiento, si en el plazo de dos meses a contar desde el acaecimiento de la causa de disolución o de la aceptación el nombramiento, hubieran comunicado al juzgado la existencia de negociaciones con los acreedores para alcanzar un plan de reestructuración o hubieran solicitado la declaración de concurso de la sociedad. Si el plan de reestructuración no se alcanzase, el plazo de los dos meses se reanudará desde que la comunicación del inicio de negociaciones deje de producir efectos.

En este sentido cabe citar entre otras la STS de 7-2-2007 (Rec. 362/00) en la que se indica que: «(............) Respecto de la responsabilidad de los administradores, esta Sala ha destacado su carácter abstracto o formal —Sentencia de 26 de junio de 2006 y, con mayor propiedad, su naturaleza objetiva o cuasi objetiva —Sentencias de 25 de abril de 2002, 14 de noviembre de 2002, 6 y 28 de abril de 2006 —esta última de Pleno—, y 26 de mayo de 2006, entre otras—, que se resume en que su declaración no exige la concurrencia de un reproche culpabilístico que hubiera que añadir a la constatación de que no ha habido promoción de la liquidación mediante convocatoria de la Junta o solicitud judicial, en su caso —y ahora también la solicitud de la declaración de concurso, cuando concurra su presupuesto objetivo—, esto es, una negligencia distinta de la prevista en el propio precepto —Sentencias de 20 y 23 de febrero de 2004 y de 28 de abril de 2006—, del mismo modo que no requiere una estricta relación de causalidad entre el daño y el comportamiento concreto de administrador, o, en otros términos, no exige más que el enlace causal preestablecido en la propia norma —Sentencia de 28 de abril de 2006 (............)».

En el mismo sentido se pronunció el Tribunal Supremo en 2015:

«La acción ejercitada de responsabilidad de los administradores de una sociedad de responsabilidad limitada, prevista en el artículo 367 de la LSC, requiere que los administradores hayan incumplido el deber de promover la disolución, cuando existe una causa legal que así lo exige. Aunque esta responsabilidad de los administradores se vincule a cualquier causa de disolución, su importancia se manifiesta singularmente en los supuestos de pérdidas que dejen reducido el patrimonio neto a una cantidad inferior a la mitad del capital social, a no ser que se establezca, a través de una operación de reducción o de ampliación del capital social, el equilibrio patrimonial, y siempre que no sea procedente solicitar la declaración de concurso. Es una responsabilidad por deuda ajena, ex lege, que no tiene naturaleza de sanción o pena civil».

Décimo.– Intereses.

Deberán imponerse los intereses desde la fecha de devengo de las facturas (al no haberse fijado plazo o fecha para el pago, será de treinta días naturales después de la fecha de recepción de las mercancías) hasta la fecha de pago efectivo conforme a lo establecido en la Ley 3/2004, de 29 de diciembre, por la que se establecen medidas de lucha contra la morosidad en las operaciones comerciales, en la cual se establece que incurrirá en mora y deberá pagar el interés fijado por esta Ley automáticamente por el mero incumplimiento del pago en el plazo pactado o legalmente establecido, sin necesidad de aviso de vencimiento ni intimación alguna por parte del acreedor.

Undécimo.–Costas.

Las costas deberán ser impuestas a la parte demandada en virtud de lo previsto en el art. 394 de la Ley de Enjuiciamiento Civil.

Por todo ello,

SUPLICO AL JUZGADO que teniendo por presentado este escrito con la documentación que se acompaña y sus copias, se sirva admitirlos y, en su virtud, tenga por formulada DEMANDA DE JUICIO ORDINARIO contra .... S.L. y frente a ...., para que, tras los trámites oportunos, se dicte sentencia condenando a los mismos de forma solidaria al pago a mi representada del importe de .... EUROS (........... €), más los intereses previstos en la Ley 3/2004, de 29 de diciembre, por la que se establecen medidas de lucha contra la morosidad en las operaciones comerciales conforme a lo solicitado en el cuerpo de la demanda, más las costas procesales.

Es Justicia que pido en Valencia a .... de .... de ....

OTROSÍ DIGO.– En cumplimiento de lo dispuesto en el artículo 253 LEC se determina la cuantía del procedimiento en .... (........... €)

OTROSÍ SEGUNDO DIGO: Que esta parte manifiesta su voluntad expresa de cumplir con todos y cada uno de los requisitos exigidos para la validez de los actos procesales y si por cualquier circunstancia esta representación hubiera incurrido en algún defecto, ofrece desde este momento su subsanación de forma inmediata y a requerimiento del mismo, todo ello a los efectos prevenidos en el artículo 231 de la Ley de Enjuiciamiento Civil.

AL JUZGADO SUPLICO: Que tenga por hechas las anteriores manifestaciones a los efectos legalmente oportunos.

Es justicia que reitero a .... de .... de ....

F171. DEMANDA DE RESPONSABILIDAD DE ADMINISTRADORES POR INSOLVENCIA Y AUSENCIA DE CONCURSO

Normativa de Aplicación: *Art. 367 Real Decreto Legislativo 1/2010, de 2 de julio, por el que se aprueba el texto refundido de la Ley de Sociedades de Capital.*

AL JUZGADO DE LO MERCANTIL...........

Procurador de los Tribunales y de la mercantil. .... S.A., sociedad domiciliada en..........., calle........... núm..........., representación que acredito con la copia de la escritura de poder que, debidamente bastanteada y por mi aceptada, acompaño con el ruego que una vez testimoniada en autos me sea devuelta por necesitarla para otros usos, haciendo constar que la dirección técnica de este asunto está a cargo del Letrado Don..........., Col. Núm..........., y en la indicada representación comparezco y como mejor proceda en derecho DIGO:

Que por medio del presente escrito y en la representación que ostento, interpongo DEMANDA DE JUICIO ORDINARIO, en reclamación de........... euros contra la mercantil........... S.L., sociedad domiciliada en la localidad de........... (...........), calle........... núm........... y contra su administradora única, Doña..........., domiciliada igualmente en la localidad de..........., avenida..........., núm..........., todo ello en base a los hechos y fundamentos de derecho que a continuación pasamos a exponer:

HECHOS

PRIMERO.– Mi principal,........... S.A., es una sociedad domiciliada en..........., que, entre otras actividades, suministra materiales a diversas empresas de la industria del........... entre las que se encuentra la aquí demandada,........... S.L. Concretamente, y durante los meses de........... a........... de..........., mi principal suministró a la demandada, diversas partidas de........... por un precio conjunto de........... euros, en virtud de pedidos efectuados al representante Don........... La citada cantidad se desglosa del siguiente modo:........... Acreditando este hecho se acompañan como DOCUMENTOS........... a..........., las facturas emitidas por mi principal como consecuencia de las partidas de........... suministradas a........... S.L., siendo los correlativos ordinarios «bis», las notas de entrega de la meritada mercancía a conformidad de la demandada. Igualmente se acompaña como DOCUMENTO..........., certificado de la empresa........... S.L. y demás documentación relativa al transporte y entrega a........... S.L. de la mercancía reseñada anteriormente, haciéndose constar igualmente, que el destinatario de la mercancía la recibió sin hacer objeción ni observación alguna.

SEGUNDO.– Como puede observarse en la parte inferior de las facturas emitidas por........... S.A. a la sociedad demandada,........... S.L., el pago de la mercancía reseñada en la estipulación anterior, se articuló mediante recibo girado por mi mandante a los........... días de la recepción de la mercancía con cargo a la cuenta corriente núm........... que........... S.L. tenía abierta en la entidad........... Pues bien, pese a haber cumplido mi mandante con su obligación de entrega de la mercancía, la demandada........... S.L., no procedió a verificar el pago del precio de las mismas, ya que los recibos girados por mi poderdante no fueron atendidos por la demandada.

TERCERO.– Así las cosas, mi mandante,........... S.A., intentó lograr una solución amistosa a la cuestión planteada, requiriendo de pago extrajudicialmente a la deudora........... S.L., no sólo por vía telegráfica, sino verbalmente. Cuantos requerimientos se efectuaron fueron infructuosos. Acreditando lo anterior, se acompañan telegramas enviados a la demandada........... S.L. como DOCUMENTOS........... y........... DE HECHO, MI PRINCIPAL SE HA ENCONTRADO CON QUE LA CITADA SOCIEDAD HA DESAPARECIDO DE SUS INSTALACIONES, QUE SE HALLAN CERRADAS Y ABANDONADAS DESDE..........., HABIÉNDOSE DADO DE BAJA SUS TELÉFONOS Y CORREOS ELECTRÓNICOS y DESCONOCIÉNDOSE DONDE SE HALLA LA CITADA COMPAÑÍA. Todo lo cual se acredita con los DOCUMENTOS...........

CUARTO.– Ante esta situación, mi mandante procedió a efectuar diversas averiguaciones a cerca de la mercantil........... S.L., solicitando las oportunas certificaciones en el Registro Mercantil de la provincia de........... De tales averiguaciones resulta la información que se reseña en los siguientes hechos.

QUINTO.– Con fecha........... de........... de dos mil........... y mediante escritura pública otorgada ante el Notario de..........., Don..........., se constituyó con un capital de........... pesetas, íntegramente desembolsado, la sociedad aquí demandada,........... S.L., cuyo objeto social consiste en........... La Administradora única de la citada sociedad es la aquí también demandada, Doña..........., quien fue designada para el ejercicio de tal cargo, vigente en la actualidad, por tiempo indefinido en la Junta General de la compañía celebrada el........... de........... de........... Según el Registro Mercantil, su domicilio se halla en........... Acreditando este hecho se acompañan como DOCUMENTO..........., certificación del Registro Mercantil de la provincia de...........

SEXTO.– Desde su constitución, la marcha de la actividad empresarial de........... S.L. solo puede calificarse de negativa, finalizando siempre el correspondiente ejercicio económico generando pérdidas que se han ido acumulando año a año hasta la actualidad. Concretamente:

I.– El año..........., primer ejercicio de la sociedad, el cual tuvo una duración únicamente de........... meses (la sociedad se constituyó el día........... de...........), deparó resultados negativos, concretamente, unas pérdidas de........... euros.

II.– El ejercicio correspondiente al año........... se saldó con unas pérdidas de........... euros. Es decir, a fecha........... de........... de........... y toda vez que el capital social de........... S.L. era de........... euros, la sociedad tenía unas pérdidas acumuladas de........... euros, las cuales, habían dejado reducido el patrimonio contable de la sociedad a menos de la mitad del capital social, de tal manera QUE LA SOCIEDAD SE HALLABA INCURSA EN CAUSA LEGAL DE DISOLUCIÓN. Sin embargo, y pese a lo dicho con anterioridad, la causa de disolución de........... S.L. no sólo no se removió, sino que la citada sociedad pese a estar, repetimos, en causa de disolución, continuó su normal actuación comercial sin remover la misma.

III.– Finalmente, el ejercicio correspondiente al año........... arrojó también pérdidas. Concretamente se originó un resultado negativo de........... euros Por lo tanto, y a fecha........... de........... de..........., la sociedad........... S.L., presentaba unos resultados negativos o pérdidas acumuladas de........... euros. De este modo, siendo el capital social de la expresada mercantil de........... euros, a fecha........... de........... de...........,........... S.L. sociedad presentaba unos fondos propios negativos de........... euros. Es decir, el patrimonio neto de la sociedad no solo había quedado reducido a menos de la mitad del capital social, sino que en el ejercicio..........., había desaparecido por completo.

Pero más grave que lo anterior. Desde el día........... de........... de..........., la sociedad se halla en situación de insolvencia actual, pues no puede cumplir regularmente sus obligaciones exigibles, pues........... En resumen, la sociedad se encuentra en causa legal de disolución desde el........... de........... de..........., ha desaparecido «de facto» del tráfico jurídico y desde el día........... no puede cumplir regularmente sus obligaciones exigibles. No obstante ello, la sociedad mantiene formalmente el capital inicial de........... euros y no se encuentra en fase de disolución y liquidación, ni se ha iniciado procedimiento concursal.

Tampoco consta la presentación de la comunicación de los arts. 583 y ss. TRLC. Acreditando este hecho y como DOCUMENTOS........... a..........., se acompañan certificación del Registro Mercantil de la provincia de........... relativas a las cuentas anuales correspondiente a los años...........,........... y........... depositadas en el citado Registro por........... S.L. También la siguiente documentación de la que resulta la situación de insolvencia de........... y la no presentación del oportuno concurso........... (DOCUMENTOS...........).

En su consecuencia, no queda otra alternativa a esta parte que recurrir al amparo de la Justicia para la protección y efectividad de sus legítimos derechos. A los anteriores hechos aduzco los siguientes

FUNDAMENTOS DE DERECHO

DE ORDEN PROCESAL

I.– Son competentes para conocer de este procedimiento los JUZGADOS DE LO MERCANTIL.

II.– Desde un punto de vista de la competencia territorial, la misma recae en los Juzgados de lo Mercantil de........... en virtud de lo fijado en el art. 51 y 53 de la Ley de Enjuiciamiento Civil.

III.– El presente procedimiento debe seguirse por los trámites prevenidos para los JUICIOS ORDINARIOS (Art. 248 y 249.2 de la Ley Adjetiva Civil).

DE ORDEN MATERIAL

I.– LEGITIMACIÓN DE LAS PARTES.

1. Legitimación activa. Resulta de la deuda que........... S.L. tiene contraída con mi poderdante como consecuencia del suministrado de mercancía que le fue suministrada por........... S.A., deuda esta, liquida, vencida y exigible.

2. Legitimación pasiva. a) La legitimación pasiva para ser demandado de........... S.L. resulta de su condición de deudor respecto a mi principal por las partidas de........... que fueron suministrados por mi mandante. b) La legitimación pasiva de Doña........... resulta de su condición de Administradora única de........... S.L. y es evidente a la vista de lo dispuesto en los art. 367 TRLSC.

II.– DE LA DEUDA CONTRAÍDA POR........... S.L. COMO CONSECUENCIA DE LAS PARTIDAS DE........... SUMINISTRADAS POR MI PRINCIPAL.

1. Arts. 1.088 y 1089 del Código Civil sobre en qué consisten y cómo nacen las obligaciones.

2. Arts. 1091 del Código Civil al establecer que las obligaciones que nacen de los contratos tiene fuerza de ley entre las partes contratantes y deben cumplirse al tenor de los mismos.

3. Arts. 1.100, 1.101, 1.106 y 1.108 del Código Civil y 339 del Código de Comercio, sobre la mora en el cumplimiento de las obligaciones.

4. Arts. 1.156 y ss. del Código Civil respecto al pago como forma de extinguirse las obligaciones.

5. Arts. 1.254 y ss. del Código Civil reguladores del los contratos.

6. Art. 1.278 del Código Civil al establecer que lo contratos serán obligatorios cualquiera que sea la forma en que se hayan celebrado, siempre que en ellos concurran las condiciones necesarias para su validez.

III.– RESPECTO A LA EXISTENCIA DE PÉRDIDAS QUE DEJEN REDUCIDO EL PATRIMONIO A CANTIDAD INFERIOR A LA MITAD DEL CAPITAL SOCIAL COMO CAUSA DE DISOLUCIÓN DE LA SOCIEDAD.

1. Art. 363.1 e) TRLSC, según el cual la sociedad de responsabilidad limitada se disolverá «...........d) Por pérdidas que dejen reducido el patrimonio neto a una cantidad inferior a la mitad del capital social, a no ser que éste se aumente o se reduzca en la medida suficiente y siempre que no sea procedente solicitar la declaración de concurso. Nos remitimos a los hechos de este escrito, donde consta claramente que la sociedad........... S.L., se encontraba incursa en esta causa de disolución desde el........... de........... de..........., sin que la misma, desde entonces hasta la actualidad, haya sido removida o la sociedad disuelta.»

IV.– RESPECTO A LA INSOLVENCIA ACTUAL DE LA SOCIEDAD...........

Arts. 2 y ss. concordantes TRLC.

V.- RESPECTO A LA RESPONSABILIDAD SOLIDARIA DE DOÑA..........., ADMINISTRADORA ÚNICA DE........... S.L., EN EL PAGO DE LA DEUDA QUE LA CITADA SOCIEDAD TIENE CONTRAÍDA CON MI MANDANTE.

Art, 236 y ss. TRLSC sobre la responsabilidad de los administradores de las sociedades de capital frente a los acreedores sociales, del daño que causen por actos u omisiones contrarios a la ley o a los estatutos o por los realizados incumpliendo los deberes inherentes al desempeño del cargo...........

Art. 365 TRLSC «1. Cuando concurra causa legal o estatutaria, los administradores deberán convocar la junta general en el plazo de dos meses para que adopte el acuerdo de disolución. Cualquier socio podrá solicitar de los administradores la convocatoria si, a su juicio, concurriera alguna causa de disolución.

2. La junta general podrá adoptar el acuerdo de disolución o, si constare en el orden del día, aquél o aquéllos que sean necesarios para la remoción de la causa.

3. Los administradores no estarán obligados a convocar junta general para que adopte el acuerdo de disolución cuando hubieran solicitado en debida forma la declaración de concurso de la sociedad o comunicado al juzgado competente la existencia de negociaciones con los acreedores para alcanzar un plan de reestructuración del activo, del pasivo o de ambos. La convocatoria de la junta deberá realizarse en el plazo de dos meses desde que dejen de estar vigentes los efectos de esa comunicación.»

Art. 367 TRLSC «1. Los administradores que incumplan la obligación de convocar la junta general en el plazo de dos meses a contar desde el acaecimiento de una causa legal o estatutaria de disolución o, en caso de nombramiento posterior, a contar desde la fecha de la aceptación del cargo, para que adopte, en su caso, el acuerdo de disolución o aquel o aquellos que sean necesarios para la remoción de la causa, así como los que no soliciten la disolución judicial en el plazo de dos meses a contar desde la fecha prevista para la celebración de la junta, cuando esta no se haya constituido, o desde el día de la junta, cuando el acuerdo hubiera sido contrario a la disolución, responderán solidariamente de las obligaciones sociales posteriores al acaecimiento de la causa de disolución o, en caso de nombramiento en esa junta o después de ella, de las obligaciones sociales posteriores a la aceptación del nombramiento.

2. Salvo prueba en contrario, las obligaciones sociales cuyo cumplimiento sea reclamado judicialmente por acreedores legítimos se presumirán de fecha posterior al acaecimiento de la causa de disolución o a la aceptación del nombramiento por el administrador.

3. No obstante el previo acaecimiento de causa legal o estatutaria de disolución, los administradores de la sociedad no serán responsables de las deudas posteriores al acaecimiento de la causa de disolución o, en caso de nombramiento en esa junta o después de ella, de las obligaciones sociales posteriores a la aceptación del nombramiento, si en el plazo de dos meses a contar desde el acaecimiento de la causa de disolución o de la aceptación el nombramiento, hubieran comunicado al juzgado la existencia de negociaciones con los acreedores para alcanzar un plan de reestructuración o hubieran solicitado la declaración de concurso de la sociedad. Si el plan de reestructuración no se alcanzase,

el plazo de los dos meses se reanudará desde que la comunicación del inicio de negociaciones deje de producir efectos.»

VI.– COSTAS. Deben ser impuestas a los demandados en virtud de lo establecido en el art. 394 de la Ley de Enjuiciamiento Civil.

En su virtud,

SUPLICO AL JUZGADO que tenga por presentado este escrito, junto a los documentos a él acompañados, y copia de todos ellos, se sirva tener por deducida DEMANDA DE JUICIO ORDINARIO contra la sociedad........... S.L., y su Administradora única, Doña..........., se dé traslado de la misma a los demandados para que, previo su emplazamiento, comparezcan en los presentes autos y si lo estiman oportuno, procedan a contestarla en forma y plazo legal, y previos los oportunos trámites legales, se dicte sentencia en su día:

Primero.– Condenando a la sociedad........... S.L. a pagar a mi mandante la suma de........... euros, más los correspondientes intereses legales de dicha cantidad.

Segundo.– Declarando que Doña........... es responsable solidaria de dicho pago, condenándole a pagar a mi mandante la referida suma de ....euros mas los correspondientes intereses legales.

Tercero.– Imponiendo a todos los demandados el pago solidario de las costas que se originen en este procedimiento. Es justicia que se suplica en..........., hoy día........... de........... de dos mil...........

OTROSÍ DIGO que en cumplimiento de lo dispuesto en el artículo 253 de la Ley de Enjuiciamiento Civil, y conforme a lo expuesto en el cuerpo del presente escrito, SUPLICO se tenga por fijada la cuantía del procedimiento aquí instado en la cantidad de........... euros.

Es justicia que se suplica en el lugar y fecha señalados «ut supra».

F172. ADMINISTRADORES. ACTA CONSEJO DE ADMINISTRACIÓN SOBRE ACUERDO TRANSACCIONAL EN PROCESO PENAL CONTRA ANTIGUOS ADMINISTRADORES

ACTA DE CONSEJO DE ADMINISTRACIÓN UNIVERSAL DE ............S.L.,

En ...., siendo las.. horas del día ...., se hallan presentes en el domicilio social sito en ...., la totalidad de los miembros del consejo de administración de la sociedad ............S.L., esto es los señores Don ...., Don .... y Don ....

Los expresados consejeros deciden celebrar y constituirse en reunión del Consejo de Administración, para deliberar y, en su caso, adoptar acuerdos con relación al siguiente orden del día: 1) Suscripción de acuerdo transaccional en relación con el procedimiento abreviado número../.. que se tramita ante la sección 1ª de la Audiencia Provincial de .... y 2) Sometimiento de la suscripción del acuerdo transaccional citado en el punto primero del presente orden del día, a la Junta General de Socios para su aprobación.

En señal de conformidad con lo anterior, firman seguidamente la presente acta cada uno de los consejeros, Don.., Don.. y Don ...., cuyo respectivo nombre va seguido de la correspondiente firma.

Actúan como Presidente y Secretario de la presente reunión los titulares de tales cargos en el Consejo de Administración, esto es, Don ....(Presidente) y Don........... (Secretario).

El Sr. presidente declara válidamente constituida la presente reunión del Consejo de Administración y se entra en el debate de los distintos puntos del orden del día. Previa deliberación y sin que ninguno de los asistentes haga uso del derecho de que conste en el acta el contenido de su intervención, se adoptan los siguientes acuerdos por UNANIMIDAD que son proclamados por el Sr. Presidente y que se transcriben literalmente a continuación:

PRIMERO.- Acordar la suscripción por parte de la sociedad ...........S.L., de un acuerdo transaccional para poner fin al procedimiento abreviado número../..que se tramita ante la sección 1ª de la Audiencia Provincial de.. y que tiene como parte denunciante a .............S.L. y como acusados a DON ...., DON .... Y la sociedad .... S.L., todo ello en base a los siguientes acuerdos y estipulaciones:

A) Que se tienen en consideración los siguientes antecedentes procesales del citado procedimiento abreviado número../........... que se tramita ante la sección 1ª de la Audiencia Provincial de..:

I.- Que el citado Procedimiento Abreviado número./........... dimanante del previo procedimiento de Diligencias Previas número ..../...........seguido ante el Juzgado de Primera Instancia e Instrucción nº.. de..se inició a consecuencia de un escrito de querella presentado por parte de la mercantil ............S.L. y dirigido contra DON ...., DON........... y contra .... S.L. como responsable civil.

II.- Que, tras la tramitación del indicado procedimiento en el Juzgado de Instrucción número.. de ...., se dictó Auto de incoación de procedimiento abreviado contra DON .... y contra DON .... por un presunto delito continuado de administración desleal del articulo 295 CP y contra .... por un delito de apropiación indebida del articulo 252 CP, si bien EL MINISTERIO FISCAL, acusó exclusivamente a DON............ por el presunto delito continuado de apropiación indebida, tras lo cual se remitieron las actuaciones a la audiencia provincial de ...., dando lugar al citado proceso abreviado número../...........q e se tramita ante su Sección Primera.

III.- Que en la pieza de responsabilidad civil del proceso indicado constan consignadas .... euros, de la siguiente forma:

1º Por DON ...., la cantidad de ....euros por la posible responsabilidad civil del delito continuado de administración desleal del artículo 295 del Código Penal

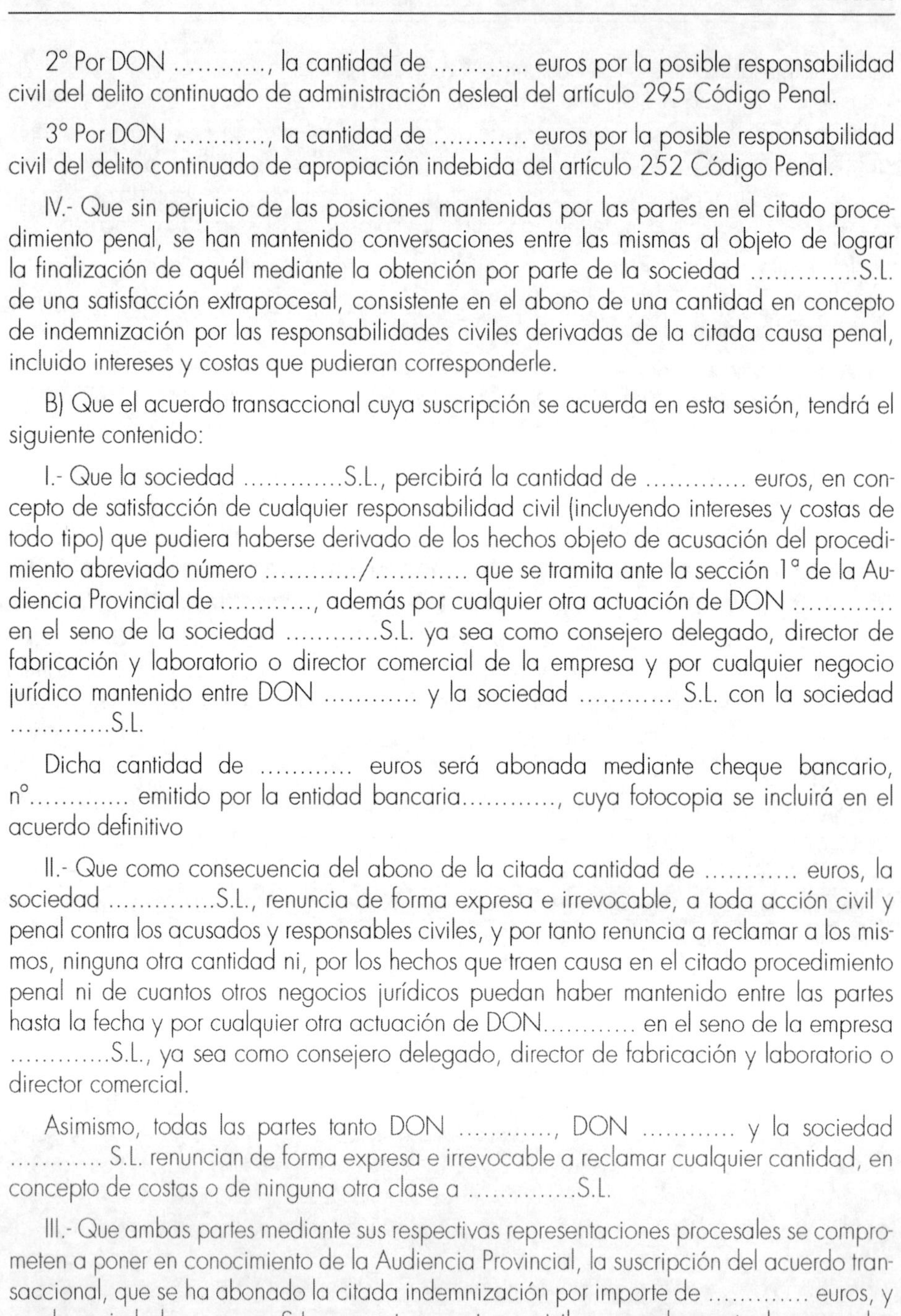

2° Por DON ...., la cantidad de .... euros por la posible responsabilidad civil del delito continuado de administración desleal del artículo 295 Código Penal.

3° Por DON ...., la cantidad de .... euros por la posible responsabilidad civil del delito continuado de apropiación indebida del artículo 252 Código Penal.

IV.- Que sin perjuicio de las posiciones mantenidas por las partes en el citado procedimiento penal, se han mantenido conversaciones entre las mismas al objeto de lograr la finalización de aquél mediante la obtención por parte de la sociedad .............S.L. de una satisfacción extraprocesal, consistente en el abono de una cantidad en concepto de indemnización por las responsabilidades civiles derivadas de la citada causa penal, incluido intereses y costas que pudieran corresponderle.

B) Que el acuerdo transaccional cuya suscripción se acuerda en esta sesión, tendrá el siguiente contenido:

I.- Que la sociedad ............S.L., percibirá la cantidad de .... euros, en concepto de satisfacción de cualquier responsabilidad civil (incluyendo intereses y costas de todo tipo) que pudiera haberse derivado de los hechos objeto de acusación del procedimiento abreviado número ..../........... que se tramita ante la sección 1ª de la Audiencia Provincial de ...., además por cualquier otra actuación de DON .... en el seno de la sociedad ...........S.L. ya sea como consejero delegado, director de fabricación y laboratorio o director comercial de la empresa y por cualquier negocio jurídico mantenido entre DON .... y la sociedad .... S.L. con la sociedad ............S.L.

Dicha cantidad de .... euros será abonada mediante cheque bancario, nº............ emitido por la entidad bancaria..........., cuya fotocopia se incluirá en el acuerdo definitivo

II.- Que como consecuencia del abono de la citada cantidad de .... euros, la sociedad .............S.L., renuncia de forma expresa e irrevocable, a toda acción civil y penal contra los acusados y responsables civiles, y por tanto renuncia a reclamar a los mismos, ninguna otra cantidad ni, por los hechos que traen causa en el citado procedimiento penal ni de cuantos otros negocios jurídicos puedan haber mantenido entre las partes hasta la fecha y por cualquier otra actuación de DON........... en el seno de la empresa ............S.L., ya sea como consejero delegado, director de fabricación y laboratorio o director comercial.

Asimismo, todas las partes tanto DON ...., DON .... y la sociedad .... S.L. renuncian de forma expresa e irrevocable a reclamar cualquier cantidad, en concepto de costas o de ninguna otra clase a .............S.L.

III.- Que ambas partes mediante sus respectivas representaciones procesales se comprometen a poner en conocimiento de la Audiencia Provincial, la suscripción del acuerdo transaccional, que se ha abonado la citada indemnización por importe de .... euros, y que la sociedad .............S.L., renuncia a acciones civiles y penales contra los acusados y a las costas que pudieran corresponderle apartándose del citado procedimiento abreviado número../.. que se tramita ante la sección 1ª de la Audiencia Provincial de ....

IV.- Que como condición esencial del acuerdo transaccional y del pago de la indemnización de .... euros se establece que la sociedad ............S.L. se compromete a ratificar el acuerdo transaccional suscrito y su renuncia expresa a las acciones civiles y penales realizadas, frente a la Audiencia Provincial de .... o cualquier otro Juzgado, si fuera requerida por la administración de justicia para ello.

SEGUNDO.- Someter a la aprobación de la Junta General de Socios de la sociedad ............S.L., la suscripción del citado acuerdo transaccional con todas las estipulaciones y acuerdos referidas en el anterior acuerdo PRIMERO.

Y para que así conste se extiende la presente acta, que, leída, es aprobada en la propia reunión por todos los consejeros y por unanimidad, en ....a............ de...........de...........

VII. CUENTAS ANUALES

SUMARIO: 1. FORMULACIÓN DE CUENTAS ANUALES. F173. FORMULACIÓN DE LAS CUENTAS ANUALES. ACTA DEL CONSEJO DE ADMINISTRACIÓN FORMULANDO LAS CUENTAS ANUALES. F174. FORMULACIÓN DE CUENTAS ANUALES. CERTIFICACIÓN DEL CONSEJO DE ADMINISTRACIÓN FORMULANDO CUENTAS ANUALES. 2. AUDITORÍA DE CUENTAS. F175. ACTA DEL CONSEJO DE ADMINISTRACIÓN SOBRE CONVENIENCIA DE NOMBRAMIENTO DE AUDITOR. SOCIEDAD NO OBLIGADA A AUDITORIA. F176. ACTA DEL CONSEJO DE ADMINISTRACIÓN PROPONIENDO A LA JUNTA GENERAL LA DESIGNACIÓN DE AUDITOR DE CUENTAS AL VENIR LA SOCIEDAD OBLIGADA A AUDITORIA. F177. CERTIFICACIÓN DE REUNIÓN DEL CONSEJO DE ADMINISTRACIÓN DESIGNANDO AUDITOR DE CUENTAS. F178. CONVOCATORIA JUNTA GENERAL PARA LA DESIGNACIÓN DE AUDITOR DE CUENTAS. ADMINISTRADOR ÚNICO. F179. CONVOCATORIA DE JUNTA GENERAL PARA LA DESIGNACIÓN DE AUDITOR DE CUENTAS. CONSEJO DE ADMINISTRACIÓN. F180. ACTA DE JUNTA GENERAL DESIGNANDO AUDITOR DE CUENTAS. JUNTA CONVOCADA. F181. CERTIFICACIÓN DE LA JUNTA GENERAL DESIGNANDO AUDITOR DE CUENTAS. F182. ACTA DE JUNTA GENERAL SEPARANDO AUDITOR DE CUENTAS. JUNTA CONVOCADA. F183. ACTA DE LA JUNTA GENERAL SOBRE SEPARACIÓN DE AUDITOR. JUNTA UNIVERSAL. F184. CERTIFICACIÓN DE ACUERDO DE SEPARACIÓN DE AUDITOR. JUNTA GENERAL EXTRAORDINARIA CONVOCADA. F185. CERTIFICACIÓN DE ACUERDO DE SEPARACIÓN DE AUDITOR. JUNTA GENERAL EXTRAORDINARIA UNIVERSAL. F186. ESCRITURA DE ELEVACIÓN A PÚBLICO DEL ACUERDO DE NOMBRAMIENTO DE AUDITOR. F187. INFORME DE AUDITORÍA (I). OPINIÓN CON SALVEDADES. F188. INFORME DE AUDITORÍA (II). OPINIÓN CON SALVEDADES. F189. INFORME DE AUDITORÍA (III). OPINIÓN CON SALVEDADES. F190. INFORME DE AUDITORÍA (IV). OPINIÓN CON SALVEDADES. F191. INFORME DE AUDITORÍA (V). OPINIÓN DENEGADA. 3. APROBACIÓN CUENTAS ANUALES. F192. CONVOCATORIA JUNTA GENERAL ORDINARIA. ADMINISTRADOR ÚNICO. F193. CONVOCATORIA JUNTA GENERAL ORDINARIA. CONSEJO DE ADMINISTRACIÓN. F194. REQUERIMIENTO NOTARIAL SOBRE CONVOCATORIA JUNTA GENERAL ORDINARIA. F195. SOLICITUD AL REGISTRO MERCANTIL SOBRE CONVOCATORIA DE JUNTA GENERAL ORDINARIA. F196. SOLICITUD DE CONVOCATORIA JUDICIAL DE JUNTA GENERAL ORDINARIA. F197. DERECHO DE INFORMACIÓN EN JUNTA GENERAL ORDINARIA. F198. CONTESTACIÓN ÓRGANO DE ADMINISTRACIÓN EVACUANDO DERECHO DE INFORMACIÓN EN JUNTA GENERAL ORDINARIA. F199. SOLICITUD DE SOCIO AL ÓRGANO DE ADMINISTRACIÓN SOLICITANDO LA ASISTENCIA DE NOTARIO A LA JUNTA GENERAL ORDINARIA. F200. CUENTAS ANUALES. BUROFAX SOLICITANDO JUNTA NOTARIAL Y ENTREGA CUENTAS ANUALES POR CORREO ELECTRÓNICO. F201. ACTA DE LA JUNTA GENERAL ORDINARIA (I). F202. ACTA DE JUNTA GENERAL ORDINARIA (II). F203. ACTA DE JUNTA GENERAL ORDINARIA (III). F204. ACTA DE LA JUNTA GENERAL ORDINARIA (IV). F205. ACTA NOTARIAL DE LA JUNTA GENERAL ORDINARIA. F206. CERTIFICACIÓN JUNTA GENERAL ORDINARIA (I). F207. CERTIFICACIÓN JUNTA GENERAL ORDINARIA (II). F208. CERTIFICACIÓN JUNTA GENERAL ORDINARIA (III). 4. DEPÓSITO DE LAS CUENTAS ANUALES. F209. ESCRITO AL REGIS-

TRO MERCANTIL SOBRE DEFICIENCIA DE LAS CUENTAS ANUALES PRESENTADAS AL DEPOSITO. 5. CONTENIDO CUENTAS ANUALES. F210. MEMORIA CUENTAS ANUALES (I). F211. MEMORIA CUENTAS ANUALES (II). F212. MEMORIA CUENTAS ANUALES (III). F213. INFORME DE GESTIÓN. 6. VARIOS. F214. EXPEDIENTE DE JURISDICCIÓN VOLUNTARIA. SOLICITUD EXHIBICIÓN DE DOCUMENTOS CONTABLES.

1. FORMULACIÓN DE CUENTAS ANUALES

F173. FORMULACIÓN DE LAS CUENTAS ANUALES. ACTA DEL CONSEJO DE ADMINISTRACIÓN FORMULANDO LAS CUENTAS ANUALES

Normativa de Aplicación: *Arts. 253 y ss. Real Decreto Legislativo 1/2010, de 2 de julio, por el que se aprueba el texto refundido de la Ley de Sociedades de Capital.*

ACTA DE LA REUNIÓN DEL CONSEJO DE ADMINISTRACIÓN DE LA MERCANTIL .... S.L., CELEBRADA EL DÍA .... DE .... DE ....

En .... y domicilio social de la compañía, sito en ...., a las .... horas del día .... de .... de .... se constituye el Consejo de Administración con la presencia de los siguientes:

NOMBRE	CARGO	FIRMA
Don	Presidente	
Don	Vicepresidente	
Don	Vocal	
Don	Vocal	
Don	Vocal	
Don	Secretario no Consejero	

Igualmente, asisten como invitados Doña .... en su calidad de Letrado Asesor de la compañía y el Asesor Contable y Fiscal de la entidad.

Como cuestión previa al inicio del Consejo, toma la palabra Don ...., comunicando que ha recibido una llamada del consejero ...., quien ha comunicado la imposibilidad de acudir al consejo por motivos familiares, excusando su inasistencia.

Los asistentes han sido convocados conforme al artículo .... de los Estatutos, tal y como consta en la propia convocatoria.

Comprobada la concurrencia de quórum suficiente para iniciar válidamente la reunión, el Sr. Presidente abre la misma, pasándose a conocer los asuntos comprensivos del orden del día, que figura mas abajo, sobre los que recayeron los siguientes acuerdos:

ORDEN DEL DÍA:

Primero.– Formulación de las Cuentas Anuales: balance de situación, cuenta de pérdidas y ganancias y memoria.

Segundo.– Propuesta de aplicación del resultado, todo ello correspondiente al ejercicio cerrado el .... de .... de ....

Tercero.– Delegación de Facultades

ACUERDOS:

PRIMERO.– Formulación de las Cuentas Anuales: balance de situación, cuenta de pérdidas y ganancias y memoria.

Toma la palabra el Presidente, para ilustrar a los presentes del contenido de las Cuentas Anuales. Se establece un turno de preguntas por parte de los distintos Consejeros, que son contestadas tanto por el Presidente como por el Letrado Asesor.

Concretamente se transcribe la explicación ofrecida por la Letrada, al cuestionarse por parte del consejero ...., el modelo de cuentas anuales que se someten a formulación al tener el carácter Abreviado, y mas concretamente el de Pyme: «las empresas pueden aplicar el Plan General de Contabilidad en su versión integra, o bien la versión para PYMEs. Según el RD 151/2007, el PGC para PYMEs se puede aplicar a entidades que durante dos ejercicios consecutivos reúnan, a la fecha de cierre de cada uno de ellos, al menos dos de las circunstancias siguientes: a) Que el total de las partidas del activo no supere los dos millones ochocientos cincuenta mil euros. b) Que el importe neto de su cifra anual de negocios no supere los cinco millones setecientos mil euros. c) Que el número medio de trabajadores empleados durante el ejercicio no sea superior a cincuenta. No concurriendo estos umbrales, entiende la Letrada que las cuentas se encuentran correctamente formuladas».

Ofrecidas las explicaciones anteriores, se somete a votación aprobando por unanimidad formular las Cuentas Anuales de la Sociedad correspondientes al ejercicio cerrado el .... de .... de .... con el formato de pyme, sin que está obligada a someter sus cuentas a verificación del auditor ni a elaborar Informe de Gestión de conformidad con los artículos 253 y siguientes del Texto Refundido de la Ley de Sociedades de Capital.

SEGUNDO.– Propuesta de aplicación del resultado, todo ello correspondiente al ejercicio cerrado el .... de .... de ....

Asimismo, se aprueba, proponer a la Junta la aplicación del Resultado de la Sociedad correspondiente al ejercicio cerrado a .... de .... del .... en los siguientes términos:

BASE DE REPARTO	EUROS
Pérdidas y Ganancias	....
Remanente	....
Total a distribuir	....
DISTRIBUCIÓN	EUROS
Reservas voluntarias	....
Reservas especiales	....
Dividendos	....

Remanente

Total distribuido ....

TERCERO.–Delegación de Facultades

El Consejo acuerda, por unanimidad, facultar al Presidente del Consejo, Don .... para que pueda convocar la correspondiente Junta General, para elevar a ésta las cuentas formuladas al objeto de su aprobación.

Y no habiendo otros asuntos que tratar, a continuación se suspende la sesión, al objeto de redactar el Acta, que es firmada por el Secretario con el visto bueno del Presidente, levantándose la sesión, siendo las 12.30 horas.

EL SECRETARIO V.B. EL PRESIDENTE

F174. FORMULACIÓN DE CUENTAS ANUALES. CERTIFICACIÓN DEL CONSEJO DE ADMINISTRACIÓN FORMULANDO CUENTAS ANUALES

Normativa de Aplicación: *Arts. 253 y ss. Real Decreto Legislativo 1/2010, de 2 de julio, por el que se aprueba el texto refundido de la Ley de Sociedades de Capital.*

..........., mayor de edad, con DNI nº ...., en su calidad de secretario del Consejo de Administración de .... S.L.

CERTIFICA

Que en el Libro de Actas del Consejo de Administración figura la celebrada de el día .... de .... de 20 ...., de la cual, literalmente en cuanto a los acuerdos adoptados y en extracto respecto al resto, hago constar las particularidades siguientes:

1 El Consejo de Administración se celebró en el domicilio social de la compañía.

2 El Consejo fue convocado conforme a lo establecido en el artículo 9 de los Estatutos, con el siguiente orden del día:

Primero.– Formulación de las Cuentas Anuales: balance de situación, cuenta de pérdidas y ganancias y memoria.

Segundo.– Propuesta de aplicación del resultado, todo ello correspondiente al ejercicio cerrado el .... de .... de ....

Tercero.– Delegación de Facultades

3 Que presidió la reunión, D. ...., actuando como Secretario de la misma, D. ...., en consonancia con lo dispuesto en los Estatutos.

(Aunque si no es un acuerdo inscribible en el Mercantil no es necesario que conste la lista de consejeros presentes).

5 El Acta fue aprobada a continuación de su celebración y firmada por todos los asistentes, cumpliéndose todos los requisitos de los artículos 97 y 98 del Registro Mercantil.

6 Que se adoptaron, los siguientes

ACUERDOS

PRIMERO.– Formulación de las Cuentas Anuales: balance de situación, cuenta de pérdidas y ganancias y memoria.

Se acuerda por unanimidad, la formulación de las Cuentas Anuales: balance de situación, cuenta de pérdidas y ganancias y memoria, al objeto de su posterior propuesta de aprobación a la Junta General de Socios.

SEGUNDO.– Propuesta de aplicación del resultado, todo ello correspondiente al ejercicio cerrado el .... de .... de ....

Asimismo, se aprueba, proponer a la Junta la aplicación del Resultado de la Sociedad correspondiente al ejercicio cerrado a .... de .... del .... en los siguientes términos:

BASE DE REPARTO	EUROS
Pérdidas y Ganancias	....
Remanente	....
Total a distribuir	....
DISTRIBUCIÓN	EUROS
Reservas voluntarias	....
Reservas especiales	....
Dividendos	....
Remanente	
Total distribuido	....

TERCERO.– Delegación de Facultades

Igualmente, se aprobó por unanimidad, facultar al Presidente del Consejo, Don .... para que pueda proponer a la Junta de Socios el acuerdo adoptado mediante la correspondiente convocatoria.

Que siendo adoptados los acuerdos reflejados en el presente, se suspendió por unos momentos la sesión, procediendo el Secretario a redactar el Acta de la misma, la cual, leída en presencia de todos los Consejeros, fue aprobada, tras lo cual fue firmada por el Secretario con el Visto Bueno del Presidente de la Junta General.

Y para que así conste, a los oportunos efectos, libro el presente certificado, en Valencia a .... de .... de 20 ....

2. AUDITORÍA DE CUENTAS

F175. ACTA DEL CONSEJO DE ADMINISTRACIÓN SOBRE CONVENIENCIA DE NOMBRAMIENTO DE AUDITOR. SOCIEDAD NO OBLIGADA A AUDITORIA

Normativa de Aplicación: *Arts. 263 y ss. Real Decreto Legislativo 1/2010, de 2 de julio, por el que se aprueba el texto refundido de la Ley de Sociedades de Capital.*

En .... y domicilio social de la compañía, sito en ...., a las .... horas del día .... de .... de 20 .... se constituye el Consejo de Administración con la presencia de los siguientes:

NOMBRE	CARGO	FIRMA
Don	Presidente	
Don	Vicepresidente	
Don	Vocal	
Don	Vocal	
Don	Vocal	
Don	Secretario no Consejero	

Igualmente, asisten como invitados Doña .... en su calidad de Letrado Asesor de la compañía.

Los asistentes han sido convocados conforme al artículo .... de los Estatutos, tal y como consta en la propia convocatoria.

Comprobada la concurrencia de todos los Consejeros, el Sr. Presidente abre la misma, pasándose a conocer los asuntos comprensivos del orden del día, que figura mas abajo, sobre los que recayeron los siguientes acuerdos:

ORDEN DEL DÍA

Primero.– Conveniencia de proponer a la Junta el nombramiento del Auditor de Cuentas de la Sociedad para los ejercicios ...., ... y ....

Segundo.– Delegación de Facultades

ACUERDOS

PRIMERO.– Conveniencia de proponer a la Junta el nombramiento del Auditor de Cuentas de la Sociedad para los ejercicios ...., ... y ....

A instancias del Consejero Delegado, se abre un debate sobre la conveniencia de proponer a la Junta de Socios el nombramiento de auditor de cuentas para los próximos ejercicios.

El Consejero .... solicita al Secretario su voluntad de hacer constar expresamente en el acta, su intervención. Así manifiesta «........... ante las posibles responsabilidades en las que se podría incurrir por parte del Consejo, sería conveniente proponer a la Junta, el nombramiento de un auditor para la compañía. Además su nombramiento serviría para confirmar que el departamento contable de la sociedad, aplica correctamente los principios contables, y que por tanto la contabilidad es un fiel reflejo de la situación de la compañía».

Se opone a tal propuesta el Consejero ...., aduciendo que el nombramiento de auditor supondría un sacrificio económico para la compañía innecesario, y máxime cuando en el las previsión económicas del presente ejercicio suponen unas pérdidas superiores a ....

Tras una larga deliberación, se acuerda con 4 votos a favor y 1 en contra, proponer el nombramiento de auditor.

Por parte de la Letrada de la sociedad, se presentan 3 presupuestos distintos de compañías auditoras. Finalmente se selecciona como futuro auditor a la mercantil .... Auditores S.L., con CIF ...., siendo los honorarios propuestos .... euros.

SEGUNDO.– Delegación de Facultades

El Consejo acuerda, por unanimidad, facultar al Presidente del Consejo, Don .... para que pueda convocar la correspondiente Junta General, para elevar a esta las propuesta de nombramiento de auditor.

Y no habiendo otros asuntos que tratar, a continuación se suspende la sesión, al objeto de redactar el Acta, que es firmada por el Secretario con el visto bueno del Presidente, levantándose la sesión, siendo las 12.30 horas.

EL SECRETARIO V.B. EL PRESIDENTE

F176. ACTA DEL CONSEJO DE ADMINISTRACIÓN PROPONIENDO A LA JUNTA GENERAL LA DESIGNACIÓN DE AUDITOR DE CUENTAS AL VENIR LA SOCIEDAD OBLIGADA A AUDITORIA

Normativa de Aplicación: *Arts. 263 y ss. Real Decreto Legislativo 1/2010, de 2 de julio, por el que se aprueba el texto refundido de la Ley de Sociedades de Capital.*

En .... y domicilio social de la compañía, sito en ...., a las .... horas del día .... de .... de 20 .... se constituye el Consejo de Administración con la presencia de los siguientes:

NOMBRE	CARGO	FIRMA
Don	Presidente	
Don	Vicepresidente	
Don	Vocal	
Don	Vocal	
Don	Vocal	
Don	Secretario no Consejero	

Igualmente, asisten como invitados Doña .... en su calidad de Letrado Asesor de la compañía y el asesor contable ....

Los asistentes han sido convocados conforme al artículo .... de los Estatutos, tal y como consta en la propia convocatoria.

Comprobada la concurrencia de todos los Consejeros, el Sr. Presidente abre la misma, pasándose a conocer los asuntos comprensivos del orden del día, que figura mas abajo, sobre los que recayeron los siguientes acuerdos:

ORDEN DEL DÍA

Primero.– Nombramiento del Auditor de Cuentas de la Sociedad para los ejercicios ...., ... y ....

Segundo.– Delegación de Facultades

ACUERDOS

PRIMERO.– Nombramiento del Auditor de Cuentas de la Sociedad para los ejercicios ...., ... y ....

El asesor contable, Don .... comunica a los Consejeros que a la vista de las últimas cuentas anuales aprobadas, la compañía en el futuro no podrá formular balance abreviado, por superar los límites establecidos en el texto refundido de la Ley de Sociedades de Capital.

Concretamente, se dan los 2 de los 3 requisitos del artículo 263 de la Ley de Sociedades de Capital: a) El total de las partidas del activo asciende a 6,2 millones en de euros en el último ejercicio y 5,6 en el anterior, por lo que supera los dos millones ochocientos cincuenta mil euros y b) El importe neto de la cifra anual de negocios ha sido de 7,2 millones en el ejercicio .... y 8,3 en el ultimo ejercicio cerrado, por lo que supera los cinco millones setecientos mil euros.

Por lo expuesto, debe proponerse a la Junta de Socios el nombramiento de Auditor. En cuanto a la compañía auditora a contratar se propone a .... Auditores S.L., con CIF ...., siendo los honorarios propuestos .... euros.

Sometido a votación, se aprueba por unanimidad proponer a la Junta el nombramiento de nuevo auditor de cuentas para los ejercicios ...., ... y ....

SEGUNDO.– Delegación de Facultades

El Consejo acuerda, por unanimidad, facultar al Presidente del Consejo, Don .... para que pueda convocar la correspondiente Junta General, para elevar a esta las propuesta de nombramiento de auditor.

Y no habiendo otros asuntos que tratar, a continuación se suspende la sesión, al objeto de redactar el Acta, que es firmada por el Secretario con el visto bueno del Presidente, levantándose la sesión, siendo las 12.30 horas.

EL SECRETARIO V.B. EL PRESIDENTE

F177. CERTIFICACIÓN DE REUNIÓN DEL CONSEJO DE ADMINISTRACIÓN DESIGNANDO AUDITOR DE CUENTAS

Normativa de Aplicación: *Arts. 263 y ss. Real Decreto Legislativo 1/2010, de 2 de julio, por el que se aprueba el texto refundido de la Ley de Sociedades de Capital.*

..........., mayor de edad, con DNI nº ...., en su calidad de Secretario del Consejo de Administración de .... S.L.

CERTIFICA

Que en el Libro de Actas del Consejo de Administración figura la celebrada de el día .... de .... de 20 ...., de la cual, literalmente en cuanto a los acuerdos adoptados y en extracto respecto al resto, hago constar las particularidades siguientes:

1 El Consejo de Administración se celebró en el domicilio social de la compañía.

2 El Consejo fue convocado conforme a lo establecido en el artículo 9 de los Estatutos, con el siguiente orden del día:

Primero.– Nombramiento del Auditor de Cuentas de la Sociedad para los ejercicios ...., ... y ....

Segundo.– Delegación de Facultades.

3 Que presidió la reunión, D. ...., actuando como Secretario de la misma, D. ...., en consonancia con lo dispuesto en los Estatutos.

(Aunque si no es un acuerdo inscribible en el Mercantil no es necesario que conste la lista de consejeros presentes).

5 El Acta fue aprobada a continuación de su celebración y firmada por todos los asistentes, cumpliéndose todos los requisitos de los artículos 97 y 98 del Registro Mercantil.

6 Que se adoptaron, los siguientes:

ACUERDOS

PRIMERO.– Nombramiento del Auditor de Cuentas de la Sociedad para los ejercicios ...., ... y ....

Tras las deliberaciones oportunas se acuerda por unanimidad, proponer a la Junta de socios el nombramiento de Auditores de Cuentas de la Sociedad para los citados ejercicios, ..., ... y .... a efectos del cumplimiento de los requerimientos establecidos en la Ley.

Que igualmente se aprobó proponer al siguiente auditor:

Razón Social: ....

Domicilio: ....

Numero de Identificación Fiscal: ....

SEGUNDO.– Delegación de Facultades

Igualmente, se aprobó por unanimidad, facultar al Presidente del Consejo, Don .... para que pueda proponer a la Junta de Socios el acuerdo adoptado mediante la correspondiente convocatoria.

Que siendo adoptados los acuerdos reflejados en el presente, se suspendió por unos momentos la sesión, procediendo el Secretario a redactar el Acta de la misma, la cual, leída en presencia de todos los Consejeros, fue aprobada, tras lo cual fue firmada por el Secretario con el Visto Bueno del Presidente de la Junta General.

Y para que así conste, a los oportunos efectos, libro el presente certificado, en Valencia a .... de .... de 20 ....

F178. CONVOCATORIA JUNTA GENERAL PARA LA DESIGNACIÓN DE AUDITOR DE CUENTAS. ADMINISTRADOR ÚNICO

Normativa de Aplicación: *Arts. 263 y ss. Real Decreto Legislativo 1/2010, de 2 de julio, por el que se aprueba el texto refundido de la Ley de Sociedades de Capital.*

En mi calidad de Administrador Único de .... S.L., y de conformidad con lo establecido en el artículo .... de sus Estatutos, Sociales y de la Ley de Sociedades de Capital, se convoca a los señores socios a la Junta General Ordinaria de la Sociedad, a celebrar a las .... horas del próximo día .... de .... de ...., en el domicilio social, sito en .... (...........), Calle ...., para deliberar y adoptar los acuerdos que procedan, con arreglo al siguiente:

ORDEN DEL DÍA

Primero.– Nombramiento del Auditor de Cuentas de la Sociedad para los ejercicios ...., ... y ....

Segundo.– Delegación de Facultades.

Derecho de información.– De conformidad con lo dispuesto el artículo 196 de la Ley de Sociedades de Capital, los socios podrán solicitar por escrito, con anterioridad a la reunión de la Junta General o verbalmente durante la misma, los informes o aclaraciones que estimen precisos acerca de los asuntos comprendidos en el orden del día.

Derecho de asistencia y representación.– De conformidad con lo dispuesto en el artículo 179 de la Ley de Sociedades de Capital en relación con el artículo 104, podrán asistir a la Junta General de socios, todos los titulares de participaciones inscritas en el Libro Registro de Socios de la Sociedad.

En virtud de lo dispuesto en el artículo 183 de la Ley de Sociedades de Capital, los socios con derecho de asistencia a la Junta General podrán hacerse representar por medio de por su cónyuge, ascendiente o descendiente, por otro socio o por persona que ostente poder general conferido en documento publico con facultades para administrar todo el patrimonio que el representado tuviere en territorio nacional. La representación, comprenderá la totalidad de las participaciones de que sea titular el socio representado y, deberá conferirse por escrito. Si no constare en documento publico, deberá ser especial para cada junta.

En .... (...........), a .... de .... de 20 ....

FDO: ....

Administrador único.

F179. CONVOCATORIA DE JUNTA GENERAL PARA LA DESIGNACIÓN DE AUDITOR DE CUENTAS. CONSEJO DE ADMINISTRACIÓN

Normativa de Aplicación: *Arts. 263 y ss. Real Decreto Legislativo 1/2010, de 2 de julio, por el que se aprueba el texto refundido de la Ley de Sociedades de Capital.*

El Consejo de Administración de .... S.L., en su reunión del día ...., y de conformidad con lo establecido en el artículo .... de sus Estatutos, Sociales y de la Ley de Sociedades de Capital, acordó convocar a los señores socios a la Junta General Ordinaria de la Sociedad, a celebrar a las .... horas del próximo día .... de .... de ...., en el domicilio social, sito en .... (...........), Calle ...., para deliberar y adoptar los acuerdos que procedan, con arreglo al siguiente:

ORDEN DEL DÍA

Primero.– Nombramiento del Auditor de Cuentas de la Sociedad para los ejercicios ...., ... y ....

Segundo.– Delegación de Facultades.

Derecho de información.– De conformidad con lo dispuesto el artículo 196 de la Ley de Sociedades de Capital, los socios podrán solicitar por escrito, con anterioridad a la reunión de la Junta General o verbalmente durante la misma, los informes o aclaraciones que estimen precisos acerca de los asuntos comprendidos en el orden del día.

Derecho de asistencia y representación.– De conformidad con lo dispuesto en el artículo 179 de la Ley de Sociedades de Capital en relación con el artículo 104, podrán asistir a la Junta General de socios, todos los titulares de participaciones inscritas en el Libro Registro de Socios de la Sociedad.

En virtud de lo dispuesto en el artículo 183 de la Ley de Sociedades de Capital, los socios con derecho de asistencia a la Junta General podrán hacerse representar por medio de por su cónyuge, ascendiente o descendiente, por otro socio o por persona que ostente poder general conferido en documento publico con facultades para administrar todo el patrimonio que el representado tuviere en territorio nacional. La representación, comprenderá la totalidad de las participaciones de que sea titular el socio representado y, deberá conferirse por escrito. Si no constare en documento publico, deberá ser especial para cada junta.

En .... (...........), a .... de .... de 20 ....

FDO: ....

El Secretario del Consejo de Administración

F180. ACTA DE JUNTA GENERAL DESIGNANDO AUDITOR DE CUENTAS. JUNTA CONVOCADA

Normativa de Aplicación: *Arts. 263 y ss. Real Decreto Legislativo 1/2010, de 2 de julio, por el que se aprueba el texto refundido de la Ley de Sociedades de Capital.*

En .... y domicilio social de la compañía, sito en ...., a las .... horas del día .... de .... de 20 .... se reúnen los socios que están relacionados en la lista de asistencia los cuales son propietarios del cien por cien del capital social.

LISTA DE ASISTENCIA

Nº Part.	Nombres	Representantes	Firmas
....	....	....	
....	....	....	

Con independencia de tener carácter esta Junta Extraordinaria de Universal, por estar presentes o representados la totalidad de los socios dueños de la totalidad del capital social, la misma fue convocada previamente cumpliendo los requisitos legales y estatutarios. Concretamente fue remitido burofax a cada uno de los socios habiendo sido la última emisión el día ...., y la última recepción por parte de los socios el día .... El ORDEN DEL DÍA, de la convocatoria fue el siguiente:

Primero.– Nombramiento del Auditor de Cuentas de la Sociedad para los ejercicios ...., ... y ....

Segundo.– Delegación de Facultades.

Asisten los siguientes socios ....

Se nombran como Presidente al Administrador de la Sociedad D. .... y Secretario a Don .... Abierta la sesión por el Sr. Presidente se pasó al examen del orden del día, adoptándose los siguientes ACUERDOS:

PRIMERO.– Nombramiento del Auditor de Cuentas de la Sociedad para los ejercicios ...., ... y ....

Después de un amplia deliberación, sin que ninguno de los presentes solicite constancia de su intervención, la asamblea adopta por unanimidad los acuerdos siguientes:

Nombrar auditor de la sociedad, por un período de tres años, siendo anualmente renovado, una vez finalizado este período, a la sociedad AUDITORES ...., S.A. o S.L. con CIF .... representada por D/Dª ...., domiciliada en .... La intervención de la Auditoría de cuentas será para los supuestos y actos en los que legal o reglamentariamente sea necesario o esté obligada. Presente en este acto D/Dª ...., en nombre y representación de AUDITORES ...., S.A. o S.L., acepta el encargo y declara no hallarse incurso en ninguna causa de incompatibilidad legal para ejercer como tal.

SEGUNDO.–Delegación de Facultades

La Junta General acuerda, por unanimidad, facultar al Administrador Social, Don .... para que pueda comparecer ante Notario y suscribir cuantos documentos públicos y privados fuesen necesarios para la trascendencia registral de los acuerdos precedentes, pudiendo realizar las rectificaciones y aclaraciones o salvar las omisiones que fueran precisas o convenientes para conseguir, en su caso, su inscripción en el Registro Mercantil correspondiente o en cualquier otro Registro, Órgano y Entidad Administrativa que corresponda, así como solicitar la inscripción parcial de los acuerdos adoptados en conformidad con lo dispuesto en el artículo 63 del Reglamento del Registro Mercantil.

Que siendo adoptados los acuerdos reflejados en el presente, se suspendió por unos momentos la sesión, procediendo el Secretario a redactar el Acta de la misma, la cual, leída en presencia de la Junta, fue aprobada por la totalidad de los socio, tras lo cual fue firmada por el Secretario con el Visto Bueno del Presidente de la Junta General.

Y no habiendo otros asuntos que tratar, a continuación se suspende la sesión, al objeto de redactar el Acta, que es firmada por el Secretario con el visto bueno del Presidente, levantándose la sesión, siendo las .... horas

EL SECRETARIO V.B. EL PRESIDENTE

F181. CERTIFICACIÓN DE LA JUNTA GENERAL DESIGNANDO AUDITOR DE CUENTAS

Normativa de Aplicación: *Arts. 263 y ss. Real Decreto Legislativo 1/2010, de 2 de julio, por el que se aprueba el texto refundido de la Ley de Sociedades de Capital.*

..........., mayor de edad, con DNI nº ...., en su calidad de Administrador Único de .... S.L. con CIF ....

CERTIFICA

Que en el Libro de Actas de la sociedad figuran los acuerdos adoptados por la Junta General Extraordinaria y Universal de socios de la sociedad, celebrada el día .... de .... de 20 ...., de la cual, literalmente en cuanto a los acuerdos adoptados y en extracto respecto al resto, con arreglo al artículo 112 del Reglamento del Registro Mercantil, hago constar las particularidades siguientes:

1 La Junta General se celebró en el domicilio social de la compañía.

2 La Junta ha sido convocada con la antelación legalmente prevista, mediante la remisión a cada uno de los socios de la convocatoria por burofax, con el siguiente orden del día:

Primero.– Nombramiento del Auditor de Cuentas de la Sociedad para los ejercicios ...., ... y ....

Segundo.– Delegación de Facultades.

3 Que presidió la reunión, D. ...., actuando como Secretario de la misma, D. ...., nombrados a estos efectos por los socios asistentes de la propia Junta.

4 Que se formó la Lista de Asistentes, que acreditaron su derecho de asistencia, en la forma y plazos previstos en los Estatutos Sociales, la cual se incorporó al Acta por medio de Anexo, firmado por el Secretario y con el visto bueno del Presidente. De la mencionada Lista de Asistentes, se comprueba que asistió la totalidad de los socios, si bien el Sr. .... se encontró representado por el socio ....

5 Sin que se solicitara constancia expresa de ninguna intervención, se adoptaron, también por unanimidad, los ACUERDOS siguientes que se transcriben literalmente.

6 Que el Presidente declaró válidamente constituida la Junta General Extraordinaria en primera convocatoria, y se procedió a las oportunas deliberaciones, adoptando, por unanimidad, los siguientes:

ACUERDOS

PRIMERO.– Nombramiento del Auditor de Cuentas de la Sociedad para los ejercicios ...., ... y ....

Tras las deliberaciones oportunas se acuerda aprobar, por unanimidad, el nombramiento de Auditores de Cuentas de la Sociedad para los citados ejercicios, ..., ... y .... a efectos del cumplimiento de los requerimientos establecidos en la Ley.

A los efectos, y para su posterior inscripción registral, se consignan los datos exigidos por el artículo 38 del Reglamento del Registro Mercantil, sobre la identidad de los auditores nombrados:

Razón Social: ....

Domicilio: ....

Numero de Identificación Fiscal: ....

SEGUNDO.– Delegación de Facultades

La Junta General acuerda, por unanimidad, facultar al Administrador Social, Don .... para que pueda comparecer ante Notario y suscribir cuantos documentos públicos y privados fuesen necesarios para la trascendencia registral de los acuerdos precedentes, pudiendo realizar las rectificaciones y aclaraciones o salvar las omisiones que fueran precisas o convenientes para conseguir, en su caso, su inscripción en el Registro Mercantil correspondiente o en cualquier otro Registro, Órgano y Entidad Administrativa que corresponda, así como solicitar la inscripción parcial de los acuerdos adoptados en conformidad con lo dispuesto en el artículo 63 del Reglamento del Registro Mercantil.

Que siendo adoptados los acuerdos reflejados en el presente, se suspendió por unos momentos la sesión, procediendo el Secretario a redactar el Acta de la misma, la cual, leída en presencia de la Junta, fue aprobada por la totalidad de los socio, tras lo cual fue firmada por el Secretario con el Visto Bueno del Presidente de la Junta General.

Y para que así conste, a los oportunos efectos, libro el presente certificado, en Valencia a .... de .... de 20 ....

F182. ACTA DE JUNTA GENERAL SEPARANDO AUDITOR DE CUENTAS. JUNTA CONVOCADA

Normativa de Aplicación: *Arts. 263 y ss. Real Decreto Legislativo 1/2010, de 2 de julio, por el que se aprueba el texto refundido de la Ley de Sociedades de Capital.*

Que hoy día .... de .... de ...., a las .... horas, y en el domicilio social, sito en la localidad de ...., calle .... s/n, se celebra JUNTA GENERAL EXTRAORDINARIA de socios de la sociedad .... S.L.

La convocatoria de la presente Junta General Extraordinaria de socios, ha sido acordada por el administrador único, Don ....

La convocatoria de la presente Junta General, se ha realizado, de conformidad con lo establecido en la Ley y el art .... de los Estatutos Sociales, mediante burofax con acuse de recibo y certificado de contenido, de fecha ...., dirigido ese mismo día a cada uno de los socios al domicilio designado al efecto por cada uno de ellos.

El tenor literal de la convocatoria se transcribe a continuación: «Por medio del presente se convoca a los señores socios a la celebración de Junta General Extraordinaria de la sociedad .... S.L., que se celebrará, el día .... de .... de ...., a las .... horas, en el domicilio social sito en ...., a efectos de deliberar y, en su caso, adoptar acuerdos con relación al siguiente orden del día: ÚNICO.– Acordar la separación del actual Auditor de Cuentas.

En ...., hoy día .... de .... de .... el Administrador único de .... S.L. Don ....»

Asisten a la presente Junta General Extraordinaria, personalmente o representados, los siguientes socios:

I.– Socios presentes:

Don ...., titular de .... participaciones sociales núm. .... a ...., incluidos, con un valor nominal cada una de ellas de .... euros (en su conjunto .... euros), que suponen el .... por ciento del capital social.

Don ...., titular de .... participaciones sociales núm. .... a ...., incluidos, con un valor nominal cada una de ellas de .... euros (en su conjunto .... euros), que suponen el .... por ciento del capital social.

Doña ...., titular de .... participaciones sociales núm. .... a ...., incluidos, con un valor nominal cada una de ellas de .... euros (en su conjunto .... euros), que suponen el .... por ciento del capital social.

Por lo tanto, asisten de forma personal .... socios, titulares, en conjunto, de .... participaciones sociales que suponen el .... por ciento del capital social.

II.– Socios representados:

Don ...., titular de .... participaciones sociales núm. .... a ...., incluidos, con un valor nominal cada una de ellas de .... euros (en su conjunto .... euros), que suponen el .... por ciento del capital social. Asiste el expresado socio representado por Doña ....

Don ...., titular de .... participaciones sociales núm. .... a ...., incluidos, con un valor nominal cada una de ellas de .... euros (en su conjunto .... euros), que suponen el .... por ciento del capital social. Asiste el expresado socio representado por Don ....

Asisten representados, ... socios, que titularizan .... participaciones que suponen el .... por ciento del capital social asumido.

En conjunto, asisten, personalmente o representados, ... socios, titulares de .... participaciones que suponen el .... por ciento del capital social suscrito.

Asiste el órgano de administración de la sociedad.

Son presidente y secretario de la presente Junta General, Don .... y Don ...., respectivamente. Ello de conformidad con lo establecido en la Ley y los Estatutos Sociales y ser los citados señores los socios designados por los concurrentes al comienzo de la reunión.

Abierta la sesión por el Sr. Presidente, sin que nadie se oponga a la válida constitución y celebración de la presente Junta General, se entra en el debate y deliberación de los diversos puntos del orden del día sin que ninguno de los presentes haga uso de su derecho a que conste en el acta el contenido de su intervención.

Tras todo lo anterior, se propone por el Sr. presidente la adopción de los siguientes acuerdos, propuesta que se transcribe literalmente a continuación:

ÚNICO.– La separación del Auditor de Cuentas de la sociedad, don .... (o la sociedad ....), por justa causa, consistente en ....

Previa la oportuna votación, la citada propuesta de acuerdos sociales es aprobada por UNANIMIDAD, con el voto favorable de todos los asistentes (........... por ciento de los votos correspondientes a las participaciones sociales en que se divide el capital social), en términos idénticos a los anteriormente transcritos.

Y no habiendo más asuntos que tratar, se procede a la redacción de la presente acta que es aprobada de forma unánime por los asistentes, y finaliza la presente Junta General Extraordinaria, levantándose la reunión en ...., a las .... horas del día .... de .... de ....

F183. ACTA DE LA JUNTA GENERAL SOBRE SEPARACIÓN DE AUDITOR. JUNTA UNIVERSAL

Normativa de Aplicación: *Arts. 263 y ss. Real Decreto Legislativo 1/2010, de 2 de julio, por el que se aprueba el texto refundido de la Ley de Sociedades de Capital.*

Que hoy día .... de .... de ...., a las .... horas, y en el domicilio social, sito en la localidad de ...., calle ...., se celebra JUNTA GENERAL EXTRAORDINARIA de socios de la sociedad .... S.L.

Se encuentran presentes, en el referido lugar, y, por lo tanto, concurren la totalidad de socios de la compañía, decidiendo y dando su conformidad los asistentes a constituirse, con el carácter de universal, en Junta General Extraordinaria de socios de la compañía, para deliberar y, en su caso, adoptar acuerdos con relación al siguiente orden del día:

ÚNICO.– Acordar la separación del actual Auditor de Cuentas.

En señal de conformidad firman seguidamente todos los asistentes, a continuación de su nombre y apellidos.

Asiste el órgano de administración de la sociedad.

Son presidente y secretario de la presente Junta General, Don .... y Don ...., respectivamente. Ello de conformidad con lo establecido en la Ley y los Estatutos Sociales y ser los citados señores los socios designados por los concurrentes al comienzo de la reunión.

Abierta la sesión por el Sr. Presidente, sin que nadie se oponga a la válida constitución y celebración de la presente Junta General, se entra en el debate y deliberación de los diversos puntos del orden del día, sin que ninguno de los presentes haga uso de su derecho a que conste en el acta el contenido de su intervención.

Tras lo anterior, se propone por el Sr. presidente la adopción de los siguientes acuerdos, que se transcriben de forma literal a continuación:

ÚNICO.– La separación del Auditor de Cuentas de la sociedad, don .... (o la sociedad ....), por justa causa, consistente en .... (para la inscripción no es necesario expresar cuál, pero sí decir que fue justa causa).

Previa la oportuna votación, la citada propuesta de acuerdos sociales es aprobada por UNANIMIDAD, con el voto favorable de todos los asistentes (........... por ciento de los votos correspondientes a las participaciones sociales en que se divide el capital social), en términos idénticos a los anteriormente transcritos.

Y no habiendo más asuntos que tratar, se procede a la redacción de la presente acta que es aprobada de forma unánime por los asistentes, y finaliza la presente Junta General Extraordinaria, levantándose la reunión en ...., a las .... horas del día .... de .... de ....

F184. CERTIFICACIÓN DE ACUERDO DE SEPARACIÓN DE AUDITOR. JUNTA GENERAL EXTRAORDINARIA CONVOCADA

Normativa de Aplicación: *Arts. 263 y ss. Real Decreto Legislativo 1/2010, de 2 de julio, por el que se aprueba el texto refundido de la Ley de Sociedades de Capital.*

..........., Administrador Único de la compañía .... S.L., con domicilio en ...., Avenida ...., CIF .... Inscrita en el Registro Mercantil de la Provincia de .... al ....

CERTIFICO según resulta del libro de actas de la sociedad:

Que el día .... de .... de ...., a las .... horas, y en el domicilio social, se celebró en la Junta General Extraordinaria de Socios de la compañía .... S.L.

La convocatoria de la referida Junta General Extraordinaria de socios, fue acordada en fecha .... por el administrador único, Don ....

Que la convocatoria de la presente Junta General, se realizó por el órgano de administración de la sociedad, de conformidad con lo establecido en la Ley y el art .... de los Estatutos Sociales, mediante burofax con acuse de recibo y certificado de contenido, de fecha ...., dirigido ese mismo día a cada uno de los socios al domicilio designado al efecto igualmente por cada uno de ellos.

Que el tenor literal de la convocatoria se transcribe a continuación: «Por medio del presente se convoca a los señores socios a la celebración de Junta General Extraordinaria de la sociedad .... S.L., que se celebrará, el día .... de .... de ...., a las .... horas, en el domicilio social sito en ...., a efectos de deliberar y, en su caso, adoptar acuerdos con relación al siguiente orden del día: ÚNICO.– Acordar la separación del actual Auditor de Cuentas.

En ...., hoy día .... de .... de .... el Administrador único de .... S.L. Don ....»

Que se confeccionó la pertinente lista de asistentes y, en conjunto, asistieron, personalmente o representados, ... socios, titulares de .... participaciones sociales que suponen el .... por ciento del capital social suscrito y .... de los derechos de voto.

Que asistió el órgano de administración de la sociedad.

Que actuaron como presidente y secretario de la citada Junta General, Don .... y Don ...., respectivamente. Ello de conformidad con lo establecido en la Ley y los Estatutos Sociales y ser los citados señores los socios designados por los concurrentes al comienzo de la reunión.

Que abierta la sesión por el Sr. Presidente, sin que nadie se opusiera a la válida constitución y celebración de la citada Junta General, se entró en el debate y deliberación de los diversos puntos del orden del día sin que ninguno de los presentes hiciera uso de su derecho a que constase en el acta el contenido de su intervención. Tras lo anterior, se adoptaron por unanimidad de los asistentes (........... por ciento de los votos en que se divide el capital social), los siguientes ACUERDOS, que son aquí trascritos literalmente:

ÚNICO.– La separación del Auditor de Cuentas de la sociedad, don .... (o la sociedad ....), por justa causa, consistente en .... (para la inscripción no es necesario expresar cuál, pero sí decir que fue justa causa).

Y para que conste y surta los efectos oportunos, libro la presente certificación, haciendo constar que el acta de la reunión donde se adoptaron los acuerdos que se certifican fue aprobada por unanimidad en la propia sesión, y firmada por el presidente y secretario. En ...., a .... de .... de ....

F185. CERTIFICACIÓN DE ACUERDO DE SEPARACIÓN DE AUDITOR. JUNTA GENERAL EXTRAORDINARIA UNIVERSAL

Normativa de Aplicación: *Arts. 263 y ss. Real Decreto Legislativo 1/2010, de 2 de julio, por el que se aprueba el texto refundido de la Ley de Sociedades de Capital.*

..........., Administrador único de la compañía .... S.L., con domicilio en ...., C/ .... y CIF .... Inscrita en el Registro Mercantil de la Provincia de ....

CERTIFICO, según resulta del libro de actas de la sociedad:

Que el día .... de .... de .... de .... y en ...., calle ...., se celebró Junta General Extraordinaria de Socios de la compañía .... S.L., reunida con carácter universal.

Que se encontraban presentes la totalidad de los socios, figurando su nombre en el acta.

Que la totalidad de los socios aceptaron constituirse y celebrar dicha Junta General, con el carácter de universal, para deliberar y, en su caso, adoptar acuerdos con relación al siguiente orden del día:

ÚNICO.– Acordar la separación del actual Auditor de Cuentas.

Que en señal de conformidad con lo reseñado anteriormente, la totalidad de los socios de la compañía, seguido de su respectivo nombre, firmaron al inicio del acta cuyos acuerdos aquí se certifican.

Que de conformidad con lo previsto en la Ley y Los Estatutos Sociales fueron designados y actuaron como presidente de la misma Doña .... y como secretario Don ....

Que abierta la sesión sin que nadie se opusiera a ello, se adoptaron por unanimidad, (........... por ciento de los votos correspondientes a las participaciones sociales en que se divida el capital social), los siguientes ACUERDOS que se transcriben de forma literal a continuación:

ÚNICO.– La separación del Auditor de Cuentas de la sociedad, don .... (o la sociedad ....), por justa causa, consistente en .... (para la inscripción no es necesario expresar cuál, pero sí decir que fue justa causa).

Y para que conste libro la presente certificación, haciendo constar que el acta de la reunión donde se adoptaron los acuerdos que se certifican fue aprobada por unanimidad en la propia sesión, y firmada por el presidente y secretario, en ...., a .... de .... de ....

F186. ESCRITURA DE ELEVACIÓN A PÚBLICO DEL ACUERDO DE NOMBRAMIENTO DE AUDITOR

Normativa de Aplicación: *Arts. 263 y ss. Real Decreto Legislativo 1/2010, de 2 de julio, por el que se aprueba el texto refundido de la Ley de Sociedades de Capital.*

En la Ciudad de ...., mi residencia, a .... de ....

Ante mí, ..., Notario de la Ciudad y del Ilustre Colegio de ....

COMPARECEN

Don ...., mayor de edad, de nacionalidad española, casado, vecino de ...., con domicilio en ...., núm. ...., con DNI/NIF ....

Y Don ...., mayor de edad, de nacionalidad española, casado, vecino de ...., con domicilio en ...., núm. ...., con DNI/NIF ....

Le identifico por el documento de identidad exhibido y reseñado.

INTERVIENEN

Don .... interviene en su calidad de administrador único de la sociedad limitada ...., de nacionalidad española, constituida por tiempo indefinido mediante escritura autorizada por el notario de ...., Don ...., con fecha .... de .... de dos mil ...., número de protocolo .... Domiciliada en ...., calle .... e inscrita en el Registro Mercantil de la provincia de ...., al tomo ...., general ...., folio ...., hoja ...., inscripción .... CIF .... Su objeto social es: ....

Está legitimado para este otorgamiento en virtud de su expresado cargo de administrador único, que afirma vigente, resultando su nombramiento y aceptación de la escritura otorgada con fecha .... de .... de dos mil ...., ante el Notario de ...., Doña ...., número de protocolo ...., que causó la inscripción .... en el Registro Mercantil y por acuerdo de la Junta General de socios celebrada el día .... de .... de ...., contenido en la certificación que me entrega e incorporo a la presente, expedida por el propio administrador compareciente, cuya firma legitimo por serme conocida.

Yo, el Notario, hago constar expresamente que he cumplido con la obligación que impone la ley 10/2010, de 28 de abril, cuyo resultado consta en acta autorizada por el Notario de ...., Don ...., el día ...., en cuanto a «........... S.L.», bajo nº .... de protocolo, manifestando no haberse modificado el contenido de la misma.

Y DON .... en representación de .... (sociedad auditora y justificación de representación).

Tienen a mi juicio, capacidad y legitimación para otorgar esta escritura de ELEVACIÓN A PUBLICO DE ACUERDOS SOCIALES relativos al nombramiento de auditor, y, al efecto, según intervienen,

EXPONEN

PRIMERO.– Que la Junta General de la sociedad .... S.L., en sesión celebrada el día .... de .... de ...., acordó designar auditor de cuentas a ...., por plazo de .... (entre tres y nueve) años, a contar desde ...., fecha de comienzo del primer ejercicio que deberá auditarse.

(Y en su caso, designación de suplentes).

La remuneración será la que corresponda con arreglo a lo dispuesto en la Ley de Auditoría de Cuentas.

Lo anterior resulta de certificación expedida por el compareciente, en su condición de administrador único, cuya firma considero legítima por haber sido puesta en mi presencia, y que incorporo a la presente para su reproducción en las copias que de la misma se expidan.

SEGUNDO.– El señor ...., acepta el nombramiento en representación de la sociedad auditora y manifiesta que ni ésta ni sus auditores incurren en incompatibilidad legal.

Hago la advertencia de la obligatoriedad de inscripción de esta escritura en el Registro Mercantil.

Protección de datos.– Con relación a los datos de carácter personal que en la presente constan, referidos al compareciente, queda este enterado de que los mismos se incorporan a mis ficheros automatizados, lo que acepta, así como del derecho de oposición, acceso a ellos, rectificación o cancelación de los mismos.

OTORGAMIENTO Y AUTORIZACIÓN

Advierto a los comparecientes de su derecho a leer por si este instrumento al que renuncian. Yo, el notario, además la leo a los comparecientes, quienes la encuentran conforme, otorgan y firman conmigo, el notario, que doy fe en cuanto sea procedente de todo lo consignado en este instrumento público, extendido en .... folios de papel exclusivo para documentos notariales, serie, y números el del presente y anteriores en orden.

F187. INFORME DE AUDITORÍA (I). OPINIÓN CON SALVEDADES

Normativa de Aplicación: *Arts. 269 y ss. Real Decreto Legislativo 1/2010, de 2 de julio, por el que se aprueba el texto refundido de la Ley de Sociedades de Capital.*

A LOS SOCIOS DE ....

Opinión

Hemos auditado las cuentas anuales de .... S.L. (en adelante la Sociedad), que comprenden el balance a 31 de diciembre de ...., la cuenta de pérdidas y ganancias y la memoria correspondientes al ejercicio terminado en dicha fecha.

En nuestra opinión, las cuentas anuales adjuntas expresan, en todos los aspectos significativos, la imagen fiel del patrimonio y de la situación financiera de la Sociedad a .... de .... de ...., así como de sus resultados correspondientes al ejercicio terminado en dicha fecha, de conformidad con el marco normativo de información financiera que resulta de aplicación (que se identifica en la nota 1 de la memoria) y, en particular, con los principios y criterios contables contenidos en el mismo.

Fundamento de la opinión

Hemos llevado a cabo nuestra auditoría de conformidad con la normativa reguladora de la actividad de auditoría de cuentas vigente en España. Nuestras responsabilidades de acuerdo con dichas normas se describen más adelante en la sección Responsabilidades del auditor en relación con la auditoría de las cuentas anuales de nuestro informe.

Somos independientes de la Sociedad de conformidad con los requerimientos de ética, incluidos los de independencia, que son aplicables a nuestra auditoría de las cuentas anuales en España según lo exigido por la normativa reguladora de la actividad de auditoría de cuentas. En este sentido, no hemos prestado servicios distintos a los de la auditoría de cuentas ni han concurrido situaciones o circunstancias que, de acuerdo con lo establecido en la citada normativa reguladora, hayan afectado a la necesaria independencia de modo que se haya visto comprometida.

Consideramos que la evidencia de auditoría que hemos obtenido proporciona una base suficiente y adecuada para nuestra opinión.

Aspectos más relevantes de la auditoría

Los aspectos más relevantes de la auditoría son aquellos que, según nuestro juicio profesional, han sido considerados como los riesgos de incorrección material más significativos en nuestra auditoría de las cuentas anuales del periodo actual. Estos riesgos han sido tratados en el contexto de nuestra auditoría de las cuentas anuales en su conjunto, y en la formación de nuestra opinión sobre éstos, y no expresamos una opinión por separado sobre esos riesgos.

Deterioros de existencias v de créditos comerciales

Identificación y descripción del riesgo

Las existencias y los créditos con clientes son áreas significativas en el conjunto de las cuentas anuales y su valoración es susceptible de incorrección material, particularmente en lo que hace referencia a la evaluación de los posibles deterioros que puedan afectar a dichas áreas por cuanto responden en ocasiones a criterios subjetivos que implican juicio y su cálculo es siempre por medios no automáticos.

Respuesta del auditor

Nuestros procedimientos de auditoría han comprendido en ambos casos, y entre otros, el entendimiento del proceso seguido por la Sociedad para evaluar, en su caso, dichos deterioros y la metodología utilizada para estimar el valor recuperable. Como principales procedimientos específicos:

- Para los créditos con clientes y deudores se ha realizado un proceso de circularización externa de amplio espectro, con comprobaciones por medios alternativos para los que no se ha obtenido respuesta, de tal forma que se pudieran identificar posibles disconformidades de los clientes con los saldos o movimientos; igualmente, se ha obtenido una estratificación de saldos por antigüedad que permitiera identificar saldos no deteriorados por la Sociedad y que en cambio superen ampliamente el aplazamiento normal o el vencimiento establecido. En aquellos que esta situación se da, averiguación y documentación de las circunstancias que lo motivan. Asimismo, se ha circularizado al asesor legal externo de la Sociedad para que nos informara sobre los casos que le tienen encargados, a los efectos de comprobar si han sido tenidos en cuenta al evaluar los posibles deterioros.
- Para los posibles deterioros de existencias, se realizó comprobación física del inventario, que incluía entre otros la verificación de existencia de posibles artículos en estado inapropiado o que presentaran muestras de no rotación. Se realizaron asimismo pruebas de valor de realización y de valor de adquisición para una

muestra representativa, pruebas de cobertura de seguros, y pruebas de antigüedad o permanencia en inventario.

Responsabilidad del Administrador en relación con las cuentas anuales

El Administrador es responsable de formular las cuentas anuales adjuntas, de forma que expresen la imagen fiel del patrimonio, de la situación financiera y de los resultados de la Sociedad, de conformidad con el marco normativo de información financiera aplicable a la Entidad en España, y del control interno que considere necesario para permitir la preparación de cuentas anuales libres de incorrección material, debida a fraude o error.

En la preparación de las cuentas anuales, el Administrador es responsable de la valoración de la capacidad de la Sociedad para continuar como empresa en funcionamiento, revelando, según corresponda, las cuestiones relacionadas con la empresa en funcionamiento y utilizando el principio contable de empresa en funcionamiento excepto si el Administrador tiene intención de liquidar la sociedad o de cesar sus operaciones, o bien no exista otra alternativa realista.

Responsabilidad del auditor en relación con la auditoría de las cuentas anuales

Nuestros objetivos son obtener una seguridad razonable de que las cuentas anuales en su conjunto están libres de incorrección material, debida a fraude o error, y emitir un informe de auditoría que contiene nuestra opinión.

Seguridad razonable es un alto grado de seguridad, pero no garantiza que una auditoría realizada de conformidad con la normativa reguladora de la actividad de auditoría vigente en España siempre detecte una incorrección material cuando existe. Las incorrecciones pueden deberse a fraude o error y se consideran materiales si, individualmente o de forma agregada, puede preverse razonablemente que influyan en las decisiones económicas que los usuarios toman basándose en las cuentas anuales.

Como parte de una auditoría de conformidad con la normativa reguladora de la actividad de auditoría de cuentas en España, aplicamos nuestro juicio profesional y mantenemos una actitud de escepticismo profesional durante toda la auditoría. También:

- Identificamos y valoramos los riesgos de incorrección material en las cuentas anuales, debida a fraude o error, diseñamos y aplicamos procedimientos de auditoría para responder a dichos riesgos y obtenemos evidencia de auditoría suficiente y adecuada para proporcionar una base para nuestra opinión. El riesgo de no detectar una incorrección material debida a fraude es más elevado que en el caso de una incorrección material debida a error, ya que el fraude puede implicar colusión, falsificación, omisiones deliberadas, manifestaciones intencionadamente erróneas, o la elusión del control interno.
- Obtenemos conocimiento del control interno relevante para la auditoría con el fin de diseñar procedimientos de auditoría que sean adecuados en función de las

circunstancias, y no con la finalidad de expresar una opinión sobre la eficacia del control interno de la Sociedad.

- Evaluamos si las políticas contables aplicadas son adecuadas y la razonabilidad de las estimaciones contables y la correspondiente información revelada por el Administrador.
- Concluimos sobre si es adecuada la utilización, por el Administrador, del principio contable de empresa en funcionamiento y, basándonos en la evidencia de auditoría obtenida, concluimos sobre si existe o no una incertidumbre material relacionada con hechos o con condiciones que pueden generar dudas significativas sobre la capacidad de la Sociedad para continuar como empresa en funcionamiento. Si concluimos que existe una incertidumbre material, se requiere que llamemos la atención en nuestro informe de auditoría sobre la correspondiente información revelada en las cuentas anuales o, si dichas revelaciones no son adecuadas, que expresemos una opinión modificada. Nuestras conclusiones se basan en la evidencia de auditoría obtenida hasta la fecha de nuestro informe de auditoría. Sin embargo, los hechos o condiciones futuros pueden ser la causa de que la Sociedad deje de ser una empresa en funcionamiento.
- Evaluamos la presentación global, la estructura y el contenido de las cuentas anuales, incluida la información revelada, y si las cuentas anuales representan las transacciones y hechos subyacentes de un modo que logran expresar la imagen fiel.

Nos comunicamos con el Administrador de la Sociedad en relación con, entre otras cuestiones, el alcance y el momento de realización de la auditoría planificados y los hallazgos significativos de la auditoría, así como cualquier deficiencia significativa del control interno que identificamos en el transcurso de la auditoría.

Entre los riesgos significativos que han sido objeto de comunicación al Administrador de la Sociedad, determinamos los que han sido de la mayor significatividad en la auditoría de las cuentas anuales del periodo actual y que son, en consecuencia, los riesgos considerados más significativos.

Describimos esos riesgos en nuestro informe de auditoría salvo que las disposiciones legales o reglamentarias prohíban revelar públicamente la cuestión.

FIRMA

..........., a .... de .... de ....

F188. INFORME DE AUDITORÍA (II). OPINIÓN CON SALVEDADES

Normativa de Aplicación: *Arts. 269 y ss. Real Decreto Legislativo 1/2010, de 2 de julio, por el que se aprueba el texto refundido de la Ley de Sociedades de Capital.*

A los socios de ....

Opinión con salvedades

Hemos auditado las cuentas anuales de .... S.L. (en adelante la Sociedad), que comprenden el balance a .... de .... de ...., la cuenta de pérdidas y ganancias, el estado de cambios en el patrimonio neto, el estado de flujos de efectivo y la memoria correspondiente al ejercicio terminado en dicha fecha.

En nuestra opinión, excepto por los posibles efectos de las cuestiones descritas en la sección Fundamento de la opinión con salvedades de nuestro informe, las cuentas anuales adjuntas expresan, en todos los aspectos significativos, la imagen fiel del patrimonio y de la situación financiera de la Sociedad a .... de .... de ...., así como de sus resultados y flujos de efectivo correspondientes al ejercicio terminado en dicha fecha, de conformidad con el marco normativo de información financiera que resulta de aplicación (que se identifica en la nota 2 de la memoria) y, en particular, con los principios y criterios contables contenidos en el mismo.

Fundamento de la opinión con salvedades

(Describir salvedades)

No pudimos asistir al recuento de existencias al cierre de los ejercicios .... y ...., ni pudimos satisfacernos mediante procedimientos alternativos de las cantidades de dichas existencias, por lo que no podemos concluir acerca de este epígrafe del balance, valorado en .... y .... miles de euros respectivamente, ni sobre los consumos de estos años reflejados en la cuenta de pérdidas y ganancias adjunta.

No hemos podido comprobar parte de los saldos que figuran en los epígrafes Deudores comerciales y otras cuentas a cobrar y Acreedores comerciales y otras cuentas a pagar por valor de .... y .... miles de euros respectivamente, con origen en ejercicios anteriores.

Hemos llevado a cabo nuestra auditoría de conformidad con la normativa reguladora de la actividad de auditoría de cuentas vigente en España. Nuestras responsabilidades de acuerdo con dichas normas se describen más adelante en la sección Responsabilidades del auditor en relación con la auditoría de las cuentas anuales de nuestro informe.

Somos independientes de la Sociedad de conformidad con los requerimientos de ética, incluidos los de independencia, que son aplicables a nuestra auditoría de las cuentas anuales en España según lo exigido por la normativa reguladora de la actividad de auditoría de cuentas. En este sentido, no hemos prestado servicios distintos a los de la auditoría de cuentas ni han concurrido situaciones o circunstancias que, de acuerdo con lo establecido en la citada normativa reguladora, hayan afectado a la necesaria independencia de modo que se haya visto comprometida.

Consideramos que la evidencia de auditoría que hemos obtenido proporciona una base suficiente y adecuada para nuestra opinión con salvedades.

Aspectos más relevantes de la auditoría

Los aspectos más relevantes de la auditoría son aquellos que, según nuestro juicio profesional, han sido considerados como los riesgos de incorrección material más significativos en nuestra auditoría de las cuentas anuales del período actual. Estos riesgos han sido tratados en el contexto de nuestra auditoría de las cuentas anuales en su conjunto, y en la formación de nuestra opinión sobre éstas, y no expresamos una opinión por separado sobre esos riesgos.

Excepto por las cuestiones descritas en la sección Fundamento de la opinión con salvedades, hemos determinado que no existen otros riesgos más significativos considerados en la auditoría que se deban comunicar en nuestro informe.

Responsabilidad de los administradores en relación con las cuentas anuales

Los administradores son responsables de formular las cuentas anuales adjuntas, de forma que expresen la imagen fiel del patrimonio, de la situación financiera y de los resultados de la Sociedad, de conformidad con el marco normativo de información financiera aplicable a la entidad en España, y del control interno que consideren necesario para permitir la preparación de cuentas anuales libres de incorrección material, debida a fraude o error.

En la preparación de las cuentas anuales, los administradores son responsables de la valoración de la capacidad de la Sociedad para continuar como empresa en funcionamiento, revelando, según corresponda, las cuestiones relacionadas con empresa en funcionamiento y utilizando el principio contable de empresa en funcionamiento excepto si los administradores tienen intención de liquidar la sociedad o de cesar sus operaciones, o bien no exista otra alternativa realista.

Responsabilidades del auditor en relación con la auditoría de las cuentas anuales

Nuestros objetivos son obtener una seguridad razonable de que las cuentas anuales en su conjunto están libres de incorrección material, debida a fraude o error, y emitir un informe de auditoría que contiene nuestra opinión. Seguridad razonable es un alto grado de seguridad pero no garantiza que una auditoría realizada de conformidad con la normativa reguladora de la actividad de auditoría de cuentas vigente en España siempre detecte una incorrección material cuando existe. Las incorrecciones pueden deberse a fraude o error y se consideran materiales si, individualmente o de forma agregada, puede preverse razonablemente que influyan en las decisiones económicas que los usuarios toman basándose en las cuentas anuales.

Como parte de una auditoría de conformidad con la normativa reguladora de la actividad de auditoría de cuentas vigente en España, aplicamos nuestro juicio profesional y mantenemos una actitud de escepticismo profesional durante toda la auditoría. También:

- Identificamos y valoramos los riesgos de incorrección material en las cuentas anuales, debida a fraude o error, diseñamos y aplicamos procedimientos de auditoría para responder a dichos riesgos y obtenemos evidencia de auditoría suficiente y adecuada para proporcionar una base para nuestra opinión. El riesgo de no detectar una incorrección material debida a fraude es más elevado que en el caso de una incorrección material debida a error, ya que el fraude puede implicar colusión, falsificación, omisiones deliberadas, manifestaciones intencionadamente erróneas, o la elusión del control interno.
- Obtenemos conocimiento del control interno relevante para la auditoría con el fin de diseñar procedimientos de auditoría que sean adecuados en función de las circunstancias, y no con la finalidad de expresar una opinión sobre la eficacia del control interno de la entidad.
- Evaluamos si las políticas contables aplicadas son adecuadas y la razonabilidad de las estimaciones contables y la correspondiente información revelada por los administradores.
- Concluimos sobre si es adecuada la utilización, por los administradores, del principio contable de empresa en funcionamiento y, basándonos en la evidencia de auditoría obtenida, concluimos sobre si existe o no una incertidumbre material relacionada con hechos o con condiciones que pueden generar dudas significativas sobre la capacidad de la Sociedad para continuar como empresa en funcionamiento. Si concluimos que existe una incertidumbre material, se requiere que llamemos la atención en nuestro informe de auditoría sobre la correspondiente información revelada en las cuentas anuales o, si dichas revelaciones no son adecuadas, que expresemos una opinión modificada. Nuestras conclusiones se basan en la evidencia de auditoría obtenida hasta la fecha de nuestro informe de auditoría. Sin embargo, los hechos o condiciones futuros pueden ser la causa de que la Sociedad deje de ser una empresa en funcionamiento.
- Evaluamos la presentación global, la estructura y el contenido de las cuentas anuales, incluida la información revelada, y si las cuentas anuales representan las transacciones y hechos subyacentes de un modo que logran expresar la imagen fiel.

Nos comunicamos con los administradores de la entidad en relación con, entre otras cuestiones, el alcance y el momento de realización de la auditoría planificados y los hallazgos significativos de la auditoría, así como cualquier deficiencia significativa del control interno que identificamos en el transcurso de la auditoría.

Entre los riesgos significativos que han sido objeto de comunicación a los administradores de la entidad, determinamos los que han sido de la mayor significatividad en la auditoría de las cuentas anuales del período actual y que son, en consecuencia, los riesgos considerados más significativos.

Describimos esos riesgos en nuestro informe de auditoría salvo que las disposiciones legales o reglamentarias prohíban revelar públicamente la cuestión.

FIRMA

..........., a .... de .... de ....

F189. INFORME DE AUDITORÍA (III). OPINIÓN CON SALVEDADES

Normativa de Aplicación: *Arts. 269 y ss. Real Decreto Legislativo 1/2010, de 2 de julio, por el que se aprueba el texto refundido de la Ley de Sociedades de Capital.*

A los socios de ....

Opinión con salvedades

Hemos auditado las cuentas anuales de .... (en adelante la Sociedad), que comprenden el balance a .... de .... de ...., la cuenta de pérdidas y ganancias, el estado de cambios en el patrimonio neto, el estado de flujos de efectivo y la memoria correspondientes al ejercicio terminado en dicha fecha.

En nuestra opinión, las cuentas anuales adjuntas expresan, en todos los aspectos significativos, la imagen fiel del patrimonio y de la situación financiera de la Sociedad a .... de .... de ...., así como de sus resultados y flujos de efectivo correspondientes al ejercicio terminado en dicha fecha, de conformidad con el marco normativo de información financiera que resulta de aplicación (que se identifica en la nota 2 de la memoria) y, en particular, con los principios y criterios contables contenidos en el mismo.

Fundamento de la opinión

Hemos llevado a cabo nuestra auditoría de conformidad con la normativa reguladora de la actividad de auditoría de cuentas vigente en España. Nuestras responsabilidades de acuerdo con dichas normas se describen más adelante en la sección Responsabilidades del auditor en relación con la auditoría de las cuentas anuales de nuestro informe.

Somos independientes de la Sociedad de conformidad con los requerimientos de ética, incluidos los de independencia, que son aplicables a nuestra auditoría de las cuentas anuales en España según lo exigido por la normativa reguladora de la actividad de auditoría de cuentas. En este sentido, no hemos prestado servicios distintos a los de la auditoría de cuentas ni han concurrido situaciones o circunstancias que, de acuerdo con lo establecido en la citada normativa reguladora, hayan afectado a la necesaria independencia de modo que se haya visto comprometida.

Consideramos que la evidencia de auditoría que hemos obtenido proporciona una base suficiente y adecuada para nuestra opinión con salvedades.

Aspectos más relevantes de la auditoría

Los aspectos más relevantes de la auditoría son aquellos que, según nuestro juicio profesional, han sido considerados como los riesgos de incorrección material más significativos en nuestra auditoría de las cuentas anuales del período actual. Estos riesgos han sido tratados en el contexto de nuestra auditoría de las cuentas anuales en su conjunto, y en la formación de nuestra opinión sobre éstas, y no expresamos una opinión por separado sobre esos riesgos.

Excepto por las cuestiones descritas en la sección Fundamento de la opinión con salvedades, hemos determinado que no existen otros riesgos más significativos considerados en la auditoría que se deban comunicar en nuestro informe.

Otra información: Informe de gestión

La otra información comprende exclusivamente el informe de gestión del ejercicio ...., cuya formulación es responsabilidad de los administradores de la Sociedad y no forma parte integrante de las cuentas anuales.

Nuestra opinión de auditoría sobre las cuentas anuales no cubre el informe de gestión. Nuestra responsabilidad sobre el informe de gestión, de conformidad con lo exigido por la normativa reguladora de la actividad de auditoría de cuentas, consiste en evaluar e informar sobre la concordancia del informe de gestión con las cuentas anuales, a partir del conocimiento de la entidad obtenido en la realización de la auditoría de las citadas cuentas y sin incluir información distinta de la obtenida como evidencia durante la misma. Asimismo, nuestra responsabilidad consiste en evaluar e informar de si el contenido y presentación del informe de gestión son conformes a la normativa que resulta de aplicación. Si, basándonos en el trabajo que hemos realizado, concluimos que existen incorrecciones materiales, estamos obligados a informar de ello.

Sobre la base del trabajo realizado, según lo descrito en el párrafo anterior, salvo por las limitaciones al alcance descritas en el párrafo siguiente, la información que contiene el informe de gestión concuerda con la de las cuentas anuales del ejercicio .... y su contenido y presentación son conformes a la normativa que resulta de aplicación.

Responsabilidad de los administradores en relación con las cuentas anuales

Los administradores son responsables de formular las cuentas anuales adjuntas, de forma que expresen la imagen fiel del patrimonio, de la situación financiera y de los resultados de la Sociedad, de conformidad con el marco normativo de información financiera aplicable a la entidad en España, y del control interno que consideren necesario para permitir la preparación de cuentas anuales libres de incorrección material, debida a fraude o error.

En la preparación de las cuentas anuales, los administradores son responsables de la valoración de la capacidad de la Sociedad para continuar como empresa en funcionamiento, revelando, según corresponda, las cuestiones relacionadas con empresa en funcionamiento y utilizando el principio contable de empresa en funcionamiento excepto si los administradores tienen intención de liquidar la sociedad o de cesar sus operaciones, o bien no exista otra alternativa realista.

Responsabilidades del auditor en relación con la auditoría de las cuentas anuales

Nuestros objetivos son obtener una seguridad razonable de que las cuentas anuales en su conjunto están libres de incorrección material, debida a fraude o error, y emitir un informe de auditoría que contiene nuestra opinión. Seguridad razonable es un alto grado de seguridad pero no garantiza que una auditoría realizada de conformidad con la normativa reguladora de la actividad de auditoría de cuentas vigente en España siempre detecte una incorrección material cuando existe. Las incorrecciones pueden deberse a fraude o error y se consideran materiales si, individualmente o de forma agregada, puede preverse razonablemente que influyan en las decisiones económicas que los usuarios toman basándose en las cuentas anuales.

Como parte de una auditoría de conformidad con la normativa reguladora de la actividad de auditoría de cuentas vigente en España, aplicamos nuestro juicio profesional y mantenemos una actitud de escepticismo profesional durante toda la auditoría. También:

- Identificamos y valoramos los riesgos de incorrección material en las cuentas anuales, debida a fraude o error, diseñamos y aplicamos procedimientos de auditoría para responder a dichos riesgos y obtenemos evidencia de auditoría suficiente y adecuada para proporcionar una base para nuestra opinión. El riesgo de no detectar una incorrección material debida a fraude es más elevado que en el caso de una incorrección material debida a error, ya que el fraude puede implicar colusión, falsificación, omisiones deliberadas, manifestaciones intencionadamente erróneas, o la elusión del control interno.
- Obtenemos conocimiento del control interno relevante para la auditoría con el fin de diseñar procedimientos de auditoría que sean adecuados en función de las circunstancias, y no con la finalidad de expresar una opinión sobre la eficacia del control interno de la entidad.
- Evaluamos si las políticas contables aplicadas son adecuadas y la razonabilidad de las estimaciones contables y la correspondiente información revelada por los administradores.
- Concluimos sobre si es adecuada la utilización, por los administradores, del principio contable de empresa en funcionamiento y, basándonos en la evidencia de auditoría obtenida, concluimos sobre si existe o no una incertidumbre material re-

lacionada con hechos o con condiciones que pueden generar dudas significativas sobre la capacidad de la Sociedad para continuar como empresa en funcionamiento. Si concluimos que existe una incertidumbre material, se requiere que llamemos la atención en nuestro informe de auditoría sobre la correspondiente información revelada en las cuentas anuales o, si dichas revelaciones no son adecuadas, que expresemos una opinión modificada. Nuestras conclusiones se basan en la evidencia de auditoría obtenida hasta la fecha de nuestro informe de auditoría. Sin embargo, los hechos o condiciones futuros pueden ser la causa de que la Sociedad deje de ser una empresa en funcionamiento.

- Evaluamos la presentación global, la estructura y el contenido de las cuentas anuales, incluida la información revelada, y si las cuentas anuales representan las transacciones y hechos subyacentes de un modo que logran expresar la imagen fiel.

Nos comunicamos con los administradores de la entidad en relación con, entre otras cuestiones, el alcance y el momento de realización de la auditoría planificados y los hallazgos significativos de la auditoría, así como cualquier deficiencia significativa del control interno que identificamos en el transcurso de la auditoría.

Entre los riesgos significativos que han sido objeto de comunicación a los administradores de la entidad, determinamos los que han sido de la mayor significatividad en la auditoría de las cuentas anuales del período actual y que son, en consecuencia, los riesgos considerados más significativos.

Describimos esos riesgos en nuestro informe de auditoría salvo que las disposiciones legales o reglamentarias prohíban revelar públicamente la cuestión.

FIRMA

F190. INFORME DE AUDITORÍA (IV). OPINIÓN CON SALVEDADES

Normativa de Aplicación: *Arts. 269 y ss. Real Decreto Legislativo 1/2010, de 2 de julio, por el que se aprueba el texto refundido de la Ley de Sociedades de Capital.*

A los socios de ....

Opinión con salvedades

Hemos auditado las cuentas anuales de .... (en adelante la Sociedad), que comprenden el balance a .... de .... de ...., la cuenta de pérdidas y ganancias, el estado de cambios en el patrimonio neto, el estado de flujos de efectivo y la memoria correspondientes al ejercicio terminado en dicha fecha.

En nuestra opinión, excepto por los posibles efectos de las cuestiones descritas en la sección Fundamento de la opinión con salvedades de nuestro informe, las cuentas anuales adjuntas expresan, en todos los aspectos significativos, la imagen fiel del patrimonio y de la situación financiera de la Sociedad a .... de .... de ...., así como de sus resultados y flujos de efectivo correspondientes al ejercicio terminado en dicha fecha, de conformidad con el marco normativo de información financiera que resulta de aplicación (que se identifica en la nota 2 de la memoria) y, en particular, con los principios y criterios contables contenidos en el mismo.

Fundamento de la opinión con salvedades

(Describir salvedades)

Los procedimientos de registro de la cuenta «proveedores, facturas pendientes de recibir o formalizar», incluida en el epígrafe V. Acreedores comerciales y otras cuentas a pagar del balance de situación adjunto no permiten obtener una evidencia suficiente y adecuada del saldo a .... de .... de .... En consecuencia no hemos podido evaluar la razonabilidad de dicho saldo deudor por importe de .... Euros.

En el activo circulante, en su apartado III .... Deudores Comerciales y otras cuentas a cobrar, debería aumentarse en .... Euros debido a que la sociedad no ha registrado como ventas del ejercicio .... algunos albaranes entregados durante el mes de diciembre de ...., y que han sido facturados en el ejercicio siguiente. En este importe no se tiene en cuenta el posible impacto fiscal.

Hemos llevado a cabo nuestra auditoría de conformidad con la normativa reguladora de la actividad de auditoría de cuentas vigente en España. Nuestras responsabilidades de acuerdo con dichas normas se describen más adelante en la sección Responsabilidades del auditor en relación con la auditoría de las cuentas anuales de nuestro informe.

Somos independientes de la Sociedad de conformidad con los requerimientos de ética, incluidos los de independencia, que son aplicables a nuestra auditoría de las cuentas anuales en España según lo exigido por la normativa reguladora de la actividad de auditoría de cuentas. En este sentido, no hemos prestado servicios distintos a los de la auditoría de cuentas ni han concurrido situaciones o circunstancias que, de acuerdo con lo establecido en la citada normativa reguladora, hayan afectado a la necesaria independencia de modo que se haya visto comprometida.

Consideramos que la evidencia de auditoría que hemos obtenido proporciona una base suficiente y adecuada para nuestra opinión con salvedades.

Aspectos más relevantes de la auditoría

Los aspectos más relevantes de la auditoría son aquellos que, según nuestro juicio profesional, han sido considerados como los riesgos de incorrección material más significativos en nuestra auditoría de las cuentas anuales del período actual. Estos riesgos han sido tratados en el contexto de nuestra auditoría de las cuentas anuales en su conjunto, y en la formación de nuestra opinión sobre éstas, y no expresamos una opinión por separado sobre esos riesgos.

Excepto por las cuestiones descritas en la sección Fundamento de la opinión con salvedades, hemos determinado que no existen otros riesgos más significativos considerados en la auditoría que se deban comunicar en nuestro informe.

Otra información: Informe de gestión

La otra información comprende exclusivamente el informe de gestión del ejercicio ...., cuya formulación es responsabilidad de los administradores de la Sociedad y no forma parte integrante de las cuentas anuales.

Nuestra opinión de auditoría sobre las cuentas anuales no cubre el informe de gestión. Nuestra responsabilidad sobre el informe de gestión, de conformidad con lo exigido por la normativa reguladora de la actividad de auditoría de cuentas, consiste en evaluar e informar sobre la concordancia del informe de gestión con las cuentas anuales, a partir del conocimiento de la entidad obtenido en la realización de la auditoría de las citadas cuentas y sin incluir información distinta de la obtenida como evidencia durante la misma. Asimismo, nuestra responsabilidad consiste en evaluar e informar de si el contenido y presentación del informe de gestión son conformes a la normativa que resulta de aplicación. Si, basándonos en el trabajo que hemos realizado, concluimos que existen incorrecciones materiales, estamos obligados a informar de ello.

Sobre la base del trabajo realizado, según lo descrito en el párrafo anterior, salvo por las limitaciones al alcance descritas en el párrafo siguiente, la información que contiene el informe de gestión concuerda con la de las cuentas anuales del ejercicio .... y su contenido y presentación son conformes a la normativa que resulta de aplicación.

Como se describe en la sección Fundamento de la opinión con salvedades, no hemos podido obtener evidencia de auditoría suficiente y adecuada sobre las cuestiones indicadas en dicha sección lo que supone una limitación al alcance de nuestro trabajo. En consecuencia, no hemos podido alcanzar una conclusión sobre si existe una incorrección material en el informe de gestión en relación con estas cuestiones.

Responsabilidad de los administradores en relación con las cuentas anuales

Los administradores son responsables de formular las cuentas anuales adjuntas, de forma que expresen la imagen fiel del patrimonio, de la situación financiera y de los resultados de la Sociedad, de conformidad con el marco normativo de información financiera aplicable a la entidad en España, y del control interno que consideren necesario para permitir la preparación de cuentas anuales libres de incorrección material, debida a fraude o error.

En la preparación de las cuentas anuales, los administradores son responsables de la valoración de la capacidad de la Sociedad para continuar como empresa en funcionamiento, revelando, según corresponda, las cuestiones relacionadas con empresa en funcionamiento y utilizando el principio contable de empresa en funcionamiento excepto si los administradores tienen intención de liquidar la sociedad o de cesar sus operaciones, o bien no exista otra alternativa realista.

Responsabilidades del auditor en relación con la auditoría de las cuentas anuales

Nuestros objetivos son obtener una seguridad razonable de que las cuentas anuales en su conjunto están libres de incorrección material, debida a fraude o error, y emitir un informe de auditoría que contiene nuestra opinión. Seguridad razonable es un alto grado de seguridad pero no garantiza que una auditoría realizada de conformidad con la normativa reguladora de la actividad de auditoría de cuentas vigente en España siempre detecte una incorrección material cuando existe. Las incorrecciones pueden deberse a fraude o error y se consideran materiales si, individualmente o de forma agregada, puede preverse razonablemente que influyan en las decisiones económicas que los usuarios toman basándose en las cuentas anuales.

Como parte de una auditoría de conformidad con la normativa reguladora de la actividad de auditoría de cuentas vigente en España, aplicamos nuestro juicio profesional y mantenemos una actitud de escepticismo profesional durante toda la auditoría. También:

- Identificamos y valoramos los riesgos de incorrección material en las cuentas anuales, debida a fraude o error, diseñamos y aplicamos procedimientos de auditoría para responder a dichos riesgos y obtenemos evidencia de auditoría suficiente y adecuada para proporcionar una base para nuestra opinión. El riesgo de no detectar una incorrección material debida a fraude es más elevado que en el caso de una incorrección material debida a error, ya que el fraude puede implicar colusión, falsificación, omisiones deliberadas, manifestaciones intencionadamente erróneas, o la elusión del control interno.
- Obtenemos conocimiento del control interno relevante para la auditoría con el fin de diseñar procedimientos de auditoría que sean adecuados en función de las circunstancias, y no con la finalidad de expresar una opinión sobre la eficacia del control interno de la entidad.
- Evaluamos si las políticas contables aplicadas son adecuadas y la razonabilidad de las estimaciones contables y la correspondiente información revelada por los administradores.
- Concluimos sobre si es adecuada la utilización, por los administradores, del principio contable de empresa en funcionamiento y, basándonos en la evidencia de auditoría obtenida, concluimos sobre si existe o no una incertidumbre material relacionada con hechos o con condiciones que pueden generar dudas significativas sobre la capacidad de la Sociedad para continuar como empresa en funcionamiento. Si concluimos que existe una incertidumbre material, se requiere que llamemos la atención en nuestro informe de auditoría sobre la correspondiente información revelada en las cuentas anuales o, si dichas revelaciones no son adecuadas, que expresemos una opinión modificada. Nuestras conclusiones se basan en la evi-

dencia de auditoría obtenida hasta la fecha de nuestro informe de auditoría. Sin embargo, los hechos o condiciones futuros pueden ser la causa de que la Sociedad deje de ser una empresa en funcionamiento.

- Evaluamos la presentación global, la estructura y el contenido de las cuentas anuales, incluida la información revelada, y si las cuentas anuales representan las transacciones y hechos subyacentes de un modo que logran expresar la imagen fiel.

Nos comunicamos con los administradores de la entidad en relación con, entre otras cuestiones, el alcance y el momento de realización de la auditoría planificados y los hallazgos significativos de la auditoría, así como cualquier deficiencia significativa del control interno que identificamos en el transcurso de la auditoría.

Entre los riesgos significativos que han sido objeto de comunicación a los administradores de la entidad, determinamos los que han sido de la mayor significatividad en la auditoría de las cuentas anuales dei período actual y que son, en consecuencia, los riesgos considerados más significativos.

Describimos esos riesgos en nuestro informe de auditoría salvo que las disposiciones legales o reglamentarias prohíban revelar públicamente la cuestión.

FIRMA

............, a .... de .... de ....

F191. INFORME DE AUDITORÍA (V). OPINIÓN DENEGADA

INFORME DE AUDITORÍA DE CUENTAS ANUALES
EMITIDAS POR UN AUDITOR INDEPENDIENTE

A los Socios de

............, S.L.:

DENEGACIÓN DE OPINIÓN

Hemos sido nombrados para auditar las cuentas anuales adjuntas de ...., S.L. que comprenden el balance a 31 de diciembre de 20............, la cuenta de pérdidas y ganancias abreviadas, el estado de cambios en el patrimonio neto, el estado de flujos de efectivo y la memoria correspondientes al ejercicio anual terminado en dicha fecha.

No expresamos una opinión sobre las cuentas anuales de la Sociedad adjuntas. Debido al efecto muy significativo de las cuestiones descritas en la sección Fundamento de la denegación de opinión de nuestro informe, no hemos podido obtener evidencia de auditoría que proporcione una base suficiente y adecuada para expresar una opinión de auditoría sobre estas cuentas anuales.

FUNDAMENTO DE LA DENEGACIÓN DE OPINIÓN

La valoración que establece la Sociedad sobre los inmuebles que ha promocionado, registrados como existencias en el activo corriente del balance, que se encuentran pendientes de enajenación al cierre del ejercicio, ya sea en curso de construcción o finalizados, se efectúa de forma estimativa al carecerse de la suficiente información que permita una estricta imputación de costes, y por tanto no es posible determinar el efecto que esta circunstancia tiene sobre el valor consignado para estos inmuebles en el balance de situación al cierre del ejercicio 20............ Por otra parte, no hemos dispuesto de información complementaria referente al valor de mercado de dichos inmuebles, que por su situación pudieran presentar la necesidad de efectuar correcciones de deterioro de valor, por lo que no hemos podido determinar la adecuación de los valores registrados a valores actuales de mercado.

No hemos dispuesto de documentación justificativa de los saldos registrados en el epígrafe del Pasivo "Anticipos de clientes" del balance al 31 de diciembre de 20............ Ello nos ha impedido determinar, su naturaleza, exigibilidad, y en consecuencia su adecuado registro y clasificación.

No hemos dispuesto de documentación justificativa de los saldos registrados en el epígrafe del Pasivo "Deudas con empresas del grupo y asociadas a largo plazo" del balance al 31 de diciembre de 20............ Ello nos ha impedido determinar, su naturaleza, exigibilidad y posible devengo de intereses, y en consecuencia su adecuado registro y clasificación.

En enero de 20..........., se han cancelado "Anticipos de clientes" por importe de .... euros, incrementando en la citada cantidad, el Importe neto de la cifra de negocios de la cuenta de pérdidas y ganancias abreviada. No hemos dispuesto de documentación justificativa que nos hubiera permitido verificar el correcto devengo del ingreso registrado.

Como consecuencia de las deficiencias de obra detectadas en diferentes inmuebles enajenados y que sus respectivos propietarios vienen reclamando a la Sociedad, ésta tiene registrados en el pasivo del balance como "Provisiones a corto plazo", ... euros. No hemos dispuesto de documentación justificativa que nos hubiera permitido verificar ni el devengo, ni la razonabilidad del mencionado importe.

Como resultado de estos hechos, no hemos podido determinar los ajustes que podrían haber sido necesarios en relación con las "Existencias, Anticipo de clientes, Deudas con empresas del grupo y asociadas a largo plazo, Importe neto de la cifra de negocios y a las Provisiones a corto plazo" registradas, o no registradas, ni en relación con los elementos integrantes de la cuenta de pérdidas y ganancias, del estado de cambios en el patrimonio neto y del estado de flujos de efectivo.

ASPECTOS MÁS RELEVANTES DE LA AUDITORÍA

Los aspectos más relevantes de la auditoría son aquellos que, según nuestro juicio profesional, han sido considerados como los riesgos de incorrección material más significativos en nuestra auditoría de las cuentas anuales del periodo actual. Estos riesgos han sido tratados en el contexto de nuestra auditoría de las cuentas anuales en su conjunto, y en la formación de nuestra opinión sobre éstas, y no expresamos una opinión por separado sobre estos riesgos.

Excepto por la cuestión descrita en la sección Fundamento de la denegación de opinión, hemos determinado que no existen otros riesgos más significativos considerados en la auditoría que se deban comunicar en nuestro informe.

OTRA INFORMACIÓN: INFORME DE GESTIÓN

La otra información comprende exclusivamente el informe de gestión del ejercicio 20..........., cuya formulación es responsabilidad de los administradores de la Sociedad y no forma parte integrante de las cuentas anuales.

Nuestra responsabilidad sobre el informe de gestión viene exigida por la normativa reguladora de auditoría de cuentas.

Sin embargo, debido al efecto muy significativo de las cuestiones descritas en la sección Fundamento de la denegación de opinión de nuestro informe, no nos es posible concluir sobre el informe de gestión en los términos previstos en la citada normativa.

RESPONSABILIDADES DE LOS ADMINISTRADORES EN RELACIÓN CON LAS CUENTAS ANUALES

Los administradores son responsables de formular las cuentas anuales adjuntas, de forma que expresen la imagen fiel del patrimonio, de la situación financiera y de los resultados de la Sociedad, de conformidad con el marco normativo de información financiera aplicable a la entidad en España, y del control interno que consideren necesario para permitir la preparación de cuentas anuales libres de incorrección material, debida a fraude o error.

En la preparación de las cuentas anuales, los administradores son responsables de la valoración de la capacidad de la Sociedad para continuar como empresa en funcionamiento, revelando, según corresponda, las cuestiones relacionadas con la empresa en funcionamiento y utilizando el principio contable de empresa en funcionamiento excepto si los administradores tienen intención de liquidar la Sociedad o de cesar sus operaciones, o bien no exista otra alternativa realista.

RESPONSABILIDADES DEL AUDITOR EN RELACIÓN CON LA AUDITORÍA DE LAS CUENTAS ANUALES

Nuestra responsabilidad es la realización de la auditoría de las cuentas anuales de la Sociedad de conformidad con la normativa reguladora de la actividad de auditoría de cuentas vigente en España y la emisión de un informe de auditoría. Sin embargo, debido a la significatividad de las cuestiones descritas en la sección Fundamento de la denegación de opinión de nuestro informe, no hemos podido obtener evidencia de auditoría que proporcione una base suficiente y adecuada para expresar una opinión de auditoría sobre estas cuentas anuales.

Somos independientes de la Sociedad de conformidad con los requerimientos de ética, incluidos los de independencia, que son aplicables a nuestra auditoría de las cuentas anuales en España, según lo exigido por la normativa reguladora de la actividad de auditoría de cuentas. En este sentido, no hemos prestado servicios distintos a los de la auditoría de cuentas ni han concurrido situaciones o circunstancias que, de acuerdo con lo establecido en la citada normativa reguladora, hayan afectado a la necesaria independencia de modo que se haya visto comprometida.

Fdo.:

Inscrito en el R.O.A.C. con el nº ....

..........., a .... de .... de 20............

3. APROBACIÓN CUENTAS ANUALES

F192. CONVOCATORIA JUNTA GENERAL ORDINARIA. ADMINISTRADOR ÚNICO

Normativa de Aplicación: *Arts. 272 y ss. Real Decreto Legislativo 1/2010, de 2 de julio, por el que se aprueba el texto refundido de la Ley de Sociedades de Capital.*

En mi calidad de Administrador Único de .... S.L., y de conformidad con lo establecido en el artículo .... de sus Estatutos, Sociales y de la Ley de Sociedades de Capital, se convoca a los señores socios a la Junta General Ordinaria de la Sociedad, a celebrar a las .... horas del próximo día .... de .... de ...., en el domicilio social, sito en .... (...........), Calle ...., para deliberar y adoptar los acuerdos que procedan, con arreglo al siguiente:

ORDEN DEL DÍA

Primero.– Examen y, en su caso, aprobación de las Cuentas Anuales de la sociedad —balance, cuenta de pérdidas y ganancias, y memoria— del ejercicio cerrado el 31 de diciembre de ....

Segundo.– Examen y, en su caso, aprobación de la propuesta de distribución del resultado del ejercicio cerrado el 31 de diciembre de ....

Tercero.– Aprobación, si procede, de la gestión llevada a cabo por el Órgano de Administración de la sociedad durante el ejercicio ....

Cuarto.– Ruegos y preguntas.

Derecho de información.– De conformidad con lo dispuesto en (i) el artículo 272.2 de la Ley de Sociedades de Capital, a partir de la convocatoria de la Junta General, cualquier socio podrá obtener de la sociedad, de forma inmediata y gratuita, los documentos que han de ser sometidos a la aprobación de la Junta General, así como en su caso, el informe de gestión y el informe del auditor de cuentas, y (ii) el artículo 196 de la Ley de Sociedades de Capital, los socios podrán solicitar por escrito, con anterioridad a la reunión de la Junta General o verbalmente durante la misma, los informes o aclaraciones que estimen precisos acerca de los asuntos comprendidos en el orden del día.

Derecho de asistencia y representación.– De conformidad con lo dispuesto en el artículo 179 de la Ley de Sociedades de Capital en relación con el artículo 104, podrán asistir a la Junta General de socios, todos los titulares de participaciones inscritas en el Libro Registro de Socios de la Sociedad.

En virtud de lo dispuesto en el artículo 183 de la Ley de Sociedades de Capital, los socios con derecho de asistencia a la Junta General podrán hacerse representar por medio de su cónyuge, ascendiente o descendiente, por otro socio o por persona que ostente poder general conferido en documento publico con facultades para administrar todo el patrimonio que el representado tuviere en territorio nacional.

La representación, comprenderá la totalidad de las participaciones de que sea titular el socio representado y, deberá conferirse por escrito. Si no constare en documento publico, deberá ser especial para cada junta.

En .... (...........), a .... de .... de 20 ....

FDO: ....

Administrador único.

F193. CONVOCATORIA JUNTA GENERAL ORDINARIA. CONSEJO DE ADMINISTRACIÓN

Normativa de Aplicación: *Arts. 272 y ss. Real Decreto Legislativo 1/2010, de 2 de julio, por el que se aprueba el texto refundido de la Ley de Sociedades de Capital.*

El Consejo de Administración de .... S.L., en su reunión de fecha ...., de conformidad con lo establecido en el artículo .... de sus Estatutos, Sociales y de la Ley de Sociedades de Capital, acordó convocar a los señores socios a la Junta General Ordinaria de la Sociedad, a celebrar a las .... horas del próximo día .... de junio de ...., en el domicilio social, sito en .... (...........), Calle ...., para deliberar y adoptar los acuerdos que procedan, con arreglo al siguiente:

ORDEN DEL DÍA

Primero.– Examen y, en su caso, aprobación de las Cuentas Anuales de la sociedad —balance, cuenta de pérdidas y ganancias, y memoria— del ejercicio cerrado el 31 de diciembre de ....

Segundo.– Examen y, en su caso, aprobación de la propuesta de distribución del resultado del ejercicio cerrado el 31 de diciembre de ....

Tercero.– Aprobación, si procede, de la gestión llevada a cabo por el Órgano de Administración de la sociedad durante el ejercicio ....

Cuarto.– Ruegos y preguntas.

Derecho de información.– De conformidad con lo dispuesto en (i) el artículo 272.2 de la Ley de Sociedades de Capital, a partir de la convocatoria de la Junta General, cualquier socio podrá obtener de la sociedad, de forma inmediata y gratuita, los documentos que han de ser sometidos a la aprobación de la Junta General, así como en su caso, el informe de gestión y el informe del auditor de cuentas, y (ii) el artículo 196 de la Ley de Sociedades de Capital, los socios podrán solicitar por escrito, con anterioridad a la reunión de la Junta General o verbalmente durante la misma, los informes o aclaraciones que estimen precisos acerca de los asuntos comprendidos en el orden del día.

Derecho de asistencia y representación.– De conformidad con lo dispuesto en el artículo 179 de la Ley de Sociedades de Capital en relación con el artículo 104, podrán asistir a la Junta General de socios, todos los titulares de participaciones inscritas en el Libro Registro de Socios de la Sociedad.

En virtud de lo dispuesto en el artículo 183 de la Ley de Sociedades de Capital, los socios con derecho de asistencia a la Junta General podrán hacerse representar por medio de su cónyuge, ascendiente o descendiente, por otro socio o por persona que ostente poder general conferido en documento publico con facultades para administrar todo el patrimonio que el representado tuviere en territorio nacional.

La representación, comprenderá la totalidad de las participaciones de que sea titular el socio representado y, deberá conferirse por escrito. Si no constare en documento publico, deberá ser especial para cada junta.

En .... (...........), a .... de .... de 20 ....

FDO: ....

El Secretario del Consejo de Administración

F194. REQUERIMIENTO NOTARIAL SOBRE CONVOCATORIA JUNTA GENERAL ORDINARIA

Normativa de Aplicación: *Arts. 272 y ss. Real Decreto Legislativo 1/2010, de 2 de julio, por el que se aprueba el texto refundido de la Ley de Sociedades de Capital. Art. 168 Real Decreto Legislativo 1/2010, de 2 de julio, por el que se aprueba el texto refundido de la Ley de Sociedades de Capital.*

Al Órgano de Administración de la mercantil .... S.L.

.... a .... de .... de 2020.

Muy Señor Nuestro:

Me dirijo a usted en mi calidad de socio de la mercantil .... S.L. Tal y como debe constar en el Libro de Socios que está a su cargo, soy titular de .... participaciones que representan el .... % del total capital social.

He podido comprobar que por su parte se ha vulnerado la obligación impuesta en el artículo 167 en relación al 164 de la LSC, consistente en la convocatoria para la celebración de la Junta General de Socios, a fin de aprobar la gestión social, las cuentas del ejercicio anterior y resolver sobre la aplicación del resultado.

Como consecuencia de su falta de Diligencia, no han podido ser depositadas las cuentas anuales en el registro mercantil, lo que ha implicado el cierre de la hoja registral de la compañía conformidad con lo dispuesto en el artículo 378 del reglamento del registro mercantil, con los graves perjuicios que se están irrogando a la sociedad.

Es por ello, que al amparo de lo dispuesto en el artículo 168 de la Ley de Sociedades de Capital, le requiero a fin que en el plazo máximo de dos meses proceda a la convocatoria de Junta General de Socios, que deberá incluir necesariamente el siguiente

ORDEN DEL DÍA

Primero.– Examen y, en su caso, aprobación de las Cuentas Anuales de la sociedad —balance, cuenta de pérdidas y ganancias, y memoria— del ejercicio cerrado el 31 de diciembre de ....

Segundo.– Examen y, en su caso, aprobación de la propuesta de distribución del resultado del ejercicio cerrado el 31 de diciembre de ....

Tercero.– Aprobación, si procede, de la gestión llevada a cabo por el Órgano de Administración de la sociedad durante el ejercicio ....

Cuarto.– Ruegos y preguntas.

En el caso que no se proceda a la convocatoria en el plazo máximo de dos meses, le anuncio que ejerceré las acciones contempladas en el artículo 169 de la LSC en relación con lo dispuesto en la Ley de Jurisdicción Voluntaria.

Muy Atentamente.

FDO ....

F195. SOLICITUD AL REGISTRO MERCANTIL SOBRE CONVOCATORIA DE JUNTA GENERAL ORDINARIA

Normativa de Aplicación: *Arts. 272 y ss. Real Decreto Legislativo 1/2010, de 2 de julio, por el que se aprueba el texto refundido de la Ley de Sociedades de Capital. Art. 169 Real Decreto Legislativo 1/2010, de 2 de julio, por el que se aprueba el texto refundido de la Ley de Sociedades de Capital.*

AL REGISTRO MERCANTIL DE LA PROVINCIA DE ....

..........., mayor de edad, vecino de ...., con domicilio en ...., y provisto de NIF nº ...., ante el Registro, comparezco y como mejor proceda en Derecho, EXPONGO:

Que al amparo de lo establecido en los artículos 169 y ss. de la Ley de Sociedades de capital, interesa expediente de jurisdicción voluntaria de solicitud de convocatoria de Junta General de Socios, en base a las siguientes:

MANIFESTACIONES

PRIMERO.– De la mercantil .... S.L.

La sociedad .... S.L. se constituyó el día ...., mediante escritura pública otorgada ante el Notario .... de ...., con el carácter de indefinida. Su CIF es .... Y se encuentra inscrita en el Registro Mercantil de ...., en el tomo ...., libro ...., de la sección ...., folio ...., hoja ...., número ...., inscripción ....

A efectos probatorios se acompaña como documento n° 1 certificación registral.

SEGUNDO.– De la condición de socio

Quien suscribe es socio de la mercantil ...., titulando .... participaciones que representan el .... % del total capital social. Señalamos a efectos probatorios el Libro de Socios de la compañía.

No obstante, se acompaña igualmente como documento n° 2 copia de las escrituras públicas que acreditan la propiedad.

TERCERO.– De los motivos. Del requerimiento previo.

Esta parte advirtió que no se había convocado a los socios para la celebración de la Junta General Ordinaria para la aprobación de cuentas anuales, lo que llevó consigo que se depositaran las cuentas anuales en el registro mercantil, con el correspondiente cierre de la hoja registral de la compañía de conformidad con lo dispuesto en el artículo 378 del reglamento del registro mercantil.

Ante esta situación, se procedió a notificar mediante conducto notarial al órgano de administración, requiriendo a fin que convocara junta general e incluyendo el orden del día propuesto. Transcurrido con exceso el plazo de los dos meses, nos vemos abocados a solicitar al Registro Mercantil la pertinente convocatoria.

Se acompaña como documento n° 3 nota simple del registro mercantil que acredita el cierre de hoja registral y el requerimiento efectuado, como documento n° 4.

En su virtud,

SOLICITA AL REGISTRO MERCANTIL DE LA PROVINCIA DE ...., que proceda a la convocatoria de la Junta General de Socios de la mercantil .... S.L.

En .... a .... de .... de 20.

FDO: ....

F196. SOLICITUD DE CONVOCATORIA JUDICIAL DE JUNTA GENERAL ORDINARIA

Normativa de Aplicación: *Arts. 272 y ss. Real Decreto Legislativo 1/2010, de 2 de julio, por el que se aprueba el texto refundido de la Ley de Sociedades de Capital. Art. 169 Real Decreto Legislativo 1/2010, de 2 de julio, por el que se aprueba el texto refundido de la Ley de Sociedades de Capital.*

AL JUZGADO DE LO MERCANTIL DE ....

..........., Procurador de los Tribunales, y de Doña ...., según poderes procesales que se acompañan, y bajo la dirección letrada de D ...., colegiado nº ...., ante el Juzgado comparezco y como mejor proceda en Derecho, DIGO:

Que siguiendo instrucciones de mi representada, interpongo demanda iniciadora de expediente de jurisdicción voluntaria, interesando la convocatoria judicial de Junta General Ordinaria de Socios, de la sociedad ...., en base a las siguientes:

HECHOS

PRIMERO.– De la mercantil .... S.L.

La sociedad .... S.L. se constituyó el día ...., mediante escritura pública otorgada ante el Notario .... de ...., con el carácter de indefinida. Su CIF es .... Y se encuentra inscrita en el Registro Mercantil de ...., en el tomo ...., libro ...., de la sección ...., folio ...., hoja ...., número ...., inscripción ....

A efectos probatorios se acompaña como documento nº 1 certificación registral.

SEGUNDO.– De la condición de socio

Quien suscribe es socio de la mercantil ...., titulando .... participaciones que representan el .... % del total capital social. Señalamos a efectos probatorios el Libro de Socios de la compañía.

No obstante, se acompaña igualmente como documento nº 2 copia de las escrituras públicas que acreditan la propiedad.

TERCERO.– De los motivos. Del requerimiento previo.

Esta parte advirtió que no se había convocado a los socios para la celebración de la Junta General Ordinaria para la aprobación de cuentas anuales, lo que llevó consigo que se depositaran las cuentas anuales en el registro mercantil, con el correspondiente cierre de la hoja registral de la compañía de conformidad con lo dispuesto en el artículo 378 del reglamento del registro mercantil.

Ante esta situación, se procedió a notificar mediante conducto notarial al órgano de administración, requiriendo a fin que convocara junta general e incluyendo el orden del día propuesto.

Se acompaña como documento n° 3 nota simple del registro mercantil que acredita el cierre de hoja registral y el requerimiento efectuado, como documento n° 4.

CUARTO.– De la convocatoria Judicial

Transcurrido en exceso el plazo para la convocatoria, el órgano de administración, ni ha contestado el requerimiento formulado, ni tampoco ha convocado la junta interesada.

La actuación del órgano de administración supone la infracción flagrante de lo dispuesto en el artículo 168 del RDL 1/2010, de 2 Julio, del texto refundido de la Ley de Sociedades de Capital; por lo que expresamente se solicita que sea fijado por el Juzgado, día y hora para la celebración de la Junta General Ordinaria; en el plazo de un mes desde la formulación de la presente solicitud, y designando libremente al presidente y al secretario de la junta, así como el lugar de celebración de la misma, que podrá ser cualquiera dentro de la localidad donde está sito el domicilio social.

A los anteriores hechos son de pertinente aplicación los siguientes

FUNDAMENTOS DE DERECHO

A) DE CARÁCTER PROCESAL

I.– CAPACIDAD, LEGITIMACIÓN Y REPRESENTACIÓN PROCESAL.

La legitimación de mi representada, para promover el presente EXPEDIENTE DE JURISDICCIÓN VOLUNTARIA en solicitud de convocatoria de Junta General, resulta de su condición de socio de la citada mercantil, titular de más del cinco por ciento del capital social (art. 168 LSC).

Comparece igualmente con Letrado y Procurador de conformidad con lo dispuesto en el artículo 3.2 de la Ley 15/2015 de la Jurisdicción Voluntaria, en relación con lo dispuesto en la Ley Rituaria Civil.

II.– COMPETENCIA OBJETIVA Y TERRITORIAL

De conformidad con lo dispuesto en el Art. 169.1 del RDL 1/2010, de 2 Julio, del texto refundido de la Ley de Sociedades de Capital, y en el artículo 118.1 de la Ley 15/2015 de la Jurisdicción Voluntaria, es competente para conocer de este asunto el juez de lo mercantil del domicilio social, es decir, el JUZGADO DE LO MERCANTIL DE ....

III.– PROCEDIMIENTO

La presente solicitud se sustanciará por los trámites previstos para las convocatorias de las Juntas Generales, en el Capítulo II, artículos 117 y ss. de la Ley 15/2015 de la Jurisdicción Voluntaria.

B) DE CARÁCTER SUSTANTIVO

IV.– Art. 168 del RDL 1/2010, de 2 Julio, del texto refundido de la Ley de Sociedades de Capital, al establecer que los administradores deberán convocar la junta general cuando lo soliciten uno o varios socios que representen, al menos, el cinco por ciento del capital social, expresando en la solicitud los asuntos a tratar. En este caso, la junta general deberá ser convocada para su celebración dentro del mes siguiente a la fecha en que se hubiere requerido notarialmente a los administradores para convocarla, debiendo incluirse necesariamente en el orden del día los asuntos que hubiesen sido objeto de solicitud.

V.– Art. 169 del RDL 1/2010, de 2 Julio, del texto refundido de la Ley de Sociedades de Capital, al establecer que si la junta general ordinaria o las juntas generales previstas en los estatutos, no fueran convocadas dentro del correspondiente plazo legal o estatutariamente establecido, podrá serlo, a solicitud de cualquier socio, por el juez de lo mercantil del domicilio social, y previa audiencia de los administradores.

Asimismo, si los administradores no atienden oportunamente la solicitud de convocatoria de la junta general efectuada por la minoría, podrá realizarse la convocatoria por el juez de lo mercantil del domicilio social, previa audiencia de los administradores.

IV.– Art. 175 del RDL 1/2010, de 2 Julio, del texto refundido de la Ley de Sociedades de Capital, referido al lugar de celebración, que señala que, salvo disposición contraria de los estatutos, la junta general se celebrará en el termino municipal donde la sociedad tenga su domicilio. Si en la convocatoria no figurase el lugar de celebración, se entenderá que la junta ha sido convocada para su celebración en el domicilio social.

En su virtud,

SUPLICO AL JUZGADO que tenga por presentado este escrito, junto a los documentos acompañados, se sirva admitirlo y tener por promovido, en el nombre y representación que acredito de mí patrocinado, EXPEDIENTE DE JURISDICCIÓN VOLUNTARIA en solicitud de convocatoria de Junta General Extraordinaria de la sociedad .... S.L. y, previos los oportunos tramites legales, se sirva dictar Decreto por el que ACUERDE:

a) La convocatoria de Junta General Ordinaria de la sociedad .... S.L. previa audiencia al órgano de administración de la compañía, para lo cual deberá ser notificada esta solicitud en el domicilio social, ... fijando día y hora, designando presidente de la misma a quien por ese Juzgado se estime oportuno.

b) El Orden del día de la Junta deberá ser el siguiente:

....

....

c) Acordar la publicación de la convocatoria de la junta general mediante anuncio en el Boletín Oficial del Registro Mercantil y en la página web de la sociedad o, en el caso de que no exista, en uno de los diarios de mayor circulación en la provincia en que esté situado el domicilio social (o conforme establezcan los estatutos de las sociedades de responsabilidad limitada que debe hacerse la convocatoria).

Es Justicia que pido en .... a .... de .... de ....

F197. DERECHO DE INFORMACIÓN EN JUNTA GENERAL ORDINARIA

Normativa de Aplicación: *Arts. 272 y ss. Real Decreto Legislativo 1/2010, de 2 de julio, por el que se aprueba el texto refundido de la Ley de Sociedades de Capital.*

Al Órgano de Administración de la mercantil .... S.L.

.... a .... de .... de 2020.

Muy Señor Nuestro:

El pasado día .... de ...., recibí en mi domicilio convocatoria de Junta General de Socios para el próximo día ....

Que ante el contenido de la convocatoria, interesa de conformidad con lo establecido en el artículo 272.2 de la LSC, que me sea facilitada la documentación que va a ser sometida a la aprobación por parte de la junta, incluyendo el informe de gestión y el informe de auditoria. A tal fin les indico mi correo electrónico para su remisión: ....

Que igualmente manifiesto mi intención de acudir al domicilio social de la empresa, al objeto de realizar inspección contable de conformidad con lo establecido en el apartado 3 del citado artículo 272. Igualmente le informo que iré acompañado de mi asesor contable, Don .... Ruego por tanto me indiquen día y hora para realizar dicha revisión.

Muy Atentamente.

FDO ....

F198. CONTESTACIÓN ÓRGANO DE ADMINISTRACIÓN EVACUANDO DERECHO DE INFORMACIÓN EN JUNTA GENERAL ORDINARIA

Normativa de Aplicación: *Arts. 272 y ss. Real Decreto Legislativo 1/2010, de 2 de julio, por el que se aprueba el texto refundido de la Ley de Sociedades de Capital.*

Don ....

.... a .... de .... de 2020.

Distinguido Sr. ....:

En contestación a su requerimiento de información de fecha ...., le remitimos por correo electrónico, las Cuentas Anuales del ejercicio .... junto al informe de gestión y el informe de auditoria.

En cuanto a la inspección contable, le citamos para el próximo día .... de .... No obstante, le indicamos:

(i) No se le entregará ningún documento contable, ni copia de él, limitándose a la exhibición de éstos.

(ii) Podrá negarse la exhibición de documentos, si supusiera un perjuicio para la sociedad y si este órgano de administración entendería que podría utilizarse para fines extrasociales o su publicidad perjudique a la sociedad o a las sociedades vinculadas.

(iii) Por último, en cuanto a su asesor contable, rogamos nos indique sus datos de filiación.

Muy Atentamente.

FDO:

El Administrador Único.

F199. SOLICITUD DE SOCIO AL ÓRGANO DE ADMINISTRACIÓN SOLICITANDO LA ASISTENCIA DE NOTARIO A LA JUNTA GENERAL ORDINARIA

Normativa de Aplicación: *Arts. 272 y ss. Real Decreto Legislativo 1/2010, de 2 de julio, por el que se aprueba el texto refundido de la Ley de Sociedades de Capital. Art. 203 Real Decreto Legislativo 1/2010, de 2 de julio, por el que se aprueba el texto refundido de la Ley de Sociedades de Capital.*

Al Órgano de Administración de la mercantil .... S.L.

.... a .... de .... de 2020.

Muy Señor Nuestro:

El pasado día .... de ...., recibí en mi domicilio convocatoria de Junta General Ordinaria de Socios para el próximo día ....

Que de conformidad 203 de la Ley de Sociedades de Capital, interesa que la Junta se celebre ante Notario, a fin que levante Acta Notarial del contenido de la Junta.

Que a tal fin se cumplen con los requisitos del citado precepto, detentando quien suscribe mas del 5% del total capital social, y habiendo sido notificado con mas de cinco días de antelación a la fecha de celebración de la Junta.

Muy Atentamente.

FDO ....

F200. CUENTAS ANUALES. BUROFAX SOLICITANDO JUNTA NOTARIAL Y ENTREGA CUENTAS ANUALES POR CORREO ELECTRÓNICO

BUROFAX CON CERTIFICADO DE CONTENIDO Y ACUSE DE RECIBO

............, S.L.

A la atención de D. ....

C/ ...., nº ....

C.P. ...., ... (............).

En .... a .... de .... de 20............

Muy señor mío:

Como titular de las participaciones sociales números .... a .... que suponen el .... % del capital social, le traslado lo siguiente y en relación a la convocatoria de la Junta General de la compañía ...., S.L., que se celebrará el próximo día .... de .... de 20............, a las .... horas, en el domicilio social para tratar los siguientes puntos del orden del día: 1º.- Examen y aprobación, en su caso, de las cuentas anuales del ejercicio ....; 2º.- Propuesta de aplicación y distribución del resultado obtenido en el ejercicio ....; 3º.- Nombramiento de auditor de la sociedad:

1.- En tal condición y al amparo del artículo 272.2 del TRLSC solicito que me proporcionen, por medio de correo electrónico, la totalidad de los documentos que han de ser sometidos a la aprobación de la Junta General.

Y todo ello a mi dirección de correo electrónico: ....@............com.

2.- Al amparo de lo dispuesto en el art. 203 del TRLSC y art. 101 y concordantes del Reglamento del Registro Mercantil, se solicita la presencia de Notario que levante acta de la expresada Junta General a celebrar el próximo día .... de .... de 20............

Sin otro particular y a la espera del cumplimiento por su parte de los derechos que me amparan,

Fdo. ....

D.N.I. núm. ....

F201. ACTA DE LA JUNTA GENERAL ORDINARIA (I)

Normativa de Aplicación: *Arts. 272 y ss. Real Decreto Legislativo 1/2010, de 2 de julio, por el que se aprueba el texto refundido de la Ley de Sociedades de Capital.*

ACTA DE LA JUNTA GENERAL ORDINARIA DE LA MERCANTIL .... S.L.

En .... y domicilio social de la compañía, sito en ...., a las .... horas del día .... de .... de 20 .... se reúnen los socios que están relacionados en la lista de asistencia los cuales son propietarios del cien por cien del capital social.

LISTA DE ASISTENCIA

Nº Part.	Nombres	Representantes	Firmas
....	....	....	
....	....	....	

Con independencia de tener carácter esta Junta de Universal, por estar presentes o representados la totalidad de los socios dueños de la totalidad del capital social, la misma fue convocada previamente cumpliendo los requisitos legales y estatutarios. Concretamente fue remitido burofax a cada uno de los socios habiendo sido la última emisión el día ...., y la última recepción por parte de los socios el día .... El ORDEN DEL DÍA, de la convocatoria fue el siguiente:

Primero.– Examen y aprobación, en su caso, de las Cuentas Anuales: balance de situación, cuenta de pérdidas y ganancias y memoria, así como informe de auditoría voluntaria.

Segundo.– Propuesta de aplicación del resultado, todo ello correspondiente al ejercicio cerrado el .... de .... de ....

Tercero.– Aprobación, si procede, de la gestión de la Administración de la Compañía durante el ejercicio cerrado el .... de .... de ....

Cuarto.– Delegación de Facultades

Quinto.– Ruegos y preguntas.

Se nombran como Presidente al Administrador de la Sociedad D. .... y Secretario a Don .... Abierta la sesión por el Sr. Presidente se pasó al examen del orden del día, adoptándose los siguientes ACUERDOS:

PRIMERO.– Examen y aprobación, en su caso, de las Cuentas Anuales: balance de situación, cuenta de pérdidas y ganancias y memoria, así como informe de auditoría voluntaria.

Aprobar, por unanimidad, las Cuentas Anuales de la Sociedad correspondientes al ejercicio cerrado el .... de .... de .... La Sociedad puede formular las cuentas de forma abreviada y no está obligada a someter sus cuentas a verificación del auditor ni a elaborar Informe de Gestión de conformidad con los artículos 253 y siguientes del Texto Refundido de la Ley de Sociedades de Capital. No obstante, la sociedad ha sido auditada con carácter voluntario.

SEGUNDO.– Propuesta de aplicación del resultado, todo ello correspondiente al ejercicio cerrado el .... de .... de ....

Asimismo, se aprueba, la aplicación del Resultado de la Sociedad correspondiente al ejercicio cerrado a .... de .... del .... propuesto por el Órgano de Administración, siendo este el siguiente:

BASE DE REPARTO	EUROS
Pérdidas y Ganancias	....
Remanente	....
Total a distribuir	....
DISTRIBUCIÓN	EUROS
Reservas voluntarias	....
Reservas especiales	....
Dividendos	....
Remanente	
Total distribuido	....

El pago del dividendo se efectuará a partir del próximo .... de .... de ....

TERCERO.– Aprobación, si procede, de la gestión de la Administración de la Compañía durante el ejercicio cerrado el .... de .... de ....

Se aprueba la gestión del órgano de administración, siendo felicitado por el socio .... a la vista de la evolución de las ventas y del beneficio neto de la compañía, que permite en este ejercicio el reparto de dividendos.

CUARTO.– Delegación de Facultades

La Junta General acuerda, por unanimidad, facultar al Administrador Social, Don .... para que pueda comparecer ante Notario y suscribir cuantos documentos públicos y privados fuesen necesarios para la trascendencia registral de los acuerdos precedentes, pudiendo realizar las rectificaciones y aclaraciones o salvar las omisiones que fueran precisas o convenientes para conseguir, en su caso, su inscripción en el Registro Mercantil correspondiente o en cualquier otro Registro, Órgano y Entidad Administrativa que corresponda, así como solicitar la inscripción parcial de los acuerdos adoptados en conformidad con lo dispuesto en el artículo 63 del Reglamento del Registro Mercantil.

QUINTO.– No se formularon ruegos y preguntas.

Y no habiendo otros asuntos que tratar, a continuación se suspende la sesión, al objeto de redactar el Acta, que es firmada por el Secretario con el visto bueno del Presidente, levantándose la sesión, siendo las 12.30 horas.

EL SECRETARIO V.B. EL PRESIDENTE

F202. ACTA DE JUNTA GENERAL ORDINARIA (II)

Normativa de Aplicación: *Arts. 272 y ss. Real Decreto Legislativo 1/2010, de 2 de julio, por el que se aprueba el texto refundido de la Ley de Sociedades de Capital.*

ACTA DE LA JUNTA GENERAL ORDINARIA DE LA MERCANTIL .... S.L.

En .... y domicilio social de la compañía, sito en ...., a las 16 horas del día .... de .... de 20 .... se reúnen los socios que están relacionados en la lista de asistencia los cuales son propietarios del cien por cien del capital social.

LISTA DE ASISTENCIA

Nº Part.	Nombres	Representantes	Firmas
....	....	....	
....	....	....	

Con independencia de tener carácter esta Junta de Universal, por estar presentes o representados la totalidad de los socios dueños de la totalidad del capital social, la misma fue convocada previamente cumpliendo los requisitos legales y estatutarios. Concretamente fue remitido burofax a cada uno de los socios habiendo sido la última emisión el día ...., y la última recepción por parte de los socios el día .... El ORDEN DEL DÍA, de la convocatoria fue el siguiente:

Primero.– Examen y aprobación, en su caso, de las Cuentas Anuales: balance de situación, cuenta de pérdidas y ganancias y memoria, así como informe de auditoría voluntaria.

Segundo.–Propuesta de aplicación del resultado, todo ello correspondiente al ejercicio cerrado el .... de .... de ....

Tercero.– Aprobación, si procede, de la gestión de la Administración de la Compañía durante el ejercicio cerrado el .... de .... de ....

Cuarto.– Delegación de Facultades

Quinto.– Ruegos y preguntas.

Se nombran como Presidente al Administrador de la Sociedad D. .... y Secretario a Don .... Abierta la sesión por el Sr. Presidente se pasó al examen del orden del día, adoptándose los siguientes ACUERDOS:

PRIMERO.– Examen y aprobación, en su caso, de las Cuentas Anuales: balance de situación, cuenta de pérdidas y ganancias y memoria, así como informe de auditoría voluntaria.

Antes de proceder a la votación, el socio .... solicita al órgano de administración que aclare la composición de gastos de personal, dado el incremento de mas del 20% respecto al ejercicio anterior.

Igualmente solicita aclaración sobre los importes consignados en la cuenta de arrendamientos.

El Administrador Social, da cumplidas explicaciones sobre las cuestiones que han sido planteadas por el socio ...., quien expresamente solicita que conste el acta los siguiente:

(i) El incremento del capitulo e sueldos y salarios, tiene su origen en el aumento de salario del Administrador Social.

(ii) En cuanto a los arrendamientos, se está procediendo al pago de un canon arrendaticio a uno de los socios sin que exista un informe pericial que determine si el precio cabe considerarlo como de mercado.

Sometida a la aprobación de las cuentas anuales, votan a favor los socios ...., ..., y .... que representan el 84% del total capital social, mientras que vota en contra el socio .... cuyo porcentaje asciende al 16%. Quedan por tanto aprobadas las Cuentas Anuales.

SEGUNDO.– Propuesta de aplicación del resultado, todo ello correspondiente al ejercicio cerrado el .... de .... de ....

El socio ...., manifiesta que habiendo votado en contra de la aprobación de las cunetas anuales, debe votar igualmente en contra de la propuesta de aplicación. Por tanto queda aprobada la propuesta de aplicación del resultado con el 84% de votos a favor y el 16% en contra, siendo éste el siguiente:

BASE DE REPARTO	EUROS
Pérdidas y Ganancias	....
Remanente	....
Total a distribuir	....
DISTRIBUCIÓN	EUROS
Reservas voluntarias	....
Reservas especiales	....
Dividendos	....
Remanente	

Total distribuido ....

El pago del dividendo se efectuará a partir del próximo .... de .... de ....

TERCERO.– Aprobación, si procede, de la gestión de la Administración de la Compañía durante el ejercicio cerrado el .... de .... de ....

Se aprueba la gestión del órgano de administración, con el 84% de votos a favor y el 16% en contra.

CUARTO.– Delegación de Facultades

La Junta General acuerda, por unanimidad, facultar al Administrador Social, Don .... para que pueda comparecer ante Notario y suscribir cuantos documentos públicos y privados fuesen necesarios para la trascendencia registral de los acuerdos precedentes, pudiendo realizar las rectificaciones y aclaraciones o salvar las omisiones que fueran precisas o convenientes para conseguir, en su caso, su inscripción en el Registro Mercantil correspondiente o en cualquier otro Registro, Órgano y Entidad Administrativa que corresponda, así como solicitar la inscripción parcial de los acuerdos adoptados en conformidad con lo dispuesto en el artículo 63 del Reglamento del Registro Mercantil.

QUINTO.– No se formularon ruegos y preguntas.

Y no habiendo otros asuntos que tratar, a continuación se suspende la sesión, al objeto de redactar el Acta, que es firmada por el Secretario con el visto bueno del Presidente, levantándose la sesión, siendo las 19.30 horas.

EL SECRETARIO V.B. EL PRESIDENTE

F203. ACTA DE JUNTA GENERAL ORDINARIA (III)

Normativa de Aplicación: *Arts. 272 y ss. Real Decreto Legislativo 1/2010, de 2 de julio, por el que se aprueba el texto refundido de la Ley de Sociedades de Capital.*

ACTA DE LA JUNTA GENERAL ORDINARIA DE LA MERCANTIL .... S.L.

En .... y domicilio social de la compañía, sito en ...., a las 16 horas del día .... de .... de 20 .... se reúnen los socios que están relacionados en la lista de asistencia los cuales son propietarios del cien por cien del capital social.

LISTA DE ASISTENCIA

Nº Part.	Nombres	Representantes	Firmas
....	....	....	

....

Con independencia de tener carácter esta Junta de Universal, por estar presentes o representados la totalidad de los socios dueños de la totalidad del capital social, la misma fue convocada previamente cumpliendo los requisitos legales y estatutarios. Concretamente fue remitido burofax a cada uno de los socios habiendo sido la última emisión el día ...., y la última recepción por parte de los socios el día .... El ORDEN DEL DÍA, de la convocatoria fue el siguiente:

Primero.– Examen y aprobación, en su caso, de las Cuentas Anuales: balance de situación, cuenta de pérdidas y ganancias y memoria, así como informe de auditoría voluntaria.

Segundo.– Propuesta de aplicación del resultado, todo ello correspondiente al ejercicio cerrado el .... de .... de ....

Tercero.– Aprobación, si procede, de la gestión de la Administración de la Compañía durante el ejercicio cerrado el .... de .... de ....

Cuarto.– Delegación de Facultades

Quinto.– Ruegos y preguntas.

Se nombran como Presidente al Administrador de la Sociedad D. .... y Secretario a Don .... Abierta la sesión por el Sr. Presidente se pasó al examen del orden del día, adoptándose los siguientes ACUERDOS:

PRIMERO.– Examen y aprobación, en su caso, de las Cuentas Anuales: balance de situación, cuenta de pérdidas y ganancias y memoria, así como informe de auditoría voluntaria.

Aprobar, por unanimidad, las Cuentas Anuales de la Sociedad correspondientes al ejercicio cerrado el .... de .... de .... La Sociedad puede formular las cuentas de forma abreviada y no está obligada a someter sus cuentas a verificación del auditor ni a elaborar Informe de Gestión de conformidad con los artículos 253 y siguientes del Texto Refundido de la Ley de Sociedades de Capital. No obstante, la sociedad ha sido auditada con carácter voluntario.

SEGUNDO.– Propuesta de aplicación del resultado, todo ello correspondiente al ejercicio cerrado el .... de .... de ....

El socio ...., titular del 9% del capital social, pregunta al órgano de administración cuales son las razones para no haber aprobado un reparto de dividendos, teniendo en cuenta que la sociedad arroja beneficios.

Por parte del órgano de Administración se manifiesta que ante la necesidad de acometer determinadas inversiones, y sobre todo con el fin de mantener la solvencia económica frente a terceros, se ha considerado que no procede proponer reparto de dividendo alguno.

Ante esta explicación, el socio ...., advierte que la sociedad no ha repartido dividendos durante los últimos 4 años, siendo que los resultados han sido positivos. Por tanto manifiesta protesta en consonancia con lo establecido en el artículo 348bis de la Ley de Sociedades de Capital.

Sometido a votación, se vota a favor por el 91% y en contra por el 9%, por lo que queda aprobado el siguiente reparto:

BASE DE REPARTO	EUROS
Pérdidas y Ganancias	....
Remanente	....
Total a distribuir	....
DISTRIBUCIÓN	EUROS
Reservas voluntarias	....
Reservas especiales	....
Remanente	....
Total distribuido	....

TERCERO.– Aprobación, si procede, de la gestión de la Administración de la Compañía durante el ejercicio cerrado el .... de .... de ....

Se aprueba la gestión del órgano de administración, por unanimidad.

CUARTO.– Delegación de Facultades

La Junta General acuerda, por unanimidad, facultar al Administrador Social, Don .... para que pueda comparecer ante Notario y suscribir cuantos documentos públicos y privados fuesen necesarios para la trascendencia registral de los acuerdos precedentes, pudiendo realizar las rectificaciones y aclaraciones o salvar las omisiones que fueran precisas o convenientes para conseguir, en su caso, su inscripción en el Registro Mercantil correspondiente o en cualquier otro Registro, Órgano y Entidad Administrativa que corresponda, así como solicitar la inscripción parcial de los acuerdos adoptados en conformidad con lo dispuesto en el artículo 63 del Reglamento del Registro Mercantil.

QUINTO.– No se formularon ruegos y preguntas.

Y no habiendo otros asuntos que tratar, a continuación se suspende la sesión, al objeto de redactar el Acta, que es firmada por el Secretario con el visto bueno del Presidente, levantándose la sesión, siendo las 19.30 horas.

EL SECRETARIO V.B. EL PRESIDENTE

F204. ACTA DE LA JUNTA GENERAL ORDINARIA (IV)

Normativa de Aplicación: *Arts. 272 y ss. Real Decreto Legislativo 1/2010, de 2 de julio, por el que se aprueba el texto refundido de la Ley de Sociedades de Capital.*

ACTA DE LA JUNTA GENERAL ORDINARIA DE LA MERCANTIL .... S.L.

En .... y domicilio social de la compañía, sito en ...., a las .... horas del día .... de .... de 20 .... se reúnen los socios que están relacionados en la lista de asistencia los cuales son propietarios del cien por cien del capital social.

LISTA DE ASISTENCIA

Nº Part.	Nombres	Representantes	Firmas
....	....	....	
....	....	....	

Con independencia de tener carácter esta Junta de Universal, por estar presentes o representados la totalidad de los socios dueños de la totalidad del capital social, la misma fue convocada previamente cumpliendo los requisitos legales y estatutarios. Concretamente fue remitido burofax a cada uno de los socios habiendo sido la última emisión el día ...., y la última recepción por parte de los socios el día .... El ORDEN DEL DÍA, de la convocatoria fue el siguiente:

Primero.– Examen y aprobación, en su caso, de las Cuentas Anuales: balance de situación, cuenta de pérdidas y ganancias y memoria, así como informe de auditoría voluntaria.

Segundo.–Propuesta de aplicación del resultado, todo ello correspondiente al ejercicio cerrado el .... de .... de ....

Tercero.– Aprobación, si procede, de la gestión de la Administración de la Compañía durante el ejercicio cerrado el .... de .... de ....

Cuarto.– Delegación de Facultades

Quinto.– Ruegos y preguntas.

Se nombran como Presidente al Administrador de la Sociedad D. .... y Secretario a Don .... Abierta la sesión por el Sr. Presidente se pasó al examen del orden del día, adoptándose los siguientes ACUERDOS:

PRIMERO.– Examen y aprobación, en su caso, de las Cuentas Anuales: balance de situación, cuenta de pérdidas y ganancias y memoria, así como informe de auditoría voluntaria.

Toma la palabra el Administrador Único para informar a los socios del resultado del ejercicio, así como la evolución de Aprobar, por unanimidad, las Cuentas Anuales de la Sociedad correspondientes al ejercicio cerrado el .... de .... de .... La Sociedad puede formular las cuentas de forma abreviada y no está obligada a someter sus cuentas a verificación del auditor ni a elaborar Informe de Gestión de conformidad con los artículos 253 y siguientes del Texto Refundido de la Ley de Sociedades de Capital. No obstante, la sociedad ha sido auditada con carácter voluntario.

SEGUNDO.– Propuesta de aplicación del resultado, todo ello correspondiente al ejercicio cerrado el .... de .... de ....

Asimismo, se aprueba, la aplicación del Resultado de la Sociedad correspondiente al ejercicio cerrado a .... de .... del .... propuesto por el Órgano de Administración, siendo este el siguiente:

BASE DE REPARTO	EUROS
Pérdidas y Ganancias	....
Remanente	....
Total a distribuir	....
DISTRIBUCIÓN	EUROS
Reservas voluntarias	....
Reservas especiales	....
Dividendos	....
Remanente	
Total distribuido	....

El pago del dividendo se efectuará a partir del próximo .... de .... de ....

TERCERO.– Aprobación, si procede, de la gestión de la Administración de la Compañía durante el ejercicio cerrado el .... de .... de ....

Se aprueba la gestión del órgano de administración, siendo felicitado por el socio .... a la vista de la evolución de las ventas y del beneficio neto de la compañía, que permite en este ejercicio el reparto de dividendos.

CUARTO.– Delegación de Facultades

La Junta General acuerda, por unanimidad, facultar al Administrador Social, Don .... para que pueda comparecer ante Notario y suscribir cuantos documentos públicos y privados fuesen necesarios para la trascendencia registral de los acuerdos precedentes, pudiendo realizar las rectificaciones y aclaraciones o salvar las omisiones que fueran precisas o convenientes para conseguir, en su caso, su inscripción en el Registro Mercantil correspondiente o en cualquier otro Registro, Órgano y Entidad Administrativa que corresponda, así como solicitar la inscripción parcial de los acuerdos adoptados en conformidad con lo dispuesto en el artículo 63 del Reglamento del Registro Mercantil.

QUINTO.– No se formularon ruegos y preguntas.

Y no habiendo otros asuntos que tratar, a continuación se suspende la sesión, al objeto de redactar el Acta, que es firmada por el Secretario con el visto bueno del Presidente, levantándose la sesión, siendo las 12.30 horas.

EL SECRETARIO V.B. EL PRESIDENTE

F205. ACTA NOTARIAL DE LA JUNTA GENERAL ORDINARIA

Normativa de Aplicación: *Arts. 272 y ss. Real Decreto Legislativo 1/2010, de 2 de julio, por el que se aprueba el texto refundido de la Ley de Sociedades de Capital. Arts. 203 y ss. Real Decreto Legislativo 1/2010, de 2 de julio, por el que se aprueba el texto refundido de la Ley de Sociedades de Capital.*

NÚMERO ....

ACTA DE PRESENCIA.

En ...., mi residencia, a .... de .... de ....

Ante mí, ..., Notario del Ilustre Colegio ....

COMPARECEN

DOÑA ...., mayor de edad, casada, jubilada, vecina de ...., con domicilio a estos efectos en ....); y con DNI y NIF número ....

DON ...., mayor de edad, casado, gerente, vecino de ...., con domicilio a estos efectos en .... y con DNI y NIF número 29.170.595-V.

Intervienen en nombre y representación, como administradores mancomunados de la mercantil «........... S.L.» sociedad de nacionalidad española constituida por tiempo indefinido mediante escritura autorizada el día .... por el Notario de ...., Don ...., obrante en su protocolo bajo el número ....Con domicilio en .... Inscrita en el Registro Mercantil de la provincia de ...., al tomo ...., libro .... de la sección ...., folio ...., hoja número .... CIF .... Constituye su objeto social......Sus facultades representativas resultan de sus cargos de administradores mancomunados de la Sociedad, cargos que tienen aceptados y para los que fueron nombrados, por tiempo indefinido, por acuerdo de la Junta General y Universal celebrada el día diecisiete de junio de dos mil dieciséis, elevado a público en virtud de escritura autorizada por el notario de Valencia, Don ...., el .... de .... de ...., número .... de protocolo.

Copia autorizada de la referida escritura he tenido a la vista. Tienen, a mi juicio, facultades representativas suficientes para la formalización del presente instrumento. Me aseguran ambos la vigencia de sus cargos, facultades representativas y la persistencia de la capacidad jurídica de la entidad que representan.

Yo, el Notario, hago constar expresamente que se han cumplido con las obligaciones que impone la Ley 10/2010, de 28 de abril, cuyo resultado consta en acta autorizada por el Notario de ...., don ...., con fecha de ...., con el número ....de su protocolo. Manifiesta el compareciente que se mantiene, a día de hoy, la situación reflejada en la misma.

Tienen a mi juicio, en el concepto en que, respectivamente, intervienen, capacidad legal suficiente e interés legítimo para otorgar esta ACTA DE PRESENCIA y, en consecuencia:

EXPONEN

PRIMERO.– Que la sociedad «..........., S.L.» ha convocado Junta General Ordinaria de socios por los medios estatutariamente previstos, en mi despacho profesional, ubicado en Calle ...., número .... de ...., para el .... de .... de ...., a las .... horas en primera convocatoria, con el orden del día que consta en las propias comunicaciones de convocatoria que se da aquí por íntegramente reproducido para evitar repeticiones innecesarias.

SEGUNDO.– Me entrega y dejo unida a la presente mediante reproducción fotostática de las comunicaciones a los socios.

REQUERIMIENTO.– Los señores comparecientes me requieren para que asista a la celebración de la junta y levante acta de la reunión.

Acepto el requerimiento.

OTORGAMIENTO Y AUTORIZACIÓN.

Hago las reservas y advertencias legales.

Advierto también sobre la incorporación de datos a los ficheros automatizados regulados en la Orden del Ministerio de Justicia 484/2003, 19 de febrero.

Les permito la lectura de esta acta, porque así lo solicitan después de advertirles de la opción del artículo 193 del reglamento Notaría.

Enterados, según dicen, por esta lectura y por mis explicaciones verbales, hacen constar libremente su consentimiento al contenido de esta acta y la firman.

Ley 8/1989. Arancel Notarial: Documento sin cuantía.

Y yo, el Notario, compruebo que este otorgamiento se adecúa a la legalidad y a la voluntad debidamente informada y expresada ante mí; y del contenido de esta acta extendida en dos folios de papel timbrado de uso exclusivamente notarial, el presente y el posterior, correlativos en orden, de la misma serie, yo el Notario, Doy fe.

Están las firmas de los comparecientes. ...., Signado, Firmado, Rubricado y Sellado

DILIGENCIA DE PRESENCIA.– (relativa al acta anterior).

COMPARECENCIA

Se inicia la Junta aproximadamente a las doce horas del día de hoy, veinte de junio de dos mil diecinueve, en mi despacho y, en la Sala habilitada para ello, han entrado y se encuentran conmigo las siguientes personas a las que identifico por sus DNI:

DOÑA ...., cuyas circunstancias personales constan con anterioridad, en su condición de Administradora mancomunada de la Sociedad, socia titular del 16% de capital social, y como Presidente de la presente Junta actuando personalmente.

DON ...., cuyas circunstancias personales constan con anterioridad, en su condición de Administrador mancomunado de la Sociedad, socio titular del 17,38% de capital social, y como Secretario de la presente Junta actuando personalmente y, además, en nombre y representación de ...., mayor de edad, con DNI/NIF número ....; titular del 5,31% del total capital social, en virtud de documento privado de autorización, de fecha cuatro de junio de dos mil diecinueve.

DON .... mayor de edad, con DNI/NIF número ....; titular del 17,31% del total capital social.

DOÑA ...., mayor de edad, con DNI/NIF número ....; titular del 16% del total capital social.

DON ...., con DNI número ...., en nombre y representación de ...., mayor de edad, con DNI/NIF número ....; titular del 16% del total capital social, en virtud de documento privado de autorización, de fecha veinte de junio de dos mil diecinueve.

DON ...., mayor de edad, con DNI/NIF número .... titular del 12% del total capital social.

DON ...., con DNI número ...., como invitado y asesor de la Sociedad.

DON ...., con DNI número ...., como invitado y asesor de la Sociedad.

Certifican DOÑA .... y DON ...., en su calidad de administradores mancomunados, y en base al Libro Registro de Socios, que está presente el 100% del capital social, correspondiendo a los socios el derecho de voto en la proporción indicada.— A todos los presentes en este acto, a efectos de celebrar la Junta General Ordinaria de la sociedad «..........., S.L.», les hago saber mi condición de Notario y el motivo de mi presencia y hago las siguientes comprobaciones:

Presidencia y Secretaría: Se dispone a actuar como Presidente de la Junta, según sus estatutos, DOÑA ...., con DNI .... y como Secretario, ... con DNI número .... Administrador mancomunado de la Sociedad.

Constitución de la junta.– Declara el Presidente válidamente constituida la Junta General Ordinaria de socios de la sociedad «..........., S.L.», en primera convocatoria, por cuanto que concurren presentes o representados, el 100% del capital social, quorum suficiente para la adopción de acuerdos. Dando fe, yo, el notario, de la declaración del Presidente de estar válidamente constituida la Junta y del número de socios con derecho a voto que concurren personalmente o representados y de su participación en el capital social. El presidente ha validado, por ello, los títulos representativos de referencia.

Reservas y protestas. Yo, el notario, Pregunto a la asamblea si existen reservas o protestas sobre las manifestaciones del Presidente relativas al número de socios concurrentes y capital presente, dando fe, yo, el notario, de las siguientes:

Pregunta la Presidenta si se admite la presencia de los asesores indicados, lo que es aceptado por todos los socios.

El presidente decide la celebración de la Junta, al estar presente el capital necesario para su válida constitución. Se debate en la junta sobre los asuntos objeto del orden del día:

PRIMERO.– EXAMEN Y, EN SU CASO, APROBACIÓN DE LAS CUENTAS ANUALES DE PYMES AUDITADAS —BALANCE DE SITUACIÓN DE PYMES, CUENTA DE PÉRDIDAS Y GANANCIAS DE PYMES Y MEMORIA DE PYMES— CORRESPONDIENTES AL EJERCICIO CERRADO EL 31 DE DICIEMBRE DE ...., ASÍ COMO DE LA GESTIÓN LLEVADA A CABO POR EL ÓRGANO DE ADMINISTRACIÓN DE LA SOCIEDAD.

Sin debate previo, se pasa a votar el punto primero del orden del día, estando presente el 100% del capital social, quedando aprobado este punto del orden del día con el voto a favor .... personalmente y en representación de ....; de .... que representan el ....% del capital social; y con el voto en contra de DON ...., en representación de ...., que representa el ....% del capital social. Por tanto, quedan aprobadas las cuentas anuales del ejercicio ....

El Presidente ordena pasar al siguiente punto del Orden del día.

SEGUNDO.– EXAMEN Y, EN SU CASO, APROBACIÓN DE LA PROPUESTA DE DISTRIBUCIÓN DEL RESULTADO DEL EJERCICIO CERRADO EL 31 DE DICIEMBRE DE ....

DON ...., como administrador mancomunado, manifiesta que del resultado, que asciende a .... (........... €) de beneficio, se propone distribuir .... (........... €) en concepto de dividendos, y el resto, que asciende a .... (........... €) a reservas voluntarias.

Se pasa a votar el punto primero del orden del día, estando presente el 100% del capital social, quedando aprobado este punto del orden del día con el voto a favor .... personalmente y en representación de ....; de .... que representan el 84% del capital social; y con el voto en contra de DON ...., en representación de ...., que representa el ....% del capital social. Por tanto, queda aprobada la distribución del resultado propuesta por el órgano de administración.

El Presidente ordena pasar al siguiente punto del Orden del día.

TERCERO.– RUEGOS Y PREGUNTAS.

DON ...., en la representación que ostenta de ...., pregunta que cual va a ser la dinámica respecto a los resultados, ¿para qué se dotan tantas reservas?

DON ...., como administrador mancomunado, manifiesta que la dinámica no se puede predecir, y que la idea es una serie de inversiones en los próximos ejercicios, que están por encima del límite legal, y que se podría no repartir en función de las necesidades de la empresa.

DOÑA .... manifiesta que, con esos beneficios, ¿por qué no se amortizan las deudas de los alquileres?

DON .... como administrador mancomunado, manifiesta que se ha amortizado un .... (...........%) de los mismos.

DON ...., en la representación que ostenta de ...., entiende que se han puesto en relación la aprobación de la gestión de la Sociedad con la aprobación del reparto de los dividendos, con lo que, si no se aprueba la gestión, no se aprueba el reparto de dividendos.

Los Administradores mancomunados autorizan la expedición de copia simple de la presente acta a favor de los socios.

Seguidamente, el presidente, no habiendo más asuntos que tratar, levanta la reunión aproximadamente a las trece horas y treinta minutos, y yo, el Notario hago constar que el artículo 102-3 del Reglamento del Registro Mercantil no me permite calificar la legalidad de los hechos consignados en la presente diligencia y doy fe de todo lo anterior tal como ha sucedido. Redacto esta diligencia, extendida en cinco folios de papel timbrado de uso exclusivo para documentos notarías, el presente y los cuatro posteriores en orden correlativo, de la misma serie, cerrando este instrumento público extendido en siete folios, el serie EL, número .... y el posterior correlativos en orden, de la misma serie, y éste y los cuatro posteriores correlativos en orden, de la misma serie. DOY FE.

..........., Firmado, Rubricado y Sellado.

Ley 8/1989. Arancel Notarial: Documento sin cuantía. —DOCUMENTOS UNIDOS:

F206. CERTIFICACIÓN JUNTA GENERAL ORDINARIA (I)

Normativa de Aplicación: *Arts. 272 y ss. Real Decreto Legislativo 1/2010, de 2 de julio, por el que se aprueba el texto refundido de la Ley de Sociedades de Capital.*

..........., mayor de edad, con DNI nº ...., en su calidad de Administrador Único de .... S.L. con CIF ....

CERTIFICA

Que en el Libro de Actas de la sociedad figuran los acuerdos adoptados por la Junta General Ordinaria y Universal de socios de la sociedad, celebrada el día .... de .... de 20 ...., de la cual, literalmente en cuanto a los acuerdos adoptados y en extracto respecto al resto, con arreglo al artículo 112 del Reglamento del Registro Mercantil, hago constar las particularidades siguientes:

1 La Junta General se celebró en el domicilio social de la compañía.

2 La Junta ha sido convocada con la antelación legalmente prevista, mediante la remisión a cada uno de los socios de la convocatoria por burofax, con el siguiente orden del día:

Primero.– Examen y, en su caso, aprobación de las Cuentas Anuales de la sociedad —balance, cuenta de pérdidas y ganancias, y memoria— del ejercicio cerrado el 31 de diciembre de ....

Segundo.– Examen y, en su caso, aprobación de la propuesta de distribución del resultado del ejercicio cerrado el 31 de diciembre de ....

Tercero.– Aprobación, si procede, de la gestión llevada a cabo por el Órgano de Administración de la sociedad durante el ejercicio ....

Cuarto.– Ruegos y preguntas.

3 Que presidió la reunión, D. ...., actuando como Secretario de la misma, D. ...., nombrados a estos efectos por los socios asistentes de la propia Junta.

4 Que se formó la Lista de Asistentes, que acreditaron su derecho de asistencia, en la forma y plazos previstos en los Estatutos Sociales, la cual se incorporó al Acta por medio de Anexo, firmado por el Secretario y con el visto bueno del Presidente. De la mencionada Lista de Asistentes, se comprueba que asistió la totalidad de los socios, si bien el Sr. .... se encontró representado por el socio ....

5 Sin que se solicitara constancia expresa de ninguna intervención, se adoptaron, los ACUERDOS siguientes que se transcriben literalmente.

6 Que el Presidente declaró válidamente constituida la Junta General Extraordinaria en primera convocatoria, y se procedió a las oportunas deliberaciones, adoptando, por unanimidad, los siguientes:

ACUERDOS

Primero.– Examen y, en su caso, aprobación de las Cuentas Anuales de la sociedad —balance, cuenta de pérdidas y ganancias, y memoria— del ejercicio cerrado el 31 de diciembre de ....

Aprobar, por mayoría del 92% del total del capital social, las Cuentas Anuales de la Sociedad correspondientes al ejercicio cerrado el .... de .... de .... La Sociedad puede formular las cuentas de forma abreviada y no está obligada a someter sus cuentas a verificación del auditor ni a elaborar Informe de Gestión de conformidad con los artículos 253 y siguientes del Texto Refundido de la Ley de Sociedades de Capital.

Segundo.– Examen y, en su caso, aprobación de la propuesta de distribución del resultado del ejercicio cerrado el 31 de diciembre de ....

Aprobar por mayoría del 92% del total del capital social la siguiente distribución del resultado:

BASE DE REPARTO	EUROS
Pérdidas y Ganancias	
Remanente	
Total a distribuir	
DISTRIBUCIÓN	EUROS
Reserva legal	
Reserva voluntaria	
Reservas especiales	
Remanente	
Dividendos	
Total distribuido	

IGUALMENTE CERTIFICA:

1º) Que las cuentas anuales aprobadas, que contienen el Balance, la Cuenta de Pérdidas y Ganancias, y la Memoria, HAN SIDO REMITIDAS TELEMÁTICAMENTE AL REGISTRO. Se ha generado la siguiente huella digital:

....

2º) Que no estando obligada a someter sus cuentas a verificación de auditor ni a elaborar informe de gestión, de conformidad con los artículos 257, 258, 261 y 262 del Texto Refundido de la Ley de Sociedades de Capital, la sociedad ha formulado sus cuentas conforme al Plan General de Contabilidad de Pyme (RD 1515/2007 de 16 de noviembre.

3º) Que las Cuentas Anuales han sido formuladas el día .... de .... de ...., habiendo sido firmadas por todos los miembros del órgano de administración vigentes en dicha fecha.

Y para que así conste, a los oportunos efectos, libro el presente haciendo constar que el acta de la reunión donde se adoptaron los acuerdos que se certifican fue aprobada por unanimidad en la propia sesión, firmada por el presidente y secretario, en Valencia a .... de .... de 20 ....

F207. CERTIFICACIÓN JUNTA GENERAL ORDINARIA (II)

Normativa de Aplicación: *Arts. 272 y ss. Real Decreto Legislativo 1/2010, de 2 de julio, por el que se aprueba el texto refundido de la Ley de Sociedades de Capital.*

..........., mayor de edad, con DNI nº ...., en su calidad de Administrador Único de .... S.L. con CIF ....

CERTIFICA

Que en el Libro de Actas de la sociedad figuran los acuerdos adoptados por la Junta General Ordinaria y Universal de socios de la sociedad, celebrada el día .... de .... de 20 ...., de la cual, literalmente en cuanto a los acuerdos adoptados y en extracto respecto al resto, con arreglo al artículo 112 del Reglamento del Registro Mercantil, hago constar las particularidades siguientes:

1 La Junta General se celebró en el domicilio social de la compañía.

2 La Junta ha sido convocada con la antelación legalmente prevista, mediante la remisión a cada uno de los socios de la convocatoria por burofax, con el siguiente orden del día:

Primero.– Examen y, en su caso, aprobación de las Cuentas Anuales de la sociedad —balance, cuenta de pérdidas y ganancias, y memoria— del ejercicio cerrado el 31 de diciembre de ....

Segundo.– Examen y, en su caso, aprobación de la propuesta de distribución del resultado del ejercicio cerrado el 31 de diciembre de ....

Tercero.– Aprobación, si procede, de la gestión llevada a cabo por el Órgano de Administración de la sociedad durante el ejercicio ....

Cuarto.– Ruegos y preguntas.

3 Que presidió la reunión, D. ...., actuando como Secretario de la misma, D. ...., nombrados a estos efectos por los socios asistentes de la propia Junta.

4 Que se formó la Lista de Asistentes, que acreditaron su derecho de asistencia, en la forma y plazos previstos en los Estatutos Sociales, la cual se incorporó al Acta por medio de Anexo, firmado por el Secretario y con el visto bueno del Presidente. De la mencionada Lista de Asistentes, se comprueba que asistió la totalidad de los socios, si bien el Sr. .... se encontró representado por el socio ....

5 Sin que se solicitara constancia expresa de ninguna intervención, se adoptaron, también por unanimidad, los ACUERDOS siguientes que se transcriben literalmente.

6 Que el Presidente declaró válidamente constituida la Junta General Extraordinaria en primera convocatoria, y se procedió a las oportunas deliberaciones, adoptando, por unanimidad, los siguientes:

ACUERDOS

Primero.– Examen y, en su caso, aprobación de las Cuentas Anuales de la sociedad —balance, cuenta de pérdidas y ganancias, y memoria— del ejercicio cerrado el 31 de diciembre de ....

Aprobar, por unanimidad, las Cuentas Anuales de la Sociedad correspondientes al ejercicio cerrado el .... de .... de .... La Sociedad puede formular las cuentas de forma abreviada y no está obligada a someter sus cuentas a verificación del auditor ni a elaborar Informe de Gestión de conformidad con los artículos 253 y siguientes del Texto Refundido de la Ley de Sociedades de Capital.

Segundo.– Examen y, en su caso, aprobación de la propuesta de distribución del resultado del ejercicio cerrado el 31 de diciembre de ....

Aprobar por unanimidad la siguiente distribución del resultado:

BASE DE REPARTO EUROS

Pérdidas y Ganancias

Remanente

Total a distribuir

DISTRIBUCIÓN EUROS

Reserva legal

Reserva voluntaria

Reservas especiales

Remanente

Dividendos

Total distribuido

IGUALMENTE CERTIFICA

1º) Que las cuentas anuales aprobadas, que contienen el Balance, la Cuenta de Pérdidas y Ganancias, y la Memoria, HAN SIDO REMITIDAS TELEMÁTICAMENTE AL REGISTRO. Se ha generado la siguiente huella digital:

....

2º) Que no estando obligada a someter sus cuentas a verificación de auditor ni a elaborar informe de gestión, de conformidad con los artículos 257, 258, 261 y 262 del Texto Refundido de la Ley de Sociedades de Capital, la sociedad ha formulado sus cuentas conforme al Plan General de Contabilidad de Pyme (RD 1515/2007 de 16 de noviembre.

3º) Que las Cuentas Anuales han sido formuladas el día .... de .... de ...., habiendo sido firmadas por todos los miembros del órgano de administración vigentes en dicha fecha.

Y para que así conste, a los oportunos efectos, libro el presente haciendo constar que el acta de la reunión donde se adoptaron los acuerdos que se certifican fue aprobada por unanimidad en la propia sesión, firmada por el presidente y secretario, en Valencia a .... de .... de 20 ....

..........., mayor de edad, con DNI nº ...., en su calidad de Administrador Único de .... S.L. con CIF ....

F208. CERTIFICACIÓN JUNTA GENERAL ORDINARIA (III)

Normativa de Aplicación: *Arts. 272 y ss. Real Decreto Legislativo 1/2010, de 2 de julio, por el que se aprueba el texto refundido de la Ley de Sociedades de Capital.*

..........., mayor de edad, con DNI nº ...., en su calidad de Administrador Único de .... S.L. con CIF ....

CERTIFICA

OPCIÓN A) Que en el Libro de Actas de la sociedad figuran los acuerdos adoptados por la Junta General Ordinaria y Universal de socios de la sociedad, celebrada el día .... de .... de 20 ...., de la cual, literalmente en cuanto a los acuerdos adoptados y en extracto respecto al resto, con arreglo al artículo 112 del Reglamento del Registro Mercantil, hago constar las particularidades siguientes:

1 La Junta General se celebró en el domicilio social de la compañía.

2 La Junta ha sido convocada con la antelación legalmente prevista, mediante la remisión a cada uno de los socios de la convocatoria por burofax, con el siguiente orden del día:

Primero.– Examen y, en su caso, aprobación de las Cuentas Anuales de la sociedad —balance, cuenta de pérdidas y ganancias, y memoria— del ejercicio cerrado el 31 de diciembre de ....

Segundo.– Examen y, en su caso, aprobación de la propuesta de distribución del resultado del ejercicio cerrado el 31 de diciembre de ....

Tercero.– Aprobación, si procede, de la gestión llevada a cabo por el Órgano de Administración de la sociedad durante el ejercicio ....

Cuarto.– Ruegos y preguntas.

3 Que presidió la reunión, D. ...., actuando como Secretario de la misma, D. ...., nombrados a estos efectos por los socios asistentes de la propia Junta.

4 Que se formó la Lista de Asistentes, que acreditaron su derecho de asistencia, en la forma y plazos previstos en los Estatutos Sociales, la cual se incorporó al Acta por medio de Anexo, firmado por el Secretario y con el visto bueno del Presidente. De la mencionada Lista de Asistentes, se comprueba que asistió la totalidad de los socios, si bien el Sr. .... se encontró representado por el socio ....

5 Sin que se solicitara constancia expresa de ninguna intervención, se adoptaron, los ACUERDOS siguientes que se transcriben literalmente.

6 Que el Presidente declaró válidamente constituida la Junta General Extraordinaria en primera convocatoria, y se procedió a las oportunas deliberaciones, adoptando, los siguientes:

ACUERDOS

Primero.– Examen y, en su caso, aprobación de las Cuentas Anuales de la sociedad —balance, cuenta de pérdidas y ganancias, y memoria— del ejercicio cerrado el 31 de diciembre de ....

No aprobación y por tanto rechazo de las Cuentas Anuales de la Sociedad correspondientes al ejercicio cerrado el .... de .... de .... El 72% del total del capital social votó en contra de las Cuentas Anuales formuladas, mientras que el 27% voto a favor.

Segundo.– Examen y, en su caso, aprobación de la propuesta de distribución del resultado del ejercicio cerrado el 31 de diciembre de ....

No aprobación y por tanto rechazo de las propuesta de distribución de resultados. El 72% del total del capital social votó en contra de la propuesta de distribución, mientras que el 27% voto a favor. No proponiendo la Junta en el citado acto nueva aplicación del resultado, se emplaza para su aprobación en nueva Junta General Extraordinaria.

OPCIÓN B) Que en el Libro de Actas de la sociedad figuran los acuerdos adoptados por la Junta General Extraordinaria y Universal de socios de la sociedad, celebrada el día .... de .... de 20 ...., de la cual, literalmente en cuanto a los acuerdos adoptados y en extracto respecto al resto, con arreglo al artículo 112 del Reglamento del Registro Mercantil, hago constar las particularidades siguientes:

1 La Junta General se celebró en el domicilio social de la compañía.

2 La Junta ha sido convocada como consecuencia del rechazo de las cuentas anuales formuladas en su día por el Órgano de Administración, y ante las nuevas cuentas formuladas por dicho órgano, y que se someten nuevamente a la Junta. Se ha tenido en cuenta la antelación legalmente prevista, mediante la remisión a cada uno de los socios de la convocatoria por burofax, con el siguiente orden del día:

Primero.– Examen y, en su caso, aprobación de las Cuentas Anuales de la sociedad —balance, cuenta de pérdidas y ganancias, y memoria— del ejercicio cerrado el 31 de diciembre de ....

Segundo.– Examen y, en su caso, aprobación de la propuesta de distribución del resultado del ejercicio cerrado el 31 de diciembre de ....

Tercero.– Aprobación, si procede, de la gestión llevada a cabo por el Órgano de Administración de la sociedad durante el ejercicio ....

Cuarto.– Ruegos y preguntas.

3 Que presidió la reunión, D. ...., actuando como Secretario de la misma, D. ...., nombrados a estos efectos por los socios asistentes de la propia Junta.

4 Que se formó la Lista de Asistentes, que acreditaron su derecho de asistencia, en la forma y plazos previstos en los Estatutos Sociales, la cual se incorporó al Acta por medio de Anexo, firmado por el Secretario y con el visto bueno del Presidente. De la mencionada Lista de Asistentes, se comprueba que asistió la totalidad de los socios, si bien el Sr. .... se encontró representado por el socio ....

5 Sin que se solicitara constancia expresa de ninguna intervención, se adoptaron, también por unanimidad, los ACUERDOS siguientes que se transcriben literalmente.

6 Que el Presidente declaró válidamente constituida la Junta General Extraordinaria en primera convocatoria, y se procedió a las oportunas deliberaciones, adoptando, por unanimidad, los siguientes:

ACUERDOS

Primero.– Examen y, en su caso, aprobación de las Cuentas Anuales de la sociedad —balance, cuenta de pérdidas y ganancias, y memoria— del ejercicio cerrado el 31 de diciembre de ....

Aprobar, por unanimidad, las Cuentas Anuales de la Sociedad correspondientes al ejercicio cerrado el .... de .... de .... La Sociedad puede formular las cuentas de forma abreviada y no está obligada a someter sus cuentas a verificación del auditor ni a elaborar Informe de Gestión de conformidad con los artículos 253 y siguientes del Texto Refundido de la Ley de Sociedades de Capital.

Segundo.– Examen y, en su caso, aprobación de la propuesta de distribución del resultado del ejercicio cerrado el 31 de diciembre de ....

Aprobar por unanimidad la siguiente distribución del resultado:

BASE DE REPARTO EUROS

Pérdidas y Ganancias

Remanente

Total a distribuir

DISTRIBUCIÓN EUROS

Reserva legal

Reserva voluntaria

Reservas especiales

Remanente

Dividendos

Total distribuido

IGUALMENTE CERTIFICO

1º) Que las cuentas anuales aprobadas, que contienen el Balance, la Cuenta de Pérdidas y Ganancias, y la Memoria, HAN SIDO REMITIDAS TELEMÁTICAMENTE AL REGISTRO. Se ha generado la siguiente huella digital:

....

2º) Que no estando obligada a someter sus cuentas a verificación de auditor ni a elaborar informe de gestión, de conformidad con los artículos 257, 258, 261 y 262 del Texto Refundido de la Ley de Sociedades de Capital, la sociedad ha formulado sus cuentas conforme al Plan General de Contabilidad de Pyme (RD 1515/2007 de 16 de noviembre.

3º) Que las Cuentas Anuales han sido formuladas el día .... de .... de ...., habiendo sido firmadas por todos los miembros del órgano de administración vigentes en dicha fecha.

Y para que así conste, a los oportunos efectos, libro el presente haciendo constar que el acta de la reunión donde se adoptaron los acuerdos que se certifican fue aprobada por unanimidad en la propia sesión, firmada por el presidente y secretario, en Valencia a .... de .... de 20 ....

4. DEPÓSITO DE LAS CUENTAS ANUALES

F209. ESCRITO AL REGISTRO MERCANTIL SOBRE DEFICIENCIA DE LAS CUENTAS ANUALES PRESENTADAS AL DEPOSITO

Normativa de Aplicación: *Arts. 279 y ss. Real Decreto Legislativo 1/2010, de 2 de julio, por el que se aprueba el texto refundido de la Ley de Sociedades de Capital.*

AL REGISTRO MERCANTIL DE LA PROVINCIA DE ....

D/Dª. ...., en calidad de Administrador Único de la entidad .... con CIF ....,

EXPONE:

Que debido a un error de transcripción en las cuentas anuales del ejercicio cerrado el .... de .... de ...., que fueron aprobadas el día .... de .... de ...., presentadas en el Registro Mercantil de .... con fecha .... de .... de, y número de entrada ...., las cuales quedaron depositadas con fecha .... de .... de ...., bajo el número .... de legajo, se presentaron las cuentas en el Registro Mercantil con los datos incorrectos en cuanto a ....

Se solicita se depositen las presentes Cuentas de Rectificación, para lo cual:

CERTIFICA

Que en el Libro de Actas de la sociedad figuran los acuerdos adoptados por la Junta General Ordinaria y Universal de socios de la sociedad, celebrada el día .... de .... de 20 ...., de la cual, literalmente en cuanto a los acuerdos adoptados y en extracto respecto al resto, con arreglo al artículo 112 del Reglamento del Registro Mercantil, hago constar las particularidades siguientes:

1 La Junta General se celebró en el domicilio social de la compañía.

2 La Junta ha sido convocada con la antelación legalmente prevista, mediante la remisión a cada uno de los socios de la convocatoria por burofax, con el siguiente orden del día:

Primero.– Examen y, en su caso, aprobación de las Cuentas Anuales de la sociedad —balance, cuenta de pérdidas y ganancias, y memoria— del ejercicio cerrado el 31 de diciembre de ....

Segundo.– Examen y, en su caso, aprobación de la propuesta de distribución del resultado del ejercicio cerrado el 31 de diciembre de ....

Tercero.– Aprobación, si procede, de la gestión llevada a cabo por el Órgano de Administración de la sociedad durante el ejercicio ....

Cuarto.– Ruegos y preguntas.

3 Que presidió la reunión, D. ...., actuando como Secretario de la misma, D. ...., nombrados a estos efectos por los socios asistentes de la propia Junta.

4 Que se formó la Lista de Asistentes, que acreditaron su derecho de asistencia, en la forma y plazos previstos en los Estatutos Sociales, la cual se incorporó al Acta por medio de Anexo, firmado por el Secretario y con el visto bueno del Presidente. De la mencionada Lista de Asistentes, se comprueba que asistió la totalidad de los socios, si bien el Sr. .... se encontró representado por el socio ....

5 Sin que se solicitara constancia expresa de ninguna intervención, se adoptaron, los ACUERDOS siguientes que se transcriben literalmente.

6 Que el Presidente declaró válidamente constituida la Junta General Extraordinaria en primera convocatoria, y se procedió a las oportunas deliberaciones, adoptando, por unanimidad, los siguientes:

ACUERDOS

Primero.– Examen y, en su caso, aprobación de las Cuentas Anuales de la sociedad —balance, cuenta de pérdidas y ganancias, y memoria— del ejercicio cerrado el 31 de diciembre de ....

Aprobar, por mayoría del 92% del total del capital social, las Cuentas Anuales de la Sociedad correspondientes al ejercicio cerrado el .... de .... de .... La Sociedad puede formular las cuentas de forma abreviada y no está obligada a someter sus cuentas a verificación del auditor ni a elaborar Informe de Gestión de conformidad con los artículos 253 y siguientes del Texto Refundido de la Ley de Sociedades de Capital.

Segundo.– Examen y, en su caso, aprobación de la propuesta de distribución del resultado del ejercicio cerrado el 31 de diciembre de ....

Aprobar por mayoría del 92% del total del capital social la siguiente distribución del resultado:

BASE DE REPARTO	EUROS
Pérdidas y Ganancias	
Remanente	
Total a distribuir	
DISTRIBUCIÓN	EUROS
Reserva legal	
Reserva voluntaria	
Reservas especiales	
Remanente	
Dividendos	

Total distribuido

IGUALMENTE CERTIFICA

1°) Que las cuentas anuales aprobadas, que contienen el Balance, la Cuenta de Pérdidas y Ganancias, y la Memoria, HAN SIDO REMITIDAS TELEMÁTICAMENTE AL REGISTRO. Se ha generado la siguiente huella digital:

....

2°) Que no estando obligada a someter sus cuentas a verificación de auditor ni a elaborar informe de gestión, de conformidad con los artículos 257, 258, 261 y 262 del Texto Refundido de la Ley de Sociedades de Capital, la sociedad ha formulado sus cuentas conforme al Plan General de Contabilidad de Pyme (RD 1515/2007 de 16 de noviembre.

3°) Que las Cuentas Anuales han sido formuladas el día .... de .... de ...., habiendo sido firmadas por todos los miembros del órgano de administración vigentes en dicha fecha.

Y para que así conste, a los oportunos efectos, libro el presente certificado, en Valencia a .... de .... de 20 ....

5. CONTENIDO CUENTAS ANUALES

F210. MEMORIA CUENTAS ANUALES (I)

Normativa de Aplicación: *Arts. 253 y ss. Real Decreto Legislativo 1/2010, de 2 de julio, por el que se aprueba el texto refundido de la Ley de Sociedades de Capital.*

Memoria Abreviada del Ejercicio Anual terminado el .... de .... de ....

1. Actividad de la empresa

1.1 Datos de la empresa objeto de esta memoria.

1.2 Objeto social de la empresa y sus principales actividades.

(Definir el objeto social y las actividades de la sociedad)

1.3 Pertenencia grupo de sociedades.

La sociedad no pertenece a ningún grupo de sociedades.

1.4 Moneda funcional.

Las cifras contenidas en todos los estados que forman las Cuentas Anuales (balance, cuenta de pérdidas y ganancias y la presente memoria), se presentan en euros, siendo la moneda funcional de la Sociedad.

1.5 Marco normativo de información financiera.

La sociedad se encuentra sujeta a la Ley de Sociedades de Capital, cuyo texto refundido se aprobó por Real Decreto Legislativo 1/2011, de 2 de julio, el Código de Comercio, el Real Decreto 1514/2007, por el que se aprueba el Plan General de Contabilidad, modificado por el Real Decreto 602/2016, de 2 de diciembre, y el resto de disposiciones legales vigentes en materia contable, así como otras normas contables complementarias emitidas por el ICAC, constituyendo todo ello su marco normativo de información financiera.

2. Bases de presentación de las cuentas anuales

2.1. Imagen fiel.

Las Cuentas Anuales del ejercicio adjuntas han sido formuladas por el Administrador único a partir de los registros contables de la sociedad a 31 de diciembre y en ellas se ha aplicado los principios contables y criterios de valoración recogidos en el Real Decreto 1514/2007, modificado por el Real Decreto 602/2016, de 2 de diciembre, y el resto de disposiciones legales vigentes en materia contable, y muestran la imagen fiel del patrimonio, de la situación financiera y de los resultados de la sociedad.

Las Cuentas Anuales del ejercicio anterior fueron aprobadas por la Junta General ordinaria el .... de .... de ....

No existen razones excepcionales por las que la sociedad haya incumplido alguna disposición legal en materia contable para mostrar la imagen fiel.

No es necesario incluir informaciones complementarias en la memoria, puesto que la aplicación de las disposiciones legales es suficiente para mostrar la imagen fiel.

Las Cuentas Anuales se han generado bajo el principio de empresa en funcionamiento.

2.2. Principios contables no obligatorios aplicados.

Las principales políticas contables adoptadas se presentan en la Nota 3, no existiendo ningún principio contable ni norma de registro y valoración que, teniendo un efecto significativo en las cuentas anuales, se haya dejado de aplicar en su elaboración. No se han aplicado principios contables no obligatorios.

2.3. Aspectos críticos de la valoración y estimación de la incertidumbre.

En la elaboración de las Cuentas Anuales correspondientes al ejercicio, se han realizado estimaciones e hipótesis en función de la mejor información disponible a 31 de diciembre sobre los hechos analizados. Es posible que, a pesar de que estas estimaciones se realizaron en función de la mejor información disponible a la fecha de formulación de las Cuentas Anuales sobre los hechos analizados, se produzcan acontecimientos en el futuro que obliguen a modificarlas (al alza o a la baja) en próximos ejercicios, lo que se haría de forma prospectiva, reconociendo los efectos del cambio de estimación en las correspondientes cuentas anuales futuras. Principalmente en lo relativo a deterioros de créditos comerciales y no comerciales, instrumentos de patrimonio, existencias, vidas útiles de los activos inmovilizados, deterioros de inversiones inmobiliarias, y grado de recuperabilidad de los activos por impuesto diferido.

2.4. Comparación de la información.

Las Cuentas Anuales presentan, a efectos comparativos, con cada una de las partidas del balance y de la cuenta de pérdidas y ganancias, además de las cifras del ejercicio, las correspondientes al ejercicio anterior. Asimismo, la información contenida en esta memoria referida al ejercicio se presenta, a efectos comparativos, con la información del ejercicio anterior. Dado que se han aplicado las mismas normas y principios contables, son directamente comparables.

Dicha información comparativa ha sido auditada voluntariamente.

La Sociedad no está obligada a auditar las cuentas anuales de los ejercicios presente y anterior.

2.5. Elementos recogidos en varias partidas.

Las Cuentas Anuales no tienen ninguna partida que haya sido objeto de agrupación en el balance o en la cuenta de pérdidas y ganancias.

2.6. Cambios en criterios contables.

Durante el presente ejercicio no se han producido cambios significativos en criterios contables respecto a criterios aplicados en el ejercicio anterior.

2.7. Corrección de errores.

Las cuentas anuales del presente ejercicio no incluyen ajustes realizados como consecuencia de errores detectados en el ejercicio, ni en el anterior.

3. Normas de registro y valoración

Los criterios contables aplicados en relación con las diferentes partidas, son los siguientes:

3.1. Inmovilizado intangible.

Los diferentes inmovilizados intangibles se reconocen como tales por cumplir con la definición de activo y los criterios de registro o reconocimiento contable contenidos en el Marco Conceptual de la Contabilidad. Además, cumplen con el criterio de identificabilidad, puesto que son elementos separables que surgen de derechos legales o contractuales, con independencia de que tales derechos sean transferibles o separables.

El inmovilizado intangible se valora inicialmente por su coste, ya sea éste el precio de adquisición o el coste de producción. El coste del inmovilizado intangible adquirido mediante combinaciones de negocios es su valor razonable en la fecha de adquisición.

Después del reconocimiento inicial, el inmovilizado intangible se valora por su coste, menos la amortización acumulada y, en su caso, el importe acumulado de las correcciones por deterioro registradas.

Los activos intangibles son activos de vida útil definida y, por lo tanto, se amortizan sistemáticamente en función de la vida útil estimada de los mismos y de su valor residual. Los métodos y periodos de amortización aplicados son revisados en cada cierre de ejercicio y, si procede, ajustados de forma prospectiva. Al menos al cierre del ejercicio, se evalúa la existencia de indicios de deterioro, en cuyo caso se estiman los importes recuperables, efectuándose las correcciones valorativas que procedan.

La Sociedad reconoce contablemente cualquier pérdida que haya podido producirse en el valor registrado de estos activos con origen en su deterioro, utilizándose como contrapartida el epígrafe «Pérdidas netas por deterioro» de la cuenta de pérdidas y ganancias. Los criterios para el reconocimiento de las pérdidas por deterioro de estos activos y, en su caso, de las repercusiones de las pérdidas por deterioro registradas en ejercicios anteriores son similares a los aplicados para los activos materiales y se explican posteriormente.

La Sociedad incluye en el coste del inmovilizado intangible que necesita un periodo de tiempo superior a un año para estar en condiciones de uso, explotación o venta, los gastos financieros relacionados con la financiación específica o genérica, directamente atribuible a la adquisición, construcción o producción.

La amortización de los elementos del inmovilizado intangible se practica de forma lineal durante su vida útil estimada, en función de los siguientes años de vida útil:

Cuando la vida útil de estos activos no pueda estimarse de manera fiable se amortizarán en un plazo de diez años, sin perjuicio de los plazos establecidos en las normas particulares sobre el inmovilizado intangible.

3.2. Inmovilizado material.

Se valora a su precio de adquisición o a su coste de producción que incluye, además del importe facturado después de deducir cualquier descuento o rebaja en el precio, todos los gastos adicionales y directamente relacionados que se produzcan hasta su puesta en funcionamiento, como los gastos de explanación y derribo, transporte, seguros, instalación, montaje y otros similares. La Sociedad incluye en el coste del inmovilizado material que necesita un periodo de tiempo superior a un año para estar en condiciones de uso, explotación o venta, los gastos financieros relacionados con la financiación específica o genérica, directamente atribuible a la adquisición, construcción o producción. Forma parte, también, del valor del inmovilizado material, la estimación inicial del valor actual de las obligaciones asumidas derivadas del desmantelamiento o retiro y otras asociadas al activo, tales como costes de rehabilitación, cuando estas obligaciones dan lugar al registro de provisiones.

La sociedad no tiene compromisos de desmantelamiento, retiro o rehabilitación para sus bienes de activo. Por ello, no se han contabilizado en los activos valores para la cobertura de tales obligaciones de futuro.

Las cantidades entregadas a cuenta de adquisiciones futuras de bienes del inmovilizado material, se registran en el activo y los ajustes que surjan por la actualización del valor del activo asociado al anticipo dan lugar al reconocimiento de ingresos financieros, conforme se devenguen. Cuando se trate de anticipos con vencimiento no superior a un año y cuyo efecto financiero no sea significativo, no será necesario llevar a cabo ningún tipo de actualización.

Se registra la pérdida por deterioro del valor de un elemento del inmovilizado material cuando su valor neto contable supere a su importe recuperable, entendiendo éste como el mayor importe entre su valor razonable menos los costes de venta y su valor en uso.

Los gastos realizados durante el ejercicio con motivo de las obras y trabajos efectuados por la Sociedad, se cargarán en las cuentas de gastos que correspondan. Los costes de ampliación o mejora que dan lugar a un aumento de la capacidad productiva o a un alargamiento de la vida útil de los bienes, son incorporados al activo como mayor valor del mismo.

Las cuentas del inmovilizado material en curso, se cargan por el importe de dichos gastos, con abono a la partida de ingresos que recoge los trabajos realizados por la Sociedad para sí misma.

La amortización de los elementos del inmovilizado material se realiza, desde el momento en el que están disponibles para su puesta en funcionamiento, de forma lineal durante su vida útil estimada considerando un valor residual nulo, en función de los siguientes años de vida útil:

La Sociedad evalúa al menos al cierre de cada ejercicio si existen indicios de pérdidas por deterioro de valor de su inmovilizado material, que reduzcan el valor recuperable de dichos activos a un importe inferior al de su valor en libros. Si existe cualquier indicio, se estima el valor recuperable del activo con el objeto de determinar el alcance de la eventual pérdida por deterioro de valor. En caso de que el activo no genere flujos de efectivo que sean independientes de otros activos o grupos de activos, la Sociedad calcula el valor recuperable de la unidad generadora de efectivo a la que pertenece el activo.

El valor recuperable de los activos es el mayor entre su valor razonable menos los costes de venta y su valor en uso. La determinación del valor en uso se realiza en función de los flujos de efectivo futuros esperados que se derivarán de la utilización del activo, las expectativas sobre posibles variaciones en el importe o distribución temporal de los flujos, el valor temporal del dinero, el precio a satisfacer por soportar la incertidumbre relacionada con el activo y otros factores que los partícipes del mercado considerarían en la valoración de los flujos de efectivo futuros relacionados con el activo.

En el caso de que el importe recuperable estimado sea inferior al valor neto en libros del activo, se registra la correspondiente pérdida por deterioro con cargo a la cuenta de pérdidas y ganancias, reduciendo el valor en libros del activo a su importe recuperable.

Una vez reconocida la corrección valorativa por deterioro o su reversión, se ajustan las amortizaciones de los ejercicios siguientes considerando el nuevo valor contable.

No obstante lo anterior, si de las circunstancias específicas de los activos se pone de manifiesto una pérdida de carácter irreversible, ésta se reconoce directamente en pérdidas procedentes del inmovilizado de la cuenta de pérdidas y ganancias.

En el presente ejercicio y en el anterior, la Sociedad no ha registrado pérdidas por deterioro de los inmovilizados materiales.

3.3. Inversiones Inmobiliarias.

Los terrenos y construcciones se han calificado como inversiones inmobiliarias, según se posean para la obtención de rentas y plusvalías, y no para su uso en la producción o suministro de bienes y servicios, fines administrativos o para su venta en el curso ordinario de las operaciones.

Las inversiones inmobiliarias, se han valorado por su coste, ya sea éste el precio de adquisición o el coste de producción, sin perjuicio de lo indicado en las normas particulares sobre este tipo de inmovilizados.

Los impuestos indirectos que gravan los elementos de las inversiones inmobiliarias, sólo se han incluido en el precio de adquisición o coste de producción cuando no han sido recuperables directamente de la Hacienda Pública.

Para la valoración de las inversiones inmobiliarias se utiliza los criterios del inmovilizado material para los terrenos y construcciones, siendo los siguientes:

- Los solares sin edificar se valoran por su precio de adquisición más los gastos de acondicionamiento, como cierres, movimiento de tierras, obras de saneamiento y drenaje, los de derribo de construcciones cuando sea necesario para poder efectuar obras de nueva planta, los gastos de inspección y levantamiento de planos cuando se efectúan con carácter previo a su adquisición, así como la estimación inicial del valor actual de las obligaciones presentes derivadas de los costes de rehabilitación del solar.
- Las construcciones se valoran por su precio de adquisición o coste de producción incluidas aquellas instalaciones y elementos que tienen carácter de permanencia, por las tasas inherentes a la construcción y los honorarios facultativos de proyecto y dirección de obra

También se han incluido como parte del valor de las inversiones inmobiliarias materiales, la estimación inicial del valor actual de las obligaciones asumidas derivadas del desmantelamiento o retiro y otras asociadas, tales como los costes de rehabilitación, siempre que estas obligaciones hayan dado lugar al registro de provisiones.

En aquellas inversiones inmobiliarias que han necesitado un periodo superior a un año para estar en condiciones de uso, se han incluido en el precio de adquisición o coste de producción los gastos financieros que se han devengado antes de la puesta en condiciones de funcionamiento y que han sido girados por el proveedor o corresponden a algún tipo de financiación ajena atribuible a la adquisición, fabricación o construcción del activo.

Las amortizaciones se han establecido de manera sistemática y racional en función de la vida útil de las inversiones inmobiliarias y de su valor residual, atendiendo a la depreciación que normalmente han sufrido por su funcionamiento, uso y disfrute, sin perjuicio de considerar también la obsolescencia técnica o comercial que pudiera afectarlos. Cuando ha procedido reconocer correcciones valorativas, se han ajustado las amortizaciones de los ejercicios siguientes del inmovilizado deteriorado, teniendo en cuenta el nuevo valor contable.

Se ha producido una pérdida por deterioro del valor de un elemento inversión inmobiliaria cuando su valor contable ha superado a su importe recuperable. La corrección valorativa por deterioro así como su reversión, se ha reconocido como un gasto o ingreso, respectivamente, en la cuenta de pérdidas y ganancias. La reversión del deterioro tiene como límite el valor contable del inmovilizado que estaría reconocido en la fecha de reversión si no se hubiese registrado el deterioro del valor.

Los costes de renovación, ampliación o mejora de los bienes que forman parte de las inversiones inmobiliarias, se han incorporado al activo como mayor valor del bien en la medida en que suponen un aumento de la capacidad, productividad o alargamiento de su vida útil, dándose de baja el valor contable de los elementos que se han sustituido.

En la determinación del importe de las inversiones inmobiliarias, se ha tenido en cuenta la incidencia de los costes relacionados con grandes reparaciones. El importe equivalente a estos costes se amortiza de forma distinta a la del resto del elemento durante el período que medie hasta la gran reparación. Al realizar una gran reparación, su coste se ha reconocido en el valor contable del inmovilizado como una sustitución, siempre y cuando se hayan cumplido las condiciones para su reconocimiento.

3.4. Arrendamientos.

Los arrendamientos se clasifican como arrendamientos financieros siempre que de las condiciones de los mismos se deduzca que se transfieren al arrendatario sustancialmente los riesgos y beneficios inherentes a la propiedad del activo objeto del contrato. Los demás arrendamientos se clasifican como arrendamientos operativos.

La normativa vigente establece que el coste de los bienes arrendados se contabilizará en el balance según la naturaleza del bien objeto del contrato y, simultáneamente, un pasivo por el mismo importe. Este importe será el menor entre el valor razonable del bien arrendado y el valor actual al inicio del arrendamiento de las cantidades mínimas acordadas, incluida la opción de compra, cuando no existan dudas razonables sobre su ejercicio. No se incluirán en su cálculo las cuotas de carácter contingente, el coste de los servicios y los impuestos repercutibles por el arrendador.

Los activos registrados por este tipo de operaciones se amortizan con criterios similares a los aplicados al conjunto de los activos materiales, atendiendo a su naturaleza.

Los contratos de arrendamiento financiero han sido incorporados directamente como activo de la sociedad y se hace figurar en el pasivo la deuda existente con el acreedor.

Los intereses se incorporan directamente como gastos a medida que se van liquidando las cuotas correspondientes.

Los arrendamientos conjuntos de terreno y edificio se clasificarán como operativos o financieros con los mismos criterios que los arrendamientos de otro tipo de activo.

No obstante, como normalmente el terreno tiene una vida económica indefinida, en un arrendamiento financiero conjunto, los componentes de terreno y edificio se considerarán de forma separada, clasificándose el correspondiente al terreno como un arrendamiento operativo, salvo que se espere que el arrendatario adquiera la propiedad al final del periodo de arrendamiento.

A estos efectos, los pagos mínimos por el arrendamiento se distribuirán entre el terrero y el edificio en proporción a los valores razonables relativos que representan los derechos de arrendamiento de ambos componentes, a menos que tal distribución no sea fiable, en cuyo caso todo el arrendamiento se clasificará como financiero, salvo que resulte evidente que es operativo.

3.5. Permutas.

En las permutas de carácter comercial, se valora el inmovilizado material recibido por el valor razonable del activo entregado más las contrapartidas monetarias que se han entregado a cambio, salvo que se tenga una evidencia más clara del valor razonable del activo recibido y con el límite de este último.

Se ha considerado una permuta de carácter comercial cuando:

- El riesgo, calendario e importe de los flujos de efectivo del inmovilizado recibido difiere de la configuración de los flujos de efectivo del activo entregado; o
- El valor actual de los flujos de efectivo después de impuestos de las actividades de la Sociedad afectadas por la permuta, se ve modificado como consecuencia de la permuta.

Cuando la permuta no tenga carácter comercial o cuando no pueda obtenerse una estimación fiable del valor razonable de los elementos que intervienen en la operación, el inmovilizado material recibido se valora por el valor contable del bien entregado más, en su caso, las contrapartidas monetarias que se hubieran entregado a cambio, con el límite, cuando esté disponible, del valor razonable del inmovilizado recibido si éste fuera menor.

3.6. Activos y pasivos financieros.

a) La empresa ha reconocido un instrumento financiero en su balance cuando se ha convertido en una parte obligada del contrato o negocio jurídico conforme a las disposiciones del mismo.

Se han considerado como financieros, aquellos activos consistentes en dinero en efectivo, instrumentos de patrimonio de otras empresas o derechos contractuales a recibir efectivo u otro activo financiero. También se han incluido los derechos contractuales a intercambiar activos o pasivos financieros con terceros en condiciones potencialmente favorables.

Los activos financieros, a efectos de su valoración, se han clasificado en las siguientes categorías:

- Préstamos y partidas a cobrar: Sin perjuicio de lo dispuesto para los «Activos financieros mantenidos para negociar» y de «Otros activos financieros a valor razonable con cambios en la cuenta de pérdidas y ganancias», que detallamos más adelante; esta categoría de activos financieros incluye, por un lado, créditos por operaciones comerciales, originados en la venta de bienes y la prestación de servicios por operaciones de tráfico de la empresa, y por otro lado, créditos por operaciones no comerciales, cuyos cobros son de cuantía determinada o determinable y que no se negocian en un mercado activo. Los activos financieros incluidos en esta categoría, se valoran inicialmente por su valor razonable, y posteriormente por su coste amortizado.
- Inversiones mantenidas hasta el vencimiento: Se incluyen los valores representativos de deuda, con fecha de vencimiento fijada, cobros de cuantía determinada o determinable, que se negocien en un mercado activo y con intención de conservar hasta su vencimiento. Este tipo de instrumento financiero se ha valorado inicialmente a valor razonable, y posteriormente por su coste amortizado.
- Activos financieros mantenidos para negociar: La sociedad, ha incluido en este apartado, los activos financieros que se han originado o se han adquirido con el propósito de venderlos a corto plazo, o los activos financieros que formen parte de una cartera de instrumentos financieros con el fin de obtener ganancias a corto plazo. También se han incluido los instrumentos financieros derivados sin contrato de garantía financiera y sin designación como instrumento de cobertura. Estos activos financieros se han valorado por su valor razonable tanto inicial como posteriormente con imputación a la cuenta de pérdidas y ganancias.
- Otros activos financieros a valor razonable con cambios en la cuenta de pérdidas y ganancias: La empresa ha incluido en este apartado los activos financieros híbridos que se han valorado tanto inicialmente como posteriormente por el valor razonable con imputación por cambios a la cuenta de pérdidas y ganancias.
- Activos financieros disponibles para la venta: En esta categoría, se han incluido los valores representativos de deuda e instrumentos de patrimonio de otras empresas que no han sido clasificados en ninguna de las categorías anteriores. En líneas generales, estos activos se han valorado tanto inicialmente, como posteriormente a valor razonable.
- Los instrumentos financieros, se han clasificado como pasivos financieros, cuando han supuesto para la empresa una obligación contractual, directa o indirecta, de entregar efectivo u otro activo financiero, o de intercambiar activos o pasivos financieros con terceros en condiciones potencialmente desfavorables, o que otorgue al tenedor el derecho a exigir al emisor su rescate en una fecha y por un importe determinado. También se ha clasificado como pasivo financiero, todo contrato que

pueda ser o será liquidado con los instrumentos del patrimonio propio de la empresa, siempre y cuando, si no es un derivado, obligue o pueda obligar a entregar una cantidad variable de sus instrumentos de patrimonio propio. En el caso de ser un derivado, se requiere que pueda ser o sea liquidado, mediante una forma distinta al intercambio de una cantidad fija de efectivo o de otro activo financiero por una cantidad fija de los instrumentos de patrimonio propio de la empresa.

Los pasivos financieros, a efectos de su valoración, se han clasificado en las siguientes categorías:

- Débitos y partidas a pagar: Se han incluido como tales, los débitos por operaciones comerciales, que se han originado en la compra de bienes y servicios por operaciones de tráfico de la empresa, y los débitos por operaciones no comerciales, que no siendo instrumentos derivados, no tienen origen comercial. Estos pasivos financieros se han valorado inicialmente por su valor razonable, y posteriormente, por su coste amortizado.
- Pasivos financieros mantenidos para negociar: La empresa ha incluido en este apartado los pasivos que se emiten principalmente con el propósito de readquirirlos a corto plazo, los pasivos que formen parte de una cartera de instrumentos financieros identificados y gestionados conjuntamente, cuando existen evidencias de actuaciones recientes para obtener ganancias a corto plazo, y finalmente, los instrumentos financieros derivados que no sean contratos de garantía financiera, ni hayan sido designados como instrumentos de cobertura. Estos pasivos financieros se han valorado por su valor razonable tanto inicial como posteriormente con imputación a la cuenta de pérdidas y ganancias.
- Otros pasivos financieros a valor razonable con cambios en la cuenta de pérdidas y ganancias: En esta categoría se han incluido los pasivos financieros híbridos, es decir, aquellos que combinan un contrato principal no derivado y un derivado financiero que no puede ser transferido de manera independiente, y cuyo efecto es que algunos de los flujos de efectivo del instrumento híbrido, varían de forma similar a los flujos de efectivo del derivado considerado de forma independiente. Estos pasivos financieros se han valorado por su valor razonable tanto inicial como posteriormente con imputación a la cuenta de pérdidas y ganancias.

b) La sociedad durante el ejercicio ha incluido en las categorías de «Activos financieros mantenidos para negociar», «Otros activos financieros a valor razonable con cambios en la cuenta de pérdidas y ganancias», «Pasivos financieros mantenidos para negociar» y «Otros pasivos financieros a valor razonable con cambios en la cuenta de pérdidas y ganancias», todos los instrumentos financieros que por su valoración, impliquen cambios en la cuenta de pérdidas y ganancias. Para esta clasificación, se han seguido los criterios, normas de valoración y normas de registro comentados en el apartado anterior.

c) Los criterios aplicados para determinar la existencia de un deterioro, han sido distintos en función de la categoría de cada activo financiero:

- Préstamos y partidas a cobrar: Al menos al cierre del ejercicio, se ha comprobado la existencia de alguna evidencia objetiva, de que el valor de un crédito o de un grupo de créditos con similares características de riesgo valorados colectivamente, se han deteriorado como resultado de uno o más eventos que hayan ocurrido después de su reconocimiento inicial, y que ocasionen una reducción o retraso en los flujos de efectivo estimados futuros. De existir alguna de estas evidencias, se ha efectuado una corrección valorativa que será la diferencia entre su valor en libros y el valor actual de los flujos de efectivo futuros que se estima van a generar, descontados al tipo de interés efectivo calculado en el momento de su reconocimiento inicial. Las correcciones valorativas por deterioro, así como su reversión cuando el importe de dicha pérdida disminuyese por causas relacionadas con un evento posterior, se ha reconocido como un gasto o un ingreso, respectivamente, en la cuenta de pérdidas y ganancias. La reversión del deterioro ha tenido como límite, el valor en libros del crédito que hubiera habido de no haberse deteriorado.

- Inversiones mantenidas hasta el vencimiento: Al menos al cierre del ejercicio, se han efectuado las correcciones valorativas, aplicando los criterios señalados en el párrafo anterior. No obstante, en el caso de las inversiones mantenidas hasta el vencimiento, como sustituto del valor actual de los flujos de efectivo futuros, se ha podido utilizar el valor de mercado del instrumento, siempre que éste sea lo suficientemente fiable como para considerarlo representativo del valor que pudiera recuperar la empresa.
- Activos financieros disponibles para la venta: Al menos al cierre del ejercicio, se han efectuado las correcciones valorativas necesarias, siempre que ha existido evidencia objetiva de que el valor del activo financiero disponible para la venta se ha deteriorado como resultado de uno o más eventos que hayan ocurrido después de su reconocimiento inicial. La corrección valorativa por deterioro del valor de estos activos financieros, ha sido la diferencia entre su coste o coste amortizado menos, en su caso, cualquier corrección valorativa por deterioro previamente reconocida en el patrimonio neto, y el valor razonable en el momento en que se ha efectuado la valoración. Si en ejercicios posteriores se incrementase el valor razonable, la corrección valorativa reconocida en ejercicios anteriores revertirá con abono a la cuenta de pérdidas y ganancias del ejercicio, o al patrimonio neto según el caso.

d) La empresa ha dado de baja a los activos financieros, o parte de los mismos, cuando han finalizado o se hayan cedido los derechos contractuales sobre los flujos de efectivo del activo financiero, siendo necesario que se hayan transferido de manera sustancial los riesgos y beneficios inherentes a su propiedad. La baja de los activos financieros se ha determinado por la diferencia entre la contraprestación recibida neta de los costes de transacción atribuibles, y el valor en libros del activo financiero, más cualquier importe acumulado que se haya reconocido directamente en el patrimonio neto; todo esto, determina la ganancia o pérdida surgida al dar de baja dicho activo.

- En lo que se refiere a los pasivos financieros, la empresa los ha dado de baja cuando la obligación se ha extinguido. También ha dado de baja los pasivos financieros propios que ha adquirido, aunque sea con la intención de recolocarlos en el futuro. La diferencia entre el valor en libros del pasivo financiero, y la contraprestación pagada, incluidos los costes de transacción atribuibles, se ha reconocido en la cuenta de pérdidas y ganancias del ejercicio en que ha tenido lugar.

e) Se han incluido en la categoría de Inversiones en el patrimonio de empresas del grupo, multigrupo y asociadas, a las inversiones que han cumplido con los requisitos establecidos en la norma 13ª de la elaboración de las cuentas anuales. Este tipo de inversiones han sido registradas inicialmente a valor de coste y posteriormente también por su coste, menos en su caso, el importe acumulado de las correcciones valorativas por deterioro.

- Al menos al cierre del ejercicio, se han efectuado las correcciones valorativas necesarias, siempre que haya existido evidencia objetiva de que el valor en libros de una inversión no será recuperable. El importe de la corrección valorativa, será la diferencia entre su valor en libros y el importe recuperable. Las correcciones valorativas por deterioro y, en su caso, su reversión, se han registrado como un gasto o un ingreso, respectivamente, en la cuenta de pérdidas y ganancias. La reversión del deterioro tiene como límite, el valor en libros de la inversión que estaría reconocida en la fecha de reversión si no se hubiese registrado el deterioro del valor.

f) Los intereses y dividendos de activos financieros devengados con posterioridad al momento de la adquisición se han reconocido como ingresos en la cuenta de pérdidas y ganancias. Los intereses se han reconocido utilizando el método del tipo de interés efectivo y los dividendos cuando se ha declarado el derecho del socio a recibirlo.

g) Los instrumentos financieros se han clasificado como instrumentos de patrimonio propio cuando han reflejado un negocio jurídico que evidencia una participación residual en los activos de la empresa que los emite una vez deducidos todos sus pasivos. En el caso de que la empresa haya realizado cualquier transacción con sus propios instrumentos de patrimonio, el importe de estos instrumentos se ha registrado en el patrimonio neto, como una variación de los fondos propios, y en ningún caso pueden ser reconocidos como activos financieros de la empresa ni se ha registrado resultado alguno en la cuenta de pérdidas y ganancias.

Los instrumentos financieros incluidos en un procedimiento de concurso de acreedores, con fecha de auto, y en condiciones favorables que permiten visualizar su oportuno cumplimiento, se valoran teniendo en cuenta si, los créditos/deudas objeto del concurso, han sufrido cambios significativos.

Aquellas en los que el valor actual de los flujos de efectivo pendiente de cobro/pago tras aplicar, las cláusulas de quita y espera contenidas en el convenio, sufren cambios como mínimo del 10% de su cuantía, sobre el crédito/deuda existente antes del convenio, se dan de alta, cancelando la anterior y llevando las diferencias, contra la nueva cuenta, «Gastos/Ingresos financieros derivados de convenios de acreedores».

En los casos en que la diferencia entre el valor actual de los flujos de efectivo de la nueva deuda/crédito, incluidos los gastos y comisiones, y el valor actual de los flujos de efectivo originales, difieren en menos de un 10%, se registran, activando los ingresos/gastos correspondientes, ajustando el valor de la deuda/crédito original.

3.7. Existencias.

Se valoran al precio de adquisición o coste de producción. El precio de adquisición, es el importe facturado por el proveedor, deducidos los descuentos y los intereses incorporados al nominal de los débitos más los gastos adicionales para que las existencias se encuentren ubicadas para su venta: transportes, aranceles, seguros y otros atribuibles a la adquisición. En cuanto al coste de producción, las existencias se valoran añadiendo al coste de adquisición de las materias primas y otras materias consumibles, los costes directamente imputables al producto y la parte que razonablemente corresponde de los costes indirectamente imputables a los productos.

Los impuestos indirectos que gravan las existencias sólo se incorporan al precio de adquisición o coste de producción cuando no se recuperables directamente de la Hacienda Pública.

Dado que las existencias de la Sociedad no necesitan un periodo de tiempo superior al año para estar en condiciones de ser vendidas, no se incluyen gastos financieros en el precio de adquisición o coste de producción.

Los anticipos a proveedores a cuenta de suministros futuros de existencias se valoran por su coste.

La valoración de los productos obsoletos, defectuosos o de lento movimiento se reduce a su posible valor de realización.

La Sociedad utiliza el coste medio ponderado para la asignación de valor a sus existencias.

Cuando el valor neto realizable de las existencias ha sido inferior a su precio de adquisición o a su coste de producción, se han efectuado las oportunas correcciones valorativas, reconociéndolas como un gasto en la cuenta de pérdidas y ganancias. Si dejan de existir las circunstancias que causaron la corrección del valor de las existencias, el importe de la corrección es objeto de reversión reconociéndolo como un ingreso en la cuenta de pérdidas y ganancias.

3.8. Transacciones en moneda extranjera.

Las operaciones realizadas en moneda extranjera se registran en la moneda funcional de la Sociedad a los tipos de cambio vigentes en el momento de la transacción. Durante el ejercicio, las diferencias que se producen entre el tipo de cambio contabilizado y el que se encuentra en vigor a la fecha de cobro o de pago, se registran como resultados financieros en la cuenta de resultados.

Asimismo, al 31 de diciembre de cada año, se realiza al tipo de cambio de cierre la conversión de los saldos a cobrar o pagar con origen en moneda extranjera. Las diferencias de valoración producidas se registran como resultados financieros en la cuenta de resultados.

3.9. Impuestos sobre beneficios.

El gasto por impuesto corriente se determina mediante la suma del gasto por impuesto corriente y el impuesto diferido. El gasto por impuesto corriente de determina aplicando el tipo de gravamen vigente a la ganancia fiscal, y minorando el resultado así obtenido en el importe de las bonificaciones y deducciones generadas y aplicadas en el ejercicio.

Los activos y pasivos por impuestos diferidos, proceden de las diferencias temporarias definidas como los importes que se prevén pagaderos o recuperables en el futuro y que derivan de la diferencia entre el valor en libros de los activos y pasivos y su base fiscal. Dichos importes se registran aplicando a la diferencia temporaria el tipo de gravamen al que se espera recuperarlos o liquidarlos.

Los activos por impuestos diferidos surgen, igualmente, como consecuencia de las bases imponibles negativas pendientes de compensar y de los créditos por deducciones fiscales generadas y no aplicadas.

Se reconoce el correspondiente pasivo por impuestos diferidos para todas las diferencias temporarias imponibles, salvo que la diferencia temporaria se derive del reconocimiento inicial de un fondo de comercio o del reconocimiento inicial en una transacción que no es una combinación de negocios de otros activos y pasivos en una operación que en el momento de su realización, no afecte ni al resultado fiscal ni contable.

Por su parte, los activos por impuestos diferidos, identificados con diferencias temporarias deducibles, solo se reconocen en el caso de que se considere probable que la Sociedad va a tener en el futuro suficientes ganancias fiscales contra las que poder hacerlos efectivos y no procedan del reconocimiento inicial de otros activos y pasivos en una operación que no sea una combinación de negocios y que no afecta ni al resultado fiscal ni al resultado contable. El resto de activos por impuestos diferidos (bases imponibles negativas y deducciones pendientes de compensar) solamente se reconocen en el caso de que se considere probable que la Sociedad vaya a tener en el futuro suficientes ganancias fiscales contra las que poder hacerlos efectivos.

El gasto o el ingreso por impuesto diferido se corresponde con el reconocimiento y la cancelación de los pasivos y activos por impuesto diferido, así como, en su caso, por el reconocimiento e imputación a la cuenta de pérdidas y ganancias del ingreso directamente imputado al patrimonio neto que pueda resultar de la contabilización de aquellas deducciones y otras ventajas fiscales que tengan la naturaleza económica de subvención.

Con ocasión de cada cierre contable, se revisan los impuestos diferidos registrados con objeto de comprobar que se mantienen vigentes, efectuándose las oportunas correcciones a los mismos, de acuerdo con los resultados de los análisis realizados.

3.10. Ingresos y gastos.

Los ingresos y gastos se imputan en función del criterio del devengo con independencia del momento en que se produce la corriente monetaria o financiera derivada de ellos.

No obstante, la Sociedad únicamente contabiliza los beneficios realizados a la fecha de cierre del ejercicio, en tanto que los riesgos y las pérdidas previsibles, aun siendo eventuales, se contabilizan tan pronto son conocidos.

Los ingresos por la venta de bienes o servicios se reconocen por el valor razonable de la contrapartida recibida o a recibir derivada de los mismos. Los descuentos por pronto pago, por volumen u otro tipo de descuentos, así como los intereses incorporados al nominal de los créditos, se registran como una minoración de los mismos. No obstante la Sociedad no incluye los intereses incorporados a los créditos comerciales con vencimiento no superior a un año que no tienen un tipo de interés contractual, cuando el efecto de no actualizar los flujos de efectivo no es significativo.

Los descuentos concedidos a clientes se reconocen en el momento en que es probable que se van a cumplir las condiciones que determinan su concesión como una reducción de los ingresos por ventas.

Los anticipos a cuenta de ventas futuras figuran valorados por el valor recibido.

3.11. Provisiones y contingencias.

La empresa ha reconocido como provisiones los pasivos que, cumpliendo la definición y los criterios de registro contable contenidos en el marco conceptual de la contabilidad, han resultado indeterminados respecto a su importe o a la fecha en que se cancelarán. Las provisiones han venido determinadas por una disposición legal, contractual o por una obligación implícita o tácita.

Las provisiones se han valorado en la fecha de cierre del ejercicio por el valor actual de la mejor estimación posible del importe necesario para cancelar o transferir a un tercero la obligación, registrándose los ajustes que han surgido por la actualización de la provisión como un gasto financiero conforme se han ido devengando. En los casos de provisiones con vencimiento igual o inferior al año no se ha efectuado ningún tipo de descuento.

Si el riesgo a cubrir es meramente calificado como «posible» se considera contingencia, en cuyo caso no se registra provisión pero se informa en la memoria.

3.12. Criterios empleados para el registro y valoración de los gastos de personal.

Para el caso de las retribuciones por prestación definida, las contribuciones a realizar dan lugar a un pasivo por retribuciones a largo plazo al personal cuando, al cierre del ejercicio, figuren contribuciones devengadas no satisfechas.

El importe que se reconoce como provisión por retribuciones al personal a largo plazo es la diferencia entre el valor actual de las retribuciones comprometidas y el valor razonable de los eventuales activos afectos a los compromisos con los que se liquidarán las obligaciones.

Excepto en el caso de causa justificada, la sociedad indemniza a sus empleados cuando cesan en sus servicios.

Ante la ausencia de cualquier necesidad previsible de terminación anormal del empleo, y dado que no reciben indemnizaciones aquellos empleados que se jubilan o cesan voluntariamente en sus servicios, los pagos por indemnizaciones, cuando surgen, se cargan a gastos en el momento en que se toma la decisión de efectuar el despido.

3.13. Subvenciones, donaciones y legados.

Las subvenciones, donaciones y legados no reintegrables, se han contabilizado inicialmente, como ingresos directamente imputados al patrimonio neto y se reconocerán en la cuenta de pérdidas y ganancias como ingresos sobre una base sistemática y racional de forma correlacionada con los gastos derivados de la subvención, donación o legado, esto es, atendiendo a su finalidad.

Las subvenciones, donaciones y legados de carácter monetario, se han valorado por el valor razonable del importe concedido, y las de carácter no monetario, por el valor razonable del bien recibido.

A efectos de imputación en la cuenta de pérdidas y ganancias, se han distinguido los siguientes tipos de subvenciones, donaciones y legados: cuando se han concedido para asegurar una rentabilidad mínima o compensar los déficits de explotación, se han imputado como ingresos del ejercicio en el que se han concedido, salvo que se refieran a ejercicios futuros. Cuando se han concedido para financiar gastos específicos, se han imputado como ingreso en el mismo ejercicio en que se han devengado los gastos. Cuando se han concedido para adquirir activos o cancelar pasivos, se han imputado como ingresos del ejercicio en la medida en que se ha producido la enajenación o en proporción a la dotación a la amortización efectuada. Finalmente, cuando se han recibido importes monetarios sin asignación a una finalidad específica, se han imputado como ingresos del ejercicio en que se han reconocido.

3.14. Combinaciones de negocios.

Se entienden como aquellas operaciones en las que la empresa ha adquirido el control de uno o varios negocios.

En la fecha de adquisición, los activos identificables adquiridos y los pasivos asumidos se registrarán, con carácter general, por su valor razonable siempre y cuando dicho valor razonable pueda ser medido con suficiente fiabilidad.

3.15. Negocios conjuntos.

La empresa ha considerado como negocio conjunto, a una actividad económica controlada conjuntamente por dos o más personas físicas o jurídicas; esto incluye, negocios conjuntos que no se manifiesten a través de la constitución de una empresa, ni de un establecimiento permanente como son las uniones temporales de empresas y las comunidades de bienes.

En los casos detallados en el párrafo anterior, se han registrado los activos en el balance en la parte proporcional que le corresponda, en función del porcentaje de participación, de los activos controlados conjuntamente y de los pasivos incurridos conjuntamente, así como los activos afectos a la explotación conjunta que estén bajo su control, y los pasivos incurridos como consecuencia del negocio conjunto. Asimismo, se han reconocido en la cuenta de pérdidas y ganancias la parte que corresponda de los ingresos generados y de los gastos incurridos por el negocio conjunto.

3.16. Criterios empleados en transacciones entre partes vinculadas.

En el supuesto de existir, las operaciones entre empresas del mismo grupo, con independencia del grado de vinculación, se contabilizan de acuerdo con las normas generales. Los elementos objeto de las transacciones que se realicen se contabilizarán en el momento inicial por su valor razonable. La valoración posterior se realiza de acuerdo con lo previsto en las normas particulares para las cuentas que corresponda.

Esta norma de valoración afecta a las partes vinculadas que se explicitan en la Norma de elaboración de cuentas anuales 13ª del Plan General de Contabilidad. En este sentido:

- Se entenderá que una empresa forma parte del grupo cuando ambas estén vinculadas por una relación de control, directa o indirecta, análoga a la prevista en el artículo 42 del Código de Comercio, o cuando las empresas estén controladas por cualquier medio por una o varias personas jurídicas que actúen conjuntamente o se hallen bajo dirección única por acuerdos o cláusulas estatutarias.
- Se entenderá que una empresa es asociada cuando, sin que se trate de una empresa del grupo en el sentido señalado, la empresa o las personas físicas dominantes, ejerzan sobre esa empresa asociada una influencia significativa, tal como se desarrolla detenidamente en la citada Norma de elaboración de cuentas anuales 13ª.
- Una parte se considera vinculada a otra cuando una de ellas ejerce o tiene la posibilidad de ejercer directa o indirectamente o en virtud de pactos o acuerdos entre socio o partícipes, el control sobre otra o una influencia significativa en la toma de decisiones financieras y de explotación de la otra, tal como se detalla detenidamente en la Norma de elaboración de cuentas anuales 15ª.

Se consideran partes vinculadas a la Sociedad, adicionalmente a las empresas del grupo, asociadas y multigrupo, a las personas físicas que posean directa o indirectamente alguna participación en los derechos de voto de la Sociedad, o en su dominante, de manera que les permita ejercer sobre una u otra una influencia significativa, así como a sus familiares próximos, al personal clave de la Sociedad o de su dominante (personas físicas con autoridad y responsabilidad sobre la planificación, dirección y control de las actividades de la empresa, ya sea directa o indirectamente), entre la que se incluyen los Administradores y los Directivos, junto a sus familiares próximos, así como a las entidades sobre las que las personas mencionadas anteriormente puedan ejercer una influencia significativa. Asimismo tienen la consideración de parte vinculadas las empresas que compartan algún consejero o directivo con la Sociedad, salvo cuando éste no ejerza una influencia significativa en las políticas financiera y de explotación de ambas, y, en su caso, los familiares próximos del representante persona física del Administrador, persona jurídica, de la Sociedad.

En ...., a ..../.........../..........., dando su conformidad mediante firma:

Don/Doña. ....

DNI: ....

En calidad de: ....

F211. MEMORIA CUENTAS ANUALES (II)

Normativa de Aplicación: *Arts. 259 y ss. Real Decreto Legislativo 1/2010, de 2 de julio, por el que se aprueba el texto refundido de la Ley de Sociedades de Capital.*

1. Actividad de la empresa

La presente memoria ha sido efectuada por la empresa .... con NIF ...., con domicilio en ...., municipio de ...., provincia de ....

Inscrita en el registro mercantil de ...., en el tomo: ...., folio: ...., hoja: ....

La empresa está dada de alta en los epígrafes:

Siendo su objeto social:

(Descripción objeto social)

La sociedad no dispone de ningún otro centro de trabajo más que el identificado anteriormente.

(Detallar en caso de otros centros de trabajo)

La sociedad aprobó las cuentas anuales correspondientes al ejercicio .... en junta general ordinaria de fecha .... de .... de ....

2. Bases de presentación de las cuentas anuales

2.1. Imagen fiel:

a) Las cuentas anuales reflejan la imagen fiel del patrimonio, de la situación financiera y de los resultados de la empresa y se presentan de acuerdo con la legislación mercantil vigente y con las normas establecidas en el Plan General de Contabilidad de Pequeñas y Medianas Empresas.

b) No existen razones excepcionales por las que la empresa haya incumplido alguna disposición legal en materia contable para mostrar la imagen fiel.

c) No es necesario incluir informaciones complementarias en la memoria, puesto que la aplicación de las disposiciones legales, es suficiente para mostrar la imagen fiel.

2.2. Principios contables no obligatorios aplicados:

Durante el ejercicio social solo se han aplicado aquellos principios contables que son obligatorios según el Código de Comercio y el Plan General de Contabilidad de Pequeñas y Medianas Empresas, esto es, Empresa en funcionamiento, Devengo, Uniformidad, Prudencia, No compensación e Importancia relativa

2.3. Aspectos críticos de la valoración y estimación de la incertidumbre:

a) No existen cambios en ninguna estimación contable que sean significativos y que afecten al ejercicio actual o a ejercicios futuros.

b) La dirección de la empresa no es consciente de incertidumbres que puedan aportar dudas sobre la posibilidad de que la empresa siga funcionando normalmente.

2.4. Comparación de la información:

a) No se ha efectuado ninguna modificación de la estructura del balance y de la cuenta de pérdidas y ganancias respecto al ejercicio anterior.

b) No existen causas que impidan la comparación de las cuentas anuales del ejercicio con las del precedente, ni que puedan afectar a ejercicios futuros.

2.5. Elementos recogidos en varias partidas

Todos los elementos patrimoniales están recogidos en una única partida del balance

2.6. Cambios en criterios contables

En el ejercicio no se han efectuado ajustes por cambios en criterios contables.

2.7. Corrección de errores

En el ejercicio, no se han efectuado ajustes por corrección de errores

2.8. Empresa en funcionamiento

No existe ninguna incertidumbre respecto al funcionamiento normal de la empresa, ni que indique que pueda plantearse un proceso de quiebra del principio de empresa en funcionamiento.

3. Normas de registro y valoración

Los criterios contables aplicados en relación con las diferentes partidas, son los siguientes:

3.1. Inmovilizado intangible:

Los diferentes inmovilizados intangibles se reconocen como tales por cumplir con la definición de activo y los criterios de registro o reconocimiento contable contenidos en el Marco Conceptual de la Contabilidad. Además, cumplen con el criterio de identificabilidad, puesto que son elementos separables que surgen de derechos legales o contractuales, con independencia de que tales derechos sean transferibles o separables.

Los inmovilizados intangibles, se valoran por su coste, ya sea éste el precio de adquisición o el coste de producción, sin perjuicio de lo indicado en las normas particulares sobre este tipo de inmovilizados.

Los impuestos indirectos que gravan los elementos del inmovilizado intangible, sólo se han incluido en el precio de adquisición o coste de producción cuando no han sido recuperables directamente de la Hacienda Pública.

Las amortizaciones se han establecido de manera sistemática y racional en función de la vida útil de los inmovilizados intangibles y de su valor residual, atendiendo a la depreciación que normalmente han sufrido por su funcionamiento, uso y disfrute, sin perjuicio de considerar también la obsolescencia técnica o comercial que pudiera afectarlos. Cuando ha procedido reconocer correcciones valorativas, se han ajustado las amortizaciones de los ejercicios siguientes del inmovilizado deteriorado, teniendo en cuenta el nuevo valor contable.

Se ha producido una pérdida por deterioro del valor de un elemento del inmovilizado intangible cuando su valor contable ha superado a su importe recuperable.

En los balances de la empresa, no han existido inmovilizados intangibles con vida útil indefinida.

3.2. Inmovilizado material

Los inmovilizados materiales, se han valorado por su coste, ya sea el precio de adquisición o el coste de producción, sin perjuicio de lo indicado en las normas particulares sobre este tipo de inmovilizados.

Los impuestos indirectos que gravan los elementos del inmovilizado material, sólo se han incluido en el precio de adquisición o coste de producción cuando no han sido recuperables directamente de la Hacienda Pública.

También se han incluido como parte del valor de los inmovilizados materiales, la estimación inicial del valor actual de las obligaciones asumidas derivadas del desmantelamiento o retiro y otras asociadas, tales como los costes de rehabilitación, siempre que estas obligaciones hayan dado lugar al registro de provisiones.

En aquellos inmovilizados materiales que han necesitado un periodo superior a un año para estar en condiciones de uso, se han incluido en el precio de adquisición o coste de producción los gastos financieros que se han devengado antes de la puesta en condiciones de funcionamiento y que han sido girados por el proveedor o corresponden a algún tipo de financiación ajena atribuible a la adquisición, fabricación o construcción del activo.

Las amortizaciones se han establecido de manera sistemática y racional en función de la vida útil de los inmovilizados materiales y de su valor residual, atendiendo a la depreciación que normalmente han sufrido por su funcionamiento, uso y disfrute, sin perjuicio de considerar también la obsolescencia técnica o comercial que pudiera afectarlos. Cuando ha procedido reconocer correcciones valorativas, estas, se han ajustado a las amortizaciones de los ejercicios siguientes del inmovilizado deteriorado, teniendo en cuenta el nuevo valor contable.

Se ha producido una pérdida por deterioro del valor de un elemento del inmovilizado material cuando su valor contable ha superado a su importe recuperable. La corrección valorativa por deterioro, así como su reversión se ha reconocido como un gasto o ingreso, respectivamente, en la cuenta de pérdidas y ganancias. La reversión del deterioro ha tenido como límite el valor contable del inmovilizado que estaría reconocido en la fecha de reversión si no se hubiese registrado el deterioro del valor.

Los costes de renovación, ampliación o mejora de los bienes del inmovilizado material han sido incorporados al activo como mayor valor del bien en la medida en que han supuesto un aumento de la capacidad, productividad o alargamiento de su vida útil, dándose de baja el valor contable de los elementos que se han substituido.

En la determinación del importe del inmovilizado material, se ha tenido en cuenta la incidencia de los costes relacionados con grandes reparaciones. El importe equivalente a estos costes se ha amortizado de forma distinta a la del resto del elemento durante el período que medie hasta la gran reparación. Al realizar una gran reparación, su coste se ha reconocido en el valor contable del inmovilizado como una substitución, siempre y cuando se hayan cumplido las condiciones para su reconocimiento.

La contabilización de los contratos de arrendamiento financiero recibidos, se ha registrado con un activo de acuerdo con su naturaleza, según se trate de un elemento del inmovilizado material o del intangible, y un pasivo financiero por el mismo importe, que es el menor entre el valor razonable del activo arrendado y el valor actual al inicio del arrendamiento de los pagos mínimos acordados. La carga financiera total se ha distribuido a lo largo del plazo del arrendamiento y se ha imputado a la cuenta de pérdidas y ganancias del ejercicio en que se devenga, aplicando el método del tipo de interés efectivo.

3.3. Inversiones inmobiliarias

Los terrenos y construcciones, se han calificado como inversiones inmobiliarias, según se posean para la obtención de rentas y plusvalías, y no para su uso en la producción o suministro de bienes y servicios, fines administrativos o para su venta en el curso ordinario de las operaciones.

Las inversiones inmobiliarias, se han valorado por su coste, ya sea éste el precio de adquisición o el coste de producción, sin perjuicio de lo indicado en las normas particulares sobre este tipo de inmovilizados.

Los impuestos indirectos que gravan los elementos de las inversiones inmobiliarias, sólo se han incluido en el precio de adquisición o coste de producción cuando no han sido recuperables directamente de la Hacienda Pública.

También se han incluido como parte del valor de las inversiones inmobiliarias materiales, la estimación inicial del valor actual de las obligaciones asumidas derivadas del desmantelamiento o retiro y otras asociadas, tales como los costes de rehabilitación, siempre que estas obligaciones hayan dado lugar al registro de provisiones.

En aquellas inversiones inmobiliarias que han necesitado un periodo superior a un año para estar en condiciones de uso, se han incluido en el precio de adquisición o coste de producción los gastos financieros que se han devengado antes de la puesta en condiciones de funcionamiento y que han sido girados por el proveedor o corresponden a algún tipo de financiación ajena atribuible a la adquisición, fabricación o construcción del activo.

Las amortizaciones se han establecido de manera sistemática y racional en función de la vida útil de las inversiones inmobiliarias y de su valor residual, atendiendo a la depreciación que normalmente han sufrido por su funcionamiento, uso y disfrute, sin perjuicio de considerar también la obsolescencia técnica o comercial que pudiera afectarlos. Cuando ha procedido reconocer correcciones valorativas, se han ajustado las amortizaciones de los ejercicios siguientes del inmovilizado deteriorado, teniendo en cuenta el nuevo valor contable.

Se ha producido una pérdida por deterioro del valor de un elemento inversión inmobiliaria cuando su valor contable ha superado a su importe recuperable. La corrección valorativa por deterioro, así como su reversión se ha reconocido como un gasto o ingreso, respectivamente, en la cuenta de pérdidas y ganancias. La reversión del deterioro tiene como límite el valor contable del inmovilizado que estaría reconocido en la fecha de reversión si no se hubiese registrado el deterioro del valor.

Los costes de renovación, ampliación o mejora de los bienes que forman parte de las inversiones inmobiliarias, se han incorporado al activo como mayor valor del bien en la medida en que suponen un aumento de la capacidad, productividad o alargamiento de su vida útil, dándose de baja el valor contable de los elementos que se han substituido.

En la determinación del importe de las inversiones inmobiliarias, se ha tenido en cuenta la incidencia de los costes relacionados con grandes reparaciones. El importe equivalente a estos costes se amortiza de forma distinta a la del resto del elemento durante el período que medie hasta la gran reparación. Al realizar una gran reparación, su coste se ha reconocido en el valor contable del inmovilizado como una substitución, siempre y cuando se hayan cumplido las condiciones para su reconocimiento.

La contabilización de los contratos de arrendamiento financiero recibidos, se ha registrado como un activo de acuerdo con su naturaleza, según se trate de un elemento del inmovilizado material, inversión inmobiliaria o del inmovilizado intangible, y un pasivo financiero por el mismo importe, que es el menor entre el valor razonable del activo arrendado y el valor actual al inicio del arrendamiento de los pagos mínimos acordados. La carga financiera total se ha distribuido a lo largo del plazo del arrendamiento y se ha imputado a la cuenta de pérdidas y ganancias del ejercicio en que se devenga, aplicando el método del tipo de interés efectivo.

3.4. Permutas

Los diferentes inmovilizados, se han entendido adquiridos por permuta cuando se han recibido a cambio de la entrega de activos no monetarios o de una combinación de éstos con activos monetarios.

Las permutas, se han considerado con carácter comercial cuando: la configuración de los flujos de efectivo del inmovilizado recibido, han diferido de la configuración de los flujos de efectivo del activo entregado, o cuando el valor actual de los flujos de efectivo después de impuestos de las actividades de la empresa afectadas por la permuta, se han visto modificados como consecuencia de la operación.

3.5. Activos financieros y pasivos financieros

a) Se han considerado como financieros, aquellos activos consistentes en dinero en efectivo, instrumentos de patrimonio de otras empresas o derechos contractuales a recibir efectivo u otro activo financiero. También se han incluido los derechos contractuales a intercambiar activos o pasivos financieros con terceros en condiciones potencialmente favorables.

Los activos financieros, a efectos de su valoración, se han clasificado en las siguientes categorías:

- Activos financieros a coste amortizado: esta categoría de activos financieros incluye por un lado, créditos por operaciones comerciales, originados en la venta de bienes y la prestación de servicios por operaciones de tráfico de la empresa, y por otro lado, otros activos financieros que, no siendo instrumentos de patrimonio ni derivados, no tienen origen comercial y sus cobros son de cuantía determinada o determinable. Los activos financieros incluidos en esta categoría se han valorado inicialmente por el coste, que equivale al valor razonable de la contraprestación entregada más los costes de transacción.
- Activos financieros mantenidos para negociar: La sociedad, ha incluido en este apartado, a los activos financieros que se han originado o se han adquirido con el propósito de venderlos a corto plazo, o a los activos financieros que formen parte

de una cartera de instrumentos financieros con el fin de obtener ganancias a corto plazo. También se han incluido a los instrumentos financieros derivados sin contrato de garantía financiera y sin designación como instrumento de cobertura. Estos activos financieros se han valorado por su coste, que equivale al valor razonable de la contraprestación entregada.

- Activos financieros a coste: En esta categoría, se han incluido las inversiones en el patrimonio de empresas del grupo, multigrupo y asociadas, así como otros instrumentos de patrimonio no incluidos en la categoría de «Activos financieros mantenidos para negociar». Estos activos financieros se han valorado inicialmente al coste, esto es, el valor razonable de la contraprestación entregada más los costes de transacción que le sean directamente atribuibles.

Se han clasificado como financieros, aquellos pasivos que han supuesto para la empresa una obligación contractual, directa o indirecta, de entregar efectivo u otro activo financiero, o de intercambiar activos o pasivos financieros con terceros en condiciones potencialmente desfavorables, o que otorgue al tenedor el derecho a exigir al emisor su rescate en una fecha y por un importe determinado.

Los pasivos financieros, a efectos de su valoración, se han clasificado en las siguientes categorías:

- Pasivos financieros a coste amortizado: Se han incluido como tales, los débitos por operaciones comerciales, que se han originado en la compra de bienes y servicios por operaciones de tráfico de la empresa, y los débitos por operaciones no comerciales, que no siendo instrumentos derivados, no tienen origen comercial. Estos pasivos financieros se han valorado inicialmente por su coste, que equivale al valor razonable de la contraprestación recibida ajustado por los costes de transacción que les son directamente atribuibles.
- Pasivos financieros mantenidos para negociar: La empresa ha incluido en este apartado a los instrumentos financieros derivados, siempre que no sean contratos de garantía financiera, ni hayan sido designados como instrumentos de cobertura. Estos pasivos financieros se han valorado inicialmente por su coste, que equivale al valor razonable de la contraprestación recibida ajustado por los costes de transacción que les son directamente atribuibles.

b) Los criterios aplicados para determinar la existencia de un deterioro, han sido distintos en función de la categoría de cada activo financiero:

- Activos financieros a coste amortizado: Al menos al cierre del ejercicio, se ha comprobado la existencia de alguna evidencia objetiva, de que el valor de un activo financiero o de un grupo de activos financieros con similares características de riesgo, se ha deteriorado como resultado de uno o más eventos que hayan ocurrido después de su reconocimiento inicial y que hayan ocasionado un reducción en los flujos de efectivo estimados futuros. La pérdida por deterioro del valor de estos activos financieros ha sido la diferencia entre el valor en libros y el valor actual de los flujos de efectivo futuros que se estiman van a generar. En su caso, se ha substituido el valor actual de los flujos de efectivo por el valor de cotización del activo, siempre que este haya sido suficientemente fiable. Las correcciones valorativas por deterioro, así como su reversión, se han reconocido como un gasto o un ingreso, en la cuenta de pérdidas y ganancias.

- Activos financieros mantenidos para negociar: Posteriormente a su valoración inicial, este tipo de activos, se han valorado por su valor razonable, sin deducir los costes de transacción en que se pudiera incurrir en su enajenación. Los cambios que se han podido producir en el valor razonable, se han imputado en la cuenta de pérdidas y ganancias del ejercicio.
- Activos financieros a coste: Al menos al cierre del ejercicio, se ha comprobado la existencia de alguna evidencia objetiva, de que el valor en libros de alguna inversión no haya sido recuperable. El importe de la corrección valorativa ha sido la diferencia entre el valor en libros y el importe recuperable. Las correcciones valorativas por deterioro y su reversión, se han registrado como un gasto o ingreso en la cuenta de pérdidas y ganancias del ejercicio.

c) La empresa ha dado de baja a los activos financieros, o parte de los mismos, cuando han finalizado o se hayan cedido los derechos contractuales, siempre y cuando el cedente se haya desprendido de los riesgos y beneficios inherentes a la propiedad del activo. En las operaciones de cesión en las que no ha procedido dar de baja el activo financiero, se ha registrado adicionalmente un pasivo financiero derivado de los importes recibidos.

En lo que se refiere a los pasivos financieros, la empresa los ha dado de baja cuando la obligación se ha extinguido. También ha dado de baja los pasivos financieros propios que ha adquirido, aunque sea con la intención de recolocarlos en el futuro. La diferencia entre el valor en libros del pasivo financiero, y la contraprestación pagada, incluidos los costes de transacción atribuibles, se ha reconocido en la cuenta de pérdidas y ganancias del ejercicio en que ha tenido lugar.

d) Se han incluido en la categoría de Inversiones en empresas del grupo, multigrupo y asociadas, a las inversiones que han cumplido con los requisitos establecidos en la norma 11ª de la elaboración de las cuentas anuales. Este tipo de inversiones han sido registradas inicialmente a valor de coste y posteriormente también por su coste, menos en su caso, el importe acumulado de las correcciones valorativas por deterioro.

Al menos al cierre del ejercicio, se han efectuado las correcciones valorativas necesarias, siempre que haya existido la evidencia objetiva de que el valor en libros de una inversión no será recuperable. El importe de la corrección valorativa, será la diferencia entre su valor en libros y el importe recuperable. Las correcciones valorativas por deterioro y, en su caso, su reversión, se han registrado como un gasto o un ingreso, respectivamente, en la cuenta de pérdidas y ganancias. La reversión del deterioro tiene como límite, el valor en libros de la inversión que estaría reconocida en la fecha de reversión si no se hubiese registrado el deterioro del valor.

e) Los intereses y dividendos de activos financieros devengados con posterioridad al momento de la adquisición se han reconocido como ingresos en la cuenta de pérdidas y ganancias. Los intereses se han reconocido utilizando el método del tipo de interés efectivo y los dividendos cuando se ha declarado el derecho del socio a recibirlo.

f) Los instrumentos financieros incluidos en un procedimiento de concurso de acreedores, con fecha de auto, y en condiciones favorables que permiten visualizar su oportuno cumplimiento, se valoran teniendo en cuenta si, los créditos/deudas objeto del concurso, han sufrido cambios significativos.

Aquellas en los que el valor actual de los flujos de efectivo pendiente de cobro/pago tras aplicar, las clausulas de quita y espera contenidas en el convenio, sufren cambios como mínimo del 10% de su cuantía, sobre el crédito/deuda existente antes del convenio, se dan de alta, cancelando la anterior y llevando las diferencias, contra la nueva cuenta, «Gastos/Ingresos financieros derivados de convenios de acreedores».

En los casos en que la diferencia entre el valor actual de los flujos de efectivo de la nueva deuda/crédito, incluidos los gastos y comisiones, y el valor actual de los flujos de efectivo originales, difieren en menos de un 10%, se registran, activando los ingresos/gastos correspondientes, ajustando el valor de la deuda/crédito original.

3.6. Valores de capital propio en poder de la empresa

El importe de los instrumentos de patrimonio propio, se ha registrado en el patrimonio neto como una variación de fondos propios. Los gastos derivados de las transacciones con instrumentos de patrimonio propio se han registrado contra el patrimonio neto como menos reservas, pero en los casos de existir gastos derivados de una transacción, de la que se haya desistido, se ha reconocido en la cuenta de pérdidas y ganancias.

3.7. Existencias

Los bienes y servicios comprendidos en las existencias, se han valorado por su coste, ya sea el precio de adquisición o el coste de producción. El precio de adquisición, ha incluido el importe facturado por el vendedor después de deducir cualquier descuento, rebaja en el precio u otras partidas similares, así como los intereses incorporados al nominal de los débitos, y se han añadido todos los gastos adicionales que se produzcan hasta que los bienes se hallen ubicados para su venta.

En las existencias que han necesitado un período de tiempo superior a un año para estar en condiciones de ser vendidas, se han incluido en el precio de adquisición o de producción, los gastos financieros, tal y como indica el apartado sobre inmovilizado material incluido en esta memoria.

Cuando se ha debido asignar valor a bienes concretos que forman parte de un inventario de bienes intercambiables entre sí, se ha adoptado con carácter general el método del precio medio o coste medio ponderado. El método FIFO también ha sido aceptado.

Cuando el valor neto realizable de las existencias ha sido inferior a su precio de adquisición o a su coste de producción, se han efectuado las oportunas correcciones valorativas, reconociéndolas como un gasto en la cuenta de pérdidas y ganancias.

3.8. Transacciones en moneda extranjera

La valoración inicial de las transacciones en moneda extranjera, se han efectuado mediante la aplicación al importe en moneda extranjera, del tipo de cambio utilizado en las transacciones con entrega inmediata, entre ambas monedas, en la fecha de la transacción. Se ha utilizado un tipo de cambio medio del período (como máximo mensual), para todas las transacciones que han tenido lugar durante ese intervalo.

Para la valoración posterior de las transacciones en moneda extranjera, se han distinguido dos categorías principales:

Partidas monetarias: Al cierre del ejercicio, se han valorado aplicando el tipo de cambio de cierre. Las diferencias de cambio, tanto positivas como negativas, que se han originado, se han reconocido en la cuenta de pérdidas y ganancias del ejercicio en el que han surgido.

Partidas no monetarias valoradas a coste histórico: Se han valorado aplicando el tipo de cambio de la fecha de la transacción. Cuando un activo denominado en moneda extranjera se ha amortizado, las dotaciones a la amortización se han calculado sobre el importe en moneda funcional aplicando el tipo de cambio de la fecha en que fue registrado inicialmente. La valoración así obtenida en ningún caso ha excedido del importe recuperable en cada cierre posterior.

Partidas no monetarias valoradas a valor razonable: Se han valorado aplicando el tipo de cambio de la fecha de determinación del valor razonable, registrándose en el resultado del ejercicio cualquier diferencia de cambio incluida en las pérdidas o ganancias derivadas de cambios en la valoración.

3.9. Impuestos sobre beneficios

En general, se ha reconocido un pasivo por impuesto diferido por todas las diferencias temporarias imponibles, a menos que estas hayan surgido del reconocimiento inicial de un fondo de comercio, del reconocimiento inicial de un activo o pasivo en una transacción que no es una combinación de negocios y además no afecte ni al resultado contable ni a la base imponible del impuesto o de las inversiones en empresas dependientes, asociadas y negocios conjuntos siempre y cuando la inversora ha podido controlar el momento de la reversión de la diferencia y además, haya sido probable que tal diferencia no revierta en un futuro previsible.

Los activos por impuesto diferido, de acuerdo con el principio de prudencia, se han reconocido como tales en la medida en que ha resultado probable que la empresa haya dispuesto de ganancias fiscales futuras que permitan la aplicación de estos activos. Si se cumple la condición anterior, en términos generales se ha considerado un activo por impuesto diferido cuando: han existido diferencias temporarias deducibles, derechos a compensar en ejercicios posteriores, las pérdidas fiscales, y deducciones y otras ventajas fiscales no utilizadas que han quedado pendientes de aplicar fiscalmente.

Los activos y pasivos por impuesto diferido se han valorado según los tipos de gravamen esperados en el momento de su reversión, según la normativa que ha estado vigente o aprobada y pendiente de publicación en la fecha de cierre del ejercicio, y de acuerdo con la forma en que racionalmente se ha previsto recuperar o pagar el activo o el pasivo.

3.10. Ingresos y gastos

Los ingresos se han reconocido como consecuencia de un incremento de los recursos de la empresa, y siempre que su cuantía haya podido determinarse con fiabilidad. Los gastos, se han reconocido como consecuencia de una disminución de los recursos de la empresa, y siempre que su cuantía también se haya podido valorar o estimar con fiabilidad.

Los ingresos por prestación de servicios se han reconocido cuando el resultado de la transacción se pueda estimar con fiabilidad, considerando el porcentaje de realización del servicio en la fecha del cierre del ejercicio. Sólo se han contabilizado los ingresos por prestación de servicios con las siguientes condiciones: cuando el importe de los ingresos se ha podido valorar con fiabilidad, siempre que la empresa haya recibido beneficios o rendimientos de la transacción, y esta transacción haya podido ser valorada a cierre de ejercicio con fiabilidad, y finalmente cuando los costes incurridos en la prestación, así como los que quedan por incurrir se han podido valorar con fiabilidad.

El método empleado durante el ejercicio, para la determinación del porcentaje de realización en la prestación de servicios ha sido:

Prestación de servicios: Criterio de determinación del porcentaje de la prestación realizada

3.11. Provisiones y contingencias

La empresa ha reconocido como provisiones los pasivos que, cumpliendo la definición y los criterios de registro contable contenidos en el marco conceptual de la contabilidad, han resultado indeterminados respecto a su importe o a la fecha en que se cancelarán. Las provisiones han venido determinadas por una disposición legal, contractual o por una obligación implícita o tácita.

Las provisiones se han valorado en la fecha de cierre del ejercicio por el valor actual de la mejor estimación posible del importe necesario para cancelar o transferir a un tercero la obligación, registrándose los ajustes que han surgido por la actualización de la provisión como un gasto financiero conforme se han ido devengando. En los casos de provisiones con vencimiento igual o inferior al año no se ha efectuado ningún tipo de descuento.

3.12. Subvenciones, donaciones y legados

Las subvenciones, donaciones y legados no reintegrables, se han contabilizado inicialmente, como ingresos directamente imputados al patrimonio neto y se reconocerán en la cuenta de pérdidas y ganancias como ingresos sobre una base sistemática y racional de forma correlacionada con los gastos derivados de la subvención, donación o legado, esto es, atendiendo a su finalidad.

Las subvenciones, donaciones y legados de carácter monetario, se han valorado por el valor razonable del importe concedido, y las de carácter no monetario, por el valor razonable del bien recibido.

A efectos de imputación en la cuenta de pérdidas y ganancias, se han distinguido los siguientes tipos de subvenciones, donaciones y legados: cuando se han concedido para asegurar una rentabilidad mínima o compensar los déficits de explotación, se han imputado como ingresos del ejercicio en el que se han concedido, salvo que se refieran a ejercicios futuros. Cuando se han concedido para financiar gastos específicos, se han imputado como gastos en el mismo ejercicio en que se han devengado los gastos. Cuando se han concedido para adquirir activos o cancelar pasivos, se han imputado como ingresos del ejercicio en la medida en que se ha producido la enajenación o en proporción a la dotación a la amortización efectuada. Finalmente, cuando se han recibido importes monetarios sin asignación a una finalidad específica, se han imputado como ingresos del ejercicio en que se han reconocido.

3.13. Negocios conjuntos

La empresa ha considerado como negocio conjunto, a una actividad económica controlada conjuntamente por dos o más personas físicas o jurídicas; esto incluye, negocios conjuntos que no se manifiesten a través de la constitución de una empresa, ni de un establecimiento permanente como son las uniones temporales de empresas y las comunidades de bienes.

En los casos detallados en el párrafo anterior, se han registrado los activos en el balance en la parte proporcional que le corresponda, en función del porcentaje de participación, de los activos controlados conjuntamente y de los pasivos incurridos conjuntamente, así como los activos afectos a la explotación conjunta que estén bajo su control, y los pasivos incurridos como consecuencia del negocio conjunto. Asimismo, se han reconocido en la cuenta de pérdidas y ganancias la parte que corresponda de los ingresos generados y de los gastos incurridos por el negocio conjunto.

3.14. Criterios empleados en transacciones entre partes vinculadas

Las operaciones entre empresas del mismo grupo, con independencia del grado de vinculación entre las empresas del grupo participantes, se han contabilizado de acuerdo con las normas generales, esto es, en el momento inicial por su valor razonable. En el caso de que el precio acordado por una operación, haya diferido del valor razonable, la diferencia se ha registrado atendiendo a la realidad económica de la operación.

4. Inmovilizado material, intangible e inversiones inmobiliarias

4.1. Estado de movimientos del inmovilizado material, intangible e inversiones inmobiliarias

Los movimientos durante el ejercicio de cada uno de estos epígrafes y de sus correspondientes amortizaciones acumuladas y correcciones valorativas por deterioro de valor acumuladas, se resumen en la siguiente tabla:

EJERCICIO ACTUAL

Estado de movimientos del inmovilizado material, intangible e inversiones inmobiliarias	Inmovilizado intangible	Inmovilizado material	Inversiones inmobiliarias
	1	2	3
A) SALDO INICIAL BRUTO 9200	0,00	0,00	0,00
(+) Entradas 9201	0,00	0,00	0,00
(+) Correcciones de valor actualización 9214	0,00	0,00	0,00
(-) Salidas 9202	0,00	0,00	0,00
B) SALDO FINAL BRUTO 9203	0,00	0,00	0,00
C) AMORTIZACIÓN ACUMULADA, SALDO INICIAL 9204	0,00	0,00	0,00
(+) Dotación a la amortización del ejercicio 9205	0,00	0,00	0,00
(+) Aumento de la amort. acumulada por efecto de la actualización 9215	0,00	0,00	0,00
(+) Aumentos por adquisiciones o traspasos 9206	0,00	0,00	0,00
(-) Disminuciones por salidas, bajas o traspasos 9207	0,00	0,00	0,00
D) AMORTIZACIÓN ACUMULADA, SALDO FINAL 9208	0,00	0,00	0,00
E) CORRECCIONES VALOR DETERIORO, SALDO INICIAL 9209	0,00	0,00	0,00
(+) Correcciones valorativas por deterioro reconocidas en el período 9210	0,00	0,00	0,00
(-) Reversión de correcciones valorativas por deterioro 9211	0,00	0,00	0,00
(-) Disminuciones por salidas, bajas o traspasos 9212	0,00	0,00	0,00
F) CORRECCIONES VALOR DETERIORO, SALDO FINAL 9213	0,00	0,00	0,00

En el presente ejercicio la sociedad ha efectuado inversiones en

EJERCICIO ANTERIOR

Estado de movimientos del inmovilizado material, intangible e inversiones inmobiliarias	Inmovilizado intangible	Inmovilizado material	Inversiones inmobiliarias
	19	29	39
A) SALDO INICIAL BRUTO 9200	0,00	0,00	0,00
(+) Entradas 9201	0,00	0,00	0,00
(+) Correcciones de valor actualización 9214	0,00	0,00	0,00
(-) Salidas 9202	0,00	0,00	0,00
B) SALDO FINAL BRUTO 9203	0,00	0,00	0,00
C) AMORTIZACIÓN ACUMULADA, SALDO INICIAL 9204	0,00	0,00	0,00
(+) Dotación a la amortización del ejercicio 9205	0,00	0,00	0,00
(+) Aumento de la amort. acumulada por efecto de la actualización 9215	0,00	0,00	0,00
(+) Aumentos por adquisiciones o traspasos 9206	0,00	0,00	0,00
(-) Disminuciones por salidas, bajas o traspasos 9207	0,00	0,00	0,00
D) AMORTIZACIÓN ACUMULADA, SALDO FINAL 9208	0,00	0,00	0,00
E) CORRECCIONES VALOR DETERIORO, SALDO INICIAL 9209	0,00	0,00	0,00
(+) Correcciones valorativas por deterioro reconocidas en el período 9210	0,00	0,00	0,00
(-) Reversión de correcciones valorativas por deterioro 9211	0,00	0,00	0,00
(-) Disminuciones por salidas, bajas o traspasos 9212	0,00	0,00	0,00
F) CORRECCIONES VALOR DETERIORO, SALDO FINAL 9213	0,00	0,00	0,00

En el ejercicio anterior la entidad efectuó inversiones en Las inversiones inmobiliarias existentes en el balance consisten en: Cta. Descripción Referencia Catastral Tipo de Propiedad

No existe ningún epígrafe significativo, ni por su naturaleza, ni por su importe, y por tanto, no se adjunta información adicional.

4.2. Arrendamientos financieros y otras operaciones de naturaleza similar sobre activos no corrientes

Descripción del elemento objeto del contrato Total contratos

Coste del bien en origen 92200 0,00

Cuotas satisfechas: 92201 0,00

– ejercicios anteriores 92202 0,00

– ejercicio actual 92203 0,00

Importe cuotas pendientes ejercicio actual 92204 0,00

Valor de la opción de compra 92205 0,00

La sociedad no posee elementos de activo no corriente en régimen de arrendamiento financiero al cierre del ejercicio; dicha circunstancia fue similar al cierre del ejercicio anterior.

Arrendamientos operativos:

5. Activos financieros

5.1. En la siguiente tabla, se detallan los movimientos de las cuentas correctoras por deterioro y aplicación del valor razonable para cada clase de activos financieros:

Movimiento de las cuentas correctoras representativas de las pérdidas por deterioro del valor originadas por el riesgo de crédito						
	Clases de activos financieros		Valores representativos de deuda Créditos, Derivados y Otros		TOTAL	
	Largo plazo	Corto plazo	Largo plazo	Corto plazo	Largo plazo	Corto plazo
	1	2	3	4	5	6
Pérdida por deterioro al inicio del ejercicio anterior 9330	0,00	0,00	0,00	0,00	0,00	0,00
(+) Corrección valorativa por deterioro 9331	0,00	0,00	0,00	0,00	0,00	0,00
(-) Reversión del deterioro 9332	0,00	0,00	0,00	0,00	0,00	0,00
(-) Salidas y reducciones 9333	0,00	0,00	0,00	0,00	0,00	0,00
(+/-) Traspasos y otras valoraciones (Combinaciones de negocio, etc.) 9334	0,00	0,00	0,00	0,00	0,00	0,00
Pérdida por deterioro al final del ejercicio anterior 9335	0,00	0,00	0,00	0,00	0,00	0,00
(+) Corrección valorativa por deterioro 9331	0,00	0,00	0,00	0,00	0,00	0,00

Movimiento de las cuentas correctoras representativas de las pérdidas por deterioro del valor originadas por el riesgo de crédito						
	Clases de activos financieros		Valores representativos de deuda Créditos, Derivados y Otros		TOTAL	
	Largo plazo	Corto plazo	Largo plazo	Corto plazo	Largo plazo	Corto plazo
	1	2	3	4	5	6
(-) Reversión del deterioro 9332	0,00	0,00	0,00	0,00	0,00	0,00
(-) Salidas y reducciones 9333	0,00	0,00	0,00	0,00	0,00	0,00
(+/-) Traspasos y otras valoraciones (Combinaciones de negocio, etc.) 9334	0,00	0,00	0,00	0,00	0,00	0,00
Pérdida por deterioro al final del ejercicio actual 9335	0,00	0,00	0,00	0,00	0,00	0,00

5.2. Activos financieros valorados a valor razonable

a) En el valor razonable de los activos financieros mostrados en los apartados siguientes, en líneas generales, se toma como referencia los precios cotizados en mercados activos.

b) Valoración y variaciones de valor de las inversiones financieras valoradas a valor razonable:

Activos mantenidos para negociar

Valor razonable al inicio del ejercicio anterior 9340 0,00

Variaciones del valor razonable registradas en pérdidas y ganancias en el ejercicio anterior 9341 0,00

Valor razonable al final del ejercicio anterior 9343 0,00

Variaciones del valor razonable registradas en pérdidas y ganancias en el ejercicio actual 9341 0,00

Valor razonable al final del ejercicio actual 9343 0,00

En la determinación el valor razonable de los activos financieros mostrados en la tabla anterior, se utilizan los modelos y técnicas de valoración siguientes

Descripción Método de valoración empleado

Empresas del Grupo

Empresas Multigrupo

Empresas Asociadas

c) No existen instrumentos financieros derivados, distintos de los que se detallan en las tablas del apartado 6.1.

5.3. Empresas del grupo, multigrupo y asociadas

A efectos de la presentación de las Cuentas Anuales de una empresa o sociedad se entenderá que otra empresa forma parte del grupo cuando ambas estén vinculadas por una relación de control, directa o indirecta, análoga a la prevista en el artículo 42 del Código de Comercio para los grupos de sociedades o cuando las empresas estén controladas por cualquier medio por una o varias personas físicas o jurídicas, que actúen conjuntamente o se hallen bajo dirección única.

No se han registrado inversiones en el patrimonio de empresas del grupo, multigrupo o asociadas, ni en el presente ejercicio ni en el anterior.

Durante el ejercicio, la sociedad no ha adquirido fracciones de capital y porcentajes de derechos de voto sobre cualquier otra sociedad, que haya implicado la calificación de dichas sociedades como dependientes.

6. Pasivos financieros

6.1. El importe de las deudas que vencen en cada uno de los cinco años siguientes, y del resto hasta su vencimiento se detallan en la siguiente tabla:

a) Vencimiento de las deudas al cierre del ejercicio actual:

	Vencimiento en años						
	Uno	Dos	Tres	Cuatro	Cinco	Más de 5	TOTAL
	1	2	3	4	5	6	7
Deudas con entidades de crédito 9420	0,00	0,00	0,00	0,00	0,00	0,00	0,00
Acreedores por arrendamiento financiero 9421	0,00	0,00	0,00	0,00	0,00	0,00	0,00
Otras deudas 9422	0,00	0,00	0,00	0,00	0,00	0,00	0,00
Deudas con empr. grupo y asociadas 9423	0,00	0,00	0,00	0,00	0,00	0,00	0,00
Acreedores comerciales no corrientes 9424	0,00	0,00	0,00	0,00	0,00	0,00	0,00
Acreedores comerciales y otras cuentas a pagar: 9425	0,00	0,00	0,00	0,00	0,00	0,00	0,00
Proveedores 9426	0,00	0,00	0,00	0,00	0,00	0,00	0,00
Otros acreedores 9427	0,00	0,00	0,00	0,00	0,00	0,00	0,00

	Vencimiento en años						
	Uno	Dos	Tres	Cuatro	Cinco	Más de 5	TOTAL
	1	2	3	4	5	6	7
Deuda con características especiales 9428	0,00	0,00	0,00	0,00	0,00	0,00	0,00
TOTAL 9429	0,00	0,00	0,00	0,00	0,00	0,00	0,00

b) Vencimiento de las deudas al cierre del ejercicio anterior:

	Vencimiento en años						
	Uno	Dos	Tres	Cuatro	Cinco	Más de 5	TOTAL
	1	2	3	4	5	6	7
Deudas con entidades de crédito 9420	0,00	0,00	0,00	0,00	0,00	0,00	0,00
Acreedores por arrendamiento financiero 9421	0,00	0,00	0,00	0,00	0,00	0,00	0,00
Otras deudas 9422	0,00	0,00	0,00	0,00	0,00	0,00	0,00
Deudas con empr. grupo y asociadas 9423	0,00	0,00	0,00	0,00	0,00	0,00	0,00
Acreedores comerciales no corrientes 9424	0,00	0,00	0,00	0,00	0,00	0,00	0,00
Acreedores comerciales y otras cuentas a pagar: 9425	0,00	0,00	0,00	0,00	0,00	0,00	0,00
Proveedores 9426	0,00	0,00	0,00	0,00	0,00	0,00	0,00
Otros acreedores 9427	0,00	0,00	0,00	0,00	0,00	0,00	0,00
Deuda con características especiales 9428	0,00	0,00	0,00	0,00	0,00	0,00	0,00
TOTAL 9429	0,00	0,00	0,00	0,00	0,00	0,00	0,00

d) No existen deudas con garantía real.

e) No existen préstamos pagados fuera de plazo ni préstamos impagados antes de la fecha de formulación de las cuentas anuales.

7. Fondos propios

7.1. Importe del capital autorizado por la junta de socios.

En el siguiente detalle, se indica el número y el valor nominal de cada una de las acciones o participaciones en el capital social de la empresa, distinguiendo por clases, así como los derechos otorgados a las mismas y las restricciones que puedan tener:

N° Clase Valor nominal Derecho de voto Preferentes Restricciones Desembolsos pendientes Fecha exigibilidad

Los componentes del capital y otros del patrimonio emitidos por la Sociedad se registran por el importe reflejado en el patrimonio neto, deducidos los costes directos y de emisión. El capital social asciende a .... euros y está representado por .... títulos de valor nominal 1 euro cada uno de ellos, siendo todos de la misma clase, sin que exista restricción, prenda o gravamen alguno sobre los mismos.

El capital se encuentra totalmente desembolsado.

No existen otros instrumentos de patrimonio distintos del capital de la sociedad, ni tampoco existen participaciones propias en poder de la misma, o de un tercero que obre por cuenta de ésta.

Las cuentas integrantes de este grupo del balance de situación adjunto han presentado el siguiente movimiento durante los ejercicios:

31/12/........... Aumentos Disminución 31/12/........... Aumentos Disminución 31/12/...........

Capital social

Reserva legal

Reservas voluntarias

Reserva de capitalización

Reserva de nivelación

Ajuste del capital a euros

Remanente

Resultado del ejercicio

TOTAL

La sociedad está obligada a destinar el 10% de los beneficios de cada ejercicio a la constitución de la reserva legal, hasta que ésta alcance, al menos, el 20% del capital social. Esta reserva, mientras no supere el límite del 20% del capital social, no es distribuible a los socios, y sólo podrá destinarse, en el caso de no tener otras reservas disponibles, a la compensación de pérdidas.

La reserva legal se encuentra dotada en su totalidad.

En cuanto a la reserva de capitalización, dicho incentivo consiste en una reducción en la base imponible del 10% del importe del incremento de los fondos propios (con el límite del 10% de la base imponible previa a dicha reducción). Dicho importe debe mantenerse durante los cinco años siguientes al cierre del periodo impositivo al que corresponda la reducción, salvo por la existencias de pérdidas contables y, además, debe dotarse una reserva por el importe de la reducción, indisponible durante esos cinco años, que deberá figurar en el balance con absoluta separación y título apropiado.

La sociedad no tiene dotada ninguna reserva de revalorización al no haberse acogido a la actualización de balances regulada en la Ley 16/2012, de 27 de diciembre, de diversas medidas tributarias dirigidas a la consolidación de las finanzas públicas y al impulso de la actividad económica.

8. Situación fiscal

8.1. Impuestos sobre beneficios:

La conciliación del importe neto de ingresos y gastos del ejercicio, con la base imponible del impuesto sobre beneficios, se resume en la siguiente tabla:

Cuenta de pérdidas y ganancias

Aumentos Disminuciones

Saldo de ingresos y gastos del ejercicio

Impuesto sobre Sociedades

Diferencias permanentes

Diferencias temporarias:

– con origen en el ejercicio

– con origen en ejercicios anteriores

Reserva de capitalización

Compensación bases negativas ejercicios anteriores

Base imponible (resultado fiscal)

La conciliación del importe neto de ingresos y gastos del ejercicio anterior, con la base imponible del impuesto sobre beneficios, se resume en la siguiente tabla:

Cuenta de pérdidas y ganancias

Aumentos Disminuciones

Saldo de ingresos y gastos del ejercicio

Impuesto sobre Sociedades

Diferencias permanentes

Diferencias temporarias:

– con origen en el ejercicio

– con origen en ejercicios anteriores

Reserva de capitalización

Compensación bases negativas ejercicios anteriores

Base imponible (resultado fiscal)

La sociedad no tiene ningún crédito fiscal registrado por bases imponibles negativas.

CRÉDITOS POR BASES IMPONIBLES NEGATIVAS

Año origen Pendiente aplicación Aplicado en el ejercicio Pendiente futuro

TOTAL 0,00 0,00 0,00

Se han registrado los siguientes incentivos fiscales:

INCENTIVOS FISCALES

Descripción Año origen Año fin Pendiente aplicación Aplicado en el ejercicio Pendiente futuros

La entidad no ha dotado en el ejercicio ninguna provisión para impuesto sobre beneficios.

Tampoco existen contingencias legales que afecten al impuesto sobre beneficios por cambio de tipo de gravamen.

La sociedad no ha acogido ninguna renta a la deducción por reinversión de beneficios.

La sociedad si/no está incluida dentro del ámbito de aplicación del régimen para empresas de reducida dimensión, puesto que no cumple con los requisitos establecidos en el artículo 101 de la Ley del Impuesto sobre Sociedades.

Relación de activos o pasivos por diferencias temporarias no registrados en el balance, ya que no cumplen los requisitos necesarios para ello. Estos activos o pasivos sin registrar son:

Cta. Descripción Generados Aplicados

Activos por Diferencias temporarias

Pasivos por Diferencias temporarias

No existen.

En el ejercicio, se dan las circunstancias oportunas para activar en el balance los activos o pasivos por diferencias temporarias siguientes:

Cta. Descripción Generados Aplicados

Activos por Diferencias temporarias

Pasivos por Diferencias temporarias

A continuación se detallan los ajustes por reserva de capitalización efectuados, así como los importes correspondientes a las reservas de capitalización contabilizadas en una subcuenta de reservas especiales, y los plazos de indisponibilidad:

Reserva de Capitalización

Ejercicio Base Imponible previa Incremento Fondos Propios Ajustes negativos por Reserva Capitalización Nueva Base Imponible Previa Reserva de capitalización contabilizada Indisponible hasta

Importe Límite

………… …………

8.2. Otros tributos:

Los ejercicios abiertos a inspección comprenden los cuatro últimos ejercicios. Las declaraciones de impuestos no pueden considerarse definitivas hasta su prescripción o su aceptación por parte de las autoridades fiscales y, con independencia de que la legislación fiscal es susceptible a interpretaciones.

El administrador estima que cualquier pasivo fiscal adicional que pudiera ponerse de manifiesto, como consecuencia de una eventual inspección, no tendrá un efecto significativo en las cuentas anuales tomadas en su conjunto.

La sociedad ha registrado en la cuenta 631, «Otros tributos» la cantidad de ………… euros, siendo de ………… euros el importe registrado en el ejercicio anterior.

9. Operaciones con partes vinculadas

9.1. En los siguientes apartados, se detallan los movimientos por operaciones con partes vinculadas desglosadas según el tipo de vinculación.

9.2. Especificación de las operaciones con partes vinculadas

A efectos de facilitar la información suficiente para comprender las operaciones con partes vinculadas que se han efectuado, en el siguiente listado, se identifican las personas o empresas con las que se han realizado este tipo de operaciones, expresando la naturaleza de la relación con cada parte implicada:

NIF Nombre o Razón social Naturaleza de la vinculación

9.3. La información contenida en las anteriores tablas se presenta de forma agregada para aquellas partidas de naturaleza similar. No se presenta información individualizada por no haber operaciones que por su cuantía o naturaleza sean significativas.

9.4. No se han incluido, las operaciones, que perteneciendo al tráfico ordinario de la empresa, se hayan efectuado en condiciones normales de mercado, sean de escasa importancia cuantitativa y carezcan de relevancia para expresar la imagen fiel del patrimonio, la situación financiera y los resultados de la empresa.

9.5. El detalle de los conceptos retributivos al personal de alta dirección y a los miembros del consejo de administración, se muestran en las siguientes tablas:

Importes recibidos por el personal de alta dirección	Ejercicio Actual	Ejercicio Anterior
1. Sueldos, dietas y otras remuneraciones 97700	0,00	0,00
2. Primas de seguro de vida pagadas, de las cuales: 97704	0,00	0,00
a) Primas pagadas a miembros antiguos de la alta dirección 97705	0,00	0,00
b) Primas pagadas a miembros actuales de la alta dirección 97706	0,00	0,00
3. Indemnizaciones por cese 97707	0,00	0,00
4. Anticipos y créditos concedidos, de los cuales: 97709	0,00	0,00
a) Importes devueltos 97710	0,00	0,00
b) Obligaciones asumidas por cuenta de ellos a título de garantía 97711	0,00	0,00
Importes recibidos por los miembros del órgano de administración Ejercicio		
Actual Ejercicio Anterior		
1. Sueldos, dietas y otras remuneraciones 97720		
2. Primas de seguro de vida pagadas, de las cuales: 97724	0,00	0,00
a) Primas pagadas a miembros antiguos órgano de administración 97725	0,00	0,00
b) Primas pagadas a miembros actuales órgano de administración 97726	0,00	0,00
3. Indemnizaciones por cese 97727	0,00	0,00
5. Anticipos y créditos concedidos, de los cuales: 97729	0,00	0,00
a) Importes devueltos 97730	0,00	0,00
b) Obligaciones asumidas por cuenta de ellos a título de garantía 97731	0,00	0,00

El administrador de la sociedad ha devengado en el presente ejercicio la cantidad de .... euros, en concepto de retribuciones monetarias. Dicho importe fue el mismo en el ejercicio anterior.

No existen obligaciones contraídas en materia de pensiones y de seguros de vida respecto de los antiguos y actual administrador. Tampoco se ha concedido anticipos ni créditos al conjunto de los miembros del órgano de administración.

10. Otra información

10.1. Número medio de personas empleadas en el curso del ejercicio:

Número medio de personas empleadas en el curso del ejercicio Ejercicio

Actual Ejercicio Anterior

Total empleo medio 98007

10.2. No existen acuerdos de la empresa que no figuren en el balance, ni sobre los que no se haya incorporado información en otro apartado de la memoria.

10.3. El importe y naturaleza de las partidas de ingresos o de gastos cuya cuantía o incidencia es excepcional, es la siguiente:

10.4. Subvenciones, donaciones y legados.

En la siguiente tabla, se detallan los movimientos relacionados con el importe y características de las subvenciones, donaciones y legados recibidos que aparecen en el balance, así como los imputados en la cuenta de pérdidas y ganancias

Subvenciones, donaciones y legados recibidos, otorgados por terceros distintos de los socios	**Ejercicio actual**	**Ejercicio anterior**
– Que aparecen en el balance 96000	0,00	0,00
– Imputados en la cuenta de pérdidas y ganancias 96001	0,00	0,00

En la siguiente tabla, se detalla el análisis del movimiento del apartado «Subvenciones, donaciones y legados recibidos» del balance, indicando saldo inicial y final así como aumentos y disminuciones, los importes recibidos y los devueltos

Subvenciones, donaciones y legados recogidos en el patrimonio del balance, otorgados por terceros distintos a los socios	**Ejercicio actual**	**Ejercicio anterior**
Saldo al inicio del ejercicio 96010	0,00	0,00
(+) Aumentos 96017	0,00	0,00
(-) Disminuciones 96018	0,00	0,00
Saldo al cierre del ejercicio 96016	0,00	0,00

Se indica en el siguiente detalle, el ente público que las concede y se precisa la Administración local, autonómica, estatal o internacional otorgante. Asimismo también se muestra el origen de las donaciones y legados recibidos.

Entidad Importe Características

10.5. No existen compromisos financieros, garantías o contingencias que no figuren en el balance.

10.6. No existe ninguna consecuencia financiera de importancia significativa que se produzcan tras la fecha de cierre de balance que no se refleje en la cuenta de pérdidas y ganancias o en el balance.

10.7. No existe ninguna información adicional.

10.8. Pago medio a proveedores.

En cumplimiento de lo establecido en la Ley 15/2010, se informa de las operaciones comerciales, cuyo plazo máximo legal de pago es, en cada caso el que corresponde en función de la naturaleza del bien o servicio recibido por la empresa de acuerdo con lo dispuesto en la Ley 3/2004, de 29 de diciembre, por la que se establecen medidas de lucha contra la morosidad en las operaciones comerciales, y modificado por la Ley 15/2010 de 6 de julio.

El siguiente detalle informa sobre el periodo medio de pagos a proveedores:

Ejercicio actual Ejercicio anterior

Días Días

Período medio de pago a proveedores 94705

No es necesario incluir información adicional para aclarar circunstancias que puedan distorsionar el resultado obtenido en el cálculo del período medio de pago a proveedores.

En ...., a ..../.........../..........., dando su conformidad mediante firma:

Don/Doña. ....

DNI: ....

En calidad de: ....

F212. MEMORIA CUENTAS ANUALES (III)

Normativa de Aplicación: *Arts. 259 y ss. Real Decreto Legislativo 1/2010, de 2 de julio, por el que se aprueba el texto refundido de la Ley de Sociedades de Capital.*

1. Actividad de la empresa

(Empresa) ...., es una sociedad limitada, constituida en ...., por tiempo indefinido, el día .... de .... de .... Su domicilio social se encuentra sito en .... de (Municipio / población).

Constituye el objeto social de la Entidad ....

La actividad actual de la Empresa coincide con su objeto social. El ejercicio social coincide con el año natural por disposición de sus Estatutos Sociales.

Se encuentra sujeta a la Ley de Sociedades de Capital, cuyo texto refundido se aprobó por Real Decreto Legislativo 1/2010, de 2 de julio, el Código de Comercio, el Real Decreto 1514/2007, por el que se aprueba el Plan General de Contabilidad, modificado por el Real Decreto 602/2016 de 2 de diciembre, y el resto de disposiciones legales vigentes en materia contable, constituyendo todo ello su marco normativo básico de información financiera.

Se encuentra inscrita en el Registro Mercantil de la Provincia de .... al Tomo ...., general .... de la sección general, folio ...., hoja ...., inscripción ...., y Código de Identificación Fiscal ....

(Indicar si forma parte de un grupo mercantil)

Las últimas Cuentas Anuales formuladas han sido las correspondientes al ejercicio cerrado el .... y las últimas aprobadas las correspondientes al ejercicio ....

La moneda funcional con la que opera la Sociedad es el euro.

2. Bases de presentación

2.1 Imagen fiel

- Las Cuentas Anuales del ejercicio .... adjuntas han sido formuladas por el Administrador único/solidario/mancomunado a partir de los registros contables de la Sociedad a .... de .... de .... y en ellas se han aplicado los principios contables y criterios de valoración recogidos en el Real Decreto 1514/2007, por el que se aprueba el Plan General de Contabilidad, modificado por el Real Decreto 602/2016, de 2 de diciembre, y el resto de disposiciones legales vigentes en materia contable, y muestran la imagen fiel del patrimonio, de la situación financiera y de los resultados de la Sociedad, así como la veracidad de los flujos incorporados en el estado de flujos de efectivo.
- No existen razones excepcionales por las que, para mostrar la imagen fiel, no se hayan aplicado disposiciones legales en materia contable.
- Las Cuentas Anuales adjuntas se someterán a la aprobación por los socios, estimándose que serán aprobadas sin modificación alguna.
- Las Cuentas Anuales del ejercicio anterior fueron aprobadas en fecha .... de .... de ....

2.2. Principios contables no obligatorios aplicados.

- En la elaboración de las Cuentas Anuales adjuntas no se han aplicado principios contables no obligatorios.

2.3. Aspectos críticos de la valoración y estimación de la incertidumbre.

- La Sociedad ha elaborado sus estados financieros bajo el principio de empresa en funcionamiento, sin que exista ningún tipo de riesgo importante que pueda suponer cambios significativos en el valor de los activos o pasivos en el ejercicio siguiente.
- En las Cuentas Anuales adjuntas se han utilizado ocasionalmente estimaciones realizadas por la Dirección de la Sociedad para cuantificar algunos de los activos, pasivos y compromisos que figuran registrados en ellas, en especial en lo relativo

a la vida útil de los activos inmovilizados, y correcciones valorativas sobre créditos comerciales, no comerciales y existencias.

- Es posible que, a pesar de que estas estimaciones se realizaron en función de la mejor información disponible a la fecha de formulación las Cuentas Anuales sobre los hechos analizados, se produzcan acontecimientos en el futuro que obliguen a modificarlas (al alza o a la baja) en próximos ejercicios, lo que se haría de forma prospectiva reconociendo los efectos del cambio de estimación en las correspondientes cuentas de pérdidas y ganancias futuras.

2.4. Comparación de la información.

- Las cuentas anuales presentan, a efectos comparativos, con cada una de las partidas del balance, de la cuenta de pérdidas y ganancias, del estado de cambios en el patrimonio neto y del estado de flujos de efectivo, además de las cifras del ejercicio .... las correspondientes al ejercicio anterior. Asimismo, la información contenida en esta memoria referida al ejercicio .... se presenta, a efectos comparativos, con la información del ejercicio .... Dado que se han aplicado las mismas normas y principios contables son directamente comparables.
- La Sociedad está obligada a auditar las cuentas anuales de los ejercicios .... y .... Ambas se encuentran auditadas.

2.5. Agrupación de partidas.

- Las cuentas anuales no tienen ninguna partida que haya sido objeto de agrupación en el balance, en la cuenta de pérdidas y ganancias, en el estado de cambios en el patrimonio neto o en el estado de flujos de efectivo.

2.6. Elementos recogidos en varias partidas.

- No se presentan elementos patrimoniales registrados en dos o más partidas del Balance.

2.7. Cambios en criterios contables.

- Durante el ejercicio .... no se han producido cambios significativos de criterios contables respecto a los criterios aplicados en el ejercicio anterior.

2.8. Corrección de errores.

- Las cuentas anuales del ejercicio .... no incluyen ajustes realizados como consecuencia de errores detectados en el ejercicio ni en el ejercicio anterior.

2.9. Importancia relativa.

- Al determinar la información a desglosar en la presente memoria sobre las diferentes partidas de los estados financieros u otros asuntos, la Sociedad, de acuerdo con el Marco Conceptual del Plan General de Contabilidad, ha tenido en cuenta la importancia relativa en relación con las cuentas anuales del ejercicio ....

3. Aplicación de resultados

- La propuesta de aplicación del resultado por parte del administrador único es la siguiente:

  Base de reparto 31/12/ .... 31/12/ ....

  Saldo de la cuenta de pérdidas y ganancias

  Total

  Aplicación

  A ....

  Total

La Sociedad está obligada a destinar el 10% de los beneficios de cada ejercicio a la constitución de la reserva legal, hasta que ésta alcance, al menos, el 20% del capital social. Esta reserva, mientras no supere el límite del 20% del capital social, no es distribuible a los socios. Ver nota 10 de Fondos Propios.

Ni en el ejercicio ni en el ejercicio anterior se han repartido dividendos a cuenta. No existen limitaciones para la distribución de dividendos.

4. Normas de registro y valoración

4.1. Inmovilizado intangible.

- El inmovilizado intangible se valora inicialmente por su coste, ya sea éste el precio de adquisición o el coste de producción. El coste del inmovilizado intangible adquirido mediante combinaciones de negocios es su valor razonable en la fecha de adquisición.
- Después del reconocimiento inicial, el inmovilizado intangible se valora por su coste, menos la amortización acumulada y, en su caso, el importe acumulado de las correcciones por deterioro registradas.
- Los activos intangibles se amortizan sistemáticamente en función de la vida útil estimada de los mismos y de su valor residual. Los métodos y periodos de amortización aplicados son revisados en cada cierre de ejercicio y, si procede, ajustados de forma prospectiva. Al menos al cierre del ejercicio, se evalúa la existencia de indicios de deterioro, en cuyo caso se estiman los valores recuperables, efectuándose las correcciones valorativas que procedan.

- La Sociedad reconoce contablemente cualquier pérdida que haya podido producirse en el valor registrado de estos activos con origen en su deterioro, utilizándose como contrapartida el epígrafe «Pérdidas netas por deterioro» de la cuenta de pérdidas y ganancias. Los criterios para el reconocimiento de las pérdidas por deterioro de estos activos y, en su caso, de las repercusiones de las pérdidas por deterioro registradas en ejercicios anteriores son similares a los aplicados para los activos materiales y se explican posteriormente.
- En el presente ejercicio y el anterior no se han reconocido «Pérdidas netas por deterioro» derivadas de los activos intangibles.
- La amortización de los elementos de inmovilizado intangible se realiza de forma lineal durante su vida útil estimada, en función de los siguientes años de vida útil:

4.2. Inmovilizado material.

- Se valora a su precio de adquisición o a su coste de producción, que incluye, además del importe facturado después de deducir cualquier descuento o rebaja en el precio, todos los gastos adicionales y directamente relacionados que se produzcan hasta su puesta en funcionamiento, como los gastos de explanación y derribo, transporte, seguros, instalación, montaje y otros similares. La Sociedad incluye en el coste del inmovilizado material que necesita un periodo de tiempo superior a un año para estar en condiciones de uso, explotación o venta, los gastos financieros relacionados con la financiación específica o genérica directamente atribuible a la adquisición, construcción o producción. Forma parte, también, del valor del inmovilizado material, la estimación inicial del valor actual de las obligaciones asumidas derivadas del desmantelamiento o retiro y otras asociadas al activo, tales como costes de rehabilitación, cuando estas obligaciones dan lugar al registro de provisiones.
- La Sociedad no tiene compromisos de desmantelamiento, retiro o rehabilitación para sus bienes de activo. Por ello, no se han contabilizado en los activos valores para la cobertura de tales obligaciones de futuro.
- Se registra la pérdida por deterioro del valor de un elemento del inmovilizado material cuando su valor neto contable supere a su importe recuperable, entendiendo éste como el mayor importe entre su valor razonable menos los costes de venta y su valor en uso.
- Los gastos realizados durante el ejercicio con motivo de las obras y trabajos efectuados por la Sociedad, se cargarán en la cuenta de gastos que correspondan. Las cuentas del inmovilizado material en curso se cargan por el importe de dichos gastos, con abono a la partida de ingresos que recoge los trabajos realizados por la Sociedad para sí misma.
- Los costes de ampliación o mejora que dan lugar a un aumento de la capacidad productiva o a un alargamiento de la vida útil de los bienes, son incorporados al activo como mayor valor del mismo. La amortización de los elementos del inmovi-

lizado material se realiza, desde el momento en el que están disponibles para su puesta en funcionamiento, de forma lineal durante su vida útil estimada considerando un valor residual nulo, en función de los siguientes años de vida útil:

Los elementos adquiridos de segunda mano se amortizan a doble porcentaje.

- Los arrendamientos se clasifican como arrendamientos financieros siempre que de las condiciones de los mismos se deduzca que se transfieren al arrendatario sustancialmente los riesgos y beneficios inherentes a la propiedad del activo objeto del contrato. Los demás arrendamientos se clasifican como arrendamientos operativos.
- La normativa vigente establece que el coste de los bienes en arrendamiento financiero se contabilizará en el balance según la naturaleza del bien objeto del contrato y, simultáneamente, un pasivo por el mismo importe. Este importe será el menor entre el valor razonable del bien arrendado y el valor actual al inicio del arrendamiento de las cantidades mínimas acordadas, incluida la opción de compra, cuando no existan dudas razonables sobre su ejercicio. No se incluirán en su cálculo las cuotas de carácter contingente, el coste de los servicios y los impuestos repercutibles por el arrendador.

  Los activos registrados por este tipo de operaciones se amortizan con criterios similares a los aplicados al conjunto de los activos materiales, atendiendo a su naturaleza.

  La Sociedad evalúa, al menos al cierre de cada ejercicio, si existen indicios de pérdidas por deterioro de valor de su inmovilizado material que reduzcan el valor recuperable de dichos activos a un importe inferior al de su valor en libros. Si existe cualquier indicio, se estima el valor recuperable del activo con el objeto de determinar el alcance de la eventual pérdida por deterioro de valor. En caso de que el activo no genere flujos de efectivo que sean independientes de otros activos o grupos de activos, la Sociedad calcula el valor recuperable de la unidad generadora de efectivo (UGE) a la que pertenece el activo.
- El valor recuperable de los activos es el mayor entre su valor razonable menos los costes de venta y su valor en uso. La determinación del valor en uso se realiza en función de los flujos de efectivo futuros esperados que se derivarán de la utilización del activo, las expectativas sobre posibles variaciones en el importe o distribución temporal de los flujos, el valor temporal del dinero, el precio a satisfacer por soportar la incertidumbre relacionada con el activo y otros factores que los partícipes del mercado considerarían en la valoración de los flujos de efectivo futuros relacionados con el activo.
- En el caso de que el importe recuperable estimado sea inferior al valor neto en libros del activo, se registra la correspondiente pérdida por deterioro con cargo a la cuenta de pérdidas y ganancias, reduciendo el valor en libros del activo a su importe recuperable.
- Una vez reconocida la corrección valorativa por deterioro o su reversión, se ajustan las amortizaciones de los ejercicios siguientes considerando el nuevo valor contable.

No obstante lo anterior, si de las circunstancias específicas de los activos se pone de manifiesto una pérdida de carácter irreversible, ésta se reconoce directamente en pérdidas procedentes del inmovilizado de la cuenta de pérdidas y ganancias.

En el ejercicio .... y .... la Sociedad no ha registrado pérdidas por deterioro de los inmovilizados materiales.

4.3. Inversiones Inmobiliarias.

- La Sociedad clasifica como inversiones inmobiliarias aquellos activos no corrientes que sean inmuebles y que posee para obtener rentas, plusvalías o ambas, en lugar de para su uso en la producción o suministros de bienes o servicios, o bien para fines administrativos, o su venta en el curso ordinario de las operaciones.
- Para la valoración de las inversiones inmobiliarias se utilizan los criterios del inmovilizado material para los terrenos y construcciones, siendo los siguientes:
  - o Los solares sin edificar se valoran por su precio de adquisición más los gastos de acondicionamiento, como cierres, movimiento de tierras, obras de saneamiento y drenaje, los de derribo de construcciones cuando sea necesario para poder efectuar obras de nueva planta, los gastos de inspección y levantamiento de planos cuando se efectúan con carácter previo a su adquisición, así como la estimación inicial del valor actual de las obligaciones presentes derivadas de los costes de rehabilitación del solar.
  - o Las construcciones se valoran por su precio de adquisición o coste de producción, incluidas aquellas instalaciones y elementos que tienen carácter de permanencia, por las tasas inherentes a la construcción y los honorarios facultativos de proyecto y dirección de obra.
- Los arrendamientos conjuntos de terreno y edificio se clasificarán como operativos o financieros con los mismos criterios que los arrendamientos de otro tipo de activo.
- No obstante, como normalmente el terreno tiene una vida económica indefinida, en un arrendamiento financiero conjunto, los componentes de terreno y edificio se considerarán de forma separada, clasificándose el correspondiente al terreno como un arrendamiento operativo, salvo que se espere que el arrendatario adquiera la propiedad al final del periodo de arrendamiento.
- A estos efectos, los pagos mínimos por el arrendamiento se distribuirán entre el terreno y el edificio en proporción a los valores razonables relativos que representan los derechos de arrendamiento de ambos componentes, a menos que tal distribución no sea fiable, en cuyo caso todo el arrendamiento se clasificará como financiero, salvo que resulte evidente que es operativo.

  La Sociedad no posee inversiones inmobiliarias.

4.4. Arrendamientos.

- Los contratos de arrendamiento financiero han sido incorporados directamente como activo de la Sociedad y se hace figurar en el pasivo la deuda existente con el acreedor. Los intereses se incorporan directamente como gastos a medida que se van liquidando las cuotas correspondientes.
- En las operaciones de arrendamiento operativo, la propiedad del bien arrendado y sustancialmente todos los riesgos y ventajas que recaen sobre el bien permanecen en el arrendador.
- Cuando la Sociedad actúa como arrendatario, los gastos del arrendamiento se cargan linealmente a la cuenta de pérdidas y ganancias en función de los acuerdos y de la vida del contrato.
- Para aquellos inmovilizados arrendados a la Sociedad:

  Los activos adquiridos mediante arrendamiento financiero se registran de acuerdo con su naturaleza, por el menor entre el valor razonable del activo y el valor actual al inicio del arrendamiento de los pagos mínimos acordados, contabilizándose un pasivo financiero por el mismo importe. Los pagos por el arrendamiento se distribuyen entre los gastos financieros y la reducción del pasivo. A los activos se les aplican los mismos criterios de amortización, deterioro y baja que al resto de activos de su naturaleza.

  Los pagos por arrendamientos operativos se registran como gastos en la cuenta de pérdidas y ganancias cuando se devengan.
- En aquellos inmovilizados que la sociedad arrienda a terceros:

  Los ingresos derivados de los arrendamientos operativos se registran en la cuenta de pérdidas y ganancias cuando se devengan. Los costes directos imputables al contrato se incluyen como mayor valor del activo arrendado y se reconocen como gasto durante el plazo del contrato, aplicando el mismo criterio utilizado para el reconocimiento de los ingresos del arrendamiento.

  La Sociedad no posee inmovilizado arrendado a terceros.

4.5. Permutas.

- En las permutas de carácter comercial, se valora el inmovilizado material recibido por el valor razonable del activo entregado más las contrapartidas monetarias que se han entregado a cambio, salvo que se tenga una evidencia más clara del valor razonable del activo recibido y con el límite de este último.
- Se ha considerado una permuta de carácter comercial cuando:
  - El riesgo, calendario e importe de los flujos de efectivo del inmovilizado recibido difiere de la configuración de los flujos de efectivo del activo entregado; o

- El valor actual de los flujos de efectivo después de impuestos de las actividades de la Sociedad afectadas por la permuta, se ve modificado como consecuencia de la permuta.

- Cuando la permuta no tenga carácter comercial o cuando no pueda obtenerse una estimación fiable del valor razonable de los elementos que intervienen en la operación, el inmovilizado material recibido se valora por el valor contable del bien entregado más, en su caso, las contrapartidas monetarias que se hubieran entregado a cambio, con el límite, cuando esté disponible, del valor razonable del inmovilizado recibido si éste fuera menor.

En el ejercicio ni en el anterior no se han realizado permutas.

4.6. Instrumentos financieros.

La Sociedad tiene registrados en el capítulo de instrumentos financieros aquellos contratos que dan lugar a un activo financiero en una empresa y, simultáneamente, a un pasivo financiero o a un instrumento de patrimonio en otra empresa. Se consideran, por tanto instrumentos financieros los siguientes:

a) Clasificación y valoración:

- Los activos financieros, a efectos de su valoración, se clasifican en alguna de las siguientes categorías:

  1. Préstamos y partidas a cobrar.
  2. Inversiones mantenidas hasta el vencimiento.
  3. Activos financieros mantenidos para negociar.
  4. Otros activos financieros a valor razonable con cambios en la cuenta de pérdidas y ganancias.
  5. Inversiones en el patrimonio de empresas del grupo, multigrupo y asociadas.
  6. Activos financieros disponibles para la venta.

- La valoración inicial de los activos financieros se realiza por su valor razonable. El valor razonable es, salvo evidencia en contrario, el precio de la transacción, que equivale al valor razonable de la contraprestación entregada más los costes de transacción que le sean directamente atribuibles, con la excepción de que para los activos financieros mantenidos para negociar y para otros activos financieros a valor razonable con cambios en la cuenta de pérdidas y ganancias, los costes de transacción que le sean directamente atribuibles son imputados directamente a la cuenta de pérdidas y ganancias del ejercicio en el cual se produce la adquisición del activo financiero. Adicionalmente, para los activos financieros mantenidos para negociar y para los disponibles para la venta, formarán parte de la valoración inicial el importe de los derechos preferentes de suscripción y similares que en su caso se hayan adquirido.

a.1) Préstamos y partidas a cobrar:

- Son aquellos activos financieros que se originan por la venta y prestación de servicios por la Sociedad. Además, se incluyen en esta categoría los créditos por operaciones distintas de la prestación de servicios, que son definidos como aquellos activos financieros que, no siendo instrumentos de patrimonio ni derivados, no tienen origen comercial, cuyos cobros son de cuantía determinada o determinable y que no se negocian en un mercado activo. No se incluyen en esta categoría aquellos activos financieros para los cuales la Sociedad pueda no recuperar sustancialmente toda la inversión inicial, por circunstancias diferentes al deterioro crediticio.
- Tras el reconocimiento inicial los activos financieros incluidos en esta categoría se valoran por su coste amortizado. Los intereses devengados se contabilizan en la cuenta de pérdidas y ganancias aplicando el método del tipo de interés efectivo.
- No obstante, para aquellos créditos por operaciones comerciales con vencimiento no superior a un año y que no tengan un tipo de interés contractual, así como los anticipos y créditos al personal, los dividendos a cobrar y los desembolsos exigidos sobre instrumentos de patrimonio, cuyo importe se espera recibir en el corto plazo, se valoran por su valor nominal, tanto en la valoración inicial como en la valoración posterior, cuando el efecto de no actualizar los flujos de efectivo no es significativo.
- Los préstamos y cuentas a cobrar con vencimiento inferior a 12 meses, contados a partir de la fecha de balance, se clasifican como corrientes, y aquellos con vencimiento superior a 12 meses se clasifican como no corrientes.

a.2) Inversiones mantenidas hasta el vencimiento:

- Son aquellos activos financieros, tales como los valores representativos de deuda, con una fecha de vencimiento fijada, cobros de cuantía determinada o determinable, que se negocian en un mercado activo y que la Sociedad tiene la intención efectiva y la capacidad de conservarlos hasta su vencimiento.
- Después del reconocimiento inicial, los activos financieros incluidos en esta categoría se valoran por su coste amortizado. Los intereses devengados se contabilizan en la cuenta de pérdidas y ganancias aplicando el método del tipo de interés efectivo.

a.3) Activos financieros mantenidos para negociar:

- Se considera que un activo financiero se posee para negociar cuando:
  a) Se origina o adquiere con el propósito de venderlo en el corto plazo,
  b) Forma parte de una cartera de instrumentos financieros identificados y gestionados conjuntamente de la que existen evidencias de actuaciones recientes para obtener ganancias en el corto plazo, o
  c) Es un instrumento financiero derivado, siempre que no sea un contrato de garantía financiera ni haya sido designado como instrumento de cobertura.
- Después del reconocimiento inicial se valoran por su valor razonable, sin deducir los costes de transacción en que se pudiera incurrir en su enajenación. Los cambios que se produzcan en su valor razonable se imputan en la cuenta de pérdidas y ganancias del ejercicio.

a.4) Otros activos financieros a valor razonable con cambios en la cuenta de pérdidas y ganancias:

- En esta categoría se incluyen los instrumentos financieros híbridos cuando no es posible realizar la valoración del derivado implícito de forma separada o no se pudiese determinar de forma fiable su valor razonable, ya sea en el momento de su adquisición como en una fecha posterior, o cuando se opte, en el momento de su reconocimiento inicial, por valorar el instrumento financiero híbrido a valor razonable.

- También se incluyen en esta categoría aquellos activos financieros designados por la Sociedad en el momento del reconocimiento inicial para su inclusión en esta categoría.

  Dicha designación sólo se realiza cuando resulta en una información más relevante, debido a que:

  a) Se eliminan o reducen de manera significativa inconsistencias en el reconocimiento o valoración que en otro caso surgirían por la valoración de activos o pasivos o por el reconocimiento de las pérdidas o ganancias de los mismos con diferentes criterios.

  b Un grupo de activos financieros o de activos y pasivos financieros se gestione y su rendimiento se evalúe sobre la base de su valor razonable de acuerdo con una estrategia de gestión del riesgo o de inversión documentada y facilitando información del grupo, también sobre la base del valor razonable, al personal clave de la Dirección.

  En la memoria se informa sobre cuándo se hace uso de esta opción.

- Después del reconocimiento inicial se valoran por su valor razonable sin deducir los costes de transacción en que se pudiera incurrir en su enajenación. Los cambios que se produzcan en el valor razonable se imputan en la cuenta de pérdidas y ganancias del ejercicio.

a.5) Inversiones en el patrimonio de empresas del grupo, multigrupo y asociadas:

- Se incluye en esta categoría las inversiones en el capital en empresas del grupo, multigrupo y asociadas.

- Después del reconocimiento inicial se valoran por su coste, menos, en su caso, el importe acumulado de las correcciones valorativas por deterioro.

- Cuando debe asignarse valor a estos activos por baja del balance u otro motivo, se aplica el método del coste medio ponderado por grupos homogéneos, entendiéndose por estos los valores que tienen iguales derechos. En el caso de venta de derechos preferentes de suscripción y similares o segregación de los mismos para ejercitarlos, el importe del coste de los derechos disminuye el valor contable de los respectivos activos.

a.6) Activos financieros disponibles para la venta:

- En esta categoría se incluyen los valores representativos de deuda e instrumentos de patrimonio de otras empresas que no se hayan clasificado en ninguna de las categorías anteriores.
- Después del reconocimiento inicial se valoran por su valor razonable, sin deducir los costes de transacción en que se pudiera incurrir en su enajenación. Los cambios que se produzcan en el valor razonable se registran directamente en el patrimonio neto, hasta que el activo financiero causa baja del balance o se deteriora, momento en que el importe así reconocido se imputa a la cuenta de pérdidas y ganancias. No obstante lo anterior, las correcciones valorativas por deterioro del valor y las pérdidas y ganancias que resulten por diferencias de cambio en activos financieros monetarios en moneda extranjera, se registran en la cuenta de pérdidas y ganancias. También se registra en la cuenta de pérdidas y ganancias el importe de los intereses, calculados según el método del tipo de interés efectivo, y de los dividendos devengados.
- Las inversiones en instrumentos de patrimonio cuyo valor razonable no se puede determinar con fiabilidad se valoran por su coste, menos, en su caso, el importe acumulado de las correcciones valorativas por deterioro del valor. Cuando deba asignarse valor a estos activos por baja del balance u otro motivo, se aplica el método del valor medio ponderado por grupos homogéneos. En el caso de venta de derechos preferentes de suscripción y similares o segregación de los mismos para ejercitarlos, el importe de los derechos disminuye el valor contable de los respectivos activos. Dicho importe corresponde al valor razonable o al coste de los derechos, de forma consistente con la valoración de los activos financieros asociados.

b) Intereses y dividendos recibidos de activos financieros:

- Los intereses y dividendos de activos financieros devengados con posterioridad al momento de la adquisición se reconocen como ingresos en la cuenta de pérdidas y ganancias. Los intereses deben reconocerse utilizando el método del tipo de interés efectivo y los dividendos cuando se declare el derecho a recibirlos.
- A estos efectos, en la valoración inicial de los activos financieros se registran de forma independiente, atendiendo a su vencimiento, el importe de los intereses explícitos devengados y no vencidos en dicho momento así como el importe de los dividendos acordados por el órgano competente en el momento de la adquisición. A estos efectos, se entiende por «intereses explícitos» aquellos que se obtienen de aplicar el tipo de interés contractual del instrumento financiero.
- Asimismo, cuando los dividendos distribuidos proceden inequívocamente de resultados generados con anterioridad a la fecha de adquisición porque se hayan distribuido importes superiores a los beneficios generados por la participada desde la adquisición, no se reconocen como ingresos, y minoran el valor contable de la inversión.

c) Deterioro de activos financieros:

- La Sociedad evalúa al cierre del ejercicio si los activos financieros o grupo de activos financieros están deteriorados.

Activos financieros contabilizados al coste amortizado

- Se efectúan las correcciones valorativas necesarias, siempre que exista evidencia objetiva de que el valor de un activo financiero o grupo de activos financieros, contabilizados al coste amortizado, se ha deteriorado como resultado de uno o más eventos que hayan ocurrido después de su reconocimiento inicial y que ocasionen una reducción o retraso en los flujos de efectivo estimados futuros.
- La pérdida por deterioro del valor de estos activos financieros es la diferencia entre su valor en libros y el valor actual de los flujos de efectivo futuros que se estima que se van a generar, descontados al tipo de interés efectivo calculado en el momento de su reconocimiento inicial. Para los activos financieros a tipo de interés variable, se emplea el tipo de interés efectivo que corresponda a la fecha de cierre de las Cuentas Anuales de acuerdo con las condiciones contractuales. En el cálculo de las pérdidas por deterioro de un grupo de activos financieros se utilizan modelos basados en fórmulas o métodos estadísticos. Para el caso de la categoría de inversiones mantenidas hasta el vencimiento, como sustitutivo del valor actual de los flujos de efectivo futuros se puede utilizar el valor de mercado del instrumento, siempre que éste sea lo suficientemente fiable como para considerarlo representativo del valor que pudiera recuperar la Sociedad.
- Las correcciones valorativas por deterioro, así como su reversión cuando el importe de dicha pérdida disminuyese por causas relacionadas con un evento posterior, se reconocen como un gasto o un ingreso, respectivamente, en la cuenta de pérdidas y ganancias. La reversión del deterioro tiene como límite el valor en libros del crédito que estaría reconocido en la fecha de reversión si no se hubiese registrado el deterioro del valor.

Inversiones en el patrimonio de empresas del grupo, multigrupo y asociadas

- Cuando existe evidencia objetiva de que el valor en libros de una inversión no va a ser recuperable deben efectuarse las correcciones valorativas necesarias.
- El importe de la corrección valorativa es la diferencia entre su valor en libros y el importe recuperable, entendido éste como el mayor importe entre su valor razonable menos los costes de venta y el valor actual de los flujos de efectivo futuros derivados de la inversión.
- Salvo mejor evidencia del importe recuperable de las inversiones, en la estimación del deterioro de esta clase de activos se ha tomado en consideración el patrimonio neto de la entidad participada corregido por las plusvalías tácitas existentes en la fecha de la valoración.
- Las correcciones valorativas por deterioro y, en su caso, su reversión, se registran como un gasto o un ingreso, respectivamente, en la cuenta de pérdidas y ganancias. La reversión del deterioro tiene como límite el valor en libros de la inversión que estaría reconocido en la fecha de reversión si no se hubiese registrado el deterioro del valor.

d) Baja de activos financieros:

- La Sociedad da de baja un activo financiero, o parte del mismo, cuando expiran o se ceden los derechos contractuales sobre los flujos de efectivo del activo financiero, siendo necesario que se transfieran de manera sustancial los riesgos y beneficios inherentes a su propiedad, en circunstancias que se evalúan comparando la exposición de la Sociedad, antes y después de la cesión, a la variación en los importes y en el calendario de los flujos de efectivo netos del activo transferido.
- Si la Sociedad no hubiese cedido ni retenido sustancialmente los riesgos y beneficios, el activo financiero se da de baja cuando no se hubiese retenido el control del mismo, situación que se determina dependiendo de la capacidad del cesionario para transmitir dicho activo. Si la Sociedad mantiene el control del activo, continúa reconociéndolo por el importe al que esté expuesto a las variaciones de valor del activo cedido, es decir, por su implicación continuada, y reconoce un pasivo asociado.
- Cuando el activo financiero se da de baja, la diferencia entre la contraprestación recibida, neta de los costes de transacción atribuibles, considerando cualquier nuevo activo obtenido menos cualquier pasivo asumido, y el valor en libros del activo financiero, más cualquier importe acumulado que se haya reconocido directamente en el patrimonio neto, determina la ganancia o la pérdida surgida al dar de baja dicho activo, y forma parte del resultado del ejercicio en que ésta se produce.
- La Sociedad no da de baja los activos financieros y reconoce un pasivo financiero por un importe igual a la contraprestación recibida en las cesiones de activos financieros en las que ha retenido sustancialmente los riesgos y beneficios inherentes a su propiedad, tales como en el descuento de efectos, el «factoring con recurso», las ventas de activos financieros con pacto de recompra a un precio fijo o al precio de venta más un interés y las titulizaciones de activos financieros en las que la empresa cedente retenga financiaciones subordinadas u otro tipo de garantías que absorban sustancialmente todas las pérdidas esperadas.

e) Efectivo y otros medios líquidos equivalentes:

- Bajo este epígrafe del balance adjunto se registra el efectivo en caja y bancos, depósitos a la vista y otras inversiones a corto plazo de alta liquidez que son rápidamente realizables en caja y que no tienen riesgo de cambios en su valor.

Pasivos financieros

a) Clasificación y valoración:

- La Sociedad determina la clasificación de sus pasivos financieros de acuerdo a las siguientes categorías:

  1. Débitos y partidas a pagar

  2. Pasivos financieros mantenidos para negociar

  3. Otros pasivos financieros a valor razonable con cambios en la Cuenta de Pérdidas y Ganancias.

- Los pasivos financieros se valoran inicialmente por su valor razonable, que salvo evidencia en contrario es el precio de la transacción, que equivale al valor razonable de la contraprestación recibida. Los costes de transacción que sean directamente atribuibles forman parte de la valoración inicial para los pasivos financieros incluidos en la partida de débitos y partidas a pagar; para el resto de pasivos financieros dichos costes se imputan a la cuenta de pérdidas y ganancias. Los pasivos con vencimiento inferior a 12 meses contados a partir de la fecha del balance se clasifican como corrientes, mientras que aquellos con vencimiento superior se clasifican como no corrientes.

a.1) Débitos y partidas a pagar:

- Son aquellos pasivos financieros que se originan por la compra de bienes y servicios por operaciones de tráfico de la Sociedad; además, se incluyen en esta categoría los débitos por operaciones no comerciales, que son definidos como aquellos pasivos financieros que, no siendo instrumentos derivados, no tienen origen comercial.
- Después del reconocimiento inicial los pasivos financieros incluidos en esta categoría se valoran por su coste amortizado. Los intereses devengados se contabilizan en la cuenta de pérdidas y ganancias aplicando el método del tipo de interés efectivo.
- No obstante, los débitos por operaciones comerciales con vencimiento no superior a un año y que no tengan un tipo de interés contractual, así como los desembolsos exigidos por terceros sobre participaciones, cuyo importe se espera pagar en el corto plazo, tanto en la valoración inicial como en la valoración posterior se valoran por su valor nominal cuando el efecto de no actualizar los flujos de efectivo no es significativo.

a.2) Pasivos financieros mantenidos para negociar:

- Se considera que un pasivo financiero se posee para negociar cuando:
  a) Se emite principalmente con el propósito de readquirirlo en el corto plazo.
  b) Forma parte de una cartera de instrumentos financieros identificados y gestionados conjuntamente de la que existan evidencias de actuaciones recientes para obtener ganancias en el corto plazo, o
  c) Es un instrumento financiero derivado, siempre que no sea un contrato de garantía financiera ni haya sido designado como instrumento de cobertura.
- Después del reconocimiento inicial se valoran por su valor razonable, sin deducir los costes de transacción en que se pudiera incurrir en su enajenación. Los cambios que se produzcan en el valor razonable se imputan en la cuenta de pérdidas y ganancias del ejercicio.

a.3) Otros pasivos financieros a valor razonable con cambios en la Cuenta de Pérdidas y Ganancias:

- En esta categoría se incluyen los instrumentos financieros híbridos cuando no es posible realizar la valoración del derivado implícito de forma separada o no se pudiese determinar de forma fiable su valor razonable, ya sea en el momento de su adquisición como en una fecha posterior, o cuando se opte en el momento de su reconocimiento inicial por valorar el instrumento financiero híbrido a valor razonable.

- También se han incluido en esta categoría aquellos pasivos financieros designados por la Sociedad en el momento del reconocimiento inicial para su inclusión en esta categoría. Dicha designación sólo se realiza cuando resulta en una información más relevante, debido a que:

  a) Se eliminan o reducen de manera significativa inconsistencias en el reconocimiento o valoración que en otro caso surgirían por la valoración de activos o pasivos o por el reconocimiento de las pérdidas o ganancias de los mismos con diferentes criterios.

  b) Un grupo de pasivos financieros o de activos y pasivos financieros se gestione y su rendimiento se evalúe sobre la base de su valor razonable de acuerdo con una estrategia de gestión del riesgo o de inversión documentada y facilitando información del grupo también sobre la base del valor razonable, al personal clave de la dirección.

- Después del reconocimiento inicial se valoran por su valor razonable, sin deducir los costes de transacción en que se pudiera incurrir en su enajenación. Los cambios que se produzcan en el valor razonable se imputan en la cuenta de pérdidas y ganancias del ejercicio.

b) Baja de pasivos financieros:

- La Sociedad procede a dar de baja un pasivo financiero cuando la obligación se ha extinguido. También se procede a dar de baja los pasivos financieros propios que adquiera, aunque sea con la intención de recolocarlos en el futuro.

- Cuando se produce un intercambio de instrumentos de deuda, siempre que estos tengan condiciones sustancialmente diferentes, se registra la baja del pasivo financiero original y se reconoce el nuevo pasivo financiero que surja. De la misma forma se registra una modificación sustancial de las condiciones actuales de un pasivo financiero.

- La diferencia entre el valor en libros del pasivo financiero o de la parte del mismo que se haya dado de baja y la contraprestación pagada, incluidos los costes de transacción atribuibles y en la que se recoge asimismo cualquier activo cedido diferente del efectivo o pasivo asumido, se reconoce en la cuenta de pérdidas y ganancias del ejercicio en que tenga lugar.

- Cuando se produce un intercambio de instrumentos de deuda que no tengan condiciones sustancialmente diferentes, el pasivo financiero original no se da de baja del balance registrando el importe de las comisiones pagadas como un ajuste de su valor contable. El coste amortizado del pasivo financiero se determina aplicando el tipo de interés efectivo, que es aquel que iguala el valor en libros del pasivo financiero en la fecha de modificación con los flujos de efectivo a pagar según las nuevas condiciones.

4.7. Coberturas contables.

- En las coberturas del valor razonable, los cambios de valor del instrumento de cobertura y de la partida cubierta atribuibles al riesgo cubierto se reconocen en la cuenta de pérdidas y ganancias.
- La parte de la ganancia o la pérdida del instrumento de cobertura de los flujos de efectivo se reconoce transitoriamente en el patrimonio neto, imputándose a la cuenta de pérdidas y ganancias en el ejercicio o ejercicios en los que la operación cubierta prevista afecte al resultado salvo que la cobertura corresponda a una transacción prevista que termine en el reconocimiento de un activo o pasivo no financiero, en cuyo caso los importe registrados en el patrimonio neto se incluyen en el coste del activo o pasivo cuando es adquirido o asumido.
- Las operaciones de cobertura de inversiones netas en negocios en el extranjero en sociedades dependientes, multigrupo y asociadas, se tratan como coberturas de valor razonable por el componente de tipo de cambio.

  La Sociedad no posee coberturas contables de ningún tipo.

4.8. Existencias.

- Se valoran al precio de adquisición o coste de producción. El precio de adquisición es el importe facturado por el proveedor, deducidos los descuentos y los intereses incorporados al nominal de los débitos, más los gastos adicionales para que las existencias se encuentren ubicadas para su venta: transportes, aranceles, seguros y otros atribuibles a la adquisición. En cuanto al coste de producción, las existencias se valoran añadiendo al coste de adquisición de las materias primas y otras materias consumibles los costes directamente imputables al producto y la parte que razonablemente corresponde de los costes indirectamente imputables a los productos.
- El método FIFO es el adoptado por la empresa por considerarlo el más adecuado para su gestión.
- Los impuestos indirectos que gravan las existencias sólo se incorporan al precio de adquisición o coste de producción cuando no son recuperables directamente de la Hacienda Pública.
- En cuanto a las existencias que necesitan un periodo superior al año para ser vendidas, se incorporan los gastos financieros en los términos previstos en la norma sobre inmovilizado material.
- Los anticipos a proveedores a cuenta de suministros futuros de existencias se valoran por su coste.
- La valoración de los productos obsoletos, defectuosos o de lento movimiento se reduce a su posible valor de realización.

- Cuando el valor neto realizable de las existencias es inferior a su precio de adquisición o a su coste de producción, se efectúan las oportunas correcciones valorativas reconociéndolas como un gasto en la cuenta de pérdidas y ganancias.
- Si dejan de existir las circunstancias que causaron la corrección del valor de las existencias, el importe de la corrección es objeto de reversión reconociéndolo como un ingreso en la cuenta de pérdidas y ganancias.
- Los elementos y conjuntos incorporables se valoran por una cantidad fija al resultar muy complicado su control. La cuantía que los mismos representan sobre el total de las existencias de la Sociedad es de carácter irrisorio. La Sociedad registra deterioro de los productos en curso cuando presume la no recuperabilidad del coste de producción.

4.9. Transacciones en moneda extranjera.

- Las operaciones realizadas en moneda extranjera se registran en la moneda funcional de la Sociedad (euros) a los tipos de cambio vigentes en el momento de la transacción. Durante el ejercicio, las diferencias que se producen entre el tipo de cambio contabilizado y el que se encuentra en vigor a la fecha de cobro o de pago se registran como resultados financieros en la cuenta de resultados. La Sociedad no ha cambiado en el ejercicio la moneda funcional que es el euro.
- Asimismo, al 31 de diciembre de cada año se realiza al tipo de cambio de cierre la conversión de los saldos a cobrar o pagar con origen en moneda extranjera. Las diferencias de valoración producidas se registran como resultados financieros en la cuenta de resultados.

4.10. Impuestos sobre beneficios.

- El gasto por impuesto sobre beneficios se determina mediante la suma del gasto por impuesto corriente y el impuesto diferido. El gasto por impuesto corriente se determina aplicando el tipo de gravamen vigente a la ganancia fiscal, y minorando el resultado así obtenido en el importe de las bonificaciones y deducciones generadas y aplicadas en el ejercicio.
- Los activos y pasivos por impuestos diferidos proceden de las diferencias temporarias, definidas como los importes que se prevén pagaderos o recuperables en el futuro y que derivan de la diferencia entre el valor en libros de los activos y pasivos y su base fiscal. Dichos importes se registran aplicando a la diferencia temporaria el tipo de gravamen al que se espera recuperarlos o liquidarlos.
- Los activos por impuestos diferidos surgen, igualmente, como consecuencia de las bases imponibles negativas pendientes de compensar y de los créditos por deducciones fiscales generadas y no aplicadas.
- Se reconoce el correspondiente pasivo por impuesto diferido para todas las diferencias temporarias imponibles, salvo que la diferencia temporaria se derive del

reconocimiento inicial de un fondo de comercio o del reconocimiento inicial de una transacción que no es una combinación de negocios de otros activos y pasivos en una operación que en el momento de su realización no afecte ni al resultado fiscal ni al contable.

- Por su parte, los activos por impuestos diferidos, identificados con diferencias temporarias deducibles, solo se reconocen en el caso de que se considere probable que la Sociedad va a tener en el futuro suficientes ganancias fiscales contra las que poder hacerlos efectivos y no procedan del reconocimiento inicial de otros activos y pasivos en una operación que no afecta ni al resultado fiscal ni al resultado contable. El resto de activos por impuestos diferidos (bases imponibles negativas y deducciones pendientes de compensar) solamente se reconocen en el caso de que se considere probable que la Sociedad vaya a tener en el futuro suficientes ganancias fiscales contra las que poder hacerlos efectivos.
- Con ocasión de cada cierre contable, se revisan los impuestos diferidos registrados (tanto activos como pasivos) con objeto de comprobar que se mantienen vigentes, efectuándose las oportunas correcciones a los mismos, de acuerdo con los resultados de los análisis realizados.
- El gasto o el ingreso por impuesto diferido se corresponde con el reconocimiento y la cancelación de los pasivos y activos por impuesto diferido, así como, en su caso, por el reconocimiento e imputación a la cuenta de pérdidas y ganancias del ingreso directamente imputado al patrimonio neto que pueda resultar de la contabilización de aquellas deducciones y otras ventajas fiscales que tengan la naturaleza económica de subvención.
- La sociedad tributa en el impuesto de sociedades en régimen consolidado.

4.11. Ingresos y gastos.

- Los ingresos y gastos se imputan en función del criterio del devengo con independencia del momento en que se produce la corriente monetaria o financiera derivada de ellos.
- No obstante, la Sociedad únicamente contabiliza los beneficios realizados a la fecha de cierre del ejercicio, en tanto que los riesgos y las pérdidas previsibles, aun siendo eventuales, se contabilizan tan pronto son conocidos.

  Los ingresos por la venta de bienes o servicios se reconocen por el valor razonable de la contrapartida recibida o a recibir derivada de los mismos. Los descuentos por pronto pago, por volumen u otro tipo de descuentos, así como los intereses incorporados al nominal de los créditos, se registran como una minoración de los mismos. No obstante, la Sociedad no incluye los intereses incorporados a los créditos comerciales con vencimiento no superior a un año que no tienen un tipo de interés contractual, cuando el efecto de no actualizar los flujos de efectivo no es significativo.

- Los ingresos por prestación de servicios se reconocerán cuando el resultado de la transacción pueda ser estimado con fiabilidad, considerando para ello el porcentaje de realización del servicio en la fecha de cierre del ejercicio.
- Solo se contabilizarán los ingresos cuando se cumplan las condiciones siguientes:
  a) El importe de los ingresos puede valorarse con fiabilidad.
  b) Es probable que la empresa reciba los beneficios o rendimientos económicos derivados de la transacción.
  c) El grado de realización de la transacción, en la fecha de cierre del ejercicio, puede ser valorado con fiabilidad, y
  d) Los costes ya incurridos en la prestación, así como los que quedan por incurrir hasta completarla, pueden ser valorados con fiabilidad.
- Cuando el resultado de una transacción que implique la prestación de servicios no pueda ser estimado de forma fiable, se reconocerán ingresos sólo en la cuantía en que los gastos reconocidos se consideren recuperables.
- Los descuentos concedidos a clientes se reconocen en el momento en que es probable que se van a cumplir las condiciones que determinan su concesión como una reducción de los ingresos por ventas.
- Los anticipos a cuenta de ventas futuras figuran valorados por el valor recibido.

4.12. Provisiones y contingencias.

- Las obligaciones existentes a la fecha del balance surgidas como consecuencia de sucesos pasados de los que pueden derivarse perjuicios patrimoniales para la Sociedad cuyo importe y momento de cancelación son indeterminados se registran en el balance como provisiones por el valor actual del importe más probable que se estima que la Sociedad tendrá que desembolsar para cancelar la obligación.
- La compensación a recibir de un tercero en el momento de liquidar la obligación no supone una minoración del importe de la deuda, sin perjuicio del reconocimiento en el activo de la Sociedad del correspondiente derecho de cobro, siempre que no existan dudas de que dicho reembolso será percibido, registrándose dicho activo por un importe no superior al de la obligación registrada contablemente.
- Asimismo, la Sociedad informa, en su caso, de las contingencias que no dan lugar a provisión (hechos posibles que no dependen de la voluntad de la empresa).

4.13. Elementos patrimoniales de naturaleza medioambiental.

- El administrador único confirma que la Sociedad no tiene responsabilidades, gastos, activos, ni provisiones y contingencias de naturaleza medioambiental que pudieran ser significativos en relación con el patrimonio, la situación financiera y los resultados del mismo.

4.14. Criterios empleados para el registro y valoración de los gastos de personal.

- Para el caso de las retribuciones por prestación definida, las contribuciones a realizar dan lugar a un pasivo por retribuciones a largo plazo al personal cuando, al cierre del ejercicio, figuren contribuciones devengadas no satisfechas.
- El importe que se reconoce como provisión por retribuciones al personal a largo plazo es la diferencia entre el valor actual de las retribuciones comprometidas y el valor razonable de los eventuales activos afectos a los compromisos con los que se liquidarán las obligaciones.
- Excepto en el caso de causa justificada, las sociedades vienen obligadas a indemnizar a sus empleados cuando cesan en sus servicios.
- Ante la ausencia de cualquier necesidad previsible de terminación anormal del empleo y dado que no reciben indemnizaciones aquellos empleados que se jubilan o cesan voluntariamente en sus servicios, los pagos por indemnizaciones, cuando surgen, se cargan a gastos en el momento en que se toma la decisión de efectuar el despido
- De acuerdo con la legislación laboral vigente o por condiciones laborales pactadas, la Sociedad está obligada al pago de indemnizaciones a los empleados con los que, bajo determinadas condiciones, rescinda sus relaciones laborales. El administrador único de la Sociedad no espera que se produzcan despidos en el futuro de los que pudieran derivarse pasivos significativos que hagan necesario el registro de provisiones por este concepto en las presentes cuentas anuales.

4.15. Pagos basados en acciones.

- La Sociedad puede realizar pagos en acciones en forma de instrumentos de capital y liquidados en efectivo a ciertos empleados. Los pagos en acciones en forma de instrumentos de capital se valoran al valor razonable en la fecha de la concesión. El valor razonable determinado en la fecha de la concesión de los pagos en acciones en forma de instrumentos de capital se carga a resultados linealmente a lo largo del período de devengo, en función de la estimación realizada por la Sociedad con respecto a las acciones que finalmente serán devengadas, con abono a la cuenta de Otras reservas.

  En el ejercicio no se han realizado pagos basados en acciones.

4.16. Subvenciones, donaciones y legados.

- Las subvenciones de capital no reintegrables se valoran por el importe concedido, reconociéndose inicialmente como ingresos directamente imputados al patrimonio neto, y se imputan a resultados en proporción a la depreciación experimentada durante el período por los activos financiados por dichas subvenciones, salvo que se trate de activos no depreciables, en cuyo caso se imputarán al resultado del ejercicio en que se produzca la enajenación o baja en inventario de los mismos.

- Mientras tienen el carácter de subvenciones reintegrables se contabilizan como deudas a largo plazo transformables en subvenciones.
- Las subvenciones de los intereses de la financiación obtenida a largo plazo se imputan a resultados en la misma proporción en que se devengan los intereses de cada préstamo objeto de la subvención.
- Cuando las subvenciones se conceden para financiar gastos específicos se imputan como ingresos en el ejercicio en que se devenguen los gastos que están financiando.

4.17. Combinaciones de negocios.

- En la fecha de adquisición, los activos identificables adquiridos y los pasivos asumidos se registrarán, con carácter general, por su valor razonable siempre y cuando dicho valor razonable pueda ser medido con suficiente fiabilidad.

  La Sociedad no ha realizado combinaciones de negocios.

4.18. Negocios conjuntos.

- La Sociedad reconoce en su balance y en su cuenta de pérdidas y ganancias la parte proporcional que le corresponde, en función del porcentaje de participación, de los activos, pasivos, gastos e ingresos incurridos por el negocio conjunto.
- Asimismo, en el estado de cambios en el patrimonio neto y estado de flujos de efectivo de la Sociedad están integrados la parte proporcional de los importes de las partidas del negocio conjunto que le corresponda en función del porcentaje de participación.
- Se han eliminado los resultados no realizados que existen por transacciones con los negocios conjuntos, en proporción a la participación que corresponde a esta Sociedad. Igualmente han sido objeto de eliminación los importes de activos, pasivos, ingresos, gastos y flujos de efectivo recíprocos.

  La Sociedad no posee negocios conjuntos.

4.19. Criterios empleados en transacciones entre partes vinculadas.

- En el supuesto de existir, las operaciones entre empresas del mismo grupo, con independencia del grado de vinculación, se contabilizan de acuerdo con las normas generales. Los elementos objeto de las transacciones que se realicen se contabilizarán en el momento inicial por su valor razonable. La valoración posterior se realiza de acuerdo con lo previsto en las normas particulares para las cuentas que corresponda.

- Esta norma de valoración afecta a las partes vinculadas que se explicitan en la Norma de elaboración de cuentas anuales 13ª del Plan General de Contabilidad. En este sentido:
  a) Se entenderá que una empresa forma parte del grupo cuando ambas estén vinculadas por una relación de control, directa o indirecta, análoga a la prevista en el artículo 42 del Código de Comercio, o cuando las empresas estén controladas por cualquier medio por una o varias personas jurídicas que actúen conjuntamente o se hallen bajo dirección única por acuerdos o cláusulas estatutarias.
  b) Se entenderá que una empresa es asociada cuando, sin que se trate de una empresa del grupo en el sentido señalado, la empresa o las personas físicas dominantes, ejerzan sobre esa empresa asociada una influencia significativa, tal como se desarrolla detenidamente en la citada Norma de elaboración de cuentas anuales 13ª.
  c) Una parte se considera vinculada a otra cuando una de ellas ejerce o tiene la posibilidad de ejercer directa o indirectamente o en virtud de pactos o acuerdos entre socio o partícipes, el control sobre otra o una influencia significativa en la toma de decisiones financieras y de explotación de la otra, tal como se detalla detenidamente en la Norma de elaboración de cuentas anuales 15ª.

  Se consideran partes vinculadas a la Sociedad, adicionalmente a las empresas del grupo, asociadas y multigrupo, a las personas físicas que posean directa o indirectamente alguna participación en los derechos de voto de la Sociedad, o en su dominante, de manera que les permita ejercer sobre una u otra una influencia significativa, así como a sus familiares próximos, al personal clave de la Sociedad o de su dominante (personas físicas con autoridad y responsabilidad sobre la planificación, dirección y control de las actividades de la empresa, ya sea directa o indirectamente), entre la que se incluyen los Administradores y los Directivos, junto a sus familiares próximos, así como a las entidades sobre las que las personas mencionadas anteriormente puedan ejercer una influencia significativa. Asimismo tienen la consideración de partes vinculadas las empresas que compartan algún consejero o directivo con la Sociedad, salvo cuando éste no ejerza una influencia significativa en las políticas financiera y de explotación de ambas, y, en su caso, los familiares próximos del representante persona física del Administrador, persona jurídica, de la Sociedad.

4.20. Activos no corrientes mantenidos para la venta.

- Se registran en este apartado aquellos activos en los que su valor contable se recuperará fundamentalmente a través de su venta, y siempre y cuando cumplan los siguientes requisitos:
  - El activo debe estar disponible en sus condiciones actuales para su venta inmediata, y

- Su venta debe ser altamente probable, ya sea porque se tenga un plan para vender el activo y se haya iniciado un programa para encontrar comprador, que la venta del activo debe negociarse a un precio adecuado en relación con su valor razonable actual y que se espera completar la venta dentro del año siguiente. Es improbable que hayan cambios significativos en el mismo o que vaya a ser retirado.

- Se valoran en el momento de su clasificación en esta categoría por el menor entre su valor contable y su valor razonable menos los costes de venta.

La Sociedad no posee activos clasificados en esta categoría.

4.21. Operaciones interrumpidas.

- La Sociedad reconoce como tal los componentes que han sido enajenados o clasificados como mantenidos para la venta y cumplen alguna de las siguientes características:

 a) Representan una línea de negocio o un área geográfica de la explotación.

 b) Formen parte de un plan individual y coordinado de enajenación.

 c) Es una empresa dependiente adquirida exclusivamente con la finalidad de venderla.

- Los ingresos y gastos relacionados con las citadas operaciones se valorarán y reconocerán según la naturaleza de cada uno de los citados gastos e ingresos, clasificándose de forma separada en el estado de pérdidas y ganancias.

En el ejercicio no se han producido operaciones interrumpidas.

5. Inmovilizado material

El movimiento habido en este capítulo del balance adjunto es el siguiente:

CONCEPTO 31/12/XX ALTAS BAJAS TRASPASOS 31/12/XXXX ALTAS BAJAS 31/12/XXXX

INMOVILIZADO MATERIAL

INSTALACIONES TÉCNICAS

MAQUINARIA

OTRAS INSTALACIONES

MOBILIARIO

EQUIPOS PROCESO INFORMACIÓN

ANTICIPOS MAQUINARIA

AMORT. ACUM. INMOV. MATERIAL

AMORT. ACUM. INST. TÉCNICAS

AMORT. ACUM. MAQUINARIA

AMORT. ACUM. OTRAS INSTAL.

AMORT. ACUM. MOBILIARIO

AMORT. ACUM. EQ. PROC. INF.

VALOR NETO CONTABLE

- Los criterios de valoración y coeficientes de amortización aplicados se detallan en el punto 4.2. de esta memoria.
- No se ha capitalizado ningún gasto financiero.
- No se ha realizado ninguna corrección valorativa de los bienes de inmovilizado material.
- La Sociedad no ha pactado con terceros, como consecuencia de la necesidad de reconocer pérdidas por deterioro o que hubiera sido necesario dar de baja antes de la vida útil prevista, ninguna compensación.
- El detalle de los elementos de inmovilizado material totalmente amortizados a 31 de diciembre de los ejercicios .... y .... es el siguiente:

Elemento 31/12/XX 31/12/XX-1

Maquinaria

Otras Instalaciones

Mobiliario

Equipos procesos de información

Suma

- No existen bienes afectos a garantía ni a reversión ni en el ejercicio .... ni en el ....
- Al 31 de diciembre de .... y .... no exiten compromisos en firme para la compra de inmovilizado.
- No existen bienes no afectos a la explotación.
- No existe a 31 de Diciembre de .... inmovilizado material fuera de territorio nacional. Tampoco a 31 de Diciembre de ....
- No existen a 31 de Diciembre de .... activos adquiridos a empresas del grupo y asociadas. Tampoco a 31 de Diciembre de ....
- La política de la Sociedad es formalizar pólizas de seguros para cubrir los posibles riesgos a que están sujetos los diversos elementos de su inmovilizado material. La administración revisa anualmente, o cuando alguna circunstancia lo hace necesario, las coberturas y los riesgos cubiertos y se acuerdan los importes que razonablemente se deben cubrir para el año siguiente.

6. Inversiones inmobiliarias

- No posee la Sociedad

7. Inmovilizado intangible

7.1 General

El detalle de movimientos habido en este capítulo del balance adjunto es el siguiente:

CONCEPTO 31/12/XX ALTAS BAJAS 31/12/XX ALTAS BAJAS 31/12/XX

INMOVILIZADO INTANGIBLE

PROPIEDAD INDUSTRIAL

APLICACIONES INFORMÁTICAS

AMORT. ACUM. INMOV. INTANGIBLE

AMORT. ACUM. PROP. INDUSTRIAL

AMORT. ACUM. APLIC. INFORMÁTICAS

VALOR NETO CONTABLE

Los criterios de valoración y coeficientes de amortización aplicados se detallan en el punto 4.1) de esta memoria.

La .... se encuentra totalmente amortizada desde el 31 de diciembre de ....

No se han recibido subvenciones relacionadas con el inmovilizado intangible, ni en este ejercicio ni en el anterior.

No se han realizado correcciones valorativas ni existen compromisos en firme de compra o venta de inmovilizados intangibles.

No existen, a 31 de Diciembre de .... ni a 31 de Diciembre de .... bienes intangibles adquiridos a empresas del grupo y asociadas, ni tampoco existen bienes intangibles fuera del territorio español o no afectos a la explotación.

No existen activos afectos a garantía y/o reversión, ni a 31 de diciembre de .... ni a 31 de diciembre de ....

Durante los ejercicios .... y .... no se han capitalizado gastos por investigación y desarrollo relacionados con el inmovilizado intangible.

7.2 Fondo de Comercio

No existe a 31 de Diciembre de .... ni existía a 31 de Diciembre de ....

8. Arrendamientos y otras operaciones de naturaleza similar.

8.1 Arrendamientos financieros

- La Sociedad no realiza como arrendador ningún arrendamiento financiero a terceros.
- En el ejercicio actual los contratos de arrendamiento financiero suscritos tienen el siguiente desglose por grupos homogéneos:

Elemento Ejercicio

Coste bien en origen

Cuotas satisfechas en el ejercicio

Cuotas pendientes

Hasta un año

Entre uno y cinco años

Total cuotas pendientes

Opciones de compra

Años transcurridos

Duración de los contratos

(Descripción del arrendamiento financiero).

8.2 Arrendamientos operativos

La Sociedad no arrienda ningún bien, pero sí ha pagado arrendamientos por los siguientes conceptos e importes durante los ejercicios .... y .... La información de los arrendamientos operativos en los que la Sociedad es arrendataria es la siguiente:

Arrendamientos operativos: información del arrendatario Ejercicio .... Ejercicio ....

Importe de los pagos futuros mínimos por arrendamientos operativos no cancelables:

.– Hasta un año

.– Entre uno y cinco años

.– Más de cinco años.

Importe total de los cobros futuros mínimos que se esperan recibir, al cierre del ejercicio, por subarriendos operativos no cancelables.

Pagos mínimos por arrendamientos reconocidos como gastos del período

Cuotas de subarriendamiento reconocidas como ingreso del período

Descripción general de los acuerdos significativos del arrendamiento:

Concepto: ....

Arrendador: ....

Objeto del contrato: ....

Fecha de formalización: ....

Duración del contrato: ....

Sobre este elemento se ha considerado que no se cumplen las presunciones recogidas en la norma 8ª punto 1 del Plan General de Contabilidad, por lo que no se consideran arrendamientos financieros y por lo tanto no son susceptibles de activación. Durante el ejercicio ...., la Sociedad ha contabilizado en concepto de arrendamiento operativo .... euros (........... euros en el ejercicio anterior), correspondientes a ....

9. Instrumentos financieros

9.1 Información sobre la relevancia de los instrumentos financieros en la situación financiera y los resultados de la empresa.

9.1.1 Información relacionada con el balance.

a) Categorías de activos financieros y pasivos financieros.

- Valor en libros de cada una de las categorías de activos financieros y pasivos financieros señalados en la norma de registro y valoración novena, de acuerdo con la siguiente estructura:

a.1) Activos financieros, salvo inversiones en el patrimonio de empresas del grupo, multigrupo y asociadas.

La información de los instrumentos financieros del activo del balance de la Sociedad a largo plazo, clasificados por categorías, es:

CATEGORÍA/CLASES Instrumentos financieros a largo plazo TOTAL

Instrumentos de patrimonio Créditos derivados y otros

31/12/XX 31/12/XX 31/12/XX 31/12/XX 31/12/XX 31/12/XX

Activos a v.r. con cº en pyg

.– mantenidos para negociar

.– otros

Préstamos y partidas a cobrar

Participaciones en ....

Deterioro de valor participaciones ....

TOTAL

La valoración inicial de los instrumentos de patrimonio fue por el importe de la transacción.

Estas inversiones en Instrumentos de Patrimonio no han generados ingresos ni en el ejercicio .... ni en el ejercicio ....

La información de los instrumentos financieros del activo del balance de la Sociedad a corto plazo, sin considerar el efectivo y otros activos equivalentes, clasificados por categorías, es la que se muestra a continuación:

CATEGORÍA/CLASES Instrumentos financieros a corto plazo TOTAL

Créditos derivados y otros

31/12/XX 31/12/XX 31/12/XX 31/12/XX

Préstamos y partidas a cobrar

TOTAL

Efectivo y otros activos líquidos equivalentes

El importe que figura en el Balance por .... euros (........... euros a 31/12/ ....) corresponde a saldos en cuentas corrientes con entidades bancarias que no han generado ningún tipo de intereses ni rendimientos ni en el ejercicio ni en el ejercicio anterior.

a.2) Pasivos financieros.

Los instrumentos financieros del pasivo del balance de la Sociedad a largo plazo, clasificados por categorías, son:

CATEGORÍA/CLASES Instrumentos financieros a largo plazo TOTAL

Créditos. Derivados. Otros

31/12/XX 31/12/XX 31/12/XX 31/12/XX

Débitos y partidas a pagar

TOTAL

Como «créditos, derivados y otros», se registra ...., con el siguiente detalle:

La información de los instrumentos financieros del pasivo del balance de la Sociedad a corto plazo, clasificados por categorías, son:

CATEGORÍA/CLASES Instrumentos financieros a corto plazo TOTAL

Créditos. Derivados. Otros

31/12/XX 31/12/XX 31/12/XX 31/12/XX

Débitos y partidas a pagar

TOTAL

Como «créditos, derivados y otros» a 31 de diciembre de 20 ...., se recoge .... por importe de ....

El detalle de los saldos con empresas del grupo es el siguiente (incluyendo saldos de proveedores y otras deudas):

Activos:

EMPRESA SALDOS DEUDORES CRÉDITOS, CTAS CORRIENTES Y DEUDAS CORTO CRÉDITOS Y DEUDAS LARGO PLAZO

EJERCICIO .... EJERCICIO .... EJERCICIO .... EJERCICIO .... EJERCICIO .... EJERCICIO ....

SUMA

Pasivos:

EMPRESA SALDOS ACREEDORES CUENTAS CORRIENTES (acreedor)

EJERCICIO .... EJERCICIO .... EJERCICIO .... EJERCICIO ....

SUMA

b) Clasificación por vencimientos:

Las clasificaciones por vencimiento de los activos financieros de la Sociedad de los importes que venzan en cada uno de los cinco siguientes años al cierre del ejercicio y hasta su último vencimiento, se detallan en el siguiente cuadro:

Ejercicio ....

Vencimiento en años

1 año 2 años 3 años 4 años 5 años Más de 5 años TOTAL

Inversiones en empresas del grupo y asociadas

Créditos a empresas

Otros activos financieros

Deudores comerciales y otras cuentas a cobrar

Clientes por ventas y prestación de servicios

Personal

TOTAL

Ejercicio ....

Vencimiento en años

1 año 2 años 3 años 4 años 5 años Más de 5 años TOTAL

Inversiones en empresas del grupo y asociadas

Créditos a empresas

Otros activos financieros

Deudores comerciales y otras cuentas a cobrar

Clientes empresas del grupo y asociadas

Deudores varios

TOTAL

Las clasificaciones por vencimiento de los pasivos financieros de la Sociedad de los importes que venzan en cada uno de los siguientes años al cierre del ejercicio y hasta su último vencimiento, se detallan en el siguiente cuadro:

Ejercicio ....

Vencimiento en años

1 año 2 años 3 años 4 años 5 años Más de 5 años TOTAL

Deudas a largo plazo

Otros pasivos financieros

Acreedores comerciales y otras cuentas a pagar

Proveedores

Proveedores empresas del grupo y asociadas

Acreedores varios

Personal

TOTAL

Ejercicio ....

Vencimiento en años

1 año 2 años 3 años 4 años 5 años Más de 5 años TOTAL

Deudas a largo plazo

Otros pasivos financieros

Deudas con empresas del grupo y asociadas

Acreedores comerciales y otras cuentas a pagar

Proveedores

Proveedores empresas del grupo y asociadas

Acreedores varios

Personal

TOTAL

c) Activos cedidos y aceptados en garantía

Ver punto 9.1.3.b) de esta memoria.

d) Impago e incumplimiento de condiciones contractuales

Durante los ejercicios .... y .... no se han producido impagos de ninguna obligación contractual.

e) Deudas con características especiales.

No existen.

f) Transferencias de activos financieros.

No existen.

g) Reclasificaciones.

No existen.

h) Correcciones por deterioro del valor originadas por el riesgo de crédito:

La Sociedad deteriora los saldos de aquellos deudores comerciales cuya deuda a fecha de cierre presenta un impago superior a 6 meses de antigüedad o que se encuentran en situaciones latentes de insolvencia.

No existen correcciones ni reversiones por deterioro del riesgo de crédito en el ejercicio .... ni en ....

9.1.2 Información relacionada con la cuenta de Pérdidas y Ganancias.

El detalle de las pérdidas y ganancias netas y correcciones valorativas procedentes de las distintas categorías de instrumentos financieros es el siguiente:

CONCEPTO EJERCICIO .... EJERCICIO ....

SUMA INGRESOS FINANCIEROS

CONCEPTO EJERCICIO .... EJERCICIO ....

SUMA GASTOS FINANCIEROS

9.1.3 Otra información.

a) Empresas del grupo, multigrupo y asociadas.

b) Otro tipo de información

- Compromisos en firme para la compra de activos financieros.
- Litigios o embargos.
- Deudas con garantía real.

9.2 Información sobre la naturaleza y el nivel de riesgo procedente de instrumentos financieros.

Información cuantitativa y cualitativa.

10. Fondos propios

Las cuentas integrantes de este grupo del balance adjunto han presentado el siguiente movimiento durante el ejercicio:

CONCEPTO 31/12/XXXX ALTAS BAJAS 31/12/XXXX

Capital escriturado

Reserva legal y estatutaria

Otras reservas

Resultado del ejercicio

SUMA

- El capital social asciende a .... euros nominales y tiene la composición siguiente:

- El detalle de los socios que poseen un porcentaje superior al 10% del capital social es el siguiente:

10.1 Reserva legal

- La Reserva legal, mientras no supere el límite del 20% del capital social, no es distribuible a los socios y sólo podrá destinarse, en el caso de no tener otras reservas disponibles, a la compensación de pérdidas. El saldo supera el 20% del capital suscrito, cumpliendo con las premisas legales establecidas.

10.2 Otras Reservas

- Las Reservas voluntarias no se encuentran restringidas en cuanto a su disponibilidad.
- La variación de estas reservas se corresponde con la distribución del resultado del ejercicio .... aprobada por decisión de los socios en sesión de fecha .... de .... de ....
- No hay ampliaciones de capital en curso.
- En el ejercicio .... se realizó un reparto de dividendos contra reservas voluntarias por importe de .... euros. En .... no se han repartido dividendos.

11. Existencias

La composición de las existencias a 31 de Diciembre de .... y a 31 de Diciembre de .... es la siguiente:

CUENTA XXXX XXXX

Materias primas y otros aprovisionamientos

Productos en curso

SUMA

- En el ejercicio .... existen deterioros de valor de las existencias por importe de .... euros. En el ejercicio .... se practicaron deterioros por importe .... Euros.
- La información de las correcciones valorativas es la siguiente:

Deterioro de valor de existencias Ejercicio XXXX

Importe al inicio del ejercicio

Importe al final del ejercicio

- No se han capitalizado gastos financieros durante los ejercicios .... ni ....

- No existen compromisos firmes de compra y venta, ni contratos de futuro. Tampoco limitaciones a la disponibilidad de las existencias.
- Las materias primas y otros aprovisionamientos se recogen en el activo de balance por una cantidad fija.
- No existe ninguna limitación en la disponibilidad de las existencias por garantías, pignoraciones, fianzas u otras razones análogas.
- Existe póliza de seguros para cobertura de las existencias por un capital asegurado suficiente para la media de valor que las mismas suelen presentar durante el ejercicio.

12. Moneda extranjera.

La Sociedad no realiza operaciones en moneda diferente al euro.

13. Situación fiscal

13.1 Impuestos sobre beneficios

a) Explicación de la diferencia que existe entre el importe neto de los ingresos y gastos del ejercicio y la base imponible (resultado fiscal):

Importe del ejercicio XXXX Importe del ejercicio XXXX

Saldo de ingresos y gastos del ejercicio

Aumentos Disminuciones Efecto neto Aumentos Disminuciones Efecto neto

Impuesto sobre sociedades

Diferencias permanentes

Reducción cesión intangibles

Reversión deterioro participaciones Diario Digital

Multas/Sanciones

Diferencias temporarias:

con origen en ejercicios anteriores

Leasings y libertad de amortización

limitación deducción amortizaciones Ley 16/2012

Base imponible (resultado fiscal)

Desglose del gasto / ingreso por impuesto sobre beneficios en el ejercicio ....:

1. Impuesto corriente 2. Variación de impuesto diferido 3. TOTAL (1+2)

a) Variación del impuesto diferido de activo b) Variación del impuesto diferido de pasivo

Diferencias temporarias Crédito impositivo por bases imponibles negativas Otros créditos Diferencias temporarias

Imputación a pérdidas y ganancias, de la cual:

.... A operaciones continuadas

Desglose del gasto / ingresos por impuesto sobre beneficios en el ejercicio ....:

1. Impuesto corriente 2. Variación de impuesto diferido 3. TOTAL (1+2)

a) Variación del impuesto diferido de activo b) Variación del impuesto diferido de pasivo

Diferencias temporarias Crédito impositivo por bases imponibles negativas Otros créditos Diferencias temporarias

Imputación a pérdidas y ganancias, de la cual:

.... A operaciones continuadas

- Deducciones.
- No existen pagos a cuenta y retenciones del citado impuesto ni en el ejercicio ni en el ejercicio anterior.
- Las diferencias permanentes del ejercicio ....
- Las diferencias permanentes del ejercicio ....
- Las diferencias temporarias de los ejercicios .... y .... proceden en su totalidad de la aplicación de la libertad de amortización fiscal,
- La cuenta de HP Acreedora por Impuesto sobre Sociedades diferido recoge
- La cuenta HP Deudora por Impuesto sobre Sociedades diferido recoge
- No existen bases imponibles negativas individuales generadas en ejercicios anteriores.
- Los ejercicios abiertos a inspección comprenden los cuatro últimos ejercicios. Las declaraciones de impuestos no pueden considerarse definitivas hasta su prescripción o su aceptación por las autoridades fiscales y con independencia de que la legislación fiscal es susceptible a interpretaciones. El Administrador unico/solidario/mancomunado estima que cualquier pasivo fiscal adicional que pudiera ponerse de manifiesto, como consecuencia de una eventual inspección, no tendrá un efecto significativo en las cuentas anuales tomadas en su conjunto.

El detalle de los saldos con Administraciones Públicas es el siguiente:

CONCEPTO 31/12/xxxx 31/12/xxxx

H.P. Acreedora por Retenciones practicadas

Organismos Seguridad Social Acreedores

H.P. IVA Devengado

DEUDAS CON LAS ADMINISTRACIONES PÚBLICAS

Pasivos por diferencias temporarias

DEUDAS CON LAS ADMINISTRACIONES PÚBLICAS IMPUESTO DIFERIDO

Activos por impuesto diferido

CRÉDITOS CON LAS ADMINISTRACIONES PÚBLICAS IMPUESTO DIFERIDO

13.2 Otros tributos.

- El importe de otros tributos pagados en el ejercicio .... que figuran en el apartado 7.b) de la cuenta de pérdidas y ganancias asciende a .... euros y corresponde a ....
- El importe de otros tributos pagados en el ejercicio .... que figuran en el apartado 7.b) de la cuenta de pérdidas y ganancias asciende a a .... euros y corresponde a ....

14. Ingresos y Gastos

El detalle de la cuenta de pérdidas y ganancias adjunta es el siguiente:

Detalle de la cuenta de pérdidas y ganancias 31/12/XXXX 31/12/XXXX

Consumo de mercaderías

b. Consumo de materias primas y mercaderías

Nacionales

c. Trabajos realizados por otras empresas

Cargas sociales:

a) Seguridad Social a cargo de la empresa

b) Otros gastos sociales

7. Resultados originados fuera de la actividad normal de la empresa incluidos en «otros resultados».

El detalle del epígrafe Otros gastos de explotación es el siguiente:

Descripción 31/12/XXXX 31/12/XXXX

Arrendamientos

Reparación y conservación

Servicios profesionales independientes

Transportes

Primas de seguros

Servicios bancarios

Suministros

Otros servicios

Otros tributos

Total servicios exteriores

El detalle del epígrafe Otros ingresos de explotación para los ejercicios .... y .... puede verse en la nota 24 de esta memoria.

15. Provisiones y contingencias

Descripción si procede

16. Información sobre medio ambiente

No figuran sistemas, equipos e instalaciones que tengan relación directa con las actuaciones de la Empresa en esta materia. Los gastos relacionados con esta actividad son de carácter ordinario y de escasa significación y son imputados directamente a los resultados del ejercicio. No existen provisiones efectuadas en relación con este apartado. No se conocen contingencias relacionadas con la protección y mejora del medio ambiente.

No existen responsabilidades de naturaleza medioambiental ni existen compensaciones a recibir. No se han percibido subvenciones ni se han producido ingresos como consecuencia de ciertas actividades relacionadas con el medio ambiente.

17. Retribuciones a largo plazo al personal

La Sociedad no otorga retribuciones a largo plazo al personal de aportación o prestación definida.

18. Transacciones con pagos basados en instrumentos de patrimonio

La entidad no tiene acuerdos para el pago de transacciones basadas en instrumentos de patrimonio.

19. Subvenciones, donaciones y legados

Descripción si procede

20. Combinaciones de negocios

La Entidad no ha realizado combinaciones de negocios.

21. Negocios conjuntos

La Sociedad no posee negocios conjuntos.

22. Activos no corrientes mantenidos para la venta y operaciones interrumpidas.

La Sociedad no tiene clasificado para la venta ningún Activo ni posee actividades interrumpidas.

23. Hechos posteriores al cierre

No se conocen hechos posteriores al cierre del ejercicio y hasta la fecha de elaboración de esta memoria que puedan afectar significativamente a las Cuentas Anuales adjuntas.

24. Operaciones con partes vinculadas

La Sociedad tiene claramente identificadas las partes relacionadas. El precio aplicado en las transacciones con partes vinculadas es el de mercado dado que se factura como a cualquier tercero.

El detalle de las transacciones con empresas vinculadas por operaciones comerciales en .... y .... son las siguientes:

Ejercicio ....

VENTAS ....

COMPRAS EMPRESA MERCADERÍAS PREST. SERV. ING .... FINANCIERO OTROS TOTAL

SUMA

Ejercicio ....

VENTAS ....

COMPRAS EMPRESA MERCADERÍAS PREST. SERV. ING .... FINANCIERO OTROS TOTAL

SUMA

Ejercicio ....

COMPRAS ....

VENTAS EMPRESA TOTAL

SUMA

Ejercicio 20 ....

COMPRAS ....

VENTAS EMPRESA TOTAL

SUMA

El administrador único/solidario/mancomunados de la Sociedad no percibe ninguna retribución distinta de la recogida en los cuadros anteriores.

En relación a lo establecido en el artículo 229 de la Ley 31/2014, de 3 de diciembre, por el que se modifica la Ley de Sociedades de Capital para la mejora del gobierno corporativo, se informa que los miembros del Órgano de Administración y personas vinculadas a los mismos, no han incurrido en situaciones en las que sus intereses, sean por cuenta propia o ajena, puedan entrar en conflicto con el interés social y con sus deberes para con la Sociedad

Los miembros del Órgano de Administración y personas vinculadas a los mismos, no han desarrollado actividad alguna, por cuenta propia o ajena, con la Sociedad que pueda considerase ajena al tráfico ordinario o que no se haya realizado en condiciones normales de mercado.

25. Otra información

La distribución del personal medio del ejercicio por sexos de la Sociedad, desglosado en un número suficiente de categorías y niveles, es el siguiente:

La distribución por sexos al término del ejercicio del personal de la Sociedad, desglosado en un número suficiente de categorías y niveles, es el siguiente:

Los honorarios relativos a la auditoria del ejercicio .... ascienden a .... euros y a .... euros por otros conceptos (........... euros y a .... euros en el ejercicio ....).

26. Información segmentada

La distribución de la cifra de negocios de la Sociedad por categoría de actividades se detalla en el siguiente cuadro:

Cifra de negocios

DESCRIPCIÓN DE LA ACTIVIDAD 31/12/XXXX 31/12/XXXX

Ventas de mercaderías

Prestaciones de servicios

SUMA

La distribución de la cifra de negocios de la Sociedad por mercados geográficos se detalla en el siguiente cuadro, en importe y en porcentaje:

Cifra de negocios% Cifra de negocios

DESCRIPCIÓN DE LA ACTIVIDAD 31/12/XXXX 31/12/XXXX Ejercicio XXXX Ejercicio XXXX

Ventas Nacionales

Ventas Exterior

SUMA

27. Información de los derechos de emisión de gases de efecto invernadero

No existen.

28. Información sobre los aplazamientos de pago efectuados a proveedores. «Deber de información» de la Ley 15/2010, de 5 de Julio. Resolución del 29 de enero de 2017, del ICAC

De acuerdo con la disposición adicional única de la Resolución del 29 de enero de 2016 del ICAC, se presenta información comparativa correspondiente al ejercicio .... y ....

XXXX XXXX

Días Días

Periodo medio de pago a proveedores.

Ratio de operaciones pagadas.

Ratio de operaciones pendientes de pago.

Importe (euros) Importe (euros)

Total pagos realizados.

Total pagos pendientes.

En ...., a .... de .... de ....

Fdo.: ....

Administrador Único/solidario/mancomunados

....

CIF: ....

F213. INFORME DE GESTIÓN

Normativa de Aplicación: *Arts. 262 y ss. Real Decreto Legislativo 1/2010, de 2 de julio, por el que se aprueba el texto refundido de la Ley de Sociedades de Capital.*

INFORME DE GESTIÓN DEL EJERCICIO FINALIZADO EL DE ....

A los socios de ....

1. Exposición fiel sobre la evolución de los negocios y de la situación de la Empresa

Evolución de la economía mundial

(Descripción de la evolución de la economía mundial)

En el tramo final de 20 .... ha proseguido la expansión de la actividad mundial, si bien han ido haciéndose patentes algunas muestras de desaceleración, observándose además un comportamiento por áreas geográficas más heterogéneo que al comienzo del año. Esta evolución refleja la materialización parcial de algunos de los focos de incertidumbre que vienen acechando a la economía mundial desde el inicio de año, en particular las tensiones comerciales y un cierto endurecimiento de las condiciones financieras globales.

En Estados Unidos, el elevado ritmo de crecimiento del PIB, que ha situado el output gap en terreno positivo y ha reducido la tasa de paro al nivel más bajo de los últimos 50 años, ha dado paso a una composición de la demanda agregada menos equilibrada, con un mayor peso del consumo y un cierto retroceso de la inversión, lo que podría apuntar a un cierto agotamiento del ciclo. En el ámbito monetario, en un contexto de repunte gradual de la inflación y de progresiva mejoría en el mercado laboral, la Reserva Federal ha incrementado los tipos oficiales y ha iniciado un proceso de reducción del tamaño de su balance. Por lo que se refiere a la política fiscal, el estímulo derivado de las medidas expansivas iniciadas a finales del 2017 tiende progresivamente a su desvanecimiento provocando la ralentización de la actividad. Por último, hay que recordar que el viraje proteccionista de la administración estadounidense sigue siendo otro elemento clave en las perspectivas económicas de Estados Unidos. La imposición de aranceles comerciales recae bajo la autoridad presidencial, y el fantasma de una escalada en el pulso arancelario sigue muy presente. Washington ha mostrado que puede cerrar grandes empresas chinas en un instante, amenazando todo el plan de semiconductores de Pekín (OPA Qualcomm sobre NXP) y poniendo en peligro a Huawei. Por otro lado, D. Trump necesita una victoria propia de un gran estadista, como el hombre que domó China, que le sitúe en una buena posición de cara a las elecciones presidenciales de 2020.

En lo que se refiere a las economías emergentes, las tensiones financieras experimentadas recientemente por algunas de ellas reflejan la creciente interdependencia global, que ha acentuado la exposición de estos países a los eventos económicos y financieros internacionales. No obstante, el deterioro observado en los indicadores financieros de dichas economías no ha sido homogéneo, sino que los inversores han tenido en cuenta, en sus decisiones de cartera, el grado de vulnerabilidad de los distintos países, medido por indicadores tales como su posición exterior, su situación fiscal, su evolución macroeconómica, la solidez de su sistema bancario, y los riesgos políticos.

El otro gran polo de actividad, China, debería confirmar el proceso de «aterrizaje» suave en el que se encuentra su economía desde hace unos años, con un crecimiento previsto del PIB en 2019 próximo al 6%. En el caso de China, las principales vulnerabilidades derivan, como se ha adelantado, de las tensiones comerciales con Estados Unidos y, desde una perspectiva más estructural, del proceso de reequilibrio de la economía hacia un modelo de crecimiento basado más en el sector servicios y en el consumo privado, y menos en la inversión y las exportaciones, con unas tasas muy elevadas de endeudamiento empresarial. En la transición entre ambos modelos, las autoridades chinas se están enfrentando, en el actual contexto de condiciones externas menos favorables, al dilema de elegir entre mantener el ritmo del proceso de transformación, por un lado, y apoyar el crecimiento económico, por otro, aunque ello frene la corrección de los desequilibrios macro-financieros.

Evolución en la zona euro y en España

(Descripción de la evolución en la zona euro y en España)

En medio de los dos colosos mundiales y su pulso por la hegemonía mundial se encuentra Europa. Al inicio de 20 .... la actividad económica en el área del euro se vio influenciada por diversos elementos de naturaleza transitoria que tuvieron un impacto negativo sobre el crecimiento. La incidencia de los factores temporales se intensificó en el tercer trimestre, cuando el cambio en la regulación de emisiones en la industria de vehículos con motor contrajo la producción de automóviles, especialmente en Alemania. No obstante, incluso una vez eliminados estos efectos transitorios, el ritmo de expansión de la Eurozona se ha ralentizado notablemente en comparación con el observado en 20 ....

Desde el punto de vista de los componentes de la demanda, esta desaceleración se ha debido a la debilidad de las exportaciones, lastradas por la moderación del comercio mundial, en un entorno de mayor incertidumbre por la deriva proteccionista de alguna economías, por los posibles efectos retardados de la apreciación del euro, y por las dudas sobre los términos del acuerdo final del Brexit. El gobierno de Teresa May y Bruselas llegaron a un acuerdo de salida, pero su refrendo se encuentra atascado en el parlamento británico. Lo que antes parecía improbable, un Brexit duro, coge cada vez más cuerpo a medida que la cuenta atrás se aproxima a su fin. Si se lleva a cabo una salida sin acuerdo, el daño de la economía británica sería considerable: algunos analistas pronostican que el crecimiento podría caer un 5% de media, e incluso un 8% si otros socios comerciales como EE .... UU. tardan en firmar nuevos acuerdos. Y está claro que la onda expansiva no se limitará a la isla.

Por el contrario, la demanda interna mantuvo un comportamiento más sólido, sustentada en las vigentes condiciones financieras favorables, el dinamismo del empleo y el crecimiento de las rentas de las familias y de las empresas. No obstante, la inversión empresarial registró una desaceleración notable en el tercer trimestre, lo que podría constituir un síntoma de que el entorno de incertidumbre, está comenzando a trasladarse a las decisiones de inversión de las empresas.

Otro foco de incertidumbre viene de la mano de los bancos centrales. La bajada de tipos de interés y las medidas monetarias heterodoxas como la compra masiva de deuda pública, inundaron el sistema de liquidez y sacaron al mundo, en general, de la recesión provocada por la crisis financiera. Esa era de estímulos a gran escala, sin embargo, está llegando a su fin. Por primera vez en una década, el balance agregado de los bancos centrales se reducirá, y habrá que acostumbrarse a vivir sin el apoyo del Quantitative Easing.

La Cumbre del Euro de diciembre refrendó todos los elementos del informe elaborado por el Eurogrupo sobre la profundización de la Unión Económica y Monetaria. En particular, se cerró un acuerdo para fortalecer el Mecanismo Europeo de Estabilidad. En cambio, no se produjeron avances significativos en lo que se refiere al diseño de un Sistema Europeo de Garantía de Depósitos, ni en lo relativo a la introducción de un presupuesto o esquema común para la estabilización cíclica, tan necesario.

Por lo que respecta a España, en el último trimestre del 2018 el PIB se aceleró una décima respecto a los tres primeros trimestres del año, hasta el 0,7%, con una ralentización de la demanda nacional y una recuperación de las exportaciones. En el conjunto del año, el crecimiento fue del 2,5%. La demanda interna continuó actuando como uno de los principales soportes del crecimiento. Las grandes cifras macro del país se mantienen sólidas, aunque todavía hay ajustes internos pendientes, sobre todo en relación con los desequilibrios fiscales del sector público.

Este diagnóstico para España no está exento de complicaciones por el flanco político. A corto plazo, preocupa la incertidumbre política en Cataluña que sigue sin resolverse y que está afectando a las inversiones previstas. Otro factor de incertidumbre tiene que ver con la debilidad del gobierno central. Pese a los esfuerzos del Ejecutivo por mantenerse en una legislatura parlamentaria completa y aparcar los planes de elecciones generales hasta mediados de 2020, no ha sido posible. El Presidente del gobierno, Pedro Sánchez, anunció la disolución de las Cortes para el 5 de marzo y la convocatoria de elecciones generales para el próximo 28 de abril; apenas un mes después las municipales, autonómicas y europeas.

Para la economía española el año 2018 ha sido un nuevo ejercicio positivo, tanto en términos de crecimiento económico, generación de empleo, disminución de la tasa de paro y estabilidad de precios. Pero este es un resultado coyuntural, insuficiente, que explica el devenir de una economía en una situación concreta y compleja, tanto en el campo interno como externo, y que no ha abordado, ni lo ha intentado, corregir los grandes problemas macroeconómicos que lastran nuestro crecimiento potencial, y que nos impiden converger en términos renta y empleo con los países de la UE de la que formamos parte.

¿Cuál ha sido el comportamiento económico de .... en el ejercicio .... ?

(Estudio analítico de la cuenta de resultados)

Podríamos calificarlo como muy aceptable, por cuanto el BAI obtenido se sitúa en 2,84 millones de euros, si bien 6,33 millones de euros fue el registro del ejercicio anterior. No deja indiferente a nadie el hecho de que siendo un resultado significativo, no es excepcional, por cuanto es el más bajo registrado en los últimos periodos.

Se constata un aumento del volumen de negocio en torno al 7%, así como un aumento de los costes de estructura cercano al 13%. Adicionalmente, la sociedad experimenta de nuevo una apreciable reducción del margen sobre ventas, alejándose del margen estable alcanzado en periodos anteriores.

En lo referente a las operaciones interrumpidas, la sociedad ha registrado adicionalmente resultados negativos por importe de 12 miles de euros, frente a los 410 miles de euros registrados en el ejercicio anterior.

2. Riesgos e incertidumbres importantes a los que se enfrenta la Sociedad.

(Análisis de las fortalezas y debilidades de la sociedad)

En un panorama económico y financiero positivo a nivel global, algunas nubes se están acumulando en el horizonte y empiezan a soplar vientos en contra de la perspectiva cíclica. No se prevé una recesión a lo largo del año, pero sí una desaceleración del crecimiento económico mundial.

En conjunto, permanecen las fuerzas internas que impulsaron la recuperación de la economía española: desendeudamiento del sector privado, superávit externo, competitividad restaurada desde la óptica de los costes de producción, y un sector financiero saneado. Además, existen otros factores, como un precio del petróleo sin grandes cambios y una política monetaria acomodaticia del BCE que, pese a la retirada del programa de expansión cuantitativa, permitirá el mantenimiento de bajos tipos de interés hasta, por lo menos, el segundo semestre de 2019. Asimismo, no se prevé que la política fiscal altere la senda de crecimiento de manera significativa, ante la falta de apoyos para aprobar el proyecto de ley de las cuentas públicas del 2019.

Aunque la dinámica de crecimiento no parece en peligro, las amenazas a nuestra economía tienen más que ver con la falta de cambios y reformas. Las principales amenazas para nuestro futuro inmediato son los efectos de la precariedad laboral, los riesgos de exclusión social, el volumen de deuda pública en un entorno de tipos más altos, la concentración de nuestra actividad en sectores de baja productividad y reducida competitividad, y la debilidad de la I+D, por lo que éstas deberían ser las claves de nuestra agenda económica. Falta visión de estado y sobran «tacticismos» y «coyunturalismos» en toda su operativa. El reformismo estructural no está ni se le espera: vivimos pensando en el corto plazo y quedan aplazadas en el tiempo las propuestas de reformas estructurales necesarias para el mantenimiento del crecimiento sostenido. Ampliar la capacidad productiva de la economía española sigue siendo una asignatura pendiente año tras año, y en este sentido resulta prioritario el establecimiento de políticas públicas de carácter estructural-reformista en las vertientes institucional, instrumental, territorial, y fundamentalmente sectorial.

La importancia de la industria como sector estratégico en España, junto a las experiencias acumuladas durante la crisis, exige reconsiderar el papel de la política industrial como potenciador de un crecimiento económico de medio o largo plazo, que permita definir un nuevo modelo productivo para la economía. No se trata de señalar cuáles son los sectores del futuro, sino de propiciar un marco favorable que permita la expansión sólida de la industria en su conjunto, favoreciendo la inversión en nuevas tecnologías y avanzando hacia modelos más sostenibles y eficientes. Y será necesario contar con el compromiso decidido de todos los agentes involucrados, para asegurar el apoyo al sector industrial con perspectiva de medio y largo plazo.

En definitiva, España necesita consolidar una industria propia, menos dependiente y más encauzada en los segmentos de valor añadido. Es aquí donde las políticas públicas tienen un rol fundamental, puesto que tendrán que fomentar la dimensión empresarial, desarrollar e implantar medidas concretas en regulación, costes energéticos, de formación, de internacionalización, financiación, etc., y ayudar a crear un ecosistema de innovación robusto que facilite la transición de las pequeñas y medianas empresas hacia la industria conectada 4.0. Estamos lejos de alcanzar un PIB industrial del 22% (objetivo de la UE para el 2020), razón por la cual la prioridad desarrollo tecnológico — revolución industrial debe formar parte de la formulación de la nueva política industrial.

Y en este contexto, para España, el de automoción es un sector estratégico, y la confianza de las grandes multinacionales del automóvil es una base fundamental para su mantenimiento y posterior desarrollo. Sin embargo, existen importantes incertidumbres para el sector en el medio-largo plazo, al encontrarse en el centro de un huracán de presiones e intereses que tienen que ver con la inevitable sustitución progresiva de las energías fósiles, y los evitables impactos medioambientales de las emisiones de gases de efecto invernadero. Además, las exigencias de la demanda de mejores prestaciones, mayor calidad, reforzamiento de la seguridad y más eficiencia en el consumo energético, suponen un mayor esfuerzo innovador que no puede repercutirse a los precios de venta. Los mayores gastos e inversiones en I+D+i necesarios para esas mejoras exigirán una mayor eficiencia que, en parte, descansa en nuevos sistemas de organización y más progreso técnico. La evolución de este sector supone un avance industrial en la carrera por liderar la reindustrialización europea y, en este marco, España debiera jugar un importante papel como locomotora industrial que lo posicione a la vanguardia mundial.

3. Evolución previsible de la Sociedad.

(Análisis comparativo del importe de la cifra de negocio)

Cabe informar que en los dos primeros meses del ejercicio 2018 la facturación alcanzó la cifra de 19.629 miles de euros, mientras que 18.887 miles de euros es el registro observado en el mismo periodo del ejercicio 20 ...., es decir, una pequeña reducción cercana al 4% que contrarresta, en parte, los aumentos de la cifra de negocio que la sociedad viene registrando en los últimos periodos. Sin embargo, esta circunstancia no puede presuponer que tal aumento pueda ser extrapolado para cuantificar los resultados del ejercicio, porque como se ha expuesto, continúan existiendo multitud de factores adicionales de difícil previsión en cuanto a su evolución.

4. Gestión de riesgos.

La Sociedad posee las participaciones en sociedades descritas y detalladas por importes en el punto .... de la Memoria, que están sometidas a un test de deterioro a fecha de cierre y que puede suponer más gastos o más ingresos en ejercicios posteriores.

Otros riesgos de Activo destacables son las deudas que tiene a su favor por los servicios prestados a sus clientes habituales, así como los prestados a otros deudores, que son susceptibles de producir insolvencias. El detalle de los deterioros registrados a fecha de cierre puede verse en el punto .... de la Memoria. No obstante, pueden suponer más gastos o más ingresos en ejercicios posteriores.

Otros riesgos de Pasivo destacables son las deudas con entidades de crédito descritas y cuantificadas en el punto .... de la Memoria, si bien no se encuentran condicionadas a garantías reales.

5. Periodo medio de pago a proveedores.

(Determinación del periodo medio de pago a proveedores)

Conforme a lo indicado en la disposición adicional tercera «Deber de información» de la Ley 15/2010, de 5 de julio, que modifica la Ley 3/2004, de 29 de diciembre, por la que se establecen medidas de lucha contra la morosidad en las operaciones comerciales, se ha informado sobre el periodo medio de pago a proveedores en la última nota de la memoria, habiendo superado ligeramente el plazo máximo legalmente establecido. La sociedad considera conveniente la adopción de medidas correctoras al objeto de subsanar dicha situación.

6. Actividades en materia de investigación y desarrollo.

En materia de I+D+I, la sociedad mantiene su apuesta decidida por la innovación en sus procesos productivos y, en especial, en sus procesos de estampación.

Las actividades identificadas como I+D+I en el ejercicio han supuesto una deducción total de .... euros, procedente de un gasto total de .... Los proyectos llevados a cabo han consistido en:

(Descripción de proyectos)

Los recursos consumidos por los citados proyectos en el ejercicio han sido cubiertos en su totalidad por recursos propios, no habiendo percibido ningún tipo de ayuda pública a modo de crédito bonificado o subvención a fondo perdido.

7. Acciones propias en cartera.

La sociedad no posee acciones propias ni ha realizado operaciones con acciones propias durante el ejercicio ....

8. Acontecimientos importantes para la empresa ocurridos después del cierre.

No se ha tenido conocimiento de ningún hecho significativo digno de mención en el periodo comprendido entre el cierre del ejercicio y la fecha de este informe.

En ...., a .... de .... de ....

Fdo.: ....

Administrador Único/solidario/mancomunado

6. VARIOS

F214. EXPEDIENTE DE JURISDICCIÓN VOLUNTARIA. SOLICITUD EXHIBICIÓN DE DOCUMENTOS CONTABLES

AL JUZGADO DE LO MERCANTIL DE .... QUE POR TURNO CORRESPONDA

...., Procurador de los Tribunales, actuando en nombre y representación de D. ...., provisto de DNI núm. .... y con domicilio, a efectos de notificaciones, en calle ...., nº ...., Pta. ...., ... (Valencia), según acredito mediante copia de escritura pública de poder de representación notarial (Documento Nº UNO), ante el Juzgado comparezco, bajo la dirección letrada de D. ...., abogado del Iltre. Colegio de ...., número de colegiado ...., con despacho profesional, en ...., C.P. ...., ..., y como mejor proceda en derecho, DIGO:

Que, por medio del presente escrito, formulo EXPEDIENTE DE JURISDICCIÓN VOLUNTARIA SOLICITANDO LA EXHIBICIÓN DE LOS DOCUMENTOS CONTABLES frente a la mercantil ...., S.L., con domicilio en ...., CP ...., de .... (...........), ejercitando la acción prevista en los artículos 112 a 116 de la Ley 15/2015, de 2 de julio, de la Jurisdicción Voluntaria, en relación a lo previsto en los artículo 32 y 33 del Código de Comercio, en base a los siguientes,

HECHOS

PRIMERO.- La sociedad mercantil ...., S.L., fue constituida el .... de .... de ...., mediante escritura autorizada ante el Notario de .... D. ...., con el número .... de su protocolo, e inscrita en el Registro Mercantil de ...., al tomo ...., libro ...., folio ...., sección ...., hoja ...., y con C.I.F. núm. ....

Se acompaña, como Documento Nº DOS, la certificación literal de la misma.

El domicilio social de ...., S.L., se encuentra sito en ...., calle ...., de .... (...........), manifestando que es el centro de sus intereses principales, dado que allí se encuentran las oficinas centrales y desde ellas se administra la sociedad de forma permanente y pública.

El órgano de administración de la compañía es el de administrador único, siendo su administrador D. ....

Y su objeto social es ....

SEGUNDO.- Que la sociedad mercantil ...., S.L., fue constituida el .... de .... de .... por las siguientes personas:

– DON ...., que suscribió .... participaciones sociales, números .... a ...., ambos inclusive, por su valor nominal conjunto de .... EUROS.

– DON ...., que suscribió .... participaciones sociales, números .... a ...., ambos inclusive, por su valor nominal conjunto de .... EUROS.

Que según escritura de compraventa de participaciones sociales, autorizada por el Notario de ...., D. ...., el día .... de .... de 20..........., bajo el número de protocolo 1.163, se vendieron la totalidad de las participaciones a:

– DON ...., ... participaciones sociales, números .... a ...., ambos inclusive, por su valor nominal conjunto de .... EUROS, un ....% del capital social.

– DON ...., ... participaciones sociales, números .... a ...., ambos inclusive, por su valor nominal conjunto de .... EUROS, un ....% del capital social.

– Y se otorgó el usufructo vitalicio de .... participaciones sociales de la mercantil, a D. .... (........... participaciones).

Adjunto se acompaña, como Documento Nº TRES, la referida escritura de compraventa con otorgamiento de usufructo.

TERCERO.- Interés legítimo.

Así resulta que la actora, D............, es titular del usufructo vitalicio de .... participaciones sociales, las números .... a ...., de la mercantil ...., S.L., según la referida escritura de compraventa de participaciones sociales, de fecha .... de .... de ....

Y, según consta de la certificación literal el Registro Mercantil acompañada, con fecha ....de .... de ...., se llevó a cabo la modificación de los estatutos de la sociedad ...., S.L., en el sentido de modificar el artículo .... de los Estatutos, a los efectos de determinar los derechos de los usufructuarios, en el siguiente sentido:

> *"En el caso de usufructo de participaciones sociales, la cualidad de socio reside en el nudo propietario, pero el usufructuario tendrá derecho, en todo caso, a los dividendos acordados por la sociedad durante el usufructo. El ejercicio de los demás derechos de socio corresponde también al usufructuario. En las relaciones entre el usufructuario y el nudo propietario, regirá lo que determine el título constitutivo del usufructo y, en su defecto, lo previsto en la Ley aplicable."*

CUARTO.- Que adicionalmente, para la mejor marcha de la sociedad, D. ...., concedió a la sociedad, en fecha .... de .... de ...., un préstamo participativo por importe de .... euros, con una duración de .... años.

En prueba de lo anterior adjunto se acompaña, como Documento Nº CUATRO, copia del referido préstamo.

QUINTO.- Que desde el año .... y por desavenencias personales, la actora ha sido totalmente apartado de la sociedad por voluntad del órgano de gestión de la mercantil, que le ha impedido de forma continuada el ejercicio de los derechos de socio que ostenta como usufructuario.

Y en concreto, todo tipo de información sobre las cuentas de la sociedad, asistencia a Junta (a la que no es convocado pese a ostentar todos los derechos de socio), y lo que es más preocupante: información del préstamo participativo, otorgado por él personalmente a la sociedad, y el devengo de los intereses anuales.

Es por lo que requiere de forma expresa y formal en este procedimiento la exhibición y aportación de los siguientes apuntes y documentos contables en relación con el antedicho préstamo participativo:

A.- La aportación de todos los soportes documentales referidos a dicho préstamo participativo con sus intereses devengados, así como de todos sus apuntes contables.

B.- Especialmente mediante la exhibición del libro mayor, de los años .... a ...., en las siguientes cuentas contables, en lo referente a dicho préstamo participativo:

171 *Deudas a largo plazo.*
1635 *Otras deudas a largo plazo con otras partes vinculadas.* 6622 *Intereses de deudas, otras partes vinculadas.*
4751 *Hacienda Pública. Acreedora por retenciones practicadas.*
551 *Cuenta corriente con socios administradores.*
441 *Cuenta con socios o accionistas.*
118 *Aportaciones de socios o propietarios.*

SEXTO.- CONCLUSIÓN.

Por todo ello resulta que mi representada, que es titular del usufructo vitalicio de .... participaciones sociales y que entregó a la sociedad ...., S.L., un préstamo participativo por importe de .... euros, a pesar de ostentar todos los derechos de socio según fue estipulado expresamente en los estatutos de la sociedad, se encuentra en estos momentos excluido de la sociedad, impidiéndole toda información sobre el referido préstamo participativo a cuyo reintegro tiene derecho.

De todo ello queda a acreditada tanto la necesidad como el interés legítimo de la actora para instar el presente acto de jurisdicción voluntaria solicitando la indicada exhibición de documentos y soportes contables.

A los anteriores hechos le son de aplicación los siguientes:

FUNDAMENTOS DE DERECHO

I.- COMPETENCIA Y JURISDICCIÓN: Compete el conocimiento del procedimiento a la Jurisdicción Civil, y objetivamente los juzgados de lo mercantil de conformidad con lo previsto en los arts. 2 y 113.1 de la Ley 15/2015, de 2 de julio, de la Jurisdicción Voluntaria.

II.- LEGITIMACIÓN Y CAPACIDAD: Las partes están legitimadas activa y pasivamente para intervenir en la litis, conforme al art. 10 de la LEC. Según el art. 6.1.1° de la LEC, tienen capacidad para ser parte las personas físicas, y a tenor del art. 7.1 de la LEC, podrán comparecer en juicio todas las personas, además de lo establecido en el artículos 112 de la Ley 15/2015, de 2 de julio, de la Jurisdicción Voluntaria.

III.- POSTULACIÓN Y DEFENSA: En cumplimiento de lo establecido en el artículo 113.2 de la Ley 15/2015, esta parte comparece representada por Procurador y dirigida por Letrado.

IV.- PROCEDIMIENTO: Será ventilado según los trámites establecidos en los artículos 13 a 22 del mismo texto legal, tomando en consideración lo regulado en el artículo 114 de la Ley de la Jurisdicción Voluntaria.

V.- FONDO: Como principio general del artículo 32.1 del Código de Comercio, la contabilidad de los empresarios es secreta, sin perjuicio de lo que se derive de lo dispuesto en las Leyes.

No obstante, el artículo 32.2 del Código de Comercio establece también que la comunicación de los libros relacionados con la contabilidad de la sociedad mercantil sólo podrá decretarse, de oficio o a instancia de parte, en los casos de sucesión universal, suspensión de pagos, quiebras, liquidaciones de sociedades o entidades mercantiles, expedientes de regulación de empleo, y cuando los socios o los representantes legales de los trabajadores tengan derecho a su examen directo.

Y finalmente, el artículo 32.3 del Código de Comercio prevé que podrá decretarse la exhibición de los libros y documentos de los empresarios a instancia de parte o de oficio, cuando la persona a quien pertenezcan tenga interés o responsabilidad en el asunto en que proceda la exhibición. El reconocimiento se contraerá exclusivamente a los puntos que tengan relación con la cuestión de que se trate.

A tal efecto, conforme a lo establecido en el artículo 112 de la Ley 15/2015, la exhibición de libros, documentos y soportes contables de la persona obligada a llevarlos, en los casos en los que proceda conforme a la ley y con el alcance que éstas determinen, se podrá solicitar mediante este expediente, siempre que no exista norma especial aplicable al caso.

Por su parte el artículo 115 de la misma Ley 15/2015, en relación a lo establecido en el artículo 33 del Código de Comercio, establece el procedimiento para realizar la exhibición de los documentos contables que debe acatar en este caso la mercantil ...., S.L. Por ello, la persona obligada a la exhibición tiene el deber de colaborar y facilitar el acceso a la documentación requerida para que el solicitante pueda proceder a su examen.

La exhibición se realizará ante el Letrado de la Administración de Justicia en el domicilio o establecimiento de la persona obligada a llevar los libros, o mediante su aportación en soporte informático si así se hubiera acordado, y el solicitante podrá examinar los libros, documentos o soportes especificados por sí o con la colaboración de los expertos que haya designado en su solicitud y que el Juez haya autorizado, levantándose por el Letrado de la Administración de Justicia acta de lo actuado.

En cualquier caso, si la persona obligada a la exhibición se negara injustificadamente, obstaculizara o quebrantara el deber de colaborar y facilitar el acceso a la documentación solicitada, será requerida por el Letrado de la Administración de Justicia, a instancia del solicitante, para que lo haga y se abstenga de reiterar el quebrantamiento, con apercibimiento de la imposición de multa y de incurrir en un delito de desobediencia a la autoridad judicial, tal y como establece el artículo 116.1 de la Ley 15/2015.

Si el incumplimiento persistiere, el Letrado de la Administración de Justicia tras oír al requerido, podrá imponer mediante decreto y respetando el principio de proporcionalidad, multas coercitivas de hasta 300 euros al día, que se ingresarán en el Tesoro Público, según lo establecido en el artículo 116.2 de la Ley 15/2015.

En su virtud,

AL JUZGADO SUPLICO: Que por presentado este escrito, se sirva admitirlo, y tenga por interesado el presente EXPEDIENTE DE JURISDICCIÓN VOLUNTARIA SOLICITANDO LA EXHIBICIÓN DE LOS DOCUMENTOS CONTABLES frente a ...., S.L., ejercitando la acción prevista en los artículos 112 a 116 de la Ley 15/2015 en relación con los artículos 32 y 33 del Código de Comercio, respecto de la exhibición de los documentos contables por medio de su aportación en soporte informático. Y, en concreto los siguientes documentos contables en relación con el préstamo participativo de la actora D. .... a la mercantil ...., S.L. reseñado más arriba:

A.- La aportación de todos los soportes documentales referidos a dicho préstamo participativo con sus intereses devengados, así como de todos sus apuntes contables,

B.- Especialmente mediante la exhibición del libro mayor, de los años .... a ...., en las siguientes cuentas contables, en lo referente a dicho préstamo participativo:

171 *Deudas a largo plazo.*
1635 *Otras deudas a largo plazo con otras partes vinculadas.* 6622 *Intereses de deudas, otras partes vinculadas.*
4751 *Hacienda Pública. Acreedora por retenciones practicadas.*
551 *Cuenta corriente con socios administradores.*
441 *Cuenta con socios o accionistas.*
118 *Aportaciones de socios o propietarios.*

OTROSÍ DIGO PRIMERO que en caso de haber cometido algún defecto procedimental involuntario, rogamos se acuerde de conformidad con el art. 16.4 de la Ley 15/2015, de 2 de julio, su subsanación en la forma y el plazo correspondientes, por lo que al Juzgado.

SUPLICO que tenga a bien admitir a trámite esta solicitud y actúe en su razón.

En ...., a .... de .... de 2.0...........

Fdo. .... Fdo. ....

Abogado nº .... Procurador nº ....

VIII. MODIFICACIÓN DE ESTATUTOS

SUMARIO: 1. TRASLADO DE DOMICILIO SOCIAL DENTRO DEL TERRITORIO ESPAÑOL. 1.1. ACTAS. F215. TRASLADO DE DOMICILIO SOCIAL. ACTA DE ACUERDO DE JUNTA GENERAL EXTRAORDINARIA CONVOCADA. F216. TRASLADO DE DOMICILIO SOCIAL. ACTA DE ACUERDO DE JUNTA GENERAL EXTRAORDINARIA UNIVERSAL. 1.2. CERTIFICACIONES. F217. TRASLADO DE DOMICILIO SOCIAL. CERTIFICACIÓN DE ACUERDO DE JUNTA GENERAL EXTRAORDINARIA CONVOCADA. F218. TRASLADO DE DOMICILIO SOCIAL. CERTIFICACIÓN DE ACUERDO DE JUNTA GENERAL EXTRAORDINARIA UNIVERSAL. 1.3. DOCUMENTOS NOTARIALES. F219. TRASLADO DEL DOMICILIO SOCIAL DENTRO DEL TERRITORIO ESPAÑOL CUANDO LA COMPETENCIA SEGÚN LOS ESTATUTOS SOCIALES CORRESPONDE A LA JUNTA GENERAL DE SOCIOS. ESCRITURA. F220. TRASLADO DEL DOMICILIO SOCIAL DENTRO DEL TERRITORIO ESPAÑOL CUANDO LA COMPETENCIA LA OSTENTA EL ÓRGANO DE ADMINISTRACIÓN. ESCRITURA. 2. MODIFICACIÓN DEL OBJETO SOCIAL. 2.1. ACTAS. F221. MODIFICACIÓN DEL OBJETO SOCIAL. ACTA DE ACUERDO DE JUNTA GENERAL EXTRAORDINARIA CONVOCADA. F222. MODIFICACIÓN DEL OBJETO SOCIAL. ACTA DE ACUERDO DE JUNTA GENERAL EXTRAORDINARIA UNIVERSAL. 2.2. CERTIFICACIONES. F223. MODIFICACIÓN DEL OBJETO SOCIAL. CERTIFICACIÓN DE ACUERDO DE JUNTA GENERAL EXTRAORDINARIA CONVOCADA. F224. MODIFICACIÓN DEL OBJETO SOCIAL. CERTIFICACIÓN DE ACUERDO DE JUNTA GENERAL EXTRAORDINARIA UNIVERSAL. 2.3. DOCUMENTOS NOTARIALES. F225. MODIFICACIÓN DEL OBJETO SOCIAL CON EJERCICIO DE DERECHO DE SEPARACIÓN. ESCRITURA. F226. MODIFICACIÓN DEL OBJETO SOCIAL SIN EJERCICIO DE DERECHO DE SEPARACIÓN. 3. AUMENTO DE CAPITAL. 3.1. ACTAS. F227. AUMENTO DE CAPITAL MEDIANTE COMPENSACIÓN DE CRÉDITOS SIN RECONOCER DERECHO DE ASUNCIÓN PREFERENTE A LOS SOCIOS. ACTA DE JUNTA GENERAL EXTRAORDINARIA CONVOCADA. F228. AUMENTO DE CAPITAL MEDIANTE COMPENSACIÓN DE CRÉDITOS SIN RECONOCER DERECHO DE ASUNCIÓN PREFERENTE A LOS SOCIOS. ACTA DE JUNTA UNIVERSAL. F229. AUMENTO DE CAPITAL MEDIANTE COMPENSACIÓN DE CRÉDITO CON SUPRESIÓN DE DERECHOS DE SUSCRIPCIÓN PREFERENTE Y ASUNCIÓN SIMULTANEA. ACTA DE ACUERDO DE JUNTA GENERAL EXTRAORDINARIA CONVOCADA. F230. AUMENTO DE CAPITAL MEDIANTE COMPENSACIÓN DE CRÉDITO CON SUPRESIÓN DE DERECHOS DE SUSCRIPCIÓN PREFERENTE Y ASUNCIÓN SIMULTANEA. ACTA DE ACUERDO DE JUNTA GENERAL EXTRAORDINARIA UNIVERSAL. F231. AUMENTO DE CAPITAL MEDIANTE APORTACIONES DINERARIAS, CREACIÓN DE NUEVAS PARTICIPACIONES SOCIALES Y ASUNCIÓN SIMULTANEA. ACTA DE ACUERDO DE JUNTA GENERAL EXTRAORDINARIA CONVOCADA. F232. AUMENTO DE CAPITAL MEDIANTE APORTACIONES DINERARIAS, CREACIÓN DE NUEVAS PARTICIPACIONES SOCIALES Y ASUNCIÓN SIMULTANEA. ACTA DE ACUERDO DE JUNTA GENERAL EXTRAORDINARIA UNIVERSAL. F233. AUMENTO DE CAPITAL MEDIANTE APORTACIONES DINERARIAS, CREACIÓN DE NUEVAS PARTICIPACIONES SOCIALES CON REGLAS SOBRE DERECHOS DE SUSCRIPCIÓN PREFERENTE Y PREVISIONES SOBRE AUMENTO DE CAPITAL INCOMPLETO. ACTA DE ACUERDO DE JUNTA GENERAL EXTRAORDINARIA CONVOCADA. F234. AUMENTO DE CAPITAL MEDIANTE APORTACIONES DINERARIAS, CREACIÓN DE NUEVAS PARTICIPACIONES SO-

CIALES CON REGLAS SOBRE DERECHOS DE SUSCRIPCIÓN PREFERENTE Y PREVISIONES SOBRE AUMENTO DE CAPITAL INCOMPLETO. ACTA DE ACUERDO DE JUNTA GENERAL EXTRAORDINARIA UNIVERSAL. F235. AUMENTO DE CAPITAL CON CARGO A RESERVAS DISPONIBLES MEDIANTE LA ELEVACIÓN DEL NOMINAL DE LAS PARTICIPACIONES SOCIALES. ACTA DE ACUERDO DE JUNTA GENERAL EXTRAORDINARIA CONVOCADA. F236. AUMENTO DE CAPITAL CON CARGO A RESERVAS DISPONIBLES MEDIANTE LA ELEVACIÓN DEL NOMINAL DE LAS PARTICIPACIONES SOCIALES. ACTA DE ACUERDO DE JUNTA GENERAL EXTRAORDINARIA UNIVERSAL. F237. AUMENTO DE CAPITAL MEDIANTE APORTACIONES DINERARIAS, CREACIÓN DE NUEVAS PARTICIPACIONES SOCIALES CON REGLAS SOBRE DERECHOS DE SUSCRIPCIÓN PREFERENTE Y QUEDANDO SIN EFECTO EL AUMENTO DE CAPITAL EN CASO DE SER INCOMPLETO. ACTA DE ACUERDO DE JUNTA GENERAL EXTRAORDINARIA CONVOCADA. F238. AUMENTO DE CAPITAL MEDIANTE APORTACIONES DINERARIAS, CREACIÓN DE NUEVAS PARTICIPACIONES SOCIALES CON REGLAS SOBRE DERECHOS DE SUSCRIPCIÓN PREFERENTE Y QUEDANDO SIN EFECTO EL AUMENTO DE CAPITAL EN CASO DE SER INCOMPLETO. ACTA DE ACUERDO DE JUNTA GENERAL EXTRAORDINARIA UNIVERSAL. F239. AUMENTO DE CAPITAL MEDIANTE APORTACIONES DINERARIAS Y ELEVACIÓN DEL NOMINAL DE LAS PARTICIPACIONES SOCIALES. ACTA DE ACUERDO DE JUNTA GENERAL EXTRAORDINARIA CONVOCADA. F240. AUMENTO DE CAPITAL MEDIANTE APORTACIONES DINERARIAS Y CREACIÓN DE NUEVAS PARTICIPACIONES CON PRIMA DE EMISIÓN. ACTA DE ACUERDO DE JUNTA GENERAL EXTRAORDINARIA CONVOCADA. F241. AUMENTO DE CAPITAL MEDIANTE APORTACIONES DINERARIAS Y ELEVACIÓN DEL NOMINAL DE LAS PARTICIPACIONES SOCIALES. ACTA DE ACUERDO DE JUNTA GENERAL EXTRAORDINARIA UNIVERSAL. 3.2. CERTIFICACIONES. F242. AUMENTO DE CAPITAL POR COMPENSACIÓN DE CRÉDITOS SIN RECONOCER DERECHO DE ASUNCIÓN PREFERENTE A LOS SOCIOS. CERTIFICACIÓN DE JUNTA GEN0ERAL EXTRAORDINARIA CONVOCADA. F243. AUMENTO DE CAPITAL POR COMPENSACIÓN DE CRÉDITOS SIN RECONOCER DERECHO DE ASUNCIÓN PREFERENTE A LOS SOCIOS. CERTIFICACIÓN DE JUNTA GENERAL EXTRAORDINARIA UNIVERSAL. F244. AUMENTO DE CAPITAL MEDIANTE COMPENSACIÓN DE CRÉDITO CON SUPRESIÓN DE DERECHOS DE SUSCRIPCIÓN PREFERENTE Y ASUNCIÓN SIMULTANEA. CERTIFICACIÓN DE ACUERDO DE JUNTA GENERAL EXTRAORDINARIA CONVOCADA. F245. AUMENTO DE CAPITAL MEDIANTE COMPENSACIÓN DE CRÉDITO CON SUPRESIÓN DE DERECHOS DE SUSCRIPCIÓN PREFERENTE Y ASUNCIÓN SIMULTANEA. CERTIFICACIÓN DE ACUERDO DE JUNTA GENERAL EXTRAORDINARIA UNIVERSAL. F246. AUMENTO DE CAPITAL MEDIANTE APORTACIONES DINERARIAS, CREACIÓN DE NUEVAS PARTICIPACIONES SOCIALES Y ASUNCIÓN SIMULTANEA. CERTIFICACIÓN DE ACUERDO DE JUNTA GENERAL EXTRAORDINARIA CONVOCADA. F247. AUMENTO DE CAPITAL MEDIANTE APORTACIONES DINERARIAS, CREACIÓN DE NUEVAS PARTICIPACIONES SOCIALES Y ASUNCIÓN SIMULTANEA. CERTIFICACIÓN DE ACUERDO DE JUNTA GENERAL EXTRAORDINARIA UNIVERSAL. F248. AUMENTO DE CAPITAL MEDIANTE APORTACIONES DINERARIAS, CREACIÓN DE NUEVAS PARTICIPACIONES SOCIALES CON REGLAS SOBRE DERECHOS DE SUSCRIPCIÓN PREFERENTE Y PREVISIONES SOBRE AUMENTO DE CAPITAL INCOMPLETO. CERTIFICACIÓN DE ACUERDO DE JUNTA GENERAL EXTRAORDINARIA CONVOCADA. F249. AUMENTO DE CAPITAL MEDIANTE APORTACIONES DINERARIAS, CREACIÓN DE NUEVAS PARTICIPACIONES SOCIALES CON REGLAS SOBRE DERECHOS DE SUSCRIPCIÓN PREFERENTE Y PREVISIONES SOBRE AUMENTO DE CAPITAL INCOMPLETO. CERTIFICACIÓN DE ACUERDO DE JUNTA GENERAL EXTRAORDINARIA UNIVERSAL. F250. AUMENTO DE CAPITAL CON CARGO A RESERVAS DISPONIBLES MEDIANTE LA ELEVACIÓN DEL NOMINAL DE LAS PARTICIPACIONES SOCIALES. CERTIFICACIÓN DE ACUERDO DE JUNTA GENERAL EXTRAORDINARIA CONVOCADA. F251. AUMENTO DE CAPITAL CON CARGO A RESERVAS DISPONIBLES MEDIANTE LA ELEVACIÓN DEL NOMINAL DE LAS PARTICIPACIONES SOCIA-

LES. CERTIFICACIÓN DE ACUERDO DE JUNTA GENERAL EXTRAORDINARIA UNIVERSAL. F252. AUMENTO DE CAPITAL MEDIANTE APORTACIONES DINERARIAS, CREACIÓN DE NUEVAS PARTICIPACIONES SOCIALES CON REGLAS SOBRE DERECHOS DE SUSCRIPCIÓN PREFERENTE Y QUEDANDO SIN EFECTO EL AUMENTO DE CAPITAL EN CASO DE SER INCOMPLETO. CERTIFICACIÓN DE ACUERDO DE JUNTA GENERAL EXTRAORDINARIA CONVOCADA. F253. AUMENTO DE CAPITAL MEDIANTE APORTACIONES DINERARIAS, CREACIÓN DE NUEVAS PARTICIPACIONES SOCIALES CON REGLAS SOBRE DERECHOS DE SUSCRIPCIÓN PREFERENTE Y QUEDANDO SIN EFECTO EL AUMENTO DE CAPITAL EN CASO DE SER INCOMPLETO. CERTIFICACIÓN DE ACUERDO DE JUNTA GENERAL EXTRAORDINARIA UNIVERSAL. F254. AUMENTO DE CAPITAL MEDIANTE APORTACIONES DINERARIAS Y ELEVACIÓN DEL NOMINAL DE LAS PARTICIPACIONES SOCIALES. CERTIFICACIÓN DE ACUERDO DE JUNTA GENERAL EXTRAORDINARIA CONVOCADA. F255. AUMENTO DE CAPITAL MEDIANTE APORTACIONES DINERARIAS Y ELEVACIÓN DEL NOMINAL DE LAS PARTICIPACIONES SOCIALES. CERTIFICACIÓN DE ACUERDO DE JUNTA GENERAL EXTRAORDINARIA UNIVERSAL. F256. AUMENTO DE CAPITAL POR COMPENSACIÓN DE CRÉDITOS Y CREACIÓN DE NUEVAS PARTICIPACIONES. CERTIFICACIÓN DE ACUERDO DE JUNTA GENERAL EXTRAORDINARIA UNIVERSAL. F257. AUMENTO DE CAPITAL MEDIANTE APORTACIONES DINERARIAS Y CREACIÓN DE NUEVAS PARTICIPACIONES CON SUPRESIÓN DEL DERECHO DE ASUNCIÓN PREFERENTE. CERTIFICACIÓN DE ACUERDOS DE JUNTA GENERAL UNIVERSAL. F258. AUMENTO DE CAPITAL MEDIANTE APORTACIONES NO DINERARIAS Y CREACIÓN DE NUEVAS PARTICIPACIONES. CERTIFICACIÓN DE JUNTA UNIVERSAL. 3.3. INFORMES DEL ÓRGANO DE ADMINISTRACIÓN. F259. AUMENTO DE CAPITAL MEDIANTE APORTACIÓN NO DINERARIA. INFORME DEL ÓRGANO DE ADMINISTRACIÓN. F260. AUMENTO DE CAPITAL MEDIANTE COMPENSACIÓN DE CRÉDITOS. INFORME DEL ÓRGANO DE ADMINISTRACIÓN. F261. AUMENTO DE CAPITAL. SUPRESIÓN DEL DERECHO DE ASUNCIÓN PREFERENTE. INFORME DEL ÓRGANO DE ADMINISTRACIÓN. 3.4. DOCUMENTOS NOTARIALES. F262. AUMENTO DE CAPITAL MEDIANTE APORTACIONES DINERARIAS QUE NO ES ASUMIDO ÍNTEGRAMENTE POR LOS SOCIOS. ESCRITURA. F263. AUMENTO DE CAPITAL CON CARGO A RESERVAS Y ELEVACIÓN DEL NOMINAL DE LAS PARTICIPACIONES SOCIALES EXISTENTES. ESCRITURA. F264. AUMENTO DE CAPITAL POR COMPENSACIÓN DE CRÉDITOS. ESCRITURA. F265. AUMENTO DE CAPITAL CON APORTACIONES NO DINERARIAS MEDIANTE EMISIÓN DE NUEVAS PARTICIPACIONES. ESCRITURA. F266. ELEVACIÓN A PÚBLICO DE AUMENTO DE CAPITAL SIN EJECUCIÓN. ESCRITURA. F267. EJECUCIÓN DE AUMENTO DE CAPITAL. ESCRITURA. F268. AUMENTO DE CAPITAL MEDIANTE APORTACIONES NO DINERARIAS, CON EMISIÓN DE NUEVAS PARTICIPACIONES. ESCRITURA. 4. REDUCCIÓN DE CAPITAL. 4.1. ACTAS. F269. REDUCCIÓN DE CAPITAL CON LA FINALIDAD DE RESTITUIR LAS APORTACIONES A LOS SOCIOS SIN CONSTITUCIÓN DE RESERVA. ACTA DE ACUERDO DE JUNTA GENERAL EXTRAORDINARIA CONVOCADA. F270. REDUCCIÓN DE CAPITAL CON LA FINALIDAD DE RESTITUIR LAS APORTACIONES A LOS SOCIOS SIN CONSTITUCIÓN DE RESERVA. ACTA DE ACUERDO DE JUNTA GENERAL EXTRAORDINARIA UNIVERSAL. F271. REDUCCIÓN DE CAPITAL CON LA FINALIDAD DE RESTITUIR LAS APORTACIONES A LOS SOCIOS, CON CONSTITUCIÓN DE RESERVA. ACTA DE ACUERDO DE JUNTA GENERAL EXTRAORDINARIA CONVOCADA. F272. REDUCCIÓN DE CAPITAL CON LA FINALIDAD DE RESTITUIR LAS APORTACIONES A LOS SOCIOS, CON CONSTITUCIÓN DE RESERVA. ACTA DE ACUERDO DE JUNTA GENERAL EXTRAORDINARIA UNIVERSAL. F273. REDUCCIÓN DE CAPITAL CON LA FINALIDAD DE COMPENSAR PÉRDIDAS. ACTA DE ACUERDO DE JUNTA GENERAL EXTRAORDINARIA CONVOCADA. F274. REDUCCIÓN DE CAPITAL CON LA FINALIDAD DE COMPENSAR PÉRDIDAS. ACTA DE ACUERDO DE JUNTA GENERAL EXTRAORDINARIA UNIVERSAL. F275. REDUCCIÓN Y AUMENTO DE CAPITAL SIMULTÁNEOS (OPERACIÓN ACORDEÓN). ACTA DE ACUERDO DE JUNTA GENERAL EXTRAORDINARIA CONVOCADA.

F276. REDUCCIÓN Y AUMENTO DE CAPITAL SIMULTÁNEOS (OPERACIÓN ACORDEÓN). ACTA DE ACUERDO DE JUNTA GENERAL EXTRAORDINARIA UNIVERSAL. F277. REDUCCIÓN DE CAPITAL CON LA FINALIDAD DE COMPENSAR PÉRDIDAS. ACTA DEL CONSEJO DE ADMINISTRACIÓN CONVOCADO DECLARANDO EJECUTADO EL ACUERDO. F278. REDUCCIÓN DE CAPITAL CON LA FINALIDAD DE RESTITUIR APORTACIONES. ACTA DEL CONSEJO DE ADMINISTRACIÓN DECLARANDO EJECUTADO EL ACUERDO. F279. REDUCCIÓN DE CAPITAL CON LA FINALIDAD DE CONSTITUIR RESERVAS. ACTA DE JUNTA GENERAL EXTRAORDINARIA CONVOCADA. F280. REDUCCIÓN DE CAPITAL PARA CONSTITUIR RESERVAS. JUNTA GENERAL EXTRAORDINARIA UNIVERSAL. 4.2. CERTIFICACIONES. F281. REDUCCIÓN DE CAPITAL. CERTIFICACIÓN DE ACUERDO DE REDUCCIÓN DE CAPITAL PARA CONSTITUIR RESERVAS. ACUERDO DE JUNTA GENERAL EXTRAORDINARIA CONVOCADA. F282. REDUCCIÓN DE CAPITAL. CERTIFICACIÓN DE ACUERDO DE REDUCCIÓN DE CAPITAL PARA CONSTITUIR RESERVAS. ACUERDO DE JUNTA GENERAL EXTRAORDINARIA UNIVERSAL. F283. REDUCCIÓN DE CAPITAL CON LA FINALIDAD DE RESTITUIR LAS APORTACIONES A LOS SOCIOS SIN CONSTITUCIÓN DE RESERVA. CERTIFICACIÓN DE ACUERDO DE JUNTA GENERAL EXTRAORDINARIA CONVOCADA. F284. REDUCCIÓN DE CAPITAL CON LA FINALIDAD DE RESTITUIR LAS APORTACIONES A LOS SOCIOS SIN CONSTITUCIÓN DE RESERVA. CERTIFICACIÓN DE ACUERDO DE JUNTA GENERAL EXTRAORDINARIA UNIVERSAL. F285. REDUCCIÓN DE CAPITAL CON LA FINALIDAD DE RESTITUIR LAS APORTACIONES A LOS SOCIOS CON CONSTITUCIÓN DE RESERVA. CERTIFICACIÓN DE ACUERDO DE JUNTA GENERAL EXTRAORDINARIA CONVOCADA. F286. REDUCCIÓN DE CAPITAL CON LA FINALIDAD DE RESTITUIR LAS APORTACIONES A LOS SOCIOS, CON CONSTITUCIÓN DE RESERVA. CERTIFICACIÓN DE ACUERDO DE JUNTA GENERAL EXTRAORDINARIA UNIVERSAL. F287. REDUCCIÓN DE CAPITAL CON LA FINALIDAD DE COMPENSAR PÉRDIDAS. CERTIFICACIÓN DE ACUERDO DE JUNTA GENERAL EXTRAORDINARIA CONVOCADA. F288. REDUCCIÓN DE CAPITAL CON LA FINALIDAD DE COMPENSAR PÉRDIDAS. CERTIFICACIÓN DE ACUERDO DE JUNTA GENERAL EXTRAORDINARIA UNIVERSAL. F289. REDUCCIÓN Y AUMENTO DE CAPITAL SIMULTÁNEOS (OPERACIÓN ACORDEÓN). CERTIFICACIÓN DE ACUERDO DE JUNTA GENERAL EXTRAORDINARIA CONVOCADA. F290. REDUCCIÓN Y AUMENTO DE CAPITAL SIMULTÁNEOS (OPERACIÓN ACORDEÓN). CERTIFICACIÓN DE ACUERDO DE JUNTA GENERAL EXTRAORDINARIA UNIVERSAL. F291. REDUCCIÓN DE CAPITAL CON LA FINALIDAD DE COMPENSAR PÉRDIDAS. CERTIFICACIÓN DEL CONSEJO DE ADMINISTRACIÓN DECLARANDO EJECUTADO EL ACUERDO. F292. REDUCCIÓN DE CAPITAL CON LA FINALIDAD DE RESTITUIR APORTACIONES. CERTIFICACIÓN DEL CONSEJO DE ADMINISTRACIÓN DECLARANDO EJECUTADO EL ACUERDO. F293. REDUCCIÓN DE CAPITAL CON LA FINALIDAD DE RESTITUIR APORTACIONES. CERTIFICACIÓN DEL ADMINISTRADOR ÚNICO. 4.3. DOCUMENTOS PRIVADOS. ANUNCIO. F294. REDUCCIÓN DE CAPITAL CON LA FINALIDAD DE RESTITUIR APORTACIONES A SOCIOS. ANUNCIO PARA NOTIFICAR EL ACUERDO A LOS ACREEDORES. 4.4. DOCUMENTOS NOTARIALES. F295. REDUCCIÓN DE CAPITAL CON LA FINALIDAD DE RESTITUIR APORTACIONES. ESCRITURA. F296. REDUCCIÓN DEL CAPITAL CON LA FINALIDAD DE COMPENSAR PERDIDAS. ESCRITURA. F297. REDUCCIÓN Y AUMENTO DE CAPITAL SOCIAL SIMULTÁNEOS (OPERACIÓN ACORDEÓN). ESCRITURA. F298. REDUCCIÓN DE CAPITAL. REDUCCIÓN DE CAPITAL PARA CONSTITUIR RESERVAS. ESCRITURA. F299. REDUCCIÓN DE CAPITAL CON LA FINALIDAD DE RESTITUIR APORTACIONES DE INMUEBLES Y AMORTIZACIÓN DE PARTICIPACIONES. ESCRITURA. F300. REDUCCIÓN DE CAPITAL MEDIANTE AMORTIZACIÓN DE PARTICIPACIONES PROPIAS. ESCRITURA.

1. TRASLADO DE DOMICILIO SOCIAL DENTRO DEL TERRITORIO ESPAÑOL

1.1. ACTAS

F215. TRASLADO DE DOMICILIO SOCIAL. ACTA DE ACUERDO DE JUNTA GENERAL EXTRAORDINARIA CONVOCADA

Normativa de Aplicación: *Arts. 285 y ss. Real Decreto Legislativo 1/2010, de 2 de julio, por el que se aprueba el texto refundido de la Ley de Sociedades de Capital.*

Que hoy día .... de .... de ...., a las .... horas, y en el domicilio social, sito en la localidad de ...., calle .... s/n, se celebra JUNTA GENERAL EXTRAORDINARIA de socios de la sociedad .... S.L.

La convocatoria de la presente Junta General Extraordinaria de socios, ha sido acordada por el administrador único, Don ....

La convocatoria de la presente Junta General, se ha realizado, de conformidad con lo establecido en la Ley y el art .... de los Estatutos Sociales, mediante burofax con acuse de recibo y certificado de contenido, de fecha ...., dirigido ese mismo día a cada uno de los socios al domicilio designado al efecto por cada uno de ellos.

El tenor literal de la convocatoria se transcribe a continuación: «Por medio del presente se convoca a los señores socios a la celebración de Junta General Extraordinaria de la sociedad .... S.L., que se celebrará, el día .... de .... de ...., a las .... horas, en el domicilio social sito en ...., a efectos de deliberar y, en su caso, adoptar acuerdos con relación al siguiente orden del día: 1. Traslado del domicilio social. 2. Delegación de facultades para elevación a público. Se hace constar el derecho de los socios a examinar en el domicilio social el texto íntegro de la propuesta, así como de solicitar la entrega o el envío de dichos documentos. En ...., hoy día .... de .... de .... el Administrador único de .... S.L. Don ....»

Asisten a la presente Junta General Extraordinaria, personalmente o representados, los siguientes socios:

I.– Socios presentes:

Don ...., titular de .... participaciones sociales núm. .... a ...., incluidos, con un valor nominal cada una de ellas de .... euros (en su conjunto .... euros), que suponen el .... por ciento del capital social.

Don ...., titular de .... participaciones sociales núm. .... a ...., incluidos, con un valor nominal cada una de ellas de .... euros (en su conjunto .... euros), que suponen el .... por ciento del capital social.

Doña ...., titular de .... participaciones sociales núm. .... a ...., incluidos, con un valor nominal cada una de ellas de .... euros (en su conjunto .... euros), que suponen el .... por ciento del capital social.

Por lo tanto, asisten de forma personal .... socios, titulares, en conjunto, de .... participaciones sociales que suponen el .... por ciento del capital social.

II.– Socios representados:

Don ...., titular de .... participaciones sociales núm. .... a ...., incluidos, con un valor nominal cada una de ellas de .... euros (en su conjunto .... euros), que suponen el .... por ciento del capital social. Asiste el expresado socio representado por Doña ....

Don ...., titular de .... participaciones sociales núm. .... a ...., incluidos, con un valor nominal cada una de ellas de .... euros (en su conjunto .... euros), que suponen el .... por ciento del capital social. Asiste el expresado socio representado por Don ....

Asisten representados, ... socios, que titularizan .... participaciones que suponen el .... por ciento del capital social asumido.

En conjunto, asisten, personalmente o representados, ... socios, titulares de .... participaciones que suponen el .... por ciento del capital social suscrito.

Asiste el órgano de administración de la sociedad.

Son presidente y secretario de la presente Junta General, Don .... y Don ...., respectivamente. Ello de conformidad con lo establecido en la Ley y los Estatutos Sociales y ser los citados señores los socios designados por los concurrentes al comienzo de la reunión.

Abierta la sesión por el Sr. Presidente, sin que nadie se oponga a la válida constitución y celebración de la presente Junta General, se entra en el debate y deliberación de los diversos puntos del orden del día sin que ninguno de los presentes haga uso de su derecho a que conste en el acta el contenido de su intervención.

Tras todo lo anterior, se propone por el Sr. presidente la adopción de los siguientes acuerdos, propuesta que se transcribe literalmente a continuación:

Previa la oportuna votación, la citada propuesta de acuerdos sociales es aprobada por UNANIMIDAD, con el voto favorable de todos los asistentes (........... por ciento de los votos correspondientes a las participaciones sociales en que se divide el capital social), en términos idénticos a los anteriormente transcritos.

PRIMERO. Trasladar el domicilio social desde su actual emplazamiento sito en .... al sito en ....

Como consecuencia de lo anterior el artículo .... de los Estatutos Sociales de la sociedad queda modificado y su redacción desde este momento será la siguiente:

«ARTÍCULO .... - DOMICILIO.– La Sociedad establece su domicilio en ...., calle ...., numero ...., puerta .... no obstante, con exclusión de la competencia atribuida al órgano de administración por el artículo 285-2 de la Ley de Sociedades de Capital, previo acuerdo de la Junta General de Socios, podrá ser cambiado a cualquier otro lugar dentro del territorio español, con observancia de los requisitos legales al respecto.

El órgano de administración de la entidad, con cumplimiento de los preceptos legales, podrá establecer Sucursales, Agencias y Delegaciones en cualquier lugar de España o del extranjero, así como suprimirlas».

SEGUNDO. Facultar al Administrador único para elevar a público los anteriores acuerdos adoptados por los socios.

Y no habiendo más asuntos que tratar, se procede a la redacción de la presente acta que es aprobada de forma unánime por los asistentes, y finaliza la presente Junta General Extraordinaria, levantándose la reunión en ...., a las .... horas del día .... de .... de ....

F216. TRASLADO DE DOMICILIO SOCIAL. ACTA DE ACUERDO DE JUNTA GENERAL EXTRAORDINARIA UNIVERSAL

Normativa de Aplicación: *Arts. 285 y ss. Real Decreto Legislativo 1/2010, de 2 de julio, por el que se aprueba el texto refundido de la Ley de Sociedades de Capital.*

Que hoy día .... de .... de ...., a las .... horas, y en el domicilio social, sito en la localidad de ...., calle ...., se celebra JUNTA GENERAL EXTRAORDINARIA de socios de la sociedad .... S.L.

Se encuentran presentes, en el referido lugar, y, por lo tanto, concurren la totalidad de socios de la compañía, decidiendo y dando su conformidad los asistentes a constituirse, con el carácter de universal, en Junta General Extraordinaria de socios de la compañía, para deliberar y, en su caso, adoptar acuerdos con relación al siguiente orden del día: 1. Traslado del domicilio social. 2. Delegación de facultades para elevación a público.

En señal de conformidad firman seguidamente todos los asistentes, a continuación de su nombre y apellidos.

....

Asiste el órgano de administración de la sociedad.

Son presidente y secretario de la presente Junta General, Don .... y Don ...., respectivamente. Ello de conformidad con lo establecido en la Ley y los Estatutos Sociales y ser los citados señores los socios designados por los concurrentes al comienzo de la reunión.

Abierta la sesión por el Sr. Presidente, sin que nadie se oponga a la válida constitución y celebración de la presente Junta General, se entra en el debate y deliberación de los di-

versos puntos del orden del día, sin que ninguno de los presentes haga uso de su derecho a que conste en el acta el contenido de su intervención.

Tras lo anterior, se propone por el Sr. presidente la adopción de los siguientes acuerdos, que se transcriben de forma literal a continuación:

PRIMERO. Trasladar el domicilio social desde su actual emplazamiento sito en .... al sito en ....

Como consecuencia de lo anterior el artículo .... de los Estatutos Sociales de la sociedad queda modificado y su redacción desde este momento será la siguiente:

«ARTÍCULO .... - DOMICILIO.– La Sociedad establece su domicilio en ...., calle ...., numero ...., puerta ...., no obstante, con exclusión de la competencia atribuida al órgano de administración por el artículo 285-2 de la Ley de Sociedades de Capital, previo acuerdo de la Junta General de Socios, podrá ser cambiado a cualquier otro lugar dentro del territorio español, con observancia de los requisitos legales al respecto.

El órgano de administración de la entidad, con cumplimiento de los preceptos legales, podrá establecer Sucursales, Agencias y Delegaciones en cualquier lugar de España o del extranjero, así como suprimirlas».

SEGUNDO. Facultar al Administrador único para elevar a público los anteriores acuerdos adoptados por los socios.

Previa la oportuna votación, la citada propuesta de acuerdos sociales es aprobada por UNANIMIDAD, con el voto favorable de todos los asistentes (........... por ciento de los votos correspondientes a las participaciones sociales en que se divide el capital social), en términos idénticos a los anteriormente transcritos.

Y no habiendo más asuntos que tratar, se procede a la redacción de la presente acta que es aprobada de forma unánime por los asistentes, y finaliza la presente Junta General Extraordinaria, levantándose la reunión en ...., a las .... horas del día .... de .... de ....

1.2. CERTIFICACIONES

F217. TRASLADO DE DOMICILIO SOCIAL. CERTIFICACIÓN DE ACUERDO DE JUNTA GENERAL EXTRAORDINARIA CONVOCADA

Normativa de Aplicación: *Arts. 285 y ss. Real Decreto Legislativo 1/2010, de 2 de julio, por el que se aprueba el texto refundido de la Ley de Sociedades de Capital.*

..........., Administrador Único de la compañía .... S.L., con domicilio en ...., Avenida ...., CIF .... Inscrita en el Registro Mercantil de la Provincia de .... al ....

CERTIFICO según resulta del libro de actas de la sociedad:

Que el día .... de .... de ...., a las .... horas, y en el domicilio social, se celebró en la Junta General Extraordinaria de Socios de la compañía .... S.L.

La convocatoria de la referida Junta General Extraordinaria de socios, fue acordada en fecha .... por el administrador único, Don ....

Que la convocatoria de la presente Junta General, se realizó por el órgano de administración de la sociedad, de conformidad con lo establecido en la Ley y el art .... de los Estatutos Sociales, mediante burofax con acuse de recibo y certificado de contenido, de fecha ...., dirigido ese mismo día a cada uno de los socios al domicilio designado al efecto igualmente por cada uno de ellos.

Que el tenor literal de la convocatoria se transcribe a continuación: «Por medio del presente se convoca a los señores socios a la celebración de Junta General Extraordinaria de la sociedad .... S.L., que se celebrará, el día .... de .... de ...., a las .... horas, en el domicilio social sito en ...., a efectos de deliberar y, en su caso, adoptar acuerdos con relación al siguiente orden del día: 1. Traslado del domicilio social. 2. Delegación de facultades para elevación a público. Se hace constar el derecho de los socios a examinar en el domicilio social el texto íntegro de la propuesta, así como de solicitar la entrega o el envío de dichos documentos. En ...., hoy día .... de .... de .... el Administrador único de .... S.L. Don ....»

Que se confeccionó la pertinente lista de asistentes y, en conjunto, asistieron, personalmente o representados, ... socios, titulares de .... participaciones sociales que suponen el .... por ciento del capital social suscrito y .... de los derechos de voto.

Que asistió el órgano de administración de la sociedad.

Que actuaron como presidente y secretario de la citada Junta General, Don .... y Don ...., respectivamente. Ello de conformidad con lo establecido en la Ley y los Estatutos Sociales y ser los citados señores los socios designados por los concurrentes al comienzo de la reunión.

Que abierta la sesión por el Sr. Presidente, sin que nadie se opusiera a la válida constitución y celebración de la citada Junta General, se entró en el debate y deliberación de los diversos puntos del orden del día sin que ninguno de los presentes hiciera uso de su derecho a que constase en el acta el contenido de su intervención. Tras lo anterior, se adoptaron por unanimidad de los asistentes (........... por ciento de los votos en que se divide el capital social), los siguientes ACUERDOS, que son aquí trascritos literalmente:

PRIMERO. Trasladar el domicilio social desde su actual emplazamiento sito en .... al sito en ....

Como consecuencia de lo anterior el artículo .... de los Estatutos Sociales de la sociedad queda modificado y su redacción desde este momento será la siguiente:

«ARTÍCULO .... - DOMICILIO.– La Sociedad establece su domicilio en ...., calle ...., numero ...., puerta ...., no obstante, con exclusión de la competencia atribuida al órgano de administración por el artículo 285-2 de la Ley de Sociedades de Capital, previo acuerdo de la Junta General de Socios, podrá ser cambiado a cualquier otro lugar dentro del territorio español, con observancia de los requisitos legales al respecto.

El órgano de administración de la entidad, con cumplimiento de los preceptos legales, podrá establecer Sucursales, Agencias y Delegaciones en cualquier lugar de España o del extranjero, así como suprimirlas».

SEGUNDO. Facultar al Administrador único para elevar a público los anteriores acuerdos adoptados por los socios.

Y para que conste y surta los efectos oportunos, libro la presente certificación, haciendo constar que el acta de la reunión donde se adoptaron los acuerdos que se certifican fue aprobada por unanimidad en la propia sesión, y firmada por el presidente y secretario. En ...., a .... de .... de ....

F218. TRASLADO DE DOMICILIO SOCIAL. CERTIFICACIÓN DE ACUERDO DE JUNTA GENERAL EXTRAORDINARIA UNIVERSAL

Normativa de Aplicación: *Arts. 285 y ss. Real Decreto Legislativo 1/2010, de 2 de julio, por el que se aprueba el texto refundido de la Ley de Sociedades de Capital.*

..........., Administrador único de la compañía .... S.L., con domicilio en ...., C/ .... y CIF .... Inscrita en el Registro Mercantil de la Provincia de ....

CERTIFICO, según resulta del libro de actas de la sociedad:

Que el día .... de .... de .... de .... y en ...., calle ...., se celebró Junta General Extraordinaria de Socios de la compañía .... S.L., reunida con carácter universal.

Que se encontraban presentes la totalidad de los socios, figurando su nombre en el acta.

Que la totalidad de los socios aceptaron constituirse y celebrar dicha Junta General, con el carácter de universal, para deliberar y, en su caso, adoptar acuerdos con relación al siguiente orden del día: 1. Traslado del domicilio social. 2. Delegación de facultades para elevación a público.

Que en señal de conformidad con lo reseñado anteriormente, la totalidad de los socios de la compañía, seguido de su respectivo nombre, firmaron al inicio del acta cuyos acuerdos aquí se certifican.

Que de conformidad con lo previsto en la Ley y Los Estatutos Sociales fueron designados y actuaron como presidente de la misma Doña .... y como secretario Don ....

Que abierta la sesión sin que nadie se opusiera a ello, se adoptaron por unanimidad, (........... por ciento de los votos correspondientes a las participaciones sociales en que se divida el capital social), los siguientes ACUERDOS que se transcriben de forma literal a continuación:

PRIMERO. Trasladar el domicilio social desde su actual emplazamiento sito en .... al sito en ....

Como consecuencia de lo anterior el artículo .... de los Estatutos Sociales de la sociedad queda modificado y su redacción desde este momento será la siguiente:

«ARTÍCULO .... - DOMICILIO.– La Sociedad establece su domicilio en ...., calle ...., numero ...., puerta ...., no obstante, con exclusión de la competencia atribuida al órgano de administración por el artículo 285-2 de la Ley de Sociedades de Capital, previo acuerdo de la Junta General de Socios, podrá ser cambiado a cualquier otro lugar dentro del territorio español, con observancia de los requisitos legales al respecto.

El órgano de administración de la entidad, con cumplimiento de los preceptos legales, podrá establecer Sucursales, Agencias y Delegaciones en cualquier lugar de España o del extranjero, así como suprimirlas».

SEGUNDO. Facultar al Administrador único para elevar a público los anteriores acuerdos adoptados por los socios.

Y para que conste libro la presente certificación, haciendo constar que el acta de la reunión donde se adoptaron los acuerdos que se certifican fue aprobada por unanimidad en la propia sesión, y firmada por el presidente y secretario, en ...., a .... de .... de ....

1.3. DOCUMENTOS NOTARIALES

F219. TRASLADO DEL DOMICILIO SOCIAL DENTRO DEL TERRITORIO ESPAÑOL CUANDO LA COMPETENCIA SEGÚN LOS ESTATUTOS SOCIALES CORRESPONDE A LA JUNTA GENERAL DE SOCIOS. ESCRITURA

Normativa de Aplicación: *Arts. 285 y ss. Real Decreto Legislativo 1/2010, de 2 de julio, por el que se aprueba el texto refundido de la Ley de Sociedades de Capital.*

En la Ciudad de ...., mi residencia, a .... de ....

Ante mí, ..., Notario de la Ciudad y del Ilustre Colegio de ....

COMPARECE

Don ...., mayor de edad, de nacionalidad española, casado, vecino de ...., con domicilio en ...., núm. ...., con DNI/NIF ....

Le identifico por el documento de identidad exhibido y reseñado.

INTERVIENE

Don .... interviene en su calidad de administrador único de la sociedad limitada ...., de nacionalidad española, constituida por tiempo indefinido mediante escritura autorizada por el notario de ...., Don ...., con fecha .... de .... de dos mil ...., número de protocolo .... Domiciliada en ...., calle .... e inscrita en el Registro Mercantil de la provincia de ...., al tomo ...., general ...., folio ...., hoja ...., inscripción .... CIF .... Constituye su objeto social ....

Está legitimado para este otorgamiento en virtud de su expresado cargo de administrador único, que afirma vigente, resultando su nombramiento y aceptación de la escritura otorgada con fecha .... de .... de dos mil ...., ante el Notario de ...., Doña ...., número de protocolo ...., que causó la inscripción .... en el Registro Mercantil, y por acuerdo de la Junta General de socios celebrada el día .... de .... de ...., contenido en la certificación que me entrega e incorporo a la presente, expedida por el propio administrador compareciente, cuya firma legitimo por serme conocida.

Yo, el Notario, hago constar expresamente que he cumplido con la obligación que impone la ley 10/2010, de 28 de abril, cuyo resultado consta en acta autorizada por el Notario de ...., Don ...., el día ...., en cuanto a «........... S.L.», bajo nº .... de protocolo, manifestando no haberse modificado el contenido de la misma.

Tiene a mi juicio, capacidad y legitimación para otorgar esta escritura de ELEVACIÓN A PUBLICO DE ACUERDOS SOCIALES relativos al traslado de domicilio social y, al efecto, según interviene

OTORGA

PRIMERO.– Que el artículo .... Estatutos Sociales de la sociedad, establece expresamente que el órgano de administración no ostenta la competencia para acordar el traslado del domicilio social dentro del territorio nacional, ostentado dicha competencia la Junta General de socios.

Que el administrador único de la mercantil .... S.L., DON ...., por la presente, FORMALIZA públicamente el traslado del domicilio social dentro del territorio español y la consiguiente modificación estatutaria, estableciéndose lo siguiente:

– El domicilio social que hasta ahora estaba establecido en ...., calle ...., número ...., bajo, se traslada a ...., calle ...., numero ...., piso .... puerta ....

Como consecuencia de lo anterior se modifica el artículo .... de los Estatutos Sociales, que queda redactado de la manera siguiente:

«ARTÍCULO .... - DOMICILIO.– La Sociedad establece su domicilio en ...., calle ...., numero ...., puerta .... no obstante, con exclusión de la competencia atribuida al órgano de administración por el artículo 285-2 de la Ley de Sociedades de Capital, previo acuerdo de la Junta General de Socios, podrá ser cambiado a cualquier otro lugar dentro del territorio español, con observancia de los requisitos legales al respecto.

El órgano de administración de la entidad, con cumplimiento de los preceptos legales, podrá establecer Sucursales, Agencias y Delegaciones en cualquier lugar de España o del extranjero, así como suprimirlas».

Todo ello en ejecución y cumplimiento de los acuerdos adoptados por la Junta General de la mercantil .... S.L., celebrada en fecha ...., que constan en certificación que me entrega, cuyo texto se da por íntegramente reproducido en este lugar.

SEGUNDO.– Para el supuesto y a los efectos del art. 63 RRM, se solicita la inscripción parcial de esta escritura si no fuera posible la inscripción total de la misma y la extensión de nota, con expresión de las razones de denegación respecto a los extremos no inscritos.

Hago la advertencia de la obligatoriedad de inscripción de esta escritura en el Registro Mercantil.

Protección de datos.– Con relación a los datos de carácter personal que en la presente constan, referidos al compareciente, queda este enterado de que los mismos se incorporan a mis ficheros automatizados, lo que acepta, así como del derecho de oposición, acceso a ellos, rectificación o cancelación de los mismos.

OTORGAMIENTO Y AUTORIZACIÓN

Advierto al compareciente de su derecho a leer por si este instrumento al que renuncia. Yo, el notario, además la leo al compareciente, quien la encuentra conforme, otorga y firma conmigo, el notario, que doy fe en cuanto sea procedente de todo lo consignado en este instrumento público, extendido en .... folios de papel exclusivo para documentos notariales, serie, y números el del presente y anteriores en orden.

F220. TRASLADO DEL DOMICILIO SOCIAL DENTRO DEL TERRITORIO ESPAÑOL CUANDO LA COMPETENCIA LA OSTENTA EL ÓRGANO DE ADMINISTRACIÓN. ESCRITURA

Normativa de Aplicación: *Arts. 285 y ss. Real Decreto Legislativo 1/2010, de 2 de julio, por el que se aprueba el texto refundido de la Ley de Sociedades de Capital.*

En la Ciudad de ...., mi residencia, a .... de ....

Ante mí, ..., Notario de la Ciudad y del Ilustre Colegio de ....

COMPARECE

Don ...., mayor de edad, de nacionalidad española, casado, vecino de ...., con domicilio en ...., núm. ...., con DNI/NIF ....

Le identifico por el documento de identidad exhibido y reseñado.

INTERVIENE

Don .... interviene en su calidad de administrador único de la sociedad limitada ...., de nacionalidad española constituida por tiempo indefinido mediante escritura autorizada por el notario de ...., Don ...., con fecha .... de .... de dos mil ...., número de protocolo .... Domiciliada en ...., calle .... e inscrita en el Registro Mercantil de la provincia de ...., al tomo ...., general ...., folio ...., hoja ...., inscripción .... CIF .... Constituye su objeto social ....

Está legitimado para este otorgamiento en virtud de su expresado cargo de administrador único, que afirma vigente, resultando su nombramiento y aceptación de la escritura otorgada con fecha .... de .... de dos mil ...., ante el Notario de ...., Doña ...., número de protocolo .... que causó la inscripción .... en el Registro Mercantil.

Yo, el Notario, hago constar expresamente que he cumplido con la obligación que impone la ley 10/2010, de 28 de abril, cuyo resultado consta en acta autorizada por el Notario de ...., Don ...., el día ...., en cuanto a «........... S.L.», bajo nº .... de protocolo, manifestando no haberse modificado el contenido de la misma.

Tiene a mi juicio, capacidad y legitimación para otorgar esta escritura de ELEVACIÓN A PUBLICO de traslado de domicilio social y, al efecto, según interviene

OTORGA

PRIMERO.– Que los Estatutos Sociales de la mercantil .... S.L., no establecen expresamente que el órgano de administración no ostenta la competencia para cambiar el domicilio social dentro del territorio nacional. Así pues y de conformidad con lo establecido en el artículo 285.2 de la Ley de Sociedades de Capital, dicha competencia corresponde al órgano de administración.

Que el administrador único de la mercantil .... S.L., DON ...., por la presente, FORMALIZA públicamente el traslado del domicilio social dentro del territorio español y la consiguiente modificación estatutaria, estableciéndose lo siguiente:

– El domicilio social que hasta ahora estaba establecido en ...., calle ...., número ...., bajo, se traslada a ...., calle ...., numero ...., piso .... puerta ....

Como consecuencia de lo anterior se modifica el artículo .... de los Estatutos Sociales, que queda redactado de la manera siguiente:

«ARTÍCULO .... - DOMICILIO.– La Sociedad establece su domicilio en ...., calle ...., numero ...., puerta ...., lugar en el que se halla el centro de su efectiva administración y dirección».

SEGUNDO.– Para el supuesto y a los efectos del art. 63 RRM, se solicita la inscripción parcial de esta escritura si no fuera posible la inscripción total de la misma y la extensión de nota, con expresión de las razones de denegación respecto a los extremos no inscritos.

Hago la advertencia de la obligatoriedad de inscripción de esta escritura en el Registro Mercantil.

Protección de datos.– Con relación a los datos de carácter personal que en la presente constan, referidos al compareciente, queda este enterado de que los mismos se incorporan a mis ficheros automatizados, lo que acepta, así como del derecho de oposición, acceso a ellos, rectificación o cancelación de los mismos.

OTORGAMIENTO Y AUTORIZACIÓN

Advierto al compareciente de su derecho a leer por si este instrumento al que renuncia. Yo, el notario, además la leo al compareciente, quien la encuentra conforme, otorga y firma conmigo, el notario, que doy fe en cuanto sea procedente de todo lo consignado en este instrumento público, extendido en .... folios de papel exclusivo para documentos notariales, serie, y números el del presente y anteriores en orden.

2. MODIFICACIÓN DEL OBJETO SOCIAL

2.1. ACTAS

F221. MODIFICACIÓN DEL OBJETO SOCIAL. ACTA DE ACUERDO DE JUNTA GENERAL EXTRAORDINARIA CONVOCADA

Normativa de Aplicación: *Arts. 285 y ss. Real Decreto Legislativo 1/2010, de 2 de julio, por el que se aprueba el texto refundido de la Ley de Sociedades de Capital.*

Que hoy día .... de .... de ...., a las .... horas, y en el domicilio social, sito en la localidad de ...., calle .... s/n, se celebra JUNTA GENERAL EXTRAORDINARIA de socios de la sociedad .... S.L.

La convocatoria de la presente Junta General Extraordinaria de socios, ha sido acordada por el administrador único, Don ....

La convocatoria de la presente Junta General, se ha realizado, de conformidad con lo establecido en la Ley y el art .... de los Estatutos Sociales, mediante burofax con acuse de recibo y certificado de contenido, de fecha ...., dirigido ese mismo día a cada uno de los socios al domicilio designado al efecto por cada uno de ellos.

El tenor literal de la convocatoria se transcribe a continuación: «Por medio del presente se convoca a los señores socios a la celebración de Junta General Extraordinaria de la sociedad .... S.L., que se celebrará, el día .... de .... de ...., a las .... horas, en el domicilio social sito en ...., a efectos de deliberar y, en su caso, adoptar acuerdos con relación al siguiente orden del día: 1.– Modificación del objeto social de la compañía con la finalidad de incluir en el mismo las actividades de .... 2.– Modificación del artículo .... de los Estatutos Sociales. Se hace constar el derecho de los socios a examinar en el domicilio social el texto íntegro de la propuesta, así como de solicitar la entrega o el envío de dichos documentos. En ...., hoy día .... de .... de .... el Administrador único de .... S.L. Don ....»

Asisten a la presente Junta General Extraordinaria, personalmente o representados, los siguientes socios:

I.– Socios presentes:

Don ...., titular de .... participaciones sociales núm. .... a ...., incluidos, con un valor nominal cada una de ellas de .... euros (en su conjunto .... euros), que suponen el .... por ciento del capital social.

Don ...., titular de .... participaciones sociales núm. .... a ...., incluidos, con un valor nominal cada una de ellas de .... euros (en su conjunto .... euros), que suponen el .... por ciento del capital social.

Doña ...., titular de .... participaciones sociales núm. .... a ...., incluidos, con un valor nominal cada una de ellas de .... euros (en su conjunto .... euros), que suponen el .... por ciento del capital social.

Por lo tanto, asisten de forma personal .... socios, titulares, en conjunto, de .... participaciones sociales que suponen el .... por ciento del capital social.

II.– Socios representados:

Don ...., titular de .... participaciones sociales núm. .... a ...., incluidos, con un valor nominal cada una de ellas de .... euros (en su conjunto .... euros), que suponen el .... por ciento del capital social. Asiste el expresado socio representado por Doña ....

Don ...., titular de .... participaciones sociales núm. .... a ...., incluidos, con un valor nominal cada una de ellas de .... euros (en su conjunto .... euros), que suponen el .... por ciento del capital social. Asiste el expresado socio representado por Don ....

Asisten representados, ... socios, que titularizan .... participaciones que suponen el .... por ciento del capital social asumido.

En conjunto, asisten, personalmente o representados, ... socios, titulares de .... participaciones que suponen el .... por ciento del capital social suscrito.

Asiste el órgano de administración de la sociedad.

Son presidente y secretario de la presente Junta General, Don .... y Don ...., respectivamente. Ello de conformidad con lo establecido en la Ley y los Estatutos Sociales y ser los citados señores los socios designados por los concurrentes al comienzo de la reunión.

Abierta la sesión por el Sr. Presidente, sin que nadie se oponga a la válida constitución y celebración de la presente Junta General, se entra en el debate y deliberación de los diversos puntos del orden del día sin que ninguno de los presentes haga uso de su derecho a que conste en el acta el contenido de su intervención.

Tras todo lo anterior, se propone por el Sr. presidente la adopción de los siguientes acuerdos, propuesta que se transcribe literalmente a continuación:

PRIMERO.– Modificar el objeto social de la compañía con la finalidad de incluir en el mismo, las siguientes actividades: ....

En consecuencia, el objeto social de la compañía pasa a estar conformado por las siguientes actividades:

1 .... CNAE ....

2 .... CNAE ....

Se hace constar que la actividad principal de la sociedad será la que le corresponde el código CNAE ....

SEGUNDO.– En consecuencia, se modifica el artículo .... de los Estatutos Sociales, que queda con la siguiente redacción:

«ARTÍCULO .... - La sociedad tiene por objeto social:

1 .... CNAE ....

2 .... CNAE ....

La actividad principal de la sociedad es la que le corresponde el código CNAE ....

Las actividades podrán ser desarrolladas por la Sociedad, total o parcialmente, de modo indirecto, mediante la participación en otra Sociedad con objeto idéntico o análogo.

Se excluyen de este objeto todas aquellas actividades para cuyo ejercicio alguna ley exija requisitos especiales que no queden cumplidos por esta Sociedad».

Previa la oportuna votación, la citada propuesta de acuerdos sociales es aprobada por UNANIMIDAD, con el voto favorable de todos los asistentes (........... por ciento de los votos correspondientes a las participaciones sociales en que se divide el capital social), en términos idénticos a los anteriormente transcritos.

Y no habiendo más asuntos que tratar, se procede a la redacción de la presente acta que es aprobada de forma unánime por los asistentes, y finaliza la presente Junta General Extraordinaria, levantándose la reunión en ...., a las .... horas del día .... de .... de ....

F222. MODIFICACIÓN DEL OBJETO SOCIAL. ACTA DE ACUERDO DE JUNTA GENERAL EXTRAORDINARIA UNIVERSAL

Normativa de Aplicación: *Arts. 285 y ss. Real Decreto Legislativo 1/2010, de 2 de julio, por el que se aprueba el texto refundido de la Ley de Sociedades de Capital.*

Que hoy día .... de .... de ...., a las .... horas, y en el domicilio social, sito en la localidad de ...., calle ...., se celebra JUNTA GENERAL EXTRAORDINARIA de socios de la sociedad .... S.L.

Se encuentran presentes, en el referido lugar, y, por lo tanto, concurren la totalidad de socios de la compañía, decidiendo y dando su conformidad los asistentes a constituirse, con el carácter de universal, en Junta General Extraordinaria de socios de la compañía, para deliberar y, en su caso, adoptar acuerdos con relación al siguiente orden del día: 1.– Modificación del objeto social de la compañía con la finalidad de incluir en el mismo las actividades de .... 2.– Modificación del artículo .... de los Estatutos Sociales.

En señal de conformidad firman seguidamente todos los asistentes, a continuación de su nombre y apellidos.

....

Asiste el órgano de administración de la sociedad.

Son presidente y secretario de la presente Junta General, Don .... y Don ...., respectivamente. Ello de conformidad con lo establecido en la Ley y los Estatutos Sociales y ser los citados señores los socios designados por los concurrentes al comienzo de la reunión.

Abierta la sesión por el Sr. Presidente, sin que nadie se oponga a la válida constitución y celebración de la presente Junta General, se entra en el debate y deliberación de los diversos puntos del orden del día, sin que ninguno de los presentes haga uso de su derecho a que conste en el acta el contenido de su intervención.

Tras lo anterior, se propone por el Sr. presidente la adopción de los siguientes acuerdos, que se transcriben de forma literal a continuación:

PRIMERO.– Modificar el objeto social de la compañía con la finalidad de incluir en el mismo, las siguientes actividades: ....

En consecuencia, el objeto social de la compañía pasa a estar conformado por las siguientes actividades:

1 .... CNAE ....

2 .... CNAE ....

Se hace constar que la actividad principal de la sociedad será la que le corresponde el código CNAE ....

SEGUNDO.– En consecuencia, se modifica el artículo .... de los Estatutos Sociales, que queda con la siguiente redacción:

«ARTÍCULO .... - La sociedad tiene por objeto social:

1 .... CNAE ....

2 .... CNAE ....

La actividad principal de la sociedad es la que le corresponde el código CNAE ....

Las actividades podrán ser desarrolladas por la Sociedad, total o parcialmente, de modo indirecto, mediante la participación en otra Sociedad con objeto idéntico o análogo.

Se excluyen de este objeto todas aquellas actividades para cuyo ejercicio alguna ley exija requisitos especiales que no queden cumplidos por esta Sociedad».

Previa la oportuna votación, la citada propuesta de acuerdos sociales es aprobada por UNANIMIDAD, con el voto favorable de todos los asistentes (........... por ciento de los votos correspondientes a las participaciones sociales en que se divide el capital social), en términos idénticos a los anteriormente transcritos.

Y no habiendo más asuntos que tratar, se procede a la redacción de la presente acta que es aprobada de forma unánime por los asistentes, y finaliza la presente Junta General Extraordinaria, levantándose la reunión en ...., a las .... horas del día .... de .... de ....

2.2. CERTIFICACIONES

F223. MODIFICACIÓN DEL OBJETO SOCIAL. CERTIFICACIÓN DE ACUERDO DE JUNTA GENERAL EXTRAORDINARIA CONVOCADA

Normativa de Aplicación: *Arts. 285 y ss. Real Decreto Legislativo 1/2010, de 2 de julio, por el que se aprueba el texto refundido de la Ley de Sociedades de Capital.*

..........., Administrador Único de la compañía .... S.L., con domicilio en ...., Avenida ...., CIF .... Inscrita en el Registro Mercantil de la Provincia de .... al ....

CERTIFICO según resulta del libro de actas de la sociedad:

Que el día .... de .... de ...., a las .... horas, y en el domicilio social, se celebró en la Junta General Extraordinaria de Socios de la compañía .... S.L.

La convocatoria de la referida Junta General Extraordinaria de socios, fue acordada en fecha .... por el administrador único, Don ....

Que la convocatoria de la presente Junta General, se realizó por el órgano de administración de la sociedad, de conformidad con lo establecido en la Ley y el art .... de los Estatutos Sociales, mediante burofax con acuse de recibo y certificado de contenido, de fecha ...., dirigido ese mismo día a cada uno de los socios al domicilio designado al efecto igualmente por cada uno de ellos.

Que el tenor literal de la convocatoria se transcribe a continuación: «Por medio del presente se convoca a los señores socios a la celebración de Junta General Extraordinaria de la sociedad .... S.L., que se celebrará, el día .... de .... de ...., a las .... horas, en el domicilio social sito en ...., a efectos de deliberar y, en su caso, adoptar acuerdos con relación al siguiente orden del día: 1.– Modificación del objeto social de la compañía con la finalidad de incluir en el mismo las actividades de .... 2.– Modificación del artículo .... de los Estatutos Sociales. Se hace constar el derecho de los socios a examinar en el domicilio social el texto íntegro de la propuesta, así como de solicitar la entrega o el envío de dichos documentos. En ...., hoy día .... de .... de .... el Administrador único de .... S.L. Don ....»

Que se confeccionó la pertinente lista de asistentes y, en conjunto, asistieron, personalmente o representados, ... socios, titulares de .... participaciones sociales que suponen el .... por ciento del capital social suscrito y .... de los derechos de voto.

Que asistió el órgano de administración de la sociedad.

Que actuaron como presidente y secretario de la citada Junta General, Don .... y Don ...., respectivamente. Ello de conformidad con lo establecido en la Ley y los

Estatutos Sociales y ser los citados señores los socios designados por los concurrentes al comienzo de la reunión.

Que abierta la sesión por el Sr. Presidente, sin que nadie se opusiera a la válida constitución y celebración de la citada Junta General, se entró en el debate y deliberación de los diversos puntos del orden del día sin que ninguno de los presentes hiciera uso de su derecho a que constase en el acta el contenido de su intervención. Tras lo anterior, se adoptaron por unanimidad de los asistentes (........... por ciento de los votos en que se divide el capital social), los siguientes ACUERDOS, que son aquí trascritos literalmente:

PRIMERO.– Modificar el objeto social de la compañía con la finalidad de incluir en el mismo, las siguientes actividades: ....

En consecuencia, el objeto social de la compañía pasa a estar conformado por las siguientes actividades:

1 .... CNAE ....

2 .... CNAE ....

Se hace constar que la actividad principal de la sociedad será la que le corresponde el código CNAE ....

SEGUNDO.– En consecuencia, se modifica el artículo .... de los Estatutos Sociales, que queda con la siguiente redacción:

«ARTÍCULO .... - La sociedad tiene por objeto social:

1 .... CNAE ....

2 .... CNAE ....

La actividad principal de la sociedad es la que le corresponde el código CNAE ....

Las actividades podrán ser desarrolladas por la Sociedad, total o parcialmente, de modo indirecto, mediante la participación en otra Sociedad con objeto idéntico o análogo.

Se excluyen de este objeto todas aquellas actividades para cuyo ejercicio alguna ley exija requisitos especiales que no queden cumplidos por esta Sociedad».

Y para que conste y surta los efectos oportunos, libro la presente certificación, haciendo constar que el acta de la reunión donde se adoptaron los acuerdos que se certifican fue aprobada por unanimidad en la propia sesión, y firmada por el presidente y secretario. En ...., a .... de .... de ....

F224. MODIFICACIÓN DEL OBJETO SOCIAL. CERTIFICACIÓN DE ACUERDO DE JUNTA GENERAL EXTRAORDINARIA UNIVERSAL

Normativa de Aplicación: *Arts. 285 y ss. Real Decreto Legislativo 1/2010, de 2 de julio, por el que se aprueba el texto refundido de la Ley de Sociedades de Capital.*

..........., Administrador único de la compañía .... S.L., con domicilio en ...., C/ .... y CIF .... Inscrita en el Registro Mercantil de la Provincia de ....

CERTIFICO, según resulta del libro de actas de la sociedad:

Que el día .... de .... de .... de .... y en ...., calle ...., se celebró Junta General Extraordinaria de Socios de la compañía .... S.L., reunida con carácter universal.

Que se encontraban presentes la totalidad de los socios, figurando su nombre en el acta.

Que la totalidad de los socios aceptaron constituirse y celebrar dicha Junta General, con el carácter de universal, para deliberar y, en su caso, adoptar acuerdos con relación al siguiente orden del día: 1.– Modificación del objeto social de la compañía con la finalidad de incluir en el mismo las actividades de .... 2.– Modificación del artículo .... de los Estatutos Sociales.

Que en señal de conformidad con lo reseñado anteriormente, la totalidad de los socios de la compañía, seguido de su respectivo nombre, firmaron al inicio del acta cuyos acuerdos aquí se certifican.

Que de conformidad con lo previsto en la Ley y Los Estatutos Sociales fueron designados y actuaron como presidente de la misma Doña .... y como secretario Don ....

Que abierta la sesión sin que nadie se opusiera a ello, se adoptaron por unanimidad, (........... por ciento de los votos correspondientes a las participaciones sociales en que se divida el capital social), los siguientes ACUERDOS que se transcriben de forma literal a continuación:

PRIMERO.– Modificar el objeto social de la compañía con la finalidad de incluir en el mismo, las siguientes actividades: ....

En consecuencia, el objeto social de la compañía pasa a estar conformado por las siguientes actividades:

1 .... CNAE ....

2 .... CNAE ....

Se hace constar que la actividad principal de la sociedad será la que le corresponde el código CNAE ....

SEGUNDO.– En consecuencia, se modifica el artículo .... de los Estatutos Sociales, que queda con la siguiente redacción:

«ARTÍCULO .... - La sociedad tiene por objeto social:

1 .... CNAE ....

2 .... CNAE ....

La actividad principal de la sociedad es la que le corresponde el código CNAE ....

Las actividades podrán ser desarrolladas por la Sociedad, total o parcialmente, de modo indirecto, mediante la participación en otra Sociedad con objeto idéntico o análogo.

Se excluyen de este objeto todas aquellas actividades para cuyo ejercicio alguna ley exija requisitos especiales que no queden cumplidos por esta Sociedad».

Y para que conste libro la presente certificación, haciendo constar que el acta de la reunión donde se adoptaron los acuerdos que se certifican fue aprobada por unanimidad en la propia sesión, y firmada por el presidente y secretario, en ...., a .... de .... de ....

2.3. DOCUMENTOS NOTARIALES

F225. MODIFICACIÓN DEL OBJETO SOCIAL CON EJERCICIO DE DERECHO DE SEPARACIÓN. ESCRITURA

Normativa de Aplicación: *Arts. 285 y ss. Real Decreto Legislativo 1/2010, de 2 de julio, por el que se aprueba el texto refundido de la Ley de Sociedades de Capital.*

En la Ciudad de..........., mi residencia, a...........de...........

Ante mí,..........., Notario de la Ciudad y del Ilustre Colegio de...........

COMPARECE

Don ...., mayor de edad, de nacionalidad española, casado, de profesión ...., vecino de ...., con domicilio en ...., núm. ...., con DNI/NIF ....

Le identifico por el documento de identidad exhibido y reseñado.

INTERVIENE

Don .... interviene en su calidad de administrador único de la sociedad limitada ...., de nacionalidad española, constituida por tiempo indefinido mediante escritura autorizada por el notario de ...., Don ...., con fecha ....de .... de dos mil ...., número de protocolo .... Domiciliada en ...., calle .... e inscrita en el Registro Mercantil de la provincia de ...., al tomo ...., general ...., folio ...., hoja ...., inscripción .... CIF........... Constituye su objeto social ....

Está legitimado para este otorgamiento en virtud de su expresado cargo de administrador único, que afirma vigente, resultando su nombramiento y aceptación de la escritura otorgada con fecha .... de .... de dos mil ...., ante el Notario de ...., Doña ...., número de protocolo ...., que causó la inscripción .... en el Registro Mercantil, y por acuerdo de la Junta General de socios celebrada el día .... de .... de ...., contenido en la certificación que me entrega e incorporo a la presente, expedida por el propio administrador compareciente, cuya firma legitimo por haber sido puesta en mi presencia.

Yo, el Notario, hago constar expresamente que he cumplido con la obligación que impone la ley 10/2010, de 28 de abril, cuyo resultado consta en acta autorizada por el Notario de..........., Don..........., el día..........., en cuanto a «...........SL.», bajo nº........... de protocolo, manifestando no haberse modificado el contenido de la misma.

Tiene a mi juicio, capacidad y legitimación para otorgar esta escritura de ELEVACIÓN A PÚBLICO DE ACUERDOS SOCIALES relativos a la modificación del objeto social y, al efecto, según interviene

EXPONE

I.– Que por la Junta General Extraordinaria de la sociedad, en su sesión de fecha .... de .... de ...., debidamente convocada mediante anuncio en el diario ...., de fecha .... de .... de ...., y en el Boletín Oficial del Registro Mercantil, el día .... de .... de ...., se adoptó el acuerdo de transformar la sociedad representada en Sociedad Anónima, en los términos que se expresan a continuación (en caso de existir página WEB, a través de ésta, o en la forma que prevean los estatutos).

Incorporo a la presente los anuncios de publicación de la Junta General Extraordinaria en el Boletín Oficial del Registro Mercantil y en el diario correspondiente.

II.– La Junta adoptó, con el voto favorable de .... por ciento de los votos correspondientes a las participaciones en que se divide el capital social, el acuerdo de modificar el objeto social, en los términos que resultan de la certificación incorporada, que se dan por reproducidos para evitar repeticiones innecesarias.

III.– El indicado acuerdo de modificación de objeto social, al constituir causa de separación, fue publicado en el Boletín Oficial del Registro Mercantil de fecha .... (o comunicado por escrito a los socios que no hayan votado a favor). Incorporo a la presente copia, directamente obtenida por mí, de dicha publicación.

IV.– Y expuesto lo anterior, el compareciente

OTORGA

PRIMERO.– MODIFICACIÓN DE OBJETO SOCIAL. Eleva a público los acuerdos adoptados en la Junta General Extraordinaria de la mercantil ...., celebrada el día .... de .... de ...., que obran en la certificación antes citada, que ha quedado incorporada a esta matriz, y en virtud de los cuales se modifica el objeto social, así como el artículo correspondiente de los estatutos, y que se dan por reproducidos.

SEGUNDO.– DERECHO DE SEPARACIÓN. Transcurrido un mes desde la publicación del acuerdo de modificación de objeto social, han ejercitado su derecho de separación .... socios por un valor nominal total de .... euros. Los socios que hacen uso del derecho de separación son los siguientes:

Don ...., mayor de edad, de nacionalidad ...., de estado civil ...., con domicilio en ...., calle ...., número ...., y titular del DNI/NIF número ...., titular de .... participaciones, números .... al ...., correlativamente, por un valor nominal de .... euros.

Don...........

(La adquisición de las participaciones se puede hacer en esta misma escritura u otra. Igualmente, la reducción de capital podrá hacerse en esta escritura u otra).

OPCIÓN A) Como consecuencia del derecho de separación ejercido por los socios mencionados, y con la autorización de la Junta General, la sociedad ha procedido a la adquisición de sus propias participaciones, por el precio de .... euros cada una de ellas, valor razonable según (acuerdo entre la sociedad y los interesados, valor señalado por el auditor de la sociedad, o el nombrado al efecto por el Registrador Mercantil, cuyo informe se incorporará a la escritura. Esta opción siempre que la junta que haya adoptado el acuerdo que da lugar a la separación haya autorizado la adquisición de las participaciones).

Los socios a los que se han adquirido las participaciones son:

Don ...., mayor de edad, de nacionalidad ...., de estado civil ...., con domicilio en ...., calle ...., número ...., y titular del DNI/NIF número ...., titular de .... participaciones, números .... al ...., correlativamente, por un valor de .... euros, que se han abonado en fecha de .... (o que se han consignado debidamente en fecha de ...., acompañando el documento de consignación).

Don...........

OPCIÓN B) REDUCCIÓN DE CAPITAL. Como consecuencia del derecho de separación ejercido por los socios mencionados, el administrador, con arreglo a lo previsto en el artículo 358.1 de la Ley de Sociedades de Capital, lleva a cabo la oportuna reducción del capital social en la suma de .... euros, hasta la suma de .... euros, mediante la amortización de .... participaciones, de .... de valor nominal cada una de ellas, que corresponden a los siguientes socios:

Don ...., mayor de edad, de nacionalidad ...., de estado civil ...., con domicilio en ...., calle ...., número ...., y titular del DNI/NIF número ...., titular de .... participaciones, números .... al ...., correlativamente, por un valor de .... euros, que se abonan en fecha de .... (o que han sido debidamente consignadas en fecha de ....).

Don...........

Y como consecuencia de lo anterior, se reduce el capital social a la suma de .... euros, y el artículo .... de los estatutos sociales, relativo al capital social, queda redactado de la siguiente forma: (...........).

Manifiesta el compareciente que la amortización de las participaciones indicadas se ha hecho constar en el Libro Registro de Socios. Y que como consecuencia de dicha amortización, la relación de socios de la sociedad, con la correlativa numeración de participaciones es la siguiente:

Don .... es titular de .... participaciones, de .... euros de valor nominal, números .... al ...., ambos inclusive.

Don ....

TERCERO.– INSCRIPCIÓN PARCIAL. Para el supuesto y a los efectos del art. 63 RRM, se solicita la inscripción parcial de esta escritura si no fuera posible la inscripción total de la misma y la extensión de nota, con expresión de las razones de denegación respecto a los extremos no inscritos.

CUARTO.– PRESENTACIÓN TELEMÁTICA. Con arreglo a lo dispuesto en el artículo 249.2 del Reglamento Notarial, yo, el Notario, llevaré a cabo la presentación telemática de esta escritura en el Registro Mercantil competente.

Hago la advertencia de la obligatoriedad de inscripción de esta escritura en el Registro Mercantil.

Protección de datos.– Con relación a los datos de carácter personal que en la presente constan, referidos al compareciente, queda este enterado de que los mismos se incorporan a mis ficheros automatizados, lo que acepta, así como del derecho de oposición, acceso a ellos, rectificación o cancelación de los mismos.

AUTORIZACIÓN

Advierto al compareciente de su derecho a leer por si este instrumento al que renuncia. Yo, el notario, además la leo al compareciente, quien la encuentra conforme, otorga y firma conmigo, el notario, que doy fe en cuanto sea procedente de todo lo consignado en este instrumento público, extendido en .... folios de papel exclusivo para documentos notariales, serie, y números el del presente y anteriores en orden.

F226. MODIFICACIÓN DEL OBJETO SOCIAL SIN EJERCICIO DE DERECHO DE SEPARACIÓN. ESCRITURA

Normativa de Aplicación: *Arts. 285 y ss. Real Decreto Legislativo 1/2010, de 2 de julio, por el que se aprueba el texto refundido de la Ley de Sociedades de Capital.*

En la Ciudad de..........., mi residencia, a...........de...........

Ante mí,..........., Notario de la Ciudad y del Ilustre Colegio de...........

COMPARECE

Don ...., mayor de edad, de nacionalidad española, casado, de profesión ...., vecino de ...., con domicilio en ...., núm. ...., con DNI/NIF ....

Le identifico por el documento de identidad exhibido y reseñado.

INTERVIENE

Don .... interviene en su calidad de administrador único de la sociedad limitada ...., de nacionalidad española, constituida por tiempo indefinido mediante escritura autorizada por el notario de ...., Don ...., con fecha ....de .... de dos mil ...., número de protocolo .... Domiciliada en ...., calle .... e inscrita en el Registro Mercantil de la provincia de ...., al tomo ...., general ...., folio ...., hoja ...., inscripción .... CIF........... Constituye su objeto social ....

Está legitimado para este otorgamiento en virtud de su expresado cargo de administrador único, que afirma vigente, resultando su nombramiento y aceptación de la escritura otorgada con fecha .... de .... de dos mil ...., ante el Notario de ...., Don ...., número de protocolo ...., que causó la inscripción .... en el Registro Mercantil, y por acuerdo de la Junta General de socios celebrada el día .... de .... de ...., contenido en la certificación que me entrega e incorporo a la presente, expedida por el propio administrador compareciente, cuya firma legitimo por haber sido puesta en mi presencia.

Yo, el Notario, hago constar expresamente que he cumplido con la obligación que impone la ley 10/2010, de 28 de abril, cuyo resultado consta en acta autorizada por el Notario de..........., Don..........., el día..........., en cuanto a «...........SL.», bajo nº........... de protocolo, manifestando no haberse modificado el contenido de la misma.

Tiene a mi juicio, capacidad y legitimación para otorgar esta escritura de ELEVACIÓN A PÚBLICO DE ACUERDOS SOCIALES relativos a la modificación del objeto social y, al efecto, según interviene

EXPONE

I.– Que por la Junta General Extraordinaria de la sociedad, en su sesión de fecha .... de .... de ...., debidamente convocada mediante anuncio en el diario ...., de fecha .... de .... de ...., y en el Boletín Oficial del Registro Mercantil, el día .... de .... de ...., se adoptó el acuerdo de transformar la sociedad representada en Sociedad Anónima, en los términos que se expresan a continuación (en caso de existir página WEB, a través de ésta, o en la forma que prevean los estatutos).

Incorporo a la presente los anuncios de publicación de la Junta General Extraordinaria en el Boletín Oficial del Registro Mercantil y en el diario correspondiente.

II.– La Junta adoptó, con el voto favorable de .... por ciento de los votos correspondientes a las participaciones en que se divide el capital social, el acuerdo de modificar el objeto social, en los términos que resultan de la certificación incorporada, que se dan por reproducidos para evitar repeticiones innecesarias.

III.– El indicado acuerdo de modificación de objeto social, al constituir causa de separación, fue publicado en el Boletín Oficial del Registro Mercantil de fecha .... (o comunicado por escrito a los socios que no hayan votado a favor). Incorporo a la presente copia, directamente obtenida por mí, de dicha publicación. (no es necesario en el caso de que el acuerdo se hubiere adoptado por unanimidad).

IV.– Y expuesto lo anterior, el compareciente

OTORGA

PRIMERO.– MODIFICACIÓN DE OBJETO SOCIAL. Eleva a público los acuerdos adoptados en la Junta General Extraordinaria de la mercantil ...., celebrada el día .... de .... de ...., que obran en la certificación antes citada, que ha quedado incorporada a esta matriz, y en virtud de los cuales se modifica el objeto social, así como el artículo correspondiente de los estatutos, y que se dan por reproducidos.

SEGUNDO.– DERECHO DE SEPARACIÓN. Transcurrido un mes desde la publicación del acuerdo de modificación de objeto social, ningún socio ha ejercitado derecho de separación.

TERCERO.– INSCRIPCIÓN PARCIAL. Para el supuesto y a los efectos del art. 63 RRM, se solicita la inscripción parcial de esta escritura si no fuera posible la inscripción total de la misma y la extensión de nota, con expresión de las razones de denegación respecto a los extremos no inscritos.

CUARTO.– PRESENTACIÓN TELEMÁTICA. Con arreglo a lo dispuesto en el artículo 249.2 del Reglamento Notarial, yo, el Notario, llevaré a cabo la presentación telemática de esta escritura en el Registro Mercantil competente.

Hago la advertencia de la obligatoriedad de inscripción de esta escritura en el Registro Mercantil.

Protección de datos.– Con relación a los datos de carácter personal que en la presente constan, referidos al compareciente, queda este enterado de que los mismos se incorporan a mis ficheros automatizados, lo que acepta, así como del derecho de oposición, acceso a ellos, rectificación o cancelación de los mismos.

AUTORIZACIÓN

Advierto al compareciente de su derecho a leer por si este instrumento al que renuncia. Yo, el notario, además la leo al compareciente, quien la encuentra conforme, otorga y firma conmigo, el notario, que doy fe en cuanto sea procedente de todo lo consignado en este instrumento público, extendido en .... folios de papel exclusivo para documentos notariales, serie, y números el del presente y anteriores en orden.

3. AUMENTO DE CAPITAL

3.1. ACTAS

F227. AUMENTO DE CAPITAL MEDIANTE COMPENSACIÓN DE CRÉDITOS SIN RECONOCER DERECHO DE ASUNCIÓN PREFERENTE A LOS SOCIOS. ACTA DE JUNTA GENERAL EXTRAORDINARIA CONVOCADA

Normativa de Aplicación: *Arts. 295 y ss. Real Decreto Legislativo 1/2010, de 2 de julio, por el que se aprueba el texto refundido de la Ley de Sociedades de Capital.*

ACTA DE JUNTA GENERAL DE LA SOCIEDAD

.... S.L.

ÓRGANO: Junta General Extraordinaria de socios.

FECHA Y LUGAR DE CELEBRACIÓN: El día .... de .... de ...., a las .... horas, en ...., calle ....

CIRCUNSTANCIAS DE LA CONVOCATORIA:

Fecha: ....

Modo: Mediante comunicación escrita de fecha ...., dirigida a los socios en los términos establecidos en la Ley y los Estatutos Sociales.

Texto íntegro:

«Por medio del presente se convoca a los Sres. socios a la Junta General Extraordinaria de la compañía, que se celebrará el día .... de .... de ...., a las .... horas, en el domicilio social de la entidad, sito en ...., Calle .... para deliberar y, en su caso, adoptar acuerdos con arreglo al siguiente orden del día:

1.– Aumento del capital social en la cantidad de .... euros mediante compensación de créditos contra la sociedad y la creación de .... nuevas participaciones sociales, indivisibles y acumulables, de .... euros cada una de ellas, numeradas del .... al ...., inclusive. Los créditos a compensar son los siguientes:

– La sociedad ...., S.L.U., la suma de .... EUROS CON .... CENTIMOS (............€).

– La sociedad ...., S.L, la suma de .... EUROS CON .... CENTIMOS (............€).

2.– Modificación del art. .... de los Estatutos Sociales.

Se hace constar el derecho que asiste a los Sres. socios, de examinar en el domicilio social el texto íntegro de la modificación propuesta, así como de pedir la entrega o el envío gratuito de dichos documentos. Igualmente, al tiempo de esta convocatoria y con relación a los créditos a aportar y compensar como consecuencia del aumento de capital proyectado, se pone a disposición de los socios, en el domicilio social, el informe del órgano de administración a que se refiere el art. 301 Texto Refundido de la Ley de Sociedades de Capital.

En ...., a .... de .... de .... El Administrador Único, ...»

LISTA DE ASISTENTES: Asisten a la presente reunión los siguientes socios:

I.– ...., titular de .... participaciones sociales, números del........... al ...., del .... a ...., del .... al .... y del .... al .... todos inclusive, de un valor nominal conjunto de ....€, que representan el .... % del capital social.

II.– ...., titular de .... participaciones sociales, números del........... al ...., del .... a ...., del .... al .... y del .... al .... todos inclusive, de un valor nominal conjunto de ....€, que representan el .... % del capital social.

III.– ...., titular de .... participaciones sociales, números del........... al ...., del .... a ...., del .... al .... y del .... al .... todos inclusive, de un valor nominal conjunto de ....€, que representan el .... % del capital social.

IV.– ...., titular de .... participaciones sociales, números del........... al ...., del .... a ...., del .... al .... y del .... al .... todos inclusive, de un valor nominal conjunto de ....€, que representan el .... % del capital social.

Asiste también, ..., Letrado Asesor.

En su conjunto, asisten .... socios, todos ellos de forma personal, titulares en su conjunto de .... participaciones sociales, cuyo nominal importa la cantidad de .... euros del capital social, es decir, el .... por cien de este.

Actúa como Presidente de la presente Junta General Don .... y como Secretario Don ....

Acto seguido, el Presidente declara válidamente constituida la Junta y abierta la misma, se inician las deliberaciones sobre los distintos puntos del orden del día

Previa la oportuna deliberación, se formula por el Sr. Presidente la siguiente propuesta de acuerdos que son aprobados por UNANIMIDAD de todos los asistentes y que se transcriben literalmente a continuación:

PRIMERO.– Proceder al aumento del capital social en la cantidad de .... EUROS .... CÉNTIMOS DE EURO (........... euros), mediante la creación de .... (...........) participaciones sociales indivisibles y acumulables, de .... EUROS

.... CÉNTIMO DE EURO (...........) cada una de ellas, número .... al ...., inclusive, que atribuyen a los socios los mismos derechos.

El aumento de capital se lleva a cabo por compensación de los siguientes créditos que ostentan frente a la sociedad las siguientes compañías:

I.– .... S.L.U, con domicilio en ...., Avda. .... y CIF ...., quien, en ese acto, asume .... (...........) participaciones sociales de nueva creación, números de la .... a ...., por un valor nominal conjunto de .... EUROS .... CÉNTIMOS DE EURO (...........), siendo el contravalor de tales participaciones sociales, la compensación del crédito, totalmente líquido, vencido y exigible que ostenta frente a .... S.L, por el concepto de ...., fecha .... e importe de .... EUROS........... CÉNTIMOS DE EURO (...........).

II.– .... S.L, con domicilio en ...., Avda. .... y CIF ...., quien, en ese acto, asume .... (...........) participaciones sociales de nueva creación, números de la .... a ...., por un valor nominal conjunto de .... EUROS .... CÉNTIMOS DE EURO (...........), siendo el contravalor de tales participaciones sociales, la compensación del crédito, totalmente líquido, vencido y exigible que ostenta frente a .... S.L, por el concepto de ...., fecha .... e importe de .... EUROS........... CÉNTIMOS DE EURO (...........)...........

Tras la compensación aquí acordada, el importe de los créditos arriba reseñados se destina a la cuenta de capital social. Y siendo el importe de los créditos objeto de compensación equivalente al valor del aumento de capital, se hace constar la total extinción por COMPENSACIÓN de los créditos aportados.

Queda el capital social íntegramente asumido y desembolsado.

Se hace constar que la totalidad de los acreedores anteriormente reseñados, tanto individualmente como de manera conjunta, han prestado su consentimiento a la compensación de créditos y aumento de capital social anteriormente reseñados.

También se hace constar que a la vista de lo dispuesto en el art. 304.1 del Texto Refundido de la Ley de Sociedades de capital y la Doctrina sentada por la Dirección General de los Registros y del Notariado en Resoluciones tales como las de fecha 4 de febrero de 2012 (BOE núm. 52, de 1 de marzo) o 6 de febrero de 2012 (BOE núm. 52, de 1 de marzo) los socios carecen de derecho de asunción preferente de las nuevas participaciones sociales al ser la contraprestación de las mismas la compensación de créditos. En cualquier caso, todos los socios de .... prestaron con anterioridad a la presente Junta General Extraordinaria, su conformidad con el aumento de capital aquí acordado.

SEGUNDO.– Como consecuencia del acuerdo que precede se proceda a dar nueva redacción al artículo .... de los Estatutos Sociales con el siguiente tenor literal:

ARTÍCULO .... El capital social se fija en la cantidad de .... EUROS .... CÉNTIMOS DE EURO (...........), íntegramente desembolsado.

El capital social está dividido en .... (...........) participaciones sociales de .... EUROS .... CÉNTIMO DE EURO cada una de ellas, numeradas correlativamente a partir de la unidad, indivisibles y acumulables, todas asumidas y desembolsadas por los socios y su titularidad lleva de pleno derecho la obligación de someterse a las prescripciones de los Estatutos y a los acuerdos válidamente adoptados. Las participaciones atribuyen a los socios los mismos derechos.

Y no habiendo más asuntos que tratar, se procede a dar lectura al acta y encontrándola conforme todos los asistentes, el presidente la declarada aprobada, tras lo cual se levanta la sesión a las .... horas.

PRESIDENTE SECRETARIO

F228. AUMENTO DE CAPITAL MEDIANTE COMPENSACIÓN DE CRÉDITOS SIN RECONOCER DERECHO DE ASUNCIÓN PREFERENTE A LOS SOCIOS. ACTA DE JUNTA UNIVERSAL

Normativa de Aplicación: *Arts. 295 y ss. Real Decreto Legislativo 1/2010, de 2 de julio, por el que se aprueba el texto refundido de la Ley de Sociedades de Capital.*

ACTA DE JUNTA GENERAL DE LA SOCIEDAD .... S.L.

ÓRGANO: Junta General Extraordinaria de socios.

FECHA Y LUGAR DE CELEBRACIÓN: El día .... de .... de ...., a las .... horas, en el domicilio social, sito en ...., avenida ...., número ....

CIRCUNSTANCIAS DE LA CONVOCATORIA: Por presencia y reunión en el domicilio social de la totalidad de los socios y, por tanto, de los titulares de la totalidad de las participaciones en que se divide el capital social de la compañía, lo que da a la reunión el carácter de Junta UNIVERSAL, aceptando los concurrentes reunirse para deliberar y, en su caso, adoptar acuerdos sobre el siguiente orden del día:

1.– Aumento del capital social en la cantidad de .... EUROS (............ euros) mediante compensación de créditos contra la sociedad y la creación de .... nuevas participaciones sociales acumulables e indivisibles, con una valor nominal, cada una de ellas, de .... EUROS (............), y numeradas del número .... al .... ambos inclusive.

2.– Modificación del artículo .... de los Estatutos Sociales.

3.– Delegación de facultades para elevación a publico.

LISTA DE ASISTENTES:

Don ...., titular de .... participaciones sociales, número........... a ...., número .... a .... y número .... a ...., todos inclusive.

Don ...., titular de .... participación social, número ....

Don ...., titular de .... participación social, número ....

Don ...., titular de .... participación social, número ....

Don ...., titular de .... participación social, número ....

En prueba de conformidad y consentimiento individual de todos los reunidos para constituirse en Junta General Extraordinaria y Universal de la sociedad ...., SL, firman seguidamente:

La Mesa, por decisión de todos los socios y conforme establecen los Estatutos Sociales, se constituye actuando como Presidente Don .... y como Secretario Don .... Acto seguido, el Presidente declara válidamente constituida la Junta y abierta la misma, se inician las deliberaciones, tras las cuales y sin que ninguno de los asistentes haya solicitado que conste en acta su intervención, se adoptan por unanimidad, los siguientes ACUERDOS, que son proclamados por el Presidente:

PRIMERO.– Proceder al aumento del capital social en la cantidad de .... EUROS (........... euros), el cual se realizará mediante compensación de créditos contra la sociedad y la creación de .... nuevas participaciones sociales acumulables e indivisibles, con un valor nominal, cada una de ellas, de .... EUROS (...........), y numeradas del número .... al .... ambos inclusive.

En este acto, el socio Don .... mayor de edad, casado, de nacionalidad española, y vecino de ...., domiciliado en .... y con DNI/NIF, ..., asume la totalidad de las participaciones sociales de nueva creación, siendo el contravalor de tales participaciones sociales, la compensación del crédito vencido y totalmente líquido y exigible, por un importe de .... EUROS (........... euros), contraído por la sociedad con el citado socio DON .... consecuencia del préstamo de fecha .... de .... de .... por importe de .... euros.

Tras la compensación, el importe del crédito arriba reseñado se destina a la cuenta de capital.

Por el órgano de administración se procede a llevar a cabo las operaciones precisas para la ejecución del acuerdo, incluidas las anotaciones contables y en el libro registro de socios.

Se hace constar que el referido acreedor anteriormente reseñado, ha prestado su consentimiento a la compensación de créditos y aumento de capital social anteriormente reseñados.

También se hace constar que a la vista de lo dispuesto en el art. 304.1 del Texto Refundido de la Ley de Sociedades de capital y la Doctrina sentada por la Dirección General de los Registros y del Notariado en Resoluciones tales como las de fecha 4 de febrero de 2012 (BOE núm. 52, de 1 de marzo) o 6 de febrero de 2012 (BOE núm. 52, de 1 de marzo) los socios carecen de derecho de asunción preferente de las nuevas participaciones sociales al ser la contraprestación de las mismas la compensación de créditos. En cualquier caso, todos los socios de .... S.L. prestaron con anterioridad a la presente Junta General Extraordinaria objeto de la presente acta, su conformidad con el aumento de capital aquí acordado.

SEGUNDO.– Como consecuencia del acuerdo que precede y su ejecución, se da nueva redacción al artículo ....° de los Estatutos Sociales, que queda redactado con el siguiente tenor literal:

«ARTÍCULO ....°.– El capital social se fija en la cantidad de .... EUROS (........... euros), desembolsado en su totalidad, y dividido en .... participaciones sociales, íntegramente suscritas, acumulables, e indivisibles, con un valor nominal, cada una de ellas, de .... EUROS (........... euros), y numeradas del número .... al .... ambos inclusive.»

TERCERO.– Facultar al Administrador Único para ejecutar y elevar a público los anteriores acuerdos adoptados por los socios hasta obtener su constancia registral, y todo ello, aunque incida en la figura jurídica de autocontratación o exista conflicto de intereses.

Y no habiendo más asuntos que tratar, el presidente da por finalizada la reunión y se procede a la lectura del acta, la cual encuentran conforme todos los asistentes, por lo que queda aprobada, levantando el Presidente la sesión a las .... horas en el lugar y fecha señalado «ut supra».

F229. AUMENTO DE CAPITAL MEDIANTE COMPENSACIÓN DE CRÉDITO CON SUPRESIÓN DE DERECHOS DE SUSCRIPCIÓN PREFERENTE Y ASUNCIÓN SIMULTANEA. ACTA DE ACUERDO DE JUNTA GENERAL EXTRAORDINARIA CONVOCADA

Normativa de Aplicación: *Arts. 295 y ss. Real Decreto Legislativo 1/2010, de 2 de julio, por el que se aprueba el texto refundido de la Ley de Sociedades de Capital.*

Que hoy día .... de .... de ...., a las .... horas, y en el domicilio social, sito en la localidad de ...., calle .... s/n, se celebra JUNTA GENERAL EXTRAORDINARIA de socios de la sociedad .... S.L.

La convocatoria de la presente Junta General Extraordinaria de socios, ha sido acordada por el administrador único, Don ....

La convocatoria de la presente Junta General, se ha realizado, de conformidad con lo establecido en la Ley y el art .... de los Estatutos Sociales, mediante burofax con acuse de recibo y certificado de contenido, de fecha ...., dirigido ese mismo día a cada uno de los socios al domicilio designado al efecto por cada uno de ellos.

El tenor literal de la convocatoria se transcribe a continuación: «Por medio del presente se convoca a los señores socios a la celebración de Junta General Extraordinaria de la sociedad .... S.L., que se celebrará, el día .... de .... de ...., a las .... horas, en el domicilio social sito en ...., a efectos de deliberar y, en su caso, adoptar acuerdos con relación al siguiente orden del día:

1.– Aumento del capital social en la cantidad de .... euros mediante compensación de créditos contra la sociedad y la creación de .... nuevas participaciones sociales, indivisibles y acumulables, de .... euros cada una de ellas, numeradas del .... al ...., inclusive.

2.– Supresión total del derecho de suscripción preferente de las nuevas participaciones sociales por los actuales socios de la compañía.

3.– Modificación del art. .... de los Estatutos Sociales.

Se hace constar el derecho que asiste a los sres. socios, de examinar en el domicilio social el texto íntegro de la modificación propuesta, así como de pedir la entrega o el envío gratuito de dichos documentos. Y que con esta convocatoria, también en el domicilio social, se pone a disposición de los socios el informe del órgano de administración previsto en el art. 308 TRLSC.

Igualmente, al tiempo de esta convocatoria y con relación a los créditos a aportar y compensar como consecuencia de la ampliación de capital proyectada, se pone a disposición de los socios, en el domicilio social, el informe del órgano de administración a que se refiere el art. 301 TRLSC.

En ...., hoy día .... de .... de .... el Administrador único de .... S.L. Don ....»

Asisten a la presente Junta General Extraordinaria, personalmente o representados, los siguientes socios:

I.– Socios presentes:

Don ...., titular de .... participaciones sociales núm. .... a ...., incluidos, con un valor nominal cada una de ellas de .... euros (en su conjunto .... euros), que suponen el .... por ciento del capital social.

Don ...., titular de .... participaciones sociales núm. .... a ...., incluidos, con un valor nominal cada una de ellas de .... euros (en su conjunto .... euros), que suponen el .... por ciento del capital social.

Doña ...., titular de .... participaciones sociales núm. .... a ...., incluidos, con un valor nominal cada una de ellas de .... euros (en su conjunto .... euros), que suponen el .... por ciento del capital social.

Por lo tanto, asisten de forma personal .... socios, titulares, en conjunto, de .... participaciones sociales que suponen el .... por ciento del capital social.

II.– Socios representados:

Don ...., titular de .... participaciones sociales núm. .... a ...., incluidos, con un valor nominal cada una de ellas de .... euros (en su conjunto

.... euros), que suponen el .... por ciento del capital social. Asiste el expresado socio representado por Doña ....

Don ...., titular de .... participaciones sociales núm. .... a ...., incluidos, con un valor nominal cada una de ellas de .... euros (en su conjunto .... euros), que suponen el .... por ciento del capital social. Asiste el expresado socio representado por Don ....

Asisten representados, ... socios, que titularizan .... participaciones que suponen el .... por ciento del capital social asumido.

En conjunto, asisten, personalmente o representados, ... socios, titulares de .... participaciones que suponen el .... por ciento del capital social suscrito.

Asiste el órgano de administración de la sociedad.

Son presidente y secretario de la presente Junta General, Don .... y Don ...., respectivamente. Ello de conformidad con lo establecido en la Ley y los Estatutos Sociales y ser los citados señores los socios designados por los concurrentes al comienzo de la reunión.

Abierta la sesión por el Sr. Presidente, sin que nadie se oponga a la válida constitución y celebración de la presente Junta General, se entra en el debate y deliberación de los diversos puntos del orden del día sin que ninguno de los presentes haga uso de su derecho a que conste en el acta el contenido de su intervención.

Tras todo lo anterior, se propone por el Sr. presidente la adopción de los siguientes acuerdos, propuesta que se transcribe literalmente a continuación:

PRIMERO.– Proceder al aumento del capital social en la cantidad de .... euros, mediante compensación del crédito que más adelante se reseñará y la creación de .... participaciones sociales indivisibles y acumulables, de .... euros cada una de ellas, número .... al ...., inclusive, que atribuyen a los socios los mismos derechos.

SEGUNDO.– Suprimir totalmente el derecho asunción preferente de las nuevas participaciones sociales que asiste a los sres. socios, en favor de Don ...., mayor de edad, de nacionalidad española, soltero, vecino de ...., con domicilio en la calle ...., número .... y DNI/NIF ...., quien asume la totalidad de las participaciones sociales de nueva creación, siendo el contravalor de tales participaciones sociales, la compensación del crédito vencido y totalmente líquido y exigible, por un importe de .... euros, contraído por la sociedad con Don .... en fecha .... de .... de ...., como consecuencia de ...., crédito documentado en la factura número ...., de fecha .... de .... de ....

Tras la compensación, el importe del crédito arriba reseñado se destinará a la cuenta de capital.

Por el órgano de administración se procede a llevar a cabo las operaciones precisas para la ejecución del acuerdo, incluidas las anotaciones contables y en el libro registro de socios.

A los efectos del acuerdo adoptado, y la supresión del derechos de preferente asunción, se hace constar que el valor nominal de las nuevas participaciones sociales se corresponde con el valor real atribuido a las mismas en el preceptivo informe emitido por los Administradores.

TERCERO.– Se faculta al órgano de administración para que, como consecuencia del acuerdo que precede y su ejecución, proceda a dar nueva redacción al artículo .... y .... de los Estatutos Sociales con el siguiente tenor literal:

ARTÍCULO .... CAPITAL SOCIAL. El capital social se fija en la cantidad de .... (...........) euros, íntegramente desembolsado.

ARTÍCULO .... PARTICIPACIONES SOCIALES. El capital social está dividido en .... participaciones sociales de .... euros cada una de ellas, numeradas correlativamente a partir de la unidad, indivisibles y acumulables, todas asumidas y desembolsadas por los socios y su titularidad lleva de pleno derecho la obligación de someterse a las prescripciones de los Estatutos y a los acuerdos válidamente adoptados. Las participaciones atribuyen a los socios los mismos derechos.

Previa la oportuna votación, la citada propuesta de acuerdos sociales es aprobada por UNANIMIDAD, con el voto favorable de todos los asistentes (........... por ciento de los votos correspondientes a las participaciones sociales en que se divide el capital social), en términos idénticos a los anteriormente transcritos.

Y no habiendo más asuntos que tratar, se procede a la redacción de la presente acta que es aprobada de forma unánime por los asistentes, y finaliza la presente Junta General Extraordinaria, levantándose la reunión en ...., a las .... horas del día .... de .... de ....

F230. AUMENTO DE CAPITAL MEDIANTE COMPENSACIÓN DE CRÉDITO CON SUPRESIÓN DE DERECHOS DE SUSCRIPCIÓN PREFERENTE Y ASUNCIÓN SIMULTANEA. ACTA DE ACUERDO DE JUNTA GENERAL EXTRAORDINARIA UNIVERSAL

Normativa de Aplicación: *Arts. 295 y ss. Real Decreto Legislativo 1/2010, de 2 de julio, por el que se aprueba el texto refundido de la Ley de Sociedades de Capital.*

Que hoy día .... de .... de ...., a las .... horas, y en el domicilio social, sito en la localidad de ...., calle ...., se celebra JUNTA GENERAL EXTRAORDINARIA de socios de la sociedad .... S.L.

Se encuentran presentes, en el referido lugar, y, por lo tanto, concurren la totalidad de socios de la compañía, decidiendo y dando su conformidad los asistentes a constituirse, con el carácter de universal, en Junta General Extraordinaria de socios de la compañía, para deliberar y, en su caso, adoptar acuerdos con relación al siguiente orden del día:

1.– Aumento del capital social en la cantidad de .... euros mediante compensación de créditos contra la sociedad y la creación de .... nuevas participaciones sociales, indivisibles y acumulables, de .... euros cada una de ellas, numeradas del .... al ...., inclusive.

2.– Supresión total del derecho de suscripción preferente de las nuevas participaciones sociales por los actuales socios de la compañía.

3.– Modificación del art. .... de los Estatutos Sociales.

En señal de conformidad firman seguidamente todos los asistentes, a continuación de su nombre y apellidos.

....

Asiste el órgano de administración de la sociedad.

Son presidente y secretario de la presente Junta General, Don .... y Don ...., respectivamente. Ello de conformidad con lo establecido en la Ley y los Estatutos Sociales y ser los citados señores los socios designados por los concurrentes al comienzo de la reunión.

Abierta la sesión por el Sr. Presidente, sin que nadie se oponga a la válida constitución y celebración de la presente Junta General, se entra en el debate y deliberación de los diversos puntos del orden del día, sin que ninguno de los presentes haga uso de su derecho a que conste en el acta el contenido de su intervención.

Tras lo anterior, se propone por el Sr. presidente la adopción de los siguientes acuerdos, que se transcriben de forma literal a continuación:

PRIMERO.– Proceder al aumento del capital social en la cantidad de .... euros, mediante compensación del crédito que más adelante se reseñará y la creación de .... participaciones sociales indivisibles y acumulables, de .... euros cada una de ellas, número .... al ...., inclusive, que atribuyen a los socios los mismos derechos.

SEGUNDO.– Suprimir totalmente el derecho suscripción preferente de las nuevas participaciones sociales que asiste a los sres. socios, en favor de Don ...., mayor de edad, de nacionalidad española, soltero, vecino de ...., con domicilio en la calle ...., número .... y DNI/NIF ...., quien asume la totalidad de las participaciones sociales de nueva creación, siendo el contravalor de tales participaciones sociales, la compensación del crédito vencido y totalmente líquido y exigible, por un importe de .... euros, contraído por la sociedad con Don .... en fecha .... de .... de ...., como consecuencia de ...., crédito documentado en la factura número ...., de fecha .... de .... de ....

Tras la compensación, el importe del crédito arriba reseñado se destinará a la cuenta de capital.

Por el órgano de administración se procede a llevar a cabo las operaciones precisas para la ejecución del acuerdo, incluidas las anotaciones contables y en el libro registro de socios.

A los efectos del acuerdo adoptado, y la supresión del derechos de preferente asunción, se hace constar que el valor nominal de las nuevas participaciones sociales se corresponde con el valor real atribuido a las mismas en el preceptivo informe emitido por los Administradores.

TERCERO.– Se faculta al órgano de administración para que, como consecuencia del acuerdo que precede y su ejecución, proceda a dar nueva redacción al artículo .... y .... de los Estatutos Sociales con el siguiente tenor literal:

ARTÍCULO .... CAPITAL SOCIAL. El capital social se fija en la cantidad de .... (...........) euros, íntegramente desembolsado.

ARTÍCULO .... PARTICIPACIONES SOCIALES. El capital social está dividido en .... participaciones sociales de .... euros cada una de ellas, numeradas correlativamente a partir de la unidad, indivisibles y acumulables, todas asumidas y desembolsadas por los socios y su titularidad lleva de pleno derecho la obligación de someterse a las prescripciones de los Estatutos y a los acuerdos válidamente adoptados. Las participaciones atribuyen a los socios los mismos derechos.

Previa la oportuna votación, la citada propuesta de acuerdos sociales es aprobada por UNANIMIDAD, con el voto favorable de todos los asistentes (........... por ciento de los votos correspondientes a las participaciones sociales en que se divide el capital social), en términos idénticos a los anteriormente transcritos.

Y no habiendo más asuntos que tratar, se procede a la redacción de la presente acta que es aprobada de forma unánime por los asistentes, y finaliza la presente Junta General Extraordinaria, levantándose la reunión en ...., a las .... horas del día .... de .... de ....

F231. AUMENTO DE CAPITAL MEDIANTE APORTACIONES DINERARIAS, CREACIÓN DE NUEVAS PARTICIPACIONES SOCIALES Y ASUNCIÓN SIMULTANEA. ACTA DE ACUERDO DE JUNTA GENERAL EXTRAORDINARIA CONVOCADA

Normativa de Aplicación: *Arts. 295 y ss. Real Decreto Legislativo 1/2010, de 2 de julio, por el que se aprueba el texto refundido de la Ley de Sociedades de Capital.*

Que hoy día .... de .... de ...., a las .... horas, y en el domicilio social, sito en la localidad de ...., calle .... s/n, se celebra JUNTA GENERAL EXTRAORDINARIA de socios de la sociedad .... S.L.

La convocatoria de la presente Junta General Extraordinaria de socios, ha sido acordada por el administrador único, Don ....

La convocatoria de la presente Junta General, se ha realizado, de conformidad con lo establecido en la Ley y el art .... de los Estatutos Sociales, mediante burofax con

acuse de recibo y certificado de contenido, de fecha ...., dirigido ese mismo día a cada uno de los socios al domicilio designado al efecto por cada uno de ellos.

El tenor literal de la convocatoria se transcribe a continuación: «Por medio del presente se convoca a los señores socios a la celebración de Junta General Extraordinaria de la sociedad .... S.L., que se celebrará, el día .... de .... de ...., a las .... horas, en el domicilio social sito en ...., a efectos de deliberar y, en su caso, adoptar acuerdos con relación al siguiente orden del día:

1.– Aumento del capital social en la cantidad de .... euros mediante aportaciones dinerarias y la creación de .... participaciones sociales, indivisibles y acumulables, de .... euros cada una de ellas, numeradas de la .... a la ...., ambos inclusive.

2.– Modificación del art. .... de los Estatutos Sociales.

Se hace constar el derecho que asiste a los sres. socios, de examinar en el domicilio social el texto íntegro de la modificación propuesta, así como de pedir la entrega o el envío gratuito de dichos documentos.

En ...., hoy día .... de .... de .... el Administrador único de .... S.L. Don ....»

Asisten a la presente Junta General Extraordinaria, personalmente o representados, los siguientes socios:

I.– Socios presentes:

Don ...., titular de .... participaciones sociales núm. .... a ...., incluidos, con un valor nominal cada una de ellas de .... euros (en su conjunto .... euros), que suponen el .... por ciento del capital social.

Don ...., titular de .... participaciones sociales núm. .... a ...., incluidos, con un valor nominal cada una de ellas de .... euros (en su conjunto .... euros), que suponen el .... por ciento del capital social.

Doña ...., titular de .... participaciones sociales núm. .... a ...., incluidos, con un valor nominal cada una de ellas de .... euros (en su conjunto .... euros), que suponen el .... por ciento del capital social.

Por lo tanto, asisten de forma personal .... socios, titulares, en conjunto, de .... participaciones sociales que suponen el .... por ciento del capital social.

II.– Socios representados:

Don ...., titular de .... participaciones sociales núm. .... a ...., incluidos, con un valor nominal cada una de ellas de .... euros (en su conjunto .... euros), que suponen el .... por ciento del capital social. Asiste el expresado socio representado por Doña ....

Don ...., titular de .... participaciones sociales núm. .... a ...., incluidos, con un valor nominal cada una de ellas de .... euros (en su conjunto .... euros), que suponen el .... por ciento del capital social. Asiste el expresado socio representado por Don ....

Asisten representados, ... socios, que titularizan .... participaciones que suponen el .... por ciento del capital social asumido.

En conjunto, asisten, personalmente o representados, ... socios, titulares de .... participaciones que suponen el .... por ciento del capital social suscrito.

Asiste el órgano de administración de la sociedad.

Son presidente y secretario de la presente Junta General, Don .... y Don ...., respectivamente. Ello de conformidad con lo establecido en la Ley y los Estatutos Sociales y ser los citados señores los socios designados por los concurrentes al comienzo de la reunión.

Abierta la sesión por el Sr. Presidente, sin que nadie se oponga a la válida constitución y celebración de la presente Junta General, se entra en el debate y deliberación de los diversos puntos del orden del día sin que ninguno de los presentes haga uso de su derecho a que conste en el acta el contenido de su intervención.

Tras todo lo anterior, se propone por el Sr. presidente la adopción de los siguientes acuerdos, propuesta que se transcribe literalmente a continuación:

PRIMERO.– Proceder al aumento del capital social de la compañía en la cantidad de .... euros, mediante aportaciones dinerarias y la creación de .... nuevas participaciones sociales indivisibles y acumulables, de .... euros cada una de ellas, número .... a ...., que atribuyen a los socios los mismos derechos.

Las nuevas participaciones sociales son asumidas por los socios en proporción al valor nominal de las que poseen en la actualidad, con el siguiente respectivo alcance:

Don .... mayor de edad, de nacionalidad española, casado con Doña .... bajo el régimen de absoluta separación de bienes, según resulta de la escritura de capitulaciones matrimoniales otorgada con fecha .... de .... de ...., ante el Notario de ...., Don ...., inscritas en el Registro Civil de ...., al tomo ...., con fecha de .... vecino de ...., con domicilio en la calle ...., núm. ...., y DNI/NIF ...., asume .... participaciones sociales de nueva creación, número .... a ...., ambos inclusive, por un nominal en su conjunto de ...., íntegramente desembolsado. Justifica el ingreso de la cantidad de .... euros en la cuenta de la sociedad aperturada en el banco ...., núm. cuenta ...., mediante certificado bancario de deposito emitido por la citada entidad bancaria.

Doña ...., mayor de edad, de nacionalidad española, soltera, vecina de ...., con domicilio en la calle ...., núm. .... y DNI/NIF ...., asume .... participaciones sociales de nueva creación, número .... a ...., ambos inclusive, por un nominal en su conjunto de .... euros, que es íntegramente desembolsado por Doña .... Justifica el ingreso de la cantidad de .... euros en la cuenta de la sociedad abierta en el banco ...., núm. cuenta ...., mediante certificado bancario de deposito emitido por la citada entidad bancaria ....

....

Queda así el capital íntegramente asumido y desembolsado.

SEGUNDO.– Como consecuencia del acuerdo que precede, se da nueva redacción a los artículos .... y .... de los Estatutos Sociales, cuyo tenor literal pasa a ser el siguiente:

ARTÍCULO .... CAPITAL SOCIAL. El capital social se fija en la cantidad de .... (...........) euros, íntegramente desembolsado.

ARTÍCULO .... PARTICIPACIONES SOCIALES. El capital social está dividido en .... participaciones sociales de .... euros cada una de ellas, numeradas correlativamente a partir de la unidad, indivisibles y acumulables, todas asumidas y desembolsadas por los socios y su titularidad lleva de pleno derecho la obligación de someterse a las prescripciones de los Estatutos y a los acuerdos válidamente adoptados. Las participaciones atribuyen a los socios los mismos derechos.

Previa la oportuna votación, la citada propuesta de acuerdos sociales es aprobada por UNANIMIDAD, con el voto favorable de todos los asistentes (........... por ciento de los votos correspondientes a las participaciones sociales en que se divide el capital social), en términos idénticos a los anteriormente transcritos.

Y no habiendo más asuntos que tratar, se procede a la redacción de la presente acta que es aprobada de forma unánime por los asistentes, y finaliza la presente Junta General Extraordinaria, levantándose la reunión en ...., a las .... horas del día .... de .... de ....

F232. AUMENTO DE CAPITAL MEDIANTE APORTACIONES DINERARIAS, CREACIÓN DE NUEVAS PARTICIPACIONES SOCIALES Y ASUNCIÓN SIMULTANEA. ACTA DE ACUERDO DE JUNTA GENERAL EXTRAORDINARIA UNIVERSAL

Normativa de Aplicación: *Arts. 295 y ss. Real Decreto Legislativo 1/2010, de 2 de julio, por el que se aprueba el texto refundido de la Ley de Sociedades de Capital.*

Que hoy día .... de .... de ...., a las .... horas, y en el domicilio social, sito en la localidad de ...., calle ...., se celebra JUNTA GENERAL EXTRAORDINARIA de socios de la sociedad .... S.L.

Se encuentran presentes, en el referido lugar, y, por lo tanto, concurren la totalidad de socios de la compañía, decidiendo y dando su conformidad los asistentes a constituirse, con el carácter de universal, en Junta General Extraordinaria de socios de la compañía, para deliberar y, en su caso, adoptar acuerdos con relación al siguiente orden del día:

1.– Aumento del capital social en la cantidad de .... euros mediante aportaciones dinerarias y la creación de .... participaciones sociales, indivisibles y acumulables, de .... euros cada una de ellas, numeradas de la .... a la ...., ambos inclusive.

2.– Modificación del art. .... de los Estatutos Sociales.

En señal de conformidad firman seguidamente todos los asistentes, a continuación de su nombre y apellidos.

....

Asiste el órgano de administración de la sociedad.

Son presidente y secretario de la presente Junta General, Don .... y Don ...., respectivamente. Ello de conformidad con lo establecido en la Ley y los Estatutos Sociales y ser los citados señores los socios designados por los concurrentes al comienzo de la reunión.

Abierta la sesión por el Sr. Presidente, sin que nadie se oponga a la válida constitución y celebración de la presente Junta General, se entra en el debate y deliberación de los diversos puntos del orden del día, sin que ninguno de los presentes haga uso de su derecho a que conste en el acta el contenido de su intervención.

Tras lo anterior, se propone por el Sr. presidente la adopción de los siguientes acuerdos, que se transcriben de forma literal a continuación:

PRIMERO.– Proceder al aumento del capital social de la compañía en la cantidad de .... euros, mediante aportaciones dinerarias y la creación de .... nuevas participaciones sociales indivisibles y acumulables, de .... euros cada una de ellas, número .... a ...., que atribuyen a los socios los mismos derechos.

Las nuevas participaciones sociales son asumidas por los socios en proporción al valor nominal de las que poseen en la actualidad, con el siguiente respectivo alcance:

Don .... mayor de edad, de nacionalidad española, casado con Doña .... bajo el régimen de absoluta separación de bienes, según resulta de la escritura de capitulaciones matrimoniales otorgada con fecha .... de .... de ...., ante el Notario de ...., Don ...., inscritas en el Registro Civil de ...., al tomo ...., con fecha de ...., vecino de ...., con domicilio en la calle ...., núm. ...., y DNI/NIF ...., asume .... participaciones sociales de nueva creación, número .... a ...., ambos inclusive, por un nominal en su conjunto de ...., íntegramente desembolsado. Justifica el ingreso de la cantidad de .... euros en la cuenta de la sociedad aperturada en el banco ...., núm. cuenta ...., mediante certificado bancario de deposito emitido por la citada entidad bancaria.

Doña ...., mayor de edad, de nacionalidad española, soltera, vecina de ...., con domicilio en la calle ...., núm. .... y DNI/NIF ...., asume .... participaciones sociales de nueva creación, número .... a ...., ambos inclusive, por un nominal en su conjunto de .... euros, que es íntegramente desembolsado por Doña .... Justifica el ingreso de la cantidad de .... euros en la cuenta de la sociedad abierta en el banco ...., núm. cuenta ...., mediante certificado bancario de deposito emitido por la citada entidad bancaria ....

Queda así el capital íntegramente asumido y desembolsado.

SEGUNDO.– Como consecuencia del acuerdo que precede, se da nueva redacción a los artículos .... y .... de los Estatutos Sociales, cuyo tenor literal pasa a ser el siguiente:

ARTÍCULO .... CAPITAL SOCIAL. El capital social se fija en la cantidad de .... (...........) euros, íntegramente desembolsado.

ARTÍCULO .... PARTICIPACIONES SOCIALES. El capital social está dividido en .... participaciones sociales de .... euros cada una de ellas, numeradas correlativamente a partir de la unidad, indivisibles y acumulables, todas asumidas y desembolsadas por los socios y su titularidad lleva de pleno derecho la obligación de someterse a las prescripciones de los Estatutos y a los acuerdos válidamente adoptados. Las participaciones atribuyen a los socios los mismos derechos.

Previa la oportuna votación, la citada propuesta de acuerdos sociales es aprobada por UNANIMIDAD, con el voto favorable de todos los asistentes (........... por ciento de los votos correspondientes a las participaciones sociales en que se divide el capital social), en términos idénticos a los anteriormente transcritos.

Y no habiendo más asuntos que tratar, se procede a la redacción de la presente acta que es aprobada de forma unánime por los asistentes, y finaliza la presente Junta General Extraordinaria, levantándose la reunión en ...., a las .... horas del día .... de .... de ....

F233. AUMENTO DE CAPITAL MEDIANTE APORTACIONES DINERARIAS, CREACIÓN DE NUEVAS PARTICIPACIONES SOCIALES CON REGLAS SOBRE DERECHOS DE SUSCRIPCIÓN PREFERENTE Y PREVISIONES SOBRE AUMENTO DE CAPITAL INCOMPLETO. ACTA DE ACUERDO DE JUNTA GENERAL EXTRAORDINARIA CONVOCADA

Normativa de Aplicación: *Arts. 295 y ss. Real Decreto Legislativo 1/2010, de 2 de julio, por el que se aprueba el texto refundido de la Ley de Sociedades de Capital.*

Que hoy día .... de .... de ...., a las .... horas, y en el domicilio social, sito en la localidad de ...., calle .... s/n, se celebra JUNTA GENERAL EXTRAORDINARIA de socios de la sociedad .... S.L.

La convocatoria de la presente Junta General Extraordinaria de socios, ha sido acordada por el administrador único, Don ....

La convocatoria de la presente Junta General, se ha realizado, de conformidad con lo establecido en la Ley y el art .... de los Estatutos Sociales, mediante burofax con acuse de recibo y certificado de contenido, de fecha ...., dirigido ese mismo día a cada uno de los socios al domicilio designado al efecto por cada uno de ellos.

El tenor literal de la convocatoria se transcribe a continuación: «Por medio del presente se convoca a los señores socios a la celebración de Junta General Extraordinaria de la sociedad .... S.L., que se celebrará, el día .... de .... de ...., a las .... horas, en el domicilio social sito en ...., a efectos de deliberar y, en su caso, adoptar acuerdos con relación al siguiente orden del día:

1.– Aumento del capital social en la cantidad de .... euros mediante aportaciones dinerarias, con la creación de .... participaciones sociales, indivisibles y acumulables, de .... euros cada una de ellas, numeradas de la .... a la ...., ambos inclusive.

2.– Modificación del art. .... de los Estatutos Sociales.

Se hace constar el derecho que asiste a los sres. socios, de examinar en el domicilio social el texto íntegro de la modificación propuesta, así como de pedir la entrega o el envío gratuito de dichos documentos.

En ...., hoy día .... de .... de .... el Administrador único de .... S.L. Don ....»

Asisten a la presente Junta General Extraordinaria, personalmente o representados, los siguientes socios:

I.– Socios presentes:

Don ...., titular de .... participaciones sociales núm. .... a ...., incluidos, con un valor nominal cada una de ellas de .... euros (en su conjunto .... euros), que suponen el .... por ciento del capital social.

Don ...., titular de .... participaciones sociales núm. .... a ...., incluidos, con un valor nominal cada una de ellas de .... euros (en su conjunto .... euros), que suponen el .... por ciento del capital social.

Doña ...., titular de .... participaciones sociales núm. .... a ...., incluidos, con un valor nominal cada una de ellas de .... euros (en su conjunto .... euros), que suponen el .... por ciento del capital social.

Por lo tanto, asisten de forma personal .... socios, titulares, en conjunto, de .... participaciones sociales que suponen el .... por ciento del capital social.

II.– Socios representados:

Don ...., titular de .... participaciones sociales núm. .... a ...., incluidos, con un valor nominal cada una de ellas de .... euros (en su conjunto .... euros), que suponen el .... por ciento del capital social. Asiste el expresado socio representado por Doña ....

Don ...., titular de .... participaciones sociales núm. .... a ...., incluidos, con un valor nominal cada una de ellas de .... euros (en su conjunto .... euros), que suponen el .... por ciento del capital social. Asiste el expresado socio representado por Don ....

Asisten representados, ... socios, que titularizan .... participaciones que suponen el .... por ciento del capital social asumido.

En conjunto, asisten, personalmente o representados, ... socios, titulares de .... participaciones que suponen el .... por ciento del capital social suscrito.

Asiste el órgano de administración de la sociedad.

Son presidente y secretario de la presente Junta General, Don .... y Don ...., respectivamente. Ello de conformidad con lo establecido en la Ley y los Estatutos Sociales y ser los citados señores los socios designados por los concurrentes al comienzo de la reunión.

Abierta la sesión por el Sr. Presidente, sin que nadie se oponga a la válida constitución y celebración de la presente Junta General, se entra en el debate y deliberación de los diversos puntos del orden del día sin que ninguno de los presentes haga uso de su derecho a que conste en el acta el contenido de su intervención.

Tras todo lo anterior, se propone por el Sr. presidente la adopción de los siguientes acuerdos, propuesta que se transcribe literalmente a continuación:

PRIMERO.– Proceder al aumento del capital social en la cantidad de .... euros, mediante la creación de .... nuevas participaciones sociales indivisibles y acumulables, de .... euros cada una de ellas, número .... a ...., inclusive, que atribuyen a los socios los mismos derechos.

Las nuevas participaciones sociales serán asumidas por los socios con base en las siguientes reglas:

1.– Cada socio tendrá derecho a asumir un numero de participaciones sociales proporcional al valor nominal de las que actualmente posea.

2.– El derecho de preferente asunción se ejercitará en el plazo de .... a contar desde la publicación del anuncio de la oferta de asunción de nuevas participaciones sociales en el Boletín Oficial del Registro Mercantil.

3.– Las participaciones no asumidas en el ejercicio del derecho de asunción preferente, serán ofrecidas por el órgano de administración de la compañía a los socios que lo hubieren ejercitado, para su asunción y desembolso durante un plazo de quince días desde la conclusión del señalado en el apartado 2 anterior para la asunción preferente. Si existieren varios socios interesados en asumir las participaciones ofrecidas, estas se adjudicarán en proporción a las que cada uno de ellos ya tuviere en la sociedad.

4.– Si el aumento de capital no se desembolsare íntegramente dentro del plazo fijado al afecto conforme a las reglas anteriores, el capital quedará aumentado en la cuantía desembolsada.

SEGUNDO.– Se autoriza al administrador único para que, como consecuencia del acuerdo anterior y su posterior ejecución, proceda a dar nueva redacción al artículo .... y .... de los Estatutos Sociales, adecuando la redacción del citado artículo al resultado final de la asunción y desembolso de las participaciones sociales del anteriormente referido aumento de capital.

Previa la oportuna votación, la citada propuesta de acuerdos sociales es aprobada por UNANIMIDAD, con el voto favorable de todos los asistentes (........... por ciento de los

votos correspondientes a las participaciones sociales en que se divide el capital social), en términos idénticos a los anteriormente transcritos.

Y no habiendo más asuntos que tratar, se procede a la redacción de la presente acta que es aprobada de forma unánime por los asistentes, y finaliza la presente Junta General Extraordinaria, levantándose la reunión en ...., a las .... horas del día .... de .... de ....

F234. AUMENTO DE CAPITAL MEDIANTE APORTACIONES DINERARIAS, CREACIÓN DE NUEVAS PARTICIPACIONES SOCIALES CON REGLAS SOBRE DERECHOS DE SUSCRIPCIÓN PREFERENTE Y PREVISIONES SOBRE AUMENTO DE CAPITAL INCOMPLETO. ACTA DE ACUERDO DE JUNTA GENERAL EXTRAORDINARIA UNIVERSAL

Normativa de Aplicación: *Arts. 295 y ss. Real Decreto Legislativo 1/2010, de 2 de julio, por el que se aprueba el texto refundido de la Ley de Sociedades de Capital.*

Que hoy día .... de .... de ...., a las .... horas, y en el domicilio social, sito en la localidad de ...., calle ...., se celebra JUNTA GENERAL EXTRAORDINARIA de socios de la sociedad .... S.L.

Se encuentran presentes, en el referido lugar, y, por lo tanto, concurren la totalidad de socios de la compañía, decidiendo y dando su conformidad los asistentes a constituirse, con el carácter de universal, en Junta General Extraordinaria de socios de la compañía, para deliberar y, en su caso, adoptar acuerdos con relación al siguiente orden del día:

1.– Aumento del capital social en la cantidad de .... euros mediante aportaciones dinerarias, con la creación de .... participaciones sociales, indivisibles y acumulables, de .... euros cada una de ellas, numeradas de la .... a la ...., ambos inclusive.

2.– Modificación del art. .... de los Estatutos Sociales.

En señal de conformidad firman seguidamente todos los asistentes, a continuación de su nombre y apellidos.

....

Asiste el órgano de administración de la sociedad.

Son presidente y secretario de la presente Junta General, Don .... y Don ...., respectivamente. Ello de conformidad con lo establecido en la Ley y los Estatutos Sociales y ser los citados señores los socios designados por los concurrentes al comienzo de la reunión.

Abierta la sesión por el Sr. Presidente, sin que nadie se oponga a la válida constitución y celebración de la presente Junta General, se entra en el debate y deliberación de los diversos puntos del orden del día, sin que ninguno de los presentes haga uso de su derecho a que conste en el acta el contenido de su intervención.

Tras lo anterior, se propone por el Sr. presidente la adopción de los siguientes acuerdos, que se transcriben de forma literal a continuación:

PRIMERO.– Proceder al aumento del capital social en la cantidad de .... euros, mediante la creación de .... nuevas participaciones sociales indivisibles y acumulables, de .... euros cada una de ellas, número .... a ...., inclusive, que atribuyen a los socios los mismos derechos.

Las nuevas participaciones sociales serán asumidas por los socios con base en las siguientes reglas:

1.– Cada socio tendrá derecho a asumir un numero de participaciones sociales proporcional al valor nominal de las que actualmente posea.

2.– El derecho de preferente asunción se ejercitará en el plazo de .... a contar desde la publicación del anuncio de la oferta de asunción de nuevas participaciones sociales en el Boletín Oficial del Registro Mercantil.

3.– Las participaciones no asumidas en el ejercicio del derecho de asunción preferente, serán ofrecidas por el órgano de administración de la compañía a los socios que lo hubieren ejercitado, para su asunción y desembolso durante un plazo de quince días desde la conclusión del señalado en el apartado 2 anterior para la asunción preferente. Si existieren varios socios interesados en asumir las participaciones ofrecidas, estas se adjudicarán en proporción a las que cada uno de ellos ya tuviere en la sociedad.

4.– Si el aumento de capital no se desembolsare íntegramente dentro del plazo fijado al afecto conforme a las reglas anteriores, el capital quedará aumentado en la cuantía desembolsada.

SEGUNDO.– Se autoriza al administrador único para que, como consecuencia del acuerdo anterior y su posterior ejecución, proceda a dar nueva redacción al artículo .... y .... de los Estatutos Sociales, adecuando la redacción del citado artículo al resultado final de la asunción y desembolso de las participaciones sociales del anteriormente referido aumento de capital.

Previa la oportuna votación, la citada propuesta de acuerdos sociales es aprobada por UNANIMIDAD, con el voto favorable de todos los asistentes (........... por ciento de los votos correspondientes a las participaciones sociales en que se divide el capital social), en términos idénticos a los anteriormente transcritos.

Y no habiendo más asuntos que tratar, se procede a la redacción de la presente acta que es aprobada de forma unánime por los asistentes, y finaliza la presente Junta General Extraordinaria, levantándose la reunión en ...., a las .... horas del día .... de .... de ....

F235. AUMENTO DE CAPITAL CON CARGO A RESERVAS DISPONIBLES MEDIANTE LA ELEVACIÓN DEL NOMINAL DE LAS PARTICIPACIONES SOCIALES. ACTA DE ACUERDO DE JUNTA GENERAL EXTRAORDINARIA CONVOCADA

Normativa de Aplicación: *Arts. 295 y ss. Real Decreto Legislativo 1/2010, de 2 de julio, por el que se aprueba el texto refundido de la Ley de Sociedades de Capital.*

Que hoy día .... de .... de ...., a las .... horas, y en el domicilio social, sito en la localidad de ...., calle .... s/n, se celebra JUNTA GENERAL EXTRAORDINARIA de socios de la sociedad .... S.L.

La convocatoria de la presente Junta General Extraordinaria de socios, ha sido acordada por el administrador único, Don ....

La convocatoria de la presente Junta General, se ha realizado, de conformidad con lo establecido en la Ley y el art .... de los Estatutos Sociales, mediante burofax con acuse de recibo y certificado de contenido, de fecha ...., dirigido ese mismo día a cada uno de los socios al domicilio designado al efecto por cada uno de ellos.

El tenor literal de la convocatoria se transcribe a continuación: «Por medio del presente se convoca a los señores socios a la celebración de Junta General Extraordinaria de la sociedad .... S.L., que se celebrará, el día .... de .... de ...., a las .... horas, en el domicilio social sito en ...., a efectos de deliberar y, en su caso, adoptar acuerdos con relación al siguiente orden del día:

1.– Aprobación de balance cerrado a fecha .... verificado por el auditor de cuentas, Don .... Aumento del capital social en la cantidad de .... euros con cargo a reservas y mediante la elevación en la suma de .... euros, del nominal de cada una de las .... participaciones sociales en que se halla dividido el capital de la sociedad.

2.– Modificación del art. .... de los Estatutos Sociales.

Se hace constar el derecho que asiste a los sres. socios, de examinar en el domicilio social el texto íntegro de la modificación propuesta, así como de pedir la entrega o el envío gratuito de dichos documentos.

En ...., hoy día .... de .... de .... el Administrador único de .... S.L. Don ....»

Asisten a la presente Junta General Extraordinaria, personalmente o representados, los siguientes socios:

I.– Socios presentes:

Don ...., titular de .... participaciones sociales núm. .... a ...., incluidos, con un valor nominal cada una de ellas de .... euros (en su conjunto .... euros), que suponen el .... por ciento del capital social.

Don ...., titular de .... participaciones sociales núm. .... a ...., incluidos, con un valor nominal cada una de ellas de .... euros (en su conjunto .... euros), que suponen el .... por ciento del capital social.

Doña ...., titular de .... participaciones sociales núm. .... a ...., incluidos, con un valor nominal cada una de ellas de .... euros (en su conjunto .... euros), que suponen el .... por ciento del capital social.

Por lo tanto, asisten de forma personal .... socios, titulares, en conjunto, de .... participaciones sociales que suponen el .... por ciento del capital social.

II.– Socios representados:

Don ...., titular de .... participaciones sociales núm. .... a ...., incluidos, con un valor nominal cada una de ellas de .... euros (en su conjunto .... euros), que suponen el .... por ciento del capital social. Asiste el expresado socio representado por Doña ....

Don ...., titular de .... participaciones sociales núm. .... a ...., incluidos, con un valor nominal cada una de ellas de .... euros (en su conjunto .... euros), que suponen el .... por ciento del capital social. Asiste el expresado socio representado por Don ....

Asisten representados, ... socios, que titularizan .... participaciones que suponen el .... por ciento del capital social asumido.

En conjunto, asisten, personalmente o representados, ... socios, titulares de .... participaciones que suponen el .... por ciento del capital social suscrito.

Asiste el órgano de administración de la sociedad.

Son presidente y secretario de la presente Junta General, Don .... y Don ...., respectivamente. Ello de conformidad con lo establecido en la Ley y los Estatutos Sociales y ser los citados señores los socios designados por los concurrentes al comienzo de la reunión.

Abierta la sesión por el Sr. Presidente, sin que nadie se oponga a la válida constitución y celebración de la presente Junta General, se entra en el debate y deliberación de los diversos puntos del orden del día sin que ninguno de los presentes haga uso de su derecho a que conste en el acta el contenido de su intervención.

Tras todo lo anterior, se propone por el Sr. presidente la adopción de los siguientes acuerdos, propuesta que se transcribe literalmente a continuación:

PRIMERO.– Aprobar el balance de la sociedad cerrado a fecha ...., que arroja un resultado de ...., balance verificado por el auditor de cuentas Don .... y que servirá de base al aumento de capital a que se refiere el acuerdo siguiente.

SEGUNDO.– Proceder al aumento del capital social en la cantidad de .... euros, con cargo a reservas disponibles de la compañía, mediante la elevación del nominal de las .... participaciones sociales en que se halla dividido el capital social de la sociedad, en la actualidad de .... euros cada una de ellas, que en adelante y en virtud del presente acuerdo pasan a tener un valor nominal unitario de .... euros.

TERCERO.– Como consecuencia del acuerdo que precede, se da nueva redacción a los artículos .... y .... de los Estatutos Sociales, cuyo tenor literal pasa a ser el siguiente:

ARTÍCULO .... CAPITAL SOCIAL. El capital social se fija en la cantidad de .... (...........) euros, íntegramente desembolsado.

ARTÍCULO .... PARTICIPACIONES SOCIALES. El capital social está dividido en .... participaciones sociales de .... euros cada una de ellas, numeradas correlativamente a partir de la unidad, indivisibles y acumulables, todas asumidas y desembolsadas por los socios y su titularidad lleva de pleno derecho la obligación de someterse a las prescripciones de los Estatutos y a los acuerdos válidamente adoptados. Las participaciones atribuyen a los socios los mismos derechos.

Previa la oportuna votación, la citada propuesta de acuerdos sociales es aprobada por UNANIMIDAD, con el voto favorable de todos los asistentes (........... por ciento de los votos correspondientes a las participaciones sociales en que se divide el capital social), en términos idénticos a los anteriormente transcritos.

Y no habiendo más asuntos que tratar, se procede a la redacción de la presente acta que es aprobada de forma unánime por los asistentes, y finaliza la presente Junta General Extraordinaria, levantándose la reunión en ...., a las .... horas del día .... de .... de ....

F236. AUMENTO DE CAPITAL CON CARGO A RESERVAS DISPONIBLES MEDIANTE LA ELEVACIÓN DEL NOMINAL DE LAS PARTICIPACIONES SOCIALES. ACTA DE ACUERDO DE JUNTA GENERAL EXTRAORDINARIA UNIVERSAL

Normativa de Aplicación: *Arts. 295 y ss. Real Decreto Legislativo 1/2010, de 2 de julio, por el que se aprueba el texto refundido de la Ley de Sociedades de Capital.*

Que hoy día .... de .... de ...., a las .... horas, y en el domicilio social, sito en la localidad de ...., calle ...., se celebra JUNTA GENERAL EXTRAORDINARIA de socios de la sociedad .... S.L.

Se encuentran presentes, en el referido lugar, y, por lo tanto, concurren la totalidad de socios de la compañía, decidiendo y dando su conformidad los asistentes a constituirse, con el carácter de universal, en Junta General Extraordinaria de socios de la compañía, para deliberar y, en su caso, adoptar acuerdos con relación al siguiente orden del día:

PRIMERO.– Aprobación de balance cerrado a fecha .... verificado por el auditor de cuentas, Don .... Aumento del capital social en la cantidad de .... euros con cargo a reservas y mediante la elevación en la suma de .... euros, del nominal de cada una de las .... participaciones sociales en que se halla dividido el capital de la sociedad.

SEGUNDO.– Modificación del art. .... de los Estatutos Sociales.

En señal de conformidad firman seguidamente todos los asistentes, a continuación de su nombre y apellidos.

....

Asiste el órgano de administración de la sociedad.

Son presidente y secretario de la presente Junta General, Don .... y Don ...., respectivamente. Ello de conformidad con lo establecido en la Ley y los Estatutos Sociales y ser los citados señores los socios designados por los concurrentes al comienzo de la reunión.

Abierta la sesión por el Sr. Presidente, sin que nadie se oponga a la válida constitución y celebración de la presente Junta General, se entra en el debate y deliberación de los diversos puntos del orden del día, sin que ninguno de los presentes haga uso de su derecho a que conste en el acta el contenido de su intervención.

Tras lo anterior, se propone por el Sr. presidente la adopción de los siguientes acuerdos, que se transcriben de forma literal a continuación:

PRIMERO.– Aprobar el balance de la sociedad cerrado a fecha ...., que arroja un resultado de ...., balance verificado por el auditor de cuentas Don .... y que servirá de base al aumento de capital a que se refiere el acuerdo siguiente.

SEGUNDO.– Proceder al aumento del capital social en la cantidad de .... euros, con cargo a reservas disponibles de la compañía, mediante la elevación del nominal de las .... participaciones sociales en que se halla dividido el capital social de la sociedad, en la actualidad de .... euros cada una de ellas, que en adelante y en virtud del presente acuerdo pasan a tener un valor nominal unitario de .... euros.

TERCERO.– Como consecuencia del acuerdo que precede, se da nueva redacción a los artículos .... y .... de los Estatutos Sociales, cuyo tenor literal pasa a ser el siguiente:

ARTÍCULO .... CAPITAL SOCIAL. El capital social se fija en la cantidad de .... (............) euros, íntegramente desembolsado.

ARTÍCULO .... PARTICIPACIONES SOCIALES. El capital social está dividido en .... participaciones sociales de .... euros cada una de ellas, numeradas correlativamente a partir de la unidad, indivisibles y acumulables, todas asumidas y desembolsadas por los socios y su titularidad lleva de pleno derecho la obligación de someterse a las prescripciones de los Estatutos y a los acuerdos válidamente adoptados. Las participaciones atribuyen a los socios los mismos derechos.

Previa la oportuna votación, la citada propuesta de acuerdos sociales es aprobada por UNANIMIDAD, con el voto favorable de todos los asistentes (............ por ciento de los votos correspondientes a las participaciones sociales en que se divide el capital social), en términos idénticos a los anteriormente transcritos.

Y no habiendo más asuntos que tratar, se procede a la redacción de la presente acta que es aprobada de forma unánime por los asistentes, y finaliza la presente Junta General Extraordinaria, levantándose la reunión en ...., a las .... horas del día .... de .... de ....

F237. AUMENTO DE CAPITAL MEDIANTE APORTACIONES DINERARIAS, CREACIÓN DE NUEVAS PARTICIPACIONES SOCIALES CON REGLAS SOBRE DERECHOS DE SUSCRIPCIÓN PREFERENTE Y QUEDANDO SIN EFECTO EL AUMENTO DE CAPITAL EN CASO DE SER INCOMPLETO. ACTA DE ACUERDO DE JUNTA GENERAL EXTRAORDINARIA CONVOCADA

Normativa de Aplicación: *Arts. 285 y ss. Real Decreto Legislativo 1/2010, de 2 de julio, por el que se aprueba el texto refundido de la Ley de Sociedades de Capital.*

Que hoy día .... de .... de ...., a las .... horas, y en el domicilio social, sito en la localidad de ...., calle .... s/n, se celebra JUNTA GENERAL EXTRAORDINARIA de socios de la sociedad .... S.L.

La convocatoria de la presente Junta General Extraordinaria de socios, ha sido acordada por el administrador único, Don ....

La convocatoria de la presente Junta General, se ha realizado, de conformidad con lo establecido en la Ley y el art .... de los Estatutos Sociales, mediante burofax con acuse de recibo y certificado de contenido, de fecha ...., dirigido ese mismo día a cada uno de los socios al domicilio designado al efecto por cada uno de ellos.

El tenor literal de la convocatoria se transcribe a continuación: «Por medio del presente se convoca a los señores socios a la celebración de Junta General Extraordinaria de la sociedad .... S.L., que se celebrará, el día .... de .... de ...., a las .... horas, en el domicilio social sito en ...., a efectos de deliberar y, en su caso, adoptar acuerdos con relación al siguiente orden del día:

1.– Aumento del capital social en la cantidad de .... euros mediante aportaciones dinerarias y la creación de .... participaciones sociales, indivisibles y acumulables, de .... euros cada una de ellas, numeradas de la .... a la ...., ambos inclusive.

2.– Modificación del art. .... de los Estatutos Sociales.

Se hace constar el derecho que asiste a los sres. socios, de examinar en el domicilio social el texto íntegro de la modificación propuesta, así como de pedir la entrega o el envío gratuito de dichos documentos.

En ...., hoy día .... de .... de .... el Administrador único de .... S.L. Don ....»

Asisten a la presente Junta General Extraordinaria, personalmente o representados, los siguientes socios:

I.– Socios presentes:

Don ...., titular de .... participaciones sociales núm. .... a ...., incluidos, con un valor nominal cada una de ellas de .... euros (en su conjunto .... euros), que suponen el .... por ciento del capital social.

Don ...., titular de .... participaciones sociales núm. .... a ...., incluidos, con un valor nominal cada una de ellas de .... euros (en su conjunto .... euros), que suponen el .... por ciento del capital social.

Doña ...., titular de .... participaciones sociales núm. .... a ...., incluidos, con un valor nominal cada una de ellas de .... euros (en su conjunto .... euros), que suponen el .... por ciento del capital social.

Por lo tanto, asisten de forma personal .... socios, titulares, en conjunto, de .... participaciones sociales que suponen el .... por ciento del capital social.

II.– Socios representados:

Don ...., titular de .... participaciones sociales núm. .... a ...., incluidos, con un valor nominal cada una de ellas de .... euros (en su conjunto .... euros), que suponen el .... por ciento del capital social. Asiste el expresado socio representado por Doña ....

Don ...., titular de .... participaciones sociales núm. .... a ...., incluidos, con un valor nominal cada una de ellas de .... euros (en su conjunto .... euros), que suponen el .... por ciento del capital social. Asiste el expresado socio representado por Don ....

Asisten representados, ... socios, que titularizan .... participaciones que suponen el .... por ciento del capital social asumido.

En conjunto, asisten, personalmente o representados, ... socios, titulares de .... participaciones que suponen el .... por ciento del capital social suscrito.

Asiste el órgano de administración de la sociedad.

Son presidente y secretario de la presente Junta General, Don .... y Don ...., respectivamente. Ello de conformidad con lo establecido en la Ley y los Estatutos Sociales y ser los citados señores los socios designados por los concurrentes al comienzo de la reunión.

Abierta la sesión por el Sr. Presidente, sin que nadie se oponga a la válida constitución y celebración de la presente Junta General, se entra en el debate y deliberación de los diversos puntos del orden del día sin que ninguno de los presentes haga uso de su derecho a que conste en el acta el contenido de su intervención.

Tras todo lo anterior, se propone por el Sr. presidente la adopción de los siguientes acuerdos, propuesta que se transcribe literalmente a continuación:

PRIMERO.– Proceder al aumento del capital social en la cantidad de .... euros, mediante aportaciones dinerarias y la creación de .... nuevas participaciones sociales, indivisibles y acumulables, de .... euros cada una de ellas, número .... a ...., inclusive, que atribuyen a los socios los mismos derechos.

Las nuevas participaciones sociales serán asumidas por los socios con base en las siguientes reglas:

1.– Cada socio tendrá derecho a asumir un numero de participaciones sociales proporcional al valor nominal de las que actualmente posea.

2.– El derecho de preferente asunción se ejercitará por los socios, en el plazo de .... a contar desde el envío por el órgano de administración de comunicación escrita dirigida a cada uno de los socios en los términos del art. 305.3 TRLSC, con la oferta de asunción de las nuevas participaciones sociales.

3.– Las participaciones no asumidas en el ejercicio del derecho de asunción preferente, serán ofrecidas por el órgano de administración de la compañía a los socios que lo hubieren ejercitado, para su asunción y desembolso durante un plazo de quince días desde la conclusión del señalado en el apartado 2 anterior para la asunción preferente. Si existieren varios socios interesados en asumir las participaciones ofrecidas, estas se adjudicarán en proporción a las que cada uno de ellos ya tuviere en la sociedad.

4.– Si el aumento de capital no se desembolsare íntegramente dentro del plazo fijado al afecto conforme a las reglas anteriores, el mismo quedará sin efecto, y el órgano de administración deberá restituir las aportaciones realizadas, dentro del mes siguiente al vencimiento del plazo fijado para el desembolso, pudiendo hacerse la restitución mediante consignación del importe a nombre de los respectivos aportantes en una entidad de crédito del domicilio social, comunicando a estos por escrito la fecha de la consignación y la entidad depositaria.

SEGUNDO.– Se faculta al Administrador Único para que como consecuencia del acuerdo anterior y su posterior ejecución, proceda a dar nueva redacción a los artículos .... y .... de los Estatutos Sociales, adecuando la redacción del citado artículo al resultado final de la asunción y desembolso de las participaciones sociales del anteriormente referido aumento de capital.

Previa la oportuna votación, la citada propuesta de acuerdos sociales es aprobada por UNANIMIDAD, con el voto favorable de todos los asistentes (........... por ciento de los votos correspondientes a las participaciones sociales en que se divide el capital social), en términos idénticos a los anteriormente transcritos.

Y no habiendo más asuntos que tratar, se procede a la redacción de la presente acta que es aprobada de forma unánime por los asistentes, y finaliza la presente Junta General Extraordinaria/Ordinaria, levantándose la reunión en ...., a las .... horas del día .... de .... de ....

F238. AUMENTO DE CAPITAL MEDIANTE APORTACIONES DINERARIAS, CREACIÓN DE NUEVAS PARTICIPACIONES SOCIALES CON REGLAS SOBRE DERECHOS DE SUSCRIPCIÓN PREFERENTE Y QUEDANDO SIN EFECTO EL AUMENTO DE CAPITAL EN CASO DE SER INCOMPLETO. ACTA DE ACUERDO DE JUNTA GENERAL EXTRAORDINARIA UNIVERSAL

Normativa de Aplicación: *Arts. 295 y ss. Real Decreto Legislativo 1/2010, de 2 de julio, por el que se aprueba el texto refundido de la Ley de Sociedades de Capital.*

Que hoy día .... de .... de ...., a las .... horas, y en el domicilio social, sito en la localidad de ...., calle ...., se celebra JUNTA GENERAL EXTRAORDINARIA de socios de la sociedad .... S.L.

Se encuentran presentes, en el referido lugar, y, por lo tanto, concurren la totalidad de socios de la compañía, decidiendo y dando su conformidad los asistentes a constituirse, con el carácter de universal, en Junta General Extraordinaria de socios de la compañía, para deliberar y, en su caso, adoptar acuerdos con relación al siguiente orden del día:

1.– Aumento del capital social en la cantidad de .... euros mediante aportaciones dinerarias y la creación de .... participaciones sociales, indivisibles y acumulables, de .... euros cada una de ellas, numeradas de la .... a la ...., ambos inclusive.

2.– Modificación del art. .... de los Estatutos Sociales.

En señal de conformidad firman seguidamente todos los asistentes, a continuación de su nombre y apellidos.

....

Asiste el órgano de administración de la sociedad.

Son presidente y secretario de la presente Junta General, Don .... y Don ...., respectivamente. Ello de conformidad con lo establecido en la Ley y los Estatutos Sociales y ser los citados señores los socios designados por los concurrentes al comienzo de la reunión.

Abierta la sesión por el Sr. Presidente, sin que nadie se oponga a la válida constitución y celebración de la presente Junta General, se entra en el debate y deliberación de los diversos puntos del orden del día, sin que ninguno de los presentes haga uso de su derecho a que conste en el acta el contenido de su intervención.

Tras lo anterior, se propone por el Sr. presidente la adopción de los siguientes acuerdos, que se transcriben de forma literal a continuación:

PRIMERO.– Proceder al aumento del capital social en la cantidad de .... euros, mediante aportaciones dinerarias y la creación de .... nuevas participaciones sociales, indivisibles y acumulables, de .... euros cada una de ellas, número .... a ...., inclusive, que atribuyen a los socios los mismos derechos.

Las nuevas participaciones sociales serán asumidas por los socios con base en las siguientes reglas:

1.– Cada socio tendrá derecho a asumir un numero de participaciones sociales proporcional al valor nominal de las que actualmente posea.

2.– El derecho de preferente asunción se ejercitará por los socios, en el plazo de .... a contar desde el envío por el órgano de administración de comunicación escrita dirigida a cada uno de los socios en los términos del art. 305.3 TRLSC, con la oferta de asunción de las nuevas participaciones sociales.

3.– Las participaciones no asumidas en el ejercicio del derecho de asunción preferente, serán ofrecidas por el órgano de administración de la compañía a los socios que lo hubieren ejercitado, para su asunción y desembolso durante un plazo de quince días desde la conclusión del señalado en el apartado 2 anterior para la asunción preferente. Si existieren varios socios interesados en asumir las participaciones ofrecidas, estas se adjudicarán en proporción a las que cada uno de ellos ya tuviere en la sociedad.

4.– Si el aumento de capital no se desembolsare íntegramente dentro del plazo fijado al afecto conforme a las reglas anteriores, el mismo quedará sin efecto, y el órgano de administración deberá restituir las aportaciones realizadas, dentro del mes siguiente al vencimiento del plazo fijado para el desembolso, pudiendo hacerse la restitución mediante consignación del importe a nombre de los respectivos aportantes en una entidad de crédito del domicilio social, comunicando a estos por escrito la fecha de la consignación y la entidad depositaria.

SEGUNDO.– Se faculta al Administrador Único para que como consecuencia del acuerdo anterior y su posterior ejecución, proceda a dar nueva redacción a los artículos .... y .... de los Estatutos Sociales, adecuando la redacción del citado artículo al resultado final de la asunción y desembolso de las participaciones sociales del anteriormente referido aumento de capital.

Previa la oportuna votación, la citada propuesta de acuerdos sociales es aprobada por UNANIMIDAD, con el voto favorable de todos los asistentes (............ por ciento de los votos correspondientes a las participaciones sociales en que se divide el capital social), en términos idénticos a los anteriormente transcritos.

Y no habiendo más asuntos que tratar, se procede a la redacción de la presente acta que es aprobada de forma unánime por los asistentes, y finaliza la presente Junta General Extraordinaria, levantándose la reunión en ...., a las .... horas del día .... de .... de ....

F239. AUMENTO DE CAPITAL MEDIANTE APORTACIONES DINERARIAS Y ELEVACIÓN DEL NOMINAL DE LAS PARTICIPACIONES SOCIALES. ACTA DE ACUERDO DE JUNTA GENERAL EXTRAORDINARIA CONVOCADA

Normativa de Aplicación: *Arts. 295 y ss. Real Decreto Legislativo 1/2010, de 2 de julio, por el que se aprueba el texto refundido de la Ley de Sociedades de Capital.*

Que hoy día .... de .... de ...., a las .... horas, y en el domicilio social, sito en la localidad de ...., calle .... s/n, se celebra JUNTA GENERAL EXTRAORDINARIA de socios de la sociedad .... S.L.

La convocatoria de la presente Junta General Extraordinaria de socios, ha sido acordada por el administrador único, Don ....

La convocatoria de la presente Junta General, se ha realizado, de conformidad con lo establecido en la Ley y el art .... de los Estatutos Sociales, mediante burofax con acuse de recibo y certificado de contenido, de fecha ...., dirigido ese mismo día a cada uno de los socios al domicilio designado al efecto por cada uno de ellos.

El tenor literal de la convocatoria se transcribe a continuación: «Por medio del presente se convoca a los señores socios a la celebración de Junta General Extraordinaria de la sociedad .... S.L., que se celebrará, el día .... de .... de ...., a las .... horas, en el domicilio social sito en ...., a efectos de deliberar y, en su caso, adoptar acuerdos con relación al siguiente orden del día:

1.– Aumento del capital social en la cantidad de .... euros mediante aportaciones dinerarias y la elevación en la suma de .... euros, del nominal de cada una de las .... participaciones sociales en que se halla dividido el capital de la sociedad.

2.– Modificación del art. .... de los Estatutos Sociales.

Se hace constar el derecho que asiste a los sres. socios, de examinar en el domicilio social el texto íntegro de la modificación propuesta, así como de pedir la entrega o el envío gratuito de dichos documentos.

En ...., hoy día .... de .... de .... el Administrador único de .... S.L. Don ....»

Asisten a la presente Junta General Extraordinaria, personalmente o representados, los siguientes socios:

I.– Socios presentes:

Don ...., titular de .... participaciones sociales núm. .... a ...., incluidos, con un valor nominal cada una de ellas de .... euros (en su conjunto .... euros), que suponen el .... por ciento del capital social.

Don ...., titular de .... participaciones sociales núm. .... a ...., incluidos, con un valor nominal cada una de ellas de .... euros (en su conjunto .... euros), que suponen el .... por ciento del capital social.

Doña ...., titular de .... participaciones sociales núm. .... a ...., incluidos, con un valor nominal cada una de ellas de .... euros (en su conjunto .... euros), que suponen el .... por ciento del capital social.

Por lo tanto, asisten de forma personal .... socios, titulares, en conjunto, de .... participaciones sociales que suponen el .... por ciento del capital social.

II.– Socios representados:

Don ...., titular de .... participaciones sociales núm. .... a ...., incluidos, con un valor nominal cada una de ellas de .... euros (en su conjunto .... euros), que suponen el .... por ciento del capital social. Asiste el expresado socio representado por Doña ....

Don ...., titular de .... participaciones sociales núm. .... a ...., incluidos, con un valor nominal cada una de ellas de .... euros (en su conjunto .... euros), que suponen el .... por ciento del capital social. Asiste el expresado socio representado por Don ....

Asisten representados, ... socios, que titularizan .... participaciones que suponen el .... por ciento del capital social asumido.

En conjunto, asisten, personalmente o representados, ... socios, titulares de .... participaciones que suponen el .... por ciento del capital social suscrito.

Asiste el órgano de administración de la sociedad.

Son presidente y secretario de la presente Junta General, Don .... y Don ...., respectivamente. Ello de conformidad con lo establecido en la Ley y los Estatutos Sociales y ser los citados señores los socios designados por los concurrentes al comienzo de la reunión.

Abierta la sesión por el Sr. Presidente, sin que nadie se oponga a la válida constitución y celebración de la presente Junta General, se entra en el debate y deliberación de los diversos puntos del orden del día sin que ninguno de los presentes haga uso de su derecho a que conste en el acta el contenido de su intervención.

Tras todo lo anterior, se propone por el Sr. presidente la adopción de los siguientes acuerdos, propuesta que se transcribe literalmente a continuación:

PRIMERO.– Proceder al aumento del capital social en la cantidad de .... euros, mediante aportaciones dinerarias y la elevación en la suma de euros .... del nominal de las .... participaciones sociales en que se halla dividido el capital de la sociedad, en la actualidad de .... euros cada una de ellas, y que en adelante y en virtud del presente acuerdo pasarán a tener un valor nominal unitario de .... euros.

El aumento de capital social es asumido por los socios en proporción al valor nominal de las que poseen y desembolsan íntegramente el nominal de las citadas participaciones sociales elevado en virtud del acuerdo arriba transcrito, con el siguiente respectivo alcance:

Don .... mayor de edad, de nacionalidad española, casado con Doña .... bajo el régimen de absoluta separación de bienes, según resulta de la escritura de capitulaciones matrimoniales otorgada con fecha .... de .... de ...., ante el Notario de ...., Don ...., inscritas en el Registro Civil de ...., al tomo ...., con fecha de .... vecino de ...., con domicilio en la calle ...., núm. ...., y DNI/NIF ...., desembolsa la suma de .... euros, correspondiente a las participaciones sociales número .... a ...., ambos inclusive. Justifica el ingreso de la cantidad de .... euros en la cuenta de la sociedad abierta en el banco ...., núm. cuenta ...., mediante certificado bancario de deposito emitido por la citada entidad bancaria.

Doña ...., mayor de edad, de nacionalidad española, soltera, vecina de ...., con domicilio en la calle ...., núm. .... y DNI/NIF ...., desembolsa la suma de .... euros, correspondiente a las participaciones sociales número .... a ...., ambos inclusive. Justifica el ingreso de la cantidad de .... euros en la cuenta de la sociedad abierta en el banco ...., núm. cuenta ...., mediante certificado bancario de deposito emitido por la citada entidad bancaria.

....

SEGUNDO.– Como consecuencia del acuerdo que precede, se da nueva redacción a los artículos .... y .... de los Estatutos Sociales, cuyo tenor literal pasa a ser el siguiente:

ARTÍCULO .... CAPITAL SOCIAL. El capital social se fija en la cantidad de .... (............) euros, íntegramente desembolsado.

ARTÍCULO .... PARTICIPACIONES SOCIALES. El capital social está dividido en .... participaciones sociales de .... euros cada una de ellas, numeradas correlativamente a partir de la unidad, indivisibles y acumulables, todas asumidas y desembolsadas por los socios y su titularidad lleva de pleno derecho la obligación de someterse a las prescripciones de los Estatutos y a los acuerdos válidamente adoptados. Las participaciones atribuyen a los socios los mismos derechos.

Previa la oportuna votación, la citada propuesta de acuerdos sociales es aprobada por UNANIMIDAD, con el voto favorable de todos los asistentes (............ por ciento de los votos correspondientes a las participaciones sociales en que se divide el capital social), en términos idénticos a los anteriormente transcritos.

Y no habiendo más asuntos que tratar, se procede a la redacción de la presente acta que es aprobada de forma unánime por los asistentes, y finaliza la presente Junta General Extraordinaria, levantándose la reunión en ...., a las .... horas del día .... de .... de ....

F240. AUMENTO DE CAPITAL MEDIANTE APORTACIONES DINERARIAS Y CREACIÓN DE NUEVAS PARTICIPACIONES CON PRIMA DE EMISIÓN. ACTA DE ACUERDO DE JUNTA GENERAL EXTRAORDINARIA CONVOCADA

Normativa de Aplicación: *Arts. 295 y ss. Real Decreto Legislativo 1/2010, de 2 de julio, por el que se aprueba el texto refundido de la Ley de Sociedades de Capital.*

ACTA DE LA JUNTA GENERAL EXTRAORDINARIA DE ...., S.L.

En .... y en el domicilio social de la compañía, sito en .... (Valencia), Ctra. ...., a las 11.00 horas del día xxx de .... de ...., se lleva a cabo la Junta General Extraordinaria de la sociedad ...., previamente convocada cumpliendo los requisitos legales y estatutarios, con la siguiente

ORDEN DEL DÍA

PRIMERO. – Aumentar el capital social fijado actualmente en tres mil euros en la cantidad de 296€ mediante la emisión de 296 nuevas participaciones . Fijación de prima de emisión de 455 euros por cada una de las nuevas participaciones.

SEGUNDO.– Modificación del artículo 5 de los Estatutos Sociales.

Se procede a la elaboración de la lista de asistentes, resultando estar presentes los socios que a continuación se relacionan:

Don/Doña .... (nombre del socio), titular de .... (número) participaciones representativas del ....% del capital social.

Don/Doña .... (nombre del socio), titular de .... (número) participaciones representativas del ....% del capital social.

Don/Doña .... (nombre del socio), titular de .... (número) participaciones representativas del ....% del capital social.

Se nombra como Presidente al socio Don ...., haciendo la función de secretario, Don ....

Se han adoptado los siguientes

ACUERDOS:

PRIMERO.– Aumentar el capital social fijado actualmente en tres mil euros en la cantidad de 296€ mediante la emisión de 296 nuevas participaciones de 1 euro de valor nominal cada una, numeradas correlativamente de la 3.001 a la 3.296 ambos inclusive, elevándose en consecuencia el capital social de la sociedad hasta la cifra de 3.296€,representado por un total de 3.296 participaciones de un valor nominal de 1€.

Corresponde a cada nueva participaciones una prima de emisión de 455€, siendo por tanto la prima total a desembolsar de 134.680 euros.

El aumento de capital más la prima de emisión asciende a la cantidad total de 134.976,00€, correspondiendo 296 euros al aumento de capital y 134.680 euros a la rima de emisión . El valor nominal de las nuevas participaciones y su prima de emisión deberá ser íntegramente desembolsado en el momento de su suscripción por las personas que se adjudiquen.

Los Sres. D. ...., D. .... y la mercantil .... representada por ...., renuncian a sus derechos de suscripción preferente.

De conformidad con lo dispuesto en el artículo 198.2 del Reglamento del Registro Mercantil, Puesto que la presente Junta tiene el carácter de Junta Universal y la renuncia al derecho de suscripción preferente se hace de forma individual por parte de cada socio, no es necesaria la formulación de la propuesta de supresión de este derecho al que se refiere el artículo 308 de la Ley de Sociedades de Capital, ni el informe elaborado por el órgano de administración.

El desembolso de las nuevas participaciones se realiza mediante compensación de créditos frente a la sociedad del siguiente modo:

La mercantil .... S.L. realiza un desembolso total de su aportación cifrada en el importe de 134.976,00€, mediante la total compensación del crédito que ostenta frente a la sociedad a fecha de 25 de febrero de 2022.

Se acompaña a la presente Acta el Informe del Órgano de Administración al que se refiere el artículo 301 de la Ley de Sociedades de Capital y el 199.3 del Reglamento del Registro Mercantil, expresivo de la naturaleza y características del referido crédito, la identidad del aportante, el número de participaciones que han de crearse y la cuantía del aumento de capital, en el que expresamente se hace constar la concordancia de los datos relativos a los citados créditos con los datos que obran en la contabilidad social.

En consecuencia, se declaran adjudicadas a la sociedad .... 296 participaciones nominativas de valor nominal cada una de un (1) euro numeradas correlativamente de la 3.001 a la 3.296 ambos inclusiva correspondiendo a cada una de dichas participaciones una prima de emisión de 455 euro, siendo por lo tanto la prima total desembolsada por la citada sociedad de 134.680,00€.

SEGUNDO.– Como consecuencia de los anteriores acuerdos, se acuerda modificar el artículo quinto de los estatutos sociales, que en adelante quedará con la siguiente redacción:

Artículo 5°.– Capital Social.– La sociedad tendrá un capital social de TRES MIL DOSCIENTOS NOVENTA Y SEIS EUROS (3.296,00€) dividido en TRES MIL DOSCIENTOS NOVENTA Y SEIS EUROS participaciones de 1 euro de valor nominal cada una numeradas correlativamente del UNO al TRES MIL DOSCIENTOS SESENTA, ambos inclusive.

TERCERO.– Autorizar a D. ...., como Secretario de la presente Junta y del Consejo de Administración, para certificar, elevar a público los acuerdos que se adopten en el marco de la misma y procederá su inscripción en el Registro Mercantil, otorgando los documentos públicos y privados que fueren necesarios a tal efecto, con autorización y facultades expresadas para subsanar los eventuales errores en que hubiera podido incurrirse.

Y no habiendo otros asuntos que tratar, a continuación se suspende la sesión, al objeto de redactar el Acta, que es firmada por el Secretario con el visto bueno del Presidente, levantándose la sesión.

F241. AUMENTO DE CAPITAL MEDIANTE APORTACIONES DINERARIAS Y ELEVACIÓN DEL NOMINAL DE LAS PARTICIPACIONES SOCIALES. ACTA DE ACUERDO DE JUNTA GENERAL EXTRAORDINARIA UNIVERSAL

Normativa de Aplicación: *Arts. 295 y ss. Real Decreto Legislativo 1/2010, de 2 de julio, por el que se aprueba el texto refundido de la Ley de Sociedades de Capital.*

Que hoy día .... de .... de ...., a las .... horas, y en el domicilio social, sito en la localidad de ...., calle ...., se celebra JUNTA GENERAL EXTRAORDINARIA de socios de la sociedad .... S.L.

Se encuentran presentes, en el referido lugar, y, por lo tanto, concurren la totalidad de socios de la compañía, decidiendo y dando su conformidad los asistentes a constituirse, con el carácter de universal, en Junta General Extraordinaria de socios de la compañía, para deliberar y, en su caso, adoptar acuerdos con relación al siguiente orden del día:

1.– Aumento del capital social en la cantidad de .... euros mediante aportaciones dinerarias y la elevación en la suma de .... euros, del nominal de cada una de las .... participaciones sociales en que se halla dividido el capital de la sociedad.

2.– Modificación del art. .... de los Estatutos Sociales.

En señal de conformidad firman seguidamente todos los asistentes, a continuación de su nombre y apellidos.

....

Asiste el órgano de administración de la sociedad.

Son presidente y secretario de la presente Junta General, Don .... y Don ...., respectivamente. Ello de conformidad con lo establecido en la Ley y los Estatutos Sociales y ser los citados señores los socios designados por los concurrentes al comienzo de la reunión.

Abierta la sesión por el Sr. Presidente, sin que nadie se oponga a la válida constitución y celebración de la presente Junta General, se entra en el debate y deliberación de los diversos puntos del orden del día, sin que ninguno de los presentes haga uso de su derecho a que conste en el acta el contenido de su intervención.

Tras lo anterior, se propone por el Sr. presidente la adopción de los siguientes acuerdos, que se transcriben de forma literal a continuación:

PRIMERO.– Proceder al aumento del capital social en la cantidad de .... euros, mediante aportaciones dinerarias y la elevación en la suma de euros .... del nominal de las .... participaciones sociales en que se halla dividido el capital de la sociedad, en la actualidad de .... euros cada una de ellas, y que en adelante y en virtud del presente acuerdo pasarán a tener un valor nominal unitario de .... euros.

El aumento de capital social es asumido por los socios en proporción al valor nominal de las que poseen y desembolsan íntegramente el nominal de las citadas participaciones sociales elevado en virtud del acuerdo arriba transcrito, con el siguiente respectivo alcance:

Don .... mayor de edad, de nacionalidad española, casado con Doña .... bajo el régimen de absoluta separación de bienes, según resulta de la escritura de capitulaciones matrimoniales otorgada con fecha .... de .... de ...., ante el Notario de ...., Don ...., inscritas en el Registro Civil de ...., al tomo ...., con fecha de .... vecino de ...., con domicilio en la calle ...., núm. ...., y DNI/NIF ...., desembolsa la suma de .... euros, correspondiente a las participaciones sociales número .... a ...., ambos inclusive. Justifica el ingreso de la cantidad de .... euros en la cuenta de la sociedad abierta en el banco ...., núm. cuenta ...., mediante certificado bancario de depósito emitido por la citada entidad bancaria.

Doña ...., mayor de edad, de nacionalidad española, soltera, vecina de ...., con domicilio en la calle ...., núm. .... y DNI/NIF ...., desembolsa la suma de .... euros, correspondiente a las participaciones sociales número .... a ...., ambos inclusive. Justifica el ingreso de la cantidad de .... euros en la cuenta de la sociedad abierta en el banco ...., núm. cuenta ...., mediante certificado bancario de depósito emitido por la citada entidad bancaria.

....

SEGUNDO.– Como consecuencia del acuerdo que precede, se da nueva redacción a los artículos .... y .... de los Estatutos Sociales, cuyo tenor literal pasa a ser el siguiente:

ARTÍCULO .... CAPITAL SOCIAL. El capital social se fija en la cantidad de .... (...........) euros, íntegramente desembolsado.

ARTÍCULO .... PARTICIPACIONES SOCIALES. El capital social está dividido en .... participaciones sociales de .... euros cada una de ellas, numeradas correlativamente a partir de la unidad, indivisibles y acumulables, todas asumidas y desembolsadas por los socios y su titularidad lleva de pleno derecho la obligación de someterse a las prescripciones de los Estatutos y a los acuerdos válidamente adoptados. Las participaciones atribuyen a los socios los mismos derechos.

Previa la oportuna votación, la citada propuesta de acuerdos sociales es aprobada por UNANIMIDAD, con el voto favorable de todos los asistentes (........... por ciento de los

votos correspondientes a las participaciones sociales en que se divide el capital social), en términos idénticos a los anteriormente transcritos.

Y no habiendo más asuntos que tratar, se procede a la redacción de la presente acta que es aprobada de forma unánime por los asistentes, y finaliza la presente Junta General Extraordinaria, levantándose la reunión en ...., a las .... horas del día .... de .... de ....

3.2. CERTIFICACIONES

F242. AUMENTO DE CAPITAL POR COMPENSACIÓN DE CRÉDITOS SIN RECONOCER DERECHO DE ASUNCIÓN PREFERENTE A LOS SOCIOS. CERTIFICACIÓN DE JUNTA GEN0ERAL EXTRAORDINARIA CONVOCADA

Normativa de Aplicación: *Arts. 295 y ss. Real Decreto Legislativo 1/2010, de 2 de julio, por el que se aprueba el texto refundido de la Ley de Sociedades de Capital.*

..........., con NIF nº ...., Administrador Único de la compañía .... S.L, con domicilio en ...., CIF ....

CERTIFICO: que según resulta del libro de actas de la sociedad, en la Junta General Extraordinaria de Socios, convocada mediante el procedimiento de comunicación individual y escrita previsto en los Estatutos sociales, habiendo sido remitido el anuncio al último de los socios con fecha ....; celebrada en ...., el día .... de .... de ...., encontrándose presentes .... socios, titulares de ....participaciones sociales, que representan el .... del capital social, cada una de las cuales atribuye derecho a emitir un voto, con el siguiente desglose: ....

Que figura en el acta el nombre de los mismos, quienes firmaron al principio del acta, designando como presidenta de la misma a Doña .... y como secretario a Don .... y aceptaron celebrar dicha Junta con el fin de deliberar y, en su caso, adoptar acuerdos sobre el siguiente orden del día:

I.– Aumento de capital en la cantidad de .... euros, mediante compensación de créditos contra la sociedad y la creación de .... nuevas participaciones sociales acumulables e indivisibles con un valor nominal, cada una de ellas, de .... euros, y numeradas del número .... a ...., ambos inclusive. Modificación del art. ....de los Estatutos Sociales.

II.– Elevación a público.

En la convocatoria se hizo constar «el derecho que asiste a los Sres. socios, de examinar en el domicilio social el texto íntegro de la modificación propuesta, así como de pedir la entrega o el envío gratuito de dichos documentos. Igualmente, al tiempo de esta convocatoria y con relación a los créditos a aportar y compensar como consecuencia del aumento de capital proyectado, se pone a disposición de los socios, en el domicilio social, el informe del órgano de administración a que se refiere el art. 301 Texto Refundido de la Ley de Sociedades de Capital.»

Abierta la sesión y previa la oportuna deliberación, se adoptaron por unanimidad, los siguientes ACUERDOS, trascritos literalmente:

PRIMERO.– AUMENTO DE CAPITAL SOCIAL MEDIANTE COMPENSACIÓN DE CRÉDITOS.

Proceder al aumento del capital social en la cantidad de .... EUROS Y .... CÉNTIMOS DE EURO (........... euros), mediante la creación de .... (...........) participaciones sociales, acumulables e indivisibles, de .... EUROS Y .... CÉNTIMOS DE EURO (........... euros) de valor nominal cada una de ellas, número .... al ...., ambos inclusive, que no podrán incorporarse a títulos negociables ni denominarse acciones.

El aumento de capital se lleva a cabo por compensación de los siguientes créditos que ostentan frente a la sociedad las siguientes compañías:

I.– ...., S.L, domiciliada en calle .... inscrita en el Registro Mercantil de ...., al Tomo ...., folio ...., hoja ...., con CIF número ...., quien, en ese acto, asume .... (...........) participaciones sociales de nueva creación, números de la .... a ...., por un valor nominal conjunto de .... EUROS Y .... CÉNTIMOS DE EURO (........... euros), siendo el contravalor de tales participaciones sociales, la compensación del crédito, totalmente líquido, vencido y exigible que ostenta frente a .... S.L, por el concepto ...., de fecha .... de .... de ....

II.– ...., S.L, domiciliada en calle .... inscrita en el Registro Mercantil de ...., al Tomo ...., folio ...., hoja ...., con CIF número ...., quien, en ese acto, asume .... (...........) participaciones sociales de nueva creación, números de la .... a ...., por un valor nominal conjunto de .... EUROS Y .... CÉNTIMOS DE EURO (........... euros), siendo el contravalor de tales participaciones sociales, la compensación del crédito, totalmente líquido, vencido y exigible que ostenta frente a .... S.L, por el concepto ...., de fecha .... de .... de ....

Tras la compensación aquí acordada, el importe de los créditos arriba reseñados se destina a la cuenta de capital social. Y siendo el importe de los créditos objeto de compensación equivalente al valor del aumento de capital, se hace constar la total extinción por COMPENSACIÓN de los créditos aportados.

Queda el capital social íntegramente asumido y desembolsado.

Se hace constar que la totalidad de los acreedores anteriormente reseñados, tanto individualmente como de manera conjunta, han prestado su consentimiento a la compensación de créditos y aumento de capital social anteriormente reseñados.

También se hace constar que a la vista de lo dispuesto en el art. 304.1 del Texto Refundido de la Ley de Sociedades de capital y la Doctrina sentada por la Dirección General de los Registros y del Notariado en Resoluciones tales como las de fecha 4 de febrero de 2012 (BOE núm. 52, de 1 de marzo) o 6 de febrero de 2012 (BOE núm. 52, de 1 de marzo) los socios carecen de derecho de asunción preferente de las nuevas participaciones sociales al ser la contraprestación de las mismas la compensación de créditos. En cualquier caso, todos los socios de .... S.L. prestaron con anterioridad a la presente Junta General Extraordinaria objeto de la presente acta, su conformidad con el aumento de capital aquí acordado.

SEGUNDO.– NUEVA REDACCIÓN DEL ART........... DE LOS ESTATUTOS SOCIALES COMO CONSECUENCIA DEL AUMENTO DE CAPITAL SOCIAL ACORDADO.

Como consecuencia del acuerdo que precede se procede a dar nueva redacción al artículo .... de los Estatutos Sociales con el siguiente tenor literal:

«Artículo...........°. Capital Social: El capital social asciende a la suma de .... EUROS Y .... CÉNTIMOS DE EURO (...........€), dividido en .... (...........) participaciones sociales, números .... a ...., ambos inclusive, de .... EUROS Y .... CÉNTIMOS DE EURO (...........€) de valor nominal cada una, acumulables e indivisibles, que no podrán incorporarse a títulos negociables ni denominarse acciones. El capital social está íntegramente suscrito y desembolsado.»

TERCERO.– FACULTAD PARA ELEVAR A PÚBLICO

Facultar al Órgano de Administración para que, pueda comparecer ante Notario y elevar a público los presentes acuerdos, otorgando para ello las escrituras públicas correspondientes (incluso de subsanación, aclaración o rectificación), así como para realizar cuantas actuaciones sean precisas o convenientes para la plena eficacia de los acuerdos.

Y para que conste y surta los efectos oportunos, libro la presente certificación, haciendo constar que el acta de la reunión donde se adoptaron los acuerdos que se certifican fue aprobada por unanimidad en la propia sesión. En ...., a ....

El Administrador Único

F243. AUMENTO DE CAPITAL POR COMPENSACIÓN DE CRÉDITOS SIN RECONOCER DERECHO DE ASUNCIÓN PREFERENTE A LOS SOCIOS. CERTIFICACIÓN DE JUNTA GENERAL EXTRAORDINARIA UNIVERSAL

Normativa de Aplicación: *Arts. 295 y ss. Real Decreto Legislativo 1/2010, de 2 de julio, por el que se aprueba el texto refundido de la Ley de Sociedades de Capital.*

..........., Administrador único de la sociedad .... S.L, con domicilio en ...., avenida ...., número .... Inscrita en el Registro Mercantil de .... al tomo ...., folio ...., hoja número ...., CIF ....

CERTIFICO: Que según resulta del libro de actas de la sociedad, en la Junta General, reunida con carácter Universal en ...., avenida ...., el día .... de .... de ...., encontrándose presentes la totalidad de los socios y figurando en el acta el nombre de los mismos, quienes firmaron al principio del acta, designando como presidente de la misma a Don .... y como secretario a Don .... y aceptaron celebrar dicha Junta General con el fin de deliberar y, en su caso, adoptar acuerdos sobre el siguiente orden del día:

1.– Aumento del capital social en la cantidad de .... EUROS (........... euros) mediante compensación de créditos contra la sociedad y la creación de .... nuevas participaciones sociales acumulables e indivisibles, con una valor nominal, cada una de ellas, de .... EUROS (...........), y numeradas del número .... al .... ambos inclusive.

2.– Modificación del artículo 5° de los Estatutos Sociales.

3.– Delegación de facultades para elevación a publico.

Abierta la sesión previa deliberación de los señores socios sin que ninguno hiciera uso del derecho que le asiste a que conste en acta su intervención, se adoptaron por UNANIMIDAD, los siguientes acuerdos.

PRIMERO.– Proceder al aumento del capital social en la cantidad de .... EUROS (........... euros), el cual se realizará mediante compensación de créditos contra la sociedad y la creación de .... nuevas participaciones sociales acumulables e indivisibles, con una valor nominal, cada una de ellas, de .... EUROS (...........), y numeradas del número .... al .... ambos inclusive.

En este acto, el socio Don .... mayor de edad, casado, de nacionalidad española, y vecino de ...., domiciliado en .... y con DNI/NIF, ..., asume la totalidad de las participaciones sociales de nueva creación, siendo el contravalor de tales participaciones sociales, la compensación del crédito vencido y totalmente líquido y exigible, por un importe de .... EUROS (........... euros), contraído por la sociedad con el citado socio DON .... consecuencia del préstamo de fecha .... de .... de .... por importe de .... euros.

Tras la compensación, el importe del crédito arriba reseñado se destina a la cuenta de capital.

Por el órgano de administración se procede a llevar a cabo las operaciones precisas para la ejecución del acuerdo, incluidas las anotaciones contables y en el libro registro de socios.

Se hace constar que el referido acreedor anteriormente reseñado, han prestado su consentimiento a la compensación de créditos y aumento de capital social anteriormente reseñados.

También se hace constar que a la vista de lo dispuesto en el art. 304.1 del Texto Refundido de la Ley de Sociedades de capital y la Doctrina sentada por la Dirección General de los Registros y del Notariado en Resoluciones tales como las de fecha 4 de febrero de 2012 (BOE núm. 52, de 1 de marzo) o 6 de febrero de 2012 (BOE núm. 52, de 1 de marzo) los socios carecen de derecho de asunción preferente de las nuevas participaciones sociales al ser la contraprestación de las mismas la compensación de créditos. En cualquier caso, todos los socios de .... S.L. prestaron con anterioridad a la presente Junta General Extraordinaria objeto de la presente acta, su conformidad con el aumento de capital aquí acordado.

SEGUNDO.– Como consecuencia del acuerdo que precede y su ejecución, se da nueva redacción al artículo 5° de los Estatutos Sociales, que queda redactado con el siguiente tenor literal:

«ARTÍCULO ....°.– El capital social se fija en la cantidad de .... EUROS (........... euros), desembolsado en su totalidad, y dividido en .... participaciones sociales, íntegramente suscritas, acumulables, e indivisibles, con un valor nominal, cada una de ellas, de .... EUROS (........... euros), y numeradas del número .... al .... ambos inclusive.»

TERCERO.– Facultar al Administrador Único para ejecutar y elevar a público los anteriores acuerdos adoptados por los socios hasta obtener su constancia registral, y todo ello, aunque incida en la figura jurídica de autocontratación o exista conflicto de intereses.

Y para que conste libro la presente certificación, haciendo constar que el acta de las reuniones donde se adoptaron los acuerdos que se certifican fue aprobada por unanimidad en la propia sesión en ...., a .... de .... de ....

F244. AUMENTO DE CAPITAL MEDIANTE COMPENSACIÓN DE CRÉDITO CON SUPRESIÓN DE DERECHOS DE SUSCRIPCIÓN PREFERENTE Y ASUNCIÓN SIMULTANEA. CERTIFICACIÓN DE ACUERDO DE JUNTA GENERAL EXTRAORDINARIA CONVOCADA

Normativa de Aplicación: *Arts. 295 y ss. Real Decreto Legislativo 1/2010, de 2 de julio, por el que se aprueba el texto refundido de la Ley de Sociedades de Capital.*

..........., Administrador Único de la compañía .... S.L., con domicilio en ...., Avenida ...., CIF .... Inscrita en el Registro Mercantil de la Provincia de .... al ....

CERTIFICO según resulta del libro de actas de la sociedad:

Que el día .... de .... de ...., a las .... horas, y en el domicilio social, se celebró en la Junta General Extraordinaria de Socios de la compañía .... S.L.

La convocatoria de la referida Junta General Extraordinaria de socios, fue acordada en fecha .... por el administrador único, Don ....

Que la convocatoria de la presente Junta General, se realizó por el órgano de administración de la sociedad, de conformidad con lo establecido en la Ley y el art .... de los Estatutos Sociales, mediante burofax con acuse de recibo y certificado de contenido, de fecha ...., dirigido ese mismo día a cada uno de los socios al domicilio designado al efecto igualmente por cada uno de ellos.

Que el tenor literal de la convocatoria se transcribe a continuación: «Por medio del presente se convoca a los señores socios a la celebración de Junta General Extraordinaria de la sociedad .... S.L., que se celebrará, el día .... de .... de ...., a las .... horas, en el domicilio social sito en ...., a efectos de deliberar y, en su caso, adoptar acuerdos con relación al siguiente orden del día:

1.– Aumento del capital social en la cantidad de .... euros mediante compensación de créditos contra la sociedad y la creación de .... nuevas participaciones sociales, indivisibles y acumulables, de .... euros cada una de ellas, numeradas del .... al ...., inclusive.

2.– Supresión total del derecho de suscripción preferente de las nuevas participaciones sociales por los actuales socios de la compañía.

3.– Modificación del art. .... de los Estatutos Sociales.

Se hace constar el derecho que asiste a los sres. socios, de examinar en el domicilio social el texto íntegro de la modificación propuesta, así como de pedir la entrega o el envío gratuito de dichos documentos. Y que con esta convocatoria, también en el domicilio social, se pone a disposición de los socios el informe del órgano de administración previsto en el art. 308 TRLSC.

Igualmente, al tiempo de esta convocatoria y con relación a los créditos a aportar y compensar como consecuencia de la ampliación de capital proyectada, se pone a disposición de los socios, en el domicilio social, el informe del órgano de administración a que se refiere el art. 301 TRLSC.

En ...., hoy día .... de .... de .... el Administrador único de .... S.L. Don ....»

Que se confeccionó la pertinente lista de asistentes y, en conjunto, asistieron, personalmente o representados, ... socios, titulares de .... participaciones sociales que suponen el .... por ciento del capital social suscrito y .... de los derechos de voto.

Que asistió el órgano de administración de la sociedad.

Que actuaron como presidente y secretario de la citada Junta General, Don .... y Don ...., respectivamente. Ello de conformidad con lo establecido en la Ley y los Estatutos Sociales y ser los citados señores los socios designados por los concurrentes al comienzo de la reunión.

Que abierta la sesión por el Sr. Presidente, sin que nadie se opusiera a la válida constitución y celebración de la citada Junta General, se entró en el debate y deliberación de los diversos puntos del orden del día sin que ninguno de los presentes hiciera uso de su derecho a que constase en el acta el contenido de su intervención. Tras lo anterior, se adoptaron por unanimidad de los asistentes (........... por ciento de los votos en que se divide el capital social), los siguientes ACUERDOS, que son aquí trascritos literalmente:

PRIMERO.– Proceder al aumento del capital social en la cantidad de .... euros, mediante compensación del crédito que más adelante se reseñará y la creación de .... participaciones sociales indivisibles y acumulables, de .... euros cada una de ellas, número .... al ...., inclusive, que atribuyen a los socios los mismos derechos.

SEGUNDO.– Suprimir totalmente el derecho suscripción preferente de las nuevas participaciones sociales que asiste a los sres. socios, en favor de Don ...., mayor de edad, de nacionalidad española, soltero, vecino de ...., con domicilio en la calle ...., número .... y DNI/NIF ...., quien asume la totalidad de las participaciones sociales de nueva creación, siendo el contravalor de tales participaciones sociales, la compensación del crédito vencido y totalmente líquido y exigible, por un importe de .... euros, contraído por la sociedad con Don .... en fecha .... de .... de ...., como consecuencia de ...., crédito documentado en la factura número ...., de fecha .... de .... de ....

Tras la compensación, el importe del crédito arriba reseñado se destinará a la cuenta de capital.

Por el órgano de administración se procede a llevar a cabo las operaciones precisas para la ejecución del acuerdo, incluidas las anotaciones contables y en el libro registro de socios.

A los efectos del acuerdo adoptado, y la supresión del derecho de preferente asunción, se hace constar que el valor nominal de las nuevas participaciones sociales se corresponde con el valor real atribuido a las mismas en el preceptivo informe emitido por los Administradores.

TERCERO.– Se faculta al órgano de administración para que, como consecuencia del acuerdo que precede y su ejecución, proceda a dar nueva redacción al artículo .... y .... de los Estatutos Sociales con el siguiente tenor literal:

ARTÍCULO .... CAPITAL SOCIAL. El capital social se fija en la cantidad de .... (...........) euros, íntegramente desembolsado.

ARTÍCULO .... PARTICIPACIONES SOCIALES. El capital social está dividido en .... participaciones sociales de .... euros cada una de ellas, numeradas correlativamente a partir de la unidad, indivisibles y acumulables, todas asumidas y desembolsadas por los socios y su titularidad lleva de pleno derecho la obligación de someterse a las prescripciones de los Estatutos y a los acuerdos válidamente adoptados. Las participaciones atribuyen a los socios los mismos derechos.

Y para que conste y surta los efectos oportunos, libro la presente certificación, haciendo constar que el acta de la reunión donde se adoptaron los acuerdos que se certifican fue aprobada por unanimidad en la propia sesión, firmada por el presidente y secretario. En ...., a .... de .... de ....

F245. AUMENTO DE CAPITAL MEDIANTE COMPENSACIÓN DE CRÉDITO CON SUPRESIÓN DE DERECHOS DE SUSCRIPCIÓN PREFERENTE Y ASUNCIÓN SIMULTANEA. CERTIFICACIÓN DE ACUERDO DE JUNTA GENERAL EXTRAORDINARIA UNIVERSAL

Normativa de Aplicación: *Arts. 295 y ss. Real Decreto Legislativo 1/2010, de 2 de julio, por el que se aprueba el texto refundido de la Ley de Sociedades de Capital.*

..........., Administrador único de la compañía .... S.L., con domicilio en ...., C/ .... y CIF .... Inscrita en el Registro Mercantil de la Provincia de ....

CERTIFICO, según resulta del libro de actas de la sociedad:

Que el día .... de .... de .... de .... y en ...., calle ...., se celebró Junta General Extraordinaria de Socios de la compañía .... S.L., reunida con carácter universal.

Que se encontraban presentes la totalidad de los socios, figurando su nombre en el acta.

Que la totalidad de los socios aceptaron constituirse y celebrar dicha Junta General, con el carácter de universal, para deliberar y, en su caso, adoptar acuerdos con relación al siguiente orden del día:

1.– Aumento del capital social en la cantidad de .... euros mediante compensación de créditos contra la sociedad y la creación de .... nuevas participaciones sociales, indivisibles y acumulables, de .... euros cada una de ellas, numeradas del .... al ...., inclusive.

2.– Supresión total del derecho de suscripción preferente de las nuevas participaciones sociales por los actuales socios de la compañía.

3.– Modificación del art. .... de los Estatutos Sociales.

Que en señal de conformidad con lo reseñado anteriormente, la totalidad de los socios de la compañía, seguido de su respectivo nombre, firmaron al inicio del acta cuyos acuerdos aquí se certifican.

Que de conformidad con lo previsto en la Ley y Los Estatutos Sociales fueron designados y actuaron como presidente de la misma Doña .... y como secretario Don ....

Que abierta la sesión sin que nadie se opusiera a ello, se adoptaron por unanimidad, (........... por ciento de los votos correspondientes a las participaciones sociales en que se divida el capital social), los siguientes ACUERDOS que se transcriben de forma literal a continuación:

PRIMERO.– Proceder al aumento del capital social en la cantidad de .... euros, mediante compensación del crédito que más adelante se reseñará y la creación de .... participaciones sociales indivisibles y acumulables, de .... euros cada una de ellas, número .... al ...., inclusive, que atribuyen a los socios los mismos derechos.

SEGUNDO.– Suprimir totalmente el derecho suscripción preferente de las nuevas participaciones sociales que asiste a los sres. socios, en favor de Don ...., mayor de edad, de nacionalidad española, soltero, vecino de ...., con domicilio en la calle ...., número .... y DNI/NIF ...., quien asume la totalidad de las participaciones sociales de nueva creación, siendo el contravalor de tales participaciones sociales, la compensación del crédito vencido y totalmente líquido y exigible, por un importe de .... euros, contraído por la sociedad con Don .... en fecha .... de .... de ...., como consecuencia de ...., crédito documentado en la factura número ...., de fecha .... de .... de ....

Tras la compensación, el importe del crédito arriba reseñado se destinará a la cuenta de capital.

Por el órgano de administración se procede a llevar a cabo las operaciones precisas para la ejecución del acuerdo, incluidas las anotaciones contables y en el libro registro de socios.

A los efectos del acuerdo adoptado, y la supresión del derechos de preferente asunción, se hace constar que el valor nominal de las nuevas participaciones sociales se corresponde con el valor real atribuido a las mismas en el preceptivo informe emitido por los Administradores.

TERCERO.– Se faculta al órgano de administración para que, como consecuencia del acuerdo que precede y su ejecución, proceda a dar nueva redacción al artículo .... y .... de los Estatutos Sociales con el siguiente tenor literal:

ARTÍCULO .... CAPITAL SOCIAL. El capital social se fija en la cantidad de .... (...........) euros, íntegramente desembolsado.

ARTÍCULO .... PARTICIPACIONES SOCIALES. El capital social está dividido en .... participaciones sociales de .... euros cada una de ellas, numeradas correlativamente a partir de la unidad, indivisibles y acumulables, todas asumidas y desembolsadas por los socios y su titularidad lleva de pleno derecho la obligación de someterse a las prescripciones de los Estatutos y a los acuerdos válidamente adoptados. Las participaciones atribuyen a los socios los mismos derechos.

Y para que conste libro la presente certificación, haciendo constar que el acta de la reunión donde se adoptaron los acuerdos que se certifican fue aprobada por unanimidad en la propia sesión, firmada por el presidente y secretario, en ...., a .... de .... de ....

F246. AUMENTO DE CAPITAL MEDIANTE APORTACIONES DINERARIAS, CREACIÓN DE NUEVAS PARTICIPACIONES SOCIALES Y ASUNCIÓN SIMULTANEA. CERTIFICACIÓN DE ACUERDO DE JUNTA GENERAL EXTRAORDINARIA CONVOCADA

Normativa de Aplicación: *Arts. 295 y ss. Real Decreto Legislativo 1/2010, de 2 de julio, por el que se aprueba el texto refundido de la Ley de Sociedades de Capital.*

..........., Administrador Único de la compañía .... S.L., con domicilio en ...., Avenida ...., CIF .... Inscrita en el Registro Mercantil de la Provincia de .... al ....

CERTIFICO según resulta del libro de actas de la sociedad:

Que el día .... de .... de ...., a las .... horas, y en el domicilio social, se celebró en la Junta General Extraordinaria de Socios de la compañía .... S.L.

La convocatoria de la referida Junta General Extraordinaria de socios, fue acordada en fecha .... por el administrador único, Don ....

Que la convocatoria de la presente Junta General, se realizó por el órgano de administración de la sociedad, de conformidad con lo establecido en la Ley y el art .... de los Estatutos Sociales, mediante burofax con acuse de recibo y certificado de contenido, de fecha ...., dirigido ese mismo día a cada uno de los socios al domicilio designado al efecto igualmente por cada uno de ellos.

Que el tenor literal de la convocatoria se transcribe a continuación: «Por medio del presente se convoca a los señores socios a la celebración de Junta General Extraordinaria de la sociedad .... S.L., que se celebrará, el día .... de .... de ...., a las .... horas, en el domicilio social sito en ...., a efectos de deliberar y, en su caso, adoptar acuerdos con relación al siguiente orden del día:

1.– Aumento del capital social en la cantidad de .... euros mediante aportaciones dinerarias y la creación de .... participaciones sociales, indivisibles y acumulables, de .... euros cada una de ellas, numeradas de la .... a la ...., ambos inclusive.

2.– Modificación del art. .... de los Estatutos Sociales.

Se hace constar el derecho que asiste a los sres. socios, de examinar en el domicilio social el texto íntegro de la modificación propuesta, así como de pedir la entrega o el envío gratuito de dichos documentos.

En ...., hoy día .... de .... de .... el Administrador único de .... S.L. Don ....»

Que se confeccionó la pertinente lista de asistentes y, en conjunto, asistieron, personalmente o representados, ... socios, titulares de .... participaciones sociales que suponen el .... por ciento del capital social suscrito y .... de los derechos de voto.

Que asistió el órgano de administración de la sociedad.

Que actuaron como presidente y secretario de la citada Junta General, Don .... y Don ...., respectivamente. Ello de conformidad con lo establecido en la Ley y los Estatutos Sociales y ser los citados señores los socios designados por los concurrentes al comienzo de la reunión.

Que abierta la sesión por el Sr. Presidente, sin que nadie se opusiera a la válida constitución y celebración de la citada Junta General, se entró en el debate y deliberación de los diversos puntos del orden del día sin que ninguno de los presentes hiciera uso de su derecho a que constase en el acta el contenido de su intervención. Tras lo anterior, se adoptaron por unanimidad de los asistentes (........... por ciento de los votos en que se divide el capital social), los siguientes ACUERDOS, que son aquí trascritos literalmente:

PRIMERO.– Proceder al aumento del capital social de la compañía en la cantidad de .... euros, mediante aportaciones dinerarias y la creación de .... nuevas participaciones sociales indivisibles y acumulables, de .... euros cada una de ellas, número .... a ...., que atribuyen a los socios los mismos derechos.

Las nuevas participaciones sociales son asumidas por los socios en proporción al valor nominal de las que poseen en la actualidad, con el siguiente respectivo alcance:

Don .... mayor de edad, de nacionalidad española, casado con Doña .... bajo el régimen de absoluta separación de bienes, según resulta de la escritura de capitulaciones matrimoniales otorgada con fecha .... de .... de ...., ante el Notario de ...., Don ...., inscritas en el Registro Civil de ...., al tomo ...., con fecha de .... vecino de ...., con domicilio en la calle ...., núm. ...., y DNI/NIF ...., asume .... participaciones sociales de nueva creación, número .... a ...., ambos inclusive, por un nominal en su conjunto de ...., íntegramente desembolsado. Justifica el ingreso de la cantidad de .... euros en la cuenta de la sociedad aperturada en el banco ...., núm. cuenta ...., mediante certificado bancario de deposito emitido por la citada entidad bancaria.

Doña ...., mayor de edad, de nacionalidad española, soltera, vecina de ...., con domicilio en la calle ...., núm. .... y DNI/NIF ...., asume .... participaciones sociales de nueva creación, número .... a ...., ambos inclusive, por un nominal en su conjunto de .... euros, que es íntegramente desembolsado por Doña .... Justifica el ingreso de la cantidad de .... euros en la cuenta de la sociedad abierta en el banco ...., núm. cuenta ...., mediante certificado bancario de deposito emitido por la citada entidad bancaria ....

Queda así el capital íntegramente asumido y desembolsado.

SEGUNDO.– Como consecuencia del acuerdo que precede, se da nueva redacción a los artículos .... y .... de los Estatutos Sociales, cuyo tenor literal pasa a ser el siguiente:

ARTÍCULO .... CAPITAL SOCIAL. El capital social se fija en la cantidad de .... (...........) euros, íntegramente desembolsado.

ARTÍCULO .... PARTICIPACIONES SOCIALES. El capital social está dividido en .... participaciones sociales de .... euros cada una de ellas, numeradas correlativamente a partir de la unidad, indivisibles y acumulables, todas asumidas y desembolsadas por los socios y su titularidad lleva de pleno derecho la obligación de someterse a las prescripciones de los Estatutos y a los acuerdos válidamente adoptados. Las participaciones atribuyen a los socios los mismos derechos.

Y para que conste y surta los efectos oportunos, libro la presente certificación, haciendo constar que el acta de la reunión donde se adoptaron los acuerdos que se certifican fue aprobada por unanimidad en la propia sesión, firmada por el presidente y secretario. En ...., a .... de .... de ....

F247. AUMENTO DE CAPITAL MEDIANTE APORTACIONES DINERARIAS, CREACIÓN DE NUEVAS PARTICIPACIONES SOCIALES Y ASUNCIÓN SIMULTANEA. CERTIFICACIÓN DE ACUERDO DE JUNTA GENERAL EXTRAORDINARIA UNIVERSAL

Normativa de Aplicación: *Arts. 295 y ss. Real Decreto Legislativo 1/2010, de 2 de julio, por el que se aprueba el texto refundido de la Ley de Sociedades de Capital.*

..........., Administrador único de la compañía .... S.L., con domicilio en ...., C/ .... y CIF .... Inscrita en el Registro Mercantil de la Provincia de ....

CERTIFICO, según resulta del libro de actas de la sociedad:

Que el día .... de .... de .... de .... y en ...., calle ...., se celebró Junta General Extraordinaria de Socios de la compañía .... S.L., reunida con carácter universal.

Que se encontraban presentes la totalidad de los socios, figurando su nombre en el acta.

Que la totalidad de los socios aceptaron constituirse y celebrar dicha Junta General, con el carácter de universal, para deliberar y, en su caso, adoptar acuerdos con relación al siguiente orden del día:

1.– Aumento del capital social en la cantidad de .... euros mediante aportaciones dinerarias y la creación de .... participaciones sociales, indivisibles y acumulables, de .... euros cada una de ellas, numeradas de la .... a la ...., ambos inclusive.

2.– Modificación del art. .... de los Estatutos Sociales.

Que en señal de conformidad con lo reseñado anteriormente, la totalidad de los socios de la compañía, seguido de su respectivo nombre, firmaron al inicio del acta cuyos acuerdos aquí se certifican.

Que de conformidad con lo previsto en la Ley y Los Estatutos Sociales fueron designados y actuaron como presidente de la misma Doña .... y como secretario Don ....

Que abierta la sesión sin que nadie se opusiera a ello, se adoptaron por unanimidad, (........... por ciento de los votos correspondientes a las participaciones sociales en que se divida el capital social), los siguientes ACUERDOS que se transcriben de forma literal a continuación:

PRIMERO.– Proceder al aumento del capital social de la compañía en la cantidad de .... euros, mediante aportaciones dinerarias y la creación de .... nuevas participaciones sociales indivisibles y acumulables, de .... euros cada una de ellas, número .... a ...., que atribuyen a los socios los mismos derechos.

Las nuevas participaciones sociales son asumidas por los socios en proporción al valor nominal de las que poseen en la actualidad, con el siguiente respectivo alcance:

Don .... mayor de edad, de nacionalidad española, casado con Doña .... bajo el régimen de absoluta separación de bienes, según resulta de la escritura de capitulaciones matrimoniales otorgada con fecha .... de .... de ...., ante el Notario de ...., Don ...., inscritas en el Registro Civil de ...., al tomo ...., con fecha de .... vecino de ...., con domicilio en la calle ...., núm. ...., y DNI/NIF ...., asume .... participaciones sociales de nueva creación, número .... a ...., ambos inclusive, por un nominal en su conjunto de ...., íntegramente desembolsado. Justifica el ingreso de la cantidad de .... euros en la cuenta de la sociedad aperturada en el banco ...., núm. cuenta ...., mediante certificado bancario de deposito emitido por la citada entidad bancaria.

Doña ...., mayor de edad, de nacionalidad española, soltera, vecina de ...., con domicilio en la calle ...., núm. .... y DNI/NIF ...., asume .... participaciones sociales de nueva creación, número .... a ...., ambos inclusive, por un nominal en su conjunto de .... euros, que es íntegramente desembolsado por Doña .... Justifica el ingreso de la cantidad de .... euros en la cuenta de la sociedad abierta en el banco ...., núm. cuenta ...., mediante certificado bancario de deposito emitido por la citada entidad bancaria ....

Queda así el capital íntegramente asumido y desembolsado.

SEGUNDO.– Como consecuencia del acuerdo que precede, se da nueva redacción a los artículos .... y .... de los Estatutos Sociales, cuyo tenor literal pasa a ser el siguiente:

ARTÍCULO .... CAPITAL SOCIAL. El capital social se fija en la cantidad de .... (...........) euros, íntegramente desembolsado.

ARTÍCULO .... PARTICIPACIONES SOCIALES. El capital social está dividido en .... participaciones sociales de .... euros cada una de ellas, numeradas correlativamente a partir de la unidad, indivisibles y acumulables, todas asumidas y desembolsadas por los socios y su titularidad lleva de pleno derecho la obligación de someterse a las prescripciones de los Estatutos y a los acuerdos válidamente adoptados. Las participaciones atribuyen a los socios los mismos derechos.

Y para que conste libro la presente certificación, haciendo constar que el acta de la reunión donde se adoptaron los acuerdos que se certifican fue aprobada por unanimidad en la propia sesión, firmada por el presidente y secretario, en ...., a .... de .... de ....

F248. AUMENTO DE CAPITAL MEDIANTE APORTACIONES DINERARIAS, CREACIÓN DE NUEVAS PARTICIPACIONES SOCIALES CON REGLAS SOBRE DERECHOS DE SUSCRIPCIÓN PREFERENTE Y PREVISIONES SOBRE AUMENTO DE CAPITAL INCOMPLETO. CERTIFICACIÓN DE ACUERDO DE JUNTA GENERAL EXTRAORDINARIA CONVOCADA

Normativa de Aplicación: *Arts. 295 y ss. Real Decreto Legislativo 1/2010, de 2 de julio, por el que se aprueba el texto refundido de la Ley de Sociedades de Capital.*

..........., Administrador Único de la compañía .... S.L., con domicilio en ...., Avenida ...., CIF .... Inscrita en el Registro Mercantil de la Provincia de .... al ....

CERTIFICO según resulta del libro de actas de la sociedad:

Que el día .... de .... de ...., a las .... horas, y en el domicilio social, se celebró en la Junta General Extraordinaria de Socios de la compañía .... S.L.

La convocatoria de la referida Junta General Extraordinaria de socios, fue acordada en fecha .... por el administrador único, Don ....

Que la convocatoria de la presente Junta General, se realizó por el órgano de administración de la sociedad, de conformidad con lo establecido en la Ley y el art .... de los Estatutos Sociales, mediante burofax con acuse de recibo y certificado de contenido, de fecha ...., dirigido ese mismo día a cada uno de los socios al domicilio designado al efecto igualmente por cada uno de ellos.

Que el tenor literal de la convocatoria se transcribe a continuación: «Por medio del presente se convoca a los señores socios a la celebración de Junta General Extraordinaria de la sociedad .... S.L., que se celebrará, el día .... de .... de ...., a las .... horas, en el domicilio social sito en ...., a efectos de deliberar y, en su caso, adoptar acuerdos con relación al siguiente orden del día:

1.– Aumento del capital social en la cantidad de .... euros mediante aportaciones dinerarias, con la creación de .... participaciones sociales, indivisibles y acumulables, de .... euros cada una de ellas, numeradas de la .... a la ...., ambos inclusive.

2.– Modificación del art. .... de los Estatutos Sociales.

Se hace constar el derecho que asiste a los sres. socios, de examinar en el domicilio social el texto íntegro de la modificación propuesta, así como de pedir la entrega o el envío gratuito de dichos documentos.

En ...., hoy día .... de .... de .... el Administrador único de .... S.L. Don ....»

Que se confeccionó la pertinente lista de asistentes y, en conjunto, asistieron, personalmente o representados, ... socios, titulares de .... participaciones sociales que suponen el .... por ciento del capital social suscrito y .... de los derechos de voto.

Que asistió el órgano de administración de la sociedad.

Que actuaron como presidente y secretario de la citada Junta General, Don .... y Don ...., respectivamente. Ello de conformidad con lo establecido en la Ley y los Estatutos Sociales y ser los citados señores los socios designados por los concurrentes al comienzo de la reunión.

Que abierta la sesión por el Sr. Presidente, sin que nadie se opusiera a la válida constitución y celebración de la citada Junta General, se entró en el debate y deliberación de los diversos puntos del orden del día sin que ninguno de los presentes hiciera uso de su derecho a que constase en el acta el contenido de su intervención. Tras lo anterior, se adoptaron por unanimidad de los asistentes (........... por ciento de los votos en que se divide el capital social), los siguientes ACUERDOS, que son aquí trascritos literalmente:

PRIMERO.– Proceder al aumento del capital social en la cantidad de .... euros, mediante la creación de .... nuevas participaciones sociales indivisibles y acumulables, de .... euros cada una de ellas, número .... a ...., inclusive, que atribuyen a los socios los mismos derechos.

Las nuevas participaciones sociales serán asumidas por los socios con base en las siguientes reglas:

1.– Cada socio tendrá derecho a asumir un numero de participaciones sociales proporcional al valor nominal de las que actualmente posea.

2.– El derecho de preferente asunción se ejercitará en el plazo de .... a contar desde la publicación del anuncio de la oferta de asunción de nuevas participaciones sociales en el Boletín Oficial del Registro Mercantil.

3.– Las participaciones no asumidas en el ejercicio del derecho de asunción preferente, serán ofrecidas por el órgano de administración de la compañía a los socios que lo hubieren ejercitado, para su asunción y desembolso durante un plazo de quince días desde la conclusión del señalado en el apartado 2 anterior para la asunción preferente. Si existieren varios socios interesados en asumir las participaciones ofrecidas, estas se adjudicarán en proporción a las que cada uno de ellos ya tuviere en la sociedad.

4.– Si el aumento de capital no se desembolsare íntegramente dentro del plazo fijado al afecto conforme a las reglas anteriores, el capital quedará aumentado en la cuantía desembolsada.

SEGUNDO.– Se autoriza al administrador único para que, como consecuencia del acuerdo anterior y su posterior ejecución, proceda a dar nueva redacción al artículo .... y .... de los Estatutos Sociales, adecuando la redacción del citado artículo al resultado final de la asunción y desembolso de las participaciones sociales del anteriormente referido aumento de capital.

Y para que conste y surta los efectos oportunos, libro la presente certificación, haciendo constar que el acta de la reunión donde se adoptaron los acuerdos que se certifican fue aprobada por unanimidad en la propia sesión, firmada por el presidente y secretario. En ...., a .... de .... de ....

F249. AUMENTO DE CAPITAL MEDIANTE APORTACIONES DINERARIAS, CREACIÓN DE NUEVAS PARTICIPACIONES SOCIALES CON REGLAS SOBRE DERECHOS DE SUSCRIPCIÓN PREFERENTE Y PREVISIONES SOBRE AUMENTO DE CAPITAL INCOMPLETO. CERTIFICACIÓN DE ACUERDO DE JUNTA GENERAL EXTRAORDINARIA UNIVERSAL

Normativa de Aplicación: *Arts. 295 y ss. Real Decreto Legislativo 1/2010, de 2 de julio, por el que se aprueba el texto refundido de la Ley de Sociedades de Capital.*

..........., Administrador único de la compañía .... S.L., con domicilio en ...., C/ .... y CIF .... Inscrita en el Registro Mercantil de la Provincia de ....

CERTIFICO, según resulta del libro de actas de la sociedad:

Que el día .... de .... de .... de .... y en ...., calle ...., se celebró Junta General Extraordinaria de Socios de la compañía .... S.L., reunida con carácter universal.

Que se encontraban presentes la totalidad de los socios, figurando su nombre en el acta.

Que la totalidad de los socios aceptaron constituirse y celebrar dicha Junta General, con el carácter de universal, para deliberar y, en su caso, adoptar acuerdos con relación al siguiente orden del día:

1.– Aumento del capital social en la cantidad de .... euros mediante aportaciones dinerarias, con la creación de .... participaciones sociales, indivisibles y acumulables, de .... euros cada una de ellas, numeradas de la .... a la ...., ambos inclusive.

2.– Modificación del art. .... de los Estatutos Sociales.

Que en señal de conformidad con lo reseñado anteriormente, la totalidad de los socios de la compañía, seguido de su respectivo nombre, firmaron al inicio del acta cuyos acuerdos aquí se certifican.

Que de conformidad con lo previsto en la Ley y Los Estatutos Sociales fueron designados y actuaron como presidente de la misma Doña .... y como secretario Don ....

Que abierta la sesión sin que nadie se opusiera a ello, se adoptaron por unanimidad, (........... por ciento de los votos correspondientes a las participaciones sociales en que se divida el capital social), los siguientes ACUERDOS que se transcriben de forma literal a continuación:

PRIMERO.– Proceder al aumento del capital social en la cantidad de .... euros, mediante la creación de .... nuevas participaciones sociales indivisibles y acumulables, de .... euros cada una de ellas, número .... a ...., inclusive, que atribuyen a los socios los mismos derechos.

Las nuevas participaciones sociales serán asumidas por los socios con base en las siguientes reglas:

1.– Cada socio tendrá derecho a asumir un numero de participaciones sociales proporcional al valor nominal de las que actualmente posea.

2.– El derecho de preferente asunción se ejercitará en el plazo de .... a contar desde la publicación del anuncio de la oferta de asunción de nuevas participaciones sociales en el Boletín Oficial del Registro Mercantil.

3.– Las participaciones no asumidas en el ejercicio del derecho de asunción preferente, serán ofrecidas por el órgano de administración de la compañía a los socios que lo hubieren ejercitado, para su asunción y desembolso durante un plazo de quince días desde la conclusión del señalado en el apartado 2 anterior para la asunción preferente. Si existieren varios socios interesados en asumir las participaciones ofrecidas, estas se adjudicarán en proporción a las que cada uno de ellos ya tuviere en la sociedad.

4.– Si el aumento de capital no se desembolsare íntegramente dentro del plazo fijado al afecto conforme a las reglas anteriores, el capital quedará aumentado en la cuantía desembolsada.

SEGUNDO.– Se autoriza al administrador único para que, como consecuencia del acuerdo anterior y su posterior ejecución, proceda a dar nueva redacción al artículo .... y .... de los Estatutos Sociales, adecuando la redacción del citado artículo al resultado final de la asunción y desembolso de las participaciones sociales del anteriormente referido aumento de capital.

Y para que conste libro la presente certificación, haciendo constar que el acta de la reunión donde se adoptaron los acuerdos que se certifican fue aprobada por unanimidad en la propia sesión, firmada por el presidente y secretario, en ...., a .... de .... de ....

F250. AUMENTO DE CAPITAL CON CARGO A RESERVAS DISPONIBLES MEDIANTE LA ELEVACIÓN DEL NOMINAL DE LAS PARTICIPACIONES SOCIALES. CERTIFICACIÓN DE ACUERDO DE JUNTA GENERAL EXTRAORDINARIA CONVOCADA

Normativa de Aplicación: *Arts. 295 y ss. Real Decreto Legislativo 1/2010, de 2 de julio, por el que se aprueba el texto refundido de la Ley de Sociedades de Capital.*

..........., Administrador Único de la compañía .... S.L., con domicilio en ...., Avenida ...., CIF .... Inscrita en el Registro Mercantil de la Provincia de .... al ....

CERTIFICO según resulta del libro de actas de la sociedad:

Que el día .... de .... de ...., a las .... horas, y en el domicilio social, se celebró en la Junta General Extraordinaria de Socios de la compañía .... S.L.

La convocatoria de la referida Junta General Extraordinaria de socios, fue acordada en fecha .... por el administrador único, Don ....

Que la convocatoria de la presente Junta General, se realizó por el órgano de administración de la sociedad, de conformidad con lo establecido en la Ley y el art .... de los Estatutos Sociales, mediante burofax con acuse de recibo y certificado de contenido, de fecha ...., dirigido ese mismo día a cada uno de los socios al domicilio designado al efecto igualmente por cada uno de ellos.

Que el tenor literal de la convocatoria se transcribe a continuación: «Por medio del presente se convoca a los señores socios a la celebración de Junta General Extraordinaria de la sociedad .... S.L., que se celebrará, el día .... de .... de ...., a las .... horas, en el domicilio social sito en ...., a efectos de deliberar y, en su caso, adoptar acuerdos con relación al siguiente orden del día:

1.– Aprobación de balance cerrado a fecha .... verificado por el auditor de cuentas, Don .... Aumento del capital social en la cantidad de .... euros con cargo a reservas y mediante la elevación en la suma de .... euros, del nominal de cada una de las .... participaciones sociales en que se halla dividido el capital de la sociedad.

2.– Modificación del art. .... de los Estatutos Sociales.

Se hace constar el derecho que asiste a los sres. socios, de examinar en el domicilio social el texto íntegro de la modificación propuesta, así como de pedir la entrega o el envío gratuito de dichos documentos.

En ...., hoy día .... de .... de .... el Administrador único de .... S.L. Don ....»

Que se confeccionó la pertinente lista de asistentes y, en conjunto, asistieron, personalmente o representados, ... socios, titulares de .... participaciones sociales que suponen el .... por ciento del capital social suscrito y .... de los derechos de voto.

Que asistió el órgano de administración de la sociedad.

Que actuaron como presidente y secretario de la citada Junta General, Don .... y Don ...., respectivamente. Ello de conformidad con lo establecido en la Ley y los Estatutos Sociales y ser los citados señores los socios designados por los concurrentes al comienzo de la reunión.

Que abierta la sesión por el Sr. Presidente, sin que nadie se opusiera a la válida constitución y celebración de la citada Junta General, se entró en el debate y deliberación de los diversos puntos del orden del día sin que ninguno de los presentes hiciera uso de su derecho a que constase en el acta el contenido de su intervención. Tras lo anterior, se adoptaron por unanimidad de los asistentes (........... por ciento de los votos en que se divide el capital social), los siguientes ACUERDOS, que son aquí trascritos literalmente:

PRIMERO.– Aprobar el balance de la sociedad cerrado a fecha ...., que arroja un resultado de ...., balance verificado por el auditor de cuentas Don .... y que servirá de base al aumento de capital a que se refiere el acuerdo siguiente.

SEGUNDO.– Proceder al aumento del capital social en la cantidad de .... euros, con cargo a reservas disponibles de la compañía, mediante la elevación del nominal de las .... participaciones sociales en que se halla dividido el capital social de la sociedad, en la actualidad de .... euros cada una de ellas, que en adelante y en virtud del presente acuerdo pasan a tener un valor nominal unitario de .... euros.

TERCERO.– Como consecuencia del acuerdo que precede, se da nueva redacción a los artículos .... y .... de los Estatutos Sociales, cuyo tenor literal pasa a ser el siguiente:

ARTÍCULO .... CAPITAL SOCIAL. El capital social se fija en la cantidad de .... (...........) euros, íntegramente desembolsado.

ARTÍCULO .... PARTICIPACIONES SOCIALES. El capital social está dividido en .... participaciones sociales de .... euros cada una de ellas, numeradas correlativamente a partir de la unidad, indivisibles y acumulables, todas asumidas y desembolsadas por los socios y su titularidad lleva de pleno derecho la obligación de someterse a las prescripciones de los Estatutos y a los acuerdos válidamente adoptados. Las participaciones atribuyen a los socios los mismos derechos.

Y para que conste y surta los efectos oportunos, libro la presente certificación, haciendo constar que el acta de la reunión donde se adoptaron los acuerdos que se certifican fue aprobada por unanimidad en la propia sesión, firmada por el presidente y secretario. En ...., a .... de .... de ....

F251. AUMENTO DE CAPITAL CON CARGO A RESERVAS DISPONIBLES MEDIANTE LA ELEVACIÓN DEL NOMINAL DE LAS PARTICIPACIONES SOCIALES. CERTIFICACIÓN DE ACUERDO DE JUNTA GENERAL EXTRAORDINARIA UNIVERSAL

Normativa de Aplicación: *Arts. 295 y ss. Real Decreto Legislativo 1/2010, de 2 de julio, por el que se aprueba el texto refundido de la Ley de Sociedades de Capital.*

..........., Administrador único de la compañía .... S.L., con domicilio en ...., C/ .... y CIF .... Inscrita en el Registro Mercantil de la Provincia de ....

CERTIFICO, según resulta del libro de actas de la sociedad:

Que el día .... de .... de .... de .... y en ...., calle ...., se celebró Junta General Extraordinaria de Socios de la compañía .... S.L., reunida con carácter universal.

Que se encontraban presentes la totalidad de los socios, figurando su nombre en el acta.

Que la totalidad de los socios aceptaron constituirse y celebrar dicha Junta General, con el carácter de universal, para deliberar y, en su caso, adoptar acuerdos con relación al siguiente orden del día:

1.– Aprobación de balance cerrado a fecha .... verificado por el auditor de cuentas, Don .... Aumento del capital social en la cantidad de .... euros con cargo a reservas y mediante la elevación en la suma de .... euros, del nominal de cada una de las .... participaciones sociales en que se halla dividido el capital de la sociedad.

2.– Modificación del art. .... de los Estatutos Sociales.

Que en señal de conformidad con lo reseñado anteriormente, la totalidad de los socios de la compañía, seguido de su respectivo nombre, firmaron al inicio del acta cuyos acuerdos aquí se certifican.

Que de conformidad con lo previsto en la Ley y Los Estatutos Sociales fueron designados y actuaron como presidente de la misma Doña .... y como secretario Don ....

Que abierta la sesión sin que nadie se opusiera a ello, se adoptaron por unanimidad, (........... por ciento de los votos correspondientes a las participaciones sociales en que se divida el capital social), los siguientes ACUERDOS que se transcriben de forma literal a continuación:

PRIMERO.– Aprobar el balance de la sociedad cerrado a fecha ...., que arroja un resultado de ...., balance verificado por el auditor de cuentas Don .... y que servirá de base al aumento de capital a que se refiere el acuerdo siguiente.

SEGUNDO.– Proceder al aumento del capital social en la cantidad de .... euros, con cargo a reservas disponibles de la compañía, mediante la elevación del nominal de las .... participaciones sociales en que se halla dividido el capital social de la sociedad, en la actualidad de .... euros cada una de ellas, que en adelante y en virtud del presente acuerdo pasan a tener un valor nominal unitario de .... euros.

TERCERO.– Como consecuencia del acuerdo que precede, se da nueva redacción a los artículos .... y .... de los Estatutos Sociales, cuyo tenor literal pasa a ser el siguiente:

ARTÍCULO .... CAPITAL SOCIAL. El capital social se fija en la cantidad de .... (...........) euros, íntegramente desembolsado.

ARTÍCULO .... PARTICIPACIONES SOCIALES. El capital social está dividido en .... participaciones sociales de .... euros cada una de ellas, numeradas correlativamente a partir de la unidad, indivisibles y acumulables, todas asumidas y desembolsadas por los socios y su titularidad lleva de pleno derecho la obligación de someterse a las prescripciones de los Estatutos y a los acuerdos válidamente adoptados. Las participaciones atribuyen a los socios los mismos derechos.

Y para que conste libro la presente certificación, haciendo constar que el acta de la reunión donde se adoptaron los acuerdos que se certifican fue aprobada por unanimidad en la propia sesión, firmada por el presidente y secretario, en ...., a .... de .... de ....

F252. AUMENTO DE CAPITAL MEDIANTE APORTACIONES DINERARIAS, CREACIÓN DE NUEVAS PARTICIPACIONES SOCIALES CON REGLAS SOBRE DERECHOS DE SUSCRIPCIÓN PREFERENTE Y QUEDANDO SIN EFECTO EL AUMENTO DE CAPITAL EN CASO DE SER INCOMPLETO. CERTIFICACIÓN DE ACUERDO DE JUNTA GENERAL EXTRAORDINARIA CONVOCADA

Normativa de Aplicación: *Arts. 295 y ss. Real Decreto Legislativo 1/2010, de 2 de julio, por el que se aprueba el texto refundido de la Ley de Sociedades de Capital.*

..........., Administrador Único de la compañía .... S.L., con domicilio en ...., Avenida ...., CIF .... Inscrita en el Registro Mercantil de la Provincia de .... al ....

CERTIFICO según resulta del libro de actas de la sociedad:

Que el día .... de .... de ...., a las .... horas, y en el domicilio social, se celebró en la Junta General Extraordinaria de Socios de la compañía .... S.L.

La convocatoria de la referida Junta General Extraordinaria de socios, fue acordada en fecha .... por el administrador único, Don ....

Que la convocatoria de la presente Junta General, se realizó por el órgano de administración de la sociedad, de conformidad con lo establecido en la Ley y el art .... de los Estatutos Sociales, mediante burofax con acuse de recibo y certificado de contenido, de fecha ...., dirigido ese mismo día a cada uno de los socios al domicilio designado al efecto igualmente por cada uno de ellos.

Que el tenor literal de la convocatoria se transcribe a continuación: «Por medio del presente se convoca a los señores socios a la celebración de Junta General Extraordinaria de la sociedad .... S.L., que se celebrará, el día .... de .... de ...., a las .... horas, en el domicilio social sito en ...., a efectos de deliberar y, en su caso, adoptar acuerdos con relación al siguiente orden del día:

1.– Aumento del capital social en la cantidad de .... euros mediante aportaciones dinerarias y la creación de .... participaciones sociales, indivisibles y acumulables, de .... euros cada una de ellas, numeradas de la .... a la ...., ambos inclusive.

2.– Modificación del art. .... de los Estatutos Sociales.

Se hace constar el derecho que asiste a los sres. socios, de examinar en el domicilio social el texto íntegro de la modificación propuesta, así como de pedir la entrega o el envío gratuito de dichos documentos.

En ...., hoy día .... de .... de .... el Administrador único de .... S.L. Don ....»

Que se confeccionó la pertinente lista de asistentes y, en conjunto, asistieron, personalmente o representados, ... socios, titulares de .... participaciones sociales que suponen el .... por ciento del capital social suscrito y .... de los derechos de voto.

Que asistió el órgano de administración de la sociedad.

Que actuaron como presidente y secretario de la citada Junta General, Don .... y Don ...., respectivamente. Ello de conformidad con lo establecido en la Ley y los Estatutos Sociales y ser los citados señores los socios designados por los concurrentes al comienzo de la reunión.

Que abierta la sesión por el Sr. Presidente, sin que nadie se opusiera a la válida constitución y celebración de la citada Junta General, se entró en el debate y deliberación de los diversos puntos del orden del día sin que ninguno de los presentes hiciera uso de su derecho a que constase en el acta el contenido de su intervención. Tras lo anterior, se adoptaron por unanimidad de los asistentes (........... por ciento de los votos en que se divide el capital social), los siguientes ACUERDOS, que son aquí trascritos literalmente:

PRIMERO.– Proceder al aumento del capital social en la cantidad de .... euros, mediante aportaciones dinerarias y la creación de .... nuevas participaciones sociales, indivisibles y acumulables, de .... euros cada una de ellas, número .... a ...., inclusive, que atribuyen a los socios los mismos derechos.

Las nuevas participaciones sociales serán asumidas por los socios con base en las siguientes reglas:

1.– Cada socio tendrá derecho a asumir un numero de participaciones sociales proporcional al valor nominal de las que actualmente posea.

2.– El derecho de preferente asunción se ejercitará por los socios, en el plazo de .... a contar desde el envío por el órgano de administración de comunicación escrita dirigida a cada uno de los socios en los términos del art. 305.3 TRLSC, con la oferta de asunción de las nuevas participaciones sociales.

3.– Las participaciones no asumidas en el ejercicio del derecho de asunción preferente, serán ofrecidas por el órgano de administración de la compañía a los socios que lo hubieren ejercitado, para su asunción y desembolso durante un plazo de quince días desde la conclusión del señalado en el apartado 2 anterior para la asunción preferente. Si existieren varios socios interesados en asumir las participaciones ofrecidas, estas se adjudicarán en proporción a las que cada uno de ellos ya tuviere en la sociedad.

4.– Si el aumento de capital no se desembolsare íntegramente dentro del plazo fijado al afecto conforme a las reglas anteriores, el mismo quedará sin efecto, y el órgano de administración deberá restituir las aportaciones realizadas, dentro del mes siguiente al vencimiento del plazo fijado para el desembolso, pudiendo hacerse la restitución mediante consignación del importe a nombre de los respectivos aportantes en una entidad de crédito del domicilio social, comunicando a estos por escrito la fecha de la consignación y la entidad depositaria.

SEGUNDO.– Se faculta al Administrador Único para que como consecuencia del acuerdo anterior y su posterior ejecución, proceda a dar nueva redacción a los artículos .... y .... de los Estatutos Sociales, adecuando la redacción del citado artículo al resultado final de la asunción y desembolso de las participaciones sociales del anteriormente referido aumento de capital.

Y para que conste y surta los efectos oportunos, libro la presente certificación, haciendo constar que el acta de la reunión donde se adoptaron los acuerdos que se certifican fue aprobada por unanimidad en la propia sesión, firmada por el presidente y secretario. En ...., a .... de .... de ....

F253. AUMENTO DE CAPITAL MEDIANTE APORTACIONES DINERARIAS, CREACIÓN DE NUEVAS PARTICIPACIONES SOCIALES CON REGLAS SOBRE DERECHOS DE SUSCRIPCIÓN PREFERENTE Y QUEDANDO SIN EFECTO EL AUMENTO DE CAPITAL EN CASO DE SER INCOMPLETO. CERTIFICACIÓN DE ACUERDO DE JUNTA GENERAL EXTRAORDINARIA UNIVERSAL

Normativa de Aplicación: *Arts. 295 y ss. Real Decreto Legislativo 1/2010, de 2 de julio, por el que se aprueba el texto refundido de la Ley de Sociedades de Capital.*

..........., Administrador único de la compañía .... S.L., con domicilio en ...., C/ .... y CIF .... Inscrita en el Registro Mercantil de la Provincia de ....

CERTIFICO, según resulta del libro de actas de la sociedad:

Que el día .... de .... de .... de .... y en ...., calle ...., se celebró Junta General Extraordinaria de Socios de la compañía .... S.L., reunida con carácter universal.

Que se encontraban presentes la totalidad de los socios, figurando su nombre en el acta.

Que la totalidad de los socios aceptaron constituirse y celebrar dicha Junta General, con el carácter de universal, para deliberar y, en su caso, adoptar acuerdos con relación al siguiente orden del día:

1.– Aumento del capital social en la cantidad de .... euros mediante aportaciones dinerarias y la creación de .... participaciones sociales, indivisibles y acumulables, de .... euros cada una de ellas, numeradas de la .... a la ...., ambos inclusive.

2.– Modificación del art. .... de los Estatutos Sociales.

Que en señal de conformidad con lo reseñado anteriormente, la totalidad de los socios de la compañía, seguido de su respectivo nombre, firmaron al inicio del acta cuyos acuerdos aquí se certifican.

Que de conformidad con lo previsto en la Ley y Los Estatutos Sociales fueron designados y actuaron como presidente de la misma Doña .... y como secretario Don ....

Que abierta la sesión sin que nadie se opusiera a ello, se adoptaron por unanimidad, (........... por ciento de los votos correspondientes a las participaciones sociales en que se divida el capital social), los siguientes ACUERDOS que se transcriben de forma literal a continuación:

PRIMERO.– Proceder al aumento del capital social en la cantidad de .... euros, mediante aportaciones dinerarias y la creación de .... nuevas participaciones sociales, indivisibles y acumulables, de .... euros cada una de ellas, número .... a ...., inclusive, que atribuyen a los socios los mismos derechos.

Las nuevas participaciones sociales serán asumidas por los socios con base en las siguientes reglas:

1.– Cada socio tendrá derecho a asumir un numero de participaciones sociales proporcional al valor nominal de las que actualmente posea.

2.– El derecho de preferente asunción se ejercitará por los socios, en el plazo de .... a contar desde el envío por el órgano de administración de comunicación escrita dirigida a cada uno de los socios en los términos del art. 305.3 TRLSC, con la oferta de asunción de las nuevas participaciones sociales.

3.– Las participaciones no asumidas en el ejercicio del derecho de asunción preferente, serán ofrecidas por el órgano de administración de la compañía a los socios que lo hubieren ejercitado, para su asunción y desembolso durante un plazo de quince días desde la conclusión del señalado en el apartado 2 anterior para la asunción preferente. Si existieren varios socios interesados en asumir las participaciones ofrecidas, estas se adjudicarán en proporción a las que cada uno de ellos ya tuviere en la sociedad.

4.– Si el aumento de capital no se desembolsare íntegramente dentro del plazo fijado al afecto conforme a las reglas anteriores, el mismo quedará sin efecto, y el órgano de administración deberá restituir las aportaciones realizadas, dentro del mes siguiente al vencimiento del plazo fijado para el desembolso, pudiendo hacerse la restitución mediante consignación del importe a nombre de los respectivos aportantes en una entidad de crédito del domicilio social, comunicando a estos por escrito la fecha de la consignación y la entidad depositaria.

SEGUNDO.– Se faculta al Administrador Único para que como consecuencia del acuerdo anterior y su posterior ejecución, proceda a dar nueva redacción a los artículos .... y .... de los Estatutos Sociales, adecuando la redacción del citado artículo al resultado final de la asunción y desembolso de las participaciones sociales del anteriormente referido aumento de capital.

Y para que conste libro la presente certificación, haciendo constar que el acta de la reunión donde se adoptaron los acuerdos que se certifican fue aprobada por unanimidad en la propia sesión, firmada por el presidente y secretario, en ...., a .... de .... de ....

F254. AUMENTO DE CAPITAL MEDIANTE APORTACIONES DINERARIAS Y ELEVACIÓN DEL NOMINAL DE LAS PARTICIPACIONES SOCIALES. CERTIFICACIÓN DE ACUERDO DE JUNTA GENERAL EXTRAORDINARIA CONVOCADA

Normativa de Aplicación: *Arts. 295 y ss. Real Decreto Legislativo 1/2010, de 2 de julio, por el que se aprueba el texto refundido de la Ley de Sociedades de Capital.*

..........., Administrador Único de la compañía .... S.L., con domicilio en ...., Avenida ...., CIF .... Inscrita en el Registro Mercantil de la Provincia de .... al ....

CERTIFICO según resulta del libro de actas de la sociedad:

Que el día .... de .... de ...., a las .... horas, y en el domicilio social, se celebró en la Junta General Extraordinaria de Socios de la compañía .... S.L.

La convocatoria de la referida Junta General ordinaria/extraordinaria de socios, fue acordada en fecha .... por el administrador único, Don ....

Que la convocatoria de la presente Junta General, se realizó por el órgano de administración de la sociedad, de conformidad con lo establecido en la Ley y el art .... de los Estatutos Sociales, mediante burofax con acuse de recibo y certificado de contenido, de fecha ...., dirigido ese mismo día a cada uno de los socios al domicilio designado al efecto igualmente por cada uno de ellos.

Que el tenor literal de la convocatoria se transcribe a continuación: «Por medio del presente se convoca a los señores socios a la celebración de Junta General Extraordinaria de la sociedad .... S.L., que se celebrará, el día .... de .... de ...., a las .... horas, en el domicilio social sito en ...., a efectos de deliberar y, en su caso, adoptar acuerdos con relación al siguiente orden del día:

1.– Aumento del capital social en la cantidad de .... euros mediante aportaciones dinerarias y la elevación en la suma de .... euros, del nominal de cada una de las .... participaciones sociales en que se halla dividido el capital de la sociedad.

2.– Modificación del art. .... de los Estatutos Sociales.

Se hace constar el derecho que asiste a los sres. socios, de examinar en el domicilio social el texto íntegro de la modificación propuesta, así como de pedir la entrega o el envío gratuito de dichos documentos.

En ...., hoy día .... de .... de .... el Administrador único de .... S.L. Don ....»

Que se confeccionó la pertinente lista de asistentes y, en conjunto, asistieron, personalmente o representados, ... socios, titulares de .... participaciones sociales que suponen el .... por ciento del capital social suscrito y .... de los derechos de voto.

Que asistió el órgano de administración de la sociedad.

Que actuaron como presidente y secretario de la citada Junta General, Don .... y Don ...., respectivamente. Ello de conformidad con lo establecido en la Ley y los Estatutos Sociales y ser los citados señores los socios designados por los concurrentes al comienzo de la reunión.

Que abierta la sesión por el Sr. Presidente, sin que nadie se opusiera a la válida constitución y celebración de la citada Junta General, se entró en el debate y deliberación de los diversos puntos del orden del día sin que ninguno de los presentes hiciera uso de su derecho a que constase en el acta el contenido de su intervención. Tras lo anterior, se adoptaron por unanimidad de los asistentes (........... por ciento de los votos en que se divide el capital social), los siguientes ACUERDOS, que son aquí trascritos literalmente:

PRIMERO.– Proceder al aumento del capital social en la cantidad de .... euros, mediante aportaciones dinerarias y la elevación en la suma de euros .... del nominal de las .... participaciones sociales en que se halla dividido el capital de la sociedad, en la actualidad de .... euros cada una de ellas, y que en adelante y en virtud del presente acuerdo pasarán a tener un valor nominal unitario de .... euros.

El aumento de capital social es asumido por los socios en proporción al valor nominal de las que poseen y desembolsan íntegramente el nominal de las citadas participaciones sociales elevado en virtud del acuerdo arriba transcrito, con el siguiente respectivo alcance:

Don .... mayor de edad, de nacionalidad española, casado con Doña .... bajo el régimen de absoluta separación de bienes, según resulta de la escritura de capitulaciones matrimoniales otorgada con fecha .... de .... de ...., ante el Notario de ...., Don ...., inscritas en el Registro Civil de ...., al tomo ...., con fecha de .... vecino de ...., con domicilio en la calle ...., núm. ...., y DNI/NIF ...., desembolsa la suma de .... euros, correspondiente a las participaciones sociales número .... a ...., ambos inclusive. Justifica el ingreso de la cantidad de .... euros en la cuenta de la sociedad abierta en el banco ...., núm. cuenta ...., mediante certificado bancario de deposito emitido por la citada entidad bancaria.

Doña ...., mayor de edad, de nacionalidad española, soltera, vecina de ...., con domicilio en la calle ...., núm. .... y DNI/NIF ...., desembolsa la suma de .... euros, correspondiente a las participaciones sociales número .... a ...., ambos inclusive. Justifica el ingreso de la cantidad de .... euros en la cuenta de la sociedad abierta en el banco ...., núm. cuenta ...., mediante certificado bancario de deposito emitido por la citada entidad bancaria.

....

SEGUNDO.– Como consecuencia del acuerdo que precede, se da nueva redacción a los artículos .... y .... de los Estatutos Sociales, cuyo tenor literal pasa a ser el siguiente:

ARTÍCULO .... CAPITAL SOCIAL. El capital social se fija en la cantidad de .... (...........) euros, íntegramente desembolsado.

ARTÍCULO .... PARTICIPACIONES SOCIALES. El capital social está dividido en .... participaciones sociales de .... euros cada una de ellas, numeradas correlativamente a partir de la unidad, indivisibles y acumulables, todas asumidas y desembolsadas por los socios y su titularidad lleva de pleno derecho la obligación de someterse a las prescripciones de los Estatutos y a los acuerdos válidamente adoptados. Las participaciones atribuyen a los socios los mismos derechos.

Y para que conste y surta los efectos oportunos, libro la presente certificación, haciendo constar que el acta de la reunión donde se adoptaron los acuerdos que se certifican fue aprobada por unanimidad en la propia sesión, firmada por el presidente y secretario. En ...., a .... de .... de ....

F255. AUMENTO DE CAPITAL MEDIANTE APORTACIONES DINERARIAS Y ELEVACIÓN DEL NOMINAL DE LAS PARTICIPACIONES SOCIALES. CERTIFICACIÓN DE ACUERDO DE JUNTA GENERAL EXTRAORDINARIA UNIVERSAL

Normativa de Aplicación: *Arts. 295 y ss. Real Decreto Legislativo 1/2010, de 2 de julio, por el que se aprueba el texto refundido de la Ley de Sociedades de Capital.*

..........., Administrador único de la compañía .... S.L., con domicilio en ...., C/ .... y CIF .... Inscrita en el Registro Mercantil de la Provincia de ....

CERTIFICO, según resulta del libro de actas de la sociedad:

Que el día .... de .... de .... de .... y en ...., calle ...., se celebró Junta General Extraordinaria de Socios de la compañía .... S.L., reunida con carácter universal.

Que se encontraban presentes la totalidad de los socios, figurando su nombre en el acta.

Que la totalidad de los socios aceptaron constituirse y celebrar dicha Junta General, con el carácter de universal, para deliberar y, en su caso, adoptar acuerdos con relación al siguiente orden del día:

1.– Aumento del capital social en la cantidad de .... euros mediante aportaciones dinerarias y la elevación en la suma de .... euros, del nominal de cada una de las .... participaciones sociales en que se halla dividido el capital de la sociedad.

2.– Modificación del art. .... de los Estatutos Sociales.

Que en señal de conformidad con lo reseñado anteriormente, la totalidad de los socios de la compañía, seguido de su respectivo nombre, firmaron al inicio del acta cuyos acuerdos aquí se certifican.

Que de conformidad con lo previsto en la Ley y Los Estatutos Sociales fueron designados y actuaron como presidente de la misma Doña .... y como secretario Don ....

Que abierta la sesión sin que nadie se opusiera a ello, se adoptaron por unanimidad, (........... por ciento de los votos correspondientes a las participaciones sociales en que se divida el capital social), los siguientes ACUERDOS que se transcriben de forma literal a continuación:

PRIMERO.– Proceder al aumento del capital social en la cantidad de .... euros, mediante aportaciones dinerarias y la elevación en la suma de euros .... del nominal de las .... participaciones sociales en que se halla dividido el capital de la sociedad, en la actualidad de .... euros cada una de ellas, y que en adelante y en virtud del presente acuerdo pasarán a tener un valor nominal unitario de .... euros.

El aumento de capital social es asumido por los socios en proporción al valor nominal de las que poseen y desembolsan íntegramente el nominal de las citadas participaciones sociales elevado en virtud del acuerdo arriba transcrito, con el siguiente respectivo alcance:

Don .... mayor de edad, de nacionalidad española, casado con Doña .... bajo el régimen de absoluta separación de bienes, según resulta de la escritura de capitulaciones matrimoniales otorgada con fecha .... de .... de ...., ante el Notario de ...., Don ...., inscritas en el Registro Civil de ...., al tomo ...., con fecha de .... vecino de ...., con domicilio en la calle ...., núm. ...., y DNI/NIF ...., desembolsa la suma de .... euros, correspondiente a las participaciones sociales número .... a ...., ambos inclusive. Justifica el ingreso de la cantidad de .... euros en la cuenta de la sociedad abierta en el banco ...., núm. cuenta ...., mediante certificado bancario de deposito emitido por la citada entidad bancaria.

Doña ...., mayor de edad, de nacionalidad española, soltera, vecina de ...., con domicilio en la calle ...., núm. .... y DNI/NIF ...., desembolsa la suma de .... euros, correspondiente a las participaciones sociales número .... a ...., ambos inclusive. Justifica el ingreso de la cantidad de .... euros en la cuenta de la sociedad abierta en el banco ...., núm. cuenta ...., mediante certificado bancario de deposito emitido por la citada entidad bancaria.

....

SEGUNDO.– Como consecuencia del acuerdo que precede, se da nueva redacción a los artículos .... y .... de los Estatutos Sociales, cuyo tenor literal pasa a ser el siguiente:

ARTÍCULO .... CAPITAL SOCIAL. El capital social se fija en la cantidad de .... (...........) euros, íntegramente desembolsado.

ARTÍCULO .... PARTICIPACIONES SOCIALES. El capital social está dividido en .... participaciones sociales de .... euros cada una de ellas, numeradas correlativamente a partir de la unidad, indivisibles y acumulables, todas asumidas y desembolsadas por los socios y su titularidad lleva de pleno derecho la obligación de someterse a las prescripciones de los Estatutos y a los acuerdos válidamente adoptados. Las participaciones atribuyen a los socios los mismos derechos.

Y para que conste libro la presente certificación, haciendo constar que el acta de la reunión donde se adoptaron los acuerdos que se certifican fue aprobada por unanimidad en la propia sesión, firmada por el presidente y secretario, en ...., a .... de .... de ....

F256. AUMENTO DE CAPITAL POR COMPENSACIÓN DE CRÉDITOS Y CREACIÓN DE NUEVAS PARTICIPACIONES. CERTIFICACIÓN DE ACUERDO DE JUNTA GENERAL EXTRAORDINARIA UNIVERSAL

Normativa de Aplicación: *Arts. 295 y ss. Real Decreto Legislativo 1/2010, de 2 de julio, por el que se aprueba el texto refundido de la Ley de Sociedades de Capital.*

DON ...., Administrador único de la compañía .... S.L., con domicilio en ...., C/ .... y CIF .... Inscrita en el Registro Mercantil de la Provincia de ....

CERTIFICO, según resulta del libro de actas de la sociedad:

Que el día .... de .... de .... de .... y en ...., calle ...., se celebró Junta General Extraordinaria de Socios de la compañía .... S.L., reunida con carácter universal.

Que se encontraban presentes la totalidad de los socios, figurando su nombre en el acta.

Que la totalidad de los socios aceptaron constituirse y celebrar dicha Junta General, con el carácter de universal, para deliberar y, en su caso, adoptar acuerdos con relación al siguiente orden del día: 1.– Aumento del capital social en la cantidad de .... mediante compensación de créditos contra la sociedad y la creación de .... nuevas participaciones sociales acumulables e indivisibles, con una valor nominal, cada una de ellas, de .... EUROS, y numeradas del número .... ambos inclusive.

2.– Modificación del artículo .... de los Estatutos Sociales.

3.– Delegación de facultades para elevación a publico.

Que en señal de conformidad con lo reseñado anteriormente, la totalidad de los socios de la compañía, seguido de su respectivo nombre, firmaron al inicio del acta cuyos acuerdos aquí se certifican.

Que de conformidad con lo previsto en la Ley y Los Estatutos Sociales fueron designados y actuaron como presidente de la misma Doña .... y como secretario Don ....

Que abierta la sesión sin que nadie se opusiera a ello, se adoptaron por unanimidad, (........... por ciento de los votos correspondientes a las participaciones sociales en que se divida el capital social), los siguientes ACUERDOS que se transcriben de forma literal a continuación:

PRIMERO.– Proceder al aumento del capital social en la cantidad de .... EUROS, el cual se realizará mediante compensación de créditos contra la sociedad y la creación de .... nuevas participaciones sociales acumulables e indivisibles, con una valor nominal, cada una de ellas, de ...., y numeradas del número .... ambos inclusive.

En este acto, el socio ...., con domicilio en .... inscrita en el Registro Mercantil de .... al tomo ...., CIF ...., representada por su administrador único Don ...., asume la totalidad de las participaciones sociales de nueva creación, siendo el contravalor de tales participaciones sociales, la compensación del crédito vencido y totalmente líquido y exigible, por un importe de ...., contraído por la sociedad con la mercantil .... consecuencia del préstamo de fecha .... por importe de .... euros.

Tras la compensación, el importe del crédito arriba reseñado se destina a la cuenta de capital.

Por el órgano de administración se procede a llevar a cabo las operaciones precisas para la ejecución del acuerdo, incluidas las anotaciones contables y en el libro registro de socios.

SEGUNDO.– Como consecuencia del acuerdo que precede y su ejecución, se da nueva redacción al artículo .... de los Estatutos Sociales, que queda redactado con el siguiente tenor literal:

«ARTÍCULO .... – El capital social se fija en la cantidad de ...., desembolsado en su totalidad, y dividido en .... participaciones sociales, íntegramente suscritas, acumulables e indivisibles, con una valor nominal, cada una de ellas, de ...., y numeradas del número ...., ambos inclusive».

TERCERO.– Facultar al Administrador Único para ejecutar y elevar a público los anteriores acuerdos adoptados por los socios hasta obtener su constancia registral, y todo ello, aunque incida en la figura jurídica de autocontratación o exista conflicto de intereses.

Y para que conste libro la presente certificación, haciendo constar que el acta de la reunión donde se adoptaron los acuerdos que se certifican fue aprobada por unanimidad en la propia sesión, firmada por el presidente y secretario, en ...., a .... de .... de ....

F257. AUMENTO DE CAPITAL MEDIANTE APORTACIONES DINERARIAS Y CREACIÓN DE NUEVAS PARTICIPACIONES CON SUPRESIÓN DEL DERECHO DE ASUNCIÓN PREFERENTE. CERTIFICACIÓN DE ACUERDOS DE JUNTA GENERAL UNIVERSAL

Normativa de Aplicación: *Arts. 295 y ss. Real Decreto Legislativo 1/2010, de 2 de julio, por el que se aprueba el texto refundido de la Ley de Sociedades de Capital.*

DON ...., Administrador único de la compañía .... S.L., con domicilio en ...., C/ .... y CIF .... Inscrita en el Registro Mercantil de la Provincia de ....

CERTIFICO, según resulta del libro de actas de la sociedad:

Que el día .... de .... de .... de .... y en ...., calle ...., se celebró Junta General Extraordinaria de Socios de la compañía .... S.L., reunida con carácter universal.

Que se encontraban presentes la totalidad de los socios, figurando su nombre en el acta.

Que la totalidad de los socios aceptaron constituirse y celebrar dicha Junta General, con el carácter de universal, para deliberar y, en su caso, adoptar acuerdos con relación al siguiente orden del día:

1.– Aumento del capital social en la cantidad de .... mediante aportaciones dinerarias y la creación de .... participaciones sociales, acumulables e indivisibles, de .... de valor nominal cada una de ellas, numeradas correlativamente del número ...., ambos inclusive.

2.– Supresión del derecho de asunción preferente.

3.– Modificación del artículo .... de los Estatutos Sociales.

4.– Delegación de facultades para elevación a público.

Que en señal de conformidad con lo reseñado anteriormente, la totalidad de los socios de la compañía, seguido de su respectivo nombre, firmaron al inicio del acta cuyos acuerdos aquí se certifican.

Que de conformidad con lo previsto en la Ley y Los Estatutos Sociales fueron designados y actuaron como presidente de la misma Doña .... y como secretario Don ....

Que abierta la sesión sin que nadie se opusiera a ello, se adoptaron por unanimidad, (........... por ciento de los votos correspondientes a las participaciones sociales en que se divida el capital social), los siguientes ACUERDOS que se transcriben de forma literal a continuación:

PRIMERO.– Proceder al aumento del capital social en la cantidad de .... mediante aportaciones dinerarias y la creación de .... participaciones sociales, acumulables e indivisibles, ... de valor nominal cada una de ellas, numeradas correlativamente del número ...., ambos inclusive.

SEGUNDO.– Suprimir el *derecho* de *preferente asunción* de las nuevas participaciones sociales que asiste al socio único, en favor de las siguientes personas: ...., quienes asumen la totalidad de las citadas participaciones sociales de nueva creación, desembolsando su importe mediante aportaciones dinerarias, con el siguiente respectivo alcance:

I.– ...., con domicilio en .... y CIF ...., asume .... participaciones sociales de nueva creación, en concreto las numeradas del número ...., ambos inclusive, por un valor nominal conjunto de ...., y desembolsa la citada suma correspondiente a las participaciones sociales número ...., ambos inclusive, mediante aportaciones dinerarias, justificando el ingreso de la referida cantidad de .... en la cuenta de la sociedad abierta en el banco ...., núm. cuenta ...., mediante certificado bancario de deposito emitido por la citada entidad bancaria.

II.– ...., con domicilio en .... y CIF ...., asume .... participaciones sociales de nueva creación, en concreto las numeradas del número ...., ambos inclusive, por un valor nominal conjunto de ...., y desembolsa la citada suma correspondiente a las participaciones sociales número ...., ambos inclusive, mediante aportaciones dinerarias, justificando el ingreso de la referida cantidad de .... en la cuenta de la sociedad abierta en el banco ...., núm. cuenta ...., mediante certificado bancario de deposito emitido por la citada entidad bancaria.

III.– ...., con domicilio en .... y CIF ...., asume .... participaciones sociales de nueva creación, en concreto las numeradas del número ...., ambos inclusive, por un valor nominal conjunto de ...., y desembolsa la citada suma correspondiente a las participaciones sociales número ...., ambos inclusive, mediante aportaciones dinerarias, justificando el ingreso de la referida cantidad de .... en la cuenta de la sociedad abierta en el banco ...., núm. cuenta ...., mediante certificado bancario de deposito emitido por la citada entidad bancaria.

Queda el aumento de capital aquí acordado íntegramente asumido y desembolsado.

La titularidad de las nuevas participaciones sociales consta en el Libro Registro de Socios.

TERCERO.– Como consecuencia del acuerdo que precede y su ejecución, se da nueva redacción al artículo .... de los Estatutos Sociales, que queda redactado con el siguiente tenor literal:

«ARTÍCULO .... – El capital social se fija en la cantidad de ...., desembolsado en su totalidad, y dividido en .... participaciones sociales, íntegramente suscritas, acumulables e indivisibles, con una valor nominal, cada una de ellas, de .... y numeradas del número ...., ambos inclusive».

CUARTO.– Facultar al Administrador Único para ejecutar y elevar a público las anteriores decisiones adoptadas por el socio único hasta obtener su constancia registral, y todo ello, aunque incida en la figura jurídica de autocontratación o exista conflicto de intereses.

Y para que conste libro la presente certificación, haciendo constar que el acta de la reunión donde se adoptaron los acuerdos que se certifican fue aprobada por unanimidad en la propia sesión, firmada por el presidente y secretario, en ...., a .... de .... de ....

F258. AUMENTO DE CAPITAL MEDIANTE APORTACIONES NO DINERARIAS Y CREACIÓN DE NUEVAS PARTICIPACIONES. CERTIFICACIÓN DE JUNTA UNIVERSAL

Normativa de Aplicación: *Arts. 295 y ss. Real Decreto Legislativo 1/2010, de 2 de julio, por el que se aprueba el texto refundido de la Ley de Sociedades de Capital.*

Don ...., Administrador Único de la Mercantil «..........., S.L.»,

CERTIFICO:

Que en el Libro de Actas correspondiente a la Sociedad figura la de la Junta General Extraordinaria y Universal celebrada el día .... de .... del año ...., de la cual, literalmente en cuanto a los acuerdos adoptados y en extracto respecto al resto, con arreglo al artículo 112 del Reglamento del Registro Mercantil, hago constar los particulares siguientes:

– La Junta se celebró en el domicilio social, el día .... de .... de ....

– Se formó el oportuno orden del día que fue aceptado por todos los asistentes y cuyos puntos se corresponden con los acuerdos que se transcriben después.

– La reunión tuvo lugar con la concurrencia y firma en el acta, en la lista de asistentes, de todos los socios, titulares del total capital social, quienes aceptaron por unanimidad su celebración.

– Fueron designados, con arreglo a los Estatutos y a la voluntad de la Junta, Presidente y Secretario, don .... y don ...., respectivamente.

– Sin existir debate sobre los puntos aceptados como orden del día y sin que se solicitara constancia expresa de ninguna intervención, se adoptaron, también por unanimidad, los ACUERDOS siguientes que se transcriben literalmente:

«PRIMERO.– AUMENTO DE CAPITAL SOCIAL:

Aumentar el capital social en la suma de ...., mediante la emisión de .... nuevas participaciones sociales, con un valor nominal cada una de ellas de .... euros, numeradas correlativamente del número .... al ...., ambos inclusive.

SEGUNDO: SUSCRIPCIÓN Y DESEMBOLSO:

Se adjudican la totalidad de las nuevas participaciones sociales, renunciando el resto de los socios a su derecho de asunción preferente, obligándose a realizar su desembolso mediante aportaciones no dinerarias, a:

Don ...., mayor de edad, de estado civil ...., con domicilio en ...., calle ...., número. ....; con Documento Nacional de Identidad y Número de Identificación Fiscal número ....

Y por acuerdo unánime de la Junta deberán ser desembolsadas mediante las aportaciones de las fincas siguientes, ninguna de las cuales constituye su residencia habitual:

1) RUSTICA.– ....

INSCRIPCIÓN: ....

REFERENCIA CATASTRAL: ....

VALOR: se valora en la suma de ....

Se asignan a esta finca las nuevas participaciones números .... a ...., ambos inclusive.

2) URBANA.– ....

INSCRIPCIÓN: ....

REFERENCIA CATASTRAL: ....

VALOR: ....

Se asignan a esta finca las nuevas participaciones números .... a ...., ambos inclusive.

El capital social, que era de .... euros, pasará a ser de .... euros.

TERCERO: MODIFICACIÓN ESTATUTARIA:

Modificar la redacción del artículo .... de los Estatutos Sociales, que en adelante tendrá el siguiente nuevo texto:

«Artículo .... – CAPITAL SOCIAL: El capital social se fija en la cantidad de .... de euros, representado por .... participaciones sociales, de .... euros de valor nominal cada una de ellas, numeradas correlativamente del 1 al ...., ambos inclusive, acumulables e indivisibles y totalmente suscrito y desembolsado».

CUARTO: EJECUCIÓN DE LOS ACUERDOS:

Se faculta al Administrador Único para ejecutar y elevar a público los anteriores acuerdos».

– El acta de la Junta fue redactada al finalizar la reunión, leída por el Secretario, aprobada por los asistentes y firmada por el Secretario y el Presidente.

Y para que así conste libro la presente en ...., a .... de .... de ....

EL ADMINISTRADOR ÚNICO

3.3. INFORMES DEL ÓRGANO DE ADMINISTRACIÓN

F259. AUMENTO DE CAPITAL MEDIANTE APORTACIÓN NO DINERARIA. INFORME DEL ÓRGANO DE ADMINISTRACIÓN

Normativa de Aplicación: *Arts. 295 y ss. Real Decreto Legislativo 1/2010, de 2 de julio, por el que se aprueba el texto refundido de la Ley de Sociedades de Capital.*

De conformidad con lo prevenido en el art. 300.1 TRLSC y con relación al proyecto de aumento del capital social de la compañía en la cantidad de .... euros mediante aportaciones no dinerarias, por el órgano de administración de .... S.L. se emite el siguiente informe, distinguiendo:

A.– APORTACIONES PROYECTADAS.

Como contravalor del aumento de capital antes expresado, se proyecta la aportación del inmueble que a continuación se reseña, a título de propiedad:

DESCRIPCIÓN: ....

TÍTULO: Contrato de compraventa formalizado mediante escritura pública autorizada por el Notario de ...., Don ...., con fecha .... de .... de .... (número .... de protocolo).

INSCRIPCIÓN: En el Registro de la Propiedad de ...., al tomo ...., libro ...., de ...., folio ...., hoja ...., inscripción ....

CARGAS: Libre de ellas, así como de servidumbres y derechos arrendaticios a favor de terceros o precaristas.

REFERENCIA CATASTRAL: número ....

B.– VALORACIÓN.

El inmueble descrito en el apartado anterior, está valorado en la suma de .... euros.

C.– PERSONAS QUE HAN DE EFECTUAR LA APORTACIÓN

Don ...., mayor de edad, de nacionalidad española, casado con Doña .... bajo el régimen de absoluta separación de bienes, según resulta de la escritura de capitulaciones matrimoniales otorgada con fecha ...., ante el Notario de ...., Don ...., inscritas en el Registro Civil de ....,. al tomo ...., con fecha de ...., vecino de ...., con domicilio en la avenida ...., núm. ...., y DNI/NIF ....

El inmueble objeto de aportación, le pertenece con carácter privativo, en virtud del título de compra reseñado en el apartado A anterior.

D.– PARTICIPACIONES SOCIALES QUE HAN DE CREARSE COMO CONSECUENCIA DEL AUMENTO DE CAPITAL PROYECTADO.

Deben crearse .... nuevas participaciones sociales indivisibles y acumulables, de .... euros cada una de ellas, numeradas de la .... a la ...., ambos inclusive.

E.– CUANTÍA DEL AUMENTO DEL CAPITAL SOCIAL.

El capital social deberá ser aumentado en la suma de .... euros, de tal manera que, ejecutado el acuerdo de aumento de capital proyectado, previa su aprobación por la Junta General de la compañía, el mismo quedará fijado en la suma de .... euros.

F.– GARANTÍAS ADOPTADAS PARA LA EFECTIVIDAD DEL AUMENTO.

No procede la adopción de garantía alguna toda vez que ....

En .... a .... de .... de dos mil .... Los administradores conjuntos, Don .... y Doña ....

F260. AUMENTO DE CAPITAL MEDIANTE COMPENSACIÓN DE CRÉDITOS. INFORME DEL ÓRGANO DE ADMINISTRACIÓN

Normativa de Aplicación: *Arts. 295 y ss. Real Decreto Legislativo 1/2010, de 2 de julio, por el que se aprueba el texto refundido de la Ley de Sociedades de Capital.*

El presente informe se evacua dando cumplimiento a lo dispuesto en el art. 301.2 TRLSC.

De un examen del balance de la sociedad cerrado a fecha ...., resulta la existencia de un único acreedor de la misma, Don ...., a quien la sociedad adeuda la suma de .... euros.

Es conveniente para el interés social, la aprobación por la Junta General de la sociedad del acuerdo consistente en el aumento del capital social de .... S.L. en la cantidad de .... euros, toda vez que con ello se conseguiría ....

Es más, el contravalor de tal aumento de capital, debería ser el crédito que Don .... ostenta contra la sociedad. De esta forma ....

Con relación a todo ello, el órgano de administración de la compañía informa a los Sres. Socios sobre los siguientes extremos:

A.– NATURALEZA Y CARACTERÍSTICAS DE LOS CRÉDITOS OBJETO DE COMPENSACIÓN:

El contravalor del aumento de capital proyectado, consistirá en la compensación del crédito por un importe .... euros, contraído por la sociedad con Don .... en fecha .... de .... de ...., como consecuencia de ....

El citado crédito, líquido y totalmente vencido y exigible, está documentado en la factura número ...., de fecha .... de .... de .... y su valor es de .... euros.

Expresamente se hace constar que los datos expuestos relativos al citado crédito, concuerdan íntegramente con la contabilidad social.

B.– IDENTIDAD DE LOS APORTANTES

El único aportante será el acreedor de la compañía Don ...., mayor de edad, de nacionalidad española, soltero, vecino de ...., con domicilio en la calle ...., núm. ...., y DNI/NIF ...., quien asumirá la totalidad de las participaciones sociales de nueva creación derivadas del expresado aumento de capital.

C.– NÚMERO DE PARTICIPACIONES SOCIALES A CREAR.

A los efectos del aumento de capital proyectado, deben crearse .... nuevas participaciones sociales indivisibles y acumulables, de .... euros cada una de ellas, numeradas de la .... al ...., ambos inclusive.

D.– CUANTÍA DEL AUMENTO DEL CAPITAL SOCIAL.

El capital social deberá ser aumentado en la suma de .... euros, de tal manera que, ejecutado el acuerdo de aumento de capital, previa su aprobación por la Junta General de la compañía, el mismo quedará fijado en la suma de .... euros.

Todo lo cual se informa en ...., a .... de .... de dos mil .... El administrador único, Don ....

F261. AUMENTO DE CAPITAL. SUPRESIÓN DEL DERECHO DE ASUNCIÓN PREFERENTE. INFORME DEL ÓRGANO DE ADMINISTRACIÓN

Normativa de Aplicación: *Arts. 295 y ss. Real Decreto Legislativo 1/2010, de 2 de julio, por el que se aprueba el texto refundido de la Ley de Sociedades de Capital.*

A la vista de la situación de la compañía y, concretamente, del último balance cerrado a fecha .... de .... de dos mil ...., el interés social exige la aprobación por la Junta General de .... S.L., del acuerdo de aumentar el capital social de la compañía en la cantidad de .... euros, mediante la creación de .... nuevas participaciones sociales indivisibles y acumulables, de .... euros cada una de ellas, numeradas de la número .... a la ...., ambos inclusive, pues es necesario ....

Con relación al derecho de suscripción preferente de las nuevas participaciones sociales que reconoce el art. 304 y ss. TRLSC a los Sres. Socios, el órgano de administración entiende que debería suprimirse totalmente el mismo en favor de Doña ...., mayor de edad, de nacionalidad española, soltera, vecina de ...., con domicilio en

..........., núm. .... y DNI/NIF ...., a quien se atribuirían la totalidad de las nuevas participaciones.

Se justifica la propuesta de supresión en base a los siguientes motivos: ....

El contravalor del aumento de capital consistirá en la aportación de ....

Todo lo cual se informa a los efectos de lo prevenido en el art. 308.2.a) TRLSC, haciendo constar expresamente que el valor nominal de las nuevas participaciones sociales, se corresponde con el valor real de las actuales participaciones de la sociedad, que es de .... euros por participación.

En ...., a .... de .... de dos mil .... El administrador único, Don ....

3.4. DOCUMENTOS NOTARIALES

F262. AUMENTO DE CAPITAL MEDIANTE APORTACIONES DINERARIAS QUE NO ES ASUMIDO ÍNTEGRAMENTE POR LOS SOCIOS. ESCRITURA

Normativa de Aplicación: *Arts. 295 y ss. Real Decreto Legislativo 1/2010, de 2 de julio, por el que se aprueba el texto refundido de la Ley de Sociedades de Capital. Art. 198 Real Decreto 1784/1996, de 19 de julio, por el que se aprueba el Reglamento del Registro Mercantil.*

En la Ciudad de ...., mi residencia, a .... de ....

Ante mí, ..., Notario de la Ciudad y del Ilustre Colegio de ....

COMPARECE

Don ...., mayor de edad, de nacionalidad española, casado, vecino de ...., con domicilio en ...., núm. ...., con DNI/NIF ....

Le identifico por el documento de identidad exhibido y reseñado.

INTERVIENE

Don .... interviene en su calidad de administrador único de la sociedad .... S.L., de nacionalidad española, constituida por tiempo indefinido mediante escritura autorizada por el notario de ...., Don ...., con fecha .... de .... de dos mil ...., número de protocolo .... Domiciliada en ...., calle .... e inscrita en el Registro Mercantil de la provincia de ...., al tomo

..........., general ...., folio ...., hoja ...., inscripción .... CIF .... Constituye su objeto social ....

Está legitimado para este otorgamiento en virtud de su expresado cargo de administrador único, que afirma vigente, resultando su nombramiento y aceptación de la escritura otorgada con fecha .... de .... de dos mil ...., ante el notario de ...., Doña ...., número de protocolo ...., que causó la inscripción .... en el Registro Mercantil, y por acuerdo de la Junta General Universal de socios celebrada el día .... de .... de dos mil ...., contenido en la certificación que me entrega e incorporo a la presente, expedida por el propio administrador compareciente, cuya firma legitimo por serme conocida.

Yo, el Notario, hago constar expresamente que he cumplido con la obligación que impone la ley 10/2010, de 28 de abril, cuyo resultado consta en acta autorizada por el Notario de ...., Don ...., el día ...., en cuanto a «........... S.L.», bajo nº .... de protocolo, manifestando no haberse modificado el contenido de la misma.

Tiene a mi juicio, capacidad y legitimación para otorgar esta escritura de ELEVACIÓN A PUBLICO DE ACUERDOS SOCIALES relativos al aumento del capital social y, al efecto, según interviene

OTORGA

PRIMERO.– ELEVACIÓN A PUBLICO DE ACUERDOS.

Que Don .... eleva a público los acuerdos adoptados por la Junta General Extraordinaria de la sociedad, en su reunión del día .... de .... de dos mil ...., en los términos que resultan de la certificación incorporada a esta matriz y que se da por íntegramente reproducida en este lugar para evitar repeticiones, de la que resulta la cuantía en que se acordó elevar la cifra del capital social, que el aumento se realizaba por creación de nuevas participaciones sociales, así como el contenido del contravalor.

SEGUNDO.– MENCIONES ESPECIALES:

1.– Dando cumplimiento a lo dispuesto por el art. 198.2 RRM, el otorgante hace constar que de la certificación incorporada a esta matriz, resulta la identificación de las participaciones sociales creadas de conformidad con las reglas contenidas en el artículo 184 RRM, así como las condiciones acordadas para el ejercicio del derecho de asunción preferente por parte de los socios y la cuantía y las condiciones del desembolso.

2.– A los efectos de lo prevenido en el art. 198, apartados 2.2° y 4.1° RRM, se hace constar que las nuevas participaciones sociales han sido asumidas por los socios, con el siguiente respectivo alcance:

Don .... mayor de edad, de nacionalidad española, casado con Doña .... bajo el régimen de absoluta separación de bienes, según resulta de la escritura de capitulaciones matrimoniales otorgada con fecha .... de .... de ...., ante el Notario de ...., Don ...., inscritas en el Registro Civil de ...., al tomo ...., con fecha de ...., vecino de ...., con domicilio en ...., núm. .... y DNI/NIF ...., asume .... participaciones sociales de nueva creación, número .... a ...., ambos inclusive, de un nominal en su conjunto de .... euros, desembolsando íntegramente el nominal de las citadas participaciones sociales.

Doña ...., mayor de edad, de nacionalidad española, soltera, vecina de ...., con domicilio en ...., núm. ...., con DNI/NIF ...., asume .... participaciones sociales de nueva creación, número .... a ...., ambos inclusive, de un nominal en su conjunto de .... euros, desembolsando íntegramente el nominal de las citadas participaciones sociales.

Se acredita la realidad de la aportación dineraria llevada a efecto en el aumento de capital que por la presente se instrumenta, mediante certificación del depósito de las correspondientes cantidades, de fecha .... de .... de ...., inferior en consecuencia a dos meses, a nombre de la sociedad, en la entidad ...., número de cuenta .... Y yo, notario, cumplido lo exigido por el art. 62 TRLSC, la incorporo a esta matriz.

Por lo tanto, no habiéndose desembolsado íntegramente el aumento del capital social objeto de la presente escritura, dentro del plazo fijado al efecto, el mismo queda aumentado en la cuantía efectivamente desembolsada, esto es, la suma de .... euros.

2.– Igualmente se hace constar que a los efectos del derecho de preferente asunción de las nuevas participaciones sociales y de conformidad y en los términos del art. 304 TRLSC, fue realizada por los administradores una comunicación escrita a cada uno de los socios, habiéndose computado el plazo de asunción de las nuevas participaciones sociales desde el envío de tal comunicación.

TERCERO.– Como consecuencia del acuerdo de aumento de capital elevado a público a través de la presente escritura autorizada por mi, el notario, y su posterior ejecución, se procede a dar nueva redacción al artículo .... de los Estatutos Sociales, adecuando la redacción del mismo al resultado final de la asunción y desembolso de las participaciones sociales resultantes del expresado aumento de capital.

El tenor literal de los expresados artículos pasa a ser el siguiente:

ARTÍCULO .... CAPITAL SOCIAL. El capital social se fija en la cantidad de .... (...........) euros, íntegramente desembolsado.

ARTÍCULO .... PARTICIPACIONES SOCIALES. El capital social está dividido en .... participaciones sociales de .... euros cada una de ellas, numeradas correlativamente a partir de la unidad, indivisibles y acumulables, todas asumidas y desembolsadas por los socios y su titularidad lleva de pleno derecho la obligación de someterse a las prescripciones de los Estatutos y a los acuerdos válidamente adoptados. Las participaciones atribuyen a los socios los mismos derechos.

CUARTO.– Hace constar que la titularidad de las nuevas participaciones sociales se ha hecho constar en el libro Registro de Socios de la Compañía.

QUINTO.– Para el supuesto y a los efectos del art. 63 RRM, se solicita la inscripción parcial de esta escritura si no fuera posible la inscripción total de la misma y la extensión de nota, con expresión de las razones de denegación respecto a los extremos no inscritos.

Hago la advertencia de la obligatoriedad de inscripción de esta escritura en el Registro Mercantil.

Protección de datos.– Con relación a los datos de carácter personal que en la presente constan, referidos al compareciente, queda este enterado de que los mismos se incorporan a mis ficheros automatizados, lo que acepta, así como del derecho de oposición, acceso a ellos, rectificación o cancelación de los mismos.

OTORGAMIENTO Y AUTORIZACIÓN

Advierto al compareciente de su derecho a leer por si este instrumento al que renuncia. Yo, el notario, además la leo al compareciente, quien la encuentra conforme, otorga y firma conmigo, el notario, que doy fe en cuanto sea procedente de todo lo consignado en este instrumento público, extendido en .... folios de papel exclusivo para documentos notariales, serie, y números el del presente y anteriores en orden.

F263. AUMENTO DE CAPITAL CON CARGO A RESERVAS Y ELEVACIÓN DEL NOMINAL DE LAS PARTICIPACIONES SOCIALES EXISTENTES. ESCRITURA

Normativa de Aplicación: *Arts. 295 y ss. Real Decreto Legislativo 1/2010, de 2 de julio, por el que se aprueba el texto refundido de la Ley de Sociedades de Capital. Art. 198 Real Decreto 1784/1996, de 19 de julio, por el que se aprueba el Reglamento del Registro Mercantil.*

En la Ciudad de ...., mi residencia, a .... de ....

Ante mí, ..., Notario de la Ciudad y del Ilustre Colegio de ....

COMPARECE

Don ...., mayor de edad, de nacionalidad española, casado, vecino de ...., con domicilio en ...., núm. ...., con DNI/NIF ....

Le identifico por el documento de identidad exhibido y reseñado.

INTERVIENE

Don .... interviene en su calidad de administrador único de la sociedad de responsabilidad limitada ...., de nacionalidad española, constituida por tiempo indefinido mediante escritura autorizada por el notario de ...., Don ...., con fecha .... de .... de dos mil ...., número de protocolo .... Domiciliada en ...., calle .... e inscrita en el Registro Mercantil de la provincia de ...., al tomo ...., general ...., folio ...., hoja ...., inscripción .... CIF .... Constituye un objeto social ....

Está legitimado para este otorgamiento en virtud de su expresado cargo de administrador único, que afirma vigente, resultando su nombramiento y aceptación de la escritura otorgada con fecha .... de .... de dos mil ...., ante el Notario de ...., Doña ...., número de protocolo ...., que causó la inscripción .... en el Registro Mercantil, y por acuerdo de la Junta General Universal de socios celebrada el día .... de .... de dos mil ...., contenido en la certificación que me entrega e incorporo a la presente, expedida por el propio administrador compareciente, cuya firma legitimo serme conocida.

Yo, el Notario, hago constar expresamente que he cumplido con la obligación que impone la ley 10/2010, de 28 de abril, cuyo resultado consta en acta autorizada por el Notario de ...., Don ...., el día ...., en cuanto a «........... S.L.», bajo nº .... de protocolo, manifestando no haberse modificado el contenido de la misma.

Tiene a mi juicio, capacidad y legitimación para otorgar esta escritura de ELEVACIÓN A PUBLICO DE ACUERDOS SOCIALES relativos al AUMENTO DEL CAPITAL SOCIAL y, al efecto, según interviene

OTORGA

PRIMERO.– Que Don .... eleva a público los acuerdos adoptados por la Junta General Extraordinaria y Universal de la sociedad, en su reunión del día .... de .... de dos mil ...., en los términos que resultan de la certificación incorporada a esta matriz y que se dan por íntegramente reproducida en este lugar para evitar repeticiones, de la que resulta la cuantía en que se acordó elevar la cifra del capital social, que el aumento se realizaba por elevación del valor nominal de las participaciones sociales ya existentes, así como el contenido del contravalor.

SEGUNDO.– Conforme establecen los arts. 198 y 199 RRM, se hace constar:

1.– Que el aumento de capital elevado a público a través de la presente escritura por mí, el notario, autorizada, realizado por elevación del valor nominal de las ya existentes con cargo a reservas de la sociedad, se adoptó con base a un balance cerrado a .... de .... de dos mil ...., es decir, dentro de los seis meses inmediatamente anteriores a la fecha del acuerdo. Dicho balance fue verificado en fecha .... de .... de .... por el auditor de cuentas de la sociedad, Don ....

También que todos los socios prestaron su consentimiento a esta modalidad de aumento.

El compareciente me entrega un ejemplar de dicho balance, firmado por el mismo, cuya firma legitimo, y de su verificación, todo lo cual, yo el notario, incorporo a esta matriz y pasa a formar parte integrante de la misma.

2.– Que el aumento de capital acordado ha sido íntegramente desembolsado en los términos previstos.

Queda así el capital social íntegramente asumido y desembolsado.

TERCERO.– Para el supuesto y a los efectos del art. 63 RRM, se solicita la inscripción parcial de esta escritura si no fuera posible la inscripción total de la misma y la extensión de nota, con expresión de las razones de denegación respecto a los extremos no inscritos.

Hago la advertencia de la obligatoriedad de inscripción de esta escritura en el Registro Mercantil.

Protección de datos.– Con relación a los datos de carácter personal que en la presente constan, referidos al compareciente, queda este enterado de que los mismos se incorporan a mis ficheros automatizados, lo que acepta, así como del derecho de oposición, acceso a ellos, rectificación o cancelación de los mismos

OTORGAMIENTO Y AUTORIZACIÓN

Advierto al compareciente de su derecho a leer por si este instrumento al que renuncia. Yo, el notario, además la leo al compareciente, quien la encuentra conforme, otorga y firma conmigo, el notario, que doy fe en cuanto sea procedente de todo lo consignado en este instrumento público, extendido en .... folios de papel exclusivo para documentos notariales, serie, y números el del presente y anteriores en orden.

F264. AUMENTO DE CAPITAL POR COMPENSACIÓN DE CRÉDITOS. ESCRITURA

Normativa de Aplicación: *Arts. 295 y ss. Real Decreto Legislativo 1/2010, de 2 de julio, por el que se aprueba el texto refundido de la Ley de Sociedades de Capital. Art. 198 Real Decreto 1784/1996, de 19 de julio, por el que se aprueba el Reglamento del Registro Mercantil.*

En la Ciudad de ...., mi residencia, a .... de ....

Ante mí, ..., Notario de la Ciudad y del Ilustre Colegio de ....

COMPARECE

Don ...., mayor de edad, de nacionalidad española, casado, vecino de ...., con domicilio en ...., núm. ...., con DNI/NIF ....

Le identifico por el documento de identidad exhibido y reseñado.

INTERVIENE

Don .... interviene en su calidad de Administrador Único de la sociedad de responsabilidad limitada ...., de nacionalidad española, constituida por tiempo indefinido mediante escritura autorizada por el notario de ...., Don ...., con fecha .... de .... de dos mil ...., número de protocolo .... Domiciliada en ...., calle ...., número .... e inscrita en el Registro Mercantil de la provincia de ...., al tomo ...., general ...., folio ...., hoja ...., inscripción .... CIF .... Constituye su objeto social ....

Está legitimado para este otorgamiento en virtud de su expresado cargo de Administrador Único de .... S.L., que afirma vigente, resultando su nombramiento y aceptación de la escritura otorgada con fecha .... de .... de dos mil ...., ante el notario de ...., Doña ...., número de protocolo ...., que causó la inscripción .... en el Registro Mercantil, y, especialmente, por acuerdo de la Junta General celebrada el día .... de ......s...... de dos mil ...., contenido en la certificación que me entrega e incorporo a la presente, expedida por el propio compareciente con el visto bueno del presidente, cuya firma legitimo por haber sido puesta en mi presencia.

Yo, el Notario, hago constar expresamente que he cumplido con la obligación que impone la ley 10/2010, de 28 de abril, cuyo resultado consta en acta autorizada por el Notario de ...., Don ...., el día ...., en cuanto a «........... S.L.», bajo nº .... de protocolo, manifestando no haberse modificado el contenido de la misma.

Tiene a mi juicio, capacidad y legitimación para otorgar esta escritura de ELEVACIÓN A PUBLICO DE ACUERDOS SOCIALES relativos al AUMENTO DEL CAPITAL SOCIAL y, al efecto, según interviene

OTORGA

PRIMERO.– Que Don .... eleva a público los acuerdos adoptados por la Junta General Extraordinaria de la sociedad, en su reunión del día .... de .... de dos mil ...., en los términos que resultan de la certificación incorporada a esta matriz y que se dan por íntegramente reproducida en este lugar para evitar repeticiones, de la que resulta la cuantía en que se ha acordó elevar la cifra del capital social, que el aumento se realizaba por creación de nuevas participaciones sociales, así como el contenido del contravalor.

El compareciente me entrega los originales del Boletín Oficial del Registro Mercantil del día .... de .... de dos mil .... (núm. ....), así como del diario .... en su edición del día .... de .... de dos mil ...., en los que se inserto el anuncio para la convocatoria de la expresada Junta General, de los que deduzco fotocopias que concuerdan exacta y fielmente con sus respectivos originales, de lo que doy fe, incorporando las fotocopias a la presente escritura. Se hace constar que no existen en los estatutos sociales previsión alguna sobre la convocatoria de la Junta general.

SEGUNDO.– MENCIONES ESPECIALES

I.– De conformidad con lo previsto en el artículo 304 TRLSC no existe derecho de asunción preferente de las nuevas participaciones, al no realizarse el aumento con cargo a aportaciones dinerarias.

II.– Igualmente, dando cumplimiento a lo establecido en los arts. 198.4. y 199.3 del Reglamento del Registro Mercantil, el otorgante hace constar:

A.– Que el aumento de capital acordado ha sido desembolsado en los términos previstos. Don ...., cuyas circunstancias han sido reseñadas con anterioridad, asumió la totalidad de las .... participaciones sociales de nueva creación, indivisibles y acumulables, de .... euros cada una de ellas, numero .... a ...., inclusive, que atribuyen a los socios los mismos derechos.

B.– Que el contravalor de tales participaciones sociales ha consistido en la compensación del crédito, totalmente líquido y exigible, por un importe de .... euros, contraído por la sociedad con Don .... en fecha .... de .... de dos mil .... como consecuencia de ...., crédito documentado en la factura número .... de fecha .... de .... de dos mil .... Tras la compensación, el importe del crédito arriba reseñado se destinó a la cuenta de capital.

Queda así el capital totalmente asumido y desembolsado.

C.– Que al tiempo de la convocatoria de la Junta General de la compañía celebrada el .... de .... de dos mil ...., se puso a disposición de los socios en el domicilio social un informe del órgano de administración, sobre la naturaleza y características del crédito en cuestión, la identidad del aportante, el número de participaciones sociales que debían crearse y la cuantía del aumento de capital, en el que expresamente constaba la concordancia de los datos relativos a los créditos con la contabilidad social. Ello conforme establece el art. 301.2 TRLSC.

El compareciente me entrega un ejemplar de dicho informe, firmado por el administrador único de la compañía, cuya firma legitimo, y que yo el notario, incorporo a esta matriz y pasa a formar parte integrante de la misma, dando cumplimiento así a lo dispuesto en el art. 301.5 TRLSC.

TERCERO.– Como consecuencia del acuerdo de aumento de capital elevado a publico a través de la presente escritura autorizada por mi, el notario, y su posterior ejecución, se procede a dar nueva redacción al artículo .... y .... de los Estatutos Sociales, adecuando la redacción del mismo al resultado final de la asunción y desembolso de las participaciones sociales resultantes del expresado aumento de capital.

El tenor literal de los expresados artículos pasa a ser el siguiente:

ARTÍCULO .... CAPITAL SOCIAL. El capital social se fija en la cantidad de .... (...........) euros, íntegramente desembolsado.

ARTÍCULO .... PARTICIPACIONES SOCIALES. El capital social está dividido en .... participaciones sociales de .... euros cada una de ellas, numeradas correlativamente a partir de la unidad, indivisibles y acumulables, todas asumidas y desembolsadas por los socios y su titularidad lleva de pleno derecho la obligación de someterse a las prescripciones de los Estatutos y a los acuerdos válidamente adoptados. Las participaciones atribuyen a los socios los mismos derechos.

CUARTO.– El compareciente hace constar que la titularidad de las nuevas participaciones sociales se ha hecho constar en el libro Registro de Socios de la Compañía.

QUINTO.– Para el supuesto y a los efectos del art. 63 RRM, se solicita la inscripción parcial de esta escritura si no fuera posible la inscripción total de la misma y la extensión de nota, con expresión de las razones de denegación respecto a los extremos no inscritos.

Hago la advertencia de la obligatoriedad de inscripción de esta escritura en el Registro Mercantil.

Protección de datos.– Con relación a los datos de carácter personal que en la presente constan, referidos al compareciente, queda este enterado de que los mismos se incorporan a mis ficheros automatizados, lo que acepta, así como del derecho de oposición, acceso a ellos, rectificación o cancelación de los mismos

OTORGAMIENTO Y AUTORIZACIÓN

Advierto al compareciente de su derecho a leer por si este instrumento al que renuncia. Yo, el notario, además la leo al compareciente, quien la encuentra conforme, otorga y firma conmigo, el notario, que doy fe en cuanto sea procedente de todo lo consignado en este instrumento público, extendido en .... folios de papel exclusivo para documentos notariales, serie, y números el del presente y anteriores en orden.

F265. AUMENTO DE CAPITAL CON APORTACIONES NO DINERARIAS MEDIANTE EMISIÓN DE NUEVAS PARTICIPACIONES. ESCRITURA

Normativa de Aplicación: *Arts. 295 y ss. Real Decreto Legislativo 1/2010, de 2 de julio, por el que se aprueba el texto refundido de la Ley de Sociedades de Capital. Art. 198 Real Decreto 1784/1996, de 19 de julio, por el que se aprueba el Reglamento del Registro Mercantil.*

AUMENTO DE CAPITAL

De la mercantil «...........» —Sociedad Unipersonal–.

NÚMERO:

En la Ciudad de ...., mi residencian, a ....

Ante mí, ..., Notario de Valencia y de su Ilustre Colegio.

COMPARECEN

DON ...., mayor de edad, casado CON ...., empresario y vecino de .... Con DNI/NIF ....

Manifiesta que su régimen económico matrimonial es el de absoluta separación de bienes entre los cónyuges, según resulta de la escritura de capitulaciones matrimoniales autorizada por el Notario de ...., el día ...., número .... de protocolo, inscritas en el Registro Civil de .... (datos de inscripción).

INTERVIENE

En su propio nombre y derecho, y además de por sí, en nombre y representación como Administrador único de la entidad .... —Sociedad Unipersonal— sociedad de nacionalidad española constituida por tiempo indefinido mediante escritura autorizada el día .... por el Notario de ...., Don ...., obrante en su protocolo bajo el número ....Con domicilio en .... Inscrita en el Registro Mercantil de la provincia de ...., al tomo ...., libro .... de la sección ...., folio ...., hoja número .... CIF .... Constituye su objeto social......Está expresamente legitimado para este acto:

– En virtud de su expresado cargo de Administrador único de la sociedad, que afirma vigente, resultando su nombramiento —por tiempo indefinido— y su aceptación de la propia escritura fundacional, que he tenido a la vista y considero suficiente para este otorgamiento.

– Y especialmente, en virtud del acuerdo adoptado por la Junta Universal de la entidad de fecha ...., el cual consta en la certificación que me entrega y dejo unido a esta matriz, expedida por el Administrador compareciente Don ...., cuya firma conozco y legitimo.–

Dicho representante legal asevera que la entidad que representa se encuentra en su plena eficacia jurídica.

Queda identificado con su Documento de Identidad reseñado, cuyo original me exhibe y devuelvo; tiene, a mi juicio, capacidad y legitimación para otorgar esta escritura de AUMENTO DE CAPITAL, y al efecto, según intervienen,

EXPONE

I.– ...., que es titular-propietario, con carácter privativo, de los siguientes bienes:

a) .... participaciones de la mercantil ...., las números de la ...., cada una valorada en .... euros, lo que supone un valor conjunto de .... euros.

Esta sociedad está domiciliada en ....; tiene por objeto la .... – Consta inscrita en el Registro Mercantil de la Provincia de ....

Títulos de adquisición:

– En cuanto a las números ...., ambas inclusive, por suscripción y desembolso de las mismas en la propia escritura fundacional de ...., autorizada por el Notario de ....

– En cuanto a las números ...., ambas inclusive, por suscripción y desembolso de las mismas en el aumento de capital de fecha ...., autorizada por el Notario de ....

– Y en cuanto a las números ...., ambas inclusive, por suscripción y desembolso de las mismas en el aumento de capital de fecha ...., autorizada por el Notario de ....

A dichas participaciones se le asignan .... de las nuevas participaciones sociales creadas, concretamente las numeradas del ...., todas inclusive, las cuales se adjudican, a ....

CARGAS.– Libres de todo tipo de cargas, gravámenes y limitaciones, según asevera su propietario.

b) .... participaciones de la mercantil «........... S.L.», las números de la .... cada una valorada en .... euros, lo que supone un valor conjunto de .... euros.

Esta sociedad está domiciliada en ....; tiene por objeto la .... – CNAE ...., así como la .... —CNAE— ....

Inscripción.– Consta inscrita en el Registro Mercantil de la Provincia de ....

Títulos de adquisición

– En cuanto a las números ...., ambas inclusive, por adjudicación a su favor en virtud de la transformación de sociedad anónima en sociedad limitada de fecha .... por el Notario de ....

A dichas participaciones se le asignan .... de las nuevas participaciones sociales creadas, concretamente las numeradas del ...., todas inclusive, las cuales se adjudican, a DON ....

CARGAS.– Libres de todo tipo de cargas, gravámenes y limitaciones, según asevera su propietario.

II.– DON ...., en nombre y representación de la entidad .... Sociedad Unipersonal—, eleva a público los acuerdos adoptados por la Junta Universal de dicha entidad en fecha .... y que constan transcritos en la certificación aludida y unida a esta matriz, y al efecto,

DISPONE

PRIMERO.– Queda aumentado el capital social en la cantidad de .... mediante la emisión de .... nuevas participaciones sociales, de .... EUROS (€ ....) de valor nominal cada una de ellas, numeradas correlativamente del ...., ambos inclusive.

Dicho aumento de capital se efectúa por la aportación de los valores mobiliarios anteriormente descritos bajo el exponendo I, todos ellos de la propiedad privativa de DON ...., a quien le pertenecen en pleno dominio y por entero, quedando adjudicadas las nuevas participaciones sociales emitidas a dicha persona como socio único, en su totalidad, en la forma que consta en la certificación aludida y unida a esta matriz, quien da su consentimiento expreso a la aportación de las descritas participaciones al capital social de la entidad representada.

Que como consecuencia de dicho aumento de capital, éste queda constituido por la suma de ...., habiéndose modificado el artículo estatutario correspondiente en los términos que constan en la indicada certificación unida a esta matriz.

Hace constar el compareciente como Administrador de la entidad, que las circunstancias personales del adjudicatario son las que constan en la comparecencia de la presente escritura, y que la titularidad de dichas participaciones sociales creadas, se ha hecho constar en el libro registro de socios.

SEGUNDO.– El Administrador compareciente según interviene, hacen constar, que en virtud de la suscripción efectuada como consecuencia del aumento de capital objeto de la presente escritura, y de la precedente titularidad de las restantes participaciones sociales de la entidad que representa, éstas han quedado suscritas, según resulta del Libro Registro de Socios, Íntegramente por DON ....

Por lo que a los efectos del artículo 4 de la Ley 10/2010 de 28 de Abril, de la obligación de identificación de titular, el único titular relevante de dicha entidad, a dichos efectos es DON ....

TERCERO.– El compareciente, igualmente me hace entrega para su incorporación a la presente:

– Informe por él emitido en su condición de Administrador de ...., cuya firma legitimo por serme conocida.

– Certificación de los acuerdos adoptados por .... en Junta de ...., por el que los restantes socios renuncian al derecho de adquisición preferente; dicha certificación está librada por Don .... en su condición de Administrador solidario, cuya firma legitimo por serme conocida.

– Y certificación de los acuerdos adoptados por .... en Junta de ...., por el que se autoriza la aportación efectuada por Don .... a este aumento, dicha certificación está librada por Don ...., en su condición de secretario del Consejo de Administración, cuya firma consta legitimada; y con el V° .... B°. de Don .... como Presidente, cuya firma legitimo por serme conocida yo el Notario.

CUARTO.– El compareciente, según interviene, solicita del Sr. Registrador Mercantil de la Provincia de ...., la inscripción de la presente escritura, y los acuerdos que en ella se elevan a público, en los libros a su respectivo y digno cargo.

QUINTO.– MANIFESTACIÓN FISCAL. (en su caso) Las operaciones que en la presente escritura se formalizan tienen la consideración de aportación no dineraria especial, de acuerdo con el cumplimiento de los requisitos previstos en el artículo 87 de la Ley 27/2014, de 27 de noviembre, del Impuesto sobre Sociedades que es aplicable, como en el caso concreto, a las personas físicas. En consecuencia se somete al régimen tributario especial previsto en el Capítulo VII del Título VII de la citada Ley. A tal fin se remitirá, en tiempo y forma, a la Administración tributaria un escrito comunicando la opción del acogimiento a dicho régimen fiscal especial, de conformidad con lo dispuesto en el artículo 89.1 de la mencionada Ley 27/2014.

De acuerdo con lo establecido en la normativa vigente en materia de protección de datos, quedan informados de y aceptan la incorporación de sus datos de carácter personal a los ficheros informatizados existentes en la notaría, así como de los derechos de acceso, rectificación y cancelación de los mismos y de la revocación de su consentimiento.

OTORGAMIENTO Y AUTORIZACIÓN

Hago las reservas y advertencias legales, en especial las pertinentes fiscales y la necesidad de su inscripción en el Registro Mercantil, y leo esta escritura, informados de su derecho del que renuncian a leerla por si, a los comparecientes, quienes la encuentran conforme, otorgan y firman conmigo, el notario, que doy fe de su contenido, adecuándose el presente otorgamiento a la legalidad y a la voluntad debidamente informada de los otorgantes, extendida en trece folios de papel timbrado de uso exclusivo para notarias, números el del presente y anteriores en orden.

F266. ELEVACIÓN A PÚBLICO DE AUMENTO DE CAPITAL SIN EJECUCIÓN. ESCRITURA

Normativa de Aplicación: *Arts. 295 y ss. Real Decreto Legislativo 1/2010, de 2 de julio, por el que se aprueba el texto refundido de la Ley de Sociedades de Capital. Art. 198 Real Decreto 1784/1996, de 19 de julio, por el que se aprueba el Reglamento del Registro Mercantil.*

En la Ciudad de ...., mi residencia, a .... de ....

Ante mí, ..., Notario de la Ciudad y del Ilustre Colegio de ....

COMPARECE

Don ...., mayor de edad, de nacionalidad española, casado, vecino de ...., con domicilio en ...., núm. ...., con DNI/NIF ....

Le identifico por el documento de identidad exhibido y reseñado.

INTERVIENE

Don .... interviene en su calidad de administrador único de la sociedad limitada ...., sociedad de nacionalidad española constituida por tiempo indefinido mediante escritura autorizada el día .... por el Notario de ...., Don ...., obrante en su protocolo bajo el número ....Con domicilio en .... Inscrita en el Registro Mercantil de la provincia de ...., al tomo ...., libro .... de la sección ...., folio ...., hoja número .... CIF .... Constituye su objeto social.........

Está legitimado para este otorgamiento en virtud de su expresado cargo de administrador único, que afirma vigente, resultando su nombramiento y aceptación de la escritura otorgada con fecha .... de .... de dos mil ...., ante el Notario de ...., Doña ...., número de protocolo ...., que causó la inscripción .... en el Registro Mercantil, y por acuerdo de la Junta General de socios celebrada el día .... de .... de ...., contenido en la certificación que me entrega e incorporo a la presente, expedida por el propio administrador compareciente, cuya firma legitimo por serme conocida.

Yo, el Notario, hago constar expresamente que he cumplido con la obligación que impone la ley 10/2010, de 28 de abril, cuyo resultado consta en acta autorizada por el Notario de ...., Don ...., el día ...., en cuanto a «........... S.L.», bajo nº .... de protocolo, manifestando no haberse modificado el contenido de la misma.

Tiene a mi juicio, capacidad y legitimación para otorgar esta escritura de ELEVACIÓN A PUBLICO DE ACUERDOS SOCIALES relativos al aumento del capital social y, al efecto, según interviene

EXPONE

PRIMERO.– Que por la Junta General Extraordinaria de la sociedad, en su sesión de fecha .... de .... de ...., debidamente convocada mediante anuncio en el diario ...., de fecha .... de .... de ...., y en el Boletín Oficial del Registro Mercantil, el día .... de .... de ...., adoptó el acuerdo de aumentar el capital social, en los términos que se expresan a continuación.

SEGUNDO.– En el punto .... del orden del día, se acordó, con el voto favorable del .... del capital asistente, aumentar el capital social mediante aportaciones dinerarias, en la suma de .... euros, mediante la emisión de .... nuevas participaciones sociales de .... euros de valor nominal cada una de ellas, de la misma serie y con los mismos derechos que las ya existentes.

Esta ampliación de capital se sujeta a las siguientes reglas:

(hacer constar las que procedan: fases de la ampliación, derecho de suscripción preferente ....)

TERCERO.– Y expuesto lo anterior, el compareciente

OTORGA

PRIMERO.– Eleva a público los acuerdos adoptados en la Junta General Extraordinaria de la mercantil ...., celebrada el día .... de .... de ...., que obran en la certificación antes citada, que ha quedado incorporada a esta matriz.

SEGUNDO.– Incorporo a la presente los anuncios de publicación de la Junta General Extraordinaria en el Boletín Oficial del Registro Mercantil y en el diario correspondiente.

TERCERO.– Para el supuesto y a los efectos del art. 63 RRM, se solicita la inscripción parcial de esta escritura si no fuera posible la inscripción total de la misma y la extensión de nota, con expresión de las razones de denegación respecto a los extremos no inscritos.

CUARTO.– Con arreglo a lo dispuesto en el artículo 249.2 del Reglamento Notarial, yo, el Notario, llevaré a cabo la presentación telemática de esta escritura en el Registro Mercantil competente.

Hago la advertencia de la obligatoriedad de inscripción de esta escritura en el Registro Mercantil.

Protección de datos.– Con relación a los datos de carácter personal que en la presente constan, referidos al compareciente, queda este enterado de que los mismos se incorporan a mis ficheros automatizados, lo que acepta, así como del derecho de oposición, acceso a ellos, rectificación o cancelación de los mismos.

OTORGAMIENTO Y AUTORIZACIÓN

Advierto al compareciente de su derecho a leer por si este instrumento al que renuncia. Yo, el notario, además la leo al compareciente, quien la encuentra conforme, otorga y firma conmigo, el notario, que doy fe en cuanto sea procedente de todo lo consignado en este instrumento público, extendido en .... folios de papel exclusivo para documentos notariales, serie, y números el del presente y anteriores en orden.

F267. EJECUCIÓN DE AUMENTO DE CAPITAL. ESCRITURA

Normativa de Aplicación: *Arts. 295 y ss. Real Decreto Legislativo 1/2010, de 2 de julio, por el que se aprueba el texto refundido de la Ley de Sociedades de Capital. Art. 198 Real Decreto 1784/1996, de 19 de julio, por el que se aprueba el Reglamento del Registro Mercantil.*

En la Ciudad de ...., mi residencia, a .... de ....

Ante mí, ..., Notario de la Ciudad y del Ilustre Colegio de ....

COMPARECE

Don ...., mayor de edad, de nacionalidad española, casado, vecino de ...., con domicilio en ...., núm. ...., con DNI/NIF ....

Le identifico por el documento de identidad exhibido y reseñado.

INTERVIENE

Don .... interviene en su calidad de administrador único de la sociedad limitada ...., de nacionalidad española, constituida por tiempo indefinido mediante escritura autorizada por el notario de ...., Don ...., con fecha .... de .... de dos mil ...., número de protocolo .... Domiciliada en ...., calle .... e inscrita en el Registro Mercantil de la provincia de ...., al tomo ...., general ...., folio ...., hoja ...., inscripción .... CIF .... Constituye su objeto ....

Está legitimado para este otorgamiento en virtud de su expresado cargo de administrador único, que afirma vigente, resultando su nombramiento y aceptación de la escritura otorgada con fecha .... de .... de dos mil ...., ante el Notario de ...., Doña ...., número de protocolo ...., que causó la inscripción .... en el Registro Mercantil, y por acuerdo de la Junta General de socios celebrada el día .... de .... de ...., contenido en la certificación que me entrega e incorporo a la presente, expedida por el propio administrador compareciente, cuya firma legitimo por serme conocida.

Yo, el Notario, hago constar expresamente que he cumplido con la obligación que impone la ley 10/2010, de 28 de abril, cuyo resultado consta en acta autorizada por el Notario de ...., Don ...., el día ...., en cuanto a «........... S.L.», bajo nº .... de protocolo, manifestando no haberse modificado el contenido de la misma.

Tiene a mi juicio, capacidad y legitimación para otorgar esta escritura de ELEVACIÓN A PÚBLICO DE ACUERDOS SOCIALES relativos al aumento del capital social y, al efecto, según interviene

EXPONE

PRIMERO.– ELEVACIÓN A PÚBLICO DEL ACUERDO DE AUMENTO. Con fecha de .... de .... de ...., ante el Notario de Valencia, don ...., con el número .... de su protocolo, la sociedad representada procedió a elevar a público acuerdo de aumento de capital mediante la emisión de nuevas participaciones, de fecha .... de .... de ...., en los términos que son de ver en la misma. Copia autorizada de dicha escritura, se incorpora a la presente, para su reproducción en las copias que de la misma se expidan.

SEGUNDO.– PUBLICACIONES. En la escritura señalada en el número anterior se incorporaron las pertinentes publicaciones de convocatoria de la Junta General Extraordinaria, junto con el orden del día, en el Diario Información de Alicante y en el Boletín Oficial del Registro Mercantil, así como la certificación del acuerdo de la Junta y el oportuno informe del Consejo de Administración.

TERCERO.– DERECHO DE ASUNCIÓN PREFERENTE. En el acuerdo de aumento se previó el derecho de asunción preferente a favor de los socios, en los términos que son de ver en la certificación protocolizada en la escritura de elevación a público del acuerdo de aumento de capital, así como la posibilidad de suscripción incompleta.

Por anuncio en el Boletín Oficial del Registro Mercantil de .... de .... de .... se comunicó a los socios su derecho de suscripción preferente, en los términos que resultan de dichos anuncios, que se dan por reproducidos. Yo, el Notario, obtengo traslado a papel de la publicación de dicho anuncio a través de la página web del mencionado boletín oficial, que incorporo a la presente para su reproducción en las copias que de la misma se expidan. Incorporo igualmente dicho anuncio, publicado el día .... de .... de .... en el diario ....

La suscripción de las participaciones se llevó a cabo en las tres fases que señala el anuncio, de la siguiente forma:

Primera fase:

DON ...., con DNI ...., suscribe .... participaciones, por su valor conjunto de .... euros.

DON ...., con DNI ...., suscribe .... participaciones, por su valor conjunto de .... euros.

(...........)

Segunda fase:

DON ...., con DNI ...., suscribe .... participaciones, por su valor conjunto de .... euros.

DON ...., con DNI ...., suscribe .... participaciones, por su valor conjunto de .... euros.

(...........)

Tercera fase:

DON ...., con DNI ...., suscribe .... participaciones, por su valor conjunto de .... euros.

DON ...., con DNI ...., suscribe .... participaciones, por su valor conjunto de .... euros.

(...........)

CUARTO.– AUMENTO DE CAPITAL. El aumento de capital es el total previsto en el acuerdo, de .... euros, mediante la creación de .... de nuevas participaciones de .... euros de valor nominal cada una de ellas, representadas por títulos nominativos, con los mismos derechos que las ya existentes, numeradas, correlativamente, del .... al ...., ambos inclusive.

QUINTO.– SUSCRIPCIÓN Y DESEMBOLSO. Finalizadas las tres fases previstas en el acuerdo de aumento de capital, la adjudicación de las nuevas participaciones se lleva a cabo de la siguiente forma:

DON ...., mayor de edad, titular del DNI número , de nacionalidad española, con domicilio en ...., calle ...., número ...., suscribe .... participaciones, por su valor conjunto de .... euros, de la número .... a la ...., ambos inclusive.

DON ...., mayor de edad, titular del DNI número , de nacionalidad española, con domicilio en ...., calle ...., número ...., suscribe .... participaciones, por su valor conjunto de .... euros, de la número .... a la ...., ambos inclusive.

(—)

La contraprestación se realiza mediante nuevas aportaciones dinerarias. El compareciente me exhibe los oportunos justificantes bancarios, que quedan incorporados a la presente.

SEXTO.– MODIFICACIÓN DE ESTATUTOS. Como consecuencia del aumento de capital efectuado, el artículo .... de los Estatutos sociales se modifica y en adelante quedará con la nueva redacción que figura en la certificación incorporada en la escritura de elevación a público de aumento de capital, y que se incorpora a esta escritura, dándose aquí por íntegramente reproducida.

SÉPTIMO.– MANIFESTACIONES DEL ÓRGANO DE ADMINISTRACIÓN. El órgano de administración, en función de su cargo, declara:

– Que el total capital anterior al presente aumento se encontraba totalmente desembolsado.

– Que las nuevas participaciones sociales, su identidad, titularidad y numeración de las participaciones asignadas, se ha hecho constar en el Libro Registro de Socios.

– Y que el aumento de capital acordado ha sido íntegramente suscrito y desembolsado en los términos previstos mediante nuevas aportaciones y que, en consecuencia, queda totalmente desembolsado el capital social y adjudicadas las nuevas participaciones a los suscriptores.

OCTAVO.– SUPUESTO DE INSCRIPCIÓN PARCIAL. Para el supuesto y a los efectos del artículo 63 del RRM, se solicita la inscripción parcial de esta escritura, en especial de las actividades integrantes del objeto social, si no fuera posible su inscripción total, y la extensión de la nota, con expresión de las razones de denegación respecto de los extremos no inscritos.

NOVENO.– PRESENTACIÓN TELEMÁTICA. Yo, el Notario, de acuerdo con el procedimiento y plazos dispuestos en el Artículo 249 del Reglamento Notarial, llevaré a cabo la presentación de esta escritura en el Registro de la Propiedad por vía telemática, diligenciando en la misma la fecha y hora de acuse de recibo digital de las comunicaciones que de aquél se reciban.

OTORGAMIENTO Y AUTORIZACIÓN

Advierto al compareciente de su derecho a leer por si este instrumento al que renuncia. Yo, el notario, además la leo al compareciente, quien la encuentra conforme, otorga y firma conmigo, el notario, que doy fe en cuanto sea procedente de todo lo consignado en este instrumento público, extendido en .... folios de papel exclusivo para documentos notariales, serie, y números el del presente y anteriores en orden.

F268. AUMENTO DE CAPITAL MEDIANTE APORTACIONES NO DINERARIAS, CON EMISIÓN DE NUEVAS PARTICIPACIONES. ESCRITURA

Normativa de Aplicación: *Arts. 295 y ss. Real Decreto Legislativo 1/2010, de 2 de julio, por el que se aprueba el texto refundido de la Ley de Sociedades de Capital. Art. 198 Real Decreto 1784/1996, de 19 de julio, por el que se aprueba el Reglamento del Registro Mercantil.*

En la Ciudad de ...., mi residencia, a .... de ....

Ante mí, ..., Notario de la Ciudad y del Ilustre Colegio de ....

COMPARECEN

Don A, mayor de edad, de nacionalidad española, casado, vecino de ...., con domicilio en ...., núm. ...., con DNI/NIF ....

Y Don B, mayor de edad, de nacionalidad española, casado, vecino de ...., con domicilio en ...., núm. ...., con DNI/NIF ....

Les identifico por el documento de identidad exhibido y reseñado.

INTERVIENEN

Don A interviene en su calidad de administrador único de la sociedad .... S.L., de nacionalidad española, constituida por tiempo indefinido mediante escritura autorizada por el notario de ...., Don ...., con fecha .... de .... de dos mil ...., número de protocolo .... Domiciliada en ...., calle .... e inscrita en el Registro Mercantil de la provincia de ...., al tomo ...., general ...., folio ...., hoja ...., inscripción .... CIF .... Constituye su objeto ....

Está legitimado para este otorgamiento en virtud de su expresado cargo de administrador único, que afirma vigente, resultando su nombramiento y aceptación de la escritura otorgada con fecha .... de .... de dos mil ...., ante el notario de ...., Don ...., número de protocolo ...., que causó la inscripción .... en el Registro Mercantil, y por acuerdo de la Junta General Universal de socios celebrada el día .... de .... de dos mil ...., contenido en la certificación que me entrega e incorporo a la presente, expedida por el propio administrador compareciente, cuya firma legitimo por haber sido puesta en mi presencia.

Yo, el Notario, hago constar expresamente que he cumplido con la obligación que impone la ley 10/2010, de 28 de abril, cuyo resultado consta en acta autorizada por el Notario de ...., Don ...., el día ...., en cuanto a «........... S.L.», bajo nº .... de protocolo, manifestando no haberse modificado el contenido de la misma.

Y Don B en su propio nombre y derecho.

Tienen a mi juicio, capacidad y legitimación para otorgar esta escritura de ELEVACIÓN A PÚBLICO DE ACUERDOS SOCIALES relativos al aumento del capital social y, al efecto, según intervienen

EXPONEN

I.– Que don B propietario de las siguientes fincas:

1) RÚSTICA.– .

INSCRIPCIÓN: Inscrita al Registro de la Propiedad de ...., tomo ...., libro ...., folio ...., finca ....

TÍTULO: le pertenece en virtud de escritura de ...., autorizada por el Notario de ...., don ...., el día .... de .... de ...., con el número .... de protocolo.

CARGAS: La finca se encuentra libre de cargas y arrendamientos (o hacer constar lo que proceda).

REFERENCIA CATASTRAL: le corresponde la referencia catastral ...., según resulta de certificación catastral descriptiva y gráfica directamente obtenida por mí, el Notario, por medios telemáticos, que incorporo a la presente para su reproducción en las copias que de la misma se expidan.

Manifiestan los comparecientes que la descripción catastral del inmueble coincide con su realidad física.

VALOR: se valora en la suma de ....

Se asignan a esta finca las nuevas participaciones números .... a ...., ambos inclusive.

2) URBANA.– ....

INSCRIPCIÓN: Inscrita al Registro de la Propiedad de ...., tomo ...., libro ...., folio ...., finca ....

TÍTULO: le pertenece en virtud de escritura de ...., autorizada por el Notario de ...., don ...., el día .... de .... de ...., con el número .... de protocolo.

CARGAS: La finca se encuentra libre de cargas y arrendamientos (o hacer constar lo que proceda).

REFERENCIA CATASTRAL: La finca presenta la referencia catastral ...., según resulta de certificación catastral descriptiva y gráfica directamente obtenida por mí, el Notario, por medios telemáticos, que incorporo a la presente para su reproducción en las copias que de la misma se expidan.

VALOR: ....

Se asignan a esta finca las nuevas participaciones números .... a ...., ambos inclusive.

3) ....

(En su caso) Manifiesta don B que ninguna de las fincas indicadas constituye su domicilio habitual familiar.

IMPUESTO DE BIENES INMUEBLES.– Advierto a los otorgantes de la afección a la cuota tributaria por I.B.I., declarando la parte transmitente que se halla al corriente en el pago, de lo que queda enterada la parte adquirente, relevándome de solicitar información.

A LOS EFECTOS DEL IMPUESTO SOBRE INCREMENTO DE VALOR DE LOS TERRENOS DE NATURALEZA URBANA: Para levantar el cierre registral previsto en la Ley Hipotecaria se me requiere para que remita al Ayuntamiento copia simple electrónica de esta escritura con el valor de la comunicación a que se refiere la Ley reguladora de las Haciendas Locales, a lo que procedo seguidamente.

INFORMACIÓN REGISTRAL. Ante la imposibilidad de acceso directo al folio registral de la finca objeto de esta escritura con arreglo a lo previsto en la normativa vigente, yo, el notario, he accedido, inmediatamente antes de este otorgamiento, a la información registral continuada suministrada a través de la página web registradores.org, y trasladado a papel el resultado de dicha consulta, para su incorporación a la presente. De la misma resulta que la titularidad de las fincas es la consignada en la presente escritura; asimismo de dicha nota resultan las fincas descritas estar libre de cargas y gravámenes vigentes.

Según manifiesta la parte transmitente, las fincas descritas están libres de cualesquiera otras cargas y gravámenes. Advierto de la conveniencia de comprobar el estado de cargas, bien mediante certificación del Registro de la Propiedad, bien mediante examen directo de los libros registrales.

Advierto asimismo a los comparecientes de que, sobre la información registral recibida y sobre la manifestación del exponente, prevalecerá, en todo caso, la situación registral de la finca que exista con anterioridad a la presentación de la copia de la presente escritura en el Registro de la Propiedad.

ACTIVIDADES CONTAMINANTES. La parte transmitente manifiesta en este acto, de conformidad con el artículo 98, apartado 3 de la Ley 7/2022, de 8 de abril, de Residuos y Suelos contaminados para una economía circular, que no le consta que sobre la finca transmitida se haya realizado ninguna actividad potencialmente contaminante del suelo.

PRESENTACIÓN: El compareciente me solicita la comunicación telemática del contenido de la presente escritura prevista por el art. 196 RN, a través del Sistema de información central del Consejo General del Notariado, debidamente conectado con el Sistema de Información corporativo del Colegio de Registradores de la Propiedad y Mercantiles de España. Todo lo cual procederé a llevar a cabo tan pronto me lo permitan las necesidades del servicio, lo que haré constar mediante la oportuna diligencia.

II. Expuesto cuanto antecede, los comparecientes, conforme intervienen,

OTORGAN

PRIMERO.– Don A eleva a público los acuerdos adoptados por la Junta General Universal de la sociedad, en su reunión de .... de .... de ...., que son de ver en la certificación protocolizada, de entre los cuales resulta facultada para su elevación a público, el propio don A.

SEGUNDO.– AUMENTO DE CAPITAL.– Como consecuencia de lo anterior:

a) Aumento de capital.– Queda AUMENTADO EL CAPITAL SOCIAL de la entidad en la cifra de .... mediante la creación de .... participaciones sociales, de .... euros de valor nominal cada una de ellas, numeradas, correlativamente, del número .... al ...., ambos inclusive, en los términos reseñados en la unida certificación.

b) Adjudicación y desembolso.– Declara el administrador:

1. Que las nuevas participaciones sociales han sido adjudicadas a don B, (en su caso, renunciando el resto de los socios a su derecho de asunción preferente) que a su vez consiente la aportación de los reseñados inmuebles; que su identidad, numeración de las participaciones asignadas, y expresión de las que corresponden a aportaciones no dinerarias constan en la unida certificación; así como que dicha titularidad se ha hecho constar en el Libro Registro de socios.

2. Que el aumento de capital acordado ha sido íntegramente desembolsado en los términos previstos mediante nuevas aportaciones.

3. Que, en consecuencia, queda totalmente desembolsado el capital social.

c) Modificación de Estatutos. Se modifica el artículo número .... de los Estatutos sociales, cuya nueva redacción obra en la unida certificación, dándose aquí por reproducida.

d) Aportaciones.

En relación a las aportaciones no dinerarias efectuadas, manifiestan los comparecientes:

– Identidad y descripción. Que la descripción de las aportaciones no dinerarias, así como la identidad de quienes las efectuaron y la numeración de las participaciones sociales a que corresponden, constan en la unida certificación.

– Título y valoración. Que las citadas aportaciones se efectúan en pleno dominio, y libres de toda carga o gravamen, arrendamiento, o responsabilidad, distintas de las señaladas anteriormente, por su valor conjunto de .... euros, equivalente al valor nominal de las participaciones sociales a que las mismas corresponden.

– Informe de Administradores. Que el acuerdo de la Junta se adoptó a la vista del informe de los Administradores previsto en el art. 300 de la Ley de Sociedades de Capital.

TERCERO.– Don B presta su consentimiento y ratifica la aportación a la mercantil aquí representada, que adquiere el pleno dominio de los bienes descritos en la exposición.

Dicha aportación se efectúa en los términos y por los valores resultantes de la unida certificación y de la presente escritura.

CUARTO.– MANIFESTACIÓN FISCAL. (en su caso) Las operaciones que en la presente escritura se formalizan tienen la consideración de aportación no dineraria especial, de acuerdo con el cumplimiento de los requisitos previstos en el artículo 87 de la Ley 27/2014, de 27 de noviembre, del Impuesto sobre Sociedades que es aplicable, como en el caso concreto, a las personas físicas. En consecuencia se somete al régimen tributario especial previsto en el Capítulo VII del Título VII de la citada Ley. A tal fin se remitirá, en tiempo y forma, a la Administración tributaria un escrito comunicando la opción del acogimiento a dicho régimen fiscal especial, de conformidad con lo dispuesto en el artículo 89.1 de la mencionada Ley 27/2014.

Igualmente, siguiendo lo indicado en la disposición adicional segunda de la mencionada Ley, en relación con los artículos del 104 al 110 del Real Decreto Legislativo 2/2004, de 5 de marzo, por el que se aprueba el texto refundido de la Ley Reguladora de las Haciendas Locales, no se devengará el Impuesto sobre el Incremento de Valor de los Terrenos de Naturaleza Urbana con ocasión de la presente operación societaria.

QUINTO.– SOLICITUD DE INSCRIPCIÓN. De conformidad con lo establecido en la normativa vigente, los señores comparecientes, según intervienen, solicitan expresamente la inscripción total de la presente escritura, o la parcial, en el supuesto de que alguna de sus cláusulas, o de los hechos, actos o negocios jurídicos contenidos en ella y susceptibles de inscripción, adoleciese de algún defecto, a juicio del Registrador, que impida la práctica de la misma.

SEXTO.– PRESENTACIÓN TELEMÁTICA. Con arreglo a lo dispuesto en el Reglamento Notarial procederé a la presentación de esta escritura en los Registros públicos competentes, por vía telemática, diligenciando en la misma las comunicaciones que de aquéllos se reciban.

Protección de datos.– Con relación a los datos de carácter personal que en la presente constan, referidos al compareciente, queda este enterado de que los mismos se incorporan a mis ficheros automatizados, lo que acepta, así como del derecho de oposición, acceso a ellos, rectificación o cancelación de los mismos.

OTORGAMIENTO Y AUTORIZACIÓN

Advierto al compareciente de su derecho a leer por si este instrumento al que renuncia. Yo, el notario, además la leo al compareciente, quien la encuentra conforme, otorga y firma conmigo, el notario, que doy fe en cuanto sea procedente de todo lo consignado en este instrumento público, extendido en .... folios de papel exclusivo para documentos notariales, serie, y números el del presente y anteriores en orden.

4. REDUCCIÓN DE CAPITAL

4.1. ACTAS

F269. REDUCCIÓN DE CAPITAL CON LA FINALIDAD DE RESTITUIR LAS APORTACIONES A LOS SOCIOS SIN CONSTITUCIÓN DE RESERVA. ACTA DE ACUERDO DE JUNTA GENERAL EXTRAORDINARIA CONVOCADA

Normativa de Aplicación: *Arts. 317 y ss. Real Decreto Legislativo 1/2010, de 2 de julio, por el que se aprueba el texto refundido de la Ley de Sociedades de Capital.*

Que hoy día .... de .... de ...., a las .... horas, y en el domicilio social, sito en la localidad de ...., calle .... s/n, se celebra JUNTA GENERAL EXTRAORDINARIA de socios de la sociedad .... S.L.

La convocatoria de la presente Junta General Extraordinaria de socios, ha sido acordada por el administrador único, Don ....

La convocatoria de la presente Junta General, se ha realizado, de conformidad con lo establecido en la Ley y el art .... de los Estatutos Sociales, mediante burofax con acuse de recibo y certificado de contenido, de fecha ...., dirigido ese mismo día a cada uno de los socios al domicilio designado al efecto por cada uno de ellos.

El tenor literal de la convocatoria se transcribe a continuación: «Por medio del presente se convoca a los señores socios a la celebración de Junta General Extraordinaria de la sociedad .... S.L., que se celebrará, el día .... de .... de ...., a las .... horas, en el domicilio social sito en ...., a efectos de deliberar y, en su caso, adoptar acuerdos con relación al siguiente orden del día: 1.– Reducción de capital social en la cantidad de .... euros, con el fin de restituir aportaciones al socio Don ....; 2.– Ejecución de acuerdos y elevación a público. Se hace constar el derecho que corresponde a todos los socios de examinar en el domicilio social el texto íntegro de la modificación propuesta así como de pedir la entrega o el envío gratuito del mismo. En ...., hoy día .... de .... de .... el Administrador único de .... S.L. Don ....»

Asisten a la presente Junta General Extraordinaria, personalmente o representados, los siguientes socios:

I.– Socios presentes:

Don ...., titular de .... participaciones sociales núm. .... a ...., incluidos, con un valor nominal cada una de ellas de .... euros (en su conjunto .... euros), que suponen el .... por ciento del capital social.

Don ...., titular de .... participaciones sociales núm. .... a ...., incluidos, con un valor nominal cada una de ellas de .... euros (en su conjunto .... euros), que suponen el .... por ciento del capital social.

Doña ...., titular de .... participaciones sociales núm. .... a ...., incluidos, con un valor nominal cada una de ellas de .... euros (en su conjunto .... euros), que suponen el .... por ciento del capital social.

Por lo tanto, asisten de forma personal .... socios, titulares, en conjunto, de .... participaciones sociales que suponen el .... por ciento del capital social.

II.– Socios representados:

Don ...., titular de .... participaciones sociales núm. .... a ...., incluidos, con un valor nominal cada una de ellas de .... euros (en su conjunto .... euros), que suponen el .... por ciento del capital social. Asiste el expresado socio representado por Doña ....

Don ...., titular de .... participaciones sociales núm. .... a ...., incluidos, con un valor nominal cada una de ellas de .... euros (en su conjunto .... euros), que suponen el .... por ciento del capital social. Asiste el expresado socio representado por Don ....

Asisten representados, ... socios, que titularizan .... participaciones que suponen el .... por ciento del capital social asumido.

En conjunto, asisten, personalmente o representados, ... socios, titulares de .... participaciones que suponen el .... por ciento del capital social suscrito.

Asiste el órgano de administración de la sociedad.

Son presidente y secretario de la presente Junta General, Don .... y Don ...., respectivamente. Ello de conformidad con lo establecido en la Ley y los Estatutos Sociales y ser los citados señores los socios designados por los concurrentes al comienzo de la reunión.

Abierta la sesión por el Sr. Presidente, sin que nadie se oponga a la válida constitución y celebración de la presente Junta General, se entra en el debate y deliberación de los diversos puntos del orden del día sin que ninguno de los presentes haga uso de su derecho a que conste en el acta el contenido de su intervención.

Tras todo lo anterior, se propone por el Sr. presidente la adopción de los siguientes acuerdos, propuesta que se transcribe literalmente a continuación:

PRIMERO.– Reducir el capital social en la cantidad de .... euros, con el fin de restituir aportaciones al socio Don ...., titular de .... participaciones sociales, de .... euros de nominal, numeradas correlativamente de la .... a la ...., para lo cual prestan todos los socios individualmente su consentimiento, incluido Don ....

Por lo tanto, se acuerda restituir al socio Don ...., de nacionalidad española, mayor de edad, soltero, nacido el .... de .... de ...., vecino de ...., con domicilio en .... y DNI/NIF ...:......., la suma de .... euros por cada una de las .... participaciones sociales de .... euros de valor nominal cada una, totalizando, en su conjunto, la cantidad de .... euros que le serán reembolsadas al mencionado socio.

No constituyéndose la reserva a que se refiere el artículo 332 TRLSC, el socio al que se restituirán aportaciones, en los términos del art. 331 TRLSC, responderá solidariamente con la sociedad del pago de las deudas sociales contraídas con anterioridad a la fecha en que la presente reducción sea oponible a terceros.

Todo ello sin perjuicio de lo dispuesto en el artículo .... de los Estatutos Sociales, que impide llevar a efecto el expresado acuerdo de reducción de capital, sin que transcurra un plazo de tres meses a contar desde la fecha de notificación del mismo a los acreedores, en los términos, a los efectos y con las consecuencias previstas en el artículo 333 TRLSC.

SEGUNDO.– Autorizar al administrador único para que dentro del plazo de .... meses, a contar desde esta fecha, ejecute los acuerdos adoptados en esta reunión, procediendo a efectuar el pago reseñado y a la correspondiente amortización de las .... participaciones sociales, numeradas correlativamente de la .... a la ...., ambas inclusive, de un valor nominal de .... euros cada una, efectuándose la correspondiente anotación en el libro registro de socios.

Igualmente, en ejecución de lo acordado por esta Junta, se autoriza al Administrador único para dar nueva redacción al artículo .... y .... de los Estatutos Sociales. Tras la citada modificación, el tenor literal de los expresados artículos pasará a ser el siguiente:

ARTÍCULO .... CAPITAL SOCIAL. El capital social se fija en la cantidad de .... (...........) euros, íntegramente desembolsado.

ARTÍCULO .... PARTICIPACIONES SOCIALES. El capital social está dividido en .... participaciones sociales de .... euros cada una de ellas, numeradas correlativamente a partir de la unidad, indivisibles y acumulables, todas asumidas y desembolsadas por los socios y su titularidad lleva de pleno derecho la obligación de someterse a las prescripciones de los Estatutos y a los acuerdos válidamente adoptados. Las participaciones atribuyen a los socios los mismos derechos.

Previa la oportuna votación, la citada propuesta de acuerdos sociales es aprobada por UNANIMIDAD, con el voto favorable de todos los asistentes (........... por ciento de los votos correspondientes a las participaciones sociales en que se divide el capital social), en términos idénticos a los anteriormente transcritos.

Y no habiendo más asuntos que tratar, se procede a la redacción de la presente acta que es aprobada de forma unánime por los asistentes, y finaliza la presente Junta General Extraordinaria, levantándose la reunión en ...., a las .... horas del día .... de .... de ....

F270. REDUCCIÓN DE CAPITAL CON LA FINALIDAD DE RESTITUIR LAS APORTACIONES A LOS SOCIOS SIN CONSTITUCIÓN DE RESERVA. ACTA DE ACUERDO DE JUNTA GENERAL EXTRAORDINARIA UNIVERSAL

Normativa de Aplicación: *Arts. 317 y ss. Real Decreto Legislativo 1/2010, de 2 de julio, por el que se aprueba el texto refundido de la Ley de Sociedades de Capital.*

Que hoy día .... de .... de ...., a las .... horas, y en el domicilio social, sito en la localidad de ...., calle ...., se celebra JUNTA GENERAL EXTRAORDINARIA de socios de la sociedad .... S.L.

Se encuentran presentes, en el referido lugar, y, por lo tanto, concurren la totalidad de socios de la compañía, decidiendo y dando su conformidad los asistentes a constituirse, con el carácter de universal, en Junta General Extraordinaria de socios de la compañía, para deliberar y, en su caso, adoptar acuerdos con relación al siguiente orden del día:

1.– Reducción de capital social en la cantidad de .... euros, con el fin de restituir aportaciones al socio Don ....; 2.– Ejecución de acuerdos y elevación a público.

En señal de conformidad firman seguidamente todos los asistentes, a continuación de su nombre y apellidos.

....

Asiste el órgano de administración de la sociedad.

Son presidente y secretario de la presente Junta General, Don .... y Don ...., respectivamente. Ello de conformidad con lo establecido en la Ley y los Estatutos Sociales y ser los citados señores los socios designados por los concurrentes al comienzo de la reunión.

Abierta la sesión por el Sr. Presidente, sin que nadie se oponga a la válida constitución y celebración de la presente Junta General, se entra en el debate y deliberación de los diversos puntos del orden del día, sin que ninguno de los presentes haga uso de su derecho a que conste en el acta el contenido de su intervención.

Tras lo anterior, se propone por el Sr. presidente la adopción de los siguientes acuerdos, que se transcriben de forma literal a continuación:

PRIMERO.– Reducir el capital social en la cantidad de .... euros, con el fin de restituir aportaciones al socio Don ...., titular de .... participaciones sociales, de .... euros de nominal, numeradas correlativamente de la .... a la ...., para lo cual prestan todos los socios individualmente su consentimiento, incluido Don ....

Por lo tanto, se acuerda restituir al socio Don ...., de nacionalidad española, mayor de edad, soltero, nacido el .... de .... de ...., vecino de ...., con domicilio en .... y DNI/NIF ...., la suma de .... euros por cada una de las .... participaciones sociales de .... euros de valor nominal cada una, totalizando, en su conjunto, la cantidad de .... euros que le serán reembolsadas al mencionado socio.

No constituyéndose la reserva a que se refiere el artículo 332 TRLSC, el socio al que se restituirán aportaciones, en lo términos del art. 331 TRLSC, responderá solidariamente con la sociedad del pago de las deudas sociales contraídas con anterioridad a la fecha en que la presente reducción sea oponible a terceros.

Todo ello sin perjuicio de lo dispuesto en el artículo .... de los Estatutos Sociales, que impide llevar a efecto el expresado acuerdo de reducción de capital, sin que transcurra un plazo de tres meses a contar desde la fecha de notificación del mismo a los acreedores, en los términos, a los efectos y con las consecuencias previstas en el artículo 333 TRLSC.

SEGUNDO.– Autorizar al administrador único para que dentro del plazo de .... meses, a contar desde esta fecha, ejecute los acuerdos adoptados en esta reunión, procediendo a efectuar el pago reseñado y a la correspondiente amortización de las .... participaciones sociales, numeradas correlativamente de la .... a la ...., ambas inclusive, de un valor nominal de .... euros cada una, efectuándose la correspondiente anotación en el libro registro de socios.

Igualmente, en ejecución de lo acordado por esta Junta, se autoriza al Administrador único para dar nueva redacción al artículo .... y .... de los Estatutos Sociales. Tras la citada modificación, el tenor literal de los expresados artículos pasará a ser el siguiente:

ARTÍCULO .... CAPITAL SOCIAL. El capital social se fija en la cantidad de .... (...........) euros, íntegramente desembolsado.

ARTÍCULO .... PARTICIPACIONES SOCIALES. El capital social está dividido en .... participaciones sociales de .... euros cada una de ellas, numeradas correlativamente a partir de la unidad, indivisibles y acumulables, todas asumidas y desembolsadas por los socios y su titularidad lleva de pleno derecho la obligación de someterse a las prescripciones de los Estatutos y a los acuerdos válidamente adoptados. Las participaciones atribuyen a los socios los mismos derechos.

Previa la oportuna votación, la citada propuesta de acuerdos sociales es aprobada por UNANIMIDAD, con el voto favorable de todos los asistentes (........... por ciento de los votos correspondientes a las participaciones sociales en que se divide el capital social), en términos idénticos a los anteriormente transcritos.

Y no habiendo más asuntos que tratar, se procede a la redacción de la presente acta que es aprobada de forma unánime por los asistentes, y finaliza la presente Junta General Extraordinaria, levantándose la reunión en ...., a las .... horas del día .... de .... de ....

F271. REDUCCIÓN DE CAPITAL CON LA FINALIDAD DE RESTITUIR LAS APORTACIONES A LOS SOCIOS, CON CONSTITUCIÓN DE RESERVA. ACTA DE ACUERDO DE JUNTA GENERAL EXTRAORDINARIA CONVOCADA

Normativa de Aplicación: *Arts. 317 y ss. Real Decreto Legislativo 1/2010, de 2 de julio, por el que se aprueba el texto refundido de la Ley de Sociedades de Capital.*

Que hoy día .... de .... de ...., a las .... horas, y en el domicilio social, sito en la localidad de ...., calle .... s/n, se celebra JUNTA GENERAL EXTRAORDINARIA de socios de la sociedad .... S.L.

La convocatoria de la presente Junta General Extraordinaria de socios, ha sido acordada por el administrador único, Don ....

La convocatoria de la presente Junta General, se ha realizado, de conformidad con lo establecido en la Ley y el art .... de los Estatutos Sociales, mediante burofax con acuse de recibo y certificado de contenido, de fecha ...., dirigido ese mismo día a cada uno de los socios al domicilio designado al efecto por cada uno de ellos.

El tenor literal de la convocatoria se transcribe a continuación: «Por medio del presente se convoca a los señores socios a la celebración de Junta General Extraordinaria de la sociedad .... S.L., que se celebrará, el día .... de .... de ...., a las .... horas, en el domicilio social sito en ...., a efectos de deliberar y, en su caso, adoptar acuerdos con relación al siguiente orden del día: 1.– Reducción de capital social en la cantidad de .... euros, con el fin de restituir aportaciones al socio Don ....; 2.– Ejecución de acuerdos y elevación a público. Se hace constar el derecho que corresponde a todos los socios de examinar en el domicilio social el texto íntegro de la modificación propuesta así como de pedir la entrega o el envío gratuito del mismo. En ...., hoy día .... de .... de .... el Administrador único de .... S.L. Don ....»

Asisten a la presente Junta General Extraordinaria, personalmente o representados, los siguientes socios:

I.– Socios presentes:

Don ...., titular de .... participaciones sociales núm. .... a ...., incluidos, con un valor nominal cada una de ellas de .... euros (en su conjunto .... euros), que suponen el .... por ciento del capital social.

Don ...., titular de .... participaciones sociales núm. .... a ...., incluidos, con un valor nominal cada una de ellas de .... euros (en su conjunto .... euros), que suponen el .... por ciento del capital social.

Doña ...., titular de .... participaciones sociales núm. .... a ...., incluidos, con un valor nominal cada una de ellas de .... euros (en su conjunto .... euros), que suponen el .... por ciento del capital social.

Por lo tanto, asisten de forma personal .... socios, titulares, en conjunto, de .... participaciones sociales que suponen el .... por ciento del capital social.

II.– Socios representados:

Don ...., titular de .... participaciones sociales núm. .... a ...., incluidos, con un valor nominal cada una de ellas de .... euros (en su conjunto .... euros), que suponen el .... por ciento del capital social. Asiste el expresado socio representado por Doña ....

Don ...., titular de .... participaciones sociales núm. .... a ...., incluidos, con un valor nominal cada una de ellas de .... euros (en su conjunto .... euros), que suponen el .... por ciento del capital social. Asiste el expresado socio representado por Don ....

Asisten representados, ... socios, que titularizan .... participaciones que suponen el .... por ciento del capital social asumido.

En conjunto, asisten, personalmente o representados, ... socios, titulares de .... participaciones que suponen el .... por ciento del capital social suscrito.

Asiste el órgano de administración de la sociedad.

Son presidente y secretario de la presente Junta General, Don .... y Don ...., respectivamente. Ello de conformidad con lo establecido en la Ley y los Estatutos Sociales y ser los citados señores los socios designados por los concurrentes al comienzo de la reunión.

Abierta la sesión por el Sr. Presidente, sin que nadie se oponga a la válida constitución y celebración de la presente Junta General, se entra en el debate y deliberación de los diversos puntos del orden del día sin que ninguno de los presentes haga uso de su derecho a que conste en el acta el contenido de su intervención.

Tras todo lo anterior, se propone por el Sr. presidente la adopción de los siguientes acuerdos, propuesta que se transcribe literalmente a continuación:

PRIMERO.– Reducir el capital social en la cantidad de .... euros, con el fin de restituir aportaciones al socio Don ...., titular de .... participaciones sociales, de .... euros de nominal, numeradas correlativamente de la .... a la ...., para lo cual prestan todos los socios individualmente su consentimiento, incluido Don ....

SEGUNDO.– Restituir al socio Don ...., de nacionalidad española, mayor de edad, soltero, nacido el .... de .... de ...., vecino de ...., con domicilio en .... y DNI/NIF ...., la suma de .... euros por cada una de las .... participaciones sociales de .... euros de valor nominal cada una, totalizando la cantidad de .... euros que le serán reembolsadas al mencionado socio.

TERCERO.– Con el fin de que no haya lugar a la responsabilidad del socio a quien se restituyen sus aportaciones, proceder a dotar una reserva con cargo a las reservas libres, por importe de .... euros, indisponible hasta que transcurran cinco años a contar desde la publicación de la reducción en el Boletín Oficial del Registro Mercantil, salvo que antes del vencimiento de dicho plazo hubieren sido satisfechas todas las deudas sociales contraídas con anterioridad a la fecha en que la reducción fuera oponible a terceros.

CUARTO.– Autorizar al Administrador único para que dentro del plazo de .... meses, a contar de esta fecha, ejecute los acuerdos adoptados en esta reunión, procediendo a efectuar el pago y a la correspondiente amortización de las .... participaciones sociales, numeradas correlativamente de la .... a la ...., ambas inclusive, de un valor nominal de .... euros cada una, efectuándose la correspondiente anotación en el libro registro de socios.

Igualmente, en ejecución de lo acordado por esta Junta, se autoriza al Administrador único para dar nueva redacción al artículo .... y .... de los Estatutos Sociales. Tras la citada modificación, el tenor literal de los expresados artículos pasará a ser el siguiente:

ARTÍCULO .... CAPITAL SOCIAL. El capital social se fija en la cantidad de .... (...........) euros, íntegramente desembolsado.

ARTÍCULO .... PARTICIPACIONES SOCIALES. El capital social está dividido en .... participaciones sociales de .... euros cada una de ellas, numeradas correlativamente a partir de la unidad, indivisibles y acumulables, todas asumidas y desembolsadas por los socios y su titularidad lleva de pleno derecho la obligación de someterse a las prescripciones de los Estatutos y a los acuerdos válidamente adoptados. Las participaciones atribuyen a los socios los mismos derechos.

Previa la oportuna votación, la citada propuesta de acuerdos sociales es aprobada por UNANIMIDAD, con el voto favorable de todos los asistentes (........... por ciento de los votos correspondientes a las participaciones sociales en que se divide el capital social), en términos idénticos a los anteriormente transcritos.

Y no habiendo más asuntos que tratar, se procede a la redacción de la presente acta que es aprobada de forma unánime por los asistentes, y finaliza la presente Junta General Extraordinaria, levantándose la reunión en ...., a las .... horas del día .... de .... de ....

F272. REDUCCIÓN DE CAPITAL CON LA FINALIDAD DE RESTITUIR LAS APORTACIONES A LOS SOCIOS, CON CONSTITUCIÓN DE RESERVA. ACTA DE ACUERDO DE JUNTA GENERAL EXTRAORDINARIA UNIVERSAL

Normativa de Aplicación: *Arts. 317 y ss. Real Decreto Legislativo 1/2010, de 2 de julio, por el que se aprueba el texto refundido de la Ley de Sociedades de Capital.*

Que hoy día .... de .... de ...., a las .... horas, y en el domicilio social, sito en la localidad de ...., calle ...., se celebra JUNTA GENERAL EXTRAORDINARIA de socios de la sociedad .... S.L.

Se encuentran presentes, en el referido lugar, y, por lo tanto, concurren la totalidad de socios de la compañía, decidiendo y dando su conformidad los asistentes a constituirse, con el carácter de universal, en Junta General Extraordinaria de socios de la compañía, para deliberar y, en su caso, adoptar acuerdos con relación al siguiente orden del día:

1.– Reducción de capital social en la cantidad de .... euros, con el fin de restituir aportaciones al socio Don ....; 2.– Ejecución de acuerdos y elevación a público.

En señal de conformidad firman seguidamente todos los asistentes, a continuación de su nombre y apellidos.

....

Asiste el órgano de administración de la sociedad.

Son presidente y secretario de la presente Junta General, Don .... y Don ...., respectivamente. Ello de conformidad con lo establecido en la Ley y los Estatutos Sociales y ser los citados señores los socios designados por los concurrentes al comienzo de la reunión.

Abierta la sesión por el Sr. Presidente, sin que nadie se oponga a la válida constitución y celebración de la presente Junta General, se entra en el debate y deliberación de los diversos puntos del orden del día, sin que ninguno de los presentes haga uso de su derecho a que conste en el acta el contenido de su intervención.

Tras lo anterior, se propone por el Sr. presidente la adopción de los siguientes acuerdos, que se transcriben de forma literal a continuación:

PRIMERO.– Reducir el capital social en la cantidad de .... euros, con el fin de restituir aportaciones al socio Don ...., titular de .... participaciones sociales, de .... euros de nominal, numeradas correlativamente de la .... a la ...., para lo cual prestan todos los socios individualmente su consentimiento, incluido Don ....

SEGUNDO.– Restituir al socio Don ...., de nacionalidad española, mayor de edad, soltero, nacido el .... de .... de ...., vecino de ...., con domicilio en .... y DNI/NIF ...., la suma de .... euros por cada una de las .... participaciones sociales de .... euros de valor nominal cada una, totalizando la cantidad de .... euros que le serán reembolsadas al mencionado socio.

TERCERO.– Con el fin de que no haya lugar a la responsabilidad del socio a quien se restituyen sus aportaciones, proceder a dotar una reserva con cargo a las reservas libres, por importe de .... euros, indisponible hasta que transcurran cinco años a contar desde la publicación de la reducción en el Boletín Oficial del Registro Mercantil, salvo que antes del vencimiento de dicho plazo hubieren sido satisfechas todas las deudas sociales contraídas con anterioridad a la fecha en que la reducción fuera oponible a terceros.

CUARTO.– Autorizar al Administrador único para que dentro del plazo de .... meses, a contar de esta fecha, ejecute los acuerdos adoptados en esta reunión, procediendo a efectuar el pago y a la correspondiente amortización de las .... participaciones sociales, numeradas correlativamente de la .... a la ...., ambas inclusive, de un valor nominal de .... euros cada una, efectuándose la correspondiente anotación en el libro registro de socios.

Igualmente, en ejecución de lo acordado por esta Junta, se autoriza al Administrador único para dar nueva redacción al artículo .... y .... de los Estatutos Sociales. Tras la citada modificación, el tenor literal de los expresados artículos pasará a ser el siguiente:

ARTÍCULO .... CAPITAL SOCIAL. El capital social se fija en la cantidad de .... (...........) euros, íntegramente desembolsado.

ARTÍCULO .... PARTICIPACIONES SOCIALES. El capital social está dividido en .... participaciones sociales de .... euros cada una de ellas, numeradas correlativamente a partir de la unidad, indivisibles y acumulables, todas asumidas y desembolsadas por los socios y su titularidad lleva de pleno derecho la obligación de someterse a las prescripciones de los Estatutos y a los acuerdos válidamente adoptados. Las participaciones atribuyen a los socios los mismos derechos.

Previa la oportuna votación, la citada propuesta de acuerdos sociales es aprobada por UNANIMIDAD, con el voto favorable de todos los asistentes (........... por ciento de los votos correspondientes a las participaciones sociales en que se divide el capital social), en términos idénticos a los anteriormente transcritos.

Y no habiendo más asuntos que tratar, se procede a la redacción de la presente acta que es aprobada de forma unánime por los asistentes, y finaliza la presente Junta General Extraordinaria, levantándose la reunión en ...., a las .... horas del día .... de .... de ....

F273. REDUCCIÓN DE CAPITAL CON LA FINALIDAD DE COMPENSAR PÉRDIDAS. ACTA DE ACUERDO DE JUNTA GENERAL EXTRAORDINARIA CONVOCADA

Normativa de Aplicación: *Arts. 317 y ss. Real Decreto Legislativo 1/2010, de 2 de julio, por el que se aprueba el texto refundido de la Ley de Sociedades de Capital.*

Que hoy día .... de .... de ...., a las .... horas, y en el domicilio social, sito en la localidad de ...., calle .... s/n, se celebra JUNTA GENERAL EXTRAORDINARIA de socios de la sociedad .... S.L.

La convocatoria de la presente Junta General Extraordinaria de socios, ha sido acordada por el administrador único, Don ....

La convocatoria de la presente Junta General, se ha realizado, de conformidad con lo establecido en la Ley y el art .... de los Estatutos Sociales, mediante burofax con

acuse de recibo y certificado de contenido, de fecha ...., dirigido ese mismo día a cada uno de los socios al domicilio designado al efecto por cada uno de ellos.

El tenor literal de la convocatoria se transcribe a continuación: «Por medio del presente se convoca a los señores socios a la celebración de Junta General Extraordinaria de la sociedad .... S.L., que se celebrará, el día .... de .... de ...., a las .... horas, en el domicilio social sito en ...., a efectos de deliberar y, en su caso, adoptar acuerdos con relación al siguiente orden del día: 1.– Aprobación del balance de la sociedad cerrado a fecha .... de .... de dos mil ...., verificado por el auditor Don .... 2.– Reducción de capital social en la cantidad de .... euros, con el fin de establecer el equilibrio entre capital y patrimonio neto disminuido por consecuencia de pérdidas. Se hace constar el derecho que corresponde a todos los socios de examinar en el domicilio social el texto íntegro de la modificación propuesta así como de pedir la entrega o el envío gratuito del mismo. En ...., hoy día .... de .... de .... el Administrador único de .... S.L. Don ....»

Asisten a la presente Junta General Extraordinaria, personalmente o representados, los siguientes socios:

I.– Socios presentes:

Don ...., titular de .... participaciones sociales núm. .... a ...., incluidos, con un valor nominal cada una de ellas de .... euros (en su conjunto .... euros), que suponen el .... por ciento del capital social.

Don ...., titular de .... participaciones sociales núm. .... a ...., incluidos, con un valor nominal cada una de ellas de .... euros (en su conjunto .... euros), que suponen el .... por ciento del capital social.

Doña ...., titular de .... participaciones sociales núm. .... a ...., incluidos, con un valor nominal cada una de ellas de .... euros (en su conjunto .... euros), que suponen el .... por ciento del capital social.

Por lo tanto, asisten de forma personal .... socios, titulares, en conjunto, de .... participaciones sociales que suponen el .... por ciento del capital social.

II.– Socios representados:

Don ...., titular de .... participaciones sociales núm. .... a ...., incluidos, con un valor nominal cada una de ellas de .... euros (en su conjunto .... euros), que suponen el .... por ciento del capital social. Asiste el expresado socio representado por Doña ....

Don ...., titular de .... participaciones sociales núm. .... a ...., incluidos, con un valor nominal cada una de ellas de .... euros (en su conjunto .... euros), que suponen el .... por ciento del capital social. Asiste el expresado socio representado por Don ....

Asisten representados, ... socios, que titularizan .... participaciones que suponen el .... por ciento del capital social asumido.

En conjunto, asisten, personalmente o representados, ... socios, titulares de .... participaciones que suponen el .... por ciento del capital social suscrito.

Asiste el órgano de administración de la sociedad.

Son presidente y secretario de la presente Junta General, Don .... y Don ...., respectivamente. Ello de conformidad con lo establecido en la Ley y los Estatutos Sociales y ser los citados señores los socios designados por los concurrentes al comienzo de la reunión.

Abierta la sesión por el Sr. Presidente, sin que nadie se oponga a la válida constitución y celebración de la presente Junta General, se entra en el debate y deliberación de los diversos puntos del orden del día sin que ninguno de los presentes haga uso de su derecho a que conste en el acta el contenido de su intervención.

Tras todo lo anterior, se propone por el Sr. presidente la adopción de los siguientes acuerdos, propuesta que se transcribe literalmente a continuación:

PRIMERO.– Aprobar el balance cerrado a fecha .... de .... de dos mil ...., debidamente verificado por Don ...., auditor de cuentas designado para tal fin por el órgano de administración al no venir la sociedad obligada a verificar sus cuentas anuales, haciéndose constar que del expresado balance resulta que la sociedad no cuenta con reserva alguna. Todo ello a los efectos del siguiente acuerdo.

SEGUNDO.– Reducir el capital social en .... euros con la única finalidad de establecer el equilibrio entre capital y el patrimonio neto disminuido por consecuencia de pérdidas, tomando como base de la operación el balance cerrado al .... de .... de dos mil .... y aprobado por el acuerdo anterior.

La reducción de capital acordada se lleva a cabo mediante la disminución del valor nominal de cada una de las .... participaciones sociales en que se divide el capital social de la compañía en la suma de .... euros por participación, en conjunto, ... euros, de tal manera que tras la ejecución de la reducción, el capital social de la compañía quedará fijado en .... euros, dividido en .... participaciones sociales de .... euros de valor nominal, numeradas de la 1 a la .... El acuerdo de reducción de capital deberá ser ejecutado en el plazo máximo de .... meses.

La reducción de capital afecta por igual a todos las participaciones sociales, por lo que ninguna cantidad será abonada a los socios como consecuencia de la misma.

TERCERO.– Autorizar al Administrador único para que dentro del plazo de .... meses, a contar de esta fecha, ejecute los acuerdos adoptados en esta reunión, procediendo a efectuar las operaciones precisas a tal fin, inclusive contables, efectuándose la correspondiente anotación en el libro registro de socios.

Igualmente, en ejecución de lo acordado por esta Junta, se autoriza al Administrador único para dar nueva redacción al artículo .... y .... de los Estatutos Sociales. Tras la citada modificación, el tenor literal de los expresados artículos pasará a ser el siguiente:

ARTÍCULO .... CAPITAL SOCIAL. El capital social se fija en la cantidad de .... (............) euros, íntegramente desembolsado.

ARTÍCULO .... PARTICIPACIONES SOCIALES. El capital social está dividido en .... participaciones sociales de .... euros cada una de ellas, numeradas correlativamente a partir de la unidad, indivisibles y acumulables, todas asumidas y desembolsadas por los socios y su titularidad lleva de pleno derecho la obligación de someterse a las prescripciones de los Estatutos y a los acuerdos válidamente adoptados. Las participaciones atribuyen a los socios los mismos derechos.

Previa la oportuna votación, la citada propuesta de acuerdos sociales es aprobada por UNANIMIDAD, con el voto favorable de todos los asistentes (........... por ciento de los votos correspondientes a las participaciones sociales en que se divide el capital social), en términos idénticos a los anteriormente transcritos.

Y no habiendo más asuntos que tratar, se procede a la redacción de la presente acta que es aprobada de forma unánime por los asistentes, y finaliza la presente Junta General Extraordinaria, levantándose la reunión en ...., a las .... horas del día .... de .... de ....

F274. REDUCCIÓN DE CAPITAL CON LA FINALIDAD DE COMPENSAR PÉRDIDAS. ACTA DE ACUERDO DE JUNTA GENERAL EXTRAORDINARIA UNIVERSAL

Normativa de Aplicación: *Arts. 317 y ss. Real Decreto Legislativo 1/2010, de 2 de julio, por el que se aprueba el texto refundido de la Ley de Sociedades de Capital.*

Que hoy día .... de .... de ...., a las .... horas, y en el domicilio social, sito en la localidad de ...., calle ...., se celebra JUNTA GENERAL EXTRAORDINARIA de socios de la sociedad .... S.L.

Se encuentran presentes, en el referido lugar, y, por lo tanto, concurren la totalidad de socios de la compañía, decidiendo y dando su conformidad los asistentes a constituirse, con el carácter de universal, en Junta General Extraordinaria de socios de la compañía, para deliberar y, en su caso, adoptar acuerdos con relación al siguiente orden del día:

1.– Aprobación del balance de la sociedad cerrado a fecha .... de .... de dos mil ...., verificado por el auditor Don .... 2.– Reducción de capital social en la cantidad de .... euros, con el fin de establecer el equilibrio entre capital y patrimonio neto disminuido por consecuencia de pérdidas.

En señal de conformidad firman seguidamente todos los asistentes, a continuación de su nombre y apellidos.

....

Asiste el órgano de administración de la sociedad.

Son presidente y secretario de la presente Junta General, Don .... y Don ...., respectivamente. Ello de conformidad con lo establecido en la Ley y los Estatutos Sociales y ser los citados señores los socios designados por los concurrentes al comienzo de la reunión.

Abierta la sesión por el Sr. Presidente, sin que nadie se oponga a la válida constitución y celebración de la presente Junta General, se entra en el debate y deliberación de los diversos puntos del orden del día, sin que ninguno de los presentes haga uso de su derecho a que conste en el acta el contenido de su intervención.

Tras lo anterior, se propone por el Sr. presidente la adopción de los siguientes acuerdos, que se transcriben de forma literal a continuación:

PRIMERO.– Aprobar el balance cerrado a fecha .... de .... de dos mil ...., debidamente verificado por Don ...., auditor de cuentas designado para tal fin por el órgano de administración al no venir la sociedad obligada a verificar sus cuentas anuales, haciéndose constar que del expresado balance resulta que la sociedad no cuenta con reserva alguna. Todo ello a los efectos del siguiente acuerdo.

SEGUNDO.– Reducir el capital social en .... euros con la única finalidad de establecer el equilibrio entre capital y el patrimonio, neto disminuido por consecuencia de pérdidas, tomando como base de la operación el balance cerrado al .... de .... de dos mil .... y aprobado por el acuerdo anterior.

La reducción de capital acordada se lleva a cabo mediante la disminución del valor nominal de cada una de las .... participaciones sociales en que se divide el capital social de la compañía en la suma de .... euros por participación, en conjunto, ... euros, de tal manera que tras la ejecución de la reducción, el capital social de la compañía quedará fijado en .... euros, dividido en .... participaciones sociales de .... euros de valor nominal, numeradas de la 1 a la .... El acuerdo de reducción de capital deberá ser ejecutado en el plazo máximo de .... meses.

La reducción de capital afecta por igual a todos las participaciones sociales, por lo que ninguna cantidad será abonada a los socios como consecuencia de la misma.

TERCERO.– Autorizar al Administrador único para que dentro del plazo de .... meses, a contar de esta fecha, ejecute los acuerdos adoptados en esta reunión, procediendo a efectuar las operaciones precisas a tal fin, inclusive contables, efectuándose la correspondiente anotación en el libro registro de socios.

Igualmente, en ejecución de lo acordado por esta Junta, se autoriza al Administrador único para dar nueva redacción al artículo .... y .... de los Estatutos Sociales. Tras la citada modificación, el tenor literal de los expresados artículos pasará a ser el siguiente:

ARTÍCULO .... CAPITAL SOCIAL. El capital social se fija en la cantidad de .... (...........) euros, íntegramente desembolsado.

ARTÍCULO .... PARTICIPACIONES SOCIALES. El capital social está dividido en .... participaciones sociales de .... euros cada una de ellas, numeradas correlativamente a partir de la unidad, indivisibles y acumulables, todas asumidas y desembolsadas por los socios y su titularidad lleva de pleno derecho la obligación de someterse a las prescripciones de los Estatutos y a los acuerdos válidamente adoptados. Las participaciones atribuyen a los socios los mismos derechos.

Previa la oportuna votación, la citada propuesta de acuerdos sociales es aprobada por UNANIMIDAD, con el voto favorable de todos los asistentes (........... por ciento de los votos correspondientes a las participaciones sociales en que se divide el capital social), en términos idénticos a los anteriormente transcritos.

Y no habiendo más asuntos que tratar, se procede a la redacción de la presente acta que es aprobada de forma unánime por los asistentes, y finaliza la presente Junta General Extraordinaria, levantándose la reunión en ...., a las .... horas del día .... de .... de ....

F275. REDUCCIÓN Y AUMENTO DE CAPITAL SIMULTÁNEOS (OPERACIÓN ACORDEÓN). ACTA DE ACUERDO DE JUNTA GENERAL EXTRAORDINARIA CONVOCADA

Normativa de Aplicación: *Arts. 317 y ss. Real Decreto Legislativo 1/2010, de 2 de julio, por el que se aprueba el texto refundido de la Ley de Sociedades de Capital.*

Que hoy día .... de .... de ...., a las .... horas, y en el domicilio social, sito en la localidad de ...., calle .... s/n, se celebra JUNTA GENERAL EXTRAORDINARIA de socios de la sociedad .... S.L.

La convocatoria de la presente Junta General Extraordinaria de socios, ha sido acordada por el administrador único, Don ....

La convocatoria de la presente Junta General, se ha realizado, de conformidad con lo establecido en la Ley y el art .... de los Estatutos Sociales, mediante burofax con acuse de recibo y certificado de contenido, de fecha ...., dirigido ese mismo día a cada uno de los socios al domicilio designado al efecto por cada uno de ellos.

El tenor literal de la convocatoria se transcribe a continuación: «Por medio del presente se convoca a los señores socios a la celebración de Junta General Ordinaria Extraordinaria de la sociedad .... S.L., que se celebrará, el día .... de .... de ...., a las .... horas, en el domicilio social sito en ...., a efectos de deliberar y, en su caso, adoptar acuerdos con relación al siguiente orden del día:

1.– Aprobación del balance cerrado al .... de .... de dos mil ...., debidamente verificado por el auditor de cuentas designado para tal fin por el órgano de administración de la sociedad .... S.L. Todo ello a efectos de lo establecido en el punto siguiente.

2.– Reducción del capital social en .... euros, es decir, dejarlo reducido a cero, con la única finalidad de establecer el equilibrio entre capital y el patrimonio neto disminuido por consecuencia de pérdidas, tomando como base de la operación el balance expresado el número primero precedente y simultáneo aumento del capital social de la compañía en la cuantía de .... euros, mediante aportaciones dinerarias y la creación de .... participaciones sociales indivisibles y acumulables, de .... euros cada una de ellas, número .... a ...., ambos inclusive, que atribuyen a los socios los mismos derechos.

3.– Modificación de los arts. .... y .... de los Estatutos Sociales.

Se hace constar el derecho que corresponde a todos los socios de examinar en el domicilio social el texto íntegro de la modificación propuesta así como de pedir la entrega o el envío gratuito del mismo.

En ...., hoy día .... de .... de .... el Administrador único de .... S.L. Don ....»

Asisten a la presente Junta General Extraordinaria, personalmente o representados, los siguientes socios:

I.– Socios presentes:

Don ...., titular de .... participaciones sociales núm. .... a ...., incluidos, con un valor nominal cada una de ellas de .... euros (en su conjunto .... euros), que suponen el .... por ciento del capital social.

Don ...., titular de .... participaciones sociales núm. .... a ...., incluidos, con un valor nominal cada una de ellas de .... euros (en su conjunto .... euros), que suponen el .... por ciento del capital social.

Doña ...., titular de .... participaciones sociales núm. .... a ...., incluidos, con un valor nominal cada una de ellas de .... euros (en su conjunto .... euros), que suponen el .... por ciento del capital social.

Por lo tanto, asisten de forma personal .... socios, titulares, en conjunto, de .... participaciones sociales que suponen el .... por ciento del capital social.

II.– Socios representados:

Don ...., titular de .... participaciones sociales núm. .... a ...., incluidos, con un valor nominal cada una de ellas de .... euros (en su conjunto .... euros), que suponen el .... por ciento del capital social. Asiste el expresado socio representado por Doña ....

Don ...., titular de .... participaciones sociales núm. .... a ...., incluidos, con un valor nominal cada una de ellas de .... euros (en su conjunto .... euros), que suponen el .... por ciento del capital social. Asiste el expresado socio representado por Don ....

Asisten representados, ... socios, que titularizan .... participaciones que suponen el .... por ciento del capital social asumido.

En conjunto, asisten, personalmente o representados, ... socios, titulares de .... participaciones que suponen el .... por ciento del capital social suscrito.

Asiste el órgano de administración de la sociedad.

Son presidente y secretario de la presente Junta General, Don .... y Don ...., respectivamente. Ello de conformidad con lo establecido en la Ley y los Estatutos Sociales y ser los citados señores los socios designados por los concurrentes al comienzo de la reunión.

Abierta la sesión por el Sr. Presidente, sin que nadie se oponga a la válida constitución y celebración de la presente Junta General, se entra en el debate y deliberación de los diversos puntos del orden del día sin que ninguno de los presentes haga uso de su derecho a que conste en el acta el contenido de su intervención.

Tras todo lo anterior, se propone por el Sr. presidente la adopción de los siguientes acuerdos, propuesta que se transcribe literalmente a continuación:

PRIMERO.– Aprobar el balance cerrado a fecha .... de .... de dos mil ...., que arroja un resultado de ...., debidamente verificado por Don ...., auditor de cuentas designado para tal fin por el órgano de administración de la sociedad .... S.L. al no venir esta obligada a verificar sus cuentas anuales, haciéndose constar que del expresado balance resulta que la sociedad no cuenta con reserva alguna.

Todo ello a los efectos del siguiente acuerdo.

SEGUNDO.– REDUCCIÓN Y AUMENTO DE CAPITAL SIMULTÁNEO.

A) Reducir el capital social en .... euros, es decir, dejarlo reducido a cero, con la única finalidad de establecer el equilibrio entre capital y el patrimonio neto disminuido por consecuencia de pérdidas, tomando como base de la operación el balance cerrado al .... de .... de dos mil .... y aprobado por el acuerdo anterior.

A tal fin, se amortizan las .... participaciones sociales, de .... euros cada una de ellas, en que se divide el capital social, numeradas correlativamente a partir de la unidad hasta la ....

La reducción de capital afecta por igual a todos las participaciones sociales, por lo que ninguna cantidad será abonada a los socios como consecuencia de la misma

La eficacia de la reducción queda condicionada a la ejecución del aumento que se describe a continuación.

B) Simultáneamente, proceder al aumento del capital social en la cantidad de .... euros, mediante la creación de .... participaciones sociales indivisibles y acumulables, de .... euros cada una de ellas, número 1 a ...., inclusive, que atribuyen a los socios los mismos derechos.

Las nuevas participaciones sociales serán asumidas por los socios con base en las siguientes reglas:

1.– Por cada participación social amortizada en virtud del acuerdo de reducción de capital arriba trascrito, asiste a los socios el derecho de preferente asunción de .... participaciones sociales nuevas.

2.– El derecho de preferente asunción se ejercitará en el plazo de .... a contar desde la publicación del anuncio de la oferta de asunción de nuevas participaciones sociales en el Boletín Oficial del Registro Mercantil.

3.– Las participaciones no asumidas en el ejercicio del derecho de asunción preferente, serán ofrecidas por el órgano de administración de la compañía a los socios que lo hubieren ejercitado, para su asunción y desembolso durante un plazo de quince días desde la conclusión del señalado en el apartado 2 anterior para la asunción preferente. Si existieren varios socios interesados en asumir las participaciones ofrecidas, estas se adjudicarán en proporción a las que cada uno de ellos ya tuviere en la sociedad.

4.– Si el aumento de capital no se desembolsare íntegramente dentro del plazo fijado al afecto conforme a las reglas anteriores, el capital quedará aumentado en la cuantía desembolsada.

TERCERO.– Se autoriza al administrador único para que, como consecuencia del acuerdo anterior y su posterior ejecución, proceda a dar nueva redacción al artículo .... y .... de los Estatutos Sociales, adecuando la redacción del citado artículo al resultado final de la asunción y desembolso de las participaciones sociales del anteriormente referido aumento de capital.

Previa la oportuna votación, la citada propuesta de acuerdos sociales es aprobada por UNANIMIDAD, con el voto favorable de todos los asistentes (........... por ciento de los votos correspondientes a las participaciones sociales en que se divide el capital social), en términos idénticos a los anteriormente transcritos.

Y no habiendo más asuntos que tratar, se procede a la redacción de la presente acta que es aprobada de forma unánime por los asistentes, y finaliza la presente Junta General Extraordinaria, levantándose la reunión en ...., a las .... horas del día .... de .... de ....

F276. REDUCCIÓN Y AUMENTO DE CAPITAL SIMULTÁNEOS (OPERACIÓN ACORDEÓN). ACTA DE ACUERDO DE JUNTA GENERAL EXTRAORDINARIA UNIVERSAL

Normativa de Aplicación: *Arts. 317 y ss. Real Decreto Legislativo 1/2010, de 2 de julio, por el que se aprueba el texto refundido de la Ley de Sociedades de Capital.*

Que hoy día .... de .... de ...., a las .... horas, y en el domicilio social, sito en la localidad de ...., calle ...., se celebra JUNTA GENERAL EXTRAORDINARIA de socios de la sociedad .... S.L.

Se encuentran presentes, en el referido lugar, y, por lo tanto, concurren la totalidad de socios de la compañía, decidiendo y dando su conformidad los asistentes a constituirse, con el carácter de universal, en Junta General Extraordinaria de socios de la compañía, para deliberar y, en su caso, adoptar acuerdos con relación al siguiente orden del día:

1.– Aprobación del balance cerrado al .... de .... de dos mil ...., debidamente verificado por el auditor de cuentas designado para tal fin por el órgano de administración de la sociedad .... S.L. Todo ello a efectos de lo establecido en el punto siguiente.

2.– Reducción del capital social en .... euros, es decir, dejarlo reducido a cero, con la única finalidad de establecer el equilibrio entre capital y el patrimonio neto disminuido por consecuencia de pérdidas, tomando como base de la operación el balance expresado el número primero precedente y simultaneo aumento del capital social de la compañía en la cuantía de .... euros, mediante aportaciones dinerarias y la creación de .... participaciones sociales indivisibles y acumulables, de .... euros cada una de ellas, número .... a ...., ambos inclusive, que atribuyen a los socios los mismos derechos.

3.– Modificación de los arts. .... y .... de los Estatutos Sociales.

En señal de conformidad firman seguidamente todos los asistentes, a continuación de su nombre y apellidos.

....

Asiste el órgano de administración de la sociedad.

Son presidente y secretario de la presente Junta General, Don .... y Don ...., respectivamente. Ello de conformidad con lo establecido en la Ley y los Estatutos Sociales y ser los citados señores los socios designados por los concurrentes al comienzo de la reunión.

Abierta la sesión por el Sr. Presidente, sin que nadie se oponga a la válida constitución y celebración de la presente Junta General, se entra en el debate y deliberación de los diversos puntos del orden del día, sin que ninguno de los presentes haga uso de su derecho a que conste en el acta el contenido de su intervención.

Tras lo anterior, se propone por el Sr. presidente la adopción de los siguientes acuerdos, que se transcriben de forma literal a continuación:

PRIMERO.– Aprobar el balance cerrado a fecha .... de .... de dos mil ...., que arroja un resultado de ...., debidamente verificado por Don ...., auditor de cuentas designado para tal fin por el órgano de administración de la sociedad .... S.L. al no venir esta obligada a verificar sus cuentas anuales, haciéndose constar que del expresado balance resulta que la sociedad no cuenta con reserva alguna.

Todo ello a los efectos del siguiente acuerdo.

SEGUNDO.– REDUCCIÓN Y AUMENTO DE CAPITAL SIMULTÁNEO.

A) Reducir el capital social en .... euros, es decir, dejarlo reducido a cero, con la única finalidad de establecer el equilibrio entre capital y el patrimonio neto disminuido por consecuencia de pérdidas, tomando como base de la operación el balance cerrado al .... de .... de dos mil .... y aprobado por el acuerdo anterior.

A tal fin, se amortizan las .... participaciones sociales, de .... euros cada una de ellas, en que se divide el capital social, numeradas correlativamente a partir de la unidad hasta la ....

La reducción de capital afecta por igual a todos las participaciones sociales, por lo que ninguna cantidad será abonada a los socios como consecuencia de la misma

La eficacia de la reducción queda condicionada a la ejecución del aumento que se describe a continuación.

B) Simultáneamente, proceder al aumento del capital social en la cantidad de .... euros, mediante la creación de .... participaciones sociales indivisibles y acumulables, de .... euros cada una de ellas, número 1 a ...., inclusive, que atribuyen a los socios los mismos derechos.

Las nuevas participaciones sociales serán asumidas por los socios con base en las siguientes reglas:

1.– Por cada participación social amortizada en virtud del acuerdo de reducción de capital arriba trascrito, asiste a los socios el derecho de preferente asunción de .... participaciones sociales nuevas.

2.– El derecho de preferente asunción se ejercitará en el plazo de .... a contar desde la publicación del anuncio de la oferta de asunción de nuevas participaciones sociales en el Boletín Oficial del Registro Mercantil.

3.– Las participaciones no asumidas en el ejercicio del derecho de asunción preferente, serán ofrecidas por el órgano de administración de la compañía a los socios que lo hubieren ejercitado, para su asunción y desembolso durante un plazo de quince días desde la conclusión del señalado en el apartado 2 anterior para la asunción preferente. Si existieren varios socios interesados en asumir las participaciones ofrecidas, estas se adjudicarán en proporción a las que cada uno de ellos ya tuviere en la sociedad.

4.– Si el aumento de capital no se desembolsare íntegramente dentro del plazo fijado al afecto conforme a las reglas anteriores, el capital quedará aumentado en la cuantía desembolsada.

TERCERO.– Se autoriza al administrador único para que, como consecuencia del acuerdo anterior y su posterior ejecución, proceda a dar nueva redacción al artículo .... y .... de los Estatutos Sociales, adecuando la redacción del citado artículo al resultado final de la asunción y desembolso de las participaciones sociales del anteriormente referido aumento de capital.

Previa la oportuna votación, la citada propuesta de acuerdos sociales es aprobada por UNANIMIDAD, con el voto favorable de todos los asistentes (........... por ciento de los votos correspondientes a las participaciones sociales en que se divide el capital social), en términos idénticos a los anteriormente transcritos.

Y no habiendo más asuntos que tratar, se procede a la redacción de la presente acta que es aprobada de forma unánime por los asistentes, y finaliza la presente Junta General Extraordinaria, levantándose la reunión en ...., a las .... horas del día .... de .... de ....

F277. REDUCCIÓN DE CAPITAL CON LA FINALIDAD DE COMPENSAR PÉRDIDAS. ACTA DEL CONSEJO DE ADMINISTRACIÓN CONVOCADO DECLARANDO EJECUTADO EL ACUERDO

Normativa de Aplicación: *Arts. 317 y ss. Real Decreto Legislativo 1/2010, de 2 de julio, por el que se aprueba el texto refundido de la Ley de Sociedades de Capital.*

En ...., siendo las .... horas del día .... de .... de ...., y en el domicilio social, sito en ...., calle .... núm. ...., se celebra reunión del Consejo de Administración de la sociedad .... S.L.

La presente reunión del Consejo de Administración fue convocada en fecha .... de .... de .... por Don ...., Presidente del Consejo de Administración, mediante telegrama remitido a los Sres. Consejeros en la misma fecha y en legal forma y plazo con el siguiente tenor literal «Por el presente, se le convoca a la reunión del Consejo de Administración de la compañía a celebrar, en el domicilio social, el próximo día .... de .... de ...., a las .... horas, para deliberar y, en su caso, adoptar acuerdos con relación al siguiente orden del día: 1.– Ejecución del acuerdo de reducción del capital social adoptado por la Junta General de la compañía, en su reunión del pasado día .... de .... de dos mil .... Redacción arts. .... y .... de los Estatutos Sociales. En ...., hoy día .... de .... de .... Don ...., Presidente del Consejo de Administración de .... S.L.»

Asisten a la presente reunión, todos ellos personalmente, ... miembros del consejo de administración de la sociedad (........... por ciento del total), esto es:

Presidente: Don ....

Secretario: Don ....

Vocal: Doña ....

Vocal: Doña ....

Vocal: Doña ....

No asisten consejeros representados.

Actúan como Presidente y Secretario de la presente reunión del Consejo de Administración, respectivamente, Don .... y Don ...., quienes ocupan tales cargos en el seno de este Consejo.

El Sr. presidente declara válidamente constituida la presente reunión del Consejo de Administración y se entra en el debate de los distintos puntos del orden del día. Previa deliberación y sin que ninguno de los asistentes haga uso del derecho a que conste en el acta el contenido de su intervención, se adoptan los siguientes acuerdos por UNANIMIDAD de los asistentes, que son proclamados por el Sr. Presidente y que se transcriben literalmente a continuación:

PRIMERO.– Declarar ejecutados los acuerdos adoptados por la Junta General Extraordinaria de socios en su reunión de fecha .... de .... de dos mil ....

Por lo tanto, se declara reducido el capital social con la finalidad y en la cuantía, procedimiento y plazo de ejecución acordados por la Junta General de la sociedad en su reunión de fecha .... de .... de dos mil ...., y disminuido en .... euros, el valor nominal de las participaciones sociales de la compañía, que ha quedado fijado en la suma de .... euros, quedando redactados los arts. .... y .... de los Estatutos Sociales del modo expresado en dicha acta, artículos que nuevamente se transcriben:

ARTÍCULO .... CAPITAL SOCIAL. El capital social se fija en la cantidad de .... (...........) euros, íntegramente desembolsado.

ARTÍCULO .... PARTICIPACIONES SOCIALES. El capital social está dividido en .... participaciones sociales de .... euros cada una de ellas, numeradas correlativamente a partir de la unidad, indivisibles y acumulables, todas asumidas y desembolsadas por los socios y su titularidad lleva de pleno derecho la obligación de someterse a las prescripciones de los Estatutos y a los acuerdos válidamente adoptados. Las participaciones atribuyen a los socios los mismos derechos.

Se hace constar que han sido realizadas las correspondientes anotaciones, tanto las contables como las relativas al libro registro de socios.

SEGUNDO.– Facultar a los consejeros para que cualquiera de ellos, indistintamente, puedan comparecer ante notario a fin de elevar a publico los acuerdos anteriormente transcritos e instar la inscripción de los mismos en el Registro Mercantil.

Y para que así conste se extiende la presente acta que, leída, es aprobada por todos los consejeros al finalizar la sesión y por unanimidad, en .... hoy día de .... de ....

F278. REDUCCIÓN DE CAPITAL CON LA FINALIDAD DE RESTITUIR APORTACIONES. ACTA DEL CONSEJO DE ADMINISTRACIÓN DECLARANDO EJECUTADO EL ACUERDO

Normativa de Aplicación: *Arts. 317 y ss. Real Decreto Legislativo 1/2010, de 2 de julio, por el que se aprueba el texto refundido de la Ley de Sociedades de Capital.*

En ...., siendo las .... horas del día .... de .... de ...., y en el domicilio social, sito en ...., calle .... núm. ...., se celebra reunión del Consejo de Administración de la sociedad .... S.L.

La presente reunión del Consejo de Administración fue convocada en fecha .... de .... de .... por Don ...., Presidente del Consejo de Administración, mediante telegrama remitido a los Sres. Consejeros en la misma fecha y en legal forma y plazo con el siguiente tenor literal «Por el presente, se le convoca a la reunión del Consejo de Administración de la compañía a celebrar, en el domicilio social, el próximo día .... de .... de ...., a las .... horas, para deliberar y, en su caso, adoptar acuerdos con relación al siguiente orden del día: 1.– Ejecución del acuerdo de reducción del capital social adoptado por la Junta General de la compañía, en su reunión del pasado día .... de .... de dos mil .... Redacción arts. .... y .... de los Estatutos Sociales. En ...., hoy día .... de .... de .... Don ...., Presidente del Consejo de Administración de .... S.L.»

Asisten a la presente reunión, todos ellos personalmente, ... miembros del consejo de administración de la sociedad (........... por ciento del total), esto es:

Presidente: Don ....

Secretario: Don ....

Vocal: Doña ....

Vocal: Doña ....

Vocal: Doña ....

No asisten consejeros representados.

Actúan como Presidente y Secretario de la presente reunión del Consejo de Administración, respectivamente, Don .... y Don ...., quienes ocupan tales cargos en el seno de este Consejo.

El Sr. presidente declara válidamente constituida la presente reunión del Consejo de Administración y se entra en el debate de los distintos puntos del orden del día. Previa deliberación y sin que ninguno de los asistentes haga uso del derecho a que conste en el acta el contenido de su intervención, se adoptan los siguientes acuerdos por UNANIMIDAD de los asistentes, que son proclamados por el Sr. Presidente y que se transcriben literalmente a continuación:

PRIMERO.– Declarar ejecutados los acuerdos adoptados por la Junta General de socios en su reunión de fecha .... de .... de dos mil ....

Por lo tanto, habiendo sido restituidas las aportaciones al socio Don ...., quien mediante la firma de esta acta da eficaz carta de pago por la suma de .... euros, se declara y queda reducido el capital social de la compañía en la cuantía y forma acordada por la Junta General, en la expresada reunión de fecha .... de .... de dos mil .... y amortizadas las participaciones sociales que se reseñan en el acta de la repetida Junta General de socios, esto es .... participaciones sociales, número ....

a ...., de .... euros de valor nominal unitario, quedando redactados los arts. .... y .... de los Estatutos Sociales del modo expresado en dicha acta.

Expresamente se declara haber sido constituida la reserva indisponible acordada en la expresada Junta General a que se refiere el art. 332 TRLSC.

SEGUNDO.– Facultar a los consejeros para que cualquiera de ellos, indistintamente, puedan comparecer ante notario a fin de elevar a publico los acuerdos anteriormente transcritos e instar la inscripción de los mismos en el Registro Mercantil.

Y para que así conste se extiende la presente acta que, leída, es aprobada por todos los consejeros al finalizar la sesión y por unanimidad, en .... hoy día de .... de ....

F279. REDUCCIÓN DE CAPITAL CON LA FINALIDAD DE CONSTITUIR RESERVAS. ACTA DE JUNTA GENERAL EXTRAORDINARIA CONVOCADA

Normativa de Aplicación: *Arts. 317 y ss. Real Decreto Legislativo 1/2010, de 2 de julio, por el que se aprueba el texto refundido de la Ley de Sociedades de Capital.*

Que hoy día .... de .... de ...., a las .... horas, y en el domicilio social, sito en la localidad de ...., calle .... s/n, se celebra JUNTA GENERAL EXTRAORDINARIA de socios de la sociedad .... S.L.

La convocatoria de la presente Junta General Extraordinaria de socios, ha sido acordada por el administrador único, Don ....

La convocatoria de la presente Junta General, se ha realizado, de conformidad con lo establecido en la Ley y el art .... de los Estatutos Sociales, mediante burofax con acuse de recibo y certificado de contenido, de fecha ...., dirigido ese mismo día a cada uno de los socios al domicilio designado al efecto por cada uno de ellos.

El tenor literal de la convocatoria se transcribe a continuación: «Por medio del presente se convoca a los señores socios a la celebración de Junta General Extraordinaria de la sociedad .... S.L., que se celebrará, el día .... de .... de ...., a las .... horas, en el domicilio social sito en ...., a efectos de deliberar y, en su caso, adoptar acuerdos con relación al siguiente orden del día: 1.– Aprobación del balance de la sociedad cerrado a fecha .... de .... de dos mil ...., verificado por el auditor Don .... 2.– Reducción de capital social en la cantidad de .... euros, con el fin de constituir (o incrementar) reserva legal (o voluntaria) por igual importe. Se hace constar el derecho que corresponde a todos los socios de examinar en el domicilio social el texto íntegro de la modificación propuesta así como de pedir la entrega o el envío gratuito del mismo. En ...., hoy día .... de .... de .... el Administrador único de .... S.L. Don ....»

Asisten a la presente Junta General Extraordinaria, personalmente o representados, los siguientes socios:

I.– Socios presentes:

Don ...., titular de .... participaciones sociales núm. .... a ...., incluidos, con un valor nominal cada una de ellas de .... euros (en su conjunto .... euros), que suponen el .... por ciento del capital social.

Don ...., titular de .... participaciones sociales núm. .... a ...., incluidos, con un valor nominal cada una de ellas de .... euros (en su conjunto .... euros), que suponen el .... por ciento del capital social.

Doña ...., titular de .... participaciones sociales núm. .... a ...., incluidos, con un valor nominal cada una de ellas de .... euros (en su conjunto .... euros), que suponen el .... por ciento del capital social.

Por lo tanto, asisten de forma personal .... socios, titulares, en conjunto, de .... participaciones sociales que suponen el .... por ciento del capital social.

II.– Socios representados:

Don ...., titular de .... participaciones sociales núm. .... a ...., incluidos, con un valor nominal cada una de ellas de .... euros (en su conjunto .... euros), que suponen el .... por ciento del capital social. Asiste el expresado socio representado por Doña ....

Don ...., titular de .... participaciones sociales núm. .... a ...., incluidos, con un valor nominal cada una de ellas de .... euros (en su conjunto .... euros), que suponen el .... por ciento del capital social. Asiste el expresado socio representado por Don ....

Asisten representados, ... socios, que titularizan .... participaciones que suponen el .... por ciento del capital social asumido.

En conjunto, asisten, personalmente o representados, ... socios, titulares de .... participaciones que suponen el .... por ciento del capital social suscrito.

Asiste el órgano de administración de la sociedad.

Son presidente y secretario de la presente Junta General, Don .... y Don ...., respectivamente. Ello de conformidad con lo establecido en la Ley y los Estatutos Sociales y ser los citados señores los socios designados por los concurrentes al comienzo de la reunión.

Abierta la sesión por el Sr. Presidente, sin que nadie se oponga a la válida constitución y celebración de la presente Junta General, se entra en el debate y deliberación de los diversos puntos del orden del día sin que ninguno de los presentes haga uso de su derecho a que conste en el acta el contenido de su intervención.

Tras todo lo anterior, se propone por el Sr. presidente la adopción de los siguientes acuerdos, propuesta que se transcribe literalmente a continuación:

PRIMERO.– Aprobar el balance cerrado a fecha .... de .... de dos mil ...., debidamente verificado por Don ...., auditor de cuentas designado para tal fin por el órgano de administración al no venir la sociedad obligada a verificar sus cuentas anuales, haciéndose constar que del expresado balance resulta (en su caso) que la sociedad no cuenta con reserva alguna. Todo ello a los efectos del siguiente acuerdo.

SEGUNDO.– Reducir el capital social en .... euros con la única finalidad de constituir (o incrementar) reserva legal (o voluntaria), tomando como base de la operación el balance cerrado al .... de .... de dos mil .... y aprobado por el acuerdo anterior.

La reducción de capital acordada se lleva a cabo mediante la disminución del valor nominal de cada una de las .... participaciones sociales en que se divide el capital social de la compañía en la suma de .... euros por participación, en conjunto, ... euros, de tal manera que tras la ejecución de la reducción, el capital social de la compañía quedará fijado en .... euros, dividido en .... participaciones sociales de .... euros de valor nominal, numeradas de la 1 a la .... El acuerdo de reducción de capital deberá ser ejecutado en el plazo máximo de .... meses.

La reducción de capital afecta por igual a todas las participaciones sociales, por lo que ninguna cantidad será abonada a los socios como consecuencia de la misma.

(o mediante la amortización de .... participaciones sociales, que habrá que identificar, en proporción a la titularidad de cada socio).

TERCERO.– Constituir (o incrementar) una reserva legal (o voluntaria), por importe igual al capital reducido.

CUARTO.– Autorizar al Administrador único para que dentro del plazo de .... meses, a contar de esta fecha, ejecute los acuerdos adoptados en esta reunión, procediendo a efectuar las operaciones precisas a tal fin, inclusive contables, efectuándose la correspondiente anotación en el libro registro de socios.

Igualmente, en ejecución de lo acordado por esta Junta, se autoriza al Administrador único para dar nueva redacción al artículo .... y .... de los Estatutos Sociales. Tras la citada modificación, el tenor literal de los expresados artículos pasará a ser el siguiente:

ARTÍCULO .... CAPITAL SOCIAL. El capital social se fija en la cantidad de .... (...........) euros, íntegramente desembolsado.

ARTÍCULO .... PARTICIPACIONES SOCIALES. El capital social está dividido en .... participaciones sociales de .... euros cada una de ellas, numeradas correlativamente a partir de la unidad, indivisibles y acumulables, todas asumidas y desembolsadas por los socios y su titularidad lleva de pleno derecho la obligación de someterse a las prescripciones de los Estatutos y a los acuerdos válidamente adoptados. Las participaciones atribuyen a los socios los mismos derechos.

Previa la oportuna votación, la citada propuesta de acuerdos sociales es aprobada por UNANIMIDAD, con el voto favorable de todos los asistentes (........... por ciento de los

votos correspondientes a las participaciones sociales en que se divide el capital social), en términos idénticos a los anteriormente transcritos.

Y no habiendo más asuntos que tratar, se procede a la redacción de la presente acta que es aprobada de forma unánime por los asistentes, y finaliza la presente Junta General Extraordinaria, levantándose la reunión en ...., a las .... horas del día .... de .... de ....

F280. REDUCCIÓN DE CAPITAL PARA CONSTITUIR RESERVAS. JUNTA GENERAL EXTRAORDINARIA UNIVERSAL

Normativa de Aplicación: *Arts. 317 y ss. Real Decreto Legislativo 1/2010, de 2 de julio, por el que se aprueba el texto refundido de la Ley de Sociedades de Capital.*

Que hoy día .... de .... de ...., a las .... horas, y en el domicilio social, sito en la localidad de ...., calle ...., se celebra JUNTA GENERAL EXTRAORDINARIA de socios de la sociedad .... S.L.

Se encuentran presentes, en el referido lugar, y, por lo tanto, concurren la totalidad de socios de la compañía, decidiendo y dando su conformidad los asistentes a constituirse, con el carácter de universal, en Junta General Extraordinaria de socios de la compañía, para deliberar y, en su caso, adoptar acuerdos con relación al siguiente orden del día:

1.– Aprobación del balance de la sociedad cerrado a fecha .... de .... de dos mil ...., verificado por el auditor Don .... 2.– Reducción de capital social en la cantidad de .... euros, con el fin de constituir (o incrementar) reserva legal (o voluntaria) por igual importe.

En señal de conformidad firman seguidamente todos los asistentes, a continuación de su nombre y apellidos.

Asiste el órgano de administración de la sociedad.

Son presidente y secretario de la presente Junta General, Don .... y Don ...., respectivamente. Ello de conformidad con lo establecido en la Ley y los Estatutos Sociales y ser los citados señores los socios designados por los concurrentes al comienzo de la reunión.

Abierta la sesión por el Sr. Presidente, sin que nadie se oponga a la válida constitución y celebración de la presente Junta General, se entra en el debate y deliberación de los diversos puntos del orden del día, sin que ninguno de los presentes haga uso de su derecho a que conste en el acta el contenido de su intervención.

Tras lo anterior, se propone por el Sr. presidente la adopción de los siguientes acuerdos, que se transcriben de forma literal a continuación:

PRIMERO.– Aprobar el balance cerrado a fecha .... de .... de dos mil ...., debidamente verificado por Don ...., auditor de cuentas designado para tal fin por el órgano de administración al no venir la sociedad obligada a verificar sus cuentas anuales, haciéndose constar que del expresado balance resulta (en su caso) que la sociedad no cuenta con reserva alguna. Todo ello a los efectos del siguiente acuerdo.

SEGUNDO.– Reducir el capital social en .... euros con la única finalidad de constituir (o incrementar) reserva legal (o voluntaria), tomando como base de la operación el balance cerrado al .... de .... de dos mil .... y aprobado por el acuerdo anterior.

La reducción de capital acordada se lleva a cabo mediante la disminución del valor nominal de cada una de las .... participaciones sociales en que se divide el capital social de la compañía en la suma de .... euros por participación, en conjunto, ... euros, de tal manera que tras la ejecución de la reducción, el capital social de la compañía quedará fijado en .... euros, dividido en .... participaciones sociales de .... euros de valor nominal, numeradas de la 1 a la .... El acuerdo de reducción de capital deberá ser ejecutado en el plazo máximo de .... meses.

La reducción de capital afecta por igual a todas las participaciones sociales, por lo que ninguna cantidad será abonada a los socios como consecuencia de la misma.

(o mediante la amortización de .... participaciones sociales, que habrá que identificar, en proporción a la titularidad de cada socio).

TERCERO.– Constituir (o incrementar) una reserva legal (o voluntaria), por importe igual al capital reducido.

CUARTO.– Autorizar al Administrador único para que dentro del plazo de .... meses, a contar de esta fecha, ejecute los acuerdos adoptados en esta reunión, procediendo a efectuar las operaciones precisas a tal fin, inclusive contables, efectuándose la correspondiente anotación en el libro registro de socios.

Igualmente, en ejecución de lo acordado por esta Junta, se autoriza al Administrador único para dar nueva redacción al artículo .... y .... de los Estatutos Sociales. Tras la citada modificación, el tenor literal de los expresados artículos pasará a ser el siguiente:

ARTÍCULO .... CAPITAL SOCIAL. El capital social se fija en la cantidad de .... (...........) euros, íntegramente desembolsado.

ARTÍCULO .... PARTICIPACIONES SOCIALES. El capital social está dividido en .... participaciones sociales de .... euros cada una de ellas, numeradas correlativamente a partir de la unidad, indivisibles y acumulables, todas asumidas y desembolsadas por los socios y su titularidad lleva de pleno derecho la obligación de someterse a las prescripciones de los Estatutos y a los acuerdos válidamente adoptados. Las participaciones atribuyen a los socios los mismos derechos.

Previa la oportuna votación, la citada propuesta de acuerdos sociales es aprobada por UNANIMIDAD, con el voto favorable de todos los asistentes (........... por ciento de los

votos correspondientes a las participaciones sociales en que se divide el capital social), en términos idénticos a los anteriormente transcritos.

Y no habiendo más asuntos que tratar, se procede a la redacción de la presente acta que es aprobada de forma unánime por los asistentes, y finaliza la presente Junta General Extraordinaria, levantándose la reunión en ...., a las .... horas del día .... de .... de ....

4.2. CERTIFICACIONES

F281. REDUCCIÓN DE CAPITAL. CERTIFICACIÓN DE ACUERDO DE REDUCCIÓN DE CAPITAL PARA CONSTITUIR RESERVAS. ACUERDO DE JUNTA GENERAL EXTRAORDINARIA CONVOCADA

Normativa de Aplicación: *Arts. 317 y ss. Real Decreto Legislativo 1/2010, de 2 de julio, por el que se aprueba el texto refundido de la Ley de Sociedades de Capital.*

..........., Administrador Único de la compañía .... S.L., con domicilio en ...., Avenida ...., CIF .... Inscrita en el Registro Mercantil de la Provincia de .... al ....

CERTIFICO según resulta del libro de actas de la sociedad:

Que el día .... de .... de ...., a las .... horas, y en el domicilio social, se celebró en la Junta General Extraordinaria de Socios de la compañía .... S.L.

La convocatoria de la referida Junta General Extraordinaria de socios, fue acordada en fecha .... por el administrador único, Don ....

Que la convocatoria de la presente Junta General, se realizó por el órgano de administración de la sociedad, de conformidad con lo establecido en la Ley y el art .... de los Estatutos Sociales, mediante burofax con acuse de recibo y certificado de contenido, de fecha ...., dirigido ese mismo día a cada uno de los socios al domicilio designado al efecto igualmente por cada uno de ellos.

Que el tenor literal de la convocatoria se transcribe a continuación: «Por medio del presente se convoca a los señores socios a la celebración de Junta General Extraordinaria de la sociedad .... S.L., que se celebrará, el día .... de .... de ...., a las .... horas, en el domicilio social sito en ...., a efectos de deliberar y, en su caso, adoptar acuerdos con relación al siguiente orden del día: 1.– Aprobación del balance de la sociedad cerrado a fecha .... de .... de dos mil ...., verificado por el auditor Don .... 2.– Reducción de capital social en la cantidad de .... euros, con el fin de constituir (o incrementar) reserva legal (o voluntaria) por igual importe. Se hace constar el derecho que corresponde a todos los socios de examinar en el domicilio social el texto íntegro de la modificación propuesta así como de pedir la entrega o el envío gratuito del mismo.

En ...., hoy día .... de .... de .... el Administrador único de .... S.L. Don ....»

Que se confeccionó la pertinente lista de asistentes y, en conjunto, asistieron, personalmente o representados, ... socios, titulares de .... participaciones sociales que suponen el .... por ciento del capital social suscrito y .... de los derechos de voto.

Que asistió el órgano de administración de la sociedad.

Que actuaron como presidente y secretario de la citada Junta General, Don .... y Don ...., respectivamente. Ello de conformidad con lo establecido en la Ley y los Estatutos Sociales y ser los citados señores los socios designados por los concurrentes al comienzo de la reunión.

Que abierta la sesión por el Sr. Presidente, sin que nadie se opusiera a la válida constitución y celebración de la citada Junta General, se entró en el debate y deliberación de los diversos puntos del orden del día sin que ninguno de los presentes hiciera uso de su derecho a que constase en el acta el contenido de su intervención. Tras lo anterior, se adoptaron por unanimidad de los asistentes (........... por ciento de los votos en que se divide el capital social), los siguientes ACUERDOS, que son aquí trascritos literalmente:

PRIMERO.– Aprobar el balance cerrado a fecha .... de .... de dos mil ...., debidamente verificado por Don ...., auditor de cuentas designado para tal fin por el órgano de administración al no venir la sociedad obligada a verificar sus cuentas anuales, haciéndose constar que del expresado balance resulta (en su caso) que la sociedad no cuenta con reserva alguna. Todo ello a los efectos del siguiente acuerdo.

SEGUNDO.– Reducir el capital social en .... euros con la única finalidad de constituir (o incrementar) reserva legal (o voluntaria), tomando como base de la operación el balance cerrado al .... de .... de dos mil .... y aprobado por el acuerdo anterior.

La reducción de capital acordada se lleva a cabo mediante la disminución del valor nominal de cada una de las .... participaciones sociales en que se divide el capital social de la compañía en la suma de .... euros por participación, en conjunto, ... euros, de tal manera que tras la ejecución de la reducción, el capital social de la compañía quedará fijado en .... euros, dividido en .... participaciones sociales de .... euros de valor nominal, numeradas de la 1 a la .... El acuerdo de reducción de capital deberá ser ejecutado en el plazo máximo de .... meses.

La reducción de capital afecta por igual a todas las participaciones sociales, por lo que ninguna cantidad será abonada a los socios como consecuencia de la misma.

(o mediante la amortización de .... participaciones sociales, que habrá que identificar, en proporción a la titularidad de cada socio).

TERCERO.– Constituir (o incrementar) una reserva legal (o voluntaria), por importe igual al capital reducido.

CUARTO.– Autorizar al Administrador único para que dentro del plazo de .... meses, a contar de esta fecha, ejecute los acuerdos adoptados en esta reunión, procediendo a efectuar las operaciones precisas a tal fin, inclusive contables, efectuándose la correspondiente anotación en el libro registro de socios.

Igualmente, en ejecución de lo acordado por esta Junta, se autoriza al Administrador único para dar nueva redacción al artículo .... y .... de los Estatutos Sociales. Tras la citada modificación, el tenor literal de los expresados artículos pasará a ser el siguiente:

ARTÍCULO .... CAPITAL SOCIAL. El capital social se fija en la cantidad de .... (...........) euros, íntegramente desembolsado.

ARTÍCULO .... PARTICIPACIONES SOCIALES. El capital social está dividido en .... participaciones sociales de .... euros cada una de ellas, numeradas correlativamente a partir de la unidad, indivisibles y acumulables, todas asumidas y desembolsadas por los socios y su titularidad lleva de pleno derecho la obligación de someterse a las prescripciones de los Estatutos y a los acuerdos válidamente adoptados. Las participaciones atribuyen a los socios los mismos derechos.

Y para que conste y surta los efectos oportunos, libro la presente certificación, haciendo constar que el acta de la reunión donde se adoptaron los acuerdos que se certifican fue aprobada por unanimidad en la propia sesión, firmada por el presidente y secretario. En ...., a .... de .... de ....

F282. REDUCCIÓN DE CAPITAL. CERTIFICACIÓN DE ACUERDO DE REDUCCIÓN DE CAPITAL PARA CONSTITUIR RESERVAS. ACUERDO DE JUNTA GENERAL EXTRAORDINARIA UNIVERSAL

Normativa de Aplicación: *Arts. 317 y ss. Real Decreto Legislativo 1/2010, de 2 de julio, por el que se aprueba el texto refundido de la Ley de Sociedades de Capital.*

..........., Administrador único de la compañía .... S.L., con domicilio en ...., C/ .... y CIF .... Inscrita en el Registro Mercantil de la Provincia de ....

CERTIFICO, según resulta del libro de actas de la sociedad:

Que el día .... de .... de .... de .... y en ...., calle ...., se celebró Junta General Extraordinaria de Socios de la compañía .... S.L., reunida con carácter universal.

Que se encontraban presentes la totalidad de los socios, figurando su nombre en el acta.

Que la totalidad de los socios aceptaron constituirse y celebrar dicha Junta General, con el carácter de universal, para deliberar y, en su caso, adoptar acuerdos con relación al siguiente orden del día:

1.– Aprobación del balance de la sociedad cerrado a fecha .... de .... de dos mil ...., verificado por el auditor Don ....

2.– Reducción de capital social en la cantidad de .... euros, con el fin de constituir (o incrementar) reserva legal (o voluntaria) por igual importe.

Que en señal de conformidad con lo reseñado anteriormente, la totalidad de los socios de la compañía, seguido de su respectivo nombre, firmaron al inicio del acta cuyos acuerdos aquí se certifican.

Que de conformidad con lo previsto en la Ley y Los Estatutos Sociales fueron designados y actuaron como presidente de la misma Doña .... y como secretario Don ....

Que abierta la sesión sin que nadie se opusiera a ello, se adoptaron por unanimidad, (........... por ciento de los votos correspondientes a las participaciones sociales en que se divida el capital social), los siguientes ACUERDOS que se transcriben de forma literal a continuación:

PRIMERO.– Aprobar el balance cerrado a fecha .... de .... de dos mil ...., debidamente verificado por Don ...., auditor de cuentas designado para tal fin por el órgano de administración al no venir la sociedad obligada a verificar sus cuentas anuales, haciéndose constar que del expresado balance resulta (en su caso) que la sociedad no cuenta con reserva alguna. Todo ello a los efectos del siguiente acuerdo.

SEGUNDO.– Reducir el capital social en .... euros con la única finalidad de constituir (o incrementar) reserva legal (o voluntaria), tomando como base de la operación el balance cerrado al .... de .... de dos mil .... y aprobado por el acuerdo anterior.

La reducción de capital acordada se lleva a cabo mediante la disminución del valor nominal de cada una de las .... participaciones sociales en que se divide el capital social de la compañía en la suma de .... euros por participación, en conjunto, ... euros, de tal manera que tras la ejecución de la reducción, el capital social de la compañía quedará fijado en .... euros, dividido en .... participaciones sociales de .... euros de valor nominal, numeradas de la 1 a la .... El acuerdo de reducción de capital deberá ser ejecutado en el plazo máximo de .... meses.

La reducción de capital afecta por igual a todas las participaciones sociales, por lo que ninguna cantidad será abonada a los socios como consecuencia de la misma.

(o mediante la amortización de .... participaciones sociales, que habrá que identificar, en proporción a la titularidad de cada socio).

TERCERO.– Constituir (o incrementar) una reserva legal (o voluntaria), por importe igual al capital reducido.

CUARTO.– Autorizar al Administrador único para que dentro del plazo de .... meses, a contar de esta fecha, ejecute los acuerdos adoptados en esta reunión, procediendo a efectuar las operaciones precisas a tal fin, inclusive contables, efectuándose la correspondiente anotación en el libro registro de socios.

Igualmente, en ejecución de lo acordado por esta Junta, se autoriza al Administrador único para dar nueva redacción al artículo .... y .... de los Estatutos Sociales. Tras la citada modificación, el tenor literal de los expresados artículos pasará a ser el siguiente:

ARTÍCULO .... CAPITAL SOCIAL. El capital social se fija en la cantidad de .... (...........) euros, íntegramente desembolsado.

ARTÍCULO .... PARTICIPACIONES SOCIALES. El capital social está dividido en .... participaciones sociales de .... euros cada una de ellas, numeradas correlativamente a partir de la unidad, indivisibles y acumulables, todas asumidas y desembolsadas por los socios y su titularidad lleva de pleno derecho la obligación de someterse a las prescripciones de los Estatutos y a los acuerdos válidamente adoptados. Las participaciones atribuyen a los socios los mismos derechos.

Y para que conste libro la presente certificación, haciendo constar que el acta de la reunión donde se adoptaron los acuerdos que se certifican fue aprobada por unanimidad en la propia sesión, firmada por el presidente y secretario, en ...., a .... de .... de ....

F283. REDUCCIÓN DE CAPITAL CON LA FINALIDAD DE RESTITUIR LAS APORTACIONES A LOS SOCIOS SIN CONSTITUCIÓN DE RESERVA. CERTIFICACIÓN DE ACUERDO DE JUNTA GENERAL EXTRAORDINARIA CONVOCADA

Normativa de Aplicación: *Arts. 317 y ss. Real Decreto Legislativo 1/2010, de 2 de julio, por el que se aprueba el texto refundido de la Ley de Sociedades de Capital.*

..........., Administrador Único de la compañía .... S.L., con domicilio en ...., Avenida ...., CIF .... Inscrita en el Registro Mercantil de la Provincia de .... al ....

CERTIFICO según resulta del libro de actas de la sociedad:

Que el día .... de .... de ...., a las .... horas, y en el domicilio social, se celebró en la Junta General Extraordinaria de Socios de la compañía .... S.L.

La convocatoria de la referida Junta General Extraordinaria de socios, fue acordada en fecha .... por el administrador único, Don ....

Que la convocatoria de la presente Junta General, se realizó por el órgano de administración de la sociedad, de conformidad con lo establecido en la Ley y el art .... de los Estatutos Sociales, mediante burofax con acuse de recibo y certificado de contenido, de fecha ...., dirigido ese mismo día a cada uno de los socios al domicilio designado al efecto igualmente por cada uno de ellos.

Que el tenor literal de la convocatoria se transcribe a continuación: «Por medio del presente se convoca a los señores socios a la celebración de Junta General Extraordinaria de la sociedad .... S.L., que se celebrará, el día .... de .... de ...., a las .... horas, en el domicilio social sito en ...., a efectos de deliberar y, en su caso, adoptar acuerdos con relación al siguiente orden del día: 1.– Reducción de capital social en la cantidad de .... euros, con el fin de restituir aportaciones al socio Don ....; 2.– Ejecución de acuerdos y elevación a público. Se hace constar el derecho que corresponde a todos los socios de examinar en el domicilio social el texto íntegro de la modificación propuesta así como de pedir la entrega o el envío gratuito del mismo. En ...., hoy día .... de .... de .... el Administrador único de .... S.L. Don ....»

Que se confeccionó la pertinente lista de asistentes y, en conjunto, asistieron, personalmente o representados, ... socios, titulares de .... participaciones sociales que suponen el .... por ciento del capital social suscrito y .... de los derechos de voto.

Que asistió el órgano de administración de la sociedad.

Que actuaron como presidente y secretario de la citada Junta General, Don .... y Don ...., respectivamente. Ello de conformidad con lo establecido en la Ley y los Estatutos Sociales y ser los citados señores los socios designados por los concurrentes al comienzo de la reunión.

Que abierta la sesión por el Sr. Presidente, sin que nadie se opusiera a la válida constitución y celebración de la citada Junta General, se entró en el debate y deliberación de los diversos puntos del orden del día sin que ninguno de los presentes hiciera uso de su derecho a que constase en el acta el contenido de su intervención. Tras lo anterior, se adoptaron por unanimidad de los asistentes (........... por ciento de los votos en que se divide el capital social), los siguientes ACUERDOS, que son aquí trascritos literalmente:

PRIMERO.– Reducir el capital social en la cantidad de .... euros, con el fin de restituir aportaciones al socio Don ...., titular de .... participaciones sociales, de .... euros de nominal, numeradas correlativamente de la .... a la ...., para lo cual prestan todos los socios individualmente su consentimiento, incluido Don ....

Por lo tanto, se acuerda restituir al socio Don ...., de nacionalidad española, mayor de edad, soltero, nacido el .... de .... de ...., vecino de ...., con domicilio en .... y DNI/NIF ...., la suma de .... euros por cada una de las .... participaciones sociales de .... euros de valor nominal cada una, totalizando, en su conjunto, la cantidad de .... euros que le serán reembolsadas al mencionado socio.

No constituyéndose la reserva a que se refiere el artículo 332 TRLSC, el socio al que se restituirán aportaciones, en lo términos del art. 331 TRLSC, responderá solidariamente con la sociedad del pago de las deudas sociales contraídas con anterioridad a la fecha en que la presente reducción sea oponible a terceros.

Todo ello sin perjuicio de lo dispuesto en el artículo .... de los Estatutos Sociales, que impide llevar a efecto el expresado acuerdo de reducción de capital, sin que transcurra un plazo de tres meses a contar desde la fecha de notificación del mismo a los acreedores, en los términos, a los efectos y con las consecuencias previstas en el artículo 333 TRLSC.

SEGUNDO.– Autorizar al administrador único para que dentro del plazo de .... meses, a contar desde esta fecha, ejecute los acuerdos adoptados en esta reunión, procediendo a efectuar el pago reseñado y a la correspondiente amortización de las .... participaciones sociales, numeradas correlativamente de la .... a la ...., ambas inclusive, de un valor nominal de .... euros cada una, efectuándose la correspondiente anotación en el libro registro de socios.

Igualmente, en ejecución de lo acordado por esta Junta, se autoriza al Administrador único para dar nueva redacción al artículo .... y .... de los Estatutos Sociales. Tras la citada modificación, el tenor literal de los expresados artículos pasará a ser el siguiente:

ARTÍCULO .... CAPITAL SOCIAL. El capital social se fija en la cantidad de .... (...........) euros, íntegramente desembolsado.

ARTÍCULO .... PARTICIPACIONES SOCIALES. El capital social está dividido en .... participaciones sociales de .... euros cada una de ellas, numeradas correlativamente a partir de la unidad, indivisibles y acumulables, todas asumidas y desembolsadas por los socios y su titularidad lleva de pleno derecho la obligación de someterse a las prescripciones de los Estatutos y a los acuerdos válidamente adoptados. Las participaciones atribuyen a los socios los mismos derechos.

Y para que conste y surta los efectos oportunos, libro la presente certificación, haciendo constar que el acta de la reunión donde se adoptaron los acuerdos que se certifican fue aprobada por unanimidad en la propia sesión, firmada por el presidente y secretario. En ...., a .... de .... de ....

F284. REDUCCIÓN DE CAPITAL CON LA FINALIDAD DE RESTITUIR LAS APORTACIONES A LOS SOCIOS SIN CONSTITUCIÓN DE RESERVA. CERTIFICACIÓN DE ACUERDO DE JUNTA GENERAL EXTRAORDINARIA UNIVERSAL

Normativa de Aplicación: *Arts. 317 y ss. Real Decreto Legislativo 1/2010, de 2 de julio, por el que se aprueba el texto refundido de la Ley de Sociedades de Capital.*

..........., Administrador único de la compañía .... S.L., con domicilio en ...., C/ .... y CIF .... Inscrita en el Registro Mercantil de la Provincia de ....

CERTIFICO, según resulta del libro de actas de la sociedad:

Que el día .... de .... de .... de .... y en ...., calle ...., se celebró Junta General Extraordinaria de Socios de la compañía .... S.L., reunida con carácter universal.

Que se encontraban presentes la totalidad de los socios, figurando su nombre en el acta.

Que la totalidad de los socios aceptaron constituirse y celebrar dicha Junta General, con el carácter de universal, para deliberar y, en su caso, adoptar acuerdos con relación al siguiente orden del día:

1.– Reducción de capital social en la cantidad de .... euros, con el fin de restituir aportaciones al socio Don ....; 2.– Ejecución de acuerdos y elevación a público.

Que en señal de conformidad con lo reseñado anteriormente, la totalidad de los socios de la compañía, seguido de su respectivo nombre, firmaron al inicio del acta cuyos acuerdos aquí se certifican.

Que de conformidad con lo previsto en la Ley y Los Estatutos Sociales fueron designados y actuaron como presidente de la misma Doña .... y como secretario Don ....

Que abierta la sesión sin que nadie se opusiera a ello, se adoptaron por unanimidad, (........... por ciento de los votos correspondientes a las participaciones sociales en que se divida el capital social), los siguientes ACUERDOS que se transcriben de forma literal a continuación:

PRIMERO.– Reducir el capital social en la cantidad de .... euros, con el fin de restituir aportaciones al socio Don ...., titular de .... participaciones sociales, de .... euros de nominal, numeradas correlativamente de la .... a la ...., para lo cual prestan todos los socios individualmente su consentimiento, incluido Don ....

Por lo tanto, se acuerda restituir al socio Don ...., de nacionalidad española, mayor de edad, soltero, nacido el .... de .... de ...., vecino de ...., con domicilio en .... y DNI/NIF ...., la suma de .... euros por cada una de las .... participaciones sociales de .... euros de valor nominal cada una, totalizando, en su conjunto, la cantidad de .... euros que le serán reembolsadas al mencionado socio.

No constituyéndose la reserva a que se refiere el artículo 332 TRLSC, el socio al que se restituirán aportaciones, en lo términos del art. 331 TRLSC, responderá solidariamente con la sociedad del pago de las deudas sociales contraídas con anterioridad a la fecha en que la presente reducción sea oponible a terceros.

Todo ello sin perjuicio de lo dispuesto en el artículo .... de los Estatutos Sociales, que impide llevar a efecto el expresado acuerdo de reducción de capital, sin que transcurra un plazo de tres meses a contar desde la fecha de notificación del mismo a los acreedores, en los términos, a los efectos y con las consecuencias previstas en el artículo 333 TRLSC.

SEGUNDO.– Autorizar al administrador único para que dentro del plazo de .... meses, a contar desde esta fecha, ejecute los acuerdos adoptados en esta reunión, procediendo a efectuar el pago reseñado y a la correspondiente amortización de las .... participaciones sociales, numeradas correlativamente de la .... a la ...., ambas inclusive, de un valor nominal de .... euros cada una, efectuándose la correspondiente anotación en el libro registro de socios.

Igualmente, en ejecución de lo acordado por esta Junta, se autoriza al Administrador único para dar nueva redacción al artículo .... y .... de los Estatutos Sociales. Tras la citada modificación, el tenor literal de los expresados artículos pasará a ser el siguiente:

ARTÍCULO .... CAPITAL SOCIAL. El capital social se fija en la cantidad de .... (...........) euros, íntegramente desembolsado.

ARTÍCULO .... PARTICIPACIONES SOCIALES. El capital social está dividido en .... participaciones sociales de .... euros cada una de ellas, numeradas correlativamente a partir de la unidad, indivisibles y acumulables, todas asumidas y desembolsadas por los socios y su titularidad lleva de pleno derecho la obligación de someterse a las prescripciones de los Estatutos y a los acuerdos válidamente adoptados. Las participaciones atribuyen a los socios los mismos derechos.

Y para que conste libro la presente certificación, haciendo constar que el acta de la reunión donde se adoptaron los acuerdos que se certifican fue aprobada por unanimidad en la propia sesión, firmada por el presidente y secretario, en ...., a .... de .... de ....

F285. REDUCCIÓN DE CAPITAL CON LA FINALIDAD DE RESTITUIR LAS APORTACIONES A LOS SOCIOS CON CONSTITUCIÓN DE RESERVA. CERTIFICACIÓN DE ACUERDO DE JUNTA GENERAL EXTRAORDINARIA CONVOCADA

Normativa de Aplicación: *Arts. 317 y ss. Real Decreto Legislativo 1/2010, de 2 de julio, por el que se aprueba el texto refundido de la Ley de Sociedades de Capital.*

..........., Administrador Único de la compañía .... S.L., con domicilio en ...., Avenida ...., CIF .... Inscrita en el Registro Mercantil de la Provincia de .... al ....

CERTIFICO según resulta del libro de actas de la sociedad:

Que el día .... de .... de ...., a las .... horas, y en el domicilio social, se celebró en la Junta General Extraordinaria de Socios de la compañía .... S.L.

La convocatoria de la referida Junta General Extraordinaria de socios, fue acordada en fecha .... por el administrador único, Don ....

Que la convocatoria de la presente Junta General, se realizó por el órgano de administración de la sociedad, de conformidad con lo establecido en la Ley y el art .... de los Estatutos Sociales, mediante burofax con acuse de recibo y certificado de contenido, de fecha ...., dirigido ese mismo día a cada uno de los socios al domicilio designado al efecto igualmente por cada uno de ellos.

Que el tenor literal de la convocatoria se transcribe a continuación: «Por medio del presente se convoca a los señores socios a la celebración de Junta General Extraordinaria de la sociedad .... S.L., que se celebrará, el día .... de .... de ...., a las .... horas, en el domicilio social sito en ...., a efectos de deliberar y, en su caso, adoptar acuerdos con relación al siguiente orden del día: 1.– Reducción de capital social en la cantidad de .... euros, con el fin de restituir aportaciones al socio Don ....; 2.– Ejecución de acuerdos y elevación a público. Se hace constar el derecho que corresponde a todos los socios de examinar en el domicilio social el texto íntegro de la modificación propuesta así como de pedir la entrega o el envío gratuito del mismo. En ...., hoy día .... de .... de .... el Administrador único de .... S.L. Don ....»

Que se confeccionó la pertinente lista de asistentes y, en conjunto, asistieron, personalmente o representados, ... socios, titulares de .... participaciones sociales que suponen el .... por ciento del capital social suscrito y .... de los derechos de voto.

Que asistió el órgano de administración de la sociedad.

Que actuaron como presidente y secretario de la citada Junta General, Don .... y Don ...., respectivamente. Ello de conformidad con lo establecido en la Ley y los Estatutos Sociales y ser los citados señores los socios designados por los concurrentes al comienzo de la reunión.

Que abierta la sesión por el Sr. Presidente, sin que nadie se opusiera a la válida constitución y celebración de la citada Junta General, se entró en el debate y deliberación de los diversos puntos del orden del día sin que ninguno de los presentes hiciera uso de su derecho a que constase en el acta el contenido de su intervención. Tras lo anterior, se adoptaron por unanimidad de los asistentes (........... por ciento de los votos en que se divide el capital social), los siguientes ACUERDOS, que son aquí trascritos literalmente:

PRIMERO.– Reducir el capital social en la cantidad de .... euros, con el fin de restituir aportaciones al socio Don ...., titular de .... participaciones sociales, de .... euros de nominal, numeradas correlativamente de la .... a la ...., para lo cual prestan todos los socios individualmente su consentimiento, incluido Don ....

SEGUNDO.– Restituir al socio Don ...., de nacionalidad española, mayor de edad, soltero, nacido el .... de .... de ...., vecino de ...., con domicilio en .... y DNI/NIF ...., la suma de .... euros por cada una de las .... participaciones sociales de .... euros de valor nominal cada una, totalizando la cantidad de .... euros que le serán reembolsadas al mencionado socio.

TERCERO.– Con el fin de que no haya lugar a la responsabilidad del socio a quien se restituyen sus aportaciones, proceder a dotar una reserva con cargo a las reservas libres, por importe de .... euros, indisponible hasta que transcurran cinco años a contar desde la publicación de la reducción en el Boletín Oficial del Registro Mercantil, salvo que antes del vencimiento de dicho plazo hubieren sido satisfechas todas las deudas sociales contraídas con anterioridad a la fecha en que la reducción fuera oponible a terceros.

CUARTO.– Autorizar al Administrador único para que dentro del plazo de .... meses, a contar de esta fecha, ejecute los acuerdos adoptados en esta reunión, procediendo a efectuar el pago y a la correspondiente amortización de las .... participaciones sociales, numeradas correlativamente de la .... a la ...., ambas inclusive, de un valor nominal de .... euros cada una, efectuándose la correspondiente anotación en el libro registro de socios.

Igualmente, en ejecución de lo acordado por esta Junta, se autoriza al Administrador único para dar nueva redacción al artículo .... y .... de los Estatutos Sociales. Tras la citada modificación, el tenor literal de los expresados artículos pasará a ser el siguiente:

ARTÍCULO .... CAPITAL SOCIAL. El capital social se fija en la cantidad de .... (...........) euros, íntegramente desembolsado.

ARTÍCULO .... PARTICIPACIONES SOCIALES. El capital social está dividido en .... participaciones sociales de .... euros cada una de ellas, numeradas correlativamente a partir de la unidad, indivisibles y acumulables, todas asumidas y desembolsadas por los socios y su titularidad lleva de pleno derecho la obligación de someterse a las prescripciones de los Estatutos y a los acuerdos válidamente adoptados. Las participaciones atribuyen a los socios los mismos derechos.

Y para que conste y surta los efectos oportunos, libro la presente certificación, haciendo constar que el acta de la reunión donde se adoptaron los acuerdos que se certifican fue aprobada por unanimidad en la propia sesión, firmada por el presidente y secretario. En ...., a .... de .... de ....

F286. REDUCCIÓN DE CAPITAL CON LA FINALIDAD DE RESTITUIR LAS APORTACIONES A LOS SOCIOS, CON CONSTITUCIÓN DE RESERVA. CERTIFICACIÓN DE ACUERDO DE JUNTA GENERAL EXTRAORDINARIA UNIVERSAL

Normativa de Aplicación: *Arts. 317 y ss. Real Decreto Legislativo 1/2010, de 2 de julio, por el que se aprueba el texto refundido de la Ley de Sociedades de Capital.*

..........., Administrador único de la compañía .... S.L., con domicilio en ...., C/ .... y CIF .... Inscrita en el Registro Mercantil de la Provincia de ....

CERTIFICO, según resulta del libro de actas de la sociedad:

Que el día .... de .... de .... de .... y en ...., calle ...., se celebró Junta General Extraordinaria de Socios de la compañía .... S.L., reunida con carácter universal.

Que se encontraban presentes la totalidad de los socios, figurando su nombre en el acta.

Que la totalidad de los socios aceptaron constituirse y celebrar dicha Junta General, con el carácter de universal, para deliberar y, en su caso, adoptar acuerdos con relación al siguiente orden del día:

1.– Reducción de capital social en la cantidad de .... euros, con el fin de restituir aportaciones al socio Don ....; 2.– Ejecución de acuerdos y elevación a público.

Que en señal de conformidad con lo reseñado anteriormente, la totalidad de los socios de la compañía, seguido de su respectivo nombre, firmaron al inicio del acta cuyos acuerdos aquí se certifican.

Que de conformidad con lo previsto en la Ley y Los Estatutos Sociales fueron designados y actuaron como presidente de la misma Doña .... y como secretario Don ....

Que abierta la sesión sin que nadie se opusiera a ello, se adoptaron por unanimidad, (........... por ciento de los votos correspondientes a las participaciones sociales en que se divida el capital social), los siguientes ACUERDOS que se transcriben de forma literal a continuación:

PRIMERO.– Reducir el capital social en la cantidad de .... euros, con el fin de restituir aportaciones al socio Don ...., titular de .... participaciones sociales, de .... euros de nominal, numeradas correlativamente de la .... a la ...., para lo cual prestan todos los socios individualmente su consentimiento, incluido Don ....

SEGUNDO.– Restituir al socio Don ...., de nacionalidad española, mayor de edad, soltero, nacido el .... de .... de ...., vecino de ...., con domicilio en .... y DNI/NIF ...., la suma de .... euros por cada una de las .... participaciones sociales de .... euros de valor nominal cada una, totalizando la cantidad de .... euros que le serán reembolsadas al mencionado socio.

TERCERO.– Con el fin de que no haya lugar a la responsabilidad del socio a quien se restituyen sus aportaciones, proceder a dotar una reserva con cargo a las reservas libres, por importe de .... euros, indisponible hasta que transcurran cinco años a contar desde la publicación de la reducción en el Boletín Oficial del Registro Mercantil, salvo que antes del vencimiento de dicho plazo hubieren sido satisfechas todas las deudas sociales contraídas con anterioridad a la fecha en que la reducción fuera oponible a terceros.

CUARTO.– Autorizar al Administrador único para que dentro del plazo de .... meses, a contar de esta fecha, ejecute los acuerdos adoptados en esta reunión, procediendo a efectuar el pago y a la correspondiente amortización de las .... participaciones sociales, numeradas correlativamente de la .... a la ...., ambas inclusive, de un valor nominal de .... euros cada una, efectuándose la correspondiente anotación en el libro registro de socios.

Igualmente, en ejecución de lo acordado por esta Junta, se autoriza al Administrador único para dar nueva redacción al artículo .... y .... de los Estatutos Sociales. Tras la citada modificación, el tenor literal de los expresados artículos pasará a ser el siguiente:

ARTÍCULO .... CAPITAL SOCIAL. El capital social se fija en la cantidad de .... (...........) euros, íntegramente desembolsado.

ARTÍCULO .... PARTICIPACIONES SOCIALES. El capital social está dividido en .... participaciones sociales de .... euros cada una de ellas, numeradas correlativamente a partir de la unidad, indivisibles y acumulables, todas asumidas y desembolsadas por los socios y su titularidad lleva de pleno derecho la obligación de someterse a las prescripciones de los Estatutos y a los acuerdos válidamente adoptados. Las participaciones atribuyen a los socios los mismos derechos.

Y para que conste y surta los efectos oportunos, libro la presente certificación, haciendo constar que el acta de la reunión donde se adoptaron los acuerdos que se certifican fue aprobada por unanimidad en la propia sesión, firmada por el presidente y secretario. En ...., a .... de .... de ....

F287. REDUCCIÓN DE CAPITAL CON LA FINALIDAD DE COMPENSAR PÉRDIDAS. CERTIFICACIÓN DE ACUERDO DE JUNTA GENERAL EXTRAORDINARIA CONVOCADA

Normativa de Aplicación: *Arts. 317 y ss. Real Decreto Legislativo 1/2010, de 2 de julio, por el que se aprueba el texto refundido de la Ley de Sociedades de Capital.*

..........., Administrador Único de la compañía .... S.L., con domicilio en ...., Avenida ...., CIF .... Inscrita en el Registro Mercantil de la Provincia de .... al ....

CERTIFICO según resulta del libro de actas de la sociedad:

Que el día .... de .... de ...., a las .... horas, y en el domicilio social, se celebró en la Junta General Extraordinaria de Socios de la compañía .... S.L.

La convocatoria de la referida Junta General Extraordinaria de socios, fue acordada en fecha .... por el administrador único, Don ....

Que la convocatoria de la presente Junta General, se realizó por el órgano de administración de la sociedad, de conformidad con lo establecido en la Ley y el art .... de los Estatutos Sociales, mediante burofax con acuse de recibo y certificado de contenido, de fecha ...., dirigido ese mismo día a cada uno de los socios al domicilio designado al efecto igualmente por cada uno de ellos.

Que el tenor literal de la convocatoria se transcribe a continuación: «Por medio del presente se convoca a los señores socios a la celebración de Junta General Extraordinaria de la sociedad .... S.L., que se celebrará, el día .... de .... de ...., a las .... horas, en el domicilio social sito en ...., a efectos de deliberar y, en su caso, adoptar acuerdos con relación al siguiente orden del día: 1.– Aprobación del balance de la sociedad cerrado a fecha .... de .... de dos mil ...., verificado por el auditor Don .... 2.– Reducción de capital social en la cantidad de .... euros, con el fin de establecer el equilibrio entre capital y patrimonio neto disminuido por consecuencia de pérdidas. Se hace constar el derecho que corresponde a todos los socios de examinar en el domicilio social el texto íntegro de la modificación propuesta así como de pedir la entrega o el envío gratuito del mismo. En ...., hoy día .... de .... de .... el Administrador único de .... S.L. Don ....»

Que se confeccionó la pertinente lista de asistentes y, en conjunto, asistieron, personalmente o representados, ... socios, titulares de .... participaciones sociales que suponen el .... por ciento del capital social suscrito y .... de los derechos de voto.

Que asistió el órgano de administración de la sociedad.

Que actuaron como presidente y secretario de la citada Junta General, Don .... y Don ...., respectivamente. Ello de conformidad con lo establecido en la Ley y los Estatutos Sociales y ser los citados señores los socios designados por los concurrentes al comienzo de la reunión.

Que abierta la sesión por el Sr. Presidente, sin que nadie se opusiera a la válida constitución y celebración de la citada Junta General, se entró en el debate y deliberación de los diversos puntos del orden del día sin que ninguno de los presentes hiciera uso de su derecho a que constase en el acta el contenido de su intervención. Tras lo anterior, se adoptaron por unanimidad de los asistentes (........... por ciento de los votos en que se divide el capital social), los siguientes ACUERDOS, que son aquí trascritos literalmente:

PRIMERO.– Aprobar el balance cerrado a fecha .... de .... de dos mil ...., debidamente verificado por Don ...., auditor de cuentas designado para tal fin por el órgano de administración al no venir la sociedad obligada a verificar sus cuentas anuales, haciéndose constar que del expresado balance resulta que la sociedad no cuenta con reserva alguna. Todo ello a los efectos del siguiente acuerdo.

SEGUNDO.– Reducir el capital social en .... euros con la única finalidad de establecer el equilibrio entre capital y el patrimonio, neto disminuido por consecuencia de pérdidas, tomando como base de la operación el balance cerrado al .... de .... de dos mil .... y aprobado por el acuerdo anterior.

La reducción de capital acordada se lleva a cabo mediante la disminución del valor nominal de cada una de las .... participaciones sociales en que se divide el capital social de la compañía en la suma de .... euros por participación, en conjunto, ... euros, de tal manera que tras la ejecución de la reducción, el capital social de la compañía quedará fijado en .... euros, dividido en .... participaciones sociales de .... euros de valor nominal, numeradas de la 1 a la .... El acuerdo de reducción de capital deberá ser ejecutado en el plazo máximo de .... meses.

La reducción de capital afecta por igual a todos las participaciones sociales, por lo que ninguna cantidad será abonada a los socios como consecuencia de la misma.

TERCERO.– Autorizar al Administrador único para que dentro del plazo de .... meses, a contar de esta fecha, ejecute los acuerdos adoptados en esta reunión, procediendo a efectuar las operaciones precisas a tal fin, inclusive contables, efectuándose la correspondiente anotación en el libro registro de socios.

Igualmente, en ejecución de lo acordado por esta Junta, se autoriza al Administrador único para dar nueva redacción al artículo .... y .... de los Estatutos Sociales. Tras la citada modificación, el tenor literal de los expresados artículos pasará a ser el siguiente:

ARTÍCULO .... CAPITAL SOCIAL. El capital social se fija en la cantidad de .... (...........) euros, íntegramente desembolsado.

ARTÍCULO .... PARTICIPACIONES SOCIALES. El capital social está dividido en .... participaciones sociales de .... euros cada una de ellas, numeradas correlativamente a partir de la unidad, indivisibles y acumulables, todas asumidas y desembolsadas por los socios y su titularidad lleva de pleno derecho la obligación de someterse a las prescripciones de los Estatutos y a los acuerdos válidamente adoptados. Las participaciones atribuyen a los socios los mismos derechos.

Y para que conste y surta los efectos oportunos, libro la presente certificación, haciendo constar que el acta de la reunión donde se adoptaron los acuerdos que se certifican fue aprobada por unanimidad en la propia sesión, firmada por el presidente y secretario. En ...., a .... de .... de ....

F288. REDUCCIÓN DE CAPITAL CON LA FINALIDAD DE COMPENSAR PÉRDIDAS. CERTIFICACIÓN DE ACUERDO DE JUNTA GENERAL EXTRAORDINARIA UNIVERSAL

Normativa de Aplicación: *Arts. 317 y ss. Real Decreto Legislativo 1/2010, de 2 de julio, por el que se aprueba el texto refundido de la Ley de Sociedades de Capital.*

..........., Administrador único de la compañía .... S.L., con domicilio en ...., C/ .... y CIF .... Inscrita en el Registro Mercantil de la Provincia de ....

CERTIFICO, según resulta del libro de actas de la sociedad:

Que el día .... de .... de .... de .... y en ...., calle ...., se celebró Junta General Extraordinaria de Socios de la compañía .... S.L., reunida con carácter universal.

Que se encontraban presentes la totalidad de los socios, figurando su nombre en el acta.

Que la totalidad de los socios aceptaron constituirse y celebrar dicha Junta General, con el carácter de universal, para deliberar y, en su caso, adoptar acuerdos con relación al siguiente orden del día:

1.– Aprobación del balance de la sociedad cerrado a fecha .... de .... de dos mil ...., verificado por el auditor Don .... 2.– Reducción de capital social en la cantidad de .... euros, con el fin de establecer el equilibrio entre capital y patrimonio neto disminuido por consecuencia de pérdidas.

Que en señal de conformidad con lo reseñado anteriormente, la totalidad de los socios de la compañía, seguido de su respectivo nombre, firmaron al inicio del acta cuyos acuerdos aquí se certifican.

Que de conformidad con lo previsto en la Ley y Los Estatutos Sociales fueron designados y actuaron como presidente de la misma Doña .... y como secretario Don ....

Que abierta la sesión sin que nadie se opusiera a ello, se adoptaron por unanimidad, (........... por ciento de los votos correspondientes a las participaciones sociales en que se divida el capital social), los siguientes ACUERDOS que se transcriben de forma literal a continuación:

PRIMERO.– Aprobar el balance cerrado a fecha .... de .... de dos mil ...., debidamente verificado por Don ...., auditor de cuentas designado para tal fin por el órgano de administración al no venir la sociedad obligada a verificar sus cuentas anuales, haciéndose constar que del expresado balance resulta que la sociedad no cuenta con reserva alguna. Todo ello a los efectos del siguiente acuerdo.

SEGUNDO.– Reducir el capital social en .... euros con la única finalidad de establecer el equilibrio entre capital y el patrimonio, neto disminuido por consecuencia de pérdidas, tomando como base de la operación el balance cerrado al .... de .... de dos mil .... y aprobado por el acuerdo anterior.

La reducción de capital acordada se lleva a cabo mediante la disminución del valor nominal de cada una de las .... participaciones sociales en que se divide el capital social de la compañía en la suma de .... euros por participación, en conjunto, ... euros, de tal manera que tras la ejecución de la reducción, el capital social de la compañía quedará fijado en .... euros, dividido en .... participaciones sociales de .... euros de valor nominal, numeradas de la 1 a la .... El acuerdo de reducción de capital deberá ser ejecutado en el plazo máximo de .... meses.

La reducción de capital afecta por igual a todos las participaciones sociales, por lo que ninguna cantidad será abonada a los socios como consecuencia de la misma.

TERCERO.– Autorizar al Administrador único para que dentro del plazo de .... meses, a contar de esta fecha, ejecute los acuerdos adoptados en esta reunión, procediendo a efectuar las operaciones precisas a tal fin, inclusive contables, efectuándose la correspondiente anotación en el libro registro de socios.

Igualmente, en ejecución de lo acordado por esta Junta, se autoriza al Administrador único para dar nueva redacción al artículo .... y .... de los Estatutos Sociales. Tras la citada modificación, el tenor literal de los expresados artículos pasará a ser el siguiente:

ARTÍCULO .... CAPITAL SOCIAL. El capital social se fija en la cantidad de .... (...........) euros, íntegramente desembolsado.

ARTÍCULO .... PARTICIPACIONES SOCIALES. El capital social está dividido en .... participaciones sociales de .... euros cada una de ellas, numeradas correlativamente a partir de la unidad, indivisibles y acumulables, todas asumidas y desembolsadas por los socios y su titularidad lleva de pleno derecho la obligación de someterse a las prescripciones de los Estatutos y a los acuerdos válidamente adoptados. Las participaciones atribuyen a los socios los mismos derechos.

Y para que conste libro la presente certificación, haciendo constar que el acta de la reunión donde se adoptaron los acuerdos que se certifican fue aprobada por unanimidad en la propia sesión, firmada por el presidente y secretario, en ...., a .... de .... de ....

F289. REDUCCIÓN Y AUMENTO DE CAPITAL SIMULTÁNEOS (OPERACIÓN ACORDEÓN). CERTIFICACIÓN DE ACUERDO DE JUNTA GENERAL EXTRAORDINARIA CONVOCADA

Normativa de Aplicación: *Arts. 317 y ss. Real Decreto Legislativo 1/2010, de 2 de julio, por el que se aprueba el texto refundido de la Ley de Sociedades de Capital.*

..........., Administrador Único de la compañía .... S.L., con domicilio en ...., Avenida ...., CIF .... Inscrita en el Registro Mercantil de la Provincia de .... al ....

CERTIFICO según resulta del libro de actas de la sociedad:

Que el día .... de .... de ...., a las .... horas, y en el domicilio social, se celebró en la Junta General Extraordinaria de Socios de la compañía .... S.L.

La convocatoria de la referida Junta General Extraordinaria de socios, fue acordada en fecha .... por el administrador único, Don ....

Que la convocatoria de la presente Junta General, se realizó por el órgano de administración de la sociedad, de conformidad con lo establecido en la Ley y el art .... de los Estatutos Sociales, mediante burofax con acuse de recibo y certificado de contenido, de fecha ...., dirigido ese mismo día a cada uno de los socios al domicilio designado al efecto igualmente por cada uno de ellos.

Que el tenor literal de la convocatoria se transcribe a continuación: «Por medio del presente se convoca a los señores socios a la celebración de Junta General Extraordinaria de la sociedad .... S.L., que se celebrará, el día .... de .... de ...., a las .... horas, en el domicilio social sito en ...., a efectos de deliberar y, en su caso, adoptar acuerdos con relación al siguiente orden del día:

1.– Aprobación del balance cerrado al .... de .... de dos mil ...., debidamente verificado por el auditor de cuentas designado para tal fin por el órgano de administración de la sociedad .... S.L. Todo ello a efectos de lo establecido en el punto siguiente.

2.– Reducción del capital social en .... euros, es decir, dejarlo reducido a cero, con la única finalidad de establecer el equilibrio entre capital y el patrimonio neto disminuido por consecuencia de pérdidas, tomando como base de la operación el balance expresado el número primero precedente y simultáneo aumento del capital social de la compañía en la cuantía de .... euros, mediante aportaciones dinerarias y la creación de .... participaciones sociales indivisibles y acumulables, de .... euros cada una de ellas, número .... a ...., ambos inclusive, que atribuyen a los socios los mismos derechos.

3.– Modificación de los arts. .... y .... de los Estatutos Sociales.

Se hace constar el derecho que corresponde a todos los socios de examinar en el domicilio social el texto íntegro de la modificación propuesta así como de pedir la entrega o el envío gratuito del mismo.

En ...., hoy día .... de .... de .... el Administrador único de .... S.L. Don ....»

Que se confeccionó la pertinente lista de asistentes y, en conjunto, asistieron, personalmente o representados, ... socios, titulares de .... participaciones sociales que suponen el .... por ciento del capital social suscrito y .... de los derechos de voto.

Que asistió el órgano de administración de la sociedad.

Que actuaron como presidente y secretario de la citada Junta General, Don .... y Don ...., respectivamente. Ello de conformidad con lo establecido en la Ley y los

Estatutos Sociales y ser los citados señores los socios designados por los concurrentes al comienzo de la reunión.

Que abierta la sesión por el Sr. Presidente, sin que nadie se opusiera a la válida constitución y celebración de la citada Junta General, se entró en el debate y deliberación de los diversos puntos del orden del día sin que ninguno de los presentes hiciera uso de su derecho a que constase en el acta el contenido de su intervención. Tras lo anterior, se adoptaron por unanimidad de los asistentes (........... por ciento de los votos en que se divide el capital social), los siguientes ACUERDOS, que son aquí trascritos literalmente:

PRIMERO.– Aprobar el balance cerrado a fecha .... de .... de dos mil ...., que arroja un resultado de ...., debidamente verificado por Don ...., auditor de cuentas designado para tal fin por el órgano de administración de la sociedad .... S.L. al no venir esta obligada a verificar sus cuentas anuales, haciéndose constar que del expresado balance resulta que la sociedad no cuenta con reserva alguna.

Todo ello a los efectos del siguiente acuerdo.

SEGUNDO.– REDUCCIÓN Y AUMENTO DE CAPITAL SIMULTÁNEO.

A) Reducir el capital social en .... euros, es decir, dejarlo reducido a cero, con la única finalidad de establecer el equilibrio entre capital y el patrimonio neto disminuido por consecuencia de pérdidas, tomando como base de la operación el balance cerrado al .... de .... de dos mil .... y aprobado por el acuerdo anterior.

A tal fin, se amortizan las .... participaciones sociales, de .... euros cada una de ellas, en que se divide el capital social, numeradas correlativamente a partir de la unidad hasta la ....

La reducción de capital afecta por igual a todos las participaciones sociales, por lo que ninguna cantidad será abonada a los socios como consecuencia de la misma

La eficacia de la reducción queda condicionada a la ejecución del aumento que se describe a continuación.

B) Simultáneamente, proceder al aumento del capital social en la cantidad de .... euros, mediante la creación de .... participaciones sociales indivisibles y acumulables, de .... euros cada una de ellas, número 1 a ...., inclusive, que atribuyen a los socios los mismos derechos.

Las nuevas participaciones sociales serán asumidas por los socios con base en las siguientes reglas:

1.– Por cada participación social amortizada en virtud del acuerdo de reducción de capital arriba trascrito, asiste a los socios el derecho de preferente asunción de .... participaciones sociales nuevas.

2.– El derecho de preferente asunción se ejercitará en el plazo de .... a contar desde la publicación del anuncio de la oferta de asunción de nuevas participaciones sociales en el Boletín Oficial del Registro Mercantil.

3.– Las participaciones no asumidas en el ejercicio del derecho de asunción preferente, serán ofrecidas por el órgano de administración de la compañía a los socios que lo hubieren ejercitado, para su asunción y desembolso durante un plazo de quince días desde la conclusión del señalado en el apartado 2 anterior para la asunción preferente. Si existieren varios socios interesados en asumir las participaciones ofrecidas, estas se adjudicarán en proporción a las que cada uno de ellos ya tuviere en la sociedad.

4.– Si el aumento de capital no se desembolsare íntegramente dentro del plazo fijado al afecto conforme a las reglas anteriores, el capital quedará aumentado en la cuantía desembolsada.

TERCERO.– Se autoriza al administrador único para que, como consecuencia del acuerdo anterior y su posterior ejecución, proceda a dar nueva redacción al artículo .... y .... de los Estatutos Sociales, adecuando la redacción del citado artículo al resultado final de la asunción y desembolso de las participaciones sociales del anteriormente referido aumento de capital.

Y para que conste y surta los efectos oportunos, libro la presente certificación, haciendo constar que el acta de la reunión donde se adoptaron los acuerdos que se certifican fue aprobada por unanimidad en la propia sesión, firmada por el presidente y secretario. En ...., a .... de .... de ....

F290. REDUCCIÓN Y AUMENTO DE CAPITAL SIMULTÁNEOS (OPERACIÓN ACORDEÓN). CERTIFICACIÓN DE ACUERDO DE JUNTA GENERAL EXTRAORDINARIA UNIVERSAL

Normativa de Aplicación: *Arts. 317 y ss. Real Decreto Legislativo 1/2010, de 2 de julio, por el que se aprueba el texto refundido de la Ley de Sociedades de Capital.*

..........., Administrador único de la compañía .... S.L., con domicilio en ...., C/ .... y CIF .... Inscrita en el Registro Mercantil de la Provincia de ....

CERTIFICO, según resulta del libro de actas de la sociedad:

Que el día .... de .... de .... de .... y en ...., calle ...., se celebró Junta General Extraordinaria de Socios de la compañía .... S.L., reunida con carácter universal.

Que se encontraban presentes la totalidad de los socios, figurando su nombre en el acta.

Que la totalidad de los socios aceptaron constituirse y celebrar dicha Junta General, con el carácter de universal, para deliberar y, en su caso, adoptar acuerdos con relación al siguiente orden del día:

1.– Aprobación del balance cerrado al .... de .... de dos mil ...., debidamente verificado por el auditor de cuentas designado para tal fin por el órgano de administración de la sociedad .... S.L. Todo ello a efectos de lo establecido en el punto siguiente.

2.– Reducción del capital social en .... euros, es decir, dejarlo reducido a cero, con la única finalidad de establecer el equilibrio entre capital y el patrimonio neto disminuido por consecuencia de pérdidas, tomando como base de la operación el balance expresado el número primero precedente y simultáneo aumento del capital social de la compañía en la cuantía de .... euros, mediante aportaciones dinerarias y la creación de .... participaciones sociales indivisibles y acumulables, de .... euros cada una de ellas, número .... a ...., ambos inclusive, que atribuyen a los socios los mismos derechos.

3.– Modificación de los arts. .... y .... de los Estatutos Sociales.

Que en señal de conformidad con lo reseñado anteriormente, la totalidad de los socios de la compañía, seguido de su respectivo nombre, firmaron al inicio del acta cuyos acuerdos aquí se certifican.

Que de conformidad con lo previsto en la Ley y Los Estatutos Sociales fueron designados y actuaron como presidente de la misma Doña .... y como secretario Don ....

Que abierta la sesión sin que nadie se opusiera a ello, se adoptaron por unanimidad, (........... por ciento de los votos correspondientes a las participaciones sociales en que se divida el capital social), los siguientes ACUERDOS que se transcriben de forma literal a continuación:

PRIMERO.– Aprobar el balance cerrado a fecha .... de .... de dos mil ...., que arroja un resultado de ...., debidamente verificado por Don ...., auditor de cuentas designado para tal fin por el órgano de administración de la sociedad .... S.L. al no venir esta obligada a verificar sus cuentas anuales, haciéndose constar que del expresado balance resulta que la sociedad no cuenta con reserva alguna.

Todo ello a los efectos del siguiente acuerdo.

SEGUNDO.– REDUCCIÓN Y AUMENTO DE CAPITAL SIMULTÁNEO.

A) Reducir el capital social en .... euros, es decir, dejarlo reducido a cero, con la única finalidad de establecer el equilibrio entre capital y el patrimonio neto disminuido por consecuencia de pérdidas, tomando como base de la operación el balance cerrado al .... de .... de dos mil .... y aprobado por el acuerdo anterior.

A tal fin, se amortizan las .... participaciones sociales, de .... euros cada una de ellas, en que se divide el capital social, numeradas correlativamente a partir de la unidad hasta la ....

La reducción de capital afecta por igual a todos las participaciones sociales, por lo que ninguna cantidad será abonada a los socios como consecuencia de la misma

La eficacia de la reducción queda condicionada a la ejecución del aumento que se describe a continuación.

B) Simultáneamente, proceder al aumento del capital social en la cantidad de .... euros, mediante la creación de .... participaciones sociales indivisibles y acumulables, de .... euros cada una de ellas, número 1 a ...., inclusive, que atribuyen a los socios los mismos derechos.

Las nuevas participaciones sociales serán asumidas por los socios con base en las siguientes reglas:

1.– Por cada participación social amortizada en virtud del acuerdo de reducción de capital arriba trascrito, asiste a los socios el derecho de preferente asunción de .... participaciones sociales nuevas.

2.– El derecho de preferente asunción se ejercitará en el plazo de .... a contar desde la publicación del anuncio de la oferta de asunción de nuevas participaciones sociales en el Boletín Oficial del Registro Mercantil.

3.– Las participaciones no asumidas en el ejercicio del derecho de asunción preferente, serán ofrecidas por el órgano de administración de la compañía a los socios que lo hubieren ejercitado, para su asunción y desembolso durante un plazo de quince días desde la conclusión del señalado en el apartado 2 anterior para la asunción preferente. Si existieren varios socios interesados en asumir las participaciones ofrecidas, estas se adjudicarán en proporción a las que cada uno de ellos ya tuviere en la sociedad.

4.– Si el aumento de capital no se desembolsare íntegramente dentro del plazo fijado al afecto conforme a las reglas anteriores, el capital quedará aumentado en la cuantía desembolsada.

TERCERO.– Se autoriza al administrador único para que, como consecuencia del acuerdo anterior y su posterior ejecución, proceda a dar nueva redacción al artículo .... y .... de los Estatutos Sociales, adecuando la redacción del citado artículo al resultado final de la asunción y desembolso de las participaciones sociales del anteriormente referido aumento de capital.

Y para que conste libro la presente certificación, haciendo constar que el acta de la reunión donde se adoptaron los acuerdos que se certifican fue aprobada por unanimidad en la propia sesión, firmada por el presidente y secretario, en ...., a .... de .... de ....

F291. REDUCCIÓN DE CAPITAL CON LA FINALIDAD DE COMPENSAR PÉRDIDAS. CERTIFICACIÓN DEL CONSEJO DE ADMINISTRACIÓN DECLARANDO EJECUTADO EL ACUERDO

Normativa de Aplicación: *Arts. 317 y ss. Real Decreto Legislativo 1/2010, de 2 de julio, por el que se aprueba el texto refundido de la Ley de Sociedades de Capital.*

.... Secretario del Consejo de Administración de la sociedad .... S.L. domiciliada en ...., calle .... núm. ...., e inscrita en el Registro Mercantil de la provincia de ...., al tomo ...., folio ...., hoja ...., y CIF ....

CERTIFICO según resulta del libro de actas de la sociedad:

Que en ...., a las .... horas del día .... de .... de ...., y en el domicilio social, sito en ...., calle .... núm. ...., se celebró reunión del Consejo de Administración de la sociedad .... S.L.

Que la presente reunión del Consejo de Administración fue convocada por el Presidente del Consejo de Administración, Don ...., en fecha .... mediante telegrama remitido ese mismo día a los Sres. Consejeros en legal forma y plazo con el siguiente tenor literal «Por el presente, se le convoca a la reunión del Consejo de Administración a celebrar, en el domicilio social, el próximo día .... de .... de ...., a las .... horas, para deliberar y, en su caso, adoptar acuerdos con relación al siguiente orden del día: 1.– Ejecución del acuerdo de reducción del capital social adoptado por la Junta General de la compañía, en su reunión del pasado día .... de .... de dos mil .... Redacción arts. .... y .... de los Estatutos Sociales. En ...., hoy día .... de .... de .... Don ...., Presidente del Consejo de Administración de .... S.L.»

Que asistieron a la reunión, personalmente .... miembros del consejo de administración de la sociedad, esto es, los Sres. .... Y representado un consejero, esto es, Don ...., representado por la consejera Doña .... En conjunto asistieron personalmente o representados .... consejeros.

Que actuaron como Presidente y Secretario de la reunión del Consejo de Administración cuyos acuerdos aquí se certifican, Don .... y Don ...., respectivamente, quienes ocupan tales cargos en el seno de este Consejo.

Que el Sr. presidente declaró válidamente constituida la referida reunión del Consejo de Administración y se entró en el debate de los distintos puntos del orden del día. Previa deliberación y sin que ninguno de los asistentes hiciera uso del derecho de que constase en el acta el contenido de su intervención, se adoptaron los siguientes acuerdos por UNANIMIDAD, que fueron proclamados por el Sr. Presidente y que se transcriben literalmente a continuación:

PRIMERO.– Declarar ejecutados los acuerdos adoptados por la Junta General Extraordinaria de socios en su reunión de fecha .... de .... de dos mil ....

Por lo tanto, se declara reducido el capital social con la finalidad y en la cuantía, procedimiento y plazo de ejecución acordados por la Junta General de la sociedad en su reunión de fecha .... de .... de dos mil ...., y disminuido en .... euros, el valor nominal de las participaciones sociales de la compañía, que ha quedado fijado en la suma de .... euros, quedando redactados los arts. .... y .... de los Estatutos Sociales del modo expresado en dicha acta, artículos que nuevamente se transcriben:

ARTÍCULO .... CAPITAL SOCIAL. El capital social se fija en la cantidad de .... (...........) euros, íntegramente desembolsado.

ARTÍCULO .... PARTICIPACIONES SOCIALES. El capital social está dividido en .... participaciones sociales de .... euros cada una de ellas, numeradas correlativamente a partir de la unidad, indivisibles y acumulables, todas asumidas y desembolsadas por los socios y su titularidad lleva de pleno derecho la obligación de someterse a las prescripciones de los Estatutos y a los acuerdos válidamente adoptados. Las participaciones atribuyen a los socios los mismos derechos.

Se hace constar que han sido realizadas las correspondientes anotaciones, tanto las contables como las relativas al libro registro de socios.

SEGUNDO.– Facultar a los consejeros para que cualquiera de ellos, indistintamente, puedan comparecer ante notario a fin de elevar a publico los acuerdos anteriormente transcritos e instar la inscripción de los mismos en el Registro Mercantil.

Y para que conste libro la presente certificación, con el Visto Bueno del Presidente, haciendo constar que el acta de la reunión en que se adoptaron los acuerdos que se certifican, fue aprobada por unanimidad al final de la misma, en ...., a ....

V. B. PRESIDENTE SECRETARIO

F292. REDUCCIÓN DE CAPITAL CON LA FINALIDAD DE RESTITUIR APORTACIONES. CERTIFICACIÓN DEL CONSEJO DE ADMINISTRACIÓN DECLARANDO EJECUTADO EL ACUERDO

Normativa de Aplicación: *Arts. 317 y ss. Real Decreto Legislativo 1/2010, de 2 de julio, por el que se aprueba el texto refundido de la Ley de Sociedades de Capital.*

.... Secretario del Consejo de Administración de la sociedad .... S.L. domiciliada en ...., calle .... núm. ...., e inscrita en el Registro Mercantil de la provincia de ...., al tomo ...., folio ...., hoja ...., y CIF ....

CERTIFICO según resulta del libro de actas de la sociedad:

Que en ...., a las .... horas del día .... de .... de ...., y en el domicilio social, sito en ...., calle .... núm. ...., se celebró reunión del Consejo de Administración de la sociedad .... S.L.

Que la presente reunión del Consejo de Administración fue convocada por el Presidente del Consejo de Administración, Don ...., en fecha .... mediante telegrama remitido ese mismo día a los Sres. Consejeros en legal forma y plazo con el siguiente tenor literal «Por el presente, se le convoca a la reunión del Consejo de Administración a celebrar, en el domicilio social, el próximo día .... de .... de ...., a las .... horas, para deliberar y, en su caso, adoptar acuerdos con relación al siguiente orden del día: 1.– Ejecución del acuerdo de reducción del capital social adoptado por la Junta General de la compañía, en su reunión del pasado día .... de .... de dos mil .... Redacción arts. .... y .... de los Estatutos Sociales. En ...., hoy día .... de .... de .... Don ...., Presidente del Consejo de Administración de .... S.L.»

Que asistieron a la reunión, personalmente .... miembros del consejo de administración de la sociedad, esto es, los Sres. .... Y representado un consejero, esto es, Don ...., representado por la consejera Doña .... En conjunto asistieron personalmente o representados .... consejeros.

Que actuaron como Presidente y Secretario de la reunión del Consejo de Administración cuyos acuerdos aquí se certifican, Don .... y Don ...., respectivamente, quienes ocupan tales cargos en el seno de este Consejo.

Que el Sr. presidente declaró válidamente constituida la referida reunión del Consejo de Administración y se entró en el debate de los distintos puntos del orden del día. Previa deliberación y sin que ninguno de los asistentes hiciera uso del derecho de que constase en el acta el contenido de su intervención, se adoptaron los siguientes acuerdos por UNANIMIDAD, que fueron proclamados por el Sr. Presidente y que se transcriben literalmente a continuación:

PRIMERO.– Declarar ejecutados los acuerdos adoptados por la Junta General de socios en su reunión de fecha .... de .... de dos mil ....

Por lo tanto, habiendo sido restituidas las aportaciones al socio Don ...., quien mediante la firma de esta acta da eficaz carta de pago por la suma de .... euros, se declara y queda reducido el capital social de la compañía en la cuantía y forma acordada por la Junta General, en la expresada reunión de fecha .... de .... de dos mil .... y amortizadas las participaciones sociales que se reseñan en el acta de la repetida Junta General de socios, esto es .... participaciones sociales, número .... a ...., de .... euros de valor nominal unitario, quedando redactados los arts. .... y .... de los Estatutos Sociales del modo expresado en dicha acta.

Expresamente se declara haber sido constituida la reserva indisponible acordada en la expresada Junta General a que se refiere el art. 332 TRLSC.

SEGUNDO.– Facultar a los consejeros para que cualquiera de ellos, indistintamente, puedan comparecer ante notario a fin de elevar a publico los acuerdos anteriormente transcritos e instar la inscripción de los mismos en el Registro Mercantil.

Y para que conste libro la presente certificación, con el Visto Bueno del Presidente, haciendo constar que el acta de la reunión en que se adoptaron los acuerdos que se certifican, fue aprobada por unanimidad al final de la misma, en ...., a ....

V. B. PRESIDENTE SECRETARIO

F293. REDUCCIÓN DE CAPITAL CON LA FINALIDAD DE RESTITUIR APORTACIONES. CERTIFICACIÓN DEL ADMINISTRADOR ÚNICO

Normativa de Aplicación: *Arts. 317 y ss. Real Decreto Legislativo 1/2010, de 2 de julio, por el que se aprueba el texto refundido de la Ley de Sociedades de Capital.*

Don .... administrador único de la mercantil ...., SLU, certifica las siguietes decisiones de socio único:

– Que el día .... de ...., siendo las .... horas y estando presente el socio único en el domicilio social de la Sociedad, ADOPTÓ las siguientes decisiones con valor de Junta universal, con arreglo al siguiente orden del día, que también se aprobó por unanimidad y que coincide en su integridad con los acuerdos adoptados:

PRIMERO.– La Reducción de capital social en la cantidad de 380.000,28 euros, por amortización de participaciones sociales, siendo el fin la restitución del valor de aportaciones mediante amortización de participaciones correspondientes al socio afectado, y acuerdos complementarios.

La reducción de capital tiene por finalidad la restitución al socio único ...., del valor de aportaciones sociales, siendo el valor de restitución acordado el de 380.000,28 euros.

La restitución acordada afecta por igual a todas las participaciones y se hace expresamente con el consentimiento individual del socio único afectado aquí presente.

La forma de la reducción es por amortización de las participaciones sociales correspondientes. El valor nominal actual de cada participación es de 6,01 euros; y se van a amortizar 63.228 participaciones del paquete que corresponde al socio afectado. La cifra a disminuir es de 380.000,28 euros, resultando por tanto la nueva cifra de capital social 482.512,85 euros, dividido en 80.285 participaciones sociales, con un valor nominal cada una de ellas de 6,01 euros.

El pago de la restitución de las aportaciones se va a hacer efectivo al socio único, mediante entrega del siguiente patrimonio inmobiliario:

1.– *Partida *;

Valor 245.500€.

2.– Calle *

Valor 106.500.

3.– Parking *.

Valor 10.000€.

4.– El 25% del pleno dominio de un solar en partida de *.

Valor 18.000,28€.

Por lo que procede amortizar 63.228 participaciones sociales, de 6,01€ de valor nominal cada una de ellas, las que van de la número 80.286 a la 143.513

Descripción completa, referencias catastrales y demás datos constarán en la escritura que ejecute estos acuerdos.

La finalidad de la reducción es por tanto la restitución del valor de aportaciones al socio afectado mediante la amortización de las participaciones sociales correspondientes.

El plazo de ejecución de la reducción será el de 2 meses a contar desde la fecha de hoy, inclusive.

Consecuentemente se procede a modificar el artículo 5 de los Estatutos sociales, que tendrá la siguiente redacción tras la reducción:

«El capital social se fija en la cantidad de cuatrocientos ochenta y dos mil quinientos doce euros con ochenta y cinco céntimos de euro (482.512,85€), dividido en 80.285 participaciones sociales, íntegramente suscritas y desembolsadas, con un valor nominal cada una de ellas de seis euros con un céntimo de euro (6,01), acumulables e indivisibles y numeradas de la 1 a la 80.285, ambas inclusive.»

SEGUNDO. Facultar al administrador único, a ejecutar y elevar a público aun cuando incida en los supuestos de autocontratación, conflicto de intereses o múltiple representación, a comparecer ante notario a ejecutar lo aquí aprobado y en general a efectuar cuantas aclaraciones, subsanaciones o rectificaciones fueren precisas y a tal efecto, otorgar documentos públicos o privados sean necesarios a tal fin.

Tras la redacción del acta, fue leída en alta voz, y aprobada por unanimidad de todos los presentes.

Y para que conste se expide la presente en ...., a ....

EL ADMINISTRADOR ÚNICO

Fdo.: Don ....

4.3. DOCUMENTOS PRIVADOS. ANUNCIO

F294. REDUCCIÓN DE CAPITAL CON LA FINALIDAD DE RESTITUIR APORTACIONES A SOCIOS. ANUNCIO PARA NOTIFICAR EL ACUERDO A LOS ACREEDORES

Normativa de Aplicación: *Arts. 317 y ss. Real Decreto Legislativo 1/2010, de 2 de julio, por el que se aprueba el texto refundido de la Ley de Sociedades de Capital.*

.... S.L.

De conformidad con lo previsto en el art. .... de los Estatutos Sociales, se hace público por medio del presente que la Junta General Extraordinaria y Universal de socios de la compañía, celebrada el pasado .... de .... de dos mil ...., en ...., calle ...., acordó por unanimidad:

PRIMERO.– Reducir el capital social en la cantidad de .... euros, con el fin de restituir aportaciones al socio Don ...., titular de .... participaciones sociales, de .... euros de nominal, numeradas correlativamente de la .... a la ...., para lo cual prestan todos los socios individualmente su consentimiento.

SEGUNDO.– Restituir al socio Don ...., de nacionalidad española, mayor de edad, soltero, nacido el .... de .... de ...., vecino de ...., con domicilio en .... y DNI/NIF ...., la suma de .... euros por cada una de las participaciones sociales de .... euros de valor nominal cada una, totalizando la cantidad de .... euros que le serán reembolsadas al mencionado socio.

Todo lo cual se notifica y pone en conocimiento de los acreedores de la sociedad, a los efectos de lo prevenido en el art. 333.3 TRLSC.

En ...., a .... de .... de dos mil .... El Administrador único, Don ....

4.4. DOCUMENTOS NOTARIALES

F295. REDUCCIÓN DE CAPITAL CON LA FINALIDAD DE RESTITUIR APORTACIONES. ESCRITURA

Normativa de Aplicación: *Arts. 317 y ss. Real Decreto Legislativo 1/2010, de 2 de julio, por el que se aprueba el texto refundido de la Ley de Sociedades de Capital. Arts. 158 y ss. Real Decreto 1784/1996, de 19 de julio, por el que se aprueba el Reglamento del Registro Mercantil.*

En la Ciudad de ...., mi residencia, a .... de ....

Ante mí, ..., Notario de la Ciudad y del Ilustre Colegio de ....

COMPARECE

Don ...., mayor de edad, de nacionalidad española, casado, vecino de ...., con domicilio en ...., núm. ...., con DNI/NIF ....

Le identifico por el documento de identidad exhibido y reseñado.

INTERVIENE

Don ...., interviene en su condición de Secretario del Consejo de Administración de la sociedad de responsabilidad limitada ...., de nacionalidad española, constituida por tiempo indefinido mediante escritura autorizada por el notario de .... con fecha .... de .... de ...., número de protocolo ...., domiciliada en ...., calle ...., núm. .... Inscrita en el Registro Mercantil de la provincia de ...., al tomo ...., general ...., folio ...., hoja ...., inscripción .... CIF .... Constituye su objeto social ....

Está legitimado para este otorgamiento en virtud de su expresado cargo de secretario del Consejo de Administración, que afirma vigente, resultando su nombramiento y aceptación de la escritura otorgada con fecha .... de .... de dos mil ...., ante el notario de ...., Doña ...., número de protocolo ...., que causó la inscripción .... en el Registro Mercantil, y por acuerdo de la Junta General Universal de socios celebrada el día .... de .... de dos mil .... y del Consejo de Administración, en su reunión del día .... de .... de dos mil ...., contenidos en la certificación que me entrega e incorporo a la presente, expedida por el propio compareciente con el Visto Bueno del Presidente, cuyas firmas legitimo por serme conocida.

Yo, el Notario, hago constar expresamente que he cumplido con la obligación que impone la ley 10/2010, de 28 de abril, cuyo resultado consta en acta autorizada por el Notario de ...., Don ...., el día ...., en cuanto a «........... S.L.», bajo nº .... de protocolo, manifestando no haberse modificado el contenido de la misma

Tiene a mi juicio, capacidad y legitimación para otorgar esta escritura de ELEVACIÓN A PUBLICO DE ACUERDOS SOCIALES relativos a la reducción del capital social y, al efecto, según interviene

OTORGA

PRIMERO.– Que Don .... eleva a público los acuerdos adoptados por la Junta General Extraordinaria y Universal de la sociedad, en su reunión del día .... de .... de dos mil ...., y el Consejo de Administración de la compañía, en su reunión del pasado día .... de .... de dos mil ...., en los términos que resultan de la certificación incorporada a esta matriz y que se dan por íntegramente reproducidos en este lugar para evitar repeticiones.

SEGUNDO.– MENCIONES ESPECIALES

I.– El compareciente hace constar que la reducción de capital elevada a público a través del presente instrumento autorizado por mí, el notario, no afecta por igual a todas las participaciones sociales de la compañía, habiendo prestado todos los socios su consentimiento a esta modalidad de reducción, incluido el afectado por el acuerdo de reducción, dándose cumplimiento a lo prevenido en los arts. 195.2 y 201.1 RRM.

II.– A los efectos de lo dispuesto en el art. 201.1 y 3 RRM, el otorgante manifiesta que de la certificación arriba mencionada e incorporada a esta matriz, resulta la finalidad de la reducción y la cuantía de la misma. También la suma dineraria entregada al socio como consecuencia de la reducción de capital elevada a público a través de esta escritura, declarando el otorgante que han sido realizados los reembolsos correspondientes. Igualmente, consta en la expresada certificación, la identidad de la persona a quien se ha restituido la totalidad de sus aportaciones sociales.

Finalmente, y dando cumplimiento a los previsto en el art. 201.5 RRM, de la certificación incorporada a la presente escritura, resulta la nueva redacción de los artículos de los Estatutos Sociales relativos a la cifra del capital social y las participaciones sociales, con las indicaciones a que se refieren los arts. 183 y 184 RRM.

TERCERO.– Que conforme al art. 332 TRLSC y el art. 201.3.2° RRM, el otorgante declara y manifiesta que, con el fin de que no haya lugar a la responsabilidad del socio a quien se han restituido sus aportaciones, al acordarse la reducción de capital, se dotó y constituyó una reserva con cargo a las reservas de libre disposición, por importe de ………… euros, indisponible hasta que transcurran cinco años a contar desde la publicación de la reducción en el Boletín Oficial del Registro Mercantil, salvo que antes del vencimiento de dicho plazo hubieren sido satisfechas todas las deudas sociales contraídas con anterioridad a la fecha en que la reducción fuera oponible a terceros.

CUARTO.– Para el supuesto y a los efectos del art. 63 RRM, se solicita la inscripción parcial de esta escritura si no fuera posible la inscripción total de la misma y la extensión de nota, con expresión de las razones de denegación respecto a los extremos no inscritos.

EN CASO DE QUE SE TRATARA DE UNA APORTACIÓN NO DINERARIA ES NECESARIO QUE COMPAREZCA IGUALMENTE EL ADJUDICATARIO.

Hago la advertencia de la obligatoriedad de inscripción de esta escritura en el Registro Mercantil.

Protección de datos.– Con relación a los datos de carácter personal que en la presente constan, referidos al compareciente, queda este enterado de que los mismos se incorporan a mis ficheros automatizados, lo que acepta, así como del derecho de oposición, acceso a ellos, rectificación o cancelación de los mismos.

OTORGAMIENTO Y AUTORIZACIÓN

Advierto al compareciente de su derecho a leer por si este instrumento al que renuncia. Yo, el notario, además la leo al compareciente, quien la encuentra conforme, otorga y firma conmigo, el notario, que doy fe en cuanto sea procedente de todo lo consignado en este instrumento público, extendido en ………… folios de papel exclusivo para documentos notariales, serie, y números el del presente y anteriores en orden.

F296. REDUCCIÓN DEL CAPITAL CON LA FINALIDAD DE COMPENSAR PERDIDAS. ESCRITURA

Normativa de Aplicación: *Arts. 317 y ss. Real Decreto Legislativo 1/2010, de 2 de julio, por el que se aprueba el texto refundido de la Ley de Sociedades de Capital. Arts. 158 y ss. Real Decreto 1784/1996, de 19 de julio, por el que se aprueba el Reglamento del Registro Mercantil.*

En la Ciudad de ...., mi residencia, a .... de ....

Ante mí, ..., Notario de la Ciudad y del Ilustre Colegio de ....

COMPARECE

Don ...., mayor de edad, de nacionalidad española, casado, vecino de ...., con domicilio en ...., núm. ...., con DNI/NIF ....

Le identifico por el documento de identidad exhibido y reseñado.

INTERVIENE

Don ...., interviene en su condición de Secretario del Consejo de Administración de la sociedad de responsabilidad limitada ...., de nacionalidad española, constituida por tiempo indefinido mediante escritura autorizada el día .... de .... de ...., por el notario de ...., Don ...., número de protocolo ...., domiciliada en ...., calle ...., núm. .... Inscrita en el Registro Mercantil de la provincia de ...., al tomo ...., general ...., folio ...., hoja ...., inscripción .... CIF .... Constituye su objeto social ....

Está legitimado para este otorgamiento en virtud de su expresado cargo de Secretario del Consejo de Administración, que afirma vigente, resultando su nombramiento y aceptación de la escritura otorgada con fecha .... de .... de dos mil ...., ante el notario de ...., Doña ...., número de protocolo ...., que causó la inscripción .... en el Registro Mercantil, y por acuerdo de la Junta General Universal de socios celebrada el día .... de .... de dos mil .... y del Consejo de Administración, en su reunión del día .... de .... de dos mil ...., contenidos en la certificación que me entrega e incorporo a la presente, expedida por el propio compareciente con el Visto Bueno del Presidente, cuyas firmas legitimo por haber sido puesta en mi presencia.

Yo, el Notario, hago constar expresamente que he cumplido con la obligación que impone la ley 10/2010, de 28 de abril, cuyo resultado consta en acta autorizada por el Notario de ...., Don ...., el día ...., en cuanto a «........... S.L.», bajo nº .... de protocolo, manifestando no haberse modificado el contenido de la misma.

Tiene a mi juicio, capacidad y legitimación para otorgar esta escritura de ELEVACIÓN A PUBLICO DE ACUERDOS SOCIALES relativos a la reducción del capital social y, al efecto, según interviene

OTORGA

PRIMERO.– Que Don .... eleva a público los acuerdos adoptados por la Junta General Extraordinaria y Universal de la sociedad, en su reunión del día .... de .... de dos mil ...., y el Consejo de Administración de la compañía, en su reunión del pasado día .... de .... de dos mil ...., en los términos que resultan de la certificación incorporada a esta matriz y que se dan por íntegramente reproducidos en este lugar para evitar repeticiones.

SEGUNDO.– MENCIONES ESPECIALES

El compareciente hace constar a efectos de lo dispuesto en el art. 201 del Reglamento del Registro Mercantil:

I.– Que de la certificación incorporada a esta escritura, resulta que la reducción de capital fue acordada por la Junta General en la cuantía de .... euros, con la única y exclusiva finalidad de restablecer el equilibrio entre el capital y el patrimonio neto disminuido por consecuencia de pérdidas, y mediante la disminución en la suma de .... euros del valor nominal de cada una de las .... participaciones sociales en que se divide el capital social de la compañía, no contando la sociedad en el momento de adoptarse tal acuerdo con ninguna clase de reservas. La reducción de capital afecta por igual a todas las participaciones sociales de la compañía.

II.– Que previamente a su aprobación por la Junta General, el balance que sirvió de base a la operación, cerrado a fecha .... de .... de dos mil ...., es decir, dentro de los seis meses inmediatamente anteriores al acuerdo, fue verificado en fecha .... de .... de dos mil ...., por Don ...., Auditor de Cuentas designado a tal efecto por el órgano de administración de la sociedad, al no encontrarse la misma obligada a verificar sus cuentas anuales.

El compareciente me hace entrega en este acto de un ejemplar del expresado balance y su verificación, que, yo notario protocolizo en esta escritura, dando de este modo cumplimiento a lo señalado por el art. 323.2 TRLSC y el 201.4 del Reglamento del Registro Mercantil.

III.– Finalmente, y dando cumplimiento a lo previsto en el art. 201.5 RRM, de la certificación incorporada a la presente escritura, resulta la nueva redacción de los artículos de los Estatutos Sociales relativos a la cifra del capital social y las participaciones sociales, con las indicaciones a que se refieren los arts. 183 y 184 RRM.

TERCERO.– Para el supuesto y a los efectos del art. 63 RRM, se solicita la inscripción parcial de esta escritura si no fuera posible la inscripción total de la misma y la extensión de nota, con expresión de las razones de denegación respecto a los extremos no inscritos.

Hago la advertencia de la obligatoriedad de inscripción de esta escritura en el Registro Mercantil.

Protección de datos.– Con relación a los datos de carácter personal que en la presente constan, referidos al compareciente, queda este enterado de que los mismos se incorporan a mis ficheros automatizados, lo que acepta, así como del derecho de oposición, acceso a ellos, rectificación o cancelación de los mismos.

OTORGAMIENTO Y AUTORIZACIÓN

Advierto al compareciente de su derecho a leer por si este instrumento al que renuncia. Yo, el notario, además la leo al compareciente, quien la encuentra conforme, otorga y firma conmigo, el notario, que doy fe en cuanto sea procedente de todo lo consignado en este instrumento público, extendido en .... folios de papel exclusivo para documentos notariales, serie, y números el del presente y anteriores en orden.

F297. REDUCCIÓN Y AUMENTO DE CAPITAL SOCIAL SIMULTÁNEOS (OPERACIÓN ACORDEÓN). ESCRITURA

Normativa de Aplicación: *Arts. 317 y ss. Real Decreto Legislativo 1/2010, de 2 de julio, por el que se aprueba el texto refundido de la Ley de Sociedades de Capital. Arts. 158 y ss. Real Decreto 1784/1996, de 19 de julio, por el que se aprueba el Reglamento del Registro Mercantil.*

En la Ciudad de ...., mi residencia, a .... de ....

Ante mí, ..., Notario de la Ciudad y del Ilustre Colegio de ....

COMPARECE

Don ...., mayor de edad, de nacionalidad española, casado, vecino de ...., con domicilio en ...., núm. ...., con DNI/NIF ....

Le identifico por el documento de identidad exhibido y reseñado.

INTERVIENE

Don .... interviene en su calidad de administrador único de la sociedad limitada ...., de nacionalidad española, constituida por tiempo indefinido mediante escritura autorizada por el notario de ...., Don ...., con fecha .... de .... de dos mil ...., número de protocolo .... Domiciliada en ...., calle .... e inscrita en el Registro Mercantil de la provincia de ...., al tomo

..........., general ...., folio ...., hoja ...., inscripción .... CIF .... Constituye su objeto social ....

Está legitimado para este otorgamiento en virtud de su expresado cargo de administrador único, que afirma vigente, resultando su nombramiento y aceptación de la escritura otorgada con fecha .... de .... de dos mil ...., ante el Notario de ...., Doña ...., número de protocolo ...., que causó la inscripción .... en el Registro Mercantil, y por acuerdo de la Junta General de socios celebrada el día .... de .... de ...., contenido en la certificación que me entrega e incorporo a la presente, expedida por el propio administrador compareciente, cuya firma legitimo por serme conocida.

Yo, el Notario, hago constar expresamente que he cumplido con la obligación que impone la ley 10/2010, de 28 de abril, cuyo resultado consta en acta autorizada por el Notario de ...., Don ...., el día ...., en cuanto a «........... S.L.», bajo nº .... de protocolo, manifestando no haberse modificado el contenido de la misma.

Tiene a mi juicio, capacidad y legitimación para otorgar esta escritura de ELEVACIÓN A PUBLICO DE ACUERDOS SOCIALES relativos a la reducción y aumento del capital social y, al efecto, según interviene

OTORGA

PRIMERO.– Que Don .... eleva a público los acuerdos adoptados por la Junta General Extraordinaria de la sociedad, en su reunión del día .... de .... de ...., en los términos que resultan de la certificación incorporada a esta matriz y que se dan por íntegramente reproducidos en este lugar para evitar repeticiones.

El compareciente me entrega los originales del Boletín Oficial del Registro Mercantil del día .... de .... de dos mil .... (núm. ....), así como del diario .... en su edición del día .... de .... de dos mil ...., en los que se inserto el anuncio para la convocatoria de la expresada Junta General, de los que deduzco fotocopias que concuerdan exacta y fielmente con sus respectivos originales, de lo que doy fe, incorporando las fotocopias a la presente escritura. Se hace constar que no existen en los estatutos sociales previsión alguna sobre la convocatoria de la Junta general.

SEGUNDO.– MENCIONES ESPECIALES

I.– Con relación a la reducción de capital acordada por la Junta General, cuyos acuerdos se elevan a público a través del presente instrumento, el otorgante hace constar que la expresada reducción de capital, que afecta por igual a todas las participaciones sociales de la sociedad, fue acordada por la Junta General en la cuantía de .... euros, con la única y exclusiva finalidad de restablecer el equilibrio entre el capital y el patrimonio neto disminuido por consecuencia de pérdidas, no contando la sociedad en el momento de adoptarse tal acuerdo con ninguna clase de reservas. Lo que manifiesta el compareciente dando cumplimiento a lo prevenido en el art. 201.4 del Reglamento del Registro Mercantil.

II.– Que previamente a su aprobación por la Junta General, el balance que sirvió de base a la operación, cerrado a fecha .... de .... de dos mil ...., es decir, dentro de los seis meses inmediatamente anteriores al acuerdo, y que arroja un resultado de ...., fue verificado en fecha .... de .... de dos mil ...., por Don ...., Auditor de Cuentas designado a tal efecto por el órgano de administración de la sociedad, al no encontrarse la misma obligada a verificar sus cuentas anuales.

El compareciente me hace entrega en este acto de un ejemplar del expresado balance y su verificación, que, yo notario protocolizo en esta escritura, dando de este modo cumplimiento a lo señalado por el art. 201.4 del Reglamento del Registro Mercantil.

III.– A los efectos de lo prevenido en el art. 198.1 del Reglamento del Registro Mercantil, el compareciente hace constar expresamente que de la certificación arriba mencionada e incorporada a esta matriz, resulta la cuantía en que se ha acordado elevar la cifra del capital social, con indicación de que el aumento se ha realizado por creación de nuevas participaciones sociales, así como el contenido de su contravalor.

Igualmente, y como establece el art. 198.2 del Reglamento del Registro Mercantil, consta en la citada certificación la identificación de las nuevas participaciones sociales de conformidad con las reglas establecidas en el art. 184 del Reglamento del Registro Mercantil, las condiciones acordadas para el ejercicio del derecho de asunción preferente y la cuantía y condiciones del desembolso de las participaciones sociales de nueva creación.

Finalmente y a la vista de lo dispuesto en el art. 198.4 del Reglamento del Registro Mercantil, se hace constar por el compareciente que a los efectos del ejercicio del derecho de preferencia que asistía a los socios, fue realizada por el administrador único, una comunicación escrita a cada uno de los socios en los términos del art. 305 TRLSC y que el aumento de capital acordado, ha sido íntegramente desembolsado en los términos previstos, siendo asumidas por los socios las nuevas participaciones sociales en la proporción de .... nuevas por cada participación social de su titularidad, amortizada en virtud del acuerdo de reducción de capital arriba transcrito, con el siguiente respectivo alcance:

Don .... mayor de edad, de nacionalidad española, casado con Doña .... bajo el régimen de absoluta separación de bienes, según resulta de la escritura de capitulaciones matrimoniales otorgada con fecha .... de .... de ...., ante el Notario de ...., Don ...., inscritas en el Registro Civil de ...., al tomo ...., con fecha de .... vecino de ...., con domicilio en la calle ...., núm. ...., y DNI/NIF ...., asume .... participaciones sociales de nueva creación, número .... a ...., ambos inclusive, por un nominal en su conjunto de ....

Doña ...., mayor de edad, de nacionalidad española, soltera, vecina de ...., con domicilio en la calle ...., núm. .... y DNI/NIF ...., asume .... participaciones sociales de nueva creación, número .... a ...., ambos inclusive, por un nominal en su conjunto de .... euros, que es íntegramente desembolsado por Doña ....

Se acredita la realidad de la aportación dineraria llevada a efecto en el aumento de capital que por la presente igualmente se instrumenta, mediante certificación del depósito de las correspondientes cantidades, de fecha .... de .... de ...., inferior en consecuencia a dos meses, a nombre de la sociedad, en la entidad ...., número de cuenta .... Y yo, notario, cumplido lo exigido por el art. 62 TRLSC, la incorporo a esta matriz.

Queda así el capital totalmente asumido y desembolsado en los términos previstos.

TERCERO.– Como consecuencia del acuerdo de aumento de capital elevado a publico a través de la presente escritura autorizada por mí, el notario, y su posterior ejecución, se procede a dar nueva redacción al artículo .... y .... de los Estatutos Sociales, adecuando la redacción del mismo al resultado final de la asunción y desembolso de las participaciones sociales resultantes del expresado aumento de capital.

El tenor literal de los expresados artículos pasa a ser el siguiente:

ARTÍCULO .... CAPITAL SOCIAL. El capital social se fija en la cantidad de .... (...........) euros, íntegramente desembolsado.

ARTÍCULO .... PARTICIPACIONES SOCIALES. El capital social está dividido en .... participaciones sociales de .... euros cada una de ellas, numeradas correlativamente a partir de la unidad, indivisibles y acumulables, todas asumidas y desembolsadas por los socios y su titularidad lleva de pleno derecho la obligación de someterse a las prescripciones de los Estatutos y a los acuerdos válidamente adoptados. Las participaciones atribuyen a los socios los mismos derechos.

CUARTO.– Que conforme al 198.4.1 RRM, hace constar que la titularidad de las nuevas participaciones sociales se ha hecho constar en el libro Registro de Socios de la Compañía.

QUINTO.– Para el supuesto y a los efectos del art. 63 RRM, se solicita la inscripción parcial de esta escritura si no fuera posible la inscripción total de la misma y la extensión de nota, con expresión de las razones de denegación respecto a los extremos no inscritos.

Hago la advertencia de la obligatoriedad de inscripción de esta escritura en el Registro Mercantil.

Protección de datos.– Con relación a los datos de carácter personal que en la presente constan, referidos al compareciente, queda este enterado de que los mismos se incorporan a mis ficheros automatizados, lo que acepta, así como del derecho de oposición, acceso a ellos, rectificación o cancelación de los mismos.

OTORGAMIENTO Y AUTORIZACIÓN

Advierto al compareciente de su derecho a leer por si este instrumento al que renuncia. Yo, el notario, además la leo al compareciente, quien la encuentra conforme, otorga y firma conmigo, el notario, que doy fe en cuanto sea procedente de todo lo consignado en este instrumento público, extendido en .... folios de papel exclusivo para documentos notariales, serie, y números el del presente y anteriores en orden.

F298. REDUCCIÓN DE CAPITAL. REDUCCIÓN DE CAPITAL PARA CONSTITUIR RESERVAS. ESCRITURA

Normativa de Aplicación: *Arts. 317 y ss. Real Decreto Legislativo 1/2010, de 2 de julio, por el que se aprueba el texto refundido de la Ley de Sociedades de Capital. Arts. 158 y ss. Real Decreto 1784/1996, de 19 de julio, por el que se aprueba el Reglamento del Registro Mercantil.*

En la Ciudad de ...., mi residencia, a .... de ....

Ante mí, ..., Notario de la Ciudad y del Ilustre Colegio de ....

COMPARECE

Don ...., mayor de edad, de nacionalidad española, casado, vecino de ...., con domicilio en ...., núm. ...., con DNI/NIF ....

Le identifico por el documento de identidad exhibido y reseñado.

INTERVIENE

Don ...., interviene en su condición de Administrador Único de la sociedad de responsabilidad limitada ...., de nacionalidad española, constituida por tiempo indefinido mediante escritura autorizada el día .... de .... de ...., por el notario de ...., Don ...., número de protocolo ...., domiciliada en ...., calle ...., núm. .... Inscrita en el Registro Mercantil de la provincia de ...., al tomo ...., general ...., folio ...., hoja ...., inscripción .... CIF .... Constituye su objeto social ....

Está legitimado para este otorgamiento en virtud de su expresado cargo de Administrador, que afirma vigente, resultando su nombramiento y aceptación de la escritura otorgada con fecha .... de .... de dos mil ...., ante el notario de ...., Doña ...., número de protocolo ...., que causó la inscripción .... en el Registro Mercantil, y por acuerdo de la Junta General Universal de socios celebrada el día .... de .... de dos mil ...., contenido en la certificación que me entrega e incorporo a la presente, expedida por el propio compareciente, cuya firma legitimo por (serme conocida, haber sido puesta en mi presencia, reconocida por el firmante, o coincidir con otra firma legitimada, o figurar en mi protocolo).

Yo, el Notario, hago constar expresamente que he cumplido con la obligación que impone la ley 10/2010, de 28 de abril, cuyo resultado consta en acta autorizada por el Notario de ...., Don ...., el día ...., en cuanto a «........... S.L.», bajo nº .... de protocolo, manifestando no haberse modificado el contenido de la misma.

Tiene a mi juicio, capacidad y legitimación para otorgar esta escritura de ELEVACIÓN A PUBLICO DE ACUERDOS SOCIALES relativos a la reducción del capital social y, al efecto, según interviene

OTORGA

PRIMERO.– Que Don .... eleva a público los acuerdos adoptados por la Junta General Extraordinaria y Universal de la sociedad, en su reunión del día .... de .... de dos mil ...., en los términos que resultan de la certificación incorporada a esta matriz y que se dan por íntegramente reproducidos en este lugar para evitar repeticiones.

SEGUNDO.– MENCIONES ESPECIALES

El compareciente hace constar a efectos de lo dispuesto en el art. 201 del Reglamento del Registro Mercantil:

I.– Que de la certificación incorporada a esta escritura, resulta que la reducción de capital fue acordada por la Junta General en la cuantía de .... euros, con la única y exclusiva finalidad de constituir (o incrementar) reserva legal (o voluntaria), y mediante la disminución en la suma de .... euros del valor nominal de cada una de las .... participaciones sociales en que se divide el capital social de la compañía, no contando (en su caso) la sociedad en el momento de adoptarse tal acuerdo con ninguna clase de reservas. La reducción de capital afecta por igual a todas las participaciones sociales de la compañía.

(o mediante la amortización de .... participaciones sociales).

Paralelamente, se crea (o incrementa) reserva legal (o voluntaria) en una suma igual a la del capital reducido.

II.– Que previamente a su aprobación por la Junta General, el balance que sirvió de base a la operación, cerrado a fecha .... de .... de dos mil ...., es decir, dentro de los seis meses inmediatamente anteriores al acuerdo, fue verificado en fecha .... de .... de dos mil ...., por Don ...., Auditor de Cuentas designado a tal efecto por el órgano de administración de la sociedad, al no encontrarse la misma obligada a verificar sus cuentas anuales.

El compareciente me hace entrega en este acto de un ejemplar del expresado balance y su verificación, que, yo notario protocolizo en esta escritura, dando de este modo cumplimiento a lo señalado por el art. 323.2 TRLSC y el 201.4 del Reglamento del Registro Mercantil.

III.– Finalmente, y dando cumplimiento a los previsto en el art. 201.5 RRM, de la certificación incorporada a la presente escritura, resulta la nueva redacción de los artículos de los Estatutos Sociales relativos a la cifra del capital social y las participaciones sociales, con las indicaciones a que se refieren los arts. 183 y 184 RRM.

TERCERO.– Para el supuesto y a los efectos del art. 63 RRM, se solicita la inscripción parcial de esta escritura si no fuera posible la inscripción total de la misma y la extensión de nota, con expresión de las razones de denegación respecto a los extremos no inscritos.

Hago la advertencia de la obligatoriedad de inscripción de esta escritura en el Registro Mercantil.

Protección de datos.– Con relación a los datos de carácter personal que en la presente constan, referidos al compareciente, queda este enterado de que los mismos se incorporan a mis ficheros automatizados, lo que acepta, así como del derecho de oposición, acceso a ellos, rectificación o cancelación de los mismos.

OTORGAMIENTO Y AUTORIZACIÓN

Advierto al compareciente de su derecho a leer por si este instrumento al que renuncia. Yo, el notario, además la leo al compareciente, quien la encuentra conforme, otorga y firma conmigo, el notario, que doy fe en cuanto sea procedente de todo lo consignado en este instrumento público, extendido en .... folios de papel exclusivo para documentos notariales, serie, y números el del presente y anteriores en orden.

F299. REDUCCIÓN DE CAPITAL CON LA FINALIDAD DE RESTITUIR APORTACIONES DE INMUEBLES Y AMORTIZACIÓN DE PARTICIPACIONES. ESCRITURA

Normativa de Aplicación: *Arts. 317 y ss. Real Decreto Legislativo 1/2010, de 2 de julio, por el que se aprueba el texto refundido de la Ley de Sociedades de Capital. Arts. 158 y ss. Real Decreto 1784/1996, de 19 de julio, por el que se aprueba el Reglamento del Registro Mercantil.*

En la Ciudad de ...., mi residencia, a .... de ....

Ante mí, ..., Notario de la Ciudad y del Ilustre Colegio de ....

COMPARECEN

Don A, mayor de edad, de nacionalidad española, casado, vecino de ...., con domicilio en ...., núm. ...., con DNI/NIF ....

Y Don B, mayor de edad, de nacionalidad española, casado, vecino de ...., con domicilio en ...., núm. ...., con DNI/NIF ....

Les identifico por el documento de identidad exhibido y reseñado.

INTERVIENEN

Don A interviene en su calidad de administrador único de la sociedad .... S.L., de nacionalidad española, constituida por tiempo indefinido mediante escritura autorizada por el notario de ...., Don ...., con fecha .... de .... de dos mil ...., número de protocolo .... Domiciliada en ...., calle .... e inscrita en el Registro Mercantil de la provincia de ...., al tomo ...., general ...., folio ...., hoja ...., inscripción .... CIF .... Constituye su objeto social ....

Está legitimado para este otorgamiento en virtud de su expresado cargo de administrador único, que afirma vigente, resultando su nombramiento y aceptación de la escritura otorgada con fecha .... de .... de dos mil ...., ante el notario de ...., Don ...., número de protocolo ...., que causó la inscripción .... en el Registro Mercantil, y por acuerdo de la Junta General Universal de socios celebrada el día .... de .... de dos mil ...., contenido en la certificación que me entrega e incorporo a la presente, expedida por el propio administrador compareciente, cuya firma legitimo por haber sido puesta en mi presencia.

Yo, el Notario, hago constar expresamente que he cumplido con la obligación que impone la ley 10/2010, de 28 de abril, cuyo resultado consta en acta autorizada por el Notario de ...., Don ...., el día ...., en cuanto a «........... S.L.», bajo nº .... de protocolo, manifestando no haberse modificado el contenido de la misma.

Y Don B en su propio nombre y derecho.

Tienen a mi juicio, capacidad y legitimación para otorgar esta escritura de ELEVACIÓN A PUBLICO DE ACUERDOS SOCIALES relativos a la reducción de capital social mediante restitución de aportaciones, y, al efecto, según intervienen

EXPONEN

I.– Que la Junta General de la sociedad se reunió el .... de .... de ...., con el carácter de extraordinaria y universal, con asistencia de todos los socios que, por unanimidad, aceptaron su constitución, así como el orden del día.

II.– Que fue aprobada por unanimidad la reducción del capital social en los términos que después se señalarán, y como consecuencia de ello la modificación del artículo .... de los estatutos sociales, con la nueva redacción que consta en la certificación incorporada.

III.– Lo expuesto resulta de certificación extendida por el compareciente, como administrador único, cuya firma considero legítima por haber sido puesta en mi presencia, y que incorporo a esta matriz, para su reproducción en las copias que de la misma se expidan.

IV.– Y expuesto cuanto antecede,

OTORGAN

PRIMERO.– ELEVACIÓN A PÚBLICO.

DON A eleva a público los acuerdos adoptados por la Junta General de la sociedad, en su reunión de fecha .... de .... de ...., que constan en la certificación protocolizada, de entre los cuales resulta facultado para su elevación a público.

SEGUNDO.– REDUCCIÓN DE CAPITAL. Queda reducido el capital social de la entidad representada, mediante restitución de aportaciones, en los siguientes términos:

a) Reducción de capital. Queda reducido el capital social en la suma de .... euros, mediante la amortización de .... participaciones sociales, de .... euros de valor nominal cada una de ellas.

b) Ejecución. La amortización de las participaciones y la entrega de su importe se lleva a cabo de la siguiente forma:

– Se amortizan las participaciones números .... al ...., ambos inclusive, pertenecientes a don B, el cual deberá percibir la suma global de .... euros, que se hace efectiva mediante la adjudicación de las siguientes fincas titularidad de la sociedad:

1.– URBANA. ....

INSCRIPCIÓN: Inscrita en el Registro de la Propiedad de ...., al tomo ...., libro ...., folio ...., finca número ....

REFERENCIA CATASTRAL: ...., que consta en certificación catastral descriptiva y gráfica que incorporo a la presente.

2.– URBANA.

INSCRIPCIÓN: Inscrita en el Registro de la Propiedad de ...., al tomo ...., libro ...., folio ...., finca número ....

REFERENCIA CATASTRAL: ...., que consta en certificación catastral descriptiva y gráfica que incorporo a la presente.

....

CARGAS Y ARRENDAMIENTOS COMUNES Libres de unos y otros, según manifiestan,

Ante la imposibilidad de acceso directo al folio registral de la finca objeto de esta escritura con arreglo a lo previsto en la normativa vigente, yo, el notario, he accedido, inmediatamente antes de este otorgamiento, a la información registral continuada suministrada a través de la página web registradores.org, y trasladado a papel el resultado de dicha consulta, para su incorporación a la presente. De la misma resulta que la titularidad de las fincas es la consignada en la presente escritura; asimismo de dicha nota resultan las fincas descritas estar libre de cargas y gravámenes vigentes.

Según manifiesta la parte transmitente, las fincas descritas están libre de cualesquiera otras cargas y gravámenes. Advierto de la conveniencia de comprobar el estado de cargas, bien mediante certificación del Registro de la Propiedad, bien mediante examen directo de los libros registrales.

Advierto asimismo a los comparecientes de que, sobre la información registral recibida y sobre la manifestación del exponente, prevalecerá, en todo caso, la situación registral de la finca que exista con anterioridad a la presentación de la copia de la presente escritura en el Registro de la Propiedad.

IMPUESTO DE BIENES INMUEBLES.– Advierto a los otorgantes de la afección a la cuota tributaria por I.B.I., declarando la parte transmitente que se halla al corriente en el pago, de lo que queda enterada la parte adquirente, relevándome de solicitar información.

A LOS EFECTOS DEL IMPUESTO SOBRE INCREMENTO DE VALOR DE LOS TERRENOS DE NATURALEZA URBANA:

Para levantar el cierre registral previsto en la Ley Hipotecaria se me requiere para que remita al Ayuntamiento copia simple electrónica de esta escritura con el valor de la comunicación a que se refiere la Ley reguladora de las Haciendas Locales, a lo que procedo seguidamente.

Incorporaré a esta matriz copia del justificante recibido del Ayuntamiento, por mí obtenida, que doy fe será reproducción exacta.

INFORMACIÓN REGISTRAL: En cumplimiento de lo dispuesto en el artículo 175 del Reglamento Notarial se hace constar que la descripción de los inmuebles, su titularidad y cargas resultan del título y manifestaciones de la parte disponente, así como de nota simple registral obtenida por telefax, que fue expedida dentro del plazo reglamentario, que incorporo a la presente matriz, renunciando en razón de urgencia en el otorgamiento a información inmediata telemática y relevándome de la obligación de solicitarla, aunque con reserva expresa de los derechos y acciones de cualquier naturaleza que en su favor deriven de este acto.

No obstante lo anterior, advierto sobre la posible prevalencia de títulos presentados a inscripción con anterioridad a copia de la presente escritura.

Asimismo advierto que procederé a incorporar mediante testimonio las comunicaciones recibidas del citado Registro.

ACTIVIDADES CONTAMINANTES. La parte transmitente manifiesta en este acto, de conformidad con el artículo 98, apartado 3 de la Ley 7/2022, de 8 de abril, de Residuos y Suelos contaminados para una economía circular, que no le consta que sobre la finca transmitida se haya realizado ninguna actividad potencialmente contaminante del suelo.

VALORACIONES Y PARTICIPACIONES ASIGNADAS EN PAGO

Por la restitución de la finca descrita bajo el número 1, se amortizan .... participaciones sociales de .... euros de valor nominal cada una de ellas, las numeradas del .... al .... ambos inclusive, lo que supone un valor total por la presente amortización de .... euros.

Por la restitución de la finca descrita bajo el número 2, se amortizan .... participaciones sociales de .... euro/s de valor nominal cada una de ellas, las numeradas del .... al .... ambos inclusive, lo que supone un valor total por la presente amortización de .... euros.

....

c) Modificación de Estatutos. Se modifica el artículo número .... de los estatutos sociales, cuya nueva redacción obra en la unida certificación, dándose aquí por reproducida.

DON A, como administrador único, hace constar que la presente amortización de participaciones se ha hecho constar en el Libro Registro de Socios.

A su vez el citado administrador único, hace constar que el bien objeto de la presente escritura no tiene la condición de activo esencial de la sociedad a efectos de lo dispuesto en el art. 160 del Real Decreto Legislativo 1/2010, de 2 de julio, por el que se aprueba el texto refundido de la Ley de Sociedades de Capital.

TERCERO.– DON B, consiente y ratifica la presente escritura, adquiriendo la propiedad de los inmuebles descritos.

CUARTO.– SOLICITUD DE INSCRIPCIÓN. De conformidad con lo establecido en el Reglamento del Registro Mercantil, los señores comparecientes, según intervienen, solicitan expresamente la inscripción total de la presente escritura, o la parcial, en el supuesto de que alguna de sus cláusulas, o de los hechos, actos o negocios jurídicos contenidos en ella y susceptibles de inscripción, adoleciese de algún defecto, a juicio del Registrador, que impida la práctica de la misma.

QUINTO.– PRESENTACIÓN TELEMÁTICA. Con arreglo a lo dispuesto en el Reglamento Notarial procederé a la presentación de esta escritura en los Registros públicos competentes, por vía telemática, diligenciando en la misma las comunicaciones que de aquéllos se reciban.

Protección de datos.– Con relación a los datos de carácter personal que en la presente constan, referidos al compareciente, queda este enterado de que los mismos se incorporan a mis ficheros automatizados, lo que acepta, así como del derecho de oposición, acceso a ellos, rectificación o cancelación de los mismos.

OTORGAMIENTO Y AUTORIZACIÓN

Advierto al compareciente de su derecho a leer por si este instrumento al que renuncia. Yo, el notario, además la leo al compareciente, quien la encuentra conforme, otorga y firma conmigo, el notario, que doy fe en cuanto sea procedente de todo lo consignado en este instrumento público, extendido en .... folios de papel exclusivo para documentos notariales, serie, y números el del presente y anteriores en orden.

F300. REDUCCIÓN DE CAPITAL MEDIANTE AMORTIZACIÓN DE PARTICIPACIONES PROPIAS. ESCRITURA

Normativa de Aplicación: *Arts. 317 y ss. Real Decreto Legislativo 1/2010, de 2 de julio, por el que se aprueba el texto refundido de la Ley de Sociedades de Capital. Arts. 158 y ss. Real Decreto 1784/1996, de 19 de julio, por el que se aprueba el Reglamento del Registro Mercantil.*

En la Ciudad de ...., mi residencia, a .... de ....

Ante mí, ..., Notario de la Ciudad y del Ilustre Colegio de ....

COMPARECE

Don ...., mayor de edad, de nacionalidad española, casado, vecino de ...., con domicilio en ...., núm. ...., con DNI/NIF ....

Le identifico por el documento de identidad exhibido y reseñado.

INTERVIENE

En su condición de administrador único de la sociedad de responsabilidad limitada ...., de nacionalidad española, constituida por tiempo indefinido mediante escritura autorizada por el notario de .... con fecha .... de .... de dos mil ...., número de protocolo ...., domiciliada en ...., calle ...., núm. .... Inscrita en el Registro Mercantil de la provincia de ...., al tomo ...., general ...., folio ...., hoja ...., inscripción .... CIF .... Constituye su objeto social ....

Está legitimado para este otorgamiento en virtud de su expresado cargo de administrador único de la compañía, que afirma vigente, resultando su nombramiento y aceptación de la escritura otorgada con fecha .... de .... de dos mil ...., ante el notario de ...., Doña ...., número de protocolo .... Inscrita en el Registro Mercantil de la provincia de ...., al tomo ...., general ...., folio ...., hoja ...., inscripción ....

Yo, el Notario, hago constar expresamente que he cumplido con la obligación que impone la ley 10/2010, de 28 de abril, cuyo resultado consta en acta autorizada por el Notario de ...., Don ...., el día ...., en cuanto a «........... S.L.», bajo nº .... de protocolo, manifestando no haberse modificado el contenido de la misma.

Tiene a mi juicio, capacidad y legitimación para otorgar esta escritura de REDUCCIÓN DEL CAPITAL SOCIAL de .... S.L. y, al efecto, según interviene

EXPONE

I.- .... en su calidad de Administrador Único de ...., S.L., manifiesta que en el Libro de Actas de la sociedad, consta la de la Junta General de Socios celebrada el día .... de .... de ...., de la que resulta:

A) Que en el acta figuran el nombre y la firma de todos los socios asistentes a la reunión.

B) Que la reunión tuvo lugar en el domicilio social, con la concurrencia y firma en el acta de todos los socios, titulares del total capital social, quienes aceptaron su celebración por unanimidad.

C) Que se acordó, por unanimidad, nombrar Presidente y Secretario.

D) Que el orden del día aceptado fue el de la reducción del capital social, mediante la amortización de participaciones en autocartera, así como la renumeración y reasignación de participaciones entre los socios actuales de la sociedad.

E) Que el contenido de los acuerdos adoptados son literalmente los siguientes:

"Primero.- Se acuerda reducir el capital social, que era de .... euros, en la suma de ....+ euros, mediante la amortización de .... participaciones sociales titularidad de la sociedad en régimen de autocartera, numeradas del .... a ...., ambos inclusive.

Como consecuencia de lo anterior, el artículo ....° de los estatutos sociales queda redactado de la siguiente forma:

"Artículo ....°.- CAPITAL.- El capital social es de ...., dividido en .... participaciones sociales de valor nominal de .... cada una de ellas, indivisibles y acumulables y numeradas correlativamente del .... al ...., ambos inclusive."

Segundo.- Tras el acuerdo de reducción de capital anterior, y a efectos de que la numeración de las participaciones sociales titularidad de cada uno de los socios sea correlativa, se acuerda renumerar y reasignar la totalidad de las participaciones sociales que constituyen el capital social, esto es, ... participaciones sociales, numeradas correlativamente del 1 al ...., ambos inclusive, de .... de valor nominal cada una de ellas, y sin que esto suponga una alteración de la cifra del capital social.

Se deja constancia expresa de que la totalidad de las .... participaciones que componen el capital social, son renumeradas y reasignadas a los actuales socios de la sociedad, en exacta proporción a la actual, según el detalle siguiente:

– A don ...., titular de .... participaciones sociales, se le asignan las participaciones número 1 a ...., representativas del ....% del capital social con derecho a voto.

– A don ...., titular de .... participaciones sociales, se le asignan las participaciones número .... a ...., representativas del 50% del capital social con derecho a voto.

Asimismo, se deja constancia de que la reducción del capital social, así como la renumeración y reasignación de las participaciones, se ha reflejado en el Libro Registro de Socios.

Tercero.- Se faculta al Administrador Único para que comparezca ante Notario y eleve a público los acuerdos adoptados, pudiendo otorgar cuantas escrituras públicas fuesen necesarias para lograr su inscripción en el Registro Mercantil correspondiente, incluso aclaratorias o complementarias".

F) Que los precedentes acuerdos se aprueban por unanimidad.

G) Que el Acta quedó redactada, aprobada y firmada al término de la reunión por todos los asistentes.

II.- Que expuesto lo que antecede, el compareciente, según interviene,

OTORGA:

PRIMERO.- ...., en calidad de Administrador Único, certifica el contenido del Acta de la Junta General Extraordinaria y Universal de Socios en los términos expresados en el Expositivo I.

SEGUNDO.- ...., según interviene, eleva a público los acuerdos adoptados.

TERCERO.- El compareciente hace constar expresamente:

– que la reducción del capital, así como la renumeración y reasignación de las participaciones, se ha hecho constar en el Libro Registro de Socios.

– que la sociedad ha dotado una reserva por el importe del valor nominal de las participaciones amortizadas, la cual será indisponible hasta que transcurran cinco años a contar desde la publicación de la reducción de capital en el Boletín Oficial del Registro Mercantil, salvo que antes del vencimiento de dicho plazo hubieran sido satisfechas todas las deudas sociales contraídas con anterioridad a la fecha en que la reducción fuera oponible a terceros.

– Que todos los socios han prestado su consentimiento a la reducción de capital.

– que la adquisición de participaciones para su amortización se ofreció a todos los socios.

CUARTO.- Se solicita la inscripción en el Registro Mercantil del contenido de la presente escritura, incluso parcial, si a juicio del señor Registrador algún defecto impidiere la total.

PRESENTACIÓN TELEMÁTICA

Los comparecientes expresamente solicitan de mí, el Notario, que presente telemáticamente copia autorizada de esta escritura en el Registro Mercantil.

Protección de datos.– Con relación a los datos de carácter personal que en la presente constan, referidos al compareciente, queda este enterado de que los mismos se incorporan a mis ficheros automatizados, lo que acepta, así como del derecho de oposición, acceso a ellos, rectificación o cancelación de los mismos.

OTORGAMIENTO Y AUTORIZACIÓN

Advierto al compareciente de su derecho a leer por si este instrumento al que renuncia. Yo, el notario, además la leo al compareciente, quien la encuentra conforme, otorga y firma conmigo, el notario, que doy fe en cuanto sea procedente de todo lo consignado en este instrumento público, extendido en .... folios de papel exclusivo para documentos notariales, serie, y números el del presente y anteriores en orden.

IX. SEPARACIÓN DE SOCIOS

1. ACTAS

F301. SEPARACIÓN DE SOCIOS. ACTA DE ACUERDO ADOPTADO POR EL CONSEJO DE ADMINISTRACIÓN CONVOCADO

Normativa de Aplicación: *Arts. 346 y ss. Real Decreto Legislativo 1/2010, de 2 de julio, por el que se aprueba el texto refundido de la Ley de Sociedades de Capital.*

En ...., siendo las .... horas del día .... de .... de ...., y en el domicilio social, sito en ...., calle .... núm. ...., se celebra reunión del Consejo de Administración de la sociedad .... S.L.

La presente reunión del Consejo de Administración fue convocada en fecha .... de .... de .... por Don ...., Presidente del Consejo de Administración, mediante telegrama remitido a los Sres. Consejeros en la misma fecha y en legal forma y plazo con el siguiente tenor literal «Por el presente, se le convoca a la reunión del Consejo de Administración de la compañía a celebrar, en el domicilio social, el próximo día .... de .... de ...., a las .... horas, para deliberar y, en su caso, adoptar acuerdos con relación al siguiente orden del día: 1.– Separación de la sociedad del socio Don .... En ...., hoy día .... de .... de .... Don ...., Presidente del Consejo de Administración de .... S.L.»

Asisten a la presente reunión, todos ellos personalmente, ... miembros del consejo de administración de la sociedad (........... por ciento del total), esto es:

Presidente: Don ....

Secretario: Don ....

Vocal: Doña ....

Vocal: Doña ....

Vocal: Doña ....

No asisten consejeros representados.

Actúan como Presidente y Secretario de la presente reunión del Consejo de Administración, respectivamente, Don .... y Don ...., quienes ocupan tales cargos en el seno de este Consejo.

El Sr. presidente declara válidamente constituida la presente reunión del Consejo de Administración y se entra en el debate de los distintos puntos del orden del día. Previa deliberación y sin que ninguno de los asistentes haga uso del derecho a que conste en el acta el contenido de su intervención, se adoptan los siguientes acuerdos por UNANIMIDAD de los asistentes, que son proclamados por el Sr. Presidente y que se transcriben literalmente a continuación:

PRIMERO.– Que habiendo ejercitado el socio Don .... el derecho de separación de la sociedad que le asistía por haber adoptado la Junta general de la compañía, en su reunión del pasado día .... de .... de dos mil .... y con el voto en contra del expresado socio, el acuerdo de ...., se tiene por separado a Don .... de la sociedad y se le reembolsa el valor razonable de sus participaciones sociales, fijado en la suma de .... euros por el Auditor de Cuentas/Experto independiente Don ...., designado a tal efecto por el Registrador Mercantil del domicilio social de la compañía, al no haber existido acuerdo sobre el expresado valor razonable, la persona que debía valorarlas ni el procedimiento a seguir para su valoración.

Don ...., mediante la firma de esta acta, da eficaz carta de pago por la expresada suma de .... euros.

Reconociendo el art. .... de los Estatutos Sociales el derecho de oposición de los acreedores sociales en caso de restitución de aportaciones, se hace constar la inexistencia de oposición por parte de acreedores sociales a excepción de Don ...., cuyo crédito por importe de .... euros, fue objeto de garantía prestada por la sociedad, consistente en ....

Y para que así conste se extiende la presente acta que, leída, es aprobada por todos los consejeros al finalizar la sesión y por unanimidad, en .... hoy día de .... de ....

F302. SEPARACIÓN DE SOCIOS. ACTA DE ACUERDO ADOPTADO POR EL CONSEJO DE ADMINISTRACIÓN UNIVERSAL

Normativa de Aplicación: *Arts. 346 y ss. Real Decreto Legislativo 1/2010, de 2 de julio, por el que se aprueba el texto refundido de la Ley de Sociedades de Capital.*

En .... siendo las .... horas del día .... de .... de ...., se hallan presentes en el domicilio social sito en ...., la totalidad de los miembros del consejo de administración de la sociedad .... S.L., esto es los señores ....

Los expresados consejeros deciden celebrar y constituirse en reunión del Consejo de Administración, para deliberar y, en su caso, adoptar acuerdos con relación al siguiente orden del día: 1.– Separación de la sociedad del socio Don ....

En señal de conformidad con lo anterior, firman seguidamente la presente acta cada uno de los consejeros, Don ...., Don ...., cuyo respectivo nombre va seguido de la correspondiente firma.

....

Actúan como Presidente y Secretario de la presente reunión los titulares de tales cargos en el Consejo de Administración, esto es, Don .... (Presidente) y Don .... (Secretario).

El Sr. presidente declara válidamente constituida la presente reunión del Consejo de Administración y se entra en el debate de los distintos puntos del orden del día. Previa deliberación y sin que ninguno de los asistentes haga uso del derecho de que conste en el acta el contenido de su intervención, se adoptan los siguientes acuerdos por UNANIMIDAD que son proclamados por el Sr. Presidente y que se transcriben literalmente a continuación:

PRIMERO.– Que habiendo ejercitado el socio Don .... el derecho de separación de la sociedad que le asistía por haber adoptado la Junta general de la compañía, en su reunión del pasado día .... de .... de dos mil .... y con el voto en contra del expresado socio, el acuerdo de ...., se tiene por separado a Don .... de la sociedad y se le reembolsa el valor razonable de sus participaciones sociales, fijado en la suma de .... euros por el Auditor de Cuentas/Experto independiente Don ...., designado a tal efecto por el Registrador Mercantil del domicilio social de la compañía, al no haber existido acuerdo sobre el expresado valor razonable, la persona que debía valorarlas ni el procedimiento a seguir para su valoración.

Don ...., mediante la firma de esta acta, da eficaz carta de pago por la expresada suma de .... euros.

Reconociendo el art. .... de los Estatutos Sociales el derecho de oposición de los acreedores sociales en caso de restitución de aportaciones, se hace constar la inexistencia de oposición por parte de acreedores sociales a excepción de Don ...., cuyo crédito por importe de .... euros, fue objeto de garantía prestada por la sociedad, consistente en ....

Y para que así conste se extiende la presente acta, que, leída, es aprobada en la propia reunión por todos los consejeros y por unanimidad, en ...., a ....

2. CERTIFICACIONES

F303. SEPARACIÓN DE SOCIOS. CERTIFICACIÓN DE ACUERDO ADOPTADO POR EL CONSEJO DE ADMINISTRACIÓN CONVOCADO

Normativa de Aplicación: *Arts. 346 y ss. Real Decreto Legislativo 1/2010, de 2 de julio, por el que se aprueba el texto refundido de la Ley de Sociedades de Capital.*

.... Secretario del Consejo de Administración de la sociedad .... S.L. domiciliada en ...., calle .... núm. ...., e inscrita en el Registro Mercantil de la provincia de ...., al tomo ...., folio ...., hoja ...., y CIF ....

CERTIFICO según resulta del libro de actas de la sociedad:

Que en ...., a las .... horas del día .... de .... de ...., y en el domicilio social, sito en ...., calle .... núm. ...., se celebró reunión del Consejo de Administración de la sociedad .... S.L.

Que la presente reunión del Consejo de Administración fue convocada por el Presidente del Consejo de Administración, Don ...., en fecha .... mediante telegrama remitido ese mismo día a los Sres. Consejeros en legal forma y plazo con el siguiente tenor literal «Por el presente, se le convoca a la reunión del Consejo de Administración a celebrar, en el domicilio social, el próximo día .... de .... de ...., a las .... horas, para deliberar y, en su caso, adoptar acuerdos con relación al siguiente orden del día

1.– Separación de la sociedad del socio Don ....

En ...., hoy día .... de .... de .... Don ...., Presidente del Consejo de Administración de .... S.L.»

Que asistieron a la reunión, personalmente .... miembros del consejo de administración de la sociedad, esto es, los Sres. .... Y representado un consejero, esto es, Don ...., representado por la consejera Doña .... En conjunto asistieron personalmente o representados .... consejeros.

Que actuaron como Presidente y Secretario de la reunión del Consejo de Administración cuyos acuerdos aquí se certifican, Don .... y Don ...., respectivamente, quienes ocupan tales cargos en el seno de este Consejo.

Que el Sr. presidente declaró válidamente constituida la referida reunión del Consejo de Administración y se entró en el debate de los distintos puntos del orden del día. Previa deliberación y sin que ninguno de los asistentes hiciera uso del derecho de que constase en el acta el contenido de su intervención, se adoptaron los siguientes acuerdos por UNANIMIDAD, que fueron proclamados por el Sr. Presidente y que se transcriben literalmente a continuación:

PRIMERO.– Que habiendo ejercitado el socio Don .... el derecho de separación de la sociedad que le asistía por haber adoptado la Junta general de la compañía, en su reunión del pasado día .... de .... de dos mil .... y con el voto en contra del expresado socio, el acuerdo de ...., se tiene por separado a Don .... de la sociedad y se le reembolsa el valor razonable de sus participaciones sociales, fijado en la suma de .... euros por el Auditor de Cuentas/Experto independiente Don ...., designado a tal efecto por el Registrador Mercantil del domicilio social de la compañía, al no haber existido acuerdo sobre el expresado valor razonable, la persona que debía valorarlas ni el procedimiento a seguir para su valoración.

Don ...., mediante la firma de esta acta, da eficaz carta de pago por la expresada suma de .... euros.

Reconociendo el art. .... de los Estatutos Sociales el derecho de oposición de los acreedores sociales en caso de restitución de aportaciones, se hace constar la inexistencia de oposición por parte de acreedores sociales a excepción de Don ...., cuyo crédito por importe de .... euros, fue objeto de garantía prestada por la sociedad, consistente en ....

Y para que conste libro la presente certificación, con el Visto Bueno del Presidente, haciendo constar que el acta de la reunión en que se adoptaron los acuerdos que se certifican, fue aprobada por unanimidad al final de la misma, en ...., a ....

V. B. PRESIDENTE SECRETARIO

F304. SEPARACIÓN DE SOCIOS. CERTIFICACIÓN DE ACUERDO ADOPTADO POR EL CONSEJO DE ADMINISTRACIÓN UNIVERSAL

Normativa de Aplicación: *Arts. 346 y ss. Real Decreto Legislativo 1/2010, de 2 de julio, por el que se aprueba el texto refundido de la Ley de Sociedades de Capital.*

.... Secretario del Consejo de Administración de la sociedad .... S.L. domiciliada en ...., calle .... núm. ...., e inscrita en el Registro Mercantil de la provincia de ...., al tomo ...., folio ...., hoja ...., y CIF ....

CERTIFICO, a la vista y según resulta del libro de actas de la sociedad:

Que el día ...., a las .... horas, y en el domicilio social que se halla en ...., calle ...., se celebró reunión del Consejo de Administración de ...., S.L., con el carácter de universal.

Que se hallaban el citado día y hora, y en el referido lugar, la totalidad de Consejeros de la sociedad, esto es, Don ...., Don ...., Don .... y Doña ....

Que los citados señores consejeros aceptaron celebrar y constituirse, en reunión del consejo de Administración de .... S.L. para deliberar y, en su caso, adoptar acuerdos con relación al siguiente orden del día:

1.– Separación de la sociedad del socio Don ....

Que en señal de conformidad y aceptación a lo arriba reseñado y tras la fecha lugar y orden del día de la referida reunión, figura en el acta el nombre y seguidamente la firma de los referidos asistentes.

Que actuaron como Presidente y Secretario de la reunión, quienes ocupan estos cargos en el Consejo de Administración, esto es, Don .... (Presidente) y Doña .... (Secretario).

Que se adoptaron por UNANIMIDAD los siguientes ACUERDOS que fueron proclamados por el Sr. Presidente y que se transcriben de forma literal a continuación:

PRIMERO.– Que habiendo ejercitado el socio Don .... el derecho de separación de la sociedad que le asistía por haber adoptado la Junta general de la compañía, en su reunión del pasado día .... de .... de dos mil .... y con el voto en contra del expresado socio, el acuerdo de ...., se tiene por separado a Don .... de la sociedad y se le reembolsa el valor razonable de sus participaciones sociales, fijado en la suma de .... euros por el Auditor de Cuentas/Experto independiente Don ...., designado a tal efecto por el Registrador Mercantil del domicilio social de la compañía, al no haber existido acuerdo sobre el expresado valor razonable, la persona que debía valorarlas ni el procedimiento a seguir para su valoración.

Don ...., mediante la firma de esta acta, da eficaz carta de pago por la expresada suma de .... euros.

Reconociendo el art. .... de los Estatutos Sociales el derecho de oposición de los acreedores sociales en caso de restitución de aportaciones, se hace constar la inexistencia de oposición por parte de acreedores sociales a excepción de Don ...., cuyo crédito por importe de .... euros, fue objeto de garantía prestada por la sociedad, consistente en ....

Y para que conste libro la presente certificación, con el Visto Bueno del Presidente, haciendo constar que el acta de la reunión en que se adoptaron los acuerdos que se certifican, fue aprobada por unanimidad al final de la misma, en ...., a ....

V. B. PRESIDENTE SECRETARIO

3. DOCUMENTOS PRIVADOS

F305. SEPARACIÓN DE SOCIOS. ANUNCIO RELATIVO A ACUERDO CUYA ADOPCIÓN DA AL SOCIO EL DERECHO A SEPARARSE DE LA SOCIEDAD

Normativa de Aplicación: *Arts. 346 y ss. Real Decreto Legislativo 1/2010, de 2 de julio, por el que se aprueba el texto refundido de la Ley de Sociedades de Capital.*

.... S.L.

A efectos de lo prevenido en el art. 348.1 de la Ley de Sociedades de Capital y 205.1 del Reglamento del Registro Mercantil, el Consejo de Administración de .... S.L. hace público por medio del presente, que la Junta General Extraordinaria de socios de la compañía celebrada el pasado .... de .... de dos mil ...., en ...., calle ...., adoptó el acuerdo de ....

En ...., a .... de .... de dos mil .... El Presidente del Consejo de Administración, Don ....

F306. SEPARACIÓN DE SOCIO. INFORME DE AUDITOR DE CUENTAS SOBRE VALORACIÓN DE PARTICIPACIONES SOCIALES

Normativa de Aplicación: *Art. 353 Real Decreto Legislativo 1/2010, de 2 de julio, por el que se aprueba el texto refundido de la Ley de Sociedades de Capital.*

A los fines previstos por el artículo 353 TRLSC, emitimos el presente informe Especial sobre la valoración de las participaciones sociales objeto de amortización y reembolso de la sociedad .... S.L.

Nuestro trabajo ha sido realizado de acuerdo con los procedimientos siguientes: ....

I.– Antecedentes: ....

II.– Descripción de las características y condiciones de las participaciones sociales objeto de reembolso y amortización. ....

III.– Nuestro trabajo, ha incluido, entre otros, los siguientes procedimientos ....

IV.– En base al trabajo realizado, hemos determinado en la suma de .... euros, el valor razonable de cada participación social arriba expuesta.

Este informe ha sido preparado únicamente a los efectos de lo prevenido en el art. 353 TRLSC y no podrá ser utilizado para ningún otro propósito.

Don ....

Auditor de Cuentas ROAC núm. ....

4. DOCUMENTOS NOTARIALES

F307. SEPARACIÓN DE SOCIO. ESCRITURA DE REDUCCIÓN DE CAPITAL

Normativa de Aplicación: *Arts. 346 y ss. Real Decreto Legislativo 1/2010, de 2 de julio, por el que se aprueba el texto refundido de la Ley de Sociedades de Capital. Arts. 204 y ss. Real Decreto 1784/1996, de 19 de julio, por el que se aprueba el Reglamento del Registro Mercantil.*

En la Ciudad de ...., mi residencia, a .... de ....

Ante mí, ..., Notario de la Ciudad y del Ilustre Colegio de ....

COMPARECE

Don ...., mayor de edad, de nacionalidad española, casado, vecino de ...., con domicilio en ...., núm. ...., con DNI/NIF ....

Le identifico por el documento de identidad exhibido y reseñado.

INTERVIENE

Don ...., interviene en su condición de administrador único de la sociedad de responsabilidad limitada ...., constituida por tiempo indefinido mediante escritura autorizada por el notario de .... con fecha .... de .... de dos mil ...., número de protocolo ...., domiciliada en ...., calle ...., núm. .... Inscrita en el Registro Mercantil de la provincia de ...., al tomo ...., general ...., folio ...., hoja ...., inscripción .... CIF .... Constituye su objeto social ....

Está legitimado para este otorgamiento en virtud de su expresado cargo de administrador único de la compañía, que afirma vigente, resultando su nombramiento y aceptación de la escritura otorgada con fecha .... de .... de dos mil ...., ante el notario de ...., Doña ...., número de protocolo .... Inscrita en el Registro Mercantil de la provincia de ...., al tomo ...., general ...., folio ...., hoja ...., inscripción ....

Yo, el Notario, hago constar expresamente que he cumplido con la obligación que impone la ley 10/2010, de 28 de abril, cuyo resultado consta en acta autorizada por el Notario de ...., Don ...., el día ...., en cuanto a «........... S.L.», bajo n° .... de protocolo, manifestando no haberse modificado el contenido de la misma.

Tiene a mi juicio, capacidad y legitimación para otorgar esta escritura de REDUCCIÓN DEL CAPITAL SOCIAL de .... S.L. y, al efecto, según interviene

OTORGA

PRIMERO.– Don ...., en su condición de administrador único de la compañía .... S.L. y sin necesidad de acuerdo de la Junta General, otorga la presente escritura de reducción social, haciendo constar el otorgante, de conformidad con lo prevenido en el art. 358.1 TRLSC los siguientes extremos:

I.– Que como consecuencia del ejercicio del derecho de separación por Don ...., han sido amortizadas las participaciones sociales de la compañía, número .... a ...., ambos inclusive, de un valor nominal cada una de ellas de .... euros, en su conjunto, ... euros.

II.– Que el socio afectado por la reducción de capital es Don ...., de nacionalidad española, mayor de edad, soltero, nacido el .... de .... de ...., vecino de ...., con domicilio en .... y DNI/NIF ....

III.– Que la causa de la amortización de las participaciones sociales expresadas en el precedente número I de esta escritura por mí, el notario, autorizada, es el ejercicio del derecho de separación verificado por el expresado socio Don .... como consecuencia del acuerdo de ...., adoptado por la Junta General celebrada el pasado .... de .... de dos mil ....

A los efectos del art. 208 RRM, la expresada separación fue objeto de escritura pública otorgada, ante mi, el día .... de .... de dos mil .... (núm. .... de mi protocolo).

Igualmente, se ha reembolsado a Don .... el valor razonable de dichas participaciones sociales, es decir, la suma de .... euros, con fecha .... de .... de dos mil ....

El compareciente hace constar que el expresado valor razonable fue determinado por Don ...., auditor de cuentas/EXPERTO INDEPENDIENTE designado por el Registrador Mercantil de ...., a instancia de la compañía .... S.L., quien previa obtención de la sociedad de todos los documentos e informaciones que considero útiles, emitió su informe de valoración con fecha .... de .... de dos mil ...., es decir, dentro del plazo de dos meses a contar desde su designación. Copia de dicho informe fue notificada por el auditor tanto a la sociedad como al socio afectado por conducto notarial, así como depositada en el Registro Mercantil de la provincia de ....

IV.– Que como consecuencia de la amortización de participaciones sociales, el capital social ha quedado reducido a la suma de .... euros, dividido en .... participaciones sociales de .... euros, modificándose la numeración de las participaciones sociales de los restantes socios que, desde este momento, pasa a ser la siguiente:

1.– Socio Don ...., titular de .... participaciones sociales, número 1 a ....

2.– Socio Don ...., titular de .... participaciones sociales, número .... a ....

3.– Socio Don ...., titular de .... participaciones sociales, número .... a ....

SEGUNDO.– El compareciente, como consecuencia de la reducción de capital instrumentalizada a través de la presente escritura, da nueva redacción a los artículos .... y .... de los Estatutos Sociales, cuyo tenor literal pasa a ser el siguiente:

ARTÍCULO .... CAPITAL SOCIAL. El capital social se fija en la cantidad de .... (...........) euros, íntegramente desembolsado.

ARTÍCULO .... PARTICIPACIONES SOCIALES. El capital social está dividido en .... participaciones sociales de .... euros cada una de ellas, numeradas correlativamente a partir de la unidad, indivisibles y acumulables, todas asumidas y desembolsadas por los socios y su titularidad lleva de pleno derecho la obligación de someterse a las prescripciones de los Estatutos y a los acuerdos válidamente adoptados. Las participaciones atribuyen a los socios los mismos derechos.

TERCERO.– Para el supuesto y a los efectos del art. 63 RRM, se solicita la inscripción parcial de esta escritura si no fuera posible la inscripción total de la misma y la extensión de nota, con expresión de las razones de denegación respecto a los extremos no inscritos.

Hago la advertencia de la obligatoriedad de inscripción de esta escritura en el Registro Mercantil.

Protección de datos.– Con relación a los datos de carácter personal que en la presente constan, referidos al compareciente, queda este enterado de que los mismos se incorporan a mis ficheros automatizados, lo que acepta, así como del derecho de oposición, acceso a ellos, rectificación o cancelación de los mismos.

OTORGAMIENTO Y AUTORIZACIÓN

Advierto al compareciente de su derecho a leer por si este instrumento al que renuncia. Yo, el notario, además la leo al compareciente, quien la encuentra conforme, otorga y firma conmigo, el notario, que doy fe en cuanto sea procedente de todo lo consignado en este instrumento público, extendido en .... folios de papel exclusivo para documentos notariales, serie, y números el del presente y anteriores en orden.

F308. SEPARACIÓN DE SOCIO. ESCRITURA DE SEPARACIÓN Y REDUCCIÓN DE CAPITAL

Normativa de Aplicación: *Arts. 346 y ss. Real Decreto Legislativo 1/2010, de 2 de julio, por el que se aprueba el texto refundido de la Ley de Sociedades de Capital. Arts. 204 y ss. Real Decreto 1784/1996, de 19 de julio, por el que se aprueba el Reglamento del Registro Mercantil.*

En la Ciudad de ...., mi residencia, a .... de ....

Ante mí, ..., Notario de la Ciudad y del Ilustre Colegio de ....

COMPARECE

Don ...., mayor de edad, de nacionalidad española, casado, vecino de ...., con domicilio en ...., núm. ...., con DNI/NIF ....

Le identifico por el documento de identidad exhibido y reseñado.

INTERVIENE

Don ...., interviene en su condición de administrador único de la sociedad de responsabilidad limitada ...., de nacionalidad española, constituida por tiempo indefinido mediante escritura autorizada por el notario de .... en fecha .... de .... de dos mil ...., número de protocolo ...., domiciliada en ...., calle ...., núm. .... Inscrita en el Registro Mercantil de la provincia de ...., al tomo ...., general ...., folio ...., hoja ...., inscripción .... CIF .... Constituye su objeto social ....

Está legitimado para este otorgamiento en virtud de su expresado cargo de administrador único, que afirma vigente, resultando su nombramiento y aceptación de la escritura otorgada con fecha .... de .... de dos mil ...., ante el notario de ...., Doña ...., número de protocolo .... Inscrita en el Registro Mercantil de la provincia de ...., al tomo ...., general ...., folio ...., hoja ...., inscripción ....

Yo, el Notario, hago constar expresamente que he cumplido con la obligación que impone la ley 10/2010, de 28 de abril, cuyo resultado consta en acta autorizada por el Notario de ...., Don ...., el día ...., en cuanto a «........... S.L.», bajo nº .... de protocolo, manifestando no haberse modificado el contenido de la misma.

Tiene a mi juicio, capacidad y legitimación para otorgar esta escritura de SEPARACIÓN DE SOCIO Y REDUCCIÓN DE CAPITAL de .... S.L. y, al efecto, según interviene

EXPONE

I.– Que por la Junta General de .... S.L., en su reunión celebrada el día .... de .... de dos mil ...., fue adoptado, con el voto en contra de Don ...., el acuerdo de ....

II.– El citado acuerdo, que da lugar al derecho de separación de la compañía conforme al art. 346.1 letra .... TRLSC, fue publicado en el Boletín Oficial del Registro Mercantil en su edición de fecha .... de .... de dos mil .... (número ....).

El compareciente me entrega el original del Boletín Oficial del Registro Mercantil del día .... de .... de dos mil .... (núm. ....), en el que se publicó el citado anuncio, del que deduzco testimonio que concuerda exacta y fielmente con su respectivo original, de lo que doy fe, incorporando el mismo a la presente escritura.

III.– Que en escrito de fecha .... de .... de dos mil ...., remitido mediante acta otorgada ante el notario de ...., Don ...., fechada el .... de .... de dos mil .... (número de protocolo ....), el socio Don .... puso en conocimiento de la sociedad, el ejercicio por su parte del derecho de separación que le asistía como consecuencia de la adopción del acuerdo reseñado en el expositivo I.

Con relación a los expuesto, el compareciente,

OTORGA

PRIMERO.– SEPARACIÓN DE SOCIO.

Que conforme establece el art. 208 del Reglamento del Registro Mercantil, Don .... otorga la presente escritura para la constancia de la separación del socio Don .... de la compañía, haciendo constar a los efectos del expresado artículo del RRM, los siguientes extremos:

1.– Que la causa de separación del socio Don .... reside en la adopción por la Junta General de la compañía, en su reunión de fecha .... de .... de dos mil .... y con el voto en contra del expresado Sr. ...., del acuerdo de ....

2.– Que el valor razonable de las participaciones sociales del socio separado es de .... euros, (........... euros por participación), habiendo sido determinado tal valor por Don ...., auditor de cuentas/EXPERTO INDEPENDIENTE designado por el Registrador mercantil de la provincia de ...., a instancia de la sociedad, quien previa obtención de la sociedad de todos los documentos e informaciones que considero útiles y siguiendo el procedimiento ...., emitió su informe de valoración con fecha .... de .... de dos mil ...., es decir, dentro del plazo de dos meses a contar desde su designación.

El compareciente me entrega ejemplar del informe del auditor anteriormente expresado, que incorporo y uno a la presente escritura, pasando a formar parte integrante de la misma.

3.– Que la suma dineraria entregada al socio separado como consecuencia del reembolso del valor razonable de sus participaciones sociales fue de .... euros, declarando el otorgante que han sido realizados los reembolsos correspondientes.

Reconociendo el art. .... de los Estatutos Sociales el derecho de oposición de los acreedores sociales en caso de restitución de aportaciones, se hace constar la inexistencia de oposición por parte de acreedores sociales a excepción de Don ...., cuyo crédito por importe de .... euros, fue objeto de siguiente garantía prestada por la sociedad: ....

La notificación a que se refiere el art. 333 TRLSC se realizó, al no existir página web de la sociedad, mediante anuncio publicados en el BORME, de fecha .... y en el diario ...., que me exhibe el compareciente y de los que deduzco testimonio que incorporo a la escritura.

SEGUNDO.– REDUCCIÓN DE CAPITAL.

Igualmente, Don ...., en su condición de administrador único de la compañía .... S.L. y sin necesidad de acuerdo de la Junta General, otorga la presente escritura de reducción de capital, haciendo constar el otorgante, de conformidad con lo prevenido en el art. 358.1 TRLSC y del art. 208 del Reglamento del Registro Mercantil, los siguientes extremos:

I.– Que como consecuencia del ejercicio del derecho de separación por Don ...., han sido amortizadas las participaciones sociales de la compañía, número .... a ...., ambos inclusive, de un valor nominal cada una de ellas de .... euros, en su conjunto, ... euros.

II.– Que el socio afectado por la reducción de capital es Don ...., de nacionalidad española, mayor de edad, soltero, nacido el .... de .... de ...., vecino de ...., con domicilio en .... y DNI/NIF ....

III.– Que la causa de la amortización de las participaciones sociales expresadas en el precedente número I de esta escritura por mí, el notario, autorizada, es el ejercicio del derecho de separación verificado por el expresado socio Don .... como consecuencia del acuerdo de ...., adoptado por la Junta General celebrada el pasado .... de .... de dos mil ...., habiéndose reembolsado a Don .... el valor razonable de dichas participaciones sociales, es decir, la suma de .... euros, con fecha .... de .... de dos mil ....

IV.– Que como consecuencia de la amortización de participaciones sociales, el capital social ha quedado reducido a la suma de .... euros, dividido en .... participaciones sociales de .... euros, modificándose la numeración de las participaciones sociales de los restantes socios que, desde este momento, pasa a ser la siguiente:

1.– Socio Don ...., titular de .... participaciones sociales, número 1 a ....

2.– Socio Don ...., titular de .... participaciones sociales, número .... a ....

3.– Socio Don ...., titular de .... participaciones sociales, número .... a ....

TERCERO.– El compareciente, como consecuencia de la reducción de capital instrumentalizada a través de la presente escritura, da nueva redacción a los artículos .... y .... de los Estatutos Sociales, cuyo tenor literal pasa a ser el siguiente:

ARTÍCULO .... CAPITAL SOCIAL. El capital social se fija en la cantidad de .... (...........) euros, íntegramente desembolsado.

ARTÍCULO .... PARTICIPACIONES SOCIALES. El capital social está dividido en .... participaciones sociales de .... euros cada una de ellas, numeradas correlativamente a partir de la unidad, indivisibles y acumulables, todas asumidas y desembolsadas por los socios y su titularidad lleva de pleno derecho la obligación de someterse a las prescripciones de los Estatutos y a los acuerdos válidamente adoptados. Las participaciones atribuyen a los socios los mismos derechos.

CUARTO.– Para el supuesto y a los efectos del art. 63 RRM, se solicita la inscripción parcial de esta escritura si no fuera posible la inscripción total de la misma y la extensión de nota, con expresión de las razones de denegación respecto a los extremos no inscritos.

Hago la advertencia de la obligatoriedad de inscripción de esta escritura en el Registro Mercantil.

Protección de datos.– Con relación a los datos de carácter personal que en la presente constan, referidos al compareciente, queda este enterado de que los mismos se incorporan a mis ficheros automatizados, lo que acepta, así como del derecho de oposición, acceso a ellos, rectificación o cancelación de los mismos.

OTORGAMIENTO Y AUTORIZACIÓN

Advierto al compareciente de su derecho a leer por si este instrumento al que renuncia. Yo, el notario, además la leo al compareciente, quien la encuentra conforme, otorga y firma conmigo, el notario, que doy fe en cuanto sea procedente de todo lo consignado en este instrumento público, extendido en .... folios de papel exclusivo para documentos notariales, serie, y números el del presente y anteriores en orden.

F309. SEPARACIÓN DE SOCIO. ESCRITURA DE SEPARACIÓN

Normativa de Aplicación: *Arts. 346 y ss. Real Decreto Legislativo 1/2010, de 2 de julio, por el que se aprueba el texto refundido de la Ley de Sociedades de Capital. Arts. 204 y ss. Real Decreto 1784/1996, de 19 de julio, por el que se aprueba el Reglamento del Registro Mercantil.*

En la Ciudad de ...., mi residencia, a .... de ....

Ante mí, ..., Notario de la Ciudad y del Ilustre Colegio de ....

COMPARECE

Don ...., mayor de edad, de nacionalidad española, casado, vecino de ...., con domicilio en ...., núm. ...., con DNI/NIF ....

Le identifico por el documento de identidad exhibido y reseñado.

INTERVIENE

Don ...., interviene en su condición de secretario del Consejo de Administración de la sociedad de responsabilidad limitada ...., de nacionalidad española, constituida por tiempo indefinido mediante escritura autorizada por el notario de .... con fecha .... de .... de ...., número de protocolo ...., domiciliada en ...., calle ...., núm. .... Inscrita en el Registro Mercantil de la provincia de ...., al tomo ...., general ...., folio ...., hoja ...., inscripción .... CIF .... Constituye su objeto social ....

Está legitimado para este otorgamiento en virtud de su expresado cargo de secretario del Consejo de Administración, que afirma vigente, resultando su nombramiento y aceptación de la escritura otorgada con fecha .... de .... de ...., ante el notario de ...., Doña ...., número de protocolo ...., inscrita en el Registro Mercantil de la provincia de ...., al tomo ...., general ...., folio ...., hoja ...., inscripción ...., así como por acuerdo del Consejo de Administración de la sociedad, adoptado en su reunión del pasado día .... de .... de dos mil ...., contenido en la certificación que me entrega e incorporo a la presente, expedida por el propio Secretario del Consejo de Administración con el Visto Bueno del Presidente, cuyas firmas legitimo por serme conocida.

Yo, el Notario, hago constar expresamente que he cumplido con la obligación que impone la ley 10/2010, de 28 de abril, cuyo resultado consta en acta autorizada por el Notario de ...., Don ...., el día ...., en cuanto a «........... S.L.», bajo nº .... de protocolo, manifestando no haberse modificado el contenido de la misma.

Tiene a mi juicio, capacidad y legitimación para otorgar esta escritura de SEPARACIÓN DE SOCIO de .... S.L. y, al efecto, según interviene

EXPONE

I.– Que por la Junta General de .... S.L., en su reunión celebrada el día .... de .... de dos mil ...., fue adoptado con el voto en contra de Don ...., el acuerdo de ....

II.– El citado acuerdo, que da lugar al derecho de separación conforme al art. 346.1, letra ...., TRLSC fue publicado en el Boletín Oficial del Registro Mercantil en su edición de fecha .... de .... de dos mil .... (número ....).

El compareciente me entrega el original del Boletín Oficial del Registro Mercantil del día .... de .... de .... (núm. ....), en el que se publicó el citado anuncio, del que deduzco fotocopia que concuerda exacta y fielmente con su respectivo original, de lo que doy fe, incorporando la fotocopia a la presente escritura.

III.– Que mediante escrito de fecha .... de .... de dos mil ...., remitido mediante acta otorgada ante el notario de ...., Don ...., fechada el .... de .... de dos mil .... (número de protocolo ....), el socio Don ...., puso en conocimiento de la sociedad, el ejercicio por su parte del derecho de separación que le asistía como consecuencia de la adopción del acuerdo reseñado en el expositivo I.

Con relación a los expuesto, el compareciente,

OTORGA

PRIMERO.– Que conforme establece el art. 208 del Reglamento del Registro Mercantil, Don .... otorga la presente escritura para la constancia de la separación del socio Don .... de la compañía, haciendo constar a los efectos del expresado art. 208 RRM, los siguientes extremos:

1.– Que la causa de separación del socio Don .... reside en la adopción por la Junta General de la compañía, en su reunión de fecha .... de .... de dos mil ...., con el voto en contra del citado Sr. ...., del acuerdo de ....

2.– Que el valor razonable de las participaciones sociales del socio separado es de .... euros, (........... euros por participación), habiendo sido determinado tal valor por Don ...., auditor de cuentas/EXPERTO INDEPENDIENTE designado por el Registrador Mercantil de la provincia de .... a instancia de la sociedad, quien previa obtención de la sociedad de todos los documentos e informaciones que considero útiles y siguiendo el procedimiento ...., emitió su informe de valoración con fecha .... de .... de dos mil ...., es decir, dentro del plazo de dos meses a contar desde su designación.

El compareciente me entrega ejemplar del informe del auditor anteriormente expresado, que incorporo y uno a la presente escritura, pasando a formar parte integrante de la misma.

3.– De la certificación arriba mencionada incorporada a esta matriz, resulta la suma dineraria entregada al socio como consecuencia del reembolso del valor razonable de las participaciones sociales del socio separado, declarando el otorgante que han sido realizados los reembolsos correspondientes.

Reconociendo el art. .... de los Estatutos Sociales el derecho de oposición de los acreedores sociales en caso de restitución de aportaciones, se hace constar la inexistencia de oposición por parte de acreedores sociales a excepción de Don ...., cuyo crédito por importe de .... euros, fue objeto de siguiente garantía prestada por la sociedad: ....

TERCERO.– Para el supuesto y a los efectos del art. 63 RRM, se solicita la inscripción parcial de esta escritura si no fuera posible la inscripción total de la misma y la extensión de nota, con expresión de las razones de denegación respecto a los extremos no inscritos.

Hago la advertencia de la obligatoriedad de inscripción de esta escritura en el Registro Mercantil.

Protección de datos.– Con relación a los datos de carácter personal que en la presente constan, referidos al compareciente, queda este enterado de que los mismos se incorporan

a mis ficheros automatizados, lo que acepta, así como del derecho de oposición, acceso a ellos, rectificación o cancelación de los mismos.

OTORGAMIENTO Y AUTORIZACIÓN

Advierto al compareciente de su derecho a leer por si este instrumento al que renuncia. Yo, el notario, además la leo al compareciente, quien la encuentra conforme, otorga y firma conmigo, el notario, que doy fe en cuanto sea procedente de todo lo consignado en este instrumento público, extendido en .... folios de papel exclusivo para documentos notariales, serie, y números el del presente y anteriores en orden.

X. EXCLUSIÓN DE SOCIOS

SUMARIO: 1. ACTAS. F310. EXCLUSIÓN DE SOCIOS. OPOSICIÓN DEL SOCIO EXCLUIDO. ACTA DE ACUERDO ADOPTADO POR JUNTA GENERAL EXTRAORDINARIA CONVOCADA. F311. EXCLUSIÓN DE SOCIOS. OPOSICIÓN DEL SOCIO EXCLUIDO. ACTA DE ACUERDO ADOPTADO POR JUNTA GENERAL EXTRAORDINARIA UNIVERSAL. F312. EXCLUSIÓN DE SOCIOS. OPOSICIÓN DEL SOCIO EXCLUIDO CON UNA PARTICIPACIÓN IGUAL O SUPERIOR AL 25 POR CIENTO DEL CAPITAL SOCIAL. ACTA DE ACUERDO ADOPTADO POR JUNTA GENERAL EXTRAORDINARIA CONVOCADA. F313. EXCLUSIÓN DE SOCIOS. OPOSICIÓN DEL SOCIO EXCLUIDO CON UNA PARTICIPACIÓN IGUAL O SUPERIOR AL 25 POR CIENTO DEL CAPITAL SOCIAL. ACTA DE ACUERDO ADOPTADO POR JUNTA GENERAL EXTRAORDINARIA UNIVERSAL. 2. CERTIFICACIONES. F314. EXCLUSIÓN DE SOCIOS. OPOSICIÓN DEL SOCIO EXCLUIDO. CERTIFICACIÓN DE ACUERDO ADOPTADO POR JUNTA GENERAL EXTRAORDINARIA CONVOCADA. F315. EXCLUSIÓN DE SOCIOS. OPOSICIÓN DEL SOCIO EXCLUIDO. CERTIFICACIÓN DE ACUERDO ADOPTADO POR JUNTA GENERAL EXTRAORDINARIA UNIVERSAL. F316. EXCLUSIÓN DE SOCIOS. OPOSICIÓN DEL SOCIO EXCLUIDO CON UNA PARTICIPACIÓN IGUAL O SUPERIOR AL 25 POR CIENTO DEL CAPITAL SOCIAL. CERTIFICACIÓN DE ACUERDO ADOPTADO POR JUNTA GENERAL EXTRAORDINARIA CONVOCADA. F317. EXCLUSIÓN DE SOCIOS. OPOSICIÓN DEL SOCIO EXCLUIDO CON UNA PARTICIPACIÓN IGUAL O SUPERIOR AL 25 POR CIENTO DEL CAPITAL SOCIAL. CERTIFICACIÓN DE ACUERDO ADOPTADO POR JUNTA GENERAL EXTRAORDINARIA UNIVERSAL. 3. DOCUMENTOS PRIVADOS. F318. EXCLUSIÓN DE SOCIO. INFORME DE AUDITOR DE CUENTAS SOBRE VALORACIÓN DE PARTICIPACIONES SOCIALES. 4. DOCUMENTOS NOTARIALES. F319. EXCLUSIÓN DE SOCIO. ACTA NOTARIAL DE REMISIÓN DE CARTA POR EL ÓRGANO DE ADMINISTRACIÓN A SOCIO EXCLUIDO. F320. EXCLUSIÓN DE SOCIO. ESCRITURA DE EXCLUSIÓN DE SOCIO Y REDUCCIÓN DE CAPITAL. F321. EXCLUSIÓN DE SOCIO. ESCRITURA. F322. EXCLUSIÓN DE SOCIO. ESCRITURA DE REDUCCIÓN DE CAPITAL.

1. ACTAS

F310. EXCLUSIÓN DE SOCIOS. OPOSICIÓN DEL SOCIO EXCLUIDO. ACTA DE ACUERDO ADOPTADO POR JUNTA GENERAL EXTRAORDINARIA CONVOCADA

Normativa de Aplicación: *Arts. 350 y ss. Real Decreto Legislativo 1/2010, de 2 de julio, por el que se aprueba el texto refundido de la Ley de Sociedades de Capital.*

Que hoy día .... de .... de ...., a las .... horas, y en el domicilio social, sito en la localidad de ...., calle .... s/n, se celebra JUNTA GENERAL EXTRAORDINARIA de socios de la sociedad .... S.L.

La convocatoria de la presente Junta General extraordinaria de socios, ha sido acordada por el administrador único, Don ....

La convocatoria de la presente Junta General, se ha realizado, de conformidad con lo establecido en la Ley y el art .... de los Estatutos Sociales, mediante burofax con acuse de recibo y certificado de contenido, de fecha ...., dirigido ese mismo día a cada uno de los socios al domicilio designado al efecto por cada uno de ellos.

El tenor literal de la convocatoria se transcribe a continuación: «Por medio del presente se convoca a los señores socios a la celebración de Junta General Extraordinaria de la sociedad .... S.L., que se celebrará, el día .... de .... de ...., a las .... horas, en el domicilio social sito en ...., a efectos de deliberar y, en su caso, adoptar acuerdos con relación al siguiente orden del día: 1.– Exclusión del socio Don .... como consecuencia ....

En ...., hoy día .... de .... de .... el Administrador único de .... S.L. Don ....»

Asisten a la presente Junta General Extraordinaria, personalmente o representados, los siguientes socios:

I.– Socios presentes:

Don ...., titular de .... participaciones sociales núm. .... a ...., incluidos, con un valor nominal cada una de ellas de .... euros (en su conjunto .... euros), que suponen el .... por ciento del capital social.

Don ...., titular de .... participaciones sociales núm. .... a ...., incluidos, con un valor nominal cada una de ellas de .... euros (en su conjunto .... euros), que suponen el .... por ciento del capital social.

Doña ...., titular de .... participaciones sociales núm. .... a ...., incluidos, con un valor nominal cada una de ellas de .... euros (en su conjunto .... euros), que suponen el .... por ciento del capital social.

Por lo tanto, asisten de forma personal .... socios, titulares, en conjunto, de .... participaciones sociales que suponen el .... por ciento del capital social.

II.– Socios representados:

Don ...., titular de .... participaciones sociales núm. .... a ...., incluidos, con un valor nominal cada una de ellas de .... euros (en su conjunto .... euros), que suponen el .... por ciento del capital social. Asiste el expresado socio representado por Doña ....

Don ...., titular de .... participaciones sociales núm. .... a ...., incluidos, con un valor nominal cada una de ellas de .... euros (en su conjunto .... euros), que suponen el .... por ciento del capital social. Asiste el expresado socio representado por Don ....

Asisten representados, ... socios, que titularizan .... participaciones que suponen el .... por ciento del capital social asumido.

En conjunto, asisten, personalmente o representados, ... socios, titulares de .... participaciones que suponen el .... por ciento del capital social suscrito.

Asiste el órgano de administración de la sociedad.

Son presidente y secretario de la presente Junta General, Don .... y Don ...., respectivamente. Ello de conformidad con lo establecido en la Ley y los Estatutos Sociales y ser los citados señores los socios designados por los concurrentes al comienzo de la reunión.

Abierta la sesión por el Sr. Presidente, sin que nadie se oponga a la válida constitución y celebración de la presente Junta General, se entra en el debate y deliberación de los diversos puntos del orden del día sin que ninguno de los presentes haga uso de su derecho a que conste en el acta el contenido de su intervención.

Tras todo lo anterior, se propone por el Sr. presidente la adopción de los siguientes acuerdos, propuesta que se transcribe literalmente a continuación:

PRIMERO.– Excluir de la sociedad, al socio Don .... como consecuencia de ....

Votan a favor de la propuesta Don ...., Don ...., y Doña .... (........... por ciento de los votos correspondientes a las participaciones sociales en que se divide el capital social). En contra. Doña .... (........... por ciento de los votos correspondientes a las participaciones sociales en que se divide el capital social). El acuerdo es aprobado por MAYORÍA y proclamado por el Presidente.

El socio afectado por el acuerdo de exclusión adoptado, aun cuando asiste a esta reunión, no ejerce el derecho a voto correspondiente a sus participaciones sociales por aplicación de lo dispuesto en el art. 190 TRLSC y manifiesta que ...., oponiéndose al acuerdo, con expresa reserva de acciones legales que le asistan.

Y no habiendo más asuntos que tratar, se procede a la redacción de la presente acta que es aprobada de forma unánime por los asistentes, y finaliza la presente Junta General Extraordinaria, levantándose la reunión en ...., a las .... horas del día .... de .... de ....

F311. EXCLUSIÓN DE SOCIOS. OPOSICIÓN DEL SOCIO EXCLUIDO. ACTA DE ACUERDO ADOPTADO POR JUNTA GENERAL EXTRAORDINARIA UNIVERSAL

Normativa de Aplicación: *Arts. 350 y ss. Real Decreto Legislativo 1/2010, de 2 de julio, por el que se aprueba el texto refundido de la Ley de Sociedades de Capital.*

Que hoy día .... de .... de ...., a las .... horas, y en el domicilio social, sito en la localidad de ...., calle ...., se celebra JUNTA GENERAL EXTRAORDINARIA de socios de la sociedad .... S.L.

Se encuentran presentes, en el referido lugar, y, por lo tanto, concurren la totalidad de socios de la compañía, decidiendo y dando su conformidad los asistentes a constituirse, con el carácter de universal, en Junta General Extraordinaria de socios de la compañía, para deliberar y, en su caso, adoptar acuerdos con relación al siguiente orden del día:

1.– Exclusión del socio Don .... como consecuencia ....

En señal de conformidad firman seguidamente todos los asistentes, a continuación de su nombre y apellidos.

....

Asiste el órgano de administración de la sociedad.

Son presidente y secretario de la presente Junta General, Don .... y Don ...., respectivamente. Ello de conformidad con lo establecido en la Ley y los Estatutos Sociales y ser los citados señores los socios designados por los concurrentes al comienzo de la reunión.

Abierta la sesión por el Sr. Presidente, sin que nadie se oponga a la válida constitución y celebración de la presente Junta General, se entra en el debate y deliberación de los diversos puntos del orden del día, sin que ninguno de los presentes haga uso de su derecho a que conste en el acta el contenido de su intervención.

Tras lo anterior, se propone por el Sr. presidente la adopción de los siguientes acuerdos, que se transcriben de forma literal a continuación:

PRIMERO.– Excluir de la sociedad, al socio Don .... como consecuencia de ....

Votan a favor de la propuesta Don ...., Don ...., y Doña .... (........... por ciento de los votos correspondientes a las participaciones sociales en que se divide el capital social). En contra. Doña .... (........... por ciento de los votos correspondientes a las participaciones sociales en que se divide el capital social). El acuerdo es aprobado por MAYORÍA y proclamado por el Presidente.

El socio afectado por el acuerdo de exclusión adoptado, aun cuando asiste a esta reunión, no ejerce el derecho a voto correspondiente a sus participaciones sociales por aplicación de lo dispuesto en el art. 190 TRLSC y manifiesta que ...., oponiéndose al acuerdo, con expresa reserva de acciones legales que le asistan.

Y no habiendo más asuntos que tratar, se procede a la redacción de la presente acta que es aprobada de forma unánime por los asistentes, y finaliza la presente Junta General Extraordinaria, levantándose la reunión en ...., a las .... horas del día .... de .... de ....

F312. EXCLUSIÓN DE SOCIOS. OPOSICIÓN DEL SOCIO EXCLUIDO CON UNA PARTICIPACIÓN IGUAL O SUPERIOR AL 25 POR CIENTO DEL CAPITAL SOCIAL. ACTA DE ACUERDO ADOPTADO POR JUNTA GENERAL EXTRAORDINARIA CONVOCADA

Normativa de Aplicación: *Arts. 350 y ss. Real Decreto Legislativo 1/2010, de 2 de julio, por el que se aprueba el texto refundido de la Ley de Sociedades de Capital.*

Que hoy día .... de .... de ...., a las .... horas, y en el domicilio social, sito en la localidad de ...., calle .... s/n, se celebra JUNTA GENERAL EXTRAORDINARIA de socios de la sociedad .... S.L.

La convocatoria de la presente Junta General Extraordinaria de socios, ha sido acordada por el administrador único, Don ....

La convocatoria de la presente Junta General, se ha realizado, de conformidad con lo establecido en la Ley y el art .... de los Estatutos Sociales, mediante burofax con acuse de recibo y certificado de contenido, de fecha ...., dirigido ese mismo día a cada uno de los socios al domicilio designado al efecto por cada uno de ellos.

El tenor literal de la convocatoria se transcribe a continuación: «Por medio del presente se convoca a los señores socios a la celebración de Junta General Extraordinaria de la sociedad .... S.L., que se celebrará, el día .... de .... de ...., a las .... horas, en el domicilio social sito en ...., a efectos de deliberar y, en su caso, adoptar acuerdos con relación al siguiente orden del día: 1.– Exclusión del socio Don .... como consecuencia de .... En ...., hoy día .... de .... de .... el Administrador único de .... S.L. Don ....»

Asisten a la presente Junta General Extraordinaria, personalmente o representados, los siguientes socios:

I.– Socios presentes:

Don ...., titular de .... participaciones sociales núm. .... a ...., incluidos, con un valor nominal cada una de ellas de .... euros (en su conjunto .... euros), que suponen el .... por ciento del capital social.

Don ...., titular de .... participaciones sociales núm. .... a ...., incluidos, con un valor nominal cada una de ellas de .... euros (en su conjunto .... euros), que suponen el .... por ciento del capital social.

Doña ...., titular de .... participaciones sociales núm. .... a ...., incluidos, con un valor nominal cada una de ellas de .... euros (en su conjunto .... euros), que suponen el .... por ciento del capital social.

Por lo tanto, asisten de forma personal .... socios, titulares, en conjunto, de .... participaciones sociales que suponen el .... por ciento del capital social.

II.– Socios representados:

Don ...., titular de .... participaciones sociales núm. .... a ...., incluidos, con un valor nominal cada una de ellas de .... euros (en su conjunto .... euros), que suponen el .... por ciento del capital social. Asiste el expresado socio representado por Doña ....

Don ...., titular de .... participaciones sociales núm. .... a ...., incluidos, con un valor nominal cada una de ellas de .... euros (en su conjunto .... euros), que suponen el .... por ciento del capital social. Asiste el expresado socio representado por Don ....

Asisten representados, ... socios, que titularizan .... participaciones que suponen el .... por ciento del capital social asumido.

En conjunto, asisten, personalmente o representados, ... socios, titulares de .... participaciones que suponen el .... por ciento del capital social suscrito.

Asiste el órgano de administración de la sociedad.

Son presidente y secretario de la presente Junta General, Don .... y Don ...., respectivamente. Ello de conformidad con lo establecido en la Ley y los Estatutos Sociales y ser los citados señores los socios designados por los concurrentes al comienzo de la reunión.

Abierta la sesión por el Sr. Presidente, sin que nadie se oponga a la válida constitución y celebración de la presente Junta General, se entra en el debate y deliberación de los diversos puntos del orden del día sin que ninguno de los presentes haga uso de su derecho a que conste en el acta el contenido de su intervención.

Tras todo lo anterior, se propone por el Sr. presidente la adopción de los siguientes acuerdos, propuesta que se transcribe literalmente a continuación:

PRIMERO.– Excluir de la sociedad, al socio Don .... como consecuencia de ....

Votan a favor de la propuesta Don ...., Don ...., y Doña .... (........... por ciento de los votos correspondientes a las participaciones sociales en que se divide el capital social). En contra. Doña .... (........... por ciento de los votos correspondientes a las participaciones sociales en que se divide el capital social).

El acuerdo es aprobado por MAYORÍA y proclamado por el Presidente. El socio afectado por el acuerdo de exclusión adoptado, aun cuando asiste a esta reunión, no ejerce el derecho a voto correspondiente a sus participaciones sociales por aplicación de lo dispuesto en el art. 190 TRLSC y manifiesta que ...., oponiéndose al acuerdo adoptado, con expresa reserva de acciones legales que le asistan.

Expuesto lo anterior, el Sr. Presidente hace constar que a la vista que la participación de Don .... es superior al veinticinco por ciento del capital social y la disconformidad prestada por el expresado Sr. .... a su exclusión de la sociedad, la misma requerirá, además del acuerdo adoptado por esta Junta General, resolución judicial firme.

Y no habiendo más asuntos que tratar, se procede a la redacción de la presente acta que es aprobada de forma unánime por los asistentes, y finaliza la presente Junta General Extraordinaria, levantándose la reunión en ...., a las .... horas del día .... de .... de ....

F313. EXCLUSIÓN DE SOCIOS. OPOSICIÓN DEL SOCIO EXCLUIDO CON UNA PARTICIPACIÓN IGUAL O SUPERIOR AL 25 POR CIENTO DEL CAPITAL SOCIAL. ACTA DE ACUERDO ADOPTADO POR JUNTA GENERAL EXTRAORDINARIA UNIVERSAL

Normativa de Aplicación: *Arts. 350 y ss. Real Decreto Legislativo 1/2010, de 2 de julio, por el que se aprueba el texto refundido de la Ley de Sociedades de Capital.*

Que hoy día .... de .... de ...., a las .... horas, y en el domicilio social, sito en la localidad de ...., calle ...., se celebra JUNTA GENERAL EXTRAORDINARIA de socios de la sociedad .... S.L.

Se encuentran presentes, en el referido lugar, y, por lo tanto, concurren la totalidad de socios de la compañía, decidiendo y dando su conformidad los asistentes a constituirse, con el carácter de universal, en Junta General Extraordinaria de socios de la compañía, para deliberar y, en su caso, adoptar acuerdos con relación al siguiente orden del día:

1.– Exclusión del socio Don .... como consecuencia de ....

En señal de conformidad firman seguidamente todos los asistentes, a continuación de su nombre y apellidos.

....

Asiste el órgano de administración de la sociedad.

Son presidente y secretario de la presente Junta General, Don .... y Don ...., respectivamente. Ello de conformidad con lo establecido en la Ley y los Estatutos

Sociales y ser los citados señores los socios designados por los concurrentes al comienzo de la reunión.

Abierta la sesión por el Sr. Presidente, sin que nadie se oponga a la válida constitución y celebración de la presente Junta General, se entra en el debate y deliberación de los diversos puntos del orden del día, sin que ninguno de los presentes haga uso de su derecho a que conste en el acta el contenido de su intervención.

Tras lo anterior, se propone por el Sr. presidente la adopción de los siguientes acuerdos, que se transcriben de forma literal a continuación:

PRIMERO.– Excluir de la sociedad, al socio Don .... como consecuencia de ....

Votan a favor de la propuesta Don ...., Don ...., y Doña .... (........... por ciento de los votos correspondientes a las participaciones sociales en que se divide el capital social). En contra. Doña .... (........... por ciento de los votos correspondientes a las participaciones sociales en que se divide el capital social).

El acuerdo es aprobado por MAYORÍA y proclamado por el Presidente. El socio afectado por el acuerdo de exclusión adoptado, aun cuando asiste a esta reunión, no ejerce el derecho a voto correspondiente a sus participaciones sociales por aplicación de lo dispuesto en el art. 190 TRLSC y manifiesta que ...., oponiéndose al acuerdo adoptado, con expresa reserva de acciones legales que le asistan.

Expuesto lo anterior, el Sr. Presidente hace constar que a la vista que la participación de Don .... es superior al veinticinco por ciento del capital social y la disconformidad prestada por el expresado Sr. .... a su exclusión de la sociedad, la misma requerirá, además del acuerdo adoptado por esta Junta General, resolución judicial firme.

Y no habiendo más asuntos que tratar, se procede a la redacción de la presente acta que es aprobada de forma unánime por los asistentes, y finaliza la presente Junta General Extraordinaria, levantándose la reunión en ...., a las .... horas del día .... de .... de ....

2. CERTIFICACIONES

F314. EXCLUSIÓN DE SOCIOS. OPOSICIÓN DEL SOCIO EXCLUIDO. CERTIFICACIÓN DE ACUERDO ADOPTADO POR JUNTA GENERAL EXTRAORDINARIA CONVOCADA

Normativa de Aplicación: *Arts. 350 y ss. Real Decreto Legislativo 1/2010, de 2 de julio, por el que se aprueba el texto refundido de la Ley de Sociedades de Capital.*

..........., Administrador Único de la compañía .... S.L., con domicilio en ...., Avenida ...., CIF .... Inscrita en el Registro Mercantil de la Provincia de .... al ....

CERTIFICO según resulta del libro de actas de la sociedad:

Que el día .... de .... de ...., a las .... horas, y en el domicilio social, se celebró en la Junta General Extraordinaria de Socios de la compañía .... S.L.

La convocatoria de la referida Junta General Extraordinaria de socios, fue acordada en fecha .... por el administrador único, Don ....

Que la convocatoria de la presente Junta General, se realizó por el órgano de administración de la sociedad, de conformidad con lo establecido en la Ley y el art .... de los Estatutos Sociales, mediante burofax con acuse de recibo y certificado de contenido, de fecha ...., dirigido ese mismo día a cada uno de los socios al domicilio designado al efecto igualmente por cada uno de ellos.

Que el tenor literal de la convocatoria se transcribe a continuación: «Por medio del presente se convoca a los señores socios a la celebración de Junta General Extraordinaria de la sociedad .... S.L., que se celebrará, el día .... de .... de ...., a las .... horas, en el domicilio social sito en ...., a efectos de deliberar y, en su caso, adoptar acuerdos con relación al siguiente orden del día:

1.– Exclusión del socio Don .... como consecuencia ....

En ...., hoy día .... de .... de .... el Administrador único de .... S.L. Don ....»

Que se confeccionó la pertinente lista de asistentes y, en conjunto, asistieron, personalmente o representados, ... socios, titulares de .... participaciones sociales que suponen el .... por ciento del capital social suscrito y .... de los derechos de voto.

Que asistió el órgano de administración de la sociedad.

Que actuaron como presidente y secretario de la citada Junta General, Don .... y Don ...., respectivamente. Ello de conformidad con lo establecido en la Ley y los

Estatutos Sociales y ser los citados señores los socios designados por los concurrentes al comienzo de la reunión.

Que abierta la sesión por el Sr. Presidente, sin que nadie se opusiera a la válida constitución y celebración de la citada Junta General, se entró en el debate y deliberación de los diversos puntos del orden del día sin que ninguno de los presentes hiciera uso de su derecho a que constase en el acta el contenido de su intervención. Tras lo anterior, se adoptaron, los siguientes ACUERDOS, que son aquí trascritos literalmente:

PRIMERO.– Excluir de la sociedad, al socio Don .... como consecuencia de ....

Votan a favor de la propuesta Don ...., Don ...., y Doña .... (........... por ciento de los votos correspondientes a las participaciones sociales en que se divide el capital social). En contra. Doña .... (........... por ciento de los votos correspondientes a las participaciones sociales en que se divide el capital social). El acuerdo es aprobado por MAYORÍA y proclamado por el Presidente.

El socio afectado por el acuerdo de exclusión adoptado, aun cuando asiste a esta reunión, no ejerce el derecho a voto correspondiente a sus participaciones sociales por aplicación de lo dispuesto en el art. 190 TRLSC y manifiesta que ...., oponiéndose al acuerdo, con expresa reserva de acciones legales que le asistan.

Y para que conste y surta los efectos oportunos, libro la presente certificación, haciendo constar que el acta de la reunión donde se adoptaron los acuerdos que se certifican fue aprobada por unanimidad en la propia sesión, firmada por el presidente y secretario. En ...., a .... de .... de ....

F315. EXCLUSIÓN DE SOCIOS. OPOSICIÓN DEL SOCIO EXCLUIDO. CERTIFICACIÓN DE ACUERDO ADOPTADO POR JUNTA GENERAL EXTRAORDINARIA UNIVERSAL

Normativa de Aplicación: *Arts. 350 y ss. Real Decreto Legislativo 1/2010, de 2 de julio, por el que se aprueba el texto refundido de la Ley de Sociedades de Capital.*

..........., Administrador único de la compañía .... S.L., con domicilio en ...., C/ .... y CIF .... Inscrita en el Registro Mercantil de la Provincia de ....

CERTIFICO, según resulta del libro de actas de la sociedad:

Que el día .... de .... de .... de .... y en ...., calle ...., se celebró Junta General Extraordinaria de Socios de la compañía .... S.L., reunida con carácter universal.

Que se encontraban presentes la totalidad de los socios, figurando su nombre en el acta.

Que la totalidad de los socios aceptaron constituirse y celebrar dicha Junta General, con el carácter de universal, para deliberar y, en su caso, adoptar acuerdos con relación al siguiente orden del día:

1.– Exclusión del socio Don .... como consecuencia ....

Que en señal de conformidad con lo reseñado anteriormente, la totalidad de los socios de la compañía, seguido de su respectivo nombre, firmaron al inicio del acta cuyos acuerdos aquí se certifican.

Que de conformidad con lo previsto en la Ley y Los Estatutos Sociales fueron designados y actuaron como presidente de la misma Doña .... y como secretario Don ....

Que abierta la sesión sin que nadie se opusiera a ello, se adoptaron los siguientes ACUERDOS que se transcriben de forma literal a continuación:

PRIMERO.– Excluir de la sociedad, al socio Don .... como consecuencia de ....

Votan a favor de la propuesta Don ...., Don ...., y Doña .... (........... por ciento de los votos correspondientes a las participaciones sociales en que se divide el capital social). En contra. Doña .... (........... por ciento de los votos correspondientes a las participaciones sociales en que se divide el capital social). El acuerdo es aprobado por MAYORÍA y proclamado por el Presidente.

El socio afectado por el acuerdo de exclusión adoptado, aun cuando asiste a esta reunión, no ejerce el derecho a voto correspondiente a sus participaciones sociales por aplicación de lo dispuesto en el art. 190 TRLSC y manifiesta que ...., oponiéndose al acuerdo, con expresa reserva de acciones legales que le asistan.

Y para que conste libro la presente certificación, haciendo constar que el acta de la reunión donde se adoptaron los acuerdos que se certifican fue aprobada por unanimidad en la propia sesión, firmada por el presidente y secretario, en ...., a .... de .... de ....

F316. EXCLUSIÓN DE SOCIOS. OPOSICIÓN DEL SOCIO EXCLUIDO CON UNA PARTICIPACIÓN IGUAL O SUPERIOR AL 25 POR CIENTO DEL CAPITAL SOCIAL. CERTIFICACIÓN DE ACUERDO ADOPTADO POR JUNTA GENERAL EXTRAORDINARIA CONVOCADA

Normativa de Aplicación: *Arts. 350 y ss. Real Decreto Legislativo 1/2010, de 2 de julio, por el que se aprueba el texto refundido de la Ley de Sociedades de Capital.*

..........., Administrador Único de la compañía .... S.L., con domicilio en ...., Avenida ...., CIF .... Inscrita en el Registro Mercantil de la Provincia de .... al ....

CERTIFICO según resulta del libro de actas de la sociedad:

Que el día .... de .... de ...., a las .... horas, y en el domicilio social, se celebró en la Junta General Extraordinaria de Socios de la compañía .... S.L.

La convocatoria de la referida Junta General Extraordinaria de socios, fue acordada en fecha .... por el administrador único, Don ....

Que la convocatoria de la presente Junta General, se realizó por el órgano de administración de la sociedad, de conformidad con lo establecido en la Ley y el art .... de los Estatutos Sociales, mediante burofax con acuse de recibo y certificado de contenido, de fecha ...., dirigido ese mismo día a cada uno de los socios al domicilio designado al efecto igualmente por cada uno de ellos.

Que el tenor literal de la convocatoria se transcribe a continuación: «Por medio del presente se convoca a los señores socios a la celebración de Junta General Extraordinaria de la sociedad .... S.L., que se celebrará, el día .... de .... de ...., a las .... horas, en el domicilio social sito en ...., a efectos de deliberar y, en su caso, adoptar acuerdos con relación al siguiente orden del día: 1.– Exclusión del socio Don .... como consecuencia de .... En ...., hoy día .... de .... de .... el Administrador único de .... S.L. Don ....»

Que se confeccionó la pertinente lista de asistentes y, en conjunto, asistieron, personalmente o representados, ... socios, titulares de .... participaciones sociales que suponen el .... por ciento del capital social suscrito y .... de los derechos de voto.

Que asistió el órgano de administración de la sociedad.

Que actuaron como presidente y secretario de la citada Junta General, Don .... y Don ...., respectivamente. Ello de conformidad con lo establecido en la Ley y los Estatutos Sociales y ser los citados señores los socios designados por los concurrentes al comienzo de la reunión.

Que abierta la sesión por el Sr. Presidente, sin que nadie se opusiera a la válida constitución y celebración de la citada Junta General, se entró en el debate y deliberación de los diversos puntos del orden del día sin que ninguno de los presentes hiciera uso de su derecho a que constase en el acta el contenido de su intervención. Tras lo anterior, se adoptaron los siguientes ACUERDOS, que son aquí trascritos literalmente:

PRIMERO.– Excluir de la sociedad, al socio Don .... como consecuencia de ....

Votan a favor de la propuesta Don ...., Don ...., y Doña .... (........... por ciento de los votos correspondientes a las participaciones sociales en que se divide el capital social). En contra. Doña .... (........... por ciento de los votos correspondientes a las participaciones sociales en que se divide el capital social).

El acuerdo es aprobado por MAYORÍA y proclamado por el Presidente. El socio afectado por el acuerdo de exclusión adoptado, aun cuando asiste a esta reunión, no ejerce el derecho a voto correspondiente a sus participaciones sociales por aplicación de lo dispuesto en el art. 190 TRLSC y manifiesta que ...., oponiéndose al acuerdo adoptado, con expresa reserva de acciones legales que le asistan.

Expuesto lo anterior, el Sr. Presidente hace constar que a la vista que la participación de Don .... es superior al veinticinco por ciento del capital social y la disconformidad prestada por el expresado Sr. .... a su exclusión de la sociedad, la misma requerirá, además del acuerdo adoptado por esta Junta General, resolución judicial firme.

Y para que conste y surta los efectos oportunos, libro la presente certificación, haciendo constar que el acta de la reunión donde se adoptaron los acuerdos que se certifican fue aprobada por unanimidad en la propia sesión, firmada por el presidente y secretario. En ...., a .... de .... de ....

F317. EXCLUSIÓN DE SOCIOS. OPOSICIÓN DEL SOCIO EXCLUIDO CON UNA PARTICIPACIÓN IGUAL O SUPERIOR AL 25 POR CIENTO DEL CAPITAL SOCIAL. CERTIFICACIÓN DE ACUERDO ADOPTADO POR JUNTA GENERAL EXTRAORDINARIA UNIVERSAL

Normativa de Aplicación: *Arts. 350 y ss. Real Decreto Legislativo 1/2010, de 2 de julio, por el que se aprueba el texto refundido de la Ley de Sociedades de Capital.*

..........., Administrador único de la compañía .... S.L., con domicilio en ...., C/ .... y CIF .... Inscrita en el Registro Mercantil de la Provincia de ....

CERTIFICO, según resulta del libro de actas de la sociedad:

Que el día .... de .... de .... de .... y en ...., calle ...., se celebró Junta General Extraordinaria de Socios de la compañía .... S.L., reunida con carácter universal.

Que se encontraban presentes la totalidad de los socios, figurando su nombre en el acta.

Que la totalidad de los socios aceptaron constituirse y celebrar dicha Junta General, con el carácter de universal, para deliberar y, en su caso, adoptar acuerdos con relación al siguiente orden del día:

1.– Exclusión del socio Don .... como consecuencia de ....

Que en señal de conformidad con lo reseñado anteriormente, la totalidad de los socios de la compañía, seguido de su respectivo nombre, firmaron al inicio del acta cuyos acuerdos aquí se certifican.

Que de conformidad con lo previsto en la Ley y Los Estatutos Sociales fueron designados y actuaron como presidente de la misma Doña .... y como secretario Don ....

Que abierta la sesión sin que nadie se opusiera a ello, se adoptaron los siguientes ACUERDOS que se transcriben de forma literal a continuación:

PRIMERO.– Excluir de la sociedad, al socio Don .... como consecuencia de ....

Votan a favor de la propuesta Don ...., Don ...., y Doña .... (........... por ciento de los votos correspondientes a las participaciones sociales en que se divide el capital social). En contra. Doña .... (........... por ciento de los votos correspondientes a las participaciones sociales en que se divide el capital social).

El acuerdo es aprobado por MAYORÍA y proclamado por el Presidente. El socio afectado por el acuerdo de exclusión adoptado, aun cuando asiste a esta reunión, no ejerce el derecho a voto correspondiente a sus participaciones sociales por aplicación de lo dispuesto en el art. 190 TRLSC y manifiesta que ...., oponiéndose al acuerdo adoptado, con expresa reserva de acciones legales que le asistan.

Expuesto lo anterior, el Sr. Presidente hace constar que a la vista que la participación de Don .... es superior al veinticinco por ciento del capital social y la disconformidad prestada por el expresado Sr. .... a su exclusión de la sociedad, la misma requerirá, además del acuerdo adoptado por esta Junta General, resolución judicial firme.

Y para que conste libro la presente certificación, haciendo constar que el acta de la reunión donde se adoptaron los acuerdos que se certifican fue aprobada por unanimidad en la propia sesión, firmada por el presidente y secretario, en ...., a .... de .... de ....

3. DOCUMENTOS PRIVADOS

F318. EXCLUSIÓN DE SOCIO. INFORME DE AUDITOR DE CUENTAS SOBRE VALORACIÓN DE PARTICIPACIONES SOCIALES

Normativa de Aplicación: *Arts. 350 y ss. Real Decreto Legislativo 1/2010, de 2 de julio, por el que se aprueba el texto refundido de la Ley de Sociedades de Capital.*

En ...., a .... de .... dos mil ....

A los fines previstos por el artículo 353 TRLSC, emitimos el presente informe Especial sobre la valoración de las participaciones sociales objeto de amortización y reembolso de la sociedad .... S.L.

I.– Antecedentes: ....

II.– Descripción de las características y condiciones de las participaciones sociales objeto de reembolso y amortización. ....

II.– Nuestro trabajo, ha incluido, entre otros, los siguientes procedimientos ....

III.– En base al trabajo realizado, hemos determinado un valor razonable por participación social de .... euros.

Este informe ha sido preparado únicamente a los efectos de lo prevenido en el art. 353 TRLSC y no podrá ser utilizado para ningún otro propósito.

Don ....

Auditor de Cuentas ROAC núm. ....

4. DOCUMENTOS NOTARIALES

F319. EXCLUSIÓN DE SOCIO. ACTA NOTARIAL DE REMISIÓN DE CARTA POR EL ÓRGANO DE ADMINISTRACIÓN A SOCIO EXCLUIDO

Normativa de Aplicación: *Arts. 350 y ss. Real Decreto Legislativo 1/2010, de 2 de julio, por el que se aprueba el texto refundido de la Ley de Sociedades de Capital.*

En la Ciudad de ...., mi residencia, a .... de ....

Ante mí, ..., Notario de la Ciudad y del Ilustre Colegio de ....

COMPARECE

Don ...., mayor de edad, de nacionalidad española, soltero, vecino de ...., con domicilio en ...., núm. ...., con DNI/NIF ....

Le identifico por el documento de identidad exhibido y reseñado.

INTERVIENE

Don .... interviene en su calidad de administrador único de la sociedad de responsabilidad limitada ...., de nacionalidad española, constituida por tiempo indefinido mediante escritura autorizada por el notario de ...., Don ...., con fecha .... de .... de dos mil ...., número de protocolo .... Domiciliada en ...., calle .... e inscrita en el Registro Mercantil de la provincia de ...., al tomo ...., general ...., folio ...., hoja ...., inscripción .... CIF .... Constituye su objeto social ....

Está legitimado para este otorgamiento en virtud de su expresado cargo de administrador único, que afirma vigente, resultando su nombramiento y aceptación de la escritura otorgada con fecha .... de .... de dos mil ...., e inscrita en el Registro Mercantil de la provincia de ...., al tomo ...., general ...., folio ...., hoja ...., inscripción ....

Yo, el Notario, hago constar expresamente que he cumplido con la obligación que impone la ley 10/2010, de 28 de abril, cuyo resultado consta en acta autorizada por el Notario de ...., Don ...., el día ...., en cuanto a «........... S.L.», bajo nº .... de protocolo, manifestando no haberse modificado el contenido de la misma.

Tiene a mi juicio, según interviene, la capacidad legal y el interés legitimo para el otorgamiento de la presente ACTA DE REMISIÓN DE CARTA y a tal efecto

REQUERIMIENTO

Me requiere a mí, el notario, para que remita por correo certificado con acuse de recibo la carta que me entrega, a la que va unida una certificación, dirigida a Don ...., vecino de ...., con domicilio en la calle ...., número ....

Una copia de dicha carta y de la certificación, debidamente cotejada con su respectivo original, uno a la presente.

Acepto el requerimiento que practicaré por ulterior diligencia cuando las necesidades del servicio me lo permitan.

Advierto al compareciente de su derecho a leer por si este instrumento al que renuncia. Yo, el notario, además la leo al requirente, quien la encuentra conforme, otorga y firma conmigo, el notario, que doy fe en cuanto sea procedente de todo lo consignado en este instrumento público, extendido en .... folios de papel exclusivo para documentos notariales, serie, y números el del presente y anteriores en orden.

Protección de datos.– Con relación a los datos de carácter personal que en la presente constan, referidos al compareciente, queda este enterado de que los mismos se incorporan a mis ficheros automatizados, lo que acepta, así como del derecho de oposición, acceso a ellos, rectificación o cancelación de los mismos.

DILIGENCIA DE ENVÍO que yo, el notario, extiendo para hacer constar que en el día de hoy, envió la carta testimoniada a la dirección indicada, en un sobre cerrado con mi membrete, por correo certificado con aviso de recibo, bajo impreso-justificante que testimoniado en su anverso, dice así: .... En ...., a .... de .... de dos mil ....

DILIGENCIA DE RECIBO que extiendo para hacer constar que me ha sido devuelto el justificante de aviso de recibo en el que consta que la carta llegó a su destino, según tarjeta que testimoniada en su anverso y reverso dice así: .... En ...., a .... de .... de dos mil ....

Doy fe de lo pertinente y que considero cumplimentado el requerimiento, cierro el acta que queda extendida en .... folios de papel exclusivo para documentos notariales, serie, y números el del presente y anteriores en orden.

CARTA DIRIGIDA POR EL ÓRGANO DE ADMINISTRACIÓN DE LA SOCIEDAD AL SOCIO EXCLUIDO.

Muy Sr. nuestro:

Con fecha .... de .... de dos mil .... por la Junta General de la compañía, celebrada en el domicilio social sito en ...., calle ...., a la que usted no asistió, se adoptó el acuerdo de excluirle de la sociedad como consecuencia de .... Se acompaña a esta carta, certificación de la expresada Junta, comprensiva del acuerdo adoptado.

Por medio de la presente, ponemos en su conocimiento la adopción del expresado acuerdo, y a afectos de la amortización y reembolso del valor de sus participaciones sociales, se fija su valor razonable en la suma de .... euros por participación, en su conjunto .... euros, proponiéndole que, en caso de discrepancia sobre tal valor, el mismo sea determinado por el Auditor de Cuentas/EXPERTO INDEPENDIENTE Don .... (ROAC ....), mediante el procedimiento ....

En el supuesto que no esté conforme con tal valoración, ni con la persona ni procedimiento expuestos, conforme a lo establecido en el artículo 353 TRLSC, se procederá a solicitar del Registrador Mercantil de la provincia de ...., la designación de auditor de cuentas, distinto del de la sociedad, que fije el valor razonable de tales participaciones sociales. De la cantidad que deba ser objeto de reembolso a usted, se deducirá la que resulte de aplicar sobre los honorarios del auditor, el porcentaje del .... por ciento que tiene en el capital social.

Atentamente,

Don ....

Administrador único.

F320. EXCLUSIÓN DE SOCIO. ESCRITURA DE EXCLUSIÓN DE SOCIO Y REDUCCIÓN DE CAPITAL

Normativa de Aplicación: *Arts. 350 y ss. Real Decreto Legislativo 1/2010, de 2 de julio, por el que se aprueba el texto refundido de la Ley de Sociedades de Capital. Arts. 204 y ss. Real Decreto 1784/1996, de 19 de julio, por el que se aprueba el Reglamento del Registro Mercantil.*

En la Ciudad de ...., mi residencia, a .... de ....

Ante mí, ..., Notario de la Ciudad y del Ilustre Colegio de ....

COMPARECE

Don ...., mayor de edad, de nacionalidad española, casado, vecino de ...., con domicilio en ...., núm. ...., con DNI/NIF ....

Le identifico por el documento de identidad exhibido y reseñado.

INTERVIENE

Don ...., interviene en su condición de administrador único de la sociedad limitada ...., de nacionalidad española, constituida por tiempo indefinido mediante escritura autorizada por el notario de .... en fecha .... de .... de ...., número de protocolo ...., domiciliada en ...., calle ...., núm. .... Inscrita en el Registro Mercantil de la provincia de ...., al tomo ...., general ...., folio ...., hoja ...., inscripción .... CIF .... Constituye su objeto social ....

Está legitimado para este otorgamiento en virtud de su expresado cargo de administrador único, que afirma vigente, resultando su nombramiento y aceptación de la escritura otorgada con fecha .... de .... de dos mil ...., ante el notario de ...., Doña ...., núm. protocolo ...., inscrita en el Registro Mercantil de la provincia de ...., al tomo ...., general ...., folio ...., hoja ...., inscripción ...., así como. número de protocolo .... y por acuerdo de la Junta General de socios, adoptado en su reunión del pasado día .... de .... de dos mil ...., contenido en la certificación que me entrega e incorporo a la presente, expedida por el propio compareciente, cuya firma legitimo por haber sido puesta en mi presencia.

Yo, el Notario, hago constar expresamente que he cumplido con la obligación que impone la ley 10/2010, de 28 de abril, cuyo resultado consta en acta autorizada por el Notario de ...., Don ...., el día ...., en cuanto a «........... S.L.», bajo nº .... de protocolo, manifestando no haberse modificado el contenido de la misma.

Tiene a mi juicio, capacidad y legitimación para otorgar esta escritura de EXCLUSIÓN DE SOCIO Y REDUCCIÓN DE CAPITAL de .... S.L. y, al efecto, según interviene

OTORGA

PRIMERO.– EXCLUSIÓN DE SOCIO.

Que conforme establece el art. 208 del Reglamento del Registro Mercantil, Don .... otorga la presente escritura para la constancia de la exclusión de la compañía del socio Don ...., haciendo constar a los efectos del expresado artículo del Reglamento del Registro Mercantil, los siguientes extremos:

1.– Que la causa de la exclusión del socio es ...., habiendo sido acordada por la Junta General Extraordinaria de la compañía, en su reunión de fecha .... de .... de dos mil .... objeto de la certificación, con firma legitimadas, que se incorpora a esta escritura, sin que sea preciso, a tal efecto excluyente, resolución judicial firme al no ser la participación del socio excluido igual o superior al veinticinco por ciento del capital social.

El compareciente me entrega los originales del Boletín Oficial del Registro Mercantil del día .... de .... de dos mil .... (núm. ....), así como del diario .... en su edición del día .... de .... de dos mil ...., en los que se inserto el anuncio para la convocatoria de la expresada Junta General, de los que deduzco fotocopias que concuerdan exacta y fielmente con sus respectivos originales, de lo que doy fe, incorporando las fotocopias a la presente escritura. Se hace constar que no existen en los estatutos sociales previsión alguna sobre la convocatoria de la Junta general.

2.– Que el valor razonable de las participaciones sociales del socio excluido es de .... euros, (........... euros por participación), habiendo sido determinado tal valor, al no haber existido acuerdo sobre el mismo, la persona que debía valorar las participaciones sociales y el procedimiento a seguir para su valoración, por Don ...., auditor de cuentas designado por el Registrador Mercantil de .... a instancia de la sociedad, quien previa obtención de la sociedad de todos los documentos e informaciones que consideró útiles y siguiendo el procedimiento de ...., emitió su informe de valoración con fecha .... de .... de dos mil ...., es decir, dentro del plazo de dos meses a contar desde su designación.

El compareciente me entrega ejemplar del informe del auditor anteriormente expresado, que incorporo y uno a la presente escritura, pasando a formar parte integrante de la misma.

3.– Que la suma dineraria entregada al socio excluido como consecuencia del reembolso del valor razonable de sus participaciones sociales fue de .... euros, declarando el otorgante que han sido realizados los reembolsos correspondientes.

Reconociendo el art. .... de los Estatutos Sociales el derecho de oposición de los acreedores sociales en caso de restitución de aportaciones, se hace constar la inexistencia de oposición por parte de acreedores sociales a excepción de Don ...., cuyo crédito por importe de .... euros, fue objeto de siguiente garantía prestada por la sociedad: ....

El compareciente me entrega los originales del Boletín Oficial del Registro Mercantil del día .... de .... de dos mil .... (núm. ....), así como del diario .... en su edición del día .... de .... de dos mil ...., en los que se inserto el anuncio a que se refiere el art. 333.2 TRLSC, de los que deduzco fotocopias que concuerdan exacta y fielmente con sus respectivos originales, de lo que doy fe, incorporando las fotocopias a la presente escritura. Se hace constar que no existe pagina web de la sociedad.

SEGUNDO.– REDUCCIÓN DE CAPITAL.

Igualmente, Don ...., en su condición de administrador único de la compañía .... S.L. y sin necesidad de acuerdo de la Junta General, otorga la presente escritura de reducción social como consecuencia de la meritada exclusión del socio Don ...., haciendo constar el otorgante los siguientes extremos con arreglo a lo dispuesto en el artículo 358.1 de la Ley de Sociedades de Capital:

I.– Que como consecuencia de la exclusión del socio Don ...., han sido amortizadas .... participaciones sociales de la compañía, número .... a ...., ambos inclusive, de un valor nominal cada una de ellas de .... euros, en su conjunto, ... euros.

II.– Que el socio afectado por la reducción de capital es Don ...., de nacionalidad española, mayor de edad, soltero, nacido el .... de .... de ...., vecino de ...., con domicilio en .... y DNI/NIF ....

III.– Que la causa de la amortización de las participaciones sociales expresadas en el precedente número I de esta escritura por mí, el notario, autorizada, es la exclusión del socio Don .... como consecuencia de .... Esta exclusión fue adoptada por acuerdo de la Junta General celebrada el pasado .... de .... de dos mil ...., elevado a público en la presente escritura.

IV.– Que se ha reembolsado a Don .... el valor razonable de dichas participaciones sociales, es decir, la suma de .... euros, con fecha .... de .... de dos mil ....

El compareciente hace constar que al no haber existido acuerdo sobre el valor razonable de las participaciones sociales, la persona que debía valorarlas y el procedimiento a seguir para su valoración, el expresado valor fue determinado por Don ...., auditor de cuentas designado por el Registrador mercantil de ...., a instancia de .... S.L., quien previa obtención de la sociedad de todos los documentos e informaciones que considero útiles y por el procedimiento de ...., emitió su informe de valoración con fecha .... de .... de dos mil ....

V.– Que como consecuencia de la amortización de participaciones sociales, el capital social ha quedado reducido a la suma de .... euros, dividido en .... participaciones sociales de .... euros, modificándose la numeración de las participaciones sociales de los restantes socios que, desde este momento, pasa a ser la siguiente:

1.– Socio Don ...., titular de .... participaciones sociales, número 1 a ....

2.– Socio Don ...., titular de .... participaciones sociales, número .... a ....

3.– Socio Don ...., titular de .... participaciones sociales, número .... a ....

TERCERO.– El compareciente, como consecuencia de la reducción de capital instrumentalizada a través de la presente escritura, da nueva redacción a los artículos .... y .... de los Estatutos Sociales, cuyo tenor literal pasa a ser el siguiente:

ARTÍCULO .... CAPITAL SOCIAL. El capital social se fija en la cantidad de .... (...........) euros, íntegramente desembolsado.

ARTÍCULO .... PARTICIPACIONES SOCIALES. El capital social está dividido en .... participaciones sociales de .... euros cada una de ellas, numeradas correlativamente a partir de la unidad, indivisibles y acumulables, todas asumidas y desembolsadas por los socios y su titularidad lleva de pleno derecho la obligación de someterse a las prescripciones de los Estatutos y a los acuerdos válidamente adoptados. Las participaciones atribuyen a los socios los mismos derechos.

CUARTO.– Para el supuesto y a los efectos del art. 63 RRM, se solicita la inscripción parcial de esta escritura si no fuera posible la inscripción total de la misma y la extensión de nota, con expresión de las razones de denegación respecto a los extremos no inscritos.

Hago la advertencia de la obligatoriedad de inscripción de esta escritura en el Registro Mercantil.

Protección de datos.– Con relación a los datos de carácter personal que en la presente constan, referidos al compareciente, queda este enterado de que los mismos se incorporan a mis ficheros automatizados, lo que acepta, así como del derecho de oposición, acceso a ellos, rectificación o cancelación de los mismos.

OTORGAMIENTO Y AUTORIZACIÓN

Advierto al compareciente de su derecho a leer por si este instrumento al que renuncia. Yo, el notario, además la leo al compareciente, quien la encuentra conforme, otorga y firma conmigo, el notario, que doy fe en cuanto sea procedente de todo lo consignado en este instrumento público, extendido en .... folios de papel exclusivo para documentos notariales, serie, y números el del presente y anteriores en orden.

F321. EXCLUSIÓN DE SOCIO. ESCRITURA

Normativa de Aplicación: *Arts. 350 y ss. Real Decreto Legislativo 1/2010, de 2 de julio, por el que se aprueba el texto refundido de la Ley de Sociedades de Capital. Arts. 204 y ss. Real Decreto 1784/1996, de 19 de julio, por el que se aprueba el Reglamento del Registro Mercantil.*

En la Ciudad de ...., mi residencia, a .... de ....

Ante mí, ..., Notario de la Ciudad y del Ilustre Colegio de ....

COMPARECE

Don ...., mayor de edad, de nacionalidad española, casado, vecino de ...., con domicilio en ...., núm. ...., con DNI/NIF ....

Le identifico por el documento de identidad exhibido y reseñado.

INTERVIENE

Don ...., interviene en su condición de Secretario del Consejo de Administración de la sociedad de responsabilidad limitada ...., de nacionalidad española, constituida por tiempo indefinido mediante escritura autorizada por el notario de .... en fecha .... de .... de dos mil ...., número de protocolo ...., domiciliada en ...., calle ...., núm. .... Inscrita en el Registro Mercantil de la provincia de ...., al tomo ...., general ...., folio ...., hoja ...., inscripción .... CIF .... Constituye su objeto social ....

Está legitimado para este otorgamiento en virtud de su expresado cargo de Secretario del Consejo de Administración, que afirma vigente, resultando su nombramiento y aceptación de la escritura otorgada con fecha .... de .... de dos mil ...., ante el notario de ...., Doña ...., número de protocolo ...., inscrita en el Registro Mercantil de la provincia de ...., al tomo ...., general ...., folio ...., hoja ...., inscripción .... CIF ...., así como por acuerdo del Consejo de Administración de la sociedad, adoptado en su reunión del pasado día .... de .... de dos mil ...., contenido en la certificación que me entrega e incorporo a la presente, expedida por el propio Secretario del Consejo de Administración con el Visto Bueno del Presidente, cuyas firmas legitimo por serme conocidas.

Yo, el Notario, hago constar expresamente que he cumplido con la obligación que impone la ley 10/2010, de 28 de abril, cuyo resultado consta en acta autorizada por el Notario de ...., Don ...., el día ...., en cuanto a «........... S.L.», bajo nº .... de protocolo, manifestando no haberse modificado el contenido de la misma.

Tiene a mi juicio, capacidad y legitimación para otorgar esta escritura de EXCLUSIÓN DE SOCIO de la compañía .... S.L. y, al efecto, según interviene

OTORGA

PRIMERO.– Que conforme establece el art. 208 del Reglamento del Registro Mercantil, Don .... otorga la presente escritura para la constancia de la exclusión del socio Don .... de la compañía, haciendo constar a los efectos del expresado art. 208 RRM, los siguientes extremos:

1.– Que la causa de la exclusión del socio es ...., habiendo sido acordada por la Junta General de la compañía, en su reunión de fecha .... de .... de dos mil .... objeto de la certificación arriba expresada, sin que sea preciso, a tal efecto, resolución judicial firme al no ser la participación del socio excluido igual o superior al veinticinco por ciento del capital social.

El compareciente me entrega los originales del Boletín Oficial del Registro Mercantil del día .... de .... de dos mil .... (núm. ....), así como del diario .... en su edición del día .... de .... de dos mil ...., en los que se insertó el anuncio para la convocatoria de la expresada Junta General, de los que deduzco fotocopias que concuerdan exacta y fielmente con sus respectivos originales, de lo que doy fe, incorporando las fotocopias a la presente escritura. Se hace constar que no existen en los estatutos sociales previsión alguna sobre la convocatoria de la Junta general.

2.– Que el valor razonable de las participaciones sociales del socio excluido es de .... euros, (........... euros por participación), habiendo sido determinado tal valor, al no haber existido acuerdo sobre el mismo, la persona que debía valorar las participaciones sociales y el procedimiento a seguir para su valoración, por Don ...., auditor de cuentas designado por el Registrador Mercantil de la provincia .... a instancia de la sociedad, quien previa obtención de la sociedad de todos los documentos e informaciones que considero útiles y siguiendo el procedimiento de ...., emitió su informe de valoración con fecha .... de .... de dos mil ...., es decir, dentro del plazo de dos meses a contar desde su designación.

El compareciente me entrega ejemplar del informe del auditor anteriormente expresado, que incorporo y uno a la presente escritura, pasando a formar parte integrante de la misma.

3.– Que el importe del valor de las participaciones sociales, ofrecido y rechazado por el socio excluido, ha sido consignado, a nombre de Don ...., en la entidad de crédito ...., oficina de ...., calle ...., núm. ....

Por el compareciente se me hace entrega del documento justificativo del ingreso, del que deduzco testimonio que concuerda fielmente con su original, de lo que doy fe, e incorporo a la presente escritura, formando parte integrante de la misma.

4.– Reconociendo el art. .... de los Estatutos Sociales el derecho de oposición de los acreedores sociales en caso de restitución de aportaciones, se hace constar la inexistencia de oposición por parte de acreedores sociales a excepción de Don ...., cuyo crédito por importe de .... euros, fue objeto de siguiente garantía prestada por la sociedad: ....

El compareciente me entrega los originales del Boletín Oficial del Registro Mercantil del día .... de .... de dos mil .... (núm. ....), así como del diario .... en su edición del día .... de .... de dos mil ...., en los que se insertó el anuncio a que se refiere el art. 333.2 TRLSC, de los que deduzco fotocopias que concuerdan exacta y fielmente con sus respectivos originales, de lo que doy fe, incorporando las fotocopias a la presente escritura. Se hace constar que no existe pagina web de la sociedad.

TERCERO.– Para el supuesto y a los efectos del art. 63 RRM, se solicita la inscripción parcial de esta escritura si no fuera posible la inscripción total de la misma y la extensión de nota, con expresión de las razones de denegación respecto a los extremos no inscritos.

Hago la advertencia de la obligatoriedad de inscripción de esta escritura en el Registro Mercantil.

Protección de datos.– Con relación a los datos de carácter personal que en la presente constan, referidos al compareciente, queda este enterado de que los mismos se incorporan a mis ficheros automatizados, lo que acepta, así como del derecho de oposición, acceso a ellos, rectificación o cancelación de los mismos

OTORGAMIENTO Y AUTORIZACIÓN

Advierto al compareciente de su derecho a leer por si este instrumento al que renuncia. Yo, el notario, además la leo al compareciente, quien la encuentra conforme, otorga y firma conmigo, el notario, que doy fe en cuanto sea procedente de todo lo consignado en este instrumento público, extendido en .... folios de papel exclusivo para documentos notariales, serie, y números el del presente y anteriores en orden.

F322. EXCLUSIÓN DE SOCIO. ESCRITURA DE REDUCCIÓN DE CAPITAL

Normativa de Aplicación: *Arts. 350 y ss. Real Decreto Legislativo 1/2010, de 2 de julio, por el que se aprueba el texto refundido de la Ley de Sociedades de Capital. Arts. 204 y ss. Real Decreto 1784/1996, de 19 de julio, por el que se aprueba el Reglamento del Registro Mercantil.*

En la Ciudad de ...., mi residencia, a .... de ....

Ante mí, ..., Notario de la Ciudad y del Ilustre Colegio de ....

COMPARECE

Don ...., mayor de edad, de nacionalidad española, casado, vecino de ...., con domicilio en ...., núm. ...., con DNI/NIF ....

Le identifico por el documento de identidad exhibido y reseñado.

INTERVIENE

Don ...., interviene en su condición de administrador único de la sociedad de responsabilidad limitada ...., de nacionalidad española, constituida por tiempo indefinido mediante escritura autorizada por el notario de .... con fecha .... de .... de dos mil ...., número de protocolo ...., domiciliada en ...., calle ...., núm. .... Inscrita en el Registro Mercantil de la provincia de ...., al tomo ...., general ...., folio ...., hoja ...., inscripción .... CIF .... Constituye su objeto social ....

Está legitimado para este otorgamiento en virtud de su expresado cargo de administrador único de la compañía, que afirma vigente, resultando su nombramiento y aceptación de la escritura otorgada con fecha .... de .... de dos mil ...., ante el notario de ...., Doña ...., número de protocolo ...., inscrita en el Registro Mercantil de la provincia de ...., al tomo ...., general ...., folio ...., hoja ...., inscripción ....

Yo, el Notario, hago constar expresamente que he cumplido con la obligación que impone la ley 10/2010, de 28 de abril, cuyo resultado consta en acta autorizada por el Notario de ...., Don ...., el día ...., en cuanto a «........... S.L.», bajo nº .... de protocolo, manifestando no haberse modificado el contenido de la misma.

Tiene a mi juicio, capacidad y legitimación para otorgar esta escritura de REDUCCIÓN DEL CAPITAL SOCIAL de .... S.L. por exclusión de socio y, al efecto, según interviene

OTORGA

PRIMERO.– Don ...., en su condición de administrador único de la compañía .... S.L. y sin necesidad de acuerdo específico de la Junta General, otorga la presente escritura de reducción del capital social como consecuencia de la exclusión del socio Don ...., haciendo constar el otorgante, los siguientes extremos:

I.– Que como consecuencia de la exclusión del socio Don ...., han sido amortizadas las participaciones sociales de la compañía, número .... a ...., ambos inclusive, de un valor nominal cada una de ellas de .... euros, en su conjunto, ... euros.

II.– Que el socio afectado por la reducción de capital es Don ...., de nacionalidad española, mayor de edad, soltero, nacido el .... de .... de ...., vecino de ...., con domicilio en .... y DNI/NIF ....

III.– Que la causa de la amortización de las participaciones sociales expresadas en el precedente número I de esta escritura por mi, el notario, autorizada, es la exclusión del socio Don .... como consecuencia de .... Esta exclusión fue adoptada por acuerdo de la Junta General celebrada el pasado .... de .... de dos mil ...., elevado a público en virtud de escritura ante mí otorgada, el día .... de .... de dos mil ...., que se acompañará donde fuere menester.

IV.– Que se ha reembolsado a Don .... el valor razonable de dichas participaciones sociales, es decir, la suma de .... euros, con fecha .... de .... de dos mil ....

El compareciente hace constar que al no haber existido acuerdo sobre el citado valor razonable, la persona que debía valorar las participaciones sociales y el procedimiento a seguir para su valoración, el expresado valor razonable fue determinado por Don ...., auditor de cuentas designado por el Registrador mercantil de ...., a instancia de .... S.L., quien previa obtención de la sociedad de todos los documentos e informaciones que considero útiles y por el procedimiento de ...., emitió su informe de valoración con fecha .... de .... de dos mil ....

V.– Que como consecuencia de la amortización de participaciones sociales, el capital social ha quedado reducido a la suma de .... euros, dividido en .... participaciones sociales de .... euros, modificándose la numeración de las participaciones sociales de los restantes socios que, desde este momento, pasa a ser la siguiente:

1.– Socio Don ...., titular de .... participaciones sociales, número 1 a ....

2.– Socio Don ...., titular de .... participaciones sociales, número .... a ....

3.– Socio Don ...., titular de .... participaciones sociales, número .... a ....

SEGUNDO.– El compareciente, como consecuencia de la reducción de capital instrumentalizada a través de la presente escritura, da nueva redacción a los artículos .... y .... de los Estatutos Sociales, cuyo tenor literal pasa a ser el siguiente:

ARTÍCULO .... CAPITAL SOCIAL. El capital social se fija en la cantidad de .... (...........) euros, íntegramente desembolsado.

ARTÍCULO .... PARTICIPACIONES SOCIALES. El capital social está dividido en .... participaciones sociales de .... euros cada una de ellas, numeradas correlativamente a partir de la unidad, indivisibles y acumulables, todas asumidas y desembolsadas por los socios y su titularidad lleva de pleno derecho la obligación de someterse a las prescripciones de los Estatutos y a los acuerdos válidamente adoptados. Las participaciones atribuyen a los socios los mismos derechos.

TERCERO.– Para el supuesto y a los efectos del art. 63 RRM, se solicita la inscripción parcial de esta escritura si no fuera posible la inscripción total de la misma y la extensión de nota, con expresión de las razones de denegación respecto a los extremos no inscritos.

Hago la advertencia de la obligatoriedad de inscripción de esta escritura en el Registro Mercantil.

Protección de datos.– Con relación a los datos de carácter personal que en la presente constan, referidos al compareciente, queda este enterado de que los mismos se incorporan a mis ficheros automatizados, lo que acepta, así como del derecho de oposición, acceso a ellos, rectificación o cancelación de los mismos

OTORGAMIENTO Y AUTORIZACIÓN

Advierto al compareciente de su derecho a leer por si este instrumento al que renuncia. Yo, el notario, además la leo al compareciente, quien la encuentra conforme, otorga y firma conmigo, el notario, que doy fe en cuanto sea procedente de todo lo consignado en este instrumento público, extendido en .... folios de papel exclusivo para documentos notariales, serie, y números el del presente y anteriores en orden.

XI. DISOLUCIÓN

SUMARIO: 1. ACTAS. F323. DISOLUCIÓN Y CONVERSIÓN DEL ADMINISTRADOR EN LIQUIDADOR. ACTA DE ACUERDO DE JUNTA GENERAL EXTRAORDINARIA CONVOCADA. F324. DISOLUCIÓN Y CONVERSIÓN DEL ADMINISTRADOR EN LIQUIDADOR. ACTA DE ACUERDO DE JUNTA GENERAL EXTRAORDINARIA UNIVERSAL. F325. DISOLUCIÓN, CESE DEL ADMINISTRADOR Y NOMBRAMIENTO DE LIQUIDADOR. ACTA DE ACUERDO DE JUNTA GENERAL EXTRAORDINARIA CONVOCADA. F326. DISOLUCIÓN, CESE DEL ADMINISTRADOR Y NOMBRAMIENTO DE LIQUIDADOR. ACTA DE ACUERDO DE JUNTA GENERAL EXTRAORDINARIA UNIVERSAL. F327. DISOLUCIÓN Y LIQUIDACIÓN SIMULTANEA. ACTA DE ACUERDO DE JUNTA GENERAL EXTRAORDINARIA CONVOCADA. F328. DISOLUCIÓN Y LIQUIDACIÓN SIMULTANEA. ACTA DE ACUERDO DE JUNTA GENERAL EXTRAORDINARIA UNIVERSAL. F329. REACTIVACIÓN DE LA SOCIEDAD. ACUERDO POR UNANIMIDAD. ACTA DE ACUERDO ADOPTADO EN JUNTA GENERAL EXTRAORDINARIA CONVOCADA. F330. REACTIVACIÓN DE LA SOCIEDAD. ACUERDO POR UNANIMIDAD. ACTA DE ACUERDO ADOPTADO EN JUNTA GENERAL EXTRAORDINARIA UNIVERSAL. F331. REACTIVACIÓN DE LA SOCIEDAD. ACUERDO ADOPTADO POR MAYORÍA CON OPOSICIÓN DE SOCIO. ACTA DE ACUERDO ADOPTADO POR JUNTA GENERAL EXTRAORDINARIA CONVOCADA. F332. REACTIVACIÓN DE LA SOCIEDAD. ACUERDO ADOPTADO POR MAYORÍA CON OPOSICIÓN DE SOCIO. ACTA DE ACUERDO ADOPTADO POR JUNTA GENERAL EXTRAORDINARIA UNIVERSAL. 2. CERTIFICACIONES. F333. DISOLUCIÓN Y CONVERSIÓN DEL ADMINISTRADOR EN LIQUIDADOR. CERTIFICACIÓN DE ACUERDO DE JUNTA GENERAL EXTRAORDINARIA CONVOCADA. F334. DISOLUCIÓN Y CONVERSIÓN DEL ADMINISTRADOR EN LIQUIDADOR. CERTIFICACIÓN DE ACUERDO DE JUNTA GENERAL EXTRAORDINARIA UNIVERSAL. F335. DISOLUCIÓN, CESE DEL ADMINISTRADOR Y NOMBRAMIENTO DE LIQUIDADOR. CERTIFICACIÓN DE ACUERDO DE JUNTA GENERAL EXTRAORDINARIA CONVOCADA. F336. DISOLUCIÓN, CESE DEL ADMINISTRADOR Y NOMBRAMIENTO DE LIQUIDADOR. CERTIFICACIÓN DE ACUERDO DE JUNTA GENERAL EXTRAORDINARIA UNIVERSAL. F337. DISOLUCIÓN Y LIQUIDACIÓN SIMULTANEA. CERTIFICACIÓN DE ACUERDO DE JUNTA GENERAL EXTRAORDINARIA CONVOCADA. F338. DISOLUCIÓN Y LIQUIDACIÓN SIMULTANEA. CERTIFICACIÓN DE ACUERDO DE JUNTA GENERAL EXTRAORDINARIA UNIVERSAL. F339. REACTIVACIÓN DE LA SOCIEDAD. ACUERDO POR UNANIMIDAD. CERTIFICACIÓN DE ACUERDO ADOPTADO EN JUNTA GENERAL EXTRAORDINARIA CONVOCADA. F340. REACTIVACIÓN DE LA SOCIEDAD. ACUERDO POR UNANIMIDAD. CERTIFICACIÓN DE ACUERDO ADOPTADO EN JUNTA GENERAL EXTRAORDINARIA UNIVERSAL. F341. REACTIVACIÓN DE LA SOCIEDAD. ACUERDO ADOPTADO POR MAYORÍA CON OPOSICIÓN DE SOCIO. CERTIFICACIÓN DE ACUERDO ADOPTADO POR JUNTA GENERAL EXTRAORDINARIA CONVOCADA. F342. REACTIVACIÓN DE LA SOCIEDAD. ACUERDO ADOPTADO POR MAYORÍA CON OPOSICIÓN DE SOCIO. CERTIFICACIÓN DE ACUERDO ADOPTADO POR JUNTA GENERAL EXTRAORDINARIA UNIVERSAL. 3. DOCUMENTOS PRIVADOS. F343. DISOLUCIÓN. ANUNCIO RELATIVO AL ACUERDO DE REACTIVACIÓN DE LA SOCIEDAD. F344. DISOLUCIÓN. DEMANDA SOBRE RESPONSABILIDAD DE ADMINISTRADOR POR INCUMPLIMIENTO DE

LA OBLIGACIÓN LEGAL DE CONVOCAR JUNTA SOBRE DISOLUCIÓN. F345. CARTA DE SOCIO COMUNICANDO LA VOLUNTAD DE PRESENTAR LA DISOLUCIÓN JUDICIAL. F346. DEMANDA EXPEDIENTE DE JURISDICCIÓN VOLUNTARIA EN SOLICITUD DE DISOLUCIÓN JUDICIAL POR PARALIZACIÓN DEL ÓRGANO DE ADMINISTRACIÓN DE LA SOCIEDAD. 4. DOCUMENTOS NOTARIALES. F347. DISOLUCIÓN. ACTA DE REQUERIMIENTO NOTARIAL AL ÓRGANO DE ADMINISTRACIÓN SOLICITANDO CONVOCATORIA DE JUNTA GENERAL SOBRE DISOLUCIÓN. F348. DISOLUCIÓN. ESCRITURA DE REACTIVACIÓN DE SOCIEDAD. F349. DISOLUCIÓN Y LIQUIDACIÓN SIMULTÁNEA. ESCRITURA. F350. DISOLUCIÓN DE SOCIEDAD. ESCRITURA DE DISOLUCIÓN.

1. ACTAS

F323. DISOLUCIÓN Y CONVERSIÓN DEL ADMINISTRADOR EN LIQUIDADOR. ACTA DE ACUERDO DE JUNTA GENERAL EXTRAORDINARIA CONVOCADA

Normativa de Aplicación: *Arts. 360 y ss. Real Decreto Legislativo 1/2010, de 2 de julio, por el que se aprueba el texto refundido de la Ley de Sociedades de Capital.*

Que hoy día .... de .... de ...., a las .... horas, y en el domicilio social, sito en la localidad de ...., calle .... s/n, se celebra JUNTA GENERAL EXTRAORDINARIA de socios de la sociedad .... S.L.

La convocatoria de la presente Junta General Extraordinaria de socios, ha sido acordada por el administrador único, Don ....

La convocatoria de la presente Junta General, se ha realizado, de conformidad con lo establecido en la Ley y el art .... de los Estatutos Sociales, mediante burofax con acuse de recibo y certificado de contenido, de fecha ...., dirigido ese mismo día a cada uno de los socios al domicilio designado al efecto por cada uno de ellos.

El tenor literal de la convocatoria se transcribe a continuación: «Por medio del presente se convoca a los señores socios a la celebración de Junta General Extraordinaria de la sociedad .... S.L., que se celebrará, el día .... de .... de ...., a las .... horas, en el domicilio social sito en ...., a efectos de deliberar y, en su caso, adoptar acuerdos con relación al siguiente orden del día: 1.– Disolución de la sociedad como consecuencia y consiguiente designación de liquidador. En ...., hoy día .... de .... de .... el Administrador único de .... S.L. Don ....»

Asisten a la presente Junta General Extraordinaria, personalmente o representados, los siguientes socios:

I.– Socios presentes:

Don ...., titular de .... participaciones sociales núm. .... a ...., incluidos, con un valor nominal cada una de ellas de .... euros (en su conjunto .... euros), que suponen el .... por ciento del capital social.

Don ...., titular de .... participaciones sociales núm. .... a ...., incluidos, con un valor nominal cada una de ellas de .... euros (en su conjunto .... euros), que suponen el .... por ciento del capital social.

Doña ...., titular de .... participaciones sociales núm. .... a ...., incluidos, con un valor nominal cada una de ellas de .... euros (en su conjunto .... euros), que suponen el .... por ciento del capital social.

Por lo tanto, asisten de forma personal .... socios, titulares, en conjunto, de .... participaciones sociales que suponen el .... por ciento del capital social.

II.– Socios representados:

Don ...., titular de .... participaciones sociales núm. .... a ...., incluidos, con un valor nominal cada una de ellas de .... euros (en su conjunto .... euros), que suponen el .... por ciento del capital social. Asiste el expresado socio representado por Doña ....

Don ...., titular de .... participaciones sociales núm. .... a ...., incluidos, con un valor nominal cada una de ellas de .... euros (en su conjunto .... euros), que suponen el .... por ciento del capital social. Asiste el expresado socio representado por Don ....

Asisten representados, ... socios, que titularizan .... participaciones que suponen el .... por ciento del capital social asumido.

En conjunto, asisten, personalmente o representados, ... socios, titulares de .... participaciones que suponen el .... por ciento del capital social suscrito.

Asiste el órgano de administración de la sociedad.

Son presidente y secretario de la presente Junta General, Don .... y Don ...., respectivamente. Ello de conformidad con lo establecido en la Ley y los Estatutos Sociales y ser los citados señores los socios designados por los concurrentes al comienzo de la reunión.

Abierta la sesión por el Sr. Presidente, sin que nadie se oponga a la válida constitución y celebración de la presente Junta General, se entra en el debate y deliberación de los diversos puntos del orden del día sin que ninguno de los presentes haga uso de su derecho a que conste en el acta el contenido de su intervención.

Tras todo lo anterior, se propone por el Sr. presidente la adopción de los siguientes acuerdos, propuesta que se transcribe literalmente a continuación:

PRIMERO.– De conformidad con lo dispuesto en el art. .... TRLSC, disolver la sociedad .... S.L. por cuanto ...., abriéndose el periodo de liquidación.

SEGUNDO.– Como consecuencia de la apertura del periodo de liquidación, cesa en su cargo el administrador único de la compañía Don ...., de nacionalidad española, nacido el .... de .... de ...., vecino de ...., con domicilio en ...., calle .... núm. .... DNI/NIF .... quedando convertido en liquidador de la sociedad.

El designado se encuentra presente y acepta el cargo, prometiendo desempeñarlo fielmente, y manifiesta no estar incurso en causa de incapacidad, inhabilitación o prohibición alguna para ejercer el cargo.

Previa la oportuna votación, la citada propuesta de acuerdos sociales es aprobada por UNANIMIDAD, con el voto favorable de todos los asistentes (........... por ciento de los votos correspondientes a las participaciones sociales en que se divide el capital social), en términos idénticos a los anteriormente transcritos.

Y no habiendo más asuntos que tratar, se procede a la redacción de la presente acta que es aprobada de forma unánime por los asistentes, y finaliza la presente Junta General Extraordinaria, levantándose la reunión en ...., a las .... horas del día .... de .... de ....

F324. DISOLUCIÓN Y CONVERSIÓN DEL ADMINISTRADOR EN LIQUIDADOR. ACTA DE ACUERDO DE JUNTA GENERAL EXTRAORDINARIA UNIVERSAL

Normativa de Aplicación: *Arts. 360 y ss. Real Decreto Legislativo 1/2010, de 2 de julio, por el que se aprueba el texto refundido de la Ley de Sociedades de Capital.*

Que hoy día .... de .... de ...., a las .... horas, y en el domicilio social, sito en la localidad de ...., calle ...., se celebra JUNTA GENERAL EXTRAORDINARIA de socios de la sociedad .... S.L.

Se encuentran presentes, en el referido lugar, y, por lo tanto, concurren la totalidad de socios de la compañía, decidiendo y dando su conformidad los asistentes a constituirse, con el carácter de universal, en Junta General Extraordinaria de socios de la compañía, para deliberar y, en su caso, adoptar acuerdos con relación al siguiente orden del día: 1.– Disolución de la sociedad como consecuencia y consiguiente designación de liquidador.

En señal de conformidad firman seguidamente todos los asistentes, a continuación de su nombre y apellidos.

....

Asiste el órgano de administración de la sociedad.

Son presidente y secretario de la presente Junta General, Don .... y Don ...., respectivamente. Ello de conformidad con lo establecido en la Ley y los Estatutos Sociales y ser los citados señores los socios designados por los concurrentes al comienzo de la reunión.

Abierta la sesión por el Sr. Presidente, sin que nadie se oponga a la válida constitución y celebración de la presente Junta General, se entra en el debate y deliberación de los diversos puntos del orden del día, sin que ninguno de los presentes haga uso de su derecho a que conste en el acta el contenido de su intervención.

Tras lo anterior, se propone por el Sr. presidente la adopción de los siguientes acuerdos, que se transcriben de forma literal a continuación:

PRIMERO.– De conformidad con lo dispuesto en el art. .... TRLSC, disolver la sociedad .... S.L. por cuanto ...., abriéndose el periodo de liquidación.

SEGUNDO.– Como consecuencia de la apertura del periodo de liquidación, cesa en su cargo el administrador único de la compañía Don ...., de nacionalidad española, nacido el .... de .... de ...., vecino de ...., con domicilio en ...., calle .... núm. .... DNI/NIF ...., quedando convertido en liquidador de la sociedad.

El designado se encuentra presente y acepta el cargo, prometiendo desempeñarlo fielmente, y manifiesta no estar incurso en causa de incapacidad, inhabilitación o prohibición alguna para ejercer el cargo.

Previa la oportuna votación, la citada propuesta de acuerdos sociales es aprobada por UNANIMIDAD, con el voto favorable de todos los asistentes (........... por ciento de los votos correspondientes a las participaciones sociales en que se divide el capital social), en términos idénticos a los anteriormente transcritos.

Y no habiendo más asuntos que tratar, se procede a la redacción de la presente acta que es aprobada de forma unánime por los asistentes, y finaliza la presente Junta General Extraordinaria, levantándose la reunión en ...., a las .... horas del día .... de .... de ....

F325. DISOLUCIÓN, CESE DEL ADMINISTRADOR Y NOMBRAMIENTO DE LIQUIDADOR. ACTA DE ACUERDO DE JUNTA GENERAL EXTRAORDINARIA CONVOCADA

Normativa de Aplicación: *Arts. 360 y ss. Real Decreto Legislativo 1/2010, de 2 de julio, por el que se aprueba el texto refundido de la Ley de Sociedades de Capital.*

Que hoy día .... de .... de ...., a las .... horas, y en el domicilio social, sito en la localidad de ...., calle .... s/n, se celebra JUNTA GENERAL EXTRAORDINARIA de socios de la sociedad .... S.L.

La convocatoria de la presente Junta General Extraordinaria de socios, ha sido acordada por el administrador único, Don ....

La convocatoria de la presente Junta General, se ha realizado, de conformidad con lo establecido en la Ley y el art .... de los Estatutos Sociales, mediante burofax con acuse de recibo y certificado de contenido, de fecha ...., dirigido ese mismo día a cada uno de los socios al domicilio designado al efecto por cada uno de ellos.

El tenor literal de la convocatoria se transcribe a continuación: «Por medio del presente se convoca a los señores socios a la celebración de Junta General Extraordinaria de la sociedad .... S.L., que se celebrará, el día .... de .... de ...., a las .... horas, en el domicilio social sito en ...., a efectos de deliberar y, en su caso, adoptar acuerdos con relación al siguiente orden del día: 1.– Disolución de la sociedad como consecuencia .... 2.... Nombramiento de liquidador. En ...., hoy día .... de .... de .... el Administrador único de .... S.L. Don ....»

Asisten a la presente Junta General Extraordinaria, personalmente o representados, los siguientes socios:

I.– Socios presentes:

Don ...., titular de .... participaciones sociales núm. .... a ...., incluidos, con un valor nominal cada una de ellas de .... euros (en su conjunto .... euros), que suponen el .... por ciento del capital social.

Don ...., titular de .... participaciones sociales núm. .... a ...., incluidos, con un valor nominal cada una de ellas de .... euros (en su conjunto .... euros), que suponen el .... por ciento del capital social.

Doña ...., titular de .... participaciones sociales núm. .... a ...., incluidos, con un valor nominal cada una de ellas de .... euros (en su conjunto .... euros), que suponen el .... por ciento del capital social.

Por lo tanto, asisten de forma personal .... socios, titulares, en conjunto, de .... participaciones sociales que suponen el .... por ciento del capital social.

II.– Socios representados:

Don ...., titular de .... participaciones sociales núm. .... a ...., incluidos, con un valor nominal cada una de ellas de .... euros (en su conjunto .... euros), que suponen el .... por ciento del capital social. Asiste el expresado socio representado por Doña ....

Don ...., titular de .... participaciones sociales núm. .... a ...., incluidos, con un valor nominal cada una de ellas de .... euros (en su conjunto .... euros), que suponen el .... por ciento del capital social. Asiste el expresado socio representado por Don ....

Asisten representados, ... socios, que titularizan .... participaciones que suponen el .... por ciento del capital social asumido.

En conjunto, asisten, personalmente o representados, ... socios, titulares de .... participaciones que suponen el .... por ciento del capital social suscrito.

Asiste el órgano de administración de la sociedad.

Son presidente y secretario de la presente Junta General, Don .... y Don ...., respectivamente. Ello de conformidad con lo establecido en la Ley y los Estatutos Sociales y ser los citados señores los socios designados por los concurrentes al comienzo de la reunión.

Abierta la sesión por el Sr. Presidente, sin que nadie se oponga a la válida constitución y celebración de la presente Junta General, se entra en el debate y deliberación de los diversos puntos del orden del día sin que ninguno de los presentes haga uso de su derecho a que conste en el acta el contenido de su intervención.

Tras todo lo anterior, se propone por el Sr. presidente la adopción de los siguientes acuerdos, propuesta que se transcribe literalmente a continuación:

PRIMERO.– De conformidad con lo dispuesto en el art. .... TRLSC, disolver la sociedad .... S.L. por cuanto ...., abriéndose el periodo de liquidación.

SEGUNDO.– Como consecuencia de la apertura del periodo de liquidación, cesa en su cargo el administrador único de la compañía ....

TERCERO.– Designar liquidador único de la sociedad a Don ...., de nacionalidad española, nacido el .... de .... de ...., vecino de ...., con domicilio en ...., calle .... núm. .... DNI/NIF ....

El designado se encuentra presente y acepta el cargo, prometiendo desempeñarlo fielmente, y manifiesta no estar incurso en causa de incapacidad, inhabilitación o prohibición alguna para ejercer el cargo.

CUARTO.– Facultar al liquidador único para comparecer ante Notario a fin de elevar a público los acuerdos anteriormente transcritos e inste la inscripción de los mismos en el Registro Mercantil.

Previa la oportuna votación, la citada propuesta de acuerdos sociales es aprobada por UNANIMIDAD, con el voto favorable de todos los asistentes (........... por ciento de los votos correspondientes a las participaciones sociales en que se divide el capital social), en términos idénticos a los anteriormente transcritos.

Y no habiendo más asuntos que tratar, se procede a la redacción de la presente acta que es aprobada de forma unánime por los asistentes, y finaliza la presente Junta General Extraordinaria, levantándose la reunión en ...., a las .... horas del día .... de .... de ....

F326. DISOLUCIÓN, CESE DEL ADMINISTRADOR Y NOMBRAMIENTO DE LIQUIDADOR. ACTA DE ACUERDO DE JUNTA GENERAL EXTRAORDINARIA UNIVERSAL

Normativa de Aplicación: *Arts. 360 y ss. Real Decreto Legislativo 1/2010, de 2 de julio, por el que se aprueba el texto refundido de la Ley de Sociedades de Capital.*

Que hoy día .... de .... de ...., a las .... horas, y en el domicilio social, sito en la localidad de ...., calle ...., se celebra JUNTA GENERAL EXTRAORDINARIA de socios de la sociedad .... S.L.

Se encuentran presentes, en el referido lugar, y, por lo tanto, concurren la totalidad de socios de la compañía, decidiendo y dando su conformidad los asistentes a constituirse, con el carácter de universal, en Junta General Extraordinaria de socios de la compañía, para deliberar y, en su caso, adoptar acuerdos con relación al siguiente orden del día: 1.– Disolución de la sociedad como consecuencia .... 2.– Nombramiento de liquidador.

En señal de conformidad firman seguidamente todos los asistentes, a continuación de su nombre y apellidos.

....

Asiste el órgano de administración de la sociedad.

Son presidente y secretario de la presente Junta General, Don .... y Don ...., respectivamente. Ello de conformidad con lo establecido en la Ley y los Estatutos Sociales y ser los citados señores los socios designados por los concurrentes al comienzo de la reunión.

Abierta la sesión por el Sr. Presidente, sin que nadie se oponga a la válida constitución y celebración de la presente Junta General, se entra en el debate y deliberación de los diversos puntos del orden del día, sin que ninguno de los presentes haga uso de su derecho a que conste en el acta el contenido de su intervención.

Tras lo anterior, se propone por el Sr. presidente la adopción de los siguientes acuerdos, que se transcriben de forma literal a continuación:

PRIMERO.– De conformidad con lo dispuesto en el art. .... TRLSC, disolver la sociedad .... S.L. por cuanto ...., abriéndose el periodo de liquidación.

SEGUNDO.– Como consecuencia de la apertura del periodo de liquidación, cesa en su cargo el administrador único de la compañía ....

TERCERO.– Designar liquidador único de la sociedad a Don ...., de nacionalidad española, nacido el .... de .... de ...., vecino de ...., con domicilio en ...., calle .... núm. .... DNI/NIF ....

El designado se encuentra presente y acepta el cargo, prometiendo desempeñarlo fielmente, y manifiesta no estar incurso en causa de incapacidad, inhabilitación o prohibición alguna para ejercer el cargo.

CUARTO.– Facultar al liquidador único para comparecer ante Notario a fin de elevar a público los acuerdos anteriormente transcritos e inste la inscripción de los mismos en el Registro Mercantil.

Previa la oportuna votación, la citada propuesta de acuerdos sociales es aprobada por UNANIMIDAD, con el voto favorable de todos los asistentes (............ por ciento de los votos correspondientes a las participaciones sociales en que se divide el capital social), en términos idénticos a los anteriormente transcritos.

Y no habiendo más asuntos que tratar, se procede a la redacción de la presente acta que es aprobada de forma unánime por los asistentes, y finaliza la presente Junta General Extraordinaria, levantándose la reunión en ...., a las .... horas del día .... de .... de ....

F327. DISOLUCIÓN Y LIQUIDACIÓN SIMULTANEA. ACTA DE ACUERDO DE JUNTA GENERAL EXTRAORDINARIA CONVOCADA

Normativa de Aplicación: *Arts. 360 y ss. Real Decreto Legislativo 1/2010, de 2 de julio, por el que se aprueba el texto refundido de la Ley de Sociedades de Capital.*

Que hoy día .... de .... de ...., a las .... horas, y en el domicilio social, sito en la localidad de ...., calle .... s/n, se celebra JUNTA GENERAL EXTRAORDINARIA de socios de la sociedad .... S.L.

La convocatoria de la presente Junta General Extraordinaria de socios, ha sido acordada por el administrador único, Don ....

La convocatoria de la presente Junta General, se ha realizado, de conformidad con lo establecido en la Ley y el art .... de los Estatutos Sociales, mediante burofax con acuse de recibo y certificado de contenido, de fecha ...., dirigido ese mismo día a cada uno de los socios al domicilio designado al efecto por cada uno de ellos.

El tenor literal de la convocatoria se transcribe a continuación: «Por medio del presente se convoca a los señores socios a la celebración de Junta General Extraordinaria de la sociedad .... S.L., que se celebrará, el día .... de .... de ...., a las .... horas, en el domicilio social sito en ...., a efectos de deliberar y, en su caso, adoptar acuerdos con relación al siguiente orden del día: 1.– Disolución de la sociedad. Designación de liquidadores. 2.– Liquidación de la sociedad. Balance e informe de liquidación. Adjudicación haber social. Extinción de la compañía. En ...., hoy día .... de .... de .... el Administrador único de .... S.L. Don ....»

Asisten a la presente Junta General Extraordinaria, personalmente o representados, los siguientes socios:

I.– Socios presentes:

Don ...., titular de .... participaciones sociales núm. .... a ...., incluidos, con un valor nominal cada una de ellas de .... euros (en su conjunto .... euros), que suponen el .... por ciento del capital social.

Don ...., titular de .... participaciones sociales núm. .... a ...., incluidos, con un valor nominal cada una de ellas de .... euros (en su conjunto .... euros), que suponen el .... por ciento del capital social.

Doña ...., titular de .... participaciones sociales núm. .... a ...., incluidos, con un valor nominal cada una de ellas de .... euros (en su conjunto .... euros), que suponen el .... por ciento del capital social.

Por lo tanto, asisten de forma personal .... socios, titulares, en conjunto, de .... participaciones sociales que suponen el .... por ciento del capital social.

II.– Socios representados:

Don ...., titular de .... participaciones sociales núm. .... a ...., incluidos, con un valor nominal cada una de ellas de .... euros (en su conjunto .... euros), que suponen el .... por ciento del capital social. Asiste el expresado socio representado por Doña ....

Don ...., titular de .... participaciones sociales núm. .... a ...., incluidos, con un valor nominal cada una de ellas de .... euros (en su conjunto .... euros), que suponen el .... por ciento del capital social. Asiste el expresado socio representado por Don ....

Asisten representados, ... socios, que titularizan .... participaciones que suponen el .... por ciento del capital social asumido.

En conjunto, asisten, personalmente o representados, ... socios, titulares de .... participaciones que suponen el .... por ciento del capital social suscrito.

Asiste el órgano de administración de la sociedad.

Son presidente y secretario de la presente Junta General, Don .... y Don ...., respectivamente. Ello de conformidad con lo establecido en la Ley y los Estatutos Sociales y ser los citados señores los socios designados por los concurrentes al comienzo de la reunión.

Abierta la sesión por el Sr. Presidente, sin que nadie se oponga a la válida constitución y celebración de la presente Junta General, se entra en el debate y deliberación de los diversos puntos del orden del día sin que ninguno de los presentes haga uso de su derecho a que conste en el acta el contenido de su intervención.

Tras todo lo anterior, se propone por el Sr. presidente la adopción de los siguientes acuerdos, propuesta que se transcribe literalmente a continuación:

PRIMERO.– Se disuelve la sociedad como consecuencia de ...., abriéndose el periodo de liquidación.

SEGUNDO.– Abierto el periodo de liquidación, cesa en su cargo el administrador único Doña .... y se designa liquidador de la compañía a Doña ...., de nacionalidad española, mayor de edad, nacida el .... de .... de ...., esto es de .... años de edad, soltera, vecina de ...., con domicilio en calle ...., núm. .... y DNI/NIF ....

La designada se encuentra presente y manifiesta que acepta el cargo, prometiendo desempeñarlo fielmente y que no se halla incursa en causa de incapacidad, inhabilitación o prohibición alguna para ejercer el cargo.

TERCERO.– Una vez examinado el balance y tras la mención expresa del liquidador sobre la inexistencia de acreedores contra la sociedad, es hallado conforme y, en consecuencia se aprueba el siguiente balance que lo es de disolución y final de liquidación, suscrito en este acto por el Liquidador, el informe sobre operaciones de liquidación y el proyecto de división entre los socios del activo resultante.

ACTIVO

....

TOTAL ACTIVO 0 euros

PASIVO

....

TOTAL PASIVO 0 euros.

También se aprueba el informe completo sobre las operaciones de liquidación y un proyecto de división entre los socios del activo resultante.

Los socios renuncian al derecho de impugnación de dicho balance y acuerdan satisfacer el exceso de los gastos de liquidación que pudiese originarse en la proporción correspondiente a las participaciones de la sociedad que poseen.

No existen deudas pendientes de pago ni operaciones mercantiles pendientes de realización, por lo que procede, y se lleva a cabo, la adjudicación del haber social existente en proporción a sus respectivas participaciones sociales que cada socio, esto es, Doña ...., de nacionalidad española, mayor de edad, soltera, vecina de ...., con domicilio en calle ...., núm. .... y DNI/NIF ....; Doña ...., de nacionalidad española, mayor de edad, soltera, vecina de ...., con domicilio en calle ...., núm. .... y DNI/NIF .... y Doña ...., de nacionalidad española, mayor de edad, soltera, vecina de ...., con domicilio en calle ...., núm. .... y DNI/NIF ...., posee en la sociedad, si bien como quiera que este es igual a cero, no procede efectuar reparto alguno dado que la cuota de liquidación es igual a cero euros. En consecuencia, se acuerda tal cuota y la liquidación de la sociedad «............ S.L.».

Previa la oportuna votación, la citada propuesta de acuerdos sociales es aprobada por UNANIMIDAD, con el voto favorable de todos los asistentes (............ por ciento de los votos correspondientes a las participaciones sociales en que se divide el capital social), en términos idénticos a los anteriormente transcritos.

Y no habiendo más asuntos que tratar, se procede a la redacción de la presente acta que es aprobada de forma unánime por los asistentes, y finaliza la presente Junta General Extraordinaria, levantándose la reunión en ...., a las .... horas del día .... de .... de ....

F328. DISOLUCIÓN Y LIQUIDACIÓN SIMULTANEA. ACTA DE ACUERDO DE JUNTA GENERAL EXTRAORDINARIA UNIVERSAL

Normativa de Aplicación: *Arts. 360 y ss. Real Decreto Legislativo 1/2010, de 2 de julio, por el que se aprueba el texto refundido de la Ley de Sociedades de Capital.*

Que hoy día .... de .... de ...., a las .... horas, y en el domicilio social, sito en la localidad de ...., calle ...., se celebra JUNTA GENERAL EXTRAORDINARIA de socios de la sociedad .... S.L.

Se encuentran presentes, en el referido lugar, y, por lo tanto, concurren la totalidad de socios de la compañía, decidiendo y dando su conformidad los asistentes a constituirse, con el carácter de universal, en Junta General Extraordinaria de socios de la compañía, para deliberar y, en su caso, adoptar acuerdos con relación al siguiente orden del día: 1.– Disolución de la sociedad. Designación de liquidadores. 2.– Liquidación de la sociedad.

En señal de conformidad firman seguidamente todos los asistentes, a continuación de su nombre y apellidos.

…………

Asiste el órgano de administración de la sociedad.

Son presidente y secretario de la presente Junta General, Don ………… y Don …………, respectivamente. Ello de conformidad con lo establecido en la Ley y los Estatutos Sociales y ser los citados señores los socios designados por los concurrentes al comienzo de la reunión.

Abierta la sesión por el Sr. Presidente, sin que nadie se oponga a la válida constitución y celebración de la presente Junta General, se entra en el debate y deliberación de los diversos puntos del orden del día, sin que ninguno de los presentes haga uso de su derecho a que conste en el acta el contenido de su intervención.

Tras lo anterior, se propone por el Sr. presidente la adopción de los siguientes acuerdos, que se transcriben de forma literal a continuación:

PRIMERO.– Se disuelve la sociedad como consecuencia de …………, abriéndose el periodo de liquidación.

SEGUNDO.– Abierto el periodo de liquidación, cesa en su cargo el administrador único Doña ………… y se designa liquidador de la compañía a Doña …………, de nacionalidad española, mayor de edad, nacida el ………… de ………… de …………, esto es de ………… años de edad, soltera, vecina de …………, con domicilio en calle …………, núm. ………… y DNI/NIF …………

La designada se encuentra presente y manifiesta que acepta el cargo, prometiendo desempeñarlo fielmente y que no se halla incursa en causa de incapacidad, inhabilitación o prohibición alguna para ejercer el cargo.

TERCERO.– Una vez examinado el balance y tras la mención expresa del liquidador sobre la inexistencia de acreedores contra la sociedad, es hallado conforme y, en consecuencia se aprueba el siguiente balance que lo es de disolución y final de liquidación, suscrito en este acto por el Liquidador, el informe sobre operaciones de liquidación y el proyecto de división entre los socios del activo resultante.

ACTIVO

…………

TOTAL ACTIVO 0 euros

PASIVO

…………

TOTAL PASIVO 0 euros.

También se aprueba el informe completo sobre las operaciones de liquidación y un proyecto de división entre los socios del activo resultante.

Los socios renuncian al derecho de impugnación de dicho balance y acuerdan satisfacer el exceso de los gastos de liquidación que pudiese originarse en la proporción correspondiente a las participaciones de la sociedad que poseen.

No existen deudas pendientes de pago ni operaciones mercantiles pendientes de realización, por lo que procede, y se lleva a cabo, la adjudicación del haber social existente en proporción a sus respectivas participaciones sociales que cada socio, esto es, Doña ...., de nacionalidad española, mayor de edad, soltera, vecina de ...., con domicilio en calle ...., núm. .... y DNI/NIF ....; Doña ...., de nacionalidad española, mayor de edad, soltera, vecina de ...., con domicilio en calle ...., núm. .... y DNI/NIF .... y Doña ...., de nacionalidad española, mayor de edad, soltera, vecina de ...., con domicilio en calle ...., núm. .... y DNI/NIF ...., posee en la sociedad, si bien como quiera que este es igual a cero, no procede efectuar reparto alguno dado que la cuota de liquidación es igual a cero euros. En consecuencia, se acuerda tal cuota y la liquidación de la sociedad «........... S.L.».

Previa la oportuna votación, la citada propuesta de acuerdos sociales es aprobada por UNANIMIDAD, con el voto favorable de todos los asistentes (........... por ciento de los votos correspondientes a las participaciones sociales en que se divide el capital social), en términos idénticos a los anteriormente transcritos.

Y no habiendo más asuntos que tratar, se procede a la redacción de la presente acta que es aprobada de forma unánime por los asistentes, y finaliza la presente Junta General Extraordinaria, levantándose la reunión en ...., a las .... horas del día .... de .... de ....

F329. REACTIVACIÓN DE LA SOCIEDAD. ACUERDO POR UNANIMIDAD. ACTA DE ACUERDO ADOPTADO EN JUNTA GENERAL EXTRAORDINARIA CONVOCADA

Normativa de Aplicación: *Arts. 360 y ss. Real Decreto Legislativo 1/2010, de 2 de julio, por el que se aprueba el texto refundido de la Ley de Sociedades de Capital.*

Que hoy día .... de .... de ...., a las .... horas, y en el domicilio social, sito en la localidad de ...., calle .... s/n, se celebra JUNTA GENERAL EXTRAORDINARIA de socios de la sociedad .... S.L.

La convocatoria de la presente Junta General Extraordinaria de socios, ha sido acordada por el liquidador único, Don ....

La convocatoria de la presente Junta General, se ha realizado, de conformidad con lo establecido en la Ley y el art .... de los Estatutos Sociales, mediante burofax con acuse de recibo y certificado de contenido, de fecha ...., dirigido ese mismo día a cada uno de los socios al domicilio designado al efecto por cada uno de ellos.

El tenor literal de la convocatoria se transcribe a continuación: «Por medio del presente se convoca a los señores socios a la celebración de Junta General Extraordinaria de la sociedad .... S.L., que se celebrará, el día .... de .... de ...., a las .... horas, en el domicilio social sito en ...., a efectos de deliberar y, en su caso, adoptar acuerdos con relación al siguiente orden del día: 1. Reactivación de la sociedad. 2. Cese del liquidador y nombramiento de administrador, aprobando, en su caso, las operaciones de liquidación realizadas. Y 3. Delegación de facultades para elevación a público. En ...., hoy día .... de .... de .... el liquidador único de .... S.L. Don ....»

Asisten a la presente Junta General Extraordinaria, personalmente o representados, los siguientes socios:

I.– Socios presentes:

Don ...., titular de .... participaciones sociales núm. .... a ...., incluidos, con un valor nominal cada una de ellas de .... euros (en su conjunto .... euros), que suponen el .... por ciento del capital social.

Don ...., titular de .... participaciones sociales núm. .... a ...., incluidos, con un valor nominal cada una de ellas de .... euros (en su conjunto .... euros), que suponen el .... por ciento del capital social.

Doña ...., titular de .... participaciones sociales núm. .... a ...., incluidos, con un valor nominal cada una de ellas de .... euros (en su conjunto .... euros), que suponen el .... por ciento del capital social.

Por lo tanto, asisten de forma personal .... socios, titulares, en conjunto, de .... participaciones sociales que suponen el .... por ciento del capital social.

II.– Socios representados:

Don ...., titular de .... participaciones sociales núm. .... a ...., incluidos, con un valor nominal cada una de ellas de .... euros (en su conjunto .... euros), que suponen el .... por ciento del capital social. Asiste el expresado socio representado por Doña ....

Don ...., titular de .... participaciones sociales núm. .... a ...., incluidos, con un valor nominal cada una de ellas de .... euros (en su conjunto .... euros), que suponen el .... por ciento del capital social. Asiste el expresado socio representado por Don ....

Asisten representados, ... socios, que titularizan .... participaciones que suponen el .... por ciento del capital social asumido.

En conjunto, asisten, personalmente o representados, ... socios, titulares de .... participaciones que suponen el .... por ciento del capital social suscrito.

Asiste el liquidador único de la sociedad.

Son presidente y secretario de la presente Junta General, Don .... y Don ...., respectivamente. Ello de conformidad con lo establecido en la Ley y los Estatutos Sociales y ser los citados señores los socios designados por los concurrentes al comienzo de la reunión.

Abierta la sesión por el Sr. Presidente, sin que nadie se oponga a la válida constitución y celebración de la presente Junta General, se entra en el debate y deliberación de los diversos puntos del orden del día sin que ninguno de los presentes haga uso de su derecho a que conste en el acta el contenido de su intervención.

Tras todo lo anterior, se propone por el Sr. presidente la adopción de los siguientes acuerdos, propuesta que se transcribe literalmente a continuación:

PRIMERO. Acordar la reactivación de la sociedad al haber desaparecido la causa de disolución que motivó el acuerdo de disolución de la sociedad adoptado por la Junta General en su reunión de fecha .... de .... dos mil ...., que no constituía causa de disolución de pleno derecho; al no ser el patrimonio contable de la sociedad inferior al capital social; y al no haber comenzado el liquidador único el pago de la cuota de liquidación a los socios.

SEGUNDO. Como consecuencia de la reactivación acordada, cesar en su cargo al liquidador único de la sociedad, Don ....

TERCERO. Aprobar las operaciones de liquidación realizadas hasta la fecha de hoy, por el liquidador único cesado y el informe emitido por éste sobre tales operaciones.

CUARTO.– Designar administrador único de la sociedad por tiempo indefinido a Don ...., de nacionalidad española, nacido el .... de .... de ...., vecino de ...., con domicilio en ...., calle .... núm. .... DNI/NIF ...., que estando presente en la Junta acepta el cargo de administrador único, prometiendo desempeñarlo bien y fielmente y manifestando no estar incurso en causa de incapacidad, inhabilitación o prohibición alguna para ejercer el cargo.

QUINTO. Facultar al Administrador único para ejecutar y elevar a público los anteriores acuerdos adoptados por los socios.

Previa la oportuna votación, la citada propuesta de acuerdos sociales es aprobada por UNANIMIDAD, con el voto favorable de todos los asistentes (........... por ciento de los votos correspondientes a las participaciones sociales en que se divide el capital social), en términos idénticos a los anteriormente transcritos.

Y no habiendo más asuntos que tratar, se procede a la redacción de la presente acta que es aprobada de forma unánime por los asistentes, y finaliza la presente Junta General Extraordinaria, levantándose la reunión en ...., a las .... horas del día .... de .... de ....

F330. REACTIVACIÓN DE LA SOCIEDAD. ACUERDO POR UNANIMIDAD. ACTA DE ACUERDO ADOPTADO EN JUNTA GENERAL EXTRAORDINARIA UNIVERSAL

Normativa de Aplicación: *Arts. 360 y ss. Real Decreto Legislativo 1/2010, de 2 de julio, por el que se aprueba el texto refundido de la Ley de Sociedades de Capital.*

Que hoy día .... de .... de ...., a las .... horas, y en el domicilio social, sito en la localidad de ...., calle ...., se celebra JUNTA GENERAL EXTRAORDINARIA de socios de la sociedad .... S.L.

Se encuentran presentes, en el referido lugar, y, por lo tanto, concurren la totalidad de socios de la compañía, decidiendo y dando su conformidad los asistentes a constituirse, con el carácter de universal, en Junta General Extraordinaria de socios de la compañía, para deliberar y, en su caso, adoptar acuerdos con relación al siguiente orden del día: 1. Reactivación de la sociedad. 2. Cese del liquidador y nombramiento de administrador, aprobando, en su caso, las operaciones de liquidación realizadas. Y 3. Delegación de facultades para elevación a público.

En señal de conformidad firman seguidamente todos los asistentes, a continuación de su nombre y apellidos.

....

Asiste el liquidador único de la sociedad.

Son presidente y secretario de la presente Junta General, Don .... y Don ...., respectivamente. Ello de conformidad con lo establecido en la Ley y los Estatutos Sociales y ser los citados señores los socios designados por los concurrentes al comienzo de la reunión.

Abierta la sesión por el Sr. Presidente, sin que nadie se oponga a la válida constitución y celebración de la presente Junta General, se entra en el debate y deliberación de los diversos puntos del orden del día, sin que ninguno de los presentes haga uso de su derecho a que conste en el acta el contenido de su intervención.

Tras lo anterior, se propone por el Sr. presidente la adopción de los siguientes acuerdos, que se transcriben de forma literal a continuación:

PRIMERO. Acordar la reactivación de la sociedad al haber desaparecido la causa de disolución que motivó el acuerdo de disolución de la sociedad adoptado por la Junta General en su reunión de fecha .... de .... dos mil ...., que no constituía causa de disolución de pleno derecho; al no ser el patrimonio contable de la sociedad inferior al capital social; y al no haber comenzado el liquidador único el pago de la cuota de liquidación a los socios.

SEGUNDO. Como consecuencia de la reactivación acordada, cesar en su cargo al liquidador único de la sociedad, Don ....

TERCERO. Aprobar las operaciones de liquidación realizadas hasta la fecha de hoy, por el liquidador único cesado y el informe emitido por éste sobre tales operaciones.

CUARTO.– Designar administrador único de la sociedad por tiempo indefinido a Don ...., de nacionalidad española, nacido el .... de .... de ...., vecino de ...., con domicilio en ...., calle .... núm. .... DNI/NIF ...., que estando presente en la Junta acepta el cargo de administrador único, prometiendo desempeñarlo bien y fielmente y manifestando no estar incurso en causa de incapacidad, inhabilitación o prohibición alguna para ejercer el cargo.

QUINTO. Facultar al Administrador único para ejecutar y elevar a público los anteriores acuerdos adoptados por los socios.

Previa la oportuna votación, la citada propuesta de acuerdos sociales es aprobada por UNANIMIDAD, con el voto favorable de todos los asistentes (........... por ciento de los votos correspondientes a las participaciones sociales en que se divide el capital social), en términos idénticos a los anteriormente transcritos.

Y no habiendo más asuntos que tratar, se procede a la redacción de la presente acta que es aprobada de forma unánime por los asistentes, y finaliza la presente Junta General Extraordinaria, levantándose la reunión en ...., a las .... horas del día .... de .... de ....

F331. REACTIVACIÓN DE LA SOCIEDAD. ACUERDO ADOPTADO POR MAYORÍA CON OPOSICIÓN DE SOCIO. ACTA DE ACUERDO ADOPTADO POR JUNTA GENERAL EXTRAORDINARIA CONVOCADA

Normativa de Aplicación: *Arts. 360 y ss. Real Decreto Legislativo 1/2010, de 2 de julio, por el que se aprueba el texto refundido de la Ley de Sociedades de Capital.*

Que hoy día .... de .... de ...., a las .... horas, y en el domicilio social, sito en la localidad de ...., calle .... s/n, se celebra JUNTA GENERAL EXTRAORDINARIA de socios de la sociedad .... S.L.

La convocatoria de la presente Junta General Extraordinaria de socios, ha sido acordada por el liquidador único, Don ....

La convocatoria de la presente Junta General, se ha realizado, de conformidad con lo establecido en la Ley y el art .... de los Estatutos Sociales, mediante burofax con acuse de recibo y certificado de contenido, de fecha ...., dirigido ese mismo día a cada uno de los socios al domicilio designado al efecto por cada uno de ellos.

El tenor literal de la convocatoria se transcribe a continuación: «Por medio del presente se convoca a los señores socios a la celebración de Junta General Extraordinaria de la sociedad .... S.L., que se celebrará, el día .... de .... de ...., a las .... horas, en el domicilio social sito en ...., a efectos de deliberar y, en su caso, adoptar acuerdos con relación al siguiente orden del día: 1. Reactivación de la sociedad. 2. Cese del liquidador y nombramiento de administrador, aprobando, en su caso, las operaciones de liquidación realizadas. Balance e informe de liquidación. Adjudicación haber social. Extinción de la compañía. Y 3. Delegación de facultades para elevación a público. En ...., hoy día .... de .... de .... el el liquidador único de .... S.L. Don ....»

Asisten a la presente Junta General Extraordinaria, personalmente o representados, los siguientes socios:

I.– Socios presentes:

Don ...., titular de .... participaciones sociales núm. .... a ...., incluidos, con un valor nominal cada una de ellas de .... euros (en su conjunto .... euros), que suponen el .... por ciento del capital social.

Don ...., titular de .... participaciones sociales núm. .... a ...., incluidos, con un valor nominal cada una de ellas de .... euros (en su conjunto .... euros), que suponen el .... por ciento del capital social.

Doña ...., titular de .... participaciones sociales núm. .... a ...., incluidos, con un valor nominal cada una de ellas de .... euros (en su conjunto .... euros), que suponen el .... por ciento del capital social.

Por lo tanto, asisten de forma personal .... socios, titulares, en conjunto, de .... participaciones sociales que suponen el .... por ciento del capital social.

II.– Socios representados:

Don ...., titular de .... participaciones sociales núm. .... a ...., incluidos, con un valor nominal cada una de ellas de .... euros (en su conjunto .... euros), que suponen el .... por ciento del capital social. Asiste el expresado socio representado por Doña ....

Don ...., titular de .... participaciones sociales núm. .... a ...., incluidos, con un valor nominal cada una de ellas de .... euros (en su conjunto .... euros), que suponen el .... por ciento del capital social. Asiste el expresado socio representado por Don ....

Asisten representados, ... socios, que titularizan .... participaciones que suponen el .... por ciento del capital social asumido.

En conjunto, asisten, personalmente o representados, ... socios, titulares de .... participaciones que suponen el .... por ciento del capital social suscrito.

Asiste el el liquidador único de la sociedad.

Son presidente y secretario de la presente Junta General, Don .... y Don ...., respectivamente. Ello de conformidad con lo establecido en la Ley y los Estatutos Sociales y ser los citados señores los socios designados por los concurrentes al comienzo de la reunión.

Abierta la sesión por el Sr. Presidente, sin que nadie se oponga a la válida constitución y celebración de la presente Junta General, se entra en el debate y deliberación de los diversos puntos del orden del día sin que ninguno de los presentes haga uso de su derecho a que conste en el acta el contenido de su intervención.

Tras todo lo anterior, se propone por el Sr. presidente la adopción de los siguientes acuerdos, propuesta que se transcribe literalmente a continuación:

PRIMERO. Acordar la reactivación de la sociedad al haber desaparecido la causa de disolución que motivó el acuerdo de disolución de la sociedad adoptado por la Junta General en su reunión de fecha .... de .... dos mil ...., que no constituía causa de disolución de pleno derecho; al no ser el patrimonio contable de la sociedad inferior al capital social; y al no haber comenzado el liquidador único el pago de la cuota de liquidación a los socios.

SEGUNDO. Como consecuencia de la reactivación acordada, cesar en su cargo al liquidador único de la sociedad, Don ....

TERCERO. Aprobar las operaciones de liquidación realizadas hasta la fecha de hoy, por el liquidador único cesado y el informe emitido por éste sobre tales operaciones.

CUARTO.– Designar administrador único de la sociedad por tiempo indefinido a Don ...., de nacionalidad española, nacido el .... de .... de ...., vecino de ...., con domicilio en ...., calle .... núm. .... DNI/NIF ...., que estando presente en la Junta acepta el cargo de administrador único, prometiendo desempeñarlo bien y fielmente y manifestando no estar incurso en causa de incapacidad, inhabilitación o prohibición alguna para ejercer el cargo.

QUINTO. Facultar al Administrador único para ejecutar y elevar a público los anteriores acuerdos adoptados por los socios.

Se pasa a continuación a la votación de la propuesta. Votan a favor Don .... Don ...., Doña .... y Doña .... (........... por ciento de los votos correspondientes a las participaciones sociales en que se divide el capital social) y en contra lo hace Don .... (........... por ciento de los votos correspondientes a las participaciones sociales en que se divide el capital social), quien manifiesta que ...., oponiéndose al acuerdo, con expresa reserva de acciones legales que le asistan y del derecho a separarse de la sociedad conforme establece el art. 346.1 c) TRLSC. El Presidente proclama el acuerdo adoptado por mayoría.

Y no habiendo más asuntos que tratar, se procede a la redacción de la presente acta que es aprobada de forma unánime por los asistentes, y finaliza la presente Junta General Extraordinaria, levantándose la reunión en ...., a las .... horas del día .... de .... de ....

F332. REACTIVACIÓN DE LA SOCIEDAD. ACUERDO ADOPTADO POR MAYORÍA CON OPOSICIÓN DE SOCIO. ACTA DE ACUERDO ADOPTADO POR JUNTA GENERAL EXTRAORDINARIA UNIVERSAL

Normativa de Aplicación: *Arts. 360 y ss. Real Decreto Legislativo 1/2010, de 2 de julio, por el que se aprueba el texto refundido de la Ley de Sociedades de Capital.*

Que hoy día .... de .... de ...., a las .... horas, y en el domicilio social, sito en la localidad de ...., calle ...., se celebra JUNTA GENERAL EXTRAORDINARIA de socios de la sociedad .... S.L.

Se encuentran presentes, en el referido lugar, y, por lo tanto, concurren la totalidad de socios de la compañía, decidiendo y dando su conformidad los asistentes a constituirse, con el carácter de universal, en Junta General Extraordinaria de socios de la compañía, para deliberar y, en su caso, adoptar acuerdos con relación al siguiente orden del día: 1. Reactivación de la sociedad. 2. Cese del liquidador y nombramiento de administrador, aprobando, en su caso, las operaciones de liquidación realizadas. Y 3. Delegación de facultades para elevación a público.

En señal de conformidad firman seguidamente todos los asistentes, a continuación de su nombre y apellidos.

....

Asiste el liquidador único de la sociedad.

Son presidente y secretario de la presente Junta General, Don .... y Don ...., respectivamente. Ello de conformidad con lo establecido en la Ley y los Estatutos Sociales y ser los citados señores los socios designados por los concurrentes al comienzo de la reunión.

Abierta la sesión por el Sr. Presidente, sin que nadie se oponga a la válida constitución y celebración de la presente Junta General, se entra en el debate y deliberación de los diversos puntos del orden del día, sin que ninguno de los presentes haga uso de su derecho a que conste en el acta el contenido de su intervención.

Tras lo anterior, se propone por el Sr. presidente la adopción de los siguientes acuerdos, que se transcriben de forma literal a continuación:

PRIMERO. Acordar la reactivación de la sociedad al haber desaparecido la causa de disolución que motivó el acuerdo de disolución de la sociedad adoptado por la Junta General en su reunión de fecha .... de .... dos mil ...., que no constituía causa de disolución de pleno derecho; al no ser el patrimonio contable de la sociedad inferior al capital social; y al no haber comenzado el liquidador único el pago de la cuota de liquidación a los socios.

SEGUNDO. Como consecuencia de la reactivación acordada, cesar en su cargo al liquidador único de la sociedad, Don ....

TERCERO. Aprobar las operaciones de liquidación realizadas hasta la fecha de hoy, por el liquidador único cesado y el informe emitido por éste sobre tales operaciones.

CUARTO.– Designar administrador único de la sociedad por tiempo indefinido a Don ...., de nacionalidad española, nacido el .... de .... de ...., vecino de ...., con domicilio en ...., calle .... núm. .... DNI/NIF ...., que estando presente en la Junta acepta el cargo de administrador único, prometiendo desempeñarlo bien y fielmente y manifestando no estar incurso en causa de incapacidad, inhabilitación o prohibición alguna para ejercer el cargo.

QUINTO. Facultar al Administrador único para ejecutar y elevar a público los anteriores acuerdos adoptados por los socios.

Se pasa a continuación a la votación de la propuesta. Votan a favor Don .... Don ...., Doña .... y Doña .... (........... por ciento de los votos correspondientes a las participaciones sociales en que se divide el capital social) y en contra lo hace Don .... (........... por ciento de los votos correspondientes a las participaciones sociales en que se divide el capital social), quien manifiesta que ...., oponiéndose al acuerdo, con expresa reserva de acciones legales que le asistan y del derecho a separarse de la sociedad conforme establece el art. 346.1 c) TRLSC. El Presidente proclama el acuerdo adoptado por mayoría.

Y no habiendo más asuntos que tratar, se procede a la redacción de la presente acta que es aprobada de forma unánime por los asistentes, y finaliza la presente Junta Extraordinaria, levantándose la reunión en ...., a las .... horas del día .... de .... de ....

2. CERTIFICACIONES

F333. DISOLUCIÓN Y CONVERSIÓN DEL ADMINISTRADOR EN LIQUIDADOR. CERTIFICACIÓN DE ACUERDO DE JUNTA GENERAL EXTRAORDINARIA CONVOCADA

Normativa de Aplicación: *Arts. 360 y ss. Real Decreto Legislativo 1/2010, de 2 de julio, por el que se aprueba el texto refundido de la Ley de Sociedades de Capital.*

..........., Liquidador Único de la compañía .... S.L., con domicilio en ...., Avenida ...., CIF .... Inscrita en el Registro Mercantil de la Provincia de .... al ....

CERTIFICO según resulta del libro de actas de la sociedad:

Que el día .... de .... de ...., a las .... horas, y en el domicilio social, se celebró en la Junta General Extraordinaria de Socios de la compañía .... S.L.

La convocatoria de la referida Junta General Extraordinaria de socios, fue acordada en fecha .... por el administrador único, Don ....

Que la convocatoria de la presente Junta General, se realizó por el órgano de administración de la sociedad, de conformidad con lo establecido en la Ley y el art .... de los Estatutos Sociales, mediante burofax con acuse de recibo y certificado de contenido, de fecha ...., dirigido ese mismo día a cada uno de los socios al domicilio designado al efecto igualmente por cada uno de ellos.

Que el tenor literal de la convocatoria se transcribe a continuación: «Por medio del presente se convoca a los señores socios a la celebración de Junta General Extraordinaria de la sociedad .... S.L., que se celebrará, el día .... de .... de ...., a las .... horas, en el domicilio social sito en ...., a efectos de deliberar y, en su caso, adoptar acuerdos con relación al siguiente orden del día: 1.– Disolución de la sociedad como consecuencia .... con la consiguiente designación de liquidador. En ...., hoy día .... de .... de .... el Administrador único de .... S.L. Don ....»

Que se confeccionó la pertinente lista de asistentes y, en conjunto, asistieron, personalmente o representados, ... socios, titulares de .... participaciones sociales que suponen el .... por ciento del capital social suscrito y .... de los derechos de voto.

Que asistió el órgano de administración de la sociedad.

Que actuaron como presidente y secretario de la citada Junta General, Don .... y Don ...., respectivamente. Ello de conformidad con lo establecido en la Ley y los Estatutos Sociales y ser los citados señores los socios designados por los concurrentes al comienzo de la reunión.

Que abierta la sesión por el Sr. Presidente, sin que nadie se opusiera a la válida constitución y celebración de la citada Junta General, se entró en el debate y deliberación de los diversos puntos del orden del día sin que ninguno de los presentes hiciera uso de su derecho a que constase en el acta el contenido de su intervención. Tras lo anterior, se adoptaron por unanimidad de los asistentes (........... por ciento de los votos en que se divide el capital social), los siguientes ACUERDOS, que son aquí trascritos literalmente:

PRIMERO.– De conformidad con lo dispuesto en el art. .... TRLSC, disolver la sociedad .... S.L. por cuanto ...., abriéndose el periodo de liquidación.

SEGUNDO.– Como consecuencia de la apertura del periodo de liquidación, cesa en su cargo el administrador único de la compañía Don ...., de nacionalidad española, nacido el .... de .... de ...., vecino de ...., con domicilio en ...., calle .... núm. .... DNI/NIF ...., quedando convertido en liquidador de la sociedad.

El designado se encuentra presente y acepta el cargo, prometiendo desempeñarlo fielmente, y manifiesta no estar incurso en causa de incapacidad, inhabilitación o prohibición alguna para ejercer el cargo.

Y para que conste y surta los efectos oportunos, libro la presente certificación, haciendo constar que el acta de la reunión donde se adoptaron los acuerdos que se certifican fue aprobada por unanimidad en la propia sesión, y firmada por el presidente y el secretario. En ...., a .... de .... de ....

F334. DISOLUCIÓN Y CONVERSIÓN DEL ADMINISTRADOR EN LIQUIDADOR. CERTIFICACIÓN DE ACUERDO DE JUNTA GENERAL EXTRAORDINARIA UNIVERSAL

Normativa de Aplicación: *Arts. 360 y ss. Real Decreto Legislativo 1/2010, de 2 de julio, por el que se aprueba el texto refundido de la Ley de Sociedades de Capital.*

..........., Liquidador único de la compañía .... S.L., con domicilio en ...., C/ .... y CIF .... Inscrita en el Registro Mercantil de la Provincia de ....

CERTIFICO, según resulta del libro de actas de la sociedad:

Que el día .... de .... de .... de .... y en ...., calle ...., se celebró Junta General Extraordinaria de Socios de la compañía .... S.L., reunida con carácter universal.

Que se encontraban presentes la totalidad de los socios, figurando su nombre en el acta.

Que la totalidad de los socios aceptaron constituirse y celebrar dicha Junta General, con el carácter de universal, para deliberar y, en su caso, adoptar acuerdos con relación al siguiente orden del día: 1.– Disolución de la sociedad como consecuencia ...., con la consiguiente designación de liquidador.

Que en señal de conformidad con lo reseñado anteriormente, la totalidad de los socios de la compañía, seguido de su respectivo nombre, firmaron al inicio del acta cuyos acuerdos aquí se certifican.

Que de conformidad con lo previsto en la Ley y Los Estatutos Sociales fueron designados y actuaron como presidente de la misma Doña .... y como secretario Don ....

Que abierta la sesión sin que nadie se opusiera a ello, se adoptaron por unanimidad, (........... por ciento de los votos correspondientes a las participaciones sociales en que se divida el capital social), los siguientes ACUERDOS que se transcriben de forma literal a continuación:

PRIMERO.– De conformidad con lo dispuesto en el art. .... TRLSC, disolver la sociedad .... S.L. por cuanto ...., abriéndose el periodo de liquidación.

SEGUNDO.– Como consecuencia de la apertura del periodo de liquidación, cesa en su cargo el administrador único de la compañía Don ...., de nacionalidad española, nacido el .... de .... de ...., vecino de ...., con domicilio en ...., calle .... núm. .... DNI/NIF ...., quedando convertido en liquidador de la sociedad.

El designado se encuentra presente y acepta el cargo, prometiendo desempeñarlo fielmente, y manifiesta no estar incurso en causa de incapacidad, inhabilitación o prohibición alguna para ejercer el cargo.

Y para que conste libro la presente certificación, haciendo constar que el acta de la reunión donde se adoptaron los acuerdos que se certifican fue aprobada por unanimidad en la propia sesión, firmada por el presidente y el secretario, en ...., a .... de .... de ....

F335. DISOLUCIÓN, CESE DEL ADMINISTRADOR Y NOMBRAMIENTO DE LIQUIDADOR. CERTIFICACIÓN DE ACUERDO DE JUNTA GENERAL EXTRAORDINARIA CONVOCADA

Normativa de Aplicación: *Arts. 360 y ss. Real Decreto Legislativo 1/2010, de 2 de julio, por el que se aprueba el texto refundido de la Ley de Sociedades de Capital.*

..........., Liquidador único de la compañía .... S.L., con domicilio en ...., Avenida ...., CIF .... Inscrita en el Registro Mercantil de la Provincia de .... al ....

CERTIFICO según resulta del libro de actas de la sociedad:

Que el día .... de .... de ...., a las .... horas, y en el domicilio social, se celebró en la Junta General Extraordinaria de Socios de la compañía .... S.L.

La convocatoria de la referida Junta General Extraordinaria de socios, fue acordada en fecha .... por el administrador único, Don ....

Que la convocatoria de la presente Junta General, se realizó por el órgano de administración de la sociedad, de conformidad con lo establecido en la Ley y el art .... de los Estatutos Sociales, mediante burofax con acuse de recibo y certificado de contenido, de fecha ...., dirigido ese mismo día a cada uno de los socios al domicilio designado al efecto igualmente por cada uno de ellos.

Que el tenor literal de la convocatoria se transcribe a continuación: «Por medio del presente se convoca a los señores socios a la celebración de Junta General Extraordinaria de la sociedad .... S.L., que se celebrará, el día .... de .... de ...., a las .... horas, en el domicilio social sito en ...., a efectos de deliberar y, en su caso, adoptar acuerdos con relación al siguiente orden del día: 1.– Disolución de la sociedad como consecuencia .... 2.– Nombramiento de liquidador. En ...., hoy día .... de .... de .... el Administrador único de .... S.L. Don ....»

Que se confeccionó la pertinente lista de asistentes y, en conjunto, asistieron, personalmente o representados, ... socios, titulares de .... participaciones sociales que suponen el .... por ciento del capital social suscrito y .... de los derechos de voto.

Que asistió el órgano de administración de la sociedad.

Que actuaron como presidente y secretario de la citada Junta General, Don .... y Don ...., respectivamente. Ello de conformidad con lo establecido en la Ley y los Estatutos Sociales y ser los citados señores los socios designados por los concurrentes al comienzo de la reunión.

Que abierta la sesión por el Sr. Presidente, sin que nadie se opusiera a la válida constitución y celebración de la citada Junta General, se entró en el debate y deliberación de los diversos puntos del orden del día sin que ninguno de los presentes hiciera uso de su derecho a que constase en el acta el contenido de su intervención. Tras lo anterior, se adoptaron por unanimidad de los asistentes (........... por ciento de los votos en que se divide el capital social), los siguientes ACUERDOS, que son aquí trascritos literalmente:

PRIMERO.– De conformidad con lo dispuesto en el art. .... TRLSC, disolver la sociedad .... S.L. por cuanto ...., abriéndose el periodo de liquidación.

SEGUNDO.– Como consecuencia de la apertura del periodo de liquidación, cesa en su cargo el administrador único de la compañía ....

TERCERO.– Designar liquidador único de la sociedad a Don ...., de nacionalidad española, nacido el .... de .... de ...., vecino de ...., con domicilio en ...., calle .... núm. .... DNI/NIF ....

El designado se encuentra presente y acepta el cargo, prometiendo desempeñarlo fielmente, y manifiesta no estar incurso en causa de incapacidad, inhabilitación o prohibición alguna para ejercer el cargo.

CUARTO.– Facultar al liquidador único para comparecer ante Notario a fin de elevar a público los acuerdos anteriormente transcritos e inste la inscripción de los mismos en el Registro Mercantil.

Y para que conste y surta los efectos oportunos, libro la presente certificación, haciendo constar que el acta de la reunión donde se adoptaron los acuerdos que se certifican fue aprobada por unanimidad en la propia sesión, firmada por el presidente y secretario. En ...., a .... de .... de ....

F336. DISOLUCIÓN, CESE DEL ADMINISTRADOR Y NOMBRAMIENTO DE LIQUIDADOR. CERTIFICACIÓN DE ACUERDO DE JUNTA GENERAL EXTRAORDINARIA UNIVERSAL

Normativa de Aplicación: *Arts. 360 y ss. Real Decreto Legislativo 1/2010, de 2 de julio, por el que se aprueba el texto refundido de la Ley de Sociedades de Capital.*

..........., Liquidador único de la compañía .... S.L., con domicilio en ...., C/ .... y CIF .... Inscrita en el Registro Mercantil de la Provincia de ....

CERTIFICO, según resulta del libro de actas de la sociedad:

Que el día .... de .... de .... de .... y en ...., calle ...., se celebró Junta General Extraordinaria de Socios de la compañía .... S.L., reunida con carácter universal.

Que se encontraban presentes la totalidad de los socios, figurando su nombre en el acta.

Que la totalidad de los socios aceptaron constituirse y celebrar dicha Junta General, con el carácter de universal, para deliberar y, en su caso, adoptar acuerdos con relación al siguiente orden del día: 1.– Disolución de la sociedad como consecuencia .... 2.– Nombramiento de liquidador.

Que en señal de conformidad con lo reseñado anteriormente, la totalidad de los socios de la compañía, seguido de su respectivo nombre, firmaron al inicio del acta cuyos acuerdos aquí se certifican.

Que de conformidad con lo previsto en la Ley y Los Estatutos Sociales fueron designados y actuaron como presidente de la misma Doña .... y como secretario Don ....

Que abierta la sesión sin que nadie se opusiera a ello, se adoptaron por unanimidad, (........... por ciento de los votos correspondientes a las participaciones sociales en que se divida el capital social), los siguientes ACUERDOS que se transcriben de forma literal a continuación:

PRIMERO.– De conformidad con lo dispuesto en el art. .... TRLSC, disolver la sociedad .... S.L. por cuanto ...., abriéndose el periodo de liquidación.

SEGUNDO.– Como consecuencia de la apertura del periodo de liquidación, cesa en su cargo el administrador único de la compañía ....

TERCERO.– Designar liquidador único de la sociedad a Don ...., de nacionalidad española, nacido el .... de .... de ...., vecino de ...., con domicilio en ...., calle .... núm. .... DNI/NIF ....

El designado se encuentra presente y acepta el cargo, prometiendo desempeñarlo fielmente, y manifiesta no estar incurso en causa de incapacidad, inhabilitación o prohibición alguna para ejercer el cargo.

CUARTO.– Facultar al liquidador único para comparecer ante Notario a fin de elevar a público los acuerdos anteriormente transcritos e inste la inscripción de los mismos en el Registro Mercantil.

Y para que conste libro la presente certificación, haciendo constar que el acta de la reunión donde se adoptaron los acuerdos que se certifican fue aprobada por unanimidad en la propia sesión, firmada por el presidente y secretario, en ...., a .... de .... de ....

F337. DISOLUCIÓN Y LIQUIDACIÓN SIMULTANEA. CERTIFICACIÓN DE ACUERDO DE JUNTA GENERAL EXTRAORDINARIA CONVOCADA

Normativa de Aplicación: *Arts. 360 y ss. Real Decreto Legislativo 1/2010, de 2 de julio, por el que se aprueba el texto refundido de la Ley de Sociedades de Capital.*

..........., Liquidador Único de la compañía .... S.L., con domicilio en ...., Avenida ...., CIF .... Inscrita en el Registro Mercantil de la Provincia de .... al ....

CERTIFICO según resulta del libro de actas de la sociedad:

Que el día .... de .... de ...., a las .... horas, y en el domicilio social, se celebró en la Junta General Extraordinaria de Socios de la compañía .... S.L.

La convocatoria de la referida Junta General Extraordinaria de socios, fue acordada en fecha .... por el administrador único, Don ....

Que la convocatoria de la presente Junta General, se realizó por el órgano de administración de la sociedad, de conformidad con lo establecido en la Ley y el art .... de los Estatutos Sociales, mediante burofax con acuse de recibo y certificado de contenido, de fecha ...., dirigido ese mismo día a cada uno de los socios al domicilio designado al efecto igualmente por cada uno de ellos.

Que el tenor literal de la convocatoria se transcribe a continuación: «Por medio del presente se convoca a los señores socios a la celebración de Junta General Extraordinaria de la sociedad .... S.L., que se celebrará, el día .... de .... de ...., a las .... horas, en el domicilio social sito en ...., a efectos de deliberar y, en su caso, adoptar acuerdos con relación al siguiente orden del día: 1.– Disolución de la sociedad. Designación de liquidadores. 2.– Liquidación de la sociedad. En ...., hoy día .... de .... de .... el Administrador único de .... S.L. Don ....»

Que se confeccionó la pertinente lista de asistentes y, en conjunto, asistieron, personalmente o representados, ... socios, titulares de .... participaciones sociales que suponen el .... por ciento del capital social suscrito y .... de los derechos de voto.

Que asistió el órgano de administración de la sociedad.

Que actuaron como presidente y secretario de la citada Junta General, Don .... y Don ...., respectivamente. Ello de conformidad con lo establecido en la Ley y los Estatutos Sociales y ser los citados señores los socios designados por los concurrentes al comienzo de la reunión.

Que abierta la sesión por el Sr. Presidente, sin que nadie se opusiera a la válida constitución y celebración de la citada Junta General, se entró en el debate y deliberación de los diversos puntos del orden del día sin que ninguno de los presentes hiciera uso de su derecho a que constase en el acta el contenido de su intervención. Tras lo anterior, se adoptaron por unanimidad de los asistentes (........... por ciento de los votos en que se divide el capital social), los siguientes ACUERDOS, que son aquí trascritos literalmente:

PRIMERO.– Se disuelve la sociedad como consecuencia de ...., abriéndose el periodo de liquidación.

SEGUNDO.– Abierto el periodo de liquidación, cesa en su cargo el administrador único Doña .... y se designa liquidador de la compañía a Doña ...., de nacionalidad española, mayor de edad, nacida el .... de .... de ...., esto es de .... años de edad, soltera, vecina de ...., con domicilio en calle ...., núm. .... y DNI/NIF ....

La designada se encuentra presente y manifiesta que acepta el cargo, prometiendo desempeñarlo fielmente y que no se halla incursa en causa de incapacidad, inhabilitación o prohibición alguna para ejercer el cargo.

TERCERO.– Una vez examinado el balance y tras la mención expresa del liquidador sobre la inexistencia de acreedores contra la sociedad, es hallado conforme y, en consecuencia se aprueba el siguiente balance que lo es de disolución y final de liquidación, suscrito en este acto por el Liquidador, el informe sobre operaciones de liquidación y el proyecto de división entre los socios del activo resultante.

ACTIVO

....

TOTAL ACTIVO 0 euros

PASIVO

....

TOTAL PASIVO 0 euros.

También se aprueba el informe completo sobre las operaciones de liquidación y un proyecto de división entre los socios del activo resultante.

Los socios renuncian al derecho de impugnación de dicho balance y acuerdan satisfacer el exceso de los gastos de liquidación que pudiese originarse en la proporción correspondiente a las participaciones de la sociedad que poseen.

No existen deudas pendientes de pago ni operaciones mercantiles pendientes de realización, por lo que procede, y se lleva a cabo, la adjudicación del haber social existente en proporción a sus respectivas participaciones sociales que cada socio, esto es, Doña ...., de nacionalidad española, mayor de edad, soltera, vecina de ...., con domicilio en calle ...., núm. .... y DNI/NIF ....; Doña ...., de nacionalidad española, mayor de edad, soltera, vecina de ...., con domicilio en calle ...., núm. .... y DNI/NIF .... y Doña ...., de nacionalidad española, mayor de edad, soltera, vecina de ...., con domicilio en calle ...., núm. .... y DNI/NIF ...., posee en la sociedad, si bien como quiera que este es igual a cero, no procede efectuar reparto alguno dado que la cuota de liquidación es igual a cero euros. En consecuencia, se acuerda tal cuota y la liquidación de la sociedad «............ S.L.».

Y para que conste y surta los efectos oportunos, libro la presente certificación, haciendo constar que el acta de la reunión donde se adoptaron los acuerdos que se certifican fue aprobada por unanimidad en la propia sesión, firmada por el presidente y secretario. En ...., a .... de .... de ....

F338. DISOLUCIÓN Y LIQUIDACIÓN SIMULTANEA. CERTIFICACIÓN DE ACUERDO DE JUNTA GENERAL EXTRAORDINARIA UNIVERSAL

Normativa de Aplicación: *Arts. 360 y ss. Real Decreto Legislativo 1/2010, de 2 de julio, por el que se aprueba el texto refundido de la Ley de Sociedades de Capital.*

............, Liquidador único de la compañía .... S.L., con domicilio en ...., C/ .... y CIF .... Inscrita en el Registro Mercantil de la Provincia de ....

CERTIFICO, según resulta del libro de actas de la sociedad:

Que el día .... de .... de .... de .... y en ...., calle ...., se celebró Junta General Extraordinaria de Socios de la compañía .... S.L., reunida con carácter universal.

Que se encontraban presentes la totalidad de los socios, figurando su nombre en el acta.

Que la totalidad de los socios aceptaron constituirse y celebrar dicha Junta General, con el carácter de universal, para deliberar y, en su caso, adoptar acuerdos con relación al siguiente orden del día:

1.– Disolución de la sociedad. Designación de liquidadores. 2.– Liquidación de la sociedad

Que en señal de conformidad con lo reseñado anteriormente, la totalidad de los socios de la compañía, seguido de su respectivo nombre, firmaron al inicio del acta cuyos acuerdos aquí se certifican.

Que de conformidad con lo previsto en la Ley y Los Estatutos Sociales fueron designados y actuaron como presidente de la misma Doña .... y como secretario Don ....

Que abierta la sesión sin que nadie se opusiera a ello, se adoptaron por unanimidad, (........... por ciento de los votos correspondientes a las participaciones sociales en que se divida el capital social), los siguientes ACUERDOS que se transcriben de forma literal a continuación:

PRIMERO.– Se disuelve la sociedad como consecuencia de ...., abriéndose el periodo de liquidación.

SEGUNDO.– Abierto el periodo de liquidación, cesa en su cargo el administrador único Doña .... y se designa liquidador de la compañía a Doña ...., de nacionalidad española, mayor de edad, nacida el .... de .... de ...., esto es de .... años de edad, soltera, vecina de ...., con domicilio en calle ...., núm. .... y DNI/NIF ....

La designada se encuentra presente y manifiesta que acepta el cargo, prometiendo desempeñarlo fielmente y que no se halla incursa en causa de incapacidad, inhabilitación o prohibición alguna para ejercer el cargo.

TERCERO.– Una vez examinado el balance y tras la mención expresa del liquidador sobre la inexistencia de acreedores contra la sociedad, es hallado conforme y, en consecuencia se aprueba el siguiente balance que lo es de disolución y final de liquidación, suscrito en este acto por el Liquidador, el informe sobre operaciones de liquidación y el proyecto de división entre los socios del activo resultante.

ACTIVO

....

TOTAL ACTIVO 0 euros

PASIVO

....

TOTAL PASIVO 0 euros.

También se aprueba el informe completo sobre las operaciones de liquidación y un proyecto de división entre los socios del activo resultante.

Los socios renuncian al derecho de impugnación de dicho balance y acuerdan satisfacer el exceso de los gastos de liquidación que pudiese originarse en la proporción correspondiente a las participaciones de la sociedad que poseen.

No existen deudas pendientes de pago ni operaciones mercantiles pendientes de realización, por lo que procede, y se lleva a cabo, la adjudicación del haber social existente en proporción a sus respectivas participaciones sociales que cada socio, esto es, Doña ...., de nacionalidad española, mayor de edad, soltera, vecina de ...., con domicilio en calle ...., núm. .... y DNI/NIF ....; Doña ...., de nacionalidad española, mayor de edad, soltera, vecina de ...., con domicilio en calle ...., núm. .... y DNI/NIF .... y Doña ...., de nacionalidad española, mayor de edad, soltera, vecina de ...., con domicilio en calle ...., núm. .... y DNI/NIF ...., posee en la sociedad, si bien como quiera que este es igual a cero, no procede efectuar reparto alguno dado que la cuota de liquidación es igual a cero euros. En consecuencia, se acuerda tal cuota y la liquidación de la sociedad «........... S.L.».

Y para que conste y surta los efectos oportunos, libro la presente certificación, haciendo constar que el acta de la reunión donde se adoptaron los acuerdos que se certifican fue aprobada por unanimidad en la propia sesión, firmada por el presidente y secretario. En ...., a .... de .... de ....

F339. REACTIVACIÓN DE LA SOCIEDAD. ACUERDO POR UNANIMIDAD. CERTIFICACIÓN DE ACUERDO ADOPTADO EN JUNTA GENERAL EXTRAORDINARIA CONVOCADA

Normativa de Aplicación: *Arts. 360 y ss. Real Decreto Legislativo 1/2010, de 2 de julio, por el que se aprueba el texto refundido de la Ley de Sociedades de Capital.*

..........., Administrador Único de la compañía .... S.L., con domicilio en ...., Avenida ...., CIF .... Inscrita en el Registro Mercantil de la Provincia de .... al ....

CERTIFICO según resulta del libro de actas de la sociedad:

Que el día .... de .... de ...., a las .... horas, y en el domicilio social, se celebró en la Junta General Extraordinaria de Socios de la compañía .... S.L.

La convocatoria de la referida Junta General Extraordinaria de socios, fue acordada en fecha .... por el liquidador único, Don ....

Que la convocatoria de la presente Junta General, se realizó por el liquidador único de la sociedad, de conformidad con lo establecido en la Ley y el art .... de los Estatutos Sociales, mediante burofax con acuse de recibo y certificado de contenido, de fecha ...., dirigido ese mismo día a cada uno de los socios al domicilio designado al efecto igualmente por cada uno de ellos.

Que el tenor literal de la convocatoria se transcribe a continuación: «Por medio del presente se convoca a los señores socios a la celebración de Junta General Extraordinaria de la sociedad .... S.L., que se celebrará, el día .... de .... de ...., a las .... horas, en el domicilio social sito en ...., a efectos de deliberar y, en su caso, adoptar acuerdos con relación al siguiente orden del día: 1. Reactivación de la sociedad. 2. Cese del liquidador y nombramiento de administrador, aprobando, en su caso, las operaciones de liquidación realizadas. Balance e informe de liquidación. Adjudicación haber social. Extinción de la compañía. 3. Delegación de facultades para elevación a público. En ...., hoy día .... de .... de .... el liquidador único de .... S.L. Don ....»

Que se confeccionó la pertinente lista de asistentes y, en conjunto, asistieron, personalmente o representados, ... socios, titulares de .... participaciones sociales que suponen el .... por ciento del capital social suscrito y .... de los derechos de voto.

Que asistió el liquidador único de la sociedad.

Que actuaron como presidente y secretario de la citada Junta General, Don .... y Don ...., respectivamente. Ello de conformidad con lo establecido en la Ley y los Estatutos Sociales y ser los citados señores los socios designados por los concurrentes al comienzo de la reunión.

Que abierta la sesión por el Sr. Presidente, sin que nadie se opusiera a la válida constitución y celebración de la citada Junta General, se entró en el debate y deliberación de los diversos puntos del orden del día sin que ninguno de los presentes hiciera uso de su derecho a que constase en el acta el contenido de su intervención. Tras lo anterior, se adoptaron por unanimidad de los asistentes (........... por ciento de los votos en que se divide el capital social), los siguientes ACUERDOS, que son aquí trascritos literalmente:

PRIMERO. Acordar la reactivación de la sociedad al haber desaparecido la causa de disolución que motivó el acuerdo de disolución de la sociedad adoptado por la Junta General en su reunión de fecha .... de .... dos mil ...., que no constituía causa de disolución de pleno derecho; al no ser el patrimonio contable de la sociedad inferior al capital social; y al no haber comenzado el liquidador único el pago de la cuota de liquidación a los socios.

SEGUNDO. Como consecuencia de la reactivación acordada, cesar en su cargo al liquidador único de la sociedad, Don ....

TERCERO. Aprobar las operaciones de liquidación realizadas hasta la fecha de hoy, por el liquidador único cesado y el informe emitido por éste sobre tales operaciones.

CUARTO.– Designar administrador único de la sociedad por tiempo indefinido a Don ...., de nacionalidad española, nacido el .... de .... de ...., vecino de ...., con domicilio en ...., calle .... núm. .... DNI/NIF ...., que estando presente en la Junta acepta el cargo de administrador único, prometiendo desempeñarlo bien y fielmente y manifestando no estar incurso en causa de incapacidad, inhabilitación o prohibición alguna para ejercer el cargo.

QUINTO. Facultar al Administrador único para ejecutar y elevar a público los anteriores acuerdos adoptados por los socios.

Y para que conste y surta los efectos oportunos, libro la presente certificación, haciendo constar que el acta de la reunión donde se adoptaron los acuerdos que se certifican fue aprobada por unanimidad en la propia sesión, firmada por el presidente y secretario. En ...., a .... de .... de ....

F340. REACTIVACIÓN DE LA SOCIEDAD. ACUERDO POR UNANIMIDAD. CERTIFICACIÓN DE ACUERDO ADOPTADO EN JUNTA GENERAL EXTRAORDINARIA UNIVERSAL

Normativa de Aplicación: *Arts. 360 y ss. Real Decreto Legislativo 1/2010, de 2 de julio, por el que se aprueba el texto refundido de la Ley de Sociedades de Capital.*

..........., Administrador único de la compañía .... S.L., con domicilio en ...., C/ .... y CIF .... Inscrita en el Registro Mercantil de la Provincia de ....

CERTIFICO, según resulta del libro de actas de la sociedad:

Que el día .... de .... de .... de .... y en ...., calle ...., se celebró Junta General Extraordinaria de Socios de la compañía .... S.L., reunida con carácter universal.

Que se encontraban presentes la totalidad de los socios, figurando su nombre en el acta.

Que la totalidad de los socios aceptaron constituirse y celebrar dicha Junta General, con el carácter de universal, para deliberar y, en su caso, adoptar acuerdos con relación al siguiente orden del día: 1. Reactivación de la sociedad. 2. Cese del liquidador y nombramiento de administrador, aprobando, en su caso, las operaciones de liquidación realizadas. Y 3. Delegación de facultades para elevación a público.

Que en señal de conformidad con lo reseñado anteriormente, la totalidad de los socios de la compañía, seguido de su respectivo nombre, firmaron al inicio del acta cuyos acuerdos aquí se certifican.

Que de conformidad con lo previsto en la Ley y Los Estatutos Sociales fueron designados y actuaron como presidente de la misma Doña .... y como secretario Don ....

Que abierta la sesión sin que nadie se opusiera a ello, se adoptaron por unanimidad, (........... por ciento de los votos correspondientes a las participaciones sociales en que se divida el capital social), los siguientes ACUERDOS que se transcriben de forma literal a continuación:

PRIMERO. Acordar la reactivación de la sociedad al haber desaparecido la causa de disolución que motivó el acuerdo de disolución de la sociedad adoptado por la Junta General en su reunión de fecha .... de .... dos mil ...., que no constituía causa de disolución de pleno derecho; al no ser el patrimonio contable de la sociedad inferior al capital social; y al no haber comenzado el liquidador único el pago de la cuota de liquidación a los socios.

SEGUNDO. Como consecuencia de la reactivación acordada, cesar en su cargo al liquidador único de la sociedad, Don ....

TERCERO. Aprobar las operaciones de liquidación realizadas hasta la fecha de hoy, por el liquidador único cesado y el informe emitido por éste sobre tales operaciones.

CUARTO.– Designar administrador único de la sociedad por tiempo indefinido a Don ...., de nacionalidad española, nacido el .... de .... de ...., vecino de ...., con domicilio en ...., calle .... núm. .... DNI/NIF ...., que estando presente en la Junta acepta el cargo de administrador único, prometiendo desempeñarlo bien y fielmente y manifestando no estar incurso en causa de incapacidad, inhabilitación o prohibición alguna para ejercer el cargo.

QUINTO. Facultar al Administrador único para ejecutar y elevar a público los anteriores acuerdos adoptados por los socios.

Y para que conste y surta los efectos oportunos, libro la presente certificación, haciendo constar que el acta de la reunión donde se adoptaron los acuerdos que se certifican fue aprobada por unanimidad en la propia sesión, firmada por el presidente y secretario. En ...., a .... de .... de ....

F341. REACTIVACIÓN DE LA SOCIEDAD. ACUERDO ADOPTADO POR MAYORÍA CON OPOSICIÓN DE SOCIO. CERTIFICACIÓN DE ACUERDO ADOPTADO POR JUNTA GENERAL EXTRAORDINARIA CONVOCADA

Normativa de Aplicación: *Arts. 360 y ss. Real Decreto Legislativo 1/2010, de 2 de julio, por el que se aprueba el texto refundido de la Ley de Sociedades de Capital.*

..........., Administrador Único de la compañía .... S.L., con domicilio en ...., Avenida ...., CIF .... Inscrita en el Registro Mercantil de la Provincia de .... al ....

CERTIFICO según resulta del libro de actas de la sociedad:

Que el día .... de .... de ...., a las .... horas, y en el domicilio social, se celebró en la Junta General Extraordinaria de Socios de la compañía .... S.L.

La convocatoria de la referida Junta General Extraordinaria de socios, fue acordada en fecha .... por el liquidador único, Don ....

Que la convocatoria de la presente Junta General, se realizó por el liquidador único de la sociedad, de conformidad con lo establecido en la Ley y el art .... de los Estatutos Sociales, mediante burofax con acuse de recibo y certificado de contenido, de fecha ...., dirigido ese mismo día a cada uno de los socios al domicilio designado al efecto igualmente por cada uno de ellos.

Que el tenor literal de la convocatoria se transcribe a continuación: «Por medio del presente se convoca a los señores socios a la celebración de Junta General Extraordinaria de la sociedad .... S.L., que se celebrará, el día .... de .... de ...., a las .... horas, en el domicilio social sito en ...., a efectos de deliberar y, en su caso, adoptar acuerdos con relación al siguiente orden del día: 1. Reactivación de la sociedad. 2. Cese del liquidador y nombramiento de administrador, aprobando, en su caso, las operaciones de liquidación realizadas. Balance e informe de liquidación. Adjudicación haber social. Extinción de la compañía. Y 3. Delegación de facultades para elevación a público. En ...., hoy día .... de .... de .... el el liquidador único de .... S.L. Don ....»

Que se confeccionó la pertinente lista de asistentes y, en conjunto, asistieron, personalmente o representados, ... socios, titulares de .... participaciones sociales que suponen el .... por ciento del capital social suscrito y .... de los derechos de voto.

Que asistió el liquidador único de la sociedad.

Que actuaron como presidente y secretario de la citada Junta General, Don .... y Don ...., respectivamente. Ello de conformidad con lo establecido en la Ley y los Estatutos Sociales y ser los citados señores los socios designados por los concurrentes al comienzo de la reunión.

Que abierta la sesión por el Sr. Presidente, sin que nadie se opusiera a la válida constitución y celebración de la citada Junta General, se entró en el debate y deliberación de los diversos puntos del orden del día sin que ninguno de los presentes hiciera uso de su derecho a que constase en el acta el contenido de su intervención.

Tras todo lo anterior, se propuso por el Sr. presidente la adopción de los siguientes acuerdos, propuesta que se transcribe literalmente a continuación:

PRIMERO. Acordar la reactivación de la sociedad al haber desaparecido la causa de disolución que motivó el acuerdo de disolución de la sociedad adoptado por la Junta General en su reunión de fecha .... de .... dos mil ...., que no constituía causa de disolución de pleno derecho; al no ser el patrimonio contable de la sociedad inferior al capital social; y al no haber comenzado el liquidador único el pago de la cuota de liquidación a los socios.

SEGUNDO. Como consecuencia de la reactivación acordada, cesar en su cargo al liquidador único de la sociedad, Don ....

TERCERO. Aprobar las operaciones de liquidación realizadas hasta la fecha de hoy, por el liquidador único cesado y el informe emitido por éste sobre tales operaciones.

CUARTO.– Designar administrador único de la sociedad por tiempo indefinido a Don ...., de nacionalidad española, nacido el .... de .... de ...., vecino de ...., con domicilio en ...., calle .... núm. .... DNI/ NIF ...., que estando presente en la Junta acepta el cargo de administrador único, prometiendo desempeñarlo bien y fielmente y manifestando no estar incurso en causa de incapacidad, inhabilitación o prohibición alguna para ejercer el cargo.

QUINTO. Facultar al Administrador único para ejecutar y elevar a público los anteriores acuerdos adoptados por los socios.

Se pasó a continuación a la votación de la propuesta. Votaron a favor Don .... Don ...., Doña .... y Doña .... (........... por ciento de los votos correspondientes a las participaciones sociales en que se divide el capital social) y en contra lo hizo Don .... (........... por ciento de los votos correspondientes a las participaciones sociales en que se divide el capital social), quien manifestó que ...., oponiéndose al acuerdo, con expresa reserva de acciones legales que le asistan y del derecho a separarse de la sociedad conforme establece el art. 346.1 c) TRLSC. El Presidente proclamó el acuerdo adoptado por mayoría.

Y para que conste y surta los efectos oportunos, libro la presente certificación, haciendo constar que el acta de la reunión donde se adoptaron los acuerdos que se certifican fue aprobada por unanimidad en la propia sesión, firmada por el presidente y secretario. En ...., a .... de .... de ....

F342. REACTIVACIÓN DE LA SOCIEDAD. ACUERDO ADOPTADO POR MAYORÍA CON OPOSICIÓN DE SOCIO. CERTIFICACIÓN DE ACUERDO ADOPTADO POR JUNTA GENERAL EXTRAORDINARIA UNIVERSAL

Normativa de Aplicación: *Arts. 360 y ss. Real Decreto Legislativo 1/2010, de 2 de julio, por el que se aprueba el texto refundido de la Ley de Sociedades de Capital.*

..........., Administrador único de la compañía .... S.L., con domicilio en ...., C/ .... y CIF .... Inscrita en el Registro Mercantil de la Provincia de ....

CERTIFICO, según resulta del libro de actas de la sociedad:

Que el día .... de .... de .... de .... y en ...., calle ...., se celebró Junta General Extraordinaria de Socios de la compañía .... S.L., reunida con carácter universal.

Que se encontraban presentes la totalidad de los socios, figurando su nombre en el acta.

Que la totalidad de los socios aceptaron constituirse y celebrar dicha Junta General, con el carácter de universal, para deliberar y, en su caso, adoptar acuerdos con relación al siguiente orden del día: 1. Reactivación de la sociedad. 2. Cese del liquidador y nombramiento de administrador, aprobando, en su caso, las operaciones de liquidación. Y 3. Delegación de facultades para elevación a público.

Que en señal de conformidad con lo reseñado anteriormente, la totalidad de los socios de la compañía, seguido de su respectivo nombre, firmaron al inicio del acta cuyos acuerdos aquí se certifican.

Que de conformidad con lo previsto en la Ley y Los Estatutos Sociales fueron designados y actuaron como presidente de la misma Doña .... y como secretario Don ....

Que abierta la sesión sin que nadie se opusiera a ello, se propuso por el Sr. presidente la adopción de los siguientes acuerdos, propuesta que se transcribe literalmente a continuación:

PRIMERO. Acordar la reactivación de la sociedad al haber desaparecido la causa de disolución que motivó el acuerdo de disolución de la sociedad adoptado por la Junta General en su reunión de fecha .... de .... dos mil ...., que no constituía causa de disolución de pleno derecho; al no ser el patrimonio contable de la sociedad inferior al capital social; y al no haber comenzado el liquidador único el pago de la cuota de liquidación a los socios.

SEGUNDO. Como consecuencia de la reactivación acordada, cesar en su cargo al liquidador único de la sociedad, Don ....

TERCERO. Aprobar las operaciones de liquidación realizadas hasta la fecha de hoy, por el liquidador único cesado y el informe emitido por éste sobre tales operaciones.

CUARTO.– Designar administrador único de la sociedad por tiempo indefinido a Don ...., de nacionalidad española, nacido el .... de .... de ...., vecino de ...., con domicilio en ...., calle .... núm. .... DNI/NIF ...., que estando presente en la Junta acepta el cargo de administrador único, prometiendo desempeñarlo bien y fielmente y manifestando no estar incurso en causa de incapacidad, inhabilitación o prohibición alguna para ejercer el cargo.

QUINTO. Facultar al Administrador único para ejecutar y elevar a público los anteriores acuerdos adoptados por los socios.

Se pasó a continuación a la votación de la propuesta. Votaron a favor Don .... Don ...., Doña .... y Doña .... (........... por ciento de los votos correspondientes a las participaciones sociales en que se divide el capital social) y en contra lo hizo Don .... (........... por ciento de los votos correspondientes a las participaciones sociales en que se divide el capital social), quien manifestó que ...., oponiéndose al acuerdo, con expresa reserva de acciones legales que le asistan y del derecho a separarse de la sociedad conforme establece el art. 346.1 c) TRLSC. El Presidente proclamó el acuerdo adoptado por mayoría.

Y para que conste y surta los efectos oportunos, libro la presente certificación, haciendo constar que el acta de la reunión donde se adoptaron los acuerdos que se certifican fue aprobada por unanimidad en la propia sesión, firmada por el presidente y secretario. En ...., a .... de .... de ....

3. DOCUMENTOS PRIVADOS

F343. DISOLUCIÓN. ANUNCIO RELATIVO AL ACUERDO DE REACTIVACIÓN DE LA SOCIEDAD

Normativa de Aplicación: *Arts. 360 y ss. Real Decreto Legislativo 1/2010, de 2 de julio, por el que se aprueba el texto refundido de la Ley de Sociedades de Capital. Art. 242 Real Decreto 1784/1996, de 19 de julio, por el que se aprueba el Reglamento del Registro Mercantil.*

.... S.L.

A efectos de lo prevenido en el art. 242.2.2ª del Reglamento del Registro Mercantil, el Consejo de Administración de .... S.L. hace público por medio del presente, que la Junta General Extraordinaria de socios de la compañía celebrada el pasado .... de .... de dos mil ...., en ...., calle ...., acordó la reactivación de la sociedad y, por tanto, su retorno a la vida activa, al haber desaparecido la causa de disolución en que se hallaba incursa.

En ...., a .... de .... de dos mil .... El Secretario del Consejo de Administración, Don ....

F344. DISOLUCIÓN. DEMANDA SOBRE RESPONSABILIDAD DE ADMINISTRADOR POR INCUMPLIMIENTO DE LA OBLIGACIÓN LEGAL DE CONVOCAR JUNTA SOBRE DISOLUCIÓN

Normativa de Aplicación: *Arts. 360 y ss. Real Decreto Legislativo 1/2010, de 2 de julio, por el que se aprueba el texto refundido de la Ley de Sociedades de Capital.*

AL JUZGADO DE LO MERCANTIL

..........., Procurador de los Tribunales y de la mercantil .... S.A., sociedad domiciliada en ...., calle .... núm. ...., representación que acredito con la copia de la escritura de poder que, debidamente bastanteada y por mi aceptada, acompaño con el ruego que una vez testimoniada en autos me sea devuelta por necesitarla para otros usos, haciendo constar que la dirección técnica de este asunto está a cargo del Letrado Don ...., Col. núm. ...., y en la indicada representación comparezco y como mejor proceda en derecho DIGO:

Que por medio del presente escrito y en la representación que ostento, interpongo DEMANDA DE JUICIO ORDINARIO, en reclamación de .... euros contra la mercantil .... S.L., sociedad domiciliada en la localidad de .... (...........), calle .... núm. .... y contra su administradora única, Doña ...., domiciliada igualmente en la localidad de ...., avenida ...., núm. ...., todo ello en base a los hechos y fundamentos de derecho que a continuación pasamos a exponer:

HECHOS

PRIMERO.– Mi principal, ... S.A., es una sociedad domiciliada en ...., que, entre otras actividades, suministra materiales a diversas empresas de la industria del .... entre las que se encuentra la aquí demandada, ... S.L.

Concretamente, y durante los meses de .... a .... de ...., mi principal suministró a la demandada, diversas partidas de .... por un precio conjunto de .... euros, en virtud de pedidos efectuados al representante Don .... La citada cantidad se desglosa del siguiente modo: ....

Acreditando este hecho se acompañan como DOCUMENTOS .... a ...., las facturas emitidas por mi principal como consecuencia de las partidas de .... suministradas a .... S.L., siendo los correlativos ordinarios «bis», las notas de entrega de la meritada mercancía a conformidad de la demandada.

Igualmente se acompaña como DOCUMENTO ...., certificado de la empresa .... S.L. y demás documentación relativa al transporte y entrega a .... S.L. de la mercancía reseñada anteriormente, haciéndose constar igualmente, que el destinatario de la mercancía la recibió sin hacer objeción ni observación alguna.

SEGUNDO.– Como puede observarse en la parte inferior de las facturas emitidas por .... S.A. a la sociedad demandada, ... S.L., el pago de la mercancía reseñada en la estipulación anterior, se articuló mediante recibo girado por mi mandante a los .... días de la recepción de la mercancía con cargo a la cuenta corriente núm. .... que .... S.L. tenía abierta en la entidad ....

Pues bien, pese a haber cumplido mi mandante con su obligación de entrega de la mercancía, la demandada .... S.L., no procedió a verificar el pago del precio de las mismas, ya que los recibos girados por mi poderdante no fueron atendidos por la demandada.

TERCERO.– Así las cosas, mi mandante, ... S.A., intentó lograr una solución amistosa a la cuestión planteada, requiriendo de pago extrajudicialmente a la deudora .... S.L., no sólo por vía telegráfica, sino verbalmente. Cuantos requerimientos se efectuaron fueron infructuosos.

Acreditando lo anterior, se acompañan telegramas enviados a la demandada .... S.L. como DOCUMENTOS .... y ....

CUARTO.– Ante esta situación, mi mandante procedió a efectuar diversas averiguaciones a cerca de la mercantil .... S.L., solicitando las oportunas certificaciones en el Registro Mercantil de la provincia de .... De tales averiguaciones resulta la información que se reseña en los siguientes hechos.

QUINTO.– Con fecha .... de .... de dos mil .... y mediante escritura pública otorgada ante el Notario de ...., Don ...., se constituyó con un capital de .... pesetas, íntegramente desembolsado, la sociedad aquí demandada, ... S.L., cuyo objeto social consiste en ....

La Administradora única de la citada sociedad es la aquí también demandada, Doña ...., quien fue designada para el ejercicio de tal cargo, vigente en la actualidad, por tiempo indefinido en la Junta General de la compañía celebrada el .... de .... de ....

Acreditando este hecho se acompañan como DOCUMENTO ...., certificación del Registro Mercantil de la provincia de ....

SEXTO.– Desde su constitución, la marcha de la actividad empresarial de .... S.L. sólo puede calificarse de negativa, finalizando siempre el correspondiente ejercicio económico generando pérdidas que se han ido acumulando año a año hasta la actualidad. Concretamente:

I.– El año ...., primer ejercicio de la sociedad, el cual tuvo una duración únicamente de .... meses (la sociedad se constituyó el día .... de ....), deparó resultados negativos, concretamente, unas pérdidas de .... euros.

II.– El ejercicio correspondiente al año .... se saldó con unas pérdidas de .... euros.

Es decir, a fecha .... de .... de .... y toda vez que el capital social de .... S.L. era de .... euros, la sociedad tenía unas pérdidas acumuladas de .... euros, las cuales, habían dejado reducido el patrimonio contable de la sociedad a menos de la mitad del capital social, de tal manera QUE LA SOCIEDAD SE HALLABA INCURSA EN CAUSA LEGAL DE DISOLUCIÓN.

Ante esta situación, el órgano de administración de .... S.L. venía obligado por Ley, so pena de ser responsable solidario junto a la sociedad de las deudas de ésta, a convocar la Junta General de la sociedad para proceder a adoptar el pertinente acuerdo de disolución, o en su caso, para remover tal causa, todo ello en el plazo de dos meses desde que se advirtió la causa de disolución.

Sin embargo, y pese a lo dicho con anterioridad, la causa de disolución de .... S.L. no sólo no se removió, sino que la citada sociedad pese a estar, repetimos, en causa de disolución, continuó su normal actuación comercial sin remover la misma.

III.– Finalmente, el ejercicio correspondiente al año .... arrojó también pérdidas. Concretamente se originó un resultado negativo de .... euros

Por lo tanto, y a fecha .... de .... de ...., la sociedad .... S.L., presentaba unos resultados negativos o pérdidas acumuladas de .... euros. De este modo, siendo el capital social de la expresada mercantil de .... euros, a fecha .... de .... de ...., ... S.L. sociedad presentaba unos fondos propios negativos de .... euros.

Es decir, el patrimonio neto de la sociedad no solo había quedado reducido a menos de la mitad del capital social, sino que en el ejercicio ...., había desaparecido por completo.

SÉPTIMO.– En resumen, la sociedad se encuentra en causa legal de disolución desde el .... de .... de .... No obstante ello, la sociedad mantiene formalmente el capital inicial de .... euros y no se encuentra en fase de disolución y liquidación, ni se ha iniciado procedimiento concursal.

Acreditando este hecho y como DOCUMENTOS .... a ...., se acompañan certificación del Registro Mercantil de la provincia de .... relativas a las cuentas anuales correspondiente a los años ...., ... y .... depositadas en el citado Registro por .... S.L.

En su consecuencia, no queda otra alternativa a esta parte que recurrir al amparo de la Justicia para la protección y efectividad de sus legítimos derechos.

A los anteriores hechos aduzco los siguientes

FUNDAMENTOS DE DERECHO

DE ORDEN PROCESAL

I.– Son competentes para conocer de este procedimiento los JUZGADOS DE LO MERCANTIL.

II.– Desde un punto de vista de la competencia territorial, la misma recae en los Juzgados de lo Mercantil de .... en virtud de lo fijado en el art. 51 y 53 de la Ley de Enjuiciamiento Civil.

III.– El presente procedimiento debe seguirse por los trámites prevenidos para los JUICIOS ORDINARIOS (Art. 248 y 249.2 de la Ley Adjetiva Civil).

DE ORDEN MATERIAL

I.– LEGITIMACIÓN DE LAS PARTES.

1.– Legitimación activa.

Resulta de la deuda que .... S.L. tiene contraída con mi poderdante como consecuencia del suministrado de mercancía que le fue suministrada por .... S.A., deuda esta, liquida, vencida y exigible.

2.– Legitimación pasiva.

a) La legitimación pasiva para ser demandado de .... S.L. resulta de su condición de deudor respecto a mi principal por las partidas de .... que fueron suministrados por mi mandante.

b) La legitimación pasiva de Doña .... resulta de su condición de Administradora única de .... S.L. y es evidente a la vista de lo dispuesto en los art. 367 TRLSC.

II.– DE LA DEUDA CONTRAÍDA POR .... S.L. COMO CONSECUENCIA DE LAS PARTIDAS DE .... SUMINISTRADAS POR MI PRINCIPAL.

1.– Arts. 1.088 y 1089 del Código Civil sobre en que consisten y como nacen las obligaciones.

2.– Arts. 1091 del Código Civil al establecer que las obligaciones que nacen de los contratos tiene fuerza de ley entre las partes contratantes y deben cumplirse al tenor de los mismos.

3.– Arts. 1.100, 1.101, 1.106 y 1.108 del Código Civil y 339 del Código de Comercio, sobre la mora en el cumplimiento de las obligaciones.

4.– Arts. 1.156 y ss. del Código Civil respecto al pago como forma de extinguirse las obligaciones.

5.– Arts. 1.254 y ss. del Código Civil reguladores del los contratos.

6.– Art. 1.278 del Código Civil al establecer que lo contratos serán obligatorios cualquiera que sea la forma en que se hayan celebrado, siempre que en ellos concurran las condiciones necesarias para su validez.

III.– RESPECTO A LA EXISTENCIA DE PERDIDAS QUE DEJEN REDUCIDO EL PATRIMONIO A CANTIDAD INFERIOR A LA MITAD DEL CAPITAL SOCIAL COMO CAUSA DE DISOLUCIÓN DE LA SOCIEDAD.

1.– Art. 363.1 e) TRLSC, según el cual la sociedad de responsabilidad limitada se disolverá

.... e) Por pérdidas que dejen reducido el patrimonio neto a una cantidad inferior a la mitad del capital social, a no ser que éste se aumente o se reduzca en la medida suficiente y siempre que no sea procedente solicitar la declaración de concurso.

Nos remitimos a los hechos de este escrito, donde consta claramente que la sociedad .... S.L., se encontraba incursa en esta causa de disolución desde el .... de .... de ...., sin que la misma, desde entonces hasta la actualidad, haya sido removida o la sociedad disuelta.

IV.– RESPECTO A LA RESPONSABILIDAD SOLIDARIA DE DOÑA ...., ADMINISTRADORA ÚNICA DE .... S.L., EN EL PAGO DE LA DEUDA QUE LA CITADA SOCIEDAD TIENE CONTRAÍDA CON MI MANDANTE.

El Art. 365.1 TRLSC obliga a los Administradores de la sociedad a convocar Junta General en el plazo de dos meses a contar desde que advirtieron la causa de disolución reseñada en el apartado precedente.

Pero la Ley no se detiene ahí, sino que impone a los Administradores un deber esencial que es el de disolver la sociedad aun cuando a ello se opongan los socios reunidos en Junta General, debiendo solicitar judicialmente la disolución de la sociedad.

Caso contrario y de acuerdo con el art. 367 TRLSC, responderán SOLIDARIAMENTE de las obligaciones sociales los administradores de la compañía en los términos del artículo 367 TRLSC.

V.– COSTAS.

Deben ser impuestas a los demandados en virtud de lo establecido en el art. 394 de la Ley de Enjuiciamiento Civil

En su virtud,

SUPLICO AL JUZGADO que tenga por presentado este escrito, junto a los documentos a él acompañados, y copia de todos ellos, se sirva tener por deducida DEMANDA DE JUICIO ORDINARIO contra la sociedad .... S.L., y su Administradora única, Doña ...., se dé traslado de la misma a los demandados para que, previo su emplazamiento, comparezcan en los presentes autos y si lo estiman oportuno, procedan a contestarla en forma y plazo legal, y previos los oportunos trámites legales, se dicte sentencia en su día:

Primero.– Condenando a la sociedad .... S.L. a pagar a mi mandante la suma de .... euros, más los correspondientes intereses legales de dicha cantidad.

Segundo.– Declarando que Doña .... es responsable solidaria de dicho pago y condenándole solidariamente junto con .... S.L. al pago solidario de ka referida cantidad e intereses legales.

Tercero.- Condenando en costas a los demandados.

Es justicia que pido en .... a .... de .... de ....

F345. CARTA DE SOCIO COMUNICANDO LA VOLUNTAD DE PRESENTAR LA DISOLUCIÓN JUDICIAL

Normativa de Aplicación: *Arts. 360 y ss. Real Decreto Legislativo 1/2010, de 2 de julio, por el que se aprueba el texto refundido de la Ley de Sociedades de Capital.*

DOÑA ...., con DNI ...., en nombre y representación, acreditada mediante escritura de poder general de fecha .... otorgada ante el notario de .... Don .... número de protocolo ...., de DOÑA ...., mayor de edad, vecina de ...., con domicilio en .... Con DNI y NIF ...., ante la JUNTA GENERAL DE SOCIOS de .... S.L., comparezco y DIGO:

I.– Que las circunstancias existentes que desde hace meses supone el bloqueo de los órganos societarios que impiden el normal funciona-miento de la entidad sin que haya posibilidad de reparo o acuerdo entre las socias ni siquiera para el acuerdo de disolución según art. 368 TRLSC.

II.– Que dando cumplimiento a lo establecido en el art. 127.1 de la Ley 15/2015, de 2 de julio, de la Jurisdicción Voluntaria, se comunica a esta sociedad la voluntad de la socia a la que represento para presentar la correspondiente disolución judicial de .... S.L.

Atentamente

F346. DEMANDA EXPEDIENTE DE JURISDICCIÓN VOLUNTARIA EN SOLICITUD DE DISOLUCIÓN JUDICIAL POR PARALIZACIÓN DEL ÓRGANO DE ADMINISTRACIÓN DE LA SOCIEDAD

Normativa de Aplicación: *Arts. 360 y ss. Real Decreto Legislativo 1/2010, de 2 de julio, por el que se aprueba el texto refundido de la Ley de Sociedades de Capital. Arts. 125 y ss. Ley 15/2015, de 2 de julio, de la Jurisdicción Voluntaria.*

AL JUZGADO DE LO MERCANTIL DE .... QUE POR TURNO CORRESPONDA.

..........., Procuradora de los Tribunales y de Doña ...., con domicilio en ...., con DNI .... representación que acredito mediante la escritura de poder que acompaño con el ruego que una vez testimoniada en autos me sea devuelta por necesitarla para otros usos, bajo la dirección letrada del letrado del Ilustre Colegio de Abogados de Valencia, Doña .... y Don ...., ante el Juzgado comparezco y como mejor proceda en derecho DIGO:

I.– Que por medio del presente escrito y en la representación que ostento, promuevo EXPEDIENTE DE JURISDICCIÓN VOLUNTARIA contra la sociedad ...., con domicilio social en ...., instando la disolución judicial de dicha compañía al amparo de lo dispuesto en el art. 363.1.d y 366 del Texto Refundido de la Ley de Sociedades de Capital, y en cuanto a su procedimiento al art. 125 y ss. de la Ley de la Jurisdicción voluntaria.

II.– A efectos de notificaciones con domicilio donde se desarrolla la actividad en ....

Y en el caso de no ser posible en dicha dirección, de conformidad con el art. 155.2 de la LEC se indica por esta parte como segunda dirección para la notificación de esta demanda, la del domicilio de la que ejerce en estos momentos, de manera inconsentida por esta parte, la administración de hecho, Doña ...., en ....

III.– Que la presente demanda se funda en los siguientes:

HECHOS

PRIMERO.– DE LA SOCIEDAD ....

La sociedad ...., es una sociedad de responsabilidad limitada constituida el día ...., mediante escritura pública otorgada ante el Notario con residencia en ...., obrante en su protocolo bajo el número ....

Aun cuanto se constituyó en dicha fecha, se indicó que el inicio de sus actuaciones y actividad sería la del ...., tal y como sucedió.

.... S.L. se encuentra inscrita en el Registro Mercantil de la provincia de .... al tomo ...., libro ...., Folio .... de la sección ...., hoja ...., inscripción ...., y CIF ....

El domicilio social de la expresada compañía está fijado en ...., pero donde se desarrolla efectivamente la actividad desde .... es en la calle ...., y su objeto social consiste en la .... (CNAE ....)

Acreditando lo anterior, se acompaña al presente escrito como DOCUMENTO UNO, copia de la citada escritura de constitución, donde constan estos hechos.

Tal y como se desprende de dicho objeto social, la actividad de la sociedad es, principalmente y siendo el mayor volumen de facturación y el renombre obtenido en el mercado, ..., no obstante, en los últimos meses, siendo contrario a la voluntad de la administradora mancomunada que lo era, la Sra ...., se le dio especial dedicación a trabajos de ...., especialmente a un cliente, copando el trabajo de las trabajadoras y relegando a un segundo plano el desarrollo de la actividad de edición de libros.

Esto, como se verá, supuso una de las divergencias insuperables y enfrentamientos entre las dos administradoras mancomunadas, lo que derivó, entre otras razones de importancia, en la dimisión de una de ellas, la Sra. ....

SEGUNDO.– DE LAS SOCIAS DE ....

El capital social de la sociedad .... S.L., íntegramente asumido y desembolsado, asciende a la suma de .... y está dividido en .... participaciones sociales de .... nominal cada una de ellas, titularizadas con el siguiente respectivo alcance:

I.– Doña ...., asumió .... participaciones sociales, por un nominal en su conjunto de .... (........... €), lo que supone un .... por ciento del capital social.

II.– Y mi mandante, Doña .... asumió .... participaciones sociales, por un nominal en su conjunto de .... lo que supone un .... por ciento del capital social.

Tal hecho consta en la escritura de constitución de la sociedad, acompañada a este escrito como DOCUMENTO UNO, sin que haya variado la composición del capital social hasta la fecha.

La composición al 50% entre las dos socias es uno de los motivos de bloqueo también en cuanto al órgano máximo de .... S.L., esto es la Junta General de socios, ya que, desde hace más de un año y medio ha sido imposible que las socias se hayan puesto de acuerdo en ni un solo asunto a tratar en las juntas, ya que entre otras, la entidad lleva sin aprobar cuentas todo este tiempo, con el consiguiente bloqueo de la hoja registral, tal y como se acredita con la aportación como DOCUMENTO DOS, de extracto del Registro mercantil donde como situación especial se especifica la falta de presentación de las cuentas anuales.

Es más, la confrontación entre las dos socias es tal que ni siquiera ha habido entendimiento en la convocatoria de las juntas de socios, en el contenido del orden del día, de las fechas u horas para su celebración, la composición de la mesa o incluso, en la negación a reunirse en junta Universal en determinados momentos aun cuando así se requería por la situación de la entidad o hubiera sido acordado con anterioridad entre las socias a través de su asesora y letrada, respectivamente.

Prueba de lo anterior es que, ante la situación de la entidad, la falta de entendimiento del órgano de administración, la ocultación de información, ignorancia ante la postura de mi representada hasta apartarla del día a día de la gestión de la sociedad, todo ello por parte de la otra administradora mancomunada, la Sra ...., como socia insistió en celebrar una junta general de socios, siendo nuevamente ignorada y teniendo que recurrir a requerirlo vía burofax y posteriormente mediante requerimiento notarial.

TERCERO.– DEL ÓRGANO DE ADMINISTRACIÓN DE .... S.L.

En el mismo acto de constitución de la sociedad, se optó como forma de administración la de dos administradores mancomunados, y fueron designadas en dicho acto, por tiempo indefinido y como administradoras mancomunadas de la compañía mi mandante, Doña .... y Doña ....

Evidentemente, como se puede adivinar, el hecho de la composición de una administración mancomunada donde las dos integrantes tenían una visión muy diferente sobre cómo llevar la entidad, la forma de crecimiento, el objetivo y las formas de la gestión diaria, provocó el bloqueo del órgano de administración, y por ende, siendo que las dos administradoras mancomunadas son a su vez las dos únicas socias de la entidad al 50%, arrastró dicho enfrentamiento y bloqueo al ámbito societario.

En cuanto a la vigencia de los cargos de las administradoras mancomunadas:

a.– la Sra. ...., por los motivos que se dirán y acreditarán, presentó su dimisión irrevocable el pasado ...., con efectos a partir del ...., tal y como se acredita mediante la copia del acta notarial de junta celebrada el .... ante el notario de Valencia, Don ...., con número de protocolo .... que se acompaña como DOCUMENTO TRES.

En este documento notarial consta que, tras la imposibilidad de llegar a acuerdo alguno, ni siquiera de cambio de forma de administración o de personas que ejercieran el cargo de administrador/es, mi representada presentó su dimisión ante la imposibilidad de convivencia en la gestión y desarrollo de las funciones de manera mancomunada del órgano de administración con la otra administradora, Sra. ...., quien además venía tiempo ejerciendo sin consentimiento o conocimiento de mi representada, una administración única, contradiciendo instrucciones de mi representada, o tomándolas sin información o comunicación, o incluso bloqueando, apartando e ignorado a la Sra. ....

Tal y como requiere la Ley de sociedades de capital y el reglamento del Registro mercantil, la Sra. .... al presentar la dimisión lo hizo de conformidad al art. 147 del Reglamento, y procedió, como no podía ser de otra forma, a su inscripción en el Registro Mercantil, tal y como consta también en el DOCUMENTO TRES y el que es incorporado como DOCUMENTO CUATRO, nota de información general mercantil emitida por el Registro Mercantil de .... de fecha .... donde consta debidamente inscrita la dimisión del órgano de administración.

Por último, reseñar, aunque se detallará más adelante, que en cuanto a la dimisión de mi representada, y con el fin de no bloquear la entidad, se indicó en la misma comunicación, esto es el ...., que la misma sería efectiva a partir del ...., otorgando plazo más que suficiente para que, como se indicaba en la propia renuncia, se tomasen las medidas necesarias para evitar trastornos en el día a día y se convocase, según los estatutos de la entidad y el TRSC, Junta General para designar nuevo administrador mancomunado que le sustituyese.

Como se verá en el punto siguiente, pese a esta voluntad de evitar que la sociedad se viera afectada, al menos en el menor tiempo posible, la realidad es que a día de hoy no sólo no se ha llegado al acuerdo del nombramiento de un sustituto, sino que la otra administradora ha optado por una situación de «ambigüedad» en cuanto a su cargo que es difícil de «encajar» jurídicamente y todo ello, claro está, con un bloqueo absoluto del órgano de administración.

b.– En cuanto a la Sra. ...., a día de hoy desconocemos la situación en cuanto a su condición de administradora mancomunada. Así, aun presentada la dimisión por la Sra. ...., e incluso estando inscrita en el Registro mercantil, la Sra. .... ha seguido ejerciendo, de manera totalmente irregular y sin base jurídica, funciones de gestión y dirección, como si se tratase de una administración única.

Ha seguido dando instrucciones a las trabajadoras, se ha reunido con clientes e incluso ha firmado resoluciones contractuales, e incluso, ha convocado como «administradora mancomunada», la convocatoria de la última junta general celebrada el pasado ....

Esta situación, alegal, irregular y con consecuencias jurídicas de responsabilidad social para con la que viene ejerciendo una administración de hecho inconsentida por la socia a la que represento, resulta más esperpéntica cuando esta parte conoce que la Sra. .... también habría renunciado a su cargo de administradora mancomunada en el mes de ...., hecho que no puede discutirse jurídicamente y que surte efectos desde ese momento aun cuando no se haya producido la obligatoria inscripción en el registro Mercantil.

Y hablamos en condicional y no especificamos fecha concreta ya que resulta imposible saber la realidad y circunstancias de esta dimisión habida cuenta de las acciones de la Sra. ....:

a.– comunicación vía e-mail a las trabajadoras anunciando su cese. Hay que decir que esto no fue notificado ni a la socia ni a la entidad.

b.– remitió burofax con fecha .... a la dirección donde se realiza la actividad de la entidad y a la atención de .... (cuando esta ya no trabajaba ahí ni acudía a las oficinas), indicando su dimisión y renuncia del cargo de administradora con efectos del ...., esto es, un día después de la efectividad de la renuncia realizada por mi mandante el .... DOCUMENTO CINCO.

c.– Tal y como consta en el acta de la última junta general celebrara pasado ...., al parecer el .... ante la notario de .... dona .... bajo número de protocolo ...., firmó la renuncia de su cargo, desconociendo si es «la misma» que la anunciada el ....

d.– Según la información existente en el Registro Mercantil, parece que la Sra. .... presentó la escritura con su dimisión de .... a registrar el ...., mes y medio después, y también parece que la retiró del Registro, sin proceder a la inscripción el .... Tal y como se acredita en con la nota informativa extraía del registro mercantil de valencia en fecha .... donde consta este hecho y que se acompaña a esta demanda como DOCUMENTO SEIS.

e.– Para darle más «intriga» al asunto, nuevamente la Sra. .... ha presentado la citada escritura de lo que parece su renuncia nuevamente ante el Registro Mercantil el pasado ...., tal y como se acredita en la nota del Registro de .... que se acompaña como DOCUMENTO CUATRO.

Es más, su postura es tan ambigua y dañina para la entidad, acreedores, clientes, proveedores, colaboradores, etc .... que a día de hoy la Sra. .... por un lado sigue ejerciendo una administración de hecho a los niveles que esta situación le permite (no admitida ni consentida por la socia Sra. ....), y por otra «atosiga» de manera continua a la cesada Sra. .... para que ejerza funciones de gestión y administración con amenazas continuas de derivación de responsabilidad.

Lo anterior puede ser acreditado por esta parte con multitud de documentación, pero al tratarse este procedimiento el de la solicitud de disolución judicial por paralización de los órganos societarios, entendemos que los entresijos del enfrentamiento entre las dos exadmistradoras y socias sólo haría que inundar a este juzgador entre papeles que vienen ratificados en las juntas celebradas o en su caso la realidad societaria, esto es, inexistencia de órgano de administración e imposibilidad de acuerdos de ningún tipo entre las dos socias que suponen la paralización absoluta de .... S.L.,

CUARTO.– DEL CONFLICTO EXISTENTE EN LA SOCIEDAD .... S.L.

I.– La sociedad .... S.L., como se dijo con anterioridad, tiene como actividad la de la .... y, de manera esporádica, al menos hasta el año ...., de realización de .... para clientes que así lo requirieran.

El proyecto de .... comenzó como una idea de negocio en forma de comunidad de bienes integrada por la Sra. ...., mi representada, y la Sra. ...., y todo ello a raíz de la inspiración que la madre de la primera les transmitió de su larga experiencia en el mundo del ....

Las dos, en aquellos entonces amigas, habían estudiado diseño y entendieron que podría ser el segmento de ...., un espacio en el mercado por explotar.

Tras ese primer impulso, allá por el año ...., tras su éxito, surgió la constitución de una sociedad de responsabilidad limitada llamada ...., decidiendo compartir al 50% todo lo que suponía dicho negocio, tanto en cuanto al porcentaje de participación de cada una de ellas, como el de la asunción de responsabilidades, acordado que fuera una administración mancomunada entre ambas.

Desde la constitución de la citada sociedad, cada una de las socias y administradoras, dado su carácter, cualidades, habilidades y potencial, se centraba en un aspecto de las funciones a desarrollar, si bien la toma de cualquier tipo de decisión era consensuada por ambas .... toda la información era compartida y existía una continua y diaria comunicación, personal y por todos los medios existentes.

Así, la Sra. ...., dada su habilidad, creatividad y capacidad de trabajo en grupo, prestaba mayor atención a los asuntos relativos a ...., de llevar a buen puerto y con la calidad que el cliente espera, el objeto social .... Ella trataba y dirigía no sólo con el equipo de .... (las trabajadoras propias y colaboradores externos), sino que también cumplía funciones con los clientes, con las distribuidoras y se encargaba de supervisar y controlar toda la producción, etc .... y evidentemente temas de gestión y facturación.

La Sra. ...., menos hábil en cuanto a lo creativo y de diseño, y supuestamente más resolutiva en cuanto a la gestión administrativa, de los números, de las cuentas, el trato con los asesores contables y jurídicos, así como en las posibles negociaciones con potenciales clientes, se centraba en estos aspectos, y evidentemente temas de gestión y facturación.

Pero ambas, siempre de manera conjunta y compartiendo toda la información, consensuaban la toma de decisiones y el devenir de .... S.L., acudían a ferias, impartían cursos, búsqueda de clientes, etc ....

II.– El funcionamiento de la sociedad era el propio de cualquier sociedad mercantil hasta que la buena marcha de la entidad enturbia las pretensiones de una y otra socia/administradora, el cómo enfocar el «éxito» y sobre todo, como suele suceder en estos casos, las ambiciones de una y de otra en contraposición con el statu quo creado hasta entonces.

La confrontación en la forma de entender el devenir de la entidad, las bases de su crecimiento (en lo comercial o en lo artístico), en la gestión correcta de todos los ámbitos de la actividad societaria, el trato con el personal, la tipología de cliente en cuanto a los diseños exclusivos, etc .... se remonta al año ...., más concretamente en verano de dicho año, cuando mi mandante, Sra. ...., propone a la Sra .... la necesidad de contar con ayuda de profesionales externos para la gestión interna, dado el volumen de trabajo alcanzado y las posibilidades de crecimiento.

Dicha propuesta es rechazada, pero debido a la situación de difícil gestión interna y la necesidad de enfocar con perspectiva el crecimiento que la entidad estaba experimentando, se vuelve a proponer en .... la necesidad de búsqueda de profesionales, a lo que se accede y se proponen dos profesionales, acordándose al final en encargar a entidad .... el desarrollo de un estudio de la entidad. Este como se verá, será el último consenso de cierto calibre entre las partes.

Iniciados los trabajos, y coincidiendo con la maternidad de la Sra. ...., se plantea un organigrama piramidal en el verano de .... con un CEO, obviando el elemento fundamental para el crecimiento como era las redes sociales, lo que no satisfizo a ninguna de las partes y es rechazado de pleno.

No obstante, la Sra. ...., desde ese momento, ... es quien insiste y persiste, hasta el día de hoy tal y como se acredita en las juntas celebradas, en implantar un sistema jerarquizado con un CEO (administrador único o consejero delegado) que sería ella misma, priorizando el crecimiento comercial por encima del valor del diseño de calidad, y apartando de manera clara y burda a la Sra. .... de todas sus funciones.

Hasta tal punto llega la Sra. .... a presentar un «pacto de socios», que cambiaría drásticamente la forma del órgano de administración aprobado por unanimidad en la escritura fundacional. En dicho pacto de socios, también se preveía la cesión o renuncia a todo tipo de derechos societarios que la condición de socia al 50% le concede la ley de sociedades de capital.

Es más, es la Sra. .... quien amenaza con no seguir con sus funciones si no se le reconocía como CEO, quien paraliza la actividad normal de la entidad incluso negando toma de decisiones como subidas de sueldos, viajes a ferias o incluso, quien plantea que se le «gratifique» por el desempeño de las funciones que ella misma quiso adoptar.

Ante dicha situación de desacuerdo con la estructura jerarquizada, son los propios .... quienes proponen nuevas formas organizativas, como CEO en la persona de la Sra. ...., un CEO anual cada una, o incluso un CEO por sorteo. La Sra. .... se niega a cualquier forma que no suponga su consideración de CEO y un enfoque comercial de la actividad de la empresa.

Como prueba de lo anterior, acompañamos como DOCUMENTO SIETE, extractos de alguna de las comunicaciones, el pacto de socios presentado por la Sra. .... correos o mensajería telefónica que evidencia este enfrentamiento, que, como veremos, se ha ido cronificando hasta la actualidad.

III.– Siendo que lo planteado por .... es rechazado por ambas socias y administradoras, se siguen planteando salidas a la confrontación e ingobernabilidad de Minicool, llegando a intervenir, en .... en nombre de la Sra. ...., la Sra. ...., quien se presenta como letrada (aun cuando no resulta estar colegiada), y en nombre de la Sra. ...., la letrada .... (Icav ....). Desaparecen, por tanto la entidad ....

Desde ese momento, al menos por mi mandante, se produjeron multitud de intentos de acercar posturas, propuestas, incluso formas alternativas de solventar la situación societaria y que son planteadas habitualmente en este tipo de enfrentamientos. Ninguna de ellas llegó a buen término.

Esto supuso una situación de no retorno y por tanto la imposibilidad de convivencia como administradoras mancomunadas llegando a no existir comunicación entre las dos administradoras sino no era a través de las profesionales externas.

Así, desde ...., para cualquier asunto de .... S.L. que debía haber acuerdo entre las administradoras mancomunadas, se gestionaban por escrito, sin contacto personal entre ellas y casi siempre mediante la intervención de las profesionales externas que nada tenían que ver con la empresa, con el fin de llegar a consensos, que nunca llegaban.

A modo de ejemplo, se negoció a principios del año .... el contrato con un importante cliente (de nacionalidad china, conocido comúnmente por ....) por la Sra. .... sin comunicar, ni informar a la Sra. ...., es más cuando se preguntó y requirió sobre ello, delante de la asesora y letrada de cada una de las administradoras, ni siquiera se le facilitó el borrador del contrato, más que a .... horas (nocturnas) de la firma del mismo, sin posibilidad de modificación ni cuestionamiento cuando existían errores de bulto en el mismo y no se había contemplado determinadas circunstancias que por parte de mi representada se consideraban importantes de cara a un posible incumplimiento y responsabilidades de ...., S.L.

Con todo, el contrato debía ser firmado, ya que la Sra. ...., en contra también del criterio de la otra administradora, había dado órdenes a las trabajadoras de dejar a un lado todo y empezar el trabajo del cliente, es más, la fecha del contrato negociado y cerrado por la Sra. .... era de fecha anterior a la firma, algo que fue también advertido por esta parte.

Se acompaña como DOCUMENTO OCHO, parte de los correos entre las administradoras, con intermediación de su asesora y letrada de mi representada, donde se evidencia que la comunicación era inexistente, que la mancomunidad de la administración también, y que se denunciaba el contrato, sus formas y parte de su contenido por esta parte, al entender que podría suponer un riesgo para la entidad, y que podría haberse evitado si se hubieran tenido en cuenta las indicaciones de la administradora Sra. ...., como por ejemplo, la duración mensual, la no prórroga automática o revisar el sistema de planificación en consideración del resto de trabajo de la entidad.

La situación de este contrato resultó ser la que por desgracia esta parte preveía, ya que, de manera totalmente arbitraria, no consensuada y carente de sentido e interés para la empresa, la Sra. .... dio prioridad a todo lo relativo a este contrato con .... sobre el resto de la actividad de la empresa ...., cliente que, como anécdota se deja escrito, comunicó la resolución del contrato —que la propia Sra .... firmó aceptándola— coincidiendo con un viaje a .... de la Sra. .... y su «dimisión».

Mi representada siempre ha pretendido resolver el conflicto de forma «ordenada», discreta ante los demás, amistosa y sobre todo, cumpliendo la ley, tanto en su fondo y en sus formas, todo ello entendiendo que lo contrario a esto podría suponer daños a terceros y a la propia entidad, tal y como ha sucedido.

Pese a la voluntad de mi representada, este enfrentamiento del órgano de administración y de las socias, por mucho que se intentara «no contaminar», se hizo patente y público de cara las trabajadoras de la entidad quienes empiezan a sufrir la divergencias de opiniones, las instrucciones contradictorias, el ambiente tenso en la oficina ....

Constan, a efectos probatorios si así se requiriera por este juzgador, documentos (y testificales) que acreditan no sólo estas situaciones de confrontación y discrepancias en la gestión de la entidad, sino todos los movimientos y comunicaciones de esos .... meses entre las partes donde se evidencia la imposibilidad de acercamiento de posturas entre las partes.

IV.– Si importante resulta en esta demanda de disolución judicial la justificación de la imposibilidad de acuerdo ni consenso entre las partes, de la existencia de un bloqueo total e irreversible, lo es también el que se transmita la necesidad de nombramiento de una persona ajena al conflicto para evitar daños no sólo al capital social, al activo de la entidad, a su reputación, sino también y fundamentalmente para proteger y no dañar más a las trabajadoras, a los colaboradores, a los acreedores y a los clientes de .... s.l.

Así es, de todos es sabido que en estas circunstancias de enfrentamiento y bloqueo del capital social y/o del órgano de administración siempre repercute de una manera u otra, de un grado mayor o menor, a todo lo que rodea a la sociedad, pero es que en el caso de .... la afectación ha sido absoluta y total y ello, a nuestro entender, por el absoluto desprecio a la Sra. .... al ordenamiento jurídico y a las normas y leyes que rigen el funcionamiento de las sociedades de capital, los principios generales del derecho, la buena fe y los más mínimos principios de convivencia y lealtad.

La Sra. ...., al igual que la Sra. ...., tenía y tiene todo el derecho del mundo de plantear y desear que su empresa lleve una u otra dirección, tiene el derecho de desear y considerar que su planteamiento es el acertado y «el mejor», pero no tiene ningún derecho de imponerlo siendo que su porcentaje de participación es del 50% frente a otro 50% y la administración de la empresa es de dos administradores mancomunados. Ni mucho menos puede aprovechar la situación para imponer una administración única en su persona, apartar a la otra administradora, actuar con una total falta de deslealtad y en su provecho, y alargar por tiempo indefinido esta situación infringiendo todos los procedimientos que el TRLSC establece para estos casos.

Lo que tampoco ampara ninguna ley o norma, y por el contrario es del todo desleal, es que durante el periodo de «replanteamiento, de negociación, de búsqueda de una salida», transmita a través de su asesora —Sra. ....— la voluntad de un acuerdo amistoso y por otro realice una serie de actos y conductas que contradicen dicha voluntad e infringen los principios de una administración mancomunada, llegando a ocultar información, reuniones con clientes y negociaciones, imponga reuniones con las trabajadoras en el centro de trabajo a espaldas de la otra administradora para «coaccionarlas» y que se posicionen su favor, que ignore y aparte a la Sr. .... hasta de las funciones que dependían solo de ella en su trabajo diario, resolución de contratos por su única cuenta y cargo, ... etc ....

Como hemos visto y acreditado con los DOCUMENTOS CINCO Y SEIS y relatado en el punto relativo a la administración de ...., la Sra, ... ha actuado y actúa de manera totalmente irracional, contradictora, interesada y alegal respecto a su condición de administradora, dimitiendo «a escondidas» comunicándolo a quien consideraba, para luego retractarse, llevándolo a registrar al Registro mercantil y retirándolo, convocando juntas en su «condición de administradora mancomunada» cuando no lo era, firmando resoluciones de contrato (cuando no tenía esa capacidad) y luego no hacer lo mismo con otras resoluciones o compromisos ....

Todo ello no puede tener otro objetivo, al menos esta parte no los encuentra, que la de alargar esta situación «irregular» para ejercer una «administración de hecho selectiva» que, a sabiendas que la entidad debe ser disuelta, aprovechar para su propio interés los contactos de proveedores, clientes, e incluso el trabajo realizado por las trabajadoras y así, una vez disuelta la entidad (o incluso ahora), utilizar esos contactos, este trabajo para su propio interés en el negocio que tenga a bien emprender —o ha emprendido ya— por si mismo o a través de terceros.

Esta parte entiende que esto no sólo está provocando situaciones de indudable injusticia o daños y perjuicios a, entre otros, las trabajadoras, proveedores y clientes, sino a la propia imagen y reputación de la entidad, a su patrimonio y por tanto a la liquidación de la misma con el correspondiente perjuicio a acreedores y a los socios en cuanto a su posible cuota de liquidación.

Estos hechos y muchos otros que pueden ser tenidos en cuenta para posibles acciones contra la Sra. ...., son constitutivos de infringir entre otros los art. 227 y 228 de TRLSC que exigen el deber de lealtad de los administradores, el art. 229 TRLSC que exige evitar situaciones de conflicto de interés o la propia prohibición de no competencia, y nos obligan a pedir, y así lo suplicamos en esta demanda, que en ninguno de los casos deba ser nombrada la Sra. .... como liquidadora de la entidad, y que, en su caso, por el que sea nombrado por su señoría se interese por todas y cada una de las acciones llevadas a cabo por la Sra. .... en estos últimos .... meses —vigente y no su cargo de administradora— de las que se pudiera derivar una acción de responsabilidad contra ella.

Acreditando lo anterior, los conocidos hasta la fecha ...., fueron expuestos por esta parte en la junta de misma fecha y que se acompaña a esta demanda como DOCUMENTO TRES, y que damos aquí por reproducidos a los efectos de la posible acción de responsabilidad que pudiera derivar de la actuación de la Sra. ...., aun a sabiendas que este expediente sólo trata de acreditar una situación de bloqueo societario de tal calibre que sólo puede derivar en una disolución judicial.

Tal y como se extrae de esta descripción de hechos, de lo detallado en los puntos anteriores y como hemos concluido en el que antecede a este, la realidad de .... S.L. a día de hoy no puede ser más conflictiva en un bloqueo total sin que se vislumbre posibilidad de rehabilitación.

No existe órgano de administración, y en las juntas celebradas el último año, que han sido varias como se detalla a continuación, ha sido imposible llegar a ningún tipo de acuerdo, ni siquiera de aprobación de las cuentas a anuales del año ....

A todo este bloqueo institucional, de gestión, social e incluso de actividad, se une una serie de circunstancias que derivan de este bloqueo y que agravan la situación, como la imposibilidad de pago de las nóminas, el pago del alquiler del local donde se desarrolla la actividad, el pago a proveedores, demandas laborales presentadas, etc .... lo que requiere no sólo que se proceda a ordenar la disolución y liquidación, sino que se nombre de manera inmediata por el juzgador al que respetuosamente nos dirigimos para que nombre un liquidador que de rápida respuesta a estos problemas que acucian a .... S.L. y podrían colocarle en una situación comprometida ante los trabajadores, la Seguridad Social, la Hacienda Pública y otros acreedores.

Sólo a efectos de acreditar dicha situación, aportamos como ejemplo, las demandas de reclamación de categoría de las trabajadoras, que no constando órgano de administración, no pudo solventarse ante el SMAC, lo que aportamos como DOCUMENTO NUEVE, y siendo conocedores que a día de hoy, se han presentado nuevas demandas por impago de salarios, ya que el mes de enero y febrero no han sido abonados por la entidad por ausencia de órgano de administración que proceda al pago de las mismas.

CUARTO.– DE LAS JUNTAS DE SOCIOS DESDE EL ....

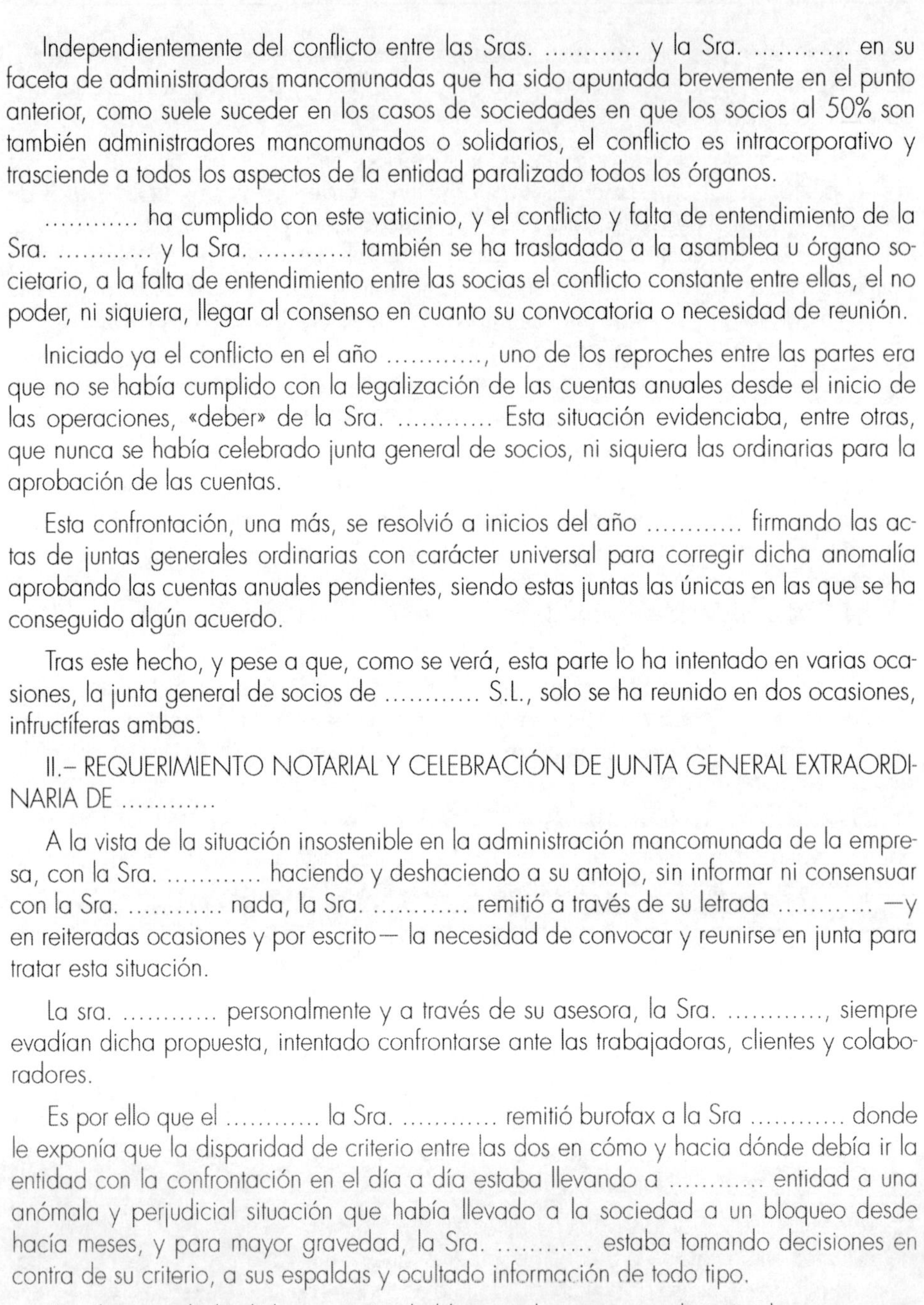

Independientemente del conflicto entre las Sras. .... y la Sra. .... en su faceta de administradoras mancomunadas que ha sido apuntada brevemente en el punto anterior, como suele suceder en los casos de sociedades en que los socios al 50% son también administradores mancomunados o solidarios, el conflicto es intracorporativo y trasciende a todos los aspectos de la entidad paralizado todos los órganos.

.... ha cumplido con este vaticinio, y el conflicto y falta de entendimiento de la Sra. .... y la Sra. .... también se ha trasladado a la asamblea u órgano societario, a la falta de entendimiento entre las socias el conflicto constante entre ellas, el no poder, ni siquiera, llegar al consenso en cuanto su convocatoria o necesidad de reunión.

Iniciado ya el conflicto en el año ...., uno de los reproches entre las partes era que no se había cumplido con la legalización de las cuentas anuales desde el inicio de las operaciones, «deber» de la Sra. .... Esta situación evidenciaba, entre otras, que nunca se había celebrado junta general de socios, ni siquiera las ordinarias para la aprobación de las cuentas.

Esta confrontación, una más, se resolvió a inicios del año .... firmando las actas de juntas generales ordinarias con carácter universal para corregir dicha anomalía aprobando las cuentas anuales pendientes, siendo estas juntas las únicas en las que se ha conseguido algún acuerdo.

Tras este hecho, y pese a que, como se verá, esta parte lo ha intentado en varias ocasiones, la junta general de socios de .... S.L., solo se ha reunido en dos ocasiones, infructíferas ambas.

II.– REQUERIMIENTO NOTARIAL Y CELEBRACIÓN DE JUNTA GENERAL EXTRAORDINARIA DE ....

A la vista de la situación insostenible en la administración mancomunada de la empresa, con la Sra. .... haciendo y deshaciendo a su antojo, sin informar ni consensuar con la Sra. .... nada, la Sra. .... remitió a través de su letrada .... —y en reiteradas ocasiones y por escrito— la necesidad de convocar y reunirse en junta para tratar esta situación.

La sra. .... personalmente y a través de su asesora, la Sra. ...., siempre evadían dicha propuesta, intentado confrontarse ante las trabajadoras, clientes y colaboradores.

Es por ello que el .... la Sra. .... remitió burofax a la Sra .... donde le exponía que la disparidad de criterio entre las dos en cómo y hacia dónde debía ir la entidad con la confrontación en el día a día estaba llevando a .... entidad a una anómala y perjudicial situación que había llevado a la sociedad a un bloqueo desde hacía meses, y para mayor gravedad, la Sra. .... estaba tomando decisiones en contra de su criterio, a sus espaldas y ocultado información de todo tipo.

Por último, y dada dicha situación de bloqueo, la entonces administradora mancomunada, Sra. ...., le proponía la celebración de una junta extraordinaria de socios para deliberar sobre «la situación en la que se encuentra la sociedad .... S.L. y aprobación del acuerdo de disolución de la sociedad en virtud del artículo 368 de la

Ley de Sociedades de Capital, así como el nombramiento de liquidador/liquidadores», solicitando una contestación en un plazo prudencial de una semana.

Se acompaña como DOCUMENTO DIEZ, el citado burofax de ....

La Sra. .... lejos de contestar, ni siquiera mostró el mínimo interés en el burofax, marchándose de viaje a China para una supuesta visita con el cliente .... en quien centró todos sus intereses y los medios de la empresa, y no procedió a recoger de Correos el burofax hasta el ...., coincidiendo con la remisión de un requerimiento notarial a la que esta parte se vio obligada para forzar dicha junta.

Así, ante el silencio de la Sra. .... ante el burofax de ...., mi representada acudió ante el notario de Valencia Don .... el ...., y en su condición de socia de .... ante la negativa de la Sra. .... de celebrar junta general de socios, requería al notario para que:

A.– Requiera a la Sra. ...., para que acepte, de conformidad con el art. .... de los Estatutos Sociales de la entidad, constituirse en Junta General Extraordinaria de carácter universal, que tendría lugar el miércoles ...., en la notaria de Don ...., sita en ....

o en el caso que rechazase celebrar la junta esa fecha con carácter universal,

B.– para que requiera a la Sra. .... a que, conforme establece el art. 168 TR-LSC, y en los términos de dicho precepto legal, convoque, junto con la requirente, Junta General Extraordinaria (...........).A tal efecto, y dentro de los plazos establecidos a contar desde el presente requerimiento, la requirente acudirá ante el notario actuante para la firma de la convocatoria conjunta una vez sea requerida por la Sra. ...., y todo ello, a los efectos oportunos.

En ambos casos, la requirente, Sra. ...., proponía el siguiente orden del día:

PRIMERO.– Análisis de la situación en la que se encuentra la sociedad .... S.L. Enfoque comercial/artístico y desarrollo de la empresa. Medidas a tomar.

SEGUNDO.– Solicitud de información y aclaración por parte de la socia Doña .... sobre determinadas actuaciones no conocidas y no consentidas por el conjunto del órgano de administración y el resto del capital social. Propuesta de acuerdos y acciones a emprender contra la citada socia.

TERCERO.– Cese del órgano de administración y designación, en su caso, de nuevo órgano de administración ante la situación de la entidad.

CUARTO.– Dada la situación de bloqueo de la entidad, examen de los acuerdos a adoptar, entre ellos, acuerdo de disolución de la sociedad en virtud del artículo 368 de la Ley de Sociedades de Capital, así como el nombramiento de liquidador.

QUINTO.– Delegación de facultades en las administradoras de la sociedad para la ejecución de los acuerdos adoptados, en su caso.

SEXTO.– Redacción, lectura y en su caso, aprobación del Acta de la Junta

Dándose debido cumplimiento al requerimiento, mediante diligencia de .... se le notificó a la señora ...., contestando al acta mediante diligencia de .... —un día antes de la fecha propuesta para la junta universal— indicando que no iba a asistir a la junta general universal propuesta.

Se acompaña como DOCUMENTO ONCE el acta de requerimiento de fecha .... del notario de Valencia Don ...., numero de protocolo ...., que completamos con acta de incomparecencia de .... levantada por el mismo notario con número de protocolo .... por requerimiento de la Sra. ...., como DOCUMENTO DOCE.

Así pues, habiendo rechazado la celebración de una junta universal, la Sra. .... debía cumplir con su obligación de convocatoria de junta de conformidad con el art. 168 TRLSC y el requerimiento hecho por la Sra. .... como socia.

No es hasta dos meses después, algo absolutamente injustificado y llamativo dado la situación de la empresa, cuando cierra la Sra. .... la fecha de celebración de la junta, que se celebraría el ....

Pero no sólo demostró el mayor de los desprecios hacia la complicada situación de la empresa convocando al límite temporal legal, (quizá porque le interesaba mantener su administración única de hecho, apartando a la otra administradora el máximo tiempo posible??), sino que decidió cambiar el orden del día, en cuanto al propio orden e incluso el contenido, y sin contemplar las advertencias legales por ejemplo, para la representatividad.

No obstante lo anterior, y siendo que para mi representada era imperiosa la necesidad de celebración de la junta para poder clarificar la situación existente, y en todo caso, logar una salida al bloqueo del órgano de administración, validó con su firma la convocatoria, tal y como se acredita con el DOCUMENTO TRECE.

Llegado el día, recordemos 2 meses después de ser requerida notarialmente y pese a la gravedad de la situación, el desarrollo de la misma no pudo ser más esperpéntico y acreditativo de la situación irreversible de bloqueo, y para ser objetivo en ello, nos remitimos a la integridad del acta notarial de la citada reunión que levantó Don ...., notario del Ilustre Colegio de Valencia (núm. .... de su protocolo) y que se acompaña como DOCUMENTO TRES, en la que puede observarse el gravísimo conflicto existente entre las dos únicas socias y administradoras de la sociedad, aunque, como se acredita en el acta, la Sra. .... decidió no acudir pese a la obligación de asistencia que el art. 180 del TRLSC establece.

A los efectos que no ocupa, entre otros puntos del día, como indicamos, estaban los siguientes propuestos por mi representada:

3.– Análisis de la situación en la que se encuentra la sociedad .... S.L. Enfoque comercial/artístico y desarrollo de la empresa: obligaciones asumidas y actividades de la empresa. Medidas a tomar.

5.– Cese del órgano de administración y designación, en su caso, de nuevo órgano de administración ante la situación de la entidad.

6.– Dada la situación de bloqueo de la entidad, examen de los acuerdos a adoptar, entre ellos, acuerdo de disolución de la sociedad en virtud del artículo 368 de la Ley de Sociedades de Capital, así como el nombramiento de liquidador.

Independientemente de estos puntos del orden del día que vienen perfectamente detallados en el acta así como la conclusión de las deliberaciones, la postura de las partes a lo largo del acta no pudo ser más distantes y contrarias:

Por un lado el silencio absoluto y negaciones sin justificación de la persona que representaba a la Sra. ...., y por otro lado, la Sra. ...., que sí compareció, aportando no sólo su criterio o visión de las cosas, sino alternativas, propuestas y alternativas a las propuestas. Todas y cada una de ellas fue rechazada por la representación de la Sra ....

En cuanto a las dos únicas propuestas de la Señora .... rechazadas por la Sra. ...., una por pretender ocultar los errores cometidos por la propia Sra. ...., y otra que pretendía imponer la única y verdadera voluntad demostrada estos últimos 18 meses: ser CEO de .... y validar la administración única de hecho que estaba llevando a cabo en contra de mi representada, que se le nombrara a ella como administradora única. Evidentemente, eso no podía ser aceptado.

Tal y como consta en la junta, NO SE ADOPTÓ NINGÚN ACUERDO, siendo imposible el mínimo entendimiento entre las socias.

Tal y como ya hemos adelantado en el punto relativo a la situación de la administración de ...., antes de concluir el acta de la junta, y a la vista de la imposibilidad de cumplimiento de una administración mancomunada con la Sra. ...., a la vista de que esta última estaba realizando una serie de actos a espaldas de mi representada, a escondidas y otras con el rechazo y no aceptación de mi representada, y todo ello con repercusiones que desconocíamos al estar totalmente apartada de su cargo por culpa de la Sra. ...., mi representada, la Sra. .... presentó su dimisión como administradora mancomunada de .... S.L.

III.– PERIODO INTERJUNTAS.

Aun cuando no procediese en este apartado al no existir junta de socios entre el .... y el ...., resulta del todo clarificador el detallar y hacer visible lo ocurrido entre las juntas realmente celebradas, ya que acreditan a los efectos de esta demanda, el enfrentamiento y enconamiento insuperable entre las dos socias.

Por un lado, la Sra. ...., habiendo comunicado su dimisión, y al comprobar que la otra administradora con cargo vigente no parecía dispuesta a romper su «status», remite burofax el .... a la Sra. .... para recordarle que debe convocar debidamente junta general de socios para nombrar su sustituto, todo ello para evitar males mayores ante un posible bloqueo de la entidad una vez su dimisión fuera efectiva.

Hasta tal punto se quería evitar tal situación que se incluía en dicho burofax lo que sería el texto de convocatoria, con el orden del día, incluido la posibilidad de plantear al disolución de mutuo acuerdo, y se le compelía a que la Sra. .... eligiera el notario y con él el día y la hora ya que se adelantaba por esta parte el requerimiento que esta junta general de socios extraordinaria tuviera el carácter de notarial.

Se acompaña como DOCUMENTO CATORCE el citado burofax, que fue recibido el ....

Contrariamente a lo que era de esperar, es decir, una comunicación convocando debidamente ante notario previamente requerido, con un día y hora en la que mediase el plazo de 15 días, y con un texto de conformidad a una convocatoria, la Sra. .... remite un burofax en fecha ...., que se acompaña como DOCUMENTO QUINCE.

Como se puede observar, no cumplía con los requisitos legales para ser considerada como convocatoria ex lege, se incluía nuevos puntos de orden del día que requería el plazo mínimo para poder solicitar información y era imposible que pudiera tener la condición de acta notarial de conformidad con el art. 203 TRLSC y art. 101 del Reglamento del Registro Mercantil, lo que, entre otras causas, supondría una anulabilidad de la misma que lo único que provocaría sería más retraso en la posibilidad de solventar la situación de bloqueo.

Así se lo hizo saber mi representada mediante un nuevo burofax de fecha ...., que se acompaña como DOCUMENTO DIECISÉIS y que damos aquí por enteramente reproducido, sin que, tras él hubiera contestación alguna, más que el reconocimiento de dicha incorrección al proceder a una nueva convocatoria a los 10 días del envío del mismo.

IV.– JUNTA GENERAL EXTRAORDINARIA DE .... DEL DÍA ....

Siendo consciente de la incorrección en la pretendida convocatoria de junta universal y a la vista de los más que acuciantes problemas que se avecinaban, la Sra. ...., envía una nueva convocatoria a mi representada, esta vez al domicilio que consta como socia, y respetando los plazos de convocatoria legales y estatutarios.

Pese a estos «cumplimientos», la Sra. .... vuelve a sorprender encabezando la convocatoria de fecha .... como administradora mancomunada cuando había presentado su dimisión .... días antes, y para mayor sorpresa de esta parte, sólo contempla en el orden del día un único punto: «1.– Nombramiento de nuevo órgano de administración», obviando y olvidando todos los puntos de vital importancia como la aprobación de cuentas.

Es más, también sorprende y negativamente a efectos de la voluntad de la Sra. .... de dar rápida respuesta a un bloqueo total de la entidad, que la convocatoria que se realiza el .... fije la fecha para celebración de esta junta de vital importancia para el ...., es decir, más de mes y medio después.

¿Acaso tendría que ver esta fecha con un viaje a China para «asegurar su cliente» .... al que confirmó la resolución de su contrato con .... con efectos de .... ¿¿¿ Sólo la Señora .... lo sabe y posiblemente el nombrado liquidador lo descubra.

Se acompaña como DOCUMENTO DIECISIETE la convocatoria de ....

Respecto al desarrollo de la Junta General, nos remitimos al acta notarial de la citada reunión de fecha .... que levantó Doña ...., notario del Ilustre Colegio de .... (núm. .... de su protocolo) que se acompaña a este escrito como DOCUMENTO DIECIOCHO, en la que puede observarse el gravísimo conflicto existente entre las dos únicas socias y nombradas en su momento administradoras mancomunadas de la sociedad, que lejos de solventarse la situación de bloqueo, esta se evidenció más.

Así, por un lado, la convocante «administradora mancomunada saliente» Sra. ...., debidamente representada, no aceptó el constituirse en junta universal y con ello abordar determinados asuntos de imperante importancia de la entidad, o por ejemplo aprobar las cuentas anuales del .... o plantear nuevamente, una disolución de mutuo acuerdo. Se negó en rotundo, bloqueando toda posibilidad de una salida diferente a la judicialización a la que nos hemos visto abocados.

Por otro lado, al plantear el único asunto del orden del día, esto es, «Nombramiento del nuevo órgano de administración», la postura de la representante de la Sra. .... era el nombrar a la asesora que durante más de un año ha intercedido por la Sra. .... sin éxito, lo que evidentemente no pudo ser aceptado por esta parte.

Y por el contrario la Sra. ...., no quiso ni oír las identidades o currículos de quienes iban a ser propuestos por mi representada, 2 profesionales externos, un letrado especialista en materia societaria y un auditor economista, ajenos al enfrentamientos entre las socias y administradoras, sin más motivos para su rechazo que el ser propuestos por la Sra. Martínez, y así lo expresa de manera rotunda diciendo, y constando en acta, que «............ ella no va a aceptar lo que propone la otra parte» (refiriéndose a mi representada)

Evidentemente, no se llegó a ningún acuerdo, y nuevamente, se evidenciaba que la situación es irreversible e irreconducible.

QUINTO.- CONCLUSIÓN

La sociedad está completamente bloqueada. El órgano de administración está inoperativo y es, técnicamente inexistente con la dimisión de mi representada constando debidamente inscrita en el Registro Mercantil, y la dimisión, supuestamente realizada ante notario, de la otra administradora mancomunada Doña ....

Mientras esta inoperatividad legal existe, la Sra. .... sigue ejerciendo, cuando ella así lo considera, una administración única, de hecho, contraria a la voluntad del máximo órgano societario, dictándose por ella órdenes que agravan la situación de .... S.L. con sus trabajadoras sin cobrar y sin trabajo, con proveedores requiriendo pagos y colaboradores y clientes alarmados ante esta situación.

Y todo, ello, como se ha visto, con la Junta General paralizada e incapaz de adoptar acuerdos sociales para solventar la situación, incluso respecto a algo tan esencial en la vida societaria como la aprobación de las cuentas anuales y la gestión social, o el nombramiento de un nuevo órgano de administración.

Es con todo, un bloqueo, una paralización de los órganos sociales permanente e insuperable, no transitoria ni vencible, por lo que entendemos que no cabe otra opción que la disolución de la entidad .... S.L.

A los anteriores hechos, se aducen los siguientes:

FUNDAMENTOS DE DERECHO

DE ORDEN PROCESAL

I.– Son competentes desde un punto de vista objetivo para conocer de este asunto, los JUZGADOS DE LO MERCANTIL, según resulta del art. 86 Ter. LOPJ., DEL Art. 366.1 TRLSC y del art-. 126 de la Ley de la Jurisdicción Voluntaria.

II.– Desde un punto de vista territorial, son competentes los Juzgados de lo Mercantil del lugar del domicilio social, esto es, los de la ciudad de .... Así resulta del artículo 366.1 TRLSC y de los propios estatutos de la entidad en su art. 24 que dice «Fuero judicial.– Los socios hacen renuncia expresa de cualquier fuero que hoy o en lo sucesivo pudiera corresponderles, en favor de los Juzgados y tribunales del domicilio social de la compañía, o del que, en cada caso, pudiera corresponder con arreglo a la normativa vigente».

III.– Siendo que la causa alegada por esta parte para la presentación de esta solitud de disolución —paralización de los órganos sociales y por ende la imposibilidad d conseguir el fin social— se encuentra comprendida en la sección 2ª del Capítulo I, Titulo X del TRLSC, relativo a la disolución por causa legal o estatutaria, siendo imperativa su disolución de conformidad con lo establecido en los art. 364, 365 y especialmente el art. 366 Disolución Judicial. Así, la presente demanda se sustanciará por los trámites previstos para los expedientes de Jurisdicción voluntaria, en los arts. 125 y ss. de la Ley Jurisdicción Voluntaria, que contempla la Disolución judicial de sociedades, y ello en relación con el art. 366 y concordantes del TRLSC.

El art. 125 de la Ley de la Jurisdicción voluntaria establece que «Se aplicará el expediente regulado en este Capítulo a la disolución judicial de una sociedad en los casos en que proceda conforme a la ley», siendo el caso del bloqueo de los órganos sociales una de esas causas.

Dicha imperatividad legal de disolución judicial en el caso de bloqueo de órganos sociales y la imposibilidad d conseguir el fin social viene confirmada por el art. 21 de los estatutos sociales donde se establece que: «la sociedad se disolverá por las causas previstas en la normativa especial reguladora de sociedades de capital y demás disposiciones legales que pudieran resultar aplicables».

Especialmente cabe esta imperatividad debido a la situación de ...., s.l. que sin administración y enfrentamiento insalvable e incuestionable, imposible de dirimir de cualquier modo, está conllevando una serie de efectos negativos como demandas y reclamaciones que transciende al mero enfrentamiento de «ideología» o interpretación entre las partes, sino que afecta de manera directa al patrimonio de la entidad y a derechos de terceros, como trabajadores, acreedores o entidades públicas, llegando a ser, la preceptiva disolución judicial por causa legal, de orden público y ante también, fruto de este bloqueo de los órganos sociales llegando también a estar en un supuesto de los recogidos ene l art. 363.c. de TRLSC, esto es, «imposibilidad manifiesta de conseguir el fin social».

En base a lo anterior, dando cumplimiento a lo establecido en el art. 127.1 de la Ley 15/2015 de 2 de julio, se comunicó de manera verbal y fehacientemente a la sociedad la voluntad de mi representada de presentar esta demanda, tal y como se acredita mediante acta de requerimiento de remisión de copia cédula por correo certificado a la entidad de dicha voluntad, sin que de contrario nada se haya dicho.

Se acompaña como DOCUMENTO DIECINUEVE Acta de requerimiento de ...., de Doña ...., número .... de su protocolo, que fue completada mediante diligencia de ...., expidiendo copia autorizada el ....

IV.– Respecto de la postulación requerida en el art. 126 de la Lay de la Jurisdicción Voluntaria, la demanda se interpone mediante procurador y abogado del Ilustre Colegio de Abogados de ....

FONDO DEL ASUNTO

I.– La legitimación activa de mi mandante, Doña ...., para interponer la presente demanda, resulta, artículo 366 TRLSC, de su condición de socia de .... S.L., máxime cuando la que en estos momentos ostenta una administración de hecho, la Sra. ...., aun siendo consciente de la situación actual, no sólo no ha instado este procedimiento, sino que tampoco, como socia, ha aceptado cualquier alternativa a solventar la situación de bloqueo, ni siquiera ha aceptado la disolución por mero acuerdo de la junta general.

Es más, es la propia Sra. .... quien, de manera injustificada, sigue ejerciendo determinadas funciones de Administradora, alargando de manera voluntaria y en prejuicio de acreedores, trabajadores, deudores y la propia entidad y socios, esta situación de acefalia legal del órgano de administración, todo ello, en interés propio.

II.– La legitimación pasiva de .... S.L., resulta de lo dispuesto en el artículo 366 TRLSC, y la Ley de la Jurisdicción voluntaria, al establecer que la demanda de disolución deberá dirigirse contra la sociedad.

III.– Artículo 363.1 d) TRLSC, al establecer que la sociedad de capital deberá disolverse «........... d) Por la paralización de los órganos sociales de modo que resulte imposible su funcionamiento», y, a causa del prolongado estado de bloqueo, por lo establecido en el art. 363.c: «Imposibilidad manifiesta de conseguir el fin social».

Aun cuando el Artículo 364 TRLSC, según el cual se establece que «en los casos previstos en el artículo anterior, la disolución de la sociedad requerirá acuerdo de la junta general adoptado con la mayoría ordinaria establecida para las sociedades de responsabilidad limitada en el artículo 198, y con el quórum de constitución y las mayorías establecidas para las sociedades anónimas en los artículos 193 y 201», no procede en este caso que se solicite la celebración de dicha junta al haberse intentado en varias ocasiones sin que se acordara la misma, y ello debido, verbigracia a la composición del capital social al 50% para cada una de las 2 socias enfrentadas, siendo un bloqueo constante incluso a estos efectos.

Por ello, a pesar de lo que parece inferirse del contenido del art. 366 TRLSC, al establecer que «1. Si la junta no fuera convocada, no se celebrara, o no adoptara alguno de los acuerdos previstos en el artículo anterior, cualquier interesado podrá instar la disolución de la sociedad ante el juez de lo mercantil del domicilio social», no constituye requisito de procedibilidad el haberse intentado sin éxito la adopción del pertinente acuerdo previo de disolución por la junta general, porque, por razón de economía procedimental y simple lógica, es absurdo exigir convocar una junta para adoptar un acuerdo por hipótesis imposible si resultase manifiesta la previa existencia de conflictos irreversibles entre los socios.

Este criterio, defendido doctrinalmente entre otros por Fernández del Pozo en «La paralización de los órganos sociales en las sociedades de capital» (Marcial Pons), o Juan Bataller en «La liquidación de las sociedades mercantiles» (Tirant lo Blanch), también es el aceptado y seguido por nuestro alto tribunal, y en este sentido el TS ha reconocido reiteradamente la posibilidad de instar de forma directa la disolución judicial sin requerir la previa convocatoria de la junta general, tal y como se expresa en las SSTS 10/06/1994, 15/05/200 y especialmente la de 4/11/2000, doctrina y jurisprudencia a la que esta parte se acoge, para entre otras para evitar que se demore la disolución poniendo en peligro la sociedad, especialmente su integridad patrimonial.

IV.– Sobre la disolución de la sociedad por paralización de órganos sociales, reseñamos las Sentencias de la Audiencia Provincial de Valencia, de fecha 9 de noviembre de 2010 (Tol 2044031) o 24 de febrero de 2009 (Tol 1955545), pudiendo leerse en esta última, un amplio resumen de la doctrina jurisprudencial sentada sobre tal causa de disolución:

TERCERO.– Resta por analizar, exclusivamente, la cuestión de fondo, relativa a la pertinencia de la disolución acordada. La sentencia de esta Sección Novena de 9 de diciembre de 2005, cuyo planteamiento se reitera en las posteriores de 4 de julio de 2007, y de 9 de mayo de 2008, entre otras, expresaba sobre esta concreta materia lo que sigue: «Alega la parte recurrente la errónea valoración de la causa de disolución invocada por la demandante prevista en el artículo 104,1 c) del LSRL. Sobre la disolución de las sociedades mercantiles, el artículo 260.3° de la Ley de Sociedades Anónimas (lo que es aplicable al precepto análogo de la LSRL) dispone —entre otras causas de disolución— que «la sociedad anónima se disolverá: 3° por la conclusión de la empresa que constituye su objeto o la imposibilidad manifiesta de realizar el fin social o por la paralización de los órganos sociales, de modo que resulte imposible su funcionamiento»». Y continuaba expresando que «La doctrina, en interpretación del precepto, declara que aún cuando la disolución por paralización de los órganos sociales se configura como una causa específica o autónoma, implica, en realidad, una manifestación de la imposibilidad de realizar el fin social, y su introducción como causa de disolución en la Ley 19/1989 de 25 de julio no es sino la consecuencia de la Jurisprudencia del Tribunal Supremo que había equiparado la paralización de los órganos sociales (por desavenencias o empates reiterados en las votaciones; especialmente en la Junta de socios) con la imposibilidad manifiesta de conseguir el fin social, que se sigue contemplando como causa de disolución». Asimismo, señala la doctrina que para apreciar la concurrencia de esta causa no basta cualquier dificultad en el funcionamiento de la sociedad, sino que se requiere que la paralización sea de tal naturaleza que resulte imposible la marcha de la sociedad, debiendo tratarse de una paralización permanente e insuperable, e indicando que, normalmente la manifestación de esta situación se produce respecto de la Junta General cuando ésta no es capaz de eliminar la eventual inactividad del órgano de administración, esto es, cuando no puede terminar con las dificultades operativas del órgano de administración, lo que se produce, con frecuencia, cuando no se alcanzan acuerdos «debido al enfrentamiento entre dos grupos paritarios de accionistas o a la exigencia de mayorías reforzadas de votación que no se alcanzan por las desavenencia entre los socios»». Afirma la doctrina que, en los supuestos de enfrentamiento de dos grupos de accionistas que representan igual porcentaje de votos, «la sociedad queda inevitablemente abocada a la disolución, dado que no hay medio de adoptar los acuerdos si no hay mayoría, ni existe medio de dirimir estos empates dado el principio mayoritario que inspira el funcionamiento orgánico de la Sociedad Anónima». Y añade la doctrina científica que la concurrencia de esta causa pone en marcha el mecanismo legal relativo al acuerdo social de disolución y que, en particular, los administradores «quedan obligados a convocar Junta General; y si ésta, como sucederá normalmente, no adopta el acuerdo de disolución, los referidos administradores deberán solicitar la disolución judicial, pudiendo hacerlo igualmente cualquier interesado». La expresada norma también ha sido interpretada por los Tribunales en los siguientes términos: La Sentencia del Tribunal Supremo de 4 de noviembre de 2000 (EDJ 2000/3706. Pte. Sr. Marín Castán) dice en interpretación del expresado precepto, que «........... en definitiva, la paralización contemplada en el artículo 260.3 LSA como causa de disolución no puede entenderse solamente como inerte pasividad o silencio absoluto de los órganos de la sociedad, según parece proponer la recurrente, sino que necesariamente ha de comprender también los casos de bloqueo efectivo en que, aún celebrándose formalmente juntas generales, no pueden lograrse acuerdos o los adoptados no se ejecutan, de modo que, como dice el precepto, resulte imposible el funcionamiento de la sociedad, no debiendo olvidarse al respecto que el apartado 5° del citado artículo 262 es bien demostrativo del rigor legal con los supuestos de disolución de las sociedades cuando hace incurrir en responsabilidad a los administradores que no actúen diligentemente». En la sentencia de 20 de julio de 2002, la Sala Primera del Tribunal Supremo declara la disolución de una sociedad de responsabilidad limitada por paralización de los órganos sociales en un supuesto en el que el actor y su esposa eran titulares del 50% de las participaciones sociales y el demandado y su esposa del 50% restante, lo que impedía la adopción de acuerdos por razón de la situación de radical enfrentamiento existente entre ambos bloques. La mencionada resolución (tras describir la situación anteriormente expuesta con la expresa referencia a que demandante y demandado —ambos— eran gerentes solidarios —como en el caso que nos ocupa—, aunque de hecho el que ejercía como tal era el actor) destaca la imposibilidad de adoptar acuerdos sobre destitución del gerente, o sobre el ejercicio de la acción de responsabilidad y de disolución de la sociedad instada por el actor, concluyendo en la procedencia de la desestimación del motivo de casación formulado por el recurrente y sustentado en la afirmación de que los desacuerdos no eran persistentes ni pasaban de ser meramente circunstanciales. Argumenta: El motivo se desestima pues la susodicha situación —se refiere a la paralización de órganos sociales— puede producirse en situaciones litigiosas como la presente, según declaró la sentencia de esta Sala de 25 jul. 1995, en la que existen dos bloques de socios enfrentados con la misma titularidad accionarial sin que se haya demostrado algún propósito de convivencia societaria, ya que el acta de las dos juntas habidas después de la constitución social revelan enfrentamientos radicales e imposibilidad de tomar acuerdos sociales. En contra no se puede alegar que los bloques estuvieron de acuerdo en la adaptación de los estatutos sociales, pero tal acuerdo no era más que una mera formalidad en cumplimiento de la Ley que lo impone, además de que se trata de una única actuación. La Audiencia Provincial de Palencia, en Sentencia de 11 de enero de 2000 analiza una petición de disolución de una sociedad de responsabilidad limitada en la que, como en el caso enjuiciado por el Tribunal Supremo, la administración era desarrollada por dos administradores solidarios en situación de enfrentamiento —como en el supuesto sometido a nuestra consideración–. El Tribunal, tras hacer referencia a los constantes empates en Junta en relación al cese de administrador y disolución de la sociedad relata como el nombramiento de un apoderado independiente para asumir la gestión social resultó infructuoso y culminó con el desistimiento del nombrado ante la imposibilidad de normal ejercicio por las desavenencias entre los socios. Y dice: «........... El enfrentamiento o desacuerdo es por tanto grave y reiterado, no habiéndose aprobado las cuentas desde 1997 en adelante y reconociendo la socia hoy recurrente en nombre de la sociedad que no se ha adoptado acuerdo alguno de los que compete a la Junta en los últimos tres años. Se produce por tanto una permanente paralización del órgano social clave y decisorio en los aspectos fundamentales de la vida societaria según las competencias que le atribuye la L.S.R.L. en sus artículos 44 y concordantes, integrándose por tanto con perfección la causa de disolución que venimos comentando. Dicha causa en absoluto se ve enervada por el hecho de que el carácter solidario del cargo de Administrador permita tomar decisiones unilateralmente, pues ello lo que ha venido a significar en primer lugar es que de facto una de las socias haya gestionado la sociedad pese a la voluntad contraria de la otra, que en cualquier momento podrá hacer uso también de las facultades de administrador que ostenta para gestionar también unilateral y opuestamente la entidad, y en segundo término que se haya prescindido por completo del órgano llamado a expresar la voluntad social ante el continuo empate que impide tomar acuerdos, viniendo a sustituirlo por las decisiones que adopta una de las dos administradoras solidarias. La situación descrita afecta al propio fundamento de la sociedad e imposibilita su normal funcionamiento, por lo que no cabe obligar permanecer en tal estado a la otra socia ....»La Audiencia Provincial de Badajoz (Sección 2ª) en sentencia de 3 de abril de 2000 (LA LEY JURIS 144276/2000. Pte. Sr. Sánchez Ugena) acuerda, asimismo la disolución de una sociedad anónima por imposibilidad de funcionamiento derivado de la división del total de las acciones en dos bloques idénticos, que sitúa a los accionistas en situación de enfrentamiento con consecuencias en orden al gobierno y administración de la mercantil, argumentando, en su Fundamento Jurídico Cuarto, cuanto seguidamente se expone: «........... Sostiene la sociedad recurrente que realmente la sociedad no está separada en los dos bloques enfrentados que detentan cada uno de ellos la mitad de las acciones de la sociedad. La propia existencia del presente procedimiento judicial es un claro ejemplo más de realmente la situación de escisión de los accionistas no puede ponerse en duda, dándose la circunstancia de que esta escisión en dos bloques idénticos en cuanto al número de acciones detentadas ocasiona unas consecuencias en orden al gobierno y administración de la sociedad que desde luego no pueden desconocerse. La sentencia del Tribunal Supremo de 2 mar. 1998 ha declarado, al igual que otras muchas, que la aplicación de la imposibilidad de realizar el fin social por la empresa es una cuestión de hecho encomendada a los Tribunales. En el presente caso el Juzgador a quo ha valorado de manera adecuada las pruebas practicadas y ha llegado al convencimiento de que tal imposibilidad está presente en la sociedad demandada a la vista de las circunstancias concurrentes» y analiza tales circunstancias como la existencia de otros procedimientos derivados de la falta de entendimiento entre los accionistas y la interposición de una querella por parte de uno de ellos frente al otro, añadiendo en relación a las consecuencias que pueden derivarse de la disolución, algunas como el «mantenimiento de plantilla de trabajadores, nivel de venta de las estaciones y otros» que «carece de relevancia a los efectos que ahora nos ocupan». Y dice: «Es indudable que de un acto con tanta trascendencia como lo es la disolución de una sociedad puedan derivarse consecuencias, pero ello nunca podrá evitar la disolución si existe una causa legal para ello». Finalmente, la Audiencia Provincial de Madrid (Sección 10ª) de 21 de julio de 2001 apreció, en el supuesto examinado, la práctica imposibilidad de tomar acuerdos en el seno de las juntas generales de la sociedad anónima demandada debido a la distribución del capital social en dos grupos de accionistas enfrentados entre sí, con radicales discrepancias y posturas contrapuestas sobre el desarrollo de las actividades sociales, operatividad y gestión de la sociedad. Dice la Sentencia de alzada en su Fundamento Jurídico Octavo en interpretación del artículo 260.3: «............ en efecto, para el funcionamiento efectivo de la sociedad, orientado a la consecución del objeto o fin social, es imprescindible la existencia de órganos que realicen las actuaciones necesarias, de modo que si los órganos a través de los que la sociedad funciona no cumplen absolutamente sus cometidos estando paralizados habrá una necesaria y obligada imposibilidad de que la sociedad pueda cumplir el objeto para el que fue creada o constituida, si bien parece desprenderse del texto legal la exigencia de que no se trate de una mera paralización temporal motivada por dificultades transitorias, superable o subsanable, sino que sea persistentes o permanente, que tenga carácter absoluto o definitivo, de modo que resulte imposible su funcionamiento. No contiene el texto legal el requisito de que la paralización afecte a los dos órganos sustanciales por medio de los cuales funciona la sociedad, junta general de accionistas, y órgano de administración o gestión, pudiendo entenderse que concurre la causa de disolución cuando la parálisis de funcionamiento afecta a cualquiera de los dos órganos sociales, siendo de tal naturaleza que se traduzca en una situación de estancamiento de la sociedad en orden a la realización de las actividades sociales. Se halla justificada la disolución tanto si es la junta general como órgano supremo y soberano de formación y expresión de voluntad común de los socios, y la que deja de cumplir sus funciones, como si no se pueden desarrollar las relaciones de la sociedad con los terceros ni llevar a cabo la ejecución de las directrices marcadas por dicho órgano supremo mediante la cotidiana gestión de los negocios y actividades sociales por paralización del funcionamiento del órgano administrativo o Consejo de Administración. No obstante, no podemos dejar de señalar que cualquiera que sea el órgano —afectado por el estancamiento o paralización—, indudablemente ello no dejará de tener reflejo en el funcionamiento del otro órgano dada las relaciones o interdependencia mutua existente entre los mismos». Y añade en el Fundamento Jurídico Décimo «............ resulta indiferente para la procedencia de la disolución decretada que el Administrador único haya venido desarrollando sus funciones, pues mal puede una sociedad cumplir su objeto social con independencia del órgano deliberante que en definitiva marca las pautas de actuación del órgano administrativo o ejecutivo, el cual en todo caso se encuentra subordinado a las decisiones de la junta, siendo inimaginable una gestión social absolutamente desconectada de aquéllas. En efecto, la situación de parálisis de la junta general ha repercutido en el caso sobre el propio estado de las actividades de la sociedad. En definitiva, lo que resulta de lo hasta aquí expuesto sirve para abundar en la tesis mantenida por el Juzgador «a quo». La evidencia documental, plasmada en la falta de concreción de acuerdo alguno en la Junta de 4 de julio de 2007, más allá del meramente formal de aprobación del acta, imposibilidad constatada y manifiestamente insuperable ya que nos hallamos, en este caso, ante dos únicos socios, cada uno de ellos titular del 50% de participación social, lo que comporta, indudablemente, que fueran cuales fueren los beneficios obtenidos por la sociedad, la «affectio societatis» ha quebrado, y, por ende, cualquier intento de acuerdo se verá obstaculizado por el otro socio, lo que, en la práctica, implica la paralización de los órganos de la sociedad. El propio Letrado de la parte recurrente, al interrogar al demandante, incidió en el aspecto relativo a la falta de aprobación de las cuentas, extremo éste básico en el funcionamiento social y obligatoria su presentación, por lo que los obstáculos que las disensiones entre los socios puedan generar en su confección, aprobación o demás incidencias, obvio es que comportarán el perjuicio —evidente— de la falta de funcionamiento efectivo de la sociedad y, en consecuencia, el incumplimiento de las obligaciones de la misma, siendo, en cierto modo, contradictoria la alegación mantenida en el recurso, que pretende se entienda que concurre funcionamiento de la sociedad por la mención de «aprobación» de las cuentas, en un intento de acceso al Registro, pese a que no lo fueron, cuando lo que ello pone de manifiesto, sin duda, es la inviabilidad de funcionamiento social en tales condiciones. No se opone a tal conclusión que la sociedad presente pérdidas o no, pues lo que aquí se valora no es la situación económica objetiva que determinaría la disolución, sino la que afecta a la composición y sustrato personal de la sociedad y su reflejo en los órganos de aquella, y, en tal sentido, también tal argumentación deviene estéril para combatir lo tenido en cuenta en la sentencia».

Y recientemente, y en cuanto a disoluciones judiciales en base al art. 363.1 d) TRLSC y tramitadas bajo le Ley de la Jurisdicción voluntaria, apuntamos, entre otras muchas, la de los Juzgados de lo Mercantil n° de Barcelona, 182/2018, 510/2017, del n° 8 de Barcelona 300/2017, del n° 7 de Barcelona 927/2017 todas ellas confirmadas por la Audiencia Provincial.

Así mismo, doctrinalmente es pacífico el criterio de esta disolución judicial por paralización de los órganos societarios en las entidades como las que aquí nos trae, esto es, al 50% en el capital social y con administración mancomunada o solidaria. Así, Juan Bataller en la Obra «La liquidación de las sociedades mercantiles», afirma «. .... la praxis demuestra que el conflicto intracorporativo desemboca en la paralización de todos los órganos sociales. Ciertamente, las sociedades con un capital social dividido entre dos socios, o grupos de socios, al 50% suelen tener como correlato un órgano de administración que responde a la misma paridad societaria. Así es usual que se refleje en un órgano de administración compuesto por dos administradores mancomunados o en un consejo de administración con dos consejeros delegados mancomunados. En definitiva, parece lógico que el órgano de administración muestre también la composición social, por lo que el conflicto intracorporativo se instalará rápidamente en todas las esferas sociales».

Al resultar de los hechos aquí expuestos la evidente paralización de los órganos sociales resultando imposible el funcionamiento de .... S.L., y con ello, como segunda causa de disolución legal se llega a una situación de imposibilidad de conseguir el fin social establecido en el apartado c del mismo artículo aquí invocado como primera causa de disolución.

Y todo ello siendo que no ha sido posible el acuerdo por el que remueva esta situación, incluso no acordándose la disolución por mero acuerdo, procede, de conformidad con el art. 366 del TRLSC la disolución judicial, y de conformidad con los arts. 215 y ss. de la Ley de la Jurisdicción voluntaria, se proceda, tras los oportunos trámites legales, al nombramiento de un liquidador para llevar a cabo dicha disolución.

En virtud de lo expuesto,

SUPLICO AL JUZGADO que tenga por presentado este escrito, junto a los documentos a él unidos, se sirva admitirlo y tener por promovido en nombre y representación de mi mandante, Doña ...., EXPEDIENTE DE JURISDICCIÓN VOLUNTARIA en solicitud de la disolución judicial de la compañía .... S.L., se sirva emplazar a la sociedad .... S.L., y, en su caso, a su órgano de administración y notificarle la presente solicitud y, previos los oportunos trámites legales, se sirva dictar resolución por la que:

1. Se declare la disolución de la sociedad .... S.L., por concurrir las causas previstas e invocadas en el cuerpo de este escrito, abriéndose el periodo de liquidación.

2. Se designe liquidador de la sociedad .... S.L., nombrando por este juzgado a quien entienda procedente, excluyendo en todo caso a las socias y muy particularmente a Doña ...., dadas las circunstancias arriba expuestas.

3. Se ordene la inscripción de la sentencia, y en especial de la declaración de disolución y nombramiento de liquidador, en el Registro Mercantil de la provincia de ...., así como cuanto demás proceda en derecho, incluido la publicación en el Boletín Oficial del Registro Mercantil.

En ...., hoy día ....

4. DOCUMENTOS NOTARIALES

F347. DISOLUCIÓN. ACTA DE REQUERIMIENTO NOTARIAL AL ÓRGANO DE ADMINISTRACIÓN SOLICITANDO CONVOCATORIA DE JUNTA GENERAL SOBRE DISOLUCIÓN

Normativa de Aplicación: *Arts. 360 y ss. Real Decreto Legislativo 1/2010, de 2 de julio, por el que se aprueba el texto refundido de la Ley de Sociedades de Capital. Arts. 238 y ss. Real Decreto 1784/1996, de 19 de julio, por el que se aprueba el Reglamento del Registro Mercantil.*

En la Ciudad de ...., mi residencia, a .... de ....

Ante mí, ..., Notario de la Ciudad y del Ilustre Colegio de ....

COMPARECE

Don ...., mayor de edad, de nacionalidad española, casado vecino de ...., con domicilio en ...., número ...., con DNI/NIF ....

Le identifico por el documento de identidad exhibido y reseñado.

INTERVIENE

Don .... interviene en su propio nombre y derecho. Tiene a mi juicio, según interviene, la capacidad legal y el interés legitimo para el otorgamiento de la presente ACTA DE REQUERIMIENTO y a tal efecto

EXPONE

I.– Que Don .... es socio de la compañía .... S.L., titular de .... participaciones sociales, número .... a ...., de .... euros de nominal, en su conjunto .... euros, que suponen el .... por ciento del capital social.

II.– Que a juicio del otorgante, concurre en la sociedad .... S.L., la causa de disolución prevista en el art. .... TRLSC, toda vez que .... Por tal motivo, procede la inmediata convocatoria de la Junta General de socios de la compañía para deliberar y en su caso, adoptar acuerdos sobre tal disolución.

III.– Por ello y al amparo de lo dispuesto en el 365.1 TRLSC, pretende la convocatoria por los administradores de la sociedad, de la junta expresada en el expositivo I de esta acta.

En relación a todo ello,

REQUERIMIENTO

Me requiere a mí, el notario, para que, constituyéndome en el domicilio social de la compañía .... S.L., sito en ...., calle ...., notifique y requiera al órgano de administración de la compañía en la persona del Presidente del Consejo de Administración, Don ...., en los siguientes términos:

Para que al amparo de lo dispuesto en el art. 365.1 TRLSC y al concurrir la causa de disolución de la sociedad prevista en el art. .... de la expresada Ley, toda vez que ...., se sirva convocar Junta General de la compañía .... S.L. para deliberar y en su caso adoptar, en su caso, el acuerdo de disolución de la compañía o aquel o aquellos que fueren necesarios para la remoción de dicha causa.

Acepto el requerimiento, que redacto conforme a la minuta que me ha sido facilitada por el compareciente.

Advierto al compareciente de su derecho a leer por si este instrumento al que renuncia. Yo, el notario, además la leo al compareciente, quien la encuentra conforme, otorga y firma conmigo, el notario, que doy fe en cuanto sea procedente de todo lo consignado en este instrumento público, extendido en .... folios de papel exclusivo para documentos notariales, serie, y números el del presente y anteriores en orden.

Protección de datos.– Con relación a los datos de carácter personal que en la presente constan, referidos al compareciente, queda este enterado de que los mismos se incorporan a mis ficheros automatizados, lo que acepta, así como del derecho de oposición, acceso a ellos, rectificación o cancelación de los mismos

PRIMERA DILIGENCIA:

El día .... de .... de .... y siendo las .... horas y .... minutos, yo, el notario, me constituyo en el lugar indicado en el requerimiento inicial, donde encuentro a quien dice ser Don ...., le informo de mi condición de notario, del objeto de mi visita, le hago entrega de cédula comprensiva de copia literal del acta inicial, advirtiéndole del derecho que le asiste a contestar en el plazo de dos días hábiles, quien enterado la recibe.

Doy fe del contenido de esta diligencia, redactada en mi estudio sobre las notas tomadas en el lugar de práctica del requerimiento y que va extendida en este folio, número ...., que forma parte del acta inicial.

SEGUNDA DILIGENCIA:

Para hacer constar que ha transcurrido el plazo de dos días hábiles conferido a Don .... para contestar el acta inicial, sin que haya ejercitado tal derecho.

Doy fe del contenido de esta diligencia, que va extendida en este folio, número ...., que forma parte del acta inicial.

F348. DISOLUCIÓN. ESCRITURA DE REACTIVACIÓN DE SOCIEDAD

Normativa de Aplicación: *Arts. 360 y ss. Real Decreto Legislativo 1/2010, de 2 de julio, por el que se aprueba el texto refundido de la Ley de Sociedades de Capital. Arts. 238 y ss. Real Decreto 1784/1996, de 19 de julio, por el que se aprueba el Reglamento del Registro Mercantil.*

En la Ciudad de ...., mi residencia, a .... de ....

Ante mí, ..., Notario de la Ciudad y del Ilustre Colegio de ....

COMPARECEN

Don ...., de nacionalidad española, casado, vecino de ...., con domicilio en la calle ...., núm. ...., con DNI/NIF ....

Don ...., de nacionalidad española, casado, vecino de ...., con domicilio en la Avenida ...., s/n, con DNI/NIF ....

Les identifico por los documentos de identidad exhibidos y reseñados.

INTERVIENEN

Don .... interviene en su propio nombre y derecho.

Don ...., interviene en su calidad de administrador único de la sociedad de responsabilidad limitada ...., constituida por tiempo indefinido mediante escritura autorizada por el notario de ...., Don ...., con fecha .... de .... de dos mil ...., número de protocolo ...., domiciliada en ...., calle ...., número .... Inscrita en el Registro Mercantil de la provincia de ...., al tomo ...., libro ...., folio ...., hoja ...., inscripción .... CIF .... Constituye su objeto social ....

Su nombramiento como administrador único y sus facultades para este otorgamiento le fueron conferidas por la Junta General Universal de socios de la compañía .... S.L., en su reunión del día .... de .... de dos mil ...., según resulta de la certificación expedida por el administrador único, aquí compareciente, Don ...., cuya firma legitimo por serme conocida e incorporo a esta matriz.

Yo, el Notario, hago constar expresamente que he cumplido con la obligación que impone la ley 10/2010, de 28 de abril, cuyo resultado consta en acta autorizada por el Notario de ...., Don ...., el día ...., en cuanto a «........... S.L.», bajo nº .... de protocolo, manifestando no haberse modificado el contenido de la misma.

Previa la aseveración efectuada por Don .... de hallarse en la actualidad en el ejercicio de su cargo y vigentes las facultades en cuya virtud obra tienen, a mi juicio, la capacidad legal necesaria para el otorgamiento de la presente escritura de ELEVACIÓN A

PUBLICO DE ACUERDO DE REACTIVACIÓN DE SOCIEDAD DISUELTA Y NOTIFICACIÓN DE CESE DE LIQUIDADOR y a tal efecto,

OTORGA

PRIMERO.– Que según interviene, Don .... eleva a público los acuerdos adoptados por la Junta General Extraordinaria de la sociedad, en su reunión del día .... de .... de dos mil ...., en los términos que resultan de la certificación incorporada a esta matriz y que se da por íntegramente reproducida en este lugar para evitar repeticiones.

Por lo tanto, se tiene por acordada la reactivación de la sociedad .... S.L. y el retorno de la misma a su vida activa, manifestando Don .... que el expresado acuerdo ha sido adoptado con los requisitos y la mayoría establecidos para la modificación de los Estatutos Sociales.

SEGUNDO.– Que a efectos de lo prevenido en el art. 370 TRLSC y 242 del Reglamento del Registro Mercantil, el otorgante efectúa las siguientes manifestaciones:

1.– Que ha desaparecido la causa de disolución que motivó el acuerdo de disolución de la compañía adoptado por la Junta General en su reunión de fecha .... de .... dos mil ...., que no constituía causa de disolución de pleno derecho, y que el patrimonio contable de .... S.L. no es inferior al capital social.

2.– Que no ha habido oposición al acuerdo de reactivación por parte de los acreedores, con la única excepción del acreedor Don ...., mayor de edad, de nacionalidad española, soltero, vecino de ...., con domicilio en la calle ...., núm. .... y DNI/NIF ...., titular de un crédito contra la sociedad por importe de .... euros.

A los efectos de la anterior oposición y el acuerdo de reactivación elevado a público a través de la presente escritura por mi, el notario, autorizada, la sociedad ha prestado la siguiente garantía ....

3.– Que de la certificación incorporada a esta matriz, resulta el nombramiento de administradores y cese de los liquidadores tras la adopción del acuerdo de reactivación de la sociedad.

TERCERO.– El otorgante manifiesta que el acuerdo de reactivación adoptado por la Junta General que se eleva a público mediante la presente escritura, y que concede a los socios que no hayan votado a favor del mismo el derecho a separarse de la compañía conforme establece el art. 346.1 c) TRLSC, fue publicado en el Boletín Oficial del Registro Mercantil de fecha .... de .... de dos mil .... (BORME núm. ....), sin que ningún socio haya ejercitado el expresado derecho de separación dentro del plazo establecido a tal efecto. Con esta mención se da cumplimiento a lo preceptuado por los arts. 206.1 y 242.2.2ª del Reglamento del Registro Mercantil.

El compareciente me entrega el original del Boletín Oficial del Registro Mercantil del día .... de .... de dos mil .... (núm. ....), en el que se publicó el citado anuncio, del que deduzco fotocopia que concuerda exacta y fielmente con su respectivo original, de lo que doy fe, incorporando la fotocopia a la presente escritura.

CUARTO.– Don .... se da por notificado de su cese como liquidador único de la sociedad y del nombramiento como administrador único de la compañía del otorgante Don ....

QUINTO.– Se solicita la inscripción de los acuerdos susceptibles de ello en el Registro Mercantil, de cuya obligatoriedad advierto.

SEXTO.– Para el supuesto y a los efectos del art. 63 RRM, se solicita la inscripción parcial de esta escritura si no fuera posible la inscripción total de la misma y la extensión de nota, con expresión de las razones de denegación respecto a los extremos no inscritos.

Protección de datos.– Con relación a los datos de carácter personal que en la presente constan, referidos al compareciente, queda este enterado de que los mismos se incorporan a mis ficheros automatizados, lo que acepta, así como del derecho de oposición, acceso a ellos, rectificación o cancelación de los mismos.

OTORGAMIENTO Y AUTORIZACIÓN

Advierto a los comparecientes de su derecho a leer por si este instrumento al que renuncian. Yo, el notario, además la leo a los comparecientes, quienes la encuentran conforme, otorgan y firman conmigo, el Notario, que doy fe en cuanto sea procedente de todo lo consignado en este instrumento público, extendido en .... folios de papel exclusivo para documentos notariales, serie, y números el del presente y anteriores en orden.

F349. DISOLUCIÓN Y LIQUIDACIÓN SIMULTÁNEA. ESCRITURA

Normativa de Aplicación: *Arts. 360 y ss. Real Decreto Legislativo 1/2010, de 2 de julio, por el que se aprueba el texto refundido de la Ley de Sociedades de Capital. Arts. 238 y ss. Real Decreto 1784/1996, de 19 de julio, por el que se aprueba el Reglamento del Registro Mercantil.*

En la Ciudad de ...., mi residencia, a .... de ....

Ante mí, ..., Notario de la Ciudad y del Ilustre Colegio de ....

COMPARECE

Doña ...., mayor de edad, de nacionalidad española, soltera, vecina de ...., con domicilio en ...., núm. ...., con DNI/NIF ....

Les identifico por el documento de identidad exhibido y reseñado.

INTERVIENE

Doña ...., interviene en su calidad de liquidadora única de la sociedad de responsabilidad limitada .... S.L., constituida por tiempo indefinido mediante escritura autorizada por el notario de ...., Don ...., con fecha .... de .... de dos mil ...., número .... de su protocolo, y domiciliada en ...., calle ...., número .... Inscrita en el Registro Mercantil de la provincia de ...., al tomo ...., libro ...., folio ...., hoja ...., inscripción .... CIF .... Constituye su objeto social ....

Está legitimada para este otorgamiento en virtud de su cargo de liquidadora, que afirma vigente, cargo para el que fue designada por acuerdo de la Junta General Universal de fecha .... de .... de dos mil ...., según resulta de la certificación que me entrega la otorgante, expedida por la misma cuya firma legitimo por serme conocida, y que yo, el notario, incorporo a esta matriz.

Yo, el Notario, hago constar expresamente que he cumplido con la obligación que impone la ley 10/2010, de 28 de abril, cuyo resultado consta en acta autorizada por el Notario de ...., Don ...., el día ...., en cuanto a «........... S.L.», bajo nº .... de protocolo, manifestando no haberse modificado el contenido de la misma.

Previa la aseveración de hallarse en la actualidad en el ejercicio de su cargo y vigentes las facultades en cuya virtud obra tiene, a mi contrato juicio, la capacidad legal necesaria para el otorgamiento de la presente escritura de ELEVACIÓN A PUBLICO DE ACUERDOS SOCIALES relativos a la DISOLUCIÓN Y LIQUIDACIÓN DE LA SOCIEDAD y a tal efecto,

OTORGA

PRIMERO.– Que Doña .... eleva a público los acuerdos adoptados por la Junta General Extraordinaria y Universal de la sociedad, en su reunión del día .... de .... de dos mil ...., en los términos que resultan de la certificación incorporada a esta matriz y que se dan por íntegramente reproducida en este lugar para evitar repeticiones.

Por lo tanto, se tiene por acordada la disolución y liquidación de la sociedad .... S.L.

SEGUNDO.– La compareciente, en la condición en que interviene y a efectos de lo prevenido en el art. 247.2 del Reglamento del Registro Mercantil, hace constar lo siguiente:

I.– Que concluidas las operaciones de liquidación se sometió a la aprobación de la Junta General el balance final de liquidación, un informe completo sobre dichas operaciones y un proyecto de división entre los socios del activo resultante.

II.– Que sobre todo aquello recayó acuerdo favorable de la totalidad de los socios representantes del total capital social, razón por la cual no procede la impugnación del mismo, ni es necesario el transcurso del plazo prevenido en el art. 390.2 TRLSC, ni efectuar por innecesaria la manifestación que ordena el art. 395.1 a) TRLSC.

III.– Que no existen acreedores a quienes satisfacer ni consignar sus créditos y no se ha satisfecho a los socios cuota de liquidación alguna por ser ésta igual a cero euros, resultando innecesaria también la manifestación prevenida en el art. 395.1 b) TRLSC.

Consta en el documento protocolizado el balance final de liquidación que certifica es el que aprobó por unanimidad la Junta General, cuyos acuerdos se eleva a público en este instrumento.

IV.– Declara que la relación de los socios y su identidad es la que resulta del título fundacional y el libro registro de socios. A saber:

Doña ...., de nacionalidad española, mayor de edad, soltera, vecina de ...., con domicilio en calle ...., núm. .... y DNI/NIF ....;

Doña ...., de nacionalidad española, mayor de edad, soltera, vecina de ...., con domicilio en calle ...., núm. .... y DNI/NIF .... y

Doña ...., de nacionalidad española, mayor de edad, soltera, vecina de ...., con domicilio en calle ...., núm. .... y DNI/NIF ....,

La cuota de liquidación atribuible a los socios es, como se indicó, de cero euros.

IV.– Que de conformidad con lo prevenido en el art. 247.5 del Reglamento del Registro Mercantil, el liquidador asume el deber de conservación de los libros de comercio, la correspondencia, la documentación y los justificantes concernientes al tráfico de la sociedad durante el plazo de seis años a contar desde la fecha del asiento de cancelación de la sociedad.

TERCERO.– Se solicita del Sr. Registrador Mercantil de esta provincia la inscripción de esta escritura, y en su caso, parcial.

Hago la advertencia de la obligatoria inscripción de esta escritura en el Registro Mercantil, así como la responsabilidad solidaria de los antiguos socios por las deudas sociales no satisfechas hasta el límite de lo que hubieran recibido como cuota de liquidación, sin perjuicio de la responsabilidad de los liquidadores en caso de dolo o culpa.

Protección de datos.– Con relación a los datos de carácter personal que en la presente constan, referidos a la compareciente, queda este enterado de que los mismos se incorporan a mis ficheros automatizados, lo que acepta, así como del derecho de oposición, acceso a ellos, rectificación o cancelación de los mismos

OTORGAMIENTO Y AUTORIZACIÓN

Advierto al compareciente de su derecho a leer por si este instrumento al que renuncian. Yo, el notario, además la leo a la compareciente, quien la encuentra conforme, otorga y firma conmigo, el notario, que le hice las advertencias legales, que doy fe en cuanto sea procedente de todo lo consignado en este instrumento público, extendido en .... folios de papel exclusivo para documentos notariales, serie, y números el del presente y anteriores en orden.

F350. DISOLUCIÓN DE SOCIEDAD. ESCRITURA

Normativa de Aplicación: *Arts. 360 y ss. Real Decreto Legislativo 1/2010, de 2 de julio, por el que se aprueba el texto refundido de la Ley de Sociedades de Capital. Arts. 238 y ss. Real Decreto 1784/1996, de 19 de julio, por el que se aprueba el Reglamento del Registro Mercantil.*

En la Ciudad de ...., mi residencia, a .... de ....

Ante mí, ..., Notario de la Ciudad y del Ilustre Colegio de ....

COMPARECEN

Don ...., de nacionalidad española, casado, vecino de ...., con domicilio en la calle ...., núm. ...., con DNI/NIF ....

Don ...., de nacionalidad española, casado, vecino de ...., con domicilio en la Avenida ...., s/n, con DNI/NIF ....

Les identifico por los documentos de identidad exhibidos y reseñados.

INTERVIENEN

Don .... interviene en su propio nombre y derecho.

Don ...., interviene en su calidad de liquidador único de la sociedad de responsabilidad limitada ...., de nacionalidad española, constituida por tiempo indefinido mediante escritura autorizada por el Notario de ...., Don ...., con fecha .... de .... de dos mil ...., número de protocolo ...., domiciliada en ...., calle ...., número .... Inscrita en el Registro Mercantil de la provincia de ...., al tomo ...., libro ...., folio ...., hoja ...., inscripción .... CIF .... Constituye su objeto social ....

Su nombramiento como liquidador y sus facultades para este otorgamiento le fueron conferidas por la Junta General Universal de socios de la compañía .... S.L., en su reunión del día .... de .... de dos mil ...., según resulta de la certificación expedida por el liquidador único, aquí compareciente, Don ...., cuya firma legitimo por serme conocida e incorporo a esta matriz.

Yo, el Notario, hago constar expresamente que he cumplido con la obligación que impone la ley 10/2010, de 28 de abril, cuyo resultado consta en acta autorizada por el Notario de ...., Don ...., el día ...., en cuanto a «........... S.L.», bajo nº .... de protocolo, manifestando no haberse modificado el contenido de la misma.

Previa la aseveración efectuada por Don .... de hallarse en la actualidad en el ejercicio de su cargo y vigentes las facultades en cuya virtud obra tienen, a mi juicio, la capacidad legal necesaria para el otorgamiento de la presente escritura de ELEVACIÓN

A PUBLICO DE ACUERDO DE DISOLUCIÓN Y NOTIFICACIÓN CESE DE ADMINISTRADOR y a tal efecto,

OTORGA

PRIMERO.– Que según interviene, Don .... eleva a público los acuerdos adoptados por la Junta General Extraordinaria y Universal de la sociedad, en su reunión del día .... de .... de dos mil ...., en los términos que resultan de la certificación incorporada a esta matriz y que se dan por íntegramente reproducida en este lugar para evitar repeticiones.

Por lo tanto, se tiene por acordada la disolución de la sociedad .... S.L., quien desde ese momento añade a su denominación la expresión «en liquidación».

SEGUNDO.– Don .... se da por notificado de su cese como administrador único de la sociedad y del nombramiento como liquidador único de la compañía del otorgante Don ....

TERCERO.– Se solicita la inscripción de los acuerdos susceptibles de ello en el Registro Mercantil, de cuya obligatoriedad advierto.

CUARTO.– Para el supuesto y a los efectos del art. 63 RRM, se solicita la inscripción parcial de esta escritura si no fuera posible la inscripción total de la misma y la extensión de nota, con expresión de las razones de denegación respecto a los extremos no inscritos.

Protección de datos.– Con relación a los datos de carácter personal que en la presente constan, referidos al compareciente, queda este enterado de que los mismos se incorporan a mis ficheros automatizados, lo que acepta, así como del derecho de oposición, acceso a ellos, rectificación o cancelación de los mismos

OTORGAMIENTO Y AUTORIZACIÓN

Advierto a los comparecientes de su derecho a leer por si este instrumento al que renuncian. Yo, el notario, además la leo a los comparecientes, quienes la encuentran conforme, otorgan y firman conmigo, el Notario, que doy fe en cuanto sea procedente de todo lo consignado en este instrumento público, extendido en .... folios de papel exclusivo para documentos notariales, serie, y números el del presente y anteriores en orden.

XII. LIQUIDACIÓN

SUMARIO: 1. ACTAS. F351. LIQUIDACIÓN. CUOTA A SATISFACER A CADA SOCIO RESULTANTE DE LA LIQUIDACIÓN. ACTA DE ACUERDO DE JUNTA GENERAL EXTRAORDINARIA CONVOCADA. F352. LIQUIDACIÓN. CUOTA A SATISFACER A CADA SOCIO RESULTANTE DE LA LIQUIDACIÓN. ACTA DE ACUERDO DE JUNTA GENERAL EXTRAORDINARIA UNIVERSAL. F353. LIQUIDACIÓN. CUOTA CERO RESULTANTE DE LA LIQUIDACIÓN. ACTA DE ACUERDO DE JUNTA GENERAL EXTRAORDINARIA CONVOCADA. F354. LIQUIDACIÓN. CUOTA CERO RESULTANTE DE LA LIQUIDACIÓN. ACTA DE ACUERDO DE JUNTA GENERAL EXTRAORDINARIA UNIVERSAL. 2. CERTIFICACIONES. F355. LIQUIDACIÓN. CUOTA A SATISFACER A CADA SOCIO RESULTANTE DE LA LIQUIDACIÓN. CERTIFICACIÓN DE ACUERDO DE JUNTA GENERAL EXTRAORDINARIA CONVOCADA. F356. LIQUIDACIÓN. CUOTA A SATISFACER A CADA SOCIO RESULTANTE DE LA LIQUIDACIÓN. CERTIFICACIÓN DE ACUERDO DE JUNTA GENERAL EXTRAORDINARIA UNIVERSAL. F357. LIQUIDACIÓN. CUOTA CERO RESULTANTE DE LA LIQUIDACIÓN. CERTIFICACIÓN DE ACUERDO DE JUNTA GENERAL EXTRAORDINARIA CONVOCADA. F358. LIQUIDACIÓN. CUOTA CERO RESULTANTE DE LA LIQUIDACIÓN. CERTIFICACIÓN DE ACUERDO DE JUNTA GENERAL EXTRAORDINARIA UNIVERSAL. 3. PRIVADOS. F359. LIQUIDACIÓN. DEMANDA EN SOLICITUD DE SEPARACIÓN JUDICIAL DE LIQUIDADORES. 4. DOCUMENTOS NOTARIALES. F360. LIQUIDACIÓN. ESCRITURA DE ADJUDICACIÓN DE CUOTA ADICIONAL DE LIQUIDACIÓN POR ACTIVO SOBREVENIDO TRAS LIQUIDACIÓN Y CANCELACIÓN REGISTRAL DE LA SOCIEDAD. F361. LIQUIDACIÓN: ESCRITURA DE LIQUIDACIÓN CON CUOTA CERO. F362. LIQUIDACIÓN. ESCRITURA DE LIQUIDACIÓN CON CUOTA.

1. ACTAS

F351. LIQUIDACIÓN. CUOTA A SATISFACER A CADA SOCIO RESULTANTE DE LA LIQUIDACIÓN. ACTA DE ACUERDO DE JUNTA GENERAL EXTRAORDINARIA CONVOCADA

Normativa de Aplicación: *Arts. 371 y ss. Real Decreto Legislativo 1/2010, de 2 de julio, por el que se aprueba el texto refundido de la Ley de Sociedades de Capital.*

Que hoy día .... de .... de ...., a las .... horas, y en el domicilio social, sito en la localidad de ...., calle .... s/n, se celebra JUNTA GENERAL EXTRAORDINARIA de socios de la sociedad .... S.L.

La convocatoria de la presente Junta General Extraordinaria de socios, ha sido acordada por el liquidador único, Don ....

La convocatoria de la presente Junta General, se ha realizado, de conformidad con lo establecido en la Ley y el art .... de los Estatutos Sociales, mediante burofax con acuse de recibo y certificado de contenido, de fecha ...., dirigido ese mismo día a cada uno de los socios al domicilio designado al efecto por cada uno de ellos.

El tenor literal de la convocatoria se transcribe a continuación: «Por medio del presente se convoca a los señores socios a la celebración de Junta General Extraordinaria de la sociedad .... S.L., que se celebrará, el día .... de .... de ...., a las .... horas, en el domicilio social sito en ...., a efectos de deliberar y, en su caso, adoptar acuerdos con relación al siguiente orden del día: Liquidación de la sociedad. Informe y Balance de liquidación, proyecto de división y adjudicación del haber social. Extinción de la compañía. En ...., hoy día .... de .... de .... el Liquidador único de .... S.L. Don ....»

Asisten a la presente Junta General Extraordinaria, personalmente o representados, los siguientes socios:

I.– Socios presentes:

Don ...., titular de .... participaciones sociales núm. .... a ...., incluidos, con un valor nominal cada una de ellas de .... euros (en su conjunto .... euros), que suponen el .... por ciento del capital social.

Don ...., titular de .... participaciones sociales núm. .... a ...., incluidos, con un valor nominal cada una de ellas de .... euros (en su conjunto .... euros), que suponen el .... por ciento del capital social.

Doña ...., titular de .... participaciones sociales núm. .... a ...., incluidos, con un valor nominal cada una de ellas de .... euros (en su conjunto .... euros), que suponen el .... por ciento del capital social.

Por lo tanto, asisten de forma personal .... socios, titulares, en conjunto, de .... participaciones sociales que suponen el .... por ciento del capital social.

II.– Socios representados:

Don ...., titular de .... participaciones sociales núm. .... a ...., incluidos, con un valor nominal cada una de ellas de .... euros (en su conjunto .... euros), que suponen el .... por ciento del capital social. Asiste el expresado socio representado por Doña ....

Don ...., titular de .... participaciones sociales núm. .... a ...., incluidos, con un valor nominal cada una de ellas de .... euros (en su conjunto .... euros), que suponen el .... por ciento del capital social. Asiste el expresado socio representado por Don ....

Asisten representados, ... socios, que titularizan .... participaciones que suponen el .... por ciento del capital social asumido.

En conjunto, asisten, personalmente o representados, ... socios, titulares de .... participaciones que suponen el .... por ciento del capital social suscrito.

Asiste el liquidador único de la sociedad.

Son presidente y secretario de la presente Junta General, Don .... y Don ...., respectivamente. Ello de conformidad con lo establecido en la Ley y los Estatutos Sociales y ser los citados señores los socios designados por los concurrentes al comienzo de la reunión.

Abierta la sesión por el Sr. Presidente, sin que nadie se oponga a la válida constitución y celebración de la presente Junta General, se entra en el debate y deliberación de los diversos puntos del orden del día sin que ninguno de los presentes haga uso de su derecho a que conste en el acta el contenido de su intervención.

Tras todo lo anterior, se propone por el Sr. presidente la adopción de los siguientes acuerdos, propuesta que se transcribe literalmente a continuación:

PRIMERO.– Aprobar las operaciones de liquidación realizadas por el liquidador, el informe completo sobre la misma, y el balance final de liquidación elaborado por éste, compuesto por las siguientes partidas:

ACTIVO ....

PASIVO ....

Los socios renuncian al derecho de impugnación de dicho balance y acuerdan satisfacer el exceso de los gastos de liquidación que pudiese originarse en la proporción correspondiente a las participaciones de la sociedad que poseen.

SEGUNDO.– Aprobar el proyecto de división entre los socios del activo resultante, formulado por el liquidador.

TERCERO.– Proceder a la adjudicación del haber social existente en proporción a sus respectivas participaciones sociales que cada socio posee en la sociedad, es decir, con el siguiente respectivo alcance:

– Don ...., le corresponde una cuota de liquidación por un valor de .... euros.

– Don ...., le corresponde una cuota de liquidación por un valor de .... euros.

– Don ...., le corresponde una cuota de liquidación por un valor de .... euros.

– Doña ...., le corresponde una cuota de liquidación por un valor de .... euros.

En consecuencia, se acuerda la liquidación de la sociedad «........... S.L.».

Se procede a satisfacer a cada socio la cuota resultante de la liquidación, quienes dan carta de pago de tal cantidad firmando en tal sentido en la presente acta.

CUARTO.– Facultar al liquidador único para comparecer ante Notario a fin de elevar a público los acuerdos anteriormente transcritos e inste la inscripción de los mismos en el Registro Mercantil.

Previa la oportuna votación, la citada propuesta de acuerdos sociales es aprobada por UNANIMIDAD, con el voto favorable de todos los asistentes (........... por ciento de los votos correspondientes a las participaciones sociales en que se divide el capital social), en términos idénticos a los anteriormente transcritos.

Y no habiendo más asuntos que tratar, se procede a la redacción de la presente acta que es aprobada de forma unánime por los asistentes, y finaliza la presente Junta General Extraordinaria, levantándose la reunión en ...., a las .... horas del día .... de .... de ....

F352. LIQUIDACIÓN. CUOTA A SATISFACER A CADA SOCIO RESULTANTE DE LA LIQUIDACIÓN. ACTA DE ACUERDO DE JUNTA GENERAL EXTRAORDINARIA UNIVERSAL

Normativa de Aplicación: *Arts. 371 y ss. Real Decreto Legislativo 1/2010, de 2 de julio, por el que se aprueba el texto refundido de la Ley de Sociedades de Capital.*

Que hoy día .... de .... de ...., a las .... horas, y en el domicilio social, sito en la localidad de ...., calle ...., se celebra JUNTA GENERAL EXTRAORDINARIA de socios de la sociedad .... S.L.

Se encuentran presentes, en el referido lugar, y, por lo tanto, concurren la totalidad de socios de la compañía, decidiendo y dando su conformidad los asistentes a constituirse, con el carácter de universal, en Junta General Extraordinaria de socios de la compañía, para deliberar y, en su caso, adoptar acuerdos con relación al siguiente orden del día:

Liquidación de la sociedad. Informe y Balance de liquidación, proyecto de división y adjudicación del haber social. Extinción de la compañía.

En señal de conformidad firman seguidamente todos los asistentes, a continuación de su nombre y apellidos.

....

Asiste el liquidador único de la sociedad.

Son presidente y secretario de la presente Junta General, Don .... y Don ...., respectivamente. Ello de conformidad con lo establecido en la Ley y los Estatutos Sociales y ser los citados señores los socios designados por los concurrentes al comienzo de la reunión.

Abierta la sesión por el Sr. Presidente, sin que nadie se oponga a la válida constitución y celebración de la presente Junta General, se entra en el debate y deliberación de los diversos puntos del orden del día, sin que ninguno de los presentes haga uso de su derecho a que conste en el acta el contenido de su intervención.

Tras lo anterior, se propone por el Sr. presidente la adopción de los siguientes acuerdos, que se transcriben de forma literal a continuación:

PRIMERO.– Aprobar las operaciones de liquidación realizadas por el liquidador, el informe completo sobre la misma, y el balance final de liquidación elaborado por éste, compuesto por las siguientes partidas:

ACTIVO ....

PASIVO ....

Los socios renuncian al derecho de impugnación de dicho balance y acuerdan satisfacer el exceso de los gastos de liquidación que pudiese originarse en la proporción correspondiente a las participaciones de la sociedad que poseen.

SEGUNDO.– Aprobar el proyecto de división entre los socios del activo resultante, formulado por el liquidador.

TERCERO.– Proceder a la adjudicación del haber social existente en proporción a sus respectivas participaciones sociales que cada socio posee en la sociedad, es decir, con el siguiente respectivo alcance:

– Don ...., le corresponde una cuota de liquidación por un valor de .... euros.

– Don ...., le corresponde una cuota de liquidación por un valor de .... euros.

– Don ...., le corresponde una cuota de liquidación por un valor de .... euros.

– Doña ...., le corresponde una cuota de liquidación por un valor de .... euros.

En consecuencia, se acuerda la liquidación de la sociedad «........... S.L.».

Se procede a satisfacer a cada socio la cuota resultante de la liquidación, quienes dan carta de pago de tal cantidad firmando en tal sentido en la presente acta.

CUARTO.– Facultar al liquidador único para comparecer ante Notario a fin de elevar a público los acuerdos anteriormente transcritos e inste la inscripción de los mismos en el Registro Mercantil.

Previa la oportuna votación, la citada propuesta de acuerdos sociales es aprobada por UNANIMIDAD, con el voto favorable de todos los asistentes (........... por ciento de los votos correspondientes a las participaciones sociales en que se divide el capital social), en términos idénticos a los anteriormente transcritos.

Y no habiendo más asuntos que tratar, se procede a la redacción de la presente acta que es aprobada de forma unánime por los asistentes, y finaliza la presente Junta General Extraordinaria, levantándose la reunión en ...., a las .... horas del día .... de .... de ....

F353. LIQUIDACIÓN. CUOTA CERO RESULTANTE DE LA LIQUIDACIÓN. ACTA DE ACUERDO DE JUNTA GENERAL EXTRAORDINARIA CONVOCADA

Normativa de Aplicación: *Arts. 371 y ss. Real Decreto Legislativo 1/2010, de 2 de julio, por el que se aprueba el texto refundido de la Ley de Sociedades de Capital.*

Que hoy día .... de .... de ...., a las .... horas, y en el domicilio social, sito en la localidad de ...., calle .... s/n, se celebra JUNTA GENERAL EXTRAORDINARIA de socios de la sociedad .... S.L.

La convocatoria de la presente Junta General Extraordinaria de socios, ha sido acordada por el liquidador único, Don ....

La convocatoria de la presente Junta General, se ha realizado, de conformidad con lo establecido en la Ley y el art .... de los Estatutos Sociales, mediante burofax con acuse de recibo y certificado de contenido, de fecha ...., dirigido ese mismo día a cada uno de los socios al domicilio designado al efecto por cada uno de ellos.

El tenor literal de la convocatoria se transcribe a continuación: «Por medio del presente se convoca a los señores socios a la celebración de Junta General Extraordinaria de la sociedad .... S.L., que se celebrará, el día .... de .... de ...., a las .... horas, en el domicilio social sito en ...., a efectos de deliberar y, en su caso, adoptar acuerdos con relación al siguiente orden del día: Liquidación de la sociedad. Informe y Balance de liquidación, proyecto de división y adjudicación del haber social. Extinción de la compañía. En ...., hoy día .... de .... de .... el liquidador único de .... S.L. Don ....»

Asisten a la presente Junta General Extraordinaria, personalmente o representados, los siguientes socios:

I.– Socios presentes:

Don ...., titular de .... participaciones sociales núm. .... a ...., incluidos, con un valor nominal cada una de ellas de .... euros (en su conjunto .... euros), que suponen el .... por ciento del capital social.

Don ...., titular de .... participaciones sociales núm. .... a ...., incluidos, con un valor nominal cada una de ellas de .... euros (en su conjunto .... euros), que suponen el .... por ciento del capital social.

Doña ...., titular de .... participaciones sociales núm. .... a ...., incluidos, con un valor nominal cada una de ellas de .... euros (en su conjunto .... euros), que suponen el .... por ciento del capital social.

Por lo tanto, asisten de forma personal .... socios, titulares, en conjunto, de .... participaciones sociales que suponen el .... por ciento del capital social.

II.– Socios representados:

Don ...., titular de .... participaciones sociales núm. .... a ...., incluidos, con un valor nominal cada una de ellas de .... euros (en su conjunto .... euros), que suponen el .... por ciento del capital social. Asiste el expresado socio representado por Doña ....

Don ...., titular de .... participaciones sociales núm. .... a ...., incluidos, con un valor nominal cada una de ellas de .... euros (en su conjunto .... euros), que suponen el .... por ciento del capital social. Asiste el expresado socio representado por Don ....

Asisten representados, ... socios, que titularizan .... participaciones que suponen el .... por ciento del capital social asumido.

En conjunto, asisten, personalmente o representados, ... socios, titulares de .... participaciones que suponen el .... por ciento del capital social suscrito.

Asiste el liquidador único de la sociedad.

Son presidente y secretario de la presente Junta General, Don .... y Don ...., respectivamente. Ello de conformidad con lo establecido en la Ley y los Estatutos Sociales y ser los citados señores los socios designados por los concurrentes al comienzo de la reunión.

Abierta la sesión por el Sr. Presidente, sin que nadie se oponga a la válida constitución y celebración de la presente Junta General, se entra en el debate y deliberación de los diversos puntos del orden del día sin que ninguno de los presentes haga uso de su derecho a que conste en el acta el contenido de su intervención.

Tras todo lo anterior, se propone por el Sr. presidente la adopción de los siguientes acuerdos, propuesta que se transcribe literalmente a continuación:

PRIMERO.– Aprobar las operaciones de liquidación realizadas por el liquidador único, el informe emitido por éste sobre tales operaciones y el balance final de liquidación elaborado igualmente por el liquidador único, compuesto por las siguientes partidas:

ACTIVO ....

PASIVO ....

También el proyecto de división entre los socios del activo resultante.

Los socios renuncian al derecho de impugnación de dicho balance y acuerdan satisfacer el exceso de los gastos de liquidación que pudiese originarse en la proporción correspondiente a las participaciones de la sociedad que poseen.

SEGUNDO.– No existen deudas pendientes de pago ni operaciones mercantiles pendientes de realización, por lo que procede, y se lleva a cabo, la adjudicación del haber social existente en proporción a sus respectivas participaciones sociales que cada socio posee en la sociedad, si bien como quiere que este es igual a cero, no procede efectuar reparto alguno dado que la cuota de liquidación es igual a cero euros. En consecuencia, se acuerda tal cuota y la liquidación de la sociedad «........... S.L.».

TERCERO.– Facultar al liquidador único para comparecer ante notario a fin de elevar a público los acuerdos anteriormente transcritos e inste la inscripción de los mismos en el Registro Mercantil.

Previa la oportuna votación, la citada propuesta de acuerdos sociales es aprobada por UNANIMIDAD, con el voto favorable de todos los asistentes (........... por ciento de los votos correspondientes a las participaciones sociales en que se divide el capital social), en términos idénticos a los anteriormente transcritos.

Y no habiendo más asuntos que tratar, se procede a la redacción de la presente acta que es aprobada de forma unánime por los asistentes, y finaliza la presente Junta General Extraordinaria, levantándose la reunión en ...., a las .... horas del día .... de .... de ....

F354. LIQUIDACIÓN. CUOTA CERO RESULTANTE DE LA LIQUIDACIÓN. ACTA DE ACUERDO DE JUNTA GENERAL EXTRAORDINARIA UNIVERSAL

Normativa de Aplicación: *Arts. 371 y ss. Real Decreto Legislativo 1/2010, de 2 de julio, por el que se aprueba el texto refundido de la Ley de Sociedades de Capital.*

Que hoy día .... de .... de ...., a las .... horas, y en el domicilio social, sito en la localidad de ...., calle ...., se celebra JUNTA GENERAL EXTRAORDINARIA de socios de la sociedad .... S.L.

Se encuentran presentes, en el referido lugar, y, por lo tanto, concurren la totalidad de socios de la compañía, decidiendo y dando su conformidad los asistentes a constituirse, con el carácter de universal, en Junta General Extraordinaria de socios de la compañía, para deliberar y, en su caso, adoptar acuerdos con relación al siguiente orden del día: Liquidación de la sociedad. Informe y Balance de liquidación, proyecto de división y adjudicación del haber social. Extinción de la compañía.

En señal de conformidad firman seguidamente todos los asistentes, a continuación de su nombre y apellidos.

....

Asiste el liquidador único de la sociedad.

Son presidente y secretario de la presente Junta General, Don .... y Don ...., respectivamente. Ello de conformidad con lo establecido en la Ley y los Estatutos Sociales y ser los citados señores los socios designados por los concurrentes al comienzo de la reunión.

Abierta la sesión por el Sr. Presidente, sin que nadie se oponga a la válida constitución y celebración de la presente Junta General, se entra en el debate y deliberación de los diversos puntos del orden del día, sin que ninguno de los presentes haga uso de su derecho a que conste en el acta el contenido de su intervención.

Tras lo anterior, se propone por el Sr. presidente la adopción de los siguientes acuerdos, que se transcriben de forma literal a continuación:

PRIMERO.– Aprobar las operaciones de liquidación realizadas por el liquidador único, el informe emitido por éste sobre tales operaciones y el balance final de liquidación elaborado igualmente por el liquidador único, compuesto por las siguientes partidas:

ACTIVO ....

PASIVO ....

También el proyecto de división entre los socios del activo resultante.

Los socios renuncian al derecho de impugnación de dicho balance y acuerdan satisfacer el exceso de los gastos de liquidación que pudiese originarse en la proporción correspondiente a las participaciones de la sociedad que poseen.

SEGUNDO.– No existen deudas pendientes de pago ni operaciones mercantiles pendientes de realización, por lo que procede, y se lleva a cabo, la adjudicación del haber social existente en proporción a sus respectivas participaciones sociales que cada socio posee en la sociedad, si bien como quiere que este es igual a cero, no procede efectuar reparto alguno dado que la cuota de liquidación es igual a cero euros. En consecuencia, se acuerda tal cuota y la liquidación de la sociedad «........... S.L.».

TERCERO.– Facultar al liquidador único para comparecer ante notario a fin de elevar a público los acuerdos anteriormente transcritos e inste la inscripción de los mismos en el Registro Mercantil.

Previa la oportuna votación, la citada propuesta de acuerdos sociales es aprobada por UNANIMIDAD, con el voto favorable de todos los asistentes (........... por ciento de los votos correspondientes a las participaciones sociales en que se divide el capital social), en términos idénticos a los anteriormente transcritos.

Y no habiendo más asuntos que tratar, se procede a la redacción de la presente acta que es aprobada de forma unánime por los asistentes, y finaliza la presente Junta General Extraordinaria, levantándose la reunión en ...., a las .... horas del día .... de .... de ....

2. CERTIFICACIONES

F355. LIQUIDACIÓN. CUOTA A SATISFACER A CADA SOCIO RESULTANTE DE LA LIQUIDACIÓN. CERTIFICACIÓN DE ACUERDO DE JUNTA GENERAL EXTRAORDINARIA CONVOCADA

Normativa de Aplicación: *Arts. 371 y ss. Real Decreto Legislativo 1/2010, de 2 de julio, por el que se aprueba el texto refundido de la Ley de Sociedades de Capital.*

............, Liquidador Único de la compañía .... S.L., con domicilio en ...., Avenida ...., CIF .... Inscrita en el Registro Mercantil de la Provincia de .... al ....

CERTIFICO según resulta del libro de actas de la sociedad:

Que el día .... de .... de ...., a las .... horas, y en el domicilio social, se celebró en la Junta General Extraordinaria de Socios de la compañía .... S.L.

La convocatoria de la referida Junta General Extraordinaria de socios, fue acordada en fecha .... por el liquidador único, Don ....

Que la convocatoria de la presente Junta General, se realizó por el órgano de administración de la sociedad, de conformidad con lo establecido en la Ley y el art .... de los Estatutos Sociales, mediante burofax con acuse de recibo y certificado de contenido, de fecha ...., dirigido ese mismo día a cada uno de los socios al domicilio designado al efecto igualmente por cada uno de ellos.

Que el tenor literal de la convocatoria se transcribe a continuación: «Por medio del presente se convoca a los señores socios a la celebración de Junta General Extraordinaria de la sociedad .... S.L., que se celebrará, el día .... de .... de ...., a las .... horas, en el domicilio social sito en ...., a efectos de deliberar y, en su caso, adoptar acuerdos con relación al siguiente orden del día: Liquidación de la sociedad. Informe y Balance de liquidación, proyecto de división y adjudicación del haber social. Extinción de la compañía. En ...., hoy día .... de .... de .... el liquidador único de .... S.L. Don ....»

Que se confeccionó la pertinente lista de asistentes y, en conjunto, asistieron, personalmente o representados, ... socios, titulares de .... participaciones sociales que suponen el .... por ciento del capital social suscrito y .... de los derechos de voto.

Que asistió el liquidador único de la sociedad.

Que actuaron como presidente y secretario de la citada Junta General, Don .... y Don ...., respectivamente. Ello de conformidad con lo establecido en la Ley y los Estatutos Sociales y ser los citados señores los socios designados por los concurrentes al comienzo de la reunión.

Que abierta la sesión por el Sr. Presidente, sin que nadie se opusiera a la válida constitución y celebración de la citada Junta General, se entró en el debate y deliberación de los diversos puntos del orden del día sin que ninguno de los presentes hiciera uso de su derecho a que constase en el acta el contenido de su intervención. Tras lo anterior, se adoptaron por unanimidad de los asistentes (........... por ciento de los votos en que se divide el capital social), los siguientes ACUERDOS, que son aquí trascritos literalmente:

PRIMERO.– Aprobar las operaciones de liquidación realizadas por el liquidador, el informe completo sobre la misma, y el balance final de liquidación elaborado por éste, compuesto por las siguientes partidas:

ACTIVO ....

PASIVO ....

Los socios renuncian al derecho de impugnación de dicho balance y acuerdan satisfacer el exceso de los gastos de liquidación que pudiese originarse en la proporción correspondiente a las participaciones de la sociedad que poseen.

SEGUNDO.– Aprobar el proyecto de división entre los socios del activo resultante, formulado por el liquidador.

TERCERO.– Proceder a la adjudicación del haber social existente en proporción a sus respectivas participaciones sociales que cada socio posee en la sociedad, es decir, con el siguiente respectivo alcance:

– Don ...., le corresponde una cuota de liquidación por un valor de .... euros.

– Don ...., le corresponde una cuota de liquidación por un valor de .... euros.

– Don ...., le corresponde una cuota de liquidación por un valor de .... euros.

– Doña ...., le corresponde una cuota de liquidación por un valor de .... euros.

En consecuencia, se acuerda la liquidación de la sociedad «........... S.L.».

Se procede a satisfacer a cada socio la cuota resultante de la liquidación, quienes dan carta de pago de tal cantidad firmando en tal sentido en la presente acta.

CUARTO.– Facultar al liquidador único para comparecer ante Notario a fin de elevar a público los acuerdos anteriormente transcritos e inste la inscripción de los mismos en el Registro Mercantil.

Y para que conste y surta los efectos oportunos, libro la presente certificación, haciendo constar que el acta de la reunión donde se adoptaron los acuerdos que se certifican fue aprobada por unanimidad en la propia sesión, y firmada por el presidente y secretario. En ...., a .... de .... de ....

F356. LIQUIDACIÓN. CUOTA A SATISFACER A CADA SOCIO RESULTANTE DE LA LIQUIDACIÓN. CERTIFICACIÓN DE ACUERDO DE JUNTA GENERAL EXTRAORDINARIA UNIVERSAL

Normativa de Aplicación: *Arts. 371 y ss. Real Decreto Legislativo 1/2010, de 2 de julio, por el que se aprueba el texto refundido de la Ley de Sociedades de Capital.*

..........., liquidador único de la compañía .... S.L., con domicilio en ...., C/ .... y CIF .... Inscrita en el Registro Mercantil de la Provincia de ....

CERTIFICO, según resulta del libro de actas de la sociedad:

Que el día .... de .... de .... de .... y en ...., calle ...., se celebró Junta General Extraordinaria de Socios de la compañía .... S.L., reunida con carácter universal.

Que se encontraban presentes la totalidad de los socios, figurando su nombre en el acta.

Que la totalidad de los socios aceptaron constituirse y celebrar dicha Junta General, con el carácter de universal, para deliberar y, en su caso, adoptar acuerdos con relación al siguiente orden del día: Liquidación de la sociedad. Informe y Balance de liquidación, proyecto de división y adjudicación del haber social. Extinción de la compañía.

Que en señal de conformidad con lo reseñado anteriormente, la totalidad de los socios de la compañía, seguido de su respectivo nombre, firmaron al inicio del acta cuyos acuerdos aquí se certifican.

Que de conformidad con lo previsto en la Ley y Los Estatutos Sociales fueron designados y actuaron como presidente de la misma Doña .... y como secretario Don ....

Que abierta la sesión sin que nadie se opusiera a ello, se adoptaron por unanimidad, (........... por ciento de los votos correspondientes a las participaciones sociales en que se divida el capital social), los siguientes ACUERDOS que se transcriben de forma literal a continuación:

PRIMERO.- Aprobar las operaciones de liquidación realizadas por el liquidador, el informe completo sobre la misma, y el balance final de liquidación elaborado por éste, compuesto por las siguientes partidas:

ACTIVO ....

PASIVO ....

Los socios renuncian al derecho de impugnación de dicho balance y acuerdan satisfacer el exceso de los gastos de liquidación que pudiese originarse en la proporción correspondiente a las participaciones de la sociedad que poseen.

SEGUNDO.- Aprobar el proyecto de división entre los socios del activo resultante, formulado por el liquidador.

TERCERO.– Proceder a la adjudicación del haber social existente en proporción a sus respectivas participaciones sociales que cada socio posee en la sociedad, es decir, con el siguiente respectivo alcance:

– Don ...., le corresponde una cuota de liquidación por un valor de .... euros.

– Don ...., le corresponde una cuota de liquidación por un valor de .... euros.

– Don ...., le corresponde una cuota de liquidación por un valor de .... euros.

– Doña ...., le corresponde una cuota de liquidación por un valor de .... euros.

En consecuencia, se acuerda la liquidación de la sociedad «........... S.L.».

Se procede a satisfacer a cada socio la cuota resultante de la liquidación, quienes dan carta de pago de tal cantidad firmando en tal sentido en la presente acta.

CUARTO.– Facultar al liquidador único para comparecer ante Notario a fin de elevar a público los acuerdos anteriormente transcritos e inste la inscripción de los mismos en el Registro Mercantil.

Y para que conste libro la presente certificación, haciendo constar que el acta de la reunión donde se adoptaron los acuerdos que se certifican fue aprobada por unanimidad en la propia sesión y firmada por el presidente y secretario, en ...., a .... de .... de ....

F357. LIQUIDACIÓN. CUOTA CERO RESULTANTE DE LA LIQUIDACIÓN. CERTIFICACIÓN DE ACUERDO DE JUNTA GENERAL EXTRAORDINARIA CONVOCADA

Normativa de Aplicación: *Arts. 371 y ss. Real Decreto Legislativo 1/2010, de 2 de julio, por el que se aprueba el texto refundido de la Ley de Sociedades de Capital.*

..........., Liquidador Único de la compañía .... S.L., con domicilio en ...., Avenida ...., CIF .... Inscrita en el Registro Mercantil de la Provincia de .... al ....

CERTIFICO según resulta del libro de actas de la sociedad:

Que el día .... de .... de ...., a las .... horas, y en el domicilio social, se celebró en la Junta General Extraordinaria de Socios de la compañía .... S.L.

La convocatoria de la referida Junta General Extraordinaria de socios, fue acordada en fecha .... por el liquidador único, Don ....

Que la convocatoria de la presente Junta General, se realizó por el liquidador único de la sociedad, de conformidad con lo establecido en la Ley y el art .... de los Estatutos Sociales, mediante burofax con acuse de recibo y certificado de contenido, de fecha ...., dirigido ese mismo día a cada uno de los socios al domicilio designado al efecto igualmente por cada uno de ellos.

Que el tenor literal de la convocatoria se transcribe a continuación: «Por medio del presente se convoca a los señores socios a la celebración de Junta General Extraordinaria de la sociedad .... S.L., que se celebrará, el día .... de .... de ...., a las .... horas, en el domicilio social sito en ...., a efectos de deliberar y, en su caso, adoptar acuerdos con relación al siguiente orden del día: Liquidación de la sociedad. Informe y Balance de liquidación, proyecto de división y adjudicación del haber social. Extinción de la compañía. En ...., hoy día .... de .... de .... el liquidador único de .... S.L. Don ....»

Que se confeccionó la pertinente lista de asistentes y, en conjunto, asistieron, personalmente o representados, ... socios, titulares de .... participaciones sociales que suponen el .... por ciento del capital social suscrito y .... de los derechos de voto.

Que asistió el liquidador único de la sociedad.

Que actuaron como presidente y secretario de la citada Junta General, Don .... y Don ...., respectivamente. Ello de conformidad con lo establecido en la Ley y los Estatutos Sociales y ser los citados señores los socios designados por los concurrentes al comienzo de la reunión.

Que abierta la sesión por el Sr. Presidente, sin que nadie se opusiera a la válida constitución y celebración de la citada Junta General, se entró en el debate y deliberación de los diversos puntos del orden del día sin que ninguno de los presentes hiciera uso de su derecho a que constase en el acta el contenido de su intervención. Tras lo anterior, se adoptaron por unanimidad de los asistentes (........... por ciento de los votos en que se divide el capital social), los siguientes ACUERDOS, que son aquí trascritos literalmente:

PRIMERO.– Aprobar las operaciones de liquidación realizadas por el liquidador único, el informe emitido por éste sobre tales operaciones y el balance final de liquidación elaborado igualmente por el liquidador único, compuesto por las siguientes partidas:

ACTIVO ....

PASIVO ....

También el proyecto de división entre los socios del activo resultante.

Los socios renuncian al derecho de impugnación de dicho balance y acuerdan satisfacer el exceso de los gastos de liquidación que pudiese originarse en la proporción correspondiente a las participaciones de la sociedad que poseen.

SEGUNDO.– No existen deudas pendientes de pago ni operaciones mercantiles pendientes de realización, por lo que procede, y se lleva a cabo, la adjudicación del haber social existente en proporción a sus respectivas participaciones sociales que cada socio posee en la sociedad, si bien como quiere que este es igual a cero, no procede efectuar reparto alguno dado que la cuota de liquidación es igual a cero euros. En consecuencia, se acuerda tal cuota y la liquidación de la sociedad «............ S.L.».

TERCERO.– Facultar al liquidador único para comparecer ante notario a fin de elevar a público los acuerdos anteriormente transcritos e inste la inscripción de los mismos en el Registro Mercantil.

Y para que conste y surta los efectos oportunos, libro la presente certificación, haciendo constar que el acta de la reunión donde se adoptaron los acuerdos que se certifican fue aprobada por unanimidad en la propia sesión y firmada por el presidente y secretario. En ...., a .... de .... de ....

F358. LIQUIDACIÓN. CUOTA CERO RESULTANTE DE LA LIQUIDACIÓN. CERTIFICACIÓN DE ACUERDO DE JUNTA GENERAL EXTRAORDINARIA UNIVERSAL

Normativa de Aplicación: *Arts. 371 y ss. Real Decreto Legislativo 1/2010, de 2 de julio, por el que se aprueba el texto refundido de la Ley de Sociedades de Capital.*

............, liquidador único de la compañía .... S.L., con domicilio en ...., C/ .... y CIF .... Inscrita en el Registro Mercantil de la Provincia de ....

CERTIFICO, según resulta del libro de actas de la sociedad:

Que el día .... de .... de .... de .... y en ...., calle ...., se celebró Junta General Extraordinaria de Socios de la compañía .... S.L., reunida con carácter universal.

Que se encontraban presentes la totalidad de los socios, figurando su nombre en el acta.

Que la totalidad de los socios aceptaron constituirse y celebrar dicha Junta General, con el carácter de universal, para deliberar y, en su caso, adoptar acuerdos con relación al siguiente orden del día: Liquidación de la sociedad. Informe y Balance de liquidación, proyecto de división y adjudicación del haber social. Extinción de la compañía.

Que en señal de conformidad con lo reseñado anteriormente, la totalidad de los socios de la compañía, seguido de su respectivo nombre, firmaron al inicio del acta cuyos acuerdos aquí se certifican.

Que de conformidad con lo previsto en la Ley y Los Estatutos Sociales fueron designados y actuaron como presidente de la misma Doña .... y como secretario Don ....

Que abierta la sesión sin que nadie se opusiera a ello, se adoptaron por unanimidad, (........... por ciento de los votos correspondientes a las participaciones sociales en que se divida el capital social), los siguientes ACUERDOS que se transcriben de forma literal a continuación:

PRIMERO.– Aprobar las operaciones de liquidación realizadas por el liquidador único, el informe emitido por éste sobre tales operaciones y el balance final de liquidación elaborado igualmente por el liquidador único, compuesto por las siguientes partidas:

ACTIVO ....

PASIVO ....

También el proyecto de división entre los socios del activo resultante.

Los socios renuncian al derecho de impugnación de dicho balance y acuerdan satisfacer el exceso de los gastos de liquidación que pudiese originarse en la proporción correspondiente a las participaciones de la sociedad que poseen.

SEGUNDO.– No existen deudas pendientes de pago ni operaciones mercantiles pendientes de realización, por lo que procede, y se lleva a cabo, la adjudicación del haber social existente en proporción a sus respectivas participaciones sociales que cada socio posee en la sociedad, si bien como quiere que este es igual a cero, no procede efectuar reparto alguno dado que la cuota de liquidación es igual a cero euros. En consecuencia, se acuerda tal cuota y la liquidación de la sociedad «........... S.L.».

TERCERO.– Facultar al liquidador único para comparecer ante notario a fin de elevar a público los acuerdos anteriormente transcritos e inste la inscripción de los mismos en el Registro Mercantil.

Y para que conste libro la presente certificación, haciendo constar que el acta de la reunión donde se adoptaron los acuerdos que se certifican fue aprobada por unanimidad en la propia sesión y firmada por el presidente y secretario, en ...., a .... de .... de ....

3. PRIVADOS

F359. LIQUIDACIÓN. DEMANDA EN SOLICITUD DE SEPARACIÓN JUDICIAL DE LIQUIDADORES

Normativa de Aplicación: *Arts. 371 y ss. Real Decreto Legislativo 1/2010, de 2 de julio, por el que se aprueba el texto refundido de la Ley de Sociedades de Capital. Arts. 125 y ss. Ley 15/2015, de 2 de julio, de la Jurisdicción Voluntaria.*

AL JUZGADO DE LO MERCANTIL DE ....

..........., Procurador de los Tribunales y de Don ...., con domicilio en ...., C/ ...., núm. ...., representación que acredito mediante la escritura de poder que, debidamente bastanteada y por mi aceptada, acompaño con el ruego que una vez testimoniada en autos me sea devuelta por necesitarla para otros usos, ante el Juzgado comparezco y como mejor proceda en derecho DIGO:

Que por medio del presente escrito y en la representación que ostento, promuevo EXPEDIENTE DE JURISDICCIÓN VOLUNTARIA en solicitud de separación del liquidador de la sociedad .... S.L., en liquidación. Todo ello con base en los siguientes

HECHOS

PRIMERO.– La sociedad .... S.L., en liquidación, es una sociedad de responsabilidad limitada constituida el día .... de .... de ...., mediante escritura pública otorgada ante el Notario con residencia en ...., Don ...., obrante en su protocolo bajo el número ....

Inscrita en el Registro Mercantil de la provincia de .... al tomo ...., libro ...., de la sección ...., folio ...., hoja ...., número ...., inscripción .... CIF ....

El domicilio social de la compañía está fijado en ...., C/ ...., núm. .... y su objeto social consiste en ....

Acreditando lo anterior, se acompañan como DOCUMENTOS UNO y DOS, copia de la citada escritura de constitución y certificación del Registro Mercantil de la provincia de ...., relativa a la sociedad .... S.L., en liquidación.

SEGUNDO.– Que el capital social de la sociedad .... S.L., desembolsado en su totalidad, asciende a la suma de .... euros y está dividido en .... participaciones sociales de .... euros.

Mi mandante es titular de .... participaciones sociales, número 1 al ...., ambos inclusive, por un nominal en su conjunto de .... euros, lo que supone un .... por ciento del capital social.

Tal hecho consta en la escritura de constitución de la sociedad, acompañada a este escrito como DOCUMENTO UNO.

Igualmente, la titularidad de las citadas participaciones sociales por mi mandante, resulta de la certificación del libro registro de socios de la compañía que se acompaña como DOCUMENTO TRES.

TERCERO.– Que la Junta General Extraordinaria de la compañía, en su reunión celebrada en el domicilio social el .... de .... de ...., y de conformidad con lo dispuesto en el art. .... de la Ley de Sociedades de Responsabilidad Limitada, acordó disolver la sociedad .... S.L., abriéndose el periodo de liquidación.

Como consecuencia de la apertura de la liquidación, cesó el administrador único de la compañía, Don .... y la Junta General antes expresada acordó designar liquidador único de la misma a Don ...., de nacionalidad española, nacido el ...., vecino de ...., con domicilio en ...., DNI/NIF ....

Los citados acuerdos fueron elevados a público mediante escritura pública otorgada en fecha .... de .... de ...., ante el notario de ...., Don .... (núm. .... de su protocolo), copia de la misma se acompaña a este escrito como DOCUMENTO CUATRO, e inscritos en el Registro Mercantil de la provincia de ...., al tomo ...., libro ...., de la sección ...., folio ...., hoja ...., número ...., inscripción ...., tal y como puede observarse en la certificación del Registro Mercantil de la provincia de .... que se acompaña a este escrito como DOCUMENTO DOS.

CUARTO.– Que pese a que han transcurrido más de tres años desde la apertura de la liquidación, y los constantes requerimientos verificados por mi mandante, que se acompañan como DOCUMENTOS CINCO a ...., hasta la fecha no se ha sometido a la aprobación de la Junta general de la sociedad el balance final de liquidación, sin que exista causa que justifique tal dilación.

Por tal motivo, se solicita la separación del liquidador único de la compañía, Don ...., designe y nombre liquidado o liquidadores a la persona o personas que estime convenientes, fijando su régimen de actuación.

A los anteriores hechos, se aducen los siguientes:

FUNDAMENTOS DE DERECHO.

DE ORDEN PROCESAL

I.– Conforme marca el artículo 389.1 del Texto Refundido de la Ley de Sociedades de Capital (TRLSC desde ahora), son competentes para conocer de este asunto los Secretarios Judiciales (actualmente denominados Letrados de la Administración de Justicia) de los Juzgados de lo Mercantil correspondientes al domicilio social de .... S.L., es decir, los JUZGADOS DE LO MERCANTIL DE ....

II.– ley 15/2015, de 20 de Julio, de la Jurisdicción voluntaria.

FONDO DEL ASUNTO

I.– La legitimación de mi mandante, Don ...., para promover el presente EXPEDIENTE DE JURISDICCIÓN VOLUNTARIA en solicitud de convocatoria de Junta General de la sociedad .... S.L., resulta de su condición de socio de la citada compañía (art. 389.1 TRLSC).

La titularidad de las citadas participaciones sociales resulta de la certificación del libro registro de socios de la compañía que se acompaña como DOCUMENTO TRES.

II.– Art. 389 TRLSC, al establecer que transcurridos tres años desde la apertura de la liquidación sin que se haya sometido a la aprobación de la Junta General el balance final de liquidación, cualquier socio o persona con interés legítimo, podrá solicitar del Secretario Judicial, la separación de los liquidadores. El Secretario Judicial, previa audiencia de los liquidadores, acordará la separación si no existiere causa que justifique la dilación y nombrará liquidadores a la persona o personas que tenga por conveniente, fijando su régimen de actuación. Contra la resolución por la que se acuerde la separación, no cabrá recurso alguno.

En virtud de lo expuesto,

SUPLICO AL JUZGADO que tenga por presentado este escrito, junto a los documentos a él unidos, se sirva admitirlo y tener por promovido en nombre y representación de mi mandante, EXPEDIENTE DE JURISDICCIÓN VOLUNTARIA en solicitud de separación del liquidador único de la compañía .... S.L. y, previos los oportunos trámites legales, se sirva dictar auto por el que acuerde, previa audiencia al liquidador único de la compañía, Don ...., para lo cual deberá ser notificado en el domicilio social (sito en ...., C/ .... núm. ....), la separación del mismo y nombrar liquidadores a la persona o personas que tenga por conveniente, fijando su régimen de actuación.

En ...., hoy día .... de .... de dos mil ....

4. DOCUMENTOS NOTARIALES

F360. LIQUIDACIÓN. ESCRITURA DE ADJUDICACIÓN DE CUOTA ADICIONAL DE LIQUIDACIÓN POR ACTIVO SOBREVENIDO TRAS LIQUIDACIÓN Y CANCELACIÓN REGISTRAL DE LA SOCIEDAD

Normativa de Aplicación: *Arts. 371 y ss. Real Decreto Legislativo 1/2010, de 2 de julio, por el que se aprueba el texto refundido de la Ley de Sociedades de Capital. Arts. 243 y ss. Real Decreto 1784/1996, de 19 de julio, por el que se aprueba el Reglamento del Registro Mercantil.*

En la Ciudad de ...., mi residencia, a .... de ....

Ante mí, ..., Notario de la Ciudad y del Ilustre Colegio de ....

COMPARECE

Don ...., mayor de edad, de nacionalidad española, casado, vecino de ...., con domicilio en ...., núm. ...., con DNI/NIF ....

Le identifico por el documento de identidad exhibido y reseñado.

INTERVIENE

Don ...., interviene en su calidad de liquidador único de la sociedad de responsabilidad limitada ...., en liquidación, de nacionalidad española, constituida por tiempo indefinido mediante escritura autorizada por el Notario de ...., Don ...., con fecha .... de .... de dos mil ...., número .... de su protocolo, domiciliada en ...., calle ...., número .... Inscrita en el Registro Mercantil de la provincia de ...., al tomo ...., libro ...., folio ...., hoja ...., inscripción .... CIF .... Constituye su objeto social ....

Está legitimado para este otorgamiento en virtud de su cargo de liquidador, resultando su nombramiento y aceptación de la escritura autorizada el día .... de .... de dos mil .... por el notario de ...., Don ...., inscrita en el Registro Mercantil de la provincia de ...., al tomo ...., libro ...., folio ...., hoja ...., inscripción ....

Yo, el Notario, hago constar expresamente que he cumplido con la obligación que impone la ley 10/2010, de 28 de abril, cuyo resultado consta en acta autorizada por el Notario de ...., Don ...., el día ...., en cuanto a «........... S.L.», bajo nº .... de protocolo, manifestando no haberse modificado el contenido de la misma.

Previa la aseveración de hallarse en la actualidad en el ejercicio de su cargo a los efectos de la presente escritura y vigentes las facultades en cuya virtud obra tiene, a mi juicio, la capacidad legal necesaria para el otorgamiento de la presente escritura sobre ADJUDICACIÓN DE CUOTA ADICIONAL DE LIQUIDACIÓN y a tal efecto,

EXPONE

I.– Que la Junta General Extraordinaria de la compañía .... S.L., en su reunión celebrada en el domicilio social el día .... de .... de ...., y de conformidad con lo dispuesto en la letra .... del art. 363.1 TRLSC, acordó disolver la sociedad .... S.L., abriéndose el periodo de liquidación.

Como consecuencia de la apertura de la liquidación, cesó el administrador único de la compañía, Don .... y se designó liquidador único de la misma al aquí compareciente.

Los citados acuerdos fueron elevados a público mediante escritura pública otorgada en fecha .... de .... de ...., ante el notario de ...., Don .... (núm. .... de su protocolo), e inscritos en el Registro Mercantil de la provincia de ...., al tomo ...., libro ...., de la sección ...., folio ...., hoja ...., número ...., inscripción ....

III.– Que con fecha .... de .... de dos mil ...., fue acordada por la Junta General de .... S.L., la liquidación de la expresada sociedad, otorgándose la correspondiente escritura de extinción de la sociedad, autorizada por el notario de ...., Don ...., el día .... de .... de dos mil .... e inscrita en el Registro Mercantil de la provincia de .... al tomo ...., libro ...., de la sección ...., folio ...., hoja ...., número ...., inscripción ...., tras lo cual, por el expresado Registro Mercantil, se procedió a la cancelación de los asientos registrales de .... S.L.

IV.– Que cancelados los asientos relativos a la sociedad, han aparecido determinados bienes sociales que previamente han sido convertidos en dinero, obteniendo la suma de .... euros, y deben ser adjudicados a los antiguos socios.

En relación a lo expuesto,

OTORGA

PRIMERO.– Que Don ...., en su condición de liquidador único de la compañía ...., otorga escritura pública de adjudicación de cuota adicional, y hace constar los siguientes extremos:

1.– Que los bienes y derechos de la sociedad que aparecieron tras la cancelación de sus asientos registrales, son los siguientes: ....

II.– Que dichos bienes fueron convertidos en dinero para favorecer su reparto entre los socios y a tal efecto el compareciente procedió a ...., obteniendo la suma de .... euros.

III.– Que corresponde y adjudica a cada uno de los antiguos socios de la compañía, es decir, Don ...., mayor de edad, de nacionalidad española, casado, vecino de ...., con domicilio en ...., núm. ...., con DNI/NIF .... Don ...., mayor de edad, de nacionalidad española, soltero, vecino de ...., con domicilio en ...., núm. ...., con DNI/NIF ....; y Doña ...., mayor de edad, de nacionalidad española, casada, vecina de ...., con domicilio en ...., núm. ...., con DNI/NIF ...., una cuota adicional de liquidación de .... euros, cuota que ha sido satisfecha a cada una de los socios.

SEGUNDO.– Se solicita del Sr. Registrador Mercantil de esta provincia la inscripción de esta escritura y, en especial, de la cuota adicional de liquidación que hubiere correspondido a cada socio.

Hago la advertencia de la obligatoria inscripción de esta escritura en el Registro Mercantil, así como las de índole fiscal relativa a la cuota adicional adjudicada a los antiguos socios.

Protección de datos.– Con relación a los datos de carácter personal que en la presente constan, referidos al compareciente, queda este enterado de que los mismos se incorporan a mis ficheros automatizados, lo que acepta, así como del derecho de oposición, acceso a ellos, rectificación o cancelación de los mismos.

OTORGAMIENTO Y AUTORIZACIÓN

Advierto al compareciente de su derecho a leer por si este instrumento al que renuncian. Yo, el notario, además la leo al compareciente, quien la encuentra conforme, otorga y firma conmigo, el notario, que le hice las advertencias legales, que doy fe en cuanto sea procedente de todo lo consignado en este instrumento público, extendido en .... folios de papel exclusivo para documentos notariales, serie, y números el del presente y anteriores en orden.

F361. LIQUIDACIÓN: ESCRITURA DE LIQUIDACIÓN CON CUOTA CERO

Normativa de Aplicación: *Arts. 371 y ss. Real Decreto Legislativo 1/2010, de 2 de julio, por el que se aprueba el texto refundido de la Ley de Sociedades de Capital. Arts. 243 y ss. Real Decreto 1784/1996, de 19 de julio, por el que se aprueba el Reglamento del Registro Mercantil.*

En la Ciudad de ...., mi residencia, a .... de ....

Ante mí, ..., Notario de la Ciudad y del Ilustre Colegio de ....

COMPARECE

Don ...., mayor de edad, de nacionalidad española, casado, vecino de ...., con domicilio en ...., núm. ...., con DNI/NIF ....

Le identifico por el documento de identidad exhibido y reseñado.

INTERVIENE

Don ...., interviene en su calidad de liquidador único de la sociedad de responsabilidad limitada Don .... S.L., en liquidación, de nacionalidad española, constituida por tiempo indefinido mediante escritura autorizada por el notario de ...., Don ...., con fecha .... de .... de dos mil ...., número .... de su protocolo, domiciliada en ...., calle ...., número .... Inscrita en el Registro Mercantil de la provincia de ...., al tomo ...., libro ...., folio ...., hoja ...., inscripción .... CIF .... Constituye su objeto social ....

Está legitimado para este otorgamiento en virtud de su cargo de liquidador, resultando su nombramiento y aceptación de la escritura autorizada el día .... de .... de dos mil .... por el notario de ...., Don ...., inscrita en el Registro Mercantil de la provincia de ...., al tomo ...., libro ...., folio ...., hoja ...., inscripción .... y por acuerdo de la Junta General Universal de fecha .... de .... de dos mil ...., según resulta de la certificación que me entrega el otorgante que yo, el notario, incorporo a esta matriz, certificación expedida por el propio compareciente, cuya firma legitimo por haber sido puesta en mi presencia.

Yo, el Notario, hago constar expresamente que he cumplido con la obligación que impone la ley 10/2010, de 28 de abril, cuyo resultado consta en acta autorizada por el Notario de ...., Don ...., el día ...., en cuanto a «........... S.L.», bajo nº .... de protocolo, manifestando no haberse modificado el contenido de la misma.

Previa la aseveración de hallarse en la actualidad en el ejercicio de su cargo y vigentes las facultades en cuya virtud obra tiene, a mi contrato juicio, la capacidad legal necesaria para el otorgamiento de la presente escritura de ELEVACIÓN A PUBLICO DE ACUERDOS SOCIALES relativos a la LIQUIDACIÓN DE LA SOCIEDAD y a tal efecto,

OTORGA

PRIMERO.– Que Don .... eleva a público los acuerdos adoptados por la Junta General Extraordinaria y Universal de la sociedad, en su reunión del día .... de .... de ...., y el Consejo de Administración de la compañía, en su reunión del pasado día .... de .... de ...., en los términos que resultan de la certificación incorporada a esta matriz y que se dan por íntegramente reproducida en este lugar para evitar repeticiones.

SEGUNDO.– El compareciente, en la condición en que interviene y a efectos de lo prevenido en el art. 247.2 del Reglamento del Registro Mercantil el compareciente, hace constar lo siguiente:

I.– Que concluidas las operaciones de liquidación se sometió a aprobación de la Junta General el balance final de liquidación, un informe completo sobre dichas operaciones y un proyecto de división entre los socios del activo resultante.

II.– Que sobre todo aquello recayó acuerdo favorable de la totalidad de los socios representantes del total capital social, razón por la cual no procede la impugnación del mismo, ni es necesario el transcurso del plazo prevenido en el art. 390.2 TRLSC, ni efectuar por innecesaria la manifestación que ordena el art. 395.1 a) de la misma.

III.– Que no existen acreedores a quienes satisfacer ni consignar sus créditos y no se ha satisfecho a los socios cuota de liquidación alguna por ser ésta igual a cero euros, resultando innecesaria también la manifestación prevenida en el art. 395.1 b) TRLSC.

Consta en el documento protocolizado el balance final de liquidación que certifica es el que aprobó por unanimidad la Junta General, cuyos acuerdos se eleva a público en este instrumento.

IV.– Declara que la relación de los socios y su identidad es la que resulta del título fundacional y el libro registro de socios. A saber:

Don ...., mayor de edad, de nacionalidad española, casado, vecino de ...., con domicilio en ...., núm. ...., con DNI/NIF ....

Don ...., mayor de edad, de nacionalidad española, soltero, vecino de ...., con domicilio en ...., núm. ...., con DNI/NIF ....

Doña ...., mayor de edad, de nacionalidad española, casada, vecina de ...., con domicilio en ...., núm. ...., con DNI/NIF ....

La cuota de liquidación atribuible a los socios es, como se indicó, de cero euros.

IV.– Que de conformidad con lo prevenido en el art. 247.5 del Reglamento del Registro Mercantil, el liquidador asume el deber de conservación de los libros de comercio, la correspondencia, la documentación y los justificantes concernientes al tráfico de la sociedad durante el plazo de seis años a contar desde la fecha del asiento de cancelación de la sociedad.

TERCERO.– Se solicita del Sr. Registrador Mercantil de esta provincia la inscripción de esta escritura.

Hago la advertencia de la obligatoria inscripción de esta escritura en el Registro Mercantil, así como la responsabilidad solidaria de los antiguos socios por las deudas sociales no satisfechas hasta el límite de lo que hubieran recibido como cuota de liquidación, sin perjuicio de la responsabilidad de los liquidadores en caso de dolo o culpa.

Protección de datos.– Con relación a los datos de carácter personal que en la presente constan, referidos al compareciente, queda este enterado de que los mismos se incorporan a mis ficheros automatizados, lo que acepta, así como del derecho de oposición, acceso a ellos, rectificación o cancelación de los mismos.

OTORGAMIENTO Y AUTORIZACIÓN

Advierto al compareciente de su derecho a leer por si este instrumento al que renuncian. Yo, el notario, además la leo al compareciente, quien la encuentra conforme, otorga y firma conmigo, el notario, que le hice las advertencias legales, que doy fe en cuanto sea procedente de todo lo consignado en este instrumento público, extendido en .... folios de papel exclusivo para documentos notariales, serie, y números el del presente y anteriores en orden.

F362. LIQUIDACIÓN. ESCRITURA DE LIQUIDACIÓN CON CUOTA

Normativa de Aplicación: *Arts. 371 y ss. Real Decreto Legislativo 1/2010, de 2 de julio, por el que se aprueba el texto refundido de la Ley de Sociedades de Capital. Arts. 243 y ss. Real Decreto 1784/1996, de 19 de julio, por el que se aprueba el Reglamento del Registro Mercantil.*

En la Ciudad de ...., mi residencia, a .... de ....

Ante mí, ..., Notario de la Ciudad y del Ilustre Colegio de ....

COMPARECE

Don ...., mayor de edad, de nacionalidad española, casado, vecino de ...., con domicilio en ...., núm. ...., con DNI/NIF ....

Le identifico por el documento de identidad exhibido y reseñado.

INTERVIENE

Don ...., interviene en su calidad de liquidador único de la sociedad de responsabilidad limitada .... S.L., en liquidación, de nacionalidad española, constituida por tiempo indefinido mediante escritura autorizada por el Notario de ...., Don ...., con fecha .... de .... de dos mil ...., número .... de su protocolo, domiciliada en ...., calle ...., número .... Inscrita en el Registro Mercantil de la provincia de ...., al tomo ...., libro ...., folio ...., hoja ...., inscripción .... CIF .... Constituye su objeto social ....

Está legitimado para este otorgamiento en virtud de su cargo de liquidador, resultando su nombramiento y aceptación de la escritura autorizada el día .... de .... de dos mil .... por el notario de ...., Don ...., inscrita en el Registro Mercantil de la provincia de ...., al tomo ...., libro ...., folio ...., hoja ...., inscripción .... y por acuerdo de la Junta General Universal de fecha .... de .... de dos mil ...., según resulta de la certificación que me entrega el otorgante que yo, el notario, incorporo a esta matriz, certificación expedida por el propio compareciente, cuya firma legitimo por haber sido puesta en mi presencia.

Yo, el Notario, hago constar expresamente que he cumplido con la obligación que impone la ley 10/2010, de 28 de abril, cuyo resultado consta en acta autorizada por el Notario de ...., Don ...., el día ...., en cuanto a «........... S.L.», bajo nº .... de protocolo, manifestando no haberse modificado el contenido de la misma.

Previa la aseveración de hallarse en la actualidad en el ejercicio de su cargo y vigentes las facultades en cuya virtud obra tiene, a mi contrato juicio, la capacidad legal necesaria para el otorgamiento de la presente escritura de ELEVACIÓN A PUBLICO DE ACUERDOS SOCIALES relativos a la LIQUIDACIÓN DE LA SOCIEDAD y a tal efecto,

OTORGA

PRIMERO.– Que Don .... eleva a público los acuerdos adoptados por la Junta General Extraordinaria y Universal de la sociedad, en su reunión del día .... de .... de ...., y el Consejo de Administración de la compañía, en su reunión del pasado día .... de .... de ...., en los términos que resultan de la certificación incorporada a esta matriz y que se dan por íntegramente reproducida en este lugar para evitar repeticiones.

SEGUNDO.– El compareciente, en la condición en que interviene y a efectos de lo prevenido en los artículos 395 del Texto Refundido de la Ley de Sociedades de Capital y 247.2 del Reglamento del Registro Mercantil, hace constar lo siguiente:

I.– Que concluidas las operaciones de liquidación se sometió a aprobación de la Junta General el balance final de liquidación, un informe completo sobre dichas operaciones y un proyecto de división entre los socios del activo resultante, todo lo cual fue aprobado por mayoría de los socios asistentes, titulares de participaciones sociales que representan el .... por ciento del capital social.

(O que no procede impugnación por haber sido adoptado el acuerdo por unanimidad).

Consta en el documento protocolizado el balance final de liquidación que certifica es el que aprobó por mayoría la Junta General, cuyos acuerdos se eleva a público en este instrumento.

II.– Que se ha procedido al pago de los acreedores sociales, a excepción de la compañía .... S.A., cuyo crédito, por importe de .... euros, ha sido consignado en la cuenta ...., abierta en la entidad bancaria ....

III.– Declara que la relación de los socios y su identidad es la que resulta del título fundacional y el libro registro de socios. A saber:

Don ...., mayor de edad, de nacionalidad española, casado, vecino de ...., con domicilio en ...., núm. ...., con DNI/NIF ....

Don ...., mayor de edad, de nacionalidad española, soltero, vecino de ...., con domicilio en ...., núm. ...., con DNI/NIF ....

Doña ...., mayor de edad, de nacionalidad española, casada, vecina de ...., con domicilio en ...., núm. ...., con DNI/NIF ....

IV.– Que el haber social existente era de .... euros, habiéndose procedido a su reparto entre los socios con el siguiente respectivo alcance:

– Don ...., le corresponde una cuota de liquidación por un valor de .... euros.

– Don ...., le corresponde una cuota de liquidación por un valor de .... euros.

– Don ...., le corresponde una cuota de liquidación por un valor de .... euros.

– Doña ...., le corresponde una cuota de liquidación por un valor de .... euros.

El otorgante expresamente manifiesta, dando cumplimiento a lo dispuesto en el apartado c) del art. 395.1 TRLSC y como consta en la certificación incorporada a esta matriz, que se ha satisfecho a los socios la cuota resultante de la liquidación.

V.– Que de conformidad con lo prevenido en el art. 247.5 del Reglamento del Registro Mercantil, el liquidador único manifiesta que con la presente escritura se depositarán los libros de comercio, la correspondencia, la documentación y los justificantes concernientes asume el deber de conservación de los libros de comercio, la correspondencia, la documentación y los justificantes concernientes al tráfico de la sociedad durante el plazo de seis años a contar desde la fecha del asiento de cancelación de la sociedad.

TERCERO.– Se solicita del Sr. Registrador Mercantil de esta provincia la inscripción de esta escritura.

Hago la advertencia de la obligatoria inscripción de esta escritura en el Registro Mercantil, así como la de índole fiscal sobre la tributación de las cuotas de liquidación recibidas por los socios y la responsabilidad solidaria de los antiguos socios por las deudas sociales no satisfechas hasta el límite de lo que hubieran recibido como cuota de liquidación, sin perjuicio de la responsabilidad de los liquidadores en caso de dolo o culpa.

Protección de datos.– Con relación a los datos de carácter personal que en la presente constan, referidos al compareciente, queda este enterado de que los mismos se incorporan a mis ficheros automatizados, lo que acepta, así como del derecho de oposición, acceso a ellos, rectificación o cancelación de los mismos.

OTORGAMIENTO Y AUTORIZACIÓN

Advierto al compareciente de su derecho a leer por si este instrumento al que renuncian. Yo, el notario, además la leo al compareciente, quien la encuentra conforme, otorga y firma conmigo, el notario, que le hice las advertencias legales, que doy fe en cuanto sea procedente de todo lo consignado en este instrumento público, extendido en .... folios de papel exclusivo para documentos notariales, serie, y números el del presente y anteriores en orden.

XIII. ACTIVO ESENCIAL

SUMARIO: 1. ACTAS. F363. ACTIVO ESENCIAL. ACTA DE ACUERDO DE JUNTA GENERAL EXTRAORDINARIA CONVOCADA. F364. ACTIVO ESENCIAL. ACTA DE ACUERDO DE JUNTA GENERAL EXTRAORDINARIA UNIVERSAL. 2. CERTIFICACIONES. F365. ACTIVO ESENCIAL. CERTIFICACIÓN DE ACUERDO DE JUNTA GENERAL EXTRAORDINARIA CONVOCADA. F366. ACTIVO ESENCIAL. CERTIFICACIÓN DE ACUERDO DE JUNTA GENERAL EXTRAORDINARIA UNIVERSAL.

1. ACTAS

F363. ACTIVO ESENCIAL. ACTA DE ACUERDO DE JUNTA GENERAL EXTRAORDINARIA CONVOCADA

Normativa de Aplicación: *Art. 160 Real Decreto Legislativo 1/2010, de 2 de julio, por el que se aprueba el texto refundido de la Ley de Sociedades de Capital.*

Que hoy día .... de .... de ...., a las .... horas, y en el domicilio social, sito en la localidad de ...., calle .... s/n, se celebra JUNTA GENERAL EXTRAORDINARIA de socios de la sociedad .... S.L.

La convocatoria de la presente Junta General Extraordinaria de socios, ha sido acordada por el administrador único, Don ....

La convocatoria de la presente Junta General, se ha realizado, de conformidad con lo establecido en la Ley y el art .... de los Estatutos Sociales, mediante burofax con acuse de recibo y certificado de contenido, de fecha ...., dirigido ese mismo día a cada uno de los socios al domicilio designado al efecto por cada uno de ellos.

El tenor literal de la convocatoria se transcribe a continuación: «Por medio del presente se convoca a los señores socios a la celebración de Junta General Extraordinaria de la sociedad .... S.L., que se celebrará, el día .... de .... de ...., a las .... horas, en el domicilio social sito en ...., a efectos de deliberar y, en su caso, adoptar acuerdos con relación al siguiente orden del día: 1.– Autorizar la venta de las fincas registrales números .... inscritas en el Registro de la Propiedad de .... a la mercantil .... S.L., con el fin de dar cumplimiento a lo preceptuado por el Artículo 160, letra f) de la Ley de Sociedades de Capital. En ...., hoy día .... de .... de .... el Administrador único de .... S.L. Don ....»

Asisten a la presente Junta General Extraordinaria, personalmente o representados, los siguientes socios:

I.– Socios presentes:

Don ...., titular de .... participaciones sociales núm. .... a ...., incluidos, con un valor nominal cada una de ellas de .... euros (en su conjunto .... euros), que suponen el .... por ciento del capital social.

Don ...., titular de .... participaciones sociales núm. .... a ...., incluidos, con un valor nominal cada una de ellas de .... euros (en su conjunto .... euros), que suponen el .... por ciento del capital social.

Doña ...., titular de .... participaciones sociales núm. .... a ...., incluidos, con un valor nominal cada una de ellas de .... euros (en su conjunto .... euros), que suponen el .... por ciento del capital social.

Por lo tanto, asisten de forma personal .... socios, titulares, en conjunto, de .... participaciones sociales que suponen el .... por ciento del capital social.

II.– Socios representados:

Don ...., titular de .... participaciones sociales núm. .... a ...., incluidos, con un valor nominal cada una de ellas de .... euros (en su conjunto .... euros), que suponen el .... por ciento del capital social. Asiste el expresado socio representado por Doña ....

Don ...., titular de .... participaciones sociales núm. .... a ...., incluidos, con un valor nominal cada una de ellas de .... euros (en su conjunto .... euros), que suponen el .... por ciento del capital social. Asiste el expresado socio representado por Don ....

Asisten representados, ... socios, que titularizan .... participaciones que suponen el .... por ciento del capital social asumido.

En conjunto, asisten, personalmente o representados, ... socios, titulares de .... participaciones que suponen el .... por ciento del capital social suscrito.

Asiste el órgano de administración de la sociedad.

Son presidente y secretario de la presente Junta General, Don .... y Don ...., respectivamente. Ello de conformidad con lo establecido en la Ley y los Estatutos Sociales y ser los citados señores los socios designados por los concurrentes al comienzo de la reunión.

Abierta la sesión por el Sr. Presidente, sin que nadie se oponga a la válida constitución y celebración de la presente Junta General, se entra en el debate y deliberación de los diversos puntos del orden del día sin que ninguno de los presentes haga uso de su derecho a que conste en el acta el contenido de su intervención.

Tras todo lo anterior, se propone por el Sr. presidente la adopción de los siguientes acuerdos, propuesta que se transcribe literalmente a continuación:

PRIMERO.– Con el fin de dar cumplimiento a lo preceptuado por el Artículo 160, letra f) LSC, esta sociedad teniendo prevista la transmisión de las fincas registrales números ...., inscritas en el Registro de la Propiedad de .... a la mercantil .... S.L., por precio global de .... euros, de *conformidad con lo previsto en referido el artículo 160 LSC:*

(i) Aprobar/rechazar la referida enajenación.

(ii) (Caso aprobación). delegar las facultades necesarias en el órgano de administración para la realización de cuantas actuaciones sean pertinentes para la ejecución del presente acuerdo firmando al efecto cuantos documentos públicos o privados se requieran, incluso escrituras de aclaración, rectificación o subsanación que sean necesarias o convenientes hasta conseguir su inscripción en el Registro correspondiente.

Previa la oportuna votación, la citada propuesta de acuerdos sociales es aprobada por UNANIMIDAD, con el voto favorable de todos los asistentes (........... por ciento de los

votos correspondientes a las participaciones sociales en que se divide el capital social), en términos idénticos a los anteriormente transcritos.

Y no habiendo más asuntos que tratar, se procede a la redacción de la presente acta que es aprobada de forma unánime por los asistentes, y finaliza la presente Junta General Extraordinaria, levantándose la reunión en ...., a las .... horas del día .... de .... de ....

F364. ACTIVO ESENCIAL. ACTA DE ACUERDO DE JUNTA GENERAL EXTRAORDINARIA UNIVERSAL

Normativa de Aplicación: *Art. 160 Real Decreto Legislativo 1/2010, de 2 de julio, por el que se aprueba el texto refundido de la Ley de Sociedades de Capital.*

Que hoy día .... de .... de ...., a las .... horas, y en el domicilio social, sito en la localidad de ...., calle ...., se celebra JUNTA GENERAL EXTRAORDINARIA de socios de la sociedad .... S.L.

Se encuentran presentes, en el referido lugar, y, por lo tanto, concurren la totalidad de socios de la compañía, decidiendo y dando su conformidad los asistentes a constituirse, con el carácter de universal, en Junta General Extraordinaria de socios de la compañía, para deliberar y, en su caso, adoptar acuerdos con relación al siguiente orden del día: 1.– Aprobación de la venta de las fincas registrales números .... inscritas en el Registro de la Propiedad de .... a la mercantil .... S.L., con el fin de dar cumplimiento a lo preceptuado por el Artículo 160, letra f) de la Ley de Sociedades de Capital.

En señal de conformidad firman seguidamente todos los asistentes, a continuación de su nombre y apellidos.

....

Asiste el órgano de administración de la sociedad.

Son presidente y secretario de la presente Junta General, Don .... y Don ...., respectivamente. Ello de conformidad con lo establecido en la Ley y los Estatutos Sociales y ser los citados señores los socios designados por los concurrentes al comienzo de la reunión.

Abierta la sesión por el Sr. Presidente, sin que nadie se oponga a la válida constitución y celebración de la presente Junta General, se entra en el debate y deliberación de los diversos puntos del orden del día, sin que ninguno de los presentes haga uso de su derecho a que conste en el acta el contenido de su intervención.

Tras lo anterior, se propone por el Sr. presidente la adopción de los siguientes acuerdos, que se transcriben de forma literal a continuación:

PRIMERO.– Con el fin de dar cumplimiento a lo preceptuado por el Artículo 160, letra f) LSC, esta sociedad teniendo prevista la transmisión de las fincas registrales números ...., inscritas en el Registro de la Propiedad de .... a la mercantil .... S.L., por precio global de .... euros, de *conformidad con lo previsto en referido el artículo 160 LSC:*

(i) Aprobar/rechazar la referida enajenación.

(ii) (Caso aprobación). delegar las facultades necesarias en el órgano de administración para la realización de cuantas actuaciones sean pertinentes para la ejecución del presente acuerdo firmando al efecto cuantos documentos públicos o privados se requieran, incluso escrituras de aclaración, rectificación o subsanación que sean necesarias o convenientes hasta conseguir su inscripción en el Registro correspondiente.

Previa la oportuna votación, la citada propuesta de acuerdos sociales es aprobada por UNANIMIDAD, con el voto favorable de todos los asistentes (........... por ciento de los votos correspondientes a las participaciones sociales en que se divide el capital social), en términos idénticos a los anteriormente transcritos.

Y no habiendo más asuntos que tratar, se procede a la redacción de la presente acta que es aprobada de forma unánime por los asistentes, y finaliza la presente Junta General Extraordinaria, levantándose la reunión en ...., a las .... horas del día .... de .... de ....

2. CERTIFICACIONES

F365. ACTIVO ESENCIAL. CERTIFICACIÓN DE ACUERDO DE JUNTA GENERAL EXTRAORDINARIA CONVOCADA

Normativa de Aplicación: *Art. 160 Real Decreto Legislativo 1/2010, de 2 de julio, por el que se aprueba el texto refundido de la Ley de Sociedades de Capital.*

..........., Administrador Único de la compañía .... S.L., con domicilio en ...., Avenida ...., CIF .... Inscrita en el Registro Mercantil de la Provincia de .... al ....

CERTIFICO según resulta del libro de actas de la sociedad:

Que el día .... de .... de ...., a las .... horas, y en el domicilio social, se celebró en la Junta General Extraordinaria de Socios de la compañía .... S.L.

La convocatoria de la referida Junta General Extraordinaria de socios, fue acordada en fecha .... por el administrador único, Don ....

Que la convocatoria de la presente Junta General, se realizó por el órgano de administración de la sociedad, de conformidad con lo establecido en la Ley y el art .... de los Estatutos Sociales, mediante burofax con acuse de recibo y certificado de contenido, de fecha ...., dirigido ese mismo día a cada uno de los socios al domicilio designado al efecto igualmente por cada uno de ellos.

Que el tenor literal de la convocatoria se transcribe a continuación: «Por medio del presente se convoca a los señores socios a la celebración de Junta General Extraordinaria de la sociedad .... S.L., que se celebrará, el día .... de .... de ...., a las .... horas, en el domicilio social sito en ...., a efectos de deliberar y, en su caso, adoptar acuerdos con relación al siguiente orden del día: 1.– Aprobación de la venta de las fincas registrales números .... inscritas en el Registro de la Propiedad de .... a la mercantil .... S.L., con el fin de dar cumplimiento a lo preceptuado por el Artículo 160, letra f) de la Ley de Sociedades de Capital. En ...., hoy día .... de .... de .... el Administrador único de .... S.L. Don ....»

Que se confeccionó la pertinente lista de asistentes y, en conjunto, asistieron, personalmente o representados, ... socios, titulares de .... participaciones sociales que suponen el .... por ciento del capital social suscrito y .... de los derechos de voto.

Que asistió el órgano de administración de la sociedad.

Que actuaron como presidente y secretario de la citada Junta General, Don .... y Don ...., respectivamente. Ello de conformidad con lo establecido en la Ley y los

Estatutos Sociales y ser los citados señores los socios designados por los concurrentes al comienzo de la reunión.

Que abierta la sesión por el Sr. Presidente, sin que nadie se opusiera a la válida constitución y celebración de la citada Junta General, se entró en el debate y deliberación de los diversos puntos del orden del día sin que ninguno de los presentes hiciera uso de su derecho a que constase en el acta el contenido de su intervención. Tras lo anterior, se adoptaron por unanimidad de los asistentes (........... por ciento de los votos en que se divide el capital social), los siguientes ACUERDOS, que son aquí trascritos literalmente:

PRIMERO.– Con el fin de dar cumplimiento a lo preceptuado por el Artículo 160, letra f) LSC, esta sociedad teniendo prevista la transmisión de las fincas registrales números ...., inscritas en el Registro de la Propiedad de .... a la mercantil .... S.L., por precio global de .... euros, de *conformidad con lo previsto en referido el artículo 160 LSC:*

(i) Aprueba/rechaza la referida enajenación.

(ii) (Caso aprobación). delegar las facultades necesarias en el órgano de administración para la realización de cuantas actuaciones sean pertinentes para la ejecución del presente acuerdo firmando al efecto cuantos documentos públicos o privados se requieran, incluso escrituras de aclaración, rectificación o subsanación que sean necesarias o convenientes hasta conseguir su inscripción en el Registro correspondiente.

Y para que conste y surta los efectos oportunos, libro la presente certificación, haciendo constar que el acta de la reunión donde se adoptaron los acuerdos que se certifican fue aprobada por unanimidad en la propia sesión y firmada por el presidente y secretario. En ...., a .... de .... de ....

F366. ACTIVO ESENCIAL. CERTIFICACIÓN DE ACUERDO DE JUNTA GENERAL EXTRAORDINARIA UNIVERSAL

Normativa de Aplicación: *Art. 160 Real Decreto Legislativo 1/2010, de 2 de julio, por el que se aprueba el texto refundido de la Ley de Sociedades de Capital.*

..........., Administrador único de la compañía .... S.L., con domicilio en ...., C/ .... y CIF .... Inscrita en el Registro Mercantil de la Provincia de ....

CERTIFICO, según resulta del libro de actas de la sociedad:

Que el día .... de .... de .... de .... y en ...., calle ...., se celebró Junta General Extraordinaria de Socios de la compañía .... S.L., reunida con carácter universal.

Que se encontraban presentes la totalidad de los socios, figurando su nombre en el acta.

Que la totalidad de los socios aceptaron constituirse y celebrar dicha Junta General, con el carácter de universal, para deliberar y, en su caso, adoptar acuerdos con relación al siguiente orden del día: 1.– Aprobación de la venta de las fincas registrales números .... inscritas en el Registro de la Propiedad de .... a la mercantil .... S.L., con el fin de dar cumplimiento a lo preceptuado por el Artículo 160, letra f) de la Ley de Sociedades de Capital.

Que en señal de conformidad con lo reseñado anteriormente, la totalidad de los socios de la compañía, seguido de su respectivo nombre, firmaron al inicio del acta cuyos acuerdos aquí se certifican.

Que de conformidad con lo previsto en la Ley y Los Estatutos Sociales fueron designados y actuaron como presidente de la misma Doña .... y como secretario Don ....

Que abierta la sesión sin que nadie se opusiera a ello, se adoptaron por unanimidad, (........... por ciento de los votos correspondientes a las participaciones sociales en que se divida el capital social), los siguientes ACUERDOS que se transcriben de forma literal a continuación:

PRIMERO.– Con el fin de dar cumplimiento a lo preceptuado por el Artículo 160, letra f) LSC, esta sociedad teniendo prevista la transmisión de las fincas registrales números ...., inscritas en el Registro de la Propiedad de .... a la mercantil .... S.L., por precio global de .... euros, de *conformidad con lo previsto en referido el artículo 160 LSC:*

(i) Se aprueba/rechaza la referida enajenación.

(ii) (Caso aprobación). delegar las facultades necesarias en el órgano de administración para la realización de cuantas actuaciones sean pertinentes para la ejecución del presente acuerdo firmando al efecto cuantos documentos públicos o privados se requieran, incluso escrituras de aclaración, rectificación o subsanación que sean necesarias o convenientes hasta conseguir su inscripción en el Registro correspondiente.

Y para que conste libro la presente certificación, haciendo constar que el acta de la reunión donde se adoptaron los acuerdos que se certifican fue aprobada por unanimidad en la propia sesión y firmada por el presidente y secretario, en ...., a .... de .... de ....

XIV. MODIFICACIONES ESTRUCTURALES DE LAS SOCIEDADES MERCANTILES

CUMPLIMIENTO DE LOS MOTIVOS ECONÓMICOS. F397. ACUERDO DE LA JUNTA GENERAL DE ESCISIÓN TOTAL. CERTIFICACIÓN. F398. ACUERDO DE LA JUNTA GENERAL DE SEGREGACIÓN. F399. PROYECTO DE SEGREGACIÓN. F400. INFORME DE LOS ADMINISTRADORES SOBRE EL PROYECTO DE ESCISIÓN. F401. NOTA FISCAL EN LA MEMORIA DE LAS CUENTAS ANUALES SOBRE LA ESCISIÓN. F402. ANUNCIO DE CONVOCATORIA DE LA JUNTA GENERAL PARA LA APROBACIÓN DE LA ESCISIÓN. F403. ANUNCIO DEL ACUERDO DE ESCISIÓN TOTAL. F404. COMUNICACIÓN PRIMERA ACUERDO DE ESCISIÓN. F405. COMUNICACIÓN SEGUNDA ACUERDO DE ESCISIÓN. F406. ANUNCIO DEL ACUERDO DE SEGREGACIÓN. F407. ANUNCIO DEL ACUERDO DE ESCISIÓN PARCIAL. F408. ANUNCIO DE LA CONVOCATORIA DE LA JUNTA GENERAL PARA LA APROBACIÓN DE LA CESIÓN GLOBAL DEL ACTIVO Y DEL PASIVO. F409. ANUNCIO DEL ACUERDO DE CESIÓN GLOBAL DE ACTIVOS Y PASIVOS. F410. ACUERDO DE AMPLIACIÓN DE CAPITAL CON APORTACIÓN NO DINERARIA DE ELEMENTOS DE ACTIVO. CERTIFICACIÓN. 2. DOCUMENTOS NOTARIALES. F411. ESCISIÓN DE RAMA DE ACTIVIDAD CON CREACIÓN DE NUEVA SOCIEDAD, JUNTA UNIVERSAL. ESCRITURA. F412. ESCISIÓN PARCIAL CON CREACIÓN DE NUEVA SOCIEDAD. ESCRITURA. F413. ESCISIÓN TOTAL CON CREACIÓN DE NUEVA SOCIEDAD. ESCRITURA. F414. FUSIÓN POR ABSORCIÓN. ESCRITURA. F415. FUSIÓN POR ABSORCIÓN DE SOCIEDAD ÍNTEGRAMENTE PARTICIPADA SIN AUMENTO DE CAPITAL. ESCRITURA. F416. FUSIÓN POR ABSORCIÓN IMPROPIA. ESCRITURA. F417. FUSIÓN POR CREACIÓN DE NUEVA SOCIEDAD. ESCRITURA. F418. TRANSFORMACIÓN DE S.L. EN S.A., CON EJERCICIO DE DERECHO DE SEPARACIÓN. ESCRITURA. F419. TRANSFORMACIÓN S.L. EN S.A., SIN EJERCICIO DE DERECHO DE SEPARACIÓN. ESCRITURA. F420. TRANSFORMACIÓN DE S.L. EN S.A. JUNTA CONVOCADA CON EJERCICIO DE DERECHO DE SEPARACIÓN. ESCRITURA. F421. TRANSFORMACIÓN DE S.L. EN S.A., JUNTA UNIVERSAL. ESCRITURA.

1. ACUERDOS DE JUNTA, CERTIFICACIONES Y DOCUMENTOS PRIVADOS

F367. CERTIFICACIÓN DEL ACUERDO JUNTA GENERAL DE TRANSFORMACIÓN DE SOCIEDAD ANÓNIMA EN SOCIEDAD DE RESPONSABILIDAD LIMITADA

Normativa de Aplicación: *Arts. 4 y ss. y 17 y ss. de la Ley sobre Modificaciones Estructurales de las Sociedades Mercantiles, introducida por Real Decreto-ley 5/2023, de 28 de junio.*

Don / Doña ...., como administrador único de la entidad mercantil .... sociedad limitada certifico sobre el acuerdo de la junta general extraordinaria y universal de socios, ajustada a los requisitos y contenido que seguidamente se expresan:

Fecha y lugar de celebración.– El día .... de .... de dos mil ...., en el domicilio social.

Lista de asistentes.– En el Acta figuran el nombre y la firma de todos los socios asistentes.

Quorum.– La reunión tuvo lugar con la concurrencia y firma en el acta de todos los socios, titulares del total capital social, quienes aceptaron, por unanimidad, su celebración.

Orden del día aceptado.– Transformación de la entidad en sociedad limitada.

Contenido de los acuerdos transcritos literalmente.

PRIMERO.– Se acuerda por unanimidad transformar la sociedad ...., sociedad anónima en sociedad limitada, manteniendo la misma personalidad jurídica, que continuará subsistiendo bajo la nueva forma social, con la denominación de ...., sociedad limitada.

SEGUNDO.– Se aprueba por unanimidad el balance general de ...., cerrado el día ...., que se incorporará a la escritura que eleve a público los presentes acuerdos. Los administradores han informado a la junta de socios sobre las modificaciones importantes del activo y pasivo acaecidas desde la fecha del informe justificativo de la transformación y del balance de transformación, y la fecha de la presente junta.

TERCERO.– Dado que el número y valor nominal de las nuevas participaciones sociales es igual al de las anteriores acciones, se acuerda por unanimidad asignar una participación de ...., sociedad limitada por cada participación que tenía en ...., sociedad anónima.

Se hace constar expresamente que como el acuerdo de transformación ha sido unánime, no procede aplicar el derecho de enajenación regulado en los artículos 12 y 24 de la Ley de modificaciones estructurales. Asimismo, como en la Sociedad Transformada no existen titulares de derechos especiales distintos de las acciones que no puedan mantenerse después de la transformación, tampoco hay nadie legitimado para oponerse a la ejecución del acuerdo de transformación.

En consecuencia:

– Al socio .... (cuyas demás circunstancias personales constan anteriormente), titular de .... acciones, se le asignan .... participaciones sociales (las números .... al ...., ambas inclusive).

– Al socio .... (cuyas demás circunstancias personales constan anteriormente), titular de .... acciones, se le asignan .... participaciones sociales (las números .... al ...., ambas inclusive).

Se hace constar expresamente que como el acuerdo de transformación ha sido unánime, no procede aplicar el derecho de separación regulado en los artículos 12 y 24 de la Ley de modificaciones estructurales. Asimismo, como en la Sociedad Transformada no existen titulares de derechos especiales distintos de las acciones que no puedan mantenerse después de la transformación, tampoco hay nadie legitimado para oponerse a la ejecución del acuerdo de transformación.

CUARTO.– Una vez leídos, se aprueban por unanimidad los nuevos estatutos sociales adecuados a su nueva forma social.

QUINTO.– Se faculta a Doña / Don .... para que en representación de la sociedad para ejecutar y elevar a públicos los precedentes acuerdos, publicar los oportunos anuncios, hasta su inscripción en el Registro Mercantil.

Redacción y aprobación del acta.– Queda redactada, aprobada y firmada el Acta al término de la reunión por todos los asistentes y firmada por el presidente y secretario.

Y para que conste, se extiende la presente certificación, en ...., a .... de .... de 20 ....

El administrador único

Dª / D ....

F368. CERTIFICACIÓN DEL ACUERDO JUNTA GENERAL DE TRANSFORMACIÓN DE SOCIEDAD DE RESPONSABILIDAD LIMITADA EN SOCIEDAD ANÓNIMA

Normativa de Aplicación: *Arts. 4 y ss. y 17 y ss. de la Ley sobre Modificaciones Estructurales de las Sociedades Mercantiles, introducida por Real Decreto-ley 5/2023, de 28 de junio.*

Don / Doña .... como administrador único de la entidad mercantil .... sociedad anónima certifico sobre el acuerdo de la junta general extraordinaria y universal de socios, ajustada a los requisitos y contenido que seguidamente se expresan:

Fecha y lugar de celebración.– El día .... de .... de dos mil ...., en el domicilio social.

Lista de asistentes.– En el Acta figuran el nombre y la firma de todos los socios asistentes.

Quorum.– La reunión tuvo lugar con la concurrencia y firma en el acta de todos los socios, titulares del total capital social, quienes aceptaron, por unanimidad, su celebración.

Orden del día aceptado.– Transformación de la entidad en sociedad anónima.

Contenido de los acuerdos transcritos literalmente.

PRIMERO.– Se acuerda por unanimidad transformar la sociedad ...., sociedad limitada en sociedad anónima, manteniendo la misma personalidad jurídica, que continuará subsistiendo bajo la nueva forma social, con la denominación de ...., sociedad anónima, todo ello sobre la base del informe elaborado por el órgano de administración y el informe de los expertos independientes sobre el patrimonio social.

SEGUNDO.– Se aprueba por unanimidad el balance general de ...., cerrado el día ...., que se incorporará a la escritura que eleve a públicos los presentes acuerdos. Los administradores han informado a la junta de socios sobre las modificaciones importantes del activo y pasivo acaecidas desde la fecha del informe justificativo de la transformación y del balance de transformación, y la fecha de la presente junta.

TERCERO.– Dado que el número y valor nominal de las nuevas acciones es igual al de las anteriores participaciones sociales, se acuerda por unanimidad asignar una acción de ...., sociedad anónima por cada participación que tenía asignada en ...., sociedad limitada.

Se hace constar expresamente que la cifra de capital permanece inalterada, siendo el valor nominal de las acciones igual al de las antiguas participaciones de la sociedad limitada.

En consecuencia:

– Al socio .... (cuyas demás circunstancias personales constan anteriormente), titular de .... participaciones sociales, se le entregan .... acciones (las números .... al ...., ambas inclusive).

– Al socio .... (cuyas demás circunstancias personales constan anteriormente), titular de .... participaciones sociales, se le entregan. .... acciones (las números .... al ...., ambas inclusive).

Se hace constar expresamente que como el acuerdo de transformación ha sido unánime, no procede aplicar el derecho de enajenación regulado en los artículos 12 y 24 de la Ley de modificaciones estructurales. Asimismo, como en la Sociedad Transformada no existen titulares de derechos especiales distintos de las participaciones que no puedan mantenerse después de la transformación, tampoco hay nadie legitimado para oponerse a la ejecución del acuerdo de transformación.

CUARTO.– Una vez leídos, se aprueban por unanimidad los nuevos estatutos sociales adecuados a su nueva forma social.

QUINTO.– Se faculta a Doña / Don .... para que en representación de la sociedad para ejecutar y elevar a públicos los precedentes acuerdos, publicar los oportunos anuncios, hasta su inscripción en el Registro Mercantil.

Redacción y aprobación del acta.– Queda redactada, aprobada y firmada el Acta al término de la reunión por todos los asistentes y firmada por el presidente y secretario.

Y para que conste, se extiende la presente certificación, en ...., a .... de .... de 20 ....

El administrador único

Dª / D ....

F369. ACUERDO DE TRANSFORMACIÓN DE SOCIEDAD CIVIL EN SOCIEDAD DE RESPONSABILIDAD LIMITADA

Normativa de Aplicación: *Arts. 4 y ss. y 17 y ss. de la Ley sobre Modificaciones Estructurales de las Sociedades Mercantiles, introducida por Real Decreto-ley 5/2023, de 28 de junio.*

Don / Doña ...., como administrador .... de la entidad .... sociedad civil .... certifico sobre el acuerdo de la junta general extraordinaria y universal de socios, ajustada a los requisitos y contenido que seguidamente se expresan:

Fecha y lugar de celebración.– El día .... de .... de dos mil ...., en el domicilio social.

Lista de asistentes.– En el Acta figuran el nombre y la firma de todos los socios asistentes.

Quorum.– La reunión tuvo lugar con la concurrencia y firma en el acta de todos los socios, titulares del total capital social, quienes aceptaron, por unanimidad, su celebración.

Orden del día aceptado.– Transformación de la entidad en sociedad limitada.

Contenido de los acuerdos transcritos literalmente.

PRIMERO.– Se acuerda por unanimidad transformar la sociedad ...., sociedad civil en sociedad limitada, manteniendo la misma personalidad jurídica, que continuará subsistiendo bajo la nueva forma social, con la denominación de ...., sociedad limitada.

SEGUNDO.– Se aprueba por unanimidad el balance general de .... sociedad civil, cerrado el día ...., que se incorporará a la escritura que eleve a públicos los presentes acuerdos. Los administradores han informado a la junta de socios sobre las modificaciones importantes del activo y pasivo acaecidas desde la fecha del informe justificativo de la transformación y del balance de transformación, y la fecha de la presente junta.

TERCERO.– Se acuerda por unanimidad asignar una participación de ...., sociedad limitada por cada participación que tenía en ...., sociedad civil. Se hace constar expresamente que la cifra de capital permanece inalterada, siendo el valor nominal de las participaciones igual al de las antiguas participaciones de la sociedad civil.

En consecuencia:

– Al socio .... (cuyas demás circunstancias personales constan anteriormente), titular de .... participaciones en la sociedad civil, se le asignan .... participaciones sociales (las números .... al ...., ambas inclusive).

– Al socio .... (cuyas demás circunstancias personales constan anteriormente), titular de .... participaciones en la sociedad civil, se le asignan .... participaciones sociales (las números .... al ...., ambas inclusive).

Se hace constar expresamente que como el acuerdo de transformación ha sido unánime, no procede aplicar el derecho de enajenación regulado en los artículos 12 y 24 de la Ley de modificaciones estructurales.

Los socios manifiestan bajo su responsabilidad que el patrimonio social de la sociedad civil cubre la cifra de capital de la sociedad limitada, quedando éste totalmente desembolsado.

CUARTO.– Una vez leídos, se aprueban por unanimidad los nuevos estatutos sociales adecuados a su nueva forma social.

QUINTO.– Respetando como modo de organizar la Administración de la Sociedad el actualmente establecido, se acuerda por unanimidad nombrar como administrador único de la sociedad, por plazo indefinido, a Doña /Don ...., mayor de edad, ...

El designado, presente en éste acto, acepta el cargo y manifiesta no hallarse incurso en alguna de las prohibiciones, incapacidades o incompatibilidades legales establecidas, en especial las señaladas por el artículo 213 de la Ley que regula éste tipo de Sociedades, por la Ley 5/2006, de 10 de abril, o por otras disposiciones legales vigentes, en la medida y condiciones fijadas en ellas.

SEXTO.– Se faculta a Doña / Don .... para que en representación de la sociedad para ejecutar y elevar a públicos los precedentes acuerdos, publicar los oportunos anuncios, hasta su inscripción en el Registro Mercantil.

Redacción y aprobación del acta.– Queda redactada, aprobada y firmada el Acta al término de la reunión por todos los asistentes y firmada por el presidente y secretario.

Y para que conste, se extiende la presente certificación, en ...., a .... de .... de 20 ....

El administrador único

Dº / D ....

F370. INFORME DE LOS ADMINISTRADORES SOBRE LOS ASPECTOS JURÍDICOS Y ECONÓMICOS DE LA TRANSFORMACIÓN

Normativa de Aplicación: *Arts. 4 y ss. y 17 y ss. de la Ley sobre Modificaciones Estructurales de las Sociedades Mercantiles, introducida por Real Decreto-ley 5/2023, de 28 de junio.*

Los Administradores de la entidad .... sociedad (civil/anónima/de responsabilidad limitada) suscriben el presente informe en virtud de lo dispuesto en los artículos 5 y 21 de la Ley sobre modificaciones estructurales de las sociedades mercantiles sobre los aspectos que se relacionan a continuación, justificando los fundamentos jurídicos y los motivos económicos.

A) SECCIÓN GENERAL

1° Antecedentes de hecho

- Inicio de la actividad
- Entorno económico
- Situación actual del negocio y perspectivas de futuro

2° Aspectos jurídicos de la transformación

- Normativa aplicable:

– Ley de Modificaciones Estructurales

– Texto refundido de la Ley de Sociedades de Capital

– Reglamento del Registro Mercantil

– Plan General de Contabilidad

– Ley 27/2014 del Impuesto sobre Sociedades

- Proceso de transformación
- Publicación de los acuerdos
- Elevación a público de los acuerdos
- Régimen de mayorías
- Derecho de separación de los socios

3° Motivos económicos. Con la presente trasformación social se pretenden alcanzar los siguientes objetivos económicos:

- Mejora de la imagen corporativa
- Limitación de la responsabilidad de los socios
- Mejora en el gobierno de la sociedad
- Aplicación del protocolo del grupo familiar
- ....

4° Valoración del patrimonio social y solvencia de la sociedad. El patrimonio social está formado por .... sobre cuya valoración contable correspondería realizar las siguientes correcciones valorativas con el consiguiente test de deterioro ....

La situación económica de la sociedad muestra una clara situación de solvencia que se pone de manifiesto en el balance de transformación con ratios de solvencia y fondo de maniobra en cifras aceptables.

La sociedad no se encuentra en causa de disolución por pérdidas.

7° Tributación en IRPF de los socios.

B) SECCIÓN DESTINADA A LOS SOCIOS

1° Compensación en efectivo propuesta en caso de ejercicio de derecho de separación

2° Tipo de canje, y método empleado para su cálculo

3° Consecuencias para los socios. Con el proceso de transformación propuesto y con los estatutos resultantes de la transformación los socios sufrirán los siguientes cambios:

- Régimen de mayorías
- Derechos de adquisición preferente y régimen de transmisión de acciones y participaciones
- Retribución del capital
- ....

4° Eventual impacto de género en los órganos de administración

5° Eventual impacto en la responsabilidad social de la empresa

- Políticas medioambientales
- Integración laboral de personas desfavorecidas en su empresa o entorno económico
- Esfuerzos formativos, otorgamiento de becas y plazas de formación
- Organización de proyectos sociales propios o en colaboración con las administraciones públicas.
- Mecenazgo, en forma de donativos o de colaboración económica

6° Derechos y vías de recurso que corresponden a los socios, de acuerdo con la Ley sobre Modificaciones Estructurales de Sociedades Mercantiles

C) SECCIÓN DESTINADA A LOS TRABAJADORES

1° Consecuencias de la operación sobre el empleo y en su caso, medidas encaminada a preservar las relaciones laborales.

2° Cambios sustanciales, en caso de haberlos, en las condiciones de empleo aplicables o en la ubicación de los centros de actividad de la sociedad.

3° Modo en que la los factores anteriores afectará a las filiales de la sociedad.

El órgano de administración queda obligado a informar a la junta de socios a la que se someta la aprobación de la transformación, sobre cualquier modificación importante del activo o del pasivo acaecida entre la fecha del informe de transformación y del balance puestos a disposición de los socios y la fecha de la celebración de la junta.

F371. ANUNCIO DE TRANSFORMACIÓN DE SOCIEDAD ANÓNIMA EN SOCIEDAD DE RESPONSABILIDAD LIMITADA

Normativa de Aplicación: *Arts. 4 y ss. y 17 y ss. de la Ley sobre Modificaciones Estructurales de las Sociedades Mercantiles, introducida por Real Decreto-ley 5/2023, de 28 de junio.*

............, S.A.

Anuncio transformación de sociedad anónima en sociedad limitada

De conformidad con lo dispuesto en el artículo 10 de la Ley sobre modificaciones estructurales de las sociedades mercantiles, se hace público que la Junta general, extraordinaria y universal de la Sociedad «............, S.A.», con fecha .... de .... de 20 ...., acordó por unanimidad la transformación de la misma en Sociedad de Responsabilidad Limitada, aprobándose asimismo el Balance de transformación y los nuevos Estatutos sociales. Por tanto, en lo sucesivo, la Sociedad girará con la denominación «............, S.L.».

............, ... de .... de 20 ....

Se hace constar el derecho que asiste a los socios de obtener la documentación e información prevista en el artículo 10 LME.

D. ...., Administrador único.

(Nota artículo 10.2 LME: La publicación no será necesaria cuando el acuerdo se comunique individualmente por escrito o vía electrónica a todos los socios y acreedores, en la forma que resulta del mismo)

F372. ANUNCIO DE TRANSFORMACIÓN DE SOCIEDAD DE RESPONSABILIDAD LIMITADA EN SOCIEDAD ANÓNIMA

Normativa de Aplicación: *Arts. 4 y ss. y 17 y ss. de la Ley sobre Modificaciones Estructurales de las Sociedades Mercantiles, introducida por Real Decreto-ley 5/2023, de 28 de junio.*

............, S.L. unipersonal

Anuncio de Transformación de S.L. a S.A.

En cumplimiento de lo dispuesto en el artículo 10 de la Ley de modificaciones estructurales de sociedades mercantiles, se hace público que el socio único de la entidad ...., S.L. unipersonal, decidió el día. .... de .... de 20 ...., en sesión celebrada con carácter de Junta general su transformación de sociedad limitada a sociedad anónima todo ello en los términos contenidos en el citado acuerdo de Junta General.

Asimismo, se aprobó como Balance de Transformación el balance cerrado a .... de .... de 20 ...., la asignación de participaciones por acciones y los nuevos Estatutos sociales adecuados a la nueva forma social.

Como la decisión de transformación ha sido tomada por el socio único, no procede aplicar el derecho de enajenación regulado en los artículos 12 y 24 LME. Asimismo, como en la Sociedad Transformada no existen titulares de derechos especiales distintos de las participaciones que no puedan mantenerse después de la transformación, tampoco hay nadie legitimado para oponerse a la ejecución del acuerdo de transformación.

..........., a .... de .... de 20 ....

El Presidente del Consejo de Administración, Don ....

Se hace constar el derecho que asiste a los socios de obtener la documentación e información prevista en el artículo 10 LME.

(Nota artículo 10.2 LME: La publicación no será necesaria cuando el acuerdo se comunique individualmente por escrito o vía electrónica a todos los socios y acreedores, en la forma que resulta del mismo)

F373. ANUNCIO DE TRANSFORMACIÓN DE SOCIEDAD CIVIL EN SOCIEDAD DE RESPONSABILIDAD LIMITADA

Normativa de Aplicación: *Arts. 4 y ss. y 17 y ss. de la Ley sobre Modificaciones Estructurales de las Sociedades Mercantiles, introducida por Real Decreto-ley 5/2023, de 28 de junio.*

..........., Sociedad Civil

Anuncio de transformación social

Se hace público que la totalidad de socios de la citada Sociedad Civil, reunidos también como Junta general extraordinaria (constituyente) de Socios de la nueva Sociedad de Responsabilidad Limitada, celebrada el .... de .... de 20 ...., acordó, por unanimidad de los asistentes, la transformación de la Sociedad Civil «..........., S.C.» en Sociedad de Responsabilidad Limitada, pasando a denominarse «..........., sociedad limitada», y sin que dicha transformación suponga cambio de personalidad jurídica, lo que se comunica a los efectos previstos en la Ley de Sociedades de Capital y Ley sobre Modificaciones Estructurales de las Sociedades Mercantiles.

En ...., ... de .... de 20 ....

Se hace constar el derecho que asiste a los socios de obtener la documentación e información prevista en el artículo 10 LME.

El Administrador único saliente de la S.C. y Administrador único de la nueva Sociedad de Responsabilidad Limitada Don ....

F374. ANUNCIO DE CONVOCATORIA DE LA JUNTA GENERAL PARA LA APROBACIÓN DE LA FUSIÓN

Normativa de Aplicación: *Arts. 4 y ss. y 33 y ss. de la Ley sobre Modificaciones Estructurales de las Sociedades Mercantiles, introducida por Real Decreto-ley 5/2023, de 28 de junio.*

..........., S.A.

Convocatoria de Junta General Extraordinaria

Por acuerdo del Consejo de Administración de .... (en adelante, la Sociedad), se convoca a los socios a la Junta General Extraordinaria de la Sociedad a celebrar en el domicilio social sito en ...., el próximo día .... de .... de 20 ...., a las .... horas, en primera convocatoria, y el día .... de .... de 20 ...., a las .... horas, en segunda convocatoria al objeto de deliberar y resolver acerca de los asuntos comprendidos en el siguiente

Orden del día

Primero.– Examen y aprobación del Proyecto común de Fusión de la mercantil ...., S.A. y de su filial ...., S.L., con disolución sin liquidación de esta última y traspaso en bloque, a título universal, de su patrimonio a ...., S.A.

Segundo.– Aprobación, en su caso, de dicha fusión por absorción conforme al proyecto de fusión.

Tercero.– Aprobación del balance de fusión cerrado a 31 de diciembre de ....

Cuarto.– Régimen fiscal de la fusión.

Quinto.– Lectura y aprobación, en su caso, del Acta de la Junta.

Sexto.– Otorgamiento de facultades al Órgano de Administración para la elevación a escritura pública e inscripción en los Registros Mercantil y de la Propiedad, desarrollo, subsanación y ejecución de los acuerdos adoptados por la Junta.

Derecho de información. Los socios, así como los representantes de los trabajadores, tienen derecho a examinar en el domicilio social, así como a obtener la entrega o el envío gratuito del texto íntegro de los siguientes documentos:

1. Proyecto común de fusión.

2. Cuentas anuales e informe de gestión de los tres últimos ejercicios de las Sociedades intervinientes en la fusión, incluyendo los informes de los auditores de cuentas.

3. Balance de fusión de las sociedades intervinientes que coincide con el balance cerrado a 31 de diciembre de 20 ....

4. Estatutos vigentes de la sociedad ...., S.A., y de ...., S.L.

5. Relación del nombre, apellidos, edad, nacionalidad y domicilio de los Consejeros de ...., S.A., y de ...., S.L., así como la fecha desde la que desempeñan sus cargos.

Proyecto de fusión

I. Identificación de las sociedades participantes en la fusión

– «..........., S.A.» domiciliada en .... Inscrita en el Registro Mercantil de ...., al Tomo ...., y provista de CIF número A .... Actúa como Sociedad Absorbente.

– «..........., S.L.» domiciliada en .... Inscrita en el Registro Mercantil de ...., y provista de CIF número B .... Actúa como Sociedad Absorbida.

II. Descripción general del procedimiento de fusión. Absorción por «..........., S.A.», de «..........., S.L.», de la que «..........., S.A.», es socio del .... %. «..........., S.L.», se extinguirá, ya que quedará automáticamente disuelta, sin necesidad de liquidación, y traspaso en bloque, a título universal, de su patrimonio a «..........., S.A.»

III. Ofrecimiento por la Sociedad Absorbente al socio titular de .... participaciones de la sociedad absorbida. De conformidad con lo dispuesto en el artículo 54.1 de la LME, la Sociedad Absorbente ofrece al socio titular de una participación de la Sociedad Absorbida, la adquisición de la citada participación, estimada en su valor razonable, es decir, en la suma de .... euros. Dicha adquisición se llevará a efecto dentro del plazo no superior a un mes a contar desde la fecha de inscripción de la absorción en el Registro Mercantil. En el caso de que la participación del socio no fuera adquirida por la Sociedad Absorbente, el titular de la participación será compensado en metálico por importe de .... Euros, ya que no es posible proceder al canje por acciones de la Sociedad Absorbente, al no tener el socio suficientes participaciones para ser canjeadas por acciones de la citada sociedad.

IV. Balances de fusión, valoración de activo y pasivo del patrimonio que se transmite a la sociedad absorbente. Fecha de las cuentas utilizadas para establecer las condiciones de la fusión. Se establecen como Balances de Fusión, los balances cerrados a 31 de diciembre de 20 ...., que coinciden con el Balance anual, y, por tanto, como cuentas utilizadas para establecer las condiciones de la fusión, los citados balances cerrados a 31 de diciembre de 20 .... Los valores de activo y pasivo del patrimonio de la Sociedad Absorbida que se transmiten a la Sociedad Absorbente son los que resultan de su balance a fecha 31 de diciembre de 20 ...., más las posibles variaciones que resulten desde su fecha hasta la ejecución de la fusión, variaciones que no han sido incluidas ni reflejadas en los asientos contables del Balance de Fusión por ser posteriores a la fecha de su formulación.

V. Datos de la Sociedad Absorbente. No se ha previsto modificación de ninguna clase en los Estatutos Sociales de la Sociedad Absorbente.

VI. Incidencia que la fusión haya de tener sobre las aportaciones de industria o en las prestaciones accesorias en las sociedades que se extinguen y las compensaciones que vayan a otorgarse, en su caso, a los socios afectados en la sociedad resultante. No se da ninguna circunstancia de este epígrafe.

VII. Imputación contable en la absorbente de las operaciones de la sociedad absorbida. Las operaciones llevadas a cabo por la Sociedad Absorbida se considerarán realizadas a efectos contables por la Sociedad Absorbente desde el día 1 de enero de 20 ....

VIII. Derechos especiales y ventajas. No existen en la Sociedad Absorbida titulares de participaciones de clases especiales, ni titulares de derechos especiales distintos de las participaciones. No se prevé el otorgamiento de derechos especiales a los socios ni a terceros no socios de la Sociedad Absorbente. No se prevé la atribución, como consecuencia de la fusión, de ventajas especiales de ningún tipo a los administradores de las sociedades que se fusionan, ni a los expertos independientes, cuya intervención no es precisa dadas las características de la fusión proyectada.

IX. Posibles consecuencias de la fusión sobre el empleo así como su eventual impacto de género en los órganos de administración y la incidencia, en su caso, en la responsabilidad social de la empresa. La fusión no tendrá ninguna consecuencia en materia de empleo ni para la Sociedad Absorbente ni para la Absorbida. En cuanto al impacto de género en los órganos de administración, indicar que el órgano de administración de la Sociedad Absorbida está compuesto por .... hombres y .... mujeres. En la Sociedad Absorbente ni existe ni está previsto el nombramiento de ninguna mujer como administradores. La fusión no tendrá ninguna incidencia en la responsabilidad social de la Sociedad Absorbente ni en la Sociedad Absorbida.

X. Fiscalidad Tanto «..........., S.L.» como entidad transmitente, como «..........., S.A.», como entidad adquirente, manifiestan que a la presente operación de fusión le es de aplicación el Régimen Especial de fusiones, escisiones, aportaciones de activos y canje de valores mencionado en el Capítulo VII del Título VII de la Ley 27/2014, de 27 de noviembre, del Impuesto sobre Sociedades.

Derecho de asistencia. Podrán asistir a la Junta General convocada los socios titulares de .... o más acciones que las tengan inscritas en el correspondiente registro contable con cinco días de antelación a la fecha de celebración de la Junta, y lo acrediten.

Los socios titulares de un número menor de acciones podrán agruparse hasta completar al menos dicho número, nombrando entre ellos un representante.

..........., ... de .... de 20 ....

El Secretario del Consejo.

F375. ANUNCIO DE CONVOCATORIA DE LA JUNTA GENERAL PARA LA APROBACIÓN DE FUSIÓN TRANSFRONTERIZA

Normativa de Aplicación: *Arts. 4 y ss. y 80 y ss. y 121 y ss. de la Ley sobre Modificaciones Estructurales de las Sociedades Mercantiles, introducida por Real Decreto-ley 5/2023, de 28 de junio.*

CONVOCATORIA DE JUNTA

«..........., S.L.»

El Consejo de Administración convoca a los socios de «..........., S.L.» en adelante La Sociedad, a la próxima Junta General Extraordinaria, en el domicilio social, calle .... número ...., ..., a las .... horas, el próximo día .... de .... de 20 ...., para celebrar sesión con arreglo al siguiente

Orden del día

Primero.– Aprobación, en su caso, de la fusión transfronteriza .... comunitaria por absorción por parte de la Sociedad, como Sociedad Absorbente, de su filial íntegramente participada, la entidad ...., como Sociedad Absorbida, en los términos establecidos en el correspondiente Proyecto Común de Fusión.

Segundo.– Aprobación del Balance de la Sociedad cerrado a 31 de diciembre de 20 .... como Balance de Fusión, en relación con la operación de fusión descrita en el punto 1 anterior.

Tercero.– Autorización para ejecutar los acuerdos adoptados y subsanación de los mismos en los más amplios términos.

Cuarto.– Ruegos y preguntas y aprobación del acta de la Junta General.

En caso de no poder asistir, y si lo estiman oportuno, pueden delegar su representación según lo establecido en la Ley y en los Estatutos. En cumplimiento de lo dispuesto en los artículos 7, 46, 47.2 y 89 de la Ley sobre Modificaciones Estructurales de las Sociedades Mercantiles («LME»), se hace constar que, antes de la publicación del presente anuncio de convocatoria, se ha puesto en el domicilio social, a disposición de los socios, obligacionistas y los titulares de derechos especiales distintos de las acciones, así como de los representantes de los trabajadores, o en su defecto de los propios trabajadores en el domicilio social, los correspondientes Proyectos de Fusión, Informes de Administradores, Estatutos sociales, cuentas anuales así como informes de gestión, y de auditoría, en su caso; los balances que se someten a la aprobación de la Junta, e información sobre administradores, todo ello según lo previsto en los citados artículos 7 y 46 LME. Asiste a los socios, obligacionistas, tenedores de derechos especiales y representantes de los trabajadores, o trabajadores, el derecho a examinar la citada documentación o a solicitar la entrega o el envío gratuito de un ejemplar de los mismos.

En .... a .... de .... de 20 ....

El Presidente del Consejo de Administración, D ....

F376. PROYECTO COMÚN DE FUSIÓN

Normativa de Aplicación: *Arts. 4 y ss. y 33 y ss. de la Ley sobre Modificaciones Estructurales de las Sociedades Mercantiles, introducida por Real Decreto-ley 5/2023, de 28 de junio.*

PROYECTO DE FUSIÓN COMÚN DE LAS SOCIEDADES

«..........., S.L.» unipersonal

«..........., S.L.» unipersonal

«..........., S.L.» unipersonal

(SOCIEDADES ABSORBIDAS)

Y «..........., S.L.» unipersonal

(SOCIEDAD ABSORBENTE)

Que presentan los Administradores Únicos de «..........., S.L.» unipersonal, «..........., S.L.» unipersonal, «..........., S.L.» unipersonal y «..........., S.L.» unipersonal, para su aprobación por sus respectivos socios únicos constituidos en respectivas Juntas Generales, conforme a lo previsto en los artículos 4 y siguientes y 33 y siguientes de la Ley sobre Modificaciones Estructurales de las Sociedades Mercantiles.

El tipo de fusión propuesta por los Órganos de Administración de ...., S.L. unipersonal ...., S.L. unipersonal, ..., S.L. unipersonal, y ...., S.L. Unipersonal a los socios únicos es una fusión por absorción de los patrimonios de ...., S.L. Unipersonal ...., S.L. unipersonal y ...., S.L. unipersonal por la sociedad ...., S.L. unipersonal.

La sociedad limitada unipersonal absorbente existente, ..., S.L., adquirirá los patrimonios de las sociedades absorbidas, ..., S.L. ...., S.L., y ...., S.L., adquiriendo también por sucesión universal los derechos y obligaciones de las absorbidas, que se extinguirán, sin que proceda a modificar el capital social de la absorbente por la absorción.

Con esta operación se fusionan las actividades hasta el momento desarrolladas por las cuatro sociedades.

I.– IDENTIFICACIÓN DE LAS SOCIEDADES QUE PARTICIPAN EN EL PROYECTO DE FUSIÓN

A. SOCIEDAD ABSORBIDA: .... S.L. unipersonal

1.– .... S.L.U. fue constituida por tiempo indefinido en escritura número .... ante la Notario de .... Doña ...., el .... de .... de –.

2.– Su número de identificación fiscal es el ....

3.– Domiciliada en ....

4.– Según la escritura número .... de fecha .... de .... de .... ante la Notario de .... Doña ...., el capital social es de .... MIL EU-

ROS (........... 0.000 euros), íntegramente suscrito y desembolsado; representado por .... participaciones de .... EUROS (........... €) de valor nominal cada una de ellas, de una sola clase y serie, numeradas correlativamente del UNO al ...., ambos inclusive.

5.– La Sociedad tiene por objeto la compra, venta y p ....

6.– El ejercicio social de .... coincide con el año natural.

7.– La administración de la Sociedad está confiada a un administrador Único, Don ...., mayor de edad, casado vecino de .... y con DNI número .... designado por tiempo indefinido en escritura autorizada número .... ante la Notario de .... Doña ...., el .... de .... de 20 ....

8.– Su socio único es «........... S.L.», constituida por tiempo indefinido, mediante escritura autorizada por el Notario que fue de ...., Don ...., el .... de .... de ....; adaptada a la ley de sociedades anónimas en escritura autorizada por el Notario de ...., Don ...., el .... de .... de 20 ...., inscrita en el Registro Mercantil de ...., al tomo ...., general ...., Sección General, del libro de Sociedades, folio –, hoja número .... Su CIF es B ....

9.– Los datos identificadores de su inscripción en el Registro Mercantil de .... son los siguientes: Tomo .... Libro ...., folio ...., hoja ...., con fecha .... de .... de ....

B. SOCIEDAD ABSORBIDA: ...., S.L.U.

(...........)

C. SOCIEDAD ABSORBIDA: ...., S.L.U.

(...........)

D. SOCIEDAD ABSORBENTE: ...., S.L.U.

II.- CALENDARIO INDICATIVO A EFECTOS REALIZACIÓN DE LA OPERACIÓN.

....

III.– DERECHOS ESPECIALES

No existirán derechos especiales conferidos a favor de determinadas participaciones sociales o de determinados socios en «........... S.L.»

IV.– IMPLICACIÓN DE LA FUSIÓN PARA ACREEDORES Y GARANTÍAS OFRECIDAS.

....

V.– VENTAJAS A LOS ADMINISTRADORES.

No se atribuirán en «........... S.L.» ningún tipo de ventaja a favor de los administradores de las sociedades intervinientes en la operación.

VI.– COMPENSACIÓN EN EFECTIVO A LOS SOCIOS QUE OSTENTEN DERECHO DE ENAJENACIÓN.

....

VII.– CONSECUENCIA DE LA OPERACIÓN PARA EL EMPLEO.

La operación de fusión no conllevará efectos en los contratos laborales actualmente en vigor, distintos de la subrogación de los contratos de aquellas personas que pasen a formar parte de la plantilla de la sociedad beneficiaria ...., S.L.

Como consecuencia de la fusión, no se extinguirán las relaciones laborales existentes en las sociedades participantes. La sociedad absorbente, se subrogará en los derechos y obligaciones laborales y de Seguridad Social de las sociedades absorbidas.

VIII.– TIPO DE CANJE Y PROCEDIMIENTO.

Tanto las tres sociedades absorbidas «........... S.L.», «........... S.L.» y «........... S.L.», como «........... S.L.», sociedad absorbente, están participadas al 100% por un socio único, «........... S.L.»

Al tratarse de una fusión asimilada a una fusión por absorción de una sociedad íntegramente participada (fusión simplificada), no es obligatorio que en el contenido del presente proyecto de fusión, al amparo de lo establecido en los artículos 53 y 56 de la Ley de Modificaciones Estructurales de las Sociedades Mercantiles, se incluyan las menciones relativas a tipo ni procedimiento de canje, ni a compensación complementaria, ni tampoco a la fecha a partir de la cual las nuevas participaciones darán derecho a participar en las ganancias sociales. Tampoco se elaborarán informes de administradores ni de expertos independientes sobre el presente proyecto.

La presente Fusión dará lugar a una compensación complementaria en dinero para ajustar el valor atribuido por el patrimonio de las absorbidas al valor nominal de las participaciones de «........... S.L.»

IX.– INCIDENCIA SOBRE LAS APORTACIONES DE INDUSTRIA O PRESTACIONES ACCESORIAS.

....

X.– EFECTOS CONTABLES.

La fecha a partir de la cual las operaciones de «........... S.L.», «........... S.L.» y de «........... S.L.» se considerarán realizadas a efectos contables por cuenta de «........... S.L.» unipersonal, será la del 1 de enero de 20 ....

XI.– ELEMENTOS PATRIMONIALES ASIGNADOS A «........... S.L.» Unipersonal.

La designación precisa de los elementos del activo y pasivo de las Sociedades Absorbidas figuran en los ANEXOS 1 y 2.

XII.– BALANCE DE FUSIÓN.

Para una mejor comprensión de la operación se procede a presentar el balance de cada una de las sociedades participantes, Sociedad Absorbente «........... S.L.» y Sociedades Absorbidas «........... S.L.», ... S.L.» y «........... S.L.», correspondiente al 31 de diciembre de 20 .... que figuran en ANEXO 3.

XIII.– OBLIGACIONES TRIBUTARIAS Y FRENTE A LA SEGURIDAD SOCIAL.

Las sociedades que se fusionan acreditan, mediante los oportunos certificados, que acompañan a este informe, encontrarse al corriente de sus obligaciones tributarias y con la Seguridad Social (anexo 4).

XIV.– EXPERTOS INDEPENDIENTES.

No será necesaria la elaboración de un informe experto independiente sobre el proyecto de fusión al tratarse de una fusión en la que las sociedades intervinientes revisten la forma jurídica de Sociedades de Responsabilidad Limitada, de acuerdo con lo dispuesto en el artículo 41.1 de la Ley de Modificaciones Estructurales de Sociedades Mercantiles.

XV.– AMPLIACIÓN DE CAPITAL DE LA SOCIEDAD ABSORBENTE.

«........... S.L.» ampliará su capital social en la medida necesaria para proceder a la absorción de los activos y pasivos de las entidades absorbidas de acuerdo con lo establecido en los Apartados VIII y XI anteriores.

Está previsto que el mencionado aumento de capital se realice por el importe de ...., valorados tal y como dispone la Norma de Valoración 21 del Plan General Contable.

Se considera conveniente para ajustar el tipo de canje, que el socio único reciba, una compensación en dinero por importe de .... euros, que no excede del diez por ciento del valor nominal de las participaciones o del valor contable de las cuotas atribuidas.

XVI.– RÉGIMEN FISCAL.

La fusión se efectuará al amparo del régimen fiscal especial establecido en el Título VII, Regímenes Tributarios Especiales, Capítulo VII, Régimen especiales de las fusiones, escisiones, aportaciones de activos y canjes de valores, artículos 76 y siguientes, de la Ley 27/2014 de 27 de noviembre del Impuesto sobre Sociedades.

La correspondiente comunicación, a la Delegación de la Agencia Estatal de la Administración Tributaria, de la opción por el régimen especial, se practicará de acuerdo con lo dispuesto en los artículos 48 y 49 del vigente Reglamento del Impuesto sobre Sociedades.

La transmisión de los inmuebles urbanos que forman parte del patrimonio de las entidades absorbidas se entenderá una operación sujeta y no exenta del Impuesto sobre el Valor Añadido (en adelante IVA). En el caso de que pudiera calificarse esta operación como segunda entrega tal y como dispone el artículo 20 .... Uno.22 de la Ley 37/1992 del IVA, operación sujeta y exenta del Impuesto, se opta a la renuncia a esta exención en los términos previstos en el artículo 20 .... Dos de la misma ley.

XVII.– MOTIVACIÓN ECONÓMICA DEL PROCESO DE FUSIÓN.

Los motivos económicos que han dado lugar a este proyecto de fusión son los siguientes:

- La fusión tiene la finalidad de agrupar las actividades desarrolladas por el Grupo .... de todas las sociedades, para un mejor desarrollo de dicha actividad. Todo ello, con el fin de lograr una mayor racionalización en la gestión de cada línea de negocio, permitiendo una mayor eficacia en dicha gestión y en la toma de decisiones empresariales, en función de las necesidades y características de cada línea de negocio.

• Finalmente, se pretende simplificar la estructura societaria, reduciéndose el número de sociedades. La finalidad de esta reducción del número de sociedades reside en el ahorro en costes innecesarios (fundamentalmente de índole administrativa), como consecuencia de la duplicidad de costes por el cumplimiento de las obligaciones relativas a preparación de contabilidades separadas, cumplimiento de las obligaciones fiscales, formulación de cuentas anuales, etc. Además, la convivencia de varias entidades mercantiles supone no sólo una duplicidad en relación con las obligaciones formales sino un freno en la gestión ágil del negocio empresarial.

XII.– INFORMACIÓN A LOS SOCIOS Y A LOS REPRESENTANTES DE LOS TRABAJADORES SOBRE LA FUSIÓN.

Se pondrá a disposición de los socios y de los representantes de los trabajadores los documentos a que hace referencia los artículos 7 y 46 de la Ley de Modificaciones Estructurales de Sociedades Mercantiles.

No obstante, no procederá la puesta a disposición de los mismos a los obligacionistas y a los titulares de derechos especiales al no existir, tanto en la sociedad absorbente como en las absorbidas.

XIII.– ÓRGANO DE ADMINISTRACIÓN DE LA SOCIEDAD ABSORBENTE ...., S.L.U.

El actual Órgano de Administración de ...., S.L.U. no sufre modificaciones.

En ...., (...........), a .... de .... de 20 ....

Fdo: Fdo:

Anexo 1: designación precisa de los elementos del activo y pasivo de las sociedades absorbidas

Anexo 2: relación de inmuebles de ...... S.L.

Anexo 3: balances cerrados al 31 de diciembre de 20....

Anexo 4: certificado de estar al corriente de obligaciones tributarias y con la Seguridad Social.

F377. PROYECTO DE FUSIÓN (II)

Normativa de Aplicación: *Arts. 4 y ss. y 33 y ss. de la Ley sobre Modificaciones Estructurales de las Sociedades Mercantiles, introducida por Real Decreto-ley 5/2023, de 28 de junio.*

PROYECTO DE FUSIÓN POR ABSORCIÓN DE

....

(SOCIEDAD ABSORBIDA)

Y

....

(SOCIEDAD ABSORBENTE)

...., a ..... de ..... de .....

1 INTRODUCCIÓN

El presente Proyecto de Fusión recoge la fusión por absorción de ...., por parte de ....

La fusión proyectada implicará la disolución sin liquidación de ...., sociedad absorbida, y la transmisión en bloque del patrimonio social de ésta a .... sociedad absorbente, que adquirirá tal patrimonio por sucesión universal en los derechos y obligaciones de la sociedad absorbida.

El presente Proyecto de Fusión se redacta y suscribe por los Órganos de Administración de las sociedades .... e ...., en cumplimiento de lo prescrito en los artículos 4, 39 y 40 de la Ley sobre Modificaciones Estructurales de las Sociedades Mercantiles.

Los Órganos de Administración de las sociedades intervinientes se abstendrán, a partir de la suscripción del presente Proyecto de Fusión, de acuerdo con lo previsto en el apartado 2 del citado artículo 39, de realizar cualquier clase de acto o de concluir cualquier contrato que pudiera comprometer la aprobación del Proyecto.

2 SUSCRIPTORES DEL PROYECTO DE FUSIÓN

Redactan y suscriben el presente Proyecto de Fusión todos los miembros de los respectivos Órganos de Administración de las sociedades intervinientes en la fusión proyectada según la relación siguiente:

.... (sociedad absorbente):

CONSEJO DE ADMINISTRACIÓN:

.... (Presidenta)

.... (Secretario)

.... (Consejero)

.... (sociedad absorbida):

.... (Consejero)

.... (Secretario)

.... (Presidente)

3 IDENTIFICACIÓN DE LAS SOCIEDADES PARTICIPANTES EN EL PROYECTO DE FUSIÓN

3.1 Sociedad Absorbente

Como Sociedad Absorbente la .... domiciliada en Madrid en Avenida ...., e inscrita en el Registro Mercantil de Madrid ....

3.2 Sociedad Absorbida

Como sociedad Absorbida la .... domiciliada en Madrid en .... inscrita en el Registro Mercantil de Madrid ....

4 DESCRIPCIÓN GENERAL DEL PROYECTO DE FUSIÓN.

4.1 La fusión proyectada consiste en la fusión por absorción de la sociedad .... por parte de ...., con la consiguiente disolución sin liquidación de las sociedad absorbida, traspasando en bloque todo su patrimonio a la sociedad absorbente, que adquirirá tal patrimonio por sucesión universal en los derechos y obligaciones de la sociedad absorbida.

4.2 A los efectos de lo dispuesto en los artículos 53 y 56 de la Ley sobre Modificaciones Estructurales de las Sociedades Mercantiles, dado que el socio único de la .... es .... se hace constar que no es necesario el aumento del capital social de ...., (sociedad absorbente), ni la elaboración de los informes de los administradores y expertos sobre el presente Proyecto de Fusión. Asimismo, no deben incluirse en el Proyecto de Fusión los extremos señalados en el artículo 53 la Ley sobre Modificaciones Estructurales de las Sociedades Mercantiles.

4.3 A los efectos de lo establecido en los artículos 43 y 44 de la Ley sobre Modificaciones Estructurales de las Sociedades Mercantiles, se considerarán como Balances de Fusión los balances de las sociedades intervinientes en la fusión cerrados a .... de .... de ...., que serán sometidos a la aprobación de los respectivas juntas y/o socio único.

4.4 Mediante la presente fusión se pretende concentrar toda la actividad económica desarrollada por las sociedades intervinientes en la fusión, y así obtener una simplificación de la gestión empresarial y un ahorro en los costes y las obligaciones formales, unificando toda la actividad de ambas entidades en una sola, así como simplificar la estructura societaria de estas sociedades familiares, y eliminar duplicidades y conseguir una simplificación administrativa.

Asimismo, la presente fusión contribuirá a la mejora de la financiación de las actividades desarrolladas por las sociedades intervinientes incrementando la solvencia de las mismas frente a terceros.

5 TIPO Y PROCEDIMIENTO DE CANJE

En aplicación de los artículos 52 y 56 de la Ley sobre Modificaciones Estructurales de las Sociedades Mercantiles, dado que el socio único de la mercantil .... es XXXXX no resulta necesario el aumento de capital social de .... (sociedad absorbente), y, en consecuencia, no procede el establecimiento de tipo de canje alguno.

6 APORTACIONES DE INDUSTRIA Y PRESTACIONES ACCESORIAS

No existen en ninguna de las sociedades intervinientes en la fusión proyectada aportaciones de industria ni prestaciones accesorias.

7 DERECHOS Y TÍTULOS ESPECIALES

En la sociedad absorbida no existen titulares de participaciones de clases especiales, ni socios con derechos especiales o distintos al resto de las participaciones.

En consecuencia, no se otorgará ningún derecho especial ni opción a las que refiere el número 3° del artículo 40 de la Ley sobre Modificaciones Estructurales de las Sociedades Mercantiles.

8 VENTAJAS DE EXPERTOS Y ADMINISTRADORES

No se concederán ventajas especiales a favor de los expertos independientes o de los administradores que participen en la fusión.

9 FECHA DE PARTICIPACIÓN EN LAS GANANCIAS

Se aplica lo dispuesto en el artículo 53.1.1 de la Ley sobre Modificaciones Estructurales de las Sociedades Mercantiles.

10 FECHA A PARTIR DE LA CUAL LA FUSIÓN TENDRÁ EFECTOS CONTABLES

Dado que a la fusión proyectada le es de aplicación la Norma de Registro y Valoración número 21 del Plan General de Contabilidad, y de acuerdo con la consulta 1 del BOICAC número 75 del Instituto de Contabilidad y Auditoría de Cuentas, se hace constar que, en virtud de lo exigido en el apartado 6° del artículo 40 de la Ley sobre Modificaciones Estructurales de las Sociedades Mercantiles, las operaciones llevadas a cabo por las sociedades absorbidas se considerarán realizadas a efectos contables a partir de .... por la sociedad absorbente, que asumirá todos los riesgos, derechos y obligaciones derivados de dichas operaciones.

11 MODIFICACIÓN DE LOS ESTATUTOS DE LA SOCIEDAD ABSORBENTE

En virtud de lo dispuesto en el apartado 2° del artículo 40 de la Ley sobre Modificaciones Estructurales de las Sociedades Mercantiles, se hace constar que la sociedad absorbente no efectuará modificación estatuaria alguna.

12 CONSECUENCIAS DE LA FUSIÓN SOBRE EL EMPLEO, DE IMPACTO DE GÉNERO Y EN LA RESPONSABILIDAD SOCIAL DE LA EMPRESA

La fusión proyectada no va a tener ninguna consecuencia sobre los empleados de las sociedades que intervienen, impacto de género alguno en los órganos de administración de las sociedades intervinientes, ni incidencia en la responsabilidad social de la empresa.

13 OTRAS CONSECUENCIAS E IMPLICACIONES EN LA FUSIÓN

13.1 Modificaciones en el órgano de administración de la sociedad absorbente.

No se va a realizar ninguna modificación en el órgano de administración de la sociedad absorbente.

13.2 Régimen fiscal especial.

La fusión proyectada se acogerá al régimen tributario especial contenido en el capítulo VII del Título VII de la Ley 27/2014, de 27 de Noviembre, del Impuesto sobre Sociedades, a cuyos efectos se procederá a efectuar la correspondiente comunicación al Ministerio de Economía y Hacienda.

Este Proyecto de Fusión es suscrito en .... y firmado a continuación por todos los miembros de los Órganos de Administración de las sociedades intervinientes en la fusión proyectada.

Don .... Don .... Doña ....

F378. INFORME DE LOS ADMINISTRADORES SOBRE EL PROYECTO DE FUSIÓN

Normativa de Aplicación: *Arts. 4 y ss. y 33 y ss. de la Ley sobre Modificaciones Estructurales de las Sociedades Mercantiles, introducida por Real Decreto-ley 5/2023, de 28 de junio.*

INFORME DE LOS ADMINISTRADORES DE «..........., S.L.» SOBRE EL PROYECTO DE FUSIÓN — FUSIONES ESPECIALES

ABSORCIÓN DE SOCIEDAD ÍNTEGRAMENTE PARTICIPADA

«..........., S.L.» UNIPERSONAL (SOCIEDAD ABSORBIDA),

Y «..........., S.L.» UNIPERSONAL (SOCIEDAD ABSORBENTE)

En ...., a .... de .... de 20 ....

A) SECCIÓN GENERAL

I. INTRODUCCIÓN

A los efectos de lo previsto en el artículo 5 de la Ley sobre Modificaciones Estructurales de las Sociedades Mercantiles, el Consejo de Administración de la Sociedad .... S.L. domiciliada en ...., Calle .... número ...., del Polígono ...., provista de CIF ...., redacta y suscribe las siguientes menciones, cuyo contenido es constitutivo del informe sobre el proyecto de fusión por absorción de ...., S.L. unipersonal por ...., S.L. unipersonal.

Que será presentado por los Administradores de «..........., S.L.» al socio único.

Al tratarse de una fusión especial entre sociedades íntegramente participadas, no es necesaria la elaboración del informe de los administradores sobre el proyecto de fusión. No obstante, para una mayor claridad en el proceso a seguir, se ha creído conveniente la elaboración de este informe, explicando y justificando detalladamente el proyecto común de fusión en sus aspectos económicos y jurídicos, con explicación de las implicaciones que la fusión tiene sobre los socios, acreedores y trabajadores, sin referencia al tipo de canje por el tipo de fusión del que se trata.

Así, deben tenerse en cuanta las excepciones en cuanto a requisitos que establece el artículo 53 de la Ley de Modificaciones Estructurales, en relación con la absorción de sociedad íntegramente participada.

II. ASPECTOS JURÍDICOS

El tipo de fusión propuesta por los órganos de administración de «..........., S.L.» unipersonal, y «..........., S.L.» unipersonal a los socios únicos es una fusión por absorción de sociedad íntegramente participada, con extinción de la sociedad y transmisión en bloque del patrimonio de «..........., S.L.» unipersonal (sociedad absorbida) a la sociedad «..........., S.L.» unipersonal (sociedad absorbente) socio único de la absorbida, sin que resulte necesario el aumento de capital de la sociedad absorbente, tal y como establece la Ley de Modificaciones Estructurales en su artículo 53.1.

La sociedad anónima absorbente existente, «..........., S.L.» unipersonal, adquirirá el patrimonio de la sociedad absorbida, «..........., S.L.» unipersonal, adquiriendo también por sucesión universal los derechos y obligaciones de la absorbida, que se extinguirá.

Con esta operación se fusionan las actividades hasta el momento desarrolladas por las dos sociedades.

La operación planteada se realizaría con la finalidad de centralizar la gestión de ambas empresas en una sola entidad, logrando una gestión económica y financiera más eficiente, con la consiguiente reducción de costes; lograr un balance más fortalecido así como un mayor volumen de negocios y de activos lo cual favorecerá la obtención de financiación e incrementará la capacidad de negociación frente a proveedores. Finalmente, la operación planteada permitirá lograr mejoras en la actividad de construcción y comercial y una gestión de tesorería más eficientes, al estar su gestión centralizada y unificada.

2.1 DEPÓSITO DEL PROYECTO

Al tratarse de una fusión por absorción de sociedad íntegramente participada, fusión especial, y tener la sociedad absorbente un socio único, se puede considerar que al proyecto le resultará de aplicación lo contenido en el artículo 9 de la Ley de Modificaciones Estructurales, por lo que no será necesario el depósito del proyecto de fusión.

2.2 CONTENIDO DEL PROYECTO DE FUSIÓN

La Ley sobre Modificaciones Estructurales de las Sociedades Mercantiles (LME) regula en sus artículos 4 y 40 el contenido mínimo del proyecto de fusión. Sobre el mismo deben ser tenidas en consideración las excepciones del artículo 53 de la citada LME, al tratarse de una fusión especial por absorción de sociedad íntegramente participada.

El presente informe sobre el proyecto de fusión, igualmente contiene la opción por el régimen fiscal especial del Texto Refundido de la Ley del Impuesto sobre Sociedades en aras de la aplicación del régimen fiscal neutral para las fusiones, haciendo constar igualmente los motivos económicos que han promovido la fusión.

2.3 IDENTIFICACIÓN DE LAS SOCIEDADES QUE PARTICIPAN EN EL PROYECTO DE FUSIÓN

Denominación, el tipo social y el domicilio de las sociedades que se fusionan y de la sociedad resultante de la fusión, así como los datos identificadores de la inscripción de aquéllas en el Registro Mercantil.

SOCIEDAD ABSORBENTE: «..........., S.L.» unipersonal

a) Denominación Social: «..........., S.L.»

b) Domicilio Social: ....

c) Constitución y datos Registrales: .... Datos registrales. ....

d) CIF: ....

e) Capital Social: .... euros (........... 0.000 €), representado por .... 0.000 participaciones sociales de un valor nominal de .... euros cada una de ellas, numeradas correlativamente del 1 al .... 0.000, ambas incluidas. Las acciones están totalmente asumidas y desembolsadas.

f) Socio único: La Sociedad tiene como socio único a la Sociedad de nacionalidad ...., denominada ...., con domicilio en ...., provista de CIF en España ....

g) Titular real y titular último. El único titular real de la sociedad es la sociedad de nacionalidad .... «..........., S.L.»

El único titular real de la sociedad «...........», es la sociedad «..........., S.A.», sociedad cotizada en bolsa, con domicilio social en ....

h) Objeto social: ....

i) Órgano de Administración: El Consejo de administración está formado por las siguientes personas

D.

Dª.

PRESIDENTE: Dª ....

SECRETARIO: D ....

VOCALES: D ....

j) Auditor: .... S.L. Datos registrales ....

B.– SOCIEDAD ABSORBIDA: «..........., S.L.» unipersonal

(...........)

2.4. LOS ESTATUTOS DE LA SOCIEDAD RESULTANTE DE LA FUSIÓN.

El proyecto de fusión y la fusión en sí, una vez aprobado el mismo, no traerá consigo la modificación de los estatutos sociales de la sociedad absorbente ...., S.L. unipersonal.

2.5 EXPERTOS INDEPENDIENTES

El proyecto de fusión se ha presentado como un proceso formado por una operación de absorción de sociedades íntegramente participadas.

Los Administradores de las sociedades intervinientes consideran que no será necesario el informe de expertos independientes sobre el proyecto común de fusión porque así se establece en el artículo 53 de la Ley de modificaciones estructurales de las sociedades mercantiles.

2.6 ÓRGANO DE ADMINISTRACIÓN DE LA SOCIEDAD ABSORBENTE «..........., S.L.» UNIPERSONAL

El actual Órgano de Administración de «..........., S.L.» unipersonal no sufre modificaciones. Asimismo, los miembros del Órgano de Administración de las sociedades que participan en la fusión se abstendrán de realizar cualquier clase de acto o de concluir cualquier contrato que pudiera comprometer la aprobación del proyecto o modificar sustancialmente la relación de canje de las acciones.

III. ASPECTOS ECONÓMICOS Y FISCALES

3.1 TIPO DE CANJE Y PROCEDIMIENTO DE CANJE.

La fusión proyectada se llevará a efecto sin ampliación de capital en la sociedad absorbente, al tratarse de una fusión especial por absorción de sociedad íntegramente participada. Por ello al no existir canje, este apartado queda sin contenido.

En virtud de lo dispuesto en el artículo 53.1 de la Ley de modificaciones estructurales, cuando la sociedad absorbente fuera titular de forma directa o indirecta de todas las acciones o participaciones sociales en que se divida el capital de la sociedad o sociedades absorbidas, la operación podrá realizarse sin necesidad de la inclusión en el proyecto de fusión de las menciones relativas al tipo de canje.

3.2. FECHA DE PARTICIPACIÓN EN LAS GANANCIAS SOCIALES

La fusión proyectada se llevará a efecto sin ampliación de capital en la sociedad absorbente, al tratarse de una fusión especial por absorción de sociedad íntegramente participada. Por ello al no existir canje ni nuevas acciones, este apartado queda sin contenido.

En virtud de lo dispuesto en el artículo 53.1 de la Ley de Modificaciones Estructurales, cuando la sociedad absorbente fuera titular de forma directa o indirecta de todas las acciones o participaciones sociales en que se divida el capital de la sociedad o sociedades absorbidas, la operación podrá realizarse sin necesidad de la inclusión en el proyecto de fusión de la fecha de participación en las ganancias sociales de la sociedad resultante.

3.3. FECHA DE EFECTOS CONTABLES

La fecha a partir de la cual la fusión tendrá efectos contables de acuerdo con lo dispuesto en el Plan General de Contabilidad.

La fecha a partir de la cual las operaciones de «..........., S.L.» unipersonal se considerarán realizadas a efectos contables por cuenta de «..........., S.L.» unipersonal, será el uno de enero de 20 ....

3.4 INFORMACIÓN SOBRE LA VALORACIÓN DEL ACTIVO Y PASIVO DEL PATRIMONIO DE CADA SOCIEDAD QUE SE TRANSMITA A LA SOCIEDAD RESULTANTE.

En virtud de lo dispuesto en el artículo 53.1 de la Ley de Modificaciones Estructurales, cuando la sociedad absorbente fuera titular de forma directa o indirecta de todas las acciones o participaciones sociales en que se divida el capital de la sociedad o sociedades absorbidas, la operación podrá realizarse sin necesidad de la inclusión en el proyecto de fusión de la valoración del activo y pasivo de cada sociedad que se transmite a la sociedad resultante.

No obstante, se hace constar la relación de activos y pasivos y su valoración agrupada por cuentas contables.

Información más detallada sobre los elementos del activo y del pasivo de la sociedad absorbida «..........., S.L.» unipersonal, figura en los ANEXOS del presente informe.

3.5 LAS FECHAS DE LAS CUENTAS DE LAS SOCIEDADES QUE SE FUSIONAN UTILIZADAS PARA ESTABLECER LAS CONDICIONES EN QUE SE REALIZA LA FUSIÓN.

En virtud de lo dispuesto en el artículo 53.1 de la Ley de Modificaciones Estructurales, cuando la sociedad absorbente fuera titular de forma directa o indirecta de todas las acciones o participaciones sociales en que se divida el capital de la sociedad o sociedades absorbidas, la operación podrá realizarse sin necesidad de la inclusión en el proyecto de fusión de las fechas de las cuentas de las sociedades que se fusionan.

No obstante, se hace constar que la presente fusión se realizará tomando los balances y cuentas anuales de las sociedades intervinientes cerrados a 31 de diciembre de 20 ....

Se consideran como balances de fusión de «..........., S.L.» y «..........., S.L.», a los efectos de lo establecido en el artículo 43 de la Ley de modificaciones estructurales de las sociedades mercantiles, los respectivos balances individuales de cada sociedad cerrados a 31 de diciembre de 20 ....

Los referidos balances han sido formulados, junto con el resto de las cuentas anuales de 20 ...., por los Consejos de Administración de «..........., S.L.» y «..........., S.L.» en sus sesiones de .... de .... de 20 ....

Los balances, junto con las cuentas anuales cerradas a 31 de diciembre de 20 ...., serán sometidos a la aprobación de los respectivos socios únicos que constituidos en Juntas Generales de Socios de cada una de las Sociedades que hayan de resolver sobre la fusión, con carácter previo a la adopción del propio acuerdo de fusión.

3.6 OPCIÓN POR EL RÉGIMEN FISCAL ESPECIAL ESTABLECIDO EN EL TÍTULO VII, CAPÍTULO VII, DE LA LEY 27/2014 DEL IMPUESTO DE SOCIEDADES.

La fusión se efectuará en los términos del régimen fiscal especial establecido en el Título VII, Regímenes Tributarios Especiales, Capítulo VII, Régimen especiales de las fusiones, escisiones, aportaciones de activos y canjes de valores, artículos 76 y siguientes, de la Ley 27/2014 del Impuesto sobre Sociedades, sin renuncia al mismo.

El capítulo VII del título VII de la Ley del Impuesto sobre Sociedades (en adelante LIS), regula el régimen fiscal especial de las operaciones de fusión, escisión, aportación de activos y canje de valores.

Al respecto, el artículo 76.1.a) de la LIS considera fusión la operación por la cual «una o varias entidades transmiten en bloque a otra entidad ya existente, como consecuencia y en el momento de su disolución sin liquidación, sus respectivos patrimonios sociales, mediante la atribución a sus socios de valores representativos del capital social de la entidad y, en su caso, de una compensación en dinero que no exceda del 10 por 100 del valor nominal o, a falta de valor nominal, de un valor equivalente al nominal de dichos valores deducido de su contabilidad».

En el ámbito mercantil, el artículo 33 y siguientes de la Ley sobre Modificaciones Estructurales de las Sociedades Mercantiles, establecen, desde el punto de vista mercantil, el concepto y los requisitos de las operaciones de fusión.

Por tanto, el supuesto de hecho a que se refiere el presente proyecto de fusión, se realiza en el ámbito mercantil al amparo de lo dispuesto en la Ley de Modificaciones Estructurales, y cumple lo dispuesto en el artículo 76.1 de la LIS. La operación puede acogerse al régimen fiscal establecido en el capítulo VII del título VII del TRLIS en las condiciones y requisitos exigidos en el mismo.

La correspondiente comunicación, a la Delegación de la Agencia Estatal de la Administración Tributaria, de la opción por el régimen especial, se practicará de acuerdo con lo dispuesto en los artículos 48 y 49 del vigente Reglamento del Impuesto sobre Sociedades (RD 634/2015).

La operación se encuentra no sujeta al Impuesto sobre el Valor Añadido, en virtud del artículo 7, en su apartado 1 de la Ley 37/1992 del IVA. El número 1°, del artículo 7 de la Ley 37/1992 dispone que no estarán sujetas al Impuesto: 1°. La transmisión de un conjunto de elementos corporales y, en su caso, incorporales que, formando parte del patrimonio empresarial o profesional del sujeto pasivo, constituyan una unidad económica autónoma capaz de desarrollar una actividad empresarial o profesional por sus propios medios, con independencia del régimen fiscal que a dicha transmisión le resulte de aplicación en el ámbito de otros tributos y del procedente conforme a lo dispuesto en el artículo 4, apartado cuatro, de esta Ley.

En el supuesto considerado, los elementos transmitidos constituyen una unidad económica autónoma capaz de desarrollar una actividad empresarial o profesional por sus propios medios.

La sociedad ha mantenido asalariados, medios materiales, local diferenciado y existencias necesarias para el ejercicio de la actividad de ....

El detalle de los elementos materiales, bienes derechos y obligaciones afectos a estas masas patrimoniales que van a ser objeto de transmisión figuran en los anexos al presente informe de los administradores sobre el proyecto de fusión.

En consecuencia, los elementos transmitidos en este caso constituyen una unidad económica autónoma en los términos establecidos en el artículo 7.1° de la Ley 37/1992, dichas transmisiones están no sujetas al Impuesto sobre el Valor Añadido.

3.7 MOTIVACIÓN ECONÓMICA DEL PROCESO DE FUSIÓN

Los motivos económicos que han dado lugar a este proyecto de fusión son los siguientes:

• La operación de fusión descrita se realizaría con la finalidad de centralizar la gestión de ambas empresas en una sola entidad, logrando una gestión económica y financiera más eficiente, con la consiguiente reducción de costes; lograr un balance más fortalecido así como un mayor volumen de negocios y de activos lo cual favorecerá la obtención de financiación e incrementará la capacidad de negociación frente a proveedores. Finalmente, la operación planteada permitirá lograr una actividad de fabricación y comercial, y una gestión de tesorería más eficientes, al estar su gestión centralizada y unificada.

• De este modo, la Sociedad, ..., S.L., quedaría integrada por la fusión/ absorción con la Sociedad ...., S.L., quedando agrupadas todas las actividades .... es/comerciales desarrolladas por el Grupo .... en España, en lo referido al sector de ...., en una única Sociedad, que representaría una mayor facturación, en su sector en España, incrementándose, asimismo la posibilidad de participar en nuevos proyectos de ...., y optimizándose los costes inherentes a su gestión.

• Finalmente, se pretende simplificar la estructura societaria, reduciéndose el número de sociedades. La finalidad de esta reducción del número de sociedades reside en el ahorro en costes innecesarios (fundamentalmente de índole administrativa), como consecuencia de la duplicidad de costes por el cumplimiento de las obligaciones relativas a preparación de contabilidades separadas, cumplimiento de las obligaciones fiscales (i.e., preparación de declaraciones), formulación de cuentas anuales, etc. Además, la convivencia de varias entidades mercantiles supone no sólo una duplicidad en relación con las obligaciones formales sino un freno en la gestión ágil del negocio empresarial.

IV. IMPLICACIONES DE LA FUSIÓN PARA SOCIOS, ACREEDORES Y TRABAJADORES.

4.1. INCIDENCIA SOBRE LAS APORTACIONES DE INDUSTRIA.

La incidencia que la fusión haya de tener sobre las aportaciones de industria o en las prestaciones accesorias en las sociedades que se extinguen y las compensaciones que vayan a otorgarse, en su caso, a los socios afectados en la sociedad resultante.

En la sociedad que se extingue, no existen aportaciones de industria o prestaciones accesorias, por lo que la fusión no implica ninguna incidencia en este extremo. De este modo, no procede otorgar compensación alguna al no existir socios afectados en la sociedad resultante

Ni en la sociedad absorbente ni en la sociedad absorbida existen titulares de derechos especiales, tenedores de títulos distintos de los representativos del capital social ni opciones.

En la fusión no van a intervenir expertos independientes. No se va a atribuir ventaja alguna a los administradores de las sociedades que se fusionan ni de la absorbente.

No existirán derechos especiales conferidos a favor de determinadas acciones o de determinados socios en «..........., S.L.» unipersonal

4.2 DERECHOS ESPECIALES

Los derechos que vayan a otorgarse en la sociedad resultante a quienes tengan derechos especiales o a los tenedores de títulos distintos de los representativos de capital o las opciones que se les ofrezcan.

Por el tipo de fusión, no se otorgarán derechos en la sociedad adsorbente.

4.3 VENTAJAS A LOS ADMINISTRADORES

No se atribuirán en «..........., S.L.» unipersonal ningún tipo de ventaja a favor de los administradores de las sociedades intervinientes en la operación.

B) SECCIÓN DESTINADA A LOS SOCIOS

(i) Compensación en efectivo: para los socios que hagan uso del derecho de enajenar sus acciones (o participaciones o cuotas) legalmente previsto, se prevé una compensación de ..... euros por acción (o participación o cuota). El procedimiento utilizado para llegar a esta valoración ha sido ....

(ii) Tipo de canje: es el señalado en la sección anterior de este informe.

(iii) Consecuencias de la modificación estructural para los socios:

(iv) Impacto de género en los órganos de administración: la Fusión no producirá ningún impacto de género en los órganos de gobierno de la Entidad Absorbente, que cuenta, en el momento actual, con la totalidad de integrantes de sexo masculino.

(v) Incidencia en la responsabilidad social de la Entidad Absorbente: la sociedad absorbente, asumirá la totalidad de las responsabilidades sociales de las sociedades absorbidas, sin más límites y condiciones de los propios de su tipo social.

(vi) Los socios podrán ejercitar todos los derechos y las vías de recurso frente a esta fusión, en los términos previstos en la Ley sobre Modificaciones Estructurales de las Sociedades Mercantiles.

C) SECCIÓN DESTINADA A LOS TRABAJADORES.

Posibles consecuencias de la fusión sobre el empleo: La operación de fusión no conllevará efectos en los contratos laborales actualmente en vigor, distintos de la subrogación de los contratos de aquellas personas que pasen a formar parte de la plantilla de la sociedad beneficiaria «............, S.L.» unipersonal. La subrogación por parte de «............, S.L.» unipersonal de aquellos contratos en vigor que se prevea para su actividad se producirá con todos los derechos adquiridos por parte de los trabajadores de acuerdo con lo dispuesto en el Estatuto de los Trabajadores.

Como consecuencia de la fusión, no se extinguirán las relaciones laborales existentes en las sociedades participantes. La sociedad absorbente, se subrogará en los derechos y obligaciones laborales y de Seguridad Social de la sociedad absorbida.

No se producirá como consecuencia de la fusión ningún cambio sustancial en las condiciones de empleo aplicables o en la ubicación de los centros de actividad de la sociedad.

Los aspectos anteriores no van a afectar tampoco a las filiales de la sociedad.

D) INFORMACIÓN A LOS SOCIOS Y A LOS REPRESENTANTES DE LOS TRABAJADORES SOBRE LA FUSIÓN.

Se pondrá a disposición de los socios y de los representantes de los trabajadores los documentos a que hace referencia el artículo 46 de la Ley de Modificaciones Estructurales.

Al tratarse de una fusión por absorción de sociedad íntegramente participada, fusión especial, y tener la sociedad absorbente un socio único, el acuerdo será tomado por unanimidad. Por lo tanto, a este proyecto le resultará de aplicación lo contenido en el artículo 9 de la Ley de Modificaciones Estructurales.

Así, se hace constar que los derechos de información de los representantes de los trabajadores sobre la fusión, incluida la información sobre los efectos que pudiera tener sobre el empleo, no serán restringidos por el hecho de que la fusión sea aprobada en junta universal

.

En .... (...........), a .... de .... de 20 ....

POR ...., S.L. POR ...., S.L.

....

D .... D ....

F379. INFORME DE LOS ADMINISTRADORES SOBRE EL PROYECTO DE FUSIÓN (II)

PROYECTO DE FUSIÓN COMÚN DE LAS SOCIEDADES

[...........] SL (sociedad absorbida)

E [...........] S.L (sociedad absorbente)

Que presentan los Administradores de las mercantiles [...........], S.L., y [...........] SL, para su aprobación por los socios de [...........] S.L. y por ésta como socio único de [...........] SL, constituidos en sendas Juntas Generales, conforme al Real Decreto-ley 5/2023 por el que, entre otros, se lleva cabo la transposición a derecho español de la Directiva de la Unión Europea en materia de modificaciones estructurales de sociedades mercantiles (LME).

El tipo de FUSIÓN propuesta por los Órganos de Administración de [...........], S.L., y [...........] SL, S.L. es una fusión por absorción del patrimonio de [...........] SL, S.L. por la sociedad [...........] SL.

La fusión implica la transmisión en bloque del patrimonio de la Sociedad Absorbida a la Sociedad Absorbente (conjuntamente las "Sociedades a Fusionar") y la extinción sin liquidación de la Sociedad Absorbida [...........] S.L.

La fusión se ha acordado siguiendo el procedimiento dispuesto en el artículo 9 de la LME, en la medida en que está previsto que las sociedades a fusionar adopten el acuerdo en junta universal y por unanimidad. Asimismo, La fusión acordada es una fusión especial sometida al régimen de los artículos 53 y 54 de la LME, por estar la sociedad absorbida participada de forma directa por la absorbente en más del 90% y está previsto que en el momento del acuerdo de junta que apruebe, en su caso, la fusión la participación resulte del 100%.

Por tanto, [............], S.L. adquirirá el patrimonio de la sociedad absorbida, [............] SL, adquiriendo también por sucesión universal los derechos y obligaciones de la absorbida, que se extinguirá, sin que proceda realizar una ampliación de capital en la entidad absorbente.

PRIMERO. INTRODUCCIÓN

De conformidad con el Título I del Real Decreto-ley 5/2023, de 28 de junio, por el que, entre otros, se lleva cabo la transposición a derecho español de la Directiva de la Unión Europea en materia de modificaciones estructurales de sociedades mercantiles (la "LME") y, en particular, a los efectos de lo previsto en los artículos 33 de la LME y concordantes de ésta, los consejeros de [............] SL ("Sociedad Absorbente") y el administrador único de [............] SL, ("Sociedad Absorbida"), redactan y suscriben el presente proyecto común de fusión de acuerdo con el artículo 39 y 40 de la LME (el "Proyecto de Fusión").

Se deja expresa constancia de las sociedades participantes en la fusión están llevando a cabo un proceso de reestructuración interna que una vez completado, dará lugar a un fortalecimiento de la actividad de [............].

El presente proyecto común de fusión asume que la sociedad absorbida participante en la fusión [............] SL estará, en la fecha de aprobación de la fusión por las respectivas juntas generales, participada directamente y al 100% por el mismo socio único, la sociedad absorbente [............] S.L., y su aprobación está condicionada a que se formalice la asunción por parte de [............], S.L. de la totalidad de las participaciones de la Sociedad absorbida. En consecuencia, está previsto que resulte de aplicación lo previsto en el artículo 9 de la LME para aprobación de modificaciones estructurales por unanimidad, y lo previsto en el artículo 56.1 en relación con el 53 da la LME, en lo relativo a la simplificación de requisitos.

SEGUNDO. JUSTIFICACIÓN DE LA FUSIÓN

Las sociedades participantes en la fusión tienen objetos sociales similares y complementarios, relacionados con la actividad de [............], siendo el interés de la fusión potenciar la actividad relacionada con [............] que fabrica / comercializa la sociedad absorbida [............] S.L.

De hecho, esta Fusión forma parte de una operación de reorganización [............], que también es el resultado de un cambio en la estructura de comercialización, en este contexto, [............].

Durante el año [............] se ha podido constatar que [............] requería de cambios internos en su organización administrativa y comercial.

La dirección del Grupo ha decidido apostar por esta actividad que viene desarrollando [............] SL, aprovechar sus conocimientos comerciales, pero desde otra empresa, en este caso [............] SL. permitiendo que esta actividad se pueda desarrollar dentro de otra entidad con mayor fortaleza financiera y con unos equipos formados que permitirán obtener el mejor aprovechamiento de los recursos que en sede de [............] SL no ha sido posible optimizarlos.

Además, esta reorganización permitirá aprovechar mejor la disponibilidad de recursos humanos en el sector [...........].

Así, esta fusión se lleva a cabo por las razones económicas antes expuestas, como son la reestructuración y racionalización de las actividades de las respectivas sociedades implicadas, en el marco de la estrategia de desarrollo y redimensionamiento comercial a medio y largo plazo del Grupo [...........] con efectos positivos debidamente demostrados.

Así, la fusión por absorción de las Sociedades Participantes en la fusión tiene por objeto:

a) Simplificar la estructura societaria, adoptando mecanismos de gestión y dirección más ágiles y eficientes para el Grupo [...........], haciéndolo más sólido y competitivo y con mayor capacidad para responder a los desafíos del presente y del futuro.

b) Simplificar la estructura administrativa y reducir costes.

c) Lograr importantes sinergias gracias a (i) la simplificación y reducción de las estructuras existentes y (ii) la mejora de la estructura y organización que aportará la fusión mediante la eliminación de tareas administrativas, contables y jurídicas, contacto con organismos públicos lo que supondrá un claro ahorro de recursos.

d) Crear mecanismos de control y concentración racional de esfuerzos con vistas a consolidar y desarrollar las actividades existentes y reforzar la competitividad.

e) Reducir los costes operativos y de funcionamiento mediante la agrupación de recursos técnicos y humanos, favoreciendo la evolución positiva de los resultados.

f) Creación de mecanismos normalizados de control interno.

g) Aplicación de los procedimientos seguidos históricamente por el grupo [...........] sobre una sociedad adquirida a terceros, con una cultura empresarial que ha demostrado que requiere de cambios.

h) Aprovechar al máximo los activos sociales y los recursos humanos y tecnológicos existentes.

En opinión de las sociedades participantes, esta operación permitirá, por tanto,(i) una considerable simplificación administrativa y la eliminación de una serie de obligaciones formales, así como la racionalización de los costes administrativos, contables y de gestión y (ii) una mejora significativa de los resultados, no sólo por la mencionada reducción de los costes asociados al mantenimiento de cada sociedad, sino también por el aprovechamiento y obtención de importantes sinergias de carácter comercial y de gestión.

Como resultado de la racionalización de los recursos actualmente dispersos entre las dos sociedades, la fusión de las sociedades participantes en la fusión permitirá sin duda crear una empresa más sólida y cohesionada, eliminando la redundancia y la estructura ineficaz existente a día de hoy.

TERCERO. FORMA JURÍDICA, RAZÓN SOCIAL, DOMICILIO SOCIAL, DATOS IDENTIFICADORES DE LA INSCRIPCIÓN EN EL REGISTRO MERCANTIL DE LAS SOCIEDADES PARTICIPANTES EN LA FUSIÓN Y, EN SU CASO, LOS MISMOS DATOS RESPECTO DE LA SOCIEDAD RESULTANTE

A los efectos de los artículos 4.1.1° y 40.1° de la LME, se indican en los subapartados siguientes la forma jurídica, razón social, domicilio social y datos Identificadores de la inscripción de las sociedades participantes en la fusión.

3.1 Sociedad Absorbente

[...........], S.L." con domicilio social en [...........] ([...........]), calle [...........], y con C.I.F. [...........], que tiene por objeto social l [...........]; constituida, por tiempo indefinido mediante Escritura autorizada por el Notario de [...........], el día [...........], bajo el número [...........] de protocolo; e inscrita en el Registro Mercantil de [...........], al Tomo [...........].

Consejo de Administración formado por tres consejeros:

- [...........],Vocal.
- [...........],Presidente.
- [...........], Secretario.

El ejercicio social coincide con el año natural.

El capital social asciende a la cantidad de [...........] euros

Sus socios son:

- [...........], DNI [...........] con una participación del [...........]%
- [...........] NIF [...........] con una participación del [...........]%

3.2 Sociedad Absorbida

"[...........] SL", con domicilio social en [...........], Polígono [...........], y con C.I.F. [...........], que tiene por objeto social [...........]; constituida mediante Escritura autorizada por el Notario de [...........], Don [...........], el día [...........], bajo el número [...........] de orden de su protocolo, que se inscribió en el Registro Mercantil de [...........], al Tomo [...........]

Asciende el capital social de la Entidad a la cantidad de [...........]EUROS.

Órgano de Administración formado un administrador único:

- [...........]

El ejercicio social coincide con el año natural.

Sus socios son:

[...........]

Está prevista la compraventa de estas [...........] participaciones por el socio [...........] SL previamente al acuerdo que adopten los socios sobre la fusión. De tal forma que en el momento del acuerdo de fusión la absorbida tendrá el carácter de unipersonal.

CUARTO. MODIFICACIÓN Y CALENDARIO INDICATIVO

A los efectos del artículo 4.1.2° de lo. LME, se define a continuación la estructura de la modificación propuesta y el calendario indicativo propuesto.

La Fusión propuesta es una fusión por absorción de la Sociedad Absorbida por la Sociedad Absorbente. La absorbida estará, en el momento de aprobación de la fusión, 100% participada por la absorbente [...........] SL en consecuencia, resultarán de aplicación las provisiones del artículo 9 de la LME, es decir, podrá aprobarse la Fusión sin necesidad de publicar o depositar los documentos exigidos por la ley, aunque deberán incorporarse a la escritura de modificación estructural, y sin anuncio sobre la posibilidad de formular observaciones ni informe de los administradores sobre el proyecto de modificación. Asimismo, resultará de aplicación lo dispuesto en el artículo 56.1 en relación con el·53 de la LME, en lo relativo a la simplificación de requisitos, pudiendo aprobarse la fusión sin necesidad de que concurran los siguientes requisitos:

1. La inclusión en el Proyecto de Fusión de las menciones relativas (i) al tipo de canje de las acciones o participaciones, (ii) a las modalidades da entrega de las acciones / participaciones de la sociedad resultante a los socios de la sociedad o sociedad/des absorbidas, (iii) a la fecha de participación en las ganancias sociales de la sociedad resultante o (iv) a cualesquiera peculiaridades relativas a este derecho o a la información sobre la valoración del activo y pasivo del patrimonio de cada sociedad que se transmite a la sociedad resultante o (v) a las fechas de las cuentas de las sociedades que se fusionan,

2. Los informes de administradores y expertos sobre el Proyecto de Fusión

3. El aumento de capital de la Sociedad Absorbente.

Asimismo, se hace constar que, en fecha [...........], los miembros del consejo de administración de la Sociedad absorbente y el administrador único Sociedad Absorbida han aprobado un informe para los trabajadores de las Sociedades Participantes en la Fusión de conformidad con el artículo 5.5 de la LME, el cual se ha puesto a disposición de los trabajadores de las Sociedades Participantes en la Fusión, junto con el texto del presente Proyecto de Fusión, en fecha [...........].

Está previsto por tanto que la Fusión se apruebe por las juntas generales de las Sociedades Participantes en la Fusión un mes tras la puesta a disposición de los trabajadores del informe de los Órganos de Administración.

QUINTO. DERECHOS QUE VAYAN A CONFERIRSE POR LA SOCIEDAD RESULTANTE A LOS SOCIOS QUE GOCEN DE DERECHOS ESPECIALES O A LOS TENEDORES DE VALORES O TÍTULOS QUE NO SEAN ACCIONES O PARTICIPACIONES O LAS MEDIDAS PROPUESTAS QUE LES AFECTEN.

A los efectos del artículo 4.1.3° de la LME, se hace constar que no existen socios que gocen de derechos especiales o tenedores de valores o títulos que no sean acciones o participaciones de las Sociedades participantes en la fusión.

SEXTO. IMPLICACIONES PARA LOS ACREEDORES Y, EN SU CASO, GARANTÍAS QUE SE LES OFREZCA

A los efectos del artículo 4.1.4° de la LME, se hace constar que la fusión no tendrá incidencia alguna para los acreedores de las Sociedades Participantes en la Fusión. En consecuencia, no se ofrecerá ningún tipo de garantía real ni personal adicional a las que, en su caso, pudieran tener aquellos concedidas.

SÉPTIMO. VENTAJAS ESPECIALES ATRIBUIDAS A LOS MIEMBROS DE LOS ÓRGANOS DE ADMINISTRACIÓN, DIRECCIÓN, SUPERVISIÓN O CONTROL DE LAS SOCIEDADES QUE PARTICIPAN EN LA FUSIÓN

A los efectos del artículo 4.1.5° de la LME, se hace constar que, en virtud de la fusión, no se contempla el otorgamiento de ningún tipo de ventaja especial a los miembros de los órganos de administración, dirección, supervisión o control ni de las sociedades participantes en la fusión.

OCTAVO. EL TIPO DE CANJE DE LAS ACCIONES, PARTICIPACIONES O CUOTAS, LA COMPENSACIÓN COMPLEMENTARIA EN DINERO SI SE HUBIERA PREVISTO Y, EN SU CASO, EL PROCEDIMIENTO DE CANJE. LOS DETALLES DE LA OFERTA DE COMPENSACIÓN EN EFECTIVO A LOS SOCIOS QUE DISPONGAN DEL DERECHO A ENAJENAR SUS ACCIONES, PARTICIPACIONES O, EN SU CASO, CUOTAS.

A los efectos artículo 4.1.6° y 40.3° de la LME, se hace constar que no procede esta mención en el Proyecto de Fusión de conformidad con lo previsto en el artículo 56.1 en relación con el 53 de la LME.

La fusión al tener el carácter de especial se realiza sin aumento de capital, por lo que el patrimonio de la sociedad absorbente se verá incrementado en su cuenta de reservas por la absorción del patrimonio de la absorbida, en el importe del mismo valorado en [............] euros, según relación de activos y pasivos que se incorpora en ANEXO 1.

En consecuencia, la valoración neta del patrimonio de la sociedad absorbida que por sucesión universal reciba la sociedad absorbente se destinará a dotar la cuenta de reservas de fusión o prima de fusión por importe de [............] euros.

NOVENO. CONSECUENCIAS PROBABLES DE LA FUSIÓN PARA EL EMPLEO

A los efectos del artículo 4.1.7° de la LME, se hace constar que la fusión no tendrá ningún impacto sobre el empleo. en particular, se hace constar que en virtud de la fusión no están previstos cambios en las condiciones de trabajo de los empleados de las sociedades participantes en la fusión.

DÉCIMO. LA INCIDENCIA QUE LA FUSIÓN HAYA DE TENER SOBRE LAS APORTACIONES DE INDUSTRIA O EN LAS PRESTACIONES ACCESORIAS EN LAS SOCIEDADES QUE SE EXTINGUEN Y LAS COMPENSACIONES QUE VAYAN A OTORGARSE, EN SU CASO, A LOS SOCIOS AFECTADOS EN LA SOCIEDAD RESULTANTE

A los efectos del artículo 40.4° de la LME, se hace constar que no existen en las sociedades participantes en la fusión aportaciones de industria o prestaciones accesorias. En consecuencia, no se otorgará compensación alguna en este sentido.

UNDÉCIMO. FECHA A PARTIR DE LA CUAL LOS TITULARES DE LAS NUEVAS PARTICIPACIONES TENDRÁN DERECHO A PARTICIPAR EN LAS GANANCIAS SOCIALES

A los efectos del articulo 40.5° de la LME, se hace constar que no procede esta mención en el Proyecto de Fusión de conformidad con lo previsto en el artículo 56. en relación con el 53 de la LME.

DUODÉCIMO. FECHA DE EFECTOS CONTABLES DE LA FUSIÓN

A los efectos del articulo 40.6°de la LME, y de conformidad con el apartado 2.2.2 de la normativa de registro y valoración 21° ("Operaciones entre empresas del grupo") del Real Decreto 1514/2007, de 16 de noviembre, por el que se aprueba el Plan General de Contabilidad (en adelante, el "PGC") habida cuenta de que, tal y como se indica en el apartado 4, está prevista la presentación de la Escritura Pública ante el Registro Mercantil de [............] ([............]) a la mayor brevedad posible y, en todo caso, antes de que finalice el año en curso, se establece el uno de enero de [............] como fecha a partir de la cual tas operaciones de la Sociedad Absorbida se considerarán realizadas a efectos contables por cuenta de la Sociedad Absorbente.

DECIMOTERCERO. INFORMACIÓN SOBRE LA VALORACIÓN DEL ACTIVO Y PASIVO DE CADA SOCIEDAD QUE SE TRANSMITA A LA SOCIEDAD RESULTANTE.

A los efectos del artículo 40.7° de la LME, se hace constar que no procede esta mención en el Proyecto de Fusión de conformidad con lo previsto en el artículo 56 en relación con el 53.1.1° de la LME.

DECIMOCUARTO. FECHA DE LAS CUENTAS DE LAS SOCIEDADES PARTICIPANTES EN LA FUSIÓN UTILIZADAS PARA ESTABLECER LAS CONDICIONES EN QUE SE REALIZA LA FUSIÓN

A los efectos del articulo 40.8° de la LME, se deja constancia de que las Sociedades Participantes en la fusión han utilizado los siguientes balances de fusión, los cuales se adjuntan al presente proyecto como Anexos 2 y 3, respectivamente:

- Sociedad Absorbente: el balance de fecha [............].
- Sociedad Absorbida: el balance de fecha [............].

Se deja expresa constancia de que los referidos balances de fusión serán sometidos a la aprobación de los respectivos socios constituidos en junta general de las Sociedades participantes en la fusión, quienes resolverán sobre la fusión y sobre la aprobación de dichos balances.

El balance de la sociedad absorbente se acompañará del informe de auditoría al estar obligada a someter sus cuentas a la auditoria anual.

DECIMOQUINTO. ACREDITACIÓN DE ENCONTRARSE AL CORRIENTE EN EL CUMPLIMIENTO DE LAS OBLIGACIONES TRIBUTARIAS Y FRENTE A LA SEGURIDAD SOCIAL

A los efectos de los articules 40.9° de la LME, se acompañarán a la escritura pública de elevación a público de la fusión los correspondientes certificados emitidos por la Agencia Estatal de Administración Tributarla estatal y autonómica y la Tesorería General de la Seguridad Social sobre las Sociedades participantes en la fusión, en los cuales se confirma que las sociedades participantes en la fusión se encuentran al corriente en el cumplimiento de sus respectivas obligaciones tributarias y frente a la Seguridad Social.

DECIMOSEXTO. ELEMENTOS PATRIMONIALES ASIGNADOS A [............], S.L.

La designación precisa de los elementos del activo y pasivo de la sociedad absorbida es la que figura en el

ANEXO 1 Designación precisa de los elementos del activo y pasivo de la sociedad absorbida "[............], S.L."

DECIMOSÉPTIMO. MODIFICACIONES ESTATUTARIAS DE LA SOCIEDAD ABSORBENTE

Se hace constar que, como consecuencia de la fusión, no se contempla ninguna modificación en los estatutos sociales de la sociedad absorbente, que, por tanto, continuarán teniendo la redacción actual según constan inscritos en la hoja registral abierta en el Registro Mercantil de [............].

DECIMOCTAVO. AMORTIZACIÓN DE PARTICIPACIONES PROPIAS

Ninguna de las sociedades intervinientes en la fusión tiene participaciones propias, según el caso, en cartera, ni tampoco a través de terceros que actúen en su nombre.

DECIMONOVENO. ÓRGANO DE ADMINISTRACIÓN DE LA SOCIEDAD ABSORBENTE [............], S.L.

El actual Órgano de Administración de [............], S.L. no sufrirá modificaciones, manteniendo su estructura actual formada por [............] consejeros.

VIGÉSIMO. POSIBLES CONSECUENCIAS DE LA FUSIÓN Y SU EVENTUAL IMPACTO DE GÉNERO EN LOS ÓRGANOS DE ADMINISTRACIÓN Y LA INCIDENCIA, EN SU CASO, EN LA RESPONSABILIDAD SOCIAL DE LA EMPRESA.

(i) Impacto de género en los órganos de administración

La fusión no producirá ningún impacto de género en los órganos de gobierno de la entidad absorbente, que cuenta, en el momento actual, con tres consejeros de sexo [............] ambos.

(ii) Incidencia en la responsabilidad social de la entidad absorbente

La sociedad absorbente, asumirá la totalidad de las responsabilidades sociales de la sociedad absorbida, sin más límites y condiciones de los propios de su tipo social.

VIGÉSIMO PRIMERO. DECLARACIÓN DE LOS ÓRGANOS DE ADMINISTRACIÓN DE LAS SOCIEDADES PARTICIPANTES EN LA FUSIÓN

A los efectos del artículo 15 de la LME, los miembros del órgano de administración de las sociedades participantes en la fusión declaran que, sobre la base de la información financiera a [............], esto es una fecha no anterior a un mes antes de la fecha del presente Proyecto de Fusión, a su disposición y después de haber efectuado las averiguaciones razonables:

- no conocen ningún motivo por el que la sociedad beneficiaria, después de que la fusión surta efecto, no pueda responder de sus obligaciones al vencimiento de éstas; y
- que la sociedad beneficiaria tendrá capacidad suficiente para responder de las obligaciones que se le hayan atribuido en virtud del presente proyecto de fusión al vencimiento de éstas.

VIGÉSIMO SEGUNDO. RÉGIMEN FISCAL

La fusión se acogerá al régimen fiscal especial de fusiones, escisiones, aportaciones de activos, canje de valores y cambios de domicilio social de una Sociedad Europea o una Sociedad Cooperativa Europea de un Estado miembro a otro de la Unión Europea regulado en el Capítulo VII del Título VII de la Ley 27/2014, de 27 de noviembre, del Impuesto sobre Sociedades, por constituir una operación de fusión prevista en el artículo 76.1 de la citada Ley. La sociedad absorbente comunicará a la Administración Tributaria la realización de la fusión, de conformidad con lo dispuesto en el artículo 89 del citado texto legal.

De conformidad con lo establecido en el artículo 39.1 de la LME los miembros del consejo de administración de la Sociedad absorbente y el administrador único de la sociedad absorbida, cuyos nombres se hacen constar a continuación, suscriben y refrendan con su firma el proyecto de fusión, que ha sido aprobado por los órganos de administración de las sociedades participantes en la fusión

En [...........], el [...........].

Los consejeros de la entidad [...........] SL

....

Don [...........] Don [...........]

....

Don [...........]

El administrador único de

[...........] S.L.

....

Don [...........]

ANEXOS:

ANEXO 1 Designación precisa de los elementos del activo y pasivo de la sociedad absorbida "[...........] S.L."

ANEXO 2 Sociedad Absorbente: el balance de fecha 31 de diciembre de ....

ANEXO 3 Sociedad Absorbida: el balance de fecha 31 de diciembre de ....

F380. INFORME DEL ÓRGANO DE ADMINISTRACIÓN PARA LOS TRABAJADORES RELATIVO A LA OPERACIÓN DE FUSIÓN

De conformidad con lo previsto en el artículo 5 del Real Decreto-ley 5/2023, de 28 de junio, por el que, entre otros, se lleva a cabo la transposición a derecho español de la

Directiva de la Unión Europea en materia de modificaciones estructurales de sociedades mercantiles (la LME"), todos los miembros de consejo de administración de [............] S.L. y el administrador único de [............], S.L. suscriben este informe destinado a los trabajadores de las Sociedades (el "informe") en relación con la fusión entre [............] S.L., como sociedad absorbente, y [............] S.L., como sociedad absorbida.

Primero. Descripción de la operación

Está previsto que [............] S.L., como sociedad absorbente, se fusione y absorba a [............] S.L., como sociedad absorbida, estando participada esta última por la primera, [............] S.L. en un porcentaje próximo al 100% y con un acuerdo con el socio minoritario para adquirir la totalidad de las participaciones y resultar socio único de [............] S.L.. Como consecuencia de la Fusión planteada, [............] S.L. asumirá la totalidad de los activos y pasivos de [............] S.L. por sucesión universal. [............] S.L. se disolverá sin liquidación tras la fusión.

Segundo. Justificación de los aspectos jurídicos y económicos.

La fusión se ha acordado siguiendo el procedimiento dispuesto en el artículo 9 de la LME, en la medida en que las sociedades a fusionar son unipersonales. Asimismo, la fusión acordada es una fusión especial sometida al régimen de los artículos 53 y 54 de la LME, por estar la sociedad absorbida participada en un porcentaje próximo al 100% de forma directa por la sociedad absorbente [............] S.L., y habiendo firmado un contrato de compraventa de participaciones que le otorga el 100% de la absorbida.

Por tanto, [............] S.L. adquirirá el patrimonio de la sociedad absorbida, [............] S.L.. que, en el momento de sometimiento a la aprobación en sus respectivas juntas generales, tendrá carácter de unipersonal, adquiriendo también por sucesión universal los derechos y obligaciones de la absorbida, que se extinguirá, sin que proceda realizar una ampliación de capital en la entidad absorbente.

La fusión por absorción de las sociedades participantes tiene por objeto:

a) Simplificar la estructura societaria, adoptando mecanismos de gestión y dirección más ágiles y eficientes, haciéndolo más sólido y competitivo y con mayor capacidad para responder a los desafíos del presente y del futuro.

b) Lograr importantes sinergias laborales gracias a la agrupación de equipos de trabajos con la consiguiente generación e intercambio de conocimientos y experiencias.

c) Crear mecanismos de control y concentración racional de esfuerzos con vistas a consolidar y desarrollar las actividades existentes y reforzar la competitividad.

d) Aprovechar al máximo los activos sociales y los recursos humanos y tecnológicos existentes.

Tercero. Consecuencias de la fusión para las relaciones laborales, así como, en su caso, cualquier medida destinada a preservar dichas relaciones

Los miembros del consejo de administración de [............] S.L. y el administrador único de [............] S.L. dejan constancia de que todos los trabajadores de [............] S.L. pasarán a formar parte de la plantilla de [............] S.L. tras la formalización de la fusión.

[............] S.L. asumirá y se subrogará en la totalidad de los contratos y obligaciones laborales de los empleados de [............], S.L., los cuales no verán modificadas de forma alguna sus condiciones laborales, que permanecerán inalteradas y en sus mismos términos tras la fusión.

Asimismo, Los miembros del consejo de administración de [............] S.L. y el administrador único de [............] S.L. dejan constancia de que tampoco está prevista modificación o cambio alguno en las relaciones o condiciones laborales actuales de los empleados de [............] S.L. como consecuencia de la fusión, las cuales permanecerán inalteradas y en sus mismos términos tras la fusión.

Cuarto. Cambios sustanciales en las condiciones de empleo aplicables o en la ubicación de los centros de actividad de las Sociedades

Los miembros del consejo de administración de [............] S.L. y el administrador único de [............] S.L. dejan constancia de que no está previsto que las condiciones de empleo aplicables, pero sí en la ubicación del centro de actividad de la Sociedad absorbida [............] S.L. que se verá afectado como consecuencia de la fusión.

Los trabajadores de [............] S.L. cambiarán la ubicación del centro de actividad a la localidad de [............], calle [............], actual centro de actividad de la absorbente [............] S.L..

Quinto. El modo en que los factores contemplados en los apartados anteriores afectan a las filiales de la sociedad.

La única sociedad filial de [............] S.L. es la sociedad absorbida [............] S.L., con los efectos antes indicados, y ésta última no tiene sociedades participadas.

De conformidad con lo establecido en el artículo 5 del LME, Los miembros del consejo de administración de [............] y el administrador único de [............] S.L.., cuyos nombres constan a continuación, suscriben y refrendan con su firma el presente informe.

En [............] a [............]

Los miembros del consejo de administración de [............]S.L.

....

[............] [............]

....

[............]

y el administrador único de [............] S.L.

F381. PROYECTO COMÚN DE FUSIÓN POR ABSORCIÓN TRANSFRONTERIZA

Normativa de Aplicación: *Arts. 33 y ss. y 80 y ss. y 121 y ss. Ley sobre Modificaciones Estructurales de las Sociedades Mercantiles, introducida por Real Decreto-ley 5/2023, de 28 de junio.*

Sociedad Absorbente

NACIONAL, S.L.

Sociedad Absorbida

INTERNACIONAL LDA.

Normativa aplicable

– Legislación española: artículos 84 y siguientes de la Ley sobre Modificaciones Estructurales de las Sociedades Mercantiles;

– Directiva UE 2019/2121 del Parlamento Europeo y del Consejo por la que se modifica la directiva UE 2017/1132 relativa a las transformaciones, fusiones y escisiones transfronterizas de sociedades de capital.

– Legislación del país transfronterizo.

Introducción.–

Proyecto de fusión, por absorción, de la sociedad INTERNACIONAL LDA, (absorbida) por la sociedad NACIONAL, S.L. (absorbente), por la que los respectivos órganos de administración de las dos sociedades elaboran este Proyecto Común de Fusión conforme a lo estipulado en la legislación española, en concreto, en los artículos 80 y siguientes de la Ley sobre Modificaciones Estructurales de las Sociedades Mercantiles.

Modalidad de la Fusión:

– Una fusión por absorción de la sociedad INTERNACIONAL LDA, por la absorbente NACIONAL, S.L., desde la perspectiva de la legislación española de acuerdo con lo estipulado en el artículo 80 y siguientes de la Ley sobre Modificaciones Estructurales de Sociedades Mercantiles.

– Indicar tipo de fusión según la legislación de la entidad INTERNACIONAL LDA.

El proyecto contempla la realización de una fusión transfronteriza por absorción entre las referidas sociedades, en la que NACIONAL, S.L., actúa como sociedad absorbente e INTERNACIONAL LDA, como sociedad absorbida que se disuelve sin liquidación, transmitiendo a aquélla todo su patrimonio a título universal.

Como tal fusión transfronteriza se rige, a la luz de la Directiva 2005/56/CE, por la legislación española que la transpone y, en concreto, por el Título III (o IV, en caso de ser extracomunitaria) de la Ley sobre Modificaciones Estructurales de las Sociedades Mercantiles.

Características:

La redacción del proyecto de fusión y el procedimiento y estructura de la operación de fusión presenta las siguientes características:

a) No procede aumentar ni ampliar el capital de NACIONAL, S.L. para integrar el patrimonio de la sociedad absorbida, dado que, en realidad, este patrimonio ya está integrado a través de los títulos poseídos. *Indicar canje de valores en su caso.*

b) El Proyecto común de fusión no precisa contener las menciones relativas al tipo de canje, al procedimiento de canje y a la fecha a partir de la cual los titulares de las nuevas participaciones tendrán derecho a disfrutar de las ganancias sociales (artículo 40 de la LME) *Indicar tipo de canje en su caso.*

c) Será necesaria la inclusión del informe de los Administradores de las sociedades intervinientes en la operación de fusión.

d) La fusión será, finalmente sometida a la aprobación de la Junta Universal de NACIONAL, S.L. y por acuerdo unánime de sus socios con derecho a voto, sin necesidad de publicar o depositar previamente los documentos exigidos por la LME.

Indicar las características propias según la legislación aplicable a INTERNACIONAL LDA.

Motivos económicos de la Fusión.

El objetivo de la Fusión es conseguir un aumento de la competitividad de NACIONAL S.L. a través de la centralización de la toma de decisiones estratégicas en INTERNACIONAL LDA. Del mismo modo, se prevé conseguir una mejora de la eficiencia y la efectividad en ....

Como consecuencia de la Fusión, la propiedad, título y posesión del Activo y Pasivo se transmitirán a NACIONAL S.L. así como todos los derechos y obligaciones inherentes a los mismos.

A la finalización de la Fusión, INTERNACIONAL LDA, se disolverá automáticamente sin liquidación y se extinguirá.

1.– Identificación de las sociedades participantes.

NACIONAL, S.L., con domicilio social en ...., España, con número de identificación fiscal ...., inscrita en el Registro Mercantil de .... al tomo, folio, hoja. Con un capital social de ....

INTERNACIONAL LDA, con domicilio, inscrita en ....

2.– Incidencia de la Fusión sobre las aportaciones de industria o en las prestaciones accesorias en las sociedades que se extinguen y las compensaciones a socios en la sociedad resultante.

A efectos de los dispuesto en el artículo 40.4° de la Ley sobre Modificaciones Estructurales de Sociedades Mercantiles, aplicable por remisión de los artículos 84 y 102 de dicha Ley, se deja constancia de que no hay aportaciones de industria o prestaciones accesorias en INTERNACIONAL LDA.

3.- Derechos que vayan a otorgarse en la sociedad resultante a quienes tengan derechos especiales o a los tenedores de títulos distintos de los representativos de capital o a los tenedores de títulos distintos de los representativos de capital o las opciones que se les ofrezcan.

De acuerdo con el artículo 4.3° de la Ley sobre Modificaciones Estructurales de Sociedades Mercantiles, aplicable por remisión de los artículos 84 y 102 de dicha Ley, y con la normativa aplicable a INTERNACIONAL, no existen tales derechos especiales, por lo que se convierte en innecesaria tomar cualquier medida de protección.

4.- Ventajas de cualquier clase que vayan a atribuirse en la sociedad resultante a los órganos de administración, dirección, vigilancia o control de las sociedades que participan en la fusión.

De acuerdo con el artículo 4.5° de la Ley sobre Modificaciones Estructurales de Sociedades Mercantiles, y con la normativa aplicable a INTERNACIONAL LDA, no se atribuirán en la sociedad absorbente ventajas especiales de ningún tipo a favor de los órganos de administración, dirección, vigilancia o control de las sociedades que participan en la fusión.

5.- Fecha a partir de la cual los titulares de las nuevas acciones, participaciones o cuotas tendrán derecho a participar en las ganancias sociales y cualesquiera peculiaridades relativas a este derecho.

El derecho a participar en las ganancias sociales y demás peculiaridades inherentes a este derecho económico será a partir de la fecha de inscripción de la presente Fusión en el Registro Mercantil.

6.- Fecha a partir de la cual la fusión tendrá efectos contables de acuerdo con el plan general de contabilidad.

Los Administradores han considerado conveniente que todas las operaciones realizadas por las sociedades absorbidas se entiendan realizadas por cuenta de la sociedad absorbente desde el día de su inscripción en el Registro Mercantil.

7.- Estatutos de la sociedad resultante de la fusión.

No se prevé ninguna modificación en los estatutos de la sociedad absorbente.

8.- Información sobre la valoración del activo y pasivo del patrimonio de cada sociedad que se transmita a la sociedad resultante.

Como consecuencia de este proceso de fusión, todos los activos y pasivos que integran el patrimonio de INTERNACIONAL LDA se transmitirán en bloque a NACIONAL, S.L. al mismo valor que se encontraba en las Sociedades absorbidas, es decir, no se producirá revalorización contable de los bienes y derechos transmitidos.

Dada la modalidad de fusión, todos los elementos del activo y del pasivo relativos a la actividad de la sociedad absorbida que constan en el balance, incluido derechos y obligaciones propios de su actividad, tales como las posiciones de los contratos, licencias y garantías serán transferidos de forma global a la sociedad absorbente, por los correspondientes valores contables.

9.– Fechas de las cuentas de las sociedades que se fusionan utilizadas para establecer las condiciones en que se realiza la fusión.

De conformidad con el artículo 40.8° de la Ley sobre Modificaciones Estructurales de Sociedades Mercantiles, aplicable por remisión de los artículos 84 y 102 de dicha Ley, los estados contables utilizados para establecer las condiciones de la Fusión son:

Las cuentas auditadas y formuladas por NACIONAL, S.L. a fecha ....

Las cuentas auditadas y formuladas pro INTERNACIONAL LDA a ....

Las citadas cuentas estarán, cuando así sea necesario, verificados por los auditores de cuentas de las sociedades participantes en la fusión y serán, en su momento, con carácter previo al acuerdo de fusión, aprobados por las Juntas Generales de Socios y Accionistas de cada una de las sociedades intervinientes.

10.– Posibles consecuencias de la fusión sobre el empleo, así como su eventual impacto de género en los órganos de administración y la incidencia, en su caso, en la responsabilidad de la empresa.

De acuerdo con el artículo 4.7° de la Ley sobre Modificaciones Estructurales de Sociedades Mercantiles, por remisión de los artículos 84 y 102 de dicha Ley, no se prevé que la Fusión tenga un impacto negativo sobre el empleo en las Sociedades Intervinientes.

Los trabajadores de la sociedad absorbida mantendrán su puesto de trabajo como si no hubiera existido operación de fusión alguna. La plantilla de trabajadores afectados por la presente operación de fusión transfronteriza por absorción pasarán a formar parte de la plantilla de trabajadores de la Sucursal que NACIONAL, tiene abierta en (*indicar país*).

Los contratos de prestación de servicios suscritos con INTERNACIONAL LDA, en vigor se transferirán y se considerará como celebrados directamente con NACIONAL, S.L., conservará todos los derechos y obligaciones de dichos contratos, sobre todo, se mantendrá la obligación de continuar prestando servicios bajo las condiciones contratadas, como si no existiera cambio, y tendrá derecho a recibir y recoger los respectivos pagos.

11.– Informe de experto sobre el proyecto de fusión.

De acuerdo con el artículo 103 de la Ley sobre Modificaciones Estructurales de Sociedades Mercantiles, y la normativa aplicable a INTERNACIONAL, LDA, se incorpora a este proyecto el correspondiente Informe de Experto Independiente (salvo que todos los socios hubieren acordado que no es necesario).

12.– Información sobre los procedimientos mediante los cuales se determinen las condiciones de implicación de los trabajadores en la definición de sus derechos de participación en la sociedad resultante de la fusión transfronteriza de conformidad con lo dispuesto en el artículo 67 de esta ley.

Ninguna de las sociedades intervinientes tiene en funcionamiento un sistema de participación de trabajadores. Por lo tanto, no serán de aplicación el artículo 88 de la Ley sobre modificaciones estructurales de sociedades mercantiles ni de la normativa aplicable de INTERNACIONAL, LDA.

13.– Consulta de documentos.

Según lo establecido en la legislación española, y no obstante lo dispuesto en el artículo 9 de la Ley Sobre Modificaciones Estructurales de Sociedades Mercantiles, los Administradores de NACIONAL, S.L. insertarán todos los documentos referentes a esta operación de fusión en la página Web de NACIONAL, S.L., con posibilidad de descargarlos e imprimirlos, poniendo a disposición de los socios, acreedores y de los representantes de los trabajadores la documentación exigida en el artículo 46 de la citada Ley.

A tenor de lo establecido en la legislación aplicable a INTERNACIONAL, LDA, se advertirá a los socios, acreedores y representantes de los trabajadores y los propios trabajadores que podrán ser consultados en la sede de INTERNACIONAL, LDA, todos los documentos referentes a la operación de fusión.

Los administradores de NACIONAL, S.L. presentarán el presente proyecto Común de Fusión para su depósito en el Registro Mercantil

14.– Obligaciones tributarias y laborales.

Las sociedades objeto de fusión se encuentran al corriente en el cumplimiento de sus obligaciones tributarias y frente a la Seguridad Social, según resulta de los certificados que acompañan a este proyecto, con arreglo al artículo 40.9º de la Ley sobre Modificaciones Estructurales.

15.– Régimen Fiscal.

Las sociedades participantes en esta fusión comunicarán oportunamente al Ministerio de Economía y Hacienda la sujeción de la operación al régimen fiscal contemplado en el Capítulo VII del Título VII del Real Decreto Legislativo 27/2014, de 27 de noviembre, del Impuesto sobre Sociedades.

La Fusión quedará no sujeta al Impuesto sobre el Valor Añadido en virtud de lo establecido en el párrafo primero, del artículo 7 de la Ley 37/1992, del Impuesto sobre el Valor Añadido por el que se implementa la Directiva 2006/112/CE, relativa al sistema común del Impuesto sobre el Valor Añadido.

Por NACIONAL, S.L.

....

D.

Por INTERNACIONAL LDA

....

D.

F382. CERTIFICACIÓN DE LA DECISIÓN DEL SOCIO ÚNICO CONSTITUIDO EN JUNTA GENERAL SOBRE LA FUSIÓN

Normativa de Aplicación: *Arts. 4 y ss. y 33 y ss. de la Ley sobre Modificaciones Estructurales de las Sociedades Mercantiles, introducida por Real Decreto-ley 5/2023, de 28 de junio.*

CERTIFICACIÓN DEL ACTA DE JUNTA GENERAL EXTRAORDINARIA Y UNIVERSAL DE LA DE LA ENTIDAD MERCANTIL «..........., S.A.» sociedad unipersonal

Don .... como Administrador único de la mercantil «........... S.A.» sociedad unipersonal CERTIFICA:

Que en fecha .... de .... de 20 .... y en el domicilio social de la entidad, el socio único de esta mercantil constituido en Junta General, tomó las siguientes decisiones que figuran en el Libro de Actas correspondiente de la entidad, y de la cual, literalmente en cuanto a los acuerdos adoptados y en extracto respecto al resto, con arreglo al artículo 112 del Registro Mercantil, hago constar los particulares siguientes:

– La junta se celebró en el domicilio social, el día .... de .... de 20 ....

– El socio único adoptó las siguientes decisiones que se transcriben literalmente:

PRIMERO.– Aprobación de la fusión por absorción de «..........., S.L.» sociedad unipersonal y «..........., S.A.» por «..........., S.L.» Sociedad Unipersonal (sociedad absorbente), en los términos del proyecto suscrito por los órganos de administración de las tres sociedades el día .... de. .... de 20 ....

SEGUNDO.– Hacer constar de forma expresa la identidad de las sociedades participantes, según el Proyecto de fusión presentado por los Administradores.

A. SOCIEDAD ABSORBIDA: «..........., S.A.» sociedad unipersonal

1.– ...., S.A. fue constituida por tiempo indefinido en escritura ante el Notario de .... don .... de .... de .... de .... Adaptados sus estatutos en escritura de ....

2.– Su número de identificación fiscal es el A ....

3.– Domiciliada en (...........), calle .... s/n.

4.– La Sociedad tiene por objeto la fabricación y compraventa de ....

5.– El ejercicio social de «..........., S.A.» sociedad unipersonal coincide con el año natural.

6.– La administración de la Sociedad está confiada a un administrador Único, Don ....

7.– Su socio único es «..........., S.L.», sociedad constituida por tiempo indefinido mediante escritura de .... ante el Notario de .... Don ...., inscrita en el Registro Mercantil al tomo ...., CIF B ....

8.– Se declaró su unipersonalidad sobrevenida mediante escritura ....

9.– «..........., S.A.» sociedad unipersonal está dada de alta el Impuesto sobre Actividades Económicas en el epígrafe .... «Fabricación de ....»

10.– Los datos identificadores de su inscripción en el Registro Mercantil ....

B. SOCIEDAD ABSORBIDA: «..........., S.L.»

(...........)

C.– SOCIEDAD ABSORBENTE: «..........., S.L.».

(...........)

TERCERO.– Hacer constar de forma expresa el procedimiento y tipo de canje de las participaciones, según el Proyecto de fusión (apartado III) presentado por los Administradores:

3.1.– Absorción de «..........., S.A.» sociedad unipersonal por «..........., S.L.» «..........., S.A.» Sociedad Unipersonal es una sociedad íntegramente participada por «..........., S.L.», por tanto, la fusión por esta absorción, no precisará canje de acciones o participaciones, o ampliación de capital de «..........., S.L.», ya que se tratará de una fusión por absorción a realizar conforme a las especialidades que dispone la Ley de Modificaciones Estructurales, artículo 53 y siguientes, al ser dicha sociedad titular de todas las acciones y participaciones de la sociedad absorbida, «..........., S.A.» Sociedad unipersonal.

De acuerdo con ello, a «..........., S.L.» se le atribuirá el patrimonio de la sociedad absorbida, a cambio de las acciones de ésta que se extinguen.

3.2.– Absorción de «..........., S.L.» por «..........., S.L.»

La fusión proyectada se llevará a efecto mediante la entrega a los socios de «..........., S.L.» de participaciones de «..........., S.L.» en proporción a sus respectivas participaciones, en los términos y de conformidad con lo previsto en la Ley de modificaciones estructurales, artículo 36 y siguientes.

A solicitud de los respectivos órganos de administración, se ha elaborado un informe para la determinación de la ecuación de canje que debe aplicarse en la fusión. Dicho informe ha expresado la opinión que la relación de canje acordada es equitativa, desde un punto de vista financiero, tanto para los socios de la sociedad absorbente «..........., S.L.» como para los socios de la sociedad absorbida «..........., S.L.» y que la misma se ha determinado sobre la base del valor real del patrimonio de las sociedades que participan en la fusión.

En el momento del otorgamiento de la escritura de fusión la Junta de socios de la sociedad absorbente modificará los estatutos respecto de la cifra de capital social de las participaciones.

El tipo de canje de la fusión ha sido fijado por los respectivos órganos de administración, basándose en el valor real de los patrimonios sociales de las sociedades participantes, y del valor nominal de las participaciones. Para evitar que el conjunto de las participaciones asumidas como contrapartida de la fusión, tengan un valor real superior al valor de lo aportado, lo que perjudicaría a los socios actuales de la Absorbente, se crean las nuevas participaciones con una prima de emisión o prima de fusión.

El capital se aumenta en un valor inferior al valor de las aportaciones.

La diferencia entre ésta y la cifra de capital constituye se calificará prima de emisión o prima de fusión.

Según lo anterior, el procedimiento de canje se establece de la siguiente forma:

Don .... a cambio de las .... participaciones sociales de «..........., S.L.» (sociedad absorbida) de las que es titular, de la número .... a la .... ambas inclusive, se le atribuirán .... participaciones, de nueva creación, de la sociedad «..........., S.L.», de idéntico valor nominal a las ya existentes (........... euros) y una prima de emisión de ...., ... euros por participación creada.

Don .... a cambio de las ....

Don .... a cambio de las ....

La presente Fusión no dará lugar a compensación complementaria en dinero alguna.

Como consecuencia del proceso de fusión y por la parte de absorción de «..........., S.L.» sobre «..........., S.L.», la ampliación de capital que resultará de la fusión será de .... participaciones de .... euros de valor nominal, lo que supondrá .... euros de aumento final de la cifra de capital, con una prima de emisión total de .... euros y por participación de .... euros.

De esta forma, se procederá a crear las participaciones necesarias para el canje.

PROCEDIMIENTO DE CANJE.

Puesto que no existen títulos en circulación de las participaciones de las sociedades absorbidas, por tratarse de sociedades de responsabilidad limitada, y que la sociedad absorbente ...., S.L. es de responsabilidad limitada, el procedimiento de canje de las participaciones sociales será automático en el momento mismo del otorgamiento de la escritura que eleve a públicos los acuerdos de fusión, y surtirá sus efectos desde la fecha de la suscripción de la fusión, a tenor del artículo 55 del Reglamento del Registro Mercantil.

Las nuevas participaciones que se asignen por la sociedad beneficiaria de la fusión, darán derecho a participar en las ganancias sociales de la sociedad resultante de la fusión con efectos desde la fecha de otorgamiento de la escritura de fusión, sin que sea de reseñar particularidad alguna adicional al respecto.

CUARTO.– Hacer constar de forma expresa la fecha a partir de la cual las operaciones de las sociedades que se extinguen se considerarán realizadas a efectos contables por cuenta de la sociedad absorbente, según el proyecto de fusión (apartado ....) presentado por los Administradores: La fecha a partir de la cual las operaciones de «..........., S.A.» sociedad unipersonal y de «........... S.L.» se considerarán realizadas a efectos contables por cuenta de «..........., S.L.», será el uno de enero del año ....

QUINTO.– Hacer constar de forma expresa la inexistencia de derechos especiales, según el proyecto de fusión (apartado VI) presentado por los administradores:

«No existirán derechos especiales conferidos a favor de determinadas participaciones sociales o de determinados socios en «..........., S.L.»»

SEXTO.– Hacer constar de forma expresa la inexistencia de ventajas a los Administradores intervinientes en la operación, según el Proyecto de fusión (apartado ....) presentado por los Administradores:

«No se atribuirán en ...., S.L. ningún tipo de ventaja a favor de los administradores de las sociedades intervinientes en la operación».

SÉPTIMO.– Hacer constar de forma expresa la inexistencia de expertos independientes en la operación, según el proyecto de fusión (apartado IX) presentado por los Administradores:

«El proyecto de fusión se ha presentado como un proceso formado por dos operaciones de absorción.

1. Absorción de «..........., S.A.» sociedad unipersonal por su socio único «..........., S.L.»

No será necesaria la elaboración de un informe experto independiente al tratarse de una fusión con las especialidades previstas en el artículo 53 de la Ley sobre Modificaciones Estructurales de las Sociedades Mercantiles, por la absorción de «..........., S.A.» sociedad unipersonal por su socio único «..........., S.L.»

2. Absorción de «........... S.L.» por «..........., S.L.»

No será necesaria la elaboración de un informe experto independiente al tratarse de una fusión con las especialidades previstas en el artículo 53 de la Ley sobre Modificaciones Estructurales de las Sociedades Mercantiles, sobre la absorción de «..........., S.L.» por «..........., S.L.»

OCTAVO.– Hacer constar de forma expresa que ningún elemento del activo y del pasivo quedará sin atribuir a la sociedad absorbente:

La totalidad de los elementos del activo y del pasivo de la entidad «..........., S.L.» (sociedad absorbida) y de la entidad «..........., S.A.» sociedad unipersonal (sociedad absorbida), serán distribuidos y atribuidos a la sociedad absorbente, sin que quede elemento del activo y del pasivo sin distribuir y atribuir respectivamente.

NOVENO.– Aplicación del régimen fiscal del Título VII, Capítulo VII, Régimen especial de fusiones, escisiones, aportaciones de activos y canjes de valores, de la Ley 27/2014 del Impuesto sobre Sociedades. Comunicación a la Administración Tributaria.

Se acuerda la aplicación del régimen fiscal especial establecido en el Título VII, Regímenes Tributarios Especiales, Capítulo VII, Régimen especiales de las fusiones, escisiones, aportaciones de activos y canjes de valores, artículos 76 y siguientes de la Ley 27/2014 del Impuesto sobre Sociedades, sin renuncia al mismo.

La operación descrita es subsumible en la fusión, tal y como la define el artículo 76 de la Ley del Impuesto de Sociedades. Y para una correcta aplicación del régimen fiscal especial, a los efectos previstos, es preceptivo comunicar a la Delegación de la Agencia Estatal de la Administración Tributaria en el plazo de los tres meses siguientes a la fecha de la inscripción de la escritura pública en que se documenta la fusión, la opción para que sea aplicado dicho régimen especial. Por lo cual, se encomienda al órgano de Administración de la compañía la labor de formular la comunicación de referencia para dejar constancia de la voluntad de aplicar el citado régimen fiscal especial de fusiones, escisiones, aportaciones de activos y canje de valores.

DÉCIMO.– Aprobación del balance de fusión.

Se aprueba el balance de fusión cerrado a .... de. .... de 20 ....

DÉCIMOPRIMERO.– Delegar en el Administrador único para que concurra ante Notario y eleve a público los presentes acuerdos, así como suscribir cuantos documentos públicos y/o privados sean necesarios para la ejecución de los mismos y su inscripción en el Registro Mercantil si fuera necesario, pudiendo incluso aclarar o subsanar los extremos de este acta. Que al final de la reunión fue redactada y aprobada el acta, que fue firmada por el socio único.

Y para que así conste expido la presente certificación en ...., a .... de .... del año 20 ....

Firmado:

El Administrador Único

F383. CERTIFICACIÓN DEL ACUERDO ADOPTADO EN JUNTA SOBRE APROBACIÓN DEL ACUERDO DE FUSIÓN

Normativa de Aplicación: *Arts. 4 y ss. y 33 y ss. de la Ley sobre Modificaciones Estructurales de las Sociedades Mercantiles, introducida por Real Decreto-ley 5/2023, de 28 de junio.*

DOÑA .... y DON .... actuando como Presidente y Secretario de la entidad de nacionalidad española «...........» de acuerdo con las facultades que concede el artículo 109 del Reglamento del Registro Mercantil.

CERTIFICO:

Que en libro de Actas de la Sociedad consta transcrita la correspondiente a la Junta General de Socios de la Sociedad, celebrada, con el carácter de Universal, el día .... de .... de ...., que a continuación se transcribe parcialmente sin que lo omitido en nada altere o condicione lo transcrito:

«ACTA DE LA JUNTA GENERAL DE SOCIOS DE LA SOCIEDAD ....»

En Madrid en el domicilio social de .... el día ...., siendo las .... horas, se procede a la celebración de la Junta General de socios de la Sociedad, celebrada con el carácter de Universal, con la asistencia personal de todos sus socios con derecho a voto, que conforman la totalidad del capital social, quienes aprobaron por unanimidad el siguiente

ORDEN DEL DÍA

Primero.– Examen y aprobación, en su caso, como Balance de Fusión de ...., el cerrado al ....

Segundo.– Examen y Aprobación del Proyecto de fusión y consecuentemente, aprobación, en su caso, de la fusión entre las mercantiles .... (Sociedad Absorbente) y .... (Sociedad Absorbida), mediante la absorción de la segunda por parte de .... y demás acuerdos inherentes a ello, en los términos y condiciones fijados en el Proyecto de Fusión.

Tercero.– Aprobación, en su caso, del acogimiento de la operación de fusión al régimen fiscal especial contemplado en el Capítulo VII del Titulo VII de la Ley 27/2014, de 27 de Noviembre.

Cuarto.– Otorgamiento a favor del Administrador único de la sociedad, de facultades para ejecución y elevación a público de los acuerdos adoptados para que aún en el caso de que incida en supuestos de autocontratación, múltiple representación o conflicto de intereses, comparezca ante Notario, eleve a público los acuerdos adoptados y realice cuantas aclaraciones y/o subsanaciones sean necesarias hasta lograr su inscripción en el Registro Mercantil, pudiendo solicitar, en su caso, la anotación preventiva de los mismos, así como su inscripción parcial. Y para todo ello, otorgue y firme cuantos documentos públicos y privados fueren pertinentes.

Que todos los asistentes, previa formación de la correspondiente lista consignada en el ACTA de la citada Junta, firmaron ésta en la forma legalmente establecida y la APROBARON por unanimidad seguidamente a su celebración, habiéndose adoptado en dicha Junta, también unánimemente, los siguientes acuerdos:

PRIMERO.– Aprobar el Balance de Situación cerrado al .... que es conocido por todos los socios que tendrá el carácter de Balance de Fusión a los efectos del acuerdo a que se refiere el punto siguiente del orden del día.

El citado Balance se unirá a la certificación que de estos acuerdos se expida para su protocolización.

SEGUNDO.– Aprobar el Proyecto de fusión y consecuentemente aprobar la fusión entre las mercantiles .... (Sociedad Absorbente) y .... (Sociedad Absorbida) mediante la absorción por la primera de las mercantiles anteriormente citadas, y demás acuerdos inherentes a ello, en los términos y condiciones fijados en el Proyecto de Fusión suscrito con fecha .... por los Órganos de Administración de las sociedades intervinientes que es conocido por todos los socios y que ha sido aprobado también unánimemente por la Junta.

Asimismo y en consecuencia con lo establecido en el citado Proyecto de Fusión se acuerda y hace constar los siguientes

ACUERDOS

1.– Descripción de la operación.

1 La fusión proyectada consiste en la fusión por absorción de la sociedad .... por parte de .... con la consiguiente disolución sin liquidación de la sociedad absorbida, traspasando en bloque todo su patrimonio a la sociedad absorbente, que adquirirá tal patrimonio por sucesión universal en los derechos y obligaciones de la sociedad absorbida.

2 A los efectos de lo dispuesto en los artículo 53 y 56 de la Ley sobre Modificaciones Estructurales de las Sociedades Mercantiles, dado que .... tiene como socio único a la entidad .... se hace constar que no es necesario el aumento de capital social de .... (sociedad absorbente), ni la elaboración de los informes de administradores y expertos sobre el Proyecto de Fusión, ni la aprobación de la fusión por las sociedades absorbidas, ni es necesaria la inclusión en el Proyecto de Fusión las menciones a que se refiere el mencionado artículo 53.1.1°.

3 A los efectos de lo establecido en los artículos 43 y 44 de la Ley sobre Modificaciones Estructurales de las Sociedades Mercantiles, se considerará como Balance de Fusión los Balances de las sociedades intervinientes en la fusión cerrados al .... de ...... de ...., que serán sometidos a la aprobación de las respectivas Juntas.

4 Mediante la presente fusión se pretende concentrar toda la actividad económica desarrollada por las sociedades intervinientes en la fusión y así obtener una simplificación de la gestión empresarial y un ahorro en los costes y las obligaciones formales, unificando toda la actividad de ambas entidades en una sola, así como simplificar la estructura societaria de estas sociedades, y eliminar duplicidades y conseguir una simplificación administrativa.

Asimismo, la presente fusión contribuirá a la mejora de la financiación de las actividades desarrolladas por las sociedades intervinientes incrementando la solvencia de las mismas frente a terceros.

2.– Identificación de las sociedades participantes en la fusión.

Participan en la Fusión las siguientes sociedades:

A) Sociedad Absorbente

Como Sociedad Absorbente la mercantil .... domiciliada en Madrid ...., e inscrita en el Registro Mercantil de Madrid ....

B) Sociedad Absorbida

Como sociedad Absorbida la mercantil .... domiciliada en Madrid ...., e inscrita en el Registro Mercantil de Madrid.

3.– Balance de Fusión.

De conformidad a lo dispuesto en el artículo 43 de la LME, los Balances de fusión son los cerrados al ....

4.– Fecha a partir de la cual la fusión tendrá efectos contables

Todas las operaciones llevadas a cabo por la sociedad absorbida a partir del ...., se considerarán realizadas a efectos contables, por la Sociedad Absorbente, asumiendo esta última todos los derechos y obligaciones derivados de dichas operaciones.

5.– Otras cuestiones

– No hay aportaciones de industria ni prestaciones accesorias en la Sociedad Absorbida por lo que no se otorga compensación alguna a sus respectivos socios de la Sociedad Absorbente.

– No existen en las sociedades participantes en la fusión derechos especiales ni títulos distintos de los representativos de capital, por lo que no procede otorgar en la Sociedad Absorbente derecho u opción alguna al respecto.

– No se atribuirán ventajas de ningún tipo en la Sociedad Absorbente a los Administradores de la Sociedades intervinientes en la Fusión. Del mismo modo, tampoco se atribuirán ventaja alguna a expertos independientes por no ser necesaria la intervención.

– No se provocará como consecuencia de la fusión, la disminución del patrimonio neto de ninguna sociedad no interviniente en la misma, por su participación en la Sociedad Absorbida, por lo que no procederá compensación alguna en este sentido.

– Tras la fusión, la Sociedad Absorbente mantendrá sus estatutos sociales actualmente vigentes lo cuales ya se encuentran debidamente inscritos en la hoja que dicha sociedad tiene abierta en el Registro Mercantil de Alicante.

– La presente fusión no va a tener consecuencia alguna en el empleo ni va a incidir en la responsabilidad social de las sociedades participantes. Asimismo, tampoco va a existir impacto de género en sus órganos de administración, puesto que los mismos no van a sufrir modificación alguna como consecuencia de la fusión aprobada.

TERCERO.– Acogimiento al régimen fiscal especial contemplado en el capítulo VII, del título VII de la Ley 27/2014, de 27 de Noviembre del Impuesto sobre Sociedades.

Se decide acoger la fusión aprobada en la decisión anterior al régimen fiscal especial contemplado en el Capítulo VII del Título VII de la Ley 27/2014 de 27 de Noviembre, lo cual se notificará al Ministerio de Economía y Hacienda.

CUARTO.– Otorgamiento de facultades para la ejecución de los acuerdos adoptados:

Se decide facultar expresamente a los Administradores de la Sociedad para que, aún en el caso de que pudiera incurrir en supuestos de autocontratación, pueda comparecer ante el Notario de su elección al objeto de elevar a público los acuerdos adoptados y formalizar, en su caso, cuantos documentos público y privados y publicación de anuncios resulten necesarios para llevar a buen término los acuerdos adoptados, con las más amplias facultades de realizar cuantos actos sean precisos para lograr su inscripción en el Registro Mercantil, incluso la parcial, que desde este mismo momento se solicita, al amparo de lo dispuesto en el artículo 63 del Reglamento del Registro Mercantil, pudiendo asimismo , mediante la suscripción de cuantos documentos públicos y privados fueren necesarios, efectuar cuantas subsanaciones deban realizarse para la inscripción.

Redactada el Acta al finalizar la reunión, leída por la Secretaria, es aprobada por unanimidad y firmada por la Secretaria, con el Visto Bueno del Presidente en la fecha citada al inicio.

Y ASIMISMO CERTIFICO:

1.– Que el acuerdo de fusión fue publicado en el diario Información el .... y en el BORME el día ....

2.– Que transcurrido un mes desde la publicación del último anuncio de los acuerdos adoptados ningún acreedor se ha opuesto a los mismos.

Y PARA QUE ASÍ CONSTE Y SURTA LOS EFECTOS OPORTUNOS, expido la presente certificación en Madrid a ....

Fdo. .... Presidente

Fdo. .... Secretario

F384. CERTIFICACIÓN DEL ACTA DE DECISIONES DE SOCIO ÚNICO EN LA QUE SE APRUEBA LA OPERACIÓN DE FUSIÓN IMPROPIA

[............], Administrador único de la sociedad [............] S.L..U. con domicilio social en c/ [............]

CERTIFICA

Que, en el Acta de las decisiones del socio único de la sociedad de fecha [............], consta que fueron adoptadas las siguientes decisiones cuyo tenor literal se transcribe íntegramente a continuación:

"ACTA DE DECISIONES DEL SOCIO ÚNICO DE LA SOCIEDAD [............] S.L.U.

En el domicilio social, a [............] comparece [............] S.L. socio único de la sociedad [............], S.L. (la "Sociedad"), debidamente representada por D. [............] en su condición de Representante Legal como consejero delegado.

El socio Único, en ejercicio de las competencias de la Junta General de socios adopta las siguientes:

DECISIONES

PRIMERO. Aprobación del proyecto común de fusión relativo a la fusión por absorción de [...........], S.L.U., como sociedad absorbida e [...........] S.L. como sociedad absorbente.

El Socio Único toma en consideración el proyecto común de fusión entre la sociedad [...........] S.L. como sociedad absorbente, y [...........], S.L.U., como sociedad absorbida aprobado y firmado por todos los administradores de ambas sociedades en fecha [...........].

El Socio Único decide aprobar íntegramente, sin reserva alguna, y en los términos en que fue redactado, el citado Proyecto de Fusión.

SEGUNDO. Aprobación, como balance de fusión, el balance anual de la Sociedad cerrado el [...........].

A los efectos de lo dispuesto en el artículo 43 del Real Decreto ley 5/2023, de 28 de junio, por el que, entre otros, se lleva a cabo la transposición a derecho español de la Directiva de la Unión Europea en materia de modificaciones estructurales de sociedades mercantiles ("LME"), el Socio Único aprueba el balance de fusión de la Sociedad anual cerrado el 31 de diciembre de [...........], es decir, preparado dentro de los seis meses anteriores a la fecha del Proyecto de Fusión.

TERCERO. Aprobación de la fusión por absorción de [...........], S.L., S.L.U., como sociedad absorbida e [...........] S.L. como sociedad absorbente.

A. Formalidades previas a la fusión

El Socio único deja constancia de lo siguiente:

• A los efectos de lo dispuesto en el artículo 5 de la LME, que la Sociedad notificó a los empleados de las Sociedades Participantes en la Fusión la sección del informe de administradores destinada a los trabajadores y el Proyecto de Fusión en fecha [...........], informándoles de su derecho a presentar observaciones al Proyecto de Fusión hasta 5 días antes de la presente fecha. Asimismo, el Socio Único renuncia a su derecho a recibir la sección del informe de Administradores dedicada a los socios.

• A los efectos de lo dispuesto en el artículo 8 de la LME, que la Sociedad no ha recibido opiniones u observaciones de trabajadores o acreedores al Proyecto de Fusión.

B. Información sobre las modificaciones importantes en el activo y pasivo de las sociedades que participan en la fusión acaecidas entre la fecha del proyecto de fusión y la presente fecha.

A los efectos de lo dispuesto en el artículo 46.3 de la LME, el Socio Único, por la presente, renuncia a la necesidad de que los respectivos administradores de la Sociedad [...........] S.L., como sociedad absorbente, y [...........] S.L. como sociedad absorbida, en el contexto de la Fusión, comuniquen las modificaciones importantes del activo o del pasivo de dichas sociedades que hayan podido surgir entre la fecha de redacción del Proyecto de Fusión y el día de hoy, fecha de aprobación de la Fusión por parte del Socio Único.

C. Aprobación de la fusión por absorción de la Sociedad, como sociedad absorbida, e [...........] S.L., como sociedad absorbente, en los términos previstos en el Proyecto de Fusión.

El Socio Único toma en consideración los documentos puestos a su disposición en relación con la Fusión propuesta, incluyendo, en particular, el Proyecto de Fusión.

Se deja expresa constancia que, la sociedad [...........] S.L.U. está íntegramente participada por la absorbente [...........] S.L., y por lo tanto es de aplicación a la fusión lo previsto en el artículo 9 de la LME para la aprobación de modificaciones estructurales por unanimidad y lo previsto en el artículo 53 de la LME, en lo relativo a la simplificación de requisitos.

De conformidad con lo previsto en los artículos 8 y 47 de la- LME, el Socio Único decide aprobar la Fusión por absorción de la Sociedad [...........] S.L.U. como sociedad absorbida e [...........] S.L. como sociedad absorbente, ajustándose estrictamente al Proyecto de Fusión

A los efectos de lo dispuesto en el artículo 48 de la LME, se deja constancia de que no hay

(i) socios que, por virtud de la Fusión, pasen a responder ilimitadamente de las deudas sociales,

(ii) ni socios que pasen a asumir obligaciones personales en la sociedad

(iii) ni titulares de derechos especiales distintos de las participaciones.

Como consecuencia de la Fusión, [...........] S.L.U. se disolverá sin liquidación y todos sus activos y pasivos serán transmitidos a la Sociedad [...........] S.L., mediante su traspaso en bloque y por sucesión universal, de conformidad con lo previsto en la LME y en los términos establecidos en el Proyecto de Fusión.

CUARTO. Se hace constar expresamente las siguientes circunstancias que se ajustan al proyecto de fusión:

4.1 La identidad de las sociedades participantes.

Sociedad Absorbente

[...........], S.L." con domicilio social en ([...........]), Avenida [...........], y con C.I.F. [...........], que tiene por objeto social [...........]; constituida, por tiempo indefinido mediante Escritura autorizada por el Notario de [...........] inscrita en el Registro Mercantil de [...........], al Tomo [...........].

Sociedad Absorbida

[...........], S.L." con domicilio social en ([...........]), Avenida [...........], y con C.I.F. [...........], que tiene por objeto social [...........]; constituida, por tiempo indefinido mediante Escritura autorizada por el Notario de [............] inscrita en el Registro Mercantil de [............], al Tomo [............].

4.2 Los estatutos que hayan de regir el funcionamiento de la nueva sociedad.

Se hace constar que, como consecuencia de la fusión, no se contempla ninguna modificación en los estatutos sociales de la sociedad absorbente, que, por tanto, continuarán teniendo la redacción actual según constan inscritos en la hoja registral abierta en el Registro Mercantil de [............].

El actual Órgano de Administración de [............], S.L. no sufrirá modificaciones, manteniendo su estructura actual formada por tres consejeros.

4.3 El tipo de canje de las acciones o participaciones y, en su caso, la compensación complementaria en dinero que se prevea. El procedimiento de canje.

Se hace constar que no procede efectuar canje de participaciones ni compensación en dinero.

La fusión al tener el carácter de especial se realiza sin aumento de capital, por lo que el patrimonio de la sociedad absorbente se verá incrementado en su cuenta de reservas por la absorción del patrimonio de la absorbida, en el importe del mismo valorado en [............] euros, según relación de activos y pasivos que se incorpora en el proyecto de fusión.

En consecuencia, la valoración neta del patrimonio de la sociedad absorbida que por sucesión universal reciba la sociedad absorbente se destinará a dotar la cuenta de reservas de fusión o prima de fusión por importe de [............] euros.

4.4 La fecha a partir de la cual las operaciones de las sociedades que se extinguen se considerarán realizadas a efectos contables por cuenta de la sociedad a la que traspasan su patrimonio.

Se establece el uno de enero de [............] como fecha a partir de la cual tas operaciones de la Sociedad Absorbida se considerarán realizadas a efectos contables por cuenta de la Sociedad Absorbente.

4.5 Sobre la fecha a partir de la cual los titulares de las nuevas participaciones tendrán derecho a participar en las ganancias sociales a los efectos del articulo 40.5° de la LME, se hace constar que no procede esta mención en el Proyecto de Fusión de conformidad con lo previsto en el artículo 56. en relación con el 53 de la LME.

4.6 Los derechos que hayan de otorgarse en la sociedad absorbente o en la nueva sociedad a los titulares de acciones de clases especiales, a los titulares de participaciones privilegiadas y a quienes tengan derechos especiales distintos de las acciones o de las participaciones en las sociedades que se extingan o, en su caso, las opciones que se les ofrezcan.

Se hace constar que no existen ni se atribuirán ventajas de cualquier clase que hayan de atribuirse en la sociedad absorbente.

4.7 Se hace constar que no existen ni se atribuirán ventajas de cualquier clase que hayan de atribuirse en la sociedad absorbente, así como a los administradores de las sociedades que, en su caso, hayan intervenido en el proyecto de fusión. No procede a los expertos independientes al no haber intervenido en el proyecto de fusión

4.8 Se hace constar que no existen socios que gocen de derechos especiales o tenedores de valores o títulos que no sean acciones o participaciones de las Sociedades participantes en la fusión.

4.9 A los efectos del artículo 4.1.4° de la LME, se hace constar que la fusión no tendrá incidencia alguna para los acreedores de las Sociedades Participantes en la Fusión. En consecuencia, no se ofrecerá ningún tipo de garantía real ni personal adicional a las que, en su caso, pudieran tener aquellos concedidas.

4.10 Se hace constar que la fusión no tendrá ningún impacto sobre el empleo. en particular, se hace constar que en virtud de la fusión no están previstos cambios en las condiciones de trabajo de los empleados de las sociedades participantes en la fusión.

QUINTO.- Régimen fiscal

La Fusión se acoge al régimen fiscal especial de fusiones, escisiones y aportaciones de activos, canje de valores y cambio de domicilio social de una Sociedad Europea o una Sociedad Cooperativa Europea de un Estado miembro a otro de la Unión Europea regulado en el Título VII Capítulo VII de la Ley 2712014, de 27 de noviembre, del Impuesto sobre Sociedades, por constituir una operación de fusión prevista en el artículo 76.1 de la citada Ley. La sociedad absorbente comunicará a la Administración Tributaria la realización de la Fusión, de conformidad con lo dispuesto cm el artículo 89 del citado texto legal.

Se hace constar que la sociedad adsorbida [...........] S.L.U. no tiene bases imponibles negativas pendientes de compensar, y que la fusión se realiza por los siguientes motivos económicos:

a) Simplificar la estructura societaria, adoptando mecanismos de gestión y dirección más ágiles y eficientes, haciéndolo más sólido y competitivo y con mayor capacidad para responder a los desafíos del presente y del futuro.

b) Simplificar la estructura administrativa y reducir costes.

c) Lograr importantes sinergias gracias a (i) la simplificación y reducción de las estructuras existentes y (ii) la mejora de la estructura y organización que aportará la fusión mediante la eliminación de tareas administrativas, contables y jurídicas, contacto con organismos públicos lo que supondrá un claro ahorro de recursos.

d) Crear mecanismos de control y concentración racional de esfuerzos con vistas a consolidar y desarrollar las actividades existentes y reforzar la competitividad.

e) Reducir los costes operativos y de funcionamiento mediante la agrupación de recursos técnicos y humanos, favoreciendo la evolución positiva de los resultados.

f) Creación de mecanismos normalizados de control interno.

g) Aprovechar al máximo los activos sociales y los recursos humanos y tecnológicos existentes.

SEXTA.- Delegación de facultades.

El Socio Único decide facultar al Administrador Único D. [............] en representación de la Sociedad, para que, actuando en nombre y representación de la Sociedad comparezca ante notario y eleve a público las precedentes decisiones, subscribiendo cuantos documentos públicos y privados fueran menester, incluidos los de subsanación, rectificación, aclaración y adicionales, hasta conseguir su completa inscripción en el Registro Mercantil.

[Consta firma]"

Que el Acta fue aprobada y firmada por el Socio Único debidamente representado.

Copia del proyecto de fusión y del balance de fusión aprobados por el socio único, se adjuntarán a la escritura de fusión.

Y para que conste, expido la presente certificación en [............] a [............]

Firmado

....

F385. ANUNCIO DEL ACUERDO DE FUSIÓN

Normativa de Aplicación: *Arts. 4 y ss. y 33 y ss. de la Ley sobre Modificaciones Estructurales de las Sociedades Mercantiles, introducida por Real Decreto-ley 5/2023, de 28 de junio.*

«............, S.L.» unipersonal (SOCIEDAD ABSORBENTE)

«............, S.L.» unipersonal (SOCIEDAD ABSORBIDA)

Anuncio de fusión por absorción

De conformidad con el artículo 10 de la Ley sobre Modificaciones Estructurales de las Sociedades Mercantiles (en lo sucesivo «LME») se hace público que el socio único de las sociedades «............, Sociedad Limitada» unipersonal (sociedad absorbida), y «............, Sociedad Limitada» (sociedad absorbente), ejerciendo las competencias de la Junta general, ha adoptado en ambas sociedades con fecha .... de .... de 20 ...., la decisión de aprobar la fusión por absorción de «............, Sociedad Limitada» unipersonal, por parte de ...., Sociedad Limitada, con disolución sin liquidación de la sociedad absorbida, y adquisición por sucesión universal de su patrimonio por la sociedad absorbente, habiéndose aprobado, asimismo, los balances de fusión de ambas compañías, cerrados a 31 de diciembre de 20 ....

El acuerdo de fusión ha sido adoptado conforme al proyecto común de fusión redactados por el Administrador único, común para ambas sociedades, con fecha .... de .... de 20 ...., y la fusión se realiza de conformidad con lo previsto en el artículo 53 por remisión del artículo 56 de la LME, al tratarse de fusión por absorción.

En consecuencia, no resulta necesaria para esta fusión (i) la inclusión en el Proyecto de Fusión de las menciones previstas en el artículo 53.1.1° de la LME, (ii) los informes de Administradores y expertos sobre el Proyecto de Fusión, (iii) el aumento de capital por la sociedad absorbente y (iv) la aprobación de la fusión por la junta general de la sociedad absorbida.

Habiéndose adoptado los acuerdos de fusión en las sociedades por decisión de sus mismos socios, participantes en igual proporción en las mismas, ejerciendo las facultades de la Junta General, resulta que los acuerdos de fusión se adoptaron en junta universal y por unanimidad de todos los socios en cada una de las sociedades participantes en la fusión, y en consecuencia, de acuerdo con lo preceptuado en el artículo 9 de la LME, el acuerdo de fusión puede adoptarse sin necesidad de publicar o depositar previamente los documentos exigidos por la Ley y sin informe de los Administradores sobre el proyecto de fusión.

Se hace constar, que de conformidad con lo dispuesto en el artículo 10 de la LME, que los socios y acreedores de las sociedades participantes en la fusión tienen derecho a obtener el texto íntegro de los acuerdos de fusión y los balances de fusión. Se hace constar, asimismo, el derecho que asiste a los acreedores de las sociedades participantes en la fusión de oponerse a la fusión en los términos previstos en el artículo 13 de la citada Ley, en el plazo de un mes a contar desde la fecha del último anuncio del acuerdo de fusión.

..........., ... de .... de 20 .... Por ...., S.L.U. y ...., S.L.U., el administrador único Don ....

F386. NOTA FISCAL EN LA MEMORIA DE LAS CUENTAS ANUALES SOBRE LA FUSIÓN EN LOS SOCIOS

Normativa de Aplicación: *Arts. 4 y ss. y 33 y ss. de la Ley sobre Modificaciones Estructurales de las Sociedades Mercantiles, introducida por Real Decreto-ley 5/2023, de 28 de junio.*

La entidad «........... S.L.» como socio de la entidad «........... S.L.» que ha participado en el proceso de fusión realiza la siguiente mención en la memoria anual:

a) Valor contable y fiscal de los valores entregados.

b) Valor por el que se hayan contabilizado los valores recibidos.

F387. NOTA FISCAL EN LA MEMORIA DE LAS CUENTAS ANUALES SOBRE LA FUSIÓN SOCIEDAD ADQUIRENTE

Normativa de Aplicación: *Arts. 4 y ss. y 33 y ss. de la Ley sobre Modificaciones Estructurales de las Sociedades Mercantiles, introducida por Real Decreto-ley 5/2023, de 28 de junio.*

Entidad Adquirente.

En virtud de lo dispuesto en el artículo 86 de la Ley 27/2014 se hace constar la siguiente información por parte de la sociedad «............ S.L.» como entidad adquirente:

a) Período impositivo en el que la entidad transmitente adquirió los bienes transmitidos.

Año adquisic.	Nº cuenta	Concepto	Valor activo	Amortización acumulada
2012	21300000	Maquinaria tipo XX	##.000	##.000

b) Último balance cerrado por la entidad transmitente.

ACTIVO

(............)

PASIVO

(............)

Relación de bienes adquiridos que se hayan incorporado a los libros de contabilidad por un valor diferente a aquél por el que figuraban en los de la entidad transmitente con anterioridad a la realización de la operación, expresando ambos valores así como las correcciones valorativas constituidas en los libros de contabilidad de las dos entidades.

Año adquis.	Nº cuenta	Concepto	Valor activo	Corrección valorativa	Motivo
2012	2130000	Maquinaria XX	##.000	##.000	

c)

Relación de beneficios fiscales disfrutados por la entidad transmitente, respecto de los que la entidad deba asumir el cumplimiento de determinados requisitos de acuerdo con lo establecido en el apartado 1 del artículo 84 de esta Ley.

Se hace constar, que a los efectos previstos en la citada Ley, dichos datos han sido comunicados por la entidad transmitente a la entidad adquirente.

F388. COMUNICACIÓN A LOS TRABAJADORES PREVIO AL ACUERDO

Normativa de Aplicación: *Arts. 4 y ss. y 33 y ss. de la Ley sobre Modificaciones Estructurales de las Sociedades Mercantiles, introducida por Real Decreto-ley 5/2023, de 28 de junio.*

En ...., a .... de .... de 20 ....

Don/Dª .... en su calidad de Administrador Único de ...., S.L. entidad domiciliada en ...., Avenida ...., provista de CIF número B- ....

COMUNICA a los Legales Representantes de los trabajadores de la Sociedad que, a fecha de hoy, pone a su disposición, para su examen en el domicilio social, todos los documentos e información relacionados en el artículo 46 de la Ley sobre Modificaciones Estructurales de las Sociedades Mercantiles, relativos a la proyectada fusión de las sociedades «..........., S.L.» (Sociedad Absorbente), «..........., S.A.» SOCIEDAD UNIPERSONAL (Sociedad Absorbida).

....

Don / Dª —

Recibido y conforme.

....

Fdo. [...........]

Los abajo firmantes, en su condición de Legales Representantes de los trabajadores de la sociedad ...., S.L. entidad domiciliada en ...., Polígono ...., ... provista de CIF número B- ....

MANIFIESTAN

I. Que ha estado a su disposición, de conformidad con lo dispuesto en el artículo 46 de la Ley de Modificaciones Estructurales, el Proyecto fusión por absorción suscrito a .... de .... de 20 .... por el Administrador Único de la sociedad ...., S.L. (sociedad Absorbente) y por el Administrador Único de la sociedad ...., S.A. (sociedad Absorbida).

II. Que, habiendo revisado la documentación mencionada en el artículo 46 de la mencionada Ley, se dan por plenamente informados acerca de la operación de la fusión por absorción de la sociedad ...., S.L., (sociedad absorbente).

Y para que así conste y surta los efectos legales oportunos, suscriben el presente documento en ...., a .... de .... de 20 ....

....

[...........] [...........]

F389. COMUNICACIÓN A CLIENTES, ACREEDORES Y TERCEROS

Normativa de Aplicación: *Arts. 4 y ss. y 33 y ss. de la Ley sobre Modificaciones Estructurales de las Sociedades Mercantiles, introducida por Real Decreto-ley 5/2023, de 28 de junio.*

(CLIENTE/ACREEDOR/TERCERO)

En .... a .... de .... de 20 ....

Estimados Sres.

La Sociedad «..........., S.L.» ha intervenido en un proceso de fusión, con fecha efectiva el .... de .... de 20 ...., en el que ha sido absorbida por la sociedad «..........., S.L.».

Con esta reorganización la Dirección pretende que la sociedad consolide el importante desarrollo que se ha conseguido en los últimos años.

Por lo anterior, les comunicamos que a partir de esta fecha, todas las facturas serán emitidas a nombre de /por «..........., S.L.», con los siguientes datos:

.... SOCIEDAD LIMITADA

CIF: B ....

..........., (...........), Avenida ...., número ....

Reciban un cordial saludo

«..........., S.L.»

F390. COMUNICACIÓN A CLIENTES, ACREEDORES Y CLIENTES Y TERCEROS (II)

COMUNICACIÓN DEL ACUERDO DE FUSIÓN POR ABSORCIÓN DE [...........] S.L. Y [...........], S.L.U.

Razón social:

Domicilio:

Localidad

A la atención del Representante Legal

[cliente / proveedor/entidad]

En [...........] a [...........]

Estimados Sres.

Por la presente les comunicamos que con fecha [............] las sociedades [............] S.L. Y [............], S.L.U. han decidido llevar a cabo la fusión de[............], S.L.U. (sociedad "absorbida") por [............] S.L. (sociedad "absorbente"), con extinción de la sociedad absorbida, y adquiriendo por sucesión universal la absorbente el patrimonio de la sociedad [............] S.L.., es decir, todos sus derechos y obligaciones.

La operación supone la continuidad del negocio que venía realizando [............] S.L. y nos permitirá atenderles en nuestras instalaciones de [............].

Con la fusión esperamos contribuir a una mejora en el servicio que veníamos prestando, aprovechando la experiencia y recursos de [............], y consolidando así el crecimiento de este negocio.

Como consecuencia de la fusión, las condiciones comerciales que mantenemos con ustedes no sufrirán ningún cambio.

En las próximas semanas les indicaremos los cambios en los datos fiscales una vez inscrita la escritura de fusión.

Fdo. [............]

F391. COMUNICACIÓN DEL RÉGIMEN FISCAL NEUTRAL A LA AGENCIA TRIBUTARIA

Normativa de Aplicación: *Arts. 4 y ss. y 33 y ss. de la Ley sobre Modificaciones Estructurales de las Sociedades Mercantiles, introducida por Real Decreto-ley 5/2023, de 28 de junio.*

A LA DEPENDENCIA REGIONAL DE INSPECCIÓN

SEDE ....

DELEGACIÓN ESPECIAL DE ....

/ DELEGACIÓN CENTRAL DE GRANDES CONTRIBUYENTES

AGENCIA ESTATAL DE LA ADMINISTRACIÓN TRIBUTARIA

COMUNICACIÓN SOBRE LA APLICACIÓN DEL RÉGIMEN FISCAL ESPECIAL DEL CAPÍTULO VII DEL TÍTULO VII DE LA LEY 27/2014 DEL IMPUESTO SOBRE SOCIEDADES

Doña ...., mayor de edad, vecina de ...., calle .... s/n (c.p. ....), con DNI número .... comparece ante esta Dependencia Regional de Inspección de la Delegación de ...., actuando en nombre y representación, de la mercantil ...., S.L. Unipersonal.

La representación viene otorgada por su cargo de Administradora Única de «............, S.L.» unipersonal.

La mercantil «..........., S.L.» unipersonal fue constituida con duración indefinida en escritura pública otorgada en .... el día .... de .... Su número de identificación fiscal es el B ....

Se encuentra domiciliada en .... número .... de .... (...........).

Ante Dependencia Regional de Inspección de la Delegación de .... de la AEAT comparezco, y como mejor proceda en derecho DIGO:

PRIMERO: Que la entidad que represento «..........., S.L.» Unipersonal ha resultado sociedad beneficiaria de la FUSIÓN POR ABSORCIÓN de tres sociedades:

- SOCIEDADES ABSORBIDAS

– ...., S.L. unipersonal

– ...., S.L. unipersonal.

– ...., S.L. unipersonal.

- SOCIEDAD ABSORBENTE

– ...., S.L. unipersonal.

La operación de fusión ha sido elevada a público en escritura otorgada en .... el día .... de .... de 20 ...., ante su Notario Doña .... y número de protocolo .... Esta escritura pública figura inscrita en el Registro Mercantil de .... con fecha .... de .... de 20 ...., fecha de presentación .... de ....

SEGUNDO.– Que la fusión ha sido acordada por el socio único de todas ellas, constituido en respectivas Juntas Generales, conforme a lo previsto en los artículos 4 y siguientes y 33 y siguientes de la Ley sobre Modificaciones Estructurales de las Sociedades Mercantiles, según el proyecto que han presentado los Administradores Únicos de «..........., S.L.» unipersonal, «..........., S.L.» unipersonal, «..........., S.L.» unipersonal y el Consejo de Administración de «..........., S.L.» unipersonal.

El tipo de FUSIÓN aprobado por el socio único y escriturado de ...., S.L. unipersonal «..........., S.L.» unipersonal, «..........., S.L.» unipersonal, y «..........., S.L.» unipersonal, es una fusión por absorción de los patrimonios de «..........., S.L.» unipersonal, «..........., S.L.» unipersonal y «..........., S.L.» unipersonal por la sociedad «..........., S.L.» unipersonal.

La sociedad limitada unipersonal absorbente existente, «..........., S.L.», ha adquirido los patrimonios de las sociedades absorbidas, «..........., S.L.» «..........., S.L.», y «..........., S.L.», adquiriendo también por sucesión universal los derechos y obligaciones de las absorbidas, que se han extinguido, procediendo a modificar el capital social de la absorbente por la absorción.

Con esta operación se fusionan las actividades de tipo (inmobiliario/ ....) hasta el momento desarrolladas por las cuatro sociedades.

TERCERO.– Que en las respectivas Juntas, el socio único de las mismas, tomó la decisión de aplicar el régimen fiscal especial establecido en el Título VII, Regímenes Tributarios

Especiales, Capítulo VII, Régimen especiales de las fusiones, escisiones, aportaciones de activos y canjes de valores, artículos 76 y siguientes, del de la Ley del Impuesto sobre Sociedades, sin renuncia al mismo.

La operación descrita se califica como fusión, tal y como la define el artículo 76 de la Ley del Impuesto sobre Sociedades.

CUARTO.– DATOS IDENTIFICATIVOS DE LAS SOCIEDADES QUE PARTICIPAN EN LA FUSIÓN.

Las entidades que participan en el proceso de fusión son las que siguen:

A. SOCIEDAD ABSORBIDA: .... S.L. unipersonal

1.– .... S.L.U. fue constituida ....

2.– Su número de identificación fiscal es el B ....

3.– Domiciliada en ....

4.– La Sociedad tiene por objeto ....

5.– El ejercicio social de .... S.L. Unipersonal coincide con el año natural.

6.– La administración de la Sociedad está confiada a ....

7.– Su socio único es .... S.L.

8.– Los datos identificadores de su inscripción en el Registro Mercantil de .... son los siguientes: ....

B. SOCIEDAD ABSORBIDA: .... S.L. unipersonal

(...........)

C. SOCIEDAD ABSORBIDA: .... S.L. unipersonal

(...........)

D.– SOCIEDAD ABSORBENTE: .... S.L. Unipersonal

(...........)

QUINTO.– DESCRIPCIÓN DE LA OPERACIÓN DE FUSIÓN.

5.1 Tipo de canje

Tanto las tres sociedades absorbidas .... S.L., ... S.L. y ...., S.L., como ...., S.L.U., sociedad absorbente, están participadas al 100% por un socio único, ..., S.L.

Al tratarse de una fusión asimilada a una fusión por absorción de una sociedad íntegramente participada (fusión simplificada), no es obligatorio que en el contenido del presente Proyecto de Fusión, al amparo de lo establecido en los artículos 53 y 56 de la Ley de Modificaciones Estructurales se incluyan las menciones relativas a tipo ni procedimiento de canje, ni a compensación complementaria, ni tampoco a la fecha a partir de la cual las nuevas participaciones darán derecho a participar en las ganancias sociales.

Tampoco se elaborarán informes de administradores ni de expertos independientes sobre el presente proyecto.

La presente Fusión da lugar a una compensación complementaria en dinero para ajustar el valor atribuido por el patrimonio de las absorbidas al valor nominal de las participaciones de ...., S.L.

5.2 Elementos patrimoniales asignados a ...., S.L. Unipersonal

Los elementos patrimoniales asignados son los siguientes, ascendiendo el total de la aportación a .... euros.

5.3 Asignación de participaciones de la sociedad adsorbente.

La sociedad beneficiaria «..........., S.L.» unipersonal, ha realizado un aumento de capital social de .... EUROS (........... euros) que se desembolsa en su totalidad y dividido en .... (...........) PARTICIPACIONES que están íntegramente suscritas y desembolsadas, acumulables e indivisibles con un valor nominal de .... EUROS (...........,00), mediante aportación de la sociedad ...., S.L. y del resto de las sociedades absorbidas, del patrimonio social y una compensación en dinero para ajustar el valor del patrimonio atribuido con la fusión al valor nominal de las participaciones:

	PATRIMONIO	COMPENS.	AMPLIACIÓN CAPITAL	
SOCIEDAD ABSORBIDA	APORTADO	DINERARIA	TOTAL EUROS	Nº PARTICIP.

5.4 Modificaciones estatutarias en la sociedad absorbente ...., S.L. unipersonal

(...........)

SEXTO.- MOTIVACIÓN ECONÓMICA DEL PROCESO DE FUSIÓN

Los motivos económicos que han dado lugar a este proyecto de fusión son los siguientes:

(...........)

Por este motivo, la sociedad «..........., S.L.» unipersonal como adquirente COMUNICA a la Dependencia Regional de Inspección de la Delegación de la AEAT (/ a la Delegación Central de Grandes Contribuyentes) la aplicación de los beneficios contemplados en el Título VII Capítulo VII de la Ley del Impuesto sobre Sociedades para los socios y sociedades intervinientes en este proceso de fusión, sin renuncia a los mismos.

Por todo lo expuesto, SOLICITO a la Dependencia Regional de Inspección de la Delegación de .... de la Agencia Estatal de la Administración Tributaria AEAT (/ a la Delegación Central de Grandes Contribuyentes) que tenga por presentado este escrito y los documentos que lo acompañan y se sirva admitirlos, y que mediante el mismo, que tenga por formulada la comunicación de referencia y por reconocida la aplicación del régimen especial de fusiones y escisiones.

En ...., a .... de .... de 20 ....

....

Doña ....

Administradora Única de

«..........., S.L.» sociedad unipersonal

DOCUMENTACIÓN QUE SE ACOMPAÑA:

1.– Copia de la escritura de fusión con número de protocolo .... de fecha .... 20 .... del notario de .... Doña .... junto con documentación que obligatoriamente la acompaña.

2.– Hoja de inscripción en el Registro Mercantil de .... de la escritura de fusión.

F392. COMUNICACIÓN DE FUSIÓN POR ABSORCIÓN DE SOCIEDADES MERCANTILES ACOGIDA AL RÉGIMEN ESPECIAL DEL CAPÍTULO VII TÍTULO VII DE LA LEY 27/2014, DE 27 DE NOVIEMBRE, DEL IMPUESTO SOBRE SOCIEDADES (LIS)

AGENCIA ESTATAL DE LA ADMINISTRACIÓN TRIBUTARIA DELEGACIÓN DE [...........]

[...........]S.L. (SOCIEDAD ABSORBENTE)

[...........] S.L. (SOCIEDAD ABSORBIDA)

Persona de contacto: [...........]

La sociedad española adquirente del patrimonio por fusión [...........] S.L. con domicilio social en [...........], calle [...........], número [...........], y con C.I.F. [...........]; constituida, por tiempo indefinido mediante Escritura autorizada por el Notario de [...........], el día [...........], bajo el número [...........] de protocolo; e inscrita en el Registro Mercantil de [...........], al Tomo [...........], representada por [...........], con N.I.F. [...........] comparecen y como mejor proceda en Derecho,

EXPONEN

Primero. [...........] S.L. sociedad absorbente, como socio único de [...........], S.L. sociedad absorbida, constituido en sendas Juntas Generales de las compañías, aprobó el [...........] la fusión por absorción de [...........], S.L. por [...........] S.L.U. En consecuencia, [...........] S.L.U. adquiere en bloque, por sucesión universal, el patrimonio, derechos y obligaciones de la sociedad absorbida, [...........], S.L., que quedan disueltas.

La escritura de fusión por absorción se elevó a público el [...........] de dos mil [...........] por el notario [...........].

Segundo. La fusión se realizó cumpliendo con lo previsto en el Real Decreto-ley 5/2023, de 28 de junio ("LME").

Tercero. La fusión ha sido acordada sobre la base del proyecto común de fusión de fecha [...........], con disolución sin liquidación de la Sociedad Absorbida, y la transmisión en bloque de su patrimonio íntegro a la Sociedad Absorbente, que adquirirá por sucesión universal todos los derechos y obligaciones de la Sociedad Absorbida.

Cuarto. La fusión se realiza de conformidad con lo previsto en el artículo 53 de la LME por remisión del artículo 56 al tratarse de una fusión por absorción en la que la Sociedad Absorbente y la Sociedad Absorbida están íntegramente participadas por el mismo socio. En virtud del artículo 47.1 de la LME, al haberse adoptado el acuerdo de fusión por decisión del socio único constituido en junta general, no es necesario publicar o depositar previamente el proyecto común de fusión.

Quinto. Se han utilizado como balances de fusión los balances de ambas sociedades participantes en la fusión cerrados a 31 de diciembre de [...........], aprobados previamente por sus respectivas Juntas Generales. Las operaciones de la Sociedad Absorbida se entenderán realizadas a efectos contables por la Sociedad Absorbente a partir del 01 de enero de [...........].

Sexto. Motivación económica de la fusión. Los motivos económicos que han dado lugar a este proyecto de fusión son los siguientes:

• Reorganizar el patrimonio empresarial mediante la simplificación de la estructura societaria, reduciéndose el número de sociedades. La finalidad de esta reducción del número de sociedades reside en el ahorro en costes innecesarios (fundamentalmente de índole administrativa), como consecuencia de la duplicidad de costes por el cumplimiento de las obligaciones relativas a preparación de contabilidades separadas, cumplimiento de las obligaciones fiscales (i.e., preparación de declaraciones), formulación de cuentas anuales, auditoría de cuentas, etc. Además, la convivencia de varias entidades mercantiles supone no sólo una duplicidad en relación con las obligaciones formales sino un freno en la gestión ágil del negocio empresarial.

• Optimización de la gestión financiera de las sociedades absorbente y absorbida, en tanto que simplificará la estructura interna de financiación.

• Mejorar la competitividad en el mercado, teniendo en cuenta que ambas sociedades tienen por objeto la misma actividad, y la proximidad de sus domicilios sociales.

• Optimizar el empleo de los recursos materiales y humanos de las empresas que se fusionan.

Séptimo. Datos identificativos de las sociedades que han intervenido en la fusión.

A. SOCIEDAD ABSORBIDA: [...........], S.L.

[...........] S.L., antes denominada "[...........] ", con domicilio social en [...........] ([...........]), Polígono Industrial [...........], y con C.I.F. [...........], que tiene por objeto social [...........], constituida mediante Escritura autorizada por el Notario de [...........], Don [...........], el día [...........], bajo el número [...........] de orden de su protocolo, que se inscribió en el Registro Mercantil de [...........], al Tomo [...........].

Asciende el capital social de la Entidad a la cantidad de T[...........] EURO ([...........] €).

Órgano de Administración formado un administrador único: [...........]

El ejercicio social coincide con el año natural.

Sus socios son:

[...........]

Está prevista la compraventa de estas [...........] participaciones por el socio [...........] S.L. previamente al acuerdo que adopten los socios sobre la fusión. De tal forma que en el momento del acuerdo de fusión la absorbida tendrá el carácter de unipersonal.

B. SOCIEDAD ABSORBENTE: "[...........] S.L." Unipersonal

[...........], S.L." con domicilio social en [...........], calle [...........], y con C.I.F. [...........], que tiene por objeto social [...........], de constituida, por tiempo indefinido, bajo la forma de "Sociedad Anónima", mediante Escritura autorizada por el Notario de [...........], Don [...........], el día [...........], bajo el número [...........] Notario de [...........], Doña [...........], el día [...........], bajo el número [...........] de protocolo, e inscrita en el Registro Mercantil de [...........], al Tomo [...........].

Consejo de Administración formado por [...........] consejeros: [...........], DNI NIF [...........], Vocal; [...........], [...........], Presidente; [...........], [...........], Secretario.

El ejercicio social coincide con el año natural.

El capital social asciende a la cantidad de [...........] euros.

Sus socios son [...........] con una participación del [...........];

Descripción de la operación.

SOCIEDAD ABSORBIDA: [...........] S.L.

SOCIEDAD ABSORBENTE: [...........] S.L.U.

La Sociedad Absorbida se fusiona con la Sociedad Absorbente mediante una Fusión gemelar, esto es, una Fusión especial por absorción de sociedades íntegramente participadas por el mismo socio/accionista único, de conformidad con los artículos 53.1 y 56.1 de la LME, sujeta a disolución sin liquidación mediante el traspaso en bloque de su patrimonio social, incluido todos los derechos y obligaciones correspondientes, por medio de la sucesión universal, sin necesidad de emisión ni compensación de participaciones de la Sociedad Absorbente al socio único de la Sociedad Absorbida.

Tal fusión produce eficacia jurídica con la inscripción en el registro mercantil de [...........]. Tras la inscripción de la fusión, los activos y pasivos de la sociedad absorbida se traspasan en su totalidad por imperativo legal a la sociedad absorbente a través de una sucesión universal. Los acreedores de la sociedad absorbida se convierten en acreedores de la Sociedad Absorbente. Al mismo tiempo, la sociedad absorbida se ha disuelto sin la necesidad de liquidación. En consecuencia, la sociedad absorbida se ha dado de baja cancelándose su asiento registral en el Registro Mercantil una vez que la Fusión se haya hecho efectiva.

La fusión implicará, por tanto, la extinción y traspaso en bloque de la totalidad del patrimonio de la sociedad absorbida a la sociedad absorbente, sociedad que adquirirá por sucesión universal todos los derechos y obligaciones de la sociedad absorbida.

Asimismo, y como consecuencia de la fusión, las participaciones sociales de la Sociedad Absorbida serán amortizadas.

Octavo. Inscripción.

La escritura de fusión por absorción ha quedado inscrita en el Registro Mercantil de [...........] con fecha [...........].

La escritura número [...........], autorizada el día [...........] por el notario [...........], que ha sido inscrita con fecha [...........], de la entidad [...........] S.L.

Noveno. Régimen fiscal especial.

En el proyecto de fusión se ha manifestado la voluntad de optar por el acogimiento de la fusión comunicada al régimen fiscal especial previsto en el Capítulo VII del Título VII de la LIS, relativo al régimen especial de las fusiones, escisiones, aportaciones de activos, canje de valores y cambio de domicilio social de una Sociedad Europea o una Sociedad Cooperativa Europea de un Estado miembro a otro de la Unión Europea.

El socio único de las dos sociedades ha decidido igualmente optar por al régimen fiscal especial previsto en el Capítulo VII del Título VII de la LIS.

Décimo. Comunicación.

De conformidad con lo establecido en el artículo 89.1 de la LIS, las operaciones a que se refiere el Capítulo VII del Título VII deben comunicarse a la Administración tributaria en la forma y plazo que reglamentariamente se determine.

De acuerdo con lo dispuesto en los artículos 48 y 49 del Reglamento del Impuesto sobre Sociedades, aprobado mediante Real Decreto 634/2015, de 10 de julio (en adelante, RIS), la comunicación de la opción se deberá efectuar por la entidad adquirente, dentro de los tres meses siguientes a la fecha de la inscripción de la escritura pública en que se documenta la operación y ante la Delegación de la Agencia Estatal de Administración Tributaria correspondiente a su domicilio fiscal o a las Dependencias Regionales de Inspección o a la Oficina Nacional de Inspección en caso de tratarse de un sujeto pasivo adscrito a las mismas.

Tal como prescribe el artículo 49 del RIS, la comunicación debe ir acompañada de copia de la escritura pública que documente la operación. A estos efectos, se adjunta como documento número 1, copia de la escritura pública que documenta la operación que por la presente se comunica.

Y en su virtud,

SOLICITA

Que, se tenga por presentado este escrito junto con la documentación que lo acompaña y, una vez realizados los trámites legales oportunos, se tenga por realizada, en tiempo y forma, la comunicación a que se refiere el artículo 89.1 de la LIS, con el fin de acoger la operación de fusión al régimen tributario establecido en el Capítulo VII del Título VII de la LIS.

En [...........], a [...........].

Los Administradores de [...........] S.L.U.

Don [...........] Don [...........]

F393. COMUNICACIÓN SUCESIÓN DE EMPRESA POR FUSIÓN. ARTÍCULO 44 ET

A la att. de D. [IDENTIFICAR NOMBRE TRABAJADOR/A / representante de los trabajadores]

Muy Sr/a. nuestro/a:

Con fecha [...........], la mercantil para la cual viene prestando sus servicios, [...........] S.L. ha sido absorbida y fusionada por [...........] S.L. incluyendo plantilla de trabajadores, patrimonio y actividad.

Como consecuencia de dicha fusión por absorción y con efectos [...........] Vd. causará baja en su actual empresa, y en la misma fecha será dado de alta en la mercantil [...........], S.L.. por sucesión de empresa.

Esta integración en la plantilla de la citada sociedad determinará la subrogación por parte de [...........] S.L. de las condiciones y deberes de su relación laboral en las mismas condiciones que se ostenta en la actualidad, todo ello con base en lo establecido en el artículo 44 del Real Decreto Legislativo 2/2015, de 23 de octubre, por el que se aprueba el Texto Refundido del Estatuto de los Trabajadores.

La fusión también supone el cambio del centro de trabajo a la calle [...........].

La dirección de la empresa queda a su entera disposición para aclarar o comentar cualquier cuestión relacionada con la presente, rogándoles se sirva firmar la presente a los efectos de acuse de recibo.

Sin otro particular, reciban un cordial saludo.

Firmado en [...........], a [...........]

Recibí a [...........]

La dirección: El /La Trabajador/a

....

Fdo. [............] D/Dª ....

F394. CONSULTA VINCULANTE A LA ADMINISTRACIÓN TRIBUTARIA SOBRE LA APLICACIÓN DEL RÉGIMEN FISCAL ESPECIAL

Normativa de Aplicación: *Arts. 4 y ss. y 33 y ss. de la Ley sobre Modificaciones Estructurales de las Sociedades Mercantiles, introducida por Real Decreto-ley 5/2023, de 28 de junio.*

SUBDIRECCIÓN GENERAL DE IMPUESTOS SOBRE LA RENTA DE LAS PERSONAS JURÍDICAS

DIRECCIÓN GENERAL DE TRIBUTOS

MINISTERIO DE ECONOMÍA Y HACIENDA

D ...., con DNI número ...., en nombre y representación de «............, S.L.» con NIF .... y domicilio en calle .... tal y como se acredita con copia de poderes,

EXPONE

• El objeto social de «............ S.L.», coincidente con su actividad y de acuerdo con sus estatutos, es ....

• Que su actividad consiste en ....

• Que el capital de «............, S.L.» pertenece a los siguientes socios: ....

• Que se proyecta efectuar la fusión mediante la absorción por parte de la sociedad ...., S.L. (Sociedad Unipersonal) del patrimonio social de la entidad ...., S.L. como consecuencia y en el momento de su disolución sin liquidación de ésta última, entregando a los socios de ...., S.L. participaciones de ...., S.L. resultantes de la fusión.

• Que ...., S.L. UNIPERSONAL tiene como socio único a la Sociedad ...., S.L.

• ...., S.L. es la sociedad dominante de un grupo de empresas dedicado principalmente a .... Que a su vez, la citada sociedad es la sociedad dominante del grupo fiscal .... /20 ....

• Las operaciones descritas en los expositivos anteriores vienen motivadas por la conveniencia de ordenar la estructura societaria actual. En este sentido, la reestructuración reportaría las siguientes ventajas:

– Reorganizar el patrimonio empresarial del grupo ....

– El crecimiento empresarial del grupo ...., ha conducido a una estructura empresarial con las siguientes deficiencias ....

– Que, ..., S.L. y ...., S.L. pretenden, considerando los motivos económicos referidos anteriormente, proceder a realizar la operación societaria en los términos expuestos, y acoger las mismas al régimen fiscal especial de las fusiones, escisiones, aportaciones de activos y canje de valores previsto en la Ley del Impuesto sobre Sociedades.

Que por todo lo anterior, y para un correcto cumplimiento de las obligaciones de la Ley del Impuesto sobre Sociedades, éstas precisarían confirmación sobre su conclusión en cuanto al régimen fiscal aplicable a las citadas operaciones societarias, en concreto, si como mi representada entiende, los motivos enunciados constituyen motivos económicos válidos a los efectos de lo previsto en el artículo 89.2 de la Ley del Impuesto sobre Sociedades.

Que con carácter previo a su planteamiento, y de acuerdo con lo establecido en el artículo 66.1.b) del Reglamento general de las actuaciones y procedimientos de gestión e inspección tributaria y de desarrollo de las normas comunes de los procedimientos de aplicación de los tributos, mi representada manifiesta expresamente que en el momento de presentación de este escrito no están tramitando procedimiento, recurso o reclamación económico-administrativa alguno relacionado con el supuesto de hecho planteado en la consulta.

Que en virtud de lo anterior,

SOLICITA Que el presente centro directivo tenga a bien admitir el presente escrito y en virtud de lo expuesto, se digne evacuar contestación con carácter vinculante según lo establecido en los artículos 88 y 89 de la Ley 58/2003, de 17 de diciembre, General Tributaria, confirmando, en su caso, la corrección de los criterios interpretativos referidos en los expositivos de este escrito.

En ...., a .... de .... de 20 ....

....

Fdo: ....

F395. CHECK LIST FUSIÓN / ESCISIÓN

- Actualización libros de actas y socios.
- Presentación sin liquidación del Impuesto de Transmisiones Patrimoniales.
- Presentación sin liquidación del Impuesto sobre el Incremento del Valor de los Terrenos de Naturaleza Urbana, sin liquidación.
- Inscripción del traspaso de las fincas y cargas en el Registro de la Propiedad. Catastro.
- Comunicación ante la AEAT junto con una copia de la escritura ya inscrita.

• Asientos contables de la operación según normas contables.

• Traspasar las operaciones a los efectos de IVA e IRPF tomando la fecha de inscripción de la escritura.

• Notificar los cambios a terceros (clientes, proveedores, seguros, bancos, leasing, etc.)

• Alta/Baja del IAE según trimestre natural

• Solicitud de devolución de ingresos indebidos por el exceso de IAE en los trimestres de baja.

• Alta censal de la nueva sociedad y cambios societarios

• Cambio de titularidad de los vehículos en Tráfico

• Alta de la Seguridad Social de las sociedades nuevas o absorbentes

• Baja de la Seguridad Social de las sociedades extinguidas o escindidas

• Cambio de la licencia de apertura de establecimientos comerciales

• Nuevo papel de carta, facturas, etc.

• Inscripción de marcas, patentes, etc. en el Registro de la Propiedad ....

• Modificar los contratos de suministro (teléfono, luz, agua, gas, etc.)

• Contratos de alquiler

• Préstamos y créditos bancarios

• Alta seguro de crédito

• Litigios en curso de las sociedades extinguidas o de los patrimonios traspasados

• Comunicar a la Administración por los compromisos adquiridos con las subvenciones.

• Comunicación NIF en los distintos Registros

• Renovación clasificación empresarial

• Firma electrónica

• Fianza alquileres

• Actualización contratos

• Comunicación cambios grupo de consolidación

• Nombramiento / aceptación auditor

• Cambio unipersonalidad

• Comunicación AEAT registro de sucesores

• Firma electrónica

• Alta operadores económicos IVA intracomunitario

• LOPD

• (...........)

F396. TEST DE CUMPLIMIENTO DE LOS MOTIVOS ECONÓMICOS

Normativa de Aplicación: *Arts. 4 y ss. y 33 y ss. de la Ley sobre Modificaciones Estructurales de las Sociedades Mercantiles, introducida por Real Decreto-ley 5/2023, de 28 de junio.*

Los objetivos económicos marcados en el proyecto de fusión y aprobados por los socios en junta general se están cumpliendo con el siguiente detalle:

Objetivo económico	Grado de cumplimiento	Ratios / indicadores de cumplimiento	Observaciones
	50%		

En general desde la fecha de fusión, la evolución general de los indicadores económicos ha sido la siguiente (............).

F397. ACUERDO DE LA JUNTA GENERAL DE ESCISIÓN TOTAL. CERTIFICACIÓN

Normativa de Aplicación: *Arts. 4 y ss. y 58 y ss. de la Ley sobre Modificaciones Estructurales de las Sociedades Mercantiles, introducida por Real Decreto-ley 5/2023, de 28 de junio.*

Certificación del ACTA sobre decisiones del socio único de la SOCIEDAD «............, S.A.» unipersonal

Dª .... como representante de la Sociedad ...., S.A. en su calidad de Secretario del Consejo de Administración y de la Junta General de Socios de la Sociedad «............, S.A.» unipersonal

CERTIFICO:

1.– Que en fecha .... de .... de .... y en el domicilio social de la Entidad, radicado en .... (............), el socio único de esta mercantil, la Sociedad ...., S.L., adoptó las siguientes

DECISIONES:

Aprobación de la escisión total de ...., S.A. unipersonal (sociedad totalmente escindida) a favor de «............, S.L.» unipersonal, ..., S.L. unipersonal y ...., S.L. (sociedades beneficiarias).

Aprobar la escisión total de ...., S.A. unipersonal (sociedad totalmente escindida) a favor de «........... S.L.» unipersonal (Sociedad beneficiaria) «..........., S.L.» (Sociedad beneficiaria) y «..........., S.L.» unipersonal, (Sociedad beneficiaria de nueva creación, en los términos del Proyecto elaborado en .... folios de papel común más sus correspondientes .... anexos y suscrito por los Administradores de las Sociedades preexistentes, a saber; el Consejo de Administración de ...., S.A. unipersonal (Sociedad escindida totalmente), por el Administrador Único de «........... S.L.» unipersonal (Sociedad beneficiaria) y por el Consejo de Administración de «..........., S.L.» (Sociedad beneficiaria) el día .... de .... de 20 ...., que ha sido debidamente depositado en el Registro Mercantil de .... en fecha .... de .... de 20 ....

Queda unido como anexo a este acta (y se trascribirá en las certificaciones de la misma) copia fiel del informe único emitido por el órgano de administración de esta sociedad «..........., S.A.» unipersonal (sociedad escindida) y de las sociedades beneficiarias «..........., S.L.» y «..........., S.L.» unipersonal, informe de fecha .... de .... de dos ...., que explica y justifica detalladamente el proyecto de escisión en sus aspectos jurídicos y económicos, con especial referencia al reparto de elementos del activo y pasivo de la sociedad extinguida y reparto de las participaciones; documento que queda unido a la presente certificación.

En consecuencia:

PRIMERO.– Hacer constar de forma expresa la identidad de las sociedades participantes en el Proyecto de escisión presentado por el Consejo de Administración de la mercantil «..........., S.A.».

I.– SOCIEDAD ESCINDIDA, que se extingue por la escisión:

«..........., S.A.» unipersonal (sociedad a extinguir):

– Denominación: ...., S.A.

– Datos de constitución:

– Número de Identificación Fiscal: A- ....

– Datos Registrales: Registro Mercantil de ....

– Domicilio social: ....

– Objeto social: La Sociedad tiene por objeto ....

– El ejercicio social se inicia el 1 de enero y termina el 31 de diciembre.

– La Sociedad pertenece a un grupo de Sociedades a los efectos del artículo 42 del Código de Comercio.

– Tiene el carácter de Unipersonal.

– El Socio único y Sociedad dominante del grupo es la mercantil «..........., S.L.» con NIF número B- ...., y domicilio en .... (...........).

– Consejo de Administración: ....

– La mercantil «........... S.L.» .... (...........),

II.– SOCIEDADES BENEFICIARIAS DE LA ESCISIÓN:

«..........., S.L.», sociedad de nueva creación en el momento del otorgamiento de la escritura de escisión.

(...........)

«..........., S.L.» SOCIEDAD UNIPERSONAL

(...........)

SEGUNDO.– Hacer constar de forma expresa el tipo de canje de las participaciones, según el Proyecto de escisión presentado por los Administradores:

El valor real asignado a la sociedad a escindir es el siguiente:

..........., S.A. unipersonal

Valor Real del Patrimonio social: .... euros

Del proyecto de escisión se desprende que del total de participaciones de la sociedad escindida ...., S.A. se tendrá derecho a percibir el siguiente número de participaciones sociales de las sociedades beneficiarias:

- .... (...........) PARTICIPACIONES de la sociedad beneficiaria «..........., S.L.».
- .... (...........) PARTICIPACIONES de la sociedad beneficiaria de nueva creación «..........., S.L.».

En ningún caso, habrá compensación complementaria en dinero.

TERCERO.– Hacer constar de forma expresa el procedimiento por el que serán canjeadas las participaciones de las sociedades que se extinguen, según el Proyecto de escisión presentado por los Administradores:

Al tratarse de sociedades limitadas no procede el canje de títulos; la asignación de las participaciones de la nueva sociedad se hará en una cláusula de la escritura de escisión; y para ello, se realizarán las operaciones de constitución de una nueva entidad «........... S.L.» y ampliación de capital en «..........., S.L.». Todo ello se formalizará en la mencionada escritura pública en los siguientes términos:

La sociedad beneficiaria «..........., S.L.» unipersonal, realizará un aumento de capital social de .... EUROS (...........,00 euros) que se desembolsará en su totalidad y dividido en .... (...........) PARTICIPACIONES que están íntegramente suscritas y desembolsadas, acumulables e indivisibles con un valor nominal de .... EUROS (...........,00), mediante aportación de la referida sociedad de una parte del patrimonio de la entidad «..........., S.A.» —sociedad a extinguir— valorado en .... EUROS (...........,00 euros).

La sociedad beneficiaria «..........., S.L.», sociedad de nueva creación, se constituirá con un capital social de .... EUROS (...........,00 euros) que se desembolsará en su totalidad y dividido en .... participaciones (...........) que están íntegramente suscritas y desembolsadas, acumulables e indivisibles con un valor nominal de .... EUROS (...........), mediante aportación de la referida sociedad de una parte del patrimonio de la entidad «..........., S.A.» —sociedad a extinguir— valorado en .... EUROS (...........,00 euros).

La sociedad beneficiaria «..........., S.L.» y socio único de la escindida, recibe la aportación de una parte del patrimonio de la entidad «..........., S.A.» —sociedad a extinguir— valorado en .... EUROS (........... EUROS), sin que modifique su cifra de capital.

CUARTO.– Hacer constar de forma expresa el reparto de participaciones entre los socios y su criterio, según el Proyecto de escisión presentado por los Administradores:

Las participaciones que el socio único de la entidad, «..........., S.A.», (sociedad a extinguir), recibirá de las sociedades beneficiarias son las indicadas en el apartado anterior.

QUINTO.– Hacer constar de forma expresa las participaciones en las ganancias, según el Proyecto de escisión presentado por los Administradores:

Las sociedades beneficiarias darán derecho a participar en las ganancias sociales y demás peculiaridades inherentes a este derecho económico a partir de la fecha de inscripción de la presente escisión total-constitución en el Registro Mercantil.

SEXTO.– Hacer constar de forma expresa la fecha a partir de la cual las operaciones de las sociedades que se extinguen se considerarán realizadas a efectos contables por cuenta de la sociedades a la que se traspasan su patrimonio, según el Proyecto de escisión presentado por los Administradores:

La escisión total y con ella las operaciones realizadas por los patrimonios transmitidos, tendrán efectos contables en las sociedades beneficiarias el uno de enero de ....

SÉPTIMO.– Hacer constar de forma expresa la inexistencia de derechos especiales, según el Proyecto de escisión presentado por los Administradores:

No hay clases especiales de participaciones, ni titulares de derechos especiales distintos de las participaciones en las sociedades que se escinden; por tanto, todas las nuevas participaciones gozarán de los mismos derechos y características.

OCTAVO.– Hacer constar de forma expresa la inexistencia de ventajas a los expertos independientes y a Administradores intervinientes en la operación, según el Proyecto de escisión presentado por los Administradores:

No se atribuirá ventaja alguna en las sociedades beneficiarias en favor de expertos independientes o administradores que participen en el proyecto de escisión

NOVENO.– Hacer constar de forma expresa la designación y el reparto precisos de los elementos del activo y del pasivo que han de transmitirse a cada una de las sociedades beneficiarias, según el Proyecto de escisión presentado por los Administradores y especialmente corroborando el contenido de su anexo n° 1° y 2° que incluye una serie de relación-inventario de los elementos patrimoniales de las sociedades escindidas que se transmitirán a las sociedades beneficiarias:

Constituye el objetivo de esta escisión el logro de una mejor gestión de los recursos y capacidades disponibles de «..........., S.A.» (sociedad que se escinde). Por este motivo se definen las actividades que se realizarán en las sociedades resultantes de la escisión. Las tres actividades en las que se especializarán estas sociedades son:

– la tenencia y gestión de participaciones,

– la fabricación, comercialización y venta de ....,

– la actividad inmobiliaria

Con esta distinción de actividades, la designación y reparto de los activos y pasivos es la siguiente:

– A la sociedad «.........., S.L.» sociedad unipersonal se le asignarán elementos del activo y del pasivo de la entidad «.........., S.A.» unipersonal (sociedad a extinguir) por un valor real de ....,00 euros relacionados con los inmuebles de la sociedad a escindir ...., S.A. Los activos inmobiliarios aportados a ...., S.L. unipersonal sobre los que se ejerce la actividad ...., serán cedidos en arrendamiento a la sociedad de nueva creación ...., S.L.

– A la sociedad de nueva creación «.........., S.L.», se le asignarán elementos del activo y del pasivo de la entidad «.........., S.A.» unipersonal (sociedad a extinguir) por un valor real de .... euros relativos a la actividad de la fabricación, comercialización y venta de ....

– A la sociedad «.........., S.L.» se le asignarán elementos del activo y del pasivo de la entidad «.........., S.A.» unipersonal (sociedad a extinguir) por un valor real de .... euros identificados con la actividad de la tenencia y gestión de participaciones.

Se incorpora como ANEXO n° 1 el balance de escisión cerrado a 31 de diciembre de 20 .... de la sociedad escindida ...., S.A. UNIPERSONAL.

En el ANEXO n° 2 figura el detalle preciso de los elementos del activo y del pasivo de la sociedad escindida «.........., S.A.» unipersonal que se transmitirán a las tres sociedades beneficiarias según el reparto de activos y pasivos que se establece. El detalle del reparto de activos y pasivos a las tres sociedades, se completa con un mayor desglose e identificación de los elementos patrimoniales con los ANEXOS n° 3 a n° 9.

DÉCIMO.– Aplicación del régimen fiscal del Capítulo VII, Título VII de la Ley 27/2014 del Impuesto sobre Sociedades. Comunicación a la Administración Tributaria.

Se acuerda la aplicación del régimen fiscal establecido en el Capítulo VII, Título VII de la Ley del Impuesto sobre Sociedades.

La operación descrita es subsumible en la escisión total, tal y como la define la Ley del Impuesto. Se encomienda al órgano de Administración de la compañía la labor de formular la comunicación de referencia para dejar constancia de la voluntad de acogerse al régimen fiscal especial de fusiones, escisiones, aportaciones de activos y canje de valores.

UNDÉCIMO.– Facultar expresa y tan ampliamente como en Derecho sea posible a todos y cada uno de los integrantes del Consejo de Administración para que cualquiera de ellos, actuando en nombre y representación de la sociedad y con relación con los precedentes acuerdos pueda:

a) Redactar y publicar los anuncios de Escisión pertinentes.

b) Comparecer ante Notario con el objeto de elevar a público los acuerdos precedentes, así como otorgar la correspondiente escritura de escisión total, con los pactos y declaraciones que fueran convenientes y se deriven, directa o indirectamente, de los acuerdos precedentes.

c) Liquidar o garantizar, en su caso, los créditos de los acreedores que se opongan a la escisión, así como efectuar las declaraciones públicas o privadas sobre el resultado de ello.

d) Efectuar cuantas aclaraciones o subsanaciones fuesen precisas o convenientes y, en general, otorgar aquellos documentos privados y/o públicos necesarios para la ejecución de los acuerdos precedentes, así como los actos precisos para la inscripción en el Registro Mercantil del correspondiente acuerdo de Escisión.

e) Y en general, aclarar, precisar y contemplar lo que sea necesario o conveniente, incluso otorgar escrituras aclaratorias o subsanatorias de cuantos defectos y omisiones impidan u obstaculicen la efectividad de los presentes acuerdos o su inscripción.

2.– Que al final de la reunión fue redactada y aprobada el Acta, que fue firmada por el socio único.

Y para que así conste, expido la presente certificación en .... (............), a .... de .... de 20 ....

El Secretario

Dª .... como representante de la Sociedad ...., S.A.

Fdo:

El Presidente

Fdo:

F398. ACUERDO DE LA JUNTA GENERAL DE SEGREGACIÓN

Normativa de Aplicación: *Arts. 4 y ss. y 58 y ss. de la Ley sobre Modificaciones Estructurales de las Sociedades Mercantiles, introducida por Real Decreto-ley 5/2023, de 28 de junio.*

ACTA DE LA JUNTA GENERAL Y UNIVERSAL DE SOCIOS DE LA SOCIEDAD «............, S.L.»

En ...., a .... de .... de 20 ...., siendo las .... horas, encontrándose presente o debidamente representados los socios titulares de la totalidad de capital social de la Sociedad, según resulta de la lista de asistentes que se firma a continuación, acuerdan por unanimidad constituirse en Junta General de Socios, con el carácter de universal actuando como Presidente D. ...., y Secretario Dª ...., que lo son a su vez del Consejo de Administración de la Sociedad, para tratar de los asuntos señalados en el siguiente y aprueba los siguientes puntos del Orden del Día que quedan establecidos en la siguiente forma:

ORDEN DEL DÍA

Primero.– Ratificación de la constitución de Junta General y Universal de Socios, con carácter de universal, del Orden del Día y de los cargos de Presidente y Secretario de la misma.

Segundo.– Estudio del Proyecto de segregación total elaborado por el órgano de Administración junto con el resto de documentación exigida por La ley de Modificaciones Estructurales; y en su caso, aprobación del conjunto de la operación proyectada.

Tercero.–. Aprobación expresa de la segregación de ...., S.L. a favor de una sociedad de responsabilidad limitada de nueva creación, denominada «..........., S.L.» unipersonal.

Cuarto.– Aprobación de los estatutos que han de regir el funcionamiento de la nueva sociedad e identidad de las personas que han de encargarse de su administración y representación.

Quinto.– Delegación de facultades para la ejecución, publicación y elevación a público de las decisiones adoptadas.

Sexto.– Redacción, lectura y aprobación del Acta.

La Junta General que se constituye cuenta con los siguientes:

ASISTENTES

Socios y Capital Social Firmas

D. ....

D. ....

Dª ....

En la forma expresada está presente o válidamente representado todo el capital social. Queda válidamente constituida la Junta y abierta ésta.

Abierta la sesión, se procede a la deliberación de los asuntos a tratar, tras lo cual, se adoptan, por unanimidad los siguientes

ACUERDOS

PRIMERO.– Ratificación de la constitución de la Junta General y Universal de Socios, con carácter de universal, del Orden del Día y de los cargos de Presidente y Secretario de la misma

Ratificarse en la válida constitución y celebración de la Junta General de Socios, con carácter de universal, para tratar de los asuntos incluidos en el Orden del Día, así como en los cargos de Presidente y Secretario de la misma.

SEGUNDO.– Hacer constar de forma expresa la identidad de las sociedades participantes, según el Proyecto de segregación presentado por el Consejo de Administración

I.– SOCIEDAD SEGREGADA:

«..........., S.L.»

- Denominación: .... S.L.
- Datos de constitución: (...........)

II.– SOCIEDAD BENEFICIARIA DE LA SEGREGACIÓN:

«..........., S.L.»

- Denominación: .... S.L.
- Datos de constitución: (...........)

TERCERO.– Hacer constar de forma expresa el tipo de canje de las participaciones, según el Proyecto de segregación presentado por los Administradores:

El valor real asignado a la sociedad a escindir es el siguiente:

..........., S.L.

Valor Real del Patrimonio social a segregar: .... euros

Del presente proyecto se desprende que, como contrapartida del patrimonio afecto a la unidad económica de la sociedad segregada ...., S.L. que se recibe por la Sociedad beneficiaria, se tendrá derecho a percibir el siguiente número de participaciones sociales de la sociedad beneficiaria:

- .... participaciones sociales de la Sociedad ...., S.L. unipersonal de .... euros de valor nominal cada una de ellas con un valor nominal total de .... euros (...........,00).

En ningún caso, habrá compensación complementaria en dinero.

CUARTO.– Hacer constar de forma expresa el procedimiento por el que serán canjeadas las participaciones de la sociedad que se segrega, según el Proyecto de segregación (apartado 3) presentado por los Administradores:

Al tratarse de sociedades limitadas no procede el canje de títulos; la asignación de las participaciones de la nueva sociedad se hará en una cláusula de la escritura de segregación; y para ello, se realizarán las operaciones de constitución de una nueva entidad «..........., S.L.». Todo ello se formalizará en la mencionada escritura pública en los siguientes términos:

o La sociedad beneficiaria «..........., S.L.», sociedad de nueva creación, se constituirá con un capital social de .... euros (...........) que se desembolsará en su totalidad y dividido en .... participaciones sociales que están íntegramente asumidas y desembolsadas, acumulables e indivisibles con un valor nominal de .... euros (...........), mediante aportación de la referida sociedad de una parte del patrimonio de la entidad «..........., S.L.», —sociedad a segregar— valorado en .... euros (...........).

QUINTO.– Hacer constar de forma expresa el reparto de participaciones entre los socios y su criterio, según el proyecto de segregación presentado por los Administradores:

Las participaciones que el socio único de la entidad, «............, S.L.», recibirá de la sociedad beneficiaria son las indicadas en el apartado anterior.

SEXTO.– Hacer constar de forma expresa las participaciones en las ganancias, según el proyecto de segregación presentado por los Administradores:

La sociedad beneficiaria dará derecho a participar en las ganancias sociales y demás peculiaridades inherentes a este derecho económico a partir de la fecha de inscripción de la presente escisión total-constitución en el Registro Mercantil.

SÉPTIMO.– Hacer constar de forma expresa la fecha a partir de la cual las operaciones de la sociedad que se extingue se considerarán realizadas a efectos contables por cuenta de la sociedad a la que se traspasa su patrimonio, según el proyecto de segregación presentado por los Administradores:

La escisión total y con ella las operaciones realizadas por los patrimonios transmitidos, tendrán efectos contables en la sociedad beneficiaria a fecha uno de enero de ....

OCTAVO.– Hacer constar de forma expresa la inexistencia de derechos especiales, según el proyecto de segregación presentado por los Administradores:

No hay clases especiales de participaciones, ni titulares de derechos especiales distintos de las participaciones en la sociedad que se escinde; por tanto, todas las nuevas participaciones gozarán de los mismos derechos y características.

NOVENO.– Hacer constar de forma expresa la inexistencia de ventajas a los expertos independientes y a Administradores intervinientes en la operación, según el Proyecto de segregación presentado por los Administradores:

No se atribuirá ventaja alguna en la sociedad beneficiaria en favor de expertos independientes o administradores que participen en el proyecto de escisión.

DÉCIMO.– Hacer constar de forma expresa la designación y el reparto precisos de los elementos del activo y del pasivo que han de transmitirse a cada una de las sociedades beneficiarias, según el proyecto de segregación presentado por los Administradores y especialmente corroborando el contenido de su anexo nº 1° y 2° que incluye una serie de relación-inventario de los elementos patrimoniales de las sociedades escindidas que se transmitirán a las sociedades beneficiarias:

Constituye el objetivo de esta escisión el logro de una mejor gestión de los recursos y capacidades disponibles de «............, S.L.» (sociedad que se segrega). Por este motivo se definen las actividades que se realizarán en la sociedad resultante de la escisión.

– A la sociedad de nueva creación «............, S.L.», se le asignarán elementos del activo y del pasivo de la entidad «............, S.L.» (sociedad segregada) por un valor real de .... euros (............) relativos a la actividad de la fabricación, comercialización y venta de ....

– Se incorpora como ANEXO nº 1 al presente proyecto de segregación el balance de segregación cerrado a 31 de diciembre de 20 .... de la sociedad segregada ...., S.L.

– En el ANEXO nº 2 figura el detalle preciso de los elementos del activo y del pasivo de la sociedad segregada «..........., S.L.» que se transmitirá a la sociedad beneficiaria según el reparto de activos y pasivos que se establece.

El detalle del reparto de activos y pasivos a la sociedad, se completa con un mayor desglose e identificación de los elementos patrimoniales con los ANEXOS nº 3 a nº 9.

UNDÉCIMO.– Aprobación de los estatutos sociales de la compañía beneficiaria de la segregación de nueva creación En relación a la sociedad beneficiaria «..........., S.L.» unipersonal, (sociedad de nueva creación), se acompaña como Anexo nº 9 a este documento el texto de los estatutos de la sociedad a constituir.

DÉCIMOSEGUNDO.– Elección como sistema inicial de Administración de la sociedad beneficiaria de la escisión

• La sociedad beneficiaria «..........., S.L.» (compañía de nueva creación) se regirá por dos Administradores solidarios, recayendo sobre las siguientes personas, cuyos datos personales constan en este proyecto:

o Don ....

o Don ....

DÉCIMOTERCERO.– Nombramiento de Auditor para la sociedad resultante de la escisión «..........., S.L.» según el Proyecto de segregación (apartado 13) presentado por los Administradores:

Se propone a la Junta de Socios nombrar como auditor de la sociedad «..........., S.L.» resultante de la escisión, a la sociedad .... S.L. con domicilio en .... (...........), calle ...., cinco con número de Registro Oficial de Auditores de cuentas .... No estando incurso en incapacidades, incompatibilidades y prohibiciones de la Ley 19/1988 de 12 de julio de Auditoría de Cuentas.

DÉCIMOCUARTO.– Aplicación del régimen fiscal del Capítulo VII, Título VII de la Ley 27/2014 del Impuesto sobre Sociedades. Comunicación a la Administración Tributaria.

Se acuerda la aplicación del régimen fiscal establecido en el Capítulo VII, Título VII de la Ley 27/2014 del Impuesto sobre Sociedades.

La operación descrita es subsumible en la aportación de rama de actividad del artículo 76.3 de la LIS. El mismo establece que «tendrá la consideración de aportación no dineraria de ramas de actividad la operación por la cual una entidad aporta, sin ser disuelta, a otra entidad de nueva creación o ya existente la totalidad o una o más ramas de actividad, recibiendo a cambio valores representativos del capital social de la entidad adquirente».

Si bien a efectos mercantiles el artículo 58 de la Ley de Modificaciones Estructurales incluye como una de las modalidades de escisión a la segregación, definida en su artículo 61 como «el traspaso en bloque por sucesión universal de una o varias partes del patrimonio de una sociedad, cada una de las cuales forme una unidad económica, a una o varias sociedades, recibiendo a cambio la sociedad segregada acciones, participaciones o cuotas de las sociedades beneficiarias», dado que a efectos de la aplicación del régimen especial del capítulo VII del título VII de la LIS se contempla específicamente la figura de la aportación no dineraria de ramas de actividad a que anteriormente se ha hecho referencia, será en este último concepto en el que se encuadra la operación aprobada.

Esta operación cumple con el concepto de «rama de actividad» y de «unidad económica», de tal forma que la actividad económica que la adquirente ...., S.L. desarrollará de manera autónoma existía también previamente en sede de la transmitente ...., S.L., permitiendo así la identificación de un conjunto patrimonial afectado o destinado a la misma.

En esta operación, la sociedad ...., S.L. aporta a una sociedad de nueva creación ...., S.L. todos los elementos patrimoniales, a excepción de los terrenos y construcciones, afectos a la actividad industrial de producción y comercialización .... Del concepto legal de «rama de actividad» se desprende que la delimitación de la misma no está condicionada por el hecho de que no se incluya dentro del patrimonio segregado algún elemento que pudiera estar afecto en la entidad transmitente a la correspondiente explotación económica, siempre que dicha actividad se desarrolle en condiciones análogas antes y después de la transmisión. Esta circunstancia se aprecia en el caso planteado, ya que los inmuebles, que no se transmiten, se siguen utilizando en la actividad económica reconociendo sobre los mismos un derecho de uso análogo al que ahora existe.

DÉCIMOQUINTO.– Facultar expresa y tan ampliamente como en Derecho sea posible a todos y cada uno de los integrantes del Consejo de Administración para que cualquiera de ellos, actuando en nombre y representación de la sociedad y con relación con los precedentes acuerdos pueda:

a) Redactar y publicar los anuncios de Escisión por segregación pertinentes.

b) Comparecer ante Notario con el objeto de elevar a público los acuerdos precedentes, así como otorgar la correspondiente escritura de segregación, con los pactos y declaraciones que fueran convenientes y se deriven, directa o indirectamente, de los acuerdos precedentes.

c) Liquidar o garantizar, en su caso, los créditos de los acreedores que se opongan a la escisión por segregación, así como efectuar las declaraciones públicas o privadas sobre el resultado de ello.

d) Efectuar cuantas aclaraciones o subsanaciones fuesen precisas o convenientes y, en general, otorgar aquellos documentos privados y/o públicos necesarios para la ejecución de los acuerdos precedentes, así como los actos precisos para la inscripción en el Registro Mercantil del correspondiente acuerdo de Escisión por segregación.

e) Y en general, aclarar, precisar y contemplar lo que sea necesario o conveniente, incluso otorgar escrituras aclaratorias o subsanatorias de cuantos defectos y omisiones impidan u obstaculicen la efectividad de los presentes acuerdos o su inscripción.

f) Comunicar la situación de unipersonalidad de la sociedad constituida ...., S.L.

6.– Que al final de la reunión fue redactada y aprobada el Acta, que fue firmada por todos los socios y por la Presidenta y el Secretario de la Junta.

Y para que así conste, expido la presente certificación en .... (...........), a .... de .... de 20 ....

F399. PROYECTO DE SEGREGACIÓN

Normativa de Aplicación: *Arts. 4 y ss. y 58 y ss. de la Ley sobre Modificaciones Estructurales de las Sociedades Mercantiles, introducida por Real Decreto-ley 5/2023, de 28 de junio.*

PROYECTO DE SEGREGACIÓN DE LA SOCIEDAD

«..........., S.L.» (Sociedad segregada)

y

«..........., S.L.»

(Sociedad beneficiaria de nueva creación)

Segregación de la mercantil «..........., S.L.» mediante el traspaso en bloque por sucesión universal de una parte del patrimonio de la sociedad, que forma una unidad económica de fabricación /comercialización, a una sociedad de nueva creación «..........., S.L.», recibiendo a cambio la sociedad segregada participaciones de la sociedad beneficiaria.

Sociedad beneficiaria:

Una sociedad de responsabilidad limitada de nueva creación «..........., S.L.», a la que se traspasará en bloque el patrimonio de la sociedad segregada, directamente relacionado con la actividad .... desarrollada por «..........., S.L.», relativa a la elaboración, comercialización y venta de ....

Los miembros del Consejo de Administración de la entidad «..........., S.L.», sociedad a segregar redactan y suscriben el siguiente proyecto de escisión en la modalidad de segregación, para su aprobación por la Junta General de Socios de ...., S.L., conforme a lo previsto en la Ley sobre Modificaciones Estructurales de Sociedades Mercantiles.

1. IDENTIFICACIÓN DE LAS SOCIEDADES (arts. 4.1 y 40.1y .2 en relación con el 63, LME)

I.– SOCIEDAD SEGREGADA:

«..........., S.L.»

(...........)

II.– SOCIEDAD BENEFICIARIA DE LA SEGREGACIÓN:

«........... ...., S.L.», sociedad de nueva creación en el momento del otorgamiento de la escritura de segregación.

(...........)

Se acompaña como anexo a este documento el texto del proyecto de los estatutos de la sociedad a constituir.

La sociedad beneficiaria se regirá por dos administradores solidarios, recayendo sobre las siguientes personas, cuyos datos personales son los siguientes:

Don ....

Don ......

2. CALENDARIO INDICATIVO PARA LA REALIZACIÓN DE LA SEGREGACIÓN (art. 4.2 LME)

Los plazos para llevarse a efecto la operación de segregación son los siguientes: .....

3. DERECHOS ESPECIALES (art. 4.3 LME)

No hay clases especiales de participaciones, ni titulares de derechos especiales distintos de las participaciones en las sociedades que se escinden; por tanto, todas las nuevas participaciones gozarán de los mismos derechos y características.

4. IMPLICACIONES PARA LOS ACREEDORES Y GARANTÍAS, EN SU CASO (art. 4.4 LME)

No existiendo acreedores sociales, no se hace necesaria la prestación de ningún tipo de garantía a los mismos.

5. VENTAJAS DE EXPERTOS Y ADMINISTRADORES (art. 4.5 LME)

No se atribuirá ventaja alguna en la sociedad beneficiaria en favor de expertos independientes o administradores que participen en el proyecto de segregación.

6. CONSECUENCIAS SOBRE EL EMPLEO (art. 4.7 LME)

La operación de segregación no conllevará, en principio, efectos en los contratos laborales actualmente en vigor, distintos de la subrogación de los contratos de aquellas personas que pasen a formar parte de la plantilla de la sociedad beneficiaria ...., S.L. La subrogación por parte de ...., S.L. de aquellos contratos en vigor que se prevea para su actividad se producirá con todos los derechos adquiridos por parte de los trabajadores de acuerdo con lo dispuesto en el Estatuto de los Trabajadores.

La relación de los trabajadores que pasarán a depender de la sociedad segregada es la que resulta del ANEXO número 1.

7. TIPO DE CANJE DE LAS PARTICIPACIONES Y PROCEDIMIENTO DE CANJE Y, EN SU CASO, LA COMPENSACIÓN EN DINERO (art. 40.3 en relación con el 63 LME)

Nos encontramos ante una operación consistente en una segregación, puesto que la entidad beneficiaria atribuirá a la sociedad segregada la totalidad de las participaciones creadas.

El valor real asignado a la sociedad que ser escinde por segregación es el siguiente:

............, S.L. Valor Real del Patrimonio social a segregar: .... euros.

Del presente proyecto se desprende que, como contrapartida del patrimonio afecto a la unidad económica de la sociedad segregada ...., S.L. que se recibe por la Sociedad beneficiaria, se tendrá derecho a percibir el siguiente número de participaciones sociales de la sociedad beneficiaria:

- .... PARTICIPACIONES SOCIALES de la Sociedad ...., S.L. unipersonal de .... EUROS de valor nominal cada una de ellas con un valor nominal total de .... EUROS (............).

En ningún caso, habrá compensación complementaria en dinero.

8. INCIDENCIA SOBRE LAS PARTICIPACIONES DE INDUSTRIA O PRESTACIONES ACCESORIAS (art. 40.4 en relación con el 63 LME)

No existen prestaciones accesorias en las sociedades que se extinguen, ni socios de industria.

9. PARTICIPACIONES EN GANANCIAS Y PECULIARIDADES DEL DERECHO (art. 40.5 en relación con el 63 LME)

La sociedad beneficiaria dará derecho a participar en las ganancias sociales y demás peculiaridades inherentes a este derecho económico a partir de la fecha de inscripción de la presente segregación en el Registro Mercantil.

10. FECHA DE EFECTOS CONTABLES (art. 40.6 en relación con el 63 LME)

La segregación y con ella las operaciones realizadas por el patrimonio transmitido, tendrá efectos contables en la sociedad beneficiaria el .... de .... de ....

11. DESIGNACIÓN Y REPARTO DE ACTIVO Y PASIVO (art. 40.7 en relación con el 63y 64 LME)

Constituye el objetivo de esta escisión por segregación el logro de una mejor gestión de los recursos y capacidades disponibles de «............, S.L.» (sociedad que se segrega). Por este motivo se definen las actividades que se realizarán en la sociedad resultante de la segregación.

– A la sociedad de nueva creación «............, S.L.», se le asignarán elementos del activo y del pasivo de la entidad «............, S.L.» (sociedad segregada) por un valor real de .... EUROS (............,00) relativos a la actividad de la fabricación, comercialización y venta de ....

Se incorpora como ANEXO nº 2 al presente proyecto de segregación el balance de segregación cerrado a 31 de diciembre de 20 .... de la sociedad segregada ...., S.L.

En el ANEXO nº 3 figura el detalle preciso de los elementos del activo y del pasivo de la sociedad segregada «............, S.L.» que se transmitirá a la sociedad beneficiaria según el reparto de activos y pasivos que se establece. El detalle del reparto de activos y pasivos a la sociedad, se completa con un mayor desglose e identificación de los elementos patrimoniales con los ANEXOS nº 4 a nº 8.

12. FECHA DE LAS CUENTAS DE LAS SOCIEDADES INTERVINIENTES (art. 40.8 en relación con el 63 LME)

Las condiciones de la segregación se determinaron en función de las cuentas de las sociedades intervinientes de fecha ...... de .... de........

13. ACREDITACIÓN DE CUMPLIMIENTO DE OBLIGACIONES FISCALES Y LABORALES (art. 40.9 en relación con el 63y 64 LME)

Las sociedades intervinientes en el proceso de segregación se encuentran al corriente en en el cumplimiento de sus obligaciones fiscales y con la Seguridad Social, tal y como resulta de los oportunos certificados que acompaña a este proyecto.

14. ASIGNACIÓN DE PARTICIPACIONES A LOS SOCIOS Y SU CRITERIO (art. 64 LME)

Las participaciones que el socio único de la entidad, «............, S.L.», recibirá de la sociedad beneficiaria son las indicadas en el apartado anterior.

15. OBLIGACIÓN DE SOMETER EL PROYECTO DE SEGREGACIÓN AL INFORME DE EXPERTOS INDEPENDIENTES

Al tratarse de una segregación donde las sociedades que participan son sociedades de responsabilidad limitada, de acuerdo con el artículo 68 de la LME, no existe obligación de someter el proyecto de segregación al informe de expertos independientes.

16. RÉGIMEN FISCAL APLICABLE A LA SEGREGACIÓN

Se hace constar a la operación le resulta de aplicación el régimen fiscal establecido en el capítulo VII del título VII de la Ley del Impuesto sobre Sociedades (TRLIS), que regula el régimen fiscal especial de las operaciones de fusión, escisión, aportación de activos, canje de valores y cambio de domicilio social de una Sociedad Europea o una Sociedad Cooperativa Europea de un Estado miembro a otro de la Unión Europea.

La operación descrita es subsumible en la aportación de rama de actividad. El mismo establece que «tendrá la consideración de aportación no dineraria de ramas de actividad la operación por la cual una entidad aporta, sin ser disuelta, a otra entidad de nueva creación o ya existente la totalidad o una o más ramas de actividad, recibiendo a cambio valores representativos del capital social de la entidad adquirente».

Esta operación cumple con el concepto de «rama de actividad» y de «unidad económica», de tal forma que la actividad económica que la adquirente ...., S.L. desarrollará de manera autónoma existía también previamente en sede de la transmitente ...., S.L., permitiendo así la identificación de un conjunto patrimonial afectado o destinado a la misma.

En esta operación, la sociedad ...., S.L. aporta a una sociedad de nueva creación ...., S.L. todos los elementos patrimoniales, a excepción de los terrenos y construcciones, afectos a la actividad .... de producción y comercialización de .... Del concepto legal de «rama de actividad» se desprende que la delimitación de la misma no está condicionada por el hecho de que no se incluya dentro del patrimonio segregado algún elemento que pudiera estar afecto en la entidad transmitente a la correspondiente explotación económica, siempre que dicha actividad se desarrolle en condiciones análogas antes y después de la transmisión. Esta circunstancia se aprecia en el caso planteado, ya que los inmuebles, que no se transmiten, se siguen utilizando en la actividad económica reconociendo sobre los mismos un derecho de uso análogo al que ahora existe.

17. MOTIVACIÓN ECONÓMICA

La operación descrita viene motivada por la conveniencia de ordenar la estructura societaria actual. En este sentido, la reestructuración reportaría las siguientes ventajas:

Reorganizar el patrimonio empresarial del Grupo ...., separando la titularidad de sus activos y pasivos estrictamente vinculados a la actividad .... y comercial de la titularidad de las naves .... es y terrenos, con la finalidad de separar el patrimonio inmobiliario de las actividades empresariales de éstas, dejando de agrupar elementos afectos a unas actividades empresariales (producción y comercialización de ....) con otros que generan beneficios por su mera tenencia.

Asimismo, los miembros del Consejo de Administración de la sociedad que se segrega se abstendrán de realizar cualquier clase de acto o concluir cualquier contrato que pudiera comprometer la aprobación del proyecto o modificar sustancialmente al relación de canje de las participaciones.

Y en prueba de conformidad con cuanto antecede, se firma el presente proyecto de escisión modalidad de segregación compuesto de .... folios más sus correspondientes .... anexos, en .... (...........), a .... de .... de 20 ....

EL CONSEJO DE ADMINISTRACIÓN DE LA ENTIDAD «..........., S.L.»

F400. INFORME DE LOS ADMINISTRADORES SOBRE EL PROYECTO DE ESCISIÓN

Normativa de Aplicación: *Arts. 4 y ss. y 58 y ss. de la Ley sobre Modificaciones Estructurales de las Sociedades Mercantiles, introducida por Real Decreto-ley 5/2023, de 28 de junio.*

INFORME SOBRE EL PROYECTO DE ESCISIÓN TOTAL

«SOCIEDAD A, S.A.»

(SOCIEDAD TOTALMENTE ESCINDIDA) Y

«SOCIEDAD B, S.L.», «SOCIEDAD C, S.L. unipersonal, S.L.»

y «SOCIEDAD D, S.L.»

(SOCIEDADES BENEFICIARIAS)

Que presentan los respectivos órganos de Administración de «SOCIEDAD A, SOCIEDAD ANÓNIMA» (Sociedad Totalmente escindida) «SOCIEDAD C, S.L. unipersonal, S.L.» y «SOCIEDAD B, S.L.», para su aprobación por la Junta General de Socios, conforme a lo previsto por el artículo 67 de la Ley de Modificaciones Estructurales de las Sociedades Mercantiles, explicando y detallando los aspectos jurídicos y económicos de éste procedimiento.

El tipo de escisión propuesta a la Junta de Accionistas/Socios es una Escisión Total del patrimonio de «SOCIEDAD A, SOCIEDAD ANÓNIMA», con la transmisión de la totalidad de su patrimonio en bloque a tres sociedades beneficiarias (una de ellas de nueva creación), denominadas «SOCIEDAD D, S.L.» (la cual recibe la razón social de la mercantil totalmente escindida), «SOCIEDAD C, S.L.» y «SOCIEDAD B, S.L.».

Con esta operación se escinde la actividad de relativa a la fabricación, comercialización y venta de .... de «SOCIEDAD A», y se aporta esta rama de actividad de fabricación y comercialización a la sociedad de nueva creación «SOCIEDAD D, SOCIEDAD LIMITADA». Asimismo, también se escinde la totalidad de las inversiones financieras en el patrimonio neto de las entidades descritas en el ANEXO 6 del proyecto de escisión que gestionaba «SOCIEDAD A, SOCIEDAD ANÓNIMA», aportándose a favor de la mercantil «SOCIEDAD B, S.L.,», así como la actividad de compraventa y explotación en arrendamiento del patrimonio inmobiliario constituido íntegramente por terrenos y construcciones que serán cedidos en arrendamiento a la beneficiaria de nueva creación «SOCIEDAD D, S.L.», a favor de la sociedad «SOCIEDAD C, S.L.».

A) SECCIÓN GENERAL

1. ASPECTOS JURÍDICOS DE LA ESCISIÓN

Los aspectos jurídicos vienen determinados por las causas económicas, y permiten la escisión total de una sociedad, en este caso «SOCIEDAD A», y la transmisión de la totalidad de su patrimonio en bloque a tres sociedades beneficiarias, denominadas «SOCIEDAD D.» (de nueva creación y la cual recibe la razón social de la mercantil totalmente escindida), «SOCIEDAD B.» y «SOCIEDAD C.», que se produce por sucesión a título universal.

Marco legal de la operación

– Ley de Modificaciones Estructurales de las Sociedades Mercantiles

– Real Decreto 1784/1996 de 19 de julio, por el que se aprueba el Reglamento del Registro Mercantil

– Ley del Impuesto sobre Sociedades.

– REAL DECRETO 1514/2007, de 16 de noviembre, por el que se aprueba el Plan General de Contabilidad.

Concepto legal

El proceso de escisión que se pretende llevar al efecto supone la segregación de la totalidad del patrimonio de una sociedad anónima que se extingue, traspasando en bloque su patrimonio a tres sociedades (una de ellas de nueva creación).

Las participaciones sociales de las sociedades beneficiarias de la escisión deberán ser atribuidas en contraprestación a los accionistas de la sociedad que escinde, extinguiéndose la sociedad escindida como consecuencia del proceso de escisión total que en el proyecto se acomete.

Las acciones de la sociedad que se escinde se encuentran íntegramente desembolsadas.

Continuidad de los Socios/Accionistas.

Los accionistas de «SOCIEDAD A.», sociedad que se escinde, participarán en las sociedades beneficiarias, recibiendo un número de participaciones sociales proporcional a sus respectivas acciones.

Inscripción registral

Para que el proceso de escisión sea eficaz frente a terceros, se precisa su inscripción en el Registro Mercantil de .... Los requisitos generales que se han de cumplir para ello son principalmente los de elaboración de informes, proyecto de escisión, balances, adopción de acuerdos, publicación de los mismos y otorgamiento de la escritura pública, todo ello según la normativa mencionada.

2. ASPECTOS ECONÓMICOS DE LA ESCISIÓN

Reorganizar el patrimonio empresarial del Grupo ...., separando la titularidad de sus activos y pasivos estrictamente vinculados a la actividad .... y comercial de la titularidad de las naves .... es y terrenos, dejando de agrupar elementos afectos a unas actividades empresariales (producción y comercialización de ....) con otros que generan beneficios por su mera tenencia.

El crecimiento empresarial del Grupo ...., ha conducido a una estructura empresarial con deficiencias (véase Anexo ....) que limita su gestión y las decisiones de inversión, constituyéndose como una variable limitativa en el crecimiento del negocio empresarial.

Las operaciones societarias a proyectar tienen, a su vez, la finalidad de separar las actividades desarrolladas por el Grupo .... en .... líneas de negocio claramente diferenciadas, para un mejor desarrollo de dicha actividad. Todo ello, con el fin de lograr una mayor racionalización en la gestión de cada línea de negocio, permitiendo una mayor eficacia en dicha gestión y en la toma de decisiones empresariales, en función de las necesidades y características de cada línea de negocio.

3. PARTICIPACIONES EN GANANCIAS Y PECULIARIDADES DEL DERECHO

Las sociedades beneficiarias darán derecho a participar en las ganancias sociales y demás peculiaridades inherentes a este derecho económico a partir de la fecha de inscripción de la presente escisión total-constitución en el Registro Mercantil.

4. FECHA DE EFECTOS CONTABLES

La escisión total y con ella las operaciones realizadas por los patrimonios transmitidos, tendrán efectos contables en las sociedades beneficiarias a partir de la fecha de uno de enero de .... l.

5. DERECHOS ESPECIALES

No hay clases especiales de participaciones, ni titulares de derechos especiales distintos de las participaciones en las sociedades que se escinden; por tanto, todas las nuevas participaciones gozarán de los mismos derechos y características.

6. VENTAJAS DE EXPERTOS Y ADMINISTRADORES

No se atribuirá ventaja alguna en las sociedades beneficiarias en favor de expertos independientes o administradores que participen en el proyecto de escisión.

7. OBLIGACIÓN DE SOMETER EL PROYECTO DE ESCISIÓN AL INFORME DE EXPERTOS INDEPENDIENTES.

Al tratarse de una escisión de una sociedad unipersonal ...., S.A. cuyo socio único es beneficiario de la escisión y a su vez socio único de las dos sociedades beneficiarias ...., S.L. unipersonal y ...., S.L. de nueva creación, no existe obligación de someter el proyecto de escisión al informe de expertos independientes.

8. DESIGNACIÓN Y REPARTO DE ACTIVO Y PASIVO (

Constituye el objetivo de esta escisión el logro de una mejor gestión de los recursos y capacidades disponibles de «..........., S.A.» (sociedad que se escinde). Por este motivo se definen las actividades que se realizarán en las sociedades resultantes de la escisión. Las .... actividades en las que se especializarán estas sociedades son:

– ....

– ....

– ....

Con esta distinción de actividades, la designación y reparto de los activos y pasivos es la siguiente:

– A la sociedad «..........., S.L.» sociedad unipersonal se le asignarán elementos del activo y del pasivo de la entidad «..........., S.A.» unipersonal (sociedad a extinguir) por un valor real de ....,00 euros relacionados con los inmuebles de la sociedad a escindir ...., S.A. Los activos inmobiliarios aportados a ...., S.L. unipersonal sobre los que se ejerce la actividad ...., serán cedidos en arrendamiento a la sociedad de nueva creación ...., S.L.

– A la sociedad de nueva creación «..........., S.L.», se le asignarán elementos del activo y del pasivo de la entidad «..........., S.A.» unipersonal (sociedad a extinguir) por un valor real de ....,00 euros relativos a la actividad de la fabricación, comercialización y venta de .... y ....

– A la sociedad «..........., S.L.» se le asignarán elementos del activo y del pasivo de la entidad «..........., S.A.» unipersonal (sociedad a extinguir) por un valor real de .... euros identificados con la actividad de la tenencia y gestión de participaciones.

Se incorpora como ANEXO n° 1 al presente proyecto de escisión el balance de escisión cerrado a 31 de diciembre de 20 .... de la sociedad escindida ...., S.A. UNIPERSONAL.

En el ANEXO n° 2 figura el detalle preciso de los elementos del activo y del pasivo de la sociedad escindida «..........., S.A.» unipersonal que se transmitirán a las tres sociedades beneficiarias según el reparto de activos y pasivos que se establece. El detalle del reparto de activos y pasivos a las tres sociedades, se completa con un mayor desglose e identificación de los elementos patrimoniales con los ANEXOS n° 3 a n° 9.

9. CAMBIOS EN LOS ESTATUTOS SOCIALES DE LA SOCIEDAD BENEFICIARIA «..........., S.L. UNIPERSONAL»

Como consecuencia de la Escisión Total, la sociedad beneficiaria ...., S.L. unipersonal ampliará la cifra de capital en el importe de .... EUROS (..........., 00) mediante la asignación al socio único de .... (...........) NUEVAS PARTICIPACIONES de .... euros de nominal cada una de ellas.

De esta forma, se propone la modificación del artículo .... de los estatutos sociales que estará redactado de la siguiente forma:

«ARTÍCULO .... – El capital social se fija en .... EUROS (...........,00), representado por .... participaciones sociales de .... euros de valor nominal cada una de ellas, numeradas correlativamente de la uno a la ...., ambos inclusive, totalmente suscrito y desembolsado.

El capital social podrá ser aumentado o reducido por acuerdo de la Junta General de Socios, adoptado con los requisitos legales y estatutarios».

10. ESTATUTOS SOCIALES DE LA SOCIEDAD BENEFICIARIA DE NUEVA CREACIÓN «..........., S.L.»

En relación a la sociedad beneficiaria «........... S.L.», (sociedad de nueva creación), se acompaña como Anexo nº .... a este documento el texto del proyecto de estatutos de la sociedad a constituir.

11. ÓRGANO DE ADMINISTRACIÓN DE LAS SOCIEDADES BENEFICIARIAS

• Se propone que la sociedad beneficiaria «..........., S.L.» unipersonal se rija por un ADMINISTRADOR ÚNICO cuyo nombramiento recaería sobre:

– Doña ....

• La sociedad beneficiaria «..........., S.L.» (compañía de nueva creación) se regirá por dos Administradores solidarios, recayendo sobre las siguientes personas, cuyos datos personales constan en este proyecto:

– Don ....

– Don ....

• La sociedad beneficiaria «..........., S.L.» y socio único de la sociedad escindida ...., S.A. no modificará su órgano de administración.

12. NOMBRAMIENTO DE AUDITOR

Se propone a la Junta de Socios nombrar como auditor de la sociedad «..........., S.L.» resultante de la escisión, a la sociedad ....

13. MANIFESTACIÓN DE QUE NINGÚN ELEMENTO DEL ACTIVO Y DEL PASIVO QUEDARÁ SIN ATRIBUIR A ALGUNA DE LAS SOCIEDADES BENEFICIARIAS

La totalidad de los elementos del activo y del pasivo de la entidad «..........., S.A.» (sociedad a extinguir), serán distribuidos y atribuidos a las sociedades beneficiarias, sin que quede elemento del activo y del pasivo sin distribuir y atribuir respectivamente.

14. RÉGIMEN FISCAL APLICABLE A LA ESCISIÓN

Se hace constar el propósito de acogerse a los beneficios fiscales establecidos en el capítulo VII del Título VII de la 27/2014 Ley del Impuesto sobre Sociedades establecido para las escisiones, y al resto de beneficios fiscales regulados en las distintas normas relativas a los tributos que resultan de aplicación a la escisión total propuesta.

15. MOTIVACIÓN ECONÓMICA

La operación descrita viene motivada por la conveniencia de ordenar la estructura societaria actual. En este sentido, la reestructuración reportaría las siguientes ventajas:

– El crecimiento empresarial de ...., S.A. y en general del GRUPO ...., ha conducido a una estructura empresarial desordenada que limita su gestión y las decisiones de inversión, constituyéndose como una variable limitativa en el crecimiento del negocio empresarial.

– Con la escisión total propuesta, se persigue desvincular las actividades productivas, inmobiliarias y gestión de participaciones, a través de sus respectivos patrimonios.

– Las operaciones societarias a proyectar, de las que esta escisión total supone una fase, tienen, a su vez, la finalidad de separar las actividades desarrolladas por el GRUPO .... en tres líneas de negocio claramente diferenciadas: por una parte, mediante la configuración de dos entidades subholding, una para la actividad .... relacionada con la fabricación de .... y otra para la actividad de distribución y, por otra parte, una única entidad con propiedades inmobiliarias, para un mejor desarrollo de dicha actividad.

– Todo ello, con el fin de lograr una mayor racionalización en la gestión de cada línea de negocio, permitiendo una mayor eficacia en dicha gestión y en la toma de decisiones empresariales, en función de las necesidades y características de cada línea de negocio.

B) SECCIÓN DESTINADA A LOS SOCIOS

1. COMPENSACIÓN EN EFECTIVO

Para los socios que hagan uso del derecho de enajenar sus acciones (o participaciones o cuotas) legalmente previsto, se prevé una compensación de ..... euros por acción (o participación o cuota). El procedimiento utilizado para llegar a esta valoración ha sido ....

2. TIPO DE CANJE DE LAS PARTICIPACIONES Y PROCEDIMIENTO DE CANJE Y, EN SU CASO, LA COMPENSACIÓN EN DINERO

Nos encontramos ante una operación consistente en una escisión total impropia, puesto que la entidad beneficiaria ...., S.L. posee la totalidad del capital de la entidad escindida ...., S.A. unipersonal.

Esta operación está calificada a efectos mercantiles como una escisión y no una operación de reducción de capital con devolución de aportaciones al socio único.

El valor real asignado a la sociedad a escindir es el siguiente:

.... unipersonal

Valor Real del Patrimonio social: .... euros

Del presente proyecto se desprende que del total de participaciones de la sociedad escindida .... se tendrá derecho a percibir el siguiente número de participaciones sociales de las sociedades beneficiarias:

- .... (...........) PARTICIPACIONES de la sociedad beneficiaria «..........., S.L.».
- .... (...........) PARTICIPACIONES de la sociedad beneficiaria de nueva creación «...........».

En ningún caso, habrá compensación complementaria en dinero.

Al tratarse de sociedades limitadas no procede el canje de títulos; la asignación de las participaciones de la nueva sociedad se hará en una cláusula de la escritura de escisión; y para ello, se realizarán las operaciones de constitución de una nueva entidad «...........» y ampliación de capital en «...........». Todo ello se formalizará en la mencionada escritura pública en los siguientes términos:

La sociedad beneficiaria «..........., S.L.» unipersonal, realizará un aumento de capital social de .... EUROS (........... euros) que se desembolsará en su totalidad y dividido en .... PARTICIPACIONES que están íntegramente suscritas y desembolsadas, acumulables e indivisibles con un valor nominal de .... EUROS ...., mediante aportación de la referida sociedad de una parte del patrimonio de la entidad «...........» —sociedad a extinguir— valorado en .... EUROS.

La sociedad beneficiaria «...........», sociedad de nueva creación, se constituirá con un capital social de .... EUROS (que se desembolsará en su totalidad y dividido en .... participaciones que están íntegramente suscritas y desembolsadas, acumulables e indivisibles con un valor nominal de .... EUROS, mediante aportación de la referida sociedad de una parte del patrimonio de la entidad «...........» —sociedad a extinguir— valorado en .... EUROS.

La sociedad beneficiaria «..........., S.L.» y socio único de la escindida, recibe la aportación de una parte del patrimonio de la entidad «...........» —sociedad a extinguir— valorado en .... EUROS, sin que modifique su cifra de capital.

3. CONSECUENCIAS DE LA MODIFICACIÓN ESTRUCTURAL PARA LOS SOCIOS: ASIGNACIÓN DE PARTICIPACIONES AI SOCIO ÚNICO Y SU CRITERIO

Las participaciones que el socio único de la entidad, «..........., S.A.», (sociedad a extinguir), recibirá de las sociedades beneficiarias son las indicadas en el apartado anterior.

4. IMPACTO DE GENERO EN LOS ÓRGANOS DE ADMINISTRACIÓN Y RESPONSABILIDAD SOCIAL

La escisión no producirá ningún impacto de género en los órganos de gobierno de la Entidad Absorbente, que cuenta, en el momento actual, con la totalidad de integrantes de sexo masculino.

La sociedad absorbente, asumirá la totalidad de las responsabilidades sociales de las sociedades absorbidas, sin más límites y condiciones de los propios de su tipo social.

5. DERECHOS Y RECURSOS

Los socios podrán ejercitar todos los derechos y las vías de recurso frente a esta escisión, en los términos previstos en la Ley sobre Modificaciones Estructurales de las Sociedades Mercantiles.

C) SECCIÓN DESTINADA A LOS TRABAJADORES.

Posibles consecuencias de la escisión sobre el empleo: La operación de escisión no conllevará efectos en los contratos laborales actualmente en vigor, distintos de la subrogación de los contratos de aquellas personas que pasen a formar parte de la plantilla de las sociedades beneficiarias. La subrogación por parte de éstas de aquellos contratos en vigor que se prevea para su actividad se producirá con todos los derechos adquiridos por parte de los trabajadores de acuerdo con lo dispuesto en el Estatuto de los Trabajadores.

Los trabajadores asignados a cada una de las sociedades beneficiarias son los que se relacionan en el anexo 10°.

Como consecuencia de la escisión, no se extinguirán las relaciones laborales existentes en las sociedades participantes. Las sociedades beneficiarias, se subrogarán en los derechos y obligaciones laborales y de Seguridad Social de la sociedad absorbida.

No se producirá como consecuencia de la escisión ningún cambio sustancial en las condiciones de empleo aplicables o en la ubicación de los centros de actividad de la sociedad.

Los aspectos anteriores no van a afectar tampoco a las filiales de la sociedad escindida, que pasarán a depender de las sociedades beneficiarias en la forma prevista en el proyecto de escisión.

Los miembros del Consejo de Administración de la sociedad que se escinde se abstendrán de realizar cualquier clase de acto o de concluir cualquier contrato que pudiera comprometer la aprobación del proyecto o modificar sustancialmente la relación de canje de las participaciones.

Y en prueba de conformidad con cuanto antecede, se firma el presente informe sobre el proyecto de escisión compuesto de .... folios más sus correspondientes .... anexos, en .... (...........), a .... de .... de 20 ....

Firmas

F401. NOTA FISCAL EN LA MEMORIA DE LAS CUENTAS ANUALES SOBRE LA ESCISIÓN

COMUNICACIONES

(Según modelo de fusión F386)

F402. ANUNCIO DE CONVOCATORIA DE LA JUNTA GENERAL PARA LA APROBACIÓN DE LA ESCISIÓN

Normativa de Aplicación: *Arts. 4 y ss. y 58 y ss. de la Ley sobre Modificaciones Estructurales de las Sociedades Mercantiles, introducida por Real Decreto-ley 5/2023, de 28 de junio.*

..........., S.A.

Convocatoria de Junta General Extraordinaria de Socios

Por acuerdo del Consejo de Administración de la Sociedad se convoca junta general extraordinaria de accionistas, que se celebrará en el domicilio social, el día .... de .... de 20 ...., a las .... horas, para deliberar y resolver acerca de los asuntos comprendidos en el siguiente

Orden del día

Primero.– Aprobación del balance de 31 de diciembre de 20 .... como balance de escisión.

Segundo.– Aprobación del proyecto de escisión parcial de la Sociedad por la cual se transmite su unidad económica autónoma de naturaleza inmobiliaria a favor de una sociedad de responsabilidad limitada beneficiaria de nueva creación.

Tercero.– Aprobación de la operación de escisión parcial.

Cuarto.– Reducción del capital social de la Sociedad en la cifra de .... € como consecuencia de la escisión parcial y consiguiente modificación del artículo .... ° de sus estatutos sociales.

Quinto.– Constitución de la sociedad de responsabilidad limitada beneficiaria de nueva creación.

Sexto.– Delegación de facultades.

Séptimo.– Lectura y aprobación del acta.

Se hacer constar que los socios también podrán ejercitar los derechos previstos en el artículo 197 de la LSC y que, de conformidad con el artículo 287 de la LSC, tienen derecho a examinar en el domicilio social el texto íntegro de la modificación propuesta en el punto .... del orden del día y el informe sobre la misma, así como pedir la entrega o el envío gratuito de dichos documentos. De conformidad con los artículos 46 y 47.2 de la Ley sobre Modificaciones Estructurales de las Sociedades Mercantiles («LME»), se informa a los socios, así como a los representantes de los trabajadores que también tienen a su disposición la documentación referida en dicho artículo y que tienen derecho al examen en el domicilio social de copia íntegra de la misma, así como a la entrega o al envío gratuitos de un ejemplar de cada uno de los documentos.

Menciones mínimas del Proyecto de Escisión aprobado por el órgano de administración de la Sociedad:

1. Sociedades intervinientes:(i) La Sociedad: ...., S.A., domiciliada en ...., inscrita en el Registro Mercantil de .... y provista de CIF número A .... (ii) La Sociedad de responsabilidad limitada Beneficiaria de nueva creación, de conformidad con la denominación concedida por el Registro Mercantil Central, estará domiciliada en ...., calle ...., número ....

2. Patrimonio escindido: Los activos y pasivos de la Sociedad afectos a la actividad empresarial consistente en .... El valor total de la parte del patrimonio escindido es de .... €, que se corresponde con el valor real del patrimonio escindido.

3. Tipo de Canje: Las participaciones sociales resultantes de la constitución dela Sociedad Beneficiaria se asignarán proporcionalmente a los socios de la Sociedad, sin tomar en consideración la autocartera, a razón de 1 participación social de la Sociedad Beneficiaria por cada acción de la Sociedad Escindida que vea reducido su valor nominal, sin que se prevea compensación complementaria en dinero.

Como consecuencia de la reducción de capital de la Sociedad se modifica el artículo .... ° de los estatutos sociales. Los estatutos sociales propuestos para la Sociedad Beneficiaria se han incorporado al proyecto de escisión.

4. No existen aportaciones de industria ni prestaciones accesorias en la Sociedad, ni titulares de derechos especiales ni tenedores de títulos distintos delos representativos del capital social. No se contempla el otorgamiento de derechos ni opción de clase alguna en las Sociedad Beneficiaria, ni se atribuirán ventajas de ninguna clase a favor de los miembros de los órganos de administración de la Sociedad o de la Sociedad Beneficiaria.

5. La fecha a partir de la cual los titulares de las participaciones de la Sociedad Beneficiaria tendrán derecho a participar en las ganancias sociales y a partir de la cual la escisión tendrá efectos contables de acuerdo con lo dispuesto en el Plan General de Contabilidad será el 1 de enero de 20 ....

6. Las fechas de las cuentas de la Sociedad, así como del balance de escisión utilizado, son los cerrados a 31 de diciembre de 20 ...., auditados por el auditor de cuentas de la Sociedad.

7. La operación de escisión no tendrá consecuencias sobre el empleo respecto a los trabajadores de la Sociedad ni impacto de género en su órgano de administración ni incidencia en la responsabilidad social de la Sociedad.

8. El Proyecto de Escisión ha sido depositado en el Registro Mercantil de .... con fecha .... de .... de 20 .... y sido publicado dicho depósito en el Boletín Oficial del Registro Mercantil, de .... de .... de 20 ....

..........., ... de .... de 20-.– Presidente del consejo de administración, don ....

F403. ANUNCIO DEL ACUERDO DE ESCISIÓN TOTAL

Normativa de Aplicación: *Arts. 4 y ss. y 58 y ss. de la Ley sobre Modificaciones Estructurales de las Sociedades Mercantiles, introducida por Real Decreto-ley 5/2023, de 28 de junio.*

ESCISIÓN DE EMPRESAS

..........., SOCIEDAD LIMITADA (SOCIEDAD ESCINDIDA) ...., SOCIEDAD LIMITADA (SOCIEDAD BENEFICIARIA DE LA ESCISIÓN, DE NUEVA CREACIÓN) ...., SOCIEDAD LIMITADA (SOCIEDAD BENEFICIARIA DE LA ESCISIÓN, YA CONSTITUIDA)

De conformidad con lo dispuesto en el artículo 10 de la Ley de Modificaciones Estructurales de las Sociedades Mercantiles, se hace público que con fecha .... de .... de 20 ...., la Junta general de ...., S.L., aprobó por unanimidad la escisión total de la sociedad, mediante la división de la totalidad de su patrimonio en dos partes, para su traspaso respectivo en bloque, por sucesión universal, a dos sociedades de responsabilidad limitada una de ellas de nueva creación y que tomará la denominación de la escindida, que se constituirá simultáneamente a la elevación a público de la operación de escisión total y la otra ya constituida y denominada ...., S.L., todo ello previa disolución sin liquidación de la Sociedad objeto de escisión total.

Asimismo, la Junta general aprobó el correspondiente balance de escisión, adoptándose como tal el cerrado a 31 de diciembre de 20 ...., considerándose realizadas a efectos contables, las operaciones de la sociedad escindida por cuenta de las sociedades beneficiarias, el día 1 de enero de 20 ....

Se hace constar el derecho que asiste a los socios y acreedores de las sociedades intervinientes en la escisión total, de obtener el texto íntegro del acuerdo adoptado y del balance de escisión total, así como el derecho que corresponde a los acreedores de manifestar su disconformidad con las garantías ofrecidas, en el plazo de un mes desde la publicación del último anuncio de escisión total, todo ello conforme a lo establecido en los artículos 10 y 13 de la Ley sobre Modificaciones Estructurales de las Sociedades Mercantiles.

.... de .... de 20 .... El Administrador único.

F404. COMUNICACIÓN PRIMERA ACUERDO DE ESCISIÓN

Normativa de Aplicación: *Arts. 4 y ss. y 58 y ss. de la Ley sobre Modificaciones Estructurales de las Sociedades Mercantiles, introducida por Real Decreto-ley 5/2023, de 28 de junio.*

PRIMERA COMUNICACIÓN.

DON .... (consejero), DOÑA .... (consejera y Secretaria) Y DON .... (consejero y Presidente), es decir, el 100% de los miembros del Consejo de Administración de la sociedad ...., SL, le comunican lo siguiente:

1.– que se están cumpliendo con los requisitos y formalidades legales para llevar a cabo una ESCISIÓN PARCIAL de la sociedad en los términos que se le comunicarán en tiempo y forma.

2.– que el día .... de .... de .... se procedió a depositar el Proyecto de Escisión Parcial suscrito por los administradores, junto con el anuncio de posibilidad de presentación de observaciones a dicho proyecto, y el oportuno informe de experto independiente, en el Registro Mercantil de ......, tal y como marca el artículo 7 de la Ley de Modificaciones Estructurales (en adelante, LME), cuya publicación en el BORME ha tenido lugar el día .... de .... de ....

3.– que en cumplimiento de lo dispuesto en el artículo 46.1 de la LME, el órgano de administración de la sociedad HA PUESTO A SU DISPOSICIÓN como socio, en el domicilio social los siguientes documentos:

1.° Las cuentas anuales y los informes de gestión de los tres últimos ejercicios, así como los correspondientes informes de los auditores de cuentas de las sociedades en las que fueran legalmente exigibles.

2.° El balance de escisión de cada una de las sociedades, cuando sea distinto del último balance anual aprobado, acompañado, si fuera exigible, del informe de auditoría o, en el caso de escisión de sociedades cotizadas, el informe financiero semestral por el que el balance se hubiera sustituido.

3.° Los estatutos sociales vigentes incorporados a escritura pública y, en su caso, los pactos relevantes que vayan a constar en documento público.

4.° El proyecto de escritura de constitución de la nueva sociedad o, el texto íntegro de los estatutos de la sociedad beneficiaria o, a falta de estos, de la escritura por la que se rija, incluyendo destacadamente las modificaciones que hayan de introducirse.

5.° La identidad de los administradores de las sociedades que participan en la escisión, la fecha desde la que desempeñan sus cargos y, en su caso, las mismas indicaciones de quienes vayan a ser propuestos como administradores como consecuencia de la fusión.

Y ello con el objeto de informarle sobre la escisión que se someterá a votación en Junta General Extraordinaria para la cual será debidamente convocado en próximas fechas, siempre al amparo de lo dispuesto en el artículo 47 de la citada LME.

Le anticipamos que a la ESCISIÓN PARCIAL CON CREACIÓN DE NUEVA SOCIEDAD propuesta, le es de aplicación la simplificación derivada del artículo 71 de la LME. (por lo que no son necesarios el informe de los administradores sobre el proyecto de escisión, ni el informe de expertos independientes, ni el balance de escisión. No obstante, a efectos informativos está a su disposición el Balance de Escisión auditado, que se incorporará a la Escritura, caso de aprobarse el acuerdo de Escisión.

También le informamos en cuanto al punto 6, que no habrá pactos relevantes a constar en documento público.

A partir de este momento le recordamos que si así lo solicita por cualquier medio admitido en Derecho, tendrá derecho al examen en el domicilio social de copia íntegra de los documentos reseñados, así como a la entrega o al envío gratuitos de un ejemplar de cada uno de ellos.

Un saludo.

Fdo. DON .... (consejero), DOÑA .... (consejera y Secretaria) Y DON XXXXXXXXXX, (consejero y Presidente), 100% de los miembros del Consejo de Administración de la sociedad ...., SL.

F405. COMUNICACIÓN SEGUNDA ACUERDO DE ESCISIÓN

Normativa de Aplicación: *Arts. 4 y ss. y 58 y ss. de la Ley sobre Modificaciones Estructurales de las Sociedades Mercantiles, introducida por Real Decreto-ley 5/2023, de 28 de junio.*

SEGUNDA COMUNICACIÓN

DON .... (consejero), DOÑA .... (consejera y Secretaria) Y DON .... (consejero y Presidente), es decir, el 100% de los miembros del Consejo de Administración de la sociedad ...., SL, le comunican lo siguiente:

1.– que se le convoca a la Junta General Extraordinaria de la sociedad de la que usted es socio, que se celebrará el día .... de ...... de .... en el domicilio social, a las .... horas, con el siguiente ORDEN DEL DÍA:

«1. Examen y aprobación del Proyecto de Escisión Parcial de fecha .... de .... de ...., y consecuentemente aprobación en su caso de la escisión parcial de la entidad ...., SL, a favor de la sociedad beneficiaria de nueva creación ...., SL, y demás acuerdos inherentes a ello, en los términos y condiciones fijados en el Proyecto de Escisión Parcial.

2.– Corolario del punto anterior, examen y aprobación separada de los documentos complementarios integrados en el Proyecto de Escisión Parcial: 3.1 Aprobación de los Estatutos de la nueva Sociedad resultante de la Escisión ....,SL;

– aprobación de las menciones legalmente exigidas para la constitución de la nueva sociedad resultante de la Escisión ....,SL; (que constan en el Proyecto de Escritura).

– aprobación de la reducción de capital social de la sociedad que se escinde, consistente en reducir su capital social en la cuantía de 600.000 euros, amortizándose 600.000 participaciones sociales de valor nominal cada una de ellas de 1€, las que van de la número 900.001 a la 1.500.000, ambas inclusive, redefiniéndose por tanto la numeración y titularidad de las mismas, que quedará como sigue:

DON ...., tendrá 229.620 participaciones, las que van de la número 1 a la 229.620 ambas inclusive.

DON ...., tendrá 229.620 participaciones, las que van de la número 229.621 a la 459.240 ambas inclusive.

DON ...., tendrá 211.140 participaciones, las que van de la número 459.241 a la 670.380 ambas inclusive.

DOÑA ...., tendrá 229.620 participaciones, las que van de la número 670.381 a la 900.000 ambas inclusive.

Así que el artículo 5 de los estatutos sociales de la sociedad escindida tendrá la siguiente redacción: ARTÍCULO 5.°. CAPITAL SOCIAL. «El capital social se fija en la cantidad de novecientos mil euros (900.000€), desembolsado en su totalidad y dividido en novecientas mil participaciones sociales, íntegramente suscritas, acumulables e indivisibles, con un valor nominal cada una de ellas de un (1€), numeradas correlativamente de la 1 a la 900.000, ambas inclusive.»

3. Delegación de facultades.

Facultar indistintamente al Presidente y a la Secretaria del Consejo de Administración, tan ampliamente como en derecho sea necesario para que, comparezcan ante Notario y (i) eleven a público las decisiones adoptadas por la Junta cuando así lo requiera la Ley, con los pactos y declaraciones que fueran convenientes y que deriven directa o indirectamente de dichos acuerdos, hasta su completa inscripción en el Registro Mercantil, pudiendo otorgar cuantos documentos públicos y/o privados sean necesarios a tales fines, incluso de subsanación, ratificación, rectificación y/o aclaración, y ello aunque incurran en la figura jurídica de autocontratación, conflicto de intereses o múltiple representación.»

En cumplimiento de lo dispuesto en el artículo 47.2 de la LME, SE INCLUYE LO SIGUIENTE:

1.– las menciones mínimas del proyecto de Escisión Parcial, legalmente exigidas, QUE SON ÉSTAS:

«IDENTIFICACIÓN DE LAS SOCIEDADES PARTICIPANTES EN EL PROYECTO DE ESCISIÓN PARCIAL.

3.1 Sociedad Escindida

............, SL, domiciliada en ...... (........) en calle * ; provista de CIF B*, e inscrita en el Registro Mercantil de .... al Tomo *, Folio *, Hoja *.

3.2 Sociedad Beneficiaria de la escisión

............, SL, domiciliada en .... (.......) en calle *; carece provisionalmente de CIF y de datos de inscripción en el Registro Mercantil.

4.– DESIGNACIÓN Y REPARTO DE LOS ELEMENTOS DEL ACTIVO Y PASIVO QUE SE TRANSMITEN A LA SOCIEDAD BENEFICIARIA.

El Activo que se escinde de .... SL y que se aportará a ...., SL beneficiaria de la escisión está integrado por toda la actividad de compraventa y comercialización de vehículos de la marca ....

Los elementos del activo se integran por las participaciones (las cuales se hallan libres de cargas), que la sociedad escindida tiene en la siguiente sociedad en la que participa, importando los siguientes valores, atendiendo a su valor contable; los activos son los siguientes:

1) 2.500 participaciones sociales de la sociedad ....,SL (las que van de la número 1 a la 2.500, ambas inclusive), cuyo valor contable asciende a la cantidad de 1.465.627€.

En cuanto al PASIVO, no tiene.

De modo que el activo neto asciende a la cantidad de 1.465.627 euros, de los cuales, 600.000€ será la cifra que integrará el capital social de la sociedad de nueva creación beneficiaria de la escisión parcial aquí proyectada, puesto que el resto (865.627€), constituyen la prima de escisión que lleva aparejada la operación proyectada, como se especificará más adelante.

La valoración del activo y pasivo del patrimonio se ha hecho con arreglo a valor contable como se ha dicho.

5. BALANCE DE ESCISIÓN. No es necesario por lo dispuesto en el artículo 71 de la LME y en consonancia con la resolución de la DGRN de 8 de mayo de 2014. No obstante y a efectos informativos se incorporará a la escritura el cerrado a .... Igual fecha es la de las cuentas de la sociedad que se escinde, como es lógico.

6.– TIPO DE CANJE, COMPENSACIÓN EN METÁLICO Y PROCEDIMIENTO DE CANJE.; REPARTO DE PARTICIPACIONES DE LA SOCIEDAD BENEFICIARIA ENTRE LOS SOCIOS DE LA ESCINDIDA; CRITERIO DEL REPARTO.

Las participaciones sociales en que se divide el capital social de la sociedad beneficiaria de nueva creación ....,SL, que se constituirá en el mismo acto de la escisión y será la receptora del patrimonio escindido (y que forma una unidad económica, la relativa a la compra, venta y comercialización de la marca de vehículos ....), se asignarán en su totalidad a los socios de la sociedad escindida.

Por virtud de este procedimiento de adjudicación de las participaciones de ...., SL, los receptores de las mismas serán todos los socios de la sociedad escindida en la misma proporción que actualmente ostentan en la sociedad escindida.

La adjudicación de las participaciones en la sociedad de nueva creación es en la misma proporción y manteniendo la misma participación que se tiene en la sociedad que se escinde; el criterio del reparto se funda en razones de estricta proporcionalidad, y el tipo de canje es el siguiente: por cada participación amortizada de la sociedad que se escinde, se entrega una participación de la sociedad beneficiaria de la escisión. Cada participación de la nueva sociedad beneficiaria de la escisión, lleva aparejada una prima de escisión de 1,44271166666.

Por otro lado, la reducción de capital de la sociedad que se escinde asciende a la cantidad de 600.000 euros, por lo que quedará su capital social en la cifra de 900.000 euros. Así se ha preferido atendiendo al valor patrimonial neto de la sociedad escindida, la existencia suficiente de reservas voluntarias y el remanente contable existente por razón de las primas que se fijaron en anteriores emisiones de participaciones de dicha sociedad.

Como consecuencia de lo anterior, la entidad beneficiaria de la escisión, ..., SL, va a constituirse con un capital de 600.000 euros, dividido en 600.000 participaciones de un euro de valor nominal cada una, numeradas correlativamente de la 1 a la 600.000, ambas inclusive, totalmente desembolsadas. Cada participación de la nueva sociedad beneficiaria de la escisión, lleva aparejada una prima de escisión de 1,44271166666€. Por lo que el desglose de la operación en su conjunto es el siguiente: valor del activo que se escinde y que integra el patrimonio de la sociedad de nueva creación ....,SL asciende a la cantidad de 1.465.627€, de los que 600.000 integrarán el capital social y el resto (865.627€), integra el total de la prima de escisión señalada anteriormente. (cada participación de la nueva sociedad beneficiaria de la escisión, lleva aparejada una prima de escisión de 1,44271166666).

El capital social actual de la sociedad escindida .... SL, asciende a 1.500.000 euros, está compuesto por 1.500.000 participaciones sociales de 1 euro de valor nominal cada una de ellas, numeradas correlativamente del 1 al 1.500.000, ambos inclusive y están distribuidos de la siguiente forma:

DON ...., tiene 382.700 participaciones, las que van de la número 1 a 15.900, de la 47.701 a la 399.600 y de la 1.455.301 a la 1.470.200 ambas inclusive. Su participación equivale al 25,5133% del capital social.

DON ...., tiene 382.700 participaciones, las que van de la número 31.801 a 47.700; de la 399.601 a la 751.500; y de la 1.485.101 a la 1.500.000 ambas inclusive. Su participación equivale al 25,5133% del capital social.

DON ...., tiene 351.900 participaciones, las que van de la número 751.501 a la 1.103.400 ambas inclusive. Su participación equivale al 23,46% del capital social.

DOÑA ...., tiene 382.700 participaciones, las que van de la número 15.901 a 31.800; de la 1.103.401 a la 1.455.300 y de la 1.470.201 a 1.485.100 ambas inclusive. Su participación equivale al 25,5133% del capital social.

Las nuevas participaciones sociales de la sociedad beneficiaria de la escisión, se atribuirán a los socios de la sociedad que se escinde en la misma proporción, de modo que el capital de la entidad beneficiaria quedará como sigue:

DON .... adquirirá 153.080 participaciones sociales, las que van de la número 1 a la 153.080, ambas inclusive.

DON .... adquirirá 153.080 participaciones sociales, las que van de la número 153.081 a la 306.160, ambas inclusive.

DON .... adquirirá 140.760 participaciones sociales, las que van de la número 306.161 a la 446.920, ambas inclusive.

DOÑA .... adquirirá 153.080 participaciones sociales, las que van de la número 446.921 a la 600.000, ambas inclusive.

El Órgano de Administración de .... SL someterá a la aprobación de la Junta General de Socios que aprueba la Escisión Parcial, la adopción de la siguiente modificación estatutaria consecuencia propia de la escisión:

Reducción del capital social: Reducir el capital social en un importe de 600.000 euros, fijándolo en la cifra de 900.000 euros mediante la amortización de 600.000 participaciones sociales, las que van de la número 900.001 a la 1.500.000, ambas inclusive.

En definitiva, cada socio recibirá 1 participación de la sociedad de nueva constitución ...., SL de 1 euro de Valor nominal, por cada participación (de un euro de valor nominal) que poseían de la sociedad ...., SL.

No se prevé compensación dineraria alguna.

La condición de socio se inscribirá en el Libro Registro de Socios de la nueva sociedad, tan pronto se inscriba la escritura de escisión y constitución en el registro Mercantil y se proceda a legalizar dicho libro.

7. APORTACIONES DE INDUSTRIA Y PRESTACIONES ACCESORIAS.

No existen en ninguna de las sociedades intervinientes en la escisión parcial proyectada, aportaciones de industria ni prestaciones accesorias. Por tanto, la escisión parcial no tendrá incidencia sobre las aportaciones de industria ni en las prestaciones accesorias de la sociedad escindida, sin que se vayan a otorgar compensaciones a los socios afectados en la sociedad escindida.

8.DERECHOS Y TÍTULOS ESPECIALES

En las sociedades intervinientes, no existen titulares de participaciones de clases especiales, ni socios con derechos especiales o distintos al resto de las participaciones.

En las sociedades intervinientes no existen ni se crearán participaciones sociales de clases especiales, ni derechos especiales distintos de las participaciones, ni existen tenedores de títulos distintos de los representativos de capital.

En consecuencia, no se otorgará ningún derecho especial ni opción a las que refiere el número 3° del artículo 4 de la LME.

9 VENTAJAS DE EXPERTOS Y ADMINISTRADORES

No se concederán ventajas especiales (pues no intervienen) a favor de los expertos independientes ni tampoco a los administradores que participen en la escisión parcial.

10 FECHA DE PARTICIPACIÓN EN LAS GANANCIAS

La fecha a partir de la cual la escisión así como la creación y funcionamiento de la sociedad beneficiaria tendrá efectos contables de acuerdo con lo dispuesto en el Plan General de Contabilidad será la de la fecha de constitución de la sociedad beneficiaria de la escisión, a cuya fecha se redirige también el derecho de los titulares de las nuevas participaciones sociales de la Sociedad beneficiaria a participar en sus ganancias sociales.

10 FECHA A PARTIR DE LA CUAL LA ESCISIÓN PARCIAL TENDRÁ EFECTOS CONTABLES

La fecha a partir de la cual la escisión así como la creación y funcionamiento de la sociedad beneficiaria tendrá efectos contables de acuerdo con lo dispuesto en el Plan General de Contabilidad será la de la fecha de constitución de la sociedad beneficiaria de la escisión.

11 MODIFICACIÓN DE LOS ESTATUTOS DE LA SOCIEDAD ESCINDIDA Y ESTATUTOS DE LA SOCIEDAD BENEFICIARIA DE LA ESCISIÓN PARCIAL.

Consecuencia de la escisión parcial, la sociedad escindida procede a reducir su capital social en la cuantía de 600.000 euros, amortizándose 600.000 participaciones sociales de valor nominal cada una de ellas de 1€, las que van de la número 900.001 a la 1.500.000, ambas inclusive, redefiniéndose por tanto la numeración y titularidad de las mismas, que quedará como sigue:

DON ...., tendrá 229.620 participaciones, las que van de la número 1 a la 229.620 ambas inclusive.

DON ...., ,tendrá 229.620 participaciones, las que van de la número 229.621 a la 459.240 ambas inclusive.

DON ...., tendrá 211.140 participaciones, las que van de la número 459.241 a la 670.380 ambas inclusive.

DOÑA ...., tendrá 229.620 participaciones, las que van de la número 670.381 a la 900.000 ambas inclusive.

Así que el artículo 5 de los estatutos sociales de la sociedad escindida tendrá la siguiente redacción: ARTÍCULO 5.°. CAPITAL SOCIAL. «El capital social se fija en la cantidad de novecientos mil euros (900.000€), desembolsado en su totalidad y dividido en novecientas mil participaciones sociales, íntegramente suscritas, acumulables e indivisibles, con un valor nominal cada una de ellas de un (1€), numeradas correlativamente de la 1 a la 900.000, ambas inclusive.»

Por otro lado, se crea una nueva sociedad (la beneficiaria de la escisión), llamada ...., SL, que tendrá los siguientes ESTATUTOS:

ESTATUTOS DE LA COMPAÑÍA MERCANTIL «............, SOCIEDAD LIMITADA»

ARTÍCULO 1.– DENOMINACIÓN: Se constituye una Sociedad Mercantil de Responsabilidad Limitada bajo la denominación de «............, SOCIEDAD LIMITADA». Dicha Sociedad se regirá por los presentes Estatutos y, en lo no previsto en ellos, por las disposiciones del Texto Refundido de la Ley de Sociedades de Capital, RDL 1/2.010, de 2 de Julio de 2.010, Ley de Modificaciones Estructurales de Sociedades Mercantiles, introducida por el Real Decreto-Ley 5/23, de 28 de junio, y demás legislación aplicable.

ARTÍCULO 2.– DURACIÓN Y FECHA DE COMIENZO DE OPERACIONES: La Sociedad se constituye por tiempo indefinido y dará comienzo a sus operaciones en el día del otorgamiento de la escritura de constitución.

Los ejercicios sociales coincidirán con los años naturales, empezando el día 1 de Enero y cerrándose el día 31 de Diciembre de cada año.

ARTÍCULO 3.– OBJETO SOCIAL: Constituye el objeto social de la Compañía:

– la compraventa y venta de todo tipo de vehículos, motocicletas y bicicletas, sus recambios y accesorios, la importación y exportación de los mismos sean nuevos o usados y su reparación.

Quedan excluidas todas aquellas actividades para cuyo ejercicio la Ley exija requisitos especiales que no queden cumplidos por esta Sociedad, especialmente por la Ley 2/2.007, de Sociedades Profesionales.

Las actividades integrantes del objeto social podrán ser desarrolladas, total o parcialmente, de modo indirecto, mediante la titularidad de acciones o participaciones en sociedades con objeto idéntico o análogo.

Si la ley exigiere para el ejercicio de alguna de las actividades expresadas algún título profesional, colegiación o autorización administrativa, tales actividades deberán desarrollarse por medio de persona o personas que ostenten la titulación y/o colegiación requerida o con la pertinente autorización administrativa.

En todo caso, si alguna de las actividades incluidas en el objeto social tuvieran o puedan tener carácter profesional, se entiende respecto de dichas actividades la función de la sociedad es de mediadora o intermediadora en el desempeño de las mismas.

ARTÍCULO 4.– DOMICILIO SOCIAL: El domicilio de la Sociedad se establece en ...., (......), en la calle .... La Junta General podrá variar dicho domicilio. No obstante, el Órgano de Administración será competente para acordar la creación, la supresión o el traslado de las sucursales.

ARTÍCULO 5.– CAPITAL SOCIAL: El capital social se fija en la cantidad de seiscientos mil euros (600.000€), desembolsado en su totalidad, y dividido en seiscientas mil PARTICIPACIONES SOCIALES, íntegramente suscritas, acumulables e indivisibles, con un VALOR

NOMINAL, cada una de ellas, de un euro (1€), numeradas correlativamente del número 1 al 600.000 ambos inclusive.»

ARTÍCULO 6.– La transmisión voluntaria de participaciones sociales, por acto inter-vivos, será libre, siempre que se haga entre socios, o a favor del cónyuge, ascendiente o descendiente del socio, o en favor de Sociedades pertenecientes al mismo grupo. Fuera de estos casos la transmisión quedará sometida a las limitaciones establecidas en la normativa legal aplicable.

ARTÍCULO 7.– En cuanto a la transmisión mortis-causa de las participaciones sociales, se establecen las siguientes normas:

– La adquisición de alguna participación social por sucesión hereditaria confiere al heredero o legatario la cualidad de socio, siempre que éste sea cónyuge, ascendiente o descendiente del socio fallecido.

– En los demás casos existirá un derecho de adquisición preferente sobre la participación o participaciones del socio fallecido y a favor del socio o socios sobrevivientes, que se podrá ejercitar por éstos, a prorrata, en su caso, de su participación en el capital social y en el plazo de tres meses siguientes al día de la comunicación a la Sociedad de la adquisición hereditaria.

– Las participaciones, cuya precio se satisfará al contado, deberán ser apreciadas en su valor real, al día del fallecimiento del socio, y, en caso de desacuerdo en su valoración, se estará a lo dispuesto en la Ley de Sociedades de Capital, Ley de Modificaciones Estructurales de Sociedades mercantiles y demás legislación aplicable.

ARTÍCULO 8.– La Sociedad llevará un Libro Registro de socios en que se harán constar la titularidad originaria y las sucesivas transmisiones, voluntarias o forzosas, de las participaciones sociales, así como la constitución de derechos reales y otros gravámenes sobre las mismas. En cada anotación se indicará la identidad y domicilio del titular de la participación o del derecho o gravamen constituido sobre aquélla. Cualquier socio podrá examinar el Libro-Registro de socios, cuya llevanza y custodia corresponde al Órgano de Administración. El socio y los titulares de derechos reales o de gravámenes sobre las participaciones sociales tendrán derecho a obtener certificación de las participaciones, derechos o gravámenes registrados a su nombre.

ARTÍCULO 9.– Los socios, reunidos en Junta General, decidirán por las mayorías legalmente establecidas los asuntos propios de su competencia. Todos los socios, incluso los disidentes y los que no hayan participado en la reunión, quedan sometidos a los acuerdos de la Junta. Los acuerdos sociales se adoptarán por mayoría de los votos válidamente emitidos siempre que representen, al menos, un tercio de los votos correspondientes a las participaciones sociales en que se divida el capital social. No se computarán los votos en blanco. No obstante lo anterior, el aumento o reducción del capital y cualquier otra modificación de los Estatutos Sociales requerirán el voto favorable de más de la mitad de los votos correspondientes a las participaciones en que se divida el capital social. Y en cuanto a la autorización a los administradores para que se dediquen, por cuenta propia o ajena, al mismo, análogo o complementario género de actividad que constituya el objeto social; la supresión o la limitación del derecho de preferencia en los aumentos de capital;

la transformación, la fusión, la escisión, la cesión global de activo y pasivo y el traslado del domicilio al extranjero, y la exclusión de socios requerirán el voto favorable de, al menos, dos tercios de los votos correspondientes a las participaciones en que se divida el capital social. Todos los acuerdos sociales se adoptarán necesariamente en Junta General, y cada participación concede a su titular un voto.

ARTÍCULO 10.– La convocatoria de la Junta General deberá hacerse por el Organo de Administración o, en su caso, de Liquidación, en el domicilio que, de cada socio, conste en el Libro Registro de Socios, por correo certificado con acuse de recibo, por medio de Acta Notarial —bien de envío de carta con acuse de recibo o por notificación personal del Notario en el domicilio del socio—, o por cualquier procedimiento de comunicación individual y escrita que asegure la recepción del anuncio por todos los socios en el domicilio designado al efecto, o el que conste en la documentación de la sociedad, con al menos quince días de antelación a la fecha de celebración de la Junta. En cualquier caso el plazo se computará a partir de la fecha en que hubiere sido remitido el anuncio de convocatoria al último de los socios. No obstante, en los casos en que los temas a tratar o los acuerdos a adoptar así lo exijan (traslado del domicilio al extranjero, fusión, escisión o cesión global del activo y pasivo, etc), se deberá dar cumplimiento, en cuanto a la forma y plazo de la convocatoria, a lo establecido en la normativa legal aplicable. La Junta deberá convocarse necesariamente cuando lo solicite, al menos, un número de socios que represente un cinco por ciento del capital social, debiendo expresarse en la solicitud los asuntos a tratar en la Junta. La Junta General quedará válidamente constituida, para tratar cualquier asunto, sin necesidad de previa convocatoria, siempre que esté presente o representado la totalidad del capital social y los concurrentes acepten por unanimidad la celebración de la reunión y el Orden del Día de la misma. En todos los casos actuarán como Presidente y Secretario de la Junta los socios que se elijan en cada reunión.

ARTÍCULO 11.– De todos los acuerdos se levantará la correspondiente acta que se extenderá en el Libro de Actas. El Acta incluirá necesariamente la lista de asistentes y deberá ser aprobada por la propia Junta al final de la reunión o, en su defecto, en el plazo de quince días, por el Presidente de la Junta y dos socios interventores, uno en representación de la mayoría y otro en representación de la minoría.

ARTÍCULO 12.– La administración de la Sociedad corresponderá, según determine la Junta General, a:

– Un Administrador Único o dos o tres Administradores Solidarios o indistintos.

– De dos a cinco Administradores Mancomunados o Conjuntos.

– Un Consejo de Administración, integrado por un mínimo de tres miembros y un máximo de doce.

En caso de nombramiento de dos Administradores Mancomunados, se exigirá la intervención y firma de todos ellos para cualquier actuación.

En caso de nombramiento de tres o más Administradores Mancomunados, el poder de representación se ejercerá mancomunadamente por dos cualesquiera de ellos.

Todo acuerdo de modificación en el modo de organizar la administración de la Sociedad no constituirá modificación de los Estatutos, pero deberá constar en escritura pública, que se inscribirá en el Registro Mercantil.

CONSEJO DE ADMINISTRACIÓN: En el supuesto de designarse como Organo de Administración de la Sociedad un Consejo de Administración, se observarán las siguientes normas:

– El Consejo de Administración designará, al menos, de entre sus miembros un Presidente —también, si se estima oportuno, un Vicepresidente, que sustituirá al Presidente en caso de ausencia o enfermedad— y un Secretario.

– El Consejo de Administración actuará colegiadamente y deberá ser convocado cuando lo considere conveniente el Presidente o lo pida al menos la tercera parte de los Consejeros, en consonancia con el párrafo segundo del artículo 246 de la Ley de Sociedades de Capital. La convocatoria será efectuada por el Presidente o por el que haga sus veces, bien mediante telegrama o mediante carta certificada con acuse de recibo. En todo caso, entre la convocatoria y la fecha prevista para la reunión deberá existir, al menos, un plazo de tres días. Este plazo se computará a partir de la fecha en que se hubiere remitido el anuncio de la convocatoria al último de los Consejeros. El Consejo quedará válidamente constituido cuando concurran a la reunión, presentes o representados, la mayoría de sus componentes. Cualquier Consejero puede conferir su representación a otro Consejero mediante poder notarial o escrito firmado por él. En la reunión actuarán de Presidente y Secretario los titulares de dichos cargos en el Consejo o, en su caso, quienes los sustituyan conforme a estos Estatutos. El Presidente dirigirá las deliberaciones. Los acuerdos, salvo lo establecido después, se adoptarán por la mitad más uno de los Consejeros concurrentes a la sesión. La votación por escrito y sin sesión sólo será admitida cuando ningún Consejero se oponga a este procedimiento. La ejecución de los acuerdos del Consejo corresponde al Consejero expresamente facultado para ello en la misma reunión y, en su defecto, al Secretario del Consejo. El Consejo de Administración podrá designar de su seno una Comisión Ejecutiva o uno o más Consejeros Delegados, haciendo constar la enumeración particularizada de las facultades de administración que se le delegan o bien que la delegación comprende todas las legal y estatutariamente delegables. El acuerdo de la delegación deberá expresar, además de si se delega también, de qué modo, con qué extensión y a quién el poder de representación. La delegación permanente de alguna facultad del Consejo en la Comisión Ejecutiva o en el Consejero o Consejeros Delegados y la designación de los Administradores que hayan de ocupar tales cargos requerirá para su validez el voto favorable de las dos terceras partes de los componentes del Consejo y no producirán efecto alguno hasta su inscripción en el Registro Mercantil.

Para ser nombrado Administrador no se requerirá la condición de socio.

El cargo de Administrador no estará retribuido.

ARTÍCULO 13.– La duración del cargo de Administrador o Consejero será por tiempo indefinido. Todo ello sin perjuicio del derecho de la Junta de separar al Administrador o Consejero en cualquier momento.

ARTÍCULO 14.– La representación del Órgano de Administración se extiende a todos los actos comprendidos en el objeto social. A efectos meramente enunciativos y con la finalidad de facilitar los apoderamientos o delegaciones de facultades que pudieran realizarse, el Administrador tendrá las siguientes facultades:

a) Girar, aceptar, pagar, cobrar, endosar, protestar, intervenir, avalar y negociar letras de cambio, talones, cheques, pagarés, créditos, saldos, facturas y demás efectos; abrir, seguir y cancelar cuentas corrientes, de crédito o préstamo, con o sin garantía de valores y en toda clase de establecimientos Públicos y Privados, incluso el Banco de España; tomar y dar dinero a préstamo, firmando en su caso las correspondientes Pólizas, dando o aceptando en su caso todo tipo de garantías personales o reales, incluso hipotecarias o pignoraticias, que podrá cancelar; constituir, cobrar y cancelar depósitos y fianza de todas clases y ante cualesquiera Entidades —públicas o privadas— o particulares.

b) Administrar en los más amplios términos, llevando los Libros y Contabilidad de la Sociedad, dirigiendo y controlando la marcha de la misma, arrendar o tomar en arrendamiento toda clase de bienes y derechos, incluso contratos de leasing; admitir y despedir inquilinos, colonos, trabajadores y empleados, asignando sueldos, jornales, gratificaciones y obligaciones; aceptar, cobrar, modificar y pagar rentas de todas clases, incluso mediante transacciones o compromisos, y conferir poderes a pleitos, con las facultades generales o las especiales de cada caso y ante cualesquiera Juzgados, Tribunales, Jurados o Magistraturas de cualquier clase, grado, orden o jurisdicción, revocando los nombrados y designando otros; y, en general, ejecutar todo aquello necesario o conveniente para la buena marcha de la Sociedad.

c) Celebrar toda clase de actos y negocios jurídicos, incluyendo los de transporte terrestre, marítimo o aéreo, seguro o afianzamiento, y adquirir, enajenar, permutar, gravar o modificar por cualquier título o concepto toda clase de bienes muebles, mercaderías, materias primas, suministros y derechos reales o personales, de o para la Sociedad, al contado o a plazos, admitiendo o prestando toda clase de garantías.

d) Adquirir, enajenar, permutar, gravar o modificar por cualquier título o concepto toda clase de bienes inmuebles o partes indivisas o divididas de ellos, al contado o a plazos, admitiendo o prestando toda clase de garantías, incluso hipotecarias, que podrá cancelar en su día, y dar y aceptar bienes en o para pago de deudas, otorgando y firmando toda clase de documentación, privada o pública, incluso escrituras de rectificación, adición, agrupación, segregación o división de fincas, obras nuevas y división material o en régimen de propiedad horizontal.

e) Intervenir en procedimientos de concursos de acreedores, cesiones de bienes, suspensiones de pagos, quiebras y demás de la propia índole, con las más amplias facultades para celebrar y concluir toda clase de convenios.

f) Nombrar apoderados, sean o no socios, y delegar en los mismos todas o parte de sus facultades.

g) Y, en general, representar a la Sociedad en todos los derechos y acciones que pudieran corresponderle y ante toda clase de autoridades gubernativas, administrativas y judiciales, pudiendo en consecuencia otorgar y firmar toda clase de documentación, privada o pública incluso escrituras de adición o rectificación, de agrupación, agregación, segregación o división de fincas, obras nuevas y división material o en régimen de propiedad horizontal, instancias y expedientes de todo tipo.

ARTÍCULO 15.– En materia de cuentas anuales se estará a lo dispuesto en la Ley de Sociedades de Capital, Ley de Modificaciones Estructurales de Sociedades Mercantiles y demás legislación aplicable. A partir de la convocatoria de la Junta General, cualquier socio podrá obtener de la Sociedad, de forma inmediata y gratuita, los documentos que han de ser sometidos a su aprobación, así como el informe de gestión y, en su caso, el de los Auditores de Cuentas. Durante el mismo plazo el socio o socios que representen al menos el cinco por ciento del capital social podrán examinar en el domicilio social, por sí o en unión de experto contable, los documentos que sirvan de soporte y antecedente de las cuentas anuales.

ARTÍCULO 16.– La transformación, fusión y escisión de la Sociedad se regirá por lo dispuesto en la Ley de Sociedades de Capital, Ley de Modificaciones Estructurales de Sociedades Mercantiles y demás legislación aplicable, así como también se aplicarán sus normas al caso de que algún socio use del derecho de separación de la Sociedad o en el supuesto de exclusión de un socio.

ARTÍCULO 17.– La disolución y liquidación de la Sociedad se regirá por las normas a tal fin establecidas en la Ley de Sociedades de Capital, Ley de Modificaciones Estructurales de Sociedades Mercantiles y demás legislación aplicable.

ARTÍCULO 18.– Toda cuestión o desavenencia, a salvo el derecho de impugnación de acuerdos sociales, entre socios o entre éstos y la Sociedad, se someterá a arbitraje de equidad, sometiéndose todos ellos al fuero de la Sociedad, con renuncia del propio, si fuera distinto.»

Los estatutos se incorporarán a la escritura de ejecución de la escisión.

12 CONSECUENCIAS DE LA ESCISIÓN SOBRE EL EMPLEO, DE IMPACTO DE GÉNERO Y EN LA RESPONSABILIDAD SOCIAL DE LA EMPRESA

La ESCISIÓN proyectada no va a tener ninguna consecuencia sobre los empleados de las sociedades que intervienen, impacto de género alguno en los órganos de administración de las sociedades intervinientes, ni incidencia en la responsabilidad social de la empresa.

Por su parte, el órgano de administración de la sociedad escindida no sufrirá modificación alguna ni en su estructura ni en su composición.

En consecuencia, no se producirá impacto de género alguno como consecuencia de la escisión parcial proyectada.

13. OTRAS CONSECUENCIAS E IMPLICACIONES EN LA ESCISIÓN

Régimen fiscal especial.

En su aspecto fiscal, se solicitará el acogimiento de la Escisión Parcial al Régimen especial de fusiones, escisiones aportaciones de activos, canje de valores y cambio de domicilio social de una sociedad Europea o una Sociedad Cooperativa Europea de un

Estado miembro a otro de la Unión Europea regulado en el Capítulo VII del Título VII Regímenes tributarios especiales , de la Ley 27/2014, de 27 de noviembre, del Impuesto sobre Sociedades, puesto que la operación descrita en el presente Proyecto se enmarca dentro de la definición de escisión que recoge el artículo 76.2.1° b) de dicha Ley.

Este Proyecto fue suscrito en ...., a .... de .... de .... y firmado a continuación por todos los miembros de los Órganos de Administración de las sociedades intervinientes en la escisión proyectada.

2.– IGUALMENTE SE HACE CONSTAR el derecho que corresponde a todos los socios, (y si los hubiera, obligacionistas, titulares de derechos especiales y representantes de los trabajadores, pero no los hay) a examinar en el domicilio social copia de los siguientes documentos (1.° El proyecto de ESCISIÓN PARCIAL con creación de nueva sociedad.

2.° Las cuentas anuales y los informes de gestión de los tres últimos ejercicios e informes de auditoría.

3° El balance de ESCISIÓN.

4.° Los estatutos sociales vigentes incorporados a escritura pública, de la sociedad que se escinde.

5.° El proyecto de escritura de constitución de la nueva sociedad que se crea.

6.° La identidad de los administradores de la sociedad que se escinde, la fecha desde la que desempeñan sus cargos y, las mismas indicaciones de quien va a ser propuesto como administrador como consecuencia de la escisión parcial con creación de una nueva sociedad), así como a obtener la entrega o el envío gratuitos de los mismos.

– Le anticipamos que a la ESCISIÓN PARCIAL CON CREACIÓN DE NUEVA SOCIEDAD propuesta, le es de aplicación la simplificación derivada del artículo 71 de la LME. (por lo que no son necesarios el informe de los administradores sobre el proyecto de escisión, ni el de los expertos independientes, ni tampoco el balance de escisión. No obstante, a efectos informativos está a su disposición el Balance de Escisión cerrado y auditado de fecha de ...... de .... de ...., que se incorporará a la Escritura, caso de aprobarse el acuerdo de Escisión.

También le informamos en cuanto al punto 3° del artículo 46 LME, que no habrá pactos relevantes a constar en documento público.

A partir de este momento le recordamos que si así lo solicita por cualquier medio admitido en Derecho, tendrá derecho al examen en el domicilio social de copia íntegra de los documentos reseñados, así como a la entrega o al envío gratuitos de un ejemplar de cada uno de ellos.

Un saludo.

Fdo. DON .... (consejero), DOÑA .... (consejera y Secretaria) Y DON ...., (consejero y Presidente), 100% de los miembros del Consejo de administración de la sociedad ...., SL.

F406. ANUNCIO DEL ACUERDO DE SEGREGACIÓN

Normativa de Aplicación: *Arts. 4 y ss. y 58 y ss. de la Ley sobre Modificaciones Estructurales de las Sociedades Mercantiles, introducida por Real Decreto-ley 5/2023, de 28 de junio.*

..........., S.L.U.(SOCIEDAD SEGREGADA) ...., S.L.U.(SOCIEDAD BENEFICIARIA)

Anuncio de segregación

De conformidad con el artículo 10 de la Ley de Modificaciones Estructurales de las Sociedades Mercantiles (LME), se comunica que el socio único de ...., S.L.U. (Sociedad Segregada) y el socio único de ...., S.L.U. (Sociedad Beneficiaria) han aprobado, el .... de .... de 20 ...., la operación de segregación de la sociedad segregada a favor de sociedad beneficiaria por virtud de la cual se producirá la transmisión en bloque de una parte del patrimonio de la sociedad segregada a favor de la sociedad beneficiaria, que aumentará su capital social de forma proporcional al incremento experimentado en el valor de su patrimonio como consecuencia de dicha segregación, todo ello en los términos previstos en los artículos 33 y siguientes de la LME, en relación con los artículos 58 y siguientes de la mencionada Ley.

El acuerdo de segregación ha sido adoptado conforme al proyecto común de segregación redactado y suscrito por los administradores de ambas sociedades, de fecha de .... de .... de 20 ....

Conforme a lo establecido en el artículo 9 de la LME, dado que el acuerdo de segregación ha sido aprobado por unanimidad en cada una de las sociedades intervinientes, no ha resultado preceptivo proceder al depósito del correspondiente proyecto común de segregación.

De conformidad con el artículo 10 de la LME, se hace constar expresamente el derecho que asiste a los socios y acreedores de las sociedades participantes en la segregación a obtener el texto íntegro de las decisiones adoptadas, y de los balances de segregación, los cuales se encuentran a su disposición en el domicilio social de las sociedades intervinientes, así como el derecho de los acreedores de cada una de las sociedades a mostrar su disconformidad con las garantías ofrecidas, según lo dispuesto en el artículo 13 de la LME, durante el plazo de un mes contado desde la publicación del último anuncio del acuerdo de segregación.

..........., ... de .... de 20 .... – Los Administradores Únicos de ...., S.L.U. y de ...., S.L.U.

F407. ANUNCIO DEL ACUERDO DE ESCISIÓN PARCIAL

Normativa de Aplicación: *Arts. 4 y ss. y 58 y ss. de la Ley sobre Modificaciones Estructurales de las Sociedades Mercantiles, introducida por Real Decreto-ley 5/2023, de 28 de junio.*

..........., S.L.(SOCIEDAD PARCIALMENTE ESCINDIDA) ...., S.L.(SOCIEDAD BENEFICIARIA DE NUEVA CREACIÓN)

De conformidad con lo dispuesto en el artículo 10 de la Ley sobre Modificaciones Estructurales de las Sociedades Mercantiles, se hace público que la Junta General de la sociedad «..........., S.L.» (sociedad parcialmente escindida) celebrada el .... de .... de 20 .... acordó por mayoría de los presentes y representados por un .... % del capital social, la escisión parcial sin extinción de «..........., S.L.», mediante la transmisión y traspaso de una parte de su patrimonio, consistente en ...., a la sociedad beneficiaria y de nueva creación «..........., S.L.», la cual se constituirá simultáneamente, adquiriendo por sucesión universal, todos los derechos y obligaciones integrantes del patrimonio segregado y adjudicando a los socios de la sociedad parcialmente escindida las participaciones sociales de la sociedad beneficiaria de nueva creación.

El acuerdo de escisión fue aprobado conforme al proyecto de escisión, redactado, suscrito y aprobado por el administrador único de la sociedad el día .... de .... de 20 ....

Como consecuencia de la escisión parcial, la sociedad escindida «........... S.L.», reducirá su capital social y sus reservas voluntarias en la cuantía necesaria, modificando el artículo .... de los Estatutos Sociales relativa a la cifra del capital social.

De conformidad con lo dispuesto en el artículo 9 de la LME, el acuerdo de escisión parcial se ha adoptado sin necesidad de publicar o depositar previamente los documentos exigidos por la Ley, al haberse adoptado en Junta universal y por decisión unánime de todos los accionistas de la sociedad parcialmente escindida.

De acuerdo con lo dispuesto en los artículos 10 y 13 LME, se hace constar expresamente el derecho que asiste a los socios y acreedores de solicitar y obtener el texto íntegro del acuerdo de escisión parcial adoptado.

Así mismo, los acreedores de las sociedades que participan en la escisión cuyo crédito haya nacido antes de la fecha de publicación del acuerdo de escisión parcial, podrán mostrar su disconformidad con las garantías ofrecidas, dentro del plazo de un mes, a contar desde la última publicación del último anuncio del acuerdo de escisión parcial, en los términos previsto en los artículos 10 y 13 LME.

..........., de .... de 20 .... Don ...., Administrador único.

F408. ANUNCIO DE LA CONVOCATORIA DE LA JUNTA GENERAL PARA LA APROBACIÓN DE LA CESIÓN GLOBAL DEL ACTIVO Y DEL PASIVO

Normativa de Aplicación: *Arts. 4 y ss. y 72 y ss. de la Ley sobre Modificaciones Estructurales de las Sociedades Mercantiles, introducida por Real Decreto-ley 5/2023, de 28 de junio.*

«..........., S.L.»

Convocatoria de Junta General Extraordinaria. El Administrador Único de la entidad «..........., Sociedad Limitada», convoca a los señores socios a la Junta General Extraordinaria de la Sociedad, que se celebrará el próximo día .... de .... de 20 ...., a las ....,00 horas, en el domicilio social, sito en ...., para tratar sobre el siguiente

Orden del día

Primero.– Examen y aprobación, en su caso, de las Cuentas Anuales y aplicación de resultado, correspondientes al ejercicio cerrado el 31 de diciembre de 20 .... Censura de la gestión social.

Segundo.– Aprobación, en su caso, del Balance de Cesión Global de Activo y Pasivo de la Compañía y aprobación, en su caso, del Proyecto de Cesión Global de Activo y Pasivo.

Tercero.– Aprobación, en su caso, de la Cesión Global de Activo y Pasivo de la entidad «..........., Sociedad Limitada» a favor de su socia «..........., S.L.» con la consecuente extinción de entidad cedente y el traspaso en bloque, por sucesión universal, de su patrimonio a la «........... S.L.».

Cuarto.– Delegación especial de facultades para la ejecución de los acuerdos adoptados.

Quinto.– Aprobación, en su caso, del acta de la sesión.

Cuentas Anuales: De conformidad con lo establecido en el artículo 272 del Texto Refundido de la Ley de Sociedades de Capital, se hace constar que cualquier socio, podrá obtener de la sociedad, de forma inmediata y gratuita, los documentos correspondientes al ejercicio social cerrado el 31 de diciembre de 20 ...., que han de ser sometidos a la aprobación de la Junta General, en el punto primero.

Derecho de Información: Con arreglo a lo dispuesto en el artículo 4 de la LME, en relación con el artículo 74 del mismo texto legal, se hace constar que todos los socios, obligacionistas, titulares de derechos especiales y representantes de los trabajadores tienen derecho a examinar en el domicilio social de la Sociedad y a solicitar la entrega o el envío gratuito de los siguientes documentos: a) El Proyecto de Cesión Global de Activo y Pasivo. b) El informe del Liquidador Único sobre el Proyecto de Cesión Global de Activo y Pasivo. c) Las Cuentas Anuales y los informes de gestión de los tres últimos ejercicios, así como los correspondientes informes de auditores de cuentas. d) El Balance de Cesión Global de Activo y Pasivo. e) Los Estatutos Sociales vigentes incorporados a escritura pública de la Sociedad cedente, así como los Estatutos de cesionaria. f) La identidad del administrador único, la fecha desde la que desempeña su cargo y, en su caso, las mismas indicaciones de la entidad cesionaria.

Menciones relativas al Proyecto de Cesión Global de Activo y Pasivo: Asimismo, conforme al artículo 4 de la LME, en relación con el artículo 74 del mismo texto legal, se incluyen a continuación las menciones mínimas del Proyecto de Cesión Global de Activo y Pasivo legalmente exigibles: La entidad cedente, «..........., Sociedad Limitada» La entidad cesionaria, «........... S.L.» es una entidad de .... La fecha a partir de la cual la cesión tendrá efectos contables será .... El patrimonio que la cedente cederá a su socia «........... S.L.», está integrado por la totalidad de los elementos del activo y del pasivo que conforman el patrimonio de la cedente. La valoración de los activos y pasivos que integran la totalidad del patrimonio de la sociedad cedente es la que consta en el balance de cesión de fecha .... de .... de 20 .... En cuanto a la designación y reparto de los elementos del activo y del pasivo que han de transmitirse a cada cesionario, la cesión global prevista en el presente Proyecto es a favor de un único cesionario, por lo que no hay reparto de elementos, sino que todo el patrimonio será atribuido a la entidad cesionaria. Al no ser la entidad cesionaria la única socia de la sociedad cedente, habrá contraprestación .... Derecho de información a los trabajadores ....

..........., ... de .... de 20 .... El Administrador Único, Don ....

F409. ANUNCIO DEL ACUERDO DE CESIÓN GLOBAL DE ACTIVOS Y PASIVOS

Normativa de Aplicación: *Arts. 4 y ss. y 72 y ss. de la Ley sobre Modificaciones Estructurales de las Sociedades Mercantiles, introducida por Real Decreto-ley 5/2023, de 28 de junio.*

..........., S.A. (SOCIEDAD CEDENTE)

..........., S.L. (SOCIEDAD CESIONARIA)

De conformidad con lo dispuesto en el art. 10 de la LME, se hace constar que la Junta General de la Sociedad «..........., Sociedad Anónima» ha aprobado con fecha .... de .... de 20 ...., la cesión de activos y pasivos de la sociedad, la cual mediante acuerdo del mismo órgano societario, con fecha .... de .... de 20 .... había aprobado su disolución, siendo la sociedad cedente «..........., Sociedad Anónima» y la sociedad cesionaria, el socio único de la cedente, es decir, «........... S.L.» que adquiere en bloque, por sucesión universal, la totalidad de su activo y pasivo, todo ello de conformidad con el proyecto de cesión global de activo y pasivo depositado en el Registro Mercantil.

Como consecuencia de la cesión global, se producirá la extinción de la cedente, con efectos a la inscripción de la escritura de cesión global en el Registro Mercantil.

A tal efecto de conformidad con el art. 10 de la LME, se hace constar expresamente el derecho que asiste al socio y acreedores de cada una de las entidades participantes en la cesión global, a obtener gratuitamente el texto íntegro del acuerdo adoptado de cesión global de activos y pasivos y extinción sin liquidación, en el domicilio social de la cedente.

Asimismo, la cedente informa del derecho que asiste a los acreedores de la sociedad cedente y del cesionario, conforme a lo establecido en el artículo 13 de la LME, a mostrar su disconformidad con las garantías ofrecidas, dentro del plazo de un mes, a contar desde la fecha de la última publicación del acuerdo, en los términos contemplados en dicho precepto.

..........., ... de .... de 20 .... El Administrador único don ....

F410. ACUERDO DE AMPLIACIÓN DE CAPITAL CON APORTACIÓN NO DINERARIA DE ELEMENTOS DE ACTIVO. CERTIFICACIÓN

Normativa de Aplicación: *Arts. 295 y ss. Real Decreto Legislativo 1/2010, de 2 de julio, por el que se aprueba el texto refundido de la Ley de Sociedades de Capital.*

Doña .... en su calidad de Administradora Única de la Sociedad «..........., S.L.» SOCIEDAD UNIPERSONAL

CERTIFICO

Que el Órgano de administración de la mercantil «..........., S.L.» Unipersonal, en cumplimiento de lo dispuesto en el artículo 300 de la Ley de Sociedades de Capital y demás preceptos concordantes del Reglamento del Registro Mercantil, ha emitido con fecha de .... de .... del año dos mil ...., un informe, en relación con la ampliación de capital social con aportaciones no dinerarias, con el objeto de ponerlo a disposición del socio único de la mercantil «..........., S.L.» Unipersonal.

En el mismo se describen con detalle las aportaciones proyectadas, su valoración, la entidad que ha de efectuarlas, el número y valor nominal de las participaciones sociales que hayan de crearse, la cuantía del aumento del capital social y las garantías adoptadas para la efectividad del aumento según la naturaleza de los bienes en que la aportación consista.

ASIMISMO CERTIFICA

Que en ...., el día .... de .... de 20 ...., el socio único «..........., S.L.» representante de la totalidad del capital social, constituido en Junta General de la entidad «..........., S.L.» unipersonal, adoptó las siguientes

DECISIONES

PRIMERA.– AUMENTO DE CAPITAL CON CARGO A APORTACIONES NO DINERARIAS. A propuesta del Órgano de administración, el socio único acuerda ampliar el capital social en la suma de .... euros (...........,00 euros), mediante la creación de .... participaciones sociales, numeradas del .... al .... ambas inclusive, de .... euros de valor nominal cada una de ellas, las cuales participarán de iguales derechos y obligaciones que las ya existentes.

El aumento de capital se realizará con cargo a aportaciones no dinerarias, consistente en un conjunto de inmuebles y ....

De esta manera, el capital social quedará fijado en .... euros (...........) euros, siendo el valor nominal de cada una de las participaciones sociales de .... euro.

SEGUNDA.– APORTACIÓN NO DINERARIA CAPITAL. La totalidad de las participaciones representativas del capital Social ampliado, son íntegramente asumidas y desembolsadas, por el socio único partícipe de la entidad .... S.L. Constituida mediante escritura autorizada por el Notario .... Su NIF es B ....

El citado aportante ha sido titular de la explotación de estos inmuebles junto con el resto de activos, el importe de las subvenciones recibidas imputables a los inmuebles, y el pasivo por efecto impositivo por diferencias temporarias imponibles vinculadas a los inmuebles y subvenciones transmitidos. Los inmuebles se encuentran, sin cargas ni gravámenes, salvo las cargas urbanísticas que se indicarán en el presente acuerdo. Este conjunto de activos se aporta con todas sus licencias y autorizaciones para su continuidad en la explotación de ...., a la entidad mercantil ...., S.L. Sociedad Unipersonal. La mercantil continuará en el ejercicio de las mismas actividades.

La totalidad de los activos aportados se valoran por un total de .... euros (...........,00 euros), correspondientes a aportaciones no dinerarias en su totalidad, e integrados por los siguientes bienes, subvenciones y pasivos por efecto impositivo, que reducirán el valor de los bienes aportados.

INMUEBLES: (descripción)

TERCERA.– VALORACIÓN DE LA APORTACIÓN Y PARTICIPACIONES ATRIBUÍDAS

1. Edificio con elementos de naves, formado por .... parcelas y elementos de construcción, descritos en el acuerdo anterior como inmuebles n° .... valor .... Se le atribuyen .... participaciones, las número ....

2. (...........) Se le atribuyen .... participaciones, las número ....

CUARTA.– AMPLIACIÓN DE CAPITAL DE LA SOCIEDAD. La ampliación de capital de «..........., sociedad limitada» se realizará con cargo a aportaciones no dinerarias, por un importe de .... euros (........... EUROS), con la creación de .... nuevas participaciones sociales, idénticas a las existentes y numeradas del .... al .... ambas inclusive, de .... (...........,00.–) EUROS de valor nominal cada una de ellas, que se asignan al socio único como contravalor de la aportación no dineraria descrita.

QUINTA.– CONSIDERACIÓN COMO APORTACIÓN NO DINERARIA. Se hace constar expresamente que con el presente acuerdo, se ha efectuado una aportación no dineraria, en los términos establecidos en el artículo 87 de la Ley del Impuesto sobre Sociedades, Ley 27/2014.

SEXTA.– ACEPTACIÓN. Aceptar la aportación realizada por el socio único ...., S.L., quien hace entrega y pone a disposición de la sociedad el pleno dominio de la totalidad del patrimonio descrito anteriormente, con todos los usos y derechos a ellos inherentes por un valor total de .... euros, quedando el aportante obligado de evicción y saneamiento conforme a derecho.

La valoración de dicha aportación ha sido efectuada previa consideración detenida de sus circunstancias por el socio único —quien tuvo a su disposición con suficiente antelación el preceptivo informe del órgano de Administración al tiempo de constituirse en Junta—, que la acepta, respondiendo solidariamente frente a la Sociedad y frente a terceros de la realidad de las aportaciones y del valor que se le ha atribuido.

Las participaciones sociales se han atribuido de la siguiente forma: Al socio único la totalidad de las nuevas participaciones, ... nuevas participaciones sociales, idénticas a las existentes y numeradas del .... al .... ambas inclusive, de .... (...........,00.–) EUROS de valor nominal cada una de ellas, las cuales participarán de iguales derechos y obligaciones que las ya existentes.

Las participaciones se asignan del siguiente modo atendiendo a los elementos aportados, procediendo así a la individualización de las participaciones correspondientes a cada uno de los bienes aportados al capital social. (...........)

La titularidad de las nuevas participaciones se ha hecho constar en el Libro Registro de Socios.

SÉPTIMO.– MODIFICACIÓN CONSIGUIENTE DE ESTATUTOS

Como consecuencia de la aportación no dineraria acordada por importe de — euros (........... EUROS), y junto con el acuerdo de modificación del nominal de las participaciones, queda el artículo — de los estatutos sociales con la siguiente redacción:

«ARTÍCULO .... – El capital social se fija en .... euros (........... euros), representado por .... participaciones sociales de .... euros de valor nominal cada una de ellas, numeradas correlativamente del uno al ...., ambos inclusive, totalmente suscrito y desembolsado.

El capital social podrá ser aumentado o reducido por acuerdo de la Junta General de Socios, adoptado con los requisitos legales y estatutarios».

OCTAVA.– MODIFICACIONES ESTATUTARIAS EN LA SOCIEDAD ...., S.L. UNIPERSONAL

Se hace constar expresamente que la única modificación que se produce en los estatutos de la sociedad ...., lo es en su artículo .... relativo al capital social.

NOVENA.– APLICACIÓN DEL RÉGIMEN FISCAL ESTABLECIDO EN EL CAPÍTULO VII, TÍTULO VII DE LA LEY DEL IMPUESTO SOBRE SOCIEDADES. COMUNICACIÓN A LA ADMINISTRACIÓN TRIBUTARIA.–

La aportación no dineraria se efectuará acogiéndose al régimen fiscal especial establecido en el Título VII, Regímenes Tributarios Especiales, Capítulo VII, Régimen especiales de las fusiones, escisiones, aportaciones de activos y canjes de valores, de la Ley del Impuesto sobre Sociedades, al darse las circunstancias para su aplicación.

La correspondiente comunicación, a la Delegación de la Agencia Estatal de la Administración Tributaria, de la opción por el régimen especial, se practicará de acuerdo con lo dispuesto en los artículos 48 y 49 del vigente Reglamento del Impuesto sobre Sociedades.

El socio único y aportante ...., S.L., acuerda igualmente la aplicación del citado régimen especial.

DÉCIMA.– RENUNCIA A LA EXENCIÓN DE IVA

Se hace constar expresamente que «..........., S.L.» unipersonal como adquirente, ha comunicado a «..........., S.L.» con carácter previo a este acuerdo, su condición de sujeto pasivo del Impuesto, que actúa en el ejercicio de sus actividades empresariales y, en función de su destino previsible, tiene derecho a la deducción del Impuesto soportado por las correspondientes adquisiciones. La renuncia se practica por cada operación realizada por «..........., S.L.» como sujeto pasivo.

Por lo anterior, ha sido solicitado por «..........., S.L.» como adquirente, y aceptado por «..........., S.L.» como sujeto pasivo, de tal forma que se renuncia expresamente a la exención del Impuesto sobre el Valor Añadido sobre cada una de las operaciones realizadas sobre los siguientes inmuebles:

DÉCIMO PRIMERA.– FACULTAD PARA ELEVACIÓN A PÚBLICO

Se faculta expresamente al Administrador Único, Doña ...., para que pueda comparecer ante Notario y elevar a público las presentes decisiones del socio único, así como suscribir cuantos documentos públicos y/o privados sean necesarios para la ejecución del anterior acuerdo y su inscripción en el Registro de la Propiedad, en el Registro Mercantil, en la oficina del Catastro, su comunicación a la Delegación de .... de la Agencia Tributaria, así como a cualquier otro organismo o institución sobre la que resulte necesaria la comunicación de esta operación, pudiendo incluso aclarar o subsanar los extremos de este acta.

Que al final de la reunión fue redactada y aprobada el Acta, que fue firmada por el socio único.

Y para que así conste, expido la presente certificación en ...., en el domicilio social y el mismo día que se reseña.

El administrador Único

....

Doña ....

2. DOCUMENTOS NOTARIALES

F411. ESCISIÓN DE RAMA DE ACTIVIDAD CON CREACIÓN DE NUEVA SOCIEDAD, JUNTA UNIVERSAL. ESCRITURA

Normativa de Aplicación: *Arts. 4 y ss. y 58 y ss. de la Ley sobre Modificaciones Estructurales de las Sociedades Mercantiles, introducida por Real Decreto-ley 5/2023, de 28 de junio. Arts. 216 y ss. Real Decreto 1784/1996, de 19 de julio, por el que se aprueba el Reglamento del Registro Mercantil.*

En la Ciudad de ...., mi residencia, a .... de ....

Ante mí, ..., Notario de la Ciudad y del Ilustre Colegio de ....

COMPARECE

Don A, mayor de edad, de nacionalidad española, casado, vecino de ...., con domicilio en ...., núm. ...., con DNI/NIF ....

Le identifico por el documento de identidad exhibido y reseñado.

INTERVIENE

Don A interviene en su calidad de administrador único de la sociedad .... S.L., de nacionalidad española, constituida por tiempo indefinido mediante escritura autorizada por el notario de ...., Don ...., con fecha .... de .... de dos mil ...., número de protocolo .... Domiciliada en ...., calle .... e inscrita en el Registro Mercantil de la provincia de ...., al tomo ...., general ...., folio ...., hoja ...., inscripción .... CIF .... Constituye su objeto social ....

Está legitimado para este otorgamiento en virtud de su expresado cargo de administrador único, que afirma vigente, resultando su nombramiento y aceptación de la escritura otorgada con fecha .... de .... de dos mil ...., ante el notario de ...., Don ...., número de protocolo ...., que causó la inscripción .... en el Registro Mercantil, y por acuerdo de la Junta General Universal de socios celebrada el día .... de .... de dos mil ...., contenido en la certificación que me entrega e incorporo a la presente, expedida por el propio administrador compareciente, cuya firma legitimo por haber sido puesta en mi presencia.

Yo, el Notario, hago constar expresamente que he cumplido con la obligación que impone la ley 10/2010, de 28 de abril, cuyo resultado consta en acta autorizada por el Notario de ...., Don ...., el día ...., en cuanto a «........... S.L.», bajo n° .... de protocolo, manifestando no haberse modificado el contenido de la misma.

Tiene a mi juicio, capacidad y legitimación para otorgar esta escritura de ELEVACIÓN A PUBLICO DE ACUERDOS SOCIALES relativos al acuerdo de escisión parcial con constitución de sociedad, y, al efecto, según interviene

EXPONE

A) Acuerdo de escisión parcial. La Junta Extraordinaria Universal de la entidad mercantil ...., con fecha .... de .... de ...., adoptó los acuerdos que se relacionan en la certificación que me entrega el compareciente y protocolizo en esta matriz, cuyo contenido se da íntegramente por reproducido a todos los efectos en evitación de reiteraciones, entre los que se encuentra la aprobación en todos sus términos del Proyecto de Escisión Parcial redactado y suscrito por el Administrador único de la mercantil .... el .... de .... de ....

Con arreglo al artículo 9 de la Ley de Modificaciones Estructurales de Sociedades Mercantiles, introducida por Real Decreto-Ley 5/23, de 28 de junio, no es necesario publicar o depositar previamente el proyecto, dado que el acuerdo se adoptó en Junta General Universal de fecha .... de .... del ....

Dicho proyecto de escisión me es entregado para que lo deje unido a esta matriz, como así lo hago.

B) Informes y balances. Habida cuenta de que la sociedad parcialmente escindida y la beneficiaria revisten la forma de limitadas y en aplicación del régimen simplificado del artículo 71 de la Ley sobre Modificaciones Estructurales, puesto que la escisión se realiza por constitución de nueva sociedad y las participaciones de esta nueva sociedad que se atribuyen a los socios de la sociedad escindida, lo son en la misma proporción a los derechos que tenían en aquélla, no serán necesarios el informe de expertos independientes, ni el informe del órgano de administración, ni el balance de escisión; no obstante el proyecto incorporado de escisión parcial contiene el listado de elementos de activo y pasivo que componen la unidad económica relativa a la actividad de la sociedad beneficiaria de la nueva creación, ... (nueva sociedad).

C) Publicación de acuerdo. El acuerdo de escisión fue publicado en el Boletín Oficial del Registro Mercantil con fecha .... de .... del ...., y en el diario .... con fecha .... de .... de ...., haciendo constar expresamente el derecho que asiste a los socios y acreedores de la sociedad escindida de obtener el texto íntegro del acuerdo de escisión parcial adoptado, manifestando expresamente el administrador que dicho documento ha estado a disposición de aquéllos; asimismo se hace constar el derecho de oposición a la escisión parcial que asiste a los acreedores en plazo de un mes desde la fecha de publicación del último anuncio.

Fotocopia de las páginas correspondientes de los diarios expresados directamente obtenidos por mí incorporo a la presente de la que formarán parte integrante.

D) Disconformidad de los acreedores. Durante el plazo de un mes, contado desde la fecha del último de los anuncios, (de haberse hecho por escrito, desde el envío de la última comunicación) ningún acreedor (u obligacionista) de las sociedades involucradas ha manifestado su disconformidad con las garantías aportadas. (O en caso de haberla mostrado, debe constar su identificación, el importe de sus créditos, y las garantías prestadas).

E) Inventario de escisión: La parte de patrimonio de la sociedad escindida que se traspasa a la sociedad de nueva constitución, y que forma en sí una unidad económica, son los elementos del activo y del pasivo que constan relacionados en la certificación protocolizada en esta matriz, cuyo contenido aquí se da por íntegramente reproducido a todos los efectos en evitación de reiteraciones, entre cuyos elementos del activo figura la siguiente finca:

URBANA: ....

INSCRIPCIÓN.– Registro de la Propiedad de ...., tomo ...., libro ...., folio ...., finca ....

Título.– Le pertenece a la sociedad parcialmente escindida por escritura de ...., autorizada por el Notario de ...., Don .... con fecha .... de .... de ...., con el número .... de protocolo.

Referencia catastral.– ...., que consta en certificación catastral descriptiva y gráfica obtenida por medios telemáticos que incorporo a la presente.

CARGAS Y GRAVÁMENES. Ante la imposibilidad de acceso directo al folio registral de la finca objeto de esta escritura con arreglo a lo previsto en la normativa vigente, yo, el notario, he accedido, inmediatamente antes de este otorgamiento, a la información registral continuada suministrada a través de la página web registradores.org, y trasladado a papel el resultado de dicha consulta, para su incorporación a la presente. De la misma resulta que la titularidad de la finca es la consignada en la presente escritura; asimismo de dicha nota resulta la finca descrita estar libre de cargas y gravámenes vigentes.

Según manifiestan, la finca descrita está libre de cualesquiera otras cargas y gravámenes. Advierto de la conveniencia de comprobar el estado de cargas, bien mediante certificación del Registro de la Propiedad, bien mediante examen directo de los libros registrales.

Advierto asimismo a los comparecientes de que, sobre la información registral recibida y sobre la manifestación del exponente, prevalecerá, en todo caso, la situación registral de la finca que exista con anterioridad a la presentación de la copia de la presente escritura en el Registro de la Propiedad.

Advierto a los otorgantes de la afección a la cuota tributaria por I.B.I., declarando la parte transmitente que se halla al corriente en el pago, de lo que queda enterada la parte adquirente, relevándome de solicitar información.

A LOS EFECTOS DEL IMPUESTO SOBRE INCREMENTO DE VALOR DE LOS TERRENOS DE NATURALEZA URBANA:

Advierto sobre la obligación de presentar declaración a efectos del Impuesto sobre Incremento de Valor de los Terrenos en plazo de treinta días hábiles. Advierto de la necesidad de justificar haber presentado la autoliquidación o, en su caso, la declaración, del impuesto sobre el Incremento del valor de los terrenos de naturaleza urbana, o la comunicación a que se refiere el Texto Refundido de la Ley Reguladora de las Haciendas

Locales, en el Ayuntamiento competente, a los efectos de su inscripción en el Registro de la Propiedad.

Y expuesto cuanto antecede,

OTORGA

PRIMERO.– ESCISIÓN. En calidad de Administrador Único de mercantil ...., el compareciente ejecuta y eleva a público los acuerdos adoptados el día .... de .... de .... por la Junta General Universal que constan extensamente detallados en la certificación protocolizada en esta matriz, cuyo contenido aquí se da por íntegramente reproducido a todos los efectos y en evitación de reiteraciones, con lo que:

A.– ESCISIÓN PARCIAL Y CONSTITUCIÓN DE LA SOCIEDAD BENEFICIARIA.

1.– De la mercantil ...., que subsiste, se escinde la unidad económica que consta inventariada tanto en el proyecto de escisión parcial como en la certificación, ambos documentos protocolizados en esta matriz y que en lo necesario aquí se dan por reproducidos, patrimonio que se traspasa en bloque y por sucesión universal a la sociedad beneficiaria de nueva creación.

2.– Con los elementos de Activo y Pasivo asociados a dicha unidad económica se constituye y funda en este acto la sociedad beneficiaria que se denomina ...., con domicilio en calle .... número .... de ....; de duración indefinida; que se regirá por los Estatutos, que formando parte de la certificación protocolizada se han incorporado a esta matriz, dándose aquí su contenido por íntegramente reproducido en evitación de repeticiones innecesarias, quedando elevados a escritura pública, previa lectura, aprobación y ratificación de los mismos.

Su capital social es de .... dividido en .... participaciones de .... euros cada una de ellas de valor nominal, numeradas correlativamente del 1 al ...., ambos inclusive, indivisibles y acumulables.

(En su caso) Se crea una prima de emisión que asciende a la cantidad de .... euros, a razón de .... por participación.

Se adjudica el capital social y la referida prima de emisión a los socios de la sociedad escindida en la misma proporción que su participación en el capital social de ésta. La asignación concreta de participaciones a cada uno de los socios se realiza de la siguiente forma:

A Don ...., titular de .... participaciones de la sociedad escindida, por valor nominal de .... euros, se le asignan .... participaciones de la nueva sociedad, números .... al ...., ambos inclusive, por su valor total de .... euros.

A Don ...., titular de .... participaciones de la sociedad escindida, por valor nominal de .... euros, se le asignan .... participaciones de la nueva sociedad, números .... al ...., ambos inclusive, por su valor total de .... euros.

Se designa a su Órgano de Administración, constituido por un administrador único, cargo que será desempeñado, por tiempo indefinido, por .... (el mismo compareciente), cuyas circunstancias de identificación constan en la comparecencia.

Presente en este acto, el Administrador nombrado acepta el cargo y hace constar que no está incurso en ninguna de las prohibiciones, incapacidades e incompatibilidades legalmente establecidas.

(En caso de ser el administrador persona distinta del interviniente, debe comparecer para aceptar el cargo, si no lo ha hecho en la certificación que se incorpora).

El inicio de sus operaciones tendrá lugar el día de hoy, fecha de su constitución.

Registro de la denominación. El señor compareciente me entrega e incorporo certificación del Registro Mercantil Central, Sección de Denominaciones, vigente, que acredita que no figura registrada la denominación elegida para la nueva sociedad.

B) REDUCCIÓN DEL CAPITAL SOCIAL DE LA SOCIEDAD PARCIALMENTE ESCINDIDA.

Reducción de capital: como consecuencia de la escisión que se practica se declara reducido el capital de la entidad ...., en la suma de .... euros, mediante la amortización de .... participaciones, de .... euros de valor nominal cada una de ellas, manteniendo los socios existentes la misma proporción en el capital social y modificándose su numeración para mantenerla correlativa, en los términos que después se dirán.

Hace constar el administrador que la amortización de las mencionadas participaciones se ha hecho constar en el Libro Registro de Socios.

Modificación de estatutos: Se modifica en consecuencia el artículo .... de los Estatutos sociales, cuya redacción en adelante será la que consta en la unida certificación, que se da por reproducida.

Como consecuencia de las anteriores atribuciones, la relación de socios de la sociedad matriz, con la correlativa numeración de participaciones es la siguiente:

Don .... es titular de .... participaciones, de .... euros de valor nominal, números .... al ...., ambos inclusive.

....

SEGUNDO.– DECLARACIONES COMPLEMENTARIAS. El compareciente hace constar:

1.– Que no han sido restringidos los derechos de información de los trabajadores sobre la presente escisión, incluida la información sobre los efectos que dicha escisión pudiera tener sobre el empleo.

2.– Que han sido puestos a disposición de las personas indicadas en el artículo 46 LME y en especial de los trabajadores, los documentos relacionados en el citado artículo.

TERCERO.– ADVERTENCIA. Yo, el Notario, advierto expresamente de que la eficacia de esta escisión quedará sujeta a la inscripción de la misma en el Registro Mercantil.

CUARTO.– RÉGIMEN FISCAL. Esta operación de escisión parcial se acoge al Régimen especial de fusiones, escisiones, aportaciones de activos, canje de valores y cambio de domicilio social de una sociedad Europea o una Sociedad Cooperativa Europea de un Estado miembro a otro de la Unión Europea regulado en el Capítulo VII del Título VII Regímenes tributarios especiales, de la Ley 27/2014, de 27 de noviembre por el que se aprueba la Ley del Impuesto sobre Sociedades.

Y en particular, la operación realizada se enmarca dentro de la definición de escisión parcial que recoge el artículo 76.2.1° b) de la Ley del Impuesto sobre Sociedades.

La operación de escisión parcial se efectúa por motivos y necesidades de reestructuración y racionalización de la actividad, lo que constituye, en los términos previstos en el artículo 89 LIS, un motivo económico válido para posibilitar la aplicación del régimen fiscal referido.

Tal y como preceptúa el artículo 89 LIS, se comunicará al Ministerio de Economía y Hacienda la realización de la presente escisión parcial, en la forma reglamentariamente establecida.

Por otro lado, de acuerdo con lo dispuesto en el artículo 7 de la Ley 37/1992, de 28 de diciembre, del Impuesto sobre el Valor Añadido, esta operación societaria de escisión parcial, se encuentra no sujeta al citado Impuesto.

Asimismo y en atención a lo dispuesto en el artículo 19.2.1° del Texto Refundido de la Ley del Impuesto sobre Transmisiones Patrimoniales y Actos Jurídicos Documentados, aprobado por Decreto Legislativo 1/1993, de 24 de septiembre, la operación societaria descrita se encuentra no sujeta al Impuesto sobre Transmisiones Patrimoniales y Actos Jurídicos Documentados, en su modalidad de Operaciones Societarias.

QUINTO.– SOLICITUD DE INSCRIPCIÓN. De conformidad con lo establecido en la normativa vigente, los señores comparecientes, según intervienen, solicitan expresamente la inscripción total de la presente escritura, o la parcial, en el supuesto de que alguna de sus cláusulas, o de los hechos, actos o negocios jurídicos contenidos en ella y susceptibles de inscripción, adoleciese de algún defecto, a juicio del Registrador, que impida la práctica de la misma.

SEXTO.– PRESENTACIÓN TELEMÁTICA. Con arreglo a lo dispuesto en el Reglamento Notarial procederé a la presentación de esta escritura en los Registros públicos competentes, por vía telemática, diligenciando en la misma las comunicaciones que de aquéllos se reciban.

Protección de datos.– Con relación a los datos de carácter personal que en la presente constan, referidos al compareciente, queda este enterado de que los mismos se incorporan a mis ficheros automatizados, lo que acepta, así como del derecho de oposición, acceso a ellos, rectificación o cancelación de los mismos.

OTORGAMIENTO Y AUTORIZACIÓN

Advierto al compareciente de su derecho a leer por si este instrumento al que renuncia. Yo, el notario, además la leo al compareciente, quien la encuentra conforme, otorga y firma conmigo, el notario, que doy fe en cuanto sea procedente de todo lo consignado en este instrumento público, extendido en .... folios de papel exclusivo para documentos notariales, serie, y números el del presente y anteriores en orden.

F412. ESCISIÓN PARCIAL CON CREACIÓN DE NUEVA SOCIEDAD. ESCRITURA

Normativa de Aplicación: *Arts. 4 y ss. y 58 y ss. de la Ley sobre Modificaciones Estructurales de las Sociedades Mercantiles, introducida por Real Decreto-ley 5/2023, de 28 de junio. Arts. 216 y ss. Real Decreto 1784/1996, de 19 de julio, por el que se aprueba el Reglamento del Registro Mercantil.*

En la Ciudad de ...., mi residencia, a .... de ....

Ante mí, ..., Notario de la Ciudad y del Ilustre Colegio de ....

COMPARECEN

Don 1, mayor de edad, de nacionalidad española, casado, de profesión ...., vecino de ...., con domicilio en ...., núm. ...., con DNI/NIF ....

Don 2, mayor de edad, de nacionalidad española, casado, de profesión ...., vecino de ...., con domicilio en ...., núm. ...., con DNI/NIF ....

Y Don 3, mayor de edad, de nacionalidad española, casado, de profesión ...., vecino de ...., con domicilio en ...., núm. ...., con DNI/NIF ....

(Y los administradores que van a ser nombrados, en caso de aceptar en la escritura pública de escisión).

Les identifico por el documento de identidad exhibido y reseñado.

INTERVIENEN

Don 1 interviene en su calidad de administrador único de la sociedad A S.L., de nacionalidad española, constituida por tiempo indefinido mediante escritura autorizada por el notario de ...., Don ...., con fecha .... de .... de dos mil ...., número de protocolo .... Domiciliada en ...., calle .... e inscrita en el Registro Mercantil de la provincia de ...., al tomo ...., general ...., folio ...., hoja ...., inscripción .... CIF .... Constituye su objeto social ....

Está legitimado para este otorgamiento en virtud de su expresado cargo de administrador único, que afirma vigente, resultando su nombramiento y aceptación de la escritura otorgada con fecha .... de .... de dos mil ...., ante el notario de ...., Don ...., número de protocolo ...., que causó la inscripción .... en el Registro Mercantil, y por acuerdo de la Junta General Extraordinaria de socios celebrada el día .... de .... de dos mil ...., contenido en la certificación que me entrega e incorporo a la presente, expedida por el propio administrador compareciente, cuya firma legitimo por haber sido puesta en mi presencia.

Yo, el Notario, hago constar expresamente que he cumplido con la obligación que impone la ley 10/2010, de 28 de abril, cuyo resultado consta en acta autorizada por el Notario de ...., Don ...., el día ...., en cuanto a «........... S.L.», bajo nº .... de protocolo, manifestando no haberse modificado el contenido de la misma.

Don 2 interviene en su calidad de administrador único de la sociedad B S.L., de nacionalidad española, constituida por tiempo indefinido mediante escritura autorizada por el notario de ...., Don ...., con fecha .... de .... de dos mil ...., número de protocolo .... Domiciliada en ...., calle .... e inscrita en el Registro Mercantil de la provincia de ...., al tomo ...., general ...., folio ...., hoja ...., inscripción .... CIF .... Constituye su objeto social ....

Está legitimado para este otorgamiento en virtud de su expresado cargo de administrador único, que afirma vigente, resultando su nombramiento y aceptación de la escritura otorgada con fecha .... de .... de dos mil ...., ante el notario de ...., Don ...., número de protocolo ...., que causó la inscripción .... en el Registro Mercantil, y por acuerdo de la Junta General Extraordinaria de socios celebrada el día .... de .... de dos mil ...., contenido en la certificación que me entrega e incorporo a la presente, expedida por el propio administrador compareciente, cuya firma legitimo por haber sido puesta en mi presencia.

Yo, el Notario, hago constar expresamente que he cumplido con la obligación que impone la ley 10/2010, de 28 de abril, cuyo resultado consta en acta autorizada por el Notario de ...., Don ...., el día ...., en cuanto a «........... S.L.», bajo nº .... de protocolo, manifestando no haberse modificado el contenido de la misma.

Y Don 3 interviene en su propio nombre y derecho, a efectos de aceptar el cargo de administrador de la nueva sociedad.

(Y restantes administradores de C S.L., si van a aceptar en la escritura de escisión).

Tienen a mi juicio, capacidad y legitimación para otorgar esta escritura de ELEVACIÓN A PUBLICO DE ACUERDOS SOCIALES relativos al acuerdo de escisión parcial y creación de nueva sociedad y, al efecto, según intervienen

EXPONEN

I.– PROYECTO COMÚN DE ESCISIÓN, DEPÓSITO y PUBLICACIÓN. Los administradores de las sociedades A S.L. y B S.L. redactaron y suscribieron un proyecto común de escisión parcial, con fecha de .... Los administradores de ambas sociedades insertaron dicho proyecto común de escisión en sus respectivas páginas WEB, (se puede también depositar un ejemplar en el Registro Mercantil). El hecho de la inserción del proyecto de escisión se publicó en el Boletín Oficial del Registro Mercantil, con expresión de la pagina WEB y de la fecha de la inserción. Yo, el Notario, incorporo a la presente copias, directamente obtenidas por mí, de dichos anuncios de inserción en la respectiva página web de la sociedad, así como del Proyecto Común de Fusión.

(En caso de sociedad sin WEB) Los administradores de las sociedades objeto de esta escritura redactaron y suscribieron un proyecto común de escisión. Un ejemplar de dicho proyecto se publicó en el Registro Mercantil de ....(el correspondiente a cada una de las sociedades), con fecha de ...., publicándose el depósito del mismo en el Boletín Oficial del Registro Mercantil con fecha de .... Incorporo a la presente copia de dicho anuncio de depósito, directamente obtenida por mí, así como del Proyecto Común de Escisión.

II.– BALANCE DE ESCISIÓN. Los administradores de cada una de las sociedades A S.L. y B S.L. formularon sus respectivos balances de escisión, con fecha de .... Dichos balances fueron objeto de verificación por sus respectivos auditores (o no fueron auditados, por no existir obligación legal de hacerlo). (No es necesario formular balance de escisión si se considera para la escisión el último aprobado, siempre que se cerrase en los seis meses anteriores a la fecha del proyecto de escisión). Incorporo a la presente copia de dichos balances de escisión (y del informe de los expertos independientes en su caso).

III.– INFORME DE LOS ADMINISTRADORES. Los administradores de cada una de las sociedades A S.L. y B S.L. elaboraron sendos informes, con fecha ...., respectivamente, que explican y justifican detalladamente el proyecto de escisión en sus aspectos jurídicos y económicos, (en los que consta que han sido emitidos los informes sobre las aportaciones no dinerarias previstas en la normativa vigente para el caso de que las sociedades beneficiarias de la escisión sean anónimas o comanditarias por acciones, así como el Registro Mercantil en que esos informes estén depositados o vayan a depositarse). Incorporo a la presente copia de los mencionados informes.

IV.– INFORME DE EXPERTOS INDEPENDIENTES. (solo si alguna de las sociedades beneficiarias es anónima o comanditaria por acciones y no se haya acordado su innecesariedad). El proyecto de escisión fue objeto de informe, de fecha ...., elaborado por .... (común o por cada sociedad), experto independiente nombrado por resolución del Registrador Mercantil de .... (del domicilio de las sociedades, o de la proyectada), de fecha .... De dicho informe resulta la valoración del patrimonio que se transmite a cada sociedad, así como que el patrimonio que se transfiere a B S.L. no es inferior a su aumento de capital ni el que se transmite a C S.L. es inferior a su capital, que la suma de ambos valores se corresponde con la reducción de capital de A S.L., y la corrección del tipo de cambio propuesto y los métodos seguidos para establecerlo. Incorporo a la presente copia de dichos informes.

V.– ACUERDO DE ESCISIÓN POR LA JUNTA DE LA SOCIEDAD A S.L. Manifiesta el representante de la sociedad que, antes de la convocatoria de la junta que había de decidir sobre la escisión, se puso a disposición de los socios en la página WEB de la sociedad la información prevista en el art. 46 LME (en caso de existir WEB; en caso contrario, se podrá solicitar el examen de dicha documentación en el domicilio social, o solicitar la entrega o envío gratuito de un ejemplar). La junta fue convocada con fecha de .... (un mes mínimo de antelación), con el orden del día que se desprende de la documentación unida. Incorporo a la presente copia, con valor de testimonio, de los anuncios de publicación de la convocatoria de la Junta, así como del orden del día.

La junta se celebró el día .... (dentro de los seis meses siguientes a la fecha del proyecto), y con el voto favorable de .... (al menos dos tercios) por ciento de los votos correspondientes a las participaciones (o acciones, en su caso) en que se divide el capital social, adoptó los siguientes acuerdos:

– Llevar a cabo la escisión parcial de la sociedad A S.L., que subsiste, transmitiendo en bloque dos partes de su patrimonio, cada una de las cuales forma una unidad económica, a la sociedad B S.L. y a la sociedad C S.L., de nueva creación, cuyos estatutos se aprueban; todo según el proyecto presentado por lo administradores.

– Aprobar el balance de escisión.

– Reducir el capital social en la suma de .... euros, mediante la amortización de .... participaciones, de .... euros de valor nominal cada una de ellas, numeradas correlativamente del .... al ...., ambos inclusive, y con la oportuna modificación de los estatutos sociales.

– Designar órgano de administración de C S.L.

– Encomendar al órgano de administración de la sociedad A S.L. la publicación de los acuerdos de escisión y el otorgamiento de la correspondiente escritura pública de escisión.

(En su caso). En la Junta se expresó también el consentimiento individual de los socios a los que posteriormente se atribuyen participaciones de una sola de las sociedades resultantes.

Incorporo a la presente certificación expedida por don ...., administrador único de la sociedad A S.L., de la que resultan los acuerdos adoptados; considero legítima la firma de la misma por haber sido puesta en mi presencia.

VI.– ACUERDO DE ESCISIÓN POR LA JUNTA DE LA SOCIEDAD B S.L. Manifiesta el representante de la sociedad que, antes de la convocatoria de la junta que había de decidir sobre la escisión, se puso a disposición de los socios en la página WEB de la sociedad la información prevista en el art. 46 LME (en caso de existir WEB; en caso contrario, se podrá solicitar el examen de dicha documentación en el domicilio social, o solicitar la entrega o envío gratuito de un ejemplar). La junta fue convocada con fecha de .... (un mes mínimo de antelación), con el orden del día que se desprende de la documentación unida. Incorporo a la presente copia, con valor de testimonio, de los anuncios de publicación de la convocatoria de la Junta, así como del orden del día.

La junta se celebró el día .... (dentro de los seis meses siguientes a la fecha del proyecto), y con el voto favorable de .... (al menos dos tercios) por ciento de los votos correspondientes a las participaciones (o acciones, en su caso) en que se divide el capital social, adoptó los siguientes acuerdos:

– Llevar a cabo la escisión parcial de la sociedad A S.L., que subsiste, transmitiendo en bloque dos partes de su patrimonio, cada una de las cuales forma una unidad económica, a la sociedad B S.L. y a la sociedad C S.L., de nueva creación, cuyos estatutos se aprueban; todo según el proyecto presentado por lo administradores.

– Aprobar el balance de escisión.

– Aumentar el capital social en la suma de .... euros, mediante la creación de .... nuevas participaciones, de .... euros de valor nominal cada una de ellas, numeradas correlativamente del .... al ...., ambos inclusive, con la oportuna modificación de los estatutos sociales.

– Designar órgano de administración de C S.L.

– Encomendar al órgano de administración de la sociedad B S.L. la publicación de los acuerdos de escisión y el otorgamiento de la correspondiente escritura pública de escisión.

Incorporo a la presente certificación expedida por don ...., administrador único de la sociedad B S.L., de la que resultan los acuerdos adoptados; considero legítima la firma de la misma por haber sido puesta en mi presencia.

VII.– PUBLICACIÓN DE LOS ACUERDOS DE ESCISIÓN. Los respectivos acuerdos de escisión fueron publicados en el Boletín Oficial del Registro Mercantil y en un diario de gran circulación en la provincia correspondiente al domicilio de las sociedades A S.L. y B S.L., con fecha de .... En dichos anuncios consta el derecho que asiste a los socios y acreedores de obtener el texto íntegro del acuerdo adoptado y del balance de escisión, así como el derecho de oposición que corresponde a los acreedores, manifestando expresamente los administradores que dichos documentos han estado a disposición de aquéllos. (No es necesaria publicación cuando el acuerdo se comunique a socios y acreedores por un procedimiento que asegure su recepción). Incorporo a la presente copia de dichas publicaciones, directamente obtenidas por mí.

VIII.– DISCONFORMIDAD DE LOS ACREEDORES. Durante el plazo de un mes, contado desde la fecha del último de los anuncios, (de haberse hecho por escrito, desde el envío de la última comunicación) ningún acreedor (u obligacionista) de las sociedades involucradas ha manifestado su disconformidad con las garantías aportadas. (O en caso de haberla mostrado, debe constar su identificación, el importe de sus créditos, y las garantías prestadas).

IX.– INVENTARIO DE A S.L., a transmitir a B S.L. Según su administrador, el patrimonio de la sociedad A S.L., que debe ser objeto de traspaso a la sociedad B S.L., comprende los siguientes bienes, derechos y obligaciones:

– Bienes y derechos: en su caso, con su descripción, cargas, datos registrales y catastrales)

– Obligaciones: ....

X.– INVENTARIO DE A S.L., a transmitir a C S.L. Según su administrador, el patrimonio de la sociedad A S.L., que debe ser objeto de traspaso a la nueva sociedad C S.L., comprende los siguientes bienes, derechos y obligaciones:

– Bienes y derechos: en su caso, con su descripción, cargas, datos registrales y catastrales)

– Obligaciones: ....

XI.– Y, expuesto lo anterior,

OTORGAN

PRIMERO.– ESCISIÓN. La sociedad A S.L., que subsiste, escinde de su patrimonio dos partes, cada una de las cuales constituye una unidad económica, con transmisión en bloque de las mismas a las sociedades B S.L. y C S.L. respectivamente.

SEGUNDO.– CONSTITUCIÓN DE LA SOCIEDAD C S.L. Se constituye en este acto la entidad C S.L., que se regirá por los estatutos que los comparecientes me entregan, como parte de las certificaciones incorporadas, y quedan unidos a esta escritura. Igualmente me entregan certificación expedida por el Registro Mercantil Central, vigente, que acredita que no figura registrada la denominación elegida. Incorporo dicha certificación a la presente matriz.

Dicha sociedad se constituye con carácter indefinido, y un capital de .... euros, dividido en .... participaciones de .... euros de valor nominal cada una de ellas, numeradas, correlativamente, del 1 al ...., ambos inclusive.

TERCERO.– AUMENTO DE CAPITAL DE B S.L. La sociedad B S.L. aumenta su capital en la suma de .... euros, mediante la creación de .... nuevas participaciones sociales, de .... euros de valor nominal cada una de ellas, numeradas, correlativamente, del .... al ...., ambos inclusive.

Como consecuencia de lo anterior queda modificado el artículo .... de los estatutos sociales, en los términos que resultan de la certificación que se incorpora, y que se dan por reproducidos para evitar repeticiones innecesarias.

Manifiesta el administrador de la sociedad B S.L. que la asignación de las nuevas participaciones se ha hecho constar en el Libro Registro de Socios.

CUARTO.– REDUCCIÓN DE CAPITAL DE A S.L. La sociedad A S.L. reduce su capital en la suma de .... euros, mediante la amortización de .... participaciones sociales, de .... euros de valor nominal cada una de ellas, por el siguiente procedimiento:

– Se extinguen .... participaciones, de .... de valor nominal cada una de ellas, correspondientes a los socios que dejan de tener participaciones en la sociedad A S.L.

– Permanecen invariables .... participaciones, de .... de valor nominal cada una de ellas, correspondientes a los socios que mantienen participación en la sociedad A S.L., si bien se modifica su numeración para conservarla correlativa, en los términos que después se indicarán.

Manifiesta el administrador de la sociedad A S.L. que la amortización de las mencionadas participaciones se ha hecho constar en el Libro Registro de Socios.

Como consecuencia de lo anterior queda modificado el artículo .... de los estatutos sociales, en los términos que resultan de la certificación que se incorpora, y que se dan por reproducidos para evitar repeticiones innecesarias.

QUINTO.– TRASPASO PATRIMONIAL. Se traspasa en bloque a la sociedad B S.L. y a la nueva sociedad C S.L. las dos partes del patrimonio de la sociedad A S.L., según los inventarios relacionados a los números IX y X del expositivo. A partir de la fecha de ...., las operaciones de las sociedades B S.L. y C S.L. respecto de los referidos bloques patrimoniales, se considerarán realizadas a efectos contables como independientes.

SEXTO.– ATRIBUCIÓN DE PARTICIPACIONES A LOS SOCIOS. Las nuevas participaciones de la sociedad B S.L. y C S.L. se asignan a los socios de la sociedad A S.L. de acuerdo con las bases de la escisión:

– Permanencia en la sociedad. Continuarán exclusivamente como socios de A S.L., sin merma del valor nominal de sus participaciones, pero sin percibir participaciones de la sociedad escindida, los socios de la sociedad matriz que prestaron su consentimiento a tal permanencia, de acuerdo con las bases de la escisión, titulares de .... participaciones sociales.

– A los socios que prestaron su consentimiento a la asignación de participaciones de una sola sociedad, en la proporción de .... participaciones de B S.L., por cada .... de A S.L. (o .... participaciones de C S.L. por cada .... de A S.L.).

– A todos los demás, en la proporción de .... participaciones de B S.L., y .... de C S.L., por cada .... de A S.L.

La asignación concreta de participaciones a cada uno de los socios se realiza de la siguiente forma:

A Don 4, titular de .... participaciones de la sociedad A S.L., por valor nominal de .... euros, se le asignan .... participaciones de la sociedad B S.L., números .... al ...., ambos inclusive, por su valor total de .... euros.

A Don 5 ...., titular de .... participaciones de la sociedad A S.L., por valor nominal de .... euros, se le asignan .... participaciones de la nueva sociedad C S.L., números .... al ...., ambos inclusive, por su valor total de .... euros.

A Don 6, ...

Como consecuencia de las anteriores atribuciones, la relación de socios de A S.L. es la siguiente:

Don .... es titular de .... participaciones, de .... euros de valor nominal, números .... al ...., ambos inclusive.

....

Como consecuencia de las anteriores atribuciones, la relación de socios de B S.L. es la siguiente:

Don .... es titular de .... participaciones, de .... euros de valor nominal, números .... al ...., ambos inclusive.

....

Como consecuencia de las anteriores atribuciones, la relación de socios de C S.L. es la siguiente:

Don .... es titular de .... participaciones, de .... euros de valor nominal, números .... al ...., ambos inclusive.

....

SÉPTIMO.– NOMBRAMIENTO DE CARGOS DE LA SOCIEDAD C S.L. Los comparecientes señalan que el sistema inicial de administración de la sociedad C S.L. será el de un Consejo de Administración (o cualquier otro de los previstos estatutariamente).

Nombran administradores de la sociedad, que aceptan el cargo, constituyen el consejo de administración y llevan a cabo la siguiente distribución de cargos, que aceptan:

Presidente: Don ....

Secretario: Don ....

Vocales: Don ....

Los nombramientos se hacen por plazo indefinido (o determinado, dentro de la norma estatutaria). Manifiestan los nombrados que no están incursos en ninguna de las incompatibilidades que establece la legislación vigente.

(salvo que la aceptación, distribución de cargos y manifestaciones sobre incompatibilidad se hayan hecho en las dos juntas que adoptaron los acuerdos e hicieron los nombramientos, deben comparecer los administradores de C S.L.).

OCTAVO.– ADVERTENCIA. Yo, el Notario, advierto expresamente de que la eficacia de esta escisión quedará sujeta a la inscripción de la misma en el Registro Mercantil.

NOVENO.– RÉGIMEN FISCAL. Esta operación de escisión parcial se acoge al Régimen especial de fusiones, escisiones, aportaciones de activos, canje de valores y cambio de domicilio social de una sociedad Europea o una Sociedad Cooperativa Europea de un Estado miembro a otro de la Unión Europea regulado en el Capítulo VII del Título VII Regímenes tributarios especiales, de la Ley 27/2014, de 27 de noviembre por el que se aprueba la Ley del Impuesto sobre Sociedades.

Y en particular, la operación realizada se enmarca dentro de la definición de escisión parcial que recoge el artículo 76.2.1° b) de la Ley del Impuesto sobre Sociedades.

La operación de escisión parcial se efectúa por motivos y necesidades de reestructuración y racionalización de la actividad, lo que constituye, en los términos previstos en el artículo 89 LIS, un motivo económico válido para posibilitar la aplicación del régimen fiscal referido.

Tal y como preceptúa el artículo 89 LIS, se comunicará al Ministerio de Economía y Hacienda la realización de la presente escisión parcial, en la forma reglamentariamente establecida.

Por otro lado, de acuerdo con lo dispuesto en el artículo 7 de la Ley 37/1992, de 28 de diciembre, del Impuesto sobre el Valor Añadido, esta operación societaria de escisión parcial, se encuentra no sujeta al citado Impuesto.

Asimismo y en atención a lo dispuesto en el artículo 19.2.1° del Texto Refundido de la Ley del Impuesto sobre Transmisiones Patrimoniales y Actos Jurídicos Documentados, aprobado por Decreto Legislativo 1/1993, de 24 de septiembre, la operación societaria descrita se encuentra no sujeta al Impuesto sobre Transmisiones Patrimoniales y Actos Jurídicos Documentados, en su modalidad de Operaciones Societarias.

DÉCIMO.– SOLICITUD DE INSCRIPCIÓN. De conformidad con lo establecido en la normativa vigente, los señores comparecientes, según intervienen, solicitan expresamente la inscripción total de la presente escritura, o la parcial, en el supuesto de que alguna de sus cláusulas, o de los hechos, actos o negocios jurídicos contenidos en ella y susceptibles de inscripción, adoleciese de algún defecto, a juicio del Registrador, que impida la práctica de la misma.

UNDÉCIMO.– PRESENTACIÓN TELEMÁTICA. Con arreglo a lo dispuesto en el Reglamento Notarial procederé a la presentación de esta escritura en los Registros públicos competentes, por vía telemática, diligenciando en la misma las comunicaciones que de aquéllos se reciban.

Protección de datos.– Con relación a los datos de carácter personal que en la presente constan, referidos al compareciente, queda este enterado de que los mismos se incorporan a mis ficheros automatizados, lo que acepta, así como del derecho de oposición, acceso a ellos, rectificación o cancelación de los mismos.

OTORGAMIENTO Y AUTORIZACIÓN

Advierto al compareciente de su derecho a leer por si este instrumento al que renuncia. Yo, el notario, además la leo al compareciente, quien la encuentra conforme, otorga y firma conmigo, el notario, que doy fe en cuanto sea procedente de todo lo consignado en este instrumento público, extendido en .... folios de papel exclusivo para documentos notariales, serie, y números el del presente y anteriores en orden.

F413. ESCISIÓN TOTAL CON CREACIÓN DE NUEVA SOCIEDAD. ESCRITURA

Normativa de Aplicación: *Arts. 4 y ss. y 58 y ss. de la Ley sobre Modificaciones Estructurales de las Sociedades Mercantiles, introducida por Real Decreto-ley 5/2023, de 28 de junio. Arts. 216 y ss. Real Decreto 1784/1996, de 19 de julio, por el que se aprueba el Reglamento del Registro Mercantil.*

En la Ciudad de ...., mi residencia, a .... de ....

Ante mí, ..., Notario de la Ciudad y del Ilustre Colegio de ....

COMPARECEN

Don 1, mayor de edad, de nacionalidad española, casado, de profesión ...., vecino de ...., con domicilio en ...., núm. ...., con DNI/NIF ....

Don 2, mayor de edad, de nacionalidad española, casado, de profesión ...., vecino de ...., con domicilio en ...., núm. ...., con DNI/NIF ....

Y Don 3, mayor de edad, de nacionalidad española, casado, de profesión ...., vecino de ...., con domicilio en ...., núm. ...., con DNI/NIF ....

(Y los demás administradores que van a ser nombrados en la nueva sociedad, en caso de aceptar en la escritura pública de escisión).

Les identifico por el documento de identidad exhibido y reseñado.

INTERVIENEN

Don 1 interviene en su calidad de administrador único de la sociedad A S.L., de nacionalidad española, constituida por tiempo indefinido mediante escritura autorizada por el notario de ...., Don ...., con fecha .... de .... de dos mil ...., número de protocolo .... Domiciliada en ...., calle .... e inscrita en el Registro Mercantil de la provincia de ...., al tomo ...., general ...., folio ...., hoja ...., inscripción .... CIF .... Constituye su objeto social ....

Está legitimado para este otorgamiento en virtud de su expresado cargo de administrador único, que afirma vigente, resultando su nombramiento y aceptación de la escritura otorgada con fecha .... de .... de dos mil ...., ante el notario de ...., Don ...., número de protocolo ...., que causó la inscripción .... en el Registro Mercantil, y por acuerdo de la Junta General Extraordinaria de socios celebrada el día .... de .... de dos mil ...., contenido en la certificación que me entrega e incorporo a la presente, expedida por el propio administrador compareciente, cuya firma legitimo por haber sido puesta en mi presencia.

Yo, el Notario, hago constar expresamente que he cumplido con la obligación que impone la ley 10/2010, de 28 de abril, cuyo resultado consta en acta autorizada por el Notario de ...., Don ...., el día ...., en cuanto a «........... S.L.», bajo n° .... de protocolo, manifestando no haberse modificado el contenido de la misma.

Don 2 interviene en su calidad de administrador único de la sociedad B S.L., de nacionalidad española, constituida por tiempo indefinido mediante escritura autorizada por el notario de ...., Don ...., con fecha .... de .... de dos mil ...., número de protocolo .... Domiciliada en ...., calle .... e inscrita en el Registro Mercantil de la provincia de ...., al tomo ...., general ...., folio ...., hoja ...., inscripción .... CIF .... Constituye su objeto social ....

Está legitimado para este otorgamiento en virtud de su expresado cargo de administrador único, que afirma vigente, resultando su nombramiento y aceptación de la escritura otorgada con fecha .... de .... de dos mil ...., ante el notario de ...., Don ...., número de protocolo ...., que causó la inscripción .... en el Registro Mercantil, y por acuerdo de la Junta General Extraordinaria de socios celebrada el día .... de .... de dos mil ...., contenido en la certificación que me entrega e incorporo a la presente, expedida por el propio administrador compareciente, cuya firma legitimo por haber sido puesta en mi presencia.

Yo, el Notario, hago constar expresamente que he cumplido con la obligación que impone la ley 10/2010, de 28 de abril, cuyo resultado consta en acta autorizada por el Notario de ...., Don ...., el día ...., en cuanto a «........... S.L.», bajo nº .... de protocolo, manifestando no haberse modificado el contenido de la misma.

Y Don 3 interviene en su propio nombre y derecho, a efectos de aceptar el cargo de administrador de la nueva sociedad.

(Y restantes administradores de C S.L., si van a aceptar en la escritura de escisión).

Tienen a mi juicio, capacidad y legitimación para otorgar esta escritura de ELEVACIÓN A PUBLICO DE ACUERDOS SOCIALES relativos al acuerdo de extinción por escisión y creación de nueva sociedad y, al efecto, según intervienen

EXPONEN

I.– PROYECTO COMÚN DE ESCISIÓN, DEPOSITO y PUBLICACIÓN. Los administradores de las sociedades A S.L. y B S.L. redactaron y suscribieron un proyecto común de escisión total, con fecha de .... Los administradores de ambas sociedades insertaron dicho proyecto común de escisión en sus respectivas páginas WEB, (se puede también depositar un ejemplar en el Registro Mercantil). El hecho de la inserción del proyecto de escisión se publicó en el Boletín Oficial del Registro Mercantil, con expresión de la pagina WEB y de la fecha de la inserción. Yo, el Notario, incorporo a la presente copias, directamente obtenidas por mí, de dichos anuncios de inserción en la respectiva página web de la sociedad, así como del Proyecto Común de Escisión.

(En caso de sociedad sin WEB) Los administradores de las sociedades objeto de esta escritura redactaron y suscribieron un proyecto común de escisión. Un ejemplar de dicho proyecto se publicó en el Registro Mercantil de .... (el correspondiente a cada una de las sociedades), con fecha de ...., publicándose el depósito del mismo en el Boletín Oficial del Registro Mercantil con fecha de .... Incorporo a la presente copia de dicho anuncio de depósito, directamente obtenida por mí, así como del Proyecto Común de Escisión.

II.– BALANCE DE ESCISIÓN. Los administradores de cada una de las sociedades A S.L. y B S.L. formularon sus respectivos balances de escisión, con fecha de .... Dichos balances fueron objeto de verificación por sus respectivos auditores (o no fueron auditados, por no existir obligación legal de hacerlo). (No es necesario formular balance de escisión si se considera para la escisión el último aprobado, siempre que se cerrase en los seis meses anteriores a la fecha del proyecto de escisión). Incorporo a la presente copia de dichos balances de escisión (y del informe de los expertos independientes en su caso).

III.– INFORME DE LOS ADMINISTRADORES. Los administradores de cada una de las sociedades A S.L. y B S.L. elaboraron sendos informes, con fecha ...., respectivamente, que explican y justifican detalladamente el proyecto de escisión en sus aspectos jurídicos y económicos, (en los que consta que han sido emitidos los informes sobre las aportaciones no dinerarias previstas en la normativa vigente para el caso de que las sociedades beneficiarias de la escisión sean anónimas o comanditarias por acciones, así como el Registro Mercantil en que esos informes estén depositados o vayan a depositarse). Incorporo a la presente copia de los mencionados informes.

IV.– INFORME DE EXPERTOS INDEPENDIENTES. (solo si alguna de las sociedades beneficiarias es anónima o comanditaria por acciones y no se haya acordado su innecesariedad). El proyecto de escisión fue objeto de informe, de fecha ...., elaborado por .... (común o por cada sociedad), experto independiente nombrado por resolución del Registrador Mercantil de .... (del domicilio de las sociedades, o de la proyectada), de fecha .... De dicho informe resulta la valoración del patrimonio que se transmite a cada sociedad, así como que el patrimonio que se transfiere a cada una no es inferior al capital aumentado o al nuevo capital, respectivamente, y la corrección del tipo de cambio propuesto y los métodos seguidos para establecerlo. Incorporo a la presente copia de dichos informes.

V.– ACUERDO DE ESCISIÓN POR LA JUNTA DE LA SOCIEDAD A S.L. Manifiesta el representante de la sociedad que, antes de la convocatoria de la junta que había de decidir sobre la escisión, se puso a disposición de los socios en la página WEB de la sociedad la información prevista en el art. 46 LME (en caso de existir WEB; en caso contrario, se podrá solicitar el examen de dicha documentación en el domicilio social, o solicitar la entrega o envío gratuito de un ejemplar). La junta fue convocada con fecha de .... (un mes mínimo de antelación), con el orden del día que se desprende de la documentación unida. Incorporo a la presente copia, con valor de testimonio, de los anuncios de publicación de la convocatoria de la Junta, así como del orden del día.

La junta se celebró el día .... (dentro de los seis meses siguientes a la fecha del proyecto), y con el voto favorable de .... (al menos dos tercios) por ciento de los votos correspondientes a las participaciones (o acciones, en su caso) en que se divide el capital social, adoptó los siguientes acuerdos:

– Llevar a cabo la escisión total de la sociedad A S.L., con división de todo su patrimonio en dos partes, una de las cuales se transmite en bloque a la sociedad preexistente B S.L., y la otra a la constitución de la sociedad de nueva creación C S.L., cuyos estatutos se aprueban; todo según el proyecto presentado por lo administradores.

– Aprobar el balance de escisión.

– Designar órgano de administración de C S.L.

– Encomendar al órgano de administración de la sociedad A S.L. la publicación de los acuerdos de escisión y el otorgamiento de la correspondiente escritura pública de escisión.

(En su caso). En la Junta se expresó también el consentimiento individual de los socios a los que posteriormente se atribuyen participaciones de una sola de las sociedades resultantes.

Incorporo a la presente certificación expedida por don ...., administrador único de la sociedad A S.L., de la que resultan los acuerdos adoptados; considero legítima la firma de la misma por haber sido puesta en mi presencia.

VI.– ACUERDO DE ESCISIÓN POR LA JUNTA DE LA SOCIEDAD B S.L. Manifiesta el representante de la sociedad que, antes de la convocatoria de la junta que había de decidir sobre la escisión, se puso a disposición de los socios en la página WEB de la sociedad la información prevista en el art. 46 LME (en caso de existir WEB; en caso contrario, se podrá solicitar el examen de dicha documentación en el domicilio social, o solicitar la entrega o envío gratuito de un ejemplar). La junta fue convocada con fecha de .... (un mes mínimo de antelación), con el orden del día que se desprende de la documentación unida. Incorporo a la presente copia, con valor de testimonio, de los anuncios de publicación de la convocatoria de la Junta, así como del orden del día.

La junta se celebró el día .... (dentro de los seis meses siguientes a la fecha del proyecto), y con el voto favorable de .... (al menos dos tercios) por ciento de los votos correspondientes a las participaciones (o acciones, en su caso) en que se divide el capital social, adoptó los siguientes acuerdos:

– Llevar a cabo la escisión total de la sociedad A S.L., con división de todo su patrimonio en dos partes, una de las cuales se transmite en bloque a la sociedad preexistente B S.L., y la otra a la constitución de la sociedad de nueva creación C S.L., cuyos estatutos se aprueban; todo según el proyecto presentado por lo administradores.

– Aprobar el balance de escisión.

– Aumentar el capital social en la suma de .... euros, mediante la creación de .... nuevas participaciones, de .... euros de valor nominal cada una de ellas, numeradas correlativamente del .... al ...., ambos inclusive, con la oportuna modificación de los estatutos sociales.

– Designar órgano de administración de C S.L.

– Encomendar al órgano de administración de la sociedad B S.L. la publicación de los acuerdos de escisión y el otorgamiento de la correspondiente escritura pública de escisión.

Incorporo a la presente certificación expedida por don ...., administrador único de la sociedad B S.L., de la que resultan los acuerdos adoptados; considero legítima la firma de la misma por haber sido puesta en mi presencia.

VII.– PUBLICACIÓN DE LOS ACUERDOS DE ESCISIÓN. Los respectivos acuerdos de escisión fueron publicados en el Boletín Oficial del Registro Mercantil y en un diario de gran circulación en la provincia correspondiente al domicilio de las sociedades A S.L. y B S.L., con fecha de .... En dichos anuncios consta el derecho que asiste a los socios y acreedores de obtener el texto íntegro del acuerdo adoptado y del balance de escisión, así como el derecho de oposición que corresponde a los acreedores, manifestando expresamente los administradores que dichos documentos han estado a disposición de aquéllos. (No es necesaria publicación cuando el acuerdo se comunique a socios y acreedores por un procedimiento que asegure su recepción). Incorporo a la presente copia de dichas publicaciones, directamente obtenidas por mí.

VIII.– DISCONFORMIDAD DE LOS ACREEDORES. Durante el plazo de un mes, contado desde la fecha del último de los anuncios, (de haberse hecho por escrito, desde el envío de la última comunicación) ningún acreedor (u obligacionista) de las sociedades involucradas ha manifestado su disconformidad con las garantías aportadas. (O en caso de haberla mostrado, debe constar su identificación, el importe de sus créditos, y las garantías prestadas).

IX.– INVENTARIO DE A S.L., a transmitir a B S.L. Según su administrador, el patrimonio de la sociedad A S.L., que debe ser objeto de traspaso a la sociedad B S.L., comprende los siguientes bienes, derechos y obligaciones:

– Bienes y derechos: en su caso, con su descripción, cargas, datos registrales y catastrales)

– Obligaciones: ....

X.– INVENTARIO DE A S.L., a transmitir a C S.L. Según su administrador, el patrimonio de la sociedad A S.L., que debe ser objeto de traspaso a la nueva sociedad C S.L., comprende los siguientes bienes, derechos y obligaciones:

– Bienes y derechos: en su caso, con su descripción, cargas, datos registrales y catastrales)

– Obligaciones: ....

XI.– Y, expuesto lo anterior,

OTORGAN

PRIMERO.– ESCISIÓN. La sociedad A S.L. se extingue, escindiéndose una parte de su patrimonio a favor de la sociedad B S.L., y la otra parte para la creación de la nueva sociedad C S.L.

SEGUNDO.– CONSTITUCIÓN DE LA SOCIEDAD C S.L. Se constituye en este acto la entidad C S.L., que se regirá por los estatutos que los comparecientes me entregan, como parte de las certificaciones incorporadas, y quedan unidos a esta escritura. Igualmente me entregan certificación expedida por el Registro Mercantil Central, vigente, que acredita que no figura registrada la denominación elegida. Incorporo dicha certificación a la presente matriz.

Dicha sociedad se constituye por tiempo indefinido, con un capital de .... euros, dividido en .... participaciones de .... euros de valor nominal cada una de ellas, numeradas, correlativamente, del 1 al ...., ambos inclusive.

TERCERO.– AUMENTO DE CAPITAL DE B S.L. La sociedad B S.L. aumenta su capital en la suma de .... euros, mediante la creación de .... nuevas participaciones sociales, de .... euros de valor nominal cada una de ellas, numeradas, correlativamente, del .... al ...., ambos inclusive.

Como consecuencia de lo anterior queda modificado el artículo .... de los estatutos sociales, en los términos que resultan de la certificación que se incorpora, y que se dan por reproducidos para evitar repeticiones innecesarias.

Manifiesta el administrador de la sociedad B S.L. que la asignación de las nuevas participaciones se ha hecho constar en el Libro Registro de Socios.

CUARTO.– TRASPASO PATRIMONIAL. Se traspasa en bloque a la sociedad B S.L. y a la nueva sociedad C S.L. el patrimonio de la sociedad A S.L., según los inventarios relacionados a los números IX y X del expositivo, respectivamente. A partir de la fecha de ...., las operaciones de estas sociedades se considerarán realizadas a efectos contables como independientes.

QUINTO.– ATRIBUCIÓN DE PARTICIPACIONES A LOS SOCIOS. Las nuevas participaciones creadas en la sociedad B S.L. y C S.L. se asignan a los socios de la sociedad extinguida de acuerdo con las bases de la escisión:

– A los socios que prestaron su consentimiento a la asignación de participaciones de una sola sociedad, en la proporción de .... participaciones de B S.L., por cada .... de A S.L. (o .... participaciones de C S.L. por cada .... de A S.L.).

– A todos los demás, en la proporción de .... participaciones de B S.L., y .... de C S.L., por cada .... de A S.L.

La asignación concreta de participaciones a cada uno de los socios se realiza de la siguiente forma:

A Don 4, titular de .... participaciones de la sociedad A S.L., por valor nominal de .... euros, se le asignan .... participaciones de la sociedad B S.L., números .... al ...., ambos inclusive, por su valor total de .... euros.

A Don 5 ...., titular de .... participaciones de la sociedad A S.L., por valor nominal de .... euros, se le asignan .... participaciones de la nueva sociedad C S.L., números .... al ...., ambos inclusive, por su valor total de .... euros.

A Don 6, ...

SEXTO.– NOMBRAMIENTO DE CARGOS DE LA SOCIEDAD C S.L. Los comparecientes señalan que el sistema inicial de administración de la sociedad C S.L. será el de un Consejo de Administración (o cualquier otro de los previstos estatutariamente).

Nombran administradores de la sociedad, que aceptan el cargo, constituyen el consejo de administración y llevan a cabo la siguiente distribución de cargos, que aceptan:

Presidente: Don ....

Secretario: Don ....

Vocales: Don ....

Los nombramientos se hacen por plazo indefinido (o determinado, dentro de la norma estatutaria). Manifiestan los nombrados que no están incursos en ninguna de las incompatibilidades que establece la legislación vigente.

(salvo que la aceptación, distribución de cargos y manifestaciones sobre incompatibilidad se hayan hecho en las dos juntas que adoptaron los acuerdos e hicieron los nombramientos, deben comparecer los administradores de C S.L.).

SÉPTIMO.– ADVERTENCIA. Yo, el Notario, advierto expresamente de que la eficacia de esta escisión quedará sujeta a la inscripción de la misma en el Registro Mercantil.

OCTAVO.– RÉGIMEN FISCAL. Esta operación de escisión total se acoge al Régimen especial de fusiones, escisiones, aportaciones de activos, canje de valores y cambio de domicilio social de una sociedad Europea o una Sociedad Cooperativa Europea de un Estado miembro a otro de la Unión Europea regulado en el Capítulo VII del Título VII Regímenes tributarios especiales, de la Ley 27/2014, de 27 de noviembre por el que se aprueba la Ley del Impuesto sobre Sociedades.

Y en particular, la operación realizada se enmarca dentro de la definición de escisión total que recoge el artículo 76.2.1°a) de la Ley del Impuesto sobre Sociedades.

La operación de escisión total se efectúa por motivos y necesidades de reestructuración y racionalización de la actividad, lo que constituye, en los términos previstos en el artículo 89 LIS, un motivo económico válido para posibilitar la aplicación del régimen fiscal referido.

Tal y como preceptúa el artículo 89 LIS, se comunicará al Ministerio de Economía y Hacienda la realización de la presente escisión total, en la forma reglamentariamente establecida.

Por otro lado, de acuerdo con lo dispuesto en el artículo 7 de la Ley 37/1992, de 28 de diciembre, del Impuesto sobre el Valor Añadido, esta operación societaria de escisión total, se encuentra no sujeta al citado Impuesto.

Asimismo y en atención a lo dispuesto en el artículo 19.2.1° del Texto Refundido de la Ley del Impuesto sobre Transmisiones Patrimoniales y Actos Jurídicos Documentados, aprobado por Decreto Legislativo 1/1993, de 24 de septiembre, la operación societaria descrita se encuentra no sujeta al Impuesto sobre Transmisiones Patrimoniales y Actos Jurídicos Documentados, en su modalidad de Operaciones Societarias.

NOVENO.– SOLICITUD DE INSCRIPCIÓN. De conformidad con lo establecido en la normativa vigente, los señores comparecientes, según intervienen, solicitan expresamente la inscripción total de la presente escritura, o la parcial, en el supuesto de que alguna de sus cláusulas, o de los hechos, actos o negocios jurídicos contenidos en ella y susceptibles de inscripción, adoleciese de algún defecto, a juicio del Registrador, que impida la práctica de la misma.

DÉCIMO.– PRESENTACIÓN TELEMÁTICA. Con arreglo a lo dispuesto en el Reglamento Notarial procederé a la presentación de esta escritura en los Registros públicos competentes, por vía telemática, diligenciando en la misma las comunicaciones que de aquéllos se reciban.

Protección de datos.– Con relación a los datos de carácter personal que en la presente constan, referidos al compareciente, queda este enterado de que los mismos se incorporan

a mis ficheros automatizados, lo que acepta, así como del derecho de oposición, acceso a ellos, rectificación o cancelación de los mismos.

OTORGAMIENTO Y AUTORIZACIÓN

Advierto al compareciente de su derecho a leer por si este instrumento al que renuncia. Yo, el notario, además la leo al compareciente, quien la encuentra conforme, otorga y firma conmigo, el notario, que doy fe en cuanto sea procedente de todo lo consignado en este instrumento público, extendido en .... folios de papel exclusivo para documentos notariales, serie, y números el del presente y anteriores en orden.

F414. FUSIÓN POR ABSORCIÓN. ESCRITURA

Normativa de Aplicación: *Arts. 4 y ss. y 33 y ss. Ley sobre Modificaciones Estructurales de las Sociedades Mercantiles, introducida por Real Decreto-ley 5/2023, de 28 de junio. Arts. 216 y ss. Real Decreto 1784/1996, de 19 de julio, por el que se aprueba el Reglamento del Registro Mercantil.*

En la Ciudad de ...., mi residencia, a .... de ....

Ante mí, ..., Notario de la Ciudad y del Ilustre Colegio de ....

COMPARECEN

Don ...., mayor de edad, de nacionalidad española, casado, de profesión ...., vecino de ...., con domicilio en ...., núm. ...., con DNI/NIF ....

Y Don ...., mayor de edad, de nacionalidad española, casado, de profesión ...., vecino de ...., con domicilio en ...., núm. ...., con DNI/NIF ....

Les identifico por el documento de identidad exhibido y reseñado.

INTERVIENEN

Don .... interviene en su calidad de administrador único de la sociedad A S.L. (sociedad absorbente), de nacionalidad española, constituida por tiempo indefinido mediante escritura autorizada por el notario de ...., Don ...., con fecha .... de .... de dos mil ...., número de protocolo .... Domiciliada en ...., calle .... e inscrita en el Registro Mercantil de la provincia de ...., al tomo ...., general ...., folio ...., hoja ...., inscripción .... CIF .... Constituye su objeto social ....

Está legitimado para este otorgamiento en virtud de su expresado cargo de administrador único, que afirma vigente, resultando su nombramiento y aceptación de la escritura otorgada con fecha .... de .... de dos mil ...., ante el notario de ...., Don ...., número de protocolo ...., que causó la inscripción .... en el Registro Mercantil, y por acuerdo de la Junta General Extraordinaria de socios celebrada el día .... de .... de dos mil ...., contenido en la certificación que me entrega e incorporo a la presente, expedida por el propio administrador compareciente, cuya firma legitimo por haber sido puesta en mi presencia.

Yo, el Notario, hago constar expresamente que he cumplido con la obligación que impone la ley 10/2010, de 28 de abril, cuyo resultado consta en acta autorizada por el Notario de ...., Don ...., el día ...., en cuanto a «........... S.L.», bajo n° .... de protocolo, manifestando no haberse modificado el contenido de la misma.

Y Don .... interviene en su calidad de administrador único de la sociedad B S.L. (sociedad absorbida), de nacionalidad española, constituida por tiempo indefinido mediante escritura autorizada por el notario de ...., Don ...., con fecha .... de .... de dos mil ...., número de protocolo .... Domiciliada en ...., calle .... e inscrita en el Registro Mercantil de la provincia de ...., al tomo ...., general ...., folio ...., hoja ...., inscripción .... CIF .... Constituye su objeto social ....

Está legitimado para este otorgamiento en virtud de su expresado cargo de administrador único, que afirma vigente, resultando su nombramiento y aceptación de la escritura otorgada con fecha .... de .... de dos mil ...., ante el notario de ...., Don ...., número de protocolo ...., que causó la inscripción .... en el Registro Mercantil, y por acuerdo de la Junta General Extraordinaria de socios celebrada el día .... de .... de dos mil ...., contenido en la certificación que me entrega e incorporo a la presente, expedida por el propio administrador compareciente, cuya firma legitimo por haber sido puesta en mi presencia.

Yo, el Notario, hago constar expresamente que he cumplido con la obligación que impone la ley 10/2010, de 28 de abril, cuyo resultado consta en acta autorizada por el Notario de ...., Don ...., el día ...., en cuanto a «........... S.L.», bajo n° .... de protocolo, manifestando no haberse modificado el contenido de la misma.

Tienen a mi juicio, capacidad y legitimación para otorgar esta escritura de ELEVACIÓN A PÚBLICO DE ACUERDOS SOCIALES relativos al acuerdo de fusión y, al efecto, según intervienen

EXPONEN

I.- PROYECTO COMÚN DE FUSIÓN, DEPOSITO y PUBLICACIÓN. Los administradores de las sociedades objeto de esta escritura redactaron y suscribieron un proyecto común de fusión, con fecha de .... Los administradores de ambas sociedades insertaron dicho proyecto común de fusión en sus respectivas páginas WEB, (se puede también depositar un ejemplar en el Registro Mercantil). El hecho de la inserción del proyecto de fusión se publicó en el Boletín Oficial del Registro Mercantil, con expresión de la pagina WEB y de la fecha de la inserción. Yo, el Notario, incorporo a la presente copias, directamente obtenidas por mí, de dichos anuncios de inserción en la respectiva página web de la sociedad, así como del Proyecto Común de Fusión.

(En caso de sociedad sin WEB) Los administradores de las sociedades objeto de esta escritura redactaron y suscribieron un proyecto común de fusión. Un ejemplar de dicho proyecto se publicó en el Registro Mercantil de .... (el correspondiente a cada una de las sociedades), con fecha de ...., publicándose el depósito del mismo en el Boletín Oficial del Registro Mercantil con fecha de .... Incorporo a la presente copia de dicho anuncio de depósito, directamente obtenida por mí, así como del Proyecto Común de Fusión.

II.– BALANCE DE FUSIÓN. Los administradores de cada una de las sociedades formularon sus respectivos balances de fusión, con fecha de .... Dichos balances fueron objeto de verificación por sus respectivos auditores (o no fueron auditados, por no existir obligación legal de hacerlo). (No es necesario formular balance de fusión si se considera para la fusión el último aprobado, siempre que se cerrase en los seis meses anteriores a la fecha del proyecto de fusión). Incorporo a la presente copia de dichos balances de fusión (y del informe de los expertos independientes en su caso).

III.– INFORME DE LOS ADMINISTRADORES. Los administradores de cada una de las sociedades elaboraron sendos informes, con fecha .... y ...., respectivamente, que explican y justifican detalladamente el proyecto de fusión en sus aspectos jurídicos y económicos, con especial referencia al tipo de canje de las participaciones y a las dificultades de valoración que pudieran existir, así como las implicaciones de la fusión para los socios, acreedores y trabajadores. Incorporo a la presente copia de los mencionados informes.

IV.– INFORME DE EXPERTOS INDEPENDIENTES. (solo si alguna de las sociedades que se extinguen es anónima o comanditaria por acciones). El proyecto de fusión fue objeto de informe, de fecha ...., elaborado por .... (común o por cada sociedad), experto independiente nombrado por resolución del Registrador Mercantil de .... (del domicilio de las sociedades, o de la proyectada), de fecha .... De dicho informe resulta la corrección del tipo de canje propuesto, y de los métodos seguidos para establecerlo, así como que el patrimonio aportado por la sociedad que se extingue es igual, por lo menos, al aumento de capital de la sociedad absorbente.

V.– ACUERDO DE FUSIÓN POR LA JUNTA DE LA SOCIEDAD A S.L. Manifiesta el representante de la sociedad que, antes de la convocatoria de la junta que había de decidir sobre la fusión, se puso a disposición de los socios en la página WEB de la sociedad la información prevista en el art. 46 LME (en caso de existir WEB; en caso contrario, se podrá solicitar el examen de dicha documentación en el domicilio social, o solicitar la entrega o envío gratuito de un ejemplar). La junta fue convocada con fecha de .... (un mes mínimo de antelación), con el orden del día que se desprende de la documentación unida. Incorporo a la presente copia, con valor de testimonio, de los anuncios de publicación de la convocatoria de la Junta, así como del orden del día.

La junta se celebró el día .... (dentro de los seis meses siguientes a la fecha del proyecto), y con el voto favorable de .... (al menos dos tercios) por ciento de los votos correspondientes a las participaciones (o acciones, en su caso) en que se divide el capital social, adoptó los siguientes acuerdos:

– Aprobar el proyecto común de fusión, y llevar a cabo la absorción de la sociedad B S.L., mediante la disolución de ésta y el traspaso en bloque de su patrimonio social a la sociedad A S.L., con el consiguiente aumento de capital y modificación estatutaria, en los términos que resulta de la certificación incorporada; todo según el proyecto presentado por lo administradores.

– Aprobar el balance de fusión.

– Designar, en su caso, órgano de administración de A S.L.

– Encomendar al órgano de administración de la sociedad A S.L. la publicación de los acuerdos de fusión y el otorgamiento de la correspondiente escritura pública de fusión.

Incorporo a la presente certificación expedida por don ...., administrador único de la sociedad A S.L., de la que resultan los acuerdos adoptados; considero legítima la firma de la misma por haber sido puesta en mi presencia.

VI.– ACUERDO DE FUSIÓN POR LA JUNTA DE LA SOCIEDAD B S.L. Manifiesta el representante de la sociedad que, antes de la convocatoria de la junta que había de decidir sobre la fusión, se puso a disposición de los socios en la página WEB de la sociedad la información prevista en el art. 46 LME (en caso de existir WEB; en caso contrario, se podrá solicitar el examen de dicha documentación en el domicilio social, o solicitar la entrega o envío gratuito de un ejemplar). La junta fue convocada con fecha de .... (un mes mínimo de antelación), con el orden del día que se desprende de la documentación unida. Igualmente se hacía constar el derecho que corresponde a todos los socios de examinar en el domicilio social el texto íntegro del acuerdo propuesto y del informe sobre el mismo y de pedir la entrega o el envío gratuito de dichos documentos. Incorporo a la presente copia, con valor de testimonio, de los anuncios de publicación de la convocatoria de la Junta, así como del orden del día.

La junta se celebró el día .... (dentro de los seis meses siguientes a la fecha del proyecto), y con el voto favorable de .... (al menos dos tercios) por ciento de los votos correspondientes a las participaciones (o acciones, en su caso) en que se divide el capital social, adoptó los siguientes acuerdos:

– Aprobar el proyecto común de fusión, y llevar a cabo la fusión por absorción de la sociedad B S.L. por la sociedad A S.L., mediante la disolución de la primera y el traspaso en bloque de su patrimonio social a la nueva sociedad A S.L.; todo según el proyecto presentado por lo administradores.

– Aprobar el balance de fusión.

– Designar (en su caso) órgano de administración de A S.L.

– Encomendar al órgano de administración de la sociedad B S.L. la publicación de los acuerdos de fusión y el otorgamiento de la correspondiente escritura pública de fusión.

Incorporo a la presente certificación expedida por don ...., administrador único de la sociedad B S.L., de la que resultan los acuerdos adoptados; considero legítima la firma de la misma por haber sido puesta en mi presencia.

VII.– PUBLICACIÓN DE LOS ACUERDOS DE FUSIÓN. Los respectivos acuerdos de fusión fueron publicados en el Boletín Oficial del Registro Mercantil y en un diario de gran circulación en la provincia correspondiente al domicilio de las sociedades que se fusionan, con fecha de .... En dichos anuncios consta el derecho que asiste a los socios y acreedores de obtener el texto íntegro del acuerdo adoptado y del balance de fusión, así como el derecho de oposición que corresponde a los acreedores, manifestando expresamente los administradores que dichos documentos han estado a disposición de aquéllos. (No es necesaria publicación cuando el acuerdo se comunique a socios y acreedores por un procedimiento que asegure su recepción). Incorporo a la presente copia de dichas publicaciones, directamente obtenidas por mí.

VIII.– DISCONFORMIDAD DE LOS ACREEDORES. Durante el plazo de un mes, contado desde la fecha del último de los anuncios, (de haberse hecho por escrito, desde el envío de la última comunicación) ningún acreedor (u obligacionista) de las sociedades involucradas ha manifestado su disconformidad con las garantías aportadas. (O en caso de haberla mostrado, debe constar su identificación, el importe de sus créditos, y las garantías prestadas).

IX.– INVENTARIO DE B S.L. Según su administrador, el patrimonio de la sociedad B S.L., que debe ser objeto de traspaso en bloque a la sociedad A S.L., comprende los siguientes bienes, derechos y obligaciones:

– Bienes y derechos: en su caso, con su descripción, cargas, datos registrales y catastrales)

– Obligaciones: ....

X.– Y, expuesto lo anterior,

OTORGAN

PRIMERO.– FUSIÓN. La sociedad B S.L. se disuelve, siendo absorbida por la sociedad A S.L.

SEGUNDO.– TRASPASO PATRIMONIAL. Se traspasa en bloque a la sociedad A S.L. el patrimonio de la sociedad B S.L., según el inventario relacionado al número IX del expositivo. A partir de la fecha de ...., las operaciones de las sociedades fusionadas se considerarán realizadas a efectos contables por la sociedad A S.L.

TERCERO.– AUMENTO DE CAPITAL. La sociedad A S.L. aumenta el capital en la suma de .... euros, mediante la creación de .... nuevas participaciones, de .... euros de valor nominal cada una de ellas, numeradas correlativamente del .... al ...., ambos inclusive.

En consecuencia, queda modificado el artículo .... de los estatutos sociales, en los términos que son de ver en la certificación que se incorpora, que se dan por reproducidos para evitar repeticiones innecesarias.

Manifiesta el administrador de la sociedad A S.L. que la asignación de las nuevas participaciones se ha hecho constar en el Libro Registro de Socios.

CUARTO.– ATRIBUCIÓN DE PARTICIPACIONES A LOS SOCIOS. Las nuevas participaciones de la sociedad A S.L., se asignan a los socios de la sociedad B S.L., de acuerdo con las bases de la fusión, en la proporción de .... participaciones de la sociedad A S.L. por cada .... de la sociedad B S.L.

Además, (en su caso, según el art. 36.2 LME), los socios de B S.L. recibirán una compensación en dinero de .... euros por participación atribuida. Dicha compensación se hará efectiva .... (procedimiento de pago).

Los socios de la entidad B S.L. tendrán derecho a participar en las ganancias sociales desde el día ....

La asignación concreta de participaciones a cada uno de los socios se realiza de la siguiente forma:

A don D, titular de .... participaciones de la sociedad B S.L., por valor nominal de .... euros, se le asignan .... participaciones de la sociedad A S.L., números .... al ...., ambos inclusive, por su valor total de .... euros.

A don E ....

QUINTO.– NOMBRAMIENTO DE CARGOS. (en su caso) Los comparecientes señalan que el sistema de administración de la sociedad A S.L. será el de un Consejo de Administración (o cualquier otro de los previstos estatutariamente).

Nombran administradores de la sociedad, que aceptan el cargo, constituyen el consejo de administración y llevan a cabo la siguiente distribución de cargos, que aceptan:

Presidente: Don ....

Secretario: Don ....

Vocales: Don ....

Los nombramientos se hacen por plazo indefinido (o determinado, dentro de la norma estatutaria). Manifiestan los nombrados que no están incursos en ninguna de las incompatibilidades que establece la legislación vigente.

(salvo que la aceptación, distribución de cargos y manifestaciones sobre incompatibilidad se hayan hecho en las dos juntas que adoptaron los acuerdos e hicieron los nombramientos, deben comparecer los administradores de A S.L.).

SEXTO.– ADVERTENCIA. Yo, el Notario, advierto expresamente de que la eficacia de esta fusión quedará sujeta a la inscripción de la misma en el Registro Mercantil.

SÉPTIMO.– RÉGIMEN FISCAL. Esta operación de fusión por absorción se acoge al Régimen especial de fusiones, escisiones, aportaciones de activos, canje de valores y cambio de domicilio social de una sociedad Europea o una Sociedad Cooperativa Europea de un Estado miembro a otro de la Unión Europea regulado en el Capítulo VII del Título VII Regímenes tributarios especiales, de la Ley 27/2014, de 27 de noviembre por el que se aprueba la Ley del Impuesto sobre Sociedades.

Y en particular, la operación realizada se enmarca dentro de la definición de fusión por absorción que recoge el artículo 76.1.a) de la Ley del Impuesto sobre Sociedades.

La operación de fusión por absorción se efectúa por motivos y necesidades de reestructuración y racionalización de la actividad, lo que constituye, en los términos previstos en el artículo 89 LIS, un motivo económico válido para posibilitar la aplicación del régimen fiscal referido.

Tal y como preceptúa el artículo 89 LIS, se comunicará al Ministerio de Economía y Hacienda la realización de la presente fusión por absorción, en la forma reglamentariamente establecida.

Por otro lado, de acuerdo con lo dispuesto en el artículo 7 de la Ley 37/1992, de 28 de diciembre, del Impuesto sobre el Valor Añadido, esta operación societaria de fusión por absorción, se encuentra no sujeta al citado Impuesto.

Asimismo y en atención a lo dispuesto en el artículo 19.2.1° del Texto Refundido de la Ley del Impuesto sobre Transmisiones Patrimoniales y Actos Jurídicos Documentados, aprobado por Decreto Legislativo 1/1993, de 24 de septiembre, la operación societaria descrita se encuentra no sujeta al Impuesto sobre Transmisiones Patrimoniales y Actos Jurídicos Documentados, en su modalidad de Operaciones Societarias.

OCTAVO.– SOLICITUD DE INSCRIPCIÓN. De conformidad con lo establecido en la normativa vigente, los señores comparecientes, según intervienen, solicitan expresamente la inscripción total de la presente escritura, o la parcial, en el supuesto de que alguna de sus cláusulas, o de los hechos, actos o negocios jurídicos contenidos en ella y susceptibles de inscripción, adoleciese de algún defecto, a juicio del Registrador, que impida la práctica de la misma.

NOVENO.– PRESENTACIÓN TELEMÁTICA. Con arreglo a lo dispuesto en el Reglamento Notarial procederé a la presentación de esta escritura en los Registros públicos competentes, por vía telemática, diligenciando en la misma las comunicaciones que de aquéllos se reciban.

Protección de datos.– Con relación a los datos de carácter personal que en la presente constan, referidos al compareciente, queda este enterado de que los mismos se incorporan a mis ficheros automatizados, lo que acepta, así como del derecho de oposición, acceso a ellos, rectificación o cancelación de los mismos.

OTORGAMIENTO Y AUTORIZACIÓN

Advierto al compareciente de su derecho a leer por si este instrumento al que renuncia. Yo, el notario, además la leo al compareciente, quien la encuentra conforme, otorga y firma conmigo, el notario, que doy fe en cuanto sea procedente de todo lo consignado en este instrumento público, extendido en .... folios de papel exclusivo para documentos notariales, serie, y números el del presente y anteriores en orden.

F415. FUSIÓN POR ABSORCIÓN DE SOCIEDAD ÍNTEGRAMENTE PARTICIPADA SIN AUMENTO DE CAPITAL. ESCRITURA

Normativa de Aplicación: *Arts. 4 y ss. y 33 y ss. Ley sobre Modificaciones Estructurales de las Sociedades Mercantiles, introducida por Real Decreto-ley 5/2023, de 28 de junio. Arts. 216 y ss. Real Decreto 1784/1996, de 19 de julio, por el que se aprueba el Reglamento del Registro Mercantil.*

En la Ciudad de ...., mi residencia, a .... de ....

Ante mí, ..., Notario de la Ciudad y del Ilustre Colegio de ....

COMPARECEN

Don ...., mayor de edad, de nacionalidad española, casado, vecino de ...., con domicilio en ...., núm. ...., con DNI/NIF ....

Le identifico por el documento de identidad exhibido y reseñado.

Y Don ...., mayor de edad, de nacionalidad española, casado, vecino de ...., con domicilio en ...., núm. ...., con DNI/NIF ....

Le identifico por el documento de identidad exhibido y reseñado.

INTERVIENEN

Don ...., interviene en su condición de administrador único de la sociedad de responsabilidad limitada SOCIEDAD A, de nacionalidad española, constituida por tiempo indefinido mediante escritura autorizada por el notario de .... con fecha .... de .... de dos mil ...., número de protocolo ...., domiciliada en ...., calle ...., núm. .... Inscrita en el Registro Mercantil de la provincia de ...., al tomo ...., general ...., folio ...., hoja ...., inscripción .... CIF .... Constituye su objeto social ....

Está legitimado para este otorgamiento en virtud de su expresado cargo de administrador único de la compañía, que afirma vigente, resultando su nombramiento y aceptación de la escritura otorgada con fecha .... de .... de dos mil ...., ante el notario de ...., Doña ...., número de protocolo .... Inscrita en el Registro Mercantil de la provincia de ...., al tomo ...., general ...., folio ...., hoja ...., inscripción ....

Yo, el Notario, hago constar expresamente que he cumplido con la obligación que impone la ley 10/2010, de 28 de abril, cuyo resultado consta en acta autorizada por el Notario de ...., Don ...., el día ...., en cuanto a «........... S.L.», bajo n° .... de protocolo, manifestando no haberse modificado el contenido de la misma.

Y de la documentación reseñada resulta que ostenta, a mi juicio, facultades suficientes para el otorgamiento de esta escritura de fusión por absorción, de lo cual doy fe.

Don ...., interviene en su condición de administrador único de la sociedad de responsabilidad limitada SOCIEDAD B, de nacionalidad española, constituida por tiempo indefinido mediante escritura autorizada por el notario de .... con fecha .... de .... de dos mil ...., número de protocolo ...., domiciliada en ...., calle ...., núm. .... Inscrita en el Registro Mercantil de la provincia de ...., al tomo ...., general ...., folio ...., hoja ...., inscripción .... CIF .... Constituye su objeto social ....

Está legitimado para este otorgamiento en virtud de su expresado cargo de administrador único de la compañía, que afirma vigente, resultando su nombramiento y aceptación de la escritura otorgada con fecha .... de .... de dos mil ...., ante el notario de ...., Doña ...., número de protocolo .... Inscrita en el Registro Mercantil de la provincia de ...., al tomo ...., general ...., folio ...., hoja ...., inscripción ....

Yo, el Notario, hago constar expresamente que he cumplido con la obligación que impone la ley 10/2010, de 28 de abril, cuyo resultado consta en acta autorizada por el Notario de ...., Don ...., el día ...., en cuanto a «........... S.L.», bajo n° .... de protocolo, manifestando no haberse modificado el contenido de la misma.

Y de la documentación reseñada resulta que ostenta, a mi juicio, facultades suficientes para el otorgamiento de esta escritura de fusión por absorción, de lo cual doy fe.

Tiene a mi juicio, capacidad y legitimación para otorgar esta escritura de fusión por absorción, al efecto, según interviene,

EXPONE

I.- PROYECTO COMÚN DE FUSIÓN, DEPÓSITO y PUBLICACIÓN. Los administradores de las sociedades objeto de esta escritura redactaron y suscribieron un proyecto común de fusión, con fecha de .... de .... de ....

Se trata de una fusión por absorción de sociedad íntegramente participada, que implica la extinción, vía disolución sin liquidación, de SOCIEDAD B, por parte de la entidad SOCIEDAD A, y la consecuente transmisión en bloque del patrimonio social de la Sociedad Extinguida a la sociedad absorbente, que adquirirá por sucesión universal todos los derechos y obligaciones.

De conformidad con lo dispuesto en el artículo 53 de la Ley de Modificaciones Estructurales Mercantiles (en adelante LMESM), esta Operación de Fusión por absorción es un supuesto de "absorción de sociedad íntegramente participada" definida en el propio artículo 53, toda vez que, tanto a la fecha de formulación del Proyecto de Fusión como al tiempo de adopción del acuerdo de Fusión, la Sociedad Extinguida está participada, de forma directa o indirecta, por el mismo socio, la entidad SOCIEDAD A. En consecuencia, y por los motivos ya expuestos, la presente Fusión, se acoge al régimen simplificado previsto en el artículo 53.1 de la LMESM.

Con arreglo a lo prevenido en el artículo 9 de la LMESM, al haber sido aprobada la fusión en cada una de las sociedades por su socio único con valor de acuerdo de junta general universal, no es necesaria la publicación o el depósito previo del proyecto de fusión en el Registro Mercantil, ni el informe de los administradores sobre el mismo. No obstante se puso a disposición del socio único y trabajadores de la documentación prevista en el artículo 46 LMESM.

Se hace constar expresamente que no existen socios que por virtud de la fusión pasen a responder ilimitadamente de las deudas sociales, ni que asuman obligaciones personales en la sociedad resultante ni titulares de derechos especiales distintos de las participaciones sociales.

II.- BALANCE DE FUSIÓN. Los administradores de cada una de las sociedades formularon sus respectivos balances de fusión, con fecha de .... de .... de .... Dichos balances no precisan de auditoría por parte de Auditor de Cuentas, y los mismos han sido cerrados dentro de los seis meses anteriores a la fecha del proyecto de fusión. Incorporo a la presente copia de dichos balances de fusión. Asimismo, incorporo a la presente certificaciones de los acuerdos adoptados en esta misma fecha por cada una de las sociedades intervinientes por los que se ratifica la aprobación de dichos balances de fusión, y cuyas firmas considero legítimas por haber sido puestas en mi presencia.

III.- ACUERDO DE FUSIÓN POR EL SOCIO ÚNICO DE LA SOCIEDAD SOCIEDAD A. Manifiesta el representante de la sociedad que el socio único de la misma, el día .... de .... de ...., adoptó las siguientes decisiones:

– Aprobar el balance de fusión.

– Llevar a cabo la fusión por absorción de la sociedad SOCIEDAD B mediante la disolución de esta última y el traspaso en bloque de su patrimonio social a la sociedad absorbente, SOCIEDAD A; todo según el proyecto presentado por el órgano de administración. Y todo ello en los términos y condiciones que son de ver en la certificación que se incorpora, que se dan por reproducidos para evitar repeticiones innecesarias.

Incorporo a la presente certificación expedida por don ...., como administrador único de la sociedad SOCIEDAD A, de la que resultan los acuerdos adoptados; considero legítima la firma de la misma por haber sido puesta en mi presencia.

IV.- ACUERDO DE FUSIÓN POR EL SOCIO ÚNICO DE LA SOCIEDAD B. Manifiesta el representante de la sociedad que el socio único de la misma, el día .... de .... de ...., adoptó las siguientes decisiones:

– Aprobar el balance de fusión.

– Llevar a cabo la fusión por absorción con la sociedad SOCIEDAD A, mediante la disolución de SOCIEDAD B. y el traspaso en bloque de su patrimonio social a la entidad absorbente, SOCIEDAD A; todo según el proyecto presentado por el órgano de administración. Y todo ello en los términos y condiciones que son de ver en la certificación que se incorpora, que se dan por reproducidos para evitar repeticiones innecesarias.

Incorporo a la presente certificación expedida por don ...., como administrador único de la sociedad SOCIEDAD B, de la que resultan los acuerdos adoptados; considero legítima la firma de la misma por haber sido puesta en mi presencia.

V.- PUBLICACIÓN DE LOS ACUERDOS DE FUSIÓN. Los respectivos acuerdos de fusión fueron publicados en el Boletín Oficial del Registro Mercantil en fecha de .... de .... de .... y en un diario de gran circulación en la provincia correspondiente al domicilio de las sociedades que se fusionan, en particular, el Diario de ...., con fecha de .... de .... de .... En dichos anuncios consta el derecho que asiste a los socios y acreedores de obtener el texto íntegro del acuerdo adoptado y del balance de fusión, así como el derecho de protección que corresponde a los acreedores, manifestando expresamente los administradores que dichos documentos han estado a disposición de aquéllos. Incorporo a la presente traslado a papel de dichas publicaciones, obtenidas a través de cada una de las plataformas telemáticas de los indicados medios, directamente obtenidas por mí.

VI.- PROTECCIÓN DE LOS ACREEDORES. Durante el plazo de un mes, contado desde la fecha del último de los anuncios, ningún acreedor (u obligacionista) de las sociedades involucradas ha ejercitado el derecho que les atribuye la Ley.

VII.- INVENTARIO DE SOCIEDAD B:

La valoración real del activo y pasivo transmitido que conforma el patrimonio de SOCIEDAD B queda determinada en el balance que se incorpora a la presente. Dentro del activo objeto de traspaso se encuentran los siguientes inmuebles:

1) URBANA. ....

INSCRIPCIÓN. Inscrita en el Registro de la Propiedad de ...., finca número ....

TÍTULO. Le pertenece en virtud de ....

2) URBANA. ....

INSCRIPCIÓN. Inscrita en el Registro de la Propiedad de ...., finca número ....

TÍTULO. Le pertenece en virtud de ....

3) URBANA. ....

INSCRIPCIÓN. Inscrita en el Registro de la Propiedad de ...., finca número TÍTULO

TÍTULO. Le pertenece en virtud de ....

4) URBANA. ....

INSCRIPCIÓN. Inscrita en el Registro de la Propiedad de ...., finca número ....

TÍTULO. Le pertenece en virtud de ....

5) VEHÍCULO ...., matrícula .... Incorporo a la presente documentación relativa a dicho vehículo, que el compareciente me entrega.

COMÚN A TODAS LAS FINCAS DESCRITAS. A LOS EFECTOS DEL IMPUESTO SOBRE INCREMENTO DE VALOR DE LOS TERRENOS DE NATURALEZA URBANA: Para levantar el cierre registral previsto en la Ley Hipotecaria se me requiere para que remita al Ayuntamiento copia simple electrónica de esta escritura con el valor de la comunicación a que se refiere la Ley reguladora de las Haciendas Locales, a lo que procedo seguidamente.

Incorporaré a esta matriz copia del justificante recibido del Ayuntamiento, por mí obtenida, que doy fe será reproducción exacta.

INFORMACIÓN REGISTRAL: Ante la imposibilidad de acceso directo al folio registral de las fincas objeto de esta escritura con arreglo a lo previsto en la normativa vigente, yo, el notario, he accedido, inmediatamente antes de este otorgamiento, a la información registral continuada suministrada a través de la página web registradores.org, y trasladado a papel el resultado de dichas consultas, para su incorporación a la presente. De las mismas resulta que las fincas descritas están libres de cargas y gravámenes vigentes.

Según manifiesta la parte transmitente, las fincas descritas están libres de cualesquiera cargas y gravámenes. Advierto de la conveniencia de comprobar el estado de cargas, bien mediante certificación del Registro de la Propiedad, bien mediante examen directo de los libros registrales.

Advierto asimismo al compareciente de que, sobre la información registral recibida y sobre la manifestación del exponente, prevalecerá, en todo caso, la situación registral de cada finca que exista con anterioridad a la presentación de la copia de la presente escritura en el Registro de la Propiedad.

REFERENCIA CATASTRAL. Es la que resulta de las certificaciones catastrales descriptivas y gráficas que se incorporan a la presente, que yo, el notario, he obtenido por vía telemática a través de la página web del Catastro, que incorporo a la presente.

Manifiesta el compareciente que la descripción catastral de los inmuebles coincide con su realidad física.

SITUACIÓN MEDIOAMBIENTAL.- En relación con los inmuebles objeto de la presente que constituyen solares, y en cumplimiento de lo dispuesto en el artículo 98.3 de la Ley 7/2022 de 8 de abril, de "residuos y suelos contaminados para una economía circular" y disposiciones legales concordantes, el compareciente manifiesta y garantiza que las fincas objeto de la presente no han sido sometidas a actividades potencialmente contaminantes ni a procesos de contaminación del suelo, ni por ella misma, ni por sus anteriores propietarios, ni por sus ocupantes, y que no se han llevado a cabo en la misma actividades contaminantes reguladas en la mencionada Ley.

VIII.- Y, expuesto lo anterior,

====OTORGA====

PRIMERO.- FUSIÓN. La sociedad SOCIEDAD A absorbe a la sociedad SOCIEDAD B, que se disuelve, como consecuencia de lo cual se produce la transmisión en bloque del patrimonio de la segunda a la primera.

SEGUNDO.- TRASPASO PATRIMONIAL. Se traspasa en bloque a la sociedad SOCIEDAD A el patrimonio de la sociedad que se disuelve. A partir de la fecha de .... de .... de .... las operaciones de las sociedades fusionadas se considerarán realizadas a efectos contables por la sociedad absorbente.

TERCERO.- INNECESARIEDAD DE AUMENTO DE CAPITAL. Por tratarse del supuesto previsto en el artículo 53 LMESM, no se precisa el aumento de capital por parte de la sociedad absorbente, por lo que dicho capital, así como el número total de participaciones titularidad del socio único de la sociedad absorbida se mantiene.

CUARTO.- ADVERTENCIA. Yo, el Notario, advierto expresamente de que la eficacia de esta fusión quedará sujeta a la inscripción de la misma en el Registro Mercantil.

QUINTO.- RÉGIMEN FISCAL. Al amparo de lo previsto en el Capítulo VII del Título VII, (artículos 76 y siguientes), de la Ley 27/2014, de 27 de noviembre, del Impuesto sobre Sociedades (en adelante, "LIS"), es de aplicación el régimen especial de neutralidad fiscal a la Operación de Fusión descrita.

Al tratarse la presente Fusión de una operación de reestructuración empresarial, y siendo una de las operaciones reguladas en el artículo 76.1.c) de la LIS, de acuerdo con lo dispuesto en el artículo 19.2.1° y 21 del Real Decreto Legislativo 1/1993, de 24 de septiembre, por el que se aprueba el Texto Refundido de la Ley del Impuesto sobre Transmisiones Patrimoniales y Actos Jurídicos Documentados, la presente Fusión se encuentra no sujeta al gravamen de operaciones societarias. Asimismo, en virtud de lo dispuesto en el artículo 45.I.B).10° del citado texto legal, la Fusión está exenta de las modalidades de transmisiones patrimoniales y de actos jurídicos documentados.

Por lo que respecta al Impuesto sobre el Valor Añadido, la presente Operación de Fusión queda no sujeta al Impuesto, al amparo de lo establecido en el artículo 7 de la Ley 37/1192, de 28 de diciembre del Impuesto sobre el Valor Añadido.

Ejecutada la operación de Fusión proyectada, se procederá por parte de la sociedad absorbente, SOCIEDAD A, a efectuar, en tiempo (dentro del plazo de los tres meses siguientes a la inscripción de la correspondiente escritura de Fusión en el Registro Mercantil) y forma, la oportuna comunicación a la Agencia Tributaria, de acuerdo con lo actualmente dispuesto en el artículo 89 de la LIS y en su normativa de desarrollo, en la que se indicará que la presente Operación de Fusión se acoge a dicho régimen fiscal especial, conforme a lo preceptuado por los artículos 48 y 49 del Reglamento del Impuesto sobre Sociedades.

SEXTO.- SOLICITUD DE INSCRIPCIÓN. De conformidad con lo establecido en la normativa vigente, el señor compareciente, según interviene, solicita expresamente la inscripción total de la presente escritura, o la parcial, en el supuesto de que alguna de sus cláusulas, o de los hechos, actos o negocios jurídicos contenidos en ella y susceptibles de inscripción, adoleciese de algún defecto, a juicio del señor Registrador, que impida la práctica de la misma.

SÉPTIMO.- PRESENTACIÓN TELEMÁTICA. Con arreglo a lo dispuesto en el Reglamento Notarial procederé a la presentación de esta escritura en los registros competentes, por vía telemática, diligenciando en la misma las comunicaciones que se reciban.

Protección de datos.– Con relación a los datos de carácter personal que en la presente constan, referidos al compareciente, queda este enterado de que los mismos se incorporan a mis ficheros automatizados, lo que acepta, así como del derecho de oposición, acceso a ellos, rectificación o cancelación de los mismos.

OTORGAMIENTO Y AUTORIZACIÓN

Advierto al compareciente de su derecho a leer por si este instrumento al que renuncia. Yo, el notario, además la leo al compareciente, quien la encuentra conforme, otorga y firma conmigo, el notario, que doy fe en cuanto sea procedente de todo lo consignado en este instrumento público, extendido en .... folios de papel exclusivo para documentos notariales, serie, y números el del presente y anteriores en orden.

F416. FUSIÓN POR ABSORCIÓN IMPROPIA. ESCRITURA

NÚMERO

En [...........], mi residencia, a

Ante mí, [...........], Notario del Ilustre Colegio de [...........].

=== COMPARECE ===

DOÑA [...........], mayor de edad, casada, empresaria, vecina de [...........], con domicilio .... a efectos de este otorgamiento [...........] y con D.N.I y N.I.F. número [...........].

=== INTERVIENE ===

A).- DE UNA PARTE, en nombre y representación, como Administrador Único, de la Entidad mercantil, de nacionalidad española y duración indefinida, denominada "[...........], S.L.", de carácter UNIPERSONAL, como SOCIEDAD ABSORBIDA, con domicilio social en [...........], y con C.I.F. [...........], que tiene por objeto social [...........]; inscrita en el Registro Mercantil de [...........], al Tomo [...........].

Tiene un capital social de [............] representado por [............] participaciones sociales de [............] de valor nominal, cada una de ellas, numeradas correlativamente del 1 al [............] ambos inclusive.

Se hace constar que el Código C.N.A.E. correspondiente a la actividad principal de la Sociedad es [............].

[............]

Se encuentra legitimado para este otorgamiento en su condición de Administrador Único, para el que ha sido nombrada, por tiempo indefinido y que ha aceptado y asegura vigente, por Acuerdo de la Junta General de la Sociedad, de fecha [............], elevado a público mediante Escritura autorizada por el Notario de [............], Don [............].

JUICIO DE SUFICIENCIA DE LA REPRESENTACIÓN REALIZADO POR EL NOTARIO AUTORIZANTE.- Yo el Notario después de analizar los documentos que se acaban de reseñar, según copia auténtica de las cuales debidamente inscritas en el Registro Mercantil tengo a la vista, considero que, a mi juicio, y con la expresada salvedad, son suficientes las facultades de [............], como ADMINISTRADOR ÚNICO, para el otorgamiento de esta ESCRITURA DE FUSIÓN POR ABSORCIÓN.

Me asevera la vigencia y suficiencia de su representación, así como la subsistencia de la Entidad que representa.

B).- DE OTRA PARTE, en nombre y representación, como Consejero Delegado Solidario, de la Entidad mercantil, de nacionalidad española y duración indefinida, denominada "[............], S.L.", como SOCIEDAD ABSORBENTE, con domicilio social en [............] C.I.F. [............], que tiene por objeto social la [............] e inscrita en el Registro Mercantil de [............], al Tomo [............].

Tiene un capital social de [............] de valor nominal, cada una de ellas, numeradas correlativamente del 1 al [............], ambos inclusive.

Se hace constar que el Código C.N.A.E. correspondiente a la actividad principal de la Sociedad es [............].

[............]

Se encuentra facultado para este otorgamiento en virtud de las atribuciones propias de su reseñado cargo de Consejero Delegado Solidario de la Sociedad, para el que fue nombrado, por tiempo indefinido y que aceptó y asegura vigente, mediante Escritura autorizada por el Notario de [............].

JUICIO DE SUFICIENCIA DE LA REPRESENTACIÓN REALIZADO POR EL NOTARIO AUTORIZANTE.- Yo el Notario, después de analizar los documentos que se acaban de reseñar, según copias auténticas de las cuales debidamente inscritas en el Registro Mercantil tengo a la vista, considero que, a mi juicio, son suficientes las facultades de [............], en su calidad de CONSEJERO DELEGADO SOLIDARIO, para el otorgamiento de esta ESCRITURA DE FUSIÓN POR ABSORCIÓN.

Me asevera la vigencia y suficiencia de su representación, así como la subsistencia de la Entidad que representa.

Le identifico por su Documento Nacional de Identidad anteriormente reseñado.

Tiene, a mi juicio, según interviene, capacidad legal necesaria para otorgar esta ESCRITURA DE FUSIÓN POR ABSORCIÓN y, en consecuencia:

=== EXPONE ===

I.- Que "[...........], S.L.", de carácter UNIPERSONAL (Sociedad Absorbida) está íntegramente participada por "[...........], S.L." (Sociedad Absorbente).

II.- Que los Órganos de Administración de las Sociedades redactaron y suscribieron con fecha [...........] el correspondiente Proyecto Común de Fusión por Absorción (el "Proyecto de Fusión"), cuyo depósito y publicación previa no es necesario al haberse adoptado los acuerdos de fusión por unanimidad, y en el seno de la Junta Universal de la Sociedad Absorbente y de la Sociedad Absorbida, ello de conformidad con lo dispuesto en el Artículo 9 del Real Decreto Ley 5/2023 que regula entre otras cuestiones las Modificaciones Estructurales de las Sociedades Mercantiles ("RDL 5/2023").

Se incorpora a la presente, como Documento Unido Número [_____], el Proyecto de Fusión, firmado por los Órganos de Administración de las Sociedades intervinientes en la Fusión, cuyas firmas considero legítimas.

Dicho Proyecto de Fusión contiene todos los requisitos exigidos por los Artículos 4 y 40 del RDL 5/2023.

III.- Que, con fecha [...........], los socios de "[...........], S.L." y ésta como el Socio Único de "[...........], S.L.", de carácter UNIPERSONAL, constituidos en sendas Juntas Generales adoptaron, con los requisitos que constan detallados en las certificaciones de los acuerdos de la Sociedad Absorbente y de las decisiones de la Sociedad Absorbida que incorporo a esta matriz como Documento Unido Número [_____] y Documento Unido Número [____], respectivamente, redactadas por el Secretario Don [...........] con el Visto Bueno del Presidente [...........] y, en el caso de la Sociedad Absorbida, por el Administrador Único Don [...........], cuyas firmas considero legítimas por cotejo con otras firmas originales legitimadas; han adoptado las decisiones de fusión por absorción de la Compañía mercantil "[...........], S.L.", de carácter UNIPERSONAL, (Sociedad Absorbida), por parte de "[...........], S.L." (Sociedad Absorbente) (en adelante, la "Fusión"), siendo de aplicación lo previsto por el Artículo 53 RDL 5/2023, al tratarse de una fusión por absorción de Sociedad íntegramente participada, de forma directa.

Asimismo, son de aplicación las previsiones del Artículo 9 del mismo texto legal al existir acuerdo unánime de todos los socios que han de decidir sobre la Fusión.

IV.- Manifiesta que la sección del informe de administradores para los trabajadores se notificó y puso a disposición de los trabajadores, por vía electrónica junto con el Proyecto de Fusión, con un mes de antelación a la fecha del acuerdo. El compareciente me hace entrega de las citadas publicaciones que yo, el Notario, dejo unidas a esta escritura como Documentos Unidos Números [_____].

V.- Que el acuerdo de fusión aprobado por los socios de "[...........], S.L." constituidos en Junta General y por ésta como Socio Único de la Absorbida, ambas como sociedades participantes en la Fusión, fue publicado en fecha [...........] en el Boletín Oficial del Registro Mercantil y en el diario "[...........]" el [...........]. El compareciente me hace entrega de las citadas publicaciones que yo el notario dejo unidas a esta escritura como Documentos Unidos Números [______].

Se acompaña la acreditación de encontrarse al corriente en el cumplimiento de las obligaciones tributarias y frente a la Seguridad Social, mediante la aportación de los correspondientes certificados, válidos y emitidos por el órgano competente, que son los Documentos Unidos Números [____].

Expuesto cuanto antecede, el compareciente, según actúa,

======= OTORGA =======

PRIMERO.- ACUERDOS DE FUSIÓN.

Que ELEVA A PÚBLICO las decisiones adoptadas por el Socio Único de "[...........], S.L.", de carácter UNIPERSONAL, (Sociedad Absorbida) y los socios de "[...........], S.L." (Sociedad Absorbente) que se citan en la parte expositiva.

En virtud de las decisiones de fusión adoptadas, "[...........], S.L." (Sociedad Absorbente) absorbe a "[...........], S.L.", de carácter UNIPERSONAL, (Sociedad Absorbida). Dichas decisiones y acuerdos son los que constan en las certificaciones protocolizadas que forman parte integrante del cuerpo de la presente Escritura, dándose aquí por íntegramente reproducidas a todos los efectos legales.

SEGUNDO.- PREPARACIÓN DE LA FUSIÓN.

Con relación a los requisitos previos a la adopción de las decisiones de Fusión, se hace constar:

1.- APROBACIÓN DE LOS BALANCES DE FUSIÓN.

Que los Balances de Fusión, tanto el de "[...........], S.L." (Sociedad Absorbente) como el de "[...........], S.L.", de carácter UNIPERSONAL, (Sociedad Absorbida) son, a efectos de la presente Fusión, los cerrados a 31 de diciembre de [_______].

La parte compareciente hace constar que los Balances de Fusión han sido cerrados dentro de los seis meses anteriores a la fecha del Proyecto de Fusión de fecha [...........], de conformidad con lo dispuesto en el Artículo 43.1 del RDL 5/2023.

Los Balances de Fusión de las sociedades intervinientes fueron aprobados por los socios de la Sociedad Absorbente y por el Socio Único de la Absorbida, en cada una de las sociedades intervinientes en la Fusión, tal como consta en las certificaciones unidas.

Me hace entrega de un ejemplar de los balances de cada una de dichas sociedades participantes en la Fusión, así como del informe de auditoría de la absorbente, que dejo unidos a esta matriz, los cuales servirán de base a la Fusión aprobada y que se adjuntan a la presente como Documentos Unidos Números [_____].

A los efectos de lo previsto en el Artículo 46.3 del RDL 5/2023, el compareciente deja constancia de que los socios de la Sociedad Absorbente y el Socio Único de la Sociedad Absorbida han renunciado a la necesidad de que los administradores comuniquen las modificaciones importantes del activo o del pasivo acaecidas en cualquiera de las sociedades que hayan podido surgir entre la fecha de redacción del Proyecto de Fusión y la fecha de aprobación de la Fusión por parte de los socios.

2.- APROBACIÓN DEL PROYECTO DE FUSIÓN.

Que el Proyecto de Fusión fue aprobado por los socios de la Sociedad Absorbente, y por ésta como socio único de la Sociedad Absorbida y de la Sociedad Absorbida voluntariamente en fecha [...........], habiendo sido elaborado, aprobado y suscrito por la totalidad de los miembros de los órganos de administración de las sociedades intervinientes en la Fusión.

El Proyecto de Fusión contiene todos los requisitos exigidos por los Artículos 4 y 40 del RDL 5/2023.

Copia de dicho Proyecto de Fusión queda protocolizado con la presente matriz y se adjunta a la presente como Documento Unido Número [______].

Dada la composición societaria de las Sociedades que intervienen en la Fusión y concurriendo las circunstancias establecidas en el Artículo 9 del RDL 5/2023 no procede la previa publicación ni depósito y publicación del mismo en el Registro Mercantil competente.

3.- APROBACIÓN DE LA FUSIÓN POR ABSORCIÓN.

Como consecuencia de la aprobación por los socios de la Sociedad Absorbente "[...........], S.L." y por ésta como Socio Único de la Absorbida "[...........], S.L.", de carácter UNIPERSONAL.

a) Traspaso patrimonial: Queda transmitido en bloque todo el patrimonio de la Sociedad Absorbida a la Sociedad Absorbente que adquiere las obligaciones de la Sociedad Absorbida sin reserva, excepción ni limitación, conforme a la ley. Queda por tanto disuelta y extinguida, sin abrir periodo de liquidación, la Sociedad Absorbida, esto es, "[...........], S.L.", de carácter UNIPERSONAL, siendo la Sociedad Absorbente la continuadora como subrogada en todo lo que constituye el patrimonio, actividades y negocios de aquella.

b) Los datos identificativos de las sociedades participantes son los que constan en la presente escritura y en el Proyecto de fusión.

c) Informe de administradores y de expertos independientes: Al estar la Sociedad Absorbida íntegramente participada por la Sociedad Absorbente de forma directa, de conformidad con el Artículo 53, y además, habiendo renunciando los socios de las sociedades participantes de la Fusión a su derecho de recibir la sección del informe de administradores dedicada a los socios de conformidad con el Artículo 5.4 del RDL 5/2023, no son necesarios los informes de los administradores ni que los administradores de las Sociedades que participan en la fusión soliciten al Registrador el nombramiento de un experto independiente para que emita un informe sobre el Proyecto de Fusión, y no se concede ningún tipo de ventaja, como consecuencia de la Fusión, a ningún experto independiente ni a los órganos de administración de cada una de las sociedades intervinientes en la misma.

Sin perjuicio de lo anterior, se deja expresa constancia de que, de conformidad con el Artículo 5 del RDL 5/2023, el informe de los trabajadores fue elaborado por la totalidad de los miembros de los órganos de administración de las sociedades intervinientes en la Fusión y fue notificado a los trabajadores de cada una de las sociedades participantes de la Fusión, junto con el Proyecto de Fusión, en fecha [............]

Se deja constancia de que los miembros de los órganos de administración de la Sociedad Absorbente y de la Sociedad Absorbida se han abstenido de realizar cualquier acto o concluir cualquier contrato que hubiera podido comprometer la aprobación del Proyecto de Fusión.

d) Tipo y procedimiento de canje: Dada la absorción por la Sociedad Absorbente de la Sociedad Absorbida, con la consiguiente disolución sin liquidación de ésta y la atribución a la Sociedad Absorbente de su patrimonio íntegro a título universal y al estar la Sociedad Absorbida participada íntegramente y de manera directa por la Sociedad Absorbente, de conformidad con el Artículo 53 del RDL 5/2023, no procede la realización de aumento de capital en la Sociedad Absorbente y, en consecuencia, no existe tipo de canje ni procedimiento de canje de participaciones.

e) Incidencia de la Fusión, en su caso, sobre las aportaciones de industria o en las prestaciones accesorias en la Sociedad Absorbida y compensaciones que se otorgan a los socios afectados en la Sociedad resultante: Se deja constancia que no existen aportaciones de industria ni prestaciones accesorias vinculadas a las participaciones sociales de la Sociedad Absorbida. Asimismo, tampoco se otorgan compensaciones a favor de los socios en la Sociedad Absorbente.

f) Derechos que se otorgan en la Sociedad Absorbente a los titulares de derechos especiales o a los de títulos distintos de los representativos de capital o las opciones que se les ofrezcan. Se deja constancia:

– Que, no existen en ninguna de las Sociedades intervinientes en la Fusión acciones o participaciones sociales no ordinarias ni de clases especiales, ni titulares de derechos especiales distintos de los representativos del capital social a quienes pudieran reconocerse derechos especiales en la Sociedad Absorbente y, en consecuencia, no va a otorgarse derecho ni opción de clase alguna en la Sociedad Absorbente.

g) Fecha a partir de la cual la Fusión tendrá efectos contables de acuerdo con lo establecido en el Plan General de Contabilidad: Se hace constar que, a los efectos del Artículo 228 del Reglamento del Registro Mercantil, el Artículo 40.6° del RDL 5/2023 y el Real Decreto 1514/2007 de 16 de noviembre por el que se aprueba el Plan General de Contabilidad, la fecha de efectos contables será la de inicio del ejercicio el que se aprobó la Fusión, esto es, el uno de enero de [............].

En consecuencia, las operaciones realizadas por la sociedad absorbida se entenderán realizadas por la Sociedad Absorbente, a efectos contables, a partir del uno de enero de [............].

h) Estatutos de la Sociedad resultante de la Fusión: La Sociedad Absorbente no modifica sus estatutos sociales como consecuencia de la Fusión que, por tanto, continuará rigiéndose por los Estatutos sociales vigentes a la fecha de la firma del Proyecto de Fusión y que se encuentran debidamente inscritos en el Registro Mercantil.

i) Consecuencias de la Fusión sobre el empleo: Se hace constar que la Fusión no tiene impacto alguno sobre el empleo en relación a la operación, remitiéndose el compareciente íntegramente a lo previsto en el Proyecto de Fusión.

j) Publicación de las decisiones de fusión: El acuerdo de Fusión se publicó con fecha [............] en el BORME y [............] en el Diario "[............]"; haciéndose constar el derecho que asiste a los socios y acreedores de las sociedades intervinientes de obtener el texto íntegro de las decisiones de fusión adoptadas y de los balances de la fusión.

Las partes comparecientes me entregan los citados anuncios de los que obtengo fotocopias, que coinciden con sus unidas a esta matriz y originales que se adjuntan presente como Documentos Unidos Números [_____].

k) Manifestaciones relativas al cumplimiento de otros requisitos legales: Las partes otorgantes manifiestan bajo su responsabilidad que se ha dado cumplimiento a todos los requisitos previstos en la legislación aplicable, y se ha suministrado a todas las personas con derecho a ello, con los plazos y requisitos necesarios legales, toda la información necesaria sobre la fusión, con puesta a disposición en su caso de todos los documentos precisos para la ejecución de las decisiones sobre la fusión, cumpliéndose por tanto con los requisitos del RDL 5/2023 en la forma procedente para la Fusión especial que aquí se realiza.

l) A los efectos del Artículo 4.1.4° de la LME, el compareciente hace constar que la fusión no tendrá incidencia alguna para los acreedores de las Sociedades Participantes en la Fusión. En consecuencia, no se ofrecerá ningún tipo de garantía real ni personal adicional a las que, en su caso, pudieran tener aquellos concedidas.

m) Se deja constancia de la transmisión de la marca, los vehículos y el dominio web, tal y como constan en los Documentos Unidos Números [............].

TERCERO.- RÉGIMEN FISCAL.

A efectos fiscales manifiesta el compareciente, según interviene, que se acordó aprobar que la Fusión se acogerá al régimen fiscal especial de fusiones, escisiones, aportaciones de activos, canje de valores y cambio de domicilio social de una Sociedad Europea o una Sociedad Cooperativa Europea de un Estado miembro a otro de la Unión Europea regulado en el Título VII Capítulo VII de la Ley 27 /2014, de 27 de noviembre, del Impuesto sobre Sociedades, por constituir una operación de fusión prevista en el Artículo 76.1 de la citada Ley en los términos que se recogen en la certificaciones de los acuerdos de Fusión, protocolizadas por la presente.

CUARTO.- SOLICITUD DE INSCRIPCIÓN.

[............]

F417. FUSIÓN POR CREACIÓN DE NUEVA SOCIEDAD. ESCRITURA

Normativa de Aplicación: *Arts. 4 y ss. y 33 y ss. Ley sobre Modificaciones Estructurales de las Sociedades Mercantiles, introducida por Real Decreto-ley 5/2023, de 28 de junio. Arts. 216 y ss. Real Decreto 1784/1996, de 19 de julio, por el que se aprueba el Reglamento del Registro Mercantil.*

En la Ciudad de ...., mi residencia, a .... de ....

Ante mí, ..., Notario de la Ciudad y del Ilustre Colegio de ....

COMPARECEN

Don 1, mayor de edad, de nacionalidad española, casado, de profesión ...., vecino de ...., con domicilio en ...., núm. ...., con DNI/NIF ....

Don 2, mayor de edad, de nacionalidad española, casado, de profesión ...., vecino de ...., con domicilio en ...., núm. ...., con DNI/NIF ....

Y Don 3, mayor de edad, de nacionalidad española, casado, de profesión ...., vecino de ...., con domicilio en ...., núm. ...., con DNI/NIF ....

(Y los demás administradores que van a ser nombrados en la nueva sociedad, en caso de aceptar en la escritura pública de escisión).

Les identifico por el documento de identidad exhibido y reseñado.

INTERVIENEN

Don 1 interviene en su calidad de administrador único de la sociedad A S.L., de nacionalidad española, constituida por tiempo indefinido mediante escritura autorizada por el notario de ...., Don ...., con fecha .... de .... de dos mil ...., número de protocolo .... Domiciliada en ...., calle .... e inscrita en el Registro Mercantil de la provincia de ...., al tomo ...., general ...., folio ...., hoja ...., inscripción .... CIF .... Constituye su objeto social ....

Está legitimado para este otorgamiento en virtud de su expresado cargo de administrador único, que afirma vigente, resultando su nombramiento y aceptación de la escritura otorgada con fecha .... de .... de dos mil ...., ante el notario de ...., Don ...., número de protocolo ...., que causó la inscripción .... en el Registro Mercantil, y por acuerdo de la Junta General Extraordinaria de socios celebrada el día .... de .... de dos mil ...., contenido en la certificación que me entrega e incorporo a la presente, expedida por el propio administrador compareciente, cuya firma legitimo por haber sido puesta en mi presencia.

Yo, el Notario, hago constar expresamente que he cumplido con la obligación que impone la ley 10/2010, de 28 de abril, cuyo resultado consta en acta autorizada por el

Notario de ...., Don ...., el día ...., en cuanto a «........... S.L.», bajo nº .... de protocolo, manifestando no haberse modificado el contenido de la misma.

Y Don 2 interviene en su calidad de administrador único de la sociedad B S.L., de nacionalidad española, constituida por tiempo indefinido mediante escritura autorizada por el notario de ...., Don ...., con fecha .... de .... de dos mil ...., número de protocolo .... Domiciliada en ...., calle .... e inscrita en el Registro Mercantil de la provincia de ...., al tomo ...., general ...., folio ...., hoja ...., inscripción .... CIF .... Constituye su objeto social ....

Está legitimado para este otorgamiento en virtud de su expresado cargo de administrador único, que afirma vigente, resultando su nombramiento y aceptación de la escritura otorgada con fecha .... de .... de dos mil ...., ante el notario de ...., Don ...., número de protocolo ...., que causó la inscripción .... en el Registro Mercantil, y por acuerdo de la Junta General Extraordinaria de socios celebrada el día .... de .... de dos mil ...., contenido en la certificación que me entrega e incorporo a la presente, expedida por el propio administrador compareciente, cuya firma legitimo por haber sido puesta en mi presencia.

Yo, el Notario, hago constar expresamente que he cumplido con la obligación que impone la ley 10/2010, de 28 de abril, cuyo resultado consta en acta autorizada por el Notario de ...., Don ...., el día ...., en cuanto a «........... S.L.», bajo nº .... de protocolo, manifestando no haberse modificado el contenido de la misma.

Y Don 3 interviene en su propio nombre y derecho, a efectos de aceptar el cargo de administrador de la nueva sociedad.

(Y restantes administradores de C S.L., si van a aceptar en la escritura de escisión).

Tienen a mi juicio, capacidad y legitimación para otorgar esta escritura de ELEVACIÓN A PUBLICO DE ACUERDOS SOCIALES relativos al acuerdo de fusión y, al efecto, según intervienen

EXPONEN

I.– PROYECTO COMÚN DE FUSIÓN, DEPOSITO y PUBLICACIÓN. Los administradores de las sociedades objeto de esta escritura redactaron y suscribieron un proyecto común de fusión, con fecha de .... Los administradores de ambas sociedades insertaron dicho proyecto común de fusión en sus respectivas páginas WEB, (se puede también depositar un ejemplar en el Registro Mercantil). El hecho de la inserción del proyecto de fusión se publicó en el Boletín Oficial del Registro Mercantil, con expresión de la pagina WEB y de la fecha de la inserción. Yo, el Notario, incorporo a la presente copias, directamente obtenidas por mí, de dichos anuncios de inserción en la respectiva página web de la sociedad, así como del Proyecto Común de Fusión.

(En caso de sociedad sin WEB) Los administradores de las sociedades objeto de esta escritura redactaron y suscribieron un proyecto común de fusión. Un ejemplar de dicho proyecto se publicó en el Registro Mercantil de .... (el correspondiente a cada una de las sociedades), con fecha de ...., publicándose el depósito del mismo en el Boletín Oficial del Registro Mercantil con fecha de .... Incorporo a la presente copia de dicho anuncio de depósito, directamente obtenida por mí, así como del Proyecto Común de Fusión.

II.– BALANCE DE FUSIÓN. Los administradores de cada una de las sociedades formularon sus respectivos balances de fusión, con fecha de .... Dichos balances fueron objeto de verificación por sus respectivos auditores (o no fueron auditados, por no existir obligación legal de hacerlo). (No es necesario formular balance de fusión si se considera para la fusión el último aprobado, siempre que se cerrase en los seis meses anteriores a la fecha del proyecto de fusión). Incorporo a la presente copia de dichos balances de fusión (y del informe de los expertos independientes en su caso).

III.– INFORME DE LOS ADMINISTRADORES. Los administradores de cada una de las sociedades elaboraron sendos informes, con fecha .... y ...., respectivamente, que explican y justifican detalladamente el proyecto de fusión en sus aspectos jurídicos y económicos, con especial referencia al tipo de canje de las participaciones y a las dificultades de valoración que pudieran existir, así como las implicaciones de la fusión para los socios, acreedores y trabajadores. Incorporo a la presente copia de los mencionados informes.

IV.– INFORME DE EXPERTOS INDEPENDIENTES. (solo si alguna de las sociedades que se extinguen es anónima o comanditaria por acciones). El proyecto de fusión fue objeto de informe, de fecha ...., elaborado por .... (común o por cada sociedad), experto independiente nombrado por resolución del Registrador Mercantil de .... (del domicilio de las sociedades, o de la proyectada), de fecha .... De dicho informe resulta la corrección del tipo de canje propuesto, y de los métodos seguidos para establecerlo, así como que el patrimonio aportado por las sociedades que se extinguen no es inferior al capital de la nueva sociedad. Incorporo a la presente copia de dichos informes.

V.– ACUERDO DE FUSIÓN POR LA JUNTA DE LA SOCIEDAD A S.L. Manifiesta el representante de la sociedad que, antes de la convocatoria de la junta que había de decidir sobre la fusión, se puso a disposición de los socios en la página WEB de la sociedad la información prevista en el art. 46 LME (en caso de existir WEB; en caso contrario, se podrá solicitar el examen de dicha documentación en el domicilio social, o solicitar la entrega o envío gratuito de un ejemplar). La junta fue convocada con fecha de .... (un mes mínimo de antelación), con el orden del día que se desprende de la documentación unida. Incorporo a la presente copia, con valor de testimonio, de los anuncios de publicación de la convocatoria de la Junta, así como del orden del día.

La junta se celebró el día .... (dentro de los seis meses siguientes a la fecha del proyecto), y con el voto favorable de .... (al menos dos tercios) por ciento de los votos correspondientes a las participaciones (o acciones, en su caso) en que se divide el capital social, adoptó los siguientes acuerdos:

– Llevar a cabo la fusión con la sociedad B S.L., mediante la disolución de ambas y el traspaso en bloque de sus patrimonios sociales a la nueva sociedad C S.L., cuyos estatutos se aprueban; todo según el proyecto presentado por lo administradores.

– Aprobar el balance de fusión.

– Designar órgano de administración de C S.L.

– Encomendar al órgano de administración de la sociedad A S.L. la publicación de los acuerdos de fusión y el otorgamiento de la correspondiente escritura pública de fusión.

Incorporo a la presente certificación expedida por don ...., administrador único de la sociedad A S.L., de la que resultan los acuerdos adoptados; considero legítima la firma de la misma por haber sido puesta en mi presencia.

VI.– ACUERDO DE FUSIÓN POR LA JUNTA DE LA SOCIEDAD B S.L. Manifiesta el representante de la sociedad que, antes de la convocatoria de la junta que había de decidir sobre la fusión, se puso a disposición de los socios en la página WEB de la sociedad la información prevista en el art. 46 LME (en caso de existir WEB; en caso contrario, se podrá solicitar el examen de dicha documentación en el domicilio social, o solicitar la entrega o envío gratuito de un ejemplar). La junta fue convocada con fecha de .... (un mes mínimo de antelación), con el orden del día que se desprende de la documentación unida. Igualmente se hacía constar el derecho que corresponde a todos los socios de examinar en el domicilio social el texto íntegro del acuerdo propuesto y del informe sobre el mismo y de pedir la entrega o el envío gratuito de dichos documentos. Incorporo a la presente copia, con valor de testimonio, de los anuncios de publicación de la convocatoria de la Junta, así como del orden del día.

La junta se celebró el día .... (dentro de los seis meses siguientes a la fecha del proyecto), y con el voto favorable de .... (al menos dos tercios) por ciento de los votos correspondientes a las participaciones (o acciones, en su caso) en que se divide el capital social, adoptó los siguientes acuerdos:

– Llevar a cabo la fusión con la sociedad A S.L., mediante la disolución de ambas y el traspaso en bloque de sus patrimonios sociales a la nueva sociedad C S.L., cuyos estatutos se aprueban; todo según el proyecto presentado por lo administradores.

– Aprobar el balance de fusión.

– Designar órgano de administración de C S.L.

– Encomendar al órgano de administración de la sociedad B S.L. la publicación de los acuerdos de fusión y el otorgamiento de la correspondiente escritura pública de fusión.

Incorporo a la presente certificación expedida por don ...., administrador único de la sociedad B S.L., de la que resultan los acuerdos adoptados; considero legítima la firma de la misma por haber sido puesta en mi presencia.

VII.– PUBLICACIÓN DE LOS ACUERDOS DE FUSIÓN. Los respectivos acuerdos de fusión fueron publicados en el Boletín Oficial del Registro Mercantil y en un diario de gran circulación en la provincia correspondiente al domicilio de las sociedades que se fusionan, con fecha de .... En dichos anuncios consta el derecho que asiste a los socios y acreedores de obtener el texto íntegro del acuerdo adoptado y del balance de fusión, así como el derecho de oposición que corresponde a los acreedores, manifestando expresamente los administradores que dichos documentos han estado a disposición de aquéllos. (No es necesaria publicación cuando el acuerdo se comunique a socios y acreedores por un procedimiento que asegure su recepción). Incorporo a la presente copia de dichas publicaciones, directamente obtenidas por mí.

VIII.– DISCONFORMIDAD DE LOS ACREEDORES. Durante el plazo de un mes, contado desde la fecha del último de los anuncios, (de haberse hecho por escrito, desde el envío de la última comunicación) ningún acreedor (u obligacionista) de las sociedades involucradas ha manifestado su disconformidad con las garantías aportadas. (O en caso de haberla mostrado, debe constar su identificación, el importe de sus créditos, y las garantías prestadas).

IX.– INVENTARIO DE A S.L. Según su administrador, el patrimonio de la sociedad A S.L., que debe ser objeto de traspaso a la nueva sociedad C S.L., comprende los siguientes bienes, derechos y obligaciones:

– Bienes y derechos: en su caso, con su descripción, cargas, datos registrales y catastrales)

– Obligaciones: ....

X.– INVENTARIO DE B S.L. Según su administrador, el patrimonio de la sociedad B S.L., que debe ser objeto de traspaso a la nueva sociedad C S.L., comprende los siguientes bienes, derechos y obligaciones:

– Bienes y derechos: en su caso, con su descripción, cargas, datos registrales y catastrales)

– Obligaciones: ....

XI.– Y, expuesto lo anterior,

OTORGAN

PRIMERO.– FUSIÓN. Las sociedades A S.L. y B S.L. se disuelven, y se fusionan constituyendo la nueva sociedad C S.L., que se regirá por los estatutos que los comparecientes me entregan, como parte de las certificaciones incorporadas, y quedan unidos a esta escritura. Igualmente me entregan certificación expedida por el Registro Mercantil Central, vigente, que acredita que no figura registrada la denominación elegida. Incorporo dicha certificación a la presente matriz.

C S.L. se constituye por tiempo indefinido, con un capital social de .... euros, dividido en .... participaciones sociales, de .... euros de valor nominal cada una de ellas, numeradas correlativamente del 1 al ...., ambos inclusive.

SEGUNDO.– TRASPASO PATRIMONIAL. Se traspasan en bloque a la nueva sociedad C S.L. los patrimonios de las sociedades A S.L. y B S.L., según los inventarios relacionados a los números IX y X del expositivo. A partir de la fecha de ...., las operaciones de las sociedades fusionadas se considerarán realizadas a efectos contables por la nueva sociedad.

TERCERO.– ATRIBUCIÓN DE PARTICIPACIONES A LOS SOCIOS. Las participaciones de la nueva sociedad se asignan a los socios de las fusionadas, de acuerdo con las bases de la fusión, en la proporción de .... participaciones de la sociedad C S.L. por cada .... de la sociedad A S.L., y de .... participaciones de la sociedad C S.L., por cada .... de la sociedad B S.L.

Además, (en su caso, según el art. 36.2 LME), los socios de A S.L. recibirán una compensación en dinero de .... euros por participación atribuida, y los de B S.L., ... euros por cada participación atribuida. Dicha compensación se hará efectiva .... (procedimiento de pago).

Los socios de la nueva entidad C S.L. tendrán derecho a participar en las ganancias sociales desde el día ....

La asignación concreta de participaciones a cada uno de los socios se realiza de la siguiente forma:

A don D, titular de .... participaciones de la sociedad A S.L., por valor nominal de .... euros, se le asignan .... participaciones de la sociedad C S.L., números .... al ...., ambos inclusive, por su valor total de .... euros.

A don E ....

CUARTO.– NOMBRAMIENTO DE CARGOS. Los comparecientes señalan que el sistema inicial de administración de la sociedad C S.L. será el de un Consejo de Administración (o cualquier otro de los previstos estatutariamente).

Nombran administradores de la sociedad, que aceptan el cargo, constituyen el consejo de administración y llevan a cabo la siguiente distribución de cargos, que aceptan:

Presidente: Don ....

Secretario: Don ....

Vocales: Don ....

Los nombramientos se hacen por plazo indefinido (o determinado, dentro de la norma estatutaria). Manifiestan los nombrados que no están incursos en ninguna de las incompatibilidades que establece la legislación vigente.

(salvo que la aceptación, distribución de cargos y manifestaciones sobre incompatibilidad se hayan hecho en las dos juntas que adoptaron los acuerdos e hicieron los nombramientos, deben comparecer los administradores de C S.L.).

QUINTO.– ADVERTENCIA. Yo, el Notario, advierto expresamente de que la eficacia de esta fusión quedará sujeta a la inscripción de la misma en el Registro Mercantil.

SEXTO.– RÉGIMEN FISCAL. Esta operación de fusión se acoge al Régimen especial de fusiones, escisiones, aportaciones de activos, canje de valores y cambio de domicilio social de una sociedad Europea o una Sociedad Cooperativa Europea de un Estado miembro a otro de la Unión Europea regulado en el Capítulo VII del Título VII Regímenes tributarios especiales, de la Ley 27/2014, de 27 de noviembre por el que se aprueba la Ley del Impuesto sobre Sociedades.

Y en particular, la operación realizada se enmarca dentro de la definición de fusión por creación de nueva sociedad que recoge el artículo 76.1.b) de la Ley del Impuesto sobre Sociedades.

La operación de fusión se efectúa por motivos y necesidades de reestructuración y racionalización de la actividad, lo que constituye, en los términos previstos en el artículo 89 LIS, un motivo económico válido para posibilitar la aplicación del régimen fiscal referido.

Tal y como preceptúa el artículo 89 LIS, se comunicará al Ministerio de Economía y Hacienda la realización de la presente fusión, en la forma reglamentariamente establecida.

Por otro lado, de acuerdo con lo dispuesto en el artículo 7 de la Ley 37/1992, de 28 de diciembre, del Impuesto sobre el Valor Añadido, esta operación societaria de fusión, se encuentra no sujeta al citado Impuesto.

Asimismo y en atención a lo dispuesto en el artículo 19.2.1° del Texto Refundido de la Ley del Impuesto sobre Transmisiones Patrimoniales y Actos Jurídicos Documentados, aprobado por Decreto Legislativo 1/1993, de 24 de septiembre, la operación societaria descrita se encuentra no sujeta al Impuesto sobre Transmisiones Patrimoniales y Actos Jurídicos Documentados, en su modalidad de Operaciones Societarias.

SÉPTIMO.– SOLICITUD DE INSCRIPCIÓN. De conformidad con lo establecido en la normativa vigente, los señores comparecientes, según intervienen, solicitan expresamente la inscripción total de la presente escritura, o la parcial, en el supuesto de que alguna de sus cláusulas, o de los hechos, actos o negocios jurídicos contenidos en ella y susceptibles de inscripción, adoleciese de algún defecto, a juicio del Registrador, que impida la práctica de la misma.

OCTAVO.– PRESENTACIÓN TELEMÁTICA. Con arreglo a lo dispuesto en el Reglamento Notarial procederé a la presentación de esta escritura en los Registros públicos competentes, por vía telemática, diligenciando en la misma las comunicaciones que de aquéllos se reciban.

Protección de datos.– Con relación a los datos de carácter personal que en la presente constan, referidos al compareciente, queda este enterado de que los mismos se incorporan a mis ficheros automatizados, lo que acepta, así como del derecho de oposición, acceso a ellos, rectificación o cancelación de los mismos.

OTORGAMIENTO Y AUTORIZACIÓN

Advierto al compareciente de su derecho a leer por si este instrumento al que renuncia. Yo, el notario, además la leo al compareciente, quien la encuentra conforme, otorga y firma conmigo, el notario, que doy fe en cuanto sea procedente de todo lo consignado en este instrumento público, extendido en .... folios de papel exclusivo para documentos notariales, serie, y números el del presente y anteriores en orden.

F418. TRANSFORMACIÓN DE S.L. EN S.A., CON EJERCICIO DE DERECHO DE SEPARACIÓN. ESCRITURA

Normativa de Aplicación: *Arts. 4 y ss. y 17 y ss. Ley sobre Modificaciones Estructurales de las Sociedades Mercantiles, introducida por Real Decreto-ley 5/2023, de 28 de junio. Arts. 216 y ss. Real Decreto 1784/1996, de 19 de julio, por el que se aprueba el Reglamento del Registro Mercantil.*

En la Ciudad de ...., mi residencia, a .... de ....

Ante mí, ..., Notario de la Ciudad y del Ilustre Colegio de ....

COMPARECE

Don ...., mayor de edad, de nacionalidad española, casado, de profesión ...., vecino de ...., con domicilio en ...., núm. ...., con DNI/NIF ....

Le identifico por el documento de identidad exhibido y reseñado.

INTERVIENE

Don .... interviene en su calidad de administrador único de la sociedad limitada ...., de nacionalidad española, constituida por tiempo indefinido mediante escritura autorizada por el notario de ...., Don ...., con fecha .... de .... de dos mil ...., número de protocolo .... Domiciliada en ...., calle .... e inscrita en el Registro Mercantil de la provincia de ...., al tomo ...., general ...., folio ...., hoja ...., inscripción .... CIF .... Constituye su objeto social ....

Está legitimado para este otorgamiento en virtud de su expresado cargo de administrador único, que afirma vigente, resultando su nombramiento y aceptación de la escritura otorgada con fecha .... de .... de dos mil ...., ante el Notario de ...., Doña ...., número de protocolo ...., que causó la inscripción .... en el Registro Mercantil, y por acuerdo de la Junta General de socios celebrada el día .... de .... de ...., contenido en la certificación que me entrega e incorporo a la presente, expedida por el propio administrador compareciente, cuya firma legitimo por haber sido puesta en mi presencia.

Yo, el Notario, hago constar expresamente que he cumplido con la obligación que impone la ley 10/2010, de 28 de abril, cuyo resultado consta en acta autorizada por el Notario de ...., Don ...., el día ...., en cuanto a «........... S.L.», bajo nº .... de protocolo, manifestando no haberse modificado el contenido de la misma.

Tiene a mi juicio, capacidad y legitimación para otorgar esta escritura de ELEVACIÓN A PUBLICO DE ACUERDOS SOCIALES relativos a la transformación en Sociedad Anónima y, al efecto, según interviene

EXPONE

I.– Que por la Junta General Extraordinaria de la sociedad, en su sesión de fecha .... de .... de ...., debidamente convocada mediante anuncio en el diario ...., de fecha .... de .... de ...., y en el Boletín Oficial del Registro Mercantil, el día .... de .... de ...., se adoptó el acuerdo de transformar la sociedad representada en Sociedad Anónima, en los términos que se expresan a continuación (en caso de existir página WEB, a través de ésta, o en la forma que prevean los estatutos).

Incorporo a la presente los anuncios de publicación de la Junta General Extraordinaria en el Boletín Oficial del Registro Mercantil y en el diario correspondiente.

Manifiesta el compareciente que, en el momento de convocatoria de la Junta, se pusieron a disposición de los socios los documentos previstos en los artículos 5 y 7 de la Ley de Modificaciones Estructurales.

II.– La Junta adoptó, con el voto favorable de .... (al menos dos tercios) por ciento de los votos correspondientes a las participaciones en que se divide el capital social, los siguientes acuerdos:

– la transformación en Sociedad Anónima, regida por los estatutos que se aprueban y con suscripción por cada socio de las acciones que proporcionalmente correspondan al valor de sus actuales participaciones.

– Aprobar el balance general cerrado el día anterior al acuerdo.

– (En su caso) Nombrar el órgano de administración de la nueva sociedad transformada.

– Se adoptó además el acuerdo de adquirir por parte de la sociedad las acciones de los socios que ejerciten su derecho de separación. Al efecto, se autorizó a los administradores para, en caso necesario, realizar y formalizar la referida adquisición de acciones. (En su caso: Igualmente, se autorizó al administrador, para en su caso, reducir el capital de la sociedad en una cuantía igual al valor de las participaciones de los socios que ejercieren su derecho de separación).

Incorporo a la presente certificación expedida por el compareciente, de la que resultan los acuerdos adoptados; considero legítima la firma de la misma por haber sido puesta en mi presencia.

III.– El indicado acuerdo de transformación fue publicado en el Boletín Oficial del Registro Mercantil de fecha .... y en la página web de la sociedad —o a falta de ella, en un diario de gran difusión en la provincia donde las sociedades tengan su domicilio— (o comunicado por escrito o vía electrónica a todos los socios y acreedores, ex art. 10 LME). Incorporo a la presente copia, directamente obtenida por mí, de dicha publicación y traslado a papel directamente obtenido por mí del anuncio en la web de la sociedad —y en su caso, de dichos anuncios en prensa—.

IV.– Y expuesto lo anterior, el compareciente

OTORGA

PRIMERO.– TRANSFORMACIÓN. Eleva a público los acuerdos adoptados en la Junta General Extraordinaria de la mercantil ...., celebrada el día .... de .... de ...., que obran en la certificación antes citada, que ha quedado incorporada a esta matriz, y en virtud de los cuales se transforma la sociedad en Sociedad Anónima, que se denominará .... S.A., y que se regirá por los estatutos que me entrega, que forman parte de la certificación incorporada, y quedan unidos a esta escritura, junto con el último balance aprobado, cerrado el día anterior al acuerdo de transformación (junto con el informe del auditor, cuando la sociedad estuviere obligada a someter sus cuentas a auditoría).

(En caso de que se modifique la denominación: el compareciente me entrega certificación del Registro Mercantil Central, acreditativa de que la nueva denominación no figura ya registrada en el mismo).

SEGUNDO.– INFORME DE EXPERTOS. El patrimonio social no dinerario ha sido objeto de informe de fecha ...., elaborado por ...., experto independiente nombrado por resolución del Registrador Mercantil de fecha .... De él, y del balance resulta que el valor del capital social no es inferior al patrimonio de la sociedad. Incorporo dicho informe a la presente, para su reproducción en las copias que de la misma se expidan.

TERCERO.– ADJUDICACIÓN DE ACCIONES. Las acciones de la sociedad transformada se asignan a los socios en proporción al valor de las participaciones de cada uno, a razón de .... acción/es por cada participación:

DON .... como titular de .... participaciones de .... euros de valor nominal cada una, por importe total de .... euros, recibe .... acciones, números .... a .... (en su caso, clase y serie de las acciones).

DON ....

CUARTO.– DERECHO DE SEPARACIÓN. Transcurrido un mes desde la fecha de la junta general que aprobó el acuerdo de transformación, han ejercitado su derecho de separación .... socios por un valor nominal total de .... euros, por lo que la sociedad ha procedido a la adquisición de sus propias acciones, por el precio de .... euros cada una de ellas, valor establecido en el proyecto de transformación.

Los socios que hacen uso del derecho de separación son los siguientes:

Don ...., mayor de edad, de nacionalidad ...., de estado civil ...., con domicilio en ...., calle ...., número ...., y titular del DNI/NIF número ...., titular de .... acciones, números .... al ...., correlativamente, por un valor de .... euros, que se han abonado en fecha de .... (o que se han consignado debidamente en fecha de ...., acompañando el documento de consignación).

Don ....

(La adquisición de las acciones se puede hacer en esta misma escritura u otra. Igualmente, la reducción de capital podrá hacerse en esta escritura u otra).

(En su caso) REDUCCIÓN DE CAPITAL. Como consecuencia del derecho de separación ejercido por los socios mencionados, queda reducido el capital social en la suma de .... euros, hasta la suma de .... euros, mediante la amortización de .... acciones, de .... de valor nominal cada una de ellas, que corresponden a los siguientes socios:

Don ...., mayor de edad, de nacionalidad ...., de estado civil ...., con domicilio en ...., calle ...., número ...., y titular del DNI/NIF número ...., titular de .... acciones, números .... al ...., correlativamente, por un valor de .... euros, que se abonan en fecha de .... (o que han sido debidamente consignadas en fecha de ....).

Don ....

Y como consecuencia de lo anterior, el artículo .... de los estatutos sociales, relativo al capital social, queda redactado de la siguiente forma: (...........).

Manifiesta el administrador que la amortización de acciones se ha hecho constar en los registros oportunos.

Como consecuencia de las anteriores amortizaciones, la relación de socios de la sociedad transformada, con la correlativa numeración de acciones es la siguiente:

Don .... es titular de .... acciones, de .... euros de valor nominal, números .... al ...., ambos inclusive.

Don ....

QUINTO.– NOMBRAMIENTO DE CARGOS SOCIALES. Se hace constar el nombramiento como administrador único de don ...., cuyos datos obran en la comparecencia (hacer constar lo que proceda, en función de que se mantenga el administrador o se modifique), por plazo de .... años.

El designado acepta el cargo y manifiesta que no está incurso en ninguna de las incompatibilidades que establece la legislación vigente (en caso de designarse más administradores, deberán comparecer en la escritura o haber aceptado en la junta que adoptó el acuerdo y constar en la certificación).

SEXTO.– ADVERTENCIA. Advierto expresamente de que la eficacia de la trasformación quedará supeditada a la inscripción de la presente en el Registro Mercantil, así como del plazo de tres meses para la impugnación de la misma, desde su inscripción en el mencionado registro.

SÉPTIMO.– INSCRIPCIÓN PARCIAL. Para el supuesto y a los efectos del art. 63 RRM, se solicita la inscripción parcial de esta escritura si no fuera posible la inscripción total de la misma y la extensión de nota, con expresión de las razones de denegación respecto a los extremos no inscritos.

OCTAVO.– PRESENTACIÓN TELEMÁTICA. Con arreglo a lo dispuesto en el artículo 249.2 del Reglamento Notarial, yo, el Notario, llevaré a cabo la presentación telemática de esta escritura en el Registro Mercantil competente.

Hago la advertencia de la obligatoriedad de inscripción de esta escritura en el Registro Mercantil.

Protección de datos.– Con relación a los datos de carácter personal que en la presente constan, referidos al compareciente, queda este enterado de que los mismos se incorporan a mis ficheros automatizados, lo que acepta, así como del derecho de oposición, acceso a ellos, rectificación o cancelación de los mismos.

AUTORIZACIÓN

Advierto al compareciente de su derecho a leer por si este instrumento al que renuncia. Yo, el notario, además la leo al compareciente, quien la encuentra conforme, otorga y firma conmigo, el notario, que doy fe en cuanto sea procedente de todo lo consignado en este instrumento público, extendido en .... folios de papel exclusivo para documentos notariales, serie, y números el del presente y anteriores en orden.

F419. TRANSFORMACIÓN S.L. EN S.A., SIN EJERCICIO DE DERECHO DE SEPARACIÓN. ESCRITURA

Normativa de Aplicación: *Arts. 4 y ss. y 17 y ss. Ley sobre Modificaciones Estructurales de las Sociedades Mercantiles, introducida por Real Decreto-ley 5/2023, de 28 de junio. Arts. 216 y ss. Real Decreto 1784/1996, de 19 de julio, por el que se aprueba el Reglamento del Registro Mercantil.*

En la Ciudad de ...., mi residencia, a .... de ....

Ante mí, ..., Notario de la Ciudad y del Ilustre Colegio de ....

COMPARECE

Don ...., mayor de edad, de nacionalidad española, casado, vecino de ...., con domicilio en ...., núm. ...., con DNI/NIF ....

Le identifico por el documento de identidad exhibido y reseñado.

INTERVIENE

Don .... interviene en su calidad de administrador único de la sociedad limitada ...., de nacionalidad española, constituida por tiempo indefinido mediante escritura autorizada por el notario de ...., Don ...., con fecha .... de .... de dos mil ...., número de protocolo .... Domiciliada en ...., calle .... e inscrita en el Registro Mercantil de la provincia de ...., al tomo

..........., general ...., folio ...., hoja ...., inscripción .... CIF .... Constituye su objeto social ....

Está legitimado para este otorgamiento en virtud de su expresado cargo de administrador único, que afirma vigente, resultando su nombramiento y aceptación de la escritura otorgada con fecha .... de .... de dos mil ...., ante el Notario de ...., Doña ...., número de protocolo ...., que causó la inscripción .... en el Registro Mercantil, y por acuerdo de la Junta General de socios celebrada el día .... de .... de ...., contenido en la certificación que me entrega e incorporo a la presente, expedida por el propio administrador compareciente, cuya firma legitimo, por haber sido puesta en mi presencia.

Yo, el Notario, hago constar expresamente que he cumplido con la obligación que impone la ley 10/2010, de 28 de abril, cuyo resultado consta en acta autorizada por el Notario de ...., Don ...., el día ...., en cuanto a «........... S.L.», bajo nº .... de protocolo, manifestando no haberse modificado el contenido de la misma.

Tiene a mi juicio, capacidad y legitimación para otorgar esta escritura de ELEVACIÓN A PUBLICO DE ACUERDOS SOCIALES relativos a la transformación en Sociedad Anónima y, al efecto, según interviene

EXPONE

I.– Que por la Junta General Extraordinaria de la sociedad, en su sesión de fecha .... de .... de ...., debidamente convocada mediante anuncio en el diario ...., de fecha .... de .... de ...., y en el Boletín Oficial del Registro Mercantil, el día .... de .... de ...., se adoptó el acuerdo de transformar la sociedad representada en Sociedad Anónima, en los términos que se expresan a continuación (en caso de existir página WEB, a través de ésta, o en la forma que prevean los estatutos).

Incorporo a la presente los anuncios de publicación de la Junta General Extraordinaria en el Boletín Oficial del Registro Mercantil y en el diario correspondiente.

Manifiesta el compareciente que, en el momento de convocatoria de la Junta, se pusieron a disposición de los socios los documentos previstos en los artículos 5 y 7 de la Ley de Modificaciones Estructurales.

II.– La Junta adoptó, con el voto favorable de .... (al menos dos tercios) por ciento de los votos correspondientes a las participaciones en que se divide el capital social, los siguientes acuerdos:

– la transformación en Sociedad Anónima, regida por los estatutos que se aprueban y con suscripción por cada socio de las acciones que proporcionalmente correspondan al valor de sus actuales participaciones.

– Aprobar el balance general cerrado el día anterior al acuerdo.

– Nombrar el órgano de administración de la nueva sociedad transformada.

– Se adoptó además el acuerdo de adquirir por parte de la sociedad las acciones de los socios que ejerciten su derecho de separación. Al efecto, se autorizó a los administradores para, en caso necesario, realizar y formalizar la referida adquisición de acciones.

Incorporo a la presente certificación expedida por el compareciente, de la que resultan los acuerdos adoptados; considero legítima la firma de la misma por haber sido puesta en mi presencia.

III.– El indicado acuerdo de transformación fue publicado en el Boletín Oficial del Registro Mercantil de fecha .... y en la página web de la sociedad —o a falta de ella, en un diario de gran difusión en la provincia donde las sociedades tengan su domicilio— (o comunicado por escrito o vía electrónica a todos los socios y acreedores, ex art. 10 LME). Incorporo a la presente copia, directamente obtenida por mí, de dicha publicación y traslado a papel directamente obtenido por mí del anuncio en la web de la sociedad —y en su caso, de dichos anuncios en prensa—.

IV.– Y expuesto lo anterior, el compareciente

OTORGA

PRIMERO.– TRANSFORMACIÓN. Eleva a público los acuerdos adoptados en la Junta General Extraordinaria de la mercantil ...., celebrada el día .... de .... de ...., que obran en la certificación antes citada, que ha quedado incorporada a esta matriz, y en virtud de los cuales se transforma la sociedad en Sociedad Anónima, que se denominará .... S.A., y que se regirá por los estatutos que me entrega, que forman parte de la certificación incorporada, y quedan unidos a esta escritura, junto con el último balance aprobado cerrado el día anterior al acuerdo de transformación (junto con el informe del auditor, cuando la sociedad estuviere obligada a someter sus cuentas a auditoría).

(En caso de que se modifique la denominación: el compareciente me entrega certificación del Registro Mercantil Central, acreditativa de que la nueva denominación no figura ya registrada en el mismo).

SEGUNDO.– INFORME DE EXPERTOS. El patrimonio social no dinerario ha sido objeto de informe de fecha ...., elaborado por ...., experto independiente nombrado por resolución del Registrador Mercantil de fecha .... De él, y del balance resulta que el valor del capital social no es inferior al patrimonio de la sociedad. Incorporo dicho informe a la presente, para su reproducción en las copias que de la misma se expidan.

TERCERO.– ADJUDICACIÓN DE ACCIONES. Las acciones de la sociedad transformada se asignan a los socios en proporción al valor de las participaciones de cada uno, a razón de .... acción/es por cada participación:

DON .... como titular de .... participaciones de .... euros de valor nominal cada una, por importe total de .... euros, recibe .... acciones, números .... a .... (en su caso, clase y serie de las acciones).

DON ....

CUARTO.– DERECHO DE SEPARACIÓN. Transcurrido un mes desde la fecha de la junta general que adoptó el acuerdo de transformación, ningún socio ha ejercitado el derecho de separación, por lo que no procede reducción del capital social.

QUINTO.– NOMBRAMIENTO DE CARGOS SOCIALES. Se hace constar el nombramiento como administrador único de don ...., cuyos datos obran en la comparecencia (hacer constar lo que proceda, en función de que se mantenga el administrador o se modifique), por el plazo estatutario de .... años.

El designado acepta el cargo y manifiesta que no está incurso en ninguna de las incompatibilidades que establece la legislación vigente.

SEXTO.– ADVERTENCIA. Advierto expresamente de que la eficacia de la trasformación quedará supeditada a la inscripción de la presente en el Registro Mercantil, así como del plazo de tres meses para la impugnación de la misma, desde su inscripción en el mencionado registro.

SÉPTIMO.– INSCRIPCIÓN PARCIAL. Para el supuesto y a los efectos del art. 63 RRM, se solicita la inscripción parcial de esta escritura si no fuera posible la inscripción total de la misma y la extensión de nota, con expresión de las razones de denegación respecto a los extremos no inscritos.

OCTAVO.– PRESENTACIÓN TELEMÁTICA. Con arreglo a lo dispuesto en el artículo 249.2 del Reglamento Notarial, yo, el Notario, llevaré a cabo la presentación telemática de esta escritura en el Registro Mercantil competente.

Hago la advertencia de la obligatoriedad de inscripción de esta escritura en el Registro Mercantil.

Protección de datos.– Con relación a los datos de carácter personal que en la presente constan, referidos al compareciente, queda este enterado de que los mismos se incorporan a mis ficheros automatizados, lo que acepta, así como del derecho de oposición, acceso a ellos, rectificación o cancelación de los mismos.

AUTORIZACIÓN

Advierto al compareciente de su derecho a leer por si este instrumento al que renuncia. Yo, el notario, además la leo al compareciente, quien la encuentra conforme, otorga y firma conmigo, el notario, que doy fe en cuanto sea procedente de todo lo consignado en este instrumento público, extendido en .... folios de papel exclusivo para documentos notariales, serie, y números el del presente y anteriores en orden.

F420. TRANSFORMACIÓN DE S.L. EN S.A. JUNTA CONVOCADA CON EJERCICIO DE DERECHO DE SEPARACIÓN. ESCRITURA

Normativa de Aplicación: *Arts. 4 y ss. y 17 y ss. Ley sobre Modificaciones Estructurales de las Sociedades Mercantiles, introducida por Real Decreto-ley 5/2023, de 28 de junio. Arts. 216 y ss. Real Decreto 1784/1996, de 19 de julio, por el que se aprueba el Reglamento del Registro Mercantil.*

En la Ciudad de..........., mi residencia, a...........de...........

Ante mí,..........., Notario de la Ciudad y del Ilustre Colegio de...........

COMPARECE

Don ...., mayor de edad, de nacionalidad española, casado, de profesión ...., vecino de ...., con domicilio en ...., núm. ...., con DNI/NIF ....

Le identifico por el documento de identidad exhibido y reseñado.

INTERVIENE

Don .... interviene en su calidad de administrador único de la sociedad limitada ...., de nacionalidad española, constituida por tiempo indefinido mediante escritura autorizada por el notario de ...., Don ...., con fecha ....de .... de dos mil ...., número de protocolo .... Domiciliada en ...., calle .... e inscrita en el Registro Mercantil de la provincia de ...., al tomo ...., general ...., folio ...., hoja ...., inscripción .... CIF...........

Está legitimado para este otorgamiento en virtud de su expresado cargo de administrador único, que afirma vigente, resultando su nombramiento y aceptación de la escritura otorgada con fecha .... de .... de dos mil ...., ante el Notario de ...., Doña ...., número de protocolo ...., que causó la inscripción .... en el Registro Mercantil, y por acuerdo de la Junta General de socios celebrada el día .... de .... de ...., contenido en la certificación que me entrega e incorporo a la presente, expedida por el propio administrador compareciente, cuya firma legitimo por haber sido puesta en mi presencia.

Yo, el Notario, hago constar expresamente que he cumplido con la obligación que impone la ley 10/2010, de 28 de abril, cuyo resultado consta en acta autorizada por el Notario de..........., Don..........., el día..........., en cuanto a «...........SL.», bajo nº........... de protocolo, manifestando no haberse modificado el contenido de la misma.

Tiene a mi juicio, capacidad y legitimación para otorgar esta escritura de ELEVACIÓN A PÚBLICO DE ACUERDOS SOCIALES relativos a la transformación en Sociedad Anónima y, al efecto, según interviene

EXPONE

I.– Que por la Junta General Extraordinaria de la sociedad, en su sesión de fecha .... de .... de ...., debidamente convocada mediante anuncio en el diario ...., de fecha .... de .... de ...., y en el Boletín Oficial del Registro Mercantil, el día .... de .... de ...., se adoptó el acuerdo de transformar la sociedad representada en Sociedad Anónima, en los términos que se expresan a continuación (en caso de existir página WEB, a través de ésta, o en la forma que prevean los estatutos).

Incorporo a la presente los anuncios de publicación de la Junta General Extraordinaria en el Boletín Oficial del Registro Mercantil y en el diario correspondiente.

Manifiesta el compareciente que, en el momento de convocatoria de la Junta, se pusieron a disposición de los socios los documentos previstos en los artículos 5 y 7 de la Ley de Modificaciones Estructurales.

II.– La Junta adoptó, con el voto favorable de .... (al menos dos tercios) por ciento de los votos correspondientes a las participaciones en que se divide el capital social, los siguientes acuerdos:

– la transformación en Sociedad Anónima, regida por los estatutos que se aprueban y con suscripción por cada socio de las acciones que proporcionalmente correspondan al valor de sus actuales participaciones.

– Aprobar el balance general cerrado el día anterior al acuerdo.

– (En su caso) Nombrar el órgano de administración de la nueva sociedad transformada.

– Se adoptó además el acuerdo de adquirir por parte de la sociedad las acciones de los socios que ejerciten su derecho de separación. Al efecto, se autorizó a los administradores para, en caso necesario, realizar y formalizar la referida adquisición de acciones. (En su caso: Igualmente, se autorizó al administrador, para en su caso, reducir el capital de la sociedad en una cuantía igual al valor de las participaciones de los socios que ejercieren su derecho de separación).

Incorporo a la presente certificación expedida por el compareciente, de la que resultan los acuerdos adoptados; considero legítima la firma de la misma por haber sido puesta en mi presencia.

III.– El indicado acuerdo de transformación fue publicado en el Boletín Oficial del Registro Mercantil de fecha .... y en la página web de la sociedad —o a falta de ella, en un diario de gran difusión en la provincia donde las sociedades tengan su domicilio— (o comunicado por escrito o vía electrónica a todos los socios y acreedores, ex art. 10 LME). Incorporo a la presente copia, directamente obtenida por mí, de dicha publicación y traslado a papel directamente obtenido por mí del anuncio en la web de la sociedad —y en su caso, de dichos anuncios en prensa—.

IV.– Y expuesto lo anterior, el compareciente

OTORGA

PRIMERO.– TRANSFORMACIÓN. Eleva a público los acuerdos adoptados en la Junta General Extraordinaria de la mercantil ...., celebrada el día .... de .... de ...., que obran en la certificación antes citada, que ha quedado incorporada a esta matriz, y en virtud de los cuales se transforma la sociedad en Sociedad Anónima, que se denominará .... S.A., y que se regirá por los estatutos que me entrega, que forman parte de la certificación incorporada, y quedan unidos a esta escritura, junto con el último balance aprobado, cerrado el día anterior al acuerdo de transformación (junto con el informe del auditor, cuando la sociedad estuviere obligada a someter sus cuentas a auditoría).

(En caso de que se modifique la denominación: el compareciente me entrega certificación del Registro Mercantil Central, acreditativa de que la nueva denominación no figura ya registrada en el mismo).

SEGUNDO.– INFORME DE EXPERTOS. El patrimonio social no dinerario ha sido objeto de informe de fecha ...., elaborado por ...., experto independiente nombrado por resolución del Registrador Mercantil de fecha .... De él, y del balance resulta que el valor del capital social no es inferior al patrimonio de la sociedad. Incorporo dicho informe a la presente, para su reproducción en las copias que de la misma se expidan.

TERCERO.– ADJUDICACIÓN DE ACCIONES. Las acciones de la sociedad transformada se asignan a los socios en proporción al valor de las participaciones de cada uno, a razón de .... acción/es por cada participación:

DON........... como titular de .... participaciones de .... euros de valor nominal cada una, por importe total de .... euros, recibe .... acciones, números .... a .... (en su caso, clase y serie de las acciones).

DON ....

CUARTO.– DERECHO DE SEPARACIÓN. Transcurrido un mes desde la fecha de la junta general que aprobó el acuerdo de transformación, han ejercitado su derecho de separación .... socios por un valor nominal total de .... euros, por lo que la sociedad ha procedido a la adquisición de sus propias acciones, por el precio de .... euros cada una de ellas, valor establecido en el proyecto de transformación.

Los socios que hacen uso del derecho de separación son los siguientes:

Don ...., mayor de edad, de nacionalidad ...., de estado civil ...., con domicilio en ...., calle ...., número ...., y titular del DNI/NIF número ...., titular de .... acciones, números .... al ...., correlativamente, por un valor nominal de .... euros.

Don...........

(La adquisición de las acciones se puede hacer en esta misma escritura u otra. Igualmente, la reducción de capital podrá hacerse en esta escritura u otra).

OPCIÓN A) Como consecuencia del derecho de separación ejercido por los socios mencionados, y con la autorización de la Junta General, la sociedad ha procedido a la adquisición de sus propias acciones, por el precio de .... euros cada una de ellas, valor razonable según (acuerdo entre la sociedad y los interesados, valor señalado por el auditor de la sociedad, o el nombrado al efecto por el Registrador Mercantil, cuyo informe se incorporará a la escritura. Esta opción siempre que la junta que haya adoptado el acuerdo que da lugar a la separación haya autorizado la adquisición de las participaciones).

Los socios a los que se han adquirido las participaciones son:

Don ...., mayor de edad, de nacionalidad ...., de estado civil ...., con domicilio en ...., calle ...., número ...., y titular del DNI/NIF número ...., titular de .... acciones, números .... al ...., correlativamente, por un valor de .... euros, que se han abonado en fecha de .... (o que se han consignado debidamente en fecha de ...., acompañando el documento de consignación).

Don...........

OPCIÓN B) REDUCCIÓN DE CAPITAL. Como consecuencia del derecho de separación ejercido por los socios mencionados, el administrador, con arreglo a lo previsto en el artículo 358.1 de la Ley de Sociedades de Capital, lleva a cabo la oportuna reducción del capital social en la suma de .... euros, hasta la suma de .... euros, mediante la amortización de .... acciones, de .... de valor nominal cada una de ellas, que corresponden a los siguientes socios:

Don ...., mayor de edad, de nacionalidad ...., de estado civil ...., con domicilio en ...., calle ...., número ...., y titular del DNI/NIF número ...., titular de .... acciones, números .... al ...., correlativamente, por un valor de .... euros, que se abonan en fecha de .... (o que han sido debidamente consignadas en fecha de ....).

Don...........

Y como consecuencia de lo anterior, se reduce el capital social a la suma de .... euros, y el artículo .... de los estatutos sociales, relativo al capital social, queda redactado de la siguiente forma: (...........).

Manifiesta el compareciente que la amortización de las participaciones indicadas se ha hecho constar en el Registro correspondiente. Y que como consecuencia de dicha amortización, la relación de socios de la sociedad, con la correlativa numeración de acciones es la siguiente:

Don .... es titular de .... acciones, de .... euros de valor nominal, números .... al ...., ambos inclusive.

Don ....

QUINTO.– NOMBRAMIENTO DE CARGOS SOCIALES. Se hace constar el nombramiento como administrador único de don ...., cuyos datos obran en la comparecencia (hacer constar lo que proceda, en función de que se mantenga el administrador o se modifique), por plazo de .... años.

El designado acepta el cargo y manifiesta que no está incurso en ninguna de las incompatibilidades que establece la legislación vigente.

SEXTO.– ADVERTENCIA. Advierto expresamente de que la eficacia de la trasformación quedará supeditada a la inscripción de la presente en el Registro Mercantil, así como del plazo de tres meses para la impugnación de la misma, desde su inscripción en el mencionado registro.

SÉPTIMO.– INSCRIPCIÓN PARCIAL. Para el supuesto y a los efectos del art. 63 RRM, se solicita la inscripción parcial de esta escritura si no fuera posible la inscripción total de la misma y la extensión de nota, con expresión de las razones de denegación respecto a los extremos no inscritos.

OCTAVO.– PRESENTACIÓN TELEMÁTICA. Con arreglo a lo dispuesto en el artículo 249.2 del Reglamento Notarial, yo, el Notario, llevaré a cabo la presentación telemática de esta escritura en el Registro Mercantil competente.

Hago la advertencia de la obligatoriedad de inscripción de esta escritura en el Registro Mercantil.

Protección de datos.– Con relación a los datos de carácter personal que en la presente constan, referidos al compareciente, queda este enterado de que los mismos se incorporan a mis ficheros automatizados, lo que acepta, así como del derecho de oposición, acceso a ellos, rectificación o cancelación de los mismos.

AUTORIZACIÓN

Advierto al compareciente de su derecho a leer por si este instrumento al que renuncia. Yo, el notario, además la leo al compareciente, quien la encuentra conforme, otorga y firma conmigo, el notario, que doy fe en cuanto sea procedente de todo lo consignado en este instrumento público, extendido en .... folios de papel exclusivo para documentos notariales, serie, y números el del presente y anteriores en orden.

F421. TRANSFORMACIÓN DE S.L. EN S.A., JUNTA UNIVERSAL. ESCRITURA

Normativa de Aplicación: *Arts. 4 y ss. y 17 y ss. Ley sobre Modificaciones Estructurales de las Sociedades Mercantiles, introducida por Real Decreto-ley 5/2023, de 28 de junio. Arts. 216 y ss. Real Decreto 1784/1996, de 19 de julio, por el que se aprueba el Reglamento del Registro Mercantil.*

En la Ciudad de ...., mi residencia, a .... de ....

Ante mí, ..., Notario de la Ciudad y del Ilustre Colegio de ....

COMPARECE

Don ...., mayor de edad, de nacionalidad española, casado, de profesión ...., vecino de ...., con domicilio en ...., núm. ...., con DNI/ NIF ....

Le identifico por el documento de identidad exhibido y reseñado.

INTERVIENE

Don .... interviene en su calidad de administrador único de la sociedad limitada ...., de nacionalidad española, constituida por tiempo indefinido mediante escritura autorizada por el notario de ...., Don ...., con fecha .... de .... de dos mil ...., número de protocolo .... Domiciliada en ...., calle .... e inscrita en el Registro Mercantil de la provincia de ...., al tomo ...., general ...., folio ...., hoja ...., inscripción .... CIF .... Constituye su objeto social ....

Está legitimado para este otorgamiento en virtud de su expresado cargo de administrador único, que afirma vigente, resultando su nombramiento y aceptación de la escritura otorgada con fecha .... de .... de dos mil ...., ante el Notario de ...., Doña ...., número de protocolo ...., que causó la inscripción .... en el Registro Mercantil, y por acuerdo de la Junta General de socios celebrada el día .... de .... de ...., contenido en la certificación que me entrega e incorporo a la presente, expedida por el propio administrador compareciente, cuya firma legitimo por haber sido puesta en mi presencia.

Yo, el Notario, hago constar expresamente que he cumplido con la obligación que impone la ley 10/2010, de 28 de abril, cuyo resultado consta en acta autorizada por el Notario de ...., Don ...., el día ...., en cuanto a «........... S.L.», bajo nº .... de protocolo, manifestando no haberse modificado el contenido de la misma.

Tiene a mi juicio, capacidad y legitimación para otorgar esta escritura de ELEVACIÓN A PUBLICO DE ACUERDOS SOCIALES relativos a la transformación en Sociedad Anónima y, al efecto, según interviene

EXPONE

I.– Que por la Junta General Extraordinaria de la sociedad, reunida con carácter universal, en su sesión de fecha .... de .... de ...., se adoptó el acuerdo de transformar la sociedad representada en Sociedad Anónima, en los términos que se expresan a continuación.

II.– La Junta adoptó los siguientes acuerdos:

– la transformación en Sociedad Anónima, regida por los estatutos que se aprueban y con suscripción por cada socio de las acciones que proporcionalmente correspondan al valor de sus actuales participaciones.

– Aprobar el balance general cerrado el día anterior al acuerdo.

– Nombrar el órgano de administración de la nueva sociedad transformada.

III.– Al tratarse de Junta Universal, no procede la publicación del acuerdo de transformación (en caso de no existir titulares de derechos especiales o acreedores, art. 10 LME).

IV.– Y expuesto lo anterior, el compareciente

OTORGA

PRIMERO.– TRANSFORMACIÓN. Eleva a público los acuerdos adoptados en la Junta General Extraordinaria de la mercantil ...., celebrada el día .... de .... de ...., que obran en la certificación antes citada, que ha quedado incorporada a esta matriz, y en virtud de los cuales se transforma la sociedad en Sociedad Anónima, que se denominará .... S.A., y que se regirá por los estatutos que me entrega y quedan incorporados a esta escritura, junto con el último balance aprobado, cerrado el día anterior al acuerdo de transformación.

(En caso de cambio de denominación, hacer referencia a la certificación del Registro Mercantil Central, que se incorpora.)

SEGUNDO.– INFORME DE EXPERTOS. El patrimonio social no dinerario ha sido objeto de informe de fecha ...., elaborado por ...., experto independiente nombrado por resolución del Registrador Mercantil de fecha .... De él, y del balance resulta que el valor del capital social no es inferior al patrimonio de la sociedad. Incorporo dicho informe a la presente, para su reproducción en las copias que de la misma se expidan.

TERCERO.– ADJUDICACIÓN DE ACCIONES. Las acciones de la sociedad transformada se asignan a los socios en proporción al valor de las participaciones de cada uno, a razón de .... acción/es por cada participación:

DON .... como titular de .... participaciones de .... euros de valor nominal cada una, por importe total de .... euros, recibe .... acciones, números .... a .... (en su caso, clase y serie de las acciones).

DON ....

CUARTO.– NOMBRAMIENTO DE CARGOS SOCIALES. Se hace constar el nombramiento como administrador único de don ...., cuyos datos obran en la comparecencia (hacer constar lo que proceda, en función de que se mantenga el administrador o se modifique), por el plazo estatutario de .... años.

El designado acepta el cargo y manifiesta que no está incurso en ninguna de las incompatibilidades que establece la legislación vigente.

(En caso de que se designen más administradores, deberán comparecer o haber aceptado en la Junta que acordó la transformación).

QUINTO.– DERECHO DE SEPARACIÓN. Ningún socio ejercita derecho de separación.

SEXTO.– ADVERTENCIA. Advierto expresamente de que la eficacia de la trasformación quedará supeditada a la inscripción de la presente en el Registro Mercantil, así como del plazo de tres meses para la impugnación de la misma, desde su inscripción en el mencionado registro.

SÉPTIMO.– INSCRIPCIÓN PARCIAL. Para el supuesto y a los efectos del art. 63 RRM, se solicita la inscripción parcial de esta escritura si no fuera posible la inscripción total de la misma y la extensión de nota, con expresión de las razones de denegación respecto a los extremos no inscritos.

OCTAVO.– PRESENTACIÓN TELEMÁTICA. Con arreglo a lo dispuesto en el artículo 249.2 del Reglamento Notarial, yo, el Notario, llevaré a cabo la presentación telemática de esta escritura en el Registro Mercantil competente.

Hago la advertencia de la obligatoriedad de inscripción de esta escritura en el Registro Mercantil.

Protección de datos.– Con relación a los datos de carácter personal que en la presente constan, referidos al compareciente, queda este enterado de que los mismos se incorporan a mis ficheros automatizados, lo que acepta, así como del derecho de oposición, acceso a ellos, rectificación o cancelación de los mismos.

AUTORIZACIÓN

Advierto al compareciente de su derecho a leer por si este instrumento al que renuncia. Yo, el notario, además la leo al compareciente, quien la encuentra conforme, otorga y firma conmigo, el notario, que doy fe en cuanto sea procedente de todo lo consignado en este instrumento público, extendido en .... folios de papel exclusivo para documentos notariales, serie, y números el del presente y anteriores en orden.

XV. DERECHO DE SOCIEDADES Y CONTRATOS

SUMARIO: F422. OFERTA INDICATIVA PARA LA COMPRA DE EMPRESA A TRAVÉS DE PARTICIPACIONES SOCIALES. F423. ACUERDO DE INTENCIONES SOBRE COMPRAVENTA DE EMPRESA. F424. AUTORIZACIÓN COMPRA DE PARTICIPACIONES DE OTRA SOCIEDAD. CERTIFICACIÓN ACTA JUNTA GENERAL EXTRAORDINARIA UNIVERSAL. F425 AUTORIZACIÓN COMPRA DE PARTICIPACIONES DE OTRA SOCIEDAD. CERTIFICACIÓN ACTA JUNTA GENERAL EXTRAORDINARIA UNIVERSAL. F426. CONTRATO PRIVADO DE COMPRAVENTA DE EMPRESA MEDIANTE TRANSMISIONES DE PARTICIPACIONES SOCIALES. F427. CONTRATO PRIVADO DE COMPRAVENTA DE EMPRESA MEDIANTE TRANSMISIONES DE PARTICIPACIONES SOCIALES (II). F428. CONTRATO PRIVADO DE COMPRAVENTA DE EMPRESA MEDIANTE TRANSMISIONES DE PARTICIPACIONES SOCIALES (III). F429. ESCRITURA DE COMPRAVENTA DE EMPRESA A TRAVÉS DE LA COMPRA DE PARTICIPACIONES SOCIALES. F430. CONTRATO DE PRESTACIÓN DE SERVICIOS Y PROHIBICIÓN DE COMPETENCIA TRAS COMPRAVENTA DE PARTICIPACIONES SOCIALES. F431. COMUNICACIÓN AL VENDEDOR DE LA EMPRESA DE LA EXISTENCIA DE RECLAMACIONES FISCALES CONTRA LA SOCIEDAD VENDIDA. F432. ACUERDO FACULTAR SUSCRIPCIÓN PACTO DE SOCIOS. CERTIFICACIÓN ACTA JUNTA GENERAL EXTRAORDINARIA UNIVERSAL. F433. PACTO PARASOCIAL. F434. PROTOCOLO FAMILIAR (I). F435. PROTOCOLO FAMILIAR (II). F436. CONSTITUCIÓN DE SOCIEDAD HOLDING EN VIRTUD DE PROTOCOLO FAMILIAR. F437. TESTAMENTO ABIERTO DERIVADO DE PROTOCOLO FAMILIAR. F438. CONTRATO SOCIEDAD-CONSEJERO DELEGADO. F439. CONTRATO DE APOYO A LA GESTIÓN HOLDING. F440. CONTRATO DE JOINT VENTURE O ALIANZA ESTRATÉGICA. F441. CONTRATO DE JOINT VENTURE (II). F442. CONTRATO DE SINDICACIÓN DE SOCIOS. F443. ENTRADA DE DIRECTIVOS EN EL CAPITAL DE LA EMPRESA FAMILIAR. PLAN DE ENTREGA DE PARTICIPACIONES A LOS EMPLEADOS CON PRESTACIONES ACCESORIAS. F444. ACUERDO DE JUNTA GENERAL PARA LA CREACIÓN DE PARTICIPACIONES CON PRESTACIONES ACCESORIAS. F445. ACUERDO DE PRÉSTAMO PARTICIPATIVO. ACTA DE JUNTA GENERAL EXTRAORDINARIA CONVOCADA. F446. CONTRATO DE CONFIDENCIALIDAD ENTRE VENDEDOR Y SUS ASESORES PREVIO A PROCESO DE COMPRAVENTA DE EMPRESA. F447. ACUERDO DE CONFIDENCIALIDAD PARA REALIZAR DUE DILIGENCE. F448. ACUERDO DE CONFIDENCIALIDAD PARA ANALIZAR POSIBLE INVERSIÓN EN SOCIEDAD LIMITADA. F449. ACUERDO DE CONFIDENCIALIDAD PARA PROPORCIONAR APOYO EN EL ÁREA DE GESTIÓN FINANCIERA, PREPARAR UN MODELO FINANCIERO, Y ELABORAR UN CUADERNO DE VENTAS. F450. ACUERDO DE CONFIDENCIALIDAD A EFECTOS DE VALORAR LA COMPRA DE UNA SOCIEDAD MERCANTIL. F451. ACTA DE JUNTA GENERAL SOBRE DIVERSOS ACUERDOS RELATIVOS A LA SITUACIÓN ECONÓMICA ACTUAL, VALORANDO LA POSIBILIDAD DE INICIAR UNA REESTRUCTURACIÓN EMPRESARIAL.

F422. OFERTA NO VINCULANTE PARA LA COMPRA DE EMPRESA A TRAVÉS DE PARTICIPACIONES SOCIALES

.... de ....202............

Att: ....

CC: ....

....

Estrictamente privado y confidencial

Proyecto: ....

Estimados señores,

Tras nuestras conversaciones, ... ("............" o el "Comprador") confirma por la presente su firme interés en la posible adquisición del 100% del capital social emitido de ...., S.L. ("............" o la "Compañía"), actualmente propiedad de su fundador .... (el "Fundador" o el "Vendedor") (en conjunto, la "Transacción").

Nos gustaría agradecerles la oportunidad de estudiar esta Transacción, y agradecemos enormemente la información proporcionada hasta el momento por la Compañía y sus asesores (la "Información"), así como la oportunidad de conocer a la familia del Sr. ....y visitar la planta de producción de la Compañía ubicada en .... Ambos fueron de gran ayuda para comprender el potencial de la Transacción propuesta y respaldan nuestro sincero interés en esta oportunidad.

En vista de lo anterior, nos complace presentar para su consideración esta oferta no vinculante (la "Carta"), que no constituye una obligación vinculante para las partes. En este contexto, ... está dispuesto a realizar una Transacción en los términos y condiciones que se establecen a continuación.

1. Fundamento Comercial

Basándonos en nuestras conversaciones y en la información facilitada, estamos convencidos de que existe una buena sintonía entre nuestras empresas y que la operación propuesta puede ser beneficiosa para ambas partes.

.... es un negocio bien consolidado e internacionalizado que ofrece una amplia gama de servicios de ...., mientras que .... es una empresa líder en .... cuenta con una importante presencia en el sector de ....en España, donde .... no tiene actualmente presencia. La adquisición de .... sería estratégica y complementaria para nosotros ya que, entre otros beneficios, ...

Nuestro objetivo tras la adquisición es seguir ampliando el negocio de .... mediante el apoyo al desarrollo de proyectos de valor añadido y la combinación de las capacidades de ambas empresas, lo que probablemente redundará en sinergias y beneficios

.... En conjunto, esto debería garantizar la continuidad de ....en el futuro como parte de un grupo familiar que opera en el sector de ....

A pesar de lo anterior, nuestra intención es mantener .... en el grupo .... como una entidad separada, con dirección y responsabilidades locales, a fin de garantizar la continuidad de .... en el futuro. Las culturas y estrategias de nuestras empresas parecen encajar bien, pero pretendemos seguir contando con el fundador durante un periodo de tiempo razonable para garantizar una transición exitosa. No prevemos ninguna dificultad en la integración de .... en el grupo ....

2. Operación contemplada

El Comprador pretende adquirir el 100% del capital social emitido de ...., S.L. por la contraprestación total resultante del Precio establecido en este documento, comprando la totalidad del capital social de .... al socio existente y al Vendedor en el Cierre.

3. Precio

Valoramos el 100% de las acciones en circulación de la Compañía, sobre una base libre de efectivo y deuda, en ....euros (............ euros) (el "Valor Empresarial"). Debido al importante crecimiento del EBITDA estimado para los próximos años, se requiere una revisión más detallada de .... Este Valor Empresarial se basa en un mecanismo de caja cerrada con fecha de vigencia del 1 de enero de ....

Anticipamos que el valor patrimonial correspondiente al 100% del capital social de la Compañía reflejaría el Valor Empresarial ajustado por los elementos similares a la deuda relevantes mencionados a continuación, tales como, pero no limitados a: (i) endeudamiento financiero, incluido el factoring sin recurso; (ii) arrendamiento financiero; (iii) cualquier otro pasivo y/o provisión acordados conjuntamente; (iv) cualquier pasivo material no revelado; y (v) cualquier desviación de los niveles normalizados de capital de trabajo. A modo indicativo, las partidas similares a deuda mencionadas anteriormente se han estimado en aproximadamente .... euros (suponiendo una posición de deuda total de aproximadamente ....euros reducida por efectivo y equivalentes de efectivo de aproximadamente .... euros). Además, estamos preparados para considerar el valor de cualquier exceso por encima de los niveles normalizados de capital de trabajo, así como otros activos financieros que eventualmente podrían considerarse como efectivo y equivalentes de efectivo. Todas estas partidas similares a deuda y efectivo y los posibles ajustes están sujetos a confirmación de acuerdo con los procesos de estándares comunes de due diligence.

Considerando lo anterior, la contraprestación total que estaríamos dispuestos a pagar por el 100% del capital social en circulación de la Compañía asciende a .... euros (............euros), sujeto a una evaluación final de los elementos de deuda y similares a efectivo antes mencionados. En términos de la estructura de precios, nuestra oferta propuesta consistiría en los siguientes pagos:

3.1 Un precio base consistente en un pago inicial de ....euros (............ euros) (el "Pago Inicial"), estimado aplicando un múltiplo de .... (............x) al nivel medio de Ebitda obtenido por la Compañía durante los últimos ....ejercicios (............) menos la deuda objetivo-estimada al cierre.

3.2 Un pago diferido y condicional, sujeto a que la Compañía alcance un EBITDA a partir del ejercicio finalizado en diciembre de 202............ de al menos .... euros, por importe de .... euros (............ euros) (el "Beneficio 202............"), estimado aplicando un múltiplo de cero coma cinco (............x) al nivel de Ebitda objetivo de la Compañía para 202.............

3.3 Un pago diferido y condicional, sujeto a que la Compañía alcance un EBITDA a partir del ejercicio finalizado en diciembre de 202............ de al menos .... euros, por importe de .... euros (............ euros) (el "Beneficio 202............"), estimado aplicando un múltiplo de cero coma cinco (............x) al nivel de Ebitda objetivo de la Compañía para 202.............

3.4 Un pago diferido y condicional, sujeto a que la Compañía alcance un EBITDA a partir del ejercicio finalizado en diciembre de 202............ de al menos .... euros, por importe de .... euros (............ euros) (el "Beneficio 202............"), estimado aplicando un múltiplo de cero coma cinco (............x) al nivel de Ebitda objetivo de la Compañía para 202.............

El Comprador abonará el Pago Inicial al Vendedor al cierre, mientras que el Beneficio 202............, Beneficio 202............ y Beneficio 202............ se calcularán y liquidarán a más tardar en .... de 202............ 2, 202............ y 202............, respectivamente, tras la disponibilidad de las cifras financieras auditadas de los Ejercicios Económicos que Finalizan 202............, 202............ y 202............ y la evaluación del EBITDA objetivo para cada uno de los años correspondientes.

4. Fundador y rol de gestión

Anticipamos un fuerte compromiso tanto del Fundador como de su hijo con la Compañía, su Plan de Negocios y los objetivos financieros basados en la estructura de la oferta. El Comprador entiende que su papel es esencial para el éxito y el desarrollo a corto plazo de la Compañía. Por lo tanto, nos gustaría mejorar aún más su comprensión de cada una de sus aspiraciones individuales para los próximos años y acordar los términos y condiciones para una transición fluida y exitosa, a fin de garantizar que sigan apoyando a .... al menos hasta fines de 202............. Por supuesto, los niveles de compromiso pueden evolucionar con el tiempo desde un puesto ejecutivo a tiempo completo a una cierta participación a tiempo parcial o no ejecutiva. Es nuestra intención adaptarnos tanto como sea razonablemente posible a sus solicitudes siempre que se comprenda lo mencionado anteriormente.

Además, la alineación del equipo de gestión y los empleados de .... con .... es esencial para el éxito de la Compañía. Como tal, esperamos mantener conversaciones con el Sr. .... y otro personal clave con poca antelación, según corresponda, para comprender mejor su función y responsabilidades actuales y evaluar sus aspiraciones profesionales y su compromiso futuro con el proyecto. Con base en esas discusiones, estamos dispuestos a negociar un paquete de incentivos de gestión que proporcione al equipo directivo beneficios atractivos y mecanismos de incentivo para cumplir y superar el plan de negocios.

5. Supuestos y condiciones

Durante las últimas semanas, hemos estado trabajando sobre la base de la Información proporcionada por la Compañía y sus asesores. Esta oferta y el Valor Empresarial están sujetos a una mejor comprensión del negocio, sus requisitos de capital y proyecciones financieras, y se basan en los supuestos y están sujetos a las condiciones que se establecen a continuación:

5.1 Toda la Información puesta a disposición por la Compañía a .... y sus asesores hasta la fecha es completa y precisa en todos los aspectos materiales, en particular con respecto al Plan de Negocios de la Compañía 202............ 202............ y el desempeño comercial esperado

5.2 Finalización satisfactoria de la due diligence comercial, financiera, fiscal, legal, laboral, técnica y cualquier otra que .... considere apropiada;

5.3 Negociación, ejecución y entrega de acuerdos definitivos, incluyendo un acuerdo definitivo de compra de acciones y documentación legal auxiliar (los "Acuerdos Definitivos") que contengan términos y condiciones mutuamente acordados y convenios, declaraciones y garantías, indemnizaciones, condiciones de cierre y fideicomisos habituales para transacciones de este tipo y tamaño después de factorizar los resultados de la investigación de due diligence;

5.4 Requeriremos las aprobaciones corporativas necesarias, incluyendo sin limitación la aprobación del Consejo de Supervisión, y la recepción de todos los consentimientos, aprobaciones y autorizaciones de y notificación a todas las autoridades gubernamentales, entidades financieras y terceros necesarios bajo contratos, permisos, certificaciones y otras autorizaciones aplicables;

5.5 El Fundador (............), su hijo (............) y el equipo de gestión existente (es decir, ...) permanecen en la Compañía y continúan administrando el negocio durante un período de tiempo razonable que les permita entregar el plan de negocios y los resultados financieros objetivo acordados.

6. Timing

Creemos que nuestro fuerte compromiso con esta Transacción y nuestro profundo conocimiento del sector nos colocan en una posición muy sólida para firmar y cerrar esta Transacción en un corto plazo de tiempo. Teniendo en cuenta todos los puntos mencionados anteriormente, creemos que, si comenzamos a trabajar de manera exclusiva, la Transacción podría firmarse, sujeta a las aprobaciones regulatorias necesarias, antes de finales de .... Esto nos daría tiempo suficiente para completar nuestra debida diligencia, finalizar los acuerdos de financiación y negociar los términos de los Acuerdos Definitivos y el paquete de incentivos para la gerencia como se indicó anteriormente.

7. Financiación

Creemos en establecer una estructura de capital que permita la capacidad de crecimiento sin causar una presión operativa indebida sobre la Compañía. .... no asume ninguna contingencia financiera para la Transacción propuesta, pero de todas formas desearía evaluar la posibilidad de renovar las líneas de financiación existentes de .... En este sentido, esperamos la plena colaboración del Fundador y del equipo directivo.

8. Validez

Nuestro interés establecido en esta Carta es válido hasta las .... pm CET (hora de Madrid) del .... de .... de 202............. Nosotros esperamos que acepten la Carta dentro de este plazo, lo que implicaría conceder la exclusividad a .... durante el Periodo de Exclusividad descrito a continuación. Después de este plazo, sin la aceptación de este documento por parte del Fundador, quedará automáticamente rescindido a la entera .... y la Carta quedará sin efecto de conformidad con el artículo ....

9. Exclusividad

Durante el período que finaliza el primero de los siguientes: (i) .... días después de la fecha en que el último de los firmantes firme esta Carta (fecha que podrá extenderse por mutuo acuerdo del Comprador y el Vendedor), y (ii) la fecha en que el Comprador finalice las negociaciones sobre la Transacción (el "Período de Exclusividad"), el Vendedor hará los mejores esfuerzos para que la Compañía proporcione al Comprador y a sus representantes, consultores, agentes, prestamistas e inversionistas acceso total y completo a las propiedades, negocios, personal (incluidos contadores y abogados externos) y datos e información financiera, legal, contable, fiscal y de otro tipo relacionados con la Compañía que pueda ser razonablemente solicitado por cualquiera de ellos (haciendo ajustes razonables para la necesidad de la Compañía de continuar con sus actividades comerciales) con el fin de evaluar la Transacción contemplada en el presente.

Durante el Período de Exclusividad, la Compañía no discutirá ni buscará, directa o indirectamente, una posible venta, recapitalización, reorganización, fusión u otra disposición o transferencia de la Compañía, de ningún valor de la Compañía o de una parte sustancial de los activos de la Compañía con ninguna parte que no sea el Comprador, ni proporcionará ninguna información a ninguna otra parte en relación con ello, y la Compañía no hará que sus Fundadores, representantes, directores, funcionarios, agentes o afiliados lo hagan. Una vez ejecutada esta Carta, la Compañía cesará inmediatamente todas las discusiones y actividades que se estén llevando a cabo en ese momento y deberá informar al Comprador y proporcionarle información (incluida la contraprestación ofrecida) sobre cualquier oferta o expresión de interés de terceros por o en la Compañía o el negocio o los activos de la Compañía recibidos por la Compañía (o cualquiera de los representantes, directores, funcionarios, agentes o afiliados de la Compañía) durante el Período de Exclusividad. Además, la Compañía notificará de inmediato al Comprador por escrito sobre cualquier transacción que no se encuentre en el curso normal de los negocios o que afecte materialmente la situación financiera o las perspectivas comerciales de la Compañía.

10. Confidencialidad

Toda la información contenida en este documento o relacionada con el contenido de esta Carta, o con la Compañía y/o el Comprador, incluidas las conversaciones previas entre el Comprador, la Compañía y el Vendedor, es confidencial y no debe revelarse a nadie más que al Comprador, la Compañía, el Vendedor y sus asesores legales, financieros y de otro tipo. A menos que lo exija la ley, ni el Comprador ni la Compañía ni el Vendedor harán ninguna divulgación, comunicado de prensa o declaración pública sobre la Transacción o el hecho de que puedan estar llevándose a cabo conversaciones sin el consentimiento previo por escrito de al menos el Comprador y el Vendedor. Las Partes han firmado un acuerdo de confidencialidad antes de la fecha de esta Carta que permanecerá en pleno vigor y efecto.

11. Gastos

Cada parte será responsable del pago de sus propios costos y gastos incurridos en relación con la evaluación, preparación, negociación, ejecución y entrega de esta Carta, due diligence, negociaciones, Acuerdos Definitivos y la Transacción contemplada en la presente. No obstante, sí, durante el Período de Exclusividad, la Compañía o el Vendedor incumplen con el compromiso de exclusividad previsto en esta Carta, estarán obligados a pagar el monto total de los costos y gastos razonablemente incurridos por el Comprador (sin perjuicio de cualquier daño adicional incurrido como consecuencia del incumplimiento).

12. Contrapartes

Esta Carta podrá ser ejecutada en copias (incluso por fax o medios similares de transmisión electrónica), cada una de las cuales se considerará como copia original, pero todas juntas constituirán un solo acuerdo.

13. Carácter no vinculante

El contenido de esta Carta será exigible para las partes (Comprador y Vendedor) en los términos aquí contenidos a partir de la firma por todas ellas.

Con excepción de las Secciones 9 (Exclusividad), 10 (Confidencialidad), 11 (Gastos), 12 (Contrapartes), 13 (Carácter no vinculante) y 14 (Ley aplicable) que tienen la intención de ser inmediatamente vinculantes, las partes reconocen y acuerdan que: (i) esta Carta simplemente establece los entendimientos e intenciones actuales de las partes con respecto a la Transacción y, en consecuencia, los párrafos y disposiciones de esta Carta no constituyen ni darán lugar a ninguna obligación vinculante (financiera o de otro tipo) por parte de ninguna de las partes para completar la Transacción y (ii) esta Carta no crea ni tiene la intención de crear un acuerdo vinculante y exigible entre las partes, y ninguna de las partes podrá confiar en ella como base para un contrato por preclusión o de otro modo. Las partes entienden que no existirá un contrato vinculante con respecto a la Transacción o cualquier otra transacción relacionada con la misma o contemplada en la misma a menos y hasta que haya ejecución de Acuerdos Definitivos entre las partes.

14. Ley aplicable y fuero

La presente Carta se regirá e interpretará de conformidad con las leyes de España. Los tribunales de la ciudad de .... tendrán jurisdicción exclusiva sobre los procedimientos iniciados en relación con la presente Carta.

15. Detalles de Contacto

Todas las consultas relacionadas con esta Carta deberán dirigirse a las siguientes personas:

Estamos entusiasmados con la perspectiva de la Transacción propuesta y confiamos en que esta Carta refleje fielmente un acuerdo aceptable y factible. Si está dispuesto a seguir adelante según lo descrito en esta Carta, indíquelo firmando y devolviendo una copia firmada de esta Carta a las personas indicadas anteriormente en la Sección .... (Datos de contacto).

Atentamente,

F423. ACUERDO DE INTENCIONES SOBRE COMPRAVENTA DE EMPRESA

Muy señores nuestros:

Ante todo les queremos manifestar nuestro agradecimiento por el trato que hemos recibido de Ustedes y sus asesores en nuestros sucesivos encuentros, y por la oportunidad que nos ofrecen de analizar la compra de la empresa .... S.L.

Como continuación a las conversaciones mantenidas hasta la fecha, dirigimos la presente Carta a .... (todos ellos conjuntamente, los «Vendedores»), con la intención de definir los aspectos básicos de un acuerdo sobre la adquisición del 100% del capital social (la «Operación») de .... (la «Sociedad»).

1. Precio y descripción de la operación propuesta

1.1. Los compradores adquirirán el 100% del capital de la Sociedad por un importe total y conjunto de .... euros (el «Precio»), considerando para dicho importe el neto patrimonial resultante del balance provisional a fecha ...., facilitado a la parte compradora el día .... El precio indicado anteriormente sufrirá modificaciones, al alza o a la baja, si como consecuencia del cierre definitivo del ejercicio .... y de la Due Diligence a realizar, se pusiesen de manifiesto alteraciones en el importe del neto patrimonial que figura en dicho balance provisional.

1.2. La formalización de la Operación están basados en las siguientes consideraciones:

1.2.1. Se ha tenido en cuenta el Balance de la Sociedad provisional a fecha ...., y que se adjunta como Anexo 1.2.1 (el «Balance ....»);

1.3. Desde la aceptación de la presente Carta hasta el momento de la formalización de la Operación, los Vendedores así como los administradores de la Sociedad se comprometen a gestionar la Sociedad bajo el principio de continuidad, en los términos que se ha venido realizando hasta ahora, debiendo preservar sus respectivos activos.

1.4. La oferta de compra en sí está supeditada a los resultados de la Due Diligence a satisfacción los compradores; y al otorgamiento por parte de los Vendedores de unas manifestaciones y garantías en los términos habituales para este tipo de operaciones.

2. Due Diligence

2.1. Los Vendedores permiten desde la firma del presente documento que los compradores, a través de sus consejeros, empleados, asesores, consultores y representantes, lleven a cabo una revisión global (Due Diligence) habitual en este tipo de operaciones con respecto a la Sociedad. La mencionada Due Diligence comprenderá, sin carácter limitativo, la revisión de su situación contable, financiera, fiscal, mercantil, administrativa, laboral, procesal y cuantos otros aspectos considere necesarios los compradores.

2.2. Los Vendedores (por sí o a través de la Sociedad) se comprometen a facilitar al máximo posible la labor de revisión los compradores (por sí o a través de terceros) con el fin de que el resultado de la misma refleje de la forma más ajustada posible la situación real de la Sociedad.

2.3. Tras la firma de la presente Carta de Intenciones, los compradores proporcionarán a los Vendedores una lista de información requerida para poder practicar la Due Diligence.

2.4. El plazo máximo previsto para la realización del proceso de Due Diligence se establece en .... meses, a contar desde la puesta a disposición por parte de la Sociedad de la documentación requerida.

2.5. Los compradores deberá quedar satisfecho con los resultados del Due Diligence para formalizar la Operación.

3. Condiciones previas y necesarias para la adquisición

3.1. Una vez concluido el proceso de Due Diligence, y siendo el resultado del mismo satisfactorio para los compradores, los Vendedores se comprometen a:

3.1.1. La reestructuración del actual equipo directivo de la Sociedad que implica de facto el cese y salida de la compañía del mismo, con la finalidad de establecer una estructura más acorde a la filosofía empresarial de la parte compradora, y necesidades actuales del mercado.

3.1.2 Del mismo modo se establece la salida de todos los socios-trabajadores, que son los que se relacionan a continuación:

– Don ....

– Don ....

3.2. Las actuaciones descritas en el apartado 3.1 anterior deberán ser necesariamente realizadas y concluidas con éxito con carácter previo a la formalización de la correspondiente escritura pública de compra de la Sociedad. Lo previsto en el presente apartado tiene carácter esencial para los compradores.

3.3. Las partes se comprometen a negociar de buena fe y a realizar sus mejores esfuerzos para que, tras la realización de las actuaciones descritas en el apartado 3.1 anterior, a la mayor brevedad posible y en un plazo no superior a .... meses desde la finalización de la Due Diligence, firmar la correspondiente escritura pública de compraventa de la Sociedad, así como otros documentos públicos o privados que sean necesarios o convenientes, donde se recogerán todos los detalles de la Operación e incluirán las cláusulas habituales en este tipo de contratos.

3.4. Los Vendedores se comprometen a mantener informado en todo momento al Comprador y a sus asesores de los detalles y de la marcha de las operaciones referidas en el apartado anterior.

3.5. La consumación de la Operación aquí contemplada queda expresamente sujeta a la obtención de todos los consentimientos y aprobaciones necesarios de entidades privadas o públicas que pudieran ser necesarios, y a la ausencia de restricciones al efecto, y a la entrega de las notificaciones pertinentes, en el caso que sea necesario, por ambas partes. Los Vendedores y los compradores se obligan a adoptar, o hacer que se tomen, cuantas medidas sean razonablemente necesarias tomar por su parte para obtener las citadas aprobaciones.

3.6. Los Compradores se comprometen a cancelar o sustituir los avales y garantías hipotecarias que los actuales socios han prestado a la sociedad garantizando el pago de deudas a entidades financieras, avales que se relacionan a continuación. Dicha cancelación o sustitución se realizará de forma inmediata a la formalización de la escritura de compraventa.

Avales y garantías hipotecarias prestados por los socios:

Entidad Importe

....

Los Vendedores manifiestan que .... no es avalista ante ninguna entidad pública ni privada.

4. Forma de Pago

4.1. El Precio será abonado en los siguientes términos y condiciones:

4.1.1. Aplazamiento del pago del 50% del Precio, es decir serán abonados UN MILLÓN DE EUROS de forma simultánea al otorgamiento de la escritura pública de compraventa, y los otros restantes UN MILLÓN DE EUROS, se abonarán en el plazo de 6 meses a contar desde la firma de dicha escritura pública de compraventa de participaciones.

4.2. No obstante las Partes podrán pactar, en garantía de las posibles contingencias detectadas en la Sociedad, el otorgamiento de garantías habituales en este tipo de operaciones.

5. Plazos y exclusividad

5.1. La formalización de la compraventa y los acuerdos derivados de esta Operación, se llevarán a cabo no más tarde del .... Este periodo se prorrogará automáticamente, salvo comunicación en sentido contrario por alguna de las dos Partes, por periodos sucesivos de un mes. Sin perjuicio de lo expuesto, el presente documento estará en vigor hasta la ejecución de la presente adquisición mediante la firma de la escritura correspondiente.

5.2. Durante la vigencia de la presente Carta, los Vendedores se comprometen a no tener directa o indirectamente conversaciones con otros posibles potenciales compradores de la Sociedad, o cualquiera de los activos más significativos de ésta.

6. Gastos de la operación

6.1. Los compradores asumirán los costes de la Due Diligence, de sus asesores legales en la compraventa y aquellos otros que considere oportunos en este proceso.

6.2. Los Vendedores asumirán los costes de sus asesores en la compraventa y aquellos otros que consideren oportunos en este proceso.

6.3. Los gastos que se deriven del otorgamiento de la escritura pública de compraventa, así como del resto de documentos públicos o privados que se formalicen, se repercutirán entre las partes según Ley.

7. Manifestaciones y garantías

7.1. En el contrato o escritura de compraventa, los Vendedores declararán y garantizarán al Comprador, entre otras, que toda la información proporcionada a aquél o a sus asesores es fiel y correcta.

7.2. En el documento que instrumente la compraventa se recogerán las responsabilidades de los Vendedores por activos, cuentas a cobrar, pasivo, contingencias fiscales, laborales o de cualquier otra índole y/o reclamaciones de terceros que pudieran afectar a la Sociedad y/o a la Filial con posterioridad a la transmisión de sus participaciones, así como las declaraciones y garantías habituales en las compraventas de sociedades. El límite temporal de tales garantías finalizará con la prescripción de las respectivas contingencias. El contrato recogerá igualmente el procedimiento habitual de defensa jurídica de las reclamaciones de terceros que pudieren plantearse.

7.3. Los Vendedores se obligarán a indemnizar solidariamente a los Compradores, en los términos que desarrolle el contrato que formalice la compraventa, frente a la totalidad y cualesquiera de las reclamaciones y daños y perjuicios que, por cualquier concepto y acción, se deriven de infracción de tales declaraciones y garantías, y de cualquier incumplimiento del Contrato así como de los quebrantos que se produzcan en la Sociedad como consecuencia de las circunstancias señaladas en el párrafo anterior.

8. Aceptación y vinculación de la presente carta

8.1. Mediante la firma de la presente Carta, los Vendedores y los compradores se comprometen a respetar el espíritu del acuerdo establecido, que se desarrollará de forma completa y definitiva en el contrato de compraventa.

8.2. En cualquier caso, los Vendedores estarán obligados a vender la Sociedad si en el plazo expuesto en el punto 5.1 de la presente carta, reciben una oferta en firme por parte los compradores por el Precio estipulado en el punto 1.1.

8.3. Respecto de la parte compradora, en cualquier momento durante la realización de la Due Diligence podrá dar la misma por concluida y no formalizar la operación, sin tener que acreditar justificación alguna de dicha decisión. En el supuesto de que de la Due Diligence se realice en su integridad, también podrá la parte compradora no formalizar la operación por no estar satisfecha con los resultados de la misma, de igual manera sin tener que acreditar justificación alguna de dicha decisión. En ambos casos no dará lugar a ningún tipo de indemnización para los vendedores.

8.4. Si, por circunstancias ajenas a las Partes, la Sociedad fuese declarara en situación concursal antes de haberse formalizado la Operación, ésta y la presente carta de intenciones quedará sin efecto y no producirá efecto entre las Partes. En este supuesto, ninguna de las Partes podrá exigir a la otra indemnización alguna.

8.5. La escritura pública de compraventa se otorgará a favor de la persona o personas, físicas o jurídicas, que los compradores designen, sin que ello suponga modificación del contenido de la presente carta en ninguno de sus extremos.

9. Comunicaciones

A los efectos de la presente carta, los Vendedores designan como representante de todos ellos, a los efectos de recibir y enviar las oportunas notificaciones entre las Partes, y servir igualmente de interlocutor único con los compradores, a D .... en su condición de Vendedor, mediante la firma de este Contrato acepta su nombramiento como Representante de los Vendedores y se obliga irrevocablemente a desempeñar la función de representante en los términos de esta carta

En el supuesto de que el Representante de los Vendedores no pudiese seguir actuando como tal por cualquier causa, incluida su muerte, incapacidad, cese o cualquier otra, los Vendedores se comprometen a nombrar a la mayor brevedad posible otro representante común y a comunicarlo inmediatamente al Comprador a través de dicho nuevo representante. En tal supuesto, todas las referencias de este contrato al Representante de los Vendedores se entenderán realizadas al nuevo representante así comunicado.

Los Vendedores actuarán en la ejecución del presente Contrato como unidad, de modo que cualquier decisión que hayan de adoptar será única y vinculante para todos ellos, sin que puedan imponer al Comprador decisiones o actuaciones diversas.

10. Confidencialidad

10.1. A excepción de lo dispuesto por Ley, ninguna de las Partes podrá, directa o indirectamente, revelar o hacer uso de Información Confidencial, tal y como ésta se define a continuación, de la otra Parte a la que haya tenido acceso a consecuencia de la Operación contemplada en la presente Carta.

10.2. «Información Confidencial» significa la propia existencia de la Operación, así como cualquier información sobre cualquiera de las Partes identificada por escrito como tal a la otra Parte, siempre que no incluya información que se pueda demostrar (i) que generalmente sea conocida públicamente por otro medio que no sea la revelación indebida por una de las Partes o (ii) que la Parte obtenga dicha información a través de un medio que no sea la otra Parte, siempre que este medio no se hallase sujeto a una obligación de confidencialidad.

11. Naturaleza jurídica de esta carta

La presente Carta refleja el acuerdo de intenciones alcanzado entre ambas Partes, sustituyendo a cualquier documento o acuerdo anterior. El contenido de esta Carta no tiene carácter vinculante para las Partes y por lo tanto las obligaciones y responsabilidades de las Partes están limitadas a los estrictos términos establecidos en la misma.

12. Jurisdicción

Los posibles conflictos que pudiesen surgir en la interpretación de la presente Carta se someterán a la jurisdicción de los Juzgados y Tribunales de la ciudad de ...., renunciando las partes expresamente a recurrir a cualquier otra jurisdicción que pudiese corresponderles.

F424. AUTORIZACIÓN COMPRA DE PARTICIPACIONES DE OTRA SOCIEDAD. CERTIFICACIÓN ACTA JUNTA GENERAL EXTRAORDINARIA UNIVERSAL

............., designado persona física representante de .... S.L., para ejercer su cargo de Administrador solidario de la compañía ....S.L, con domicilio en .... Inscrita en el Registro Mercantil de.. al tomo ...., folio ...., hoja ...., CIF B- ....

CERTIFICO: Que según resulta del libro de actas de la sociedad, en la Junta General, reunida con carácter Universal en ...., calle .... núm. ...., el día ...., encontrándose presentes la totalidad de los socios y figurando en el acta el nombre de los mismos, quienes firmaron al principio del acta, designando como presidente de la misma a Don .... y como secretario a Don .... y aceptaron celebrar dicha Junta General con el fin de deliberar y, en su caso, adoptar acuerdos sobre el siguiente orden del día:

1.- Aprobar la adquisición por título de compraventa por parte de .... S.L. de las siguientes participaciones sociales de la mercantil .... S.L.:

.... participaciones sociales de la mercantil .... S.L. titularidad de DON ....

.... participaciones sociales de la mercantil .... S.L. titularidad de DON ....

2.- Delegación de facultades para elevación a público.

Abierta la sesión previa deliberación de los señores socios sin que ninguno hiciera uso del derecho que le asiste a que conste en acta su intervención, se adoptaron por UNANIMIDAD, los siguientes acuerdos.

PRIMERO.- Se aprueba la adquisición por ...., S.L. por título de compraventa de .... participaciones sociales de la entidad .... S.L. en las siguientes condiciones:

1.- Adquirir por título de compraventa .... participaciones sociales de la entidad .... S.L. de las que es titular DON ...., en concreto las participaciones sociales números ...., ambos inclusive. Las participaciones sociales se adquieren por un importe de .... euros cada participación social (correspondiente al valor que tiene cada participación social en el último balance aprobado a fecha..de diciembre de .... de la entidad .... S.L.) y por un precio conjunto de .... euros. Los gastos de la operación los satisfará la mercantil .... y los impuestos de la operación serán satisfechos conforme a ley.

2.- Adquirir por título de compraventa .... participaciones sociales de la entidad .... S.L. de las que es titular DON ...., en concreto las participaciones sociales números ...., ambos inclusive. Las participaciones sociales se adquieren por un importe de .... euros cada participación social (correspondiente al valor que tiene cada participación social en el último balance aprobado a fecha..de diciembre de .... de la entidad .... S.L.) y por un precio conjunto de .... euros. Los gastos de la operación los satisfará la mercantil .... y los impuestos de la operación serán satisfechos conforme a ley.

Así pues y en base a todo lo referido anteriormente, por el presente acuerdo se aprueba la adquisición por .... por título de compraventa de .... participaciones sociales de la entidad .... S.L., por un precio conjunto de .... euros. Los gastos de la operación serán satisfechos por la mercantil .... S.L. y los impuestos de la operación serán satisfechos conforme a ley.

Resto de condiciones y estipulaciones de la compraventa: ....

Que como consecuencia de la referida operación de compraventa de .... participaciones sociales de la entidad .... S.L., el socio..S.L. se convierte en socio único de la citada mercantil, adquiriendo .... S.L. la condición de sociedad limitada unipersonal.

SEGUNDO.- Se faculta expresamente al administrador solidario .... S.L., mediante su persona física representante designada al efecto e inscrita en el Registro Mercantil, DON ...., para que compareciendo ante Notario pueda ejecutar el anterior acuerdo y elevar a público el mismo, otorgando y firmando cualesquiera documento público al efecto procedente.

Y para que conste libro la presente certificación, haciendo constar que el acta de las reuniones donde se adoptaron los acuerdos que se certifican fue aprobada por unanimidad en la propia sesión en ...., a ....

Fdo. .... en representación de .... S.L..

F425 AUTORIZACIÓN COMPRA DE PARTICIPACIONES DE OTRA SOCIEDAD. CERTIFICACIÓN ACTA JUNTA GENERAL EXTRAORDINARIA UNIVERSAL

............., designado persona física representante de .... S.L., para ejercer su cargo de Administrador solidario de la compañía ....S.L, con domicilio en .... Inscrita en el Registro Mercantil de.. al tomo ...., folio ...., hoja ...., CIF B- ....

CERTIFICO: Que según resulta del libro de actas de la sociedad, en la Junta General, reunida con carácter Universal en ...., calle .... núm. ...., el día ...., encontrándose presentes la totalidad de los socios y figurando en el acta el nombre de los mismos, quienes firmaron al principio del acta, designando como presidente de la misma a Don .... y como secretario a Don .... y aceptaron celebrar dicha Junta General con el fin de deliberar y, en su caso, adoptar acuerdos sobre el siguiente orden del día:

1.- Aprobar la adquisición por título de compraventa por parte de .... S.L. de las siguientes participaciones sociales de la mercantil .... S.L.:

.... participaciones sociales de la mercantil .... S.L. titularidad de DON ....

.... participaciones sociales de la mercantil .... S.L. titularidad de DON ....

2.- Delegación de facultades para elevación a público.

Abierta la sesión previa deliberación de los señores socios sin que ninguno hiciera uso del derecho que le asiste a que conste en acta su intervención, se adoptaron por UNANIMIDAD, los siguientes acuerdos.

PRIMERO.- Se aprueba la adquisición por ...., S.L. por título de compraventa de .... participaciones sociales de la entidad .... S.L. en las siguientes condiciones:

1.- Adquirir por título de compraventa .... participaciones sociales de la entidad .... S.L. de las que es titular DON ...., en concreto las participaciones sociales números ...., ambos inclusive. Las participaciones sociales se adquieren por un importe de .... euros cada participación social (correspondiente al valor que tiene cada participación social en el último balance aprobado a fecha..de diciembre de .... de la entidad .... S.L.) y por un precio conjunto de .... euros. Los gastos de la operación los satisfará la mercantil .... y los impuestos de la operación serán satisfechos conforme a ley.

2.- Adquirir por título de compraventa .... participaciones sociales de la entidad .... S.L. de las que es titular DON ...., en concreto las participaciones sociales números ...., ambos inclusive. Las participaciones sociales se adquieren por un importe de .... euros cada participación social (correspondiente al valor que tiene cada participación social en el último balance aprobado a fecha..de diciembre de .... de la entidad .... S.L.) y por un precio conjunto de .... euros. Los gastos de la operación los satisfará la mercantil .... y los impuestos de la operación serán satisfechos conforme a ley.

Así pues y en base a todo lo referido anteriormente, por el presente acuerdo se aprueba la adquisición por .... por título de compraventa de .... participaciones sociales de la entidad .... S.L., por un precio conjunto de .... euros. Los gastos de la operación serán satisfechos por la mercantil .... S.L. y los impuestos de la operación serán satisfechos conforme a ley.

Resto de condiciones y estipulaciones de la compraventa: ....

Que como consecuencia de la referida operación de compraventa de .... participaciones sociales de la entidad .... S.L., el socio..S.L. se convierte en socio único de la citada mercantil, adquiriendo .... S.L. la condición de sociedad limitada unipersonal.

SEGUNDO.- Se faculta expresamente al administrador solidario .... S.L., mediante su persona física representante designada al efecto e inscrita en el Registro Mercantil, DON ...., para que compareciendo ante Notario pueda ejecutar el anterior acuerdo y elevar a público el mismo, otorgando y firmando cualesquiera documento público al efecto procedente.

Y para que conste libro la presente certificación, haciendo constar que el acta de las reuniones donde se adoptaron los acuerdos que se certifican fue aprobada por unanimidad en la propia sesión en ...., a ....

Fdo. .... en representación de .... S.L..

F426. CONTRATO PRIVADO DE COMPRAVENTA DE EMPRESA MEDIANTE TRANSMISIONES DE PARTICIPACIONES SOCIALES

En ...., a ....

COMPARECEN

DE UNA PARTE:

Doña ...., mayor de edad, con domicilio en .... y con DNI y NIF número ....

D ...., mayor de edad, con domicilio en .... con DNI y NIF número ....

D .... mayor de edad, con domicilio en ...., y con DNI y NIF número ....

Y, DE OTRA PARTE:

D .... mayor de edad, con domicilio en .... y con DNI y NIF número ....

D .... mayor de edad, con domicilio en .... y con DNI y NIF número ....

INTERVIENEN

.... intervienen en su propio nombre y derecho .... (en adelante, conjuntamente, los «Vendedores»).

.... intervienen en representación de la Mercantil ...., sociedad de nacionalidad española constituida por tiempo indefinido mediante escritura autorizada el día .... por el Notario de ...., Don ...., obrante en su protocolo bajo el número ....Con domicilio en .... Inscrita en el Registro Mercantil de la provincia de ...., al tomo ...., libro .... de la sección ...., folio ...., hoja número .... CIF .... Constituye su objeto social...... (en adelante, conjuntamente, los «Compradores»).

En adelante, se hará referencia, conjuntamente, los Compradores y a los Vendedores como las «Partes».

EXPONEN

I. Que los Vendedores, son titulares del cien por cien del capital social de la compañía .... (en adelante, «la Sociedad» o la «Compañía»), con domicilio en .... inscrita en el Registro Mercantil de ...., Provista de CIF ....

Cada uno de los Vendedores es propietario, en pleno dominio, de las siguientes participaciones de la Sociedad:

a) Doña .... es titular de .... participaciones sociales con los siguientes números: ...., representativas del .... % del capital social de la Sociedad;

b) D. es titular de .... participaciones sociales, con los siguientes números: ...., representativas del .... % del capital social de la Sociedad;

c) D es titular de .... participaciones sociales, con los siguientes números: ...., representativas del .... % del capital social de la Sociedad

(en adelante, se hará referencia al total de las .... participaciones sociales referidas, representativas del 100% del capital social de la Sociedad, conjuntamente, como las «participaciones»).

II. Que los Compradores están interesados en adquirir la totalidad de las participaciones de la Sociedad, y que los Vendedores están interesados en transmitirlas.

III. Y, de conformidad con cuanto antecede, las Partes, reconociéndose recíprocamente la capacidad necesaria, formalizan el presente contrato de compraventa de las participaciones de la Sociedad (en adelante, el «Contrato»), con arreglo a las siguientes

CLÁUSULAS

PRIMERA.– COMPRAVENTA DE LAS PARTICIPACIONES DE LA SOCIEDAD

En los términos que se recogen en este Contrato, los Vendedores venden y transmiten a los Compradores, que compran y adquieren, la plena y exclusiva propiedad de las participaciones, con la numeración que se relaciona en el Expositivo I anterior, representativas del 100% del capital social de la Sociedad, con todos sus derechos y libres de cargas, gravámenes, restricciones a su disponibilidad o transmisión y de derechos a favor de terceros.

SEGUNDA.– PRECIO Y FORMA DE PAGO

El precio total de compra convenido de las Participaciones objeto de este Contrato es de .... euros por el 100% de las participaciones,

Se entregan .... euros en este mismo acto de compraventa, y los otros restantes .... euros se abonarán en el plazo de .... meses a contar desde la firma de dicha escritura pública de compraventa de participaciones.

TERCERA.– TITULARIDAD DE LAS PARTICIPACIONES.

Por los compradores se hace constar y garantizan que la totalidad de las Participaciones han sido válidamente emitidas y están íntegramente suscritas y desembolsadas en su totalidad. También que todos los requisitos para la válida y eficaz transmisión de las Participaciones, objeto de esta compraventa, han sido cumplidos y que todas las participaciones están libres de toda clase de cargas, gravámenes o derechos de terceros. Y que no existe ninguna opción, derecho de suscripción, derecho de tanteo o retracto sobre las Participaciones de la Sociedad, ni otros derechos para adquirir las Participaciones y no se ha acordado ninguna ampliación de capital que esté pendiente de inscripción en el Registro Mercantil.

CUARTA.– DECLARACIONES Y GARANTÍAS DE LOS VENDEDORES

Cada uno de los Vendedores efectúa, en el día de la fecha, las declaraciones y garantías que a continuación siguen. El Comprador, por su parte, formaliza la presente compraventa precisamente con base en las declaraciones y garantías de los Vendedores y confiando en su veracidad, por tanto, son condición esencial para la firma del presente Contrato.

4.1.– Licencias y Autorizaciones

La Sociedad tienen en la actualidad todas las licencias, permisos y demás autorizaciones del Estado, Autonómicas y Locales, necesarias para poseer y utilizar sus bienes y llevar a cabo todas sus actividades y para prestar los servicios que presta en el modo en que actualmente lo hace, y ninguna de tales licencias, permisos o autorizaciones requiere renovación o prórroga.

4.2.– Capital social

La totalidad de las Participaciones han sido válidamente emitidas y están íntegramente asumidas y desembolsadas en su totalidad.

Todos los requisitos para la válida y eficaz transmisión de las participaciones sociales, objeto de esta compraventa, han sido cumplidos. Todas las participaciones están libres de toda clase de cargas, gravámenes o derechos de terceros.

No existe ninguna opción, derecho de asunción, derecho de tanteo o retracto sobre las Participaciones de la Sociedad, ni otros derechos para adquirir las Participaciones y no se ha acordado ningún aumento de capital que esté pendiente de inscripción en el Registro Mercantil.

Ni la propiedad de los activos de la Sociedad ni su capacidad de desarrollar su giro y tráfico como se viene desarrollando en la fecha presente, se hallan condicionados al hecho de pertenecer las Participaciones a un socio o socios determinados.

La transmisión de todas las participaciones de la Sociedad no constituye causa que limite, condicione o restrinja la titularidad o el uso de los bienes de la Sociedad, ni la capacidad para desarrollar su giro y tráfico, ni constituye causa de resolución, terminación o de cambio de condiciones esenciales de ningún contrato del que la Sociedad sea parte.

4.3.– Situación Patrimonial y Financiera de la Sociedad

La situación patrimonial y financiera de la Sociedad y de la Filial se refleja con claridad y exactitud en los siguientes documentos que se incluyen como Anexo I al presente Contrato:

2. Balance de situación de la Sociedad y de la Filial a .... formulado y firmado por todos los Consejeros de la Sociedad;

3. Cuenta Anuales de ...., formuladas y firmadas por todos los Consejeros de la Sociedad y auditadas;

4. Balance de Sumas y Saldos de la Sociedad y de la Filial a ...., firmado por todos los consejeros de la Sociedad

5. Detalle de todas las deudas con la Hacienda Pública a fecha ...., indicando sus vencimientos;

6. Detalle de todas las deudas con la Tesorería General de la Seguridad Social a fecha ...., indicando sus vencimientos;

7. Detalle de deuda de la Sociedad mantenida con los accionistas y/o entidades vinculadas a los mismos, a fecha ...., desglosada por acreedores e indicando sus vencimientos;

8. Detalle de la deuda de la Sociedad mantenida con sus trabajadores, administradores o directivos a fecha

La anterior documentación o información, que se adjunta al presente Contrato, es condición esencial para la firma del presente Contrato, por parte del Comprador.

Toda la información financiera que se adjunta a este Contrato es, a la fecha en que cada documento fue emitido, correcta y dichos documentos contables no contienen ninguna declaración falsa ni omiten ningún hecho que pueda inducir a error y han sido preparados de acuerdo con principios de contabilidad generalmente aceptados y aplicados de forma homogénea, reflejando la posición financiera de la Sociedad a sus respectivas fechas.

Los Vendedores manifiestan que actualmente la Sociedad no adeuda ninguna cantidad a los socios, a sus familiares ni a sociedades vinculadas y/o participadas por ellos, ya que las deudas existentes con los mismos han sido cedidas previamente a favor del Comprador por valor de un euro, como condición esencial para la firma de la presente Compraventa.

Los Vendedores manifiesta que actualmente no hay en la Sociedad ningún socio, ascendiente, descendiente, cónyuge o persona vinculada a ellos que sea trabajador, administrador o directivo de la Sociedad y que no se les adeuda ninguna cantidad derivada de cualquier relación que hubieran podido tener con la Sociedad antes de la fecha del presente Contrato, ya sean, a título meramente enunciativo, indemnizaciones por despido, finiquitos, remuneraciones como administradores, etc.

4.4.– Derechos de propiedad industrial e intelectual

La Sociedad es la exclusiva propietaria del nombre comercial y marca registrada .... (registrada con número de expediente .... en la Oficina Española de Patentes y Marcas) y «copy-rights», y todas las inscripciones y solicitudes en ellos enumerados. No hay reclamaciones, demandas o procedimientos iniciados, pendientes o que se vayan a iniciar por parte de cualquier otra persona, entidad o compañía, que sea conocido por los Vendedores, disputando el derecho de la Sociedad a obtener, mantener o utilizar cualesquiera de dichos nombres comerciales, marcas registradas o «copy-rights», o cualquier solicitud e inscripciones, o cualquiera de dichos «copy-rights» o información comercial secreta, o cualquier proceso, máquina, producto o fórmula o materia utilizado en cualquiera de los negocios de la Sociedad.

En relación con el uso de propiedad intelectual perteneciente a terceros la Sociedad es titular de las licencias necesarias para desarrollar su negocio en la manera en que lo viene desarrollando, estando las mismas vigentes. La Sociedad ha cumplido con cualesquiera obligaciones que pudieran derivarse para ella de las leyes protectoras de los derechos de propiedad industrial, propiedad intelectual y protección de datos de carácter personal. No hay reclamaciones, demandas o procedimientos iniciados por parte de cualquier otra persona, entidad o compañía, que sea conocido por los Vendedores, por infracciones del derecho de propiedad industrial, propiedad intelectual o derecho a la protección de datos de carácter personal.

4.5.– Clientes/Proveedores de importancia

Los Vendedores no tienen conocimiento de que ningún cliente de la Sociedad o proveedor de bienes o servicios de importancia para el desarrollo del negocio de la Sociedad haya manifestado, con anterioridad a la fecha de este Contrato, su intención de dar por terminadas sus relaciones con la Sociedad.

Consejeros, Directivos y Trabajadores

Los Vendedores manifiestan que el importe total de la retribución por todos los conceptos que consta en las Cuentas Anuales o en las nóminas, en cada caso, es el único importe de retribución que reciben los Consejeros, Directivos y Trabajadores.

4.6.– Garantías

La Sociedad no ha garantizado ni avalado deudas de ninguna persona, entidad o compañía en el curso o fuera del curso ordinario del negocio salvo las siguientes:

Respecto a las deudas que hubieran sido avaladas personalmente por los compradores, dichos avales serán sustituidos por los de la compradora, aunque no obstante si llegado el momento de la elevación a público del presente contrato ello no hubiera tenido lugar la compradora asume las responsabilidades que por ello pudieran derivarse. Dichas deudas son las siguientes: ....

4.7.– Derechos de adquisición preferente

Cada uno de los Vendedores, a título personal e individual, renuncian expresamente a cualquier derecho de adquisición preferente, de tanteo o de retracto, que pudiera corresponderles para adquirir las participaciones de cualquiera de los otros socios de la Sociedad que transmite por la presente al Comprador.

4.8.– Expresamente declaran y garantizan los vendedores .... que no existe ningún tipo de impedimento, público o privado, para la transmisión de participaciones objeto de la presente compraventa, hallándose las mismas libres de cargas, embargos u otros gravámenes. Especialmente, manifiestan y declaran que ningún derecho, personal o real, asiste a ninguna persona, física o jurídica, sobre las expresadas participaciones de .... S.L., aquí transmitidas.

4.9.– Como se ha hecho constar, las partes reiteran que el contenido y consistencia patrimonial de .... recogida en la declaración de garantía 4.3 es elemento esencial del objeto del presente contrato, que elevan a causa del mismo. Por tal motivo, los vendedores .... expresamente declaran y garantizan a la parte compradora:

4.9.1.– Que el balance de la sociedad, cerrado a fecha .... de .... de dos mil ...., es el que se acompaña como ANEXO I, balance que fue auditado con fecha .... de .... de dos mil .... por Don ...., auditor de cuentas de la sociedad. El informe de auditoría se acompaña como ANEXO II.

Del expresado balance resultan las siguientes partidas, que se desglosan a continuación: ....

Desde la fecha de auditoría, se han registrado los siguientes hechos que afectan a la imagen que ofrece el expresado balance: ....

4.9.2.– Que el libro de actas de la sociedad se halla debidamente legalizado y recoge la transcripción literal de la totalidad de las actas de la Junta General y del Consejo de Administración de la sociedad celebradas desde su constitución hasta el día de la fecha.

Los acuerdos adoptados en el seno de tales reuniones que fuese susceptibles de inscripción registral, previa su elevación a público, constan inscritos en el Registro Mercantil de la provincia de ....

Los poderes generales o especiales otorgados por .... son los que se relacionan en el ANEXO III.

La contabilidad social se lleva en soporte informático, habiéndose formado los correspondientes libro inventario y cuentas anuales, así como el libro diario, que fueron debidamente legalizados. Las cuentas anuales de la sociedad, correspondientes a cada uno de los ejercicios sociales, se hallan depositadas en el Registro Mercantil de la provincia de .... y fueron formuladas a partir de los registros contables de la sociedad.

4.9.3.– Que los bienes inmuebles de los que es legítima propietaria la sociedad son los que se reseñan en el ANEXO IV, con expresión del título de adquisición, inscripción registral y cargas o gravámenes sobre los mismos.

4.9.4.– Que las patentes, marcas y modelo de utilidad propiedad de .... son los que se relacionan en el ANEXO V.

4.9.5.– Que la plantilla de trabajadores de la compañía, es la que se relaciona en el ANEXO VI, con expresión del nombre del trabajador, categoría, tipo de contrato, antigüedad y salario.

En el ANEXO VII se relacionan los compromisos asumidos respecto de sus trabajadores por la sociedad en materia de planes o fondos de pensiones, opciones sobre participaciones, seguros y participación en beneficios. También los relativos a la retribución de altos directivos y del órgano de administración.

4.9.6.– Que los afianzamientos u otras garantías prestadas por la sociedad son los que se relacionan en el ANEXO VIII, con expresión de la deuda y la persona garantizada.

Igualmente, se reseñan en el ANEXO IX, las garantías prestadas por terceros a favor de la sociedad.

4.9.7.– Los préstamos o créditos concedidos por y a la compañía .... S.L., son los que se relacionan en el ANEXO X, con indicación de la persona que concede o a la que se concedió el préstamo o crédito, importe, vencimiento, deuda pendiente y cuadro de amortización.

4.9.8.– Que las cuentas bancarias de las que es titular la sociedad, son las que se reseñan en el ANEXO XI.

4.9.9.– Que los procedimientos judiciales en los que interviene .... S.L., como demandante o demandado, son los relacionados en el ANEXO XII.

Expresamente se declara y garantiza que la sociedad ha cumplido todas las obligaciones legales en materia de urbanismo, medioambiente, laboral y seguridad e higiene en el trabajo. También que la sociedad se halla al día en el pago de las obligaciones fiscales y de Seguridad Social, no teniendo constancia de ninguna actuación administrativa que versen sobre el cumplimiento por .... S.L. de tales obligaciones.

4.9.10.– En el Anexo XIII se relacionan todas las pólizas de seguro que cubren a la Sociedad de determinados riesgos y que los Vendedores manifiestan que están en vigor.

4.9.11.– Cláusula Penal

Los Vendedores se obligarán a indemnizar solidariamente a los Compradores, en la cantidad de .... que se establece expresamente como cláusula penal, frente a la totalidad y cualesquiera de las reclamaciones y daños y perjuicios que, por cualquier concepto y acción, se deriven de infracción de las anteriores declaraciones y garantías, y de cualquier incumplimiento del Contrato así como de los quebrantos que se produzcan en la Sociedad como consecuencia de las circunstancias señaladas los párrafos anteriores.

QUINTA.– ADMINISTRACIÓN DE LA SOCIEDAD

Por los compradores, simultáneamente a este otorgamiento, se celebra Junta Universal de Socios, por la que cesan todos los miembros del órgano de administración de la misma, renuncian a todos los poderes que tenían conferidos y hacen constar que no tienen reclamación ni crédito pendiente alguno frente a la Sociedad y renuncian a todos los que pudieran surgir como consecuencia de tal dimisión.

En la referida Junta de Socios se procede por el nuevo socio al nombramiento de las personas que van a ocupar los cargos del órgano de administración.

SEXTA.– NO COMPETENCIA.

Los vendedores por el presente contrato se comprometen a que, en un plazo de .... años, ni ellos, ni sus respectivos cónyuges, ascendientes o descendientes o, en caso de persona jurídica, ninguno de sus socios o administradores, directa o indirectamente, ni ninguna de sus filiales tomarán parte o en forma alguna adquirirán interés alguno en ningún negocio, sociedades o empresas dedicadas al sector ....

SÉPTIMA.– CONFIDENCIALIDAD

Los Vendedores se comprometen mediante el presente Contrato a mantener en secreto y confidencialmente toda la información que puedan poseer y toda información a la que hayan tenido acceso en relación con los negocios de la Sociedad, y ni ellos, ni sus sociedades afiliadas divulgarán o comunicarán a cualquier tercero dicha información.

A su vez, los Vendedores manifiestan que el Know-How y todos los diseño industriales y demás derechos de propiedad industrial de los que sea titular la Sociedad seguirán perteneciendo a la Sociedad, en cada caso, y se comprometen a guardar la más estricta confidencialidad y a no hacer uso de los mismos ni a permitir su uso por parte de terceros.

Las Partes se comprometen a preservar la más absoluta confidencialidad del presente Contrato, obligándose a no revelar a terceros ni su existencia ni sus específicos términos y condiciones, salvo de mutuo acuerdo o en caso de que lo exija el cumplimiento de alguna Ley.

OCTAVA.– RESOLUCIÓN DEL CONTRATO.

El presente contrato podrá ser resuelto en los casos que marca la ley, así como por el incumplimiento de cualquiera de las obligaciones derivadas del mismo para las partes.

Especialmente podrá resolver la compradora el presente contrato:

I.– Existencia de cualesquiera tipo de impedimento, público o privado, para la transmisión de participaciones objeto de la presente compraventa, o la existencia de cargas, embargos u otros gravámenes sobre las mismas.

II.– Incumplimiento de la obligación de confidencialidad o la de no competencia, reseñadas en la estipulación cuarta de esta escritura.

III.– Cualesquiera inexactitud, voluntaria o involuntaria, de la vendedora o incumplimiento, en ambos casos, respecto de las declaraciones y garantías objeto de la estipulación quinta, y especialmente, la existencia de partidas de pasivo no contempladas en el balance de la sociedad, cerrado a fecha .... de .... de dos mil ...., que se acompaña como ANEXO I o la inexistencia de elementos de activo recogidas en el expresado balance.

NOVENA.– GASTOS, IMPUESTOS Y HONORARIOS

Cada una de las Partes soportará los gastos e impuestos en que incurra como consecuencia de la preparación y ejecución de este Contrato, excepto que otra cosa se prevea expresamente. Cualquier impuesto devengado en relación con este contrato se abonará de acuerdo con la ley española. Los aranceles y gastos por la actuación de fedatarios, serán pagados con arreglo a Ley.

DÉCIMA.– NOTIFICACIONES

Cualesquiera notificaciones que hayan de remitirse como consecuencia del presente contrato se dirigirán por escrito a la dirección que a continuación se expresa para cada una de las Partes y dicha notificación se entenderá efectuada si es remitida mediante correo certificado, fax, o entregada personalmente a:

Cada Parte será responsable de comunicar al resto los cambios que pudieren producirse en su domicilio para notificaciones. En tanto no conste la notificación de la modificación, se entenderán correctamente efectuadas las comunicaciones dirigidas al domicilio que consta en este contrato.

UNDÉCIMA.– LEY APLICABLE Y JURISDICCIÓN

El presente Contrato se regulara por lo establecido en el mismo y, en su defecto, por la ley española. Para la solución de cualquier conflicto que pudiera plantearse entre las partes dimanante del presente contrato éstas, con renuncia a cualquier fuero propio que pudiera corresponderles, se someterán a los Juzgados y Tribunales de la ciudad de ....

DUODÉCIMA.– ELEVACIÓN A PÚBLICO

La escritura pública de compraventa se otorgará en el plazo máximo de .... meses ante el Notario de ...., Don .... (o quien le sustituya en su protocolo), cuya notaría se halla en .... previa notificación por parte del comprador con una antelación de .... días.

Y para que así conste, se firma el presente documento en ....

F427. CONTRATO PRIVADO DE COMPRAVENTA DE EMPRESA MEDIANTE TRANSMISIONES DE PARTICIPACIONES SOCIALES (II)

En ...., a de ....de 202............

REUNIDOS

De una parte,

D. ...., mayor de edad, casada en régimen de separación de bienes (habiendo otorgado capitulaciones matrimoniales en fecha .... de ....de 202............, ante el Notario de Valencia D. ...., con nº .... de su Protocolo), de nacionalidad española, con domicilio en calle ...., y provisto de DNI número .... (en adelante, el "Vendedor").

D. ...., mayor de edad, casada en régimen de separación de bienes (habiendo otorgado capitulaciones matrimoniales en fecha .... de ....de 202............, ante el Notario de Valencia D. ...., con nº .... de su Protocolo), de nacionalidad española, con domicilio en calle ...., y provisto de DNI número .... (en adelante, el "Vendedor").

Asimismo, los antedichos podrán ser denominados conjuntamente como "Vendedores" o "Parte Vendedora".

De otra parte,

............, S.L., sociedad de nacionalidad española, con domicilio ...., provista de CIF ...., inscrita en el Registro Mercantil de .... al Tomo ...., Libro ...., Folio ...., Hoja ...., debidamente representada en este acto por ...., mayor de edad, ..., de nacionalidad española, y provisto de DNI número ...., en su condición de persona física representante de la mercantil ...., S.L., con CIF ...., Administrador Único de la misma (en adelante, el "Comprador").

Asimismo, el Comprador y los Vendedores serán denominados individualmente como una "Parte" y todos ellos, conjuntamente, como las "Partes".

EXPONEN

I. Que la parte Vendedora es titular legítima, en pleno dominio de:

I.1. D. ...., de la totalidad (100%) de las .... participaciones sociales numeradas de la .... a la ...., con carácter privativo, totalmente suscritas y desembolsadas, con un valor nominal de .... EUROS (............ €) cada una de ellas, que representan la totalidad del capital social de la mercantil "............", sociedad con domicilio en ...., inscrita en el Registro Mercantil de............, al Tomo

............, Folio ...., Hoja .... y provista de NIF .... (en lo sucesivo la "............").

TÍTULO: Le pertenecen por suscripción en la escritura de constitución de la propia sociedad, otorgada en fecha .... de .... de 20............, ante el Notario de ...., D. ...., con número .... de su Protocolo.

I.2. D. ...., de la totalidad (100%) de las .... participaciones sociales numeradas de la .... a la ...., con carácter privativo, totalmente suscritas y desembolsadas, con un valor nominal de .... EUROS (............ €) cada una de ellas, que representan la totalidad del capital social de la mercantil "............", sociedad con domicilio en ...., inscrita en el Registro Mercantil de............, al Tomo ...., Folio ...., Hoja .... y provista de NIF .... (en lo sucesivo la "............").

TÍTULO: Le pertenecen por suscripción en la escritura de constitución de la propia sociedad, otorgada en fecha .... de .... de 20............, ante el Notario de ...., D. ...., con número .... de su Protocolo.

En adelante, "la Sociedad".

II. Que, a la fecha de la firma del presente Contrato, la totalidad de las participaciones sociales de la Sociedad se hallan libres y exentas de toda carga, reclamación, gravamen, prestación accesoria, opción, retracto, reserva de dominio, derecho de adquisición preferente o limitación a su libre transmisibilidad, salvo las establecidas en los estatutos sociales de la Sociedad inscritos en el Registro Mercantil, y con todos los derechos que llevan aparejados en la fecha del presente Contrato.

III. Que los Vendedores desean vender al Comprador el 100% de las participaciones sociales del capital social de la Sociedad y el Comprador desea adquirir de la parte Vendedora las referidas participaciones sociales, en los términos y condiciones del presente Contrato (en adelante, el "Contrato"), que se regirá por las siguientes:

CLÁUSULAS

1. OBJETO FORMALIZACIÓN Y UNIDAD DE ACTO.

1.1 Compraventa de las Participaciones Adquiridas.

En virtud del presente Contrato, el Comprador compra y adquiere de los Vendedores, el 100% de las participaciones sociales de la Sociedad que son de su titularidad, las cuales se encuentran identificadas y numeradas en el Expositivo I anterior, (en adelante, conjuntamente, las "Participaciones Adquiridas") todas las cuales se transmiten con todos los derechos inherentes a las mismas y libres de cargas, gravámenes y cualesquiera derechos de terceros.

1.2 Formalización

La formalización de la compraventa descrita en la cláusula 1.1 anterior se efectúa mediante elevación a público del presente Contrato ante el notario D. .... quedando, por tanto, en dicho momento, transmitidas al Comprador la plena propiedad de las Participaciones Adquiridas y desplegándose todos los efectos inherentes al presente Contrato.

En la fecha de otorgamiento de la escritura de compraventa de las Participaciones Adquiridas, las Partes realizan de manera simultánea y en unidad de acto las siguientes actuaciones:

a) D. ...., entrega al Comprador una carta de dimisión como actual Administrador Único de ...., en la que declara no tener nada que reclamar a la Sociedad por ningún concepto y renuncia a cualesquiera acciones, créditos, reclamaciones o derechos que pudieran corresponderle. Se adjunta la referida carta como Anexo ....

b) Los Vendedores entregan los libros sociales obligatorios llevados por la Sociedad (Libro de Actas, Libro Registro de Socios, etc.) y toda la documentación contable de las mismas en soportes impresos y/o electrónicos debidamente legalizados ante el Registro Mercantil, incluido el Acta de la Junta General celebrada el día de ayer que aprueba el reparto de dividendos.

Dicha documentación ha sido entregada al Comprador, sin que se haya realizado una revisión legal, contable, fiscal, laboral, administrativa o, en definitiva, Due Diligence de ningún tipo, teniendo constancia el mismo de los acuerdos sobre reparto de dividendos, en las juntas de la Sociedad adoptados en fecha ...., manifestando su conformidad con los mismos. Asimismo, se hace constar que de conformidad con los referidos acuerdos de reparto de dividendos, en fecha .... de .... de 202............., por parte de .... se ha transferido a su socia única el importe de .... €.

c) Los Vendedores entregan los estados de las cuentas bancarias de cada una de las entidades financieras en las que la Sociedad tengan cuentas bancarias abiertas, detallando toda la actividad en cada una de dichas cuentas bancarias desde el .... de .... de 202.............

d) Los Vendedores entregan al Comprador, declaraciones responsables, manifestando que la Sociedad han venido desarrollando su actividad contando con las oportunas licencias y/o demás autorizaciones administrativas legalmente exigibles al efecto, encontrándose las mismas en vigor y conformes con la legislación vigente. Se adjuntan las referidas declaraciones responsables como Anexo ....

e) Los Vendedores entregan al Comprador, justificante de la presentación de impuestos por la Sociedad hasta esta fecha, habiendo abonado los importes que, en su caso, han correspondido.

La documentación o información referida en los puntos c), d), e) y f), se ha puesto a disposición del Comprador con carácter previo a la firma del presente contrato y los ejemplares originales se encuentran en los archivos físicos y/o electrónicos de la Sociedad, sin que por parte del Comprador se haya realizado revisión legal, contable, fiscal, laboral, administrativa o, en definitiva, Due Diligence de ningún tipo sobre los mismos.

f) La actividad de la mercantil "............, S.L.", se desarrolla actualmente en ...., con referencia catastral ...., en virtud de Contrato de Arrendamiento suscrito en fecha .... de .... de 20............, siendo los propietarios del referido inmueble D. .... y D. ...., S.L. se encuentra al corriente de pago de rentas, suministros, tributos y cualesquiera otros conceptos que correspondan a ...., S.L. con arreglo al referido contrato de arrendamiento de fecha .... de .... de 20............ Igualmente, ..., S.L. manifiesta y reconoce que la nave industrial objeto de dicho contrato de arrendamiento no ha sufrido daños o pérdidas que puedan ser reclamadas por el arrendador a esta fecha.

En el referido Contrato de Arrendamiento, la cláusula "Décimo Primera.- Fiadora Solidaria", establece que D. ...., garantiza solidariamente con la mercantil ...., S.L., "*todas las obligaciones que la misma contrajo con dicho contrato, tanto durante el tiempo de duración contractualmente pactado como durante sus posibles prórrogas convenidas, aunque estas no le fuesen notificadas, respondiendo por tanto por el total de las obligaciones afianzadas de igual modo y forma que la ARRENDATARIA y hasta el pago total de las obligaciones garantizadas, incluidas las costas procesales que se devenguen por su reclamación judicial, con renuncia expresa a los beneficios de orden, excusión y división*".

En consecuencia, con motivo de la transmisión de las Participaciones Adquiridas que por medio del presente efectúa D. ...., siendo que el referido Contrato de Arrendamiento se mantiene en vigor, el Comprador de las Participaciones Adquiridas, se compromete a dejar indemne y satisfacer a D. ...., respecto de cualquier obligación que pueda resultar del Contrato de Arrendamiento, y/o cualquier reclamación que puedan plantear los propietarios de la nave frente al Sr. ...., por actuaciones y/o incumplimientos que puedan tener lugar con posterioridad a la suscripción del presente contrato de compraventa de participaciones.

2. PRECIO, retención Y PAGO DEL PRECIO.

2.1. Precio.

El precio por la presente compraventa del 100% de las participaciones sociales representativas del capital social de ...., se estipula en .... EUROS (.............-€) EUROS.

2.2. Retención del Precio

Las Partes acuerdan que el Comprador retendrá una cuantía ascendente a .... EUROS (.............-€) (la "............") en garantía del pago de cualesquiera reclamaciones, contingencias y/u obligaciones de índole fiscal que pudieran materializarse con anterioridad a su prescripción legal.

La Cuantía Retenida será liberada y satisfecha a los Vendedores a razón de .... (.............-€) EUROS por año, contados de fecha a fecha, desde la firma del presente contrato de compraventa, en el supuesto que no se hubiera iniciado ninguna actuación de inspección o comprobación tributaria a cualquiera de la Sociedad. La distribución del importe liberado anualmente a los Vendedores (en el supuesto de que no exista retención alguna en ambas sociedades) será la siguiente:

Año/Sociedad	....
202............	.... €
202............	.... €

202............	.... €
202............	.... €

En el supuesto de que se iniciara alguna actuación de inspección o comprobación tributaria a cualquiera de la Sociedad, el Comprador mantendrá el importe que restare al momento de inicio de las actuaciones de inspección o comprobación tributaria hasta la conclusión de las mismas.

2.3. Forma de pago del Precio de la Compraventa.

El Precio de la Compraventa, una vez descontada la Cuantía Retenida, será satisfecho por medio de tres cheques bancarios nominativos por los siguientes importes:

• Cheque por importe de .... EUROS (............ €) a nombre de D. ...., en pago del 100% de las participaciones de ...., S.L. que titula (es decir, ... EUROS menos los .... EUROS de retención con arreglo a la Cláusula 2.2 anterior).

• Cheque por importe de .... EUROS (............ €) a nombre de D. ...., en pago del 100% de las participaciones de ...., S.L. que titula (es decir, ... EUROS menos los .... EUROS de retención con arreglo a la Cláusula 2.2 anterior).

Se adjunta copia de los cheques como Anexo 2.3.

Los Vendedores mediante el otorgamiento de la referida escritura pública de formalización de la presente compraventa otorgarán la más firme y eficaz carta de pago por los importes de los cheques recibidos.

3. MANIFESTACIONES DE LOS VENDEDORES Y CONTINGENCIAS descritas en las manifestaciones.

3.3. Los Vendedores reconocen que el Comprador ha acordado adquirir las Participaciones Adquiridas y suscribir el presente Contrato sobre la base de las manifestaciones y garantías efectuadas por ellos en el apartado 3.2 siguiente (las "Manifestaciones").

3.4. Los Vendedores realizan en favor del Comprador las siguientes declaraciones y garantías en relación con la Sociedad:

a. La Sociedad desarrollan y han desarrollado su actividad, negocios y operaciones cumpliendo las obligaciones formales y materiales derivadas de la normativa aplicable en España, incluido el pago de los correspondientes impuestos, salarios, derechos y tasas que graven dicha actividad, y el suministro de la información, periódica o no, que en cada momento venga requerida por los organismos competentes. En concreto, y sin que sirva de limitación a lo anterior, en el desarrollo de su actividad la Sociedad cumplen y han cumplido sus obligaciones formales y materiales derivadas de la normativa fiscal y tributaria; laboral, de seguridad social y de prevención de riesgos laborales; medioambiental; administrativa; de sanidad, salud e higiene; de protección de datos, de defensa de la competencia, de competencia desleal y de consumidores y usuarios.

b. El Anexo............ recoge el listado de empleados de la Sociedad a la fecha de firma del presente Contrato (los "Empleados") cuyo contenido es veraz, completo y exacto, y refleja su antigüedad, categoría, modalidad contractual, remuneración bruta fija mensual, Jornada laboral, indicando horas trabajadas por cada trabajador.

Se pone de manifiesto asimismo que, en función de las necesidades productivas, en determinados momentos la Sociedad contratan los servicios de empresas de trabajo temporal.

c. Se adjuntan como Anexo............ los balances de situación intermedios de la Sociedad, así como los balances de sumas y saldos y la cuenta de pérdidas y ganancias, todos ellos cerrados a .... de .... de 202............ (en lo sucesivo, los "Estados Financieros"). Los Estados Financieros: (i) reflejan la imagen fiel de la situación financiera y patrimonial de la Sociedad a su fecha y han sido preparados de conformidad con normas y principios contables generalmente aceptados en España, aplicados de manera uniforme y constante; (ii) no contienen ninguna declaración inexacta u omisión que pudiera hacerlos equívocos a la fecha de firma de este Contrato; (iii) reflejan debidamente todas las actuaciones y operaciones realizadas, y (iv) reflejan todas las provisiones que se exige dotar de conformidad con las leyes o reglamentos aplicables y los principios de contabilidad generalmente aceptados en España, aplicados de un modo uniforme y constante.

Los Vendedores manifiestan que no se ha producido ninguna operación, contrato, acuerdo o, en definitiva, disposición de activos o concertación de deudas o pasivo entre la fecha de los Estados Financieros y la fecha del presente Contrato que no responda a la operativa del curso ordinario de la Sociedad, con la única excepción de la distribución de dividendos referida en el apartado 1.2.c) del presente Contrato.

d. La Sociedad no han incurrido en obligación, responsabilidad, deuda o contingencia alguna de cualquier tipo que no aparezca debidamente reflejada en los Estados Financieros.

e. La documentación que ha sido proporcionada por los Vendedores al Comprador con anterioridad a la fecha del presente contrato, según se detalla en la Cláusula 1.2. anterior, no limitará ni exonerará cualesquiera responsabilidades en que pudieran incurrir los Vendedores con arreglo a los términos y condiciones del presente contrato. Dicha documentación ha sido proporcionada a los solos y exclusivos efectos de evaluar y adoptar la decisión de adquisición de las Participaciones Adquiridas.

3.5. En su virtud, los Vendedores garantizan al Comprador, en la fecha del presente Contrato, la veracidad y exactitud de cada una de las Manifestaciones, que tienen por ello carácter esencial en la formación de la voluntad del Comprador. Todas y cada una de las Manifestaciones y todas y cada una de las excepciones hechas a las mismas se entienden realizadas a la fecha del presente, a menos que se indique expresamente otra cosa en la Manifestación o excepción de que se trate.

4. Responsabilidad DE Los Vendedores. Indemnización. PROCEDIMIENTO DE RECLAMACIONES

4.1. Obligación de indemnizar

4.1.1. Los Vendedores se obligan a indemnizar al Comprador, por los Daños sufridos por éste ya sea de forma directa, o indirectamente a través de su impacto en la Sociedad derivados de la falta de veracidad, error o inexactitud de cualquiera de las Manifestaciones, siempre que tales Daños tengan su origen en hechos o actos anteriores a la firma del presente Contrato y/o se deriven del incumplimiento por los Vendedores de cualquiera de las obligaciones asumidas en virtud del presente Contrato.

4.1.2. El Comprador no ha realizado, con carácter previo a la firma del presente Contrato, revisión fiscal, legal y/financiera de ningún tipo sobre la base de la documentación suministrada por los Vendedores. En consecuencia, cualquier documentación o información proporcionada por los Vendedores con anterioridad a la firma del presente contrato no limitará o afectará el contenido y/o el alcance de las Manifestaciones, ni la obligación de los Vendedores de indemnizar al Comprador de los Daños causados.

En todo caso, el importe de los Daños se determinará aplicando el principio del pleno y total resarcimiento al Comprador de los daños y perjuicios irrogados a éste directamente o, indirectamente y se entenderá que minora el Precio de la Compraventa.

4.2. Límite temporal de la responsabilidad de los Vendedores

Con expresa derogación de los plazos de caducidad y prescripción establecidos por el Código Civil y en el Código de Comercio, las Partes acuerdan que el plazo para el ejercicio de las acciones de reclamación que pudieran corresponder al Comprador de conformidad con lo pactado en la presente cláusula 4 prescribirá a los cuatro (4) años a contar desde la presente fecha. A efectos aclaratorios, el inicio de cualquier acción de reclamación por parte del Comprador a los Vendedores interrumpirá el cómputo del plazo de prescripción referido.

4.3. Límite cuantitativo de la responsabilidad de los Vendedores

La obligación de los Vendedores de indemnizar los Daños no será exigible por el Comprador hasta tanto el importe total acumulado de los Daños no supere la suma de .... EUROS (..............-€) (el "Importe Exento"). Superado el Importe Exento, los Vendedores deberán indemnizar al Comprador por el importe íntegro de los Daños, y no meramente por el exceso sobre el Importe Exento.

4.4. Procedimiento en caso de Reclamaciones

4.4.1. Daños no derivados de una reclamación de terceros frente a cualquiera de la Sociedad.

Cuando el Comprador considere que existe un Daño que no derive o pueda derivar de una eventual reclamación de un tercero frente a cualquiera de la Sociedad, lo notificará a los Vendedores, indicando los hechos en los que se fundamenta la reclamación y el importe de ésta, si fuera posible estimarlo. El Comprador notificará a los Vendedores con razonable diligencia desde que tuviera conocimiento del Daño (la "Notificación del Comprador").

Dentro del plazo máximo de treinta (.............) días hábiles a contar desde la fecha de la Notificación del Comprador, los Vendedores deberán (i) indemnizar al Comprador conforme a lo dispuesto en la presente cláusula u (ii) oponerse de forma total o parcial a la reclamación efectuada por el Comprador.

Tras la Notificación del Comprador, en caso de conformidad total o parcial de los Vendedores con la indemnización reclamada por el Comprador o de falta de contestación en el plazo establecido, éste abonará todo o la parte de la indemnización sobre la que esté conforme dentro de los diez (10) días hábiles siguientes a la recepción de la Notificación del Comprador, mediante transferencia bancaria del importe debido a la cuenta que indique el Comprador.

4.4.2. Daños derivados de una eventual reclamación de terceros frente a cualquiera de la Sociedad.

En caso de que cualquiera de la Sociedad reciba una reclamación de un tercero que pueda dar lugar a una reclamación del Comprador contra los Vendedores, se lo notificará por escrito a los Vendedores junto con cualquier otra información relevante. El Comprador notificará a los Vendedores no más tarde de la mitad del plazo que el tercero hubiera dispuesto para contestar, formular alegaciones, aceptar o rechazar la reclamación ("Notificación de Reclamación de un Tercero").

Una vez notificado, y para los casos que sea preceptivo para suspender la ejecutividad de la reclamación del tercero, los Vendedores tendrán un plazo de treinta (30) días hábiles para consignar la cantidad reclamada ya sea en los juzgados o en el organismo público competente (Hacienda, Seguridad Social etc.), salvo que el plazo que se haya otorgado a este efecto fuera menor, en cuyo caso, se atenderá al plazo proveído para suspender la ejecutividad de la reclamación del tercero.

Los Vendedores designarán, a su cargo, los asesores que consideren oportunos, debiendo la Sociedad, según sea el caso, otorgar poderes para pleitos en favor de los asesores que éste designe a los solos y exclusivos efectos de llevar la defensa de la reclamación en el procedimiento de que se trate. Los Vendedores proporcionarán al Comprador información completa y detallada sobre el progreso de la reclamación.

Los gastos en que incurriesen los Vendedores y/o cualquiera de la Sociedad en la defensa de la reclamación de que se trate serán considerados Daños a todos los efectos y serán asumidos por los Vendedores.

Igualmente, será responsabilidad de los Vendedores la obtención y mantenimiento, a su costa, de las garantías que hubieran de otorgarse por la Sociedad con ocasión de la defensa de los intereses de la Sociedad en relación con la reclamación del tercero.

5. NO COMPETENCIA.

5.1. Los Vendedores reconocen que la obligación de no competencia que se establece en la presente cláusula 5 es necesaria para asegurar la continuidad de la actividad de la Sociedad y que se causará un daño irreparable al Comprador y a la Sociedad en el caso de que cualquiera de ellos compita en el ámbito de actuación empresarial de la Sociedad.

A efectos aclaratorios, se entenderá que compite en el ámbito de actuación empresarial de cualquiera de la Sociedad la gestión directa, y bajo cualquier forma jurídica, de entidades que lleven a cabo actividades idénticas o análogas a las ejercidas por cualquiera de la Sociedad, o de entidades que de cualquier otra forma puedan resultar competencia de cualquiera de la Sociedad. Por ello, los Vendedores reconocen que, debido a las actividades que realizan cualquiera de la Sociedad, existe un legítimo interés, tanto comercial como industrial, en regular el presente pacto de no competencia.

Asimismo, los Vendedores reconocen y aceptan expresamente que el presente pacto de no competencia tiene carácter esencial y ha sido determinante para que el Comprador celebre el presente Contrato.

5.2. En relación de los Vendedores y durante un período de tres (3) años desde la Fecha de Cierre:

a) Ninguno de ellos podrá, ya sea de forma directa o indirecta, ser propietario, dirigir, operar, controlar, participar, como inversor, directivo o de cualquier otra manera, ser contratado, ni prestar servicios de consultoría, en cualquier empresa o negocio que compita con cualquiera de la Sociedad o pueda resultar competencia de ésta.

b) Ninguno de ellos podrá, ya sea de forma directa o indirecta, emplear a ninguna persona que a la fecha de firma del presente Contrato, haya sido empleado, agente o representante de cualquiera de la Sociedad ni, de cualquier otra forma, vincularse con ninguna de dichas personas.

c) Todos ellos deberán guardar confidencialidad absoluta en relación con toda la información que hayan recibido, verbalmente o por escrito, o de la que hayan tenido conocimiento, en relación con cualquiera de la Sociedad.

El ámbito geográfico al que va referido la presente obligación de no competencia es el territorio español.

Se entenderá en todo caso que los Vendedores actúan de forma concertada y, en consecuencia, se entenderá en todo caso incumplida la presente obligación por ellos, si cualquier persona vinculada (en los términos previstos en el artículo 42 del Código de Comercio) llevase a cabo personalmente cualquiera de las conductas que les estuvieran prohibidas a los Vendedores en virtud de los apartados a) y b) anteriores.

A los efectos oportunos, los Vendedores manifiestan que a la fecha del presente Contrato no existe hecho o circunstancia que constituya incumplimiento de lo establecido en la presente cláusula 5.

5.3. Si alguna de las obligaciones que se establecen en la presente cláusula 5, la duración del compromiso de no competencia o el alcance del mismo se declararan nulos, ilegales o inaplicables, en su totalidad o en parte, pero eliminando la redacción que corresponda o sustituyendo el plazo establecido por uno inferior, o sustituyendo el rango de actividades por uno más concreto, dicha obligación pudiese ser considerada válida, el plazo, alcance o redacción más próximos a la redacción original y que sean legalmente aceptados sustituirá a aquellas partes consideradas nulas, entendiéndose éstas eliminadas y siendo la redacción resultante totalmente aplicable.

6. MISCELÁNEA.

6.1. Salvo pacto en contrario contenido en el presente Contrato, todos los costes y gastos derivados del otorgamiento y ejecución del presente Contrato corresponderán a las Partes conforme a Ley.

6.2. Cada Parte deberá soportar los impuestos que le correspondan de acuerdo con lo previsto en la Ley española.

6.3. Notificaciones.

Excepto que en algún caso se disponga otra cosa, toda notificación o comunicación que deba o pueda efectuarse de conformidad con el presente Contrato deberá ser realizada por cualquier medio fehaciente a las direcciones indicadas a continuación:

• A los Vendedores

Att.: ....

Att. ....

• Al Comprador.

Att.: ....

O a cualquier otra dirección que las Partes puedan notificar a los demás por escrito con antelación razonable.

7. LEY APLICABLE.

7.1. Este Contrato está sujeto a la ley española, y será interpretado de acuerdo con la misma.

8. FUERO

8.1. Las Partes, renunciando expresamente a cualquier otro fuero que pudiera serles de aplicación, se someten expresamente a la jurisdicción exclusiva de los Juzgados y Tribunales de la ciudad de Valencia.

Y en prueba de conformidad, las Partes firman el presente Contrato, incluyendo sus anexos, que se consideran parte integrante del presente Contrato, a todos los efectos, en un ejemplar el cual es elevado a público en el lugar y fecha indicados en el encabezamiento.

EL COMPRADOR

LOS VENDEDORES

LISTADO DE ANEXOS

F428. CONTRATO PRIVADO DE COMPRAVENTA DE EMPRESA MEDIANTE TRANSMISIONES DE PARTICIPACIONES SOCIALES (III)

REUNIDOS

De una parte, Doña..........., mayor de edad, casada en régimen de separación de bienes, con domicilio en c/........... (...........) y con DNI número..........., actuando en su propio nombre y representación, así como en nombre y representación, en su condición de administradora única de la mercantil..........., S.L., Sociedad de Responsabilidad

Limitada española, con domicilio en........... (...........),........... y con CIF .... (En adelante también "...........").

En lo sucesivo, Doña........... y........... se denominarán indistintamente como el "Vendedor" y de manera conjunta como los "Vendedores".

De otra parte, ..., sociedad debidamente constituida y existente con arreglo a las leyes de............, con domicilio social en............, e inscrita en el Registro Mercantil del Juzgado Local de............. con el número .... (En adelante también, "............." o el ".............").

El Comprador está debidamente representado por D............, mayor de edad, de nacionalidad............., con pasaporte .... y NIE número............, en vigor, en su calidad de director general.

Y de otra parte, Don............, mayor de edad, casado en régimen de separación de bienes, con domicilio en c/........... (...........) y con DNI............, el cual interviene a los únicos propósitos de lo dispuesto en la Cláusula 8 del presente contrato, en su propio nombre y derecho y como socio único y administrador único de la entidad..........., sociedad española, con domicilio social..........., C/............, con CIF ...., e inscrita en el Registro Mercantil de........... al tomo..........., hoja ...., folio .... (en adelante también "...........").

En lo sucesivo, se denominará a los Vendedores, al Comprador y a D............ y su entidad..........., indistintamente, como una "Parte" y, colectivamente, como las "Partes".

Las Partes se reconocen mutuamente la capacidad legal necesaria para obligarse en los términos del presente contrato y, al efecto,

EXPONEN

I. Que los Vendedores, en el momento de la suscripción del presente contrato, son titulares del 100% del capital social de la siguiente sociedad:

............, S.L., Sociedad española, con domicilio social en Calle............,..........., con NIF número..........., e inscrita en el Registro Mercantil de........... al tomo..........., hoja............, folio..........., es una sociedad de reconocido prestigio y trayectoria nacional e internacional en el ámbito de............ Se constituyó en virtud de escritura pública otorgada el día .... ante el Notario de..........., D............, bajo el número .... de su protocolo (en adelante también, "..........." o la "Sociedad").

El capital social de la Sociedad asciende a la cantidad de .... euros, dividido en .... participaciones sociales numeradas de la 1 a la............, todas incluidas, de .... euros de valor nominal cada una de ellas.

Los Vendedores son titulares de las .... participaciones sociales de la Sociedad, que representan el 100% de su capital social en las siguientes proporciones:

(i) Doña........... es titular de .... participaciones sociales de la Sociedad, representativas del .... % de su capital social:

– De la............ a la ...., ambos inclusive, en virtud de la escritura de compraventa de participaciones otorgada el .... ante el Notario de............, D. .... bajo el número .... de su protocolo.

– De la .... a la ...., ambos inclusive, en virtud de la escritura de ampliación de capital otorgada el .... ante el Notario de............, D. .... bajo el número .... de su protocolo.

(i)............, S.L. es titular de 1.100 participaciones sociales de la Sociedad, representativas del ....% de su capital social:

– De la............ a la ...., ambos inclusive, en virtud de póliza notarial otorgada el .... ante el Notario D............

– De la .... a la ...., ambos inclusive, en virtud de la escritura de constitución de la Sociedad.

II. El Comprador es una filial de............, dedicado a............, y es una sociedad debidamente constituida y existente conforme a las leyes de............, con domicilio social en ....

III. Que los Vendedores están interesados en vender y transmitir al Comprador, y el Comprador está interesado en comprar y adquirir de los Vendedores la totalidad de las participaciones de la Sociedad, es decir, las .... participaciones sociales (en adelante también las "Participaciones"), números............, ambos inclusive, de las que los Vendedores son titulares, y, en consecuencia, adquirir el 100% del capital social de la Sociedad.

IV. Con carácter previo a la suscripción del presente Contrato, el Comprador ha llevado a cabo un proceso de due diligence de la Sociedad a requerimientos propios del Comprador, en relación con la información relativa a aspectos legales, fiscales, laborales y financieros (en adelante también la "Due Diligence"), durante el cual el Comprador ha solicitado la documentación que ha tenido por conveniente y necesario y tenido acceso a la documentación e información de la Sociedad facilitada a tal efecto por los Vendedores (en adelante también la "Información Facilitada") contenida en un data room virtual en One Drive entre el .... y el..........., ambos inclusive, cargando posteriormente toda la información en la plataforma .... (en adelante también el "Data Room").

Toda la Información Facilitada (requerida por el Comprador y facilitada por los Vendedores) ha sido grabada en una unidad USB (el "USB"), respecto de la cual se han realizado tres (3) copias idénticas en formato no regrabable y no editable junto con el correspondiente certificado de contenido. Cada copia del USB contiene una copia completa de toda la Información Facilitada puesta a disposición en la Sala de Datos en el marco de la Due Diligence. Cada una de las Partes recibirá y conservará una (1) copia idéntica del USB, que será certificada por el proveedor de la Sala de Datos, tan pronto como sea razonablemente posible y a más tardar cinco (5) días hábiles después de la firma del presente Contrato. La tercera copia idéntica del USB se depositará ante el Notario de .... (............), Don ....

El Comprador manifiesta y declara que la Información Facilitada ha sido revisada por el Comprador declarando este que, sin perjuicio de lo establecido en el presente contrato, la misma es adecuada y suficiente, no habiendo sido necesario, por tanto, el complemento de la misma, todo ello a los efectos de prestar el adecuado consentimiento para la formalización del presente contrato.

V. En vista de lo anterior, las Partes acuerdan celebrar el presente Contrato de compraventa de participaciones (en adelante también el "Contrato") con sujeción a los términos y condiciones que se establecen en las siguientes

CLÁUSULAS

1. Reglas de interpretación.

1.1. Salvo que se indique expresamente lo contrario, este Contrato será interpretado de acuerdo con las reglas de interpretación establecidas en los artículos 1.281, 1.283, 1.284, 1.285 y 1.286 del Código Civil español.

2. Objeto del contrato.

2.1. El objeto del presente Contrato es regular:

(a) los términos y condiciones conforme a los cuales los Vendedores venden y transmiten al Comprador y el Comprador compra y adquiere de los Vendedores las Participaciones junto a todos los derechos inherentes a las mismas, libres de Cargas, así como (b) otros acuerdos y compromisos alcanzados por las Partes con motivo de dicha compraventa (en adelante también la "Compraventa").

A los efectos de este Contrato "Carga" significa hipotecas, promesas de hipoteca, escrituras de fideicomisos, retenciones, afecciones fiscales, prendas, cargas, gravámenes, prestaciones accesorias, acuerdos de sindicación, reclamaciones, intereses de garantía, intereses de equidad, opciones, reservas de dominio, derechos de adquisición preferente, servidumbres de uso, pactos restrictivos, usurpaciones, derechos de paso y todo tipo de limitaciones o derechos de terceros.

2.2. En consecuencia, en virtud del presente Contrato, y en cumplimiento de los términos y condiciones del mismo, los Vendedores venden y transmiten al Comprador y el Comprador compra y adquiere las Participaciones, junto con todos los derechos inherentes a las mismas y libre de Cargas, titularidad de los Vendedores, que en su conjunto representan el 100% del capital social de............ (en adelante también la "Operación"), de tal modo que tras la ejecución de la Compraventa,............ adquirirá la condición de socio único de la Sociedad.

2.3. Los Vendedores y el Comprador han suscrito este Contrato confiando plenamente en la Información Facilitada, la cual ha sido revisada, comprobada y verificada por el Comprador a su satisfacción con la única salvedad de lo dispuesto en las indemnidades especificas previstas en el apartado 8 del presente Contrato, todo ello en el proceso de Due Diligence al que se ha hecho referencia en el Expositivo IV, así como confiando en las Manifestaciones y Garantías realizadas por los Vendedores en este Contrato

3. Precio de la Compraventa

3.1. El precio de compra por la adquisición de las Participaciones es el siguiente:

.... EUROS (............. €) (en adelante, el "Precio"), correspondiendo a........... S.L. .... (............. €) y el resto a Dª............, esto es .... (............ €).

En cuanto al pago del Precio, el Comprador transfiere a los Vendedores en este acto el 70% del Precio, esto es, ..., mediante sendas transferencias bancarias, conforme al siguiente desglose:

– .... EUROS (............. €) a Doña..........., al siguiente número de cuenta: IBAN...........

– ....EUROS (............. €) a..........., S.L., al siguiente número de cuenta: IBAN...........

En cuanto al 30% del Precio, esto es, ... EUROS (.............€) se transfieren en este acto a la cuenta de clientes de la notaría de........... (...........), de Don............, con número de IBAN: IBAN.............

En concepto de garantía para cubrir cualesquiera Daños (tal y como esto se define más adelante) por cuestiones derivadas de hechos anteriores a la Fecha de Cierre, las Vendedoras entregarán al Comprador, mediante su depósito en la notaría de........... (...........), de Don ...., los siguientes avales bancarios a favor del Comprador, en el plazo máximo de quince (15) días desde el día de hoy:

b.1.- Dos por valor del 15% del Precio acordado, con vencimiento en fecha..........., correspondiendo uno a........... S.L. por ....EUROS (........... €), y otro a........... por ....EUROS (............. €)

b.2.- Dos por valor del 15% del Precio acordado, con vencimiento en fecha..........., correspondiendo uno a........... S.L. por .... EUROS (............ €), y otro a........... por .... EUROS (............ €).

Dichos avales bancarios, a primera demanda, deberán tener la redacción que a estos efectos se indica en el Anexo 1 a este Contrato. En el momento en el que dichos avales queden entregados en la mencionada notaría, podrán los Vendedores percibir el 30% del Precio depositado notarialmente, en la siguiente proporción:

– .... EUROS (............ €) se podrán transferir a Doña............

– .... EUROS (............. €) se podrán transferir a..........., S.L.

Por su parte, el Comprador o cualquier persona que éste designe, podrá retirar los anteriores avales bancarios a primera demanda.

Los costes y aranceles notariales por el depósito notarial del 30% del Precio así como por el depósito de los avales, será abonado por los Vendedores.

En el momento en el que exista una Reclamación o una Reclamación de Tercero (según se definen estos términos en la cláusula Quinta) y el Comprador se lo notifique a los Vendedores, las partes podrán acordar conjuntamente que los Vendedores depositen notarialmente el importe de la reclamación correspondiente hasta que se determine de manera firme el estado de dicha Reclamación o Reclamación de Tercero, momento en el que el notario liberará el importe, a favor de los Vendedores o del Comprador, según corresponda, por haberse determinado (a) por acuerdo entre los Vendedores y el Comprador o (b) por resolución judicial de carácter firme. En el caso de no acordar las partes conjuntamente el depósito notarial de la Reclamación o la Reclamación de Tercero, podrá el Comprador ejecutar parcialmente cualquiera de los anteriores avales vigentes por el importe de dicha reclamación y depositar ante notario, por su cuenta, el importe en cuestión, en los mismos términos, hasta que exista igualmente acuerdo entre las partes o resolución judicial de carácter firme.

4. Cierre

4.1. La Compraventa de las Participaciones y las Actuaciones a la Fecha de Cierre, tal y como este término se define a continuación, se llevarán a cabo en la notaría de........... (...........), Don............. (en adelante también el "Notario"), el día hoy (la "Fecha de Cierre").

4.2. En la Fecha de Cierre, en los términos del apartado 4.1 precedente, las Partes, en función del caso, realizarán las siguientes actuaciones simultáneamente y en unidad de acto (en adelante también las "Actuaciones a la Fecha de Cierre"):

(i) Las Partes exhibirán ante el Notario poderes suficientes o documentación relevante que ponga de manifiesto su capacidad legal suficiente para la consumación de la Compraventa y del resto de actuaciones y obligaciones asumidas bajo este Contrato.

(ii) Certificado del órgano de administración de la Sociedad. Los Vendedores entregarán al Comprador un certificado en virtud del cual se certifique que: de acuerdo con los libros registros de socios de la Sociedad, (a) los Vendedores e propietario y tiene pleno título sobre las Participaciones; (b) las Participaciones están debidamente registradas en el libro registro de socios (c) las Participaciones se encuentran libres de toda Carga, y (d) todas las disposiciones para la válida transmisibilidad de las Participaciones, contenidas en los estatutos sociales de la Sociedad, han sido debidamente cumplidas.

(iii) Las Partes comparecerán ante el Notario para otorgar una escritura pública de compraventa de las Participaciones en la que, entre otras, se elevará a público este Contrato por el que los Vendedores transfieren las participaciones de la Sociedad al Comprador, (en adelante también la "Escritura").

(iv) Los Vendedores entregarán al Notario el original de la/s escritura/s públicas acreditativa/s de la adquisición por los Vendedores de las Participaciones, a fin de que el Notario proceda a anotar en las mismas la transmisión de dichas Participaciones a favor del Comprador.

(v) El Comprador abonará el Precio de Compra a los Vendedores en la forma y plazos establecidos en la Cláusula 3 del presente Contrato.

(vi) Se inscribirá en el libro registro de socios de la Sociedad la transmisión de las Participaciones a favor del Comprador.

(vii) Tal y como consta en Información Facilitada y es aceptado por el Comprador, los libros societarios son telemáticos, por lo que no procede la entrega de los mismos en formato físico, entregándose un pendrive con copia en formato digital de todos ellos, así como copia acreditativa de su diligencia y depósito ante el Registro Mercantil, así como, claves o información necesaria para la continuidad de la gestión social, en la Fecha de Cierre. En este punto, la parte Vendedora asevera que en el citado pendrive constan también las actas de las juntas celebradas entre el 1 de enero hasta la Fecha de Cierre, incluyendo la de aprobación de entrega de dividendos, conocidas por la parte compradora.

(viii) Los Vendedores entregarán al Comprador una carta de dimisión, debidamente firmada, por la cual la administradora única de la Sociedad dimite con efectos a partir de la Fecha de Cierre y manifiesta que sus relaciones con la Sociedad han sido liquidadas y saldadas, y que no existen reclamaciones pendientes frente a la Sociedad.

(ix) Las Partes suscribirán los acuerdos sociales, documentos y escrituras públicas necesarias para realizar los cambios en el órgano de administración de la Sociedad.

(x) Los Vendedores entregarán copia de las actas de formulación y aprobación de las cuentas anuales de la Sociedad correspondientes al ejercicio..........., y resguardo de su presentación en el Registro Mercantil correspondiente, y en caso de no poseerlas, se aportan en este acto certificado del auditor sin salvedades, así como los balances cerrados, memoria, y demás documentación que contienen las citadas cuentas firmadas en su integridad por la administradora única quien las ha formulado.

(xi) Los Vendedores entregarán al Comprador los estados financieros a 31 de marzo de........... firmados por la administradora (los "Estados Financieros de Cierre"), aseverando la parte Vendedora que no se han producido cambios de tesorería o activo que pudieran afectar a dichos estados y a los, salvo por lo que se refiere al reparto de dividendos con cargo a reservas efectuado a favor de los Vendedores, en fecha........... por importe conjunto de .... €.

(xii) El nuevo órgano de administración de la Sociedad nombrado por el Comprador revocará los poderes otorgados hasta la Fecha de Cierre en la Sociedad a procuradores de los tribunales, y otorgará unos nuevos poderes generales con los límites que se acuerden por el órgano de administración.

(xiii) La Sociedad y........... (y en ejercicio de los servicios contratados, D...........) suscribirán el Contrato de Prestación de Servicios previsto en la Cláusula 7, con fecha de inicio a partir del día siguiente a la Fecha de Cierre

(xiv)........... entregará un certificado en virtud del cual se certifique que la junta general de socios ha aprobado la transmisión del 100% de las participaciones sociales de la Sociedad.

(xv) Las Partes depositarán ante el Notario una copia del USB que contenga la Información Facilitada.

(xvi) Cambio de control. Los Vendedores entregarán al Comprador las cartas de las entidades de crédito renunciando a resolver anticipadamente los contratos de financiación vigentes por el cambio de control que se produce por medio de este Contrato.

4.3. Las actuaciones anteriormente mencionadas se llevarán a cabo simultáneamente en la Fecha de Cierre y en unidad de acto. Por tanto, ninguna de las actuaciones se considerará realizada hasta el momento en el que se hayan completado todas ellas.

5. Compromisos de los Vendedores

Manifestaciones y Garantías de los Vendedores

5.1. Los Vendedores manifiestan y garantizan que las siguientes declaraciones (en adelante también las "Manifestaciones y Garantías de los Vendedores") son veraces, exactas, completas, y no inducen a error en la Fecha de Cierre, salvo que de la Información Facilitada resultado de los requerimientos efectuados por el Comprador en el proceso de Due Diligence se concluya lo contrario:

(i) La Información Facilitada, es veraz, exacta y completa en todos sus aspectos y, desde la finalización del proceso de Due Diligence, la Sociedad ha mantenido su actividad consistente con anteriores prácticas y en el curso ordinario de los negocios. Los Vendedores no tienen conocimiento a día de hoy de ningún hecho o asunto o circunstancia no divulgada al Comprador que pueda hacer que la Información Facilitada sea falsa, inexacta, incompleta o deliberadamente errónea en cualquier aspecto y, desde la finalización del proceso de Due Diligence referido, no ha habido cambios adversos en la situación patrimonial, financiera y de resultados de la Sociedad, ni reclamaciones de terceros que constituyan o puedan constituir una contingencia para la Sociedad.

(ii) Manifiestan los Vendedores que se ha procedido a la resolución del contrato de arrendamiento del local que se disponía en........... como almacén, trasladando la mercancía allí existente a la nave en..........., y por tanto ocupando mayor superficie en esta última, provocando la suscripción de un nuevo contrato de arrendamiento que se acompaña a este documento como Anexo 2, situación ésta que las partes aceptan y asumen. En este aspecto, y dado que la nave de........... es propiedad de la mercantil........... SAU y donde también se encuentran las instalaciones y oficinas de la citada mercantil, las partes reconocen, aceptan y asumen esta situación durante al menos ENTRE 6 Y 12 meses desde la firma de este Contrato, fecha esta que se prevé para la finalización de las nuevas instalaciones, propiedad de..........., S.A.U la cual será destinada como nueva ubicación del CENTRO LOGÍSTICO de........... Llegado el momento de finalización de dichas instalaciones, las partes acuerdan que serán ofrecidas a........... para su arriendo por precios de mercado (entendiéndose precio de mercado el actual que paga........... por la ocupación de espacios previa actualización anual por variaciones del IPC de dicho alquiler) y por una duración no inferior a 6 años. En caso de no proceder a dicho arriendo, se le ofrecerá la renovación del arrendamiento de las instalaciones actuales, a precio de mercado (entendiéndose precio de mercado el actual que paga........... por la ocupación de espacios previa actualización anual por variaciones del IPC de dicho alquiler) y por una duración no inferior a 6 años.

(iii) La Información Facilitada contiene la totalidad de los contratos vigentes de los que es parte la Sociedad, habiéndose cumplido con las obligaciones a cargo de la Sociedad en todos ellos.

(iv) La Sociedad no es parte de ninguna garantía o, aval, en cuanto a las cartas de crédito, siendo el tráfico habitual con proveedores, se suscriben nuevas con cada pedido y cancelado otras, lo que las partes conocen y aceptan. Se adjunta copia de las cartas de crédito vigentes en la Fecha de Cierre como Anexo 3.

(v) Los libros de la Sociedad incluidos en la Información Facilitada y entregados en la Fecha de Cierre, son completos y reflejan fielmente todo lo que legalmente deben recoger.

(vi) La información financiera que forma parte de la Información Facilitada, las cuentas anuales cerradas a 31/12/..........., (los "Estados Financieros") que aquí se entregan y se adjuntan como Anexo 4 y los Estados Financieros de Cierre, reflejan la imagen fiel, completa y verdadera del patrimonio, de la situación financiera y de los resultados de conformidad con la normativa vigente y los principios de contabilidad generalmente aceptados en España, no habiéndose distribuido dividendos, reservas u otro tipo de transacciones que supongan pagos a los Vendedores no reflejados en los Estados Financieros o en los Estados Financieros de Cierre, salvo por lo que se refiere al reparto de dividendos con cargo a reservas efectuado a favor de los Vendedores, en fecha........... por importe conjunto de .... Los Estados Financieros y los Estados Financieros de Cierre y guardan uniformidad con los aplicados por la Sociedad en los ejercicios anteriores.

(vii) La Sociedad no ha suscrito pólizas de seguros ni hay hechos, siniestros o circunstancias relativas a los mismos que no se hayan notificado al Comprador dentro de la Información Facilitada.

(viii) La Sociedad ha cumplido con sus obligaciones fiscales y no hay documentos, hechos, requerimientos o comunicaciones relativos a Impuestos u obligaciones de carácter fiscal que afecten a la Sociedad, no divulgados dentro de la Información Facilitada. No existen personas físicas no residentes que actúen como agentes de la Sociedad fuera de España, no necesitando por tanto la Sociedad disponer de certificados de residencia fiscal. A los efectos de este Contrato, "Impuesto" significa cualquier tipo de tributo, nacional, regional, provincial, local, gravamen gubernamental o municipal, tasa, arancel, contribución, retención u obligación que sea exigible en España o en cualquier otra jurisdicción.

(ix) La Sociedad ha cumplido con todas sus obligaciones laborales y de seguridad social y no existen documentos, hechos, requerimientos o comunicaciones relativos a obligaciones de carácter laboral y de seguridad social que afecten a la Sociedad, no divulgados dentro de la Información Facilitada. No existen empleados discapacitados en la Sociedad, por lo que no es necesario disponer de documentación específica.

(x) La Sociedad cuenta con los permisos y licencias necesarios para el ejercicio de su actividad tal y como lo ha venido desarrollando hasta la fecha y cumple asimismo con la normativa medioambiental de aplicación y no existen documentos, hechos, requerimientos o comunicaciones relativos a permisos, licencias y cumplimiento con normativa medioambiental que afecten a la Sociedad, no divulgados dentro de la Información Facilitada, con las salvedades indicadas por la parte compradora en el apartado 8 y cubiertas por Indemnidades Específicas.

(xi) La Sociedad no es parte de ningún procedimiento o reclamación judicial o extrajudicial en marcha, ni sentencia o resolución pendiente de cumplimiento, ni los Vendedores tienen conocimiento de ningún hecho que pudiera dar lugar a tales procedimientos o reclamaciones, que afecten a la Sociedad que puedan dar lugar a cualquier responsabilidad o daño a la Sociedad y no haya sido divulgado dentro de la Información Facilitada.

5.2. Cada una de las Manifestaciones y Garantías de los Vendedores es individual, independiente y no está limitada por el resto de las manifestaciones y garantías o por cualquier conocimiento concreto o presunto de los Vendedores.

Obligación de los Vendedores de indemnizar al Comprador

5.3. Los Vendedores responderán de cualesquiera daños cuantificables económicamente que pudiese sufrir el Comprador, ya sea de forma directa o indirecta, ya sean puestos de manifiesto por reclamaciones de terceros (y que no resulten cubiertos por los seguros suscritos por la entidad) o por cualquier otra parte, en relación con, o a resultas de:

(i) el incumplimiento, inexactitud, información incompleta, falsedad o error en cualquiera de las Manifestaciones y Garantías de los Vendedores, siempre que tengan su origen o vinieran producidos en virtud de actos, negocios, situaciones o hechos anteriores a la Fecha de Cierre, aunque dichos hechos sean conocidos con posterioridad (en adelante también "Manifestación Errónea de los Vendedores");

(ii) el incumplimiento de cualquier obligación o pacto de los Vendedores contenido en el presente Contrato, o en cualquier otro documento de la Operación.

(iii) en caso de fraude, dolo o negligencia grave de los Vendedores, si así lo hubiese determinado un juez de conformidad el presente Contrato.

5.4. Los Vendedores responderán por el 100% del valor de los Daños cuantificables que se produzcan o deduzcan una vez resuelto y finalizados los procedimientos establecidos y de conformidad con lo dispuesto en el apartado de "Procedimiento de Reclamaciones".

5.5. A los efectos de este Contrato, "Daños" significará cualquier pérdida o daño emergente cuantificable, carga, pasivo, minusvalía, sanción, recargo, interés o gastos, incluidos costas y honorarios de abogados, procuradores, fedatarios, auditores, contables, expertos, peritos u otros profesionales, que sean real y efectivamente incurridos por el Comprador, en la defensa de una Reclamación según lo establecido en "Procedimiento de Reclamaciones", y una vez deducido o incrementado con cualquier impacto fiscal efectivo (beneficio o pérdida) que se pueda producir en el Comprador.

Límite temporal

5.6. La responsabilidad de los Vendedores prescribirá transcurridos veinte (20) Días Hábiles desde la finalización del plazo de prescripción legal establecido para dicha responsabilidad en la legislación aplicable a la materia en cuestión.

5.7. Las Partes acuerdan que cualquier Reclamación o notificación debidamente motivada de cualquier hecho o circunstancia que acredite que se haya producido o que se pueda razonablemente producir un Daño, realizada dentro de los plazos anteriores, interrumpirá la prescripción establecida para cada caso concreto.

Exclusiones de responsabilidad de los Vendedores

5.8. Los Vendedores no serán responsables frente al Comprador en virtud del presente Contrato:

(i) en la medida en que el hecho generador del daño reclamado esté específicamente provisionado en los Estados Financieros, hasta el importe de dicha provisión;

(ii) en el supuesto de que el daño reclamado se deduzca directa o indirectamente, de la Información Facilitada a la fecha del presente Contrato.

Procedimiento de Reclamaciones

5.9. En el caso de existir cualquier reclamación por Daños (cada una, una "Reclamación"), serán de aplicación las siguientes disposiciones.

5.10. Si la Reclamación no proviniese de una Reclamación de Tercero derivados de actuaciones u omisiones previos a la firma del presente acuerdo (tal y como este término se definirá posteriormente):

(i) El Comprador notificará dentro de los cinco (5) días hábiles siguientes desde su conocimiento a los Vendedores por escrito la existencia de cualquier Daño y Reclamación (en adelante también una "Notificación de Reclamación de Daños").

(ii) Cada Notificación de Reclamación de Daños recogerá los detalles de la Reclamación y una estimación de la cuantía de los Daños, o una estimación de los mismos cuando no fueran determinables.

(iii) Si el importe de Daños fuese contingente en el momento de envío de la Notificación de Reclamación de Daños, el Comprador tendrá derecho a reclamar el importe íntegro de los Daños cuando este haya sido finalmente determinado (i.e. el Comprador tiene el derecho a reclamar el exceso cuando la cantidad final de los Daños supere lo estimado por la valoración realizada por el tercero independiente).

(iv) Los Vendedores dispondrán de un plazo de seis (6) Días Hábiles desde la recepción de la Notificación de Reclamación de Daños para responder al Comprador, indicando si aceptan o se oponen a la Reclamación, total o parcialmente.

(v) Si los Vendedores aceptan la Reclamación, ésta será final y vinculante.

(vi) Si el plazo para responder a la Notificación de Reclamación de Daños ha vencido sin que el Comprador haya recibido respuesta alguna de los Vendedores, la cuantía de los Daños señalados en la Notificación de Reclamación de Daños será definitiva y vinculante.

(vii) Si los Vendedores se oponen a la Reclamación, los Vendedores y el Comprador negociarán de buena fe durante quince (15) Días Hábiles para llegar a un acuerdo en relación con (a) la justificación de la Reclamación y si ésta es apropiada o no, y (b) en su caso, la cuantía de los Daños.

(viii) En el caso de que no sean capaces de llegar a un acuerdo dentro de los quince (15) Días Hábiles anteriormente mencionados, aplicará lo dispuesto en la Cláusula 15.

(ix) Una vez agotado el procedimiento de reclamaciones al que se ha hecho referencia en el presente apartado 5.10, el Comprador podrá usar, en cualquier momento, cualquier acción que estime necesaria para la defensa de sus intereses.

5.11. Si la Reclamación está basada en Daños que sean consecuencia de una reclamación realizada contra el Comprador por parte de un tercero derivados o relacionados, total o parcialmente, con hechos, actuaciones u omisiones previos a la firma del presente Contrato (incluyendo, en particular, pero sin limitación, las autoridades tributarias, laborales, administrativas, o de Seguridad Social) (una "Reclamación de Tercero"):

(i) Los Vendedores notificarán dentro de los cinco (5) Días Hábiles siguientes desde su conocimiento al Comprador de la Reclamación de Tercero (la "Notificación de Reclamación de Daños de Tercero"). La Notificación de Reclamación de Daños de Tercero deberá incluir una copia de la Reclamación de Tercero y cualquier otra documentación necesaria para la defensa contra dicha Reclamación de Tercero.

(ii) Los Vendedores informarán por escrito al Comprador si acepta o si quiere oponerse y litigar contra la Reclamación de Tercero dentro de los TRES (3) Días Hábiles siguientes a la recepción de la Notificación de Reclamación de Daños de Tercero, o si la Reclamación de Tercero está sujeta a un plazo para recurrir u oponerse a la misma, antes del transcurso del segundo tercio (2/3) del plazo disponible para contestar o responder a la Reclamación de Tercero, si dicho plazo fuera inferior al mencionado plazo de tres (3) Días Hábiles. Si los Vendedores no comunican al Comprador su decisión dentro de dicho plazo, se entenderá que los Vendedores aceptan la Reclamación de Tercero y la cuantificación total del Daño aplicándose lo dispuesto en el siguiente párrafo.

(iii) Si los Vendedores aceptan la Reclamación de Tercero y la cuantificación total del Daño, ésta será definitiva y vinculante. Los Vendedores tendrán que abonar el importe del Daño al Comprador con un mínimo de 24 horas de antelación a la finalización del plazo voluntario de pago establecido en la comunicación o reclamación. En el supuesto de que los Vendedores no realicen dicho pago dentro del plazo establecido, el Comprador podrá llevar a cabo cualquier acción que estime necesaria para el cobro de sus derechos de crédito bajo el presente Contrato.

(iv) Si los Vendedores hubiesen notificado al Comprador que quieren oponerse y litigar contra la Reclamación de Terceros, los Vendedores tendrán el derecho (pero no la obligación) de asumir la defensa de la Reclamación de Tercero. Si los Vendedores desean asumir la defensa frente a la Reclamación de Tercero, tendrán el derecho a elegir a sus asesores. Todos los honorarios y gastos de defensa, incluyendo la obligación de constituir fianzas o depósitos, entregar avales o anticipar pagos, correrán por cuenta exclusiva de los Vendedores.

(v) En el supuesto de que los Vendedores decidan no asumir la defensa sobre la Reclamación de Tercero, el Comprador asumirá de buena fe la defensa de dicha Reclamación de Tercero. Todos los honorarios y gastos de defensa que se originen, incluyendo la obligación de constituir fianzas o depósitos, entregar avales o anticipar pagos, correrán por cuenta exclusiva de los Vendedores.

(vi) En el supuesto de que los Vendedores entiendan que la Reclamación de Tercero no debe tener la consideración de Daño de acuerdo con este Contrato, deberán notificarlo al Comprador. En ese caso, el Comprador asumirá la defensa de dicha Reclamación de Tercero y designará a unos asesores de reconocido prestigio. El Comprador se compromete a mantener informado en todo momento a los Vendedores sobre el estado y evolución de la Reclamación.

(vii) Si dicha Reclamación de Tercero que los Vendedores estimaban que no produciría un Daño al Comprador, finalmente produjera un Daño efectivo, el Comprador tendrá frente a los Vendedores un derecho de crédito por los Daños sufridos.

(viii) Si la Reclamación de Tercero fuera finalmente resuelta (a) mediante sentencia judicial o laudo arbitral, o (b) mediante un acuerdo transaccional vinculante, como resultado del cual el Comprador quedara exento de cualquier obligación de compensar al tercero reclamante, el Comprador tendrá frente a los Vendedores un derecho de crédito únicamente por los costes y gastos de defensa que hubiera soportado el Comprador.

(ix) Una vez agotado el procedimiento de reclamaciones al que se ha hecho referencia en el presente apartado 5.11, el Comprador podrá usar, en cualquier momento, cualquier acción que estime necesaria para hacer frente a pagos anticipados, fianzas o avales y para resarcirse del Daño y cobrar sus derechos de crédito.

5.12. El Comprador y los Vendedores se mantendrán informados mutuamente en todo momento del estado de las Reclamaciones de Terceros, independientemente de la Parte que haya asumido la defensa. Las Partes acuerdan cooperar y prestarse mutuamente toda la asistencia que razonablemente fuese necesaria o conveniente en relación con la defensa de Reclamaciones de Terceros.

5.13. No obstante lo anterior, en el supuesto en el que los Vendedores asuman el control de la defensa de dicha Reclamación de Tercero:

(i) Los Vendedores harán sus mejores esfuerzos para evitar que se dicte una sentencia o resolución en firme que disponga o imponga al Comprador culpa, obligación o responsabilidad alguna (entre las que se incluyen las medidas cautelares u otras medidas no monetarias que afecten al Comprador), interponiendo al efecto los recursos que, en su caso, correspondan.

(ii) Los Vendedores y sus representantes o asesores legales consultarán y buscarán el asesoramiento (no vinculante) del Comprador en relación con todas las decisiones de relevancia de cara a ejercer la defensa; y mantendrán al Comprador debidamente informado en todo momento del curso de la defensa.

(iii) En el caso de que los Vendedores alcancen un pacto con relación a una Reclamación de Tercero, deberán abonar, en su caso, el Daño que en dicho pacto se acuerde.

(iv) Los Vendedores y sus representantes o asesores legales deberán, tan pronto como sea razonablemente posible, realizar o instar a que se realicen las acciones que sean necesarias para acelerar y hacer que progrese la defensa de dicha Reclamación de Tercero.

6. Manifestaciones y Garantías del Comprador

6.14. El Comprador manifiesta y garantiza que las siguientes declaraciones son veraces, exactas, completas y no inducen a error a la Fecha de Cierre:

(i) El Comprador cuenta con la capacidad y autoridad necesarias, sin restricción alguna, para celebrar el presente Contrato y cumplir las obligaciones a su cargo que derivan del mismo, así como para suscribir cualquier documentación que fuera necesaria a estos efectos.

(ii) El Comprador no se encuentra en situación de concurso de acreedores ni se ve afectado por ninguna causa legal de insolvencia.

(iii) Ningún tercero ha iniciado (ni ha comunicado su intención de iniciar) acción legal alguna para la declaración del concurso de acreedores del Comprador.

(iv) El Comprador manifiesta que ha aceptado el Precio, tomando como referencia los Estados Financieros y, en particular, por la manifestación de los Vendedores recogida en la Cláusula 5.1 (vi).

7. Plan de transición y prestación de servicios. Compromisos de dedicación, permanencia y no competencia

7.1. Plan de Transición y prestación de servicios por..........., S.A.U en la persona de D.............

(i) El Comprador ha diseñado un plan de transición que incluye las medidas organizativas necesarias (incluyendo la incorporación de nuevos directivos) para hacer posible una eventual salida de D............ de la gestión del día a día de la Sociedad de forma gradual y sin que ello ocasione un deterioro de la Sociedad (el "Plan de Transición"). El Comprador va a ir incorporando gradualmente directivos para, de este modo, ir formando un nuevo equipo directivo con capacidad y autonomía suficientes para gestionar la Sociedad.

(ii) Hasta el momento en que se complete el Plan de Transición a juicio del Comprador, D............ seguirá desempeñando su labor como director comercial de la Sociedad. Las relaciones entre éste y la Sociedad se regirán por el contrato de prestación de servicios suscrito entre la sociedad........... (siendo el Sr............ la persona designada quien realizaría personalmente la prestación) y la Sociedad en la Fecha de Cierre (el "Contrato de Prestación de Servicios") que se adjunta como Anexo 5.

7.2. Compromiso de dedicación y permanencia.

(i) Hasta el 31/12/........... y desde la Fecha de Cierre, D............, a través del contrato suscrito, se compromete a mantener un nivel de dedicación a la Sociedad suficiente para realizar su labor de director comercial de la Sociedad, siguiendo las instrucciones del Comprador y el órgano de administración de la Sociedad, ello conforme a las condiciones establecidas en el Contrato de Prestación de Servicios que se ha adjuntado como Anexo 5.

7.3. Compromiso de no competencia

(i) Los Vendedores y D............ asumen un compromiso de no-competencia mientras este último mantenga su relación de prestación de servicios con la Sociedad y hasta el transcurso de dos (2) años desde la fecha de su desvinculación total. Durante dicho período, (en adelante también el "Periodo de No Competencia"), los Vendedores y D............ asumen la obligación de no competir con la Sociedad y sus negocios, directa o indirectamente, a través de personas o entidades vinculadas, y en particular no podrán:

a) Realizar en España cualquier actividad empresarial que pueda competir, directa o indirectamente, con la actividad empresarial de la Sociedad o que pueda estar relacionada con servicios similares a los que ofrece la Sociedad; y/o

b) Suscribir otro acuerdo, asociación, relación, contrato o contrato de socios, ser titular de participaciones, acciones, otros derechos o intereses, o de otra forma participar en cualquier negocio o adquirir total o parcialmente una sociedad en España cuyo objeto pueda ser cualquiera de las líneas de actividad que forman parte del negocio de la Sociedad o que de otra forma puedan estar relacionadas con ella; y/o

c) Establecer, directa o indirectamente, cualquier sociedad que tenga o realice actividades relacionadas con el negocio de la Sociedad.

7.4. Durante el Periodo de No Competencia, los Vendedores y D............ no tratarán, solicitarán, harán prospección, contratarán o buscarán de cualquier otro modo el negocio de ninguna persona que sea o haya sido en cualquier momento durante los veinticuatro (24) meses anteriores a la Fecha de Cierre, un cliente de la Sociedad, siempre que ello sea con intención de ofrecer a dicha persona servicios o productos que compitan directamente con la Sociedad.

7.5. Los Vendedores y D............, no utilizarán (directa o indirectamente) en el curso de cualquier negocio, el nombre comercial "..........." o cualquier signo que pueda ser confundido con dicha palabra, marca, diseño o logotipo.

7.6. Los Vendedores y D............ no ofrecerán, directa o indirectamente, empleo, celebrarán un contrato de servicios o intentarán atraer a cualquier persona que, en el momento de la oferta o el intento o veinticuatro (24) meses anteriores a dicha oferta o intento, fuera un administrador, agente o empleado en un puesto ejecutivo o directivo de la Sociedad.

7.7. A los efectos de esta cláusula, "persona" significa todas las personas físicas, corporaciones, sociedades, empresas conjuntas, asociaciones, sociedades, y sus herederos, sucesores y cesionarios.

7.8. El compromiso de no competencia es y ha sido un elemento clave en la decisión del Comprador de invertir en la Sociedad debiendo asumir los Vendedores y D............ los daños y perjuicios que de forma directa, efectiva y acreditable se ocasionen al Comprador o la Sociedad.

7.9. Las partes conocen, y especialmente acepta la parte compradora y el grupo al que pertenece, que la entidad........... aquí representada por su socio y administrador único, Sr............, tiene objeto social "............", pudiendo por tanto coincidir en el mismo mercado y sector que............

No obstante lo anterior, las partes reconocen expresamente que........... continúe con su actividad siempre que ello no suponga un incumplimiento de cualquiera de las anteriores obligaciones, respecto del negocio y los productos fabricados y/o comercializados a la Fecha de Cierre por............

Por último, tampoco supone incumplimiento de No competencia el hecho que el Sr............, como socio y administrador único de........... perciba salario, retribución, dividendos o cualquier tipo de cuantía de dicha entidad, hecho que se acepta y consiente, así como la propia prestación de servicios que presta a la entidad........... SAU.

7.10. En caso de que se determinara que alguna restricción fuera inaplicable, ésta sería válida si se suprimiera alguna de sus partes o si se redujera su periodo o área de aplicación y se aplicará con las modificaciones que fueran necesarias para hacerla válida y aplicable.

8. Indemnidades Específicas

8.1. Los Vendedores indemnizarán íntegramente y mantendrán indemnes al Comprador y/o a la Sociedad, previa solicitud y después de impuestos con respecto a cualquier daño sufrido o incurrido por el Comprador y/o la Sociedad a partir de la Fecha de Cierre (inclusive) en el caso de que el Comprador y/o la Sociedad sean considerados responsables frente a terceros o se les exija el pago de cualquier cantidad adeudada, ello, exclusivamente, con respecto a cualquier responsabilidad u obligación relacionada con o derivada de los actos descritos a continuación, sin que las limitaciones de la Cláusula 5.7 sean de aplicación:

1.- Ausencia o no localización de licencia para la fabricación de piezas metálicas en la instalación de .... y de licencia en los establecimientos de........... y/o........... (en el caso de..........., mientras dicha instalación fue ocupada por la Sociedad).

2.- Ausencia o falta de comunicación a las autoridades laborales de la apertura de los centros de trabajo de........... y/o........... (en el caso de..........., mientras dicha instalación fue ocupada por la Sociedad).

3.- Posibles incidencias con la administración por posible aplicación no adecuada del Convenio Colectivo del Metal de............

4.- Almacenamiento incorrecto y/o incumplimiento de las normas de envasado y etiquetado de residuos peligrosos.

La responsabilidad de los Vendedores en relación a este apartado prescribirá a la finalización del plazo de prescripción legalmente aplicable.

9. Confidencialidad

9.1. Las Partes se obligan a mantener en secreto y a no revelar a terceros la información confidencial sobre cuestiones de carácter económico, estratégico o de negocio relativas a las Partes y sus actividades, así como la existencia y el contenido del presente Contrato.

9.2. Se exceptúa de lo anterior cualquier obligación de revelación de información impuesta por una norma imperativa, y/o para exigir o permitir el cumplimiento de los derechos u obligaciones derivados de este Contrato o para información de los asesores o auditores de cada una de las Partes, siempre y cuando ambos se comprometan a mantener con carácter confidencial tal información mediante pacto expreso o de acuerdo con sus normas profesionales.

9.3. El contenido de los comunicados de prensa relacionados con la Operación, o de las comunicaciones publicitarias o comerciales, independientemente del medio por el que se divulguen, será acordado por las Partes de buena fe y por escrito antes de emitir o divulgar el contenido.

10. Notificaciones

10.1. Todas las notificaciones entre las Partes se harán por escrito y de acuerdo con alguno de los siguientes métodos:

(i) Correo certificado;

(ii) Burofax con acuse de recibo; o

(iii) Correo electrónico con acuse de recibo.

10.2. Estas notificaciones deberán ser enviadas a las direcciones indicadas a continuación o a la dirección que cada Parte designe en sustitución de estas, siempre que dicha Parte comunique tal cambio a las otras con, al menos, diez (10) Días Hábiles de antelación a la entrada en vigor de dicha modificación:

Si se dirige a los Vendedores:

A la atención de: ....

Dirección: c/........... (...........)

Teléfono: ....

Correo electrónico ....

Si se dirige al Comprador:

A la atención de: D. ....

Dirección: ....

Teléfono: ....

Correo electrónico: ....

10.3. La notificación se entenderá recibida en la fecha que aparezca en el acuse de recibo, tanto si la notificación ha sido enviada mediante correo certificado, burofax o correo electrónico.

11. Invalidez

11.1. La invalidez de una o más Cláusulas de este Contrato no afectará al resto de las mismas, que serán aplicables mientras sean válidas de acuerdo con la Ley.

12. Cesión

12.1. Las Partes acuerdan que el Comprador podrá ceder libremente la totalidad o parte de sus derechos y/u obligaciones asumidas en virtud del presente Contrato a cualquier sociedad que forme parte de su Grupo, siempre que previamente se haya garantizado debidamente la satisfacción de cualesquiera pagos pendientes, dando los Vendedores en este acto, su consentimiento expreso a dicha cesión, sin que sea necesario ratificación ulterior. Sin perjuicio de lo anterior, en caso de cesión, el Comprador deberá notificar a los Vendedores de la misma, así como la identidad del cesionario.

A los efectos de este Contrato "Grupo" tiene el significado atribuido en el artículo 42 del Código de Comercio.

12.2. Las Partes acuerdan que los Vendedores no podrán ceder los derechos adquiridos ni las obligaciones asumidas en virtud de este Contrato sin la previa autorización por escrito del Comprador.

12. Gastos e Impuestos

12.3. Los gastos de la operación serán asumidos por la Parte que haya incurrido en dichos gastos, pero nunca por la Sociedad.

12.4. No obstante lo anterior, los gastos derivados de la elevación a público del presente Contrato serán satisfechos con acuerdo a Ley.

12.5. Cualesquiera Impuestos derivados de este Contrato y las operaciones contempladas en el mismo serán soportados por la Parte obligada a su pago en virtud de la Ley aplicable.

13. Idioma

13.1. Este Contrato ha sido negociado y firmado en idioma español.

14. Jurisdicción

14.1. Las Partes acuerdan someter la resolución de cualquier controversia derivada de este Contrato o que guarde relación con él, a los juzgados y tribunales de la ciudad de..........., renunciando a cualquier otro fuero que por Ley pudiera corresponder.

15. Ley Aplicable

15.1. El presente Contrato se regirá e interpretará de conformidad con la Ley común española.

EN VIRTUD DE LO EXPUESTO, las Partes firman este Contrato en un único ejemplar, que será objeto de elevación a público conforme a lo establecido en la Fecha de Cierre, en el lugar y fecha señalados en su encabezamiento.

EL COMPRADOR

D. Holger Büscherhoff en nombre y representación de...........

LOS VENDEDORES

Doña..........., en su propio nombre y representación, así como en nombre y representación de..........., S.L.

F429. ESCRITURA DE COMPRAVENTA DE EMPRESA A TRAVÉS DE LA COMPRA DE PARTICIPACIONES SOCIALES

COMPRAVENTA DE PARTICIPACIONES SOCIALES DE LA SOCIEDAD .... S.L.

....

otorgada por

DOÑA .... y sus hijos ....

a favor de

DON .... y ....

Número

En la Ciudad de ...., mi residencia, a ....

Ante mí, ..., Notario de .... y de su Ilustre Colegio,

COMPARECEN

DOÑA ...., vecina de .... Con DNI/NIF número ....

DOÑA ...., vecina de .... Con DNI/NIF número ....

DOÑA ...., vecina de .... Con DNI/NIF número ....

DOÑA ...., vecina de .... Con DNI/NIF número ....

Y, DE OTRA PARTE:

Don ...., vecino de .... Con DNI/NIF número ....

Y Don ...., vecino de .... Con DNI/NIF número ....

Todos mayores de edad.

Les identifico por medio de sus respectivos documentos exhibidos y reseñados.

INTERVIENEN

a) .... en su propio nombre y derecho (en adelante, conjuntamente, los «Vendedores»).

b) Y ...., en su propio nombre y derecho (en adelante, conjuntamente, los «Compradores»).

En adelante, se hará referencia, conjuntamente, los Compradores y a los Vendedores como las «Partes».

Tienen, a mi juicio, capacidad para otorgar la presente escritura de COMPRAVENTA DE PARTICIPACIONES SOCIALES, y al efecto, en la condición en que intervienen,

EXPONEN

I.– Que los Vendedores, son titulares del cien por cien del capital social de la compañía .... S.L. (en adelante, «la Sociedad» o la «Compañía»), de nacionalidad española, con domicilio social en .... y CIF número ....

Constituida, por tiempo indefinido, mediante escritura otorgada en ....

La sociedad tiene un capital social de .... euros representado por .... participaciones sociales de .... euros de valor nominal cada una de ellas, numeradas correlativamente del ...., totalmente asumidas y desembolsadas.

Cada uno de los Vendedores es propietario, en pleno dominio, de las siguientes participaciones sociales de la Sociedad:

a) Doña .... es titular de .... participaciones sociales, con los siguientes números: ...., representativas del .... % del capital social de la Sociedad.

Títulos de adquisición.– ....

....

Lo expresado resulta del certificado de la referida mercantil expedido el día de hoy por el Secretario del Consejo de Administración Don .... con el visto bueno del Presidente Don .... cuyas firmas legitimo por haber sido puestas en mi presencia, y a petición de los comparecientes dejo unido a la presente escritura (en adelante, se hará referencia al total de las .... participaciones sociales referidas, representativas del 100% del capital social de la Sociedad, conjuntamente, como las «Participaciones»).

II.– Que sobre las participaciones objeto de esta operación no pesa retención judicial ni de otra índole, y no están sujetos a embargos, estando libres de cargas y gravámenes.

III.– Que la presente transmisión no está comprendida en los supuestos específicos del artículo 338 LMV, encontrándose en consecuencia, exenta del Impuesto sobre Transmisiones Patrimoniales y Actos Jurídicos Documentados y del Impuesto sobre el Valor Añadido.

IV.– Que los Compradores están interesados en adquirir la totalidad de las Participaciones de la Sociedad, y que los Vendedores están interesados en transmitirlas.

V.– Y, de conformidad con cuanto antecede, las Partes, reconociéndose recíprocamente la capacidad necesaria, formalizan el presente contrato de compraventa de las participaciones de la Sociedad (en adelante, el «Contrato»), con arreglo a las siguientes,

CLÁUSULAS

PRIMERA.– COMPRAVENTA DE LAS PARTICIPACIONES DE LA SOCIEDAD

En los términos que se recogen en este Contrato, los Vendedores venden y transmiten a los Compradores, que compran y adquieren, la plena y exclusiva propiedad de las PARTICIPACIONES, con la numeración que se relaciona en el Expositivo I anterior, representativas del 100% del capital social de la Sociedad, con todos sus derechos y libres de cargas, gravámenes, restricciones a su disponibilidad o transmisión y de derechos a favor de terceros.

SEGUNDA.– PRECIO Y FORMA DE PAGO.

El precio total de compra convenido de las participaciones objeto de este Contrato es de .... euros por el 100% de las participaciones.

Se entregan .... euros en este mismo acto mediante cheques bancarios nominativos de los que obtengo copia que con valor de testimonio quedan unidas al presente contrato, y los otros restantes .... euros se abonarán en el plazo de .... meses a contar desde la firma de la presente escritura pública de compraventa de participaciones.

TERCERA.– DECLARACIONES Y GARANTÍAS DE LOS VENDEDORES.

Cada uno de los Vendedores efectúa, en el día de la fecha, las declaraciones y garantías que a continuación siguen. Los Compradores, por su parte, formalizan la presente compraventa precisamente con base en las declaraciones y garantías de los Vendedores y confiando en su veracidad, por tanto, son condición esencial para la firma de la presente escritura.

3.1.– Licencias y Autorizaciones.

La Sociedad tienen en la actualidad todas las licencias, permisos y demás autorizaciones del Estado, Autonómicas y Locales, necesarias para poseer y utilizar sus bienes y llevar a cabo todas sus actividades y ninguna de tales licencias, permisos o autorizaciones requiere renovación o prórroga.

3.2.– Capital social

La totalidad de las participaciones sociales han sido válidamente emitidas y están íntegramente suscritas y desembolsadas en su totalidad.

Todos los requisitos para la válida y eficaz transmisión de las participaciones, objeto de esta compraventa, han sido cumplidos. Todas las participaciones están libres de toda clase de cargas, gravámenes o derechos de terceros.

No existe ninguna opción, derecho de asunción, derecho de tanteo o retracto sobre las participaciones de la Sociedad, ni otros derechos para adquirir las participaciones y no se ha acordado ninguna ampliación de capital que esté pendiente de inscripción en el Registro Mercantil.

Ni la propiedad de los activos de la Sociedad ni su capacidad de desarrollar su giro y tráfico como se viene desarrollando en la fecha presente, se hallan condicionados al hecho de pertenecer las participaciones a un socio o socios determinados.

La transmisión de todas las participaciones de la Sociedad no constituye causa que limite, condicione o restrinja la titularidad o el uso de los bienes de la Sociedad, ni la capacidad para desarrollar su giro y tráfico, ni constituye causa de resolución, terminación o de cambio de condiciones esenciales de ningún contrato del que la Sociedad sea parte.

3.3.– Situación Patrimonial y Financiera de la Sociedad.

La situación patrimonial y financiera de la Sociedad se refleja con claridad y exactitud en los siguientes documentos que se incluyen como Anexo I a la presente escritura:

1.– Balance de situación de la Sociedad a .... formulado y firmado por todos los Consejeros de la Sociedad.

2.– Cuenta Anuales de ...., formuladas y firmadas por todos los Consejeros de la Sociedad y auditadas.

3.– Balance de Sumas y Saldos de la Sociedad a ...., firmado por todos los consejeros de la Sociedad.

4.– Detalle de todas las deudas con la Hacienda Pública a fecha ...., indicando sus vencimientos.

5.– Detalle de todas las deudas con la Tesorería General de la Seguridad Social a fecha ...., indicando sus vencimientos.

6.– Detalle de deuda de la Sociedad mantenida con los socios y/o entidades vinculadas a los mismos, a fecha ………… desglosada por acreedores e indicando sus vencimientos.

7.– Detalle de la deuda de la Sociedad mantenida con sus trabajadores, administradores o directivos a fecha …………

8.– Relación detallada de los pagarés emitidos por la sociedad y pendientes de vencimiento a la fecha de esta escritura, o estando vencidos no hubiesen sido cargados en cuenta.

La anterior documentación o información, que se adjunta a la presente escritura, es condición esencial para la firma de la presente, por parte de los Compradores.

Toda la información financiera que se adjunta a esta escritura es, a la fecha en que cada documento fue emitido, correcta y dichos documentos contables no contienen ninguna declaración falsa ni omiten ningún hecho que pueda inducir a error y han sido preparados de acuerdo con principios de contabilidad generalmente aceptados y aplicados de forma homogénea, reflejando la posición financiera de la Sociedad a sus respectivas fechas.

Los Vendedores manifiestan que actualmente la Sociedad no adeuda ninguna cantidad a los socios, a sus familiares ni a sociedades vinculadas y/o participadas por ellos, distintas de las reflejadas en el anexo ………… (redactar anexo con la deuda pendiente por venta de …………, pagarés, indemnizaciones por despido etc).

Con excepción de lo manifestado en el párrafo anterior, Los Vendedores manifiestan que actualmente no hay en la Sociedad ningún socio, ascendiente, descendiente, cónyuge o persona vinculada a ellos que mantenga vigente cualquier clase de relación mercantil, contractual o de cualquier otra clase con la sociedad, o bien sea trabajador, administrador o directivo de la Sociedad y que no se les adeuda ninguna cantidad derivada de cualquier relación sea cual fuere que hubieran podido tener con la Sociedad antes de la fecha del presente Contrato, ya sean, a título meramente enunciativo, indemnizaciones por despido, finiquitos, remuneraciones como administradores, etc.

3.4.– Derechos de propiedad industrial e intelectual

La Sociedad es la exclusiva propietaria del nombre comercial y marca registrada ………… (marca nº …………), y del dominio de internet «…………». No hay reclamaciones, demandas o procedimientos iniciados, pendientes o que se vayan a iniciar por parte de cualquier otra persona, entidad o compañía, que sea conocido por los Vendedores, disputando el derecho de la Sociedad a obtener, mantener o utilizar la marca registrada y el dominio mencionado, o cualquier solicitud e inscripción, o cualquier información comercial secreta, o cualquier proceso, máquina, producto o fórmula o material utilizado en cualquiera de los negocios de la Sociedad.

En relación con el uso de propiedad intelectual perteneciente a terceros, la Sociedad es titular de las licencias necesarias para desarrollar su negocio en la manera en que lo viene desarrollando, estando las mismas vigentes. La Sociedad ha cumplido con cualesquiera obligaciones que pudieran derivarse para ella de las leyes protectoras de los derechos de propiedad industrial, propiedad intelectual y protección de datos de carácter personal.

No hay reclamaciones, demandas o procedimientos iniciados por parte de cualquier otra persona, entidad o compañía, que sea conocido por los Vendedores, por infracciones del derecho de propiedad industrial, propiedad intelectual o derecho a la protección de datos de carácter personal.

3.5.– Clientes/Proveedores de importancia

Los Vendedores no tienen conocimiento de que ningún cliente de la Sociedad o proveedor de bienes o servicios de importancia para el desarrollo del negocio de la Sociedad haya manifestado, con anterioridad a la fecha de este Contrato, su intención de dar por terminadas sus relaciones con la Sociedad.

3.6.– Consejeros, Directivos y Trabajadores.

Los Vendedores manifiestan que el importe total de la retribución por todos los conceptos que consta en las Cuentas Anuales o en las nóminas, en cada caso, es el único importe de retribución que reciben los Consejeros, Directivos y Trabajadores.

Los Vendedores manifiestan que no existen en .... contratos o acuerdos verbales o escritos con ningún miembro del Órgano de Administración o empleado de .... en los que se pacten indemnizaciones por despido, por jubilación o por cualquier otra causa, que no sean las legales y por importe superior a las legales.

1.1.– Garantías.

La Sociedad no ha garantizado ni avalado deudas de ninguna persona, entidad o compañía en el curso o fuera del curso ordinario del negocio

Respecto a las deudas que hubieran sido avaladas personalmente por los Vendedores, dichos avales, en un plazo no más tarde del ...., teniendo dicha cancelación carácter esencial. No obstante si llegada dicha fecha ello no hubiera tenido lugar la parte compradora asume las responsabilidades que por ello pudieran derivarse

Dichas deudas son las siguientes:

....

3.8.– Derechos de adquisición preferente.

Cada uno de los Vendedores, a título personal e individual, renuncian expresamente a cualquier derecho de adquisición preferente, de tanteo o de retracto, que pudiera corresponderles para adquirir las participaciones de cualquiera de los otros socios de la Sociedad que transmite por la presente al Comprador.

3.9.– Expresamente declaran y garantizan los Vendedores que no existe ningún tipo de impedimento, público o privado, para la transmisión de participaciones objeto de la presente compraventa, hallándose las mismas libres de cargas, embargos u otros gravámenes. Especialmente, manifiestan y declaran que ningún derecho, personal o real, asiste a ninguna persona, física o jurídica, sobre las expresadas participaciones de ....

3.10.– Como se ha hecho constar, las partes reiteran que el contenido y consistencia patrimonial de .... recogida en la declaración de garantía 3.3 es elemento esencial del objeto del presente contrato, que elevan a causa del mismo. Por tal motivo, los vendedores expresamente declaran y garantizan a la parte compradora:

3.10.1.– Que el balance de la sociedad, cerrado a fecha ...., es el que se acompaña en el Anexo I, balance que fue auditado con fecha .... por Don ...., auditor de cuentas de la sociedad. El informe de auditoría se acompaña incluye en el Anexo I junto a las cuentas anuales auditadas del ejercicio ....

Desde la fecha de auditoría, la empresa ha seguido desarrollando su actividad ordinaria y normalmente, llegando al balance de situación a fecha .... que se incluye en el Anexo I. sin que hayan efectuado actos extraordinarios y/o ajenos al tráfico ordinario de la compañía.

3.10.2.– Que el libro de actas de la sociedad se halla debidamente legalizado y recoge la transcripción literal de la totalidad de las actas de la Junta General de la sociedad celebradas desde su constitución hasta el día de la fecha.

Que no existe libro de actas del consejo de Administración y expresamente manifiestan que no existen acuerdos del Consejo de Administración o de la Junta General distintos de los que constan inscritos en el Registro Mercantil.

Los acuerdos adoptados en el seno de tales reuniones que fuesen susceptibles de inscripción registral, previa su elevación a público, constan inscritos en el Registro Mercantil de la provincia de ....

Los poderes generales o especiales otorgados por ...., son los que se relacionan en el Anexo II.

La contabilidad social se lleva en soporte informático, habiéndose formado los correspondientes libro inventario y cuentas anuales, así como el libro diario, que fueron debidamente legalizados. Las cuentas anuales de la sociedad, correspondientes a cada uno de los ejercicios sociales, se hallan depositadas en el Registro Mercantil de la provincia de .... y fueron formuladas a partir de los registros contables de la sociedad.

3.10.3.– Que los bienes inmuebles de los que es legítima propietaria la sociedad son los que se reseñan en el Anexo III, con expresión del título de adquisición, inscripción registral y cargas o gravámenes sobre los mismos.

3.10.4.– Que las patentes, marcas y modelo de utilidad propiedad de ...., son los que se relacionan en el Anexo IV.

3.10.5.– Que la plantilla de trabajadores de la compañía, es la que se relaciona en el Anexo V, con expresión del nombre del trabajador, categoría, tipo de contrato, antigüedad y salario.

En el Anexo VI se relacionan los compromisos asumidos respecto de sus trabajadores por la sociedad en materia de planes o fondos de pensiones, opciones sobre participaciones, seguros y participación en beneficios. También los relativos a la retribución de altos directivos y del órgano de administración.

3.10.6.– Que los afianzamientos u otras garantías prestadas por la sociedad son los que se relacionan en el Anexo VII, con expresión de la deuda y la persona garantizada.

Igualmente, se reseñan en el Anexo VIII, las garantías prestadas por terceros a favor de la sociedad.

3.10.7.– Los préstamos o créditos concedidos por y a la compañía .... son los que se relacionan en el Anexo IX, con indicación de la persona que concede o a la que se concedió el préstamo o crédito, importe, vencimiento, deuda pendiente y cuadro de amortización.

3.10.8.– Que las cuentas bancarias de las que es titular la sociedad, son las que se reseñan en el Anexo X.

3.10.9.– Que los procedimientos judiciales en los que interviene .... como demandante o demandado, son los relacionados en el Anexo XI.

Expresamente se declara y garantiza según su leal saber y entender que la sociedad ha cumplido todas las obligaciones legales en materia de urbanismo, medioambiente, laboral y seguridad e higiene en el trabajo. También que la sociedad se halla al día en el pago de las obligaciones fiscales y de Seguridad Social, no teniendo constancia de ninguna actuación administrativa que verse sobre el cumplimiento por .... de tales obligaciones.

3.10.10.– En el Anexo XII se relacionan todas las pólizas de seguro que cubren a la Sociedad de determinados riesgos y que los Vendedores manifiestan que están en vigor.

3.10.11.– Los Vendedores manifiestan expresamente que no existe ningún acuerdo con proveedores o con suministradores de servicios, de los que puedan desprenderse obligaciones futuras para la sociedad con excepción de los relacionados en el anexo XIII .... (incluir contratos de seguros, asesorías, limpieza, prevención de riesgos ....).

CUARTA.– RESPONSABILIDAD DE LOS VENDEDORES.

1. Evicción de las participaciones sociales de la Sociedad.

Las partes reconocen que es esencial para el Comprador la adquisición del pleno y libre dominio de todas las participaciones. En caso de evicción de todas o parte de las participaciones, o de alguno de los derechos que les son inherentes, el Comprador podrá resolver la compraventa respecto de todas las participaciones con devolución, de la parte del precio pagado, y sin perjuicio de la correspondiente indemnización por daños y perjuicios que corresponda al Comprador en tal caso, incluidos los costes y gastos en los que el Comprador haya incurrido como consecuencia de la presente compraventa.

2. Responsabilidad del Vendedor.

El Vendedor se obliga, con carácter firme e irrevocable, y de forma mancomunada en función del porcentaje de titularidad de la sociedad, a indemnizar al Comprador por los daños y perjuicios que hubiera podido sufrir como consecuencia: (i) de la falsedad, incorrección o inexactitud relevante de las Declaraciones y Manifestaciones y/o en la información contenida en este Contrato y sus Anexos; (ii) de cualesquiera reclamaciones de cualquier tipo, contractuales o extracontractuales, realizadas por terceros, incluyendo a las administraciones públicas, derivadas de hechos anteriores a la fecha de este Contrato; y/o (iii) de cualesquiera incumplimiento por el Vendedor de cualesquiera compromisos asumidos en el presente Contrato.

Igualmente el Vendedor será el único responsable y deberá mantener al Comprador y a la Sociedad indemnes de cualesquiera perjuicios que se deriven de reclamaciones efectuadas por empleados de la Sociedad cuya relación laboral con la Sociedad hubiera finalizado con anterioridad a la firma del presente Contrato.

A la responsabilidad indemnizatoria del Vendedor se añadirá, en todo caso y sin perjuicio de otros conceptos, los intereses, recargos, sanciones y multas.

El Vendedor reconoce expresamente que, asimismo, estará obligado a indemnizar al Comprador por aquellas circunstancias o incidencias que, a pesar de venir enunciadas en el presente Contrato y/o en sus Anexos, en los mismos se dispone expresamente que deben ser objeto de indemnización por el Vendedor a favor del Comprador.

No podrá exigirse responsabilidad alguna al vendedor, y por tanto, queda excluido de las garantías y responsabilidades, en relación al crédito concedido a ....

3. Plazo.

La responsabilidad indemnizatoria del Vendedor se extinguirá transcurridos dos años desde la firma del presente contrato de compraventa de participaciones, salvo en relación con las reclamaciones que dentro de ese plazo el Comprador hubiere identificado y notificado al Vendedor.

Por excepción, no obstante lo establecido en el párrafo anterior, la responsabilidad por vicios de índole fiscal, laboral (incluyendo Seguridad Social) y administrativa, aplicable a la Sociedad subsistirá hasta la prescripción de los posibles pasivos de la índole respectiva, respondiendo el Vendedor de aquéllos que el Comprador identifique y notifique seguidamente al Vendedor.

No existe límite temporal en cuanto a cualesquiera responsabilidades que surjan respecto a la titularidad y/o libertad de cargas y gravámenes de las participaciones.

1. La notificación al Vendedor de una reclamación en los términos del presente Contrato, interrumpirá los plazos antes referidos respecto de dicha reclamación hasta la definitiva resolución de la reclamación y, en su caso, el correspondiente pago al Comprador. 4.4 Límites a la obligación de indemnización.

Con carácter general, la responsabilidad total del Vendedor derivada de lo dispuesto en esta Cláusula 4 queda limitada a la cantidad de .... euros.

No obstante, no existirá limitación cuantitativa ni temporal alguna de responsabilidad: (a) en el supuesto de saneamiento por evicción en relación con las participaciones de la Sociedad; ni (b) en el supuesto de daños y perjuicios causados al Comprador por dolo del Vendedor.

QUINTA.– NO COMPETENCIA.

Los Vendedores por el presente contrato se comprometen a que, en un plazo de .... MESES, ni ellos, ni sus respectivos cónyuges, ascendientes o descendientes o, en caso de persona jurídica, ninguno de sus socios o administradores, directa o indirectamente, ni ninguna de sus filiales tomarán parte o en forma alguna adquirirán interés alguno en ningún negocio, sociedades o empresas dedicadas al sector de transformación .... salvo que las actividades que realicen a través de cualesquiera de las formas de participación anteriormente descritas no impliquen concurrencia directa con ....,

S.L. Se autoriza expresamente que los vendedores puedan desarrollar las actividades no coincidentes con la antes señalada.

....

....

....

SEXTA.– CONFIDENCIALIDAD.

Los Vendedores se comprometen mediante el presente Contrato a mantener en secreto y confidencialmente toda la información que puedan poseer y toda información a la que hayan tenido acceso en relación con los negocios de la Sociedad, y ni ellos, ni sus sociedades afiliadas divulgarán o comunicarán a cualquier tercero dicha información.

A su vez, los Vendedores manifiestan que el Know-How y todos los diseños industriales y demás derechos de propiedad industrial de los que sea titular la Sociedad seguirán perteneciendo a la Sociedad, en cada caso, y se comprometen a guardar la más estricta confidencialidad y a no hacer uso de los mismos ni a permitir su uso por parte de terceros.

De forma expresa, los vendedores permiten la información de este acuerdo y de materias relacionadas con el mismo, al principal cliente de la cadena de Distribución destinataria de la producción de ....

SÉPTIMA.– RESOLUCIÓN DEL CONTRATO.

El presente contrato podrá ser resuelto en los casos que marca la ley, así como por el incumplimiento de cualquiera de las obligaciones derivadas del mismo para las partes.

Especialmente podrá resolver la compradora el presente contrato:

I.– Existencia de cualquier tipo de impedimento, público o privado, para la transmisión de participaciones objeto de la presente compraventa, o la existencia de cargas, embargos u otros gravámenes sobre las mismas.

II.– Incumplimiento de la obligación de confidencialidad o la de no competencia, reseñadas en las estipulaciones séptima y octava de este contrato.

III.– La existencia de partidas de pasivo relevantes no contempladas en el balance de la sociedad, cerrado a fecha ...., que se acompaña como Anexo I o la inexistencia de elementos de activo relevante recogidas en el expresado balance.

OCTAVA.– GASTOS, IMPUESTOS Y HONORARIOS

Cada una de las Partes soportará los gastos e impuestos en que incurra como consecuencia de la preparación y ejecución de este Contrato, excepto que otra cosa se prevea expresamente. Cualquier impuesto devengado en relación con este contrato se abonará de acuerdo con la ley española. Los aranceles y gastos por la actuación de fedatarios, serán pagados con arreglo a Ley.

NOVENA.– NOTIFICACIONES

Cualesquiera notificaciones que hayan de remitirse como consecuencia del presente contrato se dirigirán por escrito a la dirección que a continuación se expresa para cada una de las Partes y dicha notificación se entenderá efectuada si es remitida mediante correo certificado, fax, o entregada personalmente a:

Cada Parte será responsable de comunicar al resto los cambios que pudieren producirse en su domicilio para notificaciones. En tanto no conste la notificación de la modificación, se entenderán correctamente efectuadas las comunicaciones dirigidas al domicilio que consta en este contrato.

DÉCIMA.– LEY APLICABLE Y JURISDICCIÓN

El presente Contrato se regulara por lo establecido en el mismo y, en su defecto, por la ley española. Para la solución de cualquier conflicto que pudiera plantearse entre las partes dimanante del presente contrato éstas, con renuncia a cualquier fuero propio que pudiera corresponderles, se someterán a los Juzgados y Tribunales de la ciudad de ....

UNDÉCIMA.– La parte compradora queda enterada por mí, el Notario, de que debe comunicar al órgano administrador de la sociedad la presente transmisión, para así hacer constar en el Libro Registro de Socios la nueva titularidad de las participaciones transmitidas.

OTORGAMIENTO Y AUTORIZACIÓN

Hago las reservas y advertencias legales, en especial las pertinentes fiscales, y leo esta escritura, informados de su derecho a hacerlo por sí y por su opción tácita, a los comparecientes, quienes la encuentran conforme, otorgan y firman conmigo, el Notario, que doy fe de haberles identificado por la documentación exhibida y reseñada, y de todo lo consignado en este instrumento público, extendido en tres folios de papel notarial, serie y números el del presente y anteriores en orden.

Con relación a los datos de carácter personal que en la presente constan, referidos al compareciente, queda éstos enterados de que los mismos se incorporan a mis ficheros automatizados, lo que aceptan, así como del derecho de oposición, acceso a ellos, rectificación o cancelación de los mismos.

Así lo dicen y otorgan, y leída a los comparecientes la presente, a su elección, por mí, el Notario, antes enterados de su derecho a leerla por sí, que renuncian, la ratifican y firman. De identificarles por el documento de identidad reseñado, de que el consentimiento ha sido libremente prestado y de que el otorgamiento se adecua a la legalidad y a la voluntad del otorgante y de todo el contenido de este instrumento público, extendido en .... folios de papel exclusivo para documentos notariales, serie y números el presente y los tres anteriores en orden, yo, el Notario, doy fe.

F430. CONTRATO DE PRESTACIÓN DE SERVICIOS Y PROHIBICIÓN DE COMPETENCIA TRAS COMPRAVENTA DE PARTICIPACIONES SOCIALES

En ...., a ....

REUNIDOS

De una parte,

I. ...., sociedad española, con domicilio social en ...., con CIF ...., e inscrita en el Registro Mercantil de .... al tomo ...., hoja ...., folio .... (en adelante también "...........")

La Sociedad está debidamente representada por D............., mayor de edad, casado, de nacionalidad española, con domicilio a estos efectos en............., y provisto de DNI nº............., en vigor ("D..........."), quien actúa en virtud de su cargo de administrador y socio único de la entidad, y también en su propio nombre y derecho.

Y de otra parte,

II. ...., S.L., Sociedad española, con domicilio social en Calle............., Valencia, con NIF número ...., e inscrita en el Registro Mercantil de Valencia al tomo............., hoja..........., folio .... ("..........." o la "Sociedad").

La Sociedad está debidamente representado por D..........., de nacionalidad española, con domicilio en..........., con N.I.E número ...., en vigor, quien actúa en virtud de administrador único.

En adelante, D..........., "............" e "..........." serán denominados conjunta e indistintamente como las "Partes", e individualmente cada uno de ellos, como una "Parte".

EXPONEN

I. Que D..........., hasta el día de ayer, ha ostentado en la Sociedad el cargo de Director Comercial en la entidad...........

II. Que en el día de ayer, la sociedad............., sociedad debidamente constituida y existente con arreglo a las leyes de..........., con domicilio social en..........., e inscrita en el Registro Mercantil del Juzgado Local .... con el número .... ha comprado el 100% de las participaciones de la Sociedad.

III. Que las Partes manifiestan que la dedicación y la prestación de servicios para, la Sociedad por parte de D..........., así como su compromiso de no competir con la Sociedad, han sido y son condiciones esenciales e indispensables para la adquisición de las participaciones de la Sociedad por.............

IV. Que a través del presente contrato de prestación de servicios (el "Contrato"), las Partes recogen las condiciones por las que se rige el desarrollo de la actividad de..........., representada en la persona de D............ como Director Comercial, en el ámbito contractual entre las Partes, la retribución, el nivel de responsabilidad, cometidos y funciones que desean encomendarse y asumirse.

V. Que, en virtud de todo lo anterior, las Partes proceden a formalizar el presente Contrato que se regirá por las siguientes

CLÁUSULAS

1. OBJETO DEL CONTRATO Y FORMA DE EJERCICIO DE LOS SERVICIOS

1.1 Objeto

El objeto del presente Contrato es regular el desempeño de la actividad de............, personificado en D............, como Director Comercial de la Sociedad, debiendo D............ prestar a la Sociedad todas aquellas labores propias del ejercicio de dicho cargo (Director Comercial), bajo la dirección e instrucciones del Órgano de administración y, en particular las siguientes acciones que serán consideradas como los "Servicios":

a.- Establecer contacto directo con los responsables de compras de las grandes superficies, además del contacto directo con los clientes más importantes del mercado tradicional.

b.- Formación de vendedores, visitas a clientes importantes, especialmente con centros de compras. Relación con agentes comerciales.

Las Partes reconocen que la relación entre ellas tiene carácter exclusivamente mercantil y que está expresamente excluida de la normativa laboral.

En consecuencia, aunque la prestación de los servicios contratada a............, sea realizada personalmente por D............, este jamás será entendido como un empleado de...........

1.2 Tiempo y lugar de prestación de Servicios

............, ni la persona designada para el desarrollo personal de los Servicios, esto es Don..........., no estarán sujetos a una jornada u horario concretos para la prestación de los Servicios, sino que dado su cargo dedicará todo el tiempo que resulte necesario para garantizar el desarrollo eficiente y diligente de los Servicios conforme al presente Contrato.

Los días de descanso se establecerán en función de las necesidades de la Sociedad.

La Sociedad tendrá que establecer previamente un calendario de trabajo, incluido el periodo de vacaciones.

Los Servicios se prestarán, con carácter habitual en las oficinas de............ en ...., pero dado el carácter de los propios servicios, el prestador del servicio, personificado en el Sr............, realizará los desplazamientos que con ocasión del desempeño de su trabajo tenga que realizar, y que serán siempre por cuenta de............, debiendo por tanto proporcionar............ al Sr............ un medio de desplazamiento (coche o gestión de billetes) y una tarjeta de crédito con límite de disposición mensual de ....

euros, a efectos de abonar dichos gastos o dietas, que deberán estar siempre debidamente justificados.

Todos y cada uno de los servicios prestados, que conlleve desplazamientos o viajes, se limitarán al territorio nacional y Portugal.

2. DEBERES DEONTOLÓGICOS Y OBLIGACIONES DE D............

.... y por ende D............, se comprometen a:

a.– desempeñar su cargo con la diligencia de un ordenado empresario y prestar sus servicios conforme a la naturaleza de su cargo y funciones, con la diligencia debida y conforme a los principios de buena fe, integridad y lealtad. Llevarán a cabo cuantos esfuerzos sean necesarios para la consecución de los objetivos generales de............. determinados por el órgano de administración o el Socio Único.

b.– Guardar secreto de las deliberaciones del órgano de administración a las que tengan acceso y, en general, se abstendrán de revelar las informaciones a las que hayan tenido acceso en el ejercicio de su cargo.

c.– En el ejercicio de los servicios, seguir las directrices e instrucciones del órgano de administración, a quien darán cuentas de sus actuaciones, y se coordinarán debidamente con el personal que............. instruya. En particular, el Sr............., estará asistido, acompañará y asesorará a la persona que............. designe para el ejercicio de las funciones de director comercial de la Sociedad, facilitándole toda la información, datos y know-how, información que la sociedad conoce o que precise para instrumentalizar de la mejor manera posible la transición de conocimientos y operativa diaria de...........

d.– Informar de manera continuada, suficiente y transparente al órgano de administración de cuantos aspectos puedan resultar relevantes para la actividad de............. o como consecuencia de la incidencia para los socios y el mercado.

e.– Cuidar el buen nombre y reputación de............. y no llevar a cabo ninguna actuación que pudiera menoscabarlo en modo alguno, tanto durante la vigencia de este Contrato como una vez extinguido, y tomarán las medidas apropiadas para preservarla en caso de que se ponga en riesgo.

f.– Notificar a la Sociedad los cambios que afecten a la naturaleza o condiciones en virtud de las cuales ha sido nombrado.

g.– Ofrecer a la Sociedad todas las oportunidades de negocio que le surjan o que le ofrezcan cuando tengan relación con la actividad de la Sociedad.

h.– Evitar cualquier conflicto de intereses entre D............, sociedades directa o indirectamente participadas por él, su cónyuge y la Sociedad.

3. DURACIÓN

El Contrato entrará en vigor y producirá plenos efectos desde el día de su firma, hasta el............

4. RETRIBUCIÓN

4.1. Retribución

En el momento de la entrada en vigor de este Contrato,............ percibirá por la prestación de los Servicios a............. una retribución bruta total de........... EUROS, que será prorrateada mensualmente hasta el día .... (la "Retribución").

Las cantidades contempladas en el presente Contrato son brutas por lo que le será de aplicación el correspondiente IVA.

Las Partes acuerdan que la Retribución retribuirá la totalidad de horas de prestación de servicios prestadas por............, y la persona de D............, sin que en ningún caso tenga derecho a solicitar importe alguno en concepto de especial dedicación/ "horas extraordinarias" de trabajo. Asimismo, las Partes acuerdan que el 30% de dicha Retribución debe de entenderse como una compensación por las obligaciones de dedicación plena, exclusividad y no competencia recogidas en la Cláusula 7 del Contrato, teniendo en cuenta su dedicación también en.............

No obstante, lo anterior, y siendo que............. asumirá los gastos y costes de los posibles desplazamientos, dietas o pernoctaciones de D............ en el ejercicio de los servicios prestados por............., se acuerda y se establece que se añadirán a dichas liquidaciones mensuales los gastos asumidos por el Sr............. que estén debidamente justificados, para que le sean reintegrados.

A efectos del pago de la Retribución establecida,............ emitirá una factura el último día de cada mes hasta finalización de contrato a............., con la base que corresponda según el prorrateo indicado, a la que se le añadirá el correspondiente IVA, así como, de existir, los gastos y costes en los que haya incurrido el Sr............. en el ejercicio de sus funciones, junto con las facturas correspondientes, si no han sido satisfechos mediante la tarjeta de crédito de la empresa que se le entregue.

Dichas facturas serán remitidas por mail a............. y deberán ser abonadas en un plazo no superior a 7 días naturales desde la fecha de su emisión en la cuenta bancaria que se indique en dicha factura.

5. DEDICACIÓN Y NO COMPETENCIA

.... y D............ reconocen que las obligaciones establecidas en la presente cláusula fueron y son un requisito esencial para que .... adquiriera el 100% de las participaciones sociales de la Sociedad. Asimismo, manifiestan expresamente que son obligaciones indispensables para asegurar el desarrollo del negocio de............., reconoce que existe un legítimo interés en regular estas obligaciones, y reconoce que las limitaciones que se derivan del presente pacto son adecuadas, razonables y se encuentran debidamente compensadas con las condiciones acordadas, y el 30% de su Retribución expresamente pactada para compensar el cumplimiento de los compromisos.

En el contexto de la adquisición del 100% de las participaciones sociales de la Sociedad,............ y D............ reconocen que la obligación de no competencia que se establece en la presente Cláusula es indispensable para asegurar el desarrollo del negocio y reconoce que existe un legítimo interés en regular el presente pacto de no competencia y reconoce que las limitaciones que se derivan del presente pacto son adecuadas y razonables.

.... y D............ se obligan frente a............. durante la vigencia de este Contrato y durante un periodo de dos (2) años adicionales (el "Plazo de No Competencia") a no:

(i) tener participaciones, acciones, otros derechos o intereses, o de otro modo estar implicados (directa o indirectamente) en ningún negocio que compita con el negocio de.............;

(ii) ser empleados, administradores, gerentes o de otro modo prestar ningún tipo de servicios a ningún negocio que compita directamente con la Sociedad

(iii) negociar, sondear, solicitar, contratar o buscar de otro modo la clientela de cualquier Persona que en el día de hoy sea, o haya sido en cualquier momento durante el periodo veinticuatro (24) meses anteriores al inicio del cómputo del Plazo de No Competencia, un cliente de la Sociedad con la intención de ofrecer a dicha Persona servicios o productos que podrían competir con.............;

(iv) utilizar (directa o indirectamente) en el curso de cualquier negocio ajeno al de la Sociedad, el nombre comercial ".............", o cualquier signo que pueda ser susceptible de confusión con dichas palabras, nombres de marca, diseños o logos; y

(v) ya sea de forma directa o indirecta (salvo en el ejercicio de sus funciones en la Sociedad) ofrecer empleo, suscribir un contrato de servicios o intentar atraer de la Sociedad a cualquier Persona en los veinticuatro (24) meses previos o en el día de hoy, sea o fuera consejero, directivo o empleado en la Sociedad.

A los efectos de este Contrato "Persona" significa todas aquellas personas físicas, sociedades, *joint-ventures*, fideicomisos comerciales, asociaciones, empresas, sociedades anónimas, sociedades de responsabilidad limitada, compañías, sociedades colectivas y todas aquellas entidades o cuerpos gubernamentales, así como sus herederos, sucesores y cesionarios.

En todo caso, las partes reconocen, y especialmente............., que la entidad............ tiene objeto social *"El comercio al por mayor y al por menor, y a la fabricación, de artículos de saneamiento, fontanería, instalaciones de gas y aguas, así como la exportación e importación de toda clase de estos mismos artículos. La representación directa, indirecta y mediación comercial por cuenta de terceros."*

Reconoce expresamente............. que............ continúe con su actividad, siempre que ello no suponga un incumplimiento de cualquiera de las anteriores obligaciones, respecto del negocio y no compita con los productos fabricados y/o comercializados a la fecha de cierre por...........

Por último, tampoco supone incumplimiento de No competencia el hecho que el Sr............, como socio y administrador único de............ perciba salario, retribución, dividendos o cualquier tipo de cuantía de dicha entidad, hecho que se acepta y consiente, así como la propia prestación de servicios que presta a la entidad............

6. EXTINCIÓN DEL CONTRATO

El presente Contrato se extinguirá en los supuestos y con las consecuencias que a continuación se señalan:

6.1. En caso de incumplimiento de los deberes de dedicación y no competencia previstos en la Cláusula 5 del presente Contrato, así como por cualquier otro incumplimiento de sus obligaciones bajo el Contrato.

6.2. En caso de incumplimiento de los deberes de pago de............., tanto en su retribución (total o parcial, o retraso injustificado) como en el pago de los gastos o dietas acordadas.

6.3. En caso de fallecimiento o invalidez permanente de D.............

En caso de resolución anticipada del contrato, con la salvedad que dicha resolución lo sea por alguna de las causas indicadas en el 6.1,............. tendrá derecho a percibir, en concepto de indemnización por extinción anticipada, toda la remuneración pendiente hasta la finalización del plazo contractualmente establecido, esto es, hasta el...........

Adicionalmente, y con independencia de la causa que motive la extinción del Contrato, en el momento de terminación de este Contrato,............ y D............ deberán devolver toda la información, ya sea en soporte papel o informático (incluidos, entre otros, correspondencia, listas de clientes, planes, gráficos, cuentas y demás documentos de cualquier naturaleza y copias de los mismos, ya estén en formato impreso, en formato electrónico o en cualquier otro) que haya preparado, compilado o adquirido durante la vigencia del Contrato y que se refieran al negocio, finanzas o asuntos de............. y cualesquiera otros bienes propiedad de............. que obren en su poder o bajo su custodia, cuidado o control. Si se lo solicita.............,............ y D............ confirmará por escrito el cumplimiento de la obligación asumida en esta estipulación.

Asimismo, borrará definitivamente toda la información referente al negocio de la Sociedad y/o el Grupo .... que esté guardada en disco duro o similar, así como todo el material creado a partir de la misma, que mantenga en su poder o bajo su custodia, cuidado o control fuera de las instalaciones de la Sociedad. Si lo solicita la Sociedad, D............ confirmará por escrito el cumplimiento de la obligación que asume en esta estipulación.

7. CONFIDENCIALIDAD

.... y D............ se obligan a mantener la más estricta confidencialidad y a no divulgar e impedir que terceras personas, físicas o jurídicas, no autorizadas, tomen conocimiento de cualesquiera de los planes de negocio, procedimientos, métodos, información, datos comerciales o industriales, *know-how* y documentos técnicos pertenecientes a la Sociedad relativos a su actividad y que por su naturaleza se consideren confidenciales, ya se encuentren en su poder, ya hubiera tenido acceso a ellos por razón de su cargo.

Asimismo, se comprometen a no realizar manifestación alguna, ni dentro ni fuera de............., que pueda perjudicar o en cualquier otro modo dañar la imagen de esta o la reputación de sus servicios, órganos, directivos o empleados.

Los presentes compromisos resultarán exigibles, tanto durante la prestación de los Servicios, como con posterioridad a la extinción de la relación con la Sociedad y con independencia de las razones y de la forma en que haya tenido lugar dicha extinción.

Se exceptúa de lo dispuesto en los párrafos anteriores, la divulgación de la información como consecuencia de alguna de las siguientes causas: (a) en cumplimiento de una obligación legal o de una orden administrativa o judicial; o (b) para exigir o permitir el cumplimiento de los derechos y obligaciones derivados del Contrato.

8. CESIÓN

Este Contrato y los derechos y obligaciones aquí previstos no podrán ser cedidos, delegados o transferidos de cualquier otra forma por ninguna de las Partes sin el consentimiento previo y por escrito de la otra Parte. Cualquier intento de cesión en contravención de esta Cláusula será nulo.

9. MODIFICACIONES

Este Contrato no podrá ser modificado, alterado o complementado si no es mediante documento escrito debidamente suscrito por sus Partes.

10. NOTIFICACIONES

Todas las notificaciones y comunicaciones que procedan, a efectos del presente Contrato, se harán por escrito, mediante cualquier medio con el que el remitente pueda acreditar su emisión y recepción por el destinatario y su contenido, y se dirigirán a las siguientes direcciones:

Las destinadas a.............:

A la atención de D............

Dirección: ....

E-mail:............

Las destinadas a..............:

A la atención de: D. ....

Dirección: Calle ....

E-mail: ....

A efectos de notificaciones, las Partes podrán variar sus direcciones, comunicándolo a la otra Parte por escrito, en la forma arriba indicada.

11. LEGISLACIÓN

El presente Contrato se rige por el Derecho español común.

12. JURISDICCIÓN

Las Partes acuerdan someter toda cuestión litigiosa derivada o relacionada con este Contrato a los juzgados y tribunales españoles de la ciudad de ...., con renuncia expresa a su fuero propio, si otro les correspondiere.

Y en prueba de conformidad con cuanto antecede, las Partes firman el presente Contrato por duplicado a un solo efecto, en el lugar y fecha al inicio indicados.

....

....

D............

.............., S.L.

P.p.

....

D. ....

F431. COMUNICACIÓN AL VENDEDOR DE LA EMPRESA DE LA EXISTENCIA DE RECLAMACIONES FISCALES CONTRA LA SOCIEDAD VENDIDA

Entregar a:

....

En relación a la cláusula cuarta de la escritura de compraventa de las participaciones de la sociedad .... de fecha ...., por la presente les comunicamos la recepción el día .... de la notificación por parte de la Agencia Tributaria de trámite de alegaciones y propuesta de liquidación provisional de referencia ...., correspondiente a la sociedad ....

Se ha procedido a iniciar el trabajo de preparación de las alegaciones ante la propuesta de liquidación, pero quedamos a su disposición en lo referente a lo estipulado en la cláusula cuarta de la mencionada escritura.

Les adjuntamos la notificación de la Agencia Tributaria.

F432. ACUERDO FACULTAR SUSCRIPCIÓN PACTO DE SOCIOS. CERTIFICACIÓN ACTA JUNTA GENERAL EXTRAORDINARIA UNIVERSAL

DON ...., SECRETARIO DEL CONSEJO DE ADMINISTRACIÓN de la Compañía Mercantil .... S.L." con C,I,F. B-...........,

CERTIFICO:

Que en la Junta General celebrada con carácter de Universal, el día de hoy, en el domicilio social, con asistencia personal de todos los socios de la Compañía ....tal y como se desprende de la Lista de Asistentes que todos ellos firmaron..........., acordaron los asistentes por Unanimidad como acto previo, la aprobación del Orden del Día que es el que resulta del propio acuerdo, adoptado también por unanimidad, y que es el que literalmente se traslada del acta correspondiente:

PRIMERO.- Suscribir un acuerdo de socios con la mercantil a los efectos de regular la relación entre ambas partes como únicas socias de la compañía "...........", en los términos siguientes términos: .... (O de los anexos que se unen al acta de la presente Junta),

SEGUNDO.- Facultar expresa, especial y suficientemente al Presidente del Consejo de Administración DON .... para otorgar los documentos privados y las escrituras que formalicen la ejecución de este acuerdo, pudiendo a tales efectos, presentar escritos, instancias, recursos, recibir notificaciones o requerimientos, seguir correspondencia y requerir la intervención notarial o de cualquier otra persona, firmando cuantos documentos públicos o privados considere pertinentes.

Asimismo certifico que el acta de la Junta General a que se ha hecho referencia, fue redactada a continuación de su celebración, leída y aprobada por todos los asistentes, que además firmaron a continuación del Presidente y Secretario, en prueba de conformidad.

Y para que conste y surta los efectos pertinentes, libro la presente certificación, extendida en el domicilio social a .... de .... de ....

F433. PACTO PARASOCIAL

En ....

REUNIDOS

Don ...., mayor de edad, ... calle .... y DNI/NIF ....

Don ...., mayor de edad, ... calle .... y DNI/NIF ....

Don ...., mayor de edad, ... calle .... y DNI/NIF ....

Don ...., mayor de edad, ... calle .... y DNI/NIF ....

Don ...., mayor de edad, ... calle .... y DNI/NIF ....

Don ...., mayor de edad, ... calle .... y DNI/NIF ....

Y Don ...., mayor de edad, ... calle .... y DNI/NIF ....

INTERVIENEN

Como partes de este contrato, Don .... Don ...., y Don ...., intervienen en su propio nombre y representación y por si.

También intervienen en su propio nombre y representación y por si, aunque no son partes de este contrato, Don ...., y Don ....

Don ...., Don ...., Don ...., Don .... y Don ...., además, intervienen en su condición de únicos socios de la compañía ...., con domicilio .... y CIF .... Los cuatro primeros señores arriba reseñados y Don ...., y Don .... además, intervienen en su condición de únicos miembros del Consejo de Administración de dicha compañía. Y Don .... y Don .... también en su condición de Consejeros Delegados de ....

EXPONEN

I.– Que la sociedad .... es una sociedad constituida en el año .... bajo la denominación de .... sociedad esta que en el año .... incorporó la oficina técnica de ingeniería ...., integrada por los en la actualidad y desde su fundación, por lo socios de ...., Don ...., Don .... y Don .... Los citados señores, en su conjunto, son titulares del cincuenta por ciento del capital social de ....

El resto de socios de ...., titulares del restante cincuenta por ciento del capital social, son los propietarios del .... Don .... y Don ....

.... ha estado y esta regida por un consejo de administración integrado, al cincuenta por ciento, por representantes de ambos grupos de socios.

II.– Que como consecuencia de la unión de ambos grupos de socios y las sinergias y absoluta y leal colaboración entre ambos, ... ha tenido un crecimiento exponencial y espectacular, hasta situarse como una empresa líder en el sector de ....

III.– De hecho ...., merced a una ardua labor de inversiones e investigación llevada a cabo por la empresa bajo la dirección de los Sres .... y .... ha devenido titular de un acervo de conocimientos, patentes, tecnología, experiencias etc, aplicable en el ámbito del desarrollo, la fabricación y/o comercialización de bienes y servicios relacionados, directa o indirectamente, con ....

IV.– Paradójicamente ello provocó una controversia entre ambos grupos de socios, pues mientras los Sres .... y .... eran partidarios de seguir avanzado y aplicar los conocimientos tecnológicos de la sociedad a nuevos campos y áreas de negocio, distintas de la industria ...., el resto de socios adoptaban posiciones mas conservadoras.

V.– Aunque finalmente todos los socios se unieron a la tesis de los Sres ...., lo cierto es que tal controversia, mantenida dentro de los cauces de la más exquisita lealtad societaria, puso de manifiesto la existencia de dos maneras de ver la empresa, absolutamente distintas aunque igual de respetables, cada vez que pasaba el tiempo más distanciada y antagónica, dicho sea, sin una carga inamistosa o agresiva. Ello aun cuando tal situación, a la vista de la paritaria composición societaria y en el órgano de administración de la sociedad, podía afectar a la misma.

VI.– Ello llevó a que durante el año .... los socios de .... debatieran sobre el futuro de la compañía. De esta forma, partiendo de la unánime decisión de continuar .... la actividad de desarrollo, la fabricación y/o comercialización de bienes y servicios relacionados, directa o indirectamente, con sistemas de ...., ampliándola a todos los sectores posibles, un grupo de socios (integrado por los citados y el Sr. ....)

apostaron por continuar la gestión de la sociedad por los citados señores ...., pero desde una posición mayoritaria tanto desde la perspectiva del órgano de administración de la sociedad como de la composición societaria o accionarial, a lo que mostraron su conformidad el resto de socios en los términos de este contrato, deshaciéndose de esta forma la situación de equilibrio existente en el órgano de administración y la composición accionarial de la compañía, y manteniendo la gestión diaria de la compañía, tanto desde la gerencia como desde la dirección técnica, Don .... y Don .... Ello si respetando y reconociendo los derechos patrimoniales, económicos y societarios de los hermanos ....

Con fundamento en todo lo expuesto, las partes del presente, en su condición de socios de ...., suscriben el presente acuerdo parasocial que se compone de los siguientes

PACTOS

PRIMERO.– TRANSMISIÓN DE PARTICIPACIONES SOCIALES DE LA SOCIEDAD ....

I.– Como consecuencia de la nueva y definitiva etapa aperturada por la sociedad .... en la que, tal y como se ha reflejado en el exponen de este documento, se ha acordado un cambio en la composición societaria de la compañía, con una nueva mayoría en el capital social de ...., Don .... consienten, a la vista de lo expuesto en el exponen de este contrato y del resto de pactos del presente documento, y se comprometen a transmitir y transmitirán a la propia sociedad ...., previo, en su caso, acuerdo de reducción de capital social adoptado por la Junta General, el primero de ellos .... participaciones sociales de .... y el segundo otras .... participaciones sociales de la citada compañía.

II.– Las condiciones de la citada transmisión de participaciones sociales será la siguiente:

A.– Título: Compraventa de participaciones sociales propias para su amortización al amparo de lo previsto en el Texto Refundido de la Ley de Sociedades de Capital.

B.– Precio. En conjunto, respecto a la compraventa de participaciones sociales de Don .... la suma de .... EUROS. Y respecto de la compraventa de Don ...., el precio conjunto asciende a la suma de .... euros

C.– Forma de pago: El precio reseñado será abonado por la sociedad en los siguientes términos:

I.– Compraventa de Don ....

1.– En cuanto a la suma de .... euros será pagada simultáneamente al otorgamiento de la escritura de compraventa.

2.– La restante suma de .... euros será abonada mediante .... pagos anuales sucesivos, cada uno de ellos de .... euros, el primero con vencimiento el .... y el último el ...., mediante transferencia bancaria a la siguiente cuenta corriente designada por el vendedor: ....

II.– Compraventa de Don ....

1.– En cuanto a la suma de .... euros será pagada simultáneamente al otorgamiento de la escritura de compraventa.

2.– La restante suma de .... será abonada mediante .... pagos anuales y sucesivos, cada uno de ellos de .... euros, el primero con vencimiento el día .... y el último el día .... mediante transferencia bancaria a la siguiente cuenta corriente designada por el vendedor ....

D.– Interés: El aplazamiento que aquí se concede y que se establece en exclusivo beneficio del deudor, devengará, anualmente, el interés legal vigente en cada momento. Tal interés se abonará junto a la parte del precio correspondiente.

E.– Las participaciones se transmitirán libres de cargas y gravámenes.

F.– Gastos de la compraventa con arreglo a Ley.

III.– Tras la citada transmisión de participaciones sociales Don .... participarán en la sociedad .... en los porcentajes que a continuación se señalan:

A.– Don .... titularizará .... participaciones sociales, que en su conjunto supondrán el .... % del capital social.

B.– Don .... titularizará .... participaciones sociales, que en su conjunto supondrán el .... % del capital social.

C.– Don .... titularizará .... participaciones sociales, que en su conjunto supondrán el .... % del capital social.

D.– Don .... titularizará .... participaciones sociales, que en su conjunto supondrán el .... % del capital social.

E.– Don .... titularizará .... participaciones sociales, que en su conjunto supondrán el .... % del capital social.

SEGUNDO.– ADMINISTRACIÓN DE LA SOCIEDAD ....

I.– Las partes, expresamente pactan, que el gobierno y administración de .... se adecuará a los pactos contenidos en el presente Contrato, obligándose a efectuar las partes todos aquellos actos societarios tendentes a dar cumplimiento a lo pactado.

II.– El órgano de administración de la sociedad estará conformado por un Consejo de Administración integrado por .... MIEMBROS pactándose expresamente por los socios de .... que cada uno de ellos tendrá derecho y podrá designar un consejero. También, una vez nombrado, tendrá derecho a separarlo en cualquier momento de su cargo y a sustituirlo por otro.

Esto es, y en virtud de lo reseñado en el párrafo precedente, Don ...., tiene derecho a designar a uno de los consejeros; Don .... otro consejero, Don ...., un consejero, Don ...., otro consejero y Don .... el restante consejero, y en este acto, se efectúan las siguientes designaciones:

Este derecho a separar, nombrar o sustituir al consejero a que cada socio tiene derecho se ejercerá mediante notificación dirigida a la sociedad y al resto de socios por aquella parte que desee nombrar, separar o sustituir al consejero por ella nombrado y necesariamente previo acuerdo de la Junta General de la sociedad que, a tal efecto deberá convocarse, sin perjuicio de su eventual celebración con el carácter de universal, en cuyo caso tal convocatoria no sería precisa.

III.– El Consejo de Administración, que se reunirá como mínimo diez veces al año, podrá delegar sus facultades, salvo las indelegables por mandato de la Ley o los Estatutos Sociales, en un Consejero Delegado, que será, a su vez, el gerente de la compañía y que percibirá la correspondiente retribución por la gerencia de la empresa.

IV.– El cargo de consejero únicamente será retribuido mediante dietas que no serán superiores a la suma de .... euros por sesión. Ello sin perjuicio de la que les corresponda en razón de la prestación de servicios profesionales o de vinculación laboral, según sea el caso, que puedan tener con ....

V.– Igualmente las partes pactan que Don ...., en atención a su vasta experiencia y a su prestigio humano y empresarial, todo lo cual es unánimemente reconocido y público y notorio, mientras sea consejero de la compañía, ocupara el cargo de Presidente del Consejo de Administración.

VI.– La administración y representación de la sociedad corresponderá a los administradores de la misma, adoptándose los acuerdos en el seno de la misma por mayoría absoluta de los consejeros concurrentes a la reunión. No obstante, las partes expresamente pactan que los asuntos de gran importancia para la sociedad, que a continuación o en otras partes de este contrato se reseñan, deberán adoptarse por el Consejo de Administración de la sociedad mediante el correspondiente acuerdo con el voto favorable de .... CONSEJEROS por medio del correspondiente acuerdo de tal órgano societario. Tales materias de gran importancia son las siguientes:

a) Dar y/o recibir dinero a préstamo. Concertar, en cualquier posición contractual, prestamos participativos, líneas de crédito, descuento, factoring y/o garantías, sean personales o reales. Todo ello en cuanto exceda del limite individual de .... euros por operación o conjunto por mes de .... euros.

b) Adquirir, enajenar y/o gravar bienes inmuebles.

c) La contratación con ascendientes, descendientes y parientes colaterales de hasta segundo grado de cualquiera socio de ....

d) Establecer y/o modificar la retribución, salarial o de cualquier otra clase, correspondiente al personal directivo de la empresa en cuanto exceda de los parámetros que se determinan a continuación. En todo caso tendrán la consideración de personal directivos los socios que presten sus servicios a la sociedad. Se hace constar que, en la actualidad, los únicos directivos de la empresa son los señores Dichos parámetros son:

A.– RETRIBUCIÓN DE LOS SRES ....

1.– La retribución bruta anual fija correspondiente a cada uno de los señores .... por el desempeño del cargo de gerente y Director Técnico ascenderá a la suma de .... euros. La citada retribución anual se actualizará cada año aplicando el correspondiente IPC general. Los Sres .... podrán optimizar fiscalmente, dentro del citado importe bruto, la retribución antes reseñada mediante retribuciones en especie.

2.– Junto a la retribución bruta anual fija antes citada, los Sres .... tendrán derecho a percibir una paga anual que se determinará aplicando al beneficio antes de impuestos y después de amortizaciones el porcentaje del .... %.

3.– En el supuesto que Don .... y/o Don .... fueran despedidos de la empresa dentro del plazo de los .... años reseñado en el pacto octavo y tal despido fuera declarado improcedente tendrán derecho a una paga por importe de .... euros, que será adicional al finiquito que le correspondería por tal despido.

B.– RETRIBUCIÓN DE OTROS DIRECTIVOS.

La retribución bruta anual de cualesquiera otro directivo que pudiese contratar la empresa no podrá exceder de la suma de .... euros.

TERCERO.– ADOPCIÓN DE ACUERDOS EN LA JUNTA GENERAL.

Los acuerdos sociales se adoptarán en la Junta General de .... por mayoría de los votos válidamente emitidos, salvo aquellos que a continuación o en otras partes de este contrato se reseñan y que deberán adoptarse con el voto favorable del .... del capital social:

– El aumento o la reducción del capital social y el otorgamiento o emisión de prestamos participativos y/o convertibles en participaciones sociales (en consecuencia, tanto en calidad de prestamista como de prestataria), creación, modificación o supresión de clases o series especiales de acciones o participaciones y supresión del derecho de asunción preferente en los aumentos de capital.

– Modificación del tipo de órgano de administración y/o del número de los miembros del Consejo de Administración o la determinación concreta de las personas que hayan de ocupar el cargo de Consejero, siempre respetando lo dispuesto en el pacto segundo de este contrato.

– La modificación del objeto social de la compañía.

– La autorización a los administradores para que se dediquen, por cuenta propia o ajena, al mismo, análogo o complementario género de actividad que constituya el objeto social de la compañía.

– La transformación, fusión, escisión, cesión global de activo o pasivo o cualquier otra modificación estructural de la compañía.

– La disolución de la sociedad.

CUARTO.– DIVIDENDOS.

I.– Expresamente se pacta que si el resultado del ejercicio social, después de impuestos, arrojara beneficio y una vez efectuadas las atenciones legales, se distribuirá entre lo socios y en proporción a su participación en el capital social de la compañía, el siguiente dividendo:

BENEFICIO DESPUÉS DE IMPUESTOS Y TRAS ATENCIONES LEGALES	PORCENTAJE DE DIVIDENDO

El porcentaje se aplicará no por tramos sino desde el primer euro. Esto es y a título de ejemplo, si el beneficio después de impuestos y tras las atenciones legalmente establecidas es de .... euros, el dividendo a repartir entre los socios en proporción a su participación en el capital social será de .... euros Si es de .... euros, el dividendo ascenderá a .... euros.

En tanto en cuanto no haya sido abonado íntegramente por la sociedad el precio de la compraventa reseñada en el pacto primero de este documento, sólo se repartirá como dividendo anual la suma de .... euros, pues la cantidad que resulte de aplicar los porcentajes reseñados en la tabla precedente tras deducir la citada suma de .... euros, se destinará íntegramente al pago de la parte del precio que se hallarse pendiente en tal momento, anticipando su vencimiento y reduciéndose el mismo en ese importe.

II.– Ello salvo acuerdo en sentido contrario al reparto de dividendos, o aprobando un dividendo distinto al impuesto en el número I precedente, adoptado por la Junta General por la mayoría reforzada del setenta y cinco por ciento reseñada en el pacto tercero precedente.

QUINTO.– PACTO DE NO COMPETENCIA

I.– Don ...., Don ...., Don ...., Don ...., y Don .... en su propio nombre y derecho y en su condición de socios de la compañía ...., se obligan a no realizar, sea directa o indirectamente, actividad alguna, remunerada o gratuita, por sí o por cuenta ajena, consistente en el desarrollo, la fabricación y/o comercialización de bienes y servicios relacionados, directa o indirectamente, con ....

También se comprometen a no participar, directa o indirectamente, en el capital social (con la única excepción de los supuestos de sociedades cotizadas, siempre que la participación en la citada sociedad no fuere superior al 0,10 por ciento de su capital social) y en los órganos societarios y/o de gestión, incluso como apoderados o personal directivo, de empresas que, directa o indirectamente, realicen las reseñadas actividades, en este último caso, con excepción de los órganos societarios de las compañías mercantiles en las que participe como socia ....

II.– Si alguno de los socios de .... conociera o tuviese interés en acometer un proyecto relacionado, directa o indirectamente, con la actividad reseñada en el párrafo precedente, y este proyecto no tuviese su base, directa o indirectamente, en la previa experiencia y/o conocimiento de .... ni tampoco estuviese en ese momento en fase de estudio, desarrollo o ejecución, directa o indirectamente, por ...., el citado socio se obliga a comunicar el proyecto fehaciente, inmediata e imperativamente, a la sociedad para que .... lo lleve a cabo y ejecute, lo que sucederá salvo que:

a) el órgano de administración de la sociedad mediante acuerdo adoptado por la mayoría reforzada señalada en el pacto segundo desestime llevarlo a cabo y

b) en ese caso, la Junta General de la sociedad, mediante acuerdo adoptado por la mayoría del setenta y cinco por ciento reseñado en el pacto tercero también desestime llevarlo a cabo.

A tal efecto, se convocará dentro del pazo de .... días a contar desde la comunicación del socio, reunión del Consejo de Administración a los efectos de que lo reseñado en la letra a) precedente. Si el Consejo de Administración desestimará llevar a cabo el proyecto en cuestión, en la propia reunión en que se produzca tal desestimación se convocará la Junta General de la sociedad reseñada en la letra b) precedente a los efectos reseñados en la citada letra b).

En el supuesto que tanto el Consejo de Administración como la Junta General desestimen llevar a cabo el proyecto, el socio desistirá de llevarlo a cabo salvo que la Junta general de la sociedad reseñada en la letra b) precedente expresamente autorice al socio a llevarlo a cabo, personalmente o con otros socios, fuera de la sociedad ....

III.– El presente pacto de no competencia que todos los socios reconocen como vital para la continuación, desarrollo y expansión de la actividad de ...., permanecerá en vigor tanto tiempo mientras cada uno de los socios titularice, directa o indirectamente, las participaciones sociales de .... y durante .... AÑOS después que deje de titularizarlas.

SEXTO.– DERECHOS DE LA MINORÍA.

Sin perjuicio de los derechos que asisten a los socios minoritarios, esto es, a Don .... y Don ...., las partes pactan que dado que los citados señores se apartan de la gestión diaria de la compañía, al abandonar el cargo de consejero delegado que ocupaba Don .... hasta la fecha, tendrán a su disposición un asesor, por ellos designados, cuya retribución correrá a cargo de .... con un importe equivalente al que en la actualidad y con carácter mensual viene percibiendo Don ...., a efectos que les asesore e informe con relación a la marcha de la sociedad. El citado asesor podrá acceder a toda la información y documentación a la que se refiera la misma sin limitación alguna, ni en las formalidades ni en los tiempos, salvo la mera necesidad de acreditar debidamente su condición, y no molestar ni entorpecer el normal funcionamiento de la empresa, y deberá presentar a los citados señores, anualmente, un informe de pre auditoria que será puesto a disposición del Consejo de Administración de la sociedad.

SÉPTIMO.– BUENA FE Y CONFIDENCIALIDAD.

I.– Las partes declaran y asumen el carácter confidencial del presente contrato, así como obligación dimanante de este contrato para los mismos, la de actuar de buena fe y lealmente entre si y con ...., actuando en el sentido que requieran los intereses de ésta.

Especialmente manifiestan que los socios aquí firmantes no han suscrito ningún otro documento y acuerdo contractual vinculante, análogo al presente y que tenga por objeto cualquier actividad de desarrollo, fabricación y/o comercialización relacionada, directa o indirectamente, con sistemas de ....

II.– Los comparecientes según intervienen, se comprometen a tratar, de modo indefinido, como secreta y confidencial cualquier información tecnológica, industrial, química, económico-financiera, o comercial de la compañía .... o relacionada con ella, sus asociados, proveedores o clientes, a la que hubiera tenido acceso o hubiese conocido, directa o indirectamente, por razón de su relación laboral o societaria con la expresada sociedad, o por cualquier otro cauce.

Los aquí comparecientes son conscientes de que el hecho de facilitar información confidencial conforme aquí se describe, a cualquier cliente, o actual o potencial competidor de .... pondría a la misma en una grave situación de desventaja competitiva y le causaría incalculables daños no sólo económicos, sino comerciales, financieros y de otros tipos.

III.– Sin perjuicio de lo anterior, para el supuesto que cualquiera de los socios pretenda transmitir inter vivos, total o parcialmente, sus participaciones sociales de .... transmisión que no será libre en ningún caso, la transmitente deberá comunicar al proyectado adquirente de las mismas, con carácter previo a la transmisión y a la notificación prevista en el art .... LSC, la existencia y el contenido del presente documento, así como de cualquiera de sus modificaciones, en su caso, y obtener del mismo la expresa aceptación y asunción de los compromisos y obligaciones pactados en este contrato y, en su caso, sus modificaciones, subrogándose con la transmisión el adquirente en la posición contractual del transmitente.

Lo mismo reseñado también será de aplicación respecto de las transmisiones mortis causa, de tal forma que el adquirente deberá aceptar y asumir los compromisos y obligaciones pactados en este contrato y, en su caso, sus modificaciones, subrogándose con la transmisión el adquirente en la posición contractual del transmitente. A tal efecto, los socios se obligan a levar a cabo cuanto fuera menester a tal fin

OCTAVO.– PERMANENCIA DE DIRECTIVOS.

Como todos los socios reconocen la presencia en la compañía de Don .... y Don .... es vital para la continuación, desarrollo y expansión de la actividad de .... Por ello, los socios Don .... y Don .... se obligan frente al resto de socios y frente a .... a permanecer como mínimo durante un plazo de .... AÑOS como socios de la Sociedad en los mismos términos y con una participación en el capital de la sociedad no inferior a la que se reseña en el número III del pacto primero de este Contrato y también a permanecer en el puesto laboral que ocupan en la actualidad y a desempeñarlo con el máximo nivel de calidad y eficacia en régimen de exclusividad.

NOVENO.– COMPROMISO DE ADQUISICIÓN DE PARTICIPACIONES SOCIALES.

En el supuesto que alguna/s de la/s parte/s pretenda transmitir, directa o indirectamente, sus participaciones sociales de la compañía .... y alguno/s de los restantes socios no adquiriese las participaciones sociales objeto de transmisión en los términos de los estatutos sociales y la ley, a requerimiento de cualquiera de estos últimos formulado dentro del plazo de .... días a contar desde el vencimiento del fijado para el ejercicio del derecho de adquisición preferente reseñado, la vendedora se obliga a que el comprador, so pena de no llevar a cabo la compraventa proyectada, adquiera también las participaciones sociales que ostente el socio/s requirente/s en la sociedad, en proporción que determine el socio/s requirente/s y las mismas condiciones que le hubiesen sido ofrecidas a la vendedora, salvo que el socio/s requirente/s no estuviese/n conforme con las mismas, en cuyo caso, las condiciones de venta serán las siguientes:

a) Precio: el valor razonable de las mismas a fecha del requerimiento, fijado por el auditor de cuentas de la provincia de .... que designen de mutuo acuerdo el socio/s requirente/s y el órgano de Administración de la sociedad y, en su defecto, por el que designe el Registro Mercantil de la Provincia de ....

b) Forma de pago: Simultáneamente al otorgamiento de la escritura de compraventa, mediante cheque bancario.

c) La transmisión de las participaciones sociales se realizará a título de compraventa, con todos sus derechos inherentes libres de trabas, embargos y gravámenes.

d) Los gastos y tributos de la compraventa serán soportados por las partes con arreglo a Ley.

e) La escritura de compraventa de las participaciones sociales se otorgará ante el Notario de ...., que designe la compradora, dentro del plazo de .... días a contar desde la fijación del valor razonable de las participaciones sociales.

DÉCIMO.– ADOPCIÓN DE ACUERDOS.

Las partes se comprometen a adoptar, en el seno de la Junta General de ...., los acuerdos sociales precisos para dar cumplimiento a los compromisos alcanzados en este documento. En especial, para adaptar los Estatutos sociales al contenido del modelo que se acompaña como ...., que se aprueba por todas las partes y se da aquí por íntegramente reproducido.

Si el Registro Mercantil no admitiera la inscripción de los citados estatutos una vez modificados según la redacción contenida en los mismos, manifestando uno o varios defectos, las partes se comprometen a efectuar cuantas aclaraciones sean precisos para tal subsanación, manteniendo en la medida de lo posible el contenido de los acuerdos alcanzados y reflejados en los citados estatutos sociales. Cualquier otra modificación exigirá la aprobación expresa de las partes de este contrato.

En caso de discrepancia entre el presente Contrato y los Estatutos de la Sociedad vigentes en cada momento, independientemente de que se hallen o no inscritos en el Registro Mercantil, este Contrato prevalecerá en las relaciones existentes entre las Partes. En cualquier caso las Partes declaran que este Contrato tiene la naturaleza de pacto extra estatutario y que por ello no podrán invocar los Estatutos Sociales para eludir su aplicación, prevaleciendo lo pactado en el mismo sobre los Estatutos en caso de contracción o incompatibilidad.

UNDÉCIMO.– INCUMPLIMIENTO.

En el supuesto que una de las partes, incumpliese cualesquiera de las obligaciones aquí asumidas, que todas ellas tienen para las partes la consideración de esenciales, deberá abonar a las partes cumplidoras la suma de .... Euros, en concepto de cláusula penal expresamente aquí pactada, y sin perjuicio de la correspondiente indemnización de los daños y perjuicios que con su actuación hubiese irrogado y el ejercicio de cuantas acciones procediese como consecuencia del citado incumplimiento.

DUODÉCIMO.– CESIÓN DE DERECHOS

Ninguna de las Partes de este Contrato podrá ceder sus derechos y obligaciones dimanantes del mismo. Los derechos y obligaciones dimanantes de este Contrato vincularán a los herederos, legatarios, albaceas, y otros representantes así como a los sucesores, causahabientes y cesionarios de cada parte.

Las Partes se obligan recíprocamente a votar, en la medida de sus respectivos derechos en cada momento, bien sea como socios o como consejeros de la sociedad, de forma que ninguna persona sea inscrita como titular de derecho alguno sobre participación alguna sin haberse respetado el presente Contrato.

DECIMOTERCERO.– VIGENCIA DEL CONTRATO

El presente Contrato permanecerá en vigor y, por tanto, desplegará todos sus efectos, en tanto en los socios firmantes del mismo mantengan la condición de socio de .... y sin perjuicio de la vigencia de las obligaciones previstas en este contrato que surtan sus efectos y permanezcan tras la pérdida de la condición de socio de la compañía ....

Sin perjuicio de lo dispuesto en el párrafo anterior y en la legislación aplicable, el Contrato quedará extinguido anticipadamente, dejando de producir efectos entre las Partes, en los siguientes casos:

a) por la terminación voluntaria y expresa de las Partes, y

b) por disolución y liquidación de la Sociedad.

DECIMOCUARTO.– RENUNCIAS Y MODIFICACIONES

Ninguna renuncia tácita por parte de cualquiera de las Partes o el no-ejercicio de cualquiera de sus derechos aquí recogidos será considerado como una renuncia a otros derechos o a los mismos derechos en el futuro.

Ninguna modificación, cambio o renuncia de cualquiera de las provisiones del presente Contrato será efectiva a no ser que se realice por escrito y cuente con la firma de la Parte frente a quien debe operar tal modificación, cambio o renuncia.

DECIMOQUINTO.– NOTIFICACIONES

Para la práctica de cuantos requerimientos o notificaciones hayan de verificarse, ambas partes designan los domicilios reseñados en el encabezamiento de este contrato. Dichos domicilios podrán ser modificados por cualquiera de las partes de este documento previa notificación fehaciente a la otra del expresado cambio.

DECIMOSEXTO.– ACUERDO ÚNICO

En el caso de que cualquier pacto del presente Contrato fuera nula o anulable, por cualquier resolución legal, administrativa o arbitral, la validez del mismo en su conjunto no quedará afectada por dicha circunstancia, siempre que no se trate de una parte sustancial del mismo. El pacto legalmente ineficaz será sustituido por uno nuevo, o interpretado de un modo legalmente aceptable, que sea de un tenor lo más aproximado posible al pacto que las partes habrían formalizado de haber tenido conocimiento de la ineficacia del pacto en cuestión.

Cada Parte se obliga a ejercitar todos sus derechos y, en particular, sus derechos como socio y/o Consejeros de .... en la forma que resulte precisa o conveniente para cumplir o asegurar el cumplimiento de este Contrato. Igualmente, se obligan a realizar los máximos esfuerzos y a adoptar las medidas necesarias a fin de que la actuación de los Consejeros, apoderados, Consejeros Delegados y/o miembros de Comisiones Ejecutivas nombrados a su instancia sea la necesaria o conveniente para cumplir o asegurar el cumplimiento de este Contrato.

El contenido del presente documento tiene la consideración de acuerdo de la Junta General .... y de su órgano de administración.

DECIMOSÉPTIMO.– LEY APLICABLE Y JURISDICCIÓN

Este Contrato está sujeto a la ley española y será interpretado de acuerdo con la misma. Las partes, con renuncia expresa al fuero que pudiera corresponderles, acuerdan someter cualquier controversia o reclamación que pueda surgir entre las partes con respecto a la validez, ejecución, cumplimiento o resolución, total o parcial, de este Contrato a los Juzgados y Tribunales de ....

Y para que así conste, firman el presente en el lugar y fecha señalados «ut supra».

F434. PROTOCOLO FAMILIAR (I)

PROTOCOLO – PACTO DE SOCIOS DE LA MERCANTIL

[...........], S.L.

INDICE:

Antecedentes

ACUERDOS

PRIMERO.– Principios reguladores del pacto de socios

SEGUNDO.– Fase preparatoria y acuerdos societarios

TERCERO.– Normas respecto a la propiedad de las participaciones

CUARTO.– Normas sobre la gestión y el trabajo en la empresa

QUINTO.– Dirección actual de ....

SEXTO.– Acceso de los familiares a cargos en la empresa

SÉPTIMO.– Restricción en la firma de avales o garantías.

OCTAVO.– Política salarial

NOVENO.– Política de dividendos

DÉCIMO.– Derecho de separación de socios

DECIMOPRIMERO.– Participaciones para el desbloqueo de la sociedad.

DECIMOSEGUNDO.– Nuevas inversiones y entrada en nuevas sociedades

DECIMOTERCERO.– Consejo de Administración

DECIMOCUARTO.– Cláusula penal

DECIMOQUINTO.– Fuero

ANEXOS

PROTOCOLO FAMILIAR – PACTO DE SOCIOS DE LA MERCANTIL

..........., S.L.

En la ciudad de ...., a .... de ....

REUNIDOS

Don ....

Doña ....

Doña ....

INTERVIENEN todos ellos en su propio nombre y representación, Don .... lo hace también en nombre de la mercantil ...., en adelante .... S.L., y a tal efecto

MANIFIESTAN

I.– Antecedentes de la Empresa

1.1. Antecedentes

..........., S.L. (en adelante, la Sociedad o ....), con NIF .... fue constituida el .... como sociedad limitada, y tiene su domicilio social en la calle ....

Su actividad consiste en ....

El capital social asciende a ...., siendo la participación de cada uno de los socios la siguiente, según consta en el Libro Registro de Socios:

SOCIO	PARTICIPACIONES	% CAPITAL

1.2. Participación en la actividad de los socios.

Actualmente algunos socios intervienen en la gestión y dirección diaria de la empresa, así como cónyuges de socios:

Nombre	Condición	Responsabilidad

Las decisiones tomadas por los socios desde la constitución figuran en las actas aprobadas por la Junta General de Socios.

El organigrama de la Sociedad consta en ANEXO 2, donde se describe el encuadramiento de cada uno de los anteriores socios en los distintos departamentos de la sociedad.

1.3. Políticas salariales y recursos humanos del Grupo ....

Con este protocolo, es intención de .... el desarrollo e implementación de una política retributiva y de recursos humanos con el objetivo de profesionalizar la gestión de la empresa y asignar salarios de mercado en función de las tareas y responsabilidades asumidas.

Igualmente se regulará el acceso a los puestos de trabajo de familiares según su experiencia y capacidades, la profesionalización de la dirección y las retribuciones en sus distintas modalidades.

II.– Actuaciones a desarrollar

2.1. Justificación del pacto de socios

La justificación de elaborar este pacto de socios viene dada por las siguientes inquietudes:

– Poder evitar futuros problemas o tensiones propias de este tipo de empresas y eludir así las circunstancias en las que se han visto envueltas otras empresas familiares.

– Vincular la propiedad de las participaciones con la intervención en la actividad de la empresa.

– La formalización del cargo de .... como actual gerente, y las condiciones para la selección y preparación de un futuro sucesor, dentro de las próximas generaciones del entorno familiar con el liderazgo directivo necesario, o alternativamente la búsqueda de un candidato externo.

– Vincular las decisiones de los grupos familiares a las directrices de ...., en aras de una profesionalización de la gestión realizada por los mismos.

2.2. Ampliación de las actividades a desarrollar

Este protocolo debe ser la herramienta que permita a la dirección de la empresa emprender nuevos proyectos en actividades distintas de las comprendidas actualmente en el objeto social de la actividad, limitado al ....

También debe fijar estrategias de crecimiento en los distintos mercados, directamente desde .... o bien a través de la compra de otras sociedades, con la configuración de un futuro grupo ....

III.– Dirección del Grupo

3.1. El líder

Actualmente la Dirección General de la empresa recae sobre .... que cuenta con autonomía y con la plena confianza de todos los socios.

3.2. Valores iniciales.

Varios son los ejes que sustentan la filosofía de una empresa como «..........., S.L.» y que inspiran este pacto:

– Creatividad y calidad.

– Competitividad empresarial y valoración continua, para conseguir que .... compita en igualdad de condiciones con otras empresas líderes.

– El respeto y la consideración hacia las personas.

• Entorno laboral digno y estimulante, donde cada persona puede aportar el máximo de sus capacidades.

• Sensibilidad hacia las personas (empleados, clientes y proveedores).

• Sinceridad y claridad en las relaciones. Diálogo abierto que enriquezca la labor de los equipos.

– Capacidad de trabajo y superación ...., S.L., reinvierte sus excedentes para con ello crecer en productos, ofrecer niveles de calidad superiores, aumentar su capital humano.

– Cultura de inclusión hacia las nuevas generaciones que reúnan las capacidades y experiencia necesarias para abordar con éxito el proyecto ....

– Compartimentación de riesgos, sin exposición innecesaria de los distintos activos de la sociedad, o sociedades que se creen inmuebles, a la evolución de los negocios.

En su virtud, los firmantes confiando en que, lo previsto en este Pacto de socios se convierta en tradición y costumbre, toman la determinación de obligarse y cumplir cada una de las normas previstas en el mismo, mediante la firma de este documento, a cuyo efecto reconociéndose capacidad legal suficiente:

ACUERDAN

PRIMERO.– PRINCIPIOS REGULADORES DEL PACTO DE SOCIOS

1.1. Introducción

El presente contrato regula un PACTO DE SOCIOS, y es el primer documento suscrito por los socios que afecta a la sucesión familiar y patrimonial de ...., S.L.

Queremos evitar que se tenga la empresa meramente como una herencia de familia. Existe una responsabilidad profesional, por eso, trataremos de prevenir que existan cargos asumidos por familiares sin capacitad suficiente o experiencia inadecuada.

En este sentido, tenemos la firme convicción de que en el trabajo necesitamos tener la humildad suficiente para rodearnos de los mejores profesionales, incluso de más valía y mejor preparados que los propios socios o sus familiares, que nos garanticen eficacia en el trabajo que desarrollan.

La meta de este pacto de socios es hacer posible la buena convivencia entre los socios, directivos y no directivos, y miembros de sus familias, y la buena marcha de los negocios. Por unanimidad de todos los socios, decidimos elaborar este Pacto de Socios con el fin de lograr la continuidad de la empresa.

Confiamos en que el Pacto de Socios nos podrá ayudar a reducir la posibilidad de aparición de conflictos en el seno de la sociedad y entre los distintos familiares, motivados por problemas en la empresa, y estamos tratando de definir criterios y valores fundamentales para poder tratar aquellos conflictos, en caso de que aparezcan, encaminando los objetivos de las familias y la empresa hacia intereses conjuntos.

1.2. Valores

Asumimos que la continuidad de la empresa se asegurará siempre y cuando se apueste por:

– La profesionalización de la gestión de la empresa.

– El estímulo al compromiso del personal de la empresa, y la mejora continua de la gestión.

– Queremos que el esfuerzo de todos, en especial de los que trabajan en la empresa, sirva como elemento de unión de los distintos familiares, en ningún caso debe derivar en un conflicto familiar.

– La adecuación de la empresa a las exigencias del mercado y de los clientes como principal criterio para guiar las decisiones de carácter empresarial.

SEGUNDO.– FASE PREPARATORIA Y ACUERDOS SOCIETARIOS

2.1. Como consecuencia de los acuerdos recogidos en este pacto de socios, se realizará la modificación de estatutos para proteger la propiedad de las participaciones de ...., S.L. en los actuales socios y sus grupos familiares según propuesta que figura en ANEXO 1.

2.2. Actualmente los socios y partes vinculadas mantienen préstamos y cuentas corrientes con la sociedad, cuyo detalle, importe, y fecha de exigibilidad y pago consta en ANEXO 4.

2.3. Para formalizar la condición de director, al que se le nombrará consejero delegado, se firmará entre el Consejo de Administración y el nuevo director un contrato exigido por la Ley de Sociedades de Capital, en los términos que figuran en el ANEXO 3.

TERCERO.– NORMAS RESPECTO A LA PROPIEDAD DE LAS PARTICIPACIONES

3.1. Objetivo

Nuestra política es la de mantener en manos de los familiares, ... y ...., el control total de la propiedad de ...., S.L., o del futuro grupo que le suceda, y procurando que en el capital de la sociedad sólo puedan participar familiares consanguíneos de los fundadores.

3.2. Supuestos generales de transmisión de las participaciones

Cualquier transmisión de participaciones quedará sujeta en su eficacia a la aceptación y firma del presente pacto de socios.

Cada socio tiene libertad para transmitir sus participaciones, ya sea intervivos o mortis causa a sus descendientes directos por consanguinidad o por adopción.

Cualquier transmisión de participaciones (voluntario, forzosa, ínter vivos, mortis causa, a título lucrativo u onerosa, o por liquidación de la sociedad conyugal) a personas distintas de las señaladas estará restringida, estableciéndose un derecho de preferente adquisición a favor de los demás socios. Este derecho preferente se regirá del siguiente modo:

- Primero, los familiares directos en primer grado, padres o hijos.
- Segundo, el resto de los familiares.
- Tercero, la propia sociedad podrá adquirir las participaciones en caso de que los miembros de la familia no puedan hacerlo.
- Cuarto, las participaciones serán ofrecidas a terceros, si ninguna de las condiciones anteriores se cumple.

La transmisión de participaciones se regirá según las siguientes normas:

a) No podrán venderse las participaciones sin el consentimiento expreso del Consejo de Administración, pudiendo la sociedad denegar la entrada de los no parientes, y a los familiares políticos. Esto no supone la imposibilidad de venta, simplemente crea un procedimiento que protege la propiedad actual.

b) Derecho de adquisición preferente entre ramas.

c) El derecho de adquisición preferente se fijará sobre el valor razonable de la sociedad, que se obtendrá a partir del valor contable de la misma.

d) En caso de transmisión forzosa de participaciones, se establece un derecho de adquisición preferente a favor de los socios o de la propia sociedad en lugar del rematante o acreedor.

El valor por el que se realizará el derecho de adquisición preferente será el valor contable determinado sobre el último balance anual cerrado de la Sociedad.

Si las disposiciones legales vigentes en el momento no lo permitieran, se aplicará el valor razonable determinado por el auditor de la sociedad o en su defecto, por un auditor o perito contable, a elección de las partes, que será nombrado por las mismas o en caso de discrepancias, por el Registro Mercantil de ....

Un familiar político no puede llegar a ser socio, debiendo existir un derecho de adquisición preferente de un familiar consanguíneo o de la propia sociedad.

e) Se establece una prestación accesoria consistente en el cumplimiento de este protocolo familiar.

f) Se establece un derecho de arrastre, de tal forma que, en el caso de compra de la sociedad por un tercero, bajo ciertas condiciones, todos los socios están obligados a vender.

Los anteriores acuerdos se recogen en una nueva redacción de los estatutos sociales que se acompaña en ANEXO 1.

3.3. Obligaciones civiles de los miembros del Grupo Familiar ....

Todas las personas integrantes del grupo familiar ...., presentes en la firma de este Pacto de socios, manifiestan su total acuerdo para adoptar las siguientes medidas, imprescindibles para el correcto desarrollo del presente documento:

1. Los integrantes de este grupo familiar manifiestan tener ya redactado su testamento y, además, los miembros de la familia acuerdan que la titularidad de las participaciones de ...., corresponderá, a las personas que forman parte, según el epígrafe 3. 1, del núcleo familiar.

2. Los socios ya casados, y los solteros o divorciados en el caso de contraer matrimonio o nuevo matrimonio, deben regirse por el régimen económico-matrimonial de absoluta separación de bienes, siendo recomendable hacer constar expresamente en las correspondientes capitulaciones matrimoniales que en caso de extinción del régimen por separación judicial, divorcio o nulidad del matrimonio, los posibles pagos de pensiones y/o compensaciones económicas se realizarán en metálico y nunca con la entrega de la propiedad o cualquier otro tipo de derecho sobre participaciones y/o participaciones en sociedades mercantiles titularidad de alguno o ambos cónyuges.

3. Asimismo, los socios adquieren el compromiso de no modificar dicho régimen económico-matrimonial con posterioridad a la firma del presente documento tanto para los matrimonios vigentes como los posibles futuros.

3.4. Obligaciones civiles de los miembros del Grupo Familiar ....

Todas las personas integrantes del grupo familiar ...., presentes en la firma de este Pacto de socios, manifiestan su total acuerdo para adoptar las siguientes medidas, imprescindibles para el correcto desarrollo del presente documento:

1. Don .... manifiestan tener ya redactado su testamento y, además, los miembros de la familia acuerdan que la titularidad de las participaciones de ...., corresponderá, a las personas que forman parte, según el epígrafe 3. 1, del núcleo familiar.

2. Los socios ya casados, y los solteros o divorciados en el caso de contraer matrimonio o nuevo matrimonio, deben regirse por el régimen económico-matrimonial de absoluta separación de bienes, siendo recomendable hacer constar expresamente en las correspondientes capitulaciones matrimoniales que en caso de extinción del régimen por separación judicial, divorcio o nulidad del matrimonio, los posibles pagos de pensiones y/o compensaciones económicas se realizarán en metálico y nunca con la entrega de la propiedad o cualquier otro tipo de derecho sobre participaciones y/o participaciones en sociedades mercantiles titularidad de alguno o ambos cónyuges.

3. Asimismo, los socios adquieren el compromiso de no modificar dicho régimen económico-matrimonial con posterioridad a la firma del presente documento tanto para los matrimonios vigentes como los posibles futuros.

CUARTO.– NORMAS SOBRE LA GESTIÓN Y EL TRABAJO EN LA EMPRESA

Los familiares hasta cuarto grado, cónyuges o parejas de hecho de los socios no podrán formar parte de la plantilla de la Sociedad, ni de las sociedades que en un futuro formen el grupo ....

QUINTO.– DIRECCIÓN ACTUAL DE ....

5.1. Gerente

Actualmente la dirección de la sociedad es ejercida por .... Es el máximo representante de la sociedad.

Resulta conveniente establecer un plan de formación continua en materia de dirección de empresa e idiomas.

5.2. Adjunto a la dirección de ...., S.L.

Se considera igualmente necesario crear el cargo de adjunto a la dirección, y por ello conveniente establecer un plan de formación que durará .... MESES para formar a la persona que actualmente se no se ha seleccionado, al que se le impartirá la formación básica acorde con el puesto.

SEXTO.– ACCESO DE FAMILIARES A OTROS CARGOS EN LA EMPRESA

6.1. Entrada de familiares en la empresa

Existe el compromiso de que cualquier hijo/hija de los actuales socios que quiera trabajar en la empresa familiar tiene el derecho a incorporarse a la empresa, siempre que exista un puesto de trabajo disponible, necesario y adecuado a las expectativas del candidato, y éste se haya cualificado profesionalmente para ocuparlo con la formación y capacidades adecuadas, y la experiencia previa requerida.

Como familia, queremos estimular a sus miembros a que se preparen lo mejor posible para intervenir con éxito en la gestión y en el gobierno de la empresa en el futuro.

Los familiares políticos de los socios no podrán acceder a puestos de responsabilidad en la compañía.

Sí podrán prestar servicios profesionales independientes a la misma siempre que la sociedad requiriera de esos servicios, y el familiar acredite una organización de medios materiales, personales y experiencia suficiente para el desempeño de la actividad. Las condiciones y precio vendrán regulados en un contrato escrito que responderá a condiciones de mercado.

Como familia consideramos que uno de los principios fundamentales es que los familiares que trabajen en la empresa tengan una adecuada preparación para ocupar puestos de responsabilidad y defender los intereses de las familias propietarias a través de una gestión profesional.

A estos efectos, se podrá optar a puestos de dirección y cargos intermedios-operarios. En cualquier caso, la retribución, dineraria y en especie, deberá ser aprobada por el Consejo de Administración y resultará acorde con el cargo que ocupe, la dedicación y el nivel de responsabilidad.

Los familiares no podrán prestar servicios profesionales independientes a la sociedad.

6.2. Puestos de dirección distintos a la Dirección General.

Para el acceso de familiares de hasta tercer grado a los puestos directivos es necesario que el interesado haya mostrado su motivación para incorporarse y que las condiciones del puesto de trabajo (horario, vacaciones, salario, evaluación, plan de carrera a medio plazo) estén claramente definidas, sobre el organigrama de la Sociedad que se acompaña en ANEXO 2.

Es requisito que el Consejo de Administración debe aprobar la incorporación y las condiciones.

Por esta razón, para que un miembro de la familia pueda acceder a un puesto de trabajo debe cumplir con las siguientes condiciones:

– Es necesario que tenga una experiencia laboral, preferentemente en un puesto de trabajo similar, no necesariamente del mismo sector, y por un período mínimo de .... años.

– Estar en posesión de una titulación académica acorde con el puesto de trabajo a ocupar.

– Tener formación de inglés nivel mínimo ....

– Cursar un programa previo de formación rotativo por áreas.

La idoneidad de su adecuación al puesto de trabajo será decidida por el Consejo de Administración previo informe favorable de un consultor de recursos humanos.

Con el objetivo de que la incorporación a la empresa sea ordenada y responda a necesidades objetivos de la empresa, siempre responderá al déficit de personal en un puesto de trabajo o para ser el líder de un proyecto específico. Para evitar ambigüedades y falta de claridad en sus funciones, el puesto de trabajo desempeñado por este familiar deberá estar perfectamente definido en todos los casos y validado por el Consejo de Administración.

Las condiciones de trabajo en cuanto a funciones, dependencia jerárquica, retribución, formación, evaluación, elaboración del plan de carrera y promoción de los familiares que trabajen en la empresa serán equiparables a las del mercado para una posición similar.

En cuanto al horario de trabajo un familiar que trabaja en la empresa familiar debe respetar los horarios de entrada y salida establecidos por la empresa.

La remuneración de un familiar que trabaje en la empresa estará en función del puesto desempeñado, de acuerdo con retribuciones de mercado (responsabilidad, categoría según el convenio colectivo ....) y de la política retributiva de ....

6.3. Cargos intermedios-operarios

Para el acceso a los puestos intermedios y básicos no existirá limitación. No obstante, deberán cumplirse las siguientes condiciones:

• Edad mínima 18 años

• Estar en posesión del certificado de estudios secundarios

• Nivel de inglés ....

• Haber superado un curso de especialización acorde con el puesto de trabajo

• Debe existir un puesto vacante según el organigrama que figura en ANEXO 2.

• Pasará un proceso de selección que contará con el informe favorable del responsable de recursos humanos y con la calificación de un consultor externo especializado en RRHH.

• Experiencia mínima de .... años en actividades relacionadas con el puesto de trabajo

• Autorización expresa del Consejo de Administración.

• Retribución acordada por el Consejo de Administración.

6.4. Promoción interna

Cualquier miembro de la familia que ocupe un puesto intermedio puede optar a un cargo directivo siempre que exista un puesto vacante y cumpla con los siguientes requisitos:

• Haber superado un curso de especialización acorde con el puesto de trabajo.

• Nivel medio de inglés, mínimo ....

• Pasará un proceso de selección que contará con el informe favorable del departamento de recursos humanos y con la calificación de un consultor externo especializado en RRHH.

• El acceso a la empresa familiar requerirá la aprobación por parte del Consejo de Administración.

• Retribución acordada por el Consejo de Administración.

SÉPTIMO.– RESTRICCIÓN EN LA FIRMA DE AVALES O GARANTÍAS.

Los socios firmantes de este protocolo tienen como objetivo evitar aportar garantía o avales personales o de sus empresas patrimoniales a .... o el grupo o sociedades que le sucedan.

No obstante lo anterior, se ser necesaria la aportación de los mismos, ésta garantía afectará por igual a todos los socios y será retribuida.

OCTAVO.– POLÍTICA SALARIAL

La totalidad de las retribuciones anuales que vayan a percibir los socios y familiares que trabajen en la sociedad, como empleados o directivos, requerirá de la aprobación por el Consejo de Administración, excepto por la parte que les corresponda según convenio del sector. Una vez fijada, la misma se mantendrá en los años siguientes salvo acuerdo de modificación expreso del Consejo de Administración.

Los niveles retributivos serán los de mercado, basándose en una parte fija y otra variable en función de objetivos marcados en los presupuestos anuales y en el plan estratégico que en su caso se apruebe.

Si el Consejo de Administración no aprobara los presupuestos anuales, se tomará como referencia el último presupuesto aprobado para calcular la retribución variable.

El salario de los familiares directivos consistirá en un parte fija dineraria, y en su caso en especie, y en otra variable.

La parte fija que perciban será conforme a su puesto de trabajo desempeñado, en sintonía con la responsabilidad y equiparable al resto de los empleados; incrementándose cada ejercicio en el porcentaje de incrementos de precios al consumo.

Por su parte, la retribución variable consistirá en un porcentaje del beneficio de explotación u otras variables calculado sobre el cumplimiento de los presupuestos y del plan estratégico. El abono de esta retribución variable será efectivo una vez cerrado y formulado el balance anual y con el visto bueno del director del departamento financiero, sobre el cumplimiento del presupuesto anual y plan estratégico.

Si el Consejo de Administración no aprobara los presupuestos anuales, se tomará como referencia el último aprobado para calcular la retribución variable.

Las retribuciones en especie sólo podrán consistir en la utilización de un vehículo turismo, retribución ésta reservada exclusivamente al Director General.

Sobre los trabajadores directivos no familiares se asume la necesidad de implantación de políticas retributivas extraordinarias para evitar fugas.

Cualquier préstamo o crédito que soliciten los socios o familiares, que trabajen o no en la sociedad, requerirá de la aprobación por el Consejo de Administración.

NOVENO.– POLÍTICA DE DIVIDENDOS

9.1. Importe

Anualmente se repartirá una cantidad mínima equivalente al .... del resultado contable después de impuestos y en su caso de la compensación de resultados negativos de ejercicios anteriores, en concepto de dividendos.

No obstante, si por razones presupuestarias no se considera conveniente el reparto del dividendo, el porcentaje de reparto de dividendos podrá ser inferior o incluso nulo, siempre que así lo acuerden la totalidad de los socios que representan el total del capital social.

A tal efecto se incluye en ANEXO 1 propuesta de modificación estatutaria.

9.2. Periodo de pago

Los dividendos serán satisfechos antes del .... del año siguiente al cierre del ejercicio social.

Se repartirá una cantidad equivalente al .... del resultado en curso, en concepto de dividendo a cuenta, en el mes de .... calculado sobre el resultado corriente después de impuestos.

DÉCIMO.– DERECHO DE SEPARACIÓN DE SOCIOS

Se reconoce el derecho de separación de socios, de tal forma que el socio que desee separarse de la sociedad tendrá derecho a que la sociedad .... le compre sus participaciones tomando como valor el razonable, que se calculará tomando el último balance trimestral cerrado, corregido con las plusvalías tácitas y los pasivos contingentes no registrados.

El porcentaje máximo que se puede acoger a este derecho de separación es del .... anual. Las condiciones y plazos del derecho de separación se recogen en la propuesta de modificación de estatutos que se acompaña en ANEXO 1.

DECIMOPRIMERO.– PARTICIPACIONES PARA EL DESBLOQUEO DE LA SOCIEDAD

Ante la paridad en las participaciones sociales, y en aras de evitar posibles bloqueos, se considera conveniente entregar .... participaciones sociales a empleados/familiar de común consenso/terceros ....

En el caso de empleados, estas participaciones tendrán prestaciones accesorias, de tal forma que, si el empleado cesa su relación con la empresa, por cualquier motivo, procedente o improcedente, las participaciones serán adquiridas por la sociedad para su amortización.

DECIMOSEGUNDO.– ENTRADA EN NUEVOS NEGOCIOS Y ADQUISICIÓN DE SOCIEDADES

Aunque el actual modelo económico de .... está dirigido a la comercialización por cuenta propia o ajena de .... principalmente, los socios acuerdan ampliar el objeto social de la sociedad para entrar en los siguientes sectores y actividades.

Para hacer posible la realización de actividades diferenciadas de la comercialización de mobiliario, se acuerda ampliar el objeto social a las siguientes actividades:

- ....
- ....
- ....

A tal efecto se modificarán los estatutos sociales, cuya redacción figura en ANEXO 1.

DECIMOTERCERO.– EL CONSEJO DE ADMINISTRACIÓN

El modelo de sucesión elegido por las partes supone la elección de un Consejo de Administración que recibirá las instrucciones de la Junta de Socios.

El Consejo de Administración es el órgano encargado de la gestión y la representación de la Sociedad. Sus miembros son nombrados por la Junta General de Socios, sin ser necesario ostentar la condición de socio para ocupar el cargo de consejero.

Funciones del Consejo de Administración.

Las funciones del Consejo de Administración pueden ser diversas y, a modo de resumen se pueden establecer las siguientes:

- Supervisar y ayudar al Director General a cumplir los objetivos.
- Establecer objetivos y políticas a largo plazo.
- Representar, informar y, en su caso, proteger a los socios.
- Cumplir y hacer cumplir los Estatutos de la empresa
- Asegurar la supervivencia de la empresa, actuando en caso de crisis.
- Seleccionar, nombrar y despedir a los miembros del comité, ejecutivo.
- Mejorar la imagen de la empresa
- Promover nuevos proyectos para la empresa.
- Fijar la retribución de los familiares que participen en la empresa.
- Emitir informes a requerimiento del Comité Familiar en relación a incumplimientos del Pacto de socios Familiar.

Y cualquier otra relacionada con la finalidad del Consejo de Administración.

Funcionamiento

El Funcionamiento del Consejo de Administración, incluidas las mayorías de votación, se regirá por lo dispuesto en la Ley de Sociedades de Capital vigente.

El consejo tendrá al menos cuatro sesiones anuales, una por trimestre. Los consejeros podrán percibir dietar por su asistencia.

Con carácter previo a la celebración de la sesión del consejo, los consejeros tendrán derecho a obtener la documentación sometida a su aprobación, y la información y apoyo necesario para su comprensión.

En las sesiones del Consejo de administración podrán estar presentes, en calidad de invitados, el/la directora/a financiera y los profesionales que se estimen con un máximo de dos.

Nombramiento de un Consejero Delegado

Duración (............)

Condiciones contractuales (............)

Seguro de responsabilidad civil (............).

DECIMOCUARTO.– CLÁUSULA PENAL

El incumplimiento de lo acordado en el presente pacto será sancionado con un importe de (............) euros que será satisfecho por la parte que incumpla el mismo.

Respecto a cualquier disputa o desacuerdo que pueda surgir entre las partes sobre la interpretación del presente Contrato o sobre su cumplimiento, las partes, con renuncia expresa a cualquier otro fuero que pudiera corresponderles, se someten a la jurisdicción y competencia de los Juzgados y Tribunales de ....

DECIMOQUINTO.– FUERO

Respecto a cualquier disputa o desacuerdo que pueda surgir entre las partes sobre la interpretación del presente Contrato o sobre su cumplimiento, las partes, con renuncia expresa a cualquier otro fuero que pudiera corresponderles, se someten a la jurisdicción y competencia de los Juzgados y Tribunales de ....

Y en prueba de cuanto antecede, las Partes suscriben el Contrato, en seis ejemplares y a un solo efecto, en el lugar y fecha señalados en el encabezamiento.

F435. PROTOCOLO FAMILIAR (II)

En ...., a ....

REUNIDOS

Los cónyuges Don .... y Doña ...., mayores de edad, casados en régimen de gananciales, vecinos de ...., calle .... núm. .... y DNI/NIF .... y DNI/NIF ....

Los cónyuges Don .... y Doña ...., mayores de edad, casados en régimen de gananciales, vecinos de ...., calle .... núm. .... y DNI/NIF .... y DNI/NIF ....

Doña ...., mayor de edad, casada bajo el régimen de absoluta separación de bienes con ...., vecina de ...., calle .... núm. .... y DNI/NIF ....

Doña .... mayor de edad, casada bajo el régimen de absoluta separación de bienes con ...., vecina de ...., calle .... núm. .... y DNI/NIF ....

Don ...., mayor de edad, casado bajo el régimen de absoluta separación de vienes con ...., vecino de ...., calle .... núm. .... y DNI/NIF ....

Y Don ...., mayor de edad, casado bajo el régimen de absoluta separación de vienes con ...., vecino de ...., calle .... núm. .... y DNI/NIF ....

INTERVIENEN

Los cónyuges Don .... y Doña ...., y Don .... y Doña ...., así como Doña ...., Doña .... Don .... y Don ...., intervienen en su propio nombre y representación y por sí.

Los señores, ... además, intervienen en su condición de socios y administradores de las compañías ...., de nacionalidad española constituidas por tiempo indefinido mediante escritura autorizada el día .... por el Notario de ...., Don ...., obrante en su protocolo bajo el número ....Con domicilio en .... Inscrita en el Registro Mercantil de la provincia de ...., al tomo ...., libro .... de la sección ...., folio ...., hoja número .... CIF .... Constituye su objeto social... y (repetir datos de las demás sociedades)....., respectivamente ....

EXPONEN

....

Con fundamento en todo lo expuesto, las partes del presente, en su condición de miembros de la familia .... (..........., de la rama .... y ...., miembros de la rama ....), socios y herederos del ...., suscriben el presente acuerdo parasocial que se compone de los siguientes

PACTOS

PRIMERO.– ADMINISTRACIÓN DE LAS SOCIEDADES DEL ....

I.– Las partes, expresamente pactan que el gobierno y administración de .... así como de .... y las sociedades por cualesquiera de ellas participadas, se adecuará a los pactos contenidos en el presente Contrato, obligándose a efectuar las partes todos aquellos actos societarios tendentes a dar cumplimiento a lo pactado.

II.– El órgano de administración de las sociedades ...., estará conformado por un Consejo de Administración integrado por .... consejeros, la mitad de ellos, serán designados por los socios integrantes de la familia .... Y la otra mitad serán designados por los socios integrantes de la familia .... Una vez nombrado consejeros por cada familia, ésta tendrá derecho a separar o cesar los por ello nombrados en cualquier momento de su cargo y a sustituirlo/s por otro/s de su libre designación.

Este derecho a separar, nombrar o sustituir al consejero a que cada familia tiene derecho se ejercerá mediante notificación dirigida a la sociedad y al resto de socios por aquella parte que desee nombrar, separar o sustituir al consejero por ella nombrado y necesariamente previo acuerdo de la Junta General de la sociedad que, a tal efecto deberá convocarse, sin perjuicio de su eventual celebración con el carácter de universal, en cuyo caso tal convocatoria no sería precisa.

Los cónyuges de cualesquiera socio de .... y .... en ningún caso podrán ocupar el cargo de administrador de ninguna de las citadas sociedades.

En este acto, por la familia .... se efectúan las siguientes designaciones como miembros del órgano de Administración de ....

....

Y por la familia ...., se efectúa la siguiente designación igualmente miembros del órgano de Administración de ....:

....

El Consejo de Administración se reunirá como mínimo .... veces al año, y delegará sus facultades, salvo las indelegables por mandato de la Ley o los Estatutos Sociales, en .... Consejeros Delegados, que actuarán de forma solidaria. En este acto se designa como Consejeros Delegados a las siguientes personas:

Familia ....: ....

Familia ....: ....

Con la excepción del nombramiento anteriormente realizado, sólo podrá desempeñar el cargo de Consejero Delegado, quien, con una anterioridad de .... (...........) AÑOS al nombramiento haya sido empleado de .... o ....

II.– Con relación al órgano de administración de .... y .... S.A., estará conformado igualmente por un Consejo de Administración integrado por .... miembros, desempeñando tal cargo, necesaria e imperativamente, las mismas personas que sean administradores de .... El Consejo de Administración también se reunirá, como mínimo, ... veces al año, y delegará sus facultades, salvo las indelegables por mandato de la Ley o los Estatutos Sociales, en .... Consejeros Delegados, que actuarán de forma solidaria. El cargo de Consejero Delegado de ...., lo ocupará quien ostente el cargo de Consejero Delegado en ....

III.– Común a las expresadas sociedades ...., ... y ....:

A.– El cargo de consejero será retribuido mediante dietas de asistencia y una suma anual, en concepto de sueldo, cuya cantidad será fijada para cada ejercicio por acuerdo del Consejo de Administración y que no podrá exceder de .... euros, suma fija ésta que solo podrá ser percibida por quien ejercite el cargo de Consejero Delegado en las citadas sociedades. Ello sin perjuicio de la que les corresponda en razón de la prestación de servicios profesionales o de vinculación laboral, según sea el caso, que puedan tener con ....

Expresamente se hace constar que la retribución fija reseñada en el párrafo precedente, viene referida, en conjunto, a todas las sociedades del ...., esto es, ..., ..., ... y .... S.L.

B.– Las partes pactan que Don ...., en atención a su vasta experiencia y a su prestigio humano y empresarial, todo lo cual es unánimemente reconocido y público y notorio, mientras sea consejero de la compañía, ocupara el cargo de Presidente del Consejo de Administración de .... Y Don ...., por idénticos motivos, ocupará tal cargo en ....

La administración y representación de .... corresponderá a los administradores de las mismas, adoptándose los acuerdos en el seno de la misma por mayoría absoluta de los consejeros concurrentes a la reunión. No obstante, las partes expresamente pactan que los asuntos de gran importancia para la sociedad, que a continuación o en otras partes de este contrato se reseñan, deberán adoptarse por el Consejo de Administración de la correspondiente sociedad mediante acuerdo con el voto favorable de tres cuartas partes de los miembros integrantes del Consejo de .... por medio del correspondiente acuerdo de tal órgano societario. Tales materias de gran importancia, referidas a las sociedades citadas, o cualesquiera sociedad participada por cada una de ellas, son las siguientes:

a) Dar y/o recibir dinero a préstamo. Concertar, en cualquier posición contractual, prestamos participativos, líneas de crédito, descuento, factoring y/o garantías, sean personales o reales. Todo ello en cuanto exceda del limite individual de .... euros por operación o conjunto por mes de .... euros.

b) Adquirir, enajenar y/o gravar activos hasta un limite de ....

c) La contratación con ascendientes, descendientes y parientes colaterales de hasta segundo grado de cualquiera socio de ....

d) Establecer y/o modificar la retribución, salarial o de cualquier otra clase, correspondiente al personal directivo de la empresa en cuanto exceda de los parámetros que se determinan a continuación. En todo caso tendrán la consideración de personal directivos los administradores de «las sociedades» y los socios de las mismas que presten sus servicios profesionales o laborales a «las sociedades».

e) Nombrar y/o cesar a administradores de las sociedades participadas por «las sociedades».

SEGUNDO.– RETRIBUCIÓN DE TRABAJADORES Y DIRECTIVOS; ACCESO DE FAMILIARES A PUESTOS DE TRABAJO EN «LAS SOCIEDADES».

1.– La retribución bruta anual fija correspondiente a quien ocupe el cargo de consejero delegado en «las sociedades», ascenderá por el desempeño de sus servicios laborales y/o profesionales, así como por el ejercicio del cargo de administrador y consejero delegado, y por todos los conceptos, a la suma para cada uno de ellos de .... euros, quienes podrán optimizar fiscalmente, dentro del citado importe bruto, la retribución antes reseñada mediante retribuciones en especie, etc.

2.– Junto a la retribución bruta anual fija antes citada, los Consejeros delegados tendrán derecho a percibir una paga anual que se determinará aplicando al beneficio antes de impuestos y después de amortizaciones el porcentaje del .... %.

3.– En el supuesto que los Consejeros delegados fueran despedidos de la empresa dentro del plazo de los cinco años reseñado en el pacto .... y tal despido fuera declarado improcedente tendrán derecho a una paga por importe de .... euros, que será adicional al finiquito que le correspondería por tal despido.

4.– La retribución bruta anual de cualesquiera otro directivo que pudiese contratar cualquiera de «Las Sociedades» no podrá exceder, por todos los conceptos, de la suma de .... euros.

5.– Sin perjuicio de lo reseñado en el pacto primero de este documento, la contratación laboral o profesional de ascendientes, descendientes y parientes colaterales de hasta segundo grado de cualquiera socio de «las sociedades», requerirá, como mínimo, que el candidato reúna las siguientes cualidades:

A.– Haber trabajado en empresas ajenas a «Las Sociedades» durante al menos .... años.

B.– Ostentar la condición de licenciado o titular de grado, así como haber recibido formación de postgrado en escuela de negocios tipo ESADE, ICADE, Instituto de la Empresa o similar.

C.– Tener experiencia profesional acreditable en el puesto que se pretende ocupe el familiar candidato.

TERCERO.– ADOPCIÓN DE ACUERDOS EN LA JUNTA GENERAL.

Los acuerdos sociales se adoptarán en la Junta General de «las sociedades», por mayoría de los votos válidamente emitidos, salvo aquellos que a continuación o en otras partes de este contrato se reseñan y que deberán adoptarse con el voto favorable del .... POR CIENTO del capital social:

– El aumento o la reducción del capital social y el otorgamiento o emisión de prestamos participativos y/o convertibles en participaciones sociales (en consecuencia, tanto en calidad de prestamista como de prestataria), creación, modificación o supresión de clases o series especiales de acciones o participaciones y supresión del derecho de asunción preferente en los aumentos de capital.

– Modificación del tipo de órgano de administración y/o del número de los miembros del Consejo de Administración o la determinación concreta de las personas que hayan de ocupar el cargo de Consejero, siempre respetando lo dispuesto en el pacto PRIMERO de este contrato.

– La modificación del objeto social de la compañía, así como cualquier modificación de estatutos sociales.

– La autorización a los administradores para que se dediquen, por cuenta propia o ajena, al mismo, análogo o complementario género de actividad que constituya el objeto social de la compañía.

– La transformación, fusión, escisión, cesión global de activo o pasivo o cualquier otra modificación estructural de la compañía.

– La disolución de la sociedad.

– La constitución de sociedades participadas por cualesquiera de «LAS SOCIEDADES».

– La compra y venta de activos de «las sociedades» por un importe unitario superior a .... euros.

– ....

CUARTO.– DIVIDENDOS.

I. Expresamente se pacta que si el resultado del ejercicio social de ...., después de impuestos, arrojara beneficio y una vez efectuadas las atenciones legales, se distribuirá entre lo socios y en proporción a su participación en el capital social en la respectiva compañía, el siguiente dividendo:

BENEFICIO DESPUÉS DE IMPUESTOS Y TRAS ATENCIONES LEGALES	PORCENTAJE DE DIVIDENDO
De 0 euros a .... euros	%
Superior a .... y no superior a .... euros	%
Superior a .... euros	%

El porcentaje se aplicará no por tramos sino desde el primer euro. Esto es y a título de ejemplo, si el beneficio después de impuestos y tras las atenciones legalmente establecidas es de 350.000 euros, el dividendo a repartir entre los socios en proporción a su participación en el capital social será de 140.000 euros (40% de 350.000 euros). Si es de 800.000 euros, el dividendo ascenderá a 400.000 euros (50% de 800.000 euros).

Ello salvo acuerdo en sentido contrario al reparto de dividendos, o aprobando un dividendo distinto al impuesto en el número I precedente, adoptado por la Junta General por la mayoría reforzada del .... por ciento reseñada en el pacto tercero precedente.

QUINTO.– PACTO DE NO COMPETENCIA

I.– Los socios y administradores de cualquiera de «las sociedades» se obliga a no realizar, sea directa o indirectamente, actividad alguna, remunerada o gratuita, por sí o por cuenta ajena, consistente en la actividad empresarial y/u objeto social de las compañías .... o cualquier otra actividad análoga, accesoria o concurrente con la citada actividad y/u objeto.

También se comprometen a no participar, directa o indirectamente, en el capital social (con la única excepción de los supuestos de sociedades cotizadas, siempre que la participación en la citada sociedad no fuere superior al 0,10 por ciento de su capital social) y en los órganos societarios y/o de gestión, incluso como apoderados o personal directivo, de empresas que, directa o indirectamente, realicen la reseñada actividad y/u objeto social, en este último caso, con excepción de los órganos societarios de las compañías mercantiles en las que participe como socia cualquiera de las compañías participadas por «Las sociedades».

II.– Si alguno de los socios o administradores de «las sociedades» o de cualesquiera otra sociedad participada por «las sociedades» conociera o tuviese interés en acometer un proyecto relacionado, directa o indirectamente, con la actividad y/u objeto social reseñada en el apartado I precedente, y este proyecto no tuviese su base, directa o indirectamente, en la previa experiencia y/o conocimiento de «las sociedades», o cualquiera de las sociedades participadas por «las sociedades», ni tampoco estuviese en ese momento en fase de estudio, desarrollo o ejecución, directa o indirectamente, por cualquiera de las citadas sociedades, el citado socio se obliga a comunicar el proyecto fehaciente, inmediata e imperativamente, a .... para que, esta,. en su caso, lo lleve a cabo y ejecute, directa o indirectamente, lo que sucederá salvo que:

a) el órgano de administración de .... mediante acuerdo adoptado por la mayoría reforzada señalada en el pacto segundo desestime llevarlo a cabo y

b) en ese caso, la Junta General de la sociedad, mediante acuerdo adoptado por la mayoría del .... por ciento reseñado en el pacto tercero también desestime llevarlo a cabo.

A tal efecto, se convocará dentro del pazo de .... días a contar desde la comunicación del socio, reunión del Consejo de Administración a los efectos de que lo reseñado en la letra a) precedente. Si el Consejo de Administración desestimará llevar a cabo el proyecto en cuestión, en la propia reunión en que se produzca tal desestimación se convocará la Junta General de la sociedad reseñada en la letra b) precedente a los efectos reseñados en la citada letra b).

En el supuesto que tanto el Consejo de Administración como la Junta General desestimen llevar a cabo el proyecto, el socio desistirá de llevarlo a cabo salvo que la Junta general de la sociedad reseñada en la letra b) precedente expresamente autorice al socio a llevarlo a cabo, personalmente o con otros socios, fuera del ....

III.– El presente pacto de no competencia que todos los socios reconocen como vital para la continuación, desarrollo y expansión de la actividad de «las sociedades», permanecerá en vigor tanto tiempo mientras cada uno de los socios titularice, directa o indirectamente, participaciones sociales de «las sociedades», o cualquiera de las sociedades del .... y durante .... AÑOS después que deje de titularizarlas.

SEXTO.– DERECHOS DE LOS SOCIOS AJENOS A LA GESTIÓN DEL ....

Los sodios de cualquiera de las sociedades que no intervengan de la gestión diaria de la compañía, tendrá a su disposición un asesor, por ella designada, que no podrá ser su cónyuge, cuya retribución correrá a cargo de .... por un importe máximo de .... euros por experto y socio, a efectos que les asesore e informe con relación a la marcha de .... El citado asesor podrá acceder a toda la información y documentación a la que se refieran las mismas sin limitación alguna, ni en las formalidades ni en los tiempos, salvo la mera necesidad de acreditar debidamente su condición, y no molestar ni entorpecer el normal funcionamiento de las empresas, y deberá presentar al socio no gestor, anualmente, un informe de pre auditoria que será puesto a disposición del Consejo de Administración de la correspondiente sociedad.

SÉPTIMO.– BUENA FE Y CONFIDENCIALIDAD.

I.– Las partes declaran y asumen el carácter confidencial del presente contrato, así como obligación dimanante de este contrato para los mismos, la de actuar de buena fe y lealmente entre si y con «las sociedades», o cualquiera de las compañías participadas por cualquiera de «las sociedades», actuando en el sentido que requieran los intereses de todas éstas.

Especialmente manifiestan que los socios aquí firmantes no han suscrito ningún otro documento y acuerdo contractual vinculante, análogo al presente y que tenga por objeto cualquier actividad y/o el objeto social desarrollado por «las sociedades» o cualquiera de las compañías participadas por «las sociedades».

II.– Los comparecientes según intervienen, se comprometen a tratar, de modo indefinido, como secreta y confidencial cualquier información tecnológica, industrial, química, económico-financiera, o comercial de las sociedades o cualquiera de las compañías participadas por «las sociedades», o relacionada con ellas, sus asociados, proveedores o clientes, a la que hubiera tenido acceso o hubiese conocido, directa o indirectamente, por razón de su relación laboral o societaria con la expresada sociedad, o por cualquier otro cauce.

Los aquí comparecientes son conscientes de que el hecho de facilitar información confidencial conforme aquí se describe, a cualquier cliente, o actual o potencial competidor de «las sociedades» o cualquiera de las compañías participadas por «las sociedades», pondría a la misma en una grave situación de desventaja competitiva y le causaría incalculables daños no sólo económicos, sino comerciales, financieros y de otros tipos.

III.– Sin perjuicio de lo anterior, para el supuesto que cualquiera de los socios pretenda transmitir inter vivos, total o parcialmente, sus participaciones sociales de las sociedades o cualquiera de las compañías participadas por «las sociedades», transmisión que no será libre en ningún caso, la transmitente deberá comunicar al proyectado adquirente de las mismas, con carácter previo a la transmisión y a la notificación prevista en los Estatutos Sociales, la existencia y el contenido del presente documento, así como de cualquiera de sus modificaciones, en su caso, y obtener del mismo la expresa aceptación y asunción de los compromisos y obligaciones pactados en este contrato y, en su caso, sus modificaciones, subrogándose con la transmisión el adquirente en la posición contractual del transmitente.

Lo mismo reseñado también será de aplicación respecto de las transmisiones mortis causa, de tal forma que el adquirente deberá aceptar y asumir los compromisos y obligaciones pactados en este contrato y, en su caso, sus modificaciones, subrogándose con la transmisión el adquirente en la posición contractual del transmitente. A tal efecto, los socios se obligan a levar a cabo cuanto fuera menester a tal fin

OCTAVO.– COMPROMISO DE ADQUISICIÓN DE PARTICIPACIONES SOCIALES.

En el supuesto que alguna/s de la/s parte/s pretenda transmitir, directa o indirectamente, por actos inter vivos, sus participaciones sociales de «las sociedades» o cualquiera de las compañías participadas por «las sociedades»., o cualquiera de las sociedades del .... y alguno/s de los restantes socios no adquiriese las participaciones sociales objeto de transmisión en los términos de los estatutos sociales y la ley, a requerimiento de cualquiera de estos últimos formulado dentro del plazo de .... días a contar desde el vencimiento del fijado para prestar el consentimiento a la transmisión reseñado en el art. 107.2 de la Ley de Sociedades de capital, la vendedora se obliga a que el comprador, so pena de no llevar a cabo la compraventa proyectada, adquiera también las participaciones sociales que ostente el socio/s requirente/s en la sociedad, en proporción que determine el socio/s requirente/s y las mismas condiciones que le hubiesen sido ofrecidas a la vendedora, salvo que el socio/s requirente/s no estuviese/n conforme con las mismas, en cuyo caso, las condiciones de venta serán las siguientes:

a) Precio: el valor razonable de las mismas a fecha del requerimiento, fijado por el auditor de cuentas de la provincia de Alicante que designen de mutuo acuerdo el socio/s requirente/s y el órgano de Administración de la sociedad y, en su defecto, por el que designe el Registro Mercantil de la Provincia de ....

b) Forma de pago: Simultáneamente al otorgamiento de la escritura de compraventa, mediante cheque bancario.

c) La transmisión de las participaciones sociales se realizará a título de compraventa, con todos sus derechos inherentes libres de trabas, embargos y gravámenes.

d) Los gastos y tributos de la compraventa serán soportados por las partes con arreglo a Ley.

e) La escritura de compraventa de las participaciones sociales se otorgará ante el Notario de ...., que designe la compradora, dentro del plazo de .... días a contar desde la fijación del valor razonable de las participaciones sociales.

NOVENO.– SEPARACIÓN DE SOCIOS.

En cualquier momento, el socio de cualquiera de «las sociedades» o de cualquiera de las desde la constitución de la sociedad, cualquier socio podrá separarse de la misma, recibiendo el valor de reembolso de las participaciones que titularice en la sociedad. El procedimiento para el ejercicio de tal derecho de separación y la determinación del reembolso de participaciones sociales se regirá por lo dispuesto en el Texto Refundido de la Ley de Sociedades de Capital y en los Estatutos Sociales. El importe a reembolsar al socio separado será pagado por la sociedad en .... plazos, con vencimiento cada uno de ellos anual, aplazamiento éste que no devengará interés alguno a favor del socio separado.

DÉCIMO.– SUCESIÓN.

A efectos de facilitar que la permanencia de las acciones y participaciones sociales de las compañías que conforman el .... en manos de parientes consanguíneos en línea directa o colateral, con independencia del grado, Don .... se obligan a otorgar testamento que, como mínimo, contenga el contenido reseñado en el anexo I de este contrato.

I.– En uso de sus facultades dispositivas que le confiere el Código Civil, en especial los artículos 841 y 1056 del mismo, establecerán en su testamento las siguientes Normas Particionales, que sólo y exclusivamente serán de aplicación en relación con la adjudicación, administración y disposición futura de los bienes que integran la herencia del testador en cuanto a las acciones y participaciones sociales del .... Tales Normas Particionales son las siguientes:

En el supuesto de fallecimiento de cualquiera de los herederos o, sus descendientes, con posterioridad al fallecimiento del testador, las acciones y participaciones sociales del .... permanecerán sujetas a las siguientes reglas de transmisión, a las que atribuye el carácter de sustitución fideicomisaria de residuo:

A.– Se estará en cuanto a su titularidad a las disposiciones testamentarias del hijo heredero del testador, con la limitación de que si este tuviere hijos, deberá recaer en uno de sus hijos o descendientes y no quedar gravados con derechos a favor del cónyuge o pareja de hecho, en usufructo o en otra formula legal que limite el pleno dominio.

B.– Si por disposición testamentaria o fallecimiento intestado correspondiesen a un grupo de sucesores, en el acto particional deberán adjudicarse necesariamente a uno o varios hijos o descendientes.

C.– Si los beneficiarios de la sucesión fuesen menores de veintiséis años, quedaran sujetas a administración hasta que cumplan dicha edad, correspondiendo la administración de forma conjunta a ....

D.– El incumplimiento de las previsiones contenidas en este apartado, se configura como condición resolutoria de cualquier legado relativo a acciones y participaciones sociales del .... a favor del incumplidor, cuya porción acrecerá a los demás legatarios y herederos en la proporción en que participan en dicho legado o herencia.

II.– Cualquier legado o herencia que se efectuase al cónyuge deberá efectuarse con cargo a cualquier bien del testador distinto de las acciones y participaciones sociales del ....

El adquirente mortis causa acciones o participaciones sociales de compañías integrantes del ...., deberá aceptar y asumir los compromisos y obligaciones pactados en este contrato y, en su caso, sus modificaciones, subrogándose con la transmisión el adquirente en la posición contractual del transmitente mortis causa. A tal efecto, los socios se obligan a levar a cabo cuanto fuera menester a tal fin.

DÉCIMO.– ADOPCIÓN DE ACUERDOS.

Las partes se comprometen a adoptar, en el seno de la Junta General de cualquiera de «las sociedades», o cualquiera compañía participada «por las sociedades», los acuerdos sociales precisos para dar cumplimiento a los compromisos alcanzados en este documento. En especial, para adaptar preceptos de los Estatutos sociales al contenido del modelo que se acompaña como ANEXO II, que se aprueba por todas las partes y se da aquí por íntegramente reproducido.

Si el Registro Mercantil no admitiera la inscripción de los citados estatutos una vez modificados según la redacción contenida en los mismos, manifestando uno o varios defectos, las partes se comprometen a efectuar cuantas aclaraciones sean precisos para tal subsanación, manteniendo en la medida de lo posible el contenido de los acuerdos alcanzados y reflejados en los citados estatutos sociales. Cualquier otra modificación exigirá la aprobación expresa de las partes de este contrato.

En caso de discrepancia entre el presente Contrato y los Estatutos de la Sociedad vigentes en cada momento, independientemente de que se hallen o no inscritos en el Registro Mercantil, este Contrato prevalecerá en las relaciones existentes entre las Partes. En cualquier caso las Partes declaran que este Contrato tiene la naturaleza de pacto extra estatutario y que por ello no podrán invocar los Estatutos Sociales para eludir su aplicación, prevaleciendo lo pactado en el mismo sobre los Estatutos en caso de contracción o incompatibilidad.

UNDÉCIMO.– INCUMPLIMIENTO.

En el supuesto que una de las partes, incumpliese cualesquiera de las obligaciones aquí asumidas, que todas ellas tienen para las partes la consideración de esenciales, deberá abonar a las partes cumplidoras, por cada acto e incumplimiento, la suma de .... Euros, en concepto de cláusula penal expresamente aquí pactada, y sin perjuicio de la correspondiente indemnización de los daños y perjuicios que con su actuación hubiese irrogado y el ejercicio de cuantas acciones procediese como consecuencia del citado incumplimiento.

DUODÉCIMO.– CESIÓN DE DERECHOS

Ninguna de las Partes de este Contrato podrá ceder sus derechos y obligaciones dimanantes del mismo. Los derechos y obligaciones dimanantes de este Contrato vincularán a los herederos, legatarios, albaceas, y otros representantes así como a los sucesores, causahabientes y cesionarios de cada parte.

Las Partes se obligan recíprocamente a votar, en la medida de sus respectivos derechos en cada momento, bien sea como socios o como consejeros de la sociedad, de forma que ninguna persona sea inscrita como titular de derecho alguno sobre participación alguna sin haberse respetado el presente Contrato.

DECIMOTERCERO.– VIGENCIA DEL CONTRATO

El presente Contrato permanecerá en vigor y, por tanto, desplegará todos sus efectos, en tanto en los socios firmantes del mismo mantengan la condición de socio de cualquiera de «las sociedades», o cualquiera de las compañías participadas por «las sociedades» y sin perjuicio de la vigencia de las obligaciones previstas en este contrato, que surtan sus efectos y permanezcan tras la pérdida de la condición de socio de «las sociedades», o cualquiera de las compañías participadas por «las sociedades» en virtud de lo pactado en este documento.

Sin perjuicio de lo dispuesto en el párrafo anterior y en la legislación aplicable, el Contrato quedará extinguido anticipadamente, dejando de producir efectos entre las Partes, en los siguientes casos:

a) por la terminación voluntaria y expresa de las Partes, y

b) por disolución y liquidación de «las sociedades» y las sociedades participadas por «las sociedades».

DECIMOCUARTO.– Renuncias y Modificaciones

Ninguna renuncia tácita por parte de cualquiera de las Partes o el no-ejercicio de cualquiera de sus derechos aquí recogidos será considerado como una renuncia a otros derechos o a los mismos derechos en el futuro.

Ninguna modificación, cambio o renuncia de cualquiera de las provisiones del presente Contrato será efectiva a no ser que se realice por escrito y cuente con la firma de la Parte frente a quien debe operar tal modificación, cambio o renuncia.

DECIMOQUINTO.– NOTIFICACIONES

Para la práctica de cuantos requerimientos o notificaciones hayan de verificarse, ambas partes designan los domicilios reseñados en el encabezamiento de este contrato. Dichos domicilios podrán ser modificados por cualquiera de las partes de este documento previa notificación fehaciente a la otra del expresado cambio.

DECIMOSEXTO.– Acuerdo único

En el caso de que cualquier pacto del presente Contrato fuera nula o anulable, por cualquier resolución legal, administrativa o arbitral, la validez del mismo en su conjunto no quedará afectada por dicha circunstancia, siempre que no se trate de una parte sustancial del mismo. El pacto legalmente ineficaz será sustituido por uno nuevo, o interpretado de un modo legalmente aceptable, que sea de un tenor lo más aproximado posible al pacto que las partes habrían formalizado de haber tenido conocimiento de la ineficacia del pacto en cuestión.

Cada Parte se obliga a ejercitar todos sus derechos y, en particular, sus derechos como socio y/o administradores de «las sociedades» o cualquiera de las compañías participadas por «las sociedades», en la forma que resulte precisa o conveniente para cumplir o asegurar el cumplimiento de este Contrato. Igualmente, se obligan a realizar los máximos esfuerzos y a adoptar las medidas necesarias a fin de que la actuación de los administradores, Consejeros, apoderados, Consejeros Delegados y/o miembros de Comisiones Ejecutivas nombrados a su instancia sea la necesaria o conveniente para cumplir o asegurar el cumplimiento de este Contrato.

En cuanto fuera menester, el contenido del presente documento tiene la consideración de acuerdo de la Junta General las sociedades o cualquiera de las compañías participadas por «las sociedades», y de sus órganos de administración.

DECIMOSÉPTIMO.– LEY APLICABLE Y JURISDICCIÓN

Este Contrato está sujeto a la ley española y será interpretado de acuerdo con la misma. Las partes, con renuncia expresa al fuero que pudiera corresponderles, acuerdan someter cualquier controversia o reclamación que pueda surgir entre las partes con respecto a la validez, ejecución, cumplimiento o resolución, total o parcial, de este Contrato a los Juzgados y Tribunales de ....

Y para que así conste, firman el presente en el lugar y fecha señalados «ut supra».

F436. CONSTITUCIÓN DE SOCIEDAD HOLDING EN VIRTUD DE PROTOCOLO FAMILIAR

Normativa de Aplicación: *Arts. 18 y ss. Real Decreto Legislativo 1/2010, de 2 de julio, por el que se aprueba el texto refundido de la Ley de Sociedades de Capital.*

Número:

CONSTITUCIÓN DE LA SOCIEDAD

Denominación: «...........»

En ...., a ....

Ante mí, ..., Notario con residencia en .... y de su Ilustre Colegio,

COMPARECEN

DON ...., empresario, casado .... vecinos de .... Con DNI/NIF ....

DON ...., empresario, casado .... vecinos de .... Con DNI/NIF ....

DON ...., empresario, casado .... vecinos de .... Con DNI/NIF ....

DON ...., empresario, casado .... vecinos de .... Con DNI/NIF ....

Les identifico por medio de la documentación reseñada que me exhiben.

INTERVIENEN

Todos en su propio nombre y derecho.

Tienen a mi juicio la capacidad necesaria para esta escritura de CONSTITUCIÓN DE SOCIEDAD LIMITADA y al efecto,

EXPONEN

I.– Que fundan y constituyen una entidad mercantil, conforme a las disposiciones de la Ley de Sociedades de Capital, con la denominación de «...........», que se regulará por las normas de dicha Ley y en particular por los Estatutos que me entregan, extendidos en cinco folios de papel exclusivo para documentos notariales, serie y números el .... y los cuatro siguientes en orden, los cuales declaran conocer por haber leído, aprueban en mi presencia y firman en el último de dichos folios, dándose por reproducidos.

CERTIFICACIÓN DE NOMBRE: Me entregan y protocolizo con esta matriz certificado del Registro Mercantil Central acreditativo de no hallarse inscrita sociedad con igual denominación.

II.– La sociedad se constituye con un capital social de .... euros dividido en .... participaciones sociales de .... euros cada una, totalmente suscritas y desembolsadas y numeradas del uno al ...., ambos inclusive.

La suscripción y desembolso se realiza en la siguiente forma:

DON ...., suscribe y desembolsa .... participaciones sociales, números ...., inclusive, por su valor de .... euros que desembolsa mediante la aportación, que conforme a lo previsto en el Artículo 1.384 del Código Civil, efectúa a la Sociedad, del pleno dominio de las siguientes acciones nominativas que le pertenecen,

....

Correspondiéndole a esta aportación .... participaciones de la sociedad que ahora se constituye, concretamente, las números .... ambos inclusive.

DON ...., suscribe y desembolsa .... participaciones sociales, números ...., inclusive, por su valor de .... euros que desembolsa mediante la aportación, que conforme a lo previsto en el Artículo 1.384 del Código Civil, efectúa a la Sociedad, del pleno dominio de las siguientes acciones nominativas que le pertenecen,

....

Correspondiéndole a esta aportación .... participaciones de la sociedad que ahora se constituye, concretamente, las números ...., ambos inclusive.

Y DON ...., suscribe y desembolsa .... participaciones sociales, números ...., inclusive, por su valor de .... euros que desembolsa mediante la aportación, que conforme a lo previsto en el Artículo 1.384 del Código Civil, efectúa a la Sociedad, del pleno dominio de las siguientes acciones nominativas que le pertenecen,

....

Correspondiéndole a esta aportación .... participaciones de la sociedad que ahora se constituye, concretamente, las números ...., ambos inclusive

Título de adquisición de las acciones aportadas:

En virtud de ....

Acreditan la libertad para efectuar la aportación indicada mediante certificaciones de la Junta General de ambas sociedades, de esta misma fecha, que se incorporan a esta matriz, que estando suscritas por ....

Queda así el capital totalmente asumido y desembolsado.

III.– Los comparecientes, dando a este acto el carácter de Junta general universal de socios, acuerdan por unanimidad:

PRIMERO.– Estructura y nombramiento del primer órgano de administración.– Quedan establecidas por esta escritura fundacional las siguientes determinaciones:

A.– El nombramiento del Órgano de Administración se realiza como condición del contrato social.

B.– El órgano de administración de esta sociedad será el de Consejo de Administración.

C.– Se fija en cuatro el número de miembros y se nombran Consejeros a ....

D.– Su nombramiento se hace por plazo INDEFINIDO.

E.– Los designados ACEPTAN SU CARGO, se comprometen a su fiel desempeño, toman posesión del mismo y manifiesta no hallarse incursos en causa alguna de incapacidad, incompatibilidad o prohibición para ejercerlo. Hacen constar que sus circunstancias personales son las consignadas en la comparecencia de esta escritura.

SEGUNDO.– Los Consejeros designados dando a este acto el carácter de primera reunión del Consejo de Administración realizan los siguientes nombramientos:

PRESIDENTE DEL CONSEJO: ....

VICEPRESIDENTE DEL CONSEJO: ....

SECRETARIO DEL CONSEJO: ....

VOCAL: ....

CONSEJEROS DELEGADOS SOLIDARIOS: ....

Se hace constar que se ha celebrado entre el consejero delegado designado y la propia sociedad el contrato previsto en el artículo 249 de la Ley de Sociedades de Capital, que ha sido aprobado previamente por el consejo de administración, con el voto favorable de .... (al menos dos terceras partes de los miembros) absteniéndose de asistir a la deliberación y de votar el consejero delegado nombrado, en los términos y condiciones que se reflejan en dicho precepto.

El poder de representación de la sociedad, en los términos establecidos por la Ley y art. 12° de los Estatutos corresponde al propio Consejo que actuará colegiadamente.

Se delegan solidariamente en los Consejeros Delegados nombrados todas y cada una de las facultades que estatutariamente corresponden al Consejo de Administración y constan en el artículo 14° de los Estatutos sociales, a saber:

a) El uso de la firma social, la dirección del giro y tráfico mercantil de la empresa y su administración.

b) Adquirir, enajenar, comprar, vender inmuebles y bienes muebles, incluso constituir sobre los mismos cualquier gravamen y toda clase de derechos reales y la modificación, cancelación y liberación de los mismos, pudiendo también concertar préstamos con cualquier entidad de crédito privada y oficial, concertar leasings o arrendamientos financieros en calidad de arrendatarios.

c) Celebrar y firmar cuantos contratos se precisen y convengan, con el Estado, Provincia, Municipio, entes autonómicos y cualesquiera otros organismos públicos, así como particulares; concurrir a toda clase de subastas, concursos o suministros, oficiales o particulares, pudiendo por tanto redactar, suscribir, presentar, y en su caso, mejorar en licitación verbal las ofertas o proposiciones pertinentes, así como realizar si fuere preciso las aclaraciones necesarias para la mejor apreciación de su propuesta, y en general, actuar en todas las incidencias y actos propios de la subasta, percibir y cobrar, en todo o en parte, las cantidades, efectos o valores que se les entreguen o adjudiquen en pago de ventas o suministros realizados, ya sea por particulares, ya por Organismos, Entidades, Dependencias, Oficinas, funcionarios públicos, suscribiendo el oportuno recibo o carta de pago, en incluso, si procediere, el correspondiente documento de adjudicación definitiva; constituir en dinero, efectos o valores los depósitos o fianzas provisionales o definitivas que se exijan en toda clase de subastas, concursos o suministros a que la sociedad acuda, así como sustituir y cancelar unas y otras, retirando y cobrando los fondos que las constituyan.

d) Solicitar de los poderes públicos, autoridades, centros y oficinas, la obtención de toda clase de privilegios, concesiones, subvenciones, etc. y retirar de Organismos del Estado, Provincia y Municipio, y Entes Autonómicos, así como de los privados, cualesquiera cantidades que a la sociedad se le adeuden por el concepto que fuere.

e) Nombrar y separar todo el personal administrativo y laboral de la sociedad, organizar y reglamentar sus servicios y contratar y resolver toda clase de seguros relacionados con el objeto social.

f) Decidir y realizar el ejercicio de las acciones que correspondan a la sociedad, personándose ante cualquier Autoridad o Tribunal, ordinario, especial, etc. pudiendo interponer toda clase de reclamaciones o recursos judiciales, administrativos, económico-administrativos, contencioso-administrativos, gubernativos, laborales o sindicales, así como desistir de las acciones interpuestas; y otorgar consiguientemente poderes a favor de Letrados, Procuradores de los Tribunales y Graduados Sociales, con las facultades que se crean necesarias, incluidas las de sustituir y subapoderar.

g) Transigir y componer el juicio de arbitraje.

h) Otorgar poderes con el alcance que se estime conveniente y revocarlos. En tales poderes podrá conceder a los apoderados facultades de subapoderamiento y sustitución y ello con carácter sucesivo, de forma que los subapoderados puedan a su vez, en sucesión indefinida, volver a subapoderar.

i) Otorgar y firmar en nombre de la sociedad las escrituras, contratos y documentos públicos y privados, civiles y mercantiles o de cualquier otro orden, que a la sociedad interesen.

j) Autorizar con su firma la correspondencia.

k) Pagar, librar, girar, aceptar, endosar, cobrar y protestar, por falta de aceptación y de pago letras de cambio, y documentos análogos; abrir cuentas corrientes y de crédito en toda clase de bancos, incluso en el de España, y establecimientos de crédito, cancelar y retirar fondos de las mismas, cobrar créditos y pagar deudas; constituir y retirar fianzas, percibir sus intereses y cancelarlas y renovarlas, y, en general, llevar a efecto cuantas gestiones sean precisas para el tráfico mercantil de la sociedad.

Se hace constar que se ha suscrito entre los consejeros delegados y la sociedad el oportuno contrato a que se refiere el art. 244 TRLSC aprobado con la mayoría prevista en el referido artículo.

IV.– Para el caso de que la calificación registral resultase contraria a alguna de las cláusulas estatutarias, o apartado concreto de las mismas, solicitan la inscripción parcial de la presente escritura y de los Estatutos unidos en cuanto a las restantes y se confieren poder recíproco para subsanar la presente en los puntos necesarios para su inscripción en el Registro mercantil.

V.– Estipulaciones especiales.– Facultades del órgano de Administración durante la fase anterior a la inscripción de la Sociedad.

Durante dicha fase y para los efectos determinados en la Ley especial, se confieren al Órgano de Administración, expresa y especialmente, las mismas facultades que los Estatutos y las normas legales le atribuyen con carácter general. Y se reitera que, en la letra h) del artículo 14° de los Estatutos Sociales, como facultad del Órgano de Administración se contiene la siguiente: «h) Otorgar poderes con el alcance que se estime conveniente y revocarlos. En tales poderes podrá conceder a los apoderados facultades de subapoderamiento y sustitución y ello con carácter sucesivo, en forma que los subapoderados puedan a su vez, en sucesión indefinida, volver a subapoderar».

Además de manera particularísima y aunque pueda ser innecesario, se autoriza, solidariamente, a los propios Consejeros-Delegados para que puedan disponer de los fondos depositados en la expresada cuenta abierta a nombre de la Sociedad, o de cualquier otra cuenta o depósito bancario existente o que exista en el futuro a nombre de la Sociedad, pudiendo a tal efecto proceder a la apertura de las mismas, firmando los contratos pertinentes y retirando talones de cheques para poder disponer de dichos fondos.

VI.– Hacen constar los comparecientes, que esta sociedad será dada de alta con el CNAE nº ....

VII.– En relación con el Real Decreto Ley de 3 de diciembre de 2010, manifiestan:

a) Que optan por los Estatutos propios que han quedado protocolizados.

b) Que me instan EXPRESAMENTE a mí, el Notario, para que no remita al RM copia autorizada Telemática del presente instrumento, optando los comparecientes por la tramitación mediante el procedimiento manual, apoderando los intervinientes al propio Notario autorizante, según sus términos, para las subsanaciones de mero detalle a que se refiere el texto.

(en su caso) VII.– MANIFESTACIÓN FISCAL. (en su caso) Las operaciones que en la presente escritura se formalizan tienen la consideración de aportación no dineraria especial, de acuerdo con el cumplimiento de los requisitos previstos en el artículo 87 de la Ley 27/2014, de 27 de noviembre, del Impuesto sobre Sociedades que es aplicable, como en el caso concreto, a las personas físicas. En consecuencia se somete al régimen tributario especial previsto en el Capítulo VII del Título VII de la citada Ley. A tal fin se remitirá, en tiempo y forma, a la Administración tributaria un escrito comunicando la opción del acogimiento a dicho régimen fiscal especial, de conformidad con lo dispuesto en el artículo 89.1 de la mencionada Ley 27/2014.

Protección de datos.– Con relación a los datos de carácter personal que en la presente constan, referidos a los comparecientes, quedan estos enterados de que los mismos se incorporan a mis ficheros automatizados, lo que aceptan, así como del derecho de oposición, acceso a ellos, rectificación o cancelación de los mismos.

Hechas las reservas y advertencias legales, en especial de orden fiscal —plazo de presentación de 30 días hábiles, responsabilidades y afecciones—, así como las relativas a la inscripción en el Registro Mercantil, les leo esta escritura, previa advertencia y renuncia de su derecho a leer por sí, la aprueban y firman.

De identificarles por el documento de identidad reseñado, de la legitimación de los intervinientes, de que los actos contenido de este otorgamiento se adecuan a la legalidad y a su voluntad debidamente informada, y de todo lo contenido en este instrumento público, extendido en catorce folios de papel exclusivo para documentos notariales, serie y números el presente y los anteriores en orden, yo, el Notario, doy fe.

ESTATUTOS DE LA COMPAÑÍA MERCANTIL «............».

TÍTULO I. DENOMINACIÓN, OBJETO, DURACIÓN Y DOMICILIO DE LA SOCIEDAD.

Artículo 1°.– Con el nombre de «...........» se constituye una compañía mercantil de responsabilidad limitada y nacionalidad española que se regirá por los presente Estatutos y en lo no previsto o modificado por éstos por la Ley de Sociedades de Capital y demás preceptos sobre dichas entidades que en cada momento se hallen vigentes.

Artículo 2°.– La sociedad tendrá por objeto:

– La suscripción, adquisición y disfrute de acciones, participaciones y cualesquiera otros títulos, ya sea de renta fija o variables, por cuenta propia con exclusión de las actividades sujetas a legislación especial, fundamentalmente Ley del Mercado de Valores e Instituciones de Inversión Colectiva la administración y gestión de tales activos y el ejercicio de los confiados en las mismas. La prestación de servicios de asesoramiento, management y apoyo a la gestión, en tales ámbitos y a las entidades participadas.

– La enumeración de las actividades sociales especificadas no presupone el inmediato desenvolvimiento de todas ellas ni la simultaneidad de las mismas, sino la posibilidad de su ejercicio, condicionado a las circunstancias libremente apreciadas por la Administración social en su caso, que podrá iniciar o no dichas actividades, así como suspenderlas y reemprenderlas cuando a su juicio lo requiera el interés social.

– Las actividades enumeradas podrán también ser desarrolladas por la Sociedad, total o parcialmente, de modo indirecto, mediante la participación en otras sociedades con objeto análogo.

Si las disposiciones legales exigiesen para el ejercicio de alguna de las actividades comprendidas en el objeto social, algún título profesional o autorización administrativa, o inscripción en registros públicos, dichas actividades deberán realizarse por medio de persona que ostente la requerida titulación no siendo de aplicación en ningún caso la Ley 2/2007 de 15 de marzo de Sociedades Profesionales, al ser tal o tales prestaciones de mera intermediación con los profesionales actuantes.

Artículo 3°.– La duración de la sociedad será por tiempo indefinido y dará comienzo a sus operaciones el día del otorgamiento de la escritura de constitución.

Artículo 4°.– El domicilio social se fija en ...., no obstante, con exclusión de la competencia atribuida al órgano de administración por el artículo 285-2 de la Ley de Sociedades de Capital, previo acuerdo de la Junta General de Socios, podrá ser cambiado a cualquier otro lugar dentro del territorio español, con observancia de los requisitos legales al respecto.

El órgano de administración de la entidad, con cumplimiento de los preceptos legales, podrá establecer Sucursales, Agencias y Delegaciones en cualquier lugar de España o del extranjero, así como suprimirlas.

TÍTULO II.– CAPITAL SOCIAL, PARTICIPACIONES Y SU TRANSMISIÓN Y RÉGIMEN.

Artículo 5°.– El capital social se fija en la cantidad de .... EUROS dividido en .... participaciones sociales de .... EUROS de valor nominal cada una de ellas, iguales, acumulables e indivisibles y totalmente suscrito y desembolsado, cuyas participaciones estarán numeradas correlativamente a partir de la unidad.

Artículo 6°.– Cada participación confiere a su legítimo titular la condición de socio y, como tal, le corresponden los siguientes derechos:

a) Participar en el reparto de los beneficios sociales y en el resultado de la liquidación de la sociedad en la proporción directa a sus participaciones sociales.

b) El derecho de tanteo para la adquisición preferente de participaciones sociales en el caso de que se pongan a la venta las de otros socios, y el de suscripción preferente en las ampliaciones de capital.

c) El derecho de asistir a las Juntas de Socios y emitir su voto en las mismas, correspondiéndole un voto por cada participación social de que sea titular.

Artículo 7°.– Será libre la transmisión voluntaria de participaciones por acto inter vivos, a título oneroso o lucrativo, cuando el adquirente sea ya socio de la entidad o cuando sea ascendiente o descendiente de un socio aunque éste no sea el transmitente, o cuando el adquirente sea una sociedad del mismo grupo que la transmitente, remitiéndose al Artículo 42 del Código de Comercio para la fijación de tal concepto.

En los demás casos regirán:

a) Para la transmisión voluntaria, el artículo 107-2 y concordantes de la Ley de Sociedades de Capital.

b) Para la transmisión forzosa el artículo 109 de dicha ley.

c) Para la transmisión mortis causa, el artículo 110-1 de la ley indicada ....

Artículo 8°.– Siempre que una participación social pertenezca proindiviso a varias personas, éstas habrán de designar la que haya de ejercer los derechos inherentes a esta participación. Esto no obstante, del incumplimiento de las obligaciones del socio con la sociedad, responderán solidariamente todos los comuneros.

Artículo 9°.– En el caso de usufructo de participaciones sociales, la cualidad de socio residirá en el nudo propietario. Él usufructuario tendrá derecho a participar en los dividendos acordados por la sociedad durante el período del usufructo y a ejercitar los demás derechos del socio.

TÍTULO III.– GOBIERNO DE LA SOCIEDAD

Artículo 10°.– La administración, gobierno y representación de la sociedad, corresponde:

a) A la voluntad de los socios, expresada en Junta General.

b) Al Órgano de Administración.

Artículo 11°.– La voluntad de los socios, expresada por mayoría, regirá la vida de la Sociedad. Los acuerdos de los socios se adoptarán en Junta General.

La Junta General será convocada por el Órgano de Administración de la entidad, el cual deberá hacerlo para ser celebrada dentro de los seis primeros meses de cada ejercicio con el fin de censurar la gestión social, aprobar en su caso las cuentas del ejercicio anterior y resolver sobre la aplicación del resultado. Deberán también convocarlas cuando lo soliciten uno o varios socios que representen al menos el cinco por ciento del capital social, expresando en la solicitud los asuntos a tratar en la Junta, dándose cumplimiento en tal caso a las previsiones legales para la materia, incluyendo necesariamente en el Orden del Día los asuntos que hubiesen sido objeto de solicitud.

Podrá también convocarse la Junta a instancia de cualquier persona legitimada para ello por disposición legal o reglamentaria, así como por cualquier medio establecido por dichas disposiciones.

El Órgano de Administración convocará la Junta mediante carta certificada con acuse de recibo remitida con una antelación mínima de quince días entre la remisión del anuncio al último de ellos y la celebración, salvo los supuestos en los que la Ley exija un plazo superior o forma, que deberán ser observados, expresando el nombre de la sociedad, fecha, hora y lugar de celebración, en el término municipal donde la sociedad tenga su domicilio, y Orden del Día en que figuren los asuntos a tratar, así como las demás menciones legal o reglamentariamente exigidas y el cargo de la persona o personas que realizan la convocatoria.

El domicilio de remisión de la convocatoria será el que figure en el Libro Registro de Socios, salvo que en forma fehaciente un socio haya designado uno diferente.

La Junta podrá también constituirse con carácter de universal sin necesidad de previa convocatoria y para tratar cualquier asunto siempre que este presente o representada la totalidad del capital social y los concurrentes acepten por unanimidad la celebración de la reunión y su Orden del Día.

Se regirán por las normas legales y reglamentarias que resulten de aplicación la competencia de la Junta General, sus *quorums* y régimen de mayorías, ordinarios o reforzados, así como la adopción de acuerdos, su constancia en Acta y la forma de certificar aquéllos.

Actuaran como Presidente y Secretario los asistentes que designen los concurrentes al comienzo de la reunión y el Presidente concederá la palabra a quien la solicite, declarando cerrado el debate sobre cada punto del Orden del Día cuando lo juzgue pertinente y procediéndose a las votaciones mediante expresión oral del voto, salvo que alguno de los concurrentes solicite votación escrita y secreta.

Artículo 12°.– Del órgano de administración.

La administración y representación de la sociedad, estará a cargo de, alternativamente:

a) Un Administrador único.

b) De dos a siete Administradores solidarios

c) De dos a siete Administradores mancomunados que ejercerán el poder de representación mediante la actuación conjunta de dos de ellos.

d) Un Consejo de Administración compuesto de tres a once miembros, designados por la Junta, quienes elegirán un Presidente y un Secretario. Dicho órgano podrá delegar sus facultades legalmente delegables en algún o algunos de los consejeros.

Corresponde al Presidente del Consejo dirigir la deliberación de éste sobre los puntos del día, procediéndose a continuación a la votación a mano alzada entre los Consejeros presentes, adoptándose los acuerdos por mayoría de los asistentes salvo que la Ley exija una mayoría superior.

Las reuniones del Consejo serán convocadas por el presidente mediante carta certificada con cinco días de antelación, indicando día, lugar, hora y Orden del día; sin perjuicio de poderse constituir con carácter de universal si concurren todos sus miembros y acuerdan por unanimidad su celebración.

El Consejo de Administración se entenderá válidamente constituido cuando concurran la mitad más uno de sus miembros.

El órgano de administración ejercerá su cargo por tiempo indefinido sin perjuicio de la facultad de separación que con arreglo a la Ley corresponde a la Junta General, con el régimen de mayorías legalmente establecido al respecto.

Para pertenecer al órgano de administración no será necesario ser socio de la sociedad.

Artículo 13°.– No podrán ocupar dicho cargo las personas incursas en ninguna prohibición o incompatibilidad legal en especial las comprendidas en el artículo 213 del Texto Refundido de la Ley de Sociedades de Capital.

Artículo 14°.– El órgano de administración asumirá todos los asuntos relativos al giro, tráfico mercantil y a la vida general de la misma, obligándola con sus actos y contratos, estándole atribuidas todas cuantas facultades no se hallen expresamente encomendadas a la Junta de Socios por estos estatutos o por la Ley. A título enunciativo y no limitativo corresponderán al órgano de administración, las siguientes facultades especiales:

a) El uso de la firma social, la dirección del giro y tráfico mercantil de la empresa y su administración.

b) Adquirir, enajenar, comprar, vender inmuebles y bienes muebles, incluso constituir sobre los mismos cualquier gravamen y toda clase de derechos reales y la modificación, cancelación y liberación de los mismos, pudiendo también concertar préstamos con cualquier entidad de crédito privada y oficial, concertar leasings o arrendamientos financieros en calidad de arrendatarios.

c) Celebrar y firmar cuantos contratos se precisen y convengan, con el Estado, Provincia, Municipio, entes autonómicos y cualesquiera otros organismos públicos, así como particulares; concurrir a toda clase de subastas, concursos o suministros, oficiales o particulares, pudiendo por tanto redactar, suscribir, presentar, y en su caso, mejorar en licitación verbal las ofertas o proposiciones pertinentes, así como realizar si fuere preciso las aclaraciones necesarias para la mejor apreciación de su propuesta, y en general, actuar en todas las incidencias y actos propios de la subasta, percibir y cobrar, en todo o en parte, las cantidades, efectos o valores que se les entreguen o adjudiquen en pago de ventas o suministros realizados, ya sea por particulares, ya por Organismos, Entidades, Dependencias, Oficinas, funcionarios públicos, suscribiendo el oportuno recibo o carta de pago, en incluso, si procediere, el correspondiente documento de adjudicación definitiva; constituir en dinero, efectos o valores los depósitos o fianzas provisionales o definitivas que se exijan en toda clase de subastas, concursos o suministros a que la sociedad acuda, así como sustituir y cancelar unas y otras, retirando y cobrando los fondos que las constituyan.

d) Solicitar de los poderes públicos, autoridades, centros y oficinas, la obtención de toda clase de privilegios, concesiones, subvenciones, etc. y retirar de Organismos del Estado, Provincia y Municipio, y Entes Autonómicos, así como de los privados, cualesquiera cantidades que a la sociedad se le adeuden por el concepto que fuere.

e) Nombrar y separar todo el personal administrativo y laboral de la sociedad, organizar y reglamentar sus servicios y contratar y resolver toda clase de seguros relacionados con el objeto social.

f) Decidir y realizar el ejercicio de las acciones que correspondan a la sociedad, personándose ante cualquier Autoridad o Tribunal, ordinario, especial, etc. pudiendo interponer toda clase de reclamaciones o recursos judiciales, administrativos, económico-administrativos, contencioso-administrativos, gubernativos, laborales o sindicales, así como desistir de las acciones interpuestas; y otorgar consiguientemente poderes a favor de Letrados, Procuradores de los Tribunales y Graduados Sociales, con las facultades que se crean necesarias, incluidas las de sustituir y subapoderar.

g) Transigir y componer el juicio de arbitraje.

h) Otorgar poderes con el alcance que se estime conveniente y revocarlos. En tales poderes podrá conceder a los apoderados facultades de subapoderamiento y sustitución y ello con carácter sucesivo, de forma que los subapoderados puedan a su vez, en sucesión indefinida, volver a subapoderar.

i) Otorgar y firmar en nombre de la sociedad las escrituras, contratos y documentos públicos y privados, civiles y mercantiles o de cualquier otro orden, que a la sociedad interesen.

j) Autorizar con su firma la correspondencia.

k) Pagar, librar, girar, aceptar, endosar, cobrar y protestar, por falta de aceptación y de pago letras de cambio, y documentos análogos; abrir cuentas corrientes y de crédito en toda clase de bancos, incluso en el de España, y establecimientos de crédito, cancelar y retirar fondos de las mismas, cobrar créditos y pagar deudas; constituir y retirar fianzas, percibir sus intereses y cancelarlas y renovarlas, y, en general, llevar a efecto cuantas gestiones sean precisas para el tráfico mercantil de la sociedad.

l) Ejecutar los acuerdos sociales.

TÍTULO IV. EJERCICIOS SOCIALES. BALANCE

Artículo 15°.– Los ejercicios sociales comienzan en primero de enero y terminan en treinta y uno de diciembre de cada año. Por excepción, el ejercicio social correspondiente al año en que la sociedad se constituye, comenzará en la fecha en que inicie sus operaciones. Al cierre de cada ejercicio social, se deberán formular las cuentas anuales de la empresa, que comprenderán el balance, la cuenta de pérdidas y ganancias, un estado que refleje los cambios en el patrimonio neto del ejercicio, un estado de flujos de efectivo y la memoria. Estos documentos forman una unidad. El estado de flujos de efectivo no será obligatorio cuando así lo establezca una disposición legal. Los socios tendrán derecho al conocimiento y examen de las cuentas anuales y sus antecedentes en el plazo y en la forma que legal o reglamentariamente se halla regulada.

TÍTULO V. DISOLUCIÓN Y LIQUIDACIÓN

Artículo 16°.– La sociedad se disolverá por las causas previstas en la Ley de Sociedades de Capital y demás legislación aplicable.

Artículo 17°.– Disuelta la sociedad, se procederá conforme a lo dispuesto en la Ley de Sociedades de Capital.

TÍTULO VI. DISPOSICIONES FINALES

Artículo 18°.– Cualquier duda o diferencia que surja entre los socios a causa de la interpretación de estos Estatutos o en el ejercicio de los derechos y obligaciones dimanantes de este contrato de sociedad, se someterá al laudo arbitral de la forma que se expresa en la Legislación vigente, salvo los casos en que por la Ley se establezca procedimientos especiales por carácter imperativo.

RETRIBUCIÓN DE LOS ADMINISTRADORES

Artículo 19°.– Los miembros del Órgano de Administración ejercerán su cargo con carácter retribuido mediante el sistema de salario y dietas en la cuantía establecida por la Junta General para cada ejercicio.

TÍTULO VII.– RÉGIMEN ESPECIAL DE UNIPERSONALIDAD ....

Mientras la sociedad tenga el carácter de unipersonal, por pertenecer todo el capital social a un socio único, la vida societaria se ajustará a las previsiones legales y reglamentarias, ejerciéndose las competencias de la Junta general a las previsiones de la Ley de Sociedades de Capital.

F437. TESTAMENTO ABIERTO DERIVADO DE PROTOCOLO FAMILIAR

Número:

TESTAMENTO ABIERTO DE DON ....

En la Ciudad de .... a ....

Ante mí, ..., Notario de la Ciudad y del Ilustre Colegio de ....

COMPARECE

DON ...., nacido en ...., provincia de ...., el día ....; casado, empresario, vecino de ...., con domicilio en .... y que me exhibe su Documento Nacional de Identidad y NIF n° ....

DECLARACIONES

I.– Declara ser hijo de los consortes .... ya fallecidos, ser viudo de su primer matrimonio contraído con ...., con la que tuvo .... hijos, llamados ...., y estar casado con Doña ...., con quien contrajo segundas nupcias.

II.– Ostentar la vecindad civil valenciana, hallarse sometido a la legislación civil común, y que su régimen económico-matrimonial es el de separación de bienes, pactado en escritura autorizada el .... por el Notario ...., y debidamente inscritas en el Registro Civil de ....

III.– El compareciente, que manifiesta saber y poder leer, se halla a mi juicio, con la capacidad legal necesaria para testar, y ordena de palabra su última voluntad, que yo Notario, con arreglo a ella, redacto en las siguientes,

CLÁUSULAS

PRIMERA.– Lega a su esposa DOÑA ...., con cargo al tercio de mejora y, en lo que excediere con cargo al tercio libre:

El usufructo universal y vitalicio de los siguientes inmuebles: ....

Los gastos derivados del disfrute de dichos bienes serán soportados por la legataria, a excepción del Impuesto sobre Bienes Inmuebles y los gastos de comunidad.

La legataria queda facultada para tomar por sí posesión de este legado y relevada de la obligación de fianza e inventario.

Una renta vitalicia de un importe de .... anuales, pensión que se actualizará anualmente en función de las variaciones que experimente el Índice General de Precios al Consumo, o índice oficial que lo sustituya.

El abono de dicha renta corresponderá, como carga impuesta por razón del legado que se ordena en la cláusula segunda, a los beneficiarios de este, ... con carácter solidario frente a la beneficiaria y mancomunado a partes iguales entre sí; también como carga impuesta de dicho legado corresponderá a dichos legatarios, en la misma forma, el abono del Impuesto sobre Bienes Inmuebles y Gastos de Comunidad que puedan corresponder a la esposa del testador por razón del usufructo sobre los inmuebles, objeto de legado en esta cláusula.

El derecho al cobro de la pensión se extinguirá al fallecimiento de la legataria.

La legataria tendrá derecho al cobro íntegro de la pensión desde el mismo momento de la muerte del testador y la pensión correspondiente al año de la muerte de la legataria deberá satisfacerse por los obligados a su pago en su integridad, sin que los mismos puedan reclamar la devolución proporcional a los días que no hubiese vivido.

El pago de la pensión se verificará: El año de la muerte del testador, en los seis meses siguientes a su fallecimiento, y las restantes anualidades, durante el mes de enero del año natural correspondiente.

SEGUNDA.– En cuanto a la sociedad Holding «...........», domiciliada en ...., titular del CIF, número .... de la que en este momento el testador es socio único, dispone el testador que LEGA, por partes iguales, a sus hijos .... las participaciones sociales «...........» que el testador titularice al tiempo de su fallecimiento, con derecho de sustitución vulgar a favor de sus respectivos descendientes.

El testador, en uso de sus facultades dispositivas que le confiere el Código Civil, establece las siguientes Normas Particionales, que sólo y exclusivamente serán de aplicación en relación con la adjudicación, administración y disposición futura de los bienes que integran la herencia del testador en cuanto a dichas participaciones sociales de «...........». Tales Normas Particionales son las siguientes:

En el supuesto de fallecimiento de cualquiera de los legatarios o, sus descendientes, con posterioridad al fallecimiento del testador, las participaciones sociales de «...........», —Sociedad Unipersonal— permanecerán sujetas a las siguientes reglas de transmisión, a las que atribuye el carácter de sustitución fideicomisaria de residuo:

A.– Se estará en cuanto a su titularidad a las disposiciones testamentarias del hijo heredero del testador, con la limitación de que si este tuviere hijos, deberá recaer en uno de sus hijos o descendientes y no quedar gravados con derechos a favor del cónyuge o pareja de hecho, en usufructo o en otra fórmula legal que limite el pleno dominio.

B.– Si por disposición testamentaria o fallecimiento intestado correspondiesen a un grupo de sucesores, en el acto particional deberán adjudicarse necesariamente a uno o varios hijos o descendientes.

C.– Si los beneficiarios de la sucesión fuesen menores de veintiséis años, quedaran sujetas a administración hasta que cumplan dicha edad, correspondiendo la administración de forma conjunta a ...., y a Don .... y en defecto de éste a ...., y en defecto de ambos a Don ....

D.– El incumplimiento de las previsiones contenidas en este apartado VI, se configura como condición resolutoria del legado relativo a participaciones sociales de la mercantil .... a favor del incumplidor, cuya porción acrecerá a los demás legatarios en la proporción en que participan en dicho legado.

TERCERA.– LEGA los activos líquidos, depósitos, fondos de inversión, títulos de bolsa y otros activos semejantes, con exclusión de las participaciones sociales de .... y las acciones y participaciones sociales de cualquier otra sociedad que no cotice en bolsa, a Don ...., en un ...., y en el restante ...., por partes iguales, a sus hijos ...., con derecho de sustitución vulgar a favor de sus respectivos descendientes.

CUARTA.– En el resto de todos sus bienes, instituye herederos, por partes iguales, a sus hijos ...., los cuales serán sustituidos, en caso de premoriencia o renuncia, con carácter vulgar, por sus respectivos descendientes, conforme a las normas del derecho de representación, dándose, en otro caso, el derecho de acrecer entre ellos.

Ningún heredero traerá a colación bien o cantidad alguna que en vida hubiere recibido del testador.

Todas las donaciones, condonaciones de deudas o actos de liberalidad realizados en vida por el testador a favor de alguno de sus descendientes, se entenderán realizados con cargo al tercio de libre disposición, en su defecto, al de mejora y, finalmente, a la legítima estricta del descendiente.

QUINTA.– Si alguno de los herederos no aceptase alguna de las disposiciones del presente testamento, quedará reducida su parte a lo que por legítima estricta le corresponda, acreciendo la participación de los demás coherederos, y disponiendo que no pueda ser satisfecha su participación hereditaria con participaciones sociales de ....

Si todos los herederos rechazasen esta disposición, les lega lo que por legítima estricta les corresponda, instituye herederos a sus nietos por estirpes, y en caso de que alguno no llegase a tenerlos su cuota acrecerá proporcionalmente entre todos los herederos y faculta a los herederos a que, conforme a los artículos 841 y siguientes del Código Civil, paguen en metálico dichas legítimas.

SEXTA.– Nombra a .... como albacea-contador-partidor, por plazo de cinco años desde que sea notificado el fallecimiento del testador; el ejercicio del cargo será gratuito, sus facultades serán las legales, y además las especiales de liquidación de la sociedad conyugal, en su caso, con el cónyuge viudo, partición de la herencia, entrega de legados; también podrá realizar sobre la fincas de la herencia las modificaciones hipotecarias que estime pertinentes para la adjudicación por partes a los herederos o legatarios.

Igualmente podrá el contador-partidor adjudicar los bienes de la herencia a alguno o algunos de los hijos o descendientes ordenando que se pague en metálico la porción hereditaria de los demás.

De manera expresa, el testador prohíbe que los herederos, aunque medie entre ellos acuerdo unánime, prescindir de la intervención del albacea-contador-partidor aquí designado y efectuar, por sí solos, la partición del modo que tengan por conveniente. Por lo tanto, la partición de la herencia del testador será llevada a cabo, necesaria e imperativamente, sin excepción alguna salvo renuncia al cargo, por el citado albacea-contador-partidor aquí designado.

SÉPTIMA.– Revoca cualquier disposición testamentaria que hubiese otorgado con anterioridad.

Tal es el testamento que otorga el compareciente, a quien advierto de su derecho a leer por sí este instrumento, a lo que renuncia. Yo Notario efectúo su lectura, íntegramente, en alta voz y en un solo acto.

Enterado en su contenido el testador declara solemnemente que lo escrito y leído es fiel y exacta expresión de su manifestada voluntad y ratificándose firma en el acto conmigo el Notario, siendo las ....

Hago las reservas legales oportunas, en especial las relativas a la Ley Orgánica de protección de datos de carácter personal.

De identificar al testador por su documento de identidad exhibido, cuyos datos personales coinciden con los expuestos, concordando la fotografía y firma estampados en el documento de identidad exhibido, con las del compareciente, de que tiene la capacidad que requiere, de haberse observado en un solo acto todas las formalidades legales y en general, restante contenido de este instrumento público que extiendo en ocho folios de papel timbrado de uso exclusivo para documentos notariales, números el del presente y anterior en orden, yo, el Notario doy fe.

F438. CONTRATO SOCIEDAD-CONSEJERO DELEGADO

Normativa de Aplicación: *Arts. 249 y ss. Real Decreto Legislativo 1/2010, de 2 de julio, por el que se aprueba el texto refundido de la Ley de Sociedades de Capital.*

.... S.L.

CONTRATO DE CONSEJERO DELEGADO

En la ciudad de ...., a .... de .... dos mil ....,

COMPARECEN

Dª ...., con domicilio profesional en ...., y NIF ....

D ...., con domicilio profesional en ...., y NIF ....

D ...., con domicilio profesional en ...., y NIF ....

Los tres lo hacen en su propio nombre y en representación de la mercantil .... S.L. en su calidad de miembros del consejo de Administración, y

EXPONEN

I. Que .... S.L. fue constituida, por tiempo indefinido mediante escritura autorizada ....

El objeto social de .... S.L. consiste en ....

II. La Sociedad pertenece a un grupo de Sociedades a los efectos del artículo 42 del Código de Comercio. La Sociedad dominante del grupo —GRUPO ....— es la Sociedad «...........»

III.– La Ley 31/2014, de 3 de diciembre, por la que se modifica la Ley de Sociedades de Capital para la mejora del gobierno corporativo exige la formalización en contrato de la relación entre el consejero delegado y la entidad.

IV.– Que los tres firmantes ostentan el cargo de Administradores, pero sólo D .... desarrollará tareas ejecutivas y de gestión diaria en la misma a través de su cargo como director de la sociedad, quedando Don .... y D .... dedicados a las funciones propias del Consejo, participación en las distintas sesiones y adopción de acuerdos sobre la política general de la sociedad.

V.– De este modo se reconoce la necesidad de formalizar el presente contrato por el que se reconoce y retribuye la labor realizada por Don ...., así como las responsabilidades atribuidas, de conformidad con el citado artículo 249.3 de la Ley de Sociedades de Capital.

VI. La distribución de la retribución entre los distintos administradores se establece por acuerdo de éstos y, en el caso del consejo de administración, por decisión del mismo, tomando en consideración las funciones y responsabilidades atribuidas a cada consejero.

VII. El órgano de administración se encuentra retribuido según consta en los estatutos de la sociedad.

VIII. Don .... declara que su capacidad para suscribir este contrato de («el Acuerdo») no está limitada en modo alguno y que no está vinculado por ningún tipo de empresa u obligación de permanecer, exclusividad o no-contractual con ninguna empresa, organismo, persona física o jurídica, que pudiera excluir o limitar indirectamente la ejecución de dicho Acuerdo.

En el caso de que el consejero delegado tenga cualquier tipo de obligación de permanecer, exclusividad o no-contractual con cualquier compañía, entidad, empresa, cuerpo, persona física o jurídica, y no comunique expresamente esto por escrito al representante de la Compañía que firma este Acuerdo, la Compañía se reserva el derecho de rescindir este Contrato inmediatamente sin previo aviso. En este caso, el consejero delegado no tendrá derecho a recibir ninguna indemnización o indemnización por la terminación del presente Acuerdo. Las Partes acuerdan que el hecho de que el consejero delegado no facilite información sobre sus obligaciones existentes menoscabaría el consentimiento de la empresa para suscribir el presente Acuerdo.

Por todo lo anterior, y reconociéndose las partes el poder suficiente, formalizan el presente contrato según las siguientes

CLÁUSULAS

PRIMERA.– Se le asignan al consejero delegado D .... las funciones y responsabilidades propias de la gestión y dirección diaria de la empresa, con sometimiento a la política comercial, financiera y de recursos humanos del Grupo ...., como Consejero Delegado de ....

SEGUNDA.– Exclusividad. Durante la vigencia del Contrato, salvo acuerdo específico por parte de la Compañía por adelantado y por escrito, el consejero trabajará exclusivamente para la Compañía. En consecuencia, el consejero delegado no puede trabajar directa o indirectamente para ningún tercero o por cuenta propia, aun cuando las actividades no compitan con las de la Compañía y puedan llevarse a cabo fuera del horario de trabajo, sin el consentimiento previo por escrito del Consejo de Administración.

No obstante lo anterior, el Consejero delegado (i) puede servir como funcionario o director de organizaciones educativas, asistenciales, sociales, religiosas y cívicas y (ii) puede ser un propietario pasivo de menos del .... % de cualquier clase de acciones de una corporación, que clase de acciones se negocian públicamente, siempre y cuando el Consejero delegado no interfiera en las funciones de la empresa y siempre y cuando, en cada caso, tales actividades, en el juicio de la junta directiva, no interfieran con los deberes, responsabilidades o funciones del consejero delegado a la empresa y a los afiliados de la compañía bajo este acuerdo.

La compensación por este compromiso de exclusividad se incluye en la remuneración fija establecida en la cláusula tercera siguiente.

TERCERA.– Por las citadas funciones y responsabilidades percibirá una retribución fija anual de .... MIL EUROS anuales brutos, cuantía que será fijada anualmente por el Consejo de Administración en función de la evolución de las cifras económicas anuales. La retribución será percibida en concepto de salario por las funciones ejecutivas. Esta cantidad será pagada en .... mensualidades iguales: .... mensualidades ordinarias, un pago extra en junio y otro pago extra en diciembre.

Diez por ciento de la remuneración fija se destinará para compensar la obligación de exclusividad del trabajador según lo establecido en la cláusula 2

CUARTA.– Bonus. El consejero delegado D .... tendrá derecho a percibir un bonus por cumplimiento del plan con las siguientes reglas:

Si la relación mercantil como consejero o de empleo de .... con la Compañía termina, por cualquier razón (excepto para los casos de despidos calificados como despido improcedente), antes de la referida 3 calendario-año, ... no tendrá derecho a recibir ninguna cantidad como Bonus.

QUINTA.– El contrato deberá ser conforme con la política de retribuciones aprobada, en su caso, por la junta general. Además, la remuneración de los administradores deberá en todo caso guardar una proporción razonable con la importancia de la sociedad, la situación económica que tuviera en cada momento y los estándares de mercado de empresas comparables. El sistema de remuneración establecido deberá estar orientado a promover la rentabilidad y sostenibilidad a largo plazo de la sociedad e incorporar las cautelas necesarias para evitar la asunción excesiva de riesgos y la recompensa de resultados desfavorables.

SEXTA.– Información confidencial. Don .... se compromete, durante la vigencia del presente contrato o en los años posteriores al cese de su relación, a no revelar, transmitir o ceder, bajo ningún concepto o medio, sin consentimiento del Órgano de Administración, secretos empresariales de .... o del GRUPO ...., mediante el acceso, apropiación o copia no autorizadas de documentos, objetos, materiales, sustancias, ficheros electrónicos u otros soportes, que contengan el secreto empresarial o a partir de los cuales se pueda deducir; o cualquier otra actuación que, en las circunstancias del caso, se considere contraria a las prácticas comerciales leales.

A efectos de la presente cláusula, «secreto empresarial» es cualquier tipo de información económica, financiera, técnica, comercial, estratégica, administrativa o de cualquier otro tipo que el empleado, consejero delegado o directivo genere o tenga conocimiento en cualquier momento durante la vigencia del presente Contrato, como consecuencia del desempeño de sus funciones y de cualesquiera otras que le sean asignadas por la Compañía o el Grupo .... en virtud del presente Acuerdo, o mediante el estudio verbal, o sumario. «Información confidencial» es toda la información que el consejero delegado tiene acceso o crea como consecuencia (en el sentido más amplio) de su relación laboral, y que se clasifique como propiedad exclusiva o confidencial, o debido a su naturaleza o a las circunstancias en que se produzca la creación o divulgación, se considerará confidencial de buena fe.

Don .... se compromete a utilizar la información exclusivamente para el desempeño de sus funciones en virtud del presente Acuerdo. Don .... debe tratar como y mantener confidencial toda la Información Confidencial y, en particular, no divulgarla a ningún tercero o cualquier otro empleado de la Compañía sin el consentimiento previo de la Compañía, excepto en el desempeño de las funciones que le son encomendadas por el presente Acuerdo o por ley, y no reproducir, transformar o, en general, utilizarla de otra manera que sea necesaria para el cumplimiento de sus obligaciones.

SÉPTIMA.– Los Administradores D .... y D .... no percibirán retribuciones como miembros del consejo.

OCTAVA.– Las partes se someten a los tribunales de la ciudad de ....

NOVENA.– El presente contrato se aprueba por el consejo de administración con el voto favorable de las dos terceras partes de sus miembros, habiéndose abstenido D .... de asistir a la deliberación y de participar en la votación.

En conformidad con lo expuesto firman por triplicado:

F439. CONTRATO DE APOYO A LA GESTIÓN HOLDING

En la ciudad de ...., a dos de ....

REUNIDOS

De una parte, Don .... con NIF: .... y domicilio a estos efectos en ....

De otra parte, ...

ACTÚAN EN NOMBRE Y REPRESENTACIÓN

EN PRIMER LUGAR, Don .... que actúan en nombre y representación de la mercantil «............, S.L.», Sociedad domiciliada en la ciudad de .... y con el NIF .... En lo sucesivo EL PROVEEDOR.

EN SEGUNDO LUGAR, Don .... que actúa en nombre y representación de la mercantil ...., S.L. Su domicilio social se encuentra en ...., EL CLIENTE.

Reconociéndose, mutuamente las partes, capacidad para contratar y obligarse, otorgan mediante el presente CONTRATO DE ARRENDAMIENTO DE SERVICIOS, y en virtud del cual,

MANIFIESTAN

I.– Que la Sociedad, ..., S.L. es una sociedad dedicada principalmente a la dirección, gestión y representación de sociedades y empresas nacionales y extranjeras; el asesoramiento ....

II.– Que la Sociedad, ..., S.L. dispone de una serie de medios materiales y humanos en el campo de la gestión administrativa, financiera, legal, urbanismo, y de recursos humanos, y en su caso, por los medios específicos aportados por terceras partes o por otras sociedades, los cuales se encuentra en la posición de facilitar una extensa diversidad de servicios en varias de las áreas de la actividad del negocio, para beneficio del CLIENTE.

Que los servicios a facilitar por o a través DEL PROVEEDOR al CLIENTE serán retribuidos a precios comerciales aceptables, y basándose en el valor normal de mercado. Asimismo, en la distribución de los gastos incurridos se seguirán criterios de continuidad y racionalidad.

Será necesario acreditar la naturaleza y el volumen de los servicios que se documenta en cada factura, y la correlación entre la contraprestación consignada en la factura y los servicios a que se refiere. Resulta necesaria la vinculación concreta de cada servicio prestado al CLIENTE con la realización de operaciones por ésta, y todo ello de forma individualizada.

Mediante el sistema de facturación y repercusión de costes, deben quedar acreditados los efectivos servicios prestados al CLIENTE y el beneficio a la misma de tales servicios, y cuáles de los gastos soportados por EL PROVEEDOR se corresponden con servicios efectiva y directamente utilizados por EL CLIENTE.

Por todo ello, EL PROVEEDOR manifiesta estar interesada en prestar distintos servicios de apoyo a la gestión AL CLIENTE.

III.– Que EL CLIENTE reconoce la necesidad de recibir distintos servicios de asesoramiento y apoyo a la gestión de gran utilidad por EL PROVEEDOR en coordinación con las distintas sociedades del grupo al que pertenecen. Y para evitar la duplicación de trabajos y esfuerzos, la óptima concentración de actividades será ejecutada por EL PROVEEDOR; beneficiándose de este modo las sociedades del grupo, de una adecuada coordinación mediante un común, único y centralizado organismo de apoyo a la gestión.

Por todo ello, EL CLIENTE manifiesta estar interesado en que EL PROVEEDOR preste los servicios descritos, que permitan mejorar e incrementar sus negocios, aportando grandes ventajas en las distintas áreas de la actividad.

En virtud de lo expuesto, las partes convienen la formalización del presente contrato de arrendamiento de servicios conforme a las siguientes

CLÁUSULAS

PRIMERA.– OBJETO.– NATURALEZA DE LOS SERVICIOS

Los servicios a facilitar por parte de la Sociedad ...., S.L. como PROVEEDOR por medio de este Contrato comprenden los siguientes servicios:

a) Servicios financieros:

- Análisis del control de presupuestos y gastos generales. Desviaciones e incrementos.
- Previsión tesorería.
- Gestión de pólizas de crédito con entidades bancarias y cancelación de las mismas si no proceden.
- Revisión de presupuestos de gastos generales. Análisis patrimonio. Ratios endeudamiento. Análisis riesgo bancario.

b) Laboral y Recursos humanos:

EL PROVEEDOR facilitará asistencia y asesoramiento a cuestiones de gestión de personal, incluyendo la formulación de políticas de retribución salarial, relaciones laborales, formación laboral, cumplimiento de la normativa de seguridad y salud en el trabajo, incentivos, planes de pensiones, búsqueda de personal, indemnizaciones y cobertura social, resolución de disputas sociales y asuntos relacionados.

c) Gestión sobre la relación con los clientes y establecimiento de estrategias de negocios centradas en los clientes. Políticas de retención y lealtad de los clientes, desarrollo de un marketing efectivo.

Establecimiento de metodologías, software y, en general, herramientas relacionadas con las capacidades de Internet que ayudan a la empresa a gestionar las relaciones con sus clientes de una manera organizada.

d) Proyectos de inversión

Estudios de mercado, análisis de inversiones.

e) Legal y fiscal

EL PROVEEDOR facilitará asesoramiento jurídico e información legislativa que pueda afectar a la actividad del CLIENTE en todas las ramas del ordenamiento jurídico, especialmente en temas laborales y fiscales.

f) Dirección, gestión y representación de la sociedad.

g) Cumplimiento de la normativa referente a la Ley de Protección de Datos.

SEGUNDA.– CONDICIONES Y MEDIOS DE PRESTACIÓN DE LOS SERVICIOS

2.1. Los servicios serán suministrados en la forma y modos en que ambas partes consideren más conveniente y apropiados a la vista de los requerimientos específicos de EL CLIENTE y a modo de ejemplo:

- Correspondencia: cartas, informes, estudios, correo electrónico, etc.
- Consultas verbales: llamadas telefónicas, conferencias.
- Reuniones.
- Visitas y viajes, los cuales incluyen visitas del personal de EL CLIENTE a las instalaciones DEL PROVEEDOR.

2.2. La asignación de personal para la prestación de los servicios por parte DEL PROVEEDOR, o en su nombre, será determinado por EL PROVEEDOR.

2.3. EL PROVEEDOR no prestará ningún servicio que por imperativo legal deba ser realizado expresa y únicamente por un profesional independiente, especialmente formado para ese fin.

2.4. EL PROVEEDOR tendrá el derecho de utilizar la asistencia, los medios, la experiencia y los servicios de terceras partes y de otras empresas del grupo empresarial con el fin de prestar los servicios AL CLIENTE incluidos en este acuerdo.

2.5. EL CLIENTE tiene derecho a revisar todos los archivos e información necesaria relacionada con los costes que se les facturen, y de solicitar cualquier explicación al respecto o de la corrección de los costes imputados.

TERCERA.– OBLIGACIONES DEL PROVEEDOR

EL PROVEEDOR queda obligada a:

1. Prestar AL CLIENTE los servicios solicitados, siguiendo las condiciones de este contrato en general y las instrucciones impartidas ésta.

2. Mantener los archivos concernientes a los servicios descritos en este acuerdo y prestados por dicha sociedad AL CLIENTE, así como a informar en cualquier momento AL CLIENTE sobre el desarrollo de los servicios concertados.

3. Organizar reuniones de trabajo con EL CLIENTE con el objeto de analizar sus necesidades, y de dirigir y coordinar los servicios facilitados.

4. Mantener la más estricta confidencialidad sobre toda información comunicada por EL CLIENTE con motivo de la prestación de los servicios objeto de este contrato; comprometiéndose a utilizar dicha información únicamente para esta finalidad. Igualmente, tanto los resultados económicos como la documentación entregada por EL CLIENTE serán considerados como confidenciales.

CUARTA.– OBLIGACIONES DEL CLIENTE

Con el objeto de que EL PROVEEDOR pueda cumplir con sus obligaciones, cada cliente queda obligado a:

1. Satisfacer AL PROVEEDOR el precio del servicio prestado según lo establecido en la cláusula quinta del presente contrato.

2. Permitir AL PROVEEDOR el acceso a cualquier archivo de la empresa que se estime conveniente; en particular, a los archivos concernientes a las ventas y a la planificación de las actividades del negocio del CLIENTE.

3. Informar AL PROVEEDOR de todas sus actividades empresariales y de sus planes; y no impedir el uso de la información necesaria para que EL PROVEEDOR pueda realizar su actividad de un modo razonable.

QUINTA.– PRECIO Y FORMA DE PAGO

Se establecen los siguientes métodos de distribución de los gastos por los servicios prestados, atendiendo siempre a criterios de continuidad y racionalidad:

5.1. Precio

5.1.1. Como contraprestación a los servicios que prestará EL PROVEEDOR, bajo las condiciones acordadas en este contrato, EL PROVEEDOR facturará AL CLIENTE los gastos soportados por la prestación efectiva de los servicios más un margen del .... Este margen también se aplicará al coste de los servicios prestados por terceros y soportados por EL PROVEEDOR.

5.1.2. Se establece un importe anual máximo de .... EUROS especificando en las facturas el importe de los servicios de asesoramiento y la parte correspondiente al Impuesto sobre el Valor Añadido que pueda gravar la prestación de servicios realizada.

5.1.3. El PROVEEDOR deberá acreditar el precio final del periodo con la naturaleza y el volumen de los servicios que se documenta en cada factura, y la correlación entre la contraprestación consignada en la factura y los servicios a que se refiere. Resulta necesaria la vinculación concreta de cada servicio prestado a la sociedad CLIENTE con la ventaja atribuida a la realización de operaciones por ésta, y todo ello de forma individualizada, debiendo documentarse la totalidad de los trabajos concretos repercutidos al cliente, personas o entidades involucradas, coste específico individualizado, según los trabajos realizados, debidamente documentados, y los gastos imputados al cliente, de acuerdo con la cláusulas de este contrato.

5.1.4 Si por la dedicación real del PROVEEDOR la facturación excediese del límite anual fijado en el apartado 5.1.1 anterior, aquel requerirá de la autorización expresa del CLIENTE y aportará la relación de horas y costes incurridos que justifique el exceso sobre la cantidad máxima.

5.2. Condiciones de pago

5.2.1. EL PROVEEDOR expedirá las facturas pertinentes por los servicios prestados AL CLIENTE con periodicidad anual, a en los quince primeros días del año siguiente, respecto de los servicios prestados en el período anterior.

EL CLIENTE pagará AL PROVEEDOR los importes debidos durante los días siguientes desde la finalización del mes en el que EL PROVEEDOR haya emitido su factura.

SEXTA.– DURACIÓN

Este contrato tiene un período de vigencia de .... años a partir su firma. Al término de dicho período, la relación contractual quedará automáticamente renovada por periodos de un año, a menos que, una de las partes notifique a la otra la resolución o no renovación de este acuerdo, dentro del plazo de los .... meses anteriores a la finalización de dicho período inicial o de cualquiera de los períodos anuales siguientes.

SÉPTIMA.– INCUMPLIMIENTO

7.1. Este acuerdo podrá resolverse en cualquier momento en los siguientes supuestos:

a) Por incumplimiento de cualquiera de las partes de sus obligaciones contractuales, siempre que se haya notificado previamente por escrito a la parte incumplidora la necesidad de subsanar dicho incumplimiento, no enmendándolo en los .... días siguientes a dicha notificación.

b) Por cese en su actividad de cualquiera de los contratantes.

d) Por el impago de alguno de EL CLIENTE de los honorarios, estipulados en la cláusula quinta, al PROVEEDOR, siempre que ésta haya notificado previamente por escrito al CLIENTE, requiriéndole para que realice el pago, no ejecutándolo en los .... días siguientes a dicha notificación.

7.2. En caso de cancelación de este acuerdo, por cualquier causa, todas las deudas adeudadas por el CLIENTE, deberán pagarse dentro del plazo de .... días desde la fecha efectiva de resolución del contrato.

OCTAVA.– NO INDEMNIZACIÓN

En caso de resolución o no renovación de este acuerdo por cualquier motivo o incumplimiento imputable AL PROVEEDOR, ésta no incurrirá en ninguna responsabilidad con EL CLIENTE, no debiendo realizar pago alguno en concepto de indemnización por los servicios no prestados.

NOVENA.– NOTIFICACIONES

Cualquier notificación entre las partes será válida desde el momento en que su receptor tenga conocimiento de dicha comunicación.

La notificación por escrito será indispensable y preceptiva en las comunicaciones relativas a la cláusula octava del presente contrato. En los demás supuestos, cualquier medio de notificación será válida.

DÉCIMA.– CESIÓN

El presente contrato no podrá ser subrogado o cedido a terceros, salvo previo acuerdo escrito entre las partes.

DÉCIMO PRIMERA.– GASTOS DEL CONTRATO

Todos los gastos derivados de este contrato serán de cuenta DEL PROVEEDOR. Cualquiera de las partes podrá compeler a la otra a la elevación en escritura pública de este contrato, existiendo un preaviso de .... MES, realizado de manera fehaciente (correo certificado, telegrama, burofax) a la otra parte contratante, desde el día de recepción de la notificación hasta el día en que se produzca el otorgamiento de las mismas ante Notario. Dicho preaviso no surtirá efecto si los interesados renuncian al mismo en interés de las partes. Los gastos e impuestos que se devenguen por el presente contrato serán de cuenta y cargo de la sociedad que los originara

DÉCIMO SEGUNDA.– CONFIDENCIALIDAD Y PROTECCIÓN DE DATOS

Cada una de las partes acuerda guardar confidencialmente toda la documentación que el otro revele a menos que dicha información esté señalada por el otro como no confidencial.

Tal obligación no se refiere a la información que es públicamente conocida en el momento de su revelación, o que la parte receptora pueda demostrar que estaba ya en posesión de dicha información. Estas obligaciones persistirán aun con la terminación del acuerdo, pero terminará cuando dicha información se haga pública o esté en posesión de cualquiera de las partes desde una fuente que no esté bajo la obligación de confidencialidad a la otra parte.

Las partes se comprometen a guardar confidencialidad en los términos de la Ley 1/2019, de 20 de febrero, de Secretos Empresariales.

Ambas Partes se comprometen a guardar el más absoluto secreto respecto de los datos de carácter personal a que tengan acceso en cumplimiento del presente contrato y a observar todas las previsiones legales que se contienen la Ley Orgánica 3/2018, de 5 de diciembre, de Protección de Datos Personales y garantía de los derechos digitales, y el Reglamento Europeo de Protección de Datos 679/2016.

Protección de datos personales.

............, S.L., como Encargado del tratamiento, informa al CLIENTE que los datos personales contenidos en el presente contrato y los generados por la prestación del servicio, todos ellos proporcionados por el CLIENTE, serán tratados de acuerdo con la Ley Orgánica de Protección de Datos de Carácter Personal, con la finalidad de prestar el servicio, entendiendo que la firma del presente contrato implica su consentimiento para llevar a cabo dicho tratamiento.

Respecto de los datos personales a los que ...., S.L. tenga acceso como consecuencia de la prestación del servicio, se entenderán facilitados de forma voluntaria por el CLIENTE, y sólo serán utilizados con la finalidad de prestar aquél, siguiendo en todo momento las instrucciones del CLIENTE, comprometiéndose ...., S.L. a no aplicarlos ni utilizarlos para finalidad distinta de la pactada y a no comunicarlos, ni siquiera para su conservación, a otras personas, así como a destruirlos o devolverlos al CLIENTE, al igual que cualquier soporte o documentos donde se contengan dichos datos, al finalizar el presente contrato, salvaguardando en todo caso las pruebas necesarias respecto a las actuaciones realizadas. En todo caso, los papeles de trabajo y el diseño o sistema de análisis serán propiedad de ...., S.L.

Asimismo, ambas partes se comprometen a adoptar las necesarias medidas de seguridad para la protección de dichos datos en el nivel que les corresponda, de acuerdo a la regulación legal.

Igualmente le informa de que, en ocasiones, el cumplimiento del presente contrato podrá implicar la cesión de datos personales a la Hacienda Pública para la consecución de la prestación del servicio arriba indicado, de acuerdo en todo caso con lo dispuesto en la normativa legal, y de forma específica en la Ley Orgánica de Protección de Datos de Carácter Personal y en la Ley General Tributaria.

Si tal cesión se produjera previo requerimiento de la Administración Tributaria, EL PROVEEDOR lo comunicará de forma inmediata al CLIENTE.

DÉCIMO TERCERA.– PRELACIÓN DE NORMAS Y ARBITRAJE

Las partes contratantes se atendrán con carácter preferente a lo dispuesto en el presente contrato, y en su defecto, a lo establecido en la legislación vigente.

Cualquier controversia que surja entre las partes sobre el cumplimiento o resolución de este contrato, se resolverá mediante arbitraje de equidad y conforme a la regulación contenida en la Ley de Arbitraje de Derecho Privado.

Y en prueba de conformidad con cuanto antecede, se firma el presente contrato compuesto de .... folios, con dos copias y a un sólo efecto en el lugar y fecha antes indicados.

F440. CONTRATO DE JOINT VENTURE O ALIANZA ESTRATÉGICA

En .... a .... de .... de dos mil. ....

REUNIDOS

DE UNA PARTE:

Don ...., mayor de edad, de nacionalidad española, vecino de ...., con domicilio en la calle ...., ..., con DNI n° ...., que interviene en representación de la entidad «..........., S.L.», sociedad de nacionalidad española constituida por tiempo indefinido mediante escritura autorizada el día .... por el Notario de ...., Don ...., obrante en su protocolo bajo el número ....Con domicilio en .... Inscrita en el Registro Mercantil de la provincia de ...., al tomo ...., libro .... de la sección ...., folio ...., hoja número .... CIF .... Constituye su objeto social......en su calidad de Presidente del Consejo de Administración y consejero delegado.

DE OTRA PARTE:

Doña ...., mayor de edad, de nacionalidad española, vecina de .... (...........), con DNI n° ...., que interviene en nombre propio y también en representación de la entidad «..........., S.L.», sociedad de nacionalidad española constituida por tiempo indefinido mediante escritura autorizada el día .... por el Notario de ...., Don ...., obrante en su protocolo bajo el número ....Con domicilio en .... Inscrita en el Registro Mercantil de la provincia de ...., al tomo ...., libro .... de la sección ...., folio ...., hoja número .... CIF .... Constituye su objeto social......en su calidad Socio y Administrador Solidario.

Doña (...........).

Don (...........)

EXPONEN

I.– Que .... son propietarios reales en su conjunto del .... % de las participaciones sociales de la mercantil «..........., S.L.».

II.– Que .... son propietarios reales en su conjunto del .... % de las participaciones sociales de la mercantil «..........., S.L.».

III.– Que la sociedad ...., S.L. desarrolla la actividades de ....

IV.– Que la sociedad ...., S.L. desarrolla la actividades de ....

V.– Que ambas partes están interesadas en suscribir un contrato de colaboración empresarial o joint venture, formalizando una alianza estratégica que permita la investigación, desarrollo y comercialización de la tecnología consistente en .... para el sector de ....

V.– Que la Junta General de ambas sociedades de fecha .... de .... de 20 ...., autorizaron por unanimidad el presente acuerdo de alianza estratégica o joint venture.

VI.– Que, teniendo en cuenta lo anterior, ambas partes han acordado suscribir el presente contrato, a los efectos de iniciar sus relaciones para, llegado el caso, proceder a ...., en los términos y condiciones que ambas acuerden, todo ello de acuerdo con las siguientes

ESTIPULACIONES

PRIMERA.– Objeto del acuerdo. Los firmantes de este contrato se asocian con el propósito de ejecutar lo siguiente: actividades/ lugar de desarrollo/ fases.

SEGUNDA. Duración. El presente contrato tiene una duración de .... años, dividido en los siguientes períodos por hitos ....

TERCERA. Desembolsos. Acuerdan las partes realizar un aporte inicial de .... euros para dar inicio al desarrollo del proyecto, ...

CUARTA. Participación de los socios. Ambas partes son responsables en forma conjunta y solidaria con relación al contrato, y cada uno se obliga a cumplir con su participación en los trabajos a realizarse conjuntamente. Los ingresos, costos, gastos, los beneficios y pérdidas serán de acuerdo a la participación en porcentaje de cada uno, así ....

QUINTA. Control de gestión Las partes acuerdan que conjuntamente tendrán el control de todas las operaciones y actividades que consideren necesarias para el desarrollo del objeto del contrato y el logro de sus fines.

SEXTA. Confidencialidad. Las partes acuerdan que, durante la vigencia de este contrato, toda la información que se obtenga en desarrollo del mismo es de carácter confidencial, sin perjuicio de ....

Por otra parte, dibujos o modelos, planos, fórmulas o procedimientos secretos, o informaciones relativas a experiencias .... es, comerciales o científicas aportadas por cada parte en el procedimiento no podrá ser utilizado por la otra ni divulgado sin el consentimiento de la propietaria.

SÉPTIMA. Distribución costes y producción final. .... será repartido en las proporciones aquí especificadas.

Las rentas procedentes de la venta o cesión del derecho de uso o de explotación de patentes, dibujos o modelos, planos, fórmulas o procedimientos secretos, de derechos sobre informaciones relativas a experiencias .... es, comerciales o científicas, que resulten del proyecto, se repartirán del siguiente modo: ....

NOVENA. Forma jurídica. Esta alianza estratégica se realizará bajo la forma de Unión Temporal de Empresas / Agrupación de Interés Económico, en el desarrollo del objeto de este contrato.

DÉCIMA. Dirección del proyecto. El director será designado por la junta de socios de cada sociedad y por un tiempo equivalente a la duración del contrato; deberá implementar las políticas y decisiones adoptadas por la junta de socios y estará a su cargo la administración diaria de los actividades de ésta Unión Temporal de Empresas / Agrupación de interés económico, en el desarrollo del objeto de éste contrato.

DÉCIMA PRIMERA. Ley aplicable. La ejecución e interpretación de este contrato será regulada por las leyes españolas vigentes.

DÉCIMA SEGUNDA. Fuero. Para resolver las divergencias que pudieran surgir como consecuencia de la interpretación y ejecución del presente contrato, ambas partes se someterán a un Arbitraje ante la Cámara de Comercio de ....

F441. CONTRATO DE JOINT VENTURE (II)

PROTOCOLO DE INTENCIONES ENTRE SOCIEDAD 1 Y SOCIEDAD 2

Madrid, ... de septiembre de 2014

En Madrid, a .... de septiembre de 2014

REUNIDOS

DE UNA PARTE: SOCIEDAD 1 (en adelante «SOCIEDAD 1»), con domicilio social en ...., con C.I.F. ...., representada en este acto, en su calidad de Consejero Delegado,.por D. ...., con D.N.I. nº ....

DE OTRA PARTE: SOCIEDAD 2 sociedad unipersonal (en adelante, «SOCIEDAD 2») con domicilio social en ...., y C.I.F. ....; debidamente representada en este acto por D. ...., con DNI nº ...., en su condición de Director General de Planificación y Apoderado.

En lo sucesivo SOCIEDAD 1 y SOCIEDAD 2 serán conjuntamente las «Partes» y cada una de ellas, una «Parte».

EXPONEN

I. Que las Partes han mantenido diversas conversaciones para examinar la posibilidad de alcanzar determinado acuerdo de cooperación en la actividad de fabricación, distribución y venta de hormigón preparado en las provincias de Albacete, Murcia, Alicante, Valencia y Castellón, y, en consecuencia, dejando de operar individualmente en dichas provincias directamente o a través de cualquier sociedad en la que formen parte o pertenezca a su Grupo de empresas (ex. Art. 42 Cód. Com.) (en lo sucesivo el «Proyecto») sujeto entre otras condiciones a su compatibilidad con las normas sobre defensa de la competencia.

II. Que una vez llevado a cabo el análisis previo oportuno, las Partes han constatado la existencia de sinergias relevantes en el desarrollo del Proyecto, permitiendo optimizar sus respectivos activos y obtener una importante eficiencia en los costes asociados a dicha actividad.

III. Es por ello, que las Partes han convenido en formalizar el presente PROTOCOLO DE INTENCIONES en el que se establecen los términos más relevantes del Proyecto, a ejecutar y desarrollar conforme a las siguientes:

BASES DE COLABORACIÓN

PREVIO.– CONDICIONES PREVIAS Y PROCEDIMIENTO

Ambas Partes acuerdan que SOCIEDAD 1/SOCIEDAD 2 elaborará el plan de negocio (Business Plan) con la asistencia y colaboración de Holcim con el fin de definir con mayor detalle y concreción los aspectos del Proyecto que se recogen en las presentes bases de colaboración. Las Partes someterán, en su caso, las operaciones recogidas en el presente documento a la autorización de las autoridades de competencia que resulten competentes, cuyo estudio y planteamiento será realizado por los profesionales que, a tal efecto, designen de mutuo acuerdo las Compañías. El inicio de la actividad de NEWCO se hará depender de la obtención de dicha autorización, si la misma fuere preceptiva, y por tanto, el inicio de las actividades de la NEWCO no tendrá lugar hasta que se obtenga una resolución autorizando el Proyecto.

CONSTITUCIÓN DE NUEVA SOCIEDAD

1.1 Las Partes constituirán una nueva sociedad (en adelante «NEWCO») participada en 50% por SOCIEDAD 1 y en el 50% restante por SOCIEDAD 2, o por las empresas de sus respectivos grupos que designen, que revestirá la forma de sociedad de responsabilidad limitada (SL)

1.2 La denominación social será convenida por ambas Partes, procurando incorporar a la misma los términos que hagan referencia a su actividad principal y ámbito geográfico de actuación.

1.3 El objeto social contemplará el ejercicio de las actividades de fabricación, distribución y venta de hormigón preparado .

1.4 El capital social deberá ser asumido y desembolsado íntegramente en el momento de la constitución y por el importe mínimo necesario para atender las necesidades inmediatas de tesorería.

Se valorará la posibilidad de constituir la sociedad con el capital mínimo legalmente exigible (3.000€) procediendo posteriormente a un aumento con prima de emisión, para contar finalmente con los fondos propios suficientes para el normal desarrollo de su actividad con una posición patrimonial suficientemente sólida.

1.5 El domicilio social estará inicialmente radicado en la c/ ....

1.6 Administración de la NEWCO:

1.6.1La administración de la sociedad corresponderá a un Consejo de Administración, compuesto por cuatro (4) miembros, dos designados por SOCIEDAD 1 y los dos restantes por SOCIEDAD 2.

1.6.2 El cargo de Presidente de dicho órgano tendrá una duración de dos (2) años y será designado cada año por una de las Partes de forma rotatoria, de manera que un años ostente dicho cargo el Consejero designado por una de ellas y al año siguiente el designado por la otra, y así sucesivamente.

El cargo de Secretario podrá ser desempeñado por una persona que no sea miembro del Consejo de Administración.

1.6.3 Se sorteará entre las partes cuál de ellas será la que efectúe la designación del primer Presidente.

1.6.4 El voto del Presidente, en caso de empate en las votaciones de los acuerdos del Consejo, no tendrá carácter dirimente.

1.6.5 Se nombrarán dos Consejeros Delegados mancomunados, designados uno por cada Parte, que actuarán como Comité de Dirección. En caso de discrepancia en la toma de decisiones por ambos Consejeros Delegados cada periodo de dos (2) años se adoptará la decisión que proponga el Consejero Delegado designado por una Parte, y en los dos años siguiente prevalecerán las decisiones que proponga el otro Consejero Delegado, y así sucesiva y alternativamente.

El criterio de calidad que corresponderá al Consejero Delegado para el primer período de dos años se determinará por SOCIEDAD 1

1.7 El Consejo procederá a nombrar un Gerente/Director Comercial, con los poderes y facultades que se determinen.

Se nombrará igualmente a un Director de Calidad y Producción así como a un responsable de Logística y Mantenimiento y un responsable de Productos Especiales.

La designación del Gerente y el responsable de Productos Especiales corresponderá a la Parte que no obstente en ese momento el criterio de Calidad de su Consejero Delegado mientras que la de los otros dos cargos corresponderá a la otra Parte, siendo rotativos cada dos años El primero en designar al Gerente y el Responsable de Productos Especiales será SOCIEDAD 2.

1.8 La gestión administrativa de la NEWCO será asumida por SOCIEDAD 1, mediante la aportación del personal necesario o de la contratación de los servicios pertinentes, quién percibirá una retribución anual por dichos servicios equivalente al 3% de la facturación de la NEWCO en cada ejercicio.

El pago por la prestación de dichos servicios se efectuará por semestres vencidos, dentro de los siete días hábiles siguientes a la conclusión de cada periodo y contra la presentación de la correspondiente factura por SOCIEDAD 1, que incluirá el IVA aplicable así como las demás prescripciones reglamentariamente establecidas.

Para regular la prestación de dichos servicios la NEWCO suscribirá con SOCIEDAD 1 el correspondiente contrato, en el que se especificarán los servicios concretos a prestar y que a modo meramente enunciativo serán, al menos, los siguientes:

- Servicios de Administración Ordinaria, Planificación y Gerencia
- Gestión de Recursos Humanos
- Gestión Financiera y Contable
- Gestión Tributaria y Jurídica

Igualmente se acuerda que SOCIEDAD 1 facturará a la NEWCO la cantidad de 10.000 euros mensuales más el IVA aplicable en concepto del coste de estructura a implantar para la NEWCO. Dicha cantidad, se dejará de facturar si al ámbito geográfico se decidiese añadir la Comunidad de Madrid, previa autorización si procedieses de las autoridades de Competencia.

1.9 Los Estatutos Sociales de la NEWCO recogerán las previsiones generales de la Ley de Sociedades de Capital, aplicables a esta modalidad societaria, y de además los acuerdos parasociales que sean susceptibles de inscripción en el Registro Mercantil.

Aquellos términos y pactos no susceptibles de incorporación a los Estatutos serán asumidos por las Partes mediante la suscripción del correspondiente Pacto extra- estatutario (el «Pacto de Socios») documentado en escritura pública.

Entre otras cuestiones, a definir posteriormente por las Partes, el Pacto de Socios contemplará las siguientes previsiones:

a) El Consejo de Administración se considerará válidamente constituido con la presencia de más de la mitad de sus miembros, esto es, con la asistencia de tres Consejeros. Las decisiones se adoptarán por mayoría absoluta de los consejeros asistentes o representados.

Será necesario el voto favorable de, al menos, tres de los Consejeros para la válida adopción de acuerdos relativos a:

– Política de precios anual (definición de costes, fijación de márgenes)

– Aprobación del presupuesto anual de resultados.

– Aprobación del presupuesto anual de inversiones.

– Aprobación de la previsión anual de tesorería.

– Compra o venta de activos de la Sociedad por encima de un umbral de 100.000 € por operación, —o conjunto de ellas si están vinculadas—

– Contratación de líneas de financiación, préstamos, líneas de descuento, confirming, avales o cualquier otro producto de financiación.

– Otorgamiento de avales o garantías a terceros.

– Definición de la estructura de poderes de la NEWCO así como el otorgamiento y revocación de los mismos.

– Contrataciones entre la NEWCO y los socios (directamente o con sociedades de su grupo empresarial)

– Contrataciones o despidos de empleados de la NEWCO en número superior al 10% de la plantilla, en una o varias transacciones, en cómputos inferiores a 6 meses.

b) Será necesario el voto unánime de las Partes para la adopción de los siguientes acuerdos por la Junta de Socios:

– Aumento o reducción del capital social

– Transformación, fusión, escisión o disolución de la Sociedad

– Distribución de dividendos

– Cambio de domicilio social

– Modificación del objeto social

– Nombramiento y cese de Consejeros

– Nombramiento de auditores de cuentas

– Modificación de los estatutos sociales

– Cesión global de activos y pasivos

– Exclusión de algún socio

c) Distribución de dividendos: Salvo acuerdo unánime entre los socios, los beneficios de cada ejercicio, una vez atendidas las reservas y dotaciones previstas legal y estatutariamente (siempre que la estructura financiera de la NEWCO lo permita), se destinarán íntegramente a la distribución de dividendos entre los socios.

d) Se establecerán igualmente las previsiones correspondientes para solucionar las situaciones de bloqueo que pudieran darse caso de voto discrepante entre las Partes que impidan la válida adopción de los acuerdos pertinentes.

Este procedimiento incluirá el intento de las Partes de solucionar amistosamente y en buena fe el bloqueo en diferentes estadios jerárquicos del organigrama de las Partes y de su grupo de sociedades, así como la eventual intervención de técnicos y mediadores que pudieran dirimir el desacuerdo que dio lugar al bloqueo.

En segunda instancia se incorporará un mecanismo por el que, si mediare acuerdo conjunto expreso y previo a este respecto, cualquiera de los socios tenga la posibilidad de adquirir las participaciones del otro por un precio equivalente al valor razonable de mercado de la NEWCO que determine, mediando mutuo acuerdo, una firma auditora de reconocido prestigio que no lo sea de ninguno de estos, y en caso de que no haya acuerdo en la designación de la firma de auditoría, un tercero que designe el Colegio de Economistas de Madrid.

Si con arreglo a dicha valoración, ambos socios pretendieran adquirir las participaciones sociales del otro, se resolverá dicha situación mediante la compra de las participaciones por el socio que ofrezca al otro un precio mayor, nunca por debajo de la referida valoración.

En el supuesto en que ambas Partes no alcancen un acuerdo en los puntos precedentes, se procederá a la disolución de la NEWCO asignando a cada socio aquellas explotaciones y maquinaria y/o instalaciones fijas y móviles que haya aportado a la misma; y en su caso, repartiendo por mitad el resto en la forma jurídica que acuerden. Y en caso de que no haya acuerdo para el reparto de estos últimos, se someterán a un tercero dirimente, firma auditora de reconocido prestigio que no lo sea de ninguno de los socios, y en caso de que no haya acuerdo en la designación de la firma de auditoría, un tercero que designe el Colegio de Economistas de Madrid, para que determine la forma más paritaria posible.

e) Una vez transcurridos los primeros dieciocho (24) meses de actividad de la NEWCO cualquier parte puede proponer a la otra, con un preaviso de seis (6) meses, el cese de actividad de la NEWCO, su disolución y consiguiente liquidación.

En tal supuesto, ambas Partes asumen el compromiso expreso, mutuo y recíproco, de adoptar los correspondientes acuerdos societarios, tanto en el Consejo de Administración como en la Junta de Socios, votando favorablemente las propuestas presentadas a tal efecto.

La liquidación de la sociedad se efectuará conforme con las reglas legalmente establecidas procediéndose al reparto, en su caso, del haber social al 50% entre cada Parte.

En particular, se acuerda que las instalaciones pasarían a su propietario original al menos en el mismo estado en que se entregaron (debiendo la NEWCO reparar aquello que no esté en las condiciones originales en su caso). El personal volverá a la empresa de la que provenía; en caso de que ésta ya no lo necesite, la NEWCO pagará la indemnización que corresponda a la antigüedad generada en ella y la compañía originaria el resto. El nuevo personal contratado por la NEWCO durante su existencia, si no se traspasa a ninguna de las empresas societarias, la NEWCO deberá pagar la indemnización que corresponda a su despido.

Cláusulas de salida, venta forzosa, disolución: Se incluirá en el pacto parasocial que regulará sus relaciones en la NEWCO, provisiones que permitan la salida de la NEWCO de los socios, mediante opciones de compra o venta o disolución forzosa, en los supuestos de cambio de control en los socios, adquisición de alguno de los socios de negocios de competidores con el negocio estratégico desarrollado por cada uno de los Socios (i.e. cemento y aglomerado asfáltico).

Igualmente se incluirán otras fórmulas de salida de la Nueva Sociedad para el Hormigón, bien de mutuo acuerdo, bien ante el supuesto de que alguno de los socios sea declarado en concurso, y regulará las consecuencias de cualquier eventual incumplimiento de los socios.

f) Régimen de transmisión de participaciones/acciones: Se pactará que toda transmisión de participaciones, a favor de cualquier persona o entidad no perteneciente al mismo grupo empresarial que el socio transmitente, se someterá al consentimiento previa de la NEWCO y al derecho de adquisición preferente del otro socio o, en su defecto, de la NEWCO, siendo el precio de adquisición el correspondiente al valor razonable de mercado que determine una firma de auditoría de reconocido prestigio a elegir entre (KPMG, Ernst & Young, PwC y Deloitte).

g) Financiación y aportaciones: Por regla general, la NEWCO, se financiará por sus propios medios colaborando las Partes en todo lo que sea necesario para ello, y cuando no sea posible, en supuestos de necesidad de tesorería de la misma, las Partes se comprometen a realizar las aportaciones dinerarias que sean necesarias para el cumplimiento de las obligaciones de la NEWCO. Para ello se justificará por la administración de la NEWCO ante el Consejo de Administración, la necesidad de la aportación, el cual lo comunicará a las Partes con al menos treinta (30) días de antelación.

La NEWCO, para la devolución a las Partes, aplicará un tipo de interés anual que equivaldrá al Euribor a un mes, más un diferencial de mercado. Transcurridos quince (15) días desde la fecha de la comunicación indicada en el párrafo anterior la Parte que incumpla con su aportación comportará como penalización el pago de un interés de demora anual, equivalente al valor mayor de, o bien Euribor a un mes más cinco puntos porcentuales (500 bps), o bien de un doce por ciento (12%) anual. De continuar la situación, transcurridos (3) tres meses desde la comunicación del Consejo de Administración, la Parte cumplidora podrá optar por exigir el cumplimiento a la incumplidora o exigir que se acuerde la ampliación del capital de la NEWCO por el importe de la suma solicitada como aportación, incrementada con el interés indicado. En este último caso, la Parte incumplidora se obliga a votar favorablemente dicho acuerdo de ampliación de capital por importe de la suma solicitada como aportación incrementada con el interés indicado. A la ampliación de capital concurrirá el socio que esté dispuesto a cumplir, renunciando el incumplidor, gratuitamente, a sus derechos de suscripción preferente.

h) Compromisos adicionales de los socios: Ninguno de los socios podrá vender hormigón ni participar como socio, asociado, partícipe o miembro de cualquier otra sociedad, asociación, agrupación, acuerdo o unión que tenga por finalidad la producción o distribución de los mismos productos que los que son objeto de este Acuerdo de Intenciones, en el ámbito geográfico descrito en el expositivo I, sin informar al otro socio, el cual tendrá derecho a vetarlo, participar en dicha empresa con el mismo porcentaje accionarial que dicho socio, o en cualquier otro que las Partes acuerden o simplemente autorizarlo sin participar en ningún porcentaje.

Las limitaciones expuestas en el punto anterior son extensibles a aquellos casos en que el socio partícipe lo haga de forma indirecta a través de otras sociedades.

El incumplimiento de este compromiso será causa para que, el otro socio, pueda instar la disolución de la NEWCO.

A los efectos de esta cláusula, no se considerará el status quo previo a la firma del Acuerdo de Intenciones.

i) Prevalencia: Los estatutos sociales de la NEWCO se adaptarán, en la medida de lo que sea mercantilmente posible, al contenido de los acuerdos del pacto parasocial.

En caso de que existiera un conflicto o divergencia entre lo que resulte de los estatutos sociales y los acuerdos del pacto parasocial, expresamente se conviene que entre las Partes prevalecerán los acuerdos del pacto parasocial, viniendo obligados los socios a que sus representantes en el seno de los órganos sociales (Junta de socios, Consejo de Administración) ejerciten sus derechos políticos en la forma que resulte adecuada para el puntual y estricto cumplimiento de los acuerdos contenidos en el pacto parasocial.

Adhesión al Pacto Parasocial: Los socios se obligan a que cualquier transmisión de las participaciones de la NEWCO a favor de un tercero exigirá la previa adhesión de éste al pacto parasocial. En consecuencia, el transmitente tendrá la obligación de obtener, previamente a la transmisión, la subrogación y ratificación del adquirente del pacto parasocial.

Los socios se obligan, en caso de pignoración de las participaciones de la NEWCO, a informar al acreedor pignoraticio de la existencia y del contenido del pacto parasocial.

2.ACTIVIDAD DE LA NEWCO

2.1 La NEWCO procederá a alquilar las plantas de fabricación de hormigón de cada una de las Partes que se detallan en el Anexo I (Plantas de SOCIEDAD 1) y en el Anexo II (Plantas de SOCIEDAD 2) del presente.

Toda planta que no se incluya en los Anexos I y II y que se encuentre ubicada en el ámbito geográfico descrito en el expositivo I, deberá ser desmantelada por su propietario o dejarse parada sin que pueda ser utilizada. En los casos en que alguna de las Plantas de Hormigón adscritas al Proyecto se encuentre alquilada a terceros, las partes acordarán,o bien la resolución de dicho contrato siendo asumido el coste por la Parte que la tenga arrendada o bien que la NEWCO se subrogue en el contrato, obligándose a indemnizar a la arrendadora en la cantidad de500 euros mensuales, salvo que la cantidad que se viniese pagando en concepto de renta fuese inferior, fijándose entonces ésta como indemnización.

Si durante la existencia de la NEWCO alguno de los socios está interesado en desmantelar alguno de los activos arrendados (p.e. para venderlo o trasladarlo fuera del ámbito geográfico descrito en el expositivo I), necesitará obligatoriamente la autorización de la NEWCO para llevarlo a cabo.

2.2 El alquiler de las Plantas incluirá el de los terrenos, maquinaria e instalaciones auxiliares correspondientes (incluyendo palas cargadoras), así con el personal afecto a cada una de ellas y que se relaciona en los Anexos III (Empleados de las Plantas de SOCIEDAD 1) Y Anexo IV (Empleados de las Plantas de SOCIEDAD 2).En consecuencia la NEWCO se subrogará en la relación laboral existente hasta ese momento entre el personal de las Plantas y cada Parte, produciéndose a todos los efectos la correspondiente sucesión de empresa conforme a lo previsto en el artículo 44 del Estatuto de los Trabajadores. Por lo que se refiere a la antigüedad, la compañía de origen del empleado, asumirá la misma pro rata temporis (hasta su incorporación a la NEWCO), con las implicaciones económicas que para el socio tiene frente a la NEWCO, en caso de despido. En los casos en que se decida no subrogar a algún trabajador su coste deberá ser asumido por la parte que lo tuviese contratado hasta entonces.

Los laboratorios que cada una de las empresas tenga dentro de las plantas de hormigón, formarán parte de las instalaciones que estará a disposición de la NEWCO sin coste añadido para ésta.

Los costes de mantenimiento y reparación de todas las instalaciones y maquinaria móvil, (p.e. palas) serán de cuenta de la NEWCO, debiendo entregarlas a sus propietarios en caso de disolución en el mismo estado en que fueron entregadas en alquiler.

2.3 De igual forma la NEWCO se subrogará en los contratos de suministro de electricidad, teléfono, agua y arrendamiento de terrenos en su caso.

2.4 La NEWCO se subrogará igualmente en los contratos de suministro de hormigón que las Partes tuviesen concertado con sus respectivos clientes en el momento de entrada en vigor de los correspondientes contratos de arrendamiento, siendo por tanto aquella la que continuará con los suministros en curso. En los casos en que el margen de contribución de alguno de los contratos fuera negativo, la pérdida deberá ser asumida por la Parte que los aporte.

No obstante lo anterior la NEWCO podrá rechazar alguno de los contratos por riesgo de impago, en cuyo caso, deberá indicarlo, siguiendo el suministro la empresa originaria a su riesgo y ventura desde la planta correspondiente y por el cual la NEWCO le cobrará el coste de fabricación, materias primas y, en su caso, transporte.

2.5 El arrendamiento de las plantas se concertará por un periodo de dos (2) años, con tantas prórrogas anuales posteriores como sean necesarias mientras exista la NEWCO. Ningún arrendamiento de ninguna planta podrá ser resuelto por el arrendador sin la previa autorización de la NEWCO.

2.6 Las existencias de materia prima que se encuentren en las Plantas al momento de entrada en vigor de los contratos de arrendamiento serán adquiridos por la NEWCO a cada Parte, quien facturará los mismos al precio de mercado y según medición efectuada el día inmediatamente anterior a aquel momento.

2.7 La NEWCO no asumirá los créditos ni saldos de clientes correspondientes a suministros efectuados por las Partes con anterioridad a la entrada en vigor de los arrendamientos, por lo que dichos créditos pertenecerán a cada Parte.

Sin embargo la NEWCO prestará toda la colaboración precisa para que cada Parte pueda gestionar y obtener el cobro de sus respectivos créditos correspondientes a los suministros iniciados por ellas antes de la entrada en operación de la nueva sociedad.

2.8 Si alguna de las Partes llevase a cabo la adquisición a terceros de alguna/s planta/s de fabricación de hormigón dentro del ámbito geográfico descrito en el expositivo I, dicha Parte podrá proceder a desmantelar los activos, mantenerlos parados o arrendarlos a la NEWCO, la cual se obliga a aceptarlos en los términos y condiciones que en ese momento se encuentren el resto de Plantas ya arrendadas, sin mayor coste que éste para la NEWCO ni para ninguno de los socios por la integración de dichos activos.

3.SUMINISTROS

3.1 La NEWCO formalizará con SOCIEDAD 2 un contrato de suministro de cemento que asegure parte de sus necesidades anuales de dicho producto.

El precio y condiciones a aplicar a dichos suministros serán los de mercado.

3.2 La NEWCO concederá a SOCIEDAD 2 una preferencia para el suministro de aditivos en la medida en que iguale al menos el coste por m3 en la relación cemento+aditivo, la resistencia a 3, 7 y 28 días, la trabajabilidad (medida por cono de Abrams) y su mantenimiento (entendida en condiciones de temperatura similares y medida a los 0, 15, 30, 45, 60, 75 y 90 min) que el Dpto. de Calidad de la NEWCO demuestre objetivamente con cualquier otro suministrador de aditivos.

3.3 Si cualquiera de las Partes dispusiera de capacidad para el transporte de materias primas y hormigón y manifestara su interés en prestar tal servicio, la NEWCO contratará los mismos con la Parte interesada en términos y condiciones de mercado.

Igualmente para cualesquiera otras adquisiciones de bienes y servicios que necesite la NEWCO y que puedan ser suministrados o prestados por los socios, se reconocerá a favor de éstos un derecho de tanteo en la contratación. De este modo, la NEWCO contratará con el socio que pueda suministrar el bien o prestar el servicio, siempre y cuando éste, al menos, iguale las condiciones comerciales y de precio ofrecidas por cualquier tercero.

3.4 La NEWCO adquirirá parte de los áridos que precise al 50% a cada socio, si ambos disponen de cantera/gravera, o a uno de ellos si solo éste dispone de cantera/gravera. El precio y condiciones serán las de mercado.

3.5Adquisiciones por los socios: Los Socios se comprometerán a dar un derecho de tanteo a la NEWCO, en el ámbito territorial de actuación de la misma, sobre los productos que ésta fabrique y que aquéllos necesiten en el desarrollo de sus actividades de construcción en dicho territorio. Habida cuenta la vinculación entre las Partes y la NEWCO, esta ofertará a los socios sus productos en condiciones de mercado. La NEWCO conferirá a las Compañías el status de cliente preferente, de conformidad con el cual aquella ofertará a estas el suministro de los productos que fabrique en las mejores condiciones ofertadas en cada mercado en transacciones comparables.

La NEWCO establecerá un nivel de riesgo máximo a los socios a través de su Órgano de Administración; por encima de dicho límite máximo de riesgo autorizado los socios, estos deberán garantizar sus operaciones con la NEWCO en la forma que en cada momento determine el órgano de administración, que será consistente con la política de riesgos que la NEWCO aplica a terceros independientes.

La forma de pago de los socios será mediante pagaré o confirming con vencimiento a determinar por las Compañías al mismo plazo en el que la NEWCO pague, debiendo los socios entregar el efecto o documento correspondiente en un plazo no superior al de (30) treinta días desde la fecha de la factura.

4. ENTRADA EN VIGOR. EFICACIA. DURACIÓN

4.1 Es intención de las Partes que el Proyecto comience su actividad a partir del 1 de enero de 2015, fecha en la que entraría en vigor los contratos de arrendamiento a suscribir por la NEWCO así como los demás aspectos contractuales anteriormente identificados. Con anterioridad a dicha fecha las partes pueden convenir su extensión por períodos de tres meses, salvo que alguna de las mismas manifieste lo contrario.

4.2 No obstante lo anterior, el desarrollo y ejecución del Proyecto está supeditado al cumplimiento de las dos condiciones suspensivas a las que luego se aludirá (las «Condiciones Suspensivas») por lo que las Partes no llevarán a la práctica ninguna actuación hasta el cumplimiento de ambas condiciones.

4.3 En todo caso el presente documento se configura como protocolo de intenciones por lo que las previsiones recogidas en el mismo, excepto las establecidas en el apartado 6, no tienen carácter ni fuerza vinculante para las Partes, quienes podrán en cualquier momento desvincularse del mismo con la mera notificación por escrito a la otra Parte, sin que proceda compensación o indemnización alguna.

4.4 Si llegado el 30 de noviembre de 2014: i) no se han cumplido las Condiciones Suspensivas, y ii) no se ha procedido a constituir la NEWCO, el Proyecto se considerará abandonado por las Partes y resuelto el presente Protocolo a todos los efectos, con las consecuencias y previsiones establecidas en el apartado inmediatamente anterior.

5.CONDICIONES SUSPENSIVAS

Las actuaciones a llevar a cabo por las Partes en desarrollo de este Protocolo no se iniciarán hasta tanto no se cumplan las dos condiciones suspensivas siguientes:

A) Que las Partes lleven a cabo un análisis completo sobre la compatibilidad del Proyecto con la normativa de defensa de la competencia y de manera especial su posible adecuación a lo establecido en el Reglamento (UE) 1218/2010 de la Comisión, en relación con los diferentes mercados de hormigón en los que podría actuar la NEWCO.

A tal efecto, las Partes solicitarán los informes pertinentes y realizarán, en su caso, la autoevaluación correspondiente respecto de cada mercado.

Si el resultado de lo anterior pone de manifiesto la posible incompatibilidad del Proyecto, en relación con todos los mercados futuros de la NEWCO, éste no se llevará a cabo, quedando plenamente resuelto el presente Protocolo y desvinculadas las Partes de cualquier compromiso relativo al mismo, excepto lo relativo a lo previsto en su apartado 6.

De no encontrar incompatibilidad alguna el Proyecto se desarrollará íntegramente en los términos previstos en el presente y aquellos otros complementarios que acuerden las Partes.

B) Al día de hoy SOCIEDAD 2 tiene asumido determinado compromiso con un tercero respecto a la posible integración de actividades, por lo que el desarrollo del Proyecto y, por tanto, de lo establecido en el presente, no se iniciará hasta tanto no haya concluido o determinado el alcance dicho compromiso por SOCIEDAD 2.

6.CONFIDENCIALIDAD

6.1 En este Protocolo tendrá la consideración de «Información Confidencial», toda documentación e información (de tipo económico, financiero, técnico, comercial, estratégico o de otro tipo), proporcionada de cualquier forma (oral, escrita o en cualquier soporte) y en cualquier momento, ya sea con anterioridad o posterioridad a la firma de este Protocolo, por una Parte a la otra, o por cualquier persona física o jurídica que actúe en su nombre o por su cuenta. Asimismo se considera Información Confidencial cualquier análisis, recopilación, estudio, resumen, extracto o documentación de todo tipo elaborado por cualquiera de las Partes o por ambas conjuntamente, a partir de la Información Confidencial revelada por cualquiera de las Partes.

6.2 Toda la información intercambiada entre las Partes tendrá el carácter de Información Confidencial, debiendo ir marcada como tal, indicando en la misma «Confidencial- Información entregada a efectos del Proyectos», para su identificación y en el marco exclusivo de la realización del Proyecto.

6.3 Cada una de las Partes ha acordado poner a disposición de la otra Información Confidencial, solamente para hacer posible, en su caso, el Proyecto. En consecuencia, cada una de las Partes se compromete respecto a la otra a que, tanto ella como su personal:

(a) tratarán y conservarán en todo momento la Información Confidencial como secreta y confidencial, y no la comunicarán ni revelarán directa ni indirectamente (tanto en forma oral o escrita) a ninguna otra persona física o jurídica, con la única excepción de aquéllos miembros de su personal que participen activa y directamente en el Proyecto, sin que medie previa aprobación por escrito de la otra Parte (realizada en los términos que ésta considere oportunos) o que dicha comunicación o revelación esté expresamente permitida de acuerdo con los términos de este Protocolo. Se comprometen asimismo a que dicha información no llegará a ser conocida por terceros, por ninguna causa que le sea imputable a la Parte de que se trate. A estos efectos, no se considerarán terceros los asesores financieros, técnicos o jurídicos de las Partes;

(b) se abstendrán de utilizar la Información Confidencial para cualquier otro propósito (incluyendo, pero sin limitarse a ellos, cualquier propósito competitivo o comercial), distinto de aquéllos relacionados directamente con la realización del Proyecto, y las negociaciones en relación con la misma;

(c) limitarán al mínimo imprescindible el número de personas que tendrán acceso a la Información Confidencial y cumplirán con lo dispuesto en la legislación sobre protección de datos de carácter personal vigente.

(d) en el período de tiempo en el que tengan lugar las negociaciones en relación con el Proyecto, se abstendrán de contactar, de forma directa o indirecta, con cualquiera de los socios, clientes o proveedores de la otra Parte en relación con dichas negociaciones;

(e) asimismo, la Información Confidencial a la que las Partes tengan acceso no afectará en modo alguno al comportamiento de las Partes en el mercado;

(f) se abstendrán de realizar, permitir, solicitar de terceros o colaborar con terceros en el anuncio o divulgación por cualquier medio, del posible interés de la otra Parte en el Proyecto y de la existencia de cualquier reunión, negociación o acuerdo entre ambas Partes, sin el previo consentimiento por escrito de la otra Parte.

6.4 Cada una de las Partes hará que los miembros de su personal que tengan acceso a la Información Confidencial asuman los compromisos de confidencialidad expresados en el presente Protocolo.

Las Partes, por tanto, se comprometen a poner todos los medios que estén a su alcance, para asegurarse de que los miembros del personal con acceso a la Información Confidencial cumplen con los términos de los compromisos de confidencialidad asumidos.

En todo caso, cada Parte responderá, en cualquier situación y circunstancia, de cualquier incumplimiento de las obligaciones que se deriven del presente Protocolo, incluso en el supuesto de que dicho incumplimiento sea imputable a uno o varios miembros de su personal.

6.5 Una vez terminado el presente Protocolo, las Partes deberán, tan pronto como sea razonablemente posible y, en cualquier caso, en no más de diez días desde dicha terminación:

(a) devolver a la otra Parte todos los documentos y demás soportes aptos para transmitir información que contengan o reflejen alguna Información Confidencial y todas las copias de dicha Información Confidencial que haya hecho;

(b) destruir todos los análisis, recopilaciones, estudios y otros documentos preparados por la otra Parte que contengan o de alguna manera reflejen Información Confidencial, o hayan sido elaborados en base a la misma, así como todas las copias de dichos análisis, recopilaciones, estudios y otros documentos que se hayan realizado, y

(c) borrar de todos los ordenadores, procesadores de textos u otros soportes la Información Confidencial que contengan o cualquier otra información que contenga o refleje Información Confidencial.

7.EXCLUSIVIDAD

Las Partes manifiestan que no tienen acuerdo ni compromiso alguno con un tercero cuyo objeto sea igual o similar a lo pactado en el Acuerdo de Intenciones. En el caso en que una de las Partes incumpliera dicho compromiso de exclusividad, se comprometen a indemnizar a la otra por todos los daños y perjuicios que dicho incumplimiento pudiera causarle exclusión hecha de lucro cesante o pérdida de beneficios empresariales y daños indirectos o consecuenciales a las partes o las empresas de su respectivo grupo empresarial (ex Art. 42 del Cód. Comercio). Se entenderán incluidos en dicho concepto todos los gastos de asesores legales, auditores así como otros gastos razonables incurridos con relación a la Transacción.Lo indicado vincula a las partes y a las sociedades de su grupo respectivamente (ex. Art. 42 Cód. Comercio).

No obstante lo anterior las partes acuerdan que lo indicado en el párrafo anterior no aplica al compromiso referido en el apartado B) del punto 5 anterior.

8. PROTECCIÓN DE DATOS

8.1 A los efectos de lo dispuesto en la Ley Orgánica 3/2018, de 5 de diciembre, de Protección de Datos Personales y garantía de los derechos digitales («LOPD»), las Partes consienten expresamente la incorporación de sus datos a los ficheros de carácter personal de los que sean responsables, con finalidad comercial, financiera o estadística.

8.2 Ambas Partes garantizan que todos los datos personales serán utilizados con la finalidad, en la forma y con las limitaciones y derechos que concede la LOPD.

8.3 El presente consentimiento se otorga sin perjuicio de los derechos de acceso, rectificación, limitación de tratamiento, supresión, portabilidad, limitación u oposición al tratamiento previstos en la LOPD, que podrán ser ejercitados dirigiendo comunicación por escrito enviada al domicilio que figura en el encabezamiento de este documento.

9.NOTIFICACIONES

Cualquier notificación o comunicación relativa a este Documento podrá realizarse por cualquier medio escrito que permita la debida constancia de su recepción. A estos efectos, las partes señalan los siguientes domicilios y personas de contacto.

SOCIEDAD 1:

At/ ....

....

....

Tfno.: ....

E-mail: ....

SOCIEDAD 2:

At/ ....

....

Tfno.: ....

E-mail: ....

10.BUENAS PRÁCTICAS

Las Partes expresamente convienen y aceptan, que estas harán extensiva a la NEWCO, los principios, buenas prácticas y directivas que informan el actuar de cada una de ellos en materia de cumplimiento normativo y Buen Gobierno Societario, de tal modo que la NEWCO aplicará dichos estándares en sus operaciones, los cuales regularán el día a día de sus negocios. Igualmente las Partes, deberán vigilar que se respete la legislación y la reglamentación económica nacional y comunitaria, y, en particular, las disposiciones que permitan asegurar una real y libre competencia, asumiendo los compromisos y manifestaciones de este documento

Las Partes actuando de buena fe, harán una puesta en común de dichas directivas y principios y de mutuo acuerdo definirán el standard normativo de aplicación a la Nueva Sociedad para el Hormigón, que en cualquier caso tomará como presupuesto de partida y mínimo común denominador, el marco normativo de aplicación a sus actividades.

11.COSTES Y GASTOS:

Salvo pacto previo, expreso y por escrito, cada Compañía correrá con los gastos y costes derivados de la preparación y negociación del presente Acuerdo de Intenciones, incluyendo los gastos de sus asesores.

12.CESIÓN DE LA POSICIÓN CONTRACTUAL

Las Partes expresamente convienen y aceptan que la posición contractual asumida por ambas en el Acuerdo de Intenciones podrá ser cedida a cualesquiera sociedades de su grupo empresarial ex artículo 42 del Código de Comercio que ocupase la posición de socio en la NEWCO.

13.NEGOCIACIÓN - JURISDICCIÓN

13.1 Las Partes desarrollarán con buena fe las previsiones del presente Protocolo, comprometiéndose a dirimir de forma amistosa cualquier diferencia que pudiera surgir entre las mismas en el curso de las negociaciones sucesivas y ejecución de las actuaciones necesarias para alcanzar el objetivo previsto por ellas.

13.2 No obstante, caso de que no se alcanzase una solución amistosa las Partes, para la resolución de cualquier diferencia que pudiera surgir en la interpretación o alcance del presente Documento se someten a un arbitraje a administrar por la Corte de Arbitraje del Colegio de Abogados de Madrid, con sujeción a sus Estatutos y Reglamento de Procedimiento, con renuncia a fuero si fuese distinto.

Y en prueba de conformidad con cuanto antecede, las Partes firman los dos ejemplares en que se formaliza el presente Protocolo, en el lugar y la fecha indicada en el encabezamiento.

SOCIEDAD 1	SOCIEDAD 2
P.p	P.p.

F442. CONTRATO DE SINDICACIÓN DE SOCIOS

PACTO DE CONSTITUCIÓN DE SINDICATO DE SOCIOS

En ...., a .... de enero de 20 ....

REUNIDOS

Don .... mayor de edad, con DNI .... y domicilio en c/ .... Soltero / Casado en régimen de .... con Doña .... con domicilio en Calle .... del DNI nº ....

Doña ....; Don ....; Doña ....

INTERVIENEN

Todos ellos en su propio nombre y derecho.

En lo sucesivo, y a los efectos de este contrato, salvo en aquellos casos en que sean designados individualmente, serán denominados conjuntamente los «LOS SOCIOS MAYORITARIOS» o «LAS PARTES».

Las Partes se reconocen mutuamente la capacidad legal necesaria para formalizar el presente contrato y, a tal efecto, según intervienen

EXPONEN

Que los intervinientes son socios de la mercantil ...., S.L., entidad que se constituyó el día .... de .... de 20 ...., con NIF B ...., y que tiene su domicilio social en la calle .... Se encuentra inscrita en el Tomo .... del Registro Mercantil de ....

El objeto social lo constituye la actividad de ....

II. La sociedad posee participaciones de las siguientes sociedades, en adelante el Grupo ....:

• «..........., S.L.» UNIPERSONAL, con NIF nº B ...., domiciliada en .... Dedicada a la fabricación y venta de ....

(...........)

III. Todos ellos representan un porcentaje total del .... % del capital social de la mercantil ...., S.L. con la titularidad de las siguientes participaciones:

• Don .... y Dña ...., titulares con carácter ganancial de .... participaciones sociales (nº ...., todas inclusive).

(...........)

III.– Que las circunstancias acaecidas en los últimos años en relación con las acciones emprendidas por el resto de los socios de la entidad ...., y la voluntad de los Socios Mayoritarios de proteger la continuidad de la empresa y del Grupo ...., gestionándolo en base a los principios de cogestión, lealtad y buena fe, aconsejan la firma de este convenio de sindicación. Con ello se pretende evitar una lesión de los intereses de la sociedad y del Grupo .... en beneficio de uno o varios socios.

IV. Que, es voluntad de LAS PARTES regular sus relaciones como socios de la mercantil ...., S.L. así como sindicar sus participaciones a fin de regular el voto, la transmisión de las participaciones y las decisiones del Consejo de Administración de la citada Sociedad y del GRUPO ....

Por todo ello, los Socios Mayoritarios acuerdan celebrar el presente Acuerdo, con sujeción a las siguientes

ESTIPULACIONES

PRIMERA.– PROPIEDAD DE LA EMPRESA.

La titularidad de las participaciones de ...., S.L. descritas en el apartado III anterior, o la sociedad o sociedades que les sucedan, y del GRUPO ...., se intentará mantener en poder los SOCIOS MAYORITARIOS o familiares que se encuentren en línea de consanguinidad con los otorgantes, comprometiéndose todos a dar aquellos pasos que garanticen el presente acuerdo.

En este orden de cosas, deciden constituir un Sindicato de Actuación Unitaria respecto de la titularidad actual y futura de las participaciones (o en su día y caso acciones) en .... y en las empresas del Grupo, en sus tres modalidades de Bloqueo, Mando y Venta Unitaria, con duración de cinco años y que solo quedará extinguido cuando así lo acuerden el 75% de los votos del mismo.

SEGUNDA.– SINDICATO DE BLOQUEO Y DERECHO DE ARRASTRE.

Durante la vigencia del Sindicato únicamente serán libres las transmisiones de acciones o participaciones sociales por actos mortis causa, o las gratuitas a título intervivos, cuando éstas últimas lo sean a favor de ascendientes, colaterales hasta segundo grado o descendientes, quienes quedarán sujetos a las normas del Sindicato.

Fuera de este caso, todos los demás supuestos de transmisión intervivos, onerosa o gratuita, quedarán sujetos a la voluntad del sindicato, de tal forma que la transmisión afectará a todos los Socios Mayoritarios por igual, en proporción al número de sus participaciones en ...., S.L. o la sociedad o sociedades que le sustituyan, y requerirá el voto de los dos tercios del capital social representado por los socios sindicados, esto es, 2/3 x 66,20%.

De esta forma, los Socios Mayoritarios como VENDEDORES, actuarán en la ejecución de la compraventa como unidad, de modo que cualquier decisión que hayan de adoptar será única y vinculante para todos ellos, sin que puedan imponer a la COMPRADORA decisiones o actuaciones diversas.

A estos efectos, los VENDEDORES actuarán frente a la COMPRADORA representados por una sola persona, el SÍNDICO; y en caso de fallecimiento o incapacidad jurídica del mismo, será sustituido por una de las personas citadas seguidamente, según el orden con que aparecen: 1° Doña ...., 2° Don .... y 3° Don .... Estas personas se sustituirán entre sí conforme al orden en que figuran citadas en caso de fallecimiento o incapacidad de la persona indicada en la lista.

En el caso de que el representante de los VENDEDORES no dé una respuesta uniforme a la COMPRADORA, ésta no estará obligada a actuar en función de las distintas instrucciones que reciba, así como los VENDEDORES no reclamarán por hechos u omisiones realizadas por la COMPRADORA o por cualquiera de las Sociedades ante la falta de respuesta e instrucciones uniformes del representante de los VENDEDORES.

TERCERA.– SINDICATO DE MANDO.

Todos los miembros del Sindicato, a efectos de lo previsto en este apartado, se configuran como una Comunidad y, en consecuencia, conforme a lo previsto en el artículo 126 de la Ley de Sociedades de Capital, se obligan a ejercitar de un modo unitario los derechos políticos, de cualquier naturaleza, que se deriven de las participaciones sociales sindicadas.

CUARTA.– REGLAS.

La Sindicación a que se hizo anterior referencia se regirá por las siguientes reglas:

1).– Del Síndico.

El sindicato de socios, que ahora se constituye, tendrá como órgano de gestión de sus propios intereses internos y de representación frente a la sociedad, una persona que con la denominación de Síndico ejercitará frente a la sociedad los derechos políticos y económicos correspondientes a las participaciones/acciones sindicadas.

Expresamente se designa como Síndico, desde el momento de la firma del presente y hasta su vencimiento, a DON .... y como síndico suplente a DON ....

2).– De la organización interna.

Para fijar los criterios que marcarán la actuación del Síndico, en cada circunstancia en que éste deba actuar, se reunirán previamente los partícipes, a quienes el Síndico facilitará todos los datos que posea acerca de la marcha de los negocios sociales, formulándoles propuestas concretas sobre la decisión conjunta a adoptar y, especialmente, sobre el sentido del voto unitario a emitir en la inmediata Junta General que se celebre, de la que la reunión del Sindicato será siempre preparatoria.

Las reuniones previas previstas se convocarán por el Síndico el día y hora que libremente decida, aunque necesariamente al menos tres días antes de cada Junta General de la sociedad, por cualquier procedimiento que estime suficiente para que llegue al conocimiento de los integrantes del Sindicato y con la antelación necesaria para poder asistir a la reunión. No será necesario incluir en la convocatoria un orden del día concreto.

Las reuniones se celebrarán en ...., salvo que todos los miembros por unanimidad señalen otro lugar.

Todo miembro del Sindicato podrá hacerse representar en las reuniones por otras personas, siempre que estas ostenten a su vez la condición de miembro del mismo. No cabe conferir representación a terceras personas ajenas al Sindicato.

Reunido el Sindicato, el Síndico presidirá la reunión y tras las intervenciones que se produzcan, se someterá a votación la propuesta formulada por aquel, que deberá ser aprobada, para que prospere, por quienes representen, como mínimo, dos tercios de las participaciones sindicadas. Si fuese rechazada la propuesta se someterán sucesivamente a votación otras propuestas hasta que se consiga aprobar por la mayoría indicada alguna de ellas. Cada participación sindicada dará derecho a un voto.

Al finalizar cada una de las reuniones del Sindicato, el Síndico extenderá la correspondiente acta en un libro a su cargo para tal fin, bastando para que se considere aprobada el acta con que la firmen dos miembros presentes en la reunión. El Síndico podrá certificar por sí solo, literalmente o en extracto, todo el contenido de dicho libro de actas.

Por excepción, cuando circunstancias especiales e imprevistas requiriesen máxima urgencia, impidiesen o desaconsejaran, en beneficio de todos, celebrar reunión previa, se reconocen a favor del Síndico la facultad indelegable de adoptar unilateralmente decisiones o llevar a cabo actuaciones por sí solo, aceptándose en tales casos por todos los integrantes del Sindicato la decisión o actuación llevada a cabo por el Síndico, con todas sus consecuencias, quedando, no obstante, obligado éste a informar de lo por él actuado y de las circunstancias que justificaron su actuación individual, convocando para ello y a la mayor brevedad posible una reunión del Sindicato.

3).– Legitimación del Síndico.

A fin de que el Síndico pueda ejercitar sus competencias, todos los miembros integrantes de este Sindicato se obligan inexcusablemente a asumir la voluntad de la mayoría y delegar en el Síndico su voto para cuantas Juntas Generales se celebren, debiendo proveerle anticipadamente de la representación pertinente de conformidad con la vigente Ley de Sociedades de Capital. No obstante, si algún miembro del Sindicato tuviese interés en asistir a la Junta General de la sociedad, por si o mediante representante, podrá hacerlo, no confiriendo su representación, pero obligándose a emitir su voto en el sentido decidido por la mayoría en la reunión.

En ejercicio de estas facultades de representación frente a la sociedad, el Síndico podrá firmar cuantos documentos públicos o privados, y especialmente recibos, resulten procedentes.

Las decisiones del órgano de Administración de …………, S.L. y de las sociedades del GRUPO ………… seguirán las instrucciones del sindicato.

QUINTA.– DURACIÓN.

El presente Sindicato de socios tendrá una duración de cinco años a contar desde el día de la fecha, pudiendo ser prorrogado por acuerdo del 75% de sus componentes.

El pacto de sindicación vincula directamente a las participaciones que actualmente poseen o posean en el futuro por cualquier título, en las indicadas compañías o aquellas que le sucedan en el GRUPO ………… o la propia …………, S.L., cualquiera que sean sus titulares futuros, viniendo obligado cada uno de los miembros integrantes del Sindicato a imponer a sus adquirentes de cualquiera de sus participaciones la subrogación en todos los derechos y obligaciones resultantes de esta sindicación, subrogación que operará automáticamente frente a sucesores mortis causa.

SEXTA.– SANCIÓN POR INCUMPLIMIENTO.

Todos los miembros del sindicato se obligan a cumplir todas y cada una de las obligaciones reflejadas en este documento. Aquél o aquellos socios sindicados que incumplan cualquiera de las obligaciones asumidas en este documento, será sancionado con una multa por importe de .... euros (........... euros) cantidad que abonará a los otros miembros cumplidores, en proporción al número de participaciones, y en el plazo de 30 días a contar desde que se le notifique el incumplimiento.

La citada multa tiene la consideración de cláusula penal sustitutiva de la indemnización de daños y perjuicios causados por el incumplimiento, renunciando la parte incumplidora a solicitar la moderación judicial de la cláusula penal.

SÉPTIMA.– INCOMPATIBILIDADES

El presente acuerdo anula cuantos pactos hubieran sido suscritos con anterioridad entre LAS PARTES y que se opongan a lo acordado en este contrato.

OCTAVA.– LEGISLACIÓN APLICABLE Y FUERO

Las Partes se comprometen de buena fe a resolver amistosamente cualquier diferencia que pudiera surgir en la interpretación y cumplimiento del presente pacto de sindicación mediante una solución adoptada de mutuo acuerdo. No obstante, para el caso de que dicho acuerdo no fuera posible, las Partes, con renuncia expresa a su fuero propio, se someten expresamente a la jurisdicción de los Juzgados y Tribunales de la ciudad de .... para todas las cuestiones que se susciten en la interpretación y/o cumplimiento de este Acuerdo.

NOVENA.– ELEVACIÓN A PÚBLICO

A requerimiento de cualquiera de los firmantes, Las Partes se comprometen a elevar a público en el plazo máximo de quince días el presente contrato en una notaría de la ciudad de ....

Y en prueba de su conformidad las Partes firman el presente Acuerdo en el lugar y fecha indicados en el encabezamiento.

....

Don .... Don ....

F443. ENTRADA DE DIRECTIVOS EN EL CAPITAL DE LA EMPRESA FAMILIAR. PLAN DE ENTREGA DE PARTICIPACIONES A LOS EMPLEADOS CON PRESTACIONES ACCESORIAS

CARTA DE MANIFESTACIONES

CONSISTENTE EN LA ENTREGA GRATUITA DE PARTICIPACIONES SOCIALES A (DIRECTIVO/EMPLEADO) DE LA SOCIEDAD ...., S.L.

La Dirección manifiesta que como consecuencia del plan de desarrollo de la empresa y en general del Grupo …………, y considerando la colaboración que actualmente está ofreciendo Doña …………, la Sociedad se compromete a la entrega gratuita de participaciones de ………… S.L., a este directivo con las siguientes condiciones y plazos:

Esta entrega gratuita se enmarca dentro de la política retributiva de la empresa y del Grupo …………

Deberá contribuir a la participación de los trabajadores en la empresa.

Debe ser limitada a los miembros del equipo de dirección de …………, S.L. o cualquier empresa del Grupo.

Tiene un plazo de vigencia de CINCO AÑOS a partir del año 20 ………… y supone una modificación del actual plan de entrega de participaciones.

En general, este plan estará dirigido a las personas integradas en alguna de las siguientes categorías:

o Consejeros ejecutivos,

o Directores Generales,

o y otros directivos de la Sociedad o de su Grupo de empresas asimilados a los anteriores, que reúnan las condiciones que establezca el Consejo de Administración.

La entrega de participaciones a cada destinatario será gratuita y no excederá de ………… 000 € anuales, tomándose como referencia el valor teórico contable del último ejercicio cerrado y aprobado.

La valoración de las participaciones se realizará según criterios contables del último balance aprobado.

Sólo serán objeto de entrega las participaciones de …………, S.L.

Supondrá hasta un máximo conjunto, del 5% del actual capital social de la sociedad …………, S.L.

La entrega de participaciones a los directivos debe estar basada en el logro de unos objetivos por …………, S.L. Se trata de vincular la remuneración de los directivos a una constante mejora en la valoración de la empresa calculada sobre el método de valoración EBITDA / …………, y requerirá el acuerdo de la Junta de socios de ………… S.L.

Con la finalidad de vincular la participación recibida con el desempeño en la entidad de su labor profesional, las acciones o participaciones entregadas incorporan prestaciones accesorias.

En nuestro caso, dichas cargas consistirán en la obligación de mantener una relación laboral en exclusiva con la empresa que las otorgó u otras empresas del grupo, debiendo enajenarlas a la sociedad en el supuesto de que se extinguiese dicha relación. Así, en caso de abandono del Grupo ………… por cualquiera de los empleados que se benefician del plan de entrega gratuita, por cualquier motivo (jubilación, cese, despido, fallecimiento, etc.) las participaciones serán vendidas por el empleado o sus herederos a

.... S.L. o la sociedad que en un futuro le suceda, que está obligada a adquirirlas, por el valor contable según el último balance aprobado anterior a la salida del grupo.

A tal efecto, sobre dichas participaciones se le incorporan prestaciones accesorias, distintas de las aportaciones de capital, consistentes en la obligación del titular de tales participaciones de mantener una relación laboral en exclusiva con la sociedad .... S.L. u otras sociedades del grupo, o de permanecer en el órgano de Administración de la Sociedad .... S.L. u otra empresa del grupo, entendiéndose el grupo de empresas en los términos del artículo 42 del Código de Comercio.

La duración de la prestación accesoria se establece en veinticinco años, a contar desde el día .... de .... de 20 ....

Las prestaciones accesorias no integran el capital social.

Las prestaciones accesorias tienen carácter gratuito, con independencia de la retribución que perciban los socios titulares de participaciones sociales con prestaciones accesorias y que pueda derivar de su relación laboral o de su pertenencia al órgano de administración.

En el supuesto de incumplimiento de la obligación, de forma voluntaria o involuntaria, se perderá la condición de socio debiendo el socio enajenar la totalidad de las participaciones de las que sea titular y estando la sociedad ...., S.L., o la sociedad que en un futuro la suceda, obligada a su adquisición, todo ello en un plazo máximo de dos meses desde el incumplimiento por el obligado, y tomando como valoración de las participaciones la que resulte del último balance anual aprobado y auditado.

Para ello, se acordará por .... S.L. como socio y en Junta de ...., S.L. la modificación de estatutos de esta última para la conversión de participaciones ordinarias en participaciones con prestaciones accesorias no retribuidas, en los términos del Texto Refundido de la Ley de Sociedades de Capital, artículos 86 y siguientes.

En caso de finalización de la relación laboral con el Grupo ...., no se reconocerá a los efectos de liquidación o indemnización.

En la ciudad de ...., a .... de .... de 20 ....

.... S.L.

Don ....

(Consejero Delegado)

F444. ACUERDO DE JUNTA GENERAL PARA LA CREACIÓN DE PARTICIPACIONES CON PRESTACIONES ACCESORIAS

Normativa de Aplicación: *Arts. 86 y ss. Real Decreto Legislativo 1/2010, de 2 de julio, por el que se aprueba el texto refundido de la Ley de Sociedades de Capital.*

(Modelo de acta de junta general de socios)

Se acuerda por unanimidad modificar el artículo .... de los estatutos sociales que pasa a tener la siguiente redacción:

«Artículo .... °.– CAPITAL SOCIAL.

Se fija en la cifra de .... EUROS (...........,00€).

Está dividido en .... (...........) PARTICIPACIONES SOCIALES iguales, totalmente suscritas e íntegramente desembolsadas, de .... EUROS — (........... EUROS), de valor nominal cada una de ellas, numeradas correlativamente del 1 al ...., ambos inclusive.

De dichas participaciones, a las números 1 al ...., todas ellas inclusive, se les incorporan prestaciones accesorias, distintas de las aportaciones de capital, consistentes en la obligación del titular de tales participaciones de mantener una relación laboral en exclusiva con la sociedad .... S.L. u otras sociedades del grupo, o de permanecer en el órgano de Administración de la Sociedad .... S.L. u otra empresa del grupo, entendiéndose el grupo de empresas en los términos del artículo 42 del Código de Comercio.

La duración de la prestación accesoria se establece en .... años, a contar desde el día .... de .... de 20 ....

Las prestaciones accesorias no integran el capital social.

Las prestaciones accesorias tienen carácter gratuito, con independencia de la retribución que perciban los socios titulares de participaciones sociales con prestaciones accesorias y que pueda derivar de su relación laboral o de su pertenencia al órgano de administración.

En el supuesto de incumplimiento de la obligación, de forma voluntaria o involuntaria, se perderá la condición de socio debiendo el socio enajenar la totalidad de las participaciones de las que sea titular y estando la sociedad ...., S.L., o la sociedad que en un futuro la suceda, obligada a su adquisición, todo ello en un plazo máximo de .... meses desde el incumplimiento por el obligado, y tomando como valoración de las participaciones la que resulte del último balance anual aprobado y auditado».

F445. ACUERDO DE PRÉSTAMO PARTICIPATIVO. ACTA DE JUNTA GENERAL EXTRAORDINARIA CONVOCADA

ACTA DE JUNTA GENERAL DE LA ...., S.L.,

ÓRGANO: Junta General de socios.

FECHA Y LUGAR DE CELEBRACIÓN: El día ...., a las .... horas, en el domicilio social, sito en............

CIRCUNSTANCIAS DE LA CONVOCATORIA: Por presencia y reunión en el domicilio social de la totalidad de los socios y, por tanto, de los titulares de la totalidad de las participaciones sociales en que se divide el capital social de la compañía, lo que da a la reunión el carácter de Junta UNIVERSAL, aceptando los concurrentes reunirse para deliberar y, en su caso, adoptar acuerdos sobre el siguiente orden del día: 1) Suscripción de contrato de préstamo participativo a que se refiere Real Decreto Ley 7/1996, de 7 de junio, sobre medidas urgentes de carácter fiscal y de fomento y liberalización de la actividad económica, en redacción dada por la disposición adicional segunda de la ley 10/1996, de 18 de diciembre, de Medidas Fiscales Urgentes sobre Corrección de la Doble Imposición Interna Intersocietaria y sobre Incentivos a la Internacionalización de las Empresas, interviniendo la sociedad ............S.L. como parte prestamista y la sociedad .... S.L., como parte prestataria, siendo el importe del principal del préstamo participativo de .... (........... euros).

LISTA DE ASISTENTES:

En prueba de conformidad y consentimiento individual de todos los reunidos para constituirse en Junta General Universal de la sociedad ............S.L. firman seguidamente:

(espacio)

La Mesa, por decisión de todos los socios y conforme establecen los Estatutos Sociales, se constituye actuando como Presidente .... y como Secretario ...., en virtud de sus cargos de Presidente y Secretario, respectivamente del Consejo de Administración. Acto seguido, el Presidente declara válidamente constituida la Junta y abierta la misma, expone en el más amplio sentido, los tres puntos a tratar en esta reunión, tomándose por unanimidad los siguientes acuerdos:

ÚNICO.- Aprobar la suscripción por parte de la sociedad ............S.L. de un contrato de préstamo participativo a que se refiere Real Decreto Ley 7/1996, de 7 de junio, sobre medidas urgentes de carácter fiscal y de fomento y liberalización de la actividad económica, en redacción dada por la disposición adicional segunda de la ley 10/1996, de 18 de diciembre, de Medidas Fiscales Urgentes sobre Corrección de la Doble Imposición Interna Intersocietaria y sobre Incentivos a la Internacionalización de las Empresas, con las siguientes estipulaciones:

I.- Intervendrá en el contrato como parte prestataria .... S.L., domicilio en .... Inscrita en el Registro Mercantil de .... al tomo ...., folio .... hoja ...., CIF ....; y como parte prestamista, ...S.L..

II.- El principal del préstamo participativo ascenderá en conjunto a la cantidad de.. (........... euros).

III.- El plazo de vigencia del contrato será de .... años, a contar desde la firma del mismo. No obstante, el préstamo será susceptible de ampliar su vigencia mediante prórrogas anuales. Para que la prórroga tenga lugar en beneficio de la sociedad prestataria será preciso que ésta comunique de modo fehaciente a la prestamista su deseo de acceder a la prórroga con un mes de antelación a la expiración del término contractual o de prórroga, entendiéndose prorrogado el contrato, tácitamente, si la prestamista no rechaza esta posibilidad, mediante comunicación escrita, notificada a la prestataria antes del día del vencimiento del plazo de vigencia.

IV.- Siguiendo lo dispuesto en el artículo 20.Uno.a) del Real Decreto Ley 7/1996, el contrato de préstamo participativo devengará en concepto de intereses el resultado de adicionar las siguientes cuantías:

– Retribución fija: A un tipo de interés del .... sobre el principal del préstamo.

– Retribución variable: En función del desarrollo de la actividad de la entidad prestataria. Concretamente, se establece como parámetro de referencia la evolución positiva de los Fondos Propios de la sociedad, calculada por la diferencia existente entre los Fondos Propios consignados en el último balance aprobado por la entidad prestataria a la fecha de exigibilidad de los intereses y el del ejercicio inmediatamente anterior, aplicándose sobre esta diferencia positiva el tipo del ....

Los intereses adquirirán la consideración de exigibles el último día del periodo de ....años y en ningún caso superarán el límite anual del .... del importe total adeudado en concepto de principal.

V.- De conformidad con lo dispuesto en el artículo 20. Uno b) del Real Decreto Ley 7/1996, el préstamo participativo podrá amortizarse de forma anticipada. Para ello, la sociedad prestataria deberá acordar un aumento de fondos propios de cuantía igual al principal del préstamo, sin que pueda provenir este aumento de la actualización activos.

VI.- Además de las causas generales de extinción de los contratos, el préstamo participativo se extinguirá por la siguiente:

Si, una vez transcurrido el plazo contractual originario o, en su caso, el de la prórroga anual correspondiente, no se hubiese reintegrado totalmente la cantidad prestada.

Extinguido el contrato por cualquiera de estas causas, ello determinará para la prestataria la obligación inmediata de reintegrar a la prestamista el importe del principal del préstamo, así como los intereses que hasta ese momento se hubiesen devengado.

VII- Se pactará expresamente por las partes como causa de extinción del contrato, el acuerdo mediante el cual la sociedad prestataria lleve a cabo un aumento de capital social por compensación de este crédito, capitalizándolo por importe igual al principal del contrato de préstamo, adquiriendo éste en ese momento la condición de líquido y exigible en su totalidad, en cumplimiento de la vigente legislación mercantil.

Los intereses devengados hasta la fecha del mencionado acuerdo de ampliación de capital, tendrán la consideración de exigibles, siendo satisfechos por la prestataria.

Dicho aumento, se llevaría a cabo mediante la emisión de nuevas participaciones sociales de idéntico valor nominal a las preexistentes, adicionándoles, en su caso, la oportuna prima de emisión resultante del cálculo de las reservas, beneficios no distribuidos o cualquier otra partida de carácter inmaterial, que impliquen un mayor valor de la sociedad respecto del reflejado en contabilidad.

Extinguido el contrato por la causa prevista en este apartado VII, quedará la prestataria liberada de la obligación de reintegrar a la prestamista el importe del principal del préstamo.

VIII.- Debido a la especial vinculación existente entre las partes, el contrato de préstamo participativo se pactará sin más garantías para la prestamista que las puramente personales de la prestataria, a tenor de lo dispuesto en el artículo 1.911 del Código Civil.

IX.- Todos los gastos e impuestos que se deriven o traigan causa del otorgamiento y formalización del contrato participativo, serán de cuenta y cargo de la prestataria.

X.- El contrato de préstamo participativo se encontrará sujeto y exento del Impuesto sobre el Valor Añadido, a tenor de lo dispuesto en el artículo 20.Uno.18°.c) de la Ley 37/1992, de 28 de diciembre, reguladora de este impuesto.

XI.- El contrato de préstamo participativo se regirá en primer lugar por las cláusulas y pactos precedentes, y en su defecto se regirá por las disposiciones que le sean aplicables del Código de Comercio y del Código Civil, así como por la regulación especial contenida en el mencionado Real Decreto Ley 7/1996.

XII.- Las partes del contrato, con renuncia expresa al fuero que les pudiera corresponder, se someterán a la jurisdicción y competencia de los Juzgados y Tribunales de la ciudad de Alcoy, para todas aquellas cuestiones que pudieran derivarse de la interpretación, aplicación y vigencia del contrato.

XIII.- En materia de prelación de créditos, el contrato se regirá por lo dispuesto en la legislación vigente y en especial por lo dispuesto en el artículo 20.Uno.c) del Real Decreto Ley 7/1996.

XIV.- El préstamo participativo tendrá la consideración de patrimonio neto a los efectos de lo establecido en los artículos 360 y siguientes del Texto Refundido de la Ley de Sociedades de Capital sobre causas de disolución de sociedades de capital y de lo establecido en la demás legislación mercantil.

XV.- Se hará mención en el contrato de préstamo participativo, que aun no siendo preciso, la suscripción del mismo ha sido aprobada, por acuerdos de Junta General tanto en la sociedad prestamista como en la sociedad prestataria, todo ello para su conocimiento y aprobación de todos los de aquellas.

Y no habiendo más asuntos que tratar, el presidente da por finalizada la reunión y se procede a la lectura del acta, la cual encuentran conforme todos los asistentes, por lo que queda aprobada, levantando el Presidente la sesión a las ....horas en el lugar y fecha señalado "ut supra".

F446. CONTRATO DE CONFIDENCIALIDAD ENTRE VENDEDOR Y SUS ASESORES PREVIO A PROCESO DE COMPRAVENTA DE EMPRESA

En ...., a ....de ....de 202.............

REUNIDOS

De una parte,

D. ...., con DNI ...., actuando en nombre y representación de la sociedad profesional ...., S.L.P., con CIF .... y domicilio en .... (en adelante "............").

D. ...., mayor de edad, de nacionalidad ...., con DNI ...., en nombre y representación, en su condición de administradora solidaria, de la entidad ...., S.L.P., de nacionalidad ...., con domicilio social en ...., con C.I.F. ....

Siendo referidos en adelante, conjuntamente, como "los Asesores"

De otra parte,

D. ...., mayor de edad, con DNI ...., como representante de la mercantil ...., S.L. (en adelante, "............"), con C.I.F. .... y domicilio social en ....,

Siendo referidos en adelante, conjuntamente, como "el Cliente"

EXPONEN

I.- Que, entre otras líneas de actividad, ... y .... se dedica a la presentación, comprobación, realización y ejecución de operaciones de adquisición de activos de diverso tipo.

II.- Que el Cliente propietario de .... (esta última, con el nombre comercial de "............").

III.- Que ante la inminente presentación del concurso de acreedores de ...., el Cliente tienen intención de vender su Unidad Productiva juntamente con la declaración del concurso.

IV.- Que el Cliente encarga a los Asesores la venta de .... (en adelante, "el Proyecto" o "la Operación").

V.- En virtud de lo anterior, las Partes, reconociéndose mutuamente capacidad suficiente para el otorgamiento de este acto, formalizan el presente Acuerdo de Confidencialidad con sujeción a las siguientes

CLÁUSULAS

PRIMERA. .... CONFIDENCIALIDAD

A los efectos previstos en este Acuerdo, por "Información Confidencial" se entenderá, toda aquella información relativa al Cliente y el Proyecto que sea transmitida a los Asesores ya sea de forma verbal, escrita o en soporte magnético o por cualquier otro medio electrónico y/o telemático, cualquier análisis, recopilación, estudio, resumen, extracto o documentación de todo tipo elaborado por cualquiera de las partes o por ambas conjuntamente, en el desarrollo de su relación en uso de esta información relativa al Proyecto.

Excepcionalmente, no tendrá la consideración de Información Confidencial aquella que:

(a) en el momento de ser revelada sea de dominio público siempre y cuando ello no sea como consecuencia de un incumplimiento por parte de los Asesores de las obligaciones de no divulgación previstas en esta carta;

(b) después de ser revelada llegue a estar disponible con carácter general para terceros, siempre que dicha disponibilidad no sea consecuencia del incumplimiento por parte de los Asesores del presente compromiso de confidencialidad;

(c) legítimamente estuviera ya en poder de los Asesores; o

(d) deba revelarse por exigencia de la ley o por resolución administrativa o judicial, comprometiéndose, en este caso, los Asesores, en la medida de lo legalmente posible, a notificar este hecho al Cliente tan pronto se pueda.

SEGUNDA. OBLIGACIONES

Los Asesores se obligan a:

1. Mantener cualquier Información Confidencial directa o indirectamente recibida sobre el Cliente y el Proyecto, incluidos cualesquiera datos de carácter personal, con sujeción a la más estricta confidencialidad, accediendo a los datos de acuerdo con lo establecido en esta carta y en la normativa de protección de datos.

2. Usar la Información Confidencial solamente para el análisis del Proyecto, asumiendo la Empresa la responsabilidad por todo uso distinto al mismo, realizado por él o por sus empleados, a los que haya permitido el acceso a la Información Confidencial. No alterar ningún distintivo referente a los derechos de propiedad o a la confidencialidad que pudieran estar incorporados a la Información Confidencial. La empresa podrá realizar copias de la Información Confidencial únicamente en la cantidad estrictamente necesaria para la finalidad mencionada y siempre que los citados distintivos sean colocados en todas las copias.

3. No realizar modificaciones o alteraciones, ya sean totales o parciales, en el contenido de la Información Confidencial ni en el de las copias que, conforme a lo previsto en el número anterior, hubiese obtenido válidamente.

4. Tratar la Información Confidencial recibida con el mismo grado de cuidado y atención con que protegería su propia información confidencial.

5. Mantener en secreto, tanto la Información Confidencial como el contenido de cualquier actuación que las Partes puedan desarrollar en relación con el Proyecto.

6. Restringir la utilización de la Información Confidencial exclusivamente para aquellos empleados que tengan necesidad de conocerla para el análisis del Proyecto, y advertir a dichos empleados de sus obligaciones respecto a la confidencialidad, velando por el cumplimiento de la misma y respondiendo frente a la otra parte de las posibles infracciones al presente contrato que dichos empleados puedan provocar.

7. No realizar ninguna actuación que vulnere los derechos de propiedad intelectual e/o industrial por los que pudiera estar amparada la Información Confidencial.

8. En general, abstenerse de realizar cualquier actuación que pudiera poner en peligro o disminuir el valor de la Información Confidencial tratada o de la propia compañía objeto del Proyecto.

9. En caso de extinción de la relación comercial por cualquier causa, los Asesores devolverán al Cliente en el plazo de treinta días la Información Confidencial suministrada y borrará o destruirá cualquier copia de la misma que hubiese sido realizada, certificando dicho extremo a requerimiento de la empresa, de acuerdo con la solicitud expresa que esta última le realice por escrito, sin que pueda ser revelada o utilizada, salvo aquélla que deba permanecer en poder del tenedor de dicha Información Confidencial por aplicación legal, de cumplimiento normativo o políticas internas, la cual deberá mantenerse en todo caso por el tenedor de la misma bajo estrictas medidas de confidencialidad.

10. Si en algún momento los Asesores descubrieran que alguno o algunos de sus empleados o una tercera parte ha tenido acceso o ha revelado Información Confidencial que se hallaba bajo su posesión, lo comunicará inmediatamente al Cliente y tomará todas las medidas posibles para minimizar el efecto de la divulgación y para evitar futuras divulgaciones, sin perjuicio de la responsabilidad en que haya podido incurrir.

11. Las disposiciones contenidas en el presente contrato no suponen cesión o transferencia de derecho alguno. Toda Información revelada con arreglo al presente continuará siendo de la propiedad del Cliente.

12. Cualquier tipo de obligación entre las partes que transcienda del ámbito del presente contrato, necesitará un nuevo acuerdo escrito entre las mismas.

TERCERA. DURACIÓN

El presente documento de confidencialidad tendrá una duración indefinida.

CUARTA. PROTECCIÓN DE DATOS DE LOS FIRMANTES.

Los intervinientes en el presente Acuerdo quedan informados de que sus datos personales serán tratados con el objeto de ser utilizados en relación con el desarrollo y ejecución de este Acuerdo, así como para la gestión y archivo de la documentación relativa al mismo, y para mantener registros históricos de relaciones comerciales anteriores.

La base legal para el tratamiento de los datos es el interés legítimo. Los datos proporcionados serán conservados por el tiempo que resulte necesario a efectos de garantizar el cumplimiento de las obligaciones legales que le corresponden a las Partes.

Los datos personales no son comunicados a terceros ni transferidos fuera de España.

Los intervinientes, en los términos establecidos en la normativa sobre protección de datos vigente en cada momento, podrán ejercer los derechos de acceso, rectificación, supresión, oposición, derecho a solicitar la limitación del tratamiento de sus datos personales y el derecho a la portabilidad. Para ello se podrán dirigir a las direcciones determinadas en la comparecencia por cada empresa.

QUINTA. LEY APLICABLE Y FUERO

El presente Acuerdo se regirá por e interpretará de acuerdo con la ley de española.

Las Partes, con renuncia expresa a su fuero propio o a cualquier otro que, en su caso, pudiere corresponderles, acuerdan someterse a los Juzgados y Tribunales de la ciudad de ....

Y en virtud de lo anterior, las Partes firman el presente Acuerdo, en el lugar y fecha arriba indicado.

F447. ACUERDO DE CONFIDENCIALIDAD PARA REALIZAR DUE DILIGENCE

En ...., a ....

Por medio del presente escrito, ... (en adelante LA COMPAÑÍA), con CIF nº .... con domicilio en ...., en ...., representada a estos efectos por D./Dª ...., con DNI .... en su calidad de Administrador de ...., y: .... (en adelante LA COMPAÑÍA), y, a estos efectos, con domicilio en .... (provincia de ....) y CIF nº ...., representada por ...., en su condición de ....

ACUERDAN

1.– De acuerdo con lo firmado en la Carta de Intenciones el .... por .... ha recibido el encargo de realizar una Due Diligence (DD) con carácter previo a la firma del contrato de compraventa, con el fin de revisar toda la información necesaria respecto al objeto de dicho contrato, e identificar posibles riesgos que se asumen con la operación.

2.– A efectos de avanzar en la propuesta de inversión, ... requiere de .... la entrega de diversa información de carácter confidencial. Las PARTES definen TODA esta información como la «información necesaria para el desarrollo del proyecto».

3.– A fin de que .... suministre dicha información, parte de la cual es confidencial, se establece el procedimiento siguiente:

a) La información confidencial que .... suministre a LA COMPAÑÍA en el presente proceso vendrá expresamente señalada e identificada como «información confidencial», recogiéndose dicha categoría en las comunicaciones que .... realice a LA COMPAÑÍA.

b) LA COMPAÑÍA utilizará la «información confidencial» facilitada por .... exclusivamente para identificar posibles contingencias que afecten a la adquisición de ....

c) Salvo indicación contraria, ... es la propietaria de la citada «información confidencial» aportada por aquella a LA COMPAÑÍA, por lo que ésta se compromete a restituir la misma a .... tan pronto ésta se lo requiera formalmente por escrito.

d) El concepto «información confidencial» no incluye aquella información que:

Ha sido o puede ser en el futuro publicada, o es, o pueda ser en el futuro del dominio público, sin que esto sea por incumplimiento de la presente declaración.

Haya sido recibida de tercero, o lo sea con posterioridad a esta declaración, no constando a LA COMPAÑÍA limitación en dicho tercero para comunicar dicha información.

Sea difundida con autorización escrita del dueño de la información.

Deba ser divulgada por disposición legal o por orden de un Tribunal competente.

Sea de dominio público.

e) La «información confidencial» suministrada por .... a LA COMPAÑÍA será analizada exclusivamente por personal, profesionales y asesores financieros que estén vinculados a LA COMPAÑÍA. LA COMPAÑÍA comunicará a dicho personal y profesionales el carácter «confidencial» de dicha información.

4.– El presente compromiso de confidencialidad de LA COMPAÑÍA tiene una vigencia de dos años a contar desde la fecha del presente escrito.

F448. ACUERDO DE CONFIDENCIALIDAD PARA ANALIZAR POSIBLE INVERSIÓN EN SOCIEDAD LIMITADA

En ...., a .... de .... de ....

Por medio del presente escrito, ... (en adelante ....), con CIF nº .... con domicilio en C/ ...., representada a estos efectos por D .... en su calidad de representante de ...., y .... (en adelante LA COMPAÑÍA), y, a estos efectos, con domicilio en .... (provincia de ....) y CIF nº ...., representada por ...., en su condición de ....

ACUERDAN

1.– .... ha recibido una propuesta de inversión por parte de .... para la adquisición de la sociedad .... S.L. con el siguiente detalle:

XXX

2.– A efectos de avanzar en la propuesta de inversión, ... requiere de .... la entrega de diversa información de carácter confidencial. Las PARTES definen TODA esta información como la «información necesaria para el desarrollo del proyecto».

3.– A fin de que .... suministre dicha información, parte de la cual es confidencial, se establece el procedimiento siguiente:

a) La información confidencial que .... suministre a .... en el presente proceso vendrá expresamente señalada e identificada como «información confidencial», recogiéndose dicha categoría en las comunicaciones que .... realice a ....

b) Salvo indicación contraria, ... es la propietaria de la citada «información confidencial» aportada por aquella a ...., por lo que ésta se compromete a restituir la misma a .... tan pronto ésta se lo requiera formalmente por escrito.

c) El concepto «información confidencial» no incluye aquella información que:

Ha sido o puede ser en el futuro publicada, o es, o pueda ser en el futuro del dominio público, sin que esto sea por incumplimiento de la presente declaración.

Haya sido recibida de tercero, o lo sea con posterioridad a esta declaración, no constando a .... limitación en dicho tercero para comunicar dicha información.

Sea difundida con autorización escrita del dueño de la información.

Deba ser divulgada por disposición legal o por orden de un Tribunal competente.

Sea de dominio público.

d) La «información confidencial» suministrada por .... a .... será analizada exclusivamente por personal, profesionales y asesores financieros que estén vinculados a .... comunicará a dicho personal y profesionales el carácter «confidencial» de dicha información.

4.– .... se compromete a no actuar de forma unilateral con ninguna de las partes relacionadas con la «información confidencial» sin previo aviso a ....

5.– El presente compromiso de confidencialidad de .... tiene una vigencia de dos años a contar desde la fecha del presente escrito.

F449. ACUERDO DE CONFIDENCIALIDAD PARA PROPORCIONAR APOYO EN EL ÁREA DE GESTIÓN FINANCIERA, PREPARAR UN MODELO FINANCIERO, Y ELABORAR UN CUADERNO DE VENTAS

..........., a .... de .... de ....

Por medio del presente escrito, ... (en adelante ....), con CIF nº .... con domicilio en C/ ...., representada a estos efectos por D .... en su calidad de representante de ...., S.L. y .... S.L. (en adelante ....), y, a estos efectos, con domicilio en .... (provincia de ....) y CIF nº ...., representada por ...., en su condición de ....

Se refieren individualmente como LA PARTE, y colectivamente como LAS PARTES.

ACUERDAN

1.– .... va a recibir información confidencial de .... con el objeto de evaluar la posibilidad de proporcionar apoyo en el área de gestión financiera, preparar un modelo financiero, y elaborar un Cuaderno de Ventas con el objetivo futuro de la venta total de la sociedad. En adelante, EL PROYECTO.

2.– A efectos de avanzar en EL PROYECTO, ... precisa de la entrega de diversa información de carácter confidencial. Las PARTES definen TODA esta información como la «información necesaria para el desarrollo de EL PROYECTO».

3.– A fin de que .... suministre dicha información, parte de la cual es confidencial, se establece el procedimiento siguiente:

a) La información confidencial que .... suministre para EL PROYECTO vendrá expresamente señalada e identificada como «información confidencial», recogiéndose dicha categoría en las comunicaciones que se realicen LAS PARTES.

b) .... utilizará la «información confidencial» facilitada por .... exclusivamente para valorar el desarrollo de EL PROYECTO.

c) Salvo indicación contraria, ... es propietaria de la citada «información confidencial» aportada a ...., por lo que ésta se compromete a restituir la misma a aquella tan pronto ésta se lo requiera formalmente por escrito.

d) El concepto «información confidencial» no incluye aquella información que:

Ha sido o puede ser en el futuro publicada, o es, o pueda ser en el futuro del dominio público, sin que esto sea por incumplimiento de la presente declaración.

Haya sido recibida de tercero, o lo sea con posterioridad a esta declaración, no constando a la otra PARTE limitación en dicho tercero para comunicar dicha información.

Sea difundida con autorización escrita del dueño de la información.

Deba ser divulgada por disposición legal o por orden de un Tribunal competente.

Sea de dominio público.

e) La «información confidencial» suministrada a .... será analizada exclusivamente por personal, profesionales y asesores financieros que estén vinculados a ésta, y comunicará a dicho personal y profesionales el carácter «confidencial» de la información recibida.

4.– LAS PARTES se comprometen a no actuar de forma unilateral con ninguna de las partes relacionadas con la «información confidencial» ni con las partes relacionadas con el desarrollo de EL PROYECTO sin previo aviso a la otra PARTE.

5.– El presente compromiso de confidencialidad entre LAS PARTES tiene una vigencia de .... años a contar desde la fecha del presente escrito.

F450. ACUERDO DE CONFIDENCIALIDAD A EFECTOS DE VALORAR LA COMPRA DE UNA SOCIEDAD MERCANTIL

En ...., a .... de .... de ....

REUNIDOS

DE UNA PARTE D ...., Don .... Y Don .... en nombre y representación de la sociedad .... S.L. en su condición de SOCIOS de la misma, con domicilio social en .... y CIF nº .... y Don .... en nombre y representación propia y en su condición de Jefe de Administración, en adelante todos ellos ....

Y DE OTRA PARTE D .... Don .... y Don .... en nombre y representación propia en adelante los compradores.

EXPONEN

Que los socios de .... han manifestado a LOS COMPRADORES su disposición para vender el 100% de las participaciones sociales de la compañía mediante la firma de la carta de intenciones de fecha .... Y, en consecuencia, LOS COMPRADORES con dicho fin precisarían obtener de ...., S.L. cierta información económico-financiera, comercial, patrimonial y fiscal sobre la compañía.

Que .... está dispuesto a facilitar la información requerida a los efectos antedichos.

Que ambas partes convienen que el hecho de que se contemple la posible venta de la compañía debe mantenerse en la más estricta confidencialidad. También será objeto de confidencialidad toda la información referida en el apartado anterior. Es decir, la información financiera y contable, técnica, comercial y fiscal que sea objeto de discusión y entrega son datos altamente delicados y confidenciales, así como también lo son la identidad de D .... y el hecho de que sea ésta la persona que en su condición de Jefe de Administración de .... sea la persona encargada de facilitar a los compradores toda la información que fuera necesaria.

CLÁUSULAS

1. A los únicos efectos de que LOS COMPRADORES valore su interés en la iniciación de negociaciones para la adquisición de una participación en la compañía, ...

facilitará a LOS COMPRADORES la información económico-financiera, comercial, etc. que le sea requerida, y en especial la relativa a obligaciones, avales o garantías a favor de terceros; así como otras cargas y gravámenes (pasadas, presentes o comprometidas su materialización en el futuro) que en adelante pudieran comprometer a la compañía.

2 .... garantiza que la información que facilite será veraz, actualizada y completa.

3. El contenido del presente contrato; la denominación de las compañía representada por cada una de las partes; el hecho de que se contemple una compraventa; y los nombres de las personas que toman parte de la negociación o contacto, se consideran confidenciales.

4. Toda la información recibida con respecto a la posible compra de la compañía se mantendrá confidencial por parte de los socios de .... durante el tiempo que duren las negociaciones.

5. En el caso de que después de realizada la *due diligence* no se llevara a cabo la transacción, el compromiso de confidencialidad seguirá vigente durante un periodo de .... años desde el momento en que LOS COMPRADORES manifieste por escrito su falta de interés en la adquisición de la compañía. En este caso LOS COMPRADORES se compromete a devolver a .... cuantos documentos hubiese recibido de éste, en virtud de este Acuerdo, de forma inmediata y contra petición escrita de la compañía vendedora.

En prueba de conformidad, los representantes autorizados de las dos partes firman este compromiso en la fecha indicada al pie del documento.

F451. ACTA DE JUNTA GENERAL SOBRE DIVERSOS ACUERDOS RELATIVOS A LA SITUACIÓN ECONÓMICA ACTUAL, VALORANDO LA POSIBILIDAD DE INICIAR UNA REESTRUCTURACIÓN EMPRESARIAL

ACTA DE LA JUNTA GENERAL EXTRAORDINARIA DE ...., S.L.

En ...., y en el domicilio social de la compañía, sito en .... (Valencia), Ctra. ...., a las 11.00 horas del día .... de .... de ...., se lleva a cabo la Junta General Extraordinaria de la sociedad ...., previamente convocada cumpliendo los requisitos legales y estatutarios, con la siguiente

ORDEN DEL DÍA

Primero.– Informe por parte del órgano de administración de la sociedad de la actual situación del sector así como su marco regulatorio, con la nueva normativa de abonos CE y de bioestimulantes. Incidencia en los resultados del ejercicio.

Segundo.– Informe por parte del órgano de administración de la actual situación geo-política mundial y su afección de cara a los suministros de materias primas y sus sobrecostes de los productos fabricados y/o comercializados por la sociedad. Incidencia en los resultados del ejercicio.

Tercero.– Informe por parte del órgano de administración de los Proyectos task-force para el registro de productos fitosanitarios según normativa nacional y europea. Incidencia en los resultados del ejercicio.

Cuarto.– Informe por parte del órgano de administración de la posible incidencia de la situación económica actual en la solvencia de determinados clientes . Incidencia en los resultados del ejercicio.

Quinto.– Medidas a adoptar ante las anteriores eventualidades. Posibilidad de Reestructuración Empresarial (escisión total, parcial, aportación de rama de actividad etc...)

Sexto.– Ruegos y preguntas.

Se procede a la elaboración de la lista de asistentes, resultando estar presentes los socios que a continuación se relacionan:

Don/Doña .... *(nombre del socio)*, titular de .... *(número)* participaciones representativas del .... % del capital social.

Don/Doña .... *(nombre del socio)*, titular de .... *(número)* participaciones representativas del .... % del capital social.

Don/Doña .... *(nombre del socio)*, titular de .... *(número)* participaciones representativas del .... % del capital social.

Se nombra como Presidente al socio Don ...., haciendo la función de secretario, Don ....

Se han adoptado los siguientes ACUERDOS:

Primero.– A la vista de la información facilitada por el Administrador social , los socios acuerdan facultar a éste, al objeto que proceda a contratar a tres despachos profesionales con el fin que emitan informe jurídico en torno a la posibilidad de acordar acuerdo de reestructuración empresarial.

Segundo.– No se formulan ruegos y preguntas.

Y no habiendo otros asuntos que tratar, a continuación se suspende la sesión, al objeto de redactar el Acta, que es firmada por el Secretario con el visto bueno del Presidente, levantándose la sesión.

XVI. CONCURSO DE ACREEDORES

SUMARIO: F452. ACTA DEL CONSEJO DE ADMINISTRACIÓN SOBRE PRESENTACIÓN DE LA COMUNICACIÓN DE APERTURA DE NEGOCIACIONES DEL ART. 585 TRLC (PLAN DE REESTRUCTURACIÓN. F453. CERTIFICACIÓN DEL CONSEJO DE ADMINISTRACIÓN ACORDANDO LA PRESENTACIÓN DE LA COMUNICACIÓN DE APERTURA DE NEGOCIACIONES DEL ART. 585 TRLC (PLAN DE REESTRUCTURACIÓN). F454. ACTA JUNTA GENERAL UNIVERSAL ACORDANDO PRESENTAR COMUNICACIÓN DE APERTURA DE NEGOCIACIONES DEL ART. 585 TRLC Y, EN SU CASO, CONCURSO DE ACREEDORES. F455. CERTIFICACIÓN DE LA JUNTA GENERAL ACORDANDO LA PRESENTACIÓN DE COMUNICACIÓN DE APERTURA DE NEGOCIACIONES DEL ART. 585 TRLC Y, EN SU CASO, CONCURSO DE ACREEDORES. F456. ACTA DE LA JUNTA GENERAL CONVOCADA ACORDANDO SOLICITUD DE CONCURSO DE ACREEDORES. F457. ACTA JUNTA GENERAL UNIVERSAL ACORDANDO SOLICITUD CONCURSO. F458. ACTA DEL CONSEJO DE ADMINISTRACIÓN SOBRE PRESENTACIÓN DE CONCURSO DE ACREEDORES. F459. CERTIFICACIÓN DEL CONSEJO DE ADMINISTRACIÓN ACORDANDO LA PRESENTACIÓN DE CONCURSO DE ACREEDORES. F460. CERTIFICACIÓN DE LA JUNTA GENERAL ACORDANDO LA PRESENTACIÓN DE CONCURSO DE ACREEDORES. F461. CONSTITUCIÓN DE SOCIEDAD LIMITADA PROFESIONAL PARA EJERCICIO DE ADMINISTRACIÓN CONCURSAL. F462. OBJETO SOCIAL DE SOCIEDAD PROFESIONAL DE ADMINISTRACIÓN CONCURSAL Y EXPERTO EN LA REESTRUCTURACIÓN. F463. MENCIÓN EN LAS CUENTAS ANUALES SOBRE CONCURSO DE ACREEDORES. F464. ACTA DEL CONSEJO DE ADMINISTRACIÓN SOBRE FORMULACIÓN DE CUENTAS ANUALES BAJO LA SUPERVISIÓN DE LA ADMINISTRACIÓN CONCURSAL. F465. ESCRITO AL REGISTRO MERCANTIL COMUNICANDO LA CONCESIÓN DE AUTORIZACIÓN PARA EL RETRASO EN LA FORMULACIÓN DE CUENTAS ANUALES. F466. ESCRITO AL JUZGADO COMUNICANDO LA CONCESIÓN DE AUTORIZACIÓN PARA EL RETRASO DE LA FORMULACIÓN DE CUENTAS ANUALES. F467. FORMULACIÓN DE LAS CUENTAS ANUALES POR ADMINISTRADORES CONCURSALES MANCOMUNADOS EN CASO DE SUSPENSIÓN DE FACULTADES DEL DEUDOR. F468. ACTA JUNTA GENERAL ORDINARIA CONVOCADA. ASISTENCIA DEL ADMINISTRADOR CONCURSAL. F469. ACTA JUNTA GENERAL ORDINARIA CONVOCADA APROBANDO LAS CUENTAS Y APLICANDO EL RESULTADO. INASISTENCIA DEL ADMINISTRADOR CONCURSAL. F470. ACTA JUNTA GENERAL ORDINARIA UNIVERSAL APROBANDO LAS CUENTAS Y APLICANDO EL RESULTADO. F471. ACTA JUNTA GENERAL EXTRAORDINARIA CONVOCADA. ACUERDOS CON CONTENIDO PATRIMONIAL O RELEVANCIA DIRECTA EN EL CONCURSO. F472. ACTA JUNTA GENERAL EXTRAORDINARIA UNIVERSAL. ACUERDOS CON CONTENIDO PATRIMONIAL O RELEVANCIA DIRECTA EN EL CONCURSO. F473. COMUNICACIÓN DE LA ADMINISTRACIÓN CONCURSAL AUTORIZANDO (O NO) ACUERDOS ADOPTADOS POR LA JUNTA GENERAL DE LA SOCIEDAD DE CONTENIDO PATRIMONIAL O RELEVANCIA DIRECTA PARA EL CONCURSO. F474. ESCRITO DE LA ADMINISTRACIÓN CONCURSAL SOLICITANDO LA MODIFICACIÓN O ELIMINACIÓN DE LA RETRIBUCIÓN DEL ÓRGANO DE ADMINISTRACIÓN DE LA SOCIEDAD. CONCURSO VOLUNTARIO. F475. ESCRITO DE LA ADMINISTRACIÓN

CONCURSAL SOLICITANDO LA MODIFICACIÓN O ELIMINACIÓN DE LA RETRIBUCIÓN DEL ÓRGANO DE ADMINISTRACIÓN DE LA SOCIEDAD. CONCURSO NECESARIO. F476. ESCRITO DE LA ADMINISTRACIÓN CONCURSAL SOLICITANDO LA ELIMINACIÓN DE LA RETRIBUCIÓN DEL ÓRGANO DE ADMINISTRACIÓN DE LA SOCIEDAD Y EN SU DEFECTO LA REDUCCIÓN DE LA MISMA. F477. AUTO SOBRE REDUCCIÓN DE LA CUANTÍA DE LA RETRIBUCIÓN A FAVOR DEL ADMINISTRADOR SOCIETARIO DE LA CONCURSADA. F478. AUTO SOBRE CONVERSIÓN EN GRATUITO DEL CARGO DE ADMINISTRADOR SOCIETARIO DE LA CONCURSADA. F479. ESCRITO DE LA ADMINISTRACIÓN CONCURSAL SOLICITANDO LA ATRIBUCIÓN DEL EJERCICIO DE LOS DERECHOS POLÍTICOS DEL CONCURSADO EN OTRAS ENTIDADES. F480. ESCRITO DE LA ADMINISTRACIÓN CONCURSAL SOLICITANDO LA ATRIBUCIÓN DEL EJERCICIO DE LOS DERECHOS POLÍTICOS DEL CONCURSADO EN OTRAS ENTIDADES. BLOQUEO SOCIETARIO. F481. AUTO SOBRE ATRIBUCIÓN A LA ADMINISTRACIÓN CONCURSAL DEL EJERCICIO DE LOS DERECHOS POLÍTICOS QUE CORRESPONDA A LA CONCURSADA EN OTRAS ENTIDADES. F482. ATRIBUCIÓN A LA ADMINISTRACIÓN CONCURSAL DE DERECHOS POLÍTICOS EN OTRAS ENTIDADES. MINUTA DE REQUERIMIENTO NOTARIAL FORMULADO POR LA ADMINISTRACIÓN CONCURSAL PONIENDO TAL HECHO EN CONOCIMIENTO DE LA SOCIEDAD PARTICIPADA, SOLICITANDO CERTIFICACIÓN LIBRO REGISTRO DE SOCIOS Y CONVOCATORIA DE JUNTA GENERAL. F483. ACTA JUNTA GENERAL EXTRAORDINARIA CONVOCADA. SOCIEDAD PARTICIPADA POR LA CONCURSADA CON LOS DERECHOS POLÍTICOS ATRIBUIDOS A LA ADMINISTRACIÓN CONCURSAL. F484. PROPUESTA DE CONVENIO CON POSIBILIDAD DE PAGO EN METÁLICO O CAPITALIZACIÓN DE DEUDAS. F485. ACTA DEL CONSEJO DE ADMINISTRACIÓN FORMULANDO PROPUESTA DE CONVENIO. F486. CERTIFICACIÓN DEL CONSEJO DE ADMINISTRACIÓN FORMULANDO PROPUESTA DE CONVENIO. F487. ACTA DE JUNTA GENERAL SOBRE AUMENTO DE CAPITAL TRAS LA APROBACIÓN DE CONVENIO CONCURSAL QUE PREVEÍA CAPITALIZACIÓN DE DEUDA. F488. AUMENTO DE CAPITAL POR LOS ADMINISTRADORES SOCIALES Y COMPENSACIÓN DE CRÉDITOS TRAS APROBACIÓN DE CONVENIO CONCURSAL QUE PREVE CAPITALIZACIÓN DE DEUDAS. ESCRITURA. F489. ACTA DEL CONSEJO DE ADMINISTRACIÓN FORMULANDO PROPUESTA DE MODIFICACIÓN DEL CONVENIO. F490. REGLAS ESPECIALES DE LIQUIDACIÓN CON REFERENCIA A LA ENAJENACIÓN DE PARTICIPACIONES SOCIALES. F491. ESCRITURA DE COMPRAVENTA DE PARTICIPACIONES SOCIALES DE SOCIEDAD EN CONCURSO DE ACREEDORES CON RENUNCIA AL DERECHO DE ADQUISICIÓN PREFERENTE. F492. ESCRITO DE ALEGACIONES POR LOS SOCIOS A UNA OFERTA DE COMPRA EN GLOBO DE ACTIVOS DE LA CONCURSADA, QUE CONTIENE PARTICIPACIONES SOCIALES SUJETAS A DERECHO DE ADQUISICIÓN PREFERENTE. F493. ACTA DE JUNTA GENERAL EXTRAORDINARIA RENUNCIANDO LOS SOCIOS AL DERECHO DE COMPRA PREFERENTE DE PARTICIPACIONES SOCIALES QUE LA CONCURSADA EN LIQUIDACIÓN PRETENDE ENAJENAR A TERCERO. F494. CERTIFICACIÓN DE JUNTA GENERAL EXTRAORDINARIA RENUNCIANDO LOS SOCIOS AL DERECHO DE COMPRA PREFERENTE DE PARTICIPACIONES SOCIALES QUE LA CONCURSADA EN LIQUIDACIÓN PRETENDE ENAJENAR A TERCERO. F495. ESCRITURA DE COMPRAVENTA DE PARTICIPACIONES SOCIALES Y CESIÓN DE CRÉDITO COMO OPERACIÓN DE LIQUIDACIÓN. F496. ACTA DEL CONSEJO DE ADMINISTRACIÓN SOBRE APROBACIÓN Y HOMOLOGACIÓN DE PLAN DE REESTRUCTURACIÓN. F497. CERTIFICACIÓN DEL CONSEJO DE ADMINISTRACIÓN SOBRE APROBACIÓN Y HOMOLOGACIÓN DE PLAN DE REESTRUCTURACIÓN. F498. ACTA JUNTA GENERAL CONVOCADA SOBRE APROBACIÓN /HOMOLOGACIÓN DE PLAN DE REESTRUCTURACIÓN. F499. ACTA JUNTA GENERAL UNIVERSAL SOBRE APROBACIÓN /HOMOLOGACIÓN DE PLAN DE REESTRUCTURACIÓN. F500. CERTIFICACIÓN JUNTA GENERAL UNIVERSAL SOBRE APROBACIÓN /HOMOLOGACIÓN DE PLAN DE REESTRUCTURACIÓN.

F501. PLAN DE REESTRUCTURACIÓN. ESCRITURA DE ELEVACIÓN A PUBLICO. F502. ACTA JUNTA GENERAL UNIVERSAL ACORDANDO LA SOLICITUD DE NOMBRAMIENTO DE EXPERTO PARA RECABAR OFERTAS DE ADQUISICIÓN DE UNIDAD PRODUCTIVA. PREPACK. F503. ACTA DEL CONSEJO DE ADMINISTRACIÓN ACORDANDO SOLICITUD DE NOMBRAMIENTO DE EXPERTO PARA RECABAR OFERTAS DE ADQUISICIÓN DE UNIDAD PRODUCTIVA. PREPACK. F504. SOLICITUD DE EXPERTO PARA RECABAR UNA OFERTA DE UNIDAD PRODUCTIVA. PREPACK. F505. ESCRITO SOLICITANDO EXPERTO PARA RECABAR OFERTAS DE ADQUISICIÓN DE UNIDAD PRODUCTIVA. PREPACK. F506. ESCRITO SOLICITANDO EXPERTO PARA RECABAR OFERTAS DE ADQUISICIÓN DE UNIDAD PRODUCTIVA CON PROPUESTA DE PROFESIONAL PARA LA DESIGNACIÓN DE EXPERTO. PREPACK. F507. COMUNICACIÓN DE INICIO DE NEGOCIACIONES CON ACREEDORES Y SOLICITUD DE EXPERTO PARA RECABAR OFERTAS DE COMPRA DE LA UNIDAD PRODUCTIVA. F508. AUTO DESIGNANDO EXPERTO PARA RECABAR OFERTAS DE COMPRA DE UNIDAD PRODUCTIVA. PREPACK (I). F509. AUTO DE DESIGNACIÓN DE EXPERTO PARA RECABAR OFERTAS DE ADQUISICIÓN DE LA UNIDAD PRODUCTIVA. PREPACK (II). F510. ESCRITO DEL EXPERTO ACEPTANDO/ NO ACEPTANDO EL NOMBRAMIENTO. F511. ACTA DE ACEPTACIÓN DEL CARGO POR EL EXPERTO PARA RECABAR OFERTAS DE COMPRA DE UNIDAD PRODUCTIVA. PREPACK. F512. DILIGENCIA DE ORDENACIÓN POR LA QUE SE TIENE POR ACEPTADO EL CARGO POR PARTE DEL EXPERTO PARA RECABAR OFERTAS DE COMPRA DE LA UNIDAD PRODUCTIVA. PREPACK. F513. CREDENCIAL A FAVOR DEL EXPERTO EN RECABAR OFERTAS DE ADQUISICIÓN DE UNIDAD PRODUCTIVA. SIN COMUNICACIÓN PRECONCURSAL ART. 585 TRLC. PREPACK. F514. CREDENCIAL A FAVOR DEL EXPERTO EN RECABAR OFERTAS DE ADQUISICIÓN DE UNIDAD PRODUCTIVA. CON COMUNICACIÓN PRECONCURSAL ART. 585 TRLC. PREPACK. F515. ACUERDO DE CONFIDENCIALIDAD Y NO DIVULGACIÓN DE INFORMACIÓN. PREPACK. F516. ESCRITO DEL EXPERTO INSTANDO AL JUZGADO EL REQUERIMIENTO DE INFORMACIÓN A LA TGSS A EFECTOS DE LA VENTA DE LA UNIDAD PRODUCTIVA. PREPACK. F517. ESCRITO DEL EXPERTO PIDIENDO AL JUZGADO QUE REQUIERA ACLARACIONES A EFECTOS DE DETERMINAR LA DEUDA LABORAL DE LA EMPRESA. PREPACK. F518. SOLICITUD POR PARTE DEL DEUDOR DE PRORROGA PARA EL DESEMPEÑO DEL CARGO POR EL EXPERTO. PREPACK. F519. SOLICITUD CONJUNTA DEL DEUDOR Y DEL EXPERTO DE PRORROGA PARA EL DESEMPEÑO DEL CARGO POR EL EXPERTO. PREPACK. F520. INFORME DEL EXPERTO ACOMPAÑADO A LA SOLICITUD DE PRORROGA DEL PLAZO DE NOMBRAMIENTO. PREPACK. F521. OFERTA DE COMPRA DE UNIDAD PRODUCTIVA RECABADA POR EL EXPERTO DESIGNADO AL EFECTO POR EL JUZGADO. F522. INFORME DEL EXPERTO SOBRE LAS ACTUACIONES LLEVADAS A CABO PARA RECABAR OFERTAS POR UNIDAD PRODUCTIVA. PREPACK. F523. INFORME FAVORABLE DEL EXPERTO SOBRE LA OFERTA RECABADA POR LA TTUNIDAD PRODUCTIVA. F524. INFORME DESFAVORABLE O EN SENTIDO NEGATIVO DEL EXPERTO SOBRE LA OFERTA RECABADA POR LA UNIDAD PRODUCTIVA. F525. INFORME DEL EXPERTO ANTE LA AUSENCIA DE OFERTAS POR LA UNIDAD PRODUCTIVA. F526. SOLICITUD DE CONCURSO VOLUNTARIO DE PERSONA JURÍDICA CON OFERTA DE UNIDAD PRODUCTIVA. PREPACK (I). F527. SOLICITUD DE CONCURSO VOLUNTARIO DE PERSONA JURÍDICA CON OFERTAD DE UNIDAD PRODUCTIVA. PREPACK (II). F528. AUTO DE CONCURSO VOLUNTARIO DE PERSONA JURÍDICA CON OFERTA DE UNIDAD PRODUCTIVA. PREPACK (I). F529. AUTO DE CONCURSO VOLUNTARIO DE PERSONA JURÍDICA CON OFERTA DE UNIDAD PRODUCTIVA. PREPACK (II).

F452. ACTA DEL CONSEJO DE ADMINISTRACIÓN SOBRE PRESENTACIÓN DE LA COMUNICACIÓN DE APERTURA DE NEGOCIACIONES DEL ART. 585 TRLC (PLAN DE REESTRUCTURACIÓN

Normativa de Aplicación: *Arts. 585 y ss. Real Decreto Legislativo 1/2020, de 5 de mayo, por el que se aprueba el texto refundido de la Ley Concursal.*

En ...., siendo las .... horas del día .... de .... de ...., y en el domicilio social, sito en ...., calle .... núm. ...., se celebra reunión del Consejo de Administración de la sociedad .... S.L.

La presente reunión del Consejo de Administración fue convocada en fecha .... de .... de .... mediante telegrama remitido a los Sres. Consejeros en legal forma y plazo con el siguiente tenor literal «Por el presente, se le convoca a la reunión del Consejo de Administración a celebrar, en el domicilio social, el próximo día .... de .... de ...., a las .... horas, para deliberar y, en su caso, adoptar acuerdos con relación al siguiente orden del día: 1.– Situación económico-financiera de la compañía. Presentación de la comunicación de apertura de negociaciones para alcanzar un plan de reestructuración a que se refiere el art. 585 TRLC y posteriormente, y en su caso, solicitud de declaración de concurso de acreedores».

Asisten a la presente reunión, personalmente, la totalidad de los miembros del consejo de administración de la sociedad, esto es:

Presidente: Don ....

Secretario: Don ....

Vocal: Doña ....

Vocal: Doña ....

Vocal: Doña ....

Actúan como Presidente y Secretario de la presente reunión del Consejo de Administración, Don .... y Don ...., respectivamente.

El Sr. presidente declara válidamente constituida la presente reunión del Consejo de Administración y se entra en el debate de los distintos puntos del orden del día. Previa deliberación y sin que ninguno de los asistentes hagan uso del derecho de que conste en el acta el contenido de su intervención, se adoptan los siguientes acuerdos por UNANIMIDAD que son proclamados por el Sr. Presidente:

PRIMERO.– Hallándose la sociedad en situación de insolvencia actual (inminente), comunicar al Juzgado de lo Mercantil de .... que por turno corresponda, la apertura de negociaciones con los acreedores para alcanzar un plan de reestructuración. Ello en los términos y a los efectos de lo dispuesto en los arts. 585, ss. y concordantes TRLC.

SEGUNDO.– Solicitar la declaración de concurso voluntario de acreedores en el supuesto que, transcurridos los tres meses a que se refiere el art. 611 TRLC, no se hubiera alcanzado un plan de reestructuración y la sociedad se hallara en situación de insolvencia actual.

TERCERO.– Facultar a los Consejeros Delegados para que, en ambos supuestos recogidos en los acuerdos precedentes, cualquiera de ellos, indistintamente, puedan llevar a cabo cuantos trámites y actuaciones fueran precisos a tal fin, suscribiendo cuantos documentos públicos y privados se requiriesen al efecto, incluyendo el otorgamiento de poder procesal, en su caso, con facultad especial para la presentación del concurso de acreedores en los términos del art. 6 TRLC, a favor de los abogados y procuradores que tengan por conveniente.

Y para que así conste se extiende la presente acta que, leída, es aprobada por todos los consejeros por unanimidad, en .... hoy día de .... de ....

F453. CERTIFICACIÓN DEL CONSEJO DE ADMINISTRACIÓN ACORDANDO LA PRESENTACIÓN DE LA COMUNICACIÓN DE APERTURA DE NEGOCIACIONES DEL ART. 585 TRLC (PLAN DE REESTRUCTURACIÓN)

Normativa de Aplicación: *Arts. 585 y ss. Real Decreto Legislativo 1/2020, de 5 de mayo, por el que se aprueba el texto refundido de la Ley Concursal.*

.... Secretario del Consejo de Administración de la sociedad .... S.L. domiciliada en ...., calle .... núm. ...., e inscrita en el Registro Mercantil de la provincia de ...., al tomo ...., folio ...., hoja ...., y CIF ....

CERTIFICO: Que según resulta del libro de actas de la sociedad, en la reunión del Consejo de Administración de ...., S.L. reunida en el domicilio social, sito en ...., el día .... de .... de ...., encontrándose presentes la totalidad de los consejeros, esto es, ..., Don ...., Don ...., Don .... y Doña .... y figurando en el acta el nombre y la firma de los asistentes, actuando como presidente de la misma Don .... y como secretario, ... y aceptaron celebrar dicha reunión del Consejo de Administración con el fin de deliberar y, en su caso, adoptar acuerdos sobre: 1.– Situación económico-financiera de la compañía. Presentación de la comunicación de apertura de negociaciones para alcanzar un plan de reestructuración a que se refiere el art. 585 TRLC y posteriormente, y en su caso, solicitud de declaración de concurso de acreedores, se adoptaron por UNANIMIDAD los siguientes ACUERDOS que fueron proclamados por el Sr. Presidente:

PRIMERO.– Hallándose la sociedad en situación de insolvencia actual (inminente), comunicar al Juzgado de lo Mercantil de .... que por turno corresponda, la apertura de negociaciones con los acreedores para alcanzar un plan de reestructuración . Ello en los términos y a los efectos de lo dispuesto en los arts. 585, ss. y concordantes TRLC.

SEGUNDO.– Solicitar la declaración de concurso voluntario de acreedores en el supuesto que, transcurridos los tres meses a que se refieren el artículo 611TRLC, no se hubiera obtenido el acuerdo de refinanciación y la sociedad se hallara en situación de insolvencia actual.

TERCERO.– Facultar a los Consejeros Delegados para que, en ambos supuestos recogidos en los acuerdos precedentes, cualquiera de ellos, indistintamente, puedan llevar a cabo cuantos trámites y actuaciones fueran precisos a tal fin, suscribiendo cuantos documentos públicos y privados se requiriesen al efecto, incluyendo el otorgamiento de poder procesal, en su caso, con facultad especial para la presentación del concurso de acreedores en los términos del art. 6.TRLC, a favor de los abogados y procuradores que tengan por conveniente.

Y para que conste libro la presente certificación, con el Visto Bueno del Presidente, haciendo constar que el acta de la reunión en que se adoptaron los acuerdos que se certifican, fue aprobada por unanimidad al final de la misma, en ...., a ....

V. B. PRESIDENTE SECRETARIO

F454. ACTA JUNTA GENERAL UNIVERSAL ACORDANDO PRESENTAR COMUNICACIÓN DE APERTURA DE NEGOCIACIONES DEL ART. 585 TRLC Y, EN SU CASO, CONCURSO DE ACREEDORES

Normativa de Aplicación: *Arts. 585 y ss. Real Decreto Legislativo 1/2020, de 5 de mayo, por el que se aprueba el texto refundido de la Ley Concursal.*

Que hoy día .... de .... de ...., a las .... horas, y en el domicilio social, sito en la localidad de ...., calle .... s/n, se celebra JUNTA GENERAL EXTRAORDINARIA de socios de la sociedad .... S.L.

Se encuentran presentes, en el referido lugar, y, por lo tanto, concurren la totalidad de socios de la compañía, decidiendo y dando su conformidad los asistentes a constituirse, con el carácter de universal, en Junta General Extraordinaria de socios de la compañía, para deliberar y, en su caso, adoptar acuerdos con relación al siguiente orden del día: 1.– Situación económico-financiera de la sociedad. Presentación de la comunicación de apertura de negociaciones a que se refiere el art. 585 TRLC y posteriormente y en su caso, solicitud de declaración de concurso de acreedores.

En señal de conformidad firman seguidamente todos los asistentes ....

Igualmente asiste el administrador único de la compañía Don ....

Mesa de la Junta General. Son presidente y secretario de la presente Junta General, Don .... y Don ...., respectivamente. Ello de conformidad con lo establecido en la Ley y el art .... de los Estatutos Sociales y ser los citados señores los socios designados por los concurrentes al comienzo de la reunión.

Abierta la sesión por el Sr. Presidente, sin que nadie se oponga a la válida constitución y celebración de la presente Junta General, se entra en el debate y deliberación de los diversos puntos del orden del día sin que ninguno de los presentes haga uso de su derecho a que conste en el acta el contenido de su intervención.

Proposición de adopción de acuerdos: Se propone por el Sr. Presidente la adopción de los siguientes acuerdos:

PRIMERO.– Hallándose la sociedad en situación de insolvencia actual/inminente/probabilidad de insolvencia, comunicar al Juzgado de lo Mercantil de .... que por turno corresponda, la apertura de negociaciones con los acreedores para alcanzar un plan de reestructuración. Ello en los términos y a los efectos de lo dispuesto en los arts. 585, ss. y concordantes TRLC.

SEGUNDO.– Solicitar la declaración de concurso voluntario de acreedores en el supuesto que, transcurridos los tres meses a que se refiere el artículo 611TRLC, no se hubiera alcanzado el plan de reestructuración y la sociedad se hallara en situación de insolvencia actual.

En ambos supuestos reseñados en los acuerdos precedentes, sin perjuicio del más absoluto respeto y salvaguarda de las competencias que la Ley reconoce al órgano de administración de la sociedad respecto a la presentación de la citada comunicación de apertura de negociaciones o la solicitud de concurso de acreedores.

TERCERO.– Facultar a los Consejeros Delegados para que, en ambos supuestos recogidos en los acuerdos precedentes, cualquiera de ellos, indistintamente, puedan llevar a cabo cuantos trámites y actuaciones fueran precisos a tal fin, suscribiendo cuantos documentos públicos y privados se requiriesen al efecto, incluyendo el otorgamiento de poder procesal, en su caso, con facultad especial para la presentación del concurso de acreedores en los términos del art. 6 TRLC, a favor de los abogados y procuradores que tengan por conveniente.

Previa la oportuna votación, la citada propuesta de acuerdos sociales es aprobada por UNANIMIDAD, con el voto favorable de todos los asistentes.

Y no habiendo más asuntos que tratar, se procede a la redacción de la presente acta que es aprobada de forma unánime por los asistentes, y finaliza la presente Junta General Extraordinaria, levantándose la reunión en ...., a las .... horas del día .... de .... de ....

F455. CERTIFICACIÓN DE LA JUNTA GENERAL ACORDANDO LA PRESENTACIÓN DE COMUNICACIÓN DE APERTURA DE NEGOCIACIONES DEL ART. 585 TRLC Y, EN SU CASO, CONCURSO DE ACREEDORES

Normativa de Aplicación: *Arts. 585 y ss. Real Decreto Legislativo 1/2020, de 5 de mayo, por el que se aprueba el texto refundido de la Ley Concursal.*

.... Secretario del Consejo de Administración de la sociedad .... S.L. domiciliada en ...., calle .... núm. ...., e inscrita en el Registro Mercantil de la provincia de ...., al tomo ...., folio ...., hoja ...., y CIF ....

CERTIFICO: Que según resulta del libro de actas de la sociedad, en la reunión de la Junta General Extraordinaria de .... S.L. celebrada en el domicilio social, sito en ...., el día .... de .... de ...., encontrándose presentes la totalidad de los socios, esto es, ..., Don ...., Don ...., Don .... y Doña .... y figurando en el acta el nombre y la firma de los asistentes, actuando como presidente de la misma Don .... y como secretario, ... y aceptaron celebrar dicha reunión de la Junta General con el fin de deliberar y, en su caso, adoptar acuerdos sobre: 1.– Situación económico-financiera de la sociedad. Presentación de la comunicación de apertura de negociaciones a que se refiere el art. 585 TRLC y posteriormente y en su caso, solicitud de declaración de concurso de acreedores, se adoptaron por UNANIMIDAD los siguientes ACUERDOS que fueron proclamados por el Sr. Presidente:

PRIMERO.– Hallándose la sociedad en situación de insolvencia actual (inminente), comunicar al Juzgado de lo Mercantil de .... que por turno corresponda, la apertura de negociaciones con los acreedores para alcanzar un plan de reestructuración. Ello en los términos y a los efectos de lo dispuesto en los arts. 585, ss. y concordantes TRLC.

SEGUNDO.– Solicitar la declaración de concurso voluntario de acreedores en el supuesto que, transcurridos los tres meses a que se refiere el art. 611 TRLC, no se hubiera alcanzado el plan de reestructuración y la sociedad se hallara en situación de insolvencia actual.

En ambos supuestos reseñados en los acuerdos precedentes, sin perjuicio del más absoluto respeto y salvaguarda de las competencias que la Ley reconoce al órgano de administración de la sociedad respecto a la presentación de la citada comunicación de apertura de negociaciones o la solicitud de concurso de acreedores.

TERCERO.– Facultar a los Consejeros Delegados para que, en ambos supuestos recogidos en los acuerdos precedentes, cualquiera de ellos, indistintamente, puedan llevar a cabo cuantos trámites y actuaciones fueran precisos a tal fin, suscribiendo cuantos documentos públicos y privados se requiriesen al efecto, incluyendo el otorgamiento de poder procesal, en su caso, con facultad especial para la presentación del concurso de acreedores en los términos del art. 6 TRLC, a favor de los abogados y procuradores que tengan por conveniente.

Y para que conste libro la presente certificación, con el Visto Bueno del Presidente, haciendo constar que el acta de la reunión en que se adoptaron los acuerdos que se certifican, fue aprobada por unanimidad al final de la misma, y firmada por el presidente y secretario, en ...., a ....

V. B. PRESIDENTE EL SECRETARIO

F456. ACTA DE LA JUNTA GENERAL CONVOCADA ACORDANDO SOLICITUD DE CONCURSO DE ACREEDORES

Normativa de Aplicación: *Art. 365 Real Decreto Legislativo 1/2010, de 2 de julio, por el que se aprueba el texto refundido de la Ley de Sociedades de Capital. Art. 3 Real Decreto Legislativo 1/2020, de 5 de mayo, por el que se aprueba el texto refundido de la Ley Concursal.*

Que hoy día .... de .... de ...., a las .... horas, y en el domicilio social, sito en la localidad de ...., calle .... s/n, se celebra JUNTA GENERAL EXTRAORDINARIA de socios de la sociedad .... S.L.

La convocatoria de la presente Junta General Extraordinaria de socios, ha sido acordada por el administrador único, Don ....

Forma de la convocatoria: La convocatoria de la presente Junta General ha sido objeto de la oportuna publicidad, de conformidad con lo establecido en el art. 173.1 TRLSC, mediante anuncio publicado en el Boletín Oficial del Registro Mercantil, del día .... de .... de .... (núm. ....), y en el diario ...., en su edición del día .... de .... de ...., al carecer la sociedad de página web.

El tenor literal de la convocatoria se transcribe a continuación: «Por medio del presente se convoca a los señores socios a la celebración de Junta General Extraordinaria de la sociedad .... S.L., que se celebrará, el día .... de .... de ...., a las .... horas, en ...., a efectos de deliberar y, en su caso, adoptar acuerdos con relación al siguiente orden del día: 1. Estado de la situación financiera de la sociedad. Solicitud de concurso voluntario de acreedores. En ...., hoy día .... de .... de .... el administrador único de .... S.L. Don ....»

Lista de asistentes: Asisten a la presente Junta General Extraordinaria, personalmente o representados, los siguientes socios:

I.– Socios presentes:

Don ...., titular de .... participaciones sociales, núm. .... a ...., incluidos, con un valor nominal cada una de ellas de .... euros (en su conjunto .... euros), que suponen el .... por ciento del capital social.

Don ...., titular de .... participaciones sociales, núm. .... a ...., incluidos, con un valor nominal cada una de ellas de .... euros (en su conjunto .... euros), que suponen el .... por ciento del capital social.

Don ...., titular de .... participaciones sociales, núm. .... a ...., incluidos, con un valor nominal cada una de ellas de .... euros (en su conjunto .... euros), que suponen el .... por ciento del capital social.

Por lo tanto, asisten de forma personal .... socios, titulares, en conjunto, de .... participaciones sociales que suponen el .... por ciento del capital social.

II.– Socios representados:

Don ...., titular de .... participaciones sociales, núm. .... a ...., incluidos, con un valor nominal cada una de ellas de .... euros (en su conjunto .... euros), que suponen el .... por ciento del capital social. Asiste el expresado socio representado por Doña ....

Don ...., titular de .... participaciones sociales, núm. .... a ...., incluidos, con un valor nominal cada una de ellas de .... euros (en su conjunto .... euros), que suponen el .... por ciento del capital social. Asiste el expresado socio representado por Doña ....

Don ...., titular de .... participaciones sociales, núm. .... a ...., incluidos, con un valor nominal cada una de ellas de .... euros (en su conjunto .... euros), que suponen el .... por ciento del capital social. Asiste el expresado socio representado por Doña ....

Asisten representados, ... socios, que titularizan .... participaciones sociales que suponen el .... por ciento del capital social suscrito.

En conjunto, asisten, personalmente o representados, ... socios, titulares de .... participaciones sociales que suponen el .... por ciento del capital social suscrito.

Otros asistentes; Igualmente asiste el administrador único de la compañía Don ....

Mesa de la Junta General. Son presidente y secretario de la presente Junta General, Don .... y Don ...., respectivamente. Ello de conformidad con lo establecido en el art. 191 TRLSC, el art .... de los Estatutos Sociales y ser los citados señores los socios designados por los concurrentes al comienzo de la reunión.

Abierta la sesión por el Sr. Presidente, sin que nadie se oponga a la válida constitución y celebración de la presente Junta General, se entra en el debate y deliberación de los diversos puntos del orden del día sin que ninguno de los presentes haga uso de su derecho a que conste en el acta el contenido de su intervención.

Proposición de adopción de acuerdos: Se propone por el Sr. presidente la adopción de los siguientes acuerdos:

PRIMERO.– Solicitar la declaración de concurso voluntario de acreedores ante el Juzgado de lo Mercantil de .... que por turno corresponda, a la vista de la situación de insolvencia actual/inminente en que se halla la sociedad. Ello sin perjuicio del más absoluto respeto y salvaguarda de las competencias que la Ley reconoce al órgano de administración social respecto a la decisión de la solicitud de concurso.

Y no habiendo más asuntos que tratar, se procede a la redacción de la presente acta que es aprobada de forma unánime por los asistentes, y finaliza la presente Junta General Extraordinaria, levantándose la reunión en ...., a las .... horas del día .... de .... de ....

F457. ACTA JUNTA GENERAL UNIVERSAL ACORDANDO SOLICITUD CONCURSO

Normativa de Aplicación: *Art. 365 Real Decreto Legislativo 1/2010, de 2 de julio, por el que se aprueba el texto refundido de la Ley de Sociedades de Capital. Art. 3 Real Decreto Legislativo 1/2020, de 5 de mayo, por el que se aprueba el texto refundido de la Ley Concursal.*

Que hoy día .... de .... de ...., a las .... horas, y en el domicilio social, sito en la localidad de ...., calle .... s/n, se celebra JUNTA GENERAL EXTRAORDINARIA de socios de la sociedad .... S.L.

Se encuentran presentes, en el referido lugar, y, por lo tanto, concurren la totalidad de socios de la compañía, decidiendo y dando su conformidad los asistentes a constituirse, con el carácter de universal, en Junta General Extraordinaria de socios de la compañía, para deliberar y, en su caso, adoptar acuerdos con relación al siguiente orden del día: 1. Estado de la situación financiera de la sociedad. Solicitud de concurso voluntario de acreedores.

En señal de conformidad firman seguidamente todos los asistentes ....

Igualmente asiste el administrador único de la compañía Don ....

Mesa de la Junta General. Son presidente y secretario de la presente Junta General, Don .... y Don ...., respectivamente. Ello de conformidad con lo establecido en el art. 191 TRLSC, art .... de los Estatutos Sociales y ser los citados señores los socios designados por los concurrentes al comienzo de la reunión.

Abierta la sesión por el Sr. Presidente, sin que nadie se oponga a la válida constitución y celebración de la presente Junta General, se entra en el debate y deliberación de los diversos puntos del orden del día sin que ninguno de los presentes haga uso de su derecho a que conste en el acta el contenido de su intervención.

Proposición de adopción de acuerdos: Se propone por el Sr. Presidente la adopción de los siguientes acuerdos:

PRIMERO.– Solicitar la declaración de concurso voluntario de acreedores ante el Juzgado de lo Mercantil de .... que por turno corresponda a la vista de la situación de insolvencia actual/inminente en que se halla la sociedad. Ello sin perjuicio del más absoluto respeto y salvaguarda de las competencias que la Ley reconoce al órgano de administración social respecto a la decisión de la solicitud de concurso.

Previa la oportuna votación, la citada propuesta de acuerdos sociales es aprobada por UNANIMIDAD, con el voto favorable de todos los asistentes.

Y no habiendo más asuntos que tratar, se procede a la redacción de la presente acta que es aprobada de forma unánime por los asistentes, y finaliza la presente Junta General Extraordinaria, levantándose la reunión en ...., a las .... horas del día .... de .... de ....

F458. ACTA DEL CONSEJO DE ADMINISTRACIÓN SOBRE PRESENTACIÓN DE CONCURSO DE ACREEDORES

Normativa de Aplicación: *Art. 365 Real Decreto Legislativo 1/2010, de 2 de julio, por el que se aprueba el texto refundido de la Ley de Sociedades de Capital. Art. 3 Real Decreto Legislativo 1/2020, de 5 de mayo, por el que se aprueba el texto refundido de la Ley Concursal.*

En ...., siendo las .... horas del día .... de .... de ...., y en el domicilio social, sito en ...., calle .... núm. ...., se celebra reunión del Consejo de Administración de la sociedad .... S.L.

La presente reunión del Consejo de Administración fue convocada en fecha .... de .... de .... mediante telegrama remitido a los Sres. Consejeros en legal forma y plazo con el siguiente tenor literal «Por el presente, se le convoca a la reunión del Consejo de Administración a celebrar, en el domicilio social, el próximo día .... de .... de ...., a las .... horas, para deliberar y, en su caso, adoptar acuerdos con relación al siguiente orden del día: 1.– Solicitar la declaración de concurso voluntario de acreedores ante el Juzgado de lo Mercantil de la ciudad de .... que por turno corresponda, realizando cuantos trámites sean precisos para ello».

Asisten a la presente reunión, personalmente, la totalidad de los miembros del consejo de administración de la sociedad, esto es:

Presidente: Don ....

Secretario: Don ....

Vocal: Doña ....

Vocal: Doña ....

Vocal: Doña ....

Actúan como Presidente y Secretario de la presente reunión del Consejo de Administración, Don .... y Don ...., respectivamente.

El Sr. presidente declara válidamente constituida la presente reunión del Consejo de Administración y se entra en el debate de los distintos puntos del orden del día. Previa deliberación y sin que ninguno de los asistentes hagan uso del derecho de que conste en el acta el contenido de su intervención, se adoptan los siguientes acuerdos por UNANIMIDAD que son proclamados por el Sr. Presidente:

PRIMERO.– Solicitar la declaración de concurso voluntario de acreedores de la compañía, ante el Juzgado de lo Mercantil de .... que por turno corresponda, facultando a los consejeros delegados solidarios para que cualquiera de ellos, indistintamente, puedan llevar a cabo cuantos trámites y actuaciones fueran precisas a tal fin, suscribiendo también cuantos documentos públicos y privados fueran necesarios al efecto para la presentación del citado concurso, incluyendo el otorgamiento de poder procesal con la facultad especial para la presentación del concurso de acreedores en los términos del artículo 6 TRLC, a favor de los procuradores y abogados que tengan por conveniente. Ello con el más absoluto respeto y salvaguarda de las competencias que la Ley reconoce al órgano de administración social en orden a la solicitud de tal concurso.

Y para que así conste se extiende la presente acta, que, leída, es aprobada por todos los consejeros por unanimidad, en .... hoy día de .... de ....

F459. CERTIFICACIÓN DEL CONSEJO DE ADMINISTRACIÓN ACORDANDO LA PRESENTACIÓN DE CONCURSO DE ACREEDORES

Normativa de Aplicación: *Art. 365 Real Decreto Legislativo 1/2010, de 2 de julio, por el que se aprueba el texto refundido de la Ley de Sociedades de Capital. Art. 3 Real Decreto Legislativo 1/2020, de 5 de mayo, por el que se aprueba el texto refundido de la Ley Concursal.*

.... Secretario del Consejo de Administración de la sociedad .... S.L. domiciliada en ...., calle .... núm. ...., e inscrita en el Registro Mercantil de la provincia de ...., al tomo ...., folio ...., hoja ...., y CIF ....

CERTIFICO: Que según resulta del libro de actas de la sociedad, en la reunión del Consejo de Administración de ...., S.L. reunida en el domicilio social, sito en ...., el día .... de .... de ...., encontrándose presentes la totalidad de los consejeros, esto es, ..., Don ...., Don ...., Don .... y Doña .... y figurando en el acta el nombre y la firma de los asistentes, actuando como presidente de la misma Don .... y como secretario, ... y aceptaron celebrar dicha reunión del Consejo de Administración con el fin de deliberar y, en su caso, adoptar acuerdos sobre: 1.– Solicitud por la sociedad de la declaración de concurso voluntario de acreedores ante el Juzgado de lo Mercantil de la ciudad de .... que por turno corresponda, realizando cuantos trámites sean precisos para ello, se adoptaron por UNANIMIDAD los siguientes ACUERDOS que fueron proclamados por el Sr. Presidente:

PRIMERO.– Solicitar la declaración de concurso voluntario de acreedores de la compañía, ante el Juzgado de lo Mercantil de .... que por turno corresponda, facultando a los consejeros delegados solidarios para que cualquiera de ellos, indistintamente, puedan llevar a cabo cuantos trámites y actuaciones fueran precisas a tal fin, suscribiendo también cuantos documentos públicos y privados fueran necesarios al efecto para la presentación del citado concurso, incluyendo el otorgamiento de poder procesal con la facultad especial para la presentación del concurso de acreedores en los términos del artículo 6 TRLC, a favor de los procuradores y abogados que tengan por conveniente. Ello con el más absoluto respeto y salvaguarda de las competencias que la Ley reconoce al órgano de administración social en orden a la solicitud de tal concurso.

Y para que conste libro la presente certificación, con el Visto Bueno del Presidente, haciendo constar que el acta de la reunión en que se adoptaron los acuerdos que se certifican, fue aprobada por unanimidad al final de la misma, en ...., a ....

V. B. PRESIDENTE SECRETARIO

F460. CERTIFICACIÓN DE LA JUNTA GENERAL ACORDANDO LA PRESENTACIÓN DE CONCURSO DE ACREEDORES

Normativa de Aplicación: *Art. 365 Real Decreto Legislativo 1/2010, de 2 de julio, por el que se aprueba el texto refundido de la Ley de Sociedades de Capital. Art. 3 Real Decreto Legislativo 1/2020, de 5 de mayo, por el que se aprueba el texto refundido de la Ley Concursal.*

.... Secretario del Consejo de Administración de la sociedad .... S.L. domiciliada en ...., calle .... núm. ...., e inscrita en el Registro Mercantil de la provincia de ...., al tomo ...., folio ...., hoja ...., y CIF ....

CERTIFICO: Que según resulta del libro de actas de la sociedad, en la reunión de la Junta General Extraordinaria de .... S.L. celebrada en el domicilio social, sito en ...., el día .... de .... de ...., encontrándose presentes la totalidad de los socios, esto es, ..., Don ...., Don ...., Don .... y Doña .... y figurando en el acta el nombre y la firma de los asistentes, actuando como presidente de la misma Don .... y como secretario, ... y aceptaron celebrar dicha reunión de la Junta General con el fin de deliberar y, en su caso, adoptar acuerdos sobre: 1. Estado de la situación financiera de la sociedad. Solicitud de concurso voluntario de acreedores, se adoptaron por UNANIMIDAD los siguientes ACUERDOS que fueron proclamados por el Sr. Presidente:

PRIMERO.– Solicitar la declaración de concurso voluntario de acreedores ante el Juzgado de lo Mercantil de .... que por turno corresponda a la vista de la situación de insolvencia actual/inminente en que se halla la sociedad. Ello sin perjuicio del más absoluto respeto y salvaguarda de las competencias que la Ley reconoce al órgano de administración social respecto a la decisión de la solicitud de concurso.

Y para que conste libro la presente certificación, con el Visto Bueno del presidente, haciendo constar que el acta de la reunión en que se adoptaron los acuerdos que se certifican, fue aprobada por unanimidad al final de la misma, y firmada por el presidente y secretario, en ...., a ....

V. B. PRESIDENTE SECRETARIO

F461. CONSTITUCIÓN DE SOCIEDAD LIMITADA PROFESIONAL PARA EJERCICIO DE ADMINISTRACIÓN CONCURSAL

Normativa de Aplicación: *Arts. 19 y ss. Real Decreto Legislativo 1/2010, de 2 de julio, por el que se aprueba el texto refundido de la Ley de Sociedades de Capital.*

NÚMERO:

En la Ciudad de ...., a .... de .... de ....

Ante mí, ..., Notario de la Ciudad y del Ilustre Colegio de ....

COMPARECEN

DON ...., ..., Abogado (Colegiado ....), vecino de ...., calle ...., número .... Con DNI/NIF ....

DON ...., ..., Abogado (...........), vecino de ...., calle ...., número .... Con DNI/NIF ....

Su régimen económico matrimonial es el de separación de bienes establecido mediante escritura de capitulaciones matrimoniales formalizadas ante el Notario de ...., Don ...., el día ...., bajo nº .... de protocolo. Anotadas el día .... en el Registro Civil de .... al tomo ...., página ....

Y DON ...., economista, casado, vecino de ...., calle ...., número .... Con DNI/NIF ....

Los tres mayores de edad y de nacionalidad española.

Ostentan la condición profesional que resulta de los certificados colegiales que me entregan e incorporo a esta matriz

Les identifico por sus documentos nacionales de identidad exhibidos y reseñados

INTERVIENEN

– Los dos primeros en nombre propio.

– Y el tercero, en nombre y representación, como Administrador Único de la compañía mercantil «..........., SOCIEDAD LIMITADA PROFESIONAL», de nacionalidad española, domiciliada en ...., avenida ...., número .... Constituida, por tiempo indefinido, mediante escritura autorizada por la Notario de ...., Doña ...., el día ...., bajo número .... de protocolo. Inscrita en el Registro Mercantil de esta Provincia, en el tomo .... libro ...., folio ...., hoja número ...., inscripción .... ª.– Tiene CIF número ....

Tiene por objeto: El ejercicio de las profesiones de Economistas y Abogado en los términos previstos en la Ley 2/2007 de 15 de marzo de sociedades profesionales. El objeto social podrá desarrollarse mediante su participación en otras sociedades profesionales.

Está legitimado para este otorgamiento:

– En virtud de su expresado cargo de Administrador único de la sociedad, que afirma vigente, resultando su nombramiento —por tiempo indefinido— y su aceptación de los acuerdos adoptados en la propia escritura fundacional, cuya copia autorizada e inscrita he tenido a la vista.

– Y especialmente se encuentra facultado para este otorgamiento por acuerdo adoptado en la Junta General celebrada el día ...., según resulta de la certificación por él expedida que me entrega y previo legitimar su firma por haber sido puesta en mi presencia, incorporo a la presente.

A efectos de los previsto en la Ley 10/2010, queda identificado como titular relevante a los efectos de dicha Ley, el propio representante-compareciente DON, cuyo DNI se consigna en la comparecencia.

Tienen, a mi juicio, según intervienen, capacidad necesaria para otorgar la presente escritura de CONSTITUCIÓN DE ENTIDAD MERCANTIL LIMITADA PROFESIONAL, y al efecto,

OTORGAN

PRIMERO.– DON ...., DON .... y la mercantil «...........», tienen la voluntad de constituir y constituyen mediante esta escritura, como únicos socios, una sociedad de responsabilidad limitada de carácter profesional, con la denominación, la duración indefinida, el domicilio, el objeto, el capital, los órganos y las demás determinaciones que constan en los Estatutos seguidamente reseñados.

Esta Sociedad se regirá especialmente por los Estatutos que los comparecientes me entregan para su protocolización y que se hallan extendidos en .... folios de papel exclusivo para documentos notariales a cuyo papel se han vertido, serie y números .... y correlativos siguientes en orden.

Los comparecientes manifiestan haber leído y en este acto yo, el Notario, leo dichos estatutos a los comparecientes, quienes, en la condición en que intervienen, los aprueban y los firman al final de su último folio; en su consecuencia, los repetidos estatutos quedan unidos a esta escritura matriz como parte integrante de la misma.

SEGUNDO.– El capital de la compañía se fija en la suma de .... EUROS dividido y representado por .... PARTICIPACIONES indivisibles y acumulables, de .... EUROS de valor nominal cada una de ellas, numeradas correlativamente a partir de la unidad, todas ellas reservadas a socio profesional, íntegramente asumidas y desembolsadas por los socios fundadores, con el siguiente respectivo alcance:

Don .... asume y desembolsa .... participaciones sociales, números .... al ...., ambas inclusive, RESERVADAS A SOCIO PROFESIONAL, por su valor nominal global de .... EUROS (€ ....) que desembolsa mediante la aportación que efectúa a la Sociedad en pleno dominio de moneda nacional española.

Don .... asume y desembolsa .... participaciones sociales, números .... al ...., ambas inclusive, RESERVADAS A SOCIO PROFESIONAL por su valor nominal global de .... (€ ....) que desembolsa mediante la aportación que efectúa a la Sociedad en pleno dominio de moneda nacional española.

Y la mercantil «..........., SOCIEDAD LIMITADA PROFESIONAL» asume y desembolsa las .... participaciones sociales restantes, números .... al ...., ambas inclusive, RESERVADAS A SOCIO PROFESIONAL por su valor nominal global de .... (€ ....) que desembolsa mediante la aportación que efectúa a la Sociedad en pleno dominio de moneda nacional española.

Yo Notario doy fe de que me han sido exhibida y entregada la certificación del depósito de las correspondientes cantidades a nombre de la sociedad en una entidad de crédito, que incorporo a esta escritura, haciendo constar que la fecha es inferior en dos meses a la de hoy y que considero cumplido lo exigido al efecto por la Ley y Reglamento del Registro Mercantil

Queda así el capital totalmente asumido y desembolsado.

TERCERO.– DETERMINACIÓN DEL MODO CONCRETO EN QUE INICIALMENTE SE ORGANIZA LA ADMINISTRACIÓN. Quedan establecidas por esta escritura fundacional las siguientes determinaciones:

A.– El órgano de administración de esta Sociedad es el de TRES ADMINISTRADORES SOLIDARIOS

B.– Se nombran Administradores Solidarios POR TIEMPO INDEFINIDO a los socios profesionales DON ...., DON .... y la mercantil «..........., SOCIEDAD LIMITADA PROFESIONAL» esta última representada como persona física por su Administrador Único compareciente DON ...., cuyas circunstancias personales constan en la comparecencia e intervención de esta escritura, quienes aceptan su nombramiento, toman posesión de su cargo que prometen desempeñar bien y fielmente, y manifiestan no hallarse en causa alguna de incapacidad o incompatibilidad para su ejercicio.

C.– Los administradores a quienes corresponde el poder de representar a la sociedad, tendrán las facultades legales que determina la Ley y especialmente las que a tal cargo atribuyen los Estatutos sociales

CUARTO.– ESTIPULACIONES ESPECIALES.

1.– Prohibición de competencia. Los socios por unanimidad y dando a este acto el carácter de Junta general universal acuerdan que los Administradores podrán dedicarse por cuenta propia o ajena, al mismo, análogo o complementario género de actividad que constituya el objeto social.

2.– Facultades de los Administradores solidarios durante la fase anterior a la inscripción de esta Sociedad.–Durante dicha fase y para los efectos determinados en la Ley, se confiere al Órgano de Administración, expresa y especialmente, las mismas facultades que los Estatutos y las normas legales le atribuyen con carácter general.

Además de manera particularísima y aunque pueda ser innecesario, se autoriza a los Administradores para que puedan disponer de los fondos depositados en la expresada cuenta abierta a nombre de la Sociedad, o de cualquier otra cuenta o depósito bancario existente o que exista en el futuro a nombre de la Sociedad, pudiendo a tal efecto proceder a la apertura de las mismas, firmando los contratos pertinentes y retirando talones de cheques para poder disponer de dichos fondos.

3.– Se confiere poder a cualquiera de los comparecientes para otorgar las escrituras de rectificación, aclaración o subsanación que sean necesarias hasta lograr la inscripción de esta escritura y de los Estatutos a ella unidos, como consecuencia de la calificación oral o escrita de los Sres. Registradores Mercantiles de la Provincia del domicilio social.

QUINTO.– SEGUROS. Manifiestan los comparecientes que tienen constituido el Seguro por la responsabilidad en que puedan incurrir en el ejercicio de la actividad que constituye su objeto social.

SEXTO.– CERTIFICACIÓN DEL REGISTRO MERCANTIL CENTRAL. Incorporo certificación vigente de dicho Registro que acredita que ninguna entidad preexistente tiene registrada una denominación idéntica a la de la Sociedad que ahora se constituye; esta certificación queda unida a esta escritura matriz.

SÉPTIMO.– ADVERTENCIA. Yo, el notario, he informado a los comparecientes acerca de las ventajas de emplear los Puntos de Atención al Emprendedor (PAE) y el Centro de Información y Red de Creación de Empresas (CIRCE), para la constitución de sociedades y la realización de cualesquiera otros trámites ligados al inicio de su actividad, en los términos previstos en el artículo 3 de la Ley 18/22, de 28 de septiembre, de creación y crecimiento de empresas

OCTAVO.– SOLICITUD DE INSCRIPCIÓN PARCIAL. De conformidad con el artículo 63 del Reglamento del Registro Mercantil se solicita la inscripción parcial, en su caso, de la presente escritura, INCLUSO RESPECTO DEL OBJETO SOCIAL, haciendo constar en nota al pie del título los extremos no inscritos y la norma, Sentencia o Resolución en que se funda con indicación de los recursos pertinentes.

NOVENO.- PRESENTACIÓN TELEMÁTICA. Los comparecientes me instan EXPRESAMENTE a mí, el Notario, para que no remita al RM copia autorizada Telemática del presente instrumento, optando los comparecientes por la tramitación mediante el procedimiento manual.

DÉCIMO.- APODERAMIENTO RECIPROCO. Los comparecientes se confieren entre sí poder especial para que cualquiera de ellos, de forma indistinta y ante una eventual calificación verbal o escrita del Registro Mercantil del presente documento, pueda rectificar, complementar o subsanar el mismo. Ello a efectos de lograr la inscripción de esta escritura en el referido Registro.

Se solicita por los comparecientes la exención fiscal a que se refiere el art. 45.1.b.11 TRITPAJD.

OTORGAMIENTO Y AUTORIZACIÓN

Hago las reservas y advertencias legales, especialmente las pertinentes fiscales y la concerniente a la necesidad de inscribir esta escritura en el registro Mercantil.

Protección de datos.– Con relación a los datos de carácter personal que en la presente constan, referidos a los comparecientes, quedan estos enterados de que los mismos se incorporan a mis ficheros automatizados, lo que aceptan, así como del derecho de oposición, acceso a ellos, rectificación o cancelación de los mismos.

Así lo otorgan. Advierto a los comparecientes de su derecho a leer por sí este instrumento del que usan. Leída por mí el Notario y en alta voz, la ratifican y firman conmigo, el Notario, que doy fe de la legitimación de los intervinientes, de que los actos contenidos en este instrumento se acomodan a la legalidad y a su voluntad debidamente informada, y de toda ella, que se halla extendida en cinco folios de papel exclusivo para documentos notariales, números el del presente y anteriores en orden.

ESTATUTOS DE LA SOCIEDAD PROFESIONAL LIMITADA «............, S.L.P.».

ARTÍCULO 1°.– DENOMINACIÓN. La sociedad es de carácter profesional, de nacionalidad española y responsabilidad limitada, tendrá plena personalidad jurídica y patrimonial, rigiéndose por éstos estatutos y, en lo no previsto, por la Ley 21/2007 de 15 de marzo sobre sociedades profesionales y por las restantes disposiciones legales aplicables. Girará bajo la razón social y con la denominación de «............, S.L.P.».

ARTÍCULO 2°.– OBJETO. Constituye su objeto exclusivo y excluyente: la prestación de los servicios profesionales propios del ejercicio de la abogacía y la prestación de los servicios profesionales propios de los titulados mercantiles y economistas. (CNAE: las comprendidas en la división 69 (6920 y 6910, siendo la principal la 6920), teniendo por incluido el ejercicio de las competencias de administración concursal en aquellos concursos en los que les fuera confiada.

Ejercerá tales actividades por mediación de personas —socios o no— colegiadas en el Colegio Profesional correspondiente a tales actividades, sobre las que no concurra causa de incompatibilidad o inhabilitación, y de conformidad con el régimen deontológico y disciplinario que le es propio, pero bajo la expresada razón o denominación social, ostentando la propia entidad la condición de titular de la relación jurídica establecida con el cliente, con todos los derechos y obligaciones inherentes a tal condición, sin perjuicio de la responsabilidad personal de los profesionales contemplada en la Ley 2/2007, siéndoles además de aplicación el régimen disciplinario que corresponda según su ordenamiento profesional.

Las actividades que conforman el objeto social podrán desarrollarse bien directamente bien a través de la participación en otras sociedades profesionales. En este caso, la participación de la sociedad tendrá la consideración de socio profesional en la sociedad participada, a los efectos de los requisitos del artículo 4 de la Ley 2/2007, así como a los efectos de las reglas que, en materia de responsabilidad, se establecen en los artículos 5, 9 y 11 del mismo cuerpo legal, que serán exigibles a la sociedad matriz.

En todo caso, quedan excluidas del objeto social aquellas actividades que precisen por Ley de requisitos no cumplidos por la sociedad ni por estos Estatutos.

ARTÍCULO 3º.– FECHA DE INICIO. FECHA DE CIERRE DEL EJERCICIO SOCIAL. La Sociedad da comienzo a sus operaciones sociales el día del otorgamiento de la escritura fundacional. Los ejercicios sociales se cerrarán el 31 de diciembre de cada año.

ARTÍCULO 4º.– DOMICILIO. La Sociedad establece su domicilio en ...., c/ ...., número ...., piso ...., puerta ...., lugar en el que se encuentra la efectiva administración.

ARTÍCULO 5º.– CAPITAL SOCIAL. El Capital Social se fija en la cantidad de .... EUROS

Está dividido y representado por .... PARTICIPACIONES sociales de .... de valor nominal cada una, numeradas correlativamente a partir de la unidad, ambas inclusive, todas asumidas y desembolsadas por los socios y su titularidad lleva de pleno derecho la obligación de someterse a las prescripciones de los Estatutos y a los acuerdos válidamente adoptados.

Las tres cuartas partes del capital y de los derechos de voto habrán de pertenecer en todo momento a socios profesionales, entendiendo por tales las personas físicas que reúnan los requisitos exigidos para el ejercicio de la actividad profesional que constituye el objeto social y que la ejerzan en el seno de la misma, y las sociedades profesionales debidamente inscritas en los respectivos colegios profesionales que, constituidas con arreglo a lo dispuesto en la Ley 2/2007.

No podrán ser socios profesionales las personas en las que concurra causa de incompatibilidad para el ejercicio de la profesión o profesiones que constituyen el objeto social, ni aquellas que se encuentren inhabilitadas para dicho ejercicio en virtud de resolución judicial o corporativa.

ARTÍCULO 6º.– LAS PARTICIPACIONES SOCIALES. Las transmisiones de participaciones sociales se regirán por lo prevenido en la Ley y por el Reglamento del Registro Mercantil, en cuanto resulte de aplicación y no se oponga a lo establecido al respecto por la Ley 2/2007, y por las siguientes normas:

a) La condición de socio profesional es intransmisible, salvo que medie el consentimiento mayoritario de los restantes socios profesionales.

b) En lo concerniente a los supuestos de separación y exclusión de socios profesionales, se estará a lo prevenido sobre tales particulares en los artículos 13 y 14 de la Ley 2/2007, si bien, en caso de exclusión por inhabilitación para el ejercicio de la actividad profesional, podrá el excluido continuar en la sociedad con el carácter de socio no profesional si los restantes socios profesionales ostentan la titularidad de, al menos, tres cuartas partes del capital y de los derechos de voto.

c) En caso de fallecimiento de un socio profesional, los restantes socios de igual condición podrán acordar por mayoría que las participaciones sociales del difunto no se transmitan a los sucesores directos de este, salvo que alguno o algunos de ellos ostentaran igual condición profesional, en cuyo caso gozarán estos de preferencia.

d) Quedan en todo caso a salvo los derechos de liquidación que procedan y resulten de aplicación en caso de separación, exclusión y transmisión mortis causa y forzosa de un socio profesional, valorándose conforme a lo establecido sobre el particular en la Ley de Sociedades de Capital. En tales casos, las participaciones sociales afectadas serán amortizadas, salvo que la amortización fuera sustituida por la adquisición de las mismas por otros socios, por la propia sociedad o por un tercero, siempre que exista consentimiento expreso de todos los socios profesionales y no contravenga norma legal alguna que resulte de aplicación. La adquisición por la sociedad de sus propias participaciones deberá ajustarse a lo establecido en el apartado e) del artículo 17.1 de la Ley 2/2007.

e) Las participaciones sociales correspondientes a socios profesionales llevarán aparejada la obligación de realizar la prestación accesoria relativa al ejercicio de la actividad profesional que constituye el objeto social, correspondiendo a la Junta General determinar la concreta retribución de tales prestaciones, de acuerdo con los criterios colegiales que establecen anualmente las normas para la determinación de los honorarios profesionales o, en defecto de ellas, conforme al Convenio del Sector si lo hubiera.

f) Sin perjuicio de la retribución que se establezca para la prestación accesoria de los socios profesionales, cada socio, profesional o no, participará en los beneficios de la sociedad en proporción a su respectiva participación societaria en el capital social. En todo caso, la aprobación de la aplicación del resultado y, de modo particular, el reparto final a que se refiere el artículo 10.2 de la Ley 2/2007 deberá ser aprobado o ratificado por la Junta de socios por mayoría absoluta del capital, incluida dentro de esta la mayoría de los derechos de voto de los socios profesionales.

g) La transmisión de participaciones sociales de socios no profesionales se regirá por lo prevenido en la Ley de Sociedades de Capital, en cuanto resulte de aplicación y no se oponga a lo establecido en la Ley 2/2007, por el Reglamento del Registro Mercantil, y por las siguientes normas:

– Los socios tienen, siempre y en todo caso, derecho de adquisición preferente. La sociedad tendrá derecho de adquisición preferente, en los términos establecidos por la Ley para el supuesto de transmisión forzosa y, por tanto, sin perjuicio de lo en ella establecido.

– Los socios sobrevivientes tendrán derecho de adquisición de las participaciones del socio fallecido si el heredero o legatario no fuere socio de la entidad, o cónyuge, descendiente o ascendiente de aquel, derecho cuyo ejercicio se ajustará a lo dispuesto en la Ley.

ÓRGANOS SOCIALES

ARTÍCULO 7°.– LA JUNTA GENERAL. Los socios, reunidos en Junta General, decidirán por la mayoría legal, en los asuntos propios de la competencia de la Junta.

La Junta general se regirá por lo dispuesto en las normas legales que resulten de aplicación, a salvo las siguientes normas:

a) La convocatoria de la Junta General se realizará mediante remisión del anuncio por correo certificado con acuse de recibo, a cada uno de los socios, al domicilio que conste en el Libro registro de socios, al tiempo de remitir el anuncio, con una antelación mínima de quince días entre la remisión del anuncio al último de ellos y la celebración, salvo los supuestos en los que por Ley se exija un plazo superior o forma que deberán ser observados, expresando el nombre de la sociedad, fecha, hora y lugar de celebración, en el término municipal donde la sociedad tenga su domicilio, y orden del día en que figuren los asuntos a tratar, así como las demás menciones legal o reglamentariamente exigidas e identidad de quien realiza la comunicación.

Quedan a salvo los requisitos de forma y plazo previstos por Ley para los supuestos de fusión y escisión y cualesquiera otros que precisen por Ley de requisitos especiales a los expresados fines, de modo que siempre y en todo caso prevalecerá la norma que resulte de aplicación respecto de lo aquí establecido.

b) El socio podrá hacerse representar en las reuniones de la Junta General por medio de otras personas distintas de las que expresamente enumera la Ley, y conforme a lo establecido en el artículo 186 del Reglamento del Registro Mercantil, bien entendido que los socios profesionales únicamente podrán conferir su representación a otros socios profesionales.

c) El Presidente dirigirá las deliberaciones, debiendo seguirse el orden del día de la Junta general. Expondrá el Presidente las consideraciones que juzgue oportunas sobre el asunto debatido, y con posterioridad concederá el uso de la palabra a quienes lo hayan solicitado por el orden en que lo hayan efectuado. Finalizada la deliberación de cada asunto comprendido en el orden del día se procederá a su votación, resultando aprobado en el caso de que reúna las mayorías necesarias conforme a ley, según la naturaleza del acuerdo.

d) El acta de la Junta deberá ser aprobada por el propio órgano al final de la reunión, o en su defecto, en la forma determinada por Ley. Una vez que conste en el acta su aprobación, será firmada por el Secretario de la Junta o de la sesión, con el Visto Bueno de quien hubiera actuado en ella como Presidente.

ARTÍCULO 8°.– ADMINISTRACIÓN.

1. Modos de organizar la administración.

La administración de la Sociedad, se podrá confiar:

a) A UN ADMINISTRADOR ÚNICO.

b) A varios ADMINISTRADORES, con un mínimo de dos y un máximo de cinco, que actuarán individualmente, correspondiendo a cada uno de ellos el poder de representación de la sociedad.

c) A varios ADMINISTRADORES que actúen conjuntamente, hasta un máximo de cinco. En este caso, el poder de representación se ejercerá mancomunadamente firmando dos cualesquiera de ellos.

d) A un CONSEJO DE ADMINISTRACIÓN integrado por un mínimo de tres y un máximo de doce miembros.

La Junta General podrá optar alternativamente por cualquiera de ellos, haciéndolo constar en escritura pública que se inscribirá en el Registro Mercantil, sin necesidad de modificación estatutaria.

Habrán de ser socios profesionales las tres cuartas partes de los miembros integrantes del órgano de administración, de modo que si este fuere unipersonal o si existiera consejero delegado, tales funciones habrán de ser desempeñadas necesariamente por un socio profesional.

Los Administradores ejercerán su cargo por tiempo indefinido y con carácter no retribuido, sin perjuicio de la retribución que, en su caso, le pudiera corresponder por la prestación accesoria de las participaciones cuya titularidad ostente.

2. Representación de la Sociedad.

2.1. Ámbito.– La representación de la Sociedad en juicio y fuera de él corresponde a los administradores, extendiéndose a todos los actos comprendidos en el objeto social delimitado por estos estatutos, y especialmente podrán ejercitar las siguientes facultades:

1.– Dirigir, organizar, vigilar e impulsar la vida y funcionamiento de la Sociedad.

2.– Administrar bienes muebles e inmuebles; ejercitar y cumplir toda clase de derechos y obligaciones; rendir, exigir y aprobar cuentas salvo las que por Ley son indelegables; hacer y retirar giros y envíos; constituir, modificar, extinguir y liquidar contratos de todo tipo, particularmente de arrendamiento, seguro, trabajo y transporte de cualquier clase; desahuciar inquilinos, y arrendatarios, precaristas y todo género de ocupantes; reconocer, aceptar, pagar y cobrar cualesquiera deudas y créditos, por capital, intereses, dividendos y amortización, y con relación a cualquier persona o entidad pública o privada, incluso el Estado, Comunidades Autónomas, Provincia o Municipio, firmando cartas de pago, recibos, saldos, conformidades y resguardos; asistir con voz y voto a juntas de regantes, propietarios, consocios, condueños y demás cotitulares.

3.– Comerciar, dirigir y administrar negocios mercantiles e industriales, realizando cualesquier actos relativos al tráfico mercantil, y con carácter especial la compra y venta de las mercaderías propias de la actividad que constituye el objeto de la sociedad o cualesquiera otras.

4.– Librar, aceptar, endosar, cobrar, pagar, intervenir y protestar letras de cambio, talones, cheques y otros efectos; abrir, seguir, cancelar y liquidar libretas de ahorro, cuentas corrientes y de crédito, con garantía personal o de valores, y prestar conformidad a sus saldos; concertar activa o pasivamente créditos comerciales; dar y tomar dinero en préstamo o crédito, con o sin interés, y con garantía personal, de valores o cualquier otra, pudiendo incluso obligar u obligarse solidariamente si hubiere alguno o algunos otros codeudores, cualquiera que sea la cuantía que en el débito corresponda a cada prestatario; constituir, transferir, modificar, cancelar y retirar depósitos provisionales o definitivos, de metálico, valores u otros bienes; comprar, vender, canjear, pignorar y negociar efectos y valores, y cobrar sus intereses, dividendos y amortizaciones; arrendar cajas de seguridad, y, en general, operar con Cajas de Ahorro, Bancos, incluso el de España y otros oficiales, y entidades similares, disponiendo de los bienes existentes en ellos por cualquier concepto, y haciendo, en general, cuanto permitan la legislación y la práctica bancarias.

5.– Disponer, enajenar, gravar, adquirir y contratar, activa o pasivamente, respecto de toda clase de bienes muebles, e inmueble, derechos reales y personales, acciones y obligaciones, cupones, valores, títulos, acciones y participaciones sociales, y cualesquiera efectos públicos o privados, pudiendo en tal sentido, con las estipulaciones y por el precio de contado, confesado o aplazado que estime pertinentes, ejercitar, otorgar, conceder y aceptar compraventas, aportes, permutas, cesiones en pago y para pago, préstamos, amortizaciones, rescates, subrogaciones, retractas, opciones y tanteos, agrupaciones, segregaciones, parcelaciones, divisiones, declaraciones de obra nueva y de obra derruida, alteraciones de fincas, cartas de pago, transacciones, compromisos y arbitrajes; constituir, reconocer, aceptar, ejecutar, transmitir, dividir, modificar, extinguir y cancelar, total o parcialmente, usufructo, servidumbres, prendas, hipotecas, anticresis, comunidades de toda clase, propiedades horizontales, censos, derechos de superficie y, en general, cualesquiera derechos reales y personales.

6.– Comparecer en Juzgados, Tribunales, Magistraturas, Fiscalías, Delegaciones, Jurados, Comisiones, Notarías, Registros y toda clase de oficinas públicas o privadas, autoridades y organismos del Estado, Comunidades Autónomas, Provincias y Municipios, en asuntos civiles, penales, administrativos, contencioso y económico administrativos, gubernativos, laborales, y fiscales, de todos los grados, jurisdicciones e instancias; promover, instar, seguir, contestar y terminar, como actor, solicitante, coadyuvante, requerido, demandado, oponente o en cualquier otro concepto, toda clase de expedientes, actas, juicios, pretensiones, tramitaciones, excepciones, manifestaciones, reclamaciones, declaraciones, quejas y recursos, incluso de casación, revisión y otros extraordinarios, con facultad de formalizar ratificaciones personales, desistimientos y allanamientos; otorgar para los fines antedichos, poderes a favor de Procuradores de los Tribunales, Abogados, Graduados Sociales, y cualesquiera personas con las facultades usuales, las especiales dichas y cuantas estime pertinentes.

7.– Concurrir en nombre de la Sociedad a toda clase de subastas, concursos o suministros, oficiales o particulares, pudiendo por tanto redactar, suscribir, presentar, y en su caso, mejorar en licitación verbal las ofertas o proposiciones pertinentes, así como realizar si fuere preciso las aclaraciones necesarias para la mejor apreciación de su propuesta, y en general, actuar en todas las incidencias y actos propios de la subasta, concurso o suministro de que se trate; reclamar, percibir y cobrar, en todo o en parte, las cantidades, efectos o valores que se les entreguen o adjudiquen en pago de ventas o suministros realizados, ya sean por particulares, ya por organismos, Entidades, Dependencias, Oficinas, Funcionarios públicos, suscribiendo el oportuno recibo o carta de pago, e incluso si procediere, el correspondiente documento de adjudicación definitiva; constituir en dinero, efectos o valores, los depósitos o fianzas —provisionales o definitivas— que se exijan en toda clase de subastas, concursos o suministros a que la Sociedad acuda, así como constituir y cancelar unas y otras, retirando y cobrando los fondos que las constituyen.

8.– Conferir poderes con las facultades que crea convenientes; y revocarlos.

9.– Y para todo lo anterior, que es enunciativo y no restringe en modo alguno el alcance general del párrafo primero de este artículo, otorgar y firmar toda clase de documentos públicos y privados.

2.2. Administradores solidarios. Si la administración de la sociedad fuere encomendada a varios administradores que actúen solidariamente la Junta General deberá determinar su número entre el mínimo de dos y el máximo de doce. El poder de representación corresponderá a cada administrador, sin perjuicio de los acuerdos de la Junta sobre distribución de facultades que tendrá un alcance meramente interno.

2.3. Administradores conjuntos.

Si la administración de la sociedad fuere encomendada a varios administradores conjuntos, el poder de representación se ejercerá mancomunadamente por dos cualesquiera de ellos. La Junta General determinará su número entre el mínimo de dos y el máximo de doce.

2.4. Consejo de Administración.

Si la administración de la Sociedad se confiare a un Consejo de Administración, se regirá este por las siguientes normas de organización y funcionamiento:

2.4.1. Composición.

El Consejo de Administración estará integrado por el número de Consejeros que, en cada momento, acuerde la Junta General, y que no podrá ser inferior a tres ni superior a doce.

2.4.2. Atribución del poder de representación.

El poder de representación de la Sociedad será ejercido:

a) Por el propio Consejo de Administración que actuará colegiadamente.

b) Por uno o varios miembros del Consejo que, con el carácter de Consejeros Delegados, sean designados por el Consejo de Administración por mayoría de dos tercios de sus miembros, los cuales ejercerán de forma conjunta o solidaria, según resulte del correspondiente acuerdo, las facultades que se les delegue expresamente al efectuar su nombramiento, bien se haga la enumeración particularizada o bien que la delegación comprende todas las legal y estatutariamente delegables, y también en su caso las que el Consejo tenga conferidas por la Junta, con el carácter de delegables, debiendo en tal enumerarse expresamente en el acuerdo de delegación.

2.4.3. Organización del Consejo.

El Consejo de Administración de entre sus miembros, designará un Presidente, y podrá también nombrar uno o varios Vicepresidentes que, por su orden, sustituyan a aquel en caso de ausencia o por cualquier otra causa. Nombrará también un Secretario y podrá designar uno o varios Vicesecretarios que sustituyan a aquel por el orden y en el caso dichos; los designados Secretario o Vicesecretarios podrán tener o no la cualidad de Consejeros.

El Consejo de Administración, actuará colegiadamente.

2.4.4. Convocatoria del Consejo de Administración.

El Consejo de Administración deberá ser convocado cuando lo considere conveniente el Presidente o lo pida al menos la tercera parte de los Consejeros. La convocatoria será efectuada por el Presidente o el que haga sus veces, por correo certificado, con una antelación mínima de diez días a la fecha de la reunión.

No será necesario observar dichos requisitos de convocatoria, cuando hallándose presentes la totalidad de los Consejeros decidieran por unanimidad su celebración.

La convocatoria deberá contener en todo caso el orden del día.

2.4.5. Constitución del Consejo.

El Consejo quedará válidamente constituido cuando concurran a la reunión, presentes o representados la mayoría de sus componentes. Cualquier consejero puede conferir su representación a otro Consejero, mediante poder notarial, o escrito firmando por él, ajustando en todo caso tal poder o delegación a lo establecido sobre el particular por la Ley.

En la reunión actuarán de Presidente y de Secretario los titulares de dichos cargos en el Consejo o, en su caso, quienes los sustituyan conforme a estos Estatutos.

2.4.6. Modo de deliberar.

El Presidente dirigirá las deliberaciones, debiendo seguirse el orden del día de la reunión. Expondrá el Presidente las consideraciones que juzgue oportunas sobre el asunto debatido, y con posterioridad concederá el uso de la palabra a los consejeros que lo hayan solicitado por el orden en que lo hayan efectuado. Finalizada la deliberación de cada asunto comprendido en el orden del día se procederá a su votación.

2.4.7. Adopción de acuerdos.

Los acuerdos, salvo lo establecido para el nombramiento de Consejeros Delegados, se adoptarán por mayoría absoluta de los Consejeros concurrentes a la sesión. La votación por escrito y sin sesión sólo será admitida cuando ningún Consejero se oponga a este procedimiento.

El nombramiento de Consejeros Delegados y la atribución de sus facultades requerirá el voto favorable de dos terceras partes de los miembros del Consejo de Administración, contándose a estos efectos el de los propuestos.

La ejecución de los acuerdos del Consejo corresponde al Consejero expresamente facultado para ello en la misma reunión y, en su defecto, al Presidente del Consejo, al Secretario o al Consejero o cualquiera de los Consejeros Delegados, indistintamente.

2.4.8. Actas.

Las discusiones y acuerdos del Consejo se llevarán a un libro de Actas debidamente legalizado; el acta de cada sesión deberá ser aprobada por el propio Consejo al final de la reunión o en la siguiente y una vez conste en el acta su aprobación será firmada por el Secretario del Consejo o de la sesión, con el Visto Bueno de quien hubiera actuado en ella como Presidente.

Las certificaciones de las actas y de los acuerdos se expedirán por el Secretario del Consejo de Administración, con el Visto Bueno de su Presidente.

En todo caso, será necesario, que el acta esté debidamente aprobada y firmada, y que las personas que expidan la certificación tengan sus cargos vigentes e inscritos en el Registro Mercantil.

..........., ADMINISTRADOR ÚNICO de la mercantil «..........., SOCIEDAD LIMITADA PROFESIONAL».– CIF.– B ....

CERTIFICO

Que en la Junta General Extraordinaria de socios de esta Entidad, celebrada con el carácter de Universal, el día ...., con asistencia de todos los socios, y estando, por tanto, presente y representado el total capital social, se han adoptado por unanimidad los siguientes acuerdos, según resulta del acta aprobada por la propia Junta que, literalmente en cuanto a los acuerdos y en extracto respecto del resto, dice así:

«En ...., a ....

Reunidos todos los socios de esta Compañía Mercantil, que firman a continuación de sus nombres, acuerdan unánimemente constituirse en Junta General Extraordinaria y Universal. Formalizada la lista de asistentes, como ha quedado expuesto, que constituyen la totalidad de los existentes, y representan, por tanto, el total capital social, y declarada por el Presidente como válidamente constituida esta Junta, se procede a la adopción de los acuerdos relativos a los asuntos por todos conocidos, sin que ninguno de los asistentes haya solicitado constancia expresa de su intervención:

ACUERDO.– Participar como socio fundador, en la constitución de la Sociedad «..........., S.L.P.» suscribiendo .... participaciones de las .... que van a representar el total capital social, por .... euro de valor nominal cada una de ellas, que desembolsará en efectivo metálico, mediante su ingreso en la cuenta corriente aperturada a tales fines.

ACUERDO.– Facultar al Administrador Único de la sociedad, Don .... para la ejecución del anterior acuerdo y otorgamiento de la correspondiente escritura de constitución de la expresada entidad y aprobación y protocolización de sus Estatutos, con absoluta libertad de pactos, estipulaciones y determinaciones, aunque dicha persona incida en cualquier supuesto de autocontratación tanto porque comparezca a título personal como socio fundador cuanto por la que pudiera derivarse de la aceptación de cargos de dicha nueva sociedad, bien porque estos recaigan sobre sí mismo, bien porque recaigan sobre la Sociedad que representa, *en cuyo caso las funciones de dicho cargo serán ejercitadas por él mismo.*

Dichos acuerdos son adoptados por unanimidad.

Se levanta la sesión, previa firma por todos los asistentes de la presente acta, a continuación de sus nombres».

Y para que sirva de documento complementario de la escritura en la que se formalice la meritada sociedad, expido esta certificación, en .... al mismo día de su celebración.

EL ADMINISTRADOR ÚNICO:

....

F462. OBJETO SOCIAL DE SOCIEDAD PROFESIONAL DE ADMINISTRACIÓN CONCURSAL Y EXPERTO EN LA REESTRUCTURACIÓN

ARTÍCULO .... °.– OBJETO.– Constituye su objeto exclusivo y excluyente: la prestación de los servicios profesionales propios del ejercicio de la abogacía y la prestación de los servicios profesionales propios de los titulados mercantiles y economistas. (CNAE: las comprendidas en la división 69 (6920 y 6910, siendo la principal la 6920), teniendo por incluido el ejercicio de las competencias de administración concursal en aquellos concursos en los que les fuera confiada, y el desempeño del cargo de experto en la reestructuración a que se refieren los artículos 672 y ss. TRLC.

Ejercerá tales actividades por mediación de personas —socios o no— colegiadas en el Colegio Profesional correspondiente a tales actividades, sobre las que no concurra causa de incompatibilidad o inhabilitación, y de conformidad con el régimen deontológico y disciplinario que le es propio, pero bajo la expresada razón o denominación social, ostentando la propia entidad la condición de titular de la relación jurídica establecida con el cliente, con todos los derechos y obligaciones inherentes a tal condición, sin perjuicio de la responsabilidad personal de los profesionales contemplada en la Ley 2/2007, siéndoles además de aplicación el régimen disciplinario que corresponda según su ordenamiento profesional.

Las actividades que conforman el objeto social podrán desarrollarse bien directamente bien a través de la participación en otras sociedades profesionales. En este caso, la participación de la sociedad tendrá la consideración de socio profesional en la sociedad participada, a los efectos de los requisitos del artículo 4 de la Ley 2/2007, así como a los efectos de las reglas que, en materia de responsabilidad, se establecen en los artículos 5, 9 y 11 del mismo cuerpo legal, que serán exigibles a la sociedad matriz.

En todo caso, quedan excluidas del objeto social aquellas actividades que precisen por Ley de requisitos no cumplidos por la sociedad ni por estos Estatutos.

F463. MENCIÓN EN LAS CUENTAS ANUALES SOBRE CONCURSO DE ACREEDORES

Normativa de Aplicación: *Arts. 115 y 116 Real Decreto Legislativo 1/2020, de 5 de mayo, por el que se aprueba el texto refundido de la Ley Concursal.*

A) Solicitud de concurso al cierre del ejercicio:

Se hace constar e informa que, a fecha de cierre del ejercicio objeto de las presentes cuentas anuales, la sociedad ha solicitado ante los Juzgados de lo Mercantil de .... la declaración de concurso de acreedores, no habiéndose recaído resolución judicial al respecto.

B) Declaración de concurso

Se hace constar e informa que la sociedad fue declarada en concurso voluntario de acreedores mediante auto de fecha .... dictado por el Juzgado de lo Mercantil núm. .... de ...., en el procedimiento ordinario núm. ...., habiéndose acordado la intervención de facultades y el nombramiento de Don .... como administración concursal. La situación del citado procedimiento concursal es la siguiente: ....

C) Convenio

La sociedad .... S.L. se halla en estado de concurso de acreedores, que fue declarado por el Juzgado de lo Mercantil núm. .... de ...., mediante auto de fecha .... de .... de ...., dictado en el procedimiento concursal que se sigue en el citado Juzgado bajo el número de autos .... / ....

Mediante sentencia de fecha .... de .... de ...., por el citado Juzgado núm. .... de .... se aprobó el convenio de acreedores aceptado el día .... de .... de ...., por los acreedores con las mayorías y demás formalidades legalmente exigidas. Dicha sentencia devino firme el día .... de .... de ....

Las características y condiciones significativas del expresado convenio son las que a continuación se reseñan, con indicación de la deuda afectada, así como la quita y el aplazamiento en la exigibilidad de la misma acordada: ....

Que al cierre del ejercicio ...., la situación del cumplimiento de convenio es la siguiente: ....

Respecto a las deudas más significativas, de manera expresa se indica lo siguiente:

I. Identificación de la deuda: ....

II. Deuda inicial con expresión de su plazo de vencimiento original y su tipo de interés efectivo: ....

III. Deuda en el convenio aprobado, con indicación del plazo de vencimiento y su tipo de interés efectivo: ....

IV. Parte de la deuda satisfecha de acuerdo con las condiciones del convenio: ....

D.– Formulación de las cuentas anuales

Formulación de las cuentas anuales. Intervención. Se hace constar que estas cuentas anuales, han sido formuladas por el órgano de administración de la sociedad, bajo la supervisión de la Administración Concursal, quien las firma en señal de conformidad. Ello en los términos del art. 115 TRLC.

Formulación de las cuentas anuales. Suspensión. Se hace constar que estas cuentas anuales, han sido formuladas por la administración concursal. Ello en los términos del art. 116 TRLC.

Retraso en la formulación de las cuentas anuales. Que la administración concursal, al amparo de lo dispuesto en el art. 115 TRLC, autorizó que la formulación de las cuentas anuales correspondientes al ejercicio social ...., se retrase al mes siguiente a la presentación del inventario y de la lista de acreedores, por los siguientes motivos, que constituyen causa legítima del retraso: ....

F464. ACTA DEL CONSEJO DE ADMINISTRACIÓN SOBRE FORMULACIÓN DE CUENTAS ANUALES BAJO LA SUPERVISIÓN DE LA ADMINISTRACIÓN CONCURSAL

Normativa de Aplicación: *Arts. 115 y 116 Real Decreto Legislativo 1/2020, de 5 de mayo, por el que se aprueba el texto refundido de la Ley Concursal.*

En ...., siendo las .... horas del día .... de .... de ...., y en el domicilio social, sito en ...., calle .... núm. ...., se celebra reunión del Consejo de Administración de la sociedad .... S.L.

La presente reunión del consejo de Administración fue convocada en fecha .... de .... de .... mediante telegrama remitido a los Sres. Consejeros y a la Administración Concursal en legal forma y plazo con el siguiente tenor literal «Por el presente, se le convoca a la reunión del Consejo de Administración a celebrar, en el domicilio social, el próximo día .... de .... de ...., a las .... horas, para deliberar y, en su caso, adoptar acuerdos con relación al siguiente orden del día: 1.– Formulación cuentas anuales ejercicio ....»

Asisten a la presente reunión, personalmente, la totalidad de los miembros del consejo de administración de la sociedad, esto es:

Presidente: Don ....

Secretario: Don ....

Vocal: Doña ....

Vocal: Doña ....

Vocal: Doña ....

Se hace constar que la sociedad se halla en estado legal de concurso voluntario de acreedores, tramitado ante el Juzgado de lo Mercantil núm. .... de .... núm. autos ...., en el cual se ha acordado la intervención de facultades de la concursada, asistiendo a esta reunión del Consejo de Administración la Administración concursal, con voz y sin voto, Don ....

Actúan como Presidente y Secretario de la presente reunión del Consejo de Administración, Don .... y Don ...., respectivamente.

El Sr. presidente declara válidamente constituida la presente reunión del Consejo de Administración y se entra en el debate de los distintos puntos del orden del día. Previa deliberación y sin que ninguno de los asistentes hagan uso del derecho de que conste en el acta el contenido de su intervención, se adoptan los siguientes acuerdos por UNANIMIDAD que son proclamados por el Sr. Presidente:

1.– Formular las cuentas anuales del ejercicio social cerrado a fecha .... de .... de ...., que arroja un beneficio de .... euros.

2.– Proponer a la Junta General la siguiente aplicación de resultado: a reservas la suma de .... euros.

3.– Convocar a los socios de .... S.L. a la junta general de la sociedad a celebrar en el domicilio social el día de .... de ...., a las horas, para deliberar y en su caso adoptar acuerdos con relación al siguiente orden del día: 1.– Aprobación de las cuentas anuales de ejercicio .... Aplicación de resultado.

Se hace constar que, las cuentas anuales aquí formuladas, lo han sido por éste órgano de administración, bajo la supervisión de la Administración Concursal, quien firma la presente en señal de conformidad. Ello en los términos del art. 115.1 TRLC.

Y para que así conste se extiende la presente acta, que, leída, es aprobada por todos los consejeros por unanimidad, en .... hoy día de .... de ....

F465. ESCRITO AL REGISTRO MERCANTIL COMUNICANDO LA CONCESIÓN DE AUTORIZACIÓN PARA EL RETRASO EN LA FORMULACIÓN DE CUENTAS ANUALES

Normativa de Aplicación: *Arts. 115 y 116 Real Decreto Legislativo 1/2020, de 5 de mayo, por el que se aprueba el texto refundido de la Ley Concursal.*

AL REGISTRO MERCANTIL DE LA PROVINCIA DE ....

D ...., mayor de edad, de nacionalidad española, vecino de ...., con domicilio en .... y DNI/NIF ...., actuando en nombre y representación de la compañía .... S.L. que se acredita como DOCUMENTO UNO, con idéntico domicilio y CIF .... y Don ...., mayor de edad, de nacionalidad española, vecino de ...., con domicilio en .... y DNI/NIF ...., integrante de la Administración Concursal del concurso voluntario de acreedores de dicha sociedad .... S.L., ante este REGISTRO MERCANTIL comparecen y como mejor proceda en derecho EXPONEN:

PRIMERO.– Que en el Juzgado de los Mercantil núm. ...., de ...., y bajo el procedimiento número de autos ...., se sigue expediente de concurso voluntario de .... S.L. La declaración de concurso voluntario fue acordada por este Juzgado mediante auto de fecha .... de .... de dos mil ...., habiéndose decretado la intervención del ejercicio por la deudora de las facultades de administración y disposición sobre su patrimonio y siendo designado integrante de la administración concursal Don ...., que aceptó el cargo en fecha ....

Se acompaña como DOCUMENTOS ...., testimonio notarial del auto de declaración de concurso de acreedores de la sociedad .... S.L. con expresión de su firmeza, del acta de aceptación del cargo por el administrador concursal y de la credencial expedida a favor del Sr. .... como consecuencia de su nombramiento y aceptación del cargo.

La citada sociedad .... S.L. tiene su domicilio en ...., calle .... y está inscrita en el presente Registro Mercantil de ...., al tomo ....

SEGUNDO.– Que conforme establece el art. 115.2 TRLC, la administración concursal podrá autorizar al concursado o a los administradores de la persona jurídica concursada a que el cumplimiento de la obligación legal de formular las cuentas anuales correspondientes al ejercicio anterior a la declaración judicial de concurso se retrase al mes siguiente a la presentación del inventario y de la lista de acreedores. La aprobación de las cuentas deberá realizarse en los tres meses siguientes al vencimiento de dicha prórroga. De ello se dará cuenta al juez del concurso y, si la persona jurídica estuviera obligada a depositar las cuentas anuales, al Registro mercantil en que figurase inscrita. Efectuada esta comunicación, el retraso del depósito de las cuentas no producirá el cierre de la hoja registral, si se cumplen los plazos para el depósito desde el vencimiento del citado plazo prorrogado de aprobación de las cuentas. En cada uno de los documentos que integran las cuentas anuales se hará mención de la causa legítima del retraso.

TERCERO.– Que esta administración concursal, al amparo de lo dispuesto en el art. 115.2 TRLC, ha autorizado que la formulación de las cuentas anuales correspondientes al ejercicio social ...., se retrase al mes siguiente a la presentación del inventario y de la lista de acreedores, por los siguientes motivos, que constituyen causa legítima del retraso: ....

CUARTO.– Que de conformidad con lo dispuesto en el citado artículo 115.2 TRLC y a los efectos del citado artículo, se comunica este Registro Mercantil la referida autorización, que también ha sido comunicada al Juez del Concurso arriba citado, tal y como se acredita con el DOCUMENTO ....

En su virtud,

SOLICITO AL REGISTRO MERCANTIL DE LA PROVINCIA DE .... que tenga por presentado este escrito, junto a los documentos a él acompañados, y sus copias, se sirva admitir todo ello, y tener por comunicado que la Administración concursal ha autorizado a los administradores de la concursada para que la formulación de las cuentas anuales correspondientes al ejercicio social ...., se retrase al mes siguiente a la presentación del inventario y de la lista de acreedores, en los términos y a los efectos del art. 115.2 TRLC, acordando cuanto demás proceda en derecho.

Es Justicia que se Suplica en ...., hoy día .... de .... de ....

F466. ESCRITO AL JUZGADO COMUNICANDO LA CONCESIÓN DE AUTORIZACIÓN PARA EL RETRASO DE LA FORMULACIÓN DE CUENTAS ANUALES

Normativa de Aplicación: *Arts. 115 y 116 Real Decreto Legislativo 1/2020, de 5 de mayo, por el que se aprueba el texto refundido de la Ley Concursal.*

AL JUZGADO DE LO MERCANTIL núm. .... DE ....

D ...., Procurador de los Tribunales y de la compañía .... S.L., cuya representación consta en el presente procedimiento concursal ...., y Don ...., integrante de la Administración Concursal de dicho concurso, ante este Juzgado de lo Mercantil comparezco en los citados autos .... y como mejor proceda en derecho DIGO:

PRIMERO.– Que en el presente procedimiento número de autos ...., se sigue expediente de concurso voluntario de .... S.L. La declaración de concurso voluntario fue acordada por este Juzgado mediante auto de fecha .... de .... de dos mil ...., habiéndose decretado la intervención del ejercicio por la deudora de las facultades de administración y disposición sobre su patrimonio.

SEGUNDO.– Que conforme establece el art. 115.2 TRLC, la administración concursal podrá autorizar al concursado o a los administradores de la persona jurídica concursada a que el cumplimiento de la obligación legal de formular las cuentas anuales correspondientes al ejercicio anterior a la declaración judicial de concurso se retrase al mes siguiente a la presentación del inventario y de la lista de acreedores. La aprobación de las cuentas deberá realizarse en los tres meses siguientes al vencimiento de dicha prórroga. De ello se dará cuenta al juez del concurso y, si la persona jurídica estuviera obligada a depositar las cuentas anuales, al Registro mercantil en que figurase inscrita. Efectuada esta comunicación, el retraso del depósito de las cuentas no producirá el cierre de la hoja registral, si se cumplen los plazos para el depósito desde el vencimiento del citado plazo prorrogado de aprobación de las cuentas. En cada uno de los documentos que integran las cuentas anuales se mencionará la causa legítima del retraso.

TERCERO.– Que esta administración concursal, al amparo de lo dispuesto en el art. 115.2 TRLC, ha autorizado que la formulación de las cuentas anuales correspondientes al ejercicio social ...., se retrase al mes siguiente a la presentación en el referido concurso de acreedores del inventario y de la lista de acreedores, por los siguientes motivos, que constituyen causa legítima del retraso: ....

CUARTO.– Que de conformidad con lo dispuesto en el citado artículo 115.2 TRLC, y a los efectos del citado artículo, se comunica al Juzgado la referida autorización.

En su virtud,

SUPLICO AL JUZGADO que tenga por presentado este escrito, junto a los documentos a él acompañados, y sus copias, se sirva admitir todo ello, y tener por comunicada que la Administración concursal ha autorizado a los administradores de la concursada para que la formulación de las cuentas anuales correspondientes al ejercicio social ...., se retrase al mes siguiente a la presentación en el concurso de acreedores de referencia del inventario y de la lista de acreedores, de conformidad y a los efectos previstos en el art. 115.2 TRLC, acordando cuanto demás proceda en derecho.

Es Justicia que se Suplica en ...., hoy día .... de .... de ....

F467. FORMULACIÓN DE LAS CUENTAS ANUALES POR ADMINISTRADORES CONCURSALES MANCOMUNADOS EN CASO DE SUSPENSIÓN DE FACULTADES DEL DEUDOR

Normativa de Aplicación: *Art. 116 Real Decreto Legislativo 1/2020, de 5 de mayo, por el que se aprueba el texto refundido de la Ley Concursal.*

Siendo las .... horas del día .... de .... de ...., se reúnen en ...., calle ...., núm. ...., la totalidad de los miembros integrantes de la administración concursal del concurso necesario de la sociedad .... S.L., esto es, Don .... y Doña ...., para deliberar adoptar decisiones sobre la Formulación cuentas anuales ....

Dando su conformidad los presentes a la celebración de la presente reunión, se entra en el primer punto del orden del día, indicando Don .... que conforme a lo establecido en el art. 116.2 TRLC, la formulación de las cuentas anuales durante la tramitación del concurso corresponde al deudor bajo la supervisión de los administradores concursales, en caso de intervención, y a estos últimos en caso de suspensión, supuesto en que se halla la concursada .... S.L.

Por lo tanto, la formulación de las cuentas anuales de .... S.L., corresponde a esta administración concursal y al respecto ....

Doña .... comparte la opinión anterior e insiste en que ....

Por Don .... se argumenta en igual sentido pues ....

Previa deliberación por los integrantes de la administración concursal, se adoptan mancomunadamente las siguientes DECISIONES:

1.– Formular las cuentas anuales del ejercicio social cerrado a fecha .... de .... de ...., que arroja un beneficio de .... euros.

2.– Proponer a la Junta General la siguiente aplicación de resultado: a reservas la suma de .... euros.

En este acto, se procede por los miembros de la administración concursal a la firma de las cuentas anuales formuladas.

Y para que así conste se extiende la presente acta que, es aprobada y firmada en señal de conformidad con su contenido, por los administradores concursales presentes, en ...., a .... de .... de ....

F468. ACTA JUNTA GENERAL ORDINARIA CONVOCADA. ASISTENCIA DEL ADMINISTRADOR CONCURSAL

Normativa de Aplicación: *Arts. 115 y 116 Real Decreto Legislativo 1/2020, de 5 de mayo, por el que se aprueba el texto refundido de la Ley Concursal. Arts. 272 y ss. Real Decreto Legislativo 1/2010, de 2 de julio, por el que se aprueba el texto refundido de la Ley de Sociedades de Capital.*

Que hoy día .... de .... de ...., a las .... horas, y en el domicilio social, sito en la localidad de ...., calle .... s/n, se celebra JUNTA GENERAL ORDINARIA de socios de la sociedad .... S.L.

La convocatoria de la presente Junta General ordinaria de socios, ha sido acordada por el administrador único, Don ....

Forma de la convocatoria: La convocatoria de la presente Junta General, ha sido objeto de la oportuna publicidad, de conformidad con lo establecido en el art. 173.1 TRLSC, mediante anuncio publicado en el Boletín Oficial del Registro Mercantil, del día .... de .... de .... (núm. ....), y en el diario ...., en su edición del día .... de .... de ...., al carecer la sociedad de página web.

El tenor literal de la convocatoria se transcribe a continuación: «Por medio del presente se convoca a los señores socios y a la administración concursal a la celebración de Junta General Ordinaria de la sociedad .... S.L., que se celebrará, el día .... de .... de ...., a las .... horas, en ...., a efectos de deliberar y, en su caso, adoptar acuerdos con relación al siguiente orden del día: 1. Censura de la gestión social, aprobación, en su caso, de las cuentas del ejercicio cerrado el 31 de diciembre de .... Informe de Gestión. 2. Aplicación del resultado. A partir de esta convocatoria, cualquier socio podrá obtener de la sociedad, de forma inmediata y gratuita, los documentos que han de ser sometidos a la aprobación de la misma, así como el informe de gestión y el informe de los auditores de cuentas. En ...., hoy día .... de .... de .... el administrador único de .... S.L. Don ....»

Lista de asistentes: Asisten a la presente Junta General Ordinaria, personalmente o representados, los siguientes socios:

I.– Socios presentes:

Don ...., titular de .... participaciones sociales, núm. .... a ...., incluidos, con un valor nominal cada una de ellas de .... euros (en su conjunto .... euros), que suponen el .... por ciento del capital social.

Don ...., titular de .... participaciones sociales, núm. .... a ...., incluidos, con un valor nominal cada una de ellas de .... euros (en su conjunto .... euros), que suponen el .... por ciento del capital social.

Don ...., titular de .... participaciones sociales, núm. .... a ...., incluidos, con un valor nominal cada una de ellas de .... euros (en su conjunto .... euros), que suponen el .... por ciento del capital social.

Por lo tanto, asisten de forma personal .... socios, titulares, en conjunto, de .... participaciones sociales que suponen el .... por ciento del capital social.

II.– Socios representados:

Don ...., titular de .... participaciones sociales, núm. .... a ...., incluidos, con un valor nominal cada una de ellas de .... euros (en su conjunto .... euros), que suponen el .... por ciento del capital social. Asiste el expresado socio representado por Doña ....

Don ...., titular de .... participaciones sociales, núm. .... a ...., incluidos, con un valor nominal cada una de ellas de .... euros (en su conjunto .... euros), que suponen el .... por ciento del capital social. Asiste el expresado socio representado por Doña ....

Don ...., titular de .... participaciones sociales, núm. .... a ...., incluidos, con un valor nominal cada una de ellas de .... euros (en su conjunto .... euros), que suponen el .... por ciento del capital social. Asiste el expresado socio representado por Doña ....

Asisten representados, ... socios, que titularizan .... participaciones sociales que suponen el .... por ciento del capital social suscrito.

En conjunto, asisten, personalmente o representados, ... socios, titulares de .... participaciones sociales que suponen el .... por ciento del capital social suscrito.

Otros asistentes; Igualmente asiste el administrador único de la compañía Don .... y el administrador concursal de la sociedad, Don .... quien, de conformidad con lo previsto en el art. 127.1 TRLC, tiene derecho de asistencia y voz, pero no voto en la presente Junta General.

Mesa de la Junta General. Son presidente y secretario de la presente Junta General, Don .... y Don ...., respectivamente. Ello de conformidad con lo establecido en la Ley y los Estatutos Sociales y ser los citados señores los socios designados por los concurrentes al comienzo de la reunión.

Abierta la sesión por el Sr. Presidente, sin que nadie se oponga a la válida constitución y celebración de la presente Junta General, se entra en el debate y deliberación de los diversos puntos del orden del día sin que ninguno de los presentes haga uso de su derecho a que conste en el acta el contenido de su intervención.

Proposición de adopción de acuerdos: Se propone por el Sr. presidente la adopción de los siguientes acuerdos:

PRIMERO.– Aprobar las cuentas anuales correspondientes al ejercicio social cerrado el 31 de diciembre de ...., que arroja un beneficio de .... euros; así como el Informe de Gestión.

SEGUNDO.– Aprobar y ratificar la gestión social llevada a cabo por el órgano de administración de la sociedad durante el ejercicio social cerrado el 31 de diciembre de ....

TERCERO.– Aplicar el resultado del ejercicio social cerrado a fecha 31 de diciembre de .... del siguiente modo: ....

Votación de propuesta de acuerdos. Previa la oportuna votación, la citada propuesta de acuerdos sociales es aprobada por UNANIMIDAD, con el voto favorable de todos los asistentes.

Dado que la sociedad se halla en estado de concurso de acreedores declarado mediante auto de fecha .... y tramitado ante el Juzgado de lo Mercantil núm. .... de .... (autos ....) y a la vista de los acuerdos aquí adoptados tienen contenido patrimonial o relevancia directa para el concurso, los mismos ex art. 127.3 TRLC deben ser autorizados por la Administración Concursal para su eficacia.

En este acto, la Administración Concursal aquí presente autoriza y da su conformidad a los mismos. Ello de conformidad y a los efectos de lo previsto en el art. 127.3 TRLC.

ALTERNATIVA: Dado que la sociedad se halla en estado de concurso de acreedores declarado mediante auto de fecha .... y tramitado ante el Juzgado de lo Mercantil núm. .... de .... (autos ....) y a la vista de los acuerdos aquí adoptados tienen contenido patrimonial o relevancia directa para el concurso, los mismos ex art. 127.3 TRLC deben ser autorizados por la Administración Concursal para su eficacia.

En este acto, la Administración Concursal aquí presente NO autoriza los mismos al considerar que son contrarios al interés del concurso toda vez que .... Ello de conformidad y a los efectos de lo previsto en el art. 127.3 TRLC, por lo que los mismos devienen ineficaces y no surten efectos.

Y no habiendo más asuntos que tratar, se procede a la redacción de la presente acta que es aprobada de forma unánime por los asistentes, y finaliza la presente Junta General Ordinaria, levantándose la reunión en ...., a las .... horas del día .... de .... de ....

F469. ACTA JUNTA GENERAL ORDINARIA CONVOCADA APROBANDO LAS CUENTAS Y APLICANDO EL RESULTADO. INASISTENCIA DEL ADMINISTRADOR CONCURSAL

Normativa de Aplicación: *Arts. 115 y 116 Real Decreto Legislativo 1/2020, de 5 de mayo, por el que se aprueba el texto refundido de la Ley Concursal. Arts. 272 y ss. Real Decreto Legislativo 1/2010, de 2 de julio, por el que se aprueba el texto refundido de la Ley de Sociedades de Capital.*

Que hoy día .... de .... de ...., a las .... horas, y en el domicilio social, sito en la localidad de ...., calle .... s/n, se celebra JUNTA GENERAL ORDINARIA de socios de la sociedad .... S.L.

La convocatoria de la presente Junta General ordinaria de socios, ha sido acordada por el administrador único, Don ....

Forma de la convocatoria: La convocatoria de la presente Junta General, ha sido objeto de la oportuna publicidad, de conformidad con lo establecido en el art. 173.1 TRLSC, mediante anuncio publicado en el Boletín Oficial del Registro Mercantil, del día .... de .... de .... (núm. ....), y en el diario ...., en su edición del día .... de .... de ...., al carecer la sociedad de página web.

El tenor literal de la convocatoria se transcribe a continuación: «Por medio del presente se convoca a los señores socios y a la administración concursal a la celebración de Junta General Ordinaria de la sociedad .... S.L., que se celebrará, el día .... de .... de ...., a las .... horas, en ...., a efectos de deliberar y, en su caso, adoptar acuerdos con relación al siguiente orden del día: 1. Censura de la gestión social, aprobación, en su caso, de las cuentas del ejercicio cerrado el 31 de diciembre de .... Informe de Gestión. 2. Aplicación del resultado. A partir de esta convocatoria, cualquier socio podrá obtener de la sociedad, de forma inmediata y gratuita, los documentos que han de ser sometidos a la aprobación de la misma, así como el informe de gestión y el informe de los auditores de cuentas. En ...., hoy día .... de .... de .... el administrador único de .... S.L. Don ....»

Lista de asistentes: Asisten a la presente Junta General Ordinaria, personalmente o representados, los siguientes socios:

I.– Socios presentes:

Don ...., titular de .... participaciones sociales, núm. .... a ...., incluidos, con un valor nominal cada una de ellas de .... euros (en su conjunto .... euros), que suponen el .... por ciento del capital social.

Don ...., titular de .... participaciones sociales, núm. .... a ...., incluidos, con un valor nominal cada una de ellas de .... euros (en su conjunto .... euros), que suponen el .... por ciento del capital social.

Don ...., titular de .... participaciones sociales, núm. .... a ...., incluidos, con un valor nominal cada una de ellas de .... euros (en su conjunto .... euros), que suponen el .... por ciento del capital social.

Por lo tanto, asisten de forma personal .... socios, titulares, en conjunto, de .... participaciones sociales que suponen el .... por ciento del capital social.

II.– Socios representados:

Don ...., titular de .... participaciones sociales, núm. .... a ...., incluidos, con un valor nominal cada una de ellas de .... euros (en su conjunto .... euros), que suponen el .... por ciento del capital social. Asiste el expresado socio representado por Doña ....

Don ...., titular de .... participaciones sociales, núm. .... a ...., incluidos, con un valor nominal cada una de ellas de .... euros (en su conjunto .... euros), que suponen el .... por ciento del capital social. Asiste el expresado socio representado por Doña ....

Don ...., titular de .... participaciones sociales, núm. .... a ...., incluidos, con un valor nominal cada una de ellas de .... euros (en su conjunto .... euros), que suponen el .... por ciento del capital social. Asiste el expresado socio representado por Doña ....

Asisten representados, ... socios, que titularizan .... participaciones sociales que suponen el .... por ciento del capital social suscrito.

En conjunto, asisten, personalmente o representados, ... socios, titulares de .... participaciones sociales que suponen el .... por ciento del capital social suscrito.

Otros asistentes; Igualmente asiste el administrador único de la compañía Don ....

No asiste el administrador concursal de la sociedad.

Mesa de la Junta General. Son presidente y secretario de la presente Junta General, Don .... y Don ...., respectivamente. Ello de conformidad con lo establecido en la Ley y los Estatutos Sociales y ser los citados señores los socios designados por los concurrentes al comienzo de la reunión.

Abierta la sesión por el Sr. Presidente, sin que nadie se oponga a la válida constitución y celebración de la presente Junta General, se entra en el debate y deliberación de los diversos puntos del orden del día sin que ninguno de los presentes haga uso de su derecho a que conste en el acta el contenido de su intervención.

Proposición de adopción de acuerdos: Se propone por el Sr. presidente la adopción de los siguientes acuerdos:

PRIMERO.– Aprobar las cuentas anuales correspondientes al ejercicio social cerrado el 31 de diciembre de ...., que arroja un beneficio de .... euros; así como el Informe de Gestión.

SEGUNDO.– Aprobar y ratificar la gestión social llevada a cabo por el órgano de administración de la sociedad durante el ejercicio social cerrado el 31 de diciembre de ....

TERCERO.– Aplicar el resultado del ejercicio social cerrado a fecha 31 de diciembre de .... del siguiente modo: ....

Votación de propuesta de acuerdos. Previa la oportuna votación, la citada propuesta de acuerdos sociales es aprobada por UNANIMIDAD, con el voto favorable de todos los asistentes.

Dado que la sociedad se halla en estado de concurso de acreedores declarado mediante auto de fecha .... y tramitado ante el Juzgado de lo Mercantil núm. .... de .... (autos ....) y a la vista de los acuerdos aquí adoptados tienen contenido patrimonial o relevancia directa para el concurso, los mismos ex art. 127.3 TRLC deben ser autorizados por la Administración Concursal para su eficacia.

A la vista que la Administración Concursal no ha asistido a la presente reunión, los acuerdos aquí adoptados quedan pendientes de ser autorizados por el citado Órgano concursal para que sean eficaces y surtan efectos.

Y no habiendo más asuntos que tratar, se procede a la redacción de la presente acta que es aprobada de forma unánime por los asistentes, y finaliza la presente Junta General Ordinaria, levantándose la reunión en ...., a las .... horas del día .... de .... de ....

F470. ACTA JUNTA GENERAL ORDINARIA UNIVERSAL APROBANDO LAS CUENTAS Y APLICANDO EL RESULTADO

Normativa de Aplicación: *Arts. 115 y 116 Real Decreto Legislativo 1/2020, de 5 de mayo, por el que se aprueba el texto refundido de la Ley Concursal. Arts. 272 y ss. Real Decreto Legislativo 1/2010, de 2 de julio, por el que se aprueba el texto refundido de la Ley de Sociedades de Capital.*

Que hoy día .... de .... de ...., a las .... horas, y en el domicilio social, sito en la localidad de ...., calle .... s/n, se celebra JUNTA GENERAL ORDINARIA de socios de la sociedad .... S.L.

Se encuentran presentes, en el referido lugar, y, por lo tanto, concurren la totalidad de socios de la compañía, así como la Administración Concursal, decidiendo y dando su conformidad los asistentes a constituirse, con el carácter de universal, en Junta General Ordinaria de socios de la compañía, para deliberar y, en su caso, adoptar acuerdos con relación al siguiente orden del día: 1) Censura de la gestión social, aprobación, en su caso, de las cuentas del ejercicio cerrado el 31 de diciembre de .... Informe de Gestión. 2) Aplicación del resultado.

En señal de conformidad firman seguidamente todos los asistentes

....

Igualmente asiste el administrador único de la compañía Don .... y, como se dijo arriba, el administrador concursal, Don .... quien, de conformidad con lo previsto en el art. 127.1 TRLC, tiene derecho de asistencia y voz pero no voto en la presente Junta General.

Mesa de la Junta General. Son presidente y secretario de la presente Junta General, Don .... y Don ...., respectivamente. Ello de conformidad con lo establecido en la ley y los Estatutos Sociales y ser los citados señores los socios designados por los concurrentes al comienzo de la reunión.

Abierta la sesión por el Sr. Presidente, sin que nadie se oponga a la válida constitución y celebración de la presente Junta General, se entra en el debate y deliberación de los diversos puntos del orden del día sin que ninguno de los presentes haga uso de su derecho a que conste en el acta el contenido de su intervención.

Proposición de adopción de acuerdos: Se propone por el Sr. presidente la adopción de los siguientes acuerdos:

PRIMERO.– Aprobar las cuentas anuales correspondientes al ejercicio social cerrado el 31 de diciembre de ...., que arroja un beneficio de .... euros; así como el Informe de Gestión.

SEGUNDO.– Aprobar y ratificar la gestión social llevada a cabo por el órgano de administración de la sociedad durante el ejercicio social cerrado el 31 de diciembre de ....

TERCERO.– Aplicar el resultado del ejercicio social cerrado a fecha 31 de diciembre de .... del siguiente modo: ....

Votación de propuesta de acuerdos. Previa la oportuna votación, la citada propuesta de acuerdos sociales es aprobada por UNANIMIDAD, con el voto favorable de todos los asistentes.

Dado que la sociedad se halla en estado de concurso de acreedores declarado mediante auto de fecha .... y tramitado ante el Juzgado de lo Mercantil núm. .... de .... (autos ....) y a la vista de los acuerdos aquí adoptados tienen contenido patrimonial o relevancia directa para el concurso, los mismos ex art. 127.3 TRLC deben ser autorizados por la Administración Concursal para su eficacia.

En este acto, la Administración Concursal aquí presente autoriza y da su conformidad a los mismos. Ello de conformidad y a los efectos de lo previsto en el art. 127.3 TRLC.

ALTERNATIVA: Dado que la sociedad se halla en estado de concurso de acreedores declarado mediante auto de fecha .... y tramitado ante el Juzgado de lo Mercantil núm. .... de .... (autos ....) y a la vista de los acuerdos aquí adoptados tienen contenido patrimonial o relevancia directa para el concurso, los mismos ex art. 127.3 TRLC deben ser autorizados por la Administración Concursal para su eficacia.

En este acto, la Administración Concursal aquí presente NO autoriza los mismos al considerar que son contrarios al interés del concurso toda vez que .... Ello de conformidad y a los efectos de lo previsto en el art. 127.3 TRLC, por lo que los mismos devienen ineficaces y no surten efectos.

Y no habiendo más asuntos que tratar, se procede a la redacción de la presente acta que es aprobada de forma unánime por los asistentes, y finaliza la presente Junta General Ordinaria, levantándose la reunión en ...., a las .... horas del día .... de .... de ....

F471. ACTA JUNTA GENERAL EXTRAORDINARIA CONVOCADA. ACUERDOS CON CONTENIDO PATRIMONIAL O RELEVANCIA DIRECTA EN EL CONCURSO

Normativa de Aplicación: *Art. 127 Real Decreto Legislativo 1/2020, de 5 de mayo, por el que se aprueba el texto refundido de la Ley Concursal.*

Que hoy día .... de .... de ...., a las .... horas, y en el domicilio social, sito en la localidad de ...., calle .... s/n, se celebra JUNTA GENERAL EXTRAORDINARIA de socios de la sociedad .... S.L.

La convocatoria de la presente Junta General Extraordinaria de socios, ha sido acordada por el administrador único, Don ....

Forma de la convocatoria: La convocatoria de la presente Junta General Extraordinaria, ha sido objeto de la oportuna publicidad, de conformidad con lo establecido en el art. 173.1 TRLSC, mediante anuncio publicado en el Boletín Oficial del Registro Mercantil, del día .... de .... de .... (núm. ....), y en el diario ...., en su edición del día .... de .... de ...., al carecer la sociedad de página web.

El tenor literal de la convocatoria se transcribe a continuación: Por medio del presente se convoca a los señores socios y a la administración concursal a la celebración de Junta General Extraordinaria de la sociedad .... S.L., que se celebrará, el día .... de .... de ...., a las .... horas, en ...., a efectos de deliberar y, en su caso, adoptar acuerdos con relación al siguiente orden del día: ....

Lista de asistentes: Asisten a la presente Junta General Extraordinaria, personalmente o representados, los siguientes socios:

I.– Socios presentes:

Don ...., titular de .... participaciones sociales, núm. .... a ...., incluidos, con un valor nominal cada una de ellas de .... euros (en su conjunto .... euros), que suponen el .... por ciento del capital social.

Don ...., titular de .... participaciones sociales, núm. .... a ...., incluidos, con un valor nominal cada una de ellas de .... euros (en su conjunto .... euros), que suponen el .... por ciento del capital social.

Don ...., titular de .... participaciones sociales, núm. .... a ...., incluidos, con un valor nominal cada una de ellas de .... euros (en su conjunto .... euros), que suponen el .... por ciento del capital social.

Por lo tanto, asisten de forma personal .... socios, titulares, en conjunto, de .... participaciones sociales que suponen el .... por ciento del capital social.

II.– Socios representados:

Don ...., titular de .... participaciones sociales, núm. .... a ...., incluidos, con un valor nominal cada una de ellas de .... euros (en su conjunto .... euros), que suponen el .... por ciento del capital social. Asiste el expresado socio representado por Doña ....

Don ...., titular de .... participaciones sociales, núm. .... a ...., incluidos, con un valor nominal cada una de ellas de .... euros (en su conjunto .... euros), que suponen el .... por ciento del capital social. Asiste el expresado socio representado por Doña ....

Don ...., titular de .... participaciones sociales, núm. .... a ...., incluidos, con un valor nominal cada una de ellas de .... euros (en su conjunto .... euros), que suponen el .... por ciento del capital social. Asiste el expresado socio representado por Doña ....

Asisten representados, ... socios, que titularizan .... participaciones sociales que suponen el .... por ciento del capital social suscrito.

En conjunto, asisten, personalmente o representados, ... socios, titulares de .... participaciones sociales que suponen el .... por ciento del capital social suscrito.

Otros asistentes; Igualmente asiste el administrador único de la compañía Don .... y el administrador concursal de la sociedad, Don .... quien, de conformidad con lo previsto en el art. 127.1 TRLC, tiene derecho de asistencia y voz, pero no voto en la presente Junta General. (ALTERNATIVA. No asiste la Administración concursal)

Mesa de la Junta General. Son presidente y secretario de la presente Junta General, Don .... y Don ...., respectivamente. Ello de conformidad con lo establecido en la Ley y los Estatutos Sociales y ser los citados señores los socios designados por los concurrentes al comienzo de la reunión.

Abierta la sesión por el Sr. Presidente, sin que nadie se oponga a la válida constitución y celebración de la presente Junta General, se entra en el debate y deliberación de los diversos puntos del orden del día sin que ninguno de los presentes haga uso de su derecho a que conste en el acta el contenido de su intervención.

Proposición de adopción de acuerdos: Se propone por el Sr. presidente la adopción de los siguientes acuerdos:

Votación de propuesta de acuerdos. Previa la oportuna votación, la citada propuesta de acuerdos sociales es aprobada por UNANIMIDAD, con el voto favorable de todos los asistentes.

Dado que la sociedad se halla en estado de concurso de acreedores declarado mediante auto de fecha .... y tramitado ante el Juzgado de lo Mercantil núm. .... de .... (autos ....) y a la vista de los acuerdos aquí adoptados tienen contenido patrimonial o relevancia directa para el concurso, los mismos ex art. 127.3 TRLC deben ser autorizados por la Administración Concursal para su eficacia.

En este acto, la Administración Concursal aquí presente autoriza y da su conformidad a los mismos. Ello de conformidad y a los efectos de lo previsto en el art. 127.3 TRLC.

ALTERNATIVA: Dado que la sociedad se halla en estado de concurso de acreedores declarado mediante auto de fecha .... y tramitado ante el Juzgado de lo Mercantil núm. .... de .... (autos ....) y a la vista de los acuerdos aquí adoptados tienen contenido patrimonial o relevancia directa para el concurso, los mismos ex art. 127.3 TRLC deben ser autorizados por la Administración Concursal para su eficacia.

En este acto, la Administración Concursal aquí presente NO autoriza los mismos al considerar que son contrarios al interés del concurso toda vez que .... Ello de conformidad y a los efectos de lo previsto en el art. 127.3 TRLC, por lo que los mismos devienen ineficaces y no surten efectos.

ALTERNATIVA: Dado que la sociedad se halla en estado de concurso de acreedores declarado mediante auto de fecha .... y tramitado ante el Juzgado de lo Mercantil núm. .... de .... (autos ....) y a la vista de los acuerdos aquí adoptados tienen contenido patrimonial o relevancia directa para el concurso, los mismos ex art. 127.3 TRLC deben ser autorizados por la Administración Concursal para su eficacia.

Dado que la Administración Concursal no ha asistido a la presente reunión, los acuerdos aquí adoptados quedan pendientes de ser autorizados por el citado Órgano concursal para que sean eficaces y surtan efectos.

Y no habiendo más asuntos que tratar, se procede a la redacción de la presente acta que es aprobada de forma unánime por los asistentes, y finaliza la presente Junta General, levantándose la reunión en ...., a las .... horas del día .... de .... de ....

F472. ACTA JUNTA GENERAL EXTRAORDINARIA UNIVERSAL. ACUERDOS CON CONTENIDO PATRIMONIAL O RELEVANCIA DIRECTA EN EL CONCURSO

Normativa de Aplicación: *Art. 127 Real Decreto Legislativo 1/2020, de 5 de mayo, por el que se aprueba el texto refundido de la Ley Concursal.*

Que hoy día .... de .... de ...., a las .... horas, y en el domicilio social, sito en la localidad de ...., calle .... s/n, se celebra JUNTA GENERAL EXTRAORDINARIA de socios de la sociedad .... S.L.

Se encuentran presentes, en el referido lugar, y, por lo tanto, concurren la totalidad de socios de la compañía, así como la Administración Concursal, decidiendo y dando su conformidad todos los asistentes a constituirse, con el carácter de universal, en Junta General Extraordinaria de socios de la compañía, para deliberar y, en su caso, adoptar acuerdos con relación al siguiente orden del día: ....

En señal de conformidad firman seguidamente todos los asistentes

....

Igualmente asiste el administrador único de la compañía Don .... y, como se dijo arriba, el administrador concursal, Don .... quien, de conformidad con lo previsto en el art. 127, apartados 1 y 2, TRLC, tiene derecho de asistencia y voz pero no voto en la presente Junta General.

Mesa de la Junta General. Son presidente y secretario de la presente Junta General, Don .... y Don .... respectivamente. Ello de conformidad con lo establecido en la Ley y los Estatutos Sociales y ser los citados señores los socios designados por los concurrentes al comienzo de la reunión.

Abierta la sesión por el Sr. presidente, sin que nadie se oponga a la válida constitución y celebración de la presente Junta General, se entra en el debate y deliberación de los diversos puntos del orden del día sin que ninguno de los presentes haga uso de su derecho a que conste en el acta el contenido de su intervención.

Proposición de adopción de acuerdos: Se propone por el Sr. presidente la adopción de los siguientes acuerdos:

....

Votación de propuesta de acuerdos. Previa la oportuna votación, la citada propuesta de acuerdos sociales es aprobada por UNANIMIDAD, con el voto favorable de todos los asistentes.

Dado que la sociedad se halla en estado de concurso de acreedores declarado mediante auto de fecha .... y tramitado ante el Juzgado de lo Mercantil núm. .... de .... (autos ....) y a la vista de los acuerdos aquí adoptados tienen contenido patrimonial o relevancia directa para el concurso, los mismos ex art. 127.3 TRLC deben ser autorizados por la Administración Concursal para su eficacia.

En este acto, la Administración Concursal aquí presente autoriza y da su conformidad a los mismos. Ello de conformidad y a los efectos de lo previsto en el art. 127.3 TRLC.

ALTERNATIVA: Dado que la sociedad se halla en estado de concurso de acreedores declarado mediante auto de fecha .... y tramitado ante el Juzgado de lo Mercantil núm. .... de .... (autos ....) y a la vista de los acuerdos aquí adoptados tienen contenido patrimonial o relevancia directa para el concurso, los mismos ex art. 127.3 TRLC deben ser autorizados por la Administración Concursal para su eficacia.

En este acto, la Administración Concursal aquí presente NO autoriza los mismos al considerar que son contrarios al interés del concurso toda vez que .... Ello de conformidad y a los efectos de lo previsto en el art. 127.3 TRLC, por lo que los mismos devienen ineficaces y no surten efectos.

Y no habiendo más asuntos que tratar, se procede a la redacción de la presente acta que es aprobada de forma unánime por los asistentes, y finaliza la presente Junta General, levantándose la reunión en ...., a las .... horas del día .... de .... de ....

F473. COMUNICACIÓN DE LA ADMINISTRACIÓN CONCURSAL AUTORIZANDO (O NO) ACUERDOS ADOPTADOS POR LA JUNTA GENERAL DE LA SOCIEDAD DE CONTENIDO PATRIMONIAL O RELEVANCIA DIRECTA PARA EL CONCURSO

Normativa de Aplicación: *Art. 127 Real Decreto Legislativo 1/2020, de 5 de mayo, por el que se aprueba el texto refundido de la Ley Concursal.*

Muy Sres. míos:

Les dirijo la presente en mi condición de administrador concursal del concurso de acreedores de .... de .... S.L. declarado mediante auto de fecha .... y tramitado ante el Juzgado de lo Mercantil núm. .... de .... (autos ....) y con relación al acuerdo adoptado en la Junta General Ordinaria/Extraordinaria la citada sociedad, celebrada en fecha ...., por el que ....

Dado la situación concursal en que se halla .... S.L. y a la vista que el acuerdo social arriba reseñado tiene contenido patrimonial (y/o relevancia directa en el concurso), el mismo, como saben, deben ser autorizados por la Administración Concursal para su eficacia.

A la vista de lo anterior y por medio de la presente, les notifico que esta Administración Concursal NO autoriza el citado acuerdo social al considerar que es contrario al interés del concurso toda vez que .... Ello de conformidad y a los efectos de lo previsto en el art. 127.3 TRLC, por lo que el mismo deviene ineficaz y no surte efectos.

ALTERNATIVA la vista de lo anterior y por medio de la presente, les notifico que esta Administración Concursal SI autoriza el citado acuerdo social al considerar que .... Ello de conformidad y a los efectos de lo previsto en el art. 127.3 TRLC, por lo que el mismo deviene eficaz y surte plenamente efectos.

Atentamente,

....

Administración Concursal

F474. ESCRITO DE LA ADMINISTRACIÓN CONCURSAL SOLICITANDO LA MODIFICACIÓN O ELIMINACIÓN DE LA RETRIBUCIÓN DEL ÓRGANO DE ADMINISTRACIÓN DE LA SOCIEDAD. CONCURSO VOLUNTARIO

Normativa de Aplicación: *Art. 130 Real Decreto Legislativo 1/2020, de 5 de mayo, por el que se aprueba el texto refundido de la Ley Concursal.*

AL JUZGADO DE LO MERCANTIL núm. .... DE ....

Don ...., administrador concursal del concurso voluntario de .... S.L., que se tramita en el presente procedimiento concursal ...., ante este Juzgado de lo Mercantil comparezco en los citados autos ...., y como mejor proceda en derecho DIGO:

PRIMERO.– Que en el presente procedimiento número de autos ...., se sigue expediente de concurso voluntario de .... La declaración de concurso voluntario fue acordada por este Juzgado mediante auto de fecha .... de .... de dos mil ...., habiéndose decretado la intervención del ejercicio por la deudora de las facultades de administración y disposición sobre la masa activa.

SEGUNDO.– Que el ejercicio del cargo de administrador social de la concursada no es gratuito sino que tiene el carácter de retribuido, consistiendo tal retribución, a la vista del art .... de los Estatutos Sociales, en ....

Se acompaña como DOCUMENTO .... información registral de los citados Estatutos Sociales.

TERCERO.– Concretamente y por aplicación de lo dispuesto en el citado art .... de los Estatutos Sociales de .... S.L., Don ...., administrador único de la concursada, tiene derecho a percibir por ejercer tal cargo una retribución que asciende, para este año ...., en la considerable suma de .... euros.

CUARTO.– Que conforme establece el art. 130 TRLC, si el cargo de administrador de la persona jurídica fuera retribuido, el juez del concurso podrá acordar que deje de serlo o reducir la cuantía de la retribución a la vista del contenido y la complejidad de las funciones de administración y de la importancia de la masa activa.

En este caso, la actividad de la concursada es escasa habiéndose reducido la misma en un .... por ciento respecto al año anterior. Su patrimonio es exiguo ...., Y las funciones de administración social de la concursada son simples y limitadas, práctica y puramente formales.

Por ello procede que, al amparo de lo previsto en el art. 130 TRLC, se acuerde por este Juzgado que el citado cargo de administrador deje de ser retribuido pasando a gratuito (ALTERNATIVA reducir la retribución a favor del administrador único de la sociedad, pasando de .... euros a la suma más acorde de .... euros). Ello mientras no cambie las anteriores circunstancias.

En su virtud,

SUPLICO AL JUZGADO que tenga por presentado este escrito, junto a los documentos a él acompañados, y sus copias, se sirva admitir todo ello, y tener por solicitado al amparo de lo dispuesto en el art. 130 TRLC, que el citado cargo de administrador único de la concursada deje de ser retribuido pasando a gratuito (ALTERNATIVA la reducción de la retribución a favor del administrador único de la sociedad, pasando de .... euros actualmente resultantes como retribución por el ejercicio del cargo de administrador social, a la suma más acorde de .... euros) y, previos los oportunos trámites legales, se acuerde en el sentido anteriormente expuesto, acordando cuanto demás proceda en derecho.

Es Justicia que se Suplica en ...., hoy día .... de .... de ....

F475. ESCRITO DE LA ADMINISTRACIÓN CONCURSAL SOLICITANDO LA MODIFICACIÓN O ELIMINACIÓN DE LA RETRIBUCIÓN DEL ÓRGANO DE ADMINISTRACIÓN DE LA SOCIEDAD. CONCURSO NECESARIO

Normativa de Aplicación: *Art. 130 Real Decreto Legislativo 1/2020, de 5 de mayo, por el que se aprueba el texto refundido de la Ley Concursal.*

AL JUZGADO DE LO MERCANTIL núm. .... DE ....

Don ...., administrador concursal del concurso voluntario de .... S.L., que se tramita en el presente procedimiento concursal ...., ante este Juzgado de lo Mercantil comparezco en los citados autos ...., y como mejor proceda en derecho DIGO:

PRIMERO.– Que en el presente procedimiento número de autos ...., se sigue expediente de concurso necesario de .... S.L. La declaración de concurso necesario fue acordada por este Juzgado mediante auto de fecha .... de .... de dos mil ...., habiéndose decretado la suspensión del ejercicio por la deudora de las facultades de administración y disposición sobre la masa activa, siendo sustituido por la administración concursal

SEGUNDO.– Que el ejercicio del cargo de administrador social de la concursada no es gratuito sino que tiene el carácter de retribuido, consistiendo tal retribución, a la vista del art .... de los Estatutos Sociales, en ....

Se acompaña como DOCUMENTO .... información registral de los citados Estatutos Sociales.

TERCERO.– Concretamente y por aplicación de lo dispuesto en el citado art .... de los Estatutos Sociales de .... S.L., Don ...., administrador único de la concursada, tiene derecho a percibir por ejercer tal cargo una retribución que asciende, para este año ...., en la considerable suma de .... euros.

CUARTO.– Que conforme establece el art. 130 TRLC, si el cargo de administrador de la persona jurídica fuera retribuido, el juez del concurso podrá acordar que deje de serlo o reducir la cuantía de la retribución a la vista del contenido y la complejidad de las funciones de administración y de la importancia de la masa activa.

En este caso, la actividad de la concursada es escasa habiéndose reducido la misma ha reducido en un .... por ciento respecto al año anterior. Su patrimonio es exiguo .... Y las funciones de administración social de la concursada son simples y limitadas, práctica y puramente formales. Máxime cuando, como es sabido, en el presente concurso están suspendidas el ejercicio de las facultades de disposición y administración de la masa activa por la concursada, siendo sustituido por la Administración Concursal.

Por ello procede que, al amparo de lo previsto en el art. 130 TRLC, se acuerde por este Juzgado que el citado cargo de administrador deje de ser retribuido pasando a gratuito (ALTERNATIVA reducir la retribución a favor del administrador único de la sociedad, pasando de .... euros a la suma más acorde de .... euros). Ello mientras no cambie las anteriores circunstancias.

En su virtud,

SUPLICO AL JUZGADO que tenga por presentado este escrito, junto a los documentos a él acompañados, y sus copias, se sirva admitir todo ello, y tener por solicitado al amparo de lo dispuesto en el art. 130 TRLC, que el citado cargo de administrador único de la concursada deje de ser retribuido pasando a gratuito (ALTERNATIVA la reducción de la retribución a favor del administrador único de la sociedad social, pasando de los .... euros actualmente resultantes como retribución por el ejercicio del cargo de administrador social, a la suma más acorde de .... euros) y, previos los oportunos trámites legales, se acuerde en el sentido anteriormente expuesto, acordando cuanto demás proceda en derecho.

Es Justicia que se Suplica en ...., hoy día .... de .... de ....

F476. ESCRITO DE LA ADMINISTRACIÓN CONCURSAL SOLICITANDO LA ELIMINACIÓN DE LA RETRIBUCIÓN DEL ÓRGANO DE ADMINISTRACIÓN DE LA SOCIEDAD Y EN SU DEFECTO LA REDUCCIÓN DE LA MISMA

Normativa de Aplicación: *Art. 130 Real Decreto Legislativo 1/2020, de 5 de mayo, por el que se aprueba el texto refundido de la Ley Concursal.*

AL JUZGADO DE LO MERCANTIL núm. .... DE ....

Don ...., administrador concursal del concurso voluntario de .... S.L., que se tramita en el presente procedimiento concursal ...., ante este Juzgado de lo Mercantil comparezco en los citados autos ...., y como mejor proceda en derecho DIGO:

PRIMERO.– Que en el presente procedimiento número de autos ...., se sigue expediente de concurso voluntario de Don .... La declaración de concurso voluntario fue acordada por este Juzgado mediante auto de fecha .... de .... de dos mil ...., habiéndose decretado la intervención del ejercicio por la deudora de las facultades de administración y disposición sobre la masa activa.

SEGUNDO.– Que el ejercicio del cargo de administrador social de la concursada no es gratuito sino que tiene el carácter de retribuido, consistiendo tal retribución, a la vista del art .... de los Estatutos Sociales, en ....

Se acompaña como DOCUMENTO .... información registral de los citados Estatutos Sociales.

TERCERO.– Concretamente y por aplicación de lo dispuesto en el citado art .... de los Estatutos Sociales de .... S.L., Don ...., administrador único de la concursada, tiene derecho a percibir por ejercer tal cargo una retribución que asciende, para este año ...., en la considerable suma de .... euros.

CUARTO.– Que conforme establece el art. 130 TRLC, si el cargo de administrador de la persona jurídica fuera retribuido, el juez del concurso podrá acordar que deje de serlo o reducir la cuantía de la retribución a la vista del contenido y la complejidad de las funciones de administración y de la importancia de la masa activa.

En este caso, la actividad de la concursada es escasa habiéndose reducido la misma ha reducido en un .... por ciento respecto al año anterior. Su patrimonio es exiguo .... Y las funciones de administración social de la concursada son simples y limitadas, práctica y puramente formales.

Por ello procede que, al amparo de lo previsto en el art. 130 TRLC, se acuerde por este Juzgado que el citado cargo de administrador deje de ser retribuido pasando a gratuito Ello mientras no cambien las anteriores circunstancias.

Y si lo anterior no fuese tenido en cuenta procede reducir la retribución a favor del administrador único de la sociedad, pasando de .... euros a la suma más acorde de .... euros.

En su virtud,

SUPLICO AL JUZGADO que tenga por presentado este escrito, junto a los documentos a él acompañados, y sus copias, se sirva admitir todo ello, y previos los oportunos trámites legales se acuerde, al amparo de lo dispuesto en el art. 130 TRLC, que el cargo de administrador único de la concursada deje de ser retribuido pasando a gratuito, acordando cuanto demás proceda en derecho.

Si lo anterior no fuese estimado por el Juzgado, de manera subsidiaria respecto a la anterior pretensión, se acuerde la reducción de la retribución a favor del administrador único de la sociedad, pasando de .... euros actualmente fijados por el ejercicio del cargo de administrador a la suma más acorde de .... euros, acordando cuanto demás proceda en derecho.

Es Justicia que se Suplica en ...., hoy día .... de .... de ....

F477. AUTO SOBRE REDUCCIÓN DE LA CUANTÍA DE LA RETRIBUCIÓN A FAVOR DEL ADMINISTRADOR SOCIETARIO DE LA CONCURSADA

Normativa de Aplicación: *Art. 130 Real Decreto Legislativo 1/2020, de 5 de mayo, por el que se aprueba el texto refundido de la Ley Concursal.*

En la ciudad de .... a .... de .... de ....

ANTECEDENTES DE HECHO

PRIMERO.– Que en fecha .... de .... de .... y por la Administración Concursal se solicitó de este Juzgado que redujera la cuantía de la retribución del administrador único de la concursada. Ello en los términos de tal solicitud y que a continuación se transcribe: ....

SEGUNDO.– Que respecto de la citada solicitud, se dio traslado a la concursada, resto de partes personadas y al administrador único de .... S.L.

FUNDAMENTOS DE DERECHO

PRIMERO.– Que este Juez es competente para conocer de la solicitud aquí planteada (art. 44, 45, y 130 TRLC).

SEGUNDO.– Que la administración concursal está legitimado para solicitar de este Juzgado que la reducción de la retribución del órgano de administración de la concursada (art. 130 TRLC).

TERCERO.– Que la solicitud formulada reúne los requisitos de forma establecidos en el art. 130 TRLC y, respecto a la misma, se ha oído al concursado y a las partes personadas y, especialmente, al administrador único de .... S.L.

CUARTO.– Que conforme establece el art. 130 TRLC, si el cargo de administrador de la persona jurídica fuera retribuido, el juez del concurso podrá acordar que deje de serlo o reducir la cuantía de la retribución a la vista del contenido y la complejidad de las funciones de administración y de la importancia de la masa activa.

En el presente caso, y de conformidad con lo establecido en el art .... de los Estatutos Sociales, el cargo de administrador de la sociedad concursada es retribuido, consintiendo la misma en ....

Por la administración concursal se solicita de este Juzgado acuerde reducir el importe de la retribución a favor del órgano de administración de la concursada, actualmente fijado a la vista del contenido del citado art .... de los estatutos sociales y del acuerdo de la Junta General Extraordinaria de la compañía celebrada el día .... de .... de ...., en la suma de .... euros, dejándolo reducido en la suma netamente inferior de .... euros.

Un examen de la solicitud formulada lleva indudablemente a la estimación de la misma, pues la actividad de la concursada es escasa habiéndose reducido la misma en un ………… por ciento respecto al año anterior. Además, su patrimonio es exiguo …………

Por otro lado, las funciones de administración social de la concursada son simples y limitadas, práctica y puramente formales. Y la reducción que se interesa por la Administración Concursal es acorde y prudente a la vista de las circunstancias expuestas.

Por todo ello procede acordar, al amparo de lo previsto en el art. 130 TRLC, la reducción de la retribución a favor del administrador único de la sociedad aquí concursada, pasando de ………… euros a la suma más acorde de ………… euros.

Visto lo expuesto y demás normativa de aplicación

DISPONGO

Estimar la solicitud formulada la administración concursal mediante escrito de fecha de ………… de ………… y, por lo tanto, acordar la reducción de la retribución a favor del administrador único de la sociedad aquí concursada, pasando de ………… euros a la suma más acorde de ………… euros y, previos los oportunos trámites legales.

Notifíquese la resolución al deudor, administración concursal y demás partes personadas a través de su representación procesal. También a Don …………

Contra esta resolución cabe recurso de reposición a interponer en el plazo de cinco días a contar desde la notificación del presente auto.

De conformidad con lo establecido en la Disposición Adicional 15ª LOPJ (según la redacción dada por la LO 1/09), la interposición de recurso contra resoluciones judiciales no podrá ser admitida a trámite sin la acreditación del depósito previsto en la citada Ley a efectos de recurrir, debiendo presentarse copia o resguardo de tal depósito en la cuenta de consignaciones de este Juzgado.

Todo lo cual pronuncia, manda y firma el Ilmo. Sr. …………, Magistrado Juez del Juzgado de lo Mercantil núm. ………… de …………

F478. AUTO SOBRE CONVERSIÓN EN GRATUITO DEL CARGO DE ADMINISTRADOR SOCIETARIO DE LA CONCURSADA

Normativa de Aplicación: *Art. 130 Real Decreto Legislativo 1/2020, de 5 de mayo, por el que se aprueba el texto refundido de la Ley Concursal.*

En la ciudad de ………… a ………… de ………… de …………

ANTECEDENTES DE HECHO

PRIMERO.– Que en fecha .... de .... de .... y por la Administración Concursal se solicitó de este Juzgado que el cargo de administrador único de la concursada dejara de ser retribuido pasando a gratuito. Ello en los términos de tal solicitud y que a continuación se transcribe: ....

SEGUNDO.– Que respecto de la citada solicitud, se dio traslado a la concursada, resto de partes personadas y al administrador único de .... S.L.

FUNDAMENTOS DE DERECHO

PRIMERO.– Que este Juez es competente para conocer de la solicitud aquí planteada (art. 44, 45 y 130 TRLC).

SEGUNDO.– Que la administración concursal está legitimado para solicitar de este Juzgado que el cargo de administrador único de la concursada deje de ser retribuido pasando a gratuito (art. 130 TRLC).

TERCERO.– Que la solicitud formulada reúne los requisitos de forma establecidos en el art. 130 TRLC y, respecto a la misma, se ha oído al concursado y a las partes personadas y, especialmente, al administrador único de .... S.L.

CUARTO.– Que conforme establece el art. 130 TRLC, si el cargo de administrador de la persona jurídica fuera retribuido, el juez del concurso podrá acordar que deje de serlo o reducir la cuantía de la retribución a la vista del contenido y la complejidad de las funciones de administración y de la importancia de la masa activa.

Un examen de la solicitud formulada lleva indudablemente a la estimación de esta, pues la actividad de la concursada es escasa habiéndose reducido la misma ha reducido en un .... por ciento respecto al año anterior. Su patrimonio es exiguo ....

Por otro lado, las funciones de administración social de la concursada son simples y limitadas, práctica y puramente formales. Máxime cuando, como es sabido, en el presente concurso está suspendido el ejercicio de las facultades de disposición y administración de la masa activa por la concursada, siendo sustituido por la Administración Concursal.

Por ello procede acordar, al amparo de lo previsto en el art. 130 TRLC que el citado cargo de administrador societario de .... S.L. deje de ser retribuido pasando a ser gratuito, modificando a tal efecto el contenido del art .... de los Estatutos Sociales, que, tras la modificación del mismo, queda del siguiente tenor literal: «Art ....: El cargo de administrador es gratuito».

Visto lo expuesto y demás normativa de aplicación

DISPONGO

Estimar la solicitud formulada la administración concursal mediante escrito de fecha de .... de .... y, por lo tanto, acordar que 1) el cargo de administrador societario de .... S.L. deja de ser retribuido y pasa a ser gratuito, 2) Como consecuencia de lo anterior, modificar el contenido del art .... de los Estatutos Sociales, que queda redactado con el siguiente tenor literal: «Art ....: El cargo de administrador es gratuito».

Notifíquese la resolución al deudor, administración concursal y demás partes personadas a través de su representación procesal. También a Don .... E inscríbase el contenido de este auto en el Registro Mercantil de la Provincia de .... y en la hoja registral de la concursada, expidiendo los oportunos mandamientos por vía telemática.

Contra esta resolución cabe recurso de reposición a interponer en el plazo de cinco días a contar desde la notificación del presente auto.

De conformidad con lo establecido en la Disposición Adicional 15ª LOPJ (según la redacción dada por la LO 1/09), la interposición de recurso contra resoluciones judiciales no podrá ser admitida a trámite sin la acreditación del depósito previsto en la citada Ley a efectos de recurrir, debiendo presentarse copia o resguardo de tal depósito en la cuenta de consignaciones de este Juzgado.

Todo lo cual pronuncia, manda y firma el Ilmo. Sr. ...., Magistrado Juez del Juzgado de lo Mercantil núm. .... de ....

F479. ESCRITO DE LA ADMINISTRACIÓN CONCURSAL SOLICITANDO LA ATRIBUCIÓN DEL EJERCICIO DE LOS DERECHOS POLÍTICOS DEL CONCURSADO EN OTRAS ENTIDADES

Normativa de Aplicación: *Art. 128 Real Decreto Legislativo 1/2020, de 5 de mayo, por el que se aprueba el texto refundido de la Ley Concursal.*

AL JUZGADO DE LO MERCANTIL núm. .... DE ....

Don ...., administrador concursal del concurso voluntario de .... S.L., que se tramita en el presente procedimiento concursal ...., ante este Juzgado de lo Mercantil comparezco en los citados autos ...., y como mejor proceda en derecho DIGO:

PRIMERO.– Que en el presente procedimiento número de autos ...., se sigue expediente de concurso voluntario de Don .... La declaración de concurso voluntario fue acordada por este Juzgado mediante auto de fecha .... de .... de dos mil ...., habiéndose decretado la intervención del ejercicio por la deudora de las facultades de administración y disposición sobre su patrimonio.

SEGUNDO.– Que a su vez la aquí concursada es socio de la compañía limitada .... S.L., con domicilio en ...., CIF .... Su actividad es la de ....

Y el capital social de la citada compañía asciende a la suma de .... euros, dividido en .... participaciones sociales de .... euro de valor nominal.

Concretamente, la concursada es socia de .... participaciones sociales que, en su conjunto, suponen el .... por ciento del capital social.

TERCERO.– Que conforme establece el art. 128.2 TRLC, el juez, a solicitud de la administración concursal, podrá atribuir a esta en interés del concurso, la representación de la persona jurídica concursada en el ejercicio de los derechos políticos que correspondan a las cuotas, acciones o participaciones sociales integradas en la masa activa, que podrá delegar en quien tenga por conveniente. La administración concursal podrá delegar el ejercicio de esos derechos en quien tenga por conveniente.

Que en mi opinión y con relación a la citada sociedad .... S.L., el interés del concurso requiere la atribución a la Administración Concursal, de los derechos políticos que corresponden a las participaciones sociales que ostenta la concursada en dicha compañía, pues ....

CUARTO.– Por ello, procede atribuir a esta administración concursal el predicho ejercicio de los derechos políticos que corresponde a la concursada en .... S.L. Ello de conformidad y con el alcance previsto en el art. 128.2 TRLC

En su virtud,

SUPLICO AL JUZGADO que tenga por presentado este escrito, junto a los documentos a él acompañados, y sus copias, se sirva admitir todo ello, y previos los oportunos trámites legales, se acuerde atribuir a esta administración concursal la representación de la concursada en el ejercicio de los derechos políticos que correspondan en la sociedad .... S.L., acordando cuanto demás proceda en derecho. Ello de conformidad y con el alcance previsto en el art. 128.2 TRLC.

Es Justicia que se Suplica en ...., hoy día .... de .... de ....

F480. ESCRITO DE LA ADMINISTRACIÓN CONCURSAL SOLICITANDO LA ATRIBUCIÓN DEL EJERCICIO DE LOS DERECHOS POLÍTICOS DEL CONCURSADO EN OTRAS ENTIDADES. BLOQUEO SOCIETARIO

Normativa de Aplicación: *Art. 128 Real Decreto Legislativo 1/2020, de 5 de mayo, por el que se aprueba el texto refundido de la Ley Concursal.*

AL JUZGADO DE LO MERCANTIL Nº .... DE ....

Proc. Concursal Ordinario

Autos ....

.... en representación de ...., Administrador Concursal designado en el procedimiento de Concurso Voluntario Ordinario de la entidad mercantil «...........» que con el .... se tramita ante ese Juzgado, comparece ante el mismo y como mejor proceda en Derecho, DICE:

PRIMERO.– Que según se desprende de la documental aportada junto con la solicitud de concurso, ... es socio de las siguientes compañías:

1. ...., con CIF ...., con domicilio social en .... El 100 por ciento de su capital social pertenece a ...., desde su acto fundacional. Su CNAE es el .... (comercio al por mayor de frutas y hortalizas). Inscrita en el Registro Mercantil de .... en la hoja .... al tomo ...., folio ....

2. ...., con CIF ...., con domicilio social .... El 100 por ciento de su capital social pertenece a .... desde su acto fundacional. Su CNAE es el .... Inscrita en el Registro Mercantil de ...., en la hoja .... al tomo .... folio ....

3. ...., con CIF ...., con domicilio social en .... y su objeto social lo constituye el transporte en mercancías. Tiene un capital social de .... euros dividido en .... acciones de .... euros, de las cuales .... es propietaria de .... acciones.

.... con domicilio social en .... Tiene un capital social de .... euros de los cuales .... es propietaria de un .... por ciento.

SEGUNDO.– Que las participaciones y acciones que la concursada tiene en las citadas sociedades, son un activo importante para .... debido a lo elevado de su participación en el capital social total, ... por ciento del capital social las citadas sociedades y los ingresos que para la concursada puede reportar una distribución de dividendos o una venta de dichas acciones y participaciones. También una correcta gestión de las mismas a través del sometimiento del control de la gestión social a la Junta General.

TERCERO.– De conformidad con el artículo 127.1 TRLC, durante la tramitación del concurso, se mantendrán los órganos de la persona jurídica concursada, sin perjuicio de los efectos que sobre el funcionamiento de cada uno de ellos produzca la intervención o la suspensión de las facultades de administración y disposición sobre los bienes y derechos de la masa activa.

Por otro lado, ese mismo art. 127, esta vez en su apartado 2, TRLC, señala que la administración concursal tendrá derecho de asistencia y de voz en las sesiones de los órganos colegiados de la persona jurídica concursada. A estos efectos, deberá ser convocada en la misma forma y con la misma antelación que los integrantes del órgano que ha de reunirse.

Pero ni del art. 127 TRLC, ni en el resto de articulado del TRLC, se atribuye ex lege a la administración societaria, el ejercicio de los derechos políticos que corresponden a la concursada en otras entidades, aunque el art. 128.2 TRLC, permite que el juez, a solicitud de la administración concursal, podrá atribuir a esta en interés del concurso, la representación de la persona jurídica concursada en el ejercicio de los derechos políticos que correspondan a las cuotas, acciones o participaciones sociales integradas en la masa activa, que podrá delegar en quien tenga por conveniente. La administración concursal podrá delegar el ejercicio de esos derechos en quien tenga por conveniente.

Entre los derechos políticos que corresponden a ...., en las mercantiles .... existen derechos muy importantes para sus intereses como son, entre otros, el derecho de solicitar la convocatoria de junta general, el derecho de voto en las juntas generales y el derecho a recabar información (cuentas anuales, informe de gestión y cualquier documento que se vaya a aprobar en una junta general).

Por lo tanto, el ejercicio de estos derechos por parte de la administración concursal de .... permitiría conocer la imagen fiel de la situación patrimonial de .... además de poder ejercer el derecho de voto en las juntas generales de la citadas mercantiles.

Esta parte entiende, que es evidente, que los acuerdos que se adopten en las juntas generales de las sociedades de .... pueden tener una transcendencia y unos efectos decisivos sobre el activo que .... tiene en las citadas sociedades participadas resultando afectados los intereses patrimoniales de la mercantil concursada.

CUARTO.– A mayor abundamiento, tal como se desprende de la documental aportada junto a la solicitud de concurso, entre los socios de la concursada .... y en el seno del Consejo de Administración hay posiciones contrapuestas y enfrentadas que tienen una incidencia directa en la gestión de la sociedad y que han complicado la situación patrimonial y financiera de la sociedad. De hecho, el Consejo de Administración está bloqueado, funcionando la sociedad a través de su Director General.

Lo dicho anteriormente, hace suponer a esta administración concursal que en el ejercicio de los derechos políticos que le corresponde a la concursada en las ...., es más que probable, que surjan nuevas discrepancias y enfrentamientos que hagan que el ejercicio de los citados derechos políticos no sea el adecuado para los intereses de la concursada.

QUINTO.– Por ello, entiende esta administración concursal que a los efectos de garantizar un adecuado ejercicio de los derechos políticos que le corresponde a la concursada en las sociedades ...., se le debe atribuir el ejercicio de los mismos ex artículo 128.2 TRLC, ya que de otro modo se podría ver seriamente afectados el interés del concurso pues ....

En su virtud,

SUPLICO AL JUZGADO que tenga por presentado este escrito y sus copias, se sirva admitir todo ello, y previos los oportunos trámites legales, se acuerde atribuir la representación de la concursada en el ejercicio de los derechos políticos que correspondan en la sociedad .... S.L., acordando cuanto demás proceda en derecho. Ello de conformidad y con el alcance previsto en el art. 128.2 TRLC.

Es Justicia que se SUPLICA en ....

Fdo.

ADMINISTRACIÓN CONCURSAL

F481. AUTO SOBRE ATRIBUCIÓN A LA ADMINISTRACIÓN CONCURSAL DEL EJERCICIO DE LOS DERECHOS POLÍTICOS QUE CORRESPONDA A LA CONCURSADA EN OTRAS ENTIDADES

Normativa de Aplicación: *Art. 128 Real Decreto Legislativo 1/2020, de 5 de mayo, por el que se aprueba el texto refundido de la Ley Concursal.*

En la ciudad de .... a .... de .... de ....

ANTECEDENTES DE HECHO

PRIMERO.– Que en fecha .... de .... de .... y por la Administración Concursal se interesó de este Juzgado la atribución a tal órgano concursal del ejercicio de los derechos políticos que corresponde a la concursada en la sociedad .... S.L., de la que esta es socio.

Ello a efectos y de conformidad con lo dispuesto en el art. 128.2 TRLC, y en los términos de tal solicitud, que a continuación por extracto, se transcribe: ....

SEGUNDO.– Que de la anterior solicitud se dio traslado a la concursada y demás partes personadas con el resultado obrante en autos.

FUNDAMENTOS DE DERECHO

PRIMERO.– Que este Juez es competente para conocer de la solicitud de atribución a la administración concursal del ejercicio de los derechos políticos que ostenta la concursada en la sociedad .... S.L. (arts. 44, 45 y 128.2 TRLC).

SEGUNDO.– Que la Administración concursal está facultada para formular la citada solicitud, que reúne los requisitos del art. 128.2 TRLC.

TERCERO.– Que la aquí concursada es socio de la compañía limitada .... S.L., con domicilio en ...., CIF .... Su actividad es la de .... Y el capital social de la citada compañía asciende a la suma de .... euros, dividido en .... participaciones sociales de .... euro de valor nominal.

Concretamente, la concursada es socia de .... participaciones sociales que, en su conjunto, suponen el .... por ciento del capital social.

CUARTO.– Que conforme establece el art. 128.2 TRLC, el juez, a solicitud de la administración concursal, podrá atribuir a esta en interés del concurso, la representación de la persona jurídica concursada en el ejercicio de los derechos políticos que correspondan a las cuotas, acciones o participaciones sociales integradas en la masa activa, que podrá delegar en quien tenga por conveniente. La administración concursal podrá delegar el ejercicio de esos derechos en quien tenga por conveniente.

Que en opinión de este Juzgador y con relación a la citada sociedad .... S.L., es evidente que el interés del concurso requiere atribuir la representación de la persona jurídica concursada en el ejercicio de los derechos políticos que correspondan en la sociedad .... S.L.

Por ello procede atribuir a esta administración concursal el referido ejercicio de los derechos políticos que corresponde a la concursada en .... S.L.

Visto lo expuesto y demás normativa de aplicación

DISPONGO

Estimar la solicitud formulada por la administración concursal mediante escrito de fecha .... y atribuir a dicha administración concursal la representación de la persona jurídica concursada en el ejercicio de los derechos políticos que correspondan en la sociedad .... S.L. Ello de conformidad y con el alcance establecido en el art. 128.2 TRLC.

Notifíquese la resolución a la administración concursal, concursada y demás partes personadas a través de su representación procesal. También al órgano de administración de la compañía .... S.L., a efectos de que poner en conocimiento de la citada sociedad y sus socios lo aquí acordado, ordenándose la inscripción de la reseñada atribución de derechos políticos en el libro registro de socios de la citada compañía .... S.L. Líbrense a tal efecto los oportunos exhortos.

Contra la presente resolución cabe recurso de reposición a interponer en el plazo de cinco días a contar desde la notificación del presente auto.

De conformidad con lo establecido en la Disposición Adicional 15ª LOPJ (según la redacción dada por la LO 1/09), la interposición de recurso contra resoluciones judiciales, no podrá ser admitida a trámite sin la acreditación del depósito previsto en la citada Ley a efectos de recurrir, debiendo presentarse copia o resguardo de tal depósito en las cuenta de consignaciones de este Juzgado.

Todo lo cual pronuncia, manda y firma el Ilmo. Sr. ...., Magistrado Juez del Juzgado de lo Mercantil núm. .... de ....

F482. ATRIBUCIÓN A LA ADMINISTRACIÓN CONCURSAL DE DERECHOS POLÍTICOS EN OTRAS ENTIDADES. MINUTA DE REQUERIMIENTO NOTARIAL FORMULADO POR LA ADMINISTRACIÓN CONCURSAL PONIENDO TAL HECHO EN CONOCIMIENTO DE LA SOCIEDAD PARTICIPADA, SOLICITANDO CERTIFICACIÓN LIBRO REGISTRO DE SOCIOS Y CONVOCATORIA DE JUNTA GENERAL

Normativa de Aplicación: *Art. 128 Real Decreto Legislativo 1/2020, de 5 de mayo, por el que se aprueba el texto refundido de la Ley Concursal.*

Minuta de requerimiento para el notario:

I.– Que la sociedad .... S.L. es socio de la compañía .... S.L. Concretamente, es titular de .... participaciones sociales, numero .... a ...., ambos inclusive, que suponen el .... por ciento del capital social.

II.– Que la sociedad .... S.L. se encuentra declarada en estado de concurso de acreedores, que se tramita ante el Juzgado de lo Mercantil núm. .... de ...., bajo el procedimiento ...., habiendo sido designado el compareciente administración concursal en dicho concurso.

Por el compareciente se me hace entrega del auto de declaración de concurso de .... S.L., así como el acta de aceptación por mi parte del cargo de administrador concursal y la credencial expedida a mi favor por el citado juzgado, de los que deduzco testimonio fiel del original de dichos documento, y que yo, notario, incorporo a esta acta.

III.– Que mediante auto de fecha .... el Juez del concurso de .... S.L. atribuyó a la Administración Concursal la representación de la concursada en el ejercicio de los derechos políticos que correspondan en la sociedad .... S.L. Ello de conformidad y con el alcance establecido en el art. 128.2 TRLC.

El compareciente me hace entrega del original de dicho auto, del cual deduzco el oportuno testimonio que incorporo a esta acta por mi, notario, autorizada.

A la vista de lo todo lo anterior, se requiere al órgano de administración de .... S.L., en la persona de Don ...., Presidente del Consejo de Administración, en los siguientes términos:

I.– Para que la sociedad .... S.L. se de por notificada:

A) del integro contenido del auto de fecha .... y la atribución a esta administración concursal de la representación de la concursada en el ejercicio de los derechos políticos que le correspondan en la sociedad .... S.L. Ello de conformidad y con el alcance establecido en el art. 128.2 TRLC, practicándose la oportuna anotación en el libro registro de socios de esta última compañía.

B) Que la Administración concursal delega en Don ...., mayor de edad, abogado, con domicilio en ...., calle ...., núm. .... y DNI/NIF ...., el ejercicio de los referidos derechos políticos.

III.– Para que se sirva expedir certificado del libro registro de socios de .... S.L., comprensiva de las participaciones titularizadas por .... S.L. en la anteriormente citada sociedad limitada.

IV.– Para que de conformidad con lo establecido en el art. 168 TRLSC, convoquen Junta General Extraordinaria de la sociedad para deliberar y, en su caso, adoptar acuerdos con relación al siguiente orden del día: .... Dicha Junta General deberá ser convocada para su celebración dentro de los dos meses siguientes a la fecha en que se hubiere requerido notarialmente a los administradores para convocarla, debiendo incluirse necesariamente en el orden del día los asuntos objeto de la presente de solicitud.

F483. ACTA JUNTA GENERAL EXTRAORDINARIA CONVOCADA. SOCIEDAD PARTICIPADA POR LA CONCURSADA CON LOS DERECHOS POLÍTICOS ATRIBUIDOS A LA ADMINISTRACIÓN CONCURSAL

Normativa de Aplicación: *Art. 128 Real Decreto Legislativo 1/2020, de 5 de mayo, por el que se aprueba el texto refundido de la Ley Concursal.*

Que hoy día .... de .... de ...., a las .... horas, y en el domicilio social, sito en la localidad de ...., calle .... s/n, se celebra JUNTA GENERAL EXTRAORDINARIA de socios de la sociedad .... S.L.

La convocatoria de la presente Junta General Extraordinaria de socios, ha sido acordada por el administrador único, Don ....

Forma de la convocatoria: La convocatoria de la presente Junta General Extraordinaria, ha sido objeto de la oportuna publicidad, de conformidad con lo establecido en el art. 173.1 TRLSC, mediante anuncio publicado en el Boletín Oficial del Registro Mercantil, del día .... de .... de .... (núm. ....), y en el diario ...., en su edición del día .... de .... de ...., al carecer la sociedad de página web.

El tenor literal de la convocatoria se transcribe a continuación: «Por medio del presente se convoca a los señores socios a la celebración de Junta General Extraordinaria de la sociedad .... S.L., que se celebrará, el día .... de .... de ...., a las .... horas, en ...., a efectos de deliberar y, en su caso, adoptar acuerdos con relación al siguiente orden del día: ....

Lista de asistentes: Asisten a la presente Junta General Extraordinaria, personalmente o representados, los siguientes socios:

I.– Socios presentes:

Don ...., titular de .... participaciones sociales, núm. .... a ...., incluidos, con un valor nominal cada una de ellas de .... euros (en su conjunto .... euros), que suponen el .... por ciento del capital social.

Don ...., titular de .... participaciones sociales, núm. .... a ...., incluidos, con un valor nominal cada una de ellas de .... euros (en su conjunto .... euros), que suponen el .... por ciento del capital social.

La sociedad .... S.L. titular de .... participaciones sociales, núm. .... a ...., incluidos, con un valor nominal cada una de ellas de .... euros (en su conjunto .... euros), que suponen el .... por ciento del capital social. Interviene en su nombre Don ...., Administración Concursal designada en el concurso voluntario de la citada sociedad, tramitado ante el Juzgado de lo Mercantil núm. .... de .... (autos ....), al haber sido atribuido a dicha Administración Concursal, mediante auto de fecha ...., la representación de la concursada, y aquí socia, en el ejercicio de los derechos políticos que le correspondan en esta sociedad, ... S.L. Ello de conformidad y con el alcance establecido en el art. 128.2 TRLC

Por lo tanto, asisten de forma personal .... socios, titulares, en conjunto, de .... participaciones sociales que suponen el .... por ciento del capital social.

II.– Socios representados:

Don ...., titular de .... participaciones sociales, núm. .... a ...., incluidos, con un valor nominal cada una de ellas de .... euros (en su conjunto .... euros), que suponen el .... por ciento del capital social. Asiste el expresado socio representado por Doña ....

Don ...., titular de .... participaciones sociales, núm. .... a ...., incluidos, con un valor nominal cada una de ellas de .... euros (en su conjunto .... euros), que suponen el .... por ciento del capital social. Asiste el expresado socio representado por Doña ....

Doña ...., titular de .... participaciones sociales, núm. .... a ...., incluidos, con un valor nominal cada una de ellas de .... euros (en su conjunto .... euros), que suponen el .... por ciento del capital social. Asiste la expresada socia representada por Doña ....

Asisten representados, ... socios, que titularizan .... participaciones sociales que suponen el .... por ciento del capital social suscrito.

En conjunto, asisten, personalmente o representados, ... socios, titulares de .... participaciones sociales que suponen el .... por ciento del capital social suscrito.

Otros asistentes; Igualmente asiste el administrador único de la compañía Don ....

Mesa de la Junta General. Son presidente y secretario de la presente Junta General, Don .... y Don ...., respectivamente. Ello de conformidad con lo establecido en la Ley y los Estatutos Sociales y ser los citados señores los socios designados por los concurrentes al comienzo de la reunión.

Abierta la sesión por el Sr. Presidente, sin que nadie se oponga a la válida constitución y celebración de la presente Junta General, se entra en el debate y deliberación de los diversos puntos del orden del día sin que ninguno de los presentes haga uso de su derecho a que conste en el acta el contenido de su intervención.

Proposición de adopción de acuerdos: Se propone por el Sr. Presidente la adopción de los siguientes acuerdos: ....

Votación de propuesta de acuerdos. Previa la oportuna votación, la citada propuesta de acuerdos sociales es aprobada por UNANIMIDAD, con el voto favorable de todos los asistentes y proclamados por el Sr. Presidente.

Y no habiendo más asuntos que tratar, se redacta la presente acta que, previa su lectura, es aprobada por unanimidad de todos los presentes y se levanta la sesión en ...., a ....»

F484. PROPUESTA DE CONVENIO CON POSIBILIDAD DE PAGO EN METÁLICO O CAPITALIZACIÓN DE DEUDAS

Normativa de Aplicación: *Arts. 315 y ss. Real Decreto Legislativo 1/2020, de 5 de mayo, por el que se aprueba el texto refundido de la Ley Concursal.*

I.– En fecha ...., la sociedad ...., S.L., fue declarada en estado legal de concurso voluntario de acreedores al amparo de TRLC, cuyo procedimiento ordinario se tramita en el Juzgado de lo Mercantil numero .... de ...., bajo los Autos número ....

II.– Para poder continuar la empresa resulta necesario el poder obtener de los acreedores un convenio de pago mediante el cual se reestructure su pasivo y posibilite la continuidad de la empresa, satisfaciendo a los acreedores sus créditos en los términos que se contempla en el presente convenio, contando con los recursos que genere su actividad, dando con ello cumplimiento a la finalidad primordial que prevé la Ley Concursal,

III.– En cumplimiento del artículo 331 y 332 TRLC, se acompaña el Plan de Viabilidad y el Plan de Pagos, confeccionados bajo el principio de prudencia y objetividad, y de los que se desprende el cumplimiento de la finalidad de la propuesta del presente convenio, garantizando la continuidad de la mercantil y preservando los intereses de los acreedores.

IV.– El contenido de la propuesta de pago que presenta la concursada, es una propuesta prudente y seria que le permite cumplir con la misma.

Con base a lo expuesto se propone el siguiente:

CONVENIO DE ACREEDORES

PRIMERO.– OBJETO DEL CONVENIO

Tiene por objetivo, el presente convenio, superar la insolvencia de la empresa, y poder satisfacer a los acreedores sus créditos en la forma y cuantías que en el mismo se especifican, posibilitando al mismo tiempo la continuidad de la empresa, con los beneficios que ello supone para todos los agentes vinculados a la misma, acreedores, clientes, instituciones públicas, etc.

Por tanto, es imprescindible conjugar el presente objetivo entre empresa y acreedores para poder conseguir la viabilidad de la empresa y en los términos que se exponen más adelante. Con esta finalidad se ha creado un marco de seguridad bajo el diseño del Plan de Pagos, apoyado por el Plan de Viabilidad confeccionado bajo el principio de prudencia, fijando una serie de medidas de control y seguimiento acordes con la continuidad de la actividad empresarial.

SEGUNDO.– ÁMBITO DE APLICACIÓN

El presente convenio afectará y vinculará a ...., S.L. y a los acreedores ordinarios y subordinados respecto de los créditos que fuesen anteriores a la declaración de concurso, aunque por cualquier causa no hubiesen sido reconocidos.

2.1.– En caso de cesión de créditos, o pago por un tercero de deudas de la concursada, o subrogación de un tercero en la posición de un acreedor por cualquier causa, dicha subrogación lo será en la posición de ese acreedor reconocido con sus mismos derechos y obligaciones, sin que pueda implicar mejora alguna de las condiciones generales aprobadas en este Convenio ni de las condiciones concretas por las que haya optado el acreedor originario.

2.2.– Los acreedores subordinados quedarán afectados por la misma quita y espera establecidas en este Convenio para los ordinarios, pero los plazos de espera se computarán a partir del íntegro cumplimiento del Convenio respecto de estos últimos.

2.3.– Los acreedores privilegiados sólo quedarán vinculados al contenido del presente Convenio en los términos del art. 397 TRLC.

2.4.– Los créditos de los acreedores privilegiados en los términos del art. 397 TRLC, los de los acreedores ordinarios y los de los subordinados quedarán extinguidos en la parte a que alcance la quita, aplazados en su exigibilidad por el tiempo de espera y, en general, afectados por el contenido del Convenio.

2.5.– El convenio no producirá efectos respecto de los derechos de los acreedores frente a los obligados solidarios con el concursado ni frente a los fiadores o avalistas, salvo que esos acreedores hubiesen sido autores de la propuesta, se hubieran adherido a ella, salvo que hubieran revocado la adhesión, o hubieran votado a favor de la misma. Los obligados solidarios, los fiadores y los avalistas no podrán invocar la aprobación del convenio ni el contenido de este en perjuicio de aquellos.

2.6.– Los créditos contra la masa, recogidos en la relación actualizada y que todavía no hayan sido pagados por la concursada, serán hechos efectivos por el orden de sus respectivos vencimientos.

TERCERA.– PLAN DE VIABILIDAD Y PLAN DE PAGOS.

Teniendo en cuenta que para atender el cumplimiento del presente convenio se prevé, en parte, contar con los recursos que vaya generando la continuidad del ejercicio de la actividad de la concursada, en cumplimiento de lo dispuesto en el art. 332 TRLC, se integra en el presente convenio el *Plan de Viabilidad,* en el que constan, entre otras informaciones de interés, los recursos necesarios para dicha continuidad.

Dicho Plan de Viabilidad contempla, además de los recursos necesarios, los medios y condiciones de su obtención y, en su caso, los compromisos de su prestación por terceros, una serie de premisas consistentes en la reestructuración de la deuda concursal conforme a las condiciones del presente convenio; la refinanciación de la deuda privilegiada; la reducción de gastos y redimensionamiento de la sociedad; la puesta en funcionamiento de los activos de la sociedad a través de un plan de negocio.

Asimismo, en cumplimiento de lo dispuesto en el art. 331 TRLC se acompaña un *Plan de Pagos* que ha sido confeccionado teniendo en cuenta los recursos previstos en aquel.

En este escenario es factible el cumplimiento de la propuesta de pago que se recoge en la siguiente Cláusula.

CUARTA.– PAGO A LOS ACREEDORES NO VINCULADOS POR EL PRESENTE CONVENIO.

Deudora y acreedores reconocen expresamente el privilegio especial de los créditos así clasificados en la lista de acreedores de los textos definitivos, y consienten que tales créditos sean abonados por la concursada en las condiciones que libremente acuerde.

Si la concesión del privilegio deriva de garantías específicas prestadas por tercero no queda obligada la deudora a un pago con carácter privilegiado.

En todo caso, la Compañía dispone de las más amplias facultades para negociar las condiciones de pago y/o cancelación de sus créditos con todos los acreedores que no estén vinculados por el presente convenio.

QUINTA.– PAGO A LOS ACREEDORES CON PRIVILEGIO GENERAL Y A LAS ADMINISTRACIONES PÚBLICAS NO VINCULADAS POR EL PRESENTE CONVENIO.

Deudora y acreedores reconocen expresamente el privilegio general de los créditos así clasificados en la lista de acreedores de los textos definitivos, y consienten que tales créditos sean abonados por la concursada en las condiciones que libremente acuerde, quedando aprobados por la masa pasiva de acreedores los convenios futuros relativos al pago y garantías que la deudora pueda acordar con las administraciones públicas acreedoras.

En todo caso, la Compañía dispone de las más amplias facultades para negociar las condiciones de pago y/o cancelación de sus créditos con todos los acreedores que no estén vinculados por el presente convenio.

SEXTA.– PAGO DEL RESTO DE LOS ACREEDORES.

La deudora abonará a sus acreedores los créditos ordinarios de conformidad con el contenido de la propuesta base especificada a continuación (Apartado A, capitalización de créditos). Cualquier acreedor podrá, no obstante, optar por dicha propuesta base o por la variante prevista al apartado B —pago en efectivo—; que concretará, de forma fehaciente, ante la concursada, en un plazo que comenzará a contar en el momento en que otorgue su adhesión a este convenio y finalizará al transcurrir diez días contados desde la fecha de eficacia del mismo, es decir desde la fecha de la Sentencia que lo declare aprobado judicialmente, conforme dispone el art. 393.1 TRLC.

El acreedor podrá también efectuar la opción de cobrar su crédito en parte con arreglo a la propuesta base (capitalización de créditos) y en parte por la vía prevista al apartado B (pago en efectivo); en este supuesto, e igualmente en el plazo referido, deberá el acreedor significar la parte económica de su crédito que deberá abonarse conforme a la propuesta base y la que deberá abonarse conforme a la variante prevista al apartado B.

En el supuesto de que el acreedor nada manifestare al respecto se entenderá que renuncia a la propuesta Base Apartado A del presente convenio, por lo que le será abonado su crédito conforme al contenido de la propuesta Apartado B del presente convenio (Espera de 5 años).

En el supuesto de que el acreedor optara por la alternativa a la propuesta base, la concursada abonará al acreedor su crédito de conformidad con el contenido del subsiguiente Apartado B.

Apartado A.– Propuesta Base. Capitalización de crédito.

La deudora y sus acreedores acuerdan que los créditos, se satisfarán mediante su capitalización.

El importe del crédito que se capitalice deberá ser múltiplo exacto de .... euros. De no coincidir exactamente este importe con el importe del crédito a satisfacer, la capitalización se efectuará sobre la cantidad máxima posible hasta completar por exceso un número entero múltiplo de tres euros. La emisión de las participaciones para el abono del crédito capitalizado se efectuará al tipo de .... %, como seguidamente se prevé y detalla.

Al objeto de capitalizar el pago de los créditos, la concursada emitirá participaciones, para lo cual se obliga a convocar Junta General Extraordinaria de Socios de ...., S.L., en la que se acuerde ampliar el capital social por compensación de créditos, todo ello conforme a las siguientes reglas:

a.– Se emitirán cuantas nuevas participaciones sean necesarias para abonar los créditos objeto de capitalización, en las condiciones previstas en este apartado A.

b.– Las nuevas participaciones serán todas ellas de .... euro de valor nominal cada una, de la misma serie y con los mismos derechos y obligaciones que las actualmente en circulación.

c.– El tipo de la ampliación será el de .... %, esto es, cada participación emitida será adjudicada por su total importe de .... euros, siempre contra crédito capitalizado de los cuales se imputará .... euro al pago del importe de la participación y .... euros al pago de la prima de emisión (concepto, por tanto, que no ingresará en el patrimonio del acreedor).

d.– La Junta General de Extraordinaria de socios, a la que se someterá la adopción del presente acuerdo de ampliación de capital social, será convocada para ser celebrada dentro de los cuatro meses siguientes a que transcurra el plazo de dos meses contados desde la fecha de eficacia del convenio. Por tanto, dentro del plazo de los seis meses contados desde la fecha de eficacia del convenio, se celebrará Junta General Extraordinaria de Socios de ...., S.L. para que la misma acuerde la oportuna ampliación de capital, en la medida y la forma necesarias para realizar la conversión de los créditos aquí prevista, con exclusión del derecho de suscripción preferente de los antiguos socios, y realizando cuantos actos sean necesarios o convenientes para la completa ejecución e inscripción del referido aumento de capital.

e.– El momento de ampliación de capital será fijado por la Junta General de conformidad con el contenido del presente convenio, y tendrá lugar a la mayor inmediatez desde el día de celebración de la Junta.

f.- En la asunción de las nuevas participaciones sociales los socios no tendrán derecho de preferencia. Así mismo, y pese al contenido de los Estatutos sociales de ....

S.L., las nuevas participaciones sociales que se creen en ejecución del convenio serán libremente transmisibles hasta que transcurran diez años a contar desde la inscripción del aumento de capital en el Registro Mercantil.

g.– Las participaciones emitidas en virtud de esta propuesta participarán en los derechos económicos desde el primer día del año natural siguiente a aquél en que su emisión hubiere tenido lugar.

h.– El presente convenio cuenta con la aprobación Administrador Único de .... S.L. y con base en ello queda asegurado el cumplimiento de cuantas obligaciones adquiere .... S.L., en tanto entidad emisora, con respecto de esta ampliación de capital.

i.- En cualquier caso, los administradores de la sociedad estarán facultados para aumentar del capital social en la medida necesaria para la conversión de los créditos, sin necesidad de acuerdo de la Junta General de Socios.

La capitalización de créditos podrá ser total o parcial. En este último caso, la parte de crédito que no es objeto de capitalización se regirá y será de aplicación lo previsto en el apartado B siguiente.

Apartado B.– Propuesta alternativa. Pago en efectivo.

La deudora y sus acreedores acuerdan que los créditos se satisfarán de la siguiente forma:

Los créditos ordinarios se abonarán, sin devengo de intereses con una espera de cinco (5) años conforme al calendario de pagos que se detalla en el párrafo siguiente.

Habrá un periodo inicial de dos (2) años de carencia de pago, computados desde la fecha de eficacia del convenio. A partir del tercer año se abonará anualmente el pago de la deuda ordinaria, en la proporción que establece el Plan de Pagos acompañado a esta propuesta, es decir el 20% del 100% del crédito al finalizar el tercer año, el 30% (del 100% del crédito) al finalizar el cuarto año, el 50% (del 100% del crédito) al finalizar el quinto año, con ello se producirá el completo abono de la deuda ordinaria al finalizar el quinto año de pago.

Los plazos señalados en el apartado anterior se computarán:

(a) en el caso de los créditos vencidos a la fecha de eficacia, desde la misma,

(b) en el caso de los créditos que no fueran exigibles en la fecha de eficacia, desde el momento en que se produzca su vencimiento y exigibilidad, en adelante fecha de exigibilidad.

De haberse acordado la suspensión de la eficacia del convenio, los periodos se computarán desde el día siguiente a la resolución que levante la suspensión, si esta fuera temporal; o, en todo caso, desde el día siguiente a la fecha en que adquiera firmeza la sentencia de aprobación judicial.

Apartado C.– Pago de los acreedores subordinados.

En el supuesto de que opten por la propuesta alternativa, los acreedores subordinados quedarán afectados exactamente por la misma espera establecida en el convenio para los créditos ordinarios, pero los plazos de espera se computarán a partir del íntegro cumplimiento del convenio respecto de estos últimos.

Apartado D.– Anticipación de pagos

El plazo de cinco años para el pago del 100% de los créditos no capitalizados tiene el carácter de máximo, pero los porcentajes anuales que se han hecho constar tienen el carácter de mínimos, por lo que la concursada podrá libremente anticipar los pagos conforme crea conveniente y le sea posible, en cuyo caso las cantidades que pague por anticipado devengarán un 5% anual de interés a favor de la concursada que será descontado de cada plazo anual que proceda.

SÉPTIMA.– EFICACIA DEL CONVENIO

7.1.– El Convenio adquirirá plena eficacia desde la fecha de la sentencia que lo apruebe, salvo lo previsto en el artículo 393.2 TRLC, según el cual, el juez, por razón del contenido del convenio, podrá acordar, de oficio o a instancia de parte, retrasar esa eficacia a la fecha en que la sentencia de aprobación alcance firmeza. El retraso de la eficacia del convenio podrá acordarse con carácter parcial.

Desde la eficacia del convenio cesarán todos los efectos de la declaración de concurso, sin que se prevean en este convenio mecanismo de control en su sustitución. Los deberes de colaboración e información subsistirán hasta la conclusión del procedimiento.

Igualmente, desde la eficacia del convenio cesará la administración concursal, que rendirá cuentas de su actuación ante el juez del concurso dentro del plazo que este señale. No obstante el cese, conservará plena legitimación para continuar los incidentes en curso así como para actuar en la sección sexta, con facultades para solicitar la ejecución provisional o definitiva de las sentencias que se dicten en esos incidentes y de la sentencia de calificación.

7.2.– A todos los efectos legales, los acreedores fijan como domicilio para efectuar los pagos, notificaciones, citaciones o requerimientos el que para cada uno de ellos consta en la lista de acreedores confeccionada por la Administración Concursal.

Cualquier cambio de domicilio deberá comunicarse fehacientemente a la concursada en el domicilio social que en ese momento figure inscrito en el Registro Mercantil.

7.3.– Con periodicidad semestral, contada desde la fecha de eficacia total o parcial de la sentencia aprobatoria del convenio, el concursado informará al juez del concurso acerca de su cumplimiento.

7.4.– A efecto de facilitar la justificación de cumplimiento de Convenio, los pagos se realizarán por transferencia bancaria a la cuenta corriente designada por los acreedores. A tales efectos deberán estos comunicar fehacientemente a la concursada los datos de una cuenta corriente, con expresión de la entidad, sucursal, dígito de control y número de cuenta, en la que deseen que les sean realizados los pagos; así como cualquier posterior modificación de la misma. Tal comunicación deberá realizarse al menos dos meses antes de la fecha máxima en la que deba realizarse el primer pago. Asimismo, en caso de modificación del número de cuenta tras el primer pago, deberá comunicarse fehacientemente dos meses antes del segundo o sucesivos pagos, según corresponda. En defecto de tal comunicación, los pagos establecidos en éste se realizarán, en aquellos casos en que por ausencia de proximidad no puedan realizarse personal y directamente, remitiendo a cada acreedor, por correo certificado con acuse de recibo, un cheque nominativo por el importe que corresponda en cada caso.

Aquéllos que sean devueltos por el servicio de correos serán anulados y su importe se mantendrá a disposición del acreedor hasta que, al expirar la última anualidad y para la adecuada justificación al Juzgado del cumplimiento del Convenio, se realice consignación judicial de los importes no cobrados por los acreedores, con cuya documentación más los justificantes bancarios o recibos de los pagos realizados por la concursada a los acreedores podrá aquélla justificar el íntegro cumplimiento del presente Convenio, a los efectos de la pertinente declaración judicial.

OCTAVA.– GARANTÍAS DEL CUMPLIMIENTO

8.1.– Desde la eficacia del convenio cesarán todos los efectos de la declaración de concurso, sin que se prevean en este convenio mecanismo de control en su sustitución. Los deberes de colaboración e información subsistirán hasta la conclusión del procedimiento.

58.2.– El presente Convenio se presentará al Juzgado acompañado, conforme al artículo 331 TRLC, de un Plan de Pagos con detalle, además, de los recursos previstos para su cumplimiento, incluidos, en su caso, los procedentes de la enajenación de determinados bienes o derechos de la masa activa.

Así mismo, conforme al artículo 332 TRLC, el presente Convenio se presentará al Juzgado acompañado también de un Plan de Viabilidad en el que se especifican los recursos necesarios, los medios y condiciones de su obtención y, en su caso, los compromisos de su prestación por terceros

Y en prueba de conformidad, firman la presente propuesta de convenio.

F485. ACTA DEL CONSEJO DE ADMINISTRACIÓN FORMULANDO PROPUESTA DE CONVENIO

Normativa de Aplicación: *Arts. 315 y ss. Real Decreto Legislativo 1/2020, de 5 de mayo, por el que se aprueba el texto refundido de la Ley Concursal.*

En ...., siendo las .... horas del día .... de .... de ...., y en el domicilio social, sito en ...., calle .... núm. ...., se celebra reunión del Consejo de Administración de la sociedad .... S.L.

La presente reunión del consejo de Administración fue convocada en fecha .... de .... de .... mediante telegrama remitido a los Sres. Consejeros y a la Administración Concursal en legal forma y plazo con el siguiente tenor literal «Por el presente, se le convoca a la reunión del Consejo de Administración a celebrar, en el domicilio social, el próximo día .... de .... de ...., a las .... horas, para deliberar y, en su caso, adoptar acuerdos con relación al siguiente orden del día: 1.– Formulación y aprobación de la Propuesta de Convenio y 2.– Ejecución de acuerdos.

Asisten a la presente reunión, personalmente, la totalidad de los miembros del consejo de administración de la sociedad, esto es:

Presidente: Don ....

Secretario: Don ....

Vocal: Doña ....

Vocal: Doña ....

Vocal: Doña ....

Asiste también el administrador concursal, Don ....

Actúan como Presidente y Secretario de la presente reunión del Consejo de Administración, Don .... y Don ...., respectivamente.

El Sr. Presidente declara válidamente constituida la presente reunión del Consejo de Administración y se entra en el debate de los distintos puntos del orden del día. Previa deliberación y sin que ninguno de los asistentes hagan uso del derecho de que conste en el acta el contenido de su intervención, se adoptan los siguientes acuerdos por UNANIMIDAD que son proclamados por el Sr. Presidente:

I.– En cumplimiento de lo establecido en el artículo 315 siguientes y concordantes TRLC, formular propuesta ordinaria de Convenio acompañada del Plan de Viabilidad y Plan de Pagos exigidos por los arts. 331 y 332 del citado cuerpo legal, siendo esta aprobada para su elevación a público y su presentación ante el Juzgado de lo Mercantil nº .... de .... en el procedimiento concursal ...., para su sometimiento y, en su caso, aprobación por los acreedores de la sociedad.

II.– Delegar expresamente en los miembros del Consejo de administración Doña .... y Don .... para que cualquiera de ellos, indistintamente, ejecute los acuerdos adoptados, facultándoles para suscribir cuantos documentos privados o públicos sean precisos a tal fin.

Y para que así conste se extiende la presente acta, que, leída, es aprobada por todos los consejeros por unanimidad, en .... hoy día de .... de ....»

F486. CERTIFICACIÓN DEL CONSEJO DE ADMINISTRACIÓN FORMULANDO PROPUESTA DE CONVENIO

Normativa de Aplicación: *Arts. 315 y ss. Real Decreto Legislativo 1/2020, de 5 de mayo, por el que se aprueba el texto refundido de la Ley Concursal.*

Doña ...., Secretaria del Consejo de Administración de la sociedad ...., S.L. domiciliada en ...., Avda .... º, e inscrita en el Registro Mercantil de la provincia de ...., al tomo ...., folio ...., hoja ...., y con CIF ....

CERTIFICO

Que según resulta del libro de actas de la sociedad, en la reunión del Consejo de Administración de .... S.L. reunida en el domicilio social, sito en ...., el día .... de .... de ...., encontrándose presentes la totalidad de los consejeros, esto es, Doña ...., Don ...., y Doña .... Y figurando en el acta el nombre y la firma de los asistentes, actuando como presidente de la misma .... y como secretaria ...., y aceptaron celebrar dicha reunión del Consejo de Administración, para deliberar y en su caso, adoptar acuerdos con relación al siguiente orden del día: 1.– Formulación y aprobación de la Propuesta de Convenio y 2.– Ejecución de acuerdos.

Igualmente asistió el administrador concursal de la compañía, Don ....

Que entre otros adoptaron por unanimidad adoptar los siguientes acuerdos:

I.– En cumplimiento de lo establecido en el artículo 315 siguientes y concordantes TRLC, formular propuesta ordinaria de Convenio acompañada del Plan de Viabilidad y Plan de Pagos exigidos por los arts. 331 y 332 del citado cuerpo legal, siendo esta aprobada para su elevación a público y su presentación ante el Juzgado de lo Mercantil nº .... de .... en el procedimiento concursal ...., para su sometimiento y, en su caso, aprobación por los acreedores de la sociedad.

II.– Delegar expresamente en los miembros del Consejo de administración Doña .... y Don .... para que cualquiera de ellos, indistintamente, ejecute los acuerdos adoptados, facultándoles para suscribir cuantos documentos privados o públicos sean precisos a tal fin.

Y para que así conste libro la presente certificación en ...., a .... de .... de ....

PRESIDENTE SECRETARIO

F487. ACTA DE JUNTA GENERAL SOBRE AUMENTO DE CAPITAL TRAS LA APROBACIÓN DE CONVENIO CONCURSAL QUE PREVEÍA CAPITALIZACIÓN DE DEUDA

Normativa de Aplicación: *Arts. 315 y ss. Real Decreto Legislativo 1/2020, de 5 de mayo, por el que se aprueba el texto refundido de la Ley Concursal.*

ACTA DE LA JUNTA GENERAL EXTRAORDINARIA DE SOCIOS DE LA SOCIEDAD ...., S.L.

FECHA Y LUGAR DE CELEBRACIÓN: El día .... de .... de ...., a las .... horas, en el domicilio social, sito en ...., Avenida ...., núm. ....

CIRCUNSTANCIAS DE LA CONVOCATORIA:

Fecha: ....

Modo: Mediante anuncio publicado en el Boletín Oficial del Estado nº .... y en el Diario ...., ambos en fecha ....

TEXTO ÍNTEGRO:

«Se convoca a los Socios a la celebración de Junta General Extraordinaria de .... S.L., el día ...., a las .... horas, en el domicilio social sito en ....), Avenida ...., número ...., con el fin de deliberar y, en su caso, adoptar acuerdos sobre los siguientes puntos del orden del día:

Orden del día

Primero.– Convenio de acreedores de .... Aumento de capital en la cantidad de .... euros, mediante compensación de créditos contra la sociedad y la creación de .... nuevas participaciones sociales acumulables e indivisibles con un valor nominal, cada una de ellas, de .... euros, y numeradas del número .... a ...., ambos inclusive. Modificación del art. 5 de los Estatutos Sociales.

Dando cumplimiento a lo prevenido en el artículo 287 TRLSC, se hace constar el derecho que corresponde a todos los socios de examinar, en el domicilio social, el texto íntegro de la modificación propuesta y de pedir la entrega o el envío gratuito de dicho documento.

En .... a .... de .... de .... El administrador único, ...»

LISTA DE ASISTENTES: Asisten los siguientes socios de la compañía:

..........., representado por Don ...., titular de .... participaciones sociales, que suponen el .... % del capital social.

Fdo. ....

.... S.L.U, representada por Doña ...., titular de .... participaciones sociales, que suponen el .... % del capital social.

Fdo. ....

.... S.L., representada por Doña ...., titular de .... participaciones sociales, que suponen el .... % del capital social.

Fdo. ....

Están presentes pues, ... socios, los cuales representan el .... % del capital social por lo que, habiendo quórum suficiente, se declara válidamente constituida la Junta General de socios.

Así mismo, está presente el administrador ....

La Mesa, por decisión de todos los socios, se constituye actuando como Presidenta Doña........... y como Secretario........... Acto seguido, la Presidenta declara válidamen¬te constituida la Junta y abierta la misma, se inician las deliberaciones, tras las cuales y sin que ninguno de los asistentes haya solicitado que conste en acta su intervención, se adop¬tan por UNANIMIDAD (ALTERNATIVA: por MAYORÍA, con el voto favorable del..............por ciento del capital social, y en contra por el..............por ciento del capital social, haciéndose constar que de conformidad con lo dispuesto en el artículo 328 TRLC no es de aplicación la mayoría reforzada establecida por la ley o los estatutos sociales) los siguien¬tes acuerdos, que son proclamados por el Presidente:

PRIMERO.– APROBACIÓN Y RATIFICACIÓN DEL CONVENIO DE ACREEDORES DE .... S.L.

Aprobar y ratificar en cuanto sea menester, de forma integra, el convenio aceptado en la Junta de Acreedores celebrada el día .... de .... de ...., en el concurso número de autos .... de la sociedad .... S.L., aprobado por sentencia dictada por el Juzgado de lo Mercantil número .... de ...., de fecha .... de .... de ....

SEGUNDO.– AUMENTO DE CAPITAL SOCIAL MEDIANTE COMPENSACIÓN DE CRÉDITOS.

Proceder al aumento del capital social en la cantidad de .... euros, mediante la creación de .... participaciones sociales, acumulables e indivisibles, de .... de valor nominal cada una de ellas, número .... al ...., ambos inclusive, que no podrán incorporarse a títulos negociables ni denominarse acciones.

El aumento de capital se lleva a cabo por compensación de los siguientes créditos que ostentan frente a la sociedad las siguientes compañías:

I.– .... S.L., domiciliada en..........., calle..........., inscrita en el Registro Mercantil de..........., al Tomo..........., folio..........., hoja..........., con CIF núme¬ro..........., quien, en ese acto, asume........... participaciones sociales de nueva crea¬ción, números de la........... a..........., por un valor nominal conjunto de........... euros, siendo el contravalor de tales participaciones sociales, la compensación del crédito, total¬mente líquido, vencido y exigible (ALTERNATIVA: crédito no que no es vencido, líquido y exigible, aunque de conformidad con el art. 328.1 TRLC ello no empece a efectos de la compensación y aumento de capital llevado a cabo) que ostenta frente a........., por el concepto de crédito convenio de acreedores de fecha.........

II.– .... S.L., domiciliada en..........., calle..........., inscrita en el Registro Mercantil de..........., al Tomo..........., folio..........., hoja..........., con CIF núme¬ro..........., quien, en ese acto, asume........... participaciones sociales de nueva crea¬ción, números de la........... a..........., por un valor nominal conjunto de........... euros, siendo el contravalor de tales participaciones sociales, la compensación del crédito, total¬mente líquido, vencido y exigible (ALTERNATIVA: crédito no que no es vencido, líquido y exigible, aunque de conformidad con el art. 328.1 TRLC ello no empece a efectos de la compensación y aumento de capital llevado a cabo) que ostenta frente a..........., por el concepto de crédito convenio de acreedores de fecha...........

Tras la compensación aquí acordada, el importe de los créditos arriba reseñados se destinan a la cuenta de capital social. Y siendo el importe de los créditos objeto de compensación equivalente al valor del aumento de capital, se hace constar la total extinción por COMPENSACIÓN de los créditos aportados.

Queda el capital social íntegramente asumido y desembolsado.

Se hace constar que la totalidad de los acreedores anteriormente reseñados, tanto individualmente como de manera conjunta, han prestado su consentimiento a la compensación de créditos y aumento de capital social anteriormente reseñados.

También se hace constar que a la vista de lo dispuesto en el art. 304.1 del Texto Refun¬dido de la Ley de Sociedades de capital y la Doctrina sentada por la Dirección General de los Registros y del Notariado en Resoluciones tales como las de fecha 4 de febrero de 2012 (BOE núm. 52, de 1 de marzo) o 6 de febrero de 2012 (BOE núm. 52, de 1 de marzo) los socios carecen de derecho de asunción preferente de las nuevas participa¬ciones sociales al ser la contraprestación de las mismas la compensación de créditos. En cualquier caso, todos los socios de........... S.L. prestaron con anterioridad a la presente Junta General Extraordinaria objeto de la presente certificación, su conformidad con el aumento de capital aquí acordado. Se deja constancia que el presente aumento de capital le es de aplicación lo dispuesto en el art. 399 bis TRLC.

TERCERO.– NUEVA REDACCIÓN DEL ART. 5 DE LOS ESTATUTOS SOCIALES COMO CONSECUENCIA DEL AUMENTO DE CAPITAL SOCIAL ACORDADO.

Como consecuencia del acuerdo que precede se procede a dar nueva redacción al artículo 5 de los Estatutos Sociales con el siguiente tenor literal:

«Artículo 5°. Capital Social: El capital social asciende a la suma de........... euros, dividido en........... (...........) participaciones sociales, números........... a..........., ambos inclusive, de...........euros de valor nominal cada una, acumu¬lables e indivisibles. El capital social está íntegramente suscrito y desembolsado».

CUARTO.– FACULTAD PARA ELEVAR A PÚBLICO

Facultar al Órgano de Administración para que, pueda comparecer ante Notario y elevar a público los presentes acuerdos, otorgando para ello las escrituras públicas correspondientes (incluso de subsanación, aclaración o rectificación), así como para realizar cuantas actuaciones sean precisas o convenientes para la plena eficacia de los acuerdos.

Y no habiendo más asuntos que tratar, se procede a dar lectura al acta y encontrándola conforme todos los asistentes, la Presidenta la declarada aprobada, tras lo cual se levanta la sesión a las .... horas.

EL SECRETARIO	V° B° PRESIDENTA
D°	D° ....

F488. AUMENTO DE CAPITAL POR LOS ADMINISTRADORES SOCIALES Y COMPENSACIÓN DE CRÉDITOS TRAS APROBACIÓN DE CONVENIO CONCURSAL QUE PREVE CAPITALIZACIÓN DE DEUDAS. ESCRITURA

Normativa de aplicación: *Arts. 325 y ss. Real Decreto Legislativo 1/2020, de 5 de mayo, por el que se aprueba el texto refundido de la Ley Concursal.*

En la Ciudad de ...., mi residencia, a .... de ....

Ante mí, ..., Notario de la Ciudad y del Ilustre Colegio de ....

COMPARECE

Don ...., mayor de edad, de nacionalidad española, casado, vecino de ...., con domicilio en ...., núm. ...., con DNI/NIF ....

Les identifico por el documento de identidad exhibido y reseñado.

INTERVIENE

Don .... interviene en su calidad de Administrador Único de la sociedad de responsabilidad limitada ...., constituida por tiempo indefinido mediante escritura autorizada por el notario de ...., Don ...., con fecha .... de .... de dos mil ...., número de protocolo .... Domiciliada en ...., calle ...., número .... e inscrita en el Registro Mercantil de la provincia de ...., al tomo ...., general ...., folio ...., hoja ...., inscripción .... CIF .... Constituye su objeto social ....

La compañía .... S.L actualmente se halla declarado en estado de concurso voluntario de acreedores que se tramita ante el Juzgado de lo Mercantil núm............. de ...., bajo el núm. .... de autos: la declaración de concurso fue acordada por el meritado Juzgado mediante auto de fecha .... de .... de ...., en el que se acordó la conservación por con-cursado de las facultades de disposición y administración de la masa activa, quedando sometido el régimen de ejercicio de estas a la intervención de la administración concursal, que podrá autorizar o denegar la autorización según tenga por conveniente.

Igualmente en el citado procedimiento concursal ha sido aceptado por los acreedores de la compañía un convenio, que fue aprobado mediante sentencia firme de fecha .... dictada por el Juzgado de lo mercantil núm. .... de .... en los siguientes términos: ....

Y como consecuencia de tal aprobación convenial, cesaron los efectos del concurso, que fueron sustituidos por los del convenio, cesando igualmente de su cargo la Administración Concursal.

Todo ello consta inscrito en el Registro Mercantil de la provincia de ...., al tomo ...., folio ...., hoja núm., inscripción .... Y en el Registro Público Concursal .... En cualquier caso, el compareciente me hace entrega de testimonio de la referida sentencia, con expresión de su firmeza, y de la propuesta de convenio aprobada judicialmente, que yo, notario, incorporo a la presente.

Está legitimado para este otorgamiento en virtud de su expresado cargo de Administrador Único de .... S.L., que afirma vigente, resultando su nombramiento y aceptación de la escritura otorgada con fecha .... de .... de dos mil ...., ante el notario de ...., Doña ...., número de protocolo ...., que causó la inscripción .... en el Registro Mercantil.

Yo, el Notario, hago constar expresamente que he cumplido con la obligación que impone la ley 10/2010, de 28 de abril, cuyo resultado consta en acta autorizada por el Notario de ...., Don ...., el día ...., en cuanto a «............ S.L.», bajo nº .... de protocolo, manifestando no haberse modificado el contenido de la misma.

Tiene a mi juicio, capacidad y legitimación para otorgar esta escritura de AUMENTO DEL CAPITAL SOCIAL y, al efecto, según interviene

EXPONE

I.– Que como se dijo anteriormente, la compañía .... S.L se halla declarado en estado de concurso voluntario de acreedores que se tramita actualmente ante el Juzgado de lo Mercantil núm............. de ...., bajo el núm. .... de autos. La declaración de concurso fue acordada por el meritado Juzgado mediante auto de fecha .... de .... de ....

II.– Igualmente en el citado procedimiento concursal ha sido aceptado por los acreedores de la compañía .... un convenio, que fue aprobado mediante sentencia de fecha .... dictada por el Juzgado de lo mercantil núm.. .... de ...., y que contempla un aumento de capital y capitalización de créditos en los siguientes términos: ....

III.– Que no obstante lo anterior, la Junta General de la sociedad, en su reunión del pasado día.. de .... de .... ha rechazado por unanimidad el citado aumento de capital social, tal y como resulta de la certificación del libro actas de la compañía, del que me hace entrega el compareciente y que yo, el notario, incorporo a la presente.

IV.– Que conforme señala el apartado 1 del art. 399 bis TRLC, si el convenio en que se hubiera previsto la conversión de créditos concursales en acciones o participaciones de la sociedad deudora fuera aprobado por el juez, los administradores de la sociedad estarán facultados para aumentar el capital social en la medida necesaria para la conversión de los créditos, sin necesidad de acuerdo de la junta general de socios. En la suscripción de las nuevas acciones o en la asunción de las nuevas participaciones los socios no tendrán derecho de preferencia.

Continúa el apartado 2 del art. 399 bis TRLC en el sentido que, aunque los estatutos sociales contengan cláusulas limitativas de la libre transmisibilidad de las acciones, las nuevas que se emitan en ejecución del convenio serán libremente transmisibles por actos inter vivos hasta que transcurran diez años a contar desde la inscripción del aumento del capital en el registro mercantil. Las nuevas participaciones sociales que se creen en ejecución del convenio serán libremente transmisibles hasta que transcurran diez años a contar desde la inscripción del aumento del capital en el registro mercantil.

A la vista de todo lo anterior,

OTORGA

PRIMERO.– Que al amparo del art. 399 Bis TRLC, el compareciente, según interviene, y a efectos de la conversión de créditos afectados por el convenio aprobado mediante sentencia de fecha ...., procede al aumento del capital social en la cantidad de...........euros, mediante la creación de........... participaciones sociales, acumulables e indivisibles, de........... de valor nominal cada una de ellas, número........... al..........., ambos inclusive, que no podrán incorporarse a títulos negociables ni denominarse acciones.

El aumento de capital se lleva a cabo por compensación de los siguientes créditos que ostentan frente a la sociedad las siguientes compañías:

I.– .... S.L., domiciliada en..........., calle..........., inscrita en el Registro Mercantil de..........., al Tomo..........., folio..........., hoja..........., con CIF número..........., quien, en ese acto, asume........... participaciones sociales de nueva creación, números de la........... a..........., por un valor nominal conjunto de...........euros, siendo el contravalor de tales participaciones sociales, la compensación del crédito, totalmente líquido, vencido y exigible (ALTERNATIVA: crédito no que no es vencido, líquido y exigible, aunque de conformidad con el art. 328.1 TRLC ello no empece a efectos de la compensación y aumento de capital aquí llevado a cabo) que ostenta frente a..........., por el concepto de crédito convenio de acreedores de fecha...........

II.– .... S.L., domiciliada en..........., calle..........., inscrita en el Registro Mercantil de..........., al Tomo..........., folio..........., hoja..........., con CIF número..........., quien, en ese acto, asume........... participaciones sociales de nueva creación, números de la........... a..........., por un valor nominal conjunto de...........euros, siendo el contravalor de tales participaciones sociales, la compensación del crédito, total mente líquido, vencido y exigible (ALTERNATIVA: crédito no que no es vencido, líquido y exigible, aunque de conformidad con el art. 328.1 TRLC ello no empece a efectos de la compensación y aumento de capital aquí llevado a cabo) que ostenta frente a..........., por el concepto de crédito convenio de acreedores de fecha...........

III.– ....

Tras la compensación aquí acordada, el importe de los créditos arriba reseñados se destinan a la cuenta de capital social. Y siendo el importe de los créditos objeto de compensación equivalente al valor del aumento de capital, se hace constar la total extinción por COMPENSACIÓN de los créditos aportados.

Queda el capital social íntegramente asumido y desembolsado.

SEGUNDO.– Como consecuencia del aumento de capital que precede se procede a dar nueva redacción al artículo .... de los Estatutos Sociales con el siguiente tenor literal:

"Artículo ....°. Capital Social: El capital social asciende a la suma de........... euros, dividido en........... (...........) participaciones sociales, números........... a..........., ambos inclusive, de...........euros de valor nominal cada una, acumulables e indivisibles. El capital social está íntegramente suscrito y desembolsado".

TERCERO.– MENCIONES ESPECIALES

I.– Que el presente aumento tiene como base el convenio aceptado por los acreedores de la compañía .... en el concurso de acreedores de dicha sociedad y que fue aprobado mediante sentencia de fecha .... dictada por el Juzgado de lo mercantil de ....

II.– De conformidad con lo previsto en el artículo 304 TRLSC no existe derecho de asunción preferente de las nuevas participaciones, al no realizarse el aumento con cargo a aportaciones dinerarias y excluirlo, además, el art. 399 Bis TRLC.

III.– Igualmente, dando cumplimiento a lo establecido en los arts. 198.4. y 199.3 del Reglamento del Registro Mercantil, el otorgante hace constar:

A.– Que el aumento de capital acordado ha sido desembolsado en los términos previstos. Las siguientes personas, cuyas circunstancias constan reseñadas en la referida certificación, asumieron la totalidad de las .... participaciones sociales de nueva creación, indivisibles y acumulables, de .... euros cada una de ellas, numero .... a ...., inclusive, que atribuyen a los socios los mismos derechos y sin perjuicio de lo establecido en el art. 399 Bis TRLC.

B.– Que el contravalor de tales participaciones sociales ha consistido en la compensación del crédito, de los siguientes créditos contraídos por la sociedad y que se reseñan

C.– Que el compareciente me entrega un ejemplar del informe a que se refiere el art. 3, firmado por el administrador único de la compañía, cuya firma legitimo, y que yo el notario, incorporo a esta matriz y pasa a formar parte integrante de la misma, dando cumplimiento así a lo dispuesto en el art. 301.5 TRLSC.

CUARTO.– Se hace constar que al aumento de capital objeto de esta escritura por mi, notario, autorizada, le resulta de aplicación lo dispuesto en el art. 328 y 399 bis TRLC.

QUINTO.– El compareciente hace constar que la titularidad de las nuevas participaciones sociales se ha hecho constar en el libro Registro de Socios de la Compañía.

SEXTO.– Para el supuesto y a los efectos del art. 63 RRM, se solicita la inscripción parcial de esta escritura si no fuera posible la inscripción total de la misma y la extensión de nota, con expresión de las razones de denegación respecto a los extremos no inscritos.

Hago la advertencia de la obligatoriedad de inscripción de esta escritura en el Registro Mercantil.

Protección de datos.– Con relación a los datos de carácter personal que en la presente constan, referidos al compareciente, queda este enterado de que los mismos se incorporan

a mis ficheros automatizados, lo que acepta, así como del derecho de oposición, acceso a ellos, rectificación o cancelación de los mismos

OTORGAMIENTO Y AUTORIZACIÓN

Advierto al compareciente de su derecho a leer por si este instrumento al que renuncia. Yo, el notario, además la leo al compareciente, quien la encuentra conforme, otorga y firma conmigo, el notario, que doy fe en cuanto sea procedente de todo lo consignado en este instrumento público, extendido en .... folios de papel excel

F489. ACTA DEL CONSEJO DE ADMINISTRACIÓN FORMULANDO PROPUESTA DE MODIFICACIÓN DEL CONVENIO

Normativa de Aplicación: *Arts. 315 y ss. Real Decreto Legislativo 1/2020, de 5 de mayo, por el que se aprueba el texto refundido de la Ley Concursal.*

En ...., siendo las .... horas del día .... de .... de ...., y en el domicilio social, sito en ...., calle .... núm. ...., se celebra reunión del Consejo de Administración de la sociedad .... S.L.

La presente reunión del consejo de Administración fue convocada en fecha .... de .... de .... mediante telegrama remitido a los Sres. Consejeros y a la Administración Concursal en legal forma y plazo con el siguiente tenor literal «Por el presente, se le convoca a la reunión del Consejo de Administración a celebrar, en el domicilio social, el próximo día .... de .... de ...., a las .... horas, para deliberar y, en su caso, adoptar acuerdos con relación al siguiente orden del día: 1.– Formulación y aprobación de la Propuesta de modificación del Convenio en su día aprobado en el procedimiento concursal .... y 2.– Ejecución de acuerdos.

Asisten a la presente reunión, personalmente, la totalidad de los miembros del consejo de administración de la sociedad, esto es:

Presidente: Don ....

Secretario: Don ....

Vocal: Doña ....

Vocal: Doña ....

Vocal: Doña ....

Actúan como Presidente y Secretario de la presente reunión del Consejo de Administración, Don .... y Don ...., respectivamente.

El Sr. Presidente declara válidamente constituida la presente reunión del Consejo de Administración y se entra en el debate de los distintos puntos del orden del día. Previa deliberación y sin que ninguno de los asistentes haga uso del derecho de que conste en el acta el contenido de su intervención, se adoptan los siguientes acuerdos por UNANIMIDAD que son proclamados por el Sr. Presidente:

I.– Al amparo de lo dispuesto en el art. 401 bis TRLC, formular propuesta de modificación del convenio aprobado en su día, mediante sentencia de fecha ...., en el procedimiento de concurso voluntario ...., para su sometimiento y, en su caso, aprobación por los acreedores de la sociedad.

II.– Delegar expresamente en los miembros del Consejo de administración Doña .... y Don .... para que cualquiera de ellos, indistintamente, ejecute los acuerdos adoptados, facultándoles para suscribir cuantos documentos privados o públicos sean precisos a tal fin.

Y para que así conste se extiende la presente acta, que, leída, es aprobada por todos los consejeros por unanimidad, en .... hoy día de .... de ....».

F490. REGLAS ESPECIALES DE LIQUIDACIÓN CON REFERENCIA A LA ENAJENACIÓN DE PARTICIPACIONES SOCIALES

AL JUZGADO DE LO MERCANTIL N° .... DE ....

Procedimiento: Concurso Ordinario n° ....

............., en calidad de administrador concursal de la entidad .... como debidamente consta acreditado en los presentes autos, ante el Juzgado comparezco y, como mejor proceda en Derecho, DIGO:

Que de conformidad con lo establecido en el artículo 415, en su apartado 1 del TRLC esta Administración Concursal procede a emitir informe sobre las reglas especiales de liquidación.

Que el presente informe se sustenta en las siguientes

MANIFESTACIONES

ANTECEDENTES.

Mediante Auto de fecha ...., el Juzgado al que tenemos el honor de dirigirnos dictó Auto de apertura de la fase de liquidación.

Que en la resolución judicial indicada no se requirió a esta administración concursal a la presentación de informe referido a las normas especiales. No obstante, lo anterior considera esta AC que procede formular informe a la vista de lo dispuesto en el 415 apartado 1 del TRLC:

1. Al acordar la apertura de la liquidación de la masa activa o en resolución posterior, el juez, previa audiencia o informe del administrador concursal a evacuar en el plazo máximo de diez días naturales, podrá establecer las reglas especiales de liquidación que considere oportunas, así como, bien de oficio bien a solicitud de la administración concursal, modificar las que hubiera establecido. Las reglas especiales de liquidación establecidas por el juez podrán ser modificadas o dejadas sin efecto en cualquier momento, bien de oficio bien a solicitud de la administración concursal.

PRIMERO.– DE LA CONVENIENCIA DE ESTABLECER REGLAS ESPECIALES DE LIQUIDACIÓN

Esta administración concursal, considera conveniente establecer reglas especiales liquidatarias. Entendemos que dos circunstancias obligan a establecer estas reglas especiales:

(i) Celeridad de la liquidación: En consonancia con la reciente modificación operada en el TRLC por la Ley 16/2022 del TRLC la duración del presente procedimiento de liquidatorio debe tener una duración máxima de ocho meses, dado que de lo contrario se producirá la reducción de honorarios, razón por la que deben acudirse a procedimientos de liquidación que permitan imprimir una agilidad en el proceso.

(ii) Tipología de los activos: Del análisis de la masa activa de la concursada, podemos dividir en tres grupos los activos de la sociedad.

- Inmovilizado material.
- Participaciones en sociedades.
- Saldo de deudores.

En consonancia con lo expuesto en los próximos puntos iremos desgranando cada uno de los grupos de activos, estableciendo en ellos reglas especiales de liquidación.

SEGUNDO.– REGLAS APLICABLES AL INMOVILIZADO

A la vista del escaso valor de los elementos integrantes del inmovilizado material e inmaterial, se establece una única fase para la realización de estos activos.

De esta forma, se opta por la VENTA DIRECTA, en los siguientes términos:

Las reglas aplicables la venta directa serán las siguientes:

(i) Bienes sujetos a venta directa

Dicho mecanismo de realización afectará a los bienes integrantes del inmovilizado material e inmaterial, excluidas expresamente las participaciones sociales en otras sociedades integradas contablemente en la cuenta de inmovilizado financiero.

(ii) Recepción de ofertas.

Los interesados deberán remitir su oferta a la dirección de correo electrónico de la administración concursal que consta en el Auto de declaración y en el BOE, o bien en la dirección postal de ésta, sita en ....

La oferta de compra deberá contener al menos, la identidad del adquirente, el precio ofertado, y la asunción de la situación física y jurídica de los activos.

(iii) Plazo

Se establece un plazo máximo de UN MES para la recepción de ofertas contados desde el día del dictado por el que apruebe las normas especiales.

(iv) Precio

Los oferentes podrán formular cualquier tipo de oferta, si bien la administración concursal se reserva la facultad de rechazarla en el caso que considerara que esta ruinógena o perjudicial para los intereses del concurso.

(v) Adjudicación y otorgamiento de escritura pública.

Transcurrido el plazo de UN MES, la administración concursal adjudicará a la mejor oferta.

En ningún caso, se dictará resolución de autorización judicial de venta, limitándose la administración concursal a otorgar la correspondiente escritura pública de compraventa. En cualquier caso, la venta se realiza libre de cargas y gravámenes por lo que el juzgado dictará los oportunos mandamientos de cancelación de cargas.

(vi) Comunicación de las ventas

Una vez otorgada la escritura pública de compraventa, se comunicará al Juzgado la venta acompañando copia de ésta, y ello con independencia de la obligación de presentación de informes trimestrales.

(vii) Inexistencia de ofertas

Para aquellos bienes sobre los que no se haya recibido oferta, se entenderán que éstos se encuentran desprovistos de valor.

TERCERO.– REGLAS APLICABLES A LAS PARTICIPACIONES SOCIALES

Considera esta AC, que deben establecerse dos fases distintas. La primera la venta directa, y para el caso que esta no fructificara la subasta extrajudicial.

A.- VENTA DIRECTA.

Las reglas aplicables la venta directa serán las siguientes:

(i) Bienes sujetos a venta directa.

Dicho mecanismo de realización afectará a las participaciones sociales.

(ii) Recepción de ofertas.

Los interesados deberán remitir su oferta a la dirección de correo electrónico de la administración concursal que consta en el Auto de declaración y en el BOE, o bien en la dirección postal de ésta, sita en ....

La oferta de compra deberá contener al menos, la identidad del adquirente, el precio ofertado, y la asunción de la situación jurídica de las participaciones sociales.

(iii) Plazo

Se establece un plazo máximo de UN MES para la recepción de ofertas contados desde el día del dictado por el que apruebe las normas especiales.

(iv) Precio

Los oferentes podrán formular cualquier tipo de oferta, si bien la administración concursal se reserva la facultad de rechazarla en el caso que considerara que esta ruinógena o perjudicial para los intereses del concurso.

(v) Adjudicación y otorgamiento de escritura pública.

Transcurrido el plazo de UN MES, la administración concursal adjudicará a la mejor oferta. No obstante, y de conformidad con lo dispuesto en el artículo 107 y el 109 del Real Decreto Legislativo 1/2010, de 2 de julio, por el que se aprueba el texto refundido de la Ley de Sociedades de Capital, esta administración concursal dirigirá requerimiento al órgano de administración de la sociedad, al objeto que, en su caso se proceda al derecho de adquisición preferente por parte de los socios y/o sociedad.

En ningún caso, se dictará resolución de autorización judicial de venta, limitándose la administración concursal a otorgar la correspondiente escritura pública de compraventa. En cualquier caso, la venta se realiza libre de cargas y gravámenes por lo que el juzgado dictará los oportunos mandamientos de cancelación de cargas.

(vi) Comunicación de las ventas

Una vez otorgada la escritura pública de compraventa, se comunicará al Juzgado la venta acompañando copia de ésta, y ello con independencia de la obligación de presentación de informes trimestrales.

(vii) Inexistencia de ofertas

Para aquellos bienes sobre los que no se haya recibido oferta, se procederá a la subasta electrónica extrajudicial

B.- SUBASTA EXTRAJUDICIAL

Sobre aquellos bienes, sobre los que no se hayan recibido oferta en la fase directa, se optará por la subasta extrajudicial mediante entidad especializada.

1. Reglas de la subasta por entidad especializada.

1.1. Activos que serán subastados.

Los bienes sobre los que no se hayan recibido oferta en la fase directa.

1.2 Publicidad.

La entidad especializada, se encargará de la publicidad necesaria para poder realizar la subasta pública de una forma fácil y sencilla.

La entidad especializada, adquiere la obligación de una serie de actuaciones y de servicios que serán aplicables para todos aquellos usuarios-postores interesados en la adquisición de los activos ofertados, para ello se obliga a realizar las siguientes actuaciones y servicios:

1ª.- Permitir el acceso público de usuarios-postores a cualquier proceso de realización de bienes o derechos.

2ª.- Facilitar toda aquella información que sea solicitada por el usuario-postor.

3ª.- Establecimiento de medidas que garanticen una seguridad jurídica, tanto en relación con el encargo de venta formalizado entre parte vendedora así como en la relación al registro completo de las ofertas de compra y personalidad de los usuarios .... postores.

4ª.- Registrar de forma transparente todas aquellas ofertas realizadas por los usuarios-postores con relación a la venta por subasta de los bienes o derechos.

1.3 *Plazos y otros trámites:*

1º) Inicio: Se comunicará al Juzgado la fecha de inicio, indicando la entidad especializada escogida y los datos para el acceso a la subasta.

2º) La subasta finalizará transcurrido UN MES desde su inicio.

3º) Se comunicará por parte de la AC, la dirección de Internet en el que puedan consultarse las bases y condiciones concretas de la subasta.

4º) Las ofertas se realizarán online a través de la página Web de la Entidad Especializada.

La Administración Concursal declarará aprobado el remate de la subasta a favor del mejor postor. No obstante, y de conformidad con lo dispuesto en el artículo 107 y el 109 del Real Decreto Legislativo 1/2010, de 2 de julio, por el que se aprueba el texto refundido de la Ley de Sociedades de Capital, esta administración concursal dirigirá requerimiento al órgano de administración de la sociedad, al objeto que, en su caso se proceda al derecho de adquisición preferente por parte de los socios y /o sociedad.

Corresponderá a la Administración Concursal la designación del día, hora, lugar y, en su caso, el Notario donde se otorgarán los documentos públicos o privados a través de los que se articule la compraventa.

La falta de asistencia al otorgamiento de los contratos de compraventa o pago, total o parcial del precio, de los honorarios de gestión de la Entidad Especializada, y sus impuestos facultará a la Administración Concursal para tenerle por desistido en su oferta de compra.

Para el supuesto de que en cualquiera de los estados previstos para la subasta de los bienes el mejor postor designado adjudicatario de los mismos no concurriese al otorgamiento de los documentos públicos o privados que resulten necesarios para su transmisión y pago del precio de remate, la administración concursal, con independencia de su derecho a exigir las responsabilidades que procedan por incumplimiento del antedicho mejor postor (en la forma que se establezca en las bases y condiciones de intervención en la subasta pública que como mínimo se fijarán en el 20% del tipo de subasta del bien por aplicación analógica de los arts. 647, 653, 655 y 669 de La Ley de Enjuiciamiento Civil), sin necesidad de declaración o intimación judicial expresa, podrá tenerlo por desistido en su oferta de compra, declarando adjudicatario los subsiguientes mejores postores habidos en la subasta pública celebrada, por el orden de sus respectivas posturas.

Tan pronto como se consume la realización de los bienes, la Administración Concursal podrá ponerlo en conocimiento del juzgado, incluyendo informe de la persona o entidad especializada designada sobre el proceso de subasta.

1.4. Gastos.

Por todos aquellos servicios e intermediaciones en las operaciones, llevadas a cabo por la entidad especializada, esta última percibirá los honorarios de gestión que se calcularán sobre la base de la oferta realizada por el usuario-postor, que finalmente resulte adjudicatario por parte de la Administración Concursal.

Los honorarios que sean devengados por dicha venta vendrán determinados por la aplicación de un máximo de un 5%, sobre el precio de adjudicación. A los citados honorarios se les aplicará los impuestos correspondientes.

A la vista, de la posible insuficiencia de masa, estos honorarios serán satisfechos por el adjudicatario de los activos.

1.5- Tipo de subasta.

Se fijará como tipo de subasta el valor fijado en el inventario.

Se admitirá cualquier oferta, salvo que la administración concursal considerara que este es irrisoria o perjudica a los intereses de la masa. Se aprobará el remate a favor de la mejor de ellas.

1.6 Depósito.

Para poder formular puja, será imprescindible que el interesado realice un depósito en la cuenta de la concursada. El importe de este depósito se determinará por la entidad especializada.

CUARTO.– REGLAS APLICABLES A LOS CRÉDITOS Y CUENTAS A COBRAR

Para este tipo de activos, se establecen una fase cuya duración queda establecida en TRES MESES desde la aprobación del correspondiente auto que fije las reglas, la AC procederá a reclamar los créditos (en el caso que no se hubieran iniciado los correspondientes procedimientos judiciales). Iniciadas las correspondiente acciones, o continuadas las ya iniciadas, se emitirá un informe por parte de la AC, en el que se comunicará al Juzgado la situación de cada uno de los créditos y la posibilidad de cobro. De forma coetánea a la presentación del informe se solicitará autorización judicial para alcanzar un posible acuerdo de pago con los deudores, o por el contrario, se interesará la autorización judicial para la cesión de créditos a un tercero.

En su virtud,

SUPLICA, que teniendo por presentado en tiempo y forma el presente escrito sea aceptado, tenga por evacuado el requerimiento efectuado y por informadas las reglas especiales de liquidación.

En ....a ...., a ....

F491. ESCRITURA DE COMPRAVENTA DE PARTICIPACIONES SOCIALES DE SOCIEDAD EN CONCURSO DE ACREEDORES CON RENUNCIA AL DERECHO DE ADQUISICIÓN PREFERENTE

ESCRITURA DE COMPRAVENTA DE PARTICIPACIONES SOCIALES DE LA ENTIDAD ...., S.L.

En ...., mi residencia, a Fecha autorización.

Ante mí, ..., Notario del Ilustre Colegio Notarial de ....,

COMPARECEN

DON ...., nacido el ...., casado, de profesión abogado, vecino de .... (............), con domicilio en ...., número ....; con Documento Nacional de Identidad y Número de Identificación Fiscal número Número identificación.

DOÑA, mayor de edad, casada, de profesión ...., vecina de .... (............), con domicilio en Calle ...., número ....; con Documento Nacional de Identidad y Número de Identificación Fiscal número Número identificación.

DON ...., nacido el Fecha nacimiento, Estado civil, de profesión Descripción Actividad, vecino de Municipio (Código postal-Provincia), con domicilio en Tipo de vía Nombre de la vía, número Número de la vía, Planta .... Puerta ....; con Documento Nacional de Identidad y Número de Identificación Fiscal número Número identificación.

INTERVIENEN

1) DON .... en nombre y representación de:

A) La entidad ...., ..., sociedad constituida por tiempo indefinido, y de nacionalidad española.

DOMICILIO SOCIAL. Con domicilio social en ...., Calle ...., número ....

CONSTITUCIÓN. Constituida en escritura autorizada por el Notario de ...., don ...., con fecha de .... de .... de ...., con el número .... de su protocolo.

INSCRIPCIÓN.- Inscrita en el Registro Mercantil de Valencia, al tomo ...., libro ...., folio ...., hoja número ....

C.I.F. número B............. Yo, el Notario, compruebo a través de la plataforma SIGNO que el anterior C.I.F. no ha sido revocado. Incorporo a la presente traslado a papel, directamente obtenido por mí, de dicha consulta.

OBJETO SOCIAL. Tiene por objeto social ....

Esta sociedad fue declarada en concurso voluntario de acreedores mediante auto dictado por el Juzgado de lo Mercantil número .... de ...., el día .... de .... de .... En dicho auto, se declaró la intervención de las facultades de administración, y se nombró administrador concursal a don ....

Posteriormente, mediante auto dictado por el mismo juzgado, de fecha .... de .... de ...., se declaró conclusión de la fase común del concurso, la apertura de la fase de liquidación y suspensión de las facultades de administración.

Y mediante auto emitido por el mismo juzgado, de .... de .... de .... se aprobaron las reglas de liquidación de la entidad ...........S.L., propuestas por el administrador concursal en su informe de fecha de .... de .... de .... En dichas reglas se establecía, para las participaciones sociales, el sistema de venta directa inicialmente, y en defecto de éste, el de subasta extrajudicial a través de entidad especializada.

Incorporo a la presente los documentos judiciales reseñados, para su reproducción en las copias que de la misma se expidan.

TITULARIDAD REAL.- Yo, el Notario, hago constar expresamente que he cumplido con la obligación de identificación del titular real que impone el artículo 4 de la Ley 10/2.010, de 28 de abril, cuyo resultado consta en acta autorizada por el notario de ...., don ...., el día .... de .... de ...., con el número .... de su protocolo; asimismo manifiesta que desde la fecha del acta dicha titularidad real no ha sufrido modificación alguna, y que no es persona con responsabilidad pública, ni tampoco sus parientes o allegados.

Asevera el compareciente que los datos de identificación de su representada —especialmente, el objeto y el domicilio— no han variado respecto de los consignados en el documento presentado, que continúa en el ejercicio de sus facultades, y que éstas no le han sido limitadas, suspendidas ni revocadas y que permanece invariable la personalidad jurídica de la entidad que representa.

JUICIO DE SUFICIENCIA: Y de la documentación reseñada resulta que ostenta, a mi juicio, facultades suficientes para el otorgamiento de la presente escritura de compraventa de participaciones, de lo cual doy fe.

B) La entidad ...., S.L. sociedad constituida por tiempo indefinido, y de nacionalidad española.

DOMICILIO SOCIAL. Con domicilio social en ...., Calle ...., número ....

CONSTITUCIÓN. Constituida en escritura autorizada por el Notario de ...., don ...., con fecha de .... de .... de ...., con el número .... de su protocolo.

INSCRIPCIÓN.- Inscrita en el Registro Mercantil de Valencia, al tomo ...., libro ...., folio ...., hoja número ....

C.I.F. número B- .... Yo, el Notario, compruebo a través de la plataforma SIGNO que el anterior C.I.F. no ha sido revocado. Incorporo a la presente traslado a papel, directamente obtenido por mí, de dicha consulta.

OBJETO SOCIAL. Tiene por objeto social ....

Esta sociedad fue declarada en concurso voluntario de acreedores mediante auto dictado por el Juzgado de lo Mercantil número .... de ...., el día .... de .... de .... En dicho auto, se declaró la intervención de las facultades de administración, y se nombró administrador concursal a don ....

Posteriormente, mediante auto dictado por el mismo juzgado, de fecha .... de .... de ...., se declaró conclusión de la fase común del concurso, la apertura de la fase de liquidación y suspensión de las facultades de administración, y la apertura de la fase de liquidación de la sociedad.

Y mediante auto emitido por el mismo juzgado, de .... de .... de .... se aprobaron las reglas de liquidación de la entidad ...., S.L. propuestas por el administrador concursal en su informe de fecha de .... de .... de .... En dichas reglas se establecía, para las participaciones sociales, el sistema de venta directa inicialmente, y en defecto de éste, el de subasta extrajudicial a través de entidad especializada.

Incorporo a la presente los documentos judiciales reseñados, para su reproducción en las copias que de la misma se expidan.

TITULARIDAD REAL.- Yo, el Notario, hago constar expresamente que he cumplido con la obligación de identificación del titular real que impone el artículo 4 de la Ley 10/2.010, de 28 de abril, cuyo resultado consta en acta autorizada por el notario de ...., don ...., el día .... de .... de ...., con el número .... de su protocolo; asimismo manifiesta que desde la fecha del acta dicha titularidad real no ha sufrido modificación alguna, y que no es persona con responsabilidad pública, ni tampoco sus parientes o allegados.

Asevera el compareciente que los datos de identificación de su representada —especialmente, el objeto y el domicilio— no han variado respecto de los consignados en el documento presentado, que continúa en el ejercicio de sus facultades, y que éstas no le han sido limitadas, suspendidas ni revocadas y que permanece invariable la personalidad jurídica de la entidad que representa.

JUICIO DE SUFICIENCIA: Y de la documentación reseñada resulta que ostenta, a mi juicio, facultades suficientes para el otorgamiento de la presente escritura de compraventa de participaciones, de lo cual doy fe.

2) DOÑA .... en nombre y representación de ...., S.L. sociedad constituida por tiempo indefinido, y de nacionalidad española.

DOMICILIO SOCIAL. Con domicilio social en X, calle .... número ....pta ....

CONSTITUCIÓN. Constituida en escritura autorizada por el Notario de ...., Don ...., el .... de septiembre de ...., con número .... de protocolo.

INSCRIPCIÓN.- Inscrita en el Registro Mercantil de ...., al tomo ...., libro ...., folio ...., sección ...., hoja ....

C.I.F. número B........... Yo, el Notario, compruebo a través de la plataforma SIGNO que el anterior C.I.F. no ha sido revocado. Incorporo a la presente traslado a papel, directamente obtenido por mí, de dicha consulta.

OBJETO SOCIAL. Tiene por objeto social la adquisición, venta y tenencia de títulos valores de renta fija y/o variable de cualquier clase, estén o no aceptados a cotización en las Bolsas de Comercio oficialmente autorizadas, excluyéndose expresamente las reservadas a Instituciones de Inversión Colectiva y todas aquellas actividades sometidas a la legislación especial de la Ley del Mercado de Valores; La compraventa, suscripción, administración y adquisición derivativa de participaciones sociales por cuenta propia; La compraventa e intermediación de toda clase de fincas rústicas y urbanas, la promoción y construcción sobre las mismas de toda clase de edificaciones, su rehabilitación, venta o arrendamiento no financiero, y la construcción de toda clase de obras públicas o privadas.

LEGITIMACIÓN. El nombramiento y sus facultades para este acto resultan de su condición de administrador solidario, cargo para el que fue designada por acuerdo de la junta general elevado a público en virtud de escritura autorizada por el notario de Valencia Don .... en fecha .... de .... de ...., bajo el número de protocolo ...., que causó la inscripción ....

TITULARIDAD REAL.- Yo, el Notario, hago constar expresamente que he cumplido con la obligación de identificación del titular real que impone el artículo 4 de la Ley 10/2.010, de 28 de abril, cuyo resultado consta en acta autorizada por el notario de ...., don ...., el día .... de .... de ...., número .... de protocolo; asimismo manifiesta que desde la fecha del acta dicha titularidad real no ha sufrido modificación alguna, y que no es persona con responsabilidad pública, ni tampoco sus parientes o allegados.

Asevera el compareciente que los datos de identificación de su representada —especialmente, el objeto y el domicilio— no han variado respecto de los consignados en el documento presentado, que continúa en el ejercicio de sus facultades, y que éstas no le han sido limitadas, suspendidas ni revocadas y que permanece invariable la personalidad jurídica de la entidad que representa.

JUICIO DE SUFICIENCIA: Y de la documentación reseñada resulta que ostenta, a mi juicio, facultades suficientes para el otorgamiento de la presente escritura de compraventa de participaciones sociales, de lo cual doy fe.

3) DON .... en su propio nombre y derecho, y además, en nombre y representación de DON ....

Identifico a los comparecientes por sus reseñados documentos de identidad. Constan sus circunstancias personales por sus manifestaciones. Y tienen, a mi juicio, capacidad suficiente para el otorgamiento de esta escritura de compraventa de participaciones, de lo cual doy fe, y al efecto,

EXPONEN

I.- Que .... S.L., es titular, en pleno dominio, de .... participaciones sociales, las número .... a ...., de la entidad mercantil .... S.L, de nacionalidad española, que tiene por OBJETO SOCIAL: .... Con domicilio en ...., Calle ...., número .... Constituida con carácter indefinido en virtud de escritura autorizada por el Notario de ...., don ...., el día .... de .... de ...., con el número .... de su protocolo. Inscrita en el Registro Mercantil de ...., al tomo ...., folio ...., hoja ...., inscripción 1ª. Y provista de CIF número B-............

Cada participación social tiene un valor nominal de seis euros con un céntimo (6,01 €).

TÍTULO: Le pertenecen:

– Un total de .... participaciones, señaladas con los números .... a ...., ambos inclusive, por suscripción en aumento de capital, formalizada en escritura autorizada por el notario de ...., don ...., el día .... de .... de ...., con el número .... de protocolo.

CARGAS: Declara su titular que dichas participaciones están libres de cargas, gravámenes y limitaciones.

II.- Que ...........S.L. es titular, en pleno dominio, de .... participaciones sociales, la número X a ...., y de la número .... a ...., de la entidad mercantil ...., S.L, cuyos datos se han reseñado anteriormente.

TÍTULO: Le pertenecen:

– Un total de .... participaciones, señaladas con los números .... a ...., ambos inclusive, por suscripción en aumento de capital, formalizada en escritura autorizada por el notario de ...., don ...., el día .... de .... de ...., con el número .... de protocolo.

CARGAS: Declara su titular que dichas participaciones están libres de cargas, gravámenes y limitaciones.

COMÚN A LOS PUNTOS I y II. DISPOSICIONES ESTATUTARIAS. DON .... y DON ...., tal y como está representado, renuncian en este acto a cualquier derecho de adquisición preferente que pudiera corresponderles en la presente transmisión para la adquisición de las participaciones sociales de la entidad ...., S.L. Dichos señores son los únicos socios de dicha sociedad, junto con las dos sociedades concursadas aquí representadas, por lo que se cumplen los requisitos previstos en los estatutos para la transmisión de participaciones.

III.- Que en el ámbito del proceso concursal en el que se encuentran inmersas ...., S.L. y .... S.L., la mejor oferta recibida por la administración concursal para la adquisición de las participaciones reseñadas en los expositivos anteriores, fue la de la entidad .... S.L. No obstante, dicha entidad ha renunciado a los derechos derivados de su condición de mejor postor, en virtud de escritura autorizada por mí, el infrascrito notario, en el día de hoy, con el número anterior de protocolo al presente.

IV.- Manifiesta el administrador concursal que la segunda mejor oferta es la presentada por la mercantil ...., S.L., en los términos que resultan de los documentos de oferta que los comparecientes me entregan, para incorporar a la presente, y cuyos términos se dan por reproducidos.

V.- Y expuesto cuanto antecede,

ESTIPULAN:

PRIMERO.- COMPRAVENTA.

La entidad ...., S.L., vende y transmite las participaciones sociales mencionadas en el expositivo I de la entidad ...., S.L., a ...., S.L.. que las compra y adquiere.

PRECIO.

El precio es de .... (........... €).

MEDIOS DE PAGO: el pago del precio se hace efectivo mediante ....

SEGUNDO.- COMPRAVENTA.

La entidad ...., S.L., vende y transmite las participaciones sociales mencionadas en el expositivo II de la entidad ...., S.L., a .... S.L.. que las compra y adquiere.

PRECIO.

El precio es de .... (........... €).

MEDIOS DE PAGO: el pago del precio se hace efectivo mediante ....

TERCERO.- GASTOS E IMPUESTOS.

Los gastos e impuestos derivados de la presente escritura, serán satisfechos por la parte compradora...........

CUARTO.- MANIFESTACIÓN FISCAL.

Hacen constar los comparecientes que la transmisión objeto de esta escritura no está comprendida en los supuestos contemplados en las letras a) y b) del número 2 del art. 338 de la Ley del Mercado de Valores.

QUINTO.- COMUNICACIÓN AL ÓRGANO DE ADMINISTRACIÓN.

Advierto a los comparecientes acerca de la necesidad de notificar al órgano de administración la presente transmisión, a los efectos de hacerlo constar en el Libro Registro de Socios.

CLÁUSULA DE INFORMACIÓN DE DATOS.

De acuerdo con lo previsto en el Reglamento (UE) 2016/679 del Parlamento Europeo y del Consejo, de 27 de abril de 2016, relativo a la protección de las personas físicas en lo que respecta al tratamiento de datos personales y a la libre circulación de estos datos, informo a los comparecientes de que los datos personales resultantes de esta Escritura serán incorporados al Fichero de Protocolos y Documentación y al Fichero de Administración y Organización de esta Notaría, de que las finalidades del tratamiento son el estricto desempeño de la función pública notarial, la facturación y el seguimiento posterior de la presente, y de que dichos datos se conservarán en la Notaría con carácter confidencial y amparados por el secreto de protocolo, sin perjuicio de las remisiones impuestas por Ley a las Administraciones Públicas y, en su caso al Notario sucesor en la actual plaza.

Asimismo, en caso de que alguno de los interesados encargue la gestión del presente documento a la propia notaría, manifiesta expresamente el consentimiento a que ésta pueda ceder los datos de dicho interesado y copias de la presente a la gestoría que la notaría elija para llevar a cabo dicha gestión; y en caso de que alguno de los interesados encargue la gestión a una gestoría concreta, el interesado consiente expresamente la cesión de datos y de copias se hará a la misma con dicha finalidad.

Si se facilitaran datos de personas distintas a el/los interviniente/s, este/os deberá/n haberle/s informado previamente de lo contenido en el artículo 14 del citado Reglamento.

El responsable del Fichero es el Notario autorizante, con domicilio a estos efectos en esta Oficina, ante quien podrá ejercer el interesado sus derechos de acceso, rectificación, cancelación y oposición en los términos previstos por el citado Reglamento y por la legislación notarial específica vigente.

Frente a cualquier eventual vulneración de dichos derechos, los interesados pueden presentar la pertinente reclamación ante la Agencia Española de Protección de Datos.

Se ha dado cumplimiento a las prevenciones de la Ley 10/2010, de 28 de abril.

OTORGAMIENTO Y AUTORIZACIÓN

Hago las reservas y advertencias legales, en especial las pertinentes fiscales, y leo esta escritura a los comparecientes, previa advertencia y renuncia de su derecho a hacerlo por sí, la encuentran conforme, otorgan y firman conmigo, el Notario, que DOY FE de que el consentimiento ha sido prestado libremente, de que este otorgamiento se adecua a la legalidad y a la voluntad debidamente informada de los otorgantes y de todo lo demás contenido en este instrumento público extendido en Composición papel timbrado, yo el Notario, DOY FE.

F492. ESCRITO DE ALEGACIONES POR LOS SOCIOS A UNA OFERTA DE COMPRA EN GLOBO DE ACTIVOS DE LA CONCURSADA, QUE CONTIENE PARTICIPACIONES SOCIALES SUJETAS A DERECHO DE ADQUISICIÓN PREFERENTE

Concurso Voluntario Ordinario de:

"............, S.L."

Autos ....

AL JUZGADO DE LO MERCANTIL Nº.. DE ....

............, procurador de los Tribunales y de la mercantil ............S.L., con domicilio social en ...., con CIF .... cuya representación acredito con escritura de apoderamiento que acompaño al presente escrito como documento uno, ante este Juzgado comparezco bajo la dirección letrada de DON .... (ICAV...........), en los autos de Concurso Voluntario Ordinario de la entidad "............S.L." número de autos ...., y como mejor proceda en Derecho, DIGO:

PRIMERO.- Que por Diligencia de Ordenación de fecha .... de .... de .... dictada por este Juzgado, al que respetuosamente me dirijo, se ha dejado constancia de la presentación del escrito de la mercantil .... S.L. de fecha ...., por el que dicha sociedad "viene a presentar a la Administración concursal la oferta de compra de la unidad productiva de .... con la cuantificación y determinación" que consta en el escrito presentado y que es la siguiente:

Lo anterior es todo lo que se dice sobre los elementos de la unidad productiva que se pretende adquirir, la valoración de los mismos y forma de pago. Información que como más adelante se dirá, esta parte considera totalmente insuficiente para que se pueda autorizar judicialmente dicha adquisición.

Que junto con el anterior escrito referenciado, la mercantil ............S.L., presenta un certificación de la entidad ...., para justificar su capacidad económica para afrontar la operación de compra y que informa de lo siguiente:

Como más adelante se dirá, esta parte considera que el certificado de entidad bancaria presentado no es suficiente para acreditar la capacidad económica de ...........S.L. para afrontar la operación de compra que pretende.

Que por la citada diligencia de ordenación de fecha .... de .... de .... se da traslado del citado escrito de la administración concursal para que en el plazo de TRES DÍAS se pueda alegar por escrito lo que se estime procedente sobre dicha solicitud.

SEGUNDO.- Sin perjuicio de lo que a continuación se dirá, es difícil valorar la bondad de la oferta presentada si no se desglosa el importe que la oferente pretende desembolsar por cada activo.

Máxime, y es importante, cuando no nos hallamos ante la transmisión de un unidad productiva, ni una cesión de activo y pasivo de la concursada, tampoco una venta de empresa con transmisión de las relaciones jurídicas de la vendedora. Simplemente es una transmisión de una serie de inmuebles y activos de la concursada.

El Texto Refundido de la Ley Concursal establece en su artículo 218 el contenido mínimo de una oferta de compra de unidad productiva.

Evidentemente la oferta de compra de activos y elementos patrimoniales presentada por ............S.L. no recoge el contenido mínimo exigido por el citado art. 218 TRLC.

Además de no recoger dicho contenido mínimo, en la oferta presentada no se dice nada sobre si la adquirente va a respetar (sin limitar o excluir) las obligaciones, responsabilidades o contingencias derivadas o relacionadas con la Unidad Productiva que se pretende adquirir. Nada se dice sobre subrogación o no de contratos laborales, privados o administrativos, ni de asunción de créditos pendientes de pagar en el concurso afectos o no a los activos que se van a adquirir. Ni se marca el mas mínimo perímetro.

Por lo tanto en base a lo anterior no se puede decir que estemos ante una oferta de compra de unidad productiva, sino de una oferta de compra de activos y elementos patrimoniales de la concursada .... S.L..

Por otra parte, la oferente no desglosa el importe que pretende desembolsar por cada activo, sino que hace ofrece un precio de .... euros por la cesión de los créditos que tiene la concursada frente a ...., y un precio de .... euros por los restantes bienes y derechos que pretende adquirir, sin especificar el importe a desembolsar por cada activo.

No solo no especifica el importe a desembolsar por cada activo que adquiere por un importe total de .... euros, sino que en su oferta dice que el valor y la cuantía de dichos activos será individualizado "una vez analizada su repercusión fiscal", sin especificar cual será el método empleado, los informes de peritos o expertos que se tendrán en cuenta ni las reglas para efectuar su valoración. Es decir, se valorarán de una forma totalmente arbitraria por la adquirente una vez autorizada judicialmente la operación, lo cual entiende esta parte supondría una situación de fraude y de indefensión para los derechos de los acreedores del concurso.

Finalmente, tampoco en la oferta de compra presentada por .... S.L., tampoco contiene una declaración por parte de dicha sociedad sobre si su oferta de compra es vinculante e incondicional y si se mantendrá vigente en todo momento durante la tramitación de las autorizaciones necesarias para el otorgamiento de escrituras públicas y durante todo el plazo de firma, lo cual entiende esta parte que supondría una situación de indefensión para los acreedores del concurso.

TERCERO.- Como ya se ha dejado dicho la mercantil .... S.L., presenta una certificación de la entidad bancaria ...., para justificar su capacidad económica para afrontar la operación de compra y que informa de lo siguiente:

En el mismo certificado se dice que en ningún caso debe considerarse el mismo como una promesa de garantía y de su contenido no se desprende que se pueda considerar tal certificado como una declaración responsable del oferente por la que acredita y confirma que dispone de la adecuada estructura de capital y financiación para llevar a cabo la operación de compra que pretende realizar.

En conclusión, entiende esta parte que dicho certificado es totalmente insuficiente para justificar la capacidad económica de .... S.L. para afrontar la operación de compra que pretender llevar a cabo.

CUARTO.- Que en la masa activa de la concursada se encuentran comprendidos las siguientes fincas las cuales están en proindiviso, teniendo la concursada .... S.L., la propiedad de un .... por ciento del pleno dominio de las mismas, y correspondiendo a mi mandante............S.L., la propiedad del .... por ciento del pleno dominio de las mismas.

Así pues mi mandante............S.L., tiene la siguiente copropiedad en relación con las fincas que seguidamente se relacionan y que forman parte de la masa activa de la concursada que se pretende vender:

Por lo tanto, y por el presente escrito esta parte solicita a este Juzgado que requiera a la oferente .... S.L., para que fije cual es el precio desglosado que corresponde a cada una de dichas fincas en su oferta de compraventa de fecha ...., a los efectos de ejercer la .... S.L. (si lo estima oportuno) su derecho de adquisición preferente y retracto que le corresponde como copropietaria de las citadas fincas.

QUINTO.- Tal como se desprende del inventario de bienes y derechos adjunto al plan de liquidación formulado por la administración concursal, la mercantil .... S.L. es titular de las siguientes participaciones:

– participaciones sociales de la mercantil. S.L., que representan el.. del Capital Social

– participaciones sociales de la mercantil.. S.L., que representan el..% del Capital Social.

– participaciones sociales de la mercantil.. S.L., que representan el.. del Capital Social.

La mercantil ...., es socio de las tres citadas mercantiles .... y por lo tanto de conformidad con lo dispuesto en el art............. de los Estatutos Sociales y los arts. 107 y siguientes del Texto Refundido de la Ley de Sociedades de Capital, tiene un derecho de adquisición preferente sobre las participaciones sociales de dichas mercantiles que pretende a adquirir .... S.L..

Por lo tanto, y por el presente escrito esta parte solicita a este Juzgado que requiera a la oferente .... S.L., para que fije cual es el precio desglosado que corresponde a cada paquete de participaciones sociales de las mercantiles ............S.L. en su oferta de compraventa de fecha ...., a los efectos de ejercer mi mandante la mercantil ............S.L. (si lo estima oportuno) su derecho de adquisición preferente que le corresponde como socio de las citadas tres mercantiles.

SEXTO.- Por lo tanto, asiste un derecho de tanteo y retracto y adquisición preferente, conferido, es importante decirlo, EX LEGE, por mandato de la Ley y no convencionalmente, a favor de mi mandante en orden a, si fuera de su interés ejercitarlo, adquirir los referidos activos. Y para ello, es preciso conocer el precio de adquisición de las participaciones sociales y cuota indivisa arriba reseñada.

Repetimos, máxime cuando no nos hallamos ante la transmisión de un unidad productiva, ni una cesión de activo y pasivo de la concursada, tampoco una venta de empresa con transmisión de las relaciones jurídicas de la vendedora. Incluso en este caso nos asistiría tal derecho.

Pero es que, en el supuesto de autos, simplemente nos hallamos ante una mera compraventa de unos inmuebles y activos de la concursada, no siendo aceptable, que, al amparo de la formulación de una oferta conjunta y a precio alzado por unos activos se pretenda privar a esta parte de derechos legalmente conferidos. Especialmente, cuando la oferta no queda condicionada a su aceptación conjunta, y en ningún caso en dicha oferta ni en el concurso de acreedores constan las participaciones sociales y la cuota indivisa reseñadas en los apartados ...., como elementos esenciales, por lo que carece de sentido y no perjudica a nadie que mi mandante, en su caso, ejercite tales derechos, incluido para la compradora, que recuperaría el importe invertido.

Mantener lo contrario, consagraría una forma de actuar contraria a la buena fe y en claro abuso de derecho, pues bastaría efectuar ofertas conjuntas con precios alzados por todos los bienes para dejar sin efecto previsiones legales (arts 107 y ss LSC y 1522 CC), algo inaceptable.

En su virtud,

SUPLICO AL JUZGADO que tenga por presentado este escrito y sus copias, se admita a trámite y se tengan por realizadas las manifestaciones contenidas en el mismo a los efectos legales oportunos.

Es Justicia que se Suplica en .... a .... de ....

F493. ACTA DE JUNTA GENERAL EXTRAORDINARIA RENUNCIANDO LOS SOCIOS AL DERECHO DE COMPRA PREFERENTE DE PARTICIPACIONES SOCIALES QUE LA CONCURSADA EN LIQUIDACIÓN PRETENDE ENAJENAR A TERCERO

ACTA DE JUNTA GENERAL EXTRAORDINARIA DE LA SOCIEDAD .... S.L.

ÓRGANO: Junta General Extraordinaria de socios.

FECHA Y LUGAR DE CELEBRACIÓN: El día .... de .... de ...., a las .... horas, en el domicilio social, sito en ...., Avda ...., nº ....

CIRCUNSTANCIAS DE LA CONVOCATORIA: Por presencia y reunión en el domicilio social de la totalidad de los socios y, por tanto, de los titulares de la totalidad de las participaciones sociales en que se divide el capital social de la compañía, lo que da a la reunión el carácter de Junta UNIVERSAL, aceptando los concurrentes reunirse para deliberar y, en su caso, adoptar acuerdos sobre el siguiente orden del día:

1.– Hacer constar la voluntad del socio .... S.L. EN LIQUIDACIÓN y la sociedad .... S.L. de renuncia del derecho de adquisición preferente sobre las participaciones sociales que el socio .... S.L. pretende vender a la mercantil .... S.L. por precio total de .... EUROS (........... EUROS).

LISTA DE ASISTENTES

.... S.L. EN LIQUIDACIÓN titular de .... participaciones sociales, número ...., todos inclusive, que suponen en su conjunto, el .... por ciento del capital social, representada por sus liquidador y administrador concursal Don ....

.... S.L., titular de .... participaciones sociales, número ...., todos inclusive, que suponen en su conjunto, el .... por ciento del capital social, representada por su administrador único Don ....

En prueba de conformidad y consentimiento individual de todos los reunidos para constituirse en Junta General Extraordinaria y Universal de la sociedad .... S.L., firman la presente

Asimismo, asisten conforme a lo previsto en el art. 180 de la Ley de Sociedades de Capital, los administradores de la sociedad.

La Mesa, por decisión de todos los socios y conforme establecen los Estatutos Sociales, se constituye actuando como como Presidente Don .... y Secretario Doña .... Acto seguido, el Presidente declara válidamente constituida la Junta y abierta la misma, se inician las deliberaciones, tras las cuales y sin que ninguno de los asistentes haya solicitado que conste en acta su intervención, se adoptan por unanimidad, los siguientes ACUERDOS, que son proclamados por el Presidente:

PRIMERO.– Renuncia del socio .... S.L., representada por su administrador único Don .... al derecho de adquisición preferente que, conforme a lo establecido en los Estatutos Sociales, le asiste sobre las .... participaciones de la mercantil .... S.L. las número ...., todos inclusive, que el socio .... S.L. EN LIQUIDACIÓN pretende vender a las sociedades ...., S.L. por precio total de .... EUROS (........... EUROS).

Igualmente, la sociedad .... S.L., representada por sus administradores Mancomunados Doña .... y Don ...., renuncia al derecho de adquisición preferente que, conforme a lo establecido en los Estatutos Sociales, le asiste sobre sus propias participaciones reseñadas en el párrafo anterior, que el socio .... S.L. EN LIQUIDACIÓN pretende vender a las sociedades ...., S.L. por precio total de .... EUROS (........... EUROS).

Queda, por lo tanto, en libertad el socio .... S.L. EN LIQUIDACIÓN para llevar a cabo la transmisión proyectada.

SEGUNDO.– Se faculta expresamente al indicado socio .... S.L. EN LIQUIDACIÓN para que compareciendo ante Notario, debidamente representado, pueda ejecutar el anterior acuerdo y elevar a público el mismo, otorgando y firmando cualesquiera documento público al efecto procedente.

Y no habiendo más asuntos que tratar, se procede a la lectura del acta, la cual encuentran conforme todos los asistentes, por lo que queda aprobada, levantando el Presidente la sesión.

El Secretario V° B° PRESIDENTE

Dª .... D ....

F494. CERTIFICACIÓN DE JUNTA GENERAL EXTRAORDINARIA RENUNCIANDO LOS SOCIOS AL DERECHO DE COMPRA PREFERENTE DE PARTICIPACIONES SOCIALES QUE LA CONCURSADA EN LIQUIDACIÓN PRETENDE ENAJENAR A TERCERO

DON .... y DOÑA ...., Administradores Mancomunados de la compañía .... S.L., con domicilio en ...., Avda .... n° .... y CIF ....

CERTIFICO: que según resulta del libro de actas de la sociedad, en la Junta General Extraordinaria de Socios, reunida con carácter universal en ...., Avda .... n° ...., el día ...., encontrándose presentes la totalidad de los socios y figurando en el acta el nombre de los mismos, quienes firmaron al principio del acta, designando como secretario de la misma a Doña .... y como presidente a Don .... y aceptaron celebrar dicha Junta con el fin de deliberar y, en su caso, adoptar acuerdos sobre el siguiente orden del día: 1.– Hacer constar la voluntad del socio .... S.L. y la sociedad .... S.L. de renuncia del derecho de adquisición preferente sobre las participaciones sociales que el socio .... S.L. EN LIQUIDACIÓN pretende vender a la mercantil .... S.L. y por precio total de .... EUROS (........... EUROS); se adoptaron por unanimidad, los siguientes ACUERDOS:

PRIMERO.– Renuncia del socio .... S.L., representada por su administrador único Don .... al derecho de adquisición preferente que, conforme a lo establecido en los Estatutos Sociales, le asiste sobre las .... participaciones de la mercantil .... S.L. las número .... todos inclusive, que el socio .... S.L. EN LIQUIDACIÓN pretende vender ...., S.L. y por precio total de .... EUROS (........... EUROS).

Igualmente, la sociedad .... S.L., representada por sus administradores Mancomunados Doña .... y Don ...., renuncia al derecho de adquisición preferente que, conforme a lo establecido en los Estatutos Sociales, le asiste sobre las participaciones reseñadas en el párrafo anterior, que el socio .... S.L. EN LIQUIDACIÓN pretende vender a ...., S.L. y por precio total de .... EUROS (........... EUROS).

Queda, por lo tanto, en libertad el socio .... S.L. EN LIQUIDACIÓN para llevar a cabo la transmisión proyectada.

SEGUNDO.– Se faculta expresamente al indicado socio .... S.L. EN LIQUIDACIÓN para que compareciendo ante Notario, debidamente representado, pueda ejecutar el anterior acuerdo y elevar a público el mismo, otorgando y firmando cualesquiera documento público al efecto procedente.

Y para que conste libro la presente certificación, haciendo constar que el acta de la reunión donde se adoptaron los acuerdos que se certifican fue aprobada por unanimidad en la propia sesión, y firmada por el presidente y secretario, en ...., a .... de .... de ....

Fdo.: D .... Fdo.: Dª ....

Secretario Vº Bº Presidente.

F495. ESCRITURA DE COMPRAVENTA DE PARTICIPACIONES SOCIALES Y CESIÓN DE CRÉDITO COMO OPERACIÓN DE LIQUIDACIÓN

En la Ciudad de ...., mi residencia, a .... de ....

Ante mí, ..., Notario de la Ciudad y del Ilustre Colegio de ....

COMPARECEN

DE UNA PARTE EN REPRESENTACIÓN DE LA PARTE VENDEDORA:

DON ...., mayor de edad, con domicilio a estos efectos en ...., calle ...., nº ...., CP .... Con DNI/NIF ....

DE OTRA PARTE EN REPRESENTACIÓN DE LA PARTE COMPRADORA

DON ...., mayor de edad, con domicilio a estos efectos, en ...., número .... º, CP ...., con DNI/NIF ....

Las circunstancias personales constan de sus manifestaciones.

Les identifico por sus documentos nacionales de identidad que me exhiben.

INTERVIENEN

A) DON .... en nombre y representación, de .... SLP, Administrador Concursal de la mercantil .... S.L. EN CONCURSO Y FASE DE LIQUIDACIÓN, de nacionalidad española, domiciliada en .... calle ...., y con CIF .... cuyo objeto es actuar como Sociedad holding mediante la participación en el capital de entidades residentes y no residentes en el territorio español, existentes o de nueva creación; fomento de nuevas actividades empresariales, tomando participaciones en las empresas creadas para su desarrollo; dirigir y gestionar dichas participaciones y prestar servicios de asesoramiento y apoyo a la gestión a las sociedades participadas contando con los medios humanos y materiales necesarios para ello; de duración indefinida, constituida en escritura otorgada el ...., ante el entonces Notario de ...., Don ...., número de protocolo ...., inscrita en el Registro Mercantil de .... al tomo ...., folio ...., sección ...., hoja .... inscripción .... ª.

Dicha sociedad se encuentra en situación concursal y fase de liquidación, tal y como consta en los autos del procedimiento de concurso abreviado tramitado en el Juzgado de lo Mercantil número .... de ...., al número ...., lo que conlleva la suspensión de las facultades de administración y disposición del deudor sobre la masa activa, el cese de los administradores o liquidadores, quienes son sustituidos por la administración concursal, según el vigente TRLC decretada la apertura de la fase de liquidación por auto de fecha .... dictado por el Juez de lo Mercantil número .... de ...., en los autos del procedimiento referido.

La legitimación de Don .... para este acto resulta de su designación como persona física representante de la mercantil .... SLP, según consta en los autos del procedimiento concursal .... y del acta de aceptación del cargo y designación de persona física y la credencial de administrador concursal expedidas por el Juzgado de lo Mercantil número .... de ...., el día ...., que me exhiben y como fotocopia coincidente con el original exhibido incorporo a la presente matriz.

Y manifiesta hacerlo en ejecución de las reglas de liquidación aprobadas por auto de fecha ...., documentos que me exhiben y que por fotocopia coincidente con los originales exhibidos incorporo a la presente matriz.

Lo relacionado resulta de exhibición de copia auténtica de la meritada escritura y actuaciones judiciales sin que en lo omitido haya nada que lo restrinja, modifique o condicione y manifiesta la vigencia de su representación, así como que no ha variado la capacidad de su representada.

En consecuencia hago constancia expresa de que la citada administración concursal tiene facultad suficiente para este otorgamiento.

B.– DON ...., en nombre y representación de la mercantil .... S.L., Paseo ...., número .... º, CP ...., dedicada a ...., de duración indefinida, constituida por escritura otorgada ante el notario de ...., Don ...., el día .... de .... de ...., bajo el número de protocolo .... INSCRITA en el Registro Mercantil de ...., al tomo ...., folio ...., hoja ...., inscripción .... ª

Su CIF es el número .... Constituye su objeto social ....

Está legitimado para este otorgamiento, en virtud de su expresado cargo de Administrador Único, que afirma vigente, para el que fue nombrado, por plazo indefinido y aceptó en la reunión de la Junta General Extraordinaria, de carácter Universal, celebrada el ...., formalizada en la escritura de cese y nombramiento de cargos, otorgada en .... ante el Notario, Don ...., bajo número .... de protocolo, inscrita en el Registro Mercantil de ...., al tomo ...., folio ...., hoja ...., inscripción .... ª, que he tenido a la vista y considero suficiente para este acto.

Yo, el Notario, hago constar expresamente que he cumplido con la obligación que impone la ley 10/2010, de 28 de abril, cuyo resultado consta en acta autorizada por el Notario de ...., Don ...., el día ...., en cuanto a «........... S.L.», bajo nº .... de protocolo; y acta autorizada por el Notario de ...., Don ...., el día .... en cuanto a «........... S.L.», bajo nº .... de protocolo, manifestando no haberse modificado el contenido de las mismas.

Tienen a mi juicio, según interviene, la capacidad necesaria para otorgar la presente escritura de CESIÓN DE PARTICIPACIONES SOCIALES Y CRÉDITO, y al efecto

EXPONEN

I.– Que la mercantil «........... S.L.», es titular-propietaria, de .... participaciones sociales identificadas con los números .... al ...., ambos inclusive, de la compañía mercantil «..........., S.L.», domiciliada en ...., Avenida ...., número ...., constituida como Sociedad Anónima, por tiempo indefinido, mediante escritura autorizada por el Notario de ...., Don ...., el día ...., transformada en limitada, mediante otra escritura otorgada en ...., ante el nombrado Notario señor ...., el día .... de .... de ...., con el número de protocolo ...., que fue inscrita en el Registro Mercantil de la Provincia de ...., al tomo .... general, folio ...., hoja número ...., inscripción .... ª. Adaptados sus Estatutos a la Ley 2/1995 de 23 de marzo, en virtud de escritura autorizada por el Notario de ...., Don ...., número de protocolo ....

Tiene CIF nº ....

El capital social es de .... EUROS, dividido en .... participaciones sociales de .... euros de valor nominal, cada una de ellas, y están desembolsadas en su totalidad.

Su objeto: ....

TÍTULO.– Aportación no dineraria en aumento de capital de la mercantil .... S.L., según resulta de escritura otorgada en ...., ante el Notario Don ...., el .... de .... de ...., numero de protocolo ....

CARGAS.– Libres de cargas, gravámenes y afecciones.

II.– Que la mercantil ...., S.L. ostenta un crédito contra .... S.L., por un importe de .... EUROS como consecuencia de diversos préstamos concedidos por la citada sociedad a la compañía .... S.L.

DISPONEN

PRIMERO.– La mercantil «........... S.L.» vende y transmite las .... participaciones sociales de la mercantil .... S.L., de la que es titular-dueña, números 1 al ...., ambos inclusive a la mercantil «........... S.L.», que según está aquí representada las compra y adquiere.

Igualmente, la mercantil «........... S.L.» cede y transmite el crédito que ostenta frente a .... S.L., reseñado en la parte expositiva de esta escritura por mi notario, autorizada, a la mercantil «........... S.L.», que según está aquí representada compra y adquiere.

SEGUNDO.– El precio conjunto de esta venta es el .... EUROS, correspondiendo .... EUROS a las participaciones sociales y .... EUROS al crédito que la vendedora confiesa recibir en este acto de la compradora mediante la entrega que esta le hace de cheque bancario núm. .... de la entidad ...., cuya fotocopia con valor de testimonio incorporo a esta matriz, por lo que le formaliza carta de pago.

Dicho cheque ha sido emitido con cargo a la cuenta nº ....

TERCERO.– Las participaciones sociales y el referido crédito se transmiten libres de toda especie de carga, gravamen o afección, no pesando retención judicial ni de otra índole y no están sujetas a embargos.

CUARTO.– Se hace constar por las partes que el crédito aquí cedido se transmite en la situación en que actualmente se halla, como dudoso y sin que el deudor responda de la solvencia del deudor, con total renuncia por el comprador a la evicción o saneamiento que pudiere corresponderle frente al cedente del crédito.

QUINTO.– Que no existen pactos estatutarios ni privados no cumplidos que impidan la libre transmisión de las referidas participaciones sociales, ni otros impedimentos de carácter público o privado para la válida transmisión, dado que la Junta General de la sociedad .... S.L. ha autorizado la presente compraventa de participaciones sociales según resulta de la certificación que se acompaña librada por su administrador solidario cuya firma legitimo e incorporo a la presente

SEXTO.– Todos los gastos e impuestos que se originen por la formalización de la presente compraventa de participaciones sociales y crédito, serán satisfechos por la parte compradora.

SÉPTIMO.– Expresamente se hace constar que mediante auto de fecha .... de .... de ...., y en el procedimiento concursal de la vendedora, ... S.L., seguido ante el Juzgado de lo Mercantil núm. .... de ...., autos ...., se ha aperturado la fase de liquidación, habiendo cesado los administradores sociales y sustituidos por la Administración Concursal. La presente compraventa se otorga y lleva a cabo en ejecución de las reglas de liquidación aprobadas mediante auto de fecha .... de .... de .... recaído en el citado procedimiento núm. .... de autos.

OCTAVO.– Los comparecientes me requieren a mí, el notario, para que notifique la cesión del crédito instrumentalizada a través del presente instrumento por mi, el notario, autorizada, a la deudora, a la compañía .... S.L. con domicilio en, ..., Avenida ...., núm. ....

RÉGIMEN FISCAL

– La transmisión de participaciones sociales formalizada en esta escritura está exenta del Impuesto de Transmisiones Patrimoniales y Actos Jurídicos Documentados, al amparo de lo dispuesto en el artículo 338 TRLMV, habida cuenta de que no incurre en ninguna de las excepciones que contempla dicho precepto legal.

En cumplimiento de lo dispuesto en la Ley Orgánica, de Protección de Datos de carácter Personal, quedan informados los comparecientes de la incorporación de los datos personales que de esta escritura resultan a los ficheros automatizados existentes en mi Notaria, donde se conservarán con carácter confidencial, sin perjuicio de las remisiones que resulten de obligado cumplimiento.

OTORGAMIENTO Y AUTORIZACIÓN

Así lo dicen y otorgan.

Hago las reservas y advertencias legales; en particular y a efectos fiscales advierto de las obligaciones y responsabilidades tributarias que incumben a las partes en su aspecto material, formal y sancionador, y de las consecuencias de toda índole que se derivarían de la inexactitud de sus declaraciones.

Leo esta escritura a los comparecientes, quienes renuncian a su derecho de hacerlo por sí, y que la encuentran conforme en todo, instruyéndoles, no obstante, sobre su contenido, efectos y consecuencias de sus pactos, ratificándola todos ellos y firmando conmigo en prueba de conformidad, dándose por satisfactoriamente atendidos e informados por mí.

De todo lo cual y en especial de que este otorgamiento se adecua a la legalidad y a la voluntad debidamente informada de los otorgantes, y en general del contenido de este instrumento público extendido en seis folios de papel exclusivo para documentos notariales, números el del presente y los anteriores en orden y el del presente, yo, el Notario, doy fe.

F496. ACTA DEL CONSEJO DE ADMINISTRACIÓN SOBRE APROBACIÓN Y HOMOLOGACIÓN DE PLAN DE REESTRUCTURACIÓN

Normativa de Aplicación: *Arts. 614 y ss. del Real Decreto Legislativo 1/2020, de 5 de mayo, por el que se aprueba el texto refundido de la Ley Concursal, en virtud de la modificación operada por la Ley 16/2022, de 5 de septiembre.*

En ...., siendo las .... horas del día .... de .... De ...., y en el domicilio social, sito en ...., calle .... núm. ...., se celebra reunión del Consejo de Administración de la sociedad .... S.L.

La presente reunión del Consejo de Administración fue convocada en fecha .... de .... de .... mediante telegrama remitido a los Sres. Consejeros en legal forma y plazo con el siguiente tenor literal. – Por el presente, se le convoca a la reunión del Consejo de Administración a celebrar, en el domicilio social, el próximo día...... de .... de ...., a las .... horas, para deliberar y, en su caso, adoptar acuerdos con relación al siguiente orden del día: 1.– Situación económico-financiera de la compañía. Aprobación plan de reestructuración negociado ...... y posteriormente, y en su caso, homologación judicial del mismo."

Asisten a la presente reunión, personalmente, la totalidad de los miembros del consejo de administración de la sociedad, esto es:

Presidente: Don ....

Secretario: Don ....

Vocal: Doña ....

Vocal: Doña ....

Vocal: Doña ....

Actúan como Presidente y Secretario de la presente reunión del Consejo de Administración, Don .... y Don ...., respectivamente.

El Sr. Presidente declara válidamente constituida la presente reunión del Consejo de Administración y se entra en el debate de los distintos puntos del orden del día. Toma la palabra el Sr. Presidente quien señala que a la vista de la situación económica de la sociedad resulta necesario reestructurar el pasivo social y adoptar otras medidas operativas reestructuradoras tales como ..... habiéndose alcanzado un plan de reestructuración con ...., cuyas líneas maestras son ....

Tras la citada deliberación por el Sr. Presidente se efectúa la siguiente PROPUESTA DE ACUERDOS:

PRIMERO.– Aprobar el plan de reestructuración negociado entre la sociedad y ....

SEGUNDO.– Como consecuencia de ello, y al amparo y a los efectos de lo dispuesto en los arts. 635 y ss. TRLC, solicitar la homologación del citado plan de reestructuración ante el juez de lo mercantil que resulte competente al efecto.

TERCERO.– Facultar a los Consejeros Delegados para que, en ambos supuestos recogidos en los acuerdos precedentes, cualquiera de ellos, indistintamente, puedan llevar a cabo cuantos trámites y actuaciones fueran precisos para la ejecución y buen fin de los acuerdos anteriormente reseñados, suscribiendo cuantos documentos públicos y privados se requiriesen al efecto, incluyendo el otorgamiento de poder procesal, a favor de los abogados y procuradores que tengan por conveniente.

Votan a favor de la propuesta todos los consejeros....... A la vista de ello, se entiende aprobada por UNANIMIDAD la citada propuesta de acuerdos, que, por lo tanto, se tienen por adoptados.

Y para que así conste se extiende la presente acta que, leída, es aprobada por todos los consejeros por unanimidad, en .... hoy día de......... de ....

F497. CERTIFICACIÓN DEL CONSEJO DE ADMINISTRACIÓN SOBRE APROBACIÓN Y HOMOLOGACIÓN DE PLAN DE REESTRUCTURACIÓN

Normativa de Aplicación: *Arts. 614 y ss. del Real Decreto Legislativo 1/2020, de 5 de mayo, por el que se aprueba el texto refundido de la Ley Concursal, en virtud de la modificación operada por la Ley 16/2022, de 5 de septiembre.*

.... Secretario del Consejo de Administración de la sociedad .... S.L. domiciliada en ...., calle .... núm......., e inscrita en el Registro Mercantil de la provincia de........, al tomo ...., folio........, hoja ...., y CIF ....

CERTIFICO: Que según resulta del libro de actas de la sociedad, en la reunión del Consejo de Administración de ...., S.L. reunida en el domicilio social, sito en ...., el día...... de .... de ...., encontrándose presentes la totalidad de los consejeros, esto es,......, Don ...., Don ...., Don .... y Doña .... y figurando en el acta el nombre y la firma de los asistentes, actuando como presidente de la misma Don .... y como secretario, ... y aceptaron celebrar dicha reunión del Consejo de Administración con el fin de deliberar y, en su caso, adoptar acuerdos sobre: 1. Situación económico-financiera de la compañía. Aprobación plan de reestructuración negociado ..... y posteriormente, y en su caso, homologación judicial del mismo, se adoptaron por UNANIMIDAD los siguientes ACUERDOS que fueron proclamados por el Sr. Presidente:

PRIMERO.– Aprobar el plan de reestructuración negociado entre la sociedad y ....

SEGUNDO.– Como consecuencia de ello, y al amparo y a los efectos de lo dispuesto en los arts. 635 y ss. TRLC, solicitar la homologación del citado plan de reestructuración ante el juez de lo mercantil que resulte competente al efecto.

TERCERO.– Facultar a los Consejeros Delegados para que, en ambos supuestos recogidos en los acuerdos precedentes, cualquiera de ellos, indistintamente, puedan llevar a cabo cuantos trámites y actuaciones fueran precisos para la ejecución y biuen fin de los acuerdos anteriormente reseñados, suscribiendo cuantos documentos públicos y privados se requiriesen al efecto, incluyendo el otorgamiento de poder procesal, a favor de los abogados y procuradores que tengan por conveniente.

Y para que conste libro la presente certificación, con el Visto Bueno del Presidente, haciendo constar que el acta de la reunión en que se adoptaron los acuerdos que se certifican, fue aprobada por unanimidad al final de la misma, en ...., a ....

V. B. PRESIDENTE SECRETARIO

F498. ACTA JUNTA GENERAL CONVOCADA SOBRE APROBACIÓN /HOMOLOGACIÓN DE PLAN DE REESTRUCTURACIÓN

Normativa de Aplicación: *Arts. 614 y ss. del Real Decreto Legislativo 1/2020, de 5 de mayo, por el que se aprueba el texto refundido de la Ley Concursal, en virtud de la modificación operada por la Ley 16/2022, de 5 de septiembre.*

Que hoy día .... de .... de ...., a las .... horas, y en el domicilio social, sito en la localidad de ...., calle .... s/n, se celebra JUNTA GENERAL EXTRAORDINARIA de socios de la sociedad .... S.L.

La convocatoria de la presente Junta General Extraordinaria de socios, ha sido acordada por el administrador único, Don ....

Forma de la convocatoria: La convocatoria de la presente Junta General ha sido objeto de la oportuna publicidad, de conformidad con lo establecido en el art. 173.1 TRLSC, mediante anuncio publicado en el Boletín Oficial del Registro Mercantil, del día .... de .... de .... (núm. ....), y en el diario ...., en su edición del día .... de .... de ...., al carecer la sociedad de página web.

El tenor literal de la convocatoria se transcribe a continuación: – Por medio del presente se convoca a los señores socios a la celebración de Junta General Extraordinaria de la sociedad .... S.L., que se celebrará, el día .... de..................... de.................., a las........................ horas, en ...., a efectos de deliberar y, en su caso, adoptar acuerdos con relación al siguiente orden del día: 1. Aprobación plan de reestructuración negociado ...... y homologación judicial del mismo. En ...., hoy día .... de .... de .... el administrador único de .... S.L. Don ....".

Lista de asistentes: Asisten a la presente Junta General Extraordinaria, personalmente o representados, los siguientes socios:

I.– Socios presentes:

Don ...., titular de .... participaciones sociales, núm. .... a ...., incluidos, con un valor nominal cada una de ellas de ....euros (en su conjunto ....euros), que suponen el .... por ciento del capital social.

Don ...., titular de .... participaciones sociales, núm. .... a ...., incluidos, con un valor nominal cada una de ellas de ....euros (en su conjunto ....euros), que suponen el .... por ciento del capital social.

Doña ...., titular de .... participaciones sociales, núm. .... a ...., incluidos, con un valor nominal cada una de ellas de ....euros (en su conjunto ....euros), que suponen el .... por ciento del capital social.

Por lo tanto, asisten de forma personal .... socios, titulares, en conjunto, de .... acciones que suponen el .... por ciento del capital social.

II.– Socios representados:

Don ...., titular de .... participaciones sociales, núm. .... a ...., incluidos, con un valor nominal cada una de ellas de ....euros (en su conjunto ....euros), que suponen el .... por ciento del capital social. Asiste el expresado socio representado por Doña ....

Don ...., titular de .... participaciones sociales, núm. .... a ...., incluidos, con un valor nominal cada una de ellas de ....euros (en su conjunto ....euros), que suponen el .... por ciento del capital social. Asiste el expresado socio representado por Doña ....

Doña ...., titular de .... participaciones sociales, núm. .... a ...., incluidos, con un valor nominal cada una de ellas de ....euros (en su conjunto ....euros), que suponen el .... por ciento del capital social. Asiste la expresada socia representada por Doña ....

Asiste representados, ... socios, que titularizan .... participaciones sociales que suponen el .... por ciento del capital social suscrito.

En conjunto, asisten, personalmente o representados, ... socios, titulares de .... participaciones sociales que suponen el .... por ciento del capital social suscrito.

Otros asistentes; Igualmente asiste el administrador único de la compañía Don ....

Mesa de la Junta General. Son presidente y secretario de la presente Junta General, Don .... y Don ...., respectivamente. Ello de conformidad con lo establecido en el art. 191 TRLSC, el art .... de los Estatutos Sociales y ser los citados señores los socios designados por los concurrentes al comienzo de la reunión.

Abierta la sesión por el Sr. Presidente, sin que nadie se oponga a la válida constitución y celebración de la presente Junta General, se entra en el debate y deliberación de los diversos puntos del orden del día que ninguno de los presentes haga uso de su derecho a que conste en el acta el contenido de su intervención.

Proposición de adopción de acuerdos: Se propone por el Sr. presidente la adopción de los siguientes acuerdos:

PRIMERO.– Aprobar el plan de reestructuración negociado entre la sociedad y ....

SEGUNDO.– Como consecuencia de ello, y al amparo y a los efectos de lo dispuesto en los arts. 635 y ss. TRLC, solicitar la homologación del citado plan de reestructuración ante el juez de lo mercantil que resulte competente al efecto.

Lo establecido en los acuerdos anteriores debe entenderse sin perjuicio del más absoluto respeto y salvaguarda de las competencias que la Ley reconoce al órgano de administración social respecto a a la aprobación/homologación del plan de reestructuración (y/o, en su caso, lo establecido en los acuerdos anteriores procede por tener encomendada tal competencia esta Junta General conforme a lo establecido en los arts. .... de los Estatutos Sociales).

TERCERO.– Facultar al administrador único para que pueda llevar a cabo cuantos trámites y actuaciones fueran precisos para la ejecución y buen fin de los acuerdos anteriormente reseñados, suscribiendo cuantos documentos públicos y privados se requiriesen al efecto, incluyendo el otorgamiento de poder procesal, a favor de los abogados y procuradores que tengan por conveniente.

Votan a favor de la propuesta todos los socios....... A la vista de ello, se entiende aprobada por UNANIMIDAD la citada propuesta de acuerdos, que, por lo tanto, se tienen por adoptados.

Y no habiendo más asuntos que tratar, se procede a la redacción de la presente acta que es aprobada de forma unánime por los asistentes, y finaliza la presente Junta General Extraordinaria, levantándose la reunión en ...., a las .... horas del día .... de .... de ....

F499. ACTA JUNTA GENERAL UNIVERSAL SOBRE APROBACIÓN /HOMOLOGACIÓN DE PLAN DE REESTRUCTURACIÓN

Normativa de Aplicación: *Arts. 614 y ss. del Real Decreto Legislativo 1/2020, de 5 de mayo, por el que se aprueba el texto refundido de la Ley Concursal, en virtud de la modificación operada por la Ley 16/2022, de 5 de septiembre.*

Que hoy día .... de .... de ...., a las .... horas, y en el domicilio social, sito en la localidad de ...., calle .... s/n, se celebra JUNTA GENERAL EXTRAORDINARIA de socios de la sociedad .... S.L.

Se encuentran presentes, en el referido lugar, y, por lo tanto, concurren la totalidad de socios de la compañía, decidiendo y dando su conformidad los asistentes a constituirse, con el carácter de universal, en Junta General Extraordinaria de socios de la compañía, para deliberar y, en su caso, adoptar acuerdos con relación al siguiente orden del día: 1. Aprobación plan de reestructuración negociado ...... y homologación judicial del mismo. En señal de conformidad firman seguidamente todos los asistentes ....

Igualmente asiste el administrador único de la compañía Don ....

Mesa de la Junta General. Son presidente y secretario de la presente Junta General, Don .... y Don ...., respectivamente. Ello de conformidad con lo establecido en el art. 191 TRLSC, art .... de los Estatutos Sociales y ser los citados señores los socios designados por los concurrentes al comienzo de la reunión.

Abierta la sesión por el Sr. Presidente, sin que nadie se oponga a la válida constitución y celebración de la presente Junta General, se entra en el debate y deliberación de los diversos puntos del orden del día que ninguno de los presentes haga uso de su derecho a que conste en el acta el contenido de su intervención.

Proposición de adopción de acuerdos: Se propone por el Sr. Presidente la adopción de los siguientes acuerdos:

PRIMERO.– Aprobar el plan de reestructuración negociado entre la sociedad y ....

SEGUNDO.– Como consecuencia de ello, y al amparo y a los efectos de lo dispuesto en los arts. 635 y ss. TRLC, solicitar la homologación del citado plan de reestructuración ante el juez de lo mercantil que resulte competente al efecto.

Lo establecido en los acuerdos anteriores debe entenderse sin perjuicio del más absoluto respeto y salvaguarda de las competencias que la Ley reconoce al órgano de administración social respecto a la aprobación/homologación del plan de reestructuración (y/o, en su caso, lo establecido en los acuerdos anteriores procede por tener encomendada tal competencia esta Junta General conforme a lo establecido en los arts. .... de los Estatutos Sociales).

TERCERO.– Facultar al administrador único para que pueda llevar a cabo cuantos trámites y actuaciones fueran precisos para la ejecución y buen fin de los acuerdos anteriormente reseñados, suscribiendo cuantos documentos públicos y privados se requiriesen al efecto, incluyendo el otorgamiento de poder procesal, a favor de los abogados y procuradores que tengan por conveniente.

Previa la oportuna votación, la citada propuesta de acuerdos sociales es aprobada por UNANIMIDAD, con el voto favorable de todos los asistentes.

Y no habiendo más asuntos que tratar, se procede a la redacción de la presente acta que es aprobada de forma unánime por los asistentes, y finaliza la presente Junta General Extraordinaria, levantándose la reunión en ...., a las .... horas del día .... de .... de ....

F500. CERTIFICACIÓN JUNTA GENERAL UNIVERSAL SOBRE APROBACIÓN / HOMOLOGACIÓN DE PLAN DE REESTRUCTURACIÓN

Normativa de Aplicación: *Arts. 614 y ss. del Real Decreto Legislativo 1/2020, de 5 de mayo, por el que se aprueba el texto refundido de la Ley Concursal, en virtud de la modificación operada por la Ley 16/2022, de 5 de septiembre.*

.... Secretario del Consejo de Administración de la sociedad .... S.L. domiciliada en ...., calle .... núm. ...., e inscrita en el Registro Mercantil de la provincia de ...., al tomo ...., folio ...., hoja ...., y CIF ....

CERTIFICO: Que según resulta del libro de actas de la sociedad, en la reunión de la Junta General Extraordinaria de .... S.L. celebrada en el domicilio social, sito en ...., el día .... de .... de ...., encontrándose presentes la totalidad de los socios, esto es, ..., Don ...., Don ...., Don .... y Doña .... y figurando en el acta el nombre y la firma de los asistentes, actuando como presidente de la misma Don .... y como secretario, ... y aceptaron celebrar dicha reunión de la Junta General con el fin de deliberar y, en su caso, adoptar acuerdos sobre: 1. Aprobación plan de reestructuración negociado ...... Homologación judicial del mismo, se adoptaron por UNANIMIDAD los siguientes ACUERDOS que fueron proclamados por el Sr. Presidente:

PRIMERO.– Aprobar el plan de reestructuración negociado entre la sociedad y ....

SEGUNDO.– Como consecuencia de ello, y al amparo y a los efectos de lo dispuesto en los arts. 635 y ss. TRLC, solicitar la homologación del citado plan de reestructuración ante el juez de lo mercantil que resulte competente al efecto.

Lo establecido en los acuerdos anteriores debe entenderse sin perjuicio del más absoluto respeto y salvaguarda de las competencias que la Ley reconoce al órgano de administración social respecto a la aprobación/homologación del plan de reestructuración (o, en su caso, lo establecido en los acuerdos anteriores procede por tener encomendada tal competencia esta Junta General conforme a lo establecido en los arts. .... de los Estatutos Sociales).

TERCERO.– Facultar al administrador único para que pueda llevar a cabo cuantos trámites y actuaciones fueran precisos para la ejecución y buen fin de los acuerdos anteriormente reseñados, suscribiendo cuantos documentos públicos y privados se requiriesen al efecto, incluyendo el otorgamiento de poder procesal, a favor de los abogados y procuradores que tengan por conveniente.

Y para que conste libro la presente certificación, con el Visto Bueno del presidente, haciendo constar que el acta de la reunión en que se adoptaron los acuerdos que se certifican, fue aprobada por unanimidad al final de la misma, en ...., a ....

V. B. PRESIDENTE SECRETARIO

F501. PLAN DE REESTRUCTURACIÓN. ESCRITURA DE ELEVACIÓN A PUBLICO

En la Ciudad de ...., mi residencia, a .... de ....

Ante mí, ..., Notario de la Ciudad y del Ilustre Colegio de ....

COMPARECE

Don ...., mayor de edad, de nacionalidad española, casado, vecino de ...., con domicilio en ...., núm. ...., con DNI/NIF ....

Le identifico por el documento de identidad exhibido y reseñado.

INTERVIENE

Don ...., interviene en su condición de administrador único de la sociedad de responsabilidad limitada ...., de nacionalidad española, constituida por tiempo indefinido mediante escritura autorizada por el notario de .... con fecha .... de .... de dos mil ...., número de protocolo ...., domiciliada en ...., calle ...., núm. .... Inscrita en el Registro Mercantil de la provincia de ...., al tomo ...., general ...., folio ...., hoja ...., inscripción .... CIF .... Constituye su objeto social ....

Está legitimado para este otorgamiento en virtud de su expresado cargo de administrador único de la compañía, que afirma vigente, resultando su nombramiento y aceptación de la escritura otorgada con fecha .... de .... de dos mil ...., ante el notario de ...., Doña ...., número de protocolo .... Inscrita en el Registro Mercantil de la provincia de ...., al tomo ...., general ...., folio ...., hoja ...., inscripción ....

Yo, el Notario, hago constar expresamente que he cumplido con la obligación que impone la ley 10/2010, de 28 de abril, cuyo resultado consta en acta autorizada por el Notario de ...., Don ...., el día ...., en cuanto a «........... S.L.», bajo nº .... de protocolo, manifestando no haberse modificado el contenido de la misma.

Tiene a mi juicio, capacidad y legitimación para otorgar esta escritura de ELEVACIÓN A PUBLICO DE PLAN DE REESTRUCTURACIÓN, al efecto, según interviene

OTORGA

Que, a efectos de lo dispuesto en el artículo 634 de la Ley Concursal, elevan a público el documento de Plan de Reestructuración, de fecha .... de .... de 2024, formalizado entre las mercantiles "...........", "...........", y "..........." en cuyo contenido se ratifican, y del que me entregan un ejemplar suscrito por los interesados, en la representación que ostentan; incorporo a la presente dicho documento, para su reproducción en las copias que de la misma se expidan.

...........COMENTARIOS QUE SE PUEDEN AÑADIR

Con la finalidad de aclarar algunos aspectos del plan de reestructuración presentado para su protocolización notarial, y sin que suponga modificación alguna del mismo dado que sobre la redacción que se protocoliza se han obtenido las adhesiones de los acreedores, el compareciente manifiesta lo siguiente:

a)..........., S.L. se encuentra en situación de insolvencia actual de manera que el plan presentado ofrece una solución para evitar el concurso y asegurar la viabilidad de la empresa en un plazo entre .... y .... años.

b) Las dificultades económicas del deudor se encuentran en los acreedores anteriores a .... del año .... derivadas de operaciones que el actual socio mayoritario no conoció y que la actividad industrial por sí misma no ha podido resolver.

A todo lo que se añade la necesidad de inversiones elevadas y la imposibilidad para el deudor de acceder a nuevas fuentes de financiación.

Afortunadamente, la entrada del nuevo socio, su aportación de capital, su garantía financiera y otras medidas permitirán reflotar la Compañía y atender todas las deudas con la quita y el plazo negociados.

c) Las entidades bancarias no se ven afectas por el plan dado que se han negociado bilateralmente soluciones con garantías únicamente del grupo societario mayoritario. Mientras ...., S.L., proveedor esencial, tampoco se ve afecta por cuanto que al haber alcanzado por su parte un plan de reestructuración cualquier adhesión a otro requiere el voto unánime de todos sus acreedores lo que conlleva riesgos industriales que se han preferido no soportar.

Protección de datos.– Con relación a los datos de carácter personal que en la presente constan, referidos al compareciente, queda este enterado de que los mismos se incorporan a mis ficheros automatizados, lo que acepta, así como del derecho de oposición, acceso a ellos, rectificación o cancelación de los mismos.

OTORGAMIENTO Y AUTORIZACIÓN

Advierto al compareciente de su derecho a leer por si este instrumento al que renuncia. Yo, el notario, además la leo al compareciente, quien la encuentra conforme, otorga y firma conmigo, el notario, que doy fe en cuanto sea procedente de todo lo consignado en este instrumento público, extendido en .... folios de papel exclusivo para documentos notariales, serie, y números el del presente y anteriores en orden.

F502. ACTA JUNTA GENERAL UNIVERSAL ACORDANDO LA SOLICITUD DE NOMBRAMIENTO DE EXPERTO PARA RECABAR OFERTAS DE ADQUISICIÓN DE UNIDAD PRODUCTIVA. PREPACK

Que hoy día........... de........... de..........., a las........... horas, y en el domicilio social, sito en la localidad de..........., calle........... s/n, se celebra JUNTA GENERAL EXTRAORDINARIA de socios de la sociedad........... S.L.

Se encuentran presentes, en el referido lugar, y, por lo tanto, concurren la totalidad de socios de la compañía, decidiendo y dando su conformidad los asistentes a constituirse, con el carácter de universal, en Junta General Extraordinaria de socios de la compañía, para deliberar y, en su caso, adoptar acuerdos con relación al siguiente orden del día: 1.

Estado de la situación Económico-financiera de la sociedad. Solicitud de designación de experto para recabar ofertas de adquisición de la unidad productiva ....

En señal de conformidad firman seguidamente todos los asistentes...........

Igualmente asiste el administrador único de la compañía Don...........

Mesa de la Junta General. Son presidente y secretario de la presente Junta General, Don........... y Don..........., respectivamente. Ello de conformidad con lo establecido en el art. 191 TRLSC, art........... de los Estatutos Sociales y ser los citados señores los socios designados por los concurrentes al comienzo de la reunión.

Abierta la sesión por el Sr. Presidente, sin que nadie se oponga a la válida constitución y celebración de la presente Junta General, se entra en el debate y deliberación de los diversos puntos del orden del día que ningún o de los presentes haga uso de su derecho a que conste en el acta el contenido de su intervención.

Proposición de adopción de acuerdos: Se propone por el Sr. Presidente la adopción de los siguientes acuerdos:

PRIMERO.– Solicitar el nombramiento de experto para recabar ofertas para la adquisición de la unidad productiva ...., ante el Juzgado de lo Mercantil de........... que por turno corresponda y a la vista de la situación de insolvencia probable/actual/inminente en que se halla la sociedad. Ello a los efectos de lo dispuesto en los arts. 224 Ter y ss. TRLC, y sin perjuicio del más absoluto respeto y salvaguarda de las competencias que la Ley reconoce al órgano de administración social respecto a la decisión de la solicitud de concurso.

ALTERNATIVA: PRIMERO.– Solicitar el nombramiento de experto para recabar ofertas para la adquisición de la unidad productiva ...., ante el Juzgado de lo Mercantil de........... que por turno corresponda, y a la vista de la situación de insolvencia probable/actual/inminente en que se halla la sociedad. Ello en los siguientes términos: .... Todo lo expuesto a los efectos de los dispuesto en los arts. 224 Ter y ss. TRLC, y sin perjuicio del más absoluto respeto y salvaguarda de las competencias que la Ley reconoce al órgano de administración social respecto a la decisión de la solicitud de concurso.

Previa la oportuna votación, la citada propuesta de acuerdos sociales es aprobada por UNANIMIDAD, con el voto favorable de todos los asistentes.

Y no habiendo más asuntos que tratar, se procede a la redacción de la presente acta que es aprobada de forma unánime por los asistentes, y finaliza la presente Junta General Extraordinaria, levantándose la reunión en..........., a las........... horas del día........... de........... de...........

F503. ACTA DEL CONSEJO DE ADMINISTRACIÓN ACORDANDO SOLICITUD DE NOMBRAMIENTO DE EXPERTO PARA RECABAR OFERTAS DE ADQUISICIÓN DE UNIDAD PRODUCTIVA. PREPACK

En..........., siendo las........... horas del día........... de........... de..........., y en el domicilio social, sito en..........., calle........... núm. ...., se celebra reunión del Consejo de Administración de la sociedad........... S.L.

La presente reunión del Consejo de Administración fue convocada en fecha........... de........... de........... mediante telegrama remitido a los Sres. Consejeros en legal forma y plazo con el siguiente tenor literal "Por el presente, se le convoca a la reunión del Consejo de Administración a celebrar, en el domicilio social, el próximo día........... de........... de..........., a las........... horas, para deliberar y, en su caso, adoptar acuerdos con relación al siguiente orden del día: 1. Estado de la situación Económico-financiera de la sociedad. Solicitud de designación de experto para recabar ofertas de adquisición de la unidad productiva ....".

Asisten a la presente reunión, personalmente, la totalidad de los miembros del consejo de administración de la sociedad, esto es: Presidente: Don........... Secretario: Don........... Vocal: Doña........... Vocal: Doña........... Vocal: Doña...........

Actúan como Presidente y Secretario de la presente reunión del Consejo de Administración, Don........... y Don..........., respectivamente.

El Sr. presidente declara válidamente constituida la presente reunión del Consejo de Administración y se entra en el debate de los distintos puntos del orden del día. Previa deliberación y sin que ninguno de los asistentes haga uso del derecho de que conste en el acta el contenido de su intervención, se adoptan los siguientes acuerdos por UNANIMIDAD que son proclamados por el Sr. Presidente:

PRIMERO.– Solicitar el nombramiento de experto para recabar ofertas para la adquisición de la unidad productiva ...., ante el Juzgado de lo Mercantil de........... que por turno corresponda, y a la vista de la situación de insolvencia probable/actual/inminente en que se halla la sociedad. Ello a los efectos de los dispuesto en los arts. 224 Ter y ss. TRLC, y facultando a los consejeros delegados solidarios para que cualquiera de ellos, indistintamente, puedan llevar a cabo cuantos trámites y actuaciones fueran precisas a tal fin, suscribiendo también cuantos documentos públicos y privados fueran necesarios al efecto para formalizar la citada solicitud designatoria, incluyendo el otorgamiento de poder procesal a favor de los procuradores y abogados que tengan por conveniente.

ALTERNATIVA: PRIMERO.– Solicitar el nombramiento de experto para recabar ofertas para la adquisición de la unidad productiva ...., ante el Juzgado de lo Mercantil de........... que por turno corresponda, y a la vista de la situación de insolvencia probable/actual/inminente en que se halla la sociedad. Ello en los siguientes términos: .... Todo lo expuesto a los efectos de los dispuesto en los arts. 224 Ter y ss. TRLC, y facultando a los consejeros delegados solidarios para que cualquiera de ellos, indistintamente, puedan llevar a cabo cuantos trámites y actuaciones fueran precisas a tal fin, suscribiendo también cuantos documentos públicos y privados fueran necesarios al efecto para formalizar la citada solicitud designatoria, incluyendo el otorgamiento de poder procesal a favor de los procuradores y abogados que tengan por conveniente.

Y para que así conste se extiende la presente acta, que, leída, es aprobada por todos los consejeros por unanimidad, en...........

F504. SOLICITUD DE EXPERTO PARA RECABAR UNA OFERTA DE UNIDAD PRODUCTIVA. PREPACK

AL JUZGADO DE LO MERCANTIL DE .... QUE POR TURNO CORRESPONDA

..........., Procurador de los Tribunales y de ...., según se acredita con el poder especial que se acompaña y bajo la dirección letrada de Don ...., abogado del Ilustre Colegio de Abogados de .... con número ...., ante el Juzgado comparezco, y como mejor proceda en Derecho, respetuosamente, DIGO:

Que mediante el presente escrito, y de conformidad con lo dispuesto en el artículo 224 ter TRLC, venimos a interesar el nombramiento de experto para recabar ofertas de compra de la unidad productiva de la mercantil ....

Que dicha petición se funda en las siguientes:

PRIMERO.- DATOS IDENTIFICATIVOS

Que mi principal, la mercantil .... tiene por objeto social la .... actividad económica que lleva desarrollando desde sus inicios.

La compañía se constituyó ...., y se encuentra inscrita en el Registro Mercantil de ...., Hoja .... Tomo .... Folio ...., encontrándose provista de CIF .... EUID: .... La compañía esta administrada por su administrador único ....

El capital social es de .... (............ €).

El domicilio social de la compañía se encuentra en C............ de ...., lugar en el que también ejerce su actividad.

SEGUNDO.– SITUACIÓN DE INSOLVENCIA INMINENTE

Se trata de una compañía que ha venido desarrollando su actividad de forma satisfactoria, si bien la situación de crisis económica general y el incremento del precio de las materias primas de un 35 %, unido al aumento desmesurado del precio de la electricidad, subida de los costes salariales así como de los costes financieros y la imposibilidad de repercutir al cliente final dichos costes, ha contraído significativamente los márgenes, haciendo muy difícil obtener rentabilidad.

Lo anterior, unido a la política restrictiva crediticia de las entidades financieras, ha supuesto que la tesorería queda muy mermada. A mayor abundamiento la diferencia del ciclo de cobros y pagos nos hace alumbrar un escenario en el que no podrán atenderse a corto plazo las obligaciones de pago con diversos acreedores y proveedores.

TERCERO. – DE LA VIABILIDAD DE LA ACTIVIDAD

A pesar de la delicada situación en la que se encuentra nuestra representada, lo bien cierto es que la actividad que se viene desarrollando puede mantenerse, e incluso incrementarse obteniendo resultados positivos. Para ello sería necesario un cambio de rumbo en la gestión empresarial, con un nuevo equipo de dirección, y la adopción de medidas encaminadas a la contención del gasto e incremento de los ingresos.

No obstante, lo expuesto, el sobreendeudamiento existente, hace inviable la adopción de estas medidas por parte los actuales socios de la compañía, siendo la única posibilidad de mantener la actividad la transmisión de la unidad productiva.

CUARTO. – DE LA UNIDAD PRODUCTIVA

La sociedad cuenta en la actualidad con un conjunto de recursos intangibles, humanos y materiales que forman un negocio susceptible de funcionar de forma autónoma.

El valor de esta unidad productiva es muy superior al que existiría en un escenario liquidativo, por lo que consideramos, en consonancia con lo expresado en el apartado anterior, que procede su enajenación, razón por la que acudimos al Juzgado, al objeto que al amparo de lo dispuesto en el artículo 224 ter, interesando el nombramiento de experto para recabar ofertas de adquisición de la unidad productiva.

En este sentido, y con el fin que pueda ser designado por parte del Juzgado el experto para recabar ofertas, se exponen los datos fundamentales de la unidad productiva:

(i) Actividad fundamental: La compañía viene desarrollando desde su inicios la ....

(ii) Perímetro de la unidad productiva: Se acompaña como Anexo I, relación de elementos que integran la unidad productiva.

(iii) Valoración: Aun cuándo resulta apresurado establecer una posible valoración de la unidad productiva, se acompaña como Anexo II valoración razonada de la unidad productiva.

(iv) Número de trabajadores: En la actualidad se encuentran afectos a la unidad productiva un total de 78 trabajadores.

(v) Magnitudes económicas: Se acompaña como Anexo III, los principales datos económicos de la sociedad durante los últimos 2 años, indicando el volumen de facturación, resultado del ejercicio y el activo y pasivo.

QUINTO. – DEL EXPERTO INDEPENDIENTE

Mi mandante, solicita el nombramiento de experto de ....

..........., con DNI ...., abogado y administrador concursal de amplia y reconocida experiencia profesional y académica en la venta de unidades productivas, quién reúne todas las condiciones establecidas en el TRLC para el ejercicio del cargo, con conocimiento especializados jurídicos, financieros y empresariales adecuados para realizar las funciones propias del cargo, y quién además cumple los requisitos necesarios para ser administrador concursal conforme al TRLC, estando a tales efectos inscrito en la Lista de Administradores Concursales, habiendo sido designado en múltiples procedimientos concursales. Se acompaña como documento número 1 el currículum del mismo relacionado con su experiencia en la venta de unidades productivas.

En este sentido, consideramos que el plazo prudencial para recabar ofertas se sitúa en .... meses, dada la inminencia de las ejecuciones del préstamo hipotecario y la sentencia de .... y que la retribución no debe estar totalmente condicionada al resultado, pero sí bonificada en caso de su consecución.

En cuanto a la retribución, consideramos apropiada la "Guía de Buenas prácticas para el nombramiento de experto en fase preconcursal "aprobada por los Jueces de lo Mercantil de Madrid, y que fijan una retribución fija de .... euros como cantidad fija, y una retribución variable según la siguiente tabla:

Valor UP hasta (€)	Importe retribución (€)	Resto de valor UP (hasta €)	Porcentaje aplicable al resto de valor
	0,00	1.000.000,00	10%
1.000.000,00	100.000,00	4.000.000,00	8%
5.000.000,00	420.000,00	5.000.000,00	5%
10.000.000,00	670.000,00	10.000.000,00	2%
20.000.000,00	870.000,00	En adelante	1%

A estos hechos le son de aplicación los siguientes,

FUNDAMENTOS DE DERECHO

I. COMPETENCIA

El artículo 224 ter del TRLC, regula la solicitud de nombramiento de experto para recabar ofertas de adquisición, estableciendo la solicitud se formulará ante el juzgado que resultara competente para la declaración de concurso.

A su vez, la LOPJ y los artículos 44, 45, 52 a 55 del TRLC 1/20 atribuyen el conocimiento del concurso a los juzgados de lo mercantil. Corresponde la competencia internacional y territorial para declarar y tramitar el concurso a los juzgados de lo mercantil de esa Provincia, con arreglo al artículo 10.1 de la LC//56 TRLC 1/20, por tratarse del territorio en que radica el centro de los intereses principales de mi representada.

II. LEGITIMACIÓN

Ostenta la legitimación, mi mandante como interesado en el nombramiento de experto para recabar ofertas de adquisición de la unidad productiva.

III. PROCEDIMIENTO

Es de aplicación lo dispuesto en la subsección 4ª de la sección 2ª del capítulo III del TRLC. De conformidad con el artículo 224 quater, el nombramiento del experto podrá recaer en persona natural o jurídica que reúna las condiciones para ser nombrado experto en reestructuraciones o administrador concursal.

Igualmente, en la resolución, el juez establecerá la duración del encargo y fijará al experto la retribución que considere procedente atendiendo el valor de la unidad o unidades productivas.

Por último, y de conformidad con el apartado 2 del artículo 224 ter del TRLC, interesa que la resolución por la que se acuerde el nombramiento del experto se mantenga reservada.

En virtud de lo expuesto

SUPLICO AL JUZGADO, que tenga por presentado este escrito, junto con la documentación que se acompaña, se digne a admitirlo, me tenga por parte y comparecido en nombre y representación de mi mandante, y acuerde dictar resolución por la que:

(i) Proceda al nombramiento de experto que recabe ofertas de terceros para la adquisición de la unidad productiva de ....

(ii) Proceda a fijar la retribución que deberá percibir el experto.

(iii) Proceda a declarar el carácter reservado de la resolución por la que se nombre al experto.

OTROSÍ DIGO. Que al amparo de lo previsto en el artículo 231 de la Ley de Enjuiciamiento Civil, así como de lo previsto en el artículo 11 del TRLC, solicito al Juzgado que cuide de que puedan ser subsanados los defectos en los que pueda incurrir esta parte.

SOLICITO AL JUZGADO, que tenga por efectuada la anterior manifestación a los efectos legales oportunos.

.... a .... de ....

F505. ESCRITO SOLICITANDO EXPERTO PARA RECABAR OFERTAS DE ADQUISICIÓN DE UNIDAD PRODUCTIVA. PREPACK

AL JUZGADO DE LO MERCANTIL DE ....

.... Procuradora de los Tribunales y de .... S.L, representación que acredito con la copia de escritura de poder que acompaño a este escrito, ante el Juzgado comparezco y como mejor proceda en derecho DIGO:

Que por medio del presente escrito, y en la representación que ostento, solicito la designación de experto para recabar ofertas de adquisición de unidad productiva. Y a tal efecto se efectúan las siguientes:

ALEGACIONES

PRIMERO.– Mi mandante se encuentra en situación de insolvencia actual (o inminente) (o probable) y es titular de la siguiente unidad productiva: .... (PERÍMETRO)

Dicha unidad productiva ha cesado (no ha cesado) en su actividad.

El valor de la citada unidad productiva es de ....euros.

Lo anterior se acredita con los DOCUMENTOS que se acompañan como de número ...., consistentes en ....

SEGUNDO.– Esta parte pretende y solicita de este Juzgado, que es el competente para la declaración de concurso de mi mandante, que al amparo de los arts. 224 ter y ss. TRLC, designe un experto que recabe ofertas para la adquisición de la referida unidad productiva, con pago al contado y en los términos de los referidos preceptos legales.

TERCERO.– Las ofertas a recabar deberán cumplir lo dispuesto en los arts. 224 septies y concordantes TRLC, y en especial, la obligación de continuar (o reiniciar) la actividad con la unidad productiva en cuestión por un mínimo de dos años.

En su virtud

SUPLICO AL JUZGADO que tenga por presentado este escrito, se sirva admitirlo, y tener por solicitado, al amparo de los dispuesto en los arts. 22 ter y ss. TRLC, el nombramiento de experto para recabar ofertas de adquisición de la unidad productiva arriba reseñada, y previos los oportunos trámites legales, se sirva dictar resolución acordando tal nombramiento y fijando, entre otros extremos, la duración del encargo y la retribución procedente a percibir por el experto, así cuanto demás proceda en derecho.

En ...., a ...., de ...., de ....

F506. ESCRITO SOLICITANDO EXPERTO PARA RECABAR OFERTAS DE ADQUISICIÓN DE UNIDAD PRODUCTIVA CON PROPUESTA DE PROFESIONAL PARA LA DESIGNACIÓN DE EXPERTO. PREPACK

AL JUZGADO DE LO MERCANTIL DE ....

.... Procuradora de los Tribunales y de .... S.L, representación que acredito con la copia de escritura de poder que acompaño a este escrito, ante el Juzgado comparezco y como mejor proceda en derecho DIGO:

Que por medio del presente escrito, y en la representación que ostento, solicito la designación de experto para recabar ofertas de adquisición de unidad productiva. Y a tal efecto se efectúan las siguientes:

ALEGACIONES

PRIMERO.– Mi mandante se encuentra en situación de insolvencia actual (o inminente) (o probable) y es titular de la siguiente unidad productiva: ....

Dicha unidad productiva ha cesado (no ha cesado) en su actividad.

El valor de la citada unidad productiva es de ....euros.

Lo anterior se acredita con los DOCUMENTOS que se acompañan como número ...., consistentes en ....

SEGUNDO.– Esta parte pretende y solicita de este Juzgado, que es el competente para la declaración de concurso de mi mandante, que al amparo de los arts. 224 ter y ss. TRLC, designe un experto que recabe ofertas para la adquisición de la referida unidad productiva, con pago al contado y en los términos de los referidos preceptos legales.

TERCERO.– Las ofertas a recabar deberán cumplir lo dispuesto en los arts. 224 septies y concordantes TRLC, y en especial, la obligación de continuar (o reiniciar) la actividad con la unidad productiva en cuestión por un mínimo de dos años.

CUARTO.– A tal efecto designatorio:

a) Se propone como experto para su designación por este Juzgado, a Don ...., abogado, con domicilio en ...., calle ...., y DNI/MIF .... Se hace constar que el profesional propuesto reúne los requisitos peticionados para ejercer el citado cargo expertual, pues reúne las condiciones para ser nombrado administrador concursal o experto en reestructuraciones, tal y como se acredita con el currículum que se acompaña como DOCUMENTO ....

b) Esta parte y Don .... han pactado los siguientes honorarios para retribuir el encargo: .... Ello atendiendo al valor de la unidad productiva ....

c) Esta parte entiende que la duración del encargo debe ser de .... meses, prorro-gables previa autorización de este Juzgado por otros .... meses adicionales a los primeros.

d) En señal de conformidad y aceptación de lo expuesto en este apartado, Don .... firma el presente escrito.

Todo ello se propone sin perjuicio de lo que pueda acordar este Juzgado al que respetuosamente nos dirigimos.

En su virtud,

SUPLICO AL JUZGADO que tenga por presentado este escrito, se sirva admitirlo, y tener por solicitado, al amparo de los dispuesto en los arts. 22 ter y ss. TRLC, el nombramiento de experto para recabar ofertas de adquisición de la unidad productiva arriba reseñada, y previos los oportunos trámites legales, se sirva dictar resolución acordando tal nombramiento en la persona de Don .... y con la duración del encargo y la retribución procedente a percibir por el experto reseñada en el cuerpo de este escrito, o, en su defecto, en la persona y condiciones del encargo que tenga por conveniente, así cuanto demás proceda en derecho.

En ...., a ...., de ...., de ....

F507. COMUNICACIÓN DE INICIO DE NEGOCIACIONES CON ACREEDORES Y SOLICITUD DE EXPERTO PARA RECABAR OFERTAS DE COMPRA DE LA UNIDAD PRODUCTIVA

AL JUZGADO DE LO MERCANTIL DE .... QUE POR TURNO CORRESPONDA

............, Procurador de los Tribunales y de ...., según se acredita con el poder especial que se acompaña y bajo la dirección letrada de Don ...., abogado del Ilustre Colegio de Abogados de .... con número ...., ante el Juzgado comparezco, y como mejor proceda en Derecho, respetuosamente, DIGO:

Que en virtud de lo establecido en el artículo 585 del Texto Refundido de la Ley Concursal, aprobado por el Real Decreto Legislativo 1/2020, de 5 de mayo (en adelante, "TRLC"), así como del artículo 224 *ter* del mismo cuerpo legal, y de acuerdo con los trámites previstos en los citados preceptos, se realiza COMUNICACIÓN DE APERTURA DE NEGOCIACIONES CON LOS ACREEDORES CON SOLICITUD DE NOMBRAMIENTO DE EXPERTO PARA RECABAR OFERTAS DE ADQUISICIÓN DE LA UNIDAD PRODUCTIVA y en su virtud, realizo las siguientes

MANIFESTACIONES

PRIMERA.– IDENTIDAD, ACTIVIDAD Y SITUACIÓN DE ....

.... es una empresa papelera especializada en la fabricación de .... y está centrada en la fabricación de hojas y de distintos formatos, en las instalaciones (fábrica) sitas en ...., que ocupa en régimen de alquiler.

La compañía .... fue constituida por tiempo indefinido, mediante escritura autorizada el día .... por el notario de ...., Don ...., bajo el número .... de orden de su protocolo; inscrita en el Registro Mercantil de ...., hoja............, tomo ...., folio .... Tiene el NIF número ....

El proceso productivo de la compañía se basa en la fabricación y manipulación de .... con un modelo de producción basado en............

La compañía cuenta actualmente con una plantilla de doscientos (200) trabajadores y mantiene, a fecha de la presente, su actividad.

Se acompaña a la presente como DOCUMENTO NÚMERO a, nota simple del Registro Mercantil de la Compañía.

Se trata de una compañía que ha venido desarrollando su actividad de forma satisfactoria, si bien en la actual situación y contexto económico donde se ha producido un incremento del precio de las materias primas, unido al aumento desmesurado del precio del suministro energético, y la imposibilidad de repercutir al cliente final dichos costes, han contraído significativamente los márgenes, haciendo muy difícil obtener rentabilidad.

Lo anterior, unido a una pérdida de confianza y una política crediticia restrictiva por parte de las entidades financieras que han condicionado la dotación de más financiación a la prestación de fuertes garantías, ha supuesto que la tesorería societaria esté muy mermada.

Conforme a lo establecido en el artículo 583 TRLC, así como de conformidad con lo estipulado en el artículo 2.3 del citado cuerpo legal, la compañía .... pone de manifiesto ante este Juzgado que se encuentra en un estado ACTUAL de insolvencia al no poder cumplir regularmente con sus obligaciones exigibles frente a sus acreedores, principalmente bancarios y proveedores de suministros.

Ante dicha situación, y con el ánimo de alcanzar soluciones convenidas con los acreedores frente a soluciones liquidativas del concurso, mi representada viene a acogerse por medio del presente escrito, a la previsión contenida en el artículo 585 TRLC, dando cuenta al Juzgado del inicio de negociaciones con los acreedores.

Así pues, se solicita que de conformidad con lo dispuesto en el artículo 585.1 TRLC, el letrado de la administración de justicia dicte decreto dejando constancia de la presente comunicación.

Finalmente, y de conformidad con lo dispuesto en el artículo 224 *ter* TRLC y por lo motivos que se expondrán (existencia de unidad productiva), se solicita el nombramiento de un experto que recabe ofertas de terceros para la adquisición, con pago al contado, de una o de varias unidades productivas de la compañía.

SEGUNDA.- CONTENIDO DE LA COMUNICACIÓN Y FUNDAMENTO DE LA COMPETENCIA DEL JUZGADO PARA CONOCER DE LA COMUNICACIÓN.

.... cumple con los presupuestos subjetivos y objetivos para realizar la presente comunicación; en este sentido, se trata de una persona jurídica que lleva a cabo una actividad empresarial y existe insolvencia atendido que en la actualidad no puede atender todas sus obligaciones siendo objetivamente previsible que, de no alcanzarse una solución, seguirá sin poder cumplir.

De conformidad con lo dispuesto en el artículo 586.1 2° TRLC, atendido que el domicilio de la compañía es en ...., la competencia para conocer de la presente recae en el Juzgado de lo Mercantil de ...., teniendo éste competencia exclusiva y excluyente, conforme al artículo 593 TRLC.

En cuanto al contenido de la comunicación, de conformidad con lo dispuesto en el artículo 586 TRLC, se expresa:

• La relación de acreedores con los que se está negociando y se pretende iniciar negociaciones:

.... ha iniciado negociaciones con sus acreedores financieros y con sus principales acreedores, que son primordialmente proveedores de suministros (materia prima, energía, etc.).

Se adjunta relación de acreedores como DOCUMENTO NÚMERO 2.

• Circunstancias existentes o que puedan sobrevenir susceptibles de afectar al desarrollo o al buen fin de las negociaciones:

Para el correcto avance de las negociaciones la Compañía debe mantener unos niveles de venta que le permitan generar ingresos. En este sentido, se considera indispensable para garantizar las negociaciones, la viabilidad, así como asegurar la obtención de una mayor valoración de la unidad productiva, el mantenimiento de la actividad.

Para ello, resulta imprescindible seguir contado con los contratos de suministro energético, con los contratos de servicios bancarios y de financiación, así como con el contrato de arrendamiento de la nave existente, solicitándose expresamente que se dirija por parte del Juzgado comunicación a las compañías con quien se tiene dichos contratos e indicándoles el carácter necesario de los mismos, así como su sometimiento al principio general de vigencia (artículo 597 TRLC)

• La actividad o actividades que desarrolle, así como el importe del activo y del pasivo, la cifra de negocios y el número de trabajadores al cierre del ejercicio:

La compañía es una empresa papelera especializada en ...., contando con una cifra de negocios superior a los 15.000.000.-€ y con una plantilla formada por doscientos (200) trabajadores.

Se acompaña como DOCUMENTO NÚMERO 3 el balance provisional de la Compañía a fecha ....

• Bienes o derechos que se consideren necesarios para la continuidad de su actividad empresarial o profesional. Si se siguieran ejecuciones contra esos bienes, identificará en la comunicación cada una de las que se encuentren en tramitación:

A continuación, se indican los contratos que tiene la Compañía y que se consideran necesarios para la continuidad de su actividad, y cuyo mantenimiento se interesa específicamente, sin perjuicio de que durante el periodo de duración de las negociaciones se proceda a su ampliación o su reducción, justificadas:

a) Contrato de fecha .... de suministro de electricidad, suscrito con la entidad ....

b) Contrato de fecha ....de suministro de gas, suscrito con la entidad ....

c) Contrato de fecha .... de suministro de agua, suscrito con la entidad ....

d) Contrato de fecha .... de arrendamiento, suscrito con la entidad ....

e) En relación con los contratos financieros, atendido que en su mayoría ostentan un saldo ya dispuesto en su totalidad, se detallan solamente aquellos donde existe saldo pendiente, sin perjuicio que se solicitará que el requerimiento dirigido a cada entidad abarque todos los contratos:

1. Contrato de gestión de pagos y financiación (línea de confirming), de fecha …………, suscrito con la entidad …………

2. Contrato de póliza de crédito para la cobertura de riesgos comerciales (línea de descuento), de fecha …………, suscrito con la entidad …………

3. Contrato de Factoring, de fecha …………, suscrito con la entidad …………

4. Contrato de cesión de créditos comerciales, de fecha …………, suscrito con la entidad …………

En cuanto a las ejecuciones que se siguen contra la compañía, a fecha de la presente comunicación no se tiene constancia del inicio de ninguna ejecución contra el patrimonio de la Compañía, sin perjuicio que se conocerse en un futuro, se solicitará la emisión de los correspondientes mandamientos para su paralización conforme al artículo 600 y ss. TRLC.

• Finalmente, de conformidad con lo dispuesto en el artículo 586.2 TRLC, se indica que existen garantías otorgadas por parte del grupo (socio), siendo las siguientes:…………

TERCERA.-SOBRE LA SOLICITUD EXPRESA DEL CARÁCTER RESERVADO DE LA PRESENTE COMUNICACIÓN CON ACOGIMIENTO A LA INSTITUCIÓN REGULADA EN EL ARTÍCULO 591 DEL TRLC.

De conformidad con el artículo 586.1.9° TRLC, ………… solicita de forma expresa que la presente solicitud sea tramitada de forma reservada y por lo tanto que no se ordene la publicación del extracto de la resolución que en su momento dicte el Juzgado en el Registro Público Concursal y/o en cualquier otro medio que pudiera determinar el Juzgado.

CUARTA.– DE LA UNIDAD PRODUCTIVA Y EL EXPERTO INDEPENDIENTE.

A pesar de la delicada situación en la que se encuentra la Compañía, lo cierto es que la actividad que se viene desarrollando puede mantenerse y ser viable económicamente. El endeudamiento existente, hace inviable la adopción de medidas por parte los actuales socios de la Compañía, siendo la única posibilidad de mantener la actividad la transmisión de la unidad productiva.

La sociedad cuenta en la actualidad con un conjunto de recursos intangibles, humanos y materiales que forman un negocio susceptible de funcionar de forma autónoma, esto es, una unidad productiva.

El valor de esta unidad productiva es muy superior al que existiría en un escenario liquidativo, por lo que consideramos, en consonancia con lo expresado en el apartado anterior, que procede su enajenación, razón por la que acudimos al Juzgado, al objeto que, al amparo de lo dispuesto en el artículo 224 *ter* TRLC, proceda al nombramiento de experto para recabar ofertas de adquisición de la unidad productiva.

Conforme con el artículo 224 *quater* TRLC, el juez establecerá la duración del encargo y fijará al experto la retribución que considere procedente atendiendo el valor de la unidad o unidades productivas. El derecho a percibir la retribución podrá estar total o parcialmente en función del resultado. En este sentido, consideramos que el plazo prudencial para recabar ofertas se sitúa en DOS MESES.

En cuanto a la retribución, consideramos apropiada la "Guía de Buenas prácticas para el nombramiento de experto en fase preconcursal "aprobada por los Jueces de lo Mercantil de Madrid, y que fijan una retribución fija de .... euros como cantidad fija, y una retribución variable según la siguiente tabla:

Valor UP hasta (€)	Importe retribución (€)	Resto de valor UP (hasta €)	Porcentaje aplicable al resto de valor
0,00	1.000.000,00	10%	
1.000.000,00	100.000,00	4.000.000,00	8%
5.000.000,00	420.000,00	5.000.000,00	5%
10.000.000,00	670.000,00	10.000.000,00	2%
20.000.000,00	870.000,00	En adelante	1%

Mi mandante, solicita el nombramiento de experto en la reestructuración de ....

............, con DNI ...., abogado y administrador concursal de amplia y reconocida experiencia profesional y académica en la venta de unidades productivas, quién reúne todas las condiciones establecidas en el TRLC para el ejercicio del cargo, con conocimiento especializados jurídicos, financieros y empresariales adecuados para realizar las funciones propias del cargo, y quién además cumple los requisitos necesarios para ser administrador concursal conforme al TRLC, estando a tales efectos inscrito en la Lista de Administradores Concursales, habiendo sido designado en múltiples procedimientos concursales. Se acompaña como documento número 1 el currículum del mismo relacionado con su experiencia en la venta de unidades productivas.

A estos hechos le son de aplicación los siguientes,

FUNDAMENTOS DE DERECHO

I.– COMPETENCIA

El artículo 224 *ter* del TRLC, regula la solicitud de nombramiento de experto para recabar ofertas de adquisición, estableciendo la solicitud se formulará ante el juzgado que resultara competente para la declaración de concurso.

A su vez, la LOPJ y los artículos 44, 45, 52 a 55 del TRLC 1/20 atribuyen el conocimiento del concurso a los juzgados de lo mercantil. Corresponde la competencia internacional y territorial para declarar y tramitar el concurso a los juzgados de lo mercantil de esa Provincia, con arreglo al artículo 10.1 de la LC//56 TRLC 1/20, por tratarse del territorio en que radica el centro de los intereses principales de mi representada.

II.– LEGITIMACIÓN

Ostenta la legitimación, mi mandante como interesada en el nombramiento de experto para recabar ofertas de adquisición de la unidad productiva.

III.– PROCEDIMIENTO

Es de aplicación lo dispuesto en la subsección 4ª de la sección 2ª del capítulo III del TRLC De conformidad con el artículo 224 *quater*, el nombramiento del experto podrá recaer en persona natural o jurídica que reúna las condiciones para ser nombrado experto en reestructuraciones o administrador concursal.

Igualmente, en la resolución, el juez establecerá la duración del encargo y fijará al experto la retribución que considere procedente atendiendo el valor de la unidad o unidades productivas.

Por último, y de conformidad con el apartado 2 del artículo 224 ter del TRLC, interesa que la resolución por la que se acuerde el nombramiento del experto se mantenga reservada.

En virtud de lo manifestado,

SUPLICO AL JUZGADO, que tenga por presentado este escrito junto con los documentos que se acompañan y sus copias, se sirva admitirlo y, en sus méritos, previos los trámites legales oportunos, declare tramitada la comunicación realizada por la mercantil ...., en virtud de lo establecido en el artículo 583 y 224 *ter* TRLC y en su virtud dicte resolución disponiendo igualmente:

a) Que la compañía ...., ha comunicado el inicio de negociaciones con sus acreedores, dándole la tramitación procedente;

b) Que la presente solicitud sea tramitada de forma reservada de conformidad con el artículo 586.1.9º y 591 TRLC, al solicitarlo expresamente ....;

c) Que durante el plazo de dos (2) meses a contar desde la presentación de la presente solicitud no se admita ninguna solicitud de concurso necesario que pueda instarse contra ....

d) Que se acuerde la prohibición de iniciar ejecuciones judiciales o extrajudiciales sobre los bienes o derechos que resulten necesarios para la continuidad de la actividad profesional o empresarial de ....;

e) Que se proceda al nombramiento de un experto independiente de conformidad con lo solicitado en el presente escrito;

f) Que el mandato del experto independiente tenga duración determinada de dos (2) meses y una retribución conforme se propone en el presente escrito;

g) Que se proceda a declarar el carácter reservado de la resolución (Auto) por la que se nombra al experto independiente.

Es justicia que pido en ....

OTROSÍ PRIMERO DIGO: Que, a los efectos de efectuar el requerimiento judicial solicitado en la Manifiesto Segundo del presente escrito, consistente en la indicación de que los contratos que tienen suscritos con la compañía .... tienen carácter necesario para la actividad de la misma, así como su sometimiento al principio general de vigencia (artículo 597 TRLC), y de conformidad con lo dispuesto en el TRLC en cuanto al auxilio judicial, esta parte señala los domicilios de los acreedores a quienes y en donde realizar la oportuna comunicación:............

SOLICITO AL JUZGADO, que tenga por efectuada la anterior manifestación y tenga a bien acordar la emisión de los oportunos mandamientos, a los efectos legales oportunos.

Es Justicia que suplico en ...., hoy ....

OTROSÍ SEGUNDO DIGO: Que al amparo de lo previsto en los artículos 11 y 588 TRLC, así como de lo previsto en el artículo 231 de la Ley de Enjuiciamiento Civil, solicito al Juzgado que cuide de que puedan ser subsanados los defectos en los que pueda incurrir esta parte.

SOLICITO AL JUZGADO, que tenga por efectuada la anterior manifestación a los efectos legales oportunos.

Es justicia que reitero en ...., hoy ....

F508. AUTO DESIGNANDO EXPERTO PARA RECABAR OFERTAS DE COMPRA DE UNIDAD PRODUCTIVA. PREPACK (I)

En la ciudad de........... a........... de........... de...........

ANTECEDENTES DE HECHO

PRIMERO. Por la procuradora de los tribunales, en representación de ...., y al amparo de lo dispuesto en los arts. 224 ter y ss. TRLC, solicitó el nombramiento de experto independiente para recabar ofertas de adquisición de unidad productiva.

De la solicitud formulada por........... S.L. extractamos lo siguiente:...........

SEGUNDO. En la tramitación de los presentes se han respetado las prescripciones legales.

FUNDAMENTOS DE DERECHO

PRIMERO. Que este Juez es competente para conocer de la presente solicitud al ser este Juzgado de lo Mercantil de........... el competente para conocer de la declaración de concurso de ...., al hallarse el centro de intereses principales de dicha compañía en .... (arts. 44, 45 y 224 ter TRLC).

SEGUNDO. Que la solicitud y la documentación aportada por........... S.L. junto a la misma cumple con lo establecido en el TRLC, especialmente, lo establecido en los arts. 224 ter, y ss, TRLC.

TERCERO. A la vista del art. 224 Ter, en caso de probabilidad de insolvencia, de insolvencia inminente o de insolvencia actual, el deudor, sea persona natural o jurídica, cualquiera que sea la actividad a la que se dedique, podrá solicitar del juzgado competente para la declaración de concurso el nombramiento de un experto que recabe ofertas de terceros para la adquisición, con pago al contado, de una o de varias unidades productivas de que sea titular el solicitante, aunque hubieran cesado en la actividad.

Conforme al art. 224 quater 1 TRLC, el nombramiento del experto podrá recaer en persona natural o jurídica que reúna las condiciones para ser nombrado experto en reestructuraciones o administrador concursal. La aceptación del nombramiento es voluntaria.

Además, en la resolución el juez establecerá la duración del encargo y fijará al experto la retribución que considere procedente atendiendo el valor de la unidad o unidades productivas. El derecho a percibir la retribución podrá estar total o parcialmente en función del resultado. La resolución por la que se acuerde el nombramiento del experto se mantendrá reservada. (art. 224 quarter 2 TRLC).

CUARTO. Que de la documentación aportada resulta la situación de insolvencia actual/inminente/probabilidad de insolvencia de........... S.L.

También resulta la titularidad por la citada compañía de la siguiente unidad productiva:

....

Y su valor: .... euros.

QUINTO. A la vista de todo ello, y en los términos peticionados por .... procede designar experto para recabar ofertas de compra de la unidad productiva a Don........... Don........... (ABOGADO), mayor de edad, de nacionalidad española, con domicilio en ...., calle .... y DNI/NIF .... Núm. .... ICAV, quien reúne las condiciones para ser nombrado administrador concursal a la vista que ...., siendo la aceptación del cargo voluntaria para el nominado.

Las ofertas a recabar deberán reunir los requisitos de los arts. 224 ter, ss. y concordantes del TRLC. En especial, art. 224 septies TRLC, que quien realice la oferta no podrá actuar por cuenta del propio deudor que en la oferta, el oferente deberá asumir la obligación de continuar o de reiniciar la actividad con la unidad o unidades productivas a las que se refiera la oferta por un mínimo de dos años. El incumplimiento de este compromiso dará lugar a que cualquier afectado pueda reclamar al adquirente la indemnización de los daños y perjuicios causados.

SEXTO. El encargo conferido al experto nombrado tendrá una retribución (fija/mensual) de .... euros, fijándose su retribución, atendiendo al valor de la unidad productiva, en la suma, impuestos excluidos, de .... euros (o en la suma, impuestos excluidos, resultante de aplicar el .... por ciento sobre el valor de la unidad productiva anteriormente reseñado) (o en la suma fija de .... euros, cantidad esta que, en el supuesto que se transmita la unidad productiva con la intervención del experto nominado, se incrementará adicionándole la resultante de aplicar .... por ciento sobre el exceso del precio obtenido en la enajenación respecto al valor de la unidad productiva anteriormente reseñado). Y su duración será de ...., a la vista de la situación de la empresa.

SÉPTIMO. Todo lo cual no exime al deudor del deber de solicitar la declaración de concurso dentro de los dos meses siguientes a la fecha en que hubiera conocido o debido conocer el estado de insolvencia actual (art. 224 quinquies TRLC)

Si con posterioridad a este nombramiento, se declarase el concurso de acreedores de .... S.L será competente para la declaración de concurso este Juzgado al haber nombrado al referido experto (art. 224 sixties 1 TRLC). Además, en la declaración del concurso, este juez podrá revocar o ratificar el nombramiento del experto, y si lo ratificase, tendrá la condición de administrador concursal (art. 224 sixties 2 TRLC). Finalmente, en caso de posterior concurso, la retribución que no hubiera percibido el experto tendrá la consideración de crédito contra la masa (art. 224 sixties 3 TRLC).

Procede dotar de carácter reservado a la presente resolución.

Visto lo expuesto y demás normativa de aplicación

DISPONGO

PRIMERO. Se estima la solicitud formulada por la sociedad........... S.L., y en su nombre y representación, el procurador de los Tribunales Don........... y se designa experto para recabar ofertas de compra de la unidad productiva reseñada en el fundamento de derecho cuarto de este auto, a Don........... Don........... (ABOGADO), mayor de edad, de nacionalidad española, con domicilio en ...., calle .... y DNI/NIF

.... Núm. .... ICAV, quien reúne las condiciones para ser nombrado administrador concursal

Hágase saber al designado, que las ofertas a recabar deberán reunir los requisitos de los arts. 224 ter, ss. y concordantes del TRLC. En especial, que quien realice la oferta no podrá actuar por cuenta del propio deudor y que en la oferta, el oferente deberá asumir la obligación de continuar o de reiniciar la actividad con la unidad o unidades productivas a las que se refiera la oferta por un mínimo de dos años. El incumplimiento de este compro-miso dará lugar a que cualquier afectado pueda reclamar al adquirente la indemnización de los daños y perjuicios causados.

Notifíquese a .... su nombramiento a efectos de su aceptación y juramento, haciéndosele saber que en este caso, la aceptación por su parte del mismo es voluntaria.

Aceptado el cargo por el experto, désele traslado a éste de la información y antecedentes acompañados por .... S.L a su solicitud, sin perjuicio de recabar de dicha compañía cuanta información precise para buen fin del encargo localizador de ofertas que le es conferido.

SEGUNDO. Fijar la duración del encargo encomendado al experto aquí nombrado en el plazo de ....

TERCERO. Fijar la retribución del experto designado en suma, impuestos excluidos, de

.... euros (o en la suma, impuestos excluidos, resultante de aplicar el .... por ciento sobre el valor de la unidad productiva anteriormente reseñado) (o en la suma fija de .... euros, cantidad esta que, en el supuesto que se transmita la unidad productiva con la intervención del experto nominado, se incrementará adicionándole la resultante de aplicar .... por ciento sobre el exceso del precio obtenido en la enajenación respecto al valor de la unidad productiva anteriormente reseñado).

Dese carácter reservado a la presente resolución.

Notifíquese por el Letrado de la Administración de Justicia el presente auto a .... a través de su representación procesal.

Contra el presente auto no cabe recurso alguno.

Todo lo cual pronuncia, manda y firma el Ilmo. Sr. ...., Magistrado Juez del Juzgado de lo Mercantil núm. .... de............

F509. AUTO DE DESIGNACIÓN DE EXPERTO PARA RECABAR OFERTAS DE ADQUISICIÓN DE LA UNIDAD PRODUCTIVA. PREPACK (II)

JUZGADO DE LO MERCANTIL Nº .... DE ....

N.I.G.:............

Procedimiento: ....-/............

Deudor: ....

Procurador: ....

AUTO

MAGISTRADO .... JUEZ QUE LA DICTA: Ilmo/a Sr/a ....

Lugar: ....

Fecha: ....

ANTECEDENTES DE HECHO

ÚNICO.– Mediante escrito fechado el pasado día............, la procuradora Doña ...., en nombre y representación de la mercantil ...., comunicó la situación de insolvencia inminente de su representada, para posteriormente interesar el nombramiento de experto para recabar ofertas de adquisición de la unidad productiva.

FUNDAMENTOS DE DERECHO

PRIMERO.– El Real Decreto Legislativo 1/2020, de 5 de mayo, por el que se aprueba el texto refundido de la Ley Concursal, prevé de forma expresa el nombramiento de un experto para recabar ofertas de adquisición de la unidad productiva. Concretamente en el subsección 4ª de la sección 2ª del capítulo III del Libro I, se regula el procedimiento para su nombramiento bajo los preceptos 224 ter y siguientes.

SEGUNDO.– La petición deducida, cumple con los requisitos del artículo 224ter expresando la mercantil .... su situación de insolvencia inminente, así como la solicitud expresa de nombramiento de experto. Igualmente se dirige ante el órgano competente para la declaración del concurso de acreedores.

TERCERO.– El artículo 224 quater establece:." *El nombramiento del experto podrá recaer en persona natural o jurídica que reúna las condiciones para ser nombrado experto en reestructuraciones o administrador concursal. La aceptación del nombramiento es voluntaria. 2. En la resolución el juez establecerá la duración del encargo y fijará al experto la retribución que considere procedente atendiendo el valor de la unidad o unidades productivas. El derecho a percibir la retribución podrá estar total o parcialmente en función del resultado. La resolución por la que se acuerde el nombramiento del experto se mantendrá reservada."*

Visto lo expuesto,

PARTE DISPOSITIVA

1.– Se tiene por personado y por parte a la mercantil .... y en su representación a la Procuradora ...., en virtud del poder especial que se aporta, con quien se entenderán las sucesivas diligencias en la forma prevenida por la Ley, y por solicitado EL NOMBRAMIENTO DE EXPERTO PARA RECABAR OFERTAS DE ADQUISICIÓN DE LA UNIDAD PRODUCTIVA.

2.– Se nombra como experto a Don ...., con domicilio en ...., a quien se notificará por conducto urgente dicha designación a fin de que sin dilación comparezca en este Juzgado para aceptar y jurar el cargo, a los cuales se les entregará, una vez aceptado y jurado el cargo.

3.– Dado que la solicitante manifiesta su situación de insolvencia inminente, la duración de cargo, no podrá exceder de TRES MESES

4.– Teniendo en cuenta el valor de la unidad productiva señalado por la solicitante, se fija como retribución para el Experto independiente la cantidad de .... euros.

MODO DE IMPUGNACIÓN: Contra esta resolución no cabe interponer recurso.

Así por este Auto, lo pronuncia, manda y firma el Itmo. Sr. D. .... Magistrado Juez de este Juzgado; doy fe.

F510. ESCRITO DEL EXPERTO ACEPTANDO/NO ACEPTANDO EL NOMBRAMIENTO

AL JUZGADO DE LO MERCANTIL NÚM............DE ....

Don ...., mayor de edad, de nacionalidad española, abogado (ICAV ....), con domicilio en ...., calle ...., y DNI/NIF .... ante el Juzgado comparezco en el expediente .... y como mejor proceda en derecho DIGO:

PRIMERO.– Que ha sido notificado a esta parte el auto de fecha ...., por el que se me designa como experto para recabar ofertas de adquisición de la unidad productiva .... Ello en los términos del citado auto que se da aquí por íntegramente reproducido en aras a una mayor brevedad.

SEGUNDO.– Que se me ha requerido por este Juzgado a efectos que acepte el referido nombramiento.

TERCERO.– Que por medio de este escrito, y a los efectos de lo dispuesto en el art. 224 Quater 1 TRLC, esta parte ACEPTA el referido cargo, manifestando que no incurre en causa de incapacidad, incompatibilidad o prohibición, ni conoce la concurrencia de otra causa de recusación, y jura desempeñarlo de modo fiel y legal, y al respecto:

A) Designa como lugar o despacho donde ejercerá el cargo en el siguiente: ....

B) Manifiesta igualmente que podrán practicarle las notificaciones y demás actos de comunicación en el siguiente correo electrónico: ....@............

C) Que su numero de teléfono es el siguiente: ....

ALTERNATIVA: TERCERO.– Dado que la aceptación del referido cargo es voluntaria para el nominado, y de conformidad y a los efectos de lo establecido en el art. 224 quater TRLC, esta parte expresamente NO ACEPTA el referido nombramiento (o NO ACEPTA el referido nombramiento a la vista que ....).

En su virtud

SUPLICO AL JUZGADO que tenga por presentado este escrito, se sirva admitirlo, y por ACEPTADO/NO ACEPTADO el nombramiento de experto para recabar ofertas de adquisición de la unidad productiva ...., que se reseña en el cuerpo de este escrito.

En ...., a ...., de ...., de ....

F511. ACTA DE ACEPTACIÓN DEL CARGO POR EL EXPERTO PARA RECABAR OFERTAS DE COMPRA DE UNIDAD PRODUCTIVA. PREPACK

JUZGADO DE LO MERCANTIL Nº .... DE ....

N.I.G.:...........

Procedimiento: ..../...........

ACTA DE ACEPTACIÓN Y JURAMENTO DE EXPERTO PARA RECABAR OFERTAS DE COMPRA DE UNIDAD PRODUCTIVA

En .... a .... de dos mil ....

Ante el Ilmo/a. Sr./a. Magistrado/a-Juez de este Juzgado, asistido de mí el Letrado de la Administración de Justicia, comparece:

D./Dña. ...., con domicilio en ...., con D.N.I. Nº ...., teléfono .... y mail ....@..........., quien acepta el cargo de EXPERTO PARA RECABAR OFERTAS DE COMPRA DE UNIDAD PRODUCTIVA en el procedimiento de referencia, y ello de conformidad con el art. 224 quater TRLC.

Y manifiesta:

Que no afectándole causa de incapacidad, incompatibilidad o prohibición, ni conociendo la concurrencia de otra causa de recusación, ACEPTA el cargo para el que ha sido designado, y jura desempeñarlo de modo fiel y legal, ajustando su actuando a las prescripciones del Real Decreto Legislativo 1/2020 de 5 de mayo. Que designa como lugar o despacho donde ejercerá el cargo en el territorio de la demarcación de este Juzgado en ....

Manifiesta igualmente que podrán practicarle las notificaciones y demás actos de comunicación en el correo electrónico arriba indicado a los efectos oportunos.

En este acto exhibe para su testimonio la póliza de seguros de responsabilidad civil y el recibo de la prima correspondiente al período del seguro en curso o, en su caso, del certificado de cobertura expedido por la entidad aseguradora, o garantía equivalente expedida por entidad de crédito.

Por S.Sª se instruye al compareciente del contenido y alcance del cargo para el que ha sido designado, de lo que éste queda enterado.

Con todo lo cual, se da por terminada la presente, firmando el compareciente después de su S.Sª y conmigo, que doy fe.

F512. DILIGENCIA DE ORDENACIÓN POR LA QUE SE TIENE POR ACEPTADO EL CARGO POR PARTE DEL EXPERTO PARA RECABAR OFERTAS DE COMPRA DE LA UNIDAD PRODUCTIVA. PREPACK

JUZGADO MERCANTIL Nº .... DE ....

N.I.G.: ....

EXPEDIENTE DESIGNACIÓN EXPERTO ART, 224 TER TRLC NÚM.........../............

DILIGENCIA DE ORDENACIÓN

Letrado de la Administración de Justicia que la dicta: ....

Lugar: ....

Fecha: ....

Por vista la anterior aceptación de cargo presentada por el experto .... queda incorporada al procedimiento. Expídase la credencial y hágase entrega de la misma.

Modo de impugnación: recurso de REPOSICIÓN ante el Letrado de la Administración de Justicia, mediante un escrito que se debe presentar en el plazo de CINCO días, contados desde el siguiente al de la notificación, en el que se debe expresar la infracción en que haya incurrido la resolución. Sin estos requisitos no se admitirá la impugnación. La interposición del recurso no tendrá efectos suspensivos respecto de la resolución recurrida (artículos 451 y 452 LEC).

Lo acuerdo y firmo.

El Letrado de la Administración de Justicia

F513. CREDENCIAL A FAVOR DEL EXPERTO EN RECABAR OFERTAS DE ADQUISICIÓN DE UNIDAD PRODUCTIVA. SIN COMUNICACIÓN PRECONCURSAL ART. 585 TRLC. PREPACK

JUZGADO MERCANTIL Nº .... DE ....

N.I.G.: ....

Expediente designación experto art. 224 Ter TRLC num. ..../............

CREDENCIAL

............, Letrado de la Administración de Justicia del Juzgado Mercantil nº .... de ...., doy fe:

Que en el expediente núm............, instado por la mercantil .... con domicilio en la Calle ...., se ha nombrado como experto para recabar ofertas de adquisición de unidad productiva:

A Don ...., con domicilio en ...., calle ...., teléfono ...., mail ...., y DNI/NIF ....

Que las facultades conferidas al experto lo son para recabar ofertas de terceros para la adquisición de una o varias unidades productivas de las que sea titular la mercantil ...., en los términos legalmente establecidos y, en concreto, las aprobadas mediante auto de este Juzgado de fecha ...., que se transcriben a continuación: ....

Y para que conste y sirva de acreditación en legal forma y surta los efectos legales oportunos, expido la presente credencial en el día de la fecha.

En ...., a ....de .... de ....

El Letrado de la Administración de Justicia.

F514. CREDENCIAL A FAVOR DEL EXPERTO EN RECABAR OFERTAS DE ADQUISICIÓN DE UNIDAD PRODUCTIVA. CON COMUNICACIÓN PRECONCURSAL ART. 585 TRLC. PREPACK

JUZGADO MERCANTIL Nº .... DE ....

N.I.G.: ....

Comunicación de negociaciones art. 585 TRLC núm. ..../............

CREDENCIAL

............, Letrado de la Administración de Justicia del Juzgado Mercantil nº .... de ...., doy fe:

Que en la comunicación de apertura de negociaciones .... sección., presentada por la mercantil .... con domicilio en la Calle ...., se ha nombrado como experto para recabar ofertas de adquisición de unidad productiva:

A Don ...., con domicilio en ...., calle ...., teléfono ...., mail ...., y DNI/NIF ....

Que las facultades del experto lo son para recabar ofertas de terceros para la adquisición de una o varias unidades productivas de las que sea titular la mercantil ...., en los términos legalmente establecidos y, en concreto, las aprobadas mediante auto de este Juzgado de fecha ...., que se transcriben a continuación: ....

Y para que conste y sirva de acreditación en legal forma y surta los efectos legales oportunos, expido la presente credencial en el día de la fecha.

En ...., a ....de .... de ....

El Letrado de la Administración de Justicia

F515. ACUERDO DE CONFIDENCIALIDAD Y NO DIVULGACIÓN DE INFORMACIÓN. PREPACK

En ...., a .... de .... de 20...........

COMPARECEN

Don ...., mayor de edad, con DNI nº y domicilio en .... Don ...., mayor de edad, con DNI nº y domicilio en .... Don ...., mayor de edad, con DNI nº y domicilio en ....

INTERVIENEN

El Sr........... en nombre y representación de la mercantil denominada ...., domiciliada en ...., y con C.I.F. número .... Constituida bajo la denominación de "........... por tiempo indefinido en escritura autorizada por la Notario de ...., el día .... de .... de ...., bajo el número .... de orden de protocolo; inscrita en el Registro Mercantil de ...., sección ...., Hoja ....

Constituye su objeto social principal, ...

Sus facultades para este acto resultan de su condición de Administrador Solidario de la mercantil, cargo para el cual fue designado por acuerdo de la Junta General Extraordinaria de Socios de la compañía celebrada el día .... de .... de ...., cuyos acuerdos fueron elevados a público en escritura autorizada por el Notario de ...., Doña .... el día .... de .... de ...., la cual causó la inscripción ....en la hoja abierta a nombre de la sociedad en el Registro Mercantil.

El Sr........... en nombre y representación de la mercantil denominada ...., domiciliada en ...., y con C.I.F. número ....Constituida bajo la denominación de "........... por tiempo indefinido en escritura autorizada por la Notario de ...., el día .... de .... de ...., bajo el número .... de orden de protocolo; inscrita en el Registro Mercantil de ...., sección ...., Hoja ....

Constituye su objeto social principal, ...

Sus facultades para este acto resultan de su condición de Administrador Solidario de la mercantil, cargo para el cual fue designado por acuerdo de la Junta General Extraordinaria de Socios de la compañía celebrada el día .... de .... de ...., cuyos acuerdos fueron elevados a público en escritura autorizada por el Notario de ...., Doña .... el día .... de .... de ...., la cual causó la inscripción ....en la hoja abierta a nombre de la sociedad en el Registro Mercantil.

El Sr........... en su calidad de experto para recabar ofertas de adquisición de la unidad productiva de la mercantil ...., según auto dictado por el juzgado de lo mercantil nº .... de ....

ESTIPULACIONES

PRIMERA. La mercantil .... se encuentra en un proceso de recepción de ofertas, a fin de transmitir su unidad productiva. De esta forma, y mediante resolución del Juzgado de lo Mercantil nº .... de .... se acordó el nombramiento de Don .... como experto para recabar ofertas de adquisición de la unidad productiva.

SEGUNDA. Por otra parte, la mercantil .... está interesa en la adquisición de la unidad productiva de ...., siendo necesario para poder formular una oferta de compra, acceder a determinada documentación de ....

A tal fin, la mercantil .... Reconoce haber recibido la siguiente documentación correspondiente a la unidad productiva:

(i) Libro diario y mayor de la compañía de los ejercicios .... y ....

(ii) Balance de sumas y saldos a nivel 3 y máximo desglose de los ejercicios .... y ....

(iii) Balance de situación y pérdidas y ganancias de los ejercicios .... y ....

(iv) Copia de contratos de arrendamiento.

(v) Relación completa de la plantilla, incluyendo antigüedad, salario diario, puesto de trabajo y datos personales.

(vi) Modelos TC2 y TC1 de la TGSS.

(vii) Justificación documental de la titularidad de determinadas marcas.

(viii) Escrituras de adquisición de los inmuebles y notas simples del registro de la propiedad.

(ix) Cuentas anuales e informe de gestión de los ejercicios .... y ....

(x) Informe de auditoría de los ejercicios .... y ....

(xi) Tasación correspondiente a la maquinaria que titula la compañía.

(xii) Certificado de deuda emitido por la TGSS.

TERCERA. La mercantil .... únicamente utilizará la información facilitada para el fin mencionado en la Estipulación anterior, comprometiéndose a mantener la más estricta confidencialidad respecto de dicha información, advirtiendo de dicho deber de confidencialidad y secreto a sus empleados, asociados y a cualquier persona que, por su relación con la empresa, deba tener acceso a dicha información para el correcto cumplimiento de las obligaciones de la empresa para con ....

CUARTA. .... o las personas mencionadas en el párrafo anterior no podrán reproducir, modificar, hacer pública o divulgar a terceros la información objeto del presente Acuerdo sin previa autorización escrita y expresa de ....

QUINTA. De igual forma, ... adoptará respecto de la información objeto de este Acuerdo las mismas medidas de seguridad que adoptaría normalmente respecto a la información confidencial de su propia Empresa, evitando en la medida de lo posible su pérdida, robo o sustracción.

SEXTA. Sin perjuicio de lo estipulado en el presente Acuerdo, ambas partes aceptan que la obligación de confidencialidad no se aplicará en los siguientes casos:

a) Cuando la información se encontrará en el dominio público en el momento de su suministro a .... o, una vez suministrada la información, ésta acceda al dominio público sin infracción de ninguna de las Estipulaciones del presente Acuerdo.

b) Cuando la información ya estuviera en el conocimiento de .... con anterioridad a la firma del presente Acuerdo y sin obligación de guardar confidencialidad.

c) Cuando la legislación vigente o un mandato judicial exija su divulgación. En ese caso, ... notificará al .... tal eventualidad y hará todo lo posible por garantizar que se dé un tratamiento confidencial a la información.

d) En caso de que .... pueda probar que la información fue desarrollada o recibida legítimamente de terceros, de forma totalmente independiente a su relación con ....

SÉPTIMA. Los derechos de propiedad intelectual de la información objeto de este Acuerdo pertenecen a .... y el hecho de revelarla a .... para el fin mencionado en la Estipulación Primera no cambiará tal situación.

En caso de que la información resulte revelada o divulgada o utilizada por .... de cualquier forma distinta al objeto de este Acuerdo, ya sea de forma dolosa o por mera negligencia, habrá de indemnizar a .... los daños y perjuicios ocasionados, sin perjuicio de las acciones civiles o penales que puedan corresponder a este último.

OCTAVA. El presente Acuerdo entrará en vigor en el momento de la firma del mismo por ambas partes, extendiéndose su vigencia hasta un plazo de 10 años, salvo que .... resultara adjudicataria de la unidad productiva, en cuyo caso decaerá esta obligación.

NOVENA. En caso de cualquier conflicto o discrepancia que pueda surgir en relación con la interpretación y/o cumplimiento del presente Acuerdo, las partes se someten expresamente a los Juzgados y Tribunales de ...., con renuncia a su fuero propio, aplicándose la legislación española vigente.

Y en señal de expresa conformidad y aceptación de los términos recogidos en el presente Acuerdo, lo firman las partes por duplicado ejemplar y a un solo efecto en el lugar y fecha al comienzo indicados.

F516. ESCRITO DEL EXPERTO INSTANDO AL JUZGADO EL REQUERIMIENTO DE INFORMACIÓN A LA TGSS A EFECTOS DE LA VENTA DE LA UNIDAD PRODUCTIVA. PREPACK

Procedimiento: NOMBRAMIENTO EXPERTO PARA RECABAR OFERTAS DE ADQUISICIÓN DE LA UNIDAD PRODUCTIVA ART. 224 TER TRLC ..../............

Deudor: .... S.L.

AL JUZGADO DE LO MERCANTIL NÚMERO .... DE ....

D. ...., experto nombrado para recabar ofertas de compra de la unidad productiva, en Procedimiento: NOMBRAMIENTO EXPERTO PARA RECABAR OFERTAS DE ADQUISICIÓN DE LA UNIDAD PRODUCTIVA ART. 224 TER TRLC ..../............ seguido ante este Juzgado comparezco y, como mejor proceda en Derecho, DIGO:

Que por providencia de .... se dispuso acordar una prórroga de un mes para realizar la función encargada, a contar desde la notificación de dicha resolución. Y, asimismo, se dispuso acordar al amparo del Art. 221.3 TRLC el remitir oficio a la Inspección de Trabajo y Seguridad Social relativo a las relaciones laborales afectas a la enajenación de la Unidad productiva titularidad de .... S.L., con CIF .... y las posibles deudas de la seguridad social relativas a los trabajadores en activo de dicha sociedad, señalando que dicho informe deberá emitirse por dicho organismo público en el improrrogable plazo de DIEZ DIAS, tal como determina el Art. 221.3 TRLC.

Sin embargo, a día de hoy no se encuentra cumplimentado dicho oficio por la TGSS por lo que, estando próximo a vencer el plazo de la prórroga y siendo esencial contar condicha información para las ofertas, se interesa se recuerde en forma urgente su debido cumplimiento a tal organismo a través del Organismo Estatal Inspección de Trabajo y Seguridad Social de .... sita en Calle .... de ....

En virtud de lo manifestado,

SUPLICO AL JUZGADO, que tenga por presentado este escrito, se sirva admitirlo y, en sus méritos, acuerde como se solicita disponiendo lo necesario para ello.

OTROSÍ PRIMERO DIGO: Que al amparo de lo previsto en los artículos 11 y 588 TRLC, así como de lo previsto en el artículo 231 de la Ley de Enjuiciamiento Civil, solicito al Juzgado que cuide de que puedan ser subsanados los defectos en los que pueda incurrir esta parte.

SOLICITO AL JUZGADO, que tenga por efectuada la anterior manifestación a los efectos legales oportunos.

Es justicia que pido en ...., a .... de ....de ....

F517. ESCRITO DEL EXPERTO PIDIENDO AL JUZGADO QUE REQUIERA ACLARACIONES A EFECTOS DE DETERMINAR LA DEUDA LABORAL DE LA EMPRESA. PREPACK

Procedimiento: NOMBRAMIENTO EXPERTO PARA RECABAR OFERTAS DE ADQUISICIÓN DE LA UNIDAD PRODUCTIVA ART. 224 TER TRLC ..../............

Deudor: .... S.L.

AL JUZGADO DE LO MERCANTIL NÚMERO .... DE ....

D. ...., experto nombrado para recabar ofertas de compra de la unidad productiva, en Procedimiento: NOMBRAMIENTO EXPERTO PARA RECABAR OFERTAS DE ADQUISICIÓN DE LA UNIDAD PRODUCTIVA ART. 224 TER TRLC ..../............ seguido ante este Juzgado comparezco y, como mejor proceda en Derecho, DIGO:

Primero.– Que en fecha .... se notificó el auto del día .... anterior, cuya parte dispositiva es la que sigue: "*SE ADMITE A TRÁMITE LA SOLICITUD formulada por el/la procurador/a ...., en nombre y representación de .... S.L.*».

2.– SE NOMBRA EXPERTO/A para recabar ofertas de adquisición de la unidad productiva reseñada en los antecedentes de esta resolución a ...., a quien se comunicará el nombramiento y se hará saber que:

– Dentro de los DOS DÍAS siguientes a la recepción de la comunicación, deberá comparecer ante el juzgado para aceptar o rechazar el encargo.

– De aceptar el encargo, deberá aportar copia de la póliza del seguro de responsabilidad civil o garantía equivalente que tenga vigente para responder de posibles daños que pudiera causar en el ejercicio de las funciones propias del cargo. Debe comunicar la identidad de la persona natural que la represente en el ejercicio de las funciones propias del cargo".

Segundo.– Que por escrito de fecha .... el experto nombrado vino a aceptar el encargo recibido, dictándose la D.O. ...., poniendo de manifiesto que *"tiene el plazo de .... para realizar la función encargada, que contará desde la notificación de la presente resolución. Asimismo, al no tratarse de una actuación procesal, el mes de agosto es hábil a todos los efectos, para el desempeño de su cometido"*.

Tercero.– Que estando próximo a vencer dicho plazo, y por escrito conjunto con la representación de .... S.L. se solicitó, una prórroga por el plazo de otro mes, a fin de poder avanzar y concretar en los trabajos ya desarrollados para recabar mejores ofertas concediéndola el Juzgado.

Cuarto.– Que siendo esencial para el buen fin del trabajo encomendado contar con el informe de la Inspección de Trabajo y Seguridad Social relativo a las relaciones laborales afectas a la enajenación de la unidad productiva y las posibles deudas de seguridad social relativas a estos trabajadores, se solicitó y el Juzgado acordó se emitiera informe por la Inspección de Trabajo y Seguridad Social en el plazo improrrogable de diez días (art. 221.3 TRLC), cumplimentando el correspondiente oficio al respecto.

Más, sin embargo, y al nada comunicarse en plazo al respecto, el que suscribe interesó se recordara en forma urgente su debido cumplimiento a tal organismo a través del Organismo Estatal Inspección de Trabajo y Seguridad Social de Alicante sita en Calle .... de .... a la par que la prórroga del plazo para emitir el informe, acordando este Juzgado tal prórroga en providencia de ....

Quinto.– Que, recibido informe por parte de Ministerio de Trabajo y Economía Social, se ha dado traslado a la instante y al experto, a los efectos oportunos.

Más, sin embargo, el informe recibido no cumple lo ordenado por este Juzgado a dicho organismo en la emisión del mismo, ello por cuanto:

• Es de ver al mismo que aporta determinadas actuaciones inspectoras relativas a la derivación de responsabilidad de deudas de .... S.L. a la mercantil .... S.L., y otras posteriores que nada tienen que ver en el procedimiento que nos ocupa, en definitiva, aportando información sobre cuestiones en nada afectan al presente procedimiento ello por cuanto, enajenada la unidad productiva, el adquirente se subrogará en la deuda laboral y de seguridad social de los trabajadores afectos a dicha unidad productiva y no en la de otros que lo fueron de .... S.L., y el resto del crédito de la TGSS no satisfecho continuará siendo deuda concursal de .... S.L. en el ulterior concurso.

• Como podemos al f. .... y último de dicho informe, sí que se indica quienes son los trabajadores en activo a fecha ...., y en ese aspecto o parte el informe sí que cumple con lo establecido en el art. 221.3 TRLC, y con lo ordenado por este Juzgado, al reflejar *"las relaciones laborales afectas a la enajenación de la unidad productiva"*. Pero, en cambio, no da respuesta concreta a lo que también fue objeto de requerimiento, esto es *"las posibles deudas de seguridad social relativas a estos trabajadores"*, la cual ha de referirse a estos concretos trabajadores, ya que son las únicas relaciones laborales están afectas a la enajenación de la unidad productiva.

• A los f. .... del informe recibido puede apreciarse que se incluye un cuadro como Anexo II en donde se reflejan las deudas derivadas a .... S.L., más sin indicar ni contener dato alguno que pueda permitir conocer a que concretos trabajadores se refiere, es decir, que fueran de .... S.L. y que posteriormente hubieran pasado a formar parte de la plantilla de .... S.L., siendo esto precisamente fue lo solicitado por este Tribunal, y a lo que se refiere el art. 221.3 TRLC.

Podrá SSª comprobar que el informe se limita a indicar que el "total" de la deuda derivada asciende a la nada desdeñable suma de .... €, más, sin embargo, no ofrece la más mínima explicación sobre qué parte de dicha deuda corresponde a los trabajadores afectos a la unidad productiva que se pretende transmitir, siendo ello esencial para poder desarrollar nuestro encargo profesional y lo que se le solicitaba a dicho organismo por el Juzgado, y que es lo que el TRLC exige. Sin dicho dato concretado en la forma que exige el TRLC y este Juzgado expresamente solicitó, el experto no va a poder encontrar empresa ni persona alguna con la que lograr una venta de la unidad productiva, lo cual, a su vez, abocará a que los empleados de .... S.L. pierden, en su totalidad, sus puestos de trabajo, a la par que se incrementará notablemente el pasivo concursal con las indemnizaciones que corresponderán por la extinción de sus contratos, y, en definitiva todo ello redundará en perjuicio el concurso.

Sexto.– Por todo lo expuesto, y a fin de que el experto nombrado puede cumplir su encargo conforme a las determinaciones del TRLC y pueda lograrse, en su caso, la venta de la unidad productiva, deviene necesario que por el Juzgado se requiera de nuevo a la Inspección de Trabajo y Seguridad Social para que emita el informe que le fue requerido en los términos exactos por este Tribunal, que no es otro que el prevenido en el art. 221.3 TRLC., es decir, informe qué importes sobre el total de la deuda derivada a .... S.L., es la relativa a los trabajadores afectos a la unidad productiva objeto de este procedimiento, debidamente desglosada por cada trabajador., dato con el que es necesario contra para que cualquier interesado pueda formular una oferta dada la existencia de sucesión de empresa a efectos laborales y de seguridad social por imperativo del art. 221.1 del TRLC.

En virtud de lo manifestado,

SUPLICO AL JUZGADO, que tenga por presentado este escrito junto con los documentos que se acompañan y sus copias, se sirva admitirlo y, en sus méritos, previos los trámites legales oportunos, acuerde como se solicita disponiendo lo necesario para ello.

OTROSÍ PRIMERO DIGO: Que al amparo de lo previsto en los artículos 11 y 588 TRLC, así como de lo previsto en el artículo 231 de la Ley de Enjuiciamiento Civil, solicito al Juzgado que cuide de que puedan ser subsanados los defectos en los que pueda incurrir esta parte.

SOLICITO AL JUZGADO, que tenga por efectuada la anterior manifestación a los efectos legales oportunos.

Es justicia que pido en ...., a .... de .... de ....

F518. SOLICITUD POR PARTE DEL DEUDOR DE PRORROGA PARA EL DESEMPEÑO DEL CARGO POR EL EXPERTO. PREPACK

AL JUZGADO DE LO MERCANTIL DE ....

..........., Procurador de los Tribunales y de ...., y bajo la dirección letrada de Don ...., abogado del Ilustre Colegio de Abogados de .... con número ...., ante el Juzgado comparezco en los autos ...., y como mejor proceda en Derecho, respetuosamente, DIGO:

PRIMERO. Que el pasado día .... de .... de ...., el juzgado al que tenemos el honor de dirigirnos dictó Auto por el que acordó el nombramiento de experto para recabar ofertas de adquisición. Concretamente en la parte dispositiva se estableció:

"1. Se tiene por personado y por parte a la mercantil .... y en su representación a la Procuradora ...., en virtud del poder especial que se aporta, con quien se entenderán las sucesivas diligencias en la forma prevenida por la Ley, y por solicitado EL NOMBRAMIENTO DE EXPERTO PARA RECABAR OFERTAS DE ADQUISICIÓN DE LA UNIDAD PRODUCTIVA.

2. Se nombra como experto a Don ...., con domicilio en ...., a quien se notificará por conducto urgente dicha designación a fin de que sin dilación comparezca en este Juzgado para aceptar y jurar el cargo, a los cuales se les entregará, una vez aceptado y jurado el cargo.

3. Dado que la solicitante manifiesta su situación de insolvencia inminente, la duración de cargo, no podrá exceder de TRES MESES ...."

SEGUNDO. Que han transcurrido dos meses y quince días, desde el dictado del auto, habiéndose manifestado interesados en la adquisición de la unidad productiva, 3 sociedades. No obstante aún no se ha formulado la correspondiente oferta vinculante, por lo que entendemos que debe acordarse una prórroga por dos meses más.

TERCERO. Que la petición interesada tiene su apoyo en la aplicación analógica de lo dispuesto en los Arts. 224 quinquies, 607, 683.3 y 690 TRLC.

CUARTO. Que junto a la presente petición se acompaña como Anexo I, informe razonado y justificativo emitido por Don ...., experto nombrado por el juzgado, que entiende que procede la concesión de una prórroga ante la inminencia de la presentación de alguna oferta de compra de unidad productiva vinculante.

En su virtud,

SUPLICO AL JUZGADO, que teniendo por presentado en tiempo y forma el presente escrito, sea aceptado y a la vista de las alegaciones formuladas, acuerde prorrogar el plazo de nombramiento del experto para la recepción de ofertas de compra de unidad productiva, por un plazo adicional de DOS MESES.

Es justicia que pido en .... a .... de .... de ....

F519. SOLICITUD CONJUNTA DEL DEUDOR Y DEL EXPERTO DE PRORROGA PARA EL DESEMPEÑO DEL CARGO POR EL EXPERTO. PREPACK

Procedimiento: Comunicación art. 585 Ley Concursal [LC5] ..../............

Deudora: .... S.L.

Procurador: ....

AL JUZGADO DE LO MERCANTIL NÚMERO .... DE ....

DOÑA ...., Procurador de los Tribunales, colegiada .... del Ilustre Colegio de Procuradores de ...., y de la mercantil .... S.L., con domicilio social en ...., y provista de CIF ...., representación que tengo acreditada en los autos arriba identificados; y D. ...., experto nombrado para recabar ofertas de compra de la unidad productiva, en el Procedimiento: Comunicación art. 585 Ley Concursal [LC5] ..../........... seguido ante este Juzgado comparecemos y, como mejor proceda en Derecho, DECIMOS:

Primero.– Que en fecha ...., fue turnada a este Juzgado la comunicación de inicio de negociaciones con carácter reservado, y petición de nombramiento de experto para recabar ofertas de adquisición de la unidad productiva, en base al art. 224 ter y ss. TRLC, formulada por la mercantil .... S.L, a través de su representación procesal en autos, la Procuradora de los Tribunales doña ....

Segundo.– En fecha .... se ha dictado Decreto núm. ...., por la Sra. Letrada de la Administración de Justicia de este Juzgado, por el que, entre otros pronunciamientos acerca de la comunicación realizada sobre el inicio de negociaciones con los acreedores para obtener adhesiones a una propuesta anticipada de convenio o para alcanzar un plan de reestructuración, se da cuenta a este tribunal de la solicitud de nombramiento de experto independiente para recabar ofertas de adquisición de la unidad productiva.

Tercero.– Que por Auto de fecha ...., este Juzgado acordó nombrar como experto para recabar ofertas de compra de la unidad productiva a Don .... con una duración del encargo de ....días naturales.

Cuarto.– Que estando próximo a vencer dicho plazo, por este escrito se solicita conjuntamente, por su conveniencia y utilidad en aras al buen fin propuesto a través del nombramiento del experto y de la comunicación efectuada, una prórroga por plazo idéntico al que falte hasta alcanzar el plazo de los dos meses en que el deudor está obligado a presentar su concurso, a fin de poder avanzar y concretar en los trabajos ya desarrollados para recabar mejores ofertas.

La petición que por este escrito se articula no causa perjuicio, ya que no implica desembolso algún, permite poder avanzar de forma más sosegada en las ofertas que se tratan de recabar, lo cual redunda en beneficio de loas acreedores; y en todo caso, nos encontramos con margen de plazo para la solicitud por parte del concursado del concurso en el plazo de los dos meses a que se hace referencia en el auto de fecha ....

En virtud de lo manifestado,

SUPLICO AL JUZGADO, que tenga por presentado este escrito junto con los documentos que se acompañan y sus copias, se sirva admitirlo y, en sus méritos, previos los trámites legales oportunos, acuerde como se solicita disponiendo lo necesario para ello.

OTROSÍ PRIMERO DIGO: Que al amparo de lo previsto en los artículos 11 y 588 TRLC, así como de lo previsto en el artículo 231 de la Ley de Enjuiciamiento Civil, solicito al Juzgado que cuide de que puedan ser subsanados los defectos en los que pueda incurrir esta parte.

SOLICITO AL JUZGADO, que tenga por efectuada la anterior manifestación a los efectos legales oportunos.

Es justicia que pido en ...., a ....de .... de ....

F520. INFORME DEL EXPERTO ACOMPAÑADO A LA SOLICITUD DE PRORROGA DEL PLAZO DE NOMBRAMIENTO. PREPACK

INFORME

A. ANTECEDENTES

Mediante Auto de fecha .... de .... de ...., el juzgado de lo mercantil nº .... de ...., acordó:

Que el pasado día .... de .... de ...., el juzgado al que tenemos el honor de dirigirnos dictó Auto por el que acordó el nombramiento de experto para recabar ofertas de adquisición. Concretamente en la parte dispositiva se estableció:

"1. Se tiene por personado y por parte a la mercantil .... y en su representación a la Procuradora ...., en virtud del poder especial que se aporta, con quien se entenderán las sucesivas diligencias en la forma prevenida por la Ley, y por solicitado EL NOMBRAMIENTO DE EXPERTO PARA RECABAR OFERTAS DE ADQUISICIÓN DE LA UNIDAD PRODUCTIVA.

2. Se nombra como experto a Don ...., con domicilio en ...., a quien se notificará por conducto urgente dicha designación a fin de que sin dilación comparezca en este Juzgado para aceptar y jurar el cargo, a los cuales se les entregará, una vez aceptado y jurado el cargo.

3. Dado que la solicitante manifiesta su situación de insolvencia inminente, la duración de cargo, no podrá exceder de TRES MESES ...."

Con fecha .... de .... de ...., se procedió a aceptar el cargo, extendiendo el juzgado la correspondiente acta de juramento.

B. CONFIGURACIÓN DE LA UNIDAD PRODUCTIVA

Durante el primer mes, se procedió junto a la empresa a determinar exactamente el perímetro de la unidad productiva.

En cuanto a la masa activa, se realizaron las siguientes comprobaciones:

• Se obtuvieron notas simples del Registro de la propiedad correspondientes a los inmuebles que titula la sociedad.

• Se obtuvieron notas simples del Registro de bienes muebles, al objeto de determinar la titularidad de determinada maquinaria, y las cargas que pesan sobre ellas.

• Se solicitó informe de la Dirección General de Tráfico, referidos a los vehículos de la sociedad.

• Junto a la auditor de la sociedad, se realizó un exhaustivo inventario de las existencias de la compañía.

• Se verificaron las inversiones financieras de la compañía, con el correspondiente contraste con la entidades depositarias.

Respecto a la masa pasiva, se realizaron las siguientes comprobaciones:

• Se obtuvo certificado de la Agencia estatal de la Administración Tributaria, al objeto de determinar la deuda existente con la Hacienda Pública.

• Igualmente, se solicitó de la Tesorería General de la Seguridad Social, certificado de deuda.

• Nos pusimos en contacto con las distintas entidades financieras que detentan algún tipo de garantía sobre los bienes inmuebles propiedad de la sociedad, a fin de conciliar el saldo contable.

• En el mismo sentido, se analizaron los diversos activos adquiridos mediante leasing, conciliando los saldos con las distintas financieras.

En cuanto a la plantilla de trabajadores:

• Se mantuvieron diversas reuniones con el comité de empresa, exponiendo la situación en la que se encontraba la compañía, así como el procedimiento de venta de la UPA.

• Se solicitó del comité una relación detallada de los puestos de trabajo, con categorías, antigüedad y retribución.

• Igualmente se comprobó la posible existencia de atrasos u otras deudas salariales.

• Se obtuvo de la TGSS, informe de vida laboral de la compañía.

C. VALORACIÓN DE LA UNIDAD PRODUCTIVA

Se solicitó al departamento financiero y jurídico de la compañía los parámetros empleados para obtener el valor de la unidad productiva.

Consideramos que el valor asignado por la empresa es ajustado, habiendo realizados estudios alternativos, obteniendo el mismo valor que el asignado por la compañía.

D. ELABORACIÓN DE PRESENTACIÓN DE LA UNIDAD PRODUCTIVA

Junto a la empresa, elaboramos un expediente en donde constaba toda la documentación de interés referida a la unidad productiva. Este expediente tenía por objeto, su posterior entrega a los posibles interesados.

E. REDACCIÓN DE DOCUMENTO DE CONFIDENCIALIDAD

Dado que los interesados en la adquisición de la unidad productiva, solicitaron documentación referida a la compañía se redactó un documento de confidencialidad, que ha sido firmado por todos los interesados.

F. INTERESADOS Y PRÓRROGA DEL PLAZO

Se han mantenido diversas reuniones con interesados en la adquisición de la unidad productiva, explicando tanto cuestiones referidas a la situación económica de la compañía, perímetro de la Unidad productiva, y cuestiones económicas, como cuestiones referidas al proceso de venta de la unidad productiva.

Al tiempo de la emisión del presente informe, por la adquisición de la unidad productiva de .... se ha interesado la siguiente empresa: .... La cronología del interés mostrado por ...., es la siguiente: ....

Con carácter previo a formalizar su oferta ha solicitado la aclaración documental por la deudora de los aspectos que a continuación se reseñan y que este Experto entiende que resultan relevantes a afectos de la formulación de una oferta por la unidad productiva de referencia: .... Esta información fue suministrada el día ...., y el interesado se halla en este momento procediendo a su análisis.

Además, se ha solicitado por este Experto que .... acredite determinados aspectos de su solvencia económica y medios materiales.

Finalmente, el próximo día .... vence el plazo de tres meses para el que este experto fue designados a los efectos de lo establecido en los arts. 224 Ter y ss. TRLC. Ante ello, se ha solicitado de .... que ratifique su interés en la unidad productiva titularizada por ...., habiendo recibido mediante escrito de fecha .... la ratificación de dicho interés y su firme voluntad de emitir la citada oferta, una vez examinada la información peticionada, en el plazo de cuarenta y cinco días.

A la vista de todo lo anterior, y los serios indicios que cristalice el interés mostrado por .... en orden a la adquisición de la unidad productiva ...., formalizándose por esta empresa la oportuna oferta de compra en los términos legalmente establecidos, interés que este Experto entiende serio, por la deudora se pretende de este Juzgado la prórroga del plazo de nombramiento de este experto por otros DOS (2) MESES, pretensión que por quien suscribe se INFORMA FAVORABLEMENTE por el estado de la negociación, la seriedad del interés mostrado por .... en la compra reseñada, y, el hecho que la sociedad deudora se halla en situación de probabilidad de insolvencia, sin la exigencia cercana de la presentación del propio concurso.

Y para que conste, emito el presente en .... a .... de .... de...........

F521. OFERTA DE COMPRA DE UNIDAD PRODUCTIVA RECABADA POR EL EXPERTO DESIGNADO AL EFECTO POR EL JUZGADO

A LA ATENCIÓN DE DON .... EXPERTO DESIGNADO PARA RECEPCIÓN DE OFERTAS DE LA UNIDAD PRODUCTIVA DE ....

En .... a .... de .... de ....

Distinguido Sr ....:

Por medio de la presente, en nombre de la mercantil .... (el "Oferente"), les remitimos la presente carta de oferta vinculante (la "Oferta") para la adquisición de la unidad productiva...........(las "Unidad Productiva") de la mercantil ....(la "Sociedad") en los términos y sujeto a las condiciones que se exponen a continuación para que esta Oferta pueda ser unida a la solicitud de concurso de acreedores de la Sociedad de conformidad con lo dispuesto en los arts. 224 ter. del Real Decreto Legislativo 1/2020, de 5 de mayo, por el que se aprueba el texto refundido de la Ley Concursal (el "TRLC"), al entender que éste es el proceso más beneficioso para los intereses de la Sociedad, del Oferente y del concurso de acreedores.

En este sentido, de conformidad con el art. 224 septies del TRLC, el Oferente asume la obligación de continuar la actividad de la Sociedad con estas Unidades Productivas por un mínimo de dos años.

1. ENTIDAD OFERENTE

.... es una sociedad de nacionalidad española con domicilio en .... y con NIF número B-........... Constituida por tiempo indefinido en virtud de escritura autorizada por la Notario de ...., Doña .... el día .... de .... de 20 .... con el número........... de protocolo consta inscrita en el Registro Mercantil de .... al tomo ...., folio ...., hoja ....

El objeto social de .... comprende, entre otros, el ....

.... es un holding de empresas creado por .... en el año........... con el objetivo de desarrollar su actividad empresarial en todos los ámbitos que rodean al sector........... o.

Como puede apreciarse el capital social asciende a .... millones de euros contando con un total de .... empleados.

Hasta la fecha el Oferente ha resaltado por su crecimiento y éxito en el sector ...., habiendo obtenido durante los últimos años un crecimiento exponencial y un beneficio parejo al incremento de sus ventas.

Se acompaña cuadro en donde constan las principales magnitudes económicas: 1157

	Ejercicio 2022	Ejercicio 2021	Ejercicio 2020
Ventas	....	....	....
Beneficios	....	....	....
Número de trabajadores	....	....	....

A efectos probatorios se acompaña como Anexo I, presentación de la oferente.

2. OBJETO DE LA OFERTA

2.1. Bienes y derechos

En esencia, los bienes y derechos sobre los que se formula oferta son los identificados por la propia compañía y por el experto en la documentación facilitada a esta compañía.

En esencia los activos sobre los que se formula oferta se recogen en el Anexo II que se acompaña a la presente oferta.

....

2.2. Contratos objeto de la Oferta

a) Los siguientes contratos de arrendamiento relativos a las Unidades Productivas:

a. Contrato de arrendamiento de local de negocio con opción a compra suscrito por la Sociedad con la mercantil .... en fecha ....de ....de .... en relación con la nave industrial sita en ....

b. Contrato de arrendamiento para uso distinto de vivienda suscrito por la Sociedad con D. .... en fecha .... en relación con la nave industrial sita en ....

b) Los contratos de suministro (luz, gas, agua y teléfono) relativos a los inmuebles objeto de arrendamiento de conformidad con el apartado anterior.

c) Contratos de mantenimiento del activo mobiliario e inmobiliario objeto de la Oferta (impresoras, seguridad, sistema contraincendio, limpieza, reciclaje, mantenimiento de robótica y compresores y control de plagas.).

d) Contratos de leasing y renting suscritos actualmente por la Sociedad en relación con los vehículos.

e) Contrato de agencia suscrito con .... en fecha .... de .... de 20...........

No obstante lo anterior, el Oferente se reserva el derecho a revisar cualquier otro contrato cuya subrogación pueda resultar necesaria o conveniente para el ejercicio de la actividad por parte de las Unidades Productivas objeto de la presente Oferta.

Asimismo, la subrogación en los contratos de arrendamiento, suministro, mantenimiento, leasing, renting o agencia no implicará la asunción de las deudas previas a la adquisición de Unidades Productivas objeto de la presente Oferta.

2.3. Licencias o autorizaciones objeto de la Oferta

Todas las licencias, permisos y autorizaciones titularidad de la Sociedad para el desarrollo de la actividad en relación con las Unidades Productivas.

3. INCIDENCIA DE LA OFERTA SOBRE LOS TRABAJADORES

El Oferente asumiría los .... trabajadores identificados en el Anexo 3 (los "Empleados"), manteniendo las condiciones laborales que los Empleados tienen en la actualidad y subrogándose el Oferente en sus contratos.

Por tanto, la incidencia de la oferta sobre los trabajadores es positiva, por cuanto contribuye al mantenimiento de su empleo.

No obstante lo anterior, de conformidad con lo dispuesto en el art. 224 TRLC, la Oferta no contempla la subrogación en los créditos laborales y de seguridad social correspondientes a los Empleados en la parte de la cuantía de los salarios o indemnizaciones pendientes de pago anteriores a la adquisición de las Unidades Productivas que sea asumida por el Fondo de Garantía Salarial de conformidad con el texto refundido de la Ley del Estatuto de los Trabajadores, aprobado por el Real Decreto Legislativo 2/2015, de 23 de octubre.

En cualquier caso, la Oferta también excluye la asunción de cualquier crédito laboral y de seguridad social de otros trabajadores de la Sociedad distintos de los Empleados.

4. PRECIO. INTERÉS ECONÓMICO

A la hora de valorar la presente oferta, se debe tener en cuenta no solamente el precio ofertado, sino que también se ha de atender al verdadero interés económico:

a) Pago de .... euros a la masa, que se verificaran de forma coetánea al otorgamiento de la escritura pública de venta de la unidad productiva.

b) Pago de ....€ que irán íntegramente destinados al pago del privilegio especial que grava los inmuebles propiedad de la sociedad.

c) Asunción de la plantilla de trabajadores, que supondrá una ahorro para la masa (en el caso de tener que extinguir los contratos de trabajo) de dos millones trescientos mil euros.

d) Asunción de la deuda que ostenta la sociedad frente a la TGSS por importe de .... euros.

e) Inversión que se realizará en el inmovilizado material e inmaterial de la sociedad para, no solo adaptar las instalaciones a la nueva realidad económica, sino también para adaptarla a la nueva estrategia de producción y ventas. Se acompaña plan de vialidad de la compañía y plan de inversiones como Anexo IV, que cifra las inversiones en .... millones y medio de euros.

Por tanto podemos fijar el interés económico en .... EUROS (........... euros)

5. OTROS TÉRMINOS

5.1. Cesión

La presente Oferta se presenta como la mejor alternativa en cuanto a su objeto para el concurso de acreedores y para la Sociedad puesto que evidentemente ofrece ventajas sustanciales al permitir el mantenimiento del empleo e incrementar las ventas dado el extenso conocimiento del Oferente en el sector y, en concreto, en las áreas geográficas en cuestión.

Sin duda, la integración de la Unidad Productiva en el Grupo ...., con las sinergias que se deriven de esta integración, junto con la dedicación en exclusiva de un equipo profesional con experiencia en estas áreas de negocio y geográficas contribuirán a maximizar el negocio de la Sociedad en la región, poniendo siempre al cliente en el centro de la actividad en cuanto a servicio, atención y condiciones comerciales.

5.2. Cesión

El Oferente se reserva el derecho a ceder libremente su posición en la presente Oferta, ya sea total o parcialmente, a cualquier sociedad de su grupo empresarial o participada, directa o indirectamente, por ella o de nueva creación.

5.3. Vigencia de la Oferta

La Oferta será válida hasta ...., siempre que no se produzca ningún cambio sustancial adverso que modifique el objeto de ésta.

Transcurrido este plazo de duración sin que haya tenido lugar la aceptación de la Oferta, quedará sin efecto automáticamente, sin necesidad de comunicación o declaración alguna por parte del Oferente, salvo que éste decida prorrogar el plazo por el tiempo que estime oportuno, a la vista de las circunstancias.

5.4. Otras cuestiones

1. Ejecución de la Oferta. Una vez cumplidas las condiciones, y autorizada la transmisión por el Juzgado de lo Mercantil competente, deberá otorgarse la correspondiente escritura pública de compraventa de la Unidad Productiva, en la Notaría que disponga la Administración Concursal.

2. Gastos. Los gastos e impuestos que se originen con ocasión de la ejecución y formalización de la escritura serán satisfechos por el Oferente, salvo la plusvalía.

3. Baja. Aquellos elementos o servicios que deban ser dados de baja o modificados lo serán por cuenta y cargo del Oferente.

4. Confidencialidad. Se asume el compromiso de no divulgar ni transmitir a terceros, excepto por imperativo legal y, en particular, por expreso requerimiento del Juzgado de lo Mercantil en sede del procedimiento concursal de las concursadas, la existencia de la presente Oferta ni de cualquiera de sus estipulaciones, ni la de cualquier información confidencial sobre a la que se haya tenido o puedan tener acceso en el marco del desarrollo de la presente Oferta. En este sentido, será de aplicación el contenido del documento de confidencialidad otorgado en su día

5. Venta unitaria / oferta indivisible. Los activos y pasivos pertenecientes a la Unidad Productiva integran un todo a efectos de su venta en globo. La Oferta es conjunta, global e indivisible, por lo que se encuentra condicionada a que se adjudiquen todos los bienes y derechos descritos en la presente Oferta.

Alternativamente a la asignación en unidad del Perímetro de la Oferta, si concurriera una oferta de un tercer oferente por una unidad productiva o activo/sociedad determinada que mejorase al concurso, el oferente estaría dispuesto a estudiar su exclusión en beneficio del concurso siempre que no afecte a la viabilidad del plan de negocio del perímetro de la presente Oferta

6. Mantenimiento de la actividad en el periodo interino. Las sociedad .... deberán mantener la actividad de la Unidad Productiva en condiciones normales hasta que se produzca la toma de posesión por parte del Oferente. A estos efectos, los administradores de las sociedades y la Administración Concursal deberán adoptar las medidas legales oportunas a fin de atender aquellos créditos contra la masa necesarios para el mantenimiento de la actividad ordinaria, en aras a garantizar la óptima transmisión de la Unidad Productiva.

7. Transmisión libre de cargas o sin subsistencia de las garantías. Los bienes y derechos que integran la Unidad Productiva deberán transmitirse libres (i) de todo tipo de garantía personal, incluyendo sin carácter limitativo fianzas o avales; y (ii) de todo tipo de garantía real, carga, gravamen, afección u obligación propter rem.

8. Resolución judicial. La resolución judicial firme por la que se ordene la transmisión de la Unidad Productiva contenga los siguientes pronunciamientos:

a. que los elementos patrimoniales de la unidad productiva autónoma por la que se presenta la oferta constituyen una unidad productiva autónoma en los términos establecidos en el TRLC y que la adquisición de la unidad productiva constituye una adquisición de unidad productiva autónoma conforme a la normativa del TRLC.

b. que la transmisión de los elementos que constituyen la Unidad Productiva tendrá lugar libre de cualquier carga o gravamen de cualquier índole y/o de derechos de terceros y que, por tanto, se procede al levantamiento de éstos pudieran existir sobre la Unidad Productiva y/o los activos y pasivos objeto de la Oferta.

c. deberá declarar que como consecuencia de la trasmisión de la Unidad Productiva se produce sucesión de empresa única y exclusivamente con respecto a los empleados incluidos expresamente en el Perímetro de la Oferta y sus contratos laborales.

d. deberá declarar que, de conformidad con el art. 42 de la Ley General Tributaria, el Oferente no asume ni responde de las deudas tributarias de las sociedades transmitentes de la Unidad Productiva ni del grupo fiscal al que hubieran pertenecido;

e. deberá declarar que el Oferente, como adquirente de la Unidad Productiva, no asume ni responde de ninguna deuda ni obligación contractual, extracontractual o legal, concursal o contra la masa, ni judicial ni extrajudicial, que recaiga sobre la Unidad Productiva, salvo por los pasivos asumidos en esta Oferta;

f. deberá acordar la cancelación de todas las cargas anteriores al concurso constituidas a favor de créditos concursales sobre bienes o derechos integrantes de la Unidad Productiva.

9. Concesiones administrativas. Los necesarios consentimientos y otros procedimientos que en su caso sean necesarios para la transmisión de las concesiones administrativas identificadas en el apartado "2. Inmovilizado Intangible" deberán ser obtenidos con carácter previo al otorgamiento de la escritura pública de transmisión de la unidad productiva.

10. Se deja expresa constancia que las condiciones previamente referidas están puestas a favor del Oferente por lo que éste podrá, en cualquier momento, renunciar a cualquiera de ellas. Caso de que no renunciase total o parcialmente, deberán darse todas y cada una de ellas.

11. Ley aplicable. Esta Oferta se rige por el derecho común.

Quedando a la espera de sus noticias y a su disposición para aclarar o precisar cualquiera de los términos anteriores, aprovechamos la ocasión para saludarles atentamente.

F522. INFORME DEL EXPERTO SOBRE LAS ACTUACIONES LLEVADAS A CABO PARA RECABAR OFERTAS POR UNIDAD PRODUCTIVA. PREPACK

AL JUZGADO DE LO MERCANTIL DE ....

Don..........., mayor de edad, con DNI nº ...., en su calidad de experto para recabar ofertas de compra de unidad productiva de la mercantil........... ante el Juzgado comparezco en los autos ...., y como mejor proceda en Derecho, respetuosamente, DIGO:

Que junto al presente escrito, se acompaña informe de las operaciones realizadas en relación a la venta de la unidad productiva de la mercantil ....

En su virtud,

SUPLICA AL JUZGADO, que teniendo por presentado en tiempo y forma el presente escrito, sea aceptado y por formulado informe de actuaciones en el procedimiento nº ..../...........

Es Justicia que pido en .... a .... de .... de ....

INFORME DE OPERACIONES

A. ANTECEDENTES

Mediante Auto de fecha .... de .... de ...., el juzgado de lo mercantil nº .... de ...., acordó:

Que el pasado día .... de .... de ...., el juzgado al que tenemos el honor de dirigirnos dictó Auto por el que acordó el nombramiento de experto para recabar ofertas de adquisición. Concretamente en la parte dispositiva se estableció:

"1.- Se tiene por personado y por parte a la mercantil .... y en su representación a la Procuradora ...., en virtud del poder especial que se aporta, con quien se entenderán las sucesivas diligencias en la forma prevenida por la Ley, y por solicitado

EL NOMBRAMIENTO DE EXPERTO PARA RECABAR OFERTAS DE ADQUISICIÓN DE LA UNIDAD PRODUCTIVA.

2.-Se nombra como experto a Don ...., con domicilio en ...., a quien se notificará por conducto urgente dicha designación a fin de que sin dilación comparezca en este Juzgado para aceptar y jurar el cargo, a los cuales se les entregará, una vez aceptado y jurado el cargo.

3.– Dado que la solicitante manifiesta su situación de insolvencia inminente, la duración de cargo, no podrá exceder de TRES MESES..........."

Con fecha .... de .... de ...., se procedió a aceptar el cargo, extendiendo el juzgado la correspondiente acta de juramento.

B. CONFIGURACIÓN DE LA UNIDAD PRODUCTIVA

Durante el primer mes, se procedió junto a la empresa a determinar exactamente el perímetro de la unidad productiva.

En cuanto a la masa activa, se realizaron las siguientes comprobaciones:

• Se obtuvieron notas simples del Registro de la propiedad correspondientes a los inmuebles que titula la sociedad.

• Se obtuvieron notas simples del Registro de bienes muebles, al objeto de determinar la titularidad de determinada maquinaria, y las cargas que pesan sobre ellas.

• Se solicitó informe de la Dirección General de Tráfico, referidos a los vehículos de la sociedad.

• Junto a la auditor de la sociedad, se realizó un exhaustivo inventario de las existencias de la compañía.

• Se verificaron las inversiones financieras de la compañía, con el correspondiente contraste con la entidades depositarias.

Respecto a la masa pasiva, se realizaron las siguientes comprobaciones:

• Se obtuvo certificado de la Agencia estatal de la Administración Tributaria, al objeto de determinar la deuda existente con la Hacienda Pública.

• Igualmente, se solicitó de la Tesorería General de la Seguridad Social, certificado de deuda.

• Nos pusimos en contacto con las distintas entidades financieras que detentan algún tipo de garantía sobre los bienes inmuebles propiedad de la sociedad, a fin de conciliar el saldo contable.

• En el mismo sentido, se analizaron los diversos activos adquiridos mediante leasing, conciliando los saldos con las distintas financieras.

En cuanto a la plantilla de trabajadores:

• Se mantuvieron diversas reuniones con el comité de empresa, exponiendo la situación en la que se encontraba la compañía, así como el procedimiento de venta de la UPA.

- Se solicitó del comité una relación detallada de los puestos de trabajo, con categorías, antigüedad y retribución.
- Igualmente se comprobó la posible existencia de atrasos u otras deudas salariales.
- Se obtuvo de la TGSS, informe de vida laboral de la compañía.

C. VALORACIÓN DE LA UNIDAD PRODUCTIVA

Se solicitó al departamento financiero y jurídico de la compañía los parámetros empleados para obtener el valor de la unidad productiva.

Consideramos que el valor asignado por la empresa es ajustado, habiendo realizados estudios alternativos, obteniendo el mismo valor que el asignado por la compañía.

D. ELABORACIÓN DE PRESENTACIÓN DE LA UNIDAD PRODUCTIVA

Junto a la empresa, elaboramos un expediente en donde constaba toda la documentación de interés referida a la unidad productiva. Este expediente tenía por objeto, su posterior entrega a los posibles interesados.

E. REDACCIÓN DE DOCUMENTO DE CONFIDENCIALIDAD

Dado que los interesados en la adquisición de la unidad productiva, solicitaron documentación referida a la compañía se redactó un documento de confidencialidad, que ha sido firmado por todos los interesados.

F. REUNIONES CON INTERESADOS

Se han mantenido diversas reuniones con interesados en la adquisición de la unidad productiva, explicando tanto cuestiones referidas a la situación económica de la compañía, perímetro de la Unidad productiva, y cuestiones económicas, como cuestiones referidas al proceso de venta de la unidad productiva.

G. RECEPCIÓN DE OFERTAS

Se han recibido un total de .... ofertas de compra de unidad productiva. De estas, tan solo .... cumplen con todos los requisitos exigidos en el Texto Refundido de la Ley Concursal. De esta forma las ofertas que han sido desechadas carecían de algunas de estas circunstancias:

(i) Acreditación de la solvencia económica y medios materiales.

(ii) Obligación del mantenimiento de la actividad por un periodo mínimo de dos años.

(iii) Asunción de las condiciones laborales de la plantilla.

H. EMISIÓN DE INFORME

Finalmente, se ha emitido un informe en el que mostramos nuestra opinión sobre la oferta de compra de unidad productiva más beneficiosa para la masa. Dicho informe ha sido entregado a la representación de la empresa, a fin que sea acompañada junto a la solicitud de concurso.

Y para que conste, emito el presente en .... a .... de .... de...........

F523. INFORME FAVORABLE DEL EXPERTO SOBRE LA OFERTA RECABADA POR LA UNIDAD PRODUCTIVA

INFORME QUE EMITE DON .... EN RELACIÓN A LA OFERTA DE COMPRA DE LA UNIDAD PRODUCTIVA DE LA MERCANTIL .... FORMULADA POR ....

CAPÍTULO I
ANTECEDENTES

PRIMERO. DEL NOMBRAMIENTO COMO EXPERTO PARA RECABAR OFERTAS DE ADQUISICIÓN DE LA UNIDAD PRODUCTIVA

Con fecha .... de .... de ...., el Juzgado al que tenemos el honor de dirigirnos dictó Auto por el que, entre otras cuestiones, acordó:

"1. Se tiene por personado y por parte a la mercantil .... y en su representación a la Procuradora ...., en virtud del poder especial que se aporta, con quien se entenderán las sucesivas diligencias en la forma prevenida por la Ley, y por solicitado EL NOMBRAMIENTO DE EXPERTO PARA RECABAR OFERTAS DE ADQUISICIÓN DE LA UNIDAD PRODUCTIVA.

2. Se nombra como experto a Don ...., con domicilio en ...., a quien se notificará por conducto urgente dicha designación a fin de que sin dilación comparezca en este Juzgado para aceptar y jurar el cargo, a los cuales se les entregará, una vez aceptado y jurado el cargo."

SEGUNDO. DE LA ACEPTACIÓN DEL CARGO

Quien suscribe fue notificado telefónicamente de su nombramiento como experto, compareciendo ante el juzgado de lo mercantil nº .... de .... el día .... de .... de ...., procediendo a aceptar el cargo.

TERCERO. DEL PLAZO PARA EVACUAR EL PRESENTE INFORME

En el auto de nombramiento de experto, el juzgado estableció un plazo máximo de tres meses para recabar ofertas de compra, (EN SU CASO, si bien mediante resolución de fecha ....de ...., dictado por este mismo juzgado se amplió el plazo por dos meses más).

El presente informe se emite dentro del plazo concedido por el juzgado. De esta forma han transcurrido .... meses y .... días desde la aceptación del informe.

CUARTO. DESTINO DEL INFORME

El informe que emitimos, tiene por única finalidad la de ser acompañado junto a la solicitud de concurso voluntario de la mercantil........... De esta forma, la única publicidad que podrá darse al informe será la que acuerde el juzgado de lo mercantil.

CAPÍTULO II
ENCUADRAMIENTO PROCESAL

QUINTO. REGULACIÓN NORMATIVA

El artículo 224 ter y siguientes del TRLC regula la figura del "pre pack concursal". Ciertamente, la regulación es parca y especialmente la referida a las funciones del experto. En cuanto a las funciones a desarrollar, tan solo se hace referencia en el artículo 224 ter indicando "que recabe ofertas de terceros para la adquisición, con pago al contado, de una o de varias unidades productivas de que sea titular el solicitante, aunque hubieran cesado en la actividad."

En ningún caso, se establece obligación algún de emisión de un informe favorable o no las ofertas de compra de la unidad productiva. No obstante, consideramos necesario la emisión de este informe. Así para el caso, que este experto fuera posteriormente nombrado administrador concursal, obligatoriamente debería emitir un informe por aplicación analógica del 224 bis. Para el caso, que no fuera confirmado este experto, debería nombrarse a un tercero como administrador concursal, por lo que entendemos que el informe ilustrará de alguna forma al administrador concursal para la emisión de su propio informe.

CAPÍTULO III
DE LA CONFIGURACIÓN DEL PERÍMETRO. DE LOS MÉTODOS PARA LA DETERMINACIÓN DEL VALOR DE LA UNIDAD PRODUCTIVA

SEXTO. DEL PERÍMETRO DE LA UNIDAD PRODUCTIVA

Una vez aceptado el cargo, este experto procedió junto a la empresa a determinar cual es el perímetro de la unidad productiva.

El Real Decreto Legislativo 1/2020, de 5 de mayo, Texto Refundido de la Ley Concursal (TRLC), en su artículo 200 establece el concepto de Unidad Productiva cuando determina:

"Artículo 200 Unidades productivas

1. Si en la masa activa existieran uno o varios establecimientos, explotaciones o cualesquiera otras unidades productivas de bienes o de servicios, se describirán como anejo del inventario, con expresión de los bienes y derechos de la masa activa que las integren.

2. Se considera unidad productiva el conjunto de medios organizados para el ejercicio de una actividad económica esencial o accesoria."

Asimismo, el artículo 214 del TRLC establece los bienes y derechos incluidos en las unidades productivas:

"Artículo 214 Bienes y derechos incluidos en establecimientos o unidades productivas

1. En todo caso, si los bienes y derechos de la masa activa afectos a créditos con privilegio especial estuviesen incluidos en los establecimientos, explotaciones o cualesquiera otras unidades productivas que se enajenen en conjunto se aplicarán las siguientes reglas:

1.º Si se transmitiesen sin subsistencia de la garantía, corresponderá a los acreedores privilegiados la parte proporcional del precio obtenido equivalente al valor que el bien o derecho sobre el que se ha constituido la garantía suponga respecto al valor global de la unidad productiva transmitida.

Si el precio a percibir no alcanzase el valor de la garantía será necesaria la conformidad a la transmisión por los acreedores con privilegio especial que tengan derecho de ejecución separada, siempre que representen, al menos, el setenta y cinco por ciento de la clase del pasivo privilegiado especial, afectado por la transmisión. La parte del crédito garantizado que no quedase satisfecha será reconocida en el concurso con la clasificación que corresponda.

Si el precio a percibir fuese igual o superior al valor de la garantía, no será preciso el consentimiento de los acreedores privilegiados afectados.

2.º Si se transmitiesen con subsistencia de la garantía, subrogándose el adquirente en la obligación de pago a cargo de la masa activa, no será necesario el consentimiento del acreedor privilegiado, quedando el crédito excluido de la masa pasiva. El juez velará por que el adquirente tenga la solvencia económica y los medios necesarios para asumir la obligación que se transmite.

3.º Cuando se trate de créditos tributarios y de seguridad social, no tendrá lugar la subrogación del adquirente a pesar de que subsista la garantía."

En este sentido relacionamos aquellos bines y derechos que consideramos que deben incluirse dentro de la Unidad Productiva, siguiendo la estructura del Plan General Contable:

20. INMOVILIZACIONES INTANGIBLES

202. Concesiones administrativas

203. Propiedad industrial

206. Aplicaciones informáticas

21. INMOVILIZACIONES MATERIALES

211. Construcciones

212. Instalaciones técnicas

213. Maquinaria

214. Utillaje

216. Mobiliario

217. Equipos para procesos de información

218. Elementos de transporte

219. Otro inmovilizado material

30. EXISTENCIAS

300. Materia Prima

305. Producto terminado.

Considera este experto, que deben quedar expresamente excluidos, tanto las inversiones financieras, los créditos, clientes y tesorería.

SÉPTIMO. DE LOS MÉTODOS PARA DETERMINAR EL VALOR DE LA UNIDAD PRODUCTIVA

A la hora de determinar el método de valoración, esta parte ha considerado la guía de buenas prácticas para la venta de unidades productivas formulada por el Colegio de Abogados de Madrid junto al colegio de economistas y jueces de lo mercantil de Madrid.

En estas normas se establecen dos métodos de determinación de valor:

– Valoración por actualización de flujos de tesorería.

En este método, el valor de la UP depende únicamente de su capacidad para generar rentas futuras y el modelo valorativo debe basarse en el descuento de tales rentas al momento en el que se desea valorar.

El modelo valorativo propuesto determina el valor de la UP mediante la estimación de la capacidad de la UP de generar flujos de tesorería futuros, descontando tales flujos al momento en el que se desea la valoración.

Para el cálculo de los flujos de tesorería generados por la UP, las normas proponen el siguiente esquema:

BENEFICIO OPERATIVO ANTES DE IMPUESTOS

+

AMORTIZACIONES

–

IMPUESTO SOBRE SOCIEDADES OPERATIVO

–

INVERSIONES REALIZADAS

+/–

VARIACIÓN DEL FONDO DE MANIOBRA

= FLUJOS TESORERÍA

– Valor del coste corregido y del fondo de comercio.

En este método se consideran:

• Por un lado, los elementos (de activo y pasivo) que integran la UP de forma individualizada, ya sean tangibles o intangibles, asignando a cada uno de ellos un valor contable corregido (igual al valor de mercado o de realización).

• Por otro lado, aquellos elementos intangibles que no figuran en los estados contables y que son los que posibilitarán que la UP sea rentable (concesiones administrativas, know-how, marcas, clientela, I + D, etc y que configuran el fondo de comercio. Para determinar el valor del fondo de comercio de la UP habrá que considerar los flujos de tesorería.

OCTAVO. VALORACIÓN POR ACTUALIZACIÓN DE FLUJOS DE TESORERÍA.

Hemos procedido a analizar las cuentas de la compañía de los últimos 5 años, arrojando los siguientes resultados:

	2018	2019	2020	2021	2022
RESULTADOS DE EXPLOTACIÓN					
RESULTADO ANTES DE IMPUESTOS					
Impuesto sobre sociedades		–			–
RESULTADO DEL EJERCICIO					

A la vista de lo expuesto, en el caso que aplicáramos el método de flujos, el valor de la compañía sería nulo.

NOVENO. VALORACIÓN APLICANDO CRITERIOS PURAMENTE PATRIMONIALES

Ante la nula valoración que se obtendría con el método expuesto anteriormente, nos vemos obligados a acudir a una valoración de cada uno de los elementos que componen la masa activa. A tal fin se partirá del valor neto contable, procediendo a aplicar las correcciones al alza o a la baja.

A continuación vamos a exponer el valor de cada uno de los elementos integrantes de la masa activa:

....

....

Como corolario a todo lo expuesto podemos fijar como valor de los bienes y derechos integrantes en el perímetro de la unidad productiva en DOS MILLONES OCHOCIENTOS MIL euros.

CAPÍTULO IV
DE LA VALORACIÓN DE LA OFERTA VINCULANTE DE COMPRA
DE LA UNIDAD PRODUCTIVA PRESENTADA POR ....

DÉCIMO. DE LA VALORACIÓN

En los próximos apartados analizaremos la oferta presentada por la mercantil .... De esta forma, transcribiremos en primer lugar la oferta, para posteriormente ir analizando el cumplimiento de cada uno de los requisitos contemplados en el artículo 218 y 224 bis, mostrando nuestra opinión en relación con éstos.

DECIMOPRIMERO. DE LA OFERTA PRESENTADA

A continuación, transcribimos la oferta vinculante acompañada junto a la solicitud de concurso como Anexo VIII:

DECIMOSEGUNDO. IDENTIFICACIÓN DEL OFERENTE Y LA INFORMACIÓN SOBRE SU SOLVENCIA ECONÓMICA Y SOBRE LOS MEDIOS HUMANOS Y TÉCNICOS A SU DISPOSICIÓN.

En la oferta se expone que la empresa fue constituida en ...., teniendo la misma actividad que la concursada. Igualmente se afirma que los socios de la oferente tienen experiencia en el sector desde hace mas de cuarenta años, concretamente desde ....

Manifiesta igualmente que detenta un patrimonio social superior a los 12 millones de euros, acreditando tal situación con el balance que acompaña.

Con independencia de lo manifestado, esta AC ha obtenido información de terceros (búsqueda en internet y en Registro Mercantil de la Provincia de ....), en donde constan las siguientes magnitudes económicas:

....

No puede orillarse que la oferta de compra denota un conocimiento profundo sobre el sector y especialmente sobre la situación de la concursada. De esta forma, expone cuales son las circunstancias que han llevado a la concursada a la situación actual y cuales son las medidas que deberían implementarse para convertir la empresa viable.

Igualmente, establece unos objetivos claros en la nueva singladura de la compañía, y nuevas estrategias que permitirían incrementar la facturación y tornar los resultados en números positivos.

También acompaña unas proyecciones económicas que permitirían a la nueva sociedad alcanzar un nivel de facturación superior a los 30 millones de euros, con un beneficio neto superior a los 3 millones de euros

Por último, debemos destacar que se prevé una inversión superior a los cuatro millones de euros en los próximos 3 años, reinvirtiendo parte de los flujos de tesorería generados por la actividad.

Las circunstancias expuestas, permiten afirmar que el objetivo fundamental de la transmisión de la unidad productiva, que no es otro que el mantenimiento de la actividad se cumpliría.

DECIMOTERCERO. DETERMINACIÓN PRECISA DE LOS BIENES, DERECHOS, CONTRATOS Y LICENCIAS O AUTORIZACIONES INCLUIDOS EN LA OFERTA

El oferente determina cual es el perímetro de la unidad productiva identificando los bienes y derechos incluidos en ella, que coinciden en esencia con los determinados por esta administración concursal.

Igualmente, declara conocer el estado de conservación y funcionamiento de la maquinaria, instalaciones y otros elementos integrados en la unidad productiva, renunciando a cualquier reclamación por mal funcionamiento o vicios ocultos.

DECIMOCUARTO. PRECIO OFRECIDO, LAS MODALIDADES DE PAGO Y LAS GARANTÍAS APORTADAS.

El precio ofertado por la unidad productiva asciende a DOS MILLONES TRESCIENTOS MIL EUROS (2.300.0000 euros), desglosándolo de la siguiente forma:

• Pago de 500.000 euros a la masa, que se verificaran de forma coetánea al otorgamiento de la escritura pública de venta de la unidad productiva.

• Pago de 1.800.000€ que irán íntegramente destinados al pago del privilegio especial que grava los inmuebles propiedad de la sociedad.

Además de lo expuesto, asume expresamente la deuda existe frente a la TGSS por importe de 730.000 euros, asumiendo igualmente la totalidad de la plantilla.

Consideramos que la oferta cumple con lo dispuesto en el artículo 224 ter al contemplarse el pago al contado. En cualquier caso, el precio ofertado puede considerarse como razonable. De esta forma, no solo supera al valor calculado por el experto, sino que la alternativa a la venta de la unidad productiva, sería la liquidación, en la que difícilmente podrá obtenerse un numerario similar al ofertado.

DECIMOQUINTO. INCIDENCIA DE LA OFERTA SOBRE LOS TRABAJADORES.

El ofertante plantea la subrogación en todos los contratos de trabajo con los que actualmente cuenta la empresa, asumiendo las mismas condiciones laborales y económicas que éstos ostentan en la actualidad.

A continuación se expone la relación de trabajadores y su retribución actual:

....

DECIMOSEXTO. INCIDENCIA EN LA MASA ACTIVA Y MASA PASIVA.

En el caso que finalmente se procediera a la enajenación de la unidad productiva se producirían los siguientes efectos:

Masa Activa: Se produciría una transmisión en globo de la totalidad del activo no corriente, así como de las existencias. Quedaría en beneficio de la concursada, tanto el saldo con clientes y otros deudores, así como la tesorería de la compañía.

Ya hemos tenido ocasión de apuntar anteriormente que en el caso de no proceder a la venta de la UPA, la liquidación se torna como un escenario deficitario para los intereses de la masa. De esta forma la liquidación de los elementos de forma individual supondría, sin duda, la obtención de unos ingresos muy inferiores.

Masa pasiva: La transmisión de la unidad productiva supondrá la asunción por parte del adquirente de las deudas que la empresa ostentara frente a los trabajadores, así como frente a la TGSS y el privilegio especial.

En cuanto a la situación en la que quedarían los acreedores de la compañía, consideramos que con la cantidad obtenida de la venta de la unidad productiva podrían satisfacerse los créditos contra la masa, los privilegiados y parte de los ordinarios.

DECIMOSÉPTIMO. TRABAJADORES

En la propia oferta de compra se acompaña la carta de aceptación de los trabajadores.

Nos hemos entrevistado con los trabajadores quienes han mostrado predisposición para la venta de la unidad productiva. De esta forma la plantilla de los trabajadores manifiesta el conocimiento del ofertante, de su plan de viabilidad y de su interés en que se proceda a la venta de la UPA a favor de ....

DECIMOCTAVO. CONCLUSIONES

Tras lo expuesto, este EXPERTO debe emitir INFORME FAVORABLE, a la oferta de compra de la Unidad Productiva, en los términos contenidos en el presente escrito.

En .... a .... de .... de ....

F524. INFORME DESFAVORABLE O EN SENTIDO NEGATIVO DEL EXPERTO SOBRE LA OFERTA RECABADA POR LA UNIDAD PRODUCTIVA

INFORME QUE EMITE DON ....EN RELACIÓN A LA OFERTA DE COMPRA DE LA UNIDAD PRODUCTIVA DE LA MERCANTIL .... FORMULADA POR ....

CAPÍTULO I
ANTECEDENTES

PRIMERO.– DEL NOMBRAMIENTO COMO EXPERTO PARA RECABAR OFERTAS DE ADQUISICIÓN DE LA UNIDAD PRODUCTIVA

Con fecha. de .... de ...., el Juzgado al que tenemos el honor de dirigirnos dictó Auto por el que, entre otras cuestiones, acordó:

"1.– Se tiene por personado y por parte a la mercantil .... y en su representación a la Procuradora ...., en virtud del poder especial que se aporta, con quien se entenderán las sucesivas diligencias en la forma prevenida por la Ley, y por solicitado EL NOMBRAMIENTO DE EXPERTO PARA RECABAR OFERTAS DE ADQUISICIÓN DE LA UNIDAD PRODUCTIVA.

2.– Se nombra como experto a Don ...., con domicilio en ...., a quien se notificará por conducto urgente dicha designación a fin de que sin dilación comparezca en este Juzgado para aceptar y jurar el cargo, a los cuales se les entregará, una vez aceptado y jurado el cargo."

SEGUNDO.– DE LA ACEPTACIÓN DEL CARGO

Quien suscribe fue notificado telefónicamente de siu nombramiento como experto, compareciendo ante el juzgado de lo mercantil nº. de .... el día. de .... de ...., procediendo a aceptar el cargo.

TERCERO.– DEL PLAZO PARA EVACUAR EL PRESENTE INFORME

En el auto de nombramiento de experto, el juzgado estableció un plazo máximo de tres meses para recabar ofertas de compra, si bien mediante resolución de fecha .... De ...., dictado por este mismo juzgado se amplió el plazo por dos meses mas.

El presente informe se emite dentro del plazo concedido por el juzgado. De esta forma han transcurrido tres meses y veinte días desde la aceptación del informe.

CUARTO.– DESTINO DEL INFORME

El informe que emitimos, tiene por única finalidad la de ser acompañado junto a la solicitud de concurso voluntario de la mercantil............ De esta forma, la única publicidad que podrá darse al informe será la que acuerde el juzgado de lo mercantil.

CAPÍTULO II
ENCUADRAMIENTO PROCESAL

QUINTO.– REGULACIÓN NORMATIVA

El artículo 224 ter y siguientes del TRLC regula la figura del "pre pack concursal". Ciertamente, la regulación es parca y especialmente la referida a las funciones del experto. En cuanto a las funciones a desarrollar, tan solo se hace referencia en el artículo 224 ter indicando "que recabe ofertas de terceros para la adquisición, con pago al contado, de una o de varias unidades productivas de que sea titular el solicitante, aunque hubieran cesado en la actividad."

En ningún caso, se establece obligación algún de emisión de un informe favorable o no las ofertas de compra de la unidad productiva. No obstante, consideramos necesario la emisión de este informe. Así para el caso, que este experto fuera posteriormente nombrado administrador concursal, obligatoriamente debería emitir un informe por aplicación analógica del 224 bis. Para el caso, que no fuera confirmado este experto, debería nombrarse a un tercero como administrador concursal, por lo que entendemos que el informe ilustrará de alguna forma al administrador concursal para la emisión de su propio informe.

CAPÍTULO III
DE LA CONFIGURACIÓN DEL PERÍMETRO. DE LOS MÉTODOS PARA LA DETERMINACIÓN DEL VALOR DE LA UNIDAD PRODUCTIVA

SEXTO.– DEL PERÍMETRO DE LA UNIDAD PRODUCTIVA

Una vez aceptado el cargo, este experto procedió junto a la empresa a determinar cual es el perímetro de la unidad productiva.

El Real Decreto Legislativo 1/2020, de 5 de mayo, Texto Refundido de la Ley Concursal (TRLC), en su artículo 200 establece el concepto de Unidad Productiva cuando determina:

"Artículo 200 Unidades productivas

1. Si en la masa activa existieran uno o varios establecimientos, explotaciones o cualesquiera otras unidades productivas de bienes o de servicios, se describirán como anejo del inventario, con expresión de los bienes y derechos de la masa activa que las integren.

2. Se considera unidad productiva el conjunto de medios organizados para el ejercicio de una actividad económica esencial o accesoria."

Asimismo, el artículo 214 del TRLC establece los bienes y derechos incluidos en las unidades productivas:

"Artículo 214 Bienes y derechos incluidos en establecimientos o unidades productivas

1. En todo caso, si los bienes y derechos de la masa activa afectos a créditos con privilegio especial estuviesen incluidos en los establecimientos, explotaciones o cualesquiera otras unidades productivas que se enajenen en conjunto se aplicarán las siguientes reglas:

1.ª Si se transmitiesen sin subsistencia de la garantía, corresponderá a los acreedores privilegiados la parte proporcional del precio obtenido equivalente al valor que el bien o derecho sobre el que se ha constituido la garantía suponga respecto al valor global de la unidad productiva transmitida.

Si el precio a percibir no alcanzase el valor de la garantía será necesaria la conformidad a la transmisión por los acreedores con privilegio especial que tengan derecho de ejecución separada, siempre que representen, al menos, el setenta y cinco por ciento de la clase del pasivo privilegiado especial, afectado por la transmisión. La parte del crédito garantizado que no quedase satisfecha será reconocida en el concurso con la clasificación que corresponda.

Si el precio a percibir fuese igual o superior al valor de la garantía, no será preciso el consentimiento de los acreedores privilegiados afectados.

2.ª Si se transmitiesen con subsistencia de la garantía, subrogándose el adquirente en la obligación de pago a cargo de la masa activa, no será necesario el consentimiento del acreedor privilegiado, quedando el crédito excluido de la masa pasiva. El juez velará por que el adquirente tenga la solvencia económica y los medios necesarios para asumir la obligación que se transmite.

3.ª Cuando se trate de créditos tributarios y de seguridad social, no tendrá lugar la subrogación del adquirente a pesar de que subsista la garantía."

En este sentido relacionamos aquellos bines y derechos que consideramos que deben incluirse dentro de la Unidad Productiva, siguiendo la estructura del Plan General Contable:

20. INMOVILIZACIONES INTANGIBLES

202. Concesiones administrativas

203. Propiedad industrial

206. Aplicaciones informáticas

21. INMOVILIZACIONES MATERIALES

211. Construcciones

212. Instalaciones técnicas

213. Maquinaria

214. Utillaje

216. Mobiliario

217. Equipos para procesos de información

218. Elementos de transporte

219. Otro inmovilizado material

30. EXISTENCIAS

300. Materia Prima

305. Producto terminado.

Considera este experto, que deben quedar expresamente excluidos, tanto las inversiones financieras, los créditos, clientes y tesorería.

SÉPTIMO.– DE LOS MÉTODOS PARA DETERMINAR EL VALOR DE LA UNIDAD PRODUCTIVA

A la hora de determinar el método de valoración, esta parte ha considerado la guía de buenas prácticas para la venta de unidades productivas formulada por el Colegio de Abogados de Madrid junto al colegio de economistas y jueces de lo mercantil de Madrid.

En estas normas se establecen dos métodos de determinación de valor:

– Valoración por actualización de flujos de tesorería.

En este método, el valor de la UP depende únicamente de su capacidad para generar rentas futuras y el modelo valorativo debe basarse en el descuento de tales rentas al momento en el que se desea valorar.

El modelo valorativo propuesto determina el valor de la UP mediante la estimación de la capacidad de la UP de generar flujos de tesorería futuros, descontando tales flujos al momento en el que se desea la valoración.

Para el cálculo de los flujos de tesorería generados por la UP, las normas proponen el siguiente esquema:

BENEFICIO OPERATIVO ANTES DE IMPUESTOS

\+

AMORTIZACIONES

–

IMPUESTO SOBRE SOCIEDADES OPERATIVO

–

INVERSIONES REALIZADAS

+/–

VARIACIÓN DEL FONDO DE MANIOBRA

= FLUJOS TESORERÍA

– Valor del coste corregido y del fondo de comercio.

En este método se consideran:

• Por un lado, los elementos (de activo y pasivo) que integran la UP de forma individualizada, ya sean tangibles o intangibles, asignando a cada uno de ellos un valor contable corregido (igual al valor de mercado o de realización).

• Por otro lado, aquellos elementos intangibles que no figuran en los estados contables y que son los que posibilitarán que la UP sea rentable (concesiones administrativas, know-how, marcas, clientela, I + D, etc y que configuran el fondo de comercio. Para determinar el valor del fondo de comercio de la UP habrá que considerar los flujos de tesorería.

OCTAVO.– VALORACIÓN POR ACTUALIZACIÓN DE FLUJOS DE TESORERÍA.

Hemos procedido a analizar las cuentas de la compañía de los últimos 5 años, arrojando los siguientes resultados:

....

RESULTADOS DE EXPLOTACIÓN

RESULTADO ANTES DE IMPUESTOS

Impuesto sobre sociedades ....

RESULTADO DEL EJERCICIO

A la vista de lo expuesto, en el caso que aplicáramos el método de flujos, el valor de la compañía sería nulo.

NOVENO.– VALORACIÓN APLICANDO CRITERIOS PURAMENTE PATRIMONIALES

Ante la nula valoración que se obtendría con el método expuesto anteriormente, nos vemos obligados a acudir a una valoración de cada uno de los elementos que componen la masa activa. A tal fin se partirá del valor neto contable, procediendo a aplicar las correcciones al alza o a la baja.

A continuación vamos a exponer el valor de cada uno de los elementos integrantes de la masa activa:

....

....

Como corolario a todo lo expuesto podemos fijar como valor de los bienes y derechos integrantes en el perímetro de la unidad productiva en DOS MILLONES OCHOCIENTOS MIL euros.

CAPÍTULO IV
DE LA VALORACIÓN DE LA OFERTA VINCULANTE DE COMPRA DE LA UNIDAD PRODUCTIVA PRESENTADA POR ....

DÉCIMO. – DE LA VALORACIÓN

En los próximos apartados analizaremos la oferta presentada por la mercantil .... De esta forma, transcribiremos en primer lugar la oferta, para posteriormente ir analizando el cumplimiento de cada uno de los requisitos contemplados en el artículo 218 y 224 bis, mostrando nuestra opinión en relación con éstos.

DECIMOPRIMERO.– DE LA OFERTA PRESENTADA

A continuación, transcribimos la oferta vinculante acompañada junto a la solicitud de concurso como Anexo VIII:............

DECIMOSEGUNDO.– IDENTIFICACIÓN DEL OFERENTE Y LA INFORMACIÓN SOBRE SU SOLVENCIA ECONÓMICA Y SOBRE LOS MEDIOS HUMANOS Y TÉCNICOS A SU DISPOSICIÓN.

En la oferta se expone que la empresa fue constituida en ...., y que aun cuándo no tiene experiencia en el sector

Manifiesta igualmente que detenta un patrimonio social superior a 600.000 euros, acreditando tal situación con el balance que acompaña.

Con independencia de lo manifestado, esta AC ha obtenido información de terceros (búsqueda en internet y en Registro Mercantil de la Provincia de ....), en donde constan las siguientes magnitudes económicas:

....

Es administración concursal tiene serias dudas que la oferta presentada pueda cumplir con la exigencia contenida en el apartado 1 del artículo 224 septies, consistente en el mantenimiento de la actividad por un plazo mínimo de 2 años.

Las circunstancias que nos llevan a esta conclusión son:

• Del análisis de las últimas cuentas anuales, no parece que la oferente tenga capacidad de generar una corriente financiera suficiente para mantener la nueva actividad. Tampoco nos ayuda a confiar en la oferta, la inexistencia de un plan de viabilidad que pudiera acreditar el origen de los fondos necesarios para la actividad.

• Ni la oferente, ni sus socios tienen experiencia en el sector al que se dedica la deudora, ni tampoco exponen un plan de negocio para la sociedad.

DECIMOTERCERO.– DETERMINACIÓN PRECISA DE LOS BIENES, DERECHOS, CONTRATOS Y LICENCIAS O AUTORIZACIONES INCLUIDOS EN LA OFERTA

El oferente determina cual es el perímetro de la unidad productiva identificando los bienes y derechos incluidos en ella, que coinciden en esencia con los determinados por esta administración concursal.

Igualmente, declara conocer el estado de conservación y funcionamiento de la maquinaria, instalaciones y otros elementos integrados en la unidad productiva, renunciando a cualquier reclamación por mal funcionamiento o vicios ocultos.

DECIMOCUARTO- PRECIO OFRECIDO, LAS MODALIDADES DE PAGO Y LAS GARANTÍAS APORTADAS.

El precio ofertado por la unidad productiva asciende a UN MILLÓN DE EUROS(1.000.0000 euros), desglosándolo de la siguiente forma:

• Pago de 100.000 euros a la masa, que se verificaran de forma coetánea al otorgamiento de la escritura pública de venta de la unidad productiva.

• Pago de 900.000€ aplazados a 25 meses, a razón de 8.000 euros mensuales.

Considera este experto que la cantidad ofertada no satisface el importe mínimo del valor de la UPA. Hemos tenido ocasión anteriormente de exponer, concretamente en el punto noveno y décimo, cual sería el valor liquidativo de la unidad productiva, no alcanzando la oferta presentada este importe.

Por otra parte, no podemos orillar que la oferta incumple con la previsión contenida en el 224 ter, dado que infringe la obligación del pago al contado del precio, al ofrecer un aplazamiento de pago.

DECIMOQUINTO.– INCIDENCIA DE LA OFERTA SOBRE LOS TRABAJADORES.

El ofertante plantea la subrogación en todos los contratos de trabajo con los que actualmente cuenta la empresa, asumiendo las mismas condiciones laborales y económicas que éstos ostentan en la actualidad.

A continuación se expone la relación de trabajadores y su retribución actual:

....

DECIMOSEXTO.– INCIDENCIA EN LA MASA ACTIVA Y MASA PASIVA.

En el caso que finalmente se procediera a la enajenación de la unidad productiva se producirían los siguientes efectos:

Masa Activa: Se produciría una transmisión en globo de la totalidad del activo no corriente, así como de las existencias. Quedaría en beneficio de la concursada, tanto el saldo con clientes y otros deudores, así como la tesorería de la compañía.

Ya hemos tenido ocasión de apuntar anteriormente que en el caso de no proceder a la venta de la UPA, la liquidación se torna como un escenario deficitario para los intereses de la masa. De esta forma la liquidación de los elementos de forma individual supondría, sin duda, la obtención de unos ingresos muy inferiores.

Masa pasiva: La transmisión de la unidad productiva supondrá la asunción por parte del adquirente de las deudas que la empresa ostentara frente a los trabajadores, así como frente a la TGSS y el privilegio especial.

En cuanto a la situación en la que quedarían los acreedores de la compañía, consideramos que con la cantidad obtenida de la venta de la unidad productiva podrían satisfacerse los créditos contra la masa, los privilegiados y parte de los ordinarios.

DECIMOSÉPTIMO. – TRABAJADORES

En la propia oferta de compra se acompaña la carta de aceptación de los trabajadores.

Nos hemos entrevistado con los trabajadores quienes han mostrado predisposición para la venta de la unidad productiva. De esta forma la plantilla de los trabajadores manifiesta el conocimiento del ofertante, de su plan de viabilidad y de su interés en que se proceda a la venta de la UPA a favor de ....

DECIMOCTAVO.– CONCLUSIONES

Tras la expuesto, este experto no pude mas que emitir INFORME NEGATIVO a la oferta de compra de la Unidad Productiva, al concurrir las siguientes circunstancias:

- No se acredita solvencia económica en el oferente.

• No se acredita solvencia técnica en el oferente.

• No puede asegurarse el mantenimiento de la actividad por un periodo mínimo de 2 años.

• Se incumple la obligación de pago al contado del precio.

En .... a .... de .... de ....

F525. INFORME DEL EXPERTO ANTE LA AUSENCIA DE OFERTAS POR LA UNIDAD PRODUCTIVA

INFORME QUE EMITE DON ....EN RELACIÓN A LA VENTA DE LA UNIDAD PRODUCTIVA DE LA MERCANTIL ....

CAPÍTULO I
ANTECEDENTES

PRIMERO.– DEL NOMBRAMIENTO COMO EXPERTO PARA RECABAR OFERTAS DE ADQUISICIÓN DE LA UNIDAD PRODUCTIVA

Con fecha. de .... de ...., el Juzgado al que tenemos el honor de dirigirnos dictó Auto por el que, entre otras cuestiones, acordó:

"1.– Se tiene por personado y por parte a la mercantil .... y en su representación a la Procuradora ...., en virtud del poder especial que se aporta, con quien se entenderán las sucesivas diligencias en la forma prevenida por la Ley, y por solicitado EL NOMBRAMIENTO DE EXPERTO PARA RECABAR OFERTAS DE ADQUISICIÓN DE LA UNIDAD PRODUCTIVA.

2.– Se nombra como experto a Don ...., con domicilio en ...., a quien se notificará por conducto urgente dicha designación a fin de que sin dilación comparezca en este Juzgado para aceptar y jurar el cargo, a los cuales se les entregará, una vez aceptado y jurado el cargo."

SEGUNDO.– DE LA ACEPTACIÓN DEL CARGO

Quien suscribe fue notificado telefónicamente de siu nombramiento como experto, compareciendo ante el juzgado de lo mercantil nº. de .... el día. de .... de ...., procediendo a aceptar el cargo.

TERCERO.– DEL PLAZO PARA EVACUAR EL PRESENTE INFORME

En el auto de nombramiento de experto, el juzgado estableció un plazo máximo de tres meses para recabar ofertas de compra, si bien mediante resolución de fecha .... de ...., dictado por este mismo juzgado se amplió el plazo por dos meses mas.

El presente informe se emite dentro del plazo concedido por el juzgado. De esta forma han transcurrido tres meses y veinte días desde la aceptación del informe.

CUARTO.– DESTINO DEL INFORME

El informe que emitimos, tiene por única finalidad la de ser acompañado junto a la solicitud de concurso voluntario de la mercantil........... De esta forma, la única publicidad que podrá darse al informe será la que acuerde el juzgado de lo mercantil.

CAPÍTULO II
ENCUADRAMIENTO PROCESAL

QUINTO.– REGULACIÓN NORMATIVA

El artículo 224 ter y siguientes del TRLC regula la figura del "pre pack concursal". Ciertamente, la regulación es parca y especialmente la referida a las funciones del experto. En cuanto a las funciones a desarrollar, tan solo se hace referencia en el artículo 224 ter indicando "que recabe ofertas de terceros para la adquisición, con pago al contado, de una o de varias unidades productivas de que sea titular el solicitante, aunque hubieran cesado en la actividad."

En ningún caso, se establece obligación algún de emisión de un informe favorable o no las ofertas de compra de la unidad productiva. No obstante, consideramos necesario la emisión de este informe. Así para el caso, que este experto fuera posteriormente nombrado administrador concursal, obligatoriamente debería emitir un informe por aplicación analógica del 224 bis. Para el caso, que no fuera confirmado este experto, debería nombrarse a un tercero como administrador concursal, por lo que entendemos que el informe ilustrará de alguna forma al administrador concursal para la emisión de su propio informe.

CAPÍTULO III
DE LA CONFIGURACIÓN DEL PERÍMETRO. DE LOS MÉTODOS PARA LA DETERMINACIÓN DEL VALOR DE LA UNIDAD PRODUCTIVA

SEXTO.– DEL PERÍMETRO DE LA UNIDAD PRODUCTIVA

Una vez aceptado el cargo, este experto procedió junto a la empresa a determinar cual es el perímetro de la unidad productiva.

El Real Decreto Legislativo 1/2020, de 5 de mayo, Texto Refundido de la Ley Concursal (TRLC), en su artículo 200 establece el concepto de Unidad Productiva cuando determina:

"Artículo 200 Unidades productivas

3. Si en la masa activa existieran uno o varios establecimientos, explotaciones o cualesquiera otras unidades productivas de bienes o de servicios, se describirán como anejo del inventario, con expresión de los bienes y derechos de la masa activa que las integren.

4. Se considera unidad productiva el conjunto de medios organizados para el ejercicio de una actividad económica esencial o accesoria."

Asimismo, el artículo 214 del TRLC establece los bienes y derechos incluidos en las unidades productivas:

"Artículo 214 Bienes y derechos incluidos en establecimientos o unidades productivas

1. En todo caso, si los bienes y derechos de la masa activa afectos a créditos con privilegio especial estuviesen incluidos en los establecimientos, explotaciones o cualesquiera otras unidades productivas que se enajenen en conjunto se aplicarán las siguientes reglas:

4.ª Si se transmitiesen sin subsistencia de la garantía, corresponderá a los acreedores privilegiados la parte proporcional del precio obtenido equivalente al valor que el bien o derecho sobre el que se ha constituido la garantía suponga respecto al valor global de la unidad productiva transmitida.

Si el precio a percibir no alcanzase el valor de la garantía será necesaria la conformidad a la transmisión por los acreedores con privilegio especial que tengan derecho de ejecución separada, siempre que representen, al menos, el setenta y cinco por ciento de la clase del pasivo privilegiado especial, afectado por la transmisión. La parte del crédito garantizado que no quedase satisfecha será reconocida en el concurso con la clasificación que corresponda.

Si el precio a percibir fuese igual o superior al valor de la garantía, no será preciso el consentimiento de los acreedores privilegiados afectados.

5.ª Si se transmitiesen con subsistencia de la garantía, subrogándose el adquirente en la obligación de pago a cargo de la masa activa, no será necesario el consentimiento del acreedor privilegiado, quedando el crédito excluido de la masa pasiva. El juez velará por que el adquirente tenga la solvencia económica y los medios necesarios para asumir la obligación que se transmite.

6.ª Cuando se trate de créditos tributarios y de seguridad social, no tendrá lugar la subrogación del adquirente a pesar de que subsista la garantía."

En este sentido relacionamos aquellos bines y derechos que consideramos que deben incluirse dentro de la Unidad Productiva, siguiendo la estructura del Plan General Contable:

22. INMOVILIZACIONES INTANGIBLES

202. Concesiones administrativas

203. Propiedad industrial

206. Aplicaciones informa´ticas

23. INMOVILIZACIONES MATERIALES

215. Construcciones

216. Instalaciones técnicas

217. Maquinaria

218. Utillaje

220. Mobiliario

221. Equipos para procesos de información

222. Elementos de transporte

223. Otro inmovilizado material

30. EXISTENCIAS

300. Materia Prima

305. Producto terminado.

Considera este experto, que deben quedar expresamente excluidos, tanto las inversiones financieras, los créditos, clientes y tesorería.

SÉPTIMO.– DE LOS MÉTODOS PARA DETERMINAR EL VALOR DE LA UNIDAD PRODUCTIVA

A la hora de determinar el método de valoración, esta parte ha considerado la guía de buenas prácticas para la venta de unidades productivas formulada por el Colegio de Abogados de Madrid junto al colegio de economistas y jueces de lo mercantil de Madrid.

En estas normas se establecen dos métodos de determinación de valor:

– Valoración por actualización de flujos de tesorería.

En este método, el valor de la UP depende únicamente de su capacidad para generar rentas futuras y el modelo valorativo debe basarse en el descuento de tales rentas al momento en el que se desea valorar.

El modelo valorativo propuesto determina el valor de la UP mediante la estimación de la capacidad de la UP de generar flujos de tesorería futuros, descontando tales flujos al momento en el que se desea la valoración.

Para el cálculo de los flujos de tesorería generados por la UP, las normas proponen el siguiente esquema:

BENEFICIO OPERATIVO ANTES DE IMPUESTOS

+

AMORTIZACIONES

–

IMPUESTO SOBRE SOCIEDADES OPERATIVO

–

INVERSIONES REALIZADAS

+/–

VARIACIÓN DEL FONDO DE MANIOBRA

= FLUJOS TESORERÍA

– Valor del coste corregido y del fondo de comercio.

En este método se consideran:

• Por un lado, los elementos (de activo y pasivo) que integran la UP de forma individualizada, ya sean tangibles o intangibles, asignando a cada uno de ellos un valor contable corregido (igual al valor de mercado o de realización).

• Por otro lado, aquellos elementos intangibles que no figuran en los estados contables y que son los que posibilitarán que la UP sea rentable (concesiones administrativas, know-how, marcas, clientela, I + D, etc y que configuran el fondo de comercio. Para determinar el valor del fondo de comercio de la UP habrá que considerar los flujos de tesorería.

OCTAVO.– VALORACIÓN POR ACTUALIZACIÓN DE FLUJOS DE TESORERÍA.

Hemos procedido a analizar las cuentas de la compañía de los últimos 5 años, arrojando los siguientes resultados:

....

RESULTADOS DE EXPLOTACIÓN

RESULTADO ANTES DE IMPUESTOS

Impuesto sobre sociedades ....

RESULTADO DEL EJERCICIO

A la vista de lo expuesto, en el caso que aplicáramos el método de flujos, el valor de la compañía sería nulo.

NOVENO.– VALORACIÓN APLICANDO CRITERIOS PURAMENTE PATRIMONIALES

Ante la nula valoración que se obtendría con el método expuesto anteriormente, nos vemos obligados a acudir a una valoración de cada uno de los elementos que componen la masa activa. A tal fin se partirá del valor neto contable, procediendo a aplicar las correcciones al alza o a la baja.

A continuación vamos a exponer el valor de cada uno de los elementos integrantes de la masa activa:

....

....

Como corolario a todo lo expuesto podemos fijar como valor de los bienes y derechos integrantes en el perímetro de la unidad productiva en DOS MILLONES OCHOCIENTOS MIL euros.

CAPÍTULO IV
DE LA BÚSQUEDA DE ADQUIRENTE Y DEL RESULTADO

DÉCIMO.– *BÚSQUEDA DE INTERESADOS*

La búsqueda de posibles interesados se ha realizado tanto por la propia empresa como por este experto. Esta búsqueda ha ido dirigida a tres grandes espectros:

Empresas y grupo del sector: Se ha contactado con la práctica totalidad de empresas del sector, tanto a nivel nacional como internacional.

Empresas de sectores afines: No solamente se ha limitado la búsqueda a empresas del sector, sino también a otras que aun cuándo desarrollen una actividad distinta, con la adquisición de la unidad productiva podría generare sinergias.

Fondos Distressed: También nos hemos dirigido a fondos cuya actividad habitual es la adquisición de unidades productivas de compañías en situación concursal.

Los contactos con estas compañías se han realizado o bien directamente con el equipo directivo de éstas, o mediante la intervención de letrados y/o financieros.

DECIMOPRIMERO.– INTERESADOS

A continuación exponemos la relación de compañías con las que hemos contactado:

…………

…………

…………

DECIMOSEGUNDO.– RESULTADO DE LAS NEGOCIACIONES. OFERTAS.

Tras las distintas reuniones mantenidas y reuniones mantenidas, no existe ninguna oferta que cumplan con los parámetros mínimos expuestos anteriormente.

Las razones de la inexistencia de estas ofertas se fundan diversas razones:

1.– Oferentes cuyo tamaño no permite afrontar la adquisición

Alguna de las sociedades, no tienen capacidad financiera para el mantenimiento de la actividad.

2.– Empresas que han realizado inversiones en los últimos años.

Concurre igualmente, que alguno de los oferentes ha realizado recientemente inversiones en compañías del sector, lo que dificulta en mucho una nueva inversión.

3.– Circunstancias propias de la deudora.

La evolución económica de los últimos 4 años de la compañía ha sido negativa y con un EBITDA que de alguna forma ha desincentivado a los posibles oferentes la adquisición e la unidad productiva.

Igualmente, la necesidad de inyectar una cantidad muy importante de fondos ha impedido que alguno de los oferentes pueda optar a la adquisición y al mantenimiento de la actividad.

4.– Limitación temporal.

Aun cuándo en el Auto de nombramiento del experto independiente, se fijaba un plazo inicial de 3 meses para recabar ofertas de compra de unidad productiva, la situación actual de la compañía hace inviable su continuidad al haberse reducido la producción de forma muy sensible, anudando a esto la inexistencia de liquidez.

A mayor abundamiento, determinados oferentes tienen protocolos internos que exigen unos plazos superiores a los 4 meses, para decidir la adquisición de cualquier compañía.

5.– Contenido de las ofertas

Por último, no podemos orillar que el objetivo de la venta de la unidad productiva no solamente es el mantenimiento de la actividad, sino que también debe tenerse en cuenta los intereses de los acreedores.

De esta forma, y con independencia que pudiera existir una oferta que no supusiera una entrada importante de liquidez a la concursada, lo bien cierto es que la actividad debe mantenerse por plazo de dos años, y debe existir una subrogación en los trabajadores.

En base a lo anterior, se ha rechazado cualquier oferta, que en el fondo busque una liquidación de la sociedad, y cuyo precio no alcance, si quiera lo que podría obtenerse por la venta individualizada de los activos de la sociedad.

DECIMOTERCERO.– CONCLUSIONES

Tras lo expuesto, este experto no puede informar favorablemente a oferta de adquisición de compra de unidad productiva a la vista que no se ha formalizado ninguna, pese a las gestiones efectuadas por el deudor y este experto y el interés, no cristalizado, que fue mostrado por las empresas antes reseñadas.

Lo anterior, es independiente que algunos de los interesados pudieran formalizar oferta de compra de unidad productiva en sede concursal.

En .... a .... de .... de ....

F526. SOLICITUD DE CONCURSO VOLUNTARIO DE PERSONA JURÍDICA CON OFERTA DE UNIDAD PRODUCTIVA. PREPACK (I)

AL JUZGADO DE LO MERCANTIL DE...........

..........., Procurador de los Tribunales (núm. .... de colegiado) y de la compañía........... S.L., con domicilio en..........., calle........... núm. .... y CIF..........., cuya representación acredito mediante la escritura original de poder de representación (especial para instar el presente concurso) que se acompaña a este escrito, ante este Juzgado comparezco bajo la dirección letrada de Don..........., abogado del Ilustre Colegio de........... (núm. .... de colegiado), y como mejor proceda en Derecho DIGO:

Que por medio del presente escrito y en la representación que ostento, formulo SOLICITUD DE CONCURSO VOLUNTARIO de la compañía........... S.L. por hallarse actualmente la misma en situación de insolvencia actual, solicitud que se funda en los HECHOS y FUNDAMENTOS DE DERECHO que a continuación se exponen.

HECHOS

PRIMERO. Mi principal, la sociedad........... S.L., se constituyó el........... de........... de..........., mediante escritura otorgada ante el notario de..........., Don........... (número de su protocolo...........).

Datos de Inscripción Registral: La sociedad está inscrita en el Registro Mercantil de la provincia de........... al tomo..........., General........... de la sección........... del Libro de sociedades, Folio..........., hoja...........

Su objeto social consiste en...........

El domicilio social de la compañía se halla en..........., calle..........., lugar en que se halla el centro de los intereses principales de la deudora.

Datos fiscales: La sociedad se halla dada de alta en el Impuesto sobre Actividades Económicas desde el........... de........... de..........., en el epígrafe........... Igualmente, el día........... de........... de..........., presentó la correspondiente declaración censal de alta e inicio de actividades, siéndole asignado el siguiente Código de Identificación Fiscal (CIF):...........

Órgano de Administración: Desde su constitución, el órgano de administración de la compañía se halla conformado por un administrador único, ejerciendo en la actualidad tal cargo, Don..........., quien, por un plazo de........... años, fue designado al efecto por acuerdo de la Junta General Extraordinaria de la compañía celebrada el día........... de........... de..........., elevado a público mediante escritura autorizada por el notario de..........., Don..........., el día de........... de...........

No existen otros administradores de la sociedad, de hecho o de derecho, distintos del mencionado Sr. .... Durante los dos años anteriores a la solicitud de concurso, el citado Don........... ha sido la única persona que ha ostentado y/o desempeñado la administración de la sociedad.

La sociedad nunca ha tenido directores generales.

Acreditando lo anterior, se acompañan como DOCUMENTOS........... la escritura de constitución de la Sociedad, certificación literal del Registro Mercantil de la provincia de........... correspondiente a la deudora; declaración censal de alta e inicio de actividades, declaración de alta en el Impuesto de Actividades Económicas y tarjeta CIF.

SEGUNDO. La presente solicitud de concurso voluntario debe de ser acogida por el Juzgador al darse el presupuesto objetivo de insolvencia en que se halla........... S.L. desde el día..........., fecha ésta desde la cual, mi mandante no puede cumplir regularmente sus obligaciones exigibles.

Lo anterior resulta de la documentación que, de conformidad con lo establecido en los arts. 7 y 8 TRLC, se acompaña a esta solicitud, así como del informe pericial emitido el pasado día........... de........... de..........., por Don..........., economista del Ilustre Colegio de..........., (núm. Col...........), y que se acompaña como DOCUMENTO........... De dicha documentación se desprende que mi mandante carece en la actualidad de liquidez suficiente para atender las deudas exigibles contraídas con sus acreedores. También resulta de............

TERCERO. Dando cumplimiento a lo previsto en el art. 6.2 TRLC, se acompañan a esta solicitud poder especial para solicitar el concurso, otorgado el día............ de............ de............, ante Don............, notario del Ilustre Colegio de............, con residencia en............ (núm. .... de su protocolo). (DOCUMENTO............).

CUARTO. Igualmente, tal y como requiere el art. 7 TRLC, se acompañan los siguientes documentos generales como DOCUMENTOS .... a ....:

I. Memoria expresiva de la historia económica y jurídica del deudor; de la actividad o actividades a las que se viene dedicando durante los tres últimos años y de los establecimientos, oficinas y explotaciones de las que resulta titular, y de las causas del estado de insolvencia en que se encuentra.

Expresamente se manifiesta que en la referida memoria consta la identidad de los socios de los que tiene constancia; la identidad de los administradores sociales (en su caso, y de los directores generales) (en su caso, y del auditor de cuentas. También que NO (SI) tiene admitidos valores admitidos a cotización en un centro de negociación.

Se hace constar que mi mandante NO forma parte de un grupo de sociedades.

ALTERNATIVA: Se hace constar que mi mandante SI forma parte de un grupo de sociedades, integrado por las siguientes compañías: ....

Se hace constar que la sociedad dominante del referido grupo es la sociedad ....

II. Inventario de los bienes y derechos que integran el patrimonio de mi mandante, expresivo de su naturaleza, características, lugar en que se encuentran y, respecto de aquellos inscritos en un registro público, los datos de identificación registral de cada uno de los bienes y derechos relacionados.

También resulta del referido inventario el valor de adquisición, las correcciones valorativas procedentes y la estimación del valor de mercado a la fecha de la solicitud, de los referidos bienes y derechos, con indicación de los gravámenes, trabas y cargas que les afectan, a favor de acreedor o de tercero, con expresión de su naturaleza y, en su caso, los datos de identificación registral.

III. Relación de acreedores con expresión de la identidad, el domicilio y la dirección electrónica, si la tuviere, de cada uno de ellos, así como de la cuantía y el vencimiento de los respectivos créditos y las garantías personales o reales constituidas.

(En su caso) Respecto de aquellos acreedores que han reclamado judicialmente el pago de su respectivo crédito se identifica en la citada relación el procedimiento correspondiente, con indicación del estado de las actuaciones.

IV. (En su caso) Siendo mi mandante empleador, se hace constar que el número de trabajadores asciende a ...., haciéndose constar que el/los centro/s de trabajo al que están afectos los mismos es/son ....

Se hace constar que NO existe órgano de representación de los trabajadores.

ALTERNATIVA: Se ha constar que si existe órgano de representación de los trabajadores de .... S.L, siendo la identidad y el correo electrónico de cada uno de sus integrantes, el siguiente: ....

QUINTO. De conformidad con lo previsto en el art. 8 TRLC y estando obligada la compañía........... S.L. a la llevanza de contabilidad, se acompaña igualmente a esta solicitud los documentos contables y complementarios que a continuación se reseñan:

I. Cuentas anuales (balance, pérdidas y ganancias y memoria), informe de gestión e informe de auditoría de los últimos tres ejercicios sociales finalizados a fecha de la solicitud de concurso, esto es, los cerrados a fecha ...., ... y .... (DOCUMENTOS...........)

II. Memoria de los cambios significativos operados en el patrimonio de mi mandante con posterioridad a las últimas cuentas anuales formuladas, aprobadas y depositadas en el Registro Mercantil, las correspondientes al ejercicio ....,

III. Memoria de las operaciones realizadas con posterioridad a las últimas cuentas anuales formuladas, aprobadas y depositadas en el Registro Mercantil y que por su naturaleza, objeto o cuantía excedan del giro o tráfico ordinario del deudor. (DOCUMENTO...........).

IV. (Si fuera menester) Estados financieros elaborados con posterioridad a las últimas cuentas anuales presentadas (las correspondientes al ejercicio ....), remitidos (o comunicados) a ...., autoridad supervisora del .... (DOCUMENTOS...........)

V. (Si fuera menester). Dado que mi principal forma parte del grupo de sociedades ...., en el que la aquí deudora, es la sociedad dominante, y las compañías .... y ...., son las sociedades dominadas, se acompañan las cuentas anuales y el informe de gestión consolidados correspondientes a los tres últimos ejercicios sociales finalizados a fecha de la presente solicitud y el informe de auditoría emitido con relación a tales cuentas anuales. También una memoria de las operaciones realizadas con otras sociedades del grupo durante ese mismo periodo y hasta la solicitud de concurso.

SEXTO. (Si fuera menester) Que al amparo del art. 337 TRLC, no pidiéndose en el presente escrito la liquidación de la deudora, y dándose los requisitos de forma y plazo previstos en la Ley, se presenta propuesta de convenio, que se acompaña a este escrito como DOCUMENTO...........

La propuesta reseñada NO ha sido objeto de adhesiones (en su caso, es objeto de las siguientes adhesiones: ....).

O (Si fuera menester, en lugar de lo anterior, y eliminado la referencia a la conservación de facultades por el deudor y la continuidad o viabilidad de la deudora). Que al ser de interés de mi mandante, en este acto se solicita se acuerde por este Juzgado la liquidación de........... S.L.

SÉPTIMO. (Si fuera menester). Se hace constar que no se acompaña el DOCUMENTO........... previsto en el número..........., del art. 7 TRLC toda vez que...........

Igualmente, aun cuando se acompaña el DOCUMENTO..........., recogido en el número..........., del art. 8 TRLC, en el mismo falta el dato de..........., toda vez que...........

A los relatados hechos aduzco los siguientes

FUNDAMENTOS DE DERECHO

I. De conformidad con lo previsto en el art. 44 TRLC, son competentes para conocer de esta solicitud de concurso los Juzgados de lo Mercantil.

Desde un punto de vista territorial, y conforme a los arts. 45 y 224 sixties TRLC, son competentes los Juzgados de lo Mercantil de..........., al ser éste el Juzgado que designó al experto para recabar ofertas de unidad productiva que se reseña en otrosí de esta demanda, que a su vez es el competente para conocer del concurso de mi mandante.

II. Mi mandante, en su condición de deudor, está legitimado para solicitar su declaración de concurso al amparo de lo dispuesto en el art. 3.1 TRLC.

IV. Se dan en este caso los presupuestos subjetivo y objetivo requeridos para la declaración del concurso. En el primer caso, a la vista de la condición de mi mandante de deudor persona jurídica, vid. art. 1.1 TRLC. En el segundo, a la vista de la situación actual de insolvencia de mi mandante.

V. Los efectos del concurso serán los previstos en los arts. 105 y ss. TRLC.

VI. (En su caso) sobre la proposición de convenio vid. los arts. 337 y ss. LC.

VII. (En su caso). Arts. 406, ss. y concordantes sobre la liquidación de mi principal.

En virtud de lo expuesto,

SUPLICO AL JUZGADO que tenga por presentado este escrito, junto a los documentos a él unidos y sus copias, se sirva admitirlo y tener por promovido en nombre y representación de mi mandante, ... S.L., SOLICITUD DE CONCURSO VOLUNTARIO, se sirva admitirla y previos los oportunos trámites legales, se sirva admitirla y dictar auto por el que, estimando íntegramente la presente solicitud:

PRIMERO. Se declare el concurso de la sociedad........... S.L., con indicación de su carácter voluntario.

SEGUNDO. Se acuerde la sustanciación del correspondiente procedimiento, con la formación de las secciones correspondientes.

TERCERO. Se designe la administración concursal del concurso.

CUARTO. Se acuerde el régimen de mera intervención de las facultades patrimoniales del concursado.

QUINTO. (Si fuere menester eliminado la referencia del punto cuarto precedente) Se tenga por solicitada la liquidación de mi mandante, acordando cuanto proceda en derecho en orden a aperturar la citada liquidación y tramitar la misma.

(O si fuera menester y en lugar de lo anterior) Se tenga por presentada propuesta de convenio, acordando cuando proceda en derecho en orden a la citada propuesta y tramitación la misma.

SEXTO. Se acuerde cuanto demás sea procedente en derecho para la sustanciación del procedimiento hasta su conclusión.

Es Justicia que pido en........... a........... de........... de dos mil...........

OTROSÍ DIGO: Que de conformidad y a los efectos de lo dispuesto en los arts. 224 bis, 224 ter y ss. TRLC, junto a la presente solicitud de concurso se acompaña por esta parte como DOCUMENTO .... una propuesta escrita vinculante para la adquisición de la/s siguiente/s unidad/es productiva/s titularidad de mi principal, que resulta de interés y conformidad de esta parte. Tal/es unidad/es productiva/s, son: ....

Con relación a la misma indicar que esta parte solicito en fecha .... y al amparo de lo dispuesto en el artículo 224 ter y ss. TRLC, el nombramiento de experto independiente para recabar ofertas de adquisición de las referida/s unidad/es productivas, siendo designado por este Juzgado para tal cargo, mediante auto de fecha ...., y por un plazo de .... meses, Don ...., quien acepto el cargo en fecha ...., habiéndose recibido solo la oferta anteriormente señalada y que se acompaña a este escrito. Esta oferta cumple los presupuestos del art. 224 septies TRLC, en especial, la obligación de continuar (o de reiniciar) la actividad con la unida/es a las que se refiere la oferta por un mínimo de dos años.

Con relación a lo señalado en el párrafo precedente:

La retribución fijada por el Juez para el señor .... y por tal tarea, ascendió a la suma de .... euros, de la que ha percibido la suma de .... euros, por lo que la restante cantidad de .... euros debería tener la consideración de crédito contra la masa en el posterior concurso.

b) En la declaración de concurso su señoría puede revocar o ratificar el nombramiento de Don ...., ratificación que esta parte solicita, por lo que el Sr..........., si el Juzgador atiende el ruego de esta parte, tendrá la consideración de administrador concursal en el concurso de mi mandante.

c) Que pese al citado nombramiento, el presente concurso se insta dentro del plazo de dos meses desde que conoció la situación de insolvencia actual.

En su virtud,

SUPLICO AL JUZGADO que tenga por presentado este escrito, se sirva admitirlo, y tener por hechas las anteriores manifestaciones a los efectos legales oportunos, suplicando se tramite la citada oferta vinculante para la compra de la/s referida/s unida/es productiva/s conforme establece los arts. 224 bis y 224 Ter TRLC y demás normativa de aplicación, acordando cuanto proceda en derecho al efecto.

Lo que se suplica en el lugar y fecha reseñados "ut supra".

OTROSÍ DIGO Que procede dar a la declaración de concurso la oportuna publicidad, incluida la registral, en los términos y con el alcance establecidos en los arts. 35 a 37 TRLC y sin perjuicio de cualesquiera otra publicidad complementaria que, en medios oficiales o privados, estime oportuna este Juzgado al que nos dirigimos.

SUPLICO AL JUZGADO que tenga por hechas las anteriores manifestaciones a los efectos oportunos, se sirva admitirlas y acordar en el auto declarando el concurso voluntario de mi principal, las inscripciones y publicaciones previstas en el art. 35 a 37 TRLC, y, previos los oportunos trámites legales, se sirva llevar a cabo tales inscripciones y publicaciones, por medios electrónicos o telemáticos y, si esto no fuera posible, librando los oportunos mandamientos y oficios que serán confiados al Procurador que esto suscribe para su oportuno curso y gestión.

Lo que se suplica en el lugar y fecha reseñados "ut supra".

OTROSÍ DIGO: Que en el auto en que se acuerde la declaración de concurso de mi principal y entre otros pronunciamientos, procede el llamamiento de los acreedores para que pongan en conocimiento de la administración concursal la existencia de sus créditos, en el plazo de un mes a contar desde el día siguiente a la publicación de la declaración del concurso en el BOE.

En su virtud,

SUPLICO AL JUZGADO que tenga por hechas las anteriores manifestaciones a los efectos oportunos, se sirva admitirlas y acordar en el auto declarando el concurso voluntario de mi principal, el llamamiento de los acreedores a los efectos antes reseñados.

Lo que se suplica en el lugar y fecha reseñados "ut supra".

OTROSÍ DIGO Que a la vista del art. 33 TRLC, en su día y previa admisión de la presente solicitud, procede la notificación por medios electrónicos del auto de declaración del concurso, a la Agencia Estatal de la Administración Tributaria y a la tesorería General de la Seguridad Social.

En su virtud,

SUPLICO AL JUZGADO que tenga por hechas las anteriores manifestaciones a los efectos oportunos, se sirva admitirlas y acordar la referida notificación y cuanto demás proceda en derecho al respecto.

Lo que se suplica en el lugar y fecha reseñados "ut supra".

(SI fuera menester) OTROSÍ DIGO Que conforme requiere el art. 28.4 TRLC, en su día y previa admisión de la presente solicitud, procede la notificación del auto de declaración del concurso, a la representación legal de los trabajadores de ………… S.L.

En su virtud,

SUPLICO AL JUZGADO que tenga por hechas las anteriores manifestaciones a los efectos oportunos, se sirva admitirlas y acordar la referida notificación y cuanto demás proceda en derecho al respecto.

a) Lo que se suplica en el lugar y fecha reseñados "ut supra".

F527. SOLICITUD DE CONCURSO VOLUNTARIO DE PERSONA JURÍDICA CON OFERTAD DE UNIDAD PRODUCTIVA. PREPACK (II)

Antecedente: Procedimiento nº ..../............

AL JUZGADO DE LO MERCANTIL Nº .... DE ....

............, Procurador de los Tribunales y de ...., según se acredita con el poder especial que se acompaña y bajo la dirección letrada de Don ...., abogado del Ilustre Colegio de Abogados de .... con número ...., ante el Juzgado comparezco, y como mejor proceda en Derecho, respetuosamente, DIGO:

Que mediante el presente escrito, se interesa la DECLARACIÓN DE CONCURSO VOLUNTARIO de mi representada dado su estado de insolvencia actual y consiguiente imposibilidad de cumplir regularmente con sus obligaciones exigibles, motivo por el que en beneficio de sus acreedores y en el suyo propio, y al amparo de lo previsto en los artículos 1, 2, 3,5 y 6 y concordantes del Real Decreto Legislativo 1/2020, de 5 de mayo, por el que se aprueba el Texto Refundido de la Ley Concursal, se presenta la citada solicitud sobre la base de lo que a continuación se expone.

Que dicha petición se funda en las siguientes:

PRIMERO. DE LA ENTIDAD DEUDORA. ANTECEDENTES

Mi representada, la mercantil ...., fue constituida bajo la forma social de sociedad anónima mediante escritura autorizada ante la Notario de .... Doña ...., el día .... de .... de .... bajo su número de protocolo.

De conformidad con el artículo .... de los estatutos sociales el objeto social es el siguiente:

"............a"

En la escritura fundacional, se fijó el domicilio social en ...., Calle ....

El capital social se fijó en .... euros, representado por .... acciones al portador, de .... de valor nominal cada una, numeradas correlativamente del uno al ...., ambos inclusive, todas ellas completamente desembolsadas en metálico por los socios fundadores.

El órgano de administración es el de administrador único, recayendo el cargo en la persona de Don ...., quien aceptó el cargo, siendo su duración indefinida.

La escritura de constitución fue inscrita en el Registro Mercantil de ...., al Tomo ...., folio ...., del Libro de Sociedades, hoja número .... Inscripción ....

Por acuerdo adoptado en Junta General Extraordinaria el .... de .... de .... se acordó elevar el capital social en ...., ascendiendo por tanto el nuevo capital social a ...., con .... acciones al portador, números 1 a .... Este acuerdo fue elevado a público en escritura otorgada ante la Notario de .... Doña ...., el día .... de .... de .... bajo su número de protocolo, y procediendo a la inscripción de la ampliación de capital en el Registro Mercantil de ...., al Tomo ...., folio ...., del Libro de Sociedades, hoja número .... Inscripción ....

Mediante acuerdo de Junta General de fecha .... de .... de ...., la sociedad se transformó en SOCIEDAD DE RESPONSABILIDAD LIMITADA. Este acuerdo fue elevado a público mediante escritura otorgada ante la Notario de .... Doña ...., el día .... de .... de .... bajo su número de protocolo .... Posteriormente fue inscrito en el Registro Mercantil de ...., al Tomo ...., folio ...., del Libro de Sociedades, hoja número .... Inscripción ....

SEGUNDO. SITUACIÓN DE INSOLVENCIA

La sociedad se encuentra en estado de insolvencia actual, de manera que no pueden cumplir regularmente con sus obligaciones exigibles.

Como causas originadoras de la situación en la que se encuentra la sociedad podemos enumerar las siguientes:

– Situación de crisis económica generalizada tanto a nivel nacional como europeo.

– El incremento del precio de las materias primas de un 35%.

– Aumento desmesurado del precio de la energía.

– Incremento de mas un 13% en los costes salariales.

– Subida del los tipos de interés.

Las circunstancias expuestas, no han podido ser paliadas con incremento en la facturación de la compañía, no pudiendo repercutir a los clientes el incremento de los gastos.

Lo anterior, unido a la política restrictiva crediticia de las entidades financieras, ha supuesto que la tesorería queda muy mermada, no pudiendo atenderse las obligaciones de pago con diversos acreedores y proveedores.

TERCERO. DE LA UNIDAD PRODUCTIVA

En el mes de .... y siendo consciente de la situación económica en la que se encontraba la compañía, se interesó el nombramiento de experto para recabar ofertas de compra de la unidad productiva.

De esta forma, con fecha .... de .... de ...., el Juzgado al que tenemos el honor de dirigirnos dictó Auto por el que, entre otras cuestiones, acordó:

"1. Se tiene por personado y por parte a la mercantil .... y en su representación a la Procuradora ...., en virtud del poder especial que se aporta, con quien se entenderán las sucesivas diligencias en la forma prevenida por la Ley, y por solicitado EL NOMBRAMIENTO DE EXPERTO PARA RECABAR OFERTAS DE ADQUISICIÓN DE LA UNIDAD PRODUCTIVA.

2. Se nombra como experto a Don ...., con domicilio en ...., a quien se notificará por conducto urgente dicha designación a fin de que sin dilación comparezca en este Juzgado para aceptar y jurar el cargo, a los cuales se les entregará, una vez aceptado y jurado el cargo."

Una vez aceptado el cargo por parte del experto, la sociedad puso a disposición de éste toda la información necesaria para poder configurar la unidad productiva y proceder a su valoración.

Se han recibido diversas ofertas, considerando el Sr........... que la mas beneficiosa es la postulada por la mercantil ...., habiendo procedido a emitir informe favorable, que se acompaña junto a la presente solicitud.

CUARTO. RELACIÓN DE DOCUMENTOS Y MEDIOS APORTADOS

De conformidad con lo establecido en el artículo 6 y 7 del TRLC 1/20 se acompañan al presente escrito los siguientes documentos:

DOCUMENTO NÚMERO 1: Nota Informativa del Registro Mercantil de la Provincia de Valencia.

DOCUMENTO NÚMERO 2: Se acompaña una MEMORIA expresiva de la historia jurídica y económica de mí representada.

Detalle de su evolución histórica y su actividad durante los últimos dos ejercicios, así como toda la documentación al respecto.

DOCUMENTOS NÚMERO 3A, 3B, 3C y 3D: INVENTARIO DE BIENES Y DERECHOS, con expresión de su naturaleza.

DOCUMENTOS NÚMERO 4A, 4B y 4C: RELACIÓN ACREEDORES, con identificación de los mismos, cuantificación y correo electrónico.

DOCUMENTO NÚMERO 5 AL 7: CUENTAS ANUALES de los últimos tres ejercicios

DOCUMENTO NÚMERO 8: memoria de los cambios significativos operados en el patrimonio con posterioridad a las últimas cuentas anuales formuladas, aprobadas y depositadas.

DOCUMENTO Nº 9: memoria de las operaciones realizadas con posterioridad a las últimas cuentas anuales formuladas, aprobadas y depositadas que, por su objeto, naturaleza o cuantía hubieran excedido del giro o tráfico ordinario del deudor.

DOCUMENTO Nº 10: Oferta vinculante de adquisición e unidad productiva formulada por la mercantil ....

DOCUMENTO Nº 11: Informe de evaluación positivo emitido por el experto designado por el Juzgado, Don ....

A estos hechos le son de aplicación los siguientes,

FUNDAMENTOS DE DERECHO

I. COMPETENCIA

El artículo 86 ter de la LOPJ y los artículos 44, 45, 52 a 55 del TRLC 1/20 atribuyen el conocimiento del concurso a los juzgados de lo mercantil. Corresponde la competencia internacional y territorial para declarar y tramitar el concurso a los juzgados de lo mercantil de esa Provincia, con arreglo al artículo 10.1 de la LC//56 TRLC 1/20, por tratarse del territorio en que radica el centro de los intereses principales de mi representada.

Se dirige a este Juzgado mercantil la solicitud de concurso, en tanto en cuanto es el que designó al experto para recibir ofertas de compra de unidad productiva, todo ello de conformidad con lo dispuesto en el artículo 224 sexies.

II. LEGITIMACIÓN

Es de aplicación el artículo 3.1 del TRLC 1/20 que atribuye legitimación para solicitar el concurso al propio deudor.

III. CONCURRENCIA DEL PRESUPUESTO OBJETIVO

Procede la declaración de insolvencia del deudor común, encontrándose en estado de insolvencia el deudor que prevea que no podrá cumplir regular y puntualmente sus obligaciones, conforme a lo establecido en el artículo 2.3 del TRLC 1/20 en relación con el art. 6 TRLC 1/20.

Es de aplicación el artículo 10 del TRLC 1/20, de manera que cuando la solicitud sea presentada por el deudor, el Juez dictará Auto por el que declare el concurso si de la documentación aportada, apreciada en su conjunto, resulta la existencia de alguno de los hechos previstos en el apartado 4 del artículo 2, u otros que acrediten la inminencia de la insolvencia alegada por el deudor.

De conformidad con lo dispuesto en el artículo 224 quinquies se ha solicitado la declaración del concurso en el plazo de dos meses desde que se tuvo conocimiento de la situación de insolvencia actual.

IV. OFERTA DE COMPRA DE UNIDAD PRODUCTIVA

Se acompaña a la presente solicitud, oferta de compra de unidad productiva formulada por la mercantil ...., así como informe favorable emitido por el experto designado por el juzgado, con el fin que sea autorizada la venta de la unidad productiva.

En virtud de lo expuesto

SOLICITO AL JUZGADO, que tenga por presentado este escrito, junto con la documentación que se acompaña, se digne a admitirlo, me tenga por parte y comparecido en nombre y representación de mi mandante, y tenga por formulado la SOLICITUD DE LA DECLARACIÓN de CONCURSO DE ACREEDORES de la sociedad: ...., procediendo a dictar conforme establecen los artículos 28, siguientes y concordantes del vigente legislación concursal, auto de declaración de concurso en el que se acuerde:

– El carácter voluntario de la declaración de concurso de mis representados.

– El nombramiento de un administrador concursal.

– Ordene el llamamiento a los acreedores para que pongan en conocimiento del administrador concursal la existencia de sus créditos en el plazo legalmente previsto.

– Acordar que la administración de la sociedad permanezca en el ejercicio de las facultades de administración y de disposición sobre su patrimonio bajo la mera intervención del administrador concursal, conforme establece el artículo 57 y el artículo 59.1 del TRLC.

– Tener por aportada oferta de compra de unidad productiva, junto al informe favorable emitido por el experto, a fin que sea autorizada

– Acordar que se inscriban en el Registro Mercantil, el Registro Público Concursal, y en cuantos demás Registros Públicos que proceda; así como a las administraciones públicas que procedan la declaración del concurso de acreedores con lo acordado respecto de las facultades de administración y disposición de las concursadas y el nombre de los administradores y resto de circunstancias prevenidas en los artículos 33, 35 y siguientes del TRLC.

– Y cuantas otras medidas y efectos sean inherentes a la declaración del concurso y el Juzgado estime pertinente.

Es Justicia que pido en .... a .... de .... de...........

PRIMER OTROSÍ DIGO. Que los despachos acordados para la publicación y anotación del presente procedimiento se entreguen a la procuradora que suscribe el presente escrito para su curso y gestión.

SOLICITO AL JUZGADO que acuerde conforme se solicita en el anterior OTROSÍ.

Es Justicia que reitero en .... a .... de .... de...........

SEGUNDO OTROSÍ DIGO. Que al amparo de lo previsto en el artículo 231 de la Ley de Enjuiciamiento Civil, así como de lo previsto en el artículo 11 del TRLC, solicito al Juzgado que cuide de que puedan ser subsanados los defectos en los que pueda incurrir esta parte.

SOLICITO AL JUZGADO, que tenga por efectuada la anterior manifestación a los efectos legales oportunos.

Es Justicia que reitero en .... a .... de .... de...........

F528. AUTO DE CONCURSO VOLUNTARIO DE PERSONA JURÍDICA CON OFERTA DE UNIDAD PRODUCTIVA. PREPACK (I)

En la ciudad de........... a........... de........... de...........

ANTECEDENTES DE HECHO

PRIMERO.– en fecha .... y al amparo de lo dispuesto en los arts. 224 ter y ss. TRLC el nombramiento de experto independiente para recabar ofertas de adquisición de las referida/s unidad/es productivas.

SEGUNDO.– Que mediante auto de fecha .... Fue designado por este Juzgado, por un plazo de .... meses, a Don ...., quien acepto el cargo en fecha ....

TERCERO.– Que en fecha........... de........... de........... por el Procurador de los Tribunales, Don..........., y en representación de la compañía........... S.L., se presentó solicitud de concurso voluntario de acreedores de dicha compañía, en base a los HECHOS y FUNDAMENTOS DE DERECHO reseñados en la meritada solicitud y los documentos acompañados a la misma.

De la solicitud formulada por........... S.L. extractamos lo siguiente:...........

A dicha solicitud se acompaña oferta de adquisición de determinada unidad productiva, que fue recabada por Don ...., y que se acompaña a la solicitud de concurso a que se refiere el antecedente de hecho

CUARTO.– En la tramitación de los presentes se han respetado las prescripciones legales.

FUNDAMENTOS DE DERECHO

PRIMERO.– Que este Juez es competente para conocer de la presente solicitud al ser éste Juzgado de lo Mercantil de........... al ser quien designo al experto para recabar ofertas de adquisición de unidad productiva reseñado en los antecedentes de esta resolución (arts. 44, 45 y 224 sexies 1 TRLC).

SEGUNDO.– Que la solicitud y la documentación aportada por........... S.L. junto a la misma cumple con lo establecido en el TRLC, especialmente, lo establecido en el art. 6, 7 y 8 TRLC.

TERCERO.– Que de la documentación aportada resulta la situación de insolvencia actual de........... S.L. (art. 2.3 TRLC), al no poder cumplir regularmente sus obligaciones, habiéndose justificado el endeudamiento y la insolvencia actual de dicha compañía. También el presupuesto subjetivo del concurso, al ser........... S.L. un deudor persona jurídica (art. 1.1 TRLC), al que no es de aplicación el procedimiento especial de micro empresas regulado en el Libro III TRLC (art. 1.2 TRLC), ni se trata de una entidad que integra la organización territorial del Estado (art. 1.3 TRLC).

CUARTO.– Que a la vista de lo dispuesto en el art. 29.1 TRLC el presente concurso tiene la consideración de voluntario.

QUINTO.– Que procede nombrar a la administración concursal. Según establece el apartado 2, del art. 224 sexties TRLC, habiéndose nombrado experto a que se refiere el art. 224 ter TRLC, lo que acontece en el presente caso, en la declaración del concurso, el juez podrá revocar o ratificar el nombramiento del experto. Si lo ratificara tendrá este la condición de administrador concursal.

A la vista que ...., este Juzgado entiende preciso ratificar el citado nombramiento de Don........... (ABOGADO), mayor de edad, de nacionalidad española, con domicilio en ...., calle .... y DNI/NIF .... Núm. .... ICAV, quien como consecuencia de ello, pasa ostentar y queda nombrado administrador concursal en el presnete concurso voluntario de ....

ALTERNATIVA: A la vista que ...., este Juzgado entiende preciso revocar el citado nombramiento de Don........... y designar administración concursal, que estará integrada por un único miembro, recayendo el nombramiento en Don........... (ABOGADO), mayor de edad, de nacionalidad española, con domicilio en ...., calle .... y DNI/ NIF .... Núm. .... ICAV.

ALTERNATIVA I (cuando entre en vigor el art. 62 TRLC):

Que conforme a lo dispuesto en el art. 62.1 TRLC procede nombrar a la administración concursal. No concurriendo ninguna de las excepciones previstas legalmente, procede estar al listado del Registro Público Concursal y al turno correlativo contemplado en dicho art. 62.1 TRLC, en función de la clase de concurso, en este caso, ..., recayendo el nombramiento en Don........... (ABOGADO), mayor de edad, de nacionalidad española, con domicilio en ...., calle .... y DNI/NIF .... núm. .... ICAV, dirección electrónica ...., quien ha hecho constar estar en condiciones para actuar en el ámbito territorial de este Juzgado.

ALTERNATIVA II (cuando entre en vigor el art. 62 TRLC):

Que conforme a lo dispuesto en el art. 62 TRLC procede nombrar a la administración concursal. De conformidad con lo establecido en este ultimo precepto, habría que estar al listado del Registro Público Concursal y al turno correlativo contemplado en dicho art. 62.1 TRLC. No obstante, dado que nos encontramos ante un concurso de mayor complejidad, entiendo más oportuno designar a un administrador concursal alternativo al que resulta del citado turno a la vista que .... Por ello, previa consulta del referido Registro, queda designado administrador concursal Don........... (ABOGADO), mayor de edad, de nacionalidad española, con domicilio en ...., calle .... y DNI/NIF .... núm. .... ICAV, dirección electrónica ...., que se halla inscrita en dicho Registro Publico concursal y habilitado para ejercer las funciones propias del cargo en dichos concursos. Justifico su nombramiento en ....

ALTERNATIVA III (cuando entre en vigor el art. 62 TRLC):

Que conforme a lo dispuesto en el art. 62.1 TRLC procede nombrar a la administración concursal y, procede estar al listado del Registro Público Concursal y al turno correlativo contemplado en dicho art. 62.1 TRLC, en función de la clase de concurso, en este caso, ... No obstante, dado que nos hallamos ante un concurso con elementos transfronterizos, y a la vista del art. 62.3 TRLC, el nombramiento deberá recaer en persona que, además, acredite en el momento de su aceptación el conocimiento suficiente de la lengua del país o países relacionados con esos elementos o, al menos, el conocimiento suficiente de la lengua inglesa. Alternativamente, podrá acreditar que cuenta con personas trabajadoras o ha contratado a un traductor jurado con dichos conocimientos. Por ello, recae el nombramiento en Don........... (ABOGADO), mayor de edad, de nacionalidad española, con domicilio en ...., calle .... y DNI/NIF .... núm. .... ICAV, dirección electrónica ...., quien ha hecho constar estar en condiciones para actuar en el ámbito territorial de este Juzgado y que, en cualquier caso, y al tiempo de aceptar el cargo deberá acreditar los anteriores extremos idiomáticos.

El administrador concursal nombrado deberá aceptar el cargo, por lo que urgentemente y por el medio más rápido se le notificará su nombramiento a efectos de su aceptación y juramento. Igualmente deberá acreditar ante este Juzgado que tiene suscrito un seguro de responsabilidad civil o garantía equivalente proporcional a la naturaleza y alcance del riesgo cubierto por el nombramiento aquí verificado a su favor.

SEXTO.– Que dado que nos hallamos ante un concurso voluntario, el concursado conservará las facultades de administración y disposición sobre la masa activa, pero el ejercicio de estas facultades estará sometido a la intervención de la administración concursal, que podrá autorizar o denegar la autorización según tenga por conveniente.

SÉPTIMO.– Que junto a la solicitud de concurso, la actora ha acompañado presentado propuesta de escrita vinculante de la compañía .... S.L para la adquisición de determinada/s unidad/es productivas de la concursada, en los siguientes términos: ....

Que cumpliendo la citada propuesta lo dispuesto en el art. 224 bis, 224 ter ss. y concordantes del TRLC, en especial lo mandatado en su apartado 1, procede conceder en este auto un plazo de quince días para que los acreedores que se personen puedan formular a la propuesta las observaciones que tengan por conveniente y para que cualquier interesado pueda presentar propuesta vinculante alternativa, requiriéndose a la Administración Concursal designada para que, dentro de ese plazo, emita informe de evaluación de las ofertas presentada. Procede dar traslado a los representantes legales de los trabajadores ex art. 220 TRLC. Tras ello se acordara lo procedente.

OCTAVO.– Que dando cumplimiento a lo preceptuado por el art. 35 TRLC procede dar, con la mayor urgencia, la oportuna publicidad a la declaración del concurso, mediante publicación del presente auto en los términos y con el contenido establecido en el art. 35 TRLC.

Igualmente procede dar publicidad registral a la declaración del presente concurso en los términos y con el alcance establecido en el art. 36 y 37 TRLC, así como insertar el presente auto en el Registro público Concursal y comunicar al Fondo de Garantía salarial la incoación de presente expediente (art. 33 ET). Finalmente, debe comunicarse la existencia del presente procedimiento al Registro Mercantil de la provincia de .... a los efectos de lo dispuesto en el TRLC así como en el RD 685/2005, de 9 de junio y la Orden 3473/2005, de 8 de noviembre. También procede la notificación de este auto a la Agencia Estatal de Administración Tributaria y a la Tesorería General de la Seguridad Social (art. 33 TRLC). Y dado que el concursado es empleador el presentes auto de declaración de concurso debe notificarse a la representación legal de los trabajadores.

El traslado de los oficios con los edictos correspondientes se realizará por vía electrónica o telemática a los organismos y Registros correspondientes.

ALTERNATIVA: Que no siendo posible el traslado de los oficios con los edictos correspondientes se realizará por vía telemática a los organismos y Registros correspondientes, deben expedirse los oportunos mandamientos y oficios con los edictos, que serán entregados y confiados al procurador de la solicitante del concurso a efectos de darles el oportuno curso, gestión y diligenciamiento en los términos de los citados arts. 35 a 37 TRLC.

Visto lo expuesto y demás normativa de aplicación

DISPONGO

PRIMERO.– Se tiene por personado a la sociedad........... S.L., y en su nombre y representación el procurador de los Tribunales Don........... en virtud del poder especial adjuntado por dicha compañía a la solicitud origen de este procedimiento, procurador con el que se entenderán y seguirán las sucesivas diligencias y comunicaciones, y se tiene por solicitada la declaración de concurso voluntario de la compañía........... S.L., solicitud que se admite a trámite.

SEGUNDO.– Se declara la situación de concurso de........... S.L., que a la vista del contenido del art. 29 TRLC tendrá la consideración de voluntario.

Se hace constar que el deudor no ha presentado propuesta de convenio, ni ha solicitado la liquidación de la masa activa. Pero si ha presentado una oferta vinculante de adquisición de unidad o unidades productivas.

TERCERO.– Se ratifica el citado nombramiento de Don........... (ABOGADO), mayor de edad, de nacionalidad española, con domicilio en ...., calle .... y DNI/NIF .... Núm. .... ICAV, como experto a que se refiere el art. 224 ter TRLC, y que tuvo lugar mediante auto de este Juzgado de fecha ...., quien, tras ello, pasa ostentar y queda nombrado administrador concursal en el presente concurso voluntario de ....

ALTERNATIVA: Se revoca el nombramiento de Don........... como experto a que se refiere el art. 224 ter TRLC, y que tuvo lugar mediante auto de fecha .... y designar administración concursal, que estará integrada por un único miembro, recayendo el nombramiento en Don........... (ABOGADO), mayor de edad, de nacionalidad española, con domicilio en ...., calle .... y DNI/NIF .... Núm. .... ICAV.

El administrador concursal nombrado deberá aceptar el cargo, por lo que urgentemente y por el medio más rápido se le notificará su nombramiento a efectos de su aceptación y juramento. Igualmente deberá acreditar ante este Juzgado que tiene suscrito un seguro de responsabilidad civil o garantía equivalente proporcional a la naturaleza y alcance del riesgo cubierto por el nombramiento aquí verificado a su favor. (En su caso y en el supuesto de entrada en vigor art. 62 TRLC). Y a la vista que nos hallamos ante un concurso con elementos transfronterizos, deberá acreditar en el momento de su aceptación del cargo, el conocimiento suficiente de la lengua del país o países relacionados con esos elementos o, al menos, el conocimiento suficiente de la lengua inglesa. Alternativamente, podrá acreditar que cuenta con personas trabajadoras o ha contratado a un traductor jurado con dichos conocimientos.

La administración concursal designada, queda autorizada de conformidad y a los efectos del art. 4 h) del RD-Ley 3/2013, a fin de ejercitar las acciones que considere oportunas en interés de la masa, bajo su responsabilidad y ante cualquier jurisdicción.

CUARTO.– Decretar la conservación por el deudor de las facultades de administración y disposición sobre la masa activa, quedando sometido el ejercicio de éstas a la intervención de los administradores concursales, mediante su autorización o conformidad.

QUINTO.– Que con relación a la propuesta escrita vinculante de la compañía ………… S.L para la adquisición de determinada/s unidad/es productivas de la concursada, que la actora ha acompañado a su solicitud, y cumpliendo la misma lo dispuesto en el art. 224 bis y concordantes del TRLC, en especial lo mandatado en su apartado 1, concédase un plazo de quince días para que los acreedores que se personen en las presentes actuaciones, formulen las observaciones que tengan por conveniente respecto de la citada propuesta, y para que cualquier interesado pueda presentar propuesta vinculante alternativa. Requiérase a la Administración Concursal designada para que, dentro de ese plazo de quince días, emita oportuno informe de evaluación de la propuesta presentada. Dese traslado a la representación legal de los trabajadores a los efectos del artículo 220 TRLC. Y tras ello acuérdese en su momento lo procedente.

SEXTO.– Hacer el llamamiento a los acreedores de………… S.L. para que pongan en conocimiento de la administración concursal la existencia de sus créditos, en el plazo de un mes a contar desde el día siguiente a la publicación de este auto en el Boletín Oficial del Estado (BOE) a que se refiere el art. 35 TRLC.

La Administración Concursal, sin demora, realizará una comunicación individualizada, a cada uno de los acreedores cuya identidad y domicilio consten en la documentación obrante en los presentes autos, informándoles de la declaración del presente concurso y del deber de comunicar sus créditos en la forma establecida en el artículo 255 y ss. TRLC, debiendo efectuarse tal comunicación por medios telemáticos, informáticos o electrónicos cuando conste la dirección electrónica del acreedor.

Igualmente dirigirá la comunicación por medios electrónicos a la Agencia Estatal de la Administración Tributaria y la Tesorería General de la Seguridad Social a través de los medios habilitadas por estas en sus respectivas sedes electrónicas y con independencia que conste o no su condición de acreedores de la concursada. También se comunicará a la representación de los trabajadores, haciéndoles saber su derecho a personarse en el procedimiento como parte y librándose el oportuno edicto al efecto.

SÉPTIMO.– Proceder a dar la debida publicidad a la declaración del concurso, mediante la publicación del oportuno anuncio del presente auto de declaración del concurso que se publicará, con la mayor urgencia y de forma gratuita, en el Boletín Oficial del Estado.

A tal efecto, el mismo día de la aceptación del cargo por el administrador concursal, el letrado de la Administración de Justicia remitirá por medios electrónicos al "Boletín Oficial del Estado", para su publicación en el suplemento del tablón judicial edictal único, y al Registro público concursal el edicto relativo a la declaración de concurso, redactado en el modelo oficial para que sea publicado con la mayor urgencia. La publicación del edicto tendrá carácter gratuito. El edicto tendrá el contenido del art. 35.1, segundo párrafo, TRLC.

Líbrense al efecto el oportuno oficio con el edicto que será remitido por vía electrónica al citado Boletín Oficial del Estado.

ALTERNATIVA: Líbrese el oportuno oficio con el edicto a remitir al Boletín Oficial del Estado. No obstante, de manera excepcional y no siendo posible su traslado por vía electrónica, entréguese el citado oficio al procurador de la concursada para el oportuno diligenciamiento y gestión en los términos del art. 35 TRLC.

OCTAVO.– Inscribir en el Registro Mercantil de la provincia de........... la existencia del presente procedimiento y los acuerdos adoptados en el presente auto, especialmente, la intervención de las facultades de administración y disposición del concursado adoptada en la presente resolución, y el nombramiento de la Administración concursal.

Igualmente, practíquese anotación preventiva en los Registros de la Propiedad de........... y..........., concretamente en el folio correspondiente a los bienes de la concursada que a continuación se relacionan, relativa a la declaración del presente concurso voluntario, con indicación de la fecha, y los acuerdos adoptados en la presente resolución, especialmente, la intervención de las facultades de administración y disposición del concursado adoptada en la presente resolución, así como el nombramiento de la administración concursal...........

Los citados bienes son los siguientes (con expresión del Registro de la Propiedad en el que se halla inscrito y los datos registrales de cada bien):...........

Líbrense al efecto los oportunos oficios con los edictos que serán remitidos por vía electrónica o telemática desde el Juzgado a los citados Registros Públicos.

ALTERNATIVA: Líbrense los oportunos edictos con los mandamientos precisos para prácticas las citadas inscripciones y anotaciones que serán confiados al procurador para el oportuno diligenciamiento y gestión en los términos del art. 36 y 37 TRLC, al no ser posible el traslado por vía electrónica o telemática previsto en dicho precepto concursal.

NOVENO.– Insertar en el Registro Público Concursal el presente auto de declaración de concurso, así como comunicar al Fondo de Garantía Salarial la iniciación del presente procedimiento concursal, dirigiéndole al efecto el oportuno oficio. También al citado Registro Mercantil de la provincia de........... a los efectos de lo dispuesto en el RD 685/2005, de 9 de junio y la Orden 3473/2005, de 8 de noviembre). Tales comunicaciones las llevara a cabo de oficio el Juzgado mediante remisión de oficio y testimonio de la presente resolución por vía electrónica o telemática.

DÉCIMO.– Como consecuencia de la admisión de la solicitud de declaración de concurso voluntario formulada por........... S.L., fórmense las secciones primera, segunda, tercera y cuarta del concurso.

Notifíquese por el Letrado de la Administración de Justicia la presente resolución al concursado a través de su representación procesal.

Contra el presente auto no cabe recurso alguno.

Todo lo cual pronuncia, manda y firma el Ilmo. Sr. ...., Magistrado Juez del Juzgado de lo Mercantil núm. .... de...........

F529. AUTO DE CONCURSO VOLUNTARIO DE PERSONA JURÍDICA CON OFERTA DE UNIDAD PRODUCTIVA. PREPACK (II)

JUZGADO DE LO MERCANTIL Nº .... DE ....

N.I.G.:...........

Procedimiento: ..../...........

Deudor: ....

Procurador: ....

AUTO

MAGISTRADO-JUEZ QUE LA DICTA: Ilmo/a Sr/a ....

Lugar: ....

Fecha: ....

ANTECEDENTES DE HECHO

PRIMERO. Mediante escrito fechado el pasado día..........., la procuradora Doña ...., en nombre y representación de la mercantil ...., comunicó la situación de insolvencia actual de su representada, interesando la declaración de concurso.

SEGUNDO. En la solicitud de concurso se expresan los datos de identificación de la deudora, ... S.L., con domicilio en ...., CIF .... e inscrita en el Registro Mercantil de ...., siendo su objeto social ....

FUNDAMENTOS DE DERECHO

PRIMERO. Este Juzgado, resulta competente para conocer el presente concurso, de conformidad con lo dispuesto en el artículo 224.1 sexies del TRLC, al haber sido este juzgado quien designó el experto para recabar ofertas de unidad productiva al que alude el 224 ter.

SEGUNDO. Con arreglo a lo dispuesto en los artículos 1 y 2 TRLC, procede la declaración de concurso respecto de cualquier deudor, sea persona física o jurídica, que se encuentre en estado de insolvencia, por no poder cumplir regularmente sus obligaciones exigibles, debiendo justificar su endeudamiento y si su estado de insolvencia resulta ser actual o inminente.

Por su parte, el artículo 10 TRLC establece que cuando la solicitud hubiere sido presentada por el deudor, el juez dictará auto que declare el concurso si de la documentación aportada, apreciada en su conjunto, resulta la existencia de alguno de los hechos previstos en el apartado 4 del artículo 2, u otros que acrediten la insolvencia alegada por el deudor.

TERCERO. Al amparo de lo dispuesto en el artículo 10 del Texto Refundido de la Ley Concursal, el Juez examinará la solicitud del concurso y, si la estimare completa, proveerá conforme al mismo, y habiendo sido presentada la solicitud por el deudor procede conforme al referido precepto dictar auto declarando el concurso de acreedores dado que, de la documentación aportada, apreciada en su conjunto, resulta la existencia de hechos acreditativos de la insolvencia alegada por el deudor.

CUARTO. El concurso ha de ser declarado voluntario, al haberlo solicitado el propio deudor, de conformidad a lo previsto en el artículo 29 TRLC y al no constar ningún dato referido a su calificación como necesario.

QUINTO. Declarado el concurso a solicitud del deudor, corresponde, según lo establecido en los artículos 30 y 31.1 del TRLC, ordenar la formación de la Sección Primera que se encabezará con la solicitud y todos los documentos que la acompañaren. Asimismo, con arreglo al apartado 1 y concordantes del citado art. 31 del TRLC, procede abrir las Secciones 2ª, 3ª y 4ª cada una de las cuales se encabezará por el auto o, en su caso, la sentencia que hubiera ordenado su formación.

SEXTO. El concurso ha de considerarse VOLUNTARIO por haber sido instado por el propio deudor (artículo 28.1.1° en relación con el artículo 29.1 del TRLC). El deudor conservará las facultades de administración y disposición sobre su patrimonio, quedando sometido el ejercicio de éstas a la intervención de la administración concursal, mediante su autorización o conformidad.

SÉPTIMO. La administración del concurso abreviado estará integrada por un único miembro que podrá ser persona natural o jurídica, conforme al artículo 57 del TRLC.

El nombramiento de la Administración Concursal deberá recaer en profesional que reúna las condiciones previstas en los artículos 60, 61, 62 del TRLC, pudiendo ser nombrada una persona jurídica en la que se integre, al menos, un abogado en ejercicio y un economista, titulado mercantil o auditor de cuentas, y que garantice la debida independencia y dedicación en el desarrollo de las funciones de la administración concursal, de conformidad con el artículo 27 de la Ley Concursal derogado por el Real Decreto Legislativo 1/2020, de 5 de mayo, que no obstante permanece en vigor hasta que se apruebe el reglamento a que se refiere la disposición transitoria segunda de la Ley 17/2014, de 30 de septiembre Ref. BOE-A-2014-9896, en la redacción anterior a la entrada en vigor de dicha Ley 17/2014, según establece la disposición transitoria única.1 del citado Real Decreto Legislativo.

No obstante, el artículo 224 sexies TRLC, en su apartado 2 establece que "en la declaración del concurso, el juez podrá revocar o ratificar el nombramiento del experto. Si lo ratificara tendrá este la condición de administrador concursal." Considera este juzgador, que procede la ratificación del nombramiento del experto, y máxime a la vista del satisfactorio trabajo realizado que ha permitido la obtención de varias ofertas de compra de unidad productiva.

Procede, conforme dispone el art. 66, 67, 68 y 69 TRLC, comunicar el nombramiento de administrador concursal que viene designado en la parte dispositiva de la presente resolución por el medio más rápido. Dentro de los cinco días siguientes al de recibo de la comunicación, deberá comparecer ante el juzgado y aceptar el cargo.

En el momento de la aceptación del cargo, deberá facilitar al juzgado las direcciones postal y electrónica en las que efectuar la comunicación de créditos, así como cualquier otra notificación. La dirección electrónica que señale deberá cumplir las condiciones técnicas de seguridad de las comunicaciones electrónicas en lo relativo a la constancia de la transmisión y recepción, de sus fechas y del contenido íntegro de las comunicaciones. La dirección postal y la dirección electrónica señaladas a efectos de comunicaciones serán únicas, cualquiera que sea el número de administradores concursales.

En el caso de que concurra en el administrador concursal nombrado alguna causa de recusación, estará obligado a manifestarla en ese momento.

En el mismo momento de aceptación del cargo, el Letrado de la Administración de Justicia expedirá y entregará al nombrado documento acreditativo de su condición de administrador concursal.

La credencial deberá ser devuelta al juzgado en el momento en el que por cualquier causa se produzca el cese del administrador concursal.

Si el administrador concursal designado no compareciese, no tuviera suscrito un seguro de responsabilidad civil o garantía equivalente suficiente o no aceptase el cargo, se procederá de inmediato a un nuevo nombramiento.

OCTAVO. El deudor acompaña como documento nº .... oferta de compra de unidad productiva formulada por la mercantil ...., así como documento nº .... informe de evaluación emitido por el experto nombrado por este juzgado Don ...., solicitando autorización para la enajenación de la unidad productiva.

En cuanto al procedimiento de enajenación de la unidad productiva, este juzgado se encuentra con la diatriba de aplicar el procedimiento contemplado en el artículo 224 bis del TRLC o por el contrario canalizar la venta por la vía del 518 TRLC. Ciertamente, el 224 bis se refiere a la solicitud de concurso solicitada con el deudor con venta de unidad productiva, sin distinguir según la misma se haya obtenido con la intervención y asistencia de un experto o no, pero consideramos que nos encontramos ante un supuesto diametralmente opuesto al de la venta de la unidad productiva mediante el denominado "pre-pack" y regulado en el artículo 224 ter y siguientes. De esta forma no puede aplicarse el mismo régimen procedimental a los supuestos en los que la oferta de compra se ha obtenido por el deudor, sin la supervisión de un tercero que haya garantizado la transparencia y publicidad del proceso, mientras que en el supuesto contemplado en el 224 ter, el juzgado designa a un experto independiente que aplica estos principios de independencia, transparencia y publicidad.

Procede pues, tramitar la autorización de venta de la unidad productiva en base al artículo 518, concediendo un plazo común de diez días a los acreedores, especialmente los privilegiados, y a la representación de los trabajadores, al objeto que manifiesten lo que a su derecho convenga.

NOVENO. La declaración de concurso conlleva, conforme a la ley concursal, una serie de efectos automáticos respecto de los acreedores regulados en los artículos 136 y siguientes del TRLC.

De conformidad con todo ello procederá remitir notificación a los diferentes Juzgados y Tribunales (Civiles, Contencioso-administrativos y Sociales) a los efectos de hacerles saber la declaración de concurso, lo que se hará a través del Decanato de los Juzgados de Valencia.

DÉCIMO. Procede igualmente hacer los legales apercibimientos al concursado de conformidad a lo previsto en la Ley Concursal específicamente en cuanto al ejercicio de sus facultades.

DÉCIMO PRIMERO. De conformidad con lo establecido en los artículos 28.1.4° y 255 del TRLC, dentro del plazo de un mes a contar desde el día siguiente a la publicación de la declaración en el BOE, los acreedores del concursado comunicarán a la administración concursal la existencia de sus créditos en la forma, circunstancias y con la documentación señalada en los artículos 256 y 257 del TRLC.

DÉCIMO SEGUNDO. Al amparo de lo dispuesto en el artículo 32 TRLC el presente auto producirá sus efectos de inmediato, abrirá la fase común de tramitación del concurso y será ejecutivo aunque no sea firme.

PARTE DISPOSITIVA

1. DECLARACIÓN. Se declara en CONCURSO DE ACREEDORES, de carácter VOLUNTARIO, a la entidad ...., con CIF ...., y domicilio social en ...., Calle .... Inscrita en el Registro Mercantil de .... en el tomo ...., libro .... de la sección general del libro de sociedades, hoja n° ....

2. FACULTADES PATRIMONIALES DEL DEUDOR Y DE SUS ÓRGANOS DE ADMINISTRACIÓN. El concursado conservará las facultades de administración y disposición sobre su patrimonio, quedando sometido el ejercicio de éstas a la intervención de la administración concursal, mediante su autorización o conformidad.

3. NOMBRAMIENTO DE LA ADMINISTRACIÓN CONCURSAL. Se nombra administración concursal, con las facultades deducidas del pronunciamiento anterior, a .... con domicilio en calle ...., correo electrónico ....y teléfono ....

Notifíquesele dicha designación a fin de que en los cinco días siguientes a partir de su notificación comparezca en este Juzgado, para aceptar el cargo y acreditar los requisitos establecidos legalmente. Una vez verificado, deberá proceder sin demora a realizar una comunicación individualizada a todos los acreedores cuya identidad conste en el concurso, a la AEAT y a la TGSS, en su caso, en la forma y a los efectos previstos legalmente, realizando dicha comunicación igualmente a la representación de los trabajadores.

Asimismo, deberá facilitar, en caso de no constar ya en las actuaciones, las direcciones postal y electrónica en las que efectuar la comunicación de créditos, así como cualquier otra notificación. En cuanto a la dirección electrónica, la misma deberá reunir las condiciones de seguridad en las comunicaciones electrónicas en lo relativo a la transmisión y recepción, de sus fechas y del contenido íntegro de las comunicaciones.

Por otra parte, se le requiere para en el acto de aceptación de su cargo, acredite la vigencia del contrato de seguro o una garantía equivalente en los términos del art. 6 del Real Decreto 1333/12, de 21 de septiembre. En concreto, mediante exhibición del original de la póliza y del recibo de la prima correspondiente al período del seguro en curso, o del certificado de cobertura expedido por la entidad aseguradora. A los efectos de cumplir con lo dispuesto en el mencionado artículo deberá aportar, asimismo, copia de los citados documentos originales para testimoniarlas y unirlas a las actuaciones de la sección 2ª.

De conformidad con el art. 7 del mencionado Real Decreto, deberá acreditar las sucesivas renovaciones del seguro en idéntica forma. Se le hace saber que la infracción del deber de acreditar la renovación del seguro será causa justa de separación del cargo.

Se autoriza expresamente a la administración concursal para acceder a las instalaciones y documentos del concursado, en la medida en la que lo consideren necesario para el ejercicio de sus funciones y se advierte al deudor sobre su deber de colaboración con la administración concursal, obligación que se extiende a sus administradores, apoderados y representantes de hecho o de derecho, así como a quienes lo hayan sido durante los dos años anteriores a la declaración del concurso.

4. Se tienen por presentada OFERTA VINCULANTE DE ADQUISICIÓN DE LA UNIDAD PRODUCTIVA realizada por la mercantil .... Igualmente se tiene por emitido informe favorable de venta de la unidad productiva por parte del experto Don ....

Se concede un plazo de 10 días hábiles para que los acreedores, especialmente los que ostenten privilegio especial y a los representantes de los trabajadores, puedan formular a la propuesta las observaciones que tengan por conveniente.

A tal fin, se requiere a la administración concursal, a fin de que de forma inmediata a la aceptación del cargo, de traslado de la oferta de compra de unidad productiva y al preceptivo informe a los titulares del privilegio especial y a los trabajadores. Igualmente, se requiere a la administración concursal, para que de traslado a los correos electrónicos de los acreedores que constan en la solicitud e concurso, de la oferta e informe.

5.-INFORME DE LA ADMINISTRACIÓN CONCURSAL. La administración concursal cuenta con un plazo de DOS MESES desde su aceptación para la presentación del informe provisional previsto en el art. 290 TRLC. En caso de solapamiento de plazos, estese a lo dispuesto en el art. 291 TRLC.

6. PUBLICIDAD GENERAL. Anúnciese la declaración de concurso en el Boletín Oficial del Estado, con carácter gratuito, mediante extracto y en los términos del artículo 35.1 TRLC. Publíquese en el Registro Público Concursal.

7. LLAMAMIENTO DE LOS ACREEDORES. Se llama a los acreedores de la persona concursada para que pongan en conocimiento de la administración concursal, en la forma establecida en el artículo 255 a 258 TRLC, los créditos que tengan contra el deudor. La existencia de los créditos deberá comunicarse en el plazo de UN MES a contar desde el día siguiente a la publicación en el Boletín Oficial del Estado de la declaración de concurso, conforme a lo dispuesto en los artículos 28.1.4°, 35.1° y 255 TRLC. La comunicación

se formulará por escrito firmado, y podrá dirigirse a la dirección electrónica o postal facilitada por la administración concursal. No producirá efectos la comunicación de créditos realizada directamente al Juzgado. La eventual personación de un acreedor o de cualquier otro legitimado en el procedimiento requiere el cumplimiento de los requisitos establecidos al efecto por el artículo 509 a 514 TRLC.

8. LLAMAMIENTO DE LOS ACREEDORES en los términos del art. 447 TRLC, para que en el plazo de un mes puedan remitir por correo electrónico a la administración concursal cuanto consideren relevante para fundar la calificación del concurso como culpable, acompañando, en su caso, los documentos que consideren oportunos.

9. PUBLICIDAD REGISTRAL. Líbrese mandamiento al Registro Mercantil para inscribir la presente declaración de concurso en el folio registral de la concursada.

Expídase mandamientos a los siguientes Registros a fin de que se verifiquen las oportunas anotaciones registrales de la pendencia de este procedimiento y los acuerdos adoptados por esta resolución, en las siguientes fincas:............

10. COMUNICACIÓN A JUZGADOS Y TRIBUNALES. Comuníquese la declaración de concurso al Decanato para su traslado a los Juzgados de Primera Instancia y de lo Social de Valencia.

Requiérase al concursado, mediante la notificación de esta resolución, para que ponga este auto en conocimiento de los Juzgados que ya conocen de procesos contra la concursada o su administrador la declaración de concurso a los efectos que en cada caso procedan.

11. OTRAS NOTIFICACIONES. De conformidad con el art. 33 TRLC, el Letrado de la Administración de Justicia de este Juzgado notificará el auto a las partes que hubiesen comparecido.

El auto se notificará por medios electrónicos a la AEAT y a la TGSS. Igualmente se comunicará a la representación de los trabajadores, si la hubiere, haciéndoles saber de su derecho a personarse en el procedimiento como parte, así como al FOGASA.

12. EFECTOS PROCESALES DE LA DECLARACIÓN DEL CONCURSO. La presente declaración de concurso voluntario conlleva la apertura de la fase común del concurso, produce efectos inmediatos y será ejecutiva, aunque no sea firme.

Dentro de la sección primera se ordena la apertura de un cuaderno específico en el que se recogerán e indexarán las resoluciones de mayor trascendencia para el procedimiento concursal, a los efectos facilitar su localización en las distintas secciones e incidentes. De igual modo, dentro de cada sección se formará un libro específico en el que se incluirán las correspondientes notificaciones a las partes personadas, los comprobantes de la publicidad que deba realizarse de cada resolución y otras incidencias de carácter instrumental que pudieran producirse en la tramitación de cada sección.

13. APERTURA DE SECCIONES 2ª, 3ª Y 4ª. Se ordena la formación de la sección de la administración concursal, la de determinación de la masa activa y determinación de la masa pasiva. Estas secciones se encabezarán con testimonio del auto de declaración del concurso.

MODO DE IMPUGNACIÓN: A los efectos del artículo 208.4 de la Ley de Enjuiciamiento Civil, en relación con lo dispuesto al efecto en el TRLC, se hace constar que contra el pronunciamiento de este Auto sobre declaración de concurso cabrá, en todo caso, recurso de reposición, a interponer ante este Juzgado, por escrito, en el plazo de CINCO DÍAS. La admisión del recurso exigirá la previa realización de los depósitos exigidos por la Disposición Adicional Decimoquinta de la Ley Orgánica 6/1985, de 1 de julio, del Poder Judicial, según redacción dada por Ley Orgánica 1/2009, de 3 de noviembre. La desestimación de los recursos determinará la condena en costas del recurrente.

Así por este Auto, lo pronuncia, manda y firma el Itmo. Sr. D. .... Magistrado Juez de este Juzgado; doy fe.